J. S. Ersch

Allgemeine Encyclopadie der Wissenschaften und Künste

J. S. Ersch

Allgemeine Encyclopadie der Wissenschaften und Künste

ISBN/EAN: 9783742818751

Manufactured in Europe, USA, Canada, Australia, Japa

Cover: Foto ©Andreas Hilbeck / pixelio.de

Manufactured and distributed by brebook publishing software
(www.brebook.com)

J. S. Ersch

Allgemeine Encyclopadie der Wissenschaften und Künste

Allgemeine

Encyklopädie der Wissenschaften und Künste.

Allgemeine

Encyklopädie

der

Wissenschaften und Künste

in alphabetischer Folge

von genannten Schriftstellern bearbeitet

und herausgegeben von

J. S. Ersch und J. G. Gruber.

Mit Kupfern und Charten.

Erste Section.

A — G.

Herausgegeben von

Hermann Brockhaus.

Sechsundachtzigster Theil.

GRIECHENLAND. B. Griechenland im Mittelalter und in der Neuzeit.
(Geschichte Griechenlands vom Beginn des Mittelalters bis auf unsere Zeit. II. und III. Periode. — Griechisch-römisches Recht im Mittelalter und in der Neuzeit. I. und II. Periode.)

Leipzig:
F. A. Brockhaus.
1868.

Allgemeine

Encyklopädie der Wissenschaften und Künste.

Erste Section.

A — G.

Sechsundachtzigster Theil.

GRIECHENLAND. B. Griechenland im Mittelalter und in der Neuzeit.

(Geschichte Griechenlands vom Beginn des Mittelalters bis auf unsere Zeit. II. und III. Periode. — Griechisch-römisches Recht im Mittelalter und in der Neuzeit. I. und II. Periode.)

GRIECHENLAND.

B. Griechenland im Mittelalter und in der Neuzeit.

Geschichte Griechenlands vom Beginn des Mittelalters bis auf unsere Zeit.

IV. Abschnitt.

Der Verfall der occidentalischen Herrschaft in Griechenland bis zu ihrer Vernichtung durch die Türken (1356—1460) und auf den Inseln des Archipels bis 1566).

1) Die Herrschaft der Anglovinen, Catalanen und Venetianer in Achaia, Attika und dem Archipel bis zur Eroberung des Peloponnesos durch die navarresische Compagnie, die Vertreibung der Catalonier durch die Acciajuoli und die Vernichtung der halbe Carceri von Euböa und Naxos durch die Crispi von Milos (1356—1385).

Titularkaiser von Constantinopel: Philipp II. von Anjou-Tarent 1364—1373. Jakob von Baux-Andria 1373—1383.

Kaiser von Constantinopel: Joannes V. Paläologos 1341—1391; verdrängt von seinem Sohne Andronikos IV. 1376—1379 und von seinem Enkel Joannes VII. 1390—1390.

Fürsten von Achaia: Maria von Bourbon und Hugo von Lusignan 1364—1370. Philipp von Anjou-Tarent 1370—1373. Johanna von Neapel 1374—1381 und Otto von Braunschweig 1376—1381. Jakob von Baux 1381—1383.

Herzoge von Athen: Maria von Aragon, Königin von Sicilien, 1377—1385 (gest. 1402, verm. 1387 mit Martin dem Jüngern von Aragon, gest. 1409). (Den factischen Besitz hat Peter, König von Aragon, 1382—1385.)

Herzoge von Naxos: Fiorenza Sanudo 1362—1371 (verm. 1349 mit Giovanni dalle Carceri von Euböa, gest. 1358; dann 1363 mit Nicolò Sanudo Spezzabanda, gest. nach 1383). Nicolò II. dalle Carceri 1371—1383.

Baili von Euböa: Fantino Morosini 1360—1362. Pietro Gradenigo 1362—1364. Domenico Michieli 1364—1366. Giovanni Giustiniani 1366—1368. Andrea Zeno 1368—1370. Giovanni Delfino 1370—1372. Bartolommeo Quirini 1372—1374. Pietro Morenigo 1374—1376. Andrea Barbarigo 1376—1378. Carlo Zeno 1378—1379. Pantaleone Barbo 1379—1381. Andrea Zeno 1381—1383. Marino Storlado 1383—1384. Fantino Giorgio 1384—1386. Donato Trone 1386—1387.

Verfolgen wir hier zunächst die Zustände des Peloponnesos während der letzten Lebensjahre des Fürsten und Titularkaisers Robert von Tarent (1346—1364), so sehen wir, wie die Baillis der Anglovinen den feudalen Herren des Landes gegenüber immer mehr in den Hintergrund treten. Nicht einmal die Namen der ersteren sind uns überliefert; doch ist es gewiß, daß der Großseneschall Nicolò Acciajuoli factisch über den besten Theil der Halbinsel gebot, seitdem er zu seinen frühern Besitzungen auch die bedeutende Castellanie Korinth erworben hatte. Neben ihm aber behaupteten sich in voller Selbständigkeit die alten Barone des Landes, unter denen die geistlichen Würdenträger den ersten Platz einnahmen, so namentlich der Primas von Patrá, Johann Acciajuoli (1360—1365), Bruder des von Nicolò adoptirten Nerio, dem der Papst auf Bitten des Großseneschalls das Erzbisthum verliehen hatte, obgleich sich verschiedene Mitbewerber gefunden und von einem Theile des Cardinalcollegs eifrig unterstützt worden waren [1]. Erzbischof

1) Dieselben führt *Le Quien*, Oriens Christian. III, 1028 irrig als Erzbischöfe auf. Vergl. dazu *Ducange* II, 258—259, der den Johann erst 1363 das Erzbisthum erlangen läßt; *Litta*,

Johann hielt, gleich seinen Vorgängern, daran fest, daß Patrá von dem Lehensverbande, in dem es vordem zu dem Fürstenthume gestanden, abgelöst sei; er betrachtete sich als Souverain der Stadt und ihres Gebiets, für die er nur der römischen Curie, wie in geistlichen, so in weltlichen Dingen, unterthan sei. Die Reibungen, in die seine Vorgänger mit Venedig gerathen waren, dauerten auch unter ihm fort; die Kaufleute der Republik wurden von seinen Beamten, wie von den fürstlichen Officialen in Klarentza ohne Unterlaß geplackt, sodaß der Senat am 18. Nov. 1359 [2]) befahl, alle Handelsbeziehungen mit den Lateinern in Morea abzubrechen. Auch mit ihrem Nachbar, dem Bischofe Georg von Modone, hatten die dortigen Castellane eine längere Fehde. Wie so oft, gaben griechische Bauern in den Grenzdörfern, welche beide Theile als ihr Eigenthum beanspruchten, den Anlaß her; diesmal hatte der Castellan Andrea Giustiniani (1359—1361) verschiedene solche Leibeigene von dem Bischofe reclamirt, letzterer aber, deshalb empört, die Stadt mit dem Interdicte belegt. Venedig, das sein vorgebliches Recht für grundlos und „frivol" erklärte, forderte ihn im Januar 1360 [3]) auf, das Interdict zu lösen, widrigenfalls dem Castellan freie Hand zum Einschreiten gegen Georg gelassen würde; und da die Republik schon im Februar [4]) Schiffe mit Geld, Truppen und Victualien hingesandt hatte, die den Ansprüchen Giustiniani's Nachdruck geben sollten, mußte sich der Bischof wol fügen. Als dagegen im Jahre 1361 [5]) der griechische Bischof von Korone, Marras, der unter Venedigs Schutz in der Stadt sein Domicil hatte, klagte, der Castellan plage die Bauern fortwährend mit Abgaben und suche zugleich, für sich Vortheile zu gewinnen, ward nicht nur solches Vergehen sofort streng gerügt, sondern man befahl auch am 10. März 1362 [6]) den neuen Castellanen, denen außerdem die Herstellung des Arsenals dringend ans Herz gelegt war, die Bauern der Republik nicht mit Frohnden zu überlasten, damit sie nicht aufs Gebiet der benachbarten Lateiner flüchteten. Im Uebrigen bestanden in der Colonie die alten Verhältnisse fort; als am Ende 1363 die Besatzung der beiden Festungen verstärkt, sowie im Mai 1364 [7]) den Castellanen befohlen ward, wo möglich jeden Tag zu rapportiren, was sich Neues zugetragen, bezog sich dieses sicher nicht sowol auf die Angelegenheiten der Halbinsel, als auf die kretensischen Wirren, über die man täglich auf diesem Wege beruhigenderer Kunde entgegensah. Von Genua hatten Modone und Korone, seitdem der Friede abgeschlossen war, Nichts zu fürchten; das Verhältniß zwischen den beiden Republiken schien sogar vorläufig ein recht gutes zu werden. Als am 28. Oct. 1361 [8]) in Modone das aus Kypros kommende Schiff des Genuesen Tommaso de Sesto landete, und die Castellane erfuhren, daß Leone Mosca in der Nähe des Caps S. Angelo „zwischen Cap Malea und Monembasia" den Patron im Streite getödtet, sequestrirten sie zwar das Schiff, zahlten aber den Erlös daraus den Erben des Getödteten; den Leone ließ man laufen, da die That nicht auf venetianischem Gebiete verübt worden sei. Ebenso bereitwillig gestattete man dem Genuesen Tobia Spinola 1362 [9]), sich auf den Galeeren des Golfs nach Patrá zu begeben, wo er von dem Erzbischofe Johann verschiedene Gelder zu reclamiren hatte; denn hier berührten sich völlig die Interessen der Venetianer und Genuesen. Hatte doch Marco Loredano schon längst geklagt, der Nachlaß seines einzigen in Patrá zur Zeit des Erzbischofs Reinald de Lauro verstorbenen Sohnes sei von Johann confiscirt worden, ohne daß an Ersatz gedacht werde; er selbst sei alt und arm und bitte daher den Staat um Einschreiten; und auch Tommaso Foscarini und Lorenzo Barisano [10]) klagten so laut über Gewaltthätigkeit des Erzbischofs, daß der Golfcapitain den Auftrag erhielt, energisch gegen letztern einzuschreiten. Zu diesen Privatsachen aber kam bald noch ein anderer Punkt, der einen förmlichen Bruch zwischen dem Fürst-Erzbischofe und Venedig herbeizuführen drohte, und auf den ich gleich zurückkommen werde, der Versuch, durch Heirath das Herzogthum des Archipels an das Haus Acciajuoli zu bringen.

Mit den übrigen Großen des Landes hielt indessen Venedig das beste Einverständniß; dem Guido von Enghien, Herrn von Argos und Nauplion, bestätigte es am 22. Juli 1362 [11]) das einst seinem Oheim Walter von Brienne-Athen verliehene Patriciat, nachdem Nicolas de Clary in seinem Namen Treue gelobt; vor Allem aber war es der wohlthätige Einfluß des heiligen Peter Thomas, Bischofs von Korone (1359—1363), der sich hier geltend machte. Denn Peter wußte sich nicht nur Venedigs Dank im höchsten Maße zu verdienen, indem er 1362 [12]) versprach, die Pfründen seiner Kirche nur an Venetianer zu verleihen, sondern er stand auch bei den Feudalherren des Landes in so hoher Achtung, daß ein Wunsch des heiligen Mannes ihnen als Befehl galt. Als er sich 1360 in seine Diöcese begeben wollte — der Papst hatte ihn zugleich zum Legaten und Visitator der Kirche in Griechenland ernannt —, riethen ihm, so erzählt sein Biograph Philipp de Maizières [13]), Viele von solchem Wagstück ab, da Fürstin Maria von Bourbon ihn tödtlich hasse, weil er mit Uebergehung ihres Sohnes Hugo von Galiläa dessen Oheim Peter I. zum Könige von Kypros gekrönt habe. Dieselbe hatte auch verschiedene Castelle, die zum Bisthume gehörten, mit Beschlag belegen lassen und suchte ihn auf jede Weise zu kränken. Er aber „baute auf Gott" und eilte nach Korone; die Edlen und Barone Achaia's begrüßten ihn mit Freuden

Acciajuoli und *Stef. Magno*, Annali Veneti. Tom. IV. (Cod. Cicogna no. 787.) fol. 69v.

2) Misti XXIX. fol. 68. 3) Ebenda fol. 147v. 4) Ebenda fol. 80v. 5) Misti XXX. fol. 22. 6) Ebenda fol. 110. 111v. 7) Lettere secrete. Cod. Capponi (in Florenz) n. CXLVII. fol. 88, 78v, 86v. 8) Commemoriali. Vol. V. fol. 441. 443. 444.

9) Misti XXX. fol. 93v. 10) Commemoriali. Vol. VI. fol. 406v; Misti XXX. fol. 98v, 86v, 106. 11) Commemoriali. Vol. VI. fol. 462. 12) Misti XXX. fol. 215. 13) Vita S. Petri Thomasii cap. 7 in Acta Sanctorum. Januar. Tom. II. p. 1005—1006.

und ehrten ihn hoch; durch seine überzeugende Beredsamkeit gewann er viele Griechen zum Uebertritt zur römischen Kirche. Erard II. le Noir, der reiche und mächtige Herr von Arkadia und St. Sauveur, lud ihn zu sich ein und empfahl sich seinem Gebete; obgleich ihm aus seiner Ehe verschiedene Töchter geboren waren, hatte er sich lange vergeblich nach einem männlichen Erben gesehnt; in Folge des Segens und der Fürbitte Peter's ward ihm wirklich nach Jahresfrist ein Sohn geboren — ein Umstand, der den Ruf von der Wunderthätigkeit Peter's nur vermehrte. Zwar starb der Knabe schon in jungen Jahren; doch blieb der Bischof das Orakel der Barone Achaia's, und sein Ansehen steigerte sich noch mehr, als ihn der Papst 1364 zum Patriarchen von Constantinopel ernannte; neben dem Bisthume Negroponte, das schon früher mit dem Patriarchate in partibus vereint war, behielt er Korone als Commende bis an seinen am 6. Jan. 1366 zu Famagusta erfolgten Tod. Während Peter lediglich seinem geistlichen Berufe lebte und die Union gegen die Türken, wegen der er schon 1357 vom Papste mit Empfehlungen an Kaiser Joannes V. und Francesco Gattilusio von Lesbos nach Constantinopel gesandt war [14]), mit allem Eifer betrieb, hatte Erzbischof Johann von Paträ nur weltliche Zwecke im Auge, die Befestigung und Erweiterung der Hausmacht der Acciajuoli im Peloponnesos, wo das Ansehen Robert's von Jahr zu Jahr mehr abnahm. Der Fürst hatte am 16. Oct. 1361 [15]) seiner Gattin Maria von Bourbon ihr Witthum neu verbrieft; Johanna II. bestätigte die Urkunde am 20. Mai 1363, sowie im April 1364 [16]); aber von Regierungshandlungen Robert's im Morea ist uns weiter Nichts bekannt, als daß er im October 1361 [17]) seinen Kapellan, den Kyprioten Bartholomäus Schovas, nach Klarenza sandte, wahrscheinlich, damit dieser die Interessen seines Stiefsohnes, des Präsumtiverben von Achaia Hugo von Galiläa, gegenüber den Feudalherren wahre. Im Grunde aber waren die Acciajuoli Herren in Morea. Der Großseneschall Nicolò hatte 1359 [18]) zur größten Zufriedenheit des Papstes in Achaia eifrig gegen die Türken gerüstet, auch 1362 [19]) sich gegen dieselben mit Peter I. von Kypros verbündet, der ihn in freundschaftlichster Weise, gleich einem Souverain, behandelt hatte, damit Nicolò den Prätensionen Hugo's von Galiläa entgegenträte. Denn nach des Königs Hugo IV. Tode hatte nicht nur der Papst sich für letztern auf Kypros verwandt [20]), sondern auch Fürst Robert von Achaia hatte am 18. Febr. 1360 [21]) dem Großseneschall mitgetheilt, wie er bei Abschließung seiner Ehe mit Maria von Bourbon gelobt, den Hugo von Lusignan, Erben von Kypros, wie seinen eigenen Sohn zu halten, und ihm nach dem Ableben des Großvaters das Reich garantirt. Da nun Hugo IV. am 10. Oct. 1359 gestorben und Peter I. des Vaters Thron usurpirt, sollte der Großseneschall seinem Stiefsohn zu seinem Reiche verhelfen. Nicolò sah indessen wohl ein, daß solche Intervention fruchtlos, ja für Morea nur nachtheilig sein könne, und zog es vor, eine Abfindung Hugo's zu vermitteln, die wol schon 1362 erfolgt war. In demselben Jahre fungirte Nicolò als Generalvicar der Angiovinen in „Sicilien und Calabrien" [22]); am 18. Mai [23]) schreibt seine Gattin der Lapa degli Acciajuoli, ihrer Schwägerin und Gattin des Manente de' Buondelmonti, Justitiars von Abruzzo [24]), daß ihre Schwägerin, die Gräfin von Montedorisio, ihre Söhne Benedetto und Lorenzo sich wohl befänden, die Gräfin von Catanzaro einen Sohn geboren, der Graf von Kephalenia, Leonardo I. Tocco, dessen Gattin (Manente's Schwester) und ihr junges Söhnlein Carlo gleichfalls sich besten Wohlseins erfreuen. Aber nach Griechenland kam Nicolò nicht wieder; am 11. Jan. 1365 [25]) ernannte er seinen Neffen Donato di Jacopo Acciajuoli zu seinem Vicar und Stellvertreter im ganzen Fürstenthume Achaia, namentlich in der Castellanie Korinth mit unbeschränkter Vollmacht. Donato leistete in Griechenland nur wenig; desto ersprießlicher war seine Thätigkeit in Italien, wohin er bald zurückkehrte; nachdem er für Florenz verschiedene Gesandtschaften ausgerichtet, auch 1392 Senator in Rom gewesen, starb er 1400 und ward in der Certosa neben seinem Oheim bestattet; seine Enkel bestiegen 1435 den Herzogsstuhl von Athen.

Thätiger, als er, waren seine beiden Brüder Johann, der Erzbischof von Paträ, und Rainerio. Johann, der sich längst schon nach einer passenden Heirath für seinen Bruder umgesehen hatte, glaubte endlich, 1362 eine reiche Erbin für ihn im Archipel gefunden zu haben: Rainerio sollte Herzog von Naxos werden. Im Jahre 1362 war nach einundzwanzigjähriger Regierung (1341—1362) Giovanni I. Sanudo, sechster Herzog des Archipels, mit Hinterlassung einer Witwe Maria und einer Tochter Fiorenza gestorben, welche letztere ihm als Herzogin folgte (1362—1371). Fiorenza war damals bereits seit vier Jahren Witwe von Giovanni dalle Carceri, Dreiherren von Negroponte; seit 1358 verwaltete sie als Vormünderin ihres einzigen Sohnes Nicolò dalle Carceri (1358—1383) die zwei Drittheile letzterer Insel, die vordem ihr Gemahl besessen hatte. Bald genug hatten sich Freier für die junge, reiche Witwe gefunden. Schon 1361, als ihr Vater noch lebte, hielt Pietro Giustiniani Recanelli, der angesehenste unter den Maonesen von Chios, zugleich päpstlicher Capitain von

14) Gregor. cap. 5. p. 1000. 15) *Ducange* II. p. 259—260, wo ausführlich über den dabei als Zeuge fungirenden Titularkönig Ludwig von Bulgarien gehandelt ist. 16) *Huillard-Bréholles*, Titres de la maison de Bourbon I. p. 508. 514. n. 2872. 2896. 17) Misti XXX. fol. 49v. 18) *Buchon*, Nouv. rech. II, 135—136; dipl. Florent. XXII. 19) Gregor. II, 184—185; dipl. Florent. XXI. 20) *Raynaldi* z. J. 1360. n. 10. 21) *Buchon*, Nouv. rech. II, 131—134; dipl. Florent. n. XX.

22) Fasc. Angiov. no. 89. fol. 45; no. 90. I. fol. 95v. 128, 142; no. 100. fol. 28, 102; Reg. Cancellar. no. 3. (1362—63.) fol. 68v, 70. 23) *Buchon*, Nouv. rech. II, 207; dipl. Florent. n. XXXVII. 24) Reg. Ang. no. 367. (1352. F.) fol. 150; Fasc. Ang. no. 90. I. fol. 129; no. 100. fol. 83; Arca D. m. 12. n. 23. 25) *Buchon*, Nouv. rech. II, 196—203; dipl. Florent. n. XXXI.

Smyrna, um ihre Hand an, zu Venedigs größter Unzufriedenheit. Denn die Republik, die ja Euböa gern als ihr Eigenthum ansah, fürchtete Nichts mehr, als daß ihre alten Feinde, die Genuesen, sich dort festsetzten und ihren levantinischen Handel gefährdeten. Daher schrieb man am 6. Nov. 1361 [26]) der Fiorenza und ihrer Mutter Maria, sie möchten sich hüten, ein Ehebündniß mit einem Feinde Venedigs einzugehen, während doch leicht sich in Venedig, Kreta oder Euböa ein venetianischer Nobile finden würde, der für Fiorenza eine passende Partie wäre; zugleich befahl man dem Bailo Fantino Morosini (1360—1362), auf jede Weise diese Ehe zu hintertreiben. Wolle Fiorenza seiner Mahnung nicht Folge leisten, so solle er sie nach Euböa locken und da festhalten; gelinge dies nicht, so solle er wenigstens sofort Oreos und alle Castelle der dalle Carceri für ihren Sohn Nicolò mit Sequester belegen; sei aber die Ehe trotzdem schon vollzogen, so solle er nicht nur Oreos besetzen, sondern auch sich mit Gewalt der Fiorenza bemeistern und sie nach Kandia in sicheren Gewahrsam bringen lassen. Die Vorstellungen des Bailo's fruchteten; am 9. Dec. [27]) schon erklärte Fiorenza, mit Zustimmung ihrer Mutter, nur eine Venedig genehme Person heirathen zu wollen; die Unterhandlungen mit Recanelli wurden definitiv abgebrochen. Nun aber starb Herzog Giovanni I. 1362, und alsbald ging Johann Acciajuoli mit dem Gedanken um, die Herzogin Fiorenza für seinen Bruder Rainerio zu freien. Dieser Gedanke war nichts Neues; hatte doch schon der Großseneschall Nicolò 1358 eine Ehe zwischen ihr und seinem andern Adoptivsohne Angelo, der aber den geistlichen Stand gewählt, anzubahnen gesucht. Daß ein solches Project gleichfalls bei Venedig auf Schwierigkeiten stoßen würde, ließ sich erwarten; sofort befahl der Senat am 27. Dec. [28]) dem Duca von Kreta, die Inseln Naxos, Andros, Milos und Santorini für die Erben Fiorenza's zu besetzen, sowie dem Bailo Pietro Gradenigo (1362—1364), in gleicher Weise, wie es sein Vorgänger gethan, auch diese Ehe zu hindern und den Guglielmo Sanudo aus Negroponte (durch seinen Vater Marco Enkel des dritten Herzogs Marco II.) und dessen Sohn Nicolò Spezzabanda oder andere Verwandte des erloschenen Herrscherhauses, die auf Naxos, Euböa oder anderswo lebten, zu veranlassen, daß sie sich der Herzogin Fiorenza annähmen. Dem Erzbischof aber schrieb man, Fiorenza habe gelobt, sich nie ohne Consens der Republik, unter deren Schutz einst ihre Ahnen die Inseln des Archipels gewonnen, zu vermählen; er möge deshalb die gepflogenen Unterhandlungen rückgängig machen. Johann wandte sich protestirend an Johanna II. von Neapel und Kaiser Robert von Tarent, als Oberlehnsherrn des Archipels, und beide schrieben nun für Rainerio an Venedig, indem sie sich darauf beriefen, daß Fiorenza als Vasallin der Angiovinen frei über ihre Hand verfügen könne, sobald Robert dazu seinen Consens ertheile. Darauf erwiderte Venedig am 8. April 1363 [29]), auch wenn Fiorenza des Kaisers Vasallin, sei sie doch zunächst Bürgerin Venedigs und der Republik unterthan; ihre Ahnen hätten mit Venedigs Hilfe einst den Archipel erobert, wären von Venedig stets geschützt und in alle Friedensschlüsse, welche die Republik eingegangen, namentlich mit eingeschlossen worden; ohne dies wäre das Herzogthum wol schon längst verloren gegangen. Da der Kaiser aber der Herzogin keinen Schutz gewährt, sei es zunächst Venedigs Sache, für die Zukunft und Sicherheit der Fiorenza zu sorgen, und man bitte daher die Königin und den Kaiser, sich hier nicht weiter einzumischen. Trotzdem setzte Johann von Patrá die Unterhandlungen fort; am 8. Mai meldete der Golfcapitain Domenico Michieli aus Klarenza, eine genuesische Galeere unter Bisaccia Grimaldi sei nach dem Archipel bestimmt, um Fiorenza abzuholen; man befahl ihm ungesäumt [30]), im Nothfall den Grimaldi selbst feindlich zu behandeln und, falls Rainerio sich schon auf Naxos festgesetzt habe, ihn mit seiner Flotte zu befehden. Das war indessen überflüssig; denn der Bailo hatte sich bereits der Fiorenza bemächtigt und sie nach Kreta führen lassen, während in Venedig Nicolò Sanudo Spezzabanda erschien und die Republik bat, zu seiner Vermählung mit Fiorenza ihre Zustimmung zu ertheilen. Gern ward das genehmigt; im August [31]) ward ihm gestattet, sich nach Kreta zu begeben und da die Ehe zu vollziehen; doch sollte der Duca die Herzogin nicht ohne specielles Mandat ihrer Haft entlassen. Alsbald ging Nicolò, begleitet von dem Notar Lorenzo de' Bici, nach Kreta und holte die Herzogin nach Venedig ab; dort ward Anfangs 1364 [32]) ihre Ehe vollzogen; die Republik billigte sie nicht nur aufs Neue, sondern gelobte auch, die Inseln gegen jeden Feind zu schirmen, wogegen Nicolò versprach, zur Unterdrückung des Aufstandes in Kandia nach Kräften mitzuwirken [33]). Erst dann wandte sich Venedig an den Papst um Dispens für die nahe verwandten Eheleute; er ward bewilligt. Fiorenza war nun wieder die getreue Tochter der Republik; sie durfte ihre Baumwolle und Getreide aus Santorini nach Venedig ausführen; Bischof Jacob von Santorini, der 1365 als Gesandter des „Herzogs" Nicolò — denn diesen Titel führte Spezzabanda, so lange seine Gattin lebte — in Venedig weilte, ward mit hohen Ehren begrüßt [34]); Nicolò selbst aber wurde am 23. Aug. [35]) eifrig belobt, da er mit seinen Galeeren und Leuten nach Kreta gezogen und dem Duca bei Niederwerfung des dortigen Aufstandes kräftigen Beistand geleistet. Aus seiner Ehe mit Fiorenza entsprossen zwei Töchter, Maria und Elisabetta, von denen jene, als die ältere, nach der Mutter Tode 1371 Andros unter der Bedingung empfing, daß sie zugleich für den Unterhalt der Elisabetta sorge;

26) Misti XXX. fol. 59. 27) Commemoriali. Vol. VI. fol. 416 r v. 28) Misti XXX. fol. 212. 29) Ebenda fol. 247.

30) Original-Urkunde im Cod. Cicogna no. 2777; Lettere secrete (Cod. Capponi) fol. 4 r. 31) Misti XXXI. fol. 59 v, 63 v; Raggioni che ha la Ser. repubblica sopra il ducato di Nasso, im Cod. Cicogna n. 1679; Albero dei duchi dell' Arcipelago (Arch. Campagna zu Verona B. 79. n. 19). 32) Lettere secrete (Cod. Capponi) fol. 76 v. 33) Misti XXXI fol. 150 v. 34) Ebenda fol. 106, 115 v, 196. 35) Lettere secrete (Cod. Capponi) fol. 165 v.

im Archipel folgte als achter Herzog sein Stiefsohn Nicolò II. dalle Carceri (1371—1383), Dreiherr von Euböa, vorläufig, da er noch minorenn, unter Spezzabanda's Vormundschaft [36].

War so das Project des Erzbischofs von Paträ, seinem Bruder die Herzogskrone des Archipels zu gewinnen, an Venedigs entschiedener Opposition und den vom Bailo ergriffenen Gewaltmaßregeln gescheitert, so bot sich dafür bald im Peloponnesos eine Gelegenheit zur Erweiterung des Grundbesitzes der Acciajuoli, indem Rainerio durch Kauf die alte Baronie Vostitza an sein Haus brachte. Kaiserin Maria hatte, wie früher erwähnt, 1359 Vostitza und Nivelet von der letzten Erbin der Charpigny erworben; mit Zustimmung ihres Sohnes Hugo von Galiläa verpfändete sie zunächst beide Baronien dem Großseneschall Nicolò Acciajuoli und befahl am 12. Oct. 1363 [37] dem Roger de Mola, Capitain von Vostitza und Phanarion, dieselben dem Alessandro Brancaccio Imbriaco, Marschall von Sicilien und Achaia und Bailli des Fürstenthums, für die Acciajuoli zu übergeben. Brancaccio bevollmächtigte alsbald einen Procurator zur Besitzergreifung; doch änderte sich die Sachlage sofort, indem am 13. Nov. die Verpfändung in einen förmlichen Verkauf verwandelt wurde. Am 17. März 1364 [38] erschienen in Brancaccio's Namen Alemanno di Alemanno Acciajuoli und Jacopo Bozzuto vor dem Capitain Roger de Mola und empfingen Vostitza und Nivelet nebst dem kläglichen Inventar der Festungen — meist aus Mühlsteinen, Eimern, Glocken, Tischen und völlig unbrauchbaren Waffen bestehend — von dem letztern für Rainerio Acciajuoli, Kammerherrn der Kaiserin, der nun als eigentlicher Käufer der Baronien erschien und bald darauf auch nach des Adoptivvaters Tode durch Verpfändung in den Besitz der Castellanie Korinth kam. Wenige Monate nur verstrichen und Kaiser Robert starb kinderlos am 13. Sept. 1364 zu Neapel [39]; er fand Tags darauf seine Ruhestätte in der Kirche S. Giorgio maggiore, deren Pfarrer Andrea Agnese ihm später — 1471 — ein Denkmal errichten ließ; am 9. Oct. [40] condolirte Venedig der Königin Johanna II. über den Verlust ihres Schwagers, „unseres theuren und intimen Freundes." Aber war schon bei Lebzeiten des Kaisers Robert der Zustand in Achaia ein völlig anarchischer, so verschlimmerte sich derselbe nun noch mehr, indem zwei Prätendenten sich das Erbe des Verstorbenen streitig machten. Gleichwie in dem Kaisertitel und in Korfu Philipp II. von Anjou-Tarent (1364—1373) dem Robert gefolgt war, ebenso glaubt dieser auch den Peloponnesos nicht nur als kaiserlicher Oberlehensherr, sondern auch als wirklicher Fürst beanspruchen zu können, während Maria von Bourbon (1364—1387), Robert's Witwe (die den größten Theil des Landes, soweit ihn nicht die Barone selbständig inne hatten, besaß), und ihr Sohn erster Ehe, Hugo von Galiläa (1364—1370), sich als rechtmäßige Erben von Achaia gerirten. Letzterer, von der Thronfolge in Kypros ausgeschlossen, dachte daran, sich in Achaia dauernd niederzulassen und als Fürst dort mit dem alten Glanze der Villehardouin zu gebieten. König Peter I. von Kypros war damit natürlich ganz einverstanden; er fand die Ansprüche Hugo's auf das Reich gern mit Geld ab und zahlte der Kaiserin und ihrem Sohne in den Jahren 1364—1368 nicht unbedeutende Geldsummen [41], welche diese großentheils dazu verwandten, um eine Expedition gegen die rebellischen Barone und Kirchenfürsten Morea's auszurüsten. Vorläufig fungirten in Klarentza noch die Beamten Robert's, zunächst wol Brancaccio als Bailli; seine Officialen schalteten rein nach Willkür. Als das Schiff des Venetianers Nicolò de Tabulell bei Beauvoir scheiterte, confiscirte der dortige Capitain sämmtliche Waaren, während doch sonst das Strandrecht in Griechenland arg verpönt war; die Reclamationsschreiben der Castellane von Modone und Korone wurden von dem Bailli höhnisch zerrissen und auf die Erde geworfen. Daher wies Venedig am 16. Juni 1365 [42] den Golfcapitain an, nach Klarentza zu gehen, sich zunächst bei dem dortigen Consul Galeazzo Nani zu informiren und dann gegen den Bailli energisch vorzugehen. Zugleich aber sorgte es für Herstellung des Arsenals in Korone, das sich im schlechtesten Stande befand [43], und schickte eine Galeere mit Truppen hin, damit die Colonie „das rechte Auge unseres Staates" gegen alle Eventualitäten sicher gestellt würde. Das war um so nothwendiger, als ein drohender Krieg der Feudalherren gegen den Fürsten bevorstand [44]; mochte auch der Bailli nachgeben, sodaß im März 1366 [45] die Handelsbeziehungen zwischen Venedig und Klarentza geregelt waren, und Jacopo Nani eine Anzahl Seidenzeuge aus letzterer Stadt ausführen konnte, so verfuhren dagegen die fürstlichen Castellane gewaltsam wie zuvor und warfen sogar lüsterne Augen auf Modone und Korone [46], dessen Castellane jüngst von dem Bischofe ersterer Stadt Giorgio da Molino aufs Neue wegen angeblicher Usurpirung seiner Zinsbauern und anderer Bedrückungen mit dem Banne belegt waren. Während Maria und Hugo 1365 zum Zuge gegen die widerspenstigen Barone rüsteten und ihren Seneschall Gurello Caracciolo an Friedrich III. von Sicilien um Beistand sandten [47], gingen im Peloponnesos selbst noch bedeutendere Veränderungen vor sich. Im nämlichen Jahre 1365 starb Johann Acciajuoli, Bischof von Paträ; Paul Foscari, den Venedig als seinen Mitbürger am 19. Aug. [48] der Curie zum Nachfolger vorschlug, empfing nicht die päpstliche Bestätigung; er ward 1366 des bei-

36) *Stef. Magno*, Annali Veneti. Tom. IV. (Cod. Cicogna no. 967) fol. 22v—23; vergl. Notatorio. Vol. IX. fol. 107. 37) *Huillard-Bréholles*, Titres de la maison de Bourbon. Vol. I. p. 509. n. 2281—2283. 38) Ebenda Vol. I. p. 510—513. n. 2292. 39) *Phil. Crassulus*, Annales de rebus Tarentinis in Raccolta di cronache Napoletane. Tom. V. Napoli 1782. 4. p. 112. *Ducange* II, 262—263 hat ein falsches Datum. 40) Misti XXXI. fol. 149.

41) *Huillard-Bréholles* a. a. O. Vol. I. p. 515. 538. n. 2903. 3061. 42) Misti XXXI. fol. 139v. 43) Ebenda fol. 167v. 44) Novella fol. 160. 45) Misti XXXI. fol. 255v. 46) Ebenda fol. 214. 47) Palermo. Reg. Cancell. no. 6. (1360—1402.) fol. 880. 48) Misti XXXI. fol. 207.

ligen Peter Thomas Nachfolger in Korone, dann 1367 Bischof von Castello; erst 1376 erreichte er das Ziel seiner Wünsche, das Erzbisthum Paträ. Statt seiner ernannte der Papst zu Johann's Nachfolger dessen Verwandten Angelo I. Acciajuoli (1365—1369), des Alamanno Sohn und Adoptivsohn des Großseneschalls Nicolò, wobei des letztern Empfehlung den Ausschlag gab; die höchste geistliche Gewalt in Achaia und der reichste Grundbesitz sollten bei dem Geschlechte der florentinischen Parvenus erblich verbleiben. Aber der Großseneschall überlebte die Bestätigung des Angelo als Erzbischofs nur kurze Zeit; am 8. Nov. 1365 [49]) beschloß er sein thatenreiches Leben. In der von ihm erbauten Certosa fand er seinem Testamente gemäß seine Ruhestätte; ein prächtiges Denkmal von Andrea Orcagna ziert sein Grab. Sein Tod war für die Vaterstadt, die ihm und seinem Hause viel verdankte, ein schwerer Verlust; am 10. Dec. [50]) condolirte sie seinem ältesten Sohne Angelo, ihn zugleich mahnend, daß er des Schicksals unabwendbaren Schlag muthig als Mann ertrage. Minder schmerzlich mag Boccaccio die Kunde von dem Ableben seines frühern Gönners empfunden haben. Aus seinem Briefe vom 28. Juni 1363 [51]), den er von Venedig aus an den Prior von Sti. Apostoli in Florenz richtete, ersehen wir, wie ihn der Großseneschall zu sich nach Neapel eingeladen hatte, damit der Dichter die Heldenthaten des höfischen Emporkömmlings feire. Die geringschätzende Behandlung, die der Großseneschall dem Poeten angedeihen ließ, veranlaßte diesen zur baldigen Flucht und zu einer der heftigsten Invectiven, die je gegen einen großen Parvenu geschleudert sind. Zur Charakterisirung des florentinischen Kaufmannssohnes, der als Geliebter einer Kaiserin, Günstling von Königin und Prinzenerzieher sich zu der höchsten Würde emporschwang, dabei aber die plebejischen Sitten, den bäuerischen Stolz, des Geldmanns aufgeblasene Eitelkeit keinen Augenblick verleugnen kann, ist dieser Brief ein höchst wichtiger Beitrag, obgleich die Farben darin sicher etwas zu stark aufgetragen sind; auf das Detail werde ich einmal in einer besondern Biographie Acciajuoli's zurückkommen. Hier haben wir nur das Geschlecht des Großseneschalls, soweit dasselbe in Griechenland begütert blieb, zu verfolgen. Zufolge seinem Testamente folgte ihm sein ältester Sohn Angelo, Graf von Melfi und Malta, auch im Besitze der Castellanie Korinth. Am 7. Nov. 1366 [52]) erklärte Kaiser Philipp II., Despot von Romania, Fürst von Achaia und Tarent, er bestätige dem Grafen von Malta den Besitz von Korinth, obgleich die Castellanie eigentlich an ihn durch Nicolò's Tod heimgefallen sei, zunächst auf Lebenszeit, enthob den bisherigen Statthalter Donato Acciajuoli seines Amtes und ermächtigte den Angelo, dort neue Beamte einzusetzen. Sofort übertrug Angelo die Verwaltung der Castellanie dem Bruder Donato's, Rainerio, der bald als Pfandherr zu dem Besitze von Korinth gelangte; ihm und dem Donato ertheilte Venedig am 16. Febr. 1370 [53]) Bürgerrecht auf 25 Jahre. Wenn auch Kaiser Philipp am 26. Febr. 1371 [54]) den Angelo erblich mit Korinth und der mit der Castellanie verbundenen Pfalzgrafenwürde belehnte, und Königin Johanna I. am 27. Jan. 1375 [55]) ihm alle Besitzungen in Achaia und alle darauf bezüglichen Privilegien bestätigte, so war doch Rainerio seit 1367 factisch Herr von Korinth; zur Erweiterung seiner Macht schoß ihm die Vaterstadt nicht unbeträchtliche Geldsummen vor [56]). Pfalzgraf Angelo kümmerte sich dagegen wenig um Griechenland; wir sehen ihn vielfach in die neapolitanischen Wirren verwickelt [57]); am 2. Nov. 1391 [58]) machte er sein Testament. Aus seiner Ehe mit der Erbtochter Antonio Grimaldi's von S. Giorgio stammten neben zwei in Neapel verheiratheten Töchtern die Söhne Roberto, Jacopo und Giovanni. Den Roberto ernannte er zum Universalerben; er ward Graf von Melfi und Malta, welches letztere freilich längst in die Hand der Aragonier von Sicilien gefallen war; dem Jacopo, der geistesschwach, hinterließ er, falls er zu Verstande gelange, die Castellanie Korinth nebst der Burg Basilikata (Sikyon), dem Giovanni die Güter des Hauses in „Morea, Skorta und Kalamata." Sollte indessen Jacopo geistesschwach bleiben, so sollte Giovanni auch Pfalzgraf von Korinth werden, die Castellanie aber, gleich den andern moreotischen Gütern, von dem Erstgebornen Roberto zu Lehen tragen. Ausdrücklich war indessen dabei vermerkt, daß Korinth factisch nicht im Besitze Angelo's sei, vielmehr erst von Nerio durch Ablösung des Pfandgeldes recuperirt werden müsse. Die Söhne Angelo's verschwinden bald ganz aus der Geschichte Achaia's; 1399 war Jacopo bereits gestorben, und wenn auch König Ladislaus am 28. Mai [59]) dem Roberto sämmtliche Besitzungen seines Großvaters Nicolò bestätigte, so waren doch die Güter seiner Linie in Romania längst in andere Hände übergegangen. Roberto überlebte seinen Bruder Giovanni; nach 1412 starb er kinderlos. Von Angelo's Brüdern hinterließ Lorenzo, Herr von Oppido, Casalaserro, Cancellara (1365—1408), von Mattea Castaldo nur eine Tochter Margherita, die sich mit Jacopo della Marra von Stigliano vermählte; Benedetto, Herr von Cidignola, Polignano, Ascoli und Spinazzola (Capitain von Korfù 1366), starb 1417 mit Hinterlassung eines legitimirten Sohnes Carlo, der ihm folgte, die Baronien aber bald wegen Rebellion gegen Johanna II. verlor. Von andern Sprossen der Acciajuoli, die sich in Griechenland damals niederließen — abgesehen von Nerio in Korinth — ist des Angelo, Erzbischofs von Paträ, bereits gedacht; Litta gibt ihm zwei Söhne, Roberto (1420) und Ugone; doch muß hier entweder eine Verwechselung obwalten, oder beide waren

49) Buchon, Nouv. rech. II, 203; dipl. Florent. n. XXXII. 50) Ebenda I, 114—115. 51) Prose di Dante Alighieri e di Giov. Boccaccio. Firenze 1723. 4. p. 289 seq. 52) Buchon, Nouv. rech. II, 204—207; dipl. Florent. n. XXXIII.

53) Commemoriali. Vol. VII. fol. 509v—510r. 54) Buchon, Nouv. rech. II, 208—210; dipl. Florent. n. XXXV. 55) Ebenda II, 211—212; dipl. Florent. n. XXXVI. 56) Ebenda I, 47. 57) Reg. Ang. 1382. fol. 101v, 230, 257. 58) Buchon, Nouv. rech. II, 212—214; dipl. Florent. n. XXXVII. 59) Ebenda II, 214—216; dipl. Florent. n. XXXVIII.

Bastarde. Ein Bruder Angelo's, Pietro, wird von demselben gleichfalls irrig als Bischof von Korone bezeichnet; er bekleidete die Würde eines Bischofs von Kephalenia (1391—1401), ward 1401 Erzbischof von Korinth und später von Theben, in welcher Würde er 1428 gestorben ist. Von Bernardo Acciajuoli, Sohn des Alemanno di Manupius, war schon oben die Rede; zuletzt begab sich auch Monte di Martinaccio (1391 alla vipora genannt) zu seinem Vetter Nerio nach Attika, flüchtete aber bald vor den Türken nach Korone unter Venedigs Oberhoheit; ebendort lebten seine Söhne Ammore, Francesco, Emmanuele, Gregorio und Priamo, sein Enkel Gregorio di Emmanuele und seine Urenkel Giovanni, Priamo und Mario. Giovanni, der an der Occupation von Korone durch Andrea Doria bedeutenden Antheil hatte, ward schließlich genöthigt, ein Asyl in Neapel zu suchen, wo seine Enkel in großer Dürftigkeit ihr Leben beschlossen haben. Auf die Linien des Nerio in Korinth und seines Bruders Donato komme ich später bei Darstellung der Herrschaft der Acciajuoli in Athen zurück.

Noch bei Lebzeiten des Großseneschalls Nicolò hatte die Kaiserin-Witwe Maria von Bourbon über die Zustände Achaia's genaue Informationen eingezogen; die Lehensrolle, die damals — 1364 — für sie aufgesetzt wurde, ist durch einen glücklichen Zufall noch erhalten [60]. Wir ersehen daraus, daß die Domainen damals in vier Provinzen oder Castellanien getheilt waren, die „der Ebene von Morea," die von Alifiri, welche den Rest von Elis umfaßte, die von Skorta (Arkadien) und Kalamata. In Morea lagen die fürstlichen Burgen Clermont unweit Klarenza und St. Omer; in Alifiri (Griseza) Beauvoir oder Pondikokastro, das Schloß „della montagna delle monache," Beauregard, Bucinago und Chelidoni; in Skorta dann Beceles (Polcelletto, Aracheva), la Smirina, Crevecoeur, Akova, Pigria und Siderokastron (Castel di ferro); in der Castellanie Kalamata endlich neben der gleichnamigen Hauptfestung das Schloß des Hafens von Jonklon und der Thurm von Maina. Neben der Fürstin besaßen in Alifiri die Johanniter die Castelle Palaeopolis und Justena, Raimondo Marchesano aus Nizza [61]) das „neue Schloß" (Neokastro), Centurione I. Zaccaria Chalandritza, Stamirra (wol ein anderes Santameeinon oder St. Omer) und Lisarea; der Herr von Vostiza, nunmehr Rainerio Acciajuoli, Vostiza, S. Nicolò de le Piacto und Phanarion; Angelo Acciajuoli von Patrâ Katafigo, Kastri, Siderokastro oberhalb Patrâ, Kamenitza, den Thurm del bosco und das Schloß der Ebene von Patrâ; Nicolò Alemanno, wol auch ein Florentiner, das Castell S. Elia; Jacopo de Zosa oder Zova, auch in Argolis unter den Enghien reich begütert, das gleichnamige Schloß; der Großseneschall Nicolò endlich den Thurm Cristiana. In Skorta erscheint nur ein einziger Baron, der oft genannte Johann Misito von la Scala (Scala), in Kalamata neben denselben, als Herrn von Grevena und Turiada, und Nicolò Acciajuoli, Baron von Bulfano und S. Arcangelo, Erard II. le Noir von Arkadia, St. Sauveur und Arcos (l'Aquila), während Enghien Argos und Nauplion, der Großseneschall aber die Castellanie Korinth mit den Schlössern Korinth, Maivicino bei Korinth, Basilikata, S. Basilio, S. Giorgio di Polyphengo (Phlius), Cerlastelli (?), Angelokastro, Vidiada und Liguria, also noch einen nicht unbeträchtlichen Theil von Argolis besaß. Aus dieser Lehensrolle ersieht man am deutlichsten, wie die Acciajuoli damals factisch die Herren des Fürstenthums waren; auf seiner reichen Verwandten Beistand gestützt, wagte es daher Erzbischof Angelo, der den Titularkaiser Philipp als rechtmäßigen Erben in Achaia, sich selbst aber als souverainen Gebieter seiner Baronien ansah, der verwittweten Kaiserin und ihrem Sohne Hugo mit den Waffen in der Hand den Einzug ins Fürstenthum zu verwehren. Mit einem ansehnlichen Heere — der Sage nach über 6000 Reitern und zahllosem Fußvolk! —, meist Söldnern aus Kypros und der Provence, zogen Maria und Hugo Anfangs 1366 nach Morea, landeten bei Patrâ und begannen, die Festung zu belagern, um den rebellischen Kirchenfürsten mit Gewalt zum Gehorsam zu zwingen. Angelo konnte der feindlichen Uebermacht nur 700 Mann entgegenstellen; dagegen hatte er das Glück, einen ausgezeichneten Feldherrn an ihrer Spitze zu sehen. Das war Carlo Zeno, Pietro's Sohn, später der gefeiertste Seeheld Venedigs nächst Dandolo, damals noch Kanonicus von Patrâ [62]. In jungen Jahren hatte Zeno eine Präbende in Patrâ vom Papste empfangen, dann, nachdem er fünf Jahre lang sich in Italien als Soldat herumgetummelt, den Besitz derselben angetreten und dem Erzbischofe Reinald de Lauro treulich gegen die Türken gedient, bis eine schwere, im Kampfe davongetragene Wunde ihn nöthigte, sich nach Venedig zu begeben und dort ärztlicher Hilfe anzuvertrauen. Hergestellt von seiner Verwundung, schloß er sich an Peter I. von Kypros an, der seit December 1362 in Venedig weilte, folgte ihm an den Hof des Kaisers Karl IV., kehrte aber 1365 nach Patrâ zurück, da er vernommen, daß Hugo, der Prätendent von Kypros, den Erzbischof Angelo bedrohe; eifrigst ließ er sich die Vertheidigung der Residenz angelegen sein. Während Hugo das flache Land plünderte, schirmte Zeno die Burg, schlug den nächtlichen Angriff des Feindes ab und nahm, indem er an einem günstigen Ort einen Hinterhalt legte, nicht wenige der Kyprioten gefangen. Ein halbes Jahr lang dauerte der Krieg zwischen Erzbischof Angelo und Fürst Hugo; in Folge der tapfern

60) Als Umschlag der Conti antichi della ricetta generale dell' anno 1361 im Archiv zu Malta. 61) Vergl. S. 450. War vielleicht er, und nicht Centurione, der erste Herr von Manlatochori?

62) *Jac. Zeno*, Vita Caroli Zeni bei *Muratori* XIX. p. 212 seq. ist hier Hauptquelle: die Angabe, daß Zeno damals erst 22 Jahre alt gewesen, beruht indessen auf einem Irrthume; es ist dafür 32 zu lesen; daneben sind wichtig besonders *J. Servion*, Chroniques de Savoye in den Monumenta historiae patriae. Tom. III. Augustae Taurinorum 1840. fol. p. 303 und die Rechnungen des Antonio Barberi bei *P. Datta*, Spedizione in Oriente di Amedeo VI. conte di Savoia. Torino 1826. 8. p. 186—189. 205—206; *Datta* selbst p. 89—92 und *Guichenon*, Histoire de Savoye. Vol. I. p. 416.

Gegenwehr Zeno's ward nicht nur letzterer abgeschlagen, sondern Zeno's Leute, die Truppen des Erzbischofs, ergriffen jetzt die Offensive, brachen in die Lande Maria's von Bourbon ein und belagerten Zonklon, die beste Burg der Kaiserin, die damals Wilhelm de Thalay, Castellan von Kalamata, befehligte. Immer mehr näherte sich der Krieg den Grenzen der venetianischen Colonie in Modone und Korone; am 25. Aug. 1366[63]) hieß der Senat Vorkehrungen für die Kaufleute in Klarentza und Patrá treffen, die unter solch anarchischer Wirthschaft der größten Gefahr ausgesetzt waren; der Golfcapitain sollte die Schiffe der provençalischen Söldner, die unter dem Banner der Kaiserin selbst venetianisches Land unsicher machten, aufgreifen; nach der Colonie wurden Truppen und zwei Chirurgen[64]) gesandt, die bei einem bevorstehenden Conflict hier wol an der Stelle waren. Unterdessen erschien plötzlich als Friedensstifter Graf Amadeus VI. von Savoyen am 19. Juli 1366 in Korone. Von seinem Verwandten, dem Kaiser Joannes V., zu Hilfe gerufen, der nicht nur von den Türken lange schon bedrängt war, sondern sogar damals in der Haft des treulosen Bulgarenkönigs schmachtete, hatte er sich mit stattlichem Gefolge zum Kreuzzuge nach dem Orient gerüstet und war über Venedig, Pola und Ragusa am 6. Juli nach Korfu, am 17. nach Modone gekommen, wo er in dem dortigen Hospiz seine Wohnung nahm und seine Wirthe, wie die dortigen Dominikaner mit Geschenken reichlich bedachte. Von da begab er sich alsbald nach Korone; die Schiffe aus Genua, Marseille und Aiguesmortes, die neue Kreuzfahrer ihm zuführen sollten, waren dort jüngst eingelaufen. Zugleich aber erschien vor ihm der Castellan Wilhelm de Thalay und klagte, die Truppen des Erzbischofs Angelo hätten sämmtliche fürstliche Domainen bis nach Zonklon hin occupirt und belagerten dort den Hugo und dessen Mutter; er beschwor ihn, schon aus Liebe gegen seine Gattin Bona von Bourbon, der verwitweten Kaiserin Hilfe zu leisten. Unverzüglich folgte der ritterliche Graf dieser Einladung; er eilte mit den Seinen nach Zonklon und befreite den bedrängten Fürsten. Angelo zog sich zurück, sandte dann zwei Minoriten an Amadeus, die diesem die wahre Sachlage auseinandersetzen sollten, wie der Peloponnesos herrenlos sei, er selbst, Vasall des Papstes, nur die Rechte der Kirche wahre, dagegen von Hugo angegriffen, der Krieg mithin nur Nothwehr, er aber bereit sei, den Grafen als Schiedsrichter anzuerkennen. Gern übernahm Amadeus diese Rolle; er sandte zwei seiner Ritter an Angelo, zwei an Maria und lud sie zu einer Besprechung in Modone ein. Maria pochte auf ihr Witthum, für das ihr Morea verschrieben sei, Acciajuoli auf die Rechte der Curie; doch gelang es dem Grafen endlich, die streitenden Parteien zu versöhnen. Maria und Hugo verzichteten auf die Oberhoheit in Patrá und erklärten den Erzbischof für souverain; dagegen verpflichtete sich letzterer, dem frühern Landesherrn eine Abfindungssumme zu zahlen. Beide Theile waren mit diesem Uebereinkommen völlig zufrieden. Hugo blieb factisch Herr von Morea, Angelo, der zum Dank den Grafen von Savoyen mit kostbaren Reliquien beschenkte, Souverain von Patrá. Nachdem das Friedenswerk vollendet, setzte Amadeus seine Reise fort; am 28. Juli finden wir ihn im Hafen der Insel S. Giorgio de Albora (Belbino); dann besuchte er das Cap Sunion mit den Tempelsäulen (le Colonne); am 2. Aug. war er in Euböa, wo er die Minoriten, die Schwestern des Ordens und die Dominikaner beschenkte; am 23. desselben Monats landete er vor Kallipolis. Seine Heldenthaten im Romäerreiche zu verfolgen, ist hier nicht der Ort; genug, daß er am 14. Juni 1367 letzteres verließ, am 22. wieder in Euböa, Anfangs Juli in Klarentza landete, dort am 4. Juli seinen Getreuen Jacopo de Luserna, früheren Capitain von Kallipolis, verlor, ihn in dem dortigen Franziskanerkloster bestatten ließ, Tags darauf dem Kloster selbst ein ansehnliches Geschenk machte und schließlich über Korfu und Ragusa nach Venedig heimkehrte. Der durch ihn angebahnte Vertrag von Modone (Juli 1366) sollte den alten Streit zwischen dem Fürsten von Achaia und den Fürstbischöfen von Patrá für ewige Zeit beenden. Aber Acciajuoli hatte zunächst Geldsummen an Maria und Hugo zu bezahlen; um sie beizutreiben, ging Zeno nach Klarentza, das damals der Erzbischof noch occupirt hatte, meldete der Bürgerschaft, daß Friede geschlossen, und bat sie, für die Zahlung Sorge zu tragen. Alle waren zufrieden, nur nicht ein Ritter Simon, wahrscheinlich jener Simon d'Ormoy, den der Großseneschall Nicolò 1354 in Achaia belehnt hatte. Er schalt die, welche den Frieden vermittelt, Verräther, namentlich den Zeno, der, empört über diesen Vorwurf, den Simon zum Zweikampf forderte; in Neapel sollte derselbe stattfinden. Als der Erzbischof, von Modone heimgekehrt, es hörte, suchte er Zeno von seinem Entschlusse abzubringen; vergeblich. Acciajuoli nahm ihm seine Präbende; Carlo aber, der längst des geistlichen Standes überdrüssig, legte alle Pfründen, die er sonst noch hie und da in Griechenland besaß, nieder und vermählte sich mit einer reichen Edeldame aus Patrá. Schon am dritten Tage nach der Hochzeit machte er sich auf gen Neapel zur Königin Johanna I., die alsbald den Streit mit Simon schlichtete, ohne daß es zum Zweikampfe kam; sie entschied für Carlo und verurtheilte jenen zur Zahlung der Kosten. Zugleich aber ernannte Philipp von Tarent den Carlo Zeno (1366—1369) zum Bailli von Achaia; er kehrte heim zur Gattin und zu Acciajuoli, dem er bis zu seinem 1369 erfolgten Tode treuen Beistand gegen Hugo's Prätensionen leistete. Als aber um dieselbe Zeit seine Gattin kinderlos starb, und ihr Lehen auf ihre Verwandten überging, verließ er Achaia, schloß in Venedig eine zweite Ehe und weilte sieben Jahre lang bald in der Krim, bald in Constantinopel als Kaufmann, daneben die Interessen seiner Vaterstadt eifrig wahrnehmend, wie denn hauptsächlich seiner Verwendung Venedig den Besitz von Tenedos zu verdanken hatte — die nächste Veranlassung zu neuem blutigen Kriege mit Genua, in dem Carlo sich

63) Misti XXXII. fol. 15, 25 v. 64) Grazie Vol. XIII. (nicht foliirt).

so glänzend bewährte. Während Ercolanoli seit dem Vergleiche mit Maria ruhig sein Erzbisthum verwaltete, Zeno aber als Baili Philipp's in Klarenza residirte, hielten die Kaiserin und ihr Sohn Hugo von Galiläa den Südwesten der Halbinsel besetzt, und dachten daran, dort ihre Macht auf Kosten Venedigs zu erweitern. Von ihren Söldnern war die Colonie in Modone und Korone bedroht; 1368 [65]) mußte das Gehalt der dortigen Castellane bedeutend erhöht werden, da kein Nobile sich fand, der zu diesem schwierigen Posten Lust bezeugt hätte; zu besserer Befestigung wurden die auf dem Platze der Gemeinde in Modone erbauten Magazine geschleift [66]). Wilhelm von Thalay, der unruhige Castellan von Kalamata, suchte damals den Söldnerhauptmann Folcard von Archiar zu bestimmen, Modone zu überfallen; Hugo von Galiläa gab seine Zustimmung. Aber Folcard verrieth den Anschlag dem Castellan Filippo Pisani, der deshalb sofort am 31. Oct. 1368 [67]) an Venedig berichtete; die Republik gebot ihm, auf der Hut zu sein, schrieb aber auch Anfangs 1369 [68]) energisch an Hugo, damit er den treulosen Thalay seines Amtes enthebe. Um dieselbe Zeit wandte sich Ercolanoli von Paträ an Venedig; neuer Krieg mit Hugo schien bevorzustehen; die Republik aber zog es vor, Neutralität zu beobachten. Bald bestimmte der am 17. Jan. 1369 erfolgte Tod des Königs Peter I. von Cypern den Prinzen von Galiläa, Achaia zu verlassen; die Unmündigkeit des neuen Königs Peter II. schien ihm günstige Gelegenheit zur Realisirung seiner Prätensionen zu bieten, und so beeilte er sich denn, den Anforderungen Venedigs nachzukommen und das freundliche Verhältniß mit den Castellanen aufrecht zu erhalten. Filippo Pisani suchte nun eifrig die verlorenen Güter der Colonie, namentlich die Weinberge und Leibeigenen, wiederzuerlangen; bald gerieth er darob in Zwist mit dem Bischofe von Modone Francesco Falier (1367—1391), der sich im Herbst 1369 [69]) deshalb in Person nach Venedig begab; erst Juni 1370 [70]) wurde ein Vergleich abgeschlossen; seitdem ruhten diese Streitigkeiten wenigstens für längere Zeit.

In Paträ übernahm nach Angelo's Tode Ende 1369 Johann de Noviacho als päpstlicher Generalvicar die Verwaltung (1369—1371) [71]); dann ward Johann Piacentini aus Parma (1371—1376) zum Fürstbischof ernannt. Im September 1371 [72]) weilte er in Venedig, um sich nach Klarenza einzuschiffen, und bestätigte dort den Kaufleuten alle Privilegien, die sie bis dahin in seiner Diöcese genossen; er blieb, so lange er dort schaltete, Venedigs Freund, vertauschte 1376 sein griechisches Erzbisthum mit dem Bisthume von Castello (dem Bisthume der Stadt Venedig), dessen bisheriger Inhaber Paul Foscari dafür nach Paträ versetzt wurde, erlangte 1385 den Cardinalshut und beschloß am 9. Mai 1404 sein Leben. Unterdessen hatte Hugo von Galiläa sich vergeblich bemüht, auf Kypros Anhang zu gewinnen; am 16. Jan. 1370 [73]) verzichtete er vielmehr zu Rom in Gegenwart der Ritter Amadeus von Joinville und Matthäus von Humières feierlich auf die Regentschaft und Vormundschaft über Peter II. Von da begab er sich nach Neapel, wo er am 4. März 1370 [74]) ein Abkommen mit Kaiser Philipp II. traf; gegen eine Jahresrente von 6000 Gulden überließen er und seine Mutter Maria ihr Anrecht auf den Peloponnesos, mit Ausnahme der letzterer als Witthum ausgesetzten Castellanie Kalamata, dem Philipp von Tarent. Seitdem mischte sich Hugo nicht länger in die griechischen Angelegenheiten ein; er starb 1379 [75]), wahrscheinlich in Neapel. Wer seine Gattin gewesen, ist unbekannt. Froissart [76]) erzählt, er habe seine Tochter dem Sohne des Tartaren-Chagans (vielleicht richtiger dem Emir von Karaman) zur Gattin gegeben. Später begegnet uns eine Isabella von Lusignan (1381 und 1382) als „Despina des Despotats Morea," ohne Zweifel gleichfalls eine Tochter, wenn nicht die Witwe Hugo's, die im Peloponnesos noch bedeutenden Grundbesitz inne hatte; wahrscheinlich hatte ihr Maria von Bourbon einen Theil der Castellanie Kalamata überlassen. Doch muß sie noch vor letzterer gestorben sein; denn Maria, die regelmäßig ihre Renten aus Neapel bezog [77]), gedenkt in ihrem Testamente von 1387 nicht der Despina, vielmehr setzte sie, wozu auch Hugo schon früher seine Zustimmung gegeben, ihren Neffen, Herzog Ludwig von Bourbon, zum Universalerben ein [78]). Sie selbst starb im nämlichen Jahre zu Neapel und ward, ihrem Wunsche gemäß, in der Kirche Sta. Chiara bestattet.

So trat denn Philipp (III.) von Tarent (1370—1373) factisch 1370 den Besitz Achaia's an und ernannte alsbald zu seinem Baili den Genuesen Baldassare de Sorba (1370—1373), der früher von Ludwig von Ungarn zum Admiral von Dalmatien, Grafen von Almissa, Brazza, Pharos und Curzola erhoben war und als solcher manche Fehde mit den Ragusinern hatte [79]). Sofort wiederholten sich die alten Reibungen zwischen dem Baili und den Feudalherren; bald ward auch Venedig in dieselben verwickelt. Im Jahre 1372 hatte der Erzbischof Johann von Paträ, dem die Republik ihr Bürgerrecht verliehen, die Vermittelung derselben angerufen, da Sorba Plätze und Unterthanen des Stiftes sich angeeignet; die Castellane von Modone und Korone sollten Frieden vermitteln [80]), fanden aber bei dem Baili kein Gehör. Dazu kam, daß Sorba ein Lehen, welches der Nobile Giovanni Michieli durch seine Gemahlin Helena, eine Moreotin, erworben, einzog, und auch wegen eines dem Rettore Pisani im Fürsten-

65) Novella fol. 299 v. 66) Misti XXXII. fol. 209. 67) Ebenda fol. 311 v. 68) Misti XXXIII. fol. 10 r v. 69) Ebenda fol. 26, 52. 70) Ebenda fol. 108. 71) Ebenda fol. 78 v. 72) Ebenda fol. 147.

73) *Ducange* II, 258. 74) Arch. Angiov. K. m. 31. n. 16; D. m. 31. n. 63; Fasc. Ang. 88B fol. 71; DDD fol. 76. 78. 75) *Huillard-Bréholles*, Bourbon I. p. 603. n. 3487. Transsumpt über das Witthum seiner Mutter vom 7. Sept. 1379. 76) Livre III. ch. 35 (ed. *Buchon*. Tom. II. Paris 1838. 8.) p. 451. 77) Reg. Ang. 1382. fol. 80, 238; no. 200 (1384.) fol. 40. 78) *Ducange* II, 267—268. 79) Lettere secrete (Cod. Capponi) fol. 176 v.; *Luccari*, Annali. Vol. II. p. 64; *Farlati*, Illyricum sacrum. Vol. VI. p. 371. 80) Misti XXXIV. fol. 60 v.

thume verliehenen Dorfes die Castellane mit dem Baili haderten [81]). Vergeblich beschwerte sich Venedig deshalb bei dem Fürsten Philipp; eine Fehde drohte; die Castellane erhielten den strengsten Befehl [82]), keine fremden, verdächtigen Schiffe in die Häfen von Modone und Korone einlaufen zu lassen, ein Befehl, der um so berechtigter damals war, als 1372 die Pest in Morea herrschte [83]); zwei Jahre später trat sie dort wiederum auf, und neue Vorkehrungen wurden deshalb in der Colonie getroffen. Unterdessen setzte Cerda nicht nur seine Gewaltthätigkeiten gegen Patrà fort, sondern ließ auch in Klarenza Waaren des venetianischen Bürgers Pietro Cavazza, unter dem Vorwande, sie gehörten dem Ritter Wilhelm aus Patrà, confisciren. Daher beschloß der Senat am 5. Febr. 1373 [84]), dem Baili und Fürsten energische Vorstellungen zu machen; zugleich erschien Johann von Patrà in Venedig und stellte sich, seine Stadt und deren Gebiet unter den Schutz des heiligen Marcus; sein Capitel war damals großentheils mit Venetianern besetzt [85]). Da alle Mahnungen fruchtlos blieben, ja Philipp sogar den venetianischen Kaufleuten in Achaia und Korfù freistellte, heimzukehren [86]), brach Venedig alle Handelsbeziehungen mit Klarenza ab, verstärkte die Garnison in Modone und Korone und lieferte im Juli dem Erzbischofe zwei Galeeren zur Vertheidigung seines Landes und Behauptung seiner Unabhängigkeit. Mitten unter diesen Wirren starb Fürst Philipp von Tarent am 25. Nov. 1373 zu Neapel ohne Leibeserben [87]); er ward in der Kirche S. Cataldo bestattet. Seine erste Gemahlin Maria von Anjou, der Königin Johanna I. jüngere Schwester (Witwe von Karl von Durazzo und Robert von Baux), war am 20. Mai 1366 [88]) gestorben; die zweite, Elisabeth von Ungarn (des Herzogs Stefan Tochter), mit der er sich 1370 vermählte, folgte ihm im Jahre 1376 [89]) im Tode nach. Drei Söhne waren in früher Kindheit gestorben; von zwei unehelichen Töchtern seines Bruders Ludwig, Esclarmonda und Clementia von Tarent, war jene mit Ludwig von Capua, Grafen von Altavilla, diese mit Johann von Mandelée [90]) vermählt; auch die noch auf Korfù blühende Familie de Taranto leitet ihr Geschlecht von einem des letztern Bastard her. Als Erbe Philipp's in Tarent, Romania, Achaia und dem Kaisertitel galt sein Neffe Jakob von Baux (1373—1383). Derselbe war der Sohn seiner Schwester Margaretha, die als Witwe des schottischen Königs Eduard Baliol sich mit Franz von Baux, Herzog von Andria, Grafen von Montescaglioso, Herrn von Bitetta und Missano, vermählt hatte [91]). Franz nahm alsbald für seinen Sohn von Tarent Besitz; die Verwandtschaft mit den Aragoniern Siciliens — König Friedrich III. hatte seine Tochter Antonia geheirathet — sollte ihm auch zur Erlangung von Korfù und Achaia verhelfen. Allein sowie die Korfioten alsbald der Königin Johanna I. von Neapel huldigten, ebenso beschlossen auch die Notabeln des Fürstenthums, letzterer das Land unter der Bedingung anzubieten, daß sie die alte Verfassung aufrecht erhalte, d. h. im Grunde die feudale Anarchie fortbestehen lasse. Zu ihren Bevollmächtigten ernannten sie 1374 [92]) den Leonardo I. Tocco, Grafen von Kephalenia, den Erard II. le Noir von Arkadien, den Connetable Centurione I. Zaccaria, den reichen Johann Misito und den Bischof Franz Falier von Modone; doch untersagte Venedig letzterem, als seinem Bürger, am 26. April aufs Bestimmteste die Betheiligung an dieser Gesandtschaft, so bereitwillig es auch später (1375) ihn zu seiner Reise zur Curie unterstützte [93]). Die Republik wollte in die Ereignisse nicht eingreifen, zuvor auch sehen, wie sich die Königin in dieser Sache zu ihr stellen würde. Johanna von Neapel (1374—1381) folgte der Aufforderung der Barone und nahm den Fürstentitel von Achaia an; zu ihrem Baili ernannte sie den Francesco de Sanseverino (1374—1376). Da es anfänglich schien, als wollte derselbe mit den Castellanen von Modone und Korone ein gutes Einvernehmen halten, ward im September 1374 die dortige Garnison verringert; allein schon am 30. März 1376 [94]) sah sich Venedig genöthigt, zum Schutze seiner Colonie „oculi capitales communis" neue Vorkehrungen zu treffen. In Modone sollte ein neuer Molo angelegt werden, damit das dortige Castell in eine Insel verwandelt würde; die Mauern sollten reparirt werden, die von Korone aber der Stadt jährlich mit 9000 statt der frühern 6000 Hyperpern helfen; neue Truppen gingen hin; für die Wohnung eines Rathes ward das Haus des Erard le Noir von Arkadia zunächst dem Hafen angekauft. Bereits 1378 hatten sich die Streitigkeiten zwischen Venedig und dem Baili Sanseverino erneuert; bald plackte letzterer mit seinen Officialen — gegen Johanna's ausdrücklichen Befehl [95]) — die Bürger Venedigs in Klarenza, bald erpreßte der Statthalter von Korfù Gelder von ihnen, bald reclamirte der Baili Territorien der Castellanien Modone und Korone als angebliche Pertinenzen des Fürstenthums. Venedig wandte sich deshalb mit einer Beschwerde im Mai [96]) an die Königin und hieß zugleich die Castellane, auf jede Weise für Erhaltung der Colonie sorgen, zumal da auch ein Gerücht meldete, Manuel Kantakuzenos, der Despot von Misithra, hege Anschläge gegen dieselbe. Am 19. Juli [97]) antwortete Johanna, sie sei bereit, alle der Republik von den Villehardouin verliehenen Privilegien aufrecht zu erhalten, sie bitte, für die zur Zeit ihrer Vorgänger

81) Ebenda fol. 3, 67 v. 82) Ebenda fol. 55. 83) Chronicon breve, hinter dem *Ducas* p. 516; Misti XXXIV. fol. 138. 84) Misti XXXIV. fol. 72, 84. 85) J. B. Peliore Greco, der am 11. Dec. 1373 auf seine Präbende resignirte. Misti XXXIV. fol. 128. 86) Misti XXXIV. fol. 86, 107. 87) Ebenda fol. 92 v; Grazie Vol. XIV. fol. 18 v. 88) *Jac. de Raymo*, Annales Neapolitani bei *Muratori* XXIII. p. 228; *Phil. Crassulus*, De rebus Tarentinis a. a. O. Vol. V. p. 113; Diario anonimo in derselben Raccolta. Vol. I. p. 110. Dazu stimmen die Urkunden. Falsche Daten geben das Chron. Neritinum bei *Muratori* XXIV. p. 904 (1368) und die Diarj Napoletani ebenda XXI. p. 1035 (1370). 89) Misti XXXV. fol. 264 v. 90) Reg. Ang. no. 366. (1400. B.) fol. 183.

91) *Ducange* II. p. 291—294. 92) Misti XXXIV. fol. 158 v. 93) Misti XXXV. fol. 91 v. 94) Ebenda fol. 31 v. 95) Ebenda fol. 153 v. 96) Ebenda fol. 206 v. 97) Commemoriali. Vol. VIII. fol. 8 v, 9 v, 12 v, 14.

Robert und Philipp ertheilte Ugolin Amnestie eintreten, sowie die Grenzen zwischen Modone und Korone durch eine gemischte Commission reguliren zu lassen; zugleich gebot sie dem neuen Baili, Sanseverino's Nachfolger, in Zukunft die Venetianer und ihren Consul in Klarenza in allen Rechten unverkürzt zu erhalten. Eine Commission, bestehend aus dem Baili, 7 der ältesten und besten Lehensleute des Landes, den beiden Castellanen und 6 venetianischen Nobili, regulirte dann auch Ende 1376 [98]) die streitigen Grenzen; ein Zwist, der damals zwischen den beiden rivalisirenden Orden, den Rhodisern und Marianern, in Modone ausbrach [99]), ward gleichfalls rasch beseitigt. In dem nämlichen Jahre vertauschte Erzbischof Johann von Paträ sein Stift mit dem Bisthume Castello, wie bereits oben bemerkt; an seine Stelle trat Paul Foscari (1376—1394), selbst ein Venetianer, der Vaterstadt treu ergeben, die nicht nur ihm im November 1381 [1]) eine Galeere zum Schutz seines Landes lieferte, sondern ihm auch im Mai 1382 [2]), sowie im März 1384 [3]) gestattete, in ihrem Gebiete fremde Söldner zu demselben Zwecke zu werben. Damals freilich waren in den moreotischen Zuständen gewaltige Veränderungen eingetreten; das Land war faktisch ohne Oberherrn, abgerissen von Neapel, in der wilden Hand eines übermüthigen, zuchtlosen Freibeutercorps. Die Wirren, welche Neapel damals zerrissen, und schließlich die ebenso geistvolle, wie leichtfertige Königin zum schmachvollsten Tode führten, schlugen auch dem Peloponnesos die schwersten Wunden, ja legten den ersten Grund zum Untergang der Frankenherrschaft [4]).

Vergeblich hatte Franz de Baux von Andria seines Sohnes Anrecht auf die ganze Erbschaft Philipp's von Tarent mit den Waffen in der Hand geltend zu machen gesucht; besiegt, war er zur Flucht — angeblich nach Griechenland — genöthigt worden. Das Fürstenthum Tarent aber nebst Achaia übertrug Johanna I. alsbald ihrem vierten Gatten, dem Herzoge Otto von Braunschweig (1376—1381), mit dem sie sich am 25. Sept. 1376 vermählte. Otto's Bruder, Balthasar, früher Domherr in Braunschweig, dann in Neapel und seit 1370 mit Jacobella Gaetani, Erbtochter des Grafen Onorato von Fondi, verheirathet, ward zum Despoten von Romania erhoben; Jacobella brachte später diesen Titel ihrem zweiten Gemahle Heinrich von Bretagne-Penthièvre zu, der mit demselben in Urkunden von 1383—1400 erscheint. Fürst Otto von Tarent, der seine Macht in Griechenland nur schlecht befestigt wußte, verfiel auf den Gedanken, das Fürstenthum Achaia zu verpfänden. Schon früher hatten die Johanniter wiederholt versucht, sich durch Kauf in Besitz desselben zu setzen; jetzt bot der unternehmende Großmeister Johann Fernandez de Heredia (1376—1396), der im Januar 1377 den Papst Gregor XI. von Avignon nach Rom geleitet hatte, bereitwillig dazu die Hand. Alsbald ward ein Vertrag abgeschlossen, dem zufolge Johanna und Otto dem Orden Achaia auf 5 Jahre gegen eine jährliche Summe von 4000 Dukaten verpachteten, die zum Unterhalt des Fürsten dienen sollten [5]); den Vermittler machte der Ritter Domenico de Alemagna (Aleman), Präceptor der Commende von Neapel. Die Barone des Landes, die bei dem Orden kräftigen Beistand gegen die Türken zu finden hofften, waren damit einverstanden und nahmen den Großmeister, der alsbald in Morea erschien, mit offenen Armen auf, zumal da ein beträchtliches Corps aus seinen Rittern und neapolitanischen Söldnern ihm folgte. Die innern Angelegenheiten wurden zunächst von dem Großmeister, der gewissermaßen als Johanna's Baili 1377—1379 im Peloponnesos schaltete, geregelt; Kantakuzenos stellte seine drohenden Rüstungen ein. Nun aber suchte Heredia, alle Pertinenzen des Fürstenthums, die jüngst verloren gegangen, wiederzugewinnen, und warf zunächst sein Auge auf Lepanto, das unlängst (1378) der Albanesenhäuptling Ghin Bua Spata, Fürst von Arta, den Angiovinen entrissen hatte [6]). Von Paträ aus, dessen Erzbischof ihn kräftig unterstützte, zog er gegen Lepanto, gewann die Stadt wieder und nahm selbst die Burg ein, obgleich Bua von den Türken, denen er gehuldigt, mit ansehnlichen Truppen unterstützt ward. Von da aus wandte er sich gegen Arta, fiel aber 1379 in der Nähe der Stadt in einen albanesischen Hinterhalt und damit zugleich in des Häuptlings Hand; während die Seinen niedergemacht wurden, hielt ihn der Sieger eine Zeit lang in seinem Gewahrsam und verkaufte ihn dann an die Türken, die jüngst in Albanien festen Fuß gefaßt und ihn erst 1381 gegen eine hohe Geldsumme freiließen [7]). Der Orden hatte nach der Niederlage des Großmeisters den Ritter Hesso von Schlegelholt aus einem noch blühenden teutschen Geschlechte, Komthur von Rotweil, zum Statthalter von Morea, sowie den Robagno de Lagonessa zum Castellan von Kalamata ernannt; Angelo da Perusa befehligte in Lepanto, unterstützt von dem Erzbischof Paul von Paträ. Zugleich ging Succurs von Rhodos unter Tommaso de Cochona nach letzterer Stadt; Janco de Urtolla ward mit 100 Mann in Sold genommen; Ritter Eustazio Haste machte verschiedene Reisen nach Korinth, um Rainerio Acciajuoli zum Bunde gegen die Albanesen zu gewinnen. Allein nicht nur fiel Lepanto nach wenigen Monaten 1380 wieder in Bua's Hand, sondern es erschienen auch im nämlichen Jahre in Morea selbst neue Gegner, ein kriegerisches Heer von Abenteurern, Nachzügler der alten Kreuzfahrer und der Catalanen, die große navarresische Compagnie. Vergeblich bemühten sich die Ordensritter, letztere und ihr Haupt, den Baili Maiotto de' Coccarelli, dauernd in ihr Interesse zu ziehen. Dazu kam, daß

98) Misti XXXV. fol. 236. 99) Misti XL. fol. 91.
1) Misti XXXVII. fol. 62. 2) Ebenda fol. 135.
3) Misti XXXVIII. fol. 198v. 4) Diarj Napoletani a. a. O. p. 1036. 1038. *Costanzo, Storia di Napoli* p. 181. 184.

5) Libri bullarum no. 20. (1409.) fol. 130v. 6) Libri bullarum no. 6. (1381.) fol. 202v, 204; Epirotica p. 19; *Buon* a. a. O. Vol. II. p. 98 (wo statt Paträ und Korinth an Lepanto und Arta zu denken ist). 7) *Laur. Bonincontro*, Annales bei *Muratori* XXI. p. 30; Diarj Napoletani ebenda p. 1038; *Bosio* a. a. O.

Papst Urban VI. am 21. April 1380 die Königin Johanna als Anhängerin des Gegenpapstes Clemens VII. ihres Reichs verlustig erklärte und den nächsten Verwandten und Präsumptiverben Karl von Durazzo (den Sohn Ludwig's von Gravina) aus Ungarn herbeirief. Johanna, die letzterm zum Trotz im Juni 1380 den Herzog Ludwig I. von Anjou adoptirt hatte, verlor die Stadt Neapel am 18. Juni 1381, ward in Castelnuovo belagert und schließlich, nachdem ihr Gatte Otto, der ihr zu Hilfe geeilt, gefangen genommen, zur Capitulation genöthigt; der Sieger Karl III. (1381—1386) ließ die unglückliche Fürstin am 2. Mai 1382 ersticken; er selbst hatte bereits am 2. Juni 1381 die päpstliche Belehnung erhalten und den Königstitel angenommen. Unter so mißlichen Verhältnissen, und da zudem die Navaresen factisch Herren des größten Theils von Morea waren, zogen es die Johanniter vor, den Peloponnesos noch vor Ablauf der festgesetzten Frist zurückzugeben. Die Seele des ganzen Unternehmens Heredia war nach seiner Befreiung von Papst Urban VI. aus demselben Grunde abgesetzt worden, der letztern bestimmt hatte, Johanna ihres Thrones für verlustig zu erklären; Riccardo Caracciolo, der zu seinem Nachfolger ernannt war, fand sich am 24. Aug. 1381 mit Johanna ab. Aus den uns vorliegenden Rechnungen ersehen wir, daß der Orden aus dem Lande 9000 Dukaten als Grundsteuer gezogen, dafür aber auch erhebliche Ausgaben gehabt hatte; so waren der navarresischen Compagnie höchst bedeutende Summen gezahlt worden, ebenso dem Antonio Mazzarella, Statthalter von Zonklon, für Vertheidigung des Platzes, dem Erzbischof von Patras für Lepanto, dem Antonio Pedullo, Lagonessa's Statthalter in Kalamata, für Zurückgabe des Castells an dem festgesetzten Termine u. s. f. Von den 20,000 Dukaten, für die das Land verpfändet worden, war selbstverständlich der größte Theil der Johanna und ihrem Gemahl gezahlt worden; aber auch die Despina Isabella von Lusignan und der Großconnetable Centurione Zaccaria empfingen ansehnliche Summen; letzterem zahlte noch 1382 Pietro Baldi im Namen des Großmeisters den Rest des ihm zu gute kommenden Geldes mit 180 Dukaten [8]), sowie der Isabella nicht weniger als 6500 Goldstücke. Nachdem Domenico de Alemagna auch diese Angelegenheit in Neapel abgeschlossen, kehrte er im September 1381 [9]) über Kephalonia nach Achaia zurück, damit die dortigen Statthalter das Land den Beamten Johanna's zurückgäben; allein letztere hatten dort keine Gewalt mehr; vielmehr behaupteten sich die Navarresen im ausschließlichen Besitze des Landes, indem sie den, der sie zuerst geworben, den Titularkaiser Jakob von Baux, als rechtmäßigen Fürsten von Morea (1381—1383) proclamirten. Nach einer Reihe von Jahren erhob 1409 [10]) der Markgraf Theodor II. von Montferrat (1381—1418) als Testamentserbe des Otto von Braunschweig Anspruch auf angeblich rückständige Gelder gegenüber dem Orden und sequestrirte sogar eine Commende desselben in der Lombardei; doch gelang es dem Domenico de Alemagna, ihn schließlich von der Ungerechtigkeit seiner Forderung zu überführen.

Das Auftreten der navarresischen Compagnie in Morea ist bisher in das tiefste Dunkel gehüllt gewesen. Gewöhnlich hieß es, dieselbe sei von Ludwig von Evreux, Gatten der Herzogin Johanna von Durazzo, behufs Wiedereroberung ihres verlorenen Herzogthums angeworben worden; allein da Ludwig schon 1372 starb, darf man billig sich wundern, vor 1380 keine Spur derselben in Griechenland zu finden. Dagegen läßt sich jetzt urkundlich feststellen, daß dieselbe erst 1380 geworben ward, und zwar von Jakob von Baux, der, als Johanna vom Papste des Reiches entsetzt ward, alsbald Truppen sammelte, um seine verlorenen Lande wiederzugewinnen [11]). Während er selbst Tarent dem Otto von Braunschweig entriß, ernannte er den Malotto de' Coccarelli (1381—1386) zum Baili von Achaia und sandte diesen mit einem ansehnlichen, in Navarra geworbenen Söldnerheere, dem als Capitaine Bernhard Varvassa und Peter von S. Superan-Landirans (nach der Stadt Bordeaux gewöhnlich Bordo genannt) [12]) vorstanden, nach Griechenland. Baux verfolgte dabei die umfassendsten Pläne; ihm schwebte die Wiedereroberung des ganzen Reiches Romania vor. Wohl mochte er sich scheuen, zunächst gegen den Orden, der den Peloponnesos gepachtet hatte, vorzugehen; allein auch anderswo bot sich Gelegenheit zu Eroberungen. Zunächst galt es der Insel Korfu, die Malotto alsbald 1380 mit seinen Navarresen dem Statthalter Johanna's entriß; dann aber sollte es gegen die Catalanen Athens gehen, die nur zu lange schon dort sich selbständig erhalten hatten und nicht daran dachten, den Enghien von Lecce als ihren Herzog und den Kaiser als ihren Oberherrn anzuerkennen. Auch in dem Theile Morea's, der den Griechen gehörte, war jüngst eine Veränderung vorgegangen, die dem Projecte Jakob's nur günstig schien. Nach langer, friedlicher und kräftiger Regierung war der Despot von Mistra, Manuel Kantakuzenos, am 26. März 1380 kinderlos gestorben [13]). Er hatte sich um die Herstellung griechischer Herrschaft daselbst die größten Verdienste erworben; so schwer es ihm auch anfänglich gewesen, die übermüthigen Archonten des Landes zum Gehorsam zu bringen, hatte er doch durch eiserne Consequenz allen Widerstand gebrochen. Unter ihm siedelten sich die ersten Albanesenschaaren, von ihm selbst eingeladen, ihre unwirthlichen Berge mit fruchtbarem Weidelande zu vertauschen, in Morea an [14]); die Revolution, die damals in Albanien vorging, drängte wol Manchen zur Auswanderung. So erhielt das Land, das

8) Libri bullarum no. 6. (1381.) fol. 219 v, 226. 9) Ebenda fol. 218 v. 10) Ebenda no. 30. (1409.) fol. 130 v.

11) Diari Napoletani XXI, 1045—1046. 12) Ihm verlieh der schwarze Prinz am 9. Juni 1372 das Bürgerrecht von Bordeaux. Not. Ducang. ad Cinnamum (ed. Bonn.) p. 392. 13) Chronicon breve p. 516; Miklosich und Müller II. p. 23—25. n. CCCXLII. 14) Spandugino, Della origine de' principi turchi bei Fr. Sansovino, Dell' historia universale dell' origine et imperio de' Turchi libri tre. Venezia 1564. 4. fol. 190 v.

von den Türken schwer heimgesucht und daher genug entvölkert war, frische, kräftige Colonisten, die im Südwesten und in der Mitte der Halbinsel den Kern einer neuen Bevölkerung bildeten, durch ihre naturwüchsige Wildheit aber bald den entnervten Byzantinern nicht geringe Gefahr bereiteten. Von Manuel wissen wir, daß er 1365 [15]) die Kirche des „lebenverleihenden Christus" in Mistithra erneuern und in ein Patriarchalkloster verwandeln ließ; seine Archonten Bochales, Pielstares und andere dotirten bald darauf das Kloster Brontochion [16]); für Baird ward auf seine Bitte Parthenios zum griechischen Metropoliten ernannt [17]), unter dessen Auspicien die Griechen in Bostitza 1360 [18]) eine Kirche der Panagia Phaneromeni erbauten; der Bischof von Amyklä ward im October 1368 [19]) zum Verwalter der Patriarchalgüter in Morea bestellt. Nach Manuel's Tode waren die Kantakuzeni entschlossen, das Despotat für sich zu behaupten [20]). Sein älterer Bruder Matthäus, der frühere Kaiser, ward sein Nachfolger (1380—1383); ihm stand sein Vater, der Mönch Joasaph, mit Rath und That zur Seite. Matthäus hatte früher den Verlust der Krone nicht eben leicht getragen; vielmehr hatte er eine Rebellion versucht, die ihn in den Kerker brachte; erst 1364 [21]) hatte er durch Vermittelung des Patriarchen seine Freiheit wiedererlangt, nachdem er geschworen, seinem Schwager Joannes Paläologos in Zukunft treu zu gehorchen. Manuel hielt Wort, und daher bestätigte ihm letzterer wol ohne Umstände den Besitz des entlegenen Despotats, das er drei Jahre lang beherrschte. Allein so besonnen und wacker er auch schien, so ließ er sich doch bald von seinem übermüthigen Sohne, dem Sevastokrator Demetrios, leiten; bald gerieth Alles in Wirrwarr, sodaß es im Despotat kaum besser aussah, als in dem fränkischen Fürstenthume. Als nun Matthäus 1383 starb und ihm sein Vater Joannes schon am 15. Juni desselben Jahres folgte [22]), trat Demetrios (1383—1384) die Regierung an und suchte das letzte Band der Abhängigkeit von Constantinopel zu lösen. Dem zu begegnen, ernannte Kaiser Joannes seinen eigenen Sohn Theodoros I. Paläologos (1383—1407) zum Despoten von Morea und sandte ihn mit hinlänglichen Truppen nach der entlegenen Provinz. Die Masse der griechischen Bevölkerung begrüßte den „purpurgebornen" Prinzen mit Jubel; hoffte sie doch, unter ihm die Wiederkehr jener geordneten Verhältnisse zu feiern, deren sie sich unter Manuel einst erfreut. Demetrios, zu schwach gegenüber dem neuen Herrn, suchte Hilfe bei Lateinern und Türken und setzte den Krieg gegen den Nebenbuhler ein Jahr lang fort; aber das Glück war ihm nicht hold, und da er bereits 1384 starb, blieb Theodoros im unbestrittenen Besitze des Despotats. Dieser schenkte dem Venetianer Pietro Grimani, der schon als Bailo von Constantinopel seinem Vater Joannes und seinem Bruder Manuel wesentliche Dienste geleistet, auch wol ihn bei Recuperation von Morea thätig unterstützt hatte, die beste Festung des Landes Monembasia. Venedig gestattete demselben am 29. März 1384 [23]), dieses Geschenk anzunehmen; da jedoch die griechische Bevölkerung, wenn in irgend einer Stadt der Halbinsel, so in Monembasia, den Lateinern abhold war, kam die Sache nicht zur Ausführung; vielmehr verblieb die Festung, wie wir hernach sehen werden, in der Hand ihres mächtigsten Archontengeschlechts, der Mamonas.

War es der Energie des Theodoros gelungen, die Franken vor der Hand von seinem Despotat fern zu halten, so war dagegen die catalonische Compagnie in Attika 1380 von den Navarresen schwer bedrängt, ja in die äußerste Enge getrieben worden. Das Herzogthum Athen und Neopatra hatte für König Friedrich III. von Sicilien zunächst Jakob Fadrique, Graf von Sula (1356—1359), als Generalvicar verwaltet; Anfangs 1359 ward ihm Gonsalvo Ximenes de Arenos [24]) (1359—1359) substituirt, der aber noch im nämlichen Jahre sein Amt niederlegte, da seine Gattin Serena de Dunc in Griechenland starb. Da ihre Edelsteine und sonstiges Geräth bei Giovanni Sanudo, Bürger von Negroponte, deponirt waren, verwandte sich König Friedrich für den Giorgio Grasso, Gemahl ihrer Tochter Elvira, wegen Rückerstattung derselben 1366 [25]) bei dem Dogen und dem Bailo Domenico Michieli; seine Bitte ward erfüllt, die Preziosen wurden den Erben zurückgegeben. An Ximenes' Stelle trat der Seneschall von Sicilien Matteo Moncada, Graf von Agosta und Aderno (1359—1361), der uns bereits am 1. Jun. 1360 in Theben begegnet. Venedig hatte damals neue Unterhandlungen mit Bonifaz Fadrique von Karystos angeknüpft, in Folge deren derselbe wirklich am 16. Oct. 1359 [26]) diese Burg für 6000 Dukaten der Republik abzutreten gelobt hatte, unter der Bedingung, daß die Bauern, die seit Jahresfrist aus Attika dahin übergesiedelt, ihm verblieben. Tags darauf wiederholte Bonifaz die betreffende Erklärung — bei der u. a. Saraceno de' Saraceni, später mit den Acciajuoli verschwägert, als Zeuge fungirt hatte — zu Negroponte in Gegenwart des Johann de Loria, Gouverneurs (Vigiers) von Theben, der wol nach Ximenes' Abreise provisorisch die Verwaltung des Herzogthums führte. Als indessen der Generalvicar Moncada eintraf und, wie es scheint, gegen den Verkauf des besten Platzes auf Euböa energisch Protest einlegte, cassirte Bonifaz am 31. Dec. 1359 zu Theben in Gegenwart des Ritters

15) *Miklosich* und *Müller* I. p. 473—474. n. CCLIV. 16) Ebenda I. p. 479—483. n. CCLXIII. 17) Ebenda I. p. 490. n. CCLXX. 18) *Boeckh*, C. I. n. 8711. 19) *Miklosich* und *Müller* I. p. 501. n. CCLXII. 20) *Manuel Palaeologus*, Funebris oratio in fratrem Theodorum bei *Fr. Combefis*, Historia haeresis monothelitarum. Parisiis 1648. fol. p. 1063; vergl. damit *Phrantzes* (ungenau) Lib. I, 11. p. 47 und *Joann. Kartanos*, Τὸ παρὸν βιβλίον ἔναι ἡ παλαιά τε καὶ νέα διαθήκη, ἤγουν τὸ Ἄνθος καὶ ἀνθολογίαν αὐτῆς. Venedig 1536. 8. (nicht paginirt). 21) *Miklosich* und *Müller* I. p. 448. n. CXCIV. 22) Chron. Byzant. bei Müller, Analekten S. 60.

23) Misti XXXVIII. fol. 190. 24) Aus einem Proceß des Dorragat Baldemari gegen Johann Gordier, beides Thebaner, der in jene Zeit fällt, bewahrt Reg. Cancell. no. 8. (1360—1402.) fol. 200. 25) Reg. Cancell. no. 5. (1365—66.) fol. 67 v; no. 10. (1367.) fol. 157. 26) Commemoriali. Vol. VI. fol. 336 v, 338, 340 v—346.

Wilhelm Cu Fuster nicht nur das Geschehene mit Venedig, sondern erklärte sogar am 1. Jan. 1360 vor Moncada, daß es nie seine Absicht gewesen, die Burg seiner Ahnen zu veräußern. In welcher Weise Venedig diesen Protest aufnahm, läßt sich denken; das alte Freundschaftsverhältniß zwischen ihm und der Compagnie begann sich zu lockern; beiderseits machte man sich auf kriegerische Eventualitäten gefaßt. Da rief König Friedrich den Matteo Moncada, für den während seiner Abwesenheit Matteo von Chiaromonte (Clermont) das Amt eines Seneschalls in Sicilien versah [27]), von seinem Posten ab; eines seiner letzten Geschäfte war die Verleihung der Einnahme von Wachs für neugebaute Häuser in Theben zu Gunsten des Ferdinand de Zaguda [28]). Sein Nachfolger wurde Roger I. de Loria (1361—1363), Marschall von Athen, des Johann Bruder, derselbe, mit dem Manuel Kantakuzenos von Misithra in langem Kriege lag. Loria gerieth bald in offene Fehde mit Venedig. Er zog für den Fiscus Güter von Verstorbenen ein, auf die Euböoten, wie Marco Basegio, Jacopo Moro und andere Anrechte hatten [29]), und vergriff sich im August 1362 [30]) gewaltsam an dem Eigenthume des Nicoleto Basadonna. Das bewog den Bailo von Euböa Pietro Gradenigo, ihm 1363, anstatt den üblichen Waffenstillstand zu erneuern, den Krieg zu erklären. Loria klagte, daß Bauern aus Attika, die nach Euböa geflohen, von dem Bailo mit der Freiheit beschenkt worden, daß er nicht nur keine Victualien, sondern nicht einmal den in Attika gewonnenen Most in Euböa frei verkaufen dürfe, ihm vielmehr dort von dem Bailo die Preise festgesetzt würden; Gradenigo forderte Ersatz für Basadonna, wie für den in Bostiza gestorbenen Kaufmann Pietro Bernardo, dessen in dem Lande der Compagnie beruhender Nachlaß, 2000 Gulden an Werth, gleichfalls von Loria eingezogen war. Da griff letzterer, um den Euböoten mit Uebermacht entgegentreten zu können, zu einem verzweifelten Hülfsmittel. Er flehte den neuen Sultan Murâd I. um Beistand an und erhielt ihn, obgleich die friedliebenden Bürger von Theben, der Hauptstadt des Herzogthums, entschieden gegen solche Verbindung mit den Ungläubigen protestirten. Aber Theben selbst, das gegen Loria unfügsam gewesen, sollte zunächst das Schwert der Osmanen erfahren; wie Kantakuzenos ihm den Weg nach Europa gebahnt, so öffneten ihm die Catalanen jetzt den Zugang zum Herzen Griechenlands.

Murâd I. (1359—1389) war auf der Siegeslaufbahn seines Vaters Orchân und seines Bruders Suleimân weiter gewandelt, ohne bei den marklosen Byzantinern auf nachdrücklichen Widerstand zu stoßen. Im Jahre 1361 hatte er die festen Burgen Tzurulon und Didymotichos den Kaiserlichen entrissen; zwei Jahre später verloren die Bulgaren Philippopolis, die Serben Serrä an seinen Feldherrn Lalaschahin; und schon 1365 konnte der Sieger den Sitz seiner Herrschaft nach Europa verlegen, indem er das große Adrianopel, das bald nach Didymotichos in seine Hand gefallen, zur Residenz erkor; in dem nämlichen Jahre schloß er bereits den ersten Handelsvertrag mit einem europäischen Staate, der Republik Ragusa. Die abendländischen „Schutzmächte" des Romäerreichs sahen ruhig zu; ihnen lagen nur ihre Handelsinteressen am Herzen; dabei unterließen sie nicht, sich fortwährend zu befehden. Venedig hatte lange ärgerliche Händel mit Peter von Aragon wegen des Majorikaners Nicolaus Scrivano, dessen in Constantinopel gerüstetes Schiff 1351 durch Graziano Giorgio, weil er es für ein genuesisches hielt, ausgeplündert war; nachdem 1360 [31]) deshalb Ersatz geleistet, meldeten sich Peter Ermenband, der 1357 auf der Fahrt gen Theben im Hafen von Zante durch Nicolò Giustiniani Gleiches erlitten, und Peter de Uiana, der unweit Korone auf dem Gebiete des Fürstenthums Achaia durch Venetianer geschädigt war; beide wurden schließlich 1362 [32]) abgefunden. Ließen sich diese Streitigkeiten schon rasch beilegen, so äußerte sich der alte Nationalhaß zwischen Venedig und Genua ohne Unterbrechung in Pera, das die Genuesen als ihr Eigenthum ansahen; die Venetianer wurden dort 1360 nicht nur in ihrer Handelsfreiheit gehemmt, sondern sogar von dem griechischen Podestà verhaftet und verurtheilt, anstatt ihrem natürlichen Richter, dem Bailo, ausgeliefert zu werden. Versprach nun auch Simone Boccanegra, der damalige Doge Genua's, eine gründliche Untersuchung [33]), so klagten wiederum des letztern Landsleute, Jacopo Pisani habe unweit Pera von einer ihrer Barken die Auslieferung gefangener Türken erzwungen; erst als Pisani deshalb bestraft worden [34]), erwiesen sich die Genuesen gefügiger. Während die Osmanen siegreich fortschritten, unterhandelte Venedig mit Joannes V. und dessen Gesandten Andronikos Zuerti 1361 und 1362 wegen Verlängerung des Waffenstillstandes [35]); da die Paläologen einsahen, daß die einst der Republik verpfändeten Kronjuwelen doch nimmer ausgelöst werden konnten, gestatteten sie sogar den Verkauf derselben. Venedig regte bei dieser Gelegenheit allerdings den Plan einer Union gegen die Türken aufs Neue an; auch der Papst, an den Joannes deshalb den Genuesen Michele Malaspina gesandt [36]), suchte die Könige von Ungarn, Frankreich und Kypros zu gemeinsamem Handeln gegen den Erbfeind zu bestimmen. Schon war festgesetzt, daß die Kriegsflotte am 1. Mai 1365 auslaufen sollte; allein der Zug, der wirklich stattfand, ward gegen Aegypten gerichtet und diente schließlich nur dazu, die Herrschaft König Peter's auf Kypros und die

27) Reg. Cancell. no. 5. (1360—66.) fol. 370v. 28) Reg. Cancell. no. 6. (1366—1402.) fol. 436v. 29) Misti XXX. fol. 82. 30) Ebenda XXXI. fol. 213.

31) Commemoriali. Vol. VI. fol. 236, 236v, 282, 293, 376v. 32) Ebenda Vol. VI. fol. 448, 449. 33) Ebenda Vol. VI. fol. 268, 327, 329. 34) *Pacta* Vol. II. p. IV. fol. 22v; *Miklosich und Müller* I, 430. n. CLXXXIV—CLXXXV. 35) Commemoriali. Vol. VI. fol. 378, 430; Sindicati. Vol. I. fol. 91rv, 95v; Misti XXIX. fol. 228; Lettere secrete fol. 175; über die innern Zustände der venetianischen Colonie in Constantinopel vergl. Capitulare ponderatorum (Cod. Vindob. olim Foscar. n. 250). 36) Commemoriali. Vol. VII. fol. 86, 206v, 206r, 231, 235v, 248, 261, 296—298; *Raynaldi* l. c. 1364. n. 24; 1365. n. 22; 1366. n. 1 seq.

der Curie in Smyrna, wo nach wie vor Pietro Recanelli als päpstlicher Kapitain auf Lebenszeit schaltete und von den Rhodisern mit Geld reichlichst unterstützt ward [37]), zu befestigen. Mittlerweile hatte Venedig zwar am 15. März 1363 [38]) den Waffenstillstand mit den Paläologen auf weitere fünf Jahre verlängert und sich sogar dazu verstanden, griechische, unweit Modone gekaperte Galeeren zurückzugeben; als aber Joannes 1364 [39]) Rüstungen traf, unterstützte es ihn nicht nur nicht, sondern hieß sogar seinen Baile auf der Hut sein. Diese Rüstungen waren um so nothwendiger, als die Osmanen damals die Hauptstadt arg bedrängten; die Gefahr bestimmte den Kaiser, Hilfe im Occident, wie bei den Königen von Ungarn und Bulgarien zu suchen [40]). Während der Ritter Joannes Laskaris Kalopheros sich an den Hof des Papstes nach Avignon begab und dort vor dem lateinischen Patriarchen, dem Legaten Peter Thomas, sich zum römischen Glauben bekannte, während der Papst, der zugleich die Ehe des Laskaris mit seiner Nichte Maria Kantakuzena, des Ex-Kaisers Johannes Enkelin, genehmigte, auf baldigen Beistand vertröstete, nahm 1365 [41]) der treulose Bulgarenkönig Sisman den unglücklichen Joannes V. gefangen und hielt ihn in strengem Gewahrsam. Veranlassung dazu gab wol die schiefe Stellung, die der Kaiser gegenüber seinem ältesten Sohne Andronikos, der ihm schon damals im höchsten Grade mißliebig, einnahm. Andronikos aber hatte sich 1355 mit Sisman's Schwester, der Tochter des verstorbenen Königs Joannes Alexander Asan, Kyratza vermählt, und schon 1364 hatte sich der Patriarch von Constantinopel veranlaßt gesehen, den Bulgaren an die Heiligkeit der Verträge zu erinnern [42]). Vielleicht, daß auch die Verschwörung des Matthäos Kantakuzenos damit zusammenhing. Da nahte dem Kaiser ein Erlöser in der Person des wackern „grünen" Grafen Amadeus VI. von Savoyen, der mit einem tüchtigen Kreuzheere am 2. Sept. 1366 in Constantinopel eintraf, von Francesco Gattilusio, dem Herrn von Lesbos, kräftig unterstützt, die Ungläubigen zurückschlug und nicht eher rastete, als bis er die Freilassung des Kaisers (dessen Mutter Anna seine Tante) erzwungen hatte; im Juli 1367 kehrte er siegreich nach Italien heim [43]). Freilich halfen dabei auch Genuesen und Venetianer, beide Seemächte mit je vier Galeeren; allein Venedig suchte zugleich, aus dem Unglücke der Paläologen für sich neuen Vortheil zu ziehen.

37) Libri bullarum no. 4 (1365—66.) fol. 265 v. 38) Rom.: Constantinopoli; Pacta Lib. V, fol. 123 v—128; Miklosich und Müller III, 129—130, n. XXXI; Lettere secrete fol. 35 v. 39) Lettere secrete fol. 95. 40) *Gioffredo*, Storia delle Alpi marittime, in den Monumenta historiae patriae. Tom. I. Augustae Taurinorum 1839. fol. p. 836. 41) Lettere secrete fol. 155 v. 42) *Miklosich* und *Müller* I. p. 432—433. 452—454. n. CLXXXV. CXCVI. 43) Ueber die Details dieses Zuges, der schon von Chambrier in den Mémoires sur l'expédition en Grèce en 1366 et sur le système politique de l'Europe à cette époque (Mémoires de l'académie royale. An MDCCCIII. Berlin 1805. 4. p. 35—64) behandelt ist, vergl. man die eben erschienene Arbeit von *F. Datta*, Spedizione in Oriente di Amedeo VI. Torino 1826. 8.

Während man daheim einen Albanesen, der sich für den Kaiser ausgab und vage Schmähreden gegen die Republik vorbrachte, mit der Verbannung bestrafte [44]), wies man den Bailo Orio Malipiero an, bei so günstiger Zeit möglichst hohe Entschädigungsklagen vorzubringen [45]), ja man befahl ihm sogar, falls dieselben kein Gehör fänden, mit dem Herrn von Adrianopel Murâd I., der sich den Venetianern freundlich zeige, zu verhandeln. Sobald Joannes die Freiheit wiedererlangt, bestürmte ihn der Gesandte der Republik sofort wieder wegen Erneuerung des Waffenstillstandes, d. h. weiterer Zahlung [46]).

Während sich in Asien nur noch Philadelphia der Türken erwehrte, waren dieselben seit 1363 factisch Herren des Romäerreichs. Bald genug fielen sie in Thessalien plündernd und verheerend ein und erreichten 1363 Mittelgriechenland. Auf Loria's Einladung hin erschienen die Türken im Herzogthume Athen, besetzten Theben, verheerten alles Land ringsumher und drohten, sich nicht nur in Attika, wo einst ihre Landsleute an der Seite der Compagnie gegen Walter von Brienne gefochten, niederzulassen, sondern selbst in das durch innere Wirren zerrüttete Achaia einzubrechen. Angesichts der dort herrschenden anarchischen Zustände und der drohenden Gefahr, ermahnte Papst Urban V. 1364 den Patriarchen Peter Thomas und den Erzbischof von Patrá, alle Vorsichtsmaßregeln zu treffen; König Friedrich aber, als Herzog von Athen, entschloß sich, dem unzuverlässigen Loria die Statthalterei wieder zu entziehen [47]). Von dort waren der Erzbischof Paul und die Ritter Nikolaus de Boitrils, Nikolaus Ardoino und Wilhelm Bassani im Namen der Compagnie zum König gekommen und hatten denselben um schleunige Abhilfe gebeten. Derselbe ernannte nun am 16. Aug. 1363 den Grafen Matteo Moncada (1363—1366) aufs Neue zum Generalvicar, diesmal auf Lebenszeit, und empfahl ihn angelegentlichst der Compagnie, sowie dem Vicar Roger de Loria. Er selbst sollte sich dort zunächst huldigen lassen, dann eine allgemeine Amnestie proclamiren, die Burgen mit getreuen Männern besetzen, Theben gegen die Türken sicherstellen und die Einkünfte des Herzogthums gut verwalten. Zugleich verlieh ihm der König die Markgrafschaft Bodonitza nebst Zubehör; fortan sollte dieselbe eine Dependenz des Herzogthums bilden [48]); schon 1359, gelegentlich seiner frühern Statthalterschaft, soll er ihm Korinth und Argos, die Länder der Acciajuoli und Enghien, falls dieselben sich erobern ließen, übertragen haben [49]). Moncada weilte indessen auch diesmal nur vorübergehend in Attika; nachdem er die Türken zur Räumung von Theben bestimmt — dort ward Ende 1364 Johann de Placta zum Alguazil ernannt [50]) —, ließ er die Verwaltung in der Hand des Jakob Fabrique von Sala und kehrte

44) Misti del C. X. Vol. VI. fol. 94. 45) Misti XXXI. fol. 176 v. 46) Secreta XXXII. fol. 89 v, 242 v, 246. 47) *Raynaldi* z. J. 1364. n. 26; Reg. Protonotar. 1361—63. A. fol. 208. 48) Reg. Protonotar. 1361—63. A. fol. 109 v. 49) *G. Ag. Lengueglia*, Ritratti della prosapia ed eroi Moncadi. Parte I. Valenza 1657. 4. fol. 150. 50) Reg. Protonotar. 1364—66. B. fol. 92 v.

heim. Im Februar 1365 rüstete er aufs Neue zur Fahrt nach Athen; der König befahl am 24. desselben Monats[51]) dem Jakob, sowie dem Roger de Loria, dem Ermengol de Novelles, des Erbmarschalls Odo Sohn, und dem oben genannten Ritter Wilhelm En Fuster, ihm Gehorsam zu leisten und die Burgen von Livadia, Neopatrá und Siderokastron zu überliefern. In dem nämlichen Jahre ward Franz, Vorsteher des Minoritenordens in Romania, zum Erzbischof von Athen erwählt und von Venedig, das bald seine Streitigkeiten mit der Compagnie ausglich, der Curie zur Bestätigung empfohlen[52]). Um dieselbe Zeit hatte Moncada die Verwaltung wiederum provisorisch dem Roger I. de Loria (1365—1371) übertragen, der zugleich nach dem jüngst erfolgten Ableben des Ermengol de Novelles sich als Erbmarschall des Herzogthums ansah und sogar den Titel eines Generalvikars führte; er selbst begab sich wieder nach Sicilien. Roger wandte sich nunmehr an Venedig, um die lange gestörte Eintracht zwischen der Compagnie und dem Bailo von Negroponte herzustellen; er berief sich darauf, daß ersterer einst mit dem Generalcapitain Nicolò Pisani zur Zeit des genuesischen Einfalles in Negroponte einen zwanzigjährigen Frieden geschlossen, den aber der Bailo Gradenigo jüngst leichtsinnig gebrochen. Darauf antwortete Venedig am 25. Juli 1365[53]), man könne nur, wie früher, zweijährige Waffenruhe eingehen, die Compagnie aber habe selbst durch Beschädigung des Basadonna und andere Gewaltthaten Anlaß zum Kriege gegeben. Den von Loria geforderten 6000 Hyperpern — für Schaden, den die Compagnie in Euböa erlitten — hielt Venedig eine viel größere Rechnung entgegen; selbst als ersterer ein Schutz- und Trutzbündniß gegen die Türken vorschlug und bat, ihm zu gestatten, Fahrzeuge zur See gegen die Ungläubigen zu unterhalten, ward dieses Gesuch mit Beziehung auf die frühern Verträge entschieden abgelehnt. Wegen der Ansprüche des Basadonna wurde noch 1368 verhandelt[54]); doch ward wenigstens damals schon der Waffenstillstand erneuert, den Venedig klug genug zur endlichen Erwerbung von Karystos benutzte. Der Besitz dieser wichtigsten Festung schien wirklich eine Lebensfrage für die Colonie auf Negroponte zu sein.

Dort hatte Venedig genug zu schaffen, um die Insel, die durch die Einfälle der Genuesen so schwer gelitten, in bessern Stand zu setzen. Im Jahre 1359 hatten die Dreiherren, Fiorenza Sanudo, als Witwe Giovanni's (gest. 1358) und Vormünderin ihres Sohnes Nicolò dalle Carceri (1358—1383), und Bartolommeo III. Ghisi den Nicolò Sanudo, Guglielmazzo's Sohn — denselben, der später Fiorenza's zweiter Gemahl wurde — nach Venedig mit mannichfachen Beschwerden gegen den Bailo gesandt. Derselbe, hieß es[55]), greife fortwährend in die Jurisdiction der Dreiherren ein, verfolge ihre Officialen, cassire die von ihrem Richter, „dem Podestà der Lombarden," gefällten Entscheidungen, verbiete die Appellation an die Herren der Insel und habe sogar den Demetrius von Alessandria, ihren Castellan in Larachi, gefangen genommen. Wenn nun Venedig darauf hin bestimmte, daß das alte Herkommen aufrecht zu erhalten, so wollte es doch seinem Bailo einen Antheil an Ausübung der Justiz nicht entziehen; es erklärte, seine Beamten wären streng angewiesen, unparteiische Gerechtigkeit zu üben, und die Dreiherren selbst hätten doch wol schwerlich die Absicht, ihre Insel in eine Räuberhöhle zu verwandeln. Als Nicolò Sanudo bei derselben Gelegenheit vorbrachte, sein Oheim, der Herzog Giovanni I. von Naxos, habe ihm Privilegien und Güter im Archipel entrissen[56]), ward letzterer zur schleunigen Restitution aufgefordert. Im folgenden Jahre — Anfangs 1361[57]) — forderte Nicolò's Vater Guglielmo die Rückgabe eines Thurmes, den ihm der Bailo weggenommen, angeblich, damit er einen festen, gegen die Türken gesicherten Platz zur Erhebung der Zölle der Insel hätte; da aber der Bailo den völlig ruinirten Thurm erst hergestellt und stark befestigt hatte, forderte man von Sanudo zunächst Zahlung der Reparaturkosten. Zugleich klagten die Dreiherren aufs Neue, die Baili bewiesen sich wenig höflich gegen die Herren und Damen der Insel[58]); letztere wären sogar von dem Rathe Cipriano unter Androhung von Geldstrafen in die Kirche S. Marco citirt worden; ihre griechischen Leibeigenen würden fortwährend von den Statthaltern der Republik als deren Eigenthum reclamirt; ja der Bailo Pietro Morosini habe sogar die Oelzölle, die lediglich zur Ausrüstung der Galeere von Euböa bestimmt sein sollten, zu andern Zwecken verwendet. Dem ward nun abgeholfen[59]); auch die Hütten, die auf streitigem Grund und Boden zwischen der Hauptstadt und dem Gebiete der Dreiherren lagen, wurden geschleift. Allmälig begann die Insel sich zu erholen; 1363[60]) war dieselbe wieder besser bevölkert; die alte Bestimmung, daß die Galeere halb von den Lombarden, halb von dem Bailo aus den Steuern der Insel bestritten werden sollte, ward erneuert; der Schmaus, der regelmäßig bei Ankunft eines neuen Bailo stattfand, sollte dagegen lediglich auf Venedigs Kosten gehalten werden. Wegen der dortigen Besatzung wurden gleichfalls neue Bestimmungen getroffen, so z. B. daß die Räthe des Bailo sich nicht in die militairischen Angelegenheiten einmischen sollten. Bei Bewältigung des Aufstandes in Kreta leistete dann die Galeere der Insel nicht nur gute Dienste, sondern letztere lieferte auch einen Theil des nöthigen Proviants für die Flotte der Republik[61]). Neben den Dreiherren und den alten Geschlechtern der Insel erhoben sich um dieselbe Zeit neue Feudalherren, die entweder von ersteren oder von Venedig feste Plätze als Lehen erhielten, zugleich auch von der Republik mit dem Bürgerrechte beschenkt wurden; so im September 1361[62]) Alessio de'

51) Reg. Protonotar. 1361—63. A. fol. 209v. 52) Misti XXXI. fol. 168. Philipp Galeranno, des frühern Erzbischofs Nikolaus Bruder, erlangte 1363 auf eine griechische Präbende. Misti XXX. fol. 244. 53) Misti XXXI. fol. 207v—209. 54) Ebenda fol. 215. 55) Ebenda XXIX. fol. 82.

56) Ebenda fol. 90v. 57) Ebenda fol. 222. 58) Ebenda fol. 234. 59) Ebenda fol. 226v. 60) Lettere secrete fol. 21v; Misti XXXI. fol. 273. 61) Lettere secrete fol. 31v, 77, 78. 62) Privileggi. Vol. I. fol. 100v.

Tiberti aus Padua, Ahnherr des Hauses Berti, und im August 1370 [63]) Saracino, Sohn des Guglielmo Saracino, aus einem bereits seit 80 Jahren auf der Insel ansässigen Geschlechte, der sich erbot, eine ansehnliche Steuer zu zahlen und dafür auf 25 Jahre lang Bürgerrecht erhielt, Schwiegervater des ersten Herzogs von Athen aus dem Hause Acciajuoli. Auch die Judenschaft der Insel erfreute sich des Schutzes der Republik; im Juni 1359 [64]) versprach man ihrem Abgesandten Samuel — dem 1372 gleichfalls das Bürgerprivileg seiner Ahnen und 1373 der Besitz einer außerhalb der Stadt gelegenen, von seinem Vater Abba und seinem Großvater David besessenen, von ihm selbst hergestellten Synagoge bestätigt wurde [65]) —, die Lage seiner Glaubensgenossen zu verbessern, die Einsperrung derselben im Ghetto am Charfreitage, sowie mehrere lästige Steuern abzuschaffen; nur hatten sie nach wie vor das Banner des heiligen Marcus zu liefern [66]). Neben Samuel finden wir da den Moses, als Chirurg in Staatsdiensten; Juden, die das Christenthum annahmen, erhielten schon damals als Familiennamen den ihres patricischen Pathen; wie denn 1370 Nicolò Quirini, auf Kreta lebend, der Sohn des euböotischen Juden Leo Bonia war [67]). Als Zubehör der Insel galt noch immer die Burg Pteleon auf dem thessalischen Festlande, meist von Griechen bewohnt — das Patriarchat von Constantinopel besaß dort drei Klöster [68]); — der Bailo half nicht nur 1366, das zerstörte Haus des dortigen Rectors Nicoletto Manolesso herstellen, sondern lieferte ihm damals auch Waffen und Munition zur Abwehr der Albanesen Thessaliens, welche diese so wichtige Festung bestürmten [69]). Nun hatte man endlich auch Karystos nach so langen Unterhandlungen gewonnen, die stärkste Burg der Insel selbst, die für uneinnehmbar galt. Bonifaz Fadrique hatte sie am 6. Nov. 1365 [70]) für 6000 Dukaten in Gegenwart des Alessio de' Tiberti und des thebanischen Ritters Peter En Fulgher dem Bailo verkauft; der Senat hatte am 19. Jan. 1366 [71]) den Abschluß der Sache genehmigt, genaue Angaben über Einnahme und Ausgabe gefordert, und dorthin, wie nach Larmena, eine ausreichende Besatzung gelegt. Doch verschlangen beide Burgen für Erhaltung der Festungswerke so beträchtliche Summen, daß man bereits 1368 daran dachte, dieselben, gleich den andern Castellen, Venetianern oder Euböoten als Lehen zu geben; da sich Niemand dazu bereit fand, suchte man die Ausgaben zu verringern, und begnügte sich zuletzt damit, die Werke gegen die im Archipel hausenden türkischen Piraten zu bewahren [72]); im Uebrigen legte man, sobald man Karystos und Larmena aus der allerdings immer verdächtigen Hand der Catalanen erlangt hatte, keinen mehr so großen Werth auf dieselben. Dem frühern Herrn, Bonifaz, dem die Insel Aegina und seine Besitzungen in Attika verblieben, verlieh Venedig am 28. Febr. 1368 [73]) erbliches Bürgerrecht; er lebte noch 1374 [74]) und hinterließ seine Insel und das Uebrige dem einzigen Sohne, den ihm seine Gattin Dulce geboren, dem Johann Fadrique von Aragon.

Während Loria fortfuhr, als Vertreter des Moncada dem Herzogthume vorzustehen, sehen wir den König Friedrich verschiedene Anordnungen im Interesse der Compagnie und des fränkischen Klerus daselbst treffen, die uns ein klares Bild von der innern Organisation des Landes unter sicilianischer Herrschaft geben. Im März 1363 [75]) weilte am Hofe des Königs der neuerwählte Erzbischof Simon von Theben, früher Bischof von Sivaciz; er ward, im Begriff, sich nach Griechenland zu begeben, der Compagnie empfohlen, damit ihm die Renten seiner Kirche unverkürzt zuflössen. In demselben Monate wurde Johann Bonaccolsi aus dem frühern Tyrannengeschlechte von Mantua zum Castellan von Livadia an die Stelle des Arnold Terrades ernannt [76]); zugleich sollte er das Amt eines Capitains, mit dem die höchste Gerichtsbarkeit in Civilsachen verbunden war, ausüben. Neben ihm fungirte ebenda als Vicar Wilhelm de Almenara, dem am 16. Sept. 1363 [77]) Wilhelm Fadrique, des Alfons jüngster Sohn, bereits im Mai [78]) mit der Burg Stiri auf Lebenszeit belehnt, substituirt ward. Im Juli bestätigte der König dem Franz de Cremona aus Catania das Amt eines Notars der Herzogthümer, das er bereits längere Zeit bekleidet, auf Lebenszeit [79]), erneuerte dem Nicolacho de Mauro Nicolao aus Livadia den seinem Vater 1311 [80]) von der Compagnie verliehenen Freibrief und gestattete dem Notar Demetrios Rendi aus Athen [81]), der bis dahin den „Franken" gleich geachtet war, seine Söhne und Töchter mit Lateinern zu vermählen, sowie frei über seine bewegliche und unbewegliche Habe zu verfügen. Daneben werden Rechtssachen geschlichtet; so hatte Johann Sacco, Bürger von Theben, den Nikolaus, Sohn seines in Messina wohnenden Bruders Jakob, zum Erben eingesetzt; als aber Jakob sich auf den Weg nach Böotien machte, ward er bei Mei gefangen, worauf Moncada, der damals (1360) in Griechenland weilte, die Güter des Johann verkaufte, um Geld zur Besoldung seiner Truppen zu erlangen. Einen Theil dieser Güter — in der Straße Gandescali — kaufte Bernard de Sullart und vererbte ihn auf seine Tochter Manuela; da diese jedoch den Vater nur kurze Zeit überlebte, folgte „nach dem Brauche von Barcelona, der in dem Herzogthume gilt," ihre Mutter Beatrix, die bald eine neue Ehe mit Berenard Ballester einging und sich weigerte, den Sacco zu ent-

63) Commemoriali Vol. VII. fol. 613v; Grazie Vol. XIII. Derselbe erschien schon 1359 als Zeuge bei den Verhandlungen über Karystos. 64) Misti XXIX. fol. 17v. 65) Ebenda XXXIV. fol. 113; Commemoriali Vol. VII. fol. 579. 66) Misti XXX. fol. 95. 67) Ebenda XXX. fol. 3; XXXIII. fol. 84v. 68) Miklosich und Müller I. 474. n. CCXV. 69) Misti XXXII. fol. 4, 22v. 70) Pacta Lib. V. fol. 136v seq. 71) Misti XXXI. fol. 289v; XXXII. fol. 17, 22v; Lettere secrete fol. 182. 72) Misti XXXII. fol. 221.

73) Commemoriali Vol. VII. fol. 363v. 74) Reg. Cancell. no. 4. (1345—75.) fol. 114. 75) Reg. Canc. no. 8. (1363—68.) fol. 89. 76) Ebenda fol. 18. 77) Ebenda 65rv. 78) Ebenda fol. 43. 79) Reg. Canc. no. 7. (1364—68.) fol. 26v. 80) Ebenda fol. 27v. 81) Ebenda fol. 29.

schädigen; der König nahm sich ihrer an[82]) und vermittelte ein Abkommen. Zu derselben Zeit finden wir den eben genannten Johann Bonaccolsi als Gesandten der Compagnie am Hofe des Königs; in seinem Auftrage verhandelte er mit der Königin Johanna I., Kaiserin Maria von Bourbon und Philipp von Tarent wegen einer Ehe des Königs mit Margaretha, Tochter Karl's von Durazzo[83]); ward auch in diesem Punkte kein Resultat erzielt, so hatten die Unterhandlungen doch zur Folge, daß dem Roger de Loria am 8. Sept.[84]) anbefohlen wurde, dauernden Frieden mit Neapel und Achaia zu unterhalten. Im Uebrigen hatte Bonaccolsi dem Könige eine wenig erfreuliche Schilderung der athenischen Zustände gemacht. Nicht nur, daß die Türken fortwährend drohten und der Bailo von Euböa sein Auge auf das Nachbarland warf, sondern es bildeten sich auch im Schooße der Compagnie verschiedene Parteien, deren eine sogar mit dem Gedanken umging, die Herrschaft Genua's anzuerkennen. Die fortwährende Abwesenheit des Moncada, während deren Loria und der Regierungspräsident Peter de Puig, der Chef der Justiz in den Herzogthümern, sich befeindeten, war ein Hauptgrund des Verfalls aragonesischer Herrschaft. Daher befahl der König am 9. Aug.[85]) dem Generalvikar, sich binnen drei Monaten auf seinen Posten zu begeben; und da die sicilianischen Angelegenheiten das nicht zuließen, enthob er ihn seines Amtes und bestellte am 14. Mai 1367[86]) zu seinem definitiven Nachfolger den Roger de Loria, der jüngst sich durch wackere Vertheidigung Athens gegen die Türken große Verdienste erworben hatte. Damit hatte das unerquickliche Provisorium ein Ende. Während desselben herrschten vielfache Streitigkeiten in den Herzogthümern. Wenn die Güter des Griechen Stephan de Mastrotheodoro aus Theben nach seinem Tode, statt an seinen unmündigen Sohn zu fallen, dem Michael de Gaspo gegeben wurden[87]), so war das nach dem Brauche Attika's kein Unrecht, da ja die Griechen nicht frei über ihren Nachlaß verfügen durften; dagegen klagte zugleich Arnold Despuig aus Livadia über Gewaltthat des Bernard Canal, der, ohne durch irgend ein Amt dazu berechtigt zu sein, ihm Dorf und Thurm Spilia entrissen; Nicolachi d'Arduino aus Theben beschwerte sich, daß der Richter und Beisitzer der Curie des Vigers Raimund Fratino nach dem Tode seines Vaters Peter seine Güter zu Gunsten der Blanca, Wittwe des Benenatus de Clarano, sequestrirt habe, obgleich der letztern Ansprüche jüngst rechtsgültig widerlegt seien[88]). Zugleich kamen sich widersprechende Patente vor, in Folge deren verschiedene Personen dasselbe Amt beanspruchten, wie denn jener Arduino, zur Entschädigung dafür, daß er fünf Jahre lang aus seinem Vaterlande ohne Schuld verbannt gewesen, nicht nur mit einem Theile der heimgefallenen Lehen des Erbmarschalls Ermengol de Novelles — trotz des Protestes des Anton de Fasana-Novelles, der den ganzen Nachlaß forderte — begabt, sondern auch im Juni 1366 zum Viger in Theben auf drei Jahre ernannt war, während kurz zuvor Albert Bonaccolsi gleichfalls für letzteres Amt ein Patent erhalten hatte[89]). Der König entschied, letzterer solle zuerst drei Jahre lang dort Viger sein; dann sollte ihm Arduino folgen, die Güter des letztern aber, die während seines Exils occupirt worden, sollten ihm sofort restituirt werden. Da die Lehen des Ermengol bei Zeitun in den Pertinenzen des Ludwig Fadrique von Aragon, der 1365 seinem Vater Jakob als Graf von Sula gefolgt war, lagen, so ersuchte der König die Vormünder des letztern, den Bischof von Akre und den Peter de Vinsarelnas, dafür zu sorgen, daß dieselben dem Arduino überliefert würden. Der größte Theil der Erbschaft Ermengol's war übrigens in die Hand Loria's gefallen, der noch bei seinen Lebzeiten von ihm das Castell „lu Estiei" mit dem Thurme „Mathorva" und allen Hoheitsrechten für 10,000 Hyperpern erworben hatte[90]), nach seinem Tode seinem Hause die Würde eines Erbmarschalls des Herzogthums gewann und von dem streitbaren Heere, dem eigentlichen Kern der Compagnie, als ihr natürliches Oberhaupt angesehen wurde.

Anfangs 1367 hatte Loria den Angriff der Türken gegen Athen abgeschlagen, die Sicherheit war hergestellt, sodaß der jüngst zum Appellationsrichter ernannte Bartholomäus de Valriis sich ruhig auf den Weg machte, um Theben, „sein süßes Vaterland," wiederzusehen[91]). Als er aber dort eintraf, waren im Schooße der Compagnie selbst schwere Gewaltthaten verübt worden. Der Regierungspräsident Peter de Puig hatte durch seine Willkür die Erbitterung der ganzen athenischen Ritterschaft aufs Aeußerste gereizt. Namentlich hatte Berengar Soler, Castellan von Vetrinitza und Bürger von Theben, fortwährend von seinem Uebermuthe zu leiden gehabt[92]). Hatte er dort Getreide gesäet, so verbot ihm Puig, dasselbe zu ernten; als Verwalter der Güter des Johanniterordens im Herzogthume war er von Puig gehindert worden, die Rente für denselben zu erheben; Schweine und Gebäude, die ihm gehörten, waren confiscirt, ein Proceß, ohne daß ihn der Präsident gehört hätte, gegen ihn entschieden worden. Ein Grieche, Leibeigener Soler's, war ihm unter dem Vorwande, derselbe sei ein freier Mann, entrissen, bald darauf aber als Sklave nach Majorca verkauft worden. Als die Albanesen, von Vielion abgewehrt, Siderokastron nahmen, hieß Puig den Soler eine Barke ausrüsten, die recognosciren sollte; sie wurde gekapert, ohne daß der Präsident, wie er verheißen hatte, Ersatz leistete. Erfüllte der Mann, der in Moncada's Namen Gerechtigkeit üben sollte, so wenig seine Pflicht, so kann es nicht befremden, wenn andere Mächtige es ihm gleich thaten; und so ließ denn Johann Fadrique, der für seinen abwesenden Vater

82) Ebenda fol. 26, 48. 83) Ebenda fol. 45; no. 8. (1365—66.) fol. 51, 52v. 84) Ebenda no. 8. (1365—66.) fol. 92. 85) Ebenda no. 7. (1364—68.) fol. 45v. 86) Ebenda no. 8. (1365—66.) fol. 104. 87) Ebenda fol. 67. 88) Reg. Canc. no. 9. (1366.) fol. 10v.

89) Ebenda fol. 11rv, 13; no. 8. (1365—66.) fol. 138. 90) Ebenda no. 12. (1371.) fol. 124v—125v. 91) Ebenda no. 10. (1367.) fol. 110. 92) Ebenda no. 5. (1360—1402.) fol. 194v, 196v, 197v.

Bonifaz damals Regina verwaltete, ein Schiff des Peter Coler aus Catania, wol eines Bruders Berengar's, auf seiner Insel nebst allen Waaren confisciren und ihn selbst in den Kerker werfen [93]). Nirgendwo war Recht und Gerechtigkeit; Processe schwebten über acht Jahre lang; waren die Helfershelfer Puig's dabei interessirt, so war nimmer Erledigung zu hoffen. Gelang es auch dem jungen Ludwig Fadrique, Siderokastron den Albanesen wieder zu entreißen, und so die Marken der Herzogthümer gegen den äußern Feind sicherzustellen, so herrschte dagegen im Innern förmliche Anarchie. Moncada blieb abwesend; seine Söldner fragten wenig nach dem Marschall; sie dienten nur als Schergen den Launen Puig's. Sein Regiment ward von Tag zu Tage unerträglicher; da verband sich endlich Roger de Loria Ende 1366 mit seinem Sohne Anton, mit Wilhelm de Almenara, Alberto Bonaccolsi, Jakob Guardia, Alfons Caballer, Bernard Ballester, Nicolachi de Manlochi, Jakob Colombino, Perleone Pleriner, Wilhelm de Bila und Berengar de Loria, um der Gewalt mit Gewalt zu begegnen. Ein blutiger Aufstand brach in Theben aus; der Regierungspräsident, seine Gattin Angelina, der Vigar Jakob Sardana, der Syndicus Peter Balayer und viele ihrer Anhänger wurden erschlagen; als die Söldner Puig's, meist in Achaia geworben, den Tod desselben zu rächen suchten, wurden sie mit dem Heere handgemein und größtentheils niedergemacht. Eine detaillirte Darlegung dieser Verhältnisse sandte die Compagnie am 2. Jan. 1367 [94]) durch Franz de Cremona an den König; mündlich rechtfertigte derselbe so vollständig das Verfahren Roger's, daß ihm Friedrich III. nicht nur alle von den frühern Herzogen — schon von Johann von Randazzo — gemachten Schenkungen, sondern auch das Amt eines Generalvicars bestätigte [95]). Zugleich ward eine förmliche Amnestie proclamirt; indem der König dafür sorgte, daß die Güter des getödteten Puig seinen Erben gewahrt wurden [96]), fühlte er sich veranlaßt, die Compagnie dringend zur Einigkeit zu ermahnen, da nur so die Herzogthümer sich dauernd behaupten ließen. Am 26. Mai [97]) genehmigte er die Petitionen der Compagnie, sowie daß die Burgen Livadia und Neopaträ niemals an eine Privatperson verliehen, vielmehr von den Castellanen der Gesellschaft verwaltet werden sollten; wegen Siderokastron glaubte er, anfänglich eine Ausnahme machen zu müssen, da es Ludwig Fadrique zurückerobert; doch übertrug er es bald darauf am 11. Juni — da Ludwig noch minorenn — dem Nikolaus de Sosa als Castellan [98]). Zugleich sorgte übrigens der Gesandte Cremona für sich selbst, indem er sich das Dorf Neopleus bei Theben bestätigen ließ, das früher Philipp de Lecanza besessen und nach dessen Tode sein Bruder Franz, Pfarrer der Marienkirche in Theben, sich angeeignet, obgleich Geistliche nach dem Landesgesetze keine solche Lehen besitzen durften [99]). Nachdem der König ferner auf Cremona's Bitten den Peter de Taburelis als Dekan der Marienkirche (des Parthenons) in Athen bestätigt [1]), gestattete er dem Cremona, dauernd seinen Wohnsitz in Sicilien zu nehmen; dagegen wurde Wilhelm de Senglers mit dem Notariate in dem Herzogthume erblich begabt [2]). Es war eben nichts Seltenes, daß die Beamten der Compagnie vorzogen, ihre alten Tage in Ruhe daheim zu beschließen; so ward z. B., da der damalige Alguazil von Theben Johann de Maria stets abwesend, im November 1368 [3]) der Thebaner Georg Tiarenrianus zu seinem Nachfolger ernannt. Franz de Cremona muß sich übrigens bald eines Andern besonnen haben; er fungirte als Notar von Attika noch bis 1374, ward dann in eine Rebellion verwickelt und beschloß bald sein Leben als Geächteter; Matteo Gioeni ward am 2. April 1375 [4]) Notar auf Lebenszeit.

Roger de Loria blieb Generalvicar des Herzogthums, so lange er lebte; eine Lehenssache, die Dienstleistung des Berengar de Castro für seinen Mündel Johannichos de Spiano [5]), sowie die Ernennung des wackern Galceran de Peralta zum lebenslänglichen Castellan und Capitain von Athen (am 21. Mai 1368) [6]) sind die einzigen innern Ereignisse, welche uns aus seiner Verwaltungszeit überliefert sind. Was dagegen die auswärtigen Verhältnisse anbetrifft, so schien es einen Augenblick, als drohe eine Collision mit dem Bailo von Negroponte; streitige Handelssachen, namentlich die noch immer nicht erledigten Ansprüche der Basadonna, gaben den Vorwand. Im Juli 1368 [7]) erhielt der Capitain des Golfs den Auftrag, die Insel gegen einen etwaigen Angriff der Compagnie zu sichern; doch ward der Befehl schon nach wenigen Tagen zurückgenommen, da die Waffenruhe wieder auf ein Jahr verlängert wurde; 1369 [8]), als es sich um weitere Verlängerung handelte, ward mit dem Bailo aufs Neue die Sache Basadonna's ans Herz gelegt. Was aber 1369 ebenfalls zur Besserung des Verhältnisses zwischen Venedig und der Compagnie beigetragen, waren die wiederholten Bemühungen des Hauses Enghien, des Guido von Argos und Nauplion, des Grafen Johann von Lecce und des Ludwig von Conversano, die Republik zum Bunde und zum Kriege gegen die unzuverlässigen, unruhigen Nachbarn aufzustacheln. Guido residirte meist auf der Burg von Nauplion; im December 1364 [9]) ertheilte er dem Ritter Jakob I. von Zeta, der zu derselben Zeit in der Lehensrolle von Morea als Besitzer einer gleichnamigen Burg im Fürstenthume erscheint, die Belehnung von 4 bewaffneten Reitern für die Besitzungen seiner Gemahlin Elisa, Gebieterin des 1364 von Herzog Walter II. dort belehnten Nikolaus de Foucherolles (Wittwe eines Herrn von Lag-

93) Ebenda fol. 199, 200. 94) Ebenda no. 12. (1371.) fol. 123—124. 95) Ebenda fol. 122v. 96) Ebenda no. 8. (1365—66.) fol. 105v. 97) Ebenda fol. 109v. 98) Ebenda fol. 110. 99) Ebenda no. 11. (1369—73.) fol. 305v.

1) Ebenda no. 8. (1365—66.) fol. 110. 2) Ebenda no. 13. (1369—73.) fol. [illegible] 3) Ebenda no. 7. (1365—66.) fol. 249, 251. 4) Ebenda no. 13. (1374.) fol. 115v; [illegible] 1363—63. A. fol. 139v. 5) [illegible] no. [illegible] (1364—66.) fol. 103. [illegible] bei [illegible] Ebenda fol. 302v, 313v. 6) Ebenda no. 8. (1367—71.) fol. 124v. 7) Misti XXXII. fol. 272—273. 8) Ebenda XXXIII. fol. 41. 9) [illegible] (Cod. [illegible] [illegible] no. [illegible]).

cenzo oder Lorenzo), deren älteste Schwester Bona des Guido Gattin war, während die jüngere Antonia, Gräfin von Plachi (Blancy) in kinderloser Ehe mit Wilhelm Conte lebte. Als Jakob im Jahre 1376 starb, belehnte Guido dessen Sohn Nikolaus im October [10]) mit den väterlichen Gütern und bestätigte ihm aufs Neue alle Privilegien seiner Ahnen in Gegenwart des Castellans von Nauplion, Pietro Medici (Sohn des Lapo „della Brocha" aus Florenz, der sich in Athen niedergelassen und nach der Stadt den Namen de Athenis angenommen hatte, den seine Nachkommen mit Aufgabe ihres Familiennamens festhielten), des Peter de Laborde, Nicolò Alemanno (gleichfalls Baron in Achaia), Giovanni Barisano, Marco und Nicolò Gavazza, des Schatzmeisters Aporto Catello und anderer; Taddeo Giustiniani, der später dort als Statthalter der Cornari fungirte, erneuerte 1382 diese Privilegien zu Gunsten des Jakob II. de Zaja, der damals seinem Vater Nikolaus gefolgt war. Nun hatte zunächst Johann von Enghien-Lecce am 6. Aug. 1368 [11]) eine Galeere, die sein Oheim, Herzog Walter von Brienne, dem Nobile Filippo Dolo in Verwahrung gegeben, von Brügge aus reclamirt; dieselbe war ihm auch nach einigen Monaten eingehändigt worden; dann hatte er im Einverständniß mit seinen oben genannten Brüdern 1370 erklärt, er habe vor, das ihm „nach göttlichem Rechte" zukommende Herzogthum in offenem Kriege den catalonischen Räubern zu entreißen. Indem er sich darauf berief, daß sie venetianische Bürger seien, und Venedig noch jüngst deshalb dem Guido ein eigenes Diplom ausgefertigt, bat er, ihn und seine Brüder, sobald sie den Krieg eröffnet, als loyale Streiter, nicht als abenteuernde Piraten zu behandeln und von Euböa aus mit aller Zufuhr zu unterstützen. Darauf antwortete indessen der Senat am 12. April [12]) ablehnend unter Zusicherung vollständiger Neutralität; Venedig freue sich, wenn das ihm befreundete Haus Enghien Vortheile in Griechenland erlange und das Verlorene wieder gewinne, zur Lieferung von Victualien aber könne es sich nicht verstehen, da man mit der Compagnie Waffenruhe eingegangen, und der Bailo von Euböa zur Aufrechthaltung derselben gewissenhaft verpflichtet sei. Die Prätendenten, die so mit „schönen Worten" abgefertigt waren, erneuerten dennoch 1371 [13]) denselben Antrag, indem sie sich auf die gegen die beiden Briennes von der Compagnie verübte Gewaltthat und den päpstlichen Bannstrahl beriefen, der zwar zeitweilig suspendirt, nicht aber aufgehoben sei. Venedig würden er und seine Brüder, so schrieb Johann von Lecce, stets als „die Mutter, Hüterin und Erhalterin der Gerechtigkeit" ehren, dafür bat er, die Rosse seines Bruders Guido, der gegen Loria rüste, auf Euböa zu bilden, dem Nicolò Sanudo Spezzabanda von Naxos, den Lombarden, den Vasallen Achaia's, sowie den auf Euböa weilenden, ehemaligen Vasallen der Brienne die schwarze Brücke zum Feldzuge gegen die Catalanen zu öffnen, den Bailo zur Lieferung von Victualien, Holz, Eisen zu ermächtigen, sowie eine Galeere zur Unterstützung der Expedition zu liefern. Er bat um kurze Entschließung, da der Krieg sofort beginnen solle; Venedig aber antwortete am 10. Febr. [14]) dem heißspornigen Grafen einfach, es habe den Bailo Giovanni Delfino (1370—1372) ermächtigt, zwischen den Enghien und der Compagnie zu vermitteln.

Wirklich eröffnete nun alsbald Guido von Enghien, von seinen Brüdern aus Neapel und Flandern, wie von dem Bischofe von Argos [15]) unterstützt, den Krieg gegen die Catalanen, allein ohne den geringsten Erfolg. Selbst der 1371 erfolgte Tod des Generalvicars und Marschalls Roger de Loria änderte Nichts in der Sachlage. Während ihm als Marschall sein ältester Sohn Anton folgte, wurde Matteo Peralta, jüngerer Sohn des Grafen Guglielmo von Calatabellotta (1371—1375), mit Rücksicht auf die fortwährende Abwesenheit Moncada's, am 31. Mai 1371 [16]) zum Generalvicar der Herzogthümer ernannt und den Capitainen, Räthen, Syndici, Procuratoren der Compagnie, wie der gesammten Bevölkerung von Athen, Theben und Negroponte als solcher empfohlen. In seinem Auftrage vermittelte Peter de Fulgher zugleich mit dem Bailo von Euböa schon Anfangs August [17]) den Frieden zwischen Guido und der Compagnie; letzterer sollte als Pfand Megara in die Hand Venedigs geben; zugleich aber ward Maria von Enghien, Guido's einzige Tochter, mit Johann de Loria verlobt, der nach des Schwiegervaters Tode in Argos und Nauplion folgen sollte. Am 7. Jan. 1372 [18]) bestätigte der König dem Galceran de Peralta das Amt eines Vigers oder Capitains von Athen auf Lebenszeit, hieß ihn, treulich nach den Gewohnheiten von Barcelona der Gerechtigkeit pflegen und empfahl ihm noch besonders den neuen Generalvicar, seinen Verwandten. Am nämlichen Tage ward dem Nikolaus Sabon ein Freibrief bestätigt [19]), den ihm, als ihrem Gutsverwalter, Novella, Gattin des Jakob Sanchez de Lerda, verliehen, und der „auf Papier in catalonischem Dialekt nach Sitte und Brauch der Stadt Athen geschrieben war;" dagegen wurden Besitzungen, die, zur Akropolis gehörig, einst dem Jakob Siplana behufs besserer Vertheidigung der Stadt gegeben, und durch Johann von Randazzo dessen Sohne Johann erneuert waren, nach dem Ableben des Sohnes jenes letzteren eingezogen, da derartige Verleihungen nur für drei Generationen Gültigkeit haben sollten [20]); am 3. Febr. 1373 [21]) wurden dem Lambert Dessan, dessen Vater Hugo sich 1331 gegen Brienne hervorgethan, die letzterem damals verliehenen Privilegien erneuert. Im

10) Ebenda. 11) Commemoriali Vol. VII. fol. 372. 373v. 12) Misti XXXIII. fol. 91v—92v. 13) Ebenda fol. 168v—169.

14) Ebenda fol. 168. 15) Derselbe lieferte dazu die Einnahme aus den Kollecten, die in den Klöstern gesammelt wurden. Misti XLIII. fol. 36v. 16) Reg. Canc. no. 5. (1347—70.) fol. 150—152. 17) Misti XXXIII. fol. 268; Commemoriali Vol. VII. fol. 543. 18) Reg. Canc. no. 12. (1371.) fol. 205; no. 5. (1347—70.) fol. 32. 19) Reg. Canc. no. 12. (1371.) fol. 210. 20) Ebenda fol. 209v. 21) Ebenda fol. 72.

Sommer desselben Jahres drohten neue Zerwürfnisse in der Compagnie auszubrechen. Letztere sah nur ungern, daß die wichtigsten Stellen im Lande nicht den Eingeborenen, sondern neuen Ankömmlingen aus Catalonien oder Sicilien — oft auf Lebenszeit — übertragen wurden, während nach altem Herkommen die Amtsdauer eines Vigers oder Capitains nur eine dreijährige sein sollte. Daher bestimmte der König [22]), die Vigers von Athen und Livadia, Galceran de Peralta und Wilhelm de Almenara, sollten, sobald sie ihr Amt drei Jahre lang bekleidet, abdanken; auch sollten die Posten eines Capitains und Castellans, die beide zugleich inne hatten, in Zukunft getrennt, dieselben auch mit Eingeborenen der Herzogthümer besetzt werden. Der Generalvicar selbst hatte sich damit einverstanden erklärt; vielleicht, daß gerade auf den Antrag seines Gesandten Andreas de Antonio diese Aenderung getroffen wurde. Dem gemäß ernannte der König im Januar 1374 [23]) an Almenara's Stelle den Franz Lunelli aus Theben zum Castellan, den Gilbert Viral aus Livadia (oder falls dieser nicht wolle, den Ballester) zum Viger von Livadia, statt des Galceran aber den Wilhelm Su Pusal zum Castellan, den Bernard de Vich aus Theben zum Viger von Athen. In dasselbe Jahr fällt die Bestallung des Philipp de Lulall zum Hafenmeister im Piräeus [24]), sowie die des Philipp de Catariano anstatt des verstorbenen Bartholomäus de Regina zum Pfarrer bei St. Georg in Livadia; letzterer ward der Gesammtheit der Franken, speciell dem Bonifaz Fadrique von Aegina und dem Ludwig Fadrique von Sula am 18. Aug. empfohlen [25]). Unter Peralta's Verwaltung fand am 1. Oct. 1373 in Theben ein feierlicher Congreß statt, an dem sich die meisten Feudalherren Griechenlands betheiligten, und zu dem Papst Gregor XI. durch Bulle vom 13. Nov. 1372 [26]) nicht nur jene, sondern auch die Rhodiser, die Kaiser Joannes von Constantinopel und Philipp von Tarent, Johann von Antiochia, Regenten von Kypros, Ungarn, Sicilien, Venedig und Genua eingeladen hatte, damit Alle sich gegen die Türken vereinten, die nach dem Berichte des Erzbischofs Franz von Neopatrá jüngst bis nach Serbien, Albanien, Attika und Achaia gehaust, das Land verheert und zahllose Sklaven fortgeschleppt hatten. Immer verzweifelter war in den letzten Jahren die Lage von ganz Griechenland geworden. So wollte 1360 schon Niemand, ohne bedeutende Gehaltserhöhung, das Amt eines Rathes auf Euböa bekleiden. Drei Proveditoren wurden hingesandt, um die Lage der Colonie, auch die von Modone, Korone und Pteleon zu prüfen [27]), damit dieselben „der Republik rechte Hand und rechtes Auge," gegen die Türken gesichert würden. Für die Galeere von Euböa, in der „das Leben und Heil der Insel, die Erhaltung der Seemacht Venedigs beruhe," wurden 100 Mann angeworben; der Bailo erhielt 1372 Auftrag, über alle Neuigkeiten sorgfältigen Bericht zu erstatten [28]). Im Jahre 1375 folgte eine neue Truppensendung, desgleichen 1376 [29]), auch Geld und Proviant wurden geliefert, um der Bevölkerung, die durch die letzte Epidemie 1374 sehr decimirt war und dazu von Hunger zu leiden hatte, aufzuhelfen. Während Venedig so alle Vorkehrungen traf, um den Feind abzuwehren — der pflichtvergessene Bailo Nicolò Quirini, der nicht nur großer Saumseligkeit sich schuldig gemacht, die Galeere der Insel zu Privatzwecken verwandte, Getreideausfuhr gestattete, während dort das Korn fehlte, sondern sogar Geschenke genommen, ward 1375 zu einer Geldbuße verurtheilt [30]) —, sehen wir den Kaiser Joannes V., wie vormals den letzten fränkischen Herrn von Constantinopel, im Westen umherziehen und unter heuchlerischer Verleugnung, ja öffentlicher Abschwörung des Glaubens seiner Väter den Papst und die Herrscher Europa's um Geld und Hilfe gegen Murâd I. anbetteln. Am 18. Oct. 1369 legte Joannes V. zu Rom feierlich in die Hand des Patriarchen Paul, frühern Bischofs von Smyrna, der jüngst den Grafen von Savoyen auf seinem Heereszuge gegen die Saracenen und Bulgaren begleitet [31]), das lateinische Glaubensbekenntniß ab, während um dieselbe Zeit nicht nur die Genuesen in Pera verdächtige Rüstungen trafen [32]), sondern sogar einzelne aus ihrer Colonie, wie Filippo Lomellino, „die lateinischen Irrthümer" abschwuren [33]). Venedig, das anfänglich eine Gesandtschaft nach Constantinopel schicken wollte, zog es vor, nunmehr mit dem Kaiser in Italien directe Unterhandlungen zu pflegen; die schon 1350 angeregte Abtretung von Tenedos kam wieder zur Sprache, ohne jedoch erledigt zu werden. Dagegen ward am 1. Dec. 1371 [34]) der Waffenstillstand auf fünf weitere Jahre verlängert, in der gewöhnlichen Form; unter den Zeugen erscheint u. a. Alexios Laskaris Metochita, der Gemahl der Groß-Domesticissa Kantakuzena. Bekannt ist, daß Andronikos (IV.), dem der Vater als dem Erstgeborenen die Regentschaft übertragen, nicht nur denselben nicht mit Geld unterstützte, sondern sogar selbst nach der Kaiserwürde trachtete, daß dagegen der jüngere Sohn Manuel, Statthalter von Thessalonich, Alles zusammenraffte, um Joannes aus den Händen seiner venetianischen Gläubiger zu erlösen, und dafür nach des Vaters Heimkehr 1371 zum Nachfolger designirt wurde. In demselben Jahre hatte Murâd I. den Serbenkönig Wukaschin in blutigem Kampfe getödtet und sich die Bulgaren zinsbar gemacht; ein Versuch Joannes', ihn abzuwehren, scheiterte; nur daß der Groß-Primicerius Alexios Asan, alleiniger Herr von Christopolis und Thasos [35]) nach dem Tode seiner

22) Ebenda no. 11. (1369—73.) fol. 111. 23) Reg. Canceil. no. 5. (1347—70.) fol. 62v—63v, 71. 24) Ebenda no. 5. (1380—1403.) fol. 61v. 25) Ebenda no. 4. (1345—75.) fol. 114. 26) *Raynaldus* a. 1372. n. 29 seq.; *Buchon*, Nouvelles recherches II, 218—220; dipl. Florent. n. XXXIX. *Jauna*, Hist. générale des roiaumes de Chypre etc. Tom. II. (Amsterdam 1747. 4.) p. 861—871 (setzt den Congreß irrig ins Jahr 1376. 27) Novella fol. 306v, 307; Misti XXXIII. fol. 84.

28) Misti XXXIV. fol. 43. 29) Ebenda XXXV. fol. 56, 267v. 30) *Rayn.* Vol. III. p. 13. fol. 66v; Novella fol. 361. 31) *Miklosich* und *Müller* I, 491. n. CCXXXIV. 32) Misti XXXIII. fol. 101. 33) Ebenda fol. 66v. 34) Pacti Lib. V. fol. 150v—163v. 35) *Miklosich* und *Müller*

beiden Brüder, den Ungläubigen einige Grenzfestungen entriß; er lehnte sich jedoch, überzeugt, daß ihm sein kaiserlicher Oberlehensherr keine Hilfe leisten könnte, an Venedig an und ließ sich von letzterem 1373 das Bürgerrecht bestätigen [36]). In soweit hatten wenigstens die Bettelbriefe des Paläologos einigen Erfolg, als der Papst — an den er auch 1373 den Joannes Laskaris Kalopheros und den Demetrios Kydones sandte [37]) — die Fürsten der Christenheit und speciell die fränkischen Feudalherren zur Einigkeit und zu einem Kreuzzuge gegen die Türken aufforderte. Der letzte Bericht des Erzbischofs von Neopaträ lautete nur zu kläglich; bald genug zogen der Großvezir Khaireddin und Evrenosbeg weiter gen Süden und besetzten 1373 Burla, Marula, Kavala, Drama, Zichna, Karaferia (Berrhöa), Serrä und andere Plätze; 1374 huldigten die Serbenfürsten Bogdan und Dragaš dem Sieger. In Theben waren unterdessen seit dem 1. Oct. 1373 die eingeladenen Feudalherren entweder in Person erschienen oder durch ihre Abgesandten vertreten, um unter dem Vorsitze des Franz von Neopaträ die nöthigen Vertheidigungsmaßregeln zu berathen. Neben dem fränkischen Klerus des Landes finden wir dort den Grafen Leonardo I. Tocco, Herzog von Leukadia, den Francesko Gattilusio von Lesbos, den Ermolao Minotto, Herrn der Insel Seriphos (seit 1368, gest. um 1376), Nicolò dalle Carceri, Dreiherr von Euböa und seit dem Tode seiner Mutter Fiorenza Sanudo 1371 Herzog von Naxos, Francesco Giorgio, Markgrafen von Bodoniza, Matteo Peralta, Generalvicar von Athen und Neopaträ, Rainerio Acciajuoli, Pfandherrn der Castellanie Korinth, genannt; ohne Zweifel war auch Venedig durch den Bailo von Negroponte vertreten. Aber erhebliche Folgen hatte die Conferenz nicht. Mochte Joannes V., auf den Beistand der Franken bauend, 1374 gegen die Türken rüsten [38]), so war auch Murad I. nicht lässig; während Venedig fortwährend wegen Erneuerung des Waffenstillstandes verhandelte — noch im Februar 1376 [39]) ward Andrea Gradenigo angewiesen, möglichst hohen Ersatz zu fordern —, wandten sich die Türken gegen den Serbenkönig Lazar, entrissen ihm Nisch und nöthigten ihn, wie den Šišman von Bulgarien, zur Tributzahlung. Dagegen brachen unter den Franken bald Zwistigkeiten aus. Rainerio Acciajuoli, der unternehmende Castellan von Korinth, hatte schon längst den Plan gefaßt, die Katalonier aus Athen zu verdrängen und sich selbst dort erbliche Herrschaft zu gründen. Er hatte sich, da das Eheproject mit der Erbin des Archipels mißlungen, mit Agnese Saracino, des Saracino de' Saracini aus Euböa Tochter, vermählt; der Bailo der Insel hatte ihn auf jede Weise unterstützt, ja sogar gegen seine Amtspflicht ihm die Galeeren derselben zur Disposition gestellt, damit er von Korinth aus seine rebellischen Unterthanen verfolgen könnte. Letztere hatten auf dem Gebiete der Compagnie ein Asyl gefunden; so brach 1374 ein Conflict mit derselben aus, in Folge dessen Rainerio gegen Attika zog, viele Unterthanen der Compagnie gefangen nahm und die wichtige Festung Megara an sich brachte. Das erregte neuen Zwiespalt unter den Catalanen; es kam zu blutigen Gewaltscenen, in Mitte deren Matteo Peralta 1375 starb; seine Kinder führte sein Bruder Graf Guglielmo 1376 [40]) auf venetianischen Schiffen von Theben nach Sicilien heim. In Attika aber nahm nach Peralta's Tode die Gesammtheit des Volkes wieder die Regierung in die Hand und erhob zum Generalvicar den Grafen Ludwig Fadrique von Sula und Zeitun (1375—1381), zum Viger von Theben den Nicolachi Arduino. Franz Lunelli ging im Februar als Gesandter nach Sicilien, um dem Könige von dieser Veränderung Anzeige zu machen. Ueberzeugt von der Tüchtigkeit seines Verwandten, des Grafen Ludwig, bestätigte er ihn am 7. April [41]) bis auf Weiteres als Generalvicar, ebenso den Arduino auf ein Jahr als Viger [42]); beide sollten den Eid der Treue in Lunelli's Hand leisten. Da letzterer lange als Gefangener Acciajuoli's in Megara geschmachtet, ward ihm eine lebenslängliche Rente von 15 Unzen ausgesetzt, zahlbar durch die in Theben verkehrenden armenischen Handelsleute [43]); zugleich wurden die Privilegien der Compagnie am 6. Jan. [44]) erneuert. Ein Jahr später — am 7. Juni 1376 [45]) — ward dem Viger Arduino sein Amt bis 1378 verlängert; 1377 wurde Wilhelm Almenara aufs Neue Statthalter von Livadia, Galceran Peralta Gouverneur von Athen. Aber noch in demselben Jahre trat eine folgenschwere Veränderung für die Compagnie ein, indem ihr Herzog, König Friedrich, am 27. Juli [46]) in Messina starb. Er hinterließ seinem natürlichen Sohne Wilhelm die Grafschaft Malta, sein Königreich und die Herzogthümer seiner einzigen unmündigen Tochter Maria von Aragon (in Athen 1377—1381). Alsbald regten sich in Sicilien nicht nur die unruhigen Barone, sondern auch König Peter IV. von Aragon, der sich nach dem Erlöschen des Mannesstammes der in Sicilien herrschenden Aragonier als deren natürlichen Erben ansah; rüstete, um sich Siciliens (das er seinem Sohne Martin 1380 übertrug) und der Maria, die er zur Gattin seines Enkels Martin des Jüngern bestimmt hatte, zu bemeistern. Auch in Athen erhob sich alsbald eine Partei gegen die Herrschaft eines unmündigen Weibes; der Generalvicar ließ das Banner von Aragon aufpflanzen und erklärte sich bereit, dem Könige Peter zu huldigen. Gleichen Sinnes waren die

I. p. 475. n. CCXXII (1365); vergl. I, 569. n. CCXCIX (1371). Seine Tochter hatte vor 1388 den Rugi geheirathet, ohne Consens des Patriarchen. Ebenda II, 48. n. CCCLX.

36) Commemoriali Vol. VII. fol. 61b; Grazie Vol. IV. fol. 19v; Misti XXXIV. fol. 144v. 37) Gioffredo, Storia delle Alpi marittime p. 868. 38) Misti XXXIV. fol. 217v, 228v. 39) Ebenda fol. 261v, 278, 281; XXXV. fol. 25; Sindicati Vol. I. fol. 126v.

40) Misti XXXVI. fol. 191v—192. 41) Reg. Canc. no. 7. (1364—84) fol. 129v—130; Reg. Protonot. 1361—63. A. fol. 138v. 42) Reg. Canc. no. 7. fol. 130v, 131rv; Reg. Protonot. A. fol. 134v, 135. 43) Reg. Canc. no. 7. fol. 18; Reg. Protonot. A. fol. 134, 135v. 44) Reg. Canc. no. 12. (1371) fol. 176. 45) Ebenda fol. 177. 46) Çurita, Anales X, 21. Vol. II. fol. 370; Ludikow p. 242; Buchon, Nouvelles recherches I, 583.

übrigen mächtigen Barone und der Klerus des Landes, an dessen Spitze die Erzbischöfe Matthäus von Neopaträ, Simon von Theben (1373 mit Venedigs Bürgerrecht beschenkt) [47] und Anton Ballester von Athen standen. Letzterer, wol des 1366 erwähnten Bernard Sohn und Bruder des Peter, der damals in Attika die Lehen Caberna und Paricia besaß, bekleidete diese Würde von 1370—1382; auch ihm hatte Venedig am 24. März 1377 [48] ein Bürgerprivileg ausgestellt, da er sich erboten, der Republik mit 10 Reitern und 80 Mann zu Fuß gegen die Carraresen von Padua beizustehen. Auch sein Nachfolger, Anton de Genebreda, der 1386 als Generalvicar des Patriarchen von Constantinopel fungirte [49], ward von Venedig als Bürger der Republik am 27. Oct. 1383 [50] der Curie empfohlen; Felix de Puiadell (gest. 1390) war der letzte Erzbischof Athens aus catalonischem Geschlechte. Neben diesen Erzbischöfen und dem Generalvicar Ludwig von Sula erscheinen 1378 als die angesehensten Barone des Landes [51]: Johann Fadrique von Aegina, Ludwig Fadrique, der sich Graf von Malta nennt — wol gleichfalls ein Enkel des Alfons Fadrique und Sohn Wilhelm's von Stiri —, der Graf von Mitre (Demetrias?), der in seinem Solde 1500 Albanesen unterhielt, und dem als geborenem Aragonier das königliche Banner anvertraut ward, dann Galceran de Peralta, Gottfried Zarrovira, Andreas Zavall, Capitain von Neopaträ, Melisseno Novelles von Estañol, die Brüder Galceran und Franz de Puigpardines, Herren von Kardenitza und Talandi, Anton und Roger de Loria, des 1371 verstorbenen Marschalls Roger Söhne, mit ihren Vettern Roger und Nikolaus, Söhnen des Johann, und ihrem Schwager Thomas Despont, Wilhelm Fuster, Wilhelm de Villa und Perrot Juan, des Gonzalo Sohn aus Valencia. Dagegen hatte Francesco Giorgio, Markgraf von Bodonitza, sich gegen die Compagnie aufgelehnt und den herkömmlichen Tribut von einem Rosse verweigert; man befehdete sich gegenseitig. So waren dort die Verhältnisse noch 1380, als die Compagnie der Navarresen von Westen aus in das Herzogthum einbrach und direct auf Athen loszog. Galceran Peralta eilte ihnen entgegen, ward aber besiegt und gefangen; die Stadt fiel in die Hand des Feindes. Während der Graf von Mitre mit den thessalischen Albanesen die Schlösser Ludwig's von Sula, namentlich Zeitun, schirmte, erstürmten die Navarresen Livadia, dessen Castellan Wilhelm von Almenara getödtet wurde; andere Festungen fielen durch Verrath der Griechen. Schon begannen die Sieger den Plan zu fassen, sich zu Herren des nahegelegenen Euböa zu machen; Venedig war in einen blutigen Krieg mit Genua verwickelt, sodaß es die Insel nicht hinlänglich schirmen konnte; der wackere Bailo Carlo Zeno hatte sein Amt schon 1379 niedergelegt, um den Oberbefehl gegen Genua zu übernehmen; seinem Nachfolger Pantaleone Barbo (1379—1381) standen nur geringe Streitkräfte zur Verfügung, obgleich 1377 [52] 100 Mann zu Fuß zur Vertheidigung der Insel geworben waren. Dazu kam, daß der Dreiherr Herzog Nikolò dalle Carceri, der venetianischen Bevormundung überdrüssig, mit den Navarresen unterhandelte [53], um mit ihrem Beistande volle Souverainität wiederzuerlangen. Allein dieses Project scheiterte; denn Galceran Peralta entfloh glücklich aus der Haft, vertheidigte die Akropolis aufs Beste, gewann schließlich auch die Stadt Athen wieder und nöthigte die Navarresen, noch 1380 das Land zu räumen. Nun aber beeilten sich die Catalanen, Hilfe in Aragon zu suchen; vor Allem drängte Gottfried Zarrovira die andern, einen Gesandten an Peter IV. zu schicken. Als solcher erschien im März 1381 zu Saragossa der Ritter Anton Zaragoza und erklärte, die Compagnie wolle ihm Treue schwören, falls er den Eingebornen ihre Lehen bestätige und die Gewohnheiten des Landes aufrecht halte. Gern nahm Peter das Anerbieten an; er bestellte zum Generalvicar den Vicomte Philipp Dalmau de Roccaberti (1381—1382); er selbst fügte seinen übrigen Titeln den eines Herzogs von Athen und Neopaträ hinzu, den nach ihm auch die spätern Könige von Aragon und Spanien bis in die neuesten Zeiten fortgeführt haben. Mit einer stattlichen Flotte erschien bald Roccaberti im Piräeus, von Allen mit Freude begrüßt; er empfing die Huldigung; der Castellan Romeo de Bellabre übergab ihm die Akropolis. Klug verstand er es, mit allen Nachbarn ein friedliches Einverständniß zu halten, so namentlich mit den Venetianern auf Euböa, mit Rainerio von Korinth, den Johannitern in Morea, den Serbenfürsten in Groß-Wlachien, der Herzogin-Regentin von Leukadia; selbst Carceri und der Markgraf von Bodonitza, die frühern Freunde der Navarresen, schlossen Frieden mit ihm. Aber bald rief ihn der König ab, da seine Anwesenheit in Sicilien nöthig; im Jahre 1382 führt er von dort die junge Königin Maria (gest. 1402) nach Aragon, wo sich dieselbe 1387 mit Peter's Enkel, dem Herzoge Martin (gest. 1409), vermählte. Als Statthalter der Herzogthümer blieb Raimund de Vilanova (1382—1388) zurück, der aber nur als Vertreter des Vicomte galt. In Folge der Annäherung an die Rhodiser wurde 1381 auch die lange vacante Commende Athen wieder mit einem Präceptor, Berengar Bajuli, besetzt [54]; ein Jahr darauf aber, da dieselbe verarmt und unsicher, zugleich mit der von Euböa dem erprobten Raimund de Majorca auf zehn Jahre übertragen.

Die Navarresen, aus Attika verdrängt, warfen sich nunmehr 1381 auf den Peloponnesos und eroberten zunächst Vostitza; das Mobiliar und die Pretiosen der

47) Commemoriali Vol. VII. fol. 899 v; Grazie Vol. XIV. 48) Privilegi Vol. I. fol. 20; Grazie Vol. XIV. fol. 89. 49) Misti XL. fol. 16 v; *Magno*, Annali. Vol. IV. fol. 244. 50) Misti XXXVIII. fol. 153. 51) *Çurita*, Anales X, 30. Vol. II. fol. 377 seq. (Hauptquelle); Indices p. 243; *Mariana* XVIII, 4. Vol. II. p. 732; *Abarca*, Reyes de Aragon. Vol. II. p. 149. 151; *Feliu y Farell*, Anales de Cataluña XIII, 17. 18. 25. Vol. II. p. 299. 302. 323.

52) Commemoriali Vol. VIII. fol. 26 v; Misti XXXVI. fol. 16 v. 53) *Magno*, Annali. Vol. IV. fol. 250. 54) Libri bullarum no. 6. (1381.) fol. 212 v, 217 v, 218.

Kaiserin Maria von Bourbon, das sich dort befand, ward nach Patrà geflüchtet[55]. Alsbald nahm Matteo de Coccarelli (1381—1386) als Bailli des Kaisers Jakob von Baux Besitz vom Lande. Da aber dasselbe noch in der Hand der Johanniter war, ging er einen Vergleich mit letzteren ein und gelobte, ihnen mit 50 Mann acht Monate lang zu dienen; auch die Häupter der Compagnie, Janeon de Urtolla, Angelo de Parisio, Pietro de Navarra, Ruggieri de Bolano, Antonio de Rosse und andere, folgten seinem Beispiele und stellten dem Orden ihre Leute, meist Bogenschützen — im Ganzen 265 Mann — auf kürzere oder längere Zeit zur Disposition; ihnen wurden die nöthigen Waffen, Kanonen u. s. w. geliefert. Mit ihrer Hilfe suchten die Ritter vergeblich Lepanto zu behaupten; bald entzweiten sie sich, da ein großer Theil der Compagnie unter den Capitainen Peter von S. Superan und Bernard Varvassa nur dem Baux, nicht dem Orden dienen wollten; im August 1381[56] räumten die Ritter, nachdem sie dem Maiotto den versprochenen Sold gezahlt, gezwungen das Land und ließen die Navarresen in unbestrittenem Besitze desselben. Ohne Gewalt war es freilich nicht hergegangen, zumal da auch Johanna I. von Neapel, gleich Maria von Bourbon, ihre Anrechte zu vertheidigen wagte. Von Vostitza aus war Maiotto mit S. Superan und Varvassa zu Schiff gegen Zonklon gezogen und hatte sich des festen Hafenschlosses bemächtigt, das seitdem gemeiniglich als das Schloß der Navarresen, Chasteaux Navarres, bezeichnet wird[57]; später ist der Name in Navarrinon verstümmelt worden und hat zu der irrigen Annahme, als handle es sich um eine slawische Neu-Avarenstadt (Neo-Avarinon), Anlaß gegeben. Dann wandte sich das siegreiche Heer gegen Andrusa, das damals als Hauptstadt des Fürstenthums galt, nahm sie ein und bemeisterte sich der Castellanie Kalamata. Jetzt befand man sich in der Nähe der venetianischen Colonien Modone und Korone; Grenzstreitigkeiten blieben nicht aus; schon drohte eine Fehde auszubrechen; Venedig sorgte für Sicherung der Städte, die ihm „so theuer" waren[58]. Da legte sich Peter Cornaro, Bischof von Korone (1367—1386) ins Mittel; die Castellane Paolo Marcello und Michele Steno schlossen am 18. Jan. 1382[59] mit Maiotto, „Bailli von Achaia und Lepanto," und S. Superan zu Andrusa einen Vergleich ab, den von den Mitgliedern der Compagnie auch Johann de Ham Sudsion (ob S. Superan?), Lorenz de Salafrancha und Johann de Spoleto unterschrieben. Maiotto und Peter gelobten, auch im Namen des abwesenden Varvassa, Frieden und Eintracht mit der Colonie zu halten, keinen Streit wegen der Grenzen oder flüchtiger Leibeigenen zu erregen — nur die, welche seit dem Einzuge der Navarresen in Andrusa auf Venedigs Gebiet geflohen, sollten zurückgegeben werden —, den Venetianern im ganzen Bereich des Fürstenthums, wie in der Castellanie Kalamata alle Privilegien zu garantiren, allen ihnen zugefügten Schaden zu ersetzen und in Zukunft bei etwaigen Differenzen den Rechtsweg einzuschlagen, anstatt Repressalien zu ergreifen. Damit war ein dauernd friedliches Verhältniß zwischen der Republik und den neuen Eroberern befestigt; als bald darauf der Castellan meldete, Maiotto und Pietro wollten mit je 4—5 Genossen nach Palästina pilgern, befahl der Senat am 27. Jan. 1383[60], dieselben überall als Freunde der Republik zu behandeln. Ruhig ließen sich Franken aus dem Fürstenthume in Modone und Korone nieder; einzelne, wie 1383[61] Nikolaus Galandino, erhielten venetianisches Bürgerrecht; Zwistigkeiten unter den Johannitern und den teutschen Herren fanden rasche Erledigung[62], hilfsbedürftige Orden, wie die Minoriten[63], bereitwillig Unterstützung. Dagegen war Modone hinter Korone so sehr im Rückstande, daß 1384[64] die Subvention, welche letztere Stadt der ersteren zu leisten pflegte, von 8000 auf 12,000 Hyperpern erhöht werden mußte. Daß Venedig mit dem Erzbischof Paul Foscari in Patrà fortwährend Frieden hielt, war selbstverständlich, da er ja als Venedigs Bürger schon der Vaterstadt treu anhing; im August 1384[65] weilte er in der Heimath und führte mit Consens des Senats auf seinen Galeeren eine Anzahl Seidenstoffe aus; ebenso 1386[66] seine Gesandten verschiedene andere Zeuge.

Die Navarresen verwalteten nun zwei Jahre lang Morea nominell für Jakob von Baux, in Wahrheit aber Niemandem unterthan. Nach dem schmählichen Ende der Königin Johanna forderte allerdings Karl III. alles Land, das der rebellische Fürst occupirt hatte, namentlich Tarent und Achaia, zurück; doch gelang es ihm nur, Korfù wiederzuerlangen[67]. Da starb Baux am 7. Juli 1383[68] zu Tarent, der letzte fränkische Titularkaiser von Constantinopel; er ward in der Kirche S. Cataldo im kaiserlichen Ornate neben seinem Oheim Philipp II. beigesetzt; eine pomphafte Grabschrift verkündet, daß er als Despot die Städte Achaia's sich durch Krieg unterworfen. Seine Ehe mit Agnes von Durazzo (gest. 15. Juli 1388) war kinderlos geblieben; in seinem Testamente ernannte er den Prätendenten Ludwig I. von Anjou zum Erben. Während diesem gegenüber Karl III. aufs Neue seine Ansprüche geltend zu machen strebte, und auch Maria von Bourbon ihre alten Anrechte wieder hervorsuchte, blieben die Navarresen factisch Herren des Landes. Sie überließen dem Bailli Coccarelli die Verwaltung der

55) *Mas Latrie*, Chypre II. p. 411. 56) Libri bullarum no. 6. (1381.) fol. 204. 57) Voyage d'outremer par le seigneur (Nompar) de Caumont, publ. par *de la Grange*, Paris 1858. 8. p. 59. Ueber die Navarresen vergl. man auch Chalkokondylas IV. p. 207. 58) Misti XXXVII. fol. 150, 151v. 59) Commemoriali Vol. VIII. fol. 273—275.

60) Misti XXXVIII. fol. 3. 61) Privilegi Vol. I. fol. 55. 62) Misti XXXVIII. fol. 20, 22v. 63) Dieselben hatten 1399 in Griechenland drei Custodien: Negroponte (mit Klöstern in Negroponte, Candia und Canea), Theben (in Theben, Athen, Korinth) und Clarenza (in Clarenza, Korone, Patrà, Navarino, Zante, Kephalonia, Corfu). *Waddingus*, Annales IV. p. 350. 64) Misti XXXIX. fol. 62. 65) Ebenda XXXVIII. fol. 226. 66) Ebenda XL. fol. 51v. 67) Reg. Ang. 1382. fol. 148rv. 68) *Phil.* [illegible] a. a. O. V. p. 114; *Ducange* II, 296.

Krondomainen, sie selbst aber theilten sich in die Lehen des Fürstenthums, deren frühere Besitzer, soweit sie nicht, wie der Herr von Arkadia, die Zaccaria und Misito, mit ihnen fraternisirten, entweder nach Neapel heimgekehrt oder wol schon längst ausgestorben waren; auch die Güter der Acciajuoli in Skorta, Morea und Kalamata wurden ihre Beute. So setzte sich denn in Achaia ein dritter neuer Stamm occidentalischer Feudalherren fest, die, als Erben der französischen Ritter, der neapolitanischen Hofleute und florentinischen Bankiers, sich über ein halbes Jahrhundert lang dort neben den Griechen von Misithra, den Venetianern in Modone und Korone, den Herren von Korinth und Argos behaupteten. In beiden letzteren Städten gingen um dieselbe Zeit erhebliche Veränderungen vor sich; während Argos nebst Nauplion in die Hand eines Venetianers und bald in die der Republik kam, erweiterte der Castellan von Korinth sein kleines Ländchen durch Eroberung des Herzogthums Athen.

Ueber Argos, Nauplion und Kiveri hatte bis dahin Guido von Enghien geboten. Als er 1377 starb, fürchtete sein Bruder Ludwig von Conversano, die Catalonier Athens möchten auf das alte Project der Vermählung seiner Nichte Maria (1377—1388) zurückkommen, und eilte deshalb nach Venedig, um für sie den Schutz der Republik anzurufen. Gern ging Venedig auf seinen Vorschlag, die Erbin mit einem Patricier zu vermählen, ein; am 17. Mai 1377 [69]) ward sie mit Pietro Cornaro, Federigo's Sohn, verlobt; im Juli begab sich der Vater des Bräutigams nach Griechenland, um sie einzuholen [70]). Alsbald ward die Hochzeit gefeiert. Wahrscheinlich blieben die griechischen Städte provisorisch unter Verwaltung des Jakob de Zeja; erst 1381 [71]), da der Einmarsch der Navarresen in Andrusa Bedenken erregte, da auch Türken und andere Piraten die Baronie bedrohten, zogen die Cornaro vor, einen Venetianer als Statthalter hinzusenden. Als solcher erschien 1382 Taddeo Giustiniani auf einer ihm vom Staate zum Schutz der Burgen gelieferten Galeere, begleitet von seiner Gattin Maddaluzza und 80 levantinischen Söldnern, und bemühte sich, das Land gegen die Türken zu sichern, die nicht blos dort, sondern auch in der Castellanie Korinth plünderten. Rainerio Acciajuoli hatte sich schon deshalb an Euböa gewandt, ein Bündniß gegen die Ungläubigen angetragen und gelobt, für eine Galeere auf ein Jahr lang 8000 Dukaten zu zahlen, die zugleich mit der von Negroponte das Meer von jenen ungebetenen Gästen säubern sollte; und bereitwillig hatte der Senat am 20. Febr. 1383 [72]) verfügt, daß ihm ein möglichst gutes Schiff aus dem Arsenal in Kandia geliefert werden sollte. Da indessen Giustiniani schon Ende 1382 gestorben, beschloß Pietro Cornaro, sich in Person mit Maria nach seinem Erbe zu begeben; er weilte da bis an seinen 1388 [73]) erfolgten Tod, verbesserte des Landes Lage und beutete namentlich die dortigen Salinen fleißig aus, deren Product er nach Venedig auf den Markt sandte [74]). Die Grafen von Lecce und Conversano mochten freilich wol befürchten, daß ihrem Geschlechte auf diese Weise die letzte Handbreit Landes in Griechenland verloren ginge; da sie wegen Rebellion gegen Karl III. 1382 geächtet waren [75]), hätten sie sich gar zu gern im Orient einen Punkt reservirt; allein die Reise, welche ersterer deshalb nach Venedig unternahm, blieb ohne allen Erfolg [76]); nach Cornaro's kinderlosem Tode mußte die Witwe ihr Land der Republik verkaufen.

Glücklicher war der Castellan Rainerio Acciajuoli in Korinth, dessen Haus bis auf die Türkenzeit in Athen herrschen sollte [77]). Dort schaltete vorläufig noch Raimund de Vilanova als Stellvertreter Roccaberti's; neben ihm die alten Häupter der Compagnie. Tapfer und klug, schirmte Vilanova mit ihnen das Land fast zwei Jahre lang, bis ihn außergewöhnliche Ereignisse nöthigten, 1383 nach Aragon zu reisen [78]). Dort waren Zwistigkeiten zwischen dem Könige und dem Infanten Johann ausgebrochen, Roccaberti, der sich an letzteren angeschlossen, war in Ungnade gefallen; er zahlte nicht länger seinem Stellvertreter das diesem und der Compagnie zukommende Geld, sodaß von 13,000 Gulden noch 5000 rückständig waren. Daher überließ Raimund die Verwaltung des Herzogthums den Brüdern Roger II. und Anton de Loria (1383—1385), den Söhnen des frühern Generalvicars Roger I., in deren Treue und Tapferkeit er sein festes Zutrauen setzte; in Neopatrá ward Andreas Zavall Statthalter. Gegen Roccaberti nun machte er nicht nur seine Geldansprüche geltend, sondern führte sogar aus, wie derselbe darnach getrachtet, seinem eigenen Hause die Herrschaft über Attika zuzuwenden. Jüngst war nämlich Graf Ludwig von Salona (1382) gestorben; aus seiner Ehe mit Helena Kantakuzena, des Kaisers Matthäos Enkelin und Tochter des Despoten Joannes, war eine einzige minorenne Erbtochter Maria Fadrique entsprossen. Gegen den Willen des Königs, der noch dazu das in Salona überwiegende griechische Element fürchtete, hatte der Vizconde mit der Witwe verabredet, daß Maria seinen Sohn Gottfried heirathen und diesem die Grafschaft nebst Zeitun zubringen sollte. Diese Beschuldigung bestimmte den König, den Roccaberti seines Amtes 1384 zu entheben und den Bernard de Cornella zu seinem Nachfolger zu ernennen. Allein ehe dieser nach Griechenland kam, war der beste Theil des Herzogthums verloren gegangen. Rainerio Acciajuoli hatte das Schiff, das ihm Venedig auf ein Jahr geliehen und dann weiter gegen neue Summen belassen, nicht nur gegen die türkischen Corsaren, sondern auch gegen die Compagnie verwandt; die alte Feindschaft, die schon vor Jahren zur Occupation von Megara Anlaß

69) *Ducange* II, 209. Vergl. Epist. Theod. Zygomalae bei *Crusius*, Turcograecia. Lib. II. p. 92—93 und *Dorotheus*, Monembasiensis p. 476—478. 70) Misti XXXVI. fol. 46. 71) Ebenda fol. 62, 82v, 87v, 106v. 72) Ebenda XXXVIII. fol. 14v—15v. 73) Ebenda fol. 23v, 24.

74) Novissimo Vol. II. fol. 19. 75) Reg. Ang. no. 359. (1380—83.) fol. 69. 76) Misti XXXVII. fol. 243. 77) *Chalkokondylas* Lib. IV. p. 207—208; *Phrantzes* I, 13. p. 107, bei dem er den Vornamen Renauld — ein Lesefehler des Herausgebers — führt, läßt ihn 1394 das Herzogthum kaufen! 78) *Zurita*, Anales X, 38. Vol. II. fol. 384; Indices p. 349.

gegeben, war neu aufgelodert. Er hatte im Einverständniß mit den Navarresen, den Erbfeinden der Catalanen, und den Paläologen in Thessalonich und Misithra die Gräfin Helena, Verwandte der letztern, aufgefordert, ihre Tochter seinem Schwager, dem Euböoten Pietro Saracino, zur Gattin zu geben. Eine so wenig standesgemäße Ehe misfiel der stolzen Gräfin; sie wies den Acciajuoli zurück und verlobte ihre Tochter mit Stefan Dukas, dem Sohne des Chiapen von der Wittwe Peratub's, der über einen Theil von Groß-Wlachien herrschte. Das Ehebündniß mit dem Slawen erregte im ganzen Lande bei Griechen und Franken höchste Entrüstung. Das wußte Rainerio klug zu benutzen; sein Schiff zog gegen den Piräeus, von Megara aus fielen seine Söldner ins Herzogthum ein; selbst türkische Piraten waren mit ihm im Bunde. Für die Gräfin zogen die Brüder Loria ins Feld; als sie 1385 geschlagen wurden, ergab sich das platte Land, ja selbst die Stadt Athen, dem Florentiner. Nur die Akropolis und einige andere Burgen hielten sich. Sobald Peter IV. von diesem Verluste Nachricht erhielt, sandte er den Peter de Pau (1385—1387), einen Catalanen, mit Truppen nach Attika; aber die versuchte Wiedereroberung des Herzogthums mislang [79]. Ebenso wenig nützte es, daß nach dem Tode Peter's IV. (am 5. Jan. 1387) der neue „Herzog," König Johann I., seinen Liebling Roccaberti wieder zum Generalvicar ernannte; zwar empfing derselbe noch die Huldigung des Gerhard de Rebaneis, den Pau an den Hof aus der Akropolis sandte; bald darauf fiel auch diese letzte Festung in die Hand Rainerio's. So endete 1387 völlig die Herrschaft der Catalanen in Attika; die letzten Reste des „siegreichen Frankenheeres" erlagen der Klugheit und der Gewalt des florentinischen Parvenus; sie gingen unter oder räumten das Land. Daheim in Aragon und Sicilien fanden sie eine Zuflucht — Roger und Nikolaus de Loria, des Johann Söhne, begegnen uns in letzterem Lande noch 1392 —; von ihren Nachkommen soll sich auch nicht die geringste Spur in Attika erhalten haben.

Sogleich nach der Einnahme von Athen nahm Rainerio I. Acciajuoli (1385—1394) den Titel „Beherrscher von Korinth und dem Herzogthum (Ducamen)" [80]) an. Mit demselben erscheint er zuerst in einer Urkunde vom 7. Juli 1385 [81]), an welchem Tage der Senat Venedigs beschloß, ihm durch irgend einen Patricier, der in Handelsangelegenheiten nach Negroponte ginge, darüber Vorstellungen machen zu lassen, daß er türkischen Corsarenschiffen, die auf Euböa plünderten, Menschen und Vieh nach dem Herzogthume fortschleppten, ja selbst die Behauptung der Insel gefährdeten, ein Asyl in Megara gestatte. Rainerio entschuldigte sich mit der unsichern Lage seines Landes, dessen beste Burg noch in den Händen der Catalanen, und versprach dem Abgesandten, Dr. Giovanni Alberti, fortwährend eine Galeere zur Vertheidigung seines Landes, sowie Euböa's, gegen die Türken zu unterhalten, die unter dem Befehle eines Venetianers — die beste Garantie für seine Treue — stehen sollte [82]). Da er bald darauf, unterstützt von dem Baile Saulino Giorgio (1384—1386), einen glänzenden Sieg über die türkischen Piraten erfocht, ward letzterer angewiesen, ihm unter allen Umständen Beistand zu leisten; Giovanni Soranzo übernahm den Oberbefehl über seine Galeere; Ende 1386 [83]) erhielt er Unterstützung aus Kandia, da die Türken, vielleicht von dem Reste der catalanischen Compagnie gerufen, aufs Neue sein Land bedrohten. So dauerte zwischen ihm und Venedig das freundschaftliche Verhältniß fort, bis der Tod Pietro Cornaro's, des Herrn von Argos und Nauplion, und die Cession beider Städte an Venedig dasselbe trübte; selbst nachdem anscheinend Friede geschlossen, kehrte doch gegenseitiges Zutrauen nicht zurück. In seiner neuen Residenz Athen — wo auch seine Erben am liebsten wohnten, zumal seitdem die Akropolis den Catalanen entrissen — bestätigte er am 15. Jan. 1387 [84]) dem Nicolò Medici, genannt von Athen, Sohn des Pietro, die Lehen seines Vaters in Keos, sowie das Erbe seines Schwiegervaters Damiano Fiomaro, ferner Güter in Petissos und das Haus des verstorbenen Peter le Bourgeignon; das betreffende Diplom, in griechischer Sprache abgefaßt, die seit der Erhebung der Acciajuoli in allen innere Angelegenheiten betreffenden Acten den bisher üblichen catalonischen „Dialekt" verdrängte — ein Beweis, daß die neuen Herren es gleich den de la Roche verstanden, sich mit ihren griechischen Unterthanen zu benehmen und in friedliches Verhältniß zu setzen — ward, da die Familie Medici später nach Nauplion auswanderte, 1440 für die Söhne des Nicolò, Pietro und Ferrante, und 1547 für Pietro's Urenkel Franco und Paolo de' Medici transsumirt. Von Nerio's (wie der Herr von Athen gewöhnlich nach der üblichen florentinischen Abkürzung heißt) Zwistigkeiten mit Venedig und den Navarresen Achaja's werde ich später handeln.

In dem nämlichen Jahre, in dem die Compagnie der letztern nach dem Tode des Kaisers Jakob de Baux ihre Selbständigkeit erklärte, und Rainerio von Venedig jene Galeere zur Vernichtung der catalonischen Compagnie entlieh, erfolgte im Archipel eine völlige Umwälzung, die zugleich auch für Euböa von den wichtigsten Folgen war, indem es seit 1383 die Republik Venedig als ihr unbestrittenes Eigenthum ansehen konnte. Venedig hatte in den letzten Jahren nur geringen Einfluß auf die griechischen Verhältnisse ausüben können; ein langer blutiger Krieg mit Genua, hervorgerufen durch die Thronwirren in Constantinopel, drohte, die Kräfte der Republik zu erschöpfen. Venedig hatte, um den vordringenden Türken gegenüber seine griechischen Besitzungen zu sichern, im Jahre 1376 sein altes Anerbieten wiederholt, die Insel Tenedos für 3000 Dukaten und Rückgabe der verpfändeten Reichskleinodien von Joannes V. zu erwerben [85]).

79) Ebenda p. 391. 80) Französisch le Ducamen, griechisch Δουκάμενον. 81) Misti XXXIX. fol. 219.

82) Ebenda XL. fol. 51 v, 52—53. 83) Ebenda fol. 78 v. 84) Buchon, Nouvelles recherches II, 230—240; dipl. Florent. n. XL. 85) Ich folge hier Hopf, La colonie p. 421 seq. Hauptstelle ist Dan. Chinazzo, bellum Clodiae bei Muratori XV, 695—806; vergl. Vita Caroli Zeni ebenda XIX, p. 216 seq.; Sanudo, Vitae XXII, 678 seq.; Navagero XXIII, 1057 seq.;

Dies verfehlte nicht, die Eifersucht Genua's zu reizen, das seine Herrschaft im schwarzen Meere gefährdet sah, sobald die Nebenbuhler im Stande, den Eingang zu demselben zu sperren. Eine Thronrevolution sollte das Project hintertreiben. Des Kaisers ältester, unkindlicher Sohn Andronikos, von der Thronfolge ausgeschlossen, hatte kurz zuvor im Einverständniß mit Saudschi, Murâd's I. Sohne, eine Rebellion gegen die Väter angezettelt; sie war entdeckt und unterdrückt worden; beide traf enge Haft und die Strafe der Blendung. Da gelang es dem kaiserlichen Prinzen, mit Hilfe der Genuesen die Freiheit zu erlangen und den Vater zu entthronen; unterstützt von seinen bulgarischen Verwandten [86]), belagerte er Constantinopel 32 Tage lang, hielt dann seinen feierlichen Einzug und ließ sich am 18. Oct. 1376 [87]) als Andronikos IV. (1376—1379) zum Kaiser krönen; zugleich nahm er seinen Sohn Joannes VII. zum Mitregenten an. Schon vorher hatte er am 23. Aug. [88]) nicht nur die Privilegien der Colonie Galata erneuert, sondern auch Tenedos sogar den Genuesen verliehen, die dann üppig bei seinem Einzuge in die Hauptstadt das Quartier ihrer Concurrenten plünderten, während der neue Kaiser den Bailo einkerkern ließ. Allein der Statthalter von Tenedos hielt treu zu dem legitimen Herrscher und ergab auf seinen Befehl die Insel dem Admiral Venedigs, das versprochen hatte, auf der Burg neben seinem eigenen Banner auch das des Kaisers aufzupflanzen. Während die Republik alsbald die Festung in besten Stand setzen ließ und im Januar 1377 den Antonio Venier zum Bailo der Insel ernannte, erschien Damiano Cattaneo als Gesandter Genua's und forderte Restitution von Tenedos. Venedig erwiderte, zuvor müsse Joannes V., den sein Sohn gefangen hielt, die Freiheit wiedererlangen, bevor an Unterhandlungen zu denken sei. Nun kamen noch Zwistigkeiten auf Kypros hinzu, der Krieg war unvermeidlich; ein Jahr lang ward mit hartnäckiger Erbitterung um die Hegemonie auf dem Mittelmeere gestritten. Ein Versuch der Genuesen und der Griechen, sich im November 1377 zu Herren von Tenedos zu machen, wurde abgeschlagen; siegreich schaltete Vettore Pisani im adriatischen und tyrrhenischen Meere; Phokäa ward besetzt, die Vorstädte von Chios loderten in Flammen auf. Allein plötzlich wendete sich das Blatt; nachdem 1379 die Flotte Venedigs bei Pola völlig vernichtet, zogen die Genuesen gegen die Lagunen, besetzten Chioggia, blokirten Venedig und unterhandelten wegen gemeinsamer Action mit dessen Todfeind Francesco Carrara und König Ludwig von Ungarn. Da aber zeigte es sich, was der Patriotismus vermochte; freiwillig steuerten alle Bürger das Beste zur Rettung der theuren Vaterstadt bei; das plötzliche Erscheinen Carlo Zeno's, der mit seiner Flottille in der Levante reiche Beute gemacht, weckte neue Zuversicht; bald wurden die stolzen Genuesen in Chioggia belagert und zur Capitulation genöthigt. Alsbald machten sich die Sieger auf, um den Feind in der eigenen Stadt anzugreifen; da legte sich Graf Amadeus VI. von Savoyen ins Mittel. Am 8. Aug. 1381 [88a]) kam nach langen Präliminarien der turiner Friede zu Stande; Venedig verpflichtete sich, die Insel binnen $2\frac{1}{2}$ Monaten dem Grafen zu übergeben, der das Castell auf Kosten Genua's — die auf 150,000 Dukaten veranschlagt waren — schleifen solle; letzteres solle sich dagegen mit Kaiser Joannes V. vergleichen, der gesonnen sei, den Andronikos zu begnadigen und zum Nachfolger zu bestimmen. Des letztern Regiment war freilich nur von kurzer Dauer gewesen; die Verleihung der Dörfer Brovamüta und Neochori an Radoslaw Sabia im November 1378 [89]) ist nächst der Cession von Tenedos der einzige uns bekannte Act aus seiner kaum dreijährigen Herrschaft. Nicht nur war Sultan Murâd I. ihm abhold, sondern auch die Bessern im Volke hingen dem Prinzen Manuel an; am 8. Juli 1379 zog derselbe mit seinem Vater Joannes V. wieder in die Hauptstadt ein; Andronikos und dessen Sohn suchten ein Asyl in Galata. Erst im Mai 1381 [90]) fand eine Versöhnung zwischen Joannes und Andronikos statt, von der Synode freilich besiegelt; laut diesem Vertrage sollten Andronikos und dessen Erben doch die Nachfolge im Reiche haben. Vorläufig überließ ihm der Vater die Städte Selymbria, Danion, Herakles, Rhädestos und Panion [91]), während Manuel Statthalter von Thessalonich blieb; da er bereits am 28. Juni 1385 starb — er ward in der Pantokratorkirche begraben —, nahm Joannes V. den Manuel zum Mitregenten an, ohne den Anspruch des Joannes VII. weiter zu berücksichtigen.

Die verheißene Schleifung von Tenedos war unterdessen auf unerwartete Schwierigkeiten gestoßen. Pantaleone Barbo, der im October 1381 [92]) als Bailo nach Constantinopel gesandt war, überredete den Statthalter der Insel Giovanni Muazzo, es sei durchaus nicht Venedigs Absicht, diese wichtige Position aufzugeben, und da die Debatte wegen der Schleifung erst im April 1382 [93]) definitiv erledigt wurde, beschloß er, die Insel für sich selbst zu behaupten. Als daher Zaccaria Contarini mit einem Gesandten des Amadeus in Tenedos erschien, verweigerte Muazzo aufs Entschiedenste die Uebergabe. Da legten die Genuesen Beschlag auf die in ihrer Stadt lagernden Waaren der Florentiner, die

Georg. Stella XVII, 1106 seq.; Andr. de Redusiis, Chron. Tarvisinum XIX, 756; Andr. de Gataris, Chron. Patavinum XVII, 224 seq.; Cronaca Zancaruola (Cod. Contar.) Vol. II. fol. 427; Magno, Annali IV. fol. 72 seq.; Amad. Valier, Cronaca I. fol. 192v seq.

86) Phrantzes I, 13. p. 54—55 nennt den Marko Kraljević als den, dessen Rath ihn leitete. 87) Chron. Byzantin. bei Müller, Ansichten S. 59 (auch für die folgenden Daten Hauptquelle). 88) Liber Jurium Januæ. Vol. II. p. 819—821. n. CCL.

88a) Ebenda p. 858 seq. n. CCLVI; Poeti Lib. VI. fol. 13v; vergl. Commemoriali Vol. VIII. fol. 44 seq., 119 seq., 1?? seq. 89) Müller, Denkmäler in den Klöstern des Athos S. 168. 90) Miklosich und Müller II, 25. n. CCCXLIV. 91) Ducas 12. p. 46; Chalcocondylas I. p. 47. 92) Misti XXXVII. fol. 40; Navagero fol. 887; Notatorio Vol. I. fol. 90v; Sindicati Vol. I. fol. 142. 93) Misti XXXVII. fol. 62, 112v, 128v, 143, 148, 154, 220, 221, 225v; XXXVIII. fol. 17v, 26, 37v, 48v, 137v; Sindicati Vol. I. fol. 166.

4*

für Venedig die Bürgschaft übernommen [93]), und nöthigten so Venedig, mit bewaffneter Hand gegen den unfolgsamen Bürger einzuschreiten. Förmliche Kriegsrüstungen wurden getroffen; die Genuesen in Pera und Chios, sowie Francesco Gattilusio von Lesbos lieferten bereitwillig den Proviant für Venedigs Flotte, die unter Carlo Zeno gegen Tenedos zog. Da sah sich Muazzo genöthigt, am 9. Mai 1383 zu capituliren; die Schleifung der Festung erfolgte jedoch erst am 12. Febr. 1384 [94]). Die Insel ward in eine Wüstenei verwandelt, die höchstens noch Piraten anlocken konnte; die Einwohner wurden theils nach Kreta, theils nach Euböa übergesiedelt [95]); namentlich sollten sie sich um Karystos niederlassen. Die nach Kreta kamen, waren mit ihrem Loose wohl zufrieden; die auf Euböa klagten dagegen wiederholt über zu hohen Pachtzins, bis der Senat im Juli 1386 befahl, letztern herabzusetzen und Häuser und Weinberge für die Emigranten anzukaufen; einzelne erhielten auch Pensionen ausgesetzt [97]). Dann verfuhr man gegen Pantaleone Barbo als Urheber der Rebellion; er ward auf 10 Jahre von allen Aemtern ausgeschlossen [98]). Muazzo aber war entkommen und hatte sich mit einer Galeere zu dem Bulgarenfürsten Dobrodiza, Herrn von Jagora, begeben, der bereits 1357 Kozakos und Emmona unweit Mesembria am schwarzen Meere besaß [99]) und denselben angestachelt, sich der genuesischen Colonie in der Krim zu bemächtigen. Dobrodiza hatte schon lange Lust bezeugt, sich die Herrschaft auf dem schwarzen Meere zu sichern; so hatte er sich 1374 in die trapezuntinischen Händel eingemischt, den rechtmäßigen Erben des Reichs Andronikos Komnenos zu verdrängen und die Krone für seinen Schwiegersohn Michael — einen Sohn des Kaisers Joannes V. von Constantinopel — zu gewinnen gesucht; ein Umstand, den Venedig, als es noch mit letzterem 1376 wegen Cession von Tenedos verhandelte, wol zu eigenem Vortheil ausbeuten [1]). Dobrodiza rüstete wirklich; mittlerweile aber ward Muazzo gefangen und am 14. Juli 1384 [2]) zu einem Jahre Kerkerhaft verurtheilt, die er in Kreta abbüßen sollte; hochverrätherische Correspondenzen mit dem Herzoge Ludwig I. bewogen später die Quarantia, ewige Verbannung über ihn zu verhängen. Die drohende Differenz zwischen Dobrodiza und den Genuesen — die längst mit Kaiser Joannes Frieden geschlossen [3]) — war bald 1385 beigelegt [4]); am 27. Mai 1387 schloß der Podestà von Pera Giovanni de Mozano mit seinem Sohne und Nachfolger Ivanko ein Handelsbündniß [5]). Am 8. Juli desselben Jahres [6]) ging Genua den ersten Vertrag mit den Osmanen ein, den Gentile Grimaldi und Giannone de Bosco in Pera vermittelten; auch mit dem Fürsten der goldenen Horde ward zur Sicherung der Colonie in Kaffa der Friede erneuert [7]). Die Osmanen hatten unterdessen weitere Fortschritte gemacht. Während Amadeus von Savoyen den Kaiser Joannes V., dessen Unterordnung unter den Papst um so unzuverlässiger erschien, als zahlreiche Lateiner in Constantinopel gerade damals zum griechischen Ritus übertraten, zur Anhänglichkeit an Rom mahnte, die Synode auch endlich 1384 [8]) behufs Erneuerung der Union ihre Abgeordneten an die Curie schickte — ebenso hatte der Despot Manuel Kantakuzenos von Morea schon 1375 [9]) den Ritter Cassianus an den Papst gesandt und seine Bereitwilligkeit zum Uebertritt erklärt — war Timurtosch 1381 wieder westwärts gezogen, hatte nach blutigem Kampfe Monastir und Istip genommen und, obgleich ein Sturm gegen Thessalonich gescheitert, die große Stadt Sofia 1382 besetzt [10]). In Asien, wo die Christen noch Smyrna behaupteten — Jacopo de Leone schaltete dort seit Recanelli's Tode als päpstlicher Statthalter, von seinen Brüdern, den Johannitern, eifrig unterstützt —, drohten selbst Lateiner zu Verräthern zu werden; die Griechen hatten alles Terrain verloren. Dazu kamen neue Streitigkeiten der Paläologen mit Venedig, das über die den Bürgern von Narbonne im Reiche erneuerten Privilegien [11]) nicht gerade erbaut war. Das stolze Auftreten des neuen Bailo Lodovico Contarini, der bereits 1383 [12]) mit neuen Entschädigungsklagen kam und namentlich Alles, was einst Andronikos während seiner Usurpation den Venetianern entrissen, ersetzt haben wollte, verletzte die Empfindlichkeit des Kaisers aufs Höchste; man verhandelte hin und her, ohne zum Abschluß zu kommen, obgleich Thomas Dukas Alusianos, ein beim Kaiser hoch angesehener Archont, sich der Sache Venedigs so eifrig annahm, daß dieses ihm 1383 [13]) sein Bürgerrecht verlieh. Da die Unterhandlungen sich so in die Länge zogen, knüpfte Venedig 1384 [14]) die ersten Beziehungen mit Murâd I. an; Marino Morosini ging als Gesandter nach Adrianopel, um in den osmanischen Besitzungen die Handelsfreiheit und Sicherheit zu erlangen, die bisher wenigstens auf dem Papiere den Bürgern Venedigs von dem Herrscher der Romäer verbrieft war. Im Juli 1385 [15]) gestattete man dem Rector von Modon, Antonio de Ardizino, eine Reise zu seinem „Freunde" Murâd I. zu unternehmen; zwei Jahre später ging Daniele Cornaro an den Sultan und klagte, daß Evrenosbeg

94) Die betreffenden Acten aus dem florentiner Archiv bei Cam. Lupi, Delle relazioni fra la repubblica di Firenze e i conti e duchi di Savoia in Giornale degli archivi toscani. Firenze 1863. 8. p. 178 seq. 95) Grazie Vol. XXIV; Senato Misti vol. I. fol. 153 v. 96) Commemoriali Vol. VIII. fol. [illegible] Misti XL. fol. 76. 97) Se 1387 Konstantinos [illegible] Grazie Vol. XIV. fol. 238 v. 98) Raspe Vol. IV, p. 1. fol. [illegible] 99) Miklosich und Müller I, 367. n. CLXVI.
1) Misti XXXV. fol. 183 r.; vergl. Fanucci [illegible] Tafel p. 368). 2) Raspe Vol. IV. p. I. fol. 66 v, 70 v. 3) Archiv zu Genua: Carte sparse di Genova. 4) Misti XXXIX. fol. 35.

5) Notices et extraits, Tom. XI. p. 1. Paris 1827. 4. p. 65. n. XIV. 6) Ebenda p. 58. n. XII. 7) Patti Lib. VI. fol. 50—51. 8) Miklosich und Müller II, 86. n. CCCLXXXIX. 9) Raynaldi z. J. 1375. n. 5. 10) Libri bullarum no. 6. (1381.) fol. 210, 213 v, 214 v, 216, 221, 222. 11) Ducange, Familiae Byzantinae n. XL. p. 235. 12) Commemoriali Vol. VIII. fol. 201, 211; Sindicati Vol. I. fol. 142 r.; Misti XXXVIII. fol. 175; XXXIX. fol. 139. 13) Privilegi Vol. I. fol. 61; Grazie Vol. XIV. fol. 168. 14) Misti XXXVIII. fol. 210, 211, 224 v, 231 v. 15) Ebenda XXXIX. fol. 223 v.

bis Modone und Korone plündernd vorgedrungen, daß die Schiffe der Türken Euböa fortwährend bedrohten [16]); Murád, damals durch den Aufstand des Serbenkönigs Lazar beschäftigt, gab friedliche Versicherungen. Trotzdem hatten die Inseln des Archipels fortwährend von den türkischen Piraten zu leiden. Schon 1388 mußte deshalb eine neue Gesandtschaft an ihn gerichtet werden [17]); da setzte die Schlacht bei Kossovo 1389 der Siegeslaufbahn Murád's I. ein Ende. Bereits im Juli [18]) hatte Venedig Nachricht von der Thronbesteigung Bajesid's I.; Andrea Bembo, der die Unterhandlungen mit dem Paläologen fortsetzen sollte, ward gewissermaßen zugleich bei dem neuen Sultan accreditirt. Mit seiner Erhebung tritt die Geschichte des verfallenden Romäerreichs in ein neues Stadium; die letzten Agonien des Byzantinismus beginnen. Wie weit Venedig und Genua an denselben Schuld haben, kann man aus dem hier Gesagten ersehen. Daß aber Venedig wenigstens für die eigenen Colonien damals noch eifrig besorgt war, zeigt ein Blick auf Euböa und das Inselherzogthum des Archipels zur Genüge.

Dort gebot Nicolò II. dalle Carceri, Dreiherr seit 1358, Herzog des Archipels als Erbe seiner Mutter Fiorenza Sanudo 1371—1383. Ein Jahr nach dem Tode der Mutter vermählte er sich mit Petronella Tocco, ältestem Kinde des Herzogs Leonardo von Leukadia; Venedig, an das der Schwiegervater deshalb am 24. Aug. 1372 nicht nur aus seiner Residenz, dem Schlosse S. Giorgio auf Kephalenia, schrieb, sondern auch den Nikolaus de' Castelli aus Euböa, Provincialen der Dominikaner, und den Ritter Ursillo Romano aus Neapel sandte, genehmigte am 28. Oct. [19]) diese Ehe. Als dagegen der Bailo Bartolommeo Quirini (1370—1372) um dieselbe Zeit mit Carceri's Zustimmung dessen Stiefschwester Maria Sanudo von Andros (1371—1384) für seinen Sohn zu freien versuchte, hintertrieb nicht nur Venedig dieses Ehebündniß, sondern nahm sogar 1375 den Quirini wegen Mißbrauchs seiner Amtsbefugnisse und anderer Vergehen in Strafe [20]). Ein neues Heirathsproject im Jahre 1376 [21]) ward ebenso von Venedig hintertrieben; man schlug der Maria den Giorgio Ghisi, Sohn des Dreiherrn Bartolommeo III. von Euböa, zum Gemahl vor, verbot ihr aber aufs Entschiedenste jede Verbindung mit einem Manne, der nicht Venedigs Unterthan und Bürger wäre. Ihr Stiefbruder, Herzog Nicolò, lebte damals meist auf Negroponte; als sein Stellvertreter verwaltete sein Oheim Januli III. Gozzadini, dem er im März 1377 [22]) verschiedene Renten aus Santorini anwies, das Inselherzogthum. Viele Lehenssachen kamen in dieser Zeit zur Sprache; manche, die noch aus der Zeit der frühern Herzöge datirten, fanden erst jetzt ihre Erledigung. Neben dem regierenden Zweige der Sanudi, dessen Erbe Carceri geworden, besaßen auch andere Sprossen des Geschlechts, die entweder auf Euböa [23]) oder auf Kreta [24]) lebten, Grundeigenthum auf Naxos; so reclamirte Tommaso Sanudo aus dem Nachlaß des Herzogs Giovanni I. 1000 Dukaten, die ihm auch der Lehenshof der Insel zuerkannte; da aber Carceri erklärte, das Mobiliar seines Großvaters sei nicht auf ihn gekommen, wurde deshalb 1375 an seine Schwester Maria recurrirt [25]). Die Dandolo erhoben um dieselbe Zeit neue Ansprüche im Archipel; früher hatte Leonardo, der Sohn des Dogen Andrea, 1362, ehe er nach Palästina pilgerte, sich Lehen auf Andros, Reste der Herrschaft, die einst sein Verwandter Marino dort ausgeübt, bestätigen lassen [26]); 1376 [27]) beanspruchte sogar Marino Dandolo „von Andros" die ganze Insel, zumal da sein Vater Pietro di Marco sich mit einer Dame aus dem Herzogsgeschlechte der Sanudi vermählt hatte; seinem Ahn Marco war 1364 eine Getreideausfuhr aus Euböa nach Andros bewilligt worden [28]). Die Ghisi, von Herzog Giovanni I. 1360 wieder in den Besitz ihrer Insel Amorgos gesetzt, behaupteten sich dort bis 1365; Venedig lieferte ihnen Getreide aus Kreta, gestattete ihnen auch, ihre dahin vor Sanudo geflüchteten Leibeigenen zu erobern; doch sollte dabei kein Zwang obwalten, wenn bei der drohenden Türkennoth dieselben lieber auf Kreta verbleiben wollten [29]). Später wurden die Ghisi in die Verschwörung der Venier und die kandiotische Rebellion verwickelt; der letzte Herr von Amorgos, Giovanni III., starb 1366 auf dem Schaffot, nachdem Venedig 1365 die Insel besetzt hatte. Auf Siphnos behaupteten sich die da Corogna, von denen Januli II., Sohn des Otuly (der 1362 die dortige Kirche Sta. Maria della Annunziata reich dotirte), 1365 das noch vorhandene Schloß aus Quadern im gothischen Styl erbaute [30]) und 1366 durch Heirath mit Maria Giustiniani, Pietro's Tochter, den Antheil der Giustiniani an Keos seinem Hause erwarb. Ueber die vielen Theilungen, die namentlich seit 1375 in dem Hause der Premarini, Mitbesitzer der letztern Insel, vorkommen, habe ich in meinen Veneto-byzantinischen Analekten nach den Urkunden ausführlich gehandelt; ebenso hier (Artikel Ghisi) über die

16) Ebenda XL. fol. 214 r. 17) Ebenda fol. 292. 18) Ebenda XLI. fol. 64 r; Sindicati Vol. I. fol. 142. 19) Misti XXXIV. fol. 62 r. 20) Magno, Annali. Tom. IV. fol. 80; Raspe Vol. III. p. II. fol. 66 v. 21) Misti XXXV. fol. 168. 22) Archiv Gozzadini zu Bologna. Cartone di diverse cose.

23) So 1360 Filippo, Sohn Giovanni's, sehr verarmt. Grazie Vol. XI. fol. 109 r. 24) Z. B. Januli, dessen Gattin Margherita Foscolo 1361 zu Gunsten ihres Sohnes Marco testirte, und Marino di Angeleria, 1363 zum Castellan von Cerigo ernannt, der drei Jahre lang wacker die Insel gegen die Anhänger der Venier schirmte, die kretensischen Rebellen bei Mirabello bekämpfte und dafür 1372 mit seinem Bruder Marco Güter auf Kreta empfing. Grazie Vol. XIII. fol. 123 r; ebenso Giovanni, Neffe des Herzogs Giovanni I., der für seinen Verlust auf Kreta 1364 mit Geld entschädigt wurde. Grazie Vol. XIII. 25) Misti XXXIV. fol. 290. 26) Ebenda XXX. fol. 93 v. 27) Magno, Annali, Tom. IV. fol. 66 v. 28) Misti XXXI. fol. 122 r. Seine Tochter Franzula d'Andro lebte 1382 auf Euböa. Ebenda XXXVII. fol. 120 v. 29) Ebenda XXX. fol. 38 r; XXXI. fol. 46; Archivio notarile di Candia: Quad. di Gio. Gerardo 1355—1360. Der Befehl wegen der Leibeigenen ward 1384 erneuert, nur daß die Barozzi jetzt die Bauern aus Santorini nach Kreta, wo sie sich niedergelassen hatten, ausgeliefert verlangten. Misti XXXVII. fol. 99. 30) Vergl. hier den Artikel Giustiniani S. 307.

greulichen Gewaltthaten, die Nicolò Adoldo, Erbe des Ermolao Minotto, auf seiner Insel Seriphos verübte. Dem Herzoge Nicolò II. lieferte Venedig 1375 [31]) eine Galeere aus seinem Arsenal zur Abwehr der türkischen Piraten; doch hielt er nicht die der Republik geschworene Treue, indem er zur Zeit des letzten Genuesenkriegs mit Hilfe der Navarresen die Schutzoberhoheit jener abzuschütteln Miene machte. Trotzdem verlieh ihm Venedig nicht nur, sondern sandte ihm 1382 [32]) sogar eine neue Galeere aus Modone; daneben ward die der Insel 1383 [33]) von seinem Vicar Janulli Gozzadini und dem Dreiherrn Bartolommeo Ghisi gerüstet. Seit dem turiner Frieden schien die Sicherheit auf Euböa hergestellt, man entwaffnete und belohnte die Getreuen [34]), cassirte Truppen, setzte den Gehalt des Rettors von Pteleon herab und dachte an Schleifung der kostspieligen Burg Larmena, deren Erhaltung jährlich 1500 Lire kostete. Da kam plötzlich im April 1383 die Kunde nach Venedig, daß Herzog Nicolò II. durch Meuchelmord gefallen. Schwere Bedrückungen, die seine Unterthanen von ihm erlitten, riefen eine Empörung hervor [35]); in seiner Hauptstadt Naxos, nach anderer Angabe auf der Jagd, fiel der Herzog durch die Hand des Francesco Crispo, Bürgers von Euböa und Besitzers der dortigen Baronie Astrogidis, seines nahen Verwandten [36]). Derselbe hatte sich mit Carceri's Nichte Fiorenza Sanudo, Tochter des Marco von Milos, vermählt und als Mitgift am 30. Nov. 1376 [37]) letztere Insel erhalten. Da Nicolò II. von seiner Gattin keine legitimen Erben hinterließ [38]), erhoben die Insulaner alsbald einmüthig den Francesco I. Crispo (1383—1397) zum Herzog. Ueberzeugt, daß für ihn der Schutz Venedigs unentbehrlich, theilte er nicht nur seine Thronbesteigung sofort dem Duca von Kreta mit, sondern sandte auch zugleich den Bischof von Milos nach Venedig, mit der Bitte, ihn als Herzog anzuerkennen und ihm Proviant aus Euböa, sowie eine Galeere zu liefern; zugleich hielt er für seinen zehnjährigen Sohn Jacopo um die Hand einer Tochter des Dogen Antonio Venier an. Seine Anträge fanden bereitwillig Gehör, da Carceri durch seine Verbindung mit den Navarresen die Gunst der Republik verscherzt hatte; im April und Juni 1383 [39]) wurden sie gewährt; der Usurpator galt seitdem als legitimer Herr des Archipelagos, den seine Erben noch über 180 Jahre lang behaupteten. Dagegen war die Frage, was aus den zwei Dritteln von Euböa, die Carceri besessen, werden sollte, eine schwierige; obgleich Crispo, der auf dieselben ja kein Anrecht hatte, auch keine Prätension erhob. Venedig wollte dieselben zunächst der Stiefschwester des Gemordeten, Maria Sanudo, garantirt wissen; es befahl daher dem Bailo, die Baronie Oreos sofort zu sequestriren, sie selbst aber nach Kreta oder Euböa zu führen, auch ihrem Vater Nicolò Spezzabanda einzuschärfen, daß sie keine Ehe ohne Venedigs Consens eingehen dürfe. Zugleich aber war der Plan, sich selbst in den Besitz von ganz Euböa zu setzen und die frühern Dreiherren zu Vasallen zu machen, gereift. Dazu war freilich der Consens des Oberlehensherrn, des Kaisers Jakob von Baux, erforderlich; um ihn zu erlangen, ward ein reicher Patricier, Giovanni Soranzo, der 1373 in Korone große Magazine angelegt [40]), hernach auch mit den Navarresen Geldgeschäfte gemacht, vorgeschoben. Derselbe bevollmächtigte am 6. Juli [41]) den Antonio de Vorto, sich zu Baux zu begeben und bei demselben gleich bis zu 4000 Dukaten als Pfand niederzulegen, falls er ihm die heimgefallenen zwei Drittel der dalle Carceri zu erblichen Lehen übertragen wolle. Der Tod des Titularkaisers vereitelte dieses Project. Unterdessen aber hatte sich Bartolommeo Ghisi an den Bailo Coccarelli gewandt, um für sich diese zwei Drittel zu erlangen, während Janulli d'Anoe (Aunoy) aus Negroponte als Verwandter des Carceri wenigstens ein Drittel der Insel beanspruchte. Um seinem Anrechte mehr Nachdruck zu geben, eilte Ghisi selbst nach Venedig; man bestätigte ihm am 18. Sept. 1383 [42]) sein altes Adelsprivileg, befahl aber zugleich dem Bailo, Alles zu sequestriren und für den nächstberechtigten Erben Carceri's zu hüten; officiell sollte er indessen sich vorläufig nur als Vicar des Hauses dalle Carceri geberden, nicht als Herr der Insel [43]). Doch mischte er sich schon bald in die innern Angelegenheiten der Insel ein, indem er den griechischen Klerus von einer lästigen, bisher dem dort residirenden lateinischen Patriarchen gezahlten Steuer befreite. Bald erschien auch Petronilla Tocco, Carceri's Wittwe, in Venedig, sie verlobte sich im December 1383 [44]) mit Nicolò Venier, dem Sohne des Dogen, der auf diese Weise seinem eigenen Hause Anrecht auf den Archipel erwerben wollte. Dagegen aber gab Crispo seine gleichnamige Tochter Petronilla dem reichen Pietro Zeno am 20. März 1384 [45]) zur Gattin und belehnte ihn nicht nur mit Andros, das er der Maria Sanudo nahm, sondern gelobte sogar, denselben als Oberherrn des ganzen Archipels anzuerkennen; nur Milos und Santorini sollten des Herzogs ausschließliches Eigenthum

31) Misti XXXV. fol. 51v. 32) Ebenda XXXVII. fol. 140v. 33) Ebenda XXXVIII. fol. 17. 34) Ebenda XXXVII. fol. 141; XXXVIII. fol. 81; Novella fol. 431v; Grazie Vol. XIV. fol. 141, 147. 35) *Magno*, Annali. Vol. IV. fol. 280ro. 36) Ueber sein Geschlecht vergl. die in meiner Geschichte von Andros S. 31—34, 71—73 citirten Quellen. Die vollständigsten Genealogien befinden sich handschriftlich im Besitze des Herrn Giorgio Sommaripa auf Naxos und des Herrn Lieutenants Antonio Cornelio zu Athen. 37) Mar Vol. XII. fol. 90v. 38) Es gab aber verschiedene Bastarde, denen die reichen, von ihrem Vater ihnen ausgesetzten Legate nicht gezahlt wurden; darunter Francesco da Verona (gest. 1427), dem Venedig Renten aus Siphnos und Silarho anwies und der später Schatzmeister in Nauplion wurde. Notatorio Vol. VI. fol. 46; Grazie Vol. XVIII. fol. 8; *Raspe* Vol. VIII. p. I. fol. 56v. Die da Verona lebten später auf Naxos, wo ihr Geschlecht längst erloschen ist; doch sieht man noch ihr Wappen — das der Carceri — vor der griechischen Kathedrale eingemauert. Abgebildet in der Pandora. Tom. VII. 1856—57. p. 116.

39) Misti XXXVIII. fol. 39v, 41v, 87; Novella fol. 433. 40) Grazie Vol. XIV. 41) Dume Costantinopoli. 42) *Raspe* Vol. IV. p. I. fol. 62. 43) Misti XXXVIII. fol. 130, 132, 135v, 159. 44) Novella fol. 442; Misti XXXVIII. fol. 164v; *Sanudo*, Diarii XXII, 781. 45) *Magno*, Annali, Vol. IV. fol. 254v.

bleiben. In Folge dieser gewaltsamen Beraubung der Maria Sanudo begann ein langjähriger Lehenskrieg im Archipel, den ich in meiner Geschichte von Andros ausführlich behandelt habe, und der damit endete, daß Pietro Zeno (1384—1427) Andros behielt, Maria Sanudo aber (gest. 1426) 1389 mit Paros und Antiparos abgefunden wurde; nur daß letztere sich ein Jahr später bequemen mußte, wider ihren Willen den ihr von Crispo aufgedrungenen Gasparo de Sommaripa aus veronesischem Geschlechte zum Gatten zu nehmen. Petronilla Tocco (gest. 1410), des Nicolò Venier Gattin, erhielt als Wittwe aus dem Nachlasse des Carceri die Ortschaften Litadha und Lipsos auf Euböa; das Mobiliar ihres ersten Gatten ward ihr nach langen Streitigkeiten endlich auch von Crispo überliefert [46]), der 1384 [47]) in Person zu Venedig weilte, dort aber argen Anstoß erregte, indem sein Admiral Cesare Magno gegen den bestimmten Befehl der Republik Einwohner derselben für die herzoglichen Galeeren warb. Ueber den Rest des Eigenthums dalle Carceri's, sowie seine im Kreta liegenden Baumwollenballen, ward 1386 zu Gunsten des Nicolò Sanudo Spezzabanda entschieden [48]). Was endlich die zwei Drittel des Hauses da Verona in Euböa betraf, so behielt Venedig die Castelle und übte allein die Jurisdiction aus; der Grundbesitz des einen Drittels ward dann am 22. Juni 1385 [49]) der Maria Sanudo (1385—1414) zuerkannt, die bald darauf (im October) [50]) ihren getreuen Verwandten und Vertreter Filippo Sanudo mit Thurm und Dorf Larachi bei Vilanio belehnte, das andere aber jenseits Kilsura dem Januli I. d'Anoe (1385—1394) zugesprochen, da er, obgleich seine Rechtsansprüche nicht eben klar, Treue und Gehorsam gelobte. Die Prätensionen Bartolommeo III. Ghisi's, der um dieselbe Zeit starb und sein Drittel nebst Tinos und Mykonos auf seinen Sohn Giorgio III. vererbte, kamen nicht zur Geltung. Wohl hätte Venedig damals die ganze Insel und den Grundbesitz für sich behalten können; allein man sah ein, daß es für den Staat vortheilhafter, wenn Privatleuten die schweren Kosten für Erhaltung und Reparatur verfallener Plätze aufgebürdet würden. Das hatte sich deutlich bei Karystos gezeigt, dessen lange begehrtes Schloß ganz zu verfallen drohte, das von den Einwohnern größtentheils verlassen war — selbst die Emigranten aus Tenedos hielten es da nicht lange aus — und nur 1000 Hyperpern jährlich abwarf, während sich die Einnahme zu Bonifaz's Zeit auf das Zehnfache belaufen hatte [51]). Man beschloß daher endlich, auch diese Baronie zu verpachten, und überließ sie am 24. März 1386 [52]) als Lehen den Brüdern Michele, Andrea und Giovanni Giustiniani, unter denen aber der Verfall nur immer rascher vor sich ging.

Werfen wir hier zum Schlusse dieses Capitels noch einen Blick auf die andern Inseln des ägeischen Meeres, so sind nur Lesbos und die Lehen der Rhodiser zu berücksichtigen. Ersteres beherrschte noch bis ins 15. Jahrhundert hinein Francesco Gattilusio, des Kaisers Joannes V. Schwager (gest. 1401); seiner Bemühung für Anbahnung der Kirchenunion, sowie des Beistandes, den er mit Amadeus von Savoyen 1366 dem Romäerreiche leistete, ist bereits früher gedacht. Auf Lesbos herrschte indessen kaum mehr Sicherheit, als auf den andern Inseln; die Armenier, dort zahlreich angesiedelt, sandten 1366 den Vanes de Casa nach Rhodos und baten die Johanniter, ihnen auf ihren Inseln ein Asyl zu gönnen; es ward ihnen in Kephalo auf Kos angewiesen [53]). Etwas verbesserte sich die Lage von Lesbos, seitdem Francesco am 1. April 1373 die dortige starke Festung vollendet hatte, an deren Mauer noch hie und da das Wappen der Gattilusio sichtbar ist und eine Inschrift [54]) von der Erbauung redet. Reich begütert in Genua [55]), konnte er schon einigen Aufwand für die Insel bestreiten; bald folgte ihm auch sein Bruder Nicolò nach der Levante und erwarb die Stadt Aenos, beinahe die letzte Besitzung, welche den Byzantinern auf dem Festlande verblieben, von Kaiser Joannes V.; als Herr von Aenos erscheint er neben seinem Bruder Francesco zuerst 1384 [56]) in dem Testamente eines genuesischen Verwandten Antonio Gattilusio; im Besitze seiner Stadt, doch den Türken tributair, ist er erst 1409 gestorben. Was endlich die Lehen der Assanti anbelangt, so hatte der Johanniterorden am 20. Mai 1366 [57]) dem Borello Assanti, einem auf Rhodos lebenden Verwandten der Herren von Nisyros, gegen einen Jahreszins von 200 Gulden und die Verpflichtung, auf der Insel Limonia einen starken Thurm zu erbauen, die Inseln Episkopia und Karchi auf Lebenszeit verliehen; der Großmeister reservirte sich selbst nur die Lehensoberhoheit, die auf der Insel horstenden Edelfalken und das Strandrecht, das, sonst im ganzen Mittelmeere verpönt, von den frommen Rittern wacker ausgeübt wurde. Borello starb schon um 1372; seinem Verwandten Bartolommeo von Nisyros, des Antonio Sohne, wurde 1383 [58]) das Privileg, das der Orden 1316 seinen Ahnen verliehen, erneuert; als mit ihm 1385 sein Haus im Archipel erlosch, erhielt Domenico de Alemagna, Präceptor von Neapel, am 20. Mai 1386 [59]) Nisyros gegen 200 Gulden Zins auf Lebenszeit; am 7. Juli folgte darüber die päpstliche Bestätigung. Auf Rhodos erscheint ebenso Ferrante Vignolo 1382 [60]) noch im Besitze großer Lehen; Kos, für dessen Befestigung bedeutende Summen verwendet wurden,

46) Misti XXXVIII. fol. 264v, 278v; XXXIX. fol. 140, 218. 47) Ebenda XXXVIII. fol. 277. 48) Ebenda XL. fol. 20v, 102v. 49) Ebenda XXXIX. fol. 190. 50) Ebenda XL. fol. 42v; Lettere dell' Avvogaria. Vol. II. 51) Misti XXXIX. fol. 103v. 52) Ebenda fol. 218v; XL. fol. 44v, 50v.

53) Libri bullarum no. 4. (1365—66.) fol. 270v. 54) Bei A. Conze, Reise auf der Insel Lesbos. Hannover 1865. 4. S. 5 und *C. T. Newton*, Travels and discoveries in the Levant. Vol. I. London 1865. 8. p. 116. 55) Compere der Bank S. Giorgio 1377 fg.; *Federici* Collectanea (Archiv zu Turin). Vol. I. fol. 261v. 56) Archivio notarile di Genova, Quad. di Teramo de Maiolo (Pandette Richeriane. B fasc. 63. n. 8). 57) Libri bullarum no. 4. (1365—66.) fol. 299. 58) Ebenda no. 8. (1383—86.) fol. 241. 59) Ebenda fol. 373v; no. 9. (1389—90.) fol. 137v. 60) Ebenda no. 8. (1381.) fol. 218, 219v.

ward dagegen von Präceptoren [61]) — Bertrin de Gayas bis 1381, Roger de Lupoalto (1381—1385) — verwaltet und nach dem Tode des letztern dem Hesso von Schlegelholt, Präceptor von Rottweil, übertragen, der dazu im Februar 1380 auch Kalamos und Leros gegen jährliche 100 Gulden Pacht auf zehn Jahre erhielt. Unter allen Wechselfällen, die damals den Archipel trafen, behaupteten sich nur friedlich die frommen Mönche auf Patmos; ihrem Abgesandten Joannikios bestätigte Venedig 1385 [62]) die Exemtion ihrer Klöster auf Kreta; als des heiligen Apostels Sitz ward die Insel von allen Mächten stets respectirt, sodaß sie inmitten feindlicher Christen und drohender Sarazenen als selbständig galt und manchem Weltmüden ein ruhiges Asyl gewährte. Von Kreta werde ich später handeln, da sich die Geschichte der Insel von der Rebellion der venetianischen Colonisten bis zur türkischen Eroberung besser ohne Unterbrechung darstellen läßt; und somit wende ich mich zu den höchst verwirrten Zuständen Nordgriechenlands während der zweiten Hälfte des 14. Jahrhunderts, der Serben- und Albanesenherrschaft in Epiros und Groß-Wlachien.

2) Epiros und Thessalien unter den Albanesen und Serben seit der Vernichtung des Despotats durch Karl Thopia bis zum Tode des Thomas Prelinbović von Joannina. Ende der angiovinischen Herrschaft auf Korfu. Emporkommen der Tocco, Pfalzgrafen von Kephalenia und Zakynthos, Herzoge von Leukadia und Despoten der Romäer 1358—1386.

Fürsten von Albanien: Karl Thopia 1358—1388, Fürst von Durazzo seit 1368. Georg 1388—1392. An Venedig.

Könige von Thessalien: Simeon Uroš 1355—1371. Joannes Uroš (Joasaph) 1371—1410.

Despoten von Joannina: Thomas Prelinbović 1367—1385. Maria Angelina, seine Witwe, 1385—1394 und ihr zweiter Gemahl Esau de Buondelmonti 1386—1403.

Despoten von Arta und Rogus: Peter Ljoscha 1360—1374. Ghin 1374—1374. An die:

Despoten von Acheloos und Angelokastron: Pjeter Bua 1354. Ghin Bua Spata 1360—1400, in Arta 1374, in Lepanto 1380.

Pfalzgrafen von Kephalenia und Zante: Leonardo I. Tocco 1357—1381, Herzog von Leukadia 1362. Carlo I. 1381—1429, Despot der Romäer 1418 (sein Bruder Leonardo II. in Zante).

Fürsten von Zedda: Balša I. 1357 — um 1361, Strašimir 1362—1372 und Georg I. 1362—1379 und Balša II. 1362—1385, Georg II. 1385—1404.

In Epiros behaupteten sich nach 1358 neben den Albanesen und Serben noch eine Zeit lang die beiden Linien der Angiovinen, von denen die von Tarent, damals durch Kaiser Robert, Fürst von Achaia, repräsentirt, außer Korfu und einigen gegenüberliegenden Plätzen des Festlandes auch Lepanto besaß, das unter dem Baili von Achaia stand, während jene Insel von einem Capitain verwaltet wurde. Daneben saß ein Capitain in Durazzo, dem Eigenthume der Linie von Gravina, als Vertreter der Herzogin Johanna (1348—1387). Waren die Zustände dort und in Lepanto wegen der Nähe der Serben und Albanesen damals schon höchst unsicher [63]), so erfreute sich dagegen Korfu jahrelanger Ruhe und vollkommener Sicherheit. Privilegien, den Bürgern, den Edlen und dem Klerus verliehen, füllen die Annalen dieser Insel während dieser Zeit. Im November 1350 [64]) erneuerte Kaiser Robert der durch den Protopapas Joannes Blacho vertretenen griechischen Geistlichkeit die alten, vom Despoten Michael II. im Februar 1246 verliehenen Immunitäten, laut deren die 33 Priester der Insel von jedem persönlichen Dienste befreit blieben, dagegen eine bestimmte Taxe zahlen sollten. Von diesen wohnten 22 auf den Krongütern, 7 in den Lehen der Goth, 3 in dem des Pietro Tocco, 1 in dem des verstorbenen Grisogono de Creta (?); zugleich sehen wir, daß ganz Korfu schon damals und gewiß seit Einrichtung der angiovinischen Herrschaft in 4 Distrikte (Bajulationes) getheilt war: Agiru, Oros, Medium (del Mezzo) und Alefkimo. Ende Januar 1357 proclamirte der Capitain Peter de Conches in Gegenwart des Cantors Johann de Lusora, des Kämmerers Lucio Protontino aus Trani und des Richters Giorgio di Donato von Altavilla den kaiserlichen Erlaß, der, nachdem die Taxe am 27. Dec. 1357 genau fixirt war, am 19. April 1365 [65]) von Kaiser Philipp II. erneuert wurde. Im Januar 1362 ward Benedetto de St. Maurice mit den Gütern seines Hauses belehnt; im März übertrug in Gegenwart verschiedener Bürger von Lepanto, Patrá und Vostiza, sowie des Ritters Adam de S. Ippolito, in erstgenannter Stadt Filippa, Witwe des Peretto von Altavilla, die Baronie ihres verstorbenen Mannes ihrer mit Guglielmo de Altavilla vermählten Schwester Bella; noch bei Robert's Lebzeiten vidimirte auf Antrag des Nicolò di Donato, Oheims des Guglielmo, der Capitain Francesco Scaligero am 10. April 1364 [66]) die betreffende Acte; als Zeugen fungirten von den Feudalherren Matteo de Lusora, St. Maurice, Joannes Kavasilas, Aymonet de Goth und andere. Mit Venedig hielt man Frieden und Freundschaft; fortwährend fungirte dort ein Consul als Vertreter der Republik [67]). Als Kaiser Robert starb, betrachtete sich seine Witwe Maria von Bourbon als Universalerbin und bestätigte als solche Anfangs 1365 [68])

61) Grazie fol. 212 v., 213, 214 v., 217; no. 7. (1383—84.) fol. 291 v.; no. 8. (1385—86.) fol. 210 v., 226 v. 62) Misti XL. fol. 9.

63) Miklosich und Müller I, 413—415. n. CLXXIX. 64) Original im Besitz des Hrn. P. Lambros zu Athen; Archiv zu Korfu: Esattoria delle rendite pubbliche, massa arcivescovile greca; vergl. Misti XLI. fol. 133 v. 65) Carte Nani (Cod. Marc. Ital. Cl. X. n. 279). Vol. II. fol. 87. 66) Carte Delviniotti auf Korfu. 67) Lettere secrete (Cod. Capporal) fol. 96 v. 68) Stampa della università degli Ebrei, Corfu. s. a. nach dem Original in der dortigen Synagoge. Vergl. Buchon, Nouv. recherches I, 412 und Mustoxidi, Delle cose Corciresi p. LXXXI (nicht publicirt).

der Judenschaft die dieser von Philipp I. am 3. Nov. 1317 [69]) verliehenen Privilegien; doch mußte sie bald genug ihre Ansprüche ihrem Schwager Philipp II. abtreten, der an des frühern Capitains Nicolò di Donato Stelle den Benedetto Acciajuoli, des Großseneschalls Nicolò Sohn, setzte und bereits am 15. Mai 1365 [70]) decretirte, daß Bürger der Insel, die im Dienste des Lehnshofes zu Sendungen braucht würden, dafür ein entsprechendes Gehalt beziehen sollten. Indessen fühlte sich Philipp in seinem Besitze wol nicht ganz sicher; er sandte daher Ende 1366 [71]) den Marsilio Bitela an Venedig und bot Korfù nebst Buthroton der Republik als Pfand an. Beinahe war die Sache schon abgeschlossen; aber sie zerschlug sich doch noch einmal. Als Herr der Insel regelte Philipp im März 1367 den Lehnsstreit der Gebrüder Goth gegen ihren Onkel Galeotto [72]); am 8. Nov. [73]) übergab der Capitain Perrillo Capece dem Benedikt de St. Maurice ein kaiserliches Patent, das ihm den Besitz des Dorfes Varvilla und die dortigen Eingesessenen, selbst solche, die nach Epiros gezogen waren, verbriefte; am 25. Jan. 1372 erneuerten Philipp und seine Gattin Elisabeth, im Mai 1374 [74]) Königin Johanna I. die Privilegien seines Hauses, das außer Zöllen von Buthroton und Weine von der Einnahme der Dekarchie Crossastron und der Dörfer Varipratades, Kalafatari und Stempalonidi 3 Goldunzen Rente bezog. Schon früher (1371) hatte Philipp den griechischen Bischof der Insel Castellino Romanopulo nicht nur seines Schutzes versichert, sondern auch am 11. Nov. [75]) seine Kirche mit Gütern dotirt. Capitain der Insel war damals Lubanus de Rubia, Nachfolger des Filippo Malerba de Verona (1370); ihn löste Simone Spina degli Scali ab, der noch im November 1373 dort fungirte. Aus einer Petition des Benedikt de St. Maurice [76]) ersehen wir, daß Philipp um 1371 die Insel seiner Gattin zum Witthum aussetzte, und letztere die Griechen, die von dem Festlande hinübergezogen und dort Vasallen der Barone und Bürger geworden waren (homines vageniti), für sich in Anspruch genommen hatte. Da begab sich Theodoros Kavasilas als Bevollmächtigter der Barone an den Hof des Kaisers und bewies durch Patente Karl's II. und Philipp's I., daß die Barone berechtigt, Fremde als Vasallen anzunehmen, ja daß Kaiserin Katharina dieses Privileg mit specieller Erwähnung dieser vageniti (wol aus Vagenetia) erneuert habe. Am 23. Sept. 1373 bestätigte Philipp II. es aufs Neue, bestimmte aber, daß für jede neu einwandernde Familie wenigstens einmal 6 Grossi Einzugssteuer an den Lehnsherrn gezahlt werden sollten; in Folge dieser Verfügung erhielt denn auch St. Maurice seine in diese Kategorie fallenden Unterthanen zurückgeliefert. Philipp's Absicht, die Insel seiner Gemahlin zu hinterlassen, scheiterte indessen an dem Widerspruche der einheimischen Barone; Guglielmo (Gullo) von Altavilla proclamirte gleich nach seinem Tode die Herrschaft der Königin Johanna I., die zum Dank ihm eine Baronie im Werthe von 10 Unzen Jahresrente am 4. Mai 1374 [77]) verlieh. Als ihr Statthalter erschien alsbald Filippo de Costanzo; derselbe übertrug in ihrem Namen am 19. Sept. [78]) in Gegenwart des Matteo de Lusera, des Joannes Kavasilas und anderer die Lehen des jüngst verstorbenen Matteo de Bandisio dem Carolo Buccarelli aus Tarent; Ende 1375 [79]) wurden die Angelegenheiten der Barone neu geregelt. Unter denselben waren neben den Goth — die Brüder Rainaldo, Nicolò und Rizzardo verglichen sich am 21. Aug. 1378 [80]) über den Nachlaß ihres Vaters Guglielmo — der angesehenste jener Gullo von Altavilla, der am 21. Sept. 1374 [81]) dem Theodoros Kavasilas verschiedene Ländereien in Emphyteuse gab, die St. Maurice und S. Ippolito, sowie Matteo de Lusera, der 1370 eine Geldsache mit dem Venetianer Marco Orso hatte; dieselbe, von Johanna bald geschlichtet, hatte den Erfolg, daß letztere am 19. Juli 1376 [82]) den Bürgern der Republik alle alten Freiheiten auf Korfù neu bestätigte.

So blieb Johanna I. im Besitze der Insel, bis die navarresische Compagnie sich 1380 derselben bemeisterte und die Herrschaft des Jakob von Baux proclamirte. Der neue Fürst suchte sich durch Bestätigung der alten und Ertheilung frischer Privilegien Freunde zu machen; am 28. Nov. 1381 [83]) bestätigte er dem Carlucio de St. Maurice das Lehen seines verstorbenen Vaters Benedikt und beschenkte den Ritter Adam de S. Ippolito [84]) mit der ehemaligen Baronie des frühern Capitains Filippo Malerba de Verona, die aus Grundbesitz bei St. Anastasia und der Insel Paxos bestand, und vor ihm von Marino de Abstabulo besessen war. Doch war das Glück Jakob's nicht von langem Bestand; da er die Insel Korfù selbst nicht betrat, die zurückgelassenen Navaresen aber schwerlich die Sympathie der Einwohner besaßen, fielen dieselben Barone, die jüngst noch von ihm mit Diplomen geehrt und beschenkt waren, bald von ihm ab; eine Revolution brach aus; die Navaresen wurden verjagt, und der König Karl III. von Neapel, der bald von Baux's Gattin Agnes von Durazzo ein Anlehen von 38,000 Gulden erpreßte [85]), 1382 als Herrn ausgerufen. Diese Revolution, auf die ich am Schlusse des Capitels zurückkomme, war indessen nur die Vorbotin weiterer Wirren, einschneidender Veränderungen, die mit

69) Fasc. Ang. no. 90. fol. 84; no. 91. fol. 187. 70) Misti XLI. fol. 135 v. 71) Sindicati Vol. I. fol. 106, 107. 72) Archiv zu Korfù. Liber infeudationum fol. 66—78. 73) Carte Nani Vol. I. fol. 10; II. fol. 84, 85 (letztere nicht mehr vorhanden). 74) Original früher im Besitz der Familie Scläbopulo zu Varipratades, jetzt verloren. *Mustoxidi* a. a. O. p. LXXIII; *Buchon*, Nouv. rech. I, 411. 75) Carte Pojago auf Korfù. 76) Carte Kavasilas auf Korfù.

77) Carte di Andrea Prosalendi auf Korfù. 78) Archiv Anglov. A. m. 77. n. 5. 79) *Buchon*, Nouv. rech. I, 414. 80) Liber infeudationum fol. 48—50. 81) Griechische Urkunde, bezeugt von den Baronen Eymbert Goth, Gullo de Baux, Carlo Marchesano und Adam de S. Ippolito. *Miklosich* und *Müller* III, 245 seq. n. VII. Kavasilas lag 1378 mit dem Klerus in Streit und ward gebannt. *Buchon*, Nouv. rech. I, 417. 82) Commemoriali Vol. VIII. fol. 10, 12. 83) Carte Nani Vol. II. fol. 1. 84) Carte Vamilachi auf Korfù. 85) Reg. Ang. no. 359. (1382—83.) fol. 273, 302 v.

Intervention Venedigs und Occupation der Insel durch die mächtige Republik 1386 endeten.

Viel früher schon hatte die Herrschaft der Linie von Gravina in Durazzo aufgehört. Der Sieger von Achelous, Karl Thopia, hatte seine Augen auf die blühende Handelsstadt geworfen, die noch dazu als Festung und als Brücke zu Italien von höchster Wichtigkeit war; anarchische Zustände, denen der Capitain der Herzogin Johanna nicht gewachsen, erleichterten die Eroberung. Bereits im April 1362 [86]) war die Stadt zu Meer und Land von dem Feinde bestürmt; die venetianischen Kaufleute, von deren Waaren zur Bestreitung der Vertheidigungskosten eine Auflage erhoben wurde, räumten das Land und zogen sich nach Valona oder Ragusa zurück. Dort aber herrschte eine furchtbare Epidemie, die sich bald auch nach Durazzo verpflanzte [87]); was von Venetianern dort noch weilte, erlag ihr mit wenigen Ausnahmen. Doch räumte die Pest wol auch im Heere der Belagerer auf; sie zogen ab, und am 17. Mai 1363 [88]) notificirte Franceschino Giorgio im Namen der Gesammtheit von Durazzo, daß die Sicherheit hergestellt, der Zoll daher wieder aufgehoben sei. Venedig unterließ nun nicht, von Thopia Schadenersatz zu fordern; auch mit dem „Despoten" von Valona, Alexander Giorik, der unter venetianischer Flagge nicht nur die Schiffe des Raimund Arnau aus Cagliari, sondern selbst Venetianer 1350 gekapert [89]), gefangen gehalten und beschimpft hatte, ward in den Jahren 1360—1368 fortwährend wegen Restitution des Geraubten verhandelt; erst als der Golfcapitain einzuschreiten drohte, verstand er sich zur Entschädigung des Nicolò Contarini und des Marco de Raude, die am schwersten gelitten hatten [90]). Dagegen suchte der neue Herr des Despotats Karl Thopia, „Herr von Albania längs dem Meere," mit Venedig Freundschaft zu halten, um sicherer seinen Plan gegen Durazzo ausführen zu können, und Venedig begegnete ihm 1366 in gleicher Weise [91]). An Venedigs Unterstützung aber mußte ihm um so mehr liegen, als die Herzogin Johanna von Durazzo sich in dem nämlichen Jahre mit dem Grafen Ludwig von Evreux, Herrn von Beaumont-le-Roger, vermählte, und dieser am letzten December 1366 [92]) von König Karl V. von Frankreich 30,000 Dukaten entliehen hatte, die zur Ausrüstung von Kriegsvolk gegen die Albanesen bestimmt waren. Wie weit die Expedition Ludwig's, der den Titel eines Herzogs von Durazzo, Grafen von Beaumont, Alba und Gravina annahm, wirklich zur Ausführung kam, ist jedoch höchst fraglich; was Zurita von derselben erzählt, ist ein von Ducange und allen Nachfolgern reproducirter Irrthum, der auf einer Verwechselung mit der navarresischen Compagnie beruht. Sandte er auch Verstärkungen nach Durazzo, so waren doch die Truppen nicht genügend, um dem Angriffe Thopia's zu widerstehen, der 1368 zu Meer und Land den Kampf erneuerte, bis Venedig am 28. März [93]) die Nachricht erhielt, daß Durazzo so eben in die Hand des „Fürsten von Albanien" gefallen, und deshalb unverzüglich Anstalten zur Sicherung seiner Kaufleute traf. So endete die angiovinische Herrschaft in Epiros, das nunmehr, soweit es nicht die Serben besaßen, ganz in die Hand der eingebornen Albanesen fiel. Von Versuchen des Herzogs Ludwig, seiner Gattin Land wiederzuerlangen, ist Nichts bekannt; er selbst starb schon 1372; seine Witwe Johanna ging dann eine neue Ehe ein mit Robert von Artois, Grafen von Eu [94]), der gleichfalls, ohne Kinder zu hinterlassen, am 20. Juli 1387 zu Neapel starb und in der Kirche S. Lorenzo begraben ward [95]); er hatte sich an den Prätendenten Ludwig von Anjou angeschlossen, allein schon im November 1382 mit Karl III. Frieden gemacht, der ihm am 17. Jan. 1383 seine Güter innerhalb und außerhalb des Königreichs bestätigte. Die Herzogin Johanna überlebte ihren Gemahl fast sechs Jahre lang; sie starb erst 1393, und König Ladislaus von Neapel übertrug am 7. Juni desselben Jahres [96]) Durazzo und Albanien nebst der Grafschaft Gravina seiner eigenen Mutter Margaretha, als der einzigen überlebenden Schwester der Johanna; mit ihrem am 6. Aug. 1412 erfolgten Tode kamen die Prätensionen auf Durazzo und ganz Epiros an das Herrscherhaus der Könige von Neapel.

War um diese Zeit ganz Epiros und Thessalien schon in die Hände fremder „barbarischer Völkerschaften" [97]) gerathen, deren Thun und Treiben ich hernach darlegen will, so war dagegen an den Marken des Despotats, zunächst auf den gegenüberliegenden Inseln, ein neues fränkisches Dynastiengeschlecht aufgetreten und in kurzer Zeit zum höchsten Ansehen gelangt. Die Ansprüche des Hauses Tocco, das aus Benevento stammte und schon in des Hohenstaufens Friedrich's II. Tagen blühte, datirten von der Heirath des Guglielmo, Capitains von Korfu, mit Margherita Orsini, Erbin der Hälfte von Zakynthos; großer Grundbesitz auf Korfu setzte es in den Stand, dieselben zu realisiren. Es ist eine alte, doch stets reproducirte Fabel, daß Leonardo I., Guglielmo's Sohn, die Franziska, eine uneheliche Tochter Philipp's I. von Tarent, geheirathet und von dem Schwiegervater die Inseln als Mitgift erhalten habe; keine gleichzeitige Quelle thut deren Erwähnung; wahrscheinlich beruht sie auf der so oft vorkommenden Verwechselung

86) Misti XXX. fol. 128r. 87) Ebenda XXXI. fol. 71v. 88) Commemoriali. Vol. VII. fol. 77v. 89) Ebenda Vol. VI. fol. 220v; Misti XXIX. fol. 56v. 90) Misti XXXI fol. 71v, 271; XXXII. fol. 71, 207. 91) Grazie Vol. XIII. 92) Douët d'Arcq, Les comtes des archives de l'empire. Tom. I. Paris 1863. 4. n. 315.

93) Misti XXXII. fol. 206. 94) Urkundlich 18. Mai 1382. Reg. Ang. 1382. fol. 213; vergl. Reg. Ang. nr. 360. (1382—83.) fol. 75, 112, 134r, 164v, 176; nr. 360. (1384.) fol. 49v, 195v. 95) Ducange II, 268 setzt seinen Tod 1377 nach seiner Grabschrift, die auch anscheinend seine Gattin an demselben Tage sterben läßt, was zur Sage, daß beide vergiftet worden, Anlaß gegeben hat. Das Denkmal hat aber, wie ich aus Autopsie bezeugen kann, das Jahr 1387; Johanna errichtete es ihrem Gatten und wollte selbst an der nämlichen Stätte begraben werden; das Datum ihres Todes ist, da er später erfolgte, nicht ausgefüllt. 96) Reg. Ang. 1393. fol. 27. 97) Miklosich und Müller I, 557—558. n. CCLXV.

der Tocco und der Thopia. Vielmehr steht das Aufblühen des Geschlechts 97), aus dem Pietro, Leonardo's Bruder, 1347 als Seneschall des Kaisers Robert erscheint und am 15. April 1359 mit der Grafschaft Martina beliehen ward, sowie er gleich seinem Bruder Lodovico (Luigi) auf Korfu ausgedehnten Grundbesitz empfing, in engstem Zusammenhange mit dem Einflusse, den der Großseneschall Nicolò Acciajuoli in Neapel ausübte. Eine Schwester des letztern, Lapa, hatte sich, wie schon bereits erwähnt, mit ihrem Landsmann Manente dei Buondelmonti vermählt und demselben außer den Söhnen Francesco (Herr von Basciano und Castagna 1363; er wohnte eine Zeit lang in Constantinopel, wo er wol die Handelsinteressen der Florentiner vertrat 98), und testirte am 30. Juli 1391 zu Gunsten seines Bruders) und Esau drei Töchter geboren, von denen Maddalena Gattin des Leonardo Tocco ward. Da konnte es denn nicht fehlen, daß letzterer bei Kaiser Robert zu hoher Gunst gelangte; bereits 1352 1) erscheint er als dessen Rath und Ritter; dazu kam, daß er sich um die Befreiung seines Herrn aus ungarischer Haft große Verdienste erworben haben soll. Die Wirren im Despotat, wo Nikephoros damals mit den Albanesen in Fehde lag, bestimmten die Angiovinen, die gegenüberliegenden ionischen Inseln einem getreuen Geschlechte als erbliches Lehen zu überlassen, und da Tocco schon von Seiten seiner Mutter Anrechte auf dieselben hatte, Acciajuoli auch eifrig für ihn wirkte, wurden Kephalenia und Zakynthos, auf welchen von dem römischen Titel der Orsini her der Name einer Pfalzgrafschaft missbräuchlich haftete, ihm 1357 vom Kaiser Robert erblich übertragen. Pfalzgraf Leonardo I. Tocco (1357—1381) erscheint mit diesem Titel im Juni 1357 als Zeuge bei Bestätigung der Privilegien des Hauses St. Maurice, bei der Schenkung von Kalamata an Maria von Bourbon und in einem Briefe, den er an die Republik Genua richtete 2). Bald war ihm sein Ländchen zu klein; zu besserer Abrundung seines Besitzes brauchte er die Insel Leukadia, mit ihrem festen Castell Sta. Maura, das damals noch Graziano Giorgio, der Lehensmann des Grafen von Lecce (1355—1362), inne hatte 3). Letzterer, der sich in seinem Besitze unsicher fühlte, hatte zwar im Januar 1357 sich unter den Schutz seiner Vaterstadt Venedig gestellt; allein im März war ein Aufstand auf der Insel ausgebrochen, bei dem Nikephoros II. und Tocco ihre Hand im Spiele hatten. Das Volk hatte sich der Festung Episkopia bemeistert und bedrängte ihn in Sta. Maura; am 22. April hatte ein Befehlshaber des Nikephoros die Aufständischen organisirt und die venetianischen Kaufleute daselbst gefangen genommen. Kaum war derselbe fort, als Leonardo zwei Schiffe sandte, um die Sachlage zu prüfen. Da landete Pietro Soranzo, der Golfcapitain, bei der Hauptstadt und ließ sich von Graziano bewegen, ihm 100 Mann zur Bezwingung von Episkopia anzuvertrauen; Graziano und sein Bruder Nicolò führten sie. Allein die Griechen wiesen seinen Angriff so entschieden zurück, daß er sich bald zum Rückzuge entschloß. Plötzlich sahen sich die Seinen umzingelt; er und sein Bruder wurden nach blutigem Kampfe als Gefangene nach Episkopia geschleppt. Mit nur 15 Mann hielt sich sein Sohn Bernardo im Castell; Soranzo versprach Succurs; der Senat aber befahl allen auf der Insel weilenden Bürgern schleunige Heimkehr. Graziano ward in Fesseln dem Nikephoros gesandt; die Schlacht bei Acheloos gab ihm die Freiheit wieder; er kehrte nach seiner Insel zurück. Da aber erhob sich gegen ihn die Bevölkerung von Vonditza und erklärte, nicht länger unter ihm, sondern direct unter dem Grafen von Lecce stehen zu wollen. Graziano suchte Hilfe bei Venedigs Flotte; unterstützt von ihr, zog er gegen die Stadt, vernichtete die Fischereien und wüthete dort „ärger als der Erbfeind des Christenthums." Vergeblich blieben die Reclamationen des Grafen von Lecce bei Venedig; man entschuldigte sich, Giorgio sei für die Insel nicht der Republik unterthan 4), und überließ jenem als Oberlehnsherrn die Bestrafung seines unfolgsamen Vasallen. Der behauptete aber seine Insel bis zu seinem 1362 erfolgten Tode; dann riefen die Griechen, nicht länger gewillt, seinem Geschlechte zu gehorchen, Leonardo I. herbei und übergaben ihm die Insel, auf deren Besitz Bernardo, sein Sohn, noch 1375 5) vergeblich Anspruch erhob.

Tocco hatte mittlerweile verstanden, sich die Gunst Venedigs zu gewinnen; am 23. Sept. 1361 6) hatte es ihm erbliches Bürgerrecht verliehen; Giovanni Balaresso, ein Venetianer, leistete für ihn am 19. Febr. 1362 7) den Eid der Treue; 1373 8) ward das Privileg erneuert; er führt darin neben den Titeln eines Pfalzgrafen von

97) Ueber dasselbe handeln: *Chalcocondylas* Lib. IV. p. 209; *Spandugino*, Origine de' Turchi fol. 180 r; *Summonte*, Storia di Napoli. Vol. II. p. 445 seq.; *Andr. Marmora*, Corsù di prove e catena di materie sopra l'isola della Cefalonia. Venezia 1628. 4. p. 77 seq.; *Fr. de' Pietri*, Dell' historia Napoletana libri II. Napoli 1634. fol. p. 193 seq.; *C. Borrello*, Vindex Neapolitanae nobilitatis. Napoli 1653. 4. p. 94; *Andr. Gittio*, La società dal disposto. Napoli 1697. 4., sowie der Cod. Brancacian. II. D. 22. (Prerogative) fol. 516 seq.; *Remondini*, De Zacynthi antiquitatibus. Venetiis 1756. 8. p. 180 seq., bedeutend weitläufiger in *Nic. Serra*, Storia di Zante (MS. Barbiani auf Zante); *Capecelatro*, Origine della città e delle famiglie nobili di Napoli. Napoli 1769. 4. Vol. II. p. 49 seq.; *Ciarlanti*, Memorie istoriche del Sannio. Napoli 1823. 4. Vol. IV. p. 225 seq.; *D. Petrizzopulo*, Saggio storico sull' età di Leucadia sotto il dominio de' Romani e successivi conquistatori. Venezia 1824. 8. p. 44 und andere, alle mehr oder minder unzuverlässig. Am brauchbarsten sind die Arbeiten von *Buchon*, Nouv. rech. I. p. 307 seq., *Mustoxidi* im Hellinomnemon p. 536 seq. und *Lunzi*, Condizione politica delle isole Ionie p. 119 seq.; doch enthalten auch sie manche Irrthümer und erschöpfen den Gegenstand nicht einmal annähernd. 98) Documenti Fiorentini (edd. *Canestrini* und *Müller*, noch nicht publicirt) n. XXI. p. 175.

1) Arche Anglon. D. m. 52. n. 5. 2) Carte Nani. Vol. II. fol. 84; *Ducange* II, 259—264; *Gangoro*, Registro de Genova. Tit. X. p. 274. n. 22.

3) Misti XXVII. fol. 263; XXVIII. fol. 14 v; Commemoriali Vol. I. fol. 234 v. Vergl. meinen Artikel Giorgio S. 385 fg. 4) Commemoriali Vol. VI. fol. 225; Misti XXIX. fol. 58, 60, 63. 5) Misti XXXV. fol. 13. 6) Grazie Vol. XII. fol. 36; Misti XLI. fol. 136 r. 7) Commemoriali Vol. VII. fol. 418 v. 8) Privilegi Vol. I. fol. 118 v; vergl. *Magno*, Annali. Vol. IV. fol. 59 v.

Kephalenia und Zakynthos auch die eines Herzogs von Leukadia und Herrn von Bonditza, die er wol bald nach Graziano's Tode angenommen hatte. Im März 1363 [9]) lieferte Venedig seinem Gesandten Francesco für seinen Herrn, „Secretair und Rath des Kaisers," eine Anzahl Ruder für seine Galeere; 1372 genehmigte die Republik, wie wir oben sahen, bereitwillig die Vermählung seiner Tochter Petronella [10]) mit Nicolò dalle Carceri, Herzog von Naxos. Zwar fehlte es nicht an gelegentlichen Reibungen zwischen ihm und Venedig; so hatte er 1368 ein Schiff des Franceschino Braier gekapert und dessen Factor Ruggiero Manganeri gefangen genommen [11]), und 1371 von den Kaufleuten der Republik ungewohnte Abgaben zu erpressen versucht [12]); doch wurden dieselben in Folge des energischen Auftretens der letzteren bald beigelegt. Daß Leonardo I. sich an dem Fürstencongreß in Theben betheiligte, sowie 1374 unter den Gesandten der Barone Achaia's sich befand, welche den erledigten Thron der Fürstin Johanna I. anboten — er selbst gehörte zu den Vasallen des Fürstenthums, wie vor ihm die Orsini wenigstens dem Rechte nach — ist bereits früher erwähnt worden. Er starb um 1381 [13]); daß auch er in die verwirrten Angelegenheiten des Peloponnesos eingegriffen, geht aus einer Klage des Kaufmanns Gabriele Panada hervor, der sich beschwerte, Leonardo habe von seinem Vermögen in Klarenza an Diamanten, Perlen, Silbersachen auf unehrliche Weise über 800 Dukaten an sich gebracht und ihn, als er sich deshalb zu ihm nach Kephalenia begeben, mit leeren Versprechungen abgefunden; Venedig ward dadurch veranlaßt, 1383 [14]) bei seiner Witwe die nöthigen Schritte zu thun. Dieselbe verstand sich zu einer Theilzahlung, wegen des Restes ward noch 1387 und 1391 [15]) mit seinem ältesten Sohne und Nachfolger lange unterhandelt. Leonardo I. hinterließ außer der Herzogin Petronella von Naxos vier minorenne Kinder: Carlo I. (1381—1429), Leonardo II. (später Herr von Zakynthos), Giovanna und Susanna, für welche die Mutter Maddalena Buondelmonti die Regentschaft übernahm. Am 24. März 1382 [16]) verfügte König Karl III. auf ihre Bitte, daß Lisolo Zurlo, der von ihrem Gatten 130 Unzen einst entliehen, zur Rückzahlung derselben angehalten werden sollte [17]); doch bemerkte derselbe bald darauf nicht eben zu seiner Freude, daß die Gräfin flüchtigen neapolitanischen Rebellen auf Kephalenia ein Asyl gönnte. Auch Venedig beschwerte sich um dieselbe Zeit, daß ihr Statthalter in Sta. Maura von jedem vorübersegelnden bewaffneten Schiffe 4 Hyperpera Zoll erhebe, was gegen die Ehre der Republik sei, und bestimmte sie schließlich zur Aufhebung dieser Last. Seitdem hielt Maddalena, so lange sie die Regentschaft fortführte, Freundschaft mit Venedig, das ihr noch 1388 [18]) gestattete, in seinem Arsenale eine Galeere bauen zu lassen; im nämlichen Jahre legte sie die Verwaltung in die Hand ihres Sohnes Carlo I. nieder, der zugleich sich mit Francesca Acciajuoli, des Rainerio von Athen energische Tochter, vermählte [19]). Während die Giorgio ihre Prätensionen auf Leukadia festhielten, war auch bereits 1361 ein Nachkomme der alten Grafen von Kephalenia mit Anrechten auf dieselbe Insel erschienen und hatte versucht, unter der Aegide des Serbenfürsten Simeon Uroš, Beherrschers von Groß-Wlachien, dieselben geltend zu machen. Es war dies Giovanni Orsini, mit den Beinamen Tiasa und Dukas, wol ein Abkömmling des früher 1324 erwähnten Guido von Kephalenia; er bekleidete bei Simeon, „Kaiser der Romäer und Serben," das Amt eines Groß-Connetables. Da ein Brand in Arta die Privilegien seines Hauses vernichtet hatte, bestätigte ihm Simeon im Januar 1361 [20]) ein Privileg seines Bruders Stefan Dušan, laut dem er mit dem Castell Rogus und Pertinenzen, Leukadia und Peratia in Xeromero, mit Sudena im Thema Joannina, Seliana, Dochorios, Varlades im Thema Vagenetia, Graspa, Kisterna, Ariskla und vielen andern Dörfern belehnt war. In demselben Acte wird des Protospatharios, als Schwiegersohns des Orsini — Dukas, gedacht; doch gelang es weder diesem, noch dem Giovanni, ihre Ansprüche auf Sta. Maura geltend zu machen, und ebenso wenig realisirte der schon früher genannte, oft noch zu nennende Joannes Laskaris Kalopheros — wol ein naher Verwandter des Alexios Laskaris Metochita (1369) — das ihm von dem savoyischen Fürsten von Achaia verliehene Patent eines Grafen von Kephalenia. Dagegen wissen wir, daß ein angeblicher Nachkomme des Giovanni Orsini-Dukas — letzteren Name datirte von der Verschwägerung des Herrn von Kephalenia mit den Byzantinern —, Namens Nicolò Orsini-Dukakios, von Cerigo aus, wo sein Geschlecht lebte, 1588 nicht nur einen Brief an Kaiser Rudolf II. schrieb, sondern auch seinen Sohn Giorgio nach Wien sandte [21]), um denselben und seinen Minister Wilhelm „Orsini" von Rosenberg, seinen „Vetter," zu bewegen, ihm die Pfalzgrafenwürde zu erneuern und wo möglich sein Herzogthum Leukadia zurückzuerobern. Daß diese Petition erfolglos blieb, läßt sich schon denken; Näheres ist darüber nicht bekannt; das Geschlecht hat sich dagegen noch lange auf Cerigo erhalten.

In Epiros war seit Dušan's Tode und der Schlacht bei Acheloos ein Riß zwischen dem nördlichen und süd-

9) Misti XXX. fol. 29 v. 10) Erwähnt 1362 in dem Briefe der Gattin Nicolò Acciajuoli's an Lapo Buondelmonti, *Buchon*, Nouv. rech. II, 207, damals noch das einzige Kind. 11) Misti XXXII. fol. 237. 12) Ebenda XXXIII. fol. 246 v. 13) *Magno*, Annali. Tom. IV. fol. 229 v; *Buchon*, Nouv. rech. I, 307. 14) Misti XXXVIII. fol. 47. 15) Ebenda XL. fol. 203 v; XLI. fol. 243. 16) Reg. Ang. 1382. fol. 99 v—100. 17) Reg. Ang. no. 358. (1382—83.) fol. 117.

18) Misti XL. fol. 281. 19) Carlo I. war, wie sein Vater, nur einmal verheirathet, die üblichen Angaben über verschiedene Ehen beruhen sämmtlich auf Verwechselungen. 20) *J. Grandi*, Risposte sopra alcune richieste intorno Sta. Maura. Venezia 1686. 12. p. 124—136; *Aravantinos*, Χρονογραφία τῆς Ἠπείρου II. p. 311; *Miklosich* und *Müller* III, 126—129. n. XXX. 21) Epistola Nic. Ursini Ducatarii ad universos suae familiae ad Guil. Ursinum D. Rosenbergii. Venetiis 1588. 4.; *Geo. Ursinus Ducatarius*, Λόγος ἱκετήριος εἰς τὸν βασιλέα Ῥοδόλφον Β΄. Ebenda 1588. 4. (auch lateinisch: Oratio ad Rodolphum II. Ebenda 1588. 4.)

lichen Albanien eingetreten. Während ersteres den Clans der Albanesen, namentlich den Thopia und befreundeten Slawengeschlechtern, wie den Balsa anheimfiel, schaltete über Süd-Epirus, Aetolien und Akarnanien, wie über Thessalien noch Jahre lang der „Paläologe" Simeon Uroš. Daß er die Königsburg Joannina 1367 seinem Schwiegersohne Thomas Prelinbović (1367—1385), dem Gatten der frommen Maria Angelina Paläologina, übertrug, ist bereits früher erwähnt worden, ebenso, daß er Aetolien und Akarnanien albanesischen Häuptlingen preisgab, die seine Oberhoheit nur nominell anerkannten [22]. Ueber dieselben ist die Fabel, die Spandugino [23]) zuerst erzählt, bisher auf Treu und Glauben wiederholt worden. Nach ihm hatte Joannes Kantakuzenos Albanien unter den Ghin (Joannes) Spatas, den er zum Vicedespoten ernannte, und den Musachi Thopia vertheilt, von denen ersterer in Joannina herrschte, letzterer aber die Musakja nächst Durazzo besessen; dann wird von Kämpfen des Spatas gegen den Herrn von Angelokastron berichtet, der jenen veranlaßte, den Beistand der Tocco anzurufen und schließlich das ganze Despotat in die Hände brachte. Wahrheit und fabelhafte Tradition sind hier so eng vermengt, daß es nur mühsam gelingt, den Knäuel widersprechender Angaben zu entwirren. So viel aber ergibt sich bald, daß seit der Schlacht von 1358 im Norden Albaniens, zur Rechten der Wjossa, die Thopia als angiovinische Grafen von Mat und die von Spandugino mit ihnen toll vermengten, von Alters her mächtige Musachi schalteten, während der Süden dem Hause des „Spatas" überlassen blieb. Alle diese Geschlechter hatten zu Dušan's Zeit gar mancherlei Beziehungen zu Serbien gehabt, sich mit slawischen Geschlechtern versippt, sich dann an Simeon angelehnt und schließlich, da dieser besonders Thessalien und Joannina im Auge behielt, unter seiner schwachen Oberhoheit Selbständigkeit erlangt. In Süd-Albanien nun treten unter ihm gleich nach 1358 zwei Fürsten auf, Ghin Bua, mit dem Beinamen Spatas, als Herr von Acheloos und Angelokastron, und Peter Ljoscha, Herr von Arta und Rogus, letzterer vielleicht jener Protospathar, der als Schwiegersohn des Giovanni Orsini auf Rogus und dessen Dependenzen prätendirte; beide nahmen den Despotentitel an.

Die Spatas erscheinen bereits 1304 unter den angesehensten Geschlechtern Albaniens, hernach aber ward der Name der Familie Bua (1333) angenommen, sei es durch Heirath, sei es, daß dieselben einem Stamme entsprossen waren. Ueber die Bua handelt kurz in der Einleitung ein neugriechisches Gedicht von Janetos Koroneos aus Zakynthos, das die Thaten des im 16. Jahrhundert lebenden Mercurio Bua (Feldherr Maximilian's I. und von ihm gegraft) verherrlicht [24]); doch ist dasselbe für die ältere Zeit höchst unzuverlässig, da nach ihm [25]) die Bua in Arta, Angelokastron, Joannina und Albanien zugleich geherrscht haben sollen, und ein Peter Bua vielfach mit Ghin Spata zusammengeworfen wird. Folgen wir den Urkunden, so nehme ich keinen Anstand, zu behaupten, daß die Bua, wie so viele andere albanesische Stämme, sich bereitwillig einst dem Stephan Dušan's untergeordnet hatten, und von dem Serbenzare zu Hofämtern herangezogen waren. Jener Nikolaus Bua oder Buchia, der 1345 als Protovestiar des Serbenkönigs erscheint und für denselben mit Ragusa 1349 verhandelte, auch seine Tochter an Marco de Gozze, einen Patricier aus letzterer Stadt, verheirathet hatte, gehört ohne Zweifel diesem Geschlechte an; ebenso auch Michael de Buchia, serbischer Gesandter 1350, dessen Sohn Tripa (Tryphon) am 10. April 1357 [26]) nebst Balsa Bartali Bivolitschi von Stefan Uroš mit der Insel Meleda belehnt wurde und noch 1360 urkundlich genannt wird. Gleich Nikolaus, der vielleicht sein Vater, lebte Peter Bua 1304 unter serbischer Hoheit; er besaß Angelokastron in Aetolien, hing der römischen Kirche an, erhielt Venedigs Bürgerrecht und wird von Koroneos als ein Heldenfürst geschildert, der nach langen Kämpfen mit seinen Nachbarn schließlich seine Lande seinem Sohne Merkios Sguros hinterlassen. Letzterer aber war ohne Zweifel der jüngere Sohn Peter's; in Angelokastron aber folgte ihm der ältere, jener Ghin Bua Spatas (1360—1400), der unter Simeon's anscheinender Oberhoheit auch Acheloos (Aetos) beherrschte. Der Despot von Arta und Rogus, Peter Ljoscha (1360—1374) war das Haupt der Mazarakäer (Miserri, Meserrech) und Malakassäer, welches Geschlecht schon 1333 neben den Bua und andern Häuptlingsfamilien Albaniens genannt wird. Beide Despoten, höchst unternehmende Männer, arbeiteten mit aller Macht darauf hin, sich von dem serbischen Einflusse, dessen Träger der Beherrscher von Joannina war, vollständig zu emancipiren, und da letzterer durch Gewaltthaten aller Art sich seine Unterthanen entfremdete, hatten sie ein leichtes Spiel. Die Chronik von Epiros [27]) strotzt von Gräueln, die dieser habsüchtige, blutgierige Tyrann verübt haben soll; mag dabei auch einige Uebertreibung obwalten, mag namentlich der Haß, den die albanesischen Verfasser derselben naturgemäß gegen die „Albanesengeißel" Thomas hegten, mitgewirkt haben: gewiß ist, daß die siebzehnjährige Regierung des Thomas für Joannina und Albanien eine Kette gewaltsamster Un-

22) Hauptquelle für Epirus sind die Epirotica (ed. *Destunis*) p. 10—82, die ich nicht weiter speciell citire; für Thessalien die Urkunden der Meteoraklöster; über die letzteren handeln u. a. Björnståhl, Briefe, übersetzt von Groskurd. Bd. VI. Rostock und Leipzig 1783. 8. S. 162 fg.; *J. Antoni. Leonardos*, *Neotera tes Thessalias chorographia*. Pest 1831. 8.; *Leake*, Travels in Northern Greece. Vol. IV. London 1835. 8. p. 537 seq. und am besten *L. Heuzey*, Les couvents des Météores in der Revue archéologique. Nouv. Série an III. Paris 1864. 8. p. 153—169; andere urkundliche Belege führe ich stets an. Vergl. *Aravantinos* a. a. O. Vol. I. p. 176 seq., der daneben einen Auszug aus jenen Epirotica bringt hat (ohne großen Werth, doch hie und da ergänzend). 23) a. a. O. fol. 193

24) MS. in der königl. Privatbibliothek zu Turin. Vergl. *Pan. Chioti*, Cenni sopra alcuni codici greci che si trovano nelle biblioteche d'Italia. Ediz. 2ª. Siena 1862. (ed. 1ª. ib. 1861.) 8. p. 6—10. 25) Ebenda Lib. I, v. 41—46. 26) *Farlati*, Illyricum sacrum. Vol. VI. p. 184; *Miklosich*, Monumenta Serbica p. 141. 143. 27) ed. *Destunis* p. 12 seq.

thaten war. Der Jubel, mit dem die Bevölkerung der Königsburg den Sohn des Cäsars Prelub und dessen Gattin Maria Angelina Dukäna Paläologina bei ihrem Eingange begrüßte, wandelte sich nur zu rasch in Wehklage. Zunächst richtete sich Thomas gegen den frommen Metropoliten Sebastian, der, früher Bischof von Leukadia, im Mai 1365 [28]) zum Erzbischof von Lepanto erhoben war, aber in Joannina seinen Sitz genommen, weil Lepanto noch in der Hand der Angiovinen war; er verjagte ihn, zog die Besitzungen der Kirche ein, um damit seine serbischen Trabanten zu belohnen, und verwandelte die Klostergebäude in Speicher und Ställe. Dann kam die Reihe an die Archonten; Konstantinos Batatzes und der Ritter Myrsilles (Myrre) Ammeakles wurden in den Kerker geworfen, ersterer dann verbannt, letzterer aber später wieder zu Gnaden aufgenommen. Da begannen die andern, auf ihre Sicherheit zu sinnen; während die einen entflohen, fielen andere von ihm ab und verschanzten sich in ihren Castellen, so Bardas in S. Donatos, der sich an die Angiovinen anlehnte, Joannes Kapsokavades in Arachovitza; auch Joannes Makris und Konstantinos Vongades werden unter den Rebellen in dem Auszuge der Chronik bei Arapantinos genannt. Selbst von seinen eigenen Leuten, den Serben, verließen ihn nicht wenige; die Habsucht des Despoten und seiner blutigen Helfershelfer, eines Kynotheudoros, Manuel Tzilinos, des spätern Protovestiars Michael Apsaras, auf dessen Verleumdung hin Thomas dessen Verwandten Nikephoros Batatas blenden ließ, kannte kein Maß; ein angesehener Mann aus der Burg, Elias Klasas, ward scheußlich mißhandelt, damit er den Fürsten statt seines Sohnes zum Erben seiner Reichthümer ernenne. Nun kam 1368 die Pest, die auch in Morea hauste, und forderte in Joannina schwere Opfer; Thomas nöthigte die Witwen der Verstorbenen, sich mit seinen Serben zu vermählen; die Güter derselben wurden eingezogen, die Waisen beraubt; schwere Steuern und Strafgelder lasteten auf der beklagenswerthen Stadt. Zum Uebermaß des Unglücks zog dann 1370 Peter Ljoscha von Arta mit seinen Albanesen, den Mazarakäern und Malakassäern, gegen die Hauptstadt, plünderte alles Land ringsumher und belagerte den Tyrannen, der schließlich 1373 den Frieden erkaufte, indem er seine einzige Tochter Irene dem Ghin Ljoscha, Peter's Sohn, zur Gattin gab. Die Ruhe, die nun eintrat, war indessen von kurzer Dauer; Thomas hauste nach wie vor; die Stadt wimmelte von Albanesen, meist Kindern, die ihm als Geiseln gestellt waren; neue Kerkerqualen wurden für sie erfunden. Als im Jahre 1374 dann eine neue Epidemie Arta heimsuchte und den Despoten Peter Ljoscha wegraffte, benutzte Ghin Spatas diese Gelegenheit, um die beiden Despotate zu vereinen; von Acheloos aus rückte er gegen Arta, vertrieb den Ghin Ljoscha — dessen Gattin Irene zu ihrem Vater nach Joannina floh, wo aber schon 1375 der Pest erlag — und besetzte die Stadt, „ein energischer, trefflicher, schöner Mann." Sodann wandte er sich gegen Joannina und bestürmte den Thomas so lange, bis dieser ihn 1375 mit reichen Geschenken abfand und ihm seine Schwester Helena Prelubovona zur Ehe gab. Aber an einen aufrichtigen Bund zwischen den Serben und Albanesen war nicht zu denken; Thomas, der fortfuhr, mit Hilfe des allmächtigen Apsaras seine Unterthanen zu tyrannisiren, besoldete Piraten gegen seine Nachbarn, plünderte und raubte, wo er konnte. Das bestimmte den Ghin Ljoscha (der erst nach der Gattin Tode Papas geworden und daher Frates genannt wird), mit seinen Malakassäern im Herbste 1377 gegen Joannina zu ziehen; aber er erlitt am 14. Sept. eine schwere Niederlage. Jubelnd führten die Serben, die damals den ersten Sieg über die Albanesen davontrugen, den gefangenen Führer in die Stadt; die Seinen wurden als Sklaven verkauft. Ljoscha verschwindet spurlos aus der Geschichte; vielleicht starb er im Kerker des Thomas; sein Geschlecht — aus dem einer spätern Erdichtung nach „Konstantin Mererrech Fürst von Mat und Kastoria" (gest. 1390) Ahnherr der Kastriota geworden sein soll — endet mit Konstantinos, Herrn von Gradeli, der durch die Hand der Türken fiel; sein Sohn ward Moslem, Pascha von Romania und mit einer türkischen Prinzessin vermählt. Glücklicher als er war Ghin Spatas, der 1378 den Angiovinen endlich auch Lepanto entriß und dasselbe, sowie Arta, nicht nur gegen den Großmeister Heredia schließlich behauptete, sondern sogar letztern gefangen nahm und für seine Auslieferung an die Türken, wie bereits früher erzählt, eine beträchtliche Geldsumme empfing. Der Bischof Matthäos, der 1367 [29]) von Leukadia nach Lepanto versetzt worden war, provisorisch jedoch in Arta residirt hatte, dazu auch auf Bitten des Despoten Manuel Kantakuzenos die Kirche von Kernitza erhielt, legte im September 1380 [30]) der Synode ein Schreiben des „Bua Spatas" von Lepanto vor, laut dem letztere Stadt den Angiovinen entrissen sei, und ward als Metropolit bestätigt. Dagegen wurde Kernitza 1381 wieder dem Erzbisthume Patrá zugetheilt; Matthäos aber erhielt 1382 auch Joannina untergeordnet; am 8. Sept. zog er dort ein.

Der Reichthum des Spatas reizte die Habgier des Thomas nur immer mehr; fortwährend befehdete und plagte er die Albanesen. Da zogen die Malakassäer, um Ljoscha's Gefangennahme zu rächen, aufs Neue gegen Joannina, gewannen durch Verrath des Nikephoros „des Tauben," der ihnen Schiffe für 200 Mann lieferte, das innerhalb des Sees gelegene Castell und bestürmten von da aus im September 1379 drei Tage und drei Nächte lang die Hauptstadt, die schließlich nur durch ein Wunder des Erzengels Michael, wie es hieß, gerettet ward. Viele Albanesen fielen da in Thomas' Hand und wurden als Sklaven verkauft; Bulgaren und Wlachen, die mit ihnen im Bunde, an den Kosten verschmerzt; ganz Joannina glich einer einzigen großen

28) Miklosich und Müller I, 481—479 u. CCXII—CCXIII.

29) Miklosich und Müller I, 490—495. u. CCXXXV.
30) Ebenda II, 10—12. 23—25. u. CCCXXXV, CCCXXXVI, CCCXLII.

Blutlache; der Tyrann legte sich nach dem Vorbilde Basilios' II. den Ehrentitel eines Albanoktonos bei. Bald aber drohte die Rache. Im Mai schon fiel Spatas mit den Seinen wieder in sein Land ein; die Dörfer wurden niedergebrannt, die Weinberge ausgerottet; da erhob sich ein Aufstand in der Stadt. Einzelne Anhänger des Tyrannen, so ein Theochares und Gastritzlotes, fielen der Volkswuth zum Opfer; dennoch behauptete er sich. Ja es kamen sogar am 18. Dec. im Namen der Bevölkerung von Kastoria, die sich gegen ihren Herrn, den Serbenprinzen Marko, aufgelehnt hatte, zwei Abgesandte zu ihm und trugen ihm den Besitz der Burg Servia an. Er ließ sie einkerkern, um Geld von ihnen zu erpressen; gleiches Loos traf 1380 verschiedene Archonten von Joannina, den Manuel Philanthropinos, den er schließlich vergiften ließ, einen Konstantinos, der geblendet und nach Bursina verbannt ward, und zahllose andere. Nicht zufrieden mit diesen Greuelthaten, rief er sogar die Türken, die unter Timurtasch jüngst so bedeutende Fortschritte gemacht, gegen die Albanesen zu Hilfe. Am 2. Juni 1381 besetzte ihr Führer Isaim (Sann, Schahin), ein albanesischer Renegat aus Liaskovika [31]), die Dörfer Bela und Hopa und nöthigte deren Herren, die Mazarakäer und Zenevisi, sich in ihre Burgen zu werfen. Die aber fielen bald genug in Thomas' Hand, erst Bursina, dann Kretzunista, Dragomi, Balitzista; Arachovitza gewann er durch Kauf, ebenso S. Donato, das ihm „Herr Robert," vielleicht Robert von Artois-Tarazo, abtrat. Seine Anhänger erhob er zu Zupanen und setzte sie über die gewonnenen Castelle; die Albanesen tyrannisirte er nach wie vor; der Hegumen Esaias von Metzovo ward geblendet und verkauft, das Gut seiner Kirche geraubt. Im folgenden Jahre 1382 half ihm zunächst ein anderer Renegat Kostis mit 40 Türken die Zulander vernichten; dann erschien Isaim wieder am 5. Mai, erstürmte Reuniton und wehrte den bis Arnia vorgedrungenen Spatas ab. Nun vermittelte „Dirse Malazianos," ein Schwiegersohn des Spatas, ohne Zweifel identisch mit dem Ghin Zenevisi, einen Vergleich; er selbst ward zum Haupte der Zenevisi bestellt; dem Spatas aber verbriefte Thomas als Mitgift der Helena die Städte Bela und Dryinopolos, Vagenetia und die Herrschaft über die Malakassäer bis Katuna. Alles nur zum Schein; denn als Spatas im September aufs Neue die Mitgift der Helena forderte, suchte ihn Thomas mit unbedeutenden Geschenken abzufinden und verwies ihn wegen des Uebrigen an die Malakassäer, seine neuen Unterthanen.

Um nun seiner Macht auch den Schein der Legitimität zu gewinnen, sandte Thomas den Archimandriten Gabriel an Joannes V.; begleitet von dem kaiserlichen Großmächtigsten Manzaphas, kehrte er heim und bekleidete ihn unter großen Festlichkeiten mit der Würde und den Insignien eines Despoten. Wenige Jahre nur verstrichen, da zog im Frühjahre 1385 Timurtasch mit seinen Türken gegen Arta, machte zahllose Beute und kehrte heim; vergeblich, daß Spatas den Tyrannen zu gemeinsamem Handeln gegen die Ungläubigen zu bestimmen suchte. Aber das Maß des letzteren war schließlich voll. In der Nacht des 23. Dec. 1385 fiel er durch die Hand seiner eigenen Trabanten, des Nikephorakis, Rainakis, Antavasdes und des Franken Antonio. Alsbald versammelte sich das ganze Volk von Joannina in der Hauptkirche und erhob, jubelnd über die gelungene That, die Despina Maria Angelina (1385—1394) zur Herrscherin. Nachdem sie die Leiche ihres Gemahls mit allen Ehren bestattet — sein Grab ward 1789 gefunden —, rief sie ihren Bruder Joannes Uros, Herrscher von Thessalien, herbei, damit er sie bei der neuen Organisation der Verwaltung mit seinem weisen Rathe unterstütze; er folgte der Einladung; die Unschuldigen wurden aus der Haft befreit, Verbannte zurückgerufen, dagegen traf den schändlichen Michael Apsaras die Strafe der Blendung und dann ihn und die Seinen ewige Verbannung. Der Tod des „Apostaten" bestimmte den Spatas, sofort wieder mit seinen Albanesen gegen Joannina zu ziehen. Da der Bruder der Fürstin ein Mann des Friedens, nicht des Schwertes war, schlug er seiner Schwester vor, ein neues Ehebündniß mit einem angesehenen Herrn einzugehen, der besser als er im Stande wäre, ihr Land zu schirmen. Er brachte Esau de' Buondelmonti (1386—1408), den Bruder der regierenden Herzogin Maddalena Tocco von Leukadia, in Vorschlag, der damals gerade auf Kephalenia weilte, und das Volk stimmte zu. Eine spätere Sage [32]) läßt den Esau im Heere des Spatas gegen Thomas streiten, dann von letzterem gefangen und nur auf Bitten der Angelina begnadigt werden, mit jener ein Liebesverhältniß unterhalten, den Thomas tödten und schließlich mit dessen Sohne, der sich an den Sultan Musa gewandt, in Collision gerathen — lauter Verwechslungen und Confusionen! Sofort erschien Esau; schon am 31. Jan. 1386 ward er von dem hocherfreuten Volke als Despot begrüßt. Bald folgte des Thomas Mutter, Witwe Preliub's, die sich in zweiter Ehe mit Radoslaus Chlapen vermählt hatte und aus derselben neben einer an Nikolaus Bagasi, Balduin's Sohn [33]), (1386) vermählten Tochter einen Sohn Stephanos hatte, von letzterem begleitet. Sie richtete die Hochzeit ein, die unter allgemeinstem Jubel vollzogen wurde; so ward Esau de' Buondelmonti, der Verwandte der Tocco und Acciajuoli, Despot der Romäer [34]). Seine erste Sorge war, den Rechtszustand herzustellen und den Metropoliten Matthäos, der vor des Thomas Tyrannei nach Arta geflohen, zurückzurufen; den Kirchen wurden ihre Besitzungen und Zinsbauern restituirt; alle Verbannten kehrten heim; die Gefängnisse wurden geöffnet, die Sicherheit kehrte zurück. Auch die benachbarten Albanesen waren

31) In Bersebo zeigt man noch sein Grab.

32) *Chalcocondylas* Lib. IV. p. 211; was *Orbini*, Regno degli Slavi p. 271 von jenen zwei Gatten der Angelina „Ilugo de Davalos und Isau aus Kephalenia" erzählt, ist völlig grundlos. 33) Müller, Denkmäler in den Klöstern des Athos S. 167. Der „Aefariga" bestätigte Uros 1387 eine Schenkung. Ebenda S. 163. 34) *Ughelli*, *Varini*, De Illustratione urbis Florentinae. Parisiis 1790. 4. Vol. I. p. 190; II. p. 22.

mit dem neuen Regiment zufrieden, nur nicht Spatas, der noch einmal gegen die Stadt zog; als ihm aber Esau mit einem tüchtigen Heere entgegentrat, ergriff er die Flucht und bequemte sich zum Frieden. Bald darauf überbrachte Paläologos Bryenes dem neuen Herrn die Abzeichen der Despotenwürde aus Constantinopel; die Bischöfe von Bela und Dryinopolis krönten ihn in Gegenwart des Patriarchen Matthaeos. Letzterer starb übrigens bald darauf und hatte den Archimandriten Gabriel am 1. Jan. 1387 zum Nachfolger, der gleich ihm für Erhaltung der Klöster sorgte, auch eine durch den Blitz zerstörte Kirche herstellte; im April 1388 reiste er nach Constantinopel und weilte dort 11 Monate lang beim Patriarchen. Dagegen war Esau bereits 1387 genöthigt, sich zu dem Sultan Murad I. zu begeben, um auch von diesem als Herr des Despotats anerkannt zu werden und Schutz gegen Spatas zu haben, der um dieselbe Zeit sich mit einem Projecte gegen Joannina trug[35]). Da Esau ein zerstörtes Castell am Meere erneuerte und dort auch Salinen anlegte, gerieth er zugleich in Streit mit Venedig, das dadurch den Handel und die Sicherheit von Korfu bedroht wähnte; doch ward derselbe noch 1387[36]) friedlich beigelegt, und auch mit Spatas dauerte der Friede, so lange Murad I. lebte, bis nach der Schlacht bei Kossovo die alte Eifersucht zwischen den Albanesen und den Erben der Serbenzare neu erwachte.

Während Epiros unter der gräulichen Wirthschaft des Thomas das Aergste duldete, herrschte in Thessalien, soweit es nicht von den Einfällen der Türken zu leiden hatte, eine fast klösterliche Ruhe. Unter Simeon Uroš (1355—1371), der in Trikala[37]) residirte, gründete 1367 der fromme Mönch Nilos, mit Zustimmung des Bischofs Bessarion von Stagi, 4 Kirchen in den Felshöhlen oberhalb des Madonnenklosters Duplanos und legte so den Grund zu der Mönchsrepublik der Meteoren, die bald mit der des Athos wetteiferte. Die unzugänglichen Berge boten volle Sicherheit gegen die Einfälle barbarischer Piraten; der heilige Athanasios (gest. 1372), der schon den Tod des Cäsars Preljub, wie den ersten Einbruch der Türken in Groß-Wlachien vorhergesagt, brachte vorthin die Regeln der Athosklöster und erweiterte die Colonie beträchtlich. Den höchsten Glanz aber erlangte dieselbe durch seinen eifrigen Schüler, den König Joannes Uroš Dukas Paläologos (1371—1410), der um 1371 seinem Vater Simeon als Herrscher von Groß-Wlachien folgte, aber ein beschauliches Leben den wilden Kriegswirren vorzog. Er verlebte seine Jugend auf dem Athos; als er dann die Regierung angetreten, zog er sich nach dem Kloster seines Lehrers zurück und überließ die Verwaltung von Thessalien dem Alexios Angelos, den er zum Cäsaren von Groß-Wlachien ernannte, Domokos und Pharsalos aber seinem Verwandten Stephanos Dukas, dem Sohne des Radoslav Chlapen, der einst mit Maria Radriquez von Salona verlobt, später eine Tochter des Markgrafen Francesco Giorgio von Bodonitza heirathete[38]). Dann trat er selbst in den Basilianerorden und nahm den Namen Joasaph an. Siebzehn Jahre lang stand er unter dem Titel eines „Vaters der Meteoren" der frommen Stiftung vor, für die er auch seine Schwester, die Despina Angelina von Joannina zu interessiren wußte; sie dotirte dieselbe am 9. Mai 1386 reichlich mit Grundbesitz; er selbst baute dort 1388 eine Kapelle, die jetzt die Apsis der Hauptkirche bildet. Doch übte er über seine thessalischen Statthalter nicht nur die Oberhoheit aus, sondern griff auch thätig, wie wir oben sahen, in die Angelegenheiten in Joannina ein, bis die Türken die Herrschaft der Griechen und Serben in Groß-Wlachien vernichteten. Dann ließ er sich vom Erzbischofe Dionysios in Larissa zum Abt der Meteoren, schließlich zum Bischof von Phanarion weihen; am 20. Nov. 1410[39]) beschloß „König Joasaph" sein Leben in friedlicher Einsamkeit.

So viel von den Süd-Albanesen und den mit ihnen zusammenlebenden Serbenfürsten. Im Norden Albaniens nahm zu derselben Zeit noch das Haus Thopia unter Karl, dem Sieger von Acheloos und Eroberer von Durazzo, den ersten Platz ein. Eine spätere Sage[40]) läßt dasselbe von Karl dem Großen entsprossen sein und unter seinen Ahnherren den fabelhaften Guerino il Meschino figuriren, dessen Heldenthaten ja, wie aus dem gleichnamigen Roman ersichtlich, großentheils in Durazzo spielen. Es war damals eine Liebhaberei der Albanesen, ihre obscure Abkunft hinter alten occidentalischen Namen zu verstecken — eine natürliche Folge der angiovinischen Herrschaft; so wollten die Dukagin von einem Duc d'Aignin, Bruder des Herrn von Este, oder von Grisson de Hautefeuille, die Spata von Kaiser Theodosius entsprossen sein, und nur die Musachi thaten sich etwas darauf zu gute, daß sie direct von den alten Königen der Molosser abstammten. Bei den Thopia fand indessen eine gewisse Beziehung zu dem Occident wirklich statt; Karl nannte sich in einer vom 22. Jahre seiner Herrschaft datirten Inschrift[41]) 1380 ersten Herrscher Albaniens aus dem Hause Frankreich. Völlig unklar würde uns die Veranlassung dazu geblieben sein, hätte uns nicht der Zufall eine sehr wichtige Chronik der Albanesenstämme, zunächst des Hauses Musachi, aufbewahrt, die ein aus Epiros nach Italien geflüchteter Sproß derselben im Anfange des 16. Jahrhunderts für seine Söhne aufgesetzt hat. So werthlos die Zusätze sind, welche letztere dieser Familiengeschichte aus unlautern Quellen und einem von dem gedruckten abweichenden Exemplar des Spandugino beigefügt haben, so bedeutend ist der Kern des Ganzen, die Arbeit des alten „Despoten" Giovanni Musachi,

35) Misti XL. fol. 141. 36) Ebenda fol. 176 v. 37) Dort erscheint 1371 als Groß-Stenos und Dikäo-Phylax Georgios Perisses. *Miklosich* und *Müller* I, 514. n. CCLXII.

38) *Orbini*, Regno degli Slavi p. 271 (confus). 39) Nota zu *Giuliano Campadalor*, De antiquitatibus Epiroto (ed. Bonn.) p. 286, bisher ganz irrig auf Joannes Kantakuzenos gedeutet. 40) (*Desc. Franco*) Fatti illustri del Scanderbegh del Ramusio, Origine dei Turchi fol. 872. 41) Hahn, Albanesische Studien S. 118. 135; [illegible] p. 43.

für die Geschichte aller albanesischen Häuptlingsgeschlechter; wo ich letztere in der Folge berühre, lege ich dieselbe stets, auch ohne specielles Citat, zu Grunde [42]).

Das Geschlecht der Thopia ist uns bereits seit 1274 wiederholt begegnet. Es war den Blevisti, von denen Wilhelm, des Cacnesius Sohn, 1304—1318 als Graf und Marschall in Albanien erscheint, nahe verwandt, vielleicht gar mit denselben identisch, da deren Besitzungen bald darauf in der Hand jenes Tanussio Thopia (1328—1338) waren, dem König Robert von Neapel 1338 den Besitz der Grafschaft Mat bestätigte. Des letztern Sohn oder Bruder Andreas war es, der sich mit dem Hause Capet verschwägerte. König Robert, so erzählt Musachi, hatte seine natürliche Tochter dem Baili von Morea — vielleicht dem Bertrand de Baux — zur Gattin bestimmt und sie nach Durazzo gesandt, wo damals Thopia weilte. Er verliebte sich in sie, entführte und heirathete sie. Zwei Söhne, Karl und Georg, entsprossen dieser Ehe. Aber schwer traf die Gatten bald die Rache des erzürnten Vaters; unter dem Scheine der Versöhnung lud er beide zu sich nach Neapel ein und ließ sie dort hinrichten; die Kinder aber, in denen somit wirklich das Blut der Angiovinen floß, wurden gerettet; in der festen Burg Kroja, die er später ausbaute, nicht, wie die Sage meldet, erst gründete [43]), wuchs Karl auf, entschlossen, den Mord des Vaters zu rächen. So erhob er sich denn 1358 zuerst mit seinen Albanesen gegen den letzten Sprossen der alten Grafen von Zante, vernichtete das Despotat und entriß schließlich 1368 den Angiovinen Durazzo; als seine weitern Besitzungen werden die Länder der beiden Egarie, der Elisdal und Blevisti, sowie die Burg Petrela genannt. In der Erzählung Musachi's haben wir wol die Quelle jener früher erwähnten Entführung der Agnes von Courtenay durch Gottfried II. von Achaia zu suchen; ebenso ist gewiß, daß die angebliche Heirath des Leonardo I. Tocco mit einer unehelichen Tochter des Ludwig von Tarent auf dieselbe zurückzuführen ist. Genug, dreißig Jahre lang beherrschte Karl Thopia „primus de domo Francie" (1358—1388) Albanien, zwanzig Durazzo. Verbindungen mit seinen slawischen Nachbarn, namentlich seine Heirath mit Voisava, Tochter Balsa's I. von Zedda, stützten seine Macht, die er bald über viele Albanesenstämme ausdehnte — ein Umstand, der gewiß nicht ohne Einfluß auf die albanesische Wendung geblieben ist. Mit Venedig und der römischen Curie suchte er ein möglichst gutes Einverständniß zu unterhalten; obgleich Piraterie des Volkes von Durazzo 1370 und Geldsachen 1372 [44]) die Beziehung zur Republik zu stören drohten, fügte er sich nicht nur 1373 der Aufforderung des Golfcapitains, ein wegen angeblich verheißener, aber nicht gelieferter Geschenke sequestrirtes Schiff herauszugeben, sondern restituirte ebenso 1374 Güter, die im Hafen St. Anastasia unweit Dulcigno von seinen Leuten confiscirt worden waren. Daher erlaubte auch die Republik im Januar 1376 [45]), als „der Fürst von Albanien" eine Pilgerfahrt unternehmen wollte, dieselbe auf einem bewaffneten Schiffe zu machen, jedoch unter der Bedingung, daß er keinen ihrer Angehörigen damit schädige. Möglich, daß er auch mit jenem Karl, Herzog von Dalmatien, identisch ist, dem der Papst im Juni 1373 [46]) sowol den Bischof Michael von Stardonia, als auch den Ritter Joannes Laskaris Kalopheros empfahl, der als Gesandter des Paläologen nach Ungarn ging [47]); ein Jahr später schrieb ihm derselbe für seinen Legaten, indem er ihn „Großgrafen von Albanien" titulirt; im September 1376 [48]) ward das vacante Bisthum Albanien mit einem römischen Katholiken besetzt. Nachdem zu derselben Zeit ein Zwist mit seinen slawischen Verwandten durch Vermittelung des Ragusiners Matteo da Bodaza beigelegt war, stellte er 1380 mit seinem Sohne Georg das durch ein Erdbeben jüngst zerstörte berühmte Kloster des heiligen Jovan Wladimir zu Elbassan her; eine dreifache Inschrift und das Wappen des Hauses, in dem auch die französischen Lilien nicht fehlen — Stammwappen ein gekrönter Löwe — gibt davon Kunde. Nach der Entthronung der Königin Johanna I. schloß sich Karl an Ludwig von Anjou an und ließ sich von diesem seine Herrschaft, namentlich auch den Besitz von Durazzo, bestätigen. Das bestimmte Papst Bonifaz IX., ihm, der, wie Ludwig, es mit dem Gegenpapst hielt, letzteres abzusprechen und dasselbe seinem lüsternen slawischen Verwandten, dem Balsa, zu übertragen. Es kam zum Krieg; Balsa II. entriß ihm 1385 seine Hauptstadt, doch erlangte er dieselbe noch im nämlichen Jahre zurück, wol mit Hilfe der Türken, die jenen in der Schlacht bei Saura tödteten. Nun suchte er durch engern Anschluß an Venedig seine Herrschaft zu befestigen. Er sandte 1386 den Bischof Johann von Bergana an die Republik und erbot sich, dieselbe bei jedem Kriege mit 600 Dukaten zu unterstützen, Getreide zu liefern, ihre Kaufleute in seinem Lande zu schirmen; dagegen bat er, ihm eine Galeere zu liefern, Söldner für sein Reich, namentlich Schützen für seine Festungen, in Venedigs Gebiet werben zu können, sowie um Intervention, falls ihn Feinde bedrohten. Im Auftrage des Senats schloß demnach Nicolò Foscari am 17. Aug. [49]) mit ihm ein förmliches Bündniß ab, in dem alle betreffenden Punkte gewährt wurden. Bald aber bedrohten die Türken Durazzo. Der Golfcapitain erhielt daher am 30. März 1387 [50]) den Auftrag, Thopia zu schirmen und dafür zu sorgen, daß Durazzo nicht in Feindeshand falle; im

42) *Giov. Musachi*, Breve memoria de li discendenti di nostra casa Musachi (kurze Notizen darüber im MS. Brancaccian. II. D. 22. Prerogative fol. 491 seq.), MS. im Besitz des Hrn. Kanzlers Cav. Volpicella zu Neapel. Ich citire nach der mir gehörigen Copie; über die Thopia p. 40. 43) So *Marin. Barletius*, De vita et gestis Scanderbegi in *Lonicerus*, Chronica Turcica. Francofurti ad Moen. 1578. Vol. III. fol. 15v und so nach ihm alle andern. 44) Misti XXXIII. fol. 116; XXXIV. fol. 6, 95v, 103v.

45) Ebenda XXXV. fol. 144v. 46) *Theiner*, Monumenta Slavorum meridionalium n. CCCCI. CCCCII. p. 286—287. 47) Ebenda n. CCCCXI. p. 292. 48) Ebenda n. CCCCL. p. 318. 49) Commemoriali Vol. VIII. fol. 269—270; Misti XL. fol. 62v. 50) Misti XL. fol. 140v, 146, 148.

April lieferte er ihm eine neue Galeere, aber lediglich zur Defensive gegen die Türken, die seine Stadt so schwer bedrängten, daß er bereit war, seine Herrschaft gegen Territorium auf Kreta oder Euböa an Venedig abzutreten. Die Republik lehnte indessen diese Proposition ab, und so blieb Karl Herr von Durazzo, bis er Anfangs Januar 1388 starb. Der venetianische Consul Antonio de' Pieripizzoli berichtete darüber umgehend an die Vaterstadt, meldete auch, daß die Türken vor den Thoren; Venedig aber begnügte sich damit, die Einwohner zur alten Anhänglichkeit zu ermahnen und den neuen Fürsten Albaniens, Georg Thopia, Karl's Sohn (1388—1392), zum wackern Widerstande gegen die Osmanen aufzufordern [51]. Den Erfolg werden wir später sehen.

Uebrigens traten neben den Thopia auch die andern albanesischen Geschlechter der Dukagini, Zenevisi u. s. w. damals schon hervor; bedeutender aber sind nur die Musachi, von denen Andreas II., durch die Anglovinen 1337 als Despot von Albanien bestätigt, kurz vor seinem Tode Kastoria um 1371 dem Serbenprinzen Marko entrissen haben soll. Von seiner Gattin Euthymia, des Sevastokrators Paul Matarango Tochter, die neben ihm in der Kirche S. Antonio zu Durazzo ihre Ruhestätte gefunden, hinterließ er zwei Töchter, Komita, Gattin Balsa's II., und Kyranna, vermählt mit dem Häuptling Kropa von Ochrida, und drei Söhne, Gbin I., des Vaters Haupterben, Theodor II., Herrn von Berat und der Musakia, und Stoja von Kastoria, welche sämmtlich 1389 sich unter Venedigs Protection stellten [52]. Vielleicht ist Gbin I. identisch mit dem „Dono Momcillo" Orbini's [53], der angeblich 1370 sein Leben und seine Stadt Pelium (Berat) gegen die Türken verloren haben soll; gewiß ist, daß er nach Stoja's kinderlosem Tode Kastoria erbte und von Suina, des Matarango Arianites Tochter, zahlreiche Nachkommenschaft hinterließ; von seinen Söhnen folgte ihm Andreas III. in seinem Despotate. Von ihm, seinem Hause und den übrigen Häuptlingsgeschlechtern in einem folgenden Capitel.

Was endlich die Slawenherrschaft in Nord-Epirus anbelangt, so haben wir hier zunächst die Familie Balsa zu berücksichtigen. Mit Hülfe der venetianischen und der von Miklosich publicirten serbischen Urkunden, sowie der Familienchronik der Musachi ist es möglich, über dieses mächtige Geschlecht zuverlässigere Nachrichten zu geben, als bisher in den Schriften von Andrić [54], Milaković [55] und andern vorlagen. Neuerdings hat Lenormant [56] die alte Ansicht Ducange's, daß die Balsa französischer Abkunft und Sprossen der provençalischen Baux wären, deren Geschlechte ja auch der letzte Titularkaiser von Constantinopel entstammte, wieder vorgebracht und zugleich die Cernojevil von Montenegro wieder zu Nachkommen des Franzosen Stephan de Maramont zu stempeln versucht. Daß aber diese Hypothese eine durchaus irrige ist, braucht kaum bewiesen zu werden; beide Familien gehören ohne Frage dem Serbenstamme an. Als Ahnherr der Balsa erscheint Balsa I., wol ein Feldherr Dušan's und identisch mit jenem Balsa Barinik Bivolitschik, den Uroš 1357 neben Triphon Bua zum Herrn von Meleda ernannte; er besaß Nieder-Zedda, das Land längs dem Meere, während Alexander Glorik in Ober-Zedda, Kanina und Valona herrschte, und Nikolaus Zaccaria, ein naher Verwandter Balsa's, von Venedig 1366 [57] mit dem Bürgerrechte beschenkt, über Budua gebot, jedoch die Oberhoheit der Vettern anerkannte. Bereits im Jahre 1362 war Balsa I. mit Hinterlassung der an Karl Thopia vermählten Tochter Bolsava und dreier Söhne gestorben, welche letztere, „mächtige Barone in Slavonien unter dem Serbenkaiser," im Juli 1362 [58]) gleichfalls unter Venedigs Patriciat aufgenommen wurden. Es waren Straschimir (1362—1372), Georg I. (1362—1379) und Balsa II. (1362—1385); gemeinsam beherrschten sie Skodra, Antivari, Cattaro, Dulcigno, Trau und Sebenico; nur daß der älteste des Stammes fortwährend als Oberhaupt galt. Im Bunde mit Ragusa bekämpften sie 1365—1367 mit Erfolg den slawischen Herrn von Uschiza; am 17. Jan. 1368 [59] hoben sie die Hafensteuer in Dagno auf. Um sich der Anhänglichkeit ihrer albanesischen Unterthanen mehr zu versichern, beschlossen sie, die im Lande herrschende Religion anzunehmen und sandten 1368 den Bischof Peter von Suaze an Papst Urban V., der bereits 1367 sich des Bischofs von Cattaro angenommen, dessen „Sprengel unsicher inmitten der ketzerischen Serben und Albanesen liege" [60]. Da sie gelobten, das griechische Schisma zu verlassen, dem Bischofe von Cattaro den ruhigen Besitz seines Stiftes zu gönnen und den päpstlichen Legaten alle Ehre zu erweisen, wurden sie am 29. Jan. 1369 [61] wieder in den Schooß der römischen Kirche aufgenommen. Wiederholt sehen wir seitdem die Päpste mit ihren getreuen Söhnen correspondiren; 1372 [62] wurden die Balsa aufgefordert, dem Bischof Johann von Drivasto zum Besitz seiner Kirche Antivari zu verhelfen und gegen Demetrius Komnenus, der sich das Bisthum Pulati angemaßt, einzuschreiten; auch 1373 und 1374 verhandelte die Curie mit Georg I. und Balsa II. wegen Herstellung der Ordnung in der Kirche Albaniens. Ebenso trat Georg bereits 1369 [63] in Beziehung zu Venedig; es kam ihm darauf an, sich des Beistandes der Republik gegen seinen Nebenbuhler, den Herrn von Valona, zu versichern, auf den Venedig nicht eben gut zu sprechen war, da man schon so oft vergeblich

51) Misti XL. fol. 238v, 239. 52) Commemoriali Vol. VIII. fol. 344. 53) a. a. O. p. 273. 54) Geschichte des Fürstenthums Montenegro. Wien 1853. 8. 55) Историја Црне Горе. У Задру 1856. 8. 56) *Fr. Lenormant*, Deux dynasties françaises chez les Slaves méridionaux. Paris 1861. 8.; vergl. dens., Deniers de Balscha III., prince de Monténégro, in der Revue numismatique. Nouv. sér. Tom. VI. Paris 1861. 8. 36 pag.

57) Grazie Vol. XIII. 58) Grazie Vol. XII. fol. 62v. 59) Monumenta Serbica p. 177. 60) *Theiner*, Monumenta p. 259. n. CCCXXXV. 61) Ebenda p. 261—262. n. CCCLXII; *Raynaldi* z. J. 1369. n. 19. 62) *Theiner* a. a. O. p. 277. 283. 292. n. CCCLXXXV. CCCCVI. CCCCXI. 63) Misti XXXIII. fol. 37v, 55v, 57v, 79. 80.

von ihm Schadenersatz gefordert. Die Republik ließ ihm freie Hand; er wartete nur auf den günstigen Augenblick. Alexander Giorgić, der noch am 2. Sept. 1368 [64]) mit seinen Edlen, dem Woywoden Progan (Dukagin), dem Capitain Nikolaus von Vallona und dem Capitain Branilo Kastriota — hier taucht dieser Name zuerst auf — und andern ein Bündniß mit Ragusa beschworen, war um 1371 gestorben, vielleicht an Wukaśin's Seite gefallen. Gegen seinen Sohn und Nachfolger Georg wandten sich nunmehr die Balša, unterstützt von Andreas II. Musachi, ihrem Verwandten, der die alten Anrechte seines Hauses auf die Städte der Giorgić dem Balša II. übertragen, tödteten ihn [65]) und besetzten seine Städte; die Einwohner von Vallona, die nach der gegenüberliegenden Insel Sasno geflohen, stellten sich 1372 unter Venedig's Schutz und wurden, da sie sich treu bewährt, mit Waffen unterstützt [66]). Dann mußten die Dukagin sich den Balša beugen; ein Sproß der Musachi, Blasio oder Matarango, Sohn Ghin's I., der Ansprüche auf die alten Lande erhob, ward 1378 von den slawischen Verwandten gefangen genommen und 16 Jahre im Kerker gehalten. So befestigten letztere ihre Macht und erweiterten sie fortwährend durch einmüthiges Zusammenwirken. Als der älteste Bruder Strašimir (vermählt erst mit Irene, Tochter des Progan Dukagin, dann mit Miliza, des Königs Wukaśin Tochter) 1372 gestorben war, nahmen die überlebenden Brüder dessen einzigen Sohn Georg II. zum Mitregenten an; gemeinsam mit ihm erneuerten sie am 30. Nov. 1373 [67]) den Ragusanern die frühern Privilegien, die dann Balša II. nach Georg's I. am 13. Jan. 1379 erfolgtem Ableben am 20. Nov. 1379 [68]) wiederum verbriefte. Georg I. hinterließ von seiner Gattin Theodora, Tochter des Twartko Dejanović und Witwe des reichen Twartko Merešić, keine Leibeserben, dagegen einen unehelichen Sohn Georg Balšić, der von der Nachfolge ausgeschlossen, im März 1392 [69]) venetianischer Bürger wurde und nach dem baldigen Erlöschen der echten Linie allein das Geschlecht der Balša fortpflanzte. Nun regierte seit 1379 Balša II. allein; er hatte auch seinen Neffen Georg II. verdrängt und eingekerkert und die Rebellion der Brüder Nikolaus und Andreas Sachetai, Verwandten und Erben des Nikolaus Zaccaria von Budua, mit Blendung bestraft, war aber nicht Herr einer Erhebung in Montenegro geworden, an deren Spitze sich Radič Černoj gestellt hatte. Wol war es ihm gelungen, zeitweilig seinen Schwager Karl Thopia aus dem Besitze von Dyrrazzo zu verdrängen; am 24. März 1385 [70]) bestätigte er als „Herzog von Durazzo" dem Gesandten Ragusa's, Matteo Giorgio, alle vom Zar Dušan und seinem Bruder Georg I. verliehenen Exemtionen auch für Durazzo; auch mit dem Serbenkönige Lazar war er im Bunde [71]), aber drohend rückten die Osmanen gegen sein Land vor. Vergeblich beschloß Venedig am 28. Aug. [72]), ihm, dem Bürger der Republik und Herrn von Cebda, Kanina und Vallona, Beistand zu senden; in der Schlacht bei Saura am Ufer der Wojussa ward seine Armee von dem Großvezir Khaireddin, den Thopia zu Hülfe gerufen, vernichtet; er selbst fiel dort, ihm zur Seite Ivaniš, Wukaśin's jüngerer Sohn. Alsbald bemächtigte sich Thopia wieder seiner verlorenen Hauptstadt, während Georg II. (1385—1404), glücklich nun der Haft entronnen, die Herrschaft über Cebda in seine Hand nahm, am 27. Jan. 1386 [73]) den Ragusanern ein neues Privileg gab und sich im Juni [74]) sein venetianisches Patriciat erneuern ließ. Der Witwe Balša's II., Comita Musachi (1385—1396), verblieb nur Vallona, Kanina, Chimara, Berga und Sasno; doch zog sie es vor, sich wegen Abtretung dieser Plätze im April 1386 [75]) an Venedig zu wenden. Ehe aber die Unterhandlungen zum Abschluß gediehen, hatte schon Anfangs 1387 [76]) Ermolao Lombardo, von den Einwohnern eingeladen, das feste Chimara besetzt; sie erhielt es 1389 [77]) zurück, gelobte aber, für Sasno der Republik zu huldigen und mit 3 Mann zu dienen, wogegen sie mit ihren Brüdern, den Musachi, und ihrer Tochter Regina unter Venedigs Protection gestellt und dem Bailo von Korfú, als Repräsentanten derselben im ionischen Meere, angelegentlich empfohlen ward.

War Negroponte der Punkt gewesen, von dem die Republik bis dahin das ägeische Meer und dessen Küsten beherrschte, so war die im Jahre 1386 endlich erreichte „Recuperation" von Korfú eine Lebensfrage für die Seeherrschaft auf dem adriatischen und ionischen Meere gewesen, wegen der sie schon 1348, 1350, 1355 und 1374 vergeblich mit den Angiovinen verhandelt hatte.

Auf Korfú hatte die Herrschaft des Jakob von Baux 1382 mit der Proclamation Karl's III. ein rasches Ende erreicht. Am 1. Mai [78]) berichtete der venetianische Consul Giovanni Paninsacco über die jüngst erfolgte Staatsumwälzung, mit dem Bemerken, daß gar viele angesehene Barone und Bürger der Insel die sichere Herrschaft der Republik den ewigen Schwankungen vorzögen, denen das Königreich Neapel unterworfen sei. Man antwortete ihm, Venedig lasse für ihre gute Gesinnung danken, hieß ihn, die Privilegien der Bevölkerung prüfen, erklärte aber zugleich, man habe die Absicht, auf friedlichem Wege die Insel zu erwerben. Zugleich beschloß der Senat, einen Gesandten wegen Abtretung an Karl III. und Baux zu senden, die Unterhandlungen mit letzterem jedoch geheim zu halten. Am 3. Juni 1382 ward Pietro de Compostella damit beauftragt. Er sollte versuchen,

64) Monumenta Serbica p. 179. 65) *Gelcich* a. a. O. p. 286—290. 66) Misti XXXIV. fol. 49v. 67) Monumenta Serbica p. 182. 68) Ebenda p. 191. 69) Privilegi Vol. I. fol. 100. 70) Monumenta Serbica p. 202. 71) Misti XL. fol. 9.

72) Ebenda XXXIX. fol. 242. 73) Monumenta Serbica p. 203. 74) Grazie Vol. XIV. fol. 226v. 75) Misti XL. fol. 46, 50v. 76) Ebenda fol. 139v. 77) Ebenda fol. 355v, 363, 378; Commemoriali Vol. VIII. fol. 343v—344. 78) Ueber das Ende der angiovinischen und den Anfang der venetianischen Herrschaft auf Korfú handeln sehr gut *Mustoxidi*, Cose Corciresi p. 451—461 und *Lunzi*, Isole Ionie p. 84—113, auf die ich hier verweisen kann. Ich citire daher nur solche Quellen, die beiden gar nicht oder nur sehr unvollkommen zur Disposition gestanden haben, und übergehe die andern zahllos mir vorliegenden.

die Insel gegen 30,000 Dukaten als Pfand zu erhalten, den Termin zur Zahlung derselben aber so weit hinauszuschieben, daß mittlerweile die Ausgaben Venedigs das Capital überstiegen, sodaß man Korfu möglichst billig erwerbe; wolle Baur darauf nicht eingehen, so solle er versuchen, die Insel gegen höchstens 3000 Dukaten jährlich in Pacht oder Emphyteuse zu nehmen. Am 17. Juli berichtete Pietro von Trani aus, daß Baur abwesend; erst im November wurden die Unterhandlungen erneuert [79]. Der Notar Nicolò Girardo sollte sich zu Karl III. und Baur begeben, für Pacht 2—3000, für Verkauf 30—50,000 Dukaten bieten, jedenfalls aber sich der Zustimmung des Titularkaisers und seiner Mutter Margaretha von Tarent vergewissern.

Unterdessen hatte Karl III. den Rizzardo Goth zu seinem Statthalter ernannt und auch den Castellan von Buthroton aufgefordert, ihm diese Burg zu überliefern [80]; doch fiel derselbe bald in Ungnade, da er zu Ludwig von Anjou hielt; seine Güter wurden im December 1382 confiscirt [81]. Dagegen hielt Carlo Minutolo treu zum König, der ihm dafür bereits im April seine Baronie, das ehemalige Lehen des Lisolo Tocco, bestätigt hatte [82]. Noch wären im September einzelne Burgen in der Hand der Officialen Kaiser Jakob's; sie zu recuperiren, war die nächste Aufgabe; aber sie wurde dem Könige dadurch erleichtert, daß die angesehensten Feudalherren sich auf seine Seite stellten. So Adam de St. Ippolito, dem noch jüngst Baur seine Baronie bestätigt, und der jetzt einer der Hauptleiter der Revolution gewesen; Karl III. verbriefte ihm am 3. Juli [83] sein Lehen und ernannte im September seinen Bastard Antonio zum Connetable der Insel. Dem Alexios Kavasilas ward ein Weinberg im Dorfe Chrysida (Dekarchie Oros) [84], dem Guglielmo und Perillo Guindazzo das Lehen, das ihr Bruder Bernardo, Leibarzt des Kaisers Robert, von diesem erhalten, dem Marino Caracciolo, der 1364 gegen neapolitanische Güter das Lehen des Marturello de Bolino mit 40 Unzen Rente in Agiru eingetauscht und von Johanna I. 1377 ein Confirmationspatent erhalten, bestätigt [85], ebenso dem Enrico Marchesano das diesem von Philipp II. verliehene Amt eines Castellans des eisernen Thores auf Lebenszeit [86]. Dann erschienen im September 1382 vor Karl III. sechs Bevollmächtigte der Insulaner, Joannes Kavasilas, Riccardo Altavilla, Perillo Capece, Giorgio Jochis und zwei Griechen, und baten um Erneuerung der alten Privilegien [87]. Alsbald bestätigte der König sämmtlichen Korfioten alle Freiheiten, die sie einst von dem Despoten Michael, dann von den Fürsten seines Hauses erhalten, den Baronen die Lehen, dem lateinischen Klerus seine Exemtionen, den griechischen 32 Papas ihre alten Rechte und Gewohnheiten. Speciell versprach er noch den Kavasilas und Altavilla als Vertretern der Ritterschaft, daß die Proskathimeni und die Zinsbauern der 4 Bajulate ihren Herren verbleiben und nicht in andere Hand gegeben werden sollten [88]; erstere standen unter einem griechischen Häuptling Alexios, den Karl von jeder persönlichen Dienstleistung eximirte, und dessen Nachkommen, Alerachi genannt, sich im August 1486 dieses Privileg von dem Bailo Venedigs erneuern ließen [89]. Im Namen von Buthroton, das sich jüngst ergab, bat Andronikos Sustulos, der Stadt das Patent der Königin Johanna vom 8. Mai 1374 zu erneuern; da er selbst die Uebergabe bewerkstelligt, ward ihm eine erbliche Rente angewiesen [90]. In gleicher Weise suchte der König die übrigen Getreuen zu belohnen; zuverlässigen lateinischen Beamten wurden ihre Stellen, treuen Griechen ihre Freiheiten verbrieft [91]; alle Erpressungen zum Nachtheil des griechischen Klerus streng verpönt; so ward z. B. dem Theodoros Skaliti, der im Uebrigen einer der treuesten Anhänger Karl's war, verboten, die Unterthanen der Kirche S. Demetrios, über die seiner Familie das Patronat zustand, weiter zu belästigen [92]. Daß die Barone der Insel sich auch ihre Lehen speciell bestätigen ließen, war natürlich; so Nicolò di Donato von Altavilla eine ihm vom Capitain Malerba im März 1370 übertragene Rente von den Leuten aus Pagenetia [93]; Francesco Caracciolo das Lehen seines Vaters Giannotto in Bistona [94]; Giovanni Grandi und dessen Gattin Irene ein Haus, das ihnen Fremde gewaltsam entrissen hatten [95]; Gerard de St. Maurice eine Rente von 5 Unzen; Karl von St. Maurice die Baronie seines 1380 verstorbenen Vaters Benedikt, die ihm bereits Baur verbrieft hatte; Giorgio Jochis 6 Unzen jährlich aus der Fischerei zu Buthroton, so lange er lebte, u. s. f. [96]. Dem Notar Nicolò Bartolommeo aus Tarent, der von Carolo Buccarelli das ehemalige Lehen des Matteo de Bandiflo gekauft hatte, ward dasselbe ebenfalls verbrieft [97]; besonders aber waren es die Familien Altavilla, Lusora und Kavasilas, die sich um die Recuperation der Insel verdient gemacht hatten und deshalb bedeutende Privilegien erhielten. Joannes Kavasilas, der jüngst (1382) seinem Vater Theodoros als Baron gefolgt war, empfing eine Rente von 10 Unzen in Oros, aus den früheren Besitzungen des Luca Alamanni, Adam de Urso und anderer [98]; seinem Vetter Joannes, des Alexios Sohn, wurde die ihm vom Kaiser Robert gegebene Rente bestätigt; dem Matteo de Lusora ward das frühere Lehen des Aloisio Rocco aus Salerno, das ihm Philipp II.

79) Sindicati Vol. I. fol. 150v. 80) Reg. Ang. 1382. fol. 327. 81) Reg. Ang. no. 359. (1382—83.) fol. 196v. Dieses Register enthält fast alle Privilegien, die Karl III. den Korfioten verlieh. 82) Reg. Ang. no. 370. (1409.) fol. 39—40. 83) Reg. Ang. no. 359. fol. 17v, 243. 84) Misti XL. fol. 168. 85) Reg. Ang. n. 359. fol. 135, 304; 153v. 86) Ebenda fol. 171v, 317. 87) Ebenda fol. 25, 49, 234, 243v, 269, 274v, 283.

88) Ebenda fol. 18, 25, 41. 89) Carte Alerachi auf Korfu. 90) Reg. Ang. no. 359. fol. 26v, 58, 66v, 161, 230v. 91) Ebenda fol. 58, 218v, 225, 249, 275v, 281, 289, 316. 92) Ebenda fol. 51, 232. 93) Ebenda fol. 27v, 157. 94) Ebenda fol. 171, 219v, 273. 95) Ebenda fol. 27, 168, 177; Carte Nani. Vol. II. fol. 58. 96) Ebenda fol. 231; auch für Giorgio Lemmatini (bestätigt 1374), Nicolò Mallea und andere fol. 65, 316 u. s. w. 97) Ebenda fol. 15v. 98) Ebenda fol. 130v, 200, 294, 332. Unter den Zeugen erscheint auch der Baron Egidio de Parr.

im October 1369 verliehen, auf Lebenszeit zugestanden[99]); es umfaßte die kleinen umliegenden Inseln Othonus (Fano), Ericussa (Merlera), Salmastrali, Diapulo, S. Stefano und andere. Rizzardo de Altavilla endlich erhielt wegen seiner ausgezeichneten Verdienste nicht nur ein neues Privileg über die ihm von Johanna I. am 27. Mai 1374 bestätigten Güter, sondern ward auch zum lebenslänglichen Castellan von Buthroton ernannt[1]), nachdem Rizzardo Goth, der dort bisher als solcher fungirt, auf Bitten der Bevölkerung und namentlich ihres Bevollmächtigten Fusiulos entsetzt war; Renten daselbst wurden verschiedenen andern Getreuen, auch dem Guglielmo de Altavilla, überwiesen; die Salinen von Buthroton sollten auch die Grenzlande versorgen[2]). Schließlich ernannte der König den Jaromino de Beretti am 19. Nov. 1382[3]) zum Capitain der Insel, die Anfangs 1383 endlich von den Anhängern der Baux völlig geräumt war. Zu den letztern hatte namentlich die Familie Goth gehört, welche unter der Aegide Jakob's die schnödesten Gewaltthaten verübt hatte. Die Brüder Rainaldo, Pietro, Nicolò, Antonello und Castellino hatten ihre Bauern bis aufs Aeußerste geplackt, sich mit ihrem Gefolge in deren Häusern festgesetzt und nicht nur Alles, was sie von Korn, Wein, Geflügel vorfanden, verzehrt, sondern sogar durch ihre Officialen unmündige Kinder einkerkern lassen, um deren Erbe zu verschlingen. Gegen sie erging daher am 15. Sept.[4]) ein scharfes Edict; doch ward Rainaldo bald wieder zu Gnaden aufgenommen und zum Kammerherrn ernannt, während Rizzardo Goth als Anhänger der Baux und Ludwig's von Anjou am 27. Jan. 1383 geächtet und aller Güter entsetzt ward. Im nämlichen Jahre befahl Karl[5]), die Insel und Buthroton wohl zu hüten, auch die Gehalte der Beamten ordentlich zu zahlen; da Matteo de Lusora gestorben oder untreu geworden, übertrug er am 19. Aug.[6]) dessen Lehen, die umliegenden Inseln, dem Theodoros Skalili. Hatten nun die Prätensionen des Baux mit seinem damals erfolgten Tode ein Ende, so ruhte dagegen Venedig nicht, um auf jede Weise die Insel zu erlangen. Baninsarco setzte heimlich die Unterhandlungen mit den Baronen fort; der Golfcapitain Filippo Pisani ward am 24. Mai 1383 beauftragt, mit den Notabeln weiter zu verhandeln, sie des Schutzes der Republik zu versichern, sowie ihnen Waffen zu liefern. Allein es kam zu keinem Resultate; noch im November 1384 berieth der Senat über Mittel und Wege, um endlich die Insel zu occupiren[7]). Unterdessen blieben einzelne Erhebungen nicht aus. Guglielmo de Altavilla ward 1384 unter dem Vorwande, daß er ein Majestätsverbrechen begangen, hingerichtet; da sich aber bald seine Unschuld erwies, ward seine Baronie am 27. Dec. 1385[8]) seiner Schwester Aloisia restituirt; sie fiel nach ihrem unbeerbten Absterben an Angeletto Petratin aus Trani, Sohn ihrer Schwester Donata, den auch Venedig am 16. Jan. 1391 als Baron auf Korfu bestätigte. Damals war bereits ein förmlicher Bruch zwischen Venedig und Neapel erfolgt, zu dem die Confiscation eines mit Tüchern beladenen venetianischen Kauffahrers durch die Königin-Regentin Margaretha den erwünschten Anlaß gegeben haben soll. Zugleich meldete sich der Provençale Fulco d'Agoult auf Korfu als „Marchese" der Insel, die er vielleicht 1377 für Johanna I. verwaltete, und die ihm der Prätendent Ludwig I. von Anjou „mit falschen Briefen," wie es heißt, zu Lehen gegeben haben sollte. Alles drängte zu energischem Handeln; die Berathungen des Senats, der noch im November 1385 lebhaft über die Insel debattirt, reiften, als die Nachricht kam, daß die Insel herrenlos sei, seitdem König Karl III. in Ungarn 1386 frühen, gewaltsamen Tod gefunden. Die Parteien begannen ihr Spiel; nur wenige hingen dem Sohne des Gemordeten, dem jungen Ladislaus, an; manche dachten an genuesische Oberhoheit, die Mehrzahl, an der Spitze Rizzardo de Altavilla, Castellan von Buthroton, stimmte für Venedig. Da erschien plötzlich Jacopo de Scrovigni, der bisher im Dienste der Carraresen gestanden, aber auch dem Könige Karl III. in Ungarn treu gedient, um die Statthalterschaft zu übernehmen; er, der Anhänger von Venedigs Todfeinden, durfte nimmer Herr bleiben, obgleich sich ihm die Castelle ergeben hatten. Daher bevollmächtigte Venedig den Capitain des Golfs Giovanni Miani, der schon längst in den Gewässern von Korfu kreuzte, am 3. Mai 1386[9]), mit Jedem, der ihm geeignet schiene, Unterhandlungen wegen Erwerbung von Städten, Festungen und Plätzen anzuknüpfen; die Vollmacht ward absichtlich so unbestimmt ausgestellt, um im Nothfall die gewaltsame Occupation der Insel gegenüber den Herrschern Neapels dementiren zu können; daß sie aber lediglich auf dieselbe abzielte, zeigte der Erfolg. Denn Miani, der Mitwirkung vieler Barone gewiß, landete unverzüglich auf Korfu, setzte sich dort fest und nöthigte den Scrovigni, der nur geringen Anhang hatte, sich in die Festung zurückzuziehen. Bald kam neuer Succurs aus Venedig, Marino Malipiero, um die innern Angelegenheiten zu ordnen, Pietro de Viborlo mit Kanonen, um den Capitain zu bekämpfen und zur Räumung zu nöthigen. Scrovigni wich der Uebermacht und entfloh auf genuesischen Schiffen; Kasopo ward von Miani zerstört, damit die Genuesen sich nicht dort festsetzten; nur die Burg S. Angelo ward von Jacopo de Gaeta, dem Kämmerer der Insel, wacker vertheidigt, und fiel erst, nachdem Malipiero dasselbe ein Jahr lang blokirt hatte[10]), während Rizzardo de Altavilla bereits im Juni oder Anfangs Juli Buthroton dem Miani ergab. Am 28. Mai ward in Korfu das Banner des heiligen Marcus aufgezogen, man huldigte vorläufig dem Miani; sechs Bevollmächtigte wurden ernannt, die sich in Person nach Venedig begeben und der Republik Treue geloben sollten: Perillo Capece und Rizzardo de Altavilla als Vertreter der Barone, Joannes Kavasilas, des Alexios Sohn,

99) Ebenda fol. 87.

1) Ebenda fol. 9, 83v, 219, 241. 2) Ebenda fol. 19, 60, 235v. 3) Ebenda fol. 176v, 187v. 4) Ebenda fol. 30v, 62, 82, 274. 5) Ebenda fol. 273. 6) Buchon, Nouvelles recherches II, 409—411. 7) Misti XXXIX. fol. 36. 8) Curzo Pregiandi auf Korfu.

9) Sindicati Vol. I. fol. 137v. 10) Misti XL. fol. 81.

„Graf" Nikolaos Tarchaniota und Notar Antonio d'Enrico für die griechisch-lateinischen Bürger, David de Semo (Simon's Sohn) für die Judenschaft. Wenige Tage später erklärte die ganze Bevölkerung, die den Richter Anastasios Hiomaco zum Vertrauensmann ernannt, in feierlicher Versammlung, daß sie, da Karl III. todt, die Insel verlassen und von den Ungläubigen bedroht sei, den Giovanni Miani freiwillig zum Capitain erwählt habe.

Froh empfing der Doge die Gesandten seiner treuen Korfioten und bestätigte ihnen nicht nur mit goldener Bulle alle alten Privilegien, sondern erhörte auch ihre weitern Bitten mit großer Bereitwilligkeit. Was in der Capitulation enthalten, ward gewährt [11]. Der gesammten Bevölkerung wurden sämmtliche Freiheiten, welche ihr die Anglovinen zugestanden, den Baronen und andern Lehensleuten ihre Patente erneuert; Venedig gelobte, die Insel nie zu veräußern, sowie eine allgemeine Amnestie zu proclamiren. Den Kirchen und Feudalherren sollten alle Rechte über ihre Zinsbauern garantirt bleiben. Die Justiz sollte von den Beamten Venedigs mit Zuziehung der jährlich erwählten städtischen Richter verwaltet werden; man verstand sich, Zölle zu zahlen, unter der Bedingung, daß Venedig dieselben zur Befestigung der Stadt und zum Unterhalt eines Arztes verwende — und noch andere, minder wesentliche Punkte. Nun wurden auch die bisherigen Anhänger Venedigs treu belohnt; im Juli erhielten verschiedene Edle, z. B. Perillo Capece und Joannes Kavasilas, des Theodoros Sohn, Bürgerrecht [12]; Antonio aus Venedig ward wegen seiner Treue im September [13] zum Castellan des auf dem gegenüberliegenden Festlande befindlichen Thurmes Sayada bestellt. Nachdem im Januar 1387 [14] die Verwaltung der Insel, der ein Capitain und Bailo Luigi Priuli (1387 — 1389) vorstand, definitiv regulirt worden, folgten neue Belohnungen [15]. Der Bella de Altavilla ward das Vermögen ihres enthaupteten Gatten Gullo zurückgegeben; Perillo Capece erhielt die Ernennung zum Admiral; dem Joannes Kavasilos, Sohn des Alexios, ward ein Weinberg, dem Hause St. Maurice seine Baronie, dem Enrico Marchesano das Amt eines Castellans des eisernen Thores bestätigt [16]; Giorgio Carnella, der sich bei der Einnahme des Castells S. Angelo hervorgethan und verwundet worden war, empfing eine Pension; Rizzardo Goth, der 1389 als Vormund seiner Bruderskinder Guglielmo, Giovanni und Violanta von dem Johanniterorden für gelieferte Pferde Geld gezahlt erhalten [17], ward im Februar 1392 [18] als Universalerbe seiner jüngst verstorbenen Brüder Antonello und Castellino anerkannt. Auch die Judenschaft erhielt ihre Privilegien [19]. Venedig gelobte, die Hebräer nicht höher als die Christen zu besteuern, sie nicht am Sabbath zu citiren und nicht zu Henkersdiensten zu entwürdigen; dagegen sollten sie, wie bisher, ein Abzeichen auf der Brust tragen, damit sie von den Christen unterschieden würden. Ein alter Brauch, nach dem an verschiedenen Festtagen die Juden von den Mauern und Thürmen der Stadt herab von den Griechen mit Steinen geworfen wurden, damit dieselben Geld zahlten, ward „auf ihre Bitten" vorläufig dahin modificirt, daß sie „nur mäßig gesteinigt werden sollten," wenn die Griechen, ihre Litaneien singend, durch ihr Ghetto zögen; hinsichtlich des Zinsfußes ward verfügt, daß auch die Juden nicht über 12 Procent nehmen dürften. Nachdem im Juni 1389 [20] ein Venetianer Marco Giustiniani zum Erzbischof erhoben, bestätigte Venedig am 18. Jan. 1390 [21] den griechischen Papas gleichfalls die alten Exemtionen; im Interesse der ganzen Bevölkerung wurde der Preis des Salzes bedeutend ermäßigt und die Ausfuhr der Knoppernüsse — eines gesuchten Handelsartikels — Allen gestattet [22]. Dagegen verloren die Anhänger der Anglovinen ihre Besitzungen, die an neue Herren durch Kauf gelangten, so das Castell Vitichi, das 1386 Marino Rossi erwarb [23], während Phanarion einem Castellan des Bailos untergeordnet ward; auch die Güter des Benedetto Acciajuoli wurden bei dieser Gelegenheit eingezogen [24]. Vor Allem ließ man es sich angelegen sein, Butrinto und Korfù gegen etwaige Recuperationsgelüste der Anglovinen sicher zu stellen; die verfallenen Festungswerke wurden neu aufgerichtet, der Hafen von Korfù gereinigt und erweitert; noch im December 1385 [25] bewilligte der große Rath außergewöhnliche Summen zum Ausbau des Castells von Korfù. Unterdessen fuhr die Königin-Wittwe Margaretha fort, die Insel für ihren Sohn Ladislaus zu beanspruchen, fand aber Venedig durchaus nicht gewillt, auf dieselbe zu verzichten; vielmehr lehnte die Republik im December 1387 [26] das Anerbieten des Grafen Antonio Acquaviva von S. Flaviano, die Rolle eines Vermittlers zu übernehmen, ebenso freundlich wie entschieden ab; erst am 16. Aug. 1402 überließen die Anglovinen gegen Zahlung von 30,000 Dukaten den Venetianern den unbestrittenen Besitz dieses wichtigen Postens, der ihnen bis zum Untergange ihres Staatswesens verblieb — der letzte Rest der großen, einst so blühenden griechischen Colonien.

8) Achaia in Anarchie und unter seinen beiden letzten fränkischen Herrschern bis zur Vernichtung des Fürstenthums durch die Paläologen. Athens Glückszeit unter den beiden ersten Herzogen aus dem Hause Acciajuoli. Ausbreitung der Türken in Europa bis zum Falle von Thessalonich (1396—1430).

Kaiser von Constantinopel: Manuel II. Palaiologos 1391—1425. Joannes VII. (VIII.) 1425—1448. Konstantinos XI. 1449—1453. Türkisch.

11) Bei *Mustoxidi* a. a. O. p. LX seq.; *Lunzi* a. a. O., auch in G. *Pojago*, Le leggi municipali delle isole Ionie dall' anno 1386. Vol. I. Corfù 1846. 8. p. 17—27. 12) Grazie Vol. XIV. fol. 230. 13) Misti XL. fol. 91 v. 14) Ebenda fol. 117; Commemoriali Vol. VIII. fol. 280. 15) Misti XL. fol. 120 v, 236. 16) Ebenda fol. 122 v. Ebenda Quirinali 1394. Grazie Vol. XV. 17) Liber bullarum no. 8. (1389—90.) fol. 170. 18) Misti XLII. fol. 98. 19) Ebenda XLI. fol. 191, 163.

20) Ebenda fol. 44. 21) Ebenda fol. 153 v, 158 v. 22) Misti XL. fol. 136; XLI. fol. 90. 23) Ebenda XLI. fol. 231. 24) Reg. Ang. no. 362. (1390. B.) fol. 23. 25) Misti XL. fol. 160 v. 164 v—165 v; *Lunzi* fol. 25. 26) Misti XL. fol. 233.

Fürsten von Achaia: Anarchie 1383—1396. Baili Majotto de' Coccarelli 1383—1386. Vicar: Peter Bordo de S. Superan 1386—1402, Fürst 1396. Maria, Regentin 1402—1404. Centurione Zaccaria, Fürst 1404—1432. An die:

Despoten von Morea: Theodoros I. Palaeologos 1383—1407. Theodoros II. 1407—1443. Konstantinos in Klarentza und Patrá 1428—1449, in Misithra 1443. Thomas, Statthalter von Kalavryta 1428, Despot in Patrá 1449—1460. Demetrios in Misithra 1449—1460. Türkisch.

Herzoge von Athen: Nerio I. Acciajuoli 1385—1394, Herzog 1394. An Venedig 1395—1402 (Podestà: Albano Contarini 1395—1397. Lorenzo Venier 1397—1399. Ermolao Contarini 1399—1400. Nicolò Vitturi 1400—1402). Antonio I. Acciajuoli, Herzog 1402—1435.

Baili von Euböa: Saracino Dandolo 1387—1389. Guglielmo Quirini 1389—1391. Gabriele Emo 1391—1393. Andrea Bembo 1393—1395. Carlo Zeno 1395—1397. Giovanni Alberto 1397—1399. Nicolò Valaresso 1399—1401. Francesco Bembo 1401—1402. Tommaso Mocenigo 1402—1403. Bernardo Foscarini 1403—1405. Francesco Bembo wiederum 1405—1408. Nicolò Venier 1408—1410. Paolo Quirini 1410—1412. Benedetto Trevisani 1412—1414. Nicolò Giorgio 1414—1416. Vitale Miani 1416—1418. Nicolò Malipiero 1418—1420. Marco Cornaro 1420—1422. Daniele Loredano 1422—1424. Donato Arimondo 1424—1425. Antonio Michieli 1425—1427. Andrea Capello 1427—1429. Nicolò Loredano 1429—1430. Luigi Bosani, Vicebailo, 1430—1431. Andrea Gabrieli 1431—1432. Maffeo Donato 1432—1434. Albano Sagredo 1434—1436.

Damals, als die Kolonien anfingen, unter dem schirmenden Banner des heiligen Marcus frisch aufzuathmen und einer bessern Zukunft entgegenzusehen, hatte die Anarchie in dem fränkischen Achaia den Höhepunkt erreicht. Der Tod Jakob's von Baux hatte die letzten Bande gelöst, welche den Bailli Majotto Coccarelli (1381—1386) an Neapel knüpften; die Compagnie der Navarresen betrachtete das herrenlose Land als ihr volles, rechtmäßiges Eigenthum. Dem Namen nach erkannte allerdings der Bailli die Oberhoheit Karl's III. an; dem gegenüber aber meldeten sich verschiedene Prätendenten, unter denen zunächst Ludwig I. von Anjou sich als Testamentserbe Jakob's ansah. Da er im September 1384 starb, ließ seine Witwe Maria von Bretagne (gest. 1404) ihren siebenjährigen Sohn Ludwig II. (1384—1417) in Avignon zum König von Neapel proclamiren; am 21. Mai 1385 empfing sie für ihn die päpstliche Belehnung. Alsbald nahm Maria den alten Plan, Achaia an die Johanniter zu veräußern, wieder auf und knüpfte deshalb Unterhandlungen mit dem Großmeister Heredia an, der gleichfalls in Avignon weilte. Heredia zögerte keinen Augenblick, doch wünschte er zuvor, die Bedingungen zu ersehen, unter denen ihm die Compagnie den Peloponnesos einräumen würde, und wandte sich daher Ende 1384 an Coccarelli. Seine Antwort, die geheim zu halten der Großmeister gebeten ward, ging dahin [27], daß die Navarresen bereit, dem Orden alle zu den Domainen gehörigen Burgen zu übergeben, unter der Bedingung, daß ihnen ihre Lehen, dem Bailli ein Schloß auf Lebenszeit verbleibe, die Privilegien des Landes respectirt und ihnen schließlich 70,000 Dukaten für ihre im Dienste des Baux und zum Schutze des Landes gemachten Auslagen erstattet würden; zunächst aber wollten sie die Gewißheit haben, daß das Haus Anjou wirklich durch Jakob's Testament zur Nachfolge legitimirt sei, und König Ludwig II., der Papst und der Herrscher Frankreichs den Verkauf genehmigten. Da in den letzten Punkten große Unklarheit herrschte, zog sich die Sache in die Länge; im Mai 1385 [28]) schrieb Heredia dem Präceptor von Morea, Adam Brulart, die dortige Commende sei fortwährenden Angriffen der Feinde ausgesetzt; Majotto und S. Superan kämen ewig mit Forderungen, da man ihnen zur Reise nach Avignon Geld verheißen; er möge bitten, ihn davon zu dispensiren und die Häuser des Ordens unbelästigt zu lassen. Mittlerweile hatten die Genuesen sich an Majotto wegen Abtretung der Hafenfestung Zonklon (Navarin) gewandt. Dadurch schienen Venedigs Kolonien, „das rechte Auge des Staats," im höchsten Grade gefährdet; die Castellane von Modone und Korone erhielten daher am 28. Jan. 1385 [29]) die Weisung, der Compagnie und ihrem Führer für dieselbe 4000 Dukaten zu bieten. Ein Resultat erfolgte nicht, doch setzten sich wenigstens die Genuesen nicht im Lande fest. Im Juli 1386 [30]) wurden die Castellane in Folge der Occupation von Korfù beauftragt, die Intentionen des Majotto, der sich als Bailli Karl's III. gerire, genau zu prüfen; zugleich suchte man den Brulart, der behufs Beilegung von Ordensstreitigkeiten nach Venedig gegangen [31]), wegen der Sachlage näher auszuforschen. Letztere aber änderte sich in sofern, als Majotto 1386 starb, und nunmehr die Compagnie einmüthig ihren Capitain Peter Bordo von S. Superan (1386—1396) zum Vicar des Fürstenthums erhob. Derselbe schickte auch, überzeugt, daß gute Nachbarschaft mit Venedigs Castellanen seinem Projecte nur förderlich sein könne, unverzüglich Gesandte nach Venedig und versicherte die Republik seiner treuesten Anhänglichkeit. Er gelobte, die Colonie nicht zu molestiren, vielmehr alle Uebergriffe zu strafen, Zonklon keinem Feinde der Republik abzutreten, den Schiffen und Unterthanen derselben volle Sicherheit zu gönnen, Korone mit Victualien zu unterstützen, die Falschmünzer zu strafen, die Venetianer, die im Lande Lehen besäßen, in ihrem Besitze zu erhalten. Dagegen bat er, den Schaden, den etwa die Compagnie beim Einmarsche ins Land angerichtet, zu compensiren und Niemandem, der sich zur Eroberung Achaia's rüste, Vor-

27) Liber bullarum no. 8. (1385—86.) fol. 241. 28) Ebenda fol. 237. 29) Misti XXXIX. fol. 69v. 30) Misti XL. fol. 71. 31) Ebenda fol. 97.

schub zu leisten. Venedig war damit im Ganzen einverstanden; nur wollte es sich das Vorkaufsrecht wahren, falls die Compagnie einmal darauf verfallen sollte, das ganze Land zu veräußern; dann verlangte es, daß die Geldforderungen des Giovanni Soranzo befriedigt würden; im Uebrigen wies es die Gesandten an die Castellane, mit denen sie ein Friedensbündniß abschließen konnten; dem Bischofe von Korone ward nebenbei aufgegeben, die Unterhandlungen wegen Cession von Zonklon fortzusetzen. Am 26. Juli [32]) erschienen dann zu Modone Wilhelm de Forest und Jakob de Cipro mit Vollmacht vom 5. Juli, die von dem Vicar Peter und den angesehensten Vasallen des Landes zu Andrusa ausgestellt war; unter denselben standen oben an Erzbischof Paul Foscari von Patrá, die Bischöfe Matthäus von Olenos, Peter von Korone, Franz von Modone, dann Erard II. le Noir, Baron von St. Sauveur, Arkadia und Aetos (Aquila), Andronico Asano Zaccaria, Baron von Chalandritza und Großconnetable von Achaia, Adam Brulart und Rudolf Schoppe, die Präceptoren der Johanniter und Marianer, der Kanzler Roger de Novelles, die Ritter Nikolaus Kutrules, Johann und Georg Berissia, Jakob Rosomica, Erbe des Hauses Misito, Robert von Misti, Nikolaus von Tarent und andere. Man einigte sich dahin, daß der frühere Vertrag mit Corcarelli erneuert, der venetianische Lehensadel des Fürstenthums in allen Rechten erhalten, der taxirte Schaden ersetzt und außerdem eine Entschädigung von 4000 Hyperpern für die beim Einmarsche der Navarresen verübten Gewaltthätigkeiten gezahlt werden sollte; Zonklon behielten letztere, versprachen aber, es Niemandem zu geben, nur wenn der natürliche, rechtmäßige Fürst des Landes es fordere, im Uebrigen Venedig das Vorkaufsrecht zu lassen; dagegen sagte letzteres Beistand gegen etwaige Prätendenten zu. War so das Bündniß mit S. Superan besiegelt, so unterließ doch Venedig nicht, seine Colonien sicher zu stellen, zur Befestigung derselben wurden neue Steuern ausgeschrieben, die indessen bald wieder als zu schwer aufgehoben wurden [33]). Im Uebrigen hatte Venedig 1387 wenig Anlaß, mit seinen Castellanen zufrieden zu sein, da durch ihre Unvorsichtigkeit beinahe ein Krieg mit Genua ausgebrochen wäre. Der Catalonier Wilhelm Ramon, ein notorischer Freibeuter, hatte im März [34]) mit drei Corsarenschiffen ein genuesisches Getreideschiff bei Sapienza gekapert und seine Beute zu Klarentza verhandeln wollen. Die Navarresen hatten sich geweigert, dieselbe zu kaufen; da hatte der Pirat in den Castellanen Venedigs bereitwillige Abnehmer gefunden. Nun protestirte Genua jedoch so entschieden, daß letztere gezwungen wurden, Ersatz zu leisten.

Unterdessen hatte Maria von Anjou wirklich Achaia an Heredia verkauft; das Land, „schon lange durch fremde Völker tyrannisch occupirt," figurirte nur in den Titeln ihres Sohnes. Allein gegen Heredia traten sofort zwei Prätendenten auf, die beide sich eine Partei im Lande zu machen suchten. Der eine war Ludwig, Herzog von Bourbon-Clermont, den die Kaiserin Maria, Robert's Witwe, und ihr Sohn Hugo von Galiläa zum Erben ernannt hatten, und der, da jene 1387 gestorben, den Johann Benoît nach Venedig und Kypros sandte [35]), um dessen Erbe zu reclamiren und namentlich die Prätension auf Achaia aufrecht zu erhalten. Allein obgleich derselbe zweimal den Johann von Châteaumorant an die Compagnie schickte, obgleich Venedig ihn 1389 angelegentlich dem Vicar Peter und dem Herrn von Athen empfahl, obgleich Erard von Arkadia ihm Versprechungen machte, so ward doch Nichts erzielt, und Ludwig blieb Titularfürst bis zu seinem 1410 erfolgten Tode [36]). Viel eifriger betrieb seine Sache der unternehmende Fürst Amadeus von Savoyen-Piemont (1368—1402), der nicht vergessen hatte, daß einst sein Ahnherr Philipp den Peloponnesos beherrscht hatte, und den namentlich Joannes Laskaris Kalopheros, der uns schon früher als Gesandter der Palãologen und Gemahl einer Kantakuzena begegnet ist, jetzt aber in zweiter Ehe mit einer Schwester des Herrn Erard von Arkadia vermählt war, anstachelten, von dem lange seinem Hause unrechtmäßig vorenthaltenen Erbe Besitz zu ergreifen [37]). Kaum erfuhr Amadeus, daß Achaia den Johannitern verkauft sei, als er im März 1387 [38]) den Dr. Simone Doboli und den Ritter Ribaldo de Rivalta nach Avignon sandte, um den Kauf rückgängig zu machen. Am 3. April [39]) protestirten beide vor Heredia gegen denselben, da er ohne Zustimmung des legitimen Landesherrn erfolgt sei; acht Tage später [40]) cassirte Clemens VII. durch eine Bulle Alles, was bis dahin in dieser Sache geschehen. Am 17. April [41]) kehrten Ribaldo und sein Gefährte heim und meldeten, was sie ausgerichtet, Amadeus aber, nicht zufrieden, diese Unterhandlungen veranlaßt zu haben, regte sich nun, um selbst sein Fürstenthum wiederzugewinnen. Zu diesem Behufe ging im Mai Giovanni Bergono de Provana nach Genua; im November wurden Oberto de Piozasco, Giovanni de Condomo und Filippo de Simeone de Balbis nach Achaia gesandt, um mit dem Vicar und den übrigen Führern der Compagnie das Weitere zu berathen; am 20. Juli [42]) belohnte er die Treue des Laskaris, indem er ihn zum Grafen von Kephalenia erhob und ihm erblich diese Insel nebst Zakynthos und Ithaka (Val de compare), Avarinos mit dem Hafen Zonklon, Maniatochori und Platano, die Ebene von Pilla, die Dörfer Agorertza, Ligudista, Kostenicho, Morleadis, Prothis und Erchloris verlieh. Damit aber das Land wenigstens provisorisch geschirmt wäre — Türken

32) Commemoriali Vol. IX. fol. 417v—426v. 33) Misti XL. fol. 153, 206v. 34) Commemoriali Vol. VIII. fol. 303; Guarentia Vol. I. p. II. fol. 81.

35) *Mas-Latrie*, Chypre. Vol. II. p. 411. 36) Misti XL. fol. 591; *Cabaret d'Orronville*, Chronique ed. *Buchon* (hinter Chronique de Duguesclin. Paris 1836. 8.) p. 189. 37) *Gioffredo*, Storia delle Alpi marittime p. 903. 38) Archiv der Chambre des comptes zu Turin. Compte de Ribaldo de Rivalta (Inv. 75. fol. 12. nr. 43). 39) Cibrario Inventaire particulier N. 186. f. 4. 40) Staatsarchiv daselbst. *Acaja*, Mazzo III. n. 2. 41) Chambre de comptes. Compte de Guil. Castello p. II. (Inv. 75. fol. 1b. n. 3); *Acaja*, Mazzo III. n. 4. 42) *Acaja*, Mazzo III. n. 3.

brachen ein und hausten selbst bis Modone[43]) —, nahm auch der Papst dasselbe am 6. Sept.[44]) unter seine Protection und ernannte den Erzbischof Paul Foscari von Patras bis auf Weiteres zum Generalvicar und Gouverneur, damit er im Namen der Curie Achaia verwalte. Er sollte sich von sämmtlichen Baronen huldigen lassen und den S. Superan, dem er noch besonders empfohlen ward, in Sold nehmen, damit er mit seinen Truppen die Interessen des Landes und des Papstes wahrnähme.

Die Unterhandlungen wurden unterdessen von Amadeus fortgesetzt. Im Januar 1388[45]) forderte der Papst ihn auf, seine Anrechte darzulegen; Gesandte gingen hin und her zwischen Savoyen und Achaia; im Namen S. Superan's fungirte Peter Rochette aus Narbonne, der Anfangs 1389 nach Achaia heimkehrte, dann im Juli wieder am Hofe des Amadeus weilte und über Venedig zurückreiste. Im Mai 1390[46]) schien die Sache endlich zum Abschluß gekommen zu sein; Theodoros Paläologos, an den sich der Fürst gleichfalls gewandt und einen Gesandten, jenen Giovanni de Condoms, geschickt, hatte ihn am 14. Febr. 1390[47]) von Misithra aus seiner Freundschaft und seines Beistandes versichert; der lateinische Patriarch von Constantinopel interessirte sich eifrig für seine Sache, die in Venedig nicht minder von Joannes Laskaris und dessen Sohn Erard betrieben wurde, welcher letztere seit dem 1388[48]) erfolgten Tode des Erard II. le Noir auf die Baronie Arkadia prätendirte. Dagegen fuhr Heredia fort, sich als Herrn des Landes anzusehen; am 26. Sept. 1389[49]) hieß er den Präceptor Eustach Hasle Besitz von dem gekauften Lande ergreifen und Söldner ausrüsten; Domenico de Alemagna, der zum Statthalter bestimmt war, sollte 15,000 Dukaten von dem reichen rhodiser Bürger Dragonetto Clavelli zur Bestreitung der Kosten entleihen. Aber nicht nur diese Opposition des Ordens erschwerte die Verhandlungen des Amadeus; auch in Venedig stieß er auf Schwierigkeiten. Als seine Gesandten Piozasco, Baldis und Guglielmo Coluste im Juni 1390[50]) erklärten, ihr Fürst wolle mit 250 Reitern und 600 Mann zu Fuß nach Achaia ziehen und suche deshalb um ein Bündniß mit der Republik nach[51]), ward ihm nach längeren Ausflüchten die Antwort, zuvor müsse er sich mit dem Vicar verständigen, ehe man ihm Schiffe zur Ueberfahrt liefern könne; erst nachdem er gelobt, Beistand gegen den Despoten, der Argos besetzt hatte, zu leisten, ward am 26. Sept.[52]) ein Vertrag abgeschlossen, durch den Venedig sich anheischig machte, ihm oder seinem Bruder Ludwig für den Transport von 300 Reitern und 600 Mann zu Fuß zwei Galeeren zu stellen. Die Angelegenheiten der Halbinsel waren mittlerweile nur noch complicirter geworden, da ein Streit über Argolis ausgebrochen war, und zugleich die Türken unter Ewrenosbeg 1388 einen neuen Einfall gemacht und wieder plündernd bis in die südlichsten Gegenden Messeniens vorgedrungen waren. Venedig machte deshalb im Juli 1388[53]) dem neuen Herrn von Athen, Nerio I. Acciajuoli (1385—1394), den Vorwurf, daß er, obgleich man ihm ein Schiff aus Kreta zur Vertheidigung seines Landes geliefert, nicht nur den Einbruch des Ewrenosbeg nicht gehindert, sondern sogar fortfahre, die Ungläubigen zu unterstützen. Bei den drohenden Rüstungen Murâd's hielt es die Republik für nöthig, eine Liga zwischen allen Feudalherren des Landes zu Stande zu bringen; am 26. Aug.[54]) war der Bailo von Constantinopel angewiesen, deshalb mit Theodoros I. Paläologos zu verhandeln, während die Castellane von Modone und Korone den Nerio von Athen und S. Superan dazu einladen sollten. Allein die Sache blieb liegen, da Murâd I., anstatt sich gegen den Peloponnesos zu wenden, die Serben angriff, und unter den Franken selbst sich der alte Zwiespalt erneuerte. Peter von S. Superan konnte nicht vergessen, daß einst die Compagnie der Navarresen Attika erobert; er betrachtete den Acciajuoli als Usurpator; nur die Pest, die 1388 wieder einmal die Halbinsel heimsuchte, und die Angst vor den Türken hielten ihn von Gewaltschritten zurück. Nerio aber sah sich nach einem Verbündeten um, der ihn im Falle eines Conflicts mit den Navarresen kräftig unterstützen könne, und fand denselben in dem Despoten Theodoros I. von Misithra (1383—1407), der damals gerade sich von Constantinopel nach Morea begeben hatte. Er knüpfte mit ihm Verbindungen an und gab ihm seine zweite Tochter Bartolommea zur Gemahlin, mit der Anwartschaft auf die Castellanie Korinth; die ältere Francesca ward des Herzogs von Leukadia, Carlo I. Tocco, Gattin. Bald genug bot sich Anlaß zu Streitigkeiten; zunächst geriethen der Despot und sein Schwiegervater 1389 in einen langjährigen Conflict mit Venedig. Es handelte sich um Argos und Nauplion, deren Herr Pietro Cornaro 1388 kinderlos gestorben war. Seine Witwe Maria von Enghien, damals noch nicht 25 Jahre alt, sah sich in einer bedrängten Lage; das Volk fürchtete, Nerio oder Theodoros möchten sich der lockenden Provinz bemeistern, und sandte daher den Giovanni Gradenigo nach Venedig, mit dem Erbieten, die Hoheit der Republik anzuerkennen. Für den Senat walteten dieselben Beweggründe ob, welche die Einwohner bestimmten; zu der Unzuverlässigkeit Nerio's, der, „notorisch ein grausamer Tyrann," mit Hilfe der Türken stets Venedigs Colonien geschädigt habe, kam noch die Rücksicht auf den vortrefflichen Hafen von Nauplion und der Gedanke, daß man, wenn man dort und zugleich in Modone Truppen concentrire, leicht ganz Morea erobern könne. Und so beschloß man denn am 12. Dec. 1388[55]), „in Gottes Namen" von Argolis

43) Misti XL. fol. 290v; Magno, Annali, Vol. IV. fol. 270v. 44) Lünig, Codex diplomat. Ital. Vol. IV. p. 103—106; n. LXIV; Raynaldus z. J. 1387. n. 8; Index bullarum im Cod. Brancacc. I. C. 40. fol. 7. 45) Chambre des comptes. Compte de Gollt. Catalo p. III. 46) Ebenda p. IV. 47) Ancyr. Mazzo III. n. 7. ep. 8. 48) Secreti C. fol. 11, 17v; Notatorio Vol. II. fol. 106v. 49) Libri bullarum no. 3 (1388—90) fol. 141v, 175, 183; vergl. Bosio a. a. O. II. p. 96. 50) Commemoriali Vol. VIII. fol. 277; Misti XLI. fol. 206. 51) Misti XLI. fol. 238v; Secreti C. fol. 60v. 52) Secreti C. fol. 61v; Commemoriali Vol. VIII. fol. 300v.

53) Misti XL. fol. 290v. 54) Ebenda. 55) Secreti C. fol. 40v; Commemoriali Vol. VIII. fol. 336; darüber ein

Besitz zu ergreifen und die Baronie von Maria zu kaufen. Ihr ward dafür eine erbliche Rente von 500 Dukaten ausgesetzt, dazu noch 200 auf Lebenszeit und das Recht, testamentarisch über weitere 2000 verfügen zu können; dagegen aber mußte sich Maria anheischig machen, falls sie zu einer zweiten Ehe schreiten wolle, nur einen Venetianer zum Gatten zu wählen [56]). Sie hielt ihr Versprechen und heirathete den Pasquale Zane; derselbe starb aber bereits 1392; der Witwe wurden am 28. Jan. 1393 [57]) die 2000 Dukaten, sowie eine Rente von 350 überwiesen. Als in demselben Jahre Engelbert von Enghien von Brügge aus die Baronie reclamirte, wies man ihn entschieden ab, und bewies ebenso im November 1394 seinem deshalb in Venedig weilenden Gesandten [58]), daß man mit vollem Rechte dieselbe besitze, zumal auch Graf Ludwig von Enghien-Conversano seinen Consens zum Verkauf ertheilt habe. Waren so die Ansprüche der Erben Walter's von Brienne auf den Rest seines Herzogthums erledigt, so trat dagegen in dem kriegerischen Theodoros I. ein bedenklicher Nebenbuhler auf, der, noch ehe Venedig von dem gekauften Lande Besitz genommen, sich zum Herrn von Argos machte. Nachdem am 26. Jan. 1389 [59]) Perazzo Malipiero zum Provveditor für beide Plätze ernannt worden war, wurden diesem am 18. Febr. die ausgedehntesten Vollmachten ertheilt, um Argos aus der Hand des Despoten und seines Schwiegervaters zurückzuerlangen. Zunächst sollte er Nauplion besetzen, dann den Theodoros auffordern, gutwillig das durch rechtmäßigen Kauf erlangte Argos zu restituiren, und so die Freundschaft gegen Venedig, mit der er bisher geprahlt, zu bethätigen. Besondere Geldsummen wurden ihm zur Disposition gestellt, damit er die Räthe Theodoros' für diese Sache gewinne; weigere sich indessen derselbe, der Aufforderung nachzukommen, so solle er die nöthigen Schritte bei dem Erzbischofe von Patrà, dem S. Superan und den „Slawenstämmen in Maina" thun, um mit ihnen den Despoten zur Fügsamkeit zu zwingen. Während Malipiero bereits im April [60]) Nauplion besetzt hatte und dorthin Getreide aus Kreta bezog, verweigerte Theodoros die Rückgabe von Argos, unter dem Vorwande, er selbst könne über die Stadt nicht ohne Consens des Sultans Murâd, auf dessen Befehl er sie besetzt habe, verfügen; Nerio, anstatt als venetianischer Bürger die Interessen der Republik zu wahren, befestigte ihn nur in seiner Widerspenstigkeit. Als letzterer endlich einen Gesandten schickte, forderte er für Vermittelung zunächst 1000 Dukaten. Das war doch zu arg; am 27. Juni [61]) wurde daher zu Zwangsmaßregeln gegriffen. Den Leuten Nerio's und des Despoten ward die Brücke von Euböa gesperrt, d. h. man brach alle Handelsbeziehungen mit ihnen ab, verbot Einfuhr von Eisen aus Modone und Korone nach ihren Ländern, sowie den Export von Feigen und Rosinen aus Attika. Dem Ritter Jakob von Zoja, der in Venedig weilte, ward die Heimreise untersagt [62]); 600 Dukaten wurden als Pension für Getreue nach Argos, Nauplion und Kiveri geschickt. Zoja bewies übrigens bald, daß auch er der Republik ganz ergeben; da er krank, gestattete man ihm im August Rückkehr nach Argos; zugleich ward ihm erlaubt, ein dortiges Lehen, das vor ihm Bonifaz de Prothimo besessen, das ihm denn für 1000 Dukaten, die er von Guido von Enghien zu fordern hatte, übertragen und von Maria bestätigt war, einem seiner jüngern Söhne zu vermachen, obgleich es ursprünglich Majorat sein sollte [63]). Ebenso ward im April 1390 [64]) dem Gerhard de Laborde, dem Guido von Enghien das Lehen des Jakob de Castronuovo verliehen, der Besitz desselben wegen seiner treuen Anhänglichkeit verbrieft.

Mittlerweile hatte Malipiero, unterstützt von dem Golfcapitain Loredano, den Thurm Basilipotamo, der zu dem Gebiete des Despoten gehörte, besetzt und die navarresische Compagnie zum Bunde gewonnen; dann kehrte er heim; an seine Stelle trat Vettore Morosini, der am 26. Aug. [65]) auf zwei Jahre zum Podestà und Capitain von Nauplion ernannt und aufgefordert ward, die Recuperation von Argos möglichst zu beschleunigen. Da erschienen im December [66]) Gesandte des Despoten in Venedig und machten mancherlei schöne Versprechungen; sie wurden dahin beschieden, daß man der Worte genug gehört und endlich Thaten sehen wollte. Was den Theodoros aber damals bestimmte, sich gefügiger zu stellen, war der Umstand, daß auch die Navarresen nicht müßig geblieben waren. S. Superan hatte den Nerio Acciajuoli unter dem Scheine einer freundschaftlichen Besprechung zu sich gelockt und dann, drei Tage später — Sommer 1389 —, durch den Connetable Asano Zaccaria verhaften lassen, der ihn in strengem Gewahrsam hielt. Nun boten nicht blos Theodoros und Agnese Saraceno, Nerio's Gattin, Alles auf, um ihm die Freiheit wiederzuverschaffen, sondern auch sein Bruder Donato und der Cardinal Angelo setzten deshalb alle Hebel in Bewegung. Florenz nahm sich seines Bürgers an und sandte den Leonardo Frescobaldi, denselben, der 1384 mit andern Landsleuten nach Palästina gepilgert war [67]), an Venedig und bat um Vermittelung; auch der Papst ward um Beistand ersucht. Allein Venedig wies den Antrag am 23. Dec. [68]) mit der Erklärung zurück, daß um so weniger Grund zu einer Einmischung vorliege, als der Despot noch immer Argos besetzt halte, und erklärte zugleich der Agnese, daß, so lange die Restitution nicht erfolgt, die Handelsbeziehungen suspendirt bleiben müßten. Während der Cardinal Angelo den Despoten zu energischem Handeln aufzustacheln suchte und den Bischof

Chroniken, z. B. Anhang zu *Dandolo* XII, 428; *Sanudo* XXII, 760. 777; *Navagero* XXIII, 1072 u. s. w.

56) Misti XL. fol. 377v. 57) Ebenda XLII. fol. 220v. 58) Ebenda XLII. fol. 309v; XLIII. fol. 99. 59) Ebenda XL. fol. 329v, 361; Sindicati Vol. I. fol. 162. 60) Misti XL. fol. 373; XLI. fol. 16. 61) Misti XLI. fol. 46. 62) Ebenda fol. 49. 63) Ebenda fol. 78v, 88. 64) Ebenda fol. 178. 65) Ebenda fol. 89, 63, 99. 66) Ebenda fol. 114. 67) Viaggi in terra santa di Lion. Frescobaldi e d'altri del secolo XIV. Firenze 1862. 16., bietet interessante Details über Modone, Korone u. s. w., p. 16—19. 155—167. 273. 68) Misti XLI. fol. 130v.

Jakob von Andros als seinen Unterhändler an denselben sandte [69]), beschloß Venedig, eine Allianz mit den Navarresen einzugehen, deren Bevollmächtigte seit Januar 1390 in der Stadt weilten; doch sollte die Sache möglichst geheim gehalten werden, damit man die Florentiner nicht beleidige [70]); ebenso wurde deshalb mit Sultan Bajesid verhandelt. Unterdessen hatte Florenz nicht geruht; vielmehr gingen am 24. Febr. zwei neue Gesandte, auch im besondern Auftrage Donato's, nach Venedig [71]). Sie sollten erklären, daß Nerio und sein Haus schon als venetianische Bürger Anrecht auf die Protection der Republik hätten, daß er selbst sich stets treu erwiesen und jene wie seine Mutter geehrt, daß er gegen alles Völkerrecht gefangen genommen; daß ferner Theodoros gegen seinen Willen Argos besetzt habe, und nicht nur Agnese dem Despoten Geld für Restitution der Stadt geboten, sondern auch Donato bereit sei, sich zu Theodoros zu begeben und dieselbe zu erwirken. Gern wolle auch Agnese dem S. Superan das verlangte Lösegeld zahlen, für das Florenz die Bürgschaft übernehmen wolle [72]). Da man indessen nicht ohne Grund fürchtete, trotz der abweichenden Propositionen Donato's wieder eine Fehlbitte zu thun, begab sich letzterer nicht nur nach Ancona, um die dortigen Anzianen für die Sache Nerio's zu gewinnen, sondern betraute auch zwei Mönche Domenico und Marco mit einer geheimen Mission nach Genua. Sie sollten den Dogen zunächst um ein Schiff bitten, auf dem sie sicher nach Korinth, Basilikata oder Megara, den Plätzen Nerio's, oder nach Monembasia oder Kephalenia zu seinen Töchtern gelangen könnten, und dann nach Korinth zu Agnese eilen, ihr im Namen des Donato und des Cardinals Muth einsprechen und sie von den bei Venedig gethanen Schritten informiren. Bliebe letzteres hart, so sollten sie sich mit neapolitanischen Großen, dem Groß-Seneschall Angelo Acciajuoli, Raimondo Baux und andern, in Verbindung setzen, damit diese dem S. Superan für Nerio's Befreiung ein schönes Stück Geld böten; es wäre zu erwarten, daß er darauf eingehen würde, „da er und die Seinen Leute wären, die für Geld sich selbst verkaufen würden," und es ihm gewiß lieber sein müßte, den Nerio als die übermächtigen Venetianer zu Nachbarn zu haben. Baux aber würde sehr gern beisteuern, da Venedig seine Verwandte Maria von Enghien gegen ihren Willen zur Ehe mit Zane genöthigt hätte, nur um ihr Erbe einzuziehen, das von Rechtswegen ihm, als Grafen von Lecce, zukäme. Ferner würde Genua, das schon zum großen Verdruß Venedigs dem Zorzo Bürgerrecht verliehen, gewiß kräftig für Nerio einschreiten; darum möchte Agnese Alles wohl hüten und nicht nur zur Vertheidigung, sondern selbst zur Offensive rüsten. Unterdessen waren am 13. März 1390 [73]) die Vorschläge Donato's in Venedig einer genauen Erwägung unterzogen worden. Er bot als Preis für Vermittelung Ueberlieferung von Athen, Theben und Plätzen der Castellanie Korinth, die Venedig schirmen sollte; ferner wollte er von den in Korinth liegenden Waaren Nerio's für 15,000 Dukaten als Pfand geben und die Zurückgabe von Argos persönlich bewerkstelligen. Allein Venedig, das letztere auch so nicht hinlänglich garantirt glaubte, begnügte sich damit, den Michele Contarini und Gabriele Emo zu Provveditoren für Griechenland zu bestimmen; im Uebrigen wollte man den Ereignissen nicht vorgreifen [74]). In denselben aber trat bald eine Wendung ein, indem Theodoros mit aller Heeresmacht gegen die Navarresen rüstete, um die Befreiung seines Schwiegervaters zu erzwingen. Das bestimmte den Senat, am 23. April [75]) sofortige Absendung der Provveditoren an S. Superan zu verfügen; sie sollten, falls Nerio Argos restituiren heiße, vermitteln, denselben auch verpflichten, falls sich die Burg wehre, mit den Navarresen und der Garnison von Nauplion im Verein sie zu belagern, sowie seine Gattin, Tochter und die ganze Familie Saracino als Geiseln nach Modone und Korone zu senden; ihm selbst war anbefohlen, mit der Compagnie treue Freundschaft und Bundesgenossenschaft zu halten. Wohl war es Zeit, daß die Sache zur Erledigung kam [76]); im Golf von Korinth wimmelte es von genuesischen Corsaren, die für Nerio einzuschreiten Miene machten. Nachdem daher die Provveditoren den Castellan Filippo Pisani noch zugezogen, eilten sie nach Vostitza und vermittelten dort am 22. Mai [77]) einen Vergleich zwischen Nerio und Asano Zaccaria, der in Gegenwart des Vicars S. Superan, des Le Moine de Bolay, Johann Cucla aus Spoleto, Beltramuto de Salahala und Errodies de Erro entworfen und am 27. desselben Monats ratificirt wurde. In demselben versprach Nerio, bevor er freigelassen würde, seine Tochter Francesca von Kephalenia der Republik als Geisel zu stellen und ein Jahr lang für Aufrechthaltung des Vertrags mit den Navarresen und Restitution von Argos zu haften. Erfolgt letztere binnen dieser Zeit, wird aber von Nerio der Vertrag mit Superan verletzt, so wird Francesca letzterem überliefert. Ebenso gibt er vorher, wenn er kann, das Schloß Megara an Venedig; weigert sich seine Gattin, so hat er nach erlangter Freiheit es zu überliefern; Venedig läßt es durch Angelo Premarini und die nöthigen Schützen auf Nerio's Kosten zu hüten, bis alle Bedingungen erfüllt sind; ebenso werden alle seine Waaren in Korinth zum Pfande gegeben; zugleich hat Saracino de' Saracini einen seiner Söhne als Geisel auf zwei Jahre dem Bailo von Euböa zu stellen. Sobald Nerio frei ist, wird er den Despoten auffordern, Argos herzugeben; weigert sich dieser, so hilft er ihn bekriegen; dagegen verbleiben ihm die Renten, die er früher zur Zeit Cornaro's aus seinem dortigen Grundbesitze, wie aus der Castellanie Korinth bezog. Sobald diese Bestimmungen erfüllt sind, wird die Brücke von Euböa fallen, und der freie Verkehr mit dem

69) *Miklosich und Müller* III, 250—251. n. X; *Buchon*, Nouv. rech. II, 287; dipl. Florent. n. XLV. 70) Misti XLI. fol. 141 v, 142 v, 147. 71) *Buchon*, Nouv. rech. II, 288—293; dipl. Florent. n. XLVI. 72) Misti XLI. fol. 171, 194 v. 73) Secreti C. fol. 61 v—62.

74) Misti XLI. fol. 196 v. 75) Secreti C. fol. 59 v—63. 76) Ebenda fol. 64 v. 77) Commemoriali Vol. VIII. fol. 456—456 v; 459 v—460.

Herzogthume Athen hergestellt werden; doch verpflichtet sich Asano ausdrücklich, den Nerio nicht eher freizulassen, als bis Francesca sich gestellt hat. Von Vostiza begaben sich die Proveditoren im Juni nach Korinth; Nerio aber gelobte am 28. desselben Monats [78]) vor Salabaia und Erro zu Listrina, eine Strafe von 25,000 Dukaten zu zahlen, falls er Megara nicht überliefere. Noch hielt ihn Asano gefangen, da die Ausführung des Vertrages verzögert wurde; ebenso ward am 1. Sept. [79]) das Ausfuhrverbot von Feigen und Rosinen erneuert, und den Denuncianten in gewohnter Weise die Hälfte des Strafgeldes zugesagt. Da erst fügte sich Agnese; Megara erhielt venetianische Besatzung unter einem Castellan, und Nerio ward Ende 1390 seiner Haft entledigt; doch ward jenes Verbot erst am 30. Juni 1391 [80]) aufgehoben. Nun bemühte er sich allerdings, Argos von seinem Schwiegersohne zurückzuerlangen; doch dieser bestand hartnäckig auf seinem Willen. Da nun die Einfälle der Türken sich häuften, und selbst Nauplion von ihnen geplündert und lange blokirt wurde [81]), konnte Venedig die Sache vor der Hand nicht mit dem nöthigen Nachdruck verfolgen.

Während dieser Wirren hatte Amadeus von Savoyen den Peloponnesos nicht aus den Augen verloren. Peter Rochette war im October 1390 [82]) bei Theodoros I., um mit ihm wegen Erlangung des Fürstenthums zu verhandeln; dann folgten andere Gesandte, während Andronikos Sophianos als Bevollmächtigter des Despoten nach Piemont ging. Im December [83]) schien die Sache abgeschlossen zu sein; am 11. des Monats bevollmächtigten die Notabeln zu Andrusa, Bischof Peter von Korone, S. Superan, Zaccaria, Jakob von Ariel, Vertreter des Teutschordenspräceptors Schoppe, Johann Biristia, Le Moyne de Bolay, Nikolaus Lefort, Johann Cucla im Namen der ganzen Compagnie den Bartolommeo Bonvino, Jacopo Seazani, genannt Rosomira, und Giovanello Rostagno, sich zu Amadeus zu begeben und mit ihm wegen Uebergabe des Fürstenthums zu verhandeln. Sie trafen am 21. Febr. 1391 [84]) bei ihm ein und blieben bis zum 30. Juni, von ihm hoch gehalten und reich verpflegt. Allein ihre Unterhandlungen verzögerten sich, da Venedig im April [85]) dem Fürsten schrieb, Theodoros restituire nicht nur nicht seinen Raub, sondern habe sogar im Februar das Fürstenthum geplündert und Hirten und Heerden fortgeschleppt. Das bestimmte Amadeus, den Rochette, der jüngst von Theodoros' Hofe zu ihm gekommen, schleunigst zurückzusenden und ihm deshalb Vorstellungen zu machen; bald darauf gingen seine Gesandten Dr. Antonio Fava und Bertino Provana von Villars mit Rostagno und Bonvino nach Venedig, um dort mit Zustimmung der Republik Alles ins Reine zu bringen. Sie fanden da zugleich jene Abgeordneten Nerio's [86]), den Bischof von Argos und einen andern, welche baten, ihrem Herrn einen Theil der sequestrirten Waaren oder des daraus gelösten Geldes zu geben, um Truppen damit zu besolden, ihm zu gestatten, Waffen auszuführen, ihn, falls Amadeus — dem er gern huldigen wolle — komme, als venetianischen Bürger demselben gegenüber zu schützen, sowie dem Castellan der Burg Megara die Einmischung in die Verwaltung der Stadt zu verbieten. Alle diese Bitten wurden mit Ausnahme der ersten gewährt; auch ein Proceß, wegen dessen Nerio's unehelicher Sohn Antonio in Negroponte festgehalten worden, sollte erledigt werden; im Uebrigen ward er ermahnt, sich gut zu führen. Bald aber änderte sich seine Stellung zu dem Fürsten Amadeus, indem König Ladislaus von Neapel, der sich noch immer als legitimen Herrn Achaia's ansah, am 21. Mai 1391 [87]) den Nerio zum Bailli von Achaia und Lepanto ernannte und ihn ermächtigte, sobald er dem Erzbischof Paul von Patras den Eid der Treue geleistet, mit unbeschränkter Vollmacht dort zu schalten. Doch machte Nerio wol von der neuen Würde keinen Gebrauch; das Land verblieb dem S. Superan und seinem „Gefolge." Er hielt sich demnächst Jahre lang ruhig in seinem Herzogthume, auf das damals die Aragonier wieder Prätension erhoben. Maria, Martin I. und Martin II. hatten am 1. Sept. 1392 [88]) erklärt, die Herzogthümer Athen und Neopatrá wären nun schon lange vom Reiche abgerissen und tyrannischen Usurpatoren zur Beute geworden; damit dieselben recuperirt würden, ernannten sie den Peter V. de Fenouillet, Vicomte von Ille und Canet (gest. 1423), der ihnen in Sicilien wichtige Dienste geleistet, auf Lebenszeit zum Generalvicar. Doch gelang es ihm nicht, dort festen Fuß zu fassen; den Cataloniern blieb in Attika nur die Johanniter-Commende (mit der von Negroponte und Karystos) eigen, mit der u. a. im Juni 1392 [89]) Ramon de Mallorca auf Lebenszeit begabt wurde, und die nach seiner Resignation 1401 [90]) Martin d'Aynar erhielt, obgleich die italienische Zunge des Ordens dieselbe beanspruchte.

Am 5. Juni 1391 [91]) war endlich durch Vermittelung des Erard Vaslaris zu Venedig zwischen den Navarresen und Amadeus ein Vertrag abgeschlossen worden. S. Superan hatte erklärt, er habe einst das Banner des Fürstenthums aus der Hand des Kaisers Jakob von Baux erhalten und gelobt, dasselbe nicht aufzugeben, bis sich der rechte Erbe melde. Mit Mühe und großen Kosten habe er Jahre lang das Land gegen zahlreiche Feinde geschirmt; daher sei es billig, daß ihm auch sein Lohn werde. Demnach sollten ihm und der Compagnie alle Besitzungen, die sie in Achaia gewonnen, mit Ausnahme der Domainen, als Lehen verbleiben; wolle einer der Vasallen das Land verlassen, so dürfe er frei über sein Lehen verfügen, nur daß dem Fürsten das Vorkaufsrecht

78) Ebenda fol. 459. 79) Misti XLI. fol. 241 v, 257. 80) Misti XLI. fol. 365 v; XLII. fol. 173. 81) Ebenda XLI. fol. 293. 82) *Acaja*, Mazzo III. no. 7. opp. 1—2, 4—6. 83) Ebenda III, 5. 84) Chambre des comptes. Compte de J. Deloannes (Inv. 75. f. 12. n. 45). 85) Secreti C. fol. 65, 66 v, 67 v. 86) Misti XLI. fol. 330, 334 rv.

87) Reg. Ang. no. 361. (1390. A.) fol. 65. 88) Reg. Cancell. no. 17. (1392.) fol. 59 v, 62, 178 v. 89) Libri bullarum no. 11. (1392.) fol. 127. 90) Ebenda no. 16. (1401.) fol. 159 v, 163 v, 164 v. 91) *Acaja*, Mazzo III. n. 6. (Oefters fehlerhaft gedruckt, z. B. bei *Buchon*, Rech. et mat. I, 253 seq.)

bleibe. Sie dürfen ferner einen Theil ihrer Besitzungen — nur keine Festung — den Klöstern der Minoriten und Dominikaner in Klarenza vermachen; doch haben die Mönche dieselben sofort an Laien zu verkaufen, damit sie nicht in die todte Hand fallen. Alle von Maletto und Peter gefällten Rechtssprüche bleiben in Kraft; eine allgemeine Amnestie wird proclamirt, von der nur Manuele Alamanno Negri ausgeschlossen bleibt, der Mörder des frühern Capitains Berardo Barvassa. Amadeus bestätigt dem Nerio Acciajuoli die Castellanie Korinth, zahlt der Compagnie 25,000 Dukaten, sendet bis August 150 Reiter und 400 Mann zu Fuß, und verpflichtet sich, baldigst in Person zu erscheinen. Nachdem dies stipulirt, gingen die Gesandten S. Superan's heim nach Morea; Amadeus aber warb bereits im Juli zahlreiche Söldner für die Expedition und sandte im August den Joannes Laskaris, „Grafen von Kephalenia," nach Venedig, um die nöthigen Schiffe und Subsidien zu erlangen. Dort aber fand er nicht die gewünschte Unterstützung. Die Republik, die fortwährend wegen Argos agitirte, hatte ungern vernommen, daß S. Superan jüngst Frieden mit Theodoros geschlossen; die Hoffnung, daß man die albanesischen Colonisten des Landes gegen den Despoten verwenden könne, erwies sich als trügerisch, da dieselben von Theodoros ganz besonders privilegirt und bevorzugt wurden. Nun hatte der Bischof von Argos im Juli [92]) dem Senat eröffnet, Theodoros sei nicht abgeneigt, auf Argos, Nauplion, Kiveri und Thermisi zu verzichten, falls man seine flüchtigen Bauern nicht dort aufnehme, noch seine rebellischen Archonten unterstütze oder von ihnen Burgen, die sie ergeben wollten, annähme; er und Nerio baten, Vasilipotamo und Megara zurückzugeben. Daneben entblödete sich der Bischof nicht, zu bemerken, daß der Despot „bedürftig und habgierig" sei und gern ein Stück Geld für Abtretung von Argos nehmen möchte. Obgleich Venedig zögerte, auf letztere Bedingung einzugehen, sah es doch deutlich genug, daß die Befestigung des Amadeus, der an die Stelle der bis dahin so treuen Navaresen treten sollte, seinem Interesse nicht eben förderlich sei; der Briefwechsel zwischen ihm und dem Despoten war der Republik wol auch nicht entgangen; der Vertrag endlich, den Nerio am 29. Dec. 1391 [93]) zu Athen „in der Kapelle seines Palastes" vor den Notaren Demetrios Rendi und Nikolaos Mauro mit den Gesandten des Fürsten Fava und Bevvana abschloß, war geradezu gegen die gerichtet, welche Amadeus gerufen. Denn Nerio, „Herr von Korinth und den Herzogthümern Athen und Neopatras," verpflichtete sich darin, dem Amadeus mit Geld und aller Macht beizustehen, um Morea den Navaresen und sonstigen Usurpatoren zu entreißen und nicht zu ruhen, bis dieselben aus dem Lande getrieben; auch Theodoros sollte dazu sein Contingent stellen, ihm aber dafür sein ganzes Land garantirt bleiben. Für sich selbst forderte er Restitution sämmtlicher Güter des Großseneschalls Nikolo, namentlich das wichtige Vostitza, das ihm die Compagnie entrissen; doch sollte, so hieß es zuletzt zur Beruhigung Venedigs, das Bündniß der Republik nicht präjudiciren. Trotzdem hatte Venedig auf diese Sache ein wachsames Auge; es hintertrieb die Rüstungen des Amadeus, indem es ihm die nöthigen Schiffe verweigerte; mit dem Jahre 1391 endeten seine Prätensionen. Doch liegt uns aus derselben Zeit [94]) noch ein höchst wichtiges Document vor, die letzte detaillirte Lehensrolle des Fürstenthums, die für Amadeus von seinem Gesandten aufgestellt ist. Sie zerfällt in zwei Theile; ein Verzeichniß der Burgen, die zu den Domainen gehören, mit über 2300, die den Baronen eigen, mit über 1900 Feuerstellen, und eine Notiz über die großen Vasallen des Fürstenthums. Als letztere werden genannt die Herzoge von Athen, Naxos, Leukadia, der Markgraf von Bodoniza, der Graf von Kephalenia, die Gräfin von Salona, der Herr von Arkadia, die Insel Negroponte, der Herr von Chalandritza, die Baronie Patra, die Bischöfe von Modone, Korone und Olenos, die Präceptoren der Marianer und der Johanniter. Was die Domainen anbelangt, so ist, während Maina den Griechen gehört (mit 40 Feuerstellen), der beste Theil derselben in der Hand des Vicars S. Superan; so Klarenza (300 F.), Beauvoir (50), St. Omer (500), Andrusa (300), Kalamata (300); in Skorta besitzt der Herr von Arkadia Bosseriet (100), Siderokastro (150), la Prava (200); Clermont hat Bartolommeo Bonvino, Beauregard (30) Le Moyne de Polay, der zugleich mit Johann d'Anne über Zonklon gebietet. Von den baronialen Lehen hat sich gleichfalls S. Superan die besten zugeeignet; er besitzt Vostitza (200), la Veguche (40), St. Elias (40), St. Archangelos (100), Neokastron (300; Statthalter Nikolaus von Tarent), Vlaltos (200; St. Johann de Villart), Voreos (100; St. Jakob von Kypros, kein Prinz aus dem Hause Lusignan, wie Buchon fabelt), und aus dem Nachlasse des Johann Misito Grevene (200), Dariada (100) und Molines (40), während Lestala, das letzterem gleichfalls gehört hatte (40), dem Vertronat Mola zugewiesen ist. Oriolo (120) besitzt der Bruder des Asano Zaccaria durch Heirath; die übrigen Feudalherren Hugo d'Alez von Gastuni (30), Perrot d'Ulnay von Gojenitza (50), Johann d'Avan (Avne) von Christiana (80), Johana d'Agoult von Mandritza (100), Le Moyne de Polay von Alova (100), Nikolaus Lefort von Vicerra (40), Nikolaus Moche, Peter Gros von la Glace (25) und Wilhelm de la Forest von Phanarion (150) waren dagegen meist Mitglieder der Compagnie, die als Gefolgsmannen des Vicars die erledigten Lehen längst ausgestorbener französischer und neapolitanischer Barone occupirt halten. Von den alten feudalen Namen findet sich um diese Zeit auch nicht mehr ein einziger im Lande; eine Uebersicht über die letzten Inhaber der großen Baronien folgt am Schlusse dieses Capitels.

Nachdem Amadeus sich zurückgezogen — nur scheinbar respectirte Venedig noch sein Anrecht —, blieb der

92) Secreti C. fol. 68, 69. 93) [illegible], Magno III. n. 8.

94) Ebenda III. n. 16 (ungenau bei *Buchon*, Rech. et mat. I, 266—279 und anderswo).

Peloponnesos zwischen den Navarresen, Theodoros, Nerio und Venedig getheilt. Die Unsicherheit in den Gewässern nahm von Jahr zu Jahr zu; catalonische Piratenschiffe plünderten fortwährend im Golfe bei Patrá und Marenza [95]). Dazu kamen die wiederholten Einfälle der Türken, die Venedig nöthigten, stets auf der Hut zu sein und neue Truppen und Galeeren nach Nauplion zu senden. Mit Theodoros wurden die Unterhandlungen wegen Argos auch 1392 [96]) fortgesetzt, doch ohne Erfolg; gewöhnlich reichten die seinen Gesandten ausgestellten Vollmachten nicht aus. Die Fehden zwischen ihm und den Navarresen erneuerten sich ebenso fortwährend; im Februar ermächtigte der Senat seine Castellane, den Frieden zu vermitteln, doch nur unter der Bedingung, daß Argos zurückgegeben werde. Nun hatte Theodoros seinen Leuten verboten, mit ihren Waaren nach Modone und Korone zu gehen, zu nicht geringem Schaden der Colonie; man griff zu Retorsionen und verbot den Venetianern jede Handelsreise in das Gebiet des Despoten [97]). Mit den Navarresen hielt man dagegen gute Nachbarschaft; obgleich wegen der Bauern aus der Colonie, die auf das Gebiet des Vicars geflüchtet waren, gelegentlich Streitigkeiten obwalteten, blieben doch die alten Verträge in Kraft; nur daß Venedig im November [98]) erwog, ob man nicht, da die Compagnie sich in Verlegenheit befinde, wohl daran thue, wegen Ankaufs von Zonklon dem Vicar neue Vorschläge zu machen. Letzterer aber war, als das betreffende Schreiben einlief, abwesend; wahrscheinlich hatte er sich an den Hof Bajesid's I. begeben, um dessen Beistand gegen den Despoten anzurufen. Er hatte die Verwaltung des Fürstenthums dem Großkomthur des teutschen Ordens, dem in Mostenitza residirenden Rudolf Schoppe, übertragen und denselben ermahnt, sich ganz nach Venedigs Willen zu richten. Schoppe bat nun im Februar 1393 [99]), ihm wenigstens 25 Schützen, im Falle eines Krieges aber 50 zu liefern; dafür wollte er gern die Abtretung von Zonklon vermitteln. Doch mochte die Republik wol für den Schutz von Euböa bedacht sein, da die Türken gegen Attika rüsteten, um Nerio und dessen Schwiegersohn zur Unterwürfigkeit zu zwingen. Die letztern hatte auch den Erzbischof Paul Foscari von Patrá in ihr Interesse gezogen; Nerio stützte sich dabei auf das Patent des Ladislaus, das ihn zum Baili Achaia's bestellte. Während Venedig deshalb dem Foscari mißbilligend schrieb, ersuchte man Schoppe, dem neuen Bischof von Modone (Venetianer, wie sein Vorgänger) Ludwig Morosini sein Stift unverkürzt zu übergeben; am 8. April 1394 [1]) ward derselbe aufs Neue dem S. Superan empfohlen. Letzterer, von seiner Fahrt zurückgekehrt, bat schon ein Jahr früher, ihm Bürgerrecht zu verleihen und zu gestatten, daß er das Banner des heiligen Marcus aufpflanze; aber man begnügte sich damit, ihm am 11. März 1393 [2]) eine Galeere zur Disposition zu stellen und Schutz gegen fremde Prätendenten zu verheißen; im Uebrigen wies man ihn an Amadeus, den man ganz bequem hier als Fürsten von Morea vorschob, und traf neue Sicherheitsmaßregeln für Modone, „der Republik rechte Hand." Das war um so nothwendiger, als die Türken jüngst mit gewaltiger Heeresmacht nicht nur Attika heimgesucht hatten, sondern selbst in den Peloponnesos eingebrochen waren.

Seit der Schlacht von Kossovo war die Macht der Osmanen in fortwährendem Wachsen begriffen; das Serbenreich, ihnen tributair, hing ganz von dem tapfern Ewrenosbeg ab, der als Pascha für den neuen Sultan Bajesid in Serrä schaltete; auch das Fürstenthum der Walachei ward 1391 in die Zinsregister der Pforte eingetragen. Gegenüber den Türken spielten die Paläologen die kläglichste Rolle; Kaiser Joannes V. mußte sogar seinen Sohn Manuel als Geisel in das Lager Bajesid's senden und zusehen, wie derselbe, als Führer eines byzantinischen Truppencorps, die letzte griechische Freistadt in Kleinasien Philadelphia für den Reichsfeind eroberte. Das Kaiserthum war auf die engsten Grenzen reducirt; Thessalonich, das dem Prinzen Joannes, dem Sohne des Andronikos IV., als Apanage übergeben war und von dem wackern Demetrios Laskaris Leontarios verwaltet wurde, hatte bereits im April 1387 [3]) eine vorübergehende Occupation durch die Türken erfahren [4]); am 26. Mai 1391 fiel es aufs Neue, wenn auch nur vorübergehend, in Türkenhand. Unterdessen hatte Kaiser Joannes Anfangs 1390 den Manuel Kavasilas nach Genua um Beistand gesandt [5]); der Umstand, daß er seine uneheliche Tochter Isabella einem dortigen Patricier, Ilario Doria, der 1392 zur griechischen Kirche übertrat, zur Gattin gegeben [6]), schien das Band zwischen ihm und dieser Republik nur noch mehr zu befestigen. Dagegen sandte Venedig im Februar 1390 [7]) den Francesco Quirini an Bajesid mit dem Auftrage, die Anschuldigung, als hätten Galeeren der Republik den Sultan geschädigt, dahin zu widerlegen, daß der Herzog von Naxos der Schuldige sei, und zugleich jenen zur Intervention gegen Theodoros in Argos zu veranlassen — ein höchst gefährliches Experiment, von dem man doch wol bald Abstand nahm. Dagegen schloß der Gesandte im Mai [8]) einen Handelsvertrag mit der Pforte ab, dem auch Chibe, Fürst von Palatia und Altoluogo, beitrat. Im April [9]) war auch bereits ein neuer Gesandter nach Constantinopel gegangen, um den alten Waffenstillstand zu verlängern; dort eingetroffen, fand er, daß jüngst eine Thronrevolution erfolgt war. Joannes VII. von Thessalonich, der in der Hauptstadt noch immer eine Partei besaß, hatte sich gegen

95) Misti XLII. fol. 152v, 176. 96) Secreti C. fol. 71v—72; Misti XLII. fol. 91. 97) Misti XLII. fol. 110. 98) Ebenda fol. 138v; Secreti C. fol. 75v. 99) Secreti C. fol. 78v.

1) Misti XLII. fol. 387.

2) Secreti C. fol. 79v; Misti XLII. fol. 304. 3) Ducas cap. 23. p. 133. 4) Chron. Byzant. bei *Müller* p. 61; Nota ad Ducam p. 557. 5) Quad. di Teramo Maiolo (Pandette Richeriane B. fasc. 89. v. 3). 6) Historia politica Cpoleos (ed. Bonn.) p. 5; *Miklosich* und *Müller* II, 164. n. CCCCXXX. 7) Misti XLI. fol. 146v, 148. 8) Commemoriali Vol. VIII. fol. 376. 9) Misti XLI. fol. 190v, 210.

den Großvater empört und denselben am 14. April [10]) entthront; fünf Monate lang führte er das Scepter. Da ihm an Venedigs gutem Willen viel gelegen schien, willigte er schon am 2. Juni [11]) in eine Verlängerung der Waffenruhe auf weitere fünf Jahre; seine Mutter Kyratza begab sich in Person nach Venedig, wo ihr wie einer legitimen Kaiserin begegnet ward [12]). Aber die Herrlichkeit dauerte nicht lange; Manuel entwich aus dem Türkenlager, stürzte den Usurpator und hielt im September seinen Einzug durch das goldene Thor. So ward Joannes V. restituirt, der alsbald zur Erneuerung der Freundschaft den Demetrios Kydones nach Venedig sandte; die Republik verlieh am 20. Jan. 1391 [13]) dem gelehrten Rhetor ihr Bürgerrecht. Ehe indessen der Vertrag erneuert, starb Kaiser Joannes V.; am 16. Febr. ward er in der Kirche Hodegu beigesetzt. Ihm folgte der bisherige Mitregent Manuel II. (1391—1425), arg von Bajezid bestürmt, der alles Land von Panion bis an die Mauern der Hauptstadt verheerte, Thessalonich occupirte [14]) und endlich nur Frieden schloß, um gegen seine asiatischen Mitbewerber, die andern Seldjuken-Fürsten, freie Hand zu haben. Während Pantaleone Barbo 1392 [15]) von Manuel einen Schadenersatz forderte — noch 1398 erforderte die Verhaftung venetianischer Bürger in Thessalonich Repressalien [16]) —, plünderte die Flotte Bajezid's die Inseln des Archipels und bedrohte zugleich Euböa und die Beni Isfendiar in Sinope [17]); Ewrenosbeg aber brach von Serrä aus in Thessalien und Attika ein und verheerte alles Flachland [18]). Man hat daher nicht nur im März 1392 [19]) den Sultan, Euböa als Freundesland zu respectiren, sondern traf auch dort alle Anstalten zur Abwehr der Freibeuter. Eine Galeere aus Kreta sollte vom Hafen Quaglie den ganzen Archipel durchkreuzen; dem Admiral ward, um ihn eifriger zu interessiren, das erste gekaperte Schiff zum Eigenthum verheißen; Thürme und Mauern wurden in Vertheidigungszustand gesetzt. Bedenklich war auch, daß König Ladislaus von Neapel Ende desselben Jahres [20]) sich an Timurtasch und Jakubpascha, des Sultans Günstlinge und „seine theuersten Freunde," wandte und durch sie Bajezid zu bestimmen suchte, wegen Occupation von Korfu gegen Venedig einzuschreiten.

Doch richtete sich der Sturm der Osmanen in diesem und dem folgenden Jahre zumeist gegen Attika. Nerio hatte den griechischen Metropoliten von Athen, Dorotheos, der zugleich die Kirchen von Theben und Neopaträ verwaltete, beschuldigt, die Türken gerufen und ihnen die Schätze seiner Kirche versprochen zu haben; Dorotheos, der erste Grieche, der wieder dort seit Michael von Chonä residirt hatte — denn die Franzosen und Katalonier duldeten keinen griechischen Erzbischof —, war schließlich ausgewiesen worden; zugleich hatte der Landesherr bei der Synode die Ernennung zwei neuer Metropoliten beantragt, von denen einer der Kirche von Athen, der andere den beiden übrigen Metropolen vorstehen sollte. Die Synode hatte zwar, überzeugt von des Dorotheos Unschuld, diesem im März 1393 [21]) sämmtliche Kirchen bestätigt, doch fügte sie sich schließlich dem Drängen Nerio's und ernannte den Makarios zum Erzbischof von Athen, ein böser Tausch, wie wir hernach sehen werden. Schon im Mai 1393 [22]) fiel Ewrenosbeg in Attika ein, plünderte und sengte und nöthigte schließlich Nerio, der Pforte tributpflichtig zu werden. Als sein Gesandter, Erzbischof Ludwig Aliotto von Athen, sich deshalb an Venedig wandte, warf man ihm vor, daß sein Schwiegersohn Theodoros noch immer Argos besetzt hielte, und seine Thaten wenig zu seinen Worten stimmten; trotzdem aber wolle man aus Rücksicht auf Florenz und seinen Bruder Donato die Ausfuhr von Feigen aus dem Herzogthume gestatten [23]). Von Venedig begab sich der Gesandte Nerio's zum Papst und flehte ihn an, gegen die in Achaia und Attika hausenden Türken einen Kreuzzug predigen zu lassen; und wirklich befahl der Papst am 3. Jan. 1394 [24]) nicht nur dem Erzbischof Johann von Neopaträ, ganz Griechenland und die Slawenländer unter die Fahnen des Kreuzes zu rufen, sondern suchte auch den Occident für die gute Sache zu gewinnen. Von der Curie eilte Aliotto zu Ladislaus von Neapel, um die alten, lange unterbrochenen Beziehungen zwischen den Angioinen und den Acciajuoli zu erneuern. Mit Recht fürchtete er, daß S. Superan, der schon wiederholt mit den Türken unterhandelt, darnach strebe, sich selbst zum Fürsten von ganz Morea zu machen, den Theodoros zu verdrängen und ihn wie seinen und des Landes Vasallen zu behandeln. Ladislaus, als legitimer Fürst von Achaia, als welcher er ja 1391 den Nerio zu seinem Baili bestellt, sollte wenigstens Attika von der frühern Lehensoberhoheit des Fürsten von Achaia befreien. Dazu verstand sich denn Ladislaus leicht; zunächst enthob er den Nerio seines Amtes als Baili, und übertrug dann letzteres am 14. Jan. 1394 [25]) seinem Bruder, dem Cardinal Angelo Acciajuoli; ihm selbst aber bestätigte er wegen seiner Verdienste um seinen Vater Karl III. und seine eigene Person am 11. Jan. [26]) nicht nur Athen und seine Besitzungen in Achaia, sondern verlieh ihm auch den Herzogstitel, und bestimmte, daß er für seine Lande nur ihm, dem Könige, Lehenstreue schuldig sein solle. Tags darauf [27]) befahl er dem Angelo, in seinem Namen den Herzog Nerio I. mit dem goldenen Ringe zu belehnen; da derselbe nur Töchter und einen illegitimen Sohn hatte, substituirte er ihm zugleich in

10) Chron. Byzant. bei Müller p. 60. 11) Boste: Costantinopoli; Commemoriali Vol. VIII. fol. 485 v—490 v; Miklosich und Müller III, 135—144. n. XXXIII. 12) Misti XLI. fol. 222 v. 13) Privileggi Vol. I. fol. 94. 14) Ducas cap. 13. p. 47. 15) Sindicati Vol. I. fol. 142. 16) Misti XLII. fol. 339. 17) Ebenda fol. 121 v. 18) Durio a. a. O.; Andr. Cambini, Dell' origine de' Turchi bei Sansovino fol. 143. 19) Misti XLII. fol. 100 v, 102 v. 20) Reg. Ang. no. 363. (1392—93.) fol. 89, 165 v.

21) Miklosich und Müller II, 165. n. CCCCXXXV. 22) Raspe Vol. V. p. I. fol. 35. 23) Misti XLII. fol. 293. 24) Raynaldi z. J. 1394. n. 23. 25) Buchon, Nouv. rech. II, 294—296; dipl. Florent. n. XLIV. 26) Ebenda II, 293—298; dipl. Florent. n. XLI. 27) Ebenda II, 232—234; dipl. Florent. n. XLIII.

dem Herzogthume seinen Bruder Donato und dessen eheliche Descendenz [28]). So ward denn 1394 für den florentinischen Parvenu der alte Titel der de la Roche und Brienne erneuert; der letzte Schein von Lehenshoheit des Fürsten von Achaia über das Herzogthum Athen ward damit begraben. Daß S. Cyprian diese Aenderung nicht gleichgültig ansah, läßt sich denken; Anfangs 1394 begab er sich zu Bajesid, um dessen Schutz gegen Nerio und den Despoten anzurufen. Die Türken rüsteten; Venedig traf Vorkehrungen zum Schutz von Euböa, Modone und Korone, beruhigte sich jedoch, da die Türken nach kurzer Raubfahrt bereits im Juli 1394 [29]) nach Nordgriechenland zurückgekehrt waren. Mit dem Vicar hielt man nach wie vor Freundschaft, obgleich Schwierigkeiten, die derselbe dem Bischofe von Modone bei Besitznahme von seinem Sprengel bereitete, zuweilen das Einvernehmen zu trüben drohten; man suchte auch schließlich, nachdem Theodoros sich endlich gefügt, die Eintracht zwischen den streitenden Prätendenten herzustellen. Dabei war Venedig schon deshalb interessirt, weil der Erzbischof Paul Foscari von Patras Anfangs 1394 [30]) gestorben war, und nicht ohne Grund befürchtet wurde, daß ein der Republik Fremder sein Nachfolger werden könnte. Auf Bitten der Kanoniker und des Capitains empfahl Venedig die Stadt am 24. Juli [31]) dem Golfcapitain, mahnte aber zugleich alle zur Einigkeit gegen die Feinde des Fürstenthums. Zum Nachfolger Foscari's ernannte der Papst den Cardinal Angelo II. Acciajuoli (1394—1400), den Bruder Nerio's und Baili von Achaia, indem er ihm das Erzbisthum als Commende übertrug. In seinem Namen bat der Erzbischof von Athen im October 1394 [32]) die Venetianer, ihm bei der Besitznahme behilflich zu sein; man sagte ihm Beistand zu, erklärte aber, da unter den Bürgern der Stadt viel Zwiespalt herrsche — auch unbefriedigte Geldforderungen von Venetianern spielten dabei eine Rolle —, könne man sich nicht ohne Gefahr in die innern Angelegenheiten einmischen. Im Uebrigen stellte sich in dieser Zeit das Verhältniß zwischen Nerio und der Republik ganz anders; nicht nur daß im Juli 1394 [33]) alle Retorsionen gegen ihn aufgehoben wurden, sondern man gestattete auch dem neuen Herzoge, der sich förmlich in Venedigs Schutz begeben, in ihrem Gebiete 25 fremde Schützen zum Schutz seines Landes werben zu können; schließlich walteten bis zu seinem Tode die intimsten Beziehungen ob. Denn endlich war Argos, das so lange der Zankapfel gewesen, venetianisch geworden. Theodoros hatte sich überzeugt, daß er doch auf die Dauer den Navarresen und der Republik zugleich nicht widerstehen könnte, und hatte daher 1394 [34]) den Herzog Francesco I. Crispo von Naxos, der nach Venedig ging, gebeten, in seinem Namen Friedensvorschläge zu machen. Dazu kam, daß seine eigenen Archonten ihm nicht wenig zu schaffen machten. An der Spitze derselben stand Paulos Mamonas, gleich seinem Vater Statthalter von Monembasia, der mit Hilfe der Türken sich selbständig zu machen suchte und deren Truppen in seine Burgen aufgenommen hatte. Mamonas, von dem Despoten bedrängt, wandte sich nun an den Bailo von Euböa und erbot sich, ihm die wichtigste Festung von Morea zu überantworten. Venedig lehnte am 5. März 1394 [35]) aus Angst vor Bajesid ein so vortheilhaftes Anerbieten feige ab, benutzte dasselbe aber dem Despoten gegenüber als Schreckbild [36]). Das wirkte mehr als die Ueberredungskunst des gewandten Pietro Zeno, Herrn von Andros, der sich in Person nach Nauplion begab und den Despoten bestimmte, Gesandte nach Modone und Korone zu senden, wo die Castellane bereits zum Abschluß eines Vertrags bevollmächtigt waren [37]). Am 27. Mai [38]) erschienen daselbst Manuel Frangopulos und Manuel Laskaris Paläologos und schlossen Frieden mit Venedig. Dem Despoten ward völlige Amnestie verbürgt, er selbst und seine Gattin Bartolommea Acciajuoli sollten fortan als Freunde der Republik gelten. Er verpflichtete sich, binnen Monatsfrist Argos und Pertinenzen zu restituiren, wogegen ihm Basilipotamo, dem Nerio aber Megara überliefert werden sollte. Die in Korinth deponirten Gelder seines Schwiegervaters — die dieser ihm am 2. Juni zu Korinth schenkte [39]) — sollten ihm nach Abzug der Kosten für die Besatzung in Megara eingehändigt, auch seine Schuldner in Argos von Venedig zur Zahlung angehalten werden. Er gelobte, alle Piraterie zu ersticken, keine venetianischen Münzen nachzuprägen; dafür versprach Venedig, keinen von seinen und Nerio's Feinden zu unterstützen, wofern Nerio nicht mit den Türken fraternisirte; alle Zwistigkeiten sollten fürderhin durch je 3 von beiden Theilen zu wählende Schiedsrichter geschlichtet werden. Nachdem bereits am 11. Juni [40]) die Uebergabe von Argos erfolgt war, wurden am 26. desselben Monats dem Despoten aus den Geldern Nerio's vorläufig 23,000 Hyperpern gezahlt; im August quittirte Frangopulos dem Pietro Zeno über den Rest von 1704 Dukaten; Megara ward am 2. Juli von dem Castellan Grifono de' Grifoni in Gegenwart des „Spanolinus teutonicus, Vertrauten Nerio's," dem Bevollmächtigten des letztern, Bischof Jakob von Argos, eingehändigt. Alsbald gingen Gesandte Nerio's und Theodoros' nach Venedig, um die Ratification einzuholen; der des letztern bat zugleich [41]), Venedig möge seine Galeeren bei Monembasia kreuzen lassen, da er vorhabe, das ganze Land des Paulos Mamonas durch Unterhandlungen mit dessen Unterthanen zu gewinnen. Venedig beschenkte die Gesandten Theodoros' reichlich und gestattete ihnen auch, kostbare Gewänder zollfrei für ihren Herrn auszuführen [42]); ihr Antrag aber um Beihilfe zur

28) Ebenda II, 228—231; Epist. Florent. a. XLII; Fanelli, Atene Attica p. 280—283. 29) Misti XLII. fol. 381, 387; XLIII. fol. 42, 43, 44 v. 30) Secreti C. fol. 92. 31) Misti XLIII. fol. 44 v. 32) Secreti C. fol. 95 v; Misti XLIII. fol. 136 v. 33) Misti XLIII. fol. 42 v, 43. 34) Secreti C. fol. 91 v.

35) Misti XLII. fol. 376 v. 36) Ebenda XLIII. fol. 70. 37) Sindicati Vol. I. fol. 167. 38) Commemoriali Vol. VIII. fol. 461—467; vergl. Chron. breve p. 516. 39) Commemoriali Vol. VIII. fol. 467 v. 40) Ebenda fol. 469 v—470 r; 470 v—471. 41) Misti XLIII. fol. 41 v. 42) Ebenda fol. 49, 59, 64, 69; Leones fol. 73.

Befestigung des Isthmos, an der auch Nerio und Zeno sich betheiligen wollten, blieb vorläufig unerledigt, so wichtig und nützlich die Sache auch schien, da man erst völlige Eintracht zwischen dem Despoten und S. Superan hergestellt sehen wollte. Gegenüber Venedig hielt Theodoros treu sein Versprechen; als im August 1395 eine Galeere des Despoten aus Monembasia, das er so eben dem Mamonas entrissen, in der Nähe von Milos ein mit Baustelnen für Modone bestimmtes Schiff des Hrvoje von Spalatro gekapert hatte, erfolgte umgehend [43] Satisfaction. Im October 1394 [44]) ward die Verwaltung von Argolis neu geregelt; ein Podestà, zugleich Capitain, Saracino Dandolo, sollte zwei Jahre lang dort fungiren; zwei Castellane wurden ihm untergeordnet; ebenso sollten in Nauplion neben dem Rector ein Castellan für die Stadt, einer für Kiveri sorgen. Die beiden höchsten Befehlshaber sollten einander unterstützen, gemeinsam das Lehenswesen ordnen, auch sich, wie die Castellane von Modone und Korone, mit Geld gegenseitig aushelfen; zur bessern Uebung des lange kriegsentwöhnten Volkes wurden Schützenfeste in Argos und Nauplion arrangirt. Eine definitive Regulirung erfolgte indessen erst im März 1396 [45]), nachdem die Bevölkerung der Plätze, wie üblich, ihre Gesandten mit „Capitelen" nach Venedig geschickt; es handelte sich um die Steuern auf Rosinen, die Stellung der Baillis der Lehensleute, welche über deren Zinsbauern standen, die Jurisdiction des Bischofs über die Leibeigenen der Kirche, die dem Despoten noch von seinen Schuldnern zu zahlenden 7000 Hyperpern und andere Punkte; schließlich ward genehmigt, daß der Bischofssitz, der schon vor 100 Jahren von Argos nach Nauplion verlegt war, an letzterem Orte verbleiben solle.

So hatte Venedig denn auch Argolis endlich erlangt; allein seine Bemühungen, die Eintracht zwischen Theodoros I. und S. Superan herzustellen, scheiterten vollständig. Die Archonten, welche jenem opponirten, namentlich wol Mamonas, lehnten sich an letztern an und hetzten ihn unablässig gegen ihren Herrn auf [46]). Der aber fand stets Beistand bei den Albanesen, deren Einwanderung in Morea, bereits unter Kantakuzenos begonnen, fortgedauert hatte. Gegen 10,000 albanesische Familien waren unter Theodoros I. über den Isthmos gezogen und von ihm, der verödete Plätze neu bevölkern wollte, mit Freudigkeit und Zutrauen aufgenommen worden. Verlassene Städte füllten sich wieder mit neuen Colonisten, Bergland, wo früher nur Räuberhöhlen, ward urbar gemacht; daneben bildeten die Albanesen, ein wildes, kriegerisches Bergvolk, bald den Kern seiner Armee und leisteten ihm willigen Beistand zur Unterdrückung seiner Feinde und der übermüthigen Primaten. Dem gegenüber blieb S. Superan, seitdem Venedig mit Theodoros sich verglichen, keine weitere Zuflucht, als der Beistand der Osmanen. Obgleich die Herrschaft Bajesid's damals schon in Asien durch die Mongolen gefährdet war, fuhr er fort, Constantinopel zu bestürmen; Venedig hatte sogar dem Kaiser Manuel im Juli 1394 [47]) seine Galeeren zur Disposition gestellt, falls er genöthigt würde, aus der Hauptstadt zu flüchten, daneben aber das eigene Interesse nicht vergessen, vielmehr wegen Verkaufs der Insel Lemnos, die Ersatz für Tenedos bieten sollte, verhandelt. Da die Kaufleute der Republik in Kallipolis, Argolis und Attika 1395 viel Schaden erlitten, suchte man eine Allianz mit Manuel auf möglichst fester Grundlage abzuschließen; allein dieselbe scheiterte an dem Geldpunkte bei der notorischen Zahlungsunfähigkeit der Romäer. Bajesid sollte schließlich als Schiedsrichter die Streitigkeiten der Franken und Griechen mit dem Schwerte schlichten. Auf Bitten S. Superan's sandte er bereits Anfangs 1395 den Evrenosbeg, dem er das Paschalik Thessalien, soweit es gewonnen, als erbliches Lehen übertragen, nach Morea; er besetzte das vom Despoten verlassene Misithra und Leondari, die neue unweit der Trümmer des fränkischen Veligourt und des alten Megalopolis gegründete Griechenstadt. Zu ihm stießen alsbald die Truppen der Navaresen, gemeinsam eroberten sie am 9. Febr. Akova. Damit aber glaubte Evrenosbeg seine Mission erfüllt zu haben und kehrte heim, während S. Superan allein, obgleich mit nur geringen Streitkräften versehen, den Despoten verfolgte. Um diesen aber sammelten sich die streitbaren Einwohner von Leondari und die treuen Albanesen; Demetrios Raul übernahm die Führung und überfiel am 4. Juni den sicheren Navaresenhäuptling. S. Superan erlag der Uebermacht; die Seinen wurden geworfen, er selbst mit den moreotischen Archonten, die sich ihm angeschlossen, gefangen; er ergab sich verzweifelnd, „einst ein so hochtrabender Prahler," wie Kaiser Manuel in seinem freilich nur mit Vorsicht zu benutzenden Panegyrikus auf seinen Bruder Theodoros erzählt, dem Trompeter Raul's. Die gefangenen Griechen setzte der Despot, obgleich er wohl wußte, daß sie arge Ränkeschmiede, in Freiheit, um sich bei seinen Unterthanen populair zu machen; den S. Superan aber, sowie den Connetable Asano Zacaria und die andern Franken hielt er gefangen, bis im December für sie Lösegeld gezahlt und des Vicars Tochter als Geisel gestellt war. In ihrer Noth wandten sich die Navaresen aufs Neue an Venedig um Vermittelung. Der gefangene Connetable erklärte, falls die Republik nicht einschreite, werde bald ganz Achaia Beute der Türken oder Griechen werden; er flehte, das Land zu besetzen und zu sichern. Venedig wies ihn an den Papst und den Fürsten des Landes, d. h. Amadeus von Savoyen, schickte aber zugleich den Zanino Giorgio an Theodoros, um die Freilassung des Vicars und der Seinen zu erbitten; derselbe hatte dabei den geheimen Auftrag, Zonklon von S. Superan zu erwerben und ihm nöthigenfalls dafür noch 1000 Dukaten mehr zu bieten, als man ihm anfänglich zugestehen wollte, sowie dem Bischofe von Modone die Rente der Burg Niklitze,

43) Misti XLIII. fol. 258. 44) Ebenda fol. 47, 48, 49, 60, 61. 45) Ebenda fol. 148 v. 46) Ebenda fol. 196, 204; Secreti C. fol. 116 v; Chron. breve p. 516, das diese Ereignisse irrig 1391 setzt; Ducas cap. XIII. p. 49. Am ausführlichsten in Manuel Palaeologus, Oratio funebris p. 1056 seq.

47) Secreti C. fol. 93 v, 102, 112, 126; Misti XLIII. fol. 131 v, 277.

dem Patriarchen von Constantinopel die Kirche von Korone zu sichern[48]). Giorgio sollte den Despoten darauf aufmerksam machen, daß in Folge dieser anhaltenden Fehden das Land sicher bald der Türken Beute werden müsse. Er solle daher den Vicar, Asano und dessen Sohn freilassen; Venedig sei bereit, für sie 50,000 Hyperpern Bürgschaft zu leisten, selbstverständlich gegen pfandweise Ueberlieferung von Zonklon und Vostiza. Eine Allianz könne man zwar unter diesen Umständen mit Theodoros nicht eingehen, doch sei man bereit, ihn bei Befestigung des Isthmos zu unterstützen. Den Mahnungen Venedigs, sowie den Drohungen der Türken fügte sich der Despot; Asperan erlangte die Freiheit wieder, und die Eintracht zwischen den Herren der Halbinsel schien endlich hergestellt zu sein. Doch schloß das nicht aus, daß einzelne Fehden fortdauerten; selbst die Griechen hielten unter sich so wenig Eintracht, daß 1395[48a]) der griechische Metropolit von Patrá die Burg Greveno dem Statthalter Theodoros' Frankopulos entriß, ihn selbst gefangen nahm und das Castell dem Sarakinopulos, einem Feinde des Despoten — vielleicht einem Saracino aus Euböa — übergab. In Modone erregten die Unterschleife und Erpressungen des Castellans Nicolò Zeno in derselben Zeit argen Skandal; er suchte das Testament des Barons Johann Sinisgardo, der den Teutschherrensprăceptor zum Executor ernannt, gegenüber dessen Erben Thomas de Conscia zu fälschen und confiscirte nach dem Tode der Verdela, Wittwe des Johann Mistio, ihre bei ihm deponirten Edelsteine, sich entschieden weigernd, dieselben dem Jakob Grazani Rosomica, dem Schwiegersohne der Verdela, zurückzugeben. Er ward am 24. Jan. 1396[49]) deshalb streng bestraft; seinem Nachfolger aber sandte man Succurs nach Modone[50]), um die Colonie gegen etwaige Repressalien, sowie gegen die Türken sicher zu stellen, die damals alles Ernstes drohten, der feudalen Wirthschaft auf der Halbinsel ein Ende zu machen. Aber auch diesmal beschränkte sich ihr Einbruch auf Thessalien und das Herzogthum Athen, in dem damals große Veränderungen vorgegangen waren.

Herzog Nerio I. Acciajuoli (1385—1394) hatte die Erhebung zur neuen Würde nur wenige Monate überlebt; er war bereits im November 1394 gestorben[51]). Schon bei Jahren und schwer erkrankt, hatte er am 17. Sept.[52]) zu Korinth in Gegenwart seines Arztes Egidenor und seiner nächsten Vertrauten sein Testament gemacht. Sein Leib sollte, so verfügte er darin, in dem Parthenon, der Madonnenkirche, bestattet werden. Derselben hinterläßt er die Stadt Athen nebst Pertinenzen, sowie alle seine Rosse; die Pforten der Kirche sollen aufs Neue mit Silber geziert, alle Edelsteine, Paramente und andere Kostbarkeiten, die einst aus ihr für ihn — wol für seine Auslösung — genommen, zurückerstattet werden. Außer den Kanonici und den bisher dort fungirenden Geistlichen sollen fortwährend 20 lateinische Priester für sein Seelenheil beten; ihr Unterhalt, sowie das Geld zur Herstellung des Parthenon soll aus den Einkünften der Stadt genommen werden; damit aber dies zur Ausführung komme, stellt er die Kirche von Athen unter den Schutz der Republik Venedig. Auch den Kirchen von Korinth und anderswo sollen alle weggenommenen Paramente ersetzt werden; ein goldenes Kreuz mit Smaragden und andere Kleinodien werden der Kirche von Argos bestimmt. Dem dortigen Bischof sind 250 Dukaten zu erstatten, die Nerio zu der Zeit, als derselbe Vicar des Erzbisthums Athen war, aus der Einnahme des letztern an sich nahm; dem Erzbischofe Nilotto werden 100 ausgesetzt; alle Kirchen, die säcularisirt waren, sollen nach Ablauf des Pachttermins ihren Prälaten zurückgegeben werden. Seine sämmtlichen Gläubiger sind zu befriedigen; seine Heerden, mit Ausnahme der Rosse, sind zu verkaufen, und ist der Erlös in der Bank von Florenz zu deponiren und dann nach Abzug der ausgesetzten Legate in drei Theile zu theilen, einen für die Kirche zu Florenz, einen zweiten für Ausstattung armer Verwaisten, den dritten zur Unterstützung seines Geschlechts. Dann folgen die speciellen Bestimmungen, zunächst die Erklärung, daß Maria Rendi, Tochter des bereits 1366 erwähnten Notars Demetrios, als frei gelten und alle ihre Güter in Ruhe besitzen solle. Seinem Bruder Donato hinterläßt er seine Güter in Florenz und 250 Dukaten, dem Donato di Odoardo 200, dem Monte Acciajuoli und seiner Gattin aus den Besitzungen des Wilhelm Arnault 1000; doch haben sie die Töchter des letztern auszustatten; Giovanni Cremolissi, ein alter Gläubiger, ist zu befriedigen. Seinem unehelichen Sohne Antonio — den er mit der zuerst genannten Maria Rendi erzeugt — bleibt Theben und das Castell Livadia; Beltranello de Salahala, einer der Navarresen, soll, was er früher in Attika besaß, zurückerhalten. Für die Verheirathung seiner Verwandten Lucia, des Saracino Tochter, bestimmt er 1000 Hyperpern als Aussteuer; seine Diener endlich werden reich bedacht. Was er in Argos besitzt, soll für ein Armenhospital verwandt werden, das unter Verwaltung seiner Erben, des venetianischen Gouverneurs und des Bischofs von Argos stehen soll, welcher letztere auch die Aufsicht über das von ihm gestiftete Nonnenkloster zu Nauplion führen wird. Seine älteste Tochter Bartolommea, des Despoten Theodoros Gattin, ist abgefunden; er erläßt ihrem Gemahl die Rückzahlung von 9700 Dukaten, die dieser aus seinem Depositum in Korinth nahm; zum Universalerben ernennt er dagegen die jüngere Tochter Francesca, Gattin des Herzogs Carlo I. Tocco, der außer der Summe von 30,000 Hyperpern die Castelle Megara und Basilikata zunächst, und falls sie Erben hinterläßt, der Rest seiner Lande verbleiben soll; doch kann dieser Fall schon binnen 3 Jahren eintreten, auch wenn sie kinderlos bleibt. Will der Grafschaft ihr die Pfandsumme für Korinth wiedergeben, so hat sie die Castellanie ihm abzutreten. Zu Executoren ernennt

48) Misti XLIII. fol. 198, 204. 48a) Miklosich und Müller II, 249. n. CDXCIII. 49) Raspe V. p. I. fol. 44. 50) Misti XLIII. fol. 292 v. 51) Chalcocondylas Lib. IV. p. 207—208; 213 seq.; Jac. Godd., Elogia historica n. VIII. p. 42—47; Lami, Deliciae eruditorum. Tom. IV. p. CXX—CXXVI und die zu citirenden Urkunden. 52) Buchon, Nouv. rech. II, 254—261; dipl. Florent. n. XLVIII.

Nerio seine Tochter Francesca, seine Schwester Gismonda Acciajuoli, Gattin des Matteo d'Ascoli von Castelurbano, die sich im April 1393 [53]) zu ihm nach Korinth begeben, den Bischof von Argos, Mante Acciajuoli, Gerardo di Piso und seinen Bruder Donato Acciajuoli, falls sie im Lande weile, und den Matteo de Montona, Castellan von Athen; falls noch andere Verwandte aus Florenz herbeikommen und neben jenen als Executoren fungiren wollen, sollen jedem 200 Dukaten gezahlt werden. Im Uebrigen empfiehlt er seinen letzten Willen und sein ganzes Land der Republik Venedig, damit jener geachtet, dieses geschirmt werde. Bald darauf starb der Herzog; eine Kopie seines Testaments sandte der Doge Venier am 4. Dec. 1394 [54]) zur Information seiner Verwandten nach Florenz, damit dieselben die nöthigen Schritte zur Erfüllung desselben thäten.

Allein kaum hatte Nerio die Augen geschlossen, als ein heftiger Streit über seine Erbschaft ausbrach. Während Antonio I. (1394—1435) ruhig den Besitz von Böotien antrat, war die Frage, was aus Athen werden sollte, schwer zu entscheiden. Die Stadt hatte anscheinend ihre alte Freiheit wiedererlangt; wie vor Zeiten dort Pallas Athene geherrscht, so sollte die Madonna, die in dem Parthenon an ihre Stelle getreten war, fortan alleinige Gebieterin und Schutzpatronin sein, ein romantischer Gedanke, der aber in dem Kopfe Nerio's gar wohl entstehen konnte. Nur daß der Protection Venedigs dabei gedacht war, und die Republik deshalb vor Allem sich verpflichtet glaubte, die Rechte der Madonna gegenüber den Prätensionen der natürlichen Erben Nerio's zu vertheidigen. Ferner war der Punkt wegen der Nachfolge der Herzogin Francesca zu geeignet, um andere Auslegungen aufkommen zu lassen; genug Carlo Tocco, nicht zufrieden mit Megara und Basilikata, beanspruchte die Nachfolge im ganzen Herzogthume [55]). Gleich nach des Schwiegervaters Tode eilte er nach Korinth und forderte die dort weilenden Executoren Donato di Odoardo und Gismonda Acciajuoli auf, ihm die Castellanie zu übergeben. Dieselben verlangten zuvor, daß er schriftlich sich verpflichte, alle in Nerio's Testamente ausgesetzten Legate zu zahlen, sowie die übrigen Bestimmungen desselben zu erfüllen. Tocco gelobte dies in Gegenwart von Zeugen und lud dann jene beiden ein, ihn nach Kephalenia zu begleiten. Dort forderte er von ihnen die eben ausgestellte Urkunde zurück; sie erklärten, dieselbe dem Bruder des Herzogs, Donato, den Ladislaus von Neapel ja zum Nachfolger im Herzogthume bestimmt hatte, übersandt zu haben; aber Tocco zwang sie, eine Urkunde mit der Erklärung auszustellen, daß er alle erforderlichen Bedingungen erfüllt habe; erst dann wurden sie entlassen. Gismonda, Donato und Gerardo di Piso eilten nach Venedig und protestirten dort am 1. Sept. 1395 [56]) gegen solche Gewalt; am 16. desselben Monats [57]) wiederholten sie, vom Erzbischofe Ludwig Aliotto von Athen und andern unterstützt, dieselbe Erklärung in Florenz. So sah sich denn Venedig, das ohnehin in dieser Sache hinlänglich interessirt war, genöthigt, gegen Tocco einzuschreiten; der aber rief die Türken zu Hilfe und hauste, von ihnen und seinem Schwager Theodoros, der ihm seine Albanesen zur Disposition stellte, unterstützt, im Gebiete von Argolis; das Getreide wurde niedergebrannt, Vieh geraubt, über 200 Mann fortgeschleppt und für 30,000 Dukaten Schaden angerichtet. Lächerlich erschien es darnach, daß Carlo sich im Juli 1395 [58]) erbot, Megara und Korinth an Venedig zu verkaufen, obgleich der erfahrene Carlo Zeno rieth, ihm für diese beiden wichtigen Plätze bis gegen 10,000 Dukaten zu bieten; man unterhandelte hin und her. Unterdessen nahm Tocco in den letzten Tagen des October 1395 friedlichen Besitz von der Castellanie Korinth, deren Verwaltung er seinem Bruder Leonardo II. übertrug; am 1. Nov. [59]) erklärte er zu Vostitza, Nerio's Testament treulich halten zu wollen. Venedig war indessen nicht müßig geblieben. Da die Gesandten Tocco's vorgaben, der Streifzug gegen Argos sei nicht von ihrem Herrn, sondern von Theodoros ausgegangen, wurden im März 1396 [60]) die Gelder des letzteren mit Sequester belegt; dem Herzoge von Leukadia aber hielt man vor, wie sein Vater Leonardo I. seinem venetianischen Bürgerrechte mehr Ehre gemacht, und forderte von ihm statt der angebotenen 20,000 Hyperpern 6000 Dukaten Schadenersatz. Die Türken drohten mit Intervention, Tocco fügte sich und ward am 12. April wieder als Bürger der Republik anerkannt; am 26. Oct. ward sein Versprechen, das Testament Nerio's in allen Punkten zu beobachten, auf Bitten des Jacopo di Donato Acciajuoli, Neffen des verstorbenen Herzogs, zu Padua vidimirt.

Venedig war bei allen diesen Dingen schon deshalb am meisten interessirt, weil es bald nach Nerio's Tode Athen besetzt hatte [61]), damit nicht auch die Akropolis, welche die 20 neuen Priester des Parthenon nur schlecht vertheidigen konnten, eine Beute der Türken würde. Während Ewrenosbeg Anfangs 1395 dem G. Superan gegen Theodoros zu Hilfe eilte, hatte Timurtasch die Gelegenheit wahrgenommen, um sich in den Besitz des herrenlosen Attika's zu setzen [62]). Diese Thatsache, über die sich bei den Byzantinern nur kurze Andeutungen finden, ist bisher vielfach angezweifelt worden, da sie sich lediglich auf das Zeugniß der türkischen Historiker stützt, die uns berichten, wie die Türken Larissa und Athen, „die Stadt der Philosophen," im

53) Misti XLII. fol. 253. 54) *Buchon*, Nouv. rech. II, 261—262. u. XLIX. 55) Secreti G. fol. 118 v. 56) *Buchon*, Nouv. rech. II, 264—266; dipl. Florent. n. LI. 57) Ebenda II, 266—268; dipl. Florent. n. LII.

58) Misti XLIII. fol. 204, 206 v, 218. 59) *Buchon*, Nouv. rech. II, 262—264; dipl. Florent. n. L. 60) Misti XLIII. fol. 352 v, 355, 357 v, 382. 61) *Navagero* a. a. O. XXIII, 1075; *Sanudo*, Diarii XXII, 617. 62) Neschri ed. *Nöldeke* in der Zeitschrift der Deutsch-morgenländischen Gesellschaft. Bd. XV. Leipzig 1861. 8. S. 344; *Seadeddin* (*Saidino*), Chronica de l'origine e progressi della casa Ottomana trad. da *Vinc. Bratutti*. Vol. I. Vienna 1649. 4. p. 182; *Hâdji Khalfa*, Chronologia historica, trad. da *G. R. Carli*. Venezia 1697. 4. p. 122. Die übrigen von Hammer, Geschichte des osmanischen Reichs. Bd. I. Pest 1827. 8. S. 252 citirten handschriftlichen Quellen erwähnen auch nicht eine Sylbe von Athens Fall!

Jahre der Flucht 707 (27. Oct. 1394 — 16. Oct. 1395) erobert hätten. Doch ist die Sache unzweifelhaft; ja wir wissen sogar, daß der neue griechische Erzbischof Makarios der Stadt die Zeit des Interregnums benutzte, um mit Hilfe der Osmanen eine Reaction gegen das Lateinerthum zu versuchen. Er lockte die Türken nicht nur nach Attika, sondern wies ihnen sogar den Weg nach Athen, das so in die Hand des Timurtasch fiel. Doch hatte diese Eroberung für den Erzbischof nicht den gewünschten Erfolg. Die Venetianer nahmen den Verräther gefangen; er ward in Venedig eingekerkert; als er dort einen Griechen zu verführen suchte, damit er Briefe von ihm an Bajesid beförderte, befahl der Papst am 27. Mai 1396 [63]) dem Bischof Gilbert von Cittanuova, gegen den „schändlichen griechischen Ketzer" streng einzuschreiten. Die Occupation Athens war übrigens, wie die so vieler griechischen Städte, nur eine vorübergehende; auch scheint es, daß die Akropolis, die wol von Nerio I. weiter befestigt worden war, sich gegen Timurtasch behauptete. Da jedoch der Capitain Matteo de Mentona, der dort befehligte, befürchten mußte, daß auch die Burg schließlich in die Hand der Ungläubigen fallen könnte, wandte er sich im Einverständniß mit verschiedenen angesehenen Bürgern der Stadt, namentlich dem Jacopo Colombino und dem Notar Makris, nach Euböa an den Bailo Andrea Bembo (1393—1395) und bat denselben, Athen für Venedig zu besetzen. Bembo zögerte keinen Augenblick; Anfangs 1395 ward das Banner des heiligen Marcus auf der Akropolis aufgepflanzt. Zugleich sandte Matteo den Leonardo da Bologna nach Venedig, um der Republik auch direct den Besitz von Athen anzutragen. Mit Rücksicht auf Nerio's Testament und die Gefahr, welche von Seite der Türken drohte, acceptirte der Senat am 18. März 1395 [64]) gern das Anerbieten, beschenkte reichlich den Capitain, verbriefte den Athenern alle alten Freiheiten und regulirte die Renten der Kirche Sta. Maria meist aus dem Gestüte Nerio's, aus dem übrigens viele Pferde heimlich bei Seite gebracht waren. An die Spitze der Verwaltung sollte ein auf zwei Jahre zu wählender Podestà und Capitain treten; für die Akropolis sollten die nöthigen Schützen geworben, überhaupt aber alle erforderlichen Vertheidigungsmaßregeln getroffen werden. Da aber das Gehalt des Podestà nur ein geringes sein sollte, vergingen Monate, bis sich ein Nobile bereit fand, diesen Posten zu übernehmen; erst nachdem dasselbe bedeutend erhöht war, erklärte sich Albano Contarini (1395—1397) am 18. Juli dazu bereit. Mit ihm zogen 100 Mann zu Fuß nach Griechenland, auch Geld ward nach Euböa gesandt, um die Insel und das Herzogthum gegen die Türken sicher zu stellen. Im October 1396 [65]) leistete ihm Venedig wiederum 1000 Dukaten Subvention, da das Land zu arm, um die Kosten der Vertheidigung zu tragen. Die Ansprüche Tocco's auf das Herzogthum hatte man abgewiesen; dagegen erhob sich bald ein gefährlicher Gegner in der Person Antonio's I. von Theben, des Bastard Nerio's I. Zur Zeit des zweiten Podestà Lorenzo Vitturi (1397—1399) [66]) erschienen zwei Gesandte der Stadt in Venedig und klagten, Antonio molestire unaufhörlich mit 40—60 Reitern das Land; Athen drohe, zerstört zu werden oder in fremde Hand zu fallen. Man beschloß darauf am 30. Jan. 1398, ein Reitercorps zur Vertheidigung hinzusenden; im April 1399 [67]) wurden auf die Kunde hin, daß ein türkisches Heer sich bei Zeitun sammle und Attika, wie Euböa gefährde, Truppen für letztere Insel besoldet. Aber die Gefahr hörte nicht auf; Antonio hatte sich mit seinen türkischen Nachbarn verbündet und plünderte das platte Land ohne Unterlaß. Man ordnete daher am 16. Mai 1399 [68]) an, der Podestà solle künftig auf der Akropolis 32 statt 26 Schützen, sowie 35 statt der bisherigen 30 Reiter halten; zur Zeit der Ernte solle ihm der Bailo von Euböa, der ihn jetzt gleich mit 1000 Dukaten unterstütze, noch weitere 10 Schützen und 15 Reiter aus der Garnison von Negroponte zur Disposition stellen. Unter Venier's Nachfolger Ermolao Contarini (1399—1400) [69]) dauerte die Noth fort; Matteo de Mentona eilte im Juli 1400 [70]) nach Venedig und schilderte die trostlose Lage des Landes; zugleich bat er, da Contarini dort gestorben, möglichst rasch einen neuen Podestà hinzusenden. Man lobte seine Treue, unterstützte ihn mit Geld und ernannte am 3. Aug. [71]) den Nicolò Vitturi (1400—1402) zum Podestà. Ihm wurden im September 1401 [72]) zur Befestigung der Akropolis, namentlich zur Herstellung der verfallenen Mauern, 200 Hyperpern bewilligt; im Februar 1402, als Antonio aufs Neue mit den Türken die Stadt bedrohte, wurden zur Vertheidigung 50 Reiter in Euböa angeworben; um die Bürger der Stadt zufrieden zu stellen, bestimmte der Senat am 18. März [73]), daß, wer immer sich über das Verfahren des Podestà zu beschweren habe, sich an den Bailo von Euböa oder den Statthalter von Nauplion wenden könne. Allein alle Vorsichtsmaßregeln blieben fruchtlos. Während Rinieri Vitturi sich rüstete, um den Nicolò in der Verwaltung von Athen abzulösen, kam am 4. Juni 1402 [74]) die böse Kunde, daß die Stadt Athen verloren und in die Hand des Bastards Antonio I. gefallen sei, die Akropolis aber, in die sich der Podestà zurückgezogen, von dem Feinde belagert werde. Diese Unglücksbotschaft erregte allgemeine Bestürzung; doch war man zunächst darauf bedacht, kein Mittel unversucht zu lassen, um die Akropolis zu entsetzen und die Stadt wiederzuerlangen; dem Bailo von Euböa wurden deshalb die nöthigen Instructionen ertheilt. Da man aber recht wohl wußte, daß die Türken in dieser Sache den Ausschlag geben würden, suchte man sich ihres Beistandes gegen den übermüthigen Bastard auf jede Weise zu versichern.

63) Commemoriali Vol. IX. fol. 49v—50. 64) Misti XLIII. fol. 123, 136, 189v, 194v, 211, 213v. 65) Ebenda fol. 463v.

66) Ebenda XLIV. fol. 44, 190, 200. 67) Ebenda fol. 225v, 266v. 68) Ebenda fol. 349v. 69) Ebenda fol. 105v. 70) Misti XLV. fol. 72. 71) Ebenda fol. 76v. 72) Ebenda fol. 342, 432. 73) Ebenda XLVI. fol. 21. 74) Reg. Avogaria A. fol. 10v.

Hatten die Osmanen auch, wie bereits erwähnt, Mittelgriechenland, wie Morea bis dahin oft mit Heeresmacht durchzogen, das Land geplündert und zahllose Einwohner in die Sklaverei fortgeschleppt, dagegen noch nicht daran gedacht, sich dort fest niederzulassen, so war dagegen nicht nur der größte Theil von Thessalien — das Herzogthum Neopaträ — seit 1396 von ihnen besetzt und dem Evrenosbeg, wie schon erwähnt, als Lehen (Timar) überlassen worden, sondern Sultan Bajesid galt seit demselben Jahre in den Augen aller griechischen, fränkischen und slavischen Dynasten als oberster Schiedsrichter in Griechenland. Der Serbenfürst Stefan, Lazar's Sohn, zahlte Tribut; wer von Dušan's Häuptlingen noch übrig, oder deren Erben, waren dem Sultan dienstbar geworden; Bulgarien bildete seit der Besiegung des letzten Königs Sisman einen integrirenden Theil des osmanischen Reichs. Attika stand den Türken schon längst offen; im Peloponnesos agitirten die Navarresen und ehrgeizigen Archonten, namentlich der frühere Gebieter von Monembasia Paulos Mamonas gegen Theodoros I. Zur Erhaltung seiner Herrschaft hatte letzterer bereits früher daran gedacht, den Peloponnesos, wie einst in alten Zeiten geschehen, durch eine bei Korinth, das ihm sein Schwager Tocco überlassen, zu ziehende 6 Meilen lange Mauer (Hexamilion) gegen Nordgriechenland abzusperren und so die Einfälle der Türken wenigstens zu Lande unmöglich zu machen. Im Februar 1396 [75]) hatte ihm Venedig seine Unterstützung zugesagt und versprochen, die wichtigsten Werke am Isthmos zu schirmen und auch den „Herrn Vicar oder Fürsten" zur Mitwirkung zu veranlassen. War doch dies Werk auch für die Colonien der Republik auf der Halbinsel eine Lebensfrage! Während Venedig 1395 und 1396 [76]) Schritte that, um Euböa zu sichern, verhandelte es zugleich [77]) mit Kaiser Manuel II., der den Manuel Philanthropenos an die Republik gesandt hatte, wegen einer Allianz gegen Bajesid, der jenen in seiner Hauptstadt belagert hielt; aber vorsichtig genug, suchte es nicht offen mit dem Sultan zu brechen, vielmehr wurden auch mit dem Hofe von Adrianopel die frühern Beziehungen aufrecht erhalten. Nun hatte sich Theodoros mit S. Superan versöhnt; ein Bündniß beider gegen die Türken stand in Aussicht. Letzterer hatte schon seit längerer Zeit sich an König Ladislaus von Neapel gewandt, um sich als Herrn von Achaia von diesem legitimiren zu lassen; Geldversprechung von seiner Seite, 3000 Dukaten, hatte den Ausschlag gegeben. Sowie der König schon das Herzogthum Athen von der Oberhoheit des Fürstenthums abgelöst hatte, so eximirte er gleichfalls das Herzogthum Leukadia von demselben und erhob dann Anfangs 1396 den bisherigen Vicar Peter von S. Superan (1396—1402) zum erblichen Fürsten von Achaia unter neapolitanischer Oberhoheit. Derselbe beeilte sich, den neuen Titel von Venedig anerkennen zu lassen; er schickte im März den Marco de Abbate, Decan von Modone, und Stefan Cochüli als Gesandte an die Republik, erbot sich, zur Befestigung des Hexamilion beizusteuern und Grenzstreitigkeiten durch gemeinsame Schiedsrichter schlichten zu lassen; zugleich bat seine Gemahlin, Fürstin Maria, um Intervention bei Theodoros, damit ihre demselben als Geisel gestellte Tochter die Freiheit erlange [78]). Die Grenzstreitigkeiten zwischen dem neuen Fürsten und den Castellanen von Modone und Korone waren bald beseitigt; das frühere Lehen des Filippo von Kypros, Lamina, die Inseln Praseo und Sta. Maria de Zonclo, das Dorf La Drimona, eine Vigne von Maniatochori und andere Besitzungen wurden dem Peter zuerkannt; die Bauern, die bisher unter den Castellanen gestanden, sollten ihm restituirt werden [79]). Am 10. Juli 1396 [80]) erkannte Venedig den S. Superan als Fürsten von Achaia an und erneuerte mit ihm die früher 1382 mit Coccarelli und 1387 mit ihm als Vicar eingegangenen Verträge. Diese Vorgänge in Morea luden den Sultan zum Einschreiten ein. Unter dem Vorwande, die Albanesen zur Fügsamkeit zwingen zu wollen, rückte er Anfangs 1396 gegen Thessalien vor und schlug sein Hauptquartier in Pherä (Karaferia) auf. In seinem Gefolge befanden sich Paulos Mamonas, der bei der Pforte Monembasia gegen Theodoros reclamirte, und der Exkaiser Joannes VI., dem Selymbria als Apanage angewiesen war und der gegen den Oheim Manuel auf das ganze Reich prätendirte. In Pherä sollten diese Streitigkeiten entschieden werden; daher wurden Manuel und Theodoros vor den Großherrn citirt; auch die tributpflichtigen Slavenfürsten waren zur Pforte befohlen [81]). Während die Vasallen sich beeilten, dem Rufe des Gebieters Folge zu leisten, benutzte dieser die Frist, um ganz Thessalien sich zu unterwerfen. Schmählich genug waren es die griechischen Bischöfe Sabas von Zeitun [82]) und Seraphim von Salona, welche ihn einluden, sich dort festzusetzen, und durch die Schilderung von den lockenden Jagdgründen des Landes den Sultan vollends bestimmten. Zunächst wandte dieser sich gegen Domokos, Pharsalos, Trikala, Zeitun und Neopaträ und besetzte diese wichtigen Plätze, als deren Herren Chalkokondylas die Epikernder bezeichnet. Man hat dabei früher irrig an ein französisches Geschlecht Charny gedacht, das niemals in Griechenland Besitzungen hatte; auch geboten damals ja in Thessalien nicht länger die Franken, sondern König Joasaph, Simeon's Sohn, und seine Statthalter, welche letztere wol unter dem Namen der Epikernder (Pinkernä) zu verstehen sind, falls man dabei nicht etwa an jenen Albanesenhäuptling Pinchera denken will, der 1397 unter Venedigs Schutz in Argolis eine Zuflucht suchte und viel-

75) Misti XLIII. fol. 320v, 346v. 76) Ebenda fol. 225, 304v. 77) Ebenda fol. 308v, 332v; Commemoriali Vol. IX. fol. 90.

78) Misti XLIII. fol. 417v. 79) Notatorio Vol. I. fol. 91v. 80) Commemoriali Vol. IX. fol. 52v—54. 81) *Manuel Palaeologus*, Oratio funebris p. 1101—1123; *Phrantzes* I, 13. p. 57—58 (der unter den citirten Fürsten auch den bereits 1393 gestorbenen Dragasis, Manuel's Schwiegervater, nennt); *Chalcocondylas* Lib. I. p. 66—69; II. p. 80 seq. 82) Derselbe, von der Synode deshalb verurtheilt, beschloß sein Leben auf dem Athos. *Miklosich und Müller* II, 270. n. DVI.

leicht vorher für Joasaph die eine oder andere thessalische Stadt verwaltet hatte. Dann ging es gegen den Rest der catalonischen Herrschaft in Mittelgriechenland, die Grafschaft Salona und deren Herrscherin Helena Kantakuzena, Witwe des Ludwig Fadrique von Aragon [83]) (1382—1394). Ihr und ihrer Tochter Maria war nach dem Tode ihres Gemahls Salona verblieben; selbst als ihre Weigerung, letztere dem Pietro Saracino zur Gattin zu geben, die Vernichtung der catalonischen Herrschaft in Attika durch Nerio I. nach sich gezogen, hatte sie sich dort behauptet. Seit dem Jahre 1388 lag sie dagegen mit Venedig unablässig in Fehde, indem die Republik von ihr verlangte, sie solle den Schaden ersetzen, den ihr Gemahl 1380 verschiedenen Bürgern, dem Angelo Michieli, Nicolò Morosini und besonders dem Giovanni Cremolissi aus Korone, zugefügt. Letzterer namentlich hatte damals auf einem Schiffe aus Armena Tücher von Patrà nach Korinth und Athen ausführen wollen, war aber von Ludwig überfallen und ausgeplündert worden; der Verlust belief sich auf 2500 Dukaten. Später war es dem Cremolissi in Korinth freilich nicht besser ergangen; Nerio hatte ihm, wie er klagte, soviel Schaden zugefügt, daß derselbe — wol mit den Zinsen — sich 1402 auf 36,814 Dukaten belief. Venedig hatte schon wiederholt die Gräfin gemahnt, Ersatz zu leisten; sie hatte nach leeren Ausflüchten gesucht. Endlich schrieb ihr Venedig am 26. August 1389 [84]) und forderte sie kategorisch auf, bis zum März Ersatz zu leisten, widrigenfalls ihre Güter sequestrirt werden, und die Galeeren von Negroponte Repressalien ergreifen sollen. Man belegte Seidenzeuge, die ihr gehörten, mit Beschlag, gab dieselben aber wieder frei, weil viele andere Venetianer in ihrer Grafschaft lebten, und zu befürchten war, daß Helena sich an diese halten würde; dagegen ward im Juli 1389 [85]) ihr und dem Nerio aufs Neue für Cremolissi geschrieben. Vergeblich; im April 1390 [86]) erhielt der Bailo den Auftrag, alle in Salona weilenden venetianischen Kaufleute abzuberufen und, sobald die Angelegenheit wegen Argos erledigt, in ihr Land einzufallen; da letztere sich verzögerte, ward noch am 9. Mai 1391 der Gräfin geschrieben, sie möchte binnen 3 Monaten den Geschädigten befriedigen, sonst würde man sie feindlich behandeln. Wahrscheinlich fügte sie sich endlich; dagegen befriedigte Nerio den Cremolissi nicht; erst in seinem Testamente bestimmte er, daß derselbe entschädigt werden solle. Trotzdem weigerte sich Tocco, dasselbe mitzuführen; wir sehen, daß Cremolissi sich deshalb 1399 trotz des Verbots von Seiten Venedigs an Bajesid wandte [87]), Tocco aber nicht nur 1401 [88]) die Zahlung verweigerte, sondern sogar erklärte, die Richter, welche gegen ihn entschieden, seien von Cremolissi oder Nicolò Venier, der letzterem Sicherheit geleistet, bestochen worden, was den Senat am 13. April 1402 zu einer heftigen Invective gegen den Herzog veranlaßte: „Venedigs Richterstand sei dem Gelde nie zugänglich gewesen, strenge Gerechtigkeit sei die Hauptstütze der Republik."

Im Jahre 1391 [89]) begab sich ein Verwandter der Gräfin, gleich ihrem Gemahl Ludwig von Aragon genannt, nach Salona, um, wie es hieß, einen von Helena gefangen gehaltenen Angehörigen zu befreien; dabei erzählte das Gerücht, er habe vor, sich mit ihrer Tochter Maria zu vermählen, deren Heirath mit dem Serben Stefan nicht vollzogen war. Mit einem in Sicilien ausgerüsteten Schiffe begab er sich nach Patrà, weilte dort friedlich 1½ Monate, entschloß sich aber, da er die Freilassung jenes Menschen nicht erlangen konnte, heimzukehren. Auf dem Wege ging der Vorrath aus, die Seinen „starben vor Hunger;" er bemächtigte sich daher einer mit Getreide beladenen Barke aus Kephalenia, die von zwei venetianischen Unterthanen geführt wurde. Die Kunde davon gelangte alsbald nach Korfu; es hieß, Ludwig habe einen bloßen Corsarenzug unternommen und über 40 Venetianer gefangen. Daher ward er in der Nähe von Korfu aufgegriffen; vier seiner Leute wurden im Kampfe verwundet; sein Schiff mit dem ganzen Inhalte ward confiscirt, er selbst 2 Monate lang eingekerkert. Da er indessen nachwies, daß die äußerste Hungersnoth ihn zu diesem Schritte gezwungen, er auch sonst nirgendwo als Pirat aufgetreten, verfügte der Senat am 29. Nov. Rückgabe des Schiffes, ließ ihm aber zugleich vorstellen, wie er dennoch im Unrecht sei und nur aus Gnade sein Fahrzeug zurückerhalte. Unterdessen fuhr seine Cousine Helena fort, in Salona zu gebieten. Sie führte, wie man sich erzählte, einen höchst ärgerlichen Lebenswandel; ihrem Geliebten, einem Priester, Namens Strates, überließ sie die Herrschaft der Grafschaft, und dieser entehrte die Töchter der angesehensten Bürger, plünderte und mordete, um sich zu bereichern. Die Chronik von Galaxidi, die ihn mit Ludwig Fadrique, dem Gemahl Helena's, verwechselt, berichtet, derselbe habe in Erfahrung gebracht, daß der Bischof von Salona Seraphim nicht nur großen Reichthum, sondern auch eine sehr schöne Verwandte besitze. Mit Gewalt ward letztere in den Palast entführt und ein Opfer des Wollüstlings. Da wiegelte Seraphim nicht nur das Volk von Salona gegen diesen auf, sondern rief auch die Türken herbei. Strates schloß sich in die feste Burg ein und mordete die Entführte, damit dieselbe nicht wider ihn zeuge. Bald erschienen die Truppen Bajesid's; Salona ergab sich ohne Widerstand; der Usurpator ward von einem Bürger der Stadt getödtet, sein Haupt dem Sultan gesandt. Helena aber begab sich mit ihrer Tochter zum Sultan; mit Geschenken und indem sie ihm Maria für seinen Harem anbot, hoffte sie seinen Zorn zu ent-

83) *Chalcocondylas* a. a. O. p. 67: „καὶ γυναῖκα τοῦ Δελφῶν (Don Luis) ἡγεμόνος τοῦ ἐπὶ Δελφῶν" [lies Σαλῶν], bei der noch die unsinnige, längst von Ducange corrigirte lateinische Uebersetzung „uxori Delphis, Delphorum ducis, Trucidatus." Die Herzogin Trauerliede von Delphi ist aus derselben in alle neueren Geschichtswerke übergegangen. Vergl. dagegen Chron. Galaxidii p. 206 seq. 84) Misti XL. fol. 298, 299 v. 85) Misti XLI. fol. 57 v, 62 v. 86) Ebenda fol. 132 v, 121 v. 87) *Raspe* Vol. V. p. II. fol. 68 v; Notatorio Vol. III. fol. 120 v. 88) Misti XLV. fol. 258 v; XLVI. fol. 48.

89) Misti XLII. fol. 72.

wahren. Bajesid nahm beides an, die Gräfin aber erhielt ihr Land nicht wieder; mit Schande bedeckt, ward sie verjagt. Dann ernannte Bajesid den Muradbeg zum Statthalter von Salona; als dieser später sich mit dem Gedanken trug, dort eine unabhängige Stellung einzunehmen, zog das Türkenheer gegen ihn und nahm ihn gefangen; er ward enthauptet und seine Familie nach Sergund verbannt; ein anderer Bey trat an seine Stelle. So hatte denn auch Phokis das Loos Thessaliens getheilt; in letzterem behaupteten sich neben dem venetianischen Rektor von Ptelion [90]) nur noch die Giorgio in Bodonitza, wo nach dem Tode Francesco's um 1388 seine Wittwe Euphrosyne Sommaripa für ihren ältesten Sohn Jacopo I. (1388—1410) die Regierung führte; der jüngere Nicolò II. erbte Güter auf Euböa, die einzige Tochter heirathete den frühern Verlobten der Maria Zadrique, den Serben Stefan [91]). Da die Giorgio venetianische Bürger — noch 1398 bestätigte der große Rath ihre Privilegien —, ward ihre Selbständigkeit von Bajesid I. noch respectirt. In Pherä erschienen bald Manuel und Theodoros I. vor dem Sultan. Der hatte vor, sämmtliche Paläologen, die sich in seine Hand begeben, niederzumachen; schon war der Befehl ertheilt, als sein Feldherr Ali, Khaireddin's Sohn, denselben vereitelte. Zwar wurden viele Griechen, die sich ihnen angeschlossen, als Verräther geblendet, andern ließ der Sultan die Hände abhauen; aber Manuel und Joannes VII. wurden schließlich entlassen, während Theodoros dem Hoflager als Geisel nach Thessalien folgte. Er war genöthigt worden, auf Monembasia zu Gunsten des Mamonas zu verzichten; Omarbeg hatte die Stadt, die vergeblich ein bedeutendes Lösegeld geboten, für Bajesid besetzt. Jetzt sollte ganz Morea occupirt werden; Theodoros mußte auf das Despotat verzichten; Türken gingen hin, um Mistithra zu besetzen, mit ihnen Abgesandte des Theodoros, die ihnen die Burgen ergeben sollten. In dieser Bedrängniß entschloß sich der Despot zu schleuniger Flucht. Obgleich in seinem Zelte am Ufer des Spercheios streng bewacht, entwich er glücklich mit den Seinen aus dem Türkenlager und eilte alsbald nach Korinth. Gern hätte Bajesid sofort diesen Frevel geahndet, aber die Nachricht, daß die Mongolen die türkische Herrschaft in Asien gefährdeten, und daß ein stattliches Kreuzheer unter König Siegmund von Ungarn, dem Grafen von Nevers und dem kriegerischen Marschall Boucicaut die Donau zu überschreiten drohte, bestimmte ihn zum Aufbruch nach Norden. Am 28. Sept. 1396 ward die blutige Schlacht bei Nikopolis geschlagen; die Blüthe der französischen, teutschen, ungarischen Ritterschaft bedeckte das Schlachtfeld. Damit war die Herrschaft der Osmanen fester als je in Europa begründet; drohend wandte sich der Sieger gegen Byzanz, entriß 1397 Selymbria dem treulosen Joannes VII., der sich mit Manuel vertragen, und zog dann nach Asien, um den Sturm Timur's abzuwehren. Zugleich aber erhielt Evrenosbeg den Auftrag, mit andern türkischen Heerführern, dem Jakûbpascha und Murtesi, gegen Morea vorzugehen und den übermüthigen Despoten zu züchtigen.

Theodoros, der das Schlimmste befürchtete, hatte gleich nach der Schlacht bei Nikopolis Gesandte an Venedig geschickt, um den Beistand der Republik anzurufen; mit ihnen ging der Großrollmetsch des Kaisers Nikolaos Notaras, der für seinen Herrn im Abendlande Geld erbetteln und neue Kreuzfahrer werben sollte [92]). Da das Schiff aus Modone, das sie trug, scheiterte und mit demselben in Dalmatien nach dem Strandrechte verfahren wurde, kamen die Gesandten erst spät nach Venedig. Die Republik, die längst eingesehen, daß ihre Herrschaft im Archipel aufs Aeußerste bedroht sei, hatte bereits im Januar 1397 [93]) den Plan entworfen, den Schlüssel zum schwarzen Meere, Tenedos, neu zu befestigen. Da dies aber den Bestimmungen des turiner Friedens entgegen war, sandte sie im März [94]) den Pietro Emo nach Genua, um dessen Zustimmung zu erlangen; die alte Handelseifersucht ließ jedoch das Project scheitern [95]). Zugleich verhandelte man mit Manuel Paläologos wegen Erneuerung des Waffenstillstandes und mit Bajesid, um dauernden Frieden zu erlangen; Notaras, der Günstling des Kaisers, ward am 8. April [96]) mit dem Bürgerrechte beschenkt. Dagegen lehnte man am 29. [97]) desselben Monats den Vorschlag der Gesandten Theodoros', Korinth, das ihm, wie schon erwähnt, Tocco cedirt, der Republik zu verkaufen, ab, da er fürchtete, durch Annahme desselben den Zorn des Großherrn zu reizen. Trotzdem traf die Expedition, welche Bajesid im Frühling 1397 [98]) gegen den Peloponnesos richtete, am schwersten die Besitzungen Venedigs. Die Befestigung des Isthmos war noch nicht so weit gediehen, um dem Evrenos, der mit über 50,000 Mann heranzog, den Eingang zu versperren. Er überschritt ihn, wandte sich mit dem Kern des Heeres nach dem Südwesten, um S. Superan zu unterwerfen und bei Modone gelegentlich Beute zu machen; ein detachirtes Corps unter Jakûbpascha zog ostwärts gegen das Despotat, zunächst aber gegen das feste Argos, wo damals Nicolò Vredani (1396—1397) als Capitain und Podestà für Venedig fungirte [99]). Obgleich derselbe längst Nachricht vom Anmarsche der Türken erhalten, traf er doch nur ungenügende Vertheidigungsanstalten; seine Familie sandte er nach dem wohlbefestigten Nauplion. Drinnen in Argos fehlte es an Getreide und andern Victualien; leichtsinnig genug hatte Vredani das Vorhandene verkauft. Er selbst, durchaus kein Kriegsmann, hatte den Donjon seinem Genossen Antonio de Braccio anvertraut, einem höchst unzuverlässigen Menschen; ein Sohn desselben war von den Türken als Geisel festgehalten. Als letztere nahten, hatte

90) Lavan fol. 102. 91) Misti XLI. fol. 147; Orbini, Regno degli Slavi p. [illegible]1.

92) Misti XLIII. fol. 568. 93) Secreti C. fol. 138v. 94) Sindicati Vol. I. fol. 172. 95) Ebenda fol. 173v. 96) Privilegii Vol. I. fol. 126. 97) Misti XLIII. fol. 850. 98) Cod. Phrantzes I, 14. p. 42; Chalcocondylas II. p. 97; Chronic. breve p. 516—517. 99) Regina Vol. V. p. I. fol. 84 seq., 93v; Mar. Vol. II. fol. 26v; Misti XLIV. fol. 89, 410v.

allerdings Bredani vor, ihm einen andern Posten zu geben; allein sein Kanzler Ottobuono aus Mantua vertrieb diesem den Plan, und Bracco verweigerte die Uebergabe. Am 2. Juni 1397 erschien Jakub von Argos und forderte Bredani zur Uebergabe auf. Der Connetable Spaolino erklärte, sich mit den Seinen bis auf den letzten Mann wehren zu wollen; ihm stimmte der eine der Castellane Marco de Fontana bei, während der andere Andrea Vendramin gleich dem kopflosen Bredani sich der Erklärung Bracco's, er wolle nicht wegen der alten Mauern sich und seine Familie unglücklich machen, anschloß und Unterhandlungen anknüpfte. Vendramin begab sich als Gesandter in das türkische Lager; ohne Gegenwehr legte man die Waffen nieder; die Stadt stand offen, und schon am 3. Juni hielt Jakub seinen Einzug. Die furchtbarste Verheerung erfolgte; Stadt und Land wurde ausgeplündert und über 14,000 Menschen in die Sklaverei fortgeschleppt; nur wenigen gelang es, im Despotat, in Attika oder Korinth eine Zuflucht zu finden. Während Nauplion durch zahlreiche Albanesenschaaren, die sich dorthin aus Furcht vor den Türken geflüchtet, bedrängt schien, zog Jakub weiter gegen den Despoten und besiegte ihn am 21. Juni [1]) bei Leondari; dann, nachdem derselbe gleich S. Superan zinspflichtig geworden, kehrte das Türkenheer, das bis Modone gebrannt hatte, heim, um seitdem alljährlich dieselben Scenen zu erneuern. Schwer erholte sich Venedig von dem Schrecken, in den es die Kunde von dem Falle von Argos versetzt hatte; überall witterte man Feinde. Als der Albanese Plachera, der sich 1397 nach Nauplion geflüchtet, bat, ihn und seine Leute dort aufzunehmen, lehnte man erst im Januar 1398 [2]) aus Angst dieses Anerbieten ab; da aber der dortige Podestà Ottaviano Buono (1397—1399) bewies, daß die Ansiedelung streitbarer Albanesen, die mit ihren Rossen und Waffen sich ganz dem Dienste der Republik widmen wollten, nur vortheilhaft wäre, genehmigte man dieselbe. Argos ward unter den Podestà von Nauplion gestellt, Bredani aber wegen schmählicher Capitulation zu 2 Monaten tiefster Kerkerhaft verurtheilt. Nun suchte man die Colonie neu zu befestigen, damit nicht die übrigen Städte das Schicksal von Argos theilten. In Nauplion ward 1400 [3]) der Hauptthurm des Castells, Sta. Maria genannt, und das Haus des Castells Giovanni Caraza reparirt; in Modone und Korone, wo 1398 und 1399 [4]) die Pest schwere Verheerungen anrichtete, entfernte man die unzuverlässigen griechischen Söldner und ersetzte sie durch 50 Lateiner; die Galeere von Euböa ward in bessern Stand gesetzt, um die Insel gegen die wiederholten Einfälle der Ungläubigen zu sichern [5]). Zugleich suchte Venedig, ein inniges Bündniß zwischen dem Fürsten und Despoten zu Stande zu bringen. Ersterem mußte damals um so mehr an dem Schutze Venedigs liegen, als der Herzog Ludwig von Bourbon 1398 [6]) neue Pläne wegen Occupation des Fürstenthums hegte und deshalb den Bertrand Lesgare nach Kypros sandte; letzterer hatte sich verzweifelnd den Johannitern in die Arme geworfen und ihnen, wie wir hernach sehen werden, den besten Theil des Despotats eingeräumt; daneben geberdeten sich seine Archonten ganz selbständig, wie denn der Statthalter von Muchlion den Bruder des Aportio Catello aus Nauplion wegen einer angeblichen Geldforderung gefangen hielt und dessen Auslieferung gegenüber Venedig und seinem Oberherrn, dem Despoten, verweigerte [7]).

Hatte Theodoros bis dahin noch auf die Unterstützung seines kaiserlichen Bruders Manuel einige Hoffnung gesetzt, so war diese in Folge der schweren Bedrängniß, in der sich die Hauptstadt befand, völlig geschwunden. Manuel, ohne Geld und Truppen, flehte, wie einst sein Vater Joannes V., den Beistand der occidentalischen Fürsten an, ja erneuerte sogar bei der Curie die alten Unionsprojecte. Ende 1397 [8]) sandte er den Großdolmetsch Nikolaos Notaras an Karl VI. von Frankreich um Geld und Beistand; im Juli 1398 wurden 7000 Dukaten, die er von diesem erbettelt, über Venedig eingeschickt. Im nämlichen Jahre folgte ihm Theodoros Kantakuzenos, der in Frankreich und England sammeln, und Ilario Doria, des Kaisers Schwager, der in Italien, namentlich bei dem Papste, wirken sollte. Ersterer erlangte von Karl VI. die Zusage, daß ein ansehnliches Hilfscorps herbeieilen würde; im August war er in Venedig, wo ihm Bürgerrecht verliehen ward, und rüstete zur Heimkehr [9]); die Republik hatte ihm verheißen, eine neue Union mit dem Könige von Kypros, den Rhodisern, den Maonesen von Chios und dem Herzoge von Naxos ins Leben zu rufen [10]). Auf Bitten Doria's, der damals auch an Florenz sich hilfesuchend wandte [11]), forderte Papst Bonifaz IX. sämmtliche italienische Städte zum Beistand auf, so selbst das kleine Lucca und Siena [12]), aus welchem letzteren Notaras und Galeotto Lomellino im September 1399 500 Dukaten einsandten. Auch Theodoros' Gesandter Demetrios Sophianos bettelte für seinen Herrn in Venedig [13]), konnte aber den Abschluß einer Liga so wenig erreichen, daß vielmehr die Republik im Juli 1399 [14]) den Golfcapitain Pietro Arimondo ermächtigte, sich zu Bajesid zu begeben und mit diesem Frieden zu schließen. Ohne den Beistand, den im Mai 1399 der Admiral Johann le Maingre, Herr von Boucicaut, brachte, schien die Hauptstadt verloren; Kaiser Manuel aber, der hoffte, durch persönliches Erscheinen im Occident besser für seine Sache wirken zu können, entschloß sich auf seinen Rath zur Reise ins

1) Chron. breve p. 516—517. 2) Ebenda p. 517; Misti XLIV. fol. 110, 214 v. 3) Misti XLV. fol. 140 v. 4) Ebenda XLIV. fol. 19 v, 325 v. 358, 604. 5) Ebenda fol. 142 v. 6) *Mas-Latrie*, Chypre. Vol. II. p. 440.

7) Misti XLV. fol. 171 v. 8) Ueber das Folgende vergl. Zinkeisen, Geschichte des osmanischen Reichs. Bd. I. Hamburg 1840. 8. S. 319 sq. und die von ihm citirten, hier nicht wiederholten Quellen; daneben Misti XLIV. fol. 199 v; *Ducange*, Familiae Byzantinae XL. p. 234 seq. 9) Misti XLIV. fol. 216; Privilegii Vol. I. fol. 129 v. 10) Misti XLIV. fol. 210 v, 230. 11) *Franc. Sacchetti*, Novelle n. CCXXI. ed. Firenze 1860. 16. Vol. II. p. 535. 12) *Bandini*, Diplomi Fiorentini n. XXIII. XXIV. p. 179. 183; *Raynaldi* t. 3. 1399. n. 1. 13) Misti XLIV. fol. 309 v. 14) Sindicati Vol. I. fol. 173 v.

Abendland. Da sein Sohn Joannes noch unmündig, ließ er ihn und seine Gemahlin in Modone unter Venedigs Schutz zurück, übertrug die Verwaltung des Reichs für die Zeit seiner Abwesenheit seinem Neffen Joannes VII. (1399—1404), mit dem er sich völlig ausgesöhnt hatte, und schiffte sich am 4. Dec. 1399 [15]) nach Venedig ein; ihn begleitete Boucicaut, doch blieb ein Theil des französischen Hilfsvolks unter Johann von Châteaumorant und L'Hermite de Faye in Constantinopel zurück. Von Venedig aus, wo der Große Rath ihn festlich empfing und für ihn 200 Dukaten spendirte [16]), besuchte er Mailand, Genua, Florenz und Ferrara; am 3. Juni 1400 hielt er seinen feierlichen Einzug in Paris, am 21. Dec. begrüßte ihn König Heinrich IV. von England zu Blackheath. Reichlich beschenkt, kehrte er dann nach Paris zurück; am 15. Juni 1401 [17]) sandte er von dort aus dem Könige Johann von Portugal kostbare Reliquien. Ob er noch andere, namentlich deutsche Höfe besucht habe, ist unbekannt; im Mai 1402 [18]) wollte er mit französischen Rittern nach Modone zurückkehren; da dort die Pest herrschte, schlug ihm Venedig vor, lieber nach Korfu zu gehen. Er zog es vor, in Frankreich zu bleiben, dessen König ihm ein Jahrgehalt von 14,000 Thalern ausgesetzt hatte, um dort den weitern Gang der türkischen Angelegenheiten abzuwarten. Sein Gesandter Demetrios Paläologos verhandelte unterdessen mit Florenz um Beistand gegen die Osmanen, „die für die Verwüstung von Troja Rache übten," und mit dem Papste, der Ablaß zum Kreuzzuge ertheilte [19]); Bettino Barozzi reclamirte im Namen der Republik die Kirchen und Loggien in Constantinopel, die vor Zeiten die Pisaner besessen. Dagegen zögerte Venedig fortwährend mit Abschluß der Union; als die Türken 1400 [20]) im Bunde mit Antonio I. Acciajuoli Euböa bedrohten, rüstete man eilig, setzte aber zugleich die Unterhandlungen fort, die Suleiman, Bajesid's Sohn, von Altoluogo aus mit dem Duca von Kreta angeknüpft hatte; ja am 22. März 1401 [21]) ward ein Gesandter an den Sultan wegen Abschluß eines Waffenstillstandes geschickt. Letzterer war dazu nicht abgeneigt; seine Pläne gegen Mittelgriechenland und Euböa wurden durch die Mongolen durchkreuzt, die immer weiter gegen Kleinasien vordrangen und an den von Bajesid verjagten übrigen seldschukischen Fürsten treue Anhänger fanden. Selbst die Byzantiner athmeten wieder auf; die Türken räumten einzelne Plätze, so Selymbria, wo bereits 1401 Demetrios Leontarios als kaiserlicher Statthalter gebot [22]). Da die Unterhandlungen sich in die Länge zogen, ward im Februar 1402 [23]) das Unionsproject wieder aufgenommen, aber um so lässiger betrieben, als bald darauf die Nachricht kam, daß Timur gegen Siwas vorgedrungen und sich in den Besitz dieser wichtigen Stadt gesetzt habe. Gegen ihn eilte Bajesid nach Asien; es kam am 20. Juli 1402 zur Schlacht bei Angora [24]), die für lange Jahre die Macht der Osmanen brach; in der Mongolen Haft beschloß Bajesid am 8. März 1403 sein Leben. Sobald die Kunde von dem Falle des Erbfeindes der Christenheit nach Constantinopel kam, eilte der Ritter Châteaumorant nach Paris, um Kaiser Manuel das frohe Ereigniß zu melden; Venedig gratulirte ihm am 9. Oct. zur Rettung des Kaiserreichs. Die Zwistigkeiten unter den Söhnen Bajesid's, von denen Suleiman (1402—1410) sich in Europa festsetzte und bereits im December 1402 [25]) Friedensverhandlungen mit Venedig eröffnete, fristeten dem Romäerreiche noch kurze Fortdauer. Nur daß die Uneinigkeit der italienischen Seestaaten dieselbe jetzt, da die Türken ruhten, aufs Neue gefährdete. Ende 1402 [26]) schrieb Manuel an Venedig, er wolle aus Frankreich heimkehren; man hieß ihn herzlich willkommen; am 14. Nov. verließ er Paris. Als er aber bald darauf meldete, er wolle sich auch nach Genua begeben, wo Boucicaut für Karl VI. von Frankreich als Gouverneur schaltete, und wirklich sein Vorhaben ausführte [27]), erwachte die alte Eifersucht aufs Neue. Angeblich zur Unterstützung Manuel's und Joannes' VII., der genöthigt war, den Mongolen Tribut zu zahlen, stach Boucicaut mit einer genuesischen Flotte in See, wandte aber die Waffen bald gegen venetianisches Gebiet. Die Strafe für seine Piraterie ereilte ihn bei Sapienza, wo die Seinen im October 1403 von den Venetianern völlig geschlagen wurden; endlich legte der Friede vom 22. Mai 1404 diese bedauerlichen Händel bei. In dem nämlichen Jahre kehrte endlich Kaiser Manuel, nachdem er die moreotischen Angelegenheiten, in denen große Wirren eingetreten waren, geordnet, nach Constantinopel heim, wo ihm Joannes bereitwillig die Regierung zurückgab; er erhielt dafür Thessalonich als Apanage zugetheilt.

In dem größten Theile des Despotats Mistithra hatten unterdessen von 1400—1404 die Johanniter Herrschaft ausgeübt [28]). Der damalige Großmeister, Philibert de Naillac, ein würdiger Nachfolger Heredia's, war von dem Präceptor in Achaia, Eustach Haste [29]), benachrichtigt worden, daß Theodoros, der das Ärgste fürchtete, gesonnen sei, verschiedene feste Plätze des Despotats dem Orden zu überlassen. Naillac ergriff bereitwillig dieses Anerbieten und bevollmächtigte den Elias de Fossat und Gerard de Puy im Juli 1399 [30]), mit dem Despoten wegen Abtretung der Festungen Megara

15) *Ducange*, Familiae Byzantinae XI. p. 241; *Manuel Palaeologus*, Oratio funebris p. 1180; *Ducas* cap. XIV. p. 56; *Chalkokondylas* Lib. II. p. 84. 16) Leona fol. 106v. 17) Historia da academia real das sciencias. Lisboa. Tom. IV. p. 230. 18) Misti XLVI. fol. 85v, 114. 19) *[illegible]*, Diplomi Fiorentini n. XXV. XXVI. p. 146 seq. 20) Misti XLV. fol. 43v, 81. 21) Sindicati Vol. I. fol. 179. 22) *Miklosich* und *Müller* II, 401. 502. n. DLXXXII. DCLII. 23) Misti XLV. fol. 133v.

24) Strade XLVI. fol. 68v, 122, 146, 195v. 25) Strade fol. 122. 26) Strade fol. 197v. 27) Secreti Vol. I. fol. 86v; *Georg. Stella* a. a. O. XVII, 1196. 28) Vergl. außer den Urkunden *Manuel Palaeologus*, Oratio funebris p. 1131 seq.; *Phrantzes* I, 16. p. 63; *Chalkokondylas* Lib. II. p. 85; *Bosio* II. p. 109 seq. 29) Derselbe starb 1400; ihm folgte Elias de Montaguana 1400—1406. Libri bullarum no. 15. (1399—1400) fol. 124; no. 16. (1401.) fol. 156v; no. 18. (1404—5.) fol. 127. 134v. 30) Libri bullarum no. 15. (1399—1400.) fol. 118v, 119, 120v, 121v.

und Korinth, die ja recht eigentlich den Eingang des Peloponnesos deckten, zu verhandeln. Während Theodoros sich wegen Megara incompetent erklärte — dasselbe war das Erbtheil seiner Schwägerin Francesca Tocco, der es König Ladislaus am 1. April 1400 [31]) bestätigte —, stieß der Verkauf von Korinth weder bei jenem, noch bei Kaiser Manuel, an den ebendeshalb Reinald de Guesme gesandt war, und dessen Mutter auf Schwierigkeiten. Auch Fürst Peter von Achaia stimmte zu und gelobte, nicht nur gute Nachbarschaft zu halten, sondern auch zur Befestigung des Hexamillon gegen den gemeinsamen Feind beizusteuern. Mit guter Nachricht kehrte de Pins im November nach Rhodos zurück; im Februar 1400 [32]) beschloß Naillac, selbst nach Korinth zu gehen und dort die Sache zum Abschluß zu bringen. Da sich indessen seine Reise verzögerte, ernannte er vorläufig fünf Procuratoren, welche die Angelegenheit reguliren sollten, darunter den vielerprobten Domenico de Alemagna. Die Noth hatte damals im Despotat ihren Höhepunkt erreicht; ein Mönch, der als Gesandter Theodoros' nach Venedig gegangen, flehte die Republik im December 1399 [33]) an, seinem Herrn aus Humanität ein Asyl, sei es auf Kreta, sei es in Modone oder Venedig, zu gestatten, da selbst die starken Festungen Monembasia und Maina keinen Schutz böten. Am 27. Februar 1400 gewährte man seine Bitte; einige Tage später kamen weitere Nachrichten über die trostlose Lage der Halbinsel und einen Einfall der Türken in die dortigen venetianischen Colonien, aus denen eine Menge Volks in die Sklaverei fortgeschleppt war [34]). Dies beschleunigte den Abschluß des Vertrags; der Despot cedirte dem Orden, der ihm 12,000 Dukaten bot, Korinth; als Statthalter wurden Elias de Fossat und Raimund Leitoure hingesandt, die alsbald von dem Lande Besitz nahmen und sich die Vertheidigung der Stadt und Castelle eifrig angelegen sein ließen. Trotzdem hörte die Noth nicht auf, da C. Zaccaria, des Despoten alter Gegner, in der Niederlassung der Johanniter, die ja jüngst noch Achaia besessen, eine Gefahr für sein Fürstenthum sah. Zu der Legitimirung seines Fürstentitels durch König Ladislaus, für die er aber, obgleich Leonardo II. Tocco und dessen Mutter Maddalena Bürgschaft geleistet, die versprochenen 3000 Dukaten noch immer nicht entrichtet — Guglielmo Tocco, der im März 1401 [35]) von Neapel nach Griechenland ging, ward von dem Könige beauftragt, ihn und Leonardo deshalb zu mahnen — war am 17. Febr. 1400 [36]) noch eine weitere gekommen. Papst Bonifaz IX., der sich als Schirmherrn, wenn auch nicht als Oberherrn von Achaia ansah, hatte die Würde eines Generalstatthalters der Curie im Peloponnesos und „Gonfaloniere der Kirche" dem C. Zaccaria übertragen, ohne damit in die Rechte des Königs eingreifen zu wollen, und ihn aufgefordert, den Eid der Treue in die Hand des Nikolaus de Teramo, Cantors von Modone, und des Nikolaus Caſalem, Kanonikus von Patrá, abzuleisten; zugleich hatte er den Connetable Asano Zaccaria von Arkadia seines Schutzes versichert und ihn ermahnt, den Ungläubigen energisch entgegenzutreten [37]). Die Furcht, die Johanniter, mit denen er sich wegen der Befestigung des Isthmos nicht einigen konnte, möchten ihn verdrängen, bestimmte ihn, den Beistand der Türken anzurufen. Sie erschienen Anfangs 1401, empfingen von C. Zaccaria Proviant und brachen in Modone und Korone ein; um das eigene Land zu retten, lenkte er sie nach Süden ab; dann theilten die Seinen mit jenen die reiche Beute, die sie in den venetianischen Colonien gemacht; er selbst aber blieb, dem Sultan tributair, im Besitze seines Landes. Sobald die Nachricht von diesen Verheerungen nach Venedig kam, ernannte der Senat am 22. April 1401 [38]) den Filippo da Molin und Agostino Quirini zu Proveditoren, damit sie für Befestigung von Korone und Erbauung eines Thurmes bei dem benachbarten Dorfe Gunario sorgten, von dem Fürsten Genugthuung forderten und auf Abstellung der den Venetianern von ihm in Andrusa auferlegten Zölle drängten. Zugleich sollten sie, da die Dörfer des Fürstenthums und der Colonien durch einander lagen, einen Austausch zur bessern Abrundung der letzteren anbahnen und selbst eine freilich nicht zu erhebliche Summe für Ceſſion von Grisi (zwischen Modone und Korone) und la Rosmina unweit Gunario, das dem Kosomica gehörte, bieten. Mittlerweile traf ein Gesandter des Fürsten mit Entschuldigungen ein: die Noth habe ihn gezwungen, so zu handeln; doch wolle er die Schuldigen bestrafen und Ersatz leisten; er wolle stets Freund der Republik bleiben und bitte diese, da er hochbejahrt, sich nach seinem Tode seiner kleinen Söhne anzunehmen. Venedig stimmte zu und versicherte ihn seines Schutzes. Desselben aber bedurfte C. Zaccaria um so mehr, als im Sommer desselben Jahres ein neuer Krieg in Morea ausbrach, und nicht nur der Despot die Waffen gegen den Fürsten kehrte, sondern auch Barone von Achaia sich den Griechen anschlossen. Der Großconnetable Asano Zaccaria, mit dessen Schwester Maria der Fürst vermählt, war jüngst gestorben; ihn überlebten vier Söhne: Centurione II., des Vaters Nachfolger in Arkadia, Erardo, Benedetto und Stefano, welcher letzterer den geistlichen Stand erwählt hatte. Ehrgeizig sahen Centurione II. und Erardo, directe Nachkommen der alten Barone der Eroberung, nur ungern das Fürstenthum in der Hand ihres Oheims, des Abenteurers und Parvenus, sie gelüsteten nach der Herrschaft, die sie mit des Despoten Beistand zu erlangen hofften. Nun hatten die Venetianer unweit Kisterna bei Avramio mit Consens Peter's ein Castell zu bauen begonnen, dessen Schleifung Centurione forderte, da der Ort zu seiner Baronie gehöre. Am 16. Sept. 1401 [39]) erwiderte Venedig, Avramio gehöre der Republik, die Castellane haben die Weisung, den Bau der Burg zu

31) Reg. Ang. no. 364. (1398—99.) fol. 109v. 32) Libri bullarum no. 15. (1399—1400.) fol. 122v. 33) Misti XLIV. fol. 467v, 502; XLV. fol. 1v, 26. 34) Liber bullarum no. 15. (1399—1400.) fol. 136rv. 35) Reg. Ang. no. 364. (1398—99.) fol. 137v. 36) Lünig, Codex Italiae diplomaticus. Vol. IV. p. 111. n. LXXXIII; Raynaldi z. J. 1400. n. 19.

37) Index bullarum (Cod. Brancaccian. I. C. 40). fol. 7. 38) Misti XLV. fol. 201, 226, 245; Leona fol. 117. 39) Misti XLV. fol. 338, 346.

vollenden; den Centurione gehe die Sache Nichts an; man werde, falls er sich länger renitent zeige, mit S. Superan oder Theodoros gegen ihn verhandeln. Aber schon sechs Tage später wußte man, daß jener Krieg ausgebrochen, sowie, daß die Türken an der Westküste der Halbinsel kreuzten. Die Gefahr lag nahe, daß letztere entweder eine Beute der Ungläubigen oder der Griechen werde oder im besten Falle dem Genuesen Zaccaria zu Theil werden könne. Man befahl daher dem Golfcapitain Pietro Loredano, für Sicherung der venetianischen Kaufleute und ihrer Waaren — in Patrá lagen deren für gegen 70,000 Dukaten — zu sorgen und die Türken zu verfolgen; im December gingen ebendeshalb Truppen nach Modone und Korone[40]), wo damals wieder und auch bis ins folgende Jahr hinein eine Epidemie wüthete. Der Zwist ward schließlich durch einen Vergleich beigelegt; doch traf Venedig, das nur an Nosomica in la Kosmina einen zuverlässigen Freund und Nachbar hatte, weitere Vorkehrungen; im März 1402[41]) ordnete es die Befestigung der Vorstadt S. Giovanni in Korone, sowie des von den Türken verheerten Avonaria mit Thurm und Graben an; da die Bauern aus Angst vor den Türken nicht die Aecker bestellten, und auf die Pest eine Hungersnoth folgte, versorgte man die Colonie anderswoher mit dem nöthigen Getreide. Zugleich ward ein Zwist mit Jakob von Arkel, dem Teutschordenskomthur von Mostenitza, wegen eines Weinbergs, den der Orden schon seit 1310 besessen, rasch durch Schiedsrichter beigelegt[42]), und auch Centurione erklärte im November 1402[43]), er wolle nicht nur auf alle Ansprüche auf den Berg bei Avramio verzichten, sondern selbst seine Baronie Arkadia der Republik abtreten. Man zog dieses Anerbieten in Erwägung; aber mittlerweile änderten sich die Verhältnisse auf einmal. Noch im November nämlich war der Fürst Peter gestorben; da seine Söhne minorenn, übernahm seine Wittwe Maria (1402—1404) die Regentschaft; ihr zur Seite stand ihr treuloser Neffe Centurione als Baili des Landes. Es war zu erwarten, daß die alten anarchischen Zustände sich wiederholen würden; eine Menge Prätendenten meldeten sich; auch Venedig hatte dort eine Partei. Der Senat beschloß daher am 2. Dec.[44]), den Orbelaso Faller nach Patrá, Klarentza und Vostitza zu senden, damit er die Gesinnung der dortigen Bürger prüfe; für Erwerbung der beiden erstgenannten Plätze sollte er bis 10,000 Dukaten bieten, daneben 500 einem etwaigen Unterhändler. Doch schien die Gesinnung der Franken daselbst wenig günstig; man gab den Plan auf und erklärte im Juni 1403[45]) dem Gesandten des Fürsten Ludwig von Savoyen, der als Erbe seines Bruders Amadeus einen Augenblick daran dachte, seinen Titel in Achaia zu realisiren, man habe von der Occupation von Patrá Abstand genommen, könne aber ebensowenig ihm zur Eroberung des Fürstenthums Beistand leisten. So blieb die Fürstin Maria fast zwei Jahre lang im Besitz von Achaia. Für den teutschen Orden, der früher zu dem Tribut des Fürstenthums beigesteuert, jetzt aber, da mit der Schlacht bei Angora die Gefahr beseitigt schien, nicht mehr zahlen wollte, verwandte sich Ruprecht von der Pfalz am 15. Aug. 1403[46]) bei König Ladislaus als Oberlehensherrn der Maria; am 21. Juni 1404[47]) erklärte letztere zugleich mit Centurione zu Patrá, daß sie bereit sei, dem Lodovico Morosini das Bisthum Nikli zu übertragen. Aber noch im nämlichen Jahre mußte sie den Intriguen Centurione's weichen, der bereits 1403[48]) um die Hand der albanesischen Erbin von Lepanto geworben und Aussicht hatte, die Stadt als Mitgift zu erhalten und mit dem Fürstenthume, zu dem sie einst gehört, wieder zu vereinigen. Er hatte Anfangs 1404 mit einem geheimen Auftrage den Symonetto de S. Giorgio an König Ladislaus gesandt; die Angelegenheiten Achaia's sollten von demselben definitiv regulirt werden. Noch immer waren die 3000 Dukaten, die S. Superan für seinen Titel versprochen, nicht gezahlt worden. Leonardo II. Tocco von Zante hatte dafür, wie bereits erwähnt, Bürgschaft geleistet[49]); dagegen hatten nicht nur Bartolommeo Bonvino, Giovanni de Bonuiano, Nikolaus von Tarent, Riccardo Ferrante, genannt Porta, aus Kephalenia, und Aloise de Caopena, der durch Heirath mit der Erbtochter des Johann von Aragon Herr der Insel Aegina geworden war, Rückbürgschaft geleistet, sondern S. Superan hatte ihm als Pfand die Burgen des Waldthurms (turris Nemoris, torre della montagnana) und Spalato nebst Balia zu Lehen gegeben. Letztere hatte Centurione nach Verjagung der Castellane Leonardo's occupirt; auch Kalimena, mit dem der Venetianer Gabriele Emo 1375[50]) belehnt worden, hatte er diesem entrissen. Auf Leonardo's Klagen hin hatte Ladislaus zunächst am 15. März 1404 den Centurione aufgefordert, die Castelle zu restituiren, daneben aber ebenso dringend von dem Bürgen die Zahlung der 3000 Dukaten geheischt; und wirklich sandte derselbe abschläglich 350 durch Nikolò de Garis nach Otranto, da der König mit Sequestration seiner Inseln drohte. Nun aber stellte S. Giorgio dem Ladislaus vor, daß von Maria und ihren Kindern schwerlich das versprochene Geld erlangt werden könne, daß aber Centurione bereit sei, falls er ihn mit Achaia belehne, dasselbe sogleich zu zahlen. Das entschied bei dem geldbedürftigen Herrscher. Am 20. April 1404[51]) erklärte er die unmündigen Kinder S. Superan's, da sie „in sträflicher Verwegenheit" den Lehenseid bis dahin nicht erneuert, des Landes verlustig und belehnte mit demselben erblich seinen getreuen Centurione, der schon ein gutes Theil des Peloponnesos den Feinden der Angiovinen entrissen habe; er versprach, ihn nie auf Veranlassung der Erben Peter's in seinem Besitze zu stören, empfahl ihn den Prälaten und Lehensträgern, und hieß ihn den Huldigungseid in die Hand seines Bruders Erardo Zaccaria leisten, der

40) Grazie XLVI. fol. 65 v. 41) Grazie fol. 13, 16; Leone fol. 162 v. 42) Misti XLVI. fol. 123 v. 43) Commemoriali Vol. IX. fol. 463. 44) Secreti Vol. I. fol. 88 v. 45) Misti XLVI. fol. 208.

46) *Martene et Durand*, Thesaurus anecdotorum. Tom. I. p. 1708. ep. 71. 47) Commemoriali Vol. IX. fol. 557—558. 48) Misti XLVI. fol. 836. 49) Reg. Ang. no. 368. (1404.) fol. 4 v, 108 v. 50) Misti XLVI. fol. 448. 51) Reg. Ang. no. 368. (1404.) fol. 134—136.

ihn mit dem goldenen Ringe belehnen solle. Mit diesem Bescheide kehrte Aymonetto, dem wegen seiner Anhänglichkeit der Titel eines Vertrauten ertheilt worden, heim zu seinem Herrn; Leonardo Tocco aber ward angewiesen, die rückständigen 2650 Dukaten dem Centurione zu zahlen und überhaupt sich mit demselben zu vergleichen. Wie einst Villehardouin durch Verdrängung der Erben Champlitte's Herr von Achaia geworden, so mußten jetzt wieder die unmündigen Kinder S. Superan's den Ränken ihres schändlichen Oheims weichen; sie und ihre Mutter Maria verschwinden aus der Geschichte; wir kennen nicht einmal ihre Namen. So wurde der Genuese Centurione Zaccaria (1404—1432) Fürst von Achaia; er beschloß die Reihe der fränkischen Landesherren, indem er 1432 der Gewalt und List der Paläologen erlag.

Während so in Neapel intriguirt wurde, fuhren die Johanniter nicht nur fort, Korinth zu schirmen, sondern sie wußten auch den Despoten zu bestimmen, ihnen noch ein größeres Stück des Despotats, zunächst die Castellanie Kalavryta, einzuräumen. Die Gouverneure Fossat und Lescoure, die mit S. Superan Friede und Freundschaft gehalten[52], bemühten sich, auf jede Weise die Sympathie der griechischen Bevölkerung zu gewinnen, indem sie dieselbe reichlich mit Privilegien bedachten. So bestätigte Naillac auf ihren Antrag im Juni 1401[53] dem Archimandriten David und dem Lehrer Nikolaos zu Korinth, dem Oberto de Fermo und Giovanni Mallagiano alle ihnen von Nerio und Theodoros I. verliehenen Besitzungen, namentlich ersterem auch die Kirche Sta. Maria de Roza, über die er das Patronat hatte; der Papas Athanasios und die übrigen dortigen griechischen Priester wurden von Wache, ihr Vieh von Dienst-Leistung befreit; andere Exemtionen empfingen Joannes Scorio, die Brüder Nikolaos und Stephanos Mavresumes, die Mönche von Hierospildon. Die ganze Bevölkerung von Kalavryta ward gleichfalls von dem Dienste befreit, unter der Bedingung, daß sie ihre Stadt mit den Waffen schirme; Manuel Englava aus Constantinopel, dort reich begütert, erhielt die Dörfer Quertefo und Savani in der dortigen Castellanie „in insula Pelopos seu Amoree," ferner Calrpinis (Charpigno) und Zalloris, sowie zwei Häuser in Cloquines und Krakhova bestätigt, ebenso dessen Sohn Georgios Renten aus letzterem Platze und Celliana. Im Mai 1402[54] legte Lescoure sein Amt nieder; an seine Stelle trat Peter von Beauffremont, von Naillac ermahnt, die Castelle im Despotat und Fürstenthum wohl gegen die Türken — die damals von Salona aus den Golf unsicher machten[55] — zu hüten und die Verträge mit Theodoros unverbrüchlich zu halten. Letzterer war damals schon seit längerer Zeit krank und des Regierens überdrüssig. So ward es Naillac, der ihm Aussicht auf bedeutenden Succurs aus Europa machte, leicht, ihn durch neue Geldanerbietungen sogar zur Abtretung von Misithra zu bestimmen. Während Theodoros sich nach Monembasia zurückzog, erschienen Gesandte des Ordens in der Hauptstadt des Despotats, um von derselben Besitz zu ergreifen. Dort aber wurden sie, die Häretiker, von den fanatischen Griechen nicht nur mit größter Abneigung empfangen, sondern einzelne wurden sogar mit Steinen und Knütteln vom Pöbel erschlagen. Zugleich erschienen Gesandte des Sultans daselbst und drangen auf Annullirung des Vertrags. Da legte sich der Metropolit der Stadt ins Mittel, er beschwichtigte die Menge und bestimmte die Ritter, nach drei Tagen schon abzuziehen. Die Bevölkerung, die dem Despoten nicht traute, stellte nun den Metropoliten an die Spitze; dieser aber bahnte eine Versöhnung mit Theodoros an. Er machte den Verkauf von Misithra rückgängig, gelobte Amnestie und kehrte zurück von Monembasia; auch die Türken waren nun zufrieden. Dagegen verlor Naillac in Folge dieser Behandlung die Lust, sich mit dem Reste des Despotats, für den der Orden große Geldopfer gebracht, länger zu befassen. Der Aufenthalt des Kaisers Manuel in Morea, den Carlo Zeno mit seiner Gemahlin Anfangs 1403[56] von Modone nach Vasilipotamo führte, trug wol dazu bei, das gelockerte Verhältniß zwischen dem Herrn und dem Volke des Despotats herzustellen; Naillac trug sich damals mit dem Gedanken, das fränkische Achaia von der Fürstin Maria zu erwerben, was Venedig veranlaßte, dem Centurione im September[57] für Zonklon 4000 Dukaten zu bieten. Da aber auch dieser Plan nicht zur Ausführung kam, und Theodoros seit Bajesid's Fall sich wieder vollkommen sicher wähnte, stieß endlich auch die Rückgabe von Korinth auf keine erheblichen Schwierigkeiten. Naillac sandte deshalb den Alemagna und Fossat zu Theodoros und Manuel nach Vasilipotamo[58], und dort wurde am 5. Mai 1404 ein Abkommen getroffen, laut dem der Orden ersterem die Castellanien Korinth und Kalavryta zurückgab, Manuel dagegen sich dafür verbürgte, daß sein Bruder den Kaufpreis mit 43,000 Dukaten ersetze und außerdem [illegible] für die vom Naillac zur Erhaltung des Despotats gemachten Ausgaben zahle. Am 14. Juni empfing Alemagna auf Abschlag 10,000 Dukaten; am nämlichen Tage übergaben Fossat und Beauffremont dem Bevollmächtigten des Despoten Korinth[59]. Dagegen suchte Naillac die Grafschaft Salona und Zeitun, welche Gebiete Theodoros als Erbe der Helena Kantakuzena beanspruchte und mit Hilfe der Johanniter nach Bajesid's Fall besetzt hatte, zu erwerben, und sandte deshalb den Ritter Nikolaus Seguin im August 1404[60] an ihn, wie an Manuel, den Mitregenten Joannes von Thessalonich und den Jakopo Gattilusio von Lesbos, der gar viel bei seinem kaiserlichen Vetter galt. Seguin gerieth unterwegs in die Hand der Türken, aus der ihn Theodoros mit 400

52) Libri bullarum no. 16. (1401.) fol. 162v. 53) Ebenda fol. 163; no. 17. (1402—3.) fol. 161. 164. 54) Ebenda no. 17. (1402—3.) fol. 160v, 162v, 163. 55) Misti XLVI. fol. 10.

56) Secreti Vol. I. fol. 94v, 95, 102; Misti XLVI. fol. [illegible]. 57) Secreti Vol. I. fol. 104v. 58) Libri bullarum no. 18. (1404.) fol. 115v, 116v, 117v. 59) Chronicon breve p. 517. 60) Libri bullarum no. 18. (1404.) fol. 128v.

Dukaten loskaufe; dieselben wurden ihm gutgeschrieben, ebenso 15,000, die er im December 1404 [61]) dem Ritter Peter Holt zahlte, der zugleich beauftragt war, eine Liga gegen die Osmanen mit dem Kaiser, dem Despoten und dem Herzoge Carlo I. Tocco zu Stande zu bringen [62]). Dieselbe sollte zunächst auf 30 Jahre abgeschlossen werden, auch Seguin verhandelte deshalb im folgenden Jahre mit den Paläologen [63]); doch hatte die Sache kein definitives Resultat. Dagegen wurden dem Holt 1405 in Monembasia weitere 5000 Dukaten, dem Seguin in Constantinopel ebenso viel gezahlt; den Rest für den Verkauf von Korinth und Kalavryta zahlte erst nach Theodoros' Tode Kaiser Manuel als dessen Erbe am 16. Febr. 1408 [64]) dem Herzoge Jacopo I. Crispo von Naxos und dem Pietro Zeno von Andros und empfing an demselben Tage Generalquittung über die 46,500 Dukaten, die der Orden von Theodoros zu fordern hatte; die Frage wegen Salona und Zeitun blieb unerledigt. So war denn Morea 1404, wenn wir von Venedig und dem Fürsterzbisthume Paträ absehen, zwischen Theodoros I. und Centurione getheilt, welcher letztere seine Barone — Griechen und Franken — auf jede Weise an die neue Dynastie zu fesseln suchte. Unter den griechischen Feudalherren Achaia's finden wir damals den Ritter Joannes Kutrulis, des Nikolaos Sohn, genannt, der in seiner Ehe mit Simona, Tochter des Jacopo Omodei aus Rhodos, eine Tochter Lucia erzeugte, die 1402 Gattin eines Gascogners Sancho „de la Causer" ward; ihre Mitgift, aus der 4000 Hyperpern für die Erben des Giovanni Soranzo wegen des bei Coccarelli's Einzug in Andrusa verübten Schadens von Venedig sequestrirt worden waren, wurde ihr im September 1404 [65]) vollständig ausgeliefert. Die Republik hatte damals gar viel in Modone und Korone zu thun. Die Bevölkerung beschwerte sich über Erpressungen der dortigen Castellane [66]); auf Befehl des Rathes der Zehn ward daher Francesco Priuli im Februar 1406 [67]) verhaftet und von Vitale Miani nach Venedig geführt, wo ihm die Befähigung, weitere Aemter zu bekleiden, aberkannt wurde. Mit dem neuen Fürsten dauerten Grenzstreitigkeiten fort; doch suchte Venedig auf jede Weise den Frieden zu erhalten, wie es denn auch mit Rücksicht auf die Bischöfe von Modone und Korone seinen Beamten jede Einmischung in deren Angelegenheiten untersagte [68]). Ende 1405 erschienen Centurione's Gesandte mit verschiedenen Anträgen, die aber der Ehre Venedigs so sehr zuwider waren, daß der Senat erklärte, jene wären mehr Spione als Abgeordnete eines Fürsten; sie mußten im Januar 1406 heimkehren [69]). Um so eher war man daher bereit, dem Jakob von Lusignan, Grafen von Beyrut, dem Ladislaus, wie es hieß, das Fürstenthum übertragen wollte, im Juni [70]) Beistand zu verheißen; derselbe wollte Zonklon, wegen dessen man lange fürchtete, Centurione möchte es seinen genuesischen Landsleuten übergeben, der Republik abtreten. Allein die Sache kam nicht zum Abschluß. Dagegen entbrannte bald der Streit zwischen Griechen und Franken in Morea wieder aufs Heftigste. Der Despot Theodoros I., der die Bevölkerung von Monembasia durch ein neues Privileg vom 14. Sept. 1404 (bestätigt von Manuel im Februar 1405) [71]) enger an sein Haus gefesselt hatte, sodaß die Mamonas dort immer mehr Terrain verloren, rüstete im Sommer 1406 mit aller Macht, um der Frankenherrschaft ein Ende zu machen. Das Heer von Misithra fiel in das Fürstenthum ein und verheerte sogar das neutrale Gebiet Venedigs; die Dörfer Avramio und Spanochori wurden geplündert, die dem Bischofe von Modone gehörige Burg Kiflina verbrannt; die Colonie litt für über 300,000 Hyperpern Schaden. Sobald die Kunde davon nach Venedig kam, beschloß der Senat am 14. Oct., den Nicolò Foscolo an den Despoten zu senden [72]); seine Abreise verzögerte sich jedoch, da mittlerweile der Ritter Riccardo Ferrante, genannt Boria, als Bevollmächtigter Centurione's in Venedig erschien. Letzterer hatte diesen am 30. Oct. [73]) zu Klarentza in Gegenwart der Ritter Jacopo Goth, Saracino Balcano, Guglielmo de Maramonte und Jacopo Sirlpando, sowie seines Kanzlers Giovanni Rossagno zum Procurator bestellt, damit er ein freundliches Verhältniß zwischen ihm und der Republik anbahne, und letztere Frieden mit seinen vielen Gegnern vermittele; denn außer Theodoros hatte sich nun nicht nur auch Carlo I. Tocco gegen Centurione erklärt, sondern der eigene Bruder des Fürsten, der Erzbischof Stefan Zaccaria von Paträ, stand auf Seite der Feinde. Erst im Februar 1407 [74]) trat Foscolo seine Reise an; er sollte von Theodoros und Manuel, zu dem er sich nach Constantinopel begeben sollte, vollen Ersatz fordern, ebenso von Centurione Entschädigung der Erben Giovanni Soranzo's und Rückgabe von Kulimena an Gabriele Emo, und dann den Frieden zwischen dem Despoten und Fürsten herstellen. Foscolo fand den Despoten so schwer erkrankt, daß er keine Audienz erhalten konnte [75]); zur Sicherung der Colonie wurde eine Anzahl Schützen nach Modone „pupila oculi" gesandt, auch für Herstellung der Mauern von Nauplion gesorgt. Dagegen erschien ein Abgesandter des Erzbischofs von Paträ, Andreas de Emaninis, und erklärte, sein Herr genehmige mit Zustimmung des Bischofs Anton Correr von Modone die Reparatur von Kiflina, aber Centurione molestire da fortwährend die Bauern; er sei bereit, seine Stadt für 10,000 Dukaten der Republik zu verpfänden [76]). Da Venedig dies im August [77]) ablehnte, bat der Gesandte, den Erzbischof mit dem Fürsten

61) Ebenda fol. 121 v., 124 v. 62) Romanin a. a. O. III. p. 119. 63) Libri bullarum no. 18. (1404.) fol. 16 r v., 126, 138, 172; Pauli, Codice diplomatico II. p. 110—111. n. LXXXVII. LXXXVIII. 64) Libri bullarum no. 19. (1407—8.) fol. 146 v. 65) Raspe Vol. V. p. 11. fol. 86. 66) Ebenda fol. 77. 67) Misti del Cons. de' X. Vol. VIII. fol. 116 v., 120, 125 v., 126 v. 68) Misti XLVII. fol. 21, 81 v. 69) Ebenda fol. 85 v.

70) Secreti Vol. III. fol. 30 r v. 71) Miller, Catalogue des manuscrits grecs de l'Escurial. Paris 1848. 4. p. 65—66. 72) Secreti Vol. III. fol. 43; Misti XLVII. fol. 253—254, 255. 73) Basie: Gerusalemme. 74) Misti XLVII. fol. 306, 314 v, 464. 75) Ebenda fol. 343, 418 v., 418. 76) Ebenda fol. 483. 77) Secreti Vol. III. fol. 73 v, 74.

und seinen andern Brüdern zu versichern; Tocco stellte dasselbe Ansinnen [78]). Demgemäß hieß man die Castellane von Modone und Korone die Vermittelung übernehmen, doch sollten sie zugleich suchen, behufs besserer Abrundung der Colonie Zonklon, Griß, Kanaka und la Kosmina zu erlangen; auch sollten sie zwischen dem Fürsten und dem neu erhobenen Despoten die Eintracht herstellen. Kurz zuvor war nämlich im Sommer 1407 [79]) Theodoros I. nach langer Krankheit in Misithra gestorben, ohne von seiner schönen Gemahlin Bartolommea Acciajuoli Kinder zu hinterlassen; ihn überlebten nur einige Bastarde. So fiel das Despotat an Kaiser Manuel heim; da man aber einmal in Byzanz dasselbe zur Secundogenitur der Paläologen bestimmt hatte, übertrug es dieser seinem zweiten Sohne Theodoros II. (1407—1443), für den, da er noch minderjährig, der Großadmiral Manuel Frangopulos, wie es scheint, die Verwaltung führte. In Folge der Beschwerden Federico's erschien nun als kaiserlicher Gesandter der berühmte Manuel Chrysoloras Ende 1407 [80]) in Venedig, brachte indessen ganz andere Dinge vor, als man zu hören erwartete. Zunächst suchte er die Republik zu veranlassen, zur weitern Befestigung des Hexamilion beizusteuern; man lehnte das als unzeitgemäß ab, da ja die Moreoten unter sich uneins wären und im Kriege lägen. Dann bat er, man möchte ihm Nauplion verkaufen — was noch weniger gewährt werden konnte; Venedig pflege sein Land nicht zu verkaufen, lautete die Antwort, möchte auch die Lage der Stadt damals gerade eine bedenkliche sein, weil türkische Piraten alle Schifffahrt dort hemmten [81]). Ebenso wenig wollte man von Restitution von Astrigi (Stella) hören, das man dem dortigen Archonten Kampsidios wegen vielfacher von ihm in Nauplion angerichteten Schadens entrissen und der Castellanie Nauplion einverleibt hatte; nur über die Gelder der verwitweten Fürstin Bartolommea, die in Kreta deponirt waren, konnte man sich einigen. Und so kehrte Chrysoloras unverrichteter Sache heim; Pietro Zeno, der als Gesandter zu ihm und Suleimân gehen sollte, ward ermächtigt, die Angelegenheit in Constantinopel weiter zu verfolgen [82]). Schon seit einer Reihe von Jahren hatte Zeno, der Herr von Andros, als Diplomat seiner Vaterstadt die wichtigsten Dienste geleistet; unablässig thätig, hatte er da, wo andere Gesandte Nichts auszurichten vermochten, das Interesse Venedigs gewahrt, ohne Mühe und Kosten zu scheuen. Nachdem Jacopo Suriano 1403 in Byzanz, wie bei Suleimân, wegen Erneuerung des Friedens und Waffenstillstandes und Einschließung des Markgrafen von Bodoniza in letzteren verhandelt [83]), begab sich Zeno zur Pforte, um neben vielen andern Punkten namentlich die Wiedererlangung des 1402 an Antonio I. verlorenen Athen zu betreiben.

Sobald man in Venedig von dem Falle Athens, das durch Verrath in die Hand des Bastards gefallen, Kunde erhielt, beschloß der Senat am 22. Aug. 1402 [84]), Alles daran zu setzen, um die Stadt, deren Akropolis noch von dem Rettore Nicolò Vitturi gehalten wurde, wiederzugewinnen, damit nicht auch Euböa schließlich das Loos Attika's theile. Der Bailo von Euböa Francesco Bembo sollte außer den 50 Reitern, die auf der Insel unterhalten wurden, noch 2—300 besolden, die Akropolis verproviantiren und mit Heeresmacht gegen Attika ziehen, Antonio vernichten und seinen Schlupfwinkel Theben zerstören; 3000 Dukaten wurden ihm zu diesem Zwecke zur Disposition gestellt. Zugleich setzte man einen Preis auf den Kopf Acciajuoli's; wer ihn, den mit den Türken alliirten Feind des christlichen Glaubens, lebendig überliefere, solle 10000, wer ihn tödte, 5000 Hyperpern erhalten. Allein noch ehe dieser Beschluß zur Ausführung kam, traf ein Brief der Castellane von Modone und Korone am 5. Sept. ein, der noch schlimmere Nachricht brachte. Der Bailo Francesco Bembo (1401—1402) hatte den Succurs aus Venedig nicht abwarten wollen, sondern sofort mit Zustimmung des Raths von Euböa alle disponibeln Streitkräfte gesammelt, um Vitturi zu entsetzen. Mit ihnen brach er im August über die schwarze Brücke in Attika ein, gerieth aber, obgleich er an Truppen dem Antonio bedeutend überlegen, in einen Hinterhalt des Feindes. Die Seinen warfen sich in die Flucht, er selbst verlor seine Rosse und Waffen und ward mit vielen andern gefangen [85]). Die Gefahr drängte zur Eile; im October ward Tommaso Mocenigo zum Bailo ernannt und zugleich ermächtigt, mit den beiden Räthen Daniele Cesendolo und Marco Polani, die bereits Unterhandlungen mit Antonio angeknüpft hatten, ein Abkommen mit jenem zu treffen [86]). Wolle letzterer die Stadt und die Gefangenen ausliefern, so solle die Acht aufgehoben werden; sonst aber solle man einen frischen Krieg gegen den Usurpator eröffnen. Mocenigo sollte sich zugleich informiren, wie stark das Heer des Feindes sei; die Verräther, welche ihm die Stadt ergeben, sollten entweder exemplarisch bestraft oder der Gnade der Republik versichert werden, falls sie zur Wiedereroberung beitrügen. Aber Antonio wies alle Friedensvorschläge zurück und sandte zugleich einen der Seinen an Suleimân, mit der Bitte, ihm als türkischem Vasallen den Besitz des Herzogthums zu bestätigen. Mit dieser Nachricht kehrte Mocenigo schon im Februar 1403 [87]) heim; Bernardo Foscarini (1403—1405) übernahm das Bailat. Unterdessen dauerte die Belagerung der Akropolis fort. Vitturi und der treue Matteo de Mentona hielten sich darin 17 Monate lang, bis Hungersnoth ausbrach, und selbst die Pferde verzehrt waren. Dann erst capitulirten sie gegen freien Abzug; Vitturi, der seine ganze Habe verloren, starb bald darauf auf Euböa; seiner armen Familie ward eine Pension ausgesetzt; Matteo, der bisher 400 Hyper-

78) Misti XLVII. fol. 165v. 79) *Manuel Palaeologus*, Oratio funebris p. 116; *Chalkokondylas* IV. p. 205—217; Chron. breve p. 517; Secreti Vol. III. fol. 73. 80) Misti XLVII. fol. 51Av; *Raspe* Vol. V. p. II. fol. 83. 81) Misti XLVIII. fol. 147v. 82) Ebenda fol. 68v. 83) Misti XLVI. fol. 263v, 276v; Necessorio Vol. III. fol. 97.

84) Misti XLVI. fol. 128v; *Chalkokondylas* IV. p. 213. 85) Misti XLVI. fol. 159v—162; Grazie Vol. XVI. 86) Misti XLVI. fol. 165, 174; Sindicati Vol. I. fol. 181v. 87) Misti XLVI. fol. 218v.

pern aus Attika bezogen, erhielt am 1. April 1404 [88]) provisorisch den Thurm de Picota auf Euböa als Lehen. So standen die Sachen, als Zeno bei Suleimân in Adrianopel erschien [89]). Sofort wandte er sich an 'Ali-pascha mit der Bitte, gegen Antonio einzuschreiten, und ihn zu zwingen, Athen zu restituiren, die Gefangenen freizugeben und ihn in 1000 Dukaten Strafe zu nehmen, zugleich auch dafür zu sorgen, daß Sykaminon und Oropos nebst einem Landstrich von 5 Miglien in Lokonia, gegenüber der Insel Euböa, der Republik überlassen würden. Dagegen klagte Ewrenosbeg, der Herr von Thessalien, der jüngst auch Thessalonich besetzt hatte [90]), daß der Markgraf von Bodoniza, Venedigs Bürger, gegen ihn in Zeitun intriguirt habe; eine Verschwörung zu Gunsten desselben war dort jüngst entdeckt und mit dem Tode ihrer Urheber bestraft worden; Ewrenos aber hatte gedroht, den Markgrafen anzugreifen und zu vernichten. Trotzdem verstand es Zeno, indem er auf die gemeinsame Gefahr hinwies, die Allen von Seiten der Mongolen drohe, die Osmanen zu einem für Venedig und Kaiser Manuel höchst günstigen Frieden zu bestimmen, der wol Ende 1403 [91]) von Zeno und Suriano ratificirt wurde. Suleimân restituirte dem Kaiser Manuel Thessalonich nebst Pertinenzen und den ganzen Landstrich von Panion bis Mesembria, ohne Tribut, mit dem Rechte, dort neue Festungen zu bauen, gegen das Versprechen, gemeinsam die Mongolen zu bekriegen, ebenso am 10. Nov. nachträglich Skyros, Skiathos und Skopelos. Der Serbenkönig Stefan sollte das ganze Land seines Vaters Lazar tributfrei besitzen, ebenso der Herzog von Naxos seine Inseln und die Maonesen Chios und Phokäa; alle Gefangenen sollten freigelassen, flüchtige Sklaven gegenseitig ausgeliefert werden; sicherer und freier Handel ward allen Betheiligten verheißen. Was Venedig speciell betraf, so willigte Suleimân in die Zurückgabe Athens und Abtretung des Landstrichs in Lokonia, sowie in die Amnestirung des Markgrafen von Bodoniza, der nicht höhern Tribut zu zahlen brauche, als sein Vater Francesco; dem Johanniterorden endlich überließ er Salona, das diesem ja Theodoros I. versprochen. So schien ein allgemeiner Friede hergestellt; da Venedig zugleich im Juli [92]) mit Iliasbeg von Mentesche, Mohammed's Sohn, einen Vertrag eingegangen, waren Kreta, Negroponte und die übrigen Colonien auch gegen die Piraten aus Palatia gesichert. Nunmehr wurden zwei Hauptpunkte ins Auge gefaßt, die Regulirung der Verhältnisse zu Byzanz und die Recuperation von Athen. Im Juli 1404 [93]) ging Paolo Zane wegen Erneuerung des Waffenstillstandes zu Manuel; wie gewöhnlich spielte die Entschädigungsfrage ihre Rolle, daneben ward die Frage wegen Tenedos neu angeregt, auf dem damals die Johanniter ein Fort — als Ersatz für die verlorene Position in Smyrna — bauen wollten; doch ging die Sache nicht durch, da sie den Bestimmungen des turiner Friedens entgegenlief [94]). Die Intriguen Genua's, das ja damals noch mit Venedig in Fehde lag, hintertrieben lange den gewünschten Abschluß; als es im Jahre 1405 [95]) hieß, neue Türkenhorden drohten auf genuesischen Schiffen nach Europa überzusetzen, erhielt der Bailo in Constantinopel die Weisung, unverzüglich eine Anzahl Waffen anzukaufen [96]); als aber schließlich doch am 22. Mai [97]) die Waffenruhe auf fünf weitere Jahre verlängert war, suchten auch die Genuesen von Pera, sich mit den Venetianern zu verständigen und schlossen Ende Juni einen Accord [98]). Im folgenden Jahre verhandelte Giovanni Loredano mit dem Sultan wegen der Erwerbungen Venedigs in Albanien, Foscolo wegen der Angelegenheiten in Morea [99]). Hatte man in den meisten Punkten ein günstiges Resultat erzielt, so war dagegen Athen dem Antonio I. verblieben, obgleich der Bailo Foscarini den Krieg gegen das Herzogthum ohne Unterbrechung fortsetzte. Zwar war ein Gesandter des Bastards im Januar 1404 [1]) in Venedig erschienen und hatte gelobt, sein Herr wolle zukünftig Venedigs Freund sein; da indessen dabei von Restitution Athens keine Rede war, begnügte man sich, ihm sein Unrecht vorzuwerfen, und wie er ferner an den Verheerungen, welche die Osmanen in Modone und Korone jüngst angerichtet, nicht geringen Antheil habe. Da aber der Kampf der Euböoten gegen Attika erfolglos blieb, und zugleich Papst Innocenz VII., König Ladislaus und der Cardinal Angelo Acciajuoli die Republik baten, den Antonio in Gnaden aufzunehmen, schloß man endlich Friede. Francesco Acciajuoli, ein Bastard des Donato (gest. 1400) und Vetter Antonio's, ward von letzterem am 22. Juni 1404 durch eine vom Kanzler Nikolaos Makris ausgefertigte Urkunde zu seinem Procurator ernannt; am 31. März 1405 [2]) einigte er sich mit zwei Bevollmächtigten der Republik zunächst dahin, daß Antonio als Freund und Sohn der Republik begnadigt, und der auf seinen Kopf gesetzte Preis aufgehoben wurde. Er sollte Athen, „mit seinem neuen Namen Sythines genannt," nebst der Akropolis und dem ganzen Gebiete fortan als Vasall Venedigs besitzen und dafür jeden Weihnachten ein Pallium im Werthe von 100 Dukaten dem heiligen Marcus liefern. Er gelobte, mit Venedig gleiche Freunde und Feinde halten zu wollen, ferner der letztern mit Victualien zu unterstützen, ihm Land einzuräumen oder den Durchmarsch zu gestatten, Venedigs Statthalter zu benachrichtigen, sobald türkische Scharen drohten, und ihnen freien Durchzug durch das Herzogthum zu erlauben,

88) Senato Vol. XVI; XVII. fol. 31. 89) Relation, betref. aus Kassimpulo. Patti Lib. VI. fol. 361 v — 363; Misti XLVI. fol. 104 v. 90) Misti XLVII. fol. 313. 91) Patti Lib. VI. fol. 359 — 361 v; v. Hammer, Geschichte des osmanischen Reichs. Bd. II. S. 607—610. 92) Patti Lib. V. fol. 363 v — 365 v. 93) Misti XLVI. fol. 525 v, 567; XLVII. fol. 96 v.

94) Secreti Vol. II. fol. 151 v. 95) *Laur. Bonincontri*, Annales bei *Muratori* XXI, 86. 96) Misti del Cons. dei X. Vol. VIII. fol. 127, 142 v. 97) Basso: Costantinopoli; Commemoriali Vol. X. p. I. fol. 358 seq.; *Miklosich* und *Müller* III, 144—153. n. XXXIV. 98) Commemoriali Vol. X. p. I. fol. 44 seq. 99) Misti XLVII. fol. 321, 457 v; Secreti Vol. III. fol. 64.

1) Misti XLVI. fol. 42 v. 2) Commemoriali Vol. X. p. I. fol. 8—13 v.

sowie Proviant für ihr Geld zu liefern. Allen Venetianern soll freier Handel vergönnt sein; flüchtige Bauern, bis auf solche, die den Tod oder Verstümmelung verdient, werden gegenseitig ausgeliefert; die 1403 erbeutete Munition der Akropolis wird ersetzt; die Erben Vitturi's erhalten von ihm Entschädigung. Der Markgraf von Bodonitza wird als Bürger Venedigs in den Frieden eingeschlossen; dagegen bleibt der treulose griechische Erzbischof Makarios verbannt. Nur daß Venedig schon im März 1406 [3]) klagte, er halte schlecht Wort, indem er weder das Pallium gesandt habe, noch den Landstrich von fünf Miglien, den Suleimân der Republik überlassen, hergebe. Man machte seinem Gesandten über solchen Undank ernstliche Vorstellungen; erst im August 1407 [4]), als ein neuer Bevollmächtigter des Herzogs Antonio in Venedig für ihn bat und das Pallium überbrachte, ergänzte man den Vertrag dahin, daß die Festungen und Renten in dem abzutretenden Lykonia dem Antonio, das Land der Republik verbleiben solle, wogegen sich jener verpflichtete, dort keine neue Burg zu bauen. Wegen der Euböoten, welche in Attika Lehen besaßen, einigte man sich dahin, daß dieselben nur die ihnen durch alte Privilegien aufliegenden Verpflichtungen, nicht aber persönliche Dienste zu leisten hätten; die aber, deren Besitzungen in Lykonia lägen, sollten von jeder Lehensverbindlichkeit gegen Antonio befreit sein. Damit war denn die Fehde zwischen Venedig und Antonio Acciajuoli erledigt; friedlich schaltete derselbe Jahre lang über Attika, das sich trotz der Nähe der Türken unter ihm wieder erholte und sogar zu einer gewissen Blüthe gelangte. Venedig aber sandte bald darauf 4 Provveditoren nach allen griechischen Colonien, um die Verwaltung zu regeln; die Bestimmungen, die in ihrer Commission vom 19. April 1408 [5]) enthalten sind, zeugen von der Gerechtigkeitsliebe der Republik und ihrem eifrigen Bestreben, das Loos der griechischen Unterthanen möglichst zu verbessern. Wenn diese „Syndici" freilich ihre Aufgabe nicht ganz erfüllten, so lag der Fehler nicht in der Commission, sondern in ihrer Persönlichkeit, wie denn einer der vier, Giovanni Emo, sein Amt so misbrauchte, daß er 1410 zu Modone unter dem Bette einer gewissen Margherita Palmaria gefunden wurde, deren Adoptivtochter Maria er entehren wollte — ein Verbrechen, für das ihn am 9. März 1414 [6]) die wohlverdiente Strafe traf.

In dem Peloponnesos bot sich damals Gelegenheit zu neuen Erwerbungen. Die Bemühungen der Republik, Centurione mit seinen Nebenbuhlern zu versöhnen, waren völlig gescheitert; Graf Leonardo II. Tocco von Zante, der alte Freund S. Superan's, hatte Ende 1407 das Schwert gegen den Fürsten ergriffen und ihm selbst die Hauptstadt des Landes Klarentza entrissen. Nun wandte sich Centurione aufs Neue an Venedig und bat im Februar 1408 [7]), ihm erbliches Bürgerrecht zu verleihen, sowie die Ausfuhr von Waffen, Victualien und Söldnern behufs Wiedereroberung von Klarentza zu gestatten. Venedig sagte ihm seinen Beistand zu, falls er den Weisungen der Republik folge, und erbot sich, seine Fehde mit Leonardo II. beizulegen, falls er Grisi, Zonklon und Manlatocherion abtrete. Bald darauf wiederholte sein Bruder, Erzbischof Stefan von Patras, dieselbe Petition, die er schon ein Jahr früher ohne Erfolg vorgebracht hatte, betreffend die Cession seines Erzstiftes [8]), für das er schon längst den Türken tributpflichtig war. Von seinen Vorgängern hatte der Cardinal Angelo II. Acciajuoli (1394—1400), der dasselbe als Commende erhalten, seine Rechte 1400 [9]) dem Venetianer Pietrantonio Cornaro (1400—1403) übertragen, nach dessen frühem Tode Stefan Zaccaria (1404—1424) Erzbischof und Souverain der Stadt geworden war. Wie vordem die Acciajuoli die höchste weltliche und geistliche Macht in Achaia ihrem Geschlechte gewonnen, so war es jetzt mit den Zaccaria der Fall, nur daß unter den letztern fortwährende Uneinigkeit herrschte. Stefan sandte nun den Kanonicus Vito de' Bonajuti aus Bologna und den Dominikaner Franz von Ascoli nach Venedig und erklärte, er sei fortwährend durch die Türken bedroht; dazu brauche er Geld, um verpfändete Präbenden auszulösen und sein Vorhaben, drei Jahre lang im Occident zu studiren, zur Ausführung zu bringen. Demnach wollte er das Erzbisthum mit den Burgen von Patrá, Serravalle, Paleokastron, Siderokastron, S. Elias und den Thürmen Kamenitza, „del bosco," Kastritza und Katafigo und sämmtlichen Einnahmen der Republik gegen eine Jahresrente von 1000 Dukaten verpachten, sich selbst aber nur die geistliche Gerichtsbarkeit und die Appellation von den Urtheilen reserviren, die ein venetianischer Podestà mit Beirath der dortigen Bürger fällen sollte; für den Tribut, den Patrá bisher den Türken zahlte — 500 Dukaten —, sollte die Stadt selbst aufkommen. Venedig, das kurz zuvor Lepanto erworben, acceptirte am 20. Aug. 1408 [10]) diesen Antrag um so bereitwilliger, als das Gerücht ging, Centurione habe das Fürstenthum den Johannitern verkauft [11]), die damals zu diesem Behufe den Arzt Egidio Lagonessa nach Achaia gesandt hätten [12]). Am 25. Aug. [13]) ward Vitale Miani zum Provveditor ernannt und mit 30 Schützen hinübergeschickt, um die Stadt und ihr Gebiet zu besetzen und die Castelle zu befestigen. Stefan begab sich darauf im November mit Empfehlungen Venedigs zum Papst und nach Bologna, um sich den Studien zu widmen. Dagegen protestirte Centurione gegen diesen Handel, indem er sich darauf berief, er sei den Türken gegenüber verpflichtet, den Tribut für Patrá zu zahlen [14]); man wies ihn erst ab, verstand

3) Misti XLVII. fol. 112, 197 v. 4) Ebenda fol. 439. 5) Cod. Marcian. Lat. Cl. XIV. n. 71. 6) Lettere dell' Avogaria Vol. II; Raspe Vol. VI. p. II. fol. 52. 7) Misti XLVII. fol. 668 v.

8) Secreti Vol. III. fol. 116 v. 9) *Marco Barbaro*, Genealogie (Cod. Foscarin. Vindob. n. 6155). Vol. I[a] fol. 86 v. 10) Baste; Gerusalemme; Commemoriali Vol. X. p. I. fol. 165 v—175 v; Misti XLVIII. fol. 160; *Sanudo* XXII. p. 847—859. 11) Secreti Vol. III. fol. 111. 12) Libri bullarum no. 22. (1409—16.) fol. 125. 13) *Secreti* Vol. III. fol. 110 v—111; Misti XLVIII. fol. 99 v. 14) Misti XLVIII. fol. 146.

sich jedoch schließlich dazu, ihm den Tribut zur Uebersendung an die Pforte einzuhändigen [15]); zugleich regte man bei dieser Gelegenheit die Frage wegen Jonklon aufs Neue an [16]). Unter Venedigs Herrschaft erholte sich Patrà wieder; für den Hafen daselbst, wie für den von Lepanto, wurden 1409 [17]) beträchtliche Summen verwandt. Im Juni 1410 [18]) sandte man dem Erzbischof, der 3000 Dukaten im Voraus erhalten hatte, auf seine Bitte weitere Subvention nach Bologna; dem neuen Podestà Giovanni Diedo wurden im Mai 1411 für Reparatur der Mauern und des Palastes 2300 Hyperpern bewilligt; auch suchte man, da sich in Patrà viel Wein und Gerste gesammelt, ohne Abnahme zu finden, für diese Waaren einen passenden Exportweg, obgleich dem Podestà ausdrücklich Handelsgeschäfte untersagt waren [19]). Bald schien es, als wollte Fürst Centurione dem Beispiele seines Bruders folgen. Im December 1411 überbrachten zwei Gesandte der Republik verschiedene Anträge, über die am 27. Jan. 1412 [20]) berathen wurde. Sie gelobten, daß alle Venetianer in Achaia zollfrei sein und keine Feinde der Republik dort geduldet werden sollten, falls Venedig sich zu Gleichem verstände; dann baten sie, dem Fürsten erbliches Bürgerrecht zu verleihen, ihn unter den Flügeln der Republik zu decken — da ja König Ladislaus [21]), obgleich er sich noch immer als nomineller Oberherr des Landes gerirte, nicht das Geringste für dessen Vertheidigung that — und die langbegehrten Besitzungen Jonklon, Maniatochorion, Grizikon, kurz alles Land südlich von dem Flüßchen Korpikoli und der Kirche Killine, einschließlich der Lehen seines Bruders Benedetto Zaccaria, aus seiner Hand anzunehmen. Allein ehe darüber ein fester Beschluß gefaßt war, kam ein neuer Bote aus Achaia und meldete, der Fürst sei schwer erkrankt, und bitte daher, man möge seinen Bruder Stefan zur schleunigen Rückkehr veranlassen, da er in ihn mehr Vertrauen setze als in seine andern Brüder Erardo und Benedetto. Am 2. März [22]) willigte Venedig ein, doch unter der Bedingung, daß es Patrà behalte; die Cession Centurione's aber unterblieb, ebenso mit Rücksicht auf die ungünstigen Zeitumstände der Ankauf der Teutschordenscommende Mostenitza, welche die Ritter in ihrer Verzweiflung nach der Schlacht bei Tannenberg der Republik angeboten hatten [23]). Die Krankheit des Fürsten war indessen nur eine vorübergehende; noch im December 1412 [24]) studirte Stefan in Bologna, lebte aber dort in so ärmlichen Verhältnissen, daß er Bücher und Kleider verpfänden mußte, und ohne die Unterstützung der Olivetaner gar nicht ausgekommen wäre; da er noch 840 Dukaten zu fordern hatte, erhielt er neue Subvention aus Venedig. Im August 1413 [25]) kehrte Giovanni Diedo, der während seiner Verwaltung für Amelioration 12,000 Hyperpern verausgabt hatte, nach Venedig heim; er hatte seinen Bruder Bertuccio zum Nachfolger, der zunächst vier Monate lang als Proveditor fungiren sollte. Aber auch Stefan hatte sich schon seit Monaten in Venedig eingefunden und bat, ihm sein Erzbisthum zurückzugeben. Vergeblich bot ihm Venedig für Patrà das gerade vacante Erzbisthum Korfu als Commende an, vergeblich suchte es von ihm wenigstens das Felsenschloß Lepanto gegenüber mit einem Landstriche von 5 Miglien als Lehen zu erhalten; er wollte heimkehren in sein Fürsterzbisthum. Daher beschloß der Senat am 19. Dec. 1413 [26]), unter dem Vorwande, daß die Stadt zu geringe Rente abwerfe, die Rückgabe derselben. Da aber, wie Bertuccio Diedo ausführte, die Steuern dort seit 1411 nicht ordentlich erhoben, ward im März 1414 [27]) dem Executor Gasparo de Luca aufgegeben, dieselben noch nachträglich beizutreiben; auch wurden die Auslagen für Befestigung der Stadt dem Erzbischofe aufgebürdet, was zu vielfachen Zwistigkeiten Anlaß gab; trotzdem aber hatte Stefan bereits im Juli 1414 [28]) dieselbe zurückverlangt. Sein Bruder Centurione, der 1411 [29]) einen Streifzug gegen die Griechen in Kalavryta unternommen, hatte zu derselben Zeit Waffenstillstand mit den Brüdern Carlo I. und Leonardo II. Tocco eingegangen. Letztere, die schon Klarentza besetzt hatten, waren von Centurione, der von den Albanesen Morea's und seinen Verwandten, den genuesischen Herren von Lesbos und Chios, zu Land und Meer kräftig unterstützt wurde, so sehr in die Enge getrieben, daß sie sich im August 1413 [30]) ganz in Venedigs Arme warfen. Sie baten um Beistand zur See und erklärten sich bereit, auf allen ihren Burgen das Banner der Republik aufzupflanzen, jährlich ein Pallium im Werthe von 200 Dukaten nach Korfu zu liefern, ja sogar sich einen Podestà aus Modone und Korone gefallen zu lassen, der ihre Besitzungen verwaltete; sonst bliebe ihnen Nichts übrig, als sich an die Türken nach Salona zu wenden. Letzterer Punkt war im höchsten Grade bedenklich; aber auch die Propositionen der Tocco schienen nicht annehmbar, da man sich nicht in unnütze Gefahren und Kriege verwickeln wollte. Man schrieb daher an Centurione und an die Castellane, damit diese Frieden stifteten; und so ward schließlich 1414 ein dreijähriger Waffenstillstand eingegangen, laut dem Klarentza dem Fürsten verblieb; die Geiseln des letztern wurden nach Modone und Korone, die der Tocco nach Korfu gesandt; am 12. Juli 1414 [31]) ratificirten auf Bitten Stefan's Giovanni Mostagno für Centurione und Egidio de Lagonessa für Herzog Carlo I. und dessen Bruder den Vergleich in Venedig. Da sich aber Centurione nicht sicher fühlte und Nachricht von einem Heereszuge des Kaisers Manuel erhielt, der gegen den Peloponnes gerichtet

15) Secreti Vol. III. fol. 122 v — 123. 16) Misti XLVIII. fol. 211, 224 v. 404 v. 630. 17) Ebenda fol. 419. 18) Secreti Vol. IV. fol. 120 v. 19) Misti XLIX. fol. 57 v. 80, 208 v. An Diedo schrieb Venedig 16. Aug. 1412 wegen eines Processes zwischen dem Kanzleramt Bonajuti und einem Juden. Lettere dell' Avvogarie Vol. II. 20) Secreti Vol. IV. fol. 145 v. 150 v. 21) *Raynaldi* a. 3. 1411. n. 8. 22) Secreti Vol. IV. fol. 179. 23) Archiv zu Königsberg. Schieblade 1. n. 15. 24) Misti XLIX. fol. 459.

25) Ebenda fol. 306 v; L. fol. 31 v. 38. 26) Secreti Vol. V. fol. 148 v. 171. 27) Misti L. fol. 186 v. 28) Ebenda fol. 137, 157, 159 v. 29) Avvog. 30) Secreti Vol. V. fol. 147 v. 31) Misti L. fol. 205 v.

sein sollte, ernannte er am 20. Nov. 1414 [32]) den Riccardo Ciripando und Symonetto de S. Giorgio, Herrn von Molinos, zu seinen Bevollmächtigten in Genua und bat diese Republik, ihn als ihren Sohn und Bürger anzusehen; Genua, das auf diese Weise gern im Peloponnesos ein Gegengewicht gegen Venedig gewinnen wollte, bewilligte ohne Weiteres das Gesuch des Fürsten, dessen Geschlecht damals auch noch in der Stadt selbst vertreten war, zu nicht geringer Besorgniß der Venetianer. Für letztere hatte Pietro Zeno 1408 die Differenzen mit Manuel wegen Astrizi beigelegt; er hatte sich erboten, dasselbe zu restituiren, falls der Kaiser venetianische Besitzungen bei Zeitun, die zu Pteleon gehörten, zurückgäbe; auch mit Suleimân I. [33]), der über die Erwerbung von Lepanto und verschiedener Städte Albaniens empört war, hatte er einen Frieden vermittelt, in den auch der Markgraf von Bodonitza, der alte Türkenfeind, eingeschlossen war. Nun sorgte Venedig eifriger für seine Colonie, als jetzt nach Modone und Corone, wo 1410 eine neue Pest herrschte, die auch Korfu heimsuchte und den Großadmiral Manuel wegraffte [34]), wurden Geld, Getreide und Soldaten gesandt; man befestigte 1412 die Vorstadt von Modone, vollendete 1409 das Castelfranco und begann darauf den Bau des Castelleone und der Burg Munista, für die 1414 hinlängliche Munition gesandt wurde [35]). In demselben Jahre nahm man den Slawenhäuptling Zassi von Janitza, dessen Geschlecht uns schon früher begegnet ist, in Dienst; er hatte versprochen, mit 400 Reitern im Interesse Venedigs thätig zu sein [36]). Zugleich machte man eine ansehnliche Erbschaft, da Erardos Laskaris, Sohn des auf Kypros 1392 verstorbenen Joannes Kalopheros, 1408 ohne Kinder in Achaia starb und die Republik zum Erben einsetzte, die auch, obgleich verschiedene falsche Testamente producirt wurden, und Kaiser Manuel Ansprüche erhob, den ganzen Nachlaß ihres treuen Bürgers im April 1409 [37]) einzog. Auch Nauplion erfreute sich trotz der Nachbarschaft türkischer Piraten damals einer gewissen Blüthe. Die alten Castelle wurden 1409 reparirt; da die Türken zwei Jahre später von dort eine Anzahl Menschen fortgeschleppt hatten, wurden zwei Galeeren angeschafft; 1412 hob man eine lästige Steuer auf, da die ganze Bevölkerung sich erbot, für die Festungswerke jährlich 10,000 Hyperpern aufzubringen. Bald kam es dahin, daß vom Ueberfluß an Geld war, und seit 1413 regelmäßig gegen 10,000 Hyperpern aus Nauplion nach Kreta abgeführt werden konnten [38]). Feudalsachen, wie die des Antonio di Bartolommeo da Bologna, des Nicolò Catello und seiner Brüder, denen 1413 ein Exemtionsprivileg des Herzogs Guido II. von Athen bestätigt ward, des Giovanni Catello, dem das halbe Lehen des Giovanni Cavazza gegen Dienstleistung zu Roß überlassen ward, und andere, sind das Einzige, was uns sonst die venetianischen Urkunden aus dieser Zeit über Nauplion aufbewahrt haben [39]), während uns etwas später in Argos der Bischof Segundo Nani (seit 1418) begegnet, den der Papst im März 1419 zum Collector in Griechenland bestellte, und der am 21. Jan. 1421 [40]) die Reliquien des heiligen Petrus, Bischofs von Argos, aus letzterer Stadt nach seinem Bischofssitze Nauplion brachte.

Daß der Peloponnesos in den letzten Jahren sich im Ganzen der Ruhe von Außen erfreute, war hauptsächlich die Folge der Zerwürfnisse, die nach dem Tode Bajesîd's unter seinen Söhnen obwalteten, von denen damals Suleimân (1403—1410) noch in Adrianopel gebot und nicht nur mit den Byzantinern, denen er die Eroberungen seines Vaters bereitwillig überlassen, sondern auch mit den Occidentalen Frieden hielt. Francesco Giustiniani, der 1409 an Zeno's Stelle als Bailo nach Constantinopel gegangen, überbrachte auch dem Sultan reiche Geschenke, sowie den Tribut von 250 Ducaten, den die Bürger von Lepanto zu zahlen pflegten [41]), und bewirkte, daß die Selbständigkeit des Markgrafen Jacopo I. von Bodonitza aufs Neue garantirt wurde, welcher letztere bereits 1408 so sehr ins Gedränge gerathen war, daß Venedig ihm und seinem Bruder Nicolò II. am 13. Juli [42]) gestattete, ihre Leute von dort nach ihrem sichern euböotischen Lehen Karystos zu führen. Nun aber rüstete des schlaffen Sultans nächster Bruder Musa gegen ihn und seinen kaiserlichen Verbündeten Manuel. Letzterer wandte sich an Venedig wegen Abschluß einer Allianz; man lehnte sie ab, da man mit den Osmanen Friede halte, machte ihm Vorwürfe, daß der letzte Waffenstillstand oft verletzt worden, und stellte ihm schließlich für den Fall, daß er zur Flucht genöthigt würde, aus Gnaden eine Galeere zu Gebote [43]). Während Venedig weitern Tribut für die Pforte bereit hielt [44]), kam in den ersten Tagen des Mai die Kunde, daß Musa (1410—1413) seinen Bruder besiegt und getödtet habe und als Herrscher in Adrianopel eingezogen sei; zugleich aber ward gemeldet, daß die Markgrafschaft Bodonitza von den Türken verheert sei. Die Truppen des neuen Sultans hatten sich alsbald südwärts gewandt und den Jacopo I. Giorgio angegriffen; trotz heldenmüthiger Gegenwehr fiel er, von einem seiner Diener verrathen, in die Hand des Feindes und ward niedergemetzelt; die Vormünder seines Sohnes Nicolò ergaben das Castell, das sofort demolirt ward; Nicolò ward als Gefangener ins Serraglio fortgeschleppt. Vergeblich befahl Venedig im Mai 1410 [45]) dem Golfcapitain, das

32) Staats-Archiv zu Turin. Carte sparse di Genova. 33) Misti XLVIII. fol. 71, 75. 34) Misti XLVIII. fol. 623, 633v; Secreti Vol. IV. fol. 144; Chron. breve p. 517. 35) Misti XLVIII. fol. 148, 186v, 407v, 416, 686, 786; XLIX. fol. 201v; L. fol. 266v, 582. 36) Misti XLVIII. fol. 163. 37) Magno Vol. VI. p. I. fol. 56v; Notatorio Vol. IV. fol. 49; Secreti Vol. IV. fol. 87. 38) Misti XLVIII. fol. 278, 538v; XLIX. fol. 3v, 33, 428, 465v, 547v, 566; L. fol. 240; LII. 287v.

39) Grazie Vol. XVII. fol. 59, 78; Misti L. fol. 426; LII. fol. 361; Magno Vol. VI. p. II. fol. 73rv; Lettere dell' Avvogaria Vol. II. 40) Notatorio Vol. V. fol. 92; Theiner, Monumenta Slavorum meridionalium p. 365—366. n. DXI; Chron. breve p. 517. 41) Misti XLVIII. fol. 185v, 211. 42) Verona fol. 67. 43) Secreti Vol. IV. fol. 87; Misti XLVIII. fol. 428. 44) Secreti Vol. IV. fol. 123v. 45) Misti XLVIII. fol. 539.

Castell zu retten und für Ausplünderung venetianischer Kaufleute bei Skiathos Ersatz zu fordern; Bodonitza war schon verloren. Da aber die Türken bald wieder südwärts zogen, eilte des Getödteten Bruder, Markgraf Nicolò II. (1410—1436), der sich, da sein Neffe verschollen, als Nachfolger jenes ansah, von Euböa herüber, stellte die Stadt wieder her und versah sie mit einer kleinen Besatzung [46]. Die Türken waren unterdessen gegen Salona vorgerückt. Letztere Grafschaft war nebst Lidoriki, Galaxidi und Veteranitza von Theodoros I., wie früher erwähnt, bald nach Bajesid's Fall besetzt und schließlich den Johannitern überlassen, auch diesen im Vertrage mit Suleimân garantirt worden. Dieselben sandten, wie die Chronik von Galaxidi erzählt [47], drei Schiffe ab und besetzten zunächst die Inseln S. Konstantinos und S. Demetrios im Golfe von Salona und bauten in Galaxidi eine Kirche des heiligen Joannes. Doch gelang es ihnen nicht, den Rest des Landes dem Bey von Zeitun zu entreißen; die griechischen Unterthanen, die eine allgemeine Erhebung verheißen, nahmen das Geld, das ihnen die Ritter boten, und lachten dieselben schließlich aus. Nur mühsam behaupteten sie sich in Galaxidi, bis dasselbe mit den andern zu Salona gehörigen Plätzen jetzt 1410 der Türken Beute wurde. Wieder ward nun ein Theil des byzantinischen Landes besetzt; Kaiser Manuel mußte, um sich mit dem neuen Herrn gut zu stellen, neuen Tribut zahlen [48], und auch Venedig beeilte sich, den Jacopo Trevisani mit 2000 Dukaten an die Pforte zu senden, um Ersatz für in Kallipolis gekaperte Waaren zu erbitten und neuen Tribut für seine griechischen Colonien zu bieten; mit besonderen Geschenken sollten des Sultans einflußreichsten Räthe, Michaelbeg und Evrenosbeg, gewonnen werden. Am 12. Aug. 1411 [49] schloß Trevisani mit Musa im Bazar zu Constantinopel Frieden; am 3. Sept. ward er zu Selymbria ratificirt. Der Republik sollten Ptelion und Lokonia zinsfrei verbleiben; dagegen hatte sie für Lepanto 100, für Patrà 500, für Albanien 1000 Dukaten jährlichen Tribut zu zahlen; die Gelder sollten durch Centurione eingesandt werden. Der junge Nicolò III. Giorgio erhielt seine Freiheit wieder; ihn entschädigte Venedig, indem es ihn 1433—1441 als Castellan in Ptelion fungiren ließ; seine Erben, die noch auf Euböa Besitzungen hatten, starben verjagt zu Venedig in großer Armuth. Seinem Oheim Nicolò II. ward der Fortbesitz seiner Markgrafschaft garantirt; doch befand sich derselbe gegenüber den türkischen Nachbarn in so bedenklicher Lage, daß sein Abgesandter, der Bischof von Thermopylä, im April 1412 [50] Venedig bat, ihn mit Bogenschützen aus Euböa zu unterstützen, sowie ihm zu gestatten, die Bauern, die von Bodonitza nach Karystos geflüchtet, zu besserer Vertheidigung seiner Markgrafschaft dorthin zurückzuführen; in Anbetracht seiner Noth setzte Venedig damals den Zins, den er für Karystos zahlte, von 350 Dukaten auf 300 herab. Im Mai 1412 [51] begab sich Fantino Viaro nach Constantinopel zur Verlängerung des Waffenstillstandes; sie erfolgte unter den üblichen Formalitäten am 31. Oct. [52]; Viaro blieb dort als Bailo, zahlte dem Musa Tribut und bemühte sich mit dem Golfcapitain, denselben zu bestimmen, damit er auch den Herzog von Naxos, Zeno von Andros und Nicolò II. von Bodonitza als Schutzempfohlene der Republik respectire [53]. Gegenüber dem Antonio I. Acciajuoli erneuerte man am 11. Juni 1413 [54] das Verbot, das Gebiet von Lolonia zu bebauen und zu cultiviren; der Bailo von Euböa sollte dasselbe nur als eine sichere Militairposition auf dem Festlande ansehen. Bald darauf erschienen neue Gesandte Manuel's um Hilfe; Mohammed, Bajesid's Sohn, rüstete gegen seinen Bruder Musa; der Kaiser unterstützte jenen; aber ein erster Angriff ward abgeschlagen, und Musa bestürmte die Hauptstadt. Venedig, damals wegen Dalmatien in einen langen Krieg mit Ungarn verwickelt und des Geldes bedürftig, lehnte jede Einmischung ab [55] und überließ die streitenden Parteien ihrem Schicksale. Noch 1413 erfolgte die Schlacht auf der Ebene von Tschamurli bei Sofia; die Serben unter Georg Brankovič, den Venedig auf Manuel's Bitte jüngst nach Thessalonich geführt [56], kämpften in den Reihen Mohammed's; Musa's Heer ward vernichtet, er selbst erdrosselt; Mohammed I. (1413—1421) bestieg den Thron Bajesid's „des Blitzstrahls." Derselbe, friedlich gesinnt, erneuerte alsbald die Verträge, die Suleimân mit Kaiser Manuel geschlossen, welche letztere er wie sein Bruder zu halten versprach; er überließ den Byzantinern das Küstenland und restituirte mehrere eroberte Plätze. Auch Venedig beeilte sich, den neuen Herrn für sich zu gewinnen; der Bailo Francesco Foscarini ward im Juli 1414 an Isâ, wie die venetianischen Urkunden stets den Sultan nennen — ein 1404 verschollener Bruder führte diesen Namen —, gesandt, um den Frieden zu erneuern; doch traf man zugleich für die Colonien Vorkehrungen, da es hieß, der neue Sultan habe in Kallipolis 40 Galeeren gegen Kreta und Euböa gerüstet [57]. Wirklich wandte sich die Flotte der Osmanen gegen Euböa, plünderte dort und zog darauf gegen Bodonitza, das am 20. Juni 1414 fiel; obgleich man dem Markgrafen Nicolò II. freien Abzug verheißen, ward er doch nach Adrianopel fortgeschleppt; 1800 Einwohner fielen der Sklaverei anheim; die Stadt ward in einen Trümmerhaufen verwandelt [58]. Trotzdem suchte Venedig, das am 17. Sept. [59] mit Eliasbeg von Menteśche den Frieden von 1403 erneuert, noch jetzt zu unterhandeln. Als im Januar 1415 ein Türke und ein Grieche als Gesandte des Mustafâ, der sich für einen Bruder Mohammed's ausgab und auf

46) Misti XLVIII. fol. 543v, 547, 549; XLIX. fol. 177; Grazie Vol. XVII. fol. 116v; XX. fol. 45v. 47) Chron. Galaxidii p. 207 seq. 48) Misti XLIX. fol. 40v, 43v, 67, 75v, 80rv, 128. 49) Commemoriali Vol. X. p. I. fol. 272v seq. 50) Misti XLIX. fol. 321.

51) Ebenda fol. 407v, 412v. 52) Commemoriali Vol. X. p. I. fol. 68. 53) Misti XLIX. fol. 567; L. fol. 83v. 54) Ebenda XLIX. fol. 607v. 55) Secreti Vol. V. fol. 171v. 56) Misti XLIX. fol. 296v. 57) Ebenda L. fol. 337, 374. 58) *Sanudo* a. a. O. XXII. 890; *Navagero* XXIII. 1081; *Amadeo Valier* Vol. II. fol. 218v. 59) Commemoriali Vol. X. p. II. fol. 64v.

das Reich prätendirte, um eine Galeere baten, wurden sie abgewiesen [60]; man meldete sogar ihr Treiben dem Mohammed; Mustafâ, ob echt oder unecht, bleibt dahingestellt, ward später von den Paläologen gegen Murâd I. erhoben und mit einer Tochter des Ilario Doria, aus kaiserlichem Geblüte, vermählt [61], fiel aber schließlich in die Hand seines Gegners und endete 1422 erwürgt. Alles vergeblich; Mohammed wollte Nichts von Frieden mit Venedig wissen und rüstete gegen Euböa, das sich zum Widerstande mit den Rhodisern, Naxiern und Jacopo Gattilusio aus Lesbos vereinte, die je eine Galeere zu stellen gelobten; auch Manuel, eben aus Morea heimgekehrt, sagte Beistand zu [62]. Zwar ward Nicolò II. von Bodonitza noch 1415 [63] auf Verwendung des Bailo in Furcht gesetzt; aber zugleich zog ein türkisches Landheer gegen Attika, um den Antonio I. zur Tributzahlung anzuhalten; die Flotte wandte sich gegen Euböa und den Archipel. Mohammed war aufs Aeußerste gereizt durch die Renitenz der dortigen Dynasten; denn während 1415 [64] ihm Theodoros II. von Morea, Carlo I. Tocco und Centurione, gleich den Serben und Walachen, die Huldigung geleistet, hatte der Herzog von Naxos das Gleiche versäumt, und Pietro Zeno von Andros sogar Kaperschiffe gegen Kallipolis gesandt. Dafür plünderte die Flotte Mohammed's die Kykladen und verheerte Euböa [65]; zahlreiche Gefangene wurden fortgeführt. Georgios Sevastopulos, der für Manuel eine Zeit lang in dem abgetretenen, aber jetzt wieder erlangten Zeitun schaltete, ward verjagt, Zeitun dem Evrenosbeg zurückgegeben; Georgios suchte ein Asyl auf Euböa [66]. Nun wandte sich das Landheer gegen Antonio I. von Athen, der längst das Schlimmste befürchtet hatte. Mit Venedig hatte er seit 1407 gute Nachbarschaft gehalten; Nicolò Erizzo, Syndicus von Romania, der sich 1413 in frechen Briefen gegen ihn vergangen, was zu einer Beschwerde bei dem Bailo Benedetto Trevisani (1412—1414) Anlaß gab, war deshalb, sowie wegen Schwängerung einer euböotischen Sklavin, die eine Meisterin in der Kunst des Seidenwebens, in Venedig verurtheilt worden [67]. Als Gesandter des Herzogs weilte damals dort über ein Jahr lang sein Vetter Francesco (Franco) Acciajuoli; im März 1416 [68] versprach man, ihm mit Rath und That gegen die Türken beizustehen, ihm für sein Geld Munition aus Euböa zu liefern, seine Ausfuhr im Falle der Gefahr zu gestatten, seinen Waaren ebenda Sicherheit zu gewähren; doch ermahnte man ihn zugleich, seine Festungen wohl zu hüten und nicht den Versprechungen der Türken zu trauen. Auch wurden Anordnungen wegen des von seinen Kanonikern verlassenen Erzbisthums Theben getroffen, sowie ferner Venedig gestattet, das in Lokonia geerntete Getreide, falls es nicht für Euböa gebraucht würde, anderswohin zu exportiren. Auf eine Abtretung jenes Territoriums, die Francesco ein Jahr später vorschlug [69], ging man jedoch nicht ein, erneuerte aber das Versprechen unverbrüchlicher Freundschaft. Allein, obgleich Venedigs Flotte unter Pietro Loredano [70] bei Euböa kreuzte, und zugleich Dolfino Venier mit dem Sultan unterhandelte, entging doch Attika nicht der schrecklichsten Verheerung durch die Osmanen; Antonio ward der Pforte aufs Neue 1416 zinspflichtig. Während Manuel's Gesandter Nikolaos Notaras, des 1397 genannten Georgios Sohn, die Republik (die ihm am 29. Juni Bürgerrecht verlieh) [71] zu energischem Einschreiten zu bestimmen suchte, forderte Venier von Mohammed Rückgabe der geraubten Euböoten, Restitution von Bodonitza an die Giorgio und Räumung der occupirten Theile Athens. Da die Unterhandlungen kein Resultat hatten, entschloß sich endlich der wackere Loredano, mit Gewalt den Frieden zu erzwingen; am 29. Juli 1416 [72] schlug er die türkische Flotte so vollständig bei Kallipolis, daß der Sultan nachgab und bereits am 26. Aug. [73] alle ihm von Venier vorgelegten Punkte unterschrieb. Auch die Restitution Nicolò's II. Giorgio ward ausbedungen und gegen das Versprechen, daß derselbe den hergebrachten Tribut zahle, gewährt [74]; doch verzichtete er schließlich auf den Platz, der nur noch eine Ruine war, und dessen Herstellung unendliche Summen erfordert hätte, und begnügte sich mit dem Markgrafentitel und Karystos, dessen Pachtsumme damals um weitere 50 Dukaten ermäßigt wurde [75]. Nun schien der Friede hergestellt; die für Euböa geworbenen Söldner wurden entlassen. Als im folgenden Jahre Manuel mit neuen Unionsvorschlägen kam, lehnte man sie nicht nur ab, sondern forderte ihn auf, die vor den Türken aus Euböa nach Thessalonich geflüchteten Einwohner zurückzusenden [76]; zugleich freilich beklagte man sich bei Mohammed, daß von den fortgeschleppten 1400 Euböoten bis jetzt nur 200 Weiber, Greise und Kinder restituirt seien. Ein türkischer Gesandter, der bald darauf in Venedig erschien und sehr fetirt ward, brachte Alles ins Geleise. Auch mit den Byzantinern ward nach längeren Verhandlungen [77] durch Bertuccio Diedo am 30. Oct. 1418 ein neuer fünfjähriger Friede vereinbart und am 8. März des folgenden Jahres ratificirt [78]; 1421 ging der gelehrte Georgios von Kypros, des Epiphanios Sohn, als Gesandter Manuel's nach Venedig, das ihn am 3. Aug. [79] zu seinem Bürger ernannte, während Joannes Platyperos, vom Papste empfohlen [80], mit Florenz neue Handelsbeziehungen anzuknüpfen suchte. Mit den Türken

60) Secreti Vol. VI. fol. 82. 61) Historia politica p. 5. Eine Tochter Ilario's war mit Giorgio Centurione vermählt. *Federici*, Scrutinio della nobiltà Ligustica fol. 175. 62) Misti LI. fol. 142 v, 172, 181 v. 63) Chronik fol. 123 r, 319 v. 64) *Ducas* cap. XX. p. 97. 65) *Sanudo* XXII, 898. 66) Misti LI. fol. 181 v. 67) *Hopf* Vol. VI. p. II. fol. 97 v. 68) Misti LI. fol. 10—11 r, 83 r v.

69) Secreti Vol. VI. fol. 80 v. 70) Misti LI. fol. 247 v. 71) Privilegii Vol. I. fol. 178 v. 72) Secreti Vol. VI. fol. 92. 73) Cronaca anonima (Cod. Foscarin. Vindob. no. 6208*) ad 1416 fol. 106 v; *Sanudo* XXII, 911; *Navagero* XXIII, 1081; Cronaca Zancaruola Vol. II. fol. 568; *Amadeo Valier* Vol. II. fol. 268. 74) Grazie Vol. XVII. fol. 116 v. 75) Misti LI. fol. 125. 76) Secreti Vol. VI. fol. 131, 134 v, 137 v, 139 v, 141. 77) Misti LII. fol. 202, 279 v. 78) Liber Constantinopolit.; *Miklosich* und *Müller* III, 163—169. n. XXXV. 79) Privilegii Vol. I. fol. 192. 80) [illegible] Diplom. no. XXVII. p. 191.

erneuerten sich indessen die Reibungen noch öfters; namentlich gaben die Angelegenheiten Albaniens dazu Anlaß. In den Jahren 1418 und 1419 [81]) mußten wiederholte Vorkehrungen zum Schutze von Euböa getroffen werden, bis endlich am 5. Dec. des letztern Jahres [82]) durch Bertuccio Diedo ein dauernder Friede mit der Pforte abgeschlossen wurde. Die Gefangenen wurden ausgewechselt; Albanien verblieb der Republik, gleich den übrigen Colonien; der Herzog von Naxos und sämmtliche namentlich aufgeführte Inseln des Archipels wurden in den Vertrag eingeschlossen; der Ansprüche der Giorgio auf Bodonitza ward dagegen nicht weiter gedacht. Es kamen denn wieder einige ruhige Jahre; als Mohammed I. 1421 starb, hatte Venedig nichts Eiligeres zu thun, als sofort im October seinen Gesandten zur Begrüßung des neuen Sultans Murâd I. (1421—1451) und zur Erneuerung der Verträge an die Pforte zu senden [83]).

Das gute Einvernehmen, in das Kaiser Manuel zu Mohammed I. bald nach dessen Thronbesteigung getreten war, hatte ihm möglich gemacht, eine Expedition nach Morea zur Befestigung des Landes und seines Hauses daselbst 1414 anzutreten [84]). Im Sommer verließ er seine Hauptstadt und wandte sich zunächst gegen die Insel Thasos, deren Herren, die Asan von Christopolis, und ihre Erben, die Raul und Branas, sich bis dahin selbständig gerirt hatten, jedoch am 25. Juli genöthigt wurden, sich dem Kaiser zu unterwerfen. Nachdem er den Winter in Thessalonich zugebracht, begab er sich über Euböa, dessen Bailo ihm alle Ehre erwies [85]), nach Korinth und landete am 13. März 1415, begleitet von seinem Sohne, dem neuen Despoten Theodoros II., in Kenchreä. Venedig, das von dieser Reise für seine Colonien Gefahr fürchtete, hatte alle erforderlichen Sicherheitsmaßregeln getroffen [86]). Aber es galt nicht jenen, sondern dem Centurione und den griechischen Archonten, die seit dem Tode des ältern Theodoros I. im Despotat nach Willkür schalteten und dem kaiserlichen Ansehen Hohn sprachen. Diesen anarchischen Zuständen, die in der Schwäche der bisherigen Regierung ebenso wohl, wie in den verschiedenartigen Elementen, aus denen damals die moreotische Bevölkerung zusammengesetzt war [87]), ihren Grund hatten, sollte endlich gesteuert werden. Am 30. März mußte Centurione dem Kaiser die Huldigung leisten; die rebellischen Archonten wurden gefangen genommen und nach Constantinopel gesandt. Dann ward dem ganzen Lande eine Steuer zur Befestigung des Isthmus, die ja längst projectirt war, auferlegt; am 8. April begann der Bau der langen, mit 150 Wartthürmen und 2 festen Kastellen an beiden Enden versehenen Mauer, die den Peloponnesos von dem griechischen Festlande isoliren und gegen die Türken sichern sollte; in 25 Tagen war das Werk vollendet. Damit dasselbe aber auch fortwährend in tauglichem Stande erhalten würde, blieb nicht nur die neue Steuer bestehen, sondern Manuel lud auch durch den Nikolaos Demonogiannis Venedig ein, beizusteuern, da ja das Hexamilion auch für seine Colonien höchst wichtig sei; die Republik lehnte jedoch am 8. Febr. 1416 [88]) dieses Ansinnen mit der Erklärung ab, daß sie selbst in dieser Zeit für ihre eigenen Zwecke zu viel Geld verwenden müsse, sich also an dieser Unternehmung des Kaisers nicht betheiligen könne. Nachdem Manuel seinem Bruder Theodoros I. damals die früher oft citirte prunkvolle Leichenrede gehalten und fast ein Jahr in Morea geweilt, kehrte er im März 1416 nach Constantinopel zurück. Es war wol bei dieser Gelegenheit, daß der Philosoph Georgios Gemistos Plethon an den Kaiser und den Despoten jene zwei Denkschriften über die Lage der Halbinsel [89]) richtete, in denen er eine völlige Reform der dortigen Verhältnisse in altgriechischem Geiste vorschlug, als alleiniges Mittel, eine Wiedergeburt des entarteten Hellenenthums anzubahnen; namentlich sollte das Steuer- und Kriegswesen eine völlige Umgestaltung erfahren. So patriotisch nun auch die Gesinnung des Philosophen war, praktischen Erfolg hatten seine Schriften wol nur im geringsten Maße; mochten auch im Steuerwesen geringe Modificationen vielleicht eintreten, so war dagegen an eine durchgreifende Heeres-Reorganisation gar nicht zu denken. Zudem war Centurione durchaus nicht gewillt, sich als Vasallen der Palaiologen behandeln zu lassen, vielmehr knüpfte er noch 1415 mit Genua, dessen Bürger er nun war, Unterhandlungen wegen Cession des Fürstenthums an. Venedig, das davon Kunde erhielt, befahl alsbald dem Golfcapitain, mit 13 Galeeren um Achaia zu kreuzen [90]), und sandte dann am 31. März 1416 [91]) den Andrea Foscolo an den Fürsten. Derselbe sollte ihm vorstellen, wie unglaublich die Kunde der Republik gewesen, daß er das Land, in dem seine Ahnen so lange mächtig, aufgeben wolle, und ob er denn nicht an seinen Sohn denke. Gebe er vor, daß die Drohungen des Kaisers und Despoten ihn dazu nöthigten, so solle Foscolo sich zu beiden begeben und sie mit dem Plane Centurione's ängstigen; lasse sich bei ihnen Nichts erzielen, so solle er den Fürsten des Schutzes Venedigs versichern, falls er Zonklon für 6000, oder dasselbe nebst Grisson und Maniatochorion für 10,000 Dukaten verkaufen wolle. Hätten übrigens die Genuesen Achaia schon besetzt, so sollte der Gesandte jede weitere Einmischung klug vermeiden. Zugleich hieß man die Castellane, die Strophaden (Strivali), wo griechische Mönche ein festes Haus gegen die Türken erbaut, in ein förmliches Castell umwandeln [92]). Wirklich landeten bald darauf Genuesen bei Zonklon und begannen einen Thurm, angeblich zur Seifenfabrik, zu bauen;

---

81) Misti LII. fol. 317. 376 v, 458. 464 v. 82) Commemoriali Vol. XI. fol. 29 v seq.; Secreti Vol. VII. fol. 92 v. 83) Secreti Vol. VIII. fol. 3 v. 84) *Phrantzes* I, 35. 36. p. 96. 105; *Ducas* c. XX. p. 102; *Chalcocondylas* IV. p. 183. 216; Chron. breve p. 517; vergl. Notae ad Chron. Paschale Vol. II. p. 354. 85) Misti LI. fol. 53. 86) Ebenda fol. 89 v. 87) Vergl. *Mazaris, Διάλογος νεκρικός* bei Ellissen, Analekten IV, 1. Leipzig 1860. 8. S. 239. Ich komme darauf später zurück.

88) Secreti Vol. VI. fol. 84. 89) Am besten in Ellissen's Analekten IV, 2. 90) Misti LI. fol. 24 v. 91) Secreti Vol. VI. fol. 89 v. 92) Grazie Vol. XVII. fol. 117 v.

Centurione räumte ihnen ferner die Plätze Kofanna und Maina, 9 Miglien von Korone, ein; sie begannen, dort von den Venetianern Ausfuhrzölle zu erheben. Solche unerhörte Keckheit rief am 9. Juli [93]) einen förmlichen Sturm im Senate hervor; die einen riethen, Zonklon zu stürmen und zu zerstören, die andern, für die Festung nebst Gardiki und einem District nach Leondari hin noch mehr Geld zu bieten, wieder andere, den Despoten Theodoros II. gegen das Fürstenthum loszulassen, falls er der Republik einen Landstrich am Alpheios einräume. Allein schließlich entschied man sich dafür, noch zu warten. Die genuesischen Genossen unterstützten Centurione nur schwach; er suchte daher Hilfe bei Mohammed I. Venedig, das einen blutigen Kampf bevorstehen sah, wandte sich an Erzbischof Stefan von Patrá, und dieser sagte seine Vermittelung zu, damit die Türken das Land verschonten. Letztere blieben auch wirklich aus; dagegen erschien des Despoten Bruder, der „junge Kaiser“ und Mitregent Joannes, nachdem er in Thessalonich den Pseudo-Mustafa gefangen genommen und nach Lemnos internirt hatte, 1417 [94]) in Morea, um seinen Bruder Theodoros gegen Centurione und dessen Navarresen kräftig zu unterstützen.

Bereits am 22. Juni [95]) wußte man in Venedig, daß Joannes Andrusa dem Fürsten entrissen und gegen den Rest von Achaia, wie gegen Patrá vordringe; bald darauf erschien der Dr. Condolo im Namen Centurione's und Stefan's und berichtete das Nähere. Dabei zeigte es sich, daß die Griechen auch die Neutralität der Republik nicht respectirt, vielmehr in Modone und Korone die ärgsten Verwüstungen angerichtet hatten [96]). Obgleich der Despot versprochen, die Castellane acht Tage vor jedem Heereszuge, den er gegen die Franken unternehmen wolle, zu avisiren, hatten doch nie unerwartete Ueberfälle stattgefunden. Während Joannes in Muchlion, Theodoros II. in Andrusa lagerte, brachen zunächst vier Albanesen aus letzterer Stadt in die Castellanie ein und raubten, was sie an Vieh, Getreide, Wein, Gewändern u. s. w. fanden; sie wurden dabei ergriffen und auf Befehl der Castellane gehängt. Alsbald sammelten sich 6000 ihrer Landsleute, die ursprünglich gegen Klarentza bestimmt waren, unter Koraka, einem kaiserlichen Unterthan, und drangen gegen das Dorf Kynegu bei Modone vor, plünderten und sengten und schrieen erst beim, nachdem sie das gleichfalls Venedig gehörige Spanochorion zerstört. Die Truppen des Theodoros, ein Observationscorps von 300 Mann, verhielten sich dabei ganz passiv, obgleich der Despot später vorgab, er habe dieselben zusammengezogen, um den Albanesen zu steuern. Es zeigte sich vielmehr deutlich, daß letztere im Einverständniß mit den Griechen gehandelt hatten, da Theodoros bald darauf verschiedene Klagepunkte gegen die Castellane vorbrachte. Ein Rebelle Lamborcho, wie jener Lampudios von Astros, sollte erst in Nauplion, dann in Modone Aufnahme gefunden haben; ebenso dort Pietro Cataiano, ein Freund des Centurione, der die Kaiserlichen mit vergifteten Pfeilen getödtet, den Genuesen Proviant nach Beauvoir geliefert und in Klarentza griechische Gefangene von catalonischen Piraten verkauft haben sollte. Am meisten aber reizte den Despoten der fortgesetzte Bau der Burg Avramios auf dem Berge Christiana, welches Gebiet er, als früher dem besiegten Centurione gehörig, für sich in Anspruch nahm; der Capitain von Andrusa begann die Belagerung. Alsbald sandte Venedig im Juli [97]) 75 Schützen nach der Colonie; Zonklon zog das venetianische Banner auf; Bernabò Loredano aber ward an die Griechen in Morea und an Manuel gesandt, um Ersatz zu fordern und Frieden zu stiften [98]). Zugleich bot Condolo der Republik die hauptsächlichsten Burgen des Fürstenthums, auch Beauvoir, für 15,000 Dukaten an [99]); doch war Venedig diese Summe zu hoch, da man ja das lange begehrte Zonklon ohne Mühe erlangt hatte; auch der Antrag, Patrá aufs Neue in Pacht zu nehmen, fiel durch, da man sich von Loredano's Gesandtschaft genügenden Erfolg versprach [1]). Allein mittlerweile ward am 25. Aug. aus Euböa gemeldet, daß Patrá sich bereits im Anfange des Monats der Republik ergeben. Erzbischof Stefan, aufs Aeußerste bedrängt, hatte sich dem Bailo Vitale Miani (1416—1418) in die Arme geworfen, und dieser sandte den Beltramino Premarino mit Fußvolk und Schützen hin, um für Venedig vorläufig auf 5 Jahre Patrá zu besetzen; der Erzbischof selbst versprach, nach Venedig zu kommen und dort die Sache zu ratificiren [2]). Das änderte die Sachlage. Obgleich eine ängstliche Partei im Senate, die namentlich wegen der vollendeten Befestigung des Hexamilions nicht energisch gegen den Despoten vorzugehen wagte [3]), den Antrag stellte, das Verfahren Miani's zu desavouiren, betrachtete die Majorität die Behauptung von Patrá als eine Ehrensache. Loredano ward daher am 7. Sept. [4]) angewiesen, zunächst von Kaiser Manuel Ersatz zu heischen und demselben zu erklären, wie sein Sohn Joannes sich in den frechsten Redensarten gegen die Republik ergangen, in Worten, die dem Baile sicher misfallen würden. Was Patrá betreffe, so wäre der Erzbischof, Venedigs Bürger, trotz der Verwendung der Castellane, freventlich angegriffen worden; die Kaiserlichen hätten die Schiffahrt im Golfe gehemmt, die Stadt, die nicht unter Centurione, sondern unter der römischen Curie stände, bestürmt, sodaß Venedig endlich zur Intervention gezwungen worden. Man habe durchaus nicht die Absicht, sich im Peloponnesos weiter auszudehnen, sei aber zugleich fest entschlossen, Patrá für den Erzbischof gegen weitere Angriffe zu schir-

93) Secreti Vol. VI. fol. 107 v. 94) *Phrantzes* I, 35. p. 109. 95) *Sanudo* a. a. O. XXII, 910 seq. 96) Misti LII. fol. 237, 274 v; Grazie Vol. XVIII. fol. 29 v.

97) Misti LII. fol. 58. 98) Ebenda fol. 98 v; Secreti Vol. VI. fol. 152, 153 v, 154 v, 166. 99) Sindicati Vol. I. fol. 203; *Sanudo* XXII, 911.

1) Secreti Vol. VI. fol. 163, 164 v. 2) Canale di Venezia (Cod. Foscarin. Vindob. no. 6621) — 1423; Cronaca di Venezia (Cod. Foscarin. no. 6205 *) — 1436; *Ant. Morosini*, Cronaca (Cod. Foscarin. no. 6587) Vol. II. fol. 235; *Donato Contarini*, Cronaca (Cod. Marcian. Ital. Cl. VII, 95); Cronaca Emmereniana Vol. II. fol. 570; *Sanudo* XXII, 917 u. s. w. 3) Misti LII. fol. 163. 4) Secreti Vol. VI. fol. 167 v, 169, 171.

men. Loredano begab sich zunächst nach Morea; da der Winter nahte, zeigten sich Joannes und Theodoros zu Unterhandlungen geneigt; Markos Jagaros Paläologos [5]) und nach ihm Nikolaos Sophianos traten mit dem Gesandten und den Castellanen in Verbindung, zunächst um den bei Modone und Korone verübten Schaden zu taxiren. Bald aber drohten neue Verwickelungen; catalonische Piraten zeigten sich unweit Patrà [6]); Centurione ging mit seinen Navarresen gegen Tavia vor; die Besatzung in Korone mußte verstärkt werden, da auch andere Freibeuter sich gegen das Land aufmachten [7]). Während Loredano noch mit Sophianos verhandelte, überfiel Oliverio Franco Anfangs 1418 [8]) Klarenza; der Bruder Centurione's, der die Stadt für ihn verwaltete, ward gefangen, der Fürst selbst genöthigt, dem Abenteurer, der sicher auch ein Genuese war, eine seiner Töchter zur Gattin zu geben und die alte Hauptstadt von Achaia als Mitgift zu überlassen. Sobald Sophianos das erfuhr, eilte er zu dem Despoten, doch erschien am nämlichen Tage noch ein neuer Gesandter David bei Loredano, um die Unterhandlungen fortzusetzen. Da rief der Tod seiner Gemahlin Anna von Rußland, die einer damals wieder in der Hauptstadt und in Morea herrschenden Epidemie erlegen war, den „jungen Kaiser" nach Constantinopel ab [9]); nach Achaia sandte er bald darauf zu Theodoros' Unterstützung seinen jüngsten Bruder Thomas. Vorher aber schloß er Waffenstillstand mit Centurione und sandte in Gemeinschaft mit Theodoros eine lange Erklärung nach Venedig, in der er sein Verfahren gegen Modone zu rechtfertigen oder zu entschuldigen suchte [10]). Er hob dabei hervor, daß Venedig die Betheiligung an Vertheidigung des Isthmos abgelehnt und viele seiner Unterthanen, die geflüchtet, um nicht die Bausteuer zu zahlen, aufgenommen, sowie stets seinen Feinden Vorschub geleistet habe. Venedig entgegnete darauf am 11. Juni, daß alle von ihm angeführten Thatsachen auf Entstellung der Wahrheit beruhten, daß man weder dem Fürsten, noch den Genuesen oder Johannitern Beistand gegen das Despotat geleistet, daß man ferner, da man eine so beträchtliche Flotte zum Schutz des Peloponnesos unterhalte, nicht gleichfalls Landtruppen nach Korinth senden könne, daß endlich die vielen Schuldner venetianischer Bürger in Misithra sich constant weigerten, ihre Verpflichtungen zu erfüllen. Im Uebrigen verlief nun ein Jahr in Frieden; Beltramino Premarino, den Nicolò Venier, der aus Patrà Seide ausführen wollte [11]), einige Tage lang Krankheit halber vertrat, fuhr fort, die Stadt für Venedig zu hüten, während der Kanonicus Florio von Ravenna in Stefan's Namen die Ratification der Abtretung in Venedig und Rom betreiben sollte. Am 13. Juni 1418 [12]) erklärte er im Senate, sein Herr, der in Griechenland Alles verloren, von dessen Brüdern der eine in Oliverio's Haft, der andere aber, der Fürst, schwer erkrankt sei, wolle sich nach Rom begeben und vom Papste die Genehmigung zum Verkaufe von Patrà einholen; man war damit einverstanden. Dagegen wollte die Curie dazu so wenig ihren Consens ertheilen, obgleich Venedig im December [13]) aufs Entschiedenste betheuerte, es habe nicht aus Herrschsucht, sondern um des allgemeinen Besten willen die Stadt besetzt, daß am 28. April 1419 [14]) die Cession rückgängig gemacht werden mußte; man gab dem in Venedig anwesenden Stefan Patrà gegen Erstattung von Auslagen zurück und bat ihn noch einmal, die dauernde Cession von Zonklon, für das man bis 3000 Dukaten geben wollte, zu vermitteln. Obgleich fortwährend verdächtige Schiffe um Modone kreuzten — die Castellane wurden im Februar 1419 [15]) gewarnt, dieselben ja nicht einlaufen zu lassen, und mit Geld für den Fall einer ernstlichen Gefahr versehen —, obgleich der Friede mit dem Despoten noch nicht abgeschlossen war, blieb doch die Ruhe in Morea während der ersten Hälfte dieses Jahres aufrecht erhalten [16]). Dagegen drohte es damals zu einem Bruche zwischen Antonio I. und Euböa zu kommen, da der Bailo forderte, die Bauern in Lokonia sollten für die Insel, nicht für das Herzogthum, ihr Land bestellen; Venedig wandte sich an den türkischen Admiral, und dieser ermahnte den Herzog als Vasallen der Pforte, Frieden und gute Nachbarschaft zu halten. Der Conflict ward beigelegt.

Nun aber kamen in Morea neue Schwierigkeiten. An der Pest war 1418 Gregorios Mamonas, des Paulos Sohn und Schwager des Historikers Phrantzes, gestorben; für das verlorene Monemvasia hatte er das Gouvernement einiger Städte am schwarzen Meere erhalten [17]). Ob er in seinem Testamente Venedig zum Erben eingesetzt, oder ob die Einwohner der Stadt, von Piraten oft bedroht, bald nach seinem Tode freiwillig die Protection der Republik anriefen, ist ungewiß; genug Venedig hatte 1419 von dieser wichtigsten Festung der Halbinsel Besitz genommen [18]); der kostbare Wein, der dort gewonnen wurde, bildete einen wichtigen Ausfuhrartikel, über den 1427 [19]) ein eigenes Reglement erlassen wurde. Diese Eingriffe in die Rechte des Despoten veranlaßten einen neuen Einfall in das Gebiet Venedigs [20]), einen gewöhnlichen Plünderungszug, wegen dessen wieder bei Manuel Beschwerde geführt wurde. Da bald darauf vier catalonische und drei genuesische Kriegsschiffe im ionischen Meere erschienen, besetzten die Castellane 1420 [21]) aufs Neue Zonklon; im März 1421 [22]) bot die Republik für Legalisirung der Cession den Gesandten des Erzbischofs Stefan 1500 Dukaten, da man sich der Besatzungskosten — 800 Dukaten — wegen zu keiner höheren Summe verpflichten könne. Zugleich sorgte sie

5) Secreti Vol. VI. fol. 179, 181. 6) Misti LII. fol. 169. 7) Chron. breve p. 517. Nach [illegible] irrig 1416. 8) Chalkokondylas V, 241; Ducange (II, 315) macht daraus Olivier von Bretagne-Beaufort! 9) Phrantzes I, 36. p. 110—111. 10) Misti LII. fol. 231. 11) Ebenda fol. 230 v. 12) Secreti Vol. VII. fol. 19 v.

13) Ebenda fol. 58 v, 53—54. 14) Ebenda fol. 79 v, 82, 83, 85 v. 15) Misti LII. fol. 330 v, 400 v. 16) Ebenda fol. 362; Commemoriali Vol. XI. fol. 80. 17) Phrantzes I, 36. p. 109. 18) Misti LIII. fol. 44, 256. 19) Ebenda LVI. fol. 76 v. 20) Misti LIII. fol. 84 v. 21) Ebenda fol. 156 v; Secreti Vol. VII. fol. 167 v. 22) Secreti Vol. VIII. fol. 3.

für Reparatur und Erweiterung des Hafens von Modone und begann den Bau eines festen Hospitals des heiligen Johannes in der Vorstadt, das 1423 vollendet und der Obhut zweier Bürger empfohlen ward [24]).

In Venedig weilte unterdessen Nikolaos Demonogiannis als Gesandter des Kaisers Manuel. Um ihm einen Beweis von Zuvorkommenheit zu geben, gestattete man ihm gern die Ausfuhr von Cypressenholz aus Kreta zur Reparatur verschiedener moreotischer Kirchen [25]); im Januar 1420 [26]) verhandelte man mit ihm und Manuel Philanthropenos wegen Erneuerung der Union und Austausch der Eroberungen in Morea. Aber schon im September kehrte der Gesandte heim, ohne etwas Definitives ausgerichtet zu haben, da ihm der ehrenvolle Auftrag ward, die Bräute zweier kaiserlichen Prinzen nach Achaia zu geleiten. Der Kaiser Joannes war, wie oben erwähnt, seit 1418 Witwer; Papst Martin V. hatte damals ihm und seinem Bruder gestattet, sich mit Lateinerinnen zu vermählen [26]), jedoch unter der Bedingung, daß dieselben bei ihrem Glauben verharrten. Demonogiannis war nun zugleich als Brautwerber aufgetreten und hatte für Joannes die Sophia, Tochter des Markgrafen Theodor II. Palaeologos von Montferrat, für den Despoten Theodoros II. die Cleopa, Tochter des Malatesta de' Malatesti von Pesaro, gefreit [27]). Im August 1420 weilten die Bräute in Chioggia, wo ihnen Venedig mit höchster Ehre begegnete; dann führte sie, nebst ihrem Beichtvater Anton d'Ascoli, früherem Vicar in Belluno, Orsato Giustiniani auf einer Galeere des Staats nach Griechenland. Am 19. Januar 1421 heirathete Joannes die Sofia, doch war ihre Ehe eine höchst unglückliche; sie löste sich schon nach 5 Jahren, und der Kaiser ging 1427 eine dritte, gleichfalls kinderlose Ehe mit Maria Komnena von Trapezunt ein; Cleopa dagegen, die 1433 starb [28]), hinterließ eine einzige Tochter Helena, welche der König Janus von Kypros heirathete [29]). Von Constantinopel kehrte übrigens Demonogiannis bald nach Italien zurück, um mit dem Bischofe Theodor von Olenos bei der Curie eine neue Union gegen die Türken zu betreiben; Venedig und die Rhodiser schienen dem Unternehmen günstig. Allein bald brach in Morea ein Krieg aus; wieder wandte sich Theodoros II. 1421 [30]) gegen Centurione und entriß ihm Grisson und Maniatochorion, die Grenzstädte gegen die Colonie hin; ja letztere wurde aufs Neue geplündert. Da wandte sich Centurione und Stefan von Patrá wieder an die Johanniter und boten ihnen den Rest des Fürstenthums an; gleichzeitig aber correspondirte auch der Despot, den die von Murád I. nach des Vaters Tode getroffenen kriegerischen Rüstungen beängstigten, wegen Abtretung von Misithra mit den Rittern. Dieselben sandten am 10. Mai 1422 [31]) den Sancho de Licardola nach dem Peloponnesos, damit er den Orden entschuldige, daß er auf diese Anträge nicht eingehen könne, da er zu sehr durch den Krieg mit den Ungläubigen, namentlich mit Dschuneid, dem Usurpator von Smyrna, beschäftigt wäre. Mischten sich die Johanniter nicht ein, so erschien dagegen ein neuer Bewerber um den Peloponnesos in der Person des Carlo I. Tocco, der 1421 Klarentza von Oliverio Franco gekauft und seine Herrschaft im eigentlichen Achaia auf Kosten Stefan's von Patrá erweitert hatte.

Unter diesen Umständen erwog endlich Venedig, ob es nicht das Beste sei, den ganzen Peloponnesos zu besetzen und damit der Türkenmacht einen compacten Damm entgegenzusetzen [32]). Um die Sachlage zu sondiren, ward am 22. April 1422 [33]) Dolfino Venier zum Proveditor ernannt; er sollte zunächst sich bei dem Despoten wegen der wiederholten Verheerung venetianischen Gebiets beschweren und als Ersatz Abtretung von Grisson und Maniatochorion fordern, dann Frieden mit Centurione vermitteln, zugleich aber sich genau über den Zustand des Hexamilions, die Beschaffenheit von Morea, die Lehen des Fürstenthums informiren; wolle sich Theodoros nicht fügen, so solle er drohen, Venedig werde eine Allianz gegen ihn mit den dortigen Albanesen abschließen. Am 11. Juni [34]) berichtete Venier aus Arkadia, Theodoros wundere sich, mit welchem Rechte die Republik jene beiden Punkte beanspruche; er hatte erwidert, sie wären zur Vertheidigung des Landes unerläßlich. Da im Uebrigen die Schilderung, die der Gesandte von den Zuständen Morea's machte — 150 feste Castelle, der Boden reich an Gold, Silber und Blei, Hauptproducte Seide, Honig, Wachs, Korn, Rosinen, Geflügel —, günstig lautete, beschloß der Senat am 24. Juli, die Besitznahme von Achaia und Morea mit allem Ernst zu betreiben. Venier sollte von Theodoros Alles fordern, was die Navarresen vordem in Kalamata, Clorta, Vlisiri und Morea besessen, nebst einem Theile von Kisli, dem Berge Remonduri und den Burgen Apano- und Kato-Gardiki, die schon seit lange zum Despotat gehört, da diese Gebiete der Republik zur bessern Arrondirung nothwendig. Dagegen sollte der Despot den Landstrich von Dialosto und Vostitza bis Korinth behalten, auch die Jurisdiction in Patrá ausüben. Das Hexamilion nebst den beiden Schlössern und einem Landstriche von 1—2 Miglien sollte Venedig übergeben werden; es wollte sich verpflichten, dasselbe zu schützen, wenn Theodoros die Hälfte der Erhaltungskosten tragen wollte. Falls Nikolaos Demonogiannis die Sache vermittele, solle ihm für einen seiner Söhne ein Lehen mit 500 Dukaten Rente verheißen werden; um die Albanesen zu gewinnen, durfte Venier ihren Häuptlingen bis zu 350 Dukaten spenden. Sobald

23) Misti LIII. fol. 482; LIV. fol. 13v; LV. fol. 10r; Grazie Vol. XVIII. fol. 34v. 24) Misti LII. fol. 109v. 25) Secreti Vol. VII. fol. 129. 26) Raynaldi z. J. 1418. n. 17. 27) Ducas cap. XX. p. 98 u. f. w.; Misti LIII. fol. 136v, 165; Misti del Cons. dei X. Vol. X. fol. 6. 28) Begraben im Kloster Zoodotu zu Misithra. Phrantzes II, 10. p. 158. 29) Raynaldi z. J. 1422. n. 4 seq. 30) Secreti Vol. VIII. fol. 18v.

31) Libri bullarum no. 31. (1421—22.) fol. 189v; vergl. Hopf II. p. 149. 32) Cronaca Cornelia (Cod. Foscarin. Vindob. no. 6591) fol. 269v; Donato Contarini a. a. O.; Cronaca Zancaruola Vol. II. fol. 591; Sanudo XXII, 963. 33) Secreti Vol. VIII. fol. 47; Sindicati Vol. I. fol. 218. 34) Secreti Vol. VIII. fol. 62v—63v.

die Sache mit dem Despoten in Ordnung, sollte sich Venier über Modone, dessen Castellane er zu informiren hätte, zu Centurione begeben und diesem vorstellen, daß seine Lage unhaltbar; er möchte daher die Festungen, seine fürstlichen Rechte und seinen Titel der Republik cediren; dafür bliebe er Baron in dem väterlichen und mütterlichen Erbe; auch seine Brüder und die andern Barone sollten das Ihrige behalten. Sei Centurione dazu bereit, so lasse er sich alsbald huldigen; wenn nicht, so lasse er ihm das Fürstenthum auf Lebenszeit, sodaß nach seinem Tode die Domainen an Venedig, die Lehen an seine Leibeserben fallen. Schließlich besuche er Tocco und fordere von ihm Klarenza nebst Dependenzen, für die er 3—4000 Dukaten bieten könne; im schlimmsten Falle könne er ihm auch dieselben als venetianische Lehen lassen. Venier's Propositionen fanden indessen bei Theodoros keinen Anklang; da zudem böse Kunde aus Constantinopel nach Morea kam, beeilte sich der Despot, einen sechsmonatlichen Waffenstillstand mit Centurione und Stefan zu schließen und zu erklären, er werde Gesandte nach Venedig schicken [35]. Für den Erzbischof schrieb damals auch der Papst an Kaiser Manuel [36], er möge seinen Sohn bestimmen, treu den Frieden zu halten. Wirklich erschienen am 17. Dec. Gesandte aller Betheiligten, des Kaisers, des Despoten, Carlo's I. und der Zaccaria, begleitet von Riccardo de Glemona, Kanzler von Modone, in Venedig; aufs Neue ward wegen Abtretung des Fürstenthums verhandelt, doch zeigte es sich bald, daß Manuel Kabakes, des Despoten Bevollmächtigter, nur nach leeren Ausflüchten suchte. Deshalb verwarf der Senat am 18. Febr. 1423 [37] das frühere Project und begnügte sich damit, einen einjährigen Frieden zwischen den Prätendenten zu vermitteln und sie zu ermahnen, einmüthig den Türken entgegenzutreten, sowie Venedig das Land gegen catalonische Piraten, die damals wieder das Meer unsicher machten, schirmen wollte. Vielleicht, daß diese Catalonier im Dienste des Thomas Beraldo standen, den der König Alfons V. von Aragon 1422 [38] zu nicht geringem Schrecken Antonio's I. mit dem Herzogthume Athen belehnt hatte, und der sich rüstete, um von seinem Lande Besitz zu ergreifen. Antonio sandte daher seinen Verwandten, den Erzbischof Johann Acciajuoli von Theben, zur nähern Information nach Rom und, da dieser dort von der Wahrheit des Gerüchts überzeugt worden war, im Juli [39] nach Venedig um Beistand. Die Republik erklärte diesem, den Antonio, der ihr ein wohlwollender Freund sei, schützen zu wollen, beruhigte aber zugleich den Gesandten mit dem Bemerken, daß die Catalonier mehr prahlten als handelten, und die Sache daher wol von selbst verlaufen werde; übrigens forderte man den Herzog auf, venetianische Schutzbefohlene und Bürger, namentlich Pietro Zeno von Andros, nicht mehr zu molestiren, was öfters vorgekommen sei. Beruhigt kehrte der Erzbischof heim; auch verlautete Nichts weiter von einer Expedition dieses letzten catalonischen „Herzogs.“ In dem nämlichen Jahre erneuerte Antonio I. die alten Beziehungen seiner Familie zu seiner Vaterstadt Florenz, an die er den Rinaldo Melzola sandte, mit der Bitte, ihn als Sohn und Bürger der Republik anzusehen. Da der Handel von Florenz damals gerade einen hohen Aufschwung genommen hatte, und die Schiffe dieser Republik viel in Alexandrien, Syrien, Romania verkehrten, sandte sie den Tommaso de Alderotti an Antonio und Tocco [40] und bat, die florentinischen Schiffe in ihren Ländern zu schützen und zu verproviantiren, auch keine neuen Zölle von denselben zu erheben. Gern verlieh Antonio am 1. Aug. [41] zu Athen seinen Landsleuten volle Handelsfreiheit und erklärte, dies Privileg solle in alle Ewigkeit fortbestehen, selbst wenn die Exemtionen der Venetianer, Genuesen und Catalonier aufgehoben oder modificirt werden sollten. Aber Antonio, der nun lange friedlich sein Herzogthum besessen, sah sich plötzlich in einen Krieg verwickelt, da er als Vasall der Pforte dem Turachanbeg gegen Morea folgen mußte [42]. Daß dort Gefahr drohte, hatte Venedig längst geahnt; Vorkehrungen für die Colonien und den Archipel waren in weitem Maße getroffen, seitdem Carlo Tocco gemeldet, der Sultan habe ihn um freien Durchzug durch sein Land gegen Mithra ersucht, welche Forderung er indessen, „als christlicher Fürst“ und der Protection Venedigs sicher, abgelehnt hatte.

Murâd I. hatte gleich nach seiner Thronbesteigung gezeigt, daß seine Herrschaft im Gegensatze zu der seines Vaters eine gar kriegerische werden würde. Die Unklugheit des jungen Kaisers Joannes, der den schwächlichen Vater bestimmte, jenen Mustafa als Kronprätendenten gegen Murâd aufzustellen, hatte 1422 einen furchtbaren Sturm gegen die Hauptstadt hervorgerufen. Vom 8. Juni bis 6. Sept. hatte Constantinopel durch Michaelbeg eine schwere Belagerung ausgehalten [43]; der Bailo Benedetto Emo, der zur Erneuerung des Friedens mit den Osmanen ermächtigt war, hatte Nichts vermitteln und nur dafür sorgen können, daß die Venetianer in der Hauptstadt sich tapfer an der Vertheidigung betheiligten [44]. Schließlich war jedoch die Gefahr abgewehrt und der Sturm der Ungläubigen zurückgeschlagen worden; die Hauptstadt war noch einmal gerettet. Wenige Tage nach dem Abzuge des Feindes ward Kaiser Manuel II. vom Schlage getroffen; 77 Jahre alt starb er am 21. Juli 1425 und ward im Pantokratorkloster begraben. Von den sechs Söhnen, die ihn überlebten, folgte ihm der Mitregent Joannes VIII. (1425—1448) auf dem Kaiserthrone; Theodoros II., bei dem auch Thomas weilte, herrschte im Peloponnesos; Konstantinos (geb. 7. Febr. 1405) hatte noch bei des Vaters Lebzeiten Anchialos, Mesembria und die übrigen Städte am schwarzen Meere als Apanage erhalten; Demetrios, der fünfte Sohn, war noch nicht abgefunden, während der vierte

35) Ebenda fol. 79v. 36) Raynaldi z. J. 1422. n. 8. 37) Secreti Vol. VIII. fol. 90v—92v. 38) Misti LIV. fol. 83. 39) Secreti Vol. VIII. fol. 99v.

40) Buchon, Nouv. rech. II, 287—288; dipl. Florent. n. LXVII. 41) Miklosich und Müller III, 251—252. n. XI. 42) Secreti Vol. VIII. fol. 100rv. 43) Jo. Cananus, De Constantinopoli oppugnata und die andern Byzantiner. 44) Sindicati Vol. I. fol. 21?v; Secreti Vol. VIII. fol. 70v.

Andronikos nach dem Tode Joannes' VII.[45]) mit Thessalonich begabt worden war. Gegen ihn, der, mit dem Aussatze behaftet, die Verwaltung seiner Apanage dem im Morea erprobten Demetrios Laskaris übertragen, sandte Murâd, nachdem der Sturm gegen Konstantinopel gescheitert, seine europäischen Streitkräfte, da er selbst in Asien beschäftigt war, um die zweite Hauptstadt des Romäerreichs zu gewinnen. Die Emirs von Thessalien wurden gegen ihn aufgeboten, Turachan, der Pforte Lehensmann in Vodena (gest. 1456), und sein Bruder Kasem und die Söhne des Ewrenosbeg, die als eigentliche Herren von Großwlachien galten, in Janitza am Vardar residirt hatten, Ibrahim, Ali-beg und Isâ[46]); nach erfolgter Einnahme der Stadt sollten sie gegen Epiros und Albanien vorgehen. Die bedrängten Einwohner sandten den Andreas aus Nauplion an den Bailo von Euböa um Hilfe und erboten sich, mit Consens des Despoten, ihre Stadt der Republik Venedig zu ergeben; Pietro Zeno von Andros, der alte Diplomat, sagte seine Vermittelung zu. Da zog Turachan es vor, die Belagerung zu sistiren und eine Diversion gegen den Peloponnesos zu machen, um dort mit einem Schlage der Herrschaft der Paläologen und Lateiner, wie der Präpotenz Venedigs ein Ziel zu setzen; die unüberwindliche Mauer des Isthmos sollte fallen. Turachan nöthigte den Carlo Tocco, der ohnehin wegen Behauptung von Klarentza sich an die Pforte gewandt, ihm seine Burgen zu öffnen; im Mai 1423 zog der Emir, nachdem er auch Antonio I. zur Mitbetheiligung an der Heerfahrt genöthigt, mit 25,000 Mann gen Korinth, zunächst wider den trotzköpfigen Despoten Theodoros II. Die Werke des Hexamilion hemmten nicht die Ungläubigen, wie man gehofft; am 22. Mai ward die Mauer gestürmt; das Land stand offen[47]); plündernd zog Turachan gegen Mistra, Leondari, Garditi und Tavia und vernichtete am 5. Juni die Albanesen, die allein Gegenwehr versuchten; 800 derselben wurden gemetzelt; aus ihren Schädeln ließ der barbarische Sieger eine Pyramide aufführen. Dann kehrte er mit 6000 Sklaven heim; aus venetianischen Städten wurden deren 1260 fortgeschleppt. Deutlich erkannte nun wohl die Republik, daß die Gefahr im Grunde ihr gelte, und betrieb daher um so eifriger die Acquisition von Thessalonich und die Pacification der streitenden Dynasten in Morea. Damals hieß es[48]), die Johanniter hätten sich eines Andern besonnen, und wären bereit, Rhodos nebst den umliegenden Inseln an Venedig gegen Modone und Korone und das Fürstenthum Achaia abzutreten; doch erwies sich bald die Kunde als irrig. Man ermahnte nun im August 1423[49]) den Carlo Tocco, er möge nicht länger den Theodoros befehden oder die Türken zu Hilfe rufen; momentan erneuerte er auf Dolfino Venier's Drängen die Waffenruhe, ebenso Antonio I., sein Verbündeter, in dessen Herzogthume bis zum August eine arge Pest wüthete. Auch Centurione und Theodoros verglichen sich und verabredeten ein Ehebündniß zwischen den Häusern Zaccaria und Palaiologos[50]), das aber erst nach Jahren zum Abschlusse kam und der Frankenherrschaft den letzten Stoß gab. Zugleich ward am 30. Juli 1423[51]) aus Modone gemeldet, daß der Baron von Molines, Adam de Melpignano, aus neapolitanischem Geschlecht, das Banner der Republik aufgezogen und seine Burg den Castellanen ergeben hätte, ebenso dessen Schwiegersohn, der Herr von S. Elias, und daß Nasso Bua, ein angesehener Albanesenhäuptling, Verwandter der frühern Despoten von Arta, der Republik huldigen wolle und um Ansiedelung der Seinen bei Griß und Maniatochorion bitte. Nachdem der Senat dies am 30. Aug. genehmigt, erschienen im October[52]) Gesandte Centurione's, die den Fürsten und sein Land der Republik empfahlen, jedoch gegen jene Cession protestirten, da Molines, Nisline und S. Elias laut dem Kataster unter Andrusa, nicht unter den Griechen ständen, Melpignano aber gegen den Fürsten rebellirt habe. Trotzdem beschloß Venedig, diese Plätze um so eher zu behaupten, als wieder ein catalonischer Pirat Antonio de Belona aus Saragossa sich dort zeigte[53]). Bereits im December erneuerten Theodoros und Centurione ihre Fehden; ersterer klagte bei Venedig, der Fürst habe den Waffenstillstand gebrochen, und forderte, daß die Republik die darauf gesetzte Strafe einziehe; allein man wies dafür die Castellane an, aufs Neue zu vermitteln. Nun verwickelten sich die Angelegenheiten noch weiter, da am 8. Jan. 1424[54]) Erzbischof Stefan Zaccaria von Paträ starb und seine Stadt unter Obhut der Republik stellte. In Folge dessen erklärte diese am 10. Febr. dem Despoten, Centurione und Tocco, es wolle die Stadt und Baronie schirmen, suche aber zugleich den Papst zu bestimmen, einen ihrer Bürger zum Erzbischof zu machen. Dieser Plan scheiterte indessen, da die Curie, um sich den Despoten geneigt zu machen, den Schwager desselben Pandulf Malatesta (1424—1441) zum Erzbischof ernannte. Derselbe begab sich sofort nach Morea; im Jahre 1426 stellte er die Festungswerke der Burg von Paträ her, wie zwei noch vorhandene Inschriften[55]), eine griechische und lateinische, bezeugen; bald darauf aber kehrte er nach Italien zurück und weilte dann längere Zeit, Hilfe suchend, in Rom. Die Vermittelungsversuche der Castellane hatten Nichts gefruchtet; Theodoros überfiel im Juni 1424 den Centurione,

45) Derselbe erscheint noch in den Athosurkunden 1404 (damals beschenkte seine Gemahlin den heiligen Berg) — 1405; bald darauf muß er gestorben sein. Müller, Historische Denkmäler S. 171—172, wo nicht etwa an den Kaiser Joannes VIII. zu denken ist, der damals noch unmündig war. 46) Chalkokondylas IV. p. 181, wo die lateinische, allgemein übliche Uebersetzung, wie bei diesem Schriftsteller überall, argen Unsinn enthält; aus manchen Dynasten ist z. B. ein Sohn des Ewrenos Agathos (bei Hammer Chass) gemacht worden. Die bessere Ausgabe des Chalkokondylas von Imm. Bekker, der leider ihn seinen Namen gegeben hat, ist unter aller Kritik. 47) Phrantzes I, 40. p. 117; Chron. breve p. 516; Sanudo XXII, 970. 978. 48) Secreti Vol. VIII. fol. 105.

49) Ebenda fol. 121. 50) Ebenda fol. 122. 51) Ebenda fol. 123. 52) Ebenda fol. 127. 53) Ebenda fol. 131. 54) Ebenda fol. 143; Misti LV. fol. 80; Diarj Veneti 1419—42 (Cod. Foscarin. Vindob. nr. 6209) fol. 16v. 55) Die griechische bei Boeckh, C. I. n. 8776.

nahm ihn gefangen und plünderte Venedigs Gebiet [56]); Carlo Tocco bat Venedig, obgleich er mit demselben wegen Lepanto's Pertinenzen Grenzstreitigkeiten hatte, um Intervention, die aber abgelehnt wurde, da der Fürst fortwährend gegen die Occupation der Baronie Melpignano's protestirte; doch wandte man sich wegen Schadenersatzes an Kaiser Joannes und unterhandelte weiter mit den Albanesen in Morea. Zwei ihrer Häuptlinge hatten geboten, ihnen Weideland im Werthe von 500 Dukaten in der Gegend der neu besetzten Plätze anzuweisen; der eine wollte dafür mit 6000, der andere mit 500 Rossen der Republik gegen Morea dienen; auch wollten sie für jeden Weinberg je 1 Dukaten oder, falls die Colonisten unbemittelt, ein entsprechendes Quantum Getreide liefern; man nahm ihr Erbieten am 22. Mai [57]) an und beschenkte sie mit 400 Dukaten. Obgleich in dem schmählichen Frieden, den die Byzantiner am 22. Febr. 1424 [58]) mit Murâd I. abzuschliessen genöthigt waren, nicht nur die Palaeologen auf die ihnen früher von Mohammed I. überlassenen thrakischen Städte — ausser Derkos, Mesembria und Zeitun, das der kaiserliche Capitain Stravomites Kantakuzenos gegen den heimtückenden Turachan wacker vertheidigt hatte — verzichten, sondern auch für Morea einen erheblichen Tribut geloben mussten, und die Wiederherstellung des Hexamilion streng verpönt war, trug sich dennoch damals (Herbst 1425) Theodoros II. mit dem Gedanken, die Festungswerke herzustellen, und suchte dazu Venedigs Unterstützung [59]); allein neue Streitigkeiten zwischen ihm und der Republik liessen diese Unterhandlungen nicht zu gedeihlichem Abschluss kommen. Denn der Despot forderte Grisi und Avramio zurück, welche Plätze er dem Leon Epiphanios aus Korone verliehen haben wollte [60]); Venedig aber cassirte diese Verleihung 1427 [61]) und befahl dem neuen Gesandten, den es an Murâd I. mit reichen Gaben schickte, diese Angelegenheit mit dem Despoten zu reguliren. Da indessen Theodoros auf Restitution von Maines, Kiskine und S. Elias bestand, ward Marco Minio am 24. Juli 1427 [62]) zu ihm deputirt, um zunächst Venedigs Anrechte auf die drei Burgen darzulegen und dann wegen der letzten Verheerungen der Griechen entsprechenden Schadenersatz zu heischen. Man war bereit, ihm für die Burgen bis zu 2000 Dukaten zu bieten, auch den Papst, das Cardinalcollegium, ja seinen eigenen Schwager, den Herrn von Mantua, als Schiedsrichter anzuerkennen; daneben sollte Minio sich über Tocco's Fortschritte informiren. Als derselbe nach Morea kam, hatte der Despot die Absicht, sein Land seinem Bruder Konstantinos abzutreten und sich in die Stille eines Klosters zurückzuziehen. Er hatte dies seinem kaiserlichen Bruder Joannes gemeldet, und dieser begab sich im November 1427 [63]) mit Konstantinos, in dessen Gefolge sich auch Georgios Phrantzes befand, nach dem Peloponnesos. Da indessen Theodoros sich eines Andern besonnen, suchte Joannes dem Konstantinos ein neues Fürstenthum auf der Halbinsel zu gewinnen; die Archonten brachten eine Ehe mit einer Nichte Tocco's, die ihm Klarenza als Mitgift zubrächte, in Vorschlag. Die Sache ward rasch ins Werk gesetzt; am 1. Mai 1428 ging Phrantzes nach Klarenza, um davon Besitz zu nehmen; andere Vertraute des Konstantinos sollten die zugehörigen Burgen besetzen. Dann kehrten die drei Brüder heim nach Misithra; Theodoros widerrief willig seinen frühern Entschluss. Dem Despotate des Konstantinos (1428—1448) fehlte aber jede Abrundung und feste Stütze, so lange ihm nicht Patrá einverleibt war. Der Erzbischof Pandulf, des Theodoros' Schwager, weilte damals in Venedig; er bat die Republik, die jüngst nicht nur zur Befestigung von Zonklon neue Gelder bestimmt hatte, sondern auch Grisi gegen türkische Corsaren in Vertheidigungszustand setzte [64]), um Hülfe. Am 9. Juni [65]) erklärte der Senat, er wünsche ein friedliches Einverständniss zwischen dem Erzbischof und seiner Schwester, der Despina, aufrecht zu erhalten, könne aber seinem Wunsche, einen Gesandten an Theodoros zu schicken, vorläufig deshalb nicht nachkommen, weil derselbe schon versprochen, seinen Bevollmächtigten nach Venedig zu senden; doch versprach man, ihn wenigstens mit Waffen zu versorgen. Am 4. Juli [66]) erklärte darauf Pandulf, seine Gegenwart in Patrá sei unumgänglich nothwendig; allein da seine Bitte um eine Geldunterstützung nicht gewährt wurde, blieb er in Italien und baute auf die Vermittelung seines Schwagers, des Gianfrancesco Gonzaga von Mantua. Unterdessen zog der Kaiser mit seinen zwei Brüdern am 1. Juli gegen Patrá aus; sie lagerten bei den Mühlen vor der Stadt; die Ehe Konstantinos' mit Theodora Tocco ward daselbst vollzogen. Nachdem drei kleine Plätze des Erzbisthums occupirt waren, die Bevölkerung von Patrá aber dem Konstantinos einen Tribut von 600 Goldstücken gelobt hatte, kehrten der Kaiser und Theodoros nach Misithra heim, während Konstantinos mit seiner jungen Gattin zunächst in Chlomutzi seine Residenz aufschlug. Da aber der Kaiser sich wieder nach Constantinopel begeben wollte, eilte auch letzterer bald nach Misithra, wo Thomas (1428—1460), der jüngste Bruder, der von Theodoros Kalavryta erhalten, zurückgeblieben war; nach kurzem Aufenthalt daselbst begaben sich alle vier nach Korinth; im October schiffte sich Joannes ein, Theodoros und Thomas kehrten heim in ihre Residenzen Misithra und Kalavryta. Kurz vor seiner Abreise, noch im October 1428 [67]), bestätigte der Kaiser ein Privileg des Theodoros vom

56) Misti LV. fol. 41; *Secreti* VIII. fol. 162. 57) Secreti Vol. IX. fol. 19v; Misti LVI. fol. 116. 58) Diarj Veneti 1412—42. fol. 16; *Ducas* cap. 26. 29. p. 190. 196; *Sanudo* XXII, 975. 59) Secreti Vol. IX. fol. 47v, 49v. 60) *Rasge* Vol. VII. p. II. fol. 117v. 61) Misti LVI. fol. 126. 62) Ebenda fol. 119v; Sindicati Vol. II. fol. 10v.

63) *Phrantzes* II, 1 seq. p. 123 seq.; *Chalkokondylas* V. p. 240 seq. 64) Misti LVI. fol. 181; LVII. fol. 10. 65) Secreti Vol. X. fol. 152v—153. 66) Ebenda fol. 156v, 157v. 67) Originalurkunde in Neapel. *P. Pinnido*, Illustrazione di tre diplomi bizantini del grande archivio di Napoli. Napoli 1862. 8.; *Miklosich* und *Müller* III, 173—176. n. XXXVII. XXXVIII.

November 1427, durch welches derselbe den Georgios Gemistos Plethon, den bekannten Philosophen, und dessen Söhne Demetrios und Andronikos mit Burg und Stadt Phanarion belieh, und fügte dieser Schenkung noch Brysis bei Kastri zu; die Lehensträger sollten von allen übrigen Steuern eximirt sein und nur das zur Befestigung des Hexamilion nach wie vor erhobene sogenannte floriaticum zahlen. Letztere wurde im Stillen fleißig fortgesetzt, was in Venedig nicht geringes Bedenken erregte, zumal da die Republik den Erzbischof Pandulf als ihren Clienten ansah und von dem Eroberungsgelüste des jungen Konstantinos nichts Gutes für die eigenen Besitzungen erwarten konnte. Sie sandte daher endlich am 27. Aug. 68) den Giovanni Correr nach Morea, um zunächst Ersatz für den Schaden in Meliaes und den zwei andern Plätzen zu fordern, für den ruhigen Besitz derselben dem Kaiser, falls er noch da anwesend, sogar 3000 Dukaten zu bieten und als Schiedsrichter neben dem Papste und den Cardinälen auch Florenz, die Universität Bologna, ja selbst den Serbenfürsten Georg Vukovic, vorzuschlagen. Nachdem er sich informirt, ob Joannes und Konstantinos noch vor Patrá lägen, solle er sofortige Aufhebung der Belagerung und Garantien wegen des Isthmos fordern, im Nothfalle selbst mit Krieg drohen und Modone und Korone in Vertheidigungszustand setzen; schließlich solle er von Centurione Restitution der dem Nicolò Contarini entzogenen Waaren fordern. Aber Correr fand kein Gehör; vielmehr setzte Konstantinos seine Angriffe gegen Patrá fort und weigerte sich, gleich Theodoros, constant, dem Hause Emo das Lehen Kalamata zu restituiren 69). Der Gesandte begab sich dann zu Turachan und klagte, daß seine Verwüstungen in Morea alle diese Differenzen herbeigeführt; der Emir aber forderte einfach Tributzahlung als Preis der Intervention.

Unterdessen hatte sich Konstantinos, nachdem er sich im October von seinen Brüdern in Korinth verabschiedet, zunächst nach Vostitza begeben, das ihm Theodoros, der ihn als seinen Erben und Nachfolger betrachtete, übertragen. Zu dieser alten Baronie der Charpigny fügte er von den frühern Pertinenzen des Fürstenthums Achaia noch Andrusa und Kalamata hinzu, ferner Mantinea, die Slawenstadt Janitza, Piderma, Maina, Kisi, Spitali, Grevenó, Karantza, Arkos, Neokastron, Loi, Zidorie (Vulcano), Archangelos, Saulauros, Joannina in Messenien, Ligudista, Pholatria, Pylos und Pertinenzen bis zur Ebene von Stenyklaros und zum Flusse Bellra, sowie außerhalb der Halbinsel (factisch den Gattilusio gehörig) Ainos nebst der Umgegend bis Peritheorion hin, die Besitzungen des Hauses Melissenos; ebenso das alte Slawenquartier am westlichen Abhange des Taygetos mit den Burgen Leuktron, Vitylos, Zarnata, Gastitza, Dlasistos, Miele, Drachion und Poliamus. Die Besitzungen der Melisseni umfaßten einen beträchtlichen Theil Messeniens, aber sie waren jedenfalls erst durch Theodoros, der sie dem Centurione entrissen, dem Groß-Protostrator von Morea Nikephoros Melissenos Melissurgos zu Lehen gegeben worden 70), nicht uralter Besitz des Hauses, wie bisher angenommen wurde — eine ganz unbegründete Ansicht, die zu der Aufstellung Buchon's Anlaß gegeben hat, daß der griechische erste Verbündete Gottfried's I. ein Melissenos gewesen. Phrantzes liefert uns eine vollständige Genealogie des besagten Geschlechts, das seinen Ursprung von dem Eroberer Constantinopels Alexios Melissenos Strategopulos ableitete; von ihm setzte sich die directe Stammreihe durch Gregorios, Theophilos und Leon bis auf jenen Nikephoros fort, der nur einen Bruder Georgios und einen Sohn Nikolaos hatte. Nikephoros war mit diesen jüngsten Eroberungen des Despoten belehnt worden; er hatte, da seine Gemahlin bald darauf starb, den geistlichen Stand erwählt, war aber gleichfalls, schon zum Metropoliten von Adrianopel designirt, bald darauf mit Hinterlassung des damals dreijährigen Nikolaos gestorben, den der Despot Theodoros aus der Taufe gehoben. Letzterer hatte die Vormundschaft über den Knaben übernommen und die Verwaltung des Lehens dem neuen Protostrator Leon Frangopulos übertragen. Nun hatte Theodoros die Lehenshoheit über diese Plätze dem Konstantinos abgetreten, der, falls Nikolaos kinderlos sterben sollte, die Baronie Messene einziehen konnte — der beste Beweis, daß es sich hier nicht um altes Erbland, sondern um eine neue Verleihung handelte, auf welche die von den Byzantinern längst adoptirten Grundsätze des fränkischen Feudalismus ihre Anwendung fanden; der Bruder des Erstbelehnten, Georgios, hatte kein Anrecht auf die Succession. Im Auftrage des jungen Despoten übernahm Phrantzes noch 1428 die Administration dieser Lehen; Konstantinos selbst aber entschied sich Anfangs 1429 dafür 71), entweder Patrá zu gewinnen, es zur Residenz seines Despotats zu machen und seine bisherige Apanage am schwarzen Meere seinem kaiserlichen Bruder zu restituiren, oder nach Constantinopel heimzukehren, und letztere nebst der Mitgift der Theodora Tocco zu behalten. Während Theodoros damals nicht nur mit seinen Großen in neue Differenzen gerieth — sein Admiral Manuel, höchst unzufrieden mit seiner schlechten Verwaltung, bat Venedig, seine Reichthümer gegen die Türken und Albanesen in Modone bergen zu können 72); er selbst erbot sich gegen die Republik, fortan ihr treuer Freund zu sein, und proponirte im Juli, eingeschüchtert durch Correr's Vorgehen bei Turachan, seine nächsten Verwandten, namentlich seinen Schwiegervater Malatesta und seinen Schwager Gonzaga, als Schiedsrichter —, rüstete Konstantinos zur Eroberung von Patrá 73). Zunächst zog er mit seinem getreuen Phrantzes bei der Stadt vorbei gen Klarentza und Chlomutzi zu seiner harrenden Gattin Theodora, sandte aber zugleich den Andronikos Laskaris Pediatès an die Einwohner von Patrá, um die Huldigung zu empfangen. Geistliche und Laien schie-

68) Sindicati Vol. I. fol. 16; Misti LVII. fol. 38 v. 69) Misti LVII. fol. 107 v.

70) Phrantzes II, 2. p. 131. 71) Ebenda II, 3. p. 134; Chalkokondylas a. a. O. 72) Misti LVII. fol. 107. 73) Ebenda fol. 133; Secreta Vol. XI. fol. 20 v.

nen dazu anfänglich bereit, doch konnte man sich über die Bedingungen nicht einigen, zumal da Pandulf fortwährend dem Domcapitel Ersatz verhieß. Nachdem der Despot den Laskaris vorläufig zum Statthalter von Andrusa und Vulkano, den Alexios Laskaris aber zum Capitain von Vostitza ernannt, entbot er, da die Unterhandlungen mit den Patrensern gescheitert, alles Volk aus Andrusa und dem Lande der Melisseni, wie aus Vostitza, damit es wohlbewaffnet am 1. März zu Klarentza erscheine, mit ihm das neutrale Land Centurione's durchziehe und Patrá angreife. Alle folgten seinem Befehle. Sobald der Despot vor Patrá erschien, sandten die Bürger einen Ritter und den Kanonicus Marcus zu ihm, um sein Begehren zu erforschen; er verlangte Uebergabe der Burg, widrigenfalls er mit Krieg drohte. Man antwortete, indem man zur Wehr rüstete. Tags darauf — es war am 20. März 1429, Palmsonntag — stürmten die Griechen, mit Myrthenzweigen bekränzt, gegen die Burg. Die Reiter, die darin lagen, zogen ihnen aus dem Judenthore entgegen, wurden aber zurückgeworfen. Da stürzte im Getümmel das Roß des Konstantinos; Phrantzes, der den Sohn eines der angesehensten Patrenser eben gefangen, schirmte ihn, bis schließlich sein eigenes edles Roß zusammenbrach, und er selbst ergriffen wurde. Man warf ihn in einen scheußlichen Kerker, der früher als Kornboden gedient hatte, und schloß ihn in Ketten. Vierzig Tage lang schmachtete er in dieser Haft, bis ein Vergleich zwischen dem Despoten und den Patrensern zu Stande kam. Letztere ergaben ihm Serravalle und versprachen, falls Erzbischof Pandulf nicht bis Ende Mai käme, zu capituliren. Am 5. Mai ward Serravalle besetzt, Konstantinos zog gen Esslavitza und Teriolo; Joannes Rosolas löste den getreuen Phrantzes aus, den der Despot hocherfreut reich beschenkte; Tags darauf erreichte er mit ihm Klarentza. Dort aber fanden sie Gesandte Murâd's, welche jeden Angriff auf das ihm tributpflichtige Patrá verboten; Konstantinos erwiderte, er habe gehört, daß catalonische Piraten die Stadt gefährdeten, er wolle zur Erledigung der Sache den Phrantzes an die Pforte senden. Am 1. Juni, da der Termin abgelaufen, ohne daß Pandulf gekommen, rückte Konstantinos gegen Patrá; zugleich wandte sich Thomas gegen Chalandritza, die damalige Residenz Centurione's. Beide Brüder trafen sich bei Kamenitza; die Stadt, welche Giovanni Balotta für den Fürsten verwaltete, wollte sich dem Konstantinos ergeben; dieser aber nahm die Uebergabe nicht an, um nicht mit seinem Bruder in Streit zu gerathen. Auch war die Schwester der Despina Theodora Tocco mit dem Sohne Centurione's vermählt, gegen welchen daher Konstantinos Rücksicht üben wollte. Obgleich Thomas Raul für Occupation von Kamenitza stimmte, auch Balotta selbst die Schlüssel der Burg präsentirte, zog Konstantinos es vor, die Stadt friedlich zu verlassen; am 4. Juni weilte er bereits zu Patrá in der Andreaskirche; Tags darauf capitulirte die Stadt; unter dem Jubel der Menge hielt er seinen Einzug; nur das feste neue Castell hielt sich. Nachdem am 6. Juni die feierliche Huldigung in der Kirche des heiligen Nikolaus geleistet, reiste Phrantzes, den der Despot auf seine Bitte zum Gouverneur von Patrá bestellt, nach Lepanto, um von da zu Kaiser Joannes und Murâd zu gehen und zu melden, was geschehen. In Lepanto fand er zwei türkische Gesandte, die im Namen des Sultans und Turachan's jedes Vergehen gegen Patrá streng untersagten; mit ihnen kehrte Phrantzes vorläufig zu seinem Herrn nach Klarentza zurück. Bald darauf traf in Lepanto auch Pandulf ein, begleitet von 7 catalonischen Galeeren, die im Dienste der Curie sein Erzbisthum schirmen oder recuperiren sollten; Unterhandlungen mit Venedig, dem er seine Burgen angetragen, blieben erfolglos [74]. Vorläufig sollten diese Galeeren nur recognosciren, wie Phrantzes, der von dem Hofe des Despoten bald nach Lepanto zurückgekehrt war, erfuhr. Dort suchte der Rettor Venedigs Bernardo Marcello (1427—1429) vergeblich zu vermitteln; Malatesta wollte den Gesandten wegen seiner Mission zu Murâd ausskundschaften; Phrantzes aber war zu schlau, um nicht einzusehen, daß der Erzbischof die Türken zu Hilfe rufe; Briefe des Erzbischofs an den Sultan, die der Grieche auffing und copirte, bestätigten die Wahrheit. Von Constantinopel, wohin Phrantzes sich alsbald begab, reiste er zunächst in Begleitung des Markos Jagros Paläologos, Stratopedarchen von Morea, zum Sultan. Derselbe forderte gebieterisch Restitution von Patrá, verstand sich aber endlich dazu, einen Gesandten an Konstantinos zu schicken; im September war Phrantzes in Larissa, um bei Turachan die Behauptung von Patrá zu betreiben; dann kehrte er heim nach Klarentza. Bald starb im November des Despoten Konstantinos geliebte Gattin Theodora Tocco zu St. Omer; sie ward erst in Klarentza, dann in dem Kloster Zoodotu, dem Erbbegräbnisse der Despoten, zu Misithra beigesetzt. Nicht lange nachher, im Mai 1430, capitulirte endlich auch die Burg Patrá, durch Hunger besiegt; um sein Verfahren zu rechtfertigen, sandte Konstantinos den Jagros und den Makarios Makres an den Papst, sowie andere Bevollmächtigte nach Venedig; ersterer kehrte im August, letzterer im December heim [75]. Die Hoffnungen, welche Pandulf in jene Galeeren gesetzt, realisirten sich indessen nur zu seinem Schaden. Zwar nahmen die Catalonier am 17. Juli [76] Klarentza ein, aber nachdem sie die angesehensten Lateiner auf ihre Flotte geschleppt, knüpften sie Unterhandlungen mit dem Despoten an und verkauften ihm für 6000 Dukaten schon nach wenigen Tagen die Stadt, deren schlechte, verfallene Mauern alsbald geschleift wurden. Im September trat Phrantzes sein Amt als Gouverneur von Patrá an; Ende Januar 1432 reiste er, da Turachan kurz zuvor, während eine furchtbare Pest in Patrá, wie in Modone hauste [77], die neu begonnenen Bollwerke des Isthmos geschleift hatte, als Gesandter zum Sultan und

74) Secreti Vol. XI. fol. 40v. 75) Misti LVIII. fol. 18v. 76) Phrantzes II, 9. p. 166 seq.; Chalkokondylas V, p. 241; Misti Vol. 1412—1442 (Cod. Foscarin. Vindob. 6xxx) fol. 82; Cronaca Zancaruola Vol. II. fol. 625v. 77) Misti LVIII. fol. 60v; Chron. breve p. 518; Chalkokondylas VI, p. 3xx.

zum Kaiser, der ihn zum Protovestiar erhob; im Januar 1434 ging er wieder zu jenen beiden, wie zu Antonio I. von Athen; im September 1435 begleitete er seinen Herrn nach der Hauptstadt und weilte dort mit ihm bis zum Juni des folgenden Jahres. Vergeblich blieben alle Bemühungen Malatesta's, sein Fürsterzbisthum wiederzuerlangen; die Vermittelung seiner Schwester Paola Gonzaga von Mantua [78]) blieb ohne Erfolg; enterbt beschloß er am 17. April 1441 [79]) sein Leben in seiner Vaterstadt Pesaro und fand seine Ruhestätte in der dortigen Kathedrale. Bald nach dem letzten Feudalherrn Achaia's fand auch das Fürstenthum selbst seinen Untergang. Von Theodoros II. hatte Centurione freilich Nichts länger zu befürchten gehabt. Venedig hatte ihm im December 1429 [80]) Vorstellungen darüber gemacht, daß ein griechischer Bischof von Maina sich in seine Colonien begeben und dort statt der lateinischen Oberhirten die Papas zu weihen sich erkühne — ein Misbrauch, gegen den es noch 1435 entschieden protestirte —, dagegen hatte Theodoros sich im Januar 1430 [81]) bereit erklärt, die Grenzen zu reguliren und Ersatz zu leisten, auch den Frangopulos als Gesandten zu schicken gelobt. Da aber die Sache sich hinausschob, erfolgte am 19. Juni [82]) ein Verbot des Senates, laut dem kein Venetianer aus den Colonien in Misithra Seide einkaufen sollte; zugleich ward dem Kaiser unumwunden erklärt, man wolle S. Elias und Molinis auf jeden Fall behalten [83]); denn habe Theodoros auch diese Plätze einst dem Centurione entrissen, so habe er sie ihm doch restituirt, und dieser sie dem Adam von Mripigrano gegeben, von welchem die Republik sie mit Consens des Fürsten erworben. Diese Erklärung endete den Streit; Theodoros ließ Venedig ruhig im Besitze der Burgen; dagegen scheint es, als habe dieses ihm Monembasia restituirt und sich dort nur eine Flottenstation reservirt. Gewiß ist, daß 1434 [84]) die Republik, die zwei Jahre vorher in Modone und Korone die umfassendsten Rüstungen gegen eine drohende genuesische Invasion traf und schleunige Reparatur des geborstenen Hauptthurms in Korone veranlaßte [85]), mit Theodoros und seinen beiden Brüdern in Frieden und Freundschaft lebte. Auf jene Rüstungen der Republik Genua hatte Fürst Centurione seine letzte Hoffnung gesetzt. Von Thomas 1429 in Chalandritza bestürmt, war er im September gezwungen worden, seine Tochter Katharina dem Prinzen zur Gemahlin anzutragen, und ihr mit Uebergehung seines Sohnes das Fürstenthum Achaia als Mitgift zu verheißen; im Januar 1430 [86]) war die Hochzeit zu Misithra vollzogen. Dem Fürsten verblieb nur der Titel und seine alte Baronie Arkadia; Thomas aber empfing im August von seinem Bruder, dem Kaiser Joannes, den Despotentitel. Im Jahre 1432 starb endlich der letzte fränkische Fürst von Achaia; seine Witwe, deren Intriguen der Schwiegersohn fürchtete, beschloß ihr Leben im Gewahrsam des Thomas; sein Bastardsohn Giovanni Asano suchte ein Asyl auf Venedigs Gebiet. Dann fand im März desselben Jahres ein Tausch zwischen Thomas und Konstantinos statt; letzterer übernahm Kalavryta, Thomas aber, als Erbe der Franken rechtmäßiger Fürst von Achaia, schlug seine Residenz in der alten Hauptstadt desselben Klarentza auf. Damals gingen auch die Besitzungen des teutschen Ordens in Morea in die Hand des Despoten über [87]), die Ballei Mostenitza nebst allem Zubehör; obgleich Johann von Nirlasdorf, Probst zu Reinsberg, sich von Rom aus zu Gunsten des Ordens zugleich mit dem Papste und Venedig bei Kaiser Joannes verwandte. Die andern Güter des Ordens waren schon längst die Beute der Griechen geworden, so die bei Chimataon in der alten Baronie Veligosti, die einst der Ritter Robert de Lille für seine eigene Seele und die seines Vaters Johann, seiner Mutter Mathilde und seines Bruders Conon nebst verschiedenen Leibeigenen dem Hospital St. Jakob zu Andravida geschenkt, und nachdem letzteres auf Wunsch Gottfried's II. 1237 dem Orden überwiesen —, am 1. April 1239 [88]) auch zum Besten der Seele seiner Gattin Petronella den Rittern aufs Neue überwies. Es war jenes Hospital in Andravida dasselbe, das Gottfried I. um 1213 gestiftet, und in dem er sich und seiner Gattin ihr Erbbegräbniß auserwählt hatte; ärgerliche Streitigkeiten unter den Brüdern von St. Jakob, Gewaltthaten des Johannes Mantus und Julianus hatten das selbständige Fortbestehen des Hospitals unmöglich gemacht, und daher war jene Union 1241 endlich vollzogen worden. Daneben hatte der Orden auch in Clermont durch Verleihung Gottfried's II. ein Haus besessen — jetzt ging der Rest verloren; von der Commende Romania verblieb den Rittern nur das Haus S. Leo auf der Insel Zakynthos.

Mit dem Jahre 1432 endet die Frankenherrschaft in Morea. Noch 24 Jahre lang behaupteten sich die Byzantiner, die an die Stelle der Occidentalen getreten waren, daselbst; den ganzen fränkischen Feudalismus nahmen sie mit hinüber, und dieser trug kaum weniger, als die fortwährenden Reibungen unter den Despoten selbst, dazu bei, den Peloponnesos für die Türkenherrschaft reif zu machen. Die alten Baronien waren längst ausgegangen; factisch hatten bis zu Ende dieses Zeitraums deren nur noch zwei bestanden [89]): Patrá und die Baronie der Zaccaria, Arkadia und Chalandritza vor allem nebst dem Reste von Damala-Veligosti; Vostitza und Korinth waren aus der Erbschaft des Rainerio Acciajuoli (1364—1394) durch Heirath in die Hand der Paläologen übergegangen. Die letzten Fürsterzbischöfe von Patrá waren: Johann II. Acciajuoli 1360—1365. Angelo I. Acciajuoli 1365—1370. Johann III. Placentini 1371—1376. Paul Foscari 1376—1394. Angelo II. Acciajuoli 1396—1400. Peter

78) Misti LVIII. fol. 109. 79) Chron. Ariminense bei *Muratori* XV, 942. 80) Misti LVII. fol. 176; LIX. fol. 131v. 81) Ebenda LVII. fol. 178v. 82) Ebenda fol. 230. 83) Ebenda LVIII. fol. 110. 84) Ebenda LIX. fol. 68. 85) Ebenda LVIII. fol. 150, 164v, 160. 86) *Phrantzes* II, 9. p. 164; *Chalkokondylas* V. p. 242.

87) Archiv zu Königsberg Schublade 1 n. 3. 88) Codex diplomaticus ordinis Teutonici. Archiv zu Berlin Vol. I. fol. 53—58v; no. 99—114. 89) Vergl. S. 409.

Antonio Cornaro 1400—1403. Stefan Zaccaria 1403—1424. Pandolf Malatesta 1424—1430 (gest. 1441). In Arkadia finden wir Erard III. le Maure bis zu seinem Tode 1388; einen Antheil an der Baronie erbten Joannes Laskaris Kalopheros (gest. 1392) und dessen Sohn Erard (gest. 1406), der Venedig zum Erben einsetzte; der größte Theil fiel an den Sohn Centurione's I. Zaccaria von Chalandritza (1345—1382), den Großconnetable Andronikos Asano (1388—1401) und dessen Söhne, von denen Centurione II. (1401—1432), der wol seine Brüder Erard und Benedikt ebenso wie den Erzbischof Stefan überlebte, 1404 den Stuhl der Villeharduin bestieg und 1432 die Reihe der Fürsten von Achaia beschlossen hat.

Neben den Byzantinern behaupteten sich nur die Venetianer in ihren dortigen Colonien, den alten, jetzt durch verschiedene Dörfer und Burgen erweiterten Castellanien von Modone und Korone, sowie in Argos und Nauplion. In letzteren Städten — denn die Geschicke der Castellanien sind mit denen von Achaia zu eng verknüpft, als daß ich sie davon hätte trennen können — bestanden die bisherigen friedlich geordneten Verhältnisse im Ganzen fort, wenn auch gelegentliche Gewaltthaten und Frevel nicht ausblieben. So mußte 1422 der frühere Podestà Pietro Diedo wegen Schändung und Ehebruchs bestraft werden [90]; ebenso ward Ende 1431 das Verfahren des Bernardo da Mosto scharf gerügt, da er sich nicht nur Erpressungen zu Schulden kommen ließ, sondern auch das größte Lehen des Landes, das feudum principatus, ein Drittel des ganzen Territoriums, für 20 Hyperpern dem Manfred Carandolo überließ; letzterer ging indessen straflos aus [91]; im Jahre 1424 machten Nikolaos Murmuris und die Brüder Michele und Gregorio Catello einen Mordversuch auf den in Venedig besonders wohlgelittenen Dolmetsch und Schatzmeister Giovanni di Leone Catello [92] u. s. f. Sonst aber lesen wir nur von Feudalsachen. Es wurde am 10. Jan. 1422 dem Giovanni Blacho und seiner Gattin Helena ein ihnen von Nerio I. verliehenes Lehen bestätigt, das 1428 auf Nicolò Medici „de Athenis" überging [93]; 1423 wurden die feudalen Beziehungen des Jakob von Zoja, der ja auch Baron in Achaia war, regulirt und den Catelli verschiedene Exemtionen ertheilt [94]; im Juli 1424 [95] ward proclamirt, daß alle frühern Vasallen der Gräfin von Vlachi, der Schwägerin Guido's von Enghien, in Zukunft dem Giovanni Cavazza (gest. 1431), der ihre Baronie erworben, huldigen sollten. Auf Bitten seines Giovanni Catello wurden den Häusern, die schon zur Zeit der Brienne und Enghien von der Zahlung des Wachzehnten eximirt waren, 1425 und 1427 [96] dieselben Vergünstigungen erneuert; 1430 [97] erhielt ein anderer Giovanni Catello, des Sporito Sohn, ein Lehen in ähnlicher Weise auf 20 Jahre übertragen, und ähnliche Dinge mehr. Segundo Nani fungirte dort weiter als Bischof und eifriger Visitator, bis er 1425 [98] mit Franz de' Paroni, Bischof von Cattaro, seinen Sprengel austauschte, um seine Missionsthätigkeit im Serbenlande fortzusetzen. Daneben scheute Venedig keine Kosten für Sicherung dieser neuen Colonie; so ward 1420 [99] das „Castell der Griechen" — die Palamide — neu befestigt und für Vertheidigung der Küste gegen türkische Corsaren in jeder Weise gesorgt, sodaß im Ganzen Argolis in dieser Zeit weniger unter den Einfällen der Ungläubigen zu leiden hatte, als der ganze übrige Peloponnesos.

Außer diesen Besitzungen von Morea hatte die Republik, wie bereits oben erwähnt, 1423 Thessalonich erworben, das der aussätzige Despot Andronikos Paläologos in äußerster Bedrängniß für 50,000 Dukaten durch Vermittelung Pietro Zeno's von Andros abgetreten hatte [1]. Andronikos zog sich nach Mantinea in klösterliche Einsamkeit zurück; als Mönch Akakios ist er dort am 4. März 1429 gestorben und im Pantokratorkloster begraben worden [2]. Auf Zeno's Bericht hin hatte der Bailo von Euböa zunächst Bevollmächtigte nach Thessalonich gesandt; dann waren im Juli 1423 [3] Santo Venier und Nicolò Georgio zum Despoten abgeordnet worden, um den Kauf zu ratificiren, während der Bailo von Constantinopel versuchen sollte, den Consens des Sultans durch Geschenke — vielleicht auch durch Tributzahlung — zu erwirken. Bereits im September weilte der dortige Metropolit in Venedig und brachte die Ratification des Despoten mit, Truppen wurden für die Hauptfestung Samaria bestimmt und großartige Rüstungen betrieben [4]. Da die Griechen in Zeitun sich gleichfalls unsicher fühlten, knüpfte man sowol mit dem Statthalter Kantakuzenos, als auch mit dem Türken Ismael [5], einem Verwandten des Sultans, der sich nach Euböa begeben hatte [6], Unterhandlungen an, um die Plätze Vlachi und Starida zu erlangen. Allein diese Unterhandlungen reizten den Zorn des Sultans in so hohem Grade, daß er den Nicolò Giorgio, der sich zu ihm nach Adrianopel begab, in den Kerker werfen ließ. Nun ernannte Venedig zunächst im Mai 1424 [7] den Bernabò Loredano zum Duca, den Jacopo Dandolo zum Capitain von

90) Misti LIV. fol. 39v. 91) *Raspe* Vol. VIII. p. I. fol. 66v, 78. 92) Misti LV. fol. 36; Grazie Vol. XIX. 93) *Raspe* Vol. VII. p. II. fol. 104v. 94) Grazie Vol. XVIII. fol. 84v; XIX. Von Zoja findet sich eine Urkunde (4. Sept. 1425) zu Gunsten des Giovanni Catello im Archivio notarile zu Venedig (Cond. di Giorgio de Andromichis). 95) Grazie Vol. XIX. 96) Misti LV. fol. 96v; LVI. fol. 87.

97) Grazie Vol. XIX. fol. 129v. 98) *Farlati*, Illyricum sacrum. Vol. IV. p. 124; VI. p. 458. 99) *Raspe* Vol. VII. p. II. fol. 97v.

1) *Ducas* cap. 29. p. 198; *Chalkokondylas* IV. p. 206; Cronaca Veneta — 1436 (Cod. Foscarin. Vindob. 6208*) fol. 190; Diarj Veneti 1412—42. fol. 14v; *Donato Contarini* a. a. O.; *Sanudo* XXII. p. 970 seq. 979 seq.; Cronaca Zancaruola II. fol. 599 a. f. w. 2) *Phrantzes* II, 3. p. 134. 3) Misti LIV. fol. 127v, 128v, 131, 133v; Sindicati Vol. I. fol. 221v—222; Secreti Vol. VIII. fol. 114v seq. 4) Misti LIV. fol. 152v. 5) Ebenda fol. 130; Secreti Vol. VIII. fol. 114. 6) Er ward dort später wegen tödtlicher Verwundung eines christlichen Dieners eingekerkert. Secreti Vol. VIII. fol. 15v. 7) Misti LV. fol. 15v, 24, 26; Secreti Vol. VIII. fol. 150v, 158v; Diarj Veneti fol. 17v.

Thessalonich mit je 1000 Dukaten Gehalt, ermächtigte sie, mit Dschuneid, dem Herrn von Smyrna, ein Bündniß gegen Murâd zu verhandeln, und schickte den Pietro Loredano, den Sieger von Kallipolis, mit einer Flotte gegen die Osmanen; um Frieden und Ruhe zu erringen [8]. Nachdem die beiden Gouverneure von Thessalonich Besitz genommen, wandten sie sich, von einer Flotte unter Fantino Michieli unterstützt, gegen die benachbarten, von den Türken noch occupirten Plätze und nahmen Kassandria und Platamon ein; letzteres ward verbrannt. Im Juni beschloß der Senat, Kassandria — einst Potidäa — stark zu befestigen, auch 100 Mann zu Fuß hinzusenden; ebenso gingen Truppen, Gelder, Schiffe nach Thessalonich; Getreide ward unter die Armen vertheilt; mit dem treuen Erzbischof, der reiche Geschenke empfing, ward wegen Aenderung des Maß- und Gewichtsystems verhandelt [9]. Dschuneid von Smyrna, längst durch die Osmanen bedroht, erbot sich, wenn ihm die Hälfte der Eroberungen garantirt würde, 4—5 Galeeren zur Verstärkung Loredano's zu stellen; der 17jährige Sohn des verstorbenen Mustafa ward als Kronprätendent aufgestellt [10]. Alles das bestimmte den Sultan, die Friedenspropositionen der Byzantiner anzunehmen, zugleich aber sich nach neuen Bundesgenossen umzusehen. Was Kaiser Joannes anbelangt, so war von Venedig im September 1423 [11]) Pietro Contarini ermächtigt worden, mit ihm wegen Verlängerung des Waffenstillstandes zu verhandeln; da es aber bald hieß, der Kaiser gedenke Italien in Person zu besuchen, sah man ein, daß die Sache sich dort leichter erledigen ließe. Am 15. Dec. [12]) erschien der Paläologe, der nach des Vaters Vorgange sich zu einer Bettelreise ins Abendland entschlossen, in Venedig; er hatte die Regierung provisorisch seinem zum Despoten erhobenen Bruder Konstantinos anvertraut und am 15. Nov. seine Reise zu Lande durch Ungarn angetreten; in letzterem weilten damals sein Bruder Demetrios, Ilario Doria und dessen Schwiegersohn Giorgio Sauli, die während der Belagerung von Constantinopel sogar in ihrer Feigheit daran gedacht, sich den Osmanen in die Arme zu werfen. Venedig empfing den Kaiser und Mitregenten mit allen ihm zukommenden Ehren; 200 Dukaten wurden für Festlichkeiten verausgabt; im Kloster S. Giorgio maggiore wohnte er mit seinem Gefolge, unter dem Manuel Slanatismenos und Manuel Jagros die angesehensten waren [13]). Am 21. Dec. [14]) ward eine Liga mit ihm gegen den Sultan verhandelt; dann reiste er im März 1424 weiter über Lodi nach Mailand, von da wol nach Rom und kehrte schließlich Ende October wieder durch Ungarn heim in seine Residenz. Viel ausgerichtet hatte er freilich im Abendlande nicht, da ihm das Nöthigste, das Geld, fehlte; so mußte er noch in Venedig am 27. Jan. 1500 Dukaten von dem Hause Donato entleihen und dafür Kostbarkeiten zum Pfande setzen, die sein Verwandter, der Herr von Montua, im Mai auszulösen versprach [15]). Doch fand er wenigstens den Frieden abgeschlossen; am 22. Febr. hatte sich Murâd II. gegen die früher erwähnten schmählichen Bedingungen dazu verstanden, die Fortexistenz des Schattenkaiserthums noch eine Weile zu fristen; Lukas Notaras, Manuel Melachrenos und Phrantzes hatten denselben ratificirt. Auch Genua, das seine Colonie in Galata bedroht sah, hatte am 29. Febr. [16]) dem Podestà von Phokäa, dem Maonesen Jacopo Adorno, geschrieben, er solle sich bei Murâd verwenden, damit er seinen Frieden mit Joannes mache; Gesandte des Kaisers, der Serben, Gattilusi, Giustiniani und andere Herren hatten dann, als der Sultan gegen Smyrna zog, ihm ihre Huldigung dargebracht [17]). Sowie die Genuesen vordem den Paläologen Beistand gegen die Frankenkaiser geleistet, so fand sich schon damals auch in der Colonie zu Galata eine Partei, die ihre Sympathie für den Sultan so offen zur Schau trug, daß sie bereit war, Geld von ihm zu nehmen und dafür einen mit dem Wappen der Osmanen gezierten Thurm in Pera zu bauen — eine Verwegenheit, welche die Republik selbst in einem Briefe an ihren Podestà Tommaso de Promontorio vom 15. April [18]) entschieden tadelte. Es waren dies wol dieselben Genuesen, über die Venedig laut klagte, daß sie den Ungläubigen bei Tenedos Beistand geleistet hätten. Da der Angriff Loredano's gegen Kallipolis nicht den gehofften Erfolg hatte, autorisirte endlich Venedig den Fantino Michieli 1425 [19]) zu Unterhandlungen mit Murâd; dieselben endeten mit einem im April 1426 [20]) abgeschlossenen Waffenstillstande, in dem Venedig gegen einen jährlichen Tribut von 100,000 Aspern Thessalonich behielt. Die Stadt hatte bereits im Juni 1425 [21]) drei Gesandte, den Joannes Radinos (der 1410 bedeutende Ländereien bei Kassandria besaß; ebenso ein Stephanos 1418—1422), den Thomas Chrysologos und Georgios Hyaleas, nach Venedig geschickt; neue Befestigungen und Getreidespenden wurden angeordnet, die angesehensten Bürger, vor allen Thomas Alusianos, erhielten Pensionen ausgesetzt, 12 Deputirte sollten den Rath der beiden Gouverneure bilden, die alten Gewohnheiten wurden garantirt. Als im folgenden Jahre die Pest dort arge Verheerungen anrichtete, bestimmte man, daß die Galeeren der Republik bei dem Felsen Milemazzo anlegen sollten; um die Noth zu lindern, ward Geld und Korn hingesandt [22]). Nachdem

8) Misti LV. fol. 17; Sindicati Vol. I. fol. 223 v. 9) Secreti Vol. VIII. fol. 159 v; Misti LV. fol. 38 v, 42, 64, 65. 74, 76 v. 10) Secreti Vol. VIII. fol. 69 v. 11) Sorte: Constantinopoli; Commemoriali Vol. XI. fol. 134; *Miklosich und Müller* III, 163—170. n. XXXVI. 12) *Phrantzes* I, 40. p. 118. 13) Secreti Vol. VIII. fol. 65 v; Avvogaria B. fol. 37; besonders die Chronisten, z. B. *Sanudo* XXII, 971—973; Zancaruola II. fol. 593 v u. s. w. 14) Secreti Vol. VIII. fol. 136 v, 136 r v, 138 v, 147; Misti LV. fol. 124.

15) Commemoriali Vol. XI. fol. 90; Archivio di S. Fedele in Mailand: Cartone: Guerre dei Turchi. 16) Reg. officialium provisionis Romaniae 1424—1427 im Archiv von S. Giorgio zu Genua. 17) Ducas. 18) Misti LV. fol. 106. 19) Sindicati Vol. I. fol. 227; Misti LV. fol. 108; Secreti Vol. IX. fol. 69. 20) Secreti Vol. IX. fol. 109 v — 110. 21) Misti LV. fol. 128 v, 153, 161, 179 v. 22) Misti LVI. fol. 85 r v; Ursa fol. 67.

1427 die beiden Statthalter ihr Amt niedergelegt hatten, ward Paolo Trevisani Duca, Paolo Orio Capitain; neben ihnen sollte der Castellan der Burg Samaria stehen, sie beide aber im Einvernehmen mit der Bürgerschaft die höchste Justiz ausüben [23]. Unterdessen begannen die Osmanen neue Rüstungen gegen Venedig zu treffen. Sogar die Genuesen fürchteten das Schlimmste und trafen alle Anstalten, um Pera, „ein edles Glied, ja das eine Auge unseres Leibes, die Pforte zum schwarzen Meere," in Vertheidigungszustand zu setzen [24]. Am 24. Juli 1427 [25] bestimmte Venedig den Benedetto Emo zum Gesandten an die Pforte; man suchte den Subaschi von Kallipolis zu bewegen, sich bei seinem Herrn wegen Behauptung von Thessalonich nebst Kassandria und Chortaiton zu verwenden; aber vergeblich. Nicht nur wiederholten die Türken ihre Heerzüge gegen Euböa, aus dem eine Masse Volks fortgeschleppt ward, sondern am 29. Juli schon mußte der Senat die Sendung einer ansehnlichen Flotte nach Thessalonich decretiren, da die Stadt von den Türken aufs Schwerste bedroht war [26]. Noch einmal versuchte er indessen einen friedlichen Ausgleich, indem er den Jacopo Dandolo an Murâd sandte; ihm folgten 1429 Paolo Loredano und Andrea Donato [27], ersterer zum Duca, letzterer zum Capitain in Thessalonich ernannt und angewiesen, die von den Bürgern dringend verlangte Vollendung der Festungswerke in Kassandria möglichst zu beschleunigen, sowie, falls Murâd nicht ablasse, den Prätendenten Mustafa auf jede Weise gegen ihn zu unterstützen. Als Dandolo vor Murâd erschien, forderte dieser gebieterisch sofortige Uebergabe von Thessalonich; auf seine ablehnende Antwort hin ward er eingekerkert. Nun machte, während die Türken die Stadt zu Lande blokirt hielten, Andrea Mocenigo am 1. Aug. [28] eine Diversion gegen Kallipolis, die aber mislang; die Unterhandlungen, welche Luigi Gorrer mit dem Fürsten von Karaman pflog, blieben erfolglos [29], ebenso der Vermittelungsversuch des Kaisers Joannes, den der Sultan mit den Worten, er habe in Thessalonich Nichts zu suchen, zurückwies. Immer bedenklicher wurden die Verhältnisse; während der Bailo von Euböa den Dschauferbeg, einen angeblichen Sohn Bajesîd's, als weitern Prätendenten begünstigte [30], beschloß die Republik am 3. März 1430 [31] einen neuen Gesandten in der Person des Silvestro Morosini an die Pforte um Frieden zu senden; am 8. Mai erhielt er zugleich den Auftrag, mit Joannes VIII. den Waffenstillstand zu erneuern. Allein schon drei Tage später kam die Kunde [32], daß Thessalonich verloren sei. Das straffe Regiment, das Venedig dort, wie in allen übrigen Colonien, eingeführt, behagte den erschlafften, eigennützigen, griechischen Archonten gar schlecht; sie wußten eben einmal Nichts von occidentalischer Ordnung und Disciplin, sondern hatten nur gelernt, unter der Aegide elender Despoten zu intriguiren und die Masse des armen Volkes auszusaugen. Venedig war genöthigt worden, gegen die Primaten, die zum Theil offen mit den Türken conspirirten, energische Maßregeln zu ergreifen; zahlreiche Deportationen hatten stattgefunden. Auf Beistand der Griechen ließ sich daher nicht rechnen, als die Osmanen endlich zum Sturm schritten; obgleich die occidentalische Besatzung sich tapfer wehrte, fiel die Stadt, von Vertheidigern entblößt, am 29. März 1430 in des Feindes Hand und ward völlig geplündert; der Capitain Donato flüchtete schließlich aus dem verlassenen Castell Samaria. Die Osmanen führten den größten Theil der Einwohner in die Sklaverei und bevölkerten später Thessalonich, die zweite Hauptstadt ihres Reichs, mit türkischen Colonisten. Venedig, dem der sechsjährige Besitz der Stadt 700,000 Dukaten gekostet, hieß nun den Morosini am 28. Juli [33] den Abschluß eines nur leidlichen Friedens möglichst beschleunigen; er erfolgte am 4. Sept.; Venedig cedirte Thessalonich, wo ihm nur ein Consulat verblieb, zahlte Tribut für die andern griechischen Besitzungen und erwirkte, daß diese ihm garantirt und auch der Herzog von Naxos und dessen Brüder in den Vertrag aufgenommen wurden. Der Tribut ward regelmäßig gezahlt, so 1432 an den Bailo von Constantinopel in Folge Senatsbefehls vom 23. Juli [34]. Letzterer hatte übrigens mit Kaiser Joannes, der 1430 [35] einen Handelsvertrag mit Florenz abschloß, am 26. Mai 1431 [36] die Waffenruhe auf weitere fünf Jahre verlängert; Lukas Notaras, der Großdolmetsch und allmächtige Günstling der letzten Paläologen, Demetrios Leontarios und Demetrios Kantakuzenos bezeugten die Ratification.

So waren die Byzantiner seit 1424 auf die nächste Umgebung von Constantinopel beschränkt; Venedig hatte das ehemalige Despotat Thessalonich eingebüßt; Thessalien — auch Zeitun —, die Markgrafschaft Bodonitza und die Grafschaft Salona waren eine Beute der Türken geworden. Im nordöstlichen und westlichen Griechenland war in der Hand occidentalischer Gebieter nur das venetianische Ptelion und die Besitzungen in Morea, das sonst ganz den Griechen unterthan, und Attika nebst Böotien unter der Herrschaft Antonio's I. Acciajuoli, der, wol auch ohne Autorisation der Anglovinen, den Titel eines Herzogs von Athen annahm. Antonio I., Nerio's I. und der Maria Rendi Sohn [37], führte eine

23) Sindicati Vol. II. fol. 3; Misti LVI. fol. 12, 107 v, 111 v, 114 v; Urkk fol. 89. 24) Reg. ... privilegia Romaniae a. a. O. 25) Sindicati Vol. II. fol. 8; Secreti Vol. X. fol. 65 v. 26) Misti LVII. fol. 24 v, 29, 81 v; Sindicati Vol. II. fol. 17 v; Urkk fol. 80 v. 27) Misti LVI. fol. 109; LVII. fol. 37 v, 92 v, 128. 28) Sanudo XXII, 1004—6; 1007—8; Navagero XXIII, 1084 seq. u. s. w. 29) Sindicati Vol. II. fol. 27. 30) Misti LVII. fol. 207 v. 31) Sindicati Vol. II. fol. 24 v, 28; Misti LVII. fol. 212 v; Norpe Vol. VIII. p. 1. fol. 43 v. 32) Misti LVII. fol. 214 v; Diarj Veneti fol. 61; Cronaca Zancaruola II. fol. 621 seq. u. s. w. Ueber den Fall der Stadt ist Hauptquelle Joannes Anagnostes, De excidio Thessalonicensi, daneben die andern Byzantiner und die venetianischen Chronisten.

33) Sindicati Vol. II. fol. 260; Misti LVIII. fol. 12, 81. 34) Misti LVIII. fol. 137. 35) *Bonaini*, Documenti Fiorentini n. XXXIV, p. 287. 36) Dukas; Constantinopoli; *Miklosich* und *Müller* III, 177—186. n. XXXIX. 37) Ueber ihn vergl. Chalkokondylas IV, 215—216; VI, 320—322, und die andern Quellen und Bearbeitungen der Geschichte der Acciajuoli,

lange glückliche Regierung, da er es wohlverstand, mit seinen venetianischen Nachbarn auf Euböa Freundschaft zu halten, und den Osmanen den einmal festgesetzten Tribut pünktlich zahlte. Dabei war er für die Wohlfahrt seines Landes, namentlich seiner Residenz Athen, eifrig bedacht; er verschönerte die Stadt durch neue Bauwerke, legte Strassen an oder stellte verfallene Wege wieder her und begte, wie aus den Reisefragmenten des Cyriacus von Ancona hervorgeht, die Künste mit lebendigem Sinn für das classische Alterthum [38]). So liess er mannichfache Ausgrabungen veranstalten; eine spätere Sage setzt auch die Wiederaufrichtung der Löwen im Piräeus — doch, wie früher ausgeführt, irrthümlich — in seine Zeit. Als er einst einem Hochzeitsfeste in Theben beiwohnte, erblickte er die schöne Tochter eines griechischen Priesters, verliebte sich in sie, entführte sie ihrem Gatten und erhob sie zur Herzogin; er lebte mit ihr in langer glücklicher, doch kinderloser Ehe. Letzterer Umstand bestimmte ihn, zwei Töchter des verstorbenen euböotischen Edlen Prosimo zu adoptiren, von denen die eine Benvenuta 1402 Gemahlin des Markgrafen Nicolò II. Giorgio von Bodonitza (1410—1436) ward, die andere aber sich mit Antonello de Caopena, Bastard des Alioto (gest. 1440), vermählte, der als Erbe des Aragoniers Johann Fadrique die Insel Aegina besass. Alioto und sein Bruder Arnold (Arnau), Herr von Pidiada in Argolis, waren, obgleich catalonischen Geschlechts, alte Verbündete der Navarresen gewesen, hernach hatten sie sich an Venedig angelehnt und mit ihren Leuten Argos und Nauplion treulich gegen die türkischen, griechischen und albanesischen Nachbarn geschirmt. Da sie — die letzten Reste der grossen Compagnie — Niemandem unterthan waren, huldigten sie 1425 [39]) der Republik Venedig, zogen das Banner des heiligen Marcus auf und genehmigten, dass, falls Antonello unbeerbt sterbe, jene die Insel für sich behalte. Dagegen protestirte nun freilich der Florentiner Reinaldo Melzola, der als Gesandter Antonio's I. von Athen damals in Venedig weilte [40]), indem er die Rechte der Adoptivtochter seines Herrn auf die Insel wahren wollte; doch ohne Erfolg. Ebenso hatte Melzola sich beklagt, dass man 300 albanesische Familien, die aus seines Herzogthums nach Euböa eingewandert waren, ohne seinen Consens aufgenommen. Man suchte zunächst die Sache zu entschuldigen, gestattete auch dem Herzoge, zur Zeit eines Krieges gegen genügende Sicherheit seine Rosse ohne Zoll nach Euböa ein- und von da wieder auszuführen; dagegen lehnte man sein Anerbieten, gegen die Türken Beistand zu leisten, falls ihm dazu eine Galeere geliefert würde, ab, da der Capitain des Golfs hinlänglich Schutz gewähre, er selbst aber, als Vasall des Sultans, zu letzterem dadurch nur in eine schiefe Stellung kommen müsse. Im Januar 1427 [41]) versicherte ihn die Republik aufs Neue ihrer aufrichtigsten Freundschaft und gestattete auch den Albanesen aus Attika, wenn sie es selbst wünschten, die Heimkehr; weil der Bailo aber längst die Ueberzeugung gewonnen, dass die Ansiedelung neuer Colonisten der durch die türkischen Einfälle sehr entvölkerten Insel nur aufhelfen könne, verfügte der Senat, dass die aus Thessalien und Böotien hinübergezogenen Albanesen nicht nur auf Euböa bleiben, sondern auch mit Gemeindeland ausgestattet werden sollten. Als dann im Februar 1434 [42]) die Rechte des Pächters von Lisanto, Tommaso Bernardo, regulirt wurden, gestattete man auch auf Antonio's Bitte, dass das Territorium von Lylonia endlich bebaut werden könne; das Gebiet konnte Getreide genug hervorbringen, und in dem Lande litten die Armen daran Mangel. Wiederholt versicherte man dem Herzoge, dass man stets Frieden mit ihm halten wolle und auch die thessalischen Timarioten des Sultans — schon mit Rücksicht auf Pteleon — zufriedenzustellen suche. So verstrichen die Jahre in Frieden und Ruhe; auf den Säulen des Parthenon lesen wir, dass am 20. Aug. 1412 der Abt Peter von Daphni, am 2. März 1415 der Dekan Nikolaus von Athen gestorben sei [43]). Sonst liegt uns nur eine Schenkung des athenischen Kanonikus und Cantors am Parthenon Wilhelm de' Cancellieri vom 1. Febr. 1432 [44]) vor, laut welcher derselbe verschiedene Güter, darunter die Kirche Sta. Maria Marmiotissa, die er durch Antonio I. wiedererlangt hatte, dem Gregorios Chamachis übertrug; sie ward am 6. Aug. 1439 zu Athen von dem neuen Herzoge Nerio II. bestätigt.

Da Antonio kinderlos war, fehlte es nicht an florentinischen Verwandten, die sich an seinen glänzenden, freigebigen Hof begaben und sich wol auch Hoffnung auf die Succession machten [45]). Namentlich gilt dieses von den Nachkommen seines Oheims Donato (gest. 1400), von welchem letzteren, der ja oft seinen Bruder Nerio I. unterstützt hatte, das Gerücht ging, er habe aus Griechenland über 30,000 Goldgulden mit heimgebracht. Von Donato's vielen Kindern kommen hier namentlich Antonio, Jacopo, Nerio, Giovanni und Francesco in Betracht; auch Nicolò Machiavelli, dessen Mutter Laudamia eine Tochter Donato's war, weilte gern in Griechenland. Im Jahre 1423 [46]) begab sich Nerio di Donato, Schwiegersohn des Palla di Nofri Strozzi, zunächst nach Sta. Maura zu Carlo I. Tocco und dessen Gattin Francesca und von da, hoch geehrt und reich beschenkt, zu

s. Gaddi, Elogia n. XIII. p. 88 seq.; Gaddi, Adlocutiones et elogia. Florentiae 1636. 4. p. 106 seq.; besonders Litta a. a. O. und Buchon, Nouv. rech. I, 162 seq.

38) Ein Athener Antonios Logothetes, wol derselbe, der als Rector von Athen in den Hummelsfandstreitigkeiten eine wenig ehrenhafte Rolle spielte, lebte 1417 als Copist alter Codices in Siena. Montfaucon, Palaeographia graeca p. 76. 39) Misti LV, fol. 87 r v. 40) Secreti Vol. IX. fol. 80 v; Misti LV. fol. 115.

41) Misti LVI. fol. 70 v. 42) Grazie LIX. fol. 32 v. 43) 'Αρχαιολογικὴ ἐφημερίς n. 2894—2896. 44) Buchon, Nouv. rech. II, 290—291. 296—297; dipl. Florent. n. LXIX—LXXI; Miklosich und Müller III, 256—257. n. XIII—XIV. 45) Ueber dieselben im Allgemeinen Vespas. Bisticci Vite in Mai, Spicilegium Romanum Vol. I. Romae 1839. 8. p. 480—433 und im Archivio storico italiano. Vol. IV. Firenze 1843. 8. p. 353—361. 46) Buchon, Nouv. rech. II, 269—281; dipl. Florent. n. LIII—LX.

seinem Vetter dem Herzoge Antonio nach Athen. Anfänglich hatte ihn die Nachricht von der im Herzogthume herrschenden Pest abgeschreckt; da ihm aber Antonio am 28. Sept. schrieb, dieselbe habe in Athen, Sykaminon und Megara, von wo aus der Brief datirt war, aufgehört, und herrsche nur noch in Theben, das sich leicht umgehen lasse, ihn auch auf die gute Rebhühnerjagd daselbst aufmerksam machte, folgte er der Einladung bereitwillig. Er hatte seinem Vetter Bracken und neun Falken vorausgesandt, landete, wohlbewaffnet, da der Herzog im Felde mit Morea lag, in Livadostro und ward von Antonio wie von dem Markgrafen von Bodonitza hoch geehrt. Auch Nicolò Machiavelli, der damals gerade in Athen lebte, hatte den Oheim dringend eingeladen, „er werde in Athen das schönste Land und die prächtigste Akropolis von der ganzen Welt finden." Nerio weilte nun einige Monate in Athen, dann folgte er im März 1424, da die Pest auch dort erloschen, einer Einladung nach Theben, die sein anderer Vetter, der dortige Erzbischof Pietro Acciajuoli, an ihn richtete; später kehrte er nach Florenz heim; sein früher im 28. Jahre 1430 erfolgter Tod erfüllte den Herzog mit tiefer Bekümmerniß [47]. Giovanni, wol identisch mit dem 1449 bei Litta genannten Nanni, folgte dem Pietro 1428 als Erzbischof von Theben und starb 1450; ein anderer Bruder Antonio, 1427 durch den Einfluß der Tocco zum Bischof von Kephalenia erhoben, stand seiner Kirche wol bis 1445 vor. Dagegen war Jacopo vielleicht schon bei Lebzeiten des Herzogs Nerio I. gestorben; ihn überlebte außer einer Tochter der Sohn Angelo, der 1433 in Folge der innern florentiner Wirren auf 10 Jahre nach Kephalenia verbannt wurde, eine Zeit lang bei Antonio in Athen lebte, auf einer Reise in die Hand der Türken gerieth, jedoch glücklich entfloh und 1434 mit den Medicern nach Florenz heimkehrte. Während diese Söhne und Enkel Donato's nur vorübergehend in Attika weilten, ließ sich ihr natürlicher Bruder Francesco dauernd im Lande Antonio's I. nieder und empfing von ihm die Burg Sykaminon zu Lehen, die er bis zu seinem im September 1420 erfolgten Tode besaß. Am 20. Juni 1419 machte er sein Testament, in dem er seine Gattin Margherita, Tochter des Bardi Malpighi, zur Vormünderin seiner beiden Söhne Nerio und Antonio ernannte und beide zu Erben in seinen Besitzungen in Griechenland ernannte; Margherita wählte am 21. Mai 1421 [48] zu Sykaminon einen edlen Euböoten Giorgio di Angelo mit Consens des Bailo von Euböa zu deren Mundwalt. Außer diesen beiden Söhnen — die damals in einem Alter zwischen 9 und 14 Jahren standen — hinterließ Francesco den Jacopo, der 1453 als Rhodiser starb, und drei Töchter: Caterina, seit 1433 Gattin des Saracino dei Saracini aus Euböa, Lucia, Gattin des Angelo di Nicolò Amadori, und Laudamia, vermählt seit 1424 mit Nerozzo di Luigi Pitti, welchem letzteren 1435 sein Schwager Nerio II. Sykaminon nebst der Insel Panaia überließ. Nerio II. und sein Bruder Antonio verlebten ihre Jugend am Hofe Antonio's I., der sie schon bei Lebzeiten zu Nachfolgern designirte. Große Mäßigkeit hatte dem Herzoge ein langes Leben vergönnt; aber Ende 1434 fing er an zu kränkeln. Da dachte Konstantinos Paläologos daran, das Herzogthum für sich und sein Haus zu gewinnen und sandte den Phrantzes, der auch zum Kaiser Joannes und zur Pforte gehen sollte, zunächst nach Athen, um dort zu recognosciren und wo möglich die Herzogin für sein Interesse zu gewinnen [49]. Letztere, schwerlich jene Priestertochter, eher eine zweite Gemahlin Antonio's, hieß Maria Melissena; sie war eine nahe Verwandte des messenischen Barons Nikephoros und Tochter des Leon, der in Morea Astros, S. Petros, S. Joannes, Platamona, Meligon, Prastion, Rheonta, Leonida, Kyparissia und Sitzena besaß. Vorläufig war Nichts zu machen; doch fand sich wenigstens in der Stadt unter den Griechen eine Partei, welche, der Frankenherrschaft überdrüssig, sich an den Paläologen anlehnen wollte; an ihrer Spitze stand der reiche Archon Chalkokondylas [50], der, ein naher Verwandter der Herzogin, selbst gern dort herrschen wollte. Als nun Herzog Antonio I. im Anfange des Sommers 1435 einem Schlaganfall erlag, sandte Maria Melissena sofort den Chalkokondylas an Sultan Murad II., damit er ihnen beiden die Herrschaft bestätige; zugleich eilte Phrantzes mit einer Vollmacht seines Despoten und Truppen von Korinth aus gegen Athen, um das Herzogthum zu besetzen und der Herzogin ein Witthum in Morea anzuweisen. Allein während sich Maria in der Akropolis hielt, huldigte die Stadt Athen dem ältesten der beiden Neffen des verstorbenen Herzogs, eben jenem Nerio II. (1435—1451); er griff die Herzogin in der Burg an und nöthigte sie zur Capitulation; die Griechen, die Phrantzes ausgesandt, wurden verjagt; dann ward durch ein Ehebündniß der Friede und die Eintracht besiegelt. Ob Nerio seine Hand der Maria Melissena reichte, ist mir übrigens sehr fraglich; er heirathete bald darauf die Chiara, sein Bruder Antonio die Maria Giorgio, Töchter des Markgrafen Nicolò II. von Bodonitza und der von Antonio I. adoptirten Benvenuta Peorimo. Als Chalkokondylas vor dem Sultan erschien, forderte letzterer Uebergabe der Stadt allein sie war schon in Nerio's Hand; er ward gezwungen, die Zahlung von 30,000 Goldstücken zu geloben, entfloh aber glücklich, bis er schließlich aufs Neue gefangen und lange in dem Kerker des Sultans gehalten ward. Nun zog Turachan sofort gegen Theben, um Ordnung zu stiften, plünderte das Land und besetzte die Stadt; Phrantzes eilte zurück nach Korinth zum Despoten. Dann ging er von diesem wieder ins Lager des Emirs; allein er kam schon zu spät und kehrte, obgleich freundlich begrüßt, am 1. Sept. heim nach Morea. Turachan hatte

47) Ebenda II, 303; dipl. Florent. n. LXXXII. 48) Ebenda II, 292—296; dipl. Florent. n. LXI.

49) *Chalkokondylas* VI, 320—322; *Phrantzes* II, 10 seq. p. 159 seq. 50) Vielleicht mit Vornamen Theophilos (wie sein Enkel), Vater des Historikers Nikolaos (Laonikos) und des Philologen Demetrios. *Ant. Kalosynas*, *Προοίμιον εἰς τὸν βίον τοῦ Χαλκοκονδύλου* (Cod. Monacens. graec. CL) fol. 1—5.

dem Nerio II. den Besitz von Athen gegen fernere Tributzahlung bestätigt, und auch Venedig, in dem nur eine kleine Partei sich für Besetzung des Herzogthums geregt hatte, erklärte am 4. Sept.[51]), es wolle sich nicht weiter in die dortigen Angelegenheiten einmischen, auch keine Lehensoberhoheit beanspruchen, vielmehr mit dem neuen Herzoge gute Nachbarschaft halten. Nur sollten die jüngst nach Euböa geflüchteten Zinsbauern Antonio's I. dort verbleiben und Schutz erhalten; der Baile aber möchte sich bemühen, die Erben desselben zur Absendung eines Bevollmächtigten nach Venedig zu veranlassen, damit die Verhältnisse völlig geklärt würden. So verblieb denn das Herzogthum Athen trotz der Versuche der Griechen bei dem florentinischen Hause der Acciajuoli. Zwei Bilder in der florentinischen Galerie, bei Litta reproducirt, zeigen uns die Portraits zweier Herzoge aus diesem Geschlechte in ihrer halb orientalischen Tracht, beide mit rothem Barett, der eine in gleichfarbigem, der andere in goldgesticktem weißseidenen Gewande; man wird versucht, ersteren bei seiner energischen Miene für Nerio I., letzteren, der mehr weich, ja weiblich erscheint, für den milden Antonio I. zu halten. Die angeblichen Portraits sämmtlicher Acciajuoli in Fanelli's Buche sind dagegen reine Phantasiegebilde.

Wir sind hiermit zum Schluß dieses Capitels gelangt, das den völligen Untergang der Frankenherrschaft in Morea, die Eroberung Thessaliens durch die Türken und die letzte Blüthezeit Athens unter Antonio I., kurz vor der allgemeinen Katastrophe, zuletzt behandelt hat; in dem nächstfolgenden sollen die Verhältnisse in Epiros während derselben Zeit dargelegt werden. Hier bemerke ich beiläufig nur noch, daß über das byzantinische Reich und die Zustände daselbst uns aus jener Zeit vier interessante Reisebeschreibungen, eigentlich Pilgerfahrten nach Palästina, wichtige Auskunft geben, die jedenfalls bei einer speciellen Darstellung der Geschichte des erlöschenden Romäerthums Beachtung verdienen, auf die ich mich aber hier nicht weiter einlassen kann: die des Gilbert de Lannoy (1413—1414, 1421—1422), die namentlich über die Topographie der Hauptstadt und die von Kallipolis, wie über das Hofleben sehr brauchbare Details liefert[52]), die des Nompar de Caumont (1418—1419)[53]), die des Markgrafen Nicolò III. v. Este-Ferrara[54]) (1413), die gleichfalls für die Geographie des damaligen Griechenlands eine Masse werthvollen Materials liefern, und die des Bertrandon de Broquière (1432—1433) in den Mémoires de l'institut[55]), die ich noch gelegentlich im nächsten Capitel berühren werde. Von 1435 an sind dann die Reisefragmente des Ciriaco de' Pizzicolli aus Ancona für die Kenntniß des geistigen Treibens und Lebens in den Feudalstaaten des griechischen Landes von ganz unschätzbarem Werthe.

4) Epiros unter den Albanesen und den Tocco bis zur Eroberung von Joannina durch die Türken. Ende der Balsa und Herrschaft Venedigs an der Seeküste, in Durazzo und Korfu. 1387—1430.

Despoten von Arta: Morikios Spuros Bua 1400—1418; auch in Joannina 1403—1418. An die Tocco.

Fürsten von Lepanto: Paulos Spatas Bua 1400—1407. An Venedig.

Herzoge von Leukadia und Despoten der Romäer (seit 1418, auch in Joannina): Carlo I. Tocco 1381—1429. Carlo II. 1429—1448 (verlor Joannina 1430). Leonardo III. 1448—1479 (verlor Arta 1449). An die Türken.

Fürsten von Zedda: Balsa III. Strasimir 1404—1422. An Venedig.

Die Besetzung von Korfu 1386 durch Venedig war nur der Anfang weiterer Ausdehnung der Republik in Albanien gewesen; bald sollte auch Durazzo ihr zufallen. Der neue Fürst der Stadt Georg Thopia (1383—1392) war von den Türken so bedroht, daß er schon Anfangs 1388 sich ganz in Venedigs Arme warf. Am 19. März[56]) erklärte sich der Senat bereit, ihn mit Getreide und Truppen — letztere jedoch nicht in zu großer Anzahl — zu unterstützen, auch die Stadt, wenn er es wünsche, von ihm anzunehmen; für den Fall seines Todes hatte man sich entschlossen, ohne Weiteres sein Erbe anzutreten. Im October, da die Türken aufs Neue drängten, erschienen Gesandte Georg's und der Comita Balsa von Vallona in Venedig und weilten dort bis Ende Februar 1389[57]); man sprach ihnen Muth ein; der Golfcapitain lieferte dem Fürsten neue Truppen zur Besatzung[58]). Zugleich aber suchte Venedig sich eine Partei in Durazzo zu machen, die dafür sorgte, daß nach dem Ableben des kränklichen Georg nicht die türkischen Nachbarn sich dort festsetzten, sondern das Banner des heiligen Marcus aufgezogen würde; besonders eifrig bewiesen sich dabei damals schon[59]) der dortige Bischof Demetrios Nesa, der Woywode Borilas, der Capitain Gbin Spuros und dessen Verwandter Progon, sowie Tanuß Thopia, der Vetter des Fürsten. Die Lage Georg's ward noch kritischer, seitdem Bonifaz IX. am 13. April 1391[60]) seine Absetzung ausgesprochen, weil er es mit dem Gegenpapste halte, und Durazzo dem lauernden Georg II. Balsa übertragen, der noch nicht vergessen, daß vor wenig Jahren sein Oheim Balsa II. sich Herr von Durazzo genannt. Auch der albanesische Stamm der Dukagin regte sich und schloß

51) Secreti Vol. XIII. fol. 186; Misti LIX. fol. 129. 52) Gil. de Lannoy, Rapport sur la visitation de plusieurs villes in der Archaeologia. Vol. XXI. London 1826. 4. p. 347 sqq.; Voyages et ambassades de G. de Lannoy. Mons 1840. 8. und G. de Lannoy et ses voyages, commentés par Joach. Lelewel. Bruxelles et Posnan 1843(44). 8. 53) ed. de Grouge. Paris 1858. 8. 54) Viaggio a Gerusalemme descritto da Luchino dal Campo (Collezione di opere inedite o rare. Vol. I). Torino 1861. 8. p. 103—148. 55) Sciences politiques et morales. Tom. V. Paris 1834. 4. p. 422—464.

56) Misti XL. fol. 247 v, 307, 312. 57) Ebenda fol. 353 v, 366, 370. 58) Ebenda XLI. fol. 81 v. 59) Commemoriali Vol. VIII. fol. 344 v. 60) Farlati, Illyricum sacrum. Vol. VII, 369; Raynaldi z. J. 1391. n. 27.

sich dem Türken an[61]); Durazzo und Umgegend ward ohne Unterlaß verheert; Georg befand sich in der äußersten Bedrängniß. Zugleich wandte sich Konstantin Kastriota, der die Helena Thopia — Tochter Georg's, jüngeren Bruders des Fürsten Karl — geheirathet, an Sultan Bajesid, seinen Oberherrn, und suchte von diesem die Belehnung mit Durazzo für den Fall des Ablebens seines Verwandten zu erlangen. Dem zu begegnen, beschloß Venedig am 2. Mai 1391[62]), nicht nur, sobald letzteres eintrete, das ganze Land einzuziehen, sondern sofort dem Fürsten Succurs zu senden. In die Festung wurden Truppen unter einem Castellan Paolo da Canale gelegt[63]); Marino Cocco (1391—1393) aber ward als Rettore — ähnlich wie in Indien die englischen Residenten den Radschas — dem Fürsten zur Seite gestellt. Allein Georg's Zustand verschlimmerte sich täglich. Daher ward am 8. März 1392[64]) dem Golfcapitain Saraceno Dandolo eine Vollmacht zur Besitznahme der Stadt und Burg ausgestellt; nur sollte er suchen, beides auf friedlichem Wege zu erlangen, damit die Türken keinen Anlaß zur Einmischung hätten. Sobald Dandolo vor Thopia erschien[65]), verstand sich dieser dazu, die Burg an Venedig abzutreten und das schützende Banner der Republik aufzuziehen; dagegen sollten ihm außer der Burgkirche die Stadt und deren Einkünfte auf Lebenszeit verbleiben und erst nach seinem Tode an Venedig fallen. Letzteres versprach, seine rebellischen Großen zur Gefügigkeit zu nöthigen, Flüchtlinge, die im Castell eine Zuflucht suchten, auszuliefern, seine Gefangenen dort in gutem Gewahrsam zu halten und ihn in die mit den Türken abzuschließenden Verträge aufzunehmen. Am 9. Aug.[66]) erschienen der neue Bischof Johann von Durazzo und Philipp Barelli als seine Gesandten vor dem Senate und baten denselben, ihrem von den Türken schwer bedrängten Herrn, der treu zur römischen Kirche halte, den von Dandolo verheißenen Schutz feierlich zu verbriefen. Am 18. Aug. ratificirte der Doge den Vertrag; er gelobte ihm Schutz und Vermittelung seinen Nachbarn gegenüber, ermahnte ihn aber zugleich, mit letzteren Frieden zu halten und überhaupt als ein guter, milder und gerechter Fürst zu regieren. Man unterstützte ihn mit Geld — eine Münzeinheit ward herbeigeführt, indem die „coronati“ von Durazzo den venetianischen Tornesellen gleichgestellt wurden — und sandte ihm ein neues Banner des heiligen Marcus; man gestattete ferner den Albanesen, die im türkischen Lande lebten, freien Zugang zur Stadt und sagte Beistand zur Erwerbung von Parga zu, das in den Händen der Comita Balsa war. Zugleich ward Dandolo angewiesen, dem Georg Zuckersachen und Confitüren im Betrage von 25 Dukaten zu liefern, damit der kranke Fürst sich daran erquicke. Allein schon im October[67]) meldete der Consul Antonio de' Pieripizzoli, daß Georg gestorben, und die sechs angesehensten Bürger der Stadt sich für Venedig erklärt hätten; sofort wurden Michele Contarini und Pietro Dulcini zu Provveditoren ernannt, um die Verwaltung der Stadt aus den Händen des Rettors und Castellans zu übernehmen. Am 14. Nov.[68]) erhielten sie detaillirte Aufträge; sie sollten zunächst für Verbesserung des Hafens sorgen, auch sehen, ob sich die Burg nicht in eine Insel verwandeln lasse, dann mit den Türken in Unterhandlung treten, damit diese ihre Plünderungszüge einstellten, mit dem serbischen Grwasokrator Wuk Brankovič Handelsbeziehungen anknüpfen und die Comita von Valona zur Abtretung des Thurmes Parga, der zur bessern Abrundung des venetianischen Gebietes diene, bestimmen. Die albanesischen Häuptlinge und die Getreuen in Durazzo sollten nach Rang und Verdienst geehrt werden, namentlich der von Pieripizzoli[69]) wegen seiner Treue und Macht angelegentlich empfohlene Graf Niketas, dem auch ausnahmsweise die Erbauung eines Castells auf dem Cap Le Melie (Lalnche, Lagl) gestattet wurde. Endlich sollten sie den Nachlaß Georg's zu Gunsten seiner beiden überlebenden Schwestern reguliren und deren etwaige Ansprüche auf Durazzo abfinden. Von denselben war die ältere Helena Thopia mit dem venetianischen Nobile Marco di Marino Barbarigo (1392—1395) vermählt und hatte als Mitgift Kroja erhalten; sie und ihr Gemahl hatten sich bisher als eifrige Freunde Venedigs bewiesen und durch Signale den Anmarsch türkischer Scharen gemeldet; daher war die Republik bereit, dem Barbarigo, als ihrem „Vicar,“ sein Lehen zu lassen. Voisava Thopia, die jüngere Schwester, war die Gemahlin eines angesehenen Albanesen Isaak (Korsak) aus unbekanntem Geschlechte. Nachdem die Provveditoren zunächst genaue Information eingezogen, erfolgte am 20. Febr. 1393[70]) die Ernennung des Francesco Giorgio (1393—1395) zum Bailo und Capitain von Durazzo auf zwei Jahre; Cocco übergab ihm die Stadt; er selbst aber schritt alsbald dazu, die in Folge des Berichts jener zwei Provveditoren in Venedig getroffenen Anordnungen auszuführen. Im April[71]) ward zunächst sämmtlichen Baronen Thopia's Amnestie wegen etwaiger Räubereien verheißen, sowie dem Grafen Niketas die Erlaubniß zum Festungsbau unter der Bedingung erneuert, daß er von seiner Burg aus keinen Zoll erhebe und dafür jährlich einen Falken als Lehenszins liefere; die vornehmsten Bürger der Stadt und die Albanesenhäuptlinge in der Nähe erhielten Geschenke und Pensionen, so der Woywode Borilas, Andreas III. Musachi, Progan Sguros, Andreas Nesa, des verstorbenen Bischofs Demetrios Bruder, Komnenos Spatas, des Niketas Schwiegervater[72]) — vielleicht ein jüngerer

61) *Raynaldi* a. a. O. n. 29. 62) Misti XLI. fol. 819. 63) Ebenda XLII. fol. 119 v. 64) Sindicati Vol. I. fol. 157 v; Secreti C. fol. 74. 65) Commemoriali Vol. VIII. fol. 416. 66) Misti XLII. fol. 168; Commemoriali Vol. VIII. fol. 416. 67) *Guer. Musachi*, Memoria p. 40; Misti XLII. fol. 183.

68) Misti XLII. fol. 200 v. 69) Derselbe erhielt am 21. Nov. ein Jahrgehalt von 100 Dukaten ausgesetzt (Leona fol. 6); Grazie Vol. XV) und ward 1398 Castellan von Alessio; seine Tochter Maria hatte 1407 einen Proceß wegen Privatsachen. Lettere dell' Avvogaria Vol. I. 70) Misti XLII. fol. 215 v, 227 v, 240 v. 71) Misti XLII. fol. 251, 256 v. 72) Ebenda 24. Sept. 1394 Misti XLIII. fol. 76 v.

Bruder des Despoten von Arta —, Progan Sachetal, Andreas Cravpula, Maschia Scuros und der Graf Ghin Lanza, in welchen beiden letzteren ich wol den Ghin Spata und dessen Bruder Marilios erkennen möchte, und andere. Auch Konstantinos Kastriota, der den Titel Protovestiar führte und Serina unweit Durazzo besaß, huldigte und erhielt die Erlaubniß, 5—6 kleine Castelle zu errichten und eine Fahrt nach Euböa zu unternehmen[73]; ähnliche Vergünstigungen wurden im September[74] auch andern Albanesen zu Theil. Den Schwägern Thopia's, Isaak und Barbarigo, wurden je 100 Dukaten Rente ausgesetzt; letzterem ward Kroja als Lehen am 30. Aug. neu verbrieft[75]. Ebenso bestätigte die Republik am 17. Dec.[76] den Gesandten von Durazzo alle alten Gewohnheiten und Freiheiten; den Bürgern sollte alles Gemeindegut verbleiben; alle dort seit fünf Jahren ansässigen Fremden sollten Bürgerrecht erhalten, die Bedrückungen einzelner von Thopia belehnten Albanesen, die ihre Leute wie Sklaven behandelten, sollten abgestellt werden. Aber man traute den Verwandten Thopia's nicht recht; man fürchtete, sie würden die erste beste Gelegenheit ergreifen, um sich mit den Türken zu verbünden und so das Land ihres Schwagers wiederzuerlangen. Man suchte sich daher derselben auf jede Weise zu entledigen, und rasch bot sich dazu Gelegenheit. Jener Isaak tödtete im Streit 1393[77] den getreuen Woywoden Bonllas; er ward deshalb hingerichtet; seine Witwe Voisava, der am 21. Mai 1394[78] ihre Pension von 100 Dukaten neu zugesichert ward, mußte geloben, nur einen Freund Venedigs zum zweiten Gemahl zu nehmen; sie heirathete bald den getreuen Progan Dukagin. Im September 1398[79] ward ihr ein Haus in Durazzo auf Lebenszeit angewiesen; als sie 1400 starb[80], forderte der Serbenfürst Wuk ihre Krone und Reifen, indem er sich als Erbe der Thopia gerirte, ward aber von Venedig abschläglich beschieden. Während man 1394 weitere Vorkehrungen zum Schutz der neuen Erwerbung traf, die Stadt mit einem Graben befestigte, Thürme in der Nähe anlegte, Schützen hinsandte und den Golfcapitain auf die in der Umgegend kreuzenden Türken vigiliren hieß[81], wandte sich der treulose Marco Barbarigo von Kroja an Sultan Bajesid, leistete diesem die Huldigung und empfing von ihm ein Privileg, das ihm alles Land seines verstorbenen Schwagers Georg Thopia verlieh[82]. Sobald die erste Kunde von seiner Reise ins Türkenlager nach Venedig kam, erklärte der Senat am 21. Mai 1394, er wolle abwarten, ob er nach seiner Heimkehr mit seiner Gattin Helena den Eid der Treue erneuere, sonst aber werde man Kroja mit Gewalt besetzen. Als er indessen zurückkehrte, erklärte er seinen Landsleuten offen den Krieg und nahm den Titel eines Herrn von Kroja an. Er ward daher am 6. Sept.[83] geächtet; der Bailo von Durazzo sollte Kroja occupiren, der Helena jedoch die festgesetzte Pension fortzahlen. Barbarigo verbündete sich mit dem Türken Isaim und Demetrios Jonima, einem mächtigen Albanesen; beide brachen ins venetianische Gebiet ein und schleppten zahlreiche Gefangene fort[84]; letzterer machte erst 1398[85] seinen Frieden; ihm blieben seine Güter bei Alessio, doch wurde er unter die Aufsicht der dortigen venetianischen Beamten gestellt. Barbarigo aber hemmte nicht nur den Zuzug der Karavanen aus dem innern Albanien nach Durazzo[86], sondern raubte auch sechs Pferde vor den Stadtthoren, plünderte das Haus des Philipp Barelli bei dem Cap Rodoni, schleppte dessen Gattin in das Burgverließ nach Kroja und trat mit einem Heereshaufen dem Grafen Niketas, der für Venedig stritt, feindlich entgegen. Aber endlich mußte er 1395 dem Konstantinos Kastriota (1395—1401) weichen, der ihm Kroja entriß; im Mai 1401[87] ward er in Venedig verhaftet und zu einem Jahre Kerker und Zahlung von 100 Lire verurtheilt; seine Prätensionen endeten damit, zumal da Helena damals schon kinderlos verstorben war; die Verwendung ihres Schwagers Progan Dukagin zu ihren Gunsten war erfolglos geblieben. Venedig schickte im Februar 1395[88] an den neuen Herrn von Kroja, den auch die Türken als solchen anerkannt, einen der griechischen Sprache mächtigen Gesandten, um seine feste Burg zu erlangen; aber alle Bemühungen blieben vor der Hand erfolglos, obgleich ihm eine Geldsumme für Kroja und das nahe Sati geboten wurde, und Graf Niketas, wie dessen Schwiegervater, sein Nachbar, ihn zum Verkauf zu bestimmen suchte. Endlich, nachdem Konstantinos, der am 13. Nov. 1395 ein Bündniß mit Ragusa eingegangen hatte[89], 1401 wegen der Erbschaft seiner Verwandten Voisava einen erfolglosen Proceß geführt[90], kam es noch im nämlichen Jahre zur Fehde zwischen ihm und Niketas. Er verlor in derselben Kroja an den Nebenbuhler, flüchtete nach Durazzo, ward aber dort auf Befehl Venedigs 1402 hingerichtet; seiner armen Witwe wurde am 22. Oct.[91] eine Pension ausgesetzt. So endete die regierende Linie der Albanesenfürsten von Durazzo in ihren letzten Prätendenten. Aus welchem Geschlechte der neue Herr von Kroja, Graf Niketas (1401—1415), war, ist unbekannt; doch war auch er wol ein Thopia, vielleicht des Tanuß Sohn und des jüngern Georg Enkel; jedenfalls ist er identisch mit dem Grafen Thopia von Ballona, der 1403[92] als Schiedsrichter zwischen Venedig und Balsa III. genannt wird.

Was Ballona betrifft, so gebot dort Comita Musachi, Balsa's II. Witwe, bis zu ihrem 1396 erfolgten Tode. Sie hatte 1390[93] dem Nikolaos Mu-

---

73) Secreti C. fol. 81. 74) Misti XLII. fol. 313v. 75) Ebenda fol. 259, 305v; Commemoriali Vol. VIII. fol. 471. 76) Misti XLII. fol. 294v. 77) Secreti C. fol. 64v. 78) Misti XLII. fol. 399; XLIII. fol. 185v. 79) Ebenda XLIV. fol. 219. 80) Ebenda fol. 338; XLV. fol. 118v. 81) Ebenda XLII. fol. 382, 384, 386v; Grazie Vol. XV. 82) Misti XLII. fol. 399; XLIII. fol. 41.

83) Secreti C. fol. 94v—95. 84) Misti XLIII. fol. 170v. 85) Ebenda XLIV. fol. 401. 86) *Raspe* Vol. V. p. II. fol. 31. 87) Misti XLIII. fol. 195v, 196. 88) Secreti C. fol. 105v, 115; Misti XLIII. fol. 457v, 466v. 89) *Miklosich*, Monumenta Serbica p. 229. 90) Misti XLV. fol. 304v. 91) Registr. dell' Avvogaria A. fol. 12v. 92) Commemoriali Vol. X. p. I. fol. 136v. 93) Misti XLI. fol. 261.

sacht, ihren Verwandten, gefangen genommen und ihm den Thurm von Drool entrissen; daneben beherrschte sie die Insel Saseno, Kanina, Chimera, Berat und Parga. Im Juni 1393 [94]) hatte sie sich erboten, Saseno und Vallona an Venedig abzutreten und für Parga Dienste zu leisten; im October 1395 [95]) offerirte der Bischof von Albanien in ihrem Namen ihr ganzes Land der Republik; doch lehnte diese ihr Anerbieten ab. Ihre einzige Erbtochter Regina Balsa (1396—1420) hatte sich noch bei ihren Lebzeiten mit einem Serben Mirče vermählt, einem Vetter der Paläologen; ihre Ehe hatte wegen naher Verwandtschaft erst von der Synode in Constantinopel genehmigt werden müssen [96]). Vielleicht steht jener Mirče (1396—1414), der nach der Schwiegermutter Tode in Vallona und Umgegend gebot, in Beziehung zu dem Nationalhelden der Serben, Marko Kraljević, sei es, daß er ein Sohn desselben war, oder daß mancherlei Daten von dem historischen Mirče auf den halb fabelhaften serbischen Herkules übertragen sind. Genug, noch in dem nämlichen Jahre, in dem Comita starb, erneuerte ein Gesandter ihres Nachfolgers die frühere Petition in Venedig, namentlich auch mit Beziehung auf Berat, fand aber ebenso wenig Gehör. Im Mai 1398 [97]) und im März 1400 [98]) bot er aufs Neue, von den Türken und seinen albanesischen Nachbarn bedroht, sein Gebiet der Republik an, wieder ohne Erfolg, da man der unsichern Lage des Landes wegen sich auf Nichts einlassen wollte; man begnügte sich damit, ihm ein Asyl auf venetianischem Boden zu verheißen, falls ihn die Türken verjagten, und ihn zur weitern tapfern Gegenwehr gegen die letzteren zu ermuntern. Unterdessen verlor Mirče Parga an den Ghin Zenevisi, der dort furchtbar plünderte; für seine übrigen Lande aber mußte er dem Grafen Niketas huldigen, der ihm den Titel eines Admirals von Vallona lieh und mit ihm 1406 gelobte [99]), der Republik in Allem zu gehorchen. Noch im April 1412 [1]) bat in seinem Namen der Mönch Athanasios letztere um ihren Schutz; als er 1414 gestorben, versprach man seiner Witwe Regina, sie in allen Dingen wie ihren Gemahl zu halten, und versicherte sie noch speciell am 16. Dec. 1416 [2]) des nachdrücklichsten Beistandes gegen die Osmanen; seit dem Tode des Grafen Niketas hatte sie die frühere Selbstständigkeit wiedererlangt. Mit letzterem, der seine einzige Tochter Mara dem Balsa III. zur Gattin gegeben, hatte Venedig wegen Kroja 1404 vorübergehende Differenzen, da seine wachsende Macht die Sicherheit von Durazzo zu gefährden schien. Letzteres auf jede Weise zu heben, war Venedig unablässig bemüht gewesen; 1396 [3]) wurden großartige Reparaturen der Festungswerke veranstaltet, Söldner wurden zur Sicherung gegen Bajesid geworben; als dann 1398 [4]) drei catalonische Kreuzer sich in den dortigen Wassern sehen ließen, ward schleunigst eine Galeere des Golfs hingesandt; 1399 folgten neue Soldaten mit dem Befehle, den Thurm St. Elias herzustellen und wohl zu besetzen. Im folgenden Jahre wurden 40 italienische Reiter für Durazzo geworben, da man den albanesischen Truppen nicht hinlänglich traute [5]); 1402 [6]), als der Bailo Giovanni Valaresso (1400—1403) berichtete, er habe zwei türkische Heerführer Faris und Balabanbeg gefangen, sandte man neuen Succurs und befahl weitere Befestigung der Burg. Nun aber stellte es sich 1403 heraus, daß die Stadt für ihre Größe nur sehr schlecht bevölkert war, und als daher Niketas, Herr von Kroja und Vallona, bei S. Marco, 8 Miglien von ersterer Stadt, ein neues Castell errichten wollte, sah Venedig darin eine Gefahr für sein Land und verbot ihm am 2. Juni [7]) die Fortsetzung der Fortificationen. Niketas, der sich bewußt war, daß er der Republik stets treu gedient, schickte nun 1404 [8]) einen Gesandten nach Venedig; die Sache ward in Frieden beigelegt. Auch in den Jahren 1410 und 1413 weilten dort Bevollmächtigte des Niketas [9]); man versicherte ihm aufs Neue gewissen Beistand; als er aber 1415 starb, nahm der Türke Pir Amurbeg ohne Weiteres Besitz von Kroja, und Venedig konnte Nichts weiter thun, als am 6. Mai [10]) dem Bailo von Durazzo anbefehlen, daß er mit dem neuen Herrn von Kroja, sowie mit Cosa Zacaria, dem albanesischen Häuptlinge von Dagno, gute Nachbarschaft halte. Im Uebrigen suchte Venedig die innern Angelegenheiten von Durazzo nach dem Wunsche der dortigen Bürger zu ordnen; 1409 [11]) wurden ihre „Capitoli" geprüft und erledigt; 1408 [12]) ward der Castellan Pietro Arimondo, der willkürlich sich in seinem Amte vergangen und grober Erpressungen schuldig gemacht, zu zweijährigem Kerker verurtheilt; ein Zwist des Erzbischofs mit Peter Alfonso, Abt von S. Andrea, über dortige Kirchengüter wurde 1410 [13]) beigelegt. Obgleich catalonische Galeeren noch wiederholt sich in der Nähe blicken ließen [14]), dauerte die Sicherheit dort fort, bis die Türken, die bereits 1414 in Albanien eingebrochen waren [15]), sich im folgenden Jahre nicht nur, wie bereits erwähnt, zu Herren von Kroja machten, sondern auch Durazzo und die übrigen Besitzungen der Republik in Epirus aufs Aeußerste gefährdeten.

Nur kurze Frist war seit der Occupation von Durazzo durch Dandolo verstrichen, und Venedig hatte seine Herrschaft über den größten Theil des nördlichen Albaniens ausgedehnt. Systematisch verfolgte es den Plan, sich in den Besitz der Ostküste des adriatischen Meeres zu setzen; zunächst geschah es auf Kosten des damaligen Herrn von

94) Secreti C. fol. 81. 95) Misti XLIII. fol. 249. 96) *Miklosich* und *Müller* II, 230. n. CDLXXVII; vergl. *Chal. Musachi*, Memorie p. 31. 97) Misti XLIII. fol. 45v. 98) Ebenda XLIV. fol. 199v; XLV. fol. 17v, 59, 80v. 99) Misti XLVII. fol. 239.

1) Ebenda XLIX. fol. 227. 2) Ebenda L. fol. 108v; LI. fol. 477. 3) Ebenda XLIII. fol. 437v; Commemoriali Vol. IX. fol. 73. 4) Misti XLIV. fol. 182, 318, 320v. 5) Ebenda XLV. fol. 81; Commemoriali Vol. IX. fol. 278. 6) Misti XLV. fol. 439; XLVI. fol. 127. 7) Ebenda XLVI. fol. 308. 8) Ebenda fol. 490v. 9) Ebenda XLVIII. fol. 572v; L. fol. 42. 10) Ebenda LI. fol. 87, 123. 11) Ebenda XLVIII. fol. 41. 12) [illegible] Vol. VI. p. I. fol. 71. 13) Misti XLVIII. fol. 481v, 482. 14) Ebenda fol. 623, 625. 15) Ebenda fol. 178v.

Zedda, Georg's II. Balša (1385—1404), Gebieters von Budua, Antivari, Skodra, Drivasto, Dulcigno und Alessio. Seine Besitzungen bildeten die Brücke zwischen Durazzo, Korfu und Dalmatien, das Venedig Ungarn gegenüber beanspruchte und schon theilweise besetzt hatte. Mit Georg II. hatte die Republik am 28. Febr. 1388 [16]) einen Vertrag abgeschlossen, der ihren Unterthanen Handelsfreiheit in Dulcigno garantirte; Schaden, den seine Leute in Stagno verübt, ward ersetzt. Im Juli 1389 [17]) erneuerte Balša das Privileg, gerieth aber im folgenden Jahre in Zwist mit der Republik wegen Beschädigung eines ihrer Bürger, Philipp Barelli [18]). Da derselbe trotz wiederholter Gesandtschaften sich nicht beilegen ließ, unterstützte Venedig nicht nur den Radič Černoj, der sich gegen Georg II. empört und Alessio und Budua demselben entrissen hatte, sondern ertheilte sogar diesem als Herrn von Zedda am 30. Nov. 1392 [19]) erbliches Bürgerrecht. Welchem Geschlecht dieser Radič der „Schwarze," der Ahnherr der Herren von Montenegro, des nach ihm sogenannten Hauses der Černojević, entsprossen war, ist nicht bekannt; vielleicht war er ein Sohn des Nikolaos von Budua und Bruder jenes Radič Saktai (des Krüppels, wol ein Bastard), der 1417 Budua und die andern Güter seines Vaters von Durazzo aus gegenüber seinem Verwandten Coja Zaccaria reclamirte [20]). Von Georg II. bedrängt, warf sich Alessio in Venedigs Arme; Radič, der die Burg besaß, übergab dieselbe im März 1393 [21]) dem Giovanni Miani; das umliegende Gebiet, das dem Albanesengeschlechte der Dukagin gehörte, unterwarf sich; die Repräsentanten des letztern, Progan II. und Tanuš II., des Lech I., und Progan III. und Tanuš III., des Paul Söhne, leisteten bereitwillig die Huldigung [22]). Antonio de' Pierpizzoli, der frühere Consul in Durazzo, ward zum Castellan ernannt und ermahnt, mit dem Serben Vuk, seinem östlichen Grenznachbar, Freundschaft zu halten [23]). Während Georg II. den Krieg gegen den Rebellen Radič noch zwei Jahre lang fortsetzte, bis er denselben endlich am 25. April 1395 [24]) in blutiger Schlacht besiegte und tödtete, hatte Venedig aus diesen Wirren nur weitere Vortheile gezogen. Am 11. Mai 1394 [25]) erneuerte es einerseits dem Georg II. das Adelsprivileg seines Hauses und versicherte ihn des Beistandes gegen die Osmanen, jedoch nicht ohne Concessionen und weitere Gebietsabtretungen; andererseits hielt es um so fester an den Verträgen mit den Dukagin, den alten Herren von Alessio, als Radič Černoj nur unmündige Kinder hinterlassen hatte, die in den Gebirgen von Cetinje eine Zuflucht fanden. Am 16. Juli 1394 [26]) gestattete es dem Progan Dukagin, der sich mittlerweile mit Bolsava Thopia vermählt hatte, den Vertrag mit dem Türken Isaim, Herrn in Skodra, zu erneuern, ihn auch mit Salz zu versorgen; im Juni 1395 wurden ihm, der sich in Durazzo niedergelassen, und seiner Gattin weitere Privilegien ertheilt. Ihm und seinem Hause ward ein Drittel aller Renten aus Alessio zugestanden, die ein eigener Beamter erheben durfte; man gestattete ihnen sogar 1398 [27]), ein Castell an dem rechten Ufer des Drin zu erbauen; allein sie überließen bereits 1401 [28]) diese Anrechte dem Procurator von S. Marco Giovanni Barbo, der dieselben wiederum seiner Heimath Venedig übertrug. Factisch waren freilich gewiß seit alten Zeiten die Dukagin Herren von Alessio gewesen, bevor sie der slawischen Dynastie der Balša tributair wurden. Als Ahnherr derselben erscheint 1281 Tanuš I. „Dux Ginus" [29]), der spätern Sage nach aus Frankreich eingewandert, als Herr von Zadrima, dem schwarzen Gebirge, Pulati (Pulad) und Sati. Er hatte den Bischof von Fandi, der auf seine Gemahlin ein Auge geworfen, ermorden lassen, und fiel dafür selbst mit seinem ganzen Geschlecht durch das Schwert der Seinen. Nur ein einziger Sohn Ghin, noch ein kleiner Knabe, entrann dem Blutbade und ward von Stefan Progan im Dorfe Kalameri erzogen, bis er, herangewachsen, sich mit dessen Tochter vermählte und des Vaters Erbe wiedergewann. Von seinem Sohne Progan I., der 1358 Woywode in Kanina war, entsprossen neben Irene, die des Straschimir Balša erste Gattin ward, zwei Söhne, Lech I. und Paul I., Herren von Alessio; von ersterem Tanuš II. von Fandi, Progan II. (1393—1401), der Gemahl der Bolsava Thopia, und Georg I. (1393—1409), von letzterem Progan III. (1393—1407), Tanuš III. und Andreas (Rasch) (1406—1410) [30]). Die Linie Paul's I. erlosch wol schon bald; Progan III. lebte noch 1407 in Durazzo und beschloß vielleicht sein Leben nach 1409 als Dominikaner; Andreas hatte 1406—1410 die Fischereien bei Skodra in Pacht [31]); vielleicht, daß Lech II., der 1407 [32]) im Besitze von Murichano, Bengarei und la Bolchia erscheint, sein Sohn war [33]). Progan II. hinterließ den Demetrios, dessen Nachkommen sich in Venedig ansiedelten; Georg I., dem Venedig 1403 Zadrima (Baladrim) und Castrichi bei Skodra bestätigte und Geschenke sandte, ward später abtrünnig und verjagt; doch nahm Venedig seine Söhne, namentlich Nikolaus I. den Alten (1409—1448), am 27. Aug. 1400 [34]) wieder zu Gnaden auf; er und seine Brüder Georg III. und Tanuš IV. (1409—1438) setzten ihr Geschlecht fort. Von Tanuš II. stammten endlich Georg II., der Jüngere, dessen einziger Sohn Paul III. mit Komnena, des Arianites Schwester, mehrere früh gestorbene Kinder erzeugte, und Paul II., Herr von Buba, Churichuchi, Leurusche und Baschino (1444—1458), dessen Söhne, obgleich Bastarde, in späterer Zeit dem Namen ihres Hauses in Albanien neues

16) Commemoriali Vol. VIII. fol. 348. 17) Misti XLI. fol. 60v, 70v. 18) Ebenda fol. 216, 228v, 250v; XLII. fol. 48. 19) Privileggi Vol. I. fol. 104. 20) Misti LII. fol. 82v. 21) Ebenda XLII. fol. 159. 22) Commemoriali Vol. VIII. fol. 460. 23) Misti XLII. fol. 314v, 316v. 24) Commemoriali Vol. IX. fol. 31. 25) Privileggi Vol. I. fol. 115. 26) Misti XLIII. fol. 35, 185v, 195.

27) Misti XLIV. fol. 219. 28) Ebenda XLV. fol. 210. 29) Giov. *Musachi*, Memoria p. 29—34, und daneben die ganz gefälschte Genealogie in *Ducange*, Familiae Byzantinae n. XXVII. p. 167. 30) Misti XLVII. fol. 435, 418. 31) Ebenda fol. 247. 407; XLVIII. fol. 27v, 607. 32) Ebenda XLVII. fol. 606. 33) Ebenda XLVI. fol. 276v; Commemoriali Vol. IX. fol. 558v. 34) Misti XLVIII. fol. 294v.

Ansehen erworben. So viel von diesem alten mächtigen Häuptlingsgeschlechte von Alessio. Progan II. hatte Ende 1395 versucht, sich auf Kosten Georg's II. Balsa in Skodra auszudehnen; der Türke Isaim hatte ihm Beistand geleistet. Nachdem Georg II. vergeblich gegen ihn Venedigs Intervention angerufen [35]), blieb jenem Nichts übrig, als im April 1396 [36]) auch Drivasto und Skodra der Republik abzutreten; Giovanni Capello und Giovanni da Canale gingen zunächst als Proveditoren hin; dann wurden im August ein Graf und Kämmerer für beide Städte ernannt [37]). Doch war Venedigs Stellung damit noch nicht hinlänglich befestigt; Coja Zaccaria, Herr von Sati unter türkischer Oberhoheit, war für Skodra ein ebenso bedenklicher Nachbar, wie der Türke Isaim, der sich 1401 mit Zustimmung Balsa's in den Besitz der Stadt setzte [38]) und sich darin vier Jahre lang gegen Venedig behauptete. Dagegen gelang es der Republik, verschiedene umwohnende Häuptlinge in ihr Interesse zu ziehen, so zunächst 1403 [39]) den bisher nicht ganz zuverlässigen Demetrios Jonima, Herrn von Zuffalà, der bis zu seinem 1409 erfolgten Tode treu blieb; seinem Sohne Vito (1409—1417) wurden am 27. Aug. [40]) die väterlichen Besitzungen bestätigt; sein Enkel Florio, durch die Türken verjagt, erhielt 1478 [41]) eine Pension ausgesetzt. Auch die Brüder Hieronymus (Krastos), Damian und Renad von Palad (Epolitum), Nachkommen des Despoten Joannes Oliverios und Söhne des Lusman, huldigten 1403 [42]) und empfingen ansehnliche Pensionen; ebenso Peter Menguiphi, Woywode bei Skodra, Radic Gonovic, Herr von 5 Dörfern, Stefan Noina, Vuk Nikolaus Bogoit, letzterer im Besitz von 3 Dörfern, Johann und Peter Pralali, Alexios Kastriota, der über drei Ortschaften gebot, und viele andere Häuptlinge [43]). Aber erst, nachdem Georg II. Balsa 1404 [44]) gestorben, konnte Venedig, an das sich seine Witwe Helena, des Serben Lazar Tochter, um Beistand wandte, daran denken, nicht nur Skodra wiederzugewinnen, sondern auch den Rest des Landes der Balsa zu erwerben. Georg II. hinterließ drei junge Söhne: Balsa III. Strasimir, seinen Nachfolger (1404—1422), Gonko (Goli) und Ivanis, die aber beide noch vor dem ältern Bruder gestorben sind. Gegen Helena und Balsa III. erhoben sich nunmehr nicht blos die Türken, sondern auch die Brüder Georg und Alexios Juras (Gurguras), Nachkommen des Alexander Giorgi von Kanina, die sich alsbald in Ober-Zedda festsetzten. In Folge dieser Wirren ernannte Venedig am 19. Sept. 1404 [45]) zwei Syndici, die sich nach Albanien begeben, die Lage des Landes prüfen und Schritte zur Erlangung von Skodra und Antivari thun sollten. Dagegen wollte Balsa nicht nur Nichts von weiteren Concessionen wissen, sondern er erhob bald sogar Ansprüche auf Durazzo, verband sich mit den Türken und Ungarn und bedrohte mit 2000 Reitern die Stadt [46]). So war Venedig genöthigt, auf die Erhaltung seiner Herrschaft in Albanien bedacht zu sein; eine Anzahl Söldner unter Cherso aus Treviso ward geworben; im Januar 1406 [47]) ward ein Bündniß mit den Brüdern Juras angebahnt, die versprachen, das Ihrige zur Gefangennehmung Balsa's zu thun; man verbriefte ihnen ihre Privilegien und den Besitz von Bosate, und ernannte den Georg Juras zum Woywoden von Ober-Zedda. Das Waffenglück war den Venetianern günstig; am 22. Mai 1406 schlug Cherso den übermüthigen Balsa; Dessa, des Crespa Sohn, und Alexios Gamusta ergaben Skodra [48]); Antivari und Dulcigno unterwarfen sich freiwillig dem Golfcapitain Marino Caravello [49]). So verblieben dem Balsa von der Hand nur Budua, Krajna, Rotezo, Suazo und Popvat [50]); doch war auch der Besitz letzterer Stadt kein sicherer, da seine frühern Vasallen, die Brüder Alexios, Petros und Markos von Popvat, gleich den Juras und Jonima, in Skodra der Republik 1407 huldigten. Ebendort fand Venedig eine kräftige Stütze an dem reichen Andreas Span, dem angesehensten Feudalherrn von Drivasto, der bereits 1395 eine seiner Töchter mit dem venetianischen Nobile Nicolò Bondi vermählt hatte; am 27. Sept. 1407 [51]) bestätigte die Republik ihm und seinen Söhnen Nikolaos (1407—1409, gest. vor 1418) und Stephanos (1407—1439) das Land des Peter bei Conte, der mit seinen Brüdern wegen Anhänglichkeit an Balsa III. geächtet worden war; seinem Neffen Petros, Marinos' Sohn, ward 1409 das Dorf Petra verbrieft, sobald er es dem rebellischen Radić Omoj, dem Woywoden Balsa's und Herrn von Pedegora, entrissen. Als Andreas Span 1418 starb, bestätigte Venedig am 5. Sept. [52]) seinem Sohne Stephanos und seinen Enkeln Michael (gest. 1442), Stephanos (1418—1442) und Nikolaos (1418—1451), des Nikolaos Kindern, das väterliche Erbe; auch die Omoj [53]) hatten sich damals längst gefügt; Radić war sogar im Dienste der Republik, die dafür seinen Sohn Gojko (1419—1454) belohnte, gegen die Osmanen gefallen, sein Bruder Andreas (1419—1444), Woywode von Skodra, der in die Hand des bosnischen Woywoden Radoslav Pavlović gerathen, ward von Venedig 1423 ausgelöst.

Balsa III. hatte sich mittlerweile mit Mara, Tochter des getreuen Grafen Niketas, vermählt, und letzterer bei

35) Secreti C. fol. 121; Commemoriali Vol. VIII. fol. 496 v. 36) Commemoriali Vol. IX. fol. 40, 44 v; Misti XLIII. fol. 37 v; Cronaca Veneta — 1427 (Cod. Foscar. Vindob. n. 6201); Senado XXII, p. 780; Cronaca Zancaruola Vol. II. fol. 525; Amad. Valier. Cronaca Vol. II. fol. 228 v. 37) Misti XLV. fol. 110 v. 38) Ebenda fol. 169 v. 39) Ebenda XLVI. fol. 276 v; XLVIII. fol. 310 v. 40) Ebenda XLVIII. fol. 294 v; LII. fol. 62. 41) Mar. Vol. X. fol. 185 v. 42) Misti XLVI. fol. 303. 43) Commemoriali Vol. IX. fol. 551 v. 44) Misti XLVI. fol. 474 v; XLVII. fol. 4. 45) Misti XLVI. fol. 546.

46) Misti XLVII. fol. 51; Sanudo XXII, 819. 825. 834. 47) Misti XLVII. fol. 82 v; erneuert am 12. Febr. 1409 und 1. Jan. 1428 für dieselben beiden Brüder. Ebenda fol. 566, 567 v; Secreti Vol. X. fol. 115 v. 48) Misti XLVII. fol. 481. 49) Commemoriali Vol. X. p. I. fol. 18, 21. 50) Misti XLVII. fol. 492 v. 51) Ebenda fol. 472 v; XLVIII. fol. 284 v, 339; Commemoriali Vol. X. p. I. fol. 136. 52) Misti LII. fol. 206 v. 53) Ebenda fol. 380 v; LIV. fol. 146; LV. fol. 158 v. Gojko's Witwe lebte noch 1473. Mar. Vol. XI. fol. 7 v.

1408 seine Vermittelung an; auch Helena interessirte sich eifrig für den Frieden. Nach langen Unterhandlungen[54]) ward derselbe zwischen dem Serben und dem Grafen von Skodra 1409 abgeschlossen[55]). Ihm verblieben Antivari, Budua und die Grafschaft Cettinje; alle übrigen Castelle trat er an Venedig ab, das einige Monate später, am 9. Juni, auch Zara für 100,000 Dukaten endlich erwarb[56]). Am 21. Juli desselben Jahres kam seine Mutter Helena nach Venedig und ward dort hoch fetirt; man traf alle Maßregeln, um die neuen Besitzungen zu sichern; ein Angriff des Evrenosbeg gegen dieselben ward 1410 glücklich abgeschlagen[57]). Doch brach Balša schon 1411 den Vertrag und entriß mit türkischer Hilfe dem venetianischen Grafen die Stadt Skodra aufs Neue; da aber sein Angriff gegen die wohlbewahrte Citadelle scheiterte, sah er sich genöthigt, um Frieden zu bitten; Sandal Hranić, der Woywode der Herzegowina, vermittelte denselben am 20. Nov. 1412[58]); sechs Tage früher hatte Venedig durch Erwerbung von Sebenico seine nahegelegenen dalmatinischen Besitzungen ansehnlich erweitert. Nun fehlten der Republik an der Ostküste des adriatischen Meeres außer den Besitzungen der Tocco und dem Reste des Landes Balša's nur noch einzelne wichtige dalmatinische Seestädte, wegen deren Erwerbung man mit der Krone Ungarn bald unterhandelte, bald Krieg führte. Den Besitz von Korfù hatte sie sich schon 10 Jahre vorher durch Kauf von den Angiovinen dauernd gesichert. Nur schwer hatte König Ladislaus von Neapel den Verlust dieser blühenden, wichtigen Insel getragen; noch am 1. Febr. 1400[59]) hatte er von seiner Lehnshoheit über dieselbe Gebrauch gemacht, indem er der Ceccarella de Abitabulo, einzigen Tochter des Marino und Gattin des Antonello Marzano aus Neapel, sämmtliche väterliche Güter auf Korfù und im Fürstenthume Achaia bestätigte. Erstere, dem Marino von Kaiser Robert verliehen, bestanden in dem Dorfe Kardili nebst Pertinenzen, die noch lange seitdem „Lehen der Abitabuli" hießen, der Insel Paxos, einer Rente von 15 Unzen und dem Berge Phanarion, den ihm die Goth als Afterlehen überlassen; zu letzteren gehörten verschiedene ihm von Leonardo I. Tocco überlassene Besitzungen auf Kephalenia, die vordem Marino Gentile und dessen Mutter Giovanna innegehabt, ferner verschiedene Leibeigene in Klarenza und das moreotische Lehen des Simon de Ligny, das Marino nach dem Tode seines durch Kaiser Philipp belehnten Erben Philipp de Corogna durch Kauf erworben, und das Lehen Almeri auf Euböa, das noch von Nicolò dalle Carceri her datirte. Aber alle diese Besitzungen waren wol längst schon in andere Hand übergegangen, nicht nur die korfiotische Baronie. Venedig hatte mittlerweile für Befestigung von Korfù eifrigst gesorgt; 1394[60]) hatte man die Burg von Buthroton, Hexamilion genannt, in eine Insel verwandelt; mit den Nachbarn, dem „Sebastokrator" Zenevisi und dem „Grafen" Lanza (wol Ghin Spatas) hielt der Bailo von Korfù treue Freundschaft. Als im September 1399[61]) dann die ersten Nachrichten von Rüstungen des Ladislaus verlauteten, wurden schleunigst Truppen nach der Insel gesandt, ebenso 1400[62]), da verdächtige neapolitanische Galeeren sich dort und unweit Kephalenia zeigten; auch die beiden Castelle von Korfù wurden in Vertheidigungszustand gesetzt. Dem Rizzardo de Goth, der damals nach Palästina pilgern wollte, versagte man aus Mistrauen den Consens zur Reise, nahm jedoch am 8. Febr. 1401, da man sich seiner Treue hinlänglich versichert hatte, das Verbot zurück; er reiste ab, dafür aber confiscirte Ladislaus seine neapolitanische Baronie Andrano, weil er ohne Erlaubniß das Reich verlassen habe[63]). Nach 1401 herrschte im Golfe dieselbe Unsicherheit; der Capitain desselben ward angewiesen, ihn zu säubern, der Bailo von Korfù, den Hafen der Insel zu bessern; 1402 wurden neue Festungswerke angelegt und Schützen hingesandt[64]). Allein schon am 8. Dec. 1401[65]) hatte der Senat beschlossen, die Ansprüche der Angiovinen auf die Insel nöthigenfalls mit Geld abzufinden; König Ladislaus, der des letzteren dringend bedurfte, bevollmächtigte am 18. Juni 1402 den Marino de Aiello und den Dr. juris Tommaso Serimonis zum Abschluß des Verkaufs. Venedig bot anfänglich nur, indem es sich auf die für Befestigung der Insel verausgabten Gelder berief, 20,000 Dukaten, doch ward man endlich am 16. Aug.[66]) für 30,000 Handels einig; feierlich ward dann der Friede unterzeichnet und beschworen; die Ansprüche der Angiovinen hatten damit ihr Ende; die letzten Bande, welche letztere an Griechenland knüpften, waren gelöst. Im folgenden Jahre wird dem Bailo eine Anzahl Waffen geliefert, 1405 Geld zur Befestigung des Thurmes S. Elias gesandt, 1406 die Herstellung der verfallenen Hospitäler angeordnet, eine Steuer auf Wein gelegt und die Exemtion der 32 griechischen Papas der Insel erneuert[67]). Letztere ward auch 1413 durch ein förmliches Privileg verbrieft; doch hatte Venedig schon im Januar 1408[68]) erklärt, daß kein Grieche der Insel ohne Consens des Bailo den geistlichen Stand wählen dürfe, sonst würden alle, um die

54) Commemoriali Vol. X. p. I. fol. 186v, 189v, 196. 55) Sindicati Vol. I. fol. 109; Misti XLIX. fol. 42, 204v. 56) *Andr. Dandolo*, Appendix XII. p. 529. 57) *Sanudo* XXII, 863. 58) Commemoriali Vol. X. p. I. fol. 233v, 239v; Misti XLIX. fol. 559. 59) Reg. Ang. no. 366 (1400 B.) fol. 28v. Ihr Gemahl starb 1401; am 29. Dec. verbriefte ihr der König dieselben als Witthum. Ebenda fol. 91.

60) Misti XLIII. fol. 8v, 85. 61) Ebenda XLIV. fol. 427v, 433v. 62) Ebenda XLV. fol. 60, 84v, 91v, 172v, 178v. 63) Reg. Ang. 1401. fol. 147. Er erhielt 1409 von Venedig eine Pension (Grazie Vol. XVII. fol. 39), doch wurden ihm später seine Güter um eines grundlosen Verdachts willen sequestrirt; erst 1416, als sich seine Unschuld herausgestellt, erhielt er sein Erbe Brancreto zurück (Misti LI. fol. 160, 397). 64) Misti XLV. fol. 806v, 847; XLVI. fol. 81, 120v. 65) Secreti Vol. I. fol. 43; Commemoriali Vol. IX. fol. 221; vergl. *Mustoxidi*, Cose Corciresi p. LXVIII seq.; *Lunzi*, Della condizione politica p. 118 seq. 66) Commemoriali Vol. IX. fol. 508v; Secreti Vol. I. fol. 71; Sindicati Vol. I. fol. 140. 67) Misti XLVI. fol. 262; XLVII. fol. 21v, 26, 106v, 168, 239. 68) Ebenda XLVII. fol. 539; L. fol. 303, 506; Commemoriali Vol. X. p. II. fol. 6v.

Steuerfreiheit zu genießen, Papas werden, und die Zahl 32 würde sehr bald überschritten sein.

Unter dem Bailo von Korfú standen auf dem Festlande Buthroton und Sajada, ersteres altes Annex von Korfú, letzteres 1401 von dem Despoten Esau de' Buondelmonti erlangt, und Parga, welche Plätze zwei der größeren Baronien bildeten. Parga, das vordem der Regina Bailo von Vallona gehört hatte, war von ihr, wie von den Anglovinen längst aufgegeben worden, seitdem dort 1400 der Albanese Ghin Zenevist gebaust. Die Stadt, völlig verlassen, zog 1401 Venedigs Banner auf und ergab sich dem Golfcapitain Marino Caravello; am 21. März [69]) leisteten ihre Bevollmächtigten, der Protopapas Joannes, Joannes Antiochos, Demetrios Bervitziotis und Joannes Komnenos die Huldigung; am 20. Sept. genehmigte der Stat die Unterwerfung der getreuen Pargioten unter den Leuen von S. Marco. Parga ward nun, gleich Buthroton, in ein korfiotisches Lehen verwandelt; während letzteres 1403 [70]) nebst Paros dem Perotto de Altavilla überlassen ward, dessen Vater Rizzardo einst beim Sturme gegen das Castell S. Angelo auf Korfú für Venedigs Sache gefallen, ward Pietro Capece 1401 mit Parga belehnt, das er durch seinen getreuen Nicolò de' Pavioni verwalten ließ [71]). Im nämlichen Jahre empfing Capece die Baronie der verstorbenen Mattea Ravortiana auf zehn Jahre; am 1. März 1411 ward ihm dieselbe nebst Parga auf ebenso viel weitere Jahre bestätigt; auch versprach Venedig 1406, das von ihm in Korfú erbaute Augustinerkloster St. Annunziata zu erhalten. Capece starb bereits 1416 kinderlos, worauf Parga dem Rizzardo de Altavilla, Perotto's Sohne, am 11. Aug. [72]) auf Lebenszeit übertragen wurde. Was die übrigen Baronien der Insel betrifft, so war die der Grafen von Martina an Fioravante de S. Ippolito, Adam's I. Sohn, und Vito Darmer verpachtet; ihre Bauern aus Kavodaia, Brolipsimades, Armenades und Giustopari klagten 1408 über den drückenden Pachtzins; Venedig bestimmte daher, daß dieselben nur persönlichen Dienst leisten, sonst aber zu keiner Abgabe herangezogen werden sollten [73]). Vito Darmer war bereits 1413 mit Hinterlassung einer Tochter Isaura gestorben, welche letztere, Gattin des Janulli Flomaco — der, wol ein Sohn des Richters Anastasio, gleichfalls eine Baronie besaß —, 1413 von Pietro Marzasi nach Durazzo entführt ward. Der Verführer büßte mit 3 Monaten Kerker; Isaura mußte ins Kloster wandern; ihre Baronie ward sequestrirt, doch schließlich 1414 ihrem Gatten zurückgegeben [74]). Fioravante de S. Ippolito lebte dagegen noch 1423; er besaß zeitweilig auch Paros, wo er eine Festung baute; sein Sohn Adam II. (1419—1464) befehligte 1419 als Connestabile die Truppen Venedigs auf Korfú, fiel aber 1428 in Ungnade; da er später — gleich seinem Schwiegervater Perotto von Altavilla — tapfer den die Insel bestürmenden Genuesen entgegengetreten, ward er 1432 belobt und belehnt. Die Baronie von Martina ward übrigens 1414, nachdem man beschlossen, die andern größern Territorien zu verparcelliren [75]), auch wieder auf fünf Jahre verpachtet, wol zunächst wieder an seinen Vater; dann besaß sie bis 1428 Michael Kulowlit, hierauf von 1423—1426 Giorgio Zencani [76]) und schließlich 1426—1434 der frühere Bailo Roberto Morosini, nach dessen Tode Venedig dieselbe am 25. Dec. 1435 dem Antonio Arimondo erblich verkaufte. Neben ihnen erscheint 1428 Ludwig de Cotia [77]) als angesehener Feudalherr; dem Nicolò Petrattin aus Trani endlich ward am 18. Jan. 1428 [78]) die Baronie seines Vaters Angeletto bestätigt. Von den übrigen Baronien der Insel später. Was nun die weitern innern Verhältnisse der Insel betrifft, so erschienen 1406 Perotto de Altavilla, Egidio de Pace und andere Abgeordnete der Korfioten in Venedig und baten um Bestätigung der von ihnen vorgelegten Capitel [79]). Dieselben wurden größtentheils gewährt, und auch hier ersehen wir, wie sich Venedig das Wohl seiner Unterthanen überall angelegen sein ließ. Interessant ist dabei, daß die Republik die übliche Steinigung der Juden, schon um des Schadens willen, der bei diesem Unfuge an den Häusern angerichtet würde, verbot, dafür aber bestimmte, alle Juden sollten in Zukunft zu besserer Unterscheidung von den Christen einen gelben runden Lappen von der Größe eines Vierhellerbrodes auf der Brust tragen, oder falls sie dies nicht wollten, jährlich 300 Dukaten zahlen; sie sollten ferner allen Grundbesitz auf der Insel, den sie bis dahin besessen, binnen zwei Jahren verkaufen und nur ihre Giudecca behalten. Gegen letztere Bestimmungen protestirten im Juli 1406 zwei Abgesandte der Judenschaft; namentlich wollte ihnen das Zahlen nicht in den Sinn; da war das Steinigen doch bequemer, wenn es nur „mit Maß" gehandhabt wurde. Allein Venedig ließ sich nicht beirren; der Lappen mußte getragen werden; dagegen zog es 1408 [80]) den Befehl wegen Verkaufs aller Güter der Juden zurück, da dieselben nicht so bedeutend waren, wie man anfänglich gewähnt hatte. Um aber die Einnahmen der Insel, die seit Jahren merklich abnahmen, zu steigern, ward am 15. März 1406 angeordnet, daß in Zukunft alle zwei Jahre eine Schätzung vorgenommen werden sollte; seit 1385 war eine solche nicht veranstaltet worden. Im folgenden Jahre ward die Insel von einer schweren Epidemie heimgesucht [81]); Venedig that Alles, um der Insel aufzuhelfen; auch an weitern Sicherheitsmaßregeln ließ man es nicht fehlen. Die Castelle Phanarion und Belischi auf dem Festlande wurden wohl versehen [82]); dem

69) Misti XLV. fol. 22?v, 54?v. *Marmora*, Historia di Corfù p. 253 (confuso); *Perrhaevos*, Ἱστορία τοῦ Σουλλίου καὶ Πάργας. Vol. II. p. 34 seq. 70) Grazie Vol. XVI. 71) Grazie Vol. XVII. fol. 5?v; Misti XLVII. fol. 2??. 72) Notatorio Vol. V. fol. 102. 73) Misti XLVII. fol. 278; XLVIII. fol. 530v. 74) Misti L. fol. 84; Lettere dell' Avvogaria Vol. II.

75) Misti L. fol. 20?v. 76) [illegible] fol. [illegible]; Grazie Vol. XVIII. fol. [illegible]; Vol. XIX. 77) Grazie Vol. XVIII. fol. [illegible]. 78) Grazie Vol. XIX. fol. [illegible]. 79) Misti XLVII. fol. 240—244v. 80) Ebenda XLVIII. fol. [illegible]. 81) Senato Vol. IV. fol. 144v. 82) Misti XL. fol. [illegible]; Lettere dell' Avvogaria Vol. II.; Grazie Vol. XVII. fol. 40.

Bailo wurden zwei Räthe und ein Kämmerer zur Seite gestellt [83]; auch gebot man dem lateinischen Erzbischofe, der des Studiums halber sich seit Jahren von seiner Gemeinde entfernt hatte, bis zum April 1411 zurückzukehren [84], da seine Anwesenheit in so kritischer Zeit dringend nothwendig erschien. Im Jahre 1413 sorgte man für Reparatur der Kirche S. Maria de Casopo und genehmigte am 11. Sept. [85] die weiteren Petitionen der Insulaner, namentlich wegen Besetzung der wichtigsten Aemter — Castellan von Buthroton, Castellan und Capitain von Paego, Capitain von Cajada, Castellan des eisernen Thores, Connetable von Korfu —, Regulirung der Lehensdienste und Privilegirung der aus Vagenetia eingewanderten Fremden, über die der Bailo genau Buch führen sollte. Im Mai 1422 [86] wurden diese Capitoli neu revidirt und ergänzt. Schon 1414 hatte der Senat die Befestigung der Vorstädte verfügt; sie erwies sich um so nothwendiger, als 1432 die Genuesen dort plünderten; auch die Mauern der Stadt selbst wurden weiter ausgebaut, sodaß die Stadt bald das sicherste Bollwerk der Republik im adriatischen Meere ward. Von den Türken blieb Korfu schon deshalb meist verschont, weil dort stets eine venetianische Flottille kreuzte, die u. a. 1432 einen Sturm derselben zurückschlug [87]; dagegen hatte Durazzo 1415 schwer von den Ungläubigen zu leiden, die damals schon einen großen Theil Albaniens occupirt und gar viele Häuptlinge sich zinsbar gemacht hatten. Zu letzteren gehörten namentlich **Johann Kastriota**, Herr von Signa und Gardi-ipostesi und Bruder des Konstantinos von Kroja, der in der Matja nicht unbeträchtliche Besitzungen hatte, und **Koja Zaccaria**, Herr von Dagno und Satti. Ersterer hatte 1409 [88] den Priester Vulcan an Venedig und den Papst gesandt und jenes gebeten, ihn als Schutzbefohlenen anzusehen; die Curie aber ward ersucht, in seinem Lande, da er der römischen Kirche angehöre, das dort vor 300 Jahren gegründete Bisthum Albania fortbestehen zu lassen, auf dessen besten Theil der Erzbischof von Alessio Ansprüche erhob. Im Januar 1410 [89] flehte ein neuer Gesandter Kastriota's die Republik um Beistand an, weil die Türken ihn nicht nur tributair gemacht, sondern auch gezwungen hätten, seinen damals siebenjährigen Sohn Georg als Geisel zu stellen; man verhieß ihm Schutz, ermahnte ihn aber zugleich, jeden Anlaß zur Fehde mit den Osmanen ängstlich zu meiden. In derselben Angelegenheit weilte bald darauf Bischof Peter von Satti als Bevollmächtigter des Koja Zaccaria in Venedig; letzterer wandte sich 1414 [90] gleichfalls an die Curie und schwur das griechische Schisma ab; 1417 [91], nachdem er jüngst mit den Türken Frieden gemacht, erscheint er als Herr von Budua, das er dem Radič Sachetaj entrissen. Nun gab der Tod des Grafen Niketas von Kroja das Signal zur festen Niederlassung der Türken in Albanien. Nachdem ihr Heer unter Pir Amurbeg Anfangs 1415 Kroja besetzt hatte, wandte es sich gegen Durazzo und bestürmte am 22. Sept. [92] die Stadt; doch wußte der Statthalter ihren Abzug noch einmal durch eine Geldzahlung zu erkaufen. Ueber Kroja setzte Amurbeg einen albanesischen Renegaten Aidin Clepes, Herrn von Presba und Gemahl der Helena Musachi; derselbe schloß bald Frieden mit Venedig, das ihn und die Seinen auch 1416 mit Salz aus Durazzo versorgte [93]. Da er darauf starb, hatte er seinen Sohn Cazambeg (Asanbeg) zum Nachfolger; derselbe besetzte 1417 [94] Vallona und nöthigte die Fürstin Regina, Mirče's Witwe, wegen Kanina, das ihr allein noch verblieb, Unterhandlungen mit Venedig anzuknüpfen. Ihr Gesandter Nikolaus Zorka trug letzteres 1420 [95] der Republik an, versprach auch, zur Erlangung von Budua mitzuwirken; doch theilte Kanina wol noch im nämlichen Jahre das Schicksal von Vallona. In dieser Zeit der äußersten Noth waren es schließlich nur Johann Kastriota und der Gemahl seiner Tochter Vlaika, Stefan (Stresius) Balšić (1417—1431), der Enkel Georg's I., die für die Freiheit und Rettung Albaniens stritten. Während letzterer sich an Ungarn anlehnte, gestattete Venedig am 16. Nov. 1417 [96] ersterem ein sicheres Asyl auf seinem Boden; es ging mit ihm, der sein Banner aufzog, ein Schutz- und Trutzbündniß ein und überließ ihm das Gebirge Mat nebst der Stadt Barbarossa (Kamenestia), doch gab es zur Erbauung einer Festung daselbst nicht den erbetenen Consens. Im Jahre 1422 [97] schrieb ihm Venedig, daß die Seinen sicher das Gebiet der Republik betreten und durchziehen könnten; 1424 dagegen ward er aufgefordert, die von ihm neu angelegten Salinen zu zerstören, da sie Venedigs Salzmonopol in Durazzo beeinträchtigten; er blieb Freund der Republik, so lange er lebte; ja er machte sich bald um dieselbe noch ganz besonders verdient, indem er den Frieden mit den Serben, die nach Balša's III. Tode auf Alessio prätendirten, vermittelte. Letzterer hatte im Jahre 1419 neue Unruhen in Albanien erregt und nicht nur die Ragusaner geplündert, sondern auch eine Rebellion gegen Venedig in Drivasto hervorgerufen. Der dortige Rettor Jacopo Goiter ward verjagt; Balša verbündete sich mit den Ungarn und seinem Oheim Stefan von Serbien [98]. Unterhandlungen, zu denen Venedig bereitwillig die Hand bot, scheiterten [99]. Während die Waffen der Republik gegen die Ungarn so erfolgreich waren, daß 1420 endlich ganz Dalmatien unterworfen ward, schlug Balša nicht nur die Truppen, die gegen ihn gesandt waren, zurück, sondern gewann sogar Skodra aufs Neue. Da aber erschienen 1421 [1] die Türken und zwan-

83) Misti XLVIII. fol. 656; Leone fol. 136 v. 84) Misti XLVIII. fol. 619, 756 v. 85) Misti L. fol. 16 v, 25 v, 136. 86) Commemoriali Vol. XI. fol. 11; Misti LIV. fol. 28 v. 87) Misti L. fol. 168 v; LVIII. fol. 135 v. 88) Misti XLVII. fol. 121 v, 358 v. 89) Ebenda XLVIII. fol. 126 v. 90) Ebenda fol. 504. 91) *Theiner*, Monumenta Slavorum meridionalium p. 338—340. n. 511.

92) *Sanudo* XXII. p. 898. 93) Misti LI. fol. 231, 232 v. 94) Ebenda LII. fol. 90, 309 v; Secreti Vol. VI. fol. 175. 95) Misti LII. fol. 419; LIII. fol. 76 v. 96) Ebenda LII. fol. 141. 97) Ebenda LIV. fol. 11; LV. fol. 60. 98) *Sanudo* XXII. 928, 936, 965 seq. 99) Sindicati Vol. I. fol. 254 v.

1) Misti LIII. fol. 434 v, 520 v.

gen den Balša, dessen Mutter Helena in Venedig ein Asyl suchte, zu Stefan von Serbien zu flüchten. Erst nachdem sie abgezogen, eilte Balša heim, starb aber schon im Anfange 1422 zu Skodra. Sofort wollte Venedig wieder von ganz Albanien, soweit es dem Balša gehört hatte, Besitz ergreifen; während es aber die festen Plätze Skodra, Drivasto, Antivari, Dulcigno, Alessio und Budua besetzte, gewann Stefan von Serbien, den Balša zum Erben ernannt, den Rest des Landes. Nun entspann sich ein langer Krieg zwischen letzterem und der Republik; vergeblich suchten die Serben Skodra zu nehmen; die Venetianer, unterstützt von der angesehenen Woywodenfamilie Paštrović, behaupteten sich, obwol in einem Gefechte besiegt, in ihren meisten Positionen; nur Skodra und Budua wurden 1423 jenem überlassen. Im Jahre 1425 brachen neue Unruhen aus; wieder griffen die Serben zum Schwert, und auch Balabanbeg, der auf Pir Amurbeg als Befehlshaber der türkischen Streitkräfte in Albanien gefolgt war, mischte sich ein [2]). Antonio Giustiniani, selbst ein Venetianer, der lange mit Balša's Witwe Mara gebuhlt hatte, sollte dieselben gerufen haben, um mit ihrem Beistande sich Herrschaft zu gründen; der Umstand, daß einer der angesehensten türkischen Heerführer Oswja ein Verwandter der Mara war, machte den Verdacht zur Gewißheit; Antonio aber ward um so strenger bestraft [3]), als in Folge seines Landesverraths selbst Durazzo 1425 bis auf die Burg genommen und geplündert ward. Erst 1426 [4]) schloß Venedig mit Isaak, Balaban's Nachfolger, Frieden, ebenso mit Serbien; da Stefan schon 1427 starb, und Helena, Balša's Mutter, auf des Sohnes Erbe verzichtete, behauptete sich die Republik in sämmtlichen albanesischen Besitzungen. Doch mußte sie sich dazu verstehen, für dieselben den Osmanen einen nicht unansehnlichen Tribut zu zahlen; Alibeg, des Ewrenos' Sohn, der 1427 dort Oberfeldherr ward, auch Kroja zum Eigenthum empfing, dasselbe aber nach wie vor durch Casambeg verwalten ließ, war mit der Erhebung desselben beauftragt und ließ ihn regelmäßig in Skodra abholen [5]). Das hinderte jedoch nicht den Alibeg, 1431 den getreuen Nikolaus I. Dukagin aus dem größten Theile seines Erblandes zu verdrängen, Korfu zu bestürmen und 1433 einen furchtbaren Plünderungszug durch das ganze christliche Albanien zu unternehmen, der meist die venetianischen Besitzungen traf, während das Territorium von Ragusa in Folge eines am 6. Dec. 1430 [6]) mit Murâd II. abgeschlossenen Handelsvertrags verschont blieb. Auch Johann Kastriota hatte unter den letzten Heerfahrten der Osmanen wieder schwer zu leiden gehabt. Obgleich ihn Balša in seine Rebellion zu verwickeln versucht hatte, blieb er der Republik treu, half ihr gegen Serbien und bestimmte schließlich den Stefan, auch Alessio, auf das er namentlich prätendirte, der Republik zu lassen. Im Juli 1428 [7]) bat sein Gesandter, der Priester Demetrios, um neuen Beistand, und erklärte zugleich, sein Herr wünsche für den Fall, daß sein Sohn Georg, der zum Islam übergetreten, ihr Gebiet verheere, nicht verantwortlich gemacht zu werden; der Senat gab ihm hierauf zu bedenken, daß er doch dem Georg gegenüber sein väterliches Ansehen geltend machen könne, versicherte aber im Uebrigen ihn, die Juras und die getreuen Černojević seiner Protection; 1433 wurden dem Kastriota weitere Vergünstigungen in Betreff der in Venedigs Häfen erhobenen Zölle zugestanden [8]). So hatte Venedig doch schließlich fast das ganze Land der Balša erlangt; jenem Stefan Balšić verblieb nur ein kleines Gebiet zwischen Kroja und Alessio, das seine Söhne Johann Goišav [9]) und Vosko schließlich an die Kastriota verloren; mit des letztern Tochter Maria, Gattin des neapolitanischen Grafen von Muro, erlosch das Geschlecht. Dagegen behaupteten sich in Cettinje die Söhne jenes Radič Černoj, der 1396 von Georg II. Balša getödtet worden war: Georg (Gurašsin 1407—1451), Koičša (Uschiz 1407—1451) und Stefan (1419—1456) die Černojević; letzterer, Venedigs Capitain in Zedda und Gemahl der Maria Kastriota, war der Ahnherr des ersten Stammes der Fürsten von Montenegro. Daß die Sage [10]), welche die letzteren von dem Apulier Stefano Maramonte (der seit 1430 in Venedigs Diensten als Condottiere stand) [11]) herleitete, eine spätere Erfindung ist — hervorgegangen aus der Combination zwischen Maramonte und Montenegro (Černagora) —, bedarf wol kaum der Erörterung; ich erwähne sie hier nur, weil sie noch neuerdings Lenormant bestimmt hat, die Černojević unter den „französischen Dynastien bei den Südslawen" aufzuführen.

Zu derselben Zeit, in der Venedig den Norden von Epiros von den dortigen Slawendynastien erlangt, war der Süden, das Despotat Epiros nebst seiner Hauptstadt Joannina, bereits in die Hand der Türken gefallen. Dort herrschte Esau de' Buondelmonti noch bis 1408 [12]), von Ghin Spatas, dem Herrn von Arta und Lepanto, vielfach bedrängt. Im Jahre der Schlacht bei Kossovo, am 7. Juli 1389, zog letzterer mit ansehnlichem Heere gegen Joannina, plünderte die Umgegend, zerstörte die Weinberge, machte die Malakassäer zinsbar und besetzte Velzista; der Bischof von Vela ergab ihm Vrivia, das ihm Esau jüngst als Lehen übertragen. Die Truppen von Zagora, die letzterer gegen ihn ins Feld führte, wichen zurück; Fahrzeuge des Spatas erschienen im See von Joannina und bedrohten die Königsburg. Da rief Esau den Beistand des Sultans Bajesîd I. an; türkische Truppen erschienen und nöthigten Spatas zum Abzug; dann begab sich der Despot mit seinem Schwager, dem Könige Joasaph von Groß-Wlachien, zur Pforte, weilte dort 14 Monate und kehrte, von Ewrenosbeg begleitet, über Acheloos und Arta am

2) Misti LIV. fol. 180v. 3) *Raspe* Vol. VIII. p. II. fol. 110v. 4) Misti LVI. fol. 92. 5) Commemoriali Vol. XI. fol. 25v; Misti LVII. fol. 241v; LVIII. fol. 86v, 112v; LIX. fol. 6v. 6) *Miklosich*, Monumenta Serbica p. 362—363. 7) Misti LVII. fol. 129.

8) Secreta LVIII. fol. 207v. 9) Derselbe reclamirte 1470 vergeblich Grazo von Venedig. Mar. Vol. IX. fol. 41v. 10) *Orbini* a. a. O. p. 294; *Lenormant* a. a. O. p. 85. 11) Misti LVIII. fol. 18, 98. 12) Epirotica ed. *Destunis* (Hauptquelle) p. 32 seq.

4. Dec. 1390 nach Joannina zurück. Dort verflossen nun einige ruhige Friedensjahre; Esau verstand es, sich mit dem griechischen Klerus gut zu stellen; der Metropolit der Stadt war sein intimster Rathgeber. Nur mit Venedig gerieth er 1394 [13]) wegen Sajada in Collision; die Republik beanspruchte die Festung als Dependenz von Korfu, und klagte, daß die dortigen Salinen ihr Schaden brächten; man verhandelte deshalb Jahre lang vergeblich. Mit den Türken hielt der Despot Freundschaft; bald trat er auch zu Spatas in ein engeres Verhältniß; gemeinsame Interessen verbanden zuletzt beide Despoten. Denn die Türken hatten jenem 1394 Lepanto — freilich nur für kurze Zeit — entrissen und eine Besatzung in die Burg gelegt; die Bevölkerung hatte sich deshalb erst an das Capitel von Patras gewandt und Wiedervereinigung mit dem Fürstenthum Achaia gewünscht; da dies abgelehnt war, erbot sie sich, die Türken daselbst gefangen zu nehmen und Venedig zu huldigen. Doch war die Sachlage zu kritisch, als daß der Senat, der am 24. Juli [14]) die Sache dem Golfcapitain zu sorgsamer Prüfung überwies, damals schon darauf hätte eingehen mögen. Was nun Esau anbelangt, so verlor er am 28. Dec. 1394 seine Gemahlin Angelina durch den Tod; ganz Joannina trauerte um den Verlust der frommen Fürstin, namentlich der Klerus, den sie stets reichlich bedacht. Da ihre Ehe kinderlos, blieb Esau ihr Erbe. Nachdem derselbe ein Jahr lang um sie getrauert, entschloß er sich auf Zureden des Metropoliten zu einem neuen Ehebunde, der für immer seine Streitigkeiten mit Spatas beilegen sollte. Letzterer hatte von Helena Preljubomna nur zwei Töchter, von denen die eine mit Ghin Zenevisi, Sebastokrator von Vagenetia und Herrn von Argyrokastron und Parakolo, vermählt war, und Irene, die, ebenso sehr durch Muth und Tugend, wie durch Schönheit ausgezeichnet, im Januar 1396 dem Esau ihre Hand reichte. Das Bündniß gefiel freilich den Türken so wenig, daß alsbald Ewrenos-Beg und Jaschi gegen Spatas zogen; er erwartete sie bei Driskos, schlug sie und verfolgte sie bis Phaneromeni; nur die Führer mit etwa 300 der Ihrigen entgingen dem Gemetzel, rächten sich aber bald, indem sie bei Vlakores sich [illegible] und viele der Christen mordeten. Wie es schien, hatte Zenevisi die Türken herbeigerufen, um sich mit ihrem Beistande des unwillkommenen fremden Schwagers zu erledigen; dafür beschloß Esau 1399, den Sebastokrator zu züchtigen. Er sammelte um sich die Malakassäer, Mazarakäer, die Zagoriten, die aus Papingos und Dryinopolis und zog am 6. April über Mesopotamo auf Dibra los; da brach ein furchtbares Unwetter aus; er blieb in den Bergen stecken und fiel am 10. des Monats in die Hand des nachsetzenden Zenevisi, der ihn in den Kerker von Argyrokastron warf. Alsbald verwandte sich Florenz, seine Vaterstadt, für ihn bei Venedig und Spatas; sein Verwandter Andrea di Lorenzo Buondelmonti und Agone degli Alessandri eilten zunächst nach Korfu, dessen Bailo angewiesen war, sie auf jede Weise zu unterstützen, dann zu Spatas, der von Florenz aufgefordert ward, die Eintracht zwischen seinen Schwiegersöhnen herzustellen [15]). Doch stieß die Freilassung des Despoten zuerst auf mannichfache Schwierigkeiten; der Bailo von Korfu hatte wegen Beschädigung eines venetianischen Unterthanen, des Juden Mardochai [16]), gegen Spatas und dessen Verwandten Coja Zacaria Repressalien ergriffen; auch sollte Sajada, das Zenevisi besetzt hatte, erst recuperirt werden [17]). Darüber verstrichen denn Monate. Zenevisi zerstörte freilich die Salinen von Sajada, weigerte sich aber, den Thurm herzugeben; im äußersten Falle wollte er ihn auch demoliren [18]). Erst nachdem Venedig scheinbar sich dabei beruhigt, nahm er die Vermittelung des Bailo an; für 10,000 Gulden erlangte Esau seine Freiheit wieder. Er begab sich dann zunächst nach Korfu, von da nach Sta. Maura zu seinem Neffen Carlo I. Tocco, hierauf nach Gyrolimne, wo ihn Spatas und dessen Bruder Merikios Sguros herzlich begrüßten; am 7. Juli 1400 zog er aufs Neue in Joannina ein. Zenevisi aber gerieth bald darauf in eine förmliche Fehde mit Korfu, da er nicht nur Sajada nicht zerstörte, sondern dort 1401 neue Salinen anlegte [19]); Anlaß genug benutzte Venedig dieselbe zur Occupation von Parga. Doch verglich man sich schließlich mit dem von den Tocco bedrängten Sebastokrator, von dessen Töchtern die eine Maria mit dem Korfioten Peroffo de Altavilla vermählt war, während die andere Kyranna Gattin des Andreas III. Musachi geworden; ihm verblieb nicht nur Argyrokastron, sondern er erhielt im Juli 1414 [20]) auch einen Strich Landes gegenüber Korfu — freilich gegen Cession von Sajada; da er sich treu bewährt, ward ihm gestattet, Bogenschützen auf Korfu zu werben und Güter auf der Insel zu kaufen; am 9. Oct. 1418 [20a]) erhielt er sogar das venetianische Bürgerrecht. Doch starb er wol noch in dem nämlichen Jahre mit Hinterlassung jener beiden Töchter und zweier Söhne, von denen Bua ihm als Herr von Argyrokastron folgte; der Bailo von Korfu, Niccolò Foscolo, bei dem Zenevisi's Nachlaß deponirt war, wurde am 26. April 1419 wegen Unterschlagung von 2582 Hyperpern aus demselben verurtheilt [21]). Auch Bua Zenevisi blieb treu; zeitweilig von den Türken verjagt, gewann er doch Argyrokastron wieder; 1430 schenkte ihm Venedig ein Haus auf Korfu, wenige Jahre darauf fiel er im Kampfe gegen den türkischen Befehlshaber von Berrhöa, Sfaridsche-Pascha [22]).

Esau de' Buondelmonti überlebte seine Freilassung nur wenige Jahre; im Januar 1402 [23]) kamen bei einem Feste in der Kirche Livadioti durch Einsturz eines Gerüstes einige der angesehensten Damen, unter andern die Archontissen Mandelina und Kavselovadäna, um; andere

13) Misti XLIII. fol. 2. 14) Ebenda XLIII. fol. 46 v.

15) Misti XLIV. fol. 252 v. 16) *Lami*, Deliciae eruditorum. Vol. IV. Florentiae 1739. 4. p. CXX—CXXI. 17) Misti XLIV. fol. 857 v, 427 v. 18) Ebenda fol. 492; XLV. fol. 10. 19) Ebenda XLV. fol. 241 v, 242 v. 20) Ebenda L. fol. 357. 20a) Grazie Vol. XVIII. fol. 25 v. 21) *Raspe* Vol. VII. p. I. fol. 87. 22) *Geo. Musachi*, Memoria p. 298; Misti LVII. fol. 202 v; *Chalkokondylas* Lib. VI. p. 324. 23) Epirotica (ed. Bonn.) p. 238.

wurden nur mit Mühe gerettet. Dies ist das letzte Ereigniß, das uns aus seiner Regierungszeit in Joannina berichtet wird; er starb Anfangs 1403; die Hand seiner Witwe Irene Spata ward im August desselben Jahres von ihrem Stiefbruder dem Centurione II. Zaccaria angetragen. Da Esau keine Kinder hinterließ, ernannte er wahrscheinlich seinen nächsten Sippen, den Herzog Carlo I. Tocco von Leukadia, zum Erben; doch wußte die Familie Irene's sich zuvor in den Besitz von Joannina zu setzen, bevor der Franke seine Ansprüche realisiren konnte. Sein Schwiegervater Ghin Spatas war bereits am 29. Oct. 1400 gestorben; er hinterließ Lepanto seinem unehelichen Sohne Paulos Bua Spatas (1400—1407), während sein Bruder Moriklos Bua Sguros (1400—1418) den Despotentitel annahm und sich sofort in den Besitz von Arta setzte[24]. Allein schon nach wenigen Tagen verdrängte ihn der „Serbalbanitobulgarowlache" Bongo Zardari, Schwager des Paul Malerango von Gera, der in Arta furchtbar hauste und plünderte, jedoch schon 1401 dem Moriklos wieder weichen mußte und auf seine „Zardaria" beschränkt blieb. Dem Moriklos gelang es schließlich noch 1403, sich nach Esau's Tode in den Besitz von Joannina zu setzen; selbst Venedigs Statthalter, die Castellane von Modone und Corone und der Bailo von Korfu unterstützten ihn dabei mit Geschütz, während Carlo I. Tocco, des Buondelmonti Erbe, laut klagte, daß dies ein Bruch der zwischen ihm und der Republik bestehenden Verträge sei. Venedig hatte übrigens längst sein Augenmerk auf das Erbe der Spatas gerichtet; schon Anfangs 1402 hatte es dem Francesco Foscari, der mit einer Tochter des Paul von Lepanto vermählt war und Dragomeste als Mitgift besaß, befohlen, sich zu seinem Schwiegervater zu begeben und denselben ernstlich zu ermahnen, damit er im Nothfalle seine wohlbefestigte Stadt den Venetianern, nicht aber den Türken überliefere[25]. Bald darauf jedoch — im April[26] — meldete Santino Zaccaria aus Patrã, Paul Spatas habe nicht nur mit den Türken ein Abkommen getroffen, sondern sich sogar mit ihnen verschwägert; feindliche Galeeren ankerten bei Lepanto und bedrohten Albanien. Man sandte den Pietro Miani deshalb an Paul; die Gefahr schien durch die Schlacht bei Angora beseitigt. Allein sie erneuerte sich fünf Jahre später. Ganz in die Enge getrieben durch Carlo Tocco, der Lepanto gar zu gern für sich gewonnen hätte, eilte Paul zu den Türken, ergab ihnen Angelokastron und gelobte Cession von Lepanto, für das er schon längst Tribut zahlte. Da kam Venedig letzteren zuvor; am 24. Mai 1407[27] ward der Golfcapitain ermächtigt, von Lepanto Besitz zu ergreifen; er traf ein Abkommen mit Spatas, und im Juli bereits wehte das Banner des heiligen Marcus auf der wohlbefestigten Citadelle von Lepanto, dessen früherer Herrscher von der Republik eine Pension empfing. Die neue Besitzung, für die Venedig den Zins an die Pforte zu entrichten fortfuhr, stand ursprünglich unter dem Rettore von Patrã, dann, nachdem letztere Stadt dem Erzbischofe Stefan Zaccaria zurückgegeben, seit 1414[28] unter dem Bailo von Korfu; da aber die dortigen Zustände sich nur verschlechterten, und namentlich die Festung in Verfall gerieth, ward am 6. März 1416[29] beschlossen, daß zukünftig ein auf zwei Jahre fixirter, in Venedig erwählter Rettor die Stadt verwalten sollte; so ward Bartolommeo Anselmo (1416—1418) erster Gouverneur von Lepanto. Die besten Einkünfte, die Venedig von da bezog, bestanden in dem Ertrage der dortigen Fischereien, die zuerst auf 2 Jahre für wenigstens 2000 Hyperpern verpachtet wurden[30]; ein Albanese Graf Alexios erstand sie und hatte sie dann 6 Jahre lang inne, resignirte aber schließlich, da die Ausgabe unendlich größer war als die Einnahme. Auch sein Nachfolger Stefan Agapito aus Korfu klagte 1423[31], daß seine Stellung unhaltbar, da der beste Theil der Fischereien (d. h. der bei Anatolikon) von den Tocco usurpirt sei; man erließ ihm einen Theil der Pachtsumme, die auf 3000 Hyperpern für 2 Jahre gesteigert war, und leistete ihm auch in den folgenden Jahren, so noch 1431, weitern Vorschub. Dazu kam, daß 1423[32] türkische Corsaren dort ihr Unwesen trieben, Barken aus Venedig und Vostiza überfielen und deren Bemannung in die Sklaverei fortschleppten; 6 Jahre später[33] lag sogar ein großes Corps der Osmanen längere Zeit vor Lepanto, um den zweiten Schlüssel zum Peloponnesos, das Seitenstück zum Hexamilion, dem Rettore Orsato Giustiniani (1429—1431) zu entreißen; doch hob dasselbe schließlich die Belagerung auf und wandte sich gegen Joannina und die übrigen Besitzungen des jüngst verstorbenen Despoten der Romäer, Carlo's I. Tocco. Von den Beziehungen desselben zu Achaia ist bereits früher die Rede gewesen; hier haben wir daher nur sein Schalten und Walten auf seinen ionischen Inseln und in dem 1418 annectirten Despotate Epiros zu verfolgen.

Carlo I. hatte 1388 die Francesca Acciajuoli, Tochter Nerio's I. von Athen, geheirathet, eine Frau von männlichem Geiste, die auf die Regierung ihres Gemahls großen Einfluß ausübte und schon 1390 denselben bestimmte, die Toleranz-Principien ihres Vaters gegenüber den griechischen Unterthanen zu adoptiren, wie er denn damals auf ihre Veranlassung auf Leukadia einen griechischen Bischof zuließ[34]. Um sich gegen alle Eventualitäten, namentlich gegen etwaige Annexionsgelüste des Bailo von Korfu und Venedigs, das damals mit seinem Schwiegervater wegen Argos auf gespanntem Fuße stand, zu sichern, sandten Carlo und seine Mutter Maddalena bald darauf den Giordano Caranzano nach Genua, trugen der Republik ein Bündniß an und baten

24) Epirotica ed. *Destunis* p. 86; Vita Mercurii Bua Lib. I. v. 64—95; *Chalkokondylas* IV. p. 211; *Spandugino* a. a. O. fol. 198. Die letztern drei Quellen sind leider hie und da sehr confus. 25) Misti XLV. fol. 438. 26) Secreti Vol. I. fol. 58. 27) Misti XLVII. fol. 385, 399v, 416v, 421; Secreti Vol. III. fol. 122v; [illegible]

28) Misti L. fol. 300v, 302v, 304. 29) Ebenda LI. fol. 29v. 30) Ebenda LII. fol. 30; Grazie Vol. XVIII. fol. 23v. 31) Misti LIV. fol. 6v; LVII. fol. 213rv; Grazie Vol. XX. fol. 9v. 32) Misti LIV. fol. 134. 33) Ebenda LVII. fol. 163v. 34) Miklosich und Müller II. 136 n. CDXIII.

um Verleihung des Bürgerrechts. Genua nahm bereitwillig das Anerbieten an 2. Dec. 1389 an; am 7. Oct. des folgenden Jahres [35]) ratificirte Carlo I. den Bund in Gegenwart des Giovanni Valiano aus Brindisi, des Crussillo Romano aus Neapel, des Giovanni Scondile, Ceccarello Giorni und Odoardo Capece, seiner vornehmsten Räthe, in seiner gewohnten Residenz, der Burg S. Giorgio auf Kephalenia. Die Verbindung mit Genua erregte in Venedig großes Misvergnügen; Carlo's Bitte, ihn auch ferner gut zu behandeln, ward mit den trockenen Worten abgelehnt, es verstehe sich dies von selbst, da er ja, gleich seinem Vater Leonardo I., erbliches Bürgerrecht besitze, obgleich das Diplom verloren scheine [36]). Als dann Ende 1390 ein Gesandter des Herzogs dort erschien und bat, die Albanesen nicht gegen ihn zu unterstützen und ihm von den Erben des Giovanni Marcello Gelder, die letzterer ihm schuldete, zu erwirken, verwies der Senat ihn am 12. Dec. [37]) wegen der letzten Sache auf den Rechtsweg, und forderte nicht nur Entschädigung der Erben Gabriele's Banado, sondern auch Restitution von Leukadia an die Giorgio; ernstlich hielt man ihm vor, daß er es wage, in den Wässern bei letzterer Insel von venetianischen Schiffen Zoll zu erheben; man schloß mit der Erklärung, man werde ihn stets so behandeln, wie ers verdiene. Da Tocco nicht nachgab, den Bund mit Genua aufrecht hielt und fortfuhr, Zoll zu erheben, ward der Golfcapitain am 11. April 1391 [38]) angewiesen, seine Inseln zu meiden und ihm damit ein deutliches Zeugniß des Misfallens zu geben; er lud darauf letzteren zu einer Conferenz ein, die aber resultatlos blieb [39]); nur daß man bei dieser Gelegenheit erfuhr, wie Carlo seine Mutter, die sich hernach gegen die Verbindung mit Genua erklärt, und seinen jüngern Bruder Leonardo schlecht behandle; letzterem ward ein Asyl in Venedig angeboten. Im März 1392 [40]) verbot die Republik ihren Bürgern den Handelsverkehr auf den Inseln des Herzogs; Waaren, die aus Kephalenia nach venetianischem Gebiet ausgeführt würden, sollten 20 Procent Zoll bezahlen; auf Contrebande ward sorgsam vigilirt. Nun sah sich Carlo genöthigt, nachzugeben; er sandte den Giorni nach Venedig und bat, ihn als Sohn und Bürger zu behandeln, ihn von seiner Verpflichtung Genua gegenüber freizumachen und ihm zu helfen, falls er ihm zukommendes Land zu occupiren suche [41]); er gelobte, Venedigs Banner aufzupflanzen und die Unterthanen der Republik wie seine eigenen zu halten. Man einigte sich; doch kam es bald zu neuen Zwistigkeiten, da der Herzog klagte, Nicolò Venier, sein Schwager, der schon früher, als Maddalena noch die Regentschaft führte, seine Inseln heimgesucht, habe am 2. Nov. 1394 [42]) mit einer Galeere aus Kreta Bauern aus Kephalenia geraubt. Dann veranlaßte der Tod Nerio's I. von Athen (bei dem kurz zuvor Nerio di Donato Acciajuoli gelebt hatte, bevor er sich mit Grüßen von diesem und dessen Sohne Antonio zu Francesca begab) [43]) die schon früher erzählten Streitigkeiten zwischen Tocco und Venedig. Als ersterer und seine Gattin damals Korinth und Megara für 40,000 Dukaten letzterer anboten, entgegnete der Senat am 20. Aug. 1395 [44]) in voller Entrüstung, nicht nur sei die geforderte Summe ganz unerhört, sondern Tocco habe gar kein Anrecht auf jene Plätze; dem Golfcapitain ward aufs Neue anbefohlen, seine Lande zu meiden. Erst nachdem er am 2. Jan. 1396 [45]) den Valiano, Scondili und Giorni aufs Neue nach Venedig gesandt und versprochen hatte, 5000 Dukaten Schadenersatz zu leisten, ward ihm am 11. April [46]) sein früheres Bürgerrecht erneuert; am 23. Mai ratificirte er den Vertrag in seiner Burg S. Giorgio. Da S. Superan im nämlichen Jahre von König Ladislaus zum Fürsten von Achaia ernannt war, begab sich Andrea Mano in Carlo's Namen nach Neapel und erwirkte am 4. Sept. [47]), daß der König das Herzogthum Leukadia von dem Fürstenthume trennte und direct unter die Krone Neapel stellte; am 1. April 1400 ward dies Privileg erneuert. Im Uebrigen wissen wir aus Morosini [48]), daß Carlo I. im September 1397 und October 1398 auf Kephalenia verschiedenen Edlen Privilegien ertheilte [49]) — die jedoch nicht mehr vorhanden sind; ein angebliches Diplom vom Jahre 1403 für die Familie Bellamachi ist sehr fraglich —, sowie aus Froissart [50]), daß der Graf von Nevers und andere französische Große, die bei Nikopolis in die Hand Bajesid's gefallen und hernach ausgelöst waren, 1397 von der Herzogin Francesca in Abwesenheit ihres Gemahls auf Kephalenia mit höchsten Ehren empfangen wurden — ein Umstand, der den französischen Chroniqueur lang und breit über die Gynäkokratie auf der „von Feen und Nymphen bewohnten" Insel fabeln läßt. Bald darauf überließ Carlo I. die Insel Zakynthos seinem Bruder Leonardo II. als erbliche Apanage, am 21. Aug. 1399 [51]) belehnte König Ladislaus mit derselben den Guglielmo Tocco als Procurator seines Vetters. Doch schon 1400 klagte nicht nur Leonardo, daß sein Bruder ihn dort fortwährend molestire, sondern auch Maddalena, welche früher diese Insel als Witthum besessen, beschwerte sich über Carlo I.; am 2. April 1400 [52]) ward daher S. Superan befohlen, letzteren zu citiren und die streitigen Punkte zu schlichten. Leonardo II. blieb Herr von Zakynthos, als solcher bestätigte er am 1. Febr. 1403 [53]) dem Fran-

35) Staatsarchiv zu Lucca. Carte sparse di Genova; vergl. Buchon, Nouv. rech. II, 251. 252; dipl. Florent. n. XLVI. 36) Misti XLI. fol. 126v, 145. 37) Ebenda fol. 283. 38) Ebenda fol. 308v. 39) Ebenda XLII. fol. 44. 40) Ebenda fol. 111, 188v. 41) Commemoriali Vol. VIII. fol. 436. 42) Ebenda fol. 184v—185.

43) Buchon, Nouv. rech. II, 258—264; dipl. Florent. n. XLVI. 44) Misti XLIII. fol. 217v, 219v. 45) Commemoriali Vol. IX. fol. 47. 46) Ebenda fol. 45v seq.; Privilegi Vol. I. fol. 118v. 47) Reg. Ang. no. 364. (1398—99.) fol. 99—100. 48) Cerni di prima p. 326. 49) Mustoxidis, Hellenomnemon p. 570. 50) Chroniques IV, 59. ed. Buchon, Vol. III, 303. 51) Fascic. Angiov. n. 11. fol. 243. 52) Reg. Ang. no. 364. (1398—99.) fol. 100v. 53) Privileg erneuert 1459, 1479 und 1485 für seine Erben. Libro degli ordini 1580—1794 (im Ständischen Archiv zu Zante) fol. 106v.

redeo Pelegano aus Trani, Castellan der Burg S. Stefano daselbst, und seiner Gattin Eudocia, Tochter des Nicolò Galati, das meist in Leibeigenen bestehende Erbe seines Vaters Nicolò, das derselbe von Leonardo I. und Maddalena einst empfangen hatte.

Mit Venedig hielt Herzog Carlo I. seit 1396 treue Freundschaft; als ihn König Ladislaus aufforderte, ihm Getreide für die gegen Korfu bestimmten Galeeren zu liefern, weigerte er sich dessen, obgleich sein eigener Schwager, der Graf Giovanni Ventimiglia von Girace (Gemahl der Susanna oder Giovanna Tocco), dieselben befehligte; Venedig lobte diese Neutralität am 7. Juli 1401 [54], lieferte ihm eine Galeere nebst Matrosen gegen die Türken und befahl, daß in Zukunft keine venetianischen Galeeren seine Leibeigenen entführen sollten; die Cession von Megara lehnte es dagegen ab, da der Platz zu entlegen sei. Von seiner Liga mit den Johannitern 1404 war früher die Rede, ebenso ist von seinem und Leonardo's II. Eingreifen in die Angelegenheiten des Peloponnesos bereits gehandelt worden; hier bleibt daher nur noch seine Stellung zu den Albanesenhäuptlingen des Festlandes zu betrachten, die seit dem Tode seines Oheims, des Despoten Esau von Joannina 1403, eine ziemlich schwierige war. Morikios Bua Spatas hatte das Despotat besetzt, nicht ohne heimliche Unterstützung der Korfioten [55]; sein Neffe Paolos Spatas hatte sich gleichfalls auf Kosten der Erben Buondelmonti's vergrößert; Ghin Zenevisi war nicht minder ein bedenklicher Nachbar. Carlo I. aber war entschlossen, das ganze Despotat wiederzugewinnen; sobald die Türkengefahr beseitigt war, rüstete er zum Kriege gegen Spatas und dessen Haus. Zunächst gelang es ihm, sich in Akarnanien und Aetolien festzusetzen; durch List gewann er 1405 Anatolikon nebst seinen reichen Fischereien, in deren Nähe er alsbald einen Festungsthurm erbaute, durch Gewalt Dragomeste, das Francesco Foscari als Gemahl einer Tochter des Paul Spatas zur Mitgift erhalten, und Angelokastron, dessen Verwaltung er seinem thätigen Bruder Leonardo II. überließ. Nun aber riefen die Bua den Beistand der Türken an, während catalonische Galeeren im Dienste Centurione's die Inseln des Herzogs plünderten. Im Juli [56] bat daher sein Gesandter Venedig um Schutz und um eine neue Galeere; beides ward bewilligt. Allein die Sachlage änderte sich, seitdem die Republik Lepanto mit allen Dependenzen von Paul erworben; sofort ward Tocco aufgefordert, seine Eroberungen herauszugeben; Bartolommeo de Anselmis sollte die Fischereien verwalten. Dagegen erbot sich Carlo I. [57], für dieselben die Huldigung zu leisten und einen jährlichen Lehenszins zu zahlen; auch König Ladislaus verwandte sich für ihn. Venedig aber forderte aufs Neue Abtretung derselben, obgleich eine Partei im Senat aus Billigkeitsrücksicht vorschlug, ihm Geld dafür zu bieten; da der Herzog halsstarrig blieb und sogar anfing, die Fischereien zu zerstören, ward ihm im November 1408 [58] mit Fehde gedroht. Ein Krieg mit Venedig aber war zu viel für ihn, der mit Morikios noch immer um das Despotat zu kämpfen hatte; als daher seine Schwester Petronella Venier (gest. 1410) 1409 [59] mit Consens des Senats ihre Vermittelung anbot und zu ihm ging, gab er endlich nach und verglich sich zunächst mit Venedig, dann auch mit Spatas, dem „getreuen Verbündeten" der Republik. Letzterer hatte 1410 den Demetrios Schiller nach Venedig gesandt [60] und geklagt, daß Leonardo II. fortwährend seine Unterthanen geschädigt, gefangen und an catalonische Corsaren verkauft habe, sodaß er genöthigt worden sei, den Beistand der Pforte anzurufen. Obgleich der Rettor von Patra und die Castellane von Modone und Korone den Herzog ermahnt hätten, seinen Bruder von solchem Frevel abzubringen, habe derselbe doch die Fehde fortgesetzt. Er selbst sei bereit, Venedig nicht nur als Schiedsrichter anzusehen, sondern auch in Lamesa das Banner des heiligen Marcus aufzuziehen und jährlich eine Wachskerze und zwei Falken als Lehenszins einzusenden; auch bitte er, ihm Bürgerrecht zu ertheilen. Den letzteren Punkt lehnte der Senat, schon aus Furcht vor den Türken, am 15. März ab, offerirte dagegen dem Despoten für den Fall, daß er sein Land verliere, ein Asyl auf seinem Gebiete, gestattete ihm ferner, in Modone Waffen zu kaufen, und befahl schließlich dem Bailo von Korfu, zwischen ihm und Carlo I. zu vermitteln. Gegenüber dem Bailo Roberto Morosini (1410—1412) wollte aber Spatas nur von einem provisorischen Waffenstillstande wissen, der noch dazu der Türken wegen nicht auf das Meer ausgedehnt werden solle. Daher baten Tocco's Gesandte am 27. Sept. [61] Venedig, einen dauernden Frieden zu stiften; mit der Republik selbst hatte er sich durch Petronella's Vermittelung dahin geeinigt, daß er Anatolikon hergab, dafür aber eine Rente aus den mit Lepanto wiederverbundenen Fischereien empfing, die für die nächsten Jahre wenigstens 300 Dukaten betrug; gegenseitig gelobte man sich Auslieferung flüchtiger Leibeigener. Ob Carlo I. sich damals auch mit Spatas verglich, wissen wir nicht; wahrscheinlich ist es jedoch, da von weiteren Fehden zwischen ihnen Nichts mehr verlautet. Mit Venedig hatte Tocco auch noch in den folgenden Jahren Differenzen, da sein Admiral, der Aragonese Garcia de la Tressa, 1411 Waaren des Bürgers Bartolommeo de' Benedetti confiscirt hatte [62]; er ließ darauf einen Neffen des Tressa verhaften und dem Bailo von Korfu ausliefern und 1412 durch seinen Gesandten in Venedig feierlich seine Unschuld betheuern; zugleich bat er, Lepanto seinem Bruder als Lehen zu übertragen. Doch kam diese Sache nicht zum Abschluß, da Carlo und Leonardo in Achaia beschäftigt waren; am 11. Sept. 1413 [63] ward der Golfcapitain aufgefordert, wegen Benedetti einen Gesandten an den Herzog nach Kephalenia, oder wo sonst er immer sich befinde, zu schicken.

54) Misti XLV. fol. 279, 293 v. 55) Misti XLVI. fol. 320 v. 56) Misti XLVII. fol. 427 v. 57) Ebenda fol. 461 v, 466 v, 565 v.

58) Secreti Vol. III. fol. 194 v. 59) Misti XLVIII. fol. 202 v. 60) Ebenda fol. 488 v. 61) Secreti Vol. IV. fol. 158 v. 62) Misti XLIX. fol. 180, 298. 63) Ebenda L. fol. 69 v, 71.

In Folge dessen erschien 1414 Egidio de Lagonessa, der früher den Johannitern als Unterhändler gedient, in Carlo's Namen in Venedig und bat dasselbe, seinen Herrn in Schutz zu nehmen [64]) — er sei bereit, dafür zu zahlen —, und nicht länger seinen Feind, den Fürsten Centurione, der auf venetianischem Gebiet Schiffe gekauft, gegen ihn zu unterstützen. Ferner bot er für Abtretung von Lepanto 8000 Dukaten und 600 Dukaten als jährlich an die Pforte zu zahlenden Tribut; man erwiderte, er sei schon als Venedigs Bürger des Schutzes gewiß, man verlange von ihm kein Geld, pflege aber auch nicht eine Handbreit venetianischen Landes zu verkaufen. Dagegen genehmigte man seinen Wunsch, laut dem er die Republik mit Ausführung seines Testaments beauftragte; Francesca, noch immer kinderlos, sollte nach demselben Leukadia und 10,000 Dukaten, die Leonardo II. von Zakynthos ihr zu zahlen hätte, als Witthum erhalten. Doch unterließ Venedig nicht, ihn bei dieser Gelegenheit noch einmal des Treffa wegen zur Rede zu stellen [65]); Carlo's Gesandter betheuerte aufs Neue, daß er dabei unbetheiligt; schließlich ward die Angelegenheit von der Juristenfacultät in Padua endgültig entschieden. Nun dauerten die freundschaftlichen Beziehungen zwischen ihm, „Venedigs Bürger und Freund," Jahre lang fort; für das abgetretene Anatolikon bezog er pünktlich seine Rente aus den Fischereien von Lepanto; am 24. Mai 1418 [66]) empfahl der Senat auf Bitten Carlo's, „der sich jetzt Despot der Romäer nenne," ihn und seinen Gesandten angelegentlichst dem Papste Martin V. In demselben Jahre war nämlich Moriskos Bua Spatas gestorben, wahrscheinlich blieb er in einem Gefechte gegen Carlo, der, unterstützt von dem Volke von Epiros, endlich nach 16 Jahren Esau's Erbe gewann und 11 Jahre lang [67]) als Nachfolger der serbischen und albanesischen Despoten unter gleichem Titel — seine Gattin nannte sich Königin (Basilissa) der Romäer — in Arta, Joannina, Vonitza und dem Reste von Südalbanien, Akarnanien und Aetolien gebot. Spatas war kinderlos; seine nächsten Verwandten, vielleicht Söhne des Paul Spatas von Lepanto, zogen sich nach Morea zurück, wo sie von Theodoros II. Palaeologos ansehnliche Lehen empfingen; die Brüder Joannes und Alexios Bua erscheinen 1457 unter den reichsten Feudalherren der Halbinsel; Peter (1459—1489), der Sohn eines der beiden und Vater des kaiserlichen Generals und Grafen Mercurio (Moriskos), galt factisch seit der Vernichtung des moreotischen Despotats als Haupt der dort allein sich unabhängig geberdenden Albanesen.

Carlo I. aber blieb (1418—1429) Despot der Romäer und Beherrscher von Joannina und Arta. Im Jahre 1423 finden wir ihn wieder mit Venedig in Streit, da er sich die Salinen von Lepanto und den Zehnten von Plazza angemaßt, was die Republik zu Repressalien veranlaßte [68]); er selbst hatte dabei freilich weniger Schuld, als sein unruhiger Bastard Ercole, wie sein Gesandter zu Venedig im August betheuerte; der Staat gebot ihm [69]), seinen Herrn zum Frieden zu mahnen und zu veranlassen, daß er nicht immer den Beistand des Sultans anrufe — was damals gerade geschehen war, da Carlo I. seine Erwerbungen im Peloponnesos gegen den Despoten Theodoros II. sicherstellen wollte. Er fügte sich, und nun bestand Friede und Ruhe in Epiros, so lange Carlo I. lebte, obgleich noch 1428 die Erben des Francesco Foscari von ihm Dragomeste forderten, und Venedig den Herzog deshalb mit Confiscation seiner Güter bedrohte [70]). Er residirte abwechselnd auf Kephalenia, in Joannina, Arta; aus letzterer Stadt correspondirten er und Francesca 1424 [71]) mit ihrem in Attika weilenden Vetter Nerio di Donato Acciajuoli, der u. a. dem Herzoge einen Falken sandte, und von der Herzogin eine Sklavin Eudokia geschenkt erhielt. In einem vom 28. April datirten Briefe erwähnt Carlo seine Kinder Carlo, Maddalena und Creusa, mit dem Bemerken, daß sie sich wohl befänden; doch scheint es, daß dieselben, die ihm Francesca jedenfalls erst sehr spät geboren haben konnte, noch in demselben Jahre einer Pest erlagen, wenn wir nicht dabei lieber an Carlo II. und andere Kinder Leonardo's II. denken wollen, die von Carlo I. adoptirt wurden. Carlo II. erbte die väterliche Apanage Zakynthos — am 1. April 1427 stellte er in dem Castell S. Stefano ein Privileg aus —, doch reservirte sich sein Oheim dort die Oberhoheit, wie er denn am 1. Aug. 1424 [72]) zu Arta seinen Rath Jacopo d'Ariano, Gemahl der Giovannella Tocco — Tochter des Carluccio aus Neapel —, mit Gütern daselbst beschenkte, welche letztere dem Ariano auch am 28. Dec. 1430 von dem neuen Despoten Carlo II. und der verwittweten Basilissa Francesca durch deren Secretair Giorgio Magnarelo aus Pesaro verbrieft wurden. Ebenso schenkte letztere am 28. Mai 1428 [73]) dem Giuliano Zaota ein früher dem Marcantonio Mamas gehöriges Haus, zunächst denen des Antonio und Carluccio Tocco, in dem Castell S. Giorgio auf Kephalenia, und befahl ihrem dortigen Castellan Agostino Spinelli, dem Zaota den Besitz desselben zu übertragen. Mit Florenz erneuerte der Herzog im Juli 1428 [74]) durch seinen Gesandten Nicolò Machiavelli die alte Freundschaft und Bundesgenossenschaft; am 31. Jan. 1430 [75]) empfahl die Republik der Francesca den zum Bischof von Kephalenia erwählten Dominicus aus Siena; im März 1430 [76]) sandte dieselbe den Giovanni Folco an sie und Carlo II. wegen des Nachlasses des Nerio di Donato Acciajuoli, der damals, gleich Nicolò Machiavelli, wol an der Pest, im Despotat gestorben war.

64) Ebenda fol. 38v. 65) Ebenda fol. 33r, 60v; LI. fol. 176v, 200v, 210; LII. fol. 67v, 96, 100v. 66) Ebenda LII. fol. 23v. 67) *Spandugino* a. a. O. fol. 193; *Magno*, Annali. Vol. VI. (Cod. Foscarin. Vindob. n. 6216) z. J. 1448. 68) Misti LIV. fol. 87v.

69) Secreti Vol. VIII. fol. 12v. 70) Misti LVII. fol. 6. 71) *Buchon*, Nouv. rech. II, 292—298; dipl. Florent. n. LXII—LXVI. 72) Registrum episcopatus Zacynthi. Vol. I. im Archiv des lateinischen Bisthums Zante. 73) Originalurkunde im Besitze des Hrn. Cav. Cicogna zu Venedig. Ungenügend gedruckt bei *Chiotes*, Ἱστορικὰ ἀπομνημονεύματα Ζακύνθου II, 624—626; genauer bei *Miklosich* und *Müller* III, 253—254. n. XII. 74) *Bonaini*, Diplomi Fiorentini n. XXX. p. 199. 75) Ebenda n. XXXI. p. 201. 76) Ebenda XXXII. p. 203.

Herzog Carlo I. Tocco selbst, der erste seines Hauses, der den Titel eines Despoten der Romäer führte, starb am 4. Juli 1429 [77]) zu Joannina, ohne von Francesca Acciajuoli eheliche Leibeserben zu hinterlassen. Letztere empfing als Witthum Leukadia und Vonitza; am 6. Juli 1430 [78]), da ihre Lage äusserst unsicher geworden und die Türken jüngst Leukadia geplündert, bot sie zunächst ihre Insel Venedig zum Verkauf an, und versprach, auch Vonitza demselben in ihrem Testamente zu hinterlassen; man lehnte das Anerbieten ab, ermahnte sie, die Gläubiger ihres Gatten und Vaters endlich zu befriedigen und sagte ihr im Uebrigen Beistand zu; doch hatte sie bald mit Venedig einen Zwist, weil eine in ihrem Dienste stehende catalonische Galeere den Filippo da Canale aus Euböa geschädigt hatte [79]). In Kephalenia, Zakynthos, Ithaka und dem Despotat nebst Joannina und Arta folgte Carlo II. (1429—1448), des Leonardo II. (gest. nach 1414) Sohn, Bruder der Teodora, Gattin des letzten Kaisers in Byzanz, und einer andern mit dem Sohne des Fürsten Centurione vermählten Schwester; ein weiterer Bruder Ottobuono, der 1431 eine venetianische Dame aus dem Hause Marcello geheirathet haben soll, ist fraglich. Dagegen wissen wir, dass Carlo I. fünf Bastarde hinterliess, denen er Akarnanien und was sein Haus noch im Peloponnesos besass, vermachte. Unter denselben war Memnone, der auch Tzerpiano (Charpigny) in Achaia inne hatte, der talentvollste; von den andern sind Ercole, der 1423 die Salinen in Le[illegible]lo verheert hatte, Turno, dessen Tochter sich am [illegible]0. Mai 1436 verheirathete, und Orlando, Herr von Abeniassa, bekannt; vielleicht dass auch der oben genannte Antonio ein unehelicher Sohn Carlo's I. war. Memnone und Ercole nun waren nicht gewillt, das Despotat Arta ihrem Vetter zu lassen; ersterer verschmähte selbst den Beistand der Osmanen nicht, begab sich an Murad's II. Hof, wartete ihm „wie ein ehrerbietiger Diener" auf und bestürmte ihn, ihm zum Besitze des väterlichen Erbes zu verhelfen [80]); der Beistand verzögerte sich, da das Heer der Türken damals vor Thessalonich lag. Unterdessen bat Carlo II. den Despoten Konstantinos von Morea, zwischen ihm und seinen Vettern zu schlichten; am 26. März 1430 begab sich Phrantzes als dessen Bevollmächtigter auf den Weg, ward aber bei Leukadia durch jene im Dienste Francesca's stehenden Catalonier gefangen und erst später in Klarentza mit 5000 Goldstücken ausgelöst. Unterdessen fiel Thessalonich am 29. März, und alsbald erhielt Kara-Sinanbeg, der Befehlshaber von Europa, den Auftrag, mit Memnone gegen Carlo II. vorzurücken und denselben zu unterwerfen. Nachdem Sinan Aetolien ausgeplündert, zog er gegen Joannina und begann, die Stadt zu belagern [81]). Drinnen bildete sich bald eine türkisch gesinnte Partei, welcher die Strenge der lateinischen Herrschaft ein Greuel war; mit ihr trat Sinan in Verbindung; mit ihrer Hilfe ward am 9. Oct. 1430 Carlo II. zur Capitulation gezwungen. Sinan garantirte dem Metropoliten der Stadt, dem Capitain Strategopulos und dessen Sohne Paulos, sowie den angesehensten slawisch-albanesischen Primaten, dem Voisav und Stanila, Aufrechthaltung der alten Gewohnheiten und verlangte nur Zahlung des Kharadsch [82]); er ermahnte sie, nicht länger auf den unsichern Beistand der Franken zu bauen, vielmehr als treue Unterthanen dem Grossherrn zu huldigen. So fiel die Hauptstadt von Epiros, die alte Königsburg Joannina, in die Hand der Osmanen. Carlo II., der sich seitdem Despot von Arta nannte, erkaufte den Frieden und die Erhaltung seiner übrigen Besitzungen auf dem Festlande und den Inseln mit einem beträchtlichen Tribute; den Bastarden Carlo's I. musste er noch dazu einen Theil von Aetolien einräumen, den diese als Vasallen des Sultans verwalteten. Auch der Rest des Despotats war seitdem ein Spielball der Osmanen; daher befahl der Papst am 2. Dec. 1432 dem Carlo II. [83]), die Minoriten, welche bis dahin in den Städten des Festlandes geweilt hätten, zurückzurufen und ihnen in ihren Klöstern auf Kephalenia und Zakynthos passende Wohnungen einzuräumen. Im folgenden Jahre erschien Giorgio Ragnarolo in Carlo's II. Namen in Venedig und bat, seine noch übrigen Besitzungen, Arta und die Inseln, gegen Türken, Genuesen und Catalonier zu sichern; der Senat versprach es am 14. März 1433 [84]) und erneuerte auch Tags darauf auf sein Gesuch dem Despoten das erbliche Bürgerrecht und Patriciat seiner Ahnen. Der beste Theil von Nordgriechenland aber verblieb seit 1430 den Osmanen; nicht ein ganzes Menschenalter verging, und das ganze Romäerreich, der Rest der fränkischen Herrschaft in Mittelgriechenland und das Despotat von Morea theilten dasselbe Loos.

b) Eroberung des griechischen Festlandes durch die Türken. Fall des Kaiserreichs Konstantinopel, des Despotats Arta, des Herzogthums Athen, der Despotate in Morea. Skanderbeg Vorkämpfer des Christenthums in Albanien. 1435—1460.

Herzoge von Athen: Nerio II. degli Acciajuoli (verdrängt durch seinen Bruder Antonio II. 1439—1441) 1435—1451. Chiara Giorgio, Regentin, vermählt mit Bartolommeo Contarini 1451—1454. Francesco degli Acciajuoli in Athen 1454—1456, in Theben 1456—1460. An die Türken.

Baili von Euböa: Melchiorre Grimani 1436—1438. Fantino Pisani 1438—1440. Nicolò Buono 1440—1442. Bertuccio Civrano 1442—1444. Matteo Barbaro 1444—1446. Vettore

77) *Phrantzes* II, 9. p. 154—155; *Chalkokondylas* Lib. V. p. 236—238; *Spandugino* a. a. O. fol. 123v; *Magno*, Annali. Vol. VI. z. J. 1448. 78) Commemoriali Vol. XI. fol. 127v, 128v; *Sanudo* XXII, 1008. 79) Misti LVIII. fol. 1. 80) Er ist Sohn der Maguerit, Tochter des Herzogs von Kephalonia, bei *Bertrandon de Brocquière* (Mémoires de l'Institut. Vol. V. Paris 1803. 4.) p. 432—433. 81) *Phrantzes* a. a. O. p. 157; *Chalkokondylas* a. a. O.; Epirotica (ed. Bonn.) III. p. 242—246 am ausführlichsten, aber unkritisch.

82) *Aravantinos*, Ἱστορία τῆς Ἠπείρου II, 316—317. 83) *Waddingus*, Annales minorum V, 207 z. J. 1432. n. 41. 84) Misti LVIII. fol. 181v; Privilegii Vol. II. fol. 17. 40v.

Duodo 1446—1448. Fantino Pisani 1448—1449. Giovanni Malipiero 1448—1451. Lorenzo Onorati 1451—1453. Paolo Loredano 1453—1454. Angelo Pesaro 1454—1456. Girolamo Bembo 1456—1459. Leone Venier 1459—1461. Leonardo Calbo 1461—1463. Fantino Giorgio 1463—1465. Francesco Gradenigo 1465—1468. Paolo Erizzo 1468—1470.

Capitaine von Euböa: Carlo Marcelini 1454—1456. Francesco Loredano 1456—1458. Paolo Barbarigo 1458—1460. Antonio Quirini 1460—1462. Giovanni Dandolo 1462—1464. Giovanni Bembo 1464—1466. Giovanni Bondumier 1466—1467. Nicolò da Canale 1467—1470. Türkisch.

Seitdem Thessalonich und Joannina in die Hand der Türken gefallen, Athen, der Peloponnesos, ja selbst die Venetianer letzteren zinsbar geworden, näherten sich die Reste der byzantinischen und fränkischen Herrschaft in Griechenland immer rascher ihrem Verfalle; die Uneinigkeit unter den letzten Sprossen der Paläologen bahnte ihnen den Weg ins Herz von Morea. Während Murād II. sich gegen die Serben kehrte, Semendria einnahm und den Despoten Georg, der nach dem plötzlichen Tode des Kaisers Albrecht II. ganz verlassen dastand, zur Unterwürfigkeit zwang, herrschten in Constantinopel noch bei Lebzeiten des Kaisers Joannes die ärgerlichsten Streitigkeiten. Dazu kam, daß selbst in dieser Zeit höchster Noth Venedig nicht aufhörte, mit Entschädigungsklagen hervorzutreten; nachdem der Kaiser 1500 Dukaten eben gezahlt, forderte die Republik noch im Januar 1436 [85]) weiteren Ersatz wegen bei Lemnos erlittenen Schadens, und verstand sich erst am 6. Nov. dazu [86]), durch seinen Gesandten Cristoforo Marcello den Waffenstillstand auf weitere fünf Jahre zu prolongiren. Daneben beschwerte sich der Papst, der damals den Gedanken einer kirchlichen Union mit den Griechen und einer Vereinigung aller christlichen Mächte gegen die Türken eifrig betrieb [87]), daß der Despot Konstantinos noch fortwährend Patrā besetzt halte und sich weigere, es dem Erzbischofe Malatesta zurückzugeben. Konstantinos aber war um so weniger geneigt, auf eine Restitution einzugehen, als er Alles daran setzen mußte, seine Stellung in Morea gegenüber seinem älteren Bruder Theodoros II., dem präsumtiven Erben des Reichs, zu behaupten. Letzterer fürchtete, daß Konstantinos, der seit September 1435 in der Hauptstadt weilte und dem regierenden Kaiser lieber war als er, ihn von der Nachfolge im Romäerreiche verdrängen könnte. Als daher Zoe, des Großadmirals Paraspondilos Tochter, Verlobte des kaiserlichen Prinzen Demetrios, aus Morea auf dem Schiffe des Manuel Paläologos nach Constantinopel reisen sollte, schloß sich Theodoros II. ihnen an; am 25. März 1436 [88]) trafen sie dort ein. Nun begann ein widerliches Intriguenspiel; während der Kaiser seinen drei Brüdern den Peloponnesos lassen wollte, arbeiteten Konstantinos und Michael Asan, Haushofmeister des Thomas, darauf hin, den Theodoros aus dem Mitbesitze von Morea zu verdrängen, und sandten zu diesem Behufe den Phrantzes an die Pforte, damit er deren Consens einhole. Konstantinos selbst aber entwich im Juni von dem Hofe und eilte zurück in sein Despotat, verfolgt von Theodoros, der alsbald Truppen sammelte und seine Brüder mit Krieg überzog. Erst 1437 bahnten auf Veranlassung des Kaisers der Mönch Dionysios und Georgios Disbypatos einen Waffenstillstand zwischen ihnen an; dann befestigte letzterer mit Phrantzes und Gregorios Melissenos, dem spätern Patriarchen, den Frieden in der Art, daß Morea dem Theodoros II. und Thomas verbleiben, Konstantinos aber sich zur Unterstützung des Kaisers nach der Hauptstadt begeben solle. Am 5. September desselben Jahres verließ Konstantinos Patrā und reiste durch Attika nach Euböa, wo er seinem alten Gegner, dem Kanonicus Marcus aus Patrā, als päpstlichen Unionsbevollmächtigten fand; am 24. desselben Monats traf er in Konstantinopel ein und übernahm am 24. Nov. zum zweiten Mal die Verwaltung des Reichs für Joannes VIII., der damals aufs Neue gen Westen aufbrach, um das große Werk der Union zu vollziehen. Die Verhältnisse in Morea blieben indessen nach wie vor höchst unsicher, besonders der Albanesen wegen, die bereits damals anfingen, sich gegenüber den schwachen Herrschern als eigentliche Herren des Landes anzusehen und auf eigene Hand Beutefahrten zu machen. Daher hat selbst der Großstratopedarch Konstantinos', Georgios Dämonogianis, des Nikolaos Sohn, der Ende 1437 [89]) seine Gelder in Modone deponirte, Venedig möchte sich nicht an denselben schadlos halten, falls die Albanesen in den Colonien plünderten. Was letztere sonst anbelangt, so ward am 12. Juni 1437 dem griechischen Bischofe von Korone wegen seiner Treue gestattet, in dem ihm vom Castellan Cristoforo Duodo überwiesenen Johannes-Kloster innerhalb der Stadt seinen Wohnsitz zu nehmen, obgleich man ihn ein Jahr zuvor außerhalb der Ringmauer verweisen wollte [90]); um der überhandnehmenden Auswanderungslust zu begegnen, ward die lästige Fremdensteuer von jährlich 27 Solidi abgeschafft [91]); am 9. März 1439 [92]) regulirte der Senat die Verwaltung der wiedergewonnenen Territorien dahin, daß in Zukunft dieselben Niemandem mehr auf Lebenszeit übertragen werden sollten; vielmehr sollten die in den Castellanien selbst aus den lateinischen Bürgern zu wählenden Rettori von St. Elias, Meliner und Jonkon, die unter Modone, und von Grisson, Avramion, Castellione und Castelfranco, die unter Korone standen, nur zwei Jahre lang fungiren.

85) Commemoriali Vol. XII. fol. 160. 86) Bame: Constantinopoli; Miklosich und Müller III, 186—195. n. XL; Sindicati Vol. II. fol. 44 r.; Misti LIX. fol. 176 v. 87) [illegible], Diplomi Florentini n. XXXV. p. 207.; Raynaldi z. J. 1434. n. 10; 1435 n. 8.

88) Phrantzes II, 12. p. 161 seq.; vergl. Müller, Les manuscrits grecs de l'Escurial p. 459. 89) Grazie Vol. XXI. fol. 204. 90) Misti del Cons. dei X. Vol. XI. fol. 150; XII. fol. 7, 69 v. 91) Misti LX. fol. 13. 92) Ebenda fol. 131, 164 v.

Um den Bauern aufzuhelfen, wurden verschiedene Lasten abgeschafft; trotzdem begann der Verfall der Colonien sich immer deutlicher zu zeigen; als in Korone 1442 [93]) das jährliche Deficit auf 5—6000 Hyperpern veranschlagt wurde, half man sich, indem man die Besatzung verringerte — ein schlimmer Ausweg, da nicht nur catalonische Piraten, namentlich ein gewisser Lope de Baldaya, den Archipel und die Küsten von Morea heimsuchten, sondern auch die Türken eine immer drohendere Stellung einnahmen. Unterdessen hatte Kaiser Joannes, begleitet von seinem Bruder Demetrios, am 27. Nov. 1437 den Hafen Kynegi bei Athyra verlassen und seine Fahrt nach Italien angetreten, um in Person mit dem Papste abzuschließen, worüber man schon so lange durch Gesandte hin und her verhandelt [94]). Schon bei Kallipolis hatte seine Flottille einen Angriff der Türken zu bestehen, der aber abgewehrt ward; dann ging es, nachdem er auf Euböa zwei Tage lang gerastet, nicht ohne neue Gefahr, welche der bei Gaidaronisi liegende catalonische Pirat bereitete, nach Kenchreä, wo Joannes die Flotte verließ, um seine Brüder aufzusuchen und aufs Neue zur Einigkeit zu mahnen. Von dort eilte er zu Roß nach Navarinon, fand dort die Flotte, die den Peloponnesos umsegelt hatte, vor und setzte die Reise mit ihr nach Venedig fort. Er traf dort am 8. Febr. 1438 ein und fand einen glänzenden Empfang; 20 Tage weilte er dort und begab sich dann nach Ferrara zum Concil. Dort ward nach langer Disputation die Union vereinbart, die hernach zu Florenz vollzogen wurde, aber ebenso wenig lauter und aufrichtig, wie alle früher zwischen Rom und Byzanz getroffenen Compromisse, von dem orthodoxen Klerus der Hauptstadt mit höchstem Abscheu zurückgewiesen ward. Dabei erhielt Joannes bereits im Mai 1438 [95]) die böse Kunde, Murâd II. rüste 180 Schiffe und ein Heer von 150,000 Mann gegen seine Hauptstadt; eine Nachricht, die ihn bewog, sofort Gesandte um Hilfe an Venedig zu schicken. Diesmal ward die Gefahr glücklich gegen Serbien abgelenkt; bald darauf aber meldete Phakrases Kantakuzenos, der im Auftrage des Reichsverwesers Konstantinos nach Florenz kam, von neuer Noth und lud den kaiserlichen Bruder zur baldigen Rückkehr ein. Das beschleunigte den Abschluß der Union; gegen Uebertritt zum lateinischen Ritus ward dem Kaiser der Beistand der ganzen Christenheit zugesagt. Nachdem er noch im August den Bürgern von Florenz, mit denen er durch Joannes Dishypatos verkehrte, das Privileg ertheilt, kaiserliche Notare zu creiren und ihnen in seinem Reiche alle Freiheiten, die dort einst die Pisaner genossen, verbrieft [96]), kehrte er am 6. Sept. 1439 nach Venedig zurück und rüstete zur Heimfahrt in sein Reich. Nachdem ihm Venedig behufs derselben im October eine Galeere geliefert [97]), segelte er am 19. des Monats ab, fand aber in allen venetianischen Colonien, in Korfu, Modone und Euböa, statt der frühern Herrlichkeit einen äußerst lauen Empfang. In Negroponte erfuhr er, daß seine Gemahlin Maria Komnena schwer erkrankt sei; er beschleunigte die Fahrt nach Lemnos, das, noch zum Reiche gehörig, jüngst von venetianischen Piraten geplündert worden war; in der Burg Kotzinos, wo er sein Quartier aufschlug, erfuhr er, daß Maria am 17. Dec. gestorben. Endlich landete er im Februar 1440 im Hafen von Constantinopel, wo ihn der dortige Präfect Paulos Asan, der vor drei Jahren als sein Gesandter bei Murâd gewesen, zunächst begrüßte; dann empfingen ihn Konstantinos, der alsbald die Regentschaft niederlegte, und die Gesandten Venedigs und Genua's. Aber zu der Opposition, die er bei dem fanatischen Pöbel der Hauptstadt fand, kamen bald noch weitere schmerzliche Verluste in seiner Familie; am 1. Juni 1440 starb die Despina Eugenia Gattilusio, Tochter des Fürsten Francesco von Lesbos und Witwe des Joannes VII. von Thessalonich, am 17. desselben Monats Zoe Paraspondila, des Prinzen Demetrios Gattin. Da bis dahin keine der drei Kaiserinnen, noch die Gattinnen der Despoten einen Sohn geboren, beruhte 1440 der Mannesstamm des Paläologen nur auf dem Kaiser selbst und seinen vier Brüdern. Man beschloß daher, Konstantinos, auf dem die Hoffnung des Kaisers und Reichs beruhte, solle zu einer neuen Ehe schreiten; er erkor sich zur Braut die Nichte der verstorbenen Eugenia, Katharina Gattilusio, und sandte seinen getreuen Phrantzes am 6. Dec. [98]) nach Lesbos, um den Ehevertrag abzuschließen. Er selbst folgte am 27. Juni 1441, kehrte aber, nachdem die Hochzeit vollzogen, mit Zurücklassung seiner jungen Gemahlin, schon im September nach Constantinopel zurück, um einen mittlerweile zwischen Joannes VIII. und dem Prinzen Demetrios ausgebrochenen Zwist beizulegen. Es handelte sich damals um eine Mißheirath — wenn davon überhaupt im byzantinischen Reiche die Rede sein kann — des letzteren; er hatte seine Augen auf die Tochter jenes Paulos Asan geworfen, gegen den aber der Kaiser ebenso eingenommen schien, wie Konstantinos es war. Da entwich Asan am 16. April 1441 [99]) mit seiner Tochter aus der Hauptstadt nach Mesembria; ihm folgte alsbald der Prinz, der nun mit ihr sich heimlich vermählte und demnach Anspruch auf eine standesgemäße Apanage erhob. Nun wollte Konstantinos einen Ausweg finden und sandte daher den Phrantzes am 20. Dec. an den Kaiser und Murâd mit dem Anerbieten, er wolle seinen Antheil an Morea dem Demetrios gegen Selymbria und

93) Mar. Vol. I. fol. 78, 122v. 94) Ueber das florentinische Concil vergl. man neben den Byzantinern *Raynaldi* z. J. 1437. n. 3 seq., 8 seq.; 1438. n. 1 seq.; 1439. n. 1 seq.; 1440. n. 16 seq. u. s. f.; *Sylvester Syropulus*, Vera historia unionis non verae inter Graecos et Latinos sive concilii Florentini exactissima narratio ed. *Rob. Creyghton*. Hagae comitis 1660. fol. (Hauptquelle); *Ἡ ἁγία καὶ οἰκουμενικὴ ἐν Φλωρεντίᾳ σύνοδος* [illegible]. Roma 1864. 8. (rein dogmatisch) u. s. w.; dazu viele gedruckte Urkunden, z. B. in einem Carton auf der Universitätsbibl. zu Graz. 95) Misti Veneti 1412—42. fol. 110; Misti LX. fol. 59v, 62, 68v.

96) *Bouman*, Diplomi Fiorentini n. XLI, XLII. p. 186—203. 97) Secreti Vol. XIV. fol. 209; Misti LX. fol. 172. 98) *Phrantzes* II, 18. p. 192. 99) Ebenda p. 193; *Syropulus* a. a. O. XII, 11. p. 316.

die Städte am schwarzen Meere, namentlich Mesembria, überlassen. Joannes war damit zufrieden; es lag ihm um so mehr daran, als der Papst jüngst [1]) sich bei Konstantinos über die Lauheit seines kaiserlichen Bruders hinsichtlich der Ausführung der Union beklagt, zugleich aber geäußert hatte, der Occident werde dem Romäerreiche kräftig beistehen, sobald er selbst, der Despot von Morea, den Kaiserthron bestiegen — eine Aeußerung, die nur das schon längst unter den Brüdern wuchernde Mistrauen erhöhte. Als nun Phrantzes im Januar 1442 den Demetrios in Mesembria besuchte, um seinen Consens zum Länderaustausch zu erbitten, fand er denselben jeder Ausgleichung abgeneigt; ja Demetrios wandte sich sogar auf den Rath seines Schwiegervaters (der übrigens 1442 starb; im April gebar die Kianina eine Tochter, die später des Großherrn Mohammed II. Sultanin ward) an Murâd II. und rief dessen Beistand an. Alsbald setzten sich die Scharen der Türken in Bewegung gegen die Hauptstadt. Kaiser Joannes VIII. wandte sich in solcher Noth wieder an Venedig, das nicht nur jüngst für sein eigenes Quartier in Constantinopel, für die Kirche S. Marco und den theilweise eingefallenen Palast des Bailo Vorsorge getroffen [2]), sondern auch letzteren veranlaßt hatte, sich zur Pforte zu begeben und den Sultan zur Erhaltung des Friedens zu ermahnen [3]). Im Februar 1442 klagte Zunachi Torcello im Namen des Kaisers über die bevorstehende Gefahr; im August schon berichtete der Minorit Jakob ebendaher, daß die Hauptstadt aufs Schwerste bedrängt sei [4]). Denn bereits am 23. April hatte sich Demetrios mit einem türkischen Hilfscorps gegen dieselbe gewandt, während die Flotte des Sultans gegen die Inseln des Archipel auszog. Da entschloß sich Konstantinos rasch im Juli, dem Bruder zu Hilfe zu eilen; vorher aber begab er sich nach Lesbos, um endlich seine Gattin Katharina abzuholen. Mit ihr kam er bis Lemnos; dort aber lag gerade die türkische Flotte. Sie bestürmte 27 Tage lang vergebens die Burg Kozinos und zog dann ab [5]); der Schrecken aber verursachte eine zu frühzeitige Entbindung, der Katharina im August schon erlag. Sie ward in der alten Burg (Paläokastron) auf Lemnos begraben; erst im November kam Konstantinos allein in der Hauptstadt an. Unterdessen war Venedig nicht müßig geblieben; während Marco Quirini am 10. Sept. [6]) die Waffenruhe mit Joannes VIII. auf 5 Jahre verlängerte — als Zeugen erschienen damals, wie schon früher 1436, die Günstlinge des Kaisers Demetrios Kantakuzenos und Lukas Notaras —, hatte der Bailo Marco Soranzo den Auftrag erhalten, bei Murâd II. die Beilegung dieser Händel zu betreiben [7]). Nun gelang es den Byzantinern, die noch dazu bei Kallipolis von einem venetianischen Geschwader unterstützt wurden, den beutelustigen Demetrios gefangen zu nehmen; er entfloh nach Galata; da legte sich der genuesische Podestà ins Mittel, und am 1. Jan. 1443 genehmigte Demetrios gezwungen den Gebietsaustausch; Konstantinos empfing Selymbria, zu dessen Statthalter er sofort den Phrantzes bestellte; er sollte dem Kaiser zur Seite stehen, Demetrios aber nach Morea gehen. Doch war es letzterem damit nicht Ernst; vielmehr bauten er und die Asan, seine Schwäger, noch immer auf den Beistand des Sultans, sodaß der Kaiser 1443 aufs Neue durch Theodoros von Karystos und den spätern Cardinal Isidoros [8]) Venedig beschwor, die bewaffnete Union, zu der namentlich Herzog Philipp von Burgund seinen Beistand verheißen, endlich ins Leben treten zu lassen. Da aber schien es plötzlich, als wollten sich die Paläologen doch endlich vergleichen. Der schwache Theodoros II. sandte im Juni seinen Protostrator Leon Frangopulos, einen Vetter des jungen Nikolaos Melissenos, nach Constantinopel, um mit Phrantzes im Verein einen Austausch einzuleiten, und dieser erfolgte endlich in der Art, daß Konstantinos nicht nur sein Despotat in Morea behielt, sondern auch das des Theodoros dazu empfing, dagegen letzterem Selymbria überließ. Am 10. Oct. 1443 begab sich Konstantinos nach Morea und traf am 20. Dec. in Mistra ein [9]); ihm folgte am 9. Juni 1444 sein getreuer Phrantzes, der unterwegs auch Karystos besuchte und im März dem Theodoros II. — der im December 1443 nach Constantinopel gekommen — Selymbria übergeben hatte. Er beschloß daselbst im Juli 1448 an der Pest sein Leben, vom Joannes VIII. lang genug gehalten; in der Pantokratorkirche zu Constantinopel ward er bestattet; seine Apanage aber fiel an seinen kaiserlichen Bruder zurück. Morea blieb 1444 in zwei Despotate getheilt, von denen das westliche — das ehemalige Fürstenthum Achaia — Thomas, der Gemahl der Katharina Zaccaria, das östliche mit Korinth und Mistra Konstantinos besaß. Letzterer hatte, sobald er nach Morea gekommen, Maßregeln zur Wiederbefestigung des Isthmos getroffen; im März war der Bau des Hexamilion vollendet [10]). Da erschienen in Mistra neue Gesandte des Papstes, um den Abschluß der Union mit Ungarn gegen die Osmanen zu Stande zu bringen. Bereitwillig ging Konstantinos darauf ein und rüstete alsbald zum Heerzuge gegen den Norden; während er den Phrantzes im August über Lemnos nach Constantinopel sandte, knüpfte er zugleich Unterhandlungen wegen einer neuen Ehe mit Isabella Orsini, Schwester des Fürsten von Tarent, an [11]), die jedoch nicht zum Abschluß gediehen. Allein obgleich Konstantinos' Feldzug gegen Nord- und Mittelgriechenland durchaus erfolgreich war, mußte er bald von seinem Minister, der im November erst die Hauptstadt erreicht hatte, erfahren, daß

1) Raynald. z. J. 1441. n. 5. 2) Mar. Vol. I. fol. 53, 60. 3) Grazie fol. 75. 4) Secreti Vol. XV. fol. 112 v; Misti del Cons. dei X. Vol. XV. fol. 136 v. 5) Chalkokondylas VI, 305—308. 6) Sanuto: Constantinopoli; Miklosich und Müller III, 207—210. n. XLIV. 7) Mar. Vol. I. fol. 120, 123.

8) Secreti Vol. XVI. fol. 7. Isidoros erhielt am 18. Juni 1443 venetianisches Bürgerrecht. Privilegi Vol. II. fol. 85. 9) Phrantzes a. a. O.; Chalkokondylas VI, 318—319; VII, 341; Chron. breve p. 518—519. 10) Vergl. neben den andern Belegstellen Chron. breve p. 519 und [illegible] in Ellissen, Analekten III. S. 114 fg. 11) Diari Napoletani a. a. O. XXI, 1128.

die Lage des Romäerreichs verzweifelter als je sei; am 10. desselben Monats war die blutige Schlacht bei Varna geschlagen worden.

Seit 1440 hatte Murâd II. sich zunächst Ungarn zum Ziele erkoren; doch war sein Sturm gegen Belgrad abgewehrt, sein Einfall in Siebenbürgen 1442 von dem wackern Johann Huniady zurückgeworfen worden. Nun drängte Papst Eugen IV., von Joannes' VIII. Gesandten Andronikos Jagros bestürmt, fortwährend die Christenheit zum Kreuzzuge; im Juli 1443 fielen die Ungarn ins osmanische Reich ein; am 3. Nov. erfocht Huniady einen glänzenden Sieg in der Nähe von Nissa. Die Osmanen boten die Hand zum Frieden; auf dem Reichstage zu Szegedin ward derselbe beschworen [12]. Aber der päpstliche Legat, Cardinal Julian Cesarini, bauend auf den Beistand, den ihm Herzog Philipp von Burgund und Venedig zugesagt — die Flotte der Republik unter Luigi Loredano lief bereits im Juni 1444 nach dem Archipel aus — veranlaßte den König Wladislaw, seinen Eid zu brechen, da Versprechungen, den Ungläubigen gegeben, nicht bindend seien. Auch Kaiser Joannes, der damals in Misithra weilte, während Konstantinos in Mittelgriechenland beschäftigt war, schrieb von da aus am 30. Juli [13] an Wladislaw und ermahnte ihn, für die Sache der Christenheit sein Schwert zu ziehen; Georg Kastriota verhieß kräftige Unterstützung. Während Murâd ruhig in Adrianopel weilte und von dort aus die asiatischen Angelegenheiten regulirte — der bekannte Reisende Ciriaco von Ancona, der sich dem Gefolge des bei dem Großherrn viel geltenden Genuesen Francesco Drapetto angeschlossen, hatte dort bei ihm am 21. Mai Audienz [14] —, und Venedig die Sache der Union aufs Eifrigste betrieb [15], zogen die Ungarn und Polen unter des Königs eigener Führung Ende September gegen das Reich aus; die Schlacht bei Varna, in der König Wladislaw seinen Eidbruch mit dem Leben bezahlte, ward das Cannä für Ungarn und Byzanz. Nur wenige Christen entflohen aus dem blutigen Gemetzel nach Albanien und wurden durch Kastriota nach Ragusa befördert; letzterer war der einzige, der nächst dem wackern Reichsverweser Huniady die Siegeslaufbahn der Türken hemmte. Bald genug löste sich die Union factisch auf; obgleich Venedig noch 1446 [16] für dieselbe wirkte, und der Erzbischof Pachomios als Gesandter Joannes' VIII. den Dogen Francesco Foscari zu neuem Einschreiten zu bestimmen suchte, knüpfte Venedig, das unter des letzteren Dogate über dem Streben nach Erweiterung seiner italienischen Macht den Orient nur zu sehr vernachlässigte, Unterhandlungen mit der Pforte an, nachdem bereits Ragusa 1445 seinen Frieden gemacht und statt des frühern Tributs von 500 Dukaten das Doppelte zu zahlen gelobt hatte; letzterer Republik waren dafür die ihr 1430 und im Februar 1442 [17] verbrieften Privilegien im osmanischen Reiche erneuert worden. Am 23. Febr. 1446 [18] schloß Venedig Frieden mit Murâd II.; in demselben, der im September zu Adrianopel ratificirt ward, behielt Venedig gegen üblichen Tribut seine sämmtlichen Besitzungen in Griechenland; auch das Herzogthum Naxos ward in denselben eingeschlossen. Dann ward am 28. Juli [19] von dem Baile Dardo Moro die Waffenruhe mit Joannes VIII., der nach wie vor auf seine Hauptstadt, einige feste Plätze am schwarzen Meere und die Inseln Lemnos, Skyros, Skiathos und Skopelos beschränkt blieb, auf fünf weitere Jahre verlängert; da aber die Pest in der Hauptstadt herrschte, ward der betreffende Vertrag erst am 21. April 1448 beschworen. Damals standen außer den Johannitern, die ein Bündniß mit dem Fürsten Ibrahim von Karaman gegen die Osmanen eifrig betrieben, nur noch Kastriota und Huniady in Waffen gegen die Türken. Letzterer, der auf Unterstützung des Serbenfürsten Georg um so sicherer rechnen zu können glaubte, als dieser jüngst zur Befestigung der Mauern von Konstantinopel eifrig beigetragen, zog 1448 [20] aufs Neue ins Feld, ward aber, da ihn die Serben verrätherisch im Stiche ließen, bei Kossovo auf dem Amselfelde, wo einst König Lazar geblutet, am 20. Oct. völlig geschlagen. Bald traten auch die Johanniter vom Kampfplatze ab und schlossen am 15. Dec. 1450 [21] Frieden mit Murâd II.; endlich, da letzterer am 5. Febr. 1451 gestorben, ging nicht nur Huniady einen dreijährigen Waffenstillstand mit dessen Nachfolger Mohammed II. (1451—1481) ein, sondern gleichwie Ragusa sich jetzt zu 1500 Dukaten Tribut anheischig machte, so erneuerte auch Venedig durch Lorenzo Moro am 10. Sept. 1451 [22] den Frieden mit dem neuen Herrscher unter den üblichen Bedingungen.

Drei Jahre früher war Kaiser Joannes VIII. Palaeologos am 31. Oct. 1448 gestorben; den Kinderlosen überlebte seine Mutter Irene noch $1\frac{1}{2}$ Jahr lang, bis sie als Nonne Hypomene am 23. März 1450 starb und neben ihren Söhnen in der Kaisergruft des Pantokratorklosters beigesetzt war; Gemistos Plethon's Grabrede auf sie ist eine der letzten Schriften des bekannten Philosophen. Nach dem Tode Joannes' VIII. suchte sein in der Hauptstadt anwesender jüngster Bruder Demetrios, der sich dort eine Partei gemacht, mit Hilfe der Türken, seiner alten Freunde, die Herrschaft zu erlangen; allein die einflußreichsten Räthe des früheren Kaisers, die Kantakuzeni und der Großadmiral Lukas Notaras, waren dafür, daß die Rechte des Konstantinos, als des nächsten Bruders, gewahrt blieben. Auch Phrantzes arbeitete eifrig für seinen Herrn und begab sich deshalb selbst

12) Secreti Vol. XVI. fol. 101 v. 13) Dlugoss, Historia Polonica. Lib. XII. (Lipsiae 1711. fol.) p. 796—799. 14) Im Juli war derselbe in Constantinopel. Cyriacus Anconitanus, Epp. VI. XVI. XVII. XXIX bei G. Targioni Tozzetti, Relazioni d'alcuni viaggi fatti in diverse parti della Toscana. Tom. V. Firenze 1773. 8. p. [illegible] — [illegible]. 422—429. Drapetto heißt sogar [illegible] des Sultans. Mar. Vol. IV. fol. 57 r v. 15) Secreti Vol. XVI. fol. 129 v. 16) Ebenda fol. 179 v, 205 v.

17) Miklosich, Monumenta Serbica p. 408—411. 18) Commemoriali Vol. XIII. fol. 190 seq. 198 seq. 19) Sindicati Vol. II. fol. 44 r; Datum: Constantinopoli; Commemoriali Vol. XIV. fol. 29 v. 20) Libri bullarum no. 46. (1447—48.) fol. 245. 21) Libri bullarum no. 47. (1450—51.) fol. 198. 218. 22) Commemoriali Vol. XIV. fol. 92.

am 6. Dec. zu dem Sultan, um dessen Zustimmung einzuholen; ebenso sprach sich wol auch der Despot Thomas, der am 13. Nov. nach Constantinopel gekommen und erst in Kallipolis den Tod seines Bruders erfahren, für den legitimen Erben aus. Da der Sultan seinen Consens ertheilte, sandten die Archonten den Manuel Jagros nach Morea zu Konstantinos; sie trafen unterwegs den Alexios Laskaris Philanthropenos, Abgesandten des letztern, und setzten mit ihm die Reise nach Mistithra fort. Dort erst erfuhr der Despot, was vorgefallen; er nahm alsbald das ihm dargebotene Reich an und ließ sich noch zu Mistithra am 6. Jan. 1449 als Kaiser Konstantinos XI. (1449—1453) krönen. Bald folgte auch Phrantzes dahin; am 12. März hielt der neue Herrscher, begleitet von seinem treuen Minister, auf catalanischen Schiffen seinen Einzug in Constantinopel, vom Volke jubelnd begrüßt. Alsbald ertheilte er seinem Bruder, dem Prinzen Thomas, die Despotenwürde; letzterer reiste im August nach Morea ab; am 1. Sept. ging gleichfalls Demetrios (1449—1460) dahin ab, nachdem ihm Konstantinos sein früheres Despotat überlassen; beide Prinzen hatten vor ihrer Abreise vor ihrer greisen Mutter geschworen, sich wie Brüder zu lieben und in Einigkeit den Peloponnesos zu regieren.

Was die Halbinsel anbelangt, so war dieselbe in den letzten Jahren wieder der Schauplatz traurigster Wirren und barbarischer Verheerungen gewesen. Von innern Angelegenheiten verlautet freilich so gut wie Nichts; die wenigen vorhandenen Urkunden bestätigen nur, daß der fränkische Feudalismus sich immer mehr in den griechischen Despotaten einbürgerte. So bestätigte der Despot Thomas im October 1440 [23]) die Privilegien des Demetrios Paläologos Dermokaites und des Joannes Kosotas über ein Grundstück bei Patrá, das ersterer jüngst von Nikolaos Avuris erkauft hatte; im Februar 1444 [24]) verbriefte Konstantinos dem Demetrios Mamonas Gregoras für die guten Dienste, die er ihm bei Erlangung des Despotats geleistet, die ihm von Joannes Frangopulos verliehene Burg Prinikos in Helas; der neue Despot Demetrios endlich erneuerte im Juli 1450 [25]) den beiden Söhnen des Gemistos Plethon die Lehen ihres Vaters in der Art, daß Demetrios Gemistos Phanarion, Andronikos Brysis besitzen sollte; beide Brüder schreiben um dieselbe Zeit an Bessarion über den Tod ihres Vaters, bei welcher Gelegenheit sie des Princeps Chilas als ihres Freundes gedenken. Wer letzterer war, ist nicht ganz klar; doch möchte ich ihn mit dem Albanesenhäuptling von Morea Peter ὁ Καλός identificiren, der, wol ein Sohn des Rosso Bua, uns später noch oft als Peter Bua begegnet, ein Nachkomme der alten Despoten von Arta und Lepanto war und vielleicht eine Tochter des Fürsten Centurione geheirathet hatte [26]). Ein Jahr früher bestätigte Demetrios den Florentinern, mit denen auch sein Bruder Konstantinos stets Freundschaft gehalten [27]), im ersten Jahre seines Despotats alle Handelsfreiheiten, die bisher die Bürger von Florenz und Pisa in Morea gehabt, durch seinen Gesandten Athanasios Laskaris; im Juli 1451 [28]) versicherte Thomas, im August Demetrios, denen bereits im Juni [29]) ihr kaiserlicher Bruder Konstantinos mit gutem Beispiel vorangegangen, die Republik Ragusa voller Handelsfreiheit in dem freilich arg zusammengeschmolzenen Romäerreiche und den Despotaten des Peloponnesos. Der getreuen Stadt Monembasia, der ein Capitain vorstand und in der Venedig 1443 [30]) die von seinen Kaufleuten zu zahlenden Abgaben reguliren ließ, verlieh Demetrios ferner im Februar 1450 [31]) neue Privilegien, sowie Bestätigung der alten Freiheiten, welche dieselbe schon seit der Zeit der ersten Paläologen genoß. Die alten fränkischen Feudalherren der Halbinsel waren dagegen längst verschollen, entweder ausgestorben oder ausgewandert, oder gräcisirt und als Clienten der herrschenden Paläologen selbst mit deren Namen benannt werden, an ihre Stelle waren vollblütige Griechen oder Gasmulen aus halb slawischem oder fränkischem, halb griechischem Blute getreten, wie die lateinischen Frangopuli und die bulgarischen Asan, des Despoten Demetrios übermächtige Schwäger. Der letzte Zaccaria fristete sein Leben im Elend; die Teutschen waren verjagt, nur die Johanniter besaßen noch ihre Ballei in Morea, der „Wilhelm de Verna" 1441—1447, Johann du Fay bis 1453 und dann Wilhelm, Bastard von Brabant, vorstanden [32]). Auch in Attika und auf Euböa besaß der Orden noch Grundbesitz, der unter dem Präceptor von Sykaminon stand; 1448 klagte Ludwig de Muro, der dies Amt bekleidete, sein Pächter, der Ritter Giorgio da Coregna, zahle nicht seine Pacht, da Venedig die Renten zur Befestigung der euböotischen Ordensgüter erhebe. Im März 1450 wurde dasselbe wieder, wie immer auf drei Jahre, an Giorgio Karandinos aus Kreta verpachtet gegen 105 Dukaten Jahreszins; aber da Muro bald darauf starb und Coregna selbst Präceptor ward, wies ihn der Orden am 22. Oct. an, die rückständigen Gelder von den frühern Pächtern, namentlich dem Giorgio Priuli und andern Schuldnern auf Negroponte und im Archipel, einzutreiben [33]). Nach dem Falle Athens und Morea's blieb die Commende Sykaminon, die noch jährlich 100 Dukaten abwarf, auf Euböa beschränkt; du Fay, der beide zuletzt noch inne hatte, überließ sie im Februar

---

23) *Mart. Crusius*, Turcograecia p. 343; *Miklosich* und *Müller* III, 258. n. XV. 24) *Miklosich* und *Müller* III, 258—259. n. XVI (Original im Besitze des Hrn. Gesandten Bourée, früher dem Kloster auf Zante gehörig). 25) Originalurkunde in Neapel. *Miklosich* und *Müller* III, 225—227. n. XLVI; vergl. *F. Pincido*, Illustrazione p. 42—48. 26) Der Beiname καλός, „der Schöne" (Bachetai), ist damals gerade bei albanesischen und slawischen Häuptlingen ein ganz gewöhnlicher.

27) *Bonaini*, Diplomi Fiorentini n. XLI. p. 238. 28) *Miklosich* und *Müller* III, 206—207. n. XLIII (irrig 1439 gesetzt). 29) Ebenda III, 229—234 n. XLVII—XLIX. 30) Mar. Vol. I. fol. 142 v. Venetianische Patricier heiratheten wol auch dortige Damen, so Andrea Cirrano 1444 eine Tochter des Leon Mikelas. 31) *Müller*, Les manuscrits grecs de l'Escurial p. 60—61 (irrig 1440 gesetzt, da Demetrios noch Nichts in Morea zu thun hatte). 32) Libri bullarum no. 44. (1441—42.) fol. 226; n. 44. (1446—47.) fol. 181 v; no. 49. (1453—54.) fol. 166 v. 167, 194. 33) Ebenda no. 46. (1447—49.) fol. 303 v. 374 v. 379 v; no. 47. (1450—51.) fol. 171, 196 v.

1466 [34]) endlich dem Großmeister, zu dessen vielfach imaginairen Einkünften sie seitdem gerechnet wurden.

Sehen wir von den venetianischen Colonien, Epiros und dem Archipel, ab, so war der einzige fränkische Staat, der zur Zeit der Schlacht von Nissa und Varna noch in Griechenland bestand, das den Türken längst zinspflichtige Herzogthum Athen, das damals Nerio II. degli Acciajuoli (1435—1451) beherrschte [35]. Nerio war ein schwacher, unkriegerischer Fürst, ohne Energie; er hatte daher nach wenigen Jahren schon, Ende 1439, seinem jüngeren energischeren Bruder Antonio II. (1439—1441) weichen müssen und sich nach Florenz zurückgezogen. Dort ernannte er am 24. Febr. 1441 [36]) den Tommaso Biti, Luigi's Sohn, zu seinem Bevollmächtigten; am 5. März überließ er ihm, da er ihm für Führung seiner Geschäfte über 200 Gulden schuldete, seine florentinischen Güter. Wahrscheinlich schickte sich Nerio, der sich in beiden Urkunden Herr von Athen und Theben nennt, damals zur Rückkehr nach Griechenland an, wo Antonio II. nach kurzer Herrschaft mit Hinterlassung eines unmündigen Sohnes Francesco (Franco) gestorben war; seine Witwe Maria Giorgio ging 1446 eine neue Ehe mit dem Nobile Giovanni Malipiero ein, der von 1448—1451 das Amt eines Bailo von Euböa bekleidete. Mit Consens der Pforte hatte Nerio II. die Regierung in Athen jüngst wieder übernommen; er zahlte ihr dafür ansehnlichen Tribut. Da warf der Despot Konstantinos seine Augen auf den Rest der Frankenherrschaft in Griechenland und rüstete, nachdem er im März 1444 den Bau des Hexamilions vollendet, zur Unterwerfung Athens. Schon nach Antonio's I. Tode hatte er, wie früher erwähnt, Lust gehabt, sich des Herzogthums zu bemeistern; jetzt, da Nerio's II. Oberherr, der Sultan, durch die Ungarn und Albanesen beschäftigt war, schien die Gelegenheit am günstigsten. Hatte doch vor wenigen Jahren schon sein Bruder Theodoros II., so schwach er auch immer war, in Morea wieder die griechische Herrschaft auf Kosten Venedigs erweitert. Im Jahre 1441 [37]) hatte er nicht nur Maniatochorion und Grision occupirt, sondern auch Thermisi, das als Lehen des Bisthums Argos von Venedig dem Pietro Carandolo übertragen war, sich angeeignet und letzteren nur unter der Bedingung, daß er ihm als seinem rechtmäßigen Oberherrn huldige, zurückgeben wollen [38]). Die Unterhandlungen, die die Republik deshalb mit ihm gepflogen, waren erfolglos geblieben, da er die Gesandten mit leeren Redensarten abzufinden suchte; zugleich hatte sogar 1442 [39]) Demetrios Eboros, der als Capitain des Despoten in Vatika schaltete, Zinsbauern des Tito Gradenigo aus Modone gefangen genommen und mit Zustimmung seines Herrn an Paolo Caluri nach Cerigo verkauft. Während die Republik einerseits Restitution forderte, traf sie daneben Vorsichtsmaßregeln besonders zur Sicherung von Argolis; so ward im Januar 1443 [40]) neben dem Statthalter von Nauplion noch ein eigener Rettore für Argos, zuerst Giovanni Soranzo (1443—1445) ernannt. Was Nauplion selbst betrifft, so lieferte man dem Proveditor auf Bitten der durch Giovanni Catello vertretenen Bürgerschaft im Jahre 1436 [41]) eine neue Galeere; 1438 [42]) wurden verschiedene Steuern aufgehoben, sowie den fremden Familien, wol meist albanesischen, die sich außerhalb der Ringmauern der Stadt ansiedeln wollten, vielfache Immunitäten verliehen. Da 1443 [43]) dort Ueberfluß an Getreide war, gestattete man freien Export desselben; doch hatten sich die Verhältnisse dort schon nach wenigen Jahren so geändert, daß 1450 [44]) laut über allzu große Ausgaben und Verringerung der Einnahmen und der Besitzungen der Gemeinde geklagt ward; man cassirte die Verleihung von Ländern an Albanesen, setzte die übliche Pachtzeit von 29 Jahren auf 5—10 herab und bestellte zwei Beamte, welche über die Gemeindegüter nachforschen und berichten sollten. Als im Januar 1445 [45]) Gesandte der Bürger baten, die alten Gewohnheiten aufrecht zu erhalten und den adeligen Feudalherren keine Einmischung in die Verwaltung zu gestatten, bewilligte man dies gern und hielt es auch aufrecht, nachdem sich herausgestellt, daß jene angeblichen Abgeordneten der Stadt kein Mandat von der Bürgerschaft hatten. Daneben wiederholen sich Lehensstreitigkeiten, wie denn Giorgio de Mio als Erbe seines Bruders Manuel 1443 dem Giovanni di Aporito Catello das große Lehen des Alberaino Pisano, das letzterer auf 29 Jahre gepachtet hatte, streitig machte; Catello ward, da er sich deshalb zu Gewaltthätigkeiten fortreißen ließ, mit dem Bann belegt, jedoch 1448 freigesprochen; er behielt sein Lehen [46]). Zu erwähnen ist ferner ein Privileg vom 12. Aug. 1444 [47]), durch welches die Republik dem dortigen Zigeunerhauptmann (drungarius cinganorum) Johann die von ihrem Proveditor jüngst cassirten Privilegien erneuert, welche Johann's Vorgänger von Ottaviano Buono (1397—1399) einst erhalten, zumal da wir daraus ersehen, daß dies fremde Volk schon vor Anfang des 15. Jahrhunderts sich im Peloponnesos niedergelassen hatte, unter dessen vielfach gemischter Bevölkerung diese „Aegypter" auch ihren Platz neben den seit alten Zeiten dort ansässigen Juden einnahmen. Ebenso thätig blieb Venedig für Modone und Korone; 1445 [48]) ward den dortigen Bürgern gestattet, wieder aus Misithra frei Seide auszuführen; der Hafen in ersterer Stadt ward gebessert; da die Weinstöcke und Oelbäume durch Feuer zu Grunde gegangen, sorgte man durch Zufuhr aus Kreta. Ebenso wurde 1447 [49]) frische Munition hingesandt zur Bewehrung der Castelle; um die

34) Archiv zu Malta. Capit. generalia no. 4. (1466—78.) fol. 33. 35) *Chalcocondylas* VI. p. 322; *Cambini* bei *Sansovino* fol. 146; *Gaddi*, Elogia n. XIV. p. 30 seq. 36) *Buchon*, Nouv. rech. II, 298—302; dipl. Florent. n. LXXII. LXXIII. 37) Mar. Vol. IV. fol. 14 r. 38) Grazie Vol. I. fol. 62; Vol. II. fol. 30 v. 39) Carte Caluri auf Cerigo.

40) Mar. Vol. I. fol. 142 v. 41) Misti LIX. fol. 164. 42) Grazie LX. fol. 66. 43) Mar. Vol. I. fol. 143. 44) Grazie Vol. IV. fol. 17 v. 45) Grazie Vol. II. fol. 87. 148. 46) Registr. Quarantia Vol. IV. p. I. fol. 10; Grazie Vol. XXII. fol. 93; *Raspe* Vol. IX. p. II. fol. 61 v. 47) *Raspe* Vol. IX. p. I. fol. 60; Registr. Quarantia Vol. IV. p. I. fol. 37. 48) Mar. Vol. II. fol. 65 v, 89, 107 v. 49) Grazie Vol. II. fol. 185; III. fol. 16.

griechische Bevölkerung williger zu machen, wurden verschiedene Lasten der Leibeigenen abgeschafft. Doch nur zu bald erneuerten sich die Collisionen mit den griechischen Despoten, die, obgleich Konstantinos' Heerzug gegen Mittelgriechenland gar schwer gebüßt worden war, doch nicht aufhörten, gegen ihre lateinischen Nachbarn Gewaltstreiche aller Art auszuführen.

Im Jahre 1444 hatte Konstantinos seine und seines Bruders Thomas Truppen bei Korinth concentrirt, welche Stadt, die wichtigste Grenzfestung, damals der Obhut des Demetrios Asan, Schwagers des Despoten Demetrios, anvertraut war [50]). Er wandte sich zunächst nordwärts gegen Nerio II., nöthigte ihn, für Böotien die Huldigung zu leisten, und legte ihm einen Tribut von 30,000 Goldstücken auf. Während catalonische Piraten fortfuhren, die Küsten Griechenlands zu verheeren, erneuerte der Despot im Februar 1445 seine Heerfahrt; er besetzte Daulis und einen großen Theil von Phokis, so Livadien, das er nebst Vetriniza [51]) einem Capitain unterordnete; letzteres, das Murâd II. den Venetianern überlassen, entriß er dem vom Rettor von Lepanto dort eingesetzten Befehlshaber und behauptete es trotz der Reclamation der Republik eine Zeit lang. Da bald die Albanesen und Wlachen in Thessalien sich für den Palaiologen erklärten, gelang es ihm, auch dort sich Herrschaft zu verschaffen; ein wlachischer Großer ward über die Provinz gesetzt. Nun aber wandten sich Nerio II. und Turachan an den Sieger von Varna und forderten sein Einschreiten gegen den übermüthigen Griechen. Turachan, der Thessalien als sein Erblehen ansah, war dabei nicht minder interessirt, als der Herzog, der factisch auf Athen und die unbezwingliche Akropolis beschränkt war; dort in seiner Residenz hatte ihn Ciriaco aus Ancona zugleich mit seinem Vetter Nerio di Donato Acciajuoli jüngst besucht; in einem sehr interessanten Briefe vom 24. März 1445 [52]) hat uns ersterer eine ausführliche Beschreibung des Parthenons und anderer Alterthümer der hehren Stadt geliefert. Noch wähnte sich Konstantinos in seinem Besitze sicher; im Frühjahre 1445 flohen 300 Burgunder zu ihm; auch die Serben sagten Beistand zur Vertheidigung des Hexamilions zu; der Bund mit dem dortigen Despoten Georg schien neu befestigt, seitdem dessen Sohn Lazar im October 1446 die Helena Palaiologina, des Thomas Tochter, heimgeführt hatte. Nun war auch noch Ende December 1445 [53]) endlich sein getreuer Phrantzes auf venetianischem Schiffe von Constantinopel nach Morea gekommen; er ward dem Joannes Sophianos Damonogiannis, der bisher allein als Minister des Despoten fungirt hatte, beigeordnet und am 1. Sept. 1446 zum Präfecten von Misithra nebst Umgegend (Kulas [die Burg], Hebraïki Trypi, Tzeramion, Pankota und Sklavochorion) ernannt; dem Range nach sollte er den beiden andern Präfecten im Despotat, dem Joannes Kantakuzenos in Korinth und dem Alexios Laskaris in Patrâ, gleichstehen. Unterdessen folgte Murâd II. der Aufforderung Nerio's und Turachan's und sammelte im Frühjahre 1446 ein stattliches Heer zu Pherä, mit dem er zunächst nach Theben zog, die Stadt dem Befehlshaber des Despoten entriß und dem Herzoge, seinem Vasallen, restituirte. Ein detachirtes Corps unter Přilrbeg verjagte die Romäer aus Livadien und Galaxidion [54]); letztere Stadt leistete gleich Salona aufs Neue die Huldigung durch Ignatios Kavasilas und empfing Bestätigung ihrer alten Freiheiten. Während Venedig im Januar [55]) zur Vertheidigung der bedrohten Halbinsel rüstete, Konstantinos aber und Thomas sich im August in Person nach Korinth begaben, um die Vertheidigung der Mauern zu leiten, rückte das Heer des Sultans, wohl mit Belagerungsgeschütz versehen, am 27. Nov. vor das Hexamilion. Vergeblich sandte Konstantinos den Chalkokondylas, des Historikers Vater, mit Friedensvorschlägen an Murâd, vergeblich erklärte er sich bereit, auf Mittelgriechenland zu verzichten; der Sultan, der den Gesandten wie einen Spion behandelte und in Ketten nach Pherä senden ließ, forderte Schleifung der Mauern und Zins für den Peloponnesos. So begann denn die Belagerung am Abend des 3. Dec. 1446. Nach langer tapferer Gegenwehr mußten die Vertheidiger am folgenden Tage weichen; zahllose Leichen bedeckten den Platz; der Unzuverlässigkeit der Albanesen oder der fränkischen Hilfstruppen schrieben die Romäer später die furchtbare Niederlage zu. Genug, das Bollwerk fiel und ward nun wiederum fast vollständig zerstört; die Despoten flüchteten in größter Eile nach Misithra; 300 Gefangene wurden sofort gemetzelt. Während ein türkisches Corps unter Turachan die Despoten ins Innere der Halbinsel verfolgte, wandte sich Murâd mit dem Kern des Heeres noch an demselben Tage gegen Vasilikata, das alte Sikyon, das nebst seiner Akropole trotz Gegenwehr fiel und verbrannt ward; dann gings mit einer Masse Gefangener und reicher Beute über Vostitza, dem gleiches Schicksal ward, gen Patrâ. Die Stadt war von der Mehrzahl ihrer Einwohner verlassen; die 4000, die dort geblieben, wurden, wenn sie nicht dem Schwerte der Osmanen zum Opfer fielen, in die Sklaverei fortgeschleppt. Dagegen scheiterte der Sturm der Osmanen an der festen Burg (Kules auch genannt, wol von collis) und deren wackerer Besatzung; da zudem der Winter da war, entschlossen sie sich zur Rückkehr; gegen 60,000 Gefangene folgten dem Heere; um Spottpreise wurden, wie damals so oft, die schönsten Sklavinnen verschleudert. Konstantinos aber fristete die Erhaltung seiner Herrschaft nur dadurch, daß er auch die letzte ihm vom Sultan auferlegte Bedingung, die Zahlung einer Kopfsteuer für das Despotat, erfüllte; zu Theben, wo letzterer 1447 weilte und glänzenden Hof

50) Cyriacus Anconitanus, Epp. IV. XIX bei Tozetti a. a. O. p. 441 seq. 539; Chalkokondylas VI, 318 seq.; VII, 341 seq.; Ducas cap. XXXII. p. 222; Magno, Annali. Vol. V. (Cod. Foscarin. Vindob. n. 6214) fol. 259 v. 51) Mar. Vol. II. fol. 71 v. 52) Cyriacus Anconitanus, Ep. III. bei Tozetti a. a. O. p. 438—441. 53) Vergl. zu den oben genannten Quellen auch Phrantzes II, 19 seq. p. 200 seq.; [illegible] p. 115 seq.; Chron. breve p. 518; Anhang.

54) Chron. Galaxidii p. 209. 55) Mar. Vol. II. fol. 102.

hielt, ward ein Generalpardon verkündet; die Gesandten der Despoten Konstantinos und Thomas erschienen mit Geschenken und leisteten, gleich Nerio II., als Vasallen des Großherrn die Huldigung. Damit war denn auch die Selbständigkeit Morea's faktisch verloren. Die beiden Despoten, der Pforte zinsbar, weilten nun ein Paar Jahre ruhig in ihren Residenzen; im August 1447 sandte Konstantinos den Phrantzes aufs Neue nach Constantinopel und von da nach Trapezunt und Georgien, um für ihn eine dritte Gemahlin auszuwählen; doch zogen sich die betreffenden Unterhandlungen sehr in die Länge. Als Kaiser Joannes VIII. starb, war, wie wir sahen, der Minister wieder in Constantinopel; im October 1449 reiste er wiederum nach Georgien ab, da eine Verbindung des neuen Kaisers mit der dortigen Prinzessin mehr Vortheile zu bieten schien, als neue Verschwägerung mit den Groß-Komnenen von Trapezunt; erst 1451 kehrte er auf dem Schiffe des Antonio Riccio in die Hauptstadt zurück. Dort fand 1452 die Verlobung seiner Tochter Thamar mit Nikolaos Melissenos, „Fürsten von Arnos und Ithome," statt, der den zukünftigen Schwiegervater zu seinem Statthalter in Messenien bestellte. Doch ward die Ehe nicht vollzogen; in türkischer Gefangenschaft beschloß Thamar, erst 14 Jahre alt, ihr Leben im September 1455 im Serraglio, während Nikolaos, durch den Despoten Thomas aus seinem Erbtheil verdrängt, auf Kreta als Papas, mit einer andern vermählt, gestorben ist.

Während 1449 sich seine Brüder Thomas und Demetrios in den Besitz von Morea theilten, herrschte Konstantinos XI. als letzter Nachfolger des großen Konstantinos in der Kaiserstadt. Wol war er sich der Gefahr bewußt, die ihn von Seiten der Türken bedrohte; fortwährend suchte er Beistand im Abendlande gegen Murâd II., der noch im ersten Jahre seiner Regierung seine Herrschaft über das ganze Despotat Epiros ausgedehnt hatte. Allein selbst Karl VII. von Frankreich, sonst zur Hülfe bereit, konnte ihm vor der Hand nichts Besseres rathen, als sich mit den Osmanen zu vertragen; für den schlimmsten Fall verhieß er seinem Abgesandten Bessarion von Trapezunt glänzenden Empfang und sicheres Asyl im eigenen Reiche [56]). Venedig schien dagegen, unter Foscari's Einfluß, Byzanz als einen schon verlorenen Posten anzusehen, der höchstens noch einige commercielle Interessen bieten könne; daher ward der Bailo Nicolò da Canale am 2. Aug. 1450 [57]) angewiesen, vor allen Dingen die Erneuerung der Handelsprivilegien zu betreiben; sie bilden den Hauptinhalt der am 23. Oct. [58]) erfolgten Ratification des mit Kaiser Joannes VIII. abgeschlossenen Waffenstillstandes. Man blieb lau, obgleich der Gesandte Andronikos Leontaris 1451 [59]) dringend um Hülfe bat; man rechnete auf einen Sturm von Osten, der, wie einst der Timurs, das Reich der Ungläubigen zertrümmern sollte, und baute auf die Thatkraft des Tataren Usun Hasan, des Herrschers von Persien, ohne der eigenen das Mindeste zuzutrauen [60]). Wirklich wandte sich dieser, von den noch halb unabhängigen Seldschukenfürsten Asiens, den Herrschern von Karaman und Sinope, zu Hülfe gerufen, gegen den neuen Großherrn Mohammed II., der, nun in Asien beschäftigt, gern mit Konstantinos scheinbar Frieden einging; auch Venedig hatte mit Ibrahim von Karaman durch Giovanni Moresini verhandelt und endlich am 12. Febr. 1453 [61]) ein Bündniß abgeschlossen. Allein schon 1452 war die Hauptstadt aufs Aergste wieder bedroht; Gesandte des Kaisers flehten Venedig, flehten den Papst um schleunige Sendung eines tüchtigen Kreuzheeres an [62]). Aber nirgendwo fand dieser Nothschrei nachhaltigen Anklang; mochten auch die Humanisten Italiens sich der Sache des sterbenden Römerreichs eifrig annehmen, und ein Francesco Filelfo, der Schwiegersohn des Joannes Chrysoloras und der Manfredina Doria (Tochter des Ilario) und so dem Kaiserhause selbst nahe verwandt, in phantastischen Briefen das Abendland zum Kriege gegen den Halbmond anfeuern, die Mächte, die bisher in der orientalischen Frage ihre Stimmen allein abzugeben gewohnt waren, thaten wenig oder Nichts für die Erhaltung der Hauptstadt. Der Papst, wohlmeinend, aber nicht durchdringend, predigte das Kreuz; Genua hielt sich neutral, während seine Colonie in Galata und namentlich der dort allmächtige Francesco Draperio, Pächter des Alauns von Phokäa, offen mit den Türken fraternisirte; Venedig endlich traf zwar Vorkehrungen zum Schutz des eigenen Landes, namentlich der Grenzfestung Pteleon [63]), der Burg Galata bei Lepanto und der Insel Euböa, gebot aber im Uebrigen am 8. Mai 1453 [64]) dem Bartolommeo Marcello, möglichst gutes Einverständniß mit Mohammed II. zu halten und einen dauernden Frieden zu vermitteln. Nun begann Mohammed II. schon 1452 mit vollster Berechnung und Energie zur Eroberung der Hauptstadt zu rüsten: Konstantinos, auf sich selbst angewiesen, schaute sehnsüchtig nach dem Abendlande hin, Erlösung hoffend, obgleich die Fanatiker in der Hauptstadt lieber den Halbmond auf der Sophienkirche thronen sehen wollten, als daß sie sich mit den verhaßten Lateinern über das Ausgehen des heiligen Geistes einigten. Durch glänzende Versprechungen, mit denen einst auch Balduin II. nicht minder freigebig gewesen, suchte der letzte Palaiologe Vertheidiger aus dem Westen anzulocken; so verlieh er 1452 [65]) dem Markgrafen Giovanni I. von Carretto, der ihm Hülfe verhieß, das „Herzogthum Salmydessos," dem Huniady bald darauf das heimgefallene Mesembria; dem Alfons von Aragon-Sicilien bot er die Insel Lemnos an, die er später, als die Noth aufs Aeußerste gestiegen, durch Chrysobull dem wackern Mao-

56) *Ducange*, Familiae Byzantinae n. XL. p. 246—247. 57) Secreti Vol. XVIII. fol. 208 r v. 58) Commemoriali Vol. XIV. fol. 78; Capitulare ponderatorum (Cod. Vindob. olim Bragadin. no. 253) fol. 279. 59) Mar. Vol. IV. fol. 58 v; *Raynaldi* a. 1451. n. 1 seq.; 1452. n. 4, 14 seq.; 1453. n. 1 seq.

60) Guerre de' Turchi im Archiv G. Sebrio zu Modena. 61) Commemoriali Vol. XIV. fol. 118 v. 62) Secreti Vol. XIX. fol. 12 v, 170, 184. 63) Proprium Vol. II. 64) Sindicati Vol. II. fol. 69 v; Mar. Vol. IV. fol. 187. 65) *Andr. Columbus*, Tabulae genealogicae gentis Carrettensis. Vindobonae 1741. 4. tab. X.

nesen von Chios, Giovanni Giustiniani, verbriefte. Doch Alles vergeblich; die Hilfe aus dem Occident blieb aus. Die Belagerung der Hauptstadt begann; ihr Verfolg ist bekannt genug; das Geschwader, das jetzt endlich Venedig in See stechen ließ, kam zu spät. Am 28. Mai 1453 capitulirten die Genuesen in Galata; sie ergaben sich dem Zaganospascha, der ihnen billige Bedingungen stellte; ihren Gesandten Babilano Palavicini und Marchio de' Franchi ward freier Handel für ihre Nation im ganzen osmanischen Reiche garantirt; sie behielten ihre Kirchen; ihre Kinder sollten nicht zu Janitscharen gepreßt werden [66]. Dafür ließ die Colonie von Galata die Hauptstadt im Stich. Giustiniani entfloh mit Mühe nach seinem Chios, wo er bald seinen schweren Wunden erlag; für die verlorne Sache bis zum letzten Augenblick treu kämpfend, fiel Konstantinos XI. verzweifelnd im Handgemenge; am 29. Mai 1453 ward die Kaiserstadt die Beute des Osmanen, der beim Eingang in das alte Haus der Cäsaren die bekannten, ewig denkwürdigen Worte des persischen Dichters wiederholte: „Die Spinne verrichtet Thürsteherdienste in den Kaiserhallen, die Eule stimmt das Feldgeschrei in Afrasiab's Palast an." Eine ausführliche Darstellung des Falles von Constantinopel, der Vernichtung des Byzantinismus in Europa, gehört nicht hierher, da wir hier nur mit dem eigentlichen Griechenland zu thun haben. Doch kann ich nicht unerwähnt lassen, daß Mordtmann, der nach Hammer und Zinkeisen in neuester Zeit am ausführlichsten diese Katastrophe behandelt hat, bei weitem noch nicht alle zeitgenössischen Quellen berücksichtigt hat [67]. So würden von griechischen z. B. noch der schon erwähnte Θρῆνος τῆς Κωνσταντινουπόλεως, dem Ellissen [68] auch des libertus Puscolus Constantinopolis angehängt hat, vor Allem aber die Chronik des Kritobulos, von dem uns Dethier in Constantinopel endlich eine vollständige Ausgabe verspricht, zu berücksichtigen sein, ebenso die russische „Erzählung von Constantinopel" [69], die meines Wissens bis jetzt nur der Russe M. Stasjulewitsch [70] herangezogen hat. Ebenso sind von gedruckten occidentalischen Berichten der bei Martene und Durand (l. 1819—1826), die schon von Zinkeisen benutzte Historiola quae vocatur Constantinopolitanae civitatis expugnatio (Upsaliae 1835. 8.), der beim Fortsetzer des Bartolommeo Pugliola (bei Muratori XVIII, 701 seq.) und mehrere andere noch zu beachten; von ungedruckten abschriftlich in meinem Besitze befindlichen Nachrichten erwähne ich nur des Mario Filelfo Amyris oder poetische Verherrlichung Mohammed's II. (Original auf der Stadtbibliothek zu Genf), die des Antonio Losco gleichfalls in einem Gedichte an Pius II. (Bibliothek Trivulzio zu Mailand), den Bericht des Genuesen Adam de Montaldo aus Pera an seinen Landsmann Meliaduce Cigala (Archiv zu Utrecht), eine ausführliche Relation eines andern Augenzeugen im Archive zu Malta [71] und andere mehr.

Erst nachdem Byzanz gefallen, raffte sich Venedig zum Handeln auf. Während der Papst Kreuzbullen in die ganze Welt sandte, rüstete die Republik ihre Flotte aus, die wirklich den Rest des Romäerreichs rettete, d. h. die bisher zum Kaiserthum gehörigen Inseln, mit Ausnahme von Lemnos, besetzte [72]. Allein weiter richtete sie Nichts aus, und so war man froh, daß der Sieger sich die ihm von Bartolommeo Marcello vorgetragenen Bedingungen gefallen ließ und am 18. April 1454 [73] einen noch günstigen Frieden schloß, in dem nicht nur Venedigs Besitzstand — einschließlich der jüngst erworbenen Inseln — und die Selbständigkeit des Herzogthums Naxos gerettet wurde, sondern Venedig sogar noch durch einen spätern Zusatzartikel die bisher von den Anconitanern in der Hauptstadt besessenen Lagerhäuser nebst ihren Kirchen erlangte [74].

Wenden wir uns nun zu dem eigentlichen Griechenland und zunächst zu der Herrschaft der Paläologen in Morea, welche die ihres Bruders in Byzanz nur sieben Jahre überdauerte, zurück. Die Despoten Thomas und Demetrios waren nur so lange einig, als sie gemeinsames Interesse gegen Venedig verband, auf dessen Kosten beide ihre Despotate erweitern wollten. Schon im August 1449 [75] ward von Modone und Korone aus über Gewaltthätigkeiten derselben geklagt. Während Thomas sich hartnäckig weigerte, Manjalochorion und Griskon zu restituiren, plünderten die von Mistra in den Castellanien und schleppten Beute in Menge fort. Venedig sandte darauf den Benedetto Priuli, um dem Demetrios darüber Vorstellungen zu machen, und letzterer schickte dann den Athanasios Laskaris, der ohnehin seine Interessen in Rom wahrnehmen sollte, nach Italien. Am 12. Sept. 1450 [76] kam es zu einem Vergleiche; Venedig verhieß dem Despoten volle Neutralität bei etwaigen Conflicten mit andern — wobei zunächst außer den Türken an Thomas zu denken ist — und gelobte, seine Burgen zu schirmen, sie im Nothfalle von ihm anzunehmen und ihm gegen Erstattung der Kosten zu restituiren; zugleich wurden die Castellane von Modone und Korone beauftragt, die in den Colonien deponirten Pfänder von Bürgern aus Mistra, sowie die bei Luca da Verona seit Jahren ruhenden Gelder des Protostrators Dämonogiannis zurückzugeben; freie Seidenausfuhr aus Mistra ward aufs Neue ausbedungen. Dagegen wollte die Republik, obgleich sie damit diese Sache als abgemacht ansah und den Laskaris darauf angelegentlich der Curie empfahl, sich nicht dazu verstehen, dem Despoten ein Schiff zur Reise nach Con-

66) Griechisch bei Hammer a. a. O. I, 676—677 und daraus bei Miklosich und Müller III, 287—288. u. V; italienisch (genauer) bei Zinkeisen, Osmanisches Reich II, 26—27. 67) Belagerung und Eroberung Constantinopels durch die Türken. Stuttgart und Augsburg 1858. 8. 68) Analekten Bd. III. 69) Повѣсть о Царѣградѣ, herausgegeben von J. Sreznewskij. St. Petersburg 1855. 8., deutsch in den Jahrbüchern für slawische Literatur 1855—56. Bautzen. 8. Heft 4. S. 241—265. 70) Осада и взятіе Византіи Турками. St. Petersburg. 8.

71) Libri bullarum no. 49. (1453—54.) fol. 116 seq. 72) Secreti Vol. XIX. fol. 29 r; Mar. Vol. V. fol. 2. 73) Commemoriali Vol. XIV. fol. 136—137 v; ratificirt am 28. Juni. 74) Mar. Vol. V. fol. 48 v. 75) Ebenda Vol. III. fol. 134 v. 76) Ebenda Vol. IV. fol. 2, 8 v.

stantinopel zu liefern; man fürchtete nur mit zu vielem Grund, derselbe beabsichtige ein Bündniß mit den Osmanen. Mit Thomas konnte man sich dagegen nicht einigen; Dörfer und Territorien, die zu den Colonien gehörten, hielt er nach wie vor besetzt, sodaß letztere verarmten; Zölle wurden gegen alle Gewohnheiten von den venetianischen Kaufleuten erpreßt; daher sollte, so beschloß man am 10. Oct.[77]), der Gesandte in Constantinopel Nicolò da Canale den Kaiser zum Einschreiten bestimmen. Aber nicht nur erfolgte kein Ersatz, sondern Demetrios, der bald darauf mit seinem ehrgeizigen, nach Alleinherrschaft trachtenden Bruder in Fehde gerieth, folgte sogar dessen Beispiele und occupirte neue Stücke der Castellanien, während sein Primicerius Laskaris um Argos plünderte, sein Capitain in Chiliarna Steuern erhob, die Albanesen auf Nauplion einen schweren Druck ausübten. Man schrieb daher im Juli 1451[78]) nicht nur dem Demetrios und Thomas, sondern knüpfte auch Unterhandlungen mit dem neuen Sultan, dem Oberlehensherrn der Despoten, an und versuchte, durch einen Vertrag mit letzterem einen Theil von Morea selbst zu erlangen. Alles vergebens. Daher ward am 23. Aug.[79]) Sequester auf Güter von Unterthanen des Demetrios gelegt; Thomas aber, dem Canale selbst in Klarentza Vorstellungen gemacht, antwortete von dort aus am 20. Dec.[80]) mit leeren Redensarten. Venedig forderte ihn nun auf, einen ordentlichen Gesandten zur definitiven Beilegung der Differenzen zu senden und namentlich sofort das Dorf Ferni bei Modone seinem Herrn, dem Pietro di Giovanni und Filippo di Paolo Cornaro, zu restituiren; aber umsonst. Im März 1453[81]) erging nun der Befehl, in Zukunft sollten die Castellane keinem Griechen mehr ein Leben dort übertragen, da die Despoten sofort diese Art Feudalherren als ihre Leute anzusehen pflegten; zugleich ward Thomas, unter Androhung des Kriegs, noch einmal zur Restitution aufgefordert. Aber nun kamen zu dem Falle der Hauptstadt noch weitere Verwickelungen in Morea selbst; die Sache blieb liegen; erst im December 1454[82]) ward neues Sequester gegen das Eigenthum des Thomas ausgesprochen, da dieser in seinem blinden Uebermuthe sogar an Kaufleute der Republik Hand gelegt und dieselben eingekerkert hatte. Waren Venedig gegenüber die Despoten eines Sinnes, so hatten sie dagegen die Scheideworte ihrer greisen Mutter schlecht beherzigt; statt brüderlicher Liebe herrschte unter ihnen ein tödtlicher Haß, dazu die große Verschiedenheit der Charaktere: Demetrios schlaff und feige, von seinem Schwager, dem Asan, beherrscht, Thomas wenigstens energisch, aber treulos und eidbrüchig. Bald kam es zwischen ihnen zu offenem Kriege[83]); Demetrios rief die Türken herbei. Turachan überschritt den verheerten Isthmos und stiftete Frieden; Thomas mußte dem Bruder Arkadien (Skorta) und Kalamata, das er ihm jüngst entrissen, zurückgeben. Allein kaum war der Satrap nach Pherä heimgekehrt, als der alte Zwist aufs Neue erwachte. Wieder zog Turachan im October 1452, von seinen Söhnen Ahmed und Omar begleitet, nach dem Peloponnesos, nicht nur um als Schiedsrichter zwischen den feindlichen Brüdern zu schlichten, sondern auch sie so zu beschäftigen und lahm zu legen, daß Konstantinos von ihnen keine Unterstützung erhalten könnte. An dem Hexamilion stieß er diesmal auf Gegenwehr; erst nach blutigem Gefecht ward die Position gewonnen, und plündernd überschwemmten die Horden der Osmanen das unglückliche Morea. Turachan selbst durchstreifte Arkadien und dann den Westen, wo er Neokastron nahm, allein Siderokastron nicht bezwingen konnte; alles Land zwischen dem Golfe von Messenien und der Ebene von Mantinea und Nikli (Tegea) ward ausgesogen. Dagegen ward Ahmed, Turachan's Sohn, der mit einem Streifcorps sich gegen Leondari gewandt, von Matthäos Asan überfallen, besiegt und mit vielen andern Gefangenen nach Mistra zu Demetrios gesandt. In dem Hause des Thomas war damals kurze Freude, da ihm endlich am 17. Jan. 1453[84]) ein Sohn geboren ward, der Einzige, auf dem die Hoffnung seines Hauses beruhte; derselbe erhielt den Namen Andreas, wol zur Erinnerung an den Schutzpatron seiner Residenz Patrá. Aber die Freude verwandelte sich bald in Kummer, als die Nachricht vom Fall der Hauptstadt und des Bruders eintraf; im Herbst erschien auch Phrantzes, der Augenzeuge der Katastrophe, selbst in die Hände der Türken gefallen und erst neuerdings ausgelöst, in Mistra bei Thomas, der ihn, den gewandten Diplomaten, nicht minder hoch hielt, wie einst sein Bruder Konstantinos, und ihn im December zu Leondari mit der Stadt Kerteza belehnte. Anfangs hatten die Despoten gewähnt, jetzt, da Byzanz gefallen, komme auch an sie die Reihe; sie hatten schon zur Flucht gerüstet, beruhigten sich jedoch wieder, da der Großherr ihnen den Besitz ihrer Despotate ließ. Dagegen brach noch im Sommer 1453[85]) im Peloponnesos selbst eine Rebellion aus, welche das Fortbestehen byzantinischer Herrschaft in Frage stellte. Die Albanesen, die wol damals schon den Kern der dortigen Bevölkerung bildeten und, sich ihrer Kraft bewußt, 30,000 streitbare Männer, seit Jahren eine gewisse Selbständigkeit genossen, erhoben sich unter ihrem Häuptling Peter Bua gegen die byzantinische Wirthschaft. Mit ihnen waren manche unzufriedene griechische Archonten im Bunde, die längst der Misregierung beider Despoten überdrüssig waren, so namentlich Theodoros Bokalis Leontarios, der 1440, als Murâd II. das Hexamilion zerstört, sich gegen Thomas offen empört hatte, dann von Manuel Kaul gefangen und geblendet, doch schließlich aus der Haft entlassen war. Bokalis hatte sich damals im Interesse des Giovanni Asano Zaccaria, natürlichen Sohnes des Fürsten Cen-

77) Ebenda fol. 14 v. 78) Ebenda fol. 67, 76 v, 77 v; Secreti Vol. XIX. fol. 72, 78. 79) Mar. Vol. IV. fol. 83. 80) Ebenda fol. 97 v; Commemoriali Vol. XIV. fol. 78. 81) Mar. Vol. IV. fol. 168, 177, 180 v. 82) Ebenda Vol. V. fol. 12 v. 83) *Phrantzes* III, 10. p. 235 seqq.; *Chalkokondylas* VII, 378, 381.

84) Am 2. Jan. 1456 folgte ein zweiter Sohn Manuel. 85) *Phrantzes* IV, 14. p. 393 seqq.; *Chalkokondylas* VIII. p. 406 seqq.; *Spandugino* a. a. O. fol. 197—198; *Cambini* ebenda fol. 153 v; *Magno*, Annali. Vol. VI; *Zorzi* z. J. 1454.

turione, den er, gegenüber dem Thomas, Gemahl der Katharina Zaccaria, als legitimen Herrscher ansah, und der bei dieser Gelegenheit sich eiligst nach Achaia begeben, erhoben; da das Unternehmen aber mislang, ließ Thomas seinen Schwager in der Burg Chlomutzi einkerkern und einen andern seiner Schwäger, wie es heißt — vielleicht jenen Oliverio de' Franchi — blenden und verstümmeln; später theilte Nikephoros Lukanes, ein Parvenu, auf den Theodoros II. große Stücke gehalten, das Loos des letzten fränkischen Erben von Achaia und schmachtete mit ihm in Chlomutzi. Während Bokalis sich eifrig für den Gefangenen interessirte, erhob sich ein neuer Prätendent auf das griechische Despotat in der Person des Manuel Kantakuzenos, der, ein Sohn des Georgios (des Lahmen, Sachetai), früher in Konstantinopel weilend, als Feudalherr den besten Theil der Maina inne hatte und die Ansprüche seiner Ahnen, der ersten Despoten von Misithra, gegen die Paläologen, die er als Usurpatoren ansah, geltend machen wollte. Ihn nun erhoben die Albanesen zum Despoten des Landes; er selbst schloß sich ihren Sitten und Gebräuchen so eng an, daß er selbst, wol zum Andenken an seinen kaiserlichen Ahnherrn Joannes VI., einen albanesischen Namen Ghin annahm, während seine Gattin Maria sich Cuchia nennen ließ. Obgleich die aufständischen Albanesen, die bald das ganze platte Land, gleich ihren Bergen, nur die Städte nicht, als ihr eigen ansehen konnten, numerisch die stärkeren waren, schien es ihnen doch räthlich, sich mit Venedig in Einvernehmen zu setzen, und so machten sie denn dort im Juli 1453 das Anerbieten, mit ihrem Despoten die Oberhoheit der Republik anzuerkennen. Anfänglich schien dasselbe annehmbar, um so mehr, als die Differenzen mit den Despoten noch immer nicht erledigt waren; allein man fürchtete doch nicht ohne Grund türkische Einmischung und befahl daher dem Nicolò da Canale am 11. Aug. [66]), ein Abkommen zwischen den Paläologen und den Albanesen zu vermitteln. Aber erstere hatten sich schon mittlerweile an Omâr, den Sohn des hochbejahrten Turachan (gest. 1456), gewandt, pünktliche Tributzahlung der Pforte gelobt und um Beistand gefleht; Thomas, der als der älteste überlebende Bruder Konstantinos' den Kaisertitel hätte annehmen können, begnügte sich gern mit dem eines Despoten. Im December erschien Omâr in Morea, entsetzte die von den Albanesen bedrohte Hauptstadt und trieb letztere, die eine leichte Niederlage erlitten, ins Gebirge; zum Dank entledigte Demetrios den Ahmed, Omâr's Bruder, seiner Haft. Allein mit dem Frühling 1454 erneuerte sich die Gefahr; Thomas hatte den Phrantzes als Gesandten nach Serbien bestimmt; allein noch ehe er den Peloponnesos verlassen konnte, erfuhr er, daß der Aufstand weitere Dimensionen genommen, und kehrte daher schleunigst zu seinem Herrn zurück [67]).

Während ein albanesisches Corps den Demetrios in Misithra blokirt hielt, andere Schaaren das Land plündernd und sengend durchzogen, das Vieh wegraubten, die vornehmsten Romäer als Sklaven verhandelten, gelang es dem Bokalis endlich, den Statthalter von Chlomutzi für sich zu gewinnen, indem er ihm eine Tochter Centurione's, vielleicht die Witwe Franchi's, zur Gattin verhieß. Dafür ließ dieser den Giovanni Asano und den Lukanes frei, die nun mit ihrem bei den Franken und Griechen des Landes weitreichenden Einflusse die Rebellen verstärkten. Mit ihnen zog das Hauptcorps der Albanesen gegen Kline und Patrà; obwol dasselbe erheblichen Verlust erlitt, ward doch der Despot Thomas so in die Enge getrieben, daß er sich nun gern Venedigs Vermittelung gefallen lassen wollte. Dagegen rief Demetrios durch seinen Schwager Asan aufs Neue den Beistand Turachan's an. Jetzt stand Alles auf dem Spiele. Am 18. Juni [68]) gebot Venedig dem Canale, schleunigst zwischen den Despoten und den Albanesen zu vermitteln; da er, längst von der Fruchtlosigkeit solcher Bemühungen überzeugt, den ihm gewordenen Auftrag ablehnte, ward ihm am 30. desselben Monats Vettore Capello substituirt. Derselbe sollte, so lautete seine Instruction vom 16. und 19. Juli [69]), sich zunächst zu Thomas begeben, von ihm in erster Linie Rückgabe der zu den Castellanien gehörigen Territorien fordern, dann aber ihm vorstellen, daß die Unabhängigkeit der Halbinsel aufs Schwerste bedroht sei, und nur schleunigste Vereinigung mit den Albanesen und mit Demetrios dieselbe aus der Hand der Türken erlösen könne. Wolle Thomas sich den Propositionen Venedigs fügen, so solle Capello sich erst zu Demetrios, dann zu den Albanesen begeben und diesen die Sicherheit des „Fürsten Centurione" verbürgen, allen Theilen aber aufs Dringendste die drohende Gefahr vorstellen und sie zur Einigkeit ermahnen. Fänden seine Worte kein Gehör, so solle er sich ebenso rasch nach Modone zurückbegeben, damit dort Vorsichtsmaßregeln getroffen würden, da die Sache von höchster Wichtigkeit für Venedigs Seeherrschaft sei. Nun kam noch dazu, daß am 20. Juli [70]) gemeldet ward, Demetrios sei des Beistandes der Türken sicher, und die Albanesen dächten daran, da sich Venedig ihrer nicht angenommen, den Peloponnesos der alten Rivalin Genua, der Heimath der Zaccaria, anzubieten. Daher ward, da die Unterhandlungen mit den Despoten sich als durchaus fruchtlos erwiesen, Capello am 26. Sept. [71]) ermächtigt, ein festes Bündniß zwischen der Republik und den Albanesen, sowie dem Despoten Ghin Kantakuzenos abzuschließen. Allein noch ehe es soweit gekommen, war Turachan eingerückt; die Despoten wiederholten ihre Huldigung. Zunächst folgte ihm Demetrios, sein alter Freund, gegen Borduuia, wo die Hauptschaar der Albanesen sich mit Weib und Kind verschanzt hatte. Die Osmanen bestürmten die Festung vergeblich; in der Nacht aber ließen die Vertheidiger sie

66) Secreti Vol. XIX. fol. 214v, 215, 218. 67) Erst im Sommer reiste er von Patrà über Corinth durch Mittelgriechenland nach Arnos, wo er am 1. Sept. 1454 eintraf; nachdem er in Adrianopel seine Gattin und eine Verwandte ausgelöst, kehrte er im Februar 1455 nach Patrà heim.

68) Mar. Vol. V. fol. 40rv, 48v. 69) Secreti Vol. XX. fol. 23v, 24. 70) Mayno a. a. O. 71) Secreti Vol. XX. fol. 35v.

im Stiche und flüchteten; Turachan verfolgte sie und führte siegreich 10,000 Männer und Weiber als Sklaven fort. Dann mußte ihm Thomas gegen Vulkano (Ithome) folgen; auch das capitulirte, ebenso Aetos, wo Giovanni Asano, gewöhnlich nach seinem Vater Centurione III. genannt, als Fürst proclamirt worden war; außer den Waffen und zahlreichem Vieh wurden hier 1000 Gefangene erbeutet. Da suchte der Despot Kantakuzenos sein Heil in der Flucht; Zaccaria gewann venetianischen Boden und fand ein Asyl in Modone. Im October 1454 war der albanesische Aufstand niedergeworfen; die Albanesen behielten das geraubte Vieh; die Häuptlinge sollten die Verantwortlichkeit für die Masse übernehmen; die Despoten fuhren fort, der Pforte mit 12,000 Goldstücken zu zinsen. Zwar suchte Lukanes schon bald, nachdem Turachan abgezogen war — seine letzten Worte waren ein wohl zu beherzigender Zuruf an die feindlichen Brüder zur Einigkeit und Treue —, die Despoten, sowie den Asen von Korinth zum Friedensbruche zu bestimmen; da sie jedoch nicht auf kräftige Unterstützung vom Westen her rechnen konnten, hielten sie sich vorläufig ruhig und warteten nur auf eine günstige Gelegenheit — so wenigstens Thomas —, um die osmanische Lehensoberhoheit abzuschütteln. Der letzte „Fürst von Achaia," der erlauchte Giovanni Asano Zaccaria, erhielt in Modone ein Jahrgehalt von 300 Dukaten angewiesen [92]); 1457 ward er, damit er nicht etwa mit den Türken gegen die Republik conspirire, nach Venedig entfernt, wo er seitdem seine Pension pünktlich aus der Castellanie bezog und, ein Fürst ohne Land, seine Tage beschlossen hat. Er war der letzte aus dem Stamme der alten Zaccaria von Castro; die in Genua blühende Linie erlosch noch vor ihm; ihr Haus und ihre kostbaren Reliquien waren auf Simone Giustiniani Longo, Daniele's Sohn (gest. 1472), noch vor 1435 übergegangen [93]). Morea, in dem die Albanesen trotzdem fortfuhren, sich als Herren zu geberden, da die Masse nicht nach dem Compromisse der Häuptlinge fragte, blieb türkisches Vasallenland; im Namen des Großherrn bestätigte Hasanbeg am 26. Dec. 1454 [94]) den dortigen Primatengeschlechtern ihre Freiheiten und Privilegien; als die ersten Feudalherren der Halbinsel erscheinen in den betreffenden Urkunden Sphantzes (Francesco) Paläologos (wol der Sohn eines Bastards Theodoros' I.), Manuel Rhaul, Sophianos Dämonogiannis, des Despoten Minister, Demetrios Laskaris und demnächst die Geschlechter Diplovatatzes, Kavakes, Pepagomenos, Frangopulos, Sguromallaios, Mavropapas, Philanthropenos, sowie Peter Bua, der Albanesencapitain und seine Erben. Seit 1454 war der Peloponnesos, wie seine griechischen Despoten, ganz in dasselbe Abhängigkeitsverhältniß zur Pforte getreten, in dem sich schon seit Jahrzehnten das fränkische Herzogthum Athen befand. Der schwache Herzog Nerio II. wird zuletzt in einem venetianischen Senatsbeschlusse vom 8. Juli 1451 [95]) genannt, indem ein gewisser Nemanno, Factor der Gebrüder Francesco und Marco Mazzini, die eine bedeutende Geldforderung an jenen hatten, die Vermittelung der Republik anrief [96]). Da Nerio, „Herr von Stives und Sitines," Vasall der Pforte sei, sollte Lorenzo Moro bei Mohammed II. die Sache eifrig betreiben, damit der Herzog, oder, falls er nicht mehr lebe, seine Erben ihre Schuldigkeit erfüllten. Nerio, als dessen Gesandter damals Nikolaus Protimo aus Euböa, Erzbischof von Athen, in Venedig weilte, war allem Anschein nach schwer erkrankt [97]); noch im nämlichen Jahre 1451 ist er gestorben. Er hinterließ einen jungen Sohn, wol nach dem Großvater Francesco (I.) genannt, unter Vormundschaft seiner Wittwe Chiara Giorgio (1451—1454), die alsbald nach des Gatten Tode Gesandte an die Pforte schickte und vermittels reichlicher Geldspenden es durchsetzte, daß ihr, als Vasallin des Sultans, Athen und Theben mit dem Herzogstitel verblieben; ihre maßlose Leidenschaft legte, wie wir hernach sehen werden, den Grund zum Untergange der athenischen Selbständigkeit.

Viel früher schon, ehe das Schicksal den Peloponnesos und Attika erreichte, war das Despotat Epiros eine Beute der Osmanen geworden; es waren schließlich dort, wie in Morea, nur die Albanesen, welche noch an Freiheit dachten und sich gegen die fremden Eindringlinge energisch zur Wehr setzten. Carlo II. Tocco (1429—1448) beherrschte seit dem Verluste von Joannina noch Arta und die gegenüberliegenden Inseln; im Jahre 1436 [98]) besuchte Ciriaco von Ancona, der Freund seines Ministers Giorgio Ragnarolo, den „König von Epiros," weilte lange bei ihm, um die Alterthümer von Nikopolis zu erforschen, feierte am 20. Mai die Hochzeit einer Tochter des Turno Tocco mit und reiste dann nach Morea, wo er des letzteren Bruder Memnone, Statthalter von Kerpinie, an der Quelle des Alpheios am 17. Sept. auf der Jagd begrüßte; letzterer, der damals einen jungen Sohn Giannetto hatte, bot ihm sein Geleit nach Mistra an, wo dann der Antiquar eine Zeit lang bei dem Despoten Theodoros II. blieb. Carlo II. behauptete sich Jahre lang friedlich in seinem Besitze, indem er den Türken regelmäßigen Tribut zahlte; erst 1443, als dieselben sich gegen das freie Albanien wandten, und Konstantinos von Morea, sein Schwager, zur nordgriechischen Expedition rüstete, erwachte auch in ihm der Gedanke an Wiedererkämpfung früherer Unabhängigkeit. Er hatte sich mit seiner Cousine Ramondina de Ventimiglia, Tochter des kriegerischen Grafen Giovanni von Geraci, vermählt, und dieser ermahnte nicht nur den Schwiegersohn zu energischem Handeln, sondern sagte auch selbst Beistand zu. In Folge dessen erschienen Anfangs 1443 [99]) verschiedene Fahrzeuge im Golfe von Arta und in der Gegend von Vonizza, zu nicht geringem Schrecken Venedigs, das in der catalonischen Bemannung Feinde sei-

92) Strada fol. 104, 133. 93) *Jac. Bracelli*, Multitationum. Parisiis 1520. 4. fol. 62. 94) *Miklosich* und *Müller* III, 290. n. VII. 95) *Mar.* Vol. IV. fol. 67.

96) *Cicogna*, Inscrizioni veneziane. Vol. IV. p. 260. 310. 97) *Chalkokondylas* IX, 458. 98) *Cyriacus Anconitanus*, Epigrammata reperta per Illyricum. Romae 1747. fol. p. 40. 99) *Mar.* Vol. I. fol. 147 v; *Secreti* Vol. XVI. fol. 107 v.

ner festländischen Besitzungen witterte, Parga und Butchi in Vertheidigungszustand setzte [1]) und den Golfcapitain gegen diese anscheinenden Piraten kreuzen hieß. Derselbe griff wirklich zwei Galeeren als verdächtig auf; doch wurden sie im August 1444 dem Grafen von Gicari, der sein Anrecht auf dieselben nachwies, zurückgegeben. Es gelang letzterem [2]), mit seiner kleinen Mannschaft seinen Schwiegersohn so wirksam zu unterstützen, daß unter den Türken der Umgegend eine furchtbare Niederlage angerichtet wurde; gegen 10,000 sollen in einer Schlacht geworfen sein. Sobald aber der Graf heimgekehrt war, erhoben sich die Osmanen aufs Neue; Carlo II. selbst fiel bei einem unglücklichen Gefecht in ihre Hand und ward genöthigt, aufs Neue Tribut zu zahlen. Obgleich er Venedigs Bürger war, nahm sich die Republik damals seiner nicht nur nicht an, sondern traf im November 1445 [3]) neue Vorkehrungen gegen die „Catalanen" und erhob zugleich Geldforderungen im Namen des Francesco Dandolo, in Folge deren es mit Sequestrirung der Güter Carlo's II. drohte [4]). Letzterer erklärte im Mai 1446, er wolle Gesandte nach Korfù zur Regulirung dieser Angelegenheit senden; da aber dieselben nur leere Worte gaben, und nun auch Maffeo Michieli sich beschwerte, die Leute des Despoten hätten ihm Geld genommen, ward der Sequester am 7. Aug. 1447 wirklich ausgesprochen. Bald darauf starb Carlo II. im October 1448 [5]), am 19. des Monats kam die Nachricht davon nach Venedig; zugleich ward gemeldet, daß ein Theil der Inselbevölkerung, namentlich die Zakynthier, sich der Republik unterwerfen, ein anderer neapolitanische Oberhoheit anerkennen wolle, die Türken aber mit aller Macht gegen Arta heranrückten. Carlo II. hatte von Ramondina drei Söhne hinterlassen, den Despoten Leonardo III. (1448—1479), Giovanni und Antonio Tocco, sowie eine Tochter Elvira, die in der Blüthe ihrer Jugend unvermählt gestorben ist [6]). Die Söhne waren noch unmündig; daher traten der verwittweten Despina vier Gouverneure zur Seite: Jacopo de' Rossi, Capitain von Leukadia, Andrea de' Guidi de Strioar, Galeazzo de Sta. Colomba und Marino Migliaresi [7]). Während nun Rossi mit Adam de St. Ippolito im März wegen Abtretung seiner Insel an Venedig und zwar zunächst an den Bailo von Korfù verhandelte [8]), griffen die Türken Arta an und nahmen es nach kurzer Belagerung am 24. März 1449 ein [9]); damit ward „das Herzogthum, Despotat, Kleingriechenland," wie es die Franken, „Karl-Ili," wie es die Osmanen nach Carlo I. nannten, dem türkischen Reiche einverleibt; außer den Inseln, namentlich Kephalenia, das seitdem der Sitz des Despotats war, Leukadia und Zakynthos, blieben dem Leonardo III. auf dem Festlande von Epiros nur Angelokastron, Vonitza und Varnaza. Auch seine Vettern, die Bastarde Carlo's I., verloren um diese Zeit ihr Land; Orlando Tocco, für den 1448 der Priester Basilios eine griechische Handschrift copirte [10]), und der als Herr von Rhenïaña genannt wird, unterhandelte noch im Juli 1463 [11]) mit dem Bailo von Korfù, um seine verlorenen Besitzungen den Türken wieder zu entreißen. Nachdem Venedig zunächst aus den sequestrirten Gütern Carlo's II. dessen Gläubiger, namentlich den Paolo Foscarini, befriedigt [12]), schickte es an Jacopo Rossi, um aus seiner Hand Leukadia zu empfangen. Der aber erklärte, es sei nicht seine Absicht, die Insel freiwillig zu ergeben, nur werde er, falls Venedig eine Flotte gegen die Inseln sende, keinen Widerstand leisten [13]). Man unterhandelte hin und her und bot dem Rossi für seine Vermittelung bis gegen 500 Dukaten; allein unterdessen erschien im August der Bischof von Kephalenia, Johann Jakob aus Pesaro, in Venedig und erklärte, sein Herr und dessen Bruder wünschten ihr Land zu behalten und nur Venedigs Oberhoheit anzuerkennen [14]), damit sie Schutz gegen die Türken fänden. Dieser Vorschlag schien damals der annehmbarste, und so ratificirte Leonz Venier am 11. Sept. [15]) zu Leukadia mit den vier Gouverneuren — von denen nur Sta. Colomba nicht den Huldigungseid leisten wollte — den Vertrag, laut dem die Oberhoheit über die Reste des Despotats der Republik überlassen ward. Nominell hatte dieselbe freilich bis dahin Neapel ausgeübt, und aus Klugheit verschmähte auch Leonardo III. es nicht, sich 1452 [16]) von König Alfons seine Inseln neu bestätigen zu lassen; doch galt Venedig seit 1449 fortan als Beschützerin und Oberherrin des ehemaligen Despotats Epiros. Schirmte der Bailo von Korfù die Inseln, so war, was den Tocco noch auf dem Festlande verblieb, der Obhut des Rettors von Lepanto anvertraut. Letztere Besitzung, mehr eine Grenzfestung, als eine förmliche Colonie, befand sich freilich kurz vorher nicht gerade in einem blühenden Zustande; 1439 [17]) wollte man Stadt und Zubehör sogar verpachten und dem Rettor nur die Jurisdiction reserviren, da die Ausgabe der Einnahme gleich komme [18]). Doch besserte sich die dortige Lage seit 1444, da manche umliegenden Ortschaften, wie Lapochori, aus Furcht vor der Expedition des Konstantinos und der Rache der Türken, Venedigs Banner aufzogen; im Juli verstärkte man die Mauern der Stadt; Differenzen mit dem griechischen Bischofe Gennadios, der über Einziehung von Kirchengütern klagte, wurden 1445 gütlich beigelegt. Die Stadt bevölkerte sich bald neu mit albanesischen und anderen Flüchtlingen aus den slawischen und türkischen Landen, aus Arta und Morea, die unter einem eigenen Woywoden standen, ihrer notorischen Er-

---

1) Secreti Vol. XVI. fol. 125 v. 2) *Aeneas Sylvius*, Europa (Opera. Basileae 1571. fol.) XIII. p. 406; *Cambini* a. a. O. fol. 185. 3) Secreti Vol. XVI. fol. 229 v. 4) Mar. Vol. II. fol. 135 v, 146; III. fol. 30. 5) *Magno*, Annali. Vol. VI; *Navagero* XXIII, 1113. 6) Gedichte auf ihren Tod aus einer Handschrift des Escurial bei *Miller*, Catalogue p. 84. 7) Daher die Sage bei *Chalkokondylas* IV, 209 von den drei Bastarden Carlo's I. [illegible]. 8) Secreti Vol. XVIII. fol. 81 v. 9) Epirotica (ed. Bonn.) c. V, p. 254; *Dom. Mar. Niger*, Commentarii. Basileae 1557. fol. p. 289.

10) *Montfaucon*, Palaeographia p. 79. 11) Secreti Vol. XXI. fol. 179. 12) Mar. Vol. III. fol. 118, 196 v. 13) Secreti Vol. XVIII. fol. 94. 14) Grazie fol. 106 v, 107. 15) Commemoriali Vol. XIV. fol. 92. 16) Prerogative (Cod. Brancaccian. II. D. 22) fol. 534. 17) Misti LX. fol. 161 v. 18) Mar. Vol. II. fol. 4 v, 27 v.

muth wegen aber zu den Steuern nicht herangezogen werden konnten [19]); da man nun fortwährend neue Festungswerke anlegte, wie Milisso und Galata, denen seit 1451 ein auf vier Jahre gewählter Castellan vorstand [20]), und mit der Reparatur der durch ein Erdbeben zerstörten Bastion Pendamodi und des Marinethurms vollauf zu thun hatte, wuchsen die Kosten schon nach wenigen Jahren so beträchtlich wieder heran, daß man die Besatzungen vermindern mußte — zum großen Schaden der venetianischen Oberhoheit über Epiros [21]). Man ließ so den Albanesen freien Spielraum; sie wurden die eigentlichen Herren daselbst. Dagegen unterließ Venedig nicht, für die Sicherung von Korfu nebst Parga, Buthroton und la Bastia eifrig zu sorgen [22]); den Bürgern von Durazzo wurden am 28. Oct. ihre Privilegien erneuert, ebenso den Pargioten am 9. Aug. 1447 [23]), gelegentlich der albanesischen Wirren wurden 1450 frische Söldner für Korfu geworben und die Mauern der dortigen Festungen ausgebessert [24]).

Die Albanesen allein waren es, wie schon wiederholt bemerkt, die damals, als die Sache des Kreuzes gegenüber dem Halbmonde verloren schien, für Freiheit und katholisches Kirchenthum das Schwert in ihrer alten Heimath zogen. Schon 1434 sehen wir ihr Land in vollem Aufstande gegen die Scharen Murâd's II. Am 4. Sept. [25]) ertheilte der Papst sämmtlichen albanesischen Häuptlingen, welche die Türken befehden, vollen Ablaß, wie zu einem Kreuzzuge; doch blieben sie dabei wol ziemlich auf sich allein angewiesen; von einer Unterstützung Venedigs, das damals verschiedenen serbischen und bosnischen Großen, wie dem Georg Possilović, Neffen des Hrvoje von Spalatro, Bürgerrecht ertheilte, die Brüder Radić und Alexios Paskrović, ihre alten Verbündeten gegen die Serben, weiter förderte, schließlich auch dem Serbenfürsten Georg erbliches Patriciat verlieh [26]), findet sich in den Urkunden keine Spur [27]). Dagegen behauptete neben den Albanesen Stefan Černojević in Montenegro seine Selbständigkeit [28]), unterstützt von den Häuptlingen der ersteren, mit denen er sich verschwägert hatte. Als eigentlicher Nationalheld des Volkes erscheint bei dieser Gelegenheit Arianites Komnenos (1434—1461) mit dem Beinamen Golem (der Haarige), später der Große zubenannt. Ueber seine Ahnen läßt sich mit Sicherheit nur wenig feststellen; wahrscheinlich war sein Geschlecht von jenem Häuptling Golemos von Kastoria (Guglielmo) entsprossen, der eine Komnena und Verwandte des Kaisers Joannes Vatatzes einst geheirathet hatte; ein Alexios Arianites erscheint 1274 als Repräsentant des Stammes. Später finden wir zwei Linien der Komnenen in Albanien genannt: die des Komnenos Preäpl in Berŏpa, die mit seinem Sohne Torrichi erlosch, und die des Materando Arianites Komnenos, dessen Tochter Sulna den Gbin I. Musachi heirathete; Demetrios Komnenos, der 1372 auf das Bisthum Pulad präsentirte, war wol sein Sohn, ebenso Govlo Golem, der die Alba, Tochter des Strasimir Balšić, heirathete. Nach ihm tritt ein Komnenos Arianites, vermählt mit einer Tochter des Nikolaos Sevati, auf, der außer einer an Paul II. Dukagin verheiratheten Tochter jenen „großen" Arianites, den Musachi Komnenos (Gattin der Golfava) und den Vladin Golem Arianites, Herrn von Blasca und Mitbesitzer der Cermeniha (Apollonia), hinterließ. Letzteres war das eigentliche Erbland der Arianites; ihr Haupt besaß daneben Mochino und Spareunio; der Dewol bildete die Grenze gegen die Musachi, aus deren Geschlechte jener auch seine Gattin Despina Maria, Tochter des Andreas III., erwählte. Dieselbe gebar ihm zahlreiche Nachkommenschaft; außer drei Söhnen entstammten ihrer Ehe acht Töchter, die sich mit den angesehensten übrigen Häuptlingen des Landes vermählten und so mit der Zeit dem Vater, dessen Name Komnenos schon an sich einen guten Klang hatte, ein so großes Uebergewicht über die andern Albanesenclans gab, daß Arianites Komnenos recht eigentlich als Herr von Albanien galt. Von ihnen heirathete Andronika später den Georg Kastriota, der erst durch diese Ehe seine Macht in Epiros dauernd befestigte, Gojslava den Johann Černojević, Sohn des Stefan von Černagora und Zeta, Anna den Nikolaos I., Helena den Georg III., Despina den Tanuš IV. Dukagin (drei Schwestern drei Brüder), Angelina (gest. 1516) den serbischen Prinzen Stefan, Comita den Govko Balšić, des Stefan und der Vlaika Kastriota Sohn, Herrn von „Mišia," im Landstriche zwischen Kroja und Alessio, Katharina endlich den angesehenen moreotischen Archonten Nikolaos Bokalis, von dem sie zwei Söhne Manuel und Konstantinos und ebenso viele Töchter hinterließ. Damals nun, als Arianites sich an die Spitze der albanesischen Erhebung stellte, 1434, waren wol nur erst wenige seiner Töchter vermählt; er war noch auf die eigene Kraft und die seines Volkes angewiesen. Er wandte sich gegen den Statthalter des Sultans 'Ali, Sohn des Evrenosbeg, der mit den in Argyrokastron liegenden Truppen und dem Heere der Vardar-Provinz in Albanien plünderte, überfiel ihn von seinen Bergen aus, richtete unter den Türken eine blutige Niederlage an und trieb den Feldherrn in die Flucht. Alsbald erhob sich auch die Umgegend von Argyrokastron zum Aufstande gegen die Türken; man rief den frühern Herrn, den Sevastokrator Thopia Zenevisi, der bald in Italien, bald bei seinem Schwager Perotto de Altavilla auf Korfu gelebt hatte, herbei, erhob ihn zum Führer und begann unter seiner Leitung die Belagerung von Argyrokastron, das die Janitscharen jedoch wacker vertheidigten. Während die Albanesen weiterhin plünderten, sammelte Turachân in Trikala ein Heer und zog im Winter 1435

19) Ebenda Vol. III. fol. 94, 155 v. 20) Ebenda Vol. IV. fol. 84 v. 21) Ebenda fol. 91; vergl. Notatorio Vol. VIII. fol. 118 v; *Raspe* Vol. K. p. I. fol. 11. 22) Misti LX. fol. 215; Mar. Vol. I. fol. 4. 23) *U. Foscolo*, Prose politiche. Firenze 1850. 8. p. 447—450 (Narrazione delle fortune e della cessione di Parga). 24) *Secreti* Vol. XVIII. fol. 180 v. 25) *Theiner*, Monumenta Slavorum meridionalium p. DXXIII, DXXIV. p. 367—368; *Raynaldi* z. J. 1434. n. 20. 26) Privilegi Vol. II. fol. 18 v, 22 v; Grazie Vol. XX. fol. 94 v; XXII. fol. 16; Misti LIX. fol. 56 v; vergl. Mar. Vol. II. fol. 97 v. 27) Misti LIX. fol. 111. 28) *Gio. Musachi*, Memoria p. 30 seq.; *Chalkondylas* V, 249; VI, 324.

aus, um Argyrokastron zu entsetzen; ihm schloß sich Ssuridschepascha von Berrhöa an. Es gelang ihm, die Albanesen zurückzuschlagen; im blutigen Kampfe fielen über 1000 derselben; Zenevisi selbst ward gefangen und getödtet. Sein Sohn Simon suchte ein Asyl auf Korfu, während Arianites sich in die Berge warf und von dort aus den Guerillaskrieg gegen den Feind fortsetzte. Aber factisch war Albanien doch 1436 der Pforte aufs Neue unterworfen; die Häuptlinge mußten ihre Söhne als Geißeln stellen; viele der letzteren traten zum Islam über und gelangten in der Armee des Sultans zu hohen Ehren, während ihr Land unter der schwersten Bedrückung lastete. Nur die Venedig unterthanen Stämme erfreuten sich friedlicherer Zeiten; doch blieben auch da gelegentliche Reibungen nicht aus. So saß Tanuß IV. Dukagjin 1447 [29]) lange in Skodra gefangen, da man ihn mit den Türken im Einverständniß wähnte, bis er, nachdem seine Unschuld constatirt, befreit und belohnt ward. Im Jahre 1442 rebellirten alsdann die Brüder Stefan und Nikolaus Span, obgleich ihnen Venedig noch 1439 ihre Privilegien erneuert hatte [30]); sie verloren ihr Land; erst 1454 erhielt Nikolaus das seinige zurück. Dagegen hielt Alexios Span (gest. 1495), der Sohn ihres jüngst verstorbenen Bruders Michael, mit seinen sieben Brüdern treu zur Republik, die ihn dafür im Juni und November 1442 [31]) ihres Schutzes versicherte. Ueberhaupt blieb Venedig die einzige Zuflucht der Häuptlinge Albaniens, seitdem Arianites in die Berge geflohen; am 28. März 1436 [32]) versprach es dem Gesandten des Johann Kastriota, auch mit seinen Söhnen Stanisa und Georg Freundschaft zu halten; im April 1442 [33]) ertheilte es dem Lech Zaccaria, Herrn von Dagno, Sohn des Koja und der Boria, Bürgerrecht, jedoch mit der Beschränkung, daß er nicht im Fondaco dei Tedeschi oder sonst mit Teutschen Handel treibe; im Juli 1444 [34]) nahm es die Herren von Montenegro, die Černojeviči Stefan, Georg und Goichin, unter seine Protection. Damals war nach siebenjähriger Sklaverei ganz Albanien aufs Neue gegen Sultan Murâd II. aufgestanden. Während letzterer gegen Ungarn zog, predigte Andreas, Bischof von Albanien, das Kreuz [35]), und wieder trat Arianites, Herr von Čermeniča, Katasigo und Albania, an die Spitze der Bewegung. Verbindungen wurden mit König Wladislaw angeknüpft; der Papst, der sich eifrig für die Sache interessirte, nahm den Johann, Gesandten des Führers, bereitwillig auf und ermuthigte im October 1444 [36]) voller Zuversicht denselben zu dauerndem Widerstande. Auch Simon Zenevisi, dem der Bailo Pietro Bembo von Korfu (1442—1445) einen Landstrich in Vagenetia überlassen, auf dem er 1443 das feste Schloß Strovilon erbaute, regte sich, um Argyrokastron wiederzuerlangen, während sein Oheim Amassa (Hamsa) den Fahnen der Ungläubigen folgte und unter ihnen großes Ansehen erlangte. Aber noch fehlte es an einem festen Mittelpunkte, von dem aus die allgemeine Erhebung gegen den ungläubigen Zwingherrn organisirt werden konnte, bis endlich Kroja, die alte Stadt Karl Thopia's, in die Hand der Christen fiel, und des glücklichen Eroberers Ruhm den des Arianites verdunkelte. Es war dies Georg Kastriota, Fürst von Albanien (1443—1468), bekannt genug unter dem Namen Skanderbeg. Wir besitzen eine ganze Anzahl Biographien dieses albanesischen Nationalhelden, die aber sämmtlich fast ausschließlich auf der fabelhaften Geschichte des Häuptlings beruhen, welche Marino Barlezio aus Skodra zum Verfasser hat. Der Bericht des Demetrio Franco, obwol ihr Verfasser ein Zeitgenosse seines Helden war, ist kritischer, doch auch nicht ohne Ungenauigkeit und Uebertreibungen; der des Paul Angelos aus Drivasto, Erzbischofs von Durazzo, ist uns nicht mehr vollständig erhalten, jedoch von Luccari in seinen Annalen von Ragusa benutzt worden. Eine kritische Vergleichung sämmtlicher uns vorliegender späterer Bearbeitungen der Geschichte Skanderbeg's von Pontanus an bis auf die neuesten von Andr. Papadopulos Vretos und Paganel (griechisch von Dragumis, Athen 1861. 4.) zeigt deutlich, daß urkundliche Quellen ihren Verfassern ganz und gar gefehlt, und sie daher eher Romane als Geschichte geschrieben haben [37]). Dies hat Fallmerayer längst betont, als er in seiner Abhandlung über das albanesische Element in Griechenland versuchte, die Geschichte des Helden ihrer sagenhaften Umhüllung zu entkleiden; aber leider fehlte es ihm an positivem Material, abgesehen von den Byzantinern, namentlich Chalkokondylas, um die Lücken auszufüllen, die sich bei einer genauen Sichtung der Angaben Barlezio's ergaben. Glücklicherweise sind wir im Stande, mit Hülfe der Familiengeschichte des Musachi und der venetianischen Urkunden eine zuverlässigere Biographie des großen Häuptlings hier zu skizziren.

Zunächst steht es fest, daß nicht, wie man bisher annahm, die Kastriota ein uraltes einheimisches Geschlecht Albaniens waren [38]), sondern daß der Nationalheld des Landes, wie schon Spandugino angibt [39]), slawischen Stammes ist. Als Ahnherr erscheint urkundlich 1368 der Serbe Branilo (ein Vorname, der auch später bei dem Geschlechte ganz gewöhnlich ist), der Capitain des Alexander Giorgi in Kanina, dann dessen Sohn Paul, „Herr von Signa und Gardiposesti," der den Konstantinos (gest. 1402), Alexios, Häuptling von drei Dörfern 1403, und den Joannes (1407—1443) hinterließ. Von diesen erlangte der erstere als Gemahl der Helena Thopia nach Vertreibung des Marco Barbarigo 1395 Kroja; verjagt, beschloß er 1402 sein Leben, wie schon erwähnt, auf dem Schaffot zu Durazzo. Allein diese Verbindung mit dem alten Königsgeschlechte von

29) Misti Vol. VIII. p. II. fol. 17; Misti LX. fol. 62. 30) Misti LII. fol. 208 v. 31) Mar. Vol. I. fol. 97 v, 121 v. 32) Misti LX. fol. 89 v. 33) Privilegg. Vol. II. fol. 24. 34) Mar. Vol. II. fol. 18. 35) Raynaldi z. J. 1443. n. 20; 1444. n. 6. 36) Regina, Annali Vol. V. fol. 250 v; Musachi, Memorie p. 26.

37) Vergl. über dieselben den Artikel Kastriota. 38) Gio. Musachi a. a. O. p. 26. 41 seq. 39) Spandugino a. a. O. fol. 201.

Epiros mußte dem slawischen Parvenus ein besonderes Ansehen bei den albanesischen Häuptlingen verleihen, und da nun Joannes hernach, von Venedig geschützt, sich so wacker gegen die Erben Bajesid's wehrte, galt er, dem Venedig den Besitz der Grafschaft Mat bestätigt, bald für einen der einflußreichsten Herren Albaniens. Familienverbindungen mit den angesehensten Clans und deren Führern befestigten seine Macht noch mehr; von den 5 Töchtern, die ihm Woisava, Tochter des serbischen Herren von Polog geboren, heirathete Maria den Serbenfürsten Stefan Černojević von Montenegro, Vlaika den Stefan Balšić, Angelina den Vladin Arianites Komnenos, des „Großen" Bruder, Jela einen andern edlen Häuptling, während die jüngste, Mamiza, nach des Vaters Tode bei der Mutter in Mat lebte. Daneben hatte Johann, der übrigens niemals das lange von den Türken occupirte Kroja besaß, vier Söhne: Repoš, der als Mönch auf dem Sinai starb, Stanisa, Konstantinos und Georg. Schon 1410 war er jedoch so in die Enge getrieben worden, daß er seine drei jüngern Söhne abwechselnd den Türken als Geiseln stellen mußte. Sie wurden im Islam erzogen und befehdeten unter den Fahnen des Sultans wiederholt Venedig, dem gegenüber der Vater jede Verantwortlichkeit für seine Söhne ablehnte. Johann lebte, wie wir oben sahen, noch 1438; Konstantinos war damals schon todt, vielleicht vergiftet; Stanisa, der sich mit einer Türkin vermählt und von dieser einen Sohn Hamsa hatte, und Georg lebten bald daheim bei dem Vater, bald folgten sie dem Heerlager des Sultans halb als Geiseln, halb als Vasallen. Georg, des Vaters jüngster Sohn, geboren nach 1403, hatte seine Jugend am Hofe des Sultans verlebt; als Moslem hatte er den Namen Iskender angenommen und war zur Würde eines Begs — daher Skanderbeg — erhoben worden. Ein schöner, beredter Mann, in ritterlichen Künsten nicht minder, wie in Sprachen erfahren, hatte er sich bei Sultan Murâd II. so beliebt zu machen gewußt, daß ihm dieser das Commando über 5000 Reiter übertrug; obgleich ein Meister in der Verstellungskunst, wußte er doch seinen Stolz und seine Erbitterung gegen das fremde Joch nicht so zu verbergen, daß sein Benehmen nicht Mistrauen geweckt hätte. Er mußte, während Stanisa daheim weilte, 1443 jenem Heere folgen, das bei Nissa vernichtet ward. Schon war ihm damals die Kunde gekommen, daß sich seine Landsleute gegen die Pforte erhoben; zugleich erfuhr er, daß sein Vater jüngst gestorben und seine Mutter Woisava in enger Bedrängniß schwebe, da die Osmanen sich ihres Erbtheils, der Grafschaft Mat, bemeistern wollten. Da benutzte er die Niederlage bei Nissa, um in die Heimath zurückzueilen und dort den Aufstand zu fördern. Er zwang den Staatssecretair des Sultans, den Dolch auf die Brust, ihm einen kaiserlichen Ferman auszustellen, der ihn mit der Statthalterschaft des wichtigen Kroja bekleidete; dann, nachdem er jenen niedergestoßen, flüchtete er mit seinem Neffen Hamsa und 300 albanesischen Reitern aus dem Türkenlager, ließ sich Kroja ergeben und proclamirte den heiligen Krieg gegen die Osmanen; er selbst nahm wieder seinen christlichen Namen Georg an; sein Neffe empfing als Christ am 25. Dec. 1443 in der Taufe den alten Namen Branilo, oder Branas. Dem glücklichen Flüchtlinge war schon der Ruf früherer Heldenthaten, die er als türkischer Raj verrichtet, vorausgegangen; jetzt begrüßte ihn ganz Albanien wie seinen Erlöser; überall wurden die Türken verjagt und niedergemacht. Um sein Ansehen noch mehr zu befestigen, hielt er um die Hand der Andronika Komnena, des Arianites Tochter, an; dieser, der zuvor mit seinen Sippen, namentlich mit Ghin II. Musachi, seinem Schwager, Rücksprache genommen, gab gern seine Zustimmung. Dagegen war Ghin weniger erbaut, als Georg bald darauf den Karl Musachi Thopia, aus der jüngern Linie der Herren von Durazzo, nöthigte, sich von seiner Gattin Serafina (Suina), des Musachi Tochter [40]), zu trennen und seine eigene noch unvermählte Schwester Mamiza zu heirathen. Nun fand zunächst ein Familiencongreß statt, zu dem neben Karl die andern Schwäger Georg's, Stefan Černojević und Stefan Balšić, sowie Musachi (Moses) Golem Komnenos, Herr von Liberaši und Draga, des Musachi Komnenos und der Woisav Sohn und Neffe des großen Arianites erschienen; man vereinte sich in Kroja zu gemeinsamer Action gegen die Türken. Bald waren 12,000 Mann zusammen, mit denen Georg sich fast ohne Blutvergießen zum Herrn von Petrella, Petralba und Stalaši machte; dagegen scheiterte die Expedition des Moses gegen Sfetigrad, die feste Türkenburg in dem meist von Bulgaren bewohnten Hoch-Dibra. Nachdem alles Land sonst von der Wojussa bis zum Golf von Arta von den Türken gesäubert schien, zog man in die Winterquartiere; Georg, ohne Unterlaß thätig, traf weitere Anstalten zum Offensivkriege gegen den Sultan [41]). Während er sich mit König Wladislaw von Ungarn, der ihn zu seinem Erfolge beglückwünschte, in Einvernehmen setzte, suchte er durch einen Bund aller albanesischen Häuptlinge die Wiederbefestigung türkischer Herrschaft in dem freien Epiros unmöglich zu machen. Er entbot dieselben auf das neutrale Gebiet Venedigs nach Alessio auf den Sommer 1444 [42]); alles folgte seinem Rufe. Da erschienen sein Schwiegervater Arianites und dessen Brüder und Neffen, Ghin II. Musachi — des Andreas III. und der Kana Zenevisi [43]) Sohn — mit seinem Bruder Theodor und seinen Sippen, Nikolaus I. und Paul II. Dukagin, die Häupter ihres Geschlechts, Lech Zaccaria von Dagno, die Span von Drivasto, die Balšić und Černojević, Lech Ludmar von Pulab, der Nachkomme des Despoten Johann Oliverios, und manche andere, einheimische Albanesen, wie eingewanderte Serben. Ueberzeugt, daß eine einheitliche Führung nöthig, erklärten die Versammelten auf Vorschlag des Arianites und des Paul Dukagin

40) Dieselbe heirathete später den Musachi Golem Komnenos (Moses von Dibra). 41) *Raynaldi* a. J. 1443 n. 21. 42) Darauf bezieht sich wol auch die Botschaft Georg's an Ragusa, aus Alessio, vom 7. Hirschmonat datirt. *Miklosich*, Monumenta Serbica p. 442. 43) Dieselbe, Tochter des Großlogotheten Ghin, brachte ihrem Gemal Grabossa zu, stiftete die Dreifaltigkeitskirche in Lasnari und fand ihre Ruhestätte in der Marienkirche zu Dangu.

den Georg Kastriota zum Capitain von Albanien; dann, da seine eigenen Mittel nur gering waren — die Salinen von Kampupeskupi zwischen Scilla und S. Nicolò oberhalb Durazzo waren seine einzige sichere Rentenquelle —, besteuerten sie sich selbst und versprachen, ihm jährlich 200,000 Dukaten zum Türkenkriege zur Disposition zu stellen; Venedig, das sich zu keiner Geldbeisteuer verpflichten mochte, sorgte für Waffen, verlor aber daneben so wenig seinen eigenen Vortheil aus den Augen, daß es im Juli 1444 den Bailo von Korfu, im October den Golfcapitain aufforderte [44]), mit den türkischen Befehlshabern in Vallona, Kanina und Argyrokastron Unterhandlungen anzuknüpfen, um friedlich diese wichtigen Punkte zu erlangen, bevor sie eine Beute des Albanesenbundes würden. Unterdessen drang Kastriota mit 15,000 Mann in Dibra ein, schlug den Alibeg, der es entsetzen wollte, zurück und behauptete sich in seinen Positionen, bis ihn Wladislaw von Ungarn zum Beistand gegen die Osmanen aufrief. Er kam zu spät; die Schlacht bei Varna war schon geschlagen; dafür strafte er den Verrath des Serben Georg durch furchtbare Plünderung seines Landes. Nachdem ein neues türkisches Heer unter Firuzbeg und ebenso dessen von Mustafabeg geführte Reserve gleichfalls von ihm vernichtet war, stand er als unbezwungener Sieger da; Venedig bestätigte ihm und seinem Bruder Stanisa am 12. Febr. 1445 [45]) die Privilegien seines Vaters, Zollfreiheit und Bürgerrecht, und verhieß ihm auch für den Fall, daß das Kriegsglück sich wieder gegen ihn kehren sollte, ein sicheres Asyl auf seinem Gebiete. Aber während Sultan Murád II. ein Heer gegen den kühnen Abenteurer rüstete, brachen ernstliche Streitigkeiten zwischen Kastriota und Venedig aus und führten schließlich zu einer langen blutigen Fehde. Zankapfel war Dagno, dessen Herr, Lech Zaccaria, 1444 [46]) durch die Hand seines Vasallen Nikolaus II. Dukagin, Sohns Paul's II., fiel. Seine Mutter Boria, des Coja Zaccaria Witwe, wandte sich darauf an Francesco Quirini mit der Bitte, die Stadt für Venedig zu besetzen. Am 18. Sept. 1444 nahm Quirini Besitz von Dagno, Satti und Cernagora und setzte Tags darauf vorläufig der Boria, ihrer Tochter Boglia und ihrem Enkel Coja eine Pension aus, die Venedig am 4. Jan. 1445 [47]) bestätigte und auch, nachdem der Streit mit Skanderbeg endlich beseitigt war, im Mai 1450 [48]) den Erben Zaccaria's aufs Neue garantirte. Venedig bestätigte der Boria den Besitz von Zuravina, Pistoli, Scileri und Mensti, sowie ihr und ihren Erben eine Jahresrente von 800 Dukaten; ihre angesehensten Vasallen, eben jenen Paul II. Dukagin, der mit Johann Kastriota aufgewachsen war, und seinen ältesten Sohn Lech II. (1444—1470), erkannte es als Herrn von Buda, Gurichuchi, Lerruscho und Baschino, welches letztere vordem Johann Bussan aus Dagno besessen, an. Allein Nikolaus II. Dukagin (1444—1470), des Zaccaria Mörder, war nicht gewillt, auf Dagno Verzicht zu leisten; er wandte sich an Kastriota, und dieser auf einen angeblichen Erbvertrag mit den Zaccaria fußend, forderte von Venedig Herausgabe der Stadt Dagno und ihres Gebietes. Sie ward verweigert, und so begann denn der Krieg. Den Türken zu widerstehen, ließ Kastriota nur ein kleines Corps an der Grenze zurück und wandte sich 1448 gegen das wohlbefestigte Dagno; ein Heer von 13,000 Mann, das zur Entsetzung kam, warf er zurück; doch hielt sich die Stadt. Nun sandte er den Branas, seinen Neffen, gegen Drivasto, wo die Span für ihn thätig waren; doch ward derselbe von dem Woywoden des Stefan von Bosnien, Herrn der Herzegowina, und den getreuen Pastrovich in Schach gehalten, die Venedig im Januar 1449 [49]) mit verschiedenen Privilegien bedachte. Zugleich rückte Mustafabeg wieder in Albanien ein; daher übergab Georg das Commando von Dagno dem Branas und den Span und wandte sich zunächst gegen die Osmanen, die er 1447 bei Oronitsch vernichtete. Dann gings wieder gegen Dagno und die Venetianer, die seine Burg Balesium zerstört hatten; der Platz hielt sich den Winter über, fiel aber doch endlich im Frühjahre in die Hand Paul's II. Dukagin. Venedig hatte damals Frieden mit der Pforte, es rief daher im Mai [50]) die Intervention Murád's II. an, damit er seinen Vasallen, der sogar eine Diversion gegen Durazzo unternahm und das Erbland der Thopia der Republik zu entwinden drohte, den „Türken Skanderbeg" zur Fügsamkeit zwinge. Allein nur zu bald erkannte man, daß solche Unterhandlungen den Besitzstand Venedigs in Albanien äußerst gefährdeten und zog es daher vor, Frieden mit Kastriota zu schließen und ihn unter die Zahl der getreuen Schützlinge der Republik aufzunehmen. Skanderbeg selbst, des langen fruchtlosen Streites müde, nach Türkenblut dürstend, bot dazu die Hand, ebenso Nikolaus II. Dukagin, am 4. Oct. 1448 [51]) ward der Friede mit Andrea Venier vereinbart, am 30. Dec. ratificirt. Skanderbeg sicherte sich durch diesen Vertrag, den für ihn der eifrige Bischof Andreas von Albanien und Georg Pellino, Abt von Sta. Maria in Rotezo, unterzeichneten, klug genug unumschränkte Oberhoheit über die andern albanesischen Clans. Er cedirte Dagno, die Grenzstadt zwischen seinem Lande und dem der Dukagin, der Republik und leistete mit den Seinen dafür Bürgschaft, daß Paul II. die Stadt herausgebe, ebenso überließ er der Republik alle Eroberungen jenseits des Drin. Dafür gelobte man sich gegenseitige Amnestie, Freundschaft und Bund gegen Murád II., Auslieferung von Ueberläufern u. s. f. Venedig versprach, ihn mit Salz aus Durazzo, seinen Schwiegervater Arianites mit Getreide ebendaher zu versorgen und ein inniges Bündniß zwischen ihm und Huniady, dem Regenten Ungarns, zu betreiben. Schließlich nahm die Republik den Häuptling Albaniens förmlich in ihren Sold, sagte ihm eine Jahresrente von 1400 Dukaten nebst zwei Scharlachgewändern zu, während derselbe nur 4 Falken als Lehenszins zu liefern

44) Commemoriali Vol. XIV. fol. 106v, 125v. 45) Mar. Vol. II. fol. 60. 46) Magno, Annali Vol. VI. 47) Mar. Vol. II. fol. 47, 60v. 48) Ebenda Vol. III. fol. 164. 49) Ebenda fol. 93v. 50) Ebenda fol. 62v. 51) Commemoriali Vol. XIV. fol. 78v—79; Mar. Vol. III. fol. 91.

hatte, und verbriefte ihm die alten Besitzungen seiner Ahnen und die eigenen Eroberungen, namentlich den lange streitigen Ort Dagno. Es kämpfte denn seit 1448 Skanderbeg als Capitain von Albanien und Söldner Venedigs, dem katholischen Glauben getreu, für die Sache der Christenheit gegen den Halbmond; am 21. März 1449 [52]) wurden er und sein Schwiegervater Arianites förmlich als Condottieri der Republik anerkannt; im October [53]) sorgte der Senat für neue Lieferungen von Salz aus Durazzo, überließ ihm noch verschiedene bisher streitige Grenzplätze und erkannte ihn als regierenden Herrn der Grafschaft Mat an. Doch hatte er bis dahin in seinem neuen Reiche schon genug zu thun gehabt. Murâd II., der vergeblich von Venedig Auslieferung des Rebellen gefordert, war aber gegen Albanien ausgezogen und hatte erst Arta besetzt, dann am 14. April 1449 die Belagerung des jüngst von den Albanesen genommenen Svetigrad (Sfetia) begonnen, das auch Ende Juli fiel, obgleich die Albanesen heldenmüthige Gegenwehr leisteten und zahllose Türken niedermachten; nachdem es gefallen, mußten viele Männer über die Klinge springen; das Geghen-Land ward ausgeplündert, reiche Beute und eine Menge Sklaven folgten dem heimkehrenden Großherrn, während Skanderbeg vom 25. Sept. bis zum 26. Oct. vergeblich Svetigrad wieder bestürmte und die dort stationirenden Janitscharen zu verdrängen suchte. Der Winter trennte die Streitenden, aber schon im nächsten Frühjahre erschien Murâd aufs Neue im Felde und begann am 14. Mai 1450, Kroja, des Rebellen feste Burg und sichersten Schlupfwinkel, zu belagern. Darin befehligte Uranas, des damals schon verstorbenen Stanisa Kastriota Sohn, Skanderbeg's ebenbürtiger Neffe. Der Sultan erbot sich zum Frieden, falls Kastriota ihm 10,000 Dukaten Tribut zinsen wolle; aber dieser wies solchen Antrag entschieden zurück. Während Venedig jetzt vermitteln wollte und am 12. Sept. [54]) deshalb Gesandte an den Sultan schickte, wehrte sich die Besatzung so tapfer, daß noch im nämlichen Monate die Türken zum Rückzuge genöthigt wurden. Die Nachricht von diesem neuen glücklichen Feldzuge erregte in ganz Europa, das sich noch kaum von dem Schlage bei Kossowo erholt hatte, den höchsten Jubel; Gesandte des Papstes, des Herzogs von Burgund, der Könige von Ungarn und Neapel, begrüßten den Sieger, der zum Dank für den wackern Beistand den Uranas zum Grafen von Mat (daher Uranas gewöhnlich Uranas Contes, selbst Uranacontes genannt) erhob und mit vier Dörfern beschenkte. Auch Venedig war nicht minder erfreut über die Niederlage, die hier die Osmanen erlitten, da sie ja auch seine Besitzungen in Epiros sicherte; es belobte den Skanderbeg und nahm im Juli 1451 [55]) den Stefan Černojević von Montenegro und dessen Brüder und Söhne in seine Dienste; Stefan, zum Woywoden von Zedda ernannt, empfing Ende 1453 die ausgedehntesten Privilegien. Weitere Versuche der Osmanen in den Jahren 1451 und 1452 scheiterten ebenfalls; dagegen lag Kastriota in letzterem Jahre mit Paul II. und Nikolaos II. Dukagin in Fehde; vielleicht daß diese des Bundes mit den Türken verdächtig waren, oder daß es Kastriota nur nach ihrem Lande gelüstete. Die Curie, die sich für die Dukagin, deren treue kirchliche Gesinnung unzweifelhaft war — am 1. Juni 1457 [56]) nahm sie den Paul als „katholischen Fürsten“ in ihren besonderen Schutz — lebhaft interessirte, befahl daher am 20. Juli 1452 [57]) dem Paul Angelos, Bischof von Drivasto, eine Versöhnung einzuleiten, die dann auch glücklich zu Stande kam. Nun aber begann Kastriota mit König Alfons von Neapel Unterhandlungen anzuknüpfen, um von ihm, seinem nächsten Nachbar, dauernden Succurs zu erlangen; wirklich sandte derselbe auch Truppen hin, zu nicht geringem Mißvergnügen Venedigs, das jede fremde Einmischung in Albanien fern halten wollte und deshalb auch am 7. Aug. 1453 [58]) dem Könige schrieb. Doch kehrte das alte Vertrauen bald zurück; im September [59]) wurden die Privilegien Kastriota's bestätigt und erneuert; im October [60]) gestattete man dem Fürsten von Kroja sogar die Reise nach Rom zur Curie und nach Neapel an den Hof Alfons', da man sich von seiner guten Gesinnung hinlänglich überzeugt hatte. Nachdem dann Venedig 1454 seinen Frieden mit der Pforte gemacht, ruhten auch in Albanien zeitweilig die Waffen seiner Condottieri, bis neue Fortschritte der Osmanen die ganze Christenheit aus ihrer trägen Ruhe aufscheuchten. Jetzt, nachdem Byzanz gefallen, sollte auch die Reihe an das eigentliche Griechenland, das Schattenherzogthum Athen und die Despotate in Morea kommen.

Auch nach dem Falle der Hauptstadt und dem Frieden Venedigs mit der Pforte war noch nicht alle Hoffnung auf Wiederherstellung des Romäerreichs verschwunden. Noch stand Skanderbeg in den Waffen; noch predigten die Päpste Nikolaus V. und Calixtus III. das Kreuz; in Ungarn waren Huniady und Capistran ohne Unterlaß thätig. Auch König Alfons von Aragon-Neapel, mit dem wiederholt 1454 [61]) Manuel Dishypatos wegen eines Bündnisses verhandelte, zeigte sich zur Unterstützung bereit, ebenso Francesco Sforza, der neue Herzog von Mailand, und König Karl VII. von Frankreich, an dessen Hofe verschiedene byzantinische Archonten, Joannes Uranas, Demetrios und Manuel Paläologos, Manuel Paläologos Trichas [62]) und andere, ein Asyl gefunden. Auch der Despot Demetrios von Misithra wandte sich zunächst an letztern; im December 1455 [63]) ernannte er den Joannes Argyropulos aus Constantinopel zu seinem Bevollmächtigten am französischen Hofe und bei der Curie und empfahl denselben ganz besonders wegen seiner gründlichen Kenntnisse in lateinischer, wie in griechischer Sprache, ein Lob, das auch Bessarion in einem am 20.

52) Mar. Vol. III. fol. 111. 53) Ebenda fol. 146. 54) Mar. Vol. IV. fol. 8. 55) Commemoriali Vol. XIV. fol. 65; Mar. Vol. IV. fol. 154 v; V. fol. 10 v.

56) *Farlati*, Illyricum sacrum. Vol. VII, 277. 57) *Raynaldi* z. J. 1452. n. 15. 58) Mar. Vol. V. fol. 1 r. 59) Ebenda fol. 6 v. 60) Ebenda fol. 8. 61) Guerre de' Turchi. Archiv zu Mailand. 62) *Ducange*, Familiae Byzantinae n. XXXV, XLI. p. 216. 255. 63) Ebenda n. XL. p. 244.

März 1456 [64]) von Rom aus an den Herzog von Mailand gerichteten Ermahnungsschreiben bestätigte. Für Thomas war Phrantzes 1455 nach Venedig gegangen, von wo er erst am 6. April 1456 nach Patras zurückkehrte. Noch walteten die alten Differenzen zwischen ihm und der Republik wegen der Grenzen ob; dazu wiederholte Klagen über Einziehung den Venetianern gehöriger Lehen und die Plünderungsfahrten der Albanesen. Erst hatte es im Februar 1456 [65]) geheißen, der Sultan rüste ein gewaltiges Heer zu endlicher Unterjochung von Morea; Venedig hatte damals den Castellanen anbefohlen, flüchtige Albanesenhäuptlinge in den Colonien aufzunehmen [66]); doch fiel diesmal die Wucht des Feindes nicht auf die Halbinsel, sondern auf den verheerten Archipel, in dem namentlich die genuesischen Herren von Lesbos und Chios zu erhöhter Tributzahlung genöthigt wurden [67]). Da so die nächste Gefahr beseitigt schien, genügte vor der Hand eine neue Getreidesendung nach Modone und Korone; an Verstärkung der Besatzung ward nicht gedacht. Dagegen glaubte Venedig um so eifriger ein Abkommen mit Thomas betreiben zu müssen, als dieser mit Alfons in Verbindung getreten war, ein Ehebündniß zwischen ihren Kindern proponirt hatte, und zu befürchten stand, daß die „Catalanen" sich aufs Neue im Peloponnesos festsetzten. Man antwortete daher am 29. Dec. 1456 [68]) dem Phrantzes, indem man zwar den Aufstand der Albanesen mißbilligte und dem Despoten ein Asyl auf venetianischem Boden unter der Bedingung, daß er seine Gläubiger befriedige, anbot, sein Herr möge endlich die zu den Castellanien gehörigen Dörfer zurückgeben, namentlich Nisi, das von dem Bisthume Korone zu Lehen ginge, Kulimena, das Lehen des Giovanni Emo, das Lehen des Giorgio di Marco Michieli bei Marenza, das Dorf Krunio und andere; dagegen wollte man ihm gestatten, in Kreta 500 Schützen zu werben; dem Phrantzes wurden für die Gewänder, die der Despot Venedigs früheren Gesandten, dem Canale, Paolo Morosini und Capello, dargereicht, 100 Dukaten als Geschenk eingehändigt. Doch kam man zu keinem festen Resultat; der Despot behauptete, die streitigen Plätze habe nicht er, sondern sein Bruder Theodoros II. genommen; er habe sie aus der Erbschaft des Konstantinos, dem jener sie überlassen, erhalten; er bat, sie ihm zu lassen, Frieden zu halten und seine Gattin und Kinder als Freunde und Schutzbefohlene anzusehen. Darauf forderte Venedig am 17. Jan. 1457 [69]) von Neuem Cession der Plätze; seinem neuen Gesandten Georgios Raul ward freies Geleit zugesagt; dabei aber reclamirte der Senat für den in Modone lebenden Michele di Modignano, wol Adam's Sohn, die Lehen des letzteren, namentlich Molines, das Theodoros II. einst dessen Neffen Georgios Dachas übertragen. Nun ruhten die Verhandlungen wieder eine Zeit lang. Unterdessen hatten die Türken sich gegen Serbien gewandt und bestürmten, nachdem sie bereits bedeutende Erfolge erzielt, das feste Belgrad. Wieder ward nun mit größerem Eifer das Unionsproject fortgesetzt; am 20. April sagte Sforza [70]), falls die ganze Christenheit sich zum Vernichtungskriege gegen den Halbmond rüste, 2000 Reiter und 1000 Mann zu Fuß auf ein Jahr, oder, falls dieselben jetzt nicht gebraucht würden, 10—12,000 Dukaten Subvention zu; Demetrios schickte Gesandte an Alfons und bot diesem seine Tochter nebst vier der besten Burgen Morea's für seinen Neffen, den Sohn des Großmeisters von S. Jago, an; die Johanniter rüsteten [71]); in Venedig aber nahm der Rath der Zehn am 21. April [72]) mit Freuden das Anerbieten des Castellans von Modone Alessandro Marcello an, und erklärte, er habe einen Juden in Bereitschaft, der den Großherrn durch Gift aus dem Wege räumen wolle. Offener gingen die Ungarn zu Werke; unter Hunyady's Führung erfochten sie am 22. Juli 1456 einen glänzenden Sieg bei Belgrad; die Osmanen wurden geworfen; Serbien schien gerettet. Allein der bald darauf erfolgte Tod des ungarischen Reichsverwesers wirkte lähmend auf den Fortgang der Expedition; nachdem die erste drohende Gefahr beseitigt, trat allgemeine Lauheit an die Stelle momentaner Begeisterung; Venedig, das nie offen sich an der Union betheiligt hatte, hielt Frieden mit Mohammed II., der sogar am 17. März 1457 [73]) den Dogen zur Hochzeit seines Sohnes einlud, und verfolgte dafür desto eifriger den Plan, mit Thomas endlich wegen Morea abzuschließen. Dieser aber fand sich jetzt um so mehr dazu bereit, als er die Einmischung des Aragoniers fürchtete; Venedig, dessen Hülfe er gegen letztern anrief, erklärte, neutral bleiben zu wollen, bestand aber vor allen Dingen auf endliche Erledigung der Grenzstreitigkeiten [74]). Die Republik hatte damals Aussicht, sich selbst ohne große Mühe im Peloponnesos noch mehr zu erweitern, da verschiedene griechische Archonten und Befehlshaber, an der längern Fortdauer der bestehenden Verhältnisse verzweifelnd, sich ihr in die Arme warfen. So hatte Demetrios Asan, des gleichnamigen Despoten Schwager und Gemahl einer Tochter des Jagros, seine feste Burg Muchlion, Johann Spagnolo aber Dimala, Ligorio und Zavarion Venedig angeboten, das ihnen am 12. Nov. [75]) Hoffnungen machte, als werde es sich ihrer annehmen; auch die Besatzung der Akropolis von Athen, von den Türken in die Enge getrieben, unterhandelte im October mit dem Bailo von Euböa wegen der Uebergabe. So konnte Venedig am 28. Dec. [76]) dem Despoten Thomas ein Ultimatum stellen, laut dem er Nisi und die eingezogenen Lehen binnen 11 Tagen restituiren, den Erpressungen seines Zolleinnehmers Georg de Eiminiani in Patras steuern und den von Manuel Raul (Ralli) und den Albanesen unter Kierkes und Joannes Bua in den Castellanien angerichteten Schaden ersetzen sollte. Zu den

64) Guerre de' Turchi. 65) Ebenda. 66) Mar. Vol. V. fol. 76. 67) Ebenda fol. 171 v. 68) Secreti Vol. XX. fol. 76 v, 77 v. 69) Ebenda fol. 80 r v.

70) Guerre de' Turchi. 71) *Miklosich* und *Müller* III, 291. n. VIII. 72) Misti del Cons. dei X. Vol. XV. fol. 91 v. 73) Commemoriali Vol. XV. fol. 36. 74) Secreti Vol. XX. fol. 107 v, 108. 75) Ebenda fol. 106. 76) Ebenda fol. 110 v.

ersten Punkten bequemte sich nun Thomas — in Modone wurden weiter seit 1456 [77]) dortige Bürger auf zwei Jahre zu Capitainen von Molines, Jonklon und S. Elias ernannt —; dagegen konnte er die unabhängigen Albanesen nicht zur Zahlung bewegen [78]); noch 1458 ward mit ihm wegen verschiedener Entschädigungssummen, namentlich für Luigi Diedo, verhandelt [79]). Doch wähnte sich der Despot seitdem so sicher, daß er nicht nur die alten Streitigkeiten mit seinem Bruder Demetrios erneuerte, sondern sogar, bauend auf den Beistand der Curie und das in Aussicht gestellte Kreuzheer, der Pforte den Tribut 1457 aufkündigte. Diese Verwegenheit ward sein Verderben, denn alsbald rüstete Mohammed II. ein gewaltiges Heer, 80,000 Mann zu Roß, wie es heißt, und zahlloses Fußvolk, um den Uebermuth des Thomas zu strafen und den Peloponnesos zu unterwerfen [80]).

Am 15. Mai 1458 erschienen die Türken vor Korinth; im Gefolge des Sultans befand sich auch Manuel Kantakuzenos, den einst die albanesischen Rebellen zum Despoten proclamirt hatten, und der nun hoffte, mit Hilfe Mohammed's Herr der Halbinsel zu werden. In Korinth befehligte jener Parvenu Nikephoros Lukanes für den Despoten Demetrios; zu seiner Unterstützung war ihm Matthäos Asan, des letztern anderer Schwager, Gemahl einer Tochter des Monembasioten Joannes Eudämonogiannis, zur Seite gestellt, der ihn von Nauplion aus mit Victualien und Truppen versorgen sollte. Nachdem der Großherr ein Belagerungscorps vor Korinth zurückgelassen, durchstreifte er verheerend die Halbinsel; in Zeit von einem Monat wurden über 25,000 Unglückliche in die Sklaverei fortgeschleppt. Zunächst wandte er sich gen Westen, nahm die Burg Tarsos ein, die ein Albanese „Dories" vergeblich zu schirmen suchte; 300 Knaben wurden fortgeschleppt. Dann fiel Phlius (Polyphengos), von den Einwohnern verlassen, und ward zerstört; ein gleiches Loos traf Akova, Aetos, Pantechoria, Rupela, wohin sich die Griechen aus Phlius und viele Albanesen geworfen; die erstern wurden nach Constantinopel geschleppt; von letztern, deren Energie der Sultan allein noch fürchtete, ließ er zwanzig, die in Tarsos gelegen, scheußlich verstümmeln. Dann gings nach Mantinea zu gegen Pezenike; hier ward Manuel Kantakuzenos vorgeschoben; er sollte Ergebung heischen. Es mislang, daher wies ihn Mohammed aus seinem Lager fort; aber auch sein Angriff scheiterte. Nun entstand die Frage, ob er direct gegen Misithra ziehen oder das feste Monembasia, wohin sich Thomas geworfen, berennen solle. Allein auf den Rath seiner einsichtigsten Führer entschloß sich der Sultan zunächst zum Angriff gegen Muchlion, vor dem er am 20. Juni lag. Demetrios Asan, in großer Bedrängniß, zumal da Wassermangel eintrat, sandte seinen Schwiegersohn Paläologos an den Sultan und bat, ihm die Stadt als Capitain zu lassen; er sei zur Tributzahlung gern bereit; aber letzterer ließ den Gesandten höhnisch in Fesseln legen und setzte die Belagerung fort, obgleich auch ihm der Proviant in dem ganz ausgesogenen Lande auszugehen drohte. Asan aber, gegen den sich die Bevölkerung der Stadt nunmehr aufzulehnen begann, da er so schmählichen Verrath gegen seinen Herrn und Schwager übe, brachte rasch die Unterhandlungen zum Abschluß; gegen Vortheile, die Mohammed seiner Familie einräumte, capitulirte er im Juli. Dann zog der Sultan zurück nach Korinth, während ein Theil seiner Truppen nach Misithra und Leondari hin plünderte, und ließ durch Isa, des Evrenos Sproß, den dortigen Befehlshaber zur Uebergabe auffordern. Schmachvoll genug redete Matthäos Asan zuerst der Capitulation das Wort; nach kurzer, wol nur scheinbarer Gegenwehr ergaben er und Lukanes nicht nur am 6. Aug. die feste Burg, sondern versprachen auch, den Thomas zur Abtretung von Patras, Kalavryta, Grevenon und dem übrigen einst von Konstantinos regierten Despotate zu nöthigen. Thomas, der sich über Mantinea nach dem Lager von Trype begab, hielt es nun fürs Beste, sich mit Demetrios zu vertragen; er sandte seinen Primikerius Lazaros an den Sultan und erbot sich freiwillig zur Abtretung jener Plätze. 'Omar, Turachân's Sohn, ward nunmehr zum Statthalter des ehemaligen Fürstenthums Achaia ernannt; im October übergab Thomas, der sich nach Pondikokastron begeben, den Rest desselben seinem Bevollmächtigten, während um dieselbe Zeit der Großherr den Demetrios unter Androhung des Kriegs aufforderte, ihm seine Tochter in seinen Harem zu liefern, und Matthäos Asan, deren Oheim, nach Constantinopel ging, um dort diese Angelegenheit zu ordnen. Mit 'Omar blieben 10,000 Türken als Besatzung in dem verheerten Lande zurück; mit zahllosem Gefolge von Sklaven verließ der Sultan Ende August die Halbinsel. Er weilte auf dem Rückwege längere Zeit in Athen und Theben und ließ von letzterer Stadt aus am 1. Sept. dem Bailo von Euböa melden, er werde ihn und seine Insel besuchen. Tags darauf erschien er dort mit 1000 Reitern, weilte aber nur den einen Tag dort und setzte am 3. seinen Weg nach seiner neuen Hauptstadt fort.

Mit besonderem Gefallen hatte Mohammed II. in Athen, der auch bei seinen Landsleuten hochgefeierten Stadt der Philosophen, geweilt; mit Interesse hatte er den Piräeus und die alten Bauwerke auf der Akropolis betrachtet und wiederholt ausgerufen, er sei dem 'Omar, Turachân's Sohn, zum höchsten Dank verpflichtet, da er ihm endlich zum Besitz solcher Herrlichkeit verholfen. Im Jahre 1458 war die Akropolis endlich in die Hand 'Omar's gefallen, der, während der Sultan nach Korinth zog, das Herzogthum Athen endlich vernichtet hatte. Ein schauderhaftes Drama hatte jüngst im Hause der Acciajuoli gespielt [81]). Während Nerios II.

77) Mar. Vol. VI. fol. 63 v. 78) Secreti Vol. XX. fol. 127. 79) Mar. Vol. VI. fol. 66. 80) *Phrantzes* IV, 15. p. 385 seq.; *Dukas* c. 45. p. 339 seq.; *Chalkokondylas* IX, 442 seq.; Chronicon breve p. 520—521; *Ἄνθος*; *Cambini* a. a. O. fol. 164 a. f. w.; von den Venetianern namentlich *Magno*, Annali. Vol. VII. (Cod. Foscarin. Vindob. n. 6216) fol. 14 v; ferner Annales Foroliviense bei *Muratori* XXII, 225 und besonders die Guerre de' Turchi im mailänder Archiv.

81) *Chalkokondylas* IX. p. 452 seq., Hauptquelle; vergl.

Witwe, die Herzogin Chiara Giorgio (1451—1455) für ihren unmündigen Sohn die Regentschaft führt, erschien in Athen ein junger venetianischer Nobile, den Handelsgeschäfte dahin führten, Bartolommeo Contarini, der Onesta Gozza und des Priamo Contarini Sohn, welcher letztere, 1432 [82]) von Venedig mit Besitzungen bei Modone begabt, 1447—1456, also noch zur Zeit, da Nerio II. starb, Rector von Nauplion war. Chiara verliebte sich in den Jüngling und bot ihm ihre Hand und ihr Herzogthum an. Aber Bartolommeo hatte daheim in Venedig ein Weib, eines Senators Tochter; sie stand seinem Plane im Wege. Ehrgeiz und Herrschsucht gewannen das Uebergewicht; er kehrte heim nach Venedig, tödtete seine Gattin durch Gift und eilte zurück in die Arme Chiara's, die ihm ihre Hand reichte. So ward Bartolommeo Contarini 1453 Herzog von Athen [83]). Zwar klagten die Athener über ihn und seine Usurpation bei dem Sultan; er aber gab vor, das Herzogthum nur für seinen Stiefsohn (Francesco I.) zu verwalten, und reiste selbst mit ihm nach Constantinopel, um sich von der Pforte als Vormund anerkennen zu lassen. Dort aber hatte sich mittlerweile Francesco (Franco) Acciajuoli, des Herzogs Antonio II. und Maria Giorgio Sohn, eingefunden und suchte den Sultan zu bestimmen, ihm das Herzogthum zu übertragen. Seine Intriguen trugen den Sieg davon; der Einfluß des stets türkenfreundlichen Asan — er hatte die Tochter des Demetrios, der Muchlion später übergab, geheirathet — that wol auch das Seine; genug, Mohammed II. belehnte 1455 mit Athen den Francesco (II.) Acciajuoli (1455—1458). Er kam nach Athen, die Stadt begrüßte ihn, den Sprossen des alten Herzogshauses, den Großneffen des beliebten Antonio I., mit Freuden; aber der erste Act seiner Regierung war schon gewaltsam genug, indem er die Herzogin Chiara ins Burgverließ von Megara warf und dort eines jähen Todes sterben ließ. Da klagte Contarini bei dem Sultan über den Mord seiner Gattin, und letzterer, der endlich der Frankenherrschaft in Athen ein Ende machen wollte, sandte den 'Omär ibn Turachân mit dem thessalischen Heere gegen Attika. Unglückszeichen schienen den Untergang des Hellenenthums zu verkünden; am Jahrestage der Einnahme von Byzanz zeigte sich am Himmel ein schrecklicher Komet; Hungersnoth herrschte überall. Im Juni 1456 [84]) besetzte 'Omär die Stadt Athen; die Bürger flüchteten mit Francesco auf die Akropolis und hielten dort muthig eine fast zweijährige Belagerung aus. Wohl baten sie, ihren Connetable an der Spitze, im October 1456 [85]) Venedig, sich ihrer anzunehmen; die Republik sagte Beistand zu; doch that sie Nichts, um Athen zu halten. Als dann die Türken 1458 unter 'Omär die Bestürmung der Akropolis eifriger betrieben, mußte schließlich der Herzog doch sich zur Capitulation verstehen. Dieselbe fiel im Ganzen noch günstig genug aus; die Stadt behielt ihre municipalen Privilegien; ein Rath von Archonten oder Alten (Vecchiadeq) stand dem türkischen Befehlshaber zur Seite; der Karadsch ward zwar erhoben, doch wurden viele Familien von Steuern und Frohnden durch eigene Patente eximirt; auch die Lieferung von Knaben für das Janitscharencorps ließ sich meist mit Geld abkaufen [86]). Der Abt des Klosters Kyriani auf dem Hymettos, der die Schlüssel von Athen übergab, ward auch von dem Karadsch befreit; er hatte nur jährlich ein Goldstück als Huldigungssteuer darzubringen [87]). Eine türkische Besatzung unter einem Commandanten — einen Beg oder Sandschak setzte Mohammed II. nicht ein, angeblich um die Stadt zu schonen — ward in die Akropolis gelegt. Dort hatte bis dahin der herzogliche Palast, daneben die Kanzlei der Acciajuoli gestanden; jetzt ward sie die Residenz des Befehlshabers; der Madonnentempel aber, der Parthenon, wurde in eine Moschee verwandelt [88]). Von Zerstörung der Alterthümer verlautet Nichts; vielmehr scheint es, daß Mohammed II. gerade bei seinem Besuche in Athen für Erhaltung derselben eifrig Sorge getragen, und so erhielt sich die Akropolis in ihrem bisherigen Zustande bis zum venetianischen Bombardement im Jahre 1687. Herzog Francesco, dem freier Abzug gewährt wurde, behielt Böotien mit Theben als Vasall der Pforte; dagegen verlor Nerozzo Pitti das ausgeplünderte Sykaminon und Panaia, für welche Plätze ihm der Rath der Balia in Florenz am 26. Oct. 1458 [89]) eine Pension aussetzte.

Bald nachdem so Athen eine Beute der Türken geworden, fiel auch Serbien endlich 1459 in die Hand der Osmanen; Bosnien war schon früher genommen. Vergeblich suchte der neue Papst Pius II. auf dem Concil zu Mantua eine neue Union gegen die Türken zu Stande zu bringen; Venedig, das dabei am meisten interessirt war, unterhandelte zwar deshalb 1460 mit dem Fürsten von Karaman, der den Venetianer Giovanni

Cambini a. a. O. fol. 154 r; Sphrantzes fol. 190; Aen. Sylvius, Europa X, 404; XI, 405; Gedicht, Linguaggio XV. p. 96—99; Rabbi Joseph b. Joshua the Sephardi Chronicles, translated by C. H. F. Bialloblotzky. Vol. I. London 1835. 8. p. 281 u. s. w.

82) Grecia Vol. XX. fol. 20. 83) Marco Barbaro, Nozze (Cod. Marcian. Ital. Cl. VII. n. 156) fol. 40 v, 125 r und die andern venetianischen Genealogisten. Aus der Angabe des Byzantiners, daß der Herzog Sohn des Statthalters Πρίαμος von Neapolis gewesen, sind bisher die falschen Nachrichten über das Geschlecht und den Vornamen des Herzogs geflossen; der eine machte aus Πρίαμος, das als Familienname angesehen wurde, einen Pelati, der andere einen Pietro Almerio oder Palmerio, welcher letztere ja auch in der bekannten gleichnamigen Novelle von Lorenzo Schücking spukt. 84) Phrantzes IV, 14. p. 386; Chron. breve p. 522.

85) Grecia Vol. XX. fol. 200. 86) de la Guilletière, Athènes ancienne et nouvelle. Paris 1675. 12. p. 143. 157. 159 u. s. w. 87) J. Spon et G. Wheler, Voyage d'Italie, de Dalmatie, de Grèce, et du Levant. Tom. II. Lyon 1678. 12. p. 225. 88) Vergl. über die Topographie Athens in der letzten Herzogszeit und bald darauf: Anonymi Viennensis descriptio urbis Athenarum in L. Roß, Archäologische Aufsätze I. Leipzig 1855. 8. S. 245 fg., besonders §. 7, wo auch von einem Gartenpavillon am Ilissos die Rede ist, in dem die Herzoge nach dem Bade sich zu erlustigen pflegten, und §. 10; und Detlefsen, Zur Topographie Athens in Ed. Gerhard, Denkmäler, Forschungen u. s. w. LV. 1862. 4. n. 68. p. 378. 89) Bened. Lini, Chronicon bei Pagnini, Della decima e di varie altre gravezze. Tom. II. Lisbona e Lucca 1765. 4. p. 250. Gedicht, Linguaggio XXXIII. p. 260—302.

Morenigo als seinen Bevollmächtigten dorthin gesandt[90]); man besprach eine neue Liga mit Ungarn und proponirte, dem Skanderbeg Succurs aus Italien zu liefern, sodaß er mit wenigstens 30,000 Mann den Türken in Epiros die Spitze bieten könne, während Ibrahim von Karaman dieselben in Asien beschäftigen sollte; doch vergingen Jahre, ehe sich der Occident zum Handeln entschloß. Damals schrieb auch Bessarion von Trapezunt[91]), der später Titularpatriarch von Constantinopel ward, von Rom aus am 20. März 1459[92]) dem Minoriten Jakob de Marchia, man möge sich des bedrohten Peloponnesos annehmen, der, falls er sich halten ließe, dem Kreuzheere unendliche Vortheile bieten könne. Denn es sei ein großes, fruchtbares Land, reich an Brod, Wein, Fleisch, Käse, Wolle, Baumwolle, Linnen, Seide, Rosinen, Carmoisin und Purpur; für einen Dukaten könne man dort 1400 Pfund Korn haben; für die Rosse biete der Boden Futter im Uebermaß. Leicht könne Morea 50,000 Reiter ernähren; dazu 300 starke, wohlbefestigte Burgen, die sichern Schutz gewähren. Lauter Uebertreibungen, wie bald die Erfahrung lehrt; mochte auch in ältern Zeiten das Verhältniß ein ähnliches gewesen sein, wie denn der jüngere Marino Sanudo[93]) erzählt, im Jahre 1414 hätte Morea, wäre es nicht durch Kriege verheert, 50,000, so aber doch noch 10—20,000, der Herzog von Naros 1000—2000, die Rhodiser 2000—4000; Jacopo Gattilusio von Lesbos 1000—2000 Reiter stellen können, je nachdem es sich um einen Defensiv- oder Offensivkrieg handelte. Denn wie wenig der Peloponnesos im Stande war, den Türken gegenüber noch länger einen Schein von Selbständigkeit zu bewahren, beweisen die Ereignisse des nämlichen und des nächstfolgenden Jahres zur Genüge.

Schon im Januar 1459[94]) stand der Peloponnesos wieder in vollen Flammen. Der Statthalter 'Omâr ibn Turachân hatte sein Amt niederlegen müssen, da zu große Gefügigkeit gegen den Despoten Thomas ihn verdächtig machte; auch sein reiches thessalisches Lehen war eingezogen worden. An seine Stelle war der albanesische Renegat Hamsa Zenevisi getreten, der alsbald den Unterstatthalter von Morea Ahmed und dessen Schwiegersohn 'Omâr gefangen nahm. Solche Zerwürfnisse unter den Herren des Landes schienen dem Projecte des Thomas günstig; gehetzt von Lakonern und den Albanesenhäuptlingen, namentlich dem Peter Bua, der auf der Halbinsel, soweit sie nicht türkisch, der eigentliche Gebieter schien, erhob er sich zum Kriege gegen seinen Bruder Demetrios und zur Rebellion gegen die Pforte. Versprechungen der römischen Curie wiegten ihn in sorglose Hoffnungen ein; im Juli noch ermahnte der Papst die Albanesen[95]), ihm treulich gegen die Ungläubigen beizustehen. Dazu kamen die Mahnungen seiner nächsten Freunde, des Protovestiars Nikolaos Frangopulos, seines Ministers Leon Eudämonogiannis (der mit einer Asanina vermählt), des Kydonides Gramplcho (Verwandten des Phrantzes) und anderer; ohne Mühe wähnte er die verlorene Selbständigkeit wiedergewinnen zu können. Während ein Heerhaufe sich gegen Paträ wandte und die dortige Burg bedrohte, sodaß Hamsa zum Entsatz aufbrechen mußte, rückte Thomas von seiner damaligen Residenz Arkadia aus zunächst gegen das türkische Kalavryta. In Arkadia blieb Phrantzes zurück, mit ihm der junge Nikolaos Melissenos, einst der Verlobte seiner Tochter; Böses vorahnend, erwarteten sie dort die Entwickelung. Nachdem es dem Thomas im Februar gelungen, Kalavryta zu nehmen, kehrte er die Waffen gegen seinen Bruder Demetrios, entriß ihm Karytena, S. Georgios, Bordonia, Kastritza, besetzte die Lehen der Melisseni in Messenia und bedrohte Zarnata, Kalamata, Mantinea. Dagegen eilte Demetrios, gefolgt von Georgios Paläologos und dessen Schwiegersohn Manuel Bokalis, gegen Leondari und Alova und begann, erstere Stadt zu belagern. Allein Thomas, der mittlerweile Zarnata, die Maina, Leuktra und Kalamata besetzt, erschien bald auch bei Leondari; umgeben von seinen Albanesen, stand er schlachtgerüstet da und warf den Bruder in blutiger Schlacht zurück; Demetrios flüchtete nach Mistithra; die Albanesen aber, die Herren des Kampfplatzes, plünderten unbarmherzig das Land. Da mußten denn wol die Türken, die in ihren festen Plätzen Korinth, Nikli und dem befreiten Paträ bis dahin ruhig der Sache zugesehen, daneben gelegentlich geplündert, gesengt und gemetzelt hatten, wieder einschreiten, auch wenn sie Demetrios nicht gerufen hätte. Von Paträ aus zog Hamsa durch Elis direct auf Leondari los; Junusbeg, der Führer der Spahis, trieb die Vertheidiger nach blutigem Gefecht in die Stadt; viele Griechen blieben auf dem Platze, andere wurden gefangen und in die Sklaverei fortgeschleppt. Dann ließ Hamsa den Thomas in Leondari, wo bald Pest und Hungersnoth herrschte, blokiren, sandte ein Streifcorps gegen den Süd-Westen, das aber von Peter Bua mit erheblichem Verluste zurück-

90) Guerre de' Turchi. 91) Zur Ergänzung der Bd. LXXXV. S. 228 angeführten Liste der lateinischen Patriarchen führe ich hier die weiteren bis zum Ende des Römerreichs an. Die Namen sind alle aus Urkunden gezogen, und so werden die Angaben bei *Le Quien*, Oriens Christianus III, 820 seq. hiermit ergänzt und modificirt. Es folgt auf Wilhelm Pusterla (1346—1361, gest. 1370): Georg 1361—1363; St. Peter Thomas 1364—1366; Paul 1367—1376; Jakob 1376—1387 (durch Gegenwahl ein Wilhelm 1379 und Matthäus Gandolfo); Angelo Correr 1390—1405; Anton Corraro 1405—1408; Franz Lando 1409—1411. Dann erscheint urkundlich nur Johann Contarini als erwählter Patriarch von Constantinopel schon neben Lando 1409—1420 (daneben angeblich Johann de la Rochetaillée 1417—1437); Franz Condulmer 1437—1443; dann wird wieder jener oder ein anderer Johann Contarini genannt, der um 1451 starb, dann der gelehrte unirte Patriarch Gregorios Melissenos 1451—1459; Cardinal Isidor der Ruthene 1459—1463; Cardinal Bessarion von Nikäa, der [illegible], 1463—1472, Venedigs Bürger seit 1. Juni 1463 (Privilegii Vol. II. fol. 45), endlich der päpstliche Nepot Peter Riario 1472—1474. 92) *Waddingus*, Annales minorum z. d. J.; *Buchon*, Nouv. rech. I, 423—424. 93) a. a. O. XXII, 962. 94) *Phrantzes* IV, 16. p. 389 seq.; *Chalkokondylas* IX. p. 455; *Ubaldini* a. a. O. fol. 137; *Amad. Valier* Vol. II. fol. 296; *Magno*, Annali. Vol. VII. fol. 34v; Guerre de' Turchi (auch für 1460 Hauptquelle).

95) *Raynaldi* z. J. 1459. n. 3 seq.; 43 seq.

geschlagen ward, und begab sich zu seinem Freunde Demetrios nach Mistithra. Schon Ende August hatten die Türken das Despotat geräumt; Junus blieb als Resident bei Demetrios zurück. Noch einmal gelang es dem Metropoliten von Mistithra, eine scheinbare Versöhnung beider Brüder zu Kastritza anzubahnen; aber Demetrios, des türkischen Beistandes gewiß, sann bald auf neue Fehde gegen Thomas. Es verstrich der Winter 1459; allein wenn auch nicht des Sultans Scharen dort hausten, so plünderten dafür türkische Corsaren aus Palatia die Maina, zerstörten die Schiffe der Mainoten und schleppten 80 Gefangene fort [96]); überall Noth und Unsicherheit, selbst in Venedigs Colonien, wie denn in Nauplion damals die Kämmerei mit Schulden überbürdet, die Beamten ohne Gehalt, die Bürger ohne Sicherheit waren [97]).

Aber noch war der Sultan in Ungarn beschäftigt; die Despoten rechneten auf neue Hülfe; dem Thomas sandte der Herzog von Mailand Truppen; Kaperschiffe des Francesco de Zimada kreuzten im Golfe von Korinth und griffen die türkischen Fahrzeuge aus Salona an. Aber wieder befehdeten sich die Brüder; wieder bedrängte Thomas die Burg „Achaia" bei Paträ. Da beschloß Mohammed, diesem Unwesen endlich für alle Zeiten ein Ende zu machen, und ernannte zunächst, da ein Angriff Hamsa's gegen Leondari gescheitert, den Saganospascha zum Statthalter von Thessalien und Morea; bereits im März 1460 [98]) erschien er mit dem Vortrabe des Türkenheeres auf der Halbinsel. Er nöthigte alsbald den Thomas, die Belagerung von Achaia aufzuheben und nach Kalamata zu flüchten, von wo aus er dann vergeblich Mantinea bestürmte. Da knüpfte er Unterhandlungen mit dem Sultan an und versprach, in Zukunft seine Lande in Ruhe zu lassen, sowie pünktlich den Tribut zu zahlen; er hoffte, da der Turkomane Usun Hasán die Osmanen in Asien zu beschäftigen begann, noch einmal Gnade vor dem Großherrn zu finden, der bereits Anfangs Mai in Person mit dem Hauptheere in Korinth erschienen war. Dort aber intriguirte gegen ihn Matthäos Asan zu Gunsten des Demetrios, der bereit schien, seine Tochter endlich ins Serraglio zu liefern und gegen eine Apanage auf sein elendes Despotat zu verzichten. Die Unterhandlungen mit Thomas wurden abgebrochen; aber Tegea, wo er den verdächtigen Asan in Fesseln schlagen ließ, zog Mohammed gen Mistithra, besetzte die Stadt und nöthigte die Akropolis zur Capitulation; Demetrios ergab sich freiwillig und ward am 30. Mai 1460 nach Constantinopel abgeführt; Hamsa Zenevisi erhielt das Gouvernement von Neu-Sparta. Der Despot, dem die Hälfte aller Einnahmen aus Ainos und den thrakischen Inseln Lemnos, Imbros und Samothrake als Jahrgehalt ausgesetzt ward, hatte versprochen, seine Gattin und seine Tochter, des Sultans Verlobte, die sich in Monembasia geborgen, auszuliefern und zugleich letztere Festung zu ergeben. Als aber Isá, Isaak's Sohn, mit den Gesandten des Demetrios in Monembasia erschien, wurde zwar die Familie des Demetrios ohne Weiteres ausgeliefert, dagegen erklärte der wackere Festungscommandant Manuel Paläologos im Einverständniß mit den Bürgern aufs Entschiedenste, daß an Capitulation nicht zu denken sei, sie vielmehr Monembasia für den rechtmäßigen Fürsten Thomas halten würden. Die türkischen Gesandten zogen ab; dafür erschien der alte catalonische Corsar Lope de Baldaja, von Paläologos herbeigerufen, und besetzte die Stadt, die der Despot Thomas hierauf bereitwillig der römischen Curie abtrat [99]). Papst Pius II. lobte hocherfreut den Eifer, mit dem die Monembasioten zu Rom schwuren; er ernannte den Franz de St. Anatolio, Abt von S. Nicolò in Osimo, zum geistlichen, den Gentile de' Marcolfi zum weltlichen Gouverneur der Stadt und verhieß zugleich verschiedenen catalonischen Freibeutern, so dem Peter Peralta, Besitzungen in Griechenland, jenem wol die Insel Salamis (Tzegionos), falls es ihm gelingen sollte, sie den Osmanen zu entreißen. Doch war das päpstliche Regiment in Monembasia nur von kurzer Dauer; schutzlos warf sich schließlich die Bevölkerung 1462 den Venetianern in die Arme [1]).

Nachdem das Despotat Mistithra im Mai 1460 vernichtet, zog Mohammed II. gegen Thomas aus. Alles huldigte, meist ohne Gegenwehr. Zuerst fiel Bordonia, von den Einheimischen verlassen, dann Kastritza nach kurzer Wehr; gegen die Capitulation wurden 300 der Vertheidiger gemetzelt. Dann ergab sich das verlassene Leondari, dessen Besatzung nach dem festen Gardiki geflohen; endlich auch das letztere, Lehen der Bokalis. Dort sollten sich dieselben Greuelscenen, wie in Kastritza, erneuern; allein der Beglerbeg Mohammed, dessen Verwandte, eine Albanesin, Gattin des Manuel Bokalis war, verwendete sich für seinen Vetter bei der Pforte; so ward dem Bokalis und dem Georgios Paläologos freier Abzug nach Neapel bewilligt. Nachdem der Capitain Krokodilos die Festung S. Georgios ergeben, dachte Thomas, der von Kalamata aus über la Kosmina und Petalidhi nach Navarinon geflüchtet, nur an die Sicherheit seiner Familie, die Arkadia verlassen und sich mit den angesehensten Archonten des Landes nach Marathi geworfen hatte. Das feste Arkadia, Lehen des Joannes Raul, fiel und lieferte 10,000 Sklaven; Sguromalläos Paläologos, des Eukaures Schwager, überlieferte Karytena; Andrusa und Vulkano capitulirten; plündernd hauste Saganos bei Navarinon und verschonte nicht einmal Venedigs Colonien. Den besseren der Archonten sank der Muth; in Modone, wohin sich viele derselben geflüchtet, brach die Pest aus; Georgios Raul eilte von dort mit Tochter und Schwiegersohn nach Korfù, ihm folgte Phrantzes, entschlossen, ins Kloster zu gehen, sei es nach Kreta, sei es nach Berrhöa, sammt dem letzten Melissenos am 11. Juli; am 28. Juli endlich räumte

96) Guerre de' Turchi. 97) Mar. Vol. VI. fol. 188 v.
98) *Magno*, Annali. Vol. VII. fol. 92.

99) *Magno*, Annali. Vol. VII. fol. 256; Index bullarum (Cod. Brancacciano. I. C. 40) Vol. II. fol. 212, 470.
1) Regina fol. 56.

der Despot Thomas verzweifelnd das Land der Romäer und suchte Schutz unter Venedigs Scepter auf dem gastfreien Eilande „der Phäaken.“ Die Türken aber zogen weiter, besetzten noch im Juli Chlumutzi und St. Omer, wo die „Begleitheiden“ saßen, die Nachkommen der unter Fürst Wilhelm II. in Achaia angesiedelten Türken; in Patrá ließ der Großherr den Albanesen Dories (wol der alte Vertheidiger von Tarsos), zuletzt Capitain von Kalavryta, lebendig schinden, um seine Treulosigkeit zu strafen. Denn nachdem die Griechen das Feld geräumt, hatten sich die Albanesen aufs Neue erhoben und trotzten allein noch den Waffen der Ungläubigen. Mohammed, dem damals Venedigs Castellane in Korone Vermittelung mit Thomas angeboten, sah seine weitern Fortschritte durch Saganos gehemmt, der trotz der Capitulation, welche den Einwohnern von St. Omer verheißen, dieselben gemetzelt oder als Sklaven fortgeschleppt hatte — ersteres Loos hatte zumeist die hartnäckigen Albanesen, letzteres die zitternden Griechen betroffen. Auf die Albanesen hatten aber diese Gewaltthaten nicht entmuthigend gewirkt; sie waren vielmehr zur Rache angespornt worden. Während nun Mohammed den Dories hinrichten ließ, enthob er selbst den Saganos vom Obercommando und übertrug dieses dem Hamsa Zenevisi; zugleich ließ er alle Sklaven, die sich in seiner Hand befanden, frei. Da ergab sich auch Greveno dem Pascha Isa von Skopia — doch ward auch dort ein Drittel der Griechen in die Knechtschaft fortgeschleppt; die Mehrzahl der Burgen unweit Patrá hatten bereits dem Isaak Ali für den Großherrn gehuldigt. Ihm selbst ergab sich dort Kastrimenon, nur mit Salmenikon hatte er seine Noth, da der dortige Capitain Graecas Palaeologos trotz des heftigen Bombardements und fühlbaren Wassermangels energischen Widerstand leistete. Erst 1461 capitulirte er, „der einzige Mann, den man in Morea gefunden“ (wol ein Gasmule), wie Saganos schrieb, der bald wieder zu Gnaden aufgenommen und mit Thessalien und Morea aufs Neue begabt worden war. Unterdessen knüpfte Mohammed durch den Beg von Angelokastron Unterhandlungen mit Thomas wegen Verzichtleistung auf die Halbinsel an, für welche letztere er ihm, wie dem Demetrios, thrakische Plätze auf Lebenszeit anweisen wollte. Am 9. Aug. sandte der Despot den Joannes Rani, Ex-Baron von Arkadia, an den Sultan, am 11. den Georgios Rani an den Papst um Hilfe. Ersterer ward in Berrhöa in Ketten geschlagen und kehrte endlich hoffnungslos im October zu seinem Herrn nach Korfu zurück; letzterer überbrachte eine Einladung des Papstes, in Folge deren Thomas seine Familie auf Korfu zurückließ und am 16. Nov. 1460 nach Ancona eilte. Auf Korfu blieb auch sein Ex-Minister Phrantzes, der dort in einsamer Zelle des St. Eliasklosters sein trübes, vielbewegtes Leben beschlossen hat; Nikolaos Melissenos zog im April 1462 von da nach Kreta und starb dort als Papas.

So war denn auch der Peloponnesos seit 1460 dem osmanischen Reiche einverleibt. Nur hie und da behaupteten die Albanesen in unzugänglichen Schlupfwinkeln ihre Unabhängigkeit; und nur Venedig wagte es, gestützt auf seine Verträge mit den Despoten und mit Rücksicht auf seine Colonien daselbst, Protest — aber freilich nur in sehr zahmer Weise — einzulegen. Im Februar 1461 [2]) beschwerte sich sein Gesandter bei der Pforte, daß Saganos auch die zu Modone gehörenden Dörfer verheert habe; gegen weitere Rüstungen des letztern traf man Vorkehrungen und sandte Truppen unter zwei Capitainen hin [3]); doch erhielt, wie man im Juli erfuhr, der Secretair Nicolò Sagundino die Antwort, der Sultan glaube in seinem Rechte zu sein, wenn er die betreffenden Plätze besetzt halte, da sie einen integrirenden Theil des frühern Despotats bildeten, und von Thomas 1456 nur aus Angst der Republik überlassen wären, ohne daß irgend welche Rechtsansprüche existirten. So verblieben denn auch sie den Osmanen.

Was die letzten griechischen Herren der Halbinsel betrifft, so beschloß der Prätendent Manuel Kantakuzenos sein Leben als Flüchtling in Ungarn; der elende Demetrios führte in seiner thrakischen Apanage ein üppiges, nur der Jagd und den Vergnügungen gewidmetes Leben [4]), das er im Herbst 1470 als Mönch David zu Adrianopel beschloß. Seine Gattin Zoe folgte ihm bald; seine Tochter, die Gemahlin des Sultans, die dieser aber angeblich aus Furcht vor Gift unberührt gelassen haben soll, war ihm vorangegangen, ebenso sein Schwager Matthäos Asan, von Phrantzes als Verräther von Hellas gebrandmarkt, am 29. März 1467. Thomas, der dem Papste das Haupt des Apostels Andreas aus Patrá mitgebracht, ward von Pius II. herzlich bewillkommt, der Papst setzte ihm ein Jahrgehalt von 3600 Goldstücken aus, zu dem das Cardinalcollegium noch 2400 hinzufügte; auch Venedig wies ihm im Juli 1462 [5]) 500 Dukaten an. Im nächsten Monate [6]) proponirte der Despot, der sich auch im Elend als Souverain und Erben von Byzanz fühlte, der Republik ein Bündniß gegen die Pforte; er bat, die Schiffe seiner Unterthanen überall zu schirmen, ihnen Schutz gegen Piraten zu gewähren, sie Victualien zollfrei ausführen zu lassen, Flüchtlinge aus Achaia in Romenbaña aufzunehmen, seine Feinde aus Venedigs Gebiet auszuweisen und seine auf Korfu weilende Dienerschaft und seine älteste Tochter Helena (seit December 1458 Witwe des Serbenkönigs Lazar) nach Würden zu behandeln; Venedig bewilligte es am 12. Aug. Seine Gattin Caterina Zaccaria hatte sich angeschickt, ihm nach Italien zu folgen; da raffte sie der Tod am 16. Aug. 1462 zu Korfu hinweg, wo sie im Kloster des heiligen Jason und Sosipater ihre Ruhestätte fand. Er selbst starb zu Rom am 12. Mai 1465; Bessarion gab am 9. Aug. [7]) dem Erzieher seiner Söhne wohlgemeinte Lehren über deren Bildung, in denen freilich mehr Zwang als Liebe zu erkennen war. Außer der Serbenkönigin Helena, die am 7. Nov. 1474 als

2) Secreti Vol. XXI. fol. 32 v. 3) Ebenda fol. 46 v, 58 v; Regina fol. 29 v. 4) Im Juli 1462 fand er die auf einer Besitzung des Olivetanerklosters St. Paulus auf Lemnos befindliche Schrift auf. Müller, Historische Denkmäler S. 174. 5) Secreti Vol. XXI. fol. 97 v. 6) Ebenda fol. 108. 7) *Phrantzes* IV, 20. p. 415.

Nonne Hypomone in einem Kloster auf Leukadia gestorben ist, hinterließ Thomas zwei Söhne Andreas und Manuel und eine zweite Tochter Zoe, die sich 1466 zuerst mit einem Caracciolo vermählte. Von den Söhnen war Manuel bei weitem der talentvollere; der klösterlichen Erziehung am päpstlichen Hofe überdrüssig, flüchtete er auf den Rath seiner Vertrauten, des Mangaphas Kontos und Nikolaos, nach Constantinopel, wo ihn Mohammed II. freundlich aufnahm, ihm einen Hofstaat von zwei Dienern und zwei schönen Sklavinnen, täglich 100 Aspern und die Dörfer Sykebion, Ampelikion und zwei andere zum Unterhalt anwies. Hochgeehrt von der Pforte, dem Christenglauben treu, verlebte er ruhige Tage in Sykebion, in dessen Hauptkirche er begraben ist [8]; bald folgte ihm seine Schwestertochter, die verwittwete Königin Maria von Bosnien, welcher der Sultan Ezova bei Serres als Witthum überlassen, im Tode nach. Mit jenen beiden Sklavinnen zeugte Manuel zwei Söhne: den Joannes, der als Christ bald nach ihm starb und in dem Patriarchion zu Constantinopel bestattet ward, und den Andreas den Jüngeren, der zum Islam übertrat, den Namen Mohammed annahm und noch unter Suleimân dem Prächtigen lebte. Dagegen blieb Andreas der Aeltere (1465—1502), den der Papst sofort nach des Vaters Tode als Despoten von Morea anerkannt hatte, in Rom; er heirathete dort eine Gassendirne, blieb aber kinderlos. Im Jahre 1481 dachte er daran, mit Unterstützung Neapels den Peloponnesos wiederzugewinnen [9], doch vergebens. Dann begab er sich im Herbst 1491 [10] an den Hof Karl's VIII. von Frankreich, gewann den unternehmenden Fürsten für seinen Plan, die Türken aus Europa zu verjagen, und überließ ihm am 6. Sept. 1494 [11] zu Rom durch Schenkung unter Lebenden alle seine Anrechte auf das Romäerreich; da jedoch die Expedition kläglich endete, setzte der „Despot" schließlich am 7. April 1502 in seinem Testamente Ferdinand den Katholischen und Isabella von Castilien zu Erben seiner Reiche ein. Seine Schwester Zoe, deren erster Gemahl früh starb, heirathete 1472 in zweiter Ehe mit einer ihr vom Papste ausgesetzten Aussteuer den Großfürsten Iwan III. Wassiljewitsch (gest. 1503) von Rußland und brachte ihm ihre Prätensionen auf das Romäerreich zu, die aber, weil sie nur eine einzige Tochter Helena hinterließ, auf diese und deren Gemahl, den Jagellonen Alexander von Polen, übergegangen sind. Der Großfürstin Zoe, welche in Rußland den Namen Sophia annahm, folgten viele der hochadeligen byzantinischen Primatengeschlechter in die neue Heimath; so Joannes Rali Palaeologos, vielleicht der frühere Herr von Arkadia (1485) [12], mit seinen Söhnen Manuel (1498) und Demetrios (1499—1504), Theodoros Laskaris und sein Sohn Demetrios (1485) und das Geschlecht der Tarchaniota unter Demetrios und Georgios, welche in die Reihe der russischen Bojaren eintraten [13]. Andere byzantinische Primaten zogen den Occident, in den sich bekanntlich die griechische Bildung mit ihren Hauptvertretern befruchtend flüchtete, dem unwirthlichen Norden vor; einzelne wandten sich, wie schon oben erwähnt, nach Frankreich, so auch Georgios Diskypatos, andere nach Venedig, andere, wie Petros, Nikolaos und Thomas Bassallos (wie die meisten andern Palaeologi beigenannt), nach Palermo, wo ihnen die Aragonier gern ein Asyl gönnten [14]. In neuerer Zeit ist die Sage, daß noch in England im 17. Jahrhundert directe Nachkommen des Kaisergeschlechts, Sprossen des Thomas, gelebt hätten, wie sie zuerst Bryvan Jago 1815 aufgestellt hat [15], wiederholt noch vorgebracht worden [16]; doch ist der Joannes Palaeologos, angeblicher Sohn des Despoten Thomas, von dem sie ihr Geschlecht herleiten wollen, völlig unhistorisch, und gehören diese Genealogien von Palaeologen — die alle direct vom Kaiserhause abstammen wollen, wie noch die Grafen Cianiar Palaeologos auf Malta, deren Ahnen einfache moreotische Archonten, nur den Namen des Herrschergeschlechts adoptirten — in das Bereich derselben Mythen und Dichtungen, nach denen die Angeli (Anglo?) von Drivaste directe Erben der kaiserlichen Angeli, die schwindelnden Flavii Comneni des 16. und 17. Jahrhunderts und ihres gleichen die directen Nachkommen des großen Alexios I. oder der Kaiser von Trapezunt gewesen sein wollen. Die kaiserliche Linie der Palaeologi erlosch 1502 mit dem verkommenen Andreas, die jüngere Nebenlinie in Montferrat 1533 mit dem letzten Markgrafen Johann Georg. Dagegen hat eine genealogisch bisher nicht constatirte Palaeologina Anna den Fall des Reiches noch Jahre lang überlebt. Sie war die Tochter des Großadmirals Lukas Notaras, der nach der Eroberung von Byzanz schmählich hingerichtet ward; sie war die Verlobte des letzten Kaisers der Romäer Konstantinos XI. Mit ihrem Bruder Jakob flüchtete Anna nach Italien, wo ihr die Republik Siena am 22. Juli 1472 [17] auf Bitten ihres Gesandten Frangulî Syropulos das verfallene Castell Montacuto anwies; später begab sie sich nach Venedig, das ihr eine Pension aussetzte; im Juni 1475 [18] ward ihr und der Eudoxia Kantakuzena, Gattin des Matthäos Spanduginos, gestattet, in ihren Häusern nach heimischem Ritus, jedoch ohne Betheiligung anderer in Venedig weilender Griechen, Messe lesen zu lassen. Am 27. Sept. 1480 und 28. Mai 1489 ward ihr dasselbe

8) Historia politica Cpoleos p. 34. 9) Thesauraria Ferdinandi I. 1481. Archiv zu Neapel. 10) *Tardif*, Monuments historiques. Paris 1866. 4. no. 2735. p. 508. 11) *Foncemagne*, Acte de cession d'André Paléologue en faveur de Charles VIII. in den Memoires de l'académie des inscriptions. Vol. XVII. Paris 1751. 4. p. 572—578. 12) Karamsin, Russische Geschichte, deutsch von Oldekop. Bd. VI. Riga 1824. 8. S. 55.

13) Родословная книга. Москва 1851. 4. p. 191. 14) *Fr. Savona e Manfredi*, De Panormitanae maiestate III, 11 (in Graev. Thesaur. Sicul. XIII, 394—406). 15) Some observations on a monumental inscription in the parish church of Landulph, Cornwall in der Archaeologia. Vol. XVIII. London 1815. 4. p. 83 seq. 16) Zuletzt in der *Pandora* Vol. X. 1859—60. p. 275 seq. 17) Archiv zu Siena; *G. Gaye*, Carteggio inedito di artisti dei secoli XIV—XVI. Vol. I. Firenze 1839. 8. p. 247. 18) Misti del C. dei X. Vol. XVIII. fol. 118 r; XX. fol. 27; XXIII. fol. 103.

Privileg erneuert; wol erst im Anfange des 16. Jahrhunderts ist die Kaiserbraut, die sich eines mäßigen Wohlstandes erfreute und Künste und Wissenschaften förderte — wie sie denn dieselbe Anna ist, auf deren Anregung Zacharias Kallergu 1499 die erste Ausgabe des Etymologicum magnum veranstaltete — zu Venedig gestorben. So viel vom Ausgange der Palaiologen.

Noch im nämlichen Jahre, in dem Morea eine Beute der Türken ward, endete auch das Haus der Acciajuoli in Athen[19]). Als Mohammed II. auf seiner Rückreise aus dem Peloponnesos 1460 wieder in Athen weilte, hörte er, daß dort eine Verschwörung zu Gunsten des Francesco von Theben angezettelt worden. Alsbald ließ er zehn der angesehensten Bürger nach Konstantinopel deportiren und befahl dem Acciajuoli, sich zu Saganos zu begeben. Francesco ging hin, weilte bis zur Nacht im Zelte des Pascha, als er dann aber sich anschickte, sich ins eigene zur Ruhe zu begeben, ward er auf Befehl jenes ergriffen und niedergemacht. Seine schöne Witwe, eine Tochter des Demetrios Asan, ward nach einigen Jahren genöthigt, den verrätherischen Protovestiar des letzten Kaisers von Trapezunt, Georgios Jagros, zu heirathen; da der Patriarch Joasaph dagegen protestirte, weil letzterer schon verheirathet, ward er abgesetzt und sein Groß-Ecclesiarch der Nase beraubt; doch fand der Verräther bald genug einen jähen Tod. Die drei Söhne des Herzogs Francesco, noch kleine Kinder: Matteo, Gabriele und Jacopo wurden in das Serraglio abgeführt und später unter die Janitscharen aufgenommen; einer derselben soll hernach im Dienste der Pforte zu hohen Ehren gelangt sein. Noch heute lebt in Athen ein Geschlecht Neri, das sich von den Acciajuoli, vielleicht von einem Bastard Nerio's I., herleitet; ihr Haus, unweit des Thores der Agora, ward im griechischen Freiheitskriege von den Türken zerstört. Als Pouqueville in Griechenland reiste, fand er einen Neri in Athen als Eseltreiber[20]); ob auch er zu diesem Hause gehörte — sein Anblick stimmte den entzündbaren Franzosen zu einem langen Excurs über die Vergänglichkeit der irdischen Dinge — weiß ich nicht. Dagegen blüht noch zu Korinth das Haus jenes Notars Rendi, dessen schöne Tochter Maria die Mutter des Herzogs Antonio I. ward, in hohem Ansehen und stattlichem Reichthume.

Wenden wir uns nun schließlich noch einmal nach Nordgriechenland, namentlich nach Albanien, so sehen wir auch dort trotz der energischen Gegenwehr Skanderbeg's den Halbmond im Wachsen. Trotz der Vortheile, die Kastriota auch in den Jahren 1452 und 1453 über die Türken davongetragen, fühlte er sich doch nicht sicher; die Türken suchten, was ihnen durch Gewalt nicht gelingen wollte, durch List zu erzielen. Sie bemühten sich, Zwietracht zwischen dem energischen Capitain, der keinen Widerspruch duldete, und andern Häuptlingen zu säen und hetzten namentlich den Musachi (Moses) Golem Komnenos, des Arianites Neffen, und Gemahl der geschiedenen Suina Musachi, gegen den Uebermüthigen auf, der sein Erbland Dibra für sich selbst behalten wollte. Wirklich ging Musachi zu den Osmanen über, die ihm den Besitz von Dibra verhießen; auch Nikolaus I. Dukagin und seine Söhne Paul II. (1454—1457) und Draga (1454, gest. 1462 in Venedig)[21]) ließen sich zum Abfall gewinnen. Während Venedig 1454 sich bemühte, Durazzo in eine Insel zu verwandeln und dazu den Beistand Skanderbeg's und des Musachi Thopia in Anspruch nahm, während es den Coja Omoi und Nikolaos Span durch Bestätigung ihrer Lehen, die arme Bevölkerung von Parga durch Steuererlassung zu gewinnen suchte, entbrannte in Albanien ein blutiger Bürgerkrieg[22]). Der Papst, dessen Hilfe Kastriota gegen die Renegaten angerufen, belegte die Dukagin mit dem Banne; als aber in einem Gefechte ihr Haupt Nikolaus I. gefallen, erklärten sich die Söhne zum Frieden bereit; und so befahl der Papst am 22. Aug. 1454[23]) den Bischöfen Andreas von Alessio und Nikolaos von Pulad, den Bann zu lösen und die reuigen Brüder wieder in den Schooß der heiligen Kirche aufzunehmen. Fast scheint es, daß Venedig, das den gefallenen Nikolaus I. stets als seinen Freund bezeichnete und auch seinen Sohn Draga nicht nur in seinen Dienst nahm, sondern auch reich mit Privilegien ausstattete[24]), diesem Aufstande doch nicht so ganz fremd war. Die immer engere Verbindung des Skanderbeg mit Alfons von Neapel erweckte stets neuen Verdacht; dazu kam, daß Simon Zenevisi von Strivali aus seine Augen auf das venetianische Buthroton zu richten wagte und gleich Kastriota Beziehungen mit Neapel anknüpfte. Am 15. Sept. 1454[25]) meldete der Baile von Korfu, Zenevisi habe in Strivali aragonesisches Fußvolk aufgenommen, auch Munition von Alfons erhalten, was um so bedenklicher war, als er von seiner Burg aus die Insel in Schach halten konnte; der Senat ermahnte ihn, sich ganz nach dem Willen Venedigs zu richten, das bisher allein ihn gegen seinen Nachbar, den Isaimbeg von Argyrokastron — wol einen Enkel des alten gleichnamigen Heerführers — geschützt habe, und verhieß ihm eine Pension von 500 Dukaten[26]). Aber schon im folgenden Monate rapportirte der Baile[27]), daß die Bevölkerung des nahen Chimara, die unter einem eigenen Häuptling Peter stand, sich bereit erklärt habe, dem Könige Alfons zu huldigen; man wies ihn darauf an, einen Versuch zu machen, ob er nicht mit Consens der Türken selbst diesen wichtigen Posten besetzen könne. Doch ohne Erfolg. Simon, der sich eng mit Kastriota verbündet, huldigte dem Alfons; der Papst lobte ihn 1456[28]) wegen des Eifers, den er, gleich seinem Könige, gegenüber den Ungläubigen bewähre. Zugleich sandte Alfons catalonische

19) Chalkokondylas IX, 483; Sphrantzes fol. 198; Cambini fol. 154 v; Historia politica p. 39; Historia patriarchica p. 97—100. 20) Voyage dans la Grèce. Vol. IV. Paris 1820. 8. p. 90—91.

21) Mar. Vol. VII. fol. 67 v. 22) Ebenda Vol. V. fol. 3 v, 32 v, 36. 23) Theiner, Monumenta Slavorum meridionalium n. DLXXXVIII. p. 413—414. 24) Mar. Vol. VI. fol. 87. 25) Secreti Vol. XX. fol. 68. 26) Ebenda Vol. XX. fol. 43. 27) Indice bailaggio [illegible] Bibl. Brancacc. I. C. 40 Vol. III. fol. 315. 28) Raynaldi z. J. 1456 n. 44.

Truppen nach Chimara, die sich dort festsetzten und ein Castell auf dem Felsen im Hafen von Panormo zu bauen begannen; aufs Neue erhielt im November 1455 [29]) der Bailo den Auftrag, Chimara zu erwerben und Butheroto gegen Zenevisi und dessen unruhigen Sohn zu sichern. Da der Albanese sich nicht fügte, befehdete ihn Venedig; aber er fand Bundesgenossen unter den stammverwandten Häuptlingen, welche der Republik die Behauptung ihrer albanesischen Besitzungen gar sehr erschwerten.

Unterdessen hatte Isabeg, Ali's Sohn und des Ewrenos Enkel, 1455 [30]) einen neuen Angriff gegen Skanderbeg's Land versucht. Letzterer hatte, um des Königs von Neapel Beistand sicher zu sein, diesem, als Erben der Angiovinen, für Kroja gehuldigt und eine Unterstützung von 1000 Mann zu Fuß und 500 Musketieren erhalten. Mit ihnen und seinen Albanesen, 14,000 Mann im Ganzen, rückte er Ende Juni gegen das feste Berat, auf den Beistand der dortigen Bevölkerung vergeblich bauend; gegen ihn führte Isabeg 45,000 Türken ins Feld. Die Albanesen wurden in der Nähe von Sferia überfallen, 5—6000 Christen fielen im blutigen Gemetzel, kaum daß die Nacht die Kämpfenden trennte. Alles scheine verloren, so lautete der Bericht, der am 15. Juli aus Ragusa nach Venedig gesandt wurde. Kastriota flüchtete in die Berge; nachdem aber ein türkisches Corps unter Sewaitpascha aufgerieben war — freilich nicht ohne erheblichen Verlust der Albanesen, die dabei auch ihren Führer Musachi Thopia, des Skanderbeg Neffen, einbüßten —, befestigte er sich endlich 1456 aufs Neue in Kroja; König Alfons versprach frischen Succurs. Dagegen verhieß Mohammed II. dem „Moses von Dibra" 100,000 Dukaten, und den tributfreien Besitz des Albanesenlandes, falls er ihm den Kopf des gefürchteten Oheims überlieferte. Allein der herannahende Winter trennte die Streitenden; die Türken zogen ab und überließen dem Moses das Terrain. Skanderbeg galt seit der Niederlage bei Berat für verschollen; Venedig, für die Sicherheit seiner eigenen albanesischen Besitzungen besorgt, sandte am 26. April 1456 [31]) den Francesco Venier behufs genauer Information nach Epiros. Bald darauf aber erschien in Venedig ein Gesandter des alten Arianites Komnenos, der seit der letzten Niederlage wieder als Haupt in Albanien galt und gelobte am 29. Mai [32]) in seines Herrn Namen Treue und Anhänglichkeit, da derselbe bereit sei, im Dienste der Republik gegen alle ihre Feinde zu streiten, zugleich aber bitte, ihm Schutz zu verleihen, ihn mit Salz aus Durazzo zu versorgen und seiner Gattin und seinen Kindern für den Nothfall eine sichere Zufluchtsstätte zu gewähren. Der Senat genehmigte leicht alle Punkte, überlieferte ihm als Zeichen der Protection ein Banner des heiligen Marcus und ernannte ihn, doch mit der Mahnung, den Türkenfrieden von 1454 nicht leichtsinnig zu verlachen, zu ihrem „Capitain in ganz Albanien von Skodra bis Durazzo," ohne daß er dafür einem Höhern Gehorsam schuldig wäre. Denn Skanderbeg, sein Schwiegersohn, der eigentliche Capitain Albaniens, war noch immer in seinen Heimathsbergen versteckt; nur sollte Arianites die Rechte des Stefan Crnojevič von Montenegro, des venetianischen Capitains in Zedda, respectiren. Bald aber tauchte Kastriota wieder auf; am 15. Oct. 1456 [33]) sandte er den Georg Pelino mit einem stattlichen Streitrosse als Geschenk von Kroja aus an den Herzog von Mailand und dann an die römische Curie, die seinen Eifer für die Sache der Christenheit nicht genug zu loben wußte [34]); am 8. Juli 1457 [35]) ging Pelino einen neuen Vertrag mit Venedig ein, laut dem Skanderbeg wieder in das alte Dienstverhältniß zur Republik trat, und der am 18. Aug. 1458 erneuert und ausgedehnt ward. Georg hatte, nachdem er von seinen Bergen aus den Moses und dessen Türken Ende März 1456 in der Nieder-Dibra besiegt, bereits am 5. April triumphirend seinen Einzug in Kroja gehalten; Moses, dem die türkische Herrschaft nicht behagte, hatte bald darauf mit ihm seinen Frieden gemacht und war in das Lager des Oheims zurückgekehrt. Dagegen war Hamsa Zenevisi, der später in Morea eine Rolle spielte, zum Sultan übergegangen; das gewaltsame Vorgehen des Fürsten, der sich in Albanien absolute Herrschaft schaffen und nach dem Vorgange Karl Thopia's centralisiren wollte, hatte gar viele der Häuptlinge, die ja alle seine nächsten Verwandten waren, gegen ihn aufgebracht. Gewaltsam, wie ein echter Albanese, schritt er gegen dieselben ein; die letzten Balsa, die Brüder Goyko und Ivan Golsav, nahm er gefangen, angeblich weil sie gegen ihn conspirirt, und sandte sie in Gewahrsam nach Neapel zu König Alfons; Golsav entkam später nach Venedig, vor dem er 1470 zugleich gegen die an seinem Hause verübten Gewaltthaten klagte; Goyko, der Gemahl der Comita Arianites, starb in Neapel, seine beiden Söhne fielen in ungarischen Diensten gegen die Osmanen, seine Tochter Maria, des Stammes letzte, starb, wie schon früher erwähnt, als Gattin des Grafen von Muro. Daß Skanderbeg dem Moses Arianites Dibra entriß, ist eben erzählt; nach dem Tode des Ghin II. Musachi, der bald nach der Schlacht bei Berat starb und in Sereglabunga begraben ward, zog er, ohne Rücksicht auf dessen Kinder zu nehmen, das Land am Tomor ein; er galt, seitdem er 1456 nach Kroja heimgekehrt und außer dieser Festung auch Mat, Dibra, Rozezo (Randisso) und die Tomorniza besaß, factisch als Despot von Epiros. Nun zogen [36]) Isa und Hamsa aufs Neue gegen ihn mit einem ansehnlichen Heere, dem er kaum 12,000 Mann entgegenstellen konnte; sie drängten ihn bald nach Alessio zurück. Im August 1457 hatten die Türken alle Ebenen Albaniens occupirt; die Bevölkerung flüchtete in die Städte Venedigs, das laut über Verletzung seines neutralen Gebiets durch die Osmanen klagte. Aber Skanderbeg fand noch bessere Hilfe bei Alfons, der es ihm nie an Zufuhr mangeln ließ,

29) Secreti Vol. XX. fol. 104, 105 v. 30) *Chalcocondylas* VIII. p. 437; Guerre de' Turchi. 31) Mar. Vol. V. fol. 145 v. 32) Commemoriali Vol. XIV. fol. 175.

33) Guerre de' Turchi. 34) *Raynaldi* z. J. 1457. n. 21, 23; z. J. 1458. n. 14. 35) Mar. Vol. VI. fol. 26 v, 33 r v. 36) *Gio. Musachi*, Memorie, passim; Guerre de' Turchi.

und bei dem Papste, der am 10. Sept. [37]) proclamirte, ein Drittel des Zehnten aus Dalmatien solle dem wackern Albanesenhäuptlinge zur Disposition gestellt werden. Der setzte muthig den Krieg fort; zwar fiel im blutigen Gefechte der Bischof Paul von Kroja [38]); allein die Curie erkannte darin nur ein Gottesgericht, da er, bevor er das Kreuz predigte, in Gegenwart des Bischofs Nikolaus von Pulati die griechische Kirche als die alleinorthodoxe gepriesen und den „getreuen" Nikolaus Dukagin mit dem Banne belegt hatte. Bald darauf erfocht in der Tomornitza Skanderbeg seinen glänzendsten und blutigsten Sieg über Isa; Hamsa ward gefangen und gleich den Balsa dem Könige Alfons von Neapel übersandt; Tausende von Türken bedeckten das Schlachtfeld. Der Papst aber jubelte laut und bestellte am 23. Dec. [39]) den Kastriota zum Generalcapitain der Curie im Türkenkriege; zu seinem Vertreter ernannte Skanderbeg den Despoten der Romäer Leonardo III. Tocco, Ex-Fürsten von Arta, dessen Name wenigstens Süd-Epiros für die allgemeine Insurrection gegen die Türken begeistern sollte. Nun aber trat Venedig plötzlich mit verschiedenen Prätensionen hervor. Während es zunächst eine Regelung seiner Beziehungen zu Simon Zenevisi von Strivali forderte, heischte es zugleich Rückgabe des von den Dukagin seit 1456 occupirten Dagno und der Stadt Satti, die, gleichfalls der Republik entzogen, wie jene unter Georg's Schutz festgehalten ward [40]). Am 4. Nov. [41]) des letztern Jahres hatte Lech II. Dukagin (1444—1479), Paul's II. Sohn, durch seine Leute Dagno besetzen lassen, den dortigen venetianischen Rettor verjagt, dessen Gattin und Kinder gefangen genommen. Sofort warb Venedig 200 Söldner und sandte sie nach Albanien, wo nun zu den türkischen Verheerungen noch ein neuer innerer Krieg kam. Derselbe ward erst am 14. Febr. 1458 [42]) durch einen zu Skodra abgeschlossenen Vertrag, in den auch Lech's Brüder Nikolaus II. (1452—1479) und Georg IV. (1458—1468) und sein Vetter, der getreue Draga, aufgenommen wurden, beendet. Lech restituirte der Republik Dagno und Satti nebst Zubehör, dafür blieb ihm der Rest des Landes als Lehen gegen den Jahreszins von einer Wachskerze; auch ward ihm Lieferung von Salz aus Durazzo verheißen. Ihm verblieben so alle Plätze am Berge von Satti, namentlich Palazo, Almelli, Pietrarossa, Storamani, S. Martino, Fontanella, Gurichuchi, Karisi, Cragllanoksita, Thermisi, Castellani und in der Zadrima: Chatari, Ivarzi, Grieiti und die weitern Besitzungen jenseits des Drin. Doch suchte Lech bald darauf schon neue Fehde; im November [43]) bezeichnet Venedig ihn und seinen Vater Paul als Abtrünnige; wahrscheinlich hatten sie gleich Simon Zenevisi, ihrem Verbündeten gegen Venedig, des Sultans Oberhoheit anerkannt. Auch mit Simon hatte am 26. Febr. 1459 [44]) der Bailo von Korfu Frieden geschlossen, den als Zeugen die dortigen Barone Carlo de Lusora und Antonello della Bionda unterschrieben, und den der Doge am 22. April ratificirt hatte. Man verhieß ihm Amnestie, zollfreie Waarenausfuhr und eine Pension; dagegen sollte Strivali unter Venedigs Hoheit stehen, Simon die Kriegskosten bezahlen und seine Söhne verpflichten, der Republik den Eid der Treue zu leisten. Allein schon im August [45]) beschloß der Senat, nicht weiter auf Erfüllung des Vertrags zu dringen, da Simon dem türkischen Statthalter in Argyrokastron zu huldigen genöthigt worden; wahrscheinlich verlor er 1461 seine Festung an Islam, der mit den Türken von Argyrokastron, Chimara und Sopotou in Albanien plünderte und auch den Venetianern, namentlich dem Marino da Canale, erheblichen Schaden zufügte [46]). Eine Besatzung von Janitscharen wurde in das neue feste Castell gelegt, in dessen Besitz sich die Türken bis 1473 behaupteten. Unterdessen hatten die Türken mit Skanderbeg wegen Auslieferung des Hamsa Zenevisi unterhandelt; er kehrte 1458 aus Neapel heim, versöhnte sich mit seinen Verwandten und begab sich dann nach Constantinopel, wo er später an Gift gestorben sein soll. Ein Vertrag zwischen dem Sultan und Skanderbeg scheiterte an den Forderungen des letztern, der durchaus auf Uebergabe von Berat und Sfetia bestand; von Neapel mit Truppen, von dem Papste, der seinen Neffen Michael Borja an den kühnen Condottiere sandte, mit Geld unterstützt, schlug er die türkischen Heerhaufen glücklich zurück; so erst den Sinanpascha in der Dibra, dann den Hasan bei Ochrida, schließlich den Jussufbeg und Karadschabeg bei Chieri. Im Jahre 1460 sandte ihm der Papst neue ansehnliche Subsidien [46a]); er ward in die Combination hineingezogen, in der der Fürst von Karaman die Hauptrolle spielen sollte; auch Stefan Cernojević erneuerte am 5. Mai [47]) seinen Bund mit Venedig. Aber das folgende Jahr brachte viel Leid über Albanien; Skanderbeg's beste Kampfgenossen starben rasch nach einander. So Carlo Musachi Thopia, sein Schwager, mit Hinterlassung eines Sohnes Andreas und einer Tochter Vela (Gattin des Georg Cernojević) aus erster Ehe; Venedig erneuerte ihnen am 12. Juni [48]) das Versprechen treuen Schutzes; doch scheint Andreas bald darauf verschollen zu sein. Aus zweiter Ehe des Thopia entsprossen außer einer gleichfalls Vela genannten Tochter, welche den Andreas Musachi, Sohn Gjin's II., heirathete, vier Söhne, die zum Islam übertraten und wol das alte „französische" Geschlecht der Fürsten von Albanien und Durazzo im Türkenlande fortgepflanzt haben. Zugleich aber verlor Skanderbeg noch 1461 seinen Schwiegervater, den alten Arianites Komnenos, dessen erfahrener Rath ihm gar oft genützt [49]); außer der schon oben erwähnten Tochter hinterließ er drei Söhne: Thomas, Constantin und Arianites, von denen jener als der älteste sich nach Venedig begab und am 23. Juni Bestätigung

37) Theiner a. a. O. n. DCIV, DCVI. p. 426—428. 38) Ebenda n. DC. p. 424—425. 39) Ebenda n. DCXII, DCXIII. p. 431—433. 40) Commemoriali Vol. XV. fol. 62 v. 41) Magno, Annali, Vol. VI; VII. fol. 12. 42) Commemoriali Vol. XV. fol. 61. 43) Mar. Vol. VI. fol. 87. 44) Commemoriali Vol. XV. fol. 92.

45) Secreti Vol. XX. fol. 180 v, 160. 46) Guerre de' Turchi; Mar. Vol. VII. fol. 35. 46 a) Vergl. auch Miklosich, Monumenta Serbica p. 481. 482. 47) Mar. Vol. VI. fol. 187 v. 48) Ebenda Vol. VII. fol. 21 v. 49) Ebenda fol. 23 v.

der väterlichen Privilegien erlangte; am 13. Mai 1461 [49]) beschenkte die Republik alle drei mit ihrem Bürgerrechte. Der Tod des Arianites und die Erfolge der Türken in Morea bestimmten endlich Kastriota, im Mai 1461 einen zehnjährigen Waffenstillstand mit den Türken einzugehen; der status quo blieb, sodaß die letzteren auch Berat und Sfetia behielten. Man versprach, die gegenseitigen Plünderungszüge zu unterlassen; die Türken verpflichteten sich, auch Venedigs neutrales Gebiet stets zu respectiren; der Sultan zog seine Forderung, daß der Albanesenfürst ihm seinen einzigen Sohn als Geisel stellen sollte, zurück. Mit allgemeiner Freude ward der Friede in Albanien begrüßt; man begann, die verheerten Felder neu zu bestellen; Alles athmete auf; nur Skanderbeg's rastloser Geist suchte bald neue kriegerische Beschäftigung, die ihm daheim fehlte, im Auslande. Hatten die Albanesen in diesen letzten Kämpfen ihre Stellung behauptet, so hatte dagegen Leonardo III. Tocco neue Verluste erlitten. Der Despot hatte am 1. Juni 1452 von dem venetianischen Capitain Wilhelm de Maramonte Anatolikon und die Fischereien von Lepanto gepachtet, für die er zwei dicke Wachskerzen als Lehenszins über Patras nach Korfu zu senden versprach. Da er aber zur Erhaltung der Fischereien gar Nichts that, sequestrirte Giovanni Dandolo, der die Einkünfte von Lepanto in Pacht hatte, 1457 dieselben; am 30. Juli [50]) stimmte der Senat zu. Nachdem Leonardo dann sich an Skanderbeg angelehnt, sandte er, von den Türken bedroht, im December 1458 [51]) den Giovanni Lombardo an Venedig und bot der Republik seine Inseln Kephalenia, Leukadia und Zakynthos an. Man lehnte es als unzeitgemäß ab; ebenso erklärte der Senat, ihm nicht, wie er gebeten, ein Schiff gegen catalonische und sarazenische Piraten liefern zu können, dagegen versprach er, ihn auch fürderhin zu schirmen und seine Unterthanen stets als Freunde und Schutzempfohlene zu betrachten; am 3. Jan. 1459 [52]) ward ihm und seinen Brüdern Giovanni und Antonio das Bürgerprivileg ihrer Ahnen erneuert. Von Venedig aus begab sich Lombardo zum Papste und nach Mantua zum Concil [53]); doch blieb die gehoffte Hilfe aus. Während der Despot sich noch in dem festen Leukadia, seiner Residenz, sicher wähnte — er bestätigte dort am 11. März 1459 [54]) dem Giovanni Pelegano aus Trani das väterliche Lehen auf Zakynthos und empfahl ihn dem dortigen Capitain Francesco d'Ariano und dem Schatzmeister Andrea aus Trani —, zogen die Türken 1460, nachdem der Peloponnes gefallen, auch gegen seine letzten festländischen Besitzungen; er soll einer Sage nach selbst bei Korinth [55]) gefangen und nur mit Hilfe eines befreundeten Corsaren nach Leukadia entronnen sein. Gewiß ist, daß er damals genöthigt ward, Angelokastron und Varnazza dem Sultan abzutreten; so verblieb ihm außer den Inseln von dem Despotate seiner Vorfahren nur Vonizza, das endlich sammt jenem 1479 auch eine Beute der Türken ward. Die letzten Schicksale Albaniens sind eng verwebt mit denen der venetianischen Colonien in der Levante; die weitern Kämpfe um die Wiedererlangung des Peloponneses gehören mehr noch die Geschichte der Republik als die Griechenlands an; sie sind aus zahlreichen gedruckten Quellen hinlänglich bekannt und oft genug behandelt, sodaß ich in dem folgenden Capitel, in dem ich den Untergang der venetianischen Herrschaft in Griechenland und dessen Inseln zu behandeln habe, dieselben nur kurz zu berühren brauche und im Uebrigen auf die Arbeiten von Finlay und Zinkeisen, wie auf die Annalen des Malipiero, die Dogengeschichte Sanudo's, die Biographie Mocenigo's von Coriolano Cippico und andere Quellen verweisen kann.

6) Das Ende der venetianischen Herrschaft in Griechenland. Das Herzogthum Naxos unter den Crispo und die übrigen Dynastien im Archipel bis zur türkischen Occupation. Skanderbeg's Ausgang. Fall von Euböa und Verlust der Colonien im Peloponnes 1383—1566.

Herzoge von Naxos: Francesco I. Crispo 1383—1397. Jacopo I. 1397—1418. Giovanni II. 1418—1437. Jacopo II. 1437—1447. Giovanjacopo 1447—1453. Guglielmo II. 1453—1463. Francesco II. 1463—1463. Jacopo III. 1463—1480. Giovanni III. 1480—1494. An Venedig 1494—1500. Francesco III. 1500—1518. Giovanni IV. 1518—1564 (Mitregent sein Sohn Francesco IV.). Jacopo IV. 1564—1566. An die Türken.

Herren von Andros: Pietro Zeno (Gemahl der Petronella Crispo) 1384—1427. Andrea Zeno 1427—1437. Crusino I. Sommaripa (Sohn des Gasparo und der Maria Sanudo von Paros 1389—1414), in Paros 1414, in Andros 1440—1462. Domenico 1462—1466. Giovanni 1466—1468. Crusino II. 1468 — um 1500. Nicolò um 1500—1500. Francesco 1500—1507. An Venedig 1507—1514. Alberto 1514—1523. Crusino III. 1523— um 1540. Giovanfrancesco bis 1566. An die Türken.

Herren von Paros: Nicolò I. Sommaripa 1462 — um 1505. Crusino um 1505—1518. Fiorenza (Gattin des Giovanfrancesco Venier, gest. 1518) 1518—1520. Nicolò II. Venier 1520—1531. Cecilia Venier und ihr Gemahl Bernardo Sagredo 1531—1537. An die Türken.

Mit dem Tode des Dreiherrn und Herzogs Nicolò dalle Carceri hat sich die Geschichte des Archipels völlig von der des feudalen Euböa getrennt. Während auf Naxos die Crispo, auf Andros die ihnen verwandten Zeno geboten und in fortwährenden Fehden mit des verstorbenen Herzogs Stiefschwester Maria Sanudo und ihren Erben lagen, hatte Venedig die zwei Drittheile der Carceri auf Euböa eingezogen und darüber nach Gutdünken verfügt. Das eine derselben besaß seit 1385 Januli I. de Noyer (1385—1394), der auch die Be-

49) Privilegi Vol. II. fol. 46 r. 50) Commemoriali Vol. XV. fol. 37 r. 51) Secreti Vol. XX. fol. 17 r. 52) Privilegi Vol. II. fol. 40 r. 53) Secreti Vol. XX. fol. 181 r. 54) Archiv der Stadt Zante. Libro degli ordini (1663—1794) fol. 107 r. 55) Magno, Annali. Vol. VII. fol. 91 r.

sitzungen der Crispo, ein Drittel von Mandudhio (wol der Baronie Afrogilis) durch Kauf an sich brachte und 1394 starb. Am 3. Juli 1394 [57]) belehnte Venedig nach seinem Tode damit seinen ältesten Sohn Nicolo (1394—1426) und dessen Brüder, die wol kinderlos starben; ihm selbst folgten laut Belehnungsurkunden vom 14. Sept. 1426 [58]) sein Sohn Januli II. (1426—1434), vom 31. Juli 1434 [59]) sein Enkel Giaffredo (1434—1440) und vom 26. Jan. 1447 [60]) sein Urenkel Januli III. (1447—1470), zu dessen Zeiten die Insel verloren ging. Wirkliche Macht auf Euböa besaßen übrigens die Unoe ebenso wenig, wie die Herren des andern Drittheils der dalle Carceri, da sie alle Festungen an Venedig abtreten mussten; die Republik, die im December 1384 [61]) ein Arsenal in der Hauptstadt anlegen ließ, überließ die Ernennung der Capitaine dem Bailo; gewöhnlich war die Amtsdauer auf 2 Jahre fixirt, doch ward z. B. im Hause Maffeo Premarini aus dem Hause der Herren von Keos nicht nur 1401 [62]) zum Capitain des wichtigen Vallona (mit Residenz in la Kuppa) auf längere Zeit ernannt, sondern auch 1413 [63]) in diesem Amte wahrscheinlich auf Lebenszeit — er starb erst 1436 — bestätigt; vielleicht folgten ihm sogar sein Sohn Tommaso (1436—1460) und sein Enkel Antonio (1467—1470), die jedenfalls auf Euböa sehr begütert waren, als Inhaber der Capitanie. Das zweite Drittel der dalle Carceri war der Maria Sanudo (1385—1414) überlassen; für sie verwaltete dasselbe Filippo Sanudo, Herr von Larachi und Vater des Giovanni, der 1416 [64]) auf zwei Jahre zum Castellan von Oreos ernannt ward. Sowie Maria mit den Crispi lange wegen des Herzogthums ihres Stiefbruders in Fehde lag, bis sie sich 1389 mit Paros und Antiparos abfinden ließ, ebenso ward ihr der Besitz ihrer euböotischen Baronie durch Petronella Tocco, Carceri's Witwe, streitig gemacht, die in zweiter Ehe mit Nicolò Venier, des Dogen Antonio Sohne, vermählt war. Ein Wunder, das sich mit letzterer um 1397 zugetragen, ist von Flaminio Cornaro [65]) nach den Quellen ausführlich erzählt worden. Venedig, das 1401 [66]) erklärte, Petronella könne, da sie eine Fremde, nicht als seine Bürgerin gelten, gestattete dagegen nicht nur ihrem Gemahle (1406) [67]), in seinem euböotischen Dorfe Dhilipos (li zeppi) einen festen Thurm zu bauen, sondern forderte auch am 12. Mai 1407 [68]) den Filippo Sanudo auf, ihr als Ersatz für 6000 Dukaten, die sie als Witthum Carceri's von Maria zu fordern hatte, die Hälfte der Renten aus Paros und Antiparos zu überlassen. Da sie sich dessen weigerte, entspann sich ein Proceß, in Folge dessen 1414 [69]) mit Sequestration von Larachi gedroht wurde; erst nach langen Jahren fand eine friedliche Ausgleichung zwischen Venier und Maria statt. Die frühere Herzogin Petronella war bereits 1410 kinderlos gestorben, doch hielt Venier, obgleich er schon 1411 eine neue Ehe mit einer Tochter des Maffeo Premarini eingegangen, seine Ansprüche aufrecht; als Herr von li zeppi begegnet er uns noch 1410—1415. Im Jahre 1410 [70]) bat er die Republik, ihm zu besserer Arrondirung einen Theil des Drittheils der Ghisi zu überlassen, was sich aber als unthunlich erwies, da das betreffende Stück an Paul de' Berti verpachtet war; 1411 [71]) hatte er einen Proceß wegen seines Lehens, da ein Concurrent höhern Pachtzins bot; doch ward ihm und seinem Procurator Jacopo Venier 1413 doch der Besitz desselben gegen die bisher gezahlten 750 Dukaten gelassen. Ob Nicolò bis zu seinem Tode li zeppi inne hatte, wissen wir nicht; 1433 erscheint ein Marco Venier unter den angesehensten Feudalherren der Insel. Maria Sanudo überließ 1414 ihre Inseln Paros und Antiparos ihrem Sohne Crusino I. Sommaripa (1414—1462), der am 27. Sept. [72]) mit denselben belehnt ward; auch die Verwaltung ihres Drittels von Euböa war factisch auf ihn übergegangen. Was ihren Gemahl Gasparo Sommaripa anbelangt, so habe ich über ihn und sein Geschlecht ausführlich in meiner Geschichte von Andros gehandelt; hier nur noch die Bemerkung, daß Giovangaleazzo Visconti, der ihn sehr schätzte, ihn am 27. Juni 1401 [73]) zu seinem Rath ernannte und Tags darauf mit Campoalto bei Verona und Migole belehnte; er starb bereits 1402 und ward in der Kirche zu Kephalo auf Paros begraben. Maria überlebte ihn viele Jahre; sie starb erst 1426 in Venedig. Alsbald suchte Crusino für sich förmliche Belehnung mit dem Drittel nach; sie erfolgte erst am 27. Aug. 1433 [74]); dasselbe bestand hauptsächlich aus der Hälfte des eine Zeit lang an Pietro Zeno von Andros — wol nach Filippo Sanudo's Tode — verpachteten Larachi, aus Filiti bei Vallona und Lisadha; erst 1442 [75]) ward auch Lipsos hinzugefügt; dagegen hatte Venedig Oreos gleich für sich behalten und einem Castellan zur Hut anvertraut. Nachdem Crusino I. 1462 verstorben, ward sein Sohn Nicolò (1462—1470), dem der Vater schon früher einen Theil seiner euböotischen Besitzungen überlassen, Erbe von Paros und letzter Dreiherr von Negroponte; er verlor sein Drittel bei der Katastrophe von 1470. Nicht eigentlich eine Dreiherrschaft, aber jedenfalls die wichtigste Baronie der Insel war das feste Karystos, das, wie wir oben gesehen, 1386 dem Michele Giustiniani und seinen beiden Brüdern überlassen war. Michele starb 1402 [76]); die beiden andern, die nicht gerade zum Vortheil der Baronie abwechselnd je zwei Jahre lang dieselbe verwalteten, waren gleichfalls schon 1406 todt, worauf Venedig am 26. Aug. [77]) desselben Jahres den

57) Misti XLIII. fol. 29. 58) Ebenda LVI. fol. 58 v. 59) Secreti Vol. XIII. fol. 23 v. 60) Mar. Vol. II. fol. 189 v. 61) Misti XL. fol. 317 v. 62) Grazie Vol. XVI. fol. 5. 63) Misti XLIX. fol. 59 v. 64) Grazie Vol. XVII. fol. 121 v. 65) Ecclesiae Venetae VII, 429. 66) Misti XLII. fol. 258 v. 67) Grazie Vol. XVI. 68) Lettere dell' Avvogaria Vol. II. 69) Misti L. fol. 86.

70) Grazie Vol. XVII. fol. 46 v. 71) Lettere dell' Avvogaria Vol. II. 72) Mar. Vol. XIX. fol. 140 v—141. 73) Original-Urkunden in den Carte Giorgio Sommaripa auf Paros; vergl. Misti XLVI. fol. 4 v. 74) Carte Giorgio Sommaripa auf Paros; Notatorio Vol. VIII. fol. 55 v; Grazie Vol. XX. fol. 60; Reg. Quarantiae Vol. IV. p. II. fol. 11; Mar. Vol. I. fol. 67 v. 75) Mar. Vol. I. fol. 114. 76) Misti XLVI. fol. 37 v. 77) Ebenda fol. 122 v.

Nicolò II. Giorgio (1406—1436), jüngeren Bruder des Markgrafen Jacopo von Bodoniza, mit der Burg und Baronie begabt. Schon sein Vater Francesco hatte auf der Insel ansehnlichen Grundbesitz, 1390 [78]) bat dessen Witwe Euphrosyne, des Nicolò Sommaripa Tochter, als Vormünderin ihrer Kinder, einen Thurm am Meere auf ihren euböotischen Besitzungen anlegen zu dürfen. Nach des Bruders Falle, der wie früher bemerkt 1410 den Türken erlag [79]), nahm Nicolò II. auch den Markgrafentitel von Bodoniza an; doch lebte er, seitdem letzteres definitiv verloren, dauernd auf Euböa. Am 4. März 1436 [80]) erließ ihm Venedig von der Pacht von 1337 Hyperpern, die er für Karystos zu zahlen hatte, 737, weil 1432 die Pest dort gehaust und über 1000 Menschen hinweggerafft hatte; dagegen verpflichtete es ihn, namentlich Panteleme gegen die Türken in gutem Stande zu erhalten. Am 14. Dec. 1435 hatte Nicolò sein Testament gemacht; er starb bereits 1436; der älteste Sohn, den ihm Benvenuta [illegible], Antonio's I. von Athen Adoptivtochter, geboren, Jacopo II. Marchesotto (1436—1447), ward am 1. Sept. [81]) mit Karystos belehnt; ein jüngerer, Francesco (1436—1446), Gemahl der Angela Zeno aus Kandia, empfing andere Besitzungen auf Euböa, die sich auf seinen Sohn Nicolò vererbten und 1470 verloren wurden; von den Töchtern wurden Chiara und Maria Herzoginnen von Athen. Marchesotto, der 1431 eine Tochter des Antonio Moro aus Euböa geheirathet, testirte am 20. Nov. 1447 und starb bald darauf; am 7. Febr. 1448 [82]) empfing sein ältester Sohn, der Markgraf Antonio von Bodoniza (1447—1470), die Belehnung mit Karystos; dreimal vermählt, starb er, von den Türken verdrängt, 1498 zu Venedig.

Nach der Ermordung Carceri's bestand auf Euböa von alten Zeiten her nur noch das Drittel der Ghisi, das Bartolommeo III. bald nach 1384 auf seinen und der Theodora Asanina einzigen unmündigen Sohn Giorgio III. vererbt hatte. Derselbe starb Anfangs 1390; in seinem Testamente hatte er, wie es heißt, die Republik zur Erbin des Drittels und seiner Inseln Tinos und Mykonos eingesetzt [83]). Venedig konnte sich seitdem als Alleinbesitzerin von Euböa ansehen und den übrigen Feudalherren der Insel als Herrin gebieten; es zog die Inseln der Ghisi, sowie ihr Drittel ungesäumt ein und erließ nur zum Schein eine Proclamation, laut deren Jeder, der Ansprüche auf die Besitzungen der Ghisi erheben wolle, sich bei dem Bailo von Euböa zu melden habe. Daß man es aber damit nicht ernstlich meinte, beweist der Umstand, daß, als 1446 [84]) sich ein anscheinend wohlberechtigter Prätendent in der Person des Lorenzo Ghisi meldete, der Senat seine Ansprüche aufs Entschiedenste zurückwies. Dagegen vergönnte die Republik der Mutter Giorgio's III., Theodora Asanina, einen Theil der Güter des Hauses als Witthum; sie starb 1398 [85]) zu Konstantinopel bei ihren griechischen Verwandten und hinterließ ihr Haus in Negroponte und ihre dortigen Besitzungen der Republik, ihre Edelsteine der serbischen Fürstin Mara, ein Feld bei Ermylia dem Athoskloster Dochiariu, ihren übrigen Nachlaß dem Kaiser Manuel Paläologos, der denselben 1405 durch Joannes Moschopulos forderte, jedoch erst im December 1407 ausgehändigt erhielt. Venedig verfügte 1402 [86]), daß die durch ihren Tod heimgefallenen Territorien in gewohnter Weise verpachtet werden sollten; im Aug. 1415 [87]) bestätigte es verschiedenen ihrer Vasallen, z. B. dem Angelos Antiochos, der 1398 als Zinsbauer beansprucht worden war, die von Bartolommeo II. und seinen Ahnen Alix dalle Carceri 1312 verliehenen Freibriefe. Während das Drittel von Euböa 1390 direct dem Bailo untergeordnet ward, beschloß der Senat am 16. Sept. 1391 [88]), die Inseln Tinos und Mykonos zum Verkauf auszubieten; da aber die dortige Bevölkerung flehte, sie nicht zu veräußern, ward am 16. Jan. 1392 bestimmt, daß ein Euböote auf ein Jahr lang dort als Rettor fungiren und seinen Wohnsitz auf der bessern der beiden Inseln nehmen solle. Am 13. Aug. 1400 [89]), als es hieß, Pietro Zeno von Andros wolle dieselben erwerben, gelobte Venedig aufs Neue den ängstlichen griechischen und fränkischen Bürgern, sie unter seinem Banner zu behalten und nimmermehr zu veräußern [90]). Allein schon zwei Jahre später stellte sich heraus, daß man statt des gehofften Ueberschusses von 3700 Hyperpern nur 1000 aus den Inseln ziehe; 1406 [91]), als Nicolò Giorgio, bald darauf Herr von Karystos, für seinen Bruder, den Markgrafen Jacopo, dieselben erwerben wollte, lehnte man zwar mit Rücksicht auf das einmal abgegebene Versprechen sein Anerbieten ab, unterzog aber die finanziellen Verhältnisse einer neuen eingehendern Prüfung. Es stellte sich heraus, daß eine längere Verpachtung der Inseln doch dem Staate vortheilhafter sei; verschiedene Nobili meldeten sich dazu, namentlich Giorgio aufs Neue und Marin Bembo, der sich erbot, von der auf 1800 Hyperpern taxirten Einnahme 1500 an Venedig zu zahlen. Am 24. Febr. 1407 [92]) ward demnach mit Zustimmung der Insulaner Marco Bembo (1407—1411) auf vier Jahre zum Rettor von Tinos ernannt; er sollte unter dem Bailo von Euböa stehen, baldigst eine [illegible] halten und für Säuberung der Klippe Sdili zwischen Tinos und Mykonos, die bisher den türkischen Piraten als Schlupfwinkel gedient, sorgen. Im Jahre 1408 [93]) ward

78) Ebenda XLI. fol. 147. 79) Sein Sohn, der jüngere Nicolò, war 1432—1440 Rettor von Pteleon. Grazie Vol. XX. fol. 45. 80) Grazie Vol. XX. fol. 136v. 81) Commemoriali Vol. XIII. fol. 2b; *Sanudo* XXII, 1043. 82) Commemoriali Vol. XIV. fol. 90. 83) Misti XLI. fol. [illegible]v; Mar. Vol. IV. fol. 26; *M. Barbaro*, Genealogie. Vol. I. (Cod. Foscarin. Vindob. n. 6156) fol. 181. 84) Misti Vol. II. fol. 178.

85) Misti XLIV. fol. 185; XLVI. fol. [illegible]v; XLVII. fol. 167, 51[illegible]v; *Magno* Vol. V. p. II. fol. 8v; Müller, [illegible] Denkmäler S. 171. 86) Misti XLVI. fol. 72. 87) *Magno* Vol. VI. p. II. fol. 91v. 88) Misti XLII. fol. 16, 33, 163v. 89) Commemoriali Vol. IX. fol. 400v. 90) Misti XLVI. fol. 97v. 91) Ebenda XLVII. fol. 187, 193; Secreta Vol. III. fol. 38v. 92) Misti XLVII. fol. 314, 342, 419v; Notatorio Vol. IV. fol. 16v. 93) Misti XLVII. fol. 504v.

sein Zins auf 1800 Hyperpern erhöht, ihm aber zugleich gestattet, Rosse nach Kreta zum Verkauf auszuführen; 1409 [94]) ward ihm zum Schutz der Inseln eine Galeere aus Venedig geliefert. Auf Bembo folgte Giovanni Quirini (1411—1418), Graf von Astypaläa, als Pächter; ihm ward am 22. Aug. 1411 [95]) erlaubt, gegen den üblichen Zoll für 5000 Dukaten Waaren mitzunehmen. Doch war Venedig mit Quirini's Verwaltung wenig zufrieden, da er eine Anzahl Familien 1413 aus den Inseln nach Astypaläa entführte, um letzteres, das arg entvölkert, ja fast ganz verödet, neu zu coloniſiren [96]). Auch zahlte er nicht regelmäßig seine Pacht; als er 1418 sein Amt niederlegte, war er noch mit 5112 Hyperpern im Rückstande [97]). Daher war schon im Juli 1417 [98]) der Vorschlag gemacht worden, wieder einen Rettor auf zwei Jahre von Euböa aus dahin zu senden; doch fiel derselbe durch, und Orsolaſo Falier (1418—1429) ward sein Nachfolger; da die Inseln arm und schlecht bevölkert, ward die Pachtsumme am 18. Juni 1418 [99]) auf 1000 Hyperpern ermäßigt. Allein auch Falier war ein schlechter Zöller [1]); die Bürger flehten, sie nicht länger so der Willkür preiszugeben, Mykonos sei ganz verwüstet, obgleich die Rente zur Erhaltung der Inseln ausreiche. Daher beschloß man denn endlich am 6. Febr. 1430 [2]), in Venedig einen Rettor zu wählen, der unabhängig von dem Bailo von Euböa die Insel verwaltete; Maffeo Bollani (1430—1431) war der erste, der unter dieser Bestimmung derselben vorstand; unter einem seiner Nachfolger Francesco Nani (1442—1444) ward am 22. Juli 1442 [3]) aufs Neue verfügt, daß die Appellation von den Urtheilen des Rettors nicht mehr, wie es noch oft geschehen, an den Bailo von Euböa, sondern an die Avogadori nach Venedig zu richten sei. Aber obgleich die Jurisdiction in die Hand eines Staatsbeamten gelegt und damit den Bürgern der Insel die gewünschte Sicherheit garantirt war, zeigte es sich doch bald genug, wie viel vortheilhafter es für Venedig sei, wenn es die Domainen auf denselben wieder an Privatleute verpachtete. Schon am 24. März 1432 [4]) empfing dieselben auf fünf Jahre Stefano di Lillo Ferducci, Konstantin's Sohn, aus Ancona gebürtig, aber seit vier Jahren schon auf Tinos ansässig; gewisse Steuern hatte schon früher Januli III. da Corogna, Herr von Siphnos, dort gepachtet; sie wurden nun auch dem Stefano überwiesen. Derselbe bezog die Renten bis zu seinem 1442 [5]) erfolgten Tode; seine Wittwe Anastasia, Tochter des Stefano Gavioso, ursprünglich der Gemeinde leibeigen, erhielt laut Senatsbeschluß vom 26. April den Rang einer Freigeborenen; sein Sohn Osmano, so genannt zum Andenken an die Osmanen, mit denen Ferducci in sehr intimer Beziehung stand, war jener Freund des Marco Filelfo, mit dem dieser wegen seiner Amoris vielfach correspondirte. Aus der Verwaltungszeit des Ferducci liegen uns zahlreiche Urkunden vor; meist betreffen sie Feudalsachen, namentlich das große Lehen des Giorgio Scarbona; auch finden wir, daß 1439 die Privilegien der Insulaner auf Ansuchen einer nach Venedig gesandten Deputation neu bestätigt wurden [6]). Nachdem Ferducci gestorben, beschloß Venedig, auch den Grundbesitz wieder für sich zu behalten, zumal da beide Inseln sich durch Fruchtbarkeit des Bodens auszeichneten; in den nächsten 5 Jahren sollte, so ward am 9. Juni 1442 [7]) verfügt, Tinos 220, Mykonos 80 Dukaten jährlich zahlen. Neue Lehensregulirungen erfolgten in der nächsten Zeit [8]); so ward z. B. am 23. Juni 1447 angeordnet, daß den frühern Lehensleuten der Signoria, die zum Dienst mit Pfeil und Bogen verpflichtet waren, die nöthigen Waffen geliefert würden, damit sie sich in steter Uebung erhielten. Trotzdem sehen wir beide Inseln bald wieder ausgeboten; am 4. Aug. 1450 [9]) ward geklagt, daß die Pacht statt 3000 Hyperpern nur 2000 abwerfe; beide Inseln seien schlecht bestellt, von den Türken heimgesucht, das Vieh gemetzelt und Alles öde; sie sollten daher auf fünf Jahre wieder verpachtet werden, nur nicht an die Herren von Paros und Andros oder edle Euböoten, die dort so schon Grundbesitz inne hätten. Gegen Ende des nämlichen Jahres erschienen wieder Gesandte der Inseln in Venedig und klagten über Verheerung der Türken und Catalanen; wieder wurde ihnen verheißen, die Republik wolle die alten Gewohnheiten bewahren; Fremde, die dort durch die Signoria belehnt waren, sollten ihr Eigenthum auch fernerhin unbelästigt behalten; eine genaue Prüfung sollte entscheiden, wer zum persönlichen Dienst behufs Vertheidigung der Burgen verpflichtet wäre [10]). Im Uebrigen sah man von weiterer Verpachtung ab und überließ die Verwaltung dem Rettor, dem auf Tinos ein Bailo und ein Connetable, auf Mykonos ein Bailo untergeordnet ward. Anordnungen über die zu veranstaltenden Schätzungen und Lehenssachen folgten sich nun fast alljährlich; hervorzuheben ist nur, daß der Rettor doch schließlich dem Bailo von Euböa in der Weise untergeordnet ward, daß alle Appellationen an ihn, nicht mehr an die Avogadori gehen sollten; nachdem Euböa verloren, wurden dieselben am 7. Aug. 1472 [11]) dem Duca von Kandia zugewiesen. So viel von den Inseln der Signoria, von denen nur noch zu bemerken ist, daß sie die letzten venetianischen Besitzungen im Archipel waren und erst 1718 durch den passarowitzer Frieden den Türken überlassen wurden; Ueberreste venetianischer Herrschaft und venetianischen Lebens haben sich noch heute in großer Zahl auf Tinos erhalten; nicht nur der ganze Typus der Stadt, ja selbst die erst in unseren Tagen erbaute Kirche

94) Misti XLVIII. fol. 292v, 306; Secreti Vol. IV. fol. 38. 95) Misti XLIX. fol. 15?v. 96) Ebenda fol. 66?v; vergl. meine Graeco-byzantinischen Analekten S. 170 fg. 97) Grazie Vol. XVIII. fol. 36v. 98) Misti LI. fol. 501. 99) Ebenda LII. fol. 247.

1) Ebenda LVI. fol. 27; LVII. fol. 162v; Mar. Vol. II. fol. 26v. 2) Ursa fol. 81. 3) Ebenda fol. 188. 4) Misti LVIII. fol. 104v, 124. 5) Mar. I. Vol. 90.

6) Misti LIX. fol. 162v; LX. fol. 29, 59v; Mar. Vol. I. fol. 96. 7) Mar. Vol. I. fol. 97v. 8) Ebenda Vol. II. fol. 23, 111v, 157, 184v; Vol. III. fol. 21v, 66rv, 170. 9) Ebenda Vol. III. fol. 208; Vol. IV. fol. 4v. 10) Ebenda Vol. IV. fol. 20, 24v, 25, 110v, 111v; Misti del C. dei X. Vol. XVII. fol. 67v. 11) Mar. Vol. IX. fol. 171v

der Madonna Panagia mit dem weltberühmten Wunderbilde [12]), mahnt an Venedig, sondern viel mehr noch die ausgezeichnete, echt venetianische Urbanität der gesammten Bevölkerung. Doch zurück zu Euböa, das nun seit 1390 ganz der Republik Eigenthum war. Am 12. März 1392 [13]) erklärte der Senat, die Vasallen der Insel sollten sämmtlich in Zukunft Venedig die Huldigung leisten, und der Bailo statt der frühern Dreiherren — auch in den zwei Dritteln der dalle Carceri — die Belehnung ertheilen; die Amtsdauer der Rettori ward auf ein Jahr fixirt. Schon früher — im März 1390 [14]) — war des gesteigerten Verkehrs mit den Griechen wegen ein Dollmetsch in der Person des Lehrers Joannes Philopagios ernannt worden, „der ganz vorzüglich griechisch und lateinisch zu lesen und zu schreiben verstände." Aus demselben Jahrhundert stammt ferner die Bestimmung, daß die Juden nicht über 12 Procent Zinsen nehmen sollten; 1399 [15]) ward das Gehalt des neuen Bailo ausnahmsweise um 200 Dukaten vermehrt, damit eine möglichst geeignete Persönlichkeit — wol mit Rücksicht auf das Verhältniß Venedigs zu Antonio I. Acciajuoli — sich zu diesem Posten bereit finde. Sonst fanden zur Zeit des Bailo Gabriele Emo (1391—1393) ärgerliche Scenen zwischen ihm und seinen Räthen statt, die ihm öffentlich vorwarfen, er wolle sich zum Herrn der Insel machen; Zwistigkeiten, die mit der Verurtheilung beider Parteien durch die Quarantia am 6. Febr. 1394 [16]) endeten. Dann wurden im Jahre 1402, da die Türken und Antonio I. drohten, die umfassendsten Maßregeln zur Erhaltung der Insel und Regulirung der innern Verhältnisse getroffen [17]). Gelder und eine neue Galeere wurden hingesandt, dem Bailo die Sicherung von Vielion und Verbesserung der Festungswerke anbefohlen; die Mauern und Thürme, erstere aus Erde, letztere meist aus Holz aufgeführt, stürzten ein oder begannen zu verfaulen; das Arsenal und der Palast des Bailo's waren im kläglichsten Zustande. Zugleich sollte bei Sta. Maria del Cagonessi unweit der schwarzen Brücke ein neuer Thurm gebaut werden, der den Uebergang nach dem Festlande hin deckte; die Ausfuhr der zahlreich dort gepflegten Rosse ward nur nach Venedig und den andern Colonien gestattet. Zugleich ward bestimmt, daß, wer bis zum 12. Jan. 1402 [18]) dort Bürgerrecht habe, es für immer behalten solle — nur nicht die Juden, die damals eine den christlichen Staat gefährdende Stellung einzunehmen schienen. Denn es fehlte, wie es hieß, wenig daran, „daß nicht alles Grundeigenthum nebst den Zinsbauern in die Hand der Juden käme;" daher sollten die Hebräer nicht weiteren Grundbesitz erwerben, noch auch länger christliche Diener halten dürfen. Die lästige Rauchsteuer (Kapnikon), 50 Soldi für jeden Heerd, hatte damals über 100 Familien zur Auswanderung bestimmt; man beschloß, sie sollte mit Ende Mai 1400 wegfallen, dafür aber sollte Jeder, der über 18 Jahre alt, sich mit Schwert und Bogen zur Vertheidigung der Insel rüsten. Um der Entvölkerung zu steuern, versprach man den Albanesen, die mit ihren Rossen aus Groß-Wlachien einwandern wollten, Ländereien, Steuerfreiheit und Schutz; sie wurden förmlich eingeladen, sich dort niederzulassen; das betreffende Edict sollte auf zwei Jahre lang gültig sein. Seitdem begann auch hier die albanesische Einwanderung. Im Jahre 1408 schien die Sicherheit hergestellt, da man mit den Türken und Genuesen Frieden hatte; man cassirte die überzähligen Truppen [19]). Nachdem am 21. Febr. 1407 [20]) beschlossen war, die Festungen und Territorien des Staates auf ein Jahr zu verpachten, kam man bald davon ab, weil bei der zu kurzen Pachtzeit für Verbesserung Nichts geschehen konnte und verfügte am 26. Mai 1411 — ebenso 17. Juli 1413 und 19. Nov. 1417 —, daß sie dort, wie in Nauplion, stets auf 29 Jahre in Pacht gegeben werden sollten. Im Jahre 1410 [21]) ward die Ausbaggerung des Euripus, in dem man schon vor zwei Jahren viele seichte Stellen bemerkt hatte, auf Kosten der Inselbevölkerung angeordnet; da die Purpurfischerei litt, weil an den betreffenden Plätzen oft Steine gebrochen wurden, ward letzteres streng verpönt. Zur Bestreitung der immer wachsenden Verwaltungskosten ward den Juden dort, wie auf Korfu und Kreta, eine jährliche Steuer von 1000 Hyperpern auferlegt [22]), während sie früher nur 600 zu zahlen hatten; später wurden noch 250 aufgeschlagen, jedoch am 4. Sept. 1414 cassirt. Nun stellte sich aber schon 1415 heraus, daß die Ausgaben dort 9491 Hyperpern 15 Soldi 2 Tornesi mehr betrugen, als die Einnahmen; und so wurde laut Beschluß vom 15. Febr. [23]) einestheils wieder eine Anzahl Soldner entlassen, anderntheils auf Erhöhung der Steuern Bedacht genommen. Am 23. Febr. 1413 [24]) hatte übrigens die Republik die Capitoli der Insulaner, die in ihrem Namen Polimeno de Lisauria vorgetragen, genehmigt; die alten Gewohnheiten sollten beibehalten, keine neuen Lasten auferlegt, die Aemtervertheilung regulirt und Sorge getragen werden, daß die Galeeren der Insel stets in gutem Stande erhalten blieben. Von weitern Maßregeln gegen die Türken und von deren Plünderungsfahrten war schon früher die Rede; zu erwähnen bleibt hier nur, daß am 4. Febr. 1416 [25]), als Jacomaccio de Zanetto und ein anderer Gesandter mit einer Petition kamen, über die Verheerungen der Ungläubigen die schwersten Klagen erhoben wurden. Aus dem Drittel der Maria Sanudo und ihres Sohnes Crusino, namentlich aus Lipsos, Litadha und Jalitra, hatten dieselben über 1500 Menschen fortgeschleppt, andere getödtet, die beiden ersten Plätze völlig verheert,

12) Die Geschichte desselben — entdeckt 1823 — ausführlich in *J. C. Flamponis*, Notices statistiques sur l'île de Tine. St. Pétersbourg 1861. 8. p. 18 seq. 13) Misti XLII. fol. 100v. 14) Grazie Vol. XIV. 15) Misti XLIV. fol. 383; Leona fol. 103. 16) *Raspe* Vol. V. p. 1. fol. 35v, 16. 17) Misti XLV. fol. 390v, 432; XLVI. fol. 72, 88, 819v. 18) Ebenda XLV. fol. 430; XLVI. fol. 60v, 78; XLVII. fol. 469v.

19) Ebenda XLVII. fol. 111v. 20) Ebenda fol. 310v; XLIX. fol. 67v; L. fol. 24. 21) Ebenda XLVIII. fol. 452v, 478v, 532. 22) Ebenda fol. 560v; L. fol. 492. 23) Ebenda fol. 612v. 24) Ebenda XLIX. fol. 507v—508; L. fol. 35. 25) Ebenda LI. fol. 263; vergl. *Sanudo* XXII, 890.

dazu wüthete die Pest entsetzlich auf der Insel, „sodaß nur ein guter Frieden oder ein guter Krieg die Insel erlösen konnte;" der Seesieg bei Kallipolis rettete sie. Eine neue Galeere ging hin; Lipsos und Litadha wurden befestigt und auf fünf Jahre von allen Abgaben befreit; 1417 [26]) befahl man, Oreos, eine der besten Festungen, die aber in Folge des Zudrangs von Flüchtlingen übervölkert war, durch gefangene türkische Sklaven verpallisadiren zu lassen. Im August 1418 [27]) ward die Insel von einem furchtbaren Erdbeben heimgesucht, das mehrere Thürme niederwarf und ein älteres Castell vollständig zerstörte. Bald genug mußte man wieder auf der Hut sein; am 17. Juni 1420 [28]) gingen neue Geldsummen hin; unter die Söldner sollten nur Lateiner, nicht Griechen aufgenommen werden; da man letzteren nicht traute, wurden sie auch aus dem Rathe von Euböa, in dem sonst wol die angesehensten derselben gesessen, ausgeschlossen; dann erfolgten 1422 neue Rüstungen gegen die Türken, 1423 gegen die Genuesen [29]). Am 13. Juli 1426 [30]) klagten Abgesandte der Insel wiederum über Plünderung der Türken, deren Schiffe im Februar 700 Menschen fortgeschleppt hatten; man nahm 200 Stradioten in Sold, reparirte die Castelle, namentlich Kuppa und Potiri (Siure), das Antonio Giustiniani besaß, und legte in Karystos, wo die Giorgio doch nicht, wie sie früher versprochen, eine eigene Galeere unterhalten konnten, neue Steuern auf. Im Jahre 1428 [31]) drohten die Türken wiederum; trotzdem ersetzte man 1429, obgleich Alessio de' Verti um Verstärkung der Besatzung bat, die 200 Stradioten durch 50 Schützen, während man dem neuen Bailo 200 Dukaten persönliche Zulage gab [32]). Erst als Polimeno de Lisanria im Juli 1430 [33]) aufs Neue die äußerste Gefahr darlegte, in der die Insel nun schon seit 1422 schwebe, und die durch den Fall von Thessalonich aufs Höchste gesteigert sei, wurden umfassende Maßregeln zum Schutz der Hauptstadt und zur Bewehrung der dort vorhandenen 10—11 Burgen getroffen; 1431 [34]) besserte man die Mauern der Stadt aus, 1432 wurde Munition hingesandt und dem Bailo anbefohlen, mehr für Hebung des Getreidebaues zu thun; am 25. Juli 1435 erging ein scharfes Edict gegen die Falschmünzer, die dort ihr Wesen trieben. Der Getreidebau hob sich auch momentan wieder, sodaß 1439 Benedettino Terranti von den Johannitern beauftragt ward, auf Euböa 10—20,000 Scheffel Korn anzukaufen [35]); Venedig traf um dieselbe Zeit Vorkehrungen gegen verdächtige catalonische Schiffe; 1440 sandte es Geld und Truppen hin; ebenso 1442 eine neue Galeere [36]); die Privilegien der Juden, deren Giudecca beim Thurme Sperone begann, wurden gleichfalls am 26. Mai 1440 erneuert. Bald vernahm man wieder von drohenden Rüstungen der türkischen Flotte, deren Ziel aber damals die Besitzungen des Johanniterordens sein sollten; letzterer traf in Syme, S. Nicolò da Karchi und Piskopia alle Maßregeln, um ihr zu begegnen; doch wandte sie sich damals gegen die genuesischen Besitzungen im Archipel, die zinsbar werden mußten. Die Gefahr erneuerte sich 1449 [37]); Alessio de' Verti, als Vertreter der Insulaner, bat in Venedig um neue Truppen, zumal da die Pest viele Söldner zu Fuß weggerafft habe, und um Abstellung neuer Lasten; man hieß den Bailo, namentlich die Brücke gegen Attika, das Vasallenland des Sultans, wohl hüten und durch Feuersignale sämmtliche Castelle, falls die Osmanen drohten, alarmiren. Friedliche Verhältnisse bezeichneten das Jahr 1451, in dem Venedig auch eine neue Erwerbung zunächst Euböa machte [38]).

Schon vor dreißig Jahren war bestimmt worden, in Euböa sollte eine Anzahl Bürger gewählt werden, welche die alten Gewohnheiten, namentlich aber die Assisen von Romania, prüfen sollten. Im Jahre 1451 wurden nun zwei Exemplare der Assisen dem Senate vorgelegt; das eine enthielt die ursprüngliche Form derselben in 147 Titeln, das andere noch weitere 37 Paragraphen, Bestimmungen, die namentlich für die Insel speciell galten. Der Erzbischof Nikolaus Protimo von Athen, aus dem bekannten Feudalgeschlechte, der damals in Angelegenheiten der Insulaner, wie der Acciajuoli in Venedig verweilte, ward 1451 mit Vergleichung der beiden Handschriften beauftragt; am 4. April 1452 [39]) erfolgte die Bestätigung der Original-Titel der Assisen, am 9. Nov. die der Zusatzartikel. Zugleich gestattete die Republik den Insulanern auf des Erzbischofs Bitte [40]), die für die nächsten vier Jahre veranlagten Steuern erst binnen zehn Jahren zahlen zu dürfen, da sie immer mehr verarmten. Die Zustände schienen sich überhaupt bald zu verschlimmern; ein neues Erdbeben zur Zeit des Bailo Fantino Pisani (1438—1440) hatte noch schwere Spuren zurückgelassen und namentlich das feste Ballona fast ganz zerstört; die Mordthaten häuften sich in bedenklichem Maße; Geld mußte fortwährend — so noch 1455 [41]) — aus Venedig hingesandt werden. Mit Bezug auf die Judenschaft, die über schwere Verfolgungen klagte, hatte der Senat bereits am 11. Mai 1452 [42]) verfügt, daß die Hebräer streng gerecht, gleich den Christen, behandelt und die Ghettos in Oreos und Karystos, die nicht minder durch die Habsucht der dortigen Rettoren und Herren, als durch catalonische Piraten gelitten hatten, hergestellt werden sollten; der alte entehrende Brauch, dem zufolge aus der Mitte der Judenschaft der Henker gewählt werden sollte, ward endlich beseitigt.

Die neue Erwerbung, die Venedig in dieser Zeit machte, betraf die Insel Aegina. Nachdem ihr Herr Alioto de Caopena 1440 gestorben, hatte die ver-

---

26) Misti LI. fol. 498 v, 508. 27) Sanudo XXII, 917. 28) Misti LIII. fol. 138, 156 v. 29) Ebenda LIV. fol. 19, 154. 30) Ebenda LVI. fol. 28 v. 31) Ebenda fol. 181. 32) Ebenda LVII. fol. 81; Registro dell' Avvogaria B. fol. 64 v. 33) Misti LVII. fol. 229, 240 v. 34) Ebenda LVIII. fol. 57 v, 124 v; LIX. fol. 124. 35) Libri bullarum no. 29. (1439—40.) fol. 207 v. 36) Misti LX. fol. 140, 218; Mar. Vol. I. fol. 122 v.

37) Libri bullarum no. 41. (1444.) fol. 163, 218. 38) Mar. Vol. III. fol. 108 v. 39) Ebenda Vol. IV. fol. 49 v; V. fol. 158; Magno, Annali. Vol. VI. 40) Mar. Vol. IV. fol. 100 v. 41) Ebenda Vol. V. fol. 118. 42) Ebenda Vol. IV. fol. 92 v.

tige Bevölkerung einstimmig dessen Bastard Antonello (der mit einer Adoptivtochter Antonio's I. von Athen vermählt war) zum Herrn erwählt; Antonello hatte gelobt, seinem Oheim Arnaldo von Bibiada eine Rente auszuzahlen, die Bestätigung der Schutzmacht Venedig eingeholt und dieselbe seiner getreuen Gesinnung wegen am 16. Jan. 1441 [43]) erhalten. Nun erhob zwar Arnaldo schon 1442 [44]) Klage, daß ihn sein Neffe nicht nur verdrängt habe, sondern sogar auch die Zahlung der Rente verweigere; allein Venedig begnügte sich damit, 1444 und 1445 den Antonello an die Erfüllung seiner Verbindlichkeiten zu erinnern. Letzterer starb 1451 kinderlos und setzte zur Erbin die Republik ein, die auch mit Zustimmung der Bevölkerung im August [45]) den Besitz antrat, den Luigi Morosini (1451—1454) zum Rettor ernannte und die Insel unter Nauplion stellte. Dagegen protestirte Arnaldo, ließ sich aber schließlich doch mit Geldern, die ihm aus Euböa und Kreta regelmäßig gezahlt wurden, abfinden [46]); er starb 1460; seine Pension ward am 12. Juni 1461 [47]) seiner Wittwe, seinen zwei Töchtern, von denen eine den Sigismondo Moline heirathete, und seinem Sohne Alvise aufs Neue zugesagt, welcher letzterer, nachdem er 1478 noch einmal vergebens die Insel reclamirte, 1488 gestorben ist. Auch seinen zahlreichen Kindern ward eine Pension ausgesetzt, die der Familie erblich verbleiben sollte; doch gerieth dieselbe bald in große Dürftigkeit. Seine Enkel Antonello und Nicolò, Ambrogio's (1488—1493) und der Caterina Lando Söhne, die noch auf Aegina Eigenthum hatten, verloren mit dem Falle der Insel 1537 alle Habe; ersterer starb als Gefangener in Constantinopel, letzterer 1558 zu Venedig, wo er für sein Geschlecht Bürgerrecht erwarb. Einer seiner Söhne Francesco und ein Enkel Giulio fungirten dort als Secretaire, zwei andere Enkel, Pietro's Söhne, traten in den Camaldulenser-Orden; mit ihrem Bruder Nicolò, Pfarrer von S. Giovanni in Bragora 1630, erlosch am 11. Nov. 1648 das Haus Caopena, der letzten Erben der catalonischen „glücklichen" Compagnie. Aus ihrer Insel Aegina ward übrigens 1462 das Haupt des heiligen Georg nach Venedig geführt und dort am 21. Aug. [48]) unter festlicher Procession in der Kirche S. Giorgio maggiore beigesetzt; zur Befestigung des Castells auf Aegina wurden dem Flottencapitain Vettore Capello im März 1463 [49]) 200 Dukaten geliefert. Selbst nach dem Falle von Constantinopel schien Venedigs Herrschaft im Archipel sich noch zu erweitern. Die Inseln Skyros, Skiathos und Skopelos, einst der Ghisi und Tiepolo Eigenthum, lange schon mit dem Komnenenreiche vereinigt und bis 1453 demselben belassen, sahen sich damals nach einer andern Macht um, die ihnen Schutz verleihen könnte [50]). Während ein Theil der Bevölkerung den Gattilusio von Lesbos, die sich auch Lemnos zu eigen gemacht, ein anderer den Maonesen von Chios huldigen wollte, entschied sich die Majorität für Venedig, und der Flottencapitain Jacopo Loredano, dem namentlich die drei Castelle auf Skyros im Sinne lagen, besetzte dieselben noch 1453, damit sie nicht in die Hände der „Genuesen aus Genua" der „türkenfreundlichen Verräther," fielen [51]). Venedig glaubte, sein Verfahren dem Sultan gegenüber 1454 mit der Ungewißheit des Besitzstandes während der Kriegszeit entschuldigen zu müssen [52]); es behielt die Inseln, deren Gebräuche es aufrechtzuhalten versprach, auch in dem bald darauf mit der Pforte abgeschlossenen Frieden und vertheilte sie unter zwei Rettoren, die aber unter dem Bailo von Euböa stehen sollten [53]); Francesco Pasqualigo ward zum ersten Rettor auf Skyros, Paolo Bonzi auf Skiathos und Skopelos bestellt. Aber nur scheinbar mehrte sich die Macht Venedigs wieder im Archipel; bei der Ausbreitung der osmanischen Herrschaft ward seine Stellung selbst auf Euböa immer precärer. Nachdem die Akropolis in Athen gefallen, wurden schleunigst im August 1458 [54]) Truppen unter Pietro Brunoro nach Euböa hinbeordert, in der Hauptstadt wurde für die Gefahr einer Belagerung eine neue Cisterne angelegt, den Insulanern, die man um jeden Preis gewinnen wollte, erließ man verschiedene Steuern und gelobte ebenso 1459 [55]) dem Abgesandten der Euböoten, dem Ferrante Medici aus Athen, sie gegen die Osmanen, wie gegen die Albanesen, die auch dort dem Staate über den Kopf zu wachsen drohten, zu schirmen. Nun kam die Katastrophe von Morea. Im Mai 1460 [56]) ermahnte Herzogin Bona Visconti-Sforza von Mailand den Brunoro, sich wacker gegen die Türken zu halten, und sagte ihm den Beistand ihres Gemahls zu; trotzdem hauste das Heer des Sultans auf der Insel, Corsaren plünderten Karomerides [57]). Venedig sandte eine neue Galeere und Stradioten hin, die Festungen wurden verproviantirt, wieder neue Cisternen angelegt. Die Stradioten sollten, so entgegnete man dem Abgesandten der Insel Giovanni Bermarini am 10. Nov. [58]), in den Häusern des Patriarchats — denn das Bisthum Euböa war fortwährend dem Titular-Patriarchen von Constantinopel als Commende verblieben — einquartiert werden; weitere Sicherheitsmaßregeln wurden in Aussicht gestellt. Nun lief 1461 ein gewaltiges türkisches Geschwader aus, das, wie es schien, gegen Euböa gerichtet war; Venedig hieß den Bailo auf seiner Hut sein, „da auf dem Besitze von Negroponte die Erhaltung der venetianischen Seeherrschaft beruhe;" selbst griechische Kirchen in der Hauptstadt wurden geschleift, damit die Befestigungswerke sich besser erweitern ließen [59]). Man knüpfte neue Unterhandlungen

43) Mar. Vol. I. fol. 12. 44) Grazie fol. 88, 225 v; Vol. II. fol. 85 v. 45) Grazie Vol. IV. fol. 80 v, 89 v. 46) *Magno, Annali*, Vol. VII. fol. 71. 47) Mar. Vol. VII. fol. 21. Vol. X. fol. 87; Misti del Cons. dei X. Vol. XXVI. fol. 57. 48) Mar. Vol. VII. fol. 79 v; *Magno*, Annali. Vol. VII. fol. 153 v, 154 v; *Cornaro, Ecclesiae Venetae* VIII, 260 seq. 49) *Cornaro* a. a. O. 176 seq. 271 seq. 50) *Magno*, Annali. Vol. VI.

51) Secreti Vol. XX. fol. 71 v. 52) Mar. Vol. VII. fol. 3. 53) Grazie Vol. VI. fol. 86 v. 54) Misti del Cons. dei X. Vol. XV. fol. 157 v; Mar. Vol. VI. fol. 82 v, 88. 55) Mar. Vol. VI. fol. 148 v. 56) Guerre de' Turchi; Mar. Vol. VI. fol. 175 v. 57) Mar. Vol. VI. fol. 181. 58) fol. 201. 59) Misti del Cons. dei X. Vol. XVI. fol. 45 v; Secreti Vol. XXI. fol. 31.

mit Ufern Hafen an, da die asiatischen Lande zunächst bedroht schienen; wirklich ging auch dorthin diese angeblich gegen Euböa gerichtete Expedition Mohammed's II., die mit Vernichtung des Reichs der Beni Isfendiar von Sinope und des Kaiserthrons der Groß-Komnenen in Trapezunt [60]) endete. Dann aber lenkte sich die Flotte der Osmanen gegen den Archipel, um zunächst dort der genuesischen Herrschaft auf Lesbos ein Ende zu machen, die Maonesen von Chios und den Herzog von Naxos zu höherer Tributzahlung zu nöthigen und die Johanniter, die Erbfeinde des Halbmonds, wo möglich aus Rhodos und den dazu gehörigen Inseln zu vertreiben.

Bevor wir den Erfolg dieses neuen Heerzugs, der factisch den ganzen Archipel unter die Botmäßigkeit, wenn nicht unter den Scepter des Halbmonds brachte, berichten, müssen wir noch einen Augenblick bei den feudalen Zuständen auf Euböa seit der Annexion des Drittels der Ghisi und in dem übrigen Archipel verweilen. Die Lehen daselbst waren zum Theil schon in die Hand venetianischer Geschlechter übergegangen, zum Theil wurden sie noch von alten Familien besessen, die den dalle Carceri aus italienischen Städten gefolgt waren. Neben diesen erblichen Lehen aber gab es auch solche, die erst von Venedig verliehen und auf 29 Jahre in Pacht gegeben wurden, Theile der Dreiherrschaften, die nach dem Erlöschen der dalle Carceri und Ghisi an die Republik heimgefallen waren. Zu denselben gehörte namentlich la Vathia, das Guglielmazzo della Gronda [61]) im Jahre 1408 gepachtet hatte. Der Zins betrug jährlich 2000 Hyperpern; da er aber in der letzten Zeit schlecht gezahlt, nahm man 1437 Anstand, ihm den Platz auf weitere 29 Jahre zu lassen, restituirte ihm jedoch denselben 1438. Dagegen protestirte Nikolaos Plati, der la Vathia 1437 gepachtet, und so ward letzterem 1444 der Besitz aufs Neue verbrieft. Wieder opponirten dagegen die della Gronda, namentlich Jacopo, des mittlerweile verstorbenen Guglielmazzo Sohn; am 6. Juli 1446 [62]) ward dem Bailo befohlen, die Anrechte seines Hauses und die des Plati zu prüfen. Auch letzterer zahlte seine Pacht schlecht und ward daher in Personalhaft genommen; 1448 ward eine neue Verpachtung auf 29 Jahre verfügt, in Folge deren endlich im September 1450 Jacopo das Dorf aufs Neue erhielt und bis zur türkischen Eroberung besaß. Andere Territorien erhielten unter gleichen Bedingungen 1412 die Brüder Pietro und Marco Gradenigo in Pacht [63]), ebenso Giorgio Mambrelo 1410 den Ort le Cadi, von dessen Einnahme die Hälfte stets zur Besatzung von la Kuppa verwendet werden sollte; das Lehen der 1416 gestorbenen Teodora de Parma, gleich nach ihrem Tode an den Papas Nikolaos Talandinos verpachtet, ward 1423 ihrem Erben Nicolò de Zanetto überwiesen, dessen Sohn Marco es 1433 inne hatte [64]). Dagegen hatte auf kurze Zeit Brigaja Scapinello Lipsos und Litadha, das Erbe der Maria Sanudo, in Pacht [65]); 1416, da die Türken dort furchtbar gehaust, gestattete man ihm, die rückständige Summe von 1600 Hyperpern bis zum October 1416 zu zahlen; 1417 erhielt er weitere Vergünstigungen [66]). Zu den alten euböotischen Geschlechtern gehörten die Saracino aus Siena, die Verwandten der Acciajuoli, die Secolo, von denen Ranieri di Leone 1401 [67]) Bürgerrecht erhielt, die Franco (Andrea di Domenico 1422) [68]), die oft genannten Berti: Alessio I., sein Sohn Paolo I. (belehnt 2. Juli 1393, pachtete einen Theil der Güter der Teodora Ghisi und erhielt 1403 die Erlaubniß, einen Thurm zu bauen) [69]), sein Enkel Alessio II., der 1429 und 1449 als Gesandter der Euböoten in Venedig weilte, und sein Urenkel Paolo II. (1470), die Gualterotti, Corbino, Pasquali, Petrovolissino, Scagnoli, delle Zaure, Spolin, Cofsino und andere, deren Namen theilweise schon auf griechische Abkunft hindeuten. Griechen waren sicher die Agapito, die von Alters her einen Thurm bei Litadha besaßen, der nach dem Tode des Teodosio sich auf seine Söhne Marcolino (1420) und Giovanni (1420—1427) vererbte [70]); vielleicht auch die Sagundino, von denen der bekannte Nicolò 1430 bei dem Falle von Thessalonich in türkische Gewalt fiel, 13 Monate im Kerker schmachtete und später zum Ersatz 1440 Kanzler von Euböa zunächst auf 10 Jahre ward, dann aber 1450 aufs Neue in diesem Amte bestätigt wurde [71]); er richtete im Auftrage der Republik verschiedene Gesandtschaften, auch bei der Pforte, aus. Endlich erwähne ich noch die Familie de Lisancia, aus der Peruli den Ort S. Giovanni delle Fiasce bei Vallona besaß, und seinem oft genannten Sohne Polimeno (1413—1438) [72]) hinterließ, verschiedene Nebenlinien der Sommaripa und die Prosalme, die Freunde der Acciajuoli, die eine gleichnamige Burg besaßen, und von denen uns nach dem vor 1370 gestorbenen Bonifacio zuerst 1420 ein Zanuli begegnet; von seinen Söhnen wurde der öfters genannte Nicolò (gest. 1483) letzter lateinischer Erzbischof von Athen, während Antonio, des Lehens Erbe, bei der Vertheidigung von Euböa 1470 den Tod fand und eine einzige Tochter Cristina (1470—1505) hinterließ. Von venetianischen Patriciergeschlechtern waren außer den Giorgio namentlich die Moro, Morosini, Venier, Diedo, Ruzzini und Premarini, Mitbesitzer von Keos, auf Euböa begütert; zwei

60) Vergl. den Artikel Trapezunt. Die Geschichte des dortigen Kaiserreichs konnte, da sie eine selbständige ist und nicht zu der des eigentlichen Griechenlands gehört, hier nicht weiter verfolgt werden, obgleich über dieselbe ein reiches ungedrucktes Material vorliegt. 61) Misti LX. fol. 13r, 94v; Proposte Vol. I. fol. 19; Registri Quarantia Vol. IV. p. I. fol. 39. 62) Mar. Vol. II. fol. 65; Vol. III. fol. 64, 70; Vol. IV. fol. 8; Registri Quarantia Vol. IV. p. II. fol. 11. Jacopo hatte einen 1457 ermordeten Bruder Bartolommeo. 63) Misti XLIX. fol. 42r.

64) Grazie Vol. XVII. fol. 117. 65) Ebenda Vol. XIX. 66) Ebenda Vol. XVII. fol. 120v; Misti LI. fol. 200v; LII. fol. 81. 67) Privilegii Vol. I. fol. 141. 68) Grazie Vol. XVIII. fol. 62v. 69) Ebenda Vol. XVI; Privilegii Vol. I. fol. 106. 70) Proposte Vol. I. fol. 45v; Misti LIV. fol. 106v; Grazie Vol. XIX. 71) Grazie Vol. XX. fol. 101; XXII. fol. 29; Mar. Vol. IV. fol. 20v. 72) Grazie Vol. XIX; XXI. fol. 244v. Letzterer, [illegible] aus Nothwehr einen Fremden, ward verbannt, aber am 20. Febr. 1436 begnadigt.

der größten Lehen gehörten den Giustiniani und da Carcale. Von letzteren erwarb schon Pietro der Aeltere wol durch Heirath mit Nicoletta Venier, Marco's Tochter, die Festung Bumi, die nach ihm sein Sohn Filippo und sein Enkel Pietro [73]) (Gemahl der Fiorenza Premarini, 1475 zum Bailo von Korfu ernannt, damit er für seinen Verlust auf Euböa einen Ersatz erhielte) bis zur Türkenzeit inne hatten. Donato Giustiniani (1376—1411) erheirathete mit einer edlen Euböotin Cristina das noch wichtigere Castell Stura, 18 Miglien von Karystos entfernt; ihm folgten darin sein Sohn Antonio (1411—1436) und sein Enkel Francesco (1446—1470, gest. 1511), der sich mit einer Euböotin Agnese, Tochter des Francesco Paganelle (wol identisch mit Scapinelle), vermählt hatte und noch 1475 zu Gunsten der Vaterstadt auf der Insel gegen die Türken agitirte [74]). Schließlich bemerke ich nur noch, daß auch Ptelion noch bis 1470 in der Hand Venedigs blieb. Da es sich als unpraktisch erwiesen, den Ort durch einen in Venedig gewählten Rettor verwalten zu lassen, bestimmte der Senat am 6. März 1418 [75]), in Zukunft solle ein Bürger von Euböa, der der griechischen Sprache kundig und mit den Verhältnissen Thessaliens und der Türken vertraut sei, auf zwei Jahre als Rettor dort bestellt werden; er sollte 2 Rosse halten und 400 Hyperpern Gehalt beziehen; auch sollten Maßregeln zur Befestigung des Castells getroffen werden; 1421 [76]) wurden italienische Truppen hingesandt. Doch kehrte man schon im Jahre 1442 zum alten System zurück; am 17. Juni ernannte der große Rath den Jacopo Quirini zum Rettor; sein letzter Nachfolger war Marino Pasqualigo, der, wacker für Erhaltung des ihm anvertrauten Platzes streitend, am 14. Juli 1470 gegen die Türken fiel.

Wenden wir uns nunmehr zu dem Herzogthume des Archipels, zu der Herrschaft der neuen Dynastie der Crispo auf Naxos, so können wir die Details über die Zwistigkeiten zwischen ihr und den Sommaripa, sowie über die diplomatische Thätigkeit ihres Verwandten und Verbündeten Pietro Zeno von Andros (1384—1427) hier übergehen, da ich anderweitig dieselben ausführlich dargelegt habe. Ebenso wenig kann ich bei den kleinen Dynastengeschlechtern des Inselmeeres ausführlich verweilen; hier genüge nur die Bemerkung, daß Seriphos, wo Nicolò Adoldo 1393 so greulich gehaust hatte, 1432 [77]) von Luigi I. Michieli, der bereits ein Viertel der Insel von seinen Ahnen her besaß, ganz erworben wurde und seitdem dauernd seinem Hause verblieb; daß auf Zea die Premarini 13½ Karati besaßen, während Nicolò I. Gozzadini von Thermia (gest. 1440) deren 4½ durch Heirath mit Filippa Sanudo, des Angelo und der Maddalena Premarini Tochter, erwarb, und daß des letzteren Enkel Nicolò II. 1456 sich mit Marietta da Corogna, Januli's III. (gest. 1454) ältester Tochter vermählte und nach dem kinderlosen Tode seines Schwagers Julino (Guglielmo) im December 1463 auch Siphnos und die übrigen 6 Karati von Keos gewann, die von den Giustiniani auf die da Corogna gekommen waren. Auf Naxos herrschte der Usurpator Francesco I. Crispo (1383—1397) vierzehn Jahre lang, von Venedig bald anerkannt, zumal da sein Schwiegersohn Pietro Zeno sich dort eifrig für ihn interessirte, und in die Verträge eingeschlossen, welche die Republik mit den Paläologen und der Pforte einging. Trotzdem trieb der Herzog das Corsarenhandwerk in großartiger Weise; seine Kaperschiffe plünderten, von Giorgio Sanudo geführt, bis nach der syrischen Küste hin und schleppten Türken und Genuesen in die Sklaverei. Daher ertönten bald in Venedig laute Klagen, und man sah sich genöthigt, ihn am 7. Sept. 1391 [78]) aufzufordern, nicht länger Schiffe zu Beutefahrten zu rüsten, da man sonst nicht weiter die Verantwortlichkeit für ihn übernehmen könne. Bald erschien ein Gesandter des Herzogs in Venedig und erklärte, sein Herr suche in allen Dingen nur die Ehre Venedigs zu wahren; da der Proceß der Maria Sanudo gegen ihn nicht endgültig entschieden worden, wollte er selbst nach Venedig kommen. Am 30. Jan. 1392 [79]) ward ihm dazu ein Geleitsbrief auf ein Jahr ausgestellt; da aber die Angelegenheiten seiner Insel ihn zu sehr beschäftigten, mußte derselbe noch auf ein weiteres Jahr verlängert werden. Endlich kam er Anfangs 1394 [80]) nach Venedig, regelte leicht sein Verhältniß zur Republik, doch nicht endgültig das zu Maria, und empfing eine Galeere, mit der er 1395 und 1396 den Archipel von türkischen und andern Piraten säuberte. Er starb 1397; am 5. Juli [81]) desselben Jahres befahl der Senat dem Jacopo Trevisani, seinem Sohne und Nachfolger Jacopo I. (1397—1418) wegen des jüngst erfolgten Hinscheidens seines Vaters zu condoliren. Jacopo, der den Beinamen des Friedfertigen führte, wol weil er mit aller Welt in Ruhe zu leben vorgab und deshalb auch der Pforte, wie schon sein Vater gethan, mit Venedigs Erlaubniß Tribut zahlte, ohne indessen türkische Schiffe auf seinen Inseln zu dulden, setzte sich schon 1397 mit seinen Brüdern auseinander, denen er einzelne Inseln seines Herzogthums als Apanage überließ. Er hatte neben zwei Schwestern Petronella, die des Pietro Zeno Gattin geworden, und der Agnese, die den reichen Rhodiser Dragonetto Clavelli heirathete, fünf Brüder [82]). Von diesen empfing der jüngste Pietro (1397—1440) [83]) nur Grundbesitz auf Naxos, von den älteren Giovanni, später Herzog, Milos und Kimolos, Guglielmo, gleichfalls später Herzog, Anaphe (Namfio, dazu nach Jacopo's I. Tode 1418 Nanphio), Nicolò (1397—1450) Syra (Suda) und dazu 1418 Santorini, endlich Marco I. (1397

73) Mar. Vol. VIII. fol. 108 v; Magno, Annali, Vol. VIII. fol. 432. 74) Grazie Vol. XX. fol. 189; Misti del Cons. dei X. Vol. XVIII. fol. 89 v. 75) Misti LI. fol. 298 v. 76) Ebenda LIII. fol. 220. 77) Grazie Vol. XX. fol. 20 v.

78) Misti XLII. fol. 48. 79) Ebenda fol. 86 v, 346 v. 80) Ebenda XLII. fol. 357 v; XLIII. fol. 263, 425 v. 81) Ebenda XLIV. fol. 80 v, 146. 82) Albero dei Crispi im Archiv Sommaripa zu Verona B. 79. a. 19, im Besitz des Hrn. Giorgio Grammatica auf Naxos u. s. w. (vergl. meine Geschichte von Andros S. 81 fg.). 83) Derselbe erscheint zuletzt mit Marco am 29. Nov. 1440 als Zeuge bei dem Testamente des Nicolò I. Gozzadini.

—1450) Jos (Nio) und dazu 1418 Therasia. Auch Jacopo I. hatte noch mit den Erben der dalle Carceri lange Processe, wie namentlich mit Petronella Venier; im Februar 1402 [84]) ward er verurtheilt, ihr 1800 rückständige Dukaten für ihr Witthum zu zahlen. Allein es kam kein Geld, was nicht zu verwundern, da die Türken damals fortwährend den Archipel bedrohten und Bajesid I., der schon Alt- und Neu-Phokäa gewonnen, der Herrschaft der Crispo, wie der der Maonesen auf Chios und der Gattilusio auf Lesbos schon damals ein Ende gemacht hätte, wenn die Mongolen nicht gegen Asien hergestürmt wären. Zur Ausgleichung seines Streites mit Petronella wollte Jacopo I. 1403 [85]) nach Venedig kommen; Pietro Zeno gelobte in seinem Namen, daß Carceri's Witwe befriedigt werden sollte; da er aber nicht erschien, ward der Duca von Kandia am 22. Mai 1404 ermächtigt, seine bewegliche Habe mit Sequester zu belegen. Dagegen unternahm Jacopo bald darauf eine Reise nach England, wol um Beistand von dem energischen Könige Heinrich IV. gegen die Osmanen zu erlangen; im Januar 1405 [86]) schickte er sich zur Heimkehr an und bat Venedig um freies Geleit, da er sich mit Venier und dessen Gattin verständigen wolle. Es ward ihm gewährt; im Juli verglich er sich mit jenen, versprach, die Rückstände von dem Witthum zu zahlen, und hatte dafür die Vergünstigung, während der nächsten fünf Jahre 25—30 Pferde und Maulthiere alljährlich nach Kandia verkaufen zu dürfen; das betreffende Privileg ward im Februar 1413 ihm und dem Zeno erneuert und auf 40 Thiere ausgedehnt. Auch lieferte ihm der Bailo von Euböa 1407 eine Galeere, 1409 neue Ruder für dieselbe auf Bitten seines Schwagers Zeno [87]). Bald darauf war der Archipel der Schauplatz blutiger Fehden zwischen Venedig und Genua; die Galeeren Venedigs hausten 1409 auf Chios; nachdem sie abgezogen, rüsteten Catalonier zur Piratenfahrt gegen die reiche Mastixinsel. Venedig, wohin Crispo 1410 aufs Neue sich begeben wollte, rieth ihm von der Reise ab und ermahnte ihn, sich gegenüber den Türken vorzusehen und nicht Piraten aus Catalonien und Biscaya Beistand gegen letztere zu leisten, da es selbst dafür keine Verantwortlichkeit übernehmen könne [88]). Jacopo versprach, sich ruhig zu verhalten; Venedig überließ darauf 1413 dem Zeno eine frische Galeere für seinen herzoglichen Schwager. Als dagegen die Türken anfingen, der Republik selbst gefährlich zu werden, suchte diese Anfangs 1414 eine engere Allianz mit ihm, Chios, Lesbos, Kypros und den Rhodisern zu erneuern; Jacopo regte sich und trotzte den Türken; seine und Zeno's Heerfahrten beschleunigten den Bruch zwischen Mohammed I. und der Republik und zogen endlich die siegreiche Schlacht bei Kallipolis nach sich. Im Februar 1416 [89]) weilten Gesandte des Herzogs in Venedig; er versprach, der Republik Flotte nicht nur mit Proviant stets zu unterstützen, sondern auch in Person sich derselben anzuschließen; dagegen bat er, daß der Bailo von Euböa ihm, falls er in die Enge getrieben würde, Beistand leiste, und daß er ihm zu Bauten auf seinen Inseln Cypressenholz aus Kreta liefere; beides ward gern gewährt. Jacopo liebte übrigens wirklich den Frieden; auf seine Bitten verziehen die Rhodiser am 19. April 1415 [90]) einem Menschen, der den Türken Kriegscontrebande, nämlich Stahl, geliefert hatte; nach dem Siege bei Kallipolis schloß er Frieden mit der Pforte, ohne jedoch, wie Pietro Zeno es that, sich zu verpflichten, den türkischen Schiffen Sicherheit in seinem Inselreiche zu verheißen; Venedig rügte dasselbe 1417 bei Zeno [91]). Mit dem Hause Sommaripa von Paros hielt er gleichfalls Frieden; er hatte die Fiorenza, Schwester Crusino's I., geheirathet [92]) und nahm sich seiner Schwiegermutter Maria Sanudo eifrig gegenüber den erneuerten Prätensionen der Venier an. Um letztere endlich dauernd zu erledigen, begab er sich 1418 nach Venedig, begleitet von seiner Gemahlin und deren Schwester, die den Namen der Nonne Tommasina angenommen; er ließ beide [93]) im Kloster Sta. Maria maggiore zurück und eilte dann nach Ferrara, um sich von da zu Papst Martin V. nach Mantua zu begeben. Bald, nachdem er abgereist, landeten am 10. Sept. [94]) in Venedig der Bischof von Winchester, der von einer Pilgerfahrt aus Palästina auf der Galeere Pietro Zeno's heimkehrte, und Giovanni Crispo, des Herzogs Bruder, der seine Hochzeit mit Francesca Morosini, Bettore's Tochter, feierte. Aber schon am 17. Nov. 1418 [95]) erfuhr man, daß Herzog Jacopo I. zu Ferrara einem plötzlichen Durchfalle zum Opfer gefallen; sein Bruder Giovanni bat, den Archipel zu schirmen. Venedig hieß die Trauerbotschaft dem Niccolò von Syra, der, da die zwei ältesten Brüder abwesend und Guglielmo verhindert, den Archipel verwaltete, melden; ein Nobile sollte die Inseln für die Witwe, auch im Namen ihrer Mutter Maria Sanudo hüten. Allein das Testament des verstorbenen Herzogs bestimmte, mit Hintansetzung der weiblichen Erbfolge, die seitdem auch nur in den Apanagen der Crispo, nicht in dem Herzogthume selbst, trotz vielfacher Anfechtungen Geltung gefunden hat, den ältesten überlebenden Bruder Giovanni zum Erben, und so trug Venedig kein Bedenken, am 12. Dec. [96]) Ordre zu seiner Beförderung nach Naxos oder Milos zu ertheilen, vielleicht um so weniger, da man seiner sicher zu sein glaubte, seitdem er eine Tochter der Republik geheirathet hatte. Die Witwe Fiorenza, die noch 1418 den Altar der heiligen Magdalena in dem Kloster, wo sie wohnte, beschenkt hatte, kehrte bald nach dem Archipel zurück und empfing 1420 aus den mütterlichen Besitzungen Nanphio als Witthum [97]); sie starb 1437. So folgte denn in Naxos dem Bruder Giovanni II. von Milos (1418—1437), der [illegible]

84) Misti XLV. fol. 449. 85) Ebenda XLVI. fol. 327. 486. 86) Ebenda fol. 574 v; XLVII. fol. 26. 39 v; XLIX. fol. 491 v. 87) Ebenda fol. 406; XLVIII. fol. 236. 88) Ebenda XLVIII. fol. 609 v, 639; XLIX. fol. 515. 89) Ebenda L. fol. 608; LI. fol. 9 v.

90) Libri bullarum no. 24 (1407—1416). [illegible] 91) Misti LII. fol. 81. 92) Ebenda LIII. fol. 130 v. 93) [illegible] Vol. V. p. [illegible] 94) [illegible] XXII. [illegible] 95) Secreti Vol. VII. fol. 47. 96) Misti LII. fol. 515. 97) Annale Vol. XIX; Magno, Annali Vol. V. fol. 24 v.

wie schon erwähnt, die Apanagen seiner jüngeren Brüder mit neuen Inseln vermehrte. Auch er ward von Pietro Zeno fortwährend mit Rath und That unterstützt; gleichwie letzterem 1420, so ward auch ihm im Juli 1423 [98]) eine neue Galeere aus dem Arsenal geliefert und die Erlaubniß, Rosse nach Kreta auszuführen, erneuert; 1426, da das Schiff unbrauchbar geworden, ward es durch ein frisches ersetzt. Im Jahre 1424 [99]) hatte der Herzog vor, selbst nach Venedig zu kommen, oder einen seiner Brüder als Bevollmächtigten zu senden, um die neu angeregten Streitigkeiten mit den Sommaripa beizulegen; doch kam es nicht dazu, weil die Türken wieder im Archipel hausten. Venedig gab deshalb sogar 1426 [1]) dem Giovanni II., seinen Brüdern und dem Herrn von Andros den Rath, sich mit den Ungläubigen zu vergleichen; sie bequemten sich zur Tributzahlung; doch klagte Venedig nachher 1430 [2]), daß Crispo seitdem unterlasse, durch Feuersignale den Bailo von Euböa von dem Herannahen der türkischen Flotte zu avisiren, und forderte ihn auf, in Zukunft besser seine Pflicht zu thun. Einen großen Verlust hatte der Herzog kurz zuvor durch den Tod seines Schwagers Pietro Zeno erlitten, der 1427 gestorben war; ihm folgte in Andros sein ältester mit Guglielma Giorgio vermählter Sohn Andrea Zeno (1427—1437). Dann zogen die Genuesen, nachdem Loredano 1431 die Insel Chios geplündert, racheschnaubend gegen die Inseln der Crispo und Zeno und plünderten 1432 Naxos und Andros; Guglielmo von Namfio mußte zuletzt eine Convention mit Pietro Spinola schließen, damit die Herrschaft seines Hauses auf den Inseln erhalten bliebe; zwei Jahre später sehen wir denselben in Venedig aufs Neue wegen der Prätensionen des Crusino I. von Paros verhandeln. Dieselben traten in ein neues Stadium, da Andrea Zeno starb und nur eine einzige Tochter Petronella hinterließ, die Giovanni II. mit seinem einzigen Sohne Jacopo verlobt hatte. Auf Andros prätendirten nunmehr der Herzog, Mario Zeno, des Pietro jüngerer Sohn, Marino Falier aus Kandia, der die Fiorenza Zeno, des Andreas Schwester, geheirathet hatte, und die Sommaripa [3]). Während Giovanni II. sich anschickte, nach Venedig zu reisen, um dort seine und seines Sohnes Anrechte darzulegen, ließ die Republik, des langen Haders müde, die Insel sequestriren; sie ward endlich 1440 dem Crusino I. zugesprochen, der sie nun dauernd seinem Hause gewann. Die Verlobung des jungen Jacopo mit Zeno's Erbtochter zerschlug sich; Petronella beschloß ihr Leben als Nonne im Kloster Sta. Croce auf der Giudecca. Giovanni's II. Reise ward durch seinen plötzlichen, noch 1437 erfolgten Tod vereitelt [4]); er ließ seine Inseln unter der Obhut seiner Brüder Nicolò, Guglielmo und Marco und ernannte seine Witwe Francesca Morosini zur Regentin für seinen einzigen noch unmündigen Sohn Jacopo II. (1437—1447). Außer letzterem stammen aus des Herzogs Ehe noch zwei Töchter: Adriana, welche den Domenico Sommaripa, Crusino's I. Sohn und Nachfolger in Andros (1462—1466), heirathete, und Caterina, die kinderlos gestorben ist. Crusino I. empfing 1444 [5]) den Besuch des bekannten Reisenden Ciriaco von Ancona, der damals meist auf Chios bei seinem Freunde Andriolo Giustiniani Banca weilte und von dem festlichen Leben auf Chios, wie von der Homerischen Villa seines Freundes eine interessante Schilderung hinterlassen hat. Ciriaco fand bei allen Dynasten des Archipels, so auch bei Crusino I., dem Fürsten von Lesbos und dem Rettore Francesco Nani auf Tinos dasselbe Interesse für das classische Alterthum, das ihn früher an die Höfe der Tocco und Acciajuoli gefesselt hatte; die Herren ließen in seiner Gegenwart Ausgrabungen veranstalten und ehrten den antiquarischen Dilettanten nach Gebühr. Was Crusino I. anbelangt, so starb er erst 1462; von seinen Söhnen folgte Domenico in Andros, wo derselbe zunächst seine beiden Söhne Giovanni (1466—1468, durch die Türken 1468 getödtet), und Crusino II. (1468 — um 1500) und dann des letzteren ältesten Sohn Nicolò (gest. 1506) zu Nachfolgern hatte; das Drittel von Euböa nebst Paros erbte der andere Sohn Crusino's I., Nicolò I., der seine euböotischen Güter 1470 verlor, dagegen Paros bei seinem um 1505 erfolgten Tode auf seinen einzigen Sohn Crusino (gest. 1518) vererbte. Von den Töchtern Crusino's I. starb Chiara nach 1476 unvermählt; Maria empfing 1439 Antiparos als Apanage, als sie sich mit dem Nobile Giovanni Loredano vermählte. Sie starb vor 1446; ihre Erbtochter Lucrezia heirathete in erster Ehe 1473 den Francesco Crispo von Jos, in zweiter den Venezianer Paolo Venier, und hinterließ bei ihrem Tode (nach 1528) ihre Apanage ihrer Enkelin Adriana Crispo-Pisani von Jos. Doch zurück zu Naxos.

Im Jahre 1444 ging Jacopo II. mit Venedigs Consens [6]) ein Ehebündniß mit Ginevra Gattilusio, des Dorino I. von Lesbos Tochter ein; am 26. Juli 1445 [7]) belehnte er den Marino Argiti (dell' Argenta), dessen Geschlecht noch heute auf Santorini fortblüht, mit verschiedenen Besitzungen auf Naxos; allein schon 1447 starb er, seine Gattin schwanger hinterlassend. Seine und der Ginevra Wappen — das der Paläologen — sieht man heute noch an der kleinen, wol von ihr gegründeten Kirche S. Elias in Naxos, gleichwie die dortige Kathedrale mit den Wappen der Sanudo und Crispo geziert ist; ihre einzige Tochter Elisabetta heira-

98) Misti LIII. fol. 70 r; LIV. fol. 129 v; LVI. fol. 12. 99) Ebenda LV. fol. 48 v. 128.
1) Secreti Vol. IX. fol. 185 r. 2) Misti LVII. fol. 200 v. 3) Ebenda LX. fol. 38 v. 4) *Magno*, Annali. Vol. V. fol. 58.

5) *Cyriacus Anconitanus*, Epp. XVII bei *Targioni* a. a. O. p. 423—426; vergl. II. p. 426—427; IX. p. 435—436; XI. p. 437 und *G. Jona*, Osservazioni intorno alcune notizie archeologiche conservateci da Ciriaco di Ancona. Roma 1861. 8., wo man in dem „*carvivem summo ripa*" den Crusino I. wiederfindet. 6) Notatorio Vol. VIII. fol. 14. 7) Biblioteca nazionale in Neapel. Cod. graec. II. C. 35. v. 9 (spätere neugriechische Uebersetzung). Buchon erzeugt nach dieser Urkunde, die er wol nie gelesen hat, den Argiti zu einem „professeur chargé d'enseigner les sciences à Naxie," wovon in dem Diplom keine Sylbe steht! *Expor. v. M.* ed. III. Append. p. 473.

theil den Dorino II. Gatilusio von Aenos. Sobald Jacopo II. gestorben, übernahmen seine Oheime Guglielmo von Namfio und Nicolò von Santorini mit Consens der Herzogin Ginevra die Regentschaft und schickten im Einvernehmen mit dem Erzbischof Gesandte nach Venedig, das am 20. Febr. 1448 [8]) jene beiden als Governatori bestätigte. Dagegen beanspruchte die Mutter des Verstorbenen, Francesca Morosini, die Regentschaft, worauf die Governatori dieselbe verhaften und einkerkern ließen; da letztere zudem ihre beiden Töchter wider deren Willen heirathen wollten, wandte sie sich an Venedig, das sich bereitwillig seiner Bürgerin annahm und deren Freilassung befahl. Dieselbe erfolgte auch bald; bald war Francesca wieder so hoch angesehen, daß sie nebst dem Erzbischofe auf alle Angelegenheiten der Insel einen entscheidenden Einfluß ausübte; am 31. März 1451 [9]) bestätigte Venedig auf ihre Bitte den Francesco Crispo von Santorini, des 1450 gestorbenen Nicolò Sohn, den die Naxioten alsbald an des Vaters Stelle zum Governatore erkoren, in seinem Amte; doch sollten er und sein Oheim Guglielmo dafür sorgen, daß den beiden verwittweten Herzoginnen Francesca und Ginevra ihr Witthum regelmäßig gezahlt würde. Daß dabei sich oft Rückstände fanden, ist gewiß; denn schon im Aug. 1452 [10]) mußte die betreffende Mahnung wiederholt werden. Ginevra gebar unterdessen noch Ende 1447 einen Sohn, den Herzog Giovanjacopo (1447—1453); statt seiner traten die Regenten Guglielmo und Francesco im October 1451 [11]) dem jüngst zwischen Venedig und Aragonien abgeschlossenen Vertrage bei. Francesca Morosini, Giovanni's II. Witwe, weilte meist im Archipel; durch fromme Stiftungen hat sie sich um Naxos verdient gemacht. So gründete sie 1448 [12]) dort eine Kapelle des Erlösers und der Madonna nebst anstoßendem Hospital für Arme und Fremde, das Papst Eugen IV. bereitwillig sanctionirte; am 13. Jan. 1452 [13]) schenkte sie in Gegenwart ihrer Verwandten, des Jacopo Crispo von Ios und seines Bruders Goffredo, die von ihr erbaute Kirche S. Antonio den Johannitern, für welche Pundo Lubrisio alsbald davon Besitz nahm. Dies Kirchlein, das noch heute besteht, vielfach mit dem Kreuze des Ordens geziert, sonst arg verfallen, ward bald einem Komthur von Naxos überwiesen, da der Orden, der auch mehr nördlich im Archipel sich erweitern wollte, Naxos seit Francesca's Schenkung unter seine Commenden rechnete; am 1. Mai 1452 [14]) ward Michele de Castellucio zum Komthur ernannt, der aber bald resignirte und am 12. Mai 1453 [15]) den Nicolò da Corogna (1453—1471, auch auf Nisyros seit 1468) gegen Zahlung eines Zinses von 12 Dukaten zum Nachfolger hatte; dann ward die Commende dem Giovanni Crispo übertragen, der 1470 starb und in der Kirche S. Antonio begraben ward; noch heute steht dort sein Sarkophag mit größtentheils unleserlicher Inschrift und dem Wappen der Crispo. Dieser Giovanni war der einzige Sohn des Pietro Crispo, jüngsten Sohnes des Francesco I.; er war im Juni 1452 [16]) in den Orden getreten zugleich mit seinem Vetter Marco, einem Sohne des Nicolò von Santorini, welcher letztere 1471 Komthur in Verona ward und jenen noch lange überlebte [17]). Im Jahre der Eroberung von Constantinopel, noch nicht sechs Jahre alt, starb Herzog Giovanjacopo; seine Großmutter Francesca, die nun alles Recht auf Einmischung in die griechischen Angelegenheiten verloren, begab sich nach Venedig; ihre beiden Töchter, die damals noch unverheirathet waren, und denen Venedig erst im August 1454 [18]) volle Freiheit verschaffte, waren ganz in des neuen Herzogs Hand; zugleich regte sich Petronella Zeno, Marco's Tochter, und forderte Andros oder sonst eine entsprechende Apanage im Archipel. So hatte Herzog Guglielmo II. (1453—1463), der als des verstorbenen Herzogs nächster Agnat succedirte, keinen leichten Stand, zumal da auch die Türken fortwährend seine Inseln gefährdeten. Nur enger Anschluß an Venedig konnte ihn schirmen; daher erbat er sich schon im Mai 1454 [19]), seine Galeere stets in Gemeinschaft mit Venedigs Flotte wirken zu lassen; im folgenden Jahre trat er zur Republik in noch engere Beziehung, indem er, obgleich schon hochbejahrt, Elisabetta, Tochter des Nobile Segondo Pesaro, heirathete. Bald darauf suchte ein schweres Erdbeben den Archipel heim, die Folge eines furchtbaren Ausbruchs des Vulkans von Santorini, der am 25. Nov. 1457 [20]) stattfand; eine Inschrift bei Skaros, die auch den Francesco als Herrn von Santorini nennt, gedenkt dieses Ereignisses. Nachdem Guglielmo II. noch weiter mit Petronella Zeno processirt [21]), sich aber endlich 1459 mit ihr verglichen, starb er Anfangs 1463; seine Witwe vermählte sich 1464 aufs Neue mit Giovanni Pisani. Ihr einziger Sohn Marco war als kleines Kind gestorben; ihre Tochter Fiorenza (1463—1528) erbte die väterliche Apanage Namfio, heirathete 1469 den Nobile Luigi Barbaro (gest. 1485) und setzte, da sie kinderlos blieb, in ihrem Testamente die Familie Pisani zu Erben ein; trotz der Opposition des damaligen Herzogs erlangten aus dieser die Brüder Jacopo I., Francesco (gest. 1569) und Ottaviano (gest. 1532), Söhne des Domenico von Santorini aus seiner zweiten Ehe mit einer Tochter des Ottaviano Buono, 1531 den Besitz; mit den beiden ersteren besaßen sie Jacopo II., Domenico (gest. 1558) und Michele, Ottaviano's Söhne, bis zur türkischen Eroberung im Jahre 1537. Außer Fiorenza überlebten den Herzog eine uneheliche Tochter Giovanna, die den Antonio da Corogna heirathete, und ein Bastard Ja-

8) Mar. Vol. III. fol. 46, 52, 56; Mayno, Annali. Vol. VI. 9) Mar. Vol. IV. fol. 44. 10) Ebenda fol. 159 v; Notatorio Vol. VIII. fol. 167. 11) Commemoriali Vol. XIV. fol. 128 v. 12) Index bullarum (Cod. Brancaccian. I. C. 40) Vol. III. fol. 163. 13) Libri bullarum no. 48. (1451—52.) fol. 237; vergl. *Bosio* a. a. O. II, 161—162. 14) Libri bullarum no. 48. (1451—52.) fol. 184, 237 v. 239 r v. 15) Ebenda no. 49. (1453—54.) fol. 161 v.

16) Ebenda no. 48. (1451—52.) fol. 239, 262. 17) Ebenda no. 68. (1472—1473.) fol. 197 v; Capitoli generali no. 4. (1466—78.) fol. 48 v. 18) Mar. Vol. V. fol. 97; Notatorio Vol. VIII. fol. 28 v. 19) Commemoriali Vol. XII. fol. 124. 20) Vergl. meine Analekten S. 401. 21) Mar. Vol. VIII. fol. 106 v; *Mayno*, Annali. Vol. VIII. fol. 483 v.

cepo, der vergeblich auf die Nachfolge in Namfio prätendirte, 1494 zeitweilig das Herzogthum verwaltete und durch seinen Sohn Antonio (1496—1506, vermählt mit einer Tochter des Jacopo da Coregna) sein Geschlecht im Archipel weiter fortpflanzte. Was die jüngere apanagirte Linie der Crispo anbelangt, die auf Jos und Therasia saß, so hinterließ Marco I. (gest. 1450), ihr Stifter, fünf Söhne: Jacopo, oben 1452 als des Vaters Nachfolger genannt; Goffredo[22] „il Calvo," der auf Rhodos reich begütert war und mit Eleonora von Lusignan, des Febo von Sidon und der Isabella Babin Tochter, in kinderloser Ehe lebte, den Francesco, dritten Herrn von Jos, den Marco (1474—1509), Gemahl der Agnese Gavala und Vater des Nicolò (1502—1546), und den Domenico, der durch seinen Sohn Antonio (1493—1501) und seinen Enkel Domenico (1528—1551)[23] gleich Nicolò sein Geschlecht im Archipel weiter fortsetzte; ihre Nachkommen stifteten verschiedene Linien, die aber schon im 17. oder 18. Jahrhundert erloschen sind. Dem Francesco, der 1472 die Lucrezia Loredano von Antiparos geheirathet hatte, folgten in Jos sein Sohn Marco II. (1494—1508) und seine Enkelin Andriana, die sich 1508 mit Alessandro Pisani (gest. 1550) vermählte und ihre väterlichen Inseln gleich Antiparos bis 1537 inne hatte. Nach dem Tode Guglielmo's II. kam das Herzogthum, da er keine ehelichen Söhne hinterließ, an die Linie seines nächstfolgenden Bruders, des 1450 gestorbenen Nicolò von Santorini und Syra. Letzterer hatte die Valenza Komnena, kaiserliche Prinzessin von Trapezunt, geheirathet; aus ihrer Ehe stammten eilf Kinder, sieben Töchter und vier Söhne. Die ersteren waren: Caterina (verm. 1429 mit Angelo I. Gozzadini, der eine reiche Dotation auf Santorini empfing), Lucrezia (verm. mit Leone Malipiero), Petronella (verm. 1437 mit Jacopo Priuli), Maria (verm. 1442 mit Nicolò Balbi), Fiorenza (verm. 1444 mit Marco Cornaro, Mutter der Königin Caterina von Kypros), Valenza (verm. 1446 mit Giovanni Loredano, Witwer von Maria Sommaripa von Antiparos) und Violanta (verm. 1453 mit Caterino Zeno); die letzteren: Francesco, Herr von Santorini (1450—1463), Domenico (gest. jung), Antonio, Herr von Syra (1450—1476), verm. mit einer Tochter des Naxioten Pietro Paterio und Vater der Maria und Margherita, die vergeblich 1477 dessen Insel reclamirten, und Marco, der 1452 in den Johanniterorden trat, 1472 Präceptor von Verona ward und nach 1475 gestorben ist. Der älteste, zuerst mit Guilelma Giorgio, des Andrea Zeno von Andros Witwe, dann mit Petronella Bembo vermählt, Francesco II. (1463—1463), folgte dem Oheim als Herzog von Naxos; schwer erkrankt, begab er sich 1463[24] nach Korone, um dort einen Arzt zu consultiren, starb aber dort nach wenigen Tagen; seine Leiche ward erst 1465 durch Vettore Ca-

22) Libri bullarum no. 50. (1454—55.) fol. 148; no. 55. (1460.) fol. 214. Die Witwe heirathete hernach 1459 den Pascha Ali Moniz. 23) Urkunden des lateinischen Bisthums zu Santorini (Copien in meinem Besitz). 24) Magno, Annali. Vol. VIII. fol. 334v—335; Secreti Vol. VIII. fol. 123v.

pello nach Naxos gebracht. Seine Witwe übernahm die Regentschaft; am 12. Mai 1464[25] schrieb ihr Venedig, indem es die Kirche Pantepholi auf Naxos für das Kloster S. Giorgio maggiore reclamirte, da der Bischof von Smyrna, dem sie gegeben, türkischer Unterthan geworden. Francesco II. hinterließ außer einer Tochter Margherita, die zuerst den Marco Quirini, dann 1479 den Ambrogio Contarini (gest. 1499) heirathete, den neuen Herzog Jacopo III. (1463—1480) und den Giovanni; ersterer heirathete die Caterina Gozzadini, Tochter Nicolò's II. Von seinen vielfachen Streitigkeiten mit Fiorenza von Namfio, wie mit den Loredano von Antiparos habe ich anderweitig ausführlich gehandelt; zu erwähnen bleibt nur noch, daß er verschiedenen Venetianern lange Geld schuldete, wie denn am 18. Sept. 1471[26] der Generalcapitain des Meeres den Auftrag erhielt, von ihm 600 Dukaten beizutreiben, die der Nobile Giovanni Malipiero von ihm zu fordern hatte.

Wir kommen später auf Herzog Jacopo III. und seine Nachfolger zurück; hier haben wir zunächst noch die anderen größeren Dynastien des Inselmeeres zu verfolgen, besonders die Rhodiser und deren Lehen auf den umliegenden Eilanden. Zwei größere Lehen hingen von Rhodos ab, Nisyros mit dessen Pertinenzen, gegen Ende des 14. Jahrhunderts im Besitze des Domenico de Alemagna, Präceptors von Neapel (1386—1392) und Kos, das der teutsche Hesso von Schlegelholt 1386—1413 inne hatte. Am 16. Juli 1392[27] resignirte Alemagna seine Lehen zu Gunsten des Buffilo Brancaccio von Agnano, päpstlichen Marschalls, für den sein Bruder, der Cardinal Brancaccio, ein thätiger Freund des Ordens, sich bei der Curie eifrig verwandt hatte; am 30. Jan. 1393[28] bestätigte ihm der Papst den erblichen Besitz der Insel gegen einen Zins von 200 Gulden, den auch Buffilo, Herr von Nisyros (1393—1401), regelmäßig dem Großmeister entrichtete[29]. Da derselbe aber nicht in den Archipel zog, vielmehr fortfuhr, am päpstlichen Hofe zu Avignon zu weilen, wo er auch am 15. Jan. 1416 sein Testament machte, zog er es vor, Nisyros nebst Dependenzen zu veräußern; der Orden stimmte am 1. Sept. 1401[30] zu, unter der Bedingung, daß der Käufer auch fernerhin alle von Buffilo eingegangenen Verpflichtungen erfülle. Auf diese Weise erwarb Nisyros am 28. Sept. der rhodiser Bürger Dragonetto Clavelli (1401—1415), der, ein sehr reicher Mann, von dem Orden bereits über 4340 Gulden zu fordern hatte und bald auch das Lehen der Vignolo auf Rhodos erhielt. Nachdem Ferdinando Vignolo, der ein Drittel von Lardo besaß, gestorben, hatte erst Nicolò de Lippa dasselbe erhalten; doch ward es am 20. Mai 1393[31] dem Sty-

25) Cornaro, Ecclesiae Venetae VIII, 274. 26) Misti Vol. IX. fol. 109v. 27) Libri bullarum no. 10. (1391.) fol. 125; no. 11. (1392.) fol. 134, 135. 28) de Allais, Nobiliaire universel de France. Tom. IX. Paris 1816. 8. p. 358—360. 29) Libri bullarum no. 12. (1392.) fol. 128v; no. 14. (1394.) fol. 175; no. 15. (1395—96.) fol. 134. 30) Ebenda no. 16. (1401.) fol. 146v; no. 17. (1402—3.) fol. 158. 31) Ebenda no. 12. (1393.) fol. 111v; n. 17. (1402—3.) fol. 161, 165, 166.

sano Bignolo, des Ferdinando Neffen, restituirt, der bereits zwei Drittel besaß. Derselbe hinterließ den Simone, der zuerst den einen, dann am 24. Aug. 1402 die zwei andern Antheile dem Clavelli verkaufte. Clavelli zahlte regelmäßig den Zins für Nisyros, wie für Lardo an den Orden [32]), bis er 1415 starb; da er kinderlos, setzte er seine Witwe Agnese Crispo, Tochter des Herzogs Francesco I. von Naxos, zur Erbin ein. Wahrscheinlich behielt dieselbe oder vielmehr ihr Agent Goffredo Calvo, „Bürger und Bewohner von Rhodos," des "Ordens „intimster Freund" — er lieh demselben, gleich Clavelli, oft Geld — die Insel Nisyros noch bis 1422 in Pacht; Agnese überließ dem Goffredo am 10. März 1423 [33]) die von ihrem Gemahl einst gestiftete Capelle in der Augustinerkirche zu Rhodos. Uebrigens starb auch Calvo kinderlos; er adoptirte den Goffredo Crispo, jüngeren Sohn des Marco I. von Ios, den er aus der Taufe gehoben, und der 1448 [34]) als Bürger von Rhodos erscheint; von ihm war früher bereits die Rede. Dagegen hatte Nisyros seit September 1422—1433 [35]) Reinald de Bruissolles in Pacht; dann ward die Insel am 18. Juni 1433 [36]) dem Fantino Quirini (1433—1453), Baili von Venedig, einem jüngeren Sohne des Grafen Giovanni von Astypaläa für jährlich 600 Gulden auf Lebenszeit überlassen; auch Leros und Kalamos (Kalymnos), auf welchen letzteren der Orden früher einen Castellan unterhalten, wurden ihm untergeordnet; dann erhielt er dazu die große Ballei Kos nebst Geldern zur Verbesserung der Inseln, die viel von den Türken zu leiden gehabt; schließlich ward er zum Admiral von Rhodos erhoben. Was Kos anbelangt, so ward Hesso von Schlegelholt im Besitz dieser Insel auch am 29. Aug. 1391 [37]) bestätigt; gleichwie er, nächst Alemagna der angesehenste Ordensritter, oft den Großmeister Philibert de Naillac vertrat, so ließ auch er bis an seinen 1413 erfolgten Tod oft Kos durch einen Stellvertreter verwalten. Als Hesso 1413 gestorben war, wurde die Insel am 17. März direct dem Großmeister untergeordnet; Locotenenten, wie Lucas de Vallinis (1413), Hermann von Aue (1414, 1415), Peter de Baume (vor 1421), Gisbert de Miralzes (1428), Roger de Lubant (um 1433) standen derselben vor, bis sie 1436 gleichfalls dem Quirini überlassen wurde. Schlegelholt erwarb sich übrigens ein ganz besonderes Verdienst um den Orden, indem er 1399 den Bau einer starken Burg an der asiatischen Küste, S. Pietro (Bodrun) genannt, begann [38]), die auf den Ruinen des alten Halikarnassos errichtet ward, und in denen Newton neuerdings die gewaltigen Ueberreste des zu Festungswerken verwendeten Mausoleums wiederentdeckt hat. Die Errichtung eines solchen neuen Castells war um so nothwendiger, als Smyrna, das asiatische Bollwerk des Ordens, das lange genug den Seldschuken-Fürsten getrotzt hatte, verloren gegangen war. Obgleich der Orden 1392 und 1393 bedeutende Geldsummen auf die Befestigung von Smyrna verwandte und neue Ringmauern angelegt hatte, erlag doch dasselbe 1402 dem Mongolensturme Timur's; der Capitain Inigo de Vara [39]), dem noch Alemagna jüngst 11,000 Gulden gesandt, mußte sich ergeben; die Festung ward geschleift, die Stadt verheert. Nun bot wenigstens auf eine Reihe von Jahren S. Pietro dafür Ersatz, bis auch dieses wichtige Fort 1522 den Türken erlag. Quirini's Regiment war eine fortwährende Kette von Reibungen mit seinen Unterthanen; schon 1439 [40]) lag er mit den Mönchen von Patmos im Streite; 1440 [41]) klagten die von Kos, daß sein Statthalter Jacopo Acciajuoli, ein jüngerer Bruder der Herzoge Nerio II. und Antonio II. von Athen, viele Neuerungen einführe, 1445 [42]) die von Leros über Bedrückung durch seinen Castellan. Sonst war Quirini wacker bemüht, seine Pflicht zu erfüllen; als 1440 [43]) die Aegypter einen Angriff gegen die Insel versuchten, wandte er sich an seine Vaterstadt Venedig, um von derselben eine Galeere zum Schutz seiner Besitzungen zu erhalten; der Orden ermahnte zugleich die Bürger von Lindos, Castelrosso weiter gegen die Ungläubigen zu schirmen. Aber schon im Jahre 1444 wiederholten die Aegypter ihren Angriff; wieder wurden sie abgewehrt, allein erst nachdem sie furchtbar gehaust und selbst Castelrosso zerstört hatten; letzteres schenkte bald darauf nebst einem kleinen nahegelegenen Eilande Papst Nikolaus V. dem Könige Alfons von Neapel [44]). In den Jahren 1441 und 1442 [45]) forderte der Großmeister den Quirini auf, für Herstellung seiner Inseln zu sorgen, die jüngst viel gelitten; er that es und bezahlte auch nach wie vor regelmäßig seine Pacht, 600 Gulden für Nisyros, 500 für Kos nebst Dependenzen [46]), meist durch Vermittelung der Brüder Stefano und Pietro Barozzi. Bald aber kamen schlimmere Zeiten für die Inseln, 1450 [47]) hauste dort die Pest, die namentlich auf Syme — das gleich Piskopia dem Großmeister verblieben war — einen großen Theil der Bevölkerung wegraffte; drohend rüsteten die Osmanen gegen die ritterlichen Piraten,

32) Ebenda no. 18. (1404—6.) fol. 127 v; no. 19. (1407—8.) fol. 170; no. 20. (1413.) fol. 190 v, 192; no. 21. (1406—16.) fol. 124, 142, 144. 33) Ebenda no. 21. (1406—16.) fol. 208; no. 22. (1417.) fol. 144 v; no. 32. (1427—28.) fol. 162, 168. 34) Ebenda no. 45. (1447.) fol. 192 v. 35) Ebenda no. 32. (1427—28.) fol. 160 r v. 36) Ebenda no. 35. (1433.) fol. 130, 242 v; no. 37. (1436—37.) fol. 146, 170, 174. 37) Ebenda no. 10. (1387.) fol. 175 v, 196; no. 17. (1402—3.) fol. 174 v, 175; no. 24. (1408—16.) fol. 94, 114 v, 142, 197. 38) *Fel. Fabri*, Evagatorium ed. *Hassler*. Vol. III. Stuttgart. 1849. 8. p. 261.

39) Liber bullarum no. 11. (1392.) fol. 147 v, 191 v; no. 12. (1393.) fol. 140 v; no. 15. (1399—1400.) fol. 117 v, 121; no. 16. (1401.) fol. 167 r v; no. 17. (1402—3.) fol. 128 v und die Urkunden, z. B. *Stella* a. a. O. XVII, 1194; Sanudo XXII, 799 u. s. w. Vor Vara finden wir hier als Capitaine genannt: Buffillo Panizati (um 1394), Wilhelm de Muta (1395) und Anton de Gerus (1400). 40) Liber bullarum no. 39. (1439—40.) fol. 233 r. 41) Ebenda no. 40. (1441—1442.) fol. 235; no. 42. (1445.) fol. 25 v, 213 v, 216 v; no. 44. (1446—47.) fol. 181 v. 42) Ebenda no. 39. (1439—40.) fol. 241. 43) *Miklosich* und *Müller* III, 283 u. ff. 44) Liber bullarum (Cod. Braunsc. 1. C. 40) Vol. I. fol. 273. 45) Liber bullarum no. 46. (1441—42.) fol. 219 v, 237. 46) Ebenda no. 46. (1447—49.) fol. 289, 296 v. 47) Ebenda no. 47. (1450—51.) fol. 203. Auf Piskopia wird 1439 ein griechisches Kloster S. Nikolaos erwähnt. Ebenda no. 38. (1437—38.) fol. 152.

die an den Küsten Kleinasiens unaufhörlich plünderten. Was Quirini anbelangt, so häuften sich seit 1449 [45]) die Beschwerden gegen den Admiral und dessen Bedrückungen; aus allen Inseln liefen Klagen ein, ja eine förmliche Empörung brach auf Kos aus. Da sah sich der Großmeister genöthigt, zur Prüfung der Sachlage Visitatoren nach den Inseln zu senden und den Quirini zu citiren; letzterer weigerte sich, dem Befehl nachzukommen, ward aber überwältigt und nach Rhodos abgeführt, wo er 1453 entsetzt wurde und bald darauf im Ordenskerker, vielleicht gewaltsam, endete. Nun schritt zwar Venedig für seinen Bürger ein; doch erreichte es weiter Nichts, als daß der Orden dem Grafen Francesco I. von Astypalaea (1451—1470), Quirini's Bruder, dem er bereits auf dessen Bitte 1446 [46]) gewisse Besitzungen der Quirini auf 29 Jahre in Pacht gegeben, 1457 [47]) aus dessen Nachlasse 250 Dukaten auszahlte. Nach Quirini's Entsetzung wurden die beiden Lehen wieder getrennt; Nisyros empfing der Ordensmarschall Lodovico de Sacco, Kos mit Dependenzen am 7. Aug. 1453 [48]) Johann de Jun, bisher Präceptor von Morea. Letzterer überließ jedoch schon 1454 seine Insel nebst Leros und Kalamos dem Giovanni de Castronuovo, der dieselbe, wie vordem Quirini, auf Lebenszeit besitzen sollte, sie aber meist durch einen Stellvertreter verwalten ließ. Nachdem die Türken 1457 einen Angriff gegen Kos unternommen, der aber zurückgeschlagen ward, setzte der Orden 1460 den Pachtzins von 750 auf 400 Dukaten herab [49]); im Jahre 1464 [50]) pachtete die Insel dafür Ademar de Puig, gab sie aber schon 1469 wieder auf, worauf dieselbe auf fünf Jahre dem Großmeister persönlich überwiesen wurde. Nachdem diese Zeit, während der Jakob de Lavialheis dort für die Großmeister Zacosta und Orsini schaltete, abgelaufen, erhielt sie am 20. Dec. 1471 [51]) Odoardo de Carmadino wieder auf Lebenszeit zugetheilt; er behauptete sich bis zu seinem Tode in ihrem Besitze. Nisyros, für dessen Befestigung der Orden noch 1453 viel that [52]), ging bald aus der Hand des Marschalls, für den dort Gabriele Reggio schaltete, in die Hand des Venetianers Giovanni Delfino über, dem der Großmeister damit am 5. Nov. 1454 [53]) auf Lebenszeit belieh; ihm folgte im März 1459 [54]) Nicolò da Corogna aus einer Nebenlinie der Herren von Siphnos, dessen Pachtzins der ungünstigen Verhältnisse wegen auf 100 Gulden herabgesetzt ward, und diesem im Mai 1471 Galeazzo de Lago, unter dem die Insel gleichfalls oft und schwer von den Türken heimgesucht ward.

Wenden wir uns nun von den südlichsten Gegenden des Archipels nach den nördlichsten, so haben wir hier noch die thrakischen Inseln ins Auge zu fassen, die nächsten [illegible] Besitzungen in der Levante, die nach der Unterjochung von Achaia und Athen die Beute Mohammed's II. wurden; von Chios sehe ich hier ganz ab, da ich dessen Geschichte in dem Artikel Giustiniani ausführlich genug behandelt habe. Auf Lesbos herrschte Francesco Gattilusio noch von 1355—1401; während sein Bruder Nicolò I. (Nicoleto) in der thrakischen Stadt Ainos gebot [58]), auf die vergeblich die [illegible] Maiuri prätendirten. Im Jahre 1388 [59]) starb bei Francesco auf Lesbos der Karmeliter Peter Rafagnu d'Olivagne und hinterließ ihm Gelder, die er für sein Kloster in Genua bestimmt hatte. Da er sich weigerte, dieselben herauszugeben, belegte Genua 1389 seine Güter mit Sequester; doch ward derselbe bald aufgehoben; schon nach wenigen Jahren wird er wieder als Freund der Republik bezeichnet. Große Dienste leisteten Francesco und sein Bruder dem bei Nikopolis gefangenen Grafen von Nevers [60]), indem sie für ihn das von Bajesid I. geforderte Lösegeld bezahlten; auf Lesbos fand Nevers 1397 von Seiten des Herrn der Insel und seiner Gemahlin die freundlichste Aufnahme; ebenda stipulirte er mit Gattilusio einen Vertrag, laut dem des letzteren dort weilender Schwiegersohn, der Exkaiser Joannes VII., seine Anrechte auf das Romäerreich für 25,000 Gulden dem Könige von Frankreich überließ. Francesco schickte darauf seinen Bastard Giorgio und einen andern Ritter an Nevers' Vater, den Herzog von Burgund, der alsbald einen Theil des Lösegeldes zurückzahlte, den Gesandten kostbare Geschenke für Gattilusio und dessen Familie mitgab und im März 1401 den Anselmo Spinola, der als neuer Bevollmächtigter Gattilusio's bei ihm erschienen war, vollständig befriedigte. Im Juli desselben Jahres, wie im August 1400 [61]), sehen wir Francesco mit verschiedenen Geld- und Erbschaftsangelegenheiten beschäftigt; aber noch 1401 [62]) fand der hochbejahrte Fürst einen gewaltsamen Tod, wenn auch nicht durch Feindes Hand. Ein furchtbares Erdbeben suchte die Inseln heim; unter den Ruinen seines Palastes wurden Francesco, seine Gemahlin und zwei seiner Söhne begraben; nur die jüngeren Jacopo (1401—1427) und Dorino (1446) wurden gerettet. Außer-

45) Ebenda no. 41 (1442—46.) fol. 218 r; no. 48 (1451—53.) fol. [illegible]; vergl. meine Analekten S. 474 ff. 46) Ebenda no. 42 (1446.) fol. 152 r. 47) Ebenda no. 49 (1456—58.) fol. 148 r; no. 50 (1456—58.) fol. 165 r. 48) Ebenda no. 48 (1453—54.) fol. 165, 167 r, 167; no. 50 (1454—55.) fol. 169 r, 174 r; no. 52 (1457—58.) fol. 111 r. 49) Ebenda no. 55 (1460.) fol. 217 r. 50) Ebenda no. 60 (1461—64.) fol. 221; Copia gen. no. 1 (1466—1476.); Concilia no. 1 (1459—1468.) fol. 114. 51) Liber bullarum no. 65 (1471.) fol. 137 r, 138 r; no. 68 (1472—73.) fol. 36 r. 52) [illegible] VI. 53) Liber bullarum no. 45 (1453—54.) fol. 181 r; no. 50 (1454—55.) fol. 201; no. 54 (1459.) fol. 218. 54) Ebenda no. 63 (1467—68.) fol. 204; no. 64 (1469—71.) fol. 205; no. 67 (1474—75.) fol. 203.

58) Nota zu Curopalates (ed. Venet. 1729. fol.) p. 256. 59) Federici, Scrittura della nobiltà ligustica (Archiv zu Turin) fol. 166; Collezione (ebenda) Vol. I. fol. 279; Dizionario genealogico (Bibliothek der Missionari urbani zu Genua) Vol. II. fol. 240 seq. 60) Froissart, Livre IV. ch. 59. Vol. III. p. 306; Ducange a. a. O. II, 261—262. 61) Pandette Richeriane, Fogl. B. fasc. 17. c. 12. fasc. 20. c. 5; Fogliazzi de' Notari [illegible] e di Oberto Foglieta. 62) Chr. Buondelmonti, Liber insularum Archipelagi ed. de Sinner, Lipsiae et Berolini 1824. 8. cap. 59. p. 115; R. G. de Clavijo, Historia del gran Tamorlan (unter den Crónicas de D. Pedro Niño. Madrid 1782. 4.) p. 44 (der den Jacopo irrig Juan nennt).

dem überlebten den Francesco zwei Töchter, jene Eugenia (gest. 1. Juni 1440), und Caterina, die 1408 [63]) mit einer Mitgift von 5000 Gulden des Genuesen Pietro Grimaldi Gattin ward; ebenso der Bastard Giorgio, vermählt mit Francesca de' Ghisolfi und Vater des Giovanbattista, der mit einer Caterina die Bianca (vermählt mit Cipriano Pallavicini) und den Giuliano zeugte. Letzterer lebte 1467 [64]) als berüchtigter Corsar; Nachkommen von ihm oder einem anderen Bastardsohn Francesco's waren noch im 17. Jahrhundert auf Naxos. Da Jacopo (auch Jane, Janus, genannt; daher wol der Irrthum bei Clavijo) und Luchino bei des Vaters jähem Tode noch unmündig waren, übernahm ihr Oheim Nicolò von Aenos die Regentschaft; zwar mußte er, wie schon Francesco gethan, den Türken huldigen und zinsen, doch verstand er es, mit seinen übrigen Nachbarn im Archipel, namentlich mit den Johannitern und Venetianern, Freundschaft zu halten, letztere restituirten ihm 1405 [65]) eins seiner Schiffe, das irrthümlich als genuesisches gekapert war und gestatteten auch seinem Gesandten Giovanni Rampallo ruhige Fortsetzung seiner Heimreise von Modone aus, obgleich andere Genuesen deshalb Repressalien ergriffen hatten [66]). Nicolò I., mit dem auch die Synode in Constantinopel wegen Besetzung der Metropole Aenos correspondirte, lebte noch im Januar 1409 [67]), in welchem er eine Procura wegen seiner genuesischen Güter und Gelder ausstellte; vielleicht auch noch im Juli. Am 12. April [68]) empfahlen die Rhodiser ihre nach Constantinopel reisenden Gesandten sowol den Maonesen von Chios, als auch dem Nicolò und seinem Neffen Jacopo, der uns schon 1408 in Morea begegnet ist, aufs Angelegentlichste. Sicher ist, daß Nicolò I. von Aenos 1409 starb [69]); ihn überlebten seine Gattin Peretta Doria (gest. 1425) und zwei Kinder, die seine bewegliche Habe zu gleichen Theilen unter sich vertheilten, Marietta und Palamede, zweiter Herr von Aenos (1409—1455). Jacopo, sein Vetter, hatte den Oberto Grimaldi, der auch bei Palamede in hohem Ansehen stand, zum Capitain von Lesbos ernannt; im December 1411 hatte er verschiedenen Venetianern Zeuge weggenommen, weshalb die Flotte Venedigs am 20. Juli 1413 [70]) beauftragt ward, von ihm Ersatz zu fordern. Im October 1412 [71]) schrieb der Großmeister von Rhodos an Jacopo und Palamede zu Gunsten des Joannes Kalotheros, Bürgers von Kos und Nachkommen der byzantinischen Barone von Phokäa; 1413 tadelte der Orden jenen, daß er, als der Ritter Luis Asiner gegen die Türken ausgezogen und sie bei Lesbos beinahe vernichtet hätte, die Flüchtlinge nicht nur auf seiner Insel geborgen, sondern sogar die verfolgenden Rhodiser abgewehrt habe. Mit Genua, der Heimathstadt, blieb Jacopo in freundschaftlicher Beziehung; am 13. März 1425 [72]) schrieb ihm die Republik, Venedig habe zwar mit den treulosen Florentinern gegen sie einen Bund geschlossen, doch hoffe sie, sich dieser Gegner rasch entledigen zu können; Jacopo ward von Severin, welche bisher die chiotischen Maonesen von seinen Renten erpreßt, ermahnt und dem Podestà von Pera empfohlen. Er erscheint in den Colonnen des Archivs von S. Giorgio bis 1427; in letzterem Jahre muß er gestorben sein. Ein unglücklicher Zufall [73]) führte seinen Tod herbei; als eine Menge Volks in seiner Burg zu einer Festlichkeit versammelt war, hieß es plötzlich, der Fürst sei von einem Skorpion verletzt; Alles drängte sich an die Thür heran, wo er weilte; dieselbe stürzte ein, und so endete Jacopo nicht minder gewaltsam als vor Jahren sein Vater. Der Name seiner Gattin ist unbekannt, doch gehörte sie ohne Zweifel dem Hause Doria an, aus dem verschiedene Glieder in dieser und der nachfolgenden Zeit als seine und seines Sohnes Bevollmächtigte erscheinen; letzterer, der dritte Herr von Lesbos, erhielt auch wol deshalb den Vornamen Dorino I. (1427—1444). Sein Bruder Luchino überlebte ihn auch lange; ihm widmete im December 1446 der Bischof der Insel, der bekannte Leonhard von Chios (1444—1462), seine Abhandlung „vom wahren Adel.“ Dorino I. trat 1429 [74]) dem Friedensvertrage bei, den Genua mit Alfons von Aragon abschloß; 1432 finden wir ihn nach beendetem Streite zwischen Venedig und Genua in reger Correspondenz mit der Heimath; bald darauf gedenkt der Reisende Bertrandon de la Broquière [75]) seiner und des Palamede als Herren von Lesbos und Aenos. Letzterer hatte damals auch Samothrake vom Kaiser Joannes VIII. zu Lehen erhalten; er ließ dort im März 1433 [76]) eine neue Festung erbauen, wie verschiedene Inschriften, die auch das Wappen der Gattilusio einschließen, bezeugen. Schon früher 1434 baute Oberto Grimaldi, des Dorino I. Vertrauter, der im nämlichen Jahre mit den Johannitern Geldgeschäfte hatte [77]), auch auf Thasos, das sein Herr damals gleichfalls als byzantinisches Lehen inne hatte, einen Thurm. Grimaldi siedelte übrigens später nach Chios über; seine Nachkommen wanderten im 16. Jahrhundert nach Andros aus und von da nach Naxos aus, wo dies alte genuesische Adelsgeschlecht wol bald in seinem letzten Sprossen Giuseppe (geb. 1803) erlöschen wird, da auch dessen zweite Ehe mit Emilie Caroline Beyer — ihr Vater Anton Friedrich (gest. 1824) flüchtete vor der Napoleonischen Conscription aus Jena nach dem Archipel, wo er sich am 18. März 1815

63) *Gioffredo*, Storia delle Alpi marittime p. 1001. 64) Libri bullarum no. 31. (1456.) fol. 170. 65) Misti XLVII. fol. 4, 27. 66) *Miklosich* und *Müller* II, 389. n. DXL. 67) Quad. di Giuliano Canella (Pandetta Richeriana. Vogt. A. fasc. 81. n. 3. 6). 68) Libri bullarum no. 24. (1409—16.) fol. 193 v, 194 v. 69) Die genealogischen Daten über die Gattilusio basiren überall auf die Kalender des Archivio notarile zu Genua und die Cartularii des Archivs von St. Giorgio ebendaselbst (vergl. Col. 1409. B. u. f. [.]). 70) Misti L. fol. 8 v. 71) Libri bullarum no. 24 (1409—16), nicht foliirt.

72) Officium provisionis Romaniae 1424—27 (Archiv von S. Giorgio in Genua). 73) [illegible] a. a. O. 74) [illegible], Collezione Vol. II. fol. 86. 93v. 75) a. a. O. p. 571. 76) Boeckh, C. I. n. 8711; Conze, Reise auf den Inseln des thrakischen Meeres. Hannover 1860. 4. Taf. III. 2. u. 10. S. 67. 80. 77) Libri bullarum no. 24. (1432—33) fol. 118. Seine Gattin Caterina Doria lebte am 8. Mai 1434.

mit Lucia **Sommaripa verheirathete — kinderlos geblie**ben ist.

Fürst Dorino I. fuhr fort, den Türken zu zinsen, und behauptete sich so in seinem kleinen Inselreiche. Freilich blieben einzelne Versuche jener, sich in den Besitz desselben zu setzen, nicht aus. Die genuesischen Annalen gedenken bei dieser Gelegenheit der heldenmüthigen Gegenwehr, die in des Fürsten Abwesenheit (wol 1442) seine Gattin — nach anderen die seines Oheims Luchino — Oriella Doria leistete [78]), indem sie mit nur wenig Mann den Angriff der Türken gegen das Castell Molivos zurückschlug. Im März und April 1446 weilte bei Dorino Wochen lang Ciriaco von Ancona [79]), der des Fürsten Freigebigkeit und Interesse für das Alterthum nicht genug preisen konnte; 1449 [80]) schrieb Genua an ihn und ermunterte ihn zu wackerer Gegenwehr gegen die Türken. Hochbejahrt legte Dorino endlich 1449 die Regierung nieder; er starb erst am 30. Juni 1455 [81]). Er hatte außer der Ginevra, welche den Herzog Jacopo II. Crispo von Naxos heirathete, der Caterina, die als Gattin des Despoten Konstantinos 1442 bei ihrem Vater starb, und einer dritten an Kaiser Alexandros Komnenos von Trapezunt vermählten Tochter, zwei Söhne: Domenico (1449—1458) und Nicolò II. (1458—1462), von denen der erstere mit Maria Giustiniani, des chiotischen Maonesen Paride Longo (gest. 1474) Tochter, vermählt war und seine Gattin so sehr liebte, daß er, auch als dieselbe vom Aussatze befallen ward, sich keinen Augenblick von ihr trennte, vielmehr nach wie vor mit ihr sein Lager theilte [82]); ein einziger Sohn, den sie ihm geboren, Dorino, starb als Kind. In dem nämlichen Jahre, in dem Dorino I. starb, beschloß auch sein Vetter Palamede von Aenos sein Leben; seine Witwe Valentina heirathete in zweiter Ehe den Marchese Giorgio von Carretto und testirte am 20. Juli 1458. Palamede, der noch 1450 und 1452 in genuesischen Privaturkunden genannt wird, hinterließ außer einem Bastard Luchino eine Tochter Ginevra, die als Gemahlin des Lodovico Fregoso (gest. 1490) am 1. Mai 1459 ihr Testament machte, und einen Sohn Dorino II. (1455—1462), der, mit Elisabetta Crispo, des Herzogs Jacopo II. Tochter vermählt, dem Vater folgte. Nachdem Murâd II. gestorben, glaubte Domenico die Gelegenheit günstig, um sich wieder unabhängig zu machen; er unternahm 1452 [83]) einen Piratenzug gegen die Türken, und that ihnen für mehr als 100,000 Scudi Schaden, mußte aber bald dafür schwer genug büßen. Denn im Juni 1455 [84]) zog Hamsabeg gegen die Inseln; das Castell Kokkinon auf Lemnos ward bestürmt und, wie es heißt, nur durch den Heldenmuth einer Jungfrau Marietta, in der Einige des Domenico Gattin erkennen wollen, gerettet. Dagegen mußte sich Domenico, der nach des Vaters Tode am 1. Aug. den Historiker Dukas, seinen Geheimschreiber, an die Pforte sandte, doch dazu verstehen, den Tribut für Lesbos, wie für Lemnos weiter zu zahlen; ebenso mußte Dorino II. für Imbros zinsen; Thasos ward den Osmanen abgetreten. Noch Schlimmeres befürchtend, wandte sich Domenico an Genua um Beistand; am 28. Dec. 1456 [85]) schrieben ihm die Protettori delle compere, der Bank von S. Giorgio, die Republik würde ihn stets als ihren Sohn ansehen und ihn, wie vordem seinen Vater schützen; ein eitler Trost; denn bald ging eine Besitzung der Gattilusio nach der andern verloren. Wie wir oben gesehen, besaß 1455 die Linie der Herren von Lesbos auch Lemnos, das vordem die Apanage des Exkaisers Joannes VII. gewesen, ferner Thasos und Altphokäa, das Dorino I. von den chiotischen Maonesen in Erbpacht erhalten; die Herren von Aenos geboten außerdem noch über die thrakischen Inseln Imbros und Samothrake. Was Imbros und Samothrake anbelangt, so waren dieselben, wie schon angeführt, von Joannes VIII. den Gattilusio als Lehen überlassen worden, ebenso auch Thasos, das Kaiser Manuel den rebellischen Asan entrissen; doch figurirten dort in deren Namen meist griechische Statthalter. Ein Strelios Dukas, der wol noch zur Zeit der Paläologen auf Imbros schaltete, ist fraglich [86]), dagegen finden wir auf Imbros unter den Gattilusio den Manuel Asan Laskaris, der dort 1442 einen Thurm baute, und dann 1455 dort und auf Samothrake den Joannes Laskaris Rhyndakenos aus dem durch Gelehrsamkeit berühmt gewordenen Zweige seines Hauses, als Statthalter; daneben war auf allen diesen Inseln Georgios Paläologos Dromokaites (auch Komnenos genannt) sehr angesehen; auch besaß er großes Grundeigenthum auf Lemnos. Letztere Insel hatte bald direct unter den Paläologen gestanden und war von Capitainen — so 1394 von einem Theodoros Paläologos und Manuel Slammatismenos [87]) — verwaltet worden; bald bildete sie die Apanage des Joannes VII.; dann war sie wieder mit dem Kaiserreiche vereint worden; 1445 [88]) erscheint dort Georgios Brunas als Gouverneur. Die Gattilusio nun, die dort schon ein Castell, wol Kokkinon, das Witthum der Despina Eugenia, besaßen, hatten nach der Eroberung von Constantinopel sich unverzüglich in den Besitz der ganzen Insel gesetzt [89]); Dorino's I. jüngerer Sohn Nicolò erhielt sie als Apanage. So standen die Sachen, als Mohammed II. 1456 aufs Neue Heer und Flotte gegen die Besitzungen der Gattilusio sandte. Schon am 24. Jan. [90]) fiel Aenos, wenige Tage darauf auch Samothrake; dann wurden Lemnos, wo sich nur die Akropole hielt, und Imbros besetzt; kaum daß sich das feste Lesbos noch einmal des Feindes

78) *Ob. Foglieta*, Clarorum Ligurum elogia (in Graevius, Thesaurus I. p. II.) p. 800; *Bapt. Fulgosus*, Dictorum et factorum memorabilium libri IX. Antverpiae 1565. 8. III, 2. p. 185. 79) Epp. bei *Targioni* XV. p. 449; XXX. p. 451—452. 80) *Federici*, Collectanea. Vol. II. fol. 98. 81) *Ducas* cap. 44. p. 326 seq. 82) *Fulgosus* a. a. O. IV, 6. p. 309. 83) *Federici*, Dizionario d'illustri Liguri Vol. II. (Universitätsbibliothek zu Genua). 84) *Ducas* cap. 43. p. 321; cap. 44. p. 326 seq.; *Chalcocondylas* IX. p. 469.

85) Archiv von S. Giorgio zu Genua. 86) *Boeckh*, C. I. n. 8772, 8773; 8842; *Conze* a. a. O. 87) *Miklosich* und *Müller* II, 207. n. DIII. 88) *Cyriacus Anconitanus*, Ep. XIV. p. 431. 89) *Magno*, Annali. Vol. VI. 90) *Ducas* cap. 44. p. 335; Historia politica Cpoleos p. 26.

erwehrte. Nun aber rüstete das Abendland eine Kreuzflotte, an der auch Venedig sich betheiligte; zugleich unterhandelte die Republik im November 1456 [91]) heimlich mit Georgios Dromokaites, der sich erbot, Lemnos, Ainos und Imbros für Venedig zu gewinnen und von demselben zu Lehen zu tragen; man beschloß, darauf einzugehen, sann aber zugleich schon auf Mittel, wie man dies Verfahren gegenüber der Pforte entschuldigen könne. Wirklich occupirte Venedig Anfangs 1457 [92]) die thrakischen Inseln, zunächst Lemnos und Thasos, wo die türkische Besatzung gefangen ward, dann Samothrake nach kurzem Gefecht, endlich Imbros. Allein es fehlte an Geld, um diese Eroberungen zu behaupten; man überließ sie daher bereits im Mai dem Cardinallegaten Lodovico Scarampi, Patriarchen von Aquileja, der mit der Kreuzflotte und den Rhodisern sie schirmte. Allein schon 1459 endete dort die Herrschaft der Christen; im October zogen die Türken gegen Thasos, verjagten die dortige catalonische Besatzung, entrissen den Päpstlichen und dem Gattilusio Lemnos und unterjochten auch die andern Inseln, deren halbe Einnahme hernach 1460 nebst der aus Ainos dem Ex-Despoten Demetrios Palaiologos von Morea zum Unterhalt angewiesen wurde. Unterdessen fiel Domenico von Lesbos 1458 durch Meuchelmord; sein eigener herrschsüchtiger Bruder Nicolò II., angeblich von Luchino, dem Bastard Palamede's angestachelt, befleckte sich mit seinem Blute; als Vorwand diente das Gerücht, er habe die Insel den Türken überliefern wollen [93]). Nun begann ein blutiges Schreckensregiment; die Anhänger des Domenico, die angeblich sich gegen den neuen Herrn verschworen, wurden getödtet und eingekerkert, so selbst dessen Schwester, die Witwe des Alexandros von Trapezunt, mit ihren beiden Kindern; was aus der unglücklichen Maria Giustiniani, die sich nicht von dem todten Gemahl trennen wollte, geworden ist, wissen wir nicht. Aber der Mörder hatte keine Ruhe; schon 1459, als die Osmanen die andern Inseln besetzt, bebte er vor ihrer blutigen Rache, ebenso 1461, als Mohammed II. neue Rüstungen traf. Aber erst im folgenden Jahre ward der entscheidende Schlag geführt. Nach tapferer Gegenwehr mußte Nicolò am 19. Sept. 1462 [94]) sich ergeben; der Sultan ließ den Brudermörder mit einer Bogenschnur strangulieren; der Bastard Luchino fand mit vielen andern Leuten den Tod. Die Insel ward furchtbar verheert, die Bevölkerung in die Sklaverei nach Constantinopel geschleppt; nur wenige Griechen blieben dort zurück. Zu denselben gehörten ohne Zweifel die sogenannten Leoboriani, die ich wol mit den Crempiaso — aus ihnen war Alexios des Historikers Phrantzes Schwiegervater — identificiren möchte, und in occidentalischen Berichten [95]) als letzte Herren der Insel genannt werden; als Venedigs Flotte 1464 [96]) unter Vettore Capello die Insel wiedergewann, bestätigte er sofort jene in ihrem Grundbesitz. Mit dem elenden Nicolò II. erlosch die Hauptlinie der Gattilusio; ihre Ansprüche gingen auf den einzigen überlebenden Dorino II. über, der am 3. Dec. 1488 [97]) zu Genua sein Testament machte und darin seinen Verwandten, den Marco di Oberto Doria, zum Erben von Lesbos, Ainos, Samothrake, Alt-Phokäa und Thasos einsetzte.

So hatten denn die Osmanen 1462 eine neue feste Position im Archipel gewonnen; die übrigen Herren des Inselmeeres, die von Naxos und Chios, zinsten ihnen fort; auch die Waffen der Rhodiser ruhten zeitweilig, wie die Venedigs. Und nun gings unaufhaltsam fort in ihrem Siegeslaufe; bald ward eine Colonie Venedigs nach der andern ihre Beute; die Seeherrschaft der Republik endete damit.

Damals, als Lesbos in die Hand des Sultans fiel, ruhten auch die Waffen Skanderbeg's in Albanien. Er selbst war 1461 der Einladung des Papstes gefolgt, mit einem Reitercorps dem Könige Ferdinand von Neapel gegen seine rebellischen Großen beizustehen, und hatte als dessen Generalstatthalter dieselben glücklich bewältigt. Im Juli 1462 finden wir ihn mit seiner Flottille heimgekehrt in Ragusa, wo ihm glänzender Empfang ward; der König beschenkte ihn [98]) zum Dank mit S. Angelo di Monte und S. Giovanni Rotondo und wies ihm eine erbliche Rente von 1200 Dukaten, sowie für den Fall, daß er den Türken weichen müsse, Trani zum Wohnsitze an [99]). Bald darauf sandte er den Giorgio Pelino wieder an Venedig; am 25. Sept. 1463 [1]) erneuerte die Republik auch seinem Sohne Johann das Bürgerrecht, ebenso im Mai 1464 [2]) den Söhnen des Arianites; Stefan Lusman, des Damian Nachkomme, erscheint gleichfalls als Schutzbefohlener Venedigs und wird am 13. Jan. 1463 [3]) dem Statthalter von Skodra untergeordnet. Auch Leonardo III. Tocco suchte aufs Neue den Beistand der Republik; einer seiner Brüder begab sich 1462 nach Venedig, das von ihm ein Landgebiet auf dem epirotischen Festlande [4]) für 400 Dukaten erwarb; 1463 verhandelte ebenso der Bailo von Korfu wegen Erwerbung von Rheniassa, das vordem Orlando Tocco besessen. Bald darauf erschienen zwei neue Gesandte des Despoten in Venedig; Leonardo hatte erfahren, daß die Republik großartige Rüstungen zur Eroberung von Morea treffe, und bat daher, ihm auch zur Wiedererlangung des Despotats behilflich zu sein; nach

91) Secreti Vol. XX. fol. 104v, 106v. 92) Guerre de' Turchi; *Magno*, Annali. Vol. VII. fol. 85v. 93) *Magno* a. a. O. VII. fol. 109v; *Ducas* c. 44. 45. p. 330. 343. 351; Guerre de' Turchi. 94) *Ducas* a. a. O.; *Phrantzes* IV, 19. p. 424; *Chalkokondylas* X, 518 seq.; *Magno* Vol. VII. fol. 161 und besonders *Leonardus Chiensis*, De Lesbo a Turcis capta epistola Pio papae II. missa ed. *C. Hopf.* Regiomonti 1866. 8.; derselbe die occidentalischen Berichte.

95) *Cambini* fol. 167v; *Magno* a. a. O.; Copia d'historie antiche (Cod. *Foscarin.* Vindob. no. 6166) fol. 4v; vergl. *Chalkokondylas* X, 565. 96) Secreti Vol. XXII. fol. 17. 97) Archivio notarile zu Genua. Quad. di *Lorenzo Costa*. 98) Comunicatorio di *Ferdinando* no. 2. fol. 129 (Archiv zu Neapel). 99) Mar. Vol. VII. fol. 82v.

1) Privilegii Vol. II. fol. 66rv. 2) Misti del Cons. dei X. Vol. XVI. fol. 82v. 3) *Secreti* Vol. XXI. fol. 119, 179. 4) Wol die lange streitigen Fischereien, für die 1466 ein eigener Castellan ernannt wurde. *Magno* fol. 66v.

langer Debatte ward ihm endlich am 20. Dec. 1463 [5]) Beistand verheißen; doch sollten die Festungen, auf welche Venedig ein Anrecht hätte, sammt den Fischereien letzterem verbleiben. Damals war bereits der Krieg zwischen Venedig und der Pforte mit aller Heftigkeit entbrannt. Aengstlich genug hatte ersteres ihn zu vermeiden gesucht; da man überall Gefahr und Verrath witterte, befahl der Rath der Zehn im Juli 1462 [6]), die Papas aus Constantinopel und Morea, die nach Korfu geflüchtet, von dort auszuweisen und nur die althergebrachte Anzahl griechischer Geistlichen zu dulden; auch über usurpirte Lehen wurden Untersuchungen angestellt. Trotzdem blieb ein Zusammenstoß mit den Osmanen auf die Dauer unvermeidlich [7]). Noch hielten sich die Albanesen unter Peter Bua und einem andern Häuptling in den Bergen von Morea; dem Sandschak, der zu Korinth residirte, standen nur geringe Streitkräfte zur Disposition; die Hinrichtung 18 gefangener Albanesen stachelte deren Brüder nur zur Rache auf. Venedig war auf seiner Hut; mit allem Eifer ward an der Befestigung von Korone gearbeitet, deren Werke nach einer noch vorhandenen Inschrift 1463 [8]) vollendet wurden; man nahm auf Nichts Rücksicht und schleifte selbst Kirchen, die im Wege standen, was dann den dortigen Bischof veranlaßte, den Castellan Bernardo Donato mit dem Bann zu belegen [9]). In Modone ward ebenso die Commende des Johanniterordens eingezogen und zu Staatszwecken verwandt [10]); fortan bestand die Balei Morea, als deren Inhaber 1471 Philipp de Paltinerii genannt wird, nur noch dem Namen nach. Schon fanden in Albanien Reibungen in Folge von Grenzstreitigkeiten statt; da gab ein anscheinend unbedeutendes Ereigniß den Anstoß zu einem blutigen siebzehnjährigen Kriege zwischen der Pforte und der Republik. Am 12. Aug. 1462 kam ein junger Albanese aus dem Canton Gusumpsa, unweit dem Dorfe Skarminga, nach Modone; er war 1459 als Gefangener fortgeschleppt und als Sklave dem Gouverneur von Athen überlassen worden. Jetzt hatte er die Flucht ergriffen und war über Lepanto, dessen Befehlshaber ihn mit Empfehlungen versehen, in die Heimath zurückgekehrt; der Rath Girolamo Valaresso nahm ihn in sein Haus auf. Nun aber war in dem Vertrage zwischen Venedig und Mohammed die Auslieferung von Flüchtlingen eine Hauptbedingung; zudem hieß es noch, jener Albanese habe seinem Herrn 100,000 Aspern entwendet und Valaresso einen Theil der Beute überlassen. Der Sandschak von Korinth forderte die Auslieferung; der Castellan von Modone verweigerte dieselbe, da er keinen Christen den Ungläubigen überantworten wollte. Alsbald begann der Krieg. 'Omar-Pascha zog zunächst im November 1462 mit 6000 Mann gegen Lepanto, besetzte das Fort Gaiata, plünderte die Umgegend und schleppte eine Menge Sklaven fort; der Sandschak von Morea aber zog alsbald ein größeres Heer zusammen und überrumpelte mit demselben am 3. April 1463 das feste Argos, dessen unglückliche Bevölkerung im Juli nach Constantinopel geschleppt ward. Vergeblich klagte der Generalcapitain des Meeres Luigi Loredano über Friedensbruch; klar genug war es, daß es die Türken auf Vernichtung der venetianischen Herrschaft in Morea abgesehen hatten. So rüstete man denn in dem neugewonnenen Monembasia und in Nauplion, um zunächst Argos wiederzuerlangen; man verhandelte mit der Curie wegen Verkündigung eines neuen Kreuzzuges, mit Ungarn wegen einer Allianz gegen die Türken; ebenso mit Skanderbeg, dem man am 20. Aug. 1463 [11]) für Wiedereröffnung der Feindseligkeiten erhebliche Geldsummen verhieß. Die Sachlage änderte sich nicht, ja sie verschlimmerte sich nur, da der treulose Valaresso plötzlich zu den Türken überging — er ward dafür vom Rathe der Zehn am 19. Nov. zum Galgen verurtheilt [12]). Während aber Lepanto noch in fortwährender Gefahr schwebte, blieben die Türken in Argos ruhig, und so hatte Venedig Zeit, sich wenigstens mit den Albanesenhäuptlingen der Halbinsel zu verständigen und sich mit ihrem Beistande in Achaia auszudehnen [13]). Während Peter Bua sofort in den Dienst der Republik trat, besetzte Michael Raul Drimys, des Nikolaos Bruder — vielleicht Sohn des frühern Herrn von Arkadien Joannes, dem Venedig am 27. Juni 1461 [14]) eine Pension anwies —, mit 70 Stratioten eine kleine Insel bei Belvedere und für die Republik Clarenz, Vomiro, Grevenos und Chelidoni und sandte am 7. Jan. 1463 den Chrysoverghis nach Venedig, mit der Erklärung, die Albanesen und Griechen der Halbinsel wollten huldigen, er selbst aber eine Diversion gegen Patrá unternehmen, falls man ihm dazu 100 Mann zu Fuß zur Disposition stelle. Man genehmigte es, und Raul errang mit diesem kleinen Corps in kurzer Zeit bedeutende Erfolge. Loredano begnügte sich vorläufig damit, Nauplion und Malvasia zu halten; er besetzte Vatika, kreuzte im Archipel und kehrte am 1. Aug. nach Nauplion heim, wo mittlerweile ein ansehnliches Söldnercorps aus Italien unter Bertoldo von Este eingetroffen war. Am 3. Aug. ward Argos wiedererobert; nur die Citadelle hielt sich; dann schritt man am 1. Sept. auf Bua's Rath zur Herstellung des Hexamilions. Aber ein Sturm, den Este am 20. Oct. gegen Korinth versuchte, mißlang, obgleich 'Omar-Pascha zurückgeschlagen ward; Este selbst erhielt eine schwere Wunde, der er am 4. Nov. erlag; sein Heer zog sich nach Nauplion zurück; Bettino de Calcina, Este's Nachfolger, gab sogar das Hexamilion auf. Nun nahte der Groß-Wesir Mahmud, von 'Omar zu Hilfe gerufen, schleifte das Bollwerk und besetzte Argos aufs Neue, ward aber vor Nauplion von Bua und der dortigen 6000 Mann starken italienischen Besatzung zurückgeworfen. Dagegen gelang es ihm, einen großen Theil der verlorenen Plätze in Morea wiederzugewinnen; er

5) Secreti Vol. XXI. fol. 179v, 215v. 6) Misti del Cons. dei X. Vol. XVI. fol. 68, 97. 7) Guerra de' Turchi. 8) Buchon, La Grèce continentale p. 454 (irrig 1478 gelesen). 9) Misti del Cons. dei X. Vol. XVI. fol. 86, 109v. 10) Capit. gen. no. 4 (1456—78.) fol. 48v.

11) Secreti Vol. XXI. fol. 178, 210. 12) Misti del Cons. dei X. Vol. XVI. fol. 104v. 13) Guerra de' Turchi; Magno, annali. Vol. VII. fol. 197, 203; VIII. fol. 40, 46. 14) Mar. Vol. VII. fol. 22v.

verproviantirte das von den Albanesen bedrohte Patrá, während 'Omár plündernd gegen die Castellanien zog und die rebellischen Albanesen niederwarf. Obgleich die Republik nun endlich am 12. Sept. mit Ungarn eine Allianz abschloss, und der Papst, ihr Verbündeter [16]), den Skanderbeg ermahnte, aufs Neue zum Schwerte zu greifen, blieb doch Venedig in diesen ersten Kriegsjahren im Nachtheil; schon am 28. Febr. 1464 legte Loredano den Oberbefehl zur See nieder, und Orsato Giustiniani trat an seine Stelle. Noch im September freilich hatten die Albanesen in Morea ein ziemliches Terrain inne, wie eine vom 22. desselben Monats datirte Notiz [16]) über alle dort von Venedig occupirten Plätze zeigt; über 70 Städte, Dörfer und Castelle werden in diesem für die Geographie der Halbinsel höchst wichtigen Document namhaft gemacht. In der Hand der Türken waren damals nur noch Korinth, in dem eine Besatzung von 1200 Mann lag, Muchlion mit 200, Salmenikon mit 50, Clermont mit 80, Kalavryta mit 130, Arkadia und Leondari mit je 150, Misithra mit 120, Kalopo mit 25 und Patrá mit 150 Mann Besatzung; selbst das wichtige Vostitza hatte sich dem Proveditor von Lepanto Angelo Gabrieli ergeben. Doch reducirte sich in Folge des Heerzuges Mahmúd's und 'Omár's die Zahl der bei Venedig verbleibenden Plätze noch 1463 um ein Beträchtliches [17]); und auch die Ereignisse des Jahres 1464 waren der Erweiterung seiner Herrschaft in Morea nur ungünstig. Giustiniani (gest. 11. Juli in Modone) nahm mit der Flotte Lesbos, doch ohne die Castelle bezwingen zu können; dagegen besetzte sein Nachfolger Jacopo Loredano wenigstens Lemnos mit seinen drei Burgen Kochinos, Mudros und Paläokastron; im October ward Francesco Moro zum Rector der Insel ernannt, aber weitere Erfolge wurden zur See nicht erzielt. Zum Glück für Venedig beschäftigten die Perser und der Fürst von Karaman die Osmanen in Asien; dagegen zerschlugen sich die Hoffnungen, die man auf persönliche Betheiligung des Papstes, wie des Dogen an einem neuen Kreuzzuge gegründet, mit dem am 14. Aug. zu Ancona erfolgten Tode des eifrigen Pius II. In Morea befehligte zuerst Francesco de Tiano [18]); im Frühling lag er krank und von Zufuhr entblösst in Mantinea, das jüngst von den Türken verbrannt war. Um sich eine bessere Position zu schaffen, zog er am 8. März nach Kalamata, das sich sofort ergab; Suleimánpascha, der mit 200 Türken zum Entsatz herbeizog, musste weichen; Tags darauf besetzte Tiano auch Pidima, Androusa und Alt-Maina. Am 15. erschien Suleimán aufs Neue mit 1500 Reitern und 1000 Mann zu Fuss — darunter viele Griechen und Albanesen — und versuchte, ihn aus seiner Stellung zu verdrängen; es kam zum Gefecht; Tiano siegte und verfolgte die Feinde 15 Miglien weit bis ins Lakkosthal; 100 Türken, 400 vornehme Griechen und Albanesen, 400 Rosse und 4000 Stück Vieh wurden erbeutet, ebenso die Standarten und Zelte des feindlichen Heerführers. Im Juli führte dann Sigismondo Malatesta, den Venedig am 19. März [19]) in Sold genommen, ein grösseres Heer nach dem Peloponnesos und versuchte, Misithra zu erlangen, ward aber von 'Omár abgeschlagen und erlitt auf dem Rückzuge noch eine schwere Niederlage; planlos setzte er seitdem den Krieg fort, von dem Proveditor Andrea Dandolo selbst mehr gehemmt, als gefördert. Auch das Jahr 1465 verstrich in ähnlicher Weise. Da Lesbos bald aufgegeben ward, wies man den dortigen Einwohnern im März [20]) Land auf Euböa an; letztere Insel ward im Mai [21]), da sich eine türkische Flotte in den nahen Gewässern zeigte, in Vertheidigungszustand gesetzt; die Kirche der Clarissinnen musste fallen, um in den Rayon der Festungswerke gezogen zu werden — den Nonnen ward dafür das Haus der Petronella Venier eingeräumt —; Antonio Giorgio von Karystos streckte dem Bailo eine grössere Geldsumme vor. Letzterer ging Waffenstillstand mit der Pforte ein; die Insel ward für neutral erklärt, musste sich aber wol zu einer Tributzahlung verstehen. Man hatte damals noch nicht ganz die Hoffnung auf Wiederherstellung des Friedens aufgegeben; noch verhandelte der Bailo in Constantinopel mit dem Sultan; auch Leonardo III. Tocco, dessen Gesandter im Januar dem Papste empfohlen wurde, sollte auch darin Aufnahme finden [22]). Zugleich baute man auf Skanderbeg, der sich noch immer in Albanien hielt, und den man gern als Vermittler gesehen hätte. In Morea wurden freilich die Zustände immer bedenklicher; zahllose Flüchtlinge stellten sich auf Korfu [23]) und in Venedig ein und bettelten um Pension; so 1464 [24]) Komnenos, Sohn des Makros und Bruder des Glavas von Agrapha, und Andreas Domestikos, ein Verwandter des Peter Bua, und 1465 die Brüder Manuel und Michael Bolev, die einst Zoja besessen. Der bedeutendste unter Venedigs Parteigängern in Morea blieb nach wie vor Michael Raul Drimys, der sich in den Besitz der Maina gesetzt hatte und dieselbe für Venedig als Gouverneur verwaltete; im September 1466 [25]) bestätigte ihm die Republik den Besitz eines Hauses in Monembasia nebst den Dörfern Sigona, parva Anastasoria, Kernitza und Kuzana; am 1. April 1466 wurden ihm dieselben aufs Neue verbrieft, gleichwie auch den Brüdern Georgios, Joannes und Nikolaos Tzamonegiannis, den Brüdern Demetrios und Nikolaos Bokalis, dem Nikolaos und Michael Pagmenos, dem Peter Bua (ebenso 1465 und 1466), dem Proveditor Ishak, Herrn von Tschakonia und Maina, Schwager des frühern Des-

15) Commemoriali Vol. XV. fol. 91 v. 16) Magno, Annali. Vol. VII. fol. 203 r—203 v. 17) Ebenda Vol. VII. fol. 216 r v. 18) Guerre de' Turchi.

19) Commemoriali Vol. XV. fol. 89 v. 20) Mar. Vol. VIII. fol. 16. 21) Secreti Vol. XXII. fol. 86 v, 145 r Mar. Vol. VIII. fol. 16. 22) Secreti Vol. XXII. fol. 62, 122. 23) So von dem Raul (Ralli) schon 1463 Manuel. Mar. Vol. VII. fol. 109, und Theodoros Kondi Pellopila, gegen den früher ein Verbannungsdekret ergieng. Misti del Cons. dei X. Vol. XVII. fol. 68. Ein Klagelied auf den Tod eines jung verstorbenen Georgios Raul steht bei Iriarte, Regiae bibliothecae Matritensis codices graeci, Vol. I. Matriti 1769. fol. p. 460. 24) Mar. Vol. VII. fol. 140 v; VIII. fol. 88. 25) Mar. Vol. VIII. fol. 4 v, 68; vergl. Vol. XI. fol. 125 v; XII. fol. 184.

poten (ob des Demetrios, also ein Asan, oder des Kantakuzenos, ist unklar; wiederholt 1481), dem Renegaten Zamusa Spata, der Crimison vergab, dem Demetrios Musalis aus Bomero Privilegien erneuert oder verliehen wurden.

Wenn die Türken bis dahin in Morea den Krieg noch ziemlich lässig führten, so kam es daher, daß sie einerseits in Asien mit ebenbürtigen Gegnern zu thun hatten, andererseits aber in Epiros durch Skanderbeg fortwährend beschäftigt wurden. Der Albanese hatte schon 1463 auf Veranlassung Pius' II., der ihm den Königstitel von Epiros und die Ernennung zum Generalcapitain des Kreuzheeres, seinem Rath Paul Angelos aus Drivasto den Cardinalshut in Aussicht gestellt, das Schwert gezogen, nachdem er vergeblich, wie es heißt, den Sultan ermahnt, den Irrlehren des Propheten zu entsagen und zum Christenthum überzutreten. Plündernd war er in Makedonien eingebrochen; am 14. Aug. 1464 schlug er den Scheremetbeg in der Nähe von Ochrida völlig aufs Haupt. Nun aber erschien Balabanbeg Baderas, ein albanesischer Renegat, der einzige würdige Gegner Kastriota's, mit 18,000 Mann in Epiros; zwar ward er geschlagen, doch fielen verschiedene der besten Führer Skanderbeg's in seine Hand, so dessen Neffe Moses, den er lebendig schinden ließ. Schlug nun auch der Albanesenfürst zwei wiederholte Angriffe Balaban's mit Glück bei Oronitsch und Ochrida zurück, so war doch der Verlust auf seiner Seite auch nicht gering; erst als ein vierter Einfall der Türken mit Balaban's Flucht und gänzlicher Vernichtung seines Unterfeldherrn Jakubbeg geendet, hatte er eine Zeit lang Ruhe; vergeblich suchten die Türken, sich seiner durch Meuchelmord zu entledigen [26]). Unterstützt von Paul Angelos, legte er 1466 frische Besatzungen in die albanesischen Castelle; da sein wackerer Neffe Graf Branas jüngst gestorben, ward in seine Residenz Kroja ein italienisches Hilfscorps unter Baldassare Perducci aufgenommen [27]); auch Venedig verhieß ihm dort Beistand, obgleich es in Albanien gerade in derselben Zeit mit Ivan Černojević von Montenegro in Fehde lag, der sich auf Kosten des getreuen Lech Dukagin erweitern wollte, und zahllose Pensionen — so für den verjagten Gilavas, Herrn von Agrapha bei Lepanto [28]), die Brüder Peregrin, Silo und Georg Busić und andere — auch dort auf der stark in Anspruch genommenen Kasse des Staats lasteten. Endlich erschien im Frühjahre 1466 der Sultan selbst mit 200,000 Mann gegen den kühnen Abenteurer im Felde; er lagerte auf der Ebene von Klein-Tyrana und blokirte Kroja. Allein die Stadt hielt sich, Skanderbeg, der jede Unterhandlung von der Hand gewiesen, vermied den überlegenen Feind, sodaß der Sultan endlich abzog und nur den Balaban mit 80,000 Mann zur Blokade von Kroja zurückließ. Nun begab sich Kastriota im Sommer nach Italien, um Succurs zu holen und die Union gegen die Türken weiter zu betreiben; der Papst Paul II. Barbo, ein geborener Venetianer, verhieß dazu Ablaß und schenkte dem Albanesen, wie es heißt, einen geweihten Hut und Degen. Dann kehrte Kastriota heim und warf mit 13,400 Mann die Feinde zurück; Balaban fiel, die Seinen flohen, Kroja war gerettet, und Skanderbeg konnte neue Kräfte sammeln. König Ferdinand von Neapel versah ihn Anfangs 1467 [29]) mit Geld, Proviant und Munition; der Papst verhieß eine jährliche Subvention von 15,000 Dukaten; auch Venedig, wo sein Sohn Johann im October 1467 [30]) als Gesandter des Vaters weilte, sagte ihm seinen Beistand zu. Wieder war damals auch in Morea der Krieg heftiger entbrannt. Bereits im Mai 1466 [31]) hatte die in Adrianopel weilende Gattin des Ex-Despoten Demetrios durch Demetrios Kantakuzenos die Republik gemahnt, wohl auf ihrer Hut zu sein, da der Sultan Schlimmes im Schilde führe. Nun zog der neue Generalcapitain Vettore Capello nach dem Archipel aus und besetzte zunächst Imbros, wo Bernardo Nadal zum Rettor ernannt ward, dann Thasos und Samothrake; auch die Stadt Athen ward genommen, die Griechen wurden verschont, die Türken gemetzelt; da aber die Akropolis sich hielt, mußte auch Attika sehr bald wieder aufgegeben werden. Capello eilte nach Morea, wo der Proveditor Jacopo Barbarigo im August eine Expedition gegen Patras unternommen, jedoch von 'Omâr besiegt und nebst andern, so auch dem getreuen Michael Raul [32]), gepfählt worden war. Aber auch Capello war wenig glücklich; bald mußte er nach dem gefährdeten Euboea heimkehren, wo er im März 1467 vor Schmerz starb. Jacopo Loredano ward sein Nachfolger; da Friedensunterhandlungen erfolglos geblieben, kam es vor Allem darauf an, Negroponte wenigstens zu halten; Truppen gingen dahin und nach dem bedrohten Pteleon ab [33]); doch konnte Loredano selbst Nichts weiter thun, als die Insel schirmen; an größere Erfolge zur See war nicht zu denken. In Morea setzten die Proveditori von Modone und Korone — zu denen im November noch ein Rettor des Piazzo di Maina kam — den kleinen Krieg gegen die Türken fort, deren Befehlshaber Ebarbeg im März bei Argos eine starke Festung gebaut hatte; doch ließen sich um so weniger dort Erfolge erzielen, als die Truppen der Republik nicht an einem Platze concentrirt waren, vielmehr in Nauplion, Monembasia, Maina, Chelidoni, Modone, Korone, Androusastron, Bordonia, Longanikon, Kalamata und andern Punkten zerstreut lagen. Aus einer gleichfalls von Magno aufbewahrten Uebersicht ersehen wir, daß im September 1467 [34]) von 122 namentlich aufgeführten Castellen auf Morea damals nur 24 (darunter 7 verfallene) in Venedigs Hand waren, während 45 völlig in Ruinen lagen und 53 den Türken

---

26) *Raynaldi* z. J. 1466 n. 18. 27) Mar. Vol. VIII. fol. 22 v, 81. 28) Ebenda fol. 35, 60.

29) *Fr. Trinchera*, Codice Aragonese. Vol. I. Napoli 1866. S. n. 22. 66. p. 33. 80. 30) Mar. Vol. VIII. fol. 142 v. 31) Misti del Cons. dei X. Vol. XVI. fol. 201. 32) Den Rall wies Venedig auch nachher zu verschiedenen Zeiten Gratificationen an. Notatorio Vol. XII. fol. 148, 164, 197 v; XIV. fol. 34; Mar. Vol. XI. fol. 128 v. 33) Mar. Vol. VIII. fol. 107 v; Misti del Cons. dei X. Vol. XVII. fol. 12. 34) *Magno*, Annali. Vol. VIII. fol. 294 v — 295 v.

gehörten. Letztere fuhren fort, Streifzüge auf das venetianische Gebiet zu machen; bei einer Expedition gegen Kalamata ward Manuel Bokalis gefangen und gepfählt; Venedig setzte im Juni 1468 [35]) seiner Witwe Eugenia und seinen vier Kindern eine Pension aus. Glücklicher schien sich die Sache zu wenden, als Nicolò Canale 1468 die Führung zur See übernahm; er plünderte bei Thessalonich, besetzte Aenos und Neu-Phokäa, befestigte Vostitza und schlug die angreifenden Türken ab; venetianische Galeeren kreuzten zur Sicherheit im Golf von Korinth. Dagegen hausten die Türken nicht nur 1469 auf Lemnos und plünderten Koryinos, sondern verheerten auch Stura und Basiliko auf Euböa; Canale, der zu spät nach Lemnos gekommen, ward im April beordert [36]), sich schleunigst nach letzterer Insel zu begeben, wo seine Gegenwart um so nothwendiger war, als man jüngst dem Verrathe des Pietro Mazola aus Tinos auf die Spur gekommen, der Euböa den Türken verrathen wollte [37]). Aber Venedig hatte damals noch Anderes zu thun, als die Insel, die es als seinen Augapfel ansah, zu hüten; nach Skanderbeg's Tode war ihm eine schwere Erbschaft in Albanien zugefallen.

Kastriota hatte im Jahre 1467 einen neuen argen Sturm ausgehalten; wieder hatten sich die Osmanen gegen sein Land und gegen Durazzo gewandt, und waren sie auch von dort zurückgetrieben worden, so gewannen sie doch zunächst Tschorli und stellten das verfallene Albanon (Elbassan) her, eine neue Zwingburg neben Svetigrad für Albanien. Plündernd streiften sie von da nach Alessio und Drivasto hin, wo Alexios Spani eifrig für Venedigs Interesse thätig war; auch Lepanto ward ohne Unterlaß bestürmt. Die Unsicherheit der albanesischen Zustände bewog damals schon viele Geschlechter des Landes, eine Zuflucht in Neapel und namentlich in Sicilien zu suchen, wo König Johann 1467 den Familien Bravata, Kropa und andern Palazzo Adriano zum Wohnsitze anwies, bald folgten ihnen neue Nachzügler. Nun starb auch am 17. Jan. 1468 [38]) zu Alessio, wohin er sich zurückgezogen, der letzte Vorkämpfer der epirotischen Unabhängigkeit Georg Kastriota; er fand in der dortigen Kirche des heiligen Nikolaos seine Ruhestätte. Am 13. Febr. kam die Kunde davon nach Venedig, dem der sterbende Fürst die Sorge für seine Familie und sein Land anbefohlen; am 24. Febr. condolirte König Ferdinand von Neapel durch Girolamo da Carvigno seiner Witwe Andronika Komnena und seinem Sohne Johann und bot ihnen zugleich ein Asyl in seinem Lande an. Beide nahmen dasselbe an und begaben sich nach Trani; die Türken aber besetzten nun fast ganz Albanien, plünderten bis Skodra, Alessio und Durazzo und schleppten in wenigen Wochen über 8000 Menschen fort [39]). „In ganz Albanien sehen wir nun Türken," lautete eine gleichzeitige Depesche; daneben befehdeten sich noch die alten Häuptlinge unter einander, wie denn Nikolaos II. und Lech II. Dukagin ihren Bruder Progan IV. verjagten, der erst durch Venedigs Intervention in sein Erbtheil wieder eingesetzt ward und hernach sich unter einander bekämpften. Nur das feste Kroja hielt sich, da Venedig sich dieser Hauptburg Skanderbeg's annahm und das Besatzungscorps unter Stronza ansehnlich verstärkte, und Montenegro, dessen Freiheit die Czernojewic energisch gegen die Ungläubigen vertheidigten [40]). Viel bedenklicher war die Lage des Despoten Leonardo III., der allein auf Venedig angewiesen war und als dessen Agent gelegentlich mit den türkischen Paschas des Festlandes verhandelte. Am 23. Juni 1496 [41]) schrieb er, Mahammedbeg, bisher Pascha von Argyrokastron, habe Aussicht, Statthalter von Morea zu werden, und sei geneigt, die Schlüssel des Landes, Korinth, Muchlion und Kalavryta, zu übergeben, falls man ihm die Hälfte der Halbinsel, doch ausschließlich der Castelle, als Eigenthum garantire; er bitte um 3000 Stradioten, mit denen er seinen Plan auszuführen gedenke. Gern ging Venedig auf diese durch den Bischof von Kephalenia gemachte Eröffnung ein; doch blieb sie vorläufig ohne Erfolg; im Januar 1471 kam man wieder darauf zurück; doch auch diesmal unterblieb die Ausführung. Leonardo's Eifer aber ward von Venedig um so mehr belobt, als er auch seine Galeere unter seinem Bruder Giovanni zu der Flottille stoßen ließ [42]), die unter Canale's Führung das schwer bedrohte Euböa retten sollte.

Gegen letztere Insel hatte Mohammed II. den nächsten entscheidenden Schlag zu führen beschlossen und seit Anfang 1470 die großartigsten Rüstungen getroffen. Venedig ahnte längst die Gefahr und traf, so gut es ging, alle Vorkehrungen zur Vertheidigung, suchte Hülfe bei Kypros, bei den Rhodisern und Chioten, bei Karl dem Kühnen von Burgund und den Altaten, sandte den Lodovico Calbo zur Unterstützung des Baile's Paolo Erizzo als Capitain nach der Insel und befahl dem Generalcapitain Canale, um jeden Preis letztere zu retten. Während Mohammed II. selbst ein gewaltiges Landheer durch Thessalien und Böotien führte, ließ sein Großadmiral Mahmudpascha mit der Flotte aus den Dardanellen aus und besetzte am 5. Juni Imbros, dessen Rector Marco Zeno beim Sturm blieb; drei Tage später griff er Lemnos an, konnte dasselbe aber nun ebensowenig, wie Skyros, gegen das er sich am 10. wandte, einnehmen. Am 15. erreichte die Flotte Negroponte. Bald begann die Belagerung der gleichnamigen Hauptstadt zu Land und Meer; endlich fiel sie am 12. Juli 1470 durch Verrath; ein gräuliches Blutbad ward angerichtet. Sofort wurden auch Stura und Basiliko, die Burgen der Giustiniani, Karystos, Prolimo, Cumi, das den Canale gehörte, Lipsos und Oreos besetzt; am 14. Juli mußte

35) Notatorio Vol. XI. fol. 30. Ueber des Nikolaos Bokalis Nachkommenschaft vergl. Giorgio, Inscrizioni. Vol. I. 249—250. 36) Secreti Vol. XXIII. fol. 30 v. 37) Misti del Cons. dei X. Vol. XVII. fol. 72 v. 74. 38) Phrantzes IV, 22. p. 436; Secreti Vol. XXIII. fol. 94; *Trinchera*, Codice Aragonese I, 328. 331. p. 439 seq.; Guerra de' Turchi. 39) *Magno*, Annali. Vol. VII. fol. 376. 394.

40) Mar. Vol. IX. fol. 11. 41) Misti del Cons. dei X. Vol. XVIII. fol. 61, 155 v. 42) Commemoriali Vol. XVI. fol. 71.

auch Vitilon trotz der tapfern Gegenwehr des Rectors Marino Pasqualigo, der selbst den Heldentod starb, und das nahe Chardiki auf dem Festlande capituliren. Auch dort ward furchtbar gehaust; wer das nackte Leben behielt, mußte in die Sklaverei wandern 43). Vergeblich hatte Lorenzo Loredano Euböa zu entsetzen versucht; Canale selbst kam auch diesmal mit seiner Flotte zu spät und büßte diese Fahrlässigkeit laut Urtheil vom 7. Nov. mit ewiger Verbannung in Friaul. Schon am 27. Juli hatte man in Venedig Kunde von dem Falle der Insel, „die schlimmste Kunde, die je der Republik geworden war." Obgleich man auszustreuen suchte, die türkische Flotte sei auf dem Rückwege vernichtet worden — sie plünderte, nachdem auf Euböa eine Besatzung von 20,000 Mann zurückgelassen, auf Andros und Chios, konnte aber das wohlbefestigte Tinos nicht bewältigen —, herrschte dort vollständige Angst und Verwirrung; eine Partei war dafür, sofort um Frieden zu bitten, doch siegte endlich die, welche den Krieg ehrenhaft fortgeführt wissen wollte; am 30. Aug. 44) ward der wackere Pietro Mocenigo an Canale's Stelle zum Generalcapitain ernannt. Unterdessen fiel am 3. Aug. auch Vostitza, von dem Provveditor Luca Contarini aufgegeben, in die Hand des Sandschaks von Morea, ebenso Chelidoni, Pomero, Belvedere, Kalamata und Argyrokastron — deren Bevölkerung sich theilweise nach Zante rettete, wo schon vordem andere Mainoten, wie Theodoros, Nikolaos und Demetrios Railis Laskaris, ein Asyl gefunden —; nur an dem neu befestigten Nauplion brach sich der Sturm der Ungläubigen.

Ich habe die Details der Eroberung von Euböa weggelassen, da dieselben für diese Arbeit zu umfangreich sind, und ich sie gelegentlich anderswo behandeln werde. Doch erwähne ich nur, daß neben den gedruckten venetianischen Historikern, Sanudo, Malipiero und Navagero, der Presa di Negroponte 45) und dem Fortsetzer des Bartolommeo Pugliola 46), namentlich Amadeo Valier 47) und Stefano Magno 48) in Betracht kommen, welcher letzterer auch die von Cicogna publicirte Schrift des Giovanni Rizzardo 49) ganz vollständig und mit den in seiner Ausgabe fehlenden Daten in seine Annalen aufgenommen hat. Daneben sind höchst wichtig die Relazione des Jacopo dalla Castellana 50) und zwei poetische Darstellungen der Katastrophe, welche in dem Archivio storio italiano (Appendice. Vol. IX. p. 403—440) mitgetheilt sind. Für die folgenden Kriegsjahre sind neben den Annalisten und Cippico's Petri Mocenici imperatoris gestorum libri III. (zuerst Venedig 1477. 4.) Hauptquellen zwei Publicationen von H. Cornet: Le guerre dei Veneti nell' Asia 1470—74 (Vienna 1856. 8.) und Gios. Barbaro Lettere al senato Veneto. (Ebenda 1852. 8.)

In Epiros dauerten auch 1470 noch die türkischen Verheerungen fort, die sich damals selbst bis Buthroton erstreckten; 1471, da dieselben auch Korfu bedrohten, wurde dort gerüstet und dem Leonardo III. wieder eine Galeere zur Disposition gestellt 51); letzterer empfing neuen Succurs von Giovannello de Ventimiglia aus Neapel, der am 15. April 52) als sein Alter-Ego auf Zante das dortige Bisthum besetzte. Schon früher hatte ein Schwiegersohn des Alexios Span das Anerbieten des Mahmudpascha, gegen 40,000 Dukaten die Dardanellen und die türkische Flotte zu überliefern, dem Rath der Zehn vorgetragen; doch beschied dieser den Türken, der nach der Herrschaft über Morea trachtete, dahin, daß 10,000 Dukaten wol hinreichen würden 53). In den Unterhandlungen, die bald darauf mit dem Großherrn selbst gepflogen wurden, ward von diesem als erste Friedensbedingung Cession von Lemnos gefordert; da man sie ablehnte und die Besatzung der Insel mit 200 Stradioten verstärkte 54), zerschlugen sie sich. Dafür betrieb Venedig desto eifriger die Allianz mit den Persern und Rhodisern; auch der neue Papst Sixtus IV. della Rovere, der damals das Castell Gomenitza unweit Patra 55) (wol in türkischem Besitze) als Lehen der Curie dem Lodovico de Regio verlieh, trat derselben bei. Aber in Morea wurden keine neuen Vortheile erfochten; ein Verzeichniß der dortigen Burgen aus dem Jahre 1471 56), ähnlich den frühern, zeigt, daß Venedig dort noch 16 besaß, 11 geschleift waren, die Türken dagegen nahe an 60 befestigte Plätze inne hatten. Während im April 1472 eine Conferenz des abberufenen Sandschaks von Morea mit dem von Joannina in Theben stattfand, berichtet Tocco 57), daß die Türken aufs Neue großartige Rüstungen trafen; doch galten dieselben zunächst den asiatischen Gegnern, dem Fürsten von Karaman und dem Gebieter Persiens. Ueberhaupt localisirte sich jetzt der Krieg in Asien; Pietro Mocenigo nahm nach blutigem Kampfe Smyrna ein, bei welcher Gelegenheit auch ein Kenotaph Homer's entdeckt ward, das die bekannte Inschrift getragen haben soll. Jetzt bot Mohammed selbst die Hand zum Frieden; bei ihm erschien als Gesandter 1473 58) der Ritter Giovanni Emo; auch Leonardo Boldu', Befehlshaber von Skodra, versuchte Vermittelung; doch vergeblich, da der Sultan auf Auslieferung des noch freien Kroja, Venedig auf Restitution von Euböa bestand. Daher zog man vor, durch Gesandte Barbaro die Allianz mit Usum Hasan von Persien er-

43) *Raspe* Vol. XIII. p. I. fol. 64; Misti del Cons. dei X. Vol. XVII. fol. 108. 44) Mar. Vol. IX. fol. 39v, 58v, 67, 73; *Raspe* Vol. XIII. p. I. fol. 53v. 45) Bei *Sanuto* a. a. O. fol. 348. 46) Bei *Muratori* XVIII. 769—770. 47) Vol. II. fol. 387 seq. 48) Vol. VII. fol. 418—432. 49) La presa di Negroponte. Venezia 1844. 8. 50) Dieselbe auch ausgezogen (französisch nach einer pariser Handschrift) in *P. Paris*, Les mss. françois de la bibliothèque du roi. Vol. V. Paris 1842. 8. p. 318—325.

51) Mar. Vol. IX. fol. 84. 52) Rechte des Bisthums Zante. 53) Misti del Cons. dei X. Vol. XVII. fol. 113; Vol. XVIII. fol. 6, 9v. 54) Mar. Vol. IX. fol. 12v. 55) Index bullarum (Cod. Brancacc. I. C. 40). Vol. I. fol. 161. Der dortige Erzbischof Simon erhielt die Kirche des Erlösers, früher Sta. Maria de Rotello, bei Antivari als Commende und am 24. März 1474 ein Exemtionsprivileg auf Lebenszeit. Theiner, Monumenta Slavorum meridionalium no. CCLXXII. p. 497—498. 56) Buchon, L. d. Conq. préface p. LXV. 57) Misti del Cons. dei X. Vol. XVII. fol. 159. 58) Commemoriali Vol. XVI. fol. 78.

neuern zu lassen; der Republik sollten Euböa, ganz Morea und Lesbos oder wenigstens ersterr Insel und das verlorene Argos garantirt bleiben. Doch auch hier kein Erfolg. Noch im nämlichen Jahre ward das Reich des Emirs von Karaman annectirt; der baldige Tod des Usun Hasan vernichtete die Hoffnung, die man auf ihn gesetzt. Nun boten sich wieder Aussichten zum Gewinn auf Kypros und in Albanien; Mocenigo eilte nach ersterer Insel, um die Königin Katharina Cornaro, der Republik Tochter, zu beschützen und zu bevormunden; 1474 kehrte er heim nach Venedig, wo ihm, dem Seehelden, das Dogat zu Theil ward. Im Peloponnes dagegen war Nichts gewonnen; die Befestigung von Nauplion verschlang erhebliche Summen; im September [59]) flehte Leonardo III. aufs Neue um Hilfe. Trotz der kriegerischen Rüstungen hatte man indessen nicht unterlassen, auch heimliche Unterhandlungen wegen Wiedererlangung der verlorenen Posten zu pflegen. So schlug ein in Konstantinopel weilender Mönch Konstantinos vor [60]), der Republik Euböa wiederzuschaffen, da der dortige Subaschi bereit sei, es zu verrathen, falls man ihm 15,000 Dukaten und Grundbesitz auf der Terraferma mit 1500 Dukaten Rente zusichern wolle; er selbst erbat sich als Mäklerlohn zunächst 3000 und dann eine Erbrente von 600 Dukaten. Auch Alexios Spau empfahl diesen Subaschi Mohammed, sowie den Alumagaben, Castellan des Brückenthurms von Euböa, angelegentlich der Republik; doch war man schon zu mistrauisch geworden und fürchtete, mit Beutelschneidern zu thun zu haben. Auch in Epiros hatte sich damals — 1472 [61]) — ein Korkote, Joannes Vlastos, erboten, Kanina und Vallona der Republik zu verschaffen, falls ihm bevor 1000 Dukaten und eine Rente von 400 zugesichert würden; man suchte zu sparen und ermächtigte den Bailo von Korfu, ihm 500, höchstens 1000 dafür zu bieten. Doch war Vlastos wenigstens kein Schwindler; seinem Eifer verdankte Venedig im Juli 1473 [62]) den Besitz von Strivali, dessen türkischer Statthalter von den Brüdern Lech und Philipp, vielleicht Nachkommen des alten Sevastokrators Ghin Zenevisi, getödtet ward; beiden letztern ward nach erfolgter Besitznahme am 17. Sept. eine Pension ausgesetzt. Nun aber rückten die Türken im Mai 1474 unter Suleimân-pascha gegen Skodra, wo Antonio Loredano befehligte; Venedig, das sich jüngst mit Mailand und Florenz verbündet, sandte den Pietro Vettori als Proveditor von Albanien nach Kroja [63]), das nun förmlich, wol mit Consens des jungen Johann Kastriota den albanesischen Besitzungen einverleibt ward, und schloß zugleich einen engen Bund mit Ivan Černojević, dem Fürsten von Ober-Zedda und Montenegro, dem es am 27. Febr. [64]) das Patriciat seiner Ahnen erneuerte. Nach langer fruchtloser Belagerung mußten die Osmanen von Skodra abziehen; im Januar 1475 [65]) beschloß sogar der Rath der Zehn, einen Versuch zur Wiedergewinnung von Euböa zu machen, da, wie der dort eifrig agitirende Francesco Giustiniani, früher Herr von Stura, versicherte, er mit einem Derwisch in Verbindung getreten, dessen Bruder Ibrahim Aussicht habe, Sandschak von Morea zu werden und Uebergabe des Brückenthurms von Euböa gegen entsprechendes Geld verheißen. Obgleich noch fortwährend mit Mohammed II., jetzt durch Girolamo Giorgio, verhandelt ward, wiegte man sich in Venedig plötzlich mit sanguinischen Hoffnungen, da es hieß, der Großherr sei gestorben; statt dessen zog er aus nach der Krim, entriß Kaffa den Genuesen und ließ zugleich im Archipel kreuzen; die schwer bedrohte Insel Ikaria, die den Arangio Giustiniani, einer zu den Maonesen gehörigen Familie von Chios, eigen gewesen, huldigte in Folge dessen den Rhodisern, welche das Hoheitsrecht des letzten Grafen Rafaello II. leicht mit Geld abkauften. Sonst herrschten im Archipel die tollsten Zustände, blutige Scenen unter den Cornaro von Karpathos, in Naxos ewige Processe, in Morea keine Besserung. Zwar erbot sich im Mai 1470 [66]) Martin von Drin, Connetable der nach Zante ausgewanderten Moreoten, der Republik die Uebergabe von Castel Tornese (Chlumutzi) bei Klarenza zu vermitteln, falls man ihn dort auf Lebenszeit als Castellan belasse; doch schien seine Gegenwart auf Zante vor der Hand nothwendiger, da dort arge Zwistigkeiten zwischen den Eingewanderten und dem lateinischen Bisthume herrschten. Die Gefahr für Venedigs letzte Besitzungen wuchs, als in Lepanto eine Verschwörung zu Gunsten der Türken entdeckt ward, das Heer der letztern 1476 sich gegen Kroja verschob und selbst Korone, wohin noch im November 1476 [67]) Geld für Herstellung des Regierungspalastes gesandt wurde, und Modone bedroht schienen.

Was die aus Morea nach Zante übergesiedelten Colonisten betraf, so war ihre Lage folgende. Sie stammten meist aus Olenos, Gomero und Chelidoni und waren, obgleich sie durch die frühere Occupation jener Plätze venetianische Unterthanen geworden waren, schon vor Jahren auf den Rath des Michael Raul der Einladung des Despoten gefolgt, sich auf Zante niederzulassen. Dort standen sie unter einem eigenen Connetable, eben jenem Martin von Drin; ihnen waren Wohnsitze in bisher unbebauten Gegenden, die sie erst urbar machen mußten, angewiesen worden. Am 20. Jan. 1470 [68]) hatte der Proveditor von Morea Jacopo Marcello verfügt, daß alle dortigen Moreoten, auch die Priester und Mönche, dem lateinischen Bischofe Johann Baron Scardanelli den Zehnten zahlen sollten; sie erhoben dagegen Protest, indem sie sich darauf beriefen, daß sie Venedigs Unterthanen wären; doch bestimmte die Republik im Juni 1473 [69]) auf Marcello's Gutachten

59) Mar. Vol. X. fol. 22. 60) Misti del Cons. dei X. Vol. XVII. fol. 171 v. 181; XVIII. fol. 6, 20, 23. 61) Ebenda Vol. XVII. fol. 180; XVIII. fol. 2 v. 62) Mar. Vol. IX. fol. 179, 180 v. 63) Prove Vol. I. fol. 21 v; Secreti Vol. XXVI. fol. 68. 64) Privilegi Vol. II. fol. 54.

65) Misti del Cons. dei X. Vol. XVIII. fol. 80 v. 66) Ebenda Vol. XVIII. fol. 157 v. 67) Mar. Vol. X. fol. 100 v. 68) Archiv des lateinischen Bisthums auf Zante. 69) Commemoriali Vol. XVI. fol. 74 v.

hin, daß das bestehende Verhältniß aufrecht erhalten werden sollte. Das Bisthum Zante erhielt überhaupt in dieser Zeit ansehnliche Schenkungen; so erklärte am 13. April 1461 [70]) der Capitain Francesco d'Ariano in Gegenwart des Procurators Giovanni Pelegano von Trani, des Alexis d'Ancona und Rubano de St. Aloe, daß die Archontissa Giovanna, Witwe des Nucolo Siguro, für das Seelenheil ihres Sohnes Giovanni demselben ein Grundstück überwiesen; im Juni 1462 [71]) verfügte der Papst über die Kanonicate des Anargyrenklosters zu Gunsten des Bisthums; Tocco selbst schrieb an Ariano und Pelegano am 30. Sept. 1469 und am 18. und 30. Aug. 1475 über weitere Dotationen Scardamelli's; am 20. Aug. 1476 ward ein förmliches Verzeichniß der Besitzungen desselben aufgesetzt, das 15 Folioblätter füllt [72]). Der Bischof selbst beschenkte am 4. Jan. 1475 seinen Factor Giovanni da Ferana wegen ihm geleisteter treuer Dienste mit ansehnlichem Grundbesitz; später — im December 1490 — erhielten Teodoro Caicali und Giovanni Sladà gleichfalls Ländereien des Bisthums zum Geschenk. Von feudalen Urkunden finden wir eine Erneuerung des Privilegs der Pelegano, diesmal für Giovanni vom 25. März 1479 [73]), sowie wir auch aus einer Bestätigungsurkunde von 1558 [74]) wissen, daß der Despot der Familie Galati auf Ithaka — die einzige dort, die in venetianischer Zeit Adelsprivilegien genoß — eximirte. Daneben stifteten Leonardo und seine Verwandten zahlreiche Kirchen und Klöster, so S. Demetrios in Melinado und S. Nikolaos auf dem Skoposberge; die des S. Joannes Prodromos, des S. Elias und der Madonna von Anaphonitria (deren Glocken noch, gleich den Mauern des Castells auf Zante, das Wappen der Tocco tragen) [75]), sollen von einer Prinzessin des Hauses Cleopa dotirt worden sein. Letztere ist ohne Zweifel dieselbe Archontissa, die das Prodromoskloster im März 1479 [76]) mit ihrer Besitzung Kopsidaion dotirte; ob sie wirklich zum Geschlecht der Tocco gehörte, läßt sich indessen nicht constatiren. Von Leonardo III. selbst wissen wir nur, daß er in erster Ehe die serbische Prinzessin Miliza, Lazar's Tochter, heirathete, die schon 1464 nach der Geburt eines einzigen Sohnes Carlo III. starb; letzterem schenkte der Vater alsbald Zante, wo für ihn Ambrosio Dionardi fungirte, im Januar 1478 das Bisthum beschenkte und am 22. April jene Dotation der Cleopa vidimirte. Daneben entsprossen jener Ehe drei „gar schöne und fromme Töchter" [77]) Ramondina (verm. mit Pico, Grafen von Mirandola), Eleonora (Nonne) und Maria, die den sicilianischen Baron Pietro Talamanca la Grua von Carini heirathete; aus der zweiten 1477 mit Francesca Marzani de Aragon eingegangenen Ehe Leonardo's III. stammten Pietro (gest. kinderlos) und Ferdinando, gestorben 1535 als Herr von Refrancore im Mailändischen [78]). Bald genug sollte der Despot den Rest seiner Herrschaft verlieren; das unglückliche Kriegsjahr 1477, in dem Venedig ihm zum letzten Mal ein Schiff gegen die Türken stellte, bereitete seinen Untergang vor, gleichwie es die Herrschaft Venedigs in Albanien völlig erschütterte.

Während im Mai 1477 ein türkisches Corps Lepanto und Lenkadia bedrängte, jedoch von Antonio Loredano abgewehrt wurde, zog Ahmedbeg, Sandschak von Albanien, gegen Kroja. Venedig, darauf bedacht, diese Festung um jeden Preis zu behaupten, sandte dem dortigen Proveditor Pietro Vetturi Succurs und gelobte im Juli [79]) dem Alexios Spau, der Kroja verproviantiren wollte, eine Jahresrente von 2000 Dukaten. Auch im Archipel sah man sich vor, da des Sultans Flotte, 130 Segel stark, nicht nur Chios in demselben Monate heimsuchte, sondern auch auf Naxos mit Feuer und Schwert hauste; Paläokastron auf Lemnos ward neu befestigt. Nun gelang es zwar dem Proveditor von Skodra, Francesco Contarini, den Ahmed von Kroja zurückzuschlagen; allein indem in vollem Siegesjubel sich seine Söldner aufs Plündern gaben, fielen sie, angeblich durch Verrath des Nikolaus II. und Lech II. Dukagin, in einen Hinterhalt und gingen mit ihrem Führer zu Grunde. Noch einmal versuchte man es mit Friedensunterhandlungen; im November [80]) erbot sich die Republik, für Morea 5000 Dukaten Tribut zu zahlen; der Sultan forderte Abtretung. Da zögerte der Rath der Zehn nicht, am 28. Jan. 1478 [81]) einstimmig einem Meuchler, der den Sultan binnen einem Jahre aus dem Wege räumen wollte, außer ansehnlichem Grundbesitz 20,000 Dukaten zu verheißen; doch der Mordversuch scheiterte oder unterblieb [82]). Zu derselben Zeit begab sich Johann Kastriota, Skanderbeg's Erbe, auch nach Kroja, dessen Einwohner unter Jacopo da Mosto noch einen tapfern Widerstand leisteten; trotzdem mußten sie schließlich am 15. Juni capituliren und ausziehen, nachdem ihnen Leben und bewegliche Habe zugesichert; auf dem Abmarsche wurden noch mehrere gemetzelt. Kroja aber ward nun eine der stärksten türkischen Festungen in Albanien; es erhielt den Namen Akhissar, d. i. Weißenburg. Dann begann eine neue Belagerung von Skodra, über die Barletio und andere ausführlich gehandelt haben; es hielt sich gleich Antivari; dagegen fielen Schabljak, das den Cernojević gehörte, Alessio und Drivasto noch in demselben Jahre in Feindeshand; aus letzterer Stadt ward Peter Angelos wegen seiner und seines Sohnes, des verstorbenen Bischofs Paul, treuer Dienste am 20. Dec. [83]) mit einer Pension ausgestattet. Allein auch die Lage von Skodra ward immer bedenklicher; vergeblich verlieh Venedig dem dortigen Woywoden Nikolaus Moneta, dem Coja Dmol und anderen gleichfalls Pensionen; der Proveditor Antonio da Lezze, später deshalb verurtheilt, war zu schwach, um dauernden Widerstand zu leisten; die albanesischen

70) Archiv des lateinischen Bisthums auf Zante. 71) Ebenda; ebenso die folgenden Acten. 72) Registr. episcopatus Vol. I, fol. 290—294 (ebenda). 73) Archiv des Mauritianus auf Zante. 74) Carte di Geronimo Galati auf Ithaka. 75) Nerra Storia di Zante (MS. Barbiani ebenda). 76) Codex ecclesiae Prodromi; im Anfang edirt bei Chiotis a. a. O. II. 628. 77) Imarte, Codd. Matritenses. Vol. I. p. 258.

78) Mar. Vol. X. fol. 146. 79) Misti del Cons. dei X. Vol. XIX. fol. 29; Magno, Annali. Vol. VIII. fol. 657; Navagero XXIII, 1146 seq. 80) Secreti Vol. XXVIII. fol. 60. 81) Misti del Cons. dei X. Vol. XIX. fol. 48v. 82) Secreti Vol. XXVIII. fol. 62, 77. 83) Mar. Vol. XI. fol. 5v.

Häuptlinge neigten zum Theil hin zum Islâm, so die Dukagin; selbst Korfu schien bedroht, da es hieß, der Baron Michele Goth habe die Osmanen in seine Dörfer aufgenommen [84]. So blieb denn schließlich doch Nichts übrig, als Annäherung an den Sultan; der des Türkischen und Griechischen gleich kundige Secretair Giovanni Dario führte statt des Bailo die Unterhandlungen [85]. Nachdem das belagerte Galata bei Lepanto noch lange einen Zankapfel abgegeben, ward endlich am 25. Jan. 1479 der negropontiner Krieg durch einen schmählichen Frieden beendet, in dem Venedig nur seinen Levantehandel auf kurze Zeit rettete und Durazzo nebst Antivari in Albanien behauptete. Dagegen cedirte es Kroja, Morea, einschließlich der Maina, Skodra nebst Chimara (dessen albanesische Bevölkerung indessen auch unter den Türken noch sich ihrer alten Freiheit oft erinnerte), und Lemnos, zahlte zunächst 100,000 Dukaten, die angeblich dem Draperio aus Phokäa's Alaungruben geschuldet wurden, und verpflichtete sich zu einer jährlichen festen Zollabgabe von 10,000 Dukaten für seine im osmanischen Reiche verkehrenden Kaufleute. Am 25. April ward der Friede in Venedig mit Lutfibeg, des Großherrn Gesandten, ratificirt; Skodra ward überliefert; die Einwohner wurden später auf Kypros angesiedelt. Auch das feste Strovili mußte nun von dem Castellan Pietro Sagredo geschleift werden; Venedig opferte selbst die getreuen Häuptlinge Albaniens und die Tocco; dagegen wurden die Crispo von Naxos als Vasallen Venedigs in den Vertrag eingeschlossen. Am 7. Oct. erklärte Mohammed, in Zukunft die Venetianer in Constantinopel als Freunde behandeln zu wollen; wegen der Cernojevic [86] und gewisser Punkte in Morea ward eine Grenzregulirung vorbehalten. Hier handelte es sich namentlich um das feste, ja unbezwingliche Thermisi bei Nauplion [87], die dortigen an Franco Alberti verpachteten Salinen und die in Nauplion geborgenen albanesischen Flüchtlinge aus Damala und Phanarion, ferner um Vatika und Abertokastron, welche Plätze Mohammed als ehemalige Dependenzen des Despotats Misithra forderte, Venedig als zu Nauplion gehörig verweigerte. Der Sandschak von Morea drohte 1480 schon mit neuer Fehde; da empörten sich im Herbst die Slawen in Maina und metzelten alle dort weilenden Türken; 20 Castelle waren in ihrer Hand; sie drohten, Ferdinand von Neapel, der jüngst mit Venedig im Kriege gelegen, zum Herrn von Morea zu proclamiren, und ermahnten diesen, hinzuziehen, die Venetianer aus ihren Colonien zu verjagen und dann die Türken aus der Halbinsel zu verdrängen. Unter diesen Umständen waren beide Theile zur Ausgleichung bereit, zumal da Mohammed II. gegen Neapel schon rüstete; im April 1481 ward der Friede erneuert; Venedig behielt die streitigen Plätze nebst Monemvasia in Morea. Zur Erhöhung des Mißverhältnisses zwischen der Republik und Neapel hatte die noch 1479 erfolgte Vernichtung der Tocco in Epiros nicht wenig beigetragen, die ja ebenso gut Schutzbefohlene Venedigs, als alte Vasallen Neapels waren. Leonardo III. war nicht nur zu einem jährlichen Tribut von 4000 Dukaten verpflichtet, sondern auch angehalten worden [88], ein besonderes Ehrengeschenk von 500 zu zahlen, so oft ein türkischer Sandschak Joannina oder Arta besuchte. Jetzt hatte er es unterlassen, auch sogar venetianische Reiter auf seinen Inseln beherbergt; dagegen hatte Venedig es unterlassen, ihn in den Frieden mit aufzunehmen. So zog denn im Sommer 1479 der Pascha von Valona, Kedük Ahmed, mit 29 Schiffen gegen den Rest des Despotats und besetzte zunächst Vonizza; dann griff er Kephalenia an, das sich gleichfalls ergeben mußte; endlich fiel auch Zante, verlassen von den 600 Reitern, die Venedig zum Schutz hingesandt, trotz der tapfern Gegenwehr des dortigen Capitains Pietro del Broglio [89]. Leonardo, dessen tyrannisches Regiment den Einwohnern wenig behagt hatte, flüchtete mit seinen Brüdern nach Neapel und von da nach Rom, wo ihnen der Papst 1480 ein Geschenk von 1000 Dukaten machte und 2000 als Jahrgehalt aussetzte; die Bevölkerung wurde gemetzelt oder in die Sklaverei geführt. Zwar verjagte des Despoten jüngster Bruder Antonio 1481 [90] mit Hilfe Neapels, das ihn mit Proviant und Munition versah, und catalonischen Söldnern die türkischen Besatzungen aus Kephalenia und Zante aufs Neue; aber dieser Umstand reizte nur die Eifersucht Venedigs, das alsbald im April dem Sultan davon Anzeige machte und Zante durch die Castellane von Modone und Korone occupiren ließ. Auch aus Kephalenia erschien im Februar 1483 Theodoros Paläologos in Venedig, und meldete, die ganze Bevölkerung sei unzufrieden mit Antonio, der ein förmliches Piratenleben führe, Türken und Christen fange und morde. Man beschloß darauf, Kephalenia wo möglich auf gütlichem Wege, sonst aber auch mit Gewalt zu erlangen; 10 Galeeren wurden hingesandt. Da erhoben sich im April 1483 die Einwohner der Insel wider ihren Tyrannen und tödteten ihn; Venedig besetzte das Land. Vergeblich suchte Leonardo III. es gegen Tributzahlung wiederzuerlangen; bei Erneuerung des Friedens mit der Pforte 1485 behielt Venedig nach langen Unterhandlungen zwar Zante, mußte jedoch Kephalenia cediren, das erst 1502 wiedererlangt ward. Die Occupation der ionischen Inseln schien 1480 dem Großherrn den Weg nach Italien zu bahnen; bald sehen wir dort die Osmanen Otranto bestürmen; aber ihr Angriff mißlang ebenso, wie die großartige Expedition nach Rhodos; ohne

84) Deshalb verurtheilt 1480 und in Venedig internirt; doch 1486 freigesprochen. Misti del Cons. dei X. Vol. XX. fol. 27v sqq. 85) Die Acten bei Miklosich und Müller III, 293—301 u. XI—XIV. 86) Commemoriali Vol. XI. fol. 141. 156. 87) Miklosich und Müller III, 301—309. u. XIV—XVIII. Bartol. Minio, Dispacci (Cod. Cicogna no. 1330) fol. 2v; Guerre de' Turchi.

88) Magno, Annali. Vol. IX. (Cod. Cicogna n. 2661); Spandugino fol. 200rv; Jac. Volaterranus, Diar. Roman. bei Muratori XXIII, 102; ferner J. Tucher im: Reyß-Buch. Bl. 1. Frankfurt 1670. Fol. S. 655. 89) P. Mercati, Saggio storico statistico della città di Zante. (Corfù) 1811. 4. p. 17. 90) Secreti Vol. XXX. fol. 8v, 167; XXXI. fol. 15r; Navagero XXIII, 1180.

seine Lieblingspläne zu Ende geführt zu haben, starb Mohammed II. am 3. Mai 1481.

Gleich Leonardo III. und Thomas von Morea hatten damals verschiedene andere Große Griechenlands ihre Zuflucht zur Curie genommen und von derselben Pensionen ausgesetzt erhalten, die auch unter den Nachfolgern Sixtus' IV. ihnen und ihren Erben fortgezahlt wurden[91]). Wir finden unter ihnen auch die Ralli wieder, so Jakob Primus, der mit Pelagrena, des gleichfalls pensionirten Joannes Laskaris Nichte, vermählt war, und Georgios Melichi, ferner den bekannten Geschichtschreiber Theodoros Spandunis (Spandugino) Kantakuzenos aus Constantinopel, den Joannes Laskaris Pyrrhpondilos mit Gattin und Kindern, die Franceschina Paläologina, deren Vater und Bruder den Islâm angenommen, den Joannes Trianitis, Georgios' Sohn, der treu der Kirche lieber hatte sterben wollen, als Moslem werden, und andere. Eine kirchliche Annäherung zwischen den Griechen und Lateinern ward aber doch durch diese Verbindungen kaum angebahnt, obgleich im Januar 1480[92]) der griechische Patriarch Maximos ein dieselbe betreffendes Schreiben an den Dogen Giovanni Mocenigo richtete. Im Uebrigen sind die Tocco die einzigen Dynasten Griechenlands, die nicht im Elend untergegangen sind. Dem Leonardo III.[92a]), der 1494 sein Testament machte und bald darauf unter den Trümmern seines eingestürzten Hauses begraben ward, hatte der König von Neapel am 26. Jan. 1490[93]) versprochen, seinen Sohn Carlo III. wie seinen eigenen anzusehen; er besaß Calimera und Briatico und erhielt dazu noch Monopoli durch Verleihung Karl's VIII. von Frankreich. Die Linie seines Sohnes Ferrante (gest. 1535), der von Maximilian I. das Lehen Refrancore bei Alessandria erhalten, erlosch zwar schon mit dessen Sohne Marcantonio, Bischof von Lerida (gest. 1555), dagegen setzte Carlo III. (gest. 1518), der von der Curie eine monatliche Pension von 60 Dukaten empfing, in seiner Ehe mit Andronica Arianiti sein Haus fort. Sein Sohn Leonardo IV. (gest. 1564) heirathete Francesca Gritti; dessen Enkel Carlo IV. (1613—1638) und Leonardo V. (gest. 1641), die zu dem Despotentitel auch den Fürstennamen von Achaia annahmen — noch heute führen ihn des letzteren Erben — wurden von Giambattista Tocco, Fürsten von Montemiletto und Grafen von Montaperto (seit 1608), dem letzten Nachkommen des Grafen Pietro von Martina, 1614 adoptirt und traten nach seinem Tode 1631 sein reiches Erbe an, zu dem 1639 auch noch das Fürstenthum Apice kam[94]). Carlo IV. hinterließ nur Töchter; auf Leonardo V. folgen in directer Stammreihe Antonio (resign. 1658), Leonardo VI. (gest. 1670), Carlo V. Antonio (gest. 1701), Leonardo VII. (gest. 1776), der mit der Hand der reichen Camilla Cantelmo (gest. 1752) das Herzogthum Popoli erheirathete, Restaino Gioachino (gest. 1790), Carlo VI. und Francesco da Paola Mariano Luigi (geb. 1796), heutiger Fürst von Achaia und Montemiletto, Herzog von Popoli und Graf von Montaperto, der in der Ehe mit seiner Cousine Maddalena Tocco (gest. 1862), des Herzogs Nicolò I. von Apice Tochter, Vater zweier Söhne: Carlo (geb. 1827) und Nicolò (geb. 1828), geworden ist. Der Despotentitel ist aufgegeben; dagegen hält die Familie fest an dem Titel von Achaia, der wol deshalb angenommen ward, weil einst Carlo I. dort bedeutenden Grundbesitz gehabt hatte, und das Geschlecht der letzten dortigen fränkischen Gebieter, der Zaccaria, längst ausgegangen war.

Weniger behaglich war das Loos der heimathlosen Euböoten; zwar fand eine Menge Edeldamen[95]) ein Asyl in Venedig, wo ihnen das Kloster S. Filippo und Jacopo zur Wohnung angewiesen ward; dort ward ein förmliches Stift für sie eingerichtet, in das eine neue Pensionärin zog, sobald eine frühere mit Tode abgegangen. Nur wenige von ihnen hatten es so gut, wie Polissena Premarini (gest. 1505 in Drin), des Mitbesitzers von Keos Tommaso Tochter, die noch aus eigenen Mitteln ein Hospital in S. Sepolcro dotiren konnte; die meisten beschlossen ihr Leben im Elend oder mit spärlichem Gnadengehalt. Aber noch schlimmer erging es den meisten Häuptlingsgeschlechtern Albaniens, die nicht ihren Christenglauben verleugnen wollten. So zunächst den Musachi. Nachdem Gjin II. gestorben[96]), hatte Skanderbeg erst dessen Erbland occupirt, ohne nach dem Anrechte seiner Söhne Gjin III. (Giovanni) und Andreas zu fragen; doch hatte ersterer nach Kastriota's Tode das Land am Tomor (die Tomornitza) wiedererlangt und mit den dortigen Leuten Venedig eifrig gegen die Neapolitaner, als dieselben Durazzo bedrohten, unterstützt. Trotzdem ward er im Frieden 1479 geopfert. Obgleich ihm Mohammed glänzende Anerbietungen gemacht, wenn er zum Islâm übertreten wolle, hatte er dieselben constant zurückgewiesen; jetzt wollte ihn Venedig zum Dank den Türken sogar ausliefern. Von Durazzo aus gewarnt, flüchtete er in der Nacht nach Neapel, wo ihm König Ferdinand, der auch am 25. Nov. 1482[97]) den nach Brindisi übersetzenden Slawen, Albanesen und Griechen viele Freiheiten verhieß, Hoffnung auf Belehnung mit Apice gemacht hatte; seine beiden Kinder Theodoros (geb. 1478) und Helena blieben mit ihrer Mutter Maria Dukagin, da letztere sich schwanger befand, in Durazzo versteckt zurück, bis sie, nachdem letztere dort einen zweiten Sohn Adriano geboren, dem Giovanni nach Neapel folgen konnte. Dort führte letzterer, in seinen Hoffnungen getäuscht, eine wenig glänzende Existenz; im Jahre 1510 schrieb er das oft angeführte Memoire für

91) *G. Amati*, Notizia di alcuni manoscritti dell' archivio secreto Vaticano im Archivio storico italiano. III. Serie. Vol. III. 1866. p. 215 seq. 92) G. M. Thomas, Eine griechische Originalurkunde zur Geschichte der Orientalischen Kirche. München 1855. 4. 92a) Vergl. auch *Aramontinos* I, 186. 93) *Buchon*, Nouv. rech. II, 354. 94) *Fr. Bonazzi*, La nobiltà del regno delle due Sicilie. P. I. Vol. I. Napoli 1859. 4. p. 40 seq.

95) Ueber dieselben zahlreiche Urkunden in Notatorio Vol. XI. fol. 123v, 174v; XII. fol. 23v, 71v, 72v; XIV. fol. 125v; XV. fol. 93, 147; Privilegi Vol. II. *fol.* 56v; *Cornaro*, Ecclesiae Venetae XI, 272, 283—295. 96) *Gio. Musachi*, Memoria p. 5 seq. 35 seq. 97) Privilegia summae 1485—93. fol. 117 (Archiv zu Neapel).

seine drei Söhne, in dem er sie über den Ursprung, das Wappen, die Besitzungen und Ansprüche ihres Hauses, sowie über ihre Verschwägerung mit den übrigen Albanesengeschlechtern informirt. Er vertheilte zugleich seine Lande, falls sie wiedergewonnen würden, unter die Söhne, sodaß Theodor Berat, die Musakia und Kanina, Adriano (gest. 10. Mai 1526) die Tomoritza — wo vordem vier Baronien waren, die unter einem Woywoden standen, und bei Horkova an einer genau beschriebenen Stelle eine reiche Goldader sein sollte —, Opari und Groß-Devol, Constantin aber Klein-Devol und Kastoria erben sollte. Die beiden ältesten Söhne starben kinderlos; Constantin, der noch 1560 lebte, hinterließ von Lucrezia Egidio zwei Söhne: Gasparo — mit dessen einzigem Sohne Adrian Constantin das Geschlecht um 1600 erlosch — und Giovanni, und drei Töchter, von denen Porfida den Giovanni Maria Martino de Carles heirathete; ihre Nachkommen betrachteten sich als die Erben der alten Sevastokratoren. Des Giovanni (Ghin III.) mit Pela Thopia vermählter Bruder Andreas war in Epiros zurückgeblieben; doch verfolgten auch ihn dort die Türken; 1484 beklagten sich die letzteren bei Venedig über ihn und drohten selbst mit Fehde, sodaß Venedig für Lepanto Vorsichtsmaßregeln ergreifen mußte [89]); später ist Andrea verschollen; sein einziger Sohn Ghin starb unbeerbt, während die jüngeren Nebenlinien des Hauses sämmtlich in ihren letzten Sprossen zum Islâm übertraten; Hasân, Pietro's Sohn, fiel als Pascha von Rumili im Kriege gegen die Perser. Was die Dukagin anbelangt, so trat schon Nikolaus III., Georg's III. Sohn, zum Islâm über; ein Nachkomme von ihm war der Sandschak Skanderbeg, der 1510 lebte; auch Progan V., des Nikolaus II. (1452—1479) Sohn, ward Moslem und Pascha. Dagegen lebten Nachkommen Progan's II. noch im 17. Jahrhundert in Venedig; von Stephan, dem Sohne Lech's II. und Bruder des gegen die Türken gefallenen Nikolaus IV., stammte eine Linie in Ancona, die in seinem Enkeln erlosch. Die Zacharî, des einst in Dania gebietenden Bongo Erben, waren gleich den Slopes schon früher Mohammedaner geworden; ebenso Paul und Ghin Matrango, des Ghin von Gora Söhne. Von den Span [90]) erhielt der alte Alexios, der im März 1491 in Venedig weilte, eine Pension ausgesetzt, der nach seinem Tode 1495 auch seine Söhne theilhaftig wurden; ihr Geschlecht erlosch schon im 16. Jahrhundert. Dagegen sind die Engelli [1]) aus Drivasto, die sich später für directe Nachkommen der gleichnamigen Kaiser ausgaben und sich Herzoge von Drivasto und Durazzo, Fürsten von Achaia, Thessalien, Kilikien und Makedonien schrieben, auch die Beinamen Flavius und Komnenos annahmen, erst im 18. Jahrhundert ausgestorben; verschiedene aus ihrem Hause haben sich als Fabrikanten jener falschen Stammbäume bekannt gemacht, die so großen Wirrwarr in die albanesischen Genealogien gebracht haben; berüchtigt ist auch die von einem derselben herrührende Erfindung des Constantin-Ordens, dessen Großmeisterthum der letzte des Hauses Johann Andreas Angelus „Flavius Comnenus, Fürst von Macedonia,“ 1697 dem Farnesi von Parma verkauft hat. Hinsichtlich der Arianites [2]) ist zu erwähnen, daß des „Großen“ jüngster Bruder Bladen den tapfern Musachi Dangelino (so genannt nach seiner Mutter Angelina Kastriota) hinterließ, der von den Türken lebendig geschunden ward; seine einzige Tochter Porfida heirathete in Neapel, wo sie erzogen ward, den Giulio de Valignano; die Linie seines Vetters „Moses von Dibra“ erlosch ruhmlos in dessen Enkeln. Von den Söhnen des großen Arianites starb Thomas vor 1484, Constantin ward Moslem; ob Georg und Nikolaus Golem, die 1402 [3]) in Drivasto lebten, zu ihrem Hause gehören, ist unbekannt. Dagegen entsprossen von Arianites, des gleichnamigen Helden letzter Sohn, der 1466 starb, eine Tochter Maria, Gattin des Bartolommeo Guilspe della Rovere, und ein Sohn Constantin (geb. 1456), dem Venedig 1489 [4]) das Adelsprivileg seiner Ahnen bestätigte, und der seit 1491 in Montferrat als Regent, dann in den italienischen Heerzügen als wackerer Krieger eine Rolle spielte, jedoch 1508 seines Patriciats verlustig erklärt ward, da er es mit der Curie gegen Venedig hielt. Er heirathete eine Dame aus Montferrat, nannte sich zuweilen Fürst von Makedonien und Herzog von Achaia, und starb am 1. Mai 1531, außer sechs Töchtern den einzigen Sohn Arianites hinterlassend, der als letzter seines Hauses am 16. Nov. 1551 [5]) zu Rom gestorben ist. Endlich ist von den Kastriota schon erwähnt, daß Johann, Skanderbeg's einziger Sohn, sich nach Neapel zurückzog, wo er Soleto und das Herzogthum S. Pietro in Galatina empfing; er heirathete die Irene von Serbien und hinterließ von ihr unter andern die Maria (gest. 1560 als Witwe des Anton Branas Kastriota) und den Ferrante, zweiten Herzog von S. Pietro, der sich mit Adriana Acquaviva, des Herzogs Bonifacio von Nardo Tochter, vermählte; da ihre sechs Söhne jung starben, ward ihre Tochter Irene Erbin der väterlichen Güter, die sie 1539 ihrem Gemahl Pietrantonio Sanseverino, Fürsten von Bisignano, zubrachte. Von Branas Kastriota, Skanderbeg's Neffen, stammten die Herzoge von Ferrandina und Marchesi von St. Angelo und Atripalda, die gleichfalls schon im 16. Jahrhundert ausstarben, und endlich eine adelige Linie der Kastriota Skanderbeg, die heute noch in Neapel fortblüht [6]). So viel von den hauptsächlichsten Häuptlingsfamilien Albaniens. Endeten dieselben oder ihr Ansehen wenigstens schon mit dem Falle von Skodra, so bestand dagegen die Herrschaft der slawischen Cernojewič noch bis in den Anfang des 16. Jahrhunderts fort [7]). Stefan

89) Registri della XL. e dei X. Vol. II. fol. 44, 61.
90) Ducange, Familiae Byzantinae n. XIX, 361; Notatorio del Magg. del Cons. dei X. Vol. II. fol. 1, 36; Misti del Cons. dei X. Vol. XXVI. fol. 163v.
1) Ducange a. a. O. n. XXXIII, 311.

2) Chronik a. XXX, 196 seq. 3) Misti del Cons. dei X. Vol. XXV. fol. 135, 161. 4) Chronik Vol. XXI. fol. 117v; XXXI. fol. 228v; XXXII. fol. 2, 28. 5) Ducange a. a. O. XVIII, 348. 6) Siehe den Artikel Kastriota. 7) Die Geschichtschreiber von Montenegro sind hier ebenso fabelhaft, wie die Angaben bei Ducange a. a. O. n. XVI, 347.

Černojević, der urkundlich zuletzt 1456 erscheint, soll in demselben Jahre mit Skanderbeg gestorben sein; er hinterliess von Maria Kastriota, des letztern Schwester, einen einzigen Sohn Johann (1465—1490), den mit Gojsava Arianites vermählten Nationalheld der Montenegriner. Zahlreiche Sagen knüpfen sich an seinen Namen; ich wiederhole hier nur, dass ihm Venedig 1474 erbliches Patriciat verlieh, und dass er in dem letzten Türkenkriege Schabljak verlor, jedoch 1481 auf kurze Zeit wiedergewann. Als er im Jahre 1483 in Venedig weilte, um der Sage nach die Ehe seines ältesten Sohnes Marimus mit einer Tochter des Dogen Mocenigo zu vereinbaren (jener Ehe, die unsägliches Verderben über das Land gebracht haben soll, die aber durchaus unhistorisch ist) [8]), brachen die Türken in sein Land ein, wurden aber von dem Woywoden von Zedda, Thomas aus Arta, mit Hülfe des Andreas Musachi zurückgeworfen. Allein auf die Dauer ward es ihm doch in Schabljak bedenklich, und so räumte Johann nach Schleifung der Burg die Podgoriza und zog sich in sein festes Felsenschloss Cetinje zurück, wo er am 1. Jan. 1485 [9]) ein von ihm gestiftetes Kloster mit Pachtungen auf dem Berge Lovtschen (in der nach ihm noch heute so genannten Ivanbegovina) dotirte. Dort starb er hochbejahrt 1490. Er hinterliess zwei Söhne: Georg (1490—1514), seinen Nachfolger, und jenen Marimus, der angeblich des Dogen von Venedig Tochter gefreit haben soll, von dem übrigens gewiss ist, dass er schon bei des Vaters Lebzeiten zu den Osmanen überging und als Moslem den Namen Skanderbeg annahm. Georg, der auf seinem Schlosse Obod eine Druckerei anlegte, aus der 1494 [10]) u. a. eine slawische Liturgie hervorging, war ein friedliebender Fürst; er hielt treu zu Venedig, das demnach auch ihn in dem Friedensvertrage mit der Pforte einschliessen liess. Nach dem Tode seiner ersten Gemahlin Jela, Tochter des Carlo Thopia, heirathete er sogar eine Venetianerin Elisabetta Erizzo, des Antonio Tochter, zu deren Gunsten er am 22. Oct. 1499 zu Mailand testirte. Noch 1507 wird er mit seiner Gattin erwähnt; am 20. April 1514 ward sein Testament in italienischer Uebersetzung vidimirt. Eine unbegründete Sage lässt ihn, der übrigens den Aufenthalt in dem glänzenden Venedig schon der Gattin wegen dem Leben in den unwirthlichen schwarzen Bergen vorzog, schliesslich auch Moslem werden und in Constantinopel enden; historisch ist, dass er — wol in Venedig — 1514 starb, und nun alsbald sein Bruder Skanderbeg von dem Sultan zum Sandschak von Montenegro ernannt ward; bereits am 14. Juni [11]) erscheint er urkundlich als solcher. Die Kinder des ältern Bruders, von ihm so verdrängt, blieben im Westen; zwei Töchter heiratheten nach Ungarn, eine in Venedig; von den Söhnen starb der älteste Salomon in Ungarn, der jüngere Constantin, venetianischer Nobile, gleich seinen Ahnen, heirathete eine Contarini und setzte sein Geschlecht in Venedig fort, wo es erst 1660 mit seinem Urenkel Johann erloschen ist. Was anderswo von einem jüngern Sohne Georg's, Elias, berichtet wird, auf den eine noch blühende Familie Černojević ihr Geschlecht zurückführen will, ist reine Fabel; schon die einfachste Prüfung der Generationen, die ihr Stammbaum enthält, erweist die Erdichtung. Wahrscheinlicher ist dagegen die Annahme, nach der von Skanderbeg die erblichen Paschas von Skodra entsprossen sind, deren letzter Mustafa erst 1833 entsetzt ward. Uebrigens konnte Skanderbeg doch nimmer Herr von Cetinje werden, obgleich das umliegende Land ihm huldigte; die Montenegriner schaarten sich um ihren Metropoliten (Wladika) Wawil (gest. 1520) und bekleideten ihn zugleich mit höchster geistlicher und weltlicher Macht; er und seine Nachfolger behaupteten denn auch den Türken gegenüber ihre Selbständigkeit, bis es dem Metropoliten Daniel I. Petrović Njegoš (1697—1737) gelang, die höchste Würde in seinem Hause erblich zu machen und so den festen Grund zu der noch heute fortbestehenden Herrschaft der Petrović in Montenegro zu legen.

Abgesehen von dem Gebieter von Černagora und den Venetianern bestand 1480 nur noch im Archipel selbständige christliche Herrschaft; neben den Rhodisern, für die Odoardo Carmandino bis an seinen am 13. Oct. 1495 erfolgten Tod Kos, Leros und Kalamos verwaltete [12]), und den Maonesen von Chios waren es namentlich die Crispo von Naxos, die Sommaripa und andere Dynastengeschlechter, die sich noch Jahre lang behaupteten. Auf Naxos herrschte Jacopo III. (1463—1480) bis zu seinem 1480 erfolgten Tode [13]); er hinterliess von Caterina Gozzadini nur zwei Töchter, Fiorenza (verm. 1479 mit Domenico Pisani, gest. 1508) und Petronella (verm. 1485 mit Natale Molin, gest. 1502). Ersterer hatte er als Mitgift Santorini ausgesetzt; aber gleichwie er selbst 1476 die Töchter seines Oheims Antonio aus ihrer Apanage Syra verdrängt hatte, ebenso mussten jetzt Fiorenza und Pisani 1480 dem überlebenden Bruder Jacopo's, dem neuen Herzoge Giovanni III. (1480—1494) [14]), weichen, der sofort Santorini besetzte und erst, nachdem Venedig für jene kräftig eingeschritten, 1487 ihre Ansprüche mit Geld ab-

8) Das „Nibelungenlied" der Montenegriner soll wol eigentlich nur bedeuten, dass die Verbindung der Cernojević mit den Venetianern dem Lande der erstern verderblich geworden ist; die Heirath des Georg gab dann der Sage weitere Ausbildung. 9) Miklosich, Monumenta Serbica p. 540. 10) Ebenda p. 538. 544; Notatorio Vol. XVI. fol. 11 v. 11) Lettere secrete del Collegio Vol. III.

12) Libri bullarum no. 73. (1481—82.) fol. 214; no. 77. (1494—96.) fol. 166. 174, 175 v. 199. 13) Mar. Vol. XI. fol. 98 v.; Notatorio Vol. XIII. fol. 64 v; Magno, Annali Vol. IX; vergl. meine Analekten S. 403—412. 14) Sauger a. a. O. p. 261 lässt denselben irrig vorher Rhodiser gewesen sein; er verwechselt ihn mit Giovanni Crispo, des Pietro Sohn, der 1475 als Komthur von Naxos starb — in der dortigen Kirche S. Antonio ist noch sein Grab mit zerstörter Inschrift — und den Galeazzo da Carogna am 22. Jan. zum Nachfolger hatte. Libri bullarum no. 67. (1474—76.) fol. 205 v. Später erscheint dort Italiano Valerio aus dem Hause der Maonesen von Chios; da er im October 1518 an Stelle des Luigi de Cruslengis Praeceptor von Rhodos ward, folgte ihm Antonio da Carogna auf Naxos. Ebenda no. 92. (1518.) fol. 221, 226 v.

land. Venedig hatte den frühern Herzog in den Frieden aufnehmen lassen, den es 1479 mit dem Sultan eingegangen, hatte aber in Folge dessen viel Aergerniß zu leiden. Denn 1484 [15]) klagte die Pforte, Giovanni III. sei nun schon mit 10,000 Dukaten Tribut im Rückstande und beherberge zudem noch auf seinen Inseln, gleichwie Nicolò Sommaripa auf Paros, Piraten, welche die asiatischen Küsten verheerten. Venedig ermahnte beide, solch Unwesen abzustellen; als später Crispo 1487 [16]) sich beschwerte, ein venetianischer Capitain hätte Vieh und andere Habe seiner Unterthanen geraubt, mißbilligte die Republik aufs Entschiedenste solche Gewaltthat und bedrohte den Räuber mit 500 Dukaten Strafe. Im Uebrigen verschlechterte sich die Lage der Inseln von Jahr zu Jahr; die Türken drohten mit ihrer Flotte; die Herren thaten Nichts zum Schutze ihres Landes, das Volk, unzufrieden, fing an zu murren und ward dafür nur schwer bedrückt. Daher schrieb der Erzbischof Nikolaus von Naxos am 7. Juni 1490 [17]) dem Provveditor Nicolò Pisani, der mit Venedigs Flotte im Archipel kreuzte, die Einwohner von Naxos und Paros wären bereit, der Republik zu huldigen, worauf der Senat ihm befahl, sich zum Herzoge und zu Sommaripa zu begeben, ihnen das Verzweifelte ihrer Lage klar zu machen und ihnen gegen Abtretung ihrer Inseln lebenslänglichen Unterhalt zu verheißen. Zwar blieben die deshalb gepflogenen Unterhandlungen erfolglos; doch gestattete man dem Sommaripa, fortan auf den Zinnen seiner Burg das Banner des heiligen Marcus zu führen, und lieferte dem Herzoge 1491 [18]) auf seine Bitte eine Galeere nebst Munition gegen Vorauszahlung. Giovanni III. hatte eine edle Venetianerin, die Tochter Vettore Morosini's, geheirathet, dieselbe aber bald verstoßen; von einer Geliebten hatte er einen Sohn Francesco (geb. 1483) und eine 1491 geborene Tochter. Der schwere Druck, den die Narioten von ihm zu leiden hatten, rief endlich 1494 [19]) einen Aufstand hervor, in Folge dessen der Herzog am 1. Juli erschlagen ward; provisorisch übernahm die Regierung Jacopo Crispo, des Guglielmo von Namfio Bastard; als Regent stellte er im September [20]) eine Urkunde über die Güter des verstorbenen Andrea Longo aus, wobei Andrea Ribaldo, Marcellino Sclero, Capitain der Stadt, und Alberto della Fontana, Castellan der Burg, als Zeugen erscheinen. Allein Jacopo sah zu gut ein, daß es ihm unmöglich sei, ohne Venedigs Beistand die Insel länger gegen die Türken zu behaupten. Schon damals, als der Herzog eben ermordet war, hatten sich die Narioten an den venetianischen Flottencapitain Nicolò Pisani gewandt, der mit 6 Galeeren im dortigen Hafen lag und sich unter seine Protection gestellt; jetzt begab sich der Erzbischof der Insel nach Venedig und bat, dieselbe zu behalten und zu schützen. Am 15. Oct. [21]) beschloß der Senat, das Herzogthum wenigstens so lange zu verwalten, bis der Sohn Giovanni's majorenn geworden; zum Gouverneur ward Pietro Contarini (1494—1495) erwählt, der den von Pisani eingesetzten Vicegouverneur Francesco Morosini ablösen sollte. Seine Commission lautete dahin, daß er zwei Jahre lang im Amte bleiben, jährlich 500 Dukaten Gehalt beziehen, aber nicht Handel treiben sollte; man stellte ihm eine Galeere zur Disposition, ermahnte ihn, mit den Türken Frieden zu halten und die Verwandten des Herzogs gut zu behandeln; auch sollte er die übrigen, zum Herzogthume gehörigen Inseln, namentlich Milos, Syra und Santorini verwalten. Auf letzterer fungirte 1493 [22]) Antonio Crispo als Gouverneur; er erscheint in zahlreichen Privaturkunden als Sohn des Domenico und Enkel des Marco I. von Jos; seine Nachfolger waren Francesco da Mosto, Antonio da Corogna (1496—1501), Guglielmo da Corogna (1508) und Jacopo Belegno (1500). Außer jenem Antonio Crispo erscheinen um dieselbe Zeit viele Sprossen des Geschlechts auf Santorini, so Nicolò, Marco, der viele Privilegien von der Herzogin Caterina Gozzadini, Jacopo's III. Witwe, erhalten hatte, ein anderer Antonio, des 1505 verstorbenen Regenten Jacopo Sohn, und Enkel des Herzogs Guglielmo II. u. s. w., die sich damals von Contarini ihre alten Diplome erneuern ließen. Der Gouverneur starb übrigens schon 1495 auf Naxos und hatte den Andrea Memo (1495—1498) [23]) zum Nachfolger, der alsbald in Begleitung eines Dollmetschers nach dem Archipel ging; zugleich ließ Venedig dort 5 Galeeren unter Giovanfrancesco Venier kreuzen und befahl dem Provveditor der Flotte, Bartolommeo Giorgio, die Inseln treulich zu schirmen. Im October 1497 ward dann Ambrosio Contarini (1498—1500) zum Statthalter bestimmt [24]); er trat Anfangs 1498 sein Amt an. Als es sich aber nach Ablauf desselben im Januar 1500 darum handelte, einen neuen Gouverneur zu wählen, erhoben sich im Senate viele Stimmen für Giovanni's III. jetzt beinahe zwanzigjährigen Sohn Francesco, der 1496 sich in Venedig mit einer Tochter des Matteo Loredano vermählt hatte und in dieser Ehe schon Vater zweier Kinder geworden war. Bereits 1497 [25]) hatte die junge Herzogin gebeten, ihr ein Schiff zur Reise nach Naxos zu liefern, doch war dieselbe nicht zur Ausführung gekommen; jetzt aber betrieben die einflußreichen Loredano eifrig die Restitution ihres Verwandten, der sich Anfangs 1500 nach Naxos begab, dort das Regiment aus Contarini's Hand empfing und bereits am 27. März [26]) eine Urkunde zu Gunsten der Gozzadini ausstellte; am 24. Oct. endlich bestätigte der Senat dem neuen Herzoge

15) Secreti Vol. XXXII. fol. 88. 16) Mar. Vol. XII. fol. 116 v, 129. 17) Secreti Vol. XXXIV. fol. 76; Magno, Annali. Vol. X. (Cod. Cicogna no. 268) fol. 109; P. Bembo, Historia Veneta. Venetiis 1718. 4. p. 24. 18) Mar. Vol. XIII. fol. 44. 19) Secreti Vol. XXXV. fol. 75; Magno, Annali. Vol. X. fol. 192 v; Navagero XXIII, 1203; Bembo p. 41; P. Casola, Viaggio a Gerusalemme (publ. da G. Porro). Milano 1855. 4. p. 26. 20) Originalurkunde im Besitz des Hrn. Giorgio Sommaripa auf Naxos.

21) Secreti Vol. XXXV. fol. 75. 22) Urkunden des latinischen Bisthums auf Santorini. 23) Mar. Vol. XIV. fol. 64, 73; Secreti Vol. XXXV. fol. 109, 138 v. 24) Mar. Vol. XIV. fol. 75, 134 v, 145 r v, 205. 25) Ebenda XIV. fol. 128; XV. fol. 39 v; Bembo p. 175. 26) Archiv Gozzadini zu Bologna F. 83. n. 14.

Francesco III. (1500—1518) feierlich den Besitz seines Landes. Ihm und dem Nicolò I. von Paros empfahlen die Johanniter am 20. April 1503[27]) ihre Schiffe, die Küsten im Archipel suchen sollten; ruhig beherrschte er, unterstützt von Jacopo Gozzadini von Keos, der 1507 neben Pietro Crispo als Gouverneur erscheint, 17 Jahre lang seine Insel, während auf Andros nach dem Tode des Nicolò Sommaripa (gest. 1506), des Sohnes und Nachfolgers Crusino's II., lange Erbfolgestreitigkeiten obwalteten, in Folge deren Venedig letztere Insel 1507 sequestrirte und erst 1514 dem Bastardbruder Nicolò's, Alberto (1514—1523), zurückgab. Dagegen hatte Francesco 1517[28]) das Unglück, auf einer Jagdpartie von türkischen Corsaren gefangen zu werden; Venedig befahl dem Provveditor, auf letztere zu fahnden, ihn zu befreien und die Inseln zu vertheidigen. Er erlangte zwar seine Freiheit wieder, starb aber schon 1518; am 19. April desselben Jahres[29]) gestattete Venedig seinem Sohne, wie den Gozzadini von Keos, ihre Schiffe auf Kreta auszurüsten. Francesco III. hinterließ nur zwei Kinder, Caterina, die 1519 den Giovanni Luigi Pisani (Herrn von Keos 1541—1566, gest. 1568) heirathete, und seinen bereits seit 1517 mit Adriana Gozzadini vermählten Nachfolger Giovanni IV. (1518—1564), unter dem der größte Theil der Inseln des Archipels bereits eine Beute der Türken ward. Im Juni 1518 beanspruchte der neue Herzog schon Paros, dessen Herr Crusino Sommaripa, des alten Nicolò I. Sohn, jüngst gestorben war; doch ward durch Venedigs Intervention dessen Erbe 1520 seiner Schwester Fiorenza zugesprochen, die, seit 1479 mit Giovanni Francesco Venier, Mitbesitzer von Cerigo (gest. 1518) vermählt, alsbald die Insel ihrem Sohne Nicolò II. Venier (1520—1531) abtrat. Da letzterer kinderlos starb, entstand 1531 ein neuer Proceß, wobei auch Crusino III. von Andros (seit 1523) auf Paros prätendirte; erst 1536 ward letzteres durch Venedig der Cecilia Venier, des letzten Herrn Schwester, zugesprochen, die sich 1531 mit dem wackern Bernardo Sagredo (1536—1537) vermählt hatte; ein Jahr früher war der alte Anspruch der Zeno auf Andros endlich völlig beseitigt worden, indem Crusino III. die Costanza Zeno, Marco's Tochter, geheirathet hatte. Auch die Pisani, die als Erben des Domenico und der Fiorenza Crispo fortwährend auf Santorini Ansprüche erhoben hatten, waren 1531 mit Namfio abgefunden worden, das ihnen Herzog Giovanni IV. endlich nach dem Ableben der Fiorenza Barbaro (gest. 1528) eingeräumt hatte; allein diese neue Herrschaft im Archipel war nur von kurzem Bestande.

Denn auch nach Mohammed's II. Tode war der Halbmond beständig im Wachsen geblieben. Während Bajesid II. (1481—1512) mit Ungarn im Kriege lag, hatte er schon am 30. Mai 1481[30]) der Signorie erklärt, daß er ihr Freund bleiben wolle; Antonio Vitturi hatte ihn als Gesandter zur Thronbesteigung beglückwünscht; nach langen Verhandlungen war am 12. Jan. 1482 der Frieden erneuert worden, nicht ohne einige erhebliche Vortheile für Venedig. Auch mit den Rhodisern, die noch im Januar 1482[31]) Verfügungen zum Schutz von Syme getroffen, hatte sich der neue Großherr endlich verständigt; ja das Verhältniß ward so intim, daß er im Mai 1483[32]) dem Großmeister die Hut seines gefangenen Bruders Dschem anvertraute, der, wie bekannt, später 1495 am Hofe des Papstes Alexander VI. gestorben ist. Das gute Einvernehmen mit Venedig drohte indessen eine Zeit lang gestört zu werden, da die Republik nach Antonio Tocco's Tode Kephalenia und Zante besetzt hatte; doch versuchte man schon im Mai 1483[33]), auf friedlichem Wege sich den Besitz dieser Inseln zu sichern. Der Secretair Giovanni Dario betrieb die Angelegenheit bei der Pforte mit so viel Geschick, daß man bereits im November 1484 der Behauptung von Zante — freilich gegen 500 Dukaten Tribut — gewiß war; dagegen mußte Kephalenia zurückgegeben werden[34]). Noch im Februar 1485[35]) schien es, als würden die Unterhandlungen scheitern, da Francesco Zopolo 30 Türken bei Iviara gefangen genommen hatte; allein da man sich dazu verstand, Entschädigung zu leisten, ward der Vertrag im April ratificirt; auch für Modone und Korone zinste Venedig und verpflichtete sich 1487, den Mörder eines maurischen Gesandten, der dort ums Leben gekommen war, auszuliefern. Für Zante ernannte die Republik am 17. Sept. 1484 den Antonio Contarini zum ersten Provveditor, als Groß-Connetable stand ihm Rizzardo Barbiano (aus dem Hause der heutigen Fürsten von Belgiojoso) zur Seite, dessen Haus noch heute auf der Insel blüht. In der letzten Zeit hatten viele Zakynthier in Modone und Korone ein Asyl gesucht; jetzt kehrten sie in die Heimath zurück, wo ihnen Venedig alsbald ihre Güter zurückgab; am 15. Juni 1485[36]) ward Contarini anbefohlen, dem Gerardo Pelegano und dessen Gattin Chiara ihr Eigenthum zurückzugeben; nur Giovanni de St. Eloe, der 1487 laut Patent Leonardo's III. ein Lehen forderte, das den größten Theil der Insel in sich schloß, mußte, da dasselbe für 25 Familien ausreichte, sich im August[37]) neue Reduction gefallen lassen; ebenda ward am 13. Sept. 1488 Marcus de' Franceschi als neuer Bischof bestätigt. Für die moreotischen Besitzungen, wegen deren man fürchtete, daß die Aragonier auf dieselben Absicht hätten, ward fortwährend gesorgt; so gingen im Februar 1486[38]) frische Truppen nach Nauplion, Modone und Korone, „in deren Erhaltung," wie der Rath der Zehn am 9. Mai 1492[39]) decretirte, „die

27) Liber pactorum no. 19 (1502—3) fol. 252. 28) Secreti Vol. XLVII. fol. 65, 70. 29) [illegible] il Consiglio di Pigano (Cod. Cicogna n. [illegible]). 30) Miklosich und Müller III, 309—317. n. XIX—XXII.

31) Liber pactorum no. 19 (1481—82) fol. 184. 32) Miklosich und Müller III, 317 seq. n. XXIII. 33) Secreti Vol. XXXI. fol. 15v. 136v; Mar. Vol. XII. fol. 25. 34) Commemoriali Vol. XVI. fol. 174; Miklosich und Müller III, 322. n. XXIV. 35) Lettere [illegible] del Collegio Vol. II. fol. 70v. 36) Archiv des Municipiums auf Zante. Libro degli ordini (1683—1784) fol. 108. 37) Mar. Vol. XIII. fol. 119. 38) Secreti Vol. XXXII. fol. 187. 39) Misti

Behauptung unserer Seeherrschaft beruhe;" sie wurden wohl verproviantirt; man erhielt das von Georgios Gabrielopulos dort gestiftete Hospital S. Leon in gutem Stande und verglich sich 1496 mit dem griechischen Bischofe Joannes Plusadinos, indem man ihm zwei streitige Kirchen überließ. Auch mit den griechischen Archonten hielt man gutes Einvernehmen; Antonios Sophianos und dessen Brüder, die aus dem Peloponnesos nach Constantinopel gegangen, erhielten durch den Bailo Pietro Bembo 1484 venetianisches Bürgerrecht; der Rath der Zehn bestätigte es am 27. Juni 1490 [40]. Mit der Pforte dauerte der Friede fort, da Venedig pünktlich seinen Tribut zahlte [41], obgleich die 1489 erfolgte Occupation des Königreichs Kypros, das für einen Augenblick glänzenden Ersatz für die vielen Verluste in der Levante zu bieten schien, leicht zum Kriege hätte führen können. Wieder schien Venedigs Ansehen im Archipel zu wachsen, während die Macht der Rhodiser, obgleich diese noch 1481 Ikaria von den Giustiniani Arangio erworben hatten, im Abnehmen war; 1493 [42] mußten die Einwohner des ganz verheerten Karchi nach Rhodos übergesiedelt werden. Die Besitzungen des Ordens in Griechenland schmolzen überhaupt immer mehr zusammen; die Ballei Negroponte war längst verloren und bestand nur noch dem Namen nach; zu der von Morea waren 1483 auch die Besitzungen auf Zante geschlagen worden, wo noch heute die Ruinen der Johanniterkirche gezeigt werden; als letzte Präceptoren daselbst erscheinen 1489 [43] Philipp de Clair, 1490 Wilhelm Chauverant, 1498 Reinald de St. Simon, 1511 Philipp Villiers de l'Isle Adam, der spätere erste Großmeister auf Malta. Was Kos, Leros und Kalamos anbetrifft, so beschloß der Orden nach Carmandino's Tode am 19. Oct. 1495 [44], alle drei Inseln dem Großmeister Peter d'Aubusson zu überlassen; für denselben und seine nächsten Nachfolger schaltete dort ein Luogotenente, so bis 1501 [45] Johann Dabon, 1501—1503 Constanzo de Opertis, 1503—1505 Bernard de Agrasich, 1505—1507 Berengar de Montalez, 1507—1510 Anton de S. Martino, 1510—1513 Guido de Ragusa (unter dem Pangetto Duro als Castellan von Leros stand); 1513—1515 Franz Sanz, 1515—1516 Johann Parisot von la Valette, 1516—1519 Jakob Gilberto, endlich seit dem 18. Febr. 1519 Johann de Biroski, der, auf 5 Jahre zum Statthalter ernannt, noch vor Ablauf dieser Frist seine Inseln an die Türken verlor.

Eine bedenkliche Gestalt schienen die orientalischen Angelegenheiten zu nehmen, als Karl VIII. von Frankreich seinen Abenteuerzug nach Neapel unternahm, bei dem er es, wie es hieß, auf die Vernichtung der Türkenherrschaft und Herstellung eines fränkisch-byzantinischen Reiches abgesehen hatte. Venedig hielt sich dabei neutral; doch fehlte es in Constantinopel nicht an Einflüsterungen, als habe die Signorie doch den Heerzug der Franzosen begünstigt; namentlich hatte der intriguante Herzog von Mailand derartige Gerüchte ausgesprengt. Dazu kamen bald noch andere Streitigkeiten, die schließlich einen neuen Türkenkrieg nach sich zogen [46]. Zunächst hatte Firuzbeg, Pascha von Skodra, 1497 gefordert, daß Venedig nicht länger den Georg Cernojević beschütze, und sogar Abtretung von Cattaro geheischt, 1498 hatte Alipascha einen Streifzug bis nach Zara unternommen. Zwar war es der diplomatischen Gewandtheit des als Kaufmann in Constantinopel weilenden Andrea Gritti gelungen, noch einmal den Zorn des Großherrn zu beschwichtigen; aber während Venedig im Mai 1498 [47] die Castelle Peritheorion, Argyrokastron und Bruminan bei Lepanto in Vertheidigungszustand setzte, erneuerten sich die Conflicte. Luigi Giorgio feuerte auf ein ihm begegnendes türkisches Schiff; bei Naupliou wurden 500 Türken von 200 Stradioten der Republik zusammengehauen. Letzteres erbitterte den Sultan aufs Aeußerste; er ließ alsbald alle in Constantinopel lebenden Venetianer einkerkern, stellte die drückendsten Forderungen an den Dogen [48] und rüstete, da dieselben unerfüllt blieben, ein furchtbares Landheer und eine gewaltige Flotte. Mit ersterem erschien am 22. Juli 1499 Mustafa, Beglerbeg von Rumili, bei Bardari in der Nähe von Lepanto; letztere führte der Kapudanpascha Daud gegen die Flotte Venedigs, die, von Antonio Grimani befehligt, bei Sapienza lag. Am 28. Juli kam es dort zu einem Gefecht, in dem Grimani besiegt wurde; weitere Kämpfe fielen ebenso unglücklich aus; endlich mußte er weichen. Die türkische Flotte drang nun auch bis Lepanto vor und nöthigte den dortigen Statthalter Giovanni Moro am 26. Aug. zur Capitulation; die Einwohner ergaben sich dem Iskenderbeg gegen das Versprechen, daß sie 3 Jahre lang von dem Karadsch verschont bleiben sollten. Plündernd hausten dann die Osmanen in Dalmatien und selbst über den Tagliamento hinaus; den Archipel hatte schon 1498 ein Corsar Kumoghi heimgesucht; auch Zante war völlig verwüstet worden [49]. Während der Rath der Zehn im October [50] den Patriotismus des

---

del Cons. dei X. Vol. XXV. fol. 87; XXVII. fol. 152 v; Mar. Vol. XIII. fol. 68.

40) Misti del Cons. dei X. Vol. XXIV. fol. 156. 41) Commemoriali Vol. XVIII. fol. 98. 42) Miklosich und Müller III. 334 n. XXVI. 43) Libri bullarum no. 75. (1489—90.) fol. 16 v, 21 v; no. 86. (1510—11.) fol. 17; Capp. general. no. 5. fol. 1. Im Juni 1520 resignirte Jacopo Brindi als Präceptor von Garentopi (Morpiena), Zante und Kephalonia; 1540 war Vincenzo Giustiniani Titularcomthur von Morea. Ebenda no. 99. (1528—30.) fol. 27 v; no. 102. (1537—42.) fol. 218. 44) Libri bullarum no. 77. (1494—96.) fol. 77. 45) Capp. gen. no. 5. fol. 15; Libri bullarum no. 78. (1501.) fol. 151; no. 79. (1502.) fol. 228 v, 239 v; no. 80. (1504.) fol. 106; no. 81. (1505.) fol. 156; no. 82. (1506.) fol. 195. 231. 238 v; no. 83. (1507.) fol. 179 v seq.; no. 84. (1508—10.) fol. 221, 222 v; no. 85. (1510—11.) fol. 202, 213, 216; no. 86. (1511—12.) fol. 205 v, 206, 227 v; no. 87. (1513.) fol. 196 v; no. 88. (1514.) fol. 241; no. 89. (1515.) fol. 217 v; no. 90. (1516.) fol. 211 v; no. 93. (1518.) fol. 159 v, 229; no. 94. (1521.) fol. 204.

46) Vergl. außer den gang und gäbe Quellen besonders die Relazione des Andrea Gritti (ed. V. Lazari). Firenze 1854. 8. 47) Misti del Cons. dei X. Vol. XXVII. fol. 187 v. 48) Miklosich und Müller III, 337 seq. n. XXVII. XXVIII. 49) Mar. Vol. XIV. fol. 154. 50) Misti del Cons. dei X. Vol. XXVIII. fol. 89, 94 v, 112 v; XXVIII. fol. 98 v, 134, 138, 164.

frühern Woywoden von Lepanto, Giovanni da Mosto, belohnt, da er sich anheischig gemacht, die feindliche Flotte zu verbrennen, ward dem neuen Generalcapitain Melchiorre Trevisani, der an des abgesetzten Grimani Stelle getreten war, von dem Senate besonders die Erhaltung von Modone und Korone aus Herz gelegt, da, wie Theodoros Paläologos meldete, der Beglerbeg Sinanpascha diese ältesten Colonien der Republik bedrohte [51]. Man befestigte das Castell Rampano bei Modone, sandte dem Carlo Contarini, Castellan von Zonklon, Succurs und befahl dem Baile von Korfu, Parga und Buthroton wohl zu vertheidigen. Daneben versuchte man noch einmal Unterhandlungen und sandte den Secretair Francesco della Giudecca an den Sultan [52]; dieser aber forderte Abtretung von Modone, Korone und Nauplion und 100 Pfund Geld als Tribut; so zerschlugen sich die Sachen, und der Krieg erneuerte sich. Am 7. April 1500 begab sich Bajesid II. selbst nach Morea; nach verzweifeltem 45tägigem Kampfe fiel Modone am 10. Aug.; der letzte Proveditor Antonio Zentani starb den Heldentod. Am 15. capitulirten Korone und Zonklon; während Nauplion sich hielt, ward Aegina zeitweilig besetzt und geplündert. Geringen Ersatz bot die mit Hilfe spanischer Truppen erlangte Besitznahme von Kephalenia, nur daß man dort einen Punkt gewann, den man den Flüchtlingen aus Modone und Korone als Asyl anweisen konnte [53]. Seit der Kunde von dem Falle von Negroponte hatte kein Ereigniß in Venedig solches Entsetzen erregt, wie der Verlust der alten wichtigen Colonien, der besten Stützen venetianischer Seemacht in der Levante; zu spät erkannte man, daß die stiefmütterliche Behandlung derselben, das von Foscari zu Gunsten der italienischen Entwürfe eingeführte Ersparungssystem so verderbliche Folgen gehabt. Man begann, für den Rest der venetianischen Besitzungen in Argolis ängstlich besorgt zu sein; obgleich dort hinlängliche Stradioten unter Nikolaos Bua standen [54], gingen Gerüchte, als wollte der dortige Woywode Martin Manesi den Türken Nauplion ergeben; erst 1502 [55], als sich die Unwahrheit desselben herausstellte, ward derselbe nebst Theodoros Kalimeris wegen seiner Treue belobt und belohnt. Nun aber sah sich die Republik zunächst nach neuen Bundesgenossen um; schon bestand ein Bund mit Spanien, dem Kaiser und den Rhodisern; auch Frankreich verhieß Succurs; mit dem Papste und Ungarn ward am 13. Mai 1501 [56]) eine förmliche Allianz abgeschlossen. Allein es kam zu keiner einheitlichen Action; vergeblich suchte Venedigs Flotte bald Valona, bald Euböa, bald Lesbos zu nehmen; nur Zonklon nebst Rhion ward 1501 auf kurze Zeit wiedergewonnen, dagegen ging das viel wichtigere Durazzo verloren [57]. In dieser Noth arbeitete nun der wackere Andrea Gritti seit Januar 1502 [58] mit aller Macht darauf hin, ein Einverständniß mit dem einflußreichen Vesir Ahmed Herzekoghlu zu erzielen, und wirklich war dieser, ein Renegat und Nachkomme der Herren der Herzegowina, bereit, sich für Venedig zu interessiren. Allein der Krieg dauerte noch Monate lang fort; am 26. April 1502 [59] fiel Buthroton selbst in die Hand der Türken. Da besetzten die Venetianer im August Leukadia, und dieser Erfolg wirkte mit, den Abschluß des Friedens endlich zu beschleunigen. Auch Ungarn verhandelte damals mit der Pforte wegen einer siebenjährigen Waffenruhe, die am 20. Aug. 1503 ratificirt ward, und interessirten sich dabei auch für Venedig; Gritti's Eifer erlahmte keinen Augenblick. Bereits im December 1502 [60] ward ein Friedensentwurf aufgesetzt, der aber nicht zur Ausführung kam; Venedig wollte gern Leukadia behalten, Bajesid Skyros, dessen Bevölkerung unter Venedigs Scepter arge Piraterie trieb, abgetreten haben [61]. So einigte man sich denn erst im Sommer 1503; am 6. Oct. ward der Frieden feierlich beschworen. In seinen Grundzügen enthielt er die Bestimmungen der Verträge von 1479 und 1482; auch der Archipel ward darin eingeschlossen; die Unabhängigkeit der Cernagora sollte erhalten werden. Dagegen verzichtete Venedig auf Modone, Korone, Lepanto und Durazzo; ihm verblieben im Peloponnes nur Nauplion und Monembasia, daneben im Archipel die bisher besessenen Inseln, sowie Kephalenia, das gleich Zante [62], einem Proveditor untergeordnet ward. Leukadia, noch eine Zeit lang streitig, mußte 1504 definitiv abgetreten werden [63]; die Bevölkerung ward theilweise nach dem verödeten Ithaka übergesiedelt, dem seit 1504 ein Gouverneur vorstand, welcher mit Hilfe von zwei Demogeronten die Verwaltung führte. Sehen wir von der Recuperation von Kephalenia ab, so hatte dieser neue Türkenkrieg für Venedig fast ebenso unglücklich geendet, wie der frühere; ein Glück für die Republik, daß das neue Perserreich unter Ismail Schah die Osmanen im Osten beschäftigte; doch hinderte das nicht, daß 1506 noch Cession von Alessio gefordert wurde und erfolgte; das Castell ward geschleift; die Bürger wanderten aus; Piraten, die sich im ionischen Meere zeigten, hatten dazu den ersten Anstoß gegeben [64]. Und nun kamen für Venedig zu den Schlägen, die es in der Levante erlitten, zu den großartigen Entdeckungen seiner westlichen Nachbarn, die ihm den Todesstoß versetzten, noch die schweren Zeiten der Liga von Cambray, während deren man es sogar nicht verschmähte, 1510 mit dem alten Erbfeinde wegen einer Allianz zu verhandeln; dazu neue unsichere Zustände in den letzten griechischen Besitzungen, für die 1511 [65])

---

51) Secreti Vol. XXXVII. fol. 139. 141 v; Mar. Vol. XV. fol. 15. 52) Sindicati Vol. II. fol. 109. 53) Secreti Vol. XXXVIII. fol. 64 v, 83; 168. 54) Lettere Mar della Signoria Vol. II. 55) Ebenda; Misti del Cons. dei X. Vol. XXVIII. fol. 162. 56) Ebenda Vol. XXXI. fol. 2 v, 17. 57) Die Reliquien aus der dortigen Kirche S. Domenico wurden von da im Mai 1502 nach Venedig hinübergeführt. Commemoriali Vol. XVIII. fol. 202.

58) *Miklosich* und *Müller* III, 340 seq. n. XXX—XXXIV. 59) Secreti Vol. XXXIX. fol. 6 v. 60) *Miklosich* und *Müller* III, 344 seq. n. XXXV—XLI. 61) Mar. Vol. XVI. fol. 30 v. 62) Venedig führte dort am 25. Mai 1506 das Franziskanerkloster rechtlich aus; am 29. April 1510 wurde der Kirche Sta. Maria de Argaße, deren Patronat dem Stefan Dogodoni zustand, die von Leonardo III. verliehene Rente neu verbrieft. Carte Logotheti auf Zante. 63) Secreti Vol. XL. fol. 35. 48. 64) Ebenda fol. 131 v. 65) Ebenda Vol. XLIV. fol. 10.

zahlreiche Stradioten geworben werden mußten. Doch erhielt sich dort der Friede, so lange Bajesid II. lebte; als er am 26. Mai 1512 starb, und ihm sein Sohn Selim I. (1512—1520) folgte, hatte die Republik nichts Eiligeres zu thun, als Gesandte an ihn zu schicken und um Erneuerung des Friedens zu bitten. Selim, durch Kriege mit Persien und Aegypten beschäftigt, war dazu bereit; schon 1513 [66]) sehen wir ihn in Correspondenz mit Venedig, dem er über seine asiatischen Erfolge schreibt; am 17. Oct. [67]) ward der Friede in der Form des Vertrags von 1503, ohne Modification, erneuert und ebenso am 8. Juli 1517 zur Zeit des ägyptischen Feldzuges neu beschworen, bald nachdem drei Westmächte, das Reich, Spanien und Frankreich auf dem Congresse zu Cambray über Theilung der Türkei berathschlagt hatten. Als 1518 [68]) zwei türkische Unterthanen, die Brüder Georgios und Nikolaos Sguros, von Vallona aus einen Einfall in Korfu versucht hatten, erlangte Venedig leicht ihre Bestrafung. Am 21. Sept. 1520 starb Selim I.; sein letzter Gedanke war Krieg gegen die Johanniter und Unterjochung des stolzen Rhodos gewesen; ihn auszuführen, war seinem großen Sohne und Nachfolger Suleimân I. dem Prächtigen (1520—1566) vorbehalten. Venedig hatte zur Zeit Selim's in gewohnter Weise für seine griechischen Besitzungen gesorgt; Zante hatte am 16. April 1514 [69]) ein furchtbares Erdbeben heimgesucht, welches das Castell größtentheils zerstörte, sodaß hier Reparaturen nöthig wurden. Den Bürgern von Skiathos, Skyros und Tunis wurde 1505, 1515 und 1518 ihre alten Freiheiten bestätigt [70]); ebenso 1511 den Parglioten [71]). Mit dem neuen Großherrn ward am 11. Dec. 1521 [72]) der Vertrag in üblicher Form erneuert; auch der Herzog von Naxos erscheint darin noch als Schutzbefohlener der Republik, die für Zante 500, für Kypros 10,000 Dukaten Zins zahlte. Den Crispo wollte Suleimân vor der Hand noch eine kägliche Existenz fristen; dagegen begannen bald nach seiner Thronbesteigung schon die großartigsten Rüstungen gegen die trotzigen Rhodiser, welche seine Mittheilung über die jüngst gelungene Eroberung von Belgrad und die damit verbundenen Freundschaftsversicherungen als Hohn angesehen und unter ihrem tapferen Großmeister Philipp de Villiers l'Isle Adam geradezu mit einer Herausforderung geantwortet hatten. Während Venedig die Rolle eines müßigen Zuschauers spielte, landete die türkische Flotte am 24. Mai 1522 auf Rhodos und bestürmte die Stadt. Obgleich die Ritter heldenmüthige Gegenwehr leisteten, und der Sultan gegen 100,000 der Seinen opferte, capitulirte die Stadt doch zuletzt am 21. Dec.; am 1. Jan. 1523 räumte der Orden die Insel. Zugleich fielen das Castell Bodrun auf dem karischen Festlande und die übrigen Inseln: Kos, Leros, Kalamos, Nisyros, Telos, Karchi, Limonia und Syme; eine Ballei Kos bestand seitdem nur noch dem Namen nach. Nun ruhten die griechischen Verhältnisse Jahre lang; Venedig, das den Sultan sogar zur Einnahme von Rhodos beglückwünscht hatte, stand zu Suleimân anscheinend in den intimsten Beziehungen, wie denn letzterer z. B. dem Dogen Gritti, dem alten Unterhändler des Friedens von 1503, im November 1529 [73]) über seine Expedition gegen Wien berichtete. Die weiteren Unternehmungen der Türken, ihre Beziehungen zu Franz I. und Karl V. gehören nicht hierher; Griechenland selbst ward dabei nur von dem Heerzuge berührt, den Andrea Doria gegen das stark befestigte Korone unternahm, während Venedigs Flotte unter Vincenzo Capello sich damit begnügte, eine observirende Stellung einzunehmen, und bei Plünderung von Modone durch 6 Galeeren der Johanniter 1531 es nicht auf dauernde Occupation abgesehen war. Nach verzweifeltem Widerstande fiel Korone am 14. Sept. 1532 und erhielt eine spanische Besatzung von 2000 Mann; dann capitulirten Patra und die kleinen Dardanellenschlösser am Eingange des Golfs von Korinth; die Nordküste von Morea ward gebrandschatzt, während sich die Griechen und Albanesen in Masse zusammenrotteten und die Türken metzelten. Doch Doria kehrte bald nach Genua heim. Der Plan des Papstes, Korone den Johannitern statt Malta zu überlassen, kam nicht zur Ausführung, da schon 1533 Frieden geschlossen und darin die Rückgabe Korone's bestimmt war. Gegen diese Bedingung erhob die spanische Besatzung am 12. März entschiedenen Protest; Türken aus Kalamata, Misithra und Zonklon wurden von ihr als Sklaven fortgeschleppt. Da zog der Sandschak von Morea gegen Korone, wo zwar Doria am 6. Aug. aufs Neue mit seiner Flotte einlief; aber es kam zu keiner Action, vielmehr ward noch im nämlichen Monat die Stadt geräumt [74]). Karl V. nahm viele der flüchtigen Koronäer, meist Albanesen, in seinen Landen auf, wo sie 1533, 1534 und 1538 von ihm Privilegien empfingen; sie dienten ihm und seinen Nachfolgern meist als Stradioten. Einzelnen ihrer Primaten verbriefte er, falls der Peloponnesos wiedergewonnen werden sollte, dort große Lehen, so am 13. Juni 1533 [75]) dem Ritter Nikolaos Mamonas die Burgen Zarnata, Orova und Gremeno und am 13. Juli dem Ritter Theodoros Hagiapostolitis Leondari und S. Giorgio di Scorta bei Karytena; doch traten diese Barone in partibus niemals in den Besitz ihrer Güter. Schwerer als je lastete die Hand der Türken seitdem auf Griechenland; fast ganz Achaia, „ja auch die zwei so berühmten Städte Athen und Theben [76])" waren ihre Beute geworden. Und nun trat an die Spitze der türkischen Flotte der gewaltige Khaireddin Barbarossa; im Januar 1536 ward eine Allianz mit Frankreich geschlossen; Venedig, das angeblich den

66) *Miklosich* und *Müller* III, 359 seq. n. XLII—XLIII. 67) Commemoriali Vol. XX. fol. 8v—12v. 68) Commemoriali Vol. XX. fol. 82. 69) Chron. breve p. 522. 70) Mar. Vol. XVII. fol. 3; XVIII. fol. 89; XIX. fol. 46v. 71) *Fanale*, Prose politiche p. 450—462. doc. II. Der dortige Gouverneur Andrea Priuli ward am 11. Aug. 1518 wegen seiner Verdienste zum equite auratus ernannt. Privileggi Vol. II. fol. 76. 72) Commemoriali Vol. XX. fol. 154v—157.

73) *Miklosich* und *Müller* III, 361. n. XLIV. 74) Halkomelmon p. 149—159. 75) Carte Logothetti auf Zante. 76) Commemoriali Vol. XXI. fol. 144—153v.

Kaiser stets gegen die Pforte gehetzt, sollte aus der Levante verdrängt werden. Schon waren einzelne Conflicte vorgefallen, meist in Folge von Pirateerien; da brach plötzlich der Großherr, der durchaus Krieg wollte, den Vertrag, belegte alle Güter und Waaren der in seinem Reiche weilenden Venetianer mit Beschlag und sandte am 26. Aug. von Buthroton aus den Groß-Vezir Ajaspascha gegen Korfu [77]. Venedig hatte auf den Beistand des Papstes, des Kaisers und der Rhodiser gebaut; aber es sah sich in dieser äußersten Noth ganz verlassen. Zwar scheiterte der Angriff des Ajas an der unüberwindlichen Festung von Korfu, sodaß er schon nach 10 Tagen die Belagerung aufheben und 8 Tage später die Insel räumen mußte; doch war dieselbe furchtbar ausgeplündert worden, und andere Besitzungen der Republik mußten dafür leiden. Während Kasimbeg, Sandschak von Morea, sich dort gegen Nauplion und Monembasia wandte, plünderte Khaireddin zunächst Zante und Cerigo und griff darauf, da die Flotte Venedigs zum Schutze von Dalmatien und Korfu nahte, die Inseln des Archipels an. Zunächst fiel Aegina; die Stadt ward zerstört, die erwachsenen Männer gemetzelt; Weiber und Kinder, über 6000, in die Sklaverei fortgeschleppt. Dann kam die Reihe ebenso an Skyros und Patmos, die gleich Aegina direct unter der Republik standen, an Jos, Therasia und Antiparos, die dem Alessandro Pisani (gest. 1550) gehörten, an Astypaläa, dessen letzte Herren Francesco II. (gest. 1554) und Nicolò V. Quirini (gest. 1610) waren, und Keos, das damals Paolo und Luigi Premarini in Gemeinschaft mit Januli VI. Gozzadini inne hatten. Während Tinos, das auch genommen war, bald durch Succurs aus Kandia befreit wurde, und Paolo Premarini 1538 Keos wiedergewann, war noch im December 1537 [78] Paros gefallen, obgleich dessen Herr Bernardo Sagredo, der sich 1536 [79] zum Schutz seiner Insel persönlich nach dem Archipel begeben, selbst nach dem Verluste von Agusa sich in der Burg Kefalo einige Tage lang heldenmüthig gegen die feindliche Uebermacht gewehrt hatte. Schon vorher hatte Khaireddin Naxos angegriffen und den Herzog Giovanni IV. genöthigt, im Castell Gimoglia ein Asyl zu suchen; gegen einen Tribut von 5000 Dukaten behielt er sein Herzogthum, mußte aber sehen, wie die ganze Insel furchtbar verheert und aus ihr für über 25,000 Dukaten Beute fortgeschleppt wurde. Am 1. Dec. richtete er von Naxos aus an den Papst und die ganze Christenheit jenen bekannten Klagebrief, in dem es hieß, daß die Zwietracht der Occidentalen Griechenland zu Grunde gerichtet, und für sich, „den Nachkommen des Salustius Crispus" Mitleid erflehte; eine detaillirte Schilderung der von Khaireddin verübten Gräuel ist in dieser merkwürdigen Urkunde [80]) enthalten. Auch Crusino III. von Andros mußte 1538 die Erhaltung seiner Herrschaft mit einem Tribute von 35,000 Aspern erkaufen, den er alljährlich am 1. März dem Bey von Negroponte zu entrichten hatte; 1539 [81]) ward ihm dafür von Suleimân I. selbst der Besitz von Andros verbrieft [82]).

Nach solchen Erfahrungen war Nichts natürlicher, als daß in Venedig sich alsbald eine Partei für den Frieden regte; doch gewann die Kriegspartei, welche die Behauptung der letzten levantinischen Besitzungen als Ehrensache und Lebensfrage ansah, die Oberhand, zumal da man auch auf den Beistand des Kaisers rechnete. Man sandte nun Succurs nach Nauplion [83]); Kasimbeg mußte die Belagerung aufheben und sich nach Lepanto zurückziehen. Nun aber lief Khaireddin's Flotte 1538 wieder in See; er eroberte zunächst Skiathos und Skopelos, dessen Rettor Girolamo Memo, gegen sein Geheiß scheußlich getödtet ward — den Mörder traf schwere Strafe —; dann fiel Seriphos, das dem Tommaso Grimani (gest. 1539) gehörte [84]); Tinos, obgleich von dem Rettor und dem wackern Marcantonio Stratigo vertheidigt, mußte Tribut zahlen. Am 17. Juli [85]) ward Cerigo aufs Neue geplündert; selbst bis in die Nähe von Kandia wagte sich der Feind und occupirte schließlich das verlassene Karpathos, das Lehen der Cornaro; dann rastete er im Hafen von Modone. Venedigs Expedition gegen Prevesa mißlang, da Doria mit seiner Flotte die Republik im Stiche ließ; die Türken bedrohten selbst Zante und nahmen am 10. Aug. 1539 Castelnuovo in Dalmatien weg. Nun verglichen sich auch Franz I. und Karl V., sodaß Venedig von aller Welt verlassen dastand und den Alvise Badoer mit Friedensvorschlägen nach Constantinopel senden mußte. Zwar hatte man ihm aufgetragen, die Inseln der venetianischen Patricier sämmtlich zu reclamiren, da dieselben bereit seien, der Pforte Tribut zu zahlen; doch erreichte er weiter Nichts, als daß die Herren von Naxos [86]) und Andros ihre Inseln behielten, und der Republik selbst im Archipel Tinos und Mykonos verblieb. Dagegen mußten die letzten moreotischen Besitzungen, Nauplion und Monembasia, sowie Nadin und Urana von Dalmatien cedirt werden, und die Republik mußte sich verpflichten, binnen 3 Jahren 300,000 Dukaten Kriegskosten zu bezahlen. Die Kunde von diesem am 2. Oct. 1540 stipulirten Vertrage traf am 12. Nov. in Venedig ein; zugleich aber hieß es, in Nauplion gehe eine Partei mit dem Gedanken um, dem Kaiser Karl V. zu huldigen. Darauf sandte die Republik selbst unverzüglich Schiffe dorthin, um die Munition abzuholen und etwaige Emigranten aufzunehmen; dann hielt Kasimbeg dort wie in Monembasia seinen Einzug. Nachdem bereits die erste Rate mit 100,000 Dukaten, begleitet von kostbaren Geschenken für die Großen des Sultans,

77) Hauptquelle: *Andr. Nukios*, 'Αποδημιῶν κεφ. ογ'—ηγ' τοῦ λόγου γ' (ed. *M. Mustoxidis*). Kerkyra 1865. 8. 78) *Andr. Mauroceni*, Historia Veneta. Vol. I. Venetiis 1719. 4. p. 462; *P. Paruta*, Historia Venetiana. Vol. I. Ebenda 1718. 4. p. 708. 79) Mar. Vol. XXIII. fol. 130. 80) *Andr. Cornaro*, Historia di Candia (Cod. Marcian. Ital. Cl. VI. n. 286). Vol. II. fol. 92v—93; *Priuli*, Pretiosi frutti del maggior consiglio (Cod. Foscarin. Vindobon. no. 6097). Vol. I. fol. 111v.

81) Zuletzt gedruckt bei *Buchon*, *Χρ. τ. Μορ.* (2. éd.) p. 464—472. 82) Ferman im Besitz des Hrn. Giorgio Commeripa auf Naxos (französisch bei *Sauger* a. a. O. p. 350—361; doch echt!). 83) Secreti Vol. LIX. fol. 47. 84) *Andr. Mauroceni* a. a. O. p. 496. 85) Mar. Vol. XXV. fol. 181. 86) Secreti Vol. LXII. fol. 21v, 31, 106; LXIII. fol. 16.

in Constantinopel eingetroffen, erfolgte endlich im April 1541 die Ratification dieses schmählichen Friedens. Venedigs Einfluß im Orient war für immer dahin, wenn ihm auch das wichtige Kandia noch geblieben war; er mußte dem Frankreichs weichen, das seitdem statt der Republik sich als natürliche Schutzmacht der unter osmanischem Scepter lebenden Christen geberdet. Bald gingen auch die Ueberreste der Feudalherrschaft im Archipel verloren; nachdem Piali noch bei Suleiman's Lebzeiten am 15. April 1566 Chios gewann und dort der Herrschaft der Giustiniani [87]) ein blutiges Ende gemacht, kam noch im nämlichen Jahre unter Selim II. (1566—1574) die Reihe an das Herzogthum Naxos, an Andros und Keos. Während auf Andros dem Crusino III. Sommaripa um 1540 sein Sohn Gianfrancesco friedlich gefolgt war, hatte Herzog Giovanni IV. 1541 Keos den Premarini wieder entrissen [88]), und während er einen Theil davon dem alten Herrn Januli V. Gozzadini überließ, den Rest seinem Schwager Giovan Luigi Pisani (gest. 1568) übertragen. Die Pforte stimmte zu; und so blieben die Reclamationen der Premarini und Venedigs erfolglos. Ruhig beherrschte Giovanni III. (1518—1564) seine Inseln; das Strandrecht, das er früher dort gelegentlich ausgeübt, war abgestellt worden; er zahlte pünktlich den Tribut; in Santorini erscheinen als seine Statthalter Domenico Crispo (1531—1546) und 1564 Marco Sirigo. Am 30. Jan. 1523 [89]) und am 31. März 1542 [90]) übertrug der Herzog verschiedene Lehen auf Milos dem Jakob Mavinos; am 27. Nov. 1563 bestätigte er dieselben dem Sohne des letzten Joannes. Ebenso belehnte er am 6. Sept. 1563 [91]) den Ritter Nicolò Girardi aus Venedig mit dem naxiotischen Lehen des Crusino Basso, dessen Tochter Marchesa denselben 1560 geheirathet hatte; ihre Nachkommen leben noch heute auf Naxos und Syra, gleichwie die der Mavinos auf Milos. Auf seine Bitte versetzte der Papst am 12. Mai 1564 [92]) den Erzbischof von Naxos Antonio Giustiniani nach Lipari und ernannte an dessen Stelle den Francesco Pisani, einen Verwandten des Herzogs, der später (1567) das Bisthum Chioggia erlangte und 1573 gestorben ist. Giovanni III. selbst starb 1564; aus seiner Ehe mit Adriana Gozzadini waren zwei Söhne und zwei Töchter entsprossen. Von den letzteren heirathete Caterina 1534 den Nicolò III. Gozzadini, Herrn von Siphnos und Thermia, Taddea den Giovanfrancesco Sommaripa von Andros; von ersteren ward der ältere Francesco IV. zum Mitregenten angenommen und heirathete die Fiorenza Gozzadini, Nicolò's III. Schwester; doch starb er schon zwischen 1545 und 1560 ohne eheliche Erben; seine Witwe ging in letzterem Jahre eine neue Ehe mit Francesco Pasqualigo ein; dagegen hinterließ er einen unehelichen Sohn Giovan Matteo, der sein Geschlecht auf Naxos fortgepflanzt hat; die letzte Erbin seiner Ansprüche Francesca starb am 27. Jan. 1858 als Witwe des Saverio Coronello (gest. 1845). So ward dem Giovanni's III. Nachfolger sein zweiter mit [illegible] tiana Sommaripa, Crusino's III. Tochter vermählter Sohn, Jacopo IV. (1564—1566), der letzte Herzog von Naxos aus occidentalischem Geschlechte.

Nicht lange nach dem Falle von Chios erhoben, wie es heißt [93]), die Griechen von Naxos und Andros bei der Pforte laute Klagen über ihre fränkischen Herren, deren Uebermuth und Erpressungen; letztere mochten freilich des den Türken zu zahlenden Tributes wegen kaum vermeidlich sein. Um sich zu rechtfertigen, begab sich Herzog Giovanni IV. 1566 mit einer ansehnlichen Geldsumme nach Constantinopel, ward aber dort sogleich eingekerkert und erst nach mehr als fünfmonatlicher Haft freigelassen. Er begab sich mit seiner Gattin nach Ragusa und von da zu Papst Pius V. nach Rom, um dort dessen und Venedigs Beistand zur Wiedereroberung seines Inselreichs anzurufen. Während er in Constantinopel gefangen gehalten wurde, hatte Sultan Selim II. durch Piali Naxos nebst Dependenzen besetzen lassen und ebenso die Sommaripa, die ein Asyl auf Naxos fanden, aus dem Besitze von Andros, die Pisani und den Januli VI. Gozzadini aus dem von Keos, den Nicolò III. Gozzadini aus dem von Siphnos und Thermia vertrieben; das ehemalige Herzogthum des Archipels ward dem einflußreichen Hofjuden Josef Nasi in Pacht gegeben. Letzterer war es vornehmlich, der dann den Sultan zum neuen Kriege gegen die Venetianer aufstachelte und sich selbst mit der Hoffnung schmeichelte, König von Kypros zu werden; hatte doch Selim ihm, seinem Liebling, schon 1563 Tiberias mit Umgegend verliehen, wo eine neue Judenstadt erbaut worden war; für Kypros hatte er 200—250,000 Dukaten Pacht geboten. Am 1. Juli 1570 segelte die türkische Flotte gegen letztere Insel ab; am 9. Sept. fiel Nikosia; Famagusta, heldenmüthig vertheidigt, hielt sich noch bis zum 1. Aug. 1571; dann mußte auch dieser letzte Punkt, den Venedig dort besaß, fallen; der Proveditor Marcantonio Bragadino ward lebendig geschunden. Die Republik hatte allerdings Succurs gesandt und bei dieser Gelegenheit auch das Herzogthum Naxos nicht vergessen, vielmehr im October 1570 [94]) dem Generalcapitain Quirini den Archipel angelegentlich empfohlen. Mit des letzteren Hilfe gelang es dem Nicolò III. Gozzadini, seine verlorenen Inseln wiederzuerlangen [95]); auch Naxos soll momentan wiedergewonnen und der Obhut des Angelo Giudizi (vielleicht Gozzadini) anvertraut worden sein. Gewiß ist, daß Herzog Giovanni IV. am 5. Jan. 1571 [96]) sich erbot, falls ihm Venedig eine Galeere aus dem Arsenale liefere, dieselbe auszurüsten und im Dienste der Republik zu führen; Tags darauf schenkte er sein Herzogthum:

87) Siehe den betreffenden Artikel. 88) Mar. Vol. XXVI. fol. 48. 89) Ebenda Vol. XXIII. fol. 63v. 90) Buchon, Nouv. rech. u. a. O. p. 461—464. 673. 91) Carte Girardi auf Syra; vergl. Πανδώρα. Vol. X. 1860. p. 530. 92) Le Quien, Oriens Christianus III, 1066.

93) Sauger a. a. O. p. 300—318, 324—335; Lichtle, Description de Naxie (Copie in meinem Besitze) und die Genealogien der Crispo und Sommaripa. 94) Secreti Vol. LXXVII. fol. 10. 95) Gio. N. Crescenzi, Corona della nobiltà d'Italia. Vol. I. Bologna 1639. 4. p. 180; Lichtle a. a. O. 96) Secreti Vol. LXXVIII. fol. 52.

Naxos, Paros, Milos, Santorini und Syra, den letzten und erbot sich, falls dasselbe wiedererlangt und ihm aufs Neue überlassen würde, ihr stets treu zu dienen [97]). Doch hatten diese Verhandlungen für den Herzog weiter keinen Erfolg. Während die Venetianer Ende 1570 Syboton nahmen, hausten die Türken auf Kephalenia, Zante, Cerigo und Kandia und besetzten in Albanien Dulcigno, Antivari, Budua [98]). Bekannt ist, daß endlich dann Venedig am 25. Mai 1571 mit dem Papst und Spanien eine Liga gegen die Türken abschloß, und wie Don Juan d'Austria am 7. Oct. durch den glänzenden Seesieg bei den Curzolaren den Fall von Famagusta rächte. Aber man verfolgte denselben nicht weiter, das nächste Jahr verstrich unter Beutefahrten und Geplänkel; eine Expedition gegen Leukadia mißlang; Mohammedpascha recuperirte den Archipel und so mußte sich Venedig zuletzt am 7. März 1573 zum Frieden bequemen. Es verlor Kypros und restituirte Syboton; dazu kamen 300,000 Dukaten Kosten; dagegen erhielt es die verlornen Plätze in Albanien und Dalmatien zurück; der Tribut von 500 Dukaten für Zante ward auf das Doppelte erhöht, dagegen kam der Zins für Kypros in Wegfall. Naxos verblieb den Türken; dagegen behielt Gozzadini gegen Tributzahlung seine Inseln; er heirathete Barachie, Tochter des Archonten Gasparo Sirigo, der, von Nasi zum Gouverneur von Santorini bestellt, am 22. Dec. 1589 [99]) testirte, und vererbte sein winziges Reich, zu dem außer Siphnos und Thermia auch Kimolos, Polinos, Polykandros, Gyaros und Sikinos gehörten, auf seinen ältesten Sohn Angelo V. Erst 1617, zu derselben Zeit, da der Bischof Giovan Andrea Cargo von Syra den Märtyrertod starb [1]), verlor er seine Inseln — die letzten Reste dynastischer Herrschaft im Archipel — und suchte ein Asyl in Rom, wo er in hohem Alter gestorben ist.

Giovanni IV. Crispo hatte nach dem Tode des Sultans Selim II. noch viel gehofft, sein Herzogthum wiederzuerlangen, da die Mutter des neuen Großherrn Murâd III. (1574—1595), die aus Paros aus dem Hause Basso stammte, ihm ihre Verwendung versprochen hatte [2]). Er begab sich 1575 von Venedig aus zunächst zu seiner Gattin nach Ragusa und von da nach Constantinopel, richtete aber hier Nichts aus; voll Schmerz über das Mißlingen seiner Pläne starb er 1576 in Pera und ward dort in der lateinischen Kirche begraben. Aus seiner Ehe stammten drei Söhne: Giovanni, Francesco und Marcantonio, von denen vielleicht einer mit Margherita Lusignan, Ettore's Tochter, vermählt war, die aber sämmtlich kinderlos zu Venedig gestorben sind, und drei Töchter: Adriana, Caterina und Santiana, von denen nur die mittlere sich vermählte und die Ansprüche auf das Herzogthum des Archipels 1577 ihrem Gatten, dem Nobile Vettore Marin (gest. 1600), zubrachte. An die Stelle der Frankenherrschaft [illegible] war seit 1566 ein jüdischer Staat unter dem Herzoge Don Josef Nasi (1566—1579) [3]) getreten. Die Jugendgeschichte und diplomatische Thätigkeit dieses portugiesischen Abenteurers, der vordem als Scheinchrist sich João Miguez genannt hatte, gehört nicht hierher; zu erwähnen ist nur, daß er das Herzogthum durch einen Spanier, den Dr. juris Francesco Coronello, dessen Vater vordem Gouverneur von Segovia gewesen, regieren ließ; am 15. Juli 1577 [4]) schenkte er demselben durch ein aus seinem Palaste Belvedere bei Constantinopel datirtes und von seinem gleichfalls jüdischen Kanzler Josef Cohen unterzeichnetes Diplom verschiedene Besitzungen auf Naxos; Coronello selbst publicirte am 7. Febr. 1578 [5]) eine bezügliche Urkunde vom 30. Juni 1577, mittels deren Nasi der Familie d'Argenta auf Santorini ihre alten, von Nicolò dalle Carceri 1372 verliehenen Privilegien erneuerte. Nasi starb am 2. Aug. 1579; seine Schätze wurden größtentheils confiscirt, doch blieb seiner Witwe, der Herzogin Regina — zugleich seine Cousine — noch immer ein ansehnliches Vermögen; sie errichtete zu Belvedere eine hebräische Druckerei, die später nach Tschesme verlegt ward, und lebte noch 1597, gleich ihrem Gemahl und ihrer Mutter Grazia eine große Wohlthäterin des jüdischen Volks und von den Schriftstellern ihres Stammes noch heute hochgefeiert. Seit 1579 war der Archipel direct der Pforte untergeordnet, welche die Inseln durch einen Sandschak und einen Kadi verwalten ließ. Im Jahre 1580 [6]) empfingen die sämmtlichen Insulaner von Murâd III. ein äußerst günstiges Privileg, in Folge dessen sie zahlreicher Freiheiten theilhaftig wurden. Selbst die Unruhen des Jahres 1617 änderten wenig in ihrer Lage; nach 1640 erneuerte Sultan Ibrahim das Patent Murâd's mit einigen unwesentlichen Modificationen. Das Haus des Gouverneurs Francesco Coronello, von dessen Söhnen Crusino sich mit Caterina Crispo vermählte, ist noch durch zwei Brüder, Jacopo und Antonio, Saverio's und der letzten Crispo Kinder, in Athen repräsentirt; die Erben der stolzen Herzoge von Naxos erfreuen sich dort einer bescheidenen, jedoch ehrenhaften Existenz. Unter den fränkischen Primatengeschlechtern auf Naxos, von denen viele, wie die Loredano, Sanudo (erl. 1730), Sforza Castri (erl. 1844), Calbo, Malatesta, erloschen, andere, wie die Cocco und Basegio, zum griechischen Ritus übergetreten sind, nehmen die Sommaripa, die ehemaligen Dynasten von Andros, in viele Linien verzweigt, noch immer den ersten Platz ein, obgleich der frühere Reichthum des Hauses in diesem Jahrhundert

---

97) Commemoriali Vol. XXIII. fol. 178. 98) Hajî Khalfa, trad. de Carli p. 160. 99) Archiv des Bisthums Santorini.

1) Fr. L. Pierroni, Vita di Gio. Andr. Cargo vescovo e martire di Sira. Sanseverino 1868. 8. 2) Lorenzi, Annali di Ragusa p. 168.

8) Vergl. über ihn besonders E. Carmoly, D. Jos. Nassy duc de Naxos. Leipzig 8.; M. A. Levy, D. Jos. Nasi, Herzog von Naxos. Breslau 1859. 8.; S. Romanin, Storia documentata di Venezia. Vol. VI. p. 270 seq. 4) Carte Coronello in Athen; ein Fragment davon in E. Curtius, Naxos S. 46. 5) Πανδώρα. Vol. VI. 1856. p. 572. 6) Pègues, Histoire du volcan de Santorin. Paris 1842. 8. p. 156 seq.; meine Ausführungen n. 519—522, Urk. V—VI.

sich wesentlich verringert hat; ebenso datiren dort noch von der Herzogszeit her die schon genannten Familien Girardi und Grimaldi, vielleicht auch die Rocca, während die Barozzi erst Ende des 16. oder Anfang des 17. Jahrhunderts aus Kandia, die Raimond de Modène (im Mannsstamme erloschen) 1690 aus Frankreich, „die Barone" Bastie de Vigouroux ebendaher über Rußland erst um 1744 eingewandert sind, und die von der Curie mit dem Grafentitel bedachten Frangopulo erst im vorigen Jahrhundert dort zu Bedeutung kamen. Auf Santorini sind im Laufe der Zeit 225 katholische Familien entweder ausgestorben, oder sie haben die griechische Confession angenommen. Unter den dort noch blühenden sind die ältesten und angesehensten die da Corogna, Nachkommen der ehemaligen Herren von Siphnos, die d'Argenta, de Cruda, Cirigo und de Cigala, aus welcher letzteren Carlo Antonio von Kaiser Rudolph II. in den Grafenstand erhoben worden ist. Auch auf den andern Inseln des Archipels, namentlich auf Tinos und Mykonos, die auch nach dem Frieden von 1673 den Venetianern verblieben, ebenso auf Syra und Milos, finden wir noch viele lateinische Geschlechter; die Mehrzahl aber ist in Armuth versunken oder im Elend ausgegangen. So viel von den letzten Gebietern des Archipels und ihren ritterlichen Vasallen, deren Grabsteine wir noch in der Kathedrale finden, deren Wappenschilder noch an den verfallenden Häusern auf dem „Schloßberge" von Naxos sichtbar sind, und deren Genealogien auch noch mit Hülfe des wohlgeordneten bischöflichen Archivs auf Santorini und des freilich sehr lückenhaften erzbischöflichen auf Naxos mit ziemlicher Genauigkeit feststellen konnte.

Hier wäre nun wol ein Ueberblick über die innern Zustände Griechenlands an seiner Stelle; da sich jedoch der Feudalismus auf den noch den Venetianern verbliebenen Inseln, namentlich auf Kandia und im ionischen Meere, Jahrhunderte lang erhielt, ja die Spuren desselben noch heute im Archipel nicht völlig verwischt sind, ziehe ich es vor, denselben bei Abschluß der folgenden Periode zu geben, welche die Fortsetzung der Fremdherrschaft in Griechenland unter dem Joche des Halbmonds zu umfassen hat.

Dritte Periode.

Türkische Zeit von der Vernichtung der letzten occidentalischen Feudalstaaten bis zum Ausbruch des griechischen Freiheitskrieges (1566—1821).

1) Aeußere Ereignisse während dieses Zeitraums. Der Fall von Kandia. Venedigs Türkenkriege und Herrschaft in Morea. Die Griechen und die Russen. Ende Venedigs. Die Hetärie. Ali von Joannina.

Bei der Darstellung der äußern Ereignisse, die während der türkischen Herrschaft speciell das eigentliche Griechenland berührten, können wir uns um so kürzer fassen, als die Geschichte von Hellas mit der der Osmanen und Venedigs aufs Engste verwebt ist, ja die hauptsächlichsten Punkte daraus, als der allgemeinen Geschichte angehörig, längst bekannt sind. Dazu kommt, daß nicht nur Finlay [7]) diese Zeit speciell mit großer Sorgfalt behandelt, daß Zinkeisen in seiner osmanischen, Romanin in seiner venetianischen Geschichte ausführlich bei ihr verweilt hat, sondern daß uns auch über einzelne Theile Griechenlands brauchbare Monographien vorliegen, wie das Buch von Aravantinos über Epiros, die von Lunzi und Chiotis über die ionischen Inseln und Laborde's höchst werthvolle Schrift: Ueber die Zustände Athens Mitte des 15. bis Ende des 17. Jahrhunderts [8]). So wird denn, indem ich auf jene Werke verweise, hier eine kurze Uebersicht der wichtigsten Ereignisse genügen.

Bei dem letzten Kriege zwischen Venedig und der Pforte waren auch die Griechen des Festlandes nicht müßig geblieben. Die Albanesen hatten sich 1571 erhoben; ihre Häuptlinge hatten den Venetianern Huldigung gelobt, ja ihre Söhne als Geiseln stellen wollen und nur um Zusendung von Truppen gebeten; aber ihr Aufstand war schon 1572 niedergeworfen worden, da der gehoffte Succurs ausblieb. Nicht besser erging es den Mainoten, in deren Namen Makarios Melissenos, Bischof von Monembasia, den Don Juan d'Austria eingeladen hatte, sich mit seiner Flotte ihrer anzunehmen, da sie bereit, sich gegen die Pforte zu empören; obgleich er am 7. Juni 1572 [9]) dem Makarios von Messina aus sein baldiges Nahen gemeldet, ließ er doch die Mainoten im Stiche; ihr Aufstand mislang; der Bischof flüchtete nach Italien, correspondirte von Neapel aus längere Zeit mit der Curie wegen eines neuen Türkenkrieges, starb aber daselbst, ohne etwas ausgerichtet zu haben, am 12. Sept. 1585; er ward in S. Pietro e Paolo de' Greci neben seinem am 25. März 1582 gestorbenen Vater Theodoros bestattet, der, vielleicht ein directer Nachkomme jener messenischen Barone, in seiner Grabschrift Despot von Aenos, Xanthe, Samos, Milet, Ambrakia und Messenia genannt wird. Mit Murâd III. (1574—1595) hatte unterdessen Venedig schon 1575 den Frieden erneuert, der, abgesehen von vorübergehenden Grenzstreitigkeiten, ungestört blieb; doch mußte die Republik zur Aufrechthaltung ihrer bewaffneten Neutralität nicht geringe Geldopfer bringen, wie denn z. B. 1601 für Kreta 2000 Mann zu Fuß angeworben wurden. Auch zu den folgenden Sultanen Mohammed III. (1595—1603), Ahmed I. (1603—1617) und Mustafâ I. (1617—1618) stand Venedig in freundschaftlichen Beziehungen; als daher 1602 im Namen Albaniens zwei Bischöfe erklärten, das ganze Volk wolle sich erheben und unter Venedigs Botmäßigkeit zurückkehren, dankte man ihnen zwar gern für solche Anhänglichkeit, erklärte aber die Sache für vorläufig unzeitgemäß. Am 9. Mai 1606 ward der Friede erneuert; Venedig erhielt darin neue Handelsvortheile garantirt; in gleicher Weise erfolgte die Ratification am 2. Febr. 1618, sowie 1619 mit des letz-

7) The history of Greece under othoman and venetian domination. Edinburgh and London 1856. 8. 8) Athènes aux XV, XVI et XVII siècles, d'après des documents inédits. Paris 1854. 8. 2 Vols. Die übrigen Werke sind schon früher citirt. 9) *Buchon*, Nouv. rech. II, 344.

am Sultans Nachfolger Osmân II. (1618—1622). Dagegen wiederholten sich in derselben Zeit die Plünderungszüge anderer Occidentalen gegen das seit Suleimân's Tode rasch sinkende Türkenreich. So plünderten die Spanier 1595 Korea und verbrannten Patrâ, während die Florentiner Chios angriffen; 1601 wandten sich die ersteren gegen die Maina, nahmen Passava und verheerten Kos; Schiffe der Johanniter hausten 1603 bei Patrâ, 1604 auf Kos, 1608 an der Küste von Karamania, 1610 aufs Neue auf Kos; 1611 versuchten sie einen mislungenen Sturm gegen Navarinon, für den sie sich durch Verheerung der Halbinsel bis nach Kenchreä hin entschädigten. Im Jahre 1614 drohte eine Erhebung der Maina; eine starke Garnison ward hineingelegt; 1619 neue Heerfahrt der Florentiner, im folgenden Jahre Zerstörung des Castels Tornese durch die Malteser; und so geht es in einem fort; unablässig setzten namentlich die letztern ihre Freibeuterzüge gegen die Ungläubigen fort. An ernstliche Behauptung des Gewonnenen ward meist nicht gedacht [10]). Nur Karl Emmanuel von Savoyen suchte seit 1609 seine Ansprüche auf Kypros zur Geltung zu bringen; er correspondirte deshalb lange [11]) mit dem dortigen griechischen Klerus, namentlich dem Bischofe Christodulos und dem Abte Theodulos von Kostiniza; doch verlief sich die Sache bald. Nicht lange darauf wandten sich die Mainoten durch ihren Bischof Neophytos an den Herzog Carlo I. Gonzaga von Nevers, der von weiblicher Seite her von den Paläologen von Montferrat entsprossen war, und boten ihm die Herrschaft über den Peloponnesos an. Mit Briefen des Bischofs Niketas von Zygos und der angesehensten Capitaine zwischen Burg Maina und Kalamata erschien Pietro Medici (aus der athenäischen Linie) als Unterhändler bei dem Herzoge; einzige Bedingung war, daß die griechische Religion im Lande unangetastet bleiben sollte. Der Herzog sandte darauf den Herrn von Château-Renault in geheimer Mission nach Morea; er versprach, die Bitte der Mainoten zu erfüllen, selbst mit 15,000 Mann und 60,000 Waffen — mit denen ein Griechenheer von 20,000 Mann wohl versehen werden konnte — hinzuziehen; auch Subsidien von Seiten des Papstes und Spaniens standen in Aussicht. In engere Beziehung trat der Herzog dann zu den Metropoliten Dionysios von Lakedämon und Gabriel von Lepanto und Arta; auch den frühern Pfortendragoman Gaspare Graziani [12]), damaligen Fürsten der Moldau (1618—1619), suchte er für seine Sache zu gewinnen. Allein die Entwickelung der europäischen Verhältnisse ließ das Project nicht zur Ausführung kommen; auch der Plan der Hugenotten, die 1628 nach Uebergabe von la Rochelle dem Sultan Rhodos abkaufen und dort ein protestantisches Königreich unter dem Herzoge von Rohan errichten wollten, scheiterte an gleichen Umständen. Mittlerweile hatte Mustafâ I. (1622—1623) aufs Neue den osmanischen Thron bestiegen, den er aber schon nach einem Jahre seinem Bruder Murâd IV. (1623—1640) einräumen mußte; 1624 erneuerte Venedig, das sich durchaus passiv verhielt, obgleich sein Handel in der Levante von Jahr zu Jahr abnahm, mit ihm den Friedensvertrag; der albanesische Clan der Clementi, der in Hoffnung auf Beistand der Republik sich empört hatte, ward 1634, da derselbe ausblieb, bewältigt. Grenzstreitigkeiten in Dalmatien und Klagen über Piratereien fanden in dem Vertrage von 1639 ihre Ausgleichung. Allein unter dem folgenden Sultan, dem elenden Wollüstling Ibrahim (1640—1648), rüttelte sich die Türkei noch einmal auf; kräftige Großvesire traten an die Spitze; bald begann der Kampf um Venedigs letzte größere levantinische Besitzung, die Insel Kandia, jener 24jährige Krieg, den der englische Dichter nicht mit Unrecht dem trojanischen an die Seite stellte. Nachdem die Pforte schon seit längerer Zeit eifrig gerüstet, gab ein Conflict mit den Johannitern, die siegreich vor der türkischen Flotte sich im Hafen von Kalolimunion auf Kreta geborgen und dort bei dem Duca Protection gefunden hatten, das Signal zum Kriege; am 30. April 1645 lief der Kapudanpascha mit der Flotte aus den Dardanellen aus und warf am 23. Juni die Anker bei Cap Spada auf Kreta.

Ich habe früher die Geschichte dieser Insel bis ins 14. Jahrhundert kurz dargestellt [13]); ein flüchtiger Ueber-

10) [illegible] III, 266 seq. u. XX seq. 11) Ebenda III, 270. u. XXI seq.; *Buchon*, Nouv. rech. I, 274 seq. 12) Buchon nennt ihn Herzog von Naxos; vielleicht verwaltete er diese Insel als Dragoman der Flotte für den Kapudanpascha in ähnlicher Weise, wie einst Coronello für Nasi.

13) Als Ergänzung zu dem Bd. LXXXV. S. 303 und S. 459 mitgetheilten Verzeichniß der Herzoge von Kreta folge hier die Fortsetzung bis auf die türkische Eroberung, meist nach *Flam. Cornaro, Creta sacra.* Vol. II. p. 316 seq.: Leonardo Dandolo 1363—1364. Pietro Morosini 1364—1366. Pietro Mocenigo 1366—1368. Giovanni Gradenigo 1368—1370. Pietro Cornaro 1370—1372. Francesco Morosini 1372—1374 (begraben in S. Francesco zu Kandia). Giovanni Gradenigo 1374—1376. Andrea Zeno 1376—1378. Andrea Dandolo 1378—1381. Pietro Mocenigo wiederum 1381—1383. Donato Trono 1383—1385. Marco Zeno 1385—1387. Donato Moro 1387—1389. Domenico Bacuo 1389—1391. Matteo Giustiniani 1391—1393. Pantaleone Barbo 1393—1396. Donato Moro wiederum 1396—1397. Guglielmo Quirini 1397—1399 (begraben dort in S. Tito). Albano Badoer 1399—1401. Marco Falier 1401—1403. Tommaso Mocenigo (später Doge) 1403—1405. Giovanni Bembo 1405—1407. Lodovico Morosini 1407—1409. Leonardo Trevisani 1409—1411 (gest. an der Pest, ruht in S. Tito). Leone Dandolo 1411—1413. Francesco Bembo 1413—1415 (pilgert 1415 nach Palästina). Pietro Civrano 1415—1417. Egidio Morosini 1417—1418. Jacopo Gussoni 1418—1419. Giovanni Loredano 1419—1421 (ruht in S. Tito). Andrea Cornaro 1421—1422. Lorenzo Bragadino 1422—1423 (ruht in S. Tito). Lorenzo Capello, Vicedomo 1423—1424. Francesco Loredano 1424—1427. Paulino Biaro 1427—1429. Leonardo Caravello 1429—1432. Marco Giustiniani 1432—1435. Marco Lippomano 1435—1437. Maffeo Donato 1437—1439. Luca Trono 1439—1441. Andrea Mocenigo 1441—1443. Tommaso Duodo 1443—1445. Andrea Donato 1445—1447. Antonio Diedo 1447—1449. Bernardo Balbi 1450—1453. Benedetto Vitturi 1453—1456. Gherardo Dandolo 1456—1459. Leonardo Duodo 1459—1462. Lorenzo Moro 1462—1464. Jacopo Cornaro 1464—1466 (gest. an der Pest, ruht in S. Francesco).

blick über die folgenden Jahrhunderte wird hier um so eher wol genügen können, als Flaminio Cornaro die äußern, Zinkeisen [14]) die innern Zustände der venetianischen Colonien auf der Insel ausführlich behandelt hat, eine detaillirte Geschichte der dortigen venetianischen Herrschaft aber dann erst möglich wird, wenn das Staatsarchiv der Insel, bis jetzt noch in Venedig begraben, gleich dem Notariatsarchive zugänglich gemacht sein wird. Darum hier nur einzelne hervorragende Momente.

Nachdem die Griechen der Insel wiederholte Aufstände gegen die Republik versucht hatten, brach im Jahre 1363 eine Empörung [15]) unter den venetianischen Colonisten selbst aus. Die Ritterschaft war aufgefordert worden, zur Reparatur des Hafens beizusteuern; die jüngeren Häupter derselben, namentlich Tito Venier, Herr von Cerigo, und Tito Gradenigo, weigerten sich dessen und sannen auf Losreißung von dem Mutterlande. Sie warfen den Duca Leonardo Dandolo und dessen Räthe in den Kerker, erhoben den Marco Gradenigo, Tito's Oheim, zu seinem Nachfolger, stellten ihm vier Räthe zur Seite und proclamirten ihre Selbständigkeit, sowie Annahme des griechischen Ritus; statt des heiligen Marcus ward St. Titus, der alte griechische Schutzheilige der Insel, das Feldgeschrei. Bald war die ganze Insel in voller Revolution; bereitwillig schlossen sich die Griechen den Führern an. Venedig versuchte nun zunächst, mit Milde die Sache beizulegen; im September gingen 5 Provveditoren hin, um die Aufständischen zum Gehorsam zu mahnen; aber ihre Mission scheiterte bei den für „Freiheit" begeisterten Feudalen, ebenso wie die Sendung des treuen Georgios Slordili aus Modone an die griechischen Archonten. So mußte denn die Republik schließlich das Schwert gegen die eigenen Söhne ziehen. Sie notificirte den Aufstand sämmtlichen Mächten der Christenheit; überall, selbst in Genua, ergingen strenge Verbote gegen Unterstützung der Rebellen; vergeblich mahnte der Papst zum Frieden. Bei der Hartnäckigkeit der Aufständischen mußte zu den schärfsten Maßregeln geschritten werden; am 14. Jan. 1364 ward festgesetzt, daß gegen die 10 Rädelsführer nimmer Gnade geübt werden sollte. Im Februar war die Flotte, geführt von Domenico Michieli, 28 Segel stark, zur Abfahrt bereit; 5 Provveditoren begleiteten den Admiral; sie sollten zu Gericht sitzen über die Venier und ihre Genossen. Das Heer bestand aus 1000 Reitern und 11,000 Mann zu Fuß unter dem Commando des erprobten Veronesen Luchino dal Verme, dem zwei Venetianer als Governatori zur Seite standen; Euböa und das griechische Festland lieferten Proviant, ebenso die Inseln des Archipels, dessen Regent Nicolò Sanudo Spezzabanda mit seinen Truppen zu denen dal Verme's stieß. Der Feldzug war kurz und glücklich. Nachdem die Flotte am 1. Mai bei Fra-

Domenico Moretto, Viceduca 1465—1466. Bernardino Donato 1466—1469. Girolamo da Molino 1469—1472. Benedetto Gritti 1472—1473 (gest. 19. Febr., ruht in S. Tito). Nicolò Cocco, Viceduca 1473—1475. Eustachio Balbi 1475—1477. Giovanni Pisani 1477—1479. Jacopo Contarini 1479—1480 (gest. 29. Dec. in Kandia). Marco Giustiniani 1480—1481 (ruht in S. Tito). Damiano Giorgio, Viceduca 1481—1482. Luca Navagero 1482—1484. Marino Garzoni 1484—1487. Nicolò Lioni 1487—1490. Bernardo Bembo 1490—1492. Lorenzo Venier 1492—1494. Domenico Bollani 1494—1496. Andrea Gabriele 1496—1498. Priamo Trono 1498—1498 (gest. 29. Nov., ruht in S. Giovanni). Bernardo Giustiniani, Viceduca 1498—1499 (ruht in S. Francesco). Luigi da Mula, Viceduca 1499—1500. Marco Gorbo 1500—1502. Giovanni Morosini 1502—1503 (gest. 4. Juni, ruht in S. Francesco). Luigi Venier, Viceduca 1503—1504. Cosmo Pasqualigo 1504—1505 (gest. 29. März). Benedetto Sanudo, Viceduca 1505—1506. Girolamo Donato 1506—1508. Luigi Arimondo 1508—1510. Paolo Antonio Miani 1510—1512. Luigi Capello 1512—1513 (gest. im Schiffbruch). Luigi Malipiero 1513—1514 (gest. im Amte). Luigi Emo 1514—1516. Marco Orio 1516—1517. Antonio Loredano 1517—1519. Antonio Morosini 1519—1520 (gest. im Amte). Marco Lando, Viceduca 1520—1521. Marco Minio 1521—1524. Nicolò Giorgio 1524—1526. Bernardo Soranzo 1526—1528. Jacopo Cornaro 1528—1530. Nicolò Reni 1530—1532. Domenico Capello 1532—1534. Pietro Boldù 1534—1536. Antonio da Mula 1536—1538. Francesco Bernardo 1538—1540. Carlo Capello 1540—1542. Maffeo Barbarigo 1542—1544. Marcantonio Contarini 1544—1544. Agostino Cornaro, Viceduca 1544—1546. Dionisio Contarini 1546—1548. Sebastiano Venier (später Doge) 1548—1550. Luigi Renier 1550—1552. Luigi Gritti 1552—1554. Salvatore Michieli 1554—1556 (gest. 1. Mai). Girolamo Cicogna 1556—1558. Girolamo Tagliapietra 1558—1560. Antonio Calbo 1560—1562. Marco Grimani 1562—1564. Daniele Barbaro 1564—1566. Francesco Soranzo 1566—1567 (gest. 24. Juli). Pasquale Cicogna (später Doge) 1567—1571. Marco Grimani 1571—1573. Daniele Venier 1573—1574 (ruht in S. Salvatore). Luigi Giustiniani 1574—1576. Marco Cicogna 1576—1578. Ermolao Tiepolo 1578—1580. Nicolò Salomone 1580—1582. Nicolò Donato 1582—1584. Lodovico Memo 1584—1586. Bernardo Navagero 1586—1588. Alberto Loredano 1588—1590. Girolamo Capello 1590—1592. Giovan Domenico Cicogna 1592—1594. Marcantonio Venier 1594—1596. Pellegrino Bragadino 1596—1598 (ruht in S. Salvatore). Pierfrancesco Malipiero 1598—1600. Jacopo Pesaro 1600—1602. Giovanni Sagredo 1602—1604. Giambattista Michieli 1604—1606. Giovanmatteo Girardi 1606—1608. Delfino Venier 1608—1610. Agostino Michieli 1610—1612. Francesco Morosini 1612—1614. Bernardo Venier 1614—1616. Carlo Delegno 1616—1617. Donato Morosini 1617—1619. Francesco Zeno 1619—1621. Nicolò da Ponte 1621—1623. Marino Pesaro 1623—1625 (gest. auf Kandia). Leonardo Foscolo 1625—1627. Marco Gradenigo 1627—1629. Lazaro Mocenigo 1629—1631. Giambattista Foscolo 1631—1634. Giambattista Grimani 1634—1636. Giovanni da Ponte 1636—1637. Paolo Donato 1637—1639. Nicolò Lippomano 1639—1641. Bernardo Marcello 1641—1644. Bernardo Morosini 1644—1646. Cipriano Civrano 1646—1648. Jacopo Barbaro 1648—1649. Luca Francesco Barbaro 1649—1650. Giuseppe Morosini 1650—1652. Giovanni Andrea Pasqualigo 1652—1655. Girolamo Lippomano 1655—1657. Giorgio Cornaro 1657—1659. Zaccaria Mocenigo 1659—1663. Jacopo Loredano 1663—1665. Francesco Battagia 1665—1667. Jacopo Contarini 1667—1669. An die Türken.

14) Geschichte des osmanischen Reichs. Bd. IV. S. [illegible] fg. (Reproductionen seiner nie publicirten, wie in den Anhängebogen nebst Karte vorliegenden Geschichte der Insel.) 15) Hauptquelle sind die Lettere secrete (Cod. Capponi no. CXLII).

schia gelandet, begann Michieli, die Hauptstadt Kandia von der See aus zu belagern, während Luchino sie von der Landseite bestürmte. Zum Entsatze führte Francesco Muazzo ein griechisches Hilfscorps herbei, ward aber geschlagen und mußte in die Berge flüchten. Schon am 10. Mai capitulirte Kandia; Dandolo erlangte seine Freiheit wieder, die Häupter Marco Gradenigo's und zweier Genossen fielen am 14. durch Henkershand. Bald wurden auch Retimo und Kanea wiedergewonnen; viele Rebellen wurden hingerichtet, andere verbannt; dann kehrte Michieli triumphirend heim. Alle Mächte des Occidents beglückwünschten damals Venedig wegen solcher Erfolge; der neue Duca Pietro Morosini bestimmte 1365 den 10. Mai, den Jahrestag der Wiedereroberung von Kandia, zu einem beständigen Dankfeste. Kaum aber hatte die Flotte sich heimbegeben, als eine neue Rebellion ausbrach; an ihrer Spitze standen Joannes, Alexios und Georgios Kalergis, bei denen die flüchtigen Venier Aufnahme gefunden; indem sie den Kaiser von Byzanz als Herrn der Insel proclamirten, eröffneten sie von ihren Bergen aus einen Guerillaskrieg gegen die ungenügende venetianische Besatzung; der Proveditor Andrea Zeno fiel im Gefecht gegen sie. Allein schließlich zwang der Hunger zum Nachgeben; nachdem Lassiti erobert, wurden die Häupter der Rebellion ausgeliefert; alle endeten auf dem Schaffot, mit Ausnahme Tito Gradenigo's, der sein Leben als heimathloser Flüchtling beschloß. Während der Papst die Republik zur Milde, sowie zur Wiederherstellung des katholischen Ritus ermahnte, sandte diese neue Truppen hin, welche die Rebellenstadt Anapolis zerstörten; auch Lassiti sollte verödet bleiben. Zugleich ward am 9. Mai 1366 allen Lehensträgern der Insel anbefohlen, der Republik eidlich Treue, dem Duca Gehorsam zu geloben; die alten Concessionen aus der Zeit Ziani's wurden vielfach modificirt, ebenso die Privilegien der griechischen Archonten, wie denn ein Gesetz vom 17. April 1371 bestimmte, daß keines der letzteren Lehen, welche bisher von Occidentalen besessen waren, erwerben könne. Die Lehen der Rebellen waren selbstverständlich eingezogen worden, so auch Amorgos, dessen Herr Zanachi Ghisi 1368 hingerichtet ward, und Cerigo, das, dem Tito Venier und dessen Brüdern gehörig, alsbald von Domenico Michieli besetzt worden war und bis 1393 durch einen in Kreta gewählten Rettor verwaltet wurde. Erst am 8. Mai [16]) des letzteren Jahres restituirte man den größten Theil der Insel dem Francesco (Franzia) Venier, als nächstem Verwandten, weil er, gleich seinem Vater, stets treu geblieben war. Doch war seine Stellung, der der Lehensleute Kandia's ähnlich, durchaus keine unabhängige, da ein in Venedig zu wählender Rettor die Hoheitsrechte ausübte; auch andere Sprossen seines Hauses hatten bald neben Venedig Antheil an der Insel, wie wir später sehen werden. Nachdem die Rebellion unterdrückt, kamen ruhigere Zeiten; man schloß 1370 Frieden mit den Türken von Altoluogo, 1383 wurden die Einwohner des verlassenen Tenedos größtentheils in der nach ihnen le Tenedee genannten Vorstadt Kandia's angesiedelt. Im Anfange des folgenden Jahrhunderts lesen wir viel von kirchlichen Verhandlungen; so bestimmte die Curie, daß aus den Renten der unbesetzten griechischen Bisthümer lateinische Priester dotirt werden sollten, was zu Streitigkeiten mit den Kalergis, die letztere in Pacht hatten, Anlaß gab; im Mai 1425 wurden die lateinischen Bischöfe, die vielfach sich von ihren Sitzen auf lange Zeit entfernten, zur Ordnung verwiesen. Gesandte der Colonie baten 1410 die Republik um Bestätigung ihrer Freiheiten und Beschränkung der übermüthigen Juden; unter dem Duca Leonardo Caravello prüften eigene Inquisitoren die Verwaltung und bestraften mehrere schlechte Beamte, welches Loos übrigens auch 1447 den vielleicht unschuldigen Duca Donato, des Dogen Foscari Schwiegersohn, traf. Daß die Insel damals oft als Verbannungsstätte diente, ist bekannt; man braucht nur an den unglücklichen Jacopo Foscari zu erinnern; nicht minder, daß sie, gleich den übrigen griechischen Landen, viel und wiederholt von türkischen Verheerungen zu leiden hatte. Im Jahre 1449 schickten die Kandioten Gesandte nach Venedig mit einer Klage gegen die Juden, „die Menschen und Lämmer kreuzigen;" am 16. Aug. ward verfügt, daß nur Mobilien zum Pfande gesetzt werden sollten. Größere Gefahr drohte der Colonie 1453, indem Elyhis Blastos in Retimo eine Verschwörung anstiftete [17]), in die selbst angesehene Archonten, wie Joannes Argyropulos aus Constantinopel, Joannes Melissenos, Joannes und Georgios Gavalas, verwickelt waren. Alle venetianischen Beamten sollten an einem Tage niedergemacht, die übrigen Fremden ins Gefängniß geworfen, die griechische Herrschaft proclamirt werden. Aber zwei Mitverschworene, ein Priester Stiwas und der Jude David Mavrogonatos [18]), verriethen den Anschlag; unterstützt von dem energischen Andreas Kalergis, kam der Duca dem Blastos zuvor und ließ ihn nebst andern Mitschuldigen hinrichten; doch wurden die letzten Reste der Conspiration erst 1461 unterdrückt. In Folge derselben traf man strengste Vorsichtsmaßregeln gegen die Griechen, die seit 1453 aus Constantinopel, seit 1460 aus Morea zahlreich nach der Insel geflüchtet waren; ebenso gut aber suchte man auch 1462 der Zügellosigkeit der jungen Edeln, die sich große Gewaltsamkeiten gegen die Damen der Insel erlaubten, zu steuern; im nämlichen Jahre erfolgte eine Regulirung der Feudalrechte. Das Verbot, in Lassiti und Anapolis zu säen, ward im November 1463 suspendirt, da beide Orte zum Anbau von Weizen wohl geeignet; 1471 trat es jedoch wieder in Kraft, bis 1497 die definitive Entscheidung darüber dem Duca überlassen wurde. Vielfache Unglücksfälle suchten damals die Insel heim, so zur Zeit des Duca Girardo Dandolo die Pest und unter Bernardo Bembo's Administration, sowie 1508 schwere Erdbeben, dann 1524 aufs Neue die Seuche, die 24,000 Menschen

16) Grazie Vol. XV; Leone fol. 65.

17) Misti del Cons. dei X. Vol. XV. fol. 25v, 29v, 30, 57v, 63v. 18) Beide wurden deshalb reichlich belohnt; auch die Nachkommen David's (gest. 1470) bezogen ansehnliche Pensionen. Privilegii degli Ebrei Mavrogonati in Candia (MS. des Hrn. Paulos Lambros in Athen).

umgrafste. Sonst lesen wir, daß der Senat am 23. Dec. 1490 befahl, nur taugliche und nicht zu junge Männer zu Beamten zu bestellen, daß 1499 die lästige Weinsteuer aufgehoben, 1500 gegen die Türken gerüstet wurde, 1508 laute Klagen über die kirchliche Indifferenz der Bevölkerung erschollen, was mit dem 1515 ergangenen Befehle, daß die Kanoniker der Kathedrale S. Tito nicht fortwährend abwesend sein sollten, zusammenhing. Im nämlichen Jahre ward die Aufnahme von Bastarden in das Corps der adeligen Feudalherren streng verpönt; 1554 wurden verschiedene neue Gesetze erlassen. Nachdem der Duca 1528 nicht ohne Mühe Räuberbanden, die sich in Alikambo festgesetzt, ausgerottet hatte, litt die Insel 10 Jahre später zweimal durch Barbarossa's Beutezüge; obgleich seit 1500 an der Erweiterung der Festungswerke eifrig gearbeitet ward, hausten dort wiederholt die Türken, die 1567 sogar Retimo zerstörten; 1571 mußten zahlreiche Truppen hingesandt, 1578 Spinalonga und der Hafen Grabusa stark befestigt werden. Seit dem Verluste von Kypros war die Insel die wichtigste Besitzung der Republik in der Levante geworden; lange halb vernachlässigt, sollte sie nun um jeden Preis wieder gehoben werden. Durchgehende Reformen stellten sich als dringendes Bedürfniß heraus; daher ward Jacopo Foscarini 1574 als General-Provveditor, Inquisitor und Syndicus hingesandt, um dieselben mit aller Energie durchzuführen. Die Reformversuche dieses „Dictators" hat Zinkeisen [19]) mit größter Ausführlichkeit dargestellt; es handelte sich um zeitgemäße Umgestaltung des ganzen Lehenswesens, Herstellung des Heerbannes, neue Regulirung der Verhältnisse aller Stände, Beschützung des Volkes gegen die Uebergriffe der Feudalherren und Hebung der Einkünfte der Republik. Foscarini weilte dort bis 1577; allein was er geschaffen, verfiel bald genug wieder; nur daß 1591 die Ablegung der Ahnenprobe den edlen Colonisten aufs Neue zur Bedingung gemacht wurde. Dann hauste auf Kandia 1593 wieder die Pest, 1595 ein Erdbeben, 1606 Hungersnoth, dann ein zweites Erdbeben und so fort; dabei klagte die Bevölkerung fortwährend über Steuerdruck, der aber kaum zu vermeiden war, da man unablässig Sicherheitsmaßregeln gegen die Türken treffen mußte. Zu verwundern ist es dabei freilich nicht, daß die Bevölkerung rapide abnahm: hatte zur Zeit des Falles von Kypros Kandia noch 271,489 Einwohner, so zählte es zu Foscarini's Zeit nur 219,000; ja der Census von 1627 weist nur 192,728 nach; einzig die Juden — 1574 gegen 700 — waren auf 1160 angewachsen. So bedenklich war die Lage von Kandia damals, als die Flotte des Großherrn sich mit aller Macht auf diese letzte größere Besitzung Venedigs in der Levante warf. In dem langen Kampfe um die Erhaltung der Insel ward zwar die Republik von den Großmächten des Westens, sowie von Privaten vielfach unterstützt; doch mußte schließlich, nachdem fast die ganze Insel verloren, auch die Hauptstadt am 6. Sept. 1669 capituliren. Am 27. Sept. räumten ihre Truppen die Insel; am 4. Oct. zog der Großvezir in Kandia ein. Sultan Mehammed IV. (1648—1687) ratificirte 1670 die Capitulation; Grenzstreitigkeiten in Dalmatien, wo Clissa der Republik verbleiben sollte, wurden erst am 24. Oct. 1671 geregelt. Auf Kandia behielten die Venetianer nur Suda, Spinalonga und Grabusa, ebenso im Archipel Tinos und Mykonos. Und nun ruhte Venedig aufs Neue fast 13 Jahre lang, während die Johanniter und entschlossene Corsaren auf eigene Faust die Ungläubigen befehdeten und namentlich auf den Inseln des Archipels ihr Wesen trieben. Zu ihnen gehörten der Marquis von Fleuri [20]), ein Savoyarde, der lange bei Naros kreuzte, bis ihn die Venetianer, die laut dem jüngsten Vertrage mit ihrer Flotille den Archipel von Piraten rein halten sollten, aufgriffen, und der Provençale Hugo Crevellers, das Urbild zu Byron's „Corsar," der, nachdem er, eingeladen von Liberali Gerakari, dem angesehensten Capitain der Maina, vergeblich sich in Morea festzusetzen versucht hatte, seit 1676 factisch Herr des Archipels war, bis eine zufällige Pulverexplosion ihm im October 1678 das Leben kostete. Ihnen folgten andere Abenteurer, so der Johanniter Johann Franz Raimond de Modene, der 1690 auf Naxos mit seinen Kanonen den dreijährigen Streit zwischen den Coronello und den zur griechischen Kirche übergegangenen Cocco beendete [21]), dort die schöne Caterina Coronello — die zuerst französische Tracht im Archipel eingeführt hat — heirathete und 1705 mit Hinterlassung zahlreicher Nachkommen starb, und der Grieche Joannes Kapsi, der sich 1677 zum Herrn von Milos machte, jedoch endlich 1680 gefangen und vor dem Serraglio aufgeknüpft ward. Venedig mußte sich völlig der Willkür der Pforte fügen, so lange die wackeren Großvezire aus dem Hause Köprili die Geschicke des osmanischen Reiches lenkten; erst nachdem der Sturm Kara Mustafa's gegen Wien abgeschlagen war, verließ es, in der Hoffnung, seine drei Königreiche Kandia, Kypros und Morea wiederzugewinnen, das schmähliche System der Neutralität, trat am 25. April dem auch von Rußland unterstützten „heiligen" Bunde zwischen dem Reiche, dem Papste und Polen gegen die Pforte bei und ließ letzterer am 15. Juli durch den Bailo Capello den Krieg erklären. Francesco Morosini ward zum Generalcapitain der Flotte ernannt, das Landheer sollte der kaiserliche General Graf Strassoldo führen. Und nun begann jener neue und letzte welthistorische Krieg Venedigs gegen die Osmanen, der, nur einmal unterbrochen, erst nach 34 Jahren sein Ende fand. Er gehört, wie gesagt, der Weltgeschichte an, daher hier nur ein kurzes Resumé über die Ereignisse, die vornehmlich das eigentliche Griechenland betrafen, und seinen Ausgang; alles Weitere mag man bei Zinkeisen [22]), Finlay, Romanin oder in den bekannten Quellen selbst nachlesen.

Während die Morlachen von Dalmatien aus die türkische Grenze überschritten und in Bosnien und Albanien hausten, nahm Morosini im August 1684 zunächst Leukadia, dann am 29. Sept. Prevesa ein und wandte

19) a. a. O. S. 631 fg.

20) Sauger a. a. O. p. 306 seq. 21) Meine Analekten S. 613.

22) Hammer nenne ich hier nie; das wirklich Zuverlässige bei ihm hat Zinkeisen völlig ausgenutzt; der Rest — ist Schweigen.

sich dann 1685 zur Eroberung von Morea, wo sich bereits die Mainoten erhoben und von der türkischen Besatzung 2000 Mann gemetzelt hatten, jedoch von Ismailpascha überfallen und aufs Neue unterjocht waren. Das Landheer der Venetianer bestand meist aus Teutschen, Hessen, Braunschweigern, Sachsen, Württembergern und namentlich 2542 Hannoveranern, die unter dem Commando des Obersten von Ohr standen. Im Juli erschien Morosini mit ihnen bei Savienza; am 12. Aug. mußte Korone capituliren, wo ein furchtbares Blutbad angerichtet ward, dann ging es nach der Maina hin; das kleine Heer des Kapudanpascha ward bei Kalamata gesprengt, letzteres gleich Zarnata, Kelepha und Maina besetzt, und die neuen Eroberungen, der sogenannte Braccio di Maina, einem eigenen Rettor untergeordnet. Nachdem gegen Ende des Jahres noch das Castell Gomenitza gegenüber Korfu genommen und zerstört worden, kehrte die siegreiche Flotte heim. Anfangs 1686 ward der Vorschlag gemacht, Kandia zunächst anzugreifen, doch zog man vor, den Krieg in Morea fortzusetzen, wo Graf Otto Wilhelm von Königsmark als Generalissimus der Republik mit den teutschen Truppen im Juni und Juli Navarinon, Modone und Argos fast ohne Schwertstreich, im August auch Nauplion nach längerer Gegenwehr einnahm. Die Friedensvorschläge der Pforte wurden, da auch Venedigs Verbündete siegreich waren, zurückgewiesen; man setzte auch mit dem neuen Sultan Suleimân II. (1687—1691) den Krieg fort. Am 24. Juli 1687 siegten die Venetianer bei Patrâ, wo die Teutschen Heldenthaten verrichteten; die kleinen Dardanellen und Lepanto fielen, ebenso der ganze Norden der Halbinsel; selbst Korinth wurde am 9. Aug. besetzt, und Morosini trug sich mit dem Gedanken, den Isthmos zu durchstechen und so die Halbinsel den Türken unzugänglich zu machen. In Venedig erregte die Kunde von diesem Erfolge allgemeinen Jubel; am 11. Aug. ward decretirt, daß dem Morosini der Beiname Peloponnesiaco zu ertheilen, und seine bronzene Statue im Saale des Raths der Zehn aufzustellen sei. Nachdem noch verschiedene kleine Plätze in Morea occupirt waren, wurde am 26. Aug. ein Angriff gegen Monembasia versucht, der jedoch der starken Befestigung der Stadt wegen mißlang; dagegen ward Lakonien, namentlich die Umgegend von Misithra, gebrandschatzt und Aegina am 13. Sept. besetzt. Am 21. Sept. lief die Flotte Venedigs im Piräeus ein; das Landheer war über den Isthmos gleichfalls vorgerückt; man besetzte ohne Weiteres das verlassene Athen und begann Tags darauf die Belagerung der Akropolis. Am 25. schlug eine Bombe in die Propyläen, am 26. eine zweite, von einem lüneburgischen Lieutenant dirigirt, in den Parthenon, den die Türken in der Eile in ein Pulvermagazin verwandelt hatten, und zerstörte den herrlichen bis dahin unverletzt erhaltenen Tempel [23]). Drei Tage später capitulirte die Besatzung gegen freien Abzug; Graf Tommaso Pompei ward zum Commandanten ernannt; in die Stadt selbst wurde eine teutsche Besatzung gelegt, welche am 19. Oct. durch ihren Capellan Beithmann eine ehemalige Moschee in eine lutherische Kirche verwandeln ließ. Nun aber brach in der unglücklichen Stadt eine furchtbare Pest aus; schon Ende December zogen die Söldner ab, als Siegesbeute wurden die vier Piräeuslöwen fortgeführt, ein Pendant zu den vier bronzenen Rossen aus Constantinopel. Der Posten selbst erwies sich als unhaltbar; nachdem man noch darüber berathschlagt, ob es nicht am besten sei, Athen zu zerstören, entschloß man sich zur bloßen Räumung der Stadt; am 9. April 1688 ging die Flotte unter Morosini, der 6 Tage vorher seiner hohen Verdienste wegen zum Dogen erhoben worden, ab nach Poros. Die Athener aber, die Rache der Türken fürchtend, suchten Asyle in Korinth, auf Aegina und Salamis; erst, nachdem die Stadt drei Jahre lang öde gelegen [24]), erhielten sie mit Zustimmung des Patriarchen die Erlaubniß zur Heimkehr und Herstellung der verfallenen Wohnungen und verbrannten Kirchen. Die Flotte griff nun Euböa an, aber obgleich man über 3 Monate die Insel bestürmte, ließen sich doch keine Erfolge erzielen; die Pest wüthete fort und raffte auch Königsmark am 15. Sept. weg; das Landheer, arg decimirt, ward entlassen; am 25. Oct. zog endlich auch Morosini ab. Dagegen war das Glück den venetianischen Waffen in Dalmatien fortwährend günstig, indem dort am 30. Sept. 1687 Castelnuovo, 1688 das feste Knin fielen. Man behauptete den Peloponnes, dem ein General-Provveditor, zuerst Jacopo Cornaro, vorgesetzt wurde, und theilte ihn in 4 Provinzen: Romania, Lakonia, Messenia und Achaia mit den Hauptstädten Nauplion, Monembasia, das erst noch zu erobern war, Navarinon und Patrâ ein; jeder stand ein Provveditor, der die militairischen Angelegenheiten verwaltete, ein Rettor als höchste Justizbehörde und ein Camerlengo für die Finanzen vor; später (1690) kamen dazu noch eigene Provveditoren für Modone, Korone, Gastuni, Zarnata, Misithra, Phanarion und Kalavryta. Die Halbinsel zählte übrigens damals — mit Ausschluß der ehemaligen Castellanie Korinth und der Maina — nur noch 86,468 Einwohner, meist Albanesen, darunter nur 20,128 waffenfähige Männer; erst durch spätere Einwanderungen aus Mittelgriechenland stieg ihre Anzahl 1692 wieder auf 116,000 und betrug 1701 sogar schon 259,364. Lauer ward der Krieg 1689 geführt; es fehlte an Geld, und Venedig konnte daher nur 11,000 Mann ins Feld schicken. Und doch bedurfte Morea gerade damals des Succurses, da es der Pforte gelungen war, die Mainoten für sich zu gewinnen. Ihr Capitain Liberaki Gerakari, eine höchst unzuverlässige Persönlichkeit, hatte anfänglich den Aufstand seiner Landsleute gegen die Türken geleitet, war dann gefangen und von der Pforte mit der Erhebung zum Bey von Maina geködert worden; jetzt ging er mit 5000 Mann den Türken zu Hilfe, versuchte, während die Venetianer Monembasia blokirt hielten, einen vergeblichen Angriff gegen Korinth,

23) Vergl. Laborde a. a. O. II. p. 121 seqq.; dazu noch neuerdings Dispaccio di Franc. Morosini capitano generale da mar intorno al bombardamento ed alla presa di Atene l'anno 1687. Venezia 1862. 8.

24) Surmelis, Κατάστασις συνοπτική p. 64 seq.; auf diese dreijährige Verödung hat Fallmerayer, wie wir früher sahen, seine Theorie von der Slavisirung Attika's aufgebaut.

plünderte in Mittelgriechenland und wandte sich gegen Salona, ward aber von den dortigen Bauern zurückgetrieben. Im Jahre 1690 fiel endlich auch Monembasia, durch Hunger bezwungen; dagegen ging 1691 Grabusa auf Kandia verloren. Als dann 1692 ein Versuch gegen Kanea gemacht werden sollte, kam die Kunde von neuer Gefahr in Morea; Liberaki belagerte wieder mit 5000 Malvoten die Burg von Korinth, die Albanesen plünderten; Lepanto wurde bedrängt, doch mußte der Seraskier schließlich zurückweichen. Wieder begab sich der Doge Morosini in Person nach Griechenland, richtete aber wenig aus; Nichts als vorübergehende Streifzüge; vor Kummer darüber, daß ihm weitere Lorbeeren versagt, starb „der Peloponnesier" am 6. Jan. 1694. Zwar gelang es dem Proveditor Marino Zeno, noch in dem nämlichen Jahre Chios zu nehmen, allein nicht nur hatte dafür Morea viel von den Türken zu leiden, sondern die Insel selbst ward schon 1695 nach ungünstigen Gefechten wieder aufgegeben. Und ebenso ging es 1696; zur See meist Verluste oder höchst zweifelhafte Erfolge; in Morea eine Expedition des Seraskiers gegen Argos, eine Plünderungsfahrt Liberaki's gegen Tripolitza, die aber glücklich parirt wurde; aufs Neue ward das Hexamilion befestigt. Nun wandte sich der Bey von Maina am 27. Aug. gegen Arta, plünderte die wehrlosen Christen daselbst und verbrannte die Kirche des Evangelisten Johannes; die unglückliche Bevölkerung flehte im October [25]) Venedig an, sich ihrer anzunehmen und die Stadt nebst Umgegend zu besetzen. Liberaki hatte damals seinen Frieden mit Venedig gemacht; der Proveditor Alessandro Molino hatte ihm die Ritterwürde und ein ansehnliches Einkommen zugesagt; er hatte dann mit seinem Bruder Georgios das Türkenlager verlassen und sich auf venetianisches Gebiet nach Lepanto begeben. Aber die Verheerung von Arta kostete ihm und dem Bruder schließlich die Freiheit; beide wurden verhaftet und nach Nauplion geführt; Georgios endete 1702 durch Selbstmord im Gefängnisse zu Palma, Liberaki ist in ewiger Kerkerhaft zu Brescia vermodert. So endete der erste Bey der Maina. War der Krieg in Morea und im Archipel mit wechselndem Glück geführt worden, so war dagegen Venedigs Macht in Dalmatien und Albanien in fortwährendem Wachsen; nun kamen noch dazu der Sieg der Kaiserlichen bei Zenta und das drohende Vorgehen Rußlands, und so bequemte sich Sultan Mustafa II. (1695—1703), der 1695 seinem Oheim Ahmed I. (1691—1695) gefolgt war, endlich zum Frieden mit der heiligen Liga. Er ward am 26. Jan. 1699 zu Carlowitz abgeschlossen und enthielt, was das eigentliche Griechenland betrifft, folgende Bestimmungen. Venedig behielt ganz Morea einschließlich des Hexamilion, Lepanto, Leukadia und Aegina, dagegen verpflichtete es sich, das Dardanellenschloß bei Lepanto und Prevesa zu schleifen; der Tribut für Zante ward aufgehoben, in Dalmatien eine neue Grenzlinie gezogen, welche Castelnuovo und Risano der Republik ließ; dagegen verblieben die Inseln des Archipels, mit Ausnahme von Tinos und Mykonos — und der festen Punkte auf Kandia — der Pforte. Noch nie hatte die letztere einen schmachvolleren Frieden besiegeln müssen. Allein während sich der Westen Europa's bald in dem spanischen Erbfolgekriege zerfleischte, Venedig sich bemühte, den verödeten Peloponnesos und dessen undisciplinirte Bevölkerung neu zu heben, der Zar Peter I. von Rußland die orthodoxen Griechen vergeblich auf seinen Beistand vertröstete [26]), hatte sie Zeit gehabt, neue Kräfte zu sammeln. Einflüsterungen von moreotischen Primaten, denen die eigene Willkürherrschaft unter der Aegide des Halbmonds willkommener, als Venedigs straffes Regiment, und die betheuerten, die ganze Halbinsel würde mit Freuden des Sultans legitime Herrschaft aufs Neue begrüßen, gaben den Ausschlag; seit 1714 rüstete Ahmed III. (1703—1730) und suchte nach Anlaß zum Kriege. Der fand sich im Oct., da flüchtige Montenegriner, von dem Pascha von Bosnien verfolgt, in Cattaro ein Asyl gefunden hatten und nicht ausgeliefert waren; dazu gegenseitige Pirateríen. Genug, im December ward der Bailo von Constantinopel verhaftet und der Krieg erklärt. Venedig, das vergeblich auf Unterstützung des Reichs und Rußlands gehofft, stand plötzlich isolirt da. Der General-Proveditor von Morea Girolamo Delfino klagte über die im Lande herrschende Noth, den Verfall der Festungen, den absoluten Mangel an Munition; man suchte nun schleunigst abzuhelfen. An eine Vertheidigung der ganzen schwer bedrohten Halbinsel dachte Niemand; nur einzelne feste Punkte: Nauplion, Monembasia, Modone, Korone, Argos, das Dardanellenschloß von Morea, Kelepha und Zarnata sollten um jeden Preis behauptet werden; das platte Land ließ man im Stiche; selbst Navarinon wurde geschleift. Anfangs Juni 1715 eröffneten die Türken den Feldzug gegen Venedigs letzte levantinischen Besitzungen. Am 5. landete der Kapudanpascha auf Tinos, dessen Proveditor Bernardo Balbi voller Angst capitulirte, obgleich dort vortreffliche Festungswerke waren; die letzteren wurden geschleift und 300 der angesehensten Familien als Verbannte nach den Barbareskenstaaten geschleppt; gleiches Loos ward sofort Mykonos, bald darauf auch Aegina zu Theil. Unterdessen zog der Großvezir 'Ali Kumurdschi mit einem gewaltigen Landheer — eine am 9. Juni in Theben angestellte Musterung ergab angeblich 22,844 Reiter und 72,520 Mann zu Fuß — gegen Morea hin; am 25. Juni durchbrach er fast ohne Widerstand das nur elend befestigte Hexamilion; die Griechen flüchteten in die Berge oder huldigten; alle Dörfer ringsum loderten in Flammen auf. Nach kurzer Belagerung fiel am 3. Juli auch Korinth; in Byron haben die wackeren Vertheidiger wenigstens ihren Sänger gefunden. Bald darauf, noch im Juli, erlag Nauplion der überlegenen Heeresmacht 'Ali's; ein gräßliches Gemetzel fand dort statt; alle Gefangenen wurden enthauptet; dann ergaben sich Modone, im August die Dardanellen, am 7. September [27]) endlich auch Monembasia. So war in Zeit von 3 Monaten ganz Morea wieder dem Großherrn unterworfen;

25) Miklosich und Müller III, 275—278. n. XVIII.

26) Miklosich und Müller III, 279—281. n. XIX. 27) Vergl. außer den bekannten Quellen auch das Gedicht des Jo. Mauthos aus Joannina: [illegible]. Venedig 8. (oft gedruckt, mein Exemplar 1829).

selbst die Capitaine der Maina mußten huldigen. Venedigs Flotte blieb dabei unthätig; so konnten die Türken am 20. Sept. auch Suda, Anfangs October Spinalonga auf Kandia trotz tapferer Gegenwehr der dortigen Befehlshaber nehmen und gleich darauf Cerigo occupiren, dessen Garnison indessen freien Abzug erhielt. Da Leukadia bedroht war, zog Venedig es vor, die nur halb fertigen Festungswerke zu schleifen; einzig in Dalmatien hielten sich die Venetianer, von der treuen Bevölkerung redlich unterstützt. Nun ward eine Handelssperre gegen die Venetianer und deren Waaren im ganzen türkischen Reiche verfügt; zugleich rüstete man zur Eroberung von Korfù. Da endlich entschloß sich das Reich, auf die dringendsten Vorstellungen des Prinzen Eugen hin, zum Vorgehen gegen die Pforte; am 13. April 1716 ward ein Allianzvertrag abgeschlossen, den der Sieg bei Peterwardein und die 1717 erfolgte Eroberung von Belgrad glänzend zu besiegeln schienen. Mittlerweile hatte die Republik den vom Kaiser jüngst auf ihre Bitten zum Reichsgrafen ernannten Baron Johann Matthias von der Schulenburg zu ihrem Feldmarschall und General en chef ernannt; er eilte nach Korfù, um die bedrohte Insel zu schirmen **). Am 1. Aug. versuchten die Türken dort den ersten Angriff, wurden aber zurückgeschlagen; heldenmüthig vertheidigten die Teutschen die Insel, bis der Feind am 22. abzog. Allein Venedig verfolgte den Sieg nicht; Expeditionen gegen Modone, Prevesa und Vonizza mißlangen; dagegen ward Anfangs September Buthrotou gewonnen, ebenso im November Leukadia, wo Schulenburg, von der Signorie hoch geehrt — die ihm sogar ein Denkmal in Korfù errichten ließ —, alsbald für Herstellung der Festung sorgte. Den katholischen Albanesen, die sich durch den Erzbischof von Ochrida auch an Eugen um Beistand wandten, konnte er freilich nicht die gehoffte Unterstützung angedeihen lassen; doch gelang es Schulenburg wenigstens, am 22. Oct. 1717 Prevesa, dann im November Vonizza zu nehmen; ein gleich darauf unternommener Angriff gegen Antivari mißlang, ebenso 1718 eine Expedition gegen das räuberische Dulcigno. Da tauchten die Projecte Alberoni's auf; um nicht den Einfluß im Westen zu verlieren, opferte der letzte Habsburger die venetianischen Verbündeten im passarowitzer Frieden vom 21. Juli 1718 der Pforte. Venedig mußte auf Morea, Tinos, Aegina und die kretensischen Burgen verzichten, behielt dagegen Leukadia, Buthroton, Prevesa, Vonizza, ebenso Parga und Gomenitza; Cerigo und Cerigotto wurden der Republik und den alten Feudalherren restituirt. Doch machte die Grenzregulirung in Dalmatien und der Austausch der Gefangenen noch manche Schwierigkeiten, die erst nach einigen Jahren beseitigt waren. Auf Schulenburg's Rath wurden nun Korfù und die übrigen Inseln und Plätze in Epiros neu befestigt; in den Jahren 1715—1732 verwandte man darauf 500,000 Thaler; doch zeigte es sich nur zu bald, daß nicht die Colonien, sondern Venedig selbst dazu am meisten beisteuern mußte, indem 1753 sich die Einnahmen aus Korfù und Zubehör auf 200,000, die Ausgaben auf 300,000 Thaler beliefen, und sogar 1768 sich für die griechischen und dalmatinischen Besitzungen ein Deficit von 1,082,825 Thalern ergab. Im Jahre 1733 erneuerte Venedig den Frieden von Passarowitz mit Sultan Mahmud I. (1730—1754) auf ewige Zeiten; der altersschwachen Republik war Lust und Kraft zur Einmischung in die orientalische Frage längst vergangen. Phantastische Pläne hatte jüngst Alberoni gehegt, Vertreibung der Osmanen aus Europa und Theilung der Türkei, wobei u. a. England Kreta nebst Smyrna, Holland Rhodos und Aleppo, Venedig Morea und Epiros, Genua Mittelgriechenland, Preußen „das große fruchtbare Eiland Negroponte" erhalten, der Herzog von Holstein-Gottorp den Thron der Paläologen besteigen, der Archipel zur Apanagen für Prinzen und Dotationen für Generale bestimmt werden sollten. Die Projecte fielen zugleich mit dem Cardinal. Unter Osman III. (1754—1757) plünderten Albanesenhorden Attika und bedrohten selbst Athen, das seit 1690 sich friedlicher Tage zu erfreuen hatte; unter Mustafa III. (1757—1774) begann jener russische Krieg gegen die Pforte, der eine Revolution in ganz Hellas hervorzurufen schien und mit einzelnen Unterbrechungen sich auch unter seinem Nachfolger Abdulhamid (1774—1789) fortsetzte.

Bereits seit 1764 hatten russische Emissäre ganz Griechenland, Rumili, Thessalien, Albanien, Morea, den Archipel und das slawische Montenegro bereist und aufgewiegelt; der allmächtige Günstling Alexei Orlow, der zuerst der Kaiserin Katharina II. den Plan, Griechenland gegen die Pforte aufzurufen, vorgelegt — ein venetianischer Nobile soll ihm den Gedanken eingegeben haben — und seine Herrin leicht für Herstellung des byzantinischen Kaiserreichs unter dem zarischen Doppeladler gewonnen hatte, verhieß Waffen und kräftige Unterstützung; ja er schloß sogar 1769 zu Pisa einen förmlichen Vertrag mit den Capitainen der Maina ab, die sich an dem großen Unternehmen betheiligen wollten. Mistrauischer nahmen die Idee einer Herstellung des Byzantinismus die Mächte des Occidents auf; Venedig, das sonst am meisten dabei interessirt gewesen, verharrte in schwacher Neutralität; Friedrich II. von Preußen erklärte sogar Voltaire, der sich für die Hellenen zu interessiren schien, die Griechen wären „si avilis qu'ils ne méritent pas d'être libres!" Aber im Interesse Rußlands mußten nun doch auch die Griechen auf dem Kampfplatze erscheinen. Am 24. Febr. 1770 landete eine kleine russische Flottenabtheilung unter Feodor Orlow, des Gewaltigen Bruder, beim Cap von Vitylos in der Maina; er versprach den Mainoten, bald würde ein mächtiges Heer nachfolgen, und forderte sie auf, zunächst gegen das flache Binnenland zu ziehen, während seine Russen die festen Küstenplätze angreifen würden. Aber daraus entspann sich nur ein großartiger Raubzug. Begleitet von russischen Officieren, rückten die Mainoten gegen Kalamata und Misithra, mordend und plündernd, dann, 15,000 Mann stark, gen Tripolitza; da aber der dort residirende türkische Pascha sich ernstlich zur Wehr setzte, flüchteten sie in ihre Berge; ein blutiges Strafgericht erging über die griechischen Bürger der Stadt,

**) [illegible] Ἀλ. Τ[illegible], Πολιορκία Κερκύρας ὑπὸ τῶν Τούρκων ἐν ἔτει 1716. Κερκ. 1861. 8.

die als Mitverschworene sämmtlich gemetzelt wurden. Ebenso erging es der Stadt Patrá, die von einem griechischen Haufen besetzt war; die moreotischen Albanesen, der Pforte getreu, fielen im Verein mit der Besatzung der Citadelle am Charfreitag über sie her, mordeten und raubten; fast die ganze Stadt ward durch Feuer vertilgt, und nur wenige entgingen der Sklaverei durch Flucht nach den ionischen Inseln. Vergeblich hatte mittlerweile Orlow mit seinen 500 Mann Korone bestürmt; Arkadia und Leondari, die Fürst Peter Dolgoruky besetzt hatte, mußten bald aufgegeben werden, da die griechischen Verbündeten, undisciplinirt wie sie waren, dort den ärgsten Unfug angerichtet hatten. Nur Navarinon, wo Alexej Orlow endlich selbst im April eingetroffen, ward stark befestigt; der vortreffliche Hafen schien es zum Hauptwaffenplatz in der Levante zu bestimmen; von dort aus erging am 2. Mai ein hochtrabendes Manifest an alle Hellenen, die sich der Zarin unterwerfen und von „der Tyrannei der Ungläubigen" befreit werden wollten. Allein nachdem ein Angriff gegen Modone mißlungen, räumte Orlow selbst Navarinon, um der gegen Morea heranziehenden fränkischen Flotte zu begegnen, und überließ die aufständischen Griechen ihrem Schicksale. Dasselbe war schrecklich genug; nur wenige retteten sich durch die Flucht; denn über 150,000 Albanesen überschritten bald den Isthmos, und nun begannen gräßliche Scenen. Wlachen, Griechen, Albanesen und Türken zerfleischten sich gegenseitig, die Städte wurden verbrannt, die Aecker verheert, das Blut floß in Strömen; was das Schwert verschonte, rafften Pest und Hungersnoth hinweg; 20,000 Moreoten retteten Nichts als das nackte Leben. Im September erschienen die Albanesen sogar in der Maina, deren Bevölkerung huldigen mußte; doch erlangten sie wenigstens milde Bedingungen, indem ein von den Capitainen selbst zu wählender, von der Pforte zu bestätigender einheimischer Bey an die Spitze des Landes trat, und eine einmalige Abkaufssumme statt des jährlichen Tributs fixirt ward; die Nordgrenze ward bei Kalamata gezogen. In dem Reste von Morea hausten die Albanesen weiter; selbst der Sieg Orlow's bei Tschesme am 7. Juli 1770 und die darauf erfolgte Verbrennung der türkischen Flotte änderte Nichts in ihrem Loose. Zwar huldigten nun 27 Inseln des Archipels der Zarin; allein man verfolgte den Sieg nicht weiter; Lemnos, von den Russen occupirt, ward rasch geräumt; nur auf Paros, Imbros und Thasos hielt sich ihre Besatzung. Während zu Lande im Norden eifrig fortgekriegt wurde, beschränkte sich der Seekrieg auf bloße Raubfahrten; in dem am 16. Juli 1774 abgeschlossenen, am 21. ratificirten Frieden von Kutschuk-Kainardsche restituirte Rußland den occupirten Archipel der Pforte und opferte zugleich treulos und rücksichtslos die verbündeten Griechen in Morea gegen bedeutende Abtretungen und Concessionen an und auf dem schwarzen Meere. — Auch Polen hatte mittlerweile die erste Theilung erlitten; wie sollten da die Griechen noch von den Moskowitern Güte erwarten?

Neun Jahre lang blieben die Albanesen factisch Herren von Morea; das Land ward verwüstet und ausgeplündert; die Griechen, welche unter dem heldenmüthigen Andrutzos, dem Vater des bekannten Odysseus, Widerstand zu leisten versuchten, mußten ihm das Feld räumen; Andrutzos selbst fand ein Asyl in dem venetianischen Prevesa, aus dem er erst 1774 nach Mittelgriechenland, seiner Heimath, zurückkehrte. Die Pforte empfing nun schon seit Jahren keinen Tribut mehr aus dem Peloponnesos; eilfmal hatten sie vergebens versucht, der Rebellion Herrin zu werden. Dagegen hatten die Mainoten, welche mehr noch die Albanesen, als die Türken fürchteten, 1776 sich zu einem Accord verstanden; sie erkannten die Oberhoheit des Sultans an und gelobten, 1000 Dukaten Jahrgeld zu zahlen; dafür wurden sie von der Gewalt des Paschas von Morea eximirt und gleich den Inselgriechen dem Kapudanpascha untergeordnet. Ihr Bey Janetos Kutophares leistete 1777 die Huldigung; er verpflichtete sich, den Tribut einzusammeln und abzuliefern, wofür ihm gewisse Monopole bewilligt wurden. Eine Anzahl geflüchteter Primaten kehrte in demselben Jahre heim. Aber erst 1779 konnte der wackere Kapudanpascha Hasán (gest. 1790), der Regenerator der türkischen Flotte — meist ward sie mit griechischen Matrosen, die selbst größtentheils albanesischer Geburt, aus den Inseln Hydra, Spetsa und Ipsara stammten und bald sich ihres Einflusses auf die Osmanen bewußt werden sollten, bemannt —, die Herrschaft Abdulhamid's in Morea herstellen. Am 10. Juni wandte er sich, zum Seraskier von Morea ernannt, gegen die Albanesen, die unter den Brüdern Bessiaris bei Tripolitza standen, und schlug und vertilgte sie in blutiger Schlacht. 120 Köpfe, darunter der ihres Anführers Kustemberg, wurden nach Constantinopel gesandt, aus andern 4000 ließ er vor den Stadtthoren furchtbare Schädelpyramiden errichten, die noch Jahre lang da standen. Nun suchten die übrigen ihr Heil in der Flucht; wenige nur fanden in den Bergen von Arkadien und Lakonien ein Asyl, 11,000, die sich über den Isthmos zurückgezogen, fanden bei Theben den Untergang. Nun suchte Hasán, den sein Dragoman, der edle Nikolaos Mavrogenis aus Mykonos (später Fürst der Walachei 1786—1788), für seine unglücklichen Landsleute zu interessiren verstanden, den Rechtszustand in Morea wieder herzustellen; allein die Pforte brauchte Geld; der sehr decimirten Bevölkerung ward eine dreifache Steuerquote auferlegt, die, nachdem Hasán im November die Halbinsel verlassen, von den Unterbeamten mit barbarischer Härte eingetrieben wurde. Die Folge davon war, daß Morea und die Inseln des Archipels sich immer mehr entvölkerten, indem die Griechen massenweise nach Istrien und Rußland auswanderten. Der Kaiserin Katharina war 1779 ein zweiter Enkel Constantin geboren; ihn begrüßten die Flüchtlinge, noch nicht enttäuscht, als zukünftigen Kaiser von Byzanz. Das Griechenproject der Russen, wie es im Jahre 1780 aufs Neue auftauchte, verlief sich zwar im Sande; doch blickten gar viele aus dem „Hellenenvolke" sehnsüchtig nach dem orthodoxen Zarenlande hin, aus dem allein ihnen Erlösung kommen könnte; Rußlands Einfluß befestigte sich dort immer mehr. Aber nun kam schon 1781 wieder eine Pest, die den Peloponnesos ein Jahr lang heimsuchte; dazu die Opposition einzelner Primaten, die Hasân 1784 nöthigte, aufs Neue nach Morea zu gehen; sie huldigten, auch die Mainoten mußten Geiseln stellen. Hasân's Nachfolger wurde der blutdürstige Jusufpascha, der wieder in Tripolitza residirte; im Lande herrschte die Ruhe des Kirchhofs; aber von Sicherheit war keine Rede. Dieselben Erpressungen, wie zur byzantinischen Zeit; trotzdem waren die Einkünfte so reducirt, daß während sie vor 1770 gegen 2 Millionen Piaster betrugen, sie 1786 nur auf 705,000 taxirt werden konnten, von denen nur etwa die Hälfte in den Staatsschatz nach Constantinopel kam. Ueberall regte sich der Geist des Aufstandes; der Türkei schien ein Zersetzungsproceß bevorzustehen. In Albanien geberdeten sich Mahmûtpascha von Skodra und seine Söhne, die Buschatli, ganz selbstständig, befehdeten Montenegro und bedrohten Venedigs Besitzungen; die Pforte ließ sie gewähren. Auf Naxos usurpirte der Grieche Markos Politis die Herrschaft und tyrannisirte Jahre lang den Archipel; die Nachkommen der alten Feudalherren mußten ihm zinsen; erst 1800 endete der Gewaltige gefangen durch den Strang. Von Rebellionen in Syrien, in Aegypten, in Rumili muß ich hier schweigen, ebenso von den fortwährenden Hetzereien der Russen; gewiß aber ist, daß „der kranke Mann" schon ein unheilbarer Patient schien, als Selim III. (1789—1807) dem schwachen Abdulhamid folgte. Schon 1790 unternahm, auf den Beistand von Rußland bauend, Lambros Kazonis von Triest aus einen Heereszug gegen den Archipel, besetzte Keos und rief von dort aus die andern Inseln zur Empörung auf; allein er unterlag am 18. Mai 1792 schon in einem Gefechte unweit Andros und flüchtete nach Petersburg, wo ihm 1793 der Titel eines russischen Majors zu Theil ward, nachdem die Kaiserin im Frieden von Jassy 1792 zum zweiten Mal die getäuschten Griechen geopfert hatte.

Die Händel in Epiros, wo damals der blutige 'Alipascha aus Tepelen sich emporgeschwungen, zu verfolgen, ist hier nicht der Ort; sie gehören der osmanischen, der Universalgeschichte an. Dagegen kann ich nicht unerwähnt lassen, daß, sowie vor der Katastrophe von 1204, im byzantinischen Reiche überall Usurpatoren aufstanden, und wie jetzt auf Naxos und in Joannina Rebellen sich erhoben, auch Athen einen neuen Leon Sguros hatte. Es war dies der damalige Woywode der Stadt [79] Hadschi 'Ali Haseki, der sich jüngst große Verdienste um die Stadt erworben, indem er ein albanesisches Corps von 3500 Mann, welches unter Führung des Delibaschi Metika verheerte, 1777 bei Chalandri vernichtete. Im folgenden Jahre begann er, die Akropolis mit neuen festen Mauern zu umgeben, sie wurden in 90 Tagen vollendet; es wurden dabei viele antike Ueberreste, die Ilissosbrücke des Stadiums, 2 Säulen des Olympieions und andere, zerstört. Der Woywode, eigentlich nur auf ein Jahr fungirend [80], hatte es verstanden, sich bei den Griechen von Athen so beliebt zu machen, daß dieselben die Pforte fortwährend baten, ihn auf Lebenszeit zu bestätigen; 1789 ward ihrem Antrage Folge gegeben. Nun aber begann er, die ärgste Tyrannei gegen Griechen und Türken auszuüben; furchtbare Noth brachte die Pest über die Stadt, in der in den zwei ersten Jahren seiner Verwaltung von den Griechen allein über 2200 starben; endlich erfolgte 1792 die Absetzung des Wütherichs, der nach Kos verbannt und schließlich dort auf das Drängen der Athener hin im December 1795 enthauptet wurde.

Ein neuer Wendepunkt in dem Geschicke der Griechen trat mit dem Jahre 1797 ein, in dem die alte Beherrscherin des Meeres, Venedig, den Franzosen erlag, und die welschen Inseln im Juli letzteren überantwortet wurden. Dieselben suchten den drohenden Grenznachbar, 'Alipascha, Gebieter von Joannina und factischen Beherrscher von Epiros, in ihr Interesse zu ziehen; sie gestatteten ihm, die christlichen Albanesen von Nivitza Buba und Hagios Basilios zu vertilgen und 1798 Bonitza, Gomenitza, Butrinton, die letzten Reste venetianischer Herrschaft auf dem griechischen Festlande, zu besetzen; nur Parga hielt sich, ebenso die heldenmüthige, schon oft von dem Tyrannen vergeblich bestürmte Bevölkerung von Suli. Hoffnungen auf Regeneration Griechenlands, wie sie damals von reichen ausgewanderten Patrioten genährt wurden, scheiterten; auf Rußland war kein Verlaß; Oesterreich lieferte den edlen Sänger Rhigas aus Velestino, der sein Volk zur Freiheit aufgerufen, den Schergen des Sultans zum schmählichen Märtyrertode (Mai 1798) aus. Zwar besetzte am 2. März 1799 schon eine combinirte russische und türkische Flotte Korfu und proclamirte die Republik der ionischen Inseln unter dem Schutze beider Mächte; aber ein Tractat zwischen denselben vom 21. März 1800 überließ der Pforte die venetianischen Landstädte, so auch Parga, dem seine municipalen Institutionen verbleiben sollten. Dieser Umstand hob nur den Stolz 'Ali's; am 12. Dec. 1803 fiel endlich auch Suli in seine Hand; in dem folgenden Jahre bekämpfte er die aufständischen Griechen, die Klephten und Armatolen des Nordens, die sich seiner Tyrannei nicht fügen wollten. Die ionische Republik endete schon 1807, indem Kaiser Alexander die sieben Inseln den Franzosen wieder überlassen mußte; 1814 wurden dieselben wieder von den Engländern besetzt, jedoch schon im folgenden Jahre aufs Neue zur Republik unter Englands Protection erklärt. Schnöde opferten die Engländer Parga dem tückischen 'Ali; am 10. Mai 1818 ward ihre Stadt dem Sultan Mahmud II. (1808—1839), factisch aber dem Pascha

---

[79] Surmelis a. a. O. p. 92 seq.

[80] Da [illegible] [illegible] das bisher [illegible] Verzeichniß der türkischen Woywoden von Athen bei aller seiner Trockenheit auch das Beste in der berufenen Chronik des Hrn. [illegible] ist, theile ich dasselbe mit, soweit es sich darin findet: [illegible] [illegible] 1754. [illegible] [illegible] 1755—1756. Hasinaga [illegible] 1757. [illegible] [illegible] 1758. [illegible] aus [illegible] 1759. [illegible] 1760—1762. [illegible] [illegible] 1763—1764. [illegible] aus Korinth 1765—1766. [illegible] [illegible] 1767—1769. [illegible] Hasinaga 1771. Hadschi [illegible] 1772. [illegible] aus [illegible] 1773. [illegible] [illegible] 1774. Hadschi [illegible] Haseki 1775. [illegible] aus Chios 1776. Haseki wieder 1777—1779 (für ihn 1779 [illegible]). [illegible] 1780. Hadschi [illegible] [illegible] 1781—1782. Haseki wieder 1783—1785. Kara [illegible] wieder 1786. [illegible] 1786—1788. Haseki wieder 1789—1792. Ibrahim [illegible] 1792—1794. [illegible] [illegible] 1794—1795. [illegible] 1796—1798. Hadschi [illegible] [illegible] 1797—1798. [illegible] [illegible] [illegible] 1799—1800.

von Joannina, Kleisurarchen von Nordgriechenland, überlassen; die wackeren Bewohner wanderten aus ins Elend, um nicht in die Hand des blutdürstigen Tigers zu fallen. Aber auch seine Tage waren schon gezählt; er fiel in Ungnade bei dem Großherrn und ward geächtet; da erhob er sich 1820 offen zur Rebellion gegen die Pforte und suchte nun, mit Hülfe der griechischen und albanesischen Armatolen, die er bald zu vertilgen, bald an sich zu fesseln gesucht hatte, seine schwankende Herrschaft zu behaupten. Seine Schilderhebung gegen den Sultan gab das erste Signal zum griechischen Freiheitskampfe, der schon längst vorbereitet war. Die Hetärie, deren Zweck, das allgemeine Elend der Griechen zu lindern, europäische Kenntnisse unter ihnen zu verbreiten und sie in europäischen Ansichten zu erziehen, war ursprünglich kein Geheimbund; vielmehr waren ihre Tendenzen, wie sie namentlich der Korfiote Graf Johann Capodistria, des russischen Kaisers rechte Hand, und Lord Guilford offen vertraten, aller Welt bekannt. Und daß das geistige Leben, zwar lange geknickt, doch nie völlig erstickt, dort neu zu erwachen begann, zeigt nicht nur der Eifer, mit dem im Auslande weilende Griechen sich den Studien hingaben, sondern auch das Aufblühen der jungen Universität zu Korfu und die Thätigkeit der Philomusen-Gesellschaft in Athen. Nun aber bildete sich bald darauf 1814 eine andere Hetärie, die der Befreundeten (φιλικῶν), in Odessa, die, ganz verschieden von jener, rein politischer Natur und deshalb schon auf das Geheimniß angewiesen, Herstellung des byzantinischen Kaiserreichs, Realisirung der später so genannten „großen Idee" verfolgte. Schon 1818 hatte dieser Geheimbund sich über das ganze türkische Reich, soweit dort griechische Bevölkerung, ausgedehnt; vor Allem war es der griechische Klerus, der ihn förderte; hatte doch das kirchliche Band auch nach dem Falle von Byzanz den Gedanken der Einheit stets aufrecht erhalten und neu befestigt; und so spielte denn in den Entwürfen dieser Hetäristen die orthodoxe Kirche die erste Rolle. Dann waren es die Armatolen und Klephten, die aus ihren gebirgigen Schlupfwinkeln stets den kleinen Krieg gegen die Paschas fortgesetzt hatten, welche sich sofort dem Bunde anschlossen; ebenso rechnete man auf die wackern Seeleute aus Hydra, Spezia und Ipsara, die bis dahin den Kern der türkischen Flotte gebildet hatten, und die bereit waren, mit überlegener Schiffskraft den Befreiungsversuch zu unterstützen. Der Hilfe aller Gebildeten, der Förderung der Reichen glaubte man gewiß zu sein; nur hielt es lange schwer, ein passendes Haupt für die Hetärie zu finden, da Capodistria, mit dem deshalb verhandelt wurde, sich nicht dazu verstehen wollte. Endlich trat am 15. Juni 1820 Alexander Ypsilantis als oberster Vorstand an die Spitze der Hetärie; nachdem bereits in Epiros das Schwert gezogen, überschritt er am 7. März 1821 den Pruth — und der Würfel war gefallen!

Ich schließe hier die Uebersicht der hauptsächlichsten äußern Ereignisse ab, welche unter osmanischer Herrschaft das eigentliche Griechenland berührten, die Darstellung der vierten Periode — des Freiheitskriegs und der Geschichte des neuen Königreichs Griechenland — einer andern Hand überlassend. Doch kann ich nicht umhin, zum Schluß noch in einem eigenen Capitel in Kürze die hervorragendsten Momente aus der innern Geschichte Griechenlands während der Fremdherrschaft (also von 1204—1821) zusammenzustellen; eine ausführliche Schilderung derselben behalte ich einer andern Arbeit vor.

3) Blick auf die innern Zustände Griechenlands während der occidentalischen und türkischen Herrschaft (1204—1821).

Das innere Leben des griechischen Volkes während mehr als sechshundertjähriger Fremdherrschaft ist zum Theil schon in dem geographischen Artikel berührt, zum Theil hier in zusammenhängender Geschichtsdarstellung angedeutet worden; größtentheils aber sind ihm in der Encyklopädie besondere Artikel gewidmet. Hier genügt es daher, schon aus dem am Schlusse des vorigen Capitels angeführten Grunde, nur einzelne Momente aus demselben kurz hervorzuheben und zu skizziren.

I. Ethnographisches. Daß die Bevölkerung des heutigen Königreichs Griechenland keine rein hellenische mehr ist, hat noch Niemand zu leugnen gewagt; schon im Anfange des 15. Jahrhunderts sprach Mazaris in seinem Todtengespräch sich über die Einwohner des Peloponnesos deutlich genug in einer Stelle[81]) aus, die bisher stets als Hauptquelle für die Ethnographie der Halbinsel angesehen worden ist. „Im Peloponnesos wohnen mancherlei Völkerschaften bunt unter einander, deren Abgrenzungen jetzt aufzufinden weder leicht, noch dringend nöthig ist; diejenigen aber, welche jedes Ohr nach der Sprache leicht unterscheidet, und überhaupt die bedeutendsten sind folgende: Lakedämonier, Italiener, Peloponnesier, Slawinen, Illyrier, Aegyptier und Juden (darunter auch nicht wenig Mischlinge), zusammen also sieben." Daß bei dieser Aufstellung die heilige Siebenzahl auch ihre Rolle gespielt hat, ist schon durch die weitern Angaben Mazaris' klar; daß Fallmerayer denn derselben eine übertriebene Bedeutung beigelegt hat, nicht minder; von einer numerischen Gleichheit dieser 7 Bestandtheile finden wir keine Andeutung. Analysiren wir aber Mazaris' Notiz, ohne des Fragmentisten Vorurtheile zu adoptiren, so finden wir, indem wir uns an seine Reihenfolge halten, unter den 7 Völkern zwei herrschende, drei den Kern des Volkes bildende, zwei races maudites. Ich habe nie begreifen können, wie man bisher unter den Lakedämoniern die angeblich hellenischen Tschakonen hat verstehen wollen; der Autor beginnt mit der Residenz seines Despoten, mit Misithra, fern von dem Tschakonen-Lande, und geht dann zu den Lateinern über, die den Rest des Peloponnesos inne hatten. Sehen wir uns die Bevölkerung des Peloponnesos und des übrigen Griechenlands näher an, so finden wir dort:

1) Mazaris' Lakedämonier, d. h. die Byzantiner, die mit den Strategen und Despoten aus der Kaiserstadt nach dem Peloponnesos gezogen waren, sich dort niederließen und entweder als Archonten eine Superiorität über die Provinzialen sich anmaßten, oder mit vollem Beutel, auf Kosten der letztern bereichert, sich in

81) ed. Ellissen S. 239 (208).

der Capitale des Romäerreichs zur Ruhe setzen. Diese hochadeligen Mistrioten — war auch ihre Abstammung an sich bedenklich, wie bei den Frangopulos, Assan, Raul und andern — bedienten sich der „hellenischen" Sprache, des Griechischen, das man bei den Byzantinern findet, im Gegensatze zu dem von den „Peloponnesiern" gesprochenen Vulgär-Griechischen. Auch die Primatengeschlechter von Monembasia, die Mamonas, Eudämonogiannis und Sophianos, fallen unter diese Kategorie. Ihre Race haben die Türken völlig ausgetilgt; ob im Phanar zu Constantinopel noch Ueberreste dieser Lakedämonier sich erhalten haben, bezweifle ich sehr. Die zweite herrschende Nation in Morea waren 1416:

2) die Italiener, d. h. das Haus Zaccaria von Achaia. Franken hatten seit 1204 sich in ganz Griechenland zu Herren gemacht; sie hatten sich mit den Griechen, d. h. den Fürsten und Archonten, vielfach verschwägert; Fürst Wilhelm II. von Achaia, Wilhelm I. von Athen heiratheten griechische Prinzessinnen; selbst die griechische Sprache war ihnen geläufig geworden, sodaß Guido I. von Athen bei Neopaträ den ängstlichen Despoten von Thessalien mit dem Witzworte eines alten Philosophen beruhigen konnte. Sprach man auch in Athen zu Muntaner's Zeit französisch — und zwar ebenso gut wie in Paris —, so überwog doch bald die Vulgärsprache; die Urkunden sind in Achaia und im Archipel lateinisch, italienisch oder griechisch, in Athen, falls nicht lateinisch, französisch, später catalonisch, dann unter den Acciajuoli griechisch ausgestellt. Aus den Ehen zwischen Lateinern und Griechen, welche nur die Catalonier Attika's verpönten, entsprossen viele Mischlinge, Gasmulen, ähnlich wie dies in Palästina schon 100 Jahre früher der Fall gewesen; so die Sguromalli und andere ursprünglich occidentalische Geschlechter, die später sich sogar mit dem Beinamen Paläologos brüsteten. In Morea ist die von Franken abstammende Bevölkerung erloschen oder auf ein Minimum reducirt; in Athen existiren dagegen [32]) noch verschiedene Familien, die ihr Geschlecht von dem italienischen Gefolge der Acciajuoli ableiten, während die Herrschaft der Franzosen schwerlich, die der Catalanen dort gar keine Spur hinterlassen hat. Nur die noch auf Santorini in vielen Linien fortblühenden da Corogna sind catalonischen Ursprungs. Auf den Kykladen und den ionischen Inseln ist die Bevölkerung aus Griechen und Lateinern gemischt; letztere, die eine Zeit lang sich gegen erstere absperrten, haben sich doch schließlich theilweise mit jenen vermischt, wozu der häufige Uebertritt derselben zum griechischen Ritus nicht wenig beigetragen hat. Die ehemaligen Prätensionen dieser lateinischen Primaten, welche noch in der Türkenzeit im Archipel sich als Herren geberdeten, sind seit der Constituirung eines unabhängigen Griechenlands, gleich den in letzterem verpönten Adelstiteln, gefallen, während auf den ionischen Inseln, so lange diese unter Venedig standen, ein förmlicher feudaler Adel organisirt war, und jede der Inseln, gleich Venedig selbst und vordem auch Kandia, ihr eigenes goldenes Buch hatte. Die Mehrzahl der Bevölkerung von Morea bildeten 1416:

3) die Peloponnesier, d. h. die alte griechische Bevölkerung des Landes, die wol damals noch sechs Siebentel derselben ausmachte. Ihnen analog sind die Inselgriechen, die, soweit sie nicht mit den dortigen Italienern vermischt, ihr althellenisches Blut am reinsten bewahrt haben, und ein Theil der Bevölkerung von Mittelgriechenland, der Stadt Athen und Böotiens. Nun folgen von fremden Eindringlingen zunächst:

4) die Slawinen, von denen noch Chalkokondylas berichtet [33]), daß sie zu seiner Zeit am Taygetos und Cap Tänaron wohnten. Wir haben früher gesehen, wie diese Slawen, namentlich die Melingi, um 980 unter einem eigenen Dux standen; sie waren es, die bei Kondura gegen die Franken fochten; gegen sie und als Vorposten gegen Monembasia wurde die Burg Geraki in Tschakonien erbaut. Erst 1249 huldigten die Slawen-Cantone dem Fürsten Wilhelm II., der, um die Melingi im Zaume zu halten, Leuktra, Misithra und Maina baute. Bald erhoben sich aber 1263 die „Slawen von Tschakonien und Gardikion" gegen den Fürsten, Vatika, Kisterna, Zarnata und das Land der Melingi; 1272 neue Rebellion der Melingi in den tschakonischen Bergen. Wiederholt liegen die Fürsten des Landes mit ihnen in Fehde; als ihr angesehenstes Häuptlingsgeschlecht erscheinen die Zaffi, die in Janiza und Kisterna sitzen, und aus denen Georgios um 1310 als Capitain von Mologos (Melingu) erscheint. Venedig bezeichnet dann 1293 einfach Tschakonia als „Sclavonia de Morea;" ebenso suchte die Republik 1369 die „Slawen von Maina" gegen den Despoten Theodoros I. zu den Waffen zu rufen. Mazaris [34]) bemerkt nun, die Lakonier wären barbarisirt und nännten sich jetzt Tschakonen; schon Pachymeres führt an, daß die Bemannung der kaiserlichen Flotte 1263 aus Tschakonen, d. h. Lakoniern, bestanden, welche zwei Jahre zuvor in die Kaiserstadt eingewandert seien. Aber abgesehen davon, daß schon Porphyrogenitus die Tschakonen als eine eigene Waffengattung, die meist zum Garnisondienst benutzt wurde, bezeichnet, ist doch auch die Identificirung der Tschakonen mit den Lakoniern um so bedenklicher, als für ersteren Namen sich in dem slawischen Zakon eine natürliche Wurzel ergibt, und die eben angeführten historischen Zeugnisse geradezu beweisen, daß die Bevölkerung Tschakoniens echt slawisch war. Ihnen gegenüber dürfte die spätere Notiz bei Martin Kraus, nach der die „Ionier" in Morea zwischen Monembasia und Nauplion 14 Dörfer besessen, sowie die darauf gegründete Conjectur, daß die Tschakonen Nachkommen der alten Eleutherolakonen oder der Kynurier seien, wol zurücktreten müssen. Auch beweisen die von Thiersch, Leake und zuletzt von Deville [35]) angestellten Untersuchungen über die eigenthümliche Sprache dieses Volkes, das noch jetzt in Lenidhi und 7 umliegenden Ortschaften sitzt, noch lange nicht zur Evidenz, daß dieselbe uralte „pelasgische" Elemente in sich schließe; vielmehr müssen wir

32) Vergl. z. B. Surmelis, Ἱστορία τῶν Ἀθηνῶν κατὰ τὸν ὑπὲρ ἐλευθερίας ἀγῶνα. Aegina 1848. 8. p. 291 seq.

33) Chalkokondylas I. p. 85.

34) Mazaris a. a. O. p. 234; dazu Note Ellissen's p. 349.

35) Zuletzt von G. Deville, Étude du dialecte tzaconien. Paris 1866. 8.

uns, streng an den historischen Urkunden haltend, für das reine Slawenthum der Tschakonen erklären. Und ebenso beweisen alle geschichtlichen Zeugnisse, daß die Maina ganz slawisirt war; hatte sich dort lang eine urgriechische Bevölkerung erhalten, so war sie im Laufe der Jahrhunderte von slawischen Elementen ganz überwuchert worden. Trotzdem liebten es die Mainoten, sich, wie 1793 ihr Dichter Niphakis sang, von unverfälschtem hellenischem Blute zu wähnen. Die Geschichte der Maina ist übrigens ganz durch Fabeln entstellt; Hénin[36]) in seiner erdichteten Genealogie der Komnenen läßt 1470 den Nikephoros Komnenos, einen von ihm erfundenen Sohn des letzten trapezuntischen Kaisers, nach der Maina flüchten, dort 1473 die Helena, des Geronten Peter Tochter, heirathen und als Protogeronten der Maina anerkannt werden; aus seinem Hause, das von seinem Enkel Stephanos I., dem angeblich 1545 gestorbenen Nationalhelden seines Volkes, den Namen Stefanopoli angenommen, sollen bis 1675 zwölf Protogeronten dort geherrscht haben, bis endlich Konstantinos IV. am 10. Oct. von Vitylos nach Modone und von da nach Genua gezogen sei, das ihm und den Seinen Wohnsitze auf Corsica angewiesen habe. Es ist bekannt, daß man mit dieser griechischen Colonie auf Corsica auch die Buonaparte als Kalomeri hat in Verbindung bringen wollen; doch ist diese Conjectur, die das bisher namenlose Haus des ersten französischen Kaisers an das Kaisergeschlecht der Komnenen anknüpfen sollte, eine ebenso plumpe Erdichtung, wie der mit Teucer I., König von Troja, beginnende Stammbaum Hénin's. Doch steht es fest, daß die Mainoten im 17. Jahrh. nach Kreta auszuwandern vorhatten, daß 1673 eine Anzahl derselben von dem Großherzoge von Toscana, mit dem sie durch ihren Gesandten, einen Medici — aus der unter Nerio I. nach Athen zuerst ausgewanderten Familie —, verhandelten, aufgenommen ward; auch über die historisch feststehende Einwanderung der Mainoten in Corsica hat Pappadopulos aus einem von ihm edirten Manuscripte neuerdings sehr interessante Daten beigebracht[37]). Diese Auswanderungen waren wol die Folge der Usurpation des früher erwähnten Liberali Gerakari; wie dann später die Maina einem eigenen Bey untergeordnet ward, ist gleichfalls schon angedeutet worden; die Geschichte der Beys, deren letzter der bekannte Petrobey Mauromichalis (seit 1811, gest. 1848) war, bleibe dem Artikel Mainoten aufbewahrt. So viel von den Slawinen Mazaris'; daß das Tenaenland durchaus slawisirt war, daß in Epirus sich gleichfalls eine starke slawische Bevölkerung festgesetzt hatte, ist unzweifelhaft; war ja doch selbst Skanderbeg väterlicher Seits ein Serbe! Aber sonst beweisen alle Zeugnisse unwidersprechlich, daß nur spärliche Ueberreste der slawischen Nationalität sich in Griechenland erhalten haben, ein Bruchtheil, der zu der altgriechischen und albanesischen Bevölkerung des gesammten Landes in gar keinem Verhältniß steht. Wir kommen nun zu den:

5) Illyriern, d. h. Albanesen, deren Wanderungen im 14. Jahrhundert ich in dem früheren Capitel ausführlich verfolgt habe. Es geht aus denselben hervor, daß die Albanesen aus ihrer illyrischen Heimath sich zunächst nach Thessalien wandten — ein Theil des Volkes hatte wol schon längst sich über Aetolien und Akarnanien ausgedehnt —, und daß sie dann von den fränkischen und griechischen Fürsten als neue Ansiedler nach Attika und dem verödeten Peloponnesos geführt wurden; auch auf Euböa ließen sie sich, dem Rufe des Baile's folgend, nieder. Von der selbständigen Stellung, die sie bald in Morea einnahmen, war schon die Rede; hier bleibt nur zu constatiren, daß — abgesehen von ihren alten Wohnsitzen — die Albanesen in einzelnen Provinzen des heutigen Griechenlands den überwiegenden Bestandtheil der Bevölkerung bilden. So ist es notorisch mit ganz Attika und Megaris, ausschließlich der Hauptstädte, dem größten Theile von Böotien, Theilen von Lokris, Phokis und Süd-Euböa der Fall; die Inseln Salamis, Hydra, Spezia, Ipsara, Poros haben eine ausschließliche, Aegina eine überwiegende albanesische Bevölkerung, ebenso Argolis, Korinth und Sikyon; von den Einwohnern von Andros sind ein Drittel Albanesen, während die übrigen Kykladen nur von Griechen und Lateinern bewohnt werden. Auch in Arkadien, Achaia und Messenien finden sich albanesische Ansiedelungen, obgleich in geringerer Zahl, was zum Theil dem Umstande zuzuschreiben ist, daß jene Provinzen unter den lateinischen Fürsten des Landes oder den Venetianern standen, die dort nicht in gleichem Maße die Aufnahme fremder Elemente begünstigten. Im Ganzen wird die Zahl der in dem jetzigen Griechenland lebenden Albanesen auf etwa 200,000 angeschlagen, sodaß sie etwa den fünften Theil der dortigen Bevölkerung ausmachen, die nach dem Census von 1861 auf 900,6 □Meilen 1,096,810 Seelen (ausschließlich der ionischen Inseln) betrug.

6) Die Aegyptier des Mazaris sind ohne Zweifel die Zigeuner, deren Name sich auch in Griechenland in den Gyphtokastra erhalten hat, die uns neben „Frankenburgen" und „Judenburgen" noch heute begegnen. Wann dieses Vagabundenvolk zuerst den griechischen Boden betreten hat, ist noch unbekannt; allein ihr früheres Auftreten daselbst widerlegt aufs Schlagendste die gäng und gäbe Ansicht, daß dasselbe 1399 nach der Eroberung Delhi's durch Timur aus Indien nach Europa ausgewandert sei. Schon Bataillard[38]) führt Urkunden der walachischen Fürsten Wlad II. und Mirce I. von 1386 und 1387 an, die sich im Kloster Tismana befinden, und laut deren diese beiden dem Kloster S. Antonio in Krajova die von ihrem Onkel Wlad I. demselben 1370 gemachte Schenkung von 40 Zigeunerzelten bestätigen; sie existirten also damals schon in Rumänien im Zustande der Leibeigenschaft, erschienen im Occident zur Zeit

36) d'Hénin, Coup d'oeil historique et généalogique sur l'origine de la maison royale des Comnènes. Venise 1787. 8.; vergl. Yéméniz, Le Magne et les Mainotes in der Revue des deux mondes. Tom. LVI. 1865. p. 1 seq. 37) Vergl. [illegible] im Hellenomnimon p. 265 seq.; Gr. Pappadopulos, Χρονογραφία περὶ τῆς καταγωγῆς τῶν ἐν τῇ Μάνῃ Στεφανοπόλων. Athen 1865. 8.

38) P. Bataillard, Nouvelles recherches sur l'apparition et la dispersion des Bohémiens en Europe in der Bibliothèque de l'école des chartes. Série III. Tom. I. Paris 1849. 8. p. 19 seq.

des konstanzer Concils, hatten aber längst schon sich nach Süden verbreitet, wie denn Ottaviano Buono, der von 1387—1389 Provveditor von Nauplion war, ihnen dort, noch ehe Delhi gefallen war, Privilegien verbriefte. Auch über Epiros hatten sie sich sehr frühe verbreitet; ich glaube kaum zu irren, wenn ich in den Leuten aus Vagenetia „homines vageniti," die sich noch zur angiovinischen Zeit auch nach Korfu begaben, hauptsächlich Zigeuner erkenne, da ja ein damals gestiftetes Lehen, das bis zuletzt die Prelaleoni besaßen, schon im 14. Jahrhundert als Zigeunerlehen (feudum Acinganorum) bezeichnet wird. Alles berechtigt vielmehr zu der Annahme, daß die Zigeuner schon im 13. Jahrhundert nach Europa gekommen sind, und daß unter den Cingari, die 1260 neben den Baschkiren unter ungarischer Fahne gegen Ottokar von Böhmen fochten, wirklich dieselben zu verstehen sind. Im Peloponnes — denn von den Zigeunern in Korfu werde ich anderswo handeln, wie ich denn überhaupt die Geschichte dieser Parias der Gesellschaft ausführlicher zu beleuchten gedenke — finden wir dieselben namentlich in einer Vorstadt von Modone zahlreich vertreten. Deutsche Reisende, wie Felix Fabri von Ulm und Bernhard von Breidenbach (1480—1484), Pfalzgraf Alexander von Veldenz (1495—1496) und der Cölner Arnold von Harff (1496—1499), erzählen von ihnen und schildern sie als schmutzige, schwarze, nackte Leute, die 2—300 Hütten dort bewohnten, arge Heiden, dabei Spione der Türken und Verräther der Christen; nur wenige nährten sich ehrlich als Schuhflicker und Schmiede; Harff will sogar bei ihnen zuerst den Gebrauch des Blasebalgs gefunden haben. Als ihre Heimath bezeichnen alle Reisenden den Berg und das Ländchen Gype, 40 Miglien von Modone, aus welchem Namen dann durch Mißverstand „Klein-Aegypten" geworden sei; Harff erzählt sogar, ihr Land sei vor 60 Jahren von den Türken occupirt worden, worauf etliche ihrer Grafen und Herren sich an den Papst um Hilfe gewandt, dieser ihnen auch Bettelbriefe an den Kaiser und die Fürsten der Christenheit gegeben habe, und den Edlen eine Masse vagabundirenden Volks aus Suginia — man denkt unwillkürlich dabei an Tschakonien! — gefolgt sei und Europa überschwemmt habe. Noch jetzt gibt es Zigeuner in Griechenland, ebenso:

7) Juden, welche zu Harff's Zeiten eine andere Vorstadt von Modone bewohnten und sich, gleich ihren Vorfahren zur Zeit Benjamin's von Tudela, meist mit Seidenweberei, Anfertigung von Schleiern und Taschentüchern beschäftigten. Daß die Lage der Juden, die ja seit alten Zeiten in Griechenland saßen, unter den fränkischen Dynasten gewiß nicht günstiger war, als im Abendlande, ist zu natürlich; von Sabbathstörungen, Verstümmelungen derselben ist sehr oft die Rede; ebenso davon, daß sie häufig auf christlichen Kirchhöfen an den Pranger gestellt wurden, daß man sie in Korfu steinigte, sie nöthigte, ein besonderes Abzeichen auf der Brust zu tragen, die Henker aus ihrer Mitte wähle u. s. w. Doch lesen wir, seitdem der Feuereifer des heiligen Nikon in Sparta gekühlt war, wenig von Judenverfolgungen in Griechenland; die auf Zante im Jahre 1712 [39]) wegen eines angeblich von der dortigen Judenschaft zum Passahfeste geschlachteten Christenknaben angestellte — die lebhaft an die neueren Excesse in Galacz erinnert — wird wol die letzte gewesen sein. Im Uebrigen besaßen auch die griechischen Juden ansehnlichen Reichthum, den sie durch Handel und Wucher erwarben; daher die verschiedenen Edicte Venedigs, das sonst dieselben mit möglichster Humanität und Toleranz behandelte, laut denen sie kein unbewegliches Eigenthum in seinen griechischen Colonien erwerben sollten, „damit nicht aller Grundbesitz in die Hand der Juden käme." Die Juden, die noch heute in Griechenland ziemlich vertreten sind und die nicht ohne Stolz sich rühmen, daß einer ihrer Leute, der „Herr Herzog" Don Josef Naßi, den Archipel beherrscht habe, theilten den Kleinhandel, da Venedig sich, seinen Patriciern und Bürgern den Großhandel vorweggenommen, mit den von Mazaris nicht erwähnten:

8) Armeniern. Dieselben hatten schon im 14. Jahrhundert Waarenlager in Theben; in der Hauptstadt nisteten sie, seitdem dieselbe in der Osmanen Hand gefallen, eine eigene Colonie, die sich auch heute noch dort erhält; doch haben sie auf die Völkermischung in Hellas kaum einen Einfluß ausgeübt. Dagegen sind in Nordgriechenland die

9) Wlachen zu nennen, die, schon seit langer Zeit eingewandert, die Pindosketten zwischen Thessalien und Albanien einnehmen und als friedliche Nomaden bebauen. Zu diesen mittelalterlichen Elementen kamen dann schließlich seit dem 14. und 15. Jahrhundert die

10) Türken. Schon Fürst Wilhelm II. hatte 1265 die türkischen Söldner Melik's in seinem Lande, in Buzargo und Rheonta, angesiedelt; sie amalgamirten sich sehr bald mit den Lateinern; ihre Nachkommen, die Beglerbeiden, gingen durch Mohammed II. zu Grunde. Dann wurden die Türken Herren des Landes; das Lehenswesen, das dieselben von den Franken und Byzantinern überkommen, ward reorganisirt. Aber die Osmanen wurzelten doch nicht fest im Lande; das feudale Wesen paßte für die Türken noch weniger als für die Griechen; jetzt mögen nur noch einzelne türkische Grundbesitzer auf Euböa — vielleicht auch kein einziger mehr — existiren; auf dem griechischen Festlande keine Spur mehr von Türken; auf den Inseln des Archipels, selbst auf dem Stapelplatze Syros, staunt man einen sich in seiner Nationaltracht bewegenden Türken wie ein exotisches Wunderthier an.

11. Sociales. Was die Verfassung Griechenlands zunächst im Mittelalter anbelangt, so sehen wir dort die buntesten Formen orientalischen und occidentalischen Staatslebens neben einander. Gegenüber dem byzantinischen Despotismus finden wir den fränkischen Feudalismus vorwiegend; während in Monembasia sich municipale Institutionen erhalten haben, hat Venedig in seinen verschiedenen Colonien eine der eigenen Verfassung analoge nachgebildet, nur daß auch dort sich ein feudales Element einmischte, wie wir es bei der Colonisation von Candia und Korfu sahen. Auch im byzantinischen Reiche hat der Feudalismus unter den Paläologen immer größere Fortschritte gemacht; das griechische Despotat von Mistra hat ihn ganz adoptirt.

39) [illegible], [illegible]. Zakynthos 1861 p. 3 ff.

Daneben eine ganz eigenthümliche Organisation auf Chios unter der Actiengesellschaft der Giustiniani und dem Protectorate Genua's, wie ich sie in dem betreffenden Artikel ausführlich dargestellt habe. Dem entsprechen denn auch die Gesetze, welche in Griechenland galten. War für die Byzantiner das höchst ausführliche Handbuch des Harmenopulos maßgebend, bestanden hie und da daneben noch alte Gewohnheitsrechte (Έθιμα), so galten im Peloponnesos und den venetianischen Colonien die Assisen von Romania, wie sie uns in dem Liber consuetudinum imperii Romaniae[10]) vorliegen. Bei diesen Rechtsbüchern länger zu verweilen, ist hier nicht der Ort, da dem griechischen Rechte ein eigener Artikel bestimmt ist; ich hebe hier nur hervor, daß der Inhalt dieser Assisen, deren Verwandtschaft mit denen des Königreichs Jerusalem unleugbar, höchst dürftig ist und sich ausschließlich auf Lehenssachen beschränkt. Gewiß ist übrigens, daß die erste Grundlage derselben die Gewohnheitsrechte der Champagne bilden, welche Fürst Gottfried I. aus seiner Heimath nach Morea brachte, daß die Assisen erst unter angiovinischer Herrschaft schriftlich aufgesetzt wurden, da ja noch Philipp von Savoyen bei streitigen Rechtsfragen das Urtheil der ältesten und angesehensten Barone befragte, daß unter dem Bailli Gottfried von Joinville (1323—1325) 8 Zusatzartikel zu den ursprünglichen 219 Titeln kam, und Venedig das ganze Rechtsbuch behufs seiner Gültigkeit für Negroponte 1452 sanctionirte. Im Gegensatze zu demselben ward in Attika und Böotien zur Zeit der catalonischen Herrschaft nach den Gewohnheiten von Barcelona gerichtet; die Griechen, die unter dem milden Regiment der de la Roche große Freiheiten genossen, sanken in dieser Zeit fast in den Stand völliger Sklaverei herab. Früher waren die Villehardouin und die Herren von Athen bemüht gewesen, die Kluft zwischen den herrschenden Franken und den beherrschten Griechen möglichst zu beseitigen. So lange der Mannsstamm beider Geschlechter blühte, hatten das Fürstenthum Achaia und das Herzogthum Athen glückliche Zeiten; Gesandtern bewachten die Verwaltung der Barone, denen sämmtlich in Civilsachen volle Jurisdiction über ihre Leibeigenen (villani, πάροικοι) zustand; in Athen herrschten Reichthum und Luxus, blühten Handel und Ackerbau; Fürst Gottfried II. verpflichtete sich 1236 zu einer Beisteuer von 22,000 Hyperpern für das Lateinerreich; die Einnahmen des Fürstenthums Achaia wurden noch später auf 100,000 Goldgulden taxirt. An den Höfen der Fürsten herrschte reges, ritterliches Leben; an dem von Theben sprach man einst ebenso gut französisch, wie in Paris. Nun aber kamen für Achaia die angiovinische Fremdherrschaft, Erpressungen habgieriger Statthalter, Thronstreitigkeiten und innere Wirren ohne Ende, für Athen das Alles nivellirende Regiment der großen Compagnie. Der Peloponnesos erholte sich nie wieder, das Reich des griechischen Despoten von Mistra war bald Nichts als ein Sumpf gräulichster Corruptionen, in dem asiatischer Despotismus und entarteter Feudalismus sich die Hand reichten; für Athen kamen nur kurze Lichtpunkte in der Herrschaft der beiden ersten Acciajuoli. Dann begrub die Türkenherrschaft die durch und durch angefaulten Staaten in der Nacht schwerer Sklaverei, aus der sie vor unserer Zeit nur einmal durch Venedig wachgerüttelt wurden. War auch in der Verwaltung der venetianischen Colonien Manches faul, so kann man doch nicht leugnen, daß die Republik von S. Marco im Ganzen ihre griechischen Unterthanen richtig zu behandeln verstand und namentlich für Hebung des materiellen Wohlstandes unter ihnen sorgte; noch heute lebt auf den ionischen Inseln der Name Venedig bei den Besten des Volks in dankbarer Erinnerung fort. Die Licht- und Schattenseiten des venetianischen Regiments auf Kandia hat Zinkeisen, die Zustände im Peloponnesos während der Occupation im 17. und 18. Jahrhundert hat Ranke in einem eigenen Artikel[11]) ausführlich und klar dargelegt. Die Ausführungen Ranke's beweisen hinlänglich, daß Finlay Recht hat, wenn er den Zustand Griechenlands unter venetianischer Herrschaft bei weitem besser findet, als den der ionischen Inseln unter Englands Protectorate oder den des neugeschaffenen Königreichs Griechenland während der Regentschaft und unter Otto I. Zwar ist nicht zu verkennen, daß die dort importirte Büreaukratie der griechischen Bevölkerung wenig paßte, daß die lateinischen Mönche, die zahlreich sich einstellten, bei den orthodoxen Griechen, denen eben ihre Kirche über Alles ging, Aergerniß erregten; aber es war doch im Grunde zumeist ein straffes Regiment, was dem Peloponnesos nöthig war, damit nicht die unter türkischer Aegide fortgesetzte byzantinische Demoralisation die besten Keime des Volks ersticke. Dazu verstanden es Venedigs Proveditoren, mit der zur Herstellung geordneter Zustände nöthigen Erfahrung und Energie eine wohlwollende Milde und weise Nachgiebigkeit zu vereinigen; aber nur zu schwer waren die Wunden, welche Kriegsnoth, Hunger und Pest dem unglücklichen Lande geschlagen hatten — von 2115 Ortschaften lagen 656 in Ruinen; in Argolis und Korinth mußten 1696 die Steuern erlassen werden. Dazu das alte Mistrauen der Griechen gegen die fremden Occidentalen. Daß eine Colonisation Morea's in der alten feudalen Weise nicht mehr zeitgemäß, ward von den venetianischen Staatsmännern recht wohl erkannt; man zog daher lieber Colonisten aus dem türkischen Mittelgriechenland unter vortheilhaften Bedingungen herbei und siedelte ebenso die griechischen Exulanten aus jüngst verlorenen Besitzungen auf Morea an; durch ein Gesetz vom 18. Juli 1680 ward die Perpetuität des Grundbesitzes rechtlich geregelt. Allein zur Bestreitung der erheblichen Kosten für Vertheidigung des Landes wollten die Griechen, denen die Zahlung des Karadsch nie zu schwer geworden, sich nicht so leicht bequemen; kein Wunder; wissen wir doch von ähnlichen Zuständen bei uns in Deutschland und in Italien aus neuester Zeit genug zu sagen. Man taxirte dann in Venedig, ohne auf diese alte Scheu des Südländers gegen directe Steuern zu achten, die Steuerfähigkeit des Königreichs Morea zu hoch; die Folge davon war ein Deficit, das sich nie ganz wegschaffen ließ. Zwar überließ man die

10) Bei Canciani, Leges barbarorum III, 493 seq.

11) Die Venezianer in Morea, 1685—1715; in seiner historisch-politischen Zeitschr. Bd. II. Berlin 1833—36. S. 405—502.

Erhebung des Zehnten pachtweise den Gemeinden und verwandelte die Zeitpachte der Domainen (wie früher, auf 29 Jahre) in einen stehenden Erbzins; allein schon das Widerstreben der Mainoten, die sich nie zur Zahlung des Zehnten, höchstens zu einer jährlichen, nicht einmal fest regulirten Personalsteuer verstehen wollten, hemmte nicht wenig. Die zu große Freiheit, welche die Republik den Municipien Griechenlands ließ, war ebenfalls dem Gedeihen seiner Herrschaft nur nachtheilig; ganz unhaltbar erwies sich das Mercantilsystem Venedigs, das, in alten Traditionen veraltet, den Freihandel durch schwere Zölle hemmte, damit nur die Venetianer in der Levante keine Concurrenz hätten; die Folge davon war, daß die fremden Händler vorzogen, mit den Türken Geschäfte zu machen, ja, daß Frankreich geradezu, um Venedigs Levantehandel ganz zu vernichten, die Desertion unter den venetianischen Söldnern systematisch begünstigte. Zwar suchte die Republik die Industrie, die nun schon seit Jahrhunderten im Peloponnesos brach gelegen, neu zu heben; Seidenfabriken wurden angelegt; in Nauplion, wo der General-Proveditor der Halbinsel residirte, sehen wir sogar einen großartigen Luxus entfaltet; aber alles ohne nachhaltige Folgen. Obgleich man für Herstellung der verfallenen Brücken, der unter den Türken systematisch verwahrlosten Straßen, wie für Sicherung des Eigenthums und Ausrottung der Räuber kräftig sorgte, obgleich in Zeit von wenigen Jahren 1317 moreotische Renegatenfamilien zum Christenthume zurückkehrten, schlug doch die kurze venetianische Herrschaft in Morea nie feste Wurzeln. Man klagte über schlechte Justiz — die Venedigs war ihrer Zeit gewiß besser als die in den meisten monarchischen Staaten Europa's —; aber die Griechen wollten Griechen zu Richtern, und die Käuflichkeit, die schon unter den Byzantinern fast sprüchwörtlich geworden, hatte unter der Türkenherrschaft sich nur systematischer entwickeln können. Gegen den katholischen Klerus, der unter verschiedenen Bischöfen und dem Erzbischofe von Korinth, als deren Haupte, stand, schleuderte der rechtgläubige Patriarch von Byzanz im Namen des Sultans den Bannstrahl. Und was endlich den Heeresdienst betrifft, so war der weichliche „Hellene" längst des Schwertes entwöhnt, der Albanese roh und unbändig, der wirklich kriegerische Mainote „Niemandem unterthan;" kein Wunder, daß Venedig, das 7000 Mann Söldner für Morea unterhalten mußte, schlechte Festungen, von denen allein die Palamide von Nauplion und Monembasia noch brauchbar, ohne Munition und Mundvorrath vorfand, die Halbinsel so rasch verlor. Die Rente, 1692 auf 259,564 Realen veranschlagt, war trotzdem in den Jahren 1700—10 auf etwa eine halbe Million gesteigert, von der die Hälfte für den laufenden Dienst, 80,000 für Festungsarbeiten verwendet wurden, der Rest in die Marinekasse floß. Unter solchen Umständen mußte Morea bald wieder türkisch werden. Auf den griechischen Inseln dagegen erhielt sich Venedigs Herrschaft dauernd; Tinos, die letzte Besitzung der Republik im Archipel, ist noch heute, wenn man von dem neugeschaffenen Emporium Hermupolis auf Syra absieht, die industriellste, blühendste und civilisirteste Insel des Dodekanesos. Und ebenso muß sich dem Reisenden, der die ionischen Inseln zuerst und dann das griechische Festland besucht, die Ueberzeugung aufdrängen, daß die Herrschaft Venedigs für jene ein ebenso großer Segen, wie das Türkenregiment und die von demselben begünstigte Verwilderung ein Fluch für das ganze Geschlecht gewesen ist. Hinsichtlich der Gesetzgebung Venedigs für die Inseln des ionischen Meeres kann ich auf das nur zu seltene Werk Pojago's [42]) verweisen; eine ausführliche Darstellung der venetianischen Verwaltung auf den Inseln hat uns Graf Lunzi [43]) geliefert, zu dessen Buche Chiotis' Werk über Zante nur einzelne, doch an sich recht brauchbare Ergänzungen liefert. Da ich in dem Artikel Korfu die bisher bei uns ganz vernachlässigte Geschichte des Heptanisos unter venetianischem Scepter gründlicher zu erörtern gedenke, mögen hier einige Andeutungen genügen.

Nirgendwo in Griechenland hat sich occidentalischer Feudalismus länger erhalten, als auf den sieben Inseln. Die Baronien auf Korfu, deren der angiovinischen Zeit angehörige Anfänge ich früher berührt habe, waren im Laufe der Zeit auf 15 angewachsen, die meist nach den Namen ihrer Besitzer benannt wurden und entweder in der Hand einheimischer Adelsgeschlechter waren, oder venetianischen Patriciern gehörten. Unter den ersteren erscheinen 1748 [44]) die Marmoran (Baronie Bragadina), Cappadoca (B. Midel), Prosalendi (B. Gianello nebst dem Zigeunerlehen [Acingani]), Calichiopulo (B. Gritta und die halbe B. Altavilla), und Flomaco (B. Flomaco) unter den letzteren die Marcello (B. Biana), Tron (B. Trona), Cornaro (B. Canala), Barbaro (B. Rali Frangoni), Donato (B. Darmera), Vitturi (B. S. Ippolito, Branelli und halbe B. Altavilla) und die Duodo (B. Duoda, ursprünglich den Caracciolo gehörig.) Die alten Familien der Goth, S. Ippolito, Lusora, Kavasilas, Altavilla und andere waren längst ausgestorben und von jenen beerbt worden. Ich unterlasse es, hier die Schicksale dieser einzelnen Baronien von ihrem Anfange an bis heute zu verfolgen, obgleich mir das Archiv von Korfu und die mir bereitwillig mitgetheilten Urkunden der jetzigen Inhaber der Baronien dazu ein reichliches Material bieten; Genaueres über den ionischen Adel werde ich an dem eben genannten Orte geben. Hier bemerke ich nur noch, daß von den benachbarten Inseln Paros 1513 dem Hause Arcami, Ithaka, wo nur die Galati als Barone galten, 1536 dem Constantino Pugliesi auf Lebenszeit überlassen ward, und daß man auf Zante 12, auf Kephalenia 8 Baronien zählte [45]). Cerigo's Grundbesitz verblieb größtentheils bis 1797 der Familie Venier und deren Verwandten, während ein Proveditor der Republik dort die Hoheitsrechte ausübte; in Cerigotto theilten sich nach dem Aussterben der Viaro deren Erben, die Giustiniani und Foscarini. Als Repräsentanten Venedigs erscheinen daneben der Bailo-

[42]) *Le leggi municipali delle Isole Ionie*, raccolte da G. Pojago. Vol. I—III. *Corfu* 1846—1848. 8. (in meinem Besitz). [43]) *Erm. Lunzi*, Della condizione politica delle Isole Ionie sotto il dominio Veneto. Venezia 1858. 8. [44]) *Fr. Grimani*, Relazioni storico-politiche delle isole del mar Ionio (ed. Cicogna). Venezia 1856. 8. [45]) *Chiotis* a. a. O. III. 236—237.

Proveditor von Korfu und die Proveditoren von Zante, Kephalenia, Asso (definitiv seit 1613), Sta. Maura (seit 1753), Vonizza (seit 1719) und Prevesa (seit 1721).

Das Lehnswesen schien nun einmal in Griechenland so feste Wurzel getrieben zu haben, daß wir selbst in der türkischen Zeit[46]) dasselbe, freilich in etwas anderer Form, wiederfinden. Wir haben da große und kleine Lehen, Ziamets und Timars, deren Inhaber je 15 oder 2 Reiter zum Heere des Sultans zu stellen hatten. In den 6 Sandschaks, in welche die Pforte das griechische Festland vertheilte, stellte sich das Verhältniß so, daß in Morea (dessen Pascha bald in Nauplion, bald in Patrá, zuletzt in Tripolitsa residirte) 109 Ziamets und 342 Timars bestanden; in Negroponte beliefen sich die ersteren auf 12, die letzteren auf 188, in Thessalien (Neo-Patrá und Trikala) auf 60 und 344, in Epakto (Lepanto) auf 13 und 287, in Karlili (Akarnanien und Aetolien) auf 11 und 119, in Joannina auf 32 und 345. Dazu kamen von den Inseln: Lesbos mit 4 und 83, Rhodos mit 5 und 71, Kandia mit 8 und 1000, Kanea mit 5 und 800, Rethimo mit 4 und 350 Soldatenlehen. Die Sandschaks zerfielen wieder in Provinzen, die unter einem Woywoden und Kadi standen. Während auf dem größten Theile des griechischen Festlandes aller Grundbesitz als ausschließliches Eigenthum des Sultans stand, sehen wir die Athener und Euböoten besonders begünstigt, sodaß auch Privatleute dort freies Eigenthum besaßen; ebenso finden wir freie Dörfer (κεφαλοχώρια) in Albanien. Außerdem hatte Athen noch das besondere Privileg, daß es keinem Pascha, sondern dem Kislar Aga, dem Oberhaupte der schwarzen Eunuchen und intimsten Vertrauten des Großherrn, untergeordnet war, der die Stadt durch seinen Woywoden verwalten ließ. Am besten aber befanden sich die Inseln des Archipels, indem ihnen bei ihrer Capitulation nicht nur ihre municipalen Einrichtungen verblieben, sondern auch bestimmt ward, daß kein Türke dieselben betreten sollte; die Insulaner durften frei Kirchen und Klöster bauen und bei Glockenklang ihren Gottesdienst feiern. Abgesehen von einigen Eilanden, welche der Favorit-Sultanin überlassen wurden, standen die übrigen Kykladen unter dem Kapudan-Pascha, der nur einmal im Jahre mit seiner Flotte im Hafen von Paros einlief, um den ihm dort dargebrachten Tribut von den einzelnen Inseln in Empfang zu nehmen. Zu leugnen ist ferner nicht, daß auch unter osmanischem Scepter die Griechen noch manche Freiheiten behielten, die namentlich dem Aufblühen des Handels förderlich wurden; so behielten die Gemeinden meist ihre eigene Verfassung; an ihrer Spitze standen selbstgewählte Vorsteher, Demogeronten, Archonten, Proesti oder Epitropi, wie sie in Athen genannt wurden; sie hatten das Recht der Selbstbesteuerung; jährlich gingen 2—3 Primaten als Repräsentanten der Bevölkerung nach Constantinopel. Dazu kam der Einfluß des Patriarchen von Constantinopel, der als ständiger Vertreter der griechischen Nation bei der Pforte gelten konnte. Manche Erleichterungen traten denn auch in der äußern Lage der Griechen ein, so namentlich 1676 durch Abschaffung des Knaben-Tributs (ein Fünftel aller); allein im Grunde waren doch diese Freiheiten sehr problematisch und illusorisch, da die Willkür der Paschas noch immer einen zu großen Spielraum hatte. Je entfernter die Christen von der Residenz des Sultans waren, um so mehr hatten sie von dem Uebermuthe der Kadis, Beys, Janitscharen zu leiden; daher kam es, daß einzelne Gegenden Griechenlands ganz verheert und öde lagen, von der Bevölkerung verlassen, die dem Drucke entgehen wollte. In dieser Beziehung brauche ich nur an die Zustände Athens zu erinnern, wie sie uns Thevet und die griechischen Correspondenten des Martin Kraus schildern. Wer Sicherheit suchte, wandte sich nach der Hauptstadt; aus allen Theilen des Reichs strömten die Provinzialen dahin; 1590 zählte man dort wenigstens 100,000 Griechen, die meist Handel und Gewerbe trieben und zum Theil erhebliche Reichthümer erwarben. Zu den reichsten derselben gehörte einst der in Anchialos ansässige Michael Kantakuzenos (gemeiniglich Scheitan-oghlu, Teufelssohn genannt), angeblich ein Nachkomme der alten Kaiser, nach anderen der Sohn eines englischen Gesandten, der schließlich, da er in der Moldau zu intriguiren suchte, 1578 am Galgen endete. War die hochadelige Abstammung dieses Vorläufers der Phanarioten wenigstens höchst zweifelhaft, so finden wir um dieselbe Zeit andere „edle" Griechen, die sich als Abenteurer in Europa herumtrieben, auf erdichtete Fürstenpatente hin bei den Herrschern des Westens, wie bei Privatleuten bettelten, aber schließlich doch meist als Schwindler entlarvt wurden. Der bekannteste unter ihnen ist der sogenannte Fürst von Samos und Markgraf von Paros, Jakob Basilikos „der Herakleide," der sich doch schließlich auf kurze Zeit den Thron der Moldau (1562—1564) zu erschwindeln verstand; dann sein angeblicher Vetter, der „Fürst von Doris" Jakob Diassorinos und manche andere, die sich für Komnenen, Kantakuzenen und Angeli ausgaben, bis zu den im vorigen Jahrhundert spukenden falschen Vilagen von Chios. Uebrigens begann mit der Zeit unter der türkischen Herrschaft sich in der Hauptstadt eine eigene griechische Aristokratie zu bilden, seitdem die Pforte ihren Dollmetsch — zuerst Panagiotis Nikusios (gest. 1671) — statt aus den Juden und Renegaten, aus den in Constantinopel in dem Quartier des Patriarchats, dem sogenannten Phanar, lebenden Griechen zu wählen begann. Diese Phanarioten, aus denen im 18. Jahrhundert die Hospodare der Moldau und Walachei gewählt zu werden pflegten, hat man gern als die echten Nachkommen der alten Hellenen bezeichnet; ja sogar Kriegk behauptet noch, daß einzelne Familien, wie die Ypsilanti, Murusi, Kallimachi ihre althellenische Abkunft urkundlich nachweisen können! Wenn sich nur nicht diese Beweise lediglich auf jene ganz apokryphe Geschichte des Kaiserreichs Trapezunt stützten, deren bereits oben[47]) Erwähnung geschehen ist! Lauter Fabeln, denen sich die Thatsache entgegenstellt, daß keine Phanarioten-Familie ihren urkundlichen Stammbaum bis in die erste Hälfte des 16. Jahrhunderts zurückführen kann. Dazu kommt, daß z. B.

46) G. L. v. Maurer, Das griechische Volk in öffentlicher, kirchlicher und privatrechtlicher Beziehung. Bd. I—III. Heidelberg 1835. 8. Hauptquelle dafür.

47) Bd. LXXXV. S. 310 u. 34.

die Ghika nachweislich albanesischen Blutes, die Kallimachi aus der Moldau, die Karadja aus Ragusa, die Suzzo aus Bulgarien eingewandert sind, während die Ypsilanti und Muruzi, wie schon bemerkt, aus Trapezunt, die Rakowitza und Manol-Vodi aus Klein-Asien herstammen wollen. Erweislich gehören der Hauptstadt selbst nur die Handjery, die ihren griechischen Namen Tamkanos mit einem orientalischen Titel vertauschten, und die Aegyropulos an; die Maurokordatos und Maurogeni stammen von der lange unter Venedigs Herrschaft verbliebenen Insel Mykonos her; die Julianos sind sicher fränkischen, die Rossettis wol moldauischen Stammes. Bekanntlich führten auch die Söhne der Hospodare, auch wenn sie nicht in den Donaufürstenthümern geboten, den Fürstentitel fort, zum Theil misbräuchlich, da nur den Maurokordatos, Kallimachi, Muruzi, Suzzo, Ypsilanti und Handjery diese Berechtigung zuerkannt wurde; ihre Nachkommen, soweit sie nicht in dem heutigen Griechenland leben — das ja keinen Adel kennt —, führen meist heute noch denselben. Neben dieser hohen Aristokratie, die aber doch keinen exclusiven Anspruch auf althellenische Herkunft machen kann, und den Resten der fränkischen Feudalherren im Archipel finden wir im eigentlichen Griechenland als besondere Stände die Städtebewohner, unter denen wieder einzelne Primaten-Geschlechter hervorragen, dann die handeltreibenden Insulaner, von denen einzelne, z. B. auf Hydra, es zu großem Reichthum brachten, und endlich die halb freien Bergbewohner, die Armatolen und Klephten. Der Name der Armatolen begegnet uns schon in der venetianischen Zeit. Während unter den fränkischen Herrschern die militairische Vertheidigung des Landes in der Hand des Heerbannes lag, ritterliche Künste mit Vorliebe in Achaia und Athen getrieben wurden, und stattliche Mannen sich um die edlen Führer schaarten, waren die Venetianer stets gewohnt gewesen, durch Söldner ihre griechischen wie italienischen Besitzungen schirmen zu lassen. Nur in dem feudalen Herzogthume des Archipels, obgleich dort Venetianer geboten, blieb das Söldnerwesen unentwickelt, dagegen finden wir es auf Euböa, dann auch seit der angiovinischen Herrschaft in Epiros namentlich in voller Blüthe. Unter den Türken aber suchte man gegen die freien Griechen, die in den Bergen als Klephten ein unabhängiges Räuber- und Heldenleben suchten, ein Gegengewicht zu schaffen, indem man die schon früher bestehende Bergmiliz der Armatolen förmlich organisirte, und ihren Capitainen, die freilich gelegentlich auch mit den Klephten fraternisirten, besondere Privilegien einräumte. Solche Capitaine fanden sich namentlich in Nordgriechenland in großer Zahl; die Sulioten, eine Mischung von Berg-Griechen und Albanesen, waren im Grunde weiter Nichts als Armatolen.

Ueber das Finanz- und Steuerwesen in Griechenland, das unter fränkischer Herrschaft viel complicirter war, als unter den Osmanen, die nur den Karadsch kannten, werde ich anderswo ausführlich handeln; daß neben der Grund- und Kopfsteuer und Zehnten die indirecten Abgaben eine große Rolle spielten, ist bekannt. Der Handel war freilich damals meist in der Hand von Ausländern, Venetianern, Genuesen, Anconitanern, Franzosen, Catalanen und anderen; wie großer Credit ursprünglich in Morea herrschte, haben wir in der Geschichte des Fürsten Wilhelm II. gesehen. Ausführlich hat diese Handelsbeziehungen, wie schon früher erwähnt, Heyd in verschiedenen Monographien behandelt; wegen des weitern und des im Handel curstrenden Geldes verweise ich auf des Florentiners Balducci Pegolotti bekannte Ausführung, gleichwie ich — bis zum Erscheinen einer vollständigern Münzgeschichte des fränkischen Griechenlands — mich auf die früher hier mitgetheilten Notizen berufe und im Uebrigen nur an die oft citirten Schriften von Sabatier, Saulcy, Lambros, Promis und andern zu erinnern brauche. Was die hauptsächlichsten Producte des Landes in der fränkischen und türkischen Zeit betrifft, so werden als solche fortwährend Oel, Wein, Feigen, Rosinen, Korinthen, rothe Beeren, Knopperichen (Vallonia), Seide, Baumwolle, Wolle, Käse, Honig u. s. w. genannt; an Getreide fehlte es in Epiros und Achaia fast fortwährend; Attika und Kreta dagegen hatten Ueberfluß daran. Für Hebung der Landescultur haben die Franken viel gethan; Straßen wurden angelegt, die Häfen gesäubert, die Abzugskanäle des Kopaissees regulirt; dagegen trat große Vernachlässigung aller Verkehrsmittel unter den Türken ein; höchstens daß einmal ein Subaschi von Karytena, Omar Sinan, im Jahre [illegible] die Brücke über den Alpheios herstellen ließ; noch heute liegen diese Dinge arg darnieder. Trotz alledem sehen wir die Bevölkerung des Peloponnesos im steten Wachsthume begriffen; während auf der Halbinsel um 1800 gegen 340,000 Christen lebten, betrug die Zahl kurz vor der Revolution im Jahre 1820 über 458,000 — gewiß ein günstiges statistisches Resultat für die Lebensfähigkeit der Moreoten. Dagegen sehen wir, daß der Katholicismus rapide abnimmt, wie namentlich das Beispiel Albaniens lehrt, wo statt der 350,000 Katholiken, die um 1621 sieben Achtel der Bevölkerung bildeten, 1661 deren nicht einmal 50,000 gezählt wurden; massenhaft erfolgte dort der Uebertritt zum Islam, wie denn namentlich albanesische Renegaten im Dienste der Pforte zu höchsten Ehren befördert wurden.

3) Kirche. Kunst. Literatur. Diesen drei zuletzt zu berührenden Punkten sind in dieser Encyklopädie eigene Artikel gewidmet, sodaß ich von denselben ganz absehen kann; ich hebe nur schließlich hervor, daß der Einfluß, den die Berührung occidentalischer und orientalischer Elemente auf die Entwickelung der Poesie beiderlei Völker im 13. und 14. Jahrhundert ausübte, bis heute nur ungenügend gewürdigt ist, und daß endlich das Aufblühen humanistischer Studien in Italien im 14. und 15. nur dann ganz verstanden werden kann, wenn man bedenkt, daß Jahrhunderte lang meist gebildete Occidentalen als Herren in Griechenland geboten, bevor asiatische Barbarei das herrliche Land der alten Hellenen dem Elende, der Unwissenheit und Verwilderung preisgab. (*C. Hopf.*)

GRIECHENLAND.

B. Griechenland im Mittelalter und in der Neuzeit.

Griechisch-römisches Recht im Mittelalter und in der Neuzeit.

Einleitung.

Dieser Artikel soll eine äußere Geschichte des griechisch-römischen Rechts im Mittelalter und in der Neuzeit enthalten. Es kommen hier in Betracht: 1) die Quellen, 2) die Literatur, 3) die Perioden und übrigen Eintheilungen dieser Geschichte.

§. 1. Quellen.

Die Quellen der griechisch-römischen Rechtsgeschichte sind theils Denkmäler, theils juristische Werke, theils nicht juristische. Die Denkmäler und nicht juristischen Werke können hier übergangen werden, da sie auch Quellen für andere Wissenschaften sind. Von juristischen Werken sind gedruckte und ungedruckte zu unterscheiden. a) Die gedruckten sind häufig zu einer Sammlung vereinigt [1]). b) Ueber die noch ungedruckten sind hauptsächlich die Cataloge der Handschriften, der Bibliotheken zu vergleichen [2]); die bedeutendsten früher ungedruckten juristischen Schriften sind in neuester Zeit von Zachariä von Lingenthal herausgegeben worden.

§. 2. Literatur.

Unter den Glossatoren gab es allerdings einzelne, welchen die Kenntniß der griechischen Sprache nicht fehlte. So haben wir von Burgundio (gest. 1194) eine lateinische Uebersetzung mehrerer griechischer Pandektenstellen, und es mögen auch sonst wol einzelne Rechtslehrer der damaligen Zeit, welche im Dienste ihres Vaterlandes z. B. als Gesandte nach dem Orient gingen, was bei dem damals so regen Verkehr mehrerer italischen Freistaaten mit dem Orient nicht selten vorkam, sich mit der griechischen Sprache bekannt gemacht haben. Allein von einer Bekanntschaft der Glossatoren mit den griechischen Novellen Justinian's, mit den späteren byzantinischen Rechtssammlungen, wie den Basiliken und ihren Scholien findet sich keine Spur. Am schlagendsten wird diese

---

1) Von gedruckten Werken sind zu erwähnen: Juris Orientalis libri III ab *Enim. Bonefidio* digesti (Paris.) 1573. Juris Graeco-Romani tam canonici quam civilis tomi duo, *Johannis Leunclavii* Amelburni V. Cl. studio ex variis Europae Asiaeque bibliothecis eruti, latineque redditi: nunc primum editi cura *Marquardi Freheri*. Francofurti 1596. Bibliotheca juris canonici veteris in duos tomos distributa ... Opera et studiis *Guilielmi Voelli* et *Henrici Justelli*. Paris. 1661. *Συνοδικόν* sive Pandectae canonum ... Totum opus in duos tomos divisum *Guilielmus Beveregius* .... recensuit .... Oxonii 1672. *Ger. Meerman*, Novus thesaurus juris civilis et canonici. Hagae Comit. 1751—1753. VII tomi. Supplementum post patris obitum ed. *Jo. L. B. de Meerman*. Hagae Comit. 1780. *Ἀνέκδοτα* Tomus I .... edidit .... *Gust. Ern. Heimbach*. Lips. 1838. T. II. Lips. 1840. *Ἀνέκδοτα* ... edidit *Car. Eduard. Zachariae*. Lips. 1843. Collectio librorum juris Graeco-Romani ineditorum .... edidit *Car. Ed. Zachariae a Lingenthal*. Lips. 1852. Jus Graeco-Romanum. Pars I. ... edidit *Car. Ed. Zachariae a Lingenthal*. Lips. 1856. Pars II. ibid. eod. a. Pars III. ibid. 1857. Pars I. enthält die *Πεῖρα*, Pars II. die Synopsis minor und die Ecloga legum in epitome expositarum, Pars III. die Novellen der byzantinischen Kaiser von Justin II. bis zu dem letzten Constantinus Paläologus. *Σύνταγμα τῶν θείων καὶ ἱερῶν κανόνων, τῶν τε ἁγίων καὶ πανευφήμων ἀποστόλων καὶ τῶν ἱερῶν οἰκουμενικῶν καὶ τοπικῶν συνόδων καὶ τῶν κατὰ μέρος ἁγίων πατέρων, ἐκδοθὲν σὺν πλείσταις ἄλλαις τὴν ἐκκλησιαστικὴν κατάστασιν διεπούσαις διατάξεσι μετὰ τῶν ἀρχαίων ἐξηγητῶν καὶ διαφόρων ἀναγνωσμάτων ὑπὸ Γ. Α. Ῥάλλη καὶ Μ. Ποτλῆ. Ἀθήνησιν Τόμ.* I—VI. 1852—1859.

2) Die hier vorzüglich in Betracht kommenden Cataloge gibt auf *Zachariae (a Lingenthal)*, Historiae Juris Graeco-Romani delineatio (Heidelb. 1839). §. 2. p. 1 seq. *Mortreuil*, Histoire du droit Byzantin T. I. (Paris 1843.) Préface p. XXXI—XLII.

gänzliche Vernachlässigung alles Griechischen dadurch bezeichnet, daß Accursius in der Glosse zu den Institutionen bei Gelegenheit einer Stelle des Homer sagt: graecum est, quod legi non potest. Es erklärt sich hieraus die Weglassung so vieler griechischen Constitutionen in den Handschriften des Justinianeischen Codex, welche die Abschreiber, weil dieselben in griechischer Sprache waren, des Abschreibens nicht für werth hielten. Die erste Spur einer Bekanntschaft mit dem byzantinischen Rechte findet sich bei Diplovataccius (gest. 1541). Es hing das Wiedererwachen auch dieses Zweiges der Literatur mit der allgemeinen Wiederherstellung der Wissenschaften seit der Eroberung Constantinopels durch die Türken und der zahlreichen Einwanderung flüchtiger Griechen, namentlich in Italien, zusammen. Die Griechen mußten, als sie ihr Vaterland gegen Italien vertauschten, ihr einheimisches Recht allerdings aufgeben und das ihres neuen Wohnortes annehmen. Dennoch fanden sich unter den literarischen Schätzen, welche die Flüchtlinge nach Europa mitbrachten, viele Denkmäler des griechisch-römischen Rechts, welche in den hauptsächlichsten Bibliotheken Italiens ihren Platz fanden. In dieser Zeit entsteht auf einmal und an verschiedenen Orten, neben den alten Traditionen des Occidents, eine neue Schule der Rechtswissenschaft, welche die griechischen Rechtsdenkmäler sich zu eigen macht; an der Spitze derselben stehen in Deutschland Viglius Zuichemus, in Spanien Antonius Augustinus, in Frankreich Jacobus Cujacius. Unter den Bearbeitern des griechisch-römischen Rechts im 16. Jahrhundert nimmt Cujacius den ersten Rang ein; er drang tiefer, als jeder andere seiner Zeitgenossen und unmittelbaren Nachfolger in dasselbe ein, und machte von demselben für die Kritik des Textes der Justinianeischen Rechtsbücher den umfassendsten Gebrauch. Seit 1557 benutzte er in seinen berühmten Observationen die Quellen des griechisch-römischen Rechts zur Wiederherstellung der Justinianeischen Rechtsbücher in ihrer ursprünglichen Gestalt und Reinheit; er gebrauchte dieselben ferner nicht blos in dieser, sondern in vielen anderen seiner zahlreichen Schriften zur Erklärung und Erläuterung dunkler und zweifelhafter Stellen des Justinianeischen Rechts; er war endlich auch für die Herausgabe und Veröffentlichung byzantinischer Rechtsquellen sehr thätig. Die durch ihn gegebene Anregung übte ihren Einfluß noch bis tief in das 17. Jahrhundert hinein, in welchem mit Fabrotus die Thätigkeit der französischen Juristen für das byzantinische Recht abschließt. Die späteren französischen Juristen beschäftigten sich mehr mit dem Versuche, die coutûmes und das römische Recht (droit écrit) mit einander zu vereinigen; sie nahmen den Text der Quellen des römischen Rechts, wie er war, und verließen den Weg, welchen die große französische Schule des 16. Jahrhunderts mit so viel Erfolg eingeschlagen hatte, fast ganz. Dagegen ist in Deutschland und Holland seit dem vorigen Jahrhundert für das Studium des byzantinischen Rechts mit großem Erfolge gearbeitet worden, und Mortreuil geht so weit, die Leistungen der teutschen Juristen auf diesem Gebiete denen der großen französischen Schule, die in Cujacius ihren Hauptrepräsentanten und Meister findet, gleichzustellen. Als diejenigen, welche sich vorzüglich mit dem byzantinischen Rechte beschäftigt haben, sind zu nennen Wilhelm Otto Reitz, David Ruhnken, Friedrich August Biener, Karl Witte, Karl Wilhelm Ernst Heimbach, Gustav Ernst Heimbach, vor Allem aber Karl Eduard Zachariä von Lingenthal. Das Beispiel der teutschen Juristen hat auch auf die Franzosen eingewirkt. Unter diesen ist Pardessus zu nennen, welcher sich um das griechische Seerecht des Mittelalters sehr verdient gemacht hat. Hiernächst hat Mortreuil die griechisch-römische äußere Rechtsgeschichte von Justinian bis zur Eroberung Constantinopels durch die Türken in einem eigenen Werke behandelt, welches, wenn es auch weniger auf eigenen Forschungen, als auf denen teutscher Gelehrten beruht, doch als sorgfältige und mit Kritik bewirkte Zusammenstellung der bisherigen Forschungen auf diesem Gebiete nicht ohne Verdienst ist. Ein bis auf die neueste Zeit ganz unbebautes Feld des byzantinischen Rechts war die innere Geschichte desselben, die Geschichte der einzelnen Rechtsinstitute und Rechtsgesetze. Zachariä von Lingenthal ist auch hier derjenige, welcher Ausgezeichnetes geleistet hat. Gehen wir nach diesem allgemeinen Ueberblick der Literatur auf die einzelnen Schriften über, so ist mit Zachariä von Lingenthal und Mortreuil zwischen der Schule von Cujacius, d. h. denen, welche auf dessen Schultern stehend die Geschichte des griechisch-römischen Rechts bearbeitet haben, und denjenigen, welche mit Benutzung neuer, bisher noch nicht benutzter Hilfsmittel diesem Gebiete ihre Thätigkeit gewidmet haben, zu unterscheiden.

a) Schule des Cujacius. Die hierher gehörigen Schriften sind folgende: 1) Chronologia imperii utriusque, orientis et occidentis, sive Graecorum et Germanorum; et juris tam canonici, quam civilis in utroque conditi ab excessu Justiniani Aug. imp. usque ad excidium orbis Constantinopolis et imperii orientalis finem; ad juris pariter et historiarum cognitionem apprime utilis; *Marquardi Freheri* J. C. opera (1580). 2) *Josephi Mariae Suaresii* Notitia Basilicorum. Romae 1637. Diese Schrift beruht auf den Arbeiten von Freher und Cujacius, welche bisweilen wörtlich abgeschrieben sind; der Verfasser aber, welcher von Papst Urban VIII. 1663 zum Bibliothekar des Vaticans ernannt worden war, hat auch mehrere ungedruckte Schriften der vaticanischen Bibliothek benutzt, was seiner Arbeit einigen Werth gibt. Spätere Bearbeiter des griechisch-römischen Rechts sind dieser Arbeit nur zu sehr gefolgt. Hierauf haben die spätern Bearbeiter der römischen Rechtsgeschichte meistens gefußt, mit Ausnahme der neuesten in Teutschland, welche natürlich auch von den neuen Entdeckungen und Forschungen in diesem Gebiete Kenntniß genommen haben. Nur die Arbeiten von Berriat-Saint-Prix machen hier eine rühmliche Ausnahme, nämlich dessen Histoire du droit romain suivie de l'Histoire de Cujas. Paris 1821. p. 166—204, ein Werk, welches besonders durch die vortreffliche Lebensbeschreibung des Cujacius, welche von p. 373 an beginnt, sehr werthvoll ist. Es ist aber damit noch eine Abhandlung desselben Verfassers sur l'usage, que Cujas à fait des Basiliques, in der französischen Zeitschrift Thémis T. X. p. 161—171, zu verbinden. Auch ist Girand hier zu nennen.

b) Neuere Schule. Sie beginnt 1) mit Otto Wilh. Reitz. Seine in das byzantinische Recht einschlagenden Werke sind: die Ausgabe der Paraphrasis graeca institutionum des Theophilus mit Vorrede und Excursen. Hag. Comit. 1751; die Ausgabe der vier bisher noch ungedruckten Bücher der Basiliken 49—52 in *Meerman*, Thes. jur. T. V. 1752; endlich die Ausgabe von Harmenopuli Manuale Legum in Supplem. Thesauri Meermaniani (T. VIII.) 1758. Reitz war seit Cujacius der erste, welcher sich durch selbständige Forschungen und Benutzung und Veröffentlichung von handschriftlichen Quellen große Verdienste um das byzantinische Recht erwarb. Seine Excurse zu Theophilus, und namentlich der 20. Excurs, welcher memorabilia ex Scholiis Basilicorum enthält, machen für die Geschichte des byzantinischen Rechts Epoche; sein Glossarium Theophilinum ist ein sehr wichtiges Hilfsmittel zur Kenntniß der damaligen Rechtssprache. 2) *Jo. Simon Assemani* Bibliotheca juris canonici et civilis. Romae 1762—1766. V Tom. Es sind hier nach Handschriften des Vaticans, welche der Obhut Assemani's anvertraut waren, eine große Menge unedirter Documente veröffentlicht, immer sehr sorgfältig; doch zeigt sich oft Mangel an Kritik. 3) *Caspar Achat Beck*, De Novellis Leonis Augusti et philosophi, earumque usu et auctoritate liber singularis. Praemissa est dissertatio de provida Dei cura in dispensandis jurisprudentiae fatis ... adjectis animadversionibus et mantissa commentationum ad argumentum spectantium edidit *Car. Frid. Zepernick*. Hal. 1779. Dieses Werk ist besonders durch die Bearbeitung Zepernick's erst recht brauchbar geworden, und selbst der neueste Herausgeber der Novellen Leo's, Zachariä von Lingenthal, hat sich begnügt, darauf zu verweisen. 4) *Jos. Mariae Suaresii* Episcopi Vasionensis Notitia Basilicorum, recensuit et observationibus auxit *Christ. Frider. Pohl.* Lips. 1804. Das Werkchen des Suaresius ist von Pohl dazu benutzt worden, um durch zahlreiche Anmerkungen sehr viele Partien der byzantinischen Rechtsgeschichte zu erörtern. 5) *Car. Guil. Ern. Heimbach*, De Basilicorum origine, fontibus, scholiis atque nova editione adornanda. Lips. 1825. Es sind darin vorzüglich die Noten von Pohl zu Suaresius und *Reitz*, Exc. XX ad Theophilum benutzt; selbständige Untersuchungen finden sich wenige, deren Resultat auch nicht immer richtig ist. Durch neuere Untersuchungen ist der Standpunkt des Verfassers längst überwunden. Wenn übrigens Mortreuil voraussetzt, daß dem Verfasser schon damals unedirte Documente zu Gebote gestanden haben, so ist er damit im Irrthum. 6) Friedr. Aug. Biener, Geschichte der Novellen Justinian's. Berlin 1824. 7) *Frid. Aug. Biener*, De collectionibus canonum ecclesiae graecae. Berol. 1827. 8) Beiträge zur Revision des Justinianeischen Codex, von F. A. Biener und C. W. E. Heimbach. Berlin 1833. Diese Schriften Biener's haben in der Geschichte des byzantinischen Rechts, sowol des kirchlichen als des bürgerlichen, Epoche gemacht; viele dunkle Partien sind durch dieselben, namentlich durch die beiden ersten, aufgehellt, und selbst das, was Biener als Vermuthung hingestellt hatte, durch spätere Entdeckungen als richtig bestätigt worden. Die späteren Schriftsteller über byzantinische Rechtsgeschichte haben alle auf Biener's Forschungen gefußt. Mit der unter 7) angeführten Schrift ist noch zu verbinden 9) Biener, Das canonische Recht der griechischen Kirche in der krit. Zeitschr. f. RW. u. Gesetzgeb. des Auslandes. Bd. XXVIII. S. 163—206 (1856). Es ist darin zunächst über das von Rhallis und Potlis zu Athen 1852 fg. mit Genehmigung der griechischen Kirche und der heiligen Synode der Kirche des Königreichs Griechenland herausgegebene Σύνταγμα τῶν θείων καὶ ἱερῶν κανόνων κ. τ. λ., eine Sammlung der kanonischen Quellen der griechischen Kirche, Bericht erstattet, und daran knüpfen sich noch sehr lehrreiche Bemerkungen des Verfassers über die Quellen des Rechts der griechischen Kirche. 10) Carl Witte, Die leges restitutae des Justinianeischen Codex, verzeichnet und geprüft. Breslau 1830. Diese Schrift, sowie die unter 8) aufgeführte Biener's, bezweckt, namentlich aus den Quellen des griechisch-römischen Rechts nachzuweisen, was zur Wiederherstellung des Justinianeischen Codex in seiner Integrität in Ansehung der Zahl der Titel der einzelnen Bücher und der in die einzelnen Titel aufzunehmenden Constitutionen noch zu thun sei. Zugleich werden die älteren Versuche der Restitution des Justinianeischen Codex geprüft. Die Resultate der Forschungen beider Gelehrten sind in den Ausgaben des Codex von Beck und von Herrmann berücksichtigt. 11) *G. E. Heimbach*, Observationes juris Graeco-Romani. P. I. Lips. 1830. 12) Derselbe in den Ἀνέκδοτα T. I. II., namentlich in den Prolegomenen. 13) Constantini Harmenopuli Manuale Legum sive Hexabiblos cum appendicibus legibus agrariis. Ad fidem antiquorum librorum mss. editionum recensuit, scholiis nondum editis locupletavit, latinam Reitzii translationem correxit, notis criticis, locis parallelis, glossario illustravit *Gust. Ern. Heimbach*. Lips. 1851. 14) *Car. Ed. Zachariae*, Fragmenta versionis graecae Legum Rotharis, Longobardorum regis. Heidelb. 1835. 15) *Αἱ ῥοπαί*, oder die Schrift über die Zeitabschnitte, welche insgemein einem Eustathius ... zugeschrieben wird. Herausgegeben von K. E. Zachariä. Heidelberg 1836. 16) Ὁ πρόχειρος νόμος. Imperatorum Basilii, Constantini et Leonis Prochiron. Codd. mss. ope nunc primum edidit, prolegomenis, annotationibus et indicibus instruxit *C. E. Zachariae*. Accedit commentatio de bibliotheca Bodlejana ejusque Codicibus ad jus Graeco-Romanum spectantibus. Heidelb. 1837. Außer der Ausgabe der genannten Quellen des byzantinischen Rechts enthalten die Prolegommen zu beiden tief eingehende Erläuterungen über die Geschichte der Basiliken, sowie mehreren byzantinischen Rechtscompendien, welche, was namentlich letztere betrifft, helles Licht über diesen bisher so dunkeln Punkt der byzantinischen Rechtsgeschichte verbreitet haben. 17) Historiae juris Graeco-Romani delineatio. Cum appendice ineditorum. Auctore *C. E. Zachariae.* Heidelb. 1839. Dieses Werkchen des um das byzantinische Recht hochverdienten Verfassers, obwol nur ein Grundriß, ist die erste byzantinische äußere Rechtsgeschichte von Justinian an bis auf die neueste Zeit, und macht als solche Epoche. Ihr hoher Werth beruht, abgesehen von der mit der größten Sorgfalt geschehenen Berücksichtigung der Literatur, zum großen Theil auf selbständigen Forschungen des Verfassers, welcher auf seinen gelehrten Reisen einen Apparat zur Bearbeitung des byzantinischen Rechts zusammengebracht hat, wie er keinem früher zu Gebote gestanden hat. Erst durch ihn wurde eine vollständigere Darstellung der byzantinischen Rechtsgeschichte möglich. Eine solche hat geliefert 18) *Jean Anselme Bernard Mortreuil*, Histoire du droit Byzantin ou du droit Romain dans l'empire d'Orient, depuis la mort de Justinien jusqu'à la prise de Constantinople en 1453. T. I. Paris 1843. T. II. 1844. T. III. 1846. Der Verfasser hat das von Zachariä in der Delineatio Angedeutete meistentheils nur weiter ausgeführt; er hat sich gewöhnlich den Ansichten desselben angeschlossen. Doch hat er auch in einigen Punkten abweichende Ansichten, und bisweilen selbständige Forschungen angestellt. Zur Berichtigung und Ergänzung dieses Werkes dienen 19) die Recensionen desselben von Zachariä von Lingenthal. 20) Für die innere Geschichte des griechisch-römischen Rechts hat zuerst Zachariä von Lingenthal auf ausgezeichnete Weise die Bahn gebrochen durch seine innere Geschichte des griechisch-römischen Privatrechts, wovon die 1. Abtheilung, das Personenrecht enthaltend, Leipzig 1856, die 2. Abtheilung, das Erbrecht, ebendas. 1858, die dritte ebendas. 1864 erschienen ist und das Sachenrecht und Obligationenrecht enthält.

§. 3. Perioden und übrige Eintheilungen.

Zachariä von Lingenthal theilt die byzantinische Rechtsgeschichte in drei Perioden. Die erste geht von Justinian's Rechtsbüchern bis zu Basilius Macedo, vom Jahre 534—867; die zweite von Basilius Macedo bis zur Eroberung Constantinopels durch die Türken, vom Jahre 867—1453; die dritte von der Eroberung Constantinopels bis auf die neueste Zeit. Dagegen macht Mortreuil für die Zeit von Justinian's Tode bis zum Sturz des byzantinischen Kaiserthums schon vier Perioden: die erste von Justinus II., dem Nachfolger Justinian's bis zu Heraclius, vom Jahre 565—610; die zweite von Heraclius bis zu Basilius Macedo, vom Jahre 610—867; die dritte umfaßt die Zeit der Herrschaft des Basilius Macedo und seines Sohnes, Leo des Weisen, sowie seines Enkels, Constantinus Porphyrogeneta, vom Jahre 867—963; die vierte geht von 963—1453. Die Perioden Zachariä von Lingenthal's gründen sich darauf, daß die Rechtsbücher Justinian's und die Basiliken für die Gesetzgebung sowol als das Studium und die Literatur des griechisch-römischen Rechts die wichtigsten Epoche machenden Thatsachen sind, daher die erste und zweite Periode. Letztere findet ihren natürlichen Schluß in dem Sturze des griechisch-römischen Kaiserreiches, von welchem an ebenso natürlich die dritte beginnt. Mortreuil stimmt, was die erste Periode betrifft, mit Zachariä von Lingenthal darin überein, daß die Rechtsbücher Justinian's hier den Mittelpunkt sowol für die Rechtsanwendung, als für die schriftstellerische Thätigkeit der byzantinischen Juristen bilden; allein eben deshalb hätte Mortreuil zweckmäßiger die erste Periode noch unter Justinian von der Vollendung des Codex im J. 534 beginnen sollen, da ein großer Theil der Juristen, deren Schriften sich theils unmittelbar, theils mittelbar in den Scholien der Basiliken erhalten haben und welche in den Basiliken benutzt sind, noch unter Justinian selbst lebte und schrieb. Den Schluß der ersten Periode macht Mortreuil mit dem Regierungsantritte des Heraclius und beginnt die zweite Periode mit demselben, in Betracht, daß in dieser Zeit die Trennung des östlichen und westlichen Kaiserreiches (des letzteren durch die Annahme der römischen Kaiserwürde von Seiten Karl's des Großen) eine vollendete Thatsache ist, und, was noch mehr in das Gewicht fällt, das östliche Reich im Länderbesitze in Asien durch Eroberungen der Araber beschränkt ist; Gründe, welche jedoch für das Recht nicht maßgebend gewesen sind. Allerdings erlitt das byzantinische Reich zu Anfang des 7. Jahrhunderts eine totale Umgestaltung seiner politischen und rechtlichen Zustände, jedoch nicht sowol unter Heraclius, als unter seinen unmittelbaren Nachfolgern. Das byzantinische Reich bestand von da an bis auf Basilius in einem weit beschränkteren Umfange; die Bevölkerung des Reiches war mit neuen Elementen versetzt worden, neue Sitten entstanden; bald erhob sich der gewaltige Kampf gegen den Bilderdienst, welcher das Reich ein Jahrhundert lang erschütterte. Eine Folge dieser Veränderungen war der Untergang der Justinianeischen Staatsorganisation und die Entstehung der Keime einer neuen, eigentlich byzantinischen; der Verfall aller Bildung und mit ihr der Rechtswissenschaft; endlich das Aufhören des Gebrauches des reinen Justinianeischen Privat-, Proceß- und Strafrechts, an dessen Stelle überall neue Gewohnheiten entstanden, welche später die volle Wiederherstellung des Justinianeischen Rechtes unmöglich machten. Da aber doch dies ein nur vorübergehender Zustand war, und mit Basilius das Justinianeische Recht, wenngleich mit Modificationen, wieder in Kraft trat und die Basiliken für die spätere Zeit für das Recht maßgebend wurden, so ist es zweckmäßiger, die erste Periode von Justinian's Rechtsbüchern bis zu Basilius zu machen. Viel entscheidender wäre der von Zachariä von Lingenthal angeführte Grund für den Schluß der ersten Periode mit dem Regierungsantritte von Heraclius, der Grund nämlich, daß sich die Zeit von Justinian bis zu

Heraclius schlechthin als die Justinianeische charakterisiren läßt, da in ihr das Recht und die Rechtswissenschaft sich lediglich in der Bahn bewegen, in welche sie Justinian geführt hatte. Wir ziehen es indessen vor, aus den vorher angegebenen Gründen keine Unterabtheilung der ersten Periode von Justinian bis zu Basilius Macedo anzunehmen. Die Annahme der dritten Periode von Basilius Macedo bis zum Tode Romanus des Jüngern (gest. 963) hätte Mortreuil passender, statt durch die Bezeichnung der Herrschaft des Basilius Macedo und seiner Nachfolger, dadurch bezeichnen sollen, daß die nach seiner, etwas unrichtigen, Ansicht erschienenen mehrfachen Redactionen der Basiliken, von denen er die letzte mit Balsamon dem Constantinus Porphyrogeneta zuschreibt, in diesen Zeitraum fallen; es wäre dies wenigstens ein erhebliches juristisches Moment gewesen. Mortreuil ist aber in der Begrenzung der von ihm angenommenen dritten Periode sich nicht treu geblieben. Denn während er in der Vorrede seiner Rechtsgeschichte mit dem Jahre 963, wo Romanus der Jüngere starb, abschließt, läßt er diese Periode im zweiten Theile seiner Rechtsgeschichte mit dem Tode Constantin's XI. im Jahre 1028 endigen, wofür sich allerdings der Grund anführen läßt, daß mit diesem Kaiser die macedonische Dynastie erlischt. Die vierte Periode vom Jahre 963—1453 wird von Mortreuil als diejenige geschildert, in welcher die Basiliken die anderen juristischen Elemente verdrängt haben; die Basiliken seien nur eine Uebertragung des Textes der Gesetze in eine andere Sprache gewesen; die Regeln und Principien, welche aus den älteren Rechtsquellen abgeleitet waren, hätten oben fortbestanden. Das ist nun zwar richtig, daß in diesem von Mortreuil angegebenen Zeitraume, den er wieder in zwei Perioden theilt, die Basiliken nach und nach die Justinianeischen Rechtsbücher verdrängt haben; die Zeit, wo dies geschehen ist, fällt aber weder in das Jahr 963, noch in das Jahr 1028, sondern erst in das 12. Jahrhundert, und es hätte vielmehr mit dieser Zeit eine neue Periode begonnen werden sollen, da seitdem auch die schriftstellerische Thätigkeit der Juristen ausschließlich auf den Basiliken fußt. Zachariä hat später allerdings noch die Abtheilung der Zeit von Basilius bis 1453 in drei Perioden gebilligt: 1) in die Zeit von 866—1028, bis zum Untergange der macedonischen Dynastie; 2) von 1028—1204, die Zeit der Ducas und Komnenen, in welcher sich das gesammte byzantinische Wesen zur vollen Blüthe entfaltet, eine eigenthümlich byzantinische Literatur entsteht, und auch das römisch-justinianeische Recht ein rein byzantinisches wird; 3) von 1204—1453, von der lateinischen Eroberung Constantinopels bis zum Untergang des Reiches; die Zeit des Verfalles des Reiches und des Rechts. Wir behalten indessen die zweite Periode von 866—1453 bei. Was die übrigen Eintheilungen betrifft, welche in der griechisch-römischen Rechtsgeschichte zu machen sind, so ist in jeder Periode erstens die Geschichte der Rechtsquellen, sowol der des bürgerlichen, als des kirchlichen Rechts, zweitens die Geschichte der Rechtswissenschaft zu behandeln. Eine chronologische Uebersicht der Regierungen der einzelnen Kaiser des oströmischen Reiches, der hauptsächlichsten geschichtlichen Begebenheiten und eine Schilderung der Verfassung des Reiches, sowie des ganzen Beamtenwesens muß hier, als zu weit führend, unterbleiben. Es kann deshalb auf Mortreuil verwiesen werden, welcher das Wesentliche kurz zusammengefaßt hat.

Erste Periode.

Geschichte des griechisch-römischen Rechts von Justinian bis zu Basilius Macedo (534—867).

Erstes Capitel.

Geschichte der Rechtsquellen.

§. 4. Institutionen, Digesten, Codex.

Hinsichtlich der Geschichte der Abfassung dieser Rechtsbücher ist auf den Artikel *Corpus juris civilis* zu verweisen. Die Institutionen haben die Griechen nicht vollständiger besessen als wir; es findet sich auch darin keine Spur irgend eines griechischen Textes. Hinsichtlich der Digesten ist einer von Justinian selbst herrührenden Eintheilung zu gedenken, deshalb, weil die gleichzeitigen Juristen häufig nach ihr citiren. Die 50 Bücher der Digesten bilden 7 Partes nach der Ordnung der Commentare zum Edict. Pars I enthält die 4 ersten Bücher und heißt [illegible]; Pars II (de judiciis) enthält Buch 5—11; Pars III (de rebus ac. creditis) Buch 12—19; Pars IV, von Justinian als die Mitte des Ganzen umbilicus genannt, Buch 20—27; Pars V (de testamentis) Buch 28—36; Pars VI Buch 37—44; Pars VII Buch 45—50. Noch werden besonders die libri singulares (Buch 23—30) und die libri terribiles, so genannt, weil sie von Verbrechen und Strafen handeln (Buch 47. 48), hervorgehoben. Die Partes nennen die gleichzeitigen griechischen Juristen [illegible], die libri singulares [illegible], denen sie gewöhnlich den Titel: de dotibus, de tutelis, de testamentis, de legatis et fideicommissis, beifügen. Die Sprache der Digesten ist die lateinische; es kommen jedoch nicht nur einzelne griechische Wörter und Sätze im lateinischen Texte vor, sondern auch die Auszüge aus drei Schriften von Marcian, Papinian und besonders von Modestinus liber de excusationibus im 26. und 27. Buche der Digesten sind durchgehends griechisch. Ganz unbegründet ist die Hypothese von Jensius, daß der auf unsere Zeit gekommene lateinische Digestentext eine Rückübersetzung der griechischen Uebersetzung der einzelnen excerpirten Stellen sei. Die in den Handschriften und Ausgaben gewöhnlich sich vorfindende lateinische Uebersetzung der griechischen Wörter und Sätze im lateinischen Texte soll von Burgundio aus Pisa herrühren. Jedoch ist davon die Uebersetzung der griechischen Fragmente im 26. und 27. Buche der Digesten auszunehmen, welche über die Zeit der Rechtsschule zu Bologna hinausreicht. Sie wird in das 6. oder 7. Jahrhundert gesetzt. Zu bemerken ist noch, daß für die Meinung, daß nicht alle übrigen Pandektenhandschriften aus der florentiner geflossen, sondern noch von denselben unabhängige Handschriften vorhanden gewesen sind, auch dadurch eine Stütze erhält, daß die Ergänzungen des florentinischen Textes, welche andere Handschriften bieten, zum Theil durch die griechischen Quellen bestätigt werden. Eine Bestätigung einer solchen Ergänzung liegt ganz nahe, wenn in den von den byzantinischen Juristen gelieferten Auszügen und Uebersetzungen die Justinianeischen Rechtsbücher der Sinn so wiedergegeben ist, daß man annehmen muß, es habe ihnen der lateinische Text mit der fraglichen Ergänzung vorgelegen. Biener hat zu diesem Zwecke die Basiliken sammt Scholien nach den Ausgaben von Fabrotus und Heimbach, sowie nach dem Supplementbande von Zachariä von Lingenthal verglichen und dadurch die Ergänzungen an 11 Stellen bestätigt gefunden. Die griechischen Quellen bieten aber auch Digestenstellen, welche sich in den uns erhaltenen Handschriften der Digesten nicht finden. Zuerst machte Cujacius nach dem 60. Buche 1556, bei Gelegenheit der L. 121. D. de V. O., verschiedene bisher noch unedirte Fragmente des Titels de interdictis (XLVIII, 22), und 1564 in seinen Observationen (Lib. VI. cap. 10) ebenso mehrere unedirte Fragmente des Titels de bonis damnatorum (XLVIII, 20) bekannt. Er gab mehr den Inhalt, als eine treue Uebersetzung. Erst 1566, zur Zeit der Publication des 60. Buches der Basiliken, gab er eine treue und wörtliche Uebersetzung der verloren gegangenen Digestenstellen. Contius nahm dieselben 1571 in seine Ausgabe der Digesten nach der Cujacischen Uebersetzung auf; und sie sind dann in spätere Ausgaben, wie die des Charondas, Gothofredus, übergegangen. Der griechische Text dieser Stellen ist mit der Cujacischen Uebersetzung zuerst von Fabrotus bekannt gemacht worden. Für die Restitution der betreffenden Stellen ist aber zu bemerken, daß der Basilikentext weniger ein Bild des Digestentextes bietet, als vielmehr der in einzelnen Scholien enthaltene index des Dorotheus, welcher stets eine wörtliche Uebersetzung der Digestenstellen zu liefern pflegt. — Der Codex hat sich nicht in seiner Integrität erhalten. Viele Constitutionen sind in griechischer Sprache publicirt worden und so auch in den Codex übergegangen. Aber keine der bekannten Handschriften des Codex gibt den Text desselben, so wie er von Justinian publicirt war, und wie er sich im Orient in den Rechtsschulen und in der Praxis verbreitet hatte. Nur in den Bruchstücken des Codex, welche sich in dem Palimpsesten zu Verona erhalten haben, findet man griechische Constitutionen. Die anderen Handschriften sind zu uns durch die Abschreiber und Juristen des Occidents gekommen, und es hat der Codex zahlreiche Veränderungen erlitten. Es ist hier nicht der Ort, alle diese Veränderungen darzustellen, auch die verschiedenen Versuche, den Codex möglichst in seiner Integrität wiederherzustellen, zu erwähnen. Nur Folgendes ist hier zu erwähnen. Die Byzantiner haben den Codex viel vollständiger besessen, als er auf unsere Zeit gekommen ist; auch weichen ihre Angaben hinsichtlich der Titelzahl häufig von den in unseren Ausgaben sich findenden ab. So liefern die Handschriften im ersten Buche 53 Titel, während nach den Citaten griechischer Stellen deren 57 waren. Die in unseren Ausgaben ausgefallenen Titel sind Tit. 34 de officio comitis sacri patrimonii. Tit. 41 ut nulli patriae suae administratio sine speciali permissione principis permittatur. Tit. 42 de quadrimenstruis brevibus tam civilibus quam militaribus. Tit. 44 de officio praefecti annonae. Im zweiten Buche ist nach vielen Citaten in den Basiliken und in der Schrift *αἱ ῥοπαί* (welche gewöhnlich dem Eustathius zugeschrieben wird) in unseren Ausgaben von Tit. 9 de advoc. fisci an bis zu Ende des Buches eine Rubrik zu viel, indem die Griechen eine Nummer weniger zählen. Die zu tilgende Rubrik ist II, 8 de advocatis diversorum judicum. Im dritten Buche ist, wie die Herausgeber seit Contius gethan haben, ein griechischer Titel de aleatoribus als III, 43 einzuschalten, was die Handschriften bestätigen. Im fünften Buche ist die Ordnung der Titel 67 qui morbo, 68 qui aetate in unseren Ausgaben umzukehren, was die Basiliken bestätigen. Im sechsten Buche ist, wie die Herausgeber seit Contius gethan haben, die Rubrik de incertis personis als VI, 48 hinter dem Titel ad SC. Trebellianum einzuschalten; mehrere griechische Quellen bezeichnen den Titel de incertis personis als VI, 48 und zählen demgemäß auch die folgenden Titel. Im achten Buche ist die Rubrik de novi operis nunciatione VIII, 11 unecht, und die darunter befindliche L. un. ist als L. ult. de aedificiis privatis (VIII, 10) aufzustellen. Die Rubrik fehlt in mehreren Handschriften, und sehr viele Citate griechischer Quellen haben von VIII, 12 durch das ganze Buch hindurch immer eine um eins geringere Zahl der Titels als unsere Ausgaben. Im zehnten Buche haben wir in unseren Ausgaben zwei Rubriken zu wenig. Die Citate der Griechen stimmen bis zu dem 22. Titel. Aber der Titel de decurionibus X, 31 wird bei den Griechen als Tit. 32 citirt. Der Titel de incolis X, 39 ist bei den Griechen der 40. Titel. Der Titel de professoribus X, 52 wird in den Basiliken als Tit. 53, der Titel de athletis X, 53 als Tit. 54 angeführt. Zwischen Titel 22—31 fehlt eine Rubrik in unseren Ausgaben. Diese ist in X, 27 zu suchen: ut nemini liceat in emtione specierum se excusare et de munere sitoniae, sodaß hier zwei Rubriken verschmolzen sind. Die Rubrik de munere sitoniae ist abzutrennen und mit den griechischen Constitutionen, welche jetzt L. 2. 3 bilden, auszustatten, aus denen dann L. 1. 2 wird. Es fehlt aber noch zwischen Tit. 53—70 ein zweiter Titel. Die Rubrik X, 55: quibus muneribus excusantur — et de conductoribus vectigalium ist mit Cujacius in zwei zu spalten, quibus muneribus X, 55 mit einer griechischen Constitution, de conductoribus X, 56 mit L. Non alios. Im elften Buche haben die griechischen Citate eine Nummer mehr in der Titelzahl. In den ersten Titeln ist eine Rubrik zu restituiren, und zwar mit Cujacius der erste Titel de naviculariis et de lustralis auri collatione in zwei zu trennen: 1. de lustralis auri collatione mit zwei griechischen Constitutionen; 2. de navicularis mit sechs lateinischen. Im zwölften Buche haben unsere Ausgaben nach den griechischen Citaten eine Rubrik zu viel. Die Rubrik, welche entfernt werden muß, ist: de praepositis agentium in rebus XII, 21. Was die griechischen Quellen der Restitution betrifft, so sind dies: 1) die Collectio XXV. Capitulorum; 2) die Collectio constitutionum ecclesiasticarum für Tit. 1—13 des 1. Buches des Codex; 3) der gewöhnlich, aber mit Unrecht, dem Joannis Scholasticus zugeschriebene Nomocanon; 4) der Verfasser der Schrift von den Zeitabschnitten (αἱ ῥοπαί), welche gewöhnlich einem gewissen Eustathius zugeschrieben wird; 5) der dem Photius zugeschriebene Nomocanon; 6) die Basiliken, welche aber die griechischen Constitutionen meistens nur im Auszuge liefern, da Thalelaus nach einer Bemerkung in Basil. XIV, 1, 36 von den griechischen Constitutionen immer nur einen Auszug gibt, indem die wörtliche Uebersetzung (κατὰ πόδα) sich nur auf die lateinischen Constitutionen beschränkte; 7) die Scholien der Basiliken; 8) die Synopsis major; 9) der Auszug aus den 10 ersten Büchern der Basiliken, welcher gewöhnlich dem Theodorus Hermopolitanus zugeschrieben wird; 10) der Commentar des Balsamon zu Photius; 11) der Auszug der Basiliken, bekannt unter dem Namen des Tipucitus; 12—17) die neuerlich von Zachariä von Lingenthal veröffentlichten Quellen, das Prochirum, die Ecloga von Leo und Constantin, die Epanagoge von Basilius, Leo und Alexander, die Πεῖρα, die Synopsis minor und Epitome. Alle bisher erwähnten Quellen, mit Ausnahme der unter 12—17 angeführten, sind in den neuesten Ausgaben des Codex von Beck und Herrmann benutzt worden, wobei sie die Werke von Biener und Witte benutzt haben, zu denen Heimbach sen. in dem Aufsatze: Ungedruckte Constitutionen des Justinianeischen Codex aus der Coislin'schen Handschrift der Basiliken, welche als Anhang zu der Biener'schen Schrift erschienen ist, noch Nachträge geliefert hat. Für die Titelrubriken des Codex kommt noch als wichtiges Hilfsmittel das der Coislin'schen Basilikenhandschrift 151 vorgesetzte Verzeichniß der Titel der 60 Bücher der Basiliken hinzu, welches das Buch und den Titel des Codex, welche in den einzelnen Titeln der Basiliken aufgenommen sind mit der Titelrubrik bezeichnet. Hinsichtlich der früheren Restitutionsversuche bezieht man sich auf die angeführten Schriften von Biener und Witte.

§. 5. Novellen Justinian's.

1) Von den Novellen überhaupt, ihrer Sprache, Form, Publication und Anzahl. Der Zeitraum, in welchem Justinian's Novellen nach und nach erschienen, ist die ganze übrige Zeit seiner Regierung von Publication des Codex repetitae praelectionis an, also von 535—565. Die älteste unter den bekannten Novellen ist die Nov. 1 vom 1. Jan. 535; die neueste die Nov. 137, welche in das Jahr 564 oder 565 zu setzen ist. Die beiweitem größte Zahl der Novellen fällt auf die Jahre 535—539; weniger ergiebig sind die nächstfolgenden Jahre, und von 545 an, was mit dem Tode Tribonian's zusammentrifft, sind nur wenige Novellen erlassen. Die äußere Form der Novellen ist ziemlich einfach. Jede Novelle hat eine Inscription, welche besagt, an wen sie zunächst erlassen worden ist, und in der Regel nur die Namen, nicht den vollen Titel des Kaisers, wol aber den vollen Titel desjenigen enthielt, an welchen sie erlassen war. Das Gesetz selbst enthält einen Eingang, worauf die eigentliche Sanction des Gesetzes folgt, und einen Epilog, in welchem die Anweisung an die Behörde, was mit dem Gesetz zu thun sei, bisweilen auf Anordnungen über den Anfang der Gültigkeit des Gesetzes, das Wesentliche bilden. Den Schluß macht das Datum und die Jahresbestimmung. Ueber die Publication der Novellen geben diese Gesetze selbst die sichersten Nachrichten durch die Inscriptionen und Epiloge. Der größere Theil der Novellen ist an den Praefectus Praetorio Orientis gerichtet; hierzu gehören, mit Ausnahme der kirchlichen, die allgemeinsten und wichtigsten Gesetze. Ein Theil dieser Novellen war allerdings blos für ihn und zu seiner Amtsführung bestimmt, wie es denn auch solche Specialnovellen an die Präfecten von Afrika und Illyricum gibt. Hierher gehören z. B. Nov. 24—31. 102. 103, welche neue Anordnungen hinsichtlich der Beamten in der Präfectur des Orients enthalten. Aber auch Gesetze für das ganze Reich, z. B. Nov. 16. 18. 22. 47. 54. 72 u. s. w., sind an den Praefectus Praetorio Orientis adressirt, und der Epilogus enthält, wenn er bestimmt gefaßt ist, gewöhnlich, daß er sie in seinem Bezirk bekannt machen, niemals aber, daß er sie den übrigen Präfecten mittheilen soll. Denn sie wurden im Namen des Kaisers auch den übrigen Präfecten zugesendet. Diese anderweiten Ausfertigungen der an den Praefectus Praetorio Orientis adressirten Novellen geschahen aber in der Regel nicht mit Aenderung der Inscription und des Schlusses, sondern so, daß der an den P. P. Or. erlassenen Novelle nur ein kurzes Begleitschreiben beigefügt wurde. Die prätorischen Präfecten, an welche die Novellen vom Kaiser ausgefertigt wurden, hatten oft nur die Ausführung des Befohlenen anzuordnen, aber die neue Einrichtung ihren untergeordneten Beamten bekannt zu machen, und in diesem Sinne lautet öfters der Schluß der Novellen, obwol auch manche Novellen, welche eine fernerweite Publication nöthig machten, nur mit einem solchen allgemeinen Schlusse versehen sind. Sehr häufig bedurfte es aber auch einer specielleren Bekanntmachung an die Unterthanen, welche dadurch eingeleitet wurde, daß der prätorische Präfect das Gesetz an die unter ihm stehenden Rectores provinciarum ausfertigen ließ. Diese Bekanntmachungen heißen προγράμματα, προστάγματα, προστάξεις, ἤδικτα, und sind sehr bestimmt angedeutet in dem Schlusse der Novellen 1. 8. 15. 60. 71. 84. 100. 115 u. s. w. Die Rectores provinciarum publicirten das Gesetz wieder in den einzelnen Städten nach dem Schlusse der Nov. 1 und nach Nov. 66. c. 1. §. 3. Das bisher Bemerkte galt von den Novellen, welche das bürgerliche Recht betrafen und allgemeineren Inhalts waren. Bisweilen wurde bei manchen nicht kirchlichen Gesetzen dem Präfecten aufgetragen, dieselben auch den Bischöfen bekannt zu machen wie dies der Fall in Nov. 130 und 145 ist. Es ist nur eine Ausnahme, wenn ein nicht kirchliches Gesetz den Bischöfen zugefertigt wird. So ist auch die Nov. 8 durch ein besonderes dabei befindliches Edict in Justinian's eigenem Namen den Bischöfen des Reiches zugefertigt worden, und das 10. Edict ist seinem Inhalte nach vom Kaiser ebenfalls den Bischöfen zugesendet. Die bedeutenderen Novellen kirchlichen Inhalts sind in der Regel an den Patriarchen von Constantinopel adressirt. Daß sie aber auch an alle Patriarchen expedirt worden sind, beweist der Anfang der Nov. 3 und der Schluß der Nov. 5. Ueberdies enthält die Nov. 6 am Ende die Notiz, daß sie auch an die Patriarchen von Alexandria, Antiochia und Jerusalem ausgefertigt, und die Nov. 67, daß sie an alle Patriarchen geschickt sei. Auch hier ist wahrscheinlich die Hauptadresse an den Patriarchen zu Constantinopel beibehalten und die Novelle mit einem Begleitschreiben den anderen zugesendet worden. Die Patriarchen hatten nun weiter zu publiciren, und zwar, wie Nov. 5. 6 ergeben, zunächst den Metropolitanen, diese den Bischöfen, diese wiederum in den Kirchen (Nov. 6) oder den Klöstern (Nov. 5), je nachdem der Inhalt der Novellen war. Diese Publication in absteigender Ordnung kommt noch öfters vor in Nov. 42. 56. 79. 133. u. s. Indessen war die Mitwirkung der Civilbehörden öfters auch wünschenswerth, welche auch z. B. in Nov. 5 und 7 ausdrücklich angeordnet wird. Daher finden sich in den an die Patriarchen von Constantinopel erlassenen Novellen nicht selten Spuren einer Ausfertigung an die Civilbehörden. Die Sprache der Novellen ist meistens die griechische; mehrere sind blos lateinisch erlassen worden, wenige griechisch und lateinisch. Bei denjenigen, welche blos lateinisch vorhanden sind, läßt sich in der Regel der Grund davon nachweisen. Im Ganzen sind nur solche Novellen lateinisch, welche als blos locale Anordnungen für lateinische Länder bestimmt sind, oder in den allgemeinen Geschäftsgang der constantinopolitanischen Behörden eingehen. Es gehören hierher Nov. 9. 11. 17. 23. 33. 35. 36. 37. 62. 65. 75. 104 (letztere ist blos Wiederholung der Nov. 75) 114. 138. 143. 150 (letztere ist blos Wiederholung von Nov. 143). Bei weitem geringer ist die Zahl der Novellen, welche einen griechischen und lateinischen Urtext haben. Die Zahl der von Justinian überhaupt erlassenen Novellen kann nur sehr unsicher bestimmt werden. Bei griechischen Schriftstellern finden sich nur an zwei Stellen Angaben von Zahlen. Am Ende der vaticanischen Handschrift Nr. 853, welche das Repertorium des sogenannten Tipucitus zu den Basiliken enthält, fol. 500. A. ist die Notiz enthalten: χρὴ δὲ εἰδέναι, ὅτι ρξη΄ νεαραὶ συνετέθησαν παρὰ τοῦ Ἰουστινιανοῦ. Hier werden 168 angegeben, offenbar aus der im griechischen Reiche gebräuchlichen Sammlung von 168 Novellen, welche aber nicht alle uns bekannten Novellen umfaßt. Die andere Stelle, wo eine Zahl genannt wird, ist in der rechtshistorischen Einleitung des Matthäus Blastares zu seinem Syntagma, wo Justinian 170 Novellen zugeschrieben werden. Für die Richtigkeit dieser Zahl gibt es aber keinen Beweis. Der Bestand der Justinianeischen Novellen, so weit sie sich bis auf unsere Zeit erhalten haben, ist ungefähr folgender. Die griechische Sammlung der 168 Novellen ergibt, wenn man die 7 von Justinus II. und Tiberius II. und die 4 formae Praefectorum nicht mitzählt, 157 Novellen. Auch von dieser Zahl sind noch 3 doppelte abzurechnen, sodaß 154 bleiben. Hierzu kommen von den sogenannten 13 Edicten, welche mit gleichem Rechte zu den Novellen gerechnet werden können, und von welchen das erste und fünfte sich schon in der Hauptsammlung befinden, 11. Julian's Novellenauszug liefert noch eine sonst unbekannte, welche bei ihm Const. 38 ist, und der Anhang des Julian Justinian's Constitutio de adscriptitiis. Ferner liefert Athanasius in seiner Epitome Novellarum Justiniani Tit. XX. const. 5 den Auszug einer bisher unbekannten Novelle Justinian's, welche in der von Athanasius gebrauchten Novellensammlung gestanden hat, deren Inhalt in dem Inhaltsanhange so angegeben wird: περὶ τοῦ μηδένα μητατεύεσθαι ἰδιωτικαῖς ἢ δημοσίαις προφάσεσιν, nach der Heimbach'schen Uebersetzung: De hoc, ut nemini privatarum aut publicarum causarum praetextu metatorum onus injungatur. Ebenso citirt Thalelaeus im Sch. Ἄλλη. Basil. Heimb. T. I. p. 337 eine Novelle, welche in der Sammlung der 168 nicht fehlt. Dies macht also zusammen 169 Novellen. Ob Justinian's Sanctio pragmatica für Italien von 554 und seine Verordnungen de confugientibus ad ecclesias zu den Novellen gerechnet werden können, wird bezweifelt.

§. 6. 2) Sammlungen der Novellen im Orient.

Zuvörderst fragt es sich, ob Justinian selbst eine Sammlung seiner Novellen herausgegeben habe, was man allerdings behauptet hat. Gewiß ist allerdings, daß Justinian die Absicht gehabt hat, eine Sammlung der Novellen herauszugeben, ehe noch eine einzige Novelle existirte. Es fragt sich nun, ob Justinian wirklich eine solche Sammlung seiner Novellen herausgegeben habe. Wünschenswerth war allerdings eine authentische Sammlung wegen der großen Zahl der Novellen, ihrer Wichtigkeit in mehreren bedeutenden Gegenständen, endlich auch wegen der Abweichungen der Gesetzgebung in den Novellen selbst. Für die Existenz einer solchen congregatio lassen sich erstens mehrere Stellen der Novellen selbst anführen. Diese deuten aber nur auf eine bei dem sacer laterianus bestehende Gesetzsammlung hin, in welche diese Novellen eingetragen worden sind. Eine solche Gesetzsammlung ist wol bei den verschiedenen Behörden gewesen. Es beruht dies wol auf der in der Const. de Theodosiani Codicis auctoritate enthaltenen Vorschrift, daß nur die von den constitutionariis ausgefertigten und beglaubigten Exemplare des Theodosischen Codex Gültigkeit haben sollten. Eine ähnliche Bestimmung findet sich hinsichtlich der westgothischen Lex Romana in dem Publicationspatente dazu, dem Commonitorium oder Auctoritas Alarici regis (s. den Art. Gothisches Recht), wo auch davon die Rede ist, daß das authentische Exemplar des Gesetzbuchs in thesauris (in der königlichen Schatzkammer) aufbewahrt und darnach die einzelnen Abschnitte von dem dazu von dem König beauftragten Anianus zur Beglaubigung unterschrieben worden seien. Ebenso bezieht sich eine andere Novellenstelle auf die Einrichtung, die kaiserlichen Gesetze bei den Behörden, an welche sie adressirt waren, also namentlich die Edicte als allgemeine Gesetze zu sammeln, abgesehen davon, daß eine officielle Sammlung der Novellen im J. 538, aus welchem Nov. 66 herrührt, viel zu frühzeitig wäre. Ebenso wenig beweisen für das Dasein einer officiellen Sammlung der Novellen die Zeugnisse der Geschichtschreiber, die schon deshalb nicht in Betracht kommen können, weil sie aus einer viel späteren Zeit sind. Endlich scheinen auch Stellen neuerer griechischer Rechtsbücher auf eine officielle Sammlung der Novellen Justinian's hinzudeuten, welche aber sämmtlich Nichts beweisen. Das Vorstehende ergibt, daß die Annahme gerechtfertigt ist, Justinian habe keine Sammlung seiner Novellen herausgegeben. Wahrscheinlich ist der Tod Tribonian's daran schuld, daß Justinian das früher gegebene Versprechen nicht erfüllt hat, indem vielleicht von Tribonian der Gedanke einer künftigen Novellensammlung ausgegangen war, wie so manche andere bedeutende Unternehmung, mit seinem Tode aber aufgegeben wurde. Ueberdies ging die, obwol in der letzten Zeit etwas dürftige, Novellengesetzgebung Justinian's bis kurz vor seinem Tode fort, und es konnte schon aus diesem Grunde eine vollständige Sammlung seiner Novellen bei seinen Lebzeiten nicht erwartet werden. Die, besonders in Bezug auf den zuletzt erwähnten Grund mögliche, Vermuthung, daß Justinian früher einmal, etwa kurz vor Tribonian's Tode, seine Novellen gesammelt habe, welche darauf gestützt werden könnte, daß die verschiedenen Sammlungen der Novellen ungefähr bis zur Nov. 120 eine ziemlich gleichförmige Ordnung enthalten, und die folgenden neuen unwillkürlich und abweichend zugesetzt worden wären, hat Folgendes gegen sich. Erstens müßte sich von der officiellen Bekanntmachung des Kaisers irgend eine Spur erhalten haben; zweitens könnten dann nicht in den letzten 40 Novellen sich noch ältere vorfinden, welche vor die Zeit der angenommenen Novellensammlung fallen; drittens könnten die bekannten Novellensammlungen (die von Julian, die griechische Sammlung von 168 Novellen und die der Vulgata zum Grunde liegende Sammlung) nicht selbst in den ersten 120 Novellen so bedeutende Verschiedenheiten der Ordnung haben, weil, soweit Justinian's Sammlung ging, gewiß die Ordnung derselben festgehalten worden wäre. Wir haben aber auch noch ein Zeugniß aus einer Zeit kurz nach Justinian, welches die Annahme einer officiellen, durch Justinian veranstalteten Sammlung geradezu widerlegt. In der Vorrede zu dem Nomocanon von 50 Titeln, welcher gewöhnlich, aber mit Unrecht, dem Johannes, Patriarchen zu Constantinopel (im J. 557, zugeschrieben wird, aber doch nicht lange nach Justinian verfaßt ist, und Auszüge aus den Novellen enthält, wird gesagt: *μετέγραψα ἐκ τῶν σποράδην κειμένων, ἐκφανῆ δ' αὐτῶν ἐπὶ τοῦ τῆς θείας λήξεως Ἰουστινιανοῦ μετὰ τὸν κώδικα, τῶν θείων νεαρῶν διατάξεων*, worin also geradezu gesagt ist, daß von Justinian's Novellen nach dessen Tode keine Sammlung existirte, daß sie nur σποράδην, d. h. noch nicht authentisch gesammelt, vorhanden waren. Noch fällt aber besonders gegen die Annahme einer officiellen Novellensammlung durch Justinian Folgendes ins Gewicht. Keiner der noch unter Justinian lebenden Juristen, wie Thalelaus, Stephanus, Dorotheus, obwol sie Novellen citiren, erwähnt einer solchen Sammlung; sie citiren die Novellen gewöhnlich nur nach der Rubrik oder dem Hauptinhalte, nicht nach der Zahl, und wenn sich die Zahl beigefügt findet, kann dieselbe auch später beigefügt sein, und ist später beigefügt worden, da die Zahlen nicht immer mit einander übereinstimmen. Der Novellenepitomator Julianus, welcher, wie später auszuführen sein wird, mit dem sogenannten Anonymus und Enantiophanes dieselbe Person ist, und als Julianus Verfasser eines lateinischen, als sogenannter Anonymus Verfasser eines griechischen Novellenauszuges ist, kennt, obwol er Zeitgenosse Justinian's ist, ihn aber überlebt hat, keine officielle Novellensammlung, und citirt als Enantiophanes nach der bekannten griechischen Sammlung der 168 Novellen, von welcher er Novellen Justin's II. mit der Zahl, welche sie in dieser Sammlung haben, anführt. Alles dieses spricht entschieden gegen Annahme einer durch Justinian selbst veranstalteten Novellensammlung. — Da hiernach keine officielle Sammlung der Novellen veranstaltet worden ist, so mußten nothwendig Privatsammlungen entstehen, und zwar wegen der größern Zahl und Wichtigkeit dieser Gesetze, schon zu Justinian's Zeit selbst. Jeder Jurist oder Geschäftsmann, welcher die Novellen brauchte, legte sich eine Sammlung an, welche er fortsetzte und vermehrte, je nachdem er die neuen Novellen aus irgend einer Quelle erhielt. Welcher Novellensammlung sich Thalelaus bedient habe, ist aus den wenigen Novellencitaten, welche sich von ihm in den Scholien der Basiliken finden, nicht zu ersehen; daß er aber Novellen kannte, die sich in der Sammlung der 168 Novellen nicht finden, ist gewiß. Dorotheus citirt die Novelle de ingratis liberis, *ἡ περὶ ἀχαρίστων παίδων νεαρά*, ohne Angabe der Zahl, in der Sammlung der 168, Nov. 115. Stephanus hat sich einer Novellensammlung bedient, welche nicht viel von den 168 Novellen abweicht. Es lassen sich folgende verschiedene Novellensammlungen unterscheiden: a) die Sammlung der 168 Novellen; b) die Sammlung, welche unter dem Namen τὸ πλάτος τῶν *νεαρῶν* vorkommt; c) die Sammlung, welche Julian in seinem lateinischen Novellenauszuge benutzt hat; d) die der Novellenbearbeitung des Athanasius zum Grunde liegende Sammlung; e) die Sammlung des Verfassers der αἱ ῥοπαί (Pseudo-Eustathius). f) Abgeleitete Sammlangen. Die Sammlung, welche der Vulgata zum Grunde liegt, obwol sie auf der der 168 Novellen beruht, bleibt, als dem Occident gehörig, hier außer Betracht.

a) Sammlung der 168 Novellen. Die wichtigste Sammlung der Justinianeischen Novellen ist diejenige, welche 168 Nummern enthält. Sie ist nicht nur die vollständigste, sondern sie ist auch im griechischen Reiche fortwährend als Sammlung der Justinianeischen Novellen benutzt worden, und seit sie durch Haloander und Scrimger näher bekannt wurde, ist sie die Grundlage unserer nicht glossirten Ausgaben und unserer Novellentexte. Was die Zeit und den Ort der Entstehung der Sammlung betrifft, so gibt es darüber verschiedene Ansichten. Biener, welchem auch Zachariä von Lingenthal beipflichtet, setzt die Zeit der Entstehung unter Tiberius II. (578—582) oder bald nach demselben, weil einige seiner Novellen noch aufgenommen sind; eine spätere Entstehung hält er für unwahrscheinlich, weil es im orientalischen Reiche praktisches Bedürfniß war, neben so bestimmt und scharf abgeschnittenen Rechtsquellen, wie die Justinianeischen Rechtsbücher waren, auch die so sehr wichtigen Novellen in einer gleichförmig anerkannten Sammlung zu haben, weshalb die Anerkennung irgend einer Privatsammlung recht bald habe eintreten müssen. Als Grundlage der Sammlung betrachtet er eine ältere, noch aus Justinian's Zeit herrührende, in der gewöhnlichen Weise abgefaßte, doch so, daß die älteren und zugleich meisten Novellen bis etwa 544 im Ganzen chronologisch zusammengestellt waren, woran sich dann ein Anhang von Nachträgen und neueren Novellen anschloß. Diese alte Grundlage sei nun in den ersten 120 Novellen, auch wol noch etwas darüber hinaus, stehen geblieben; zu dem an sich schon untergeordneten Anhange seien nachher, vielleicht von Einem unter Tiberius, vielleicht auch von Mehreren, nach und nach Zusätze gemacht worden, ohne Sinn für Ordnung, wie daraus hervorgehe, daß die Novellen Justin's II., wenn sie gleich denen des Tiberius vorausgingen, doch nicht beisammen, sondern vielmehr mitten unter die Justinianeischen eingeschaltet seien. Durch die Aufnahme der Sammlung in den allgemeinen praktischen Gebrauch sei sie nun erst, sowie sie war, abgeschlossen und feststehend geworden. Die Ansicht von Biener geht weiter dahin, daß wir eine vollständige Handschrift dieser Sammlung nicht haben; die nachher zu erwähnenden Handschriften, die vaticanische und die florentinische, geben sie mit Vertauschung der lateinischen Novellen gegen griechische Summen, mit Auslassungen und Interpolationen (nach den Basiliken), jede aber wieder in anderer Weise; doch läßt sich die Sammlung in ihrer ursprünglichen Gestalt mit Sicherheit restituiren. Dagegen hat Heimbach jun. folgende Ansicht aufgestellt. Theodorus aus Hermopolis, von welchem das von Zachariä von Lingenthal herausgegebene Breviarium Novellarum herrührt, welches Auszüge von 168 Novellen hat, fand eine chronologisch geordnete Sammlung von 120 Justinianeischen Novellen vor; dazu gelang es ihm, noch 48 Stück aufzutreiben, theils ebenfalls Justinianeische Novellen, theils Novellen Justin's II. und Tiberius' II., theils Edicte der Praefecti Praetorio; aus diesen 168 Stücken machte er Auszüge, welche er (nach der Zahl der Stücke) in 168 mit fortlaufenden Zahlen, wie auch mit Rubriken und den Anfangsworten eines jeden Stückes bezeichnete Titel vertheilte. Nr. 1—120 correspondirten mit der alten chronologischen Sammlung von 120 Novellen; die folgenden Nummern von 121—168 waren von Theodorus willkürlich den Auszügen der einzelnen Stücke, welche ihm noch in die Hände gekommen waren, zum Zweck der Einreihung in sein Breviarium zugetheilt worden. Eine eigentliche Sammlung von 168 Novellen hat damals durchaus nicht existirt. Erst einige Zeit später, unter oder bald nach Heraclius, kam ein Jurist, wahrscheinlich ein Antiochener, auf den Einfall, die Novellen Justinian's aus allen möglichen Quellen, namentlich aus den Archiven der Behörden, zusammenzusuchen und nach der von Theodorus beobachteten Reihenfolge zusammenzustellen. Eine Copie dieser Arbeit enthält die venetianische Handschrift. Um dieselbe Zeit etwa, vielleicht etwas später, hat ein anderer Jurist, ganz unabhängig von dem vorigen, einen ähnlichen Einfall gehabt und ausgeführt; eine Copie dieser Arbeit, wiewol mit nachträglichen, aus den Basiliken geflossenen Interpolationen, gibt die florentinische Handschrift. Beide Compilatoren haben die ursprünglich lateinisch publicirten Novellen entweder nicht mehr auffinden können, oder nicht mehr verstanden; daher finden sich in der venetianischen Handschrift und ähnlich in der florentinischen, an den Orten, wo Theodorus Auszüge aus lateinischen Novellen gibt, niemals die lateinischen Originale, sondern entweder Lücken, oder die entsprechenden Auszüge, bald aus dem Breviarium des Theodorus, bald aus der Epitome des Athanasius. Aus eben diesen Novellencommentaren haben jene beiden Compilatoren größtentheils auch die Rubriken der Novellen geschöpft. Diese Ansicht beruht nicht auf neuen, bisher völlig unbekannten Thatsachen; sie ist nur eine neue Construction des bisher, wenn auch nicht ganz so genau und detaillirt, Bekannten. Es kommt bei Beurtheilung derselben darauf an, ob sie mehr innere Wahrscheinlichkeit für sich hat, als die bisherige von Biener aufgestellte. Dies muß aber mit Zachariä von Lingenthal geleugnet werden. Gegen die Heimbach'sche Ansicht sprechen folgende Gründe: 1) Die bekannten Thatsachen werden durch Biener's Meinung auf viel einfachere, natürliche Weise erklärt und in Zusammenhang gebracht, als durch die Heimbach's. 2) Bei der Heimbach'schen Ansicht wird es nicht recht verständlich, wie doch die so zufällig entstandene und von Anfang an unvollkommene Sammlung von 168 Novellen in Constantinopel so ausschließliches Ansehen erlangen konnte, daß in und nach den Basiliken nur sie gebraucht wird. Namentlich ist es unerklärlich, daß die späteren byzantinischen Juristen eine gleichmäßige, Allen vorliegende Gestaltung derselben vorauszusetzen scheinen, während es doch nach Heimbach von Anfang an zwei verschiedene Sammlungen von 168 Novellen gegeben hat. 3) Unleugbar hat des Theodorus Breviarium Novellarum erst seit Basilius Macedo besonderes Ansehen erlangt; vorher sind mehre andere Novellencommentare, besonders der des Athanasius, gebraucht worden. Es läßt sich aber nicht annehmen, daß zwei verschiedene Personen schon im 7. Jahrhundert den Gedanken gehabt hätten, die Ordnung des Theodorus, welche weder eine chronologische, noch eine systematische ist, also durch Nichts sich empfiehlt, bei einer Compilation der echten Novellen zum Grunde zu legen. 4) Wenn sich nun auch diese Compilatoren noch so sehr an Theodorus anschließen wollten, so ist doch nicht wohl zu erklären, warum sie statt der lateinischen Originalnovellen doch Summen aus Athanasius aufgenommen haben. 5) Hätte Theodorus nicht schon eine in allgemeinerem Gebrauche befindliche Sammlung von 168 Stücken vor Augen gehabt, hätte er also selbst zuerst die von ihm gemachten Auszüge verschiedener Novellen in eine gewisse Ordnung zu bringen gehabt, so hätte er gewiß eine bessere Ordnung aufgestellt. Daß die Ordnung der 168 Novellen, wenigstens von Nov. 121—168, so auf gar keinem Princip beruht, beweist deutlich, daß sie rein zufällig und von selbst allmälig entstanden, nicht von einem Gelehrten, wie Theodorus, gemacht worden ist. 6) Theodorus soll nach der Heimbach'schen Ansicht bei seinem Breviarium Novellarum nicht eine schon geschlossene Sammlung zum Grunde gelegt, sondern für dieses Werk erst Alles zusammengebracht haben, was er nur finden konnte. Diese Grundidee Heimbach's wird zerstört und das, was darauf gebaut ist, stürzt zusammen, wenn sich beweisen läßt, daß Theodorus auch noch andere Novellen oder Edicte der Praefecti Praetorio gekannt habe, als sich in seinem Breviarium im Auszuge finden. Dieser Beweis kann aber mit Sicherheit geführt werden. In seinem Breviarium Codicis, was er früher gearbeitet hat, als das Breviarium Novellarum, hat er eine forma Praefecti Praetorio (τύπος τῆς Αὐλαρχίας ἔξω ἐκάρχων) angeführt, welche in dem Breviarium Novellarum nicht vorkommt (Sch. c. Basil. Fabr. T. IV. p. 414. Heimb. T. III. p. 295. Vergl. *Zachariae, Ἀνέκδοτα* p. 261. not. 43). 7) In der angeführten Stelle sagt Theodorus geradezu, daß jene forma Praefecti Praetorio ἔξωθεν, d. h. hier „außerhalb der gebräuchlichen Sammlung von 168 Stücken" befindlich sei. Sein Breviarium Novellarum kann er bei dem ἔξωθεν nicht meinen, weil er dieses damals noch gar nicht gearbeitet hatte. Also muß er schon vorher, wie dies auch aus den Novellencitaten in seinem Breviarium Codicis überhaupt hervorgeht, eine geschlossene Sammlung von 168 Stücken vor sich gehabt haben, und zwar eine Sammlung, die auch sonst noch allgemeiner bekannt war, weil es ganz unpassend gewesen wäre, wenn er seinen Lesern in dem Breviarium Codicis die Novellen blos mit Nummern einer Sammlung citirt hätte, welche den Lesern noch gar nicht bekannt gewesen wäre, ja vor dem Erscheinen des Breviarium Novellarum gar nicht einmal bekannt sein konnte. Aus diesen von Zachariä von Lingenthal geltend gemachten Gründen muß die Heimbach'sche Ansicht als unrichtig, die Biener'sche als die richtige angesehen werden. Ein directer Beweis für die Richtigkeit der Biener'schen Ansicht würde im Schol. c. Basil. Fabr. T. IV. p. 335 seq. Heimb. T. III. p. 230 liegen, wo Enantiophanes die Novelle 140 und zwar ausdrücklich mit dem Zusatze anführt, daß dies die zweite Novelle Justin's sei. Hiernach würde schon Enantiophanes, welcher mit Julianus identisch ist, die Sammlung der 168 Novellen gekannt und nach ihr citirt haben, wozu kommt, daß überhaupt in vielen Basilikenscholien, welche von Enantiophanes herrühren, die Novellen sehr häufig, außer nach der Rubrik, auch mit der Zahl, welche sie in der Sammlung der 168 haben, angeführt werden. Allein, wenngleich nicht wohl anzunehmen ist, daß Enantiophanes oder Julianus die zweite Novelle Justin's II., welche in der Sammlung der 168 Nov. 140 ist, gekannt habe, und daher auch dieselbe recht wohl habe citiren können, so ist doch schwerlich schon so früh die Sammlung der 168 Novellen geschlossen gewesen, und daher die Zahlen, mit welchen die Novellen in den von Enantiophanes herrührenden Scholien nach der Sammlung der 168 citirt werden, späterer Interpolation zuzuschreiben. Was die Beschaffenheit und Vollständigkeit der Sammlung anlangt, so enthielt dieselbe in ihrer ursprünglichen Gestalt die blos lateinischen Novellen auch in dem lateinischen Grundtexte, welche aber bei der Unkenntniß der Sprache später verschwunden sind. Statt ihrer sind die griechischen Summen aus des Theodorus Breviarium Novellarum mehr oder weniger vollständig, bisweilen auch die Summen aus des Athanasius Novellenauszug, in die Handschriften der Novellen eingetragen worden. So haben Haloander und Scrimger in ihren Ausgaben der Novellen öfters gleichmäßig Nummern; bisweilen (z. B. Nov. 34—37) hat Haloander griechische Summen, sogar mit Andeutung des ursprünglichen lateinischen Anfangs, wo Scrimger gar Nichts hat, also die lateinischen Novellen spurlos verschwunden sind. Diese Ungleichförmigkeit des Eintragens der Summen beweist, daß die letzteren nicht ursprünglich in der Sammlung waren, da sie sonst gleichförmig vorhanden sein müßten. Die Sammlung ist vollständiger als alle übrigen. Dennoch fehlt ihr Einiges, was in anderen Sammlungen steht. So fehlt ihr die Constitution, welche Julian in Const. 29 excerpirt hat, und welche sich als Edict. 3 Justinian's im Anhange findet; dafür hat sie das neuere denselben Gegenstand betreffende Gesetz als Nov. 21, welches wieder bei Julian fehlt. Ferner fehlt ihr die Verordnung, welche Julian als Const. 29 excerpirt hat; die Herausgeber haben sie aus Julian als Nov. 41 mit Unrecht in unsere Sammlung aufgenommen. Es fehlt ihr die Constitution, welche sich im Anhange als Edict. 8 findet, und welche in der Sammlung der Vulgata vorhanden war. Endlich fehlt ihr die von Athanasius in seiner Epitome Novellarum Tit. XX. const. 5 mitgetheilte Novelle Justinian's, welche auch in keiner der übrigen Sammlungen vorhanden ist. Die eben erwähnte Vollständigkeit hat aber zum Theil darin ihren Grund, daß heterogene Stücke darin aufgenommen sind, welche nicht von Justinian herrühren. Deren sind drei verschiedene Arten, Novellen von Justin II., Novellen von Tiberius II. und formae praefectorum oder eparchica. Dem Kaiser Justinian gehören an die Novellen 140. 144. 148. 149. Der Hauptbeweis, daß diese Novellen von Justin herrühren, liegt darin, daß in der venetianischen Handschrift dieselben in der Hauptsammlung ausgelassen und in den besonderen Anhang, welcher Justin's Novellen enthält, aufgenommen sind. In Bezug auf einige derselben ist zwar, sowol in älterer, als in neuerer Zeit, von Manchen geleugnet worden, daß sie dem Justin angehören; auch haben Einige gezweifelt, ob sie ein echtes Stück der Sammlung von 168 sind. Allein durch die Untersuchungen von Biener ist sowol die Urheberschaft Justin's, als die Stellung in der Sammlung der 168 über allen Zweifel erhoben worden; es muß auf diese Untersuchungen verwiesen werden. Von den seit dieser Zeit neuentdeckten Quellen ist für die Stellung dieser vier Novellen in der Sammlung der 168 das Zeugniß des Theodoros in seinem Breviarium Novellarum, welcher sie als Nov. 140. 144. 148. 149 ausdrücklich anführt. Dagegen nennt Theodorus als Urheber dieser Novellen den Justinian, was aber zu der von ihm angegebenen Zeit, zu welcher die Novellen erlassen sind, nicht paßt, indem diese vielmehr nur auf Justin paßt, und nur auf einer Verwechselung der Namen Justinian's und Justin's von Seiten der Abschreiber beruht. Dagegen haben wir für Justin als Urheber der Novelle 140 das Zeugniß des Athanasius in der Epitome Novell. Tit. X. const. 11 und rücksichtlich der Novelle 148 in Tit. XX. const. 6., während derselbe Tit. III. const. 3 für Novelle 144 wieder Justinian als Urheber nennt. Von Nov. 149 findet sich bei ihm kein Auszug. — Von Tiberius II. enthält die Sammlung der 168 Novellen 3 Novellen, 161. 163. 164. Der Beweis dafür, daß dieser Kaiser ihr Urheber sei, ruhte bisher allerdings auf schwachen Gründen. Allein sowol für Tiberius als Urheber, als dafür, daß diese Novellen Bestandtheile der Sammlung von 168 sind, ist in neuerer Zeit das vollgültige Zeugniß des Theodorus im Breviarium Novellarum hinzugetreten, während bei Athanasius alle 3 Novellen fehlen. — Ueber die in der Sammlung der 168 Novellen aufgenommenen formae praefectorum wird später bei dieser Rechtsquelle die Rede sein. — Eine andere Unregelmäßigkeit der Sammlung von 168 Novellen in Bezug auf die darin enthaltenen Stücke besteht darin, daß einige Novellen sich doppelt vorfinden. Ein solcher Irrthum ist in den bekannten Novellensammlungen nicht selten. So hat z. B. Julian in seinem Novellenauszuge die Novelle 20 doppelt, als Const. 25 und 120; sowie auch Const. 68 und 97 dieselbe Novelle doppelt sind. Die in der Sammlung der 168 doppelt vorkommenden Novellen sollen folgende sein: Nov. 32 und 34, Nov. 41 und 50, Nov. 75 und 104, Nov. 143 und 150. Die Nov. 32 und 34 sind insofern doppelt, als die Sammlung der 168 an der ersten Stelle den griechischen Text hat, an der zweiten den lateinischen Originaltext. Justinian hat nämlich die Nov. 32 griechisch nach Thracien erlassen, dieselbe aber auch lateinisch (Nov. 34) mit einem Begleitschreiben (Nov. 33) nach Illyricum ausfertigen lassen. Nov. 41 und 50, über deren Verhältniß zu einander viel Zweifel obgewaltet haben, sind aber, wie des Theodorus Breviarium Novellarum ergibt, in der Sammlung der 168 in der That zwei verschiedene Novellen gewesen, deren eine, Nov. 41 die ältere, im Monat Juni nach Belisar's Consulate, die andere, Nov. 50 die jüngere, im Monat September nach Belisar's Consulate (im J. 536) erlassen ist; beide scheinen aber ganz gleichen Inhalts gewesen zu sein, und auch die Anfangsworte beider lauten bei Theodorus fast gleich. In unserer Sammlung der 168 Novellen, wie wir sie haben, fehlt aber die Nov. 41, und man hat dieselbe Novelle zweimal als Nov. 41 und 50 in die Ausgaben aufgenommen. Da wir die Nov. 41 selbst nicht mehr haben, so müßte in einer neuen Novellenausgabe der Auszug der 41. Novelle, wie ihn Theodorus gibt, aufgenommen werden. Aber auch der Eingang der 41. Novelle, wie ihn Theodorus mittheilt: [illegible], und welcher mit dem Eingang der Nov. 50, wie ihn Theodorus mittheilt, übereinstimmt, nur daß letzterer [illegible] hat, deutet auf eine früher erlassene Constitution Justinian's hin. Nun hat Julian in seinem Novellenauszuge als Const. 38 eine solche ältere Constitution Justinian's über denselben Gegenstand excerpirt, welche dagegen Nichts von dem hat, was in den beiden Novellen 41 und 50, wie sie Theodorus uns mittheilt, gestanden hat. Hierdurch sind nun mehrere Bearbeiter der Novellen auf die Ansicht gekommen, daß in der Sammlung der 168 die bei Julian befindliche Constitution verloren gegangen sei, welche also aus Julian, so gut es gehe, ersetzt und als Nov. 41 oder 50 eingeschaltet werden müsse. Schon Biener hat aber mit Recht erkannt, daß die bei Julian vorgefundene Constitution nicht als ein verlorenes Stück der Sammlung von 168 angesehen werden könne. Es wird dies durch das, was aus des Theodorus Breviarium Novellarum eben berichtet worden ist, über allen Zweifel erhoben. Es kann daher das Scholium, welches sich in der venetianischen Handschrift bei Nov. 50 findet: περὶ τῆς νεαρᾶς φησιν, ἥτις ἐπιγέγραπται Ῥώμη, ἧς ἡ ἀρχὴ RECTE Nobis, welches Biener, ohne Rücksicht auf das eine corrumpirte Wort, so übersetzt: loquitur de novella, quae inscribitur Roma, cujus initium *Recte nobis*, mit Biener nur auf die im Anfang der Novelle 41 und 50 erwähnte ältere, jetzt abzuändernde Constitution, welche wir blos aus Julian kennen, bezogen werden; diese ältere, von Julian aufbewahrte Constitution kann aber kein Theil der Sammlung der 168 Novellen gewesen sein, indem hier das Zeugniß des Theodoros entschieden entgegensteht. Nov. 75 und 104 werden ferner unter den doppelten Novellen aufgeführt. Haloander hat an der ersten Stelle eine reine Lücke, welche aber durch einen Irrthum auf Nummer 76 kommt; bei Nov. 104 hat er die Rubrik de praetore Siciliae und eine griechische Summe. Scrimger hat unter Nov. 75 die Rubrik de appellationibus Siciliae und eine griechische Summe; unter Nov. 104 die Rubrik de praetore Siciliae und aus einem alten Scholium eine Verweisung auf das κατὰ στρατηγόν. Die originallateinische Novelle hat zuerst Savigny aus einer Handschrift herausgegeben, worin sie die Rubrik hat: de praetore Siciliae. Eine Vergleichung der Scrimger'schen Summe der Nov. 75 und der Haloander'schen der Nov. 104 mit dem Texte der Nov. 104 ergibt, daß beide Summen aus dieser Novelle genommen sind. Hieraus zieht Biener den Schluß, daß diese lateinische Novelle zweimal in die Sammlung der 168 aufgenommen worden ist. Auch Julian hat in seiner Novellensammlung diese Novelle zweimal vorgefunden und zweimal excerpirt. Diese Excerpte Julian's fallen gerade an eine solche Stelle, wo er der Ordnung der 168 Novellen entspricht, und seine Const. 68 und 97 correspondiren der Stelle nach ganz unseren Novellen 75 und 104. Beide Excerpte Julian's passen zu dem lateinischen Texte der Novelle und die Const. 68 namentlich ist zum Theil mit den Worten des Textes selbst excerpirt. Da Julian dieselbe Novelle in seiner Sammlung doppelt hatte und doppelt excerpirte, so erachtet Biener es hierdurch zur völligen Gewißheit gebracht, daß sie in der Sammlung der 168 Novellen auch doppelt vorhanden sei, wodurch die nicht unpassende Vermuthung entfernt werde, daß diese Sammlung ursprünglich an einer Stelle den lateinischen Text, an der anderen einen griechischen Auszug enthalten habe. Es kommt aber noch Folgendes in Betracht. Theodorus gibt in seinem Breviarium Novellarum unter κεφ. οε' (Nov. LXXV) mit der Rubrik περὶ ἐκκλήτων Σικελίας eine griechische Summe der Nov. 75 mit der Schlußbemerkung: Ἐγράφη μηνὶ ἰουνίῳ ἔτει ιβ' τῆς βασιλείας ὑπατείας Ἰωάννου, wonach Nov. 75 im 12. Regierungsjahre Justinian's unter dem Consulate des Joannes im Juni (538) erlassen ist. Unter κεφ. ρδ' (Nov. CIV) unter der Rubrik περὶ τοῦ πραίτωρος Σικελίας mit den Anfangsworten: Ἡ σὴ γνώμη ὑπεροχή, gibt Theodorus einen griechischen Auszug der Novelle mit der Schlußbemerkung: Ἐγράφη μηνὶ δεκεμβρίῳ μετὰ ὑπατείαν Βελισαρίου, wonach sie im December 538 erlassen ist. Athanasius gibt in seiner Epitome Novellarum Tit. XV. const. 21 unter der Rubrik περὶ τοῦ πραίτωρος Σικελίας mit den Anfangsworten: Tua cognoscat sublimitas, einen Auszug aus der lateinischen Novelle mit der Schlußbemerkung: ἐγράφη βασιλείας Ἰουστινιανοῦ τὸ ια' μηνὶ δεκεμβρίῳ μετὰ τὴν ὑπατείαν Βελισαρίου τὸ β', wonach sie im 11. Regierungsjahre Justinian's im December im zweiten Jahre nach dem Consulate des Belisarius (537) erlassen ist. Nach letzterer Bemerkung ist offenbar die von Theodorus über das Datum der Novelle 104 gemachte Angabe zu verbessern. Diesen Angaben zufolge stimmen wir allerdings im Resultate mit Biener darin überein, daß dieselbe Novelle zweimal in die Sammlung der 168 aufgenommen ist; wir glauben uns aber in Folge jener Angaben des Theodorus zu der Annahme berechtigt, daß die Novelle einmal als lateinische als Nov. 75 mit dem Datum vom Juni 538, und dann noch einmal als griechische als Nov. 104 mit dem Datum des December 537 in der Sammlung der 168 gestanden habe. Die letzten doppelten Novellen sind Nov. 143 und 150. Haloander hat unter 143 die Rubrik de rapta muliere und eine griechische Summe, unter 150 die Rubrik de ea, quae raptori nubit und eine griechische Summe. Bei Scrimger ist gar keine Spur dieser Novelle; denn unter 143 hat er durch einen zufälligen Irrthum ein Stück der Nov. 145 und bei 150 hat er eine Lücke. Der von Heimbach jun. herausgegebene Index reginae hat die zweierlei Rubriken, wie Haloander. Athanasius hat Tit. XI. const. 5 unter der Rubrik περὶ ἁρπαζομένων γυναικῶν καὶ γαμουμένων τοῖς ἁρπάσασιν αὐτάς den Auszug mit den Worten Legis interpretationem anfangenden, also lateinischen Novelle, mit der Schlußbemerkung: Dat. καλάνδαις Ἰανουαρίαις ἔτ. βασιλείας Ἰουστινιανοῦ τὸ ς' (lege λς') μετὰ τὴν ὑπατείαν Βασιλείου τὸ κβ', wonach die Novelle am 1. Januar des 36. Regierungsjahres Justinian's im 22. Jahre nach dem Consulate des Basilius (563) erlassen ist. Theodorus gibt unter der Rubrik κεφ. ρμγ' περὶ γυναικὸς ἁρπαγείσης den Auszug einer mit den Worten Νόμον ἐγράψαμεν (offenbar nur Uebersetzung der Anfangsworte der lateinischen Novelle) anfangenden Novelle mit der Schlußbemerkung, daß sie im Juni des 36. Regierungsjahres Justinian's im 12. Jahre nach dem Consulate des Basilius erlassen worden sei. Statt ιβ' ist aber in der Schlußbemerkung offenbar zu lesen κβ', sodaß also die Novelle hiernach im Juni 563 erlassen ist. Derselbe gibt unter der Rubrik κεφ. ρν' περὶ τῆς γαμηθείσης τῷ ἁρπάσαντι αὐτήν einen Auszug mit der Bemerkung, daß die Novelle im Juni des 37. Regierungsjahres Justinian's im 22. Jahre nach dem Consulate des Basilius erlassen sei. Statt λζ' ist offenbar zu lesen λς', sodaß also die Bemerkungen des Theodorus über das Datum der Novellen 143 und 150 ganz übereinstimmen. Hiernach ist also allerdings dieselbe Novelle, die lateinisch war, zweimal in die Sammlung der 168 aufgenommen worden, als Nov. 143 und als Nov. 150. Daß die von Athanasius erwähnte, mit dem Datum des 1. Januar versehene Novelle eine andere gewesen sei, als die bei Theodorus excerpirten, welche das Datum des Juni an sich tragen, ist nicht anzunehmen; vielmehr scheint der Juni bei Theodorus aus Versehen der Abschreiber, welche statt Kal. Jan. lasen Kal. Jun., entstanden zu sein. — Die Ordnung der Sammlung von 168 Novellen ist in dem größeren Theile derselben die chronologische. Die ersten 120 Novellen sind offenbar nach Jahren geordnet, was sich schon aus der allmäligen Entstehung der Sammlung auch ohne besonderen darauf verwendeten Fleiß erklärt. Einzelne Unregelmäßigkeiten kommen jedoch vor. Eine darunter, welche sich völlig sicher behaupten läßt, ist die Einschaltung der dem Jahre 536 angehörenden Novellen 102—105 zwischen den Jahren 539, 540; sie sind also später nachgetragen und nicht in die chronologische Reihe eingestellt, wodurch die allmälige Entstehung der Novellensammlungen bestätigt wird. Die Novellensammlung Julian's stimmt, wenn man die Novellen der Jahre 535, 536 abrechnet, ziemlich genau mit dem ersten geordneten Theile der Sammlung der 168; die Vulgata stimmt in der Hauptsache ganz, hat aber mehrere einzelne Abweichungen, als Julian. Merkwürdiger Weise hat Julian dieselbe unrichtige Aufstellung der Nov. 102—105, während die Vulgata der chronologischen Ordnung gemäß diese Novellen der Nov. 31 anschließt. Mit Nov. 121 beginnt in der Sammlung der 168 ein ungeordneter Anhang, in dessen Anhange sich jedoch noch eine Fortsetzung der chronologischen Ordnung erkennen läßt. Die Quellen unserer Kenntniß der Sammlung von 168 Novellen sind folgende. Die erste ist die florentinische Handschrift der griechischen Novellen (Cod. Laurent. LXXX, 4), welche sich noch jetzt dort befindet. Sie enthielt jedoch mit einigen Lücken und Irrungen in den Zahlen, 168 gezählte Novellen, ist aber jetzt am Ende defect und bricht in Nov. 163. cap. 2 ab. Dieser Verlust hat sich im 15. Jahrhundert ereignet, wie Augustin bemerkt, welcher sie noch vollständig gekannt und benutzt hatte. Von der vollständigen Handschrift hat Ludovicus Bologninus eine Abschrift gefertigt, wie durch die von Heimbach jun. vorgenommene Vergleichung der Schriftzüge mit den unbestrittenen Autographen des Bolognimus und durch ein Vorwort, welches dieser dem Novellencodex einheften ließ (p. 1—3 des Manuscripts), sich ergibt. Diese Abschrift, welche sich noch jetzt in Bologna befindet und im Kataloge der lateinischen Handschriften unter Nr. 80 eingetragen ist, hat Haloander bei seinem Aufenthalte in Bologna wieder abgeschrieben und in seiner Ausgabe der griechischen Novellen 1531 abdrucken lassen. Haloander hat die Nov. 166—168 in dem Abdrucke absichtlich weggelassen. Theilweise ist die florentinische Handschrift in neuerer Zeit durch Brencmann's Besorgung für Homberg! zu Vach verglichen worden, welcher diese Varianten mitgetheilt hat. Der Text der Handschrift hat viele offenbare Einwirkungen der Basiliken, denn es finden sich darin nur die Novellen, welche Aufnahme in die Basiliken gefunden haben; auch kommen in den einzelnen mehrere Lücken, eigene Lesarten und Zusammenschmelzungen verschiedener Novellen vor, welche sich ebenso in den Basiliken vorfinden. Es wird von Manchen nicht für unwahrscheinlich gehalten, daß diese Handschrift die Novellen nur aus der zweiten Hand, d. h. aus den Basiliken, gibt. Die zweite Quelle ist die venetianische Handschrift der griechischen Novellen (Cod. Marcian. 179), welche noch jetzt zu Venedig vorhanden ist. Die Angaben über das Alter derselben sind verschieden, indem sie von Einigen in das 13., von Andern in das 15. Jahrhundert gesetzt wird. Augustinus hat Abschrift davon genommen; seine griechische Novellenausgabe kam aber nicht zu Stande. Viglius und noch ein Unbekannter haben daraus dasjenige abgeschrieben, was zur Vervollständigung der Haloander'schen Ausgabe dienen konnte, und die fragmentarischen Abschriften hat Spangenberg in seiner Ausgabe des Corpus juris rücksichtlich der Novellen benutzt, welcher sie mit Meerm. III. und Zuich. bezeichnet. Noch ein Unbekannter hat einzelne Ergänzungen der Haloander'schen Ausgabe daraus genommen, welche in der basler Folioausgabe 1541 als Anhang gegeben sind. Diese venetianische Handschrift hat in den Justinianeischen Novellen verschiedene, durch allerlei Gründe veranlaßte Lücken und schließt daher mit der 162. Novelle. Ein Theil dieser Lücken ist dadurch entstanden, daß ein vierfacher Anhang als Zugabe gegeben ist, enthaltend 13 Edicte Justinian's, Novellen Justinus' II., Novellen Tiberius' II. und formae praefectorum, auch in diesen Anhang mehrere aus der Zahl der 168 aufgenommen sind, welche deshalb in der Hauptsammlung fehlen. Außerdem aber fehlen mehrere lateinische Novellen; durch ein eigentliches Versehen ausgelassen ist nur die 139. Novelle. Von einer Einwirkung der Basiliken finden sich fast gar keine Spuren. Eine Abschrift der venetianischen Handschrift ist der Cod. Vatic. Palat. 387. Nach den neuesten Untersuchungen Heimbach's hat Scrimger bei seiner Ausgabe der griechischen Novellen von 1558 nicht die venetianische Handschrift, sondern die vaticanische, deren Abschrift, benutzt, aber eine sehr willkürliche Kritik geübt. Die dritte Quelle für die Kenntniß der Sammlung von 168 Novellen ist der sogenannte *Index reginae*, ein griechisches Verzeichniß der Rubriken von 168 Novellen, in welchem bemerkt wird, ob eine Novelle in die Basiliken aufgenommen ist oder nicht, und ist ersteres der Fall, an welcher Stelle der Basiliken die Novelle oder einzelne Stücke derselben stehen. Daß eine Novelle nicht in den Basiliken stehe, wird angezeigt durch die Worte: *οὐ κεῖται*, *οὐδὲ κεῖται* und dergl. Dieses Verzeichniß befindet sich in der Handschrift der k. Bibliothek zu Paris, welche jetzt die Nummer 1349 hat, früher mit Nr. 1440 bezeichnet war, und dem Ende des 11. Jahrhunderts angehört. Die Handschrift befand sich früher in der Bibliothek der Königin Katharina von Medici. Auch Cujacius im Anfange seiner Expositio Novellarum constitutionum sagt, das von ihm lateinisch übersetzte und herausgegebene griechische Novellenverzeichniß sei aus der bibliotheca reginae entnommen. Das Verzeichniß schließt sich der Sammlung der 168 Novellen an, mit der Abweichung, daß die in unseren Ausgaben als Nov. 68 stehende Novelle als Nov. 69, die Nov. 69 unserer Ausgaben hingegen als Nov. 68 bezeichnet wird. Dagegen hat eine von Heimbach jun. gleichfalls herausgegebene *σύντομος διαφορὰ τῶν νεαρῶν*, worin gezeigt wird, welche Novellen in den Basiliken stehen, welche nicht, die dem 10. Jahrhundert angehört, und ebenfalls der Sammlung der 168 Novellen folgt, hinsichtlich der Nov. 68 ganz dieselbe Ordnung, wie in unseren Novellenausgaben. Da diese *σύντομος διαφορὰ τῶν νεαρῶν* dem 10. Jahrhundert angehört, so muß der Index reginae älter sein. Die Bemerkungen, welche unter den Rubriken der einzelnen Novellen stehen, darüber, ob die Novelle in die Basiliken aufgenommen ist oder nicht, und im ersteren Falle, an welcher Stelle der Basiliken sie stehe, sind nach Heimbach's Vermuthung aus dem der Coislin'schen Basilikenhandschrift 151 vorgesetzten Verzeichnisse der Rubriken der Basiliken entlehnt. Cujacius hat in seiner Expositio Novellarum constitutionum (1570) blos die im Index reginae verzeichneten Rubriken der 168 Novellen lateinisch übersetzt, ohne die dabei stehenden Bemerkungen über die Aufnahme und Stellung der Novellen in den Basiliken herausgegeben. Heimbach jun. hat dagegen den Index reginae vollständig im griechischen Texte mit lateinischer Uebersetzung 1840 herausgegeben. Die fünfte Quelle für die Kenntniß der Sammlung der 168 Novellen ist die von Heimbach jun. zuerst herausgegebene, bereits erwähnte σύνοψις διαφορᾶς τῶν νεαρῶν τοῦ Ἰουστινιανοῦ, eine kurze Abhandlung eines unbekannten Verfassers darüber, welche der 168 Novellen in die Basiliken aufgenommen sind, welche nicht, und welche, ungeachtet ihrer Aufnahme in die Basiliken, außer Gebrauch gekommen sind. Diese Abhandlung findet sich in der griechischen Handschrift der k. Bibliothek zu Paris Nr. 1182, welche früher dem Cardinal Mazarin gehörte. Manche, wie Tanneberg, schreiben sie dem Psellus zu, während Andere mit größerem Rechte diesen als Verfasser nicht anerkennen. Die Zeit der Abfassung dieser Schrift ist in das 10. Jahrhundert zu setzen. Der Verfasser folgt der Sammlung der 168 Novellen, welche bei ihm beinahe in der nämlichen Weise, wie in der venetianischen Handschrift der Novellen, geordnet erscheint. Diese Schrift ist von Heimbach d. J., Leipzig 1840, herausgegeben worden. Die sechste und wichtigste Quelle für die Kenntniß der Sammlung der 168 Novellen ist das von Zachariä von Lingenthal herausgegebene Breviarium Novellarum des Theodorus, worüber später noch ausführlicher zu berichten sein wird. Theodorus gibt darin einen Auszug aus den 168 Novellen, ganz in der Ordnung dieser Sammlung, bei den griechischen Novellen mit den Anfangsworten des Gesetzes, während er bei den lateinischen gewöhnlich nur einen griechischen Auszug ohne Angabe der Anfangsworte gibt. Jeder Novelle ist eine Schlußbemerkung über das Datum derselben beigefügt, worin bemerkt ist, in welchem Monate, in welchem Regierungsjahre Justinian's und unter wessen Consulate die Novelle erlassen sei. Theodorus steht dem Zeitalter Justinian's am nächsten, indem die Zeit der Abfassung seines Breviarium Novellarum zwischen die Jahre 575 und 602 fällt. Deshalb ist seine Novellenbearbeitung auch die nächste und beste Quelle für die Kenntniß der Sammlung der 168 Novellen. Als eine siebente Quelle kann endlich auch das in der Coislin'schen Handschrift der Basiliken Nr. 151 vorgesetzte Verzeichniß der Bücher und Titel der Basiliken, welches Heimbach sen. bei dem ersten Bande seiner Ausgabe der Basiliken vorgesetzten Rubrikenverzeichniß benutzt hat, angeführt werden, indem dieses Verzeichniß bei den betreffenden Titeln der Basiliken, in welche Novellen oder einzelne Stücke von Novellen aufgenommen sind, nach der Sammlung der 168 Novellen angibt, welche Novelle in den betreffenden Titel der Basiliken aufgenommen sei. Dieses Coislin'sche Titelverzeichniß ist schon als Quelle des Index reginae wichtig. Was die Ausgaben der griechischen Sammlung der 168 Novellen anlangt, so hat die erste, aber noch sehr unvollständige, Ausgabe Haloander 1531 geliefert. Er hat dabei die von Ludovicus Bologninus gefertigte Abschrift der florentinischen Handschrift, von welcher bereits vorher die Rede war, benutzt. Er hat 165 Nummern, sodaß die drei letzten Stücke der Sammlung von 168 fehlen. Diese 165 Nummern sind aber nicht so viele Novellen, sondern nur 122 Novellen, sobald man die Nov. 8, welche bei ihm 2 Nummern hat, für Eine zählt, 16 griechische Summen, meistentheils lateinischer Novellen, von 7 griechischen Novellen blos die Rubrik und Inscription; dann finden sich 20 reine Lücken, von denen 19 bei Haloander selbst bezeichnet sind, eine aber versteckt ist, weil die Nov. 8 zwei Nummern, 8 und 9, hat. Darüber, ob die dem Haloander'schen Texte abgehenden 27 Novellen dieselben sind, welche in den Basiliken fehlen, wird später die Rede sein. Bei der Uebersetzung der Novellen hatte Haloander den Grundsatz angenommen, alle Novellen, welche im griechischen Texte vorhanden waren, selbst zu übersetzen, die Summen aber nur dann, wenn der vollständige Text in der Vulgata nicht existirte; die Lücken wurden, soweit es möglich war, durch die Benutzung der Vulgata ausgefüllt. Man findet also in seinem lateinischen Texte 122 von ihm übersetzte Novellen, 10 übersetzte griechische Summen; 6 Summen übersetzte er gar nicht und gab statt deren die ganzen Novellen aus der Vulgata; die 7 Lücken, wo der griechische Text nur die Rubrik hatte, füllte er alle durch die Vulgata aus; von den übrigen 20 Lücken des griechischen Textes deckte er 11 aus der Vulgata, sodaß also in seinem lateinischen Texte nur 9 Novellen gänzlich fehlen. Das allgemeine Urtheil ist, daß sein Verfahren ein sehr kühnes und gewagtes ist. Eine weitere Ausgabe der griechischen Novellen der Sammlung von 168 ist von Heinrich Scrimger, Genf 1558. Er hat dabei, wie durch Heimbach jun. außer Zweifel gesetzt ist, den Cod. Vatic. Palat. nr. 387, eine Abschrift der venetianischen Novellenhandschrift, benutzt; denn daß er die venetianische Handschrift selbst nicht gebraucht hat, ergibt sich daraus, daß er die besseren Lesarten, welche diese Handschrift bei jeder einzelnen Novelle bietet, nicht benutzt hat, was er doch, wenn er sie gekannt hätte, gewiß gethan hätte; ferner, daß er mehrere Lücken hat, welche die venetianische Handschrift ausfüllt. Die eigentliche Sammlung der Novellen endet bei ihm mit Nov. 162. In dieser Sammlung liefert er 137 Justinianeische Novellen in ihrem ganzen Texte und die griechischen Summen von 4 derselben (Nov. 23. 73. 111. 114), welche ursprünglich lateinische sind. Es bleiben also 27 Lücken, von denen aber 7 (Nov. 9. 11. 33. 62. 65. 104. 138) wenigstens die Rubrik der fehlenden Novelle geben. In den 13 Edicten hat Scrimger im Edicte 5 und 6 die Novellen 111 und 122 im griechischen Texte geliefert. In den 5 Novellen Justin's gibt er 4, welche in die Sammlung der 168 als Nov. 140. 144. 148. 149 eingetragen sind. Es liefert also, wenn man das, was zur Novellensammlung von 168 gehört, zusammenrechnet, Scrimger den griechischen Text von 137 Justinianeischen Novellen in der Hauptsammlung, von 2 dergleichen in der Edictsammlung, von 4 Justin'schen in den Novellen Justin's, also von 143 Nummern. Zu Haloander's Ausgabe verhält sich Scrimger so, daß er die Novellen theils vollständiger, theils rein von fremdartigen Einschaltungen liefert. Von den 122 bei Haloander im ganzen griechischen Texte vorhandenen Novellen hat Scrimger nur 118, nämlich 116 von Justinian und 2 von Justin, indem ihm von den Justinianeischen Nov. 130 und alle 3 von Tiberius II. (Nov. 161. 163. 164) fehlen. Dafür hat er 21 Justinianeische in der Hauptsammlung, 2 dergleichen in der Edictsammlung, 2 Justin'sche unter Justin's Novellen. Zusammen hat er also 118, welche schon bei Haloander stehen, 25, welche er zuerst gibt (nämlich von den Justinianeischen Nov. 2. 5. 6. 7. 40. 46. 51. 55. 56. 58. 69. 74. 76. 79. 83. 84. 98. 106. 127. 129. 137, zwei dergleichen in der Edictsammlung Nov. 111. 122 und die zwei Justin'schen Nov. 148. 149), welches die Summe von 143 gibt, wie oben. Da die florentinische und die venetianische Handschrift weder von Haloander, noch von Scrimger unmittelbar benutzt sind, so ist zu einer neuen Ausgabe der Novellen die Vergleichung dieser Handschriften unerläßlich.

b) Τὸ πλάτος τῶν νεαρῶν. In mehreren juristischen Schriften, welche später sind, als die Basiliken, geschieht des τὸ πλάτος τῶν νεαρῶν oder τὸ πλάτος τῶν νεαρῶν Erwähnung. Von diesen Stellen kann nur die des Titels und Verfassers der συντόμου διαιρέσεως τῶν νεαρῶν mit Sicherheit auf eine eigene Novellensammlung, welche bei den Griechen den Namen τὸ πλάτος τῶν νεαρῶν geführt hat, bezogen werden, und höchstens noch das Scholium zu Athanasius. Denn in allen übrigen Stellen bedeutet τὸ πλάτος schlechthin oder τὸ πλάτος τῶν νεαρῶν den ursprünglichen Novellentext im Gegensatze entweder zu des Theodorus Breviarium oder zu den Basiliken. Das τὸ πλάτος τῶν νεαρῶν enthielt nach jener Stelle der συντόμου διαιρέσεως τῶν νεαρῶν nicht die Nov. 150, weil sie von Justin, dem Nachfolger Justinian's, war. Hieraus zieht Zanneberg und nach ihm Heimbach jun. den Schluß, daß das τὸ πλάτος τῶν νεαρῶν nur die Novelle Justinian's, also mit Ausschluß der Novellen Justin's und Tiber's und der formae praefectorum, enthalten habe. Dieses Resultat ist auch als richtig anzuerkennen. Diese Novellensammlung beruht auf der Sammlung von 168 Novellen, enthielt aber, da die eben erwähnten, von Justinian nicht herrührenden Bestandtheile ausgeschieden waren, nur 157 Novellen. Diese Sammlung findet sich in der bei der Sammlung von 168 erwähnten venetianischen Handschrift und in deren Abschrift, dem Cod. Vatic. Palat. 387, indem in diesen die Novellen Justin's II., die Tiber's II. und die formae praefectorum in einem Anhange zu der Hauptsammlung gegeben sind.

c) Die dem lateinischen Novellenauszuge des Julian und dem griechischen des Anonymus zu Grunde liegende Novellensammlung. Die Zeit der Abfassung des lateinischen Novellenauszugs, welcher dem Julianus, Antecessor zu Constantinopel, zugeschrieben wird, fällt gegen das Ende der Regierung Justinian's. Dafür beweist zuvörderst, daß dieser ganz regelmäßig noster imperator genannt wird; daß bei Gelegenheit der Nov. 117 und 134 der neueren Gesetzgebung Justin's, welche divortium bona gratia wieder zuläßt, keine Erwähnung geschieht; daß endlich die neuesten excerpirten Novellen vom Jahre 556 sind, obgleich einige bedeutende noch nachher erschienen, von denen auch eine, die Nov. 143, im Anhange des Julian nachgetragen ist. Nach dem letzteren Umstande darf man annehmen, daß die Arbeit ungefähr 556 unternommen worden ist. Die Novellensammlung, welche Julian bei seiner Arbeit vor sich hatte, enthielt griechische und lateinische Novellen; lateinisch waren diejenigen, welche blos lateinischen Text hatten, und außerdem Nov. 111. In Hinsicht der Vollständigkeit enthielt Julian's Sammlung nicht mehr als 125 Novellen, wenn man annimmt, daß die Const. 125 (Nov. 134) wirklich noch zu der ursprünglichen Arbeit des Julian gehört und nicht ein gleichzeitiger alter Zusatz ist. Alles das aber, was nach Const. 125 folgt, sowol in Handschriften, als in Ausgaben, sind Nachträge zu dem ursprünglichen Werke, wahrscheinlich bei Gelegenheit der Benutzung desselben in lateinischen Ländern entstanden. Nimmt man also 125 Novellen an, so enthält diese Sammlung ungefähr 10 weniger, als die Vulgata, und 43 weniger, als die Sammlung von 168 Novellen. Was ihr im Verhältniß zu der Sammlung von 168 fehlt, ist von Biener genau bemerkt. Ein großer Theil dieser Mängel ist leicht erklärlich. Bis zur Nov. 131 fehlt nur wenig, wahrscheinlich blos zufällig, abgerechnet, daß statt der Nov. 32. 33. 34, welche dasselbe enthalten, nur Eine Const. 33 gegeben ist. Aber die Novellen 132—168, welche zu dem ziemlich ungeordneten Anhange der Sammlung von 168 gehören, fehlen bis auf Nov. 134. 136. 159. Unter diesen sind aber mehrere Justinianeische Novellen nach 556 erlassen, und 7, welche von Justin II. und Tiber II. herrühren, welche alle als einer neueren Zeit angehörig fehlen müssen; ferner die formae praefectorum, welche gar nicht in die Novellensammlung gehören, und einige neuere Novellen Justinian's, welche zwar vor 556 fallen, aber in eine Zeit, welche in dem Eintragen der neuen Novellen in die Sammlungen nachlässiger geworden war. Außerdem hat diese Sammlung noch einige Eigenthümlichkeiten. Statt der Nov. 21, welche die Sammlung der 168 und die Vulgata haben, gibt Julian in Const. 29 das ältere durch die Nov. 21 aufgehobene Gesetz, was sich außerdem nur durch einen Anhang der Sammlung von 168, die sogenannten 13 Edicte, als drittes Edict erhalten hat. Statt der Nov. 50 gibt er als Const. 38 eine ältere, derselben vorangegangene Verordnung, welche spätere Herausgeber mit Unrecht den Justinianeischen 168 Novellen beigesellt haben, unter denen sie in vielen Ausgaben als Nov. 41 steht. Die Nov. 30 findet sich doppelt vor, als Const. 25 und 120. Endlich sind die Const. 68 und 97 auch dieselbe Novelle doppelt, welcher Fehler sich auch in der Sammlung von 168 vorfindet, da Nov. 75 und 104 identisch sind. Was die Ordnung dieser Sammlung im Vergleich mit der der Sammlung von 168 und der Vulgata betrifft, so ist die Ordnung in den Novellen der Jahre 535 und 536, also in den ersten 39 Constitutionen, abweichend von der im Ganzen chronologisch richtigen Ordnung der correspondirenden ersten 43 Novellen der Sammlung von 168 und der entsprechenden Novellen der Vulgata. Spuren einer eigenen gedachten Anordnung finden sich nicht, im Gegentheil aber grobe Verstöße gegen die chronologische Reihe; z. B. Nov. 42 steht als Const. 10 vor der Nov. 16, welche Const. 12 ist; auch sind die Nov. 30. 31 als Const. 22 und 39 viel zu weit von einander getrennt u. s. w. Man muß also annehmen, daß der Sammler diese ersten Novellen so unordentlich zusammengetragen habe. Dagegen entsprechen die Const. 40—111 bis auf Kleinigkeiten genau der chronologischen Ordnung der Nov. 44—120 in der Sammlung von 168, und haben sogar denselben Fehler, daß Nov. 102—105, welche in das Jahr 536 gehören, zwischen der letzten Novelle des Jahres 539 und der ersten des Jahres 540, offenbar als ein Nachtrag eingeschaltet sind. Die Vulgata hat in diesen Novellen theils einzelne abweichende Anordnung, theils hat sie die Novellen 102—105 an ihrer chronologisch richtigen Stelle. Die Const. 112—117 haben ihre ganz eigene Anordnung, welche mit den beiden anderen genannten Sammlungen nicht zusammentrifft. Die Const. 112—117 setzen noch die chronologische Ordnung fort; aber Const. 118—125 sind ein chronologisch ungeordneter Anhang. Die Eintheilung der Constitutionen in Capitel, welche bald für die einzelnen Constitutionen, bald durchgehend gezählt werden, scheint von dem Verfasser oder dem Novellensammler herzurühren. Die Rubriken der einzelnen Capitel, deren größter Theil wörtlich aus dem Capitel selbst entlehnt ist, die Eintheilung des Werkes in 2 Bücher oder 9 Collationen und der in den Handschriften sich vorfindende Anhang scheinen dem Occident zugeschrieben werden zu müssen. — Mit derjenigen Sammlung der Novellen, welcher sich Julian bedient hat, stimmt im Wesentlichen diejenige überein, nach welcher der sogenannte Anonymus in den Scholien der Basilikenscholien citirt, und welche einer griechischen Novellenbearbeitung eines Anonymus, wovon sich Bruchstücke in einer Bodlejanischen Handschrift Nr. 3309 befinden, zum Grunde liegt. Die Novellencitate des Anonymus in den Basilikenscholien stimmen öfters merkwürdig mit dem Novellenauszuge Julian's überein, auch die Eintheilung in κεφάλαια, welche mit fortlaufenden Zahlen versehen sind, sowol in einzelnen Citaten der Novellen, als in den von jener Novellenbearbeitung vorhandenen Fragmenten, entspricht der in Julian's Novellenauszug vorhandenen Eintheilung in Capitel. Es darf hieraus wol mit Zachariä von Lingenthal die Folgerung gezogen werden, daß Julian und der Anonymus sich derselben Novellensammlung bedient haben.

d) Die Novellensammlung des Athanasius. Die Novellensammlung, welche Athanasius zu seiner Epitome Novellarum Justiniani benutzt hat, weicht von allen übrigen ab. Vergleichen wir sie insbesondere mit der Sammlung von 168 Novellen, so ergibt sich, daß darin die in dieser befindlichen Nov. 21. 138. 139. 141. 147. 149. 150. 151, 152. 160. 161. 163. 164. 165. 166. 167. 168 fehlen, sodaß also weder eine der Novellen Tiber's II., noch eine der in der Sammlung der 168 befindlichen formae praefectorum in die Sammlung des Athanasius aufgenommen sind. Dagegen gibt Athanasius im Tit. IV. const. 12 und Tit. XX. const. 5 Auszüge von 2 Novellen, welche sich in der Sammlung der 168 nicht finden. Die erstere ist dieselbe Novelle, von welcher Julian einen Auszug als Const. 38 gibt, letztere eine bisher ganz unbekannte Novelle. Die Sammlung des Athanasius enthielt also 153 Novellen. Auch unterscheidet sich die von Athanasius benutzte Novellensammlung von der der 168 Novellen in Bezug auf manche Inscriptionen. In welcher Weise in der von Athanasius benutzten Novellensammlung die Novellen geordnet gewesen seien, läßt sich aus seiner Arbeit nicht entnehmen; denn er hat vielmehr in seiner Epitome die Novellen nach den Materien excerpirt, und unter demselben Titel, welcher eine Lehre betrifft, alles in den Novellen Befindliche zusammengebracht, daher auch diejenigen Novellen, welche mehrere Gegenstände zusammen betreffen, bei ihm in verschiedenen Titeln excerpirt sind. Die Vermuthung Mortreuil's, daß die von Athanasius gewählte Ordnung sich der des Justinianeischen Codex nähere, ist nur mit großen Einschränkungen anzunehmen, was hier nicht weiter ausgeführt werden kann. In der Handschrift der k. Bibliothek zu Paris Nr. 1381 findet sich offenbar von einem Spätern, nicht von Athanasius selbst, der die Sammlung der 168 Novellen gar nicht benutzt hat, den meisten von Athanasius excerpirten Constitutionen die Zahl, welche dieselben in der Sammlung der 168 haben, beigefügt. Zachariä glaubt, daß durch diese Zahlen eine von der Sammlung der 168 ganz verschiedene bezeichnet werde, während dadurch nur der spätere ausschließliche Gebrauch der Sammlung der 168 Novellen im Orient bewiesen wird.

e) Die Novellensammlung des Verfassers der Schrift αἱ ῥοπαί (des Pseudo-Eustathius). In der Schrift über die Zeitabschnitte (αἱ ῥοπαί), welche gewöhnlich einem gewissen Eustathius zugeschrieben und in die Zeit nach den Basiliken versetzt wurde, nach den Untersuchungen von Zachariä aber einen unbekannten Verfasser hat und in die Zeit von Justinian bis zu Heraclius zu setzen ist, werden die Novellen Justinian's sehr häufig nach Rubriken, und zwei Recensionen derselben auch nach Zahlen citirt, welche mit den Zahlen der Sammlung von 168 Novellen durchaus nicht übereinstimmen. Die eine dieser Recensionen ist die, welche wir aus den Bruchstücken dieser Schrift im Cod. Paris. gr. 1367 kennen. Hier kommt vor: ἡ μετὰ τὸν κώδικα ἐνενηκοστὴ τρίτη τῶν νεαρῶν (Nov. 93), welche in unseren Ausgaben Nov. 95 ist. Die andere Recension ist die, welche im Anhange des Prochirum auctum, in der Uffenbach'schen Handschrift, die sich in der Stadtbibliothek zu Leipzig befindet, erhalten ist. Hier wird z. B. wiederholt die Nov. 123 unserer Ausgaben als Nov. 122 citirt; ebenso die Nov. 95 unserer Ausgaben als Nov. 93. Manche Citate weichen noch bedeutender ab. In anderen Recensionen der Schrift αἱ ῥοπαί sind die Citate der Justinianeischen Novellen nach der gebräuchlichen Sammlung von 168 Novellen umgeändert. Daß die in den älteren Formen dieser Schrift sich findenden Citate der Novellen nach Zahlen wirklich auf einer von der der 168 Novellen verschiedenen Novellensammlung, nicht auf Fehlern der Abschreiber beruhen, ist deshalb anzunehmen, weil die sonst in dieser Schrift vorkommenden Citate der Justinianeischen Rechtsbücher mit den in unseren Ausgaben befindlichen fast immer übereinstimmen. Von dieser Sammlung hat sich nirgends weiter, als in dieser Schrift, eine Spur erhalten.

f) Abgeleitete Novellensammlungen. Mit diesem Namen bezeichnet Mortreuil nicht unpassend einige Novellensammlungen, welche aus den jetzt verloren gegangenen Sammlungen zum besonderen Gebrauche eines Juristen im Orient zusammengesetzt sind. In einer Handschrift der Ambrosianischen Bibliothek zu Mailand, jetzt mit I, 48 bezeichnet, ist von Witte eine Sammlung von Novellen entdeckt und von Heimbach jun. genauer beschrieben worden. Diese Handschrift enthält die canones apostolorum und Schlüsse der Concilien und den Nomocanon des Photius. Bl. 184 fängt eine Sammlung von Novellen Justinian's in 13 Titeln an, mit folgender Rubrik: νεαραὶ Ἰουστινιανοῦ βασιλέως περὶ τῶν θείων καὶ ἱερῶν ἐκκλησιαστικῶν κεφαλαίων. Tit. 1 enthält Nov. 131; Tit. 2 Nov. 6 und 16, letztere im Auszuge; Tit. 3 Nov. 86 und 133; Tit. 5 Nov. 7; Tit. 6 Nov. 19; Tit. 7 Nov. 2; Tit. 8 Nov. 12; Tit. 9 Nov. 115; Tit. 10 Nov. 1. cap. 1. §. 1; Tit. 11 Nov. 32; Tit. 12 Nov. 82 und 137. Tit. 13 Nov. 120. Am Ende dieser Novelle ist eine Lücke, in welcher die Handschrift endigt. Ein großer Theil dieser Sammlung ist aus dem echten Novellentexte geschöpft. Die Eintheilung der Sammlung in 13 Titel ist wahrscheinlich nach dem vorausgehenden Nomocanon des Photius gemacht, und wenn auch dieser Nomocanon 14 Titel enthält, so konnte leicht am Ende der Handschrift, wo, wie bemerkt, eine Lücke ist, der 14. Titel ausgefallen sein. Für die Kritik der Justinianeischen Novellen ist diese Sammlung von großer Bedeutung. Sie enthält Manches, was andere Handschriften nicht haben, weicht auch in den Inscriptionen einzelner Novellen von denen anderer bekannten Handschriften ab. Ferner findet sich im Cod. Vatic. 2019 (Basil. 58) fol. 1416—165 Nov. 3. 5. 6. 7. 12. 14. 15 unter dem Titel: Αἱ νεαραὶ τοῦ Ἰουστινιανοῦ.

§. 7. Die dreizehn Edicte Justinian's.

Als Anhang zu der Sammlung der 168 Novellen finden sich in der vaticanischen Handschrift der Novellen (Cod. Marcian. 179) und deren Abschrift (Cod. Vat. Palat. 387) nach der Ueberschrift: ἀρχὴ τῶν ἰδίκτων, dreizehn als Edicte bezeichnete Gesetze Justinian's. Der Cod. Vatic. Palat. 387 und die aus demselben besorgte Ausgabe dieser Edicte von Scrimger war bisher die einzige Quelle für diesen Gegenstand. Erst in der neueren Zeit hat Blume in der Ambrosianischen Bibliothek zu Mailand eine Handschrift, mit der Signatur A. 60, entdeckt, welche die 13 Edicte enthält. Das letzte Edict hat in dem Cod. Vat. Palat. 387 eine Lücke; ob dieselbe auch in der venetianischen Handschrift vorhanden ist, kann nur eine Collation derselben entscheiden. Drei von diesen Edicten stehen auch in der Hauptsammlung der 168 Novellen. Das erste Edict steht in derselben schon bei der Nov. 8 und findet sich bei dieser in Haloander's und Scrimger's Ausgabe. Das fünfte Edict hat in der Sammlung als Nov. 111 lateinisch gestanden; hier findet sich ein griechischer vollständiger Text, welcher auffallender Weise die gar nicht passende Rubrik der Nov. 112 hat. Das sechste Edict ist die Nov. 122 der Hauptsammlung, wie schon Haloander's Summe dieser Novelle ergibt; denn Scrimger hat hier eine einfache Lücke. Die Entstehung dieser Edictensammlung ist wol mit Biener in folgender Weise zu erklären. Diese Edicte sind allerdings Justinianeische Novellen, aber solche, welche durch besonderen Zufall den Sammlern der Novellen unter Justinian weniger bekannt geworden sind. Irgend ein Besitzer der Sammlung von 168 besaß aber doch eine Sammlung der Justinianeischen Novellen, welche diese unter den 168 nicht vorhandenen Stücke enthielt, oder, was noch wahrscheinlicher ist, er besaß diese Stücke als einzelne Gesetze. Diese schloß er als einen Anhang an die Sammlung an und fügte ihnen einige als Edict in der Hauptsammlung bezeichnete Novellen bei. Daher fehlt also die Nov. 122 bei Scrimger, weil sie mit Rücksicht auf den Anhang weggelassen war; ebendaher ist durch ein Versehen, als der Ergänzer die Rubrik der Nov. 111 auf das 5. Edict übertragen wollte, von ihm die Rubrik der 112. Novelle übertragen worden. Die Sammlung selbst hat der Ergänzer, da er sie von der Hauptsammlung unterscheiden mußte, mit dem Namen Edicte genannt, wahrscheinlich dadurch dazu veranlaßt, daß das 1. Edict, welches sich in der Hauptsammlung bei Nov. 8 findet, in dieser selbst als Edict bezeichnet wird. Es ist noch eine andere Vermuthung möglich, nämlich daß der Ergänzer diese 13 Novellen als eine besondere Sammlung besessen habe; es ist aber nicht denkbar, in welchem Sinne oder durch welchen Zufall eine solche Sammlung von weniger interessanten Stücken hätte entstehen können, und die oben erwähnte Uebertragung einer falschen Rubrik läßt auf eine Beachtung der Hauptsammlung bei der Entstehung der Supplementsammlung schließen. Gewiß ist, daß die Edicte, soweit sie nicht in den 168 enthalten sind, der mittelgriechischen Jurisprudenz fremd blieben, namentlich in den Basiliken und anderen bekannten Werken nicht vorkommen. Zwar findet sich in der Heimbach'schen Basilikenausgabe aus der Coislin'schen Handschrift Nr. 151 das erste Edict als Basil. Lib. VI. Tit. 3. cap. 48. 49. Allein dieses Edict war schon in der Sammlung der 168 Novellen der Nov. 8 beigefügt, wie schon des Theodorus Breviarium Novellarum ergibt, welcher bei Nov. 8 auch dieses Edict mit excerpirt hat. Die Basilikencompilatoren haben also dieses Edict als Theil der Nov. 8 aus der Sammlung der 168 Novellen in die Basiliken aufgenommen. Es ist also auch kein Grund vorhanden, mit Mortreuil die Cojolin'sche Handschrift für verdächtig hinsichtlich ihrer Echtheit zu halten, weil sie dieses Edict gibt, da die Weglassung desselben im Cod. Paris. 1352, aus welchem Fabrotus das 6. Buch der Basiliken herausgegeben hat, eine der vielen Auslassungen ist, deren sich die Abschreiber in den Basilikenhandschriften, und namentlich in dieser pariser, schuldig gemacht haben. Bei Julian findet sich das dritte Edict als Const. 29 excerpirt und das achte ist in der Sammlung der Vulgata vorhanden, welche beide der Sammlung von 168 völlig fremd sind. Die erste Ausgabe der 13 Edicte ist enthalten in der Novellenausgabe von Scrimger.

§. 8. *Edicta Praefectorum Praetorio.*

Während die Praefectura Praetorio, seit Augustus lediglich eine militairische Würde, unter den spätern Kaisern auch mit Civilgewalt bekleidet, und durch die Vereinigung des militairischen Oberbefehls mit der Civilgewalt die höchste Stelle, das nächste Amt nach dem Kaiser geworden war, sodaß sie selbst den Kaisern Gefahr drohte, ist sie seit Constantin ein bloßes Civilamt, indem Constantin durch Trennung des militairischen Oberbefehls und Uebertragung desselben an die magistri militum, die prätorischen Präfecten der bis dahin gehabten doppelten Gewalt beraubte, und sie nur als die höchsten Civilbeamten für die 4 Haupttheile des Reiches, Oriens, Illyricum, Italia, Galliae bestehen ließ. Die Amtsgewalt der Präfecten zeigte sich in der Fürsorge für das Steuer- und Abgabenwesen, in der Beaufsichtigung der Provinzialstatthalter und überhaupt in der Verwaltung der Angelegenheiten der Provinzen; endlich waren sie Appellationsinstanz, an welche von den gewöhnlichen Richtern appellirt wurde, und erkannten als Appellationsrichter den vice sacra, d. h. oder daß vor ihrem Spruch weitere Appellation stattfand. Gegen Ausgang des 5. Jahrhunderts fielen mit dem Einbruch germanischer Stämme in das weströmische Reich die Praefectura Italiae und Galliarum weg. Unter Justinian finden sich Anfangs zwei prätorische Präfecten, einer für den Orient mit dem Sitze zu Constantinopel, der andere für Illyricum mit dem Sitze zu Thessalonich. Nach der Eroberung Afrika's im J. 534 ernannte Justinian einen neuen prätorischen Präfecten für Afrika und stellte nach der Wiedereroberung Italiens (nach 536) auch den Praef. Praet. Italiae wieder her. Die Präfecturen Italia, Afrika und Illyricum gingen später ein, nachdem Italien von den Longobarden, Afrika von den Arabern, Illyricum von den Slawen erobert worden war. In Italien und Afrika dauerte die byzantinische Herrschaft in einigen Städten fort; sie wurde aber nicht mehr durch Praefecti Praetorio, sondern durch Exarchi und Duces ausgeübt. Die Stadt Thessalonich aber, welche der Sitz des Praefectus Praetorio Illyrici gewesen war, und von der Herrschaft der Slawen frei blieb, hatte bis zum 8. Jahrhundert Obrigkeiten, welche den Namen Praefecti Praetorio beibehielten. Die Geschichte der Praefectura Praetorio Orientis nach Justinian ist dunkler; sie braucht aber hier nicht erörtert zu werden, da hier nur die Edicte der prätorischen Präfecten unter Justinian in Frage sind. Nach Heraklius findet sich keine Spur dieser Behörde. Die prätorischen Präfecten hatten, wie andere Magistrate, das jus edicendi in Bezug auf ihre Amtsthätigkeit. Diese war zu den verschiedenen Zeiten sehr verschieden. Im Anfange, so lange sie blos Befehlshaber der prätorischen Cohorten waren, beschränkten sich ihre Edicte nur auf Gegenstände der militairischen Disciplin. Als aber die Macht der prätorischen Präfecten so sehr gestiegen war, daß sie nur der kaiserlichen nachstand, haben sich ihre Edicte auch auf andere Gegenstände erstreckt, und da sie im Namen und als Stellvertreter des Kaisers handelten, so haben sie wahrscheinlich über alle Angelegenheiten, über welche die Kaiser zu ediciren pflegten, Edicte erlassen. Kaiser Alexander Severus spricht geradezu aus, daß die forma a Praefecto Praetorio data (ein solches Edict) beobachtet werden müsse. Ob die Präfecten bis zu Constantin in Bezug auf die Rechtspflege Edicte erlassen haben, ist zweifelhaft. Es spricht aber mehr dagegen, als dafür. Zwar übten die Präfecten zu dieser Zeit Gerichtsbarkeit aus, und gerade die berühmtesten Juristen, Papinian, Ulpian und Paulus, haben dieses Amt bekleidet, weshalb man eben angenommen hat, daß sie auch Edicte in Bezug auf die Rechtspflege erlassen haben. Allein die Präfecten hatten vor Constantin keine eigene Jurisdiction, sondern sie entschieden anstatt des Kaisers, übten also die kaiserliche Jurisdiction aus, woraus folgt, daß es auch nicht ihre, sondern des Kaisers Sache war, Edicte in Bezug auf die Rechtspflege zu erlassen, was jedoch die Kaiser vor Constantin selten gethan haben. Auch findet sich von solchen Edicten der Präfecten, welche sich auf die Rechtspflege bezogen hätten, vor Constantin weder in den Schriften jener genannten Juristen, noch späterer Rechtsgelehrter irgend eine Spur. In der Zeit von Constantin bis zu Zeno hatten die Präfecten, da sie keine Militairgewalt mehr hatten, auch keine Edicte hinsichtlich der militairischen Disciplin mehr zu erlassen. Dagegen lassen sich die Gegenstände, über welche sie in dieser Zeit edicirten, genauer bestimmen, da sie nunmehr eine bestimmte Verwaltung und Jurisdiction hatten, während sie früher als Stellvertreter des Kaisers handelten. In verschiedenen Constitutionen des Theodosischen Codex geschieht der von den prätorischen Präfecten zu erlassenden Edicte Erwähnung. Erstens pflegten die Kaiser ihre Constitutionen, zwar nicht alle ohne Unterschied, aber doch die auf Gegenstände, welche der Verwaltung und Jurisdiction der Präfecten unterlagen, bezüglichen an diese zu adressiren, welche dieselben durch Edicte den Provinzialbehörden mittheilten, oder zur Kenntniß Aller brachten. Bisweilen thaten die Präfecten der kaiserlichen Constitution blos Erwähnung und gaben den Sinn derselben in ihren Edicten wieder; gewöhnlich aber wurden die Worte der Constitution vorausgeschickt, und es folgte das Edict des Präfecten, beschränkte sich einweder darauf, den kaiserlichen Willen bekannt zu machen, oder drohte auch zugleich Strafen den Uebertretern des Gesetzes. Daher erklärt sich auch, warum so viele kaiserliche Constitutionen sogenannte leges imperfectae sind, welche keine Strafandrohung gegen die Uebertreter enthalten; denn es ist wahrscheinlich, daß diese in den Edicten erfolgten, durch welche die Gesetze von den Präfecten oder anderen Behörden den Unterthanen bekannt gemacht wurden. Ein zweiter Gegenstand, auf welchen sich die Edicte der Präfecten bezogen, war das Steuer- und Abgabenwesen. Die vom Kaiser ausgeschriebene Steuer wurde durch solche Edicte bekannt gemacht; auch außerordentliche Abgaben wurden auf diese Weise angesagt. Drittens bezogen sich die Edicte der Präfecten auf ihre Unterbeamten. Viertens hatten diese Edicte auf die Verwaltung der Provinzen Bezug; die Präfecten führten Aufsicht, daß Niemand von der Provinzialbehörde unterdrückt wurde; sie sorgten für Bestellung fähiger Defensoren, überwachten die Decurionen, hatten die Fürsorge für öffentliche Bauten, Wege, die kaiserliche Postanstalt (cursus publicus), die Schauspiele, und für die Bergwerke; hinsichtlich aller dieser Gegenstände erließen sie Edicte an die Unterbehörden. Endlich scheinen sie auch in Bezug auf die Rechtspflege Edicte bekannt gemacht zu haben. In der Zeit von Anastasius bis zu Justinian war der Geschäftskreis der prätorischen Präfecten derselbe, und aus dieser Zeit sind viele von den Praefecti Praetorio Orientis erlassene Edicte bekannt. Auch hat Cassiodorus, welcher bei den Ostgothen unter Theodorich's Regierung Praefectus Praetorio Italiae war, die von ihm erlassenen Edicte gesammelt der Nachwelt als ein Zeugniß seines Strebens und seiner Verwaltung hinterlassen, und so ein getreues Bild der damals von den Präfecten Italiens bekannt gemachten Edicte gegeben, welches uns, da die Gewalt der Präfecten im Orient und Occident ähnlich war, die Arten der von den Präfecten des Orients erlassenen Edicte vor Augen führt. Zur Zeit des Anastasius, Justin's I. und Justinian's hatten die Edicte der Präfecten dieselben Gegenstände, auf welche sie früher seit Constantin Bezug hatten. Sie machten die ihnen übersendeten kaiserlichen Constitutionen durch ihre Edicte bekannt, wie aus den Novellen Justinian's hervorgeht, welche bekannt zu machen entweder ἰδίκτων ἐν ταῖς ἐπαρχίαις καὶ νομίμοις τύποις προτεθεισῶν, oder διὰ προγραμμάτων oder κατὰ τὸν νενομισμένον τρόπον προγράμματι die prätorischen Präfecten Befehl erhalten. Ferner erließen die Präfecten Edicte in Bezug auf das Steuerwesen, sowie über andere auf die Verwaltung der Provinzen bezügliche Angelegenheiten, was nicht nur aus einigen Constitutionen des Justinianeischen Codex, welche meistens aus dem Theodosischen in denselben übergegangen sind, und aus Cassiodorus hervorgeht, sondern auch aus mehreren erst von Zachariä von Lingenthal neuerdings herausgegebenen Edicten erhellt. Namentlich finden sich aus dieser Zeit mehrere Edicte über die Rechtspflege. Solche Edicte prätorischer Präfecten, welche sich auf das Privatrecht beziehen, werden von Justinian selbst erwähnt; auch finden sich unter den neuerlich herausgegebenen mehrere dieser Art. Unter den Edicten lassen sich edicta ordinaria und extraordinaria unterscheiden. Erstere waren, was wir Antrittspatente nennen, wodurch die Präfecten ihre Ernennung für die Präfectur den Unterbehörden und Unterthanen ihres Bezirks, sowie auch den Bischöfen bekannt machten, und ihrerseits gewisse Handhabung der Gerechtigkeit versprachen, andererseits die Unterbehörden u. s. w. zur Beobachtung der Gesetze ermahnten. Solche Edicte sind von Cassiodorus als Praefectus Praetorio Italiae an den Senat zu Rom, an den Papst, an die Bischöfe, an die Provinzialbehörden und an die Provinzialen erlassen worden. Alle übrigen Edicte waren edicta extraordinaria. Von diesen enthielten einige allgemeine, inskünftige zu beobachtende Vorschriften, andere nur specielle Normen für einzelne Angelegenheiten, sowie das Bedürfniß dies mit sich brachte. Die Edicte wurden von den Präfecten theils auf kaiserlichen Befehl, theils aus eigener Bewegung und Machtvollkommenheit erlassen. Zu den ersteren gehörten die Edicte, wodurch die Präfecten jährlich die kaiserliche Steuerausschreibung (indictio) bekannt machten. Bisweilen wurden die Edicte nur an gewisse Personen gerichtet, wie an die der Rectoren der Provinzen, bisweilen aber auch zum Behuf gehöriger Bekanntmachung von den Unterbeamten des Präfecten an besuchten Orten, z. B. auf den Märkten der Städte oder in Tempeln, öffentlich ausgehängt. — Was die Benennungen der Edicte betrifft, so hießen diejenigen, welche öffentlich ausgehängt wurden, edicta (ἴδικτα), programmata (προγράμματα), bei den Griechen auch προστάγματα. Diejenigen, welche an die Provinzialbehörden gerichtet wurden, hießen lateinisch praecepta, praeceptiones, griechisch προστάγματα, προστάξεις, auch γράμματα, κοινὰ γράμματα, διαγράμματα. Einige hießen auch commonitoria, und waren Edicte, wodurch die Präfecten die unter ihnen stehenden Beamten an Sachen ihres Amtes erinnerten. Eine andere Art Edicte der prätorischen Präfecten scheint man indicem, ἴνδικας, genannt zu haben. Nämlich unter den Edicten der prätorischen Präfecten, deren Rubriken eine venetianische Handschrift (Cod. Marcianus 179) enthält, kommt unter No. XXI ἴνδεξ ἐπάρχου αὐλικῆς Κωνσταντινουπόλεως, und unter No. XXII XXIII. ἴνδεξ τῶν αὐτῶν vor. Hier könnte allerdings Ἴνδεξ durch Mißverständniß der Abschreiber aus Ἰνδίκτον, was in den Handschriften häufig Ἴνδικ. geschrieben wird, entstanden sein; ἰνδίκτον kann entweder dasselbe sein, was ἴδικτον oder ἤδικτον, oder es kann die vom Präfectus Prätorio bekannt gemachte indictio bezeichnen. Mit Zachariä von Lingenthal ist aber kein solches Mißverständniß der Abschreiber anzunehmen, da in der erwähnten Handschrift das Wort ἴνδεξ dreimal deutlich zu lesen ist. Es fragt sich daher nur um die Bedeutung des Wortes index. Dasselbe kann hier eine zweifache Bedeutung haben; es kann entweder ein kurzes Edict, edictum breve, oder eine epistola edictalis bezeichnen. Für die erste Bedeutung spricht, daß mit dem Worte index in der späteren Latinität dasjenige bezeichnet wird, was kurz auseinandergesetzt wird, und daß an verschiedenen Stellen dasjenige „indicia" heißt, was an anderen Orten „brevia" genannt wird. Die andere Bedeutung, welche den Vorzug verdient, stützt sich auf den Sprachgebrauch der lateinischen Schriftsteller des Mittelalters, welche das Wort indiculus für epistola oder libellus brauchen. Außer den bisher angeführten Benennungen findet sich auch der Name formae (τύποι) für die Edicte der prätorischen Präfecten. Das Wort forma könnte alle Rechtsquellen bezeichnen, weil durch diese das Recht gebildet, gestaltet wird. Da aber die einzelnen Rechtsquellen bei den Römern von Alters her besondere von den Factoren der gesetzgebenden Gewalt oder überhaupt der Rechtsbildung, von denen sie ausgegangen waren, entlehnte Namen trugen, wie z. B. leges, SCta, edicta, so wurde eine erst unter den Kaisern entstandene Art der Rechtsquellen mit dem Namen formae gleichsam als Kunstausdruck bezeichnet. Die Kaiser nämlich ertheilten den von ihnen gewählten Beamten nicht nur bei Antritt des Amtes Instructionen, sondern sie gaben ihnen auch während der Amtsführung Verhaltungsregeln, und so wurden endlich die kaiserlichen Schreiben, welche, solche Verhaltungsregeln enthaltend, an die Beamten gerichtet waren, formae genannt. So wie die Kaiser, gaben auch die prätorischen Präfecten nach und nach solche Verhaltungsregeln. Die formae Praefectorum Praetorio sind also Schreiben der Präfecten an die ihnen untergebenen Behörden, welche vor den edicta im eigentlichen Sinne an sich theils in den Förmlichkeiten, theils darin, daß sie nicht öffentlich ausgehängt wurden, unterschieden. Zwischen den formae und den προστάξεις u. s. w., deren vorher Erwähnung geschehen ist, scheint der Unterschied gewesen zu sein, daß jene von den Präfecten aus eigener Bewegung, diese aber auf kaiserlichen Befehl, besonders zur Bekanntmachung der kaiserlichen Constitutionen, erlassen wurden. Doch werden bisweilen die Ausdrücke formae und praeceptiones, sowie edicta als gemeinschaftliche und allgemeine Bezeichnung ohne Unterschied gebraucht. Uebrigens wurden mit den Namen, womit man die Edicte der prätorischen Präfecten belegte, nicht nur die Befehle dieser Behörde, sondern auch die der Kaiser und anderer Behörden bezeichnet. Um jene von diesen zu unterscheiden, bediente man sich besonderer Zusätze und Beiwörter. Wie nämlich die kaiserlichen Constitutionen θεῖοι τύποι (sacrae formae) heißen, so heißen die Edicte der prätorischen Präfecten formae sublimissimae praetorianae sedis, τύποι τῶν ἐπάρχων, ἐπαρχικοί oder ἐπαρχικοὶ τύποι. Daher kommt der Name Eparchica, mit welchem die Gelehrten seit Cujacius die Edicte der prätorischen Präfecten zu bezeichnen pflegen. — Die Geltung der Edicte der prätorischen Präfecten könnte man nur für eine temporalis, auf ein Jahr, höchstens auf die Dauer der Amtsführung ihres Urhebers beschränkte, außer wenn sie von den Nachfolgern bestätigt und so edicta tralatitia wurden, zu halten geneigt sein. Diesem steht aber entgegen, daß die Amtsdauer der Präfecten keine jährliche war. Aber auch eine auf die Zeit der Amtsführung beschränkte Geltung der Edicte läßt sich nicht annehmen, da, wenn sie nicht über diese hinaus gegolten hätten, Alles ungewiß und schwankend gewesen wäre, indem ein Wechsel der Präfecten nicht selten schon nach Tagen oder Monaten eintrat, und ein Präfect einen Nachfolger erhielt, ehe sein Edict in den Provinzen bekannt geworden war. Für die Zeit Justinian's läßt sich bestimmt nachweisen, daß die Edicte der Präfecten fortdauernde Gültigkeit hatten. Dennoch darf man den Präfecten keine gesetzgebende Gewalt zuschreiben; es war vielmehr zwischen ihren Edicten und wirklichen Gesetzen ein wesentlicher Unterschied. Ueber die Geltung der Edicte haben wir ein merkwürdiges Rescript von Kaiser Alexander Severus vom Jahre 235. Man hat dasselbe gewöhnlich so ausgelegt, daß Alexander hierdurch den prätorischen Präfecten die Befugniß, allgemeine Normen in Bezug auf die Rechtspflege zu erlassen, ertheilt und diesen Edicten die Geltung der Gesetze beigelegt habe. Dieser Sinn kann aber darin nicht gefunden werden, abgesehen davon, daß der Kaiser einen solchen wichtigen Rechtssatz nicht in einem Rescripte an eine Privatperson oder an einen niederen Magistrat ausgesprochen haben würde. Das Rescript bezieht sich entweder auf die Zeit, wo Alexander noch sehr jung zur Regierung kam und den prätorischen Präfecten fast die ganze Verwaltung des Reiches überließ. Hier konnten Zweifel entstehen, ob die Befehle dieser Präfecten zu respectiren seien, da sie damals keine ihnen untergeordneten Beamten hatten und nach der alten Observanz alle Befehle vom Kaiser ausgingen. Diese Zweifel wurden durch jenes Rescript beseitigt und der bisher bestehende Gebrauch, nach welchem die Präfecten anstatt des Kaisers verfügten, als rechtsbeständig anerkannt. Oder das Rescript bezieht sich auf die Edicte Ulpian's, welche dieser als Praefectus Praetorio unter Alexander erlassen hatte, und will die Zweifel beseitigen, welche nach der Tödtung Ulpian's durch die Prätorianer über die Gültigkeit seiner Edicte entstanden waren. — Obgleich die prätorischen Präfecten eine viel größere Gewalt hatten, als die Prätoren, so haben doch ihre in Bezug auf die Rechtspflege erlassenen Edicte bei weitem nicht den Einfluß auf die Rechtsbildung gehabt, wie die Edicte der Prätoren; denn im Justinianeischen Rechte finden sich sehr wenige Spuren davon. Der Grund davon lag darin, daß die Prätoren sich des Beistandes von Rechtsgelehrten bedienten, auch lediglich mit der Rechtspflege zu thun hatten, während die Präfecten der späteren Zeit weder selbst aus den Rechtsgelehrten ausgewählt wurden, noch von ihren Unterbeamten in dem, was ihnen selbst an Rechtskunde abging, unterstützt wurden, auch sich meistens anderen Geschäften widmeten und die Rechtspflege mehr als eine Last ansahen, welche sie ihren Unterbeamten überließen. Es ist aber auch zu bedenken, daß in der späteren Zeit, wo die Kaiser ausschließlich die Gesetzgebung und Fortbildung des Rechts sich zueigneten, in dieser Beziehung auch für die höchsten Beamten wenig zu thun übrig blieb. — Von den Edicten der prätorischen Präfecten sind uns drei in der Sammlung der 168 Novellen erhalten. Dann gab es eine Sammlung solcher Edicte (collectio τῶν ἐπαρχικῶν τύπων), welche einst, als sie vollständig war, 30

Edicte enthielt, wovon aber nur noch das Verzeichniß übrig ist. Endlich existirt noch eine Sammlung, welche beinahe dieselben Edicte, obschon kürzer gefaßt, enthält, und von Zachariä von Lingenthal herausgegeben worden ist. Cujacius nennt die Sammlungen der Edicte der prätorischen Präfecten Eparchica, weil Harmenopulus in der Vorrede zu seinem Manuale Legum sagt, er habe ἐπαρχικὰ ἀπὸ τῶν τοῦ Ἀσκαλωνίτου Ἰουλιανοῦ τοῦ ἀρχιτέκτονος ἐκ τῶν νόμων ἤτοι ἐθῶν τῶν ἐν Παλαιστίνῃ zu seinem Handbuche gebraucht. Allein diese ἐπαρχικὰ waren keine Edicte der Präfecten, und der Titel des Werkes, dessen sich Harmenopulus bedient hat und welches jene ἐπαρχικὰ enthielt, war nicht „ἐπαρχικά," sondern vielmehr „νόμοι ἤτοι ἔθη τῆς Παλαιστίνης." Was 1) die in der Sammlung der 168 Novellen erhaltenen Edicte der prätorischen Präfecten anlangt, so sind dies die in dieser Sammlung befindlichen Novellen 166. 167. 168, von welchen auch Theile in die Basiliken übergegangen sind. Im Index Reginae wird zwar nicht Nov. 166, wol aber Nov. 167 und 168 als Edicte der prätorischen Präfecten aufgeführt, und es werden zu den Rubriken der Nov. 166—168 die Stellen erwähnt, an welchen dieselben in den Basiliken stehen. Der Cod. Marcian. 179 hat ein Verzeichniß der 168 Novellen, in welchem Nov. 166—168 als τύποι τῶν ἐπάρχων aufgeführt werden; im Texte der Sammlung der 168 fehlen aber diese Edicte und die Leser werden auf eine besondere Sammlung der ἐπαρχικοὶ τύποι verwiesen, welche sonst am Ende dieser Handschrift stand, aber, weil die Handschrift defect ist, fehlt. Mit dieser Handschrift stimmt deren Abschrift, der Cod. Vatic. Palat. 387 überein. Der Cod. Laurent. LXXX, 4 hat am Anfange ein Verzeichniß der 168 Novellen, an dessen Ende auch Nov. 166—168 aufgeführt werden, aber so, daß nur Nov. 167 ausdrücklich als eine forma Praefecti Praetorio bezeichnet wird; die Nov. 166—168 selbst finden sich aber nicht in dieser Handschrift, da zwischen den Jahren 1542 und 1544 die letzten Blätter derselben entweder entwendet oder durch Zufall verloren gegangen sind. Aber die von dieser Handschrift von Ludovicus Bolognimus eher, als dieser Verlust sich ereignete, genommene Abschrift, der Cod. Bononiensis B. IV, 67, hat alles dasjenige, was die Handschrift enthielt, als sie nach Florenz kam. Diese Abschrift enthält vollständig die Nov. 166. 167; auf letztere folgt ein tractatus de peculiis, mit der Zahl ρπθ', d. i. 189, bezeichnet; endlich am Ende der Abschrift findet sich, nach anderen Abhandlungen und Novellen byzantinischer Kaiser, ein Fragment mit der Ueberschrift: περὶ ἐκδικῶν. Dieses Fragment gehört nicht sowol, wie Manche geglaubt haben, zur Nov. 168, sondern ist vielmehr, wie Zachariä vermuthet, eine Abhandlung irgend eines Juristen. In den Basiliken haben nach dem Zeugniß des Tipucitus des Index Reginae und des Cotelin'schen Titelverzeichnisses zu den Basiliken Nov. 166 und 168 im 56. Buche, Tit. 20 gestanden, und zwar nach dem Cotelin'schen Titelverzeichnisse Nov. 166 ganz; Nov. 167 stand nach denselben Zeugnissen im Tit. 21 desselben Buches der Basiliken. Cujacius, der dieses Buch der Basiliken besaß, hat daraus die Nov. 166—168, soweit sie in die Basiliken aufgenommen waren, herausgegeben. Heimbach jun. hat die Nov. 166. 167 zuerst aus der bologneser Handschrift herausgegeben, und nach ihm Beck und Osenbrüggen in den Ausgaben des Corpus juris, zuletzt diese und das, was von Nov. 168 durch Cujacius aus den Basiliken bekannt gemacht worden war, Zachariä. 2) Im Cod. Marcian. 179 sind von der Sammlung der 168 Novellen nur die ersten 162 Novellen vorhanden; nach der Nov. 162 findet sich eine Bemerkung des Abschreibers, daß die übrigen Novellen in einem Anhange, welcher aber, weil die Handschrift defect ist, nicht mehr existirte, zu suchen seien. Von Nov. 166. 167. 168 heißt es in der Handschrift: ἡ δὲ ρξϛ' ἐστὶ τύπος α' τῶν ἐπάρχων. — ἡ δὲ ρξζ' ἐστὶ τύπος κδ' τῶν ἐπάρχων. — ἡ ρξη' ἐστὶ τύπος ϛ' τῶν ἐπάρχων. Schon Biener vermuthete, daß in dem Anhange der Handschrift eine Sammlung der Edicte prätorischer Präfecten enthalten gewesen sei. Diese Vermuthung wurde durch Blume bestätigt, welcher von dem noch in der Handschrift erhaltenen Titelverzeichniß jener Sammlung Nachricht gab. Dieses Verzeichniß hat Zachariä veröffentlicht. Die Sammlung der Edicte, welche die Handschrift einst enthielt, scheint vollständige Exemplare der Edicte gegeben zu haben. Die Edicte selbst, welche sie enthielt, rühren wol alle von den Praefecti Praetorio des Orients her. Die Zeit, zu welcher diese Edicte erlassen sind, ist nach den Namen der prätorischen Präfecten zu bestimmen, welche als Urheber der Edicte in dem Verzeichniß aufgeführt werden. Unter diesen Namen finden sich einige, wie die des Bassus, Constantinus, welche sowol ältere als neuere Präfecten des Orients geführt haben; die meisten aber sind Namen von Präfecten des Orients, welche dieses Amt unter Anastasius, Justin I. und Justinian bekleideten. Daher ist die Vermuthung Biener's wohl begründet, daß alle in der Handschrift aufgezählten Edicte von Präfecten unter diesen Kaisern herrühren. Das Verzeichniß zählt 39 Edicte auf. In der Bodleianischen Handschrift Nr. 264, Bl. 91—96 findet sich eine Sammlung von 33 Edicten prätorischer Präfecten. Die Handschrift ist zu Constantinopel 1349 geschrieben. Diese Edicte sind von den im Cod. Marcianus 179 aufgeführten nicht verschieden. Nur ist die Ordnung, in welcher sie in der Bodleianischen Handschrift stehen, von der im Cod. Marcianus verschieden. Auch sind die Edicte in der Bodleianischen Handschrift nur Auszüge, während die venetianische Handschrift dieselben vollständig gegeben zu haben scheint; die Auszüge sind bisweilen so kurz gefaßt, daß sie kürzer sind, als die Rubriken in der venetianischen Handschrift. Die Edictensammlung in der Bodleianischen Handschrift ist neuer, als die in der venetianischen, und fällt in die Zeit nach Tiberius II., zu welcher auch verschiedene Bearbeitungen der Novellen Justinian's im Auszuge abgefaßt worden sind. Die neuere Sammlung ist der älteren später vorgezogen worden. Denn von der älteren findet sich, außer in der erwähnten venetianischen Handschrift, kaum eine Spur;

von der neueren Sammlung finden sich aber Bruchstücke auch in anderen Handschriften. Die neuere Sammlung ist mit lateinischer Uebersetzung und kritischen und exegetischen Bemerkungen zuerst von Zachariä im J. 1843 herausgegeben.

§. 9. Novellen der byzantinischen Kaiser nach Justinian.

Von Constitutionen der Kaiser nach Justinian aus dieser Periode gibt es nicht viele; die Gesetzgebung ist lange nicht so fruchtbar gewesen. Von Sammlungen derselben ist die von Bonefidius im Jus Orientale Lib. I. nicht viel werth, da er keine handschriftliche Novellensammlung benutzt hat; besser ist, was Leunclavius im Jus Graeco-Romanum und Labbäus am Ende der Observationes ad Synopsin geleistet haben. Gleichwol ist die Sammlung von Bonefidius seit Charondas' Zeiten ein feststehender Anhang des Corpus juris civilis geworden, wo Novellen byzantinischer Kaiser unter dem Titel Constitutiones Imperatoriae gedruckt sind. Die beste und vollständigste Sammlung der Novellen der Kaiser von Justin II. bis zum Untergange des oströmischen Reiches ist von Zachariä von Lingenthal. Es sind dabei zum großen Theil Handschriften benutzt. Er theilt darin die Novellen nach den in der Geschichte des griechisch-römischen Rechts zu machenden Perioden in 5 Collationen; die erste enthält die Novellen Justin's II. und seiner Nachfolger bis zu Basilius Macedo (566—866); die zweite die Novellen Leo des Weisen; die dritte die Novellen der Kaiser Constantinus Porphyrogeneta bis zu Constantinus Monomachus (911—1057); die vierte die Novellen von 1057—1204, d. h. von Isaak Comnenus bis zur Eroberung Constantinopels durch die Kreuzfahrer; die fünfte die Novellen von 1204—1453, theils der nicänischen Kaiser, theils derer, die nach der Wiedereroberung Constantinopels dort herrschten. Aus der Zeit von Justin II. bis zu Basilius Macedo sind wenig Novellen vorhanden. Der Grund davon ist folgender. Leo der Isaurier und die ihm zunächst folgenden Kaiser zogen sich durch Abschaffung des Bildercultus den Haß der Nachwelt zu, welcher sich bald auf Alles erstreckte, was sie verordnet hatten. Später wurden alle Gesetze und Handlungen dieser Kaiser verworfen, und so gingen mit jenem Werke, welches die älteren von Basilius abgeschafften Gesetze enthielt, alle diese Gesetze unter. Die noch vorhandenen Novellen aus der Zeit von Justin II. bis zu Basilius Macedo sind erhalten: 1) in den Sammlungen der Novellen Justinian's und deren Anhänger. Die früher erwähnte Sammlung von 168 Novellen enthält unter Nr. 140. 144. 148. 149 vier Novellen Justin's II., und unter Nr. 161. 163. 164 drei Novellen Tiber's II. mitten zwischen Novellen Justinian's; und der Anhang, welcher im Cod. Marcianus 179 hinzukommt, gibt jetzt noch Constitutionen von Justin II., Tiber II., Mauricius, Leo und Constantinus, und von Irene, oder hat wenigstens solche, ehe die letzten Blätter verloren gegangen sind, nach Zeugniß des Verzeichnisses enthalten. Auch die Novellensammlung, welche der Epitome Novellarum von Athanasius zur Grundlage diente, hat einige Novellen Justin's II. enthalten, diejenigen nämlich, welche in der Sammlung der 168 Novellen unter Nr. 140. 144. 148 sich befinden. Endlich hat Julian's Novellenauszug bisweilen in den Handschriften Anhänge, in welchen sich einige Novellen Justin's und Tiber's finden. 2) Die sogenannte Collectio constitutionum ecclesiasticarum, von welcher später die Rede sein wird, hat am Ende 4 Novellen des Heraclius angehängt. 3) Einige in diese Zeit gehörige Novellen oder Fragmente derselben, entweder in den Text aufgenommen oder durch die Anhänge zerstreut, liefern einige Handschriften juristischer Handbücher. Die Novellen aus dieser Zeit waren größtentheils schon früher von Haloander, Scrimger, Miräus, Leunclavius und Anderen herausgegeben worden. Eine bis in die neueste Zeit unbekannte Novelle eines nicht genannten Kaisers über die Zulässigkeit der Ehescheidung durch beiderseitige Einwilligung der Ehegatten hat zuerst Zachariä aus dem Cod. Paris. 1384. fol. 176 und Cod. Bodleian. 3399. fol. 48 herausgegeben. Außerdem sind von demselben einige Bruchstücke von Novellen herausgegeben, welche aus der Zeit vor Basilius zu sein scheinen. Ein Verzeichniß der Novellen dieser Periode ist von Anderen gegeben worden. In der neuesten Sammlung im Jus Graeco-Romanum P. III. hat Zachariä die Novellen nach der Reihenfolge der Kaiser, welche sie erlassen haben, geordnet und die Zeit ihrer Publication möglichst festzustellen gesucht. Es existiren Novellen von folgenden Kaisern: I. von Justin II. 7, nämlich: 1) Nov. de remissione reliquorum publicorum v. 566. 2) Nov. ut consensu matrimonium solvi possit v. 566. 3) Nov. de iis, qui in Mesopotamia et Osroene et Euphratensi illicitas nuptias contraxerunt v. 566. 4) Nov. pro privilegiis concilii Vizaceni et ut nullus episcoporum audeat navigare sine consensu primatis v. 568. 5) Nov. ut gratis fiant provinciarum praesides v. 569. 6) Nov. de filiis adscriptitiorum et liberarum v. 570. 7) Nov. de Samaritanis v. 572. (Jus Gr. Rom. P. III. Coll. I. Nov. I—VII.) II. Von Tiber II. 5 Novellen, nämlich: 1) Nov. de heredibus v. 574. 2) Nov. de praesidibus v. 574. 3) Nov. de relevatione publicorum v. 575. 4) Nov. de divinis domibus aus der Zeit vor 578—582. 5) Nov. de filiis adscriptitiorum et liberarum v. 582. (Jus Gr. Rom. P. III. Coll. I. Nov. VIII. IX. XI. XII. XIII.) Außerdem sind noch Rubriken von 6 nicht mehr existirenden Novellen, welche entweder wirklich von Tiber sind oder wahrscheinlich von ihm herrühren, bekannt: 1) *Περὶ τῶν ἀκροθινίων*, de primitiis praedae. 2) Ὅλος τίτλος περὶ ἐπιβολῆς, de adjectione. 3) *Περὶ στρατιωτῶν*. 4) Nochmals *περὶ στρατιωτῶν*. 5) *Περὶ παραστρατιωτῶν*. 6) *Ὅτι ταῖς ἀρχαῖς ἀλλ' οὐ τοῖς ἄρχουσιν ἀντιχαρίζεται ὁ βασιλεύς.* (Jus Gr. Rom. P. III. Coll. I. Nov. X. XIV—XVIII.) III. Von Mauricius ein Rescript de eo, qui ex fontibus salvatum interfecerat, mit dem Anfang *Εἰ τὸ φονεύειν* (ibid. Nov. XXI) und Rubriken zweier nicht mehr vorhandenen Novellen: 1) Ἔδικτον Μαυρικίου Τιβερίου προσταχθὲν τοῖς Κωνσταντινουπολίταις παραιτούμενον ἀναφέρεσθαι τὰς μνηστρικὰς αἰτήσεις. 2) Μαυρικίου περὶ τῶν λιθοβολούντων (ibid. Nov. XIX. XX). IV. Von Heraclius 4 Novellen: 1) Nov. de numero clericorum magnae ecclesiae v. 612. 2) Eine Novelle, denselben Gegenstand betreffend, v. 619. 3) Nov. de clericis Constantinopolin venientibus sine jussu Patriarchae non recipiendis aus den Jahren 620—629. 4) Nov. de clericis conveniendis v. 629 (Jus Gr. Rom. P. III. Coll. I. Nov. XXII—XXV). V. Von Leo und Constantin eine Novelle: de his, qui filios suos ex sacro baptismate suscipiunt, et aliis capitulis aus der Zeit von 776—780 (Jus Gr. Rom. P. III. Nov. XXVI). VI. Von Irene 2 Novellen: 1) Nov. de testium juramento et aliis capitulis aus den Jahren 797—802. 2) Nov. de quartis nuptiis et de ancillarum connubio aus derselben Zeit (ibid. Nov. XXVII. XXVIII). VII. Von Nicephorus wird eine nicht mehr vorhandene aurea bulla de archiepiscopatu Patrensi erwähnt.

§. 10. Die *Ecloga legum* von Leo dem Isaurier und Constantinus Copronymus.

Die Geschichte dieses Rechtsbuches war bis auf die neueste Zeit sehr bestritten. Es führt in Handschriften folgenden Titel: Ἐκλογὴ τῶν νόμων ἐν συντόμῳ γενομένη παρὰ Λέοντος καὶ Κωνσταντίνου τῶν σοφῶν καὶ φιλευσεβῶν ἡμῶν βασιλέων ἀπὸ τῶν ἰνστιτούτων, τῶν διγέστων, τοῦ κώδικος, τῶν νεαρῶν τοῦ μεγάλου Ἰουστινιανοῦ διατάξεων, καὶ ἐπιδιόρθωσις εἰς τὸ φιλανθρωπότερον ἐκτεθεῖσα ἐν μηνὶ μαρτίῳ ἰνδ. θ΄ ἔτει ἀπὸ κτίσεως κόσμου ςσμζ΄, wie die drei ältesten Handschriften haben, während jüngere bald ςσμζ΄, bald ςτμζ΄, bald ςσμζ΄, bald ςσπζ΄ haben. In den in diesem Titel bezeichneten Kaisern hat man früher nicht Leo den Isaurier und dessen Sohn Constantin, sondern Leo den Weisen und Constantin, den Sohn und Enkel von Basilius Macedo gefunden, und die Ecloga mit anderen Rechtsbüchern, dem Prochirum und der Epanagoge bald diesem, bald jenem Kaiser zugeschrieben. So haben Einige, der Auctorität der Handschriften folgend, das Prochirum und die Epanagoge dem Basilius und dessen Söhne, die Ecloga Leo dem Weisen und dessen Sohne zugeschrieben. Andere haben geglaubt, daß die Abschreiber in den Handschriften die Vorreden und Inscriptionen jener Rechtsbücher willkürlich von dem einen auf das andere übertragen haben, und gegen die Auctorität der Handschriften behauptet, daß die Ecloga von Basilius, Constantin und Leo, das Prochirum aber von Leo dem Weisen und dessen Sohne Constantin publicirt seien. Witte hielt aus Gründen, welche aus dem Inhalte dieser Rechtsbücher selbst entlehnt sind, die Ecloga für älter, als das Prochirum, und schloß sich der Meinung derjenigen an, welche erstere dem Basilius, letzteres dem Leo zuschreiben. Die richtige, zuerst von Biener aufgestellte, später von Zachariä von Lingenthal ausführlich vertheidigte und jetzt allgemein angenommene Ansicht findet in jenen in dem Titel der Ecloga genannten Kaisern Leo den Isaurier und dessen Sohn Constantinus Copronymus bezeichnet. Das Rechtsbuch heißt in den Handschriften Ἐκλογὴ τῶν νόμων. Es kommt aber auch unter anderen Namen bei den Griechen vor; bald heißt es νόμος, bald ἐγχειρίδιον, bald νεαρὰ διάταξις. Der Name Ecloga wird jetzt allgemein zur Bezeichnung gebraucht. In der Inscription, welche der Vorrede der Ecloga in den Handschriften voransteht, wird gesagt, daß sie von Leo und Constantin publicirt sei. Nur eine Handschrift, der Cod. Vindob. theol. gr. 253, nennt Basilius und Constantin als Urheber; da diese Handschrift aber nur ein Fragment der Ecloga enthält, und nicht älter ist, als das 14. oder 15. Jahrhundert, und eine Menge anderer Handschriften in der Bezeichnung von Leo und Constantin als Urheber übereinstimmen, so ist wol nur letztere als richtig anzuerkennen. Es haben mehrere Kaiser des Namens Leo und Constantin zu verschiedenen Zeiten im oströmischen Reiche regiert; es fragt sich also, auf welche Kaiser dieses Namens die Urheberschaft der Ecloga zurückzuführen sei. Seitdem im römischen Reiche die gleichzeitige Regierung Mehrerer aufkam, wurde es gewöhnlich, sowol auf öffentlichen Bauten, als in den Inscriptionen der Gesetze die Namen aller Mitregenten auszudrücken, wobei man die Ordnung beobachtete, daß der Name desjenigen, welcher entweder einen höheren Rang hatte, oder älter war, den übrigen vorangesetzt wurde. Diese Sitte ist nicht blos im Theodosischen Codex und in den im Justinianeischen Codex enthaltenen Gesetzen, sondern auch in den nach Justinian gegebenen Gesetzen beobachtet worden, und wenn man bisweilen diesen Gebrauch nicht beobachtet findet, so muß man dies vielmehr der Sorglosigkeit und Nachlässigkeit der Abschreiber zuschreiben. Bei diesem Bewandtniß und da die dem prooemium der Ecloga vorangesetzte Inscription so sorgfältig ist, daß eine Verstümmelung durch die Abschreiber keineswegs angenommen werden kann, müssen die in dieser Ueberschrift als Urheber der Ecloga aufgeführten Kaiser Leo und Constantin Mitregenten gewesen sein, ersterer an Rang oder Alter vorgehend, letzterer in einer von beiden Beziehungen nachstehend. Dies paßt nur 1) entweder auf Leo den Isaurier und dessen Sohn Constantinus Copronymus, welchen jener zum Mitregenten angenommen hatte (vom Jahre 720—741); 2) oder auf Leo, welcher aus derselben Familie entsprossen ist, und dessen Sohn Constantin, welche von 776—780 regierten. Berücksichtigt man die in der Inscription der Ecloga angeführten Namen der Kaiser an und für sich, so muß dieses Rechtsbuch von diesen oder von Leo dem Isaurier und dessen Sohn herrühren. Für die Urheberschaft der letztern haben wir aber das bestimmte Zeugniß späterer Rechtsbücher. Die Inscription des prooemium der Ecloga enthält aber außer den Namen der Kaiser, von denen dieselbe herrührt, auch das Jahr und sogar die Indiction und den Monat, in welchem dieses Rechtsbuch publicirt ist. Den Monat März und die Indiction haben alle Handschriften. Im Jahre der Erschaffung der Welt weichen die Handschriften, wie oben angegeben wurde, ab. Die drei ältesten (die Laurent. Handschrift Plut. IX. Cod. 8 aus dem 11. Jahrhundert, die Rawlinson'sche Nr. 158 aus derselben Zeit, die Vallicellenische Handschrift F. 47 aus dem 10. Jahrhundert) haben das Jahr 6248. Jüngere Handschriften haben, wie bemerkt, das Jahr 6247, welches hier allein in Betracht kommen kann, da die übrigen Angaben offenbar falsch sind. So gewiß nun dies einstimmige Zeugniß der ältesten Handschriften dem der jüngeren vorzuziehen ist, sodaß die Zeit Leo des Isauriers gemeint ist, so tritt doch folgende Schwierigkeit entgegen. Die 9. Indiction nämlich, welche in der Ueberschrift der Ecloga durch das Zeugniß aller Handschriften bestätigt wird, läuft vom September 740 bis zum September 741. Folglich muß der Monat März der 9. Indiction in das Jahr 741 fallen. Damit steht es aber im Widerspruche, wenn das Jahr 6248 von Erschaffung der Welt gerechnet, mit der 9. Indiction als zusammenfallend dargestellt wird, da gerade dieses nach der bei den Griechen gewöhnlichen Berechnungsart vom September 739 bis zum September 740 läuft. Sonach entsteht also eine Differenz von einem Jahre. Zachariä hat diese nicht zu lösen vermocht, sondern die Schwierigkeit noch dadurch vermehrt, daß er die Zahl ͵ϛσμζ' (6247) vorzieht. Zugleich bemerkt er, daß die Griechen unter Kaiser Leo dem Isaurier entweder eine andere Indictionenzählung gehabt, oder die Berechnung der Jahre nach Erschaffung der Welt auf andere Weise, als jetzt gewöhnlich ist, verwirklicht haben müssen. Diese Differenz des einen Jahres zwischen dem Jahre der Welt 6248 und der 9. Indiction hat Heimbach jun. auf befriedigende Weise gelöst. Die Griechen kannten nach dem Zeugniß des Theophanes zwei ganz verschiedene Arten, die Jahre nach Erschaffung der Welt zu berechnen, die römische und die alexandrinische. Die letztere nennt Theophanes die richtigere und gebraucht sie, wenn er bei dem Regierungsantritte eines jeden Kaisers das Jahr der Weltära angibt. Nur an den beiden Stellen (Chronograph. p. 117. 345) schreibt er auch die Jahrzahl nach der römischen Berechnung hinzu, woraus sich zwischen beiden Rechnungsweisen eine Differenz von 16 Jahren ergibt. Denn in der ersten Stelle setzt Theophanes den Tod des Kaisers Zeno nach der römischen Berechnung in das Jahr 5999 der Weltära, nach der alexandrinischen in das Jahr 5983. An der zweiten Stelle setzt er den Tod Leo des Isauriers in das Jahr 6248 der römischen Weltära, und in das Jahr 6232 der alexandrinischen. Die eine vaticanische Handschrift des Theophanes beobachtet in der Ueberschrift der Chronographie dieselbe Differenz. Bei genauerer Untersuchung dieser beiden Zeugnisse des Chronographen ergibt sich zugleich für beide Rechnungsweisen eine Differenz von einem Jahre. Denn, wenn Theophanes den Tod des Zeno (Monat April, Indictio 14 im Jahre Christi 491) in das Jahr 5999 der Welt nach römischer Berechnung setzt, den Tod des Leo Isauricus aber (Monat Juni, Indictio 9 im Jahre Christi 741) auf das Jahr 6248 nach derselben Berechnung verlegt, so ist es klar, daß, wenn beiden Angaben dieselbe Rechnungsweise zum Grunde läge, die letzte Jahrzahl so geändert werden müßte: ͵ϛσμθ' (6249). Dagegen würde aber theils das einstimmige Zeugniß aller Handschriften, theils der Umstand sprechen, daß auch das Jahr der alexandrinischen Rechnungsweise mit geändert werden müßte, welches nach dem Obigen mit dem Jahre 6248 der römischen Berechnung zusammenfällt. Man muß nun davon ausgehen, daß die Jahresrechnung nach der Weltära das Jahr vom 1. Sept. datirt, und es ist noch in das Auge zu fassen, daß Theophanes bei dem Regierungsantritte eines jeden Kaisers das Jahr der Welt nach der alexandrinischen Berechnung in einer kleinen Tafel anzugeben pflegt. Hinsichtlich der Zeit von Leo dem Isaurier stimmen die Angaben des Theophanes mit der gewöhnlichen alexandrinischen Berechnungsweise überein. Selbst für den Anfang der Regierung Leo's läßt sich diese Uebereinstimmung darthun. Den Monat October 718 vergleicht Theophanes in der Chronographie (S. 335) mit dem dritten Regierungsjahre des Kaisers Leo und dem Jahre 6211 nach Erschaffung der Welt. Den Monat März der dritten Indiction des Jahres 6212 nach Erschaffung der Welt (720 nach Chr.) stellt derselbe Schriftsteller mit dem vierten Regierungsjahre desselben Kaisers zusammen. Im 9. Jahre seiner Regierung faßte Leo der Isaurier den Entschluß zur Abschaffung des Bilderdienstes, und gerade dieses Jahr findet sich als Anfang der Bilderstürmerei bei den Chronographen besonders bemerkt. Das 10. Regierungsjahr desselben Kaisers umfaßt nach dem ausdrücklichen Zeugniß des Theophanes (S. 338 u. 339) zwei Indictionenjahre. Denn den Sommer der 9. Indiction rechnet er (S. 338) ausdrücklich zum 10. Regierungsjahre des Kaisers. Insoweit stimmt er mit der gewöhnlichen Zeitrechnung überein. Dagegen rechnet er (S. 339) zu demselben Jahre auch das, was am 18. Oct. der 10. Indiction geschehen ist. Die Gründe dieser Abweichung von der gewöhnlichen Zeitrechnung sind unbekannt. Sie hängen aber jedenfalls mit der Geschichte der Bilderstürmerei zusammen. Somit erhält man denn für die Zeit der Iconoklasten eine besondere, von der gewöhnlichen Weltära darin abweichende Zeitrechnung, daß sie ein Jahr weniger zählt. Das Factum ist auch deshalb nicht zu bezweifeln, weil sich die Spuren dieser Zeitrechnung bis zum Tode des Constantinus Copronymus herab verfolgen lassen. Den 7. Jan. der 13. Indiction (730 n. Chr.) componirt Theophanes (S. 342) mit dem 10. Regierungsjahre des Leo; das 24. Regierungsjahr desselben Kaisers der 9. Indiction setzt derselbe Schriftsteller (S. 343) in das Jahr 6248 der Welt nach der römischen Berechnung, und in das Jahr 6232 nach der alexandrinischen; den Monat Juni der 10. Indiction schreibt er (S. 347) dem Jahre 6233 nach Erschaffung der Welt zu; das 11. Regierungsjahr des Constantinus rechnet er (S. 353) zum Jahre 6236 der Weltära; vom 24. Regierungsjahre desselben Kaisers berichtet er (S. 366), daß es mit dem Jahre 6248 der Weltära übereinstimme; den Monat September der 14. Indiction des 35. Regierungsjahres desselben

Kaisers bringt er (S. 377) mit dem Jahre 6267 der Weltära in Verbindung. Seit dieser Zeit kehrt Theophanes zur gewöhnlichen Jahresrechnung zurück. Denn Ostern der 14. Indiction des ersten Regierungsjahres des Kaisers Leo Chazarus rechnet er (S. 379) zum Jahre 6268 der Weltära; den Monat Februar der 3. Indiction des 5. Regierungsjahres desselben Kaisers verbindet er (S. 381) mit dem Jahre 6272, den Monat September der 4. Indiction des ersten Regierungsjahres des Constantinus setzt er (S. 383) in das Jahr 6273; die Monate Mai und August der 7. Indiction vereinigt er (S. 385) mit dem 4. Regierungsjahre desselben Kaisers; den Monat September der 10. Indiction verbindet er (S. 389) mit dem 7. Regierungsjahre desselben; den Monat November der 12. Indiction vereint er (S. 391) mit dem 9. Regierungsjahre; endlich bezeugt er ganz unumwunden (S. 393), daß die Monate September und October der 14. Indiction mit dem 6283. Weltjahre zusammenfallen. Für die Folgezeit bedarf es keiner weiteren Beweise der Uebereinstimmung des Theophanes mit der gewöhnlichen Weltära, da sie sich bei oberflächlicher Ansicht der Chronographie von selbst darbieten. Wenn nun die ältesten Handschriften der Ecloga den Monat März der 9. Indiction mit dem Jahre 6248 der Weltära nach der römischen Berechnung zusammenstellen, so ist man nicht allein zu dem Schlusse berechtigt, daß diese Jahresrechnung ganz mit der der Griechen unter Leo dem Isaurier übereinstimmt, sondern man darf auch einen Schritt weiter gehen und behaupten, daß diese Abweichung von der gewöhnlichen Weltära auf officiellem Wege veranlaßt worden sei, da ein vom Kaiser publicirtes Gesetzbuch die veränderte Jahreszahl an der Stirn trägt. Als die Iconodulen wieder die Oberhand im byzantinischen Reiche gewannen, muß die Leonische Verfügung wiederum auf officiellem Wege zurückgenommen worden sein. Darauf deutet einestheils der Haß der Iconodulen gegen die Iconoklasten, anderentheils der Umstand, daß mit dem Tode des Constantinus Kopronymus Theophanes zu der gewöhnlicheren Weltära zurückkehrt; endlich bestätigt sich diese Vermuthung durch die folgende Stelle der Vorrede der Epanagoge des Basilius: „νῦν δὲ τὰς ἐπὶ ἐναντιώσει τοῦ εἰρημένου θείου δόγματος καὶ ἐπὶ καταλύσει τῶν σωτηριωδῶν νόμων παρὰ τῶν Ἰσαύρων φληναφίας ἐκτεθείσας πάντη ἀποβαλομένη καὶ ἀποῤῥίψασα." Diese Stelle ist zwar zunächst darauf zu beziehen, daß die Ecloga des Leo von Basilius abgeschafft worden sei; sie ist aber zu allgemein gefaßt, als daß man nicht der Vermuthung Raum geben sollte, daß auch die übrigen Gesetze Leo des Isauriers späterhin abgeschafft worden seien. Es wird dies noch dadurch bestärkt, daß nach dem Zeugniß des Cedrenus in seiner Historia sich zwar verschiedene Spuren von anderen Gesetzen des Leo Isaurus und Constantinus Copronymus vorfinden, welche Bonefidius im Jus Orientale als verloren gegangene Novellen dieser Kaiser ansieht; daß aber keine Novelle dieser Kaiser, so viel bekannt ist, sich erhalten hat, und selbst der fleißigste Sammler der Novellen der byzantinischen Kaiser, Zachariä von Lingenthal, keine in den Handschriften gefunden hat. Durch alles dieses wird die spätere allgemeine Aufhebung der Gesetzgebung dieser Kaiser fast zur Gewißheit, und diese erklärt sich aus dem religiösen Hasse der Iconodulen gegen die Iconoklasten. — Ueber die Abfassung dieses Rechtsbuches und das Verfahren dabei erklären sich die Kaiser selbst in der Vorrede näher. Es waren nämlich an die Stelle der Justinianeischen Rechtsbücher in den Gerichten deren griechische Uebersetzungen und die Commentare der Ausleger zu jenen getreten und hatten jene verdrängt, sodaß derjenige, welcher das Recht sorgfältig erforschen wollte, eine so große Menge Bücher nöthig hatte, wie sie damals kaum die öffentlichen Bibliotheken darboten. Außerdem war nach dem Zeugnisse jener Kaiser die Lage der Rechtswissenschaft damals so traurig, daß es zu Constantinopel selbst nur wenige gab, welche jene Uebersetzungen und Auslegungen zu verstehen im Stande waren, außer der Hauptstadt aber Niemand war, der dies konnte. Endlich war wegen der großen Menge der Bücher, aus welchen man das Recht schöpfen mußte, und wegen der in ihnen sich findenden verschiedenen Meinungen der Ausleger, welche zu erklären und zu vereinigen die Menschen jener Zeit zu ungebildet waren, eine große Verwirrung im bürgerlichen Rechte entstanden. Unter diesen Umständen hielten es die Kaiser Leo und Constantin für nothwendig, ein juristisches Handbuch unter öffentlicher Autorität abfassen zu lassen, welches leicht verständlich war und zur Entscheidung der am häufigsten in den Gerichten vorkommenden Sachen (τὰ συχνάζοντα πράγματα) ausreichte. Sie beauftragten damit, wie in der Vorrede erzählt wird, den Patricius und Quästor Nicetas, und die Patricier Nicetas und Marinus, Leute, von denen übrigens keine Kunde vorhanden ist. Ihr Auftrag ging dahin, die alten juristischen Werke, deren die öffentliche Bibliothek, welche kurz vorher verbrannt war, gänzlich ermangelte, zu sammeln und aus diesen eine Auswahl zu veranstalten; ferner zu verbessern oder zu verwerfen, was in diesen Werken nach sorgfältiger Prüfung nicht gut geordnet oder gesagt schien; endlich auch die neueren Verordnungen der Kaiser zu berücksichtigen. So kam die Ecloga in den Jahren 739 oder 741 zu Stande. Das Rechtsbuch besteht aus 18 Titeln; die ersten drei handeln von Verlöbniß, Ehe und dos; Tit. 4 von Schenkungen unter den Lebendigen und Todes halber; Tit. 5. 6 von Testamenten und von Intestaterbfolge; Tit. 7 von Vormundschaften; Tit. 8 von Manumissionen. Hierauf folgen einige Contracte in den Titeln 9—13; Tit. 14 und 15 handeln von Zeugen und Vergleichen; Tit. 16 von dem peculium castrense und quasi castrense, Tit. 17 von Strafen, Tit. 18 von Theilung der Beute. Es wird also zuerst vom Personenrechte, dann von Obligationen und Actionen, endlich vom öffentlichen Rechte, namentlich vom jus militare, wohin auch das militairische Peculium gehört, und vom Criminalrechte gehandelt; dem Personenrechte hat man aber Einiges, was zum Sachenrechte gehört, beigemischt, wie das Recht des Heirathsgutes und das Erbrecht. Die Ordnung der Titel der Ecloga weicht also von derjenigen, welche sich in Justinian's Institutionen, Digesten und

Codex findet, ganz ab. Ueber den Ursprung dieser Ordnung kann Zweifel sein. Wahrscheinlich haben die Verfasser des Rechtsbuches selbst diese Ordnung ausgedacht; es läßt sich wenigstens durch diese Vermuthung Einiges erklären, wofür sich sonst ein genügender Grund nicht angeben läßt. Es findet nämlich dadurch die Weglassung fast des ganzen Sachenrechts ihre Erklärung. Die Verfasser der Ecloga beschränkten sich auf Zusammenstellung dessen, was im täglichen Gebrauche war; da nun Streitigkeiten über Eigenthum seltener in den Gerichten vorkommen, so konnten sie leicht bewogen werden, die ganze Lehre vom Erwerbe des Eigenthums wegzulassen. Daß sie aber nicht einmal die Servituten berührt haben, scheint darin seinen Grund zu haben, daß nach dem Geiste der damaligen Zeit Streitigkeiten dieser Art mehr nach örtlichem Gewohnheitsrechte, als nach bestimmten allgemeinen Regeln entschieden wurden. Jeder Titel besteht meistens aus wenigen Capiteln, welche unter sich sehr eng zusammenhängen und gleichsam eine und zusammenhängende Abhandlung bilden. Als Quellen der einzelnen Capitel werden in dem Werke selbst Justinian's Institutionen, Digesten, Codex und Novellen, und Verordnungen von Leo und Constantin angegeben. Die Verfasser der Ecloga haben aber diese Quellen nicht in der Art benutzt, daß sie aus ihnen einzelne Fragmente auswählten und solche wörtlich abgeschrieben in 18 Titeln geordnet zusammenstellten; im Gegentheil erhellt meistens nicht, welche Quelle sie vor Augen gehabt haben. Denn sie haben nicht allein die Worte der Quellen, wo es ihnen angemessen schien, geändert, um die Rede kürzer und deutlicher zu machen, sondern sie haben auch Vieles, was mit dem Inhalte des Justinianeischen Rechts wenig übereinstimmt, zugesetzt, und die älteren Gesetze bald aus dem Gewohnheitsrechte, bald aus neueren Verordnungen der Kaiser Leo und Constantin interpolirt. Endlich haben sie auch selbst ganz neue Bestimmungen in dem Rechtsbuche angebracht. Alles dieses läßt sich schon im ersten Titel beobachten, in welchem zwar die eine oder andere Stelle mit dem Justinianeischen Rechte übereinstimmt, aber auch vieles Neue vorkommt; z. B. daß zur Ehe nicht blos die Einwilligung der Aeltern, sondern auch die anderer Cognaten ohne Unterschied, gefordert, die Eingehung eines Verlöbnisses nur mit dem hypobolum oder schriftlich gestattet, der Termin der Pubertät bei dem männlichen Geschlechte auf das 15., bei dem weiblichen auf das 13. Lebensjahr gesetzt wird. Ferner finden sich viel ausgedehntere Eheverbote, als bei Justinian; namentlich dürfen sobrini einander nicht heirathen. Die Succession des die Frau überlebenden Ehemannes hat sich dahin umgebildet, daß er, ohne Rücksicht, ob er arm ist, aber nur in Ermangelung von Kindern, ein Viertheil der dos erhält. Die dürftige Witwe erhält ihr Viertheil auch nur, wenn keine Kinder da sind, und ist damit auf 10 Pfund Goldes (statt 100) beschränkt. Sind neben ihr keine Verwandte des Mannes vorhanden, so succedirt der Fiscus in die übrigen $^{3}/_{4}$. Der überlebende Ehegatte darf vor der Volljährigkeit der Kinder nicht von ihnen ziehen; trennt er sich nach ihrer Volljährigkeit von ihnen, so erhält er einen Kindestheil von der Erbschaft des ververstorbenen Ehegatten. Von den Justinianeischen Ehescheidungsgründen fallen viele aus; dagegen darf sich der Mann auf den Aussatz der Frau, und die Frau auf 3 Jahre lang erprobte Impotenz des Mannes berufen. Die Schenkung erfordert ohne Unterschied des Betrages die Zuziehung von 3, 5 und 7 Zeugen. Der taubstumm Gewordene kann schriftlich testiren. Die Agnation eines Postumus läßt Legate und letztwillige Freilassungen bestehen. Das Testament eines Verwundeten und eines auf Reisen Befindlichen soll im Nothfalle auch vor 2 Zeugen errichtet werden können. Brüder, welche das väterlich nachgelassene Gut gemeinschaftlich bewirthschaften, und zwar so, daß der eine die Oekonomie besorgt, der andere aber Kriegsdienste thut, theilen die ersten zehn Jahre das auf den verschiedenen Wegen Erworbene gleichmäßig. Nach 13 Jahren nimmt der Soldat sich Roß, Sattel und Zaum, Waffen und Panzer vorweg. Noch weiterhin hat er seine Soldatenkasse ganz für sich. Der Haussohn darf über bona adventitia jeder Art testiren; nur das peculium profecticium fällt an den Verleiher zurück. Vater und Mutter schließen auch vollbürtige Geschwister aus; Großältern concurriren mit den halbbürtigen Geschwistern vom Vater her; halbbürtige Geschwister erben erst nach den Ascendenten und den Vollbürtigen. Privatpersonen können nur durch Testament zur Tutel berufen werden; statt der gesetzlichen und obrigkeitlichen Tutel tritt in Constantinopel das Waisenhaus, in den Provinzen die geistliche Behörde ein. Zwischen Tutel und Curatel scheint nicht unterschieden zu werden. Der Sklave des Verstorbenen wird frei, wenn er, mit Erlaubniß des Erben, dem Begräbniß im linnenen Kopfzeuge gefolgt ist. Der Mann ist nicht befugt, Dotalsklaven freizulassen. Die Freiheit des Freigelassenen wird ihm wieder genommen, wenn er, falls er bei Beerdigung des Patrons zu spät kommt, vor dessen Grab nicht auf die Erde fällt. Die widerrechtliche Freilassung eines fremden Sklaven verpflichtet zur Präsentation zweier dem freigelassenen an Werthe gleichkommender Sklaven an den Eigenthümer, und dreier anderer an den Fiscus. Die Freilassung selbst wird vom Kaiser umgestoßen. Andere Sätze, welche sich im Justinianeischen Rechte nachweisen lassen, finden sich in der Ecloga in einer völlig eigenthümlichen, von der ursprünglichen Quelle ganz verschiedenen Fassung. Namentlich pflegen die, in den Justinianeischen Rechtsbüchern positiv hingestellten Sätze in der Ecloga eine Beigabe theologischer Rechtfertigungen zu erhalten. — Einige Zeit lang vertrat die Ecloga bei den griechischen Juristen die Stelle der Institutionen, und ist oft und viel behandelt worden. Zeugniß davon gibt die zu dieser Zeit beigefügte Appendix Eclogae. Später, als im Orient die Geltung des Justinianeischen Rechts wiederhergestellt wurde, wurde die Ecloga, wie auch die anderen Handlungen der Kaiser, welche den Bildercultus verboten hatten, gering geachtet. Sie wird von den Kaisern Basilius, Constantin und Leo in der Vorrede des Prochiron als eine Zerstörung der guten Gesetze verdammt und schon unter den vorigen Kaisern wurde sie zwar nicht ganz, aber soweit es nöthig war, verworfen, und in der Vorrede der Epanagoge erklären die Kaiser Basilius, Leo und Alexander, daß sie τὴν ἐκλογὴν τῶν εἰρημένων νόμων παρὰ τῶν Ἰσαύρων βασιλέων ἐκτεθεῖσαν gänzlich verworfen hätten. Nichtsdestoweniger haben dieselben Kaiser Einiges aus der Ecloga in die von ihnen publicirten juristischen Handbücher und sogar in die Basiliken übertragen. Auch haben Juristen sich mit der Ecloga vielfach beschäftigt, theils durch Interpolationen, theils durch Bereicherung derselben aus anderen Quellen, theils durch Zusammenstellung mit anderen juristischen Werken. Endlich haben die Abschreiber die Ecloga zum Gebrauch der Studirenden später oft abgeschrieben, sodaß sie in vielen Handschriften vorhanden ist. Ueber diese Handschriften hat Zachariä von Lingenthal ausführliche Nachricht gegeben. Derselbe hat zuerst das prooemium der Ecloga, den ersten Titel, die Rubriken der übrigen Titel und den 18. Titel 1837 veröffentlicht, und dann 1852 dieses Rechtsbuch vollständig herausgegeben. Der Ausgabe liegt der Codex Bodleian. 264 zum Grunde, zu welchem aus den übrigen Handschriften, welche die echte Ecloga enthalten, Manches bemerkt worden ist. Außerdem ist die Ecloga privata aucta nach dem Cod. Paris. gr. 1384, die Ecloga ad Prochirum mutata nach dem Cod. Paris. gr. 1720 und die von Leunclavius herausgegebene Ecloga verglichen und es sind die verschiedenen Lesarten daraus bemerkt worden. Eine lateinische Uebersetzung ist dem griechischen Texte nicht beigefügt. Von den spätern Bearbeitungen der Ecloga, namentlich der Ecloga privata, der Ecloga privata aucta, der Ecloga ad Prochirum mutata wird weiter unten gehandelt werden.

§. 11. Quellen des Kirchenrechts im Orient.

Die Quellen des Kirchenrechts sind theils die weltlichen Gesetze (νόμοι, νόμιμα, πολιτικαὶ διατάξεις), theils die Canones. Die eigentlichen kirchlichen Rechtsquellen, d. h. die Schlüsse der Concilien, sind als gültig ausdrücklich von Justinian anerkannt und bestätigt. Eine solche kaiserliche Bestimmung, welche als Kanones gelten sollten, war gar nicht überflüssig; denn außer der Anerkennung der nicänischen Synode in einigen Concilien und einer sehr unbestimmten allgemeinen Bestätigung der früher von Concilien ausgegangenen Kanones in der chalcedonensischen Synode war damals Nichts vorhanden, und man war nicht einmal über die Anerkennung der 4 Hauptconcilien einverstanden. Die Sammlungen des kanonischen Rechts der griechischen Kirche bestanden aus verschiedenen Bestandtheilen, welche man kennen muß, um der Vermehrung dieser Sammlungen Schritt für Schritt folgen zu können. 1) Die ältesten Quellen dieser Sammlungen sollen von den Aposteln selbst ausgegangen sein. Es gehören hierher die Constitutiones apostolicae und die canones sanctorum Apostolorum. Die Constitutionen in 8 Büchern schreibt eine alte Sage dem Papst Clemens, Schüler des Apostels Petrus, zu, welcher sie von diesem empfangen haben soll, und ebenso sollen die Kanones der Apostel bis in den Anfang der Kirche hinaufreichen. Dies ist nun zwar entschieden zu verneinen. Dagegen ist die Behauptung, daß auch der Inhalt zunächst der Constitutionen völlig in das Reich der Erdichtung gehöre, nicht zu rechtfertigen, sondern es muß zugestanden werden, daß er auf alten Traditionen beruht, welche in den vorhandenen griechischen, syrischen und anderen orientalischen Recensionen eine verschiedene locale Ausprägung gefunden haben. In den griechischen Handschriften bestehen die Constitutionen aus 8 Büchern, in welchen drei ursprünglich gesonderte Werke vereinigt sind. Das erste (Buch 1—6) kommt in den morgenländischen Handschriften als abgeschlossenes Ganzes vor, und ist wahrscheinlich in Kleinasien kurz vor dem Ende des 3. Jahrhunderts im Wesentlichen so überarbeitet und vermehrt worden, wie es jetzt in griechischer Sprache vorliegt. Wegen seiner Form wird dieser Theil als Didaskalia der Apostel bezeichnet. Das zweite Werk (Buch 7) ist nur griechisch vorhanden, während das dritte (Buch 8), welches den Namen des Hippolytus trägt, in orientalischen und verschiedenen griechischen Texten vorkommt. Beide sind ebenfalls vornicänischen Ursprungs; alle drei erscheinen aber seit dem Ende des 4. Jahrhunderts vereinigt als διατάξεις τῶν Ἀποστόλων. Mit ihnen sind dann im 6. Jahrhundert als letztes Capitel des 8. Buches die sogenannten canones Apostolorum in Verbindung getreten, eine Sammlung kirchlicher Satzungen, welche in ihrer jüngsten Gestalt 85, in der ursprünglichen aber nur 50 Nummern zählt, und in der letzteren ihren Inhalt besonders aus den apostolischen Constitutionen und aus dem Concil von Antiochien (341) entlehnt. Ihre Heimath darf man in Syrien suchen. Die morgenländische Kirche behandelt sie als echt, nicht so die abendländische, welche sie schon im 5. Jahrhundert als untergeschoben verworfen hat. Durch die Aufnahme in die Sammlung des Dionysius sind jedoch die ersten 50, weil sie mit der abendländischen Tradition übereinstimmten, wirklich ein Theil des abendländischen kirchlichen Rechts geworden. 2) Die hauptsächlichsten und echtesten Quellen der kanonischen Sammlungen sind aber die Schlüsse der Synoden, unter welchen die ökumenischen und die Localsynoden zu unterscheiden sind. Als ökumenische oder allgemeine Synoden gelten in der orientalischen Kirche: a) die zu Nicäa von 325; b) zu Constantinopel von 381; c) zu Ephesus von 431; d) zu Chalcedon von 451; e) die trullanische Synode von 692, von Trullum, einem Theile des kaiserlichen Palastes in Constantinopel, wo sie gehalten wurde, so genannt; sie wird bei den griechischen Kanonisten als sechstes Concil aufgeführt, heißt aber auch Synodus quini-sexta, weil sie die fünfte und sechste allgemeine Synode, welche beide zu Constantinopel 553 und 681 gehalten worden waren, ergänzen sollte; f) die Synodus septima oder die zweite nicänische von 787. Die Localsynoden, welche in Betracht kommen und deren Chronologie zum Theil sehr ungewiß ist, sind: a) die zu Carthago unter Cyprian; b) zu Ancyra von 314; c) zu Neocäsarea von 315; d) zu Antiochien von 341; e) zu

Sardica von 347; f) zu Gangra; g) zu Laodicea; h) zu Constantinopel unter Nectarius von 394; i) zu Carthago (Concilium africanum) von 419. 3) Eine fernere echte Quelle der kanonischen Sammlungen sind die canones sanctorum Patrum. Als solche gelten: a) Dionysius, Erzbischof von Alexandria (gest. 264), b) Petrus, Erzbischof ebendaselbst (gest. 311), c) Gregorius Thaumaturgus, Bischof von Neocäsarea (gest. 265), d) Athanasius, Erzbischof von Alexandria (gest. 373), e) Basilius, Erzbischof von Cäsarea in Cappadocien (gest. 379), f) Gregorius, Bischof von Nyssa (gest. 396), g) Gregorius von Nazianz, mit dem Beinamen theologus (gestorben zwischen 389 und 391), h) Amphilochius von Iconium (gest. 395), i) Timotheus (gest. 388), k) Theophilus (gest. 412), l) Cyrillus (gest. 444), alle drei nach einander Erzbischöfe von Alexandria; m) Gennadius, Patriarch zu Constantinopel (gest. 472). Es ist schwer zu bestimmen, auf welche Weise die kanonischen Sammlungen der griechischen Kirche entstanden sind, und wie sie sich allmälig vermehrt haben. Folgendes ist jedoch wahrscheinlich. Diese Sammlungen scheinen ihrem Ursprunge nach aus den Schlüssen der Concilien zu Nicäa, Ancyra, Neocäsarea und Gangra zusammengesetzt zu sein. Denn die ursprüngliche Sammlung der Uebersetzung des Isidorus enthielt allein diese 4 Concilien. Die drei letzten Localsynoden gehören einer Diöcese des Pontus an. Es ist daher wahrscheinlich, daß sie in dieser Diöcese die ersten Zusätze erhalten haben. Zuerst verband man damit die Concilien zu Antiochien, welche, obgleich sie älter sind, doch nach dem Concil von Gangra ihre Stellung erhalten haben. Einige der heiligen Väter, welche dem Concil zu Chalcedon beiwohnten, haben sich einer ähnlichen Sammlung bedient, wie aus den in den Acten des chalcedonensischen Concils angeführten Citaten des antiochenischen Concils hervorgeht. Neue Zusätze sind im 5. Jahrhundert gemacht worden; diese Zusätze waren aber, nach den verschiedenen Uebersetzungen der griechischen Sammlungen, nicht in allen Sammlungen dieselben. So enthielt die Sammlung, deren sich der Urheber der alten Uebersetzung (prisca translatio) bediente, außer den 5 Concilien, welche die ursprüngliche Sammlung bilden, die Concilien von Chalcedon und Constantinopel. Nur fanden sich die vier ersten Concilien dort in einer abweichenden chronologischen Ordnung, indem die Concilien zu Ancyra und Neocäsarea denen von Nicäa und Gangra vorhergingen. Dionysius (Exiguus) bediente sich, nach der Angabe in seiner Vorrede, einer griechischen Sammlung von 165 Nummern, welche 20 Kanones des Concils zu Nicäa, 24 des zu Ancyra, 14 des zu Neocäsarea, 20 des zu Gangra, 25 des zu Laodicea, 35 des zu Constantinopel enthielt. Er selbst fügte die Kanones der Apostel und die Concilien von Sardica und Afrika bei. Der Urheber der Ergänzung der Uebersetzung des Isidorus, dessen ursprüngliche Sammlung Nichts, als die 4 Synoden enthielt, fügte, außer den Concilien zu Antiochia, die von Laodicea, Constantinopel und Chalcedon hinzu. So bilden die Kanones der Apostel, des Concils zu Sardica und die, welche den Namen der ephesinischen tragen, bis dahin keinen Theil der kanonischen Sammlungen der griechischen Kirche, und man konnte die Zeit nicht bestimmen, zu welcher diese letzteren Quellen der griechischen Sammlungen beigefügt worden sind. Doch gibt es ein altes Zeugniß über den Zustand der Sammlungen der griechischen Kirche zu Anfang des 6. Jahrhunderts, nämlich die Vorrede des genannten Dionysius, gerichtet an den Papst Hormisdas (523), welche sich an der Spitze der auf Befehl dieses Papstes veranstalteten, aber nicht mehr vorhandenen griechisch-lateinischen Sammlung befindet; diese bestand nach der uns erhaltenen Vorrede nur aus den Kanones, welche von der griechischen und lateinischen Kirche anerkannt waren; sie enthielt nämlich nur die Kanones des Concils zu Nicäa bis zu dem von Chalcedon, nicht aber die Kanones der Apostel, von Sardica und Afrika. Die eigentliche Geschichte der in der griechischen Kirche für den Gebrauch anerkannten Kanones fängt erst mit Johannes Scholasticus (siehe später) an. Seine συναγωγὴ κανόνων εἰς ν' τίτλους [illegible], oder systematische Zusammenstellung der Kanones in 50 Titeln hat er in seinen früheren Jahren verfaßt, ungefähr zwischen 540 und 550. Wie die Sammlung der gebräuchlichen Kanones zu jener Zeit beschaffen war, ergibt sich aus seiner Vorrede und dem derselben beigefügten Verzeichniß der benutzten Kanones (τάξις τῶν κανόνων). Hieraus ergibt sich, daß die canones apostolorum und von 10 Concilien (von Nicäa, Ancyra, Neocäsarea, Sardica, Gangra, Antiochia, Laodicea, Constantinopel, Ephesus und Chalcedon), die damals übliche Sammlung ausmachten, und daß ein Vorgänger von Johannes eine ähnliche Arbeit in 60 Titeln aus diesen Quellen verfaßt hatte. Johannes erkennt denselben Bestand an, setzt aber, was er besonders hervorhebt, einige Briefe des heiligen Basilius hinzu. Gegen den Bestand der kanonischen Sammlung der griechischen Kirche, wie ihn Dionysius zu Anfang des 6. Jahrhunderts schildert, finden sich demnach als neue Stücke vor: 1) die Kanones der Apostel, deren Ansehen jedoch nicht ganz feststand und noch im 7. Jahrhundert Zweifel zuließ; 2) die sardicenser Schlüsse, welche früher bei der griechischen Kirche nicht gangbar waren und in Rücksicht auf Chronologie erst nach dem Concil von Neocäsarea eingeschaltet werden; 3) einige Prooimia, welche Johannes an die Stelle dieses Concils setzt; 4) Auszüge aus zwei Briefen des Basilius an Amphilochus, welche jetzt in der griechischen Sammlung als zweiter und dritter Brief gelten. Die Auszüge daraus, welche 68 Kanones liefern, sind der ersten Schritt zu der in der Folgezeit sehr vermehrten Sammlung der Briefe heiliger Väter, welche in der griechischen Kirche den Kanones der Concilien angeschlossen werden. Uebrigens hat in dieser Zeit, nämlich in der Zeit Justinian's, das Ansehen der Kanones sich erhöht, indem sie, wie bemerkt wurde, durch kaiserliche Gesetze bestätigt wurden; auf der andern Seite hat aber auch die Kirche durch eigene Sammlung und Redaction der kaiserlichen Gesetze sich den Gebrauch derselben erleichtert. Die Gesetze Justinian's, welche den Kanones Gesetzeskraft verleihen, sind in Conc. Chalced. can. 1 angeführt. Nov. 137. cap. 4, welche den Canon apost. 37 wiederholt, kann füglich auf das Werk des Johannes Tit. 40 gegründet sein, welcher in der Zeit der Publication dieser Novelle im J. 565 in dem größten Ansehen stand, da er damals Patriarch zu Constantinopel wurde. Er hat auch bald nach Justinian's Tode aus dessen Novellen die collectio LXXXVII. capitulorum ausgearbeitet, als eine Beilage zu seinem kanonischen Werke. Das letztere hat sein Ansehen sehr lange und noch über das Zeitalter des Photius und Balsamon hinaus bewahrt. — Eine neue Vermehrung des Bestandes der kanonischen Quellen zeigt sich in dem 7. Jahrhundert in dem damals noch vor dem trullanischen Concil entstandenen Nomocanon in 14 Titeln, welcher mit einer Sammlung der kanonischen Quellen verbunden war. Diesem war außerdem eine Collectio constitutionum ecclesiasticarum (von beiden Werken wird später noch besonders gehandelt werden) angeschlossen, eine Compilation aus den Rechtsbüchern Justinian's. Diesen Nomokanon hat man früher dem Patriarchen Photius zugeschrieben, während er nach der Ausführung von Biener ein viel älteres Werk ist, was Photius nur überarbeitet hat. Diese Ansicht ist seitdem allgemein anerkannt worden und hat sich sogar durch einzelne Nachrichten in Handschriften bestätigt. Obschon die Ansichten über die Zeit der Abfassung dieses Werkes verschieden sind, so ist doch aus den von Biener geltend gemachten Gründen die Ansicht als die richtige anzuerkennen, nach welcher diese Zeit gegen das Ende der Regierung des Kaisers Heraclius fällt. Dieses Werk besteht aus zwei Theilen. Der erste ist ein System in 14 Titeln, deren Unterabtheilungen Capitel heißen, und unter diesen Rubriken sind die sich auf den Gegenstand beziehenden Kanones citirt, die betreffenden Stellen weltlicher Gesetze in einem Auszuge ihres Textes gegeben. Der zweite Theil ist eine Sammlung der Kanones in ihrem vollständigen Texte und in chronologischer Ordnung, von welcher letzteren nur einzelne durch den Gebrauch angenommene Abweichungen vorkommen. Den ersten Theil kann man füglich Nomocanon nennen, obwol das Wort neueren Ursprungs scheint; den zweiten Syntagma, obgleich dieser Name in alter Zeit auch dem ersten Theile beigelegt worden ist. Um den Bestand der zum Grunde gelegten Sammlung der Kanones zu erkennen, haben wir das Verzeichniß der benutzten Stücke mit einer chronologischen Bemerkung am Schlusse desselben; daneben die Vorrede, deren erste Hälfte dem alten Autor angehört; endlich die kanonische Sammlung selbst. Dabei ist freilich ein schlimmer Umstand, daß wir sowol das Verzeichniß, als das Syntagma nur mit einer aus der Ueberarbeitung des Photius hervorgegangenen Vermehrung besitzen, und daß man demnach darauf angewiesen ist, den alten Bestand zu errathen. Ueberdies erregt das Verzeichniß, wie es sich bei Voellus und in guten Handschriften (Cod. Paris. gr. 1320. 1324. Cod. Vindob. Lambec. VIII. 44) vorfindet, wegen sichtlicher Mängel kein Vertrauen. Es fehlt die Synodus S. Sophiae, welche Photius in seiner Vorrede ausdrücklich hervorhebt; ferner das Carthaginense Cypriani und die kanonischen Stücke des Athanasius, Gregorius Theologus und Amphilochius, welche durch das trullanische Concil anerkannt worden waren. In dieser Hinsicht ist eine petersburger Pergamenthandschrift, nach von Murall's Bezeichnung Nr. XIV, sehr wichtig. Sie enthält den Nomocanon und das Syntagma nach Photius. Das Verzeichniß der Kanones hat nach dem Concil von Carthago eine kleine Lücke von nur zwei Zeilen, deren Ausfüllung mit dem Worte *Συνόδου* angefangen ist, sodaß die bei Voellus an dieser Stelle bezeichneten Stücke (Constantinopolitana, Sexta, Septima, Primosecunda) fehlen. Durch eine neuere Hand sind diese Stücke, weil es an Platz fehlte, am Rande nachgetragen worden. Nach der sehr wahrscheinlichen Annahme von Biener ist das Verzeichniß, wie es von der ersten Hand in der Handschrift vorliegt, das ursprüngliche Verzeichniß des alten Verfassers, und die kleine Lücke hat nur durch Zufall die Ausfüllung durch *Συνόδου Κωνσταντινουπόλεως Κανὼν α'* nicht erhalten; denn die chronologische Bemerkung am Schlusse des Verzeichnisses, welche wol dem alten Verfasser zuzuschreiben ist, hat diese Synode als das letzte Stück seiner Sammlung erwähnt, und dieselbe ist daher als ein Theil des alten Bestandes anzusehen. Hiernach hat also Photius das alte Verzeichniß stehen lassen, und die Liste ist nur durch spätere Zusätze auf den neueren Bestand gestellt worden, woraus sich dessen erwähnte Mängel erklären. Nimmt man diese Ansichten an, so bilden demnach die Kanones der Apostel, die Concilien von dem nicänischen bis mit dem vorher erwähnten constantinopolitanischen, und die Briefe von Dionysius bis mit Gennadius den Bestand der alten Sammlung, welche im 7. Jahrhundert zu einem Nomokanon verarbeitet wurde. Ueber die Vermehrung, welche im Verhältniß zu Johannes Scholasticus sich ergibt, hat der unbekannte Verfasser selbst Auskunft gegeben. Er sagt in der Vorrede, daß er das Concilium Carthaginense gefunden und zugesetzt habe, in der chronologischen Bemerkung, daß er es den anderen Concilien nachstelle, weil es manche blos occidentalische Verhältnisse berühre. Entlehnt hat er dieses Stück, welches eine unter Bischof Aurelius im Jahre 419 gehaltene Synode ist, aus der lateinischen Sammlung des Dionysius, wie die Vergleichung ergibt, und hat es in das Griechische übersetzt. Das Concilium Constantinopolitanum sub Nectario in causa Agapii et Bagadii vom Jahre 397 erwähnt er in der chronologischen Reihe, und daß er es, weil es einen zu speciellen Gegenstand betreffe, zuletzt gestellt habe. Endlich erwähnt er in der Vorrede, daß er Briefe der heiligen Väter hinzugesetzt habe, deren eine bedeutende Zahl ist. Zu den schon bei Johannes vorhandenen Briefen des Basilius an Amphilochius kommt noch einer hinzu, welcher jetzt als der erste mit 16 Kanones gilt, was ein Ganzes von 84 Kanones ausmacht. Außerdem sind noch eine Menge Briefe des Basilius und mehrerer anderer Kirchenväter hinzugekommen. In einigen anderen Punkten ist es schwieriger, die Thätigkeit des alten Verfassers von der des Photius, des Bearbeiters, zu trennen, namentlich in Bezug auf Zusätze, welche die Kanones der Concilien erhalten haben. Vergleicht man das Verzeichniß des Johannes Scholasticus, die Liste des Nomokanon, den Bestand in dem Syntagma des Photius, und den des Zonaras, so findet sich der Unterschied in den Angaben über die Anzahl der zugehörigen Kanones bei einigen Concilien. In manchen Fällen ist es blos eine Verschiedenheit der Zählung; so bei dem Concilium Neocaesariense, Gangrense und vielleicht auch bei dem Laodicenum. Bei manchen sind aber wirklich Kanones hinzugefügt worden; so z. B. bei dem Chalcedonense, wo Johannes Scholasticus 27 Kanones hat, der Nomokanon aber 30, von welchem die beiden letzten, aus den Synodalacten excerpirt, in den Handschriften öfters ohne Nummern angeschlossen wurden, sodaß nur 28 gezählte vorliegen. Aehnliche Vermehrungen der Kanones sind bei dem Concilium Constantinopolitanum und Ephesinum wahrzunehmen. Eine andere Art von Zusätzen besteht darin, daß durch Berücksichtigung der Synodalacten mehrere Concilien mit zugehörigen epistolae synodicae ausgestattet worden sind. So hat das Concilium Constantinopolitanum eine epistola Synodi ad Theodosium erhalten, das Ephesinum eine ad populum, das Gangrense eine ad Armenios, das Antiochenum eine ad provincias. Außerdem sind den schon vorher erwähnten 3 Briefen des Basilius die Einleitungen beigefügt worden. Die Erkenntniß dieser Zusätze beruht auf einer von Biener angestellten Vergleichung zweier wiener Handschriften (Lambec. VI, 16; VIII, 44), welche das Syntagma des Photius enthalten, und nach einer dritten wiener (Lambec. VIII, 45), welche mit bestimmter Rücksicht auf Johannes Scholasticus die Stücke, welche das Werk des Johannes hat, aus diesem Werke anführt und nur das Mehr abschreibt, was im Photius sich findet. Die vorher hervorgehobenen Zusätze, welche eine Benutzung der Conciliensacten enthalten, sind wahrscheinlich dem alten Urheber des Nomokanon zuzuschreiben, welcher seine umfassende Gelehrsamkeit und Einsicht auch dadurch bewährt hat, daß er die lateinische, der abendländischen Kirche angehörende Sammlung des Dionysius (Exiguus) kannte und benutzte. Noch einen anderen Zusatz des unbekannten alten Urhebers des Nomokanon ergeben nach der Ansicht von Biener einige pariser Handschriften. Es enthalten Cod. Paris. gr. 1320. 1324. 1334. Coislin. 34 und die vorher erwähnte petersburger No. XIV. an der Spitze des Nomokanon die Vorrede des Johannes Scholasticus, sein Verzeichniß der Kanones und Auszüge aus den Constitutiones apostolicae auf den Namen der Apostel Petrus und Paulus. Diese Stücke hat nach Biener's Vermuthung Photius durch den alten Nomokanon überliefert erhalten, indem zu seiner Zeit keine Veranlassung vorhanden war, jene Stücke aus Johannes aufzunehmen, und die Constitutiones apostolicae sogar durch die trullanische Synode verworfen waren. Endlich ist wol als gewiß anzunehmen, daß die drei alten Sammlungen von Excerpten aus dem Justinianeischen Rechte, welche in den Handschriften des Photianischen Nomokanon an das Syntagma regelmäßig angeschlossen sind, schon dem ursprünglichen Kanon angefügt waren; denn die erste derselben hat Johannes Scholasticus verfaßt, die zweite ein Unbekannter, die dritte aber der Urheber des Nomokanon selbst. — Das nächste und dabei ein wichtiges Ereigniß für die kanonische Sammlung ist der zweite Kanon der trullaner Synode von 692, welcher überhaupt die Anerkennung der kanonischen Stücke authentisch ausspricht. Die Constitutiones apostolicae werden entschieden verworfen, dagegen die 85 Canones Apostolorum, welche bis dahin noch zweifelhaft waren, anerkannt. Dann werden anerkannt die Kanones der Concilien zu Nicäa, Ancyra, Neocäsarea, Gangra, der zu Antiochia, Laodicea, Constantinopel, des ersten ephesinischen, des ersten chalcedonensischen, der zu Sardica, Carthago und Constantinopel unter Nectarius; dann die Kanones der Kirchenväter Dionysius, Petrus, Gregorius Thaumaturgus, Athanasius, Basilius, Gregorius von Nyssa, Gregorius von Nazianz, mit dem Beinamen Theologus, Amphilochius, Timotheus, Theophilus, Cyrillus, Gennadius; endlich das Carthaginense sub Cypriano. Die Aufzählung der Concilien und Kirchenväter, von denen Kanones anerkannt sind, erfolgt in derselben Ordnung, wie sie der frühere Nomokanon in 14 Titeln aufgestellt hatte. Zusätze sind das Concilium Carthaginense sub Cypriano und die Anerkennung der Kirchenväter Athanasius, Gregorius Theologus und Amphilochius. Auffallend ist, daß bei den Concilien die Zahl der Kanones nicht angegeben wird und die kanonischen Briefe ebenfalls nicht näher bezeichnet werden. Die näheren Bestimmungen standen also damals schon durch den Gebrauch in der Kirche fest, oder man baute auf den älteren Nomokanon und dessen kanonische Sammlung. Die letzte von der trullanischen Synode anerkannte Auctorität ist der Kanon Cyprian's, welchen der Gebrauch schon stillschweigend anerkannt hatte; er erhielt seine Stelle nach den kanonischen Briefen, ohne Zweifel deshalb, weil er, als ein bloßer Auszug des Briefes Cyprian's nicht gleiches Ansehen mit den Kanones der übrigen Concilien haben konnte. Ungeachtet ihrer Unvollständigkeit werden doch die Bestimmungen der trullanischen Synode noch in sehr neuer Zeit durch den Chartophylax Nicephorus für allein maßgebend anerkannt, sodaß Nichts außer der darin anerkannten Auctorität als Kanones haben kann, womit er freilich eigentlich nur eine Sanction des betreffenden trullaner Kanon wiederholt, während in der Wirklichkeit die Festsetzung des trullaner Concils einer näheren Bestimmung durch den Gebrauch bedurfte, und sogar später mehrere Stücke zugesetzt worden sind.

§. 12. Verhältniß des weltlichen und kirchlichen Rechts zu einander.

Es kommt hier Folgendes in Betracht:

1) Die Bestätigung der kirchlichen Gesetze durch das weltliche Recht. Schon Justinian erkennt die eigentlich kirchlichen Rechtsquellen, d. h. die Concilien, ausdrücklich an. In Nov. 115. Cap. 3. §. 14 (v. 542)

werden die 4 Hauptconcilien als Richtschnur der Orthodoxie anerkannt. In Nov. 131, Cap. 1 (v. 543) bestimmt er ausdrücklich, daß die von den 4 allgemeinen Concilien zu Nicäa, Constantinopel, Ephesus (erste ephesinische Synode) und Chalcedon aufgestellten Kanones Gesetzeskraft haben sollen; die Dogmen der genannten 4 Concilien, sagt er, erkenne er, wie die heilige Schrift an, und die Kanones beobachte er als Gesetze. Die zuletzt angeführte Novellenstelle bietet einige Schwierigkeiten in der Auslegung. Besonders ist nicht recht klar, was das „expositae aut firmatae“ heißen soll. Von der einen Seite würde man wegen des aut am natürlichsten das „expositae“ von den Schlüssen der vier Hauptconcilien selbst, „das firmatae“ von den Schlüssen der in denselben bestätigten Provinzialconcilien verstehen; auf der anderen Seite aber läßt sich nicht behaupten, daß außer der ganz unbestimmten Sanction des chalcedonensischen Concils, wodurch früher von Concilien ausgegangene Kanones bestätigt wurden, bestimmte Provinzialconcilien von einer der vier ökumenischen Synoden bestätigt worden wären, und man würde also die Worte „expositae aut firmatae“ als eine Tautologie anzunehmen und blos von den Schlüssen der vier Hauptconcilien zu verstehen haben, wie es auch der Verfasser der Collectio Constitutionum ecclesiasticarum gethan hat. Auch Julian in seinem Novellenauszuge nennt nur die vier Hauptconcilien, scheint also auch nur diese als von Justinian bestätigt anzusehen und als mit Gesetzeskraft versehen zu betrachten. Damit stimmt der Novellenepitomator Athanasius überein, welcher nur die 4 Concilien nennt, während Theodorus in seinem Breviarium Novellarum nicht einmal diese nennt, sondern nur sagt: οἱ ἐκκλησιαστικοὶ κανόνες τάξιν νόμων ἐχέτωσαν. Spätere Schriftsteller, Balsamon und Nicephorus, haben allerdings die Stelle der Novellen auch von den durch ökumenische Concilien bestätigten Provinzialconcilien verstanden; aber sie berücksichtigen dabei, wegen einer später stattgefundenen, auf spätere ausdrückliche Anerkennung durch weltliche Gesetze sich gründenden Interpolation von 7 Hauptconcilien alle 7 Hauptconcilien, von denen das sechste, eigentlich die trullanische Synode, mehrere Provinzialconcilien wirklich bestätigte, und konnten also in dieser Hinsicht mit vollem Rechte diese Erklärung annehmen, welche aber von dem Standpunkte des ursprünglichen Textes aus ihre Schwierigkeiten hat. Indessen kann man mit Biener auch in dem ursprünglichen Texte der Novelle dieselbe Erklärung annehmen, da wahrscheinlich das chalcedonensische Concil beabsichtigte, nicht nur die vorhergegangenen ökumenischen, sondern auch besonders die damals existirenden und in Sammlungen aufgenommenen Provinzialconcilien zu bestätigen. Zwar sind keine ausdrücklich genannt worden, aber welche gemeint waren, war in der Praxis der damaligen Zeit gewiß bekannt. Wären im Sinne der Novelle neben den vier Hauptconcilien gar keine Provinzialconcilien anerkannt gewesen, so hätte Johannes Scholasticus oder Antiochenus in seiner kanonistischen Sammlung von 50 Titeln (συναγωγὴ κανόνων εἰς ν' τίτλους διῃρημένη), welche um die Zeit der Nov. 131, zwischen den Jahren 540 und 550 verfaßt sind, nicht außer den 4 Hauptconcilien auch 6 Provinzialconcilien, welche im §. 9 genannt sind, excerpirt. Da er dabei nach der Vorrede eine ältere Sammlung eines unbekannten Verfassers in 60 Titeln zu Grunde legte, welcher aus denselben Quellen, wie er, geschöpft hatte, so ist die Vermuthung begründet, daß diese 6 Provinzialconcilien es waren, welche nach Tradition und Praxis das chalcedonensische Concil anerkannt hatte. Schließlich darf bei der Erklärung der Nov. 131, Cap. 1 nicht übersehen werden, daß die Glaubenssätze der Concilien in Ansehung ihrer Gültigkeit viel höher gestellt werden, als die übrigen Bestimmungen, indem die ersteren der heiligen Schrift, die letzteren den kaiserlichen Gesetzen an Ansehen gleich stehen sollen.

2) Gültigkeit des weltlichen Rechts in der Kirche. Die Gültigkeit der kaiserlichen Rechte in der Kirche in solchen Fällen, wo die Kanones damit übereinstimmen oder über den Gegenstand Nichts bestimmt haben, bedarf keines Beweises, da die ganze Art und Weise, wie die Kaiser in solchen Angelegenheiten als Gesetzgeber auftreten, und die unbezweifelte Anwendung in der Kirche dies über allen Zweifel erhoben. Nur hinsichtlich derjenigen Fälle, wo die kaiserlichen Rechte mit den kirchlichen im Widerspruch stehen, könnte ein Zweifel sein. Der Fall kommt im Justinianeischen Rechte selten vor, und es ist außerdem bekannt, daß Justinian Gesetze für die Kirche nicht ohne unmittelbare Mitwirkung von Geistlichen erlassen hat, sowie er auch öfters selbst sich dahin äußert, daß er in seiner kirchlichen Gesetzgebung die Kanones zur Richtschnur nehme. Die Entscheidung dieser Fälle ist wol aus der Nov. 131, Cap. 1 dahin zu entnehmen, daß die kaiserlichen Gesetze Nichts bestimmen können, was mit den dogmatischen Sätzen der Concilien im Widerspruch steht; daß aber andere das Kirchenregiment und die Kirchendisciplin betreffende Kanones ebenso gut, wie andere weltliche Gesetze, durch kaiserliche Gesetze oder Privilegien aufgehoben werden können. Ganz in diesem Sinne hat der Kaiser Alexius Comnenus durch eine Novelle den ausgezeichneten, aber den kanonischen Bestimmungen widersprechenden Rang des Chartularius bestätigt. Ebenso hat derselbe Kaiser ein Edict erlassen, daß der Kaiser, ungeachtet des entgegenstehenden can. 1 Conc. Chalced. die Befugniß habe, neue Metropolitane aufzustellen, was auch Balsamon anerkennt. Noch in den Zeiten des Manuel Comnenus ist nach dem Bericht des Balsamon von Einigen die Behauptung aufgestellt worden, daß die Basiliken als neueres Gesetzbuch den älteren Concilienschlüssen derogirten. Ebenso hat Demetrius Chomatianus, Erzbischof von Bulgarien, welcher im Anfange des 13. Jahrhunderts lebte, in seiner Responsa den Kaiser als Haupt der Kirche und mit Ausnahme der Vollziehung der sacra, als Inhaber der höchsten bischöflichen Rechte hingestellt. Er leitet daraus das Recht des Kaisers ab, Bischöfe von einem Sitze auf den anderen zu versetzen, was eigentlich dem kanonischen Rechte widerspreche, und mehrere andere Rechte. Allein diese Ansicht, daß die kaiserlichen Anordnungen

selbst den Concilienschlüssen derogiren können, hat von Seiten der Kirche Widerspruch gefunden, und es ist dagegen die Behauptung aufgestellt worden, daß im Falle eines Widerspruchs die weltlichen Gesetze (νόμοι, auch νόμος πολιτικός) den Kanones nachstehen müßten. Vorzüglich ist dies von Balsamon in seinem Commentar zum Photius sehr bestimmt behauptet worden. Er legt nämlich den Kanones eine zweifache Auctorität bei, indem sie theils von den Vätern der Kirche ausgegangen, theils von den Kaisern bestätigt worden wären, während die leges nur die kaiserliche Auctorität für sich hätten. Darum müßten sie als heilige Schrift dem weltlichen Rechte im Falle des Widerspruchs vorgezogen werden. Dabei ignorirt er freilich, daß eigentlich nur der dogmatische Theil als heilige Schrift anerkannt ist. Mit den Ansichten des Balsamon stimmt auch überein Matthäus Blastares in seinem Syntagma; er weicht nur darin von Balsamon ab, daß er die Schlüsse der Concilien darstellt, als wären sie von den Kaisern selbst, unter welchen die Concilien gehalten wurden, autorisirt. Andere Quellen, von welchen sich Aufklärung über diesen zweifelhaften Punkt erwarten ließe, liefern darüber nichts Bestimmtes. So hat z. B. Photius in seinem Nomokanon von der Gültigkeit der leges in der Kirche nichts Genaues, obschon er sie durch seine ganze Arbeit anerkennt. In der Vorrede erkennt er sie nur im Allgemeinen als wichtig an, und im Cap. 2. Tit. 1 sucht er nur die Gültigkeit der Kanones festzustellen. Auch die Epanagoge gibt im Tit. 2. §. 4 (welcher Titel vom Kaiser handelt) nur die allgemeine Bestimmung, daß der Kaiser für die Aufrechterhaltung der heiligen Schrift, der 7 Hauptconcilien und des römischen Rechts wachen solle, und im Tit. 3. §. 8 (welcher Titel vom Patriarchen handelt) wird die Uebereinstimmung des Kaisers und des Patriarchen, als der beiden Oberhäupter, als wünschenswerth für den Frieden und das Glück der Unterthanen hingestellt. Ebenso wird im Tit. 2. §. 6 dem Kaiser die Interpretation der alten Gesetze, im Tit. 3. §. 5 dem Patriarchen die Interpretation der kirchlichen Normen vindicirt. Ueber den Collisionsfall findet sich also Nichts bestimmt. Die erwähnte allgemeine Bestimmung der Epanagoge über die Normen, über deren Aufrechterhaltung der Kaiser zu wachen habe, und über die wünschenswerthe Uebereinstimmung des Kaisers und des Patriarchen wiederholt die Synopsis minor. Uebrigens ist das Verhältniß des weltlichen Rechts zu dem kirchlichen im orientalischen Reiche in *Assemani* Bibliotheca juris orientalis Gegenstand eines eigenen Capitels; er hat als Curialist der Meinung des Balsamon den Vorzug gegeben.

3) Art und Weise der Benutzung der Justinianeischen Rechtsbücher in der griechischen Kirche vor den Basiliken. In diesem Zeitraume waren, außer einzelnen Novellen der auf Justinian folgenden Kaiser, die Justinianeischen Rechtsbücher die einzige Quelle, und in der Kirche sind ebenso gut, wie in der bürgerlichen Praxis, diese Rechtsbücher sehr bald nicht mehr in ihrem lateinischen Originaltext, sondern in den griechischen Bearbeitungen gebraucht worden. Diese unmittelbare Benutzung des Justinianeischen Rechts ist aber durch mehrere Auszüge desselben, welche bald nach Justinian erschienen, und da sie für die Kirche bestimmt waren, nur das eigentlich Kirchliche enthielten, beschränkt worden. Unter diesen Auszügen zeichnen sich besonders drei Sammlungen aus, welche bis auf die neueste Zeit sehr oft abgeschrieben worden sind, wie die vielen vorhandenen Abschriften beweisen, woraus auch auf den fortwährenden praktischen Gebrauch sich schließen läßt. Es sind die sogenannte Collectio LXXXVII capitulorum, die Collectio XXV capitulorum, die Collectio constitutionum ecclesiasticarum. Dazu kommen noch der Nomokanon in 50 Titeln, welcher gewöhnlich, aber mit Unrecht, dem Johannes Antiochenus zugeschrieben wird, und der später von Photius überarbeitete Nomokanon in 14 Titeln. Es wird von diesen Werken und von den griechischen Bearbeitungen der Justinianeischen Rechtsbücher, welche sie für die daraus citirten Stellen benutzt haben, noch später ausführlicher gehandelt werden.

Zweites Capitel.

Geschichte der Rechtswissenschaft.

§. 13. Unterricht in der Rechtswissenschaft.

1) Rechtsschulen im Orient im 6. Jahrhundert. Zu Constantinopel wurde durch Theodosius II. im J. 425 eine öffentliche Lehranstalt gegründet. Unter ihren vielen Professoren, welche alle besoldet waren, befanden sich auch zwei Lehrer der Rechtswissenschaft. Aber auch andere Lehranstalten bestanden im Orient. Unter ihnen ist die zu Berytus eine der ältesten, und die Rechtswissenschaft war eins der wissenschaftlichen Fächer, welches dort gelehrt wurde. Athen hatte eine Rechtsschule und die Lehranstalt zu Alexandria hatte ebenfalls unter ihren Professoren Rechtslehrer, sowie auch Cäsarea von Justinian selbst als eine Stadt genannt wird, in welcher das Recht gelehrt wurde. Justinian hob im J. 533 alle anderen Rechtsschulen außer denen zu Berytus und in den Hauptstädten auf, und erwähnte unter der Zahl der unterdrückten Rechtsschulen ausdrücklich die zu Alexandria und Cäsarea. Wenn er die Rechtsschule zu Athen nicht ausdrücklich aufhob, so hat dies darin seinen Grund, daß er schon 529 verboten hatte, zu Athen die Philosophie vorzutragen und das Recht zu lehren. Die Aufhebung der Rechtsschule in Alexandria scheint nicht streng gehandhabt worden zu sein. Wenn Justinian bloß die Rechtsschule zu Berytus und in den Hauptstädten aufrecht erhielt, so muß man letzteres (regiis urbibus — urbes regiae) eigentlich allein auf Constantinopel beschränken, obgleich der Kaiser auch von Rom mit dieser Bezeichnung zu sprechen scheint; denn Justinian hatte damals, im J. 533, keine Gewalt über Rom. Man kann aber auch die Stellen so erklären, daß, da die ostgothischen Könige in Italien noch immer sich als Stellvertreter des Kaisers betrachteten, wie dies namentlich von Theoderich dem Großen bekannt ist (s. den Artikel Gothisches Recht),

Justinian auch von der Rechtsschule zu Rom mit gesprochen habe. Die innere Verfassung der orientalischen Rechtsschulen ist nicht bekannt; man weiß nur, daß zu Berytus der Statthalter der Provinz, der Bischof und die Professoren der Schule die Aufsicht über die Abschreiber und eine gewisse Disciplinargewalt über die Studirenden hatten, und daß zu Constantinopel diese Aufsicht dem Praefectus urbi übertragen war. Was die Zahl der Rechtslehrer anlangt, so ist die Const. *Omnem* über die Organisation des juristischen Unterrichts an acht Rechtslehrer (antecessores) gerichtet. Nach der Vermuthung von Hugo sollen je vier davon einer der beiden Rechtsschulen angehört haben, und zwar Theophilus, Theodorus, Thaleläus, Gratinus der zu Constantinopel, Dorotheus, Anatolius, Isidorus, Salaminius der zu Berytus. Nach einer anderen Ansicht sollen von den 8 Professoren 4 Constantinopel, 2 Berytus, 2 Rom angehört haben, während nach einer dritten zur Zeit dieser Constitution sich alle zu Constantinopel aufgehalten haben sollen.

2) Art und Weise des juristischen Unterrichts vor dem Jahre 533. Die Quelle, aus welcher wir die Nachrichten darüber schöpfen, ist dieselbe Constitution Justinian's von 533, welche den juristischen Unterricht neu organisirte, die Const. *Omnem* ad antecessores §. 1. Die Grundlage des juristischen Unterrichts bildeten von der großen Zahl juristischer Schriften 6 Werke, welche, wie Justinian sich äußert, nur unvollständig und nicht in gehöriger Ordnung den Schülern erklärt wurden, die Vorlesungen waren exegetisch, der Cursus war auf fünf Jahre berechnet. Im ersten Jahre wurde 1) über die Institutionen des Gajus und 2) über die 4 libri singulares, von denen das erste de re uxoria, das zweite de tutelis, das dritte und vierte de testamentis et legatis handelte, gelesen; im zweiten 3) über „prima pars legum“ mit Ausnahme einiger Titel, und dann 4) über andere Titel „ex illa parte legum, quae de judiciis nuncupatur“ und auch noch über ein Stück aus der pars de rebus, jedoch namentlich mit Ausschluß von 7 Büchern; im dritten Jahre über die vorher nicht erläuterten Theile jener zwei „volumina,“ nämlich de judiciis und hauptsächlich also 5) de rebus, sowie 6) über die responsa Papinian's, nämlich von den 16 Büchern nur über 8; und selbst darüber, wie überhaupt über Alles, wurden nur äußerst lückenhafte, dürftige Vorträge gehalten, was der Kaiser bei der Gelegenheit den Professoren in derben Ausdrücken zum Vorwurfe macht. Jene volumina oder partes müssen nothwendig die Schriften über das Edict sein (dieses selbst nämlich war weder in Bücher eingetheilt, noch so weitläufig), wonach ja die Studirenden im zweiten Jahre benannt wurden, also etwa Ulpian's Commentar über das Edict. Im vierten Jahre studirte man die responsa des Paulus, jedoch nicht nach einem Vortrage des Lehrers, indem sie die Studirenden, und zwar nach der Aeußerung des Kaisers schlecht genug, „per semet ipsos recitabant.“ Wie das zu verstehen sei, wissen wir nicht näher. Nach diesem quadriennium wurden die kaiserlichen Constitutionen gelesen, wodurch man also wieder auf das quinquennium kommt, von welchem auch Justinian bei seinem neuen Studienplane ausgeht. Die Studirenden hießen im ersten Jahre Dupondii, im zweiten Edictales, im dritten Papinianistae, im vierten *λύται*, im fünften *προλύται*. Ob dieser Studienplan allen Rechtsschulen gemeinsam, oder blos für die zu Constantinopel maßgebend gewesen sei, gibt der Kaiser nicht an. Daß die Rechtslehrer zu Berytus Vorlesungen über den Codex Gregorianus und Hermogenianus gehalten haben, sowie auch über Ulpian's Bücher de officio Proconsulis, geht aus Scholien des Thaleläus hervor. Es wird sich aber aus dieser Nachricht entnehmen lassen, daß der vom Kaiser erwähnte Studienplan sich blos auf die Rechtsschule zu Constantinopel beschränkt habe, zu Berytus hingegen der Studienplan ein anderer und es mehr dem Ermessen der Rechtslehrer überlassen gewesen sei, welche juristische Werke sie in ihren Vorlesungen erklären wollten.

3) Neuer von Justinian 533 eingeführter juristischer Lehrplan. Der Studienplan war, wie früher, auf 5 Jahre berechnet. Im ersten Jahre sollen dem Vortrage zum Grunde gelegt werden des Kaisers Institutionen, statt der des Gajus, und nachher noch in demselben Jahre prima legum pars, d. h. aber jetzt die *πρῶτα* der Justinianeischen Digesten, und die Studirenden sollen jetzt Justiniani novi heißen. Im zweiten Jahre soll ihnen der alte Name Edictales bleiben, auch nach wie vor über 7 Bücher de judiciis oder 8 Bücher de rebus, aber ganz, also über die zweite und dritte pars der Digesten gelesen werden, jedoch neben einem solchen „volumen“ auch noch über vier aus den 14 letzten Büchern der vierten und fünften pars so zu wählenden libri singulares, daß aus den „volumina“ de dotibus, aus den zwei Büchern de tutelis et curationibus, aus dem doppelten „volumen“ de testamentis, und aus den 7 Büchern de legatis et fideicommissis immer Ein Buch an die Reihe kommt. Im dritten Jahre sollen neben der vorher nicht erklärten pars de rebus oder de judiciis, wie es gerade der Turnus mit sich brachte, noch 3 Bücher (wiederum aus der vierten pars) erklärt werden, nämlich zuerst der liber ad hypothecariam formulam (oder das 20. Buch), alsdann das 21. Buch der Digesten; die Bezeichnung des dritten Buches (offenbar des 22. Buches) vermißt man in der Constitution, welche dennoch fortfährt: es sollen diese 3 Bücher die Stelle der ehemaligen Vorlesung über Papinian vertreten, mit welchem sie, wie der Kaiser meint, bei weitem vollständiger, als früher der Fall gewesen, bekannt machten, sodaß auch den Studirenden die alte Benennung Papinianistae für das dritte Jahr ebenso, wie ihr bei dem Anfange desselben gefeiertes Fest bleiben soll. Im vierten Jahre behielten die Studirenden ebenfalls wieder den einmal herkömmlichen Namen *λύται*, sollten aber, statt des dürftigen Studiums der responsa des Paulus, nunmehr durch das Studium der zehn noch unerklärt gebliebenen Bücher (aus der Zahl der Bücher 23—36), also aus der vierten und fünften pars, eine vollständigere Bekanntschaft mit Paulus erhalten (studeant lectitare, auch recitare). Daß von den Pro-

fessoren darüber Vortrag zu halten sei, wird auch jetzt nicht vorgeschrieben. Nachdem die Studirenden so mit den 5 ersten partes oder den 36 ersten Büchern der Digesten vertraut worden waren, haben sie im fünften Jahre, in welchem sie, wie früher, προλύται heißen, neben der sechsten und siebenten pars der Digesten, deren Studium ihnen jedoch auch noch für spätere Zeiten vorbehalten bleibt, besonders den Constitutionum codex zu studiren (legere), um vollendete Juristen zu sein.

4) Justinian's Verordnung über die schriftstellerische Thätigkeit der Juristen. In den Verordnungen über die Abfassung und Publication der Digesten hat Justinian der schriftstellerischen Thätigkeit der Juristen sehr enge Grenzen gesetzt. Seine diesfälligen Verbote beziehen sich zunächst nur auf die Bearbeitung der Digesten (der jura), da in den Constitutionen über die Abfassung und Publication des älteren und neueren Codex Nichts der Art verordnet ist. Die Controversen nämlich, welche zu Justinian's Zeiten die Praxis unsicher machten, fanden sich in den jura, nicht in den leges; sie sollten in den Digesten ihre Erledigung finden, es sollten keine neuen jura mehr entstehen, sondern alles Recht aus leges, deren Kraft die Digesten erhalten hatten, geschöpft werden. Für den älteren Codex hatte Justinian nur die Auslegung der alten Juristen, wodurch die in den Codex aufgenommenen Constitutionen erläutert wurden, zugelassen, dagegen das Berufen auf die Constitutionen in den Schriften der Juristen, wenn sie anders gefaßt waren, als im Codex, verboten. Das Verbot, Commentare über die Digesten zu schreiben, mußte, sollte der Zweck, daß das Recht nicht wieder ungewiß werden sollte, nicht vereitelt werden, sowie überhaupt die ganze Beschränkung, welche der schriftstellerischen Thätigkeit der Juristen in Bezug auf die Digesten gesetzt war, auch für die Bearbeitungen des Codex, der Institutionen und der Novellen als maßgebend erachtet, d. h. sie mußte als allgemeine Norm für das Maß der juristischen Literatur betrachtet werden. Was nun aber Justinian wirklich verboten, oder was er allein erlaubt hat, ist nicht ganz klar. Das eine Mal sagt er: „sed sufficiat per indices tantummodo et titulorum subtilitatem, quae παράτιτλα nuncupantur, admonitoria ejus (— nämlich Codicis Digestorum —) facere," das andere Mal heißt es: „nemo ... audeat commentarios iisdem legibus adnectere nisi tantum si velit eas in Graecam vocem transformare sub eodem ordine eademque consequentia, sub qua et voces Romanae positae sunt (hoc quod Graeci κατὰ πόδα dicunt) et si quid forsitan per titulorum subtilitatem annotare maluerint et ea, quae paratitla nuncupantur, componere." In der letzten Stelle sind nur Uebersetzungen κατὰ πόδα und παράτιτλα erlaubt; denn aus der ersten Stelle geht hervor, daß die annotationes oder admonitoria per titulorum subtilitatem und die παράτιτλα ein und dasselbe sind. Unter diesen Worten könnte ebenfalls eine Umschreibung des Begriffs der παράτιτλα erblickt werden; richtiger aber versteht man wol darunter eine andere Art der Bearbeitung. Wenigstens wird von den Justinianeischen Juristen mit diesem Ausdrucke etwas Anderes, als Paratitla, bezeichnet. Fragt man nun darnach, was Uebersetzungen κατὰ πόδα, παράτιτλα und indices seien, so ist die Antwort folgende. Uebersetzungen κατὰ πόδα bedeuten ohne Zweifel wörtliche Uebersetzungen; dies wird durch die Uebersetzung des Codex von Thalelaeus bewiesen, welche ein Muster einer ganz wörtlichen Uebersetzung genannt werden kann und bei den Griechen τὸ κατὰ πόδας heißt. Auch die Bearbeitung der Digesten von Dorotheus enthielt, so weit sie den Text wiedergibt, eine ziemlich wörtliche Uebersetzung des Digestentextes, obschon sie nicht den Namen τὸ κατὰ πόδας bei den Griechen führt. Die Paratitla werden von Matthäus Blastares beschrieben als „καθ' ἕκαστον τίτλον ἀναπληρώσεις ἔχοντα τῶν παραλελειμμένων χρησίμων," d. h. als Nachträge zu je einem Titel der Quellen, bestehend aus geordneten Ausführungen und Auszügen aus anderen Theilen der Quellen, welche zu dem Inhalte des betreffenden Titels in näherer Beziehung stehen. Dieser Begriff wird sehr veranschaulicht durch die Paratitla, welche in der Epitome Novellarum des Athanasius und in der Collectio constitutionum ecclesiasticarum vor Augen liegen. Athanasius hat einen Auszug der Justinianeischen Novellen in der Art gearbeitet, daß er die einzelnen Novellen nach ihrem Inhalte in 22 Titel zusammenstellt, einem jeden Titel aber Paratitla hinzufügt, d. h. kurze Auszüge aus allen auf denselben Gegenstand bezüglichen Stellen derjenigen Novellen, welche in anderen Titeln untergebracht waren. Er führt dabei an, in welchem Titel und an welcher Stelle in dem betreffenden Titel diejenige Novelle zu finden ist, welche die Quelle für einen jeden solchen Auszug bildet, und die Auszüge selbst sind nach der Reihenfolge dieser Citate geordnet. Die Collectio constitutionum ecclesiasticarum enthält in ihrem ersten Theile eine abgekürzte Bearbeitung des Cod. Lib. I. Tit. 1—13, wahrscheinlich aus der Codexbearbeitung des Antecessor Stephanus. Der Summe eines jeden Titels sind als Anhang παράτιτλα beigefügt, welche aus kurzen Auszügen verwandter Stellen in anderen Titeln des Codex oder in den Novellen bestehen. Die Quelle eines jeden solchen Auszuges ist sorgfältig angeführt; es sind die Auszüge nach der Reihenfolge des Codex und der Novellen geordnet. Diese Beispiele ergeben zugleich, daß die Paratitla nicht immer aus allen Theilen der Justinianeischen Rechtsbücher entlehnt, sondern z. B. zu den einzelnen Titeln der leges (d. i. des Codex und der Novellen) wieder nur aus den leges Paratitla hinzugefügt wurden. Auch ist es wol möglich, daß man unter dem Worte παράτιτλα in einem weiteren Sinne Anführungen von Parallelstellen überhaupt verstanden hat, wo dann unter den Begriff derselben auch die später sogenannten παραπομπαί, d. h. bloße Citate von Parallelstellen, fallen und die beschriebene Gestalt der Paratitla nur eine zufällige ist. — Was endlich die indices anlangt, welche, wenn auch nicht nach der Absicht Justinian's, doch nach der seinen Worten gegebenen Auslegung, eine dritte Classe der von ihm erlaubten Be-

arbeitungen seiner Rechtsbücher bilden, so hat man, um den Ausdruck index zu erklären, sich mit Recht auf §. 12 Inst. IV, 18 berufen, wo es heißt: „Sed de publicis judiciis haec exposuimus, ut vobis possibile sit, summo digito et quasi per indicem ea tetigisse,“ und die Worte: „summo digito et quasi per indicem ea tetigisse“ von Theophilus übersetzt werden: ἄκρῳ [illegible] δακτύλῳ διὰ συντόμου παραδόσεως. Nach Theophilus ist also index eine σύντομος παράδοσις, eine brevis expositio, eine Summa, wie die Glossatoren sagen. Eine solche Summa war z. B. die Bearbeitung der Digesten von Cyrillus, von welcher die Basilikenscholien regelmäßig Auszüge geben; dieser Jurist führte davon den Beinamen ὁ ἰνδικευτής. Von allen Bearbeitungen der Digesten verdient eigentlich nur diese den Namen index in der eben angegebenen Bedeutung. Es haben die Griechen aber auch weitläufigere exegetische Darlegungen des Inhaltes der einzelnen Stellen in ihrer legalen Reihenfolge Indices genannt, obwol dies nicht genau der Sinn war, in welchem Justinian die Indices erlaubt hatte. So haben Theophilus, Dorotheus und Stephanus unter dem Namen Index Commentare zu den Digesten geschrieben, deren Charakter von dem einer brevis expositio ganz abweicht. Es wird davon ausführlicher gehandelt werden, wo von den Schriften der Juristen dieser Periode die Rede sein wird.

5) Uebertretung der Verbote Justinian's durch die Juristen. Die Grenzen, welche Justinian der schriftstellerischen Thätigkeit der Juristen gesetzt hatte, sind von diesen im Allgemeinen eingehalten worden; nur die Indices in der Bedeutung weitläufiger exegetischer Bearbeitungen gehen über die von Justinian gesetzten Schranken hinaus. Die meisten unter Justinian und kurz nach ihm verfaßten juristischen Schriften haben die Form einer brevis expositio mit Paratitla (ἐπιτομαὶ μετὰ παρατίτλων oder σύντομα oder παραπομπαί). Hieher gehören der index der Digesten von Cyrillus, die Bearbeitung der Digesten des sogenannten Anonymus, die Bearbeitungen des Coder von Anatolius, Isidorus und Theodorus, die Epitomae Novellarum von Julian, Athanasius und Theodorus. Daß ungeachtet des Verbotes Justinian's weitläufigere exegetische Bearbeitungen seiner Rechtsbücher unter dem Namen der Indices möglich wurden, ist aus den Vorlesungen der Rechtslehrer über diese Rechtsbücher, namentlich über die Digesten (denn auf diese bezieht sich hauptsächlich der Ausdruck Indices in der weiteren Bedeutung), zu erklären. Das Verbot Justinian's bezog sich nur auf die schriftstellerische Thätigkeit der Juristen, nicht auf die Vorlesungen. In diesen waren den Rechtslehrern hinsichtlich der Erklärung und Auslegung der Gesetze keine Schranken gesetzt, was auch gar nicht geschehen konnte, sollten die Studirenden eine hinreichende Kenntniß der Rechtsbücher erhalten. In den Vorlesungen nun erläuterten die Professoren die einzelnen Stellen der Rechtsbücher durch erdichtete Fälle, zeigten entstehende Zweifel an und suchten sie zu beseitigen, citirten die anscheinend widersprechenden Stellen und suchten den Widerspruch zu lösen; sie führten auch Parallelstellen an. So entstand gegen Justinian's Verbot eine neue Art von Schriften, die παραγραφαί, d. h. Anmerkungen zur Erläuterung einzelner Worte oder Sätze der betreffenden Stellen der Rechtsbücher, von denen manche so gefaßt sind, daß in Form einer Frage ein Zweifel aufgeworfen und durch eine Antwort beseitigt wird; letztere heißen ἀπορίαι καὶ λύσεις, ἐρωτήσεις καὶ ἀποκρίσεις. Die Professoren selbst haben wol an eine Verbreitung und Veröffentlichung ihrer Vorlesungen nicht gedacht, da Justinian's Verbot entgegenstand. Dieselben wurden aber auf einem anderen Wege veröffentlicht. Die Studirenden schrieben das in den Vorlesungen Gesagte nieder. Solche Collegienhefte wurden von den Studirenden allmälig immer mehr verbreitet, und so kamen förmliche Commentare über die Rechtsbücher, namentlich über die Digesten, in Umlauf, welche doch Justinian geradezu verboten hatte. Was man schon längst, und mit Recht, von der Institutionenparaphrase des Theophilus gesagt hat, daß sie ein über die Vorlesungen dieses Rechtslehrers von einem Zuhörer desselben geschriebenes Collegienheft sei, gilt auch von den weitläufigeren indices mit den παραγραφαί. Zum Beweis dient der Stil der index des Stephanus. Mitten im Texte desselben spricht Stephanus sehr häufig, wie ein Lehrer mit seinen Schülern zu reden pflegt. Die ἐρωτήσεις und ἀποκρίσεις des Stephanus sind Fragen, welche die Zuhörer oder einzelne derselben aufwarfen, und worauf der Lehrer antwortete. Die παραγραφαί tragen die Spur des mündlichen Vortrags, indem Stephanus immer in der zweiten Person spricht, als ob er mit einem Zuhörer redete. Ein anderes Beispiel bietet die Bearbeitung des Coder von Thalelaus. Die ἐρωταποκρίσεις sind Antworten desselben auf von den Zuhörern aufgeworfene Fragen. Die παραγραφαί sind Bemerkungen, welche zu einzelnen Worten des Codertextes (τὸ ῥητόν) oder der wörtlichen Uebersetzung (τὸ κατὰ πόδας) in den Vorträgen gesetzt wurden. Auch der index der Digesten von Dorotheus ist aus dessen Vorlesungen entstanden, wie weniger aus der wörtlichen Uebersetzung der Digestenstellen, als vielmehr aus den παραγραφαί hervorgeht. Ganz besonders aber weist auf den Ursprung dieser genannten Schriften aus den akademischen Vorlesungen die Art und Weise hin, in welcher Thalelaus, Dorotheus und Stephanus die Digesten citiren. Diejenigen Bücher der Digesten nämlich, welche in den Vorlesungen erklärt wurden, citiren sie nicht nach der Zahl der Bücher, sondern nach den partes und der Zahl der Bücher in der pars, und nach den libri singulares, ohne Zweifel, weil diese Citirart den Zuhörern aus den Vorlesungen die geläufigere war und selbst mit dem Studienplan zusammenhing. Die Bücher der Digesten hingegen, welche nicht in den Vorlesungen erklärt wurden, citiren jene Juristen nach der Zahl der Bücher und Titel.

6) Verschwinden des Gebrauchs der lateinischen Sprache im Orient und Folgen davon. Der Zeitpunkt des gänzlichen Verschwindens der lateinischen Sprache im Orient ist unter die Regierung der Kaiser Mauricius und Heraclius zu setzen, in welcher die Districte,

ı welchen noch lateinisch gesprochen wurde, vom römihen Reiche abgerissen wurden. Aber schon früher war :r Gebrauch der griechischen Sprache vorherrschend, und hon der Umstand, daß alle Bearbeitungen der Justiniaeischen Rechtsbücher, mit Ausnahme des Novellenausıgs Julian's, in dieser Sprache abgefaßt waren, daß ie eben diese, zum Theil aus den akademischen Vorägen hervorgegangenen Bearbeitungen darthun, die ıristischen Vorlesungen in griechischer Sprache gehalten ·urden, beweist, daß zwar Kenntniß der lateinischen :prache zum Verständniß der Rechtsbücher erforderlich ·ar, bei dem Unterrichte aber und in der Praxis man ch der griechischen Sprache bediente. Es ist daher nicht uffällig, daß nicht lange nach Justinian auch die grieɩischen Uebersetzungen und Bearbeitungen der Rechtsücher in den Gerichten Eingang fanden, und man sich uf diese, statt auf die Rechtsbücher selbst berief. Aber uch selbst diese griechischen Uebersetzungen und Bearbeiıngen verstanden nach dem Zeugniß in dem §. 2 der Vorrede zu der Ecloga von Leo dem Isaurier und Conantin zu Constantinopel wenige, außerhalb Constantinoels Niemand, und gerade dies veranlaßte diese Kaiser ı der Abfassung der Ecloga.

7) Schicksale der Rechtsschule zu Constantinoel nach Justinian. Der juristische Unterricht erfuhr othwendig denselben Wechsel unter den spätern Kaisern, velchem die anderen Fächer des öffentlichen Unterrichts usgesetzt waren. In dem Dialog, welcher der *[illegible]* *[illegible]* des Theophylactus vorhergeht, beklagen sich ie Philosophie und Geschichte über ihre Vernachlässigung urch Phocas, und rühmen den Schutz des Kaisers Heralius und des Patriarchen Sergius, durch welchen sie vieder aufzuleben anfingen. Ebenso erlangten die Rechtschulen unter Heraclius dieselbe Organisation wieder, velche Justinian bestimmt hatte. Bald aber unterließen ie Kaiser, in theologische Streitigkeiten verwickelt, wissenchaftliche Talente anzuregen. Nehme man nun mit den atholischen Schriftstellern an, daß Leo der Isaurier in olge seiner Bilderstürmerei und der hieran sich schließenen Verfolgungen der Lehranstalt zu Constantinopel ein ;ewaltsames Ende bereitet hat, oder halte man den Verall dieser Schule, der Ansicht mehr unparteiischer Schriftteller folgend, nur für das Resultat der damaligen Zerütung des Reiches; gewiß ist, daß von diesem Zeitunkte an Alles zusammentraf, um das Licht der Wissenchaften zu verlöschen; dies zeigte sich auch bei der Rechtsvissenschaft und bei dem juristischen Unterrichte. Unter Leo dem Armenier, unter Theophilus und besonders urch die Fürsorge von Bardas, dem Oheim des Kaisers Michael Methysta, unmittelbaren Vorgängers des Basiius Macedo, kamen etwas bessere Zeiten. Bardas, nachem er von Michael Methysta zum Cäsar ernannt war, ɪellte die verfallenen Schulen wieder her und suchte die n Mitte der Barbarei und Unwissenheit der vorigen Kaiser gesunkenen Wissenschaften wieder zu heben. Er ichtete besondere Lehrweise für alle Fächer der Wissenchaften ein; er scheute keinen Aufwand, welchen diese ıeuen Einrichtungen erheischten, und mischte sich, um die Jugend zum Studium anzuregen, selbst unter die Zahl der Schüler. Besondere Fürsorge wendete er der Gesetzgebung und dem juristischen Unterrichte zu, welche mit allen übrigen Wissenschaften gleiches Schicksal getheilt hatten. In der folgenden Periode zeigten sich die glücklichen Folgen dieser neuen Anregung, welche eine bemerkenswerthe Epoche der byzantinischen Rechtswissenschaft veranlaßte.

§. 14. Von den einzelnen Juristen.

a) Juristen kurz vor Justinian. In den alten Basilikenscholien werden von Thalelaeus, Stephanus und Theodorus einige Juristen erwähnt, welche kurz vor Justinian lebten, Cyrillus, Domninus, Demosthenes, Eudorius, Patricius, von denen sich fast nur durch jene Scholien Nachricht erhalten hat. Es geschieht ihrer Erklärungen besonders zu Constitutionen, welche später in den Justinianeischen Codex aufgenommen sind, seltener zu den Digesten, Erwähnung. Sie waren alle zu Berytus Rechtslehrer, was theils von einigen derselben ausdrücklich gesagt wird, theils daraus hervorgeht, daß Thalelaeus, welcher zu Berytus Rechtslehrer war, sie mit dem gemeinschaftlichen Namen οἱ [illegible] διδάσκαλοι, οἱ [illegible] διδάσκαλοι, οἱ τῆς οἰκουμένης διδάσκαλοι bezeichnet. Mortreuil bezeichnet sie mit dem Namen „les Jurisconsultes autodidactes,“ wodurch er sagen will, daß sie die Rechtswissenschaft für sich erlernt und keine Lehrer in derselben gehabt hätten. Diese Bezeichnung ist aber nicht richtig. Denn wenn auch nicht die Lehrer dieser Juristen bekannt sind, so ist doch nicht wahrscheinlich, daß vor ihnen es an allem juristischen Unterrichte auf der Rechtsschule zu Berytus gefehlt habe. Schon das Bestehen einer Rechtsschule daselbst seit langer Zeit macht dies unwahrscheinlich. Auch der von Justinian in der Const. Omnem ad antecessores erwähnte ältere Lehrplan, wenn er sich gleich zunächst auf die Rechtsschule zu Constantinopel bezog, ist ein Beweis dagegen. Denn mögen auch die Rechtslehrer zu Berytus bisweilen andere Schriften, als die in diesem Lehrplane aufgeführten, in ihren Vorträgen erklärt haben, so wird doch im Allgemeinen der Lehrplan derselbe gewesen sein, und man kann jene Abweichung der berytensischen Rechtslehrer sehr wohl dadurch erklären, daß sie außer den gewöhnlichen Vorlesungen ausnahmsweise auch außerordentliche hielten, in welchen sie andere juristische Schriften, als die in dem Lehrplane vorgeschriebenen, interpretirten. Wie dem auch sei, so ist so viel gewiß, daß von jenen Juristen der Anfang einer neuen Juristenschule zu datiren ist. Denn die unter Justinian und kurz nach ihm lebenden Juristen haben aus der Zeit, welche zwischen den Juristen, deren Schriften in den Digesten excerpirt sind, und jenen 6 Rechtslehrern mitten inne liegt, nicht Einen Juristen erwähnt. In welcher Zeit diese neue Schule entstanden ist, läßt sich nur vermuthen. Nicht ohne Grund setzt Mortreuil die Entstehung derselben kurz vor der Regierung des Kaisers Anastasius, welcher im J. 491 den Thron bestieg. Thalelaeus nämlich berichtet in einer παραγραφή ad L. 10. C. II, 4, daß auch über den status transigirt werden dürfe; denn obgleich dies ehemals durch Constitutionen verboten gewesen sei, so könne doch nunmehr nach einer Verordnung von Anastasius (L. 43. C. II, 4 vom Jahre 500) über die servilis und adscriptitia conditio transigirt werden; die alten Rechtslehrer (οἱ τῆς οἰκουμένης διδάσκαλοι) hätten aber, unbekannt mit dieser Constitution und die alten Constitutionen achtend, in der gedachten L. 10. C. II, 4 den Fall gesetzt, daß der Vatersbruder die Brudersöhne, von welchen in letzterer die Rede ist, für nicht ehelich geborene ausgegeben habe. Jene alten Rechtslehrer, welche Thaleläus hier mit den Worten: οἱ τῆς οἰκουμένης διδάσκαλοι bezeichnet, sind dieselben, welche von ihm anderwärts οἱ λαμπρότατοι διδάσκαλοι, οἱ ἐπιφανεῖς διδάσκαλοι, οἱ παλαιότεροι διδάσκαλοι oder auch schlechthin οἱ παλαιοί genannt werden. Auch einzelne jener Juristen werden mit dem Ausdruck ὁ τῆς οἰκουμένης διδάσκαλος bezeichnet, wie Cyrillus von Thaleläus. Die einzelnen Juristen sind nun näher zu betrachten: 1) Cyrillus. Er ist der älteste jener Rechtslehrer, mit welchen die neue Juristenschule beginnt. Daß er zu Berytus gelehrt habe, berichtet Stephanus. Er stand in großem Ansehen bei der Nachwelt, daher ihn Thaleläus ὁ κοινὸς τῆς οἰκουμένης διδάσκαλος nennt. Seine Ansichten, Erklärungen und Auslegungen werden an verschiedenen Stellen von Stephanus in seinem index, und in den Anmerkungen angezogen, woraus hervorgeht, daß Cyrillus von den Schriften der alten Juristen besonders den Commentar Ulpian's zum Edict und die responsa des Papinian erklärt hat. Wahrscheinlich hat er dies in den Vorlesungen gethan, obwol auch Schriften von ihm erwähnt werden, in welchen möglicher Weise jene Erklärungen enthalten gewesen sein könnten. So erwähnt Patricius bei Thaleläus eine Schrift von ihm, ὑπόμνημα τῶν ὁρισμῶν, liber s. commentarius definitionum. Wahrscheinlich war es eine Sammlung von Rechtsregeln (definitiones). Das Buch scheint in Titel getheilt gewesen zu sein, da Patricius erwähnt, daß Cyrillus zu dem Titel de pactis (d. h. des Edicts) alle Stellen über die pacta legibus contraria zusammengestellt habe. Thaleläus fügt in dem gedachten Scholium hinzu, das, was Cyrillus zu jenem Titel zusammengestellt habe, sei in den ganzen Digesten zerstreut und darin zu suchen. Hieraus ist zu vermuthen, daß Cyrillus zu den einzelnen Titeln des Edicts die Rechtsregeln zusammengestellt und sie aus den Schriften der Juristen, welche in den Digesten excerpirt sind, erläutert habe. Wahrscheinlich hat Einer der Digestencompilatoren aus jener Schrift des Cyrillus die Stellen der alten Juristen unter die Digestentitel, unter welche sie zu gehören schienen, übertragen, und dieses Verfahren ist von seinen Mitarbeitern gebilligt worden. Ist diese Vermuthung begründet, so folgt daraus, daß die Compilatoren nicht immer unmittelbar aus den Schriften der alten Juristen geschöpft, sondern sich zur Erleichterung ihrer Arbeit bisweilen älterer Sammlungen von Stellen aus den juristischen Schriften bedient haben. Hierdurch wird erklärlich, wie sie mit ihrer unermeßlichen Arbeit in so kurzer Zeit zu Stande kommen konnten. Von jener Schrift des Cyrillus sind nach der Ansicht Mortreuil's in den aus der Coislin'schen Handschrift Nr. 152 zu Basil. Lib. XI. Tit. 1. 2 von Heimbach herausgegebenen Scholien Bruchstücke erhalten und diese in der pariser Handschrift Nr. 1352, woraus Fabrot die ersten 18 Bücher der Basiliken herausgegeben hat, verändert und abgekürzt worden; eine Vermuthung, welche sich darauf gründet, daß diese Scholien den Namen des Cyrillus an der Spitze tragen. Allein diese Scholien sind entweder aus dem index des Stephanus, oder, wenn sie den Namen des Cyrillus an der Spitze tragen, aus dem index der Digesten des jüngeren Cyrillus geschöpft. 2) Domninus. Dieser Jurist lebte vor dem Kaiser Anastasius. Ob die von Cujacius aus Basil. LVI, 6 restituirte Constitution des Kaisers Zeno, welche in den Ausgaben des Codex als L. 7. C. X, 3 steht, an ihn erlassen ist, läßt sich nicht ausmitteln. Denn, wenn auch Cujacius die Inscription hat: „Αὐτοκράτωρ Ζήνων τῷ Δομνίνῳ," so ist doch, abgesehen davon, daß andere die Inscription: „Αὐτοκράτωρ Ζήνων τῷ [illegible]" haben, selbst die Inscription des Cujacius nicht ganz unverdächtig, da die Basiliken regelmäßig gar keine Inscriptionen der Constitutionen haben, und wäre sie echt, so ist damit noch nicht ausgemacht, daß der Jurist Domninus mit dem in der Inscription Genannten derselbe sei. Theodorus nennt den Domninus zwar seinen Lehrer (ὁ ἐμὸς διδάσκαλος); aber nicht in dem Sinne, als ob er dessen Zuhörer gewesen sei und seinen Unterricht genossen habe, sondern in dem Sinne, daß er aus den Schriften des Domninus sich unterrichtet habe; denn zwischen Domninus und Theodorus liegt ein zu langer Zeitraum, als daß letzterer unmittelbarer Schüler des ersteren gewesen sein könnte. Domninus wird zu zwei Constitutionen des Codex erwähnt, zu L. 6. C. II, 12 von Thaleläus, zu L. 27. C. VIII, 53 von Theodorus. Reitz vermuthet, da die erste Constitution von Alexander, die zweite von Constantin ist, daß Domninus den Gregorianischen und Theodosischen Codex erklärt habe; eine Vermuthung, welche nicht unwahrscheinlich ist. 3) Demosthenes. Dieser Jurist, welcher zu einigen Constitutionen von Thaleläus angeführt wird, ist nicht zu verwechseln mit dem prätorischen Präfecten gleichen Namens unter Justin I. und Justinian, an welchen mehrere Constitutionen dieser Kaiser adressirt sind. Er ist viel älter, als letzterer. Bei Thaleläus heißt er ὁ τῆς εὐκλεοῦς μνήμης, was einen längst Verstorbenen bezeichnet, da derselbe Thaleläus berichtet, daß Patricius ὁ ἥρως, was einen Verstorbenen bedeutet, eine mit der seinigen übereinstimmende Interpretation des Demosthenes anführe. Thaleläus führt Erklärungen des Demosthenes zu drei Stellen des Codex an: L. 3. C. II, 4; L. 6 und 10. C. II, 12. Da alle diese Stellen Rescripte von Alexander sind, so gilt auch von Demosthenes die vorher gedachte Vermuthung von Reitz, daß derselbe den Gregorianischen Codex erklärt habe. 4) Eudoxius. Er ist der Stammvater einer berühmten juristischen Familie, der Großvater des Anatolius, eines der Redactoren der Digesten und Rechtslehrers zu Berytus, von welchem deshalb gerühmt wird, daß er aus altjuristischer Familie stamme (ab antiqua legitima stirpe procedens). Er wird häufig als ὁ ἥρως, d. h. als ein lang Verstorbener, von den Justinianischen Juristen bezeichnet. Ebenso werden seine Erklärungen einzelner Constitutionen, die in den drei älteren Codices gestanden haben müssen, von Thalelaus und Theodorus erwähnt. Er vernachlässigte auch nicht das Studium der alten Juristen, indem er sich z. B. auf eine Stelle aus dem 9. Buche der Schrift Ulpian's de officio Proconsulis berief, was Thalelaus berichtet. 5) Patricius. Er war Rechtslehrer zu Berytus, und wird sehr häufig mit dem Beisatz: ὁ ἥρως von Thalelaus und Theodorus bezeichnet, welches dem Namen bald voransteht, bald nachgesetzt wird. Statt dessen wird er auch als ὁ μακαρίτης bezeichnet. Beides drückt dasselbe aus. Dagegen hat er in einer Stelle das Ehrenprädicat: ὁ τῆς περιφανοῦς μνήμης. Unter allen älteren berytischen Rechtslehrern wird seiner am häufigsten gedacht. Eine Ansicht von ihm gab zu einer Entscheidung Justinian's Veranlassung. Er hatte nämlich, wie in den Basiliken berichtet wird, zu der Constitution von Theodosius II., welche für die persönlichen Klagen die Verjährung von 30 Jahren einführte, die Behauptung aufgestellt, daß durch diese Verjährung nur die Klage wegen des Capitals, nicht aber wegen der Zinsen erlösche, weil die Zinsen in jedem Jahre von Neuem fällig würden. Diese Meinung verwarf Justinian und bestimmte, daß durch die Verjährung von 30 Jahren auch die Zinsenforderung erlöschen sollte. Theodorus nennt ihn seinen Lehrer: ὁ ἐμὸς διδάσκαλος, was aber nicht so zu verstehen ist, als habe er unmittelbar des Patricius Unterricht genossen, sondern von dem Unterrichte aus dessen Schriften, da Theodorus zu lange nach Patricius lebte, als daß das erste der Fall gewesen sein könnte. Noch weniger kann, daß Theodorus ihn an einer anderen Stelle ὁ κοινὸς διδάσκαλος nennt, auf einen von Patricius dem Theodorus ertheilten Unterricht bezogen werden, sondern es soll dies nur ausdrücken, daß Patricius durch seine große Rechtsgelehrsamkeit vielen später Lebenden genützt, sie mithin belehrt habe. Patricius erklärte in seinen Vorlesungen die Constitutionen der Kaiser, und seine Auslegungen haben bisweilen auch auf die Fassung der Constitutionen im Codex Einfluß gehabt. Die Zeitgenossen Justinian's bezeugen, daß der Kaiser bisweilen die alten Constitutionen nach der Lehre des Patricius fassen ließ, z. B. L. 18. C. II, 4 zwischen 293—304 und L. 6. C. de procurat. II, 12 (13) von 233, von welchen Constitutionen die erste nach der Meinung des Patricius redigirt, die andere modificirt worden ist. Thalelaus verläßt in einer ἑρμηνείας und λύσεις zu L. 4. C. ex quib. caus. infam. irrog. II, 11 (12) von Severus und Antoninus die Auslegung des Eudoxius, um der des Patricius zu folgen, welcher allein, wie er sagt, den Fall dieser Constitution richtig gefaßt habe. Die Constitutionen, zu denen Patricius in den Basilikenscholien angeführt wird, sind von Mortreuil zusammengestellt worden. Sie gehen nicht weiter, als bis zu Diocletian und Maximian herab. Daß Patricius aber auch spätere Constitutionen interpretirt habe, beweist die oben angeführte Entscheidung Justinian's hinsichtlich des durch die Verjährung von 30 Jahren erlöschenden Zinsenanspruchs.

b) Juristen unter Justinian.

aa) Die Verfasser der Rechtsbücher Justinian's. Die Juristen, deren sich Justinian als Mitarbeiter an dem ersten Codex, den Institutionen, Digesten und dem zweiten Codex bediente, sind: Johannes, Leontius, Phocas, Basilides, Thomas, Tribonianus, Constantinus, Theophilus, Dioscorus, Präsentinus, Dorotheus, Anatolius, Cratinus, Stephanus, Menna, Prosdocius, Eutolmius, Timotheus, Leonides, Leontius, Plato, Jacobus, Constantinus, Johannes. Von diesen waren Theophilus, Dorotheus, Anatolius, Cratinus Rechtslehrer, letzterer zu Constantinopel, erstere drei zu Berytus; Stephanus und die Nachgenannten waren Advocaten (patroni causarum apud maximam sedem praefecturae), die übrigen bekleideten zum Theil hohe Staatswürden.

bb) Die Rechtslehrer, an welche die Const. *Omnem reipublicae ad Antecessores* vom Jahre 533 von Justinian gerichtet ist. Es sind dies außer den vorher unter den Mitarbeitern an den Justinianeischen Rechtsbüchern genannten Theophilus, Dorotheus, Anatolius und Cratinus, noch Theodorus, Isidorus, Thalelaus und Salaminius. Durch Schriften davon sind bekannt und daher noch besonders zu betrachten Theophilus, Dorotheus, Anatolius, Isidorus und Thalelaus.

cc) Im Jahre 539 werden einige sonst nicht bekannte Juristen in der Nov. 82, Cap. 1 erwähnt, nämlich Anatolius, Flavianus, beide advocati fisci, Alexander, Stephanus, Menna, Victor, Theodorus, Advocaten bei der Praefectura Praetorio Orientis, Alexander, angestellt als Richter bei dem magister sacrorum officiorum, Plato, Victor, welche Praefecti urbi, Phocas, welcher Praefectus Praetorio Orientis gewesen war, Marcellus, dessen Amt nicht näher angegeben wird, und Appio, der als Assessor des letzteren bezeichnet wird.

Von diesen Zeitgenossen Justinian's sind, weil sie durch ihre Schriften bekannt sind, besonders hervorzuheben: Theophilus, Dorotheus, Isidorus, Anatolius, Thalelaus, Johannes Antiochenus.

1) Theophilus. Er ist der berühmteste aller unter Justinian lebenden Juristen, weil sich von ihm noch ein vollständiger Commentar über Justinian's Institutionen erhalten hat. Er war 528 Comes sacri Consistorii und Rechtslehrer zu Constantinopel, und als solcher Mitarbeiter am ersten Codex; 529 wird er vir illustris ex magisterio genannt und ebenfalls als Rechtslehrer zu Constantinopel bezeichnet; er befand sich unter den Mitarbeitern an den Institutionen und Digesten. Die Gründe,

aus welchen anzunehmen ist, daß der Verfasser der Institutionenparaphrase und der Mitarbeiter an den Justinianeischen Rechtsbüchern dieselbe Person sind, sind schon von Anderen zusammengestellt worden und so überzeugend, daß jetzt darüber gar kein Zweifel mehr obwaltet. Unter den Mitarbeitern an dem zweiten Codex findet er sich nicht mehr. Er scheint wenige Jahre nach Publication des zweiten Codex gestorben zu sein. Denn seine Institutionenparaphrase muß vor Publication des zweiten Codex geschrieben sein. Denn er führt keine Constitution an, welche neuer wäre, als die Institutionen, und beruft sich auf Constitutionen, welche im ersten Codex standen, im zweiten aber weggelassen waren, hat auch nirgends der Novellen Erwähnung gethan. Die Institutionen konnte er in seinen Vorlesungen nicht vor dem Jahre 534 erklären, da sie erst im November 533 publicirt und confirmirt worden sind. Da außer der Institutionenparaphrase auch noch Bruchstücke eines Commentars oder index zu den drei ersten partes der Digesten in den Basilikenscholien vorhanden sind, so ist es wahrscheinlich, daß er gegen Ende des Jahres 536 oder kurz nachher gestorben sei. Nach der Vermuthung von Zachariä hat Theophilus einen solchen Commentar oder index zum Behuf der künftigen Vorlesungen ausgearbeitet, ist aber gestorben, ehe er von demselben wirklich in den Vorlesungen Gebrauch gemacht hat. Dieser Vermuthung steht aber entgegen, daß Stephanus, welcher sehr oft zu Digestenstellen Erklärungen des Theophilus anführt, unmöglich eine so genaue Kenntniß von dem index des Theophilus haben konnte, wenn nicht letzterer wirklich die Digesten in seinen Vorträgen erklärt hätte. Denn Stephanus war nicht selbst Zuhörer des Theophilus; im Gegentheil erwähnt er an zwei Stellen Meinungen seines Lehrers, welche von denen des Theophilus verschieden sind. Er konnte also nur aus den Heften der Zuhörer des Theophilus, welche sich verbreitet hatten, Kenntniß von einem Commentar desselben über die Digesten haben. Denn es ist nicht glaublich, daß sich ein von Theophilus für die Vorlesungen ausgearbeiteter, aber nicht wirklich zu diesem Zweck gebrauchter Commentar bis zur Zeit des Stephanus, welcher nach der Mitte des 6. Jahrhunderts schrieb, erhalten haben sollte. Dazu kommt, daß auch der sogenannte Enantiophanes einer Erklärung des Theophilus zu den Digesten gedenkt, die er zwar aus dem index des Stephanus geschöpft haben kann, möglicher Weise aber auch aus den Collegienheften über die Vorlesungen des Theophilus zu den Digesten selbst geschöpft hat. Von Stephanus wird Theophilus an mehreren Stellen als *μακαρίτης* bezeichnet.

2) Dorotheus. Er war Quaestor sacri palatii und dann Rechtslehrer zu Berytus und wurde von Justinian nach Constantinopel berufen, um an den Arbeiten an den Institutionen, Digesten und am zweiten Codex Theil zu nehmen. Von Stephanus wird er als ὁ *μακαρίτης* bezeichnet. Die Vermuthung von Mortreuil, daß Dorotheus nach dem Tode des Theophilus nach Constantinopel berufen worden sei, um den von letzterem angefangenen Cursus zu vollenden, hat Nichts für sich, im Gegentheil gegen sich, daß hiernach der index der Digesten von Dorotheus nur eine Fortsetzung des index des Theophilus sein würde, was er aber in der That nicht ist, da er auch die drei ersten partes der Digesten umfaßte. Dorotheus scheint nach dem Jahre 542 gestorben zu sein; denn er erwähnt die Novelle Justinian's über Exheredation und Präterition (Nov. 115) als ἡ *περὶ ἀχαρίστων παίδων νεαρά*, welche im Jahre 542 publicirt ist.

3) Isidorus. Er wird unter den Rechtslehrern genannt, an welche die Const. *Omnem reipublicae* von Justinian gerichtet ist. Ob er zu Constantinopel oder zu Berytus Rechtslehrer gewesen sei, ist ungewiß; Zachariä entscheidet sich für das letztere, weil seiner Vermuthung nach der fälschlich dem Johannes Antiochenus zugeschriebene Nomocanon in 50 Titeln in Phönizien geschrieben ist und daher der Verfasser die Digesten des berytischen Rechtslehrers Dorotheus benutzt hat; derselbe hat zugleich die Bearbeitung des Codex von Isidorus benutzt; mithin sei auch dieser wahrscheinlich Rechtslehrer zu Berytus gewesen.

4) Anatolius. Er stammte aus einer berühmten juristischen Familie, indem Justinian selbst seinen Vater Leontius und Großvater Eudoxius als solche nennt, „qui optimam sui memoriam in legibus reliquerunt,“ war gleich diesen seinen Vorfahren Rechtslehrer zu Berytus und wurde von Justinian, um an der Bearbeitung der Digesten Theil zu nehmen, nach Constantinopel berufen. Auch wird er in der Inscription der Const. *Omnem reipublicae ad antecessores* von 533 genannt. Der in der Novelle 82, cap. 1 vom Jahre 539 genannte advocatus fisci gleichen Namens ist wol von dem Rechtslehrer verschieden.

5) Thaleläus. Er befindet sich unter den Rechtslehrern (antecessores), an welche die gedachte Const. *Omnem reipublicae* gerichtet ist. Ob er zu Constantinopel oder Berytus gelehrt hat, ist ungewiß; letzteres aber wahrscheinlicher. Es sprechen dafür folgende Gründe. Erstens citirt er nur berytische Rechtslehrer, bald mit Beifügung der Namen, bald mit der allgemeinen Bezeichnung οἱ *ἐπαινετώτατοι διδάσκαλοι*, oder οἱ *τῆς οἰκουμένης διδάσκαλοι*. Dann erwähnt er in den von ihm gesetzten Fällen häufig Berytus. Welche Lehrer er in der Rechtswissenschaft gehabt hat, kann nicht genau bestimmt werden. Man könnte daraus, daß er den Eudoxius, Patricius, den älteren Cyrillus und andere berytische Rechtslehrer τοὺς *ἐπαινετωτάτους διδασκάλους*, τοὺς τῆς *οἰκουμένης διδασκάλους* nennt, schließen wollen, daß er den Einen oder Anderen der Genannten zu Lehrern gehabt habe. Diesem steht aber rücksichtlich des älteren Cyrillus entgegen, daß dieser keinesfalls Lehrer des Thaleläus gewesen sein kann. Ebenso wenig paßt es auf den etwas jüngeren Rechtslehrer zu Berytus, Eudoxius. Denn Eudoxius war nach dem früher Bemerkten Großvater des Anatolius, eines Zeitgenossen des Thaleläus. Eher könnte Patricius der Lehrer des Thaleläus gewesen sein, da er nach der Const. *Tanta* §. 9 Vater des Leontius, nach Const. *Haec quae necessaria* einer

der 10 Redactoren des älteren Codex gewesen ist, also in eine Zeit fällt, wo Thaleläus seinen Unterricht genossen haben kann. Es ist indessen wahrscheinlicher, daß Thaleläus mit jenen Ausdrücken nur das große Verdienst der früheren Rechtslehrer zu Berytus habe hervorheben wollen. Thaleläus scheint der Lehrer des Stephanus, des Verfassers eines index oder Commentars zu den Digesten, gewesen zu sein. Die Gründe dafür sind bei Stephanus angegeben. Einer dieser Gründe ist aber jetzt schon hervorzuheben. Thaleläus hat nämlich in seinen Vorlesungen nur die Bücher der Digesten erklärt, welche nach Justinian's Studienplan in denselben erklärt werden mußten, und auch nur zu diesen Büchern hat Stephanus, dem Thaleläus hierin folgend, seinen index geschrieben. Thaleläus wird von Stephanus ὁ μακαρίτης genannt. Die Zeit seines Todes kann nicht genau angegeben werden; sie scheint aber nicht lange nach der Publication des zweiten Codex gesetzt werden zu müssen, da er in seiner Bearbeitung dieses Codex der Novellen sehr selten gedenkt. So kommt in derselben zu dem Codextitel de inofficioso testamento die Novelle 115 von 542 nicht vor, daher man annehmen könnte, Thaleläus sei vor diesem Jahre gestorben. Dagegen kommt aber wieder in Betracht, daß er auch solche Novellen mit Stillschweigen übergeht, von denen er Kenntniß haben mußte. Es wird z. B. der Novelle 18 von 536 zu demselben Titel des Codex nirgends gedacht, obschon der Commentar zum Codex erst nach 536 geschrieben ist. Thaleläus stand in großem Ansehen bei der Nachwelt. So wird er von Theodorus ὁ τῆς νομικῆς ὀφθαλμὸς καὶ διδάσκαλος genannt, und bei den spätern Scholiasten heißt er ὁ κωδικευτής.

6) Johannes Antiochenus. Johannes mit dem Beinamen Scholasticus, war zuerst Advocat (ἀπὸ σχολαστικῶν) in seiner Vaterstadt Antiochia, und ging dann in den geistlichen Stand über. Er war Apocrisiarius (d. h. Agent und Geschäftsträger) der Kirche Antiochiens zu Constantinopel. Im J. 565 wurde er an die Stelle des von Justinian in Folge einer theologischen Streitigkeit nach Amasia in Cappadocien verbannten Patriarchen Eutychius Patriarch zu Constantinopel, und verwaltete das Patriarchat bis zu seinem am 31. Aug. des Jahres 578 erfolgten Ableben. Er hat sich als Schriftsteller auf dem Gebiete des kanonischen Rechts bekannt gemacht.

c) Juristen nach Justinian.

1) Stephanus. Er war Rechtslehrer (antecessor). Denn er wird nicht nur in den erhaltenen Fragmenten seines Breviarium Codicis ausdrücklich ἀντικήνσωρ genannt, sondern auch seine Bearbeitung (index) der Digesten beweist, daß er Rechtslehrer war, und dieses Werk aus seinen Vorlesungen über die Digesten entstanden ist. Er ist nicht zu verwechseln mit dem Stephanus, welcher Mitarbeiter an den Digesten und Advocat bei der Praefectura Praetorio Orientis war. Der Rechtslehrer Stephanus ist jünger, als dieser, scheint aber noch in der letzten Zeit Justinian's gelehrt zu haben. Er hatte einen Lehrer, dessen Namen er nicht nennt, dessen Vorlesungen über die Digesten er, wie er selbst bezeugt, gehört hat. Es fragt sich, welcher der damals lebenden Antecessoren sein Lehrer gewesen sei. Der ältere Cyrillus, dessen Stephanus mehrmals gedenkt, kann es nicht sein, da dieser längst schon verstorben war; jedoch geht so viel hervor, daß Stephanus in Berytus seinen Cursus gemacht hat. Den Theophilus kann er nicht gehört haben, da er selbst die von denen des Theophilus abweichenden Erklärungen seines Lehrers anführt und Theophilus zu Constantinopel lehrte, obschon auf der anderen Seite nicht zu leugnen ist, daß der Styl beider sehr viel Aehnlichkeit hat. Ebenso wenig kann Stephanus den Dorotheus zum Lehrer gehabt haben, wie daraus hervorgeht, daß sich kaum eine Aehnlichkeit der Redeweise beider, wol aber manche Verschiedenheiten nachweisen lassen. Dahin gehört, daß der Gebrauch der ἐρωταποκρίσεις bei Dorotheus sehr selten, bei Stephanus sehr häufig ist. Ferner ist der Styl des Dorotheus kurz und präcis, der des Stephanus weitläufig und wortreich. Wahrscheinlich ist Thaleläus jener Lehrer des Stephanus gewesen. Dafür sprechen folgende Gründe. Erstens hat Thaleläus zu Berytus auch die Digesten erklärt, wie aus seinem Commentar zum Codex hervorgeht, worin er sich häufig auf das beruft, was er zu den Digesten vorgetragen hatte. Dann braucht Stephanus die dem Thaleläus geläufigen Redensarten, so z. B. τοῦτο εἰδὼς ἐλθὲ ἐπὶ τὸ προκείμενον, λέγε κατ' εἶδος, οἶδας, νόησον, ἴσθι, und dergl. Ferner brauchen beide bei dem Citiren der Justinianeischen Rechtsbücher das Wort ἀνάγνωθι, nur mit dem Unterschiede, daß Stephanus sich desselben vorzugsweise bei dem Citiren der Codexstellen zu bedienen pflegt. Beiden ist der Gebrauch der ἐρωταποκρίσεις gemeinsam. Beide bezeichnen die rei vindicatio mit dem Namen ἡ σπεκιάλια ἐν ῥέμ. Der Vortrag beider in den Vorlesungen ist sehr ähnlich. Endlich hat Thaleläus nur die Bücher der Digesten erklärt, deren Erklärung in Justinian's Studienplan vorgeschrieben war, und auf dieselben Bücher beschränkt sich die Bearbeitung (index) der Digesten von Stephanus. Auch steht nicht entgegen, daß Thaleläus von Stephanus an mehreren Stellen als ὁ μακαρίτης, ὁ τῆς εὐκλεοῦς μνήμης bezeichnet wird, da Stephanus die Vorlesungen des Thaleläus über die Digesten der Zeit nach recht wohl gehört haben kann. Stephanus lehrte gegen das Ende der Regierung Justinian's. Denn er bezeichnet den Theophilus, Thaleläus und Dorotheus als μακαρίται, als kurz vorher verstorben. Unter diesen ist Dorotheus der zuletzt verstorbene, indem er nach dem früher Bemerkten nach dem Jahre 542 mit Tode abging. Von Matthäus Blastares wird Stephanus in die Zeit Justinian's versetzt, und Stephanus selbst drückt sich über Justinian so aus, wie man noch lebende Kaiser zu bezeichnen pflegte, indem er ihn εὐσεβὴς und seine Constitutionen νεαρὰς διατάξεις nennt. Er lehrte zu Constantinopel, wo allein noch eine Rechtsschule bestand, nachdem Berytus 551 durch ein Erdbeben zerstört worden war. Auf Constantinopel als seinen Wohnort weist auch sein Gebrauch einer der der 168 sehr ähnlichen Novellensammlung hin, welche zu Constantinopel im Gebrauch

war. Seine Gelehrsamkeit wird durch die erhaltenen zahlreichen Fragmente seines index Digestorum hinreichend bekundet. Er citirt sehr häufig gleichzeitige und ältere Juristen und verbessert deren Ansichten; er zeichnet sich aus durch Auslegung der Quellen und durch seine Kenntniß der lateinischen Sprache. Hinsichtlich seines Vortrages stimmt er am meisten mit Thalelaeus überein. Unter seinen Schülern sind der Novellenepitomator Julianus und Theodorus zu nennen. Er stand in großem Ansehen sowol bei seinen Zeitgenossen, als bei der Nachwelt. Denn seine Zeitgenossen und etwas jüngere Juristen vergleichen ihn mit Ulpian; bei den Späteren heißt er ἐμπειρότατος τῶν ὄντων, ἡ τῶν νόμων γλῶσσα, μέγιστος καὶ διασημότατος διδάσκαλος καὶ νομοδότης, περίβλεπτος τῆς οἰκουμένης διδάσκαλος. Er wird auch häufig von den Späteren angeführt, namentlich in den neueren Basilikenscholien.

2) Der sogenannte Anonymus. In den Basilikenscholien geschieht häufig eines Juristen Erwähnung, welcher vorzugsweise als ὁ ἀνώνυμος bezeichnet wird, und sehr viele Scholien zu den Digesten haben den Anfang: τοῦ ἀνωνύμου. Daß sein Name den späteren griechischen Juristen in der That unbekannt war, ergibt der vorgesetzte Artikel, da die Scholien, welche den Namen eines den Späteren bekannten Juristen an der Spitze tragen, den Artikel vor dem Namen weglassen. Identisch mit dem Anonymus ist der Verfasser eines Werkes, μονόβιβλον περὶ ἐναντιοφανῶν, von welchem in den Basilikenscholien viele Bruchstücke vorkommen, in den Scholien zum 8. Buche mit der Inscription τοῦ Ἐναντίου, in den Scholien zu anderen Büchern mit der Inscription τοῦ Ἐναντιοφανοῦς. Für diese Identität des Anonymus mit dem sogenannten Enantiophanes sprechen folgende Gründe. Beide geben an, daß sie eine Schrift, μονόβιβλον περὶ ληγάτων καὶ μόρτις καύσα δωρεῶν, liber singularis de legatis et mortis causa donationibus, geschrieben haben. Dann ist die Schreibart und die Art beider, die Stellen der Justinianeischen Rechtsbücher zu citiren, dieselbe. Denn beide beginnen ihre παραγραφάς mit den Worten: ὅμοιον, ἐν τῷ (folgt die citirte Stelle), κεῖται, ἀνάγνωθι; doch beginnt Enantiophanes häufig mit καίτοι, was aus der Beschaffenheit des Werkes περὶ ἐναντιοφανῶν sich erklärt, aus welchem die fraglichen Anmerkungen geschöpft sind, indem mit dem Worte καίτοι zugleich stets eine anscheinend widersprechende Stelle citirt wird; beide citiren die Digesten und den Codex nach der Zahl der Bücher, Titel und Fragmente oder Constitutionen, ohne die Inscription des Titels anzuzeigen; beide stimmen darin überein, daß sie die Novellen nach einer aus dem Hauptinhalt der Novellen entlehnten Ueberschrift citiren, sowie sie auch in den Inscriptionen der Novellen zusammenstimmen; beide citiren die Stellen der Digesten und des Codex in folgender Weise: ὡς βιβ. κ. τ. λ. Ferner findet sich im Nomocanon in 14 Titeln, der gewöhnlich dem Photius zugeschrieben wird, von diesem aber blos überarbeitet ist, unter den aus der Digestenbearbeitung des Anonymus entlehnten Digestenstellen Eine, in welcher der Verfasser, der Anonymus, auf ein von ihm geschriebenes μονόβιβλον περὶ ἐναντιοφανῶν verweist. Dazu kommt, daß die von beiden angeführten Stellen aus der fraglichen griechischen Bearbeitung der Digesten wörtlich mit einander übereinstimmen und sich auch im Texte der Basiliken finden. Endlich kommen auch Scholien zu den Basiliken vor, welche, obgleich das eine mit τοῦ ἐναντιοφανοῦς, das andere mit τοῦ ἀνωνύμου anfängt, doch Wort für Wort übereinstimmen. Auch Anonymus selbst citirt das Werk περὶ ἐναντιοφανῶν. — Daß der Anonymus mit dem Novellenepitomator Julian's dieselbe Person sei, hat schon Biener vermuthet, und nach ihm Zachariä mit vielen Gründen zu beweisen gesucht. Unter den verschiedenen von letzterem beigebrachten Gründen ist der stärkste die Uebereinstimmung des lateinischen Novellenauszuges des Julian mit der griechischen Epitome Novellarum des Anonymus sowol in der äußeren Form und Einrichtung, als hinsichtlich der von beiden gebrauchten Novellensammlung, welche offenbar dieselbe ist. Es finden sich allerdings einzelne Abweichungen. So scheint z. B. die Novellensammlung, deren sich Anonymus bedient hat, gleich im Anfange eine Constitution mehr gehabt zu haben, da die const. 40 und 44 bei Julian, bei Anonymus const. 41 und 45 sind; ferner befindet sich zwischen const. 45 und 68, welche Anonymus anführt, eine andere Constitution, welche dem Julian gefehlt zu haben scheint, da bei diesem const. 60 ist, welche Anonymus const. 68 nennt. Auf der anderen Seite scheinen in der Sammlung des Anonymus nach const. 68 einige Constitutionen gefehlt zu haben, welche Julian gibt; denn die const. 76 bei Anonymus ist auch bei Julian const. 76; aber die const. 89 bei Anonymus ist bei Julian const. 90. Eine andere Abweichung ist, daß die Zahlen der θέματα oder διατάξεις oder κεφάλαια, welche in der Epitome des Anonymus citirt werden, selbst nicht ein einziges Mal mit denen übereinstimmen, mit welchen bei Julian die Capitel bezeichnet sind. Allein diese Abweichungen zwischen dem Novellenauszuge des Anonymus und des Julian sind bei näherer Prüfung nicht so bedeutend. Denn die griechischen Zahlen, welche sich in dem Auszuge des Anonymus finden, können hin und wieder verdorben sein, und, was noch mehr in das Gewicht fällt, auch die Handschriften und Ausgaben des Novellenauszugs Julian's stimmen in den Zahlen der Novellen oder der Auszüge keineswegs überein. Geringer ist die Verwandtschaft und Aehnlichkeit der Novellenauszüge beider, wenn man die innere Beschaffenheit betrachtet. Zwar gibt der Auszug des Anonymus, sowie der Julian's, die Novellen mit Weglassung der praefationes im Auszuge; aber die Auszüge Julian's sind viel kürzer und gedrängter, als die des Anonymus. Julian gibt die Novellen bisweilen wörtlich (κατὰ πόδα) übersetzt, bald liefert er sehr weitläufige Auszüge. Anonymus hingegen hat sich der möglichsten Kürze befleißigt; er wird bisweilen unverständlich, weil er kurz sein will. Kurz, der Auszug des Anonymus ist gleichsam ein Auszug des Julianischen Novellenauszuges. Dies ist nicht so zu verstehen, als habe Anonymus seinen Auszug aus

dem des Julian gefertigt; das Verhältniß beider ist vielmehr dieses, daß beide unabhängig von einander gearbeitet sind, beiden aber dieselbe Novellensammlung zum Grunde liegt. Andere Gründe für die Identität Julian's mit dem Anonymus sind folgende. Julian hatte den Stephanus zum Lehrer, und denselben scheint auch Anonymus zum Lehrer gehabt zu haben. Stephanus gibt in seinem Commentar zu den Digesten, dessen Fragmente in den Basilikenscholien erhalten sind, Antworten auf die von seinen Zuhörern an ihn bei dem Unterricht gerichteten Fragen. Eine solche Antwort des Stephanus auf eine Frage Julian's hat sich erhalten. Hieraus ergibt sich, daß Julian des Stephanus Zuhörer war. Daß dieser Zuhörer mit dem spätern Antecessor und Verfasser des Novellenauszuges Julian derselbe ist, wird wol kaum bezweifelt werden können. Es trifft auch die Zeit hierzu. Stephanus lehrte noch unter Justinian. Der Novellenauszug Julian's ist nach dem Jahre 556 abgefaßt, indem die neuesten Novellen, Nov. 100 und 134 (bei Julian const. 117 und 125), von diesem Jahre sind, und kann gegen das Ende der Regierung Justinian's gesetzt werden. Stephanus kann, wenn er auch nicht viel älter, als Julian, war, doch recht wohl dessen Lehrer gewesen sein. Dafür, daß Anonymus den Stephanus zum Lehrer gehabt hat, läßt sich Folgendes anführen. Stephanus wird nicht nur von Enantiophanes citirt, sondern Anonymus nimmt in den seiner Digestenbearbeitung beigefügten Anmerkungen eine Rücksicht auf den index und die adnotationes des Stephanus, welche am besten sich durch die Annahme erklärt, Anonymus sei des Stephanus Schüler gewesen. So wiederholt z. B. Anonymus in seinen Anmerkungen kurz die des Stephanus; er citirt die von Stephanus angeführten Stellen nochmals, und führt die Digestenstellen an, in welchen eine von Stephanus angezogene Rechtsregel zu finden sei. Ferner pflegt Anonymus in den Anmerkungen zu den Büchern der Digesten, zu welchen Stephanus seinen index geschrieben hatte, sehr kurz zu sein, da er die weitläufigen Anmerkungen des Stephanus für die Erläuterung des Textes hinreichend hielt; weitläufiger ist er in den Anmerkungen zu den Büchern der Digesten, auf welche der index des Stephanus sich nicht erstreckte. Für die Identität des Anonymus mit Julian spricht ferner, daß beide Rechtslehrer (antecessores) waren. Von Julian ist dies durch das Zeugniß des größeren Theils der Handschriften seines Novellenauszuges gewiß, und wird auch durch mehrere bei den damaligen Rechtslehrern übliche und aus den Basilikenscholien bekannte Redeformen: das „didicimus" gleich im Anfange und in Const. 67; die Art, wie der casus formirt wird in Const. 81. 84; die Verweisung auf andere Stellen in cap. 163 bestätigt. Dasselbe gilt von dem Anonymus, welcher sich ebenfalls in seinen Anmerkungen häufig der bei dem mündlichen Vortrage und Unterrichte gewöhnlichen Ausdrücke bedient. Dazu kommt, daß Julian nach der Inscription des Novellenauszuges, wie sie sich in den Handschriften findet, zu Constantinopel gelehrt hat, was auch aus manchen Stellen des Auszuges hervorgeht, z. B. aus cap. 216 und 358, wo Constantinopel mit den Worten „haec civitas" bezeichnet wird, obwol in der Novelle selbst Constantinopels keine Erwähnung geschieht. Aber auch Anonymus lehrte und schrieb zu Constantinopel. Denn damals gab es nur daselbst oder in einigen Städten Syriens solche, welche aus dem Rechtsunterrichte ihren Beruf machten; in Syrien aber kann Anonymus nicht gelehrt haben, da er dieses Land ἀπολιτισμένον τόπον nennt. Endlich ist wol auch die alte lateinische Uebersetzung der in die Digesten aufgenommenen griechischen Stellen aus der Schrift Modestin's de excusationibus, welche eine wörtliche ist, von Julian verfaßt, welcher, sowie er zum Gebrauch derjenigen, deren Muttersprache die lateinische war, die Novellen Justinian's übersetzte, so auch jene griechischen Digestenstellen übersetzt hat. Das Vaterland und die Aeltern Julian's oder des Anonymus sind unbekannt. Er war so ausgezeichnet in der Rechtswissenschaft, daß er den Beinamen το νομικον φάος (lucerna juris) erhielt und sowol zu Rom, als zu Berytus in großem Ansehen stand. Dies ergibt folgendes, von Theätetus Scholasticus (Advocat), einem Zeitgenossen Julian's, auf denselben verfaßtes Epigramm:

Τοῦτον Ἰουλιανὸν, νομικὸν φάος, εἶπεν ἰδοῦσα
Ῥώμη καὶ Βηρυτὸς, πάντα φύσις δύναται.

In der Anthologia Graeca befinden sich auch mehrere Epigramme Julian's. Er hat noch unter Justin II. gelebt. Seine Schriften sind zuerst in lateinischer Sprache abgefaßt, entweder zum Nutzen derjenigen Unterthanen des Reiches, deren Muttersprache die lateinische war, oder weil seine Vorlesungen hauptsächlich von Schülern aus dem Occident besucht wurden. Lateinisch schrieb er einen Auszug der Novellen Justinian's und wahrscheinlich die oben erwähnte Uebersetzung griechischer Digestenstellen. Später bediente er sich der griechischen Sprache, vielleicht dadurch bewogen, daß nach der Eroberung Italiens durch die Longobarden weniger wissenschaftlicher Verkehr zwischen dem Orient und Occident war. In dieser Sprache sind verfaßt: ein Novellenauszug, nach dem Muster des lateinischen, aber viel kürzer, als dieser, ein *μονόβιβλον περὶ ληγάτων καὶ μόρτις καῦσα δωρεῶν* (liber singularis de legatis et mortis causa donationibus), ein *μονόβιβλον περὶ ἐναντιοφανῶν* (liber singularis de his, quae in Digestis contraria esse viderentur), eine Bearbeitung der Digesten mit Anmerkungen.

3) Cyrillus. Ueber das Leben des Cyrillus ist wenig bekannt. Er erwähnt den Stephanus, und wird von Kobidas angeführt, woraus hervorgeht, daß er gegen das Ende des 6. Jahrhunderts gelebt hat. Ob er Rechtslehrer gewesen ist, läßt sich nicht bestimmen. Auch seine Digestenbearbeitung läßt nicht darauf schließen, da sie keine Spuren des mündlichen Vortrags an sich trägt. Er stand bei den spätern Juristen in großem Ansehen, und heißt von seinem index der Digesten, gleichwie Stephanus, ὁ ἰνδικευτής.

4) Athanasius. Er stammt aus Emesa, einer Stadt Phöniziens und führt von seinem Stande als Advocat in den vorhandenen Handschriften seines Novellenauszugs den Beinamen σχολαστικός. Er schrieb unter

Justin II., wie sich daraus ergibt, daß er in seiner Epitome Novellarum Novellen dieses Kaisers excerpirt hat. Er hat aber schon unter Justinian dieses sein Werk angefangen und unter Justin II. vollendet. Denn er nennt Justinian ὁ καλλίνικος ἡμῶν βασιλεύς, ὁ εὐσεβέστατος βασιλεύς, ὁ εὐσεβέστατος δεσπότης ἡμῶν Ἰουστινιανός, Ausdrücke, womit nur lebende Kaiser bezeichnet werden. Spuren alexandrinischen Dialekts, welche sich in dem Texte, wie ihn die pariser Handschrift Nr. 1381 gibt, finden, hatten zu der Vermuthung Anlaß gegeben, daß Athanasius zu Alexandria gelebt und gewirkt habe; allein diese Spuren rühren vielmehr von dem Schreiber dieser Handschrift, als von Athanasius selbst, her. Vielmehr ist der Novellenauszug wahrscheinlich in Antiochien geschrieben, und dort der Wohnort des Athanasius gewesen. Das ergibt sich daraus, daß er in der Vorrede zur zweiten Ausgabe seines Novellenauszuges die Advocaten zu Antiochien mit dieser zweiten Ausgabe in Verbindung bringt. Es gibt keinen späteren Juristen Athanasius, der nach den Basiliken gelebt hätte. Man hat dem Athanasius auch einen Auszug aus den Digesten und dem Codex zuschreiben wollen. Nach der Angabe des Suaresius enthält der Cod. Vatic. Palat. 2?? eine Arbeit des Athanasius, einen Auszug aus Digesten und Codex, ἐκ τῶν διγέστων καὶ τοῦ δ' βιβλίου (τοῦ) Κώδικος. Allein die angegebene Handschrift enthält nichts Juristisches. Ohne Zweifel hatte Suaresius den Cod. Palat. 55 aus dem 15. Jahrhundert im Auge, welcher Bl. 57—59 unter speciellen Rubriken einige juristische Stellen enthält, die einen Theil des Anhangs der Ecloga von Leo und Constantin bilden. Eine dieser Rubriken (Bl. 58) lautet: Ἀθανασίου σχολαστικοῦ ἐκ τῶν διγέστων καὶ τοῦ δ' β. τοῦ Κώδικος, wie Suaresius sie anzeigt; aber die nach dieser Rubrik stehenden Auszüge gehören der Novellenbearbeitung des Athanasius an und enthalten keine Stelle der Digesten; die Rubrik, welche sich ebenso im Cod. Vindob. jur. gr. 2 fol. 200 findet, ist die Wiederholung einer Rubrik, welche einem vollständigeren Auszuge voranging, als der im Anhange der Ecloga ist. Die Fragmente, welche die Rubrik der wiener Handschrift ankündigt, sind entlehnt aus des Athanasius Epitome Novellarum Tit. X. const. 1. Auf einem Irrthum derselben Art beruht wol auch die Nachricht von einer Schrift des Athanasius de criminibus in einer Handschrift, welche Antonius Augustinus besaß; diese ist wahrscheinlich das Resultat der Verbindung von Rubriken, welche verschiedenen Schriften angehören, nämlich Auszügen aus Athanasius und aus dem κανάλιον des Eudidius.

5) Theodorus. Er heißt bald schlechthin Theodorus, bald Theodorus Scholasticus, bald Theodorus Hermopolitanus, bald bloß Hermopolitanus, endlich vollständiger Theodorus Scholasticus Thebanus Hermopolitanus. So haben auch andere griechische Juristen bald bloß einen, bald mehrere Namen, z. B. Athanasius Scholasticus, Athanasius Scholasticus Emesenus, Johannes Scholasticus oder Antiochenus u. s. w. Es ist hier mit Zachariä von Lingenthal Folgendes zu bemerken. Die griechischen Christen begnügten sich gewöhnlich mit Einem Namen, welchen sie als κύριον ὄνομα vor der Taufe erhalten hatten; bisweilen fügten sie den Namen des Vaters (πατρωνυμία) im Genitiv bei, und hatten überdies Beinamen, cognomina (ἐπώνυμα) entweder von ihrem Vaterlande oder ἐκ τοῦ συμβεβηκότος, von zufälligen Umständen, z. B. von ihrem Berufe und Lebensart, von den Aemtern und Ehrenstellen, welche sie bekleideten oder bekleidet hatten, von der Beschaffenheit des Körpers oder Geistes u. s. w. So kommen vor die Namen: Theophilus Antecessor, Stephanus Antecessor, Petrus Magister, Joannes Laurentii Lydus, Agathias Scholasticus Asianus Myrinaeus u. a. Diese Regel ist aber nicht ohne Ausnahme. Denn die Berytenser und Tyrier sollen in der Benennung der Personen der römischen Sitte gefolgt sein. Die übrigen Griechen aber erhielten bald mehrere Namen in der Taufe, bald bedienten sie sich der Vornamen, praenomina (z. B. Flavius), welche gleichsam etwas Höheres, Vornehmeres anzeigen sollten, z. B. Flavius Theodorus Petrus Demosthenes Pr. Pr., Flavius Faustus, Flavius Stephanus. Bisweilen behielten sie den vor der Taufe erhaltenen Namen mit dem Taufnamen nach der Taufe bei, was hauptsächlich bei den zum Christenthum bekehrten Slawen und Sarazenen beobachtet worden zu sein scheint. Wie sich dies auch verhalten möge, so muß man, wenn man derselben Person mehrere Namen beigelegt findet, nicht nach römischer Sitte den ersten Namen für das praenomen, den zweiten für das Nomen, den dritten für das cognomen, aber auch nicht alle für κύρια ὀνόματα (Hauptnamen) halten, sondern im Zweifel den ersten Namen für den Hauptnamen, die übrigen aber für Beinamen halten, welche von der Lebensart, von dem Berufe oder vom Vaterlande u. s. w. entlehnt sind. So war auch bei dem Juristen, von welchem hier die Rede ist, Theodorus der eigentliche oder Hauptname, die übrigen Namen Beinamen. Von den Namen Theodorus Scholasticus Thebanus Hermopolitanus bezeichnen die beiden letzten sein Vaterland. Er hieß also Hermopolitanus, weil Hermopolis seine Geburtsstadt war. Von den mehreren Städten dieses Namens ist die in Thebais gelegene die Geburtsstadt des Theodorus, wie daraus hervorgeht, daß er in der von Zachariä im Lauraklosier bei dem Berge Athos gefundenen Handschrift Θεόδωρος σχολαστικὸς Θηβαῖος Ἑρμοπολίτης genannt wird. Es ist mit Unrecht bezweifelt worden, ob er Christ gewesen sei, weil er in einem Basilikenscholium das alte Testament angeführt haben soll. Für sein Christenthum spricht außer der Vermuthung, nach welcher alle damaligen Einwohner des Reiches Christen waren, theils der christliche Name, theils daß er Advocat (Scholasticus) war, was er nicht hätte sein können, wenn er Heide oder Jude oder auch nur Häretiker gewesen wäre. Darüber, wer sein Lehrer in der Rechtswissenschaft war, bestanden verschiedene Ansichten. Sein Lehrer war Stephanus, welchen er selbst Στέφανος ὁ ἐμὸς διδάσκαλος nennt. Es ist hier an den Antecessor Stephanus zu denken, welcher nach Theophilus, Dorotheus und Thalelaeus um die Mitte

des 6. Jahrhunderts Rechtslehrer war, und selbst den Codex bearbeitet hat. Denn es gibt keinen anderen Rechtslehrer dieses Namens, und dann hat sich jene Stelle aus der Codexbearbeitung des Stephanus, in welcher die von Theodorus angeführte Meinung des Stephanus ausgedrückt wird, noch erhalten. Die 13 ersten Titel des 1. Buches des Codex nämlich, welche sich in der Collectio constitutionum ecclesiasticarum finden, sind aus der Codexbearbeitung des Stephanus höchst wahrscheinlich entlehnt. Dort wird L. 21. C. I, 5 so wiedergegeben: *'Ιουδαῖος ἢ αἱρετικὸς ἐν δίκῃ οὐ καταμαρτυρεῖ ὀρθοδόξου κ. τ. λ.* Theodorus in seinem Auszuge sagt zu derselben Constitution: „*ταύτης τῆς δόξης γέγονε Στέφανος ὁ ἐμὸς διδάσκαλος*," obgleich in der angeführten Stelle von Hebräern (oder Juden) nicht die Rede ist. So konnte sich Theodorus auch nur ausdrücken, wenn er wirklich Zuhörer des Stephanus war. Stephanus scheint der einzige Lehrer des Theodorus in der Rechtswissenschaft gewesen zu sein. Ueberhaupt haben die Studirenden des Rechts damals gewöhnlich nur Einen Lehrer gehabt, welchen sie sich von Anfang an ausgewählt hatten. Nur so wird erklärlich, wie Stephanus selbst einen Lehrer *κατ' ἐξοχήν*, d. h. ohne dessen Namen beizufügen, erwähnen und so dem verstorbenen Theophilus entgegensetzen konnte. Auch wird dies durch das Zeugniß des Theodorus selbst bestätigt. Da Stephanus zu Constantinopel Rechtslehrer war, wie sich theils daraus, daß er sich einer dort sehr verbreiteten Novellensammlung bediente, theils aus seinem hauptsächlichen Gebrauche von Schriften dortiger Rechtslehrer ergibt, theils endlich daraus folgt, daß nach der Zerstörung von Berytus durch ein Erdbeben Constantinopel die einzige Rechtsschule war, so muß Theodorus aus Aegypten, seinem Vaterlande, nach Constantinopel gewandert sein, entweder aus einem anderen Grunde, oder um dort die Rechtswissenschaft zu studiren. Später wurde Theodorus Advocat, wovon er den Beinamen Scholasticus führt, wie auch andere Juristen dieser Zeit. Rechtslehrer ist er nicht gewesen, obwol man auch dies früher geglaubt hat. Es gibt kein Zeugniß dafür, und seine Schriften, das Breviarium Codicis und Breviarium Novellarum, sind von der Art, daß sie mit den Vorlesungen Nichts gemein haben. Schon die von Theodorus gebrauchten Ausdrücke enthalten keine Spuren eines mündlichen Vortrages, wie solche noch in den erhaltenen Fragmenten des Thalelaus, Stephanus und in der Paraphrase der Institutionen von Theophilus so häufig vorkommen. Er scheint in Constantinopel gelebt und geschrieben zu haben; es läßt sich dies daraus schließen, daß seine erwähnten Schriften dort im Gebrauch waren, und daß er bei der Ausarbeitung seines Breviarium Novellarum der Sammlung der 168 Novellen folgte, die unzweifelhaft in Constantinopel entstanden ist. Ueber die Zeit, wo Theodorus gelebt hat, gab es verschiedene Ansichten. Das Breviarium Novellarum ist nach dem Jahre 575 geschrieben; denn von diesem Jahre ist die neueste Constitution in der Sammlung der 168 Novellen. Theodorus muß auch vor Heraclius gelebt und geschrieben haben, weil von Heraclius bis zu Basilius der Zustand der Rechtswissenschaft bei den Griechen ein so trauriger war, daß man diesem Zeitalter den Theodorus kaum zuschreiben kann; im Gegentheil muß schon unter Mauricius des Theodorus Novellenbearbeitung vorhanden gewesen sein, theils weil aus derselben in die Sammlung der 168 Novellen einige Auszüge an die Stelle lateinischer Novellen unter Mauricius versetzt worden sind, theils weil Theodorus den ursprünglichen Text des Codex zu seinem Breviarium Codicis benutzt hat, nach Mauricius aber der Gebrauch und die Kenntniß der lateinischen Sprache so untergegangen war, daß Niemand mehr die Justinianeischen Rechtsbücher selbst, sondern nur deren griechische Bearbeitungen gebrauchte. Daraus folgt, daß des Theodorus Novellenauszug zwischen den Jahren 575 und 602, mit welchem die Regierung des Mauricius sich endigt, geschrieben ist, und daß Theodorus zu dieser Zeit geblüht hat. Von den Schriften des Theodorus ist später viel Gebrauch gemacht worden, worüber das Nähere bei diesen Schriften selbst angegeben ist. Sein Ansehen bei der Nachwelt geht aus folgenden Zeugnissen hervor. In einem späteren Scholium zu den Basiliken (Basil. ed. Heimb. T. II. p. 570) wird seine Auslegung zu L. 3. C. IV, 2 als nothwendig empfohlen, und in einer Novelle des Alexius Comnenus wird er gerühmt als *ὀξὺς συνιδεῖν καὶ φωράσαι τὴν ἐγκαθημένην ταῖς νομικαῖς βαθύτησιν ἔννοιαν*, i. e. acutus in cognoscenda et indoganda sententia, quae profundissimis legum locis inest. Bisweilen wird er jedoch auch von den Spätern getadelt. Man hat ihm, außer den unstreitig von ihm herrührenden Bearbeitungen des Codex und der Novellen, auch eine Bearbeitung der Digesten zugeschrieben. Diese Meinung stützt sich darauf, daß mehrere mit dem Namen des Theodorus bezeichnete Basilikenscholien vorkommen, welche entweder eine Uebersetzung oder eine Anmerkung zu einzelnen Digestenstellen enthalten. Allein alle diese Stellen gehören vielmehr dem Dorotheus an und sind aus dessen Bearbeitung entlehnt; der Name *Θεοδώρου* an der Spitze derselben ist aus der Verwechselung mit *Δωροθέου* entstanden. Noch beruft man sich zum Beweise dafür, daß Theodorus zu den Digesten geschrieben habe, auf einige Basilikenscholien, welche aus dem Breviarium Codicis des Theodorus entlehnt zu sein scheinen. Allein in diesen ist entweder die Lesart verdorben und es muß statt *διγ.* gelesen werden *διατ.*, sodaß eine Codexstelle gemeint ist, oder es sind Anmerkungen des Thalelaus mit den Summen des Theodorus verbunden, sodaß sie von den Herausgebern hätten getrennt werden müssen. Die Trennung ist nothwendig in Sch. *Θεοδώρου* Basil. Heimb. I, 647. 657. 696. 700 sq. 701 sq. 702 sq. 704. 710. Sch. *Τοῦ αὐτοῦ* I, 711 sq. Sch. *Θεοδώρου* I, 819 II, 59. Sch. *Θεοδώρου. 'Οφείλει* III, 757. Sch. *Θεοδώρου. 'Ο* [illegible] III, 769. Sch. *Θεοδώρου* V, 795. Sch. *'Ο* [illegible] V, 871. Verderbniß der Lesart liegt in anderen Stellen vor. In einigen anderen Scholien, auf welche man sich für eine Digestenbearbeitung von Theodorus berufen hat, ist zwar die Lesart nicht verdorben; die Digestenrubriken darin aber sind nicht von Theodorus, der nie die Digesten citirt. Ebenso hat man dem Theodorus eine Synopsis et Ecloga Codicis Justinianei erotematica mit Unrecht zugeschrieben. Daß zwar nicht unser Theodorus, wol aber ein jüngerer dieses Namens, zu den Novellen Leo des Weisen einen Commentar geschrieben habe, beruht auf einem bloßen Misverständniß. Auch hat man einem Theodorus Hermopolitanus, welcher aber jedenfalls nicht der unsere sein kann, eine Ecloga Lib. I—X Basilicorum zugeschrieben.

6) Johannes Cobidas. Der Name dieses Juristen wird verschieden geschrieben. Die verschiedenen Formen sind: Κωβίδας, Κοβίδας, Γωβίδας, Κωβίδης, Κουβίδης, Κωβίδιος, Κοβίδιος, Κουβίδιος, Κουβίδιος, Κοβίδιος. Daß alle diese Namen nur eine und dieselbe Person bezeichnen, läßt sich theils aus der Aehnlichkeit derselben und aus der Möglichkeit einer verschiedenen Auflösung der in den Handschriften gebräuchlichen Abkürzung Κωβί vermuthen, theils wird, daß alle diese Namen denselben Juristen bezeichnen, wahrscheinlich dadurch, daß derjenige, welcher in den Basilikenscholien Γωβίδας heißt, von Balsamon Κωβίδης genannt wird. Gibt man die Identität dieser Namen zu, so folgt aus einem in der appendix Eclogae erhaltenen und von Zachariä von Lingenthal zuerst herausgegebenen Fragmente des Werkes, welches ὁ κανάλιος betitelt ist, daß der vollständige Name dieses Juristen war: Ἰωάννης Κωβίδας oder Κωβίδης ἀντικήνσωρ. Es ist wol derselbe, welcher in einem Basilikenscholium Ἰωάννης ὁ σοφώτατος ἀντικήνσωρ genannt wird. Er wird in diesem Scholium mit Dorotheus und Thaleläus, welche als verstorben bezeichnet werden, in Verbindung gebracht so, daß er also diese überlebt haben muß. Er ist verschieden von dem späteren Johannes, dessen Namen mehrere Basilikenscholien an der Spitze tragen, entweder mit dem Namen Ἰωάννου, oder mit der Bezeichnung seiner Würde, τοῦ νομοφύλακος, ohne Beifügung des Namens, welcher etwa im 11. Jahrhundert lebte. Cobidas lebte zu Ende des 6. oder zu Anfang des 7. Jahrhunderts. Er wird von Anastasius angeführt und citirt selbst den Stephanus und Cyrillus, und hat einen von Theodorus herrührenden Auszug der L. 22. C. IX, 9 in sein ὁ κανάλιος betiteltes Werk aufgenommen.

7) Phocas. Unter dem Namen des Phocas findet sich in den Basilikenscholien eine einleitende Bemerkung zu L. 1. C. VII, 1. Man könnte dabei an den Phocas, welcher magister militum war und sich unter den Redactoren des ersten Justinianeischen Codex befand, oder an den Expräfecten Phocas, welcher in Nov. 82. cap. 1. §. 1 erwähnt wird, denken. Allein schon der in dem Scholium vorgesetzte Artikel beweist, daß nicht ein Jurist dieses Namens bezeichnet wird. Denn wenn auch viele Scholien mit τοῦ ἀνωνύμου, τοῦ ἐναντιοφανοῦ anfangen, so werden doch dadurch nicht nomina propria der Juristen bezeichnet. Der Schluß des Scholiums deutet auf Thaleläus, schon wegen der diesem ganz ähnlichen Schreibart. Es fragt sich nun, woher jenes 'O Φωκᾶς entstanden sei. Meiner Vermuthung nach hat in der pariser Handschrift 1349 eine Sigle gestanden, welche ὁ προχειρών bedeuten sollte und Fabrot irrthümlich in 'O Φωκᾶς aufgelöst hat. Von den neueren Basilikenscholiasten wird προχειρών die kurze Inhaltsanzeige einer jeden Constitution von Thaleläus genannt, welcher, wenn die Constitution lateinisch war, die wörtliche griechische Uebersetzung (τὸ κατὰ πόδας) folgte, und das τὸ κατὰ πόδας wird in einigen Scholien dem προχειρών entgegengesetzt.

8) Anastasius. Von seinem Vaterlande, Beruf u. s. w. ist Nichts bekannt. Er citirt den Stephanus und Cobidas und hat also nach beiden gelebt. Er gehört gewiß noch in diese Periode.

9) Philoxenus. Genau läßt sich sein Zeitalter nicht bestimmen. Wahrscheinlich gehört er aber den Juristen dieser Periode an. Denn die von ihm herrührenden Novellenauszüge werden in den Basilikenscholien mit denen des Theodorus und Athanasius zusammengestellt, sodaß wol anzunehmen ist, er habe ungefähr um die Zeit, wo diese lebten und schrieben, seine Novellenbearbeitung abgefaßt. Er citirt eine Erklärung der invecta et illata von Theophilus. Sein Verhältniß zum Lexikographen Philoxenus ist ungewiß.

10) Symbatius. Ueber das Zeitalter und die Lebensumstände dieses Juristen ist Nichts bekannt. Er hat zu den Novellen geschrieben, wovon später die Rede sein wird. Die Quelle dafür ist der von Heimbach jun. zuerst herausgegebene tractatus de peculiis, wo zwei Fragmente von Symbatius erhalten sind.

§. 15. Von den Schriften der Juristen im Allgemeinen.

Von den Grenzen, welche Justinian der schriftstellerischen Thätigkeit der Juristen hinsichtlich seiner Rechtsbücher setzte, und wie dieselben theils eingehalten, theils überschritten worden, ist bereits im §. 13 die Rede gewesen. Es sind nur die Schriften selbst im Allgemeinen zu betrachten.

1) Verschiedene Arten und verschiedener Zweck der juristischen Schriften. Sie sind entweder Uebersetzungen, Erläuterungen und Commentare, sowie Auszüge der Rechtsbücher Justinian's und der Novellen oder Paratitlae oder Schriften anderer Art, z. B. Abhandlungen über einzelne Rechtslehren (libri singulares).

a) Uebersetzungen, Erläuterungen und Commentare, sowie Auszüge der Justinianeischen Rechtsbücher und der Novellen.

α) Uebersetzungen. Justinian hatte wörtliche Uebersetzungen (versiones κατὰ πόδα) seiner Rechtsbücher, namentlich der Digesten, gestattet. Diese waren auch, da solche größtentheils in lateinischer Sprache geschrieben waren, für die griechisch redenden Unterthanen des Reiches nothwendig. Nur bei den griechischen Constitutionen des Codex und bei den meistentheils griechisch abgefaßten Novellen bedurfte es keiner solchen Uebersetzungen. Eine solche wörtliche Uebersetzung der lateinischen Codexstellen hat Thaleläus geliefert, und sie heißt bei den Späteren schlechthin τὸ κατὰ πόδας: die lateinischen Constitutionen bedurften nach einer Aeußerung des Thalelaus keiner solchen. Von einer wörtlichen Uebersetzung der Digesten hat sich keine Nachricht erhalten. Gleichwol haben wir eine solche in dem index des Dorotheus, wie sich aus einer Vergleichung desselben mit den Digestenstellen ergibt, und es ist auffallend, daß man nicht auch diese später als τὸ κατὰ πόδας der Digesten bezeichnet hat. Wahrscheinlich war der Grund der, daß man für die Arbeit des Dorotheus, welche aus den Vorlesungen hervorgegangen ist, den ursprünglichen Namen index, eben dieser ihrer Entstehung wegen, beibehalten hat. Von den Institutionen findet sich keine versio κατὰ πόδα, wovon der Grund darin liegt, daß die griechische Paraphrase derselben von Theophilus eine solche überflüssig machte, daher sie auch bald ein so großes Ansehen erlangte, daß man das lateinische Original darüber ganz vernachlässigte. Statt der lateinischen Novellen bediente man sich der von mehreren Juristen bald abgefaßten griechischen Auszüge oder Summen.

β) Erläuterungen und Commentare. Der allgemeine Name für solche ist *ἑρμηνεία* oder index. Es ist, was letzteren Ausdruck betrifft, an das in §. 13 Gesagte zu erinnern. Index bedeutet ursprünglich nach Theophilus eine *σύντομος παράδοσις*, eine brevis expositio. In den Grenzen einer solchen, einer Summa, wie die Glossatoren sagen, hielt sich der index der Digesten von Cyrillus, in welchem der Inhalt der Digestenstellen ganz kurz wiedergegeben wird, und welcher auch bei den Späteren ὁ ἴνδιξ und davon Cyrillus ὁ *ἰνδικευτής* heißt. Auch die Digestenbearbeitung des Anonymus geht nicht über die Grenzen einer *σύντομος παράδοσις*, einer brevis expositio hinaus, da der Inhalt der Digestenstellen zwar etwas weitläufiger als bei Cyrillus, aber doch immer noch kurz genug, nach der legalen Reihenfolge wiedergegeben wird, mit Weglassung der verschiedenen Ansichten der alten Juristen, welche sich in den einzelnen Stellen finden, sowie auch der Namen der Juristen, welcher im Texte der Digestenstellen Erwähnung geschieht. Dennoch hat die Arbeit des Anonymus den Namen index bei den Späteren nicht erhalten, und findet sich nirgends unter diesem Namen angeführt. Der Grund liegt vielleicht darin, daß zu des Anonymus Zeit die indices des Dorotheus und Stephanus existirten, und es damals (zu der Zeit des Anonymus) nicht mehr nöthig war, eine Arbeit von der Art, wie die des Anonymus war, unter dem Namen index zu verhüllen. Daß bei den späteren Basilikenscholiasten die Digestenbearbeitung des Anonymus nicht den Namen index erhalten hat, ist wol daraus zu erklären, daß dieser Auszug der Digestenstellen in den Basilikentext übertragen worden ist. Abgesehen von dem index des Cyrillus ist gerade der Name index (ὁ ἴνδιξ) den weitläufigeren exegetischen Darlegungen des Inhalts der einzelnen Stellen in ihrer legalen Reihenfolge beigelegt worden, namentlich denen des Theophilus, Dorotheus und Stephanus. Es hängt dies damit zusammen, daß für den juristischen Unterricht keine solche Beschränkung bestand, wie für die schriftstellerische Thätigkeit, und die weitläufigen Erklärungen der Rechtslehrer unter dem Namen indices durch die Verbreitung der Collegienhefte ihren Weg in das Publicum fanden. So wird in einem Scholium zu Theophilus ein index τῶν πρώτων von Theophilus erwähnt. Die uns erhaltenen Bruchstücke des index der Digesten von Theophilus beweisen, daß dieser sich mit größerer Freiheit bewegt und nicht ängstlich sich an die Digesten selbst gehalten habe; denn er erläutert z. B. die Digestenstellen durch Fälle, welche in den Stellen selbst nicht vorkommen. Der index des Theophilus war nach diesen Bruchstücken eine Paraphrase der Digesten, eine *ἑρμηνεία*, wie denn auch Stephanus einmal sagt: *Θεόφιλος μέντοι ὁ μακαρίτης οὕτω ἑρμηνεύει τὸ ῥῆμα*. Denselben Charakter einer *ἑρμηνεία* haben die Digestenbearbeitungen des Dorotheus und Stephanus, welche *κατ' ἐξοχὴν* den Namen index bei den Späteren führen, sodaß man hiernach *ἑρμηνεία* und index (ὁ ἴνδιξ) für gleichbedeutend halten muß. So wird die Paraphrase der Digesten von Dorotheus als ein *ἰνδικεύειν* charakterisirt. So ist, wenn in den Basilikenscholien, was die Bücher der Digesten anlangt, welche in den Rechtsschulen nicht erklärt wurden, sondern von den Studirenden selbst studirt werden mußten, ὁ ἴνδιξ erwähnt wird, darunter immer der index des Dorotheus zu verstehen, und auf diesen ist in denselben Büchern auch der Ausdruck τὸ πλάτος in den Scholien der Basiliken zu beziehen, sowie auch der Ausdruck τὸ πλάτος τοῦ ἴνδικος. Stephanus nennt seinen Digestencommentar selbst index, und braucht den Ausdruck *ἰνδικεύειν* sowol von sich, als Andere denselben von ihm brauchen, daher er auch ὁ *ἰνδικευτὴς* genannt wird. Wo in den neueren Basilikenscholien zu denjenigen Büchern der Digesten, welche nach Justinian's Studienplane in den Vorlesungen erklärt wurden, des index Erwähnung geschieht, wird damit der index des Stephanus bezeichnet. Derselbe index des Stephanus heißt zu denselben Büchern der Digesten in den Basilikenscholien τὸ πλάτος. Dies ergibt sich sowol daraus, daß das τὸ πλάτος dem Stephanus mit ausdrücklichen Worten zugeschrieben wird, als daraus, daß die aus dem πλάτος citirten Worte sich in dem index des Stephanus finden. Die Bezeichnung des index des Stephanus mit dem Ausdruck τὸ πλάτος hat wol in der Weitläufigkeit desselben seinen Grund; später hat man für die Bücher der Digesten, welche in den Vorlesungen nicht erklärt wurden, diese Behauptung auf den index des Dorotheus übertragen, der von allen Dynastenbearbeitungen (der index des Stephanus erstreckte sich nicht auf diese Bücher) die ausführlichste war. Zu den ausführlichen Commentaren über den Codex gehörte die Bearbeitung des Codex von Thalelaus und Isidorus.

γ) Auszüge. Ein solcher ist zu den Digesten der index des Cyrillus. Die übrigen Digestenbearbeitungen des Dorotheus, Stephanus und Anonymus gehen über die Grenzen bloßer Auszüge hinaus und sind wirkliche Commentare. Dagegen sind der Codex und die Novellen bald in längeren, bald in kürzeren Auszügen bearbeitet worden, welche unter den Namen *σύντομος*, *ἐπιτομή* vorkommen. Solche Bearbeitungen des Codex sind von

Anatolius, Stephanus und Theodorus; des Stephanus Bearbeitung heißt σύντομος κώδιξ. Die Novellen haben auf diese Art bearbeitet Athanasius, Theodorus, Anonymus. Auch die Arbeiten des Philoxenus und Symbatius zu den Novellen, so viel sich aus den wenigen Ueberresten derselben beurtheilen läßt, scheinen ähnlicher Art gewesen zu sein.

Als Bestandtheile sowol der weitläufigeren Commentare, als der Auszüge kommen vor: αα) παραγραφαί, d. i. Anmerkungen zu einzelnen Worten oder Stellen des Textes, bald in Erläuterungen desselben, bald in Beseitigung sich erhebender Zweifel oder anscheinender Widersprüche bestehend, bald anderen Inhalts, ihren Namen davon habend, weil sie am Rande zu den betreffenden Worten des Textes in den Vorlesungen geschrieben wurden; ββ) παραπομπαί, Citate von Parallelstellen; γγ) ἀπορίαι, Zweifel, welche der Lehrer selbst oder die Zuhörer aufwarfen, ἐρωτήσεις und ἐρωτήσεις, Fragen, welche entweder die Zuhörer in den Vorlesungen, oder der Schriftsteller selbst, aufwarfen; den ἀπορίαι und ἐρωτήσεις entsprechen die Lösungen der Zweifel, λύσεις, den ἐρωτήσεις die Antworten, ἀποκρίσεις; Frage und Antwort zusammen hieß ἐρωταπόκρισις; δδ) σημειώσεις, Bemerkungen, von dem Worte σημείωσαι, mit welchem sie beginnen, so genannt.

b) Παράτιτλα. Wegen der Bedeutung dieser Art juristischer Schriften ist auf §. 13 zu verweisen.

c) Schriften anderer Art. Hierher gehören Monographien über einzelne Rechtslehren, μονόβιβλα (libri singulares), die Glossae nomicae und andere, von denen noch später zu handeln sein wird.

2) Sprache und Styl der Juristen dieser Periode. Der Charakter der Sprache und des Styls der unter Justinian und kurz nach ihm lebenden Juristen ist ganz derselbe, welcher sich auch an Sprache und Schreibart anderer Schriften jener Zeit beobachten läßt. Selbst da, wo sie sich der Präcision nicht gerade absichtlich befleißigen, bedienen sie sich doch immer einer einfachen Schreibart, welche weit natürlicher ist, als die affectirte schwülstige Sprache in Justinian's Novellen. Sieht man auf die einzelnen Schriftsteller, so erscheint unter den Bearbeitern der Digesten Cyrillus als derjenige, welcher sich am meisten der Kürze und Präcision befleißigt; nach ihm kommt der Anonymus, nach diesem Dorotheus. Am weitläufigsten und wortreichsten ist Stephanus, welcher es auch nicht an Wiederholungen und Tautologien fehlen läßt. Man sieht es dem Werke des Stephanus an, daß es durch die Vorlesungen entstanden und ursprünglich nicht zur Veröffentlichung bestimmt ist; sonst würde es kürzer und präciser gefaßt sein. Dasselbe gilt, wenngleich in minderem Grade, von der Institutionenparaphrase des Theophilus. Unter den Bearbeitern des Codex huldigen der Kürze am meisten Theodorus und Anatolius; nach ihnen kommen Isidorus und Stephanus; am weitläufigsten ist Thalelaeus, was ebenfalls wieder der Entstehung der Arbeit aus den Vorlesungen zuzuschreiben ist. Matthäus Blastares hat in der Vorrede zu seinem Syntagma den Charakter und die Beschaffenheit dieser Schriften kurz und mit einer einzigen Ausnahme treffend geschildert. Er irrt nämlich darin, daß er die Codexbearbeitung des Anatolius als noch kürzer und gedrängter schildert, als die des Theodorus. So viel wenigstens die Auszüge oder Summen der Constitutionen betrifft, ergibt eine Vergleichung der Bruchstücke des Anatolius mit denen des Theodorus, daß die Summen des letzteren noch viel kürzer sind als die des ersteren. In Ansehung der übrigen Bestandtheile der Arbeiten beider haben wir zu wenig Material zur Vergleichung, indem sich zwar in den Basilikenscholien genug von Theodorus, von Anatolius aber sehr wenig vorfindet. — Bemerkenswerth ist die große Sorgfalt der Juristen in Beibehaltung der lateinischen juristischen Kunstausdrücke, welche entweder ganz unverändert, oder mit griechischem Accente und griechischer Flexion wiedergegeben werden. Namentlich haben sie die lateinischen Rechtsregeln mitten im griechischen Texte beibehalten. Vorzüglich ist diese Sorgfalt in Beibehaltung der Kunstausdrücke in der Institutionenparaphrase des Theophilus und in den Basilikenscholien bemerkbar, welche zum 8. Buche der Basiliken aus den Commentaren des Thalelaeus und Stephanus erhalten sind. Es fehlt zwar nicht an Beispielen beibehaltener lateinischer Kunstausdrücke in den Bruchstücken der Commentare der alten Juristen, welche uns in den Scholien zu anderen Büchern der Basiliken erhalten sind; sie sind aber seltener, und sehr häufig finden sich in der späteren Zeit die Kunstausdrücke mit griechischem Accent und mit griechischer Flexion, was aber nicht den Juristen selbst, deren Schriften in den Scholien excerpirt sind, sondern vielmehr denjenigen, welche die Scholien daraus compilirten, oder noch Spätern, zuzuschreiben ist. Nicht nur die noch unter Justinian selbst lebenden Juristen, sondern auch die späteren bis in den Anfang des 7. Jahrhunderts hinein haben die lateinischen Kunstausdrücke beibehalten. Dies gilt namentlich von dem Anonymus und von Theodorus; erst bei der späteren Benutzung ihrer Werke sind die lateinischen Kunstausdrücke gewöhnlich mit griechischen vertauscht worden. Nach Justinian bildete sich erst ganz allmälig eine griechisch-juristische Kunstsprache, welche in den Basiliken ihre Vollendung und officielle Reception erhielt. Indessen gilt das Bemerkte nicht von allen Kunstausdrücken. Denn die im Leben täglich vorkommenden Geschäfte, wie Stipulationen, Testamente, die Consensualcontracte und andere, sowie die Handlungen, welche in Processen täglich vorkommen, z. B. die litis contestatio, wurden schon längst vor Justinian mit griechischen Ausdrücken bezeichnet. Es konnte dies auch nicht anders sein, da die griechische Sprache in vielen Theilen des Reiches die herrschende war. Deshalb schrieben auch einzelne der Juristen, deren Schriften in den Digesten excerpirt sind, griechisch, und auch die Kaiser erließen Rescripte und andere Gesetze in griechischer Sprache. Ein bedeutender Einfluß auf die Bildung einer griechisch-juristischen Kunstsprache ist wol der wörtlichen Uebersetzung der lateinischen Constitutionen des Codex von Thalelaeus beizumessen. Es fehlt zwar nicht an Bei-

spielen von Thaleläus in der Uebersetzung beibehaltener lateinischer Kunstausdrücke; allein Thaleläus konnte, wenn er wörtlich übersetzen wollte, die Kunstausdrücke dabei nicht übergehen; er mußte ihnen, wenn er sie beibehielt, eine griechische Uebersetzung beifügen, was er auch bisweilen gethan hat. Freilich ist dies nur eine Vermuthung. Denn wir haben die Uebersetzung des Thaleläus nur in den in den Basiliken und den Basilikenscholien erhaltenen Bruchstücken, und es ist wol möglich, daß die von Thaleläus beibehaltenen lateinischen Kunstausdrücke später von den Compilatoren der Basiliken und der Scholien mit griechischen vertauscht worden sind, wie dies bei der Digestenbearbeitung des Anonymus ganz unstreitig der Fall gewesen ist. — Eine fernere Eigenthümlichkeit der Justinianeischen Juristen ist, daß sie sich in den von ihnen zur Erläuterung der Gesetzstellen fingirten Fällen zur Bezeichnung der dabei vorkommenden Personen entweder der bei den Pandektenjuristen gebräuchlichen fingirten Namen **Attius, Maevius, Sempronius, Titius, Gajus, Stichus, Pamphilus**, oder der Bezeichnung mit Zahlen, wie **Primus, Secundus, Tertius** u. s. w. bedienen, während die Juristen der späteren Zeit gewöhnlich Namen gebrauchen, welche aus dem neuen Testamente entlehnt sind, namentlich die Namen der Apostel, wie **Petrus, Paulus, Joannes**. Dieser Unterschied tritt besonders in den Basiliken und in den alten Scholien derselben, welche aus den Schriften der unter Justinian und nicht lange nach ihm lebenden Juristen geschöpft sind, hervor. In den letzteren ist sehr häufig die alte, den Justinianeischen Juristen eigenthümliche, Benennung der Personen beibehalten, während in dem Basilikentexte christliche Namen gebraucht sind; ein Beweis mehr, daß die Basilikenscholien nicht officiell redigirt und dem Basilikentexte nicht unter öffentlicher Auctorität beigefügt worden sind, weil man sonst auch in ihnen Alles getilgt haben würde, was an den heidnischen Ursprung erinnerte.

3) Art und Weise der Juristen, die Justinianeischen Rechtsbücher und Novellen zu citiren. Als regelmäßige Citirart läßt sich die bezeichnen, wonach nur mit Zahlen und zwar so citirt wird, daß zuerst die Zahl der größeren, dann nach einander die der kleineren Abschnitte angegeben werden; so erst die Zahl des Buches, dann die des Titels, in den Digesten auch die des Fragments (*δίγεστον*), im Codex auch die der Constitution (*διάταξις*), z. B. βι. *θ' τῶν διγέστων τι. α' διγ.* (d. i. *δίγεστον* oder *διγέστῳ*) *α'* oder βι. *α' τοῦ κώδικος τι. α' διατ.* (d. i. *διάταξις* oder *διατάξει*) *α'*. Die Institutionen werden citirt: *ἰνστ.* (d. h. *ἰνστιτούτων* oder *ἰνστιτουτιόνων*) *α'. τι. α'*. Selten wird ein *βιβλίον τῶν ἰνστιτούτων* oder *τῶν ἰνστιτουτιόνων* citirt. Kleinere Abschnitte der Institutionentitel unter dem Namen *διαιρέσεις* oder *κεφάλαια* citiren nur Anonymus und Enantiophanes mit Beifügung der Zahl, welche Zahlen jedoch den unserer Paragraphen nicht entsprechen. Die Novellen werden mit der Zahl der Novelle und des Capitels citirt, z. B. *νεαρὰ α'. κεφ. α'*. Der Beisatz *τῶν διγέστων* oder *τοῦ κώδικος* bleibt oft weg, weil das Citat durch das gebrauchte *διγ.* oder *διατ.* schon bestimmt genug auf Digesten oder Codex hinweist. Von selbst versteht es sich auch, daß nach der Wendung der Rede die Ordnung der Zahlen bisweilen umgestellt wird, sodaß die Zahlen der kleineren Abschnitte denen der größeren vorangehen, z. B. *ἐν τῷ μ'. διγ. τοῦ β' τι. τοῦ μα' βι. φησίν*, oder *ἐν τῇ ζ'. διατ. τοῦ ιδ' τι. τοῦ δ' βι. τοῦ κώδικος φησίν*. Von dieser regelmäßigen Citirart weichen einige Juristen ab. a) Von den Institutionen werden bisweilen die Rubriken der Titel bald neben der Titelzahl, bald ohne dieselbe citirt. b) Dasselbe geschieht bisweilen in den Digesten, wobei auch wol die Zahl des Buches und Titels ganz weggelassen und nur die Titelrubrik citirt wird, was z. B. Stephanus dann zu thun pflegt, wenn er zur Erläuterung einer Digestenstelle eine andere aus demselben Titel anführt, welchenfalls er entweder blos die Titelrubrik bezeichnet, oder bemerkt, daß die citirte Stelle aus derselben pars der Digesten genommen sei. Die kleineren Abschnitte der Fragmente, welche wir Paragraphen nennen, heißen bei den Justinianeischen Juristen *θέματα*, und deren Zahl übersteigt die unserer Paragraphen immer um Eins, da die Griechen das, was wir als procemium oder principium citiren, als *θέμα α'* bezeichnen. Besonders charakteristisch ist die Art, wie von mehreren Justinianeischen Juristen und Antecessoren, namentlich von Thaleläus, Dorotheus und Stephanus, diejenigen Theile und Bücher der Digesten citirt werden, welche nach Justinian's Lehrplane in den Vorlesungen erklärt werden mußten. Sie citiren nämlich die drei ersten partes — *τὰ πρῶτα*, de judiciis, de rebus — besonders, indem sie in jeder pars die Bücher, aus denen sie besteht, wieder von Eins an zählen. So zählen sie *τῶν πρώτων βι. α'—δ'*, *de judiciis βι. α'—ζ'*, *de rebus βι. α'—η'* und citiren die einzelnen Bücher jeder pars, die Titelrubrik und das Fragment, oder auch die Titelrubrik mit Angabe der betreffenden pars, und das Fragment, aber mit Weglassung der Zahl des Buches, welches in der pars gemeint ist; z. B. „*ἐν τῷ γ'. διγ. τοῦ* de procuratoribus *τῶν πρώτων*;“ „*ἐν τῷ ζ' τῶν* de judiciis *βι.* (lib. XI. Dig.) *τι. α'. διγ. α'*;“ „*ἐν τῷ η' τῶν* de rebus *βι.* (lib. XIX. Dig.) *τι. α'. διγ. α'*;“ wo das *βι.* auch häufig weggelassen wird; oder „*ἐν τῷ* familiae erciscundae *τῶν* de judiciis,“ „*ἐν τῷ κομμοδάτι τῶν* de rebus.“ Das 20. Buch der Digesten citirt Thaleläus als *ἡ ὑποθηκαρία* oder als *μονόβιβλος τῆς ὑποθηκαρίας*, nach dem Vorgange Justinian's, welcher in der Const. *Omnem reipublicae* §. 4 dieses Buch als liber singularis ad formulam hypothecariam bezeichnet. Stephanus gibt den Büchern 20—22 einen gemeinschaftlichen Namen; er nennt sie *ἀντιπαπινιανοῦ μονόβιβλα* oder *μονοβίβλια*, und unterscheidet das erste, zweite und dritte Buch derselben. Bisweilen citirt Stephanus diese Bücher auch mit den gewöhnlichen Zahlen. Das 22. Buch citirt derselbe als *μονόβιβλον* de usuris. Buch 23 wird von Stephanus citirt als de sponsalibus *μονοβίβλιον*, von Thaleläus als *μονόβιβλος* de dotibus; — Buch 26 von beiden als *μονόβιβλος* de tutelis; — Buch 28 als *μονόβιβλος* de testamentis; —

Buch 30 als *μονόβιβλος* de legatis. Dorotheus und Stephanus heben den Zusammenhang dieser Citirart mit dem Rechtsunterrichte speciell hervor, indem sie diejenigen libri singulares, welche in den Vorlesungen erklärt wurden, τὰ *πραττόμενα μονοβίβλα* nennen, und damit auch bei dem Citiren bezeichnen. Ueberhaupt heißen die Bücher der Digesten, welche nach Justinian's Studienplane in den Vorlesungen erklärt wurden, τὰ *πραττόμενα βιβλία*, im Gegensatz derjenigen, welche nicht Gegenstand der Erklärung in den Vorlesungen waren und τὰ *ἐξτραόρδινα βιβλία* heißen. Die ersteren sind 26, nämlich Buch 1—22. 23. 26. 28. 30; die letzteren 24, nämlich Buch 24. 25. 27. 29. 31—50. c) Was den Coder betrifft, so werden auch hier zuweilen die Titelrubriken angeführt. d) Die Novellen werden von den Juristen meistens als *μετὰ τὸν κώδικα νεαραί*, *νεαραὶ τοῦ δεσπότου* und dergl. citirt. Die Juristen citirten nach verschiedenen Sammlungen, da es keine unter öffentlicher Auctorität veranstaltete Novellensammlung gab (s. §. 6). Aber eben weil sie sich verschiedener Sammlungen bedienten, mußten sie die Novellen nicht nur nach Zahlen einer bestimmten einzelnen Sammlung, sondern auch nach Rubriken citiren. Ja Manche trieben die Genauigkeit so weit, daß sie sogar die Anfangsworte und dergl. citirten.

4) Andere Eigenthümlichkeiten der Justinianeischen Juristen. Hierher gehören folgende: a) Die Juristen pflegen ihre noch lebenden Zeitgenossen regelmäßig mit *τινές*, quidam, zu bezeichnen, ohne ihre Namen anzugeben, oder sonst ein Lob beizufügen. b) Die verstorbenen Zeitgenossen halten sie in hohen Ehren und pflegen sie namentlich mit Prädicaten anzuführen, und zwar die älteren als *ἥρως*, die kurz zuvor verstorbenen als *μακαρίτης*, oder *εὐκλεοῦς μνήμης*, oder *πανευφήμου μνήμης*; doch wird der Unterschied zwischen ὁ *ἥρως* und ὁ *μακαρίτης* nicht immer streng beobachtet. c) Einige Juristen pflegen ihrem Lehrer in der Rechtswissenschaft zu erwähnen; doch folgt daraus, daß ein Jurist von einem anderen Juristen *διδάσκαλος* genannt wird, noch nicht, daß der letztere des ersteren Unterricht unmittelbar genossen habe; vielmehr werden auch längst verstorbene Rechtslehrer, weil man sich aus ihren Schriften unterrichtete, *διδάσκαλοι* genannt. d) Den Text der Digesten und des Coder nennen die Juristen τὸ *ῥητόν*, dessen Worte sie häufig citiren; bei dem Citat einer Digestenstelle wird bisweilen der Name des Pandektenjuristen, aus dessen Werke die Stelle entlehnt ist, im Genitiv mit dem Beisatze *ῥητῷ* hinzugesetzt. e) Die Abänderungen des älteren Rechts und das zu ihrer Zeit geltende Recht pflegen sie mit den Worten anzudeuten: εἰ *καὶ τὸ παλαιὸν* — *σήμερον δέ*, gleichviel ob die Abänderung des alten Rechts zu ihrer Zeit, oder früher erfolgt ist.

5) Ueberbleibsel der juristischen Schriften. Die juristischen Schriften dieser Periode haben sich theils unmittelbar, zum Theil vollständig in Handschriften bis zu unserer Zeit erhalten, theils sind sie uns mittelbar in Bruchstücken durch andere neuere Quellen überliefert. Die reichhaltigste Quelle, wodurch uns die meisten Ueberbleibsel der juristischen Literatur dieser Zeit erhalten sind, sind die älteren Basilikenscholien, sowie die Basiliken selbst. Demnächst haben sich auch in den Anhängen der juristischen Hand- und Lehrbücher dieser und der folgenden Periode manche Bruchstücke juristischer Schriften erhalten. Selbst die kirchenrechtlichen Schriften, abgesehen davon, daß sie selbst einen Theil der juristischen Literatur bilden, haben uns manche Bruchstücke auch der Literatur des bürgerlichen Rechts überliefert.

§. 10. Commentare über die Institutionen.

1) Paraphrase der Institutionen von Theophilus (*Ἰνστιτοῦτα Θεοφίλου Ἀντικήνσωρος*). Diese noch erhaltene Paraphrase ist, wie schon Andere vermuthet haben, ein von einem Zuhörer des Theophilus in den Vorlesungen desselben über die Institutionen ausgeschriebenes Collegienheft. Eine eigene Arbeit des Theophilus, selbst eine Uebersetzung mit Anmerkungen, welche derselbe etwa zum Behuf seiner Vorlesungen gemacht hätte, kann dieselbe nicht sein, da dann der Styl, der Periodenbau u. s. w. viel reiner, richtiger und zusammenhängender sein müßten, als sie wirklich sind. Für den erwähnten Ursprung der Paraphrase aus den Vorlesungen des Theophilus entscheiden die häufigen Wiederholungen derselben Sache an verschiedenen Orten, die Einleitungen zu gebender Definitionen durch vorausgeschickte Fragen, hinter welchen gleich die Definition gegeben wird, der Mangel von Definitionen, welche im Institutionentexte stehen, und in der Paraphrase durch Beispiele ersetzt werden, welche die ausgelassenen Definitionen erläutern sollen, die Einschaltungen, welche wol in einem mündlichen Vortrage, nicht aber in einer durchdachten, zur Veröffentlichung bestimmten Schrift zulässig sind, die häufigen Einwürfe, welche sich Theophilus im Buche macht, der vertrauliche Ton mit den Zuhörern, wo der mündliche Vortrag ganz unverkennbar ist, das absichtliche Bestreben, welches sich im ganzen Buche zeigt, den Zusammenhang der einzelnen Lehren und Titel zu zeigen und das System der Institutionen zu vertheidigen, die Protheorien, d. h. vorläufige Bemerkungen, ehe man zum Vortrage der Sache selbst übergeht, die nur bei dem mündlichen Vortrage zweckmäßig sind, die häufige Erläuterung des Institutionentextes durch Beispiele ohne Uebersetzung des Textes, die häufigen Verweisungen der Zuhörer auf die künftigen Vorlesungen mit der Formel: *ὡς προϊόντες μαθησόμεθα*. Auch kann der Titel: *Θεοφίλου Ἀντικήνσωρος Ἰνστιτοῦτα*, unmöglich von Theophilus selbst herrühren, da nach Justinian's Bestimmung die Institutionen bloß nach seinem Namen benannt werden sollten, sondern dieser Titel rührt von dem Zuhörer her, welcher die Dictate nachgeschrieben hat. Ueber den Styl der Paraphrase gibt es verschiedene Ansichten; Reitz hält denselben für einfach und zierlich, Mylius für schlecht und barbarisch. Der Streit betrifft aber lediglich die juristischen Kunstwörter, welche in der Paraphrase theils rein römisch beibehalten sind, theils hellenisirt sind, z. B. *οὐσούφρουκτος*, *πραισκριπτίων*, *λεγατάριος*, *κάστρενς πεκούλιον*, *οὐσουκαπίων*, *βήλιον*, *φαμί-*

τίβον, ὡς κωδίκιλλον, πραιτώριος, [illegible], [illegible], [illegible], [illegible], [illegible]. Solche Kunstwörter mußte Theophilus beibehalten, und es haben dies auch die Justinianeischen Juristen überhaupt gethan. Es handelt sich vielmehr von der Stellung und Zusammensetzung der Worte. Wortstellung und Perioden sind aber schlecht. Oft paßt das genus, der numerus und der casus weder zu den vorhergehenden, noch zu den folgenden Worten; oft fällt der Paraphrast aus der Construction; oft hängen die Gedanken schlecht zusammen. Alle diese Mängel sind nur aus dem mündlichen Vortrage erklärbar. Die Art und Weise der Schreibart ist auch ganz die des mündlichen Vortrages. Es wird den Zuhörern das früher Gesagte in das Gedächtniß zurückgerufen, was mit folgenden Ausdrücken geschieht: εἰρήκαμεν, ἐδίδαξεν ἡμᾶς τὰ προλαβόντα, ἐδιδάχθημεν ἐκ τῶν προλαβόντων, ἔγνωμεν ἐν τοῖς προλαβοῦσιν, ἔγνωμεν oder εἰρήκαμεν ἐν τοῖς προλαβοῦσι, προλαβόντες ἔγνωμεν; nach kurzer Wiederholung des früher Vorgetragenen wird zur Erörterung einer anderen Materie übergegangen mit den Worten: εἰπόντες ... ἀναγκαίως ὀφείλομεν εἰπεῖν καὶ περὶ τοῦ, εἰπόντες ... ἔλθωμεν ἐπί, εἰπόντες ... εἴπωμεν, εἰπόντες ... μάθωμεν, εἰπόντες ... καὶ μαθόντες ... μετέλθωμεν, ἐπειδὴ δὲ εἰρήκαμεν ... ἀναγκαῖον εἰπεῖν, ἐπειδὴ δὲ εἰρήκαμεν ... ἐπιστῆσαι ἄρα οἷον ἐζητήθη; oft werden einleitende Bemerkungen zum Vortrag einer Sache, welche die Kenntniß einer anderen Sache voraussetzen, vorausgeschickt, darin letztere vorgetragen, und dann wird zu der eigentlich vorzutragenden Sache übergegangen; die hierbei gewöhnlichen Redensarten sind: ἐπὶ ταῦτα ὡς ἐν προθεωρίᾳ ... ἐπειδὴ οὖν ταῦτα προτεθεώρηται, ἄρα λοιπὸν τὸ προκείμενον, oder ταῦτα προθεωρήσαντες ἄρα λοιπὸν το προκείμενον. Auf den mündlichen Vortrag deutet auch der häufige Gebrauch der ἐρωταποκρίσεις, welche sich jedoch von den bei Thalelaus und Stephanus vorkommenden darin unterscheiden, daß Theophilus die zu beantwortende Frage selbst aufwirft, während bei Thalelaus und Stephanus sie regelmäßig von den Zuhörern gestellt werden. Auch der Anfang der Frage und der Antwort lautet bei Theophilus anders, als bei den anderen Juristen. Merkwürdig ist die Aehnlichkeit des Vortrages und der Schreibart des Theophilus und des Stephanus in seinem index Digestorum. Auch Stephanus ruft häufig seinen Zuhörern das früher Gesagte in das Gedächtniß zurück mit den Worten: εἰρήκαμεν, ἔγνωμεν, μεμαθήκαμεν; ebenso liebt er die Protheorien und braucht hier fast dieselben Redensarten, wie Theophilus; er beginnt die Antwort auf die Fragen seiner Zuhörer häufig mit den Worten: καὶ πάνυ, οὐδαμῶς. Da Stephanus nicht Zuhörer des Theophilus gewesen ist, indem er seinen von diesem verschiedenen Lehrer erwähnt, so kann diese Aehnlichkeit wol nur daraus erklärt werden, daß Stephanus, welcher ebenfalls über die Institutionen las, ein Heft der Vorlesungen des Theophilus über die Institutionen, also ein Exemplar unserer Paraphrase, erlangt hatte und sich dasselbe durch Studium ganz zu eigen machte, sodaß ihm selbst die Art des Vortrages des Theophilus ganz geläufig wurde. Der Nutzen der Paraphrase ist sehr bedeutend. Sie enthält eine Menge trefflicher Erläuterungen der Institutionen von einem gleichzeitigen Juristen, der selbst Mitarbeiter an denselben war und die juristischen Schriften der Vorzeit, aus denen diese und die Digesten zusammengetragen sind, kannte. Sie bietet eine Menge rechtshistorischer Nachrichten, welche bis zur Entdeckung der echten Institutionen des Gajus um so willkommener sein mußten, als sie oft die einzigen Nachrichten waren. Sie enthält viele erhebliche Zusätze zu dem Institutionentexte, wodurch dieser oft gut erläutert wird, und dient häufig zur Verbesserung verdorbener Lesarten, ja sie muß als gleichzeitig mit den Institutionen für das beste kritische Hülfsmittel angesehen werden. Dagegen hat man der Paraphrase auch viele Mängel zur Last gelegt, aber meistens ohne Grund, wie besonders Reitz und Degen gezeigt haben. Die Paraphrase des Theophilus ist im byzantinischen Reiche zu großem Ansehen gelangt. Sie war die Grundlage der Anwendung der Institutionen, deren lateinischen Originaltext sie vertrat. Sie erhielt sich fortwährend selbst an der Seite der juristischen Handbücher, welche im 8. bis zum 10. Jahrhundert von den Kaisern publicirt worden sind. Ihre Anwendung zeigt sich fast in allen Denkmälern der griechisch-römischen Rechtswissenschaft, wo der Text der Institutionen regelmäßig durch die Paraphrase des Theophilus vertreten wird, bis auf Harmenopulus herab. Sie ist benutzt im Prochiron, in der Epanagoge, in den Basiliken und deren Scholien, in der Epitome. Von Handschriften der Paraphrase sind folgende bekannt: Cod. Paris. gr. 1364 (sonst CIƆIƆCCV. 1856. 2517). Paris. 1365 (sonst DCLVIII. 712. 2050). Paris. 1366 (sonst DCLVII. 711. 2518). Cod. Marcian. 178. Cod. Laurent. X, 16. LXXX, 1. 2. 4. 18. Cod. Palat. 19. Cod. Basil. Vatic. 115. Cod. Taurin. 162. Cod. Bruxell. 403. Cod. Messanensis. Die brüsseler Handschrift Nr. 403 ist eine von einem Griechen Constantin im J. 1533 nach einer alten Handschrift, welche dem Joh. Bapt. Egnatius gehörte, für Viglius Zuichemus gefertigte Abschrift, nach welcher letzterer zuerst den griechischen Text der Paraphrase des Theophilus zu Basel 1534 herausgegeben hat. Die zuletzt erwähnte messinaer Handschrift befand sich, wie Possevinus und d'Orville erwähnt haben, zu Messina im Kloster S. Salvatore und wurde von einem jungen Philologen von dort nach Teutschland gebracht und in Hamburg veräußert, wo sie Schumacher an sich kaufte, sie aber der neapolitanischen Regierung wieder zur Verfügung stellte. Es ist davon für Blume durch Carle eine sorgfältige Vergleichung in ein Exemplar der Fabrot'schen Ausgabe von 1638 eingetragen und für die königl. Bibliothek in Berlin bestimmt worden. Die Ausgaben der Paraphrase sind folgende. Die erste Ausgabe des griechischen Textes erschien unter dem Titel: Ἰουστινιανοῦ Θεοφίλου Ἀντικήνσορος. Institutiones juris civilis in graecam linguam per Theophilum Antecessorem olim traductae ac fusissime planissimeque explicatae: nunc vero primum in lucem restitutae et recognitae, cura et studio *Viglii Zwichemi* Phrysio. Basileae in officina Frobeniana Anno M. D. XXXIV. Es liegt derselben die oben erwähnte brüsseler Handschrift zum Grunde. Ein bloßer Abdruck derselben mit der Abweichung, daß die der editio princeps beigegebenen Addenda et Corrigenda an den gehörigen Orten eingeschaltet sind, ist die zu Paris bei Christian Wechel 1534 gedruckte Ausgabe. Der editio princeps folgt ebenfalls die zu Löwen 1536 in der Officin von Rutgerus Rescius erschienene Ausgabe; es sind aber noch kurze Bemerkungen von Petrus Nannius hinzugekommen. Reitz schätzt diese Ausgabe sehr hoch. Eine lateinische Uebersetzung der Paraphrase erschien zu Antwerpen 1536 von Jac. Curtius unter dem Titel: Institutionum juris civilis libri quatuor. Olim a Tllo Antec. in Graecum o Latino huberius diffusiusque translati, et nunc nuper in gratiam eorum, quibus operam Graecis literis non admodum vacat aut libet, e Gr. in Lat. per D. *Jac. Curtium*, Brugensem IC. conversi ac jam primum excusi. Antverpiae ap. Jo. Steelsium An. 1536 mense Septemb. Von dieser Uebersetzung erschienen später zu Lyon mehrere Abdrücke; Reitz bemerkt deren vier, von 1554, 1558, 1572, 1587; ferner zu Genf bei Jacob Stoer 1610, 1628. Die erste der griechisch-lateinischen Ausgaben ist von Joh. Petr. Neidhardt Basel 1544; sie enthält aber keine lateinische Uebersetzung der Paraphrase, sondern den Institutionentext; eine zweite zu Lyon 1580; eine dritte, ebenfalls mit beigefügtem Institutionentexte, von Dionysius Gothofredus zu Genf 1587, dann 1608. 1608 und 1620. Bemerkenswerth ist ferner die Ausgabe des griechischen Textes mit beigefügter, jedoch verbesserter lateinischer Uebersetzung des Curtius, von Car. Annib. Fabrotus Paris 1638. Benutzt sind dabei drei Handschriften der pariser Bibliothek, auch griechische Scholien beigefügt. Als Beigabe finden sich Graeca titt. de V. S. et de R. J. fragmenta e Regiis Codd. MSS. eruta. Eine zweite Fabrotische Ausgabe erschien zu Paris 1657. Die beste Ausgabe ist von Reitz unter dem Titel: *Θεοφίλου Ἀντικήνσορος τὰ εὑρισκόμενα*. Theophili Antecessoris Paraphrasis Graeca Institutionum Caesarearum cum notis integris P. Nannii, J. Curtii, D. Gothofredi, H. Ernesti et C. A. Fabroti, ac selectis quam plurimorum eruditorum observationibus, cum editis tum ineditis. Lectionum varietates ex primariis editionibus et Pithoeano MS. inseruit, novam versionem *κατὰ πόδας* concinnavit, suasque animadversiones et *ἐκλογάς* addidit *Guil. Otto Reitz* J. Ctus: qui et fragmenta Theophilina nunc primum collecta et titulos Graecos de V. S. ac de R. J. denuo recognita, nec non XX. Excursus varii argumenti cum Glossario Theophilino atque copiosissimis tam rerum quam auctorum indicibus subjunxit. Hagae Comitum MDCCLI. II Tomi. Reitz hat den griechischen Text nach seiner Handschrift abdrucken lassen, da er selbst keine hatte, sondern nach der Gothofredischen Ausgabe von 1620, welche er vorher emendirte und dann mit den übrigen Ausgaben verglich. Es finden sich daher in seiner Ausgabe in der Regel zwar die besten Lesarten; oft hat er aber auch seine eigenen Conjecturen in den Text aufgenommen; oft ist er von Fabrot, der doch drei pariser Handschriften bei seiner Ausgabe benutzt hat, ohne Grund abgewichen und seinen Conjecturen gefolgt. Man muß daher bei dem Gebrauche dieser Ausgabe mit Vorsicht verfahren und die Richtigkeit der zweifelhaften Lesarten genau prüfen, was indessen dadurch sehr erleichtert ist, daß Reitz mit großer Genauigkeit die verschiedenen Lesarten der übrigen Ausgaben gesammelt und unter den Text gesetzt hat. Indessen enthält die Ausgabe noch eine Menge offenbarer Glossen, und da mehrere bekannte Handschriften noch gar nicht benutzt sind, so ist eine neue kritische Ausgabe ein dringendes Bedürfniß. Die lateinische Uebersetzung ist viel getreuer und richtiger, als alle vorhergehenden; sie ist eine neue wörtliche Uebersetzung, die aber nach Degen's Urtheil gerade dadurch, daß sie ganz wörtlich ist, der Deutlichkeit sehr geschadet hat, indem sich theils manche Stellen wegen des Eigenthümlichen der griechischen Sprache nicht deutlich in der lateinischen wörtlich ausdrücken ließen, theils dadurch Fehler gegen die lateinische Sprache entstanden sind, welche die betreffende Stelle ohne Vergleichung des griechischen Textes unverständlich machen. Von Uebersetzungen der Paraphrase des Theophilus in neuere Sprachen ist zu erwähnen eine französische von einem nur mit den Anfangsbuchstaben F. C. bezeichneten Advocaten bei dem Parlament zu Paris, Paris 1688, zwei deutsche, die eine von J. C. Fiske, Göttingen 1805. 1809, welche aber nur die beiden ersten Bücher umfaßt, die andere von Wüstemann mit Anmerkungen. 2 Bände. Berlin 1823; endlich eine in das Neugriechische unter dem Titel: *Θεοφίλου Ἀντικήνσορος τὰ Ἰνστιτοῦτα ... ἐν τῇ ἐκδόσει τοῦ Ῥουσῖου Λαμπανίας τοῦ Γ. Α. Ρ. Ἀθήνησι* 1836.

2) Arbeiten Anderer. Ueber die Bearbeitungen der Institutionen durch Andere haben wir keine sichere Kunde. Es wird dem Dorotheus eine solche zugeschrieben. Im Cod. Paris. 1367. fol. 97 geht der Sammlung der leges rusticae eine Inscription voran, in welcher unter anderen es heißt: *Ἰνστιτοῦτα. εἰσαγωγὴ νόμων. Θεοφίλου. Δωροθέου καὶ Στεφάνου ἀντικηνσόρων.* Ob darunter eine wirkliche Bearbeitung der Institutionen durch diese genannten Rechtslehrer gemeint ist, muß dahingestellt bleiben. Es scheint vielmehr blos eine Erklärung dessen, was die Institutionen sind, zu sein, nämlich eine durch die genannten Rechtslehrer abgefaßte Einleitung zu den Gesetzen, wobei freilich Stephanus fälschlich den übrigen beigesellt wird, was man aber wol der Unkenntniß der späteren Zeit zuzuschreiben berechtigt ist. Diese Vermuthung wird dadurch wahrscheinlich, daß in derselben Inscription es unmittelbar vorher heißt: *διγέστα. διατ. μάρκου. πλουμμανοῦ. μοδέστου. ἰσιδώρου καὶ παύλου ἀντικηνσόρων.* Dies soll offenbar eine Erklärung dessen sein, was die Digesten sind, nämlich die Vorschriften (*διατάγματα*) von Marcus, Olympianus, Modestinus (welcher unter dem *μοδέστου* gemeint

lich), Hermogenianus und Paulus, wobei freilich wieder die beiden ersteren fälschlich genannt werden, die drei anderen aber zu den Pandektenjuristen gehören. Allerdings hat Dorotheus die Institutionen wol in seinen Vorlesungen erklärt; es folgt aber daraus nicht, daß auch ein Commentar desselben über die Institutionen existirt habe. Möglich ist, daß Collegienhefte über diese Vorlesungen verbreitet worden sind. Auch Stephanus soll die Institutionen bearbeitet haben. Diese Meinung stützt sich theils auf die vorher erwähnte Inscription der Sammlung der leges rusticae, theils darauf, daß Stephanus in seinem index der Digesten sich bisweilen auf das beruft, was er zu den Institutionen gelehrt hatte, theils auf das Zeugniß eines neueren Basilikenscholiasten, welcher eine von der des Theophilus abweichende Erklärung einer Institutionenstelle von Stephanus erwähnt. Aus allem diesem läßt sich aber dafür, daß ein Commentar dieses Juristen zu den Institutionen existirt habe, noch nichts Bestimmtes ableiten. Nur der dritte Grund könnte entscheidend dafür sein, wenn er sich nicht dadurch beseitigen ließe, daß man annimmt, jener neuere Scholiast habe die Erklärung des Stephanus aus dessen index der Digesten entnommen. Dafür, daß die in der Collectio constitutionum ecclesiasticarum befindlichen griechischen Auszüge mehrerer Institutionenstellen den Stephanus zum Verfasser haben, läßt sich kein Beweis beibringen. Allerdings hat es aber noch andere griechische Bearbeitungen der Institutionen außer der des Theophilus gegeben; nur sind deren Verfasser nicht zu ermitteln. So citirt Anonymus eine Institutionenstelle, von deren griechischem Texte es ungewiß ist, ob derselbe von ihm oder einem anderen Verfasser herrührt. Ferner gehören hierher die bereits erwähnten, in der Collectio constitutionum ecclesiasticarum enthaltenen griechischen Auszüge mehrerer Institutionenstellen, die jedenfalls einer noch unter Justinian verfaßten Bearbeitung der Institutionen entnommen sind; vielleicht auch das im Cod. Bodlej. 158 erhaltene Fragment περὶ τῶν τῆς συγγενείας βαθμῶν ἐκ τοῦ γ' βιβλίου τῶν ἰνστιτούτων. Dagegen ist das von Mai in einer Ambrosianischen Handschrift entdeckte und herausgegebene und dann wieder von Haubold im J. 1817 herausgegebene fragmentum graecum de obligationum causis et solutionibus die Arbeit eines Späteren, aus der Paraphrase des Theophilus geschöpft. Auch Thaleläus hat die Institutionen in seinen Vorlesungen erklärt. Denn er beruft sich im Codexcommentar bisweilen auf das, was er zu den Institutionen gelehrt hatte, z. B. im Sch. Θαλελαίου III, 10. Sch. Τουρώνου IV, 58. Sch. Οἶκος IV, 86. Sch. Ἀγιοθεοδώρου IV, 140. Sch. Θαλελαίου IV, 728. 740. 757 und an anderen Stellen. Doch hat er wol keinen Commentar darüber geschrieben, da keine Spur eines solchen vorhanden ist, Thaleläus auch nirgends zu den Institutionen citirt wird. Uebrigens hat er den Institutionentext vollständiger besessen, als er jetzt existirt. Denn er beruft sich in Sch. Θαλελαίου IV, 737 (adnot. ad L. 3. C. VII, 14) auf eine Stelle der Institutionen, welche in unseren Handschriften vermißt wird. Zwar hat Fabrot nach dem Vorgange des Cujacius in diesem Scholium statt ἐν τοῖς ἰνστιτούτοις lesen wollen: ἐν τοῖς πρώτοις, und glaubt, daß auf L. 25. D. I, 6 hingewiesen sei. Obgleich dieser Emendation die Paraphrase des Theophilus günstig ist, indem sich auch in ihr Nichts von der fraglichen Institutionenstelle findet, so kann ihr doch nicht beigepflichtet werden, da wenigstens von den Digesten erweislich ist, daß Stephanus und Anonymus deren Text vollständiger besessen haben, als er uns vorliegt.

§. 17. Commentare (*indices*) über die Digesten.

1) Theophilus. Von ihm existiren Fragmente eines Commentars über die drei ersten Theile der Digesten, nämlich die *πρῶτα*, die pars *de judiciis* und die pars *de rebus*. Dieser Commentar führte den Namen index. Er ist, wie die übrigen Schriften dieser Art, aus den Vorlesungen des Theophilus über die gedachten Theile der Digesten entstanden. Daß Theophilus die Digesten erklärt habe, sagt Stephanus ausdrücklich. Nach den in den Basilikenscholien erhaltenen Bruchstücken zu urtheilen, war dieser index von demjenigen des Stephanus nicht sehr verschieden. Oft enthielt er erdichtete Fälle zur Erläuterung der einzelnen Digestenstellen; ob auch *ἐρωταποκρίσεις*, läßt sich nicht bestimmt sagen, obgleich auch dafür die in der Institutionenparaphrase häufig vorkommenden *ἐρωταποκρίσεις* sprechen. Ein Bestandtheil des index waren die *παραγραφαί*. Den index des Theophilus hat vorzüglich Stephanus benutzt und häufig citirt. Aber auch Enantiophanes und Philoxenus zu den Novellen citiren den Theophilus zu den Digesten, sowie ein anderer ungenannter Jurist dieser Periode. Auch die späteren Scholiasten citiren nach den index des Theophilus. Die Fragmente des index sind entweder von Anderen, vorzüglich von Stephanus, angeführte Erklärungen und Ansichten des Theophilus, oder es sind wörtlich erhaltene Stellen. Die Fragmente, welche der ersten Classe angehören, hat aus den Scholien der Basiliken und anderen Quellen schon Reiz zusammengestellt, zu welchen noch diejenigen kommen, welche in den Scholien erhalten sind, die Heimbach aus der Coislin'schen Handschrift 152 und Zachariä aus der constantinopolitaner Handschrift herausgegeben hat.

2) Dorotheus. Von ihm ist ein Commentar zu den Digesten, auch unter dem Namen index bekannt, welcher erst nach dem Jahre 542 abgefaßt zu sein scheint. Die Entstehung desselben aus den Vorlesungen des Dorotheus könnte zweifelhafter sein, als bei dem index des Theophilus und Stephanus. Dagegen spricht der höchst seltene Gebrauch der *ἐρωταποκρίσεις*, sowie, daß sich der index des Dorotheus auf die ganzen Digesten erstreckt, mithin auch auf die Bücher, welche nicht in den Vorlesungen erklärt wurden, daher wenigstens bei diesen sein Ursprung aus den Vorlesungen anzunehmen sein dürfte. Auch der Styl des Dorotheus verräth nicht so diesen Ursprung, wie der Styl des Thaleläus und Stephanus. Dennoch ist auch bei dem index des Dorotheus die Ent-

ßebung aus den Vorlesungen anzunehmen. Die Gründe dafür sind folgende. Erst citirt Dorotheus die Bücher der Digesten, welche in den Vorlesungen erklärt wurden, nicht nach der Bücherzahl, sondern er citirt die betreffende pars der Digesten, und in dieser die Zahl des betreffenden Buches, sowie er auch von den libri singulares das erste Buch, welches in den Vorlesungen erklärt wurde, als τὸ πρωτόπρωτον μονοβίβλιον citirt, welches Alles mit den Vorlesungen über die Digesten zusammenhängt. Dann ist die Redeweise des Dorotheus bisweilen die eines Lehrers mit seinen Schülern; er verweist die Zuhörer auf das früher Gesagte. Ferner sprechen die παραγραφαί dafür, da solche Anmerkungen dem Verbote Justinian's zuwiderlaufen und nur in den Vorlesungen vorkommen konnten. Nach der Aeußerung des Matthäus Blastares in der Vorrede zum Syntagma canonum: „Δωρόθεος μέσην τάξιν ἐζηλώσατο," hat Dorotheus in seinem index die Mitte zwischen der Weitläufigkeit und Breite des Stephanus und der Kürze des Cyrillus gehalten. Besser läßt sich der Charakter des index aus dessen in den Basilikenscholien erhaltenen Fragmenten, vorzüglich denen, welche zu Dig. lib. XXIV. tit. 2. 3 vorhanden sind, erkennen. Der index enthält eine fast wörtliche griechische Uebersetzung des Digestentextes, welche mit vollem Rechte eine versio κατὰ πόδα genannt werden könnte. Deshalb heißt es auch bisweilen in den Scholien, Dorotheus folge dem Texte, sowie auch der index selbst zuweilen als τὸ ῥητόν, als der Text selbst bezeichnet wird. Dieser wörtlichen Uebersetzung der Digestenstellen waren παραγραφαί beigefügt, aber in viel geringerer Zahl und viel kürzer gefaßt, als bei Stephanus. Von dem index des Dorotheus haben sich in den Basilikenscholien und außerhalb derselben nicht wenige Fragmente erhalten. Beinahe vollständig ist der index der Titel 2. 3 des 24. Buches der Digesten in den Scholien zu Basil. lib. XXVIII. tit. 7. 8 vorhanden. Aber auch außerdem sind Bruchstücke des index und der Annotationen übrig. Sie enthalten entweder die Worte des Dorotheus selbst, oder sind bloße Citate. Außerdem sind dem Dorotheus mehrere ältere Basilikenscholien zuzuschreiben, welche den Namen des Theodoros an der Spitze tragen, aber von diesem nicht herrühren können, da derselbe Nichts über die Digesten geschrieben hat. Sie können weder von Cyrillus, noch von Stephanus sein, da ersterer viel kürzer, letzterer viel weitläufiger sich auszudrücken pflegt, als in diesen Scholien der Fall ist. Sowol die Schreibart darin ist die dem Dorotheus gewöhnliche, als auch die in einigen Scholien enthaltene Uebersetzung einzelner Digestenstellen ist eine wörtliche, wie sie der index des Dorotheus enthielt. Dazu kommt, daß die Namen Δωροθέου und Θεοδώρου sehr leicht verwechselt werden konnten. Ferner gehören dem Dorotheus einige Scholien an, welche mit dem Namen des Isidorus bezeichnet sind; von ihnen wird bei der angeblichen Bearbeitung der Digesten von Isidorus die Rede sein. In einer wiener Handschrift (Cod. jur. gr. 3) befindet sich ein Syntagma juridicum aus 194 Capiteln bestehend, deren Verzeichniß Bl. 1. A. B. der Handschrift gegeben wird. Es sind darin mehrere Fragmente des index des Dorotheus enthalten. Es hat sich aber noch ein weit größerer Theil des index des Dorotheus in den ältern Basilikenscholien erhalten. Eine große Anzahl älterer Scholien enthält eine ziemlich wörtliche Uebersetzung derjenigen Bücher der Digesten, welche nicht in den Vorlesungen nach Justinian's Lehrplane erklärt wurden. Diese Uebersetzung kann weder von Stephanus, noch von Cyrillus, noch von Anonymus herrühren, indem sie von allen diesen bedeutend sich unterscheidet. Denn Stephanus ist viel weitläufiger, Cyrillus viel kürzer und gedrängter; die Bearbeitung der Digesten von Anonymus ist aber, so viel den Text betrifft, in den Basilikentext übergegangen, kann also in den Scholien nicht nochmals reproducirt worden sein, und ist übrigens von der fraglichen ganz abweichend. Diese Uebersetzung hat ganz den Charakter, wie die vorhandenen zahlreichen Fragmente des index des Dorotheus. Außer diesen innern sprechen mehrere äußere Gründe dafür, daß man sie dem Dorotheus zuschreiben muß. Der erste Grund ist, daß uns der index des Stephanus zu den Büchern der Digesten fehlt, welche in den Vorlesungen nicht erklärt wurden. Wenigstens haben die Compilatoren der älteren Basilikenscholien zu diesen Büchern einen andern index benutzt. Dies geht bestimmt daraus hervor, daß zu lib. Dig. XXIV. tit. 2. 3 in den Scholien zu Basil. lib. XXVIII. tit. 7. 8 der index des Dorotheus excerpirt ist. Nach Justinian's Lehrplane wurde von den libri singulares, deren jeder immer mehrere Bücher enthält, immer nur das erste Buch in den Vorlesungen erklärt. Zu Buch 23 der Digesten, dem ersten Buche des liber singularis *de dote*, ist der index des Stephanus, zu Buch 24 der index des Dorotheus in den Scholien excerpirt. Ebenso hat Stephanus zu Buch 26, dem ersten Buche des liber singularis *de tutela*, geschrieben, wie aus einer adnotatio desselben zu L. 57. D. XXVI, 7 hervorgeht; zu Basil. lib. XXXVIII (wo lib. XXVII der Digesten aufgenommen ist) existiren keine Fragmente des index des Stephanus, wol aber einige adnotationes des Dorotheus. Zu Dig. lib. XXVIII, dem ersten Buche des liber singularis *de testamentis*, und lib. XXX, dem ersten Buche des liber singularis *de legatis*, finden sich keine Fragmente des Stephanus, da das 35. und 44. Buch der Basiliken verloren gegangen ist; wohl aber existiren zu Dig. lib. XXIX einige dem Dorotheus zuzuschreibende Fragmente. Zu den Büchern 1—22 der Digesten ist der index des Stephanus in den Basilikenscholien excerpirt. Eine Ausnahme machen lib. IX. tit. 1. 2. 3; lib. XI. tit. 3—6; lib. XXII. tit. 3—6 der Digesten, zu welchen in den älteren Scholien ein anderer index, als der des Stephanus, benutzt ist; daß dieser von Dorotheus herrührt, beweisen sowol die dessen Namen an der Spitze tragenden Fragmente zu lib. IX. tit. 2. 3, als, was die übrigen anlangt, der ganze Charakter derselben. Der Grund, warum zu den erwähnten Titeln die Compilatoren nicht den index des Stephanus, sondern den des Dorotheus excerpirt haben, liegt entweder darin, daß ihnen der index des Stephanus zu den fraglichen Titeln fehlte, oder, was wahrscheinlicher ist, darin, daß Stephanus selbst die actiones poenales und mixtae mit Ausnahme derjenigen, welche mit dem ordo judiciorum privatorum zusammenhingen, sowie die Titel der Digesten, welche auf die Beweislehre und Beweismittel sich bezogen, in seinem index weggelassen hat; denn hätte er diese Titel darin behandelt, so würden die Compilatoren der Scholien wol ebenso Gebrauch davon gemacht haben. Ein zweiter äußerer Grund für die Annahme, daß die ohne den Namen des Dorotheus in die Scholien aufgenommenen zahlreichen Stellen eines index zu den in den Vorlesungen nicht erklärten Büchern der Digesten dem index des Dorotheus entnommen sind, ist der, daß die vorhandenen Fragmente Dorotheus zu diesen Büchern wirklich geschrieben hat, und daß zwischen den unzweifelhaft von Dorotheus herrührenden Fragmenten und den fraglichen, deren Verfasser nicht genannt ist, eine ganz unverkennbare Aehnlichkeit obwaltet, welche ganz augenscheinlich auf denselben Verfasser hinweist. Dazu kommt drittens das bestimmte Zeugniß des Anonymus, daß der index der L. 42. pr. D. XXXIX, 6 im Sch. Ἐκεῖ IV, 611 von Dorotheus ist, sowie das nicht minder bestimmte Zeugniß des Cod. Vindob. jur. gr. 3, nach welchem die in demselben vorhandenen, zum größten Theil in den Basilikenscholien sich findenden Fragmente des index mehrerer Stellen aus Dig. lib. XL. tit. 5. 9. 10. 12 aus dem 40. Buche der Digesten des Antecessor Dorotheus (ἐκ τοῦ μ' βιβλίου τῶν διγέστων Δωροθέου ἀντικήνσωρος) entlehnt sind. Aus allen diesen Gründen kann kein Zweifel darüber obwalten, daß die zahlreichen Scholien zu den in den Vorlesungen nicht erklärten Büchern der Digesten aus dem index des Dorotheus genommen sind. Die gedachte Regel, daß die Compilatoren der älteren Scholien zu den Büchern der Digesten, welche Gegenstand der Erklärung in den Vorlesungen waren, den index des Stephanus excerpirt haben, leidet noch eine Ausnahme in den von Fabrot zu Basil. lib. XI. tit. 1. 2 aus der pariser Handschrift 1352 herausgegebenen Scholien. Während die Coislin'sche Handschrift 152 zu Dig. lib. II. tit. 14. 15 zahlreiche Excerpte aus dem index des Stephanus, aus dem des Dorotheus aber nur Excerpte zu L. 39. 40. D. II, 14 enthält, liefert die pariser Handschrift 1352 außer dem sehr verstümmelten index des Stephanus auch noch Excerpte eines anderen index, welcher von der Kürze des Cyrillus bedeutend abweicht. Diese Excerpte sind wol, nach einer brieflichen Mittheilung Zachariä's von Lingenthal, aus dem index des Dorotheus genommen. Jene ausnahmsweise erfolgte Benutzung des index des Dorotheus neben dem des Stephanus zu Dig. lib. II. tit. 14. 15 rührt aber wol weniger von den Compilatoren der älteren Scholien selbst her, da sie sonst immer nur einen der beiden indices und außer diesem stets den des Cyrillus excerpirt haben; sie scheint vielmehr auf Nachtragung der Stellen aus dem index des Dorotheus von Seiten späterer Besitzer von Basilikenhandschriften zu beruhen, wofür namentlich spricht, daß in der Coislin'schen Handschrift 152, welche die Scholien in einer der ursprünglichen sich vielmehr nähernden Beschaffenheit enthält, als die pariser Handschrift 1352, so sehr wenige Fragmente des Dorotheus sich finden, während in der letzteren deren Anzahl nicht unbedeutend ist. Die Bücher und Titel der Digesten, zu denen Fragmente aus dem index des Dorotheus in den Basilikenscholien existiren, sind folgende: Lib. I. tit. 3; Lib. II. tit. 14. 15; Lib. IX. tit. 1. 2. 3; Lib. XI. tit. 3—5 (?); Lib. XXII. tit. 1. 3. 4 (?). 5 (?). 6 (?); Lib. XXIV. tit. 1. 2. 3; Lib. XXV. tit. 1. 2. 3. 7; Lib. XXVI. tit. 7; Lib. XXVII. tit. 1—10; Lib. XXIX. tit. 1. 5; Lib. XXX; Lib. XXXV. tit. 2; Lib. XXXVII. tit. 1—6. 10. 12; Lib. XXXVIII. tit. 6—17; Lib. XXXIX. tit. 5. 6; Lib. XL. tit. 1—9. 12—16; Lib. XLIII. tit. 16. 20. 22. 33; Lib. XLVII. tit. 1—15. 18. 19. 20—23; Lib. XLVIII. tit. 1—22; Lib. XLIX. tit. 15; Lib. L. tit. 16; — der index des Dorotheus ist auch bisweilen in den Basilikentext aufgenommen worden. Gewiß ist dies mit folgenden Stellen. Der index der L. 4. §. 1. L. 5. pr. §. 1. D. XLVIII, 4, welcher in dem Sch. Ὁ τῆς βασιλικῆς Basil. Heimb. V, 708 enthalten ist, steht mit Ausnahme der Worte: τοῦτο γὰρ Σαβῖνος καὶ Ἀντωνῖνος Καῖσαρ ἀντέγραψαν, auch im Texte der Basiliken (Lib. LX. tit. 36. cap. 4. th. 2. cap. 5. th. 1. Es gehört hierher aber noch eine Reihe anderer Stellen, hauptsächlich aus dem Titel de verborum significatione (Basil. Lib. II. tit. 2), sowie noch einige aus anderen Titeln. Alle diese Stellen enthalten eine fast wörtliche Uebersetzung des Digestentextes, wie solche der index des Dorotheus liefert. Die aus Basil. Lib. II. tit. 2 hierher gehörigen Stellen weichen bedeutend von anderen desselben Titels ab, welche nur einen Auszug des Digestentextes geben. In Basil. Lib. II. tit. 2. cap. 17. 28. 36 werden sogar die Namen der im Digestentexte citirten Juristen genannt, was sonst im Basilikentexte niemals zu geschehen pflegt, wol aber in dem index des Dorotheus regelmäßig der Fall ist. Es sind daher diese eine fast wörtliche Uebersetzung des Digestentextes liefernden Stellen des Basilikentextes aus dem index des Dorotheus entlehnt, während die übrigen desselben Titels, welche nur einen Auszug des Digestentextes enthalten, aus der Digestenbearbeitung des Anonymus genommen sind. Welche Gründe die Basilikencompilatoren bewogen haben, hier statt der regelmäßig von ihnen benutzten Summe des Anonymus den index des Dorotheus in den Text aufzunehmen, wird sich schwerlich ausmitteln lassen. Möglich ist, daß die Aufnahme der Stellen des index des Dorotheus auf einem Versehen eines Abschreibers beruht. Zu Basil. Lib. II. tit. 2 gab es auch Scholien, wie die von Fabrot benutzte pariser Handschrift 1352 ergibt. Es kann nur ein nachlässiger Abschreiber recht wohl einzelne Scholien nicht durch kleinere Schrift vom Texte unterschieden, ja sogar dieselben nicht durch ihre Stellung vor dem Texte ausgezeichnet, sondern an den Ort, wo regelmäßig der Text stand, geschrieben haben. Die fraglichen Stellen können also aus den

Scholien, welche den index des Dorotheus enthielten, in den Text geflossen sein. Auf diese Weise erklärt sich auch die auffällige Erscheinung, daß sich im Texte der Basiliken (Lib. XVIII. tit. 1. cap. 11) zwei griechische Versionen der L. 11. §. 7. D. XIV, 3 finden, von denen die eine κατ' ἐπιτομὴν abgefaßte aus der Summe des Anonymus, die andere wörtliche aus dem index des Dorotheus genommen ist. Letztere hat offenbar in den Scholien gestanden und ist irrthümlich in den Text aufgenommen worden. — Obwol die älteren Basilikenscholien diejenige Quelle sind, durch welche sich die meisten Fragmente des index des Dorotheus erhalten haben, so sind uns doch auch noch in einigen anderen griechisch-juristischen Schriften Fragmente davon aufbewahrt worden. Davon sind schon erwähnt der tractatus de creditis und das im Cod. Vindob. jur. gr. 3 befindliche Syntagma juridicum. Es gehören ferner aber noch hierher die Schrift von den Zeitabschnitten (αἱ ῥοπαί), in welcher jedoch die dem index des Dorotheus entlehnten Stellen etwas abgekürzt sind, und der Nomocanon in 60 Titeln, welcher fälschlich dem Johannes Antiochenus zugeschrieben wird. Die in den letzteren aufgenommenen Digestenstellen können nämlich weder aus Stephanus, noch aus Cyrillus, noch aus Anonymus sein, da sie von deren bekannter Schreibart ganz abweichen. Dagegen haben einige derselben unverkennbare Aehnlichkeit mit Fragmenten aus Dorotheus, welche in den Basilikenscholien stehen. Die Ursache, weshalb völlige Gleichheit vermißt wird, sucht Zachariä von Lingenthal in Verunstaltungen des echten Textes, welche auf beiden Seiten, aber auf verschiedene Weise, durch Willkür und Interpolationen entstanden seien. Er hält allerdings noch eine einfachere Erklärung der äußerlichen Verschiedenheit jener Stellen bei aller inneren Uebereinstimmung durch die Annahme möglich, daß der index des Dorotheus verschiedene Auflagen erlebt habe, oder daß er, von Dorotheus selbst niemals herausgegeben, in verschiedener Gestalt durch Collegienhefte seiner Zuhörer in Umlauf gekommen sei. Letztere Annahme hält er indessen selbst mit Recht für sehr problematisch, da sich der index des Dorotheus auch auf die Bücher der Digesten erstreckt, über welche nach Justinian's Lehrplane nicht gelesen werden sollte. Aber auch die erstere Annahme ist unwahrscheinlich, da nicht glaublich ist, daß Dorotheus selbst von einer so weitläufigen Arbeit, zumal solche gegen Justinian's Vorschriften über die schriftstellerische Thätigkeit der Juristen in Ansehung seiner Rechtsbücher verstieß, verschiedene Ausgaben gemacht haben sollte. Die Verschiedenheit scheint auf folgende Weise erklärt werden zu müssen. Kobidas oder Cubidius hat in seinem Werke, [illegible] betitelt, wie später noch zu erörtern sein wird, mehrere Digestenstellen aus dem index des Dorotheus geschöpft. Der Verfasser des Nomocanon hat nun wol die von ihm angeführten Stellen aus dem 47. und 48. Buche der Digesten aus jenem Werke des Kobidas entlehnt, welcher auch den index des Dorotheus nicht immer ganz wörtlich wiedergegeben haben mag. Dieser Vermuthung steht auch die Zeit der Abfassung des Nomocanon nicht entgegen. Denn in demselben ist der Novellenauszug des Athanasius, die collectio LXXXVII capitulorum, benutzt, Werke, welche nach Justinian abgefaßt sind. Der Verfasser des Nomocanon kann daher recht wohl jene Schrift des Kobidas benutzt haben, da dieser gegen das Ende des 6. Jahrhunderts lebte. — Schließlich bedarf es wol kaum der Bemerkung, daß der index des Dorotheus, da er eine fast wörtliche Uebersetzung des Digestentextes ist, ein sehr wichtiges, leider noch wenig benutztes Hülfsmittel zur Kritik jenes Textes ist, dessen Gewicht kaum geringer angeschlagen werden darf, als das der wörtlichen Uebersetzung des Thalelaeus für den Codex. Ebenso ist der index des Dorotheus ein weit zuverlässigeres Mittel zur Ergänzung der Lücken des Digestentextes, als der Text der Basiliken. Noch möge hier die Bemerkung Platz finden, daß der Name der actio Publiciana rescissaria ein echt römischer Kunstname ist, welcher schon von Dorotheus gebraucht wird.

3) Isidorus. Diesem Juristen wird eine Bearbeitung der Digesten zugeschrieben, weil sich in den Basilikenscholien Fragmente eines index einzelner Digestenstellen und παραπομπαί zu solchen unter dem Namen des Isidorus finden, derselbe auch bisweilen zu den Digesten citirt wird. Wäre der Name des Isidorus, der in den zuerst erwähnten Fragmenten überall an der Spitze des Scholiums steht, echt, so müßten noch eine Menge anderer Scholien zu Dig. lib. XXII. tit. 5 dem Isidorus zugeschrieben werden, weil sie den mit seinem Namen bezeichneten ganz ähnlich sind, namentlich ebenso, wie letztere, eine fast wörtliche Uebersetzung der Digestenstellen enthalten. Ebenso könnte man geneigt sein, aus der adnotatio des Isidorus zu L. 5. D. XXII, 4 im Sch. Ἀνεκδότων II, 183 zu schließen, daß alle seinen Namen an der Spitze tragenden Scholien, welche den index von Stellen desselben Titels enthalten, von Isidorus herrühren. Es ist aber der Meinung Zachariä's von Lingenthal beizupflichten, daß in den Scholien, denen der Name des Isidorus vorgesetzt ist, überall der Name des Dorotheus zu substituiren sei. Die unter dem Namen des Isidorus in den Scholien sich findenden Fragmente des index von Digestenstellen aus Buch XXII. Tit. 5 sind in ihrem ganzen Charakter und Beschaffenheit dem index des Dorotheus zu ähnlich, als daß man sie nicht letzterem zuschreiben sollte, indem sie eine fast wörtliche Uebersetzung des Digestentextes liefert. Ebenso muß in den übrigen Stellen dem Namen des Isidorus der des Dorotheus substituirt werden, und wenn im Sch. 2. 3. V, 235 dem Isidorus eine Anmerkung zu Basil. XXI, 1. 3. th. 3 ausdrücklich zugeschrieben wird, so beweist dies weiter Nichts, als daß die Namen Isidorus und Dorotheus schon frühzeitig verwechselt worden sind. Es sind daher auch alle Scholien, welche den index von Digestenstellen zu Buch XXII. Tit. 4. 5 enthalten und keinen Namen an der Spitze tragen, aus dem index des Dorotheus entlehnt, mit dessen Charakter und Beschaffenheit sie ganz übereinstimmen. Es wäre auch sonderbar, wenn die Compilatoren der älteren

Scholien statt des index, des Dorotheus, welchen sie außer dem des Stephanus und Cyrillus regelmäßig excerpirt haben, auf einmal den eines anderen Commentators hätten benutzen wollen, indem sich dafür gar kein triftiger Grund angeben läßt. Hätte Isidorus wirklich einen Commentar zu den Digesten geliefert, so würden mehr Spuren davon übrig sein. Der Einwand, daß auch von des Anastasius und Cobidas Bearbeitungen der Digesten nur wenig Fragmente übrig seien und Niemand an deren Echtheit zweifle, verliert bei Isidorus sein Gewicht, da die Beschaffenheit der unter dem Namen des Isidorus erhaltenen Fragmente hinzutritt, welche ganz für den Dorotheus als Verfasser spricht. Allerdings ist die Möglichkeit nicht zu leugnen, daß Isidorus, welcher Rechtslehrer war, einzelne Theile und Stücke der Digesten in seinen Vorlesungen erklärt habe, und seine Vorlesungen durch Collegienhefte verbreitet worden seien, wozu passen würde, daß die unter dem Namen des Isidorus erhaltenen Fragmente gerade ein Buch der Digesten betreffen, welches Gegenstand der Erklärung in den Vorlesungen war. Diese Möglichkeit tritt aber gegen das Gewicht der anderen Gründe zurück.

4) Anatolius. Von diesem kommt eine vereinzelte Bemerkung zu L. 6. pr. D. XIII, 7 im Sch. 'Ανατολίου III, 54 vor. Mortreuil betrachtet diese als ein Bruchstück des Codexcommentars, aber nach Form und Inhalt mit Unrecht. Der Name 'Ανατολίου an der Spitze des Scholiums kann aus Versehen aus 'Ανων. entstanden sein. Allein das Scholium ist auch nicht vom Anonymus, sondern eine παραγραφή des Stephanus zu der erwähnten Stelle, wie aus dem Gebrauche der dem letzteren sehr geläufigen Redensart: „ὡς ἀνέγραψα πανταχοῦ μὲν, μάλιστα δὲ," hervorgeht.

5) Thaleläus. Dieser hat die Digesten in den Vorlesungen erklärt, und seine Erklärungen werden zu einzelnen Stellen, besonders von Stephanus, citirt. Mortreuil glaubt zwar, daß diese Erklärungen aus dem Commentar zum Codex entlehnt seien, jedoch, wie Zachariä gezeigt hat, mit Unrecht. Denn Thaleläus beruft sich selbst häufig in dem Codexcommentar auf dasjenige, was er zu den Digesten gelehrt hatte, was er mit den Worten zu thun pflegt: μέμνησο, ὃν εἶπον, εἴπομεν, εἰπὼν οἶδα; er sagt selbst zu einer Stelle, daß er sie erklärt habe; endlich weist der Gebrauch der Worte: λέγων, παραδοὺς ἔγνωμεν, ἐδιδάχθημεν, μεμαθήκαμεν, ἐξηγησάμην, εἰρήκαμεν in seinen Anmerkungen darauf hin, daß er seinen Zuhörern das früher bei der Erläuterung der Digesten Gesagte in das Gedächtniß zurückruft. Wenn nun auch hiernach kein Zweifel darüber sein kann, daß Thaleläus die Digesten in den Vorlesungen erklärt habe, so ist doch die Existenz eines besonderen Commentars zu den Digesten von ihm zweifelhaft. Nach Zachariä's sehr wahrscheinlicher Vermuthung sind die von Stephanus und Anderen angeführten Erklärungen einzelner Digestenstellen von Thaleläus nur überlieferte Reminiscenzen aus dessen Vorträgen über die Digesten, wozu paßt, daß alle diese Citate diejenigen Bücher der Digesten betreffen, welche nach Justinian's Lehrplane in den Vorlesungen erklärt wurden. Auch Matthäus Blastares hat in der Vorrede zu seinem Syntagma canonum eines Commentars des Thaleläus zu den Digesten keine Erwähnung gethan, obgleich dieses Stillschweigen nicht hoch anzuschlagen ist, da Blastares auch die Digestenbearbeitung des Anonymus nicht erwähnt, die ihm, als die in den Basilikentext aufgenommene, doch schwerlich unbekannt sein konnte. Dazu kommt, daß der Zeitraum weniger Jahre, welcher zwischen der Publication der Digesten und der Abfassung des Codexcommentars des Thaleläus mitten inne liegt, kaum für eine so weitläufige Arbeit, wie ein Commentar über die Digesten war, hinreichen konnte. Vielleicht hat Stephanus selbst, der wahrscheinlich Zuhörer des Thaleläus war, in dessen Vorlesungen über die Digesten nachgeschrieben und aus diesen Notaten das, was er in seinem index der Digesten von Erklärungen des Thaleläus mittheilt, entlehnt. Auch scheinen die Vorlesungen des Thaleläus über die Digesten den Stephanus bewogen zu haben, daß er seinen index zu den Digesten auf die Bücher derselben beschränkte, welche Gegenstand der Vorlesungen waren. Ebenso war der frühzeitige Tod des Thaleläus wol die Veranlassung für Stephanus zu seiner Digestenbearbeitung, in welcher er den Thaleläus sehr nachahmt.

6) Stephanus. Von ihm rührt ein Commentar zu den Digesten her. Dieser bestand aus einer weitläufigen Paraphrase der einzelnen Stellen (ἰνδὶξ oder ἑρμηνεία) und Anmerkungen (παραγραφαί), theils zu der Paraphrase, theils zu dem lateinischen Texte, zu welchem wahrscheinlich Paraphrase und Anmerkungen an den Rand geschrieben waren. Von diesem index heißt Stephanus ebenso, wie Cyrillus, bei den späteren Basilikenscholiasten ἰνδικευτής. Matthäus Blastares sagt in der Vorrede zu seinem Syntagma canonum, daß Stephanus die Digesten εἰς πλάτος herausgegeben habe. Ein großer Theil dieses Commentares ist in den älteren Basilikenscholien erhalten; aber auch außerdem sind noch manche Fragmente desselben übrig. Die Art und Weise, in welcher Stephanus die Digestenstellen behandelt, ist folgende. Häufig geht eine protheoria voraus, worin diejenigen Rechtsgrundsätze aufgestellt werden, welche im vorliegenden Falle Anwendung finden. Die protheoria fängt an mit den Worten προδιόρισον oder ἔχε ταῦτα ὡς ἐν προθεωρίᾳ. Dann geht Stephanus zu dem in der Digestenstelle vorliegenden Falle über, was er mit folgenden Worten thut: τοῦτο εἰδὼς ἴδε ἐπὶ τὸ προκείμενον, oder ὅρα λοιπὸν τὸ προκείμενον, oder ἐπειδὴ ταῦτά σοι προεθεώρησα, ὅρα λοιπὸν τὸ προκείμενον. Den Fall fingirt er meistens und bedient sich zur Bezeichnung der darin vorkommenden Personen entweder der in der Digestenstelle gebrauchten Namen, oder der Zahlen, Πρῶτος, Σεκοῦνδος, Τέρτιος u. s. w. Nach Vorlegung des Falles folgt eine Frage, welche mit den Worten beginnt: ἐζητήθη, ἆρα, oder τὸ ζητούμενον, ἆρα; die Antwort folgt mit den Worten: καὶ λέγω, καὶ φημὶ und ähnlichen unter Beifügung des Namens des Juristen, von welchem die Digestenstelle herrührt. Oft wird auch die protheoria weggelassen und sofort ein

Fall fingirt, die Frage aufgeworfen und die von den alten Juristen gegebene Entscheidung angeführt. Die verschiedenen Meinungen der alten Juristen, welche sich in der Digestenstelle aufgeführt finden, führt Stephanus ebenfalls an. Oft wird das früher Gesagte den Zuhörern in das Gedächtniß zurückgerufen, in welchem Falle mit dem Worte εἰρήκαμεν begonnen wird. Die Aufmerksamkeit der Zuhörer richtet er auf früher Bemerktes, dessen Wiederholung er für nöthig erachtet, mit den Worten: ἄλλως, πῶς εἶπον oder ἄλλως, πῶς ἐθεμάτισα. Wo er eine Stelle gefunden hatte, welche der in der Digestenstelle gegebenen Entscheidung zu widersprechen schien, macht er die Zuhörer auf diese Stelle mit den Worten aufmerksam: ἄλλως, μὴ ἐναντιωθῇ σοι. Häufig citirt er Parallelstellen oder Stellen zur Bestätigung seiner Meinung, und zwar Coderstellen mit den Worten: ὡς ἀνήνεκται, die Stellen des Codex und der anderen Justinianeischen Rechtsbücher, mit Ausnahme der Novellen, mit den Worten: ὡς ἔστι μαθεῖν ἐξ ὧν, ὡς μάθῃς, εἴρηταί σοι, ὡς φησι, ὡς ἔγνως und ähnlichen. Bisweilen erläutert er die Worte des lateinischen Textes in dem index, und braucht dann die Worte: ἄλλως, τί φησιν τὸ ῥητόν, πρόσχες τῷ ῥητῷ. Oft beruft er sich zu den späteren Stellen des Titels auf das von ihm zu früheren Stellen desselben Bemerkte. Sehr häufig ist der Gebrauch der Fragen und Antworten (ἀπορίαι καὶ λύσεις, ἐρωτήσεις καὶ ἀποκρίσεις). Die Fragen werden von den Zuhörern aufgeworfen und beginnen mit dem Worte ἠρώτ. i. e. ἠρώτων, quaesiverunt (selten ἠρωτήθη, z. B. Sch. 1, 583). Auf die Frage folgt die Antwort des Stephanus mit vorausgeschicktem Στεφάνου. Bisweilen werfen einzelne Zuhörer Fragen auf. Auch finden sich Fragen, durch welche die Zuhörer auf Widersprüche mit dem von Stephanus früher Gesagten aufmerksam machen; sie beginnen mit den Worten εἴπας oder πῶς εἴπας. Der Styl des Stephanus ist dem des Theophilus in der Institutionenparaphrase sehr ähnlich, sowie auch die ganze Art der Behandlung der des Theophilus gleicht. Beiden ist der Gebrauch der Protheorien und der dabei vorkommenden Ausdrücke gemeinsam; beide fingiren auf gleiche Weise Fälle; beide rufen früher Gesagtes den Zuhörern mit dem Worte εἰρήκαμεν in das Gedächtniß zurück; beide beginnen Fragen mit dem Worte ἆρα, und Antworten mit den Worten: καὶ λέγομεν καὶ πάνυ, καὶ λέγομεν οὐδαμῶς, oder καὶ πάνυ, οὐδαμῶς. Die Anmerkungen (παραγραφαί) bezogen sich gewöhnlich auf den lateinischen Text und dessen Worte, welche bisweilen in den Basilikenscholien der Anmerkung vorangesetzt werden, regelmäßig aber weggelassen sind. Der Inhalt dieser Anmerkungen ist verschieden. Bald macht Stephanus auf die im Texte vorgetragenen Rechtssätze und Regeln, oder auf bemerkenswerthe Worte des Textes aufmerksam und beginnt dann regelmäßig mit dem Worte σημείωσαι (daher σημειώσεις); bald lenkt er die Aufmerksamkeit auf das im Texte oder von ihm selbst im index Gesagte mit den Worten: ἄλλως πῶς εἶπον, πῶς ἐθεμάτισα, τί φησιν; bald weist er auf anscheinend widersprechende Stellen und daraus entstehende Zweifel mit den Worten hin: μὴ ἐναντιωθῇ σοι, ἄλλως μή σοι ἐναντιωθῇ, μὴ συναρπαγῇς, μὴ νομίσῃς ἐναντίον εἶναι; bald ruft er den Zuhörern das an einem anderen Orte über die fragliche Materie Vorgetragene in das Gedächtniß zurück mit den Worten: ἔμαθες, οἶδας, οἶδας μαθών, ἔγνως, ἔγνωμεν, μέμνησαι und dergl.; bald citirt er Parallelstellen oder überhaupt Stellen, welche für den vorliegenden Zweck erheblich zu sein schienen, mit dem Worte ἀνάγνωθι beginnend; bald bestimmt er das im Texte Gesagte näher mit den Worten: τοῦτο νόησον, τοῦτο ἐν ᾧ, τουτέστιν; bald erläutert er das im Texte Bemerkte durch einen Fall, und braucht dabei die Ausdrücke τί γὰρ ὅτι, θεμάτισον, ὑπόθου, εἰς γὰρ und ähnliche. Der Styl und die Art der Behandlung weist unzweideutig auf den Ursprung des index aus den Vorlesungen des Stephanus über die Digesten hin. — Es fragt sich, ob der index des Stephanus sich auf die ganzen Digesten erstreckt habe. Nach der von Zachariä v. L. aufgestellten Ansicht hat er sich auf diejenigen Bücher der Digesten beschränkt, welche nach Justinian's Lehrplan in den Vorlesungen erklärt werden sollten. Auch wir müssen dieser Ansicht beitreten. Sowol in den Basilikenscholien, als in Synopsis Basilicorum, sowie in der Ilelga finden sich Stellen des index nur zu folgenden Büchern und Titeln der Digesten: Lib. I. tit. 3. 5. Lib. II. tit. 2. 14. 15. Lib. III. tit. 1—6. Lib. IV. tit. 5. Lib. V. tit. 2—6. Lib. VI. tit. 1—3. Lib. VII. tit. 1—9. Lib. IX. tit. 4. Lib. X. tit. 2—4. Lib. XI. tit. 1. Lib. XII. tit. 1—6. Lib. XIII. tit. 1. 6. 7. Lib. XIV. tit. 3—6. Lib. XV. tit. 1—4. Lib. XVI. tit. 3. Lib. XVII. tit. 1. 2. Lib. XVIII. tit. 1—3. 7. Lib. XIX. tit. 1. 2. 4. Lib. XX. tit. 1. 4. Lib. XXI. tit. 1—3. Lib. XXII. tit. 1. Lib. XXIII. tit. 1—5. Lib. XXVI. tit. 7. Zu Dig. lib. XXVIII sind keine Fragmente des index erhalten, und zu tit. 3 dieses Buches (Basil. XXXIX. tit. 2) ist in den Scholien der index des Cyrillus excerpirt. Zu Dig. lib. XXX (Basil. XLIV, 1) finden sich in der Synopsis zwei Fragmente eines index, von denen das eine dem Stephanus angehört. Daß wir vom index des Stephanus zu Dig. lib. XXVIII Nichts übrig haben, beruht darauf, daß das 35. Buch der Basiliken verloren gegangen ist, und die Nichtbenutzung des index zu tit. 3 dieses Buches der Digesten in den Scholien kann auf Nachlässigkeit der Abschreiber beruhen, die den kürzeren index des Cyrillus beibehielten, den weitläufigeren des Stephanus aber wegließen. Zu Dig. lib. XXIV. tit. 2. 3 ist in den Scholien der index des Dorotheus excerpirt, sowie auch zu lib. XXV. tit. 1. 2; lib. XXVII. XXIX. tit. 1. 6. Dies beweist, daß die Arbeit des Stephanus sich auf diese Bücher nicht erstreckt habe. Denn soweit der index des Stephanus ging, haben die Compilatoren der alten Scholien regelmäßig denselben dem des Dorotheus vorgezogen und ihn allein excerpirt. In den früheren Büchern der Digesten haben sie allein den index des Dorotheus excerpirt. Alles dies beweist, daß die Arbeit des Stephanus sich nur auf die Bücher der Digesten beschränkte, welche Gegenstand der Vorlesungen waren (τὰ πραττόμενα βιβλία), im Gegensatz derer, welche nicht erklärt wurden (τὰ ἐξηγούμενα βιβλία) und die von Zachariä mitgetheilte Notiz über diesen Unterschied, namentlich über die πραττόμενα βιβλία der Digesten geht wol geradezu auf den Commentar des Stephanus. Die wenigen Stellen, in welchen Stephanus zu den Büchern der letzteren Art citirt zu werden scheint, können nicht beweisen, daß seine Arbeit sich darauf erstreckt habe. In den Scholien der Basiliken ist der Commentar des Stephanus sehr ungleichmäßig benutzt worden. Schon vorher wurde bemerkt, daß zu Dig. lib. XII—XV in den Scholien nur die Anmerkungen des Stephanus stehen, während der index der einzelnen Digestenstellen fehlt. Es gehört aber noch Folgendes hierher. Erstens finden sich zu Basil. lib. XL tit. 1 in der Coislin'schen Handschrift 152 nur sehr wenige Anmerkungen des Stephanus, während zu Basil. lib. XL tit. 2; lib. XII—XIV, sowie auch in der constantinopolitaner Handschrift zu lib. XV—XVIII eine bedeutende Zahl vorhanden ist. Dies beruht nun wol nicht darauf, daß Stephanus selbst zu Dig. lib. II. tit. 14 weniger Anmerkungen als gewöhnlich gegeben hat, sondern auf Weglassungen späterer Abschreiber, da die alten Scholien in den Handschriften bald mehr, bald weniger abgekürzt und vollständig erhalten sind. Zweitens ist bemerkenswerth, daß den indices der Digestenstellen aus Stephanus in den Scholien selten der Name desselben vorgesetzt wird, während dies bei dessen Anmerkungen sehr häufig geschieht. Dies hat seinen Grund nicht darin, daß die späteren Scholiasten nicht gewußt hätten, daß Stephanus der Verfasser des index sei; auch folgt nicht aus der so häufig in den späteren Scholien vorkommenden Redensart: [illegible] — καὶ [illegible] oder [illegible], daß das [illegible] und die Anmerkungen verschiedene Verfasser haben. Vielmehr ist der Ausdruck [illegible] für den index des Stephanus (ohne die [illegible]) ein sehr alter, schon von Enantiophanes gebrauchter, und seitdem zur Bezeichnung desselben gebräuchlicher. Deshalb ist auch bei den Stellen des index der Name des Stephanus regelmäßig weggelassen, bei den Anmerkungen aber vorgesetzt, um dieselben von denen Anderer zu unterscheiden. Auf ähnliche Weise ist in den aus dem index des Dorotheus in die Scholien übergegangenen Stellen der Name des Dorotheus, außer zu Dig. lib. XXIV. tit. 2. 3, regelmäßig weggelassen, weil bekannt war, daß zu den Büchern der Digesten, welche nicht in den Vorlesungen erklärt wurden, der Ausdruck τὸ πλάτος den index des Dorotheus bezeichnen, welche Bezeichnung schon Anonymus gebraucht hatte. Drittens ist zu bemerken, daß Stephanus einen vollständigeren Digestentext besessen hat, als wir ihn haben. In den Basiliken (XX. 1, 53) steht zwischen L. 53 und 54. D. XIX, 2 eine griechische Uebersetzung einer in unseren Digesten fehlenden Stelle. Daß diese wirklich eine Digestenstelle gewesen ist, und zwar aus dem Titel locati conducti, ergibt sich daraus, daß Stephanus in seinem index zu diesem Titel dieselbe Stelle paraphrasirt hat. Der Commentar des Stephanus ist zwar regelmäßig nur in den älteren Scholien der Basiliken benutzt worden; es sind aber auch einzelne Stellen daraus in den Basilikentext übergegangen. Diese Stellen sind sämmtlich aus dem index zu dem Digestentitel de nuptiis entlehnt. Es kann darüber kein Zweifel sein, ob die Benutzung des index des Stephanus für den Text der Basiliken von den Redactoren derselben herrührt, oder auf späteren Interpolationen beruht. Mehr scheint für letzteres zu sprechen. Denn erstens lag gar kein Grund vor, warum die Redactoren hier von der sonst beobachteten Regel, nach welcher die Digestenbearbeitung des Anonymus für den Basilikentext benutzt ist, abweichen. Sodann deuten mehrere Eigenthümlichkeiten der Tit. 4. 5 des 28. Buches der Basiliken auf spätere Interpolationen und Weglassungen, wenn man auch zugeben will, daß die sonst ganz ungewöhnliche Vertheilung der Fragmente des Digestentitels de nuptiis in zwei Basilikentitel, den einen περὶ γάμων καὶ [illegible] γάμων, den anderen περὶ [illegible] γάμων, von den Basilikenredactoren selbst herrührt. Zu diesen Eigenthümlichkeiten gehört erstens die Stellung von Codexstellen mitten unter Digestenstellen, welche sonst sehr selten vorkommt; zweitens die in den gedachten Basilikentiteln ganz veränderte Ordnung der Stellen, welche in der Regel nach der Reihenfolge jedes Digestentitels gestellt werden, hier aber ganz umgekehrt ist, indem in dem Digestentitel de nuptiis vorangehende Stellen in den Basiliken späteren desselben Titels nachgesetzt sind und umgekehrt. Dagegen ist die Weglassung einer Menge Stellen des Titels de nuptiis in den Basiliken (L. 3. §. 9. 11. §. 1—4. L. 17. 18. 21—23. 27. 30. 31. 39. §. 1. L. 43. §. 10—13. L. 44. pr. §. 1—7. L. 46—50. L. 51. pr. 53. 56. 58. 60. 61. 63. 65. §. 1. L. 67. §. 1) wol den Redactoren selbst zuzuschreiben, indem erweislich alle diese Stellen antiquirtes Recht enthalten, sei es, daß es schon durch Justinian, oder erst durch spätere Gesetze geändert worden war. — Ein bedeutender Theil des Digestencommentars des Stephanus hat sich in den Scholien der Basiliken erhalten und kann aus denselben restituirt werden. Aber es finden sich auch noch Fragmente in Handschriften. So enthält Cod. Paris. gr. 1351. fol. 250 b und 306 b den index der L. 21. D. 1, 3 und eine Anmerkung zu L. 17. D. XIV, 6.

7) Anonymus. Dieser, nach dem früher im §. 14 Bemerkten dieselbe Person mit dem Novellenepitomator Julianus und dem sogenannten Enantiophanes, hat eine Summe der Digesten mit Anmerkungen (versio Digestorum κατ' ἐπιτομήν) verfaßt, deren Charakter so sich beschreiben läßt, daß sie die Mitte zwischen den indices des Cyrillus und des Dorotheus hält, da sie weitläufiger als Cyrillus, kürzer als Dorotheus ist. Die in der Collectio constitutionum ecclesiasticarum und im Nomokanon von 14 Titeln enthaltenen griechischen Versionen von Digestenstellen stimmen mit einander überein, und ebenso finden sie sich wörtlich im Basilikentexte wieder. Dies beweist, daß sie alle aus derselben Quelle

geschöpft sind. Diese Quelle ist die Digestenbearbeitung des Anonymus. Sie ist in den Basilikentext übergegangen und bildet für die Digesten dessen regelmäßige Grundlage. Die Beweisgründe dafür sind folgende. Der erste besteht darin, daß die von den späteren Scholiasten angeführten Stellen der Digestenbearbeitung des Anonymus sich wörtlich im Basilikentexte finden. Der zweite ist die wörtliche Uebereinstimmung der von Anonymus und Enantiophanes angeführten griechischen Version der citirten Digestenstellen mit dem Basilikentexte. Der dritte besteht darin, daß die in der Digestenbearbeitung des Anonymus fehlenden Stellen auch nicht in den Basilikentext aufgenommen sind, sowie, daß die Worte der Version des Anonymus, welche in der einen Basilikenhandschrift fehlen, in einer anderen sich finden. Der vierte ist, daß, wenn Anonymus einzelne Worte seiner Version citirt, dieselben auch im Basilikentexte vorkommen. Ausnahmsweise haben die Redactoren für einzelne Stellen auch den index des Cyrillus benutzt. Die Digestenversion des Anonymus ist nicht unverändert in die Basiliken aufgenommen. Die Kunstausdrücke, die lateinischen Rechtsregeln, die Namen der Klagen sind in den Basiliken in das Griechische übersetzt, während Anonymus sie lateinisch hatte. Die Anmerkungen, welche der Version beigefügt waren, beziehen sich bald auf Worte des Digestentextes, bald auf Worte der Version. Ihr Inhalt ist sehr verschieden. Bald werden Parallelstellen citirt mit den Worten: ἀνάγνωθι, ὁμοίως, ὅμοιον, εἴρηται; bald Stellen, welche von derselben Materie handeln, mit den Worten: περί, οὕτως ἔγνως; bald wird der Grund des im Texte Gesagten angegeben mit den Worten: διὰ τὸν εἰρημένον λογισμόν, διὰ τὸν κανόνα τὸν λέγοντα, ἔγνως γάρ; bald werden anscheinend widersprechende Stellen angeführt mit den Worten: ἐναντίως, καὶ μήν, ἐν τῷ, εἴρηται δέ, φησὶ δέ; bald wird die Stelle bezeichnet, wo die im Texte angeführte Rechtsregel sich findet, mit den Worten: ἔχεις τὸν κανόνα, κεῖται ὁ κανών. In den Anmerkungen wird häufig auf die indices des Stephanus und Dorotheus Rücksicht genommen, auf den des letzteren zu den Büchern der Digesten, welche Stephanus nicht commentirt hatte. Die Arbeit beider Vorgänger hat Anonymus bei der seinigen vor Augen gehabt. Dies ergibt sich daraus, daß Anonymus das von Stephanus in seinen Anmerkungen weitläufig Erörterte kurz zusammenzufassen und zu wiederholen pflegt, die von Stephanus angeführten Stellen nochmals citirt. Aus dieser Berücksichtigung der Anmerkungen des Stephanus erklärt sich auch, daß, soweit solche vorhanden waren, die Anmerkungen des Anonymus sehr kurz sind, da er die des Stephanus für ausreichend hielt. Zu den Büchern der Digesten, welche der index des Stephanus nicht umfaßte, hat Anonymus den Dorotheus benutzt und selbst dessen Worte erläutert. Die Anmerkungen des Anonymus zu diesen Büchern sind zahlreicher und länger, da die des Dorotheus seltener und kürzer waren, sie sollen also gewissermaßen die des letzteren ergänzen. Nicht zu allen Büchern der Digesten gibt es Anmerkungen des Anonymus in den Basilikenscholien. Ob dies auf der Absicht der Compilatoren der Scholien beruht, oder der Nachlässigkeit der Abschreiber zuzuschreiben sei, ist ungewiß. Mehr scheint für das Letztere zu sprechen, da für das Erstere sich kein genügender Grund auffinden läßt. Häufig beruft sich Anonymus in seinen Anmerkungen auf Anmerkungen zu einer anderen Stelle. Die Arbeit des Anonymus scheint nicht aus dessen Vorlesungen hervorgegangen zu sein. Aus den von ihm in den Anmerkungen gebrauchten Redensarten: γινώσκεις, μανθάνεις, ἔγνως, μέμνησο, ἀνάγνωθι, ist Nichts für die Entstehung aus den Vorlesungen zu folgern, da auch Andere, welche nicht Rechtslehrer waren, sich ähnlicher bedient haben, wie z. B. Theodorus. Der ganze Charakter und die Beschaffenheit des Werkes spricht gegen diese Entstehung. Uebrigens scheint Anonymus einen vollständigeren Text der Digesten besessen zu haben, als wir ihn haben. Die Zeit, wann Anonymus seine Arbeit über die Digesten verfaßt hat, läßt sich nur annähernd dahin bestimmen, daß dieselbe unter der Regierung Justin's II. oder kurz nachher zu setzen ist. Denn das Schriftchen des Anonymus: de legatis et mortis causa donationibus ist vor dessen Werke: περὶ ἐναντιοφανῶν und vor der Digestenbearbeitung geschrieben, indem ersteres in den beiden letzteren citirt wird; das Werk: περὶ ἐναντιοφανῶν ist zur Zeit Justin's II. geschrieben, da in demselben die Novelle 140, welche von diesem Kaiser und aus dem Jahre 566 ist, angeführt wird; die Digestenbearbeitung endlich ist jünger, als dieses Werk, da letzteres in ersterer citirt wird. Die Digestenbearbeitung des Anonymus ist zum großen Theil in dem Basilikentexte und in den Scholien erhalten. Von den Scholien, welche die Anmerkungen des Anonymus enthalten, tragen viele den Namen desselben oder den des Enantiophanes an der Spitze; viele haben aber keinen Namen voranstehend und sind dem Anonymus und Enantiophanes zuzuschreiben. Sie sind kenntlich an den denselben geläufigen Redensarten und an der ihnen gewöhnlichen Art und Weise, die Justinianischen Rechtsbücher zu citiren. Es läßt sich aber nicht unterscheiden, ob diese Scholien ohne Namen aus der Digestenbearbeitung oder aus der Schrift περὶ ἐναντιοφανῶν entlehnt sind. Daß Bruchstücke der Digestenbearbeitung des Anonymus auch in der Collectio constitutionum ecclesiasticarum und im Nomokanon von 14 Titeln erhalten sind, ist bereits bemerkt worden.

6) Cyrillus. Er ist der Verfasser eines index der Digesten; Blastares in der Vorrede zu seinem Syntagma canonum sagt, er habe die Digesten κατ' ἐπιτομήν herausgegeben. Dieser index war ein sehr kurz gefaßter Auszug der Digestenstellen nach der Reihenfolge, welche sie in jedem Titel hatten, nach der Reihenfolge der Bücher und Titel der Digesten geordnet. In den Scholien zum 8. Buche der Basiliken heißt der index auch ἑρμηνεία. Cyrillus führt von diesem index den Namen ἰνδικευτής. Obgleich von allen Bearbeitungen der Digesten die des Cyrillus wegen der Kürze der Auszüge am meisten den Namen index verdient, so wird sie doch in den Basilikenscholien nicht ὁ ἴνδιξ genannt; vielmehr werden mit diesem Namen nur die Commentare des

Dorotheus und Stephanus bezeichnet. Der Grund davon liegt wol darin, daß Stephanus selbst seinen Commentar index genannt und die Späteren diese Bezeichnung beibehalten haben, und der Commentar des Dorotheus bald nach seinem Ableben index genannt wurde. Bisweilen werden in den Basilikenscholien Cyrillus und das πλάτος, d. h. der index des Dorotheus oder Stephanus einander entgegengesetzt, sowie auch ὁ ἴνδιξ und Cyrillus. Die Digestenbearbeitung des Cyrillus wird in den Scholien ἔνδοσις τοῦ Κυρίλλου genannt, vorzüglich dann, wenn bemerkt wird, der Basilikentext sei nicht aus des Anonymus Digestenbearbeitung, sondern aus der des Cyrillus entlehnt. Bisweilen wird nur der Name des Cyrillus beigesetzt, z. B. ὁ Κύριλλος (sc. ἔχει), πρόσκειται ἐκ τοῦ Κυρίλλου. Selten sind den Auszügen der einzelnen Digestenstellen von Cyrillus Randbemerkungen beigefügt. Der Auszug des Cyrillus umfaßte die ganzen Digesten. Der Verlust eines großen Theils der Basiliken und ihrer Scholien ist der Grund, daß sich nicht zu allen Büchern der Digesten Bruchstücke der Arbeit des Cyrillus erhalten haben. Der index des Cyrillus bildet einen regelmäßigen Bestandtheil der älteren Scholien und kann zum großen Theil aus diesen constituirt werden. Der index des Cyrillus ist für die ganzen Bücher der Digesten in den Scholien benutzt, zu den Büchern, welche in den Vorlesungen erklärt wurden, neben dem index des Stephanus, zu den anderen, bei denen dies nicht der Fall war, neben dem des Dorotheus. Wenn in den vorhandenen alten Scholien sich zu einzelnen Titeln keine Bruchstücke des Cyrillus finden, so fällt dies der Trägheit der Abschreiber zur Last, welche die Mühe des Abschreibens scheuten, vorzüglich zu einer Zeit, wo die Basiliken den Gebrauch der Justinianeischen Rechtsbücher ganz verdrängt hatten. Es mochte den Abschreibern auch unnöthig erscheinen, die kurzen Auszüge des Cyrillus mit abzuschreiben, da sie durch die weitläufigeren Excerpte aus Dorotheus und Stephanus entbehrlich gemacht zu werden schienen. Zu den Büchern 12, 13, 14, 15 der Digesten ist in den Scholien nur der index des Cyrillus excerpirt; vom index des Stephanus finden sich nur zahlreiche Anmerkungen, aber ohne die Paraphrase der einzelnen Digestenstellen. Ueber den Grund dieser auffallenden Erscheinung hat man sich schon bei Stephanus ausgesprochen (siehe oben unter 6). Die in den älteren Scholien vorhandenen Fragmente des Cyrillus tragen gewöhnlich dessen Namen an der Spitze; wo dies nicht der Fall ist, können sie durch die große Kürze der Auszüge leicht von anderen unterschieden werden. Bisweilen sind Stellen des Cyrillus in den Basilikentext aufgenommen; es pflegt dies, wo es geschehen ist, in den Scholien bemerkt zu werden. Auch der Verfasser der Schrift über die Zeitabschnitte (αἱ ῥοπαί) hat den Cyrillus benutzt. Das im Cod. Vindob. jur. gr. VI, 3, dessen bereits bei Dorotheus unter 2 Erwähnung geschehen ist, befindliche Syntagma juridicum enthält mehrere Stellen mit der Bemerkung: ἔνδοσις Κυρίλλου, welche auch in den Basiliken vorkommen. Man könnte diese Stellen für sehr wesentlich halten zur Bestimmung der griechischen Digestenbearbeitung, welche für die Bücher 41—50 der Digesten in den Basiliken benutzt worden ist. Denn da in der wiener Handschrift die ἔνδοσις Κυρίλλου, der index der Digesten von Cyrillus als die Quelle der Auszüge aus Dig. lib. XLI. tit. 9; lib. XLIII. tit. 7. tit. 11; lib. XLIV. tit. 7; lib. XLVIII. tit. 1. 3 bezeichnet wird, und diese Auszüge wörtlich mit dem Basilikentexte übereinstimmen, so kann dies leicht zu der Annahme führen, daß alle aus den erwähnten Digestentiteln in die Basiliken aufgenommenen Fragmente aus dem index des Cyrillus geschöpft seien. Die Uebereinstimmung der in der wiener Handschrift befindlichen Stellen mit dem Basilikentexte berechtigt auch nicht zu der Annahme, daß der Verfasser des in jener Handschrift enthaltenen Syntagma diese Stellen aus den Basiliken geschöpft habe. Denn der Zusatz: ἔνδοσις Κυρίλλου wäre ganz überflüssig gewesen, wenn der Verfasser jene Stellen aus den Basiliken entlehnt hätte. Jener Zusatz, welcher den index des Cyrillus als Quelle jener Stellen bezeichnet, beweist vielmehr, daß jenes Syntagma zu einer Zeit verfaßt ist, wo die Justinianeischen Rechtsbücher von den Basiliken noch nicht ganz verdrängt waren; fiele die Abfassung in die Zeit, wo die Basiliken allein Gültigkeit hatten, so wäre jener Zusatz gewiß nicht beigefügt worden. Die Möglichkeit jener Annahme, daß alle aus den erwähnten Digestentiteln in die Basiliken übergegangenen Stellen aus dem index des Cyrillus geschöpft seien, findet auch noch dadurch Unterstützung, daß es auch nicht an anderen Zeugnissen dafür fehlt, daß zu den späteren Büchern der Digesten für den Basilikentext der index des Cyrillus benutzt worden ist. Es wird in dem in der Coislin'schen Basilikenhandschrift 151 befindlichen Verzeichniß der Bücher und Titel der Basiliken, der Rubrik zu Basil. lib. XXXVIII. tit. 11 „τὸ πρᾶγμα τοῦ ἀνήβου σῶον ἔστω" beigefügt: ἔνδοσις Κυρίλλ. βιβλ. μζ. τῶν διγ. τι. ιά. Dasselbe gibt den Basil. lib. XXXV. tit. 5 (Dig. lib. XLIII. tit. 5) folgende Rubrik: περὶ διαθηκῶν παραστάσεως ἔνδοσις Κυρίλλου. Dieser Zusatz: ἔνδοσις Κυρίλλου soll anzeigen, daß die aus den erwähnten Digestentiteln in die Basiliken aufgenommenen Stellen dem index des Cyrillus entlehnt seien. Hiernach könnte man zu der Ansicht gelangen, daß für die späteren Bücher der Digesten, namentlich für Buch 41—50 der index des Cyrillus die Quelle des Basilikentextes sei. Für diese Ansicht scheint auch noch Folgendes zu sprechen. In den älteren Basilikenscholien ist regelmäßig neben dem index des Stephanus zu den πραττόμενα βιβλία und neben dem des Dorotheus zu den ἐξτραόρδινα βιβλία der index des Cyrillus excerpirt. Vom 37. Buche der Digesten an sind die Stellen aus Cyrillus in den Scholien seltener, oder fehlen auch ganz. Man könnte dies dadurch erklären, daß der Basilikentext für die späteren Bücher der Digesten aus Cyrillus genommen sei. Ferner scheint für die gedachte Ansicht zu sprechen, daß die Anmerkungen des Anonymus, welche zu den πραττόμενα βιβλία der Digesten sehr zahlreich in den Scholien sind, zu den ἐξτραόρδινα βιβλία minder zahlreich und von Buch 40 der Digesten an sehr selten in den Scholien vorkommen. Ungeachtet aller dieser Gründe muß man sich dafür entscheiden, daß durch den Zusatz ἐκδόσεως Κυρίλλου zu den erwähnten Digestentiteln, aus welchen die gedachten Auszüge einzelner Stellen in der wiener Handschrift sich finden, nur bewiesen werde, daß die mit jenen Auszügen übereinstimmenden Basilikenstellen aus Cyrillus entlehnt sind. Keineswegs wird aber dadurch bewiesen, daß für einen ganzen Digestentitel der index des Cyrillus die Quelle des Basilikentextes gewesen sei. Ebenso beweist auch der Zusatz ἐκδόσεως Κυρίλλου in dem Coislin'schen Titelverzeichniß, daß zu Dig. XLIII, 5 und XLVI, 6 das Werk des Cyrillus für den Basilikentext benutzt worden ist; ob für alle Stellen dieser Titel, oder nur für einzelne, ist schwer zu entscheiden. Schon der Umstand, daß in dem Coislin'schen Titelverzeichniß dieser Zusatz nur bei zwei Digestentiteln vorkommt, deutet darauf hin, daß damit eine Ausnahme von der Regel bezeichnet werde. Hätten die Basilikenredactoren einen umfänglicheren Gebrauch von dem Werke des Cyrillus gemacht, so würde jener Zusatz auch bei anderen Büchern und Titeln der Digesten beigefügt sein. Es bleibt mithin bei der Regel, daß die Redactoren auch für die späteren Bücher der Digesten die Arbeit des Anonymus in den Basilikentext aufgenommen und nur ausnahmsweise das Werk des Cyrillus benützt haben. Der Grund für eine solche exceptionelle Benutzung konnte z. B. darin liegen, daß einzelne Digestenstellen bei Anonymus fehlten, wovon sich ein Beispiel im Sch. 25. V, 290 findet; hier lag unstreitig die Benutzung des kurzen index des Cyrillus für den Basilikentext näher, als die der weitläufigeren Arbeiten des Dorotheus oder Stephanus.

9) Theodorus. Auch diesem hat man eine Bearbeitung der Digesten zugeschrieben, aber mit Unrecht. Es ist auf das im §. 14. lit. a unter 5 bei Theodorus Gesagte zu verweisen.

10) Cobidas. Er hat zu den Digesten geschrieben. Balsamon spricht von dessen ἑρμηνείᾳ πρὸς τὰ δίγεστα συγγραφείσῃ; er meint aber damit nicht dessen Commentar über die Digesten, sondern dessen Erklärung der L. 31. D. XII, 2 (Basil. XXII, 5. 31), deren er kurz vorher Erwähnung gethan hatte. An einer Stelle scheint Enantiophanes oder Anonymus ihn zu citiren. Der Charakter der Bearbeitung der Digesten durch Cobidas läßt sich aus den vorhandenen Ueberbleibseln nicht ganz sicher erkennen. Diese Ueberbleibsel bestehen in Bemerkungen sehr verschiedenen Inhalts; bald berühren sie Controversen, bald geben sie kurze Glossen, bald weitläufige Erörterungen. Ob diesen Anmerkungen ein index oder eine Summe der einzelnen Digestenstellen vorausgegangen sei, ist nicht zu bestimmen, jedoch nach dem Charakter, welchen die Digestenbearbeitungen der damaligen Zeit hatten, wahrscheinlich. Die erhaltenen Anmerkungen des Cobidas rühren entweder von ihm selbst her, oder sind uns durch Citate Anderer überliefert. Einige Scholien, welche den Namen Johannes an der Spitze tragen, den Vornamen des Cobidas, scheinen aber vielmehr dem Johannes Nomophylax anzugehören.

11) Anastasius. Von ihm selbst finden sich zwei Anmerkungen zu Digestenstellen; zu einer dritten Digestenstelle wird er citirt. Diese Fragmente sind zu wenig, als daß sich die Art der Digestenbearbeitung des Anastasius daraus erkennen ließe; ja es ist zweifelhaft, ob dieselben Ueberbleibsel einer solchen Bearbeitung sind, oder ob sie nicht vielmehr für vereinzelte Bemerkungen des Anastasius gehalten werden müssen, welche sich aus seinen Vorlesungen durch die Zuhörer erhalten haben.

§. 18. Commentare über den Codex.

1) Die veronesischen Scholien. In einer Handschrift des Domcapitels zu Verona Nr. 62 aus Pergament in Klein-Folio, welche Auszüge aus Conciliensschlüssen liefert, finden sich 71 rescribirte Blätter, welche einen Theil des Justinianeischen Codex mit griechischen Scholien enthalten. In der ursprünglichen Handschrift bildeten je zwei der jetzigen Blätter Ein Blatt; daher wird die alte Schrift von der neuen darüber gesetzten durchschnitten. Die Seiten bestehen aus je zwei Columnen, welche den Text des Codex so enthalten, daß er durch griechische Scholien, welche nicht blos am Rande, sondern auch in dem Zwischenraume zwischen den beiden Columnen gleichsam überall umgeben ist. Die Schrift, sowol die griechische als die lateinische, ist Uncialschrift. An einigen Stellen sind Rubriken sichtbar; oft aber ist statt der Rubriken ein leerer Raum gelassen. Es haben sich darin Bruchstücke von Constitutionen des Codex erhalten; dieselben hat Herrmann in seiner Ausgabe des Codex zusammengestellt und die Handschrift für diese Ausgabe benutzt. Ein Stück der griechischen L. 1. C. de monopoliis IV, 59 ist erst durch diese Handschrift bekannt geworden. Die griechischen Scholien sind vollständig erst durch Zachariä v. L. herausgegeben worden, nachdem früher Göschen in der editio princeps der Institutionen des Gajus Praef. p. LXXIII. LXXIV einige derselben zur Probe veröffentlicht hatte. Die Scholien gehören zu einzelnen Constitutionen der Bücher 4. 5. 6. 7. 8. 11 des Codex, zu welchen, und zu welchen Worten derselben, hat Zachariä v. L. in seiner Ausgabe genau angezeigt. Die Scholien sind in der Handschrift theils zwischen die Zeilen, theils zwischen die Columnen, theils an den Rand geschrieben. Die Interlinearscholien sind regelmäßig ganz eigentliche Glossen, d. h. Uebersetzungen lateinischer Glossen durch griechische. In der Ausgabe sind sie so abgedruckt, daß ihre Eigenschaft als Interlinearglossen nicht besonders hervorgehoben ist. Die Marginalscholien sind zwiefacher Art; sie enthalten entweder kurze dogmatische und exegetische Anmerkungen, zuweilen mit Citaten von Parallelstellen, oder sie bezwecken nur, auf einzelne Stellen des Textes und deren Inhalt besonders aufmerksam zu machen. Dies geschieht meistens mit einem σημείωσαι ὅτι unter Beifügung des Inhaltes der auszuzeichnenden Stelle; bisweilen mit einem σημείωσαι ὡραῖον, oder noch einfacher mit einem bloßen σημείωσαι. Auf solche Stellen, welche eine regula juris enthalten, ist dadurch aufmerk-

sam gemacht, daß am Rande REG, d. h. regula, steht. Die Constitutionen, bei welchen dies der Fall ist, sind: lib. IV. tit. 48. c. 3. tit. 49. c. 12; lib. V. tit. 17. c. 11. tit. 31. c. 9. tit. 27. c. 4. tit. 29. c. 2. tit. 34. c. 2. 7. 9. tit. 37. c. 12. 14. tit. 43. c. 4. tit. 51. c. 5. 12. tit. 59. c. 1. 2; lib. VI. tit. 2. c. 20. tit. 59. c. 1. 2; lib. VII. tit. 4. c. 14. tit. 40. c. 3; lib. VIII. tit. 16. c. 9. tit. 17. c. 2. 4. 7. tit. 38. c. 4. tit. 40. c. 3. tit. 47. c. 8. Zachariä v. L. findet eine unverkennbare Verwandtschaft dieser Scholien mit dem Commentar des Thaleläus zum Codex. Dieser gab bei jeder einzelnen Constitution zuerst eine Einleitung und Uebersicht des Inhalts (Index oder Summa), dann neben dem lateinischen Originaltexte eine griechische Uebersetzung κατὰ πόδα, endlich am Rande Anmerkungen (παραγραφαί), bald zum lateinischen Originaltexte, bald zu dem κατὰ πόδας. Eine Vergleichung dieser Scholien mit den in den Basiliken und in den älteren Basilikenscholien erhaltenen verschiedenen Bestandtheilen des Commentars des Thaleläus ergibt: 1) daß die in den Interlinearscholien vorkommenden Uebersetzungen regelmäßig mit den Uebersetzungen im κατὰ πόδας des Thaleläus übereinstimmen (vergl. Sch. 42. 158. 257. 258. 274 der Ausgabe); 2) daß die übrigen Scholien großentheils wenigstens dem Inhalte nach in den παραγραφαί des Thaleläus sich nachweisen lassen, wenn auch die Wortfassung gewöhnlich eine andere ist. Diese Verwandtschaft hält der Herausgeber für so groß, daß beide gegenseitig zu kritischen Bemerkungen benutzt werden können (vergl. Sch. 41. 55. 57. 58. 115. 117. 120. 125. 140. 142—145. 150. 152. 153. 156. 159. 161. 165. 167. 176. 178. 179. 181. 183. 185. 193. 216. 253. 255, und besonders Sch. 131. 155. 177. 197). Die Entstehung dieser Scholien läßt sich so denken, daß ein Besitzer der veronesischen Handschrift des Codex diesen unter Vergleichung des Thaleläus studirt und dabei allerlei Bemerkungen aus letzterem in sein Exemplar eingetragen habe. Indessen hält Zachariä v. L. diese Vermuthung nicht für ganz wahrscheinlich. Er hält es für zweifelhaft, ob die oben angeführten παραγραφαί sämmtlich von Thaleläus selbst und unmittelbar herrühren, weil, abgesehen davon, daß Justinian dergleichen Anmerkungen eigentlich verboten gehabt habe, jene παραγραφαί nicht immer des Thaleläus würdig seien. Er glaubt daher, daß die παραγραφαί Bemerkungen seien, welche ein Zuhörer des Thaleläus oder eines anderen Rechtslehrers (wahrscheinlich aber des Thaleläus, welcher seinen Lehrer (?), den ἥρως Πατρίκιος anzuführen liebte; und Patricius wird auch in den veronesischen Scholien Sch. 155 citirt) in dessen Vorlesungen zu einem Exemplare des Thaleläischen Codex beigeschrieben hat. So hält er es für wahrscheinlicher, daß die veronesischen Scholien auf dieselbe Weise entstanden seien, ganz unabhängig von den gedachten παραγραφαί, und nur deshalb mit ihnen innerlich verwandt, weil es in derselben Vorlesung niedergeschriebene Bemerkungen aus demselben Vortrage des Lehrers seien. Dafür wird geltend gemacht erstens, daß der Schreiber der Scholien statt der ihm wohl bekannten (vergl. Sch. 106) richtigen Schreibart εὐδαιμόνων einige Male ἐνδαιμόνων schreibt, wobei der junge Student im Scherze an seinen dämonischen Vormund gedacht zu haben scheine; zweitens der sehr ungleiche, bald verständige, bald schülerhafte Inhalt der Scholien, wie sich z. B. aus einer Vergleichung der Sch. 6. 8. 9. 18. 25. 63 mit Sch. 21 u. a. m. ergibt. — Obgleich zu den für die Verwandtschaft dieser Scholien mit Thaleläus geltend gemachten Gründen auch noch der weitere Grund hinzutritt, daß in den Scholien die Digesten ganz in der Weise citirt werden, wie dies Thaleläus zu thun pflegt, so kann man doch der Ansicht, daß die veronesischen Scholien von einem Zuhörer des Thaleläus in dessen Vorlesungen niedergeschriebene Bemerkungen seien, nicht beipflichten. Thaleläus nimmt in seinem Codexcommentar sehr selten auf die Novellen Rücksicht, und citirt die Novellen, welche er erwähnt, ganz anders, als die veronesischen Scholien, nämlich bald „τοῦ εὐσεβεστάτου ἡμῶν βασιλέως νομοθεσία μετὰ τοῦτον ἐξενεχθεῖσα τὸν κώδικα," oder „διάταξις μετὰ τοῦτον τὸν εὐσεβῆ κώδικα ἐξενεχθεῖσα." Wo er eine νεαρὰ διάταξις schlechthin citirt, meint er nicht eine nach dem Codex promulgirte Novelle, sondern eine neuere Constitution im Codex selbst, wodurch das ältere Recht abgeändert worden ist. Dagegen werden in den veronesischen Scholien die Novellen als νεαραί schlechthin oder als νεαραὶ διατάξεις, an Einer Stelle mit Beifügung der Zahl, an anderen Stellen nach der Rubrik citirt. Die neueste der in den Scholien citirten Novellen ist Novelle 134 vom Jahre 556. Die Entstehung dieser Scholien kann also erst nach 556 gesetzt werden. Wollte man nun auch zugeben, daß Thaleläus noch nach diesem Jahre gelebt habe und gelesen, so wird sich doch kaum erklären lassen, warum Thaleläus, wenn die veronesischen Scholien von einem Zuhörer desselben niedergeschriebene Bemerkungen sind, von seiner und anderer Zeitgenossen gewöhnlicher Citirart der Novellen in diesen Scholien so sehr abgewichen sei, daß er solche schlechthin als νεαραί oder νεαραὶ διατάξεις citirt. Es kann aber auch nicht zugegeben werden, daß Thaleläus das Jahr 556 erlebt habe. Die Novelle 134 vom Jahre 556 ist auch die jüngste der in Julian's Novellenauszuge excerpirten Novellen, wo sie Const. 125 ist. Julianus war ein Zuhörer des Stephanus, in dessen index der Digesten eine von Julianus aufgeworfene und von Stephanus beantwortete Frage vorkommt. Stephanus aber nennt in seinem index den Thaleläus μακαρίτης, bezeichnet ihn also als nicht lange vorher verstorben. Da nun der index des Stephanus aus einer Zeit herrührt, wo Julianus dessen Zuhörer war und Thaleläus von Stephanus in diesem Werke als nicht lange vorher verstorben bezeichnet wird, so kann Thaleläus das Jahr 556 nicht erlebt haben. Hiermit fällt die Vermuthung Zachariä's v. L. über die Entstehung der veronesischen Scholien aus den Vorlesungen des Thaleläus. Dagegen sind viele der veronesischen Scholien, diejenigen nämlich, welche einzelne lateinische Textesworte griechisch übersetzen, den Anmerkungen den Isidorus zum Codex, von denen einige in den älteren

Basilikenscholien erhalten sind, sehr ähnlich. Dennoch dürfte die Entstehung der veronesischen Scholien sich auch nicht auf die Vorlesungen des Isidorus über den Codex zurückführen lassen. Vielmehr führt die in allen übrigen Beziehungen vorhandene Aehnlichkeit dieser Scholien mit den in den Basilikenscholien befindlichen *παραγραφαὶ* des Thalelaeus auf die von Zachariä v. L. als nicht ganz wahrscheinlich bezeichnete Vermuthung, daß ein Besitzer der veronesischen Codexhandschrift den Codexcommentar des Thalelaeus excerpirt und dessen Bemerkungen in sein Exemplar eingetragen, auch Manches hinzugefügt habe. Dadurch erklärt sich hinreichend die Aehnlichkeit dieser Scholien mit Thalelaeus, auch die den Scholien und dem Thalelaeus gemeinsame Art, die Digesten zu citiren; es erklärt sich so aber auch die Verschiedenheit in Ansehung der Citirart der Novellen zur Genüge.

2) Isidorus. Nach dem Zeugniß des Matthäus Blastares in der Vorrede zum Syntagma canonum hat Isidorus den Codex kürzer bearbeitet als Thalelaeus, aber weitläufiger als Anatolius und Theodorus. In den Basilikenscholien heißt dieses Werk des Isidorus *Ἔκδοσις τοῦ Ἰσιδώρου*. Mehreres davon ist in die Scholien der Basiliken übergegangen. Es ist zu Cod. lib. VIII. tit. 53 de donationibus; tit. 54 de donationibus, quae sub modo vel conditione vel ex certo tempore conficiuntur; tit. 55 de revocandis donationibus; tit. 56 de mortis causa donationibus (tit. 54—58 nach der gewöhnlichen Art zu zählen) das Werk des Isidorus in den Scholien benutzt und zu diesen Titeln wol vollständig in dieselben aufgenommen; im 6. Buche des Codex fehlte den Compilatoren der Scholien der Commentar des Thalelaeus, dessen sie sich sonst vorzugsweise zu bedienen pflegten. Auch außer diesen haben sich noch andere Bruchstücke dieses Werkes in den Scholien erhalten, oder es werden Summen oder Anmerkungen des Isidorus citirt. Sie sind folgende: 1) Summe der L. 2. C. III, 29. — Sch. *Θεοδώρου* IV, 156. 2) Summe der L. 20. C. V, 12. — Sch. *Ἀνωνύμου* III, 444. 3) Summe der L. 1. C. VIII, 2. — Sch. *Ἰσιδώρου* IV, 88. 4) Theil der Summe der L. 3. C. VIII, 2 und Anmerkung — Sch. *Ἰσιδώρου* und *[illegible]* IV, 88. 5) Summe der L. 1. C. VIII, 3. — Sch. *Θεοδώρου* IV, 140. 6) Summe der L. un. C. VIII, 6. — Sch. *Ἰσιδώρου* V, 594. 7) Summe der L. 3. C. quae sit longa consuetudo VIII, 52 (53). — Sch. *Ἰσιδώρου* zur Synopsis aus Cod. Paris. gr. 1351. fol. 250 b. Citirt wird eine adnotatio des Isidorus zu L. 1. C. VIII, 9 im Sch. *Θεοδώρου* V, 644 und zu L. 5. C. de emancipationibus liberorum VIII, 48 (49) im Sch. V, 474. Nach der Vermuthung von Zachariä v. L. hat der Verfasser des Nomocanon in 50 Titeln die von ihm citirten Codexstellen aus der Codexbearbeitung des Isidorus genommen. Die von ihm dafür geltend gemachten Gründe sind von der Art, daß diese Vermuthung höchst wahrscheinlich ist. Die Auszüge der Constitutionen im Nomocanon können weder von Thalelaeus, noch von Anatolius, noch von Stephanus herrühren. Denn die Auszüge von Constitutionen aus dem 1. Buche des Codex im Nomocanon weichen sowol von den in den Basiliken befindlichen Auszügen des Thalelaeus, als von den in der Collectio constitutionum ecclesiasticarum erhaltenen Auszügen des Stephanus ab. Ebenso weicht der Auszug der L. 9. §. 1. C. IV, 20 im Nomocanon von der Summe derselben Stelle von Anatolius ab, welche im Sch. *Νομίμου* II, 405 enthalten ist. Endlich zeigt eine Vergleichung der im Nomocanon befindlichen Auszüge mit den Summen des Theodorus, daß erstere nicht dem Letzteren zugeschrieben werden können. Auch ist es ganz unwahrscheinlich, daß diese Constitutionenauszüge vom Verfasser des Nomocanon selbst herrühren. Denn da er sein ganzes Werk aus anderen Quellen compilirt, und so z. B. die Novellen aus der Collectio LXXXVII capitulorum und aus des Athanasius Breviarium Novellarum, die Digestenstellen aus dem index des Dorotheus entlehnt hat, so kann kein Zweifel sein, daß er auch für die Codexstellen ein anderes Werk benutzt hat, und es ist hier nur das des Isidorus übrig, aus welchem er jene Stellen genommen hat. Die im Nomocanon aus Isidorus entlehnten Stellen hat Zachariä v. L. angezeigt und zusammengestellt, dabei aber einige übersehen. Es folgt daher folgende neue Zusammenstellung, wobei die Anfangs- und Schlußworte der betreffenden Auszüge angegeben werden. 1) L. 1. C. I, 1 verb. *Πάντας τοὺς ὑπηκόους* — *βασιλικῇ κινήσει* — Nomocan. tit. XXXVI (in *Voelli*, Bibl. jur. can. T. II. p. 614 seq.). 2) L. 4. C. I. verb. *Μήτε στρατιωτικός τις* — *δουλεύειν δὲ ὅστις κληρικὸς [illegible]* — Nomocan. tit. XXXVI (*Voell.* l. l. p. 645). 3) L. 6. C. I, 2 verb. *Ὁμοίως κρατείτωσαν* — *ἐκκλησία [illegible] δικαίοις* — Nomocan. tit. II. (*Voell.* l. l. p. 6[illegible]). 4) L. 10. C. I, 2. verb. *[illegible]* — *χαρίζεται τὴν ἐπίδοσιν* — Nomocan. tit. II. (*Voell.* l. l. p. 6[illegible]). 5) L. 14. C. I, 3 verb. *Ὁ κατὰ χώραν* — *[illegible] τῷ [illegible]* — Nomocan. tit. XVII. (*Voell.* l. l. p. 625). 6) L. 19. C. I, 3 verb. *Ἐπειδή τινες κληρικοὶ* — *φαίνονται αὐτοὺς* — Nomocan. tit. XXVIII. (*Voell.* l. l. p. 635). 7) L. 23. C. I, 3 verb. *Θαλάσσιος ὁ Κωνσταντινουπόλεως ἐπίσκοπος* — *ἀκινήτους νομοθετεῖ* — Nomocan. tit. XXXVII. (*Voell.* l. l. p. 640). 8) L. 30. C. I, 3 verb. *Ἡ [illegible]* — *τὸν ἀναγκάζοντα* — Nomocan. tit. VII. (*Voell.* l. l. p. 612). 9) L. 32. §. 4. C. I, 3 verb. *Ἐκείνων δῆλον ὄντος* — *ἐκβάλλεται* — Nomocan. tit. V. (*Voell.* l. l. p. 609). 10) L. 41. §. 2. C. I, 3 verb. *Ἐπίσκοποι μὴ [illegible]* — *τὴν [illegible] ἐκκλησίαν* — Nomocan. tit. IV. (*Voell.* l. l. p. 608) §. 4. 5 verb. *Ἐκπεσέτωσαν ἅπαξ* — *τοὺς αὐτῶν κληρονόμους* — Nomocan. tit. V. (*Voell.* l. l. p. 609) §. 10 verb. *Νομοθετεῖ δὲ* — *τῶν παρεχομένων* — Nomocan. tit. X. (*Voell.* l. l. p. 614). 11) L. 43. pr. C. I, 3 verb. *Ἐξέστω ἑκάστῳ τελευτῶντι* — *εἰς χρείας αὐτῶν* — Nomocan. tit. VI. (*Voell.* l. l. p. 610) §. 3 verb. *Ἥτινα ὁ τελευτήσας* — *τοῦ [illegible] βουλήσει* — Nomocan. tit. VI. (*Voell.* p. 610 seq.). 12) L. 34. C. I, 4 verb. *Παραγγελ-*

ριζέσθωσαν — αἰκισμοῖς σωφρονίζεσθαι — Nomocan. tit. XXXIX. (Voell. l. l. p. 637). 13) L. 8. C. I, 5 verb. Οἱ μὴ πιστεύοντες — τιμωρίαις ὑποκείσθωσαν — Nomocan. tit. XXXVIII. (Voell. l. l. p. 647). 14) L. 16. C. I, 5 verb. Τιμωρείσθωσαν — τοὺς Μανιχαίους ἀφελκύσωσιν — Nomocan. tit. XXXV. (Voell. l. l. p. 643). 15) L. 21. C. I, 5 verb. Κατὰ ὀρθοδόξων — τῶν μερῶν — Nomocan. tit. XVI. (Voell. l. l. p. 622). 16) L. 1. C. I, 6 verb. Ἐπίσκοπος ἐκ δευτέρου — ἐν τῇ ἱερωσύνῃ — Nomocan. tit. XXXVI. (Voell. l. l. p. 644). 17) L. 1. C. I, 7 verb. Ὁ ἀπὸ Χριστιανῶν — δημευέσθω — Nomocan. tit. XXXV. (Voell. l. l. p. 643). 18) L. 6. C. I, 7 verb. Ὁ τῆς καθολικῆς — τῶν Μανιχαίων — Nomocan. tit. XXXVII. (Voell. l. l. p. 646). 19) L. 18. C. I, 9 verb. Ὁ τὸν Χριστιανὸν — κεφαλικῶς τιμωρείσθω — Nomocan. tit. XXXVII. (Voell. l. l. p. 646). 20) L. 3. C. I, 12 verb. Πάντες οἱ βουλόμενοι προσφυγεῖν — παραδιδόναι τοῖς ἄρχουσιν — Nomocan. tit. XLVII. (Voell. l. l. p. 658). 21) L. 2. C. IV, 1 verb. Ὁ ἐπιορκήσας — τοῦ βασιλέως — Nomocan. tit. XLIV. (Voell. l. l. p. 655). 22) L. 9. §. 1. C. IV, 20 verb. Ἕνα μάρτυρα — συγκλητικός ἐστιν — Nomocan. tit. XVI. (Voell. l. l. p. 622). 23) L. 5. C. V, 5 verb. Οὔτε τὴν γαμετὴν — συνοικεσίου — Nomocan. tit. XLIV. (Voell. l. l. p. 654). 24) L. 8. C. V, 5 verb. Τῆς εἰρημένης διατάξεως — ἀθεμίτων τῶν γάμων τυγχανόντων — Nomocan. tit. XLIV. (Voell. l. l. p. 655). 25) L. 3. C. VI, 2 verb. Ὁ τὸ [illegible] — ἱεροσυλίαν ἁμαρτάνει — Nomocan. tit. XLVI. (Voell. l. l. p. 657). 26) L. 3. C. IX, 1 verb. Οὐδεὶς δύναται — ἐθεσπίσαμεν — Nomocan. tit. XVI. (Voell. l. l. p. 622). 27) L. 22. C. IX, 9 verb. Ἡ φανερῶς — μοιχοῦ — Nomocan. tit. XLII. (Voell. l. l. p. 653). 28) L. 29. C. IX, 9 verb. Μὴ ἔστω στοῦπρον — ὑπηρεσίαν παρέχουσα — Nomocan. tit. XLII. (Voell. l. l. p. 653). 29) L. 1. C. IX, 16 verb. Τότε τὸ τοῦ φόνου — τῷ ἁμαρτήσαντι — Nomocan. tit. XL. (Voell. l. l. p. 650). 30) L. 4. C. IX, 16 verb. Ὁ τὸν λῃστὴν — νομίμως ἀνεῖλεν — Nomocan. tit. XL. (Voell. l. l. p. 650). 31) L. 5. C. IX, 16 verb. Ὁ μὴ κατὰ προαίρεσιν — ὡς φονεὺς κρίνεται — Nomocan. tit. XL. (Voell. l. l. p. 650). 32) L. 7. C. IX, 16 verb. Ὁ μετὰ ξίφους — φόνου γενόμενος — Nomocan. tit. XL. (Voell. l. l. p. 650). 33) L. 8. C. IX, 16 verb. Καὶ ὁ ἔμφαντα — κεφαλικῶς κολάζεται — Nomocan. tit. XL. (Voell. l. l. p. 650). 34) L. 2. C. IX, 18 verb. Τὴν μὲν τῆς γεωμετρίας — καὶ ἀπαγορεύεται — Nomocan. tit. XXXIX. (Voell. l. l. p. 648). 35) L. 4. C. IX, 18 verb. Ὁ διὰ τῆς μαγικῆς — μὴ ἔστωσαν ὑπὸ κατηγορίαν — Nomocan. tit. XXXIX. (Voell. l. l. p. 649). 36) L. 5. C. IX, 18 verb. Μηδεὶς ἐπερωτάτω — ξίφει ἀποτεμνέσθω — Nomocan. tit. XXXIX. (Voell. l. l. p. 649). 37) L. 6. C. IX, 18 verb. Πολλοὶ — διὰ θηρίων ἀναλισκέσθωσαν — Nomocan. tit. XXXIX. (Voell. l. l. p. 649). 38) L. 1. C. IX, 20 verb. Ἐὰν ἄρρενα — ἱεροσυλίας τιμωρείσθω — Nomocan. tit. XLVI. (Voell. l. l. p. 657). Aus diesen Ueberbleibseln läßt sich der Charakter der Codexbearbeitung des Isidorus klar erkennen; das meiste Licht darüber verbreiten die in den Basilikenscholien erhaltenen Fragmente zu Cod. lib. VIII. tit. 53—56. Mortreuil unterscheidet zwei Theile dieses Werkes, deren einer öfters in den Basilikentext aufgenommene die in der Constitution enthaltenen Rechtssätze kurz wiedergebe, der andere, die Scholien zu diesem Texte enthaltende diese Rechtssätze erläutere und deren Anwendung zeige. Mit Recht erklärt sich aber Zachariä v. L. dagegen. In den Basilikentext ist Nichts von Isidorus übergegangen. Denn da die Scholien aus Isidorus zu Cod. lib. VIII. tit. 53—56 eine Summe der einzelnen Constitutionen, bisweilen mit beigefügter ausführlicher Interpretation enthalten, so kann die den Basilikentext bildende Summe der Constitutionen nicht auch von Isidorus sein, da es ganz unglaublich ist, daß derselbe zwei ganz verschiedene Auszüge derselben Constitution, einen kürzeren und einen längeren, verfaßt habe. Der Basilikentext zu diesen Codextiteln ist vielmehr aus einem anderen Commentator zum Codex geschöpft, und zwar nach der Vermuthung des zuletzt erwähnten Gelehrten aus Anatolius. Die Constitutionenauszüge des Isidorus sind länger, als die des Anatolius und Theodorus. Sie nähern sich sehr denen des Thalelaeus; es ist aber kein κατὰ πόδας dabei, wie bei dem Letzteren. Zu den Auszügen kommen Anmerkungen hinzu, von denen sich eine zu L. 8. C. VIII, 53 im Sch. Ἰσιδώρου. Σημείωσαι IV, 580 findet. Auch finden sich kurze Glossen, welche einzelne lateinische Textesworte griechisch übersetzen, wie solche auch in den veronesischen Scholien vorkommen.

3) Anatolius. Er hat eine Summe des Codex geschrieben. Dafür haben wir das Zeugniß des Matthäus Blastares in der Vorrede zum Syntagma canonum, der den Charakter dieses Werkes so schildert, daß Anatolius den Codex noch kürzer (ἐν συντομωτέρῳ) als Theodorus bearbeitet habe. Diese Charakterisirung des Werkes ist aber unrichtig. Denn die Summen von Theodorus sind viel kürzer als die des Anatolius; nur wenn man auf die den ersteren beigefügten Anmerkungen und Citate von Parallelstellen Rücksicht nimmt, läßt sich das Urtheil des Matthäus Blastares einigermaßen begreifen. Ueber den Titel des Werkes des Anatolius haben wir keine Kenntniß. Da aber nach dem von Matthäus Blastares gebrauchten Ausdrucke ἐν συντομωτέρῳ die Codexbearbeitung des Anatolius eine Reihe von kurzen Auszügen der Constitutionen gewesen ist, so kann aus denselben Gründen, aus welchen Zachariä v. L. angenommen hat, daß das Breviarium Codicis des Theodorus den Titel σύντομος κῶδιξ oder, wie er lieber will, σύντομος τοῦ κώδικος gehabt habe, auch für das Werk des Anatolius derselbe Titel behauptet werden. Den Auszügen der einzelnen Constitutionen fügte Anatolius Anmerkungen bei, welche, nach den Ueberbleibseln zu urtheilen, kürzer waren, als die des Theodorus. Bruchstücke des Codex des Anatolius haben

sich in den Basilikenscholien, wahrscheinlich auch, wie gleich nachher auszuführen sein wird, auch im Basilikentexte, erhalten; auch in der Schrift über die Zeitabschnitte (περὶ ῥοπῶν) finden sich einige; endlich hat Zachariä aus Cod. Paris. 1351, einer Handschrift der Synopsis, einige bekannt gemacht. Da die von ihm gegebene Zusammenstellung dieser Ueberbleibsel nicht ganz vollständig ist, indem sie nicht alle in den Basilikenscholien vorhandene Fragmente umfaßt, namentlich die florentiner Handschrift ein noch unbekanntes Fragment enthält, so wird eine neue Zusammenstellung geliefert. Die Ueberbleibsel sind entweder solche, welche von Anatolius selbst herrühren, oder Citate des Anatolius durch Andere. Nach der Vermuthung von Zachariä v. L. sind auch alle in den Basilikentext aufgenommenen Auszüge der Constitutionen des Codex von Buch VIII Tit. 4 an bis zu Ende dieses Buches aus der Codexbearbeitung des Anatolius genommen. Diese Vermuthung rechtfertigt sich aus folgenden Gründen. Die Basilikenredactoren entbehrten für das 8. Buch des Codex von Tit. 4 an den Commentar des Thaleläus, wie aus Folgendem sich ergibt. Erstens findet sich zu Buch 8. Tit. 53—56 des Codex in den Basilikenscholien Nichts von Thaleläus, weder das κατὰ πόδας, noch Anmerkungen dieses Juristen, sondern die Scholien enthalten außer den Summen des Theodorus, welche einen regelmäßigen Bestandtheil der alten Scholien bilden, die Summen der Constitutionen dieser Titel von Isidorus. Sodann kann zu den übrigen Titeln des 8. Buches von Tit. 4 an, zu welcher keine Scholien erhalten sind, der Basilikentext nicht aus Thaleläus geschöpft sein, da keine Basilikenstelle eine κατὰ πόδα enthält, welche sonst abwechselnd mit dem index der Constitutionen von Thaleläus in den Basilikentext aufgenommen ist. Der Basilikentext kann hier aber auch weder aus Theodorus, noch aus Isidorus genommen sein, da die Summen des Theodorus immer nur in den Scholien stehen, wie auch zu Buch 8. Tit. 53—56, die Summen des Isidorus aber, was letztere Titel anlangt, ebenfalls in die Scholien übergegangen sind. Von den übrigen bekannten Commentatoren des Codex bleiben mithin nur zwei übrig, aus deren Commentaren der Basilikentext zu Buch 8. Tit. 4 und folgende des Codex entlehnt sein könnte, nämlich Anatolius und Stephanus. Von Stephanus sind zu Buch 8 des Codex zwei Fragmente übrig, eine Summe der L. 11. C. VIII, 4 und eine der L. 5. C. VIII, 5; diese weichen aber von dem Basilikentext, welcher Summen dieser Constitutionen enthält (Basil. L. 3. cap. 59. 60), sehr bedeutend ab, sodaß der Basilikentext dieser Stellen nur aus Anatolius genommen sein kann. Daß Anatolius aber auch zu allen übrigen von Buch 8. Tit. 4 und folgende an in den Basilikentext übergegangenen Stellen benutzt ist, muß deshalb angenommen werden, weil die Basilikenredactoren für den Basilikentext regelmäßig nur Einen der vorhandenen verschiedenen Codexcommentare zum Grunde gelegt, nicht abwechselnd den einen oder anderen benutzt haben. So haben sie regelmäßig den Codex des Thaleläus für den Text benutzt, wo ihnen dieser fehlte, also für Buch 8. Tit. 4 und folgende des Codex einen anderen Codexcommentar, und dies kann nur der des Anatolius sein. Dem Anatolius sind endlich wol auch einige Auszüge von Constitutionen in der Ecloga lib. I—X. Basilicorum, welche in der Heimbach'schen Basilikenausgabe in den Noten herausgegeben sind, zuzuschreiben. Die Gründe dafür sind bei Theodorus anzugeben.

4) Thaleläus. Er ist der berühmteste unter den griechischen Commentatoren des Codex. Den Charakter seines Commentars schildert Matthäus Blastares in der Vorrede zu seinem Syntagma canonum in folgender Weise: Θαλέλαιος ἀντικήνσωρ τοὺς κώδικας εἰς πλάτος ἐξέδωκε. Die Einrichtung des Commentars war folgende. Als Grundlage diente der Text des Codex, wie daraus hervorgeht, daß die Anmerkungen (παραγραφαί) sehr häufig auf Worte des Textes, welche ihnen auch bisweilen vorgesetzt sind, sich beziehen. Am Rande jeder Constitution stand zuvörderst eine Einleitung über die durch die Constitution entschiedene Streitfrage, über die dem Kaiser vorgelegte und von diesem entschiedene Frage, über die Thatsache, welche die Veranlassung zur Erlassung der Constitution war, eine bald längere, bald kürzere Auseinandersetzung des Inhaltes der Constitution. Diese Einleitung und Inhaltsanzeige hieß gleichzeitig ἑρμηνεία oder index, bei den spätern Scholiasten [illegible] oder τὸ πλάτος. Diesem index folgte, wenn die Constitution eine lateinische war, die wörtliche griechische Uebersetzung derselben (versio κατὰ πόδα, τὸ κατὰ πόδας schlechthin); die griechischen Constitutionen bedurften, wie Thaleläus selbst einmal sagt, keiner wörtlichen Uebersetzung, da sie schon an sich den meistens griechisch redenden Unterthanen des Reiches verständlich waren. Also verfaßte Thaleläus von den griechischen Constitutionen nur einen index, von den lateinischen einen index und eine wörtliche Uebersetzung. Doch kann bezweifelt werden, ob Thaleläus von allen vor Constantin erlassenen kaiserlichen Rescripten einen Auszug gemacht und der wörtlichen Uebersetzung vorausgeschickt hat. Denn sehr häufig fehlt im Basilikentexte ein solcher Auszug des Rescripts, und es findet sich nur ein von Thaleläus fingirter Fall, welcher das Rescript veranlaßt haben sollte, die dem Kaiser von dem Bittsteller vorgelegte Frage und die wörtliche Uebersetzung des Rescripts. Auf der anderen Seite findet sich ebenso häufig ein Auszug des Rescripts im Basilikentexte, nicht aber die wörtliche Uebersetzung, welche bisweilen in den Scholien nachgetragen ist. Allerdings kann dieser Zweifel durch die feststehende Thatsache beseitigt werden, daß die Basilikenredactoren den Commentar des Thaleläus nicht vollständig in den Basilikentext aufgenommen haben. Ferner folgten am Rande Anmerkungen (παραγραφαί), zur Erläuterung der Worte bald des lateinischen Textes, bald des κατὰ πόδας, bald des index. Den Anmerkungen, welche auf die lateinischen Textesworte sich beziehen, sind diese Worte bisweilen in den Basilikenscholien vorangesetzt. Ursprünglich ist dies bei allen auf den lateinischen Originaltext sich beziehenden Anmer-

kungen von Thaleläus selbst oder von dessen Zuhörern, welche dessen Vorlesungen nachgeschrieben haben, geschehen; in den Basilikenscholien sind aber die lateinischen Textesworte, auf welche sich die Anmerkung bezieht, meistens weggelassen. In den Basilikenscholien finden sich auch die Worte des *κατὰ πόδας*, den Anmerkungen, wodurch dieselben erklärt werden, vorangesetzt. Dies ist weder von Thaleläus, noch von dessen Zuhörern geschehen, sondern erst von spätern Scholiasten. Denn sonst wäre nicht zu begreifen, weshalb die meisten Anmerkungen zu dem *κατὰ πόδας* in den Basilikenscholien nicht die Worte desselben, welche sie erläutern, an der Spitze tragen. Daß ursprünglich die Anmerkungen, welche in den Basilikenscholien als solche zu dem *κατὰ πόδας* sich vorfinden, wol auf den lateinischen Originaltext sich bezogen haben, ist schon bemerkt worden. Häufig kommen in dem Codexcommentar des Thaleläus *ἐρωτήσεις* und *ἀποκρίσεις* vor. Dieselben beginnen gewöhnlich mit dem Worte *ἠρώτ.*, d. i. *ἠρώτησαν*, *quaesiverunt*, sc. auditores; die Antwort des Thaleläus beginnt mit dem Worte *μάθε*, einmal auch mit *μάνθανε*. Bisweilen fängt die Antwort an mit den Worten: *ἀλλὰ γίνωσκε*, *εἴρηται*. Auch kommt die Frage als *ἀπορία* und die Antwort als *λύσις* vor, oder auf die mit *ἠρώτ.* beginnende Frage folgt die Antwort als *λύσις*. — Die Zeit der Abfassung der Codexbearbeitung des Thaleläus läßt sich dahin bestimmen, daß sie wenige Jahre nach 534 fällt. In den Basilikenscholien findet sich eine *ἑρμηνεία* des Thaleläus, welche auf den ersten Anblick auf L. 16. C. II, 7, eine Constitution des Kaisers Zeno von 474, sich bezieht, aber auch zu der in den Basilikenscholien weggelassenen L. 17. C. II, 7 gehört, da im §. 1 der letzteren Constitution die unmittelbar vorhergehende L. 16 bestätigt ist. Auch L. 17. C. II, 7 ist eine Constitution Zeno's und im J. 486 publicirt. Thaleläus sagt in jener *ἑρμηνεία*, daß seit der Bekanntmachung der Constitution 50 und mehr Jahre vergangen seien: *ἀνύεσθαι ἐν τῷ χρόνῳ τῆς διατάξεως ὑπὲρ τοὺς πεντήκοντα καὶ πλέον ἐνιαυτούς*. Wenn man diese Worte von der L. 16. C. II, 7 versteht, so müßte Thaleläus seinen Commentar in den ersten Jahren der Regierung Justinian's herausgegeben haben; denn zählt man auch 59 Jahre seit jener Zeit, so kommt man doch über das Jahr 533, gegen dessen Ende die Digesten bekannt gemacht worden sind, nicht hinaus. In diesem Jahre war aber der zweite Codex noch nicht publicirt. Wollte man nun sagen, Thaleläus habe seinen Commentar zum ersten Justinianeischen Codex herausgegeben, so stehen diesem verschiedene Gründe entgegen, welche beweisen, daß Thaleläus den neueren Codex commentirt habe. Erstens folgt Thaleläus in seinem Commentar ganz der Ordnung des neueren Codex; er citirt nach ihm die Constitutionen; oft erwähnt er der Redactoren, welche er *ἀντικήνσωρας* nennt. Sodann citirt er häufig die Institutionen und Digesten, muß also, da beide gegen das Ende des Jahres 533 publicirt worden sind, nach diesem Jahre geschrieben haben. Drittens thut er der Institutionen und Digesten in einer solchen Weise Erwähnung, daß klar ist, er habe seinen Commentar nicht gleich im ersten Jahre nach Bekanntmachung dieser Rechtsbücher, sondern einige Jahre später abgefaßt. Denn aus verschiedenen Stellen des Commentars geht hervor, daß Thaleläus die Institutionen und Digesten in den Vorlesungen erklärt hat, ehe er sich an sein Werk über den Codex machte. Da er nun im Codexcommentar alle diejenigen Bücher der Digesten, welche Gegenstand der Erklärung in den Vorlesungen waren, so anführt, daß klar ist, er habe sie in seinen Vorlesungen erklärt, und da die Erklärung der Institutionen und Digesten von dem fünfjährigen Cursus drei Jahre in Anspruch nahm, so kann Thaleläus nicht eher als nach Ablauf von 3 Jahren seit Bekanntmachung der Institutionen und Digesten an sein Werk über den Codex gegangen sein. Ueberdies citirt Thaleläus auch, wiewol selten, die nach dem Codex erlassenen Novellen. Daher ist der Meinung Zachariä's v. L. beizupflichten, daß jene *ἑρμηνεία* des Thaleläus auf die L. 17. C. II, 7 zu beziehen und jene 50 und mehr Jahre vom Jahre 486 an, wo diese Constitution publicirt ist, zu rechnen seien, mithin der Commentar zum Codex kurz nach dem Jahre 536 abgefaßt sein müsse. Denn daß keine lange Zeit seit der Publication des zweiten Codex bis zur Herausgabe dieses Werkes vergangen sein kann, beweist der Umstand, daß Thaleläus die Novellen so selten citirt, von denen doch die meisten und zwar diejenigen, welche die wichtigsten Abänderungen des alten Rechts enthielten, wenige Jahre nach Bekanntmachung des zweiten Codex erlassen worden sind. Von seinem Commentar über den Codex führt Thaleläus bei den späteren griechischen Juristen den Namen *κωδικευτής*, was beweist, daß dieses Werk bei den Späteren im höchsten Ansehen gestanden habe, weshalb es auch vorzugsweise von anderen Codexbearbeitungen für den Text der Basiliken benutzt worden ist. Es fragt sich, ob Thaleläus sein Werk über den Codex selbst veröffentlicht habe, oder ob es aus dessen Vorlesungen über den Codex entstanden, seine Veröffentlichung der Verbreitung durch Collegienhefte verdanke. Für letzteres sprechen verschiedene Gründe. Zuvörderst überschreitet das Werk des Thaleläus, wenn man von der wörtlichen Uebersetzung des lateinischen Originaltextes absieht, unbedenklich die Grenzen, welche Justinian der schriftstellerischen Thätigkeit der Juristen hinsichtlich seiner Rechtsbücher gesteckt hatte. Der Inhalt der *ἑρμηνεία* besteht bald in Darlegung der Thatsachen, welche die einzelnen Constitutionen, namentlich die Rescripte, veranlaßt hatten, bald in Bemerkungen über das vor der Constitution geltende und durch diese abgeänderte Recht, bald in Anzeige der von den Redactoren des Codex mit dem Texte der Constitution vorgenommenen Interpolationen, bald in Mittheilungen der Erklärungen der Constitutionen durch andere Juristen, besonders die Rechtslehrer zu Berytus. Die häufig vorkommenden *ἐρωταποκρίσεις* sind von der Art, daß sie nur aus den Vorlesungen des Thaleläus erklärt werden können, und Antworten des Thaleläus auf Fragen sind, welche die Zuhörer in den Vorlesungen an ihn richteten. Dies beweist der regelmäßige Anfang der

Fragen mit dem Worte ἐρώτ., i. e. ἐρώτησιν, quaesiverunt, und der Anfang der Antwort mit μάθε, disce. Auch sind die ἐρωταποκρίσεις von Thaleläus selbst ausgegangen, nicht von einem unbekannten Verfasser beigefügt. Vorzüglich können aber die dem Commentar beigefügten Anmerkungen nur aus den Vorlesungen hervorgegangen sein, weil Justinian dergleichen seinen Rechtsbüchern beizufügen verboten hatte, und auch die ganze Beschaffenheit dieser Anmerkungen, welche meistens in Erklärungen einzelner Worte des lateinischen Originaltextes oder des κατὰ πόδας bestehen, weist auf diesen Ursprung hin. Ferner ist die ganze Art und Weise des Vortrags die eines mündlichen Vortrags eines Lehrers. Gewöhnlich spricht Thaleläus in der zweiten Person des Singular, als ob er einen Zuhörer anredete, z. B. ἔγνως, ἔμαθες, ἔγραψας, ἀνάγνωθι, σημείωσαι, οἶδας, μάθε, βλέπε; oder er spricht in der ersten Person des Plural, sodaß er sich und die Zuhörer begreift, z. B. ἔγνωμεν, εἴπομεν, ἐμάθομεν, μεμαθήκαμεν, εὑρήκαμεν, ἔλθωμεν ἐπὶ τὸ προκείμενον, ἴσμεν μαθόντες, εὕρομεν. Bisweilen verweist er die Zuhörer auf das an einem anderen Orte von ihm Gesagte, z. B. εἶπόν σοι, εἴρηταί σοι, μέμνησο ὧν εἶπον, oder auf das, was künftig zu anderen Titeln des Codex über diese oder jene Materie vorkommen werde. Muß nun hiernach der Ursprung des Commentars auf die Vorlesungen des Thaleläus über den Codex zurückgeführt und die Veröffentlichung desselben der Verbreitung durch Collegienhefte zugeschrieben werden, so müssen auch nothwendig verschiedene Exemplare davon existirt haben, bald mehr, bald weniger vollständig, je nachdem die Zuhörer mehr oder weniger nachgeschrieben hatten. Der Commentar des Thaleläus zum Codex ist für den Text der Basiliken stark benutzt, und so weit er im Texte keine Aufnahme gefunden hat, in die älteren Basilikenscholien aufgenommen worden. Dessen Aufnahme in den Basilikentext beweisen viele mit dem Namen des Thaleläus bezeichnete, oder, wenn auch dieses nicht der Fall ist, doch nach seiner Schreibart und Citirweise unzweifelhaft von ihm herrührende Scholien, welche entweder den index einer Constitution oder den Anfang des index enthalten, und im ersten Falle bemerken, daß das κατὰ πόδας im Basilikentexte stehe, mit den Worten: ἔχει δὲ τὸ κατὰ πόδας τῆς διατάξεως, ὡς ἐν τῷ βασιλικῷ κεῖται; im zweiten Falle die Anfangsworte des index enthalten und auf den übrigen, im Basilikentexte stehenden Theil desselben verweisen mit den Worten: καὶ τὰ ἑξῆς, ὡς ἐν τῷ βασιλικῷ κεῖται und dergl. Diese und andere Redensarten haben die Compilatoren der älteren Scholien gebraucht, um nicht das, was von Thaleläus bereits im Basilikentexte stand, zu wiederholen, und sie haben deshalb die Leser auf diesen Text verwiesen. Die Redactoren der Basiliken scheinen in Ansehung dessen, was sie von dem Commentar des Thaleläus in den Text aufnehmen wollten, keinen bestimmten Plan gehabt zu haben. Denn bald haben sie den index oder Auszug einer Constitution in den Text gesetzt, bald die Einleitung mit dem index, bald haben sie mit Weglassung des index das κατὰ πόδας in den Text aufgenommen, bald den index und das κατὰ πόδας. Was die kaiserlichen Rescripte vor Constantin betrifft, so pflegen sie, besonders im 10. Buche der Basiliken, oft die Einleitung, wo ein Fall fingirt wird, welcher das Rescript veranlaßt habe, mit dem κατὰ πόδας zu verbinden. Von den griechischen Constitutionen ist immer nur der index in den Basilikentext aufgenommen, da natürlich von diesen es keine Uebersetzung gab. Bisweilen finden sich auch Anmerkungen des Thaleläus im Basilikentexte. Ob diese gleich Anfangs in denselben aufgenommen oder erst später aus den alten Scholien hineingekommen sind, ist nicht zu bestimmen; wahrscheinlicher ist aber das letztere, schon weil solche Anmerkungen ein fremdartiger Bestandtheil waren, welcher in eine Sammlung gesetzlicher Normen, wie die Basiliken sein sollten, nicht gehörte. Sonst würden sie auch häufiger im Texte vorkommen. Der größte Theil des Commentars ist in den älteren Scholien erhalten. Obgleich nun theils aus dem Texte, theils aus den älteren Scholien ein bedeutender Theil des Commentars restituirt werden kann, so fehlt doch noch viel davon. Abgesehen davon, daß theils mehrere Bücher der Basiliken verloren gegangen, theils zu den erhaltenen Büchern keine alten Scholien vorhanden sind, existirte schon frühzeitig ein Theil des Commentars nicht mehr. Denn schon die Basilikenredactoren entbehrten des Commentars zu dem 8. Buche des Codex von Tit. 4 an, und entbehrten deshalb, so weit ihnen dieser fehlte, den Basilikentext aus Anatolius, wie bei diesem bemerkt worden ist (siehe unter 3). Weil dieser Theil des Commentars auch später noch nicht aufzufinden war, haben die Compilatoren der älteren Basilikenscholien für Buch 8. Tit. 53—56 des Codex den Commentar des Isidorus in den Scholien excerpirt. Aber nicht blos für die fehlenden Titel des 8. Buches des Codex, sondern auch für andere Codexstellen scheinen die Redactoren der Basiliken für deren Text bisweilen andere Commentare, als den des Thaleläus, benutzt zu haben. Von Theodorus ist hierbei nicht die Rede, dessen Summen von den Herausgebern der Basiliken bisweilen mit Unrecht in den Basilikentext aufgenommen sind. Allein in den ersten Büchern der Basiliken finden sich bisweilen, obwol selten, andere Commentare, als der des Thaleläus, benutzt. So stimmt die Summe der L. 1. C. I, 7 von Isidorus, welche sich im Nomocanon von 50 Titeln findet, und so lautet: Ὁ ἀπὸ Χριστιανῶν Ἰουδαῖος γενόμενος, ἐὰν περὶ τούτου κατηγορηθεὶς διελεγχθείη, δημευέσθω, mit Ausnahme des Zwischensatzes ἐὰν — διελεγχθείη, mit den Basiliken (lib. LX. tit. 54. cap. 22). Ebenso findet sich die Summe der 45. pr. C. I, 3 von Isidorus, welche gleichfalls in diesem Nomocanon vorkommt, und so lautet: Ἐξέστω ἑκάστῳ τελευτῶντι τὰ οἰκεῖα πράγματα καταλιμπάνειν ταῖς ἁγίαις ἐκκλησίαις, in dem Basilikentexte (lib. V. tit. 1. cap. 1). Doch kann nichts Näheres darüber angegeben werden, ob in den ersten fünf Büchern der Basiliken der Commentar des Isidorus noch mehr benutzt worden ist; die gewöhnlich von den Basilikenredactoren beobachtete Regel spricht auch in diesen Büchern für die Benutzung des Thalelaeus. Fragmente des Thalelaeus kommen außer den Basiliken vor in der Schrift über die Zeitabschnitte (αἱ ῥοπαί), im Cod. Paris. 1367, in der Synopsis glossata, im tractatus de peculiis und in anderen Schriften der späteren Zeit. Der Cod. Paris. 1351, eine Handschrift der Synopsis, enthält auch mehrere bisher unbekannte Fragmente. Bei dem Versuche, den Commentar des Thalelaeus zu restituiren, ist sowol auf den Basilikentext, als auf die älteren Scholien Rücksicht zu nehmen. An erster Stelle ist der index der Constitution zu setzen, welcher bald blos im Texte, bald in den Scholien, bald in beiden enthalten ist, und zwar so, daß gewöhnlich die Einleitung in den Scholien, der Auszug der Constitution in dem Texte sich findet, in welchem Falle Text und Scholium mit einander zu verbinden sind. An zweiter Stelle ist, was die lateinischen Constitutionen betrifft, das κατὰ πόδας dem lateinischen Originaltexte gegenüber zu setzen, da Anmerkungen zu beiden vorkommen. Sodann sind am Rande des lateinischen Textes und des κατὰ πόδας die Anmerkungen zu setzen, wobei es nicht leicht zu unterscheiden ist, ob sie zum Texte oder zum κατὰ πόδας gehören, wenn nicht in den Scholien dies ausdrücklich bemerkt ist. Die Anmerkungen, welche sich auf den index beziehen, sind am Rande desselben zu den Worten, welche sie erläutern, zu setzen. Alles, was von den spätern Scholiasten beigefügt ist, muß sorgfältig ausgeschieden werden, z. B. die Citate von Basilikenstellen und spätere Zusätze, welche mit den Anmerkungen des Thalelaeus oft so verbunden sind, daß sie von demselben Urheber herzurühren scheinen. Ueberdies müssen die dem Thalelaeus angehörigen Fragmente von denen des Theodoros sorgfältig geschieden werden. Dies hat in der Regel keine Schwierigkeit, wenn die Namen an der Spitze der Scholien stehen; indessen ist auch in diesem Falle Vorsicht nöthig, da die Namen dieser Juristen in den Handschriften häufig verwechselt oder an die unrechte Stelle gesetzt worden sind. Oft sind in der Fabrot'schen und Heimbach'schen Basilikenausgabe Stücke des Thalelaeus mit denen des Theodorus dergestalt verbunden, daß das Scholium denselben Verfasser zu haben scheint, oder wenn die Scholien unterschieden sind, ist der Name des Verfassers nicht vorgesetzt, sodaß darüber Zweifel sein kann, ob ein Scholium dem Thalelaeus oder dem Theodorus angehöre. Zur Unterscheidung dient Folgendes. Wo ein Scholium eine versio κατὰ πόδα enthält, kann es nur von Thalelaeus herrühren, da kein anderer Commentator die lateinischen Codexstellen wörtlich übersetzt hat. Enthält ein Scholium einen Auszug oder Summe einer Constitution, so ist Theodorus leicht durch die größere Kürze erkennbar. Läßt sich auch dadurch der Urheber des Scholiums nicht erkennen, da auch Thalelaeus bisweilen sehr kurze Auszüge, namentlich von den Rescripten, liefert, so weisen die Citate von Parallelstellen (παραπομπαί), welche mit der Summe verbunden sind, auf Theodorus hin. Diejenigen Scholien, welche von der Summe getrennte Anmerkungen enthalten, rühren von Thalelaeus her, weil Theodorus seine Anmerkungen stets mit der Summe zu verbinden pflegt. Die ἐρωταποκρίσεις des Thalelaeus unterscheiden sich von denen des Theodorus durch den Anfang der Frage: ἠρώτ. und den Anfang der Antwort: λύω, während in denen des Theodorus dessen Name regelmäßig der Antwort voransteht. Ferner lassen sich die von Thalelaeus herrührenden leicht an den diesem gewöhnlichen, bereits erwähnten Redensarten erkennen. Endlich weisen die Citate der Digesten, welche Thalelaeus nach den partes und libri singulares citirt, auf diesen hin, während Theodorus nur den Codex und die Novellen citirt. Der Nutzen, welcher aus dem Commentar des Thalelaeus geschöpft werden kann, ist von großer Bedeutung, und bisher noch lange nicht genug gewürdigt worden. Er besteht in Folgendem: 1) Für die Kritik der lateinischen Codexstellen bietet die wörtliche griechische Uebersetzung ein unschätzbares Hilfsmittel, welches selbst den ältesten Handschriften vorzuziehen ist, deren keine die Zeit des Thalelaeus erreicht. Thalelaeus hatte einen vollständigeren Text, wie viele Stellen des κατὰ πόδας, welche in unserem Texte fehlen, beweisen. Sehr häufig bietet das κατὰ πόδας abweichende Lesarten, von denen auch z. B. in der Herrmann'schen Ausgabe des Codex zum Theil Gebrauch gemacht ist. 2) Aus dem Commentar des Thalelaeus sind viele Auszüge verloren gegangener Constitutionen in die Basiliken übergegangen; dieselben sind zur Restitution des Codex in dessen neuesten Ausgaben benutzt. 3) Thalelaeus fingirt gewöhnlich einen Fall, der die Constitution veranlaßt habe, gedenkt der Streitfragen, welche durch eine Constitution entschieden worden sind, erörtert das alte, durch eine Constitution abgeänderte Recht, welches Alles zur Auslegung sehr dienlich und um so höher zu schätzen ist, je bessere Kenntniß Thalelaeus als Zeitgenosse Justinian's davon haben mußte. 4) Bisweilen gibt er die Gründe an, weshalb eine Constitution gerade unter diesen Titel des Codex, nicht unter einen anderen, gesetzt worden ist. 5) Ebenso gibt er bisweilen darüber Kunde, daß Constitutionen, welche unter verschiedenen Titeln stehen, ursprünglich Eine Constitution gebildet haben. 6) Er gibt an, in welcher Weise eine Constitution von den Redactoren des Codex verändert worden sei, und unterscheidet den alten Text (τὸ παλαιὸν ῥητόν) und den im Codex abgeänderten Text (τὸ ῥητόν, ὡς νῦν ἔχει). 7) Mehrmals führt er Stellen aus dem Codex Gregorianus, Hermogenianus und Theodosianus an. 8) Er führt Erklärungen und Meinungen berühmter Rechtslehrer, wie des Patricius, Eudoxius, Cyrillus, Domninus und Demosthenes an, wofür er fast die einzige Quelle ist. 9) Er gibt von Rechtsinstituten Kunde, von denen man bis zur Entdeckung des echten Gajus Nichts wußte.

5) Stephanus. Von einer Bearbeitung des Codex des Antecessor Stephanus, welcher auch den index Digestorum verfaßt hat, finden sich Bruchstücke 1) im Cod. Bodlej. 3399 und im Cod. Marcianus 579, welche die Epitome ad Prochirum mutata enthalten; 2) in der Appendix Eclogae. Der Ecloga von Leo dem Isaurier und Constantin sind in mehreren Hand-

33*

schriften meistens Anhänge beigefügt, welche verschiedene, besonders aus den Justinianeischen Rechtsbüchern excerpirte Fragmente und Sammlungen der leges militares, navales und rusticae enthalten. Mehrere der in der Appendix Eclogae ersichtlichen Codexstellen sind, wie ausdrücklich gesagt wird, aus dem Breviarium Codicis des Stephanus genommen; bisweilen ist zwar der Name des Verfassers nicht genannt; es liegt aber die Vermuthung nahe, daß der Verfasser jenes Anhanges alle Codexstellen aus dem Codex des Stephanus entlehnt habe, da durchaus Nichts vorliegt, was darauf hindeutete, daß der Verfasser der Appendix eine andere Codexbearbeitung außer der des Stephanus zur Hand gehabt habe. Ist diese Vermuthung begründet, so ist man weiter zu der Annahme berechtigt, daß die Auszüge aus lib. I. Cod. tit. 1—13, welche sich im ersten Theile der Collectio constitutionum ecclesiasticarum finden, sämmtlich aus dem Codex des Stephanus genommen seien. Denn die Stellen, welche die Appendix Eclogae aus dem ersten Buche des Codex liefert, finden sich sämmtlich ganz ähnlich in der Collectio constitutionum ecclesiasticarum wieder, und sind nicht sowol aus dieser, als aus der Codexbearbeitung des Stephanus in jenen Anhang der Ecloga übertragen worden. Es sind also wol in der Coll. const. eccl. uns die 13 ersten Titel des ersten Buches des Codex aus der Codexbearbeitung des Stephanus erhalten, zumal bekannt ist, daß dieser Titel aus anderen Bearbeitungen des Codex, von denen wir genauere Kenntniß haben, nicht geschöpft sind. Der Verfasser der Coll. const. eccl. hat auch den alten Nomocanon in 14 Titeln verfaßt; beide Werke stehen in einer so engen Verbindung mit einander, daß sie gleichsam Ein Werk ausmachen. Deshalb sind auch die in jenem Nomocanon citirten Codexstellen von dessen Verfasser, welcher die Codexbearbeitung des Stephanus in der Coll. const. eccl. benutzt hat, ohne Zweifel aus derselben Bearbeitung entlehnt. Es ist aber ungewiß, ob jener Nomocanon in seiner ursprünglichen Gestalt heutzutage noch vorhanden ist; dagegen ist gewiß, daß er in den meisten Handschriften in der Gestalt, welche er durch den Patriarchen Photius im 9. Jahrhundert erhalten hat, existirt. Wahrscheinlich hat aber Photius, welcher dem alten Nomocanon die neueren Kanones und einige Stellen der Novellen beifügte, auch Stellen des Codex aus anderen Quellen den vom Verfasser des Nomocanon aus Stephanus aufgenommenen beigefügt. Daher kann nicht immer bestimmt angegeben werden, ob die im Nomocanon des Photius erhaltenen Codexstellen dem Stephanus zugeschrieben sind oder nicht. Nach den uns erhaltenen Bruchstücken der Codexbearbeitung des Stephanus kann deren Charakter und Beschaffenheit genau bestimmt werden. Dieselbe hatte den Titel: *σύντομος κώδιξ*, unter welchem sie in der Appendix Eclogae nr. XVI vorkommt. Die Ordnung des Werkes war dieselbe, wie die des Justinianeischen Codex. Die Titelrubriken des Codex scheint Stephanus lateinisch gegeben zu haben, vielleicht mit beigefügter griechischer Uebersetzung; denn der Cod. Bodlej. 3399 gibt die Rubrik des Tit. 30 des 6. Buches des Codex lateinisch; in der Appendix Eclogae und in der Coll. const. eccl. aber finden sich die Titelrubriken griechisch übersetzt. Jeder Titel bestand aus zwei Theilen. Der erste Theil enthielt Auszüge oder Summen der einzelnen Constitutionen nach ihrer Reihenfolge; diese Auszüge zeichneten sich sowol durch ihre Kürze, als durch Beibehaltung der lateinischen Kunstausdrücke aus. Der zweite Theil enthielt *παράτιτλα*, d. h. eine Zusammenstellung aller auf die Materie des betreffenden Titels bezüglichen Stellen, sowol in anderen Titeln des Codex, als in Justinian's Novellen. Die Constitutionen des Codex, aus welchen diese Paratitla genommen sind, werden nach der Zahl des Buches, des Titels und der Constitutionen genau citirt, unter Beifügung der Anfangsworte jeder Constitution. Die Novellen werden so citirt, daß ihre Rubrik und Zahl, mit welcher sie in der Sammlung, deren Stephanus sich bediente, unterschieden waren, angegeben werden; diese Sammlung scheint von der der 168 Novellen nicht sehr verschieden gewesen zu sein (vergl. §. 6). Stellen der Digesten werden in diesen Paratitla niemals citirt. Hiernach war der *σύντομος κώδιξ Στεφάνου ἀντικήνσορος* ein index Codicis cum Paratitlis. Diese Arbeit hielt sich mithin innerhalb der Grenzen, welche Justinian der schriftstellerischen Thätigkeit der Juristen hinsichtlich seiner Rechtsbücher gesteckt hatte. Die in Coll. const. eccl. und in dem Nomocanon von 14 Titeln erhaltenen Fragmente der Codexbearbeitung des Stephanus sind mehrmals herausgegeben und zur Kritik und Restitution des Codex benutzt worden. Die übrigen in den oben angezeigten Quellen erhaltenen Fragmente hat zuerst Zachariä v. L. 1843 herausgegeben.

6) Theodorus. Derselbe Theodorus, von welchem ein bei den Commentaren über die Novellen zu erwähnendes Breviarium Novellarum herrührt, hat auch zu dem Codex geschrieben, wie schon daraus hervorgeht, daß er in dem Breviarium Novellarum öfters des Codex Erwähnung thut, mit den Worten: *ἔγραψα ἐν τῷ κώδικι, μάνθανε τοῦ κώδικος*. Es gibt aber auch noch andere sehr bestimmte Zeugnisse dafür. Erstens finden sich in den Basilikenscholien sehr häufig kurze Auszüge aus Codexstellen, welche dem Theodorus zugeschrieben werden; auch heißt Theodorus im Sch. ad Basil. XXII, 1. 38. ed. *Heimb.* T. II. p. 466: *ὁ διατάξεων ἐξηγητής*. Im Cod. Bodlej. 173 und Cod. Laur. LVI, 13 steht eine Stelle: *ἐκ τοῦ γ΄. βι. τοῦ κώδ. Θεοδώρου σχολαστικοῦ κε΄. ς΄. διατ. α΄*, eine Stelle, welche sich auch in den Handschriften der Epanagoge mit Scholien am Rande geschrieben findet. In derselben Epanagoge mit Scholien tit. XXXVIII. cap. 19 kommt am Rande ein Scholium vor, wo es heißt: *τὸ κείμενον* (d. h. die im Texte gesetzte Codexstelle) *τοῦ συντομίας* (in anderen Handschriften *τοῦ συντόμου κώδικος*) *Θεοδώρου ἐστίν*. Ferner wird in der Recension der Schrift über die Zeitabschnitte (*αἱ ῥοπαί*), welche aus dem 11. Jahrhundert stammt, eine Interpretation der L. 14. C. XI, 62 von Theodorus Hermopolitanus erwähnt. Endlich bezeugt

Matthäus Blastares in der Vorrede zum Syntagma canonum, daß Theodorus aus Hermopolis den Codex *συντετμημένως* herausgegeben habe. Die ursprüngliche Codexbearbeitung des Theodorus ist zwar verloren gegangen; es haben sich aber sehr viele Bruchstücke davon erhalten, durch deren Zusammenstellung das Werk zum großen Theil restituirt, wenigstens dessen Charakter und Beschaffenheit genau erkannt werden kann. Die Quellen, in welchen diese Fragmente erhalten sind, zerfallen in zwei Classen. Die erste Classe enthält die Werke oder Handschriften, in welchen sich die eine oder andere Stelle aus des Theodorus Codexbearbeitung findet, welche der Abschreiber zufällig oder bei Gelegenheit aufgenommen hat; die zweite Classe begreift die Werke, in welche die aus dem Werke des Theodorus entlehnten Fragmente absichtlich und planmäßig aufgenommen sind. Zu der ersten Classe gehören mehrere Handschriften (Cod. Bodlej. 173. 3399. Cod. Paris. gr. 1367. Cod. Laurent. LVI, 13), die Epanagoge mit Scholien, der tractatus de creditis, die neuere, aus dem 11. Jahrhundert stammende Recension der *ῥοπαί*, das *πόνημα νομικόν* von Michael Attaliata und die Novelle des Alexius Comnenus de sacramentis minorum. Zur zweiten Classe gehören: 1) das Prochiron und die Epanagoge, juristische Handbücher von Basilius Macedo, nicht aber die Basiliken, indem die in deren Texte sich vorfindenden Summen einzelner Codexstellen von Theodorus aus den Scholien zufällig und durch Fehler der Abschreiber oder der Herausgeber in den Text gekommen sind, wovon noch besonders die Rede sein wird; 2) die Scholien der Basiliken. Wo nämlich im Basilikentexte sich Codexstellen finden, sind in den Scholien regelmäßig die betreffenden Stellen aus der Codexbearbeitung des Theodorus am Rande beigeschrieben. Hierher gehören auch diejenigen Handschriften der Synopsis major Basilicorum, in welchen Excerpte aus den Basilikenscholien am Rande beigeschrieben sind. Nicht aber gehören hierher die in der Ecloga lib. I—X. Basilicorum in den *παρεκβολαί*, d. h. in den Excerpten, aus den Basilikenscholien aufgenommenen Auszüge aus Stellen des Codex, obgleich solche Zachariä v. L. dazu rechnet. Nach den uns erhaltenen Fragmenten kann der Charakter und die Beschaffenheit der Bearbeitung des Codex von Theodorus näher in folgender Weise angegeben werden. Dieselbe war ein Auszug des Codex, Breviarium Codicis, dem Breviarium Novellarum des Theodorus ganz ähnlich, und bestand aus Auszügen oder Summen der Constitutionen des Codex mit Citaten von Parallelstellen (*παράτιτλα*). Eine versio *κατὰ πόδα* der lateinischen Codexstellen hat Theodorus nicht gegeben, und wenn sich in den Basilikenausgaben Scholien mit dem Namen des Theodorus an der Spitze mit dem *κατὰ πόδας* finden, so beruht dies auf dem Versehen der Herausgeber, welche das *κατὰ πόδας* ohne Absatz mit dem Scholium des Theodorus verbunden haben. Der Titel der Codexbearbeitung des Theodorus ist in keiner Quelle näher angegeben. In zwei wiener Handschriften (Cod. Vindob. jurid. gr. 3 und 9), welche *Lambecius*, Comm. de bibl. Caesar. Vindobonensi beschrieben hat, findet sich eine Synopsis erotematica, welche den Titel führt: *Σύνοψις ἐκλογῆς ἐκ τῶν κωδίκων Θεοδώρου Ἑρμοπολίτου*. Hieraus könnte man ableiten wollen, das Werk des Theodorus über den Codex habe den Titel gehabt: *Ἐκλογὴ ἐκ τῶν κωδίκων*, und sei eine Auswahl (Ecloga) aus den Commentaren verschiedener Verfasser zum Codex gewesen. Sollte Theodorus auch die Bearbeitungen Anderer zum Codex, wie die des Thalelaeus oder Isidorus u. s. w., vor Augen gehabt haben, so hat er dieselben nicht so befolgt oder ausgeschrieben, daß er eine Auswahl aus ihnen gemacht hat. Er hat aber vielmehr den Justinianeischen Codex selbst vor Augen gehabt; denn er hat bisweilen Fehler gemacht, welche nur aus Fehlern der Handschrift, deren er sich bediente, erklärt werden können. Jener Titel ist wahrscheinlich von einem Spätern erfunden. Der wahre Titel scheint *σύντομος κῶδιξ* oder *σύντομος τοῦ κώδικος* gewesen zu sein. Dafür spricht erstens, daß das Werk des Theodorus in der oben angeführten Stelle der *ῥοπαί* so genannt wird, wo aber die Lesart zweifelhaft ist; zweitens, daß nach dem Zeugniß des Matthäus Blastares Theodorus den Codex *συντετμημένως* herausgegeben hat. Das Werk war in Bücher und Titel nach dem Muster des Codex getheilt. Die Titel zerfielen in themata oder capita, welche nicht immer der Zahl der Constitutionen in den betreffenden Titeln des Codex entsprechen, sondern bald mehr, bald weniger sind. Bisweilen hat nämlich Theodorus aus Einer Constitution mehrere themata gemacht, bisweilen mehrere Constitutionen in Ein thema zusammengezogen. Er hat also nicht die einzelnen Constitutionen eines jeden Titels nach einander ausgezogen, sondern von dem ganzen Titel, gleichsam als ob dieser aus Einer, obgleich in mehrere Glieder getheilten, Constitution bestände, Summen gemacht und themata gesondert. Die Inscriptionen und Subscriptionen der Constitutionen hat er gar nicht berücksichtigt. Der Umstand, daß Theodorus bald mehrere themata aus Einer Constitution gebildet, bald mehrere Constitutionen in Ein thema zusammengezogen hat, ist zur Erkennung des Charakters des Werkes und zu dessen Restitution von großem Gewicht. Jedem thema oder Summe sind *παράτιτλα*, d. h. Citate von Parallelstellen beigefügt. In diesen werden aber nur Stellen aus dem Codex und den Novellen, nicht aber aus den Institutionen und Digesten citirt. Zwar gibt es einige, den Namen des Theodorus an der Spitze tragende Scholien in den Basiliken, in welchen die Institutionen und Digesten, ja selbst die Basiliken citirt werden; diese Citate sind aber alle entweder untergeschoben oder interpolirt. In den Basilikenscholien sind hin und wieder mit den aus Theodorus aufgenommenen Summen *ἐρωτήσεις* (Fragen) und *ἀποκρίσεις* oder *λύσεις* (Antworten) des Theodorus verbunden. Diese sind keine Antworten auf Fragen, welche die Zuhörer vorgelegt hatten, wie die bei Thalelaeus und Stephanus vorkommenden, da Theodoros nicht Rechtslehrer, sondern Advocat (*σχολαστικός*) war; sondern Antworten auf Fragen der Advocaten oder Redner. Die Quellen, aus welchen das Werk des Theodorus restituirt werden kann, sind bereits angezeigt worden. Zachariä v. L. rechnet hierher auch die Basiliken selbst. Allerdings sind einige Stellen des Textes derselben Summen des Theodorus; allein sie sind so selten, daß man, da Theodorus sonst regelmäßig nur in den älteren Scholien excerpirt ist, diese Stellen für solche halten muß, welche durch Versehen aus den Scholien in den Text gekommen sind. Dagegen sind die Basilikenscholien das wichtigste Hülfsmittel zur Restitution. Die Auszüge aus Theodorus bilden einen regelmäßigen Bestandtheil der älteren Scholien, wie sich aus den Büchern der Basiliken, zu welchen dergleichen Scholien sich erhalten haben, ergibt. Daß viele Bücher der Basiliken mit den Scholien verloren gegangen sind, oder daß zu den vorhandenen Büchern sich keine Scholien erhalten haben, ist der Grund, weshalb das Werk des Theodorus nur theilweise restituirt werden kann. Cod. Paris. gr. 1351 liefert unter den Scholien zur Synopsis major mehrere bisher unbekannte Fragmente des Theodorus. Die in der Ecloga lib. I—X. Basilicorum enthaltenen Auszüge von Constitutionen will zwar Zachariä v. L. gleichfalls für Summen des Theodorus halten. Dagegen spricht aber Folgendes. Die Summen der L. 1 und 14 C. I, 9, welche im Cod. Paris. 1351 unter dem Namen des Theodorus stehen, weichen von den Auszügen derselben Constitutionen, welche aus der Ecloga lib. I—X. Basilicorum in der Heimbach'schen Basilikenausgabe gedruckt sind, bedeutend ab; letztere können also nicht von Theodorus sein. Ist dies bei einigen der Fall, so kann man auch die übrigen aus jener Ecloga mitgetheilten Auszüge nicht dem Theodorus, sondern man muß sie einem anderen alten Juristen zuschreiben. Dieser kann Stephanus nicht sein, dessen in der Collectio constitutionum ecclesiasticarum enthaltenen Auszüge ebenfalls sehr abweichen. Es bleiben also nur Anatolius und Isidorus übrig, von denen jene in der Ecloga befindlichen Auszüge herrühren könnten. Für Anatolius spricht, daß mit seiner Schreibart und Kürze diese Auszüge am meisten übereinstimmen.

5) Dorotheus. Dieser wird mit Thalelaeus zugleich in einem Scholium im Cod. Paris. gr. 1367 zu L. 8. C. de his, qui veniam aetatis impetraverunt II, 44 erwähnt. Man könnte hieraus schließen wollen, daß Dorotheus über den Codex geschrieben habe. Es ist aber nirgends weiter eine Spur einer Bearbeitung des Codex von Dorotheus vorhanden und die Erwähnung dieses Juristen zu der angeführten Codexstelle läßt sich auf andere Weise genügend erklären. Dorotheus konnte bei der Erklärung des Digestentitels de minoribus XXV. annis leicht auch auf die Minderjährigen, welche venia aetatis erlangt hatten, zu sprechen kommen, vorzüglich da L. 3. pr. D. IV, 4 hierzu Veranlassung bot, und so die Stellen aus dem erwähnten Codextitel citiren, sowie deren Inhalt verbunden mit dem Inhalte des Codextitels si major factus V, 74 vortragen.

6) Cyrillus. In den Basilikenscholien kommen einige Auszüge von Constitutionen vor, welche den Namen des Cyrillus an der Spitze tragen. Dies hat Manche verleitet, dem Cyrillus eine Bearbeitung des Codex beizulegen. Mortreuil schreibt diese Auszüge dem älteren Cyrillus zu, weil in dem Sch. Ἥρωος II, 488, welches gleich nach einem Scholium des Cyrillus folgt, Εὐδόξιος ὁ ἥρως erwähnt wird; er glaubt, daß jenes Ἥρωος der Beiname des älteren Cyrillus gewesen sei. Jenes Ἥρωος ist aber zu verwandeln in ἠρωτ., i. e. ἠρώτων, wie daraus hervorgeht, daß auf die Frage die Antwort mit dem Anfang μάθε folgt, und das Scholium ist eine ἐρωταποκρίσεις des Thalelaeus. Der Name Κυρίλλου in jenen Scholien ist unecht; die darin enthaltenen Auszüge gehören aber wol dem Theodorus an, da die demselben geläufigen Redensarten darin vorkommen. Auch in einem anderen Scholium ist der Name Κυρίλλου unecht, und statt dessen zu setzen Θαλελαίου.

7) Phocas. Daß die Existenz eines Juristen dieses Namens und eines Werkes desselben über den Codex höchst unwahrscheinlich sei, haben wir bereits im §. 14 nachgewiesen.

§. 19. Commentare über die Novellen.

1) Anonymus. Der bei den Griechen sogenannte Anonymus, dessen Identität mit dem Antecessor Julianus, dem Verfasser des bekannten lateinischen Novellenauszuges, im §. 14 bereits ausgeführt worden ist, citirt in den von ihm in den Basilikenscholien erhaltenen Anmerkungen die Novellen in einer Art und Weise, daß die von ihm benutzte Novellensammlung mit der dem lateinischen Novellenauszuge Julian's zum Grunde liegenden dieselbe ist. Das Nähere darüber ist bereits im §. 14 vorgekommen. Von einem ungenannten Verfasser finden sich im Cod. Bodlej. 3399 Bruchstücke einer griechischen Bearbeitung der Novellen, welche ebenfalls hinsichtlich der äußeren Einrichtung, namentlich der Eintheilung, dem Novellenauszuge Julian's ähnlich ist, und daher auch von Julian herrührt. Die in der gedachten Handschrift erhaltenen Fragmente dieser griechischen Novellenbearbeitung hat Zachariä v. L. 1843 herausgegeben.

2) Athanasius. Er ist der Verfasser eines Novellenauszuges, welcher aus 22 Titeln besteht, von denen jeder mehrere Novellen, griechisch διατάξεις, enthält, wie die Paratitla der einzelnen Titel bezeichnen, wo die Zahlen des Titels und der διάταξις darunter gesetzt sind. Den einzelnen Constitutionen ist eine kurze Inhaltsanzeige vorangesetzt; dann folgt die Inscription der Constitution, in welcher der Kaiser, von welchem sie herrührt, und die Behörde, an welche sie gerichtet ist, angegeben ist; hierauf folgen die Anfangsworte der Constitution; dann der Auszug der Constitution, endlich die Bezeichnung des dies und Consul. Die Auszüge solcher Novellen, welche nur für eine gewisse Provinz bestimmt waren, enthalten im Anfange eine Angabe darüber. Athanasius hat also die Constitutionen von blos localem Interesse von denen, welche sich auf das Ganze und Allgemeine bezogen, geschieden, erstere auch minder sorgfältig behandelt, und deren Inhalt entweder mit wenigen Worten angegeben,

oder ganz übergangen. Obige Eintheilung rührt von Athanasius selbst her, jedoch mit Ausnahme der in die kleinsten Abschnitte, κεφάλαια, welche aber ebenfalls alten Ursprungs ist. Jedem der 22 Titel sind, mit Ausnahme der Titel 16. 19. 21, παράτιτλα beigefügt, d. h. Verweisungen auf Parallelstellen aus demselben Werke. Diese Zusätze sind von Athanasius selbst beigefügt. Der Titel des Werkes lautet in den Handschriften verschieden. In der pariser Handschrift 1381 fol. 1 a steht: ..... (τίτλοι) τῶν νεαρῶν διατάξεων ἐκτεθέντες ὑπὸ Ἀθανασίου σχολαστικοῦ Ἐμεσηνοῦ. Ebendaselbst fol. 9 b lautet der Titel: ἐπιτομὴ τῶν μετὰ τὸν κώδικα νεαρῶν διατάξεων κατὰ τίτλους συγκειμένη μετὰ τῶν καὶ ἑκάστου παρατίτλων Ἀθανασίου σχολαστικοῦ Ἐμεσηνοῦ. Denselben Titel hat die auf dem Berge Athos von Zachariä v. L. gefundene Handschrift. Die münchener Handschrift Nr. 380. fol. 4 b hat Folgendes: ἐπιτομὴ [illegible] τῶν ὑποτετάγμένων Ἀθανασίου σχολαστικοῦ ἐκ τῶν μετὰ τὸν κώδικα νεαρῶν διατάξεων ἐν τρισὶ τίτλοις ἐγκειμένος, καὶ τὰ ὑποκείμενα κεφάλαια τῶν νομίμων τῶν εἰρημένων τίτλων καὶ παρατίτλων. Die Handschrift des Berges Athos hat am Anfange: Ὑποτέλεσις τῶν νεαρῶν διατάξεων Ἀθανασίου σχολαστικοῦ Ἐμεσηνοῦ. Unter diesen Titeln ist der zweite ohne Zweifel der ursprüngliche. Eine von Zachariä v. L. im Lauraklaster auf dem Berge Athos gefundene Handschrift aus dem 11. Jahrhundert hat neue Aufschlüsse über das Werk gegeben. Die ersten XXI Quaternionen enthalten das Werk des Athanasius, die übrigen das Breviarium Novellarum von Theodorus. Nach der Vorrede, welche sich in dieser Handschrift befindet, hat Athanasius zwei Ausgaben seines Werkes veranstaltet: die erste bestand aus 22 Titeln; die zweite unternahm er auf Anrathen der Advocaten zu Theopolis (Antiochien) und behielt die alte Eintheilung bei, fügte aber noch einen Anhang περὶ διαφόρων ἀναγνωσμάτων (de diversis lectionibus) hinzu, in welchem er dasjenige, was in der ersten Ausgabe nicht zu passen schien, sammelte und die auf jeden Titel bezüglichen Gesetze (in den Novellen) als Paratitla beifügte. Die Paratitla sind also erst Zusatz der zweiten Ausgabe. Die erste Ausgabe ist schon unter Justinian angefangen, die Vollendung und die zweite Ausgabe aber erst unter Justin II. erfolgt, da Novellen dieses Kaisers excerpirt sind, z. B. Tit. 3. const. 6. Tit. 12. const. 4. Tit. 20. const. 6. Das Werk ist nur in der zweiten Gestalt in der Handschrift des Berges Athos und in der pariser Nr. 1381 auf uns gekommen. Die übrigen Handschriften liefern nur Fragmente, welche auch wol nur der zweiten Ausgabe entlehnt sind. Der Novellenauszug des Athanasius ist später vielfach benutzt worden, in Schriften sowol über bürgerliches, als über kirchliches Recht. Was die Schriften über bürgerliches Recht betrifft, so ist das Werk benutzt in der Ecloga von Leo dem Isaurier und Constantin, im Prochiron des Basilius Macedo, Constantin und Leo, in den Basiliken und deren Scholien. Kirchenrechtliche Schriften, in welchen Athanasius benutzt ist, sind die Collectio constitutionum ecclesiasticarum, in deren drittem Theil die drei ersten Titel des Athanasius wörtlich übergegangen sind, der Nomocanon in 14 Titeln, welcher das κείμενον hinsichtlich der Novellen aus Athanasius entlehnt hat, und der Nomocanon in 50 Titeln. Von Handschriften des Athanasius sind bekannt: 1) eine pariser Nr. 1381 (sonst Colbert'sche 4035) aus dem 11. Jahrhundert fol. 96—130; 2) eine pariser Nr. 1720 aus dem 15. Jahrhundert fol. 155 b—156, welche nur wenige Fragmente enthält; 3) eine pariser Nr. 1334 aus dem 12. Jahrhundert fol. 170 b—174; 4) eine vaticanische (sonst pfälzische) Nr. 55 aus dem 15. Jahrhundert fol. 67—69; 5) eine Handschrift der Bibliothek der Kirche der Sancta Maria in Vallicella zu Rom lit. E. nr. 55 aus dem 13. Jahrhundert fol. 135 a —141 a, welche Excerpte aus Athanasius enthält; 6) eine bodlejanische Handschrift Nr. [illegible] aus dem 10. Jahrhundert fol. 7—156; 7) eine Ambrosianische I, 48; 8) eine wiener nr. II. aus dem 14. Jahrhundert; 9) eine wiener nr. XV. fol. 197—200; 10) eine von Zachariä v. L. auf dem Berge Athos im Lauraklaster gefundene Handschrift aus dem 11. Jahrhundert, deren erste XXI Quaternionen hierher gehören. Mit allen diesen Handschriften sind alle der Collectio constitutionum ecclesiasticarum zu verbinden, welche in ihrem dritten Theile die drei ersten Titel von Athanasius wiedergibt. Die erste und einzige Ausgabe des Werkes ist von Heimbach jun. im J. 1848 erschienen.

3) Theodorus. Im Lauraklaster auf dem Berge Athos entdeckte Zachariä v. L. die bereits vorher bei Athanasius angeführte Handschrift. Sie ist auf Seidenpapier geschrieben, in Quartformat, und hat durch das Liegen gelitten. Sie besteht aus 33 Quaternionen; das letzte Blatt des 33. Quaternio ist ausgefallen. Die Quaternionen 3—33 sind alle von derselben Hand geschrieben; der 1. und 2. Quaternio scheint aber schon im 12. Jahrhundert ausgefallen zu sein, und ist von einer zweiten Hand ergänzt. Die erste Hand ist schön und elegant; sie scheint dem 11. Jahrhundert anzugehören; die zweite Hand ist weniger schön. Von der zweiten Hand ist am Rande des vorletzten Blattes beigeschrieben: „ςχνη ἰνδ. ιγ' ... ἐγεννήθη τῇ θυγατρί μου κυρᾷ Μαρίᾳ τῇ Μονομαχατίσσῃ υἱὸς ὁ γεγόνως κῦρις Νικήτας κ. τ. λ. (h. e. „anno [illegible] ind. 13 filiae meae dominae Mariae Monomachatissae natus est filius dominus Nicetas Garotes“ etc.) „ςχξ' ... ἐγεννήθη τῇ θυγατρί μου υἱὸς ὁ Μονόμαχος κῦρις Ἰωάννης (i. e. „anno [illegible] natus est filiae meae filius dominus Joannes Monomachus“). Hiernach hat derjenige, von welchem die zweite Hand herrührt, um die Mitte des 12. Jahrhunderts gelebt; denn nach der Aera der Griechen ist das Jahr von Erschaffung der Welt 6658 das Jahr 1150 nach Christus. Die erwähnte Handschrift enthält vom 22. Quaternio an den Novellenauszug von Theodorus. Daß Theodorus zu den Novellen geschrieben habe, war schon längst aus den Basilikenscholien bekannt. Schon Cujacius gedachte in seiner Expositio Novellarum bisweilen der Scholien des Theodorus, welche er in den Basilikenscholien gefunden hatte. Doch haben die späte-

ren Bearbeiter der griechisch-römischen Rechtsgeschichte die Novellenbearbeitung des Theodorus mit Stillschweigen übergangen, bis Reiz in dem seiner Ausgabe des Theophilus beigefügten Exc. XX. p. 1241 durch Erwähnung einiger Basilikenscholien dieselbe wieder in das Gedächtniß zurückrief. Ihm sind die Späteren gefolgt. Biener hat unter den Neueren diese Novellenbearbeitung genauer geschildert, und Heimbach jun. hat die in verschiedenen Quellen erhaltenen Bruchstücke derselben zusammengestellt und das Werk zu restituiren versucht. In der von Zachariä v. L. entdeckten Handschrift ist das vollständige Werk erhalten. Den Anfang macht in derselben: *Πίναξ τῶν νεαρῶν*, ein Verzeichniß, die Zahlen und Rubriken der 168 Novellen enthaltend, welche Theodorus der Reihe nach im Auszuge liefert. Es sind ganz dieselben Constitutionen, welche die von Haloander und Scrimger zuerst herausgegebene und nachher in die Ausgaben des Corpus juris civilis aufgenommene Sammlung der 168 Novellen enthält; in derselben Ordnung, welche sie in dieser Sammlung haben, stehen sie auch in dem Werke des Theodorus. Jenes Verzeichniß rührt nicht von Theodorus selbst her, sondern ist von einem Späteren aus den im Werke selbst vorhandenen Rubriken zusammengestellt und dem Werke vorgesetzt worden, wie daraus hervorgeht, daß dieselben Fehler, welche durch die Schuld der Abschreiben in den Context des Werkes selbst sich eingeschlichen haben, sich fast alle auch in dem Verzeichnisse finden. Die im Contexte des Werkes und im Verzeichnisse ersichtlichen Rubriken stimmen nicht überall mit den Rubriken überein, welche die Haloander'sche und Scrimger'sche Ausgabe haben; Theodorus selbst scheint, da er die Novellen im Auszuge liefern wollte, auch die Rubriken abgekürzt zu haben. Das dem Theodorus vorgesetzte Verzeichniß der Rubriken der 168 Novellen stimmt sehr mit dem sogenannten Index Reginae überein (vergl. §. 6). Nach dem *πίναξ τῶν νεαρῶν* folgt in der Handschrift folgender Titel des Werkes: *Σύντομος τῶν νεαρῶν διατάξεων σὺν παραπομπαῖς τῶν κειμένων ὁμοίων ἀναγνωσμάτων ἔν τε τῷ κώδικι καὶ ἐν αὐταῖς ταῖς νεαραῖς διατάξεσι, Θεοδώρου σχολαστικοῦ Θηβαίου Ἑρμουπολίτου*, i. e. Breviarium Novellarum Constitutionum, cum allegationibus locorum similium tam in Codice quam in ipsis Novellis exstantium, auctore Theodoro Scholastico, Thebano Hermopolitano. Der Grund, weshalb Theodorus sich bei den Citaten von Parallelstellen auf den Codex und die Novellen beschränkte, auf die Digesten aber keine Rücksicht nahm, lag wol darin, daß die Juristen von den beiden Classen der Rechtsquellen, welche seit den christlichen Kaisern gangbar waren, jura und leges, vorzugsweise sich mit den letzteren beschäftigten, wie ja auch im Occident wenigstens während fünf Jahrhunderten nach Justinian im kirchlichen und weltlichen Rechte mehr der Codex und die Novellen, als die Digesten im Gebrauch waren. Nach dem Titel beginnt in der erwähnten Handschrift das Breviarium Novellarum selbst ohne irgend eine Vorrede. Das Werk gibt Auszüge aller Novellen, welche in der Sammlung der 168 stehen, nach der Ordnung und Reihenfolge dieser Sammlung. Vor jenem Auszuge steht die Zahl, welche die Novelle in jener Sammlung hat, und die Rubrik der Novelle. Die Rubriken sind aber kürzer als in der Sammlung. Die Inscriptionen der Novellen scheint Theodorus weggelassen zu haben, während Athanasius sie hat. Unter jeder Rubrik stehen die Anfangsworte jeder Novelle nach der damaligen Gewohnheit der Griechen, die Constitutionen so zu citiren, daß sie nicht blos den Ort, wo dieselben zu suchen wären, mit Zahlen anzeigte, sondern auch zur Verhütung von Fehlern, welche sich in diese Zahlen einschleichen konnten, die Anfangsworte der Constitution beifügten. In der Handschrift werden jedoch die Anfangsworte nicht immer angeführt, und von den lateinischen Novellen werden die Anfangsworte griechisch gegeben. Das erstere ist auf die Nachlässigkeit des Abschreibers zu schieben, das letztere aber von diesem absichtlich und planmäßig geschehen. Nach den Anfangsworten der Novelle folgt der Auszug derselben. Die Auszüge sind gewöhnlich in *θέματα* getheilt, welche jedoch in der Handschrift nicht durch Zahlen von einander unterschieden sind. Den Auszug jeder Novelle schließt eine subscriptio, d. h. eine Bemerkung über die Zeit ihrer Publication. Die Subscriptionen sind in der Handschrift alle griechisch und hin und wieder fehlerhaft. Wahrscheinlich rühren diese griechischen Subscriptionen von Theodorus selbst her. Die Art und Weise, wie Theodorus bei seinen Auszügen verfuhr, läßt sich so beschreiben. Die Vorschriften, welche jede Novelle enthält, zerlegte er in kleine Abschnitte. Daraus bildete er gleichsam Regeln und specielle Vorschriften, welche er den einzelnen *θέματα* oder capita nach der Reihe voransetzte. In soweit sind die Auszüge des Theodorus denen des Julianus und des Athanasius ähnlich, nur daß sie kürzer, als die des ersteren, und deutlicher, als die des letzteren sind. Das Eigenthümliche, was Theodorus vor anderen Novellenepitomatoren hat, sind die jedem Capitel beigefügten Citate von Parallelstellen (*παραπομπαί*). Es werden darin nur Stellen aus dem Codex und den Novellen citirt. *Παράτιτλα* und *παραγραφαί* am Rande (*Σχόλια*) scheinen von Theodorus seinen Auszügen nicht beigefügt worden zu sein, wenigstens spricht dagegen seine Verbindung der Bemerkungen dieser Art mit dem Contexte. Die Grundlage des Breviarium ist die Sammlung der 168 Novellen. Ob Theodorus außerdem noch andere Hülfsmittel, namentlich die Novellenbearbeitungen älterer Juristen benutzt hat, ist ungewiß. Es ist zwar bisweilen eine Verwandtschaft zwischen der Novellenbearbeitung des Athanasius und der des Theodorus. So stimmt die Novelle 15. cap. 19 bei Theodorus mit der entsprechenden Stelle bei Athanasius überall überein. Auch werden die Gründe der Enterbung (Nov. 115) und die der Ehescheidung (Nov. 117) bei Theodorus fast mit denselben Worten angeführt, wie bei Athanasius. Deswegen kann man aber nicht den Theodorus des Entlehnens von Athanasius beschuldigen; ob er dessen Novellenauszug nicht wenigstens vor Augen gehabt habe, läßt sich nicht bestimmt sagen. Die Novellenbearbeitung des Theodorus ist von Zachariä v. L. im J. 1843 zuerst herausgegeben, mit lateinischer Uebersetzung und Bemerkungen, meistens kritischen Inhalts. Dieses Werk ist vielfach in den Basiliken und deren Scholien benutzt worden; eine von Zachariä v. L. seiner Ausgabe beigefügte Tabelle zeigt zu jeder einzelnen Novelle an, was aus Theodorus in die Basiliken oder deren Scholien übergegangen ist. Die griechischen Summen der lateinischen Novellen sind in den Basiliken mit Ausnahme einer einzigen alle aus Theodorus geschöpft. Es finden sich zwar auch Summen griechischer Novellen aus Theodorus im Basilikentexte; diese sind aber nicht von den Basilikenredactoren, sondern erst von Späteren in den Text aufgenommen. Denn daß der Text der griechischen Novellen in den Basiliken aufgenommen ist, beweisen viele Beispiele griechischen in denselben übergegangener Novellen; es beweist dies die Coislin'sche Basilikenhandschrift Nr. 151; in welcher der vollständige Text derjenigen griechischen Novellen, von denen nur die Summen in der pariser Handschrift Nr. 1352 sich finden, im Basilikentexte stehen; es beweisen dies endlich die in des Balsamon Commentar zu des Photius Nomocanon aus den Basiliken citirten Novellenstellen; in welchen der dem griechischen Novellentexte ganz entsprechende Basilikentext citirt wird.

4) Philoxenus. Dessen Novellenbearbeitung war, soweit sich nach den erhaltenen Fragmenten beurtheilen läßt, ein Breviarium Novellarum, welches Auszüge der Novellen enthielt, kürzer als die des Theodorus. Die Novellensammlung, deren sich Philoxenus bedient hat, ist unbekannt. Den Auszügen waren Anmerkungen beigefügt, welche, wie eine noch vorhandene Bemerkung beweist, nicht blos in Citaten von Parallelstellen bestanden, sondern auch exegetischen Inhalts waren. Die Fragmente des Philoxenus, welche sich nur in den Basilikenscholien finden, hat Heimbach jun. gesammelt und herausgegeben; er hat aber dabei einige übersehen, welche Zachariä v. L. nachgewiesen hat.

5) Symbatius. In dem von Heimbach jun. herausgegebenen tractatus de peculiis haben sich zwei Fragmente einer Novellenbearbeitung von Symbatius erhalten, eine Summe der Nov. 22. cap. 34 und eine Summe der Nov. 118. cap. 1. Sowol aus der Beschaffenheit dieser Fragmente, als daraus, daß in dem gedachten Tractate gesagt wird: „*Ταῦτα τὰ ῥητὰ* (der Nov. 118. cap. 1) *συντέμνει καὶ Συμβάτιος οὕτως*," ist zu entnehmen, daß die Bearbeitung der Novellen von Symbatius ein *σύντομος τῶν νεαρῶν διατάξεων*, ein Breviarium Novellarum war, ähnlich dem des Athanasius und Theodorus. Ob den Novellenauszügen Citate von Parallelstellen oder sonstige Anmerkungen beigefügt waren, ist ungewiß.

6) Novellenbearbeitungen unbekannter Verfasser. In den Basilikenscholien finden sich bald Auszüge von Novellen, bald Anmerkungen zu solchen, welche keiner der bekannten Novellenbearbeitungen angehören. Die meisten Fragmente von Novellenbearbeitungen, deren Verfasser unbekannt sind, enthält die Epitome ad Prochirum mutata, welche sich in dem Cod. Bodlej. 3399 und Cod. Marcian. 579 findet. Der Verfasser der Epitome ad Prochirum mutata hat außer der Collectio LXXXVII. Capitulorum, den Novellenbearbeitungen von Athanasius, Theodorus und Anonymus auch andere Novellenbearbeitungen unbekannter Verfasser benutzt. Einige Novellenauszüge sind vielleicht aus der Novellenbearbeitung des Anonymus entlehnt; andere aus der eines unbekannten Verfassers, welcher zwei ganz verschiedene Novellensammlungen benutzt zu haben scheint, und dem Texte der Novellen mehr gefolgt ist, als Athanasius und Theodorus, sodaß er die Novellen nicht sowol *κατ' ἐπιτομήν*, als vielmehr *κατὰ πλάτος τάξιν* bearbeitet hat, d. h. sich in der Mitte zwischen Abfassung von Auszügen und ausführlichen Paraphrasen gehalten hat; endlich sind andere Auszüge aus nicht zu ermittelnden Quellen geschöpft. Von den Novellenbearbeitungen des Philoxenus und Symbatius ist, soviel sich dies nach den wenigen vorhandenen Fragmenten beider beurtheilen läßt, Nichts darin enthalten. Einige dieser Fragmente der Novellenbearbeitungen unbekannter Verfasser hat aus dem Cod. Bodlej. 3399 Heimbach jun. herausgegeben; vollständig aber die in dieser Handschrift und im Cod. Marcian. 579 erhaltenen Fragmente Zachariä v. L. Dieselben beziehen sich auf Nov. 1. Nov. 4. cap. 1. 2. Nov. 18. cap. 8. Nov. 22. cap. 26. Nov. 32. Nov. 44. Nov. 52. cap. 1. Nov. 59. cap. 1. Nov. 66. Nov. 78. cap. 2. Nov. 89. cap. 12. Nov. 100. cap. 1—5. 8. Nov. 115. cap. 6. Nov. 117. cap. 2. 7. 10. 13. 14. 15. Nov. 118. cap. 1. Nov. 119. cap. 2. 6. 9. Nov. 120. cap. 8. Nov. 123. cap. 17. 19. 34. Nov. 127. cap. 1. Nov. 129. Nov. 134. cap. 10. 11. Nov. 135. 136. 140. 143. 153. 155. 158. 159. Nov. 162. cap. 1. 2. 3. Edictum Justiniani IX. Die Vermuthung von Mortreuil, daß diese Fragmente aus der Novellenbearbeitung des Symbatius geschöpft seien, hat keinen irgend haltbaren Grund.

§. 20. Andere auf das weltliche Recht bezügliche Schriften.

1) *Anonymi μονόβιβλος περὶ λεγάτων καὶ μόρτις καῦσα δωρεῶν*. Von demselben bei den spätern Griechen schlechthin der Anonymus benannten Juristen, von welchem eine Bearbeitung der Digesten herrührt, ist auch das erwähnte Werk: liber singularis de legatis et mortis causa donationibus verfaßt, auf welches er sich auch in seiner Digestenbearbeitung und in der Abhandlung *περὶ ἐναντιοφανειῶν* beruft. Es ist mithin vor diesen Schriften verfaßt. Von der erwähnten Schrift sind keine Fragmente vorhanden. Zwar glaubt Mortreuil, daß mehrere Fragmente in den Scholien der Basiliken zu lib. XLVII. tit. 3 sich erhalten haben; allein die, welche er meint, sind aus dem index des Dorotheus entlehnt. Anonymus gibt selbst an (d. h. *τοῦ Ἀνωνύμου* IV, 610. 612), daß er in einer An-

merkung zu L. 1. D. XXX über die Unterschiede der Legate und mortis causa donationes gehandelt habe; diese Anmerkung hat sich aber nicht erhalten.

2) *Anonymi* κονδόβιβλος περὶ ἐναντιοφανειῶν. Das von ihm selbst so titulirte Werk enthielt nach der Reihenfolge der Bücher und Titel der Digesten eine Zusammenstellung der anscheinend einander widersprechenden Digestenstellen, und den Versuch, diese Widersprüche aufzulösen. Zu der Schrift scheint das Beispiel des Stephanus Veranlassung gegeben zu haben, welcher sehr häufig in seinem index der Digesten und in den Anmerkungen die Digestenstellen, welche mit der von ihm erklärten Stelle oder mit der von ihm vorgetragenen Ansicht im Widerspruch zu stehen schienen, erwähnt und den Widerspruch zu beseitigen sucht. Das Beispiel des Stephanus konnte den Antecessor Julianus, welcher der Anonymus ist, um so mehr zu dieser Schrift veranlassen, als dieser ein Zuhörer des Stephanus war. Wahrscheinlich hat Julianus bei seinem Werke den index des Stephanus hauptsächlich benutzt, soweit sich derselbe erstreckte, und hieraus erklärt sich auch wol, warum er in seiner Digestenbearbeitung in den Anmerkungen zu den Büchern der Digesten, zu welchen der index des Stephanus vorhanden war, so kurz ist und auf Widersprüche selten aufmerksam macht, da hierzu seine Schrift περὶ ἐναντιοφανειῶν bestimmt war. In den Scholien der Basiliken sind viele Fragmente dieser Schrift erhalten, denen in den Scholien zu dem 8. Buche die Worte τοῦ ἐναντίου, in denen zu anderen Büchern die Worte τοῦ ἐναντιοφανοῦς vorgesetzt sind. Der Verfasser des Werkes heißt davon bei den spätern Griechen schlechthin ὁ ἐναντιοφανής. Die aus der Schrift excerpirten Scholien sind in der spätern Zeit vielfach interpolirt worden. Die Interpolationen bestehen hauptsächlich darin, daß bald die den citirten Digestenstellen entsprechenden Basilikenstellen mit Einschiebung des Wortes ἤτοι oder ἤγουν citirt, bald der Basilikentext beigefügt, bald den Novellen, welche der Verfasser entweder ohne Angabe der Zahl, oder mit Angabe der Zahl, welche die Novelle in seiner Novellensammlung hatte, citirt, die Zahl beigesetzt wurde, welche die citirte Novelle in der Sammlung der 168 Novellen hat. Durch diese häufigen Interpolationen ist Zachariä v. L. zu der Ansicht geführt worden, daß die betreffenden Scholien aus einer spätern Ausgabe der Schrift περὶ ἐναντιοφανειῶν entlehnt seien. Zu dieser Annahme ist aber kein hinreichender Grund vorhanden. Denn ähnliche Interpolationen haben die Anmerkungen des Anonymus in einigen Handschriften der Basiliken erfahren; sie finden sich auch nicht blos in den Scholien, welche aus Anonymus, sondern auch in denen, welche aus den Commentaren des Thalelaus, Stephanus und Theodorus geschöpft sind, und doch kann dies nicht zu der Annahme führen, daß die Compilatoren der Scholien dabei spätere Ausgaben dieser Commentare benutzt haben. Diese Interpolationen sind vielmehr auf Rechnung der Besitzer der Handschriften zu setzen, welche den aus den Justinianeischen Rechtsbüchern citirten Stellen die entsprechenden Citate aus den Basiliken beifügten, wie sich daraus ergibt, daß letztere in den Handschriften sehr häufig über die Zeilen gesetzt sind.

3) Ἀπορίαι καὶ λύσεις, ἐρωτήσεις καὶ ἀποκρίσεις. Die unter den erwähnten Namen in den Basilikenscholien vorkommenden Fragen und Antworten haben weder denselben Ursprung, noch denselben Charakter. Einige enthalten Antworten eines oder mehrerer Rechtslehrer auf Fragen, welche die Schüler hauptsächlich in den öffentlichen Vorlesungen oder bei Privatvorträgen aufgeworfen hatten; Beispiele davon sind bei dem Codexcommentar des Thalelaus (vergl. §. 18 unter 4) und bei dem Digestencommentar des Stephanus angeführt worden (vergl. §. 17 unter 6). Andere sind Antworten, nicht blos der Rechtslehrer, sondern überhaupt Rechtsverständiger auf Fragen der Anwälte. Noch andere endlich enthalten in der That nicht die Frage des Einen und die Antwort des Andern darauf, sondern sind Bemerkungen eines und desselben Juristen, welche in die Form wie Frage und Antwort eingekleidet sind. Die ἐρωταποκρίσεις der dritten Art finden sich mehr bei den neuern Scholiasten der Basiliken. Die der zweiten Art kommen bei Theodorus vor.

4) Λέξεις ῥωμαϊκαί (*Glossae nomicae*). Da hierüber ein eigener Artikel *Glossae nomicae* vorhanden ist, so kann man sich darauf beziehen.

5) Κανόνες τῶν Ἰνστιτούτων (*regulae Institutionum*). Der Gebrauch der regulae juris ist bei den Römern sehr alt. Die älteste regula juris, deren Ursprung bekannt ist, ist die regula Catoniana, welche Celsus auch definitio nennt. Q. Mucius Scävola schrieb einen liber singularis ὅρων s. definitionum, in welchem er sowol die alten Rechtsregeln gesammelt, als neue aufgestellt zu haben scheint. Aehnliche Werke unter dem Titel libri regularum, oder libri definitionum verfaßten später Neratius Priscus, Pomponius, Cervidius Scävola, Gajus, Papinian, Ulpian, Paulus, Marcian, Licinius Rufinus und Modestin. Die römischen Juristen beriefen sich aber auch in ihren Gutachten und Urtheilen, sowie auch in anderen Schriften häufig auf Rechtsregeln. So wurden in den aus den juristischen Schriften in die Digesten übergegangenen Excerpten häufig Rechtsregeln mit folgenden Worten angeführt: regulariter constitutum est, sic definierunt veteres, vulgo dicitur, vulgo jactatur, in jure civili receptum est, vulgo respondetur, apud veteres scriptum est, traditum est, per manus traditum est, talem habemus regulam traditam etc. Auch die Kaiser berufen sich in ihren Rescripten gewöhnlich auf Rechtsregeln; es kommt dies bisweilen auch in Edictalgesetzen vor. Was die Rescripte betrifft, so ist zuvörderst zu bemerken, daß in dem Gregorianischen, Hermogenianischen und zweiten Justinianeischen Codex oft nicht die vollständigen Rescripte, sondern mit Weglassung dessen, was sich auf den vorgelegten Fall bezog, nur diejenigen Worte des Rescriptes gegeben werden, welche den allgemeinen Ausspruch enthalten. Daher findet sich in diesen Codices bisweilen nur der allgemeine Grund der Entscheidung, d. h. die Rechtsregel selbst, auf welche sich der Kaiser bei

der Entscheidung berufen hatte. Bisweilen aber werden die Rechtsregeln in den Rescripten angegeben, was mit folgenden Worten zu geschehen pflegt: placuit, certum est, non dubium est, certi juris est, non dubii juris est, incognitum non est, incerti juris non est, manifesti atque evidentis juris est, indubitati juris est, certissimi juris est, explorati juris est, notissimi juris est, non est opinionis incertae. Die libri regularum enthielten nicht allein die von allen Juristen anerkannten und gebilligten Rechtsregeln, sondern auch viele neue, von den Verfassern erst ausgedachte, welche sich nicht immer des Beifalls im praktischen Leben erfreuten. Ueberdies fehlten in jenen Schriften die Rechtsregeln, welche sich in anderen Schriften der Juristen fanden und diejenigen, welche in den kaiserlichen Rescripten angeführt und durch diese gleichsam bestätigt waren. Es mußte daher bei den Studirenden sowol als bei den Advocaten das Verlangen nach neuen Sammlungen von Rechtsregeln entstehen, welche sowol eine Auswahl aus den vorhandenen Sammlungen, als eine Ergänzung aus anderen Schriften und den kaiserlichen Constitutionen boten. Eine solche Sammlung war zu Theodosius' II. Zeiten vorhanden unter dem Titel: Breviarium advocatorum sive rotundiores juris regulae. Zu demselben Zwecke ist von Justinian der Titel der Digesten de diversis regulis juris antiqui (L, 17) beigefügt worden. Im Occident war nach Justinian das Ansehen der Rechtsregeln bei den späteren Juristen nicht geringer, als bei den älteren. Indessen interessirt der Occident hier nicht. Im Orient legten die Juristen sehr viel Gewicht auf die Rechtsregeln. Denn sehr häufig lenkten sie, z. B. Thalelänis, Stephanus, Anonymus, die Aufmerksamkeit ihrer Zuhörer oder Leser auf die Rechtsregeln, welche bei ihnen κανόνες oder γενικοὶ κανόνες genannt werden, mit den Worten: σημείωσαι τὸν κανόνα oder σημείωσαι ὅρον u. dgl. Ebenso beriefen sie sich bei dogmatischen Erörterungen oder bei Entscheidung von Rechtsfachen auf Rechtsregeln mit den Worten: διὰ τὸν κανόνα τὸν λέγοντα κ. τ. λ. Dann haben ältere und neuere Juristen den Digestentitel de diversis regulis juris antiqui in ihren Commentaren erläutert; Fragmente daraus stehen in den Scholien zu den Basiliken (Lib. II. Tit. 3) und in den Scholien des Harmenopulos, zu dessen Manuale juris der Anhang Tit. 2 eine Auswahl aus dem Basilikentitel de regulis juris liefert. Auch wurden neue Sammlungen von Rechtsregeln verfaßt. So hat Michael Psellus in der Synopsis v. 198—364 verschiedene Rechtsregeln und v. 365—435 κανόνες τῶν νεαρῶν, d. h. die in den Justinianeischen Novellen enthaltenen Rechtsregeln aufgestellt. Zu diesen Sammlungen gehört auch eine Sammlung von Rechtsregeln aus den Institutionen mit Citaten von Parallelstellen aus den Digesten und dem Codex. Sie befindet sich im Cod. Paris. gr. 1366. fol. 325 seqq. und steht hinter der Institutionenparaphrase des Theophilus, ist aber nicht aus dieser zusammengestellt, da der Verfasser sonst wenig mit Theophilus übereinstimmt. Nach der Art, wie die Digesten und der Codex citirt werden, stand der unbekannte Verfasser dem Zeitalter Justinian's noch sehr nahe. Seine Citirweise ist der des Anonymus und Enantiophanes sehr ähnlich, z. B. der Gebrauch des ὁμοίως bei dem Anführen von Parallelstellen; daher erscheint die Vermuthung wol nicht zu gewagt, daß der Antecessor Julianus der Verfasser sei. Die Sammlung selbst hat Zachariä v. L. im J. 1843 herausgegeben.

6) *Ποινάλιον Ἰωάννου Κωβιδίου ἀντικήνσωρος*. In den Basilikenscholien wird dieses Werk als ὁ τοῦ *Κωβιδίου ποινάλιος* citirt. Fragmente desselben haben sich in den appendices Eclogae erhalten. Der Verfasser ist der in §. 14 erwähnte Cubidius oder Cobidas, welcher, wie dort gedacht ist, auch unter anderen ähnlichen Namen vorkommt. Ueber den Inhalt des Werkes läßt sich nach dem Titel nur vermuthen, daß es von Verbrechen und Strafen handelte. Im Uebrigen läßt sich über den Charakter desselben nichts Näheres ermitteln. Es ließe sich an eine Bearbeitung der libri terribiles (Dig. lib. XLVII. XLVIII) und des 9. Buches des Codex denken, sodaß der Verfasser etwa diese Bücher griechisch übersetzt und mit Anmerkungen erläutert hätte. Darauf deuten auch zwei der erhaltenen Fragmente hin, welche Stellen aus dem 48. Buche der Digesten enthalten, sowie zwei andere Stellen aus dem 9. Buche des Codex liefern. Allein das citirte Basilikenscholium beweist, daß sich der Verfasser nicht blos auf die libri terribiles und das 9. Buch des Codex beschränkt hat. Denn dort wird gesagt, daß derjenige, welcher irgend eine neue Vorrichtung oder Einrichtung, welche gegen das öffentliche Interesse ist, ohne kaiserlichen Befehl unternimmt, mit einer Strafe von 50 Pfund belegt werde, und es wird deshalb auf Basil. lib. LVIII. tit. 12. cap. 24 verwiesen. Die citirte Basilikenstelle entspricht der L. 20. C. de operibus publicis VIII, 11, wo eine Strafe von 50 Pfund demjenigen gedroht wird, „qui sine auctoritate divini rescripti .... angiportus integros vel partes suis domibus incluserunt vel porticus usurpaverunt," d. h. welche ohne kaiserliche Erlaubniß enge Gäßchen ganz oder theilweise mit ihren Häusern einschließen oder sich Säulengänge (öffentliche) anmaßen. Ein Auszug der L. 13. C. eod. kann die Basilikenstelle nicht sein, weil dort nur eine Strafe von 6 Pfund gedroht wird, wenn Jemand ohne kaiserliche Erlaubniß eine neue Einrichtung mit Bauen unternimmt, welche gegen das öffentliche Interesse ist. Hiernach hat das Werk des Cobidas auch diejenigen Strafbestimmungen erhalten, welche sich in anderen Büchern der Digesten und des Codex fanden, und es scheint also dasselbe eine Zusammenstellung aller Strafbestimmungen in den Digesten und dem Codex, vielleicht auch in den Novellen gewesen zu sein. Ob blos die Vorschriften, welche öffentliche Strafen androhten, oder auch diejenigen, welche den Verletzten zu Einklagung einer poena privata ermächtigten, darin zusammengestellt worden seien, kann zweifelhaft sein. Die erhaltenen Fragmente enthalten allerdings blos Vorschriften, welche öffentliche Strafen androhen. Allein die Privatstrafen können nicht wol ausgeschlossen sein, da das 47. Buch der Digesten zum großen Theil solche Verbrechen und

Vergehen betrifft, welche regelmäßig eine poena privata zur Folge hatten, an deren Stelle erst allmälig unter den Kaisern öffentliche Strafen getreten sind. Der Verfasser hat ohne Zweifel auch die Arbeiten anderer Juristen benutzt, namentlich den index der Digesten **von** Dorotheus und das Breviarium Codicis von Theodorus.

7) *Αἱ ῥοπαί s. liber de temporum intervallis.* Wenige Schriften des byzantinischen Rechts sind fleißiger zur Erklärung und Wiederherstellung der Justinianeischen Rechtsbücher benutzt worden, als die Schrift *περὶ χρόνων καὶ προθεσμιῶν*, welche insgemein einem gewissen Eustathius, Antecessor zu Constantinopel, zugeschrieben wird. Diese Schrift ist ein Sammlung von Stellen der Justinianeischen Rechtsbücher, welche Zeitbestimmungen betreffen. Die einzelnen Stellen sind nach der Größe des Zeitabschnittes, von welchem sie handeln, in Capitel zusammengestellt. Der Titel der Schrift wird verschieden angegeben; außer dem Titel *αἱ ῥοπαί*, welcher **der** eigentliche ist, werden angegeben die Titel: *περὶ χρόνων καὶ προθεσμίας, περὶ ῥοπῆς καὶ προθεσμίας, περὶ χρονικῶν διαστημάτων*, und andere, wovon auch weiter die Rede sein wird. Es gab vor der neuesten Ausgabe von Zachariä v. L. schon mehrere gedruckte Ausgaben, welche aber nicht mit einander übereinstimmten, sondern das Werk in zwei verschiedenen Gestalten gaben. In den Handschriften finden sich außerdem noch mehrere abweichende Formen, welche erst der genannte Gelehrte einer genaueren Untersuchung unterworfen hat. Die erste Ausgabe des Werkes besorgte aus einer wahrscheinlich römischen Handschrift Simon Schard im J. 1561. Außer dem griechischen Texte wird eine lateinische Uebersetzung gegeben. Den Namen des Eustathius hat der Herausgeber, wie es scheint, in seiner Handschrift nicht vorgefunden, sondern denselben aus irgend einer andern Quelle entlehnt. Denn in dem dem griechischen Texte voranstehenden Titel findet sich jener Name nicht, sondern nur in dem lateinischen Haupttitel der Ausgabe. Ueber die Quelle dieser Ausgabe läßt der Herausgeber im Dunkeln. Im Jahre 1562 gab Cujacius zu Lyon eine *παράτιτλα* de praescriptionibus heraus und ließ als Anhang zu derselben die *ῥοπαί* in einer von der Schardschen Ausgabe abweichenden Form drucken. Der Titel ist hier: *περὶ χρονικῶν διαστημάτων ἀπὸ ῥοπῆς ἕως ρ΄ ἐτῶν.* Durchgängig ist zu Ende eines jeden einzelnen Satzes angezeigt, an welcher Stelle derselbe in den Justinianeischen Rechtsbüchern und in den Basiliken aufzufinden sei. Eine lateinische Uebersetzung ist nicht beigefügt; allein die vorstehende *παράτιτλα* de praescriptionibus ist in der That zugleich eine Uebersetzung und ein Commentar zu dem Buche *περὶ χρονικῶν διαστημάτων*. Der Ausgabe scheint nur Eine Handschrift zum Grunde zu liegen, obwol der Herausgeber um das Jahr 1562 bereits mehrere Handschriften des Werkes gekannt und zum Theil besessen hat. Als Verfasser wird auch in dieser Ausgabe, zwar nicht auf dem Titel der *ῥοπαί*, aber in einigen Stellen der *παράτιτλα* de praescriptionibus Eustathius genannt, der ein Graecus antecessor gewesen sein soll, ohne daß angegeben **wird**, woher diese Nachricht genommen sei. Cujacius hat **die** Schrift *περὶ χρονικῶν διαστημάτων*, wie sie von **ihm** herausgegeben worden war, in der *παράτιτλα* de praescriptionibus, in dem Commentar zu den drei letzten Büchern des Codex und in den Observationen beinahe vollständig für die Restitution verloren gegangener Constitutionen des Codex ausgenutzt, und eben dadurch **dem** sogenannten Eustathius ein großes Ansehen unter **den** abendländischen Juristen verschafft, oder wenigstens dazu beigetragen, daß diese Schrift bei uns nicht weniger gekannt ist, als die Basiliken selbst. Seinem Beispiele folgten bald mehrere nach. Zuerst benutzte Contius in der im J. 1566 erschienenen Praetermissa zu den 12 Büchern des **Codex** nebst andern Quellen des byzantinischen Rechts **auch den** sogenannten Eustathius zur Restitution verloren gegangener Constitutionen; er scheint aber nur die Cujacische Ausgabe benutzt zu haben. In seiner Collectio constitutionum graecarum, Ilerdae 1567 hat Ant. Augustinus ebenfalls auf die *ῥοπαί* vielfach Rücksicht genommen. Auch die Brüder Pithou scheinen sich mit diesem Werke beschäftigt zu haben. Aus ihren Handschriften bereitete Joh. Löwenklau (Leunclavius) eine neue Ausgabe vor, welche aber erst nach seinem Tode durch Marquard Freher 1596 zum Druck befördert worden ist, und im Jus Graeco-Romanum T. II. p. 207—248 steht. Die Schrift führt hier den Titel: *Βιβλίον Εὐσταθίου Ἀντικήνσορος περὶ χρονικῶν διαστημάτων ἀπὸ ῥοπῆς ἕως ρ΄ ἐτῶν.* Der Text stimmt mit der Cujacischen Ausgabe bis auf wenige Verschiedenheiten vollkommen überein. Ohne Zweifel hat er die Cujacische Ausgabe zum Grunde gelegt. Dabei benutzte er, nach seiner eigenen Angabe, seine Ausgabe sei „ex Franc. Pithoei manuscriptis insigniter emendata,“ Handschriften des genannten Gelehrten; ob aber blos handschriftliche Notaten, oder wirkliche Codices, ist zweifelhaft. Nach dem Charakter jener Zeit und mit großer Willkür suchte der Herausgeber aus seinen verschiedenen Quellen und aus seinen eigenen Vermuthungen ein Ganzes zu machen, ohne dessen so verschiedenartige Bestandtheile genau zu unterscheiden. Dem griechischen Texte ist eine lateinische Uebersetzung beigegeben, welche von der Schardschen gänzlich unabhängig ist. Im 16. Jahrhundert ist also wie sich aus dem Bisherigen ergibt, der sogenannte Eustathius mehrmals herausgegeben, und zur Wiederherstellung und Erklärung der Justinianeischen Gesetzbücher vielfach benutzt worden. Aber auch nur von diesem Gesichtspunkte aus wurde er damals bearbeitet, sowie auch die anderen Quellen des byzantinischen Rechts. Nur gelegentlich und im Vorbeigehen machten die damaligen Juristen eine Bemerkung über die Gestaltung oder das geschichtliche Verhältniß eines ihnen vorliegenden griechischen Rechtsbuches; kritische Untersuchungen über diese Punkte stellten sie gar nicht an. Ihre Aufgabe war zuvörderst die, zu untersuchen und nachzuweisen, ob und welchen Nutzen das byzantinische Recht für die Hermeneutik und Kritik des Justinianeischen habe. Diese Behandlungsweise der byzantinischen Rechtsquellen dauerte in den folgenden Jahrhunderten zum

Theil noch fort; daneben aber bildete sich eine neue Tendenz, die geschichtliche und kritische aus. Was zuvörderst die geschichtliche Tendenz betrifft, so folgten auf die bisher genannten Ausgaben der Schrift mehrere andere, welche nicht selbständige kritische Arbeiten, sondern lediglich Abdrücke jener älteren Ausgaben sind. Was die kritische Tendenz anlangt, so erwachte dieselbe schon zu Ende des 16. Jahrhunderts. Man wollte auch wissen, wann und von wem die griechischen Rechtsbücher verfaßt worden seien, und begann daher, deren Geschichte besonders zu behandeln. In diesem Sinne haben Mehrere gearbeitet, aber nur unter Benutzung dessen, was gedruckt war. Aus Handschriften selbst haben nur Reitz, der indessen Nichts auf die ῥοπαί Bezügliches hat, Biener, Witte, Heimbach jun. und Zachariä v. L. gearbeitet. Letzterer hat die gründlichsten Untersuchungen über die Schrift und deren Verfasser angestellt. Die Schrift über die Zeitabschnitte findet sich in sehr vielen Handschriften zusammen mit anderen Stücken des byzantinischen Rechts, weil sie einen zu geringen Umfang hat, als daß sie allein eine ganze Handschrift ausfüllen könnte. Zuweilen steht sie in einem bestimmten Verhältnisse zu dem übrigen Inhalte einer Handschrift; zuweilen aber kommt sie nur zufällig unter diesem vor. In den Handschriften der letzten Classe ist für uns nur die jedesmalige Gestalt der in Frage stehenden Schrift wichtig; in denen der ersten Classe aber ist auch die Beziehung der ῥοπαί zu dem übrigen Inhalte der Handschrift und eine Charakteristik der letzteren für die Geschichte des sogenannten Eustathius von Bedeutung. Die erste Frage ist: in welchen Handschriften die Schrift vorkomme? Die zweite: ob sie in einem gewissen Verhältnisse zu dem übrigen Inhalte dieser Handschriften stehen, und in welchem? die dritte: was ist über den Charakter und die Geschichte der Stücke zu sagen, welche diese Handschriften neben den ῥοπαί enthalten? Die vierte, in welcher Gestalt erscheinen die ῥοπαί in diesen Handschriften? Die Antwort auf diese Fragen wird in dem Folgenden gegeben. Auf dem letzten Blatte einer Handschrift des Athenäus im Escurial (Gr. Mss. Escor. Σ I, 15. fol. 123b) fand Tychsen zwei Fragmente dieser Schrift, welche περὶ ῥοπῆς, de momento handeln und von einem Besitzer jener Handschrift aus irgend einem Grunde hinten angeschrieben worden sind. Diese Bruchstücke hat Erb nach einer ihm von Tychsen mitgetheilten Abschrift herausgegeben. In dem Cod. Paris. gr. 1367 entdeckte Zachariä v. L. weit interessantere Bruchstücke ähnlicher Art. Diese Handschrift ist aus dem 12. Jahrhundert, in Quart, auf Pergament sehr gut geschrieben, aber durch Verlust von vielen Blättern sehr lückenhaft geworden. Sie enthält zuerst ein aus dem Prochiron und der Epanagoge zusammengesetztes Rechtsbuch; darauf folgt eine Reihe von Auszügen aus den Basiliken, den rhodischen Seegesetzen, der Novelle des Kaisers Romanus über den Retract u. s. w. Unter dessen Auszügen ist für uns der Inhalt von fol. 73. 74 wichtig. Er besteht in einigen Fragmenten der in Frage stehenden Schrift, welche deren Abschnitte περὶ ῥοπῆς, περὶ ὥρας und περὶ ἡμέρας enthalten. Mit den Worten des letzten Abschnittes: περὶ ἡμέρας· ὅτι ἡ μετὰ [illegible] schließt fol. 74 in der genannten Handschrift. Zwischen fol. 74 und fol. 75 fehlt ein Blatt. Das folgende Blatt (fol. 75a) enthält noch 12 Auszüge aus der fraglichen Schrift, welche aber alle mit ὅτι anfangen (einem Zeichen, daß sie nur kurze Auszüge sind) und weit kürzere sind, als die entsprechenden §§. in der Schardt'schen oder der Cujacischen Ausgabe. Die beiden von Erb zuerst herausgegebenen Bruchstücke finden sich in den Fragmenten der pariser Handschrift wieder; das erste derselben hat aber einen Zusatz über Eintheilung der Stunde in λεπτά, στιγμάς und ῥοπάς, welcher in der pariser Handschrift fehlt und augenscheinlich ein Glossem ist. Die pariser Handschrift gibt auch noch an einer andern Stelle einige Auszüge unter der Aufschrift: περὶ χρόνου καὶ προθεσμίας. Diese Auszüge lassen sich zum Theil in den ῥοπαί nachweisen; es läßt sich aber nicht bestimmen, ob sie gerade aus einer besonderen Redaction der ῥοπαί, welche den Titel: περὶ χρόνων καὶ προθεσμίας führte, ausgeschrieben worden sind. Die Schrift findet sich auch regelmäßig als ein Theil des Anhangs in den Handschriften der Synopsis major Basilicorum. Es ist hier der Veränderungen der Synopsis und ihres Anhangs zu gedenken. a) Die wahrscheinlich nach 969 und 987 verfaßte Synopsis enthält einen alphabetisch geordneten Auszug des Wichtigsten aus den Basiliken. Der Verfasser der Synopsis fügte ihr selbst einen Anhang bei, welcher Auszüge aus den Novellen der Kaiser Leo des Weisen, Romanus des Aelteren, Constantinus Porphyrogenita und Nicephorus Phocas enthielt, und außerdem wahrscheinlich noch andere Stücke, namentlich die Schrift: περὶ χρόνων καὶ προθεσμίας, eine andere de actionibus, endlich eine Sammlung von Stellen unter der Aufschrift: περὶ διαφορᾶς ἀναγνωσμάτων. Handschriften dieser Art sind keine bekannt. b) Noch vor dem Jahre 987 aber wurde eine Umarbeitung und Bereicherung dieses Anhanges vorgenommen, sodaß er nur folgende Stücke enthielt: 1) 7 vollständige Novellen von Romanus dem Aelteren, Constantinus Porphyrogenita, Romanus dem Jüngeren, Nicephorus Phocas, von denen in dem ursprünglichen Anhange meistens nur Auszüge enthalten waren; 2) eine kurze Uebersicht über die partes der Digesten und darauf einige Bemerkungen über Feldmaß; 3) die Schrift: περὶ χρόνων καὶ προθεσμίας; 4) die παράτιτλα zum letzten Titel des Werkes über die Novellen von Athanasius unter der Ueberschrift: περὶ διαφορᾶς ἀναγνωσμάτων; 5) die Sammlung von Auszügen aus den Novellen der Kaiser Leo des Weisen, Romanus des Aelteren, Constantinus Porphyrogenita, Nicephorus Phocas, welche der ursprünglichen Ausgabe der Synopsis beigegeben waren; 6) die Abhandlung de actionibus und einige andere unbedeutendere Stücke. Die Synopsis hat hier in ihrem Anhange eine Bereicherung erhalten, welche hauptsächlich darin bestand, daß einige vollständige Novellen nachgetragen wurden, während Anfangs nur Auszüge von Novellen im Anhange gestanden hatten. Von dieser Form der Synopsis gibt es sehr viele Handschriften, von welchen die ältesten in das 11. Jahrhundert zu gehören scheinen. Freilich sind sie nicht alle gleich; denn die Schreiber haben dem Anhange meistens noch einige ihnen bekannt gewordene Stücke, namentlich Novellen des Basilius Porphyrogeneta, hinzugefügt. Gerade der Umstand aber, daß diese Stücke nicht allgemein in den Handschriften dieser Classe vorkommen, während die Stücke 1—6 in allen enthalten sind, beweist, daß diese, nicht aber jene, von einer eigenthümlichen allgemein verbreiteten Redaction der Synopsis herrühren. c) Die Synopsis und ihr Anhang erscheint in etwas anderer Gestalt im Cod. Laurent. LXXX, 8. Vatic. 852 und Paris. 2005. Diese Handschriften enthalten folgende Stücke: 1) die sogenannte Vorrede der Basiliken und eine Novelle von Constantinus Porphyrogeneta; 2) die Synopsis in unveränderter Gestalt; 3) 17 vollständige Novellen der Kaiser Romanus des Aelteren, Constantinus Porphyrogeneta, Nicephorus Phocas, Johannes, Basilius des Jüngeren; 4) die Schrift περὶ χρονικῶν διαστημάτων und die schon angeführten παράτιτλα zu dem Novellencommentar des Athanasius. Diese Gestalt des Anhangs der Synopsis zeichnet sich dadurch aus, daß die Auszüge byzantinischer Novellen, welche dem ursprünglichen Anhange einverleibt waren, und mit der Synopsis, welche selbst nur eine Sammlung von Auszügen war, in einem harmonirenden Verhältnisse standen, durch vollständige Abschriften derselben Novellen verdrängt worden sind. Die Novellen des jüngeren Basilius, welche früher keinen regelmäßigen Bestandtheil des Anhangs bildeten, sind demselben nunmehr definitiv einverleibt. Einige Stücke sind außerdem aus dem Anhange weggelassen worden, namentlich der Auszug der Leonischen Novellen, wahrscheinlich weil dieselben zum großen Theil aufgehört hatten, als practisches Recht zu gelten, die Abhandlung de actionibus und der kleine Aufsatz über die partes der Digesten. Die oben beschriebene Gestalt der Synopsis oder ihres Anhangs scheint zu Ende des 11. oder zu Anfang des 12. Jahrhunderts entstanden zu sein. d) Nach zwei Handschriften, der pariser 1351 und einer Meerman-Bienerischen, ist die Annahme begründet, daß zu Anfang des 13. Jahrhunderts noch eine vierte, und zwar sehr bedeutende Umarbeitung der Synopsis vorgenommen worden ist. Die pariser Handschrift 1351 ist von Zachariä v. L. ihrem Inhalte nach vollständig beschrieben. Diese Recension der Synopsis zeichnet sich besonders aus durch die der Synopsis beigegebene Glosse und durch die große Vervollständigung des Anhangs. Der Anhang ist hier zusammengesetzt aus dem Anhange der Handschriften, welche vorher unter c) beschrieben worden sind, und aus vielerlei anderen Nachträgen, besonders Novellen der Comnenen Alexius und Manuel. Diese Ueberarbeitung der Synopsis und ihres Anhangs ist, da in der Glosse der Synopsis auch eine Stelle des Balsamon vorkommt, etwa in das erste Drittheil des 13. Jahrhunderts zu setzen. In allen Handschriften der Synopsis, zu welcher Classe sie auch gehören mögen, kommt die Schrift über die Zeitabschnitte als ein regelmäßiger Bestandtheil des Anhangs vor. Dieser Anhang wurde überhaupt der Synopsis von ihrem Verfasser selbst beigegeben, mithin auch die ῥοπαί. Von der ältesten und ursprünglichen Gestalt der Synopsis und ihres Anhangs sind keine Handschriften bekannt. Wahrscheinlich war die Gestalt der ῥοπαί hier dieselbe, wie in den Handschriften der zweiten Classe. In diesen kommen die ῥοπαί vor unter dem Titel: περὶ χρόνων καὶ προθεσμιῶν ἀπὸ ῥοπῆς ἕως ρ' ἐνιαυτῶν. Zwei Handschriften (von Hänel und Biener) geben den Titel: Ἀρχὴ σὺν Θεῷ τῶν ῥοπῶν ἤτοι τῶν προθεσμιῶν ἕως τῶν ρ' χρόνων ἤτοι ἐνιαυτῶν. In dem Cod. Paris. 1357. A. lautet der Titel: περὶ χρονικῶν διαστημάτων ἀπὸ ῥοπῆς ἕως ρ' ἐνιαυτῶν. In allen diesen Handschriften fängt der erste Satz der ῥοπαί an mit den Worten: [illegible] ῥοπή, der letzte mit den Worten: Αἱ πραιτώριαι ἀγωγαί. Die erste Capitelüberschrift heißt περὶ ῥοπῆς, die letzte ist in der Regel die περὶ ἑκατὸν ἐτῶν. Citate der Basiliken kommen bei den einzelnen Stellen nicht vor, wol aber einige wenige Citate der Justinianeischen Rechtsbücher. Eigenthümliche Ansichten aus den Schriften einzelner Juristen werden nicht angeführt. Der Schardischen Ausgabe scheint eine Handschrift dieser Classe zum Grunde gelegen zu haben. Auch die Löwenklauische Ausgabe, welcher die Cujacische zum Grunde liegt, hat die abweichenden Lesarten und Nachträge aus einer Handschrift dieser oder der folgenden Classe geschöpft. Was die Handschriften der dritten Classe anlangt, so lautet nach dem Berichte von Zachariä v. L. im Cod. Paris. 2005 der Titel: περὶ χρονικῶν διαστημάτων ἀπὸ ῥοπῆς ἕως ἑκατὸν ἐτῶν. Der Text stimmt im Ganzen mit der oben beschriebenen Form der ῥοπαί überein; Citate finden sich nur sehr wenige. Der Cod. Laurent. LXXX, 8 enthält nach der Mittheilung von Witte die in Frage stehende Schrift unter dem Titel: περὶ χρονικῶν διαστημάτων ἀπὸ ῥοπῆς ἕως ρ' ἐτῶν, und zwar mit Citaten, ob aus den Justinianeischen Rechtsbüchern oder aus den Basiliken, oder aus beiden, sagt jener Gelehrte nicht. Von den Handschriften der vierten Classe haben nur zwei die ῥοπαί im Anhange. Die Meerman-Bienerische gibt sie unter dem Titel: περὶ χρόνων καὶ προθεσμιῶν ἀπὸ ῥοπῆς ἕως ρ' ἐνιαυτῶν ganz in derselben Gestalt, in welcher sie sich in den Handschriften der zweiten Classe vorfinden. In dem Cod. Paris. 1351 hingegen ist zwar eben diese Form zum Grunde gelegt, allein sonst eine bedeutende Ueberarbeitung vorgenommen, insofern, als der Text an manchen Orten verbessert erscheint, und hauptsächlich insofern, als den einzelnen §§. Citate der Justinianeischen Rechtsbücher und der Basiliken beigefügt sind. Bis zum Cap. von drei Monaten ist dies regelmäßig geschehen; von da an aber bis zum Cap. von zwei Jahren fehlen die Citate fast ganz. In den folgenden Capiteln finden sich wieder Citate, aber nicht so regelmäßig, als in den ersten Capiteln. Bald werden die Justinianeischen Rechtsbücher allein, häufiger die Basiliken, manchmal beide neben einander citirt. Die Scholien, welche in der Löwenklauischen Ausgabe der ῥοπαί bei einigen §§. stehen, finden sich fast alle in dieser Handschrift wieder. — Ferner findet sich die in Frage stehende Schrift in dem Anhange der vermehrten Epanagoge, von welcher sie einen regelmäßigen Bestandtheil bildet. Die Handschriften geben ihr theils die Ueberschrift: περὶ χρόνων καὶ προθεσμιῶν ἀπὸ ῥοπῆς ἕως ἑκατὸν ἐνιαυτῶν, theils fangen sie ohne eine solche Ueberschrift sogleich mit der Rubrik: περὶ ῥοπῆς an. Die Form, in welcher die ῥοπαί hier erscheinen, ist wenig verschieden von derjenigen, welche sie im Anhange der Synopsis zweiter Classe haben. Citate der Justinianeischen Rechtsbücher oder der Basiliken fehlen also; ebenso fehlen im Capitel von 100 Jahren alle §§. mit Ausnahme der zwei ersten. Auch in den übrigen Capiteln sind die ῥοπαί im Anhange der vermehrten Epanagoge etwas mehr abgekürzt, als im Anhange der Synopsis zweiter Classe. Die Schrift über die Zeitabschnitte findet sich auch im Anhange der Codd. Paris. gr. 1349 und 1354. Die Handschrift Nr. 1349 enthält fol. 207—233. A. diese Schrift, und aus ihr hat Cujacius dieselbe herausgegeben. Die Handschrift Nr. 1354 gibt Buch 28 und 29 der Basiliken mit Scholien, einen Ersatz für Buch 45—49, ferner Buch 45—48 der Basiliken mit Scholien, endlich das Buch περὶ χρονικῶν διαστημάτων. Diese Handschrift enthält die Abschriften, welche Gentianus Hervetus zu Rom im J. 1560 aus Handschriften des Antonius Augustinus machte; dieser besaß nämlich eine Abschrift des jetzigen Cod. Laurent. LXXX, 9 und des Cod. Paris. 1349, welche er jenem zum Gebrauch überließ. Es ist also auch die Schrift: περὶ χρονικῶν διαστημάτων im Cod. Paris. 1354 nur eine Abschrift des Cod. Paris. 1349. Die Gestalt, in welcher die Schrift in jenen Handschriften erscheint, ist aus der Cujacischen Ausgabe, welche auch die Grundlage der Löwenklauischen und Leunclav'schen bildet, bekannt. Der Titel heißt hier: περὶ χρονικῶν διαστημάτων ἀπὸ ῥοπῆς ἕως ρ' ἐνιαυτῶν. Das erste Capitel (περὶ ῥοπῆς) beginnt mit dem §. Τρίτον γεννηθῇ, das letzte (περὶ ἀορίστου χρόνου) schließt mit §. 23: Ὁ τῆς [illegible] κ. τ. λ. Durchgängig wird zu den einzelnen Sätzen ein Citat der Justinianeischen Rechtsbücher und Novellen gegeben, und dabei bemerkt, ob und wo die Stelle in den Basiliken zu finden sei, worin schon diese Gestalt der ῥοπαί sich von den bisher beschriebenen unterscheidet. Außerdem aber zeichnet sie sich aus durch mehrmalige Verweisungen auf die Ansichten des Theodorus, Anatolius, Thalelaus; durch eine durchgängige Verbesserung des Textes, welche aber freilich mehr willkürlich, als streng kritisch ist; endlich dadurch, daß sie viele §§. mehr enthält, als die früher erwähnten Recensionen der Schrift: περὶ χρόνων καὶ προθεσμιῶν. Die Ordnung, in welcher die einzelnen §§. im Cod. Paris. 1349 auf einander folgen, weicht gar oft von der Stellung ab, welche sie in den übrigen Recensionen der ῥοπαί haben. — Die ῥοπαί finden sich ferner regelmäßig in dem Anhange des Prochirum auctum. Sie führen in dessen Handschriften den Titel: περὶ χρόνων προθεσμίας ἀπὸ ῥοπῆς ἕως ρ' ἐνιαυτῶν. In dem ersten Capitel (περὶ ῥοπῆς) beginnt der erste §. mit den Worten Ἠλευθερώθη δούλη. Das letzte Capitel hat die Ueberschrift: περὶ ἀορίστου χρόνου, und der letzte §. in demselben fängt an mit den Worten: Ὁ ἐγγυησάμενός τινα παραστῆν, der vorletzte: Αἱ πραιτωρίαι ἀγωγαί. In den einzelnen §§. werden in der Regel die betreffenden Stellen aus den Justinianeischen Gesetzbüchern und den Novellen citirt; die Novellen aber nach den Zahlen einer uns unbekannten Sammlung. In zwei Stellen wird auf die Novellen Leo des Weisen Rücksicht genommen. Diese Gestalt der ῥοπαί ist fast ganz dieselbe, wie in den Handschriften der Synopsis zweiter Classe; nur sind in den Handschriften des Prochirum auctum die ῥοπαί mit Citaten des Justinianeischen Rechts ausgestattet, welche in den Handschriften der Synopsis fehlen. Wie in den letzteren, so sind die ῥοπαί auch in den ersteren mehr ein Auszug, wenn man sie mit den Bruchstücken des Cod. Paris. 1367 vergleicht. Ueber ihr Verhältniß zu der Form, welche sie in den Codd. Paris. 1349 und 1354 haben, ist zu bemerken, daß die Verweisungen auf Theodorus, Thalelaus und Anatolius, und das Scholium des Athanasius, wie auch die Basilikencitate fehlen. — Nach allen bisher angeführten Handschriften und Formen der ῥοπαί ist nun noch der Cod. Paris. 1385. A. zu nennen. Diese Handschrift enthält Collectanea, welche sich ein Rechtsgelehrter während seines juristischen Studiums gesammelt hat. Sie rührt von einem byzantinischen Juristen her, welcher um das Jahr 1431 in den Basiliken, der Synopsis, dem Prochirum, den Handbüchern des Michael Attaliata und Harmenopulos und in den Anhängen dieser Werke studirte und sich dabei viele Auszüge machte. Unter diesen Auszügen befindet sich denn auch in der genannten Handschrift auf fol. 359—377 die Schrift über die Zeitabschnitte in eigenthümlicher Gestalt. Unter der Ueberschrift: περὶ ῥοπῆς beginnt sie mit dem Satze: Τρίτον γεννηθῇ und schließt in dem Capitel von 100 Jahren mit dem Satze: Τὸ εἰς ἀναφαίρετον. Darauf folgt noch ein Satz mit der Ueberschrift: ἄλλον περὶ στρατείας, welcher mit den Worten anfängt: Ἡ στρατεία ἐπὶ τῶν στρατιωτῶν, und gegen das Ende der Handschrift (fol. 395) stehen noch drei §§. aus dem Capitel περὶ ἀορίστου χρόνου. In den einzelnen §§. werden nicht regelmäßig Stellen der Justinianeischen Gesetzbücher und Stellen der Basiliken angeführt; sondern bald die einen, bald die anderen, oft auch keine von beiden. Wahrscheinlich hat sich der Jurist, welcher die Schrift in seine Collectanea aufnahm, manche Veränderungen im Texte, Weglassungen und dergl. erlaubt, sowie von ihm auch wol die den einzelnen Sätzen eines jeden Capitels in der Handschrift häufig vorausgeschickten Rubriken herrühren. — Allgemein wird als Verfasser der Schrift über die Zeitabschnitte ein gewisser Eustathius, einst Antecessor zu Constantinopel, ausgegeben. Diese Angabe entbehrt durchaus eines Grundes. Keine einzige der bekannten Handschriften nennt ihn als Verfasser; sie geben alle nur einen Titel, verschweigen aber den Namen des Verfassers, eine Erscheinung, welche sich bei den meisten Schriften und Abhandlungen der byzantinischen Jurisprudenz wiederholt. Der Name des

Eustathius als Verfassers findet sich nur in gedruckten Ausgaben, und zwar zuerst in der Schardischen, auf deren Auctorität hin der Name allgemein geworden zu sein scheint. Die Angabe Schard's selbst aber beruht auf keinem handschriftlichen Zeugnisse; daher ist auch gar kein Grund vorhanden, zu vermuthen oder anzunehmen, daß noch irgend eine Handschrift existire, welche die Schrift dem Eustathius zuschriebe. Endlich auch wo die Sumaí gelegentlich in den Werken der byzantinischen Jurisprudenz angeführt werden, geschieht dies nie unter dem Namen des Eustathius. Dennoch ist es nicht glaublich, daß Schard diesen Namen erfunden habe; er muß irgend eine Veranlassung dazu gehabt haben, bei seiner Ausgabe des Buches über die Zeitabschnitte den Eustathius auf dem Titel als Verfasser zu nennen. Wir begegnen in den Schriften abendländischer Juristen, und zwar zuerst in den Werken des Cujacius, Antonius Augustinus und der Gebrüder Pithou, mehreren Namen byzantinischer Juristen, welche ebenso verdächtig sind, als der des Eustathius. Solche Namen sind der des Theodorus Hermopolita, welcher von Cujacius als Verfasser der Ecloga Lib. I—X. Basilicorum genannt wird; der des Johannes Tenchius, welcher bei Antonius Augustinus und in den Observationen der Gebrüder Pithou vorkommt, und unter welchem letztere den Verfasser der Synopsis, ersterer aber den des μικρὸν κατὰ στοιχεῖον oder der Synopsis minor zu verstehen scheinen; endlich der des Theodorrius Monachus, welchem Pithou ein Prochirum zuschreibt. Die Entstehung solcher Namen ist mit Zachariä v. L. auf folgende Weise zu erklären. Als bei den Unfällen, welche Constantinopel und das byzantinische Reich betrafen, viele Griechen nach Italien flüchteten, lebte das Studium des Griechischen neu wieder auf. Die Quellen, aus welchen man schöpfte, waren Handschriften, welche man erwarb oder sich abschreiben ließ, und gründliche Mittheilungen jener Flüchtlinge. Daher war das Abschreiben und Verkaufen griechischer Handschriften eine sehr einträgliche Sache, und das Ansehen eines griechischen Flüchtlings war um so größer, je mehr er mitzutheilen wußte. Aber der Abschreiber konnte seine Handschriften um so theurer verkaufen, je wohlklingender und vielversprechender ihr Titel war; der Grieche war versucht, um sich bekannt und bedeutend zu machen, auch über das zu forschen, wovon er Nichts wußte. Das Studium der Rechtswissenschaft hatte im 15. Jahrhundert in Constantinopel, wie in dem ganzen byzantinischen Reiche, sehr darnieder gelegen; es konnten mithin die nach dem Abendlande flüchtenden Griechen von ihrem Rechte nicht viel wissen. Bei den in Umlauf kommenden Handschriften des byzantinischen Rechts ermangelte man nicht, da, wo die Handschrift selbst keine Auskunft gewährte, über deren Inhalt und die Verfasser derselben bei den Abschreibern oder bei gelehrten griechischen Flüchtlingen sich zu erkundigen. Natürlich war es, daß diese eine Antwort erdichteten, wo sie keine Auskunft geben konnten, zumal sie vor Entdeckung ihrer Erdichtungen in dem Gebiete der byzantinischen Rechtsgeschichte ziemlich sicher waren. So beruht es wol auch auf den erdichteten Aussagen griechischer Flüchtlinge oder auf den Angaben derjenigen, welche ihre Handschriften theuer zu verkaufen wünschten, daß jene oben Genannten als Verfasser verschiedener Rechtsbücher genannt wurden, und daß Schard als Verfasser des Buches über die Zeitabschnitte den Eustathius angibt. Die Frage, wer eigentlich der Verfasser gewesen sei, ist bis jetzt noch nicht zu lösen gewesen. Die Schrift ist eine selbstständige und in sich abgeschlossene Arbeit eines einzelnen Juristen; wer aber dieser gewesen sei, ist nicht zu ermitteln. Dagegen läßt sich die Zeit bestimmen, zu welcher die Schrift abgefaßt worden ist. Die gewöhnliche Meinung, welche zuerst von Biener bekämpft und dann von Zachariä v. L. ausführlich widerlegt worden ist, setzt die Abfassung der Schrift nach den Basiliken, bald kürzere, bald längere Zeit, wogegen die beiden genannten Gelehrten sie bald nach Justinian setzen. Letztere Ansicht ist die allein richtige. Für die gewöhnliche Meinung wurde erstens angeführt, daß in der Schrift die Basiliken citirt würden. Allein Basilikencitate finden sich nur in 4 Handschriften, während in mehr als 30 keine Spur derselben ist, sondern nur die Justinianeischen Rechtsbücher oder gar keine Rechtsquellen angeführt werden; und aus der bedeutenden Anzahl verschiedener Formen, in welchen das Buch in den Handschriften erscheint, gibt eigentlich nur eine einzige Basilikencitate. Schon daraus geht hervor, daß die Basilikencitate Nachträge sind und von einer spätern Umarbeitung herrühren. Ein zweiter Grund, welcher für die gewöhnliche Meinung geltend gemacht worden ist, besteht darin, daß in der Schrift über die Zeitabschnitte Novellen Leo des Weisen und des Nicephorus Botoniates benutzt seien; eine von Leo in Cap. II. §. 1, eine von Nicephorus in Cap. XI. §. 12. Die letztere Stelle ist jedoch blos ein Auszug aus L. 20. C. de poenis IX, 47, welche auch als Quelle dabei angeführt wird, und von Nicephorus ist nur später einmal derselbe Satz in einer seiner Novellen wieder eingeschärft worden. In der ersten Stelle wird allerdings die gesetzliche Zahl der Zeugen bei Errichtung eines Testamentes auf 5 angegeben; ein Grundsatz, welcher erst durch die Nov. 43 von Leo eingeführt worden sein soll. Allein in den Fragmenten des Cod. Paris. 1367 kommt die angeführte Stelle auch vor, und da heißt es sieben statt fünf. Diese Lesart ist wol die ursprüngliche gewesen, weil überhaupt die genannten Fragmente Ueberreste einer sehr alten Recension der Schrift über die Zeitabschnitte zu sein scheinen. Die Zahl fünf ist wol später mit Rücksicht auf das neuere Recht an die Stelle der Zahl sieben gesetzt worden. Wenn nun hiernach kein haltbarer Grund vorliegt, die Abfassung der Schrift über die Zeitabschnitte in die Zeit nach den Basiliken zu setzen, so fragt es sich, in welcher Zeit wurde diese Schrift verfaßt? Nach dem früher Bemerkten sind die Sumaí von den Verfassern der Synopsis und der Epanagoge aucta in den Anhang dieser Werke mit aufgenommen worden, und erscheinen hier in zwei verschiedenen Formen. Da nun aber jene Werke im 10. Jahrhundert abgefaßt worden sind, so folgt, daß schon in diesem und zwar in der zweiten Hälfte desselben zwei verschiedene Formen der Schrift über die Zeitabschnitte vorkommen. Die Anhänge größerer Werke, in welchen sie sich finden, enthalten allerlei Auszüge. Schon deshalb scheinen beide Formen nur Abkürzungen einer weitläufigeren Schrift über die Zeitabschnitte zu sein. Auch geben beide nicht regelmäßige Citate der Justinianeischen Gesetzbücher, wie sie die *Ῥοπαί* in anderen Handschriften bei den einzelnen §§. haben. Es muß also eine ursprünglichere Form mit solchen Citaten gegeben haben; denn nach dem 10. Jahrhundert hätte man solche schwerlich nachgetragen. Die Entstehung der Schrift ist also vor die zweite Hälfte des 10. Jahrhunderts zu setzen, und zwar ziemlich weit vor diese Zeit, weil da auf einmal zwei abkürzende Bearbeitungen der gedachten Schrift erscheinen, diese also schon ziemlich verbreitet und beliebt geworden sein mußte. Auch wurden jene abkürzenden Bearbeitungen wol nicht wegen des zu großen Umfanges des Werkes unternommen, sondern wahrscheinlich deshalb, weil der Styl und die Redeform, oder das ganze Buch etwas veraltet war. Die vorher aufgeworfene Frage ist näher und bestimmter so zu fassen: gehört die Schrift über die Zeitabschnitte in die Periode von Justinian bis Heraclius, oder in die Zeit des Basilius Macedo und seiner unmittelbaren Nachfolger? Nach dem uns bekannten Charakter des Rechtsstudiums in den beiden genannten Perioden ist die Frage dahin zu beantworten, daß die Abfassung einer Schrift wie die *Ῥοπαί* weit mehr dem Charakter der juristischen Schriftsteller in der Periode von Justinian bis zu Heraclius, als dem Charakter der Zeit des Basilius Macedo und Leo des Weisen entspricht. Daher ist es wenigstens wahrscheinlich, daß die Schrift in der erstgenannten Zeitperiode von einem Juristen abgefaßt worden ist. Besondere Gründe, welche für ein so hohes Alter der Schrift sprechen, sind: 1) die Gestalt, in welcher die Schrift im Cod. Paris. gr. 1367 erscheint. Die von Erb aus der im Escurial befindlichen Handschrift herausgegebenen Fragmente, sowie die von Zachariä v. L. *Αἱ ῥοπαί* S. 23 fg. aus der erwähnten pariser Handschrift herausgegebenen sind ohne Zweifel Bruchstücke der Schrift über die Zeitabschnitte. Zwar hält Wiener die von dem Ersteren herausgegebenen Fragmente für die einer anderen Schrift, bei welcher die *Ῥοπαί* nur benutzt seien; sie sähen mehr verarbeitet aus, während der sogenannte Eustathius ein einfacher Auszug aus den Quellen sei. Wenn auch dies in Bezug auf das erste der Erbischen Fragmente richtig ist, da dies mit einem, dem Charakter der Schrift über die Zeitabschnitte durchaus fremden Zusatze bereichert ist, so lassen doch die Fragmente der erwähnten pariser Handschrift nicht zweifelhaft, daß wir hier Bruchstücke einer vollständigeren, bisher noch unbekannten Recension dieser Schrift besitzen. Anfangs scheint der Urtext vollständig wiedergegeben zu werden; bald aber fangen die einzelnen Sätze mit der Partikel ὅτι an, deren Gebrauch bei den Byzantinern anzeigt, daß das darauf Folgende nur Auszug sei. Die Auszüge werden aber allmälig immer kürzer und hören endlich ganz auf. Dem Schreiber der pariser Handschrift muß, woraus mehrere Eigenthümlichkeiten der Schreibart hindeuten, bei der Schrift über die Zeitabschnitte eine sehr alte Handschrift vorgelegen haben, aus welcher er seine Auszüge machte. Wenn schon dies auf ein ziemlich hohes Alter der Schrift hinweist, so zeugt davon auch die ganze Gestalt derselben, wie sie aus jenen Bruchstücken erkennbar ist. Denn der in jener Recension noch sehr latinisirende Styl beweist, daß man zur Zeit ihrer Abfassung mit den Originalen der Justinianeischen Rechtsbücher noch sehr vertraut war, oder daß damals die griechische Rechtssprache noch keine große Ausbildung erlangt hatte. Namentlich ist die bei Citaten von Digestenstellen noch gewöhnliche Angabe des Juristen, von welchem das Fragment herrühre, ein unzweideutiger Beweis dafür, daß die ursprüngliche Recension der *Ῥοπαί* schon unter oder bald nach Justinian verfaßt worden ist. 2) Die Art und Weise, wie die Novellen in der Schrift über die Zeitabschnitte citirt werden. Die Novellen Justinian's nämlich werden fast immer unter der Bezeichnung: *μετὰ τὸν κώδικα νεαραί* angeführt. Diese Bezeichnung hatte nur unter Justinian und in den unmittelbar auf Justinian folgenden Zeiten einen Sinn, wo sie zur Unterscheidung von den Novellen früherer Kaiser, welche jetzt Constitutionen des Codex geworden waren, hinreichte, und, da sie auch die Novellen der nächsten Nachfolger Justinian's begriff, keine Misverständnisse veranlaßte. Als aber die Novellengesetzgebung bedeutender wurde, mußte auch der Name des Urhebers der Novelle beigesetzt werden. Daher findet sich schon in der Ueberschrift der Ecloga Leo des Isauriers für Justinian's Novellen die Bezeichnung: *νεαραὶ τοῦ μεγάλου Ἰουστινιανοῦ βασιλέως*; eine Art, die Novellen zu bezeichnen, welche seit dieser Zeit allgemein ist. Der Verfasser der Schrift über die Zeitabschnitte muß also, da er die Novellen Justinian's auf die ältere Art und Weise bezeichnet, unter Justinian oder kurz nach demselben gelebt haben. Darauf deutet auch hin, daß er im Cap. XIV. §. 1 ganz unbestimmt sagt: *ὕστερον δὲ κατὰ τὴν νεαράν*; er konnte so reden, wenn die Novelle noch in frischem Andenken war. Dazu kommt, daß in den älteren Formen dieser Schrift die Novellen nach Rubriken und nach den Zahlen einer Sammlung citirt werden, welche von der Sammlung von 168 Novellen sehr verschieden ist (vergl. §. 6 unter a), während in anderen Recensionen dieser Schrift die Novellencitate nach der gebräuchlichen Sammlung von 168 Novellen umgeändert sind. Da nun letztere Sammlung sehr bald nach Justinian im Orient die gewöhnliche wurde, wie daraus hervorgeht, daß schon Theodorus sie seiner Novellenbearbeitung zum Grunde legte, so muß der Verfasser der *Ῥοπαί* wenigstens sehr bald nach Justinian geschrieben haben. 3) Der Inhalt der Schrift. Diese enthält nämlich rein Justinianeisches Recht; die spätere byzantinische Gesetzgebung und die Basiliken sind nicht berücksichtigt. Zwei auf eine Bekanntschaft mit Leo's Novellen hindeutende Stellen rühren erweislich von einer späteren Umarbeitung her. — Was die Frage betrifft, ob in der Schrift über die Zeitabschnitte die Originale oder die griechischen Uebersetzungen der Justinianeischen Rechtsbücher benutzt seien, so hat zwar Witte sich für das Erstere entschieden. Allein wenn auch der Verfasser die Originale neben den Uebersetzungen gekannt und gebraucht hat, so läßt sich doch, wie Zachariä v. L. bemerkt hat, nach dem Inhalte der Schrift allein nicht mit Bestimmtheit behaupten, daß darin die Institutionen, Digesten und der Codex im Original benutzt worden seien, schon deshalb, weil die ursprüngliche Recension der Schrift nicht rein erhalten ist. Bei einer Vergleichung der einzelnen §§. jener Schrift mit den entsprechenden Stellen aus den griechischen Uebersetzungen der Justinianeischen Sammlungen, soweit diese Uebersetzungen durch die Basiliken auf uns gekommen sind, zeigt sich zwar, daß beide in der Regel unabhängig von einander sind. Es finden sich aber auch Stellen, wo sie wieder auffallend mit einander übereinstimmen. Daß aber der Verfasser der Schrift verschiedene Bearbeitungen des Codex gekannt hat, beweist deutlich Cap. XXV. §. 4, wo er selbst seine Fassung der L. 22. C. ad SC. Vellejanum IV, 29 der Fassung entgegensetzt, welche sie durch andere Uebersetzer des Codex erhalten hatte. Die Scholien und Zusätze von Athanasius, welche sich bei der Schrift über die Zeitabschnitte in einigen Handschriften finden, können über das Alter der Schrift keinen Aufschluß geben. Es ist dabei wol an den Athanasius zu denken, dessen Novellenbearbeitung oben in §. 10 erwähnt worden ist. Das Verhältniß aber, in welchem er zu der Schrift über die Zeitabschnitte steht, ist nicht zu ermitteln. — Die ursprüngliche Gestalt der Schrift über die Zeitabschnitte ist, da wir eine vollständige Handschrift derselben in dieser Gestalt nicht besitzen, nur aus den im Cod. Paris. 1367 und in einer Handschrift des Escurials erhaltenen Bruchstücken, welche diese Gestalt ziemlich unverfälscht zu geben scheinen, erkennbar. Hiernach war diese Schrift eine ziemlich vollständige und ausführliche Sammlung aller gesetzlichen Bestimmungen, welche bei irgend einem Rechtsverhältnisse die Beobachtung eines gewissen Zeitraums vorschrieben. Die Gesetzesstellen waren vertheilt in einzelne Hauptstücke nach der Größe des Zeitabschnittes, welcher in dem jedesmaligen Gesetze zur Sprache kam. Die Rechtsquellen, aus welchen der Verfasser seine Sammlung machte, waren die Institutionen, die Digesten und der Codex (im Originale und in griechischen Bearbeitungen), endlich die Novellen Justinian's nach einer eigenthümlichen Sammlung, von welcher sich außerdem nur wenige Spuren erhalten haben. Der Verfasser führte die betreffende Stelle dieser Rechtsquellen bei einem jeden seiner Auszüge regelmäßig und genau an. Er beschränkte sich bei seinen Auszügen nicht blos auf das neueste Recht, sondern berücksichtigte auch solche Zeitbestimmungen, welche schon zu seiner Zeit durch neuere Gesetze aufgehoben oder abgeändert worden waren, z. B. Cap. XVI. §. 1. Er nahm Gesetze, welche für irgend ein Rechtsverhältniß die Beobachtung eines gewissen Zeitabschnittes verordneten, nicht ihrem ganzen Inhalte nach in seine Sammlung auf, sondern er begnügte sich meistens damit, die Hauptbestimmung des Gesetzes, oder diejenige, welche mit der Anordnung eines zu beobachtenden Zeitraums zunächst in Verbindung stand, in seinen Auszug mit Hinzufügung jenes Zeitraums aufzunehmen. Daher kommen oft dieselben Gesetze, wenn sie die Beobachtung verschiedener Zeiträume vorschreiben, wiederholt in verschiedenen Hauptstücken, und zwar in verschiedenen Auszügen, vor. Ueber die äußere Gestalt, und zwar zunächst über den Titel der Schrift in ihrer ursprünglichen Form, geben die Fragmente im Cod. Paris. 1367 keinen Aufschluß. Diese Handschrift gibt zwar an einem anderen Orte, als an welchem die Bruchstücke stehen, einige kurze Sätze unter der Aufschrift: περὶ χρόνων καὶ προθεσμιῶν; den Bruchstücken selbst aber schickt sie keinen allgemeinen Titel voraus. Berücksichtigt man jedoch ähnliche Rubriken in den Basiliken, z. B. die von Buch VII. tit. 17; berücksichtigt man ferner die Ueberschriften, welche die Schrift in späteren Bearbeitungen hat, so hat der Titel wol ursprünglich gelautet: περὶ χρόνων καὶ προθεσμιῶν ἀπὸ ῥοπῆς ἕως ἑκατὸν ἐνιαυτῶν. Die Schrift beginnt mit einem Capitel περὶ ῥοπῆς, in welchem die Gesetze zusammengestellt sind, welche irgend ein Rechtsverhältniß von einem Augenblicke abhängig machen. Das letzte Capitel handelte von 100 Jahren und hatte daher die Ueberschrift: περὶ ἑκατὸν ἐνιαυτῶν. Die Stellen, welche bald mit der Aufschrift περὶ ἀορίστων χρόνων, bald ohne dieselbe in den meisten erhaltenen Handschriften am Schlusse der Schrift über die Zeitabschnitte stehen, und Auszüge aus Gesetzen sind, welche von unbestimmten Zeiträumen reden, sind ohne Zweifel Zusätze späterer Bearbeiter. Ob die Schrift über die Zeitabschnitte zu der Zeit ihrer Abfassung mit Beifall aufgenommen wurde oder nicht, ist uns unbekannt. Aus der Zeit von Heraclius bis zu Basilius wissen wir von der Geschichte des Rechts überhaupt sehr wenig, und so ist auch keine Spur davon vorhanden, daß man diese Schrift damals gekannt und benutzt hätte. Erst bei dem Wiederaufleben des Studiums des Justinianeischen Rechts und seiner Bearbeitungen unter Basilius Macedo und seinen Nachfolgern scheint auch diese Schrift von den byzantinischen Juristen wieder aufgefunden und fleißig gelesen und studirt worden zu sein. Von dem Anfange des 10. Jahrhunderts bis zum Untergange des byzantinischen Reiches finden sich vielfache Spuren ihres Ansehens. Sie kommt in der Regel unter der Benennung αἱ ῥοπαί vor, und wird oft mit der Schrift αἱ ἀγωγαί in Verbindung angeführt. Die ἀγωγαί scheinen ebenso beliebt gewesen zu sein, wie die ῥοπαί. Von diesen und ähnlichen Abhandlungen und von der Schrift über die Zeitabschnitte handelt Michael Psellus in der seinem πολιτικῷ ποιήματι als Einleitung vorausgeschickten kurzen Rechtsgeschichte v. 55 seq. Er sagt darin von dieser Schrift:

> Ῥοπαὶ δὲ πάλιν, ἑβδομάδες, καὶ ῥοπαὶ καὶ τοὺς χρόνους,
> τοὺς νομίμους, συντεθεῖσαι τῷ βιβλίῳ τι ἐκδέδωκαν·
> ῥοπὰς δ' ἐν μέτροις λέγουσιν ἔχει μῆνα καὶ τοὺς χρόνους.

Das wichtigste Moment in der Geschichte der Schrift über die Zeitabschnitte ist das Vorkommen derselben in den Anhängen der gelesensten Handbücher des byzantinischen Rechts. Damit hängen nicht nur die verschiedenen Gestalten, in welchen man die Schrift in Handschriften findet, sehr genau zusammen, sondern es geht auch daraus deutlich hervor, wie sehr diese Schrift geschätzt und wie sie vor dem Anfange des 10. Jahrhunderts bis zum Untergange des byzantinischen Reiches viel gelesen worden ist. Im 10. Jahrhundert wurde von dem Verfasser der Synopsis in den Anhang derselben ein Auszug aus der alten Schrift über die Zeitabschnitte unter dem Titel περὶ χρόνων καὶ προθεσμιῶν ἀπὸ ῥοπῆς ἕως ἑκατὸν ἐνιαυτῶν aufgenommen. Ebenso wurde in den Anhang der Epanagoge aucta ein Auszug aus dieser Schrift unter demselben Titel aufgenommen. Die Synopsis sowol, wie die Epanagoge aucta, ist bis zum Untergange des byzantinischen Reiches von den Juristen sehr hoch geschätzt worden, und in vielen Handschriften sehr verbreitet gewesen. Beide Auszüge der Schrift im Anhange dieser Rechtsbücher weichen von der ursprünglichen Gestalt derselben bedeutend ab, sind aber dennoch unter einander sehr ähnlich. Dies führt zu der Annahme, daß beide Schriftsteller ihren Auszügen eine Recension der Schrift über die Zeitabschnitte zu Grunde legten, welche dieselbe schon in einer von der ursprünglichen abweichenden und jenen Auszügen näher kommenden Gestalt gab. Diese Recension, welche bis jetzt noch unbekannt ist, ist wahrscheinlich zu Anfang des 10. Jahrhunderts bei dem Wiederaufleben des Studiums der Schriften älterer Juristen abgefaßt worden, wie sich daraus ergibt, daß die aus ihr in die Synopsis und Epanagoge aucta übergegangenen Auszüge Spuren der Berücksichtigung der leonischen Gesetzgebung an sich tragen. Gegen das Ende des 11. Jahrhunderts ist eine fernere Ueberarbeitung der Schrift über die Zeitabschnitte unternommen worden, welche sich im Cod. Paris. gr. 1348 findet, einer Handschrift, welche selbst im 11. Jahrhundert geschrieben ist. Die Schrift hat hier den Titel: περὶ χρονικῶν διαστημάτων erhalten. Es ist ferner eine durchgängige Revision des Textes vorgenommen worden; überall finden sich Verbesserungen desselben nach den Regeln der Sprachlehre jener Zeit. Die Stellung der §§. ist hie und da umgeändert worden; manche kleine Nachträge sind am gehörigen Orte eingeschaltet worden. Die heterogenen Zusätze am Ende der Schrift kommen auch hier wieder mit einigen Veränderungen, und zwar unter der Ueberschrift: περὶ ὡρισμένου χρόνου, vor. Am meisten aber charakterisirt sich diese Ueberarbeitung der Schrift dadurch, daß zu den Citaten der Institutionen und Digesten, des Codex und der Novellen überall die entsprechenden Basilikencitate hinzugefügt worden sind. Diese Recension der Schrift scheint von den byzantinischen Juristen, welche die Schrift studirten und abschrieben, vielfach berücksichtigt worden zu sein. Der angegebene Titel: περὶ χρονικῶν διαστημάτων wurde seit dieser Zeit beliebt und gebräuchlich, und der verbesserte Text, welcher sich in ihr fand, sowie die Basilikencitate gingen in andere Recensionen über. So ist sie z. B. im 12. Jahrhundert bei einer Ueberarbeitung der Synopsis und ihres Anhanges zu der in diesem Anhange befindlichen Recension der Schrift zu Rathe gezogen worden. Auch scheint sie dem Juristen vorgelegen zu haben, von welchem der Cod. Paris. gr. 1383. A. geschrieben worden ist. Der Verfasser des Prochirum auctum, welcher im 13. Jahrhundert lebte und schrieb, hat eine von den schon erwähnten verschiedenen Recensionen der Schrift über die Zeitabschnitte gekannt und in den Anhang des von ihm verfaßten Rechtsbuches aufgenommen. Der Titel dieser Recension ist in allen Handschriften: περὶ χρόνων προθεσμίας; ein Titel, welcher wahrscheinlich nur durch Weglassung der Partikel καὶ aus dem älteren Titel: περὶ χρόνων καὶ προθεσμίας entstanden ist. Der Verfasser des Prochirum auctum bezeichnet die Recension, welche in dem Anhange dieses Rechtsbuches zu finden ist, mit den Worten: [illegible], und erklärt sie demnach für einen Auszug aus der ursprünglichen Schrift über die Zeitabschnitte. Die ganze Gestalt und der Inhalt dieses Auszuges beweist deutlich, daß er aus älterer Zeit stammt, und nicht erst vom Verfasser des Prochirum auctum ausgearbeitet worden ist. Als er in den Anhang dieses Rechtsbuches aufgenommen wurde, wurden wahrscheinlich nur einige kleine Abänderungen mit ihm vorgenommen, z. B. durch Weglassung lateinischer Redensarten, welche zu jener Zeit nicht mehr verständlich waren. Dagegen wurden die Citate der Digesten, des Codex und der Novellen, welche sich in jenem Auszuge fanden, auch bei dessen Einverleibung in den Anhang des Prochirum auctum beibehalten. Diese Recension war deshalb erst jetzt zu nennen und zu beschreiben, weil sie in der Gestalt, in welcher wir sie besitzen, allerdings Spuren an sich trägt, daß sie durch den Verfasser des Prochirum auctum, also im 13. Jahrhundert, einige Modificationen erhalten hat. Sie scheint jedoch von der Hand dieses Juristen nur leicht berührt worden zu sein, und es ist uns wahrscheinlich in ihr diejenige Recension erhalten, welche im Anfange des 10. Jahrhunderts nach der ursprünglichen Gestalt der Schrift über die Zeitabschnitte verfertigt worden ist. Das früher über eine Recension dieser Schrift, welche zu Anfang des 10. Jahrhunderts verfertigt worden sein und den Auszügen in der Synopsis und in der Epanagoge aucta zum Grunde gelegen haben müsse, Bemerkte paßt vollkommen auf die im Anhange des Prochirum auctum befindliche Recension derselben. Die Verfasser der Synopsis und der Epanagoge aucta haben sie beinahe wörtlich abgeschrieben; sie haben nur die Citate der Justinianeischen Rechtsbücher weggelassen und sonst noch einige unbedeutende Abkürzungen vorgenommen. In den folgenden Jahrhunderten, in welchen das Rechtsstudium im byzantinischen Reiche überhaupt immer mehr in Verfall gerieth, ist auch für die Schrift über die Zeitabschnitte nichts Bedeutendes und Durchgreifendes geleistet worden. Es finden sich nur Spuren, daß einzelne Juristen auch noch in dieser Zeit die Schrift über die Zeitabschnitte gelesen und sich mit derselben beschäftigt haben. So ist bereits früher eines Juristen Erwähnung geschehen, welcher sich während seines juristischen Studiums um das Jahr 1431 allerlei Auszüge in ein Heft zusammentrug und auch die Schrift über die Zeitabschnitte mit willkürlichen Auslassungen und Aenderungen nach der Recension, welche im 11. Jahrhundert verfaßt und uns durch Cod. Paris. 1349 erhalten worden ist, in sein Heft schrieb. Diese Arbeit ist uns im Cod. Paris. gr. 1585. A. erhalten. Ebenso enthält der Cod. Vindob. VI, 11 auf fol. 1. 2 einige Auszüge aus der Schrift über die Zeitabschnitte unter der unpassenden Ueberschrift: ἐκ τοῦ δ' βιβλίου τῶν ἰνστιτούτων, περὶ ἀγωγῶν. Ein anderer byzantinischer Jurist, welcher den Cod. Vindob. IV, 3 schrieb, hat nicht nur einige zerstreute Auszüge aus der Schrift über die Zeitabschnitte in diese Handschrift aufgenommen, sondern sogar versucht, diejenige Recension dieser Schrift, welche wir aus dem Anhange des Prochirum auctum kennen, in Frage und Antwort zu bringen. Die neueste und beste kritische Ausgabe der Ῥοπαί, gegen welche alle bisherigen als unbedeutend zurücktreten, ist im J. 1836 von Zachariä v. L. besorgt worden. Die rechtsgeschichtliche Einleitung dazu enthält die hier in Kurzem wiedergegebene Geschichte der Schrift über die Zeitabschnitte, sowie sehr schätzbare Bemerkungen über die byzantinische Rechtsgeschichte überhaupt, eine sehr gründliche Untersuchung über die verschiedenen Recensionen der Schrift und der Werke, in welchen sie enthalten sind. Von den oben erwähnten verschiedenen Formen und Gestalten, in welchen die Ῥοπαί in Handschriften erscheinen, sind, nächst den Bruchstücken des Cod. Paris. gr. 1367, noch zwei andere sowol an sich, d. h. als Erzeugnisse der byzantinischen Rechtsgelehrsamkeit, als auch für die Kritik des römischen Rechts von besonderer Wichtigkeit. Die im Anhange des Prochirum auctum vorkommende Recension ist wichtig, weil sie wahrscheinlich nach der ursprünglichen Recension der Schrift über die Zeitabschnitte unmittelbar gearbeitet worden ist, die Citate der Justinianeischen Rechtsbücher noch regelmäßig gibt, und selbst wieder Quelle für zwei Abkürzungen, die in dem Anhange der Synopsis und in dem der Epanagoge aucta befindlichen, geworden ist. Die andere Recension von Bedeutung ist die im Cod. Paris. 1349 erhaltene. Diese Recension ist wiederholt durch den Druck bekannt gemacht worden; wir kennen sie aus den Ausgaben von Cujacius, Löwenklau und Leucher. Die Bruchstücke des Cod. Paris. gr. 1367 sind in der Zachariä'schen Ausgabe, in der Einleitung S. 23—31 abgedruckt. In der Gestalt, in welcher die Schrift über die Zeitabschnitte im Anhange des Prochirum auctum erscheint, war dieselbe noch nicht gedruckt. Nur der im Anhange der Synopsis befindliche Auszug dieser Recension war in der Schardischen Ausgabe und ihren Wiederholungen gedruckt. Der Zachariä'schen Ausgabe liegt nur die im Anhange des Prochirum auctum befindliche Recension der Schrift über die Zeitabschnitte, wie solche in dem Cod. bibl. Senat. Lips. Rep. I. nr. 61, einer ehemals Uffenbachischen Handschrift, unter dem Titel: περὶ χρόνων προθεσμίας ἀπὸ ἡμέρας ἕως ἑκατὸν ἐνιαυτῶν auf fol. 170. B. bis fol. 184. A. sich findet, zum Grunde. Eine andere Handschrift des Prochirum auctum ist nicht benutzt worden. Dagegen hat der Herausgeber eine durchgreifende Vergleichung der von ihm herausgegebenen Recension mit dem Cod. Paris. 1349 nach der Cujacischen Ausgabe und deren Wiederholungen angestellt und deren Resultate in den kritischen Anmerkungen hingestellt. Ebenso ist in den Anmerkungen eine fortlaufende Vergleichung des herausgegebenen Textes mit dem Texte derjenigen Recension, welche der Verfasser der Synopsis in dem Anhange dieses Rechtsbuches aufgenommen hat, gegeben. Für diese letztere Recension sind zwei im Besitze des Herrn Hofrath Hänel in Leipzig befindliche Abschriften benutzt worden.

8) *Αἱ ἀγωγαί*, s. libellus de actionibus. In der kurzen Rechtsgeschichte, welche Michael Psellus seinem ποίημα νομικόν als Einleitung vorausschickt, erwähnt derselbe außer der Schrift über die Zeitabschnitte auch, daß Viele die besonderen Klagen gesammelt und ein lobenswerthes System derselben aufgestellt hätten, worin die Natur einer jeden Klage erörtert und alle Fragen und Fälle sehr weise bei der betreffenden Klage abgehandelt würden; dies sei die wahre Wissenschaft des Rechts, und wer dieses Buch genau studire, werde ein trefflicher Rechtsgelehrter. Die Stelle lautet:

> *Πολλοὶ δέ, συλλεξάμενοι τὰς ἀγωγὰς ἰδίως,*
> *σύνταγμα συνετάξαντο ἄξιον σπουδῆς·*
> *τὴν φύσιν γὰρ τῶν ἀγωγῶν ἑκάστης ἐρμηνεύσαντες,*
> *καὶ πάντα τὰ ζητήματα καὶ πάσας ὑποθέσεις*
> *εἰς τὴν οἰκείαν ἀγωγὴν συνετίθεσαν ἀρμοδίως·*
> *τοῦτο καὶ μόνον κρίνεται φιλοσοφεῖν τὸν νόμον,*
> *καὶ εἴ τις ἀναγνώσεται τοῦτο δὴ τὸ βιβλίον,*
> *οὗτος ὁ νομικώτατος νομομαθὴς ὑπάρξει.*

Es finden sich in den Handschriften verschiedene solcher Abhandlungen über die Klagen, deren Geschichte der Schrift über die Zeitabschnitte nicht unähnlich ist. Lange Zeit hat man dieselben einem Juristen mit Namen Dalianabis zugeschrieben, welchen man für später, als die Basiliken hielt. Es ist dies ein Irrthum, welchen Lambecius durch eine falsche Auslegung der Aufschrift einer wiener Handschrift verbreitet hatte. Das Werkchen ist in der wiener Handschrift betitelt: *Δαλιανάβους περὶ ἰδικῶν ἀγωγῶν*; in denen von Hänel: *Δαλιανάβους ἤτοι περὶ ἰδικῶν ἀγωγῶν*, in der florentiner: *Δεακτιονί-βους*. In diesen Titeln ist eine bloße Verderbniß der Rubrik de actionibus, welche mit griechischen Buchstaben geschrieben war, zu erblicken, und daraus erklärt sich das räthselhafte Dalianabis, welches man irrthümlich für den Namen eines Juristen gehalten hat. Heimbach jun. hat den wahren Titel: *Δε ἀκτιόνιβους* wiederhergestellt. Diese Schrift besteht aus zwei Theilen. Der erste, offenbar älter, als die Basiliken, ist die alte und ursprüngliche Arbeit, welche die Verhältnisse, welche aus den verschiedenen bürgerlichen Rechten entspringen, und die dieselben bestimmenden Regeln erörtert; er erstreckt sich bis zu den Worten: *ἡ ἀγωγὴ ἀναμφιβόλως καθίσταται*. Der zweite Theil ist nach den Basiliken beigefügt, auf deren Auctorität sich darin berufen wird, aber älter als das 12. Jahrhundert; er schließt das Werk. Die Schrift de actionibus findet sich in folgenden Handschriften: 1) Cod. Vindob. fol. 336—340 (Lambecius) VI. p. 1 seq.; 2) Cod. Marcian. 173 am Ende; 3) Cod. Laurent. IV, 10. fol. 628—508; 4) Cod. Haenel. A. fol. 264. 265; 5) Cod. Haenel. B. fol. 251. 252 (beide letztere Handschriften hat Heimbach beschrieben); 6) Cod. Vatic. Palat. 8. fol. 200 seq.; 7) Cod. Vatic. Palat. 13. Es ist bereits bemerkt worden, daß die Abhandlung über die Klagen ähnliche Schicksale erfahren hat, wie die über die Zeitabschnitte. Es gibt verschiedene Recensionen derselben. Die älteste Abhandlung dieser Art, welche wahrscheinlich noch in die Periode von Justinian bis zu Heraclius fällt, ist nach den unter 2—5 aufgeführten Handschriften im J. 1830 herausgegeben von Heimbach jun. in den Observationes juris Graeco-Romani. Eine andere findet sich im Anhange zum Prochirum auctum; eine dritte im Cod. Paris. 1355. fol. 7. B. bis fol. 9 ohne Ueberschrift.

9) *Magistri* στοιχεῖον. Das Sch. p. bei *Fabr.* VII, 22. *Heimb.* V, 230 lautet: Ζήτει ἐν τῷ α' στοιχείῳ τοῦ *Μαΐστορος* τὸ δὲ ἀδουλτερίοις καὶ τὴν ἀβολιτίονα, Zachariä v. L. setzt die darin angezeigte Schrift in die Zeit vor den Basiliken, und zwar noch in das 7. Jahrhundert, indem er sie anderen Schriften dieser Zeit zugesellt. Die Schrift scheint ein juristisches Repertorium in alphabetischer Ordnung gewesen zu sein; in der eben angeführten einzigen Stelle werden daraus die Artikel de adulteriis und de abolitione citirt. Das Citat rührt aber ohne Zweifel von einem späteren Scholiasten der Basiliken her, wie sich aus dem Zusatze in dem angeführten Scholium ergibt: ζήτει καὶ τιτ. ιϛ' κεφ. ε' und es ist sonach nicht zu erwarten, daß eine Schrift aus der Periode von Justinian bis zu Heraclius von einem solchen citirt wird, wenn sie ihm nicht durch die Basiliken und deren Scholien bekannt war. Wir glauben, daß sich das Citat vielmehr auf ein Werk des späteren Basilikenscholiasten Gobidas über die Klagen, περὶ ἀγωγῶν in alphabetischer Ordnung (κατὰ στοιχεῖον) bezieht, welches mehrmals in den Basilikenscholien citirt wird, und daß τοῦ *Μαΐστορος* kein Eigenname, sondern gleichbedeutend mit διδάσκαλος ist, sodaß also der Scholiast damit seinen Lehrer Gobidas bezeichnet.

§. 21. Juristische Schriften aus dem 8. und 9. Jahrhundert.

1) *Appendix Eclogae Leonis et Constantini.* Die Ecloga von Leo und Constantin mußte sofort nach ihrer Bekanntmachung großes Ansehen bei den Griechen erlangen. Denn sie war dem Geiste der damaligen Menschen wegen ihrer Einfachheit und Kürze sehr angemessen, und den Unterthanen um so angenehmer, je mehr darin auf das damalige Gewohnheitsrecht Rücksicht genommen worden war. Daher war es natürlich, daß jeder Sachwalter und Studirender der Rechte eine Handschrift dieses Rechtsbuches sich anschaffte. Diese fügten ihren Handschriften auch Anhänge hinzu, in welche sie viele andere juristische Fragmente und namentlich Excerpte aus dem Justinianeischen Rechte, soweit dies durch die Ecloga nicht abgeschafft war, aufnahmen. Die Resultate dieser ersten zusätzlichen Arbeiten zu der Ecloga sind in mehreren Handschriften erhalten, in welchen dieses Rechtsbuch mit Anhängen sich findet. Die Anhänge sind aus Stücken zusammengesetzt, welche nicht alle denselben Ursprung und Charakter haben; diese Stücke sind entweder einfache Excerpte aus den Schriften des 6. Jahrhunderts ohne bestimmte Ordnung, oder wörtliche Abschriften der ursprünglichen Originale, vollständig und hinwegen, eingeschaltet zwischen den Fragmenten, welche aus jenen Schriften entlehnt sind. Die Anhänge finden sich in verschiedenen Handschriften: 1) in einer Wienerischen und im Cod. Laurent. IX, 8. 2) Cod. Vallicell. F. 47. 3) Cod. Marcian. 181 und Palat. 55, welcher letztere eine Abschrift des ersteren enthält. 4) 2 Handschriften auf dem Berge Athos, eine Codex τῶν Ἰβήρων, die andere Cod. τῆς Λαύρας. 5) Cod. Vindob. Jur. gr. 2. 7 und 8. 6) Cod. Paris. gr. 1381. 1391. 1788. 7) Cod. Bodlej. 715. Die Anhänge in diesen Handschriften sind sich so ähnlich, daß sie alle denselben Ursprung zu haben scheinen. Dies ist so zu verstehen, daß ihnen allen ein und derselbe Anhang zur Ecloga, welcher von einem griechischen Juristen im 8. oder 9. Jahrhundert derselben beigefügt worden ist, zur Grundlage gedient hat. Später haben andere, welche die Handschriften der Ecloga abschrieben, bald Einiges weggelassen, bald hinzugefügt, bald in eine andere Ordnung gebracht. Unter den in jenem Anhange befindlichen Excerpten aus den Schriften des 6. Jahrhunderts haben sich manche erhalten, von denen wir sonst keine Kenntniß hatten, z. B. aus dem κατὰ πόδας des Antecessor Johannes Kubidius und aus dem σύντομος κώδιξ des Antecessor Stephanus. Zachariä v. L. hat den Anhang der Ecloga aus dem Cod. Paris. 1384. fol. 106b seq. herausgegeben.

2) *Leges militares, rusticae, navales* (Νόμος στρατιωτικός, νόμος γεωργικός, νόμος Ῥοδίων ναυτικός). Fragt man nach den Ursachen, welche die Juristen veranlassen konnten, im 8. Jahrhundert die auf den Krieg, den Landbau und die Schiffahrt bezüglichen gesetzlichen Bestimmungen zusammenzustellen, so gibt die Art, wie die rechtlichen Bestimmungen in diesen Sammlungen entwickelt sind, Antwort auf diese Frage. Diese Sammlungen sind offenbar deshalb gemacht worden, um den Juristen die Mühe zu ersparen, die auf die erwähnten Gegenstände bezüglichen Bestimmungen in den Justinianeischen Rechtsbüchern zu suchen. Der Zweck war also bloße Bequemlichkeit; diesem Zwecke entspricht auch die Ausführung. a) *Leges militares* (νόμος στρατιωτικός). Die mit diesem Titel bezeichnete Sammlung umfaßt hauptsächlich die Strafbestimmungen für die Delicte der Soldaten. Wahrscheinlich ist diese Sammlung nicht in ihrer ursprünglichen Gestalt auf uns gekommen, sondern hat später manche Abänderungen und Verstümmelungen erlitten. Sie findet sich in einer großen Zahl griechischer Handschriften, aber immer im Anhange zu verschiedenen juristischen Handbüchern. Im Cod. Paris. gr. 1384 bildet die Sammlung einen Theil des Anhanges der Ecloga privata aucta; die Fragmente, aus denen sie besteht, sind in folgende Ordnung gebracht. An erster Stelle stehen 16 §§. unter der Rubrik: περὶ στρατιωτικῶν ἐπιτιμίων ἐκ τοῦ Ῥούφου καὶ τῶν τακτικῶν, dann folgen 15 §§. mit der Ueberschrift: ἐκλογὴ τοῦ κλε-

λιον, ποινάλιον στρατιωτικόν, in welchen sich Citate aus den Digesten und dem Codex finden. Den Schluß machen 23 §§, welchen folgende Bemerkung vorausgeht: Feliciter; ἐκ περὶ στρατιωτικῶν καταστάσεων ἐκ τοῦ μθ' βι. τῶν διγ. τι. ις'. Im Cod. Vindob. Jur. gr. 3 findet sich als das erste Stück des Anhangs das Werkchen über die militairischen Strafen (ποινάλιος τῶν στρατιωτῶν) in 14 Titeln mit dem Anhange: Ἐάν τις ἐπιφερόμενος αὐτοῦ πρᾶγμα (*Leuncl.* §. 30. Jus Gr. Rom. T. II. p. 252); dieses Werkchen ist aber von den νόμοι στρατιωτικοί verschieden, welche sich im zweiten Theile dieser Handschrift und im Cod. Vindob. jur. gr. 2 und 7 und im Cod. Marcian. 192 finden; in diesen fangen die leges militares mit den Worten an: ὅπως τολμήσαντι συμμαχίαν (*Leuncl.* §. 10 ibid. T. II. p. 250) und der Text der leges militares in diesen Handschriften weicht von dem von Löwenklau herausgegebenen ab. Im Cod. Bodlej. 264. fol. 96b—100 hat die Sammlung, welche einen Theil des Anhangs der Ecloga von Leo und Constantinus bildet, den Titel: Κεφάλαια τῶν στρατιωτικῶν ἐπιτιμίων τοῦ μθ' βι. τῶν διγ. τι. ις'. Dann folgen Rubricae VIII capitum. Ἐκ τοῦ ῥούφου καὶ τῶν τακτικῶν. Rubricae VI capp. Ἐκ τοῦ μθ' βι. τῶν διγ. τι. ις'. Rubricae XXVI capp. Ἐκ τοῦ ῥούφου καὶ τῶν τακτικῶν. Rubricae XIII capp. Auf dieses Rubrikenverzeichniß folgt: Νόμος ποινάλιος στρατιωτικὸς ἐκ τοῦ μθ' βι. τῶν διγ. τοῦ ις'; τι. περὶ στρατιωτικῶν ἐπιτιμίων. Das erste Capitel beginnt: Ἐὰν στρατιώτης ἐν πολέμῳ πρᾶγμα, das letzte (λγ') ὁ στρατιώτης κλέπτων. Im Cod. Bodlej. 716, wo die Sammlung einen Theil des Anhangs der Epanagoge aucta bildet, hat sie den Titel: Νόμος στρατιωτικὸς ποινάλιος ἐκ τοῦ ῥούφου καὶ τῶν τακτικῶν. Das erste Capitel beginnt: Εἴ τινες τολμήσουσι; das letzte: ἐκ τοῦ λε' τι. βι. ιβ' τοῦ κωδ. Μηδεὶς γεωργίας. In den Handschriften der Ecloga ad Prochirum mutata hat die Sammlung, welche den Titel 34 dieses Handbuches bildet, den Titel: Νόμος ῥούφου καὶ ποιναλίου περὶ στρατιωτῶν. Nach den Handschriften zerfällt also die Sammlung in drei Theile. Der erste enthält Fragmente, welche als Excerpte aus Rufus und den τακτικά bezeichnet werden; der zweite ist eine Zusammenstellung von Strafbestimmungen; der dritte ist als Auszug aus den Digesten und dem Codex bezeichnet. Diese 3 Theile sind aber weder immer in derselben Ordnung gestellt, noch enthalten sie in allen Handschriften die gleiche Anzahl Paragraphen, noch haben alle Handschriften zugleich dieselben Stücke. Zur Grundlage des Textes der Sammlung haben verschiedene Commentare über die Justinianeischen Rechtsbücher, namentlich die Digesten und der Codex gedient; diese Commentare sind aber andere, als diejenigen, welche man später für die Basiliken benutzt hat. Andere Stücke sind als Excerpte aus zwei Werken bezeichnet, von denen das eine den Titel τακτικά, das andere den Titel ποινάλιος führt. Bei dem letztern könnte man geneigt sein, an den ποινάλιος des Antecessor Johannes Cubidius zu denken, welches Werk, wie bereits in §. 20 unter 6 bemerkt wurde, eine Zusammenstellung aller Strafbestimmungen aus den Justinianeischen Rechtsbüchern und wahrscheinlich also auch die militairischen Disciplinarstrafbestimmungen enthielt. Möglich ist aber auch, daß eine andere Sammlung aus der Zeit des 6. Jahrhunderts benutzt worden ist. Der Name Rufus, welcher dem Verfasser des Werkes, aus dem die leges militares theilweise entlehnt sind, beigelegt wird, ist wahrscheinlich ein fingirter, da wir keinen Juristen dieses Namens aus der Zeit von Justinian bis Heraclius kennen; vielleicht hat man diesen Namen eines alten Juristen gebraucht, um dem Werke ein größeres Ansehen zu geben. Daß dabei nicht an P. Rutilius Rufus zu denken ist, darüber ist man jetzt allgemein einverstanden. Die erste Ausgabe der leges militares ist von Simon Schard zugleich mit der des sogenannten Eustathius über die Zeitabschnitte (Basel 1561. p. 140—165) unter dem Titel: περὶ στρατιωτικῶν καταστάσεων καὶ ἐπιτιμίων Ἰουστινιανοῦ βασιλέως. Dem griechischen Texte ist eine lateinische Uebersetzung beigefügt. Die Schardische Ausgabe enthält nicht mehr als 61 Capitel. Die zweite und letzte Ausgabe ist von Löwenklau im Jus Graeco-Romanum T. II. p. 249—256 nach zwei Handschriften, der einen von Franz Pithou, der anderen aus der pfälzischen, der vaticanischen einverleibten Bibliothek, ohne Zweifel Cod. Vatic. Palat. 55. fol. 55—57, folgeweise nach der Recension, welche sich im Anhange der Epanagoge findet. Diese Ausgabe enthält 55 Capitel unter fortlaufenden Nummern und weicht von der Ordnung in den pariser und in den oxforder Handschriften ab. Es finden sich in der Ausgabe manche Stücke doppelt. Dem griechischen Texte ist eine lateinische Uebersetzung beigefügt. Die Zeit der Abfassung der leges militares ist jedenfalls nach der Bekanntmachung der Ecloga Leo's und Constantin's zu setzen, weil das cap. 41 der leges militares bei Löwenklau (T. II. p. 255), welches die Strafen des Diebstahls von Waffen und Pferden bestimmt, Aehnlichkeit mit der Ecloga Tit. XVII. cap. 10 hat, deren Bestimmung hier offenbar benutzt ist. Auf der anderen Seite zeigt sich der Gebrauch der leges militares in dem Anhange der Ecloga. Dieser Anhang enthält außer den leges militares auch die leges rusticae und navales; alle diese leges bilden einen regelmäßigen Bestandtheil des Anhangs und sind erst aus diesem in andere Werke übergegangen; es ist also wahrscheinlich, daß sie vom Verfasser des Anhangs selbst verfaßt sind, um so mehr, je mehr ihr Inhalt dem Geiste des 8. oder 9. Jahrhunderts entspricht. b) *Leges rusticae* (νόμος γεωργικός). In dem Anhange der Ecloga findet sich auch eine Sammlung von gesetzlichen Bestimmungen, welche sich auf den Landbau beziehen. Sie ist von den verschiedenen Uebersetzern verschieden betitelt worden, nämlich leges georgicae, rusticae, coloniariae, agrariae. Sie bildet in den Ausgaben des Manuale legum des Harmenopulus einen feststehenden Anhang dieses Handbuchs, seit der erste Herausgeber Suallemberg sie in den Handschriften, aus denen er jenes Handbuch herausgab, fand. Dies hat die unrichtige Meinung veranlaßt, daß Harmenopulus der Verfasser dieser Sammlung sei. Vielmehr ist diese Sammlung, sowie die vorige, ein regelmäßiger Bestandtheil des Anhangs der Ecloga, und daher auch wahrscheinlich vom Verfasser dieses Anhanges verfaßt. Die Verbindung mit dem Werke des Harmenopulus beruht wol darauf, daß letzterer das Prochiron des Basilius benutzt hat, zu welchem sich die leges rusticae als Anhang finden. Die Handschriften geben, mit einigen Varianten, folgenden Titel der Sammlung: Νόμοι γεωργικοὶ κατ' ἐκλογὴν τοῦ τῆς θείας λήξεως Ἰουστινιανοῦ βασιλέως. Man hat in dieser Verbindung mit dem Namen Justinian's den positiven Beweis finden wollen, daß diese Sammlung zwar nicht unter Justinian I., dem Urheber der Rechtsbücher, wol aber unter Justinian II. Rhinotmetos (von 685—695, und dann wieder von 705—711) verfaßt sei, und der häufig barbarische Styl dieser Gesetze scheint diese Vermuthung zu unterstützen. Allein der vorher angeführte Titel sagt weiter Nichts, als daß diese Gesetze ἐκ τῶν Ἰουστινιανοῦ βιβλίων ausgewählt seien. In der That enthalten sie gesetzliche Bestimmungen, auf den Landbau und die daran sich knüpfenden Rechtsverhältnisse bezüglich, welche sich in den Justinianeischen Rechtsbüchern finden, und der Titel sagt also blos, daß diese Gesetze eine Auswahl von Stellen aus den Justinianeischen Rechtsbüchern enthalten. Es kann also für die Abfassung dieser Sammlung unter Justinian II. aus dem Titel Nichts abgeleitet werden. Die Sammlung enthält in den ausgewählten Stellen nicht den ursprünglichen Text der Justinianeischen Rechtsbücher, sondern ist aus den griechischen Bearbeitungen derselben geschöpft. Im Cod. Paris. gr. 1367. fol. 97 wird der Sammlung folgende Ueberschrift vorangeschickt: Νόμος γεωργικός. διγέστα. μοδεστ. μάρκος. ὀλυμπιανοῦ. ὁ διάκον. ἑρμογενιανοῦ καὶ παύλου ἀντικηνσόρων. ἰνστιτοῦτα. εἰσαγωγὴ νόμου θεοφίλου. δωροθέου καὶ στεφάνου ἀντικηνσόρων. Diese Ueberschrift deutet, was die Digesten anbelangt, vielleicht auf die Stellen der Juristen hin, welche aus den Digesten oder vielmehr aus deren griechischen Bearbeitungen in die Sammlung aufgenommen sind (Modestinus, Hermogenianus und Paulus; die Namen Marcus und Olympianus sind wahrscheinlich corrumpirt oder beruhen auf Misverständnissen); was die Institutionen betrifft, so könnten sie auf griechische Bearbeitungen derselben von Theophilus, Dorotheus und Stephanus hindeuten, welche bei der Sammlung benutzt worden seien; es ist aber wahrscheinlicher, daß eine Definition der Institutionen habe gegeben werden sollen dahin, daß dieselben eine von den genannten Rechtslehrern verfaßte Einleitung in die Gesetze seien, wo nur Stephanus aus Irrthum als Mitverfasser genannt wird. Die Sammlung ist im Anhange der Epanagoge aucta in 81 Capitel getheilt, und in der Ecloga ad Prochirum mutata bildet sie die Titel 25 und 26 dieses Handbuches. Die Herausgeber der Sammlung haben sie in 10 Titel, welche wieder in Paragraphen zerfallen, eingetheilt; diese Eintheilung findet sich namentlich in allen Ausgaben des Harmenopulus. Diese Titel sind: α'. περὶ γεωργῶν. β'. περὶ κλοπῆς. γ'. περὶ ἀγελαρίων. δ'. περὶ πραίδας ζώων. ε'. περὶ ἐμβασίας. ς'. περὶ φόνων ζώων. ζ'. περὶ δένδρων. η'. περὶ ἐμπρησμοῦ. θ'. περὶ δούλων. ι'. περὶ καινοτομιῶν. Dagegen hat Löwenklau in seiner Ausgabe im Jus Graeco-Rom. T. II. p. 256 seq. folgende Titel, ohne solche mit Zahlen zu bezeichnen: περὶ γεωργῶν. περὶ μορτῆς. περὶ ἐρημωσίας. περὶ κλοπῆς. περὶ ἀγελαρίων. περὶ πραίδας ζώων. περὶ ἐμβασίας. περὶ φόνων ζώων. περὶ μάχης δύο ζώων ἤγουν ἀδικίας καὶ βλάβης. περὶ δένδρων. περὶ ἐμπρησμοῦ. περὶ δούλων. περὶ καινοτομιῶν. περὶ μυλώνων. περὶ βίας. Es sind dies 15 Titel. In der That enthält diese Ausgabe nicht mehr, als die anderen, und die mehreren Titel sind nur daraus entstanden, daß einige der zehn Titel wieder in specielle Abtheilungen zerfallen. So hat der Titel περὶ γεωργῶν die Unterabtheilungen περὶ μορτῆς und περὶ ἐρημωσίας, der Titel περὶ φόνων ζώων die Unterabtheilung περὶ μάχης δύο ζώων κ. τ. λ., der Titel περὶ καινοτομιῶν die Unterabtheilungen περὶ μυλώνων und περὶ βίας. Die Sammlung enthält keine Bestimmung, welche sich auf den politischen Zustand der Colonien bezöge, sondern sie beschäftigt sich mit den Strafen und den pecuniairen Verpflichtungen, welche die Colonen für die Delicte, welche sie bei Gelegenheit des Landbaues begehen, und für die Schäden, welche sie dabei selbst unfreiwillig verursachen, treffen. Die Sammlung ist häufig herausgegeben worden. Zuerst gab Suallenberg im J. 1540 mit dem Manuale legum des Harmenopulus den griechischen Text heraus, und seit dieser Zeit steht sie in allen Ausgaben dieses Handbuches. Eine zweite Ausgabe besorgte Balduinus (Baudoin) im J. 1542. Er scheint die Arbeit seines Vorgängers nicht gekannt zu haben, da er ihn nicht erwähnt, und hat sich einer bisweilen incorrecten Handschrift des Harmenopulus bedient. Dann ist die Sammlung nach den leges militares mit dem sogenannten Ensatztheils über die Zeitabschnitte von Eckard 1661 und von Löwenklau im Jus Graeco-Rom. T. II. p. 256—265 herausgegeben. Die besten Ausgaben sind mit dem Harmenopulus zugleich von Reiz und Heimbach jun. Es gibt auch eine französische Uebersetzung. c) Leges navales (νόμος Ῥοδίων ναυτικός). Die Seegesetze der Rhodier standen im Alterthum in so hohem Ansehen, daß die Römer kein Bedenken trugen, sie zur Grundlage ihres Seerechtes zu machen. Sie wurden Gegenstand der Bearbeitung der Juristen und es finden sich auch kaiserliche Rescripte darüber. Ein Theil des rhodischen Seerechts, enthaltend die Bestimmungen über die Pflicht zur Theilnahme an dem Schaden, welcher dadurch verursacht wird, daß bei Gefahr zur See zur Erleichterung und Rettung des Schiffes Waaren über Bord geworfen werden (lex Rhodia de jactu mercium), ist namentlich von den römischen Juristen vielfach bearbeitet worden, und hierauf bezügliche Stellen aus den Schriften der Juristen sind in einem besonderen Titel der Digesten ad legem Rhodiam de jactu m. (Lib. XIV. Tit. 2) zusammengestellt. Unabhängig von diesem Digestentitel hat sich eine griechische Sammlung seerechtlicher Bestimmungen unter dem Titel: *νόμος Ῥοδίων* erhalten. Es ist lange Zeit darüber Streit gewesen, ob diese Sammlung eine getreue Copie des ursprünglichen Textes des rhodischen Seerechtes sei. Zuerst erhob Balduinus Zweifel gegen die Echtheit. Ant. Augustinus trat diesem bei. Unter anderen suchte Bynkershoeck die Unechtheit derselben ausführlich nachzuweisen. Dagegen haben wieder andere für die Unechtheit gestritten. Endlich hat Pardessus den augenscheinlichen Beweis, daß diese Sammlung nicht das wirkliche rhodische Seerecht enthalte, dadurch geführt, daß er zeigt, daß in den wesentlichsten Punkten die Grundsätze des Rechts der Digesten, welche ohne Zweifel aus dem echten rhodischen Seerechte geschöpft sind, mit denen, welche diese Sammlung enthält, im Widerspruche stehen. Die Sammlung besteht aus drei verschiedenen Theilen. An der Spitze steht in den Ausgaben eine Einleitung oder Vorrede, die kaiserlichen Bestätigungen enthaltend, wo erzählt wird, daß eine Redaction der rhodischen Seegesetze von Nero angeordnet und von verschiedenen Kaisern bestätigt worden sei. Dieses Stück steht in keiner Handschrift an der Spitze der Compilation; es ist offenbar nicht echt und scheint aus einer späteren Zeit, als die übrigen Theile der Sammlung, herzurühren. Hierauf folgt ein Abschnitt, betitelt: *Ναυτικὸς νόμος*, bestehend aus 21 Capiteln unter nur 19 Rubriken. In den ersten 13 Capiteln werden Localgewohnheiten in Betreff des Lohnes der Schiffsleute und der Vertheilung der Schiffsfracht vorgetragen; die andern Capitel enthalten Regeln über Darlehen zur See und über die Verantwortlichkeit des Schiffsrheders. Der dritte Theil enthält einen weiteren Abschnitt betitelt: *Νόμος Ῥοδίων ναυτικὸς κατ' ἐκλογὴν ἐκ τοῦ ια' (ιδ') βιβλίου τῶν διγέστων*; es ist aber das 14. Buch der Digesten gemeint, da das 11. Buch Nichts auf das Seerecht Bezügliches enthält. Dieser Abschnitt besteht aus 51 Capiteln, denen eine gleiche Anzahl Rubriken vorhergeht. Fabrot hat diesen Abschnitt zur Wiederherstellung des 8. Titels des 53. Buches der Basiliken benutzt, welches verloren gegangen ist, und diesen Abschnitt ganz in den erwähnten Titel aufgenommen.[1] Er wird deshalb getadelt und es wird behauptet, daß er nur diejenigen Capitel hätte aufnehmen dürfen, welche in dem Repertorium des sogenannten Tipucitus im Anhange aus den Basiliken wiedergegeben sind, und diejenigen, welche die Synopsis major, in den Handschriften unter dem Buchstaben N, in der Ausgabe von Leunclav unter Lib. LIII. tit. 8. p. 451—453 enthält, d. h. die 14 Capitel, welche als Auszüge der lex Rhodia bezeichnet, und mit dem, mit den Nummern 2. 3. 7. 9. 10. 13. 28. 31. 34. 35. 41. 44. 47 in diesem dritten Theile der Compilation bezeichneten Capiteln nach dem im Jus Graeco-Romanum gegebenen Texte identisch sind. Das dem Cod. Paris. 1357 vorangehende Rubrikenverzeichniß gibt noch tit. 7. lib. LIII. Basil. folgende Rubrik: *Τιτλ. ζ'. Τὸ κεφάλαιον τοῦ νόμου τῶν Ῥοδίων· κεφάλαιον νόμου Ῥοδίων κατ' ἐκλογήν. η'. περὶ ναυτικῶν.* Das in der Coislin'schen Basilikenhandschrift 151 vorangeschickte Rubrikenverzeichniß hat keine solche Rubrik. Pardessus hat zu zeigen gesucht, daß Fabrot mit Unrecht auch nur den kleinsten Theil des Textes dieser Reihe von Capiteln zur Ergänzung der Basiliken benutzt habe, da sie niemals einen Theil der griechischen Compilation der Seegesetze ausgemacht hätten. Er stützt sich auf den offenbaren Widerspruch, welcher sich zwischen den auf die Contribution bei Seeschäden bezüglichen Stellen dieser Sammlung und den Bestimmungen der lex Rhodia über denselben Gegenstand findet, da letztere die Unterscheidung zwischen gemeinschaftlichen und particulären Seeschäden, welche die Digesten und die Basiliken zulassen, und welche die Contribution in dem einen wie in dem anderen Falle vorschreibt, abweist. Auch scheinen die Synopsis minor, das *πόνημα* des Michael Attaliata und das Manuale legum von Harmenopulus diese Vermuthung vollständig zu bestätigen, da sie Bestimmungen enthalten, welche mit den erhaltenen Stellen aus Tit. 3. Buch 53 der Basiliken und mit den Digesten ganz übereinstimmen und mit denen der Sammlung, von welcher hier die Rede ist, im Widerspruche stehen. Dennoch kann man unmöglich einen Theil von den Basiliken ausschließen, welcher nach dem unwiderleglichen Zeugnisse der Synopsis und des sogenannten Tipucitus, beides Abkürzungen der Basiliken, die eine in alphabetischer Ordnung, die andere nach der Ordnung der Materien, sowie nach dem Rubrikenverzeichniß des Cod. Paris. 1357 einen Bestandtheil der Basiliken gebildet hat. Der von Pardessus als Hauptgrund für seine Ansicht geltend gemachte Widerspruch ist aber auch durchaus nicht entscheidend. Denn in den Basiliken findet sich vieles bereits zu Justinian's Zeit durch spätere Gesetze abgeändertes, mithin unpraktisch gewordenes Recht und außerdem auch das neuere geltende Recht aufgenommen, und doch wäre die Annahme ganz unbegründet, daß ersteres keinen Bestandtheil der Basiliken gebildet habe. Zudem ist dies Zeugniß der Synopsis major, welche ja nicht lange nach den Basiliken, zwischen den Jahren 969 und 987 verfaßt worden ist, ganz entscheidend dafür, daß auch jener dritte Theil der jetzt fraglichen Sammlung in den Basiliken gestanden habe. Man muß aber auch weiter gehen und annehmen, daß die ganze Sammlung in die Basiliken aufgenommen sei. Denn in den Scholien der Basiliken werden Capitel dieser Sammlung als im 53. Buche der Basiliken stehend citirt, welche sich weder in der Synopsis major, noch bei Tipucitus finden. Die Ausgaben geben als einen vierten Theil der Sammlung noch einen Auszug einer Schrift, welche einem Dorimus oder Docimus zugeschrieben wird unter der Rubrik: *Περὶ τῶν νόμων Ῥοδίων ναυτικῶν ἐκ βιβλίου τινὸς νομίμου τοῦ Δωρίμου* oder *Δοκίμου*. Dieser Theil handelt von der Gültigkeit des rhodischen Seerechts. Er stimmt mit der Synopsis minor Lit. N. cap. 15 überein und findet sich in keiner bekannten Handschrift der Sammlung. Ueber die Zeit der Abfassung der Sammlung sind die Ansichten sehr verschieden. Es gilt aber davon dasselbe, was von der Sammlung der leges rusticae und militarcs bemerkt worden ist. Denn auch diese Sammlung bildet einen regelmäßigen Bestandtheil des Anhangs der Ecloga von Leo und Constantin, und ist also auch wol von dem Verfasser dieses Anhangs verfaßt worden. Die k. Bibliothek zu Paris enthält 4 Handschriften, in welchen sich diese Sammlung findet, nämlich Nr. 1356. 1367. 1720. 1391. Im Cod. Paris. 1356. fol. 277 a 278 finden sich unter dem Titel: *Νόμος ναυτικὸς Ῥοδίων*, die 15 ersten Capitel des zweiten Theils, und dann derselbe Titel, welchem Namen verschiedener Kaiser und die Capitel 1—3. 5—7. 11. 19. 50 des dritten Theils folgen. Fol. 317 a ad fin. findet sich der zweite Theil der Sammlung in 21 Capiteln mit vorangehenden 19 Rubriken, und dann der dritte Theil in 51 Capiteln. Cod. Paris. 1367 enthält fol. 45 b Capitel 14. 15 des zweiten und Cap. 1—9 des dritten Theils unter dem Titel: *Περὶ ναυτικῶν κεφάλαια κατ' ἐκλογήν*, worauf Novellen des Romanus Lecapenus und anderer Kaiser folgen; fol. 112 a ad fin. Das Ende von Cap. 18 und Cap. 19 des zweiten Theils, die Rubriken des dritten, die Einleitung oder Vorrede (confirmatio Imperatorum), zuletzt Cap. 1—40 des dritten Theils. Cod. Paris. 1720 enthält fol. 158 b die Einleitung oder Vorrede, den Titel: *Νόμος Ῥοδίων*, 13 Capitel des zweiten Theiles ohne Summarien und hinter einander den dritten Theil, mit einer Einschaltung von 5 Capiteln nach Cap. 47, welche Pardessus zuerst veröffentlicht hat. Cod. Paris. 1391 gibt fol. 225—237 den dritten Theil der Sammlung, wie er in den Ausgaben von Löwenklau und Vinnius gedruckt ist, im Gefolge der Ecloga privata cum appendice. Die erste Ausgabe der Sammlung erschien in der des sogenannten Eustathius über die Zeitabschnitte von Schard 1561. S. 212—232. Löwenklau nahm sie nach einer Handschrift von Peter Pithou in das Jus Graeco-Rom. T. II. p. 265—277 auf. Einen besseren Text gab Joh. Laurentius mit dem Commentar von Peter Peckius über die auf das Seerecht bezüglichen Titel der Digesten und des Codex. Amsterdam 1668. Die beste Ausgabe, vermehrt durch noch nicht veröffentlichte Fragmente, mit Anmerkungen und einer neuen lateinischen Uebersetzung lieferte Pardessus in der Collection des lois maritimes T. I. p. 231—260. Nach dieser Ausgabe ist der dritte Theil der Sammlung in der Heimbach'schen Basilikenausgabe T. V. p. 119—127 abgedruckt.

3) *Versio graeca legum Rotharis, Longobardorum regis.* Der Cod. Paris. gr. 1384 enthält fol. 135. 140. 141 35 Capitel einer griechischen Uebersetzung der Gesetze des Rotharis, Königs der Longobarden, nämlich cap. 26. 27. 42—67. 69—74. 343 unter der Rubrik: *Νόμος περὶ φονῶν καὶ μαλάξεων τῶν δικαίων γενομένων.* Zahlen sind den einzelnen Capiteln nicht beigefügt. Andere 57 Capitel derselben Sammlung, nämlich cap. 1—11. 13. 14. 146—150. 234. 240. 242. 245—247. 249. 250. 257—260. 262. 267. 286. 287. 289—295. 297. 298. 301. 302. 303. 304. 306. 307. 309—311. 313—315 sind fol. 175. 177—179 derselben Handschrift enthalten. Voran geht eine Vorrede mit folgender Ueberschrift: *Προοίμιον τοῦ νόμου Ῥοθάρεως τοῦ ἐνδοξοτάτου ῥηγὸς τῶν Λογγοβάρδων.* Die einzelnen Capitel sind mit fortlaufenden Zahlen bezeichnet. Aber von κεφάλαιον ιγ' wird zu κεφάλαιον ρι' übergesprungen. Bei den zuerst gedachten 35 Capiteln stimmt die griechische Uebersetzung fast wörtlich mit dem lateinischen Texte; bei den zuletzt gedachten 57 Capiteln weicht sie oft von dem von Canciani herausgegebenen lateinischen Texte ab, und ist mehr ein Auszug, als eine Uebersetzung. Die oben erwähnte Handschrift besteht aus 196 Pergamentblättern, deren Ordnung aber von dem Buchbinder ganz zerstört worden ist. Sie enthält: a) fol. 1—25. 26. 27. 28. 29. 31. 30 (zweimal) 32. 34. 33. 35. 36. 38. 37. 39—79. A. das Prochirum von Basilius, Constantinus und Leo; b) fol. 79. B—95. 148—155. 104—106 die Ecloga von Leo und Constantinus, welche Leunclavius im Jus Graeco-Romanum T. II. herausgegeben hat; c) fol. 106. B—117. 136—139 die Appendix Eclogae; d) fol. 134. 135. 140—147. 96—103. 156—170 eine andere Fragmentensammlung, nämlich: aa) Excerpte aus dem Justinianeischen Codex u. s. w. de judiciis, instrumentis, jurejurando et testibus handelnd; bb) die oben zuerst erwähnten 35 Capitel der griechischen Uebersetzung der Gesetze des longobardischen Königs Rotharis unter der schon aufgeführten Rubrik: *Νόμος περὶ φονῶν κ. τ. λ.*; cc) verschiedene Excerpte verschiedenen juristischen Inhalts, meistens auf das Justinianeische Recht, nicht auf die Basiliken bezüglich. Bis hierher ist Alles von derselben Hand und zu derselben Zeit geschrieben. Das nun Folgende ist zwar auch von derselben Hand geschrieben, aber mit viel mehreren Abkürzungen, wie vorher. Daher ist anzunehmen, daß der Abschreiber erst nach Ablauf eines gewissen Zeitraumes wieder zu schreiben angefangen habe. Dies wird dadurch wahrscheinlich, daß dem Folgenden von dieser späteren Hand beigeschrieben ist: „ςχοδ' ἔτει ἐγράφη ἰνδ. ιδ'", d. h. das Folgende ist im Jahre der Welt 6674 (im Jahre 1166 nach Christus) geschrieben. e) Fol. 170. B—174. 176. 175. 177—182. B steht eine fernere Fragmentensammlung, Folgendes enthaltend: aa) Excerpte aus Athanasius Scholasticus, aus Digesten, Codex und Novellen, aus den Paratitla, aus Cyrillus, Erzbischof von Alexandria, aus verschiedenen Novellen von Basilius Macedo und Leo dem Weisen; bb) die oben erwähnten 57 Capitel der griechischen Uebersetzung der Gesetze des Rotharis; cc) Einiges von criminalrechtlichem Inhalt; dd) die vollständige Novelle des Basilius de testibus. f) Fol. 182—192 befindet sich eine andere Recension der Ecloga des Leo und Constantinus mit der Vorrede ὁ δεσπότης καὶ κύριος. Die Handschrift ist nach obiger Zeitbemerkung um das Jahr 1166 geschrieben. Der Abschreiber hat wol fern von der Hauptstadt des oströmischen Reichs gelebt, da er die Basiliken und die Synopsis Basilicorum gar nicht kennt. Auch zeigt der Gebrauch lateinischer Redensarten, sowie die Bekanntschaft mit den Gesetzen der Longobarden, daß er in den occidentalischen Provinzen des oströmischen Reiches gelebt habe. Der

Abschreiber hat schwerlich alle die Werke, von denen er Fragmente gibt, zur Hand gehabt, sondern vielmehr aus Werken geschöpft, welche Fragmentensammlungen enthielten. Zuerst schrieb er das Prochirum des Basilius und die Ecloga des Leo mit ihrem Anhange ab, da letztere durch das Prochirum nicht ganz abgeschafft war; in dem Anhange sind den Rubriken die Zahlen LVII—LXXVII beigefügt, um anzuzeigen, daß in ihnen der Anhang Eines aus 56 Titeln bestehenden Werkes enthalten sei. Dies Alles ist aus derselben Handschrift geschöpft. Die nun folgenden zwei Fragmentensammlungen sind ebenfalls aus einer und derselben Handschrift geschöpft und zerstreute Glieder einer und derselben Sammlung, wie daraus hervorgeht, daß die Gesetze des Rotharis zum Theil in der einen, zum Theil in der anderen Fragmentensammlung stehen. Denn daß der Abschreiber die longobardischen Gesetze nicht selbst in das Griechische übersetzt, sondern griechisch übersetzt vorgefunden habe, ergibt sich aus vielen Stellen, wo seine Faselei bei dem Abschreiben der Urhandschrift offenbar ist. Es ist aber nicht wahrscheinlich, daß der Abschreiber diese Fragmente der Gesetze des Rotharis aus zwei Handschriften excerpirt habe, theils wegen der Identität der griechischen Uebersetzung in den Fragmenten, welche an beiden Orten stehen, theils weil kaum so viele Handschriften der griechisch übersetzten Gesetze des Rotharis existirten, daß Einer zwei solche Handschriften besessen haben könnte. Hat nun die griechische Uebersetzung der longobardischen Gesetze, aus welchen der Abschreiber schöpfte, in einer und derselben Handschrift gestanden, so waren jene Gesetze, deren Fragmente der Abschreiber an verschiedenen Orten gegeben hat, auch hinter einander in fortlaufender Reihe und in besserer Ordnung geschrieben. Das Resultat ist, daß der Schreiber des Cod. Paris. gr. 1348 aus zwei Handschriften geschöpft hat. Zuerst hat er die Handschrift, welche das Prochirum und die Ecloga mit ihrem Anhange enthielt, abgeschrieben. Dann bemerkte er in einer anderen Handschrift der Ecloga einen viel reichhaltigeren Anhang zur Ecloga und schrieb daraus nach Willkür ab, was ihm besonders merkwürdig erschien. Einige Jahre später, nach nochmaliger Einsicht jener anderen Handschrift, bemerkte er im Anhange noch vieles Bemerkenswerthe und schrieb dasselbe hinzu. Aber auch die Ecloga selbst enthielt viel Neues, und dieses schrieb er mit Rücksicht auf die zuerst abgeschriebene Ecloga ab. Der Cod. Paris. gr. 1384 hat verschiedene Eigenthümer gehabt. Es mögen sich darauf einige Bemerkungen auf den letzten Blättern beziehen, welche jedoch Zachariä v. L. nicht hat lesen können. Im 16. Jahrhundert besaß die Handschrift der Präfect Antonius, welcher aus Corcyra stammte, aber zu Venedig lebte; dieser machte sie Franz I., König von Frankreich, zum Geschenk. Von der Hand dieses Besitzers steht auf dem ersten Blatte geschrieben: κτῆμα ἀντωνίου τοῦ ἐπάρχου δωρηθὲν τῷ βασιλεῖ τῶν κελτῶν. So kam die Handschrift in die k. Bibliothek zu Paris. — Die Fragmente der griechischen Uebersetzung der Gesetze des Rotharis, welche im Cod. Paris. 1384 zerstreut an verschiedenen Orten stehen, sind nach dem Bemerkten aus einer und derselben Handschrift excerpirt, in welcher sie zusammenhingen, und anders geordnet waren. Die jüngst erwähnten 35 Capitel (mit Ausnahme des letzten) haben in dieser Urhandschrift ihren Platz mitten zwischen den zuletzt gedachten 57 Capiteln gehabt; denn dadurch ist es geschehen, daß in diesen von cap. 13 sofort zu cap. 115 übergesprungen wird. In jenem ist die Uebersetzung wörtlich, in diesem mehr ein Auszug; die Handschrift aber, aus welcher der Schreiber des Cod. Paris. 1384 geschöpft hat, soll nach der Vermuthung Zachariä v. L. Alles wörtlich übersetzt enthalten haben, und ein zweiter Theil von dem Schreiber der pariser Handschrift excerpirt worden sein; denn es sei wahrscheinlich, daß das Prototyp eine Uebersetzung von ganz verschiedenem Charakter, einmal wörtlich, einmal im Auszuge, enthalten habe. Dagegen behauptet Mortreuil, daß die Verschiedenheiten zwischen dem lateinischen Texte und der griechischen Uebersetzung nicht das Resultat von Abkürzungen seien, welche der Schreiber des Cod. Paris. 1384 gemacht habe, vielmehr der von Canciani gegebene lateinische Text nicht ganz echt sei. In der That hat die griechische Uebersetzung die größte Aehnlichkeit mit dem von Herold in seiner Sammlung der germanischen Volksrechte herausgegebenen Texte der longobardischen Gesetze, welcher von demjenigen, dessen sich Zachariä v. L. zur Vergleichung bedient hat, wesentlich abweicht, und diese Uebereinstimmung verleiht dem von Herold herausgegebenen Texte eine neue und sehr gewichtige Auctorität. Schwierig ist die Frage zu beantworten, wie groß die Zahl der griechisch übersetzten Capitel der Gesetze des Rotharis in jenem Prototyp gewesen sei. Der Cod. Paris. 1384 gibt nur die Vorrede und 92 Capitel; aber die den einzelnen Capiteln im zweiten Theile beigefügten Zahlen zeigen, daß das Prototyp 158 Capitel enthalten habe, aber auch wol noch mehr, da das letzte der ersten 35 Capitel nach dem cap. 158 zu setzen ist. Das prooemium des Rotharis, wie es sich in der griechischen Uebersetzung findet, soll nach der Vermuthung von Zachariä v. L. aus zwei verschiedenen Vorreden, der einen zum Edictum Rotharis, der anderen zu den Gesetzen des Rachis, von dem Schreiber des Cod. Paris. 1384 zusammengesetzt worden sein. Allein auch diese Vermuthung widerlegt sich dadurch, daß die in der griechischen Uebersetzung vorhandene Vorrede des Rotharis auffallende Aehnlichkeit mit der von Herold (p. 204) veröffentlichten Peroratio Rotharis hat. Die Uebersetzung scheint im neapolitanischen Reiche im 9. oder 10. Jahrhundert gemacht und mit der Ecloga verbunden worden zu sein. Karl der Große zerstörte das longobardische Reich und verband es größtentheils mit dem fränkischen Reiche. Nach Karl dem Dicken zerfiel das Königreich Italien in einzelne Fürstenthümer, in welchen die folgenden deutschen Kaiser bald mehr, bald weniger Gewalt hatten. Zwischen jenen Fürsten oder Herzögen und den Griechen im neapolitanischen Reiche gab es im 9. und 10. Jahrhundert beständige Kriege. In Unteritalien gab es hiernach Gegenden, in welchen Longobarden und Griechen neben einander wohnten, bald unter longobardischer, bald unter griechischer Herrschaft. Die Longobarden lebten nach den Gesetzen ihrer Fürsten, namentlich der früheren Könige, die Griechen nach der lex Romana, worunter man das Justinianeische Recht und die Gesetze der nach Justinian folgenden Kaiser zu verstehen hat. Insbesondere hatte die Ecloga von Leo und Constantinus großes Ansehen, wie die zahlreichen Handschriften derselben beweisen. Für die Rechtspflege unter den Longobarden bestand ursprünglich, wie es in den von den Germanen eingenommenen Provinzen gewöhnlich war, ein Longobarde als Behörde, für die Rechtspflege unter den Griechen ein Grieche. Allmälig kam es aber dahin, daß ein und derselbe Magistrat die Rechtspflege für Longobarden und Römer verwaltete. Da aber in den meisten Gegenden jener Provinzen die griechische Sprache gewöhnlich war, so konnten dieser Sprache Unkundige ohne großen Nachtheil für die Rechtspflege nicht zu Richtern gewählt werden. Daher mußten der griechischen Sprache kundige Richter gewählt werden, welche sowol mit dem longobardischen, als mit dem griechisch-römischen Rechte bekannt waren. Daß die longobardischen Gesetze lateinisch abgefaßt waren, konnte diesem nicht entgegen stehen. Dadurch bewogen scheint ein Jurist der dortigen Gegend zum Nutzen der Richter im 9. oder 10. Jahrhundert die ganzen longobardischen Gesetze griechisch übersetzt zu haben. Natürlich war es, daß irgend ein Grieche zu seinem und anderer Richter Nutzen die griechische Uebersetzung der longobardischen Gesetze mit irgend einem Handbuche des griechisch-römischen Rechts in derselben Handschrift in Verbindung brachte und unter diesen Handbüchern die Ecloga von allen anderen wegen ihres großen Ansehens wählte, damit die Richter die longobardischen und römischen Gesetze zusammen hätten. Die in dem Cod. Paris. 1384 befindlichen Fragmente der griechischen Uebersetzung der Gesetze des Rotharis hat Zachariä v. L. 1835 herausgegeben. Er hat die Ordnung, welche die Fragmente in dieser Handschrift haben, beibehalten, sie also in zwei Abtheilungen herausgegeben, mit den in der Handschrift vorkommenden Rubriken und Unterscheidungen.

§. 22. Kirchenrechtliche Schriften.

1) Die *Epitome canonum* (κανονικὴ σύνοψις) von Stephanus. Im 12. Jahrhundert schrieb Alexius Aristenus (Nomophylax et magnae ecclesiae Constantinopolitanae Oeconomus), 1166 bei dem Concil zu Constantinopel betheiligt, einen Commentar zu einer epitome canonum. Man ist darüber jetzt einverstanden, daß er nicht der Verfasser dieses Auszuges der Kanones, sondern nur des Commentares sei. Die epitome canonum selbst ist in *Voelli* et *Justelli* Bibl. jur. can. vet. unter dem Namen des Alexius Aristenus, und dann unter dem des Simeon Magister gedruckt, aber in verschiedener Ordnung; auch weichen diese beiden Ausgaben in der Zahl der excerpirten Kanones ab. Die epitome canonum hat einen unbekannten Verfasser, und ein sehr hohes Alter; ihre bedeutende Benutzung und ihr hohes Ansehen ergibt sich aus den im Laufe mehrerer Jahrhunderte beigefügten Ergänzungen und aus dem Commentar des Aristenus. Die ältesten Handschriften haben als Namen des Verfassers den des Stephanus Ephesinus. Eine solche Handschrift fand sich in der bibliotheca palatina, und die Gebrüder Ballerius haben nach dem Catalog dieser Bibliothek von Sylburg eine Beschreibung davon gegeben. Diese Handschrift enthielt (nach dem Catalog von Sylburg) die epitome canonum, und zwar (nach Justellus) das concilium Nicaenum, Ancyranum, Neocaesariense, Gangrense, Antiochenum, Laodicenum und Constantinopolitanum, welchen Stephanus selbst das Ephesinum beigefügt hatte. Daß diese epitome canonum mit der unter dem Namen des Aristenus bekannten dieselbe sei, geht daraus hervor, daß sich auch in Wien eine alte Handschrift mit der Inscription: *Στεφάνου Ἐφεσίου κανονικὴ σύνοψις* befindet. Diese enthält einen Auszug der canones apostolorum und anderer canones; sie ist unvollständig; denn sie endigt mit dem letzten Kanon des antiochenischen Concils; sie stimmt aber übrigens mit der bekannten epitome des Aristenus oder Simeon wörtlich überein. Die in diesen Handschriften erhaltene epitome canonum fällt in eine Zeit, wo die Kanones des concilium Ephesinum in die kanonischen Sammlungen aufgenommen wurden, und die des concilium Sardicense noch nicht aufgenommen waren, also vor die Zeit von Johannes Scholasticus. Vollständiger ist die epitome, welche unter dem Namen des Simeon Magister in *Voelli* Bibl. jur. can. vet. gedruckt ist, und eine florentiner Handschrift. Die Ordnung weicht von der gewöhnlichen ab und nähert sich derjenigen, welche Zonaras und Balsamon befolgt haben, daß nämlich die allgemeinen Concilien vorangehen, die Provinzialconcilien folgen. Zu der Sammlung des Stephanus, welche acht Concilien und die canones apostolorum enthielt, sind mehrere Vermehrungen hinzugekommen, nämlich das Concilium Chalcedonense, Trullanum, Sardicense, Carthaginense und Basilius, sodaß sie nun aus 14 Capiteln besteht. Unter diesen Zusätzen sind das Carthaginense und Trullanum die neuesten, und gleichsam Extravaganten des corpus canonum. Denn das erstere geht in der florentiner Handschrift der Sammlung selbst voran, dieses ist bei Simeon nach den Kanones des Basilius hinzugefügt. Das Uebrige scheint also vor dem concilium Trullanum das Carthaginense und Trullanum nach dem letzteren Concil hinzugekommen zu sein. Mit dieser vermehrten epitome stimmt die Sammlung überein, welche unter dem Namen des Aristenus bei Voellus herausgegeben ist; sie weicht nur in der Ordnung ab, welche sich der von Photius in seinem index befolgten nähert. Mit neuen Zusätzen ist die epitome bereichert, wie sie bei Beveridge im Synodicum herausgegeben ist und sich in einer münchener Handschrift findet. Die Concilien werden daselbst in derselben Ordnung aufgeführt, wie bei Photius; zu dem, was schon im Aristenus bei Voellus gedruckt ist, kommt hinzu die Synodus Constantinopolitana de Agapio, Septima Nicaena, Primo-Secunda und Synodus S. Sophiae, sodaß diese epitome

einen vollständigen codex canonum (es fehlt nur das Carthaginense Cypriani) und mit den Briefen des Basilius 18 Capitel enthält. Am vollständigsten findet sich diese epitome in einer wiener Handschrift bei *Lambecius* Lib. VI. P. I. n. 18. p. 126 und in einer Bodlejanischen Handschrift, aus welcher Beveridge den Anhang des T. II. p. 1 des Synodicum herausgegeben hat, welcher noch den kanonischen Briefen beigefügt ist und seine Seitenzahlen hat. Beiden Handschriften ist gemeinsam, daß sie nach der alten epitome, welche mit Basilius endigt, noch einen Auszug der übrigen kanonischen Briefe hinzufügen; in der Ordnung weichen sie von einander ab. Außerdem kommt blos in der Bodlejanischen Handschrift eine Sammlung verschiedener Stücke hinzu, welche auch von Beveridge herausgegeben worden ist. Darin sind enthalten: 17 canones von Paulus, 17 von Petrus und Paulus, 2 von allen Aposteln (Excerpte aus den Constitutiones apostolicae), die aurea bulla Justinian's de confugientibus ad ecclesiam, *Basilius περὶ τίτλου καὶ χρόνου ἁμαρτημάτων* et *πόσοι τόποι τῶν ἐπιτιμίων*; *Cyrilli* anathematismi XII, *Demetrius* de Jacobitis et Chatzizariis, *Demetrius* de Messalianis, *Petrus* ad episcopum Venetiae, *Basilius* de sacra communione et de iis, qui poenas contemnunt, *Apostoli* ex epistola ad Corinthios mit beigefügter Interpretation, *Basilius* ad presbyterum de divina gratia. Endlich folgen interrogationes Monachorum mit den Antworten von Balsamon. Die späteren Bereicherungen der alten epitome canonum des Stephanus gehören allerdings zum großen Theil in die folgende Periode, sie waren aber des Zusammenhangs wegen gleich hier zu erwähnen, und es wird bei dem Commentar des Aristenus zur epitome canonum auf das jetzt Gesagte verwiesen werden.

2) *Collectio canonum* von Johannes Antiochenus. Johannes Scholasticus, auch Antiochenus (siehe §. 14), verfaßte vor seiner Gelangung zum Patriarchat zu Constantinopel in seinen früheren Jahren, ungefähr zwischen den Jahren 540 und 550, eine systematische Zusammenstellung der Kanones in 50 Titeln, welche in den Handschriften den Titel hat: *Συναγωγὴ κανόνων εἰς ν' τίτλους διῃρημένη*. Er benutzte als Grundlage eine ältere Sammlung, von welcher, sowie darüber, welche Kanones damals in der griechischen Kirche anerkannt waren, bereits früher gehandelt worden ist (vergl. §. 11). Diese ältere Sammlung bestand aus 60 Titeln, wie Johannes selbst in der Vorrede sagt, und es war demnach die Arbeit des Johannes nicht die erste systematische Zusammenstellung der Kanones. Von jenem älteren Werke eines unbekannten Verfassers findet sich außerdem keine Spur und Nachricht. Die Meinung, welche das Werk des Johannes dem Theodoretus, Bischof von Cyrus, zuschreibt, ist eine bloße Vermuthung, welche sich auf weiter Nichts stützt, als auf die Inscription, welche einige Handschriften des Nomocanon haben. Johannes hat in seiner Sammlung unter einzelne Rubriken die betreffenden dahin gehörigen Kanones gestellt. Diese Sammlung stand mehrere Jahrhunderte hindurch in großem Ansehen, und behielt dieses auch noch nach dem Nomocanon des Photius, obgleich in geringerem Grade. Dies beweisen Zeugnisse späterer Kanonisten, wie des Balsamon, welche sich gegen den Gebrauch dieser Sammlung erklären, und Handschriften aus neuerer Zeit, in welchen sich diese Sammlung findet, Handschriften, welche sogar mit dem Nomocanon des Photius verbunden sind. Der beständige Gebrauch, welchen man von der Sammlung machte, bewirkte, daß nach der Sitte jener Zeit die Handschriften von den Besitzern beliebig verbessert oder vermehrt wurden, woher die bedeutende Verschiedenheit der Handschriften rührt. Ganz eigenthümlich in dieser Art ist eine von Lambecius (Comment. Lib. VIII. n. 45. p. 959) beschriebene wiener Handschrift, da sie mitten zwischen den Kanones Scholien von Aristenus, dem bekannten Scholiasten, eingeschoben enthält. Herausgegeben ist die Sammlung von Voellus.

3) *Joannis Collectio LXXXVII capitulorum.* Von dieser Sammlung existiren viele Handschriften. Sie ist häufig in Handschriften mit der collectio canonum des Johannes Scholasticus verbunden, z. B. im Cod. Paris. 1334. Coislin. 209. Laurent. IX, 8; X, 10. Vatic. 843. Cod. monast. τοῦ *Καρακάλλου*. In anderen Handschriften ist sie zwar mit dem Nomocanon des Photius verbunden, es findet sich aber doch eine Spur des Werkes von Johannes. So kommt dessen Vorrede vor im Cod. Paris. 1324. Marcian. 169. Neapolit. I. A. 4. Daß die Verbindung dieser Sammlung mit der collectio canonum des Johannes eine sehr alte sei, geht aus dem Alter der Handschriften hervor. Denn Cod. Vatic. 843 ist aus dem 9. Jahrhundert, Cod. Coislin. 209 aus dem 9. oder wenigstens aus dem Anfange des 10., Codd. Laurent. IX, 8 und X, 10 aus dem 11., Cod. Paris. 1334 aus dem 12. Jahrhundert. Wie eng diese Verbindung gewesen sei, ergibt folgendes auf fol. 54. B. des Cod. Vatic. 843 ersichtliche Scholium: *Ἐπιγραφὴν οὐκ ἔχει ἡ συναγωγὴ τῶν θείων κανόνων ἐν πεντήκοντα τίτλοις διῃρημένων καὶ ἐκ τῶν νεαρῶν διατάξεων τὰ πζ', κεφάλαια Ἰωάννου ἀρχιεπισκόπου Κωνσταντινουπόλεως τοῦ ἀπὸ σχολαστικῶν*. Der Schreiber dieser Handschrift hat also beide Werke dem Johannes Scholasticus zugeschrieben und für verschiedene Theile desselben Werkes gehalten. Der Titel des Werkes ist in den besten Handschriften folgender: *ἐκ τῶν μετὰ τὸν κώδικα θείων νεαρῶν διατάξεων τοῦ τῆς θείας λήξεως Ἰουστινιανοῦ διάφορα κεφάλαια συνᾴδοντα ἐξαιρέτως τοῖς θείοις ἱεροῖς κανόσι καὶ ἐκ περιουσίας τὴν ἰσχὺν* (Cod. Monac. *ἰδίαν*) *ἔχοντα παρέχοντα, ὡς τούτων τινὰ καὶ ὑπολειφθέντα ἐπιδεικνύμενα πρὸς αὐτὴν ἔργον τοῦ ἐκκλησιαστικοῦ καταλόγου, διὰ τό, ὡς εἴρηται, ἐν διαφόροις διατάξεσιν εἶναι τὰ συναχθέντα, ὡς ὑποτέτακται*. Diesen Titel haben Cod. Coisl. 34. 209. Paris. 1320. 1324. 1334. Taurin. CV. c. IV, 21, und damit stimmen neuere Handschriften überein, wie Cod. Laurent. X, 1. Monac. 214 und 380. Taurin. XXVI. b. V, 6. Dieser Titel ist also wol der wahre. Er zeigt, daß dieses Werk nach einer Sammlung von Kanones stand und für den

Anhang desselben gehalten wurde. Der Verfasser des Werkes deutet selbst in der Vorrede, welche mit den Worten εἰς δόξαν beginnt, darauf hin, wenn er sagt: καὶ τὰ νῦν συντεθειμένα μετὰ τοὺς ἱεροὺς κανόνας τῶν ἁγίων καὶ μακαρίων ἀποστόλων καὶ τῶν ταῖς ἐγχρόνοις αὐτῶν καθ' ἑκάστην σύνοδον ἀκολουθησάντων ὁσίων πατέρων μετεγράφη ἐκ τῶν — θείων νεαρῶν διατάξεων. Er sagt hier ausdrücklich, die Capitel der Novellen seien nach den Kanones der Apostel und der Synoden beigefügt. Nimmt man an, daß diese Worte von Johannes Scholasticus herrühren, so stimmen sie mit dem Verzeichniß, welches derselbe seiner collectio canonum vorgesetzt hat (τάξις τῶν κανόνων), auf merkwürdige Weise überein. Denn auch dort werden an erster Stelle die canones Apostolorum und dann nach der Reihe die Kanones von 10 Synoden aufgeführt (vergl. §. 11). Dazu kommt, daß der Cod. Vatic. 843 an der Stelle des Titels Folgendes hat: τῶν ἐγκειμένων μετὰ τοὺς κανόνας τῶν δέκα συνόδων νεαρῶν διατάξεων τὰ κεφάλαια. Es werden aber nur die Kanones von 10 Synoden bei Johannes Scholasticus sowol in der τάξις τῶν κανόνων, als in der Vorrede der collectio canonum gezählt. Daher ist die Vermuthung von Biener und Heimbach jun. begründet, daß die collectio canonum in 50 Titeln von Johannes Scholasticus hier bezeichnet werde. Dies wird nicht nur durch die Autorität der Handschriften, welche beide Werke, die erwähnte collectio canonum und die hier in Frage stehende collectio LXXXVII capitulorum enthalten, sondern auch durch das vorher erwähnte Scholium in Cod. Vatic. 843. fol. 54. B. bestätigt. Der Schreiber dieser Handschrift scheint nämlich beide Werke für verschiedene Theile derselben Schrift gehalten zu haben. Es ist auch ein hinreichender Grund dafür gegeben, weshalb beide Werke in dem Nomocanon, welcher fälschlich dem Johannes Scholasticus zugeschrieben wird, verbunden sind. Für Johannes Scholasticus als Verfasser der collectio LXXXVII capitulorum sprechen folgende, größtentheils von Biener schon angeführte, von Heimbach jun. weiter ausgeführte Gründe. Erstens das erwähnte Scholium im Cod. Vatic. 843. fol. 54. B., welches die in Frage stehende Sammlung dem Johannes ausdrücklich zuschreibt. Zweitens befinden sich am Ende des Nomocanon, welchen man demselben gewöhnlich beilegt, 21 Capitel, welche aus dieser Sammlung geschöpft sind. Der Titel des Werkes bei Voellus in der Bibl. jur. canon. T. II. p. 660 ist: ἕτερα κεφάλαια ἐκκλησιαστικὰ τῆς αὐτῆς νεαρᾶς διατάξεως; so steht er auch im Cod. Paris. 1370. fol. 118. A. Die Reihenfolge der Capitel ist dieselbe, welche sich in dieser Handschrift findet. Am Ende des Werkes bei Voellus a. a. O. p. 672 steht: τέλος τῶν κεφαλαίων ἐκ τῶν νεαρῶν διατάξεων τῶν περὶ ἐκκλησιαστικῆς διατάξεως Ἰωάννου ἀρχιεπισκόπου Κωνσταντινουπόλεως τοῦ ἀπὸ σχολαστικῶν; dasselbe findet sich in der gedachten Handschrift fol. 122. A. Ebenso hat Cod. Bodlej. 80 denselben Anhang von Gesetzen mit demselben Titel, welchen wir erwähnt haben. Die dort befindlichen 22 Capitel endigen mit folgender Unterschrift: τέλος τῶν κεφαλαίων ἐκ τῶν νεαρῶν διατάξεων τῶν περὶ ἐκκλησιαστικῆς διοικήσεως Ἰωάννου ἀρχιεπισκόπου Κωνσταντινουπόλεως τοῦ σχολαστικοῦ. Endlich hat auch Cod. Laurent. V, 22 (nach Bandini Catal. T. I. p. 46) am Ende des Nomocanon, welcher gewöhnlich dem Johannes beigelegt wird, von fol. 76. B. bis zu fol. 83. B. dieselbe Sammlung von Gesetzen, welche bei Voellus steht, an deren Ende folgende Worte: τέλος τῶν κεφαλαίων ἐκ τῶν νεαρῶν διατάξεων τῶν περὶ ἐκκλησιαστικῆς διοικήσεως Ἰωάννου ἀρχιεπισκόπου Κωνσταντινουπόλεως τοῦ ἀπὸ σχολαστικῶν. Die Zeit der Abfassung des Werkes fällt nach dem Tode Justinian's. Dafür sprechen die Worte in der Vorrede zur collectio canonum: μετεγράφη ἐκ τῶν σποράδην κειμένων καὶ ἐκφωνηθεισῶν ὑπὸ τοῦ τῆς θείας λήξεως Ἰουστινιανοῦ μετὰ τὸν κώδικα θείων νεαρῶν διατάξεων. Denn der Zusatz τῆς θείας λήξεως zum Namen eines Kaisers wird immer nur bei verstorbenen Kaisern gebraucht. Da nun Johannes 565 Patriarch zu Constantinopel wurde und am 31. Aug. 578 starb, so muß dieses Werk in der Zeit nach dem Tode Justinian's und vor dem Ableben des Johannes geschrieben sein, und zwar zu Constantinopel, da Johannes als Patriarch dort seine bleibende Residenz hatte. Aus allem diesem ergibt sich, wie unbegründet die Ansicht derjenigen ist, welche den Theodorus Balsamon für den Verfasser des Werkes halten. Das einzige Zeugniß, was dafür beigebracht werden kann, sind die im Cod. Taurin. XXVI b. v. 6 nach Pasini Catal. T. I. p. 90 vor der Collectio LXXXVII capitulorum stehenden Worte: Θεοδώρου διακόνου τῆς ἁγιωτάτης τοῦ θεοῦ μεγάλης ἐκκλησίας νομοφύλακος καὶ χαρτοφύλακος καὶ πρώτου τῶν Βλαχερνῶν τοῦ Βαλσαμῶνος τοῦ μετὰ χρόνους τινὰς γεγονότος πατριάρχου Θεουπόλεως μεγάλης Ἀντιοχείας. Dies geht auf Balsamon, den Commentator des Photianischen Nomocanon. Daß aber dieser der Verfasser der Collectio LXXXVII capitulorum nicht sein kann, beweist das Alter der vorher erwähnten Handschriften, welche dem 9. und 10. Jahrhundert angehören; ferner der Umstand, daß in anderen Handschriften dieses Werk dem Johannes Scholasticus zugeschrieben wird; dann die Worte: τοῦ τῆς θείας λήξεως Ἰουστινιανοῦ, welche nur von einem jüngst verstorbenen Kaiser zu verstehen sind; endlich der Umstand, daß zu Balsamon's Zeiten nicht mehr Justinian's Novellen, sondern die Basiliken Gesetzeskraft hatten, und kein genügender Grund sich dafür angeben läßt, weshalb Balsamon, welcher selbst die Basiliken den Justinianeischen Gesetzbüchern vorzieht, der collectio canonum des Johannes eine Sammlung nicht mehr geltender Gesetze beigefügt haben sollte. Dazu kommt, daß jene turiner Handschrift aus dem 16. Jahrhundert ist, also aus einer ganz späten Zeit, und daß der Name des Theodorus Balsamon auch in anderen Handschriften auf Sammlungen kirchlicher Gesetze übertragen worden ist, mit welchen er in gar keiner Beziehung gestanden hat. Nach dem, was bisher über den Titel, Verfasser und das Vaterland des Werkes gesagt worden ist, läßt sich leicht die Unechtheit der Titel, welche andere Handschriften haben, darthun. So hat der Cod. Paris. 1355 aus dem 15. Jahrhundert folgenden Titel: *αἱ διατάξεις τοῦ εὐσεβεστάτου αὐτοκράτορος Ἰουστινιανοῦ*. Dieser scheint aus den Worten der Vorrede gemacht zu sein: *μετεγράφη ἐκ τῶν σποράδην κειμένων καὶ ἐξαγγελθεισῶν ὑπὸ τοῦ τῆς θείας λήξεως Ἰουστινιανοῦ μετὰ τὸν κώδικα θείων νεαρῶν διατάξεων*. Aus diesen Worten der Vorrede ist auch der Titel im Cod. Barberin. 192 aus dem 13. Jahrhundert entstanden: *κεφάλαια ἐκ τοῦ κώδικος τῆς νεαρᾶς Ἰουστινιανοῦ*; ebenso der Titel im Cod. Coislin. 34. fol. 1. B. aus dem 12. Jahrhundert: *ἐκ τῶν μετὰ τὸν κώδικα θείων νεαρῶν διατάξεων τοῦ τῆς θείας λήξεως Ἰουστινιανοῦ συνᾴδουσαι ἐξαιρέτως τοῖς θείοις καὶ ἱεροῖς κανόσι*. Der Cod. monasterii *τοῦ Φιλοθέου* aus dem 13. Jahrhundert hat folgenden Titel: *συναγωγὴ νεαρῶν διατάξεων ὡς ἐν ἐνδίκῳ*. Die Erklärung dieses Titels hat nach der bekannten, früher entwickelten Bedeutung von ἰνδὶξ bei den byzantinischen Juristen keine Schwierigkeit; er bedeutet eine abgekürzte Bearbeitung der Novellen nach der Reihenfolge jeder einzelnen Constitution. Offenbar ist die Lesart verdorben, indem statt *ἐνδίκῳ* zu lesen ist: *ἰνδίκι*. Der Titel ist aber nicht richtig; denn nicht alle Novellen sind in dem Werke bearbeitet, sondern nur diejenigen, welche die Kirche und die kirchlichen Angelegenheiten betreffen. Was die äussere Einrichtung des Werkes betrifft, wie sie nach den Handschriften erscheint, so geht ein Verzeichniss der im Werke enthaltenen Capitel, deren jedes durch eine Zahl unterschieden ist, voran. Der Titel dieses Verzeichnisses ist in 7 Handschriften (Codd. Paris. 1320. 1324. 1334. Coislin. 34 und 209. Laurent. X, 10. Neapolit.) folgender: *τῆς ἐγκειμένης μετὰ τοὺς κανόνας τῶν συνόδων διατάξεως τὰ κεφάλαια*. Im Cod. Vatic. 843 lautet dieser Titel so: *τῶν ἐγκειμένων μετὰ τοὺς κανόνας τῶν θείων συνόδων νεαρῶν διατάξεων τὰ κεφάλαια*. Jenes Capitelverzeichniss fehlt ganz im Cod. Laurent. IX, 8; X, 1. Paris. 1355. Barberin. Nach dem Capitelverzeichniss folgt in vielen Handschriften die Vorrede mit den Anfangsworten: *εἰς δόξαν*; derselben wird blos in dem Cod. Vatic. 843 Folgendes vorausgeschickt: *συναγωγὴ νεαρῶν διατάξεων ὡς ἐν ἰνδίκῳ*. Nach der Vorrede kommen die in das Werk übergegangenen Novellen in 87 Capiteln, und zwar: Nov. 6 im cap. 1—5; Nov. 5 im cap. 6—11; Nov. 83 im cap. 12; Nov. 46 im cap. 13; Nov. 120 im cap. 14—17; Nov. 56 im cap. 18; Nov. 57 im cap. 19; Nov. 3 im cap. 20; Nov. 32 im cap. 21; Nov. 131 im cap. 22—26; Nov. 67 im cap. 27; Nov. 123 im cap. 28—87. Jeder der erwähnten Novellen steht eine Rubrik, welche die Inhaltsanzeige enthält, voran. Dann folgen die Worte *διάταξις, ἧς ἡ ἀρχή*, hierauf gewöhnlich die Inscription und die Anfangsworte der Novelle. Bisweilen fehlt die Inscription, wie bei Nov. 120 (cap. 14), Nov. 32 (cap. 21), Nov. 131 (cap. 22); bisweilen auch die Rubrik, wie bei Nov. 3 (cap. 20), Nov. 56 (cap. 18), Nov. 57 (cap. 19). Eine Subscription kommt blos bei Nov. 123 im cap. 87 vor. Der Verfasser gibt die betreffenden Novellen bisweilen ganz wörtlich wieder, bisweilen beschränkt er sich auf blosse Auszüge derselben. Von der letzteren Art sind cap. 2. 18—21. Die Ordnung der Auszüge jeder Constitution richtet sich gewöhnlich nach der betreffenden Novelle; nur zuweilen ist davon abgewichen. Auffallend ist, dass während die besten Handschriften ein Verzeichniss der Rubriken der Capitel enthalten, den einzelnen Capiteln die in jenem Verzeichniss aufgeführten Rubriken nicht vorangesetzt sind. Allerdings finden sich im Cod. Paris. 1355 vor cap. 12. 13. 28 dieselben Rubriken, welche in dem Verzeichnisse stehen; allein diese sind ohne Zweifel aus dem letzteren in den Text selbst übertragen worden; denn sie fehlen in den übrigen und zwar ältesten Handschriften. — Von der Collectio LXXXVII capitulorum ist in anderen juristischen Schriften, sowol kirchenrechtlichen, als civilrechtlichen, Gebrauch gemacht worden. Zu den kirchenrechtlichen Schriften gehören hierher: 1) der Nomocanon in 50 Titeln, welcher mit Unrecht ebenfalls dem Johannes Scholasticus zugeschrieben wird; der Verfasser desselben hat von der Collectio LXXXVII capitulorum einen starken Gebrauch gemacht, und auch der bei Voellus T. II. p. 660—672 ersichtliche Anhang weltlicher Gesetze zum Nomocanon mit der Rubrik: *ἕτερα κεφάλαια ἐκληφθέντα τῆς αὐτῆς νεαρᾶς διατάξεως*, enthält 22 Capitel aus unserer Sammlung. 2) Der Nomocanon, welchen der Mönch Arsenius im 13. Jahrhundert verfasste, enthält ebenfalls viel aus unserer Sammlung. Aber auch noch später hat man von ihr Gebrauch gemacht. Denn sie findet sich noch in Handschriften des 14. und 15. Jahrhunderts mit anderen kirchenrechtlichen Schriften verbunden; gewiss würde man sich nicht die Mühe genommen haben, sie abzuschreiben, wenn sie nicht mehr im Gebrauch gewesen wäre. Unter den civilrechtlichen Schriften ist die Epitome ad Prochirum mutata zu nennen. Dieses im Cod. Bodlej. 3399 enthaltene, noch ungedruckte juristische Handbuch hat nach einer Mittheilung Zachariä's v. L. Mehreres aus der Collectio LXXXVII capitulorum entlehnt. Unter den Neueren hat Biener in seiner Geschichte der Novellen zuerst eine gründliche Beschreibung der Sammlung gegeben, sowie eine genaue Uebersicht dessen, was davon in den Nomocanon von 50 Titeln, sowie in den des Arsenius übergegangen ist. Er hat zuerst den wahren Verfasser der Sammlung erkannt. Eine vollständige Ausgabe der Sammlung mit lateinischer Uebersetzung hat erst Heimbach jun. 1840 besorgt. Der Titel ist dort, wie bei Biener, folgender: *Ἐκ τῶν μετὰ τὸν κώδικα θείων νεαρῶν διατάξεων τοῦ τῆς εὐσεβοῦς θείας λήξεως Ἰουστινιανοῦ διάφοροι διατάξεις συνᾴδουσαι ἐξαιρέτως τοῖς θείοις καὶ ἱεροῖς κανόσι καὶ ἐκ συμφωνίας τὴν οἰκείαν ἰσχὺν νέμουσαι, ἃς τάξιν τινὰ καὶ ἀριθμὸν ἐκτεθείκαμεν πρὸς σύντομον εὕρεσιν τοῦ ἐπιζητουμένου κεφαλαίου διὰ τό, ὡς εἴρηται, ἐν διαφόροις διατάξεσιν εἶναι τὰ συνταχθέντα, ὡς ὑποτέτακται*. Die Hülfsmittel bei dieser Ausgabe sind der von *Assemani* Bibl. jur. Orient. T. II. p. 450—474 aus dem Cod. Vatic. 843 mitgetheilte Text, das von Biener aus der artiner, florentiner und vaticanischen Handschrift herausgegebene Capitelverzeichniß mit den Rubriken und die vier pariser Handschriften Nr. 1320. 1324. 1334. 1355. Außerdem ist der Nomocanon in 50 Titeln mit dem Anhange der 21 Capitel, welcher bei Voellus in der Bibl. jur. canon. T. II. p. 603—672 diesem Nomocanon folgt, benutzt worden. Vorzüglich ist bei der Feststellung des Textes die vaticanische Handschrift 843 als die älteste berücksichtigt worden. Für die Kritik der Novellen ist die Collectio LXXXVII capitulorum von Bedeutung, zumal da viele Stellen der Novellen wörtlich in dieselbe übergegangen sind.

4) *Collectio XXV capitulorum.* Von dieser Sammlung gibt es viele Handschriften. Deren große Zahl ergibt, daß von dem Werke in der Zeit vom 11. bis zum 14. oder 15. Jahrhundert in der griechischen Kirche viel Gebrauch gemacht worden ist. Auch ist die Sammlung mit den bei den Griechen gangbarsten kirchlichen Schriften häufig in den Handschriften verbunden; z. B. mit dem Nomocanon des Photius im Cod. Paris. 1320. 1334. Cod. Taurin. CV. c. IV, 21. Cod. Monac. 380. Cod. Vindob. Cod. Bodlej. 185 und im Cod. monasterii τῆς Παναγίας; mit der Collectio canonum des Johannes Scholasticus im Cod. Coislin. 209 und Cod. Laurent. X, 10. Der Nomocanon des Photius und die Collectio canonum des Johannes gehen unserer Sammlung voran im Cod. Paris. 1324. Vatic. 1185. Dann ist auch unsere Sammlung in den Handschriften mit den Sammlungen weltlicher Gesetze, welche das Kirchenrecht betreffen, verbunden, namentlich mit der Collectio LXXXVII capitulorum und mit der Collectio constitutionum ecclesiasticarum; sie nimmt zwischen beiden in der Regel den Platz ein, z. B. im Cod. Paris. 1320 und 1324. Laurent. X, 10 und LVI, 13. Marcian. 169. Vatic. 843. Taurin. XXVI, b. V, 6 und CV. c. IV, 21. Monac. 380 und 214. Vindob. Bodlej. 173 und 185. Ist sie allein mit der Collectio LXXXVII capitulorum, so steht sie dieser nach, wie z. B. im Cod. Paris. 1334 und 1355. Coislin. 209. Vatic. 1185. Cod. collegii Romani D. 20. Bodlej. 195. Die Verbindung der drei Sammlungen weltlicher, auf das Kirchenrecht bezüglicher Gesetze in den Handschriften scheint keine zufällige zu sein, sondern dieselben sind wol absichtlich gleichsam als Anhang den kanonischen Sammlungen beigefügt worden, um zu ersehen, in wiefern die weltlichen Gesetze mit den kirchlichen übereinstimmen. So sind sie dem Nomocanon des Photius beigefügt im Cod. Paris. 1320. Taurin. XXIV, b. V, 6. Monac. 380. Vindob. Bodlej. 185; der Collectio canonum des Johannes Scholasticus im Cod. Laurent. X, 10; bei der im Cod. Paris. 1324; eine Spur der Verbindung mit beiden zeigt sich auch im Cod. Marcian. 169. Die Sammlung selbst besteht aus 25 Constitutionen, welche theils aus dem Justinianeischen Codex, theils aus den Novellen entlehnt sind. Der Titel ist in den besten Handschriften: διατάξεις νόμων πολιτικῶν ἐκ τῶν νεαρῶν Ἰουστινιανοῦ βασιλέως συνηγμένων καὶ ἐπικυροῦσαι τοὺς τῶν ἁγίων πατέρων ἐκκλησιαστικοὺς κανόνας. Diesen Titel haben die besten Handschriften, nämlich Codd. Paris. 1320. 1324. 1326. 1334. Coislin. 209. Monac. 380. Laurent. X, 10 Taurin. CV. c. IV, 21 und Vindob. Einzelne Handschriften weichen etwas ab. So haben statt τῶν νεαρῶν Ἰουστινιανοῦ βασιλέως Cod. Paris. 1355 und Cod. Vratislav. nach βασιλέως noch den Zusatz: καὶ ἑτέρων βασιλέων. Cod. Taurin. XXVI. b. V, 6 aber νεαρῶν Ἰουστινιανοῦ διατάξεων καὶ ἑτέρων βασιλέων. Der Zusatz καὶ ἑτέρων βασιλέων ist aber wol eine Interpolation späterer Abschreiber und auch unrichtig. Denn wenn auch 4 Capitel der Sammlung aus Justinian's Novellen entlehnt sind, so kann doch nicht gesagt werden, daß die übrigen, aus dem Justinianeischen Codex geschöpften Capitel aus den Novellen anderer Kaiser genommen seien. Aber auch der oben aus den besten Handschriften gegebene Titel zeigt den Inhalt der Sammlung nicht richtig an. Denn nur 4 Capitel der Sammlung sind aus den Novellen Justinian's, 21 Capitel hingegen aus dem Codex entlehnt. Daher vermuthet Heimbach jun. nicht ohne Grund, daß zwischen ἐκ und τῶν eine Lücke sei, welche er so ausfüllt: ἐκ τε τοῦ κώδικος ἐκ τε τῶν νεαρῶν Ἰουστινιανοῦ βασιλέως. Diese Ergänzung wird auch dadurch gerechtfertigt, daß in obigem Titel Cod. Monac. 214. Paris. 1334 und 1355 ἐκ τε τῶν νεαρῶν haben, was offenbar auf etwas, was fehlt, und ebenfalls mit ἐκ τε angefangen haben muß, hinweist. Die einzelnen Constitutionen haben eine Inscription und meistens auch eine Subscription. Jedem Gesetze, mit Ausnahme des ersten, steht eine Inhaltsanzeige voran, welche einen Theil des Werkes selbst mit ausmacht. Diese Inhaltsanzeigen sind nämlich so beschaffen, daß sie von den Abschreibern nicht erdichtet werden konnten, sie finden sich auch in den Handschriften und sind mit den Worten der Constitutionen so verbunden, daß sie nicht getrennt werden können. In der Heimbach'schen Ausgabe ist eine Uebersicht dieser Rubriken mit den Inscriptionen, Anfangs- und Endworten jeder Constitution gegeben, auch bemerkt, ob die Subscription sich findet. Es sind dazu folgende Handschriften benutzt: Codd. Paris. 1320. 1324. 1326. 1334. 1355. Coislin. 209. Laurent. X, 10. Taurin. XXVI. b. V, 6. Monac. 380. Die ersten 21 Capitel sind aus dem Codex, die letzten 4 aus den Novellen entlehnt. Nachstehend wird zu jedem Capitel bemerkt, welche Constitution des Codex, oder welche Novelle es sei. Cap. 1. — L. 3. C. I, 1. Cap. 2. — L. 26. C. I, 2. Cap. 3. — L. 29. C. I, 3. Cap. 4. — L. 42. C. I, 3. Cap. 5. — L. 43. C. I, 3. Cap. 6. — L. 44. C. I, 3. Cap. 7. — L. 45. C. I, 3. Cap. 8. — L. 46. C. I, 3. Cap. 9. — L. 47. C. I, 3. Cap. 10. — L. 48. C. I, 3. Cap. 11. — L. 52. C. I, 3. Cap. 12. — L. 57. C. I, 3. Cap. 13. — L. 14. C. I, 4. Cap. 14. — L. 22. C. I, 4. Cap. 15. — L. 23. C. I, 4. Cap. 16. — L. 25. C. I, 4. Cap. 17. — L. 26. C. I, 4. Cap. 18. — L. 29. C. I, 4. Cap. 19. — L. 30. C. I, 4. Cap. 20. — L. 33. C. I, 4. Cap. 21. — L. 34. C. I, 4. Cap. 22. — Nov. 137.

Cap. 23. — Nov. 133. Cap. 24. — Nov. 120. Cap. 25. — Nov. 131. Cap. 13. Den einzelnen Capiteln sind weder in den pariser Handschriften, noch in den übrigen die Zahlen beigefügt, außer im Cod. Coislin. 209, wo die Zahlen am Rande von der ersten Hand geschrieben sind, und im Cod. Monac. 380, wo dasselbe von der zweiten Hand geschehen ist. Die 21 Constitutionen des Codex sind ursprünglich griechische und hier in ihren Originaltexte erhalten; sie sind, wie obiges Verzeichniß ergibt, nach der Reihenfolge der Titel 1—4 des 1. Buches in die Sammlung übertragen, und diesen 4 Novellen gleichsam als Anhang beigefügt. In Ansehung dieser 4 Novellen hat der Verfasser nicht einmal die chronologische Ordnung befolgt. Denn Nov. 137 ist aus dem Jahre 564 oder 565, Nov. 133 aus dem Jahre 539, Nov. 120 aus dem Jahre 544, Nov. 131 aus dem Jahre 545. Da von den übrigen Novellen Justinian's, welche die Kanones bestätigen und mit denselben übereinstimmen, überhaupt kirchliche Gegenstände betreffen, sich Nichts in der Sammlung findet, so läßt sich vermuthen, daß dieselbe zu einer Zeit abgefaßt worden sei, wo man noch keine allgemein anerkannte und gebräuchliche Novellensammlung hatte, wo die Novellen σποράδην vorhanden, d. h. nicht authentisch gesammelt waren, wie es Johannes Scholasticus in der Vorrede zur Collectio LXXXVII capitulorum ausdrückt: μετέγραψα ἐκ τῶν σποράδην κειμένων καὶ ἐκφωνηθεισῶν ὑπὸ τοῦ τῆς θείας λήξεως Ἰουστινιανοῦ μετὰ τὸν κώδικα νεαρῶν διατάξεων. Dies fällt in die Zeit kurz nach dem Tode Justinian's. Daraus erklärt sich auch, weshalb nur ein kleiner Theil der Nov. 131 in unserer Sammlung steht, da doch die übrigen in dieselbe übergegangenen Constitutionen vollständig sind. An dem Orte nämlich, wo die Sammlung abgefaßt wurde, befand sich nur eine Abschrift dieses Theiles der Novelle, und deshalb hat der Verfasser der Sammlung das Uebrige der Nov. 131 mit Stillschweigen übergangen. Die angegebene Zeit der Abfassung wird auch durch die Art und Weise bestätigt, wie der Verfasser den Kaiser Justinian bezeichnet. Derselbe wird nämlich in der Rubrik des zweiten Capitels Ἰουστινιανὸς ὁ εὐσεβέστατος βασιλεὺς genannt, während Kaiser Leo, der kurz vor Justinian regierte, in der Rubrik des 3. und 13. Capitels kein solches Ehrenprädicat erhält. Auch dieses deutet auf die Zeit kurz nach Justinian. Endlich spricht auch die Stellung, welche die Sammlung in den ältesten Handschriften zwischen der Collectio LXXXVII capitulorum und der Collectio constitutionum ecclesiasticarum hat, dafür, daß sie auch der Zeit nach zwischen diesen beiden Sammlungen liege, mithin jünger, als die erstere, und älter, als die letztere sei. Ueber den Ort, wo die Sammlung abgefaßt ist, läßt sich nichts Bestimmtes angeben; gewiß ist nur, daß sie im oströmischen Reiche entstanden ist. Wahrscheinlich ist irgend ein Ort der Diöcese von Constantinopel bei der Abfassung. Denn die Nov. 133, welche in der Sammlung der 168 Novellen an einen Praefectus praetorio gerichtet ist, ist in unserer Sammlung an den Patriarchen Menas zu Constantinopel gerichtet, und enthält Prädicate der Patriarchen, welche weder den prätorischen Präfecten zukamen, noch in der Sammlung der 168 Novellen sich finden. Der Verfasser der Sammlung ist unbekannt. Die Sammlung ist in der griechischen Kirche viel benutzt worden. Bereits wurde bemerkt, daß sie in den Handschriften, welche das kirchliche Recht betreffen, mit der Collectio LXXXVII capitulorum und der Collectio constitutionum ecclesiasticarum schon früh verbunden worden ist und mitten zwischen den beiden andern Sammlungen steht. Diese Verbindung findet sich in den Handschriften aus dem 11. und 12. Jahrhundert. Wenigstens der Cod. Laurent. X, 10 gehört dem 11., die Codd. Paris. 1320. 1324. Bodlej. 173 aber dem 12. Jahrhundert an. Es läßt sich daher leicht vermuthen, daß diese Verbindung in älterer Zeit stattgefunden hat, zumal da die beiden Sammlungen, die Collectio LXXXVII und XXV capitulorum allein, in derselben Ordnung, in welcher sie in jenen Handschriften stehen, schon im Cod. Coislin. 209, welcher aus dem 9. Jahrhundert oder wenigstens aus dem Anfang des 10. ist, mit einander verbunden sind. Es ist daher zu vermuthen, daß in den ältesten Handschriften nur diese beiden Sammlungen verbunden waren, welchen dann, nachdem Photius seinen Nomocanon herausgegeben hatte, die Collectio constitutionum ecclesiasticarum beigefügt wurde, sodaß nun Ein Ganzes, welches alle weltlichen, auf kirchliche Gegenstände Bezug habenden Gesetze enthielt, existirte. Wenigstens ist gewiß, daß vorzüglich durch Photius die Collectio constitutionum ecclesiasticarum im kirchlichen Rechte recipirt worden ist. Denn er hat auch den Nomocanon in 14 Titeln, welchem diese Sammlung beigefügt war, in sein Werk aufgenommen und sich bei der Vergleichung der weltlichen Gesetze mit den kanonischen Satzungen auf dieselbe bezogen und von ihr Gebrauch gemacht. Hieraus erklärt sich, weshalb die Verbindung der drei Sammlungen sowol in den Handschriften, welche die collectio canonum des Johannes Scholasticus enthalten, als in denen, welche den Nomocanon des Photius haben, sich findet. Da nämlich die beiden ersteren Sammlungen mit der collectio canonum des Johannes verbunden waren, so mußte nach der Herausgabe des Nomocanon des Photius auch die Sammlung weltlicher Gesetze, deren sich dieser bedient hatte, noch hinzukommen. Aber auch noch nach dem 11. und 12. Jahrhundert ist unsere Sammlung im griechischen Reiche benutzt worden, wie die Handschriften aus der spätern Zeit beweisen. So gehört der Cod. monasterii τῆς Παναγίας dem 13. Jahrhundert an; dem 14. der Cod. Bodlej. 185, dem 15. die Codd. Paris. 1355. Laurent. LVI, 13. Marcian. 169. Monac. 380 und 214. Auffallend ist, daß in die nach Photius abgefaßten kirchenrechtlichen Schriften Nichts aus unserer Sammlung übergegangen ist. Der Grund dieser Erscheinung liegt darin, daß die Constitutionen in dieser Sammlung vollständig sind, was die Griechen bewogen hat, diese Sammlung nicht mehr zu benutzen und vielmehr sich an die Auszüge der Constitutionen zu halten. Von der Benutzung der Sammlung im weltlichen Rechte des Orients finden sich Spuren im Cod. Bodlej. 3399. In der Epitome legum nämlich sind einige Constitutionen aus dieser Sammlung entlehnt. So findet sich fol. 140. A. jener Handschrift cap. 1 der Sammlung; fol. 91. cap. 2; fol. 97. cap. 3; fol. 96. cap. 9; fol. 46. cap. 11. Außer diesen im Contexte der Handschrift stehenden Stellen findet sich fol. 96 am Rande das cap. 10 unserer Sammlung. Im Cod. Marcian. 579 ist dieselbe Epitome legum, wie im Cod. Bodlej. 3399 enthalten; dort steht das cap. 10 nicht am Rande, sondern im Contexte. — Auch von den Neueren ist die Collectio XXV capitulorum benutzt worden. Im 16. Jahrhundert wurde sie im Occident wieder aufgefunden und für die Bereicherung des Codex benutzt; für die Kritik der Novellen haben sie erst die neuesten Herausgeber derselben, Osenbrüggen und Beck, gebraucht. Kurz nach der ersten Benutzung ist die Sammlung wieder ziemlich unbekannt geworden. Aufgefunden wurde die Sammlung um die Mitte des 16. Jahrhunderts von Johannes Metellus in Handschriften der Mediceischen Bibliothek zu Florenz. Hugo a Porta und Johannes Vincentius, Buchhändler zu Lyon, wußten sich von Metellus einige griechische Constitutionen, welche der Sammlung angehören, zu verschaffen, und machten sie mit der lateinischen Uebersetzung von Hotomann und einer Vorrede desselben in der zu Lyon 1551 erschienenen glossirten Ausgabe des Codex bekannt. In der Ausgabe des Corpus juris von Russardus und Duarenus, Lyon 1560. 1561, sind am Ende des Codex unter dem Titel: Appendix aliquot constitutionum graecarum Codici interjiciendarum, diese griechischen Constitutionen wieder abgedruckt, nebst der Uebersetzung Hotomann's. Die Vorrede des letzteren ist weggelassen; dagegen wird in einer kurzen Nachrede versprochen, in einer neuen Ausgabe noch mehr solche Ergänzungen des Codex zu liefern; der eigentliche Ursprung der Constitutionen ist auch hier nicht näher bezeichnet. Der bereits genannte Metellus theilte die Collectio XXV capitulorum gleich, nachdem er sie entdeckt hatte, dem Ant. Augustinus mit, welcher später auch einige sehr alte Handschriften derselben zu Rom und Trient aufsand. Letzterer äußerte sich in der Vorrede zu seiner Collectio constitutionum graecarum Codicis darüber, daß er diese Mittheilung dem Metellus verdanke, und daß diesem Lugdunensis librarii aliquot constitutionum exempla extorserunt; damit spielt er ohne Zweifel auf Hugo a Porta und Johannes Vincentius an. Augustinus ergänzte mit den ersten 21 Capiteln der Coll. XXV capit. den Codex und äußerte darüber in den Paratitlen, daß diese aus einer Sammlung griechischer kirchlicher Constitutionen genommen seien. Damit bezeichnete er sowol die Coll. XXV capit., als die Coll. const. eccl. Beide sieht er zusammen als Eine Sammlung an. Die von Augustinus bekannt gemachte Collectio constitutionum Graecarum Codicis ist zwar erst 1567 erschienen; das Werk war aber schon 1546 fertig. Auch dem Cujacius war unsere Sammlung bekannt. Er gab 1562 in seiner Schrift: de praescriptionibus die L. 22. C. de episcopali audientia 1, 4 heraus. Anfang, Ende und Subscription dieser stimmt mit cap. 14 unserer Sammlung überein. Ebenso sagt er in seinem Commentar zu dem Digestentitel: de verborum obligationibus, welcher 1582 erschien, zur L. 16: et habeo ea dare Graecam constitutionem Justiniani ad Jo. praef. praet. περὶ τῶν καταλιμπανομένων ἀναλίων στρατείαις ἢ ξενῶσιν ἢ ἄλλως τισὶν εὐαγέσι συστήμασιν. Dies stimmt mit cap. 12 unserer Sammlung vollständig überein. Cujacius scheint dies aus den Handschriften der Königin Katharina von Medicis, aus welchen er auch den sogenannten Eustathius über die Zeitabschnitte herausgab, geschöpft zu haben. Nach dieser Zeit war tiefes Stillschweigen bei den Juristen über unser Werk. Die ersten gründlichen Untersuchungen darüber hat Biener in seiner Geschichte der Novellen angestellt; ihm ist Heimbach jun. gefolgt. Die erste vollständige Ausgabe des ganzen Werkes ist von Heimbach jun. im J. 1840 besorgt worden. Er hat dabei die münchener Handschrift 380, die pariser 1320. 1324. 1326. 1334. 1355 und die Coislin'sche 209 benutzt.

b) Nomocanon in 50 Titeln. Dieser wird gewöhnlich dem Johannes Scholasticus oder Antiochenus, Patriarchen zu Constantinopel, zugeschrieben, aber mit Unrecht. Die von diesem aber wirklich herrührende collectio canonum in 50 Titeln (s. unter 2) ist die Grundlage zu dem Nomocanon geworden, von welchem hier die Rede ist. Denn derselbe liefert, im Allgemeinen betrachtet, dieselben 50 Rubriken, wie jene kanonische Sammlung des Johannes Scholasticus, und unter diesen werden die in dieser Sammlung enthaltenen Kanones aufgeführt, zugleich aber die den Gegenstand betreffenden Stellen aus dem Justinianeischen Rechte beigefügt. Dieser Nomocanon ist bei Voellus gedruckt und findet sich in vielen Handschriften, welche aber sehr von einander abweichen, und zwar so sehr, daß ungeachtet von Assemani gelieferter fleißiger Collation einiger vaticanischer Handschriften doch eine rechte Classification und Uebersicht derselben noch nicht möglich ist. Es gibt theils Handschriften, welche die canones blos citirt enthalten, die leges aber ausgeschrieben, theils solche, welche die canones und leges vollständig liefern. Diese Handschriften weichen aber sowol in dem, was sie aus den Conciliensschlüssen, als in dem, was sie aus dem Justinianeischen Rechte geben, sehr von einander ab, und unverkennbar sind sowol der Nomocanon, als die collectio canonum des Johannes selbst, manchen willkürlichen Bearbeitungen und Zusätzen unterworfen gewesen. Besonders scheinen diejenigen Handschriften, welche auch die Kanones ausgeschrieben enthalten, neueren Bearbeitungen anzugehören, und die Form des Werkes, wo die Kanones blos citirt werden, mehr die ursprüngliche zu sein. Man muß sich bei dieser Verwirrung an den vorhandenen Abdruck bei Voellus halten, um die nähere Beschaffenheit des Werkes kennen zu lernen. Schon der Titel desselben ist in den Handschriften verschieden. Der in dem Abdrucke befindliche Titel: Joannis, Archiepiscopi Constantinopolitani, Scholastici Nomocanon, ist nur willkürlich aufgestellt. Denn von den zwei für den Abdruck benutzten Handschriften hatte die pariser nur den Namen des Verfassers: *Θεοδωρήτου ἐπισκόπου Κύῤῥου*, und die anderer: *Συναγωγὴ κανόνων ἐκκλησιαστικῶν εἰς πεντήκοντα τίτλους διῃρημένη*, welches eigentlich der Titel der collectio canonum des Johannes ist. Die letztere Handschrift hatte noch vor der Vorrede: *Ἰωάννου ἀρχιεπισκόπου Κωνσταντινουπόλεως τοῦ σχολαστικοῦ εἰς τὸν νομοκάνονα πρόλογος*. In dem Cod. Bodlej. 80 geht fol. 1—43 die collectio canonum des Johannes mit dem Titel: *Συναγωγὴ κανόνων εἰς πεντήκοντα τίτλους διῃρημένη*, voran; dann folgt fol. 43—49 ein index (*ἀρχαὶ καὶ σημειώσεις*) canonum nach den Anfangsworten, mit Angabe des Ortes, wo sie sich in der Sammlung des Johannes befinden; dann kommt fol. 49—62: *Τὰ συνᾴδοντα νόμιμα τῶν προκειμένων κανόνων*, unter welchem Titel in 50 Titeln der bei Voellus herausgegebene Nomocanon, von welchem jetzt die Rede ist, gegeben wird. Mit dem Cod. Bodlej. 86 stimmt die florentinische Handschrift überein darin, daß sie gleich nach der collectio canonum des Johannes folgt und denselben Titel hat: *τὰ συνᾴδοντα νόμιμα τῶν προκειμένων κανόνων*. Der Cod. Vatic. 840 hat den Titel: *ἐπισύναξις τῶν πεντήκοντα τίτλων*, und dabei am Rande die Bemerkung: *λέγεται πόνημα εἶναι Ἰωάννου τοῦ ἀπὸ σχολαστικῶν*. Die turiner Handschrift hat: *Εἰσαγωγὴ κανόνων εἰς ν'. τίτλους διῃρημένη παρὰ Θεοδωρήτου ἐπισκόπου Κύῤῥου*. Der Titel ist also nicht fest begründet, doch wird man den Namen Nomocanon am sichersten brauchen können, da von Photius ein ganz ähnliches Werk ebenso bezeichnet wird, und auch ein Unbekannter im Commentar zur trullanischen Synode dieses Werk Nomocanon genannt hat. Der Hauptinhalt des Buches besteht aus den 50 Titeln der collectio canonum; die Rubriken sind ganz beibehalten, die darunter eingepaßten Kanones aber blos citirt. In dem ersten Titel findet sich außerdem die Vorrede des Johannes Scholasticus zu der collectio LXXXVII capitulorum und in den meisten Titeln entsprechende Stellen des Justinianeischen Rechts durch die Ueberschrift: *τὰ συνᾴδοντα νόμιμα* bezeichnet. Von den letzteren sind die meisten aus den Novellen genommen, und zwar aus der collectio LXXXVII capitulorum, deren Zahlen häufig sich noch als Citat erhalten haben. Einige Stellen sind aus dem Codex entlehnt, und zwar, wie bereits im §. 18 unter 2 bemerkt worden ist, höchst wahrscheinlich aus dem Commentar des Isidorus; es sind dort auch die aus diesem entlehnten Stellen angegeben worden. Wenig ist aus den Digesten genommen; hier hat der Commentar des Dorotheus über die Digesten als Quelle gedient (vergl. §. 17 unter 2). Aus den Institutionen ist Nichts entlehnt. Am Schlusse steht im Abdrucke (bei *Voellus* T. II. p. 660), also in der pariser Handschrift: *τέλος τῶν τίτλων τῶν συνᾳδόντων νομίμων τοῖς ἐκκλησιαστικοῖς κανόσι τῆς νεαρᾶς διατάξεως*. Hiermit stimmt die florentiner Handschrift überein. Cod. Bodlej. 80 hat nach dem Schlusse, welcher dort lautet: *τίτλος ν'. οὐχ εὕρηται*, blos: *τέλος τῶν τίτλων τῶν συνᾳδόντων νομίμων*. Hierauf folgt ein Anhang (bei *Voellus* T. II. p. 660—672) mit der Ueberschrift: *ἕτερα κεφάλαια ἐκκλησιαστικὰ τῆς αὐτῆς νεαρᾶς διατάξεως*, mit welchem Ausdrucke *νεαρὰ διάταξις* die collectio LXXXVII capitulorum bezeichnet wird. Dieser enthält 21 Capitel, eigentlich 22, da lit. δ', das Zeichen der Zahl 4, vor zwei verschiedenen Capiteln steht, mit ihren Rubriken, welche ebenfalls sämmtlich aus der collectio LXXXVII capitulorum genommen sind. Am Schlusse derselben steht: *τέλος τῶν κεφαλαίων ἐκ τῶν νεαρῶν διατάξεων τῶν περὶ τῆς ἐκκλησιαστικῆς διαθέσεως Ἰωάννου ἀρχιεπισκόπου Κωνσταντινουπόλεως τοῦ ἀπὸ σχολαστικῶν*. Derselbe Anhang mit derselben Aufschrift und Schlußschrift findet sich im Cod. Bodlej. 86. fol. 62—67, in der Schlußschrift mit der Abweichung, daß statt *διαθέσεως* dort steht *διατυπώσεως*, und statt *τοῦ ἀπὸ σχολαστικῶν* am Ende *τοῦ σχολαστικοῦ*. Auch die florentiner Handschrift (Cod. Laurent. V, 22) hat von fol. 76. B — fol. 83. B diesen Anhang mit derselben Aufschrift und Schlußschrift, wie im Abdrucke; nur wird auch statt *διαθέσεως* gelesen *διατυπώσεως*. Im Cod. Taurin. CLXX. b. II, 24 (vergl. *Pasini*, Catal. bibl. reg. Athen. Taurin. T. I. p. 256) findet sich dieser Anhang ebenso wenig, wie in den vaticanischen Handschriften 840 und 640. Die Betrachtung des Werkes in seinem ganzen Zusammenhange ergibt, daß es außer demjenigen, was die beiden Grundlagen, die collectio canonum des Johannes und dessen collectio LXXXVII capitulorum liefern, wenig Eigenes hat. Die erste gab die 50 Rubriken und die angeführten Kanones, die letzte die Vorrede, den größten Theil der leges und den ganzen Anhang, welcher die übrigen nicht eingetragenen Stellen aus der collectio LXXXVII capitulorum enthält. Neues sind blos die Stellen des Codex und der Pandekten. Man kann, wenn man die Schlußworte des Nomocanon, die Ueberschrift und den Schluß der 21 Capitel liest, fast nur die Ansicht haben, daß auch dieses wenige Neue vielleicht erst später hinzugefügt worden sei, und das ursprüngliche Werk nur aus einer Zusammenstellung der beiden Schriften des Johannes Scholasticus bestanden habe. Es konnte Jemand leicht auf diesen Gedanken kommen, welcher eine Handschrift dieser beiden Werke vor sich hatte, welche, wie der Cod. Vatic. 843, beide mit einander vereinigte. Hiernach ist es höchst unwahrscheinlich, daß Johannes Scholasticus der Verfasser dieses Nomocanon sei. Denn es ist nicht glaublich, daß ein Gelehrter, wie dieser, aus zwei seiner früheren Schriften selbst wieder eine neue Compilation gemacht haben sollte. Besonders aber würde er, welcher seinen beiden anderen Werken besondere Vorreden vorsetzte, auch für dieses eine eigene Vorrede geschrieben, nicht aber die Vorrede des einen früheren Werkes so sehr ungeschickt in den ersten Titel des Nomocanon eingepaßt haben. Auch aus chronologischen Gründen muß man sich gegen Johannes Scholasticus als Verfasser erklären. Denn der Verfasser des Nomocanon hat den Novellencommentar des Athanasius benutzt, und dieser ist beinahe zu derselben Zeit, wo Johannes starb, abgefaßt und kann daher von diesem nicht gebraucht worden sein. Die Handschriften geben auch für die Urheberschaft des Johannes keinen Anhalt, im Gegentheil sprechen sie dagegen. Die meisten Handschriften sind ganz ohne Namen. Die pariser Handschrift 1370, aus welcher der Nomocanon bei Voellus herausgegeben ist, schreibt den Nomocanon dem Theodoretus, Bischof von Cypern oder Cyrus zu, indem sie fol. 102. A., wo der Nomocanon anfängt, hat: συναγωγὴ κανόνων εἰς ν΄ τίτλους διῃρημένη παρὰ Θεοδωρήτου ἐπισκόπου Κύπρου oder Κύρου; Justellus hat Κύρου. Auch die bereits erwähnte turiner Handschrift hat fol. 1: συναγωγὴ κανόνων εἰς πεντήκοντα τίτλους διῃρημένων παρὰ Θεοδωρήτου ἐπισκόπου Κύρου. Dagegen berichtet Cod. Vatic. 840, wie bereits bemerkt ist, in einer Randnote fol. 15. A., daß man den Nomocanon für ein Werk des Johannes Scholasticus ausgebe: λέγεται πόνημα εἶναι Ἰωάννου ἀρχιεπισκόπου Κωνσταντινουπόλεως τοῦ ἀπὸ σχολαστικῶν ἐπὶ Ἰουστινιανοῦ ἐξορισθέντος δηλαδὴ τοῦ ἁγίου Εὐτυχίου; es ist dies aber keine bestimmte Nachricht. Die pariser Handschrift 1370, die florentiner und der Cod. Bodlej. 68 nennen am Ende der 21 Capitel den Johannes Scholasticus, aber nicht als Verfasser des Nomocanon, sondern als Verfasser der collectio LXXXVII capitulorum, aus welcher dieser Anhang entlehnt ist. Die von Justellus benutzte erfurter Handschrift schreibt dem Johannes Scholasticus die Vorrede zu, wie schon erwähnt wurde; aber diese ist auch wirklich von demselben, nur für ein anderes Werk geschrieben. Von dem Theodoretus, welcher in einigen Handschriften genannt wird, ist Nichts bekannt. Der berühmte Theodoretus kann der Verfasser nicht sein, weil dieser schon im 5. Jahrhundert gestorben ist; es kommen aber noch einige andere von Justellus in der Vorrede zum zweiten Bande der bibliotheca juris canonici angeführte Gründe hinzu, welche hier einen Irrthum vermuthen lassen. Daß der Verfasser nicht nach dem 12. Jahrhundert zu setzen sei, ergibt sich aus dem Alter der erwähnten Handschriften, welche alle dem 12. oder 13. Jahrhundert angehören. Auf der anderen Seite kann aber auch der Nomocanon nicht erst im 11. Jahrhundert verfaßt sein, da die weltlichen Gesetze, welche dort citirt sind (τὰ συνᾴδοντα νόμιμα), aus einer Zeit herrühren, wo die Justinianeischen Rechtsbücher noch in unvermindertem Ansehen standen und durch die Basiliken noch nicht verdrängt waren. Mit Recht setzt Biener den Nomocanon nicht lange nach dem Tode Justinian's, da man namentlich zu dieser Zeit sehr bemüht war, das Justinianeische Recht der Kirche bequemer und zugänglicher zu machen. Dazu kommen noch folgende von Heimbach jun. geltend gemachte Gründe. Im can. 2 der trullanischen Synode von 692 werden mehrere Schriften der Kirchenväter, deren Ansehen in der griechischen Kirche bisher zweifelhaft war, wie die des Dionysius, Petrus, Gregorius Thaumaturgus, Athanasius und Anderer, als mit der Gültigkeit der canones versehen anerkannt und selbst canones genannt (vergl. §. 11). Diese Schriften hätten im Nomocanon, wenn derselbe nach dem trullanischen Concil verfaßt wäre, erwähnt werden müssen. Im Tit. 50 des Nomocanon (bei *Voellus* T. II. p. 660) wird der 85. apostolische Kanon, wodurch die constitutiones apostolicae bestätigt werden, angeführt, während doch im can. 2 des trullanischen Concils die constitutiones Apostolicae verworfen sind. Alles dieses deutet darauf hin, daß der Nomocanon vor der trullanischen Synode geschrieben ist. Es ist aber noch weiter zurückzugehen und derselbe in die Zeit vor Heraclius zu setzen. Denn die Novellen dieses Kaisers, welche doch das Kirchenrecht betreffen, hat der Verfasser des Nomocanon nicht unter die mit den kirchlichen übereinstimmenden weltlichen Gesetze (τὰ συνᾴδοντα νόμιμα) aufgenommen. Der Nomocanon ist im Orient sehr fleißig benutzt worden, wie die vielen erhaltenen Handschriften beweisen. Besonders merkwürdig ist dafür eine Stelle im Commentar des Balsamon zum can. 2 der trullanischen Synode, welche den häufigen Gebrauch in einer sehr neuen Zeit bezeugt und sich lebhaft dagegen erklärt. Das Dasein von Handschriften aus dem 15. und 16. Jahrhundert beweist aber, daß diese Meinung Einzelner dem Gebrauche wenig Eintrag gethan hat. Im Occident ist der Nomocanon wol erst spät bekannt geworden; doch hat ihn Ant. Augustinus gehabt (*Augustini* Bibl. nr. 160), wenn es nicht vielleicht blos die collectio canonum war.

6) Nomocanon in 14 Titeln. Es ist bereits früher im §. 11 bemerkt worden, daß der Nomocanon in 14 Titeln, welcher dem Patriarchen Photius zugeschrieben wird, nur eine Ueberarbeitung eines älteren vor dem trullanischen Concil verfaßten Nomocanon in 14 Titeln durch Photius ist; es ist auch von dem, was der alte Nomocanon als Bestand der zum Grunde gelegten Sammlung der canones enthält, sowie von den Zusätzen und Veränderungen, welche der alte Nomocanon durch Photius erfahren hat, dort die Rede gewesen. Ob noch Handschriften, welche den alten Nomocanon in der Gestalt, die er vor Photius hatte, enthalten, vorhanden sind, ist nicht klar. Allerdings enthält Cod. Bodlej. 715. fol. 24—76 nicht alle Kanones, welche in dem Photianischen Nomocanon, wie er bei Voellus in der Bibl. jur. canon. T. II. p. 785 seq. abgedruckt ist, stehen; solche sind vielmehr von neuerer Hand hinzugefügt, und Zachariä v. L. glaubt deshalb, daß dies eine solche antephotianische Handschrift sei; es sind aber die über diese Handschrift vorliegenden Nachrichten noch zu dürftig, um dieses annehmen zu können. Die Vorrede, welche dem Nomocanon vorangeht, zerfällt regelmäßig in den Handschriften in zwei Theile. Der erste Theil fängt an: τὰ μὲν σώματα, und endigt mit den Worten: σαφῶς ἐπισημανθῆναι. Der zweite Theil geht von den Worten: ὁ μὲν παρὼν πρόλογος bis an das Ende. In diesen beiden Theilen ist eine Verschiedenheit des Styls bemerkbar; in dem ersten wird in der ersten Person, in dem zweiten in der dritten Person gesprochen. Es sind dies in der That zwei Vorreden, welche eine zwiefache durch Photius gemachte Bearbeitung beweisen. Nach dem ersten Theil der Vorrede oder der ersten Vorrede sind nur zehn Synoden zum Grunde gelegt, ohne

Zweifel dieselben, welche Johannes Scholasticus excerpirte; auch sagt die zweite Vorrede, daß die erste Bearbeitung nur bis zur fünften Synode unter Justinian (545 nach Chr. oder 553 der Dionysischen Zeitrechnung) gehe. Die erste Vorrede erwähnt die canones Apostolorum, die des karthaginensischen Concils und die kanonischen Briefe der heiligen Väter. Von den canones Apostolorum wird bemerkt, daß deren Auctorität nicht allgemein anerkannt sei; von den canones des Concils zu Karthago sagt der Verfasser der ersten Vorrede, daß er sie gefunden habe, daß sie zwar manches Locale, aber auch allgemein Brauchbares enthielten und er sie deshalb seinem Werke anschließe. Endlich sagt er, er habe geglaubt, daß es gut sei, auch aus den einzelnen Briefen heiliger Väter Einiges aufzunehmen, was gewissermaßen eine Art von Kanon vorzustellen geeignet sei. Hierbei kann man zuvörderst fragen: konnte wol Photius nach der trullanischen Synode über die Auctorität der canones Apostolorum, des concilium Carthaginense, der kanonischen Briefe sich zweifelhaft aussprechen? Konnte er sagen, daß er das Carthaginense gefunden oder zugesetzt habe? Konnte er in einem umfassenden Werke das concilium Trullanum und Nicaenum secundum mit Stillschweigen übergehen? Offenbar rührt also dieser Theil der Vorrede von dem alten Verfasser her. In dem zweiten Theile der Vorrede oder in der zweiten Vorrede wird gesagt, das erste Werk sei allerdings schätzbar und den in der Vorrede gegebenen Zusagen entsprechend; auch seien nicht mit Unrecht die Briefe der heiligen Väter benutzt worden. Aber seit der fünften Synode wären noch andere abgehalten worden, und ohne der Arbeit der älteren verdienstvollen Schriftsteller (παλαιοὶ ἄνδρες, οἱ πρὸ ἡμῶν) ihr Verdienst schmälern zu wollen, habe man gewagt, das Werk mit Rücksicht auf die anderen Synoden zu ergänzen. Hiernach hat Photius, von welchem diese Vorrede herrührt, nur ein älteres sehr geachtetes Werk überarbeitet. Der erste Abschnitt der Vorrede ist also die Originalvorrede des älteren unbekannten Verfassers. Nach derselben hat er zuerst geliefert eine kanonische Sammlung, zehn Synoden, canones Apostolorum und Carthaginense umfassend, desgleichen einige Briefe der heiligen Väter. Das concilium Carthaginense hat er selbst aufgefunden, nämlich, wie schon früher im §. 11 bemerkt wurde, in der Sammlung des Dionysius Exiguus, und übersetzt. Ferner hat er einen Nomocanon in 14 Titeln mit Citaten der Kanones und beigefügten Excerpten aus Justinian's Rechtsbüchern geliefert. Alle Citate der canones, welche älter sind, als die fünfte Synode, sind ausschließlich von Photius. Jeder Titel ist in mehrere Capitel getheilt, in deren jedem die Kanones citirt werden, welche Bestimmungen über die durch die Rubrik dieser Capitel bezeichneten Punkte enthielten; diesen Citaten folgen unter der Aufschrift: κείμενον Citate aus den Justinianeischen Rechtsbüchern, welche den in jedem Capitel behandelten Gegenstand betreffen. Was letztere Citate betrifft, so sind die citirten Digestenstellen aus dem Digestencommentar des Anonymus entlehnt. Wir haben dafür ein bestimmtes Zeugniß in dem Nomocanon selbst. Im Tit. IV. cap. 10 des Nomocanon (bei Voellus T. II. p. 909) wird der Widerspruch zwischen L. 1. D. XXV, 4 eines Theils und zwischen L. 10. D. XLI, 3 und L. 26. D. L. 16 anderen Theils bemerkt, indem in der ersteren Stelle gesagt werde, die Leibesfrucht sei ein Theil der schwangeren Mutter, in den beiden letzteren aber, daß dies nicht der Fall sei. Dann wird hinzugefügt: καὶ ἄλλα δὲ διάφορα νόμιμα περὶ τούτου συνήγαγον ἐν τῷ γραφέντι μοι περὶ ἐναντιοφανειῶν μονοβιβλίῳ. In der That findet sich ein Scholium des sogenannten Enantiophanes zu den Basiliken (ed. *Heimb.* T. I. p. 64), wo das Resultat dieser Streitfrage kurz hingestellt wird. Enantiophanes ist aber derselbe Jurist, wie der Anonymus, und es sind demnach die im Nomocanon citirten Digestenstellen dem Commentar des Anonymus entlehnt. Noch entscheidender aber ist, daß die in dem Nomocanon citirten Digestenstellen mit den in den Basilikenscholien des Anonymus citirten Stellen übereinstimmen. Die Institutionen sind selten citirt; welcher Bearbeitung diese Citate entnommen sind, läßt sich nicht bestimmen. Einzelne Citate stimmen mit denen in der Coll. const. eccles. überein; allein es ist ebenso ungewiß, welche Bearbeitung der Institutionen der Verfasser der letzteren benutzt hat. Die Codexstellen sind aus der abgekürzten Codexbearbeitung (σύντομος κῶδιξ) des Stephanus entlehnt, dessen Commentar auch für die 13 ersten Titel des ersten Buches des Codex in der Coll. const. eccl. benutzt ist. Die im Nomocanon citirten Codexstellen stimmen mit den in letzterer Sammlung citirten wörtlich überein. Es finden sich aber im Nomocanon auch eine Menge Codexstellen, welche anderen Theilen des Codex, als Buch 1 Tit. 1—13 angehören; für diese kann die Coll. const. eccl. nicht benutzt sein, sondern hier muß der Verfasser des Nomocanon natürlich den Codexcommentar des Stephanus selbst zur Hand gehabt haben; denn daß er auch für die nicht in der Coll. const. eccl. stehenden Stellen des Codex diesen benutzt hat, und keinen Commentar eines anderen Juristen, läßt sich sicher annehmen, zumal er auch bei den citirten Digestenstellen den Commentar des Anonymus gebraucht hat, aus welchem ebenfalls die im zweiten Buche der Coll. const. eccl. citirten Digestenstellen entlehnt sind, und regelmäßig für dasselbe Rechtsbuch nur der Commentar eines und desselben Juristen benutzt wurde. Für die Novellen hat sich der Verfasser des Nomocanon hauptsächlich des Novellencommentars des Athanasius bedient, welcher im κείμενον mit βιβλίον τῶν νεαρῶν oder αἱ νεαραί bezeichnet wird. Die Novellencitate des Nomocanon stimmen mit der von Athanasius angenommenen Eintheilung in Titel und Capitel überein; eine Eintheilung, wo die Titel nur durch eine Zahl bezeichnet sind und wo jede Constitution ein besonderes Capitel bildet, z. B. ἡ ι'. διάταξις τοῦ α'. τίτλου τῶν νεαρῶν. So erklärt sich, daß mehrere Stellen im κείμενον des Nomocanon und im dritten Buche der Coll. const. eccl. wörtlich übereinstimmen, in welcher die drei ersten Titel des Novellencommentars des Athanasius aufgenommen sind. Der Verfasser des Nomocanon gibt aber manche

Novellenauszüge vollständiger, als die Coll. const. eccl., hat also offenbar den Commentar des Athanasius selbst zur Hand gehabt, nicht erst aus der Coll. const. eccl. geschöpft. Hieraus erklärt sich auch, daß die im Nomocanon citirten Titel und Constitutionen der Novellen mit dem Werke des Athanasius überall übereinstimmen, nicht so der im Nomocanon referirte Inhalt. Es ist nämlich nicht unwahrscheinlich, daß die Novellen Justinian's selbst gleich Anfangs mit dem Werke des Athanasius dergestalt verbunden worden sind, daß der Auszug des Athanasius den Worten der Novelle gleichsam als Inhaltsanzeige vorangesetzt wurde. Denn der Cod. Bodlej. 3399 enthält offenbar Spuren davon; ferner bestätigen dies die in den Handschriften, deren sich Fabrot zur Kritik der Coll. const. eccl. bedient hat, ersichtlichen Interpolationen aus dem echten Novellentexte; endlich beweist die Abweichung der paratitla von den Werken des Athanasius selbst, welche daraus entstanden ist, daß sie aus dem echten Novellentext geschöpft sind, während sie den Titel und die Constitution des Athanasischen Werkes an jeder Stelle an der Spitze tragen, für die bereits angegebene Verbindung des echten Textes einer jeden Novelle mit den einzelnen Constitutionen der einzelnen Titel. In den späteren Handschriften des Athanasius hat man die Novellen selbst der Kürze halber weggelassen, da die Sammlung der 168 Novellen sie vollständig gab. Außer dem Athanasius ist im Nomocanon die Sammlung der 168 Novellen benutzt worden. Die in dem Nomocanon citirten Zahlen der Novellen stimmen allenthalben mit dieser Sammlung überein. Endlich ist auch die Coll. const. eccl. im Nomocanon gebraucht worden. In dessen Tit. IV. cap. 4 (bei *Voellus* T. II. p. 907) kommt nämlich vor: *ἡ δὲ γʹ διάταξις τοῦ γʹ τίτλου τῶν νεαρῶν, ἡ οὖσα περὶ Σαμαρειτῶν, κεῖται δὲ ἐν τῷ ἀριθμῷ τῶν ἐν τῷ πατριαρχείῳ βιβλίων βιβλίον ρλγʹ, διατάξει* κ. τ. λ. Hier werden zwei Novellensammlungen unterschieden, die eine, welche im Nomocanon *νεαραί* schlechthin heißt, wo diese Novelle die zweite über die Samariter genannt werde, die andere, welche im Volumen oder liber 133 der Patriarchalbibliothek vorhanden sei, woher das nun Folgende entlehnt sei. Mit der ersten Novellensammlung ist die von Athanasius benutzte gemeint, in dessen Tit. 3. const. 3 die Novelle Justin's II. de Samaritanis, in der Sammlung der 168 Novellen, Nov. 144 excerpirt ist; mit der zweiten Novellensammlung ist die Coll. const. eccl. gemeint, in deren lib. IV. Tit. 3 const. 3 (bei *Voellus* l. l. p. 1357) diese die zweite Novelle über die Samaritaner ist (const. 2 ist die erste Novelle über diesen Gegenstand) und in welcher p. 1358 die im Nomocanon p. 907 citirten Worte vorkommen. Fragt man nun, welche von diesen Quellen, aus welchen die im Nomocanon enthaltenen Novellencitate geschöpft sind, der alte Verfasser des Nomocanon, und welche Photius benutzt hat, so ist erstens, was die aus dem Athanasius entlehnten Stellen anlangt, die Antwort die, daß diese von dem alten Verfasser unter die einzelnen Capitel der einzelnen Titel gesetzt worden sind. Was aus den übrigen Quellen an Novellencitaten sich findet, rührt von Photius her. Aus der Coll. const. eccl. ist allein die citirte Stelle im Tit. 4. cap. 4. p. 907 entlehnt. Daß dies nicht von dem alten Verfasser geschehen sein kann, geht daraus hervor, daß hier auf einmal dem gewöhnlichen ganz dem Athanasischen Werke entsprechenden Citate der Novelle die Zahl des Buches beigefügt wird, aus welchem dieses geschöpft sei, was gar nicht nöthig war, da ganz dasselbe, was hierauf folgt, bei Athanasius Tit. 3. const. 3 steht. Dies muß also ein späterer Zusatz sein. Ist auch der alte Verfasser des Nomocanon und der Coll. const. eccl. ein und dieselbe Person, so kann er doch unmöglich die Zahl der Handschriften nach der Patriarchalbibliothek so genau gekannt haben. Dies paßt ganz gut auf Photius, der ja selbst Patriarch war, nicht auf den alten Verfasser des Nomocanon. Ebenso müssen die aus der Sammlung der 168 Novellen in den Nomocanon übertragenen Novellenstellen dem Photius zugeschrieben werden. Von dem alten Verfasser können dieselben nicht herrühren, da es ganz gegen die von den byzantinischen Juristen beobachtete Regel sein würde, für dasselbe Rechtsbuch Bearbeitungen desselben von verschiedenen Verfassern und für die Novellen zwei verschiedene Sammlungen zu benutzen. Die Zeit der Abfassung des Nomocanon läßt sich dahin näher bestimmen, daß dieselbe vor das trullanische Concil von 692 fallen muß, da, wie bemerkt wurde, im Nomocanon mehrere Quellen des Rechts der Kirche als noch zweifelhaft in Ansehung ihrer Auctorität bezeichnet werden, welche die trullanische Synode bestätigt und anerkannt hat. Dann muß der Nomocanon nach dem Jahre 645 oder nach der Dionysischen Zeitrechnung nach dem Jahre 553 abgefaßt sein, da nach dem zweiten Theile der Vorrede die alte Bearbeitung des Nomocanon nur bis zur fünften, unter Justinian in dem erwähnten Jahre gehaltenen Synode geht. In der näheren Bestimmung der Zeit sind die Ansichten verschieden. Nach der einen, von Biener vertheidigten Ansicht fällt die Zeit der Abfassung des Nomocanon gegen das Ende der Regierung des Kaisers Heraclius, weil der mit dem Nomocanon eng verbundenen Coll. const. eccl. 4 Novellen dieses Kaisers angeschlossen sind. Dagegen sind Heimbach jun. und Mortreuil der Meinung, daß die Novellen des Heraclius ein späterer Zusatz sind und das Werk vielmehr in die letzten Jahre Justin's II. zu setzen sei, weil die neuesten in dem Buche citirten Novellen von diesem Kaiser herrühren. Auf die Gründe dieser verschiedenen Ansichten können wir erst bei der Coll. const. eccl. eingehen. Wir müssen uns für die Biener'sche Ansicht erklären. Gegen die Heranziehung des Nomocanon in die Zeit Justin's II. sprechen mehrere Gründe. Vor allen Dingen ist nothwendig, daß zwischen Johannes Scholasticus und dem neueren Nomocanon ein längerer Zwischenraum liegt. Es ist nämlich nicht wahrscheinlich, daß noch unter dem Patriarchat des Johannes, welches bis an das Ende der Regierung Justin's dauerte, ein concurrirendes Werk entstehen konnte. Ferner ist zu beachten, daß die collectio canonum des Johannes ein großes Ansehen erlangt hat, was oben bei diesem Werke bis an das Ende des Mittelalters nachgewiesen ist. Dies war nur möglich, wenn erst einige Zeit verging, um das Buch im Gebrauche einzuführen und zahlreiche Handschriften desselben zu verbreiten, ehe es von einem andern vollständigeren in Schatten gestellt wurde. Endlich gehörte einige Zeit dazu, ehe in der Kirche eine so ansehnliche Vermehrung der Quellen in Gebrauch kommen konnte, wie man sie in dem Nomocanon von 14 Titeln findet. Die etwa 60 Jahre seit Justin II. bis gegen das Ende der Regierung des Heraclius (578 bis 641) bieten gerade einen den angegebenen Verhältnissen angemessenen Zeitraum. Ferner ist es zwar richtig, was Heimbach jun. zu beweisen sucht, daß die Novellen des Heraclius kein integrirender Bestandtheil der Coll. const. eccl. gewesen sind. Sie sind ein Anhang zu einem Werke, welches der Verfasser aus schon vorhandenen Bearbeitungen Justinianeischer Rechtsbücher compilirte, und aus irgend einem Grunde, deren verschiedene denkbar sind, fügte er diese Novellen in ihrem authentischen vollständigen Texte hinzu. Eine derselben hat er sogar in dem Nomocanon selbst (*Voelli* Bibl. jur. canon. T. II. p. 880) eingetragen und bezeichnet dabei den Kaiser Heraclius als *εὐεργέτης*, was nur bei dem eben regierenden Kaiser üblich war. Gerade der Nomocanon aber und die Coll. const. eccl. deuten auf die Zeit des Heraclius hin, wenn man nicht willkürlich das Citat im Nomocanon und die Beifügung der Novellen des Heraclius für Zusätze eines neueren Bearbeiters erklären will. Auch kann darauf kein Gewicht gelegt werden, wie es doch von Heimbach jun. geschieht, daß von den Nachfolgern des Justinus, also von Tiberius, Mauricius, Phocas, keine kirchlichen Gesetze aufgenommen worden sind. Denn von kirchlichen Gesetzen dieser Kaiser ist wenig bekannt. Nur von Mauricius ist ein kirchliches Gesetz bekannt, gegen welches sich Papst Gregor erklärte. Ueberdies hat der Verfasser in Ansehung der Novellen sich streng an Athanasius gehalten, und so, daß sogar Justin's kirchliche Gesetze fehlen, soweit sie nicht im Athanasius enthalten sind. Diese Vernachlässigung paßt nicht zu einem Schriftsteller, der noch unter Justin gelebt haben soll. Zu diesen von Biener entwickelten Gründen tritt aber noch folgender hinzu. Der Verfasser des Nomocanon hat die von ihm citirten Digestenstellen aus der Digestenbearbeitung des Anonymus, welcher mit dem sogenannten Enantiophanes identisch ist, entlehnt. Der als Anonymus von den Spätern bezeichnete Jurist (der Antecessor Julianus) hat aber seinen Digestencommentar nach dem Werke: *περὶ ἐναντιοφανειῶν* geschrieben. In letzterem Werke wird selbst eine Novelle Justin's II. Nov. 140 (in der Sammlung von 168 Novellen), als die zweite dieses Kaisers über die Zulässigkeit der Ehescheidung durch bloße gegenseitige Einwilligung citirt. Diese Novelle ist vom Jahre 566. Der Anonymus oder Enantiophanes wäre hiernach, wenn der Nomocanon und die Coll. const. eccl. in die Zeit Justin's II. zu versetzen wären, ein Zeitgenosse des Verfassers beider letzterer Werke gewesen. Nun ist es aber ganz ungewöhnlich in der juristischen Literatur der Zeit von Justinian bis zu Heraclius, daß ein Jurist bei seinen Schriften die Arbeiten eines Zeitgenossen benutzt hätte; es findet sich kein Beispiel davon vor. Dasselbe gilt von dem Novellencommentator des Athanasius, welcher im Nomocanon und in der Coll. const. eccl. benutzt ist. Nach der Heimbach'schen Ansicht würde der Verfasser beider Werke ebenfalls ein Zeitgenosse des Athanasius gewesen sein. Vielmehr deutet die Benutzung der Digestenbearbeitung des Anonymus im Nomocanon und in der Coll. const. eccl. auf eine seit der Abfassung dieses Digestencommentars verflossene Reihe von Jahren hin, während welcher derselbe bereits eine solche Verbreitung, ein solches Ansehen erlangt hatte, daß der Verfasser beider gedachten kirchenrechtlichen Schriften ihm vor den Digestenbearbeitungen anderer Juristen den Vorzug geben zu müssen glaubte; ein Vorzug, welcher sich darauf gründet, daß die Digestenbearbeitung des Anonymus die rechte Mitte zwischen der Kürze des Cyrillus und der Breite des Stephanus traf, während die Digestenbearbeitung des Dorotheus, weil sie mehr eine wörtliche Uebersetzung des Digestentextes war, sich weniger zur Benutzung für kirchenrechtliche Schriften in einer Zeit eignete, wo man, obgleich man den Originaltext der Justinianeischen Gesetzbücher besaß, doch in den kirchenrechtlichen Schriften nur Auszüge derselben gab. — Der Verfasser des Nomocanon in 14 Titeln hat sich großes Verdienst erworben. Während sein Vorgänger, Johannes Scholasticus, die gesammten Kanones vereinzelt in ihrem vollständigen Texte unter die Abtheilungen seines Systems eintrug, hat unser Verfasser seinen ebenfalls systematischen Nomocanon gleichsam als ein Realrepertorium nur mit den Citaten ausgestattet, sodaß daneben ein eigentliches Syntagma canonum die einzelnen Quellen in ihrer Originalgestalt enthaltend, bestehen konnte und sogar nothwendig wurde. Diesem Syntagma ist überdies besonderer Fleiß zugewendet, indem, wie früher erwähnt wurde (vergl. §. 11), einzelnen Concilien aus den Synodalacten manche erläuternde Stücke zugefügt worden sind, außerdem das concilium Constantinopolitanum unter Nectarius und eine ganze Reihe von Briefen heiliger Väter darin aufgenommen worden sind, von denen Johannes noch keinen Gebrauch gemacht hatte. Die Anordnung ist dieselbe, wie bei Johannes; nur dem sardicensischen Concil, welches Johannes aus Rücksicht auf Chronologie an früherer Stelle eingeschaltet hatte, ist ein anderer Platz angewiesen, worüber der am Schlusse des Inhaltsverzeichnisses gegebene, die Stellung der Concilien betreffende Bericht das Nähere enthält. Als eigenthümliche Leistung zeichnet sich aus, daß der Verfasser die der lateinischen Kirche angehörende Dionysianische Sammlung kannte und benutzte, indem er das darin enthaltene carthaginenser Concil in seine Sammlung eintrug. Endlich ist klar, daß der Verfasser des Nomocanon den Gebrauch der Kanones in der griechischen Kirche entweder sehr genau herauszufühlen verstand (wo die damals gangbaren Sammlungen vermuthlich einigen Anhalt gaben) oder denselben durch sein Buch geregelt hat, indem das trullaner Concil sich begnügt, in Ansehung der Briefe blos die Namen der Kirchenväter aufzuführen, als ob das, was von ihren Briefen als kanonisch zu be-

erschienen sei, schon (also vielleicht durch diesen Nomocanon) genau feststände. Die Verdienste dieses Buches und seine frühzeitige Auctorität sind demnach nicht zu bezweifeln. Nachher ist es im 9. Jahrhundert von Photius überarbeitet worden, und hat in dieser Bearbeitung in der griechischen Kirche außerordentliches Ansehen erlangt. Unter diesen Umständen ist es gewiß auffallend, daß die Handschriften keine Spur über den Namen des Verfassers liefern. Es läßt sich sogar nicht behaupten, daß der Name des berühmten Photius in Folge der von ihm unternommenen Bearbeitung den Namen des ursprünglichen Verfassers verdunkelt habe, indem diese Bearbeitung in den Handschriften keinen Namen an der Spitze trägt und der Name des Photius dabei sich eigentlich nur durch Tradition erhalten hat. Einige Handschriften (z. B. Cod. Paris. gr. 1319. 1324. Coislin. 34. Petropolit. XIV.) geben bei der zweiten Hälfte der Vorrede den Namen des Photius, aber als späteren Zusatz. Die Ueberschrift des Commentars von Balsamon bezeichnet das Buch als die 14 Titel, welche den Kanonen vorangehen, während Balsamon selbst nur gelegentlich an einigen Stellen den Photius als Verfasser bezeichnet. Für den Namen des ursprünglichen Verfassers ist man demnach lediglich auf Vermuthungen verwiesen. Man könnte für das Zeitalter des Heraclius dabei mit Biener an den ausgezeichneten Patriarchen Sergius denken, welcher im December 638 starb, und von welchem Assemani in der Bibl. jur. Orient. am Ende des dritten Bandes viele Nachrichten zusammengestellt hat. Dieser könnte vielleicht der Verfasser sein oder wenigstens die Arbeit geleitet haben.

7) *Collectio constitutionum ecclesiasticarum.* Diese Sammlung kommt bei den Neuern auch unter dem Namen Collectio Tripartita und Paratitla vor. Sie ist die dritte der Zusammenstellungen der in weltlichen Gesetzen über kirchliche Gegenstände enthaltenen Vorschriften. Die erste dieser Sammlungen ist die Collectio LXXXVII capitulorum, die zweite die Collectio XXV capitulorum, die dritte ist diejenige, von welcher nunmehr gehandelt werden soll. Alle drei sind in den Handschriften häufig verbunden und stehen daselbst auch in der erwähnten Reihenfolge. Der unbekannte Verfasser des Nomocanon in 14 Titeln bemerkt in der Vorrede zum Nomocanon, daß er zwei Arbeiten über das weltliche Recht geliefert habe; die eine, bestehend aus kurzen Auszügen weltlicher Gesetze, welche hinter jedem Capitel des Nomocanon hinzugefügt sind, bestimmt, die Uebereinstimmung des weltlichen und kirchlichen Rechts zu zeigen; die andere, bestehend in einer besondern und von der ersten unabhängigen Schrift, nämlich in einer Zusammenstellung der auf kirchliche Gegenstände bezüglichen, sich in Quellen des weltlichen Rechts, sei es in kaiserlichen Constitutionen, oder in den Schriften der Juristen, findenden Bestimmungen. Die erste Arbeit ist unzweifelhaft das *Κείμενον* des Nomocanon, die zweite ist augenscheinlich die Collectio constitutionum, welche also von dem Verfasser des Nomocanon herrührt. Die Sammlung ist für uns vom höchsten Werthe. Sie hat uns Stellen der Justinianeischen Rechtsbücher, namentlich des Codex erhalten, welche man anderwärts nicht findet. Die Beschaffenheit dieser Sammlung läßt sich schon aus dem Abdrucke in *Voelli* Bibl. jur. canon. T. II. p. 1217—1361 vollständig erkennen, da nach den Versicherungen von Pasini, Bandini und Hardt die ihnen vorliegenden turiner, florentiner und münchener Handschriften mit dem Abdrucke genau übereinstimmen, dies auch die einzelnen von ihnen gegebenen Notizen völlig bestätigen. Die Sammlung besteht aus 3 Theilen. Voran steht der allgemeine Titel: *Νόμος Ἰουστινιανοῦ βασιλέως.* Hierauf folgt unter der Ueberschrift: *ἀρχὴ τοῦ α' βιβλίου τοῦ κώδικος* das Titelverzeichniß des ersten Theils. Es enthält in griechischer Sprache die Rubriken der 13 ersten Titel des ersten Buches des Codex; unter jeder Rubrik sind die im Titel behandelten Gegenstände aufgezählt und jedem die betreffenden Constitutionen durch Zahlen beigefügt, sodaß Constitutionen, welche mehrere Gegenstände betreffen, auch mehrmals aufgeführt sind. In Handschriften gibt es nach mehreren Bibliothekscatalogen auch lateinische Rubriken; doch ist nicht recht deutlich gesagt, ob sich diese im Inhaltsverzeichniß des ersten Theils, oder bei den einzelnen Titeln desselben selbst befinden. Das Titelverzeichniß des ersten Theils steht eigentlich nicht an der richtigen Stelle; es müßte etwas weiter unten nach den Worten: *ἐκ τοῦ πρώτου βιβλίου τοῦ κώδικος* stehen, nach Analogie der Titelverzeichnisse des zweiten und dritten Theils. Nach dem Titelverzeichnisse des ersten Theils folgt der eigentliche Titel: *Συναγωγὴ τῶν κειμένων ἐν τῷ κώδικι καὶ τοῖς διγέστοις καὶ νεαραῖς διατάξεων περὶ ἐπισκόπων καὶ κληρικῶν, καὶ μοναχῶν, καὶ πραγμάτων εὐαγῶν, ἔτι δὲ καὶ Ἰουδαίων καὶ αἱρετικῶν*, und hierauf mit der Ueberschrift: *ἐκ τοῦ πρώτου βιβλίου τοῦ κώδικος* der erste Theil des Werkes selbst. Dieser enthielt die ersten dreizehn Titel des Codex, welche von geistlichen und kirchlichen Angelegenheiten handeln, in einem vollständigen Auszuge. Unter jedem Titel werden nämlich von sämmtlichen Constitutionen, welche der Reihe nach mit Nummern bezeichnet sind, weitläufige oder kürzere Auszüge gegeben, ohne Inscriptionen oder Subscriptionen. Nur der erste Titel macht hier eine Ausnahme, indem er die const. 3. 5. 6. 7 doppelt liefert, theils im Auszuge, theils vollständig, wie sie im Original enthalten waren; diese letzteren haben Inscriptionen, zwei sogar Subscriptionen. Den meisten Titeln sind am Schlusse *παράτιτλα* beigefügt; d. i. eine Sammlung aller Stellen, welche die Lehre dieses Titels betreffen, theils in anderen Titeln des Codex, theils in den Novellen Justinian's. Die Constitutionen des Codex, aus welchen diese Paratitla entnommen sind, werden sorgfältig nach Zahl des Buches, Titels und der Constitution, und mit Beifügung der Anfangsworte jeder Constitution citirt. Die Novellen werden so citirt, daß ihre Rubrik und Zahl angeführt werden. Citate von Digestenstellen finden sich in den Paratitla nicht. Die Stellen des Codex folgen in den Paratitla auf einander nach der Ordnung der Bücher und Titel; die Anfangsworte der Constitution sind bald griechisch, bald lateinisch,

je nachdem die Constitution eine griechische oder lateinische ist. Von diesen Paratitlen hat Leunclavius dem Werke den Namen Paratitla gegeben, aber mit Unrecht. Denn das Werk selbst hat einen besondern Titel, und die Paratitla sind blos eine Zugabe zu dem Hauptwerke selbst, welche aber auch in dem Codexcommentar des Stephanus, aus welchem höchst wahrscheinlich die Auszüge der Codexstellen in der Coll. const. eccl. entlehnt sind, einen selbständigen Theil eines jeden Titels bilden. Die Novellen werden mit Zahlen citirt, welche nicht immer mit der Sammlung der 168 Novellen übereinstimmen. Der zweite Theil der Sammlung (bei *Voellus* Bibl. jur. canon. T. II. p. 1302) hat die Ueberschrift: *Συναγωγὴ τῶν σποράδην ἐν τοῖς διγέστοις καὶ ἰνστιτούτοις κειμένων περὶ ἱερῶν τόπων τε καὶ πραγμάτων, καὶ τῶν ἐν αὐτοῖς γενομένων τε καὶ κληρικευομένων· καὶ περὶ ἱερέων, ἔτι δὲ καὶ Ἰουδαίων καὶ θυσιῶν, καὶ τῶν ἀπαγόντων τινὰς πρὸς ἀπηγορευμένην θρησκείαν· καὶ περὶ ἀποστροφῆς παίδων, γονέων καὶ ἀσθενῶν.* Es sind dies die Rubriken der 6 Titel, aus welchem dieser zweite Theil besteht. Der zweite Theil selbst enthält in 6 Titeln, welche Rubriken haben, aber nicht gezählt sind, eine Reihe von Stellen aus den Digesten und den Institutionen, welche sich auf das jus sacrum beziehen und mit Zahl des Buches und des Titels, bei den Digestenstellen, auch des Fragments genau allegirt werden. Bei den Digestenstellen sind auch die Namen der Juristen angeführt, aber keine vollständigen Inscriptionen. Der zweite Theil hat keine Paratitla. Die Rubriken der Titel des zweiten Theils weichen von dem in der Ueberschrift dieses Theils enthaltenen bisweilen ab. So hat der 4. Titel die Rubrik: *περὶ θυσιῶν καὶ ἀστρολόγων, καὶ μαντείων, καὶ φαρμάκων, καὶ τῶν παρατρεπόντων τινὰς εἰς ἀπηγορευμένας θρησκείας.* Die Rubrik des 5. Titels: *περὶ φονέων* ist in der Ueberschrift des zweiten Theils gar nicht enthalten. Der dritte Theil (bei *Voellus* l. l. p. 1312) hat die Ueberschrift: *καὶ ἐκ τῶν μετὰ τὸν κώδικα νεαρῶν διατάξεων.* Hierauf folgt ein Inhaltsverzeichniß, welches der Anordnung dieses Theils genau entspricht. Der dritte Theil selbst ist in drei Titel getheilt; der erste: *περὶ ἐπισκόπων, καὶ κληρικῶν, καὶ μοναχῶν, καὶ μοναστηρίων;* der zweite: *περὶ τῶν ἐκκλησιαστικῶν πραγμάτων;* der dritte: *περὶ αἱρετικῶν καὶ Ἰουδαίων, καὶ Σαμαρειτῶν.* Unter diese drei Rubriken sind 34 Novellen vertheilt, welche bald kürzer, bald vollständiger gegeben werden. Von jeder Novelle ist die Rubrik, die Inscription und Subscription vorhanden, auch die Anfangsworte griechisch oder lateinisch, je nachdem die Novelle griechisch oder lateinisch erlassen war. Jeder dieser drei Titel hat eine Zugabe von Paratitla, welche kurze Auszüge aus Stellen der Novellen enthalten. Die angeführten Novellen werden hier auf eigenthümliche Weise citirt; bisweilen wird auch ein Citat nach Zahlen beigefügt. Den Schluß des ganzen Werkes machen als Anhang 4 Novellen des Kaisers Heraclius (bei *Voellus* T. II. p. 1361), welche geistliche Angelegenheiten betreffen. Es gibt zahlreiche Handschriften dieser Sammlung. Als die erste Ausgabe des ersten Theils der Sammlung läßt sich die von Ant. Augustinus veröffentlichte Sammlung unter dem Titel: Constitutionum graecarum Codicis Justiniani imp. collectio. Ilerdae 1567 betrachten. Doch sah er die Collectio XXV capitulorum und die Coll. const. eccl. als Ein Ganzes an, und führt bei den Stellen, welche er aus einer dieser beiden Sammlungen hergestellt hat, immer eine ihm vorliegende Collectio graeca constitutionum ecclesiasticarum als Quelle an; dagegen hat er genau unterschieden, wenn er eine Stelle aus den Paratitlen unserer Sammlung entlehnte, und citirt dann die paratitla collectionis eccl. constitutionum. In dem Verzeichnisse der Augustinischen Handschriften muß man also, da dasselbe in der Hauptsache aus dessen eigenen Notaten hervorgegangen ist, beide benutzte Sammlungen unter diesem allgemeinen Titel aufsuchen; und es gehören demnach hierher die Nummern 183, 184 seiner griechischen Handschriften, sowie Nr. 170 derselben. Sein Verfahren bei der Wiederherstellung aus diesen beiden Sammlungen war folgendes. Fand er eine griechische Constitution im vollständigen Originaltexte entweder in der Coll. XXV capit. oder in der Coll. const. eccles., so gab er den in letzterer Sammlung befindlichen kürzeren Auszug nicht an. Fand er eine griechische Constitution entweder in der Coll. const. eccl. oder in den Paratitla derselben Sammlung, so nahm er sie auf, und wenn er sie in beiden erwähnten Quellen vorfand, so gab er beide Auszüge. Die griechischen Auszüge bekannter lateinischer Constitutionen in der Coll. const. eccl. überging er ganz, und nahm nur Veranlassung mit Rücksicht auf die neu entdeckten griechischen Constitutionen die Stellung derselben mit neuen Zahlen zu bezeichnen, wobei er die genannte Sammlung streng befolgte. Im J. 1593 gab Leunclavius eine lateinische Uebersetzung der ganzen Sammlung unter dem Titel Paratitla heraus, begleitet von Bemerkungen (Notatorum libri duo), welche mehrere Fragmente des griechischen Textes enthielten. Fabrotus hatte einige Zeit vor seinem Tode eine Ausgabe des griechischen Textes der Sammlung vorbereitet; sie ist später mit des Leunclavius lateinischer Uebersetzung und mit desselben Notatorum libri duo 1661 in der Bibl. jur. canon. von Voellus und Justellus gedruckt. Die Handschrift, nach welcher Leunclavius seine Uebersetzung gemacht hat, weicht von der von Fabrotus für den griechischen Text benutzten bedeutend ab. Dies ergibt sich auch aus den von Ersterem in den Notata mitgetheilten Stellen des griechischen Textes, sowie aus den offenbaren Interpolationen späterer Juristen, welche sich in den Leunclavischen Handschriften finden, in den Fabrotischen aber fehlen. Namentlich weichen die Subscriptionen der Novellen im griechischen und lateinischen Texte von einander ab. Leunclavius hat mehr als Eine Handschrift zu Rathe gezogen; denn er zeigt häufig Varianten des Textes an, und hat wenigstens zwei Handschriften besessen. Fabrotus hat wol kaum eine andere Handschrift für den griechischen Text benutzt, als die dem Senator Nicolaus Peiresius zu Aix gehörige; denn diese ist die einzige, welche er in seiner ersten Note zu lib. I. tit. 1 förmlich anführt und welche ihn zu dem Irrthum verleitete, diese Sammlung dem Balsamon zuzuschreiben. Es wird zwar behauptet, daß Fabrotus auch noch eine Handschrift des Erzbischofs von Toulouse, Karl von Monchal († 1651), benutzt habe; es ist dies aber unrichtig; denn Voellus und Justellus, welche sich, wie sie ausdrücklich sagen, dieser Handschrift bedient haben, haben aus ihr mehrere im Texte bei Fabrot befindliche Lücken ausgefüllt. Dieser Text des Fabrot, die Revision der Uebersetzung des Leunclavius und die Peiresc'sche Handschrift wurden von Wilhelm Fabrot an Voellus und Justellus mitgetheilt, welche mit Hilfe der erwähnten Monchal'schen Handschrift, von welcher Justellus eine Abschrift besaß, in der That die ersten Herausgeber der Coll. const. eccl. waren. Der Verfasser der Coll. const. eccl. hat nicht die Justinianeischen Rechtsbücher im Original, sondern griechische Bearbeitungen derselben benutzt. Für den ersten Theil, welcher die Auszüge aus den ersten 13 Titeln des ersten Buches des Codex enthält, sind die Auszüge aus dem Commentar des Stephanus über den Codex aus dessen κατὰ πόδας entlehnt, sowie auch die Paratitla dieses Theils (vergl. §. 18 unter 5). Der erste Titel dieses Theils enthält vier Originalconstitutionen (L. 3. 5. 6. 7. C. de summa Trinitate I, 1). Von dieser haben ohne Zweifel Auszüge in dem Codex des Stephanus gestanden; der Verfasser der Sammlung mag aber die Originalconstitutionen, weil sie Glaubensartikel betrafen und deshalb besonders wichtig schienen, selbst an die Stelle der Auszüge aufgenommen haben; seine Quelle war nicht die Coll. XXV. capitulorum, indem diese nur die L. 3. C. I, 1, nicht aber die übrigen Constitutionen dieses Titels enthielt. Da der Codex des Stephanus auch im Nomocanon in 14 Titeln benutzt ist, so ist dies ein neuer Beweis für das irrige Verhältniß, in welchem dieser Nomocanon zu der Coll. const. eccl. stand. Ein fernerer Beweis für dieses Verhältniß beider Werke zu einander liegt darin, daß der zweite Theil der Coll. const. eccl., welcher Auszüge aus Digestenstellen enthält, aus dem Digestencommentar des Anonymus geschöpft ist, welchen der Verfasser des erwähnten Nomocanon ebenfalls für denselben benutzt hat (vergl. §. 17 unter 7). Dieser Theil enthält keine Paratitla, wie der erste, weil der Digestencommentar des Anonymus keine Paratitla hatte, wie solche der Codexcommentar des Stephanus, aus welchem der erste Theil geschöpft ist, enthielt. Der dritte Theil der Coll. const. eccl. ist eine wörtliche Wiederholung der drei ersten Titel des Novellencommentars des Athanasius und der ihnen beigegebenen Paratitla. Die Vergleichung dieses Theils der Coll. const. eccl. mit dem Werke des Athanasius, wie es Heimbach jun. herausgegeben hat, läßt darüber nicht den mindesten Zweifel. Den Athanasischen Novellencommentar hat auch der Verfasser des Nomocanon in 14 Titeln benutzt, aber nicht blos dessen drei erste Titel, sondern auch die übrigen. Da der Verfasser des Nomocanon in 14 Titeln zugleich auch nach der Vorrede zum Nomocanon der Verfasser der Coll. const. eccl. ist, so ist es erklärlich, daß sowol für das ... des Nomocanon, als für die Coll. const. eccl. dieselben griechischen Bearbeitungen der Justinianeischen Rechtsbücher benutzt worden sind. An einen Gebrauch der Coll. const. eccl. im Nomocanon ist aber nicht zu denken, da der Verfasser des Nomocanon die griechischen Bearbeitungen der Justinianeischen Rechtsbücher selbst zur Hand hatte, und im Nomocanon einen weit umfassenderen Gebrauch davon gemacht hat, als in der Coll. const. eccl. Ueber die Zeit der Abfassung der Coll. const. eccl. besteht die bereits bei dem Nomocanon in 14 Titeln erwähnte Verschiedenheit der Meinungen, indem nach der einen diese Zeit gegen das Ende der Regierung des Kaisers Heraclius, während sie nach der anderen schon unter Justin II. fällt. Wir haben uns bereits aus Gründen, welche bei diesem Nomocanon angeführt sind, für die erste Ansicht ausgesprochen. Für die erste Ansicht wird in Bezug auf die Coll. const. eccl. von Biener besonders geltend gemacht, daß ihr 4 Novellen des Kaisers Heraclius über kirchliche Gegenstände beigefügt sind, welche wesentlich dazu gehörten, indem sie in allen Handschriften des Werkes enthalten sind. Dagegen ist von Heimbach jun. auszuführen versucht worden, daß diese 4 Novellen des Heraclius keinen integrirenden Bestandtheil der Coll. const. eccl. von Anfange an gebildet haben. Dies ist auch ganz richtig. Dadurch wird aber nicht ausgeschlossen, daß der Verfasser der Coll. const. eccl. diese 4 Novellen seinem Werke als Anhang beigegeben hat. Die Verbindung derselben mit diesem Werke, welche Heimbach jun. selbst aus der Ansicht von mehr als zehn Handschriften bestätigt, kann doch für eine blos zufällige nicht angesehen werden, da sie eben sich in allen Handschriften findet. Sie findet ihre genügende Erklärung nur dann, wenn man die Zeit der Abfassung der Coll. const. eccl., sowie die des Nomocanon in 14 Titeln unter die Regierung des Heraclius versetzt, und die 4 Novellen des Heraclius als eine absichtliche Zugabe des Verfassers zu dem ersten Werke ansieht. Dazu paßt vortrefflich die Eintragung einer dieser Novellen in den Nomocanon selbst, wobei Heraclius als δεσπότης bezeichnet wird. Da die Bezeichnung als δεσπότης nur bei regierenden Kaisern üblich war, so kann diese Eintragung der Novelle des Heraclius nicht von Photius, dem späteren Bearbeiter des Nomocanon, der ja gegen das Ende des 9. Jahrhunderts lebte, herrühren, sondern sie muß von dem Verfasser des Nomocanon selbst ausgegangen sein. Der Verfasser der Coll. const. eccl. ist gänzlich unbekannt; die Handschriften nennen durchaus keine Namen, wie denn auch Ant. Augustinus, Cujacius, Leunclavius und Andere, welche im 16. Jahrhundert diese Schrift in Handschriften gelesen haben, Nichts von einem Namen wissen. Erst Fabrot hat in seiner Ausgabe das Buch dem Theodorus Balsamon, dem Commentator des Photianischen Nomocanon zugeschrieben. Die von ihm benutzte Peiresc'sche Handschrift hat nämlich nach seiner Angabe folgenden Titel: Θεοδώρου διακόνου τῆς ἁγιωτάτης μεγάλης ἐκκλησίας νομοφύλακος καὶ χαρτοφύλακος καὶ πρώτου τῶν Βλαχερνῶν τοῦ Βαλσαμῶνος, τοῦ μετὰ χρόνους τινὰς γενομένου πατριάρχου Θεουπόλεως ῥε-

[illegible]. Daß Fabrot diesen Titel wirklich vorgefunden hat, läßt sich an und für sich nicht bezweifeln, und bestätigt sich besonders durch eine ganz ähnliche turiner Handschrift. Diese enthält nämlich zu Anfange ganz denselben Namen und Titel des Balsamon, und hierauf folgen die Coll. LXXXVII capitulorum, die Coll. XXV capitulorum und die Coll. const. eccl. Vermuthlich war Fabrot's Handschrift ebenso beschaffen, d. h. sie enthielt den Namen des Balsamon nicht vor der Coll. const. eccl., sondern vor der ersten der drei verbundenen Sammlungen. Wollte man diesen Handschriften Glauben beimessen, so müßte man alle drei Sammlungen dem Balsamon zuschreiben, was aber schon bei der ersten nicht anzunehmen ist, als deren Verfasser vielmehr Johannes Scholasticus bekannt ist. Aber auch die Coll. const. eccl. kann nicht von Balsamon herrühren, und man muß die Notiz in jenen Handschriften für einen zufälligen Irrthum halten. Darüber ist man jetzt allgemein einverstanden. Die Coll. const. eccl. ist im Orient von Seiten der Geistlichkeit fleißig gebraucht worden, wie die vielen, zum Theil sehr neuen Handschriften beweisen. Sehr vielfach hat Photius bei seinem Nomocanon die Sammlung in allen ihren Theilen benutzt. Auch aus späterer Zeit findet sich von einem unbekannten Schriftsteller, welcher aber nach Zonaras und Balsamon lebte, ein Zeugniß über den häufigen Gebrauch dieser Sammlung. Es wird nämlich eine Stelle des Theodorus Balsamon gegen den Nomocanon des Johannes, welche in dessen Commentar zu can. 2. Conc. Trull. enthalten sein soll, erwähnt. Diese in der griechischen Ausgabe des Balsamon'schen Commentars zu der Kanonensammlung des Photius am betreffenden Orte nicht zu findende Stelle findet sich in der zu Paris 1620 erschienenen Hervet'schen Uebersetzung unter dem Namen des Balsamon bei can. 2. Trullan. Obwol, daß diese Stelle von Balsamon wirklich herrühre, von Manchen bezweifelt wird, so ist sie doch ganz im Geiste des Balsamon geschrieben und enthält jedenfalls das Zeugniß, daß der Nomocanon des Johannes und die Coll. const. eccl., auf welche allein die angegebenen Merkmale passen, noch in der neueren Zeit von vielen und ansehnlichen Geistlichen der griechischen Kirche gebraucht wurden, und der Tadel, daß das so sei, weil sich darin Stellen befänden, welche die Basiliken nicht angenommen, also aufgehoben hätten. Seit dem 16. Jahrhundert ist die Coll. const. eccl. auch im Occident benutzt worden. Leunclavius in seinen Notata lib. I. und Fabrotus in seinen Noten haben sie für die Kritik der Justinianeischen Rechtsbücher bearbeitet. Cujacius hat diese Sammlung durch eine Handschrift, welche dem Peter Faber gehörte, gekannt, und citirt sie zur L. 5. C. de jure fisci. Auch wird sie einmal von Pithou angeführt. Vorzüglich ist aber der erste Theil der Sammlung zur Vervollständigung des Justinianeischen Codex gebraucht worden, für welche sie allerdings von großem Werthe ist, da sie die 13 ersten Titel des Codex, welche gerade sehr viele griechische Constitutionen enthalten, vollständig darstellt. Allerdings wäre die Herstellung mancher Constitution des Codex aus anderen Quellen möglich; aber es würde sich die Stelle der Constitution, weil die Zahlen in diesen Quellen häufig verdorben sind, nur selten mit Sicherheit bestimmen lassen, und noch weniger wäre man im Stande zu sagen, ob nicht noch die eine oder die andere griechische Constitution fehlt. Die ersten Spuren der Benutzung für den Codex finden sich in der zu Lyon im J. 1651 bei Hugo a Porta erschienenen glossirten Ausgabe des Codex. Es ist aber bereits oben unter A. bei der Coll. XXV capitulorum bemerkt worden, daß hierbei nur Mittheilungen von Metellus aus den von ihm und Antonius Augustinus gemachten Entdeckungen zum Grunde liegen, und es ist also Augustinus derjenige, welcher zuerst die Coll. const. eccl. vollständig für die Restitution des Codex in seiner Coll. const. graecar. Codicis benutzt hat. Ueber das hierbei von ihm beobachtete Verfahren, namentlich darüber, daß er die Coll. XXV capitulorum und die Coll. const. eccl. als Ein Ganzes betrachtet hat, ist bereits früher das Nöthige gesagt worden.

Zweite Periode.

Geschichte des römisch-griechischen Rechts von Basilius Macedo bis zum Untergange des byzantinischen Reiches (867—1453).

Erstes Capitel.

Geschichte der Rechtsquellen.

§. 23. Zustand des weltlichen Rechts.

1) Gründe der Reform der Gesetzgebung gegen das Ende des 9. Jahrhunderts. Es ist bereits im §. 13 unter 7 bemerkt worden, daß im 8. und 9. Jahrhundert in Folge der Streitigkeiten der Ikonodulen und Ikonoklasten, welche letztere unter Leo dem Isaurier und seinen Nachfolgern das Uebergewicht erhielten, die Wissenschaften überhaupt und auch die Rechtswissenschaft in Verfall gerathen war, und daß erst für die Rechtswissenschaft durch Bardas, welcher im J. 860 von dem Kaiser Michael Methysta zum Cäsar ernannt worden war, bessere Zeiten begannen. Die Ecloga von Leo Isaurus und Constantinus Copronymus konnte bei dem Wiederaufleben des Studiums der Rechtswissenschaft in der zweiten Hälfte des 9. Jahrhunderts nicht mehr genügen; ihr Ansehen nahm allmälig ab, und die Juristen wendeten sich wieder den Justinianeischen Rechtsbüchern zu. Indessen standen der Anwendung der letzteren manche Hindernisse und Schwierigkeiten entgegen. Folgende sind zu erwähnen: a) Die Justinianeischen Rechtsbücher, obgleich sie nirgends aufgehoben worden waren, hatten in der That in ihrem ursprünglichen Texte keine Anwendung; vielmehr waren an die Stelle der Institutionen, Digesten und des Codex die griechischen Uebersetzungen und Bearbeitungen derselben durch die unter Justinian und kurz nach ihm lebenden Juristen getreten. Nur die Novellen machten eine Ausnahme, da sie großentheils in griechischer Sprache er-

lassen waren; es bedurfte daher, um sie verständlich und zur Anwendung passend zu machen, nicht erst solcher Bearbeitungen, wie sie bei den übrigen Theilen der Justinianeischen Rechtssammlung nöthig waren. Es existirten aber verschiedene Bearbeitungen der Institutionen, Digesten und des Codex von verschiedenen Verfassern; diese mehreren Bearbeitungen desselben Rechtsbuches stimmten nicht immer mit einander überein; die verschiedenen Erklärungen und Auslegungen mußten nothwendig viele Streitfragen und Schwierigkeiten bei der Anwendung in den Gerichten hervorbringen. Nichtsdestoweniger scheint unter den mehreren Bearbeitungen desselben Rechtsbuches immer Eine hauptsächlich im Gebrauch gewesen zu sein. So hat unter den Commentaren über die Institutionen der des Theophilus den Vorzug vor den übrigen erhalten, wie sich theils aus dessen Gebrauch in den Basiliken, theils daraus ergibt, daß er sich in vielen Handschriften vollständig erhalten hat, während von den Commentaren anderer Juristen kaum noch wenige Spuren übrig sind. Unter den Commentaren über die Digesten hat man denen des Stephanus und Dorotheus vor den übrigen den Vorzug gegeben, zu den *ἐξτραόρδινα βιβλία* dem Commentar des Stephanus, welcher sich auf diese Bücher beschränkte, zu den Büchern der Digesten dem des Dorotheus. Der Grund, weshalb den Commentaren des Theophilus und Anonymus, welche nur noch allein zu nennen sind, da von den Commentaren Anderer sich nur sehr wenige Fragmente erhalten haben, nicht gleiche Beachtung zu Theil wurde, war folgender. Der Commentar des Theophilus umfaßte weniger Bücher der Digesten, als der des Stephanus, und konnte, da Stephanus denselben sehr häufig citirt, füglich entbehrt werden, wenn man den Commentar des Stephanus benutzte. Der Commentar des Anonymus ist zwar in dem Nomocanon in 14 Titeln und in der Coll. const. eccl. benutzt, und bildet für die Digesten sogar den officiellen Text der Basiliken. Dennoch würde man mit Unrecht, namentlich aus seiner Benutzung für den Basilikentext darauf schließen, daß er vorher vorzüglich im Gebrauche gewesen sei. Vielmehr scheint seine Benutzung in den erwähnten kirchenrechtlichen Schriften, sowie für den Basilikentext, auf Rechnung seiner ganzen Beschaffenheit gesetzt werden zu müssen. Der Commentar des Anonymus eignete sich wegen seiner Kürze und da er doch immer das Wesentliche der Digestenstellen wiedergab, ohne die Beimischung der darin vorkommenden Streitfragen, vielmehr zur Aufnahme in den Text eines Gesetzbuches, als die Commentare des Stephanus und Dorotheus, von denen dieser bei fast wörtlicher Uebersetzung des Digestentextes natürlich auch alle Streitfragen der Juristen mit Anführung der Namen derselben und alle historischen Nachrichten wiedergab, welche später gar nicht mehr in Betracht kamen, jener aber außerdem, daß er die Streitfragen und historischen Nachrichten mittheilte, die Sache mit so großer Weitläufigkeit und so unnöthigem Wortreichthum behandelt hatte, daß es erst einer besonderen Umarbeitung bedurft hätte, um den Commentar des Stephanus zur Aufnahme in den Text eines Gesetzbuches geschickt zu machen. Für die *ἐξτραόρδινα βιβλία* hat der Commentar des Stephanus in größerem Ansehen gestanden, als der des Dorotheus, wofür der Beweis darin liegt, daß ersterer für diese Bücher in den alten Basilikenscholien hauptsächlich benutzt worden ist, sowie darin, daß auch noch in späterer Zeit, mehrere Jahrhunderte nach den Basiliken häufig die Autorität des Stephanus, sehr selten die des Dorotheus angerufen wird. Unter den Commentaren zum Codex hat der des Thalelaus im höchsten Ansehen gestanden, und muß dies schon vor den Basiliken der Fall gewesen sein. Der Commentar des Thalelaus eignete sich außerdem, daß er von jeder Constitution eine kurze Inhaltsanzeige gab, vorzüglich wegen der wörtlichen griechischen Uebersetzung der lateinischen Constitutionen und wegen der zahlreichen Anmerkungen zur Anwendung in den Gerichten; es war für die Richter dadurch der Gebrauch sehr erleichtert, und sie hatten wegen des κατὰ πόδας nicht nöthig, statt der lateinischen Constitutionen Auszüge derselben zu benutzen. Der umfängliche Gebrauch, welcher von diesem Commentar für den Basilikentext gemacht worden ist, beweist, daß er schon vorher das größte Ansehen erlangt hatte; es war nicht legislatorische Willkür, welche die Benutzung dieses Commentars für die Basiliken anordnete, sondern Anerkennung des bereits in den Gerichten bestehenden Gebrauchs. Der Gesetzgeber hätte ja eben so gut die Benutzung eines anderen Commentars anordnen können; er hat es aber nicht gethan. Aus der gesetzlichen Anerkennung des bereits bestehenden Gebrauchs erklärt sich auch, daß der Codexcommentar des Theodorus lediglich für die alten Scholien der Basiliken benutzt worden ist; denn seine Benutzung für den Basilikentext ist zweifelhaft (vergl. §. 16 unter 6). Mochte nun auch in den Gerichten vor Basilius Macedo sich bereits ein Gebrauch dahin gebildet haben, daß von den Commentaren über Justinian's Rechtsbücher immer nur Einer für jedes Rechtsbuch vorzugsweise benutzt wurde, so war doch der Gebrauch der anderen nicht verboten; es konnte nicht fehlen, daß die Parteien in Processen sich auch auf die Auctorität anderer Commentare, als der in den Gerichten vorzüglich gangbaren, beriefen, daß in Folge der Verschiedenheit der Meinungen der Commentatoren eine Menge Streitfragen entstanden, und so der Zustand des Rechts vor Basilius fast derselbe wurde, wie er vor Justinian war, ehe dieser seine Gesetzbücher publicirte. b) Eine andere Schwierigkeit der Anwendung der griechischen Bearbeitungen der Justinianeischen Rechtsbücher lag in dem Gebrauche der in ihnen vorkommenden lateinischen Ausdrücke. Die griechischen Bearbeiter des Justinianeischen Rechts behielten in ihren Schriften die lateinischen Kunstausdrücke bei. Diese waren im 9. Jahrhundert, wo der Gebrauch der lateinischen Sprache in den Gerichten längst untergegangen war, kaum noch verständlich. Man könnte sich zwar dafür, daß schon lange vor Basilius Macedo der Versuch gemacht worden sei, die lateinischen Kunstausdrücke in das Griechische zu übersetzen, auf den Nomocanon in 14 Titeln berufen wollen, in welchem die in der Coll. const. eccl. vorkommenden lateinischen Ausdrücke griechisch wiedergegeben sind. Allein der Verfasser dieses Nomocanon, welcher ja auch die Coll. const. eccl. verfaßt hat, hat, wie in dieser, so auch im Nomocanon ohne Zweifel die lateinischen Ausdrücke gebraucht, und deren Uebersetzung in das Griechische ist wol auf Rechnung des späteren Bearbeiters Photius zu setzen. Denn zu dessen Zeit, also zu der Zeit, in welche auch die Abfassung der Basiliken fällt, wurde die Vertauschung der lateinischen Kunstausdrücke mit griechischen gewöhnlich, und in den Basiliken finden wir allenthalben die lateinischen Ausdrücke griechisch wiedergegeben. Es geschah dies aber nur für den Basilikentext, die officielle Redaction des Gesetzbuches. Denn daß in der Wissenschaft die lateinischen Kunstausdrücke auch später noch beibehalten wurden, beweisen die in den alten Scholien der Basiliken vorkommenden Excerpte aus den Commentaren des Thalelaus, Stephanus und Dorotheus, in denen sich überall diese Kunstausdrücke vorfinden. c) Die Anwendung des Justinianeischen Rechts wurde auch durch die Zerstreuung des gesetzlichen Stoffes in 4 Theilen sehr erschwert. Abgesehen davon, daß die gesetzlichen Bestimmungen erst mühsam aus diesen 4 Theilen zusammengesucht werden mußten, war auch das Verhältniß dieser Theile zu einander, abgesehen von den Novellen, welche als die neueste Gesetzgebung Justinian's unbestritten allen übrigen vorgingen, zweifelhaft. Wir finden häufig in den älteren Basilikenscholien Widersprüche der verschiedenen Theile erwähnt, ebenso auch Versuche zur Lösung und Beseitigung derselben. Ebenso gab es ein besonderes Werk: *περὶ ἐναντιοφανειῶν*, über die Widersprüche und Antinomien in den Pandekten. Alles dies beweist, daß man die Schwierigkeit der Anwendung der Justinianeischen Rechtsbücher damals ebenso fühlte, wie man sie später im Occident gefühlt hat. d) Die Justinianeischen Rechtsbücher enthielten Vieles, was entweder durch spätere kaiserliche Constitutionen aufgehoben oder geändert, oder sonst veraltet war. Indessen war dies wol nicht eine Hauptursache zu der neuen durch Basilius Macedo und Leo den Weisen unternommenen neuen Gesetzgebung. Wenigstens die Basiliken sind dadurch nicht veranlaßt worden. Denn in ihnen ist Vieles aufgenommen, was schon durch die Novellen Justinian's abgeändert worden war, und die Novellen der späteren Kaiser, soweit sie nicht in der Sammlung der 168 Novellen standen, sind in den Basiliken nicht benutzt worden. — Außer den bisher erwähnten Schwierigkeiten der Anwendung der Justinianeischen Rechtsbücher, welche eine neue umfassende Gesetzrevision und Redaction wünschenswerth und nothwendig machten, war auch für die Erlernung der Anfangsgründe der Rechtswissenschaft weder durch die Institutionen Justinian's und deren griechische Bearbeitungen, noch durch die Ekloga Leo des Isauriers und Constantin's hinreichend gesorgt. Erstere genügten selbst in ihren griechischen Bearbeitungen nicht, theils weil sie nicht das Recht enthielten, was in der zweiten Hälfte des 9. Jahrhunderts galt, theils weil die lateinischen Kunstausdrücke schwer verständlich waren. Letztere konnte jenem Zwecke ebenso wenig entsprechen, da ein großer Theil der in ihr enthaltenen Bestimmungen schon im 9. Jahrhundert außer Anwendung gekommen war, wozu der Haß, welchen man auf jene Kaiser als die Schützer und Vertheidiger der Bilderstürmerei geworfen hatte, wesentlich beitrug.

2) Charakter der Reform der Gesetzgebung durch Basilius Macedo und Leo den Weisen. Basilius Macedo, welcher zur Herrschaft gelangte, sah sich durch die eben angedeuteten Uebelstände veranlaßt, nicht lange nach seinem Regierungsantritt zu einer Reform in der Gesetzgebung zu schreiten. Ueber den Charakter und den Umfang derselben gibt ein unbekannter Biograph desselben im Cap. 33 der Lebensbeschreibung folgende Auskunft: *Εὑρὼν δὲ καὶ τοὺς πολιτικοὺς νόμους πολλὴν ἀσάφειαν καὶ σύγχυσιν ἔχοντας διὰ τὴν ἀγαθῶν ὥσπερ καὶ πονηρῶν συναναστροφήν, λέγω δὴ τὴν ἀνῃρημένων καὶ πολιτευομένων ἀδιάκριτον καὶ κοινὴν ἀναγραφήν, καὶ τούτους κατὰ τὸ προσῆκον καὶ ἐνδεχόμενον προσφόρως ἐπηνωρθώσατο, τὴν τῶν ἀνῃρημένων ἀχρηστίαν περιελών, καὶ τῶν κυρίων ἀνακαθάρας τὸ πλῆθος, καὶ ὥσπερ ἐν συνόψει ἐν κεφαλαίοις διὰ τὸ εὐμνημόνευτον τὴν χρησίμων ἀπορίαν περιλαβών.* Hiernach verbesserte Basilius den Zustand des bürgerlichen Rechts auf dreifache Weise; erstens hob er die Gesetze, welche antiquirt erschienen oder unanwendbar geworden waren, ausdrücklich auf; dann nahm er eine *ἀνακάθαρσις τῶν παλαιῶν νόμων* vor; d. h. er hob die große Verwirrung der alten Gesetze, welche noch gültig waren, auf, und brachte sie in bessere Ordnung; endlich gab er ein kurzes juristisches Lehrbuch (*σύνοψιν ἐν κεφαλαίοις*) heraus, um den Rechtsbeflissenen die ersten Anfangsgründe des Rechts ohne große Mühe beizubringen. In den folgenden §§. 24—27 werden nur die einzelnen Denkmäler der gesetzgeberischen Thätigkeit des Basilius Macedo und seines Sohnes, Leo des Weisen, dargestellt (Prochiron, Epanagoge, *ἀνακάθαρσις τῶν παλαιῶν νόμων* des Basilius und die Basiliken Leo's) und es werden hierbei die bisher von den Bearbeitern der byzantinischen Rechtsgeschichte, namentlich von Zachariä von Lingenthal und nach ihm von Mortreuil, gewonnenen Resultate ihrer Forschungen zum Grunde gelegt. Ehe man aber auf das Einzelne hinsichtlich der genannten Denkmäler der Gesetzgebung des Basilius und Leo eingeht, ist noch einer von den genannten Rechtshistorikern aufgestellten und auch hier angenommenen Resultaten ganz abweichenden und mit derselben im Widerspruch stehenden Ansicht von Minoides Mynas zu gedenken, und dieselbe bereits hier zu widerlegen, um nicht später bei den einzelnen Rechtsdenkmälern darauf zurückkommen zu müssen. Mynas hat seine wissenschaftliche Reise auf den Berg Athos und die Klöster *τῆς Γουμέρας, Κουτουρᾶς καὶ Περιστερᾶς*, welche bei Erzerum an dem nach Trapezunt führenden Wege liegen, erstreckt, auch mehrere Handschriften von dort mitgebracht. Die von den genannten Rechtshistorikern vertretene und auch von mir angenommene Ansicht über die Gesetzgebung der Kaiser Leo des Isauriers und seines Sohnes Constantinus Copronymus, ferner der Kaiser Basilius Macedo und Leo des Weisen ist folgende. Die erste

Abänderung des Justinianeischen Rechts erfolgte durch Leo den Isaurier und Constantinus Copronymus, welche um das Jahr 740 und 741 die Ecloga legum in 18 Titeln publicirten, von welchem Titel der erste die Rubrik: περὶ συνοικεσίων μνηστείας καὶ λύσεως αὐτῆς, der letzte die Rubrik: περὶ διαμερισμοῦ σκύλων hat (vergl. §. 10). Später, zwischen den Jahren 870 und 878, publicirten Basilius Macedo, Constantinus und Leo das Prochirum in 40 Titeln (der erste mit der Rubrik: περὶ συναινέσεως μνηστείας, der letzte: περὶ διαμερισμοῦ σκύλων) mit der Vorrede: Τὸν μέγαν καὶ φύσει ἀληθῆ θεόν, 1837 von Zachariä v. L. herausgegeben. Gleichzeitig unternahm Basilius eine Revision des alten Rechts, aus zwei Stücken oder Theilen bestehend. In dem einen Theile stellte er die abrogirten Gesetze (wahrscheinlich die der Isaurischen Kaiser) zusammen; in dem anderen unternahm er eine ἀνακάθαρσις τῶν παλαιῶν νόμων (repurgatio veterum legum), d. i. eine Zusammenstellung des vom Justinianeischen Rechte noch Brauchbaren, deren Plan anfänglich auf 60 Bücher berechnet war, später aber auf 40 Bücher beschränkt wurde, und welche nach dem Jahre 883 vor der zweiten Ausgabe des Prochirum, der Epanagoge, also um das Jahr 884 publicirt worden ist, sich aber nicht bis auf unsere Zeit erhalten hat. In der Zeit von 884—886, wo Basilius starb, wurde durch Basilius und seine Söhne Leo und Alexander (Constantinus war bereits gestorben) eine zweite Ausgabe des Prochirum unter dem Titel: ἐπαναγωγὴ τοῦ νόμου (die Epanagoge) veranstaltet und publicirt. Dieselbe hat 40 Titel, deren Inhalt den 40 Büchern der ἀνακάθαρσις τῶν παλαιῶν νόμων entspricht, und deren erster die Rubrik: περὶ νόμου καὶ δικαιοσύνης, der letzte die Rubrik: περὶ ποινῶν hat. Die Vorrede beginnt mit den Worten: Τὸ ἀξίωμα καὶ τὸ μέγεθος. Später hat Leo der Weise eine neue Ausgabe der von Basilius unternommenen ἀνακάθαρσις τῶν παλαιῶν ν. in 60 Büchern veranstaltet, deren Publication in die ersten Jahre der Regierung des Kaisers fällt, und welche sich zum großen Theil unter dem Namen der Basiliken erhalten hat, und in den Ausgaben von Fabrot und Heimbach gedruckt vorliegt. Eine dritte Redaction der ἀνακάθαρσις τῶν παλαιῶν νόμων, welche nach dem Zeugniß des Balsamon durch den Sohn Leo des Weisen, Kaiser Constantinus Porphyrogenneta, erfolgt sein soll, ist im höchsten Grade zweifelhaft. Im J. 920 gab ein unbekannter Rechtslehrer ein neues juristisches Handbuch unter dem Titel: ἐκλογὴ νόμων τῶν ἐν ἐπιτομῇ ἐκτεθειμένων (von Zachariä v. L. schlechthin Epitome genannt) in 45 Titeln heraus, deren erster die Rubrik: περὶ νόμου καὶ δικαιοσύνης, der letzte die Rubrik: περὶ μεγάλων ἐγκλημάτων, καὶ περὶ φόνων ἑκουσίων καὶ ἀκουσίων, καὶ περὶ [illegible] καὶ αἰσχρότητος hat. Die Vorrede beginnt mit den Worten: Τῆς ἡμετέρας μεγαλοπρεποῦς δικαιοσύνης. Die Epitome ist von Zachariä v. L. herausgegeben. Nach dem Muster der 3 Legalcompendien (Ecloga, Prochirum und Epanagoge) und des einen Privatcompendiums (Epitome) sind nach und nach im byzantinischen Reiche eine Menge Privatcompendien zum Gebrauche der Richter und Sachwalter entstanden, welche ihren Namen entweder nach dem Compendium, nach dessen Muster sie gearbeitet sind, oder nach den Bibliotheken, wo sie gefunden werden, hauptsächlich durch Zachariä v. L. erhalten haben (Ecloga privata, Ecloga privata aucta, Ecloga ad Prochirum mutata, Prochirum Vaticanum, Prochirum auctum, Epanagoges tituli XIII, Epanagoge cum scholiis, Epanagoge cum Prochiro composita, Epanagoge aucta, Epitome Laurentiana, Epitome ad Prochirum mutata, Epitome Marciana). Mynas hat geglaubt, zur Begründung seiner Ansicht bis zu Kaiser Hadrian zurückgehen zu müssen. Nach seiner Vermuthung hat dieser Kaiser die Juristen Julianus und Servius Cornelius mit der Sammlung der verschiedenen juristischen Werke und Gesetze beauftragt. Diese wurden damals zuerst in einen Codex gesammelt, dem ein von Julianus gefertigter Index voranging. Von dieser großen Sammlung wurden viele Auszüge veranstaltet, und einer dieser Auszüge ist der von Hermogenes. Zum Unterschiede von den Auszügen erhielt die Sammlung den Namen: πλάτος τῶν νόμων, d. h. Sammlung der älteren juristischen Werke von Justinian, und später erhielt die von Justinian veranstaltete Sammlung (die Digesten und der Codex) denselben Namen. Die großen Sammlungen Hadrian's sind nach den im 6. Jahrhundert veranstalteten Sammlungen verloren gegangen; auch letztere sind nicht in der ursprünglichen Gestalt auf unsere Zeit gekommen, sondern nur in Auszügen. Ueber die Thätigkeit der Gesetzgeber nach dem 6. Jahrhundert bis zum 10. Jahrhundert stellt Mynas folgende Ansicht auf: 1) Leo der Isaurier und Constantinus Copronymus publicirten eine ἐκλογὴ τῶν νόμων (Ecloga legum). Das Original derselben ist nicht mehr vorhanden; der ihm sich am meisten annähernde Text besteht aus 18 Titeln und ist im J. 1596 in Leunclav. Jus Graeco-Romanum T. II. p. 79—130 unter dem Titel herausgegeben: Ἐκλογὴ τῶν νόμων ἐν συντόμῳ γενομένη παρὰ Λέοντος καὶ Κωνσταντίνου. Daß dieser Text später sei, soll die p. 131 von Leunclavius gemachte Bemerkung beweisen: Hic finem habebat unum exemplar correctionis legum Leonis et Constantini. Den von Zachariä v. L. für echt gehaltenen Text der Ecloga hält Mynas für den der Ecloga ad Prochirum mutata, wo von der echten Ecloga die Titel vom Kaiser, vom Klerus und von den Prätoren weggelassen sind. Mynas fand diesen Auszug in der μονὴ (Kloster) τῆς [illegible], aber auch noch zwei Handschriften mit einem anscheinend ähnlichen Texte, die eine in demselben Kloster, die andere in dem Kloster τοῦ [illegible]. 2) Die ἀνακάθαρσις τῶν παλαιῶν νόμων von Basilius hält Mynas für eine Revision des von ihm sogenannten πλάτος τῶν νόμων in 40 Büchern, von denen Basilius einen Auszug unter dem Namen μικρὸν βασιλικὸν machen ließ. Dieser so benannte Auszug, von welchem Mynas eine Handschrift mitgebracht, fehlt nach dessen Meinung in allen Bibliotheken Europa's und hat folgenden Titel: προοίμιον τῆς ἐπαναγωγῆς τοῦ νόμου τοῦ ἀπὸ τοῦ ἐπιτεταγμένου *ὑπὸ Βασιλείου καὶ Λέοντος καὶ Ἀλεξάνδρου τῶν παναγάθων καὶ εἰρηνοποιῶν βασιλέων.* Dieses *προοίμιον* ist die Vorrede mit den Anfangsworten: *Τὸ ἀξίωμα.* Die Zahl der Titel beträgt 40; der Titel 16 hat die Rubrik: *περὶ γάμων καὶ ἀναιρέσεως αὐτοῦ*, der letzte die Rubrik: *περὶ ποινῶν*, dessen Capitel 16 von der Entführung der Frauenspersonen handelt. Der Text hat auch Scholien. 3) Ferner hat nach Mynas Leo der Weise ein *ἐγχειρίδιον* oder *μέγα πρόχειρον* in 40 Titeln publicirt, welches zum Theil nach dem *πλάτος* des Basilius, zum Theil nach dem *μικρὸν βασιλικὸν* zusammengestellt ist, zu dem Zwecke, um die Gesetzgebung der isaurischen Kaiser zu verdrängen, und an deren Stelle die der Kaiser aus der macedonischen Dynastie zu setzen. Dieses Handbuch hat den Titel: *Ἐκλογὴ τῶν νόμων*; die Vorrede beginnt mit den Worten: *Τῆς νομικῆς μεγαλοφυοῦς δικαιοσύνης*, und endigt: *Διὰ τεσσαράκοντα τίτλων τεθείκαμεν ἐν τῷ πρώτῳ ἔτει τοῦ αὐτοκράτορος Κωνσταντίνου τοῦ πορφυρογεννήτου πρὸς ὑπόμνησίν του καὶ ὠφέλειαν τῶν ἐντυγχανόντων ταύτῃ τῇ μικρᾷ βίβλῳ, ἀποφαινόμενοι ἐν πρώτοις ὅτι καὶ ἡ ἐξ ἡμῶν φύσις τὴν ἀρχὴν εἴληφε κ. τ. λ.* Hierauf ein Verzeichniß (*πίναξ*) der 40 Titel, deren erster die Rubrik: *περὶ δικαιοσύνης καὶ δικαιωμάτων*, der letzte nach aller Wahrscheinlichkeit (denn Mynas gibt die Rubrik nicht) die Rubrik: *νόμοι Ῥοδίων* hat. Nach dem Titelverzeichniß folgt eine zweite Vorrede mit den Anfangsworten: *Τὸν μέγαν καὶ φύσει ἀληθῆ θεόν.* Nach dieser Vorrede kommt die *κατὰ πρόχειρον ἐκτεθεῖσα ὑπὸ Λέοντος καὶ Ἀλεξάνδρου, ἥτις ἐπιγραφὴν ἔχει περὶ διαιρέσεως α´ ἕως ς´.* Dann folgt der Text des Buches, von welchem Mynas eine Handschrift mitgebracht hat. 4) Ungefähr 12 Jahre nach dem Tode Leo's ist die *Ἐκλογὴ* des Kaisers Romanus abgefaßt, welche wörtlich die erste Vorrede des *ἐγχειριδίου* wiederholt, nur mit dem Unterschiede, daß die Lobrede auf Kaiser Leo weggelassen ist, am Ende aber gesagt wird, daß diese *ἐκλογή* im ersten Regierungsjahre des Kaisers Romanus (des Aelteren) herausgegeben sei. Von dieser *ἐκλογή* soll Zachariä v. L. die Vorrede, die Titelrubriken und 41 Capitel veröffentlicht haben. 5) Das von Zachariä v. L. herausgegebene *πρόχειρον* hält Mynas für einen Auszug des *μικρὸν βασιλικόν* und das *ἐγχειρίδιον*; das Verhältniß dieses Auszuges zu dem *μικρὸν βασιλικόν* soll dasselbe sein, wie das Verhältniß des *μικρὸν βασιλικόν* zu dem *πλάτος*. Die Abfassung soll nicht allein nach Basilius, sondern auch nach der Publication der Basiliken Leo's, ja selbst nach der Ecloga des Romanus fallen. — Was die von Mynas über die Reform des Rechts unter Hadrian durch Julian, sowie über die Justinianeischen Sammlungen aufgestellte Ansicht betrifft, so bedarf es keiner besonderen Widerlegung; diese Ansicht steht im Widerspruche mit längst begründeten und bewiesenen Thatsachen und ist gänzlich unhaltbar. Was das *πλάτος* anlangt, so hat der Ausdruck τὸ *πλάτος* verschiedene Bedeutungen. Er wird bald auf die Gesetzgebung Justinian's im Ganzen oder zum Theil bezogen (auf die Digesten, den Codex, die Novellen), bald auf die Basiliken, bald auf einige Werke der Juristen des 6. Jahrhunderts (z. B. auf den index des Dorotheus und den des Stephanus). Das kleine Schriftchen über das *πλάτος τῶν νόμων*, welches Mynas für bisher unbekannt ausgibt, findet sich im Cod. Paris. gr. 1356. fol. 3b, und ist nach dieser Handschrift von *Ducange*, Glossar. med. et infim. Graec. s. v. *πλάτος* bekannt gemacht. Die weiter aufgestellten Behauptungen betreffend, so ist zu 1) die Behauptung, daß die in *Leuncl.* Jus Graeco-Rom. T. II. p. 79 seq. herausgegebene Ecloga legum den dem echten Texte der Ecloga Leo's und Constantin's am nächsten kommenden Text enthalte, unrichtig. Der von Leunclavius herausgegebene Text ist aber aus verschiedenen Werken von demselben zusammengesetzt, und aus verschiedenen Handschriften entlehnt. Titel 1—10 sind aus der Epanagoge, Titel 20—27 aus der Ecloga ad Prochirum mutata, und nur Titel 11—19. 28 und der Titel: *περὶ διαμερισμοῦ σκύλων* gehören der echten Ecloga an. Gewiß ist, daß Leunclavius den Cod. Palat. 55 und Vindob. jur. gr. 8 benutzt hat. Randbemerkungen von seiner eigenen Hand in diesen Handschriften lassen daran keinen Zweifel. Allein es läßt sich nicht bestimmen, welche Handschriften er außerdem gebraucht hat. Nach Mortreuil hat er die Titel 1—10 (Titel 1—9. 11 der Epanagoge) aus dem Cod. Palat. 55; ebenso Titel 20—27 aus derselben Handschrift. Daß aber die Titel 1—10 nicht aus dieser Handschrift entlehnt sind, geht daraus hervor, daß Leunclavius bisweilen ganze Sätze mehr gibt, als in dieser Handschrift stehen. Auch die Titel 20—27 hat er nicht daher. Nach der Vermuthung von Zachariä v. L. hat er vielleicht aus dem Cod. Palat. 371 geschöpft. Die von Leunclavius ohne Text herausgegebenen Rubriken der Titel 29—73 sind die Rubriken der Titel 19—63 der Epitome Marciana. Die echte Ecloga legum von Leo dem Isaurier und Constantinus Copronymus hat Zachariä v. L. herausgegeben. 2) Das von Mynas sogenannte *μικρὸν βασιλικόν* ist nach der von ihm gegebenen unvollkommenen Beschreibung nichts Anderes als die allbekannte zweite Ausgabe des Prochirum, nämlich die Epanagoge. Die Ueberschrift, die Vorrede, die Zahl und Anordnung der Titel stimmen so genau mit den von andern Gelehrten gegebenen Beschreibungen dieses Rechtsbuches überein, daß an der Identität kein Zweifel sein kann. Da die von Mynas mitgebrachte Handschrift auch Scholien zum Texte hat, so enthält dieselbe die allbekannte Epanagoge cum scholiis 3. 4. Die von Mynas gegebene Beschreibung des *ἐγχειρίδιον* oder *μέγα πρόχειρον* stimmt vollkommen zu dem Handbuche, welches sich im Cod. Laurent. LXXX, 6 nach der Beschreibung von Bandini befindet, und von der Bibliothek, welche die Handschrift enthält, den Namen Epitome Laurentiana erhalten hat. Dieselbe ist aus der Epitome legum von 920 und aus dem Prochirum zusammengesetzt. Mynas irrt schon darin, daß er die Epitome legum von 920 dem Kaiser Romanus dem Aelteren zuschreibt, während sie doch eine allerdings in jenem Jahre verfaßte Privatarbeit ist. 3) Die Behauptung von Mynas, daß das von Zachalä v. L. herausgegebene Prochirum ein Auszug der von ihm sogenannten μικρὸν βασιλικόν (der Epanagoge) und später, als die Basiliken Leo's, ja selbst als die Epitome legum von 920 ist, steht im Widerspruch mit der in den zahlreichen Handschriften des Prochirum befindlichen Inscription, in welcher dasselbe den Kaisern Basilius, Constantinus, dem älteren Sohne desselben und Leo, dessen jüngerem Sohne, deren gleichzeitige Regierung von 870—878, wo Constantinus starb, dauerte, zugeschrieben wird, wonach es also während dieses Zeitraumes publicirt worden sein muß. Hierdurch fällt schon die Behauptung, daß das Prochirum jünger sei, als die Basiliken Leo's, und sogar nach der Epitome legum von 920 falle, zusammen.

§. 24. *Prochirum* des Basilius.

Das erste Denkmal der Gesetzgebung des Basilius Macedo hat den Titel: ὁ πρόχειρος νόμος, Prochirum legum, Manuale legum. Dasselbe ist lange Zeit mit der Ekloga Leo des Isauriers und Constantin's verwechselt worden. Ueber dieses Werk haben wir ein sehr ausführliches Zeugniß von Constantinus Harmenopulus. In der Vorrede zu seinem Manuale legum zählt er die verschiedenen Quellen auf, welche er bei seiner Arbeit benutzt habe, und unter diesen besonders das von den Kaisern Basilius, Constantin und Leo publicirte Werk unter dem Namen πρόχειρον. Er erzählt, daß er auf dieses Werk gestoßen sei, welches im Auszuge die Gesetze wiedergebe; er citirt ferner eine Stelle der Vorrede desselben, in welcher gesagt werde, es sei aus allen Büchern der Gesetze das Nothwendige und häufig Gesuchte ausgewählt und dieses unter gewissen Capiteln in diesem Handbuche der Gesetze (ἐν τῷ δε τῷ προχείρῳ τῶν νόμων) aufgezeichnet, und Nichts von demjenigen weggelassen, was dem Volke zu wissen nöthig sei. Harmenopulus sagt aber, er habe bei Durchsicht des Werkes gefunden, daß das gesteckte Ziel nicht erreicht und das Versprechen nicht erfüllt worden sei, und erzählt nun weiter, wie dürftig das Meiste in dem Prochirum behandelt und wie viel in demselben weggelassen sei; er habe daher den Plan gefaßt, das Prochirum zu ergänzen und aus dessen 40 Titeln 80 Titel und mehr gemacht, und diese in sechs Bücher vertheilt; das aber, was aus jenem alten Werke herrühre, und das, was er selbst hinzugefügt habe, durch Zeichen am Rande von einander unterschieden, und zwar das Erstere durch das Zeichen des Saturn (σημεῖον κρονικόν), das Letztere durch das Zeichen der Sonne (σημεῖον ἡλιακόν). Nach dem Zeugniß des Harmenopulus hat also Basilius Macedo ein juristisches Handbuch zu der Zeit bekannt gemacht, wo er seinen älteren Sohn Constantin und den jüngeren Leo, welcher ihm später in der Regierung folgte, zum Mitregenten hatte, das ist, in der Zeit zwischen 870 und 878. Hiermit stimmt gleichhalben der griechische Jurist aus dem 12. Jahrhundert überein, welcher den Cod. Paris. gr. 1384 geschrieben hat; dieser spricht ebenfalls von einem kurzen Handbuche des Rechts, welches Basilius, Constantin und Leo publicirt hätten, und bringt einige bemerkenswerthe Fragmente davon. Dieses Handbuch, welches nach Harmenopulus Prochirum geheißen hat, ist in vielen Handschriften erhalten. Daß das in den bezeichneten Handschriften enthaltene Werk dasjenige sei, was Harmenopulus vor Augen gehabt hatte, kann keinem Zweifel unterliegen, da die Fragmente, welche derselbe mit dem Zeichen des Saturn bezeichnet hat, als aus dem Prochirum entlehnt, sich alle in jenem Werke wiederfinden, und die erwähnten Handschriften ebenfalls, wie Harmenopulus, als Urheber des Werkes den Basilius, Constantinus und Leo bezeichnen. Manche haben zwar sowol dem Harmenopulus, als jenen Handschriften hier einen Irrthum zur Last gelegt, und als Urheber nicht den Basilius, sondern dessen Sohn Leo bezeichnet, welcher das Prochirum ungefähr im J. 911 publicirt habe. Dagegen sprechen aber folgende Gründe. Erstens ist der Cod. Bodlej. 715, welcher das Prochirum enthält, im J. 901 oder 902 geschrieben, wie aus seinem Inhalte hervorgeht. Noch älter als diese Handschrift, ist der Cod. Coislin. 209, ebenfalls dieses Werk enthaltend, gegen das Ende des 9. Jahrhunderts geschrieben. Zweitens finden sich die in Leo's Novellen 35, 41, 63 erwähnten Constitutionen seines Vaters alle in diesem Werke wieder, und scheinen nach anderen Zeugnissen durch dasselbe zuerst sanctionirt und publicirt zu sein. Auch werden anderwärts manche Capitel des Prochirum als Constitutionen des Basilius Macedo citirt. Endlich nennen alle Handschriften, auch jene alte bodlejanische 715, übereinstimmend den Basilius, Constantin und Leo als Urheber des Prochirum. Zwar enthalten nicht alle Handschriften die 40 Titel des Prochirum mit der vorausgehenden Vorrede und Inscription vollständig. Wo sich aber in den Handschriften die Vorrede mit der Inscription oder die Inscription allein findet, da werden als Urheber des Werkes und der Vorrede die Kaiser Basilius, Constantinus und Leo (αὐτοκράτορες καίσαρες Βασίλειος, Κωνσταντῖνος καὶ Λέων) bezeichnet. Das hier in Rede stehende Werk wird bei den Griechen mit verschiedenen Namen belegt. Bald heißt es διάταξις Βασιλείων oder διάταξις τῶν ἁγίων βασιλέων, bald τὸ τεσσαρακοντάτιτλον; oft auch ἐγχειρίδιον oder ἐγχειρίδιος νόμος. Am meisten scheint der Name Prochirum den Griechen gefallen zu haben. Das Werk besteht aus einer Vorrede und 40 Titeln. Die Vorrede beginnt mit den Worten: Τὸν μέγαν καὶ φρικτὸν ἀληθῆ Θεόν, und hat folgenden Inhalt. Die Kaiser Basilius, Constantinus und Leo, welche die Inscription der Vorrede als redend aufführt, klagen darüber, daß das geschriebene Recht einen so großen Umfang erreicht habe und überdies durch verschiedene Gewohnheiten [illegible] erschüttert worden sei, daß das ganze bürgerliche Recht in einem Zustande gänzlicher Verwirrung sich befinde. Sie hätten daher Nichts für dringender und nöthiger gehalten, als eine Revision der Gesetze vorzunehmen und eine Sammlung der verbesserten Gesetze zu veranstalten. Zu diesem Zwecke hätten sie vor Allem ein kurzes Handbuch der Gesetze in 40 Titeln abfassen lassen, deren erste vom Rechte der Ehe handelten, indem aus der Ehe selbst das menschliche Leben gesetzlich entstehe. Es folgen nun 40 Titel. Im

Anfange von Tit. 1—11 wird von der Ehe und dem Heirathsgute gehandelt, dann von Tit. 12—20 von Obligationen; hierauf folgt von Tit. 20—37 das Erbrecht, in dessen Darstellung sich jedoch Mehreres eingeschlichen hat, was demselben fremd ist. Es wird nämlich bei Gelegenheit des Tit. 22, welcher vom Testamente der Filiifamilias handelt, im Tit. 26 von der Auflösung der väterlichen Gewalt gesprochen, ebenso ist auf Veranlassung des Tit. 24 (vom Testamente der Bischöfe), im Tit. 25 von der Wahl der Bischöfe die Rede; ferner wird, da im Tit. 30 der ὑποκατάστασις (substitutio) Erwähnung geschehen ist, im Tit. 31 wegen der Aehnlichkeit der Worte Einiges über die ἀποκατάστασις (restitutio) beigefügt; endlich wird neben den Legaten (Tit. 33) noch einiges Andere, was im Testamente gegeben zu werden pflegt, nämlich Freilassungen (Tit. 34) und Vormundschaften (Tit. 36), erörtert. Von Tit. 38 bis an das Ende werden die Hauptgegenstände des öffentlichen Rechts behandelt; zuerst im Tit. 38 die auf Privatgebäude und auf öffentliche Bauten bezüglichen Rechtsgrundsätze dargestellt, denen viel von Servituten und Verjährung beigemischt ist; dann ist im Tit. 39 von Verbrechen und Strafen die Rede; endlich wird im Tit. 40 das Recht in Bezug auf die Kriegsbeute dargestellt. Ungewiß ist, ob die Verfasser des Werkes diese Ordnung der Titel und Materien selbst ausgedacht haben, oder hier dem Pläne Anderer gefolgt sind. Doch scheinen sie in Manchem die Ordnung der Titel in der Ecloga von Leo Isaurus befolgt, in Manchem nach eigenem Plane gehandelt zu haben. Denn die Reihenfolge der Titel im Prochirum hat mit den Titeln der Ecloga das gemeinsam, daß in beiden die ersten Titel von der Ehe und vom Heirathsgute, die letzten aber von Strafen und von der Theilung der Kriegsbeute handeln. Die meisten Capitel, aus welchen die 40 Titel des Prochirum bestehen, sind nach dem Zeugnisse der Vorrede aus den Justinianeischen Gesetzbüchern und Novellen und deren griechischen Uebersetzungen und Sammlungen geschöpft. In Betreff der Institutionen ist hauptsächlich die griechische Paraphrase zu Grunde gelegt worden, obwol auch ein anderer griechischer Institutionencommentar benutzt zu sein scheint. Unter den Bearbeitungen der Digesten ist denjenigen der Vorzug gegeben, welche von dem sogenannten Anonymus herrühren; unter den Bearbeitungen des Codex der des Theodorus, obgleich auch Einiges aus dem Codex des Thalelaeus entlehnt ist; von den Novellen endlich ist entweder der Originaltext oder die Bearbeitung der Novellen von Theodorus oder Athanasius benutzt worden. Die aus diesen Werken [illegible]pirten Stellen sind aber nicht wörtlich in das Prochirum übergegangen, sondern nicht selten geändert worden, namentlich wo in ihnen lateinische Ausdrücke vorkommen. Außer den Justinianeischen Rechtsbüchern ist auch von der Ecloga Leo des Isauriers und Constantin's Gebrauch gemacht worden, worüber sich die Vorrede ausspricht. So ist z. B. die Vorrede des Prochirum in Vielem und namentlich im Anfange der Vorrede der Ecloga so ähnlich, daß sie nach dieser abgefaßt zu sein scheint. Es finden sich aber auch sonst noch Spuren der Benutzung der Ecloga. Das, was aus derselben in das Prochirum aufgenommen wurde, ist aber häufig durch Zusätze oder Auslassungen oder Substitution anderer Worte interpolirt worden. Endlich erzählen die Kaiser in der Vorrede, daß sie darüber, worüber in jenen älteren Quellen sich Nichts vorfand, neue Verordnungen erlassen und dem Prochirum einverleibt hätten. In der That finden sich nicht wenige neue Verordnungen darin. Im Allgemeinen läßt sich die Art und Weise, wie das Prochirum aus diesen Quellen compilirt ist, folgendermaßen beschreiben. Die einzelnen, jenen Quellen entlehnten Stellen sind unter die gehörigen Titel gestellt, aber nicht so mit einander verbunden worden, daß sie Eine und zwar zusammenhängende Abhandlung ausmachten, wie dies in der Ecloga geschehen ist. Vielmehr sind die Stellen in ähnlicher Weise geordnet, wie man dieselben in den Digesten oder im Codex oder in den Basiliken geordnet findet. In Ansehung der Art, wie die Verfasser des Prochirum die oben erwähnten Quellen benutzt haben, ist ein großer Unterschied zwischen den Titeln 1—21 und den Titeln 21—40. Die Titel 1—21 sind sorgfältig aus den Justinianeischen Gesetzbüchern ausgewählt; am Anfange jedes Titels stehen die Stellen aus den Institutionen; dann folgen die der Digesten, hierauf die des Codex, endlich die aus den Novellen, sodaß wir hier dieselbe Anordnung finden, welche in den Titeln der Basiliken befolgt ist; den Schluß machen einige neue Verordnungen des Basilius. Die Titel 22—40 haben einen ganz anderen Charakter. Erstens ist aus in ihnen, nicht in Titel 1—21, die Ecloga berücksichtigt; dann enthalten sie viel mehr Stellen der Institutionen und der Novellen, wenige aus den Digesten und dem Codex. Die Verfasser des Prochirum scheinen in diesen Titeln nicht einmal die griechischen Bearbeitungen der Digesten und des Codex zu Rathe gezogen, sondern mehr das aufgenommen zu haben, was sie in anderen Collectaneensammlungen, wie solche die griechischen Juristen ihren Handschriften am Rande beizuschreiben oder am Ende beizufügen pflegten, fanden. Die Gründe für diese Annahme sind folgende. In den ersten 21 Titeln ist eine bestimmte Ordnung, sodaß nach einer Codexstelle nicht leicht eine Digestenstelle folgt, und daß die aus den Digesten und dem Codex excerpirten Stellen dieselbe Reihenfolge haben, wie in den Originalen selbst. Beides verhält sich in den Titeln 22—40 anders; denn mitten zwischen Stellen aus Digesten und Codex finden sich Stellen aus den Institutionen und Novellen, und die Ordnung der aus den Digesten und dem Codex entlehnten Stellen, weicht von der Reihenfolge, in welcher sie in den Titeln dieser Gesetzbücher selbst stehen, gänzlich ab. Die Verfasser des Prochirum haben daher in den letzten 19 Titeln die Digesten und den Codex selbst wol nicht zu Rathe gezogen, sondern, während sie aus den Bearbeitungen der Institutionen und Novellen, sowie aus der Ecloga diese Titel compilirten, nur diejenigen Stellen der Digesten und des Codex beigefügt, welche sie in jenen Werken nach Art der Paratitla beigeschrieben oder in die Anhänge verwiesen fanden. Der Grund, weshalb die Verfasser des Prochirum mit geringerer Sorgfalt in den letzten 10 Titeln verfuhren, wird aus der besondern Geschichte der Basiliken klar werden. — Mit dem Prochirum begann eine neue Periode in der byzantinischen Gesetzgebung; seine Auctorität blieb bei allen Schicksalen, welche das byzantinische Reich erlitt, ungeschwächt. Auch war nach demjenigen, was im §. 23 über den Zustand des bürgerlichen Rechts vor Basilius bemerkt worden ist, nicht leicht eine Zeit einer Reform in der Gesetzgebung günstiger. Diese Reform begann mit dem Prochirum, und alle durch Basilius und seine unmittelbaren Nachfolger unternommenen weiteren legislatorischen Arbeiten waren nur weitere Ausführungen des allgemeinen Gedankens, welcher der Redaction des Prochirum zum Grunde lag. Die zahlreichen Handschriften aus verschiedenen Zeiten und von verschiedenem Ursprung, wodurch uns dieses Werk in seiner Integrität aufbewahrt ist, beweisen durch ihr Dasein das fortdauernde Ansehen des Prochirum während des Bestehens des byzantinischen Reiches; und die allmäligen Umbildungen seines Textes durch die Juristen zeigen, daß es fortwährend Gegenstand besonderer Studien und Beschäftigungen war. Gegen die Mitte des 14. Jahrhunderts wurde es die hauptsächlichste Grundlage des berühmten Manuale legum des Harmenopulus. Die griechischen Kanonisten haben grossentheils die Elemente des bürgerlichen Rechts, von denen sie Gebrauch machten, aus dem Prochirum entlehnt, und die Völker, welche sich zur griechischen Kirche bekennen, zählen noch jetzt das Prochirum unter die Quellen ihres Kirchenrechts. Im Occident wurde das Prochirum zuerst durch Cujacius im J. 1564 bekannt; er gab aber irrthümlich die Zahl der Titel auf 60 an. Freher wiederholte diese falsche Angabe, verwechselte aber dabei das Prochirum mit der Ecloga Leo des Isauriers; eine Verwechselung, die bis auf die neueste Zeit, wo Biener und nach ihm Zachariä v. L. Licht in diesen dunkeln Theil der byzantinischen Rechtsgeschichte gebracht haben, Statt gefunden hat. Ein großer Theil des Prochirum ist in das Manuale legum des Harmenopulus übergegangen, und in dessen Ausgaben mit gedruckt. Reitz hat die Meermanische Handschrift Nr. 182 mit dem Harmenopulus verglichen und die aus dem Prochirum in diesen übergegangenen Stellen mit Sternchen in der Ausgabe bezeichnet. Versuche zur Ausgabe des Ganzen sind im 17. und 18. Jahrhundert gemacht worden. Witte hat eine Tabelle herausgegeben, in welcher die Anordnung der einzelnen Capitel im Prochirum mit der im Harmenopulus verglichen wird. Die erste Ausgabe des Prochirum ist von Zachariä v. L. 1837 besorgt worden. Zum Grunde liegt die älteste Handschrift, Cod. Coislin. 209. Dieselbe ist noch verglichen worden mit dem Cod. Paris. 1384 Bodlej. 264. 715 und 1437 und mit der Biener'schen, sonst Meermanischen Handschrift Nr. 182. Dem griechischen Texte ist die lateinische Uebersetzung von Reitz zu Harmenopulus beigefügt, jedoch mit manchen Verbesserungen. Die Anmerkungen sind von dreierlei Art: kritische, welche vorzüglich eine Auswahl verschiedener Lesarten aus obigen Handschriften enthalten; dann solche, in welchen die Quelle einer jeden Stelle nachgewiesen wird; endlich solche, welche die Stelle bezeichnen, welche jedes Capitel bei Harmenopulus hat. Letzteres ist geschehen, um die Anmerkungen von Reitz zu Harmenopulus für das Prochirum brauchbar zu machen. Der Ausgabe sind endlich indices beigefügt: 1) ein Verzeichniß der aus den Institutionen, Digesten, dem Codex und den Novellen in das Prochirum aufgenommenen Stellen; 2) ein Verzeichniß derjenigen Stellen des Prochirum, deren Quelle ungewiß ist; 3) ein Verzeichniß derjenigen Stellen, welche neue Verordnungen von Basilius enthalten; 4) ein Verzeichniß der Stellen, welche dem Prochirum und den Basiliken gemeinsam, oder aus dem ersteren in die letzteren übergegangen sind; 5) ein index rerum et verborum. Einen ganz besonderen Werth für die byzantinische Rechtsgeschichte haben die Prolegomena, welche über viele dunkle Partien derselben, namentlich über die verschiedenen Rechtscompendien und die Basiliken selbst Licht verbreitet haben.

§. 25. *Epanagoge* von Basilius, Leo und Alexander.

So wie einst Justinian nach Bekanntmachung des Codex, der Institutionen und Digesten, zur Abänderung und Verbesserung des Civilrechts sich immer mehr hinneigend sowol eine neue Ausgabe des Codex unternahm, als auch durch neue Constitutionen Vieles, was jene früheren Gesetzbücher enthielten, verbesserte und veränderte, so beschränkte sich nach der früher gangbaren Ansicht, welche wir erst erwähnen, auch die Sorgfalt des Basilius Macedo und seiner Söhne nicht auf das im vorigen §. erwähnte Rechtsbuch, sondern sie rief eine neue Ausgabe desselben hervor. Eine ἐπαναγωγή, d. h. neue Ausgabe des Prochirum (repetita praelectio) unternahm Basilius selbst. Dieselbe ist erhalten in einer Handschrift zu Venedig, Cod. Marcian. 181. fol. 1—208, im Cod. Palat. 55. fol. 2—49 (aus der vorigen Handschrift abgeschrieben) und im Cod. Vatic. 847. fol. 26—178 (ohne die Vorrede). Die Vorrede gibt eine turiner Handschrift Nr. 105. Das Titelverzeichniß und Tit. 1—7 der Cod. Palat. 233. fol. 7—13; die Tit. 2—11 der Cod. Palat. 371. fol. 1—24; Fragmente aus dem ganzen Werke der Cod. Paris. gr. 1367. fol. 54 seq. In allen diesen Handschriften sind der Epanagoge Scholien beigefügt, welche die Abschreiber theils am Rande beigeschrieben, theils zwischen den Text gesetzt haben. Diese Scholien sind sehr bemerkenswerth. Der Verfasser, welcher in dem Glauben stand, daß das Justinianeische Recht vorgehe, erörtert sorgfältig, wo die Epanagoge nicht mit demselben übereinstimmt; er schreibt die in die Epanagoge nicht aufgenommenen Stellen des Justinianeischen Rechts hier und da bei; er macht auf die von den Verfassern der Epanagoge gemachten Interpolationen aufmerksam; bisweilen bemerkt er Abweichungen des Textes der Epanagoge von dem des Prochirum, und wiederholt die in dem Prochirum enthaltenen, in der Epanagoge aber weggelassenen neuen Verordnungen des Basilius aus dem Prochirum; bisweilen bekennt er selbst im Texte etwas verbessert oder hinzugefügt zu haben; endlich tadelt er nicht selten, was ihm im Texte nicht recht zu sein schien. Die Vorrede der Epanagoge hat in den Handschriften folgende Inscription: *Προοίμιον τῆς ἐπαναγωγῆς τοῦ νόμου τοῦ σὺν Θεῷ ἐμφανισθέντος ὑπὸ Βασιλείου καὶ Λέοντος καὶ Ἀλεξάνδρου τῶν πανταγάθων καὶ εἰρηνοποιῶν βασιλέων.* In der Vorrede, welche mit den Worten beginnt: *Τὸ ἀξίωμα καὶ τὸ μέγεθος τῆς προκειμένης πραγματείας*, im §. 3 geben die Kaiser selbst den Inhalt und die Reihefolge der Materien in folgender Weise an: *Προτάττομεν δὲ ἐν τοῖς τίτλοις τὰ περὶ τῆς συστάσεως καὶ εἰσφορᾶς αὐτοῦ τοῦ νόμου καὶ τῆς δικαιοσύνης.* Zuvörderst also wird von der Gründung und Einführung des Rechts und der Gerechtigkeit gehandelt (Tit. 1): *Ἐπὶ τούτοις δὲ τὰ περὶ βασιλέων, καὶ πατριαρχῶν, καὶ τῶν λοιπῶν ἀρχοντικῶν προσώπων*, also die Lehre vom Kaiser, vom Patriarchen und von den obrigkeitlichen Personen nach ihrer Reihefolge (Tit. 2—7), dann *τὰ περὶ τῶν (ἐν) ἐκκλησίᾳ ἱερατικῶν καὶ ἀρχιερατικῶν ταγμάτων καὶ ἀποκληρώσεων*, von den Würden und Aemtern der Priester in der Kirche (Tit. 8—10). Hierauf *μνηστείων, γάμων, καὶ τὰ ἐπισυμβαίνοντα τῷ βίῳ, δωρεὰς καὶ χρέους καὶ παντοῖα συναλλάγματα κατόπιν τῆς περὶ μαρτύρων καὶ συμβολαίων διδασκαλίας ἐξέθεμεν*; es folgt also die Lehre von Zeugen und Urkunden (Tit. 12. 13), von Verlöbniß und Ehe (Tit. 14—17. 21), von der das und Schenkungen unter Verlobten und Ehegatten (Tit. 18—20). Die Lehre von allerhand Contracten (Tit. 22—28). Ferner *τελευταῖον δὲ τὰ ἐν τέλει τοῦ βίου συμβαίνοντα, οἷον τὰ περὶ διαθηκῶν δηλαδὴ καὶ ὅσα τούτοις ἕπεται*, die Lehre von Testamenten und Vermächtnissen, von Erbfolge aus Testament und ab intestato, von Freilassungen und Freigelassenen, von Tutoren, Curatoren und von Restitution (Tit. 29—38). Endlich *τῆς καινοτομίας καὶ τὰ καλούμενα ποινάλια ... κατελήξαμεν*, zuletzt also die Lehre vom novum opus (Tit. 39) und von Verbrechen und Strafen (Tit. 40). In der Vorrede ist nur der Inhalt des Tit. 12 anzugeben vergessen worden, welcher *περὶ τάξεως καὶ κριτηρίων*, vom Civilprocesse handelt. Die Epanagoge besteht aus 40 Titeln. Sie enthält das vollständige Prochirum, mit Weglassung einiger Capitel, nämlich aller derjenigen, welche neue Verordnungen von Basilius enthalten. Aber die Ordnung der Titel und die Reihefolge der Capitel in den einzelnen Titeln, welche das Prochirum hat, ist in der Epanagoge zum Theil mit Recht geändert. Es sind z. B. die Capitel, welche die höchsten Begriffe irgend einer Lehre enthalten, wo sie das Prochirum in der Mitte eines Titels gesetzt hatte, in der Epanagoge besser zu Anfange des Titels gesetzt worden. Bisweilen ist der Text des Prochirum in der Epanagoge interpolirt. Zu den in den Titeln des Prochirum enthaltenen Capiteln sind in den entsprechenden Titeln der Epanagoge neue hinzugefügt worden; es sind sogar ganze Titel, die im Prochirum nicht stehen, in der Epanagoge hinzugekommen. Nach der Ueberschrift der Vorrede ist die Epanagoge von den Kaisern Basilius, Leo und Alexander, welche zusammen zwischen den Jahren 879 und 886 regierten (Basilius hatte die beiden Söhne Leo und Alexander zu Mitregenten angenommen), herausgegeben. Diese neue Ausgabe des Prochirum scheint deshalb veranstaltet worden zu sein, damit dieses Werk mit der *ἀνακάθαρσις τῶν παλαιῶν νόμων*, welche Basilius nach dem Jahre 883 vollendet hatte, übereinstimmte. Da nun Basilius 886 starb, so muß die Epanagoge in den Jahren 884 bis 886 erschienen sein. Einige Capitel der Epanagoge, welche in der Epitome Tit. I. schol. 21 und 22 sich beigefügt finden, tragen an der Spitze den Namen: *Φωτίου*. Dies läßt sich so erklären, daß der Patriarch Photius dem Kaiser Basilius und seinen Söhnen bei Ausarbeitung der Epanagoge Beihilfe geleistet habe. In der Vorrede der Epanagoge zu Anfange sprechen die Kaiser viel von dem Ursprunge und der Natur des Gesetzes, was zum größten Theil gegen die Irrthümer der neueren Manichäer gerichtet zu sein scheint. Vergleicht man dieses mit demjenigen, was der Patriarch Photius gegen die Ketzerei der Manichäer in verschiedenen Abhandlungen geschrieben hat, so zeigt sich eine auffallende Aehnlichkeit zwischen jenen Stellen des Photius und der Vorrede zur Epanagoge, und dies macht eben sehr wahrscheinlich, daß Photius bei der Abfassung dieses Rechtsbuches mit thätig gewesen sei. Auch kommt im Texte der Epanagoge z. B. Tit. IX. cap. 16. Tit. XI. cap. 6. Tit. XII. cap. 18. Tit. XIV. cap. 11. Tit. XXXVIII. cap. 20 genug vor, was auf einen Geistlichen als Verfasser schließen läßt. Der Verfasser der vorher bemerkten Scholien zur Epanagoge hat unter Basilius selbst geschrieben. Welchen Plan man dabei gehabt hat, ist nicht zu ermitteln. Wahrscheinlich hängt, wie Zachariä v. L. vermuthet, seine Arbeit mit der Abfassung der Epanagoge ganz eng zusammen, sodaß sie gleichsam eine für die neue Ausgabe unter öffentlicher Auctorität veranstaltete Vorarbeit darstellt. Es wird dies dadurch bestätigt, daß nicht nur alle oben erwähnten Handschriften diese Scholien enthalten, sondern auch die Verfasser der späteren Ueberarbeitungen der Epanagoge, nämlich der Epanagogos tituli XIII, der Epanagoge cum Prochiro composita, das Prochirum Vaticanum, der Epanagoge aucta, alle auch die Scholien zu diesem Rechtsbuche vor Augen gehabt haben. — Die ersten 3 Titel der Epanagoge finden sich bisweilen in den Handschriften gleichsam zufällig einverleibt, z. B. im Cod. Vindob. phil. gr. 89. fol. 153 und Cod. Vindob. jurid. gr. 16. fol. 277, sowie es auch nicht an Schriftstellern fehlt, welche nur diese Titel gekannt haben. Dies ist jedoch für die Kritik der Epanagoge und für die Erläuterung ihres Ansehens und ihrer Geschichte kaum erheblich. Wichtiger sind einige aus der Epanagoge später entstandene Werke, wie die 13 Titel der Epanagoge, die Epanagoge cum Prochiro composita, das Prochirum Vaticanum und die Epanagoge aucta. Von allen diesen späteren Umarbeitungen der Epanagoge wird später besonders gehandelt werden. Diese späteren Umarbeitungen ergeben, wie groß das Ansehen der Epanagoge bei den Späteren gewesen ist. Dies wird durch das Prochirum auctum und die Epitome Marciana bestätigt, deren Verfasser ebenfalls sich der Epanagoge bedient haben. Vielleicht gilt dasselbe von dem Prochirum, was sich in der münchner Handschrift 309 fol. 1—193 befindet, und von dem, was mit der Vorrede der Epanagoge in der oben erwähnten turiner Handschrift 105 erhalten ist. Unter dem Titel der Ecloga von Leo und Constantinus sind die Titel 1—9 und 11 der Epanagoge schon von Leunclavius im Jus Graeco-Romanum T. II. p. 82 seq. herausgegeben worden; derselbe hat auch einige Fragmente der Titel 2. 5 und 8 ebendaselbst T. II. p. 175. 296. 394 veröffentlicht; der von ihm gegebene Text weicht indessen von den Handschriften, welche Zachariä v. L. kennen gelernt hat, hier und da ab. Witte hat die Vorrede und das Titelverzeichniß aus dem Cod. Marcianus 181 herausgegeben, und Zachariä v. L. dies in den Prolegomenen zum Prochirum wieder abdrucken lassen. Die erste vollständige Ausgabe des ganzen Werkes mit den Scholien ist von Zachariä v. L. 1852 besorgt worden. Derselben liegt hauptsächlich der Cod. Marcianus 181 zum Grunde; doch ist auch der Cod. Palatinus und Vaticanus, und von den spätern Umarbeitungen des Rechtsbuches die Epanagoge aucta mit benutzt worden. Eine lateinische Uebersetzung ist nicht beigefügt. Mit den Noten ist der Herausgeber deshalb sparsamer gewesen, weil der größte Theil der Epanagoge aus dem Prochirum entlehnt ist, und die zu diesem beigefügten Anmerkungen zum größten Theil auch für die Epanagoge brauchbar sind. Der Ausgabe sind zwei sehr schätzbare indices beigegeben; in dem einen werden die Uebereinstimmung und die Abweichungen des Prochirum und der Epanagoge übersichtlich dargestellt (p. 218—223), der andere enthält eine Tabelle, worin die Quellen der Epanagoge und die Parallelstellen aus den Basiliken angezeigt werden. — Eine von der bisher dargestellten gangbaren Ansicht abweichende Vermuthung hat Zachariä von Lingenthal (Innere Geschichte des römischen Privatrechts §. 9. S. 37. 38) aufgestellt. Unter den Quellen für die Geschichte des ehelichen Güterrechts nach Justinian im byzantinischen Reiche ist nämlich besonders wichtig die Ecloga tit. II. und die Epanagoge tit. XIX. Letztere gibt zunächst (c. 5—9) das ganz eigenthümliche eheliche Güterrecht der Ecloga; daneben gestellt sind (c. 12—17) die betreffenden Stellen des Prochirum, welches in dieser Lehre aus rein Justinianeischen Quellen zusammengesetzt ist, sodaß c. 12—17 mit c. 5—9 im Widerspruch steht; endlich der Scholiast der Epanagoge bemerkt zu c. 12—17 (dem Rechte des Prochirum), daß er diese Capitel nicht ὡς ἐγκριθέντα, d. i. als gesetzlich sanctionirte beifüge, sondern wegen ihres Gegensatzes zu c. 5—9. Der Scholiast verbreitet sich zugleich ausführlich darüber, wie wenig beide Systeme zusammenstimmen, und wie sowol das Erstere von dem eigentlich gültigen Justinianeischen Novellenrechte wesentlich abweiche, als auch das Letztere zum Theil aus älteren später von Justinian selbst abgeänderten Novellen geschöpft worden sei und daher nicht das eigentlich anzuwendende Recht darstelle. Zachariä von Lingenthal führt nun Folgendes aus: Gehe man von der bis jetzt gangbaren Ansicht aus, daß sowol das Prochirum, als die Epanagoge, jenes früher, dieses später von Basilius als Gesetzcompendium publicirt worden sei, so sei es unbegreiflich, wie Basilius, nachdem er im Prochirum und den Basiliken das Justinianeische Recht wieder zur Geltung gebracht, zu dem Versuche kam, in die Epanagoge das abweichende Recht der Ecloga aufzunehmen; noch unbegreiflicher, wie der alte Scholiast sagen konnte, daß die betreffenden Stellen des Prochirum nicht sanctionirt seien; endlich kaum erklärbar, wie Kaiser Leo der Weise, welcher bald darauf in seinen Novellen einige Abweichungen vom Justinianeischen Rechte im Geiste der Ecloga und der Epanagoge einführte, die Letztere dabei gänzlich ignoriren konnte. Diesen Zweifeln werde man nicht anders, als durch die Annahme entgehen können, daß die Epanagoge nur Entwurf geblieben und nicht als Gesetz publicirt worden sei. Sie scheine auch nur als Entwurf und in Verbindung mit den Bemerkungen des „Scholiasten," d. h. eines Revisors des Entwurfs in Umlauf gekommen zu sein (s. *Zacharias a L.*, Coll. libror. JGR. ineditor. p. 56 seq.) und habe in der Praxis das Prochirum nicht ersetzt. Es erkläre sich denn auch, wie Kaiser Leo aus den Bemerkungen jenes Revisors wiederholt Veranlassung zu Novellen genommen hat (vergl. ibid. p. 57. not. 159), während dieselben bei einer wirklichen Publication der Epanagoge in dieser selbst berücksichtigt worden wären. Wir halten diese Vermuthung, obschon Zachariä v. L. selbst früher die gangbare Ansicht aufgestellt und vertheidigt hat, für begründet, indem nur durch sie zu erklären ist, warum in den Basiliken nur das Prochirum als Quelle benutzt worden ist, nicht die Epanagoge, und warum noch im 14. Jahrhundert Harmenopulus das Prochirum, keineswegs die Epanagoge, zur Grundlage seines Manuale Legum gewählt hat.

§. 26. Ἀνακάθαρσις τῶν παλαιῶν νόμων (*repurgatio legum veterum*) von Basilius.

I. Einleitung über die verschiedenen Ansichten über die mehreren Redactionen der Basiliken. Die gemeine Meinung ging von Zachariä v. L. dahin: 1) daß schon Basilius Macedo Basiliken, d. i. eine Compilation aus den griechischen Uebersetzungen und Bearbeitungen der Justinianeischen Gesetzbücher — zur Erleichterung der Benutzung dieser Gesetzbücher und ohne sie selbst außer Kraft zu setzen — herausgegeben habe. Man stützt diese Meinung auf Novella Leonis I. und LXXI. und zwei Stellen in den Vorreden des Prochirum und der Epanagoge. Hierauf erschienen erst nach der gemeinen Meinung 2) die Basiliken des Leo als eine Ueberarbeitung und Ergänzung der ersteren Sammlung. Daß Leo ein solches Werk publicirt habe, ergebe sich aus dem προοίμιον der Basiliken selbst, aus einer

Stelle in der Vorrede der Ἐπαναγωγὴ τῶν νόμων, aus Vers 44 f. der Synopsis des Michael Psellus, aus der Vorrede zu dem πόνημα νομικόν des Michael Attaliata, aus dem Gedichte des Theodorus Balsamon zu seiner Bearbeitung des Photianischen Nomocanon (*Voelli* Bibl. jur. canon. T. II. p. 788), aus der Vorrede zum Syntagma aus Matthäus Blastares (*Beveregii* Synod. II, 2); endlich aus des Harmenopulus Manuale Legum Lib. I. Tit. 1. §. 7. Endlich soll 3) Constantinus Porphyrogeneta eine neue Redaction der Leonischen Basiliken publicirt haben. Dafür beruft man sich auf eine Stelle aus Balsamon's Vorrede zu seiner Bearbeitung des Photianischen Nomocanon (*Voelli* Bibl. jur. canon. T. II. p. 814). Man hätte sich dafür auch noch darauf berufen können, daß der Cod. Vatic. 853 eine Handschrift des 14. Jahrhunderts (s. *Heimbach*, Ἀνέκδοτα T. I. p. 221. not. 1), die Ueberschrift habe: Τιπούκειτος, τα παράτιτλα τῶν ξ' βιβλίων τῶν Βασιλικῶν τοῦ Λέοντος καὶ Κωνσταντίνου ἔχει τοῦ (sic) ἑξηκοντα-βίβλου. Indessen ist diese Ueberschrift auf einem fol. 8. B. der erwähnten Handschrift befindlichen, dem Rande angeklebten Zettel von der Hand eines Schreibers, der nach dem 16. Jahrhundert lebte, geschrieben. Die Stelle in der Vorrede des Balsamon ist also die einzige Auctorität für diese dritte Redaction der Basiliken. Nach der gemeinen Meinung wurden also auf kaiserlichen Befehl bald nach einander drei verschiedene Redactionen der Basiliken (ter repetitae praelectiones) publicirt. Jedoch wurde nach derselben Meinung durch das Erscheinen einer neuen Redaction die ältere oder die älteren nicht verdrängt. Denn wer einmal eine Handschrift der Basiliken hatte, fuhr fort sie zu gebrauchen, auch nachdem eine neuere Redaction derselben erschienen war; um so mehr, als es ja nicht die jedesmalige Absicht der kaiserlichen Compilatoren gewesen war, ein neues Gesetzbuch zu geben, welches alle früheren Redactionen aufhöbe, sondern überhaupt nur die, die Benutzung der Justinianeischen Gesetzbücher zu erleichtern, oder deren verschiedene griechische Bearbeitungen zugänglicher zu machen. Wem also die ältere unvollständigere Redaction der Basiliken diesen Dienst leistete, der hatte keinen Grund, sich eine Handschrift der neuen Redaction anzuschaffen, sondern er konnte und durfte sich fortwährend der älteren bedienen. So kam es denn, daß in dem byzantinischen Reiche Handschriften der drei verschiedenen Redactionen der Basiliken neben einander im Gebrauche waren, daß die Juristen in ihren Schriften, wie im praktischen Leben, bald eine ältere, bald eine neuere Redaction benutzten. Man darf es daher gar nicht auffällig finden, wenn man aus den auf uns gekommenen Handschriften der Basiliken, oder aus den Schriften der byzantinischen Juristen ersieht, daß es verschiedene Formen der Basiliken gegeben hat. Diese verschiedenen Formen waren die drei Redactionen der Basiliken, deren erste von Basilius Macedo, die zweite von Leo dem Weisen, die dritte von Constantinus Porphyrogeneta publicirt worden ist. Soweit ist bei den Verfechtern der gemeinen Meinung Alles klar und einfach. Es mußte aber nun noch untersucht werden, welche von den drei Redactionen der Basiliken in unseren Handschriften vorliege: oder ob die eine Handschrift Theile einer älteren, die andere Theile einer neueren Redaction enthalte. Ebenso mußte die Frage entschieden werden, welche Redaction z. B. von dem Verfasser der Synopsis Basilicorum benutzt worden sei, oder nach welcher Redaction die Basiliken in der Schrift: περὶ χρονικῶν διαστημάτων citirt worden seien. Obwol sehr viel über diesen Gegenstand geschrieben worden ist, so haben doch alle Untersuchungen bis jetzt zu keinem bestimmten Resultate geführt. Schon der Umstand macht die Richtigkeit der gewöhnlichen Theorie von den drei Redactionen zweifelhaft, daß man nicht im Stande gewesen ist, die verschiedenen Formen der Basiliken, welche sich in deren Handschriften und in mehreren auf sie Bezug nehmenden Rechtsbüchern erkennen lassen, auf die drei Redactionen zurückzuführen, die man zu ihrer Erklärung angenommen hatte. Aber auch noch andere Gründe machen jene Annahme schon an sich verdächtig. Wenigstens würde es eine auffallende Erscheinung sein, wenn gerade im byzantinischen Reiche, dessen Gesetzgeber sonst nicht zu sehr thätig waren, ein so umfassendes Gesetzbuch, wie die Basiliken waren, in kurzen Zwischenräumen dreimal umgearbeitet worden wäre. Noch auffallender ist, daß nur eine einzige Stelle von der Redaction der Basiliken durch Constantinus Porphyrogeneta spricht: von der Redaction, welche nach der gemeinen Meinung die neueste ist, und demnach den späteren byzantinischen Juristen am bekanntesten hätte sein sollen. Das Wahre ist Folgendes. Basilius hat allerdings schon eine ἀνακάθαρσις τῶν παλαιῶν νόμων unternommen, die aber nicht auf unsere Zeiten gekommen ist. Dagegen ist die von seinem Sohne Leo dem Weisen veranstaltete ἀνακάθαρσις τῶν παλαιῶν νόμων auf unsere Zeiten wenigstens zum großen Theil gekommen. Es hat also zwei officielle Redactionen der Basiliken gegeben. Die Existenz einer dritten, durch Constantinus Porphyrogeneta veranstaltete, ist im höchsten Grade zweifelhaft. Im Folgenden soll nun das Nähere dargestellt werden.

2) Ἀνακάθαρσις τῶν παλαιῶν νόμων (*repurgatio legum veterum*) von Basilius. Die Zeugnisse über diese legislatorische Arbeit des Basilius sind in den Vorreden zum Prochiron und zur Epanagoge enthalten; sie scheinen aber mit einander im Widerspruch zu stehen. Zuvörderst erzählt Basilius in der Vorrede zum Prochirum, er habe von den alten Gesetzen das Veraltete und Abgeschaffte in Einen Band (ἐν ἑνὶ τεύχει) verwiesen, das noch Brauchbare aber und in seiner Gültigkeit Verbleibende in anderen 60 Büchern zusammengestellt. Es kann darüber Zweifel sein, welche veraltete Gesetze zu verstehen seien, ob die antiquirten Bestimmungen des Justinianeischen Rechts, oder das von späteren Gesetzen unbrauchbar Gewordene. Wahrscheinlich sind darunter alle Gesetze der drei vorhergegangenen Jahrhunderte zu verstehen. Denn daß das Justinianeische Recht hiermit nicht gemeint sei, ist aus der Analogie der Basiliken Leo's zu vermuthen, welche ebenfalls ver-

altes und noch anwendbares Justinianisches Recht neben einander enthalten. Daher hat jener Eine Band, in welchen Basilius die antiquirten Gesetze verwies, wol die Constitutionen der nach Justinian lebenden Kaiser enthalten, welche Basilius ausdrücklich aufgehoben hat. Nach einer anderen Ansicht soll jenes ἐν τεύχος, welches die antiquirten Gesetze enthielt, den Novellen Leo's ähnlich gewesen sein; es sei nämlich wahrscheinlich, daß Leo, da er eine neue Ausgabe der Basiliken veranstaltete, auch jenen Band antiquirter Gesetze einer Revision unterworfen und so seinen liber ἀνενεργήτων διατάξεων publicirt habe. Hiernach wären Leo's Novellen also eine neue Redaction und Ausgabe des von Basilius herausgegebenen Bandes veralteter Gesetze. Allein Leo's Novellen enthalten nicht die Abschaffung veralteter und unbrauchbar gewordener Gesetze, sondern auch Verordnungen, wodurch vieles ganz Neue eingeführt wird, und Basilius sagt ausdrücklich, er habe in jenem τεῦχος das Antiquirte zusammengestellt, nicht aber sagt er, daß er darin neue Verordnungen aufgenommen habe. Er konnte das auch um so weniger sagen, als er seine neuen Verordnungen in das Prochirum aufgenommen hat. Hätte Leo seine Novellen nach dem Muster dieses von Basilius publicirten ἐν τεύχος erlassen, und wären diese Novellen Nichts als eine neue Redaction desselben, so würde auch Leo in seinen Novellen öfter die Constitutionen seines Vaters erwähnt haben, da kaum glaublich ist, daß Leo, welcher seines Vaters in den Novellen bisweilen und stets sehr lobend gedenkt, die Verordnungen desselben in eigenem Namen, ohne des Vaters dabei zu gedenken, wieder publicirt habe. Der Grund, warum Basilius für nöthig hielt, die Verordnungen früherer Kaiser, welche außer Kraft gesetzt wurden, besonders zusammenzustellen, lag darin, daß namentlich die Gesetze von Leo Isaurus und Constantinus Copronymus, welche die Bilderstürmerei begünstigt hatten, nach dem Siege der Ikonodulen die allgemeine Stimme gegen sich hatten, es aber doch einer ausdrücklichen Aufhebung derselben bedurfte. Man könnte daran zweifeln wollen, daß Basilius den Band, welcher die abgeschafften Gesetze enthielt, wirklich publicirt habe, da in der Vorrede zur Epanagoge desselben nicht wieder Erwähnung geschieht, sondern blos der 40 Bücher, in welchen die in Gültigkeit verbliebenen alten Gesetze, statt in 40 Büchern, von welchen die Vorrede zum Prochirum zusammengestellt waren, und zur Zeit der Publication des Prochirum die Zusammenstellung der noch geltenden alten Gesetze noch nicht vollendet war. Für die wirkliche Publication des Bandes der veralteten Gesetze haben wir aber das bestimmte Zeugniß des unbekannten Biographen des Basilius cap. 33. Dann war zur Erwähnung des Bandes veralteter Gesetze in der Vorrede der Epanagoge keine Veranlassung, da Basilius nur in Ansehung der Sammlung der in Gültigkeit verbliebenen alten Gesetze seinen Plan dahin geändert hatte, dieselbe in 40 Büchern, statt, wie er in der Vorrede zum Prochirum sagt, in 60 Büchern zu publiciren. Ob aber die Publication des Bandes der aufgehobenen Gesetze schon zur Zeit der Abfassung des Prochirum erfolgt war, kann zweifelhaft sein. Die Vorrede zum Prochirum drückt sich zwar so aus, als wäre von einem bereits publicirten Werke die Rede; sie drückt sich aber auch ebenso aus in Ansehung der Sammlung der alten noch gültigen Gesetze in 60 Büchern, welche doch, wie später darzuthun sein wird, damals nicht vollendet, noch weniger publicirt war. Wäre die Publication des Verzeichnisses der aufgehobenen alten Gesetze zur Zeit der Publication des Prochirum bereits erfolgt gewesen, so hätte Basilius nicht nöthig gehabt, in der Vorrede zum Prochirum dessen zu gedenken, da dasselbe ja schon durch die Publication allgemein bekannt gewesen wäre. Indessen spricht doch mehr für die damals schon erfolgte Publication. Es harmonirt dies auch damit, daß Basilius die neuen ihm nöthig scheinenden Verordnungen dem Prochirum einverleibte. Der zweite Theil des Unternehmens des Basilius bestand in der ἀνακάθαρσις τῶν παλαιῶν νόμων, in der Zusammenstellung der in Gültigkeit verbleibenden alten Gesetze. In der Vorrede zum Prochirum §. 1 verweist Basilius hinsichtlich des im Prochirum Fehlenden zur Ergänzung auf die neuerlich von ihm veranstaltete repurgatio legum (ἐν τῷ παρ' ἡμῶν ἀρτίως ἀνακεκαθαρμένῳ τοῦ νόμου πλάτει). In derselben Vorrede §. 3 bemerkt er in Ansehung der im §. 1 erwähnten ἀνακάθαρσις τῶν παλαιῶν νόμων, daß er das von den alten Gesetzen in Gültigkeit Verbleibende in andern 60 Büchern zusammengestellt und geordnet habe. Die Worte: ἐν τῷ παρ' ἡμῶν ἀρτίως ἀνακεκαθαρμένῳ τοῦ νόμου πλάτει deuten darauf hin, daß die repurgatio legum veterum zur Zeit der Abfassung des Prochirum bereits vollendet war. Auch das im §. 3 der Vorrede Gesagte scheint auf eine bereits vollendete Arbeit hinzuweisen. Doch hätte es, wenn die repurgatio legum veterum zur Zeit der Abfassung des Prochirum bereits vollendet und publicirt gewesen wäre, einer besondern Hinweisung darauf nicht bedurft, da schon die Publication genügt hätte, jene zur allgemeinen Kenntniß zu bringen. Was aber den Sinn jener beiden Stellen der Vorrede zum Prochirum zweifelhaft macht, ist die Aeußerung im §. 1 der Vorrede zur Epanagoge, wo Basilius von einer ἀνακάθαρσις τῶν παλαιῶν νόμων in 40 Büchern und von einer Auswahl aus denselben, die in 40 Titeln zusammengestellt sei, spricht. Die Auslegung dieser Stellen beider Vorreden ist sehr schwierig. Man könnte den Widerspruch derselben dadurch heben wollen, daß man in der Vorrede des Prochirum statt ἑξήκοντα läse: τεσσαράκοντα. Diese Abänderung hat aber die Autorität aller Handschriften, welche in der Lesart ἑξήκοντα übereinstimmen, gegen sich. Eben so wenig kann man die Zahl τεσσαράκοντα in der Vorrede der Epanagoge ändern, da dieselbe dort viermal vorkommt. Auch ist eine Vereinigung nicht dadurch möglich, daß man annimmt, Basilius habe zur Zeit der Publication des Prochirum (zwischen 870 und 878) die repurgatio legum veterum in 60 Büchern vollendet, zur Zeit der Herausgabe der Epanagoge aber (zwischen 879 und 886) eine neue Ausgabe in 40 Büchern veranstaltet, da kaum glaublich ist, daß eine so umfassende Arbeit in so kurzer

Zeit zwei verschiedene Redactionen erfahren haben könne. Die Schwierigkeiten der neuen Redaction wurden ja auch noch dadurch vermehrt, daß bei ihr ein anderer Plan zum Grunde gelegt, eine andere Anordnung getroffen werden mußte, um das, was vorher in Büchern stand, in 40 Bücher zu bringen. Auch ist weder ein Grund bekannt, noch aufzufinden, welcher den Kaiser zu einer neuen Ausgabe der repurgatio, und dazu mit ganz verändertem Plane, nach so kurzer Zeit hätte veranlassen können. Die Vereinigung jener Stellen beider Vorreden ist auf folgende Weise am besten zu bewirken. Zur Zeit der Abfassung des Prochiron war die repurgatio legum veterum in 60 Büchern noch nicht vollendet. Zur Zeit der Herausgabe der Epanagoge aber war die repurgatio in 40 Büchern vollendet und auch bereits publicirt, wie sich daraus ergibt, daß Basilius sagt, er habe aus jenen 40 Büchern eine Auswahl in 40 Titeln (die Epanagoge) veranstaltet. Dieser Annahme stehen auch die Worte in der Vorrede des Prochiron „ἐν ἑξήκοντα βιβλίοις ἀνεκαθάραμεν," nach Zachariä's Uebersetzung: in aliis sexaginta libris adstruximus nicht entgegen. Denn das adstruximus ist so viel, wie adstrui jussimus, da Basilius die Arbeit durch Andere machen ließ. Für diese Arbeit waren 60 Bücher im Voraus bestimmt, wie ja auch Justinian für die Digesten die Zahl von 50 Büchern vorher bestimmt hatte. Später änderte Basilius seinen Plan hinsichtlich der Bücherzahl, und ließ die repurgatio in 40 Bücher bringen. Dazu hat ihn wahrscheinlich das Prochiron veranlaßt. Die repurgatio sollte in eine den 40 Titeln des Prochiron gleiche Zahl Bücher gebracht werden; darum ließ Basilius seinen ursprünglichen Plan mit 60 Büchern fallen. Wäre die repurgatio in 60 Büchern zur Zeit der Abfassung des Prochiron bereits vollendet gewesen, so hätte das Prochiron gewiß ebenso gut 60 Titel erhalten, wie die Epanagoge 40 Titel nach der Zahl der 40 Bücher der repurgatio erhalten hat. Weil aber die repurgatio in 60 Büchern noch nicht vollendet war, so publicirte Basilius einstweilen das Prochiron, was auch keine bloße Auswahl aus dem Justinianeischen Rechte war, sondern auch neue Verordnungen von Basilius selbst enthielt, obgleich solche eigentlich dem Zwecke eines ἐγχειριδίου fremd waren, und nur deshalb hinzugefügt wurden, um der Ungewißheit des Rechts wenigstens einigermaßen abzuhelfen. — Die Zeit der Publication der repurgatio des Basilius läßt sich dahin bestimmen, daß sie nach dem Jahre 883 fällt. Denn Photius, der Patriarch zu Constantinopel, welcher den alten Nomocanon in 14 Titeln im Jahre 883 neu bearbeitet herausgegeben hat, wie er selbst in der Vorrede erzählt, erwähnt die Basiliken darin nicht. Wären sie damals schon publicirt gewesen, so hätte sie Photius gar nicht mit Stillschweigen übergehen können, theils um sich dem Kaiser nicht verhaßt zu machen, theils weil das Werk von zu großem Umfange und von zu großer Bedeutung war, als daß es hätte ignorirt werden dürfen. Hatte auch die repurgatio veterum legum nach Basilius' Plane nicht die Wirkung, daß dadurch alle übrigen griechischen Bearbeitungen der Justinianeischen Rechtsbücher, mit Ausnahme der in der repurgatio benutzten, unnütz würden, so mußten doch in Folge der öffentlichen Autorität, unter welcher die repurgatio veranstaltet war, die in derselben benutzten griechischen Bearbeitungen vorzugsweise in den Gerichten Berücksichtigung finden. Hiernach ist die repurgatio nach dem Jahre 883, aber vor der Epanagoge publicirt. Die Absicht des Basilius bei seiner repurgatio legum veterum scheint folgende gewesen zu sein. Da durch den Gebrauch der verschiedenen Bearbeitungen der Justinianeischen Rechtsbücher in den Gerichten in Folge der abweichenden Ansichten der Bearbeiter viele Streitfragen entstanden (s. §. 23), so wollte Basilius der dadurch entstehenden Unsicherheit des Rechts dadurch abhelfen, daß er aus den verschiedenen Bearbeitungen eines jeden der Justinianeischen Rechtsbücher Eine auswählte und in die repurgatio aufnahm. Daß diese in die repurgatio aufgenommene Bearbeitung dergestalt den officiellen Text gebildet habe, daß nur hierauf Richter und Parteien sich hätten berufen dürfen, kann nach dem Verhältniß der Basiliken zum Justinianeischen Recht, wie es notorisch in der Art bestand, daß der Gebrauch des letzteren nicht ausgeschlossen wurde, nicht angenommen werden. Und daß in der That nicht blos der in die repurgatio aufgenommene Text von Richtern und Parteien allegirt werden durfte, geht mit Entschiedenheit daraus hervor, daß später noch unter dem Namen der sogenannten alten Scholien eine Menge Excerpte aus den verschiedenen Bearbeitungen der Justinianeischen Rechtsbücher dem Basilikentexte beigefügt worden sind, was ganz zwecklos gewesen wäre, wenn nur Berufung auf den in die repurgatio aufgenommenen Text statthaft gewesen wäre. Es scheint also bei der Abfassung der repurgatio legum veterum weniger auf ein Gesetzbuch, als auf eine Zusammenstellung des vom alten Rechte noch Brauchbaren zur Bequemlichkeit für Richter und Parteien abgesehen worden zu sein. Zur Beantwortung der Frage, welche Bearbeitungen der Justinianeischen Rechtsbücher Basilius für die repurgatio benutzt habe, muß man die Basiliken Leo's zu Hilfe nehmen. Denn da diese nicht lange nach der repurgatio des Basilius publicirt worden sind, so sind wahrscheinlich beide Werke einander sehr ähnlich gewesen. Die Gründe dafür sind folgende. Erstens haben beide Werke den Namen ἀνακάθαρσις τῶν παλαιῶν νόμων (repurgatio veterum legum), was auf denselben Charakter beider schließen läßt. Zweitens zeigt die Vergleichung des Prochiron des Basilius mit den Basiliken Leo's, daß beide Kaiser dieselbe Methode der Abfassung und Anordnung gut geheißen haben. Denn wie die einzelnen Titel der Leonischen Basiliken aus den Institutionen, Digesten, dem Codex und den Novellen, oder vielmehr aus den griechischen Bearbeitungen dieser Gesetzbücher zusammengestellt sind, so ist dies auch bei dem Prochiron der Fall. Drittens spricht Leo selbst in Nov. 1 von den kurz vorher von seinem Vater und jetzt von ihm bestätigten und publicirten Gesetzen, was auf die repurgatio legum veterum seines Vaters und die seinige zu gehen scheint. Aus der Vergleichung des

Prochirum mit Leo's Basiliken läßt sich auch schließen, welche Bearbeitungen der Justinianeischen Rechtsbücher Basilius bei seiner repurgatio benutzt habe, vorzüglich da das Prochirum vor der letzteren publicirt wurde und gewissermaßen dem Mangel derselben abhelfen sollte. Von den bei dem Prochirum benutzten griechischen Bearbeitungen der Justinianeischen Rechtsbücher ist bereits gehandelt worden (s. §. 24). Für die Institutionen ist Theophilus, für die Digesten Anonymus, für den Codex vorzugsweise Theodorus, selten Thalelaus, im Prochirum benutzt; die Novellen sind entweder ihrem Texte nach in das Prochirum übergegangen, oder aus Theodorus und Athanasius geschöpft. In ähnlicher Weise hat man bei Leo's Basiliken für die Institutionen den Theophilus, für die Digesten den Anonymus gebraucht; der Text der griechischen Novellen ist wörtlich aufgenommen; statt der lateinischen sind die Auszüge des Theodorus oder des Athanasius in den Text gesetzt worden. Nur darin ist eine Abweichung, daß in den Basiliken für den Codex hauptsächlich von dem Commentar des Thalelaus Gebrauch gemacht ist. Für diesen Vorzug gab es allerdings wichtige Gründe. Erstens scheint Thalelaus, da er selbst Mitarbeiter am Codex war, größeres Ansehen gehabt zu haben, als die übrigen Bearbeiter des Codex. Zweitens war seine wörtliche griechische Uebersetzung der lateinischen Constitutionen zur Aufnahme in den Text eines neuen Corpus juris sehr geeignet. Drittens sind die Auszüge, welche Thalelaus von den Constitutionen gibt, viel sorgfältiger, als die der übrigen Commentatoren, namentlich als die Summen des Theodorus. Endlich schienen die Einleitungen, welche Thalelaus den einzelnen Constitutionen vorauszuschicken pflegt, die Fälle, welche er als Veranlassungen der kaiserlichen Rescripte fingirt, den Verfassern der Basiliken so wichtig, daß sie, da nicht ein neues Gesetzbuch abgefaßt, sondern nur das Justinianeische Recht bequemer und übersichtlicher zusammengestellt werden sollte, auch dasjenige nicht vernachlässigen zu müssen glaubten, was zur Erklärung und Auslegung desselben beitragen konnte. Dagegen empfahl sich die Codexbearbeitung des Theodorus durch ihre Kürze mehr den Verfassern des Prochirum. Dieselben Bearbeitungen, welche für die Basiliken Leo's benutzt worden sind, hat man ohne Zweifel auch für die repurgatio des Basilius gebraucht. Die Art der Zusammenstellung und Anordnung der Stellen war auch in der repurgatio des Basilius ohne Zweifel dieselbe, wie in den ersten 21 Titeln des Prochirum und in den Leonischen Basiliken. Es wurden unter jedem Titel zuerst die Stellen der Institutionen, dann die der Digesten, hierauf die des Codex, endlich die Novellen gestellt, die der Digesten und des Codex in der Reihefolge, welche sie in den Titeln dieser Gesetzbücher hatten. Die Abänderungen, welche das Justinianeische Recht in der repurgatio erlitt, waren denen, welche in den Leonischen Basiliken vorkommen, ähnlich. Die lateinischen Kunstausdrücke sind wol ebenso in der repurgatio mit griechischen vertauscht worden, wie dies nach des Basilius eigener Angabe im Prochirum geschehen ist (s. §. 24). Interpolationen sind gewiß sehr häufig vorgekommen. Denn da der Zweck darauf gerichtet war, das Justinianeische Recht der damaligen Zeit anzupassen, so mußte natürlich viel Veraltetes, alles blos Historische weggelassen werden, und das, was beibehalten wurde, erhielt häufig durch Zusätze, Auslassungen, Substitutionen anderer Worte, einen anderen Sinn. Die neuern Verordnungen von Basilius konnten natürlich in der repurgatio legum veterum des Basilius nur insoweit Berücksichtigung finden, daß alles dasjenige von dem älteren Rechte darin weggelassen wurde, was durch solche Verordnungen abgeändert oder aufgehoben worden war. Denn die Constitutionen selbst, wodurch solche Abänderungen, bezüglich Aufhebungen des älteren Rechts erfolgten, sind keinesfalls in die repurgatio aufgenommen worden, so wenig, wie Leo's Novellen in die Leonischen Basiliken, deren Einfluß auf die Basiliken jedoch ganz unverkennbar ist, da Institute, welche durch Leo aufgehoben worden sind, zur Weglassung der dieselben betreffenden Stellen des Justinianeischen Rechts geführt haben, wie dies bei den Basiliken Leo's nachzuweisen sein wird. Die Verordnungen von Basilius selbst sind entweder dem Prochirum einverleibt worden, wie dies schon erwähnt ist (s. §. 24), oder sie sind nach Abfassung des Prochirum besonders publicirt worden. Die Weglassung der in dem Prochirum enthaltenen neuen Verordnungen des Basilius in der Epanagoge (s. §. 25) kann nicht dazu berechtigen, anzunehmen, daß dieselben der repurgatio legum veterum einverleibt worden seien. Denn wären sie in dieser enthalten gewesen, so hätte gewiß der mit der Epanagoge gleichzeitige Verfasser der Scholien dazu (s. §. 25) dieselben nicht in den Scholien wiederholt. Die Anordnung der Materien in der repurgatio legum veterum war dieselbe, wie in der Epanagoge. Basilius sagt in der Vorrede zu letzterer selbst, daß er aus den 40 Büchern der repurgatio eine Auswahl in 40 Titeln habe veranstalten lassen; diese Auswahl ist die Epanagoge. Es ist daher anzunehmen, daß jeder Titel der Epanagoge einem Buche der repurgatio entsprochen habe, sowol in Ansehung der Zahl, als hinsichtlich des Inhalts. Zachariä v. L. hat in einer seiner Ausgabe der Epanagoge beigefügten Tabelle die Quellen der Epanagoge und die Parallelstellen der Leonischen Basiliken angezeigt, und es läßt sich mit Hilfe dieser Tabelle vermuthen, welche Titel der Justinianeischen Gesetzbücher in jedem der 40 Bücher der repurgatio legum veterum des Basilius gestanden haben. Die Beifügung einer besonderen Tabelle, wodurch dies ersichtlich wird, muß hier jedoch, als zu weit führend, unterbleiben. Gewiß ist, daß alle Stellen des Justinianeischen Rechts, welche die Zinsen betreffen, nicht in die repurgatio aufgenommen worden sind, da Basilius alle Zinsen, sowol aus Stipulation, als aus andern Gründen herrührende, verboten hatte. Von der ἀνακάθαρσις τῶν παλαιῶν νόμων des Basilius ist wol der größte Theil in die Basiliken Leo's übergegangen; unabhängig von dieser hat sich Nichts von jenem Werke des Basilius erhalten.

§. 27. *Basilica* von Leo dem Weisen.

I. Geschichte der Abfassung. Leo der Weise, der Sohn und Nachfolger des Basilius, veranstaltete eine neue Ausgabe der von seinem Vater unternommenen ἀνακάθαρσις τῶν παλαιῶν νόμων in 60 Büchern, welche unter folgenden Namen vorkommt: ἀνακάθαρσις τῶν παλαιῶν νόμων τοῦ Λέοντος (repurgatio veterum legum Leonis), τὸ ἑξηκοντάβιβλον (sexaginta libri), ὁ βασιλικός (Basilicus) τὰ βασιλικὰ νόμιμα (leges imperiales), τὰ ἀνακαθαρθέντα βιβλία (libri repurgati). Der Kaiser selbst hat ein Edict erlassen, welches im Cod. Paris. gr. 1352 dem Werke selbst vorhergeht und von ihm selbst προοίμιον genannt wird. In diesem Edicte tadelt Leo den Kaiser Justinian, daß er seine Rechtssammlung in verschiedene Theile getheilt habe, in die Institutionen, Digesten und Codex, wozu noch die Novellen kämen, welche auch ihre eigene Stelle einnähmen. Die Schwierigkeit des Zusammensuchens des in diesen 4 Theilen zerstreuten Rechtsstoffs suchte Leo nach der Angabe in seinem Edicte dadurch zu heben, daß er die vorher in 4 Werken zerstreuten Gesetze in Eine Sammlung, aus 6 Bänden (τεύχη) und 60 Büchern bestehend, brachte, das Unbrauchbare, Veraltete und Abgeschaffte wegließ, das Ueberflüssige aus dem Texte ausschied und beseitigte, endlich Alles, was auf dieselbe Materie sich bezog und vorher in verschiedenen Werken zerstreut war, in Einen Titel brachte, damit es leichter gefunden werden könnte. Nicht blos die Stelle, welche dieses Edict Leo's in dem Cod. Paris. 1352 einnimmt, sondern auch der Plan, welchen Leo hinsichtlich seiner Gesetzsammlung darin auseinandersetzt, beweisen, daß das Edict das Promulgationspatent zu den Basiliken sei, und die Ausführung entspricht dem gedachten Plane. Denn in der That sind die auf dieselbe Materie bezüglichen Stellen der Institutionen, Digesten, des Codex und der Novellen in den Basiliken unter Einen Titel zusammengestellt. In dem Promulgationspatent erwähnt Leo die repurgatio veterum legum von Basilius nicht und spricht so, als habe er selbst zuerst den Plan zu einem solchen Werke gefaßt. Dieses Stillschweigen ist kein Beweis dafür, daß Basilius sein Gesetzwerk nicht vollendet und promulgirt habe, indem wir für dessen Vollendung und Publication das bestimmte Zeugniß in der Vorrede der Epanagoge haben; es erklärt sich vielmehr daraus, daß das prooemium zu den Basiliken nur ein Theil einer längeren Constitution Leo's zu sein scheint. Dies wird dadurch wahrscheinlich, daß in dieser Vorrede Nichts über die vom Kaiser mit der Redaction Beauftragten, Nichts über die Instruction, welche der Kaiser diesen gab, Nichts über die zu benutzenden griechischen Uebersetzungen und Bearbeitungen der Justinianeischen Gesetzbücher, Nichts über die Anordnung der Materien, Nichts über die Quellen, aus denen die neue Sammlung zu schöpfen sei, endlich Nichts über das, was jeder Band (τεῦχος) und jedes Buch enthalten sollte, gesagt wird. Alles dieses durfte in einem Promulgationspatent nicht mit Stillschweigen übergangen werden. Besonders auffällig ist, daß nach dem Edicte nur das Justinianeische Recht den Inhalt des neuen Gesetzwerkes zu bilden scheint, während in der That eine andere Quelle, das Prochiron, ebenfalls stark benutzt ist. Nicht weniger auffällig ist, daß im Edicte Bestimmungen darüber fehlen, was vom Justinianeischen Rechte als unbrauchbar und veraltet in den Basiliken weggelassen werden sollte. Möglich ist, daß darüber kein bestimmtes Princip aufgestellt worden ist; denn wirklich findet sich in den Basiliken Manches, was schon zu Justinian's Zeiten nicht mehr praktisch war. Auch vermißt man in dem Edicte Bestimmungen des Kaisers darüber, welchen Einfluß seine eigenen Verordnungen auf die Basiliken haben sollten. Diese Bestimmungen waren wahrscheinlich in dem ursprünglichen Publicationspatent mit enthalten. Durch die Basiliken Leo's ist die repurgatio legum veterum des Basilius in Vergessenheit gekommen. Die Späteren kennen und erwähnen nur Leo's Basiliken. In der Epitome legum von 920 ist die Nichterwähnung des Werkes des Basilius wol absichtlich, weil dasselbe durch Leo's Basiliken völlig entbehrlich wurde; denn bekannt mußte das Werk des Basilius dem Verfasser der Epitome sein, der ganz kurze Zeit nachher schrieb. — Mit der Abfassung und Redaction der Basiliken sind mehrere Juristen von Leo beauftragt worden. Dafür haben wir das bestimmte Zeugniß in der Epitome legum von 920. In den neueren Basilikenscholien heißen die Redactoren der Basiliken οἱ τῶν βασιλικῶν ἀνακαθαρτῆρες (Basilicorum repurgatores) oder οἱ τὴν ἀνακάθαρσιν ποιησάμενοι. Die Namen und Würden derselben sind unbekannt, mit Ausnahme eines Einzigen, welcher an der Spitze der Redactoren gestanden zu haben scheint. Von dem Verfasser der Epitome von 920 wird er Symbatius, von Matthäus Blastares in der Vorrede zu seinem Syntagma Sabbatius genannt; beide legen ihm die Würde eines Protospatharius, des Obersten der kaiserlichen Leibwache, bei. Die Angabe des Verfassers der Epitome hinsichtlich des Namens ist glaubwürdiger, da er der Zeit Leo's ganz nahe stand. Daß Leo den Redactoren eine Instruction über das zu beachtende Verfahren ertheilt habe, ist schon deshalb anzunehmen, weil die repurgatio des Basilius in 40 Büchern in 60 Bücher gebracht werden sollte, es mithin einer Bestimmung über die Anordnung der Materien und deren Vertheilung auf die einzelnen Bücher bedurfte. Im Ganzen konnte wol aber Leo sich begnügen, auf das Werk seines Vorgängers zu verweisen, sowie auch auf das Prochiron und die Epanagoge. In der That ist auch die Art der Zusammenstellung der Stellen aus den Justinianeischen Gesetzbüchern in den einzelnen Titeln der Basiliken ganz dieselbe, wie in beiden letzteren Werken. — Die Zeit der Abfassung und Publication der Basiliken fällt jedenfalls in die Zeit von 886 bis 911, wo Leo der Weise starb. Um dieselbe aber näher zu bestimmen, muß man die Novellen Leo's zu Hilfe nehmen. Obgleich in den Basiliken auf dieselben regelmäßig keine Rücksicht genommen ist, wie sich daraus ergibt, daß in den Basilikenscholien häufig Leo's Novellen deshalb citirt werden, weil sie das in den Basiliken enthaltene Justinianeische Recht abändern, so sind doch diese

Novellen auf die Basiliken nicht ohne Einfluß geblieben. Dafür gibt es folgende Beweise: 1) Nov. Leonis 46 hat die Gesetze über die Curien und Decurionen aufgehoben. Deshalb sind die Stellen des Justinianeischen Rechts, welche die Decurionen betreffen, in den Basiliken weggelassen. 2) In der Nov. 48 schließt Leo die Frauenspersonen vom Zeugniß bei Contracten aus; dagegen läßt er in Sachen, die den Frauen eigenthümlich sind und bei welchen sich die Gegenwart der Männer nicht ziemt, z. B. bei Geburten, nicht nur das Zeugniß von Frauenspersonen zu, sondern schließt auch die Männer davon aus. Diese Bestimmung haben die Basilikenredactoren insofern berücksichtigt, als das cap. 17. tit. 9. lib. XXI. so lautet: *Γυνὴ ἐν διαθήκῃ οὐ μαρτυρεῖ· ἐν ἄλλοις δὲ μαρτυρίας εἶναι, ἐν αἷς οἱ ἄνδρες οὐ παρακαλοῦνται.* Die Basilikenstelle entspricht der L. 17. D. XXII, 5; allein die Worte *ἐν ἄλλοις* bis an das Ende sind offenbar eine Interpolation aus Leo's Novelle 48; und zwar eine von den Redactoren selbst herrührende, da die Stelle ganz ebenso schon in der Synopsis p. 224 steht. 3) Leo hebt in Nov. 59 die Bestimmung auf, nach welcher derjenige, welcher über 25 Jahre alt sich pretii participandi causa als Sklave verkaufen läßt, wirklich Sklave wird. In den Basiliken sind alle hierauf bezüglichen Stellen des Justinianeischen Rechts weggelassen. 4) In Leo's Novelle 78 ist dem Senat die Befugniß für Errichtung von Senatusconsulten mit der Kraft von Gesetzen entzogen; deshalb ist in den Basiliken der Codextitel de Senatus consultis I, 16 weggelassen. Die erwähnten Novellen, sowie auch Nov. 1, worin Leo offenbar die Richter zur Beobachtung der Basiliken neben anderen Gesetzen verpflichtet, sind, wie auch viele andere desselben Kaisers an Stylianus, magister officiorum, gerichtet. Ueber die Person desselben und über die Zeit, zu welcher er die angegebene Würde bekleidete, gibt es verschiedene Ansichten. Zepernick denkt an Stylianus Zautzas, welcher 887 magister und Logotheta Dromi war und 5 Jahre darauf die Würde als *βασιλεοπάτωρ* erhielt, und setzt daher die an Stylianus gerichteten Novellen in die Jahre 887—892, und dieser Ansicht hat sich Zachariä v. L. angeschlossen. Dagegen denkt Mortreuil an einen anderen Stylianus, welcher nach 892 magister officiorum gewesen sei und nichts Anderes mit dem Stylianus Zautzas gemeinsam gehabt habe, als die Würde eines magister, welche Allen, welche an der Spitze eines Departements der Reichsverwaltung standen, gemeinsam gewesen sei. Er glaubt deshalb, daß Nov. 1, worin die Basiliken bestätigt werden, nach 892 publicirt sei. Allein für diesen zweiten Stylianus fehlt es an historischen Beweisen und man muß demnach bei Stylianus Zautzas stehen bleiben. Es sind also die Basiliken in den ersten Jahren der Regierung Leo's, wenigstens vor 892 promulgirt, wo Stylianus aufhörte, magister officiorum zu sein, und eine höhere Würde erlangte. Diesem steht nicht entgegen, daß die vorher erwähnten Novellen in den Basiliken Berücksichtigung gefunden haben und doch die Basiliken in Nov. 1 bestätigt werden. Denn da Leo's Novellen keine Subscriptionen haben, sodaß das Jahr, in welchem jede einzelne Novelle publicirt ist, sich nicht ausmitteln läßt, so kann auch aus der Reihefolge der Novellen nicht gefolgert werden, daß sie auch der Zeit nach in der Ordnung, welche sie in der Sammlung haben, publicirt seien, daß mithin die der Zahl nach spätere Novelle auch der Zeit nach später sei. Dies ist schon deshalb nicht zulässig, weil die Novellen 2—17. 75 an Stephanus, den Bruder des Kaisers, welcher vom Ende des Jahres 886 bis zu seinem Tode, gegen das Jahr 893, Patriarch zu Constantinopel war, gerichtet sind. Es steht daher Nichts entgegen, die Publication der Novellen 46. 48. 59. 78 vor der der Nov. 1, und zwar in den ersten Jahren der Regierung Leo's anzunehmen, sodaß deren Berücksichtigung in den Basiliken möglich war, und die Publication der übrigen Novellen nach den Basiliken zu setzen, weil diese, wären sie früher publicirt worden, in den Basiliken hätten beachtet werden müssen. Der Umfang und die Größe des Werkes (der Basiliken) ist auch kein Grund gegen die Annahme, daß die Basiliken in den ersten Regierungsjahren Leo's, vielleicht 888 oder 889, publicirt worden seien. Denn da die Basiliken nur eine neue Redaction der repurgatio veterum legum des Basilius waren, bei welcher es sich hauptsächlich darum handelte, den in deren 40 Büchern bereits enthaltenen Rechtsstoff in 60 Bücher zu bringen, so war ein Zeitraum von zwei Jahren vollkommen ausreichend, um diese Redaction zu vollenden. Auch konnte die Vertheilung des Materials in 60 Bücher, statt in 40, keine großen Schwierigkeiten haben, da schon Basilius den Plan einer repurgatio legum veterum in 60 Büchern gehabt, seine Ansicht über die Bücherzahl aber nach der Herausgabe des Prochirum geändert hatte. Gewiß war noch im Anfange der Regierung Leo's ein von den ersten Redactionen, welche Basilius mit der Abfassung der repurgatio in 60 Büchern beauftragt hatte, gefertigtes Schema über die Vertheilung der Materien in die 60 Bücher und über die Einreihung der betreffenden Titel der Justinianeischen Gesetzbücher unter die einzelnen Titel der repurgatio vorhanden, wodurch die Arbeit der von Leo ernannten Redactoren wesentlich erleichtert wurde.

II. Angeblich neue Redaction der Basiliken von Constantinus Porphyrogeneta. Balsamon in der Vorrede seines Commentars zum Photianischen Nomocanon sagt, er habe im Commentar gesagt, welche im Nomocanon stehende weltliche Gesetze in der letzten repurgatio legum von Constantinus Porphyrogeneta nicht aufgenommen seien. Er legt also hier die letzte *ἀνακάθαρσις τῶν νόμων* diesem Kaiser bei, welcher bereits 910 von seinem Vater Leo den Namen Augustus empfing, nach Leo's Tode 911 mit seinem Vatersbruder Alexander, dann von 912 an unter der Vormundschaft seiner Mutter regierte, 919 seinen Schwiegervater Romanus Lecapenus (auch Romanus Senior) und dessen Sohn Christophorus, welcher 925 oder 931 starb, zu Mitregenten annahm, 928 den Stephanus und Constantinus, Söhne des Romanus zu Cäsaren ernannte, 944 den Romanus mit seinen Söhnen verbannte, 946 seinen Sohn Romanus den Jüngern krönen ließ, und 959 starb. Balsamon steht aber mit sich selbst im Widerspruch, indem er in den dem Commentar zum Nomocanon vorausgeschickten Versen Leo den Weisen als Gesetzgeber preist, während, wenn seine Nachricht über die letzte repurgatio legum von Constantinus richtig wäre, er doch diesen vielmehr als Gesetzgeber hätte hervorheben müssen. Aus der Inscription der Paratitla des sogenannten Tipucitus im Cod. Vatic. 853: „Πεπόνηται τὰ παράτιτλα τῶν ξ' βιβλίων τῶν βασιλικῶν τοῦ Λέοντος καὶ Κωνσταντίνου ἤτοι τῆς ἑξηκονταβίβλου" kann Nichts für eine neue Redaction der Basiliken unter Constantinus abgeleitet werden, denn obgleich jene vaticanische Handschrift dem 14. Jahrhundert angehört, so findet sich doch diese Inscription auf einem dem Rande auf fol. 8. B der Handschrift angeklebten Zettel von einer Hand, welche dem 16. Jahrhundert angehört, geschrieben. Es ist also ungewiß, ob diese Inscription selbst in der Handschrift gestanden hat, und wenn dies auch der Fall wäre, so würde doch daraus immer Nichts für eine neue Redaction der Basiliken unter Constantinus folgen, sondern nur daraus abzuleiten sein, daß die Basiliken im Namen des Leo und Constantinus im Jahre 910, nachdem Leo seinen Sohn Constantinus zum Augustus ernannt hatte oder 911, wo Leo starb, jedoch vor dessen Tode publicirt worden seien. Allein gegen eine erst in den letzten Regierungsjahren Leo's erfolgte Publication der Basiliken spricht alles dasjenige, was vorher unter I. über die Zeit der Abfassung und Publication dieses Gesetzbuches ausgeführt worden ist. Es bleibt also für die neue Redaction der Basiliken unter Constantinus nur das Zeugniß des Balsamon übrig, und dieses erscheint, da Balsamon, wie gezeigt, sich damit selbst widerspricht, im höchsten Grade zweifelhaft, und die ganze Nachricht beruht wol auf einem Irrthum des Balsamon. Es haben daher die gewichtigsten Stimmen sich gegen die Annahme einer solchen neuen Redaction ausgesprochen. Es bleibt aber noch ein Hauptgrund, welcher für eine solche zu sprechen scheint, zu entkräften übrig, nämlich die Abweichungen der Basiliken, deren sich Balsamon in seinem Commentar bedient hat, von den auf unsere Zeit gekommenen. Ich habe diese Abweichungen früher für so bedeutend gehalten, daß ich die Ansicht aufgestellt habe, Leo's Basiliken seien auf unsere Zeiten gekommen, während von der Redaction unter Constantinus sich Nichts erhalten habe. Ich bin aber von dieser Ansicht zurückgekommen, und muß mich gleichfalls gegen die Annahme einer neuen Redaction unter Constantinus erklären. Denn bei genauerer Prüfung lassen sich jene Abweichungen recht wohl erklären, ohne daß man zu jener Annahme seine Zuflucht nehmen müßte. Die Hauptabweichung besteht darin, daß Balsamon sagt, daß viele im Nomocanon citirten Stellen des Justinianeischen Rechts in die Basiliken nicht aufgenommen seien, während sie sich doch in den uns erhaltenen Büchern der Basiliken finden. Nun lassen sich aber bei allen diesen Stellen Gründe auffinden, welche, wenn sie auch ursprünglich in den Basiliken standen, doch später zu deren Weglassung in den Basilikenhandschriften führten, sodaß also der Grund der Abweichung darin liegt, daß die Basilikenhandschriften schon zu Balsamon's Zeit bald mehr, bald weniger vollständig waren, und Balsamon gerade weniger vollständige Handschriften zur Hand hatte, als die, welche uns erhalten sind. Balsamon widerspricht sich bisweilen, indem er dieselbe Stelle des Justinianeischen Rechts das eine Mal als in den Basiliken fehlend aufführt, das andere Mal sie als Basilikenstellen citirt. Auch diese Widersprüche lassen sich nur dadurch erklären, daß Balsamon bei der Abfassung seines Commentars nicht immer dieselben Handschriften gebraucht hat, sondern bald mehr, bald weniger vollständige, sodaß in der einen eine Stelle stand, welche in der anderen weggelassen war. Solche Handschriften der Basiliken, von denen die eine vollständiger ist, als die andere, gibt es auch noch jetzt. So ist z. B. der Cod. Coisl. 151 viel vollständiger, als der Cod. Paris. 1352. Erstere Handschrift hat oft den vollständigen Text einer Constitution oder Novelle, während letztere nur kurze Summen, was die Novellen betrifft, gewöhnlich aus des Theodorus Breviarium Novellarum gibt. Diese Verschiedenheit der Handschriften ist lediglich auf Rechnung der Abschreiber zu setzen, welche sich vor dem Abschreiben des vollständigen Textes scheuten und aus Bequemlichkeit statt desselben Auszüge in die Handschriften aufnahmen. Ebenso wenig, wie aus den Angaben des Balsamon über die in die Basiliken nicht aufgenommenen Stellen des Justinianeischen Rechts, kann aus den Abweichungen der Zahlen der von ihm citirten Basilikenstellen von denen, welche sich in den uns erhaltenen Handschriften der Basiliken finden, etwas für eine neue Redaction der Basiliken unter Constantinus Porphyrogenneta gefolgert werden. Die Zahl, welche eine Basilikenstelle hat, ist in den verschiedenen Handschriften verschieden. Den Beweis dafür liefern der Cod. Coislin. 151 und der Cod. Paris. 1352, von denen der erstere im 1. Buche der Basiliken viel mehr Capitel enthält, als der letztere. Auch diese Abweichungen hinsichtlich der Zahl fällt lediglich den Abschreibern zur Last. Diese änderten nämlich, sobald sie eine in die Basiliken aufgenommene Stelle der Justinianeischen Gesetzbücher aus irgend einem Grunde wegließen, auch die Zahl der Capitel; sie zerlegten ein Capitel der Basiliken, welches ihnen zu lang erschien, in mehrere Theile, und setzten diesen einzeln besondere Zahlen vor; endlich zogen sie mehrere Auszüge derselben Stelle, welche in den Basiliken mehrere Capitel bildeten, in Ein Capitel zusammen und setzten demselben folgeweise nur Ein Zahlzeichen vor. So erklären sich z. B. die Abweichungen der Zahlen der von Balsamon aus dem ersten Buche der Basiliken citirten Stellen von denen im Cod. Coisl. 151 und Paris. 1352 und in der Heimbach'schen und Fabrotischen Ausgabe. Endlich folgt aus den Abweichungen des Textes der von Balsamon citirten Basilikenstellen von dem in den uns erhaltenen Handschriften vorhandenen Nichts dafür, daß Balsamon eine von Leo's Basiliken verschiedene Redaction, und zwar die des Constantinus Porphyrogenneta gebraucht habe. Allerdings finden sich nicht unbedeutende Abweichungen. Diese können aber alle auf dieselbe Weise erklärt werden, wie die Weglassung der in den erhaltenen Basilikenhandschriften vorhandenen Stellen, welche nach Balsamon's Angabe in den Basiliken fehlen, ohne daß man nöthig hätte, an eine von Balsamon gebrauchte, von Leo's Basiliken verschiedene Redaction zu denken. Die Abschreiber nämlich, welche sich aus Trägheit scheuten, das κατὰ πόδας oder den index des Thalelaus, welche für den Codex regelmäßig den Basilikentext bildeten, abzuschreiben, trugen statt dessen die Summe des Theodorus, welche ihnen die alten Scholien darboten, in den Text der Basiliken ein, oder schrieben nur einen Theil des κατὰ πόδας des index ab. Die griechischen Novellen sind, wie sich aus den von Balsamon mitgetheilten Basilikenstellen ergibt, im Originaltexte mit Ausnahme des prooemium und des epilogus in die Basiliken aufgenommen. Schon früh aber setzten die Abschreiber, welche sich aus Trägheit scheuten, den betreffenden Novellentext abzuschreiben, statt desselben die Summen aus des Theodorus Breviarium Novellarum in den Basilikentext, die ihnen ebenfalls in den alten Scholien stets zur Hand waren. Sie glaubten sich dazu um so mehr berechtigt, als sie statt der lateinischen Novellen regelmäßig die Summen von Theodorus im Basilikentexte fanden. Diese Substitution der Summen des Theodorus an die Stelle des griechischen Novellentextes in dem Basilikentexte hat schon vor Balsamon Statt gefunden. Denn Balsamon citirt von der griechischen Novelle 51 dieselbe Summe aus den Basiliken, welche sich im Cod. Paris. 1350 und daraus in den Ausgaben am Schlusse von Basil. LX, 39 findet. Dieselbe Verschiedenheit des Basilikentextes findet sich in den vorhandenen Handschriften, namentlich im Cod. Coisl. 151 und Cod. Paris. 1352. Erstere Handschrift ist die vollständigere, letztere die lückenhaftere, was sich namentlich in den Novellen zeigt. Denn während erstere regelmäßig den griechischen Novellentext liefert, enthält letztere sehr häufig statt desselben die Summe von Theodorus. Aber alle diese Verschiedenheiten sind nicht auf verschiedene Redactionen der Basiliken zurückzuführen, sondern auf die angegebene Weise zu erklären. — Oft citirt Balsamon Basilikenstellen in seinem Commentar, ohne solche wörtlich anzuführen; er begnügt sich mit der Angabe, zu sagen, die Stelle enthalte dasselbe oder Aehnliches, wie das κείμενον des Nomocanon. Sind diese Basilikenstellen aus den Digesten, so stimmen sie mit den im Nomocanon citirten Digestenstellen in der Thal überein, da sowol im Nomocanon als in den Basiliken der Digestencommentar des Anonymus benutzt ist. Was die im Nomocanon citirten Stellen aus dem Codex und den Novellen betrifft, zu welchen Balsamon angibt, daß die betreffenden Basilikenstellen dasselbe oder Aehnliches enthalten, wie das κείμενον des Nomocanon, während doch die Basilikenstellen von den im Nomocanon citirten abweichen, so kann aus diesen Abweichungen doch nicht gefolgert werden, daß Balsamon sich einer von dem erhaltenen Basilikentexte verschiedenen Redaction, und zwar der des Constantinus Porphyrogeneta bedient habe. Denn Balsamon hat mit jener Angabe ohne Zweifel keine wörtliche Uebereinstimmung, sondern nur eine Uebereinstimmung und Aehnlichkeit in Ansehung des Inhalts bezeichnen wollen. — Die Annahme einer neuen Redaction der Basiliken durch Constantinus Porphyrogeneta und deren Benutzung durch Balsamon wird ferner auch dadurch widerlegt, daß, abgesehen von den wenigen, bisher erwähnten Abweichungen, welche auch ohne jene Annahme sich genügend erklären lassen, zwischen den von Balsamon benutzten Basiliken und den uns erhaltenen Handschriften derselben eine bemerkenswerthe Uebereinstimmung stattfindet. Die Zahlen der Bücher und Titel stimmen überein; es ist dieselbe Anordnung der Materien, dieselbe Reihenfolge der Capitel in den einzelnen Titeln, derselbe Text der meisten citirten Stellen. Hätte Constantinus wirklich eine neue Redaction der Basiliken unternommen, so hätte er ohne Zweifel Vieles geändert; er hätte die Novellen Leo's berücksichtigt und die durch dieselben aufgehobenen oder abgeänderten Bestimmungen des Justinianeischen Rechts weggelassen oder die neuen Bestimmungen an deren Stelle aufgenommen. Von allem diesem ist aber Nichts geschehen. Im Gegentheil citirt Balsamon, welcher doch seiner Angabe nach sich der letzten Redaction der Basiliken von Constantinus bedient hat, Leo's Novellen in einer Weise, daß daraus hervorgeht, daß diese Novellen in den Basiliken (mit wenigen Ausnahmen) nicht berücksichtigt worden sind. Er hat also offenbar die Leonischen Basiliken gebraucht. Uebrigens war ja gar kein Bedürfniß einer neuen Redaction der Basiliken sobald nach Leo vorhanden. — Nach allem diesem muß die Annahme einer neuen Redaction der Basiliken durch Constantinus Porphyrogeneta als gänzlich unhaltbar und die von Balsamon darüber mitgetheilte Nachricht als eine irrige und unwahre bezeichnet werden. Vielleicht hat Balsamon dabei an die Compilation der sogenannten alten Scholien zu den Basiliken gedacht, welche in Auszügen aus den Schriften der Justinianeischen Juristen bestehen und in der Form einer fortlaufenden Glosse den betreffenden Stellen der Leonischen Basiliken beigeschrieben sind. Daß diese nicht zufällig und nach und nach zusammengetragen, sondern nach einem bestimmten Plane gearbeitet sind, ergibt sich aus verschiedenen Umständen. Erstens spricht dafür die getroffene Auswahl unter den Commentaren, welche excerpirt worden sind. Denn es sind hauptsächlich die Commentare der Juristen benutzt, welche zur Zeit der Publication der Basiliken und kurz nachher im höchsten Ansehen standen: nämlich die des Dorotheus, Stephanus und Anonymus zu den Digesten, des Thalelaus und Theodorus zum Codex, des Theodorus zu den Novellen. Zweitens spricht für die planmäßige Entstehung der alten Scholien die Stellung der Excerpte und deren Anordnung, wovon das Nähere bei den Scholien der Basiliken zu bemerken sein wird. Es ist nicht unwahrscheinlich, daß die alten Scholien auf Befehl des Constantinus Porphyrogeneta oder wenigstens unter seiner Regierung den Basiliken beigefügt sind.

III. Angebliche Promulgationspatente der Basiliken. Die 5 Constitutionen, welche man früher als diejenigen betrachtet hat, wodurch den Basiliken Gesetzeskraft beigelegt worden sei, finden sich im Cod.

Taurin. CCC, B. VI, 7. Diese Handschrift ist aus dem 15. Jahrhundert; aber die ersten Blätter sind von neuerer Hand geschrieben. Von dieser neueren Hand sind die 5 Constitutionen geschrieben, von denen es sich handelt. Der Rest der Handschrift gehört dem Prochirum auctum an. Regelmäßig finden sich diese 5 Constitutionen (*προστάγματα*) in dem Anhange dieser Recension des Basilianischen Prochirum mitten unter anderen Stücken. Ebenso sind dieselben in der Mehrzahl der Handschriften, welche von diesem Handbuche abhängen, wiederholt. In dem Catalog von Pasini sind diese Constitutionen bezeichnet als Edicta observationem Basilicorum imperantia; nach Angabe der Verfasser des pariser Catalogs im Cod. 1343 sind sie dem Andronicus Palaeologus zuzuschreiben, und sind angezeigt als publicirt bei Gelegenheit des Vorganges, welchen Gregoras in seiner Geschichte (lib. IX. cap. 9) erzählt. (Vergl. darüber §. 51 unter 3.) Diese Constitutionen stehen zu den Basiliken in keiner Beziehung. Sie gedenken der Basiliken gar nicht, sondern befehlen nur in allgemeinen Ausdrücken die Beobachtung der Gesetze und Constitutionen an, welche jeder anderen Epoche der Gesetzgebung angehören können. Die 5 Constitutionen hat zuerst Zachariä v. L. bekannt gemacht. Die erste derselben hat die Ueberschrift: *ὁρισμὸς [illegible]*. Die zweite ist die Verordnung, welche den Eid vorschreibt (*Πρόσταγμα ὁρκωμοτικόν*). Diese beiden Constitutionen hatte zuerst *Ducange* im Glossarium ad script. med. et inf. Graecit. s. v. *ὅρκος* nach dem Cod. Colbert. 4590, in welchem sie stehen, angezeigt. Die dritte Constitution befiehlt allen Richtern, in Zukunft die Streitigkeiten zu entscheiden *διὰ τοῦ παρόντος προστάγματος*. Die vierte Constitution gibt, nachdem sie die Richter an den vor Uebernahme ihres Amtes zu leistenden Eid und an die Rücksicht, welche sie der Gerechtigkeit und Billigkeit schuldig sind, erinnert hat, denselben das Recht, die Militairgewalt zur Vollstreckung ihrer Erkenntnisse zu requiriren, und verleiht ihnen sehr ausgedehnte Befugnisse, um diese Vollstreckung in das Werk zu setzen. Diese beiden Constitutionen, welche keinen Namen eines Kaisers an der Spitze tragen, sind datirt *μηνὶ μαρτίῳ, ἰνδ. ϛ*. Aber dieses Datum der Indiction bezieht sich auf eine viel spätere Zeit, als die Publication der Basiliken. Sie sind zuerst von Giraud nach einer Abschrift der turiner Handschrift bekannt gemacht. Die fünfte Constitution ist überschrieben: *[illegible] Λέοντος καὶ Ἀλεξάνδρου τῶν εὐσεβῶν βασιλέων*. Sie ist datirt: *μηνὶ [illegible] ἰνδ. [illegible]* Sie findet sich an der Spitze des Manuale legum von Harmenopulus, ist aber auch besonders herausgegeben.

IV. Namen der Basiliken bei den Griechen. Die erste und ursprüngliche Benennung der Basiliken ist: *ἀνακάθαρσις τῶν παλαιῶν νόμων* (repurgatio veterum legum). So heißen sie schon im Prochirum des Basilius. Denselben Namen führen Leo's Basiliken. In der späteren Zeit kamen die Namen *ἑξάβιβλος* oder *ἑξηκοντάβιβλος*, auch *ἑξηκοντάβιβλον* auf. Die Benennung *ἑξάβιβλος* rührt von der Eintheilung in sechs *τεύχη* her. Die andere von der Eintheilung in 60 Bücher. Die gewöhnlichste Benennung in späterer Zeit ist *ὁ βασιλικὸς νόμος* (lex imperialis), *τὰ βασιλικὰ νόμιμα* (jura imperialia). Diese Benennung kommt sehr häufig in den Basilikenscholien und in anderen späteren Quellen des griechisch-römischen Rechts vor. Sie kommt nicht von *Βασίλειος*, sondern von *βασιλεύς* her. Wenn sie auch nicht gleichzeitig mit der Publication der Basiliken selbst ist, so ist sie doch wenigstens bald nachher, nämlich schon im 10. Jahrhundert gebraucht worden. Auch kommen die Basiliken unter dem Namen *τὰ ἀνακαθαρθέντα βιβλία* vor, namentlich im Index Reginae.

V. Eintheilung der Basiliken. Leo selbst hat die Basiliken in 6 Bände, volumina, *τεύχη*, getheilt, wie er in der Vorrede sagt. Zwar spricht schon die Epitome legum von 920 von 4 *βιβλία*, welche hier so viel wie *τεύχη* sind, da ebendaselbst außerdem noch von *ἑξήκοντα βιβλία* die Rede ist, und nach Cod. Paris. gr. 1357 enthielt der 4. Band, *τὸ τέταρτον τεῦχος*, die Bücher 46—60. Obgleich der Verfasser der Epitome legum ganz kurz nach Leo schrieb, so muß doch die Eintheilung in 6 *τεύχη* als die ursprüngliche und officielle angesehen werden. Daneben ist aber bald die Eintheilung in 4 Bände aufgekommen. Daß dies neben der officiellen möglich war, weist darauf hin, daß auf diese officielle Eintheilung in 6 Bände wenig Werth gelegt worden ist. Es war hier nicht wie bei der Eintheilung der Digesten in 7 partes nach dem Muster des Edicts. Daß man in der That der Eintheilung in 6 Bände wenig Werth beigemessen hat, ergibt sich daraus, daß die Basiliken immer nach Büchern und Titeln, niemals aber nach *τεύχη* von den Späteren citirt werden. Deshalb war es auch möglich, daß man bald auch eine andere Theilung in 4 Bände annahm, deren jeder 15 Bücher enthielt. Wahrscheinlich richtete man sich hier nach dem Muster der repurgatio legum veterum des Basilius, welche ohne Zweifel ebenso in Bände, *τεύχη*, zerfiel, wie Leo's Basiliken, aber nur 4 Bände enthielt, weil sie aus 40 Büchern bestand. Die Eintheilung in 60 Bücher ist wahrscheinlich deshalb gemacht worden, weil auch Basilius anfänglich seine *ἀνακάθαρσις* auf 60 Bücher berechnet hatte. Die Vermehrung um 20 Bücher, welche Leo eintreten ließ, nachdem sein Vater sein Werk zuletzt auf 40 Bücher beschränkt hatte, rührt nicht blos davon her, daß Leo viel Neues hinzufügte, was in der repurgatio des Basilius nicht stand, sondern auch davon, daß in Leo's Basiliken mehrere Bücher denselben Gegenstand behandeln, welcher bei Basilius in Einem Buche erörtert war. So viel sich aus den einzelnen Titeln der Epanagoge auf den Inhalt der entsprechenden Bücher der repurgatio des Basilius schließen läßt, fehlten in der letzteren die Materien de captivis et postliminio, de jure nautico, de decurionibus, de muneribus et honoribus et excusationibus eorum, de agricolis et colonis, de jure fisci, de jure militari, de religiosis et sumtibus funerum. Diese Materien füllen in Leo's Basiliken 7 Bücher, nämlich Buch 34, 53, 54, 55, 56,

67. 68. — Das 41. Buch des Basilischen Werkes, welches über den Civilproceß handelt, nimmt bei Leo 3 Bücher ein, nämlich Buch 7. 8. 9. Das 37. Buch des Basilius, wo von Freilassungen und Freigelassenen die Rede ist, zerfällt bei Leo in zwei, nämlich Buch 48. 49. Die Vormundschaft und Restitution, welche Basilius im 38. Buche behandelt, füllen bei Leo 3 Bücher, nämlich die Vormundschaft Buch 37. 38, die Restitution Buch 10. Dem 28. Buche des Basilius, welches die Contracte und die Pfänder betrifft, scheinen bei Leo die Bücher 13. 14. 17. 18. 23. 24. 25. 26. 27. 43 zu entsprechen. Auf der anderen Seite sind aber auch Materien, welche bei Basilius mehrere Bücher einnehmen, bei Leo in weniger Bücher gebracht. So füllt das Kirchenrecht bei Basilius 5 Bücher, nämlich Buch 1. 3. 8. 9. 10, bei Leo 4 Bücher, nämlich Buch 1. 3. 4. 5; die Materie von den Obrigkeiten bei Basilius 4 Bücher (4. 5. 6. 7), bei Leo 1 Buch (6); das Eherecht bei Basilius 8 Bücher (14—21), bei Leo 3 Bücher (28. 29. 30); — die einzelnen Bücher zerfallen regelmäßig in Titel. Die Zahl der Titel ist in den einzelnen Büchern verschieden. Manche Bücher haben nur Einen Titel, nämlich Buch 1. 4. 14. 27. 30. 36. 52. Allerdings soll nach der Angabe des im Cod. Coislin. 151 befindlichen Verzeichnisses aller Basilikentitel das 1. Buch aus 10 Titeln bestanden haben. Allein das zweite in derselben Handschrift hierauf folgende specielle Verzeichniß der Titel des 1—9. Buches, sowie Cod. Paris. 1352 haben nur Einen Titel im ersten Buche, und alle Citate der späteren Zeit gehen nur auf Einen Titel dieses Buches. Die Zahl aller Titel beträgt nach dem Coislin'schen allgemeinen Titelverzeichniß 630. Da aber die Titelverzeichnisse in der Zahl der Titel von einander abweichen, so läßt sich auch die Gesammtzahl der Titel nicht bestimmt angeben. Die Titel zerfallen in *κεφάλαια*, capitula, welche unter fortlaufenden Zahlen unter den einzelnen Titeln stehen; die Capitel zerfallen wieder sehr häufig in *θέματα*, welche mit den Paragraphen, in welche die Fragmente in den Digesten getheilt sind, verglichen werden können. Doch entspricht die Zahl der themata denen der Paragraphen in den Digesten nicht immer. Denn erstens wird das prooemium einer Digestenstelle in den Basiliken thema 1. Dann sind häufig mehrere Paragraphen einer Digestenstelle in den Basiliken in Ein thema zusammengezogen. Endlich sind bisweilen einzelne Paragraphen einer Digestenstelle in den Basiliken weggelassen, namentlich dann, wenn sie ein durch spätere Gesetze aufgehobenes Institut betrafen. Die Eintheilung in *θέματα* ist den Justinianeischen Juristen nachgeahmt (vergl. §. 15). — Die Titelrubriken stimmen in den Basilikenhandschriften nicht immer überein. Wichtig für dieselben sind die Titelverzeichnisse. Ein solches auf die ganzen Basiliken sich erstreckendes findet sich im Cod. Coisl. 151. fol. 1—18b. Daran schließt sich in derselben Handschrift fol. 19a—22b ein specielles Verzeichniß der Titelrubriken der 9 ersten Bücher der Basiliken. Ein specielles Verzeichniß der Titelrubriken der Bücher 46—60 findet sich mit der Ueberschrift: *τοῦ τετάρτου τῶν νόμων τεύχους πίναξ* im Cod. Paris. gr. 1357. fol. 123a—128a. In dem allgemeinen Coislin'schen Verzeichniß der Titelrubriken sind die Zahlen der Titel neben der betreffenden Rubrik am Rande bemerkt; im Contexte desselben sind sehr häufig die Titel oder Stellen des Justinianeischen Rechts, aus welchen ein Basilikentitel zusammengesetzt ist, bezeichnet, oft mit kurzer Angabe des Inhalts und mit Erwähnung der in das Griechische übersetzten Rubrik des betreffenden Titels der Justinianeischen Gesetzbücher. Bei dem Gebrauche dieses Verzeichnisses ist zu beachten, daß man nicht diese Rubriken der betreffenden Titel der Justinianeischen Rechtsbücher für Titelrubriken der Basiliken hält. Das im Cod. Paris. gr. 1357 enthaltene Rubrikenverzeichniß giebt blos die Titelrubriken, ohne Angabe der Titel und Stellen des Justinianeischen Rechts, aus welchen die einzelnen Basilikentitel zusammengesetzt sind. Außer diesen Rubrikenverzeichnissen sind die Paratitla des sogenannten Tipucitus ein wichtiges Hilfsmittel zur Erkennung der Ordnung der Titel und der Anordnung der Materien in den einzelnen Titeln. In Ansehung der Feststellung und Verbesserung der Titelrubriken kann jedoch denselben nicht gleiche Autorität beigelegt werden, wie jenen Rubrikenverzeichnissen in den Handschriften. Nur hinsichtlich der verloren gegangenen Bücher der Basiliken muß man sich auch in Betreff der Titelrubriken hauptsächlich an den Tipucitus dann halten, wenn man von den handschriftlichen Rubrikenverzeichnissen verlassen ist.

VI. System der Basiliken. Die Basiliken folgen im Ganzen der Ordnung des Justinianeischen Codex. Es ergiebt dies eine von Hugo aufgestellte Tabelle, obgleich dieselbe keine Vergleichung beider Gesetzbücher enthält. Der Codex folgt, was den Civilproceß und das Privatrecht betrifft, bekanntlich der Edictalordnung, sodaß die Bücher 2—8 den 7 partes des Edicts entsprechen; auch die Digesten folgen der Edictalordnung. Die Basilikenarbeiter haben nur im Ganzen die Ordnung des Codex bis zu dessen 8. Buche befolgt. Doch haben sie sich nicht ängstlich daran gehalten, sondern sind bisweilen davon abgewichen. Namentlich haben sie das, was im Codex in verschiedenen Büchern zerstreut war, in den Basiliken zusammengestellt. So ist z. B. das, was in Buch 1 und 12 des Codex über die Behörden und die dignitates stand, in den Basiliken im 6. Buche zusammengestellt. Der im Codex in den Büchern 1 und 7 behandelte Civilproceß findet sich in den Basiliken Buch 7—9. Im 31. Buche der Basiliken werden mit dem Codextitel de alendis liberis a parentibus V, 25 die Titel de patria potestate, de emancipatione, de ingratis liberis, de infirmandis poenis coelibatus VIII, 46. 48. 49. 57 verbunden. Im 32. Buche ist der Codextitel de naturalibus liberis enthalten, im 33. Buche sind die Titel des Codex de adoptionibus und de infantibus expositis zusammengestellt. Daß das Strafrecht, welches im 9. Buche des Codex enthalten ist, im letzten Buche (60.) der Basiliken seinen Platz gefunden hat, ist nicht blos nach dem Muster des Prochirum und der Epanagoge, sondern auch nach der repurgatio veterum legum des Basilius geschehen; denn beide ersteren handeln davon im letzten (40.) Titel, die letztern im letzten (40.) Buche. Die Basilikenredactoren mußten daher viele Materien, welche in dem 10—12. Buche des Codex enthalten sind, vor dem 60. Buche behandeln, und dies ist in den Büchern 54—57 der Basiliken geschehen. Da in der repurgatio des Basilius das Strafrecht sogleich auf die Materien von der operis novi nunciatio und von der Wiederherstellung der Grenzen, welche im 8. Buche des Codex abgehandelt werden, folgt, so liegt die Vermuthung nahe, daß die in den Büchern 53—57. 59 der Basiliken behandelten Materien in dem Werke des Basilius weggelassen worden seien.

VII. Quellen der Basiliken.

1) Vorerinnerung über die Quellen im Allgemeinen und über die Veränderungen des Justinianeischen Rechts in den Basiliken. Die Basiliken sind nicht unmittelbar aus den Justinianeischen Gesetzbüchern, sondern aus den griechischen Bearbeitungen und Commentaren derselben, aus der Sammlung der 168 Novellen und aus dem Prochiron geschöpft. Von den Gründen, wodurch sowol Basilius, als Leo zu ihrem großen Werke hinsichtlich der alten Gesetze bewogen worden sind, ist schon früher die Rede gewesen (vergl. §. 23). Der Zweck, welchen Leo sich bei diesem Unternehmen vorgesetzt hatte, war folgender. Erstens wollte er das, was sich in den 4 Theilen des Justinianeischen Rechts über dieselbe Materie zerstreut vorfand, zusammenstellen, um dadurch sowol den Gebrauch des Justinianeischen Rechts zu erleichtern, als auch die Streitigkeiten, welche durch die zwischen den einzelnen Theilen vorhandenen Widersprüche entstanden waren, zu beseitigen. Deshalb stellte er die in den 4 Justinianeischen Gesetzbüchern vorhandenen, auf dieselbe Materie bezüglichen Stellen unter Einem Titel in der Art zusammen, daß er erstens die Stellen der Institutionen, dann die der Digesten, hierauf die des Codex, endlich die der Novellen setzte. Daß nicht zugleich angegeben war, aus welchem Theile des Justinianeischen Rechts die einzelnen Stellen geschöpft seien (es findet sich davon weder in den Handschriften eine Spur, noch lassen z. B. die Angaben des Balsamon im Commentar zum Photius die Annahme zu, daß es von Anfang an anders gewesen sei), war für die Zeit Leo's und kurz darauf, wo man noch vollkommen mit den Justinianeischen Rechtsbüchern vertraut war, ohne Nachtheil, vorzüglich da bei den aus den Digesten entlehnten Fragmenten der Name des Juristen vorgesetzt war, und das Wort διάταξις darauf hinwies, daß die Stelle, worin es vorkam, aus dem Codex entlehnt sei. Im Allgemeinen gab auch die Reihenfolge der Stellen in den Basilikentiteln die Regel, nach welcher die Widersprüche der einzelnen Theile des Justinianeischen Rechts unter einander beseitigt wurden. Denn da die neueren Gesetze den älteren vorgingen, so nahmen die neuesten, die Novellen, in den einzelnen Titeln die letzte Stelle ein; vor ihnen standen die Codexstellen, vor diesen die Digestenstellen, vor diesen die aus den Institutionen. Nach der Meinung Leo's gingen also die Digesten den Institutionen vor, Zweitens wollte Leo den Nachtheil, welcher aus dem Gebrauche der mehreren griechischen Bearbeitungen desselben Theils des Justinianeischen Rechts und aus der Verschiedenheit der Ansichten der Commentatoren entstand, dadurch abhelfen, daß er Einen Commentar auswählte, welcher in die Basiliken aufgenommen werden sollte. In der Wahl desselben scheint er im Ganzen dieselben Grundsätze, wie Basilius befolgt zu haben, doch ist er auch bisweilen davon abgewichen (s. §. 26). Drittens sollte die Schwierigkeit, welche aus dem Gebrauche der lateinischen Kunstausdrücke in den griechischen Bearbeitungen der Justinianeischen Gesetzbücher entstand, dadurch beseitigt werden, daß er die Uebertragung dieser Kunstausdrücke in das Griechische den Redactoren der Basiliken anbefahl. Diese griechischen Uebersetzungen der lateinischen Kunstausdrücke heißen in den spätern Basilikenscholien ἐξελληνισμοί. Die Arbeit der Redactoren in dieser Beziehung wurde erleichtert durch dasjenige, was in dieser Hinsicht schon in den von Basilius herausgegebenen Rechtsbüchern geschehen war. Daß aber hierbei nicht immer mit der gehörigen Sorgfalt verfahren wurde, lehren die Scholien, worin die Uebertragungen einzelner Kunstausdrücke mit Recht getadelt werden. Es mußte daher auch immer wieder auf die Justinianeischen Gesetzbücher selbst, oder deren griechische Bearbeitungen, welche die Kunstausdrücke beibehalten hatten, zurückgegangen werden. — Was den Inhalt der Justinianeischen Gesetzbücher betrifft, so äußert Leo in dem prooemium Basilicorum sich dahin, daß er alles Ueberflüssige und Unbrauchbare, was durch spätere Gesetze aufgehoben sei, beseitigt und weggelassen habe. In der That sind viele Stellen der Justinianeischen Gesetzbücher nicht in die Basiliken aufgenommen worden. Zuvörderst hat man die Stellen weggelassen, welche schon zu Justinian's Zeit von demselben aufgehobenes Recht enthielten. Dies gilt jedoch weniger vom Privatrechte, als vom Kirchenrechte, und daher weniger von den Digesten, als von dem Codex und den Novellen. Denn die Digesten sind größtentheils in die Basiliken übergegangen, selbst dasjenige, was durch Constitutionen Justinian's abgeändert oder aufgehoben war. Ebenso sind die Bücher 2—12 des Codex zum größten Theil in die Basiliken aufgenommen, was auch von den Stellen gilt, welche durch spätere Gesetze Justinian's abgeändert oder aufgehoben sind. Ueberhaupt scheinen die Basilikenredactoren hinsichtlich dessen, was sie aufnehmen und was sie weglassen sollten, kein bestimmtes Princip befolgt zu haben; wenigstens läßt ihr Verfahren kein solches erkennen. Was das Kirchenrecht betrifft, so ist ihr Verfahren hier planmäßiger gewesen, indem alles nicht mehr Anwendbare weggelassen ist, was nicht nur von sehr vielen Constitutionen der Titel 2. 3. 4 des ersten Buches des Codex, sondern selbst von Novellen gilt, welche durch spätere Novellen unpraktisch geworden waren. Dann sind in den Basiliken alle Stellen des Justinianeischen Rechtes weggelassen, welche ein durch eine zur Zeit der Abfassung der Basiliken bereits promulgirte Novelle Leo's aufgehobenes Institut betreffen (s. die Beispiele oben unter V). — Leo äußert

im prooemium Basilicorum weiter, er habe alles, was ihm von den älteren Gesetzen, d. h. vom Justinianeischen Rechte nicht nothwendig, sondern überflüssig erschienen sei, von dem Contexte ausgeschlossen. Dies ist so zu verstehen. Wo in einer Digestenstelle verschiedene Ansichten der Juristen aufgeführt waren, wurde in die Basiliken nur die gebilligte aufgenommen und den verschiedenen Ansichten keine Erwähnung gethan. Ferner sind die Auslegungen und Erklärungen der Worte einer lex, oder eines SCtum, oder des Edicts, welche sich in den Digesten finden, meistens in den Basiliken weggelassen. Nicht weniger fehlen in den Basiliken alle rechtshistorischen Nachrichten, welche sich in den Digesten finden. Die Inscriptionen der Digestenfragmente sind, mit Ausnahme des Namens des Juristen, von dem das Fragment herrührt, in den Basiliken weggelassen. Die Inscriptionen und Subscriptionen der Constitutionen fehlen; von den Novellen ist meistens die praefatio und der epilogus weggelassen. Alle diese Weglassungen beweisen, daß die Revision des Justinianeischen Rechts durch Leo hauptsächlich einen praktischen Zweck hatte, nämlich den Gebrauch des Justinianeischen Rechts in den Gerichten erleichtern sollte. Für den Gebrauch bei dem juristischen Unterrichte war die Revision nicht bestimmt. Auch war für denselben die ganze Revision unnöthig. Dafür waren die Justinianeischen Rechtsbücher und deren griechische Bearbeitungen völlig ausreichend, ja diesem Zweck viel entsprechender, da sie die in den Basiliken weggelassenen Stücke enthielten. Obschon die Absicht Leo's nur auf eine Revision des alten, d. h. des Justinianeischen Rechts gerichtet war, also neue Sanctionen in den Basiliken nicht enthalten sein sollten, so ist doch der Sinn der aus dem Justinianeischen Rechte in die Basiliken übertragenen Stellen theils durch Zusätze, theils durch Weglassungen, theils durch absichtliche Veränderungen häufig ein anderer geworden. Es kommen hiernach viele Interpolationen in den Basiliken vor. Diese sind bald zu dem Zwecke geschehen, um die Widersprüche zwischen den früheren und späteren Gesetzen zu beseitigen und zu beweisen, daß nur das neuere Recht Gültigkeit habe, bald dazu, um Stellen, welche ein nicht mehr praktisches Institut betrafen, dem Rechte des 9. Jahrhunderts anzupassen. Balsamon führt in seinem Commentar zu Photius eine nicht unbedeutende Zahl solcher Interpolationen auf. Es kommen aber auch noch andere Interpolationen vor, welche Balsamon nicht bemerkt hat.

2) Einzelne Quellen:

a) Institutionen. Von den Institutionen ist geringer Gebrauch in den Basiliken gemacht worden. Der Grund liegt darin, daß sie ihrer ganzen Bestimmung nach sich mehr für die Schule und den juristischen Unterricht, als für den praktischen Gebrauch eigneten. Psellus führt die Institutionen nicht unter den Quellen der Basiliken auf, wol aber thun dies Michael Attaliata, der Verfasser der Synopsis minor und Harmenopulos. Im Prochirum und in der Epanagoge stehen mehrere Stellen der Institutionen, welche sich nicht in den Basiliken finden. Ueberhaupt sind in den Basiliken die Institutionen nur für keine Titel benutzt, nämlich lib. XXVIII. tit. 4. 5. Lib. XXXI. tit. 4. Lib. XXXIII. tit. 1. Lib. XXXVI. tit. 1. Diese Basilikenstellen sind aus der Paraphrase des Theophilus entlehnt. Bemerkenswerth ist, daß zu den Institutionenstellen, welche in die Basiliken aufgenommen sind, keine sogenannten alten Scholien vorhanden sind. Der Grund davon liegt wol darin, daß man hier keine Erläuterung des Textes durch Scholien für nöthig hielt, weil die Paraphrase des Theophilus ohnedies allgemein bekannt war und benutzt wurde, und alle anderen griechischen Bearbeitungen der Institutionen nach und nach verdrängte, sodaß man von denselben kaum noch Spuren findet.

b) Digesten. Von den verschiedenen griechischen Bearbeitungen der Digesten aus dem 6. Jahrhundert haben die Basilikenredactoren hauptsächlich die des Anonymus für den Text der Basiliken benutzt (vergl. §. 17 unter 7). Daß sie gerade dieser vor anderen ebenso berühmten, wie denen des Stephanus, Dorotheus und Cyrillus den Vorzug gaben, beruht auf folgenden Gründen. Der erste Grund ist, daß die Digesten des Anonymus schon in anderen juristischen Werken, wie in der Collectio constitutionum ecclesiasticarum und im Nomocanon in 14 Titeln, besonders aber im Prochirum und wahrscheinlich auch in der repurgatio veterum legum des Basilius benutzt worden sind. Der zweite Grund liegt in dem Charakter und der Beschaffenheit dieser Digestenbearbeitung selbst. Der Commentar des Stephanus war zu weitläufig, der des Cyrillus zu kurz, um als Grundlage des Textes einer neuen Gesetzsammlung dienen zu können. Ersterer erinnerte auch viel zu sehr durch Form und Inhalt an seinen Ursprung aus den akademischen Vorlesungen, um zu dem gedachten Zwecke passend zu sein. Letzterer wird bei seiner großen Kürze oft dunkel, und wer sich desselben bediente, entbehrte des reichen Materials der Interpretation, welches der Commentar des Stephanus bot. Der Commentar des Dorotheus gibt den Digestentext fast wörtlich wieder und scheint eben deshalb von den Basilikenredactoren absichtlich nicht benutzt worden zu sein. Denn da Dorotheus die verschiedenen Meinungen der Juristen, welche in einer Digestenstelle vorgetragen werden, mit dem Namen ihrer Urheber gibt und die Form, in welcher die Rechtssätze in den Digesten überliefert werden, unverändert beibehalten hat, so war seine Arbeit zu dem Zwecke, welcher durch das neue Gesetzwerk erreicht werden sollte, nicht passend; deren Benutzung hätte zu denselben Gebrechen geführt, welchen man eben abhelfen wollte, indem alles nicht unmittelbar Anwendbare, welches doch von dem neuen Gesetzbuche ausgeschieden werden sollte, mit in dasselbe übergegangen wäre. Der Commentar des Anonymus dagegen war mehr geeignet, zur Grundlage des neuen Gesetzbuches zu dienen; er hält die Mitte zwischen der Weitläufigkeit des Stephanus und der großen Kürze des Cyrillus; er gibt den Digestentext nicht fast wörtlich wieder, wie Dorotheus und enthält nur das unmittelbar Praktische aus den Digesten. Denn er erwähnt nicht die verschiedenen Meinungen der Juristen, welche in einer Digestenstelle vorgetragen werden, sondern nur die Meinung, welche von dem Verfasser des Fragments gebilligt worden ist, oder überhaupt die Oberhand behalten hat; er läßt die Relationen, welche in den Digestenstellen aus Werken anderer Juristen gegeben werden, weg; er gibt die Stellen der Digesten, welche Gutachten der Juristen über vorgelegte Fragen enthalten, so, daß keine Spur eines Gutachtens zu entdecken ist. Das Einzige, was in dem Commentar des Anonymus an die Digesten erinnert, sind die den Auszügen der einzelnen Fragmente vorgesetzte Namen der Juristen, aus deren Schriften die Fragmente excerpirt sind. Die Redactoren, welche den Commentar des Anonymus, soweit er Auszüge der Digestenstellen enthielt, in den Basilikentext aufnahmen, hatten nur die lateinischen Kunstausdrücke griechisch wiederzugeben; denn diese hatte Anonymus beibehalten, wie sich aus den in der Coll. const. eccl. lib. II. erhaltenen Fragmenten seines Digestencommentars ergibt. Bisweilen ist der Basilikentext, so viel die Digesten betrifft, auch aus dem Commentar des Cyrillus, Dorotheus und Stephanus geschöpft (vergl. §. 17 unter 2. 6. 8). Die in dem Commentar des Anonymus weggelassenen Digestenstellen sind gewöhnlich aus dem des Cyrillus entlehnt worden (s. §. 17 unter 8). Der Commentar des Dorotheus scheint besonders dann benutzt worden zu sein, wenn eine wörtliche Uebertragung einer Digestenstelle nöthig schien, daher sich in dem dem Digestentitel de verborum significatione entsprechenden Titel der Basiliken (lib. II. tit. 2) so viele Stellen aus Dorotheus finden (s. §. 17 unter 2). In wieweit der Commentar des Stephanus sich im Basilikentexte finde, ist bereits früher erörtert und dabei ausgeführt worden, daß diese Benutzung des Stephanus wol auf Rechnung späterer Interpolationen zu setzen sei (s. §. 17 unter 6). — Die Digesten sind nicht ganz in die Basiliken übergegangen. Obgleich ein großer Theil der Basiliken verloren gegangen ist, so läßt sich doch mit Hülfe der Synopsis Basilicorum, des allgemeinen Coislin'schen Titelverzeichnisses und der Paratitla des sogenannten Tipucitus ziemlich genau nachweisen, welche Bücher und Titel der Digesten in die Basiliken aufgenommen worden sind. Zuvörderst ist alles Rechtshistorische weggelassen. Deshalb fehlt in den Basiliken der Digestentitel de origine juris 1, 2; es fehlt Alles, was in den Digesten über den Ursprung eines Rechtsinstituts, über die Veranlassung einer lex oder eines Senatusconsults, oder irgend einer anderen Rechtsquelle erzählt wird. Dann sind die in den Digesten so häufig wörtlich mitgetheilten Stellen der leges, SCta und anderer Rechtsquellen in den Basiliken weggelassen; davon machen jedoch die Stellen des prätorischen Edicts eine Ausnahme, welche, natürlich in griechischer Uebersetzung in die Basiliken aufgenommen sind, selbst zum großen Theil sich in der Synopsis Basilicorum finden. Ferner sind in den Basiliken viele Digestenstellen weggelassen, welche durch neuere Gesetze Justinian's unpraktisch geworden waren. Die Basilikenredactoren sind in der Tilgung der Spuren des alten, später abgeänderten Rechts in den Basiliken nicht sorgfältig gewesen. Endlich haben auch Leo's Novellen zu Weglassungen vieler Digestenstellen in den Basiliken geführt (s. oben unter 1.).

c) Codex. Die Constitutionen des Codex folgen in den meisten Titeln der Basiliken auf die Digestenstellen. Bisweilen sind die Basilikenredactoren von dieser Regel abgewichen und haben die denselben Gegenstand betreffenden Digestenstellen und Codexstellen unter verschiedene Titel gebracht, ohne daß sich Gründe für diese Abweichung angeben lassen. Oft sind mehrere Codextitel unter Einem Basilikentitel zusammengestellt, z. B. Basil. lib. VI. tit. 1. 29. 32. 33. lib. VII. tit. 3. 5. 6. Bisweilen sind die Stellen desselben Codextitels unter verschiedenen Basilikentiteln untergebracht; z. B. finden sich die Stellen des Codextitels de nuptiis V, 4 in tit. 4. 5. lib. XXVIII. Basil. Am häufigsten ist dies mit den kirchenrechtlichen Constitutionen aus dem 1. Buche des Codex der Fall, welche, da sie oft Pönalsanctionen enthalten, sich auch im 60. Buche der Basiliken finden. Regelmäßig folgen die Constitutionen in den Basiliken in derselben Reihefolge, welche sie im Codex haben. Der Codex ist nicht unmittelbar für die Basiliken benutzt worden, sondern der Commentar des Thalelaus; nur vom Buch 8. Tit. 4 des Codex an bis zu Ende dieses Buches ist ein anderer Commentar für den Basilikentext gebraucht worden, weil hier der des Thalelaus fehlte (s. §. 18 unter 4). Ueber die Principlosigkeit des von den Redactoren bei den aus Thalelaus in den Basilikentext aufgenommenen Stücken beobachteten Verfahrens ist auf das früher Gesagte zu verweisen. Obwol von den griechischen Constitutionen in der Regel nur der von Thalelaus gegebene Auszug (index) in den Text aufgenommen worden ist, so leidet diese Regel doch Ausnahmen, indem sich auch griechische Constitutionen in ihrem Originaltexte in dem Basilikentexte finden. Zwar ist nicht zu leugnen, daß sowol in der Synopsis als in Balsamon's Commentar zu Photius von mehreren griechischen Constitutionen nur Auszüge gegeben, und diese als Basilikentext citirt werden. Dies ist aber daraus zu erklären, daß nicht lange nach Bekanntmachung der Basiliken die Abschreiber aus Trägheit die langen Constitutionen wegließen und statt derselben bloße Auszüge in den Text aufnahmen. Für das 8. Buch des Codex von Tit. 4 bis zu Ende des Buches ist in den Basiliken der Commentar des Anatolius benutzt (s. §. 18 unter 5). Bisweilen sind auch Auszüge des Theodorus und Isidorus in den Basilikentext übergegangen. Zweifelhaft aber ist, ob dies den Basilikenredactoren selbst zuzuschreiben sei. Denn es ist, außer im 8. Buche des Codex von Tit. 4 an bis zu Ende des Buches, wo ihnen der Commentar des Thalelaus fehlte, durchaus kein Grund einzusehen, weshalb sie außerdem von der gewöhnlichen Regel, den Thalelaus für den Basilikentext zu benutzen, abgewichen sein sollten. Daher scheint der Umstand, daß sich Summen von Theodorus und Isidorus im Basilikentexte finden, mehr auf Rechnung der Abschreiber gesetzt werden zu müssen, welche aus Trägheit die längeren Auszüge des Thalelaus oder des nach wö-

dex wegließen und dieselben mit den kürzeren Summen jener Juristen vertauschten. Vorzüglich war dies hinsichtlich der Summen des Theodorus sehr leicht ausführbar, da diese einen regelmäßigen Bestandtheil der alten Scholien bildeten und daher den Abschreibern gleich zur Hand waren. Höchstens kann dann eine Benutzung der Commentare jener Juristen durch die Basilikenredactoren selbst zugegeben werden, wenn sich verschiedene Auszüge derselben Constitution an verschiedenen Stellen der Basiliken finden. — Die Inscriptionen und Subscriptionen der Constitutionen sind in den Basiliken regelmäßig weggelassen. Ihr Mangel war auch unerheblich, da ja die Justinianeischen Rechtsbücher durch die Basiliken Anfangs nicht verdrängt wurden, mithin jener Mangel sofort durch den Gebrauch des Codex selbst ergänzt werden konnte. Wo sich ausnahmsweise die Inscription findet, wie z. B. bei L. 1. C. I, 1 in Basil. I, 1, 1, kann für deren Beifügung kein besonderer Grund angegeben werden. In der von Cujacius aus einer verloren gegangenen Handschrift der Bücher 53—59 der Basiliken restituirten Constitutionen findet sich bald die vollständige Inscription, z. B. zu L. 13. C. X. 16. und L. 9. C. X, 19, welche in Basil. lib. LVI. tit. 8 standen, bald nur der Name des Kaisers. Es muß dahin gestellt bleiben, ob diese Inscription wirklich in der Handschrift gestanden, oder ob sie Cujacius aus anderen Quellen beigefügt hat. Letzteres ist wahrscheinlicher, da, wie bemerkt, die Inscriptionen in den Basiliken regelmäßig fehlen. — In den Basiliken sind viele Constitutionen weggelassen, in Berücksichtigung theils späterer Gesetze Justinian's, theils einzelner Novellen Leo des Weisen. Vorzüglich hat viele Constitutionen kirchenrechtlichen Inhalts dieses Schicksal betroffen, weil sie durch spätere Gesetze Justinian's, namentlich einzelner Novellen abgeändert und aufgehoben waren. Auch haben die Verordnungen Justinian's über den Pflichttheil, über die Ehe, über die Ehescheidung und deren Gründe, über Exheredation und Präterition, über die Intestaterbfolge, über den Zustand der Freigelassenen und andere, wodurch das alte Recht abgeändert worden ist, zur Weglassung ganzer Titel und vieler Constitutionen in einzelnen Titeln des Codex in den Basiliken geführt. Ferner sind in den Basiliken alle Constitutionen weggelassen, welche sich auf eine Provinz bezogen, die zu Leo des Weisen Zeiten nicht mehr zum römischen Reiche gehörte. Von den Novellen Leo's, welche zu Auslassungen in den Basiliken führten, sind zu bemerken Nov. 46. 78. 91. Da übrigens ein großer Theil der Basiliken verloren gegangen ist, so läßt sich nicht bestimmt angeben, welche Titel und Stellen nicht in die Basiliken übergegangen seyen. Namentlich ist dies in Ansehung der drei letzten Bücher des Codex der Fall. Denn obgleich sowol das allgemeine Coislin'sche Titelverzeichniß, als die Paratitla des sogenannten Tipucitus sehr schätzbare Hilfsmittel bieten, um zu bestimmen, welcher Theil dieser Bücher in die Basiliken übergegangen sei, so gibt es doch noch mehrere Titel, deren Aufnahme in die Basiliken zweifelhaft ist. Dagegen haben wir für die Weglassung einzelner Titel dieser Bücher bestimmte Zeugnisse.

d) Novellen. Unter allen Theilen der Justinianeischen Gesetzgebung eigneten sich die Novellen, weil sie meistens in griechischer Sprache publicirt waren, vorzüglich zur unveränderten Aufnahme in den Text der Basiliken. Die Redactoren hatten nur nöthig, die damals noch praktischen Stücke der Novellen zur Aufnahme in die Basiliken auszuwählen, die unpraktisch gewordenen zu sondern und wegzulassen. Die Gründe der Unanwendbarkeit konnten liegen entweder darin, daß einzelne Novellen oder einzelne Stücke derselben durch spätere Novellen Justinian's aufgehoben waren, oder darin, daß sie sich auf Gegenden bezogen, welche zwar unter Justinian Theile des Reiches waren, aber unter Leo dem Weisen sich in feindlicher Gewalt befanden, oder darin, daß sie Institute betrafen, welche Leo abgeschafft hatte. Der Text der griechischen Novellen in den Basiliken ist aus der Sammlung der 168 Novellen entlehnt. Gewöhnlich ist der vollständige Text der griechischen Novellen, in der Regel mit Ausnahme des prooemium und des epilogus, in den Basilikentext übergegangen. Zeugnisse dafür liefern das allgemeine Coislin'sche Titelverzeichniß zu den Basiliken, der sogenannte Tipucitus und der sogenannte Index Reginae; sowie Balsamon's Commentar zu Photius, in welchem als Basilikentext immer der vollständige Novellentext mitgetheilt wird. In den erhaltenen Basilikenhandschriften steht bisweilen anstatt des vollständigen Novellentextes eine Summe aus des Theodorus Breviarium Novellarum. Ebenso findet sich in einer Handschrift der vollständige Novellentext, in einer anderen sind nur Summen der betreffenden Novelle von Theodoros. Von den lateinischen Novellen sind die Auszüge des Theodorus in den Basilikentext aufgenommen; nur der Auszug von Nov. 23 ist aus des Athanasius Novellenbearbeitung entlehnt. Außerdem finden sich Novellenauszüge unbekannter Verfasser im Cod. Paris. 1352, im Cod. Paris. 1348, in diesem und dem Cod. Paris. 1354 und Cod. Laurent. LXXX, 11 und in der Synopsis Basilicorum. Diese sind aber wol nicht von Anfang an Theile des Basilikentextes gewesen, sondern erst von den Abschreibern anstatt des Novellentextes, welcher ursprünglich den Basilikentext bildete, aus den ihnen gerade zu Gebote stehenden Novellenbearbeitungen unbekannter Verfasser in den Basilikentext aufgenommen worden. Da die einzelne Novelle bisweilen von mehreren ganz verschiedenartigen Gegenständen handelt, so sind auch die verschiedenen Stücke einer Novelle häufig unter mehrere Titel in den Basiliken gebracht. Die meisten Novellen jedoch, welche nur einen und denselben Gegenstand betreffen, sind in Einem Titel untergebracht. Einige Novellen, obgleich die mehreren Capitel einer jeden in verschiedenen Titeln zerstreut sind, sind doch fast vollständig in die Basiliken übergegangen; von einigen ist nur ein Theil darin aufgenommen. Ueber die Zahl der in die Basiliken aufgenommenen Novellen gibt es mehrere, aber nicht mit einander übereinstimmende Zeugnisse. 1) Dem Cod. Vatic. 853 aus dem 14. Jahrhundert, welcher den sogenannten Tipucitus, ein Repertorium zu den Basiliken, enthält, sind 2 Blätter aus einer Handschrift des 13. Jahrhunderts angehängt, auf deren einem, fol. 500. A., über die Zahl der in den Basiliken aufgenommenen und in denselben weggelassenen Novellen Folgendes berichtet wird: χρὴ δὲ εἰδέναι, ὅτι ρξη΄. νεαραὶ συνετέθησαν παρὰ τοῦ Ἰουστινιανοῦ. ἐξ αὐτῶν ρμα΄. ἐτέθησαν εἰς τοὺς κοσμοφόρους τ. τῶν ξ΄. βασιλικῶν βι. αἱ δὲ λοιπαὶ ἑπτὰ καὶ εἴκοσι παρεσιωπήθησαν; ἤγουν β΄. ε΄. ς΄. ζ΄. θ΄. ια΄. μ΄. μς΄. ν΄. νδ΄. νε΄. νς΄. νη΄. ξη΄. οδ΄. οε΄. ος΄. οθ΄. πγ΄. πδ΄. ϟη΄. ρς΄. ρκζ΄. ρκθ΄. ρλζ΄. ρμ΄. ρμθ΄. Hiernach sind von der Sammlung der 168 Novellen 141 Novellen in die Basiliken übergegangen; die übrigen 27 sind dort weggelassen, und zwar: Nov. 2. 5. 6. 7. 9. 11. 40. 46. 50. 54. 55. 56. 58. 68. 74. 75. 76. 79. 83. 84. 98. 106. 127. 129. 137. 140. 149. 2) Der Index Reginae, welcher aus dem Cod. Paris. gr. 1349. fol. 236 b — fol. 238 von Heimbach jun. herausgegeben worden ist, enthält ein Verzeichniß der Novellen nach der Sammlung der 168, mit Angabe darüber, ob eine Novelle in die Basiliken aufgenommen oder weggelassen sei, und ersteren Falles mit Bemerkung der Stelle, welche sie in den Basiliken hat (s. §. 6 unter a). Im Ganzen stimmt dieses Novellenverzeichniß mit der Sammlung der 168 Novellen überein, und weicht nur darin ab, daß die Novelle, welche in jener Sammlung die Zahl 68 hat, dort Nov. 69 ist, und Nov. 69 der Sammlung dort Nov. 68 ist. Im Index Reginae werden einige Novellen, welche nach anderen Zeugnissen in den Basiliken weggelassen sind, als in dieselben aufgenommen angeführt, namentlich Nov. 2. 5. 6. 7. 9. 149. Daß eine Novelle in den Basiliken fehle, wird mit den Worten bemerkt: οὐδὲ αὐτὴ κεῖται, οὐ κεῖται, εἴτε αἱ νεαραὶ οὐ κεῖνται ἐν τοῖς ἑξηκονταβίβλοις βιβλίοις. Als in den Basiliken fehlend werden bezeichnet: Nov. 48. 50. 54. 55. 56. 69. (68 s. vorher) 83. 84. 98. 110. 129. 139. 140. 147. Einigen Novellen ist gar keine Bemerkung über ihr Vorhandensein oder Fehlen in den Basiliken beigefügt; dazu gehören Nov. 11. 19. 33. 34. 40. 45. 58. 62. 65. 67. 70. 74. 75. 76. 77. 79. 101. 105. 106. 127. 128. 135. 137. 138. 141. 148. 154. Aus dem Mangel der erwähnten Bemerkung ist aber nicht für deren Weglassung in den Basiliken zu folgern; denn von diesen Novellen fehlen nur Nov. 58. 74. 75. 76. 79. 106. 127. 137 in den Basiliken; die übrigen sind darin aufgenommen. Auch sind die Novellen, bei welchen jene Bemerkung fehlt, nicht aus der Zahl derjenigen, welche in den Basiliken standen, aber unanwendbar geworden waren. Der Grund des Mangels jener Bemerkung liegt wahrscheinlich darin, daß der Verfasser des Index Reginae unvollständige Basilikenhandschriften zur Hand gehabt hat, in denen sich jene Novellen nicht fanden; das Dasein solcher Handschriften ist schon im 11. Jahrhundert, aus welchem der Cod. Paris. 1349 herrührt, nicht unwahrscheinlich. Die Art und Weise, wie im Index Reginae sowol die Stelle der Basiliken, wo sich eine Novelle befindet, angezeigt, als auch angegeben wird, ob eine Novelle ganz in die Basiliken übergegangen sei, ist dieselbe, wie in dem allgemeinen Cototin'schen Titelverzeichniß. 3) Im Cod. Paris. gr. 1182 aus dem 14. Jahrhundert fol. 184 — fol. 185. A. befindet sich eine kurze Abhandlung eines unbekannten Verfassers über die in den Basiliken aufgenommenen Novellen unter dem Titel: σύντομος διαίρεσις τῶν νεαρῶν τοῦ Ἰουστινιανοῦ (brevis divisio Novellarum Justiniani, von Heimbach jun. zuerst herausgegeben). Der Verfasser, welcher der Sammlung der 168 Novellen folgt, zählt zuerst die Novellen auf, welche in die Basiliken aufgenommen sind oder nicht, ferner diejenigen, welche nur zum Theil aufgenommen sind, weil sie übrigens durch neuere Novellen aufgehoben oder vollständiger interpretirt seien. Dann führt er die in den Basiliken weggelassenen Novellen hinter einander auf und verbindet damit die Novellen anderer Kaiser, welche in die Sammlung der 168 aufgenommen sind. Endlich zählt er diejenigen Novellen auf, welche zwar in die Basiliken aufgenommen, aber unpraktisch geworden seien. Zugleich gibt er bei den in den Basiliken fehlenden Novellen die Gründe ihrer Weglassung an, welche darin bestehen, daß die fragliche Novelle durch ein späteres Gesetz Justinian's oder eines späteren Kaisers, z. B. Leo des Weisen, aufgehoben worden ist. Als ganz in den Basiliken fehlend werden folgende 31 Novellen aufgeführt: Nov. 6. 7. (diese mit Ausnahme einer διαίρεσις, Distinction) 38. 40. 46. 50. 56. 58. 62. 67. 68. 74. 75. 76. 77. 79. 83. 84. 98. 101. 104. 105. 106. 127. 129. 137. 139. 140. 141. 154. 161. Als theilweise in die Basiliken aufgenommen werden bezeichnet: Nov. 2. cap. 4 (in unseren Ausgaben cap. 5), Nov. 5. cap. 2, Nov. 82 von distinctio 4 an, Nov. 89. cap. 8 seq. Als in die Basiliken übergegangen, aber unpraktisch geworden werden genannt: Nov. 3. 8. 13. 14. 15. 16. 17. 20. 27. 28. 29. 30. 31. 36. 37. 59. 80. 85. 102. 108. 116. 130. 152. 4) Die in §. 6 unter a beschriebene florentiner Novellenhandschrift (Cod. Med. Laurent. LXXX, 4) aus dem 14. Jahrhundert, und die davon von Ludovicus Bologninus genommene, zu Bologna befindliche Abschrift enthält diejenigen Novellen nicht, welche nach dem unter 1) angeführten Zeugnisse im Cod. Vatic. 853 nicht in die Basiliken aufgenommen worden sind. Der von Haloander aus der Abschrift des Bologninus 1531 herausgegebene Novellentext stimmt mit dem in den Basiliken befindlichen Novellentexte ganz überein. Da sich in der florentiner Handschrift und deren Abschrift nur diejenigen Novellen finden, welche nach dem Zeugnisse unter 1) in die Basiliken übergegangen sind, dazu aber noch die angegebene Uebereinstimmung des Basilikentextes mit dem in diesen Handschriften befindlichen Novellentexte kommt, so hat die Meinung Anklang gefunden, daß diese Handschriften den Novellentext aus den Basiliken wiedergeben. Diese Ansicht ist wieder von Anderen bestritten worden. Auch kann ihr aus folgenden Gründen nicht beigepflichtet werden. Es ist nicht wahrscheinlich, daß mehrere Jahrhunderte nach Publication der Basiliken zu einer Zeit, zu welcher im byzantinischen Reiche die Basiliken als allein gültig betrachtet wurden und die Justinianeischen Gesetzbücher durch dieselben verdrängt worden waren, Jemand auf den Einfall gekommen sei, eine Sammlung von Constitutionen, die weder durch Gemeinsamkeit des Inhaltes zusammenhingen, noch sonst in Verbindung mit einander standen, zu veranstalten, deren Nutzen nicht einzusehen war. Denn daß eine besondere Sammlung dieser Novellen abgefaßt worden sei, weil die Novellen die neuesten Gesetze Justinian's waren und deshalb den übrigen Justinianeischen Gesetzbüchern vorgingen, ist deshalb nicht glaublich, weil die Novellen zu jener Zeit nicht als solche, sondern als Theil der Basiliken, soweit und sowie sie in letztere übergegangen waren, Gültigkeit hatten. Auch läßt sich der Zweck einer solchen Sammlung gar nicht einsehen. Die Novellen sind in den Basiliken an verschiedenen Stellen zerstreut; die Capitel derselben Novelle finden sich häufig unter mehreren Titeln der Basiliken, in Verbindung mit anderen Novellen. Da bei der Anwendung der gesetzlichen Vorschriften, der Zusammenhang und die Verbindung, in welchen sie mit einander stehen, von hoher Bedeutung ist, so war natürlich auch bei den Novellen die Stelle, welche sie in den Basiliken hatten, ihre Verbindung sowol mit einander, als mit anderen in die Basiliken aufgenommenen Gesetzen für ihre Anwendung von Gewicht. Dieses Momentes und Hilfsmittels bei der Anwendung hätte derjenige ganz entbehrt, welcher eine Sammlung der in die Basiliken aufgenommenen Novellen hätte anwenden wollen. Mortreuil hat eine andere Ansicht über den Ursprung der florentiner Novellenhandschrift aufgestellt. Er glaubt, die Basilikenredactoren hätten, da sie bei den Novellen der griechischen Commentare, aus welchen sie den Basilikentext für die übrigen Justinianeischen Gesetzbücher zusammensetzten, entbehrten, eine Vorarbeit machen müssen, um die Novellen zur Aufnahme in den Basilikentext geschickt zu machen. Den Grund der Nothwendigkeit dieser Vorarbeit findet er theils in der Aufhebung früherer Novellen durch spätere, theils in dem blos localen Interesse einzelner Novellen, wozu noch hinzuzufügen gewesen wäre, daß manche Novellen nur einen vorübergehenden Zweck hatten. Diese Vorarbeit soll darin bestanden haben, daß die Redactoren eine Uebersicht der in die Basiliken aufzunehmenden Novellen fertigten und darauf zugleich den Novellentext, wie er später in die Basiliken übergegangen ist, folgen ließen. Diese Vorarbeit soll uns in der florentiner Novellenhandschrift erhalten sein. Dieser Vermuthung steht aber Folgendes entgegen. Es ist nämlich die Nothwendigkeit einer Vorarbeit in dem erwähnten Umfange ganz in Abrede zu stellen, da ja die Redactoren die repurgatio veterum legum des Basilius zur Hand hatten. In diese waren, wenn auch nicht alle, doch gewiß viele der später in Leo's Basiliken übergegangenen Novellen aufgenommen, und diese Novellen konnten ohne Veränderung in Leo's Basiliken übergehen. Nur hinsichtlich der von Basilius nicht aufgenommenen Novellen könnte eine solche Vorarbeit nöthig gewesen sein, aber auch nicht in dem Umfange, daß zugleich der Text der aufzunehmenden Novelle vollständig, soweit er in die Basiliken aufzunehmen war, hätte abgeschrieben werden müssen. Es genügte schon, wenn in einer Handschrift der 168 Novellen die Stücke des Novellentextes, welche für die Basiliken bestimmt waren, angestrichen oder sonst durch Zeichen kenntlich gemacht wurden; das Abschreiben war vor der Zusammensetzung des Basilikentextes völlig überflüssig. Daher kann auch nicht davon die Rede sein, daß die in der florentiner Handschrift enthaltene Sammlung der Novellen öffentliche Auctorität gehabt habe. Sie war eine bloße Privatsammlung, deren Zweck vielleicht blos Erleichterung des Gebrauches war, um die in die Basiliken übergegangenen Novellen vollständig beisammen zu haben, und sie nicht erst in dem großen Gesetzbuche selbst suchen zu müssen. Nun sind aber die uns erhaltenen Handschriften der Basiliken bald mehr, bald weniger vollständig. Schon frühzeitig fingen die Abschreiber an, den Novellentext mit den Auszügen aus des Theodorus Breviarium Novellarum zu vertauschen, und ebenso haben sie gewiß schon frühzeitig Novellen, welche in die Basiliken aufgenommen, aber unpraktisch geworden waren, weggelassen. Es ist durchaus kein Grund vorhanden, der florentiner Handschrift und dem Umstande, daß dieselbe mit den Angaben des unter 1) angeführten Zeugnisses über die in die Basiliken aufgenommenen Novellen übereinstimmt, indem sie nur diese enthält, größere Glaubwürdigkeit beizulegen, als den übrigen Zeugnissen, namentlich dem unter 3) angeführten, da dessen Verfasser im 11. Jahrhundert lebte, mithin zu einer Zeit, wo die Basilikenhandschriften doch gewiß noch weniger durch die Abschreiber entstellt waren, als später. — Die Abweichungen dieser verschiedenen Zeugnisse über die in die Basiliken aufgenommenen und nicht aufgenommenen Novellen und deren Zahl sind theils daraus zu erklären, daß eine Novelle, von welcher nur ein kleines Stück mitten unter anderen Novellenstellen in die Basiliken aufgenommen ist, bald den in den Basiliken weggelassenen, bald den in dieselben aufgenommenen Novellen beigezählt wird, theils aus anderen bei den einzelnen Novellen anzugebenden Gründen; bald sind sie nicht zu erklären. Indem dies nun bei den einzelnen Novellen näher untersucht werden soll, will man der Kürze halber die angegebenen Verzeichnisse mit Nr. 1. 2. 3 anführen, wobei Nr. 4 nicht besonders zu erwähnen ist, da es mit Nr. 1 zusammenstimmt. Nov. 2 ist nach Nr. 1 in den Basiliken weggelassen; in Nr. 3 wird cap. 4 als mit der Nov. 91. cap. 4 verbunden aufgeführt; Nr. 2 führt sie als Basil. XXVIII, 13, 2 an, wo sie sich von den Worten: Κἀκεῖνό γε μὴν — κατακλεῖσαι διαφόρους findet; das dort Folgende ist aus Nov. 91. cap. 2 entlehnt. — Nov. 5 ist nach Nr. 1 in den Basiliken weggelassen; nach Nr. 3 ist cap. 2 (in unseren Ausgaben cap. 1) in dieselben aufgenommen; Nr. 2 führt dieses Capitel als Basil. IV, 1, 1. dist. 1 an, wo es sich auch in der Coislin'schen Handschrift 151 und der pariser 1352 vor Nov. 123. cap. 34 findet. — Nov. 38 fehlt nach Nr. 3 in den Basiliken, nicht aber nach Nr. 1; in Nr. 2 wird die Stelle, wo sie sich in den Basiliken findet, nicht angegeben. Da diese Novelle von den Decurionen han-

heit, alles aber auf die Decurionen Bezügliche nicht in die Basiliken aufgenommen ist, wie sowol Nr. 3 bezeugt, als auch andere, früher bereits angeführte Zeugnisse ergeben, so verdient Nr. 3 als aus dem 10. Jahrhundert herrührend größeren Glauben. Nun ist aber allerdings die Weglassung aller auf den Decurionat bezüglichen Stellen der Justinianeischen Gesetzbücher in den Basiliken nicht consequent durchgeführt, und es wäre wol möglich, obwol bei einer ganzen, dazu noch aus 6 Capiteln bestehenden Novelle nicht wahrscheinlich, daß dieselbe in die Basiliken Aufnahme gefunden hätte und erst später von den Abschreibern weggelassen worden ist. Hat diese Novelle in den Basiliken gestanden, so hat sie ihren Platz im 54. Buche gehabt, nicht im 55. Buche Tit. 14. — Nov. 54 ist nach Nr. 1. 2 in den Basiliken weggelassen, nicht aber nach Nr. 3. Letzteres Zeugniß verdient als das früheste den meisten Glauben; die Weglassung kann auf Auslassungen durch die Abschreiber beruhen. Die Novelle hat wahrscheinlich in Basil. LIV, 1 gestanden. — Nov. 55 fehlt nach Nr. 1. 2 in den Basiliken, nicht aber nach Nr. 3. Eine Summe dieser Novelle von einem unbekannten Verfasser findet sich aus dem Cod. Paris. 1352 in Basil. Fabr. V, 2. 3 mitten zwischen der Summe der Nov. 120. cap. 1 von Theodorus, fehlt aber im Cod. Coisl. 151. Obwol sonst Nr. 3 vorzüglich glaubwürdig ist, so scheint doch hier die Angabe der anderen Zeugnisse vorgezogen werden zu müssen, zumal sie auch noch durch die Coislin'sche Handschrift unterstützt wird. Daß in Nr. 3 die Novelle nicht als in den Basiliken weggelassen aufgeführt wird, ist daraus zu erklären, daß bald nach Publication der Basiliken zu Basil. V, 2, 1, wo Nov. 120. cap. 1 steht, zu den Worten des §. 1: *εἰ δὲ συμβαίη ἀσυνθέτως πρᾶγμα ἔκ τινος τῶν εἰρημένων εἰωθότων τόπων* κ. τ. λ. die Besitzer der Handschriften eine Summe der Nov. 55 an den Rand schrieben, welche später in den Text gekommen ist. So erklärt sich auch, wie im Cod. Paris. 1352 diese Summe in den Text gekommen ist, während sie im Cod. Coisl. 151 ganz fehlt. Für diese Erklärung spricht auch, daß letztere Handschrift, welche sonst stets den Text der griechischen Novellen und keine Summen enthält, auch von Nov. 55 den Text enthalten würde, wäre dieselbe wirklich in die Basiliken aufgenommen worden. Auch daß von dieser Novelle nicht eine Summe des Theodorus, sondern die eines unbekannten Verfassers im Cod. Paris. 1352 gegeben ist, deutet darauf hin, daß dieselbe ein späterer Zusatz ist. — Nov. 62 ist nach Nr. 3 in den Basiliken weggelassen, nach Nr. 1 nicht. In Nr. 2 findet sich keine Angabe darüber. Summen der Novelle von Theodorus stehen aus dem Cod. Coisl. 151 in Basil. Heimb. VI, 1. cap. 13—17 und VI, 2. 3. Die Angabe in Nr. 3 beruht wol darauf, daß nicht lange nach Publication der Basiliken die Summen dieser Novelle von den Abschreibern in den Handschriften weggelassen wurden, in der irrigen Meinung, daß die Novelle in Folge der Leonischen Novelle 78, welche den Senatusconsulten die Gesetzeskraft entzog, unpraktisch geworden sei. — Nov. 67 fehlt nach Nr. 3 in den Basiliken, nicht aber nach Nr. 1; Nr. 2 gibt Nichts darüber an. Auch nach Balsamon zu Photius III, 14; VIII, 2 (*Voelli* Bibl. jur. canon. T. II. p. 902. 987) hat die Novelle nicht in den Basiliken gestanden, und im Cod. Coisl. 151 fehlt sie ebenfalls. Hat sie in den Basiliken gestanden, so ist sie frühzeitig von den Abschreibern weggelassen worden, woraus sich die Angabe in Nr. 3 erklären läßt. — Nov. 77 fehlt nach Nr. 3 in den Basiliken, nicht nach Nr. 1; in Nr. 2 ist Nichts darüber angegeben. Die Novelle ist vielleicht durch eine spätere Constitution geändert, und deshalb, wenn sie ja in den Basiliken gestanden hat, später in den Handschriften weggelassen worden. — Nov. 101 ist nach Nr. 3 in die Basiliken nicht aufgenommen, wol aber nach Nr. 1. In Nr. 2 ist Nichts darüber bemerkt. Da die Novelle von den Decurionen handelt, so gilt von ihr das zu Nov. 38 Bemerkte. — Nov. 104 ist nach Nr. 3 in den Basiliken weggelassen, nach Nr. 1 nicht; Nr. 2 enthält keine Bemerkung darüber. Die Abweichung in Nr. 1 und 3 rührt daher, daß die fragliche Novelle zweimal in der Sammlung der 168 Novellen steht, einmal als Nov. 75, dann als Nov. 104. Da nun beide Novellen identisch sind, so führt Nr. 1 nur die Nov. 75 unter den in den Basiliken fehlenden Novellen auf, während Nr. 3 dieselbe Novelle zweimal als in den Basiliken weggelassen bezeichnet, einmal als Nov. 75, dann als Nov. 104. — Nov. 106 fehlt nach Nr. 3 in den Basiliken, nach Nr. 1 nicht; Nr. 2 bemerkt Nichts. In den erhaltenen Handschriften findet sie sich nicht. Der Widerspruch obiger Angaben läßt sich so lösen, daß man annimmt, die Novelle habe in den Basiliken gestanden, sei aber schon im 10. Jahrhundert wegen Leo's Novelle 94 von den Abschreibern weggelassen worden. — Nov. 110 stand nach Nr. 1. 3 in den Basiliken, nach Nr. 2 nicht. Ersteres ist das Richtige; denn da Nov. 106 in den Basiliken stand, so mußte auch Nov. 110, welche die Novelle 106 aufhob, darin aufgenommen werden. — Nov. 139 wird in Nr. 2. 3 als in den Basiliken fehlend aufgeführt, nicht aber in Nr. 1. Stand sie in den Basiliken, so hatte sie ihren Platz Basil. XXVIII. tit. 5. 6, und ist, da sie blos einen vorübergehenden Zweck hatte, bald weggelassen worden. Die vorhandenen Handschriften enthalten sie nicht. — Nov. 141 fehlt nach Nr. 3 in den Basiliken, nach Nr. 1 nicht; Nr. 2 enthält keine Bemerkung. Hat sie in den Basiliken gestanden, was wegen des Alters von Nr. 3 zweifelhaft ist, so ist sie, in Betracht, daß das Prochir. tit. XXXIX. cap. 73 die Strafe des Schwertes droht, während die Novelle keine Strafandrohung enthält, schon frühzeitig in den Handschriften von den Abschreibern weggelassen worden. — Nov. 149 steht in Nr. 1 unter den in den Basiliken fehlenden Novellen, in Nr. 2 nicht. Nach Nr. 2 soll die ganze Novelle in Basil. XXXVI, 3 gestanden haben. Es muß aber statt *βιβ. λς´* gelesen werden *βιβ. ς´*. Denn im Cod. Coisl. 151 steht die Novelle im 6. Buche, und aus ihm in Basil. Heimb. lib. VI. tit. 3. cap. 42—46. Der Cod. Paris. 1352 hat sie nicht. Die Novelle war also in die Basiliken aufgenommen, ist aber später in manchen Handschriften weggelassen worden; eine solche Handschrift ist Cod. Paris. 1352. — Nov. 154 fehlt nach Nr. 3 in den Basiliken; Nr. 1. 2 schweigen darüber. Der Umstand, daß Mesopotamien und Osroene, auf welche Provinzen sich die Novelle bezieht, zu Leo's Zeit in feindlicher Gewalt waren, spricht für Weglassung in den Basiliken. Jedenfalls ist die Novelle, wenn sie in den Basiliken stand, schon im 10. Jahrhundert in Handschriften weggelassen worden. — Nov. 161, die dritte Novelle Tiber's II., stand nach Nr. 3 nicht in den Basiliken; Nr. 1 schweigt darüber; Nr. 2 führt sie als Basil. lib. VI. tit. 3. dist. 2 an. Sie ist wirklich in die Basiliken aufgenommen worden, denn aus dem Cod. Coisl. 151 steht cap. 1 in Basil. Heimb. VI, 3. cap. 9. 12. 40; cap. 2 ebendas. cap. 47. Der Cod. Paris. 1352 enthält nur einzelne Bruchstücke des cap. 1. S. Basil. Fabr. VI, 3. cap. 13. 19. 30. Die Novelle ist aber schon früh in einzelnen Handschriften weggelassen worden. Aus dem bis jetzt Bemerkten geht hervor, daß rücksichtlich der Zahl der in den Basiliken weggelassenen Novellen den erwähnten Verzeichnissen kein großer Glaube beigemessen werden kann, da deren Verfasser zu verschiedenen Zeiten sich bald mehr, bald weniger vollständiger, durch Weglassungen abgekürzter Handschriften bedient haben. Auch wird die Glaubwürdigkeit derselben noch dadurch vermindert, daß unter den in den Basiliken fehlenden Novellen auch solche angeführt werden, von welchen nur ein Theil in den Basiliken steht, wie z. B. Nov. 2 und 5 in Nr. 1. Andere Beispiele sind folgende: Nov. 6 fehlt nach Nr. 1 und 3 in den Basiliken. Doch steht das cap. 8 im Cod. Coisl. 151 (Basil. Heimb. III, 1, 34) und ein kleines Stück dieses Capitels im Cod. Paris. 1352 (Basil. Fabr. III, 1, 32) Nr. 2 bezeichnet die Basilikenstelle; es fehlen aber die Zahlen des Buches und der Distinction. — Nov. 7 ist nach Nr. 1 in den Basiliken weggelassen; Nr. 3 wiederholt dies mit der näheren Bestimmung, daß nur Eine Distinction in dieselben aufgenommen sei; Nr. 2 führt sie als Basil. lib. XX. tit. 2. cap. 1. dist. 4 an. Cap. 3. §. 2 der Novelle steht im Cod. Paris. 1348 (Basil. XX. II, 3). — Nov. 75, eine lateinische, welche noch einmal als Nov. 104 in der Sammlung der 168 Novellen steht, fehlt nach Nr. 1 und 3 in den Basiliken; Nr. 2 bemerkt Nichts dazu. Sowol im Cod. Coisl. 151 als im Paris. 1352 steht aber eine Summe der Novelle von Theodorus (Basil. Heimb. IX, 2. 5. Fabr. IX, 2. 3). Die Novelle hat hiernach in den Basiliken gestanden, ist aber schon frühzeitig, und zwar im 10. Jahrhundert, in den Handschriften weggelassen worden, wie Nr. 3 beweist. — Nov. 127 wird in Nr. 1 und 3 als in den Basiliken fehlend aufgeführt; Nr. 2 enthält keine Bemerkung darüber. Es steht aber cap. 2 in Basil. XXIX, 4, 1, cap. 3 in Basil. XXVIII, 12, 1. Das erste Capitel ist zwar nicht in die Basiliken aufgenommen, doch ist der Inhalt desselben durch eine Interpolation der Basilikenredactoren in den Text der Nov. 118. cap. 2. 3 (Basil. XLV, 3, 8) aufgenommen (s. Basil. Heimb. T. IV. p. 524. not. c. h. q). — Nov. 137 fehlt nach Nr. 1 und 3 in den Basiliken; in Nr. 2 ist Nichts dazu bemerkt. Doch führt Balsamon zu Photius I, 23 (*Voelli* Bibl. jur. canon. T. II. p. 840) das cap. 2 der Novelle als Basil. III, 1. cap. 7, ferner zu Photius III, 1 (ebendas. p. 898) das cap. 6 als Basil. III, 1. cap. 21 an. Die capp. 4. 5. 6 stehen im Cod. Coisl. 151 (Basil. Heimb. III, 1. cap. 17—19); cap. 5. 6 auch im Cod. Paris. 1352 (Basil. Fabr. III, 1. cap. 17. 18). In den Basiliken stehen die Capitel 4. 5. 6 zwischen cap. 9 und 10 der Nov. 123. Die Nov. 137 hat also zum Theil in den Basiliken gestanden, ist aber schon frühzeitig in den Handschriften weggelassen worden. — Nov. 140 ist nach allen Verzeichnissen in den Basiliken weggelassen; Nr. 3 sagt, sie sei, da sie eine Constitution Justin's II. sei, auch nicht in das πλάτος τῶν νομῶν aufgenommen. Doch bemerkt Leunclavius, er habe in den Basiliken von dieser Novelle die Worte gelesen: [illegible] ἀνακαλούμενον διαζύγιον. Es beruht dies aber wol auf einem Irrthum. Denn die Novelle müßte in Basil. lib. XXVIII, 7, wo von der Auflösung der Ehe gehandelt wird, stehen; es findet sich aber dort keine Spur davon. Sie ist aber auch in der That nicht in die Basiliken aufgenommen worden, wie sich daraus ergibt, daß die Novelle, welche Auflösung der Ehe durch Einwilligung der Ehegatten zuläßt, durch Basilius im Proch. tit. XI. cap. 4 in sofern modificirt ist, als die Auflösung der Ehe auf die gedachte Weise nur in dem Falle verstattet wird, wenn beide Ehegatten in ein Kloster gehen. Vielleicht hat Leunclavius seine Notiz aus einer Handschrift der Synopsis Basilicorum, an deren Rande die Nov. 140 geschrieben war. — Nach allem diesem kann die Zahl der in den Basiliken weggelassenen Novellen nicht zuverlässig angegeben werden. Ganz weggelassen scheinen zu sein: Nov. 9. 11. 38. 40. 46. 50. 55. 56. 58. 68. 74. 75. 76. 79. 83. 84. 98. 101. 104. 108. 129. 140. Von Nov. 2. 5. 6. 7. 127. 137 ist nur ein kleiner Theil in die Basiliken aufgenommen. Von Nov. 38. 54. 55. 62. 67. 77. 104. 106. 110. 139. 141. 154 ist es wegen der sich widersprechenden Angaben der erwähnten drei Verzeichnisse zweifelhaft, ob sie je in den Basiliken gestanden haben. Die Gründe, aus welchen die erwähnten Novellen entweder gar nicht, oder nur zu einem kleinen Theil in die Basiliken aufgenommen, oder, wenn sie aufgenommen waren, später von den Abschreibern weggelassen worden sind, lassen sich näher angeben, und werden zum Theil von den Griechen selbst angegeben. — Die Stelle, welche die übrigen Novellen in den Basiliken haben, ist in den erhaltenen Büchern der letzteren gewiß; für die verloren gegangenen Bücher hat schon Biener versucht, den einzelnen Novellen darin ihre Stelle anzuweisen. Da er aber mehrerer Hilfsmittel entbehrte, welche damals, als er seine berühmte Geschichte der Novellen herausgab (1824), noch nicht gedruckt waren, so konnte er oft nur Vermuthungen aufstellen. Diese Hilfsmittel sind die aus dem Codex Coislianus 151 herausgegebenen Bücher der Basiliken I—IX das allgemeine Rubrikenverzeichniß sämmtlicher

Basilikentitel im Cod. Coisl. 151, der Index Reginae und der sogenannte Tipucitus. Mit Hilfe derselben ist nun die Stelle, welche die meisten in die Basiliken aufgenommenen Novellen in denselben gehabt haben, nachgewiesen. Jedoch bleibt diese Stelle hinsichtlich mancher Novellen immer noch zweifelhaft und läßt sich nur vermuthen. — Das oben unter 3 erwähnte Verzeichniß führt als in die Basiliken aufgenommene, aber durch Nichtgebrauch unpraktisch gewordene folgende Novellen auf: Nov. 3. 8. 13. 14. 15. 16. 17. 20. 27—31. 36. 37. 59. 80. 85. 102. 103. 116. 130. 152. Die Gründe der Unanwendbarkeit lassen sich zum Theil angeben. So sind z. B. Nov. 27—31. 36. 37. 102. 103 deshalb unpraktisch geworden, weil die römischen Provinzen, welche sie betrafen, später in feindlicher Gewalt waren. Daraus erklärt sich, daß sie in den Basilikenhandschriften weggelassen sind, wie z. B. in Cod. Paris. 1352, welcher nur die Rubriken derjenigen Titel des 6. Buches gibt, in denen diese Novellen enthalten waren. Auch Michael Psellus sagt, einige Novellen seien nicht in die Basiliken aufgenommen, andere darin aufgenommene hätten mit der Zeit und durch Veränderung der Umstände ihre Anwendbarkeit verloren, nämlich die Novellen de decurionibus (38. 101), de Praetoribus (13), de Moderatore (102), de Quaestoribus (80), über einzelne aufgezählte Provinzen (24—31), über die Auflösung der Ehe durch bloße Einwilligung (140), über den Erlaß der Steuerreste (147. 148. 163), über die Appellationen in Sicilien (75. 104), über das Verbot, die Messe im Hause zu feiern (58), über die Emphyteuse (120), über die frommen Anstalten in Afrika (37). Im Ganzen ist das Resultat, daß bei den bedeutenden Abweichungen der unter 1—4 aufgeführten Verzeichnisse sich über die Zahl der in die Basiliken aufgenommenen Novellen nichts Gewisses angeben läßt. Unter jenen Verzeichnissen verdient Nr. 3 (σύντομος διαίρεσις τῶν νεαρῶν), als der Zeit der Basiliken am nächsten stehend, da es aus dem 10. Jahrhundert herrührt, den meisten Glauben. Im 10. Jahrhundert, also kurz nach Publication der Basiliken, waren die Handschriften derselben noch vollständiger, und noch nicht so durch die Nachlässigkeit der Abschreiber verstümmelt und verschlechtert, wie in der späteren Zeit. Die Verschlechterung der Handschriften zeigt sich nicht nur in der Weglassung vieler Stellen, welche unzweifelhaft in den Basiliken gestanden haben, sondern auch in Zusätzen, welche die Besitzer der Handschriften zum Texte gemacht haben. Ein Beispiel derselben rücksichtlich der Nov. 85 im Cod. Paris. 1352 ist bereits erwähnt worden. Solche Zusätze sind besonders aus dem Breviarium Novellarum des Theodorus gemacht worden. Ebenso wol, wie in späterer Zeit in den Basilikenhandschriften anstatt des griechischen Novellentextes die Summen des Theodorus in den Basilikentext gesetzt wurden, haben die Besitzer der Handschriften auch in denselben die Summen der in die Basiliken nicht aufgenommenen Novellen aus des Theodorus Breviarium Novellarum an den betreffenden Stellen bemerkt und abgeschrieben. Die Abschreiber hielten diese Zusätze aus Unwissenheit für Theile des Basilikentextes und schrieben sie als solchen ab. So ist es zu erklären, daß man Novellen als in den Basiliken stehend bezeichnet hat, welche in der That nicht darin aufgenommen waren. Diese Veränderungen des Basilikentextes in den Handschriften sind nicht erst vom 12. Jahrhundert an vorgenommen worden, sondern schon vom 10. Jahrhundert an. Denn in Nr. 3 der erwähnten Verzeichnisse (brevis divisio Novellarum Justiniani) werden manche Novellen als in die Basiliken nicht aufgenommen aufgeführt, welche nach den Verzeichnissen Nr. 1. 2 in den Basiliken gestanden haben, wie z. B. Nov. 38. 62. 67. 77. 101. 105. 139. 141. 154. Es mußten also schon im 10. Jahrhundert Weglassungen der in die Basiliken aufgenommenen Novellen in den Handschriften vorgekommen sein, sonst hätte der Verfasser der brevis divisio Novellarum solche nicht als in den Basiliken fehlend bezeichnen können. Er that dies auch nur, weil er sie in den ihm zu Gebote stehenden Basilikenhandschriften nicht fand. Da es also schon im 10. Jahrhundert bald mehr, bald weniger vollständige Basilikenhandschriften gab, letztere theils durch Weglassungen, theils durch Zusätze verändert, so konnten auch die oben angeführten verschiedenen Angaben über die in die Basiliken nicht aufgenommenen Novellen wegen der verschiedenen Beschaffenheit der Basilikenhandschriften, welche den Urhebern dieser Angaben zu Gebote standen, nicht übereinstimmen. Denn wer in seiner Handschrift eine Novelle weggelassen fand, bezeichnete sie als in den Basiliken fehlend; und derjenige, welcher die Summe einer Novelle in seiner Handschrift fand, führte diese Novelle als in die Basiliken aufgenommen an, obgleich sie gar nicht in denselben gestanden hatte, sondern deren Summe erst später hinzugefügt worden war. Man konnte auch die Basilikenredactoren von dem Vorwurfe der Inconsequenz und des Mangels eines bestimmten Planes nicht freisprechen, wenn sie Novellen in die Basiliken aufgenommen hätten, welche unpraktisch oder überflüssig waren. So wäre die Aufnahme der Nov. 38. 45. 101, sowie der Nov. 87. cap. 1 ganz ungerechtfertigt, da Leo's Novelle 46 den Decurionat aufgehoben hatte und regelmäßig alle auf den Decurionat bezügliche Stellen des Justinianischen Rechts in den Basiliken weggelassen sind. Da ferner von den Doppelnovellen, welche sich in der Sammlung der 168 Novellen finden, nur die Aufnahme Einer dieser Novellen in die Basiliken nothwendig war, und auch regelmäßig nur Eine der Doppelnovellen in dieselbe aufgenommen worden ist (z. B. Nov. 41, welche mit Nov. 50 identisch ist, und Nov. 75, welche mit Nov. 104 dieselbe ist), so ist nicht einzusehen, weshalb bei Nov. 143 und 150, welche ebenfalls identisch sind, die Redactoren von der Regel abgewichen sind, und Nov. 143 als Basil. LX, 58, 2, Nov. 150 aber als Basil. LX, 58, 6 aufgenommen haben; es scheint daher letztere Stelle ein späterer Zusatz zu sein, der vielleicht von den Compilatoren der alten Scholien herrührt. Ebenso wäre die Aufnahme von Nov. 33. 34 ganz überflüssig gewesen, da schon Nov.

32 aufgenommen war. Endlich ist die Aufnahme der Nov. 147. 148. 163 in die Basiliken sehr zweifelhaft. Wenn auch Psellus sagt, daß die Novellen über den Erlaß der Steuerreste (welche die bezeichneten sind) in die Basiliken aufgenommen seien, so folgt daraus Nichts weiter, als daß sie gegen das Ende des 11. Jahrhunderts in Basilikenhandschriften sich fanden; daß sie aber wirklich einen Theil des Basilikentextes gebildet haben, wird dadurch nicht bewiesen, und ist um so mehr zu bezweifeln, als diese Novellen eine ganz vorübergehende Bedeutung haben. Es kommt hinzu, daß das allgemeine Coislin'sche Rubrikenverzeichniß zu Basil. lib. LVI. tit. 18, wohin diese Novellen nach ihrem Inhalte gehört hätten, nur die Nov. 128, deren Rubrik mit der des erwähnten Basilikentitels dieselbe ist (περὶ τῆς τῶν δημοσίων ἀπαιτήσεως καὶ καταβολῆς καὶ ἑτέρων κεφαλαίων), als unter diesem Titel stehend aufführt, der eben gedachten Novellen dabei aber keine Erwähnung thut, was um so bemerkenswerther ist, je genauer sonst jenes Rubrikenverzeichniß die Novellen, welche unter einem Basilikentitel stehen, bemerkt.

e) Prochiron. Außer den Justinianeischen Gesetzbüchern und Novellen ist nur noch das Prochiron des Basilius als Quelle des Basilikentextes zu nennen. Viele Stellen der Basiliken sind aus dem Prochiron geschöpft, namentlich aus dessen Tit. 39 eine Menge Stellen im 60. Buche. Der letzte Titel des Prochiron: περὶ διαφόρων κεφαλαίων (40), ist sogar ganz in die Basiliken (Buch 60 am Ende) übergegangen. Die Basilikenredactoren scheinen vom Prochiron einen zwiefachen Gebrauch gemacht zu haben. Erstens haben sie Stellen des Justinianeischen Rechts, welche in das Prochiron aufgenommen waren, aus diesem in die Basiliken gesetzt. Zweitens haben sie die neuen Verordnungen des Basilius, wodurch das Justinianeische Recht geändert worden war, aus dem Prochiron den Basiliken einverleibt. Diese neuen Verordnungen des Basilius sind das Einzige, was von der späteren Gesetzgebung nach Justinian in die Basiliken aufgenommen ist. Das Prochiron hatte auch in sofern Einfluß auf die Basiliken, als in Folge der darin enthaltenen Verordnungen manche Stellen des Justinianeischen Rechts in den Basiliken weggelassen sind. Die aus dem Prochiron in die Basiliken aufgenommenen Stellen sind bisweilen mit Stellen des Justinianeischen Rechts verbunden. Ebenso gut, wie das Prochiron, kann auch dessen zweite Ausgabe, die Epanagoge, als Quelle für die Basiliken bezeichnet werden. Denn die Epanagoge enthält nicht nur die aus dem Prochiron in die Basiliken übergegangenen Stellen, sondern auch viele Stellen des Justinianeischen Rechts, welche nicht im Prochiron stehen, aber mit Basilikenstellen übereinstimmen. Nur für die neuen Verordnungen des Basilius, welche nur im Prochiron enthalten, in der Epanagoge aber weggelassen waren, war das Prochiron alleinige Quelle. In den Scholien der Basiliken wird nur des Prochiron gedacht, sowol wenn eine Basilikenstelle daraus geschöpft ist, als bei anderer Gelegenheit.

f) Unechte Quellen der Basiliken. Noch hat man manche Quellen der Basiliken aufgeführt, welche es aber in der That nicht sind. Hierher gehören 1) die 13 Edicte Justinian's. Zwar enthält die Coislin'sche Basilikenhandschrift 151 und aus ihr die Heimbach'sche Ausgabe (lib. VI. tit. 3. cap. 48. 49) das erste dieser 13 Edicte, und Mortreuil hat davon Veranlassung genommen, diese Handschrift einer Corruption an dieser Stelle zu beschuldigen. Aber jenes Edict war schon in der Sammlung der 168 Novellen mit der Nov. 8 verbunden, wie das Breviarium Novellarum des Theodorus ergibt, und ist also als zur Novelle gehörig aus der Sammlung der 168 in die Basiliken aufgenommen worden. Jene Ausstellung an der Handschrift ist also unbegründet. Im Cod. Paris. 1352 fehlt dieser Theil der Nov. 8 und also auch in der Fabrotti'schen Ausgabe. Es ist dies aus einer späteren Weglassung durch die Abschreiber zu erklären. 2) Von Constitutionen der Kaiser nach Justinian bis auf Basilius Macedo ist Nichts in die Basiliken aufgenommen worden. Eine Ausnahme machen allerdings einige Novellen Justin's II. (Nov. 144. 149) und Tiber's II. (Nov. 161. 164); allein diese sind in die Basiliken deshalb aufgenommen, weil sie Bestandtheile der Sammlung der 168 Novellen waren. Ferner sind einige Verordnungen von Basilius in die Basiliken übergegangen, aber nur deshalb, weil sie im Prochiron standen. Der Grund, weshalb die Verordnungen anderer Kaiser in den Basiliken keine Berücksichtigung gefunden haben, liegt in dem Zustande des Rechts im oströmischen Reiche überhaupt, wie er im §. 13 unter 7 und im §. 23 geschildert worden ist. 3) Die Edicte der prätorischen Präfecten (Eparchica) sind nur in soweit in die Basiliken aufgenommen worden, als sie Bestandtheile der Sammlung der 168 Novellen bildeten; deshalb sind Nov. 166. 166. 167. 168, welche solche Edicte sind, in die Basiliken übertragen worden. 4) Die Novellen Leo's des Weisen sind nicht in die Basiliken übertragen oder in ihnen sonst benutzt worden. Allerdings läßt sich nicht leugnen, daß diese Novellen zum Theil Einfluß auf die Basiliken gehabt haben. So sind in den Basiliken viele Stellen des Justinianeischen Rechts weggelassen, welche sich auf ein von Leo aufgehobenes Institut bezogen. Ebenso sind wieder manche Stellen des Justinianeischen Rechts, welche in der repurgatio legum veterum des Basilius weggelassen worden waren, weil sie einem von Basilius erlassenen Verbote zuwider waren, in Folge der Aufhebung dieses Verbots durch Leo in die Basiliken aufgenommen worden. Auch haben Leo's Novellen zu Interpolationen von Stellen des Justinianeischen Rechts in den Basiliken geführt. Es ist aber keine Novelle Leo's in die Basiliken aufgenommen worden. Vielmehr werden in den neueren Basilikenscholien häufig die Novellen Leo's citirt, wodurch das alte, d. h. Justinianeische Recht, welches im Basilikentexte enthalten war, abgeändert oder aufgehoben wird. Daß keine Leonische Novelle Aufnahme in den Basilikentext gefunden hat, ist wol mehr aus dem Umstande, daß die meisten dieser Novellen nach Publication der Basiliken bekannt gemacht worden sind, als aus dem Plane, welchen der Kaiser bei der Abfassung der Basiliken hatte, zu erklären. Denn obgleich dieser Plan auf eine ἀνακάθαρσις τῶν παλαιῶν νόμων, auf eine Revision der alten Gesetze, d. h. des Justinianeischen Rechts, gerichtet war, nicht auf eine Sammlung neuer Gesetze, so ist doch nicht glaublich, daß die Redactoren die Sanctionen des Justinianeischen Rechts, welche Leo vor der Abfassung der Basiliken bereits geändert oder aufgehoben hatte, aufgenommen haben würden. Sie haben das auch in der That nicht gethan, wie die in Folge mehrerer Novellen Leo's erfolgte Weglassung vieler Stellen des Justinianeischen Rechts in den Basiliken beweist. Das Verhältniß der Leonischen Novellen zu den Basiliken ist also in folgender Weise zu bestimmen. Der Kaiser erließ seine Constitutionen nach dem Bedürfniß und nach der gegebenen Veranlassung zu verschiedenen Zeiten, einige vor Publication der Basiliken, die meisten nachher. Später veranstaltete er von sämmtlichen Constitutionen eine Sammlung, leitete diese durch eine Vorrede, die Novelle 1, ein und legte diesen Gesetzen den Namen: αἱ τῶν νόμων ἐπανορθωτικαὶ ἀνακαθάρσεις (correctoriae legum repurgationes) bei, sodaß bei dem ersten Anblick und bei dem Durchlesen der Novelle es den Anschein gewinnt, als wären alle Novellen zur Abänderung und Verbesserung des in den Basiliken enthaltenen Justinianeischen Rechts bestimmt und erst nach den Basiliken publicirt. Hieraus erklärt sich am besten, weshalb einige Novellen Leo's auf die Basiliken Einfluß geäußert, wenigstens zu Weglassungen von Stellen des Justinianeischen Rechts geführt haben, die meisten aber ohne einen solchen Einfluß geblieben sind, weil ihre Publication erst nach Herausgabe der Basiliken erfolgte.

VIII. Ueber den officiellen Text der Basiliken. Neben dem Texte der Basiliken enthalten die meisten erhaltenen Handschriften auch Scholien, und zwar ältere (sogenannte Scholia antiqua), bestehend theils aus Excerpten aus den griechischen Bearbeitungen der Justinianeischen Rechtsbücher der unter Justinian und kurz nach ihm lebenden Juristen, theils aus den von den Griechen selbst sogenannten σχόλια, d. h. kurzen Verweisungen auf die Stellen der Digesten, aus denen der Basilikentext entlehnt ist, oder kurzen Erklärungen (Glossen) oder kurzen Verweisungen auf Parallelstellen in den Basiliken selbst; und neuere, welche erst seit dem 10. Jahrhundert und später hinzugefügt sind. Ueber die Bedeutung der älteren Scholien und die Zeit ihrer Abfassung gibt es zwei einander entgegenstehende Ansichten. Nach der einen, vorzüglich von Mortreuil weiter ausgeführten, sind die älteren Scholien, wenigstens wie sie in mehreren Basilikenhandschriften (Cod. Hauniensis, Lugdunensis und Constantinopolitanus) stehen, gleichzeitig mit dem Texte abgefaßt; Text und ältere Scholien haben beide dieselbe öffentliche Autorität für sich, beide sind officiell. Der Text war für die Praxis bestimmt, welche einen bestimmten gesetzlichen Ausspruch verlangt; die Theorie war in den alten Scholien repräsentirt, welche zur Erläuterung und Auslegung des Textes dienten. Nach der anderen, hauptsächlich von Zachariä v. L. vertheidigten, Ansicht bildet nur der Basilikentext das Gesetzbuch; die älteren Scholien sind erst später nach Abfassung der Basiliken beigefügt, und haben keine legislative, sondern nur eine wissenschaftliche Bedeutung. Nur die zweite Ansicht kann als die richtige angesehen werden. Geht man zuerst von dem Plane aus, welchen die Kaiser bei der ἀνακάθαρσις τῶν παλαιῶν νόμων hatten, so würde dieser durch die gleichzeitige Abfassung und officielle Publication der alten Scholien vereitelt worden sein. Als die macedonische Dynastie den oströmischen Kaiserthron bestieg, waren nach dem im §. 23 Bemerkten die verschiedenen griechischen Bearbeitungen der Justinianeischen Gesetzbücher im Gebrauche, nicht mehr die Originale selbst. Es gab aber viele solcher Uebersetzungen oder Bearbeitungen, welche nicht immer mit einander übereinstimmten; der Richter wußte nicht, welche er als die bessere, treuere anzuerkennen hatte. Hätte sich auch vielleicht eine Observanz gebildet, wornach man in manchen Gerichten sich vorzugsweise an eine dieser Bearbeitungen hielt, so war doch diese Observanz keine allgemeine, wenigstens keine obligatorische, indem ohne ein ausdrückliches Gesetz, welches eine dieser Bearbeitungen für die allein zu befolgende erklärte, den Parteien nicht verwehrt werden konnte, sich auf andere Bearbeitungen, als diejenige, welcher das Gericht regelmäßig folgte, zu berufen, und das Gericht immer seine frühere Meinung aufgeben konnte. Die Kaiser, denen es um eine ἀνακάθαρσις, um eine repurgatio der alten Rechtsquellen zu thun war, hatten sich also vor Allem die Aufgabe zu stellen, das zu bestimmen, was als officieller griechischer Text der Justinianeischen Gesetzbücher gelten sollte. Damit ist ganz unvereinbar, daß auch die alten Scholien officielle Bestandtheile der ἀνακάθαρσις τῶν παλαιῶν νόμων gewesen sein sollen. Es war damit gar Nichts gewonnen, wenn man die verschiedenen alten Bearbeitungen der Justinianeischen Gesetzbücher neben einander abschreiben ließ. Es wäre dies nur eine Zusammenstellung derselben größerer Bequemlichkeit halber gewesen, welche den bestehenden Zustand der Unsicherheit und Ungewißheit des Rechts, welcher eben aus dem Dasein und dem Gebrauche der mehreren Bearbeitungen entstanden war, nicht vermindert, im Gegentheil vielmehr vergrößert hätte. Denn während früher vielleicht der Mangel an Exemplaren der verschiedenen Bearbeitungen in den einzelnen Gerichten der Grund war, daß sich Richter und Parteien an diejenige Bearbeitung hielten, die ihnen zu Gebote stand, andere aber, die sie nicht zur Hand hatten, nicht berücksichtigten, hätte eine officielle Zusammenstellung der verschiedenen Commentare neben einander deren Gebrauch erst recht erleichtert, und indem so die Verschiedenheit der Ansichten der Commentatoren recht sichtlich und grell hervortrat, die Entstehung von Controversen erst recht befördert. Man könnte dagegen einwenden, daß durch die Vertheilung oder Abtheilung in Text und Scholien gesorgt gewesen sei; jenes sei allein der gesetzliche Text gewesen; die Scholien hätten von Anfang nur ein officielles Hilfsmittel der Interpretation sein sollen. Aber auch dieser Gedanke ist ganz unprakrisch. Denn zu diesem Zwecke hätte nicht eine Zusammenstellung der verschiedenen Bearbeitungen der Justinianeischen Gesetzbücher genügt, sondern es hätte einer vollständigen Umarbeitung derselben zu einem selbstständigen Werke in Gestalt eines fortlaufenden Commentars bedurft. Als bloße Zusammenstellung entbehrten die Scholien auch der nöthigen Vollständigkeit. Sollte diese erreicht werden, so mußte man z. B. für die [illegible] βιβλία der Digesten nicht blos den Commentar des Stephanus, sondern auch den des Dorotheus benutzen, von dessen Benutzung sich allerdings in den Scholien zu Dig. lib. II. tit. 14. 15 (Basil. lib. XI. tit. 1. 2) im Cod. Paris. 1352 Spuren finden, welche aber nicht auf Rechnung der Compilatoren der Scholien, sondern der Besitzer von Handschriften zu setzen sind, welche Excerpte aus Dorotheus darin nachgetragen haben. Ebenso hätten für den Codex neben Thalelaus und Theodorus auch die Bearbeitungen anderer Verfasser benutzt werden müssen. Zweitens sind der Text der Basiliken und die alten Scholien nach einem ganz verschiedenen Plane gearbeitet. Die Benutzung der alten griechischen Commentare über Justinian's Gesetzbücher war zu Ende des 9. Jahrhunderts besonders der Sprache wegen schwierig. Die darin durchgehends gebrauchten lateinischen Kunstausdrücke waren unverständlich; das Griechische selbst war nach Ablauf fast dreier Jahrhunderte seit ihrer Abfassung veraltet. Die Kaiser mußten also bei ihrer repurgatio veterum legum die nöthigen sprachlichen Abänderungen (ἑλληνισμοί) vornehmen lassen. Dies ist denn auch in der That, wie schon früher im Prochiron und in der Epanagoge, so auch im Texte der Basiliken in vollem Maße geschehen — bei den alten Scholien aber nicht. Dort finden sich vielmehr die Bruchstücke der alten Commentare ganz in ihrer ursprünglichen Gestalt. Die lateinischen Kunstausdrücke sind beibehalten; mehrere Commentare, wie die des Thalelaus, Dorotheus und Stephanus, tragen auch in den Excerpten ganz noch den Charakter der Entstehung aus den Vorlesungen dieser Rechtslehrer an sich. Dies zeigt sich in der Art des Vortrags, welcher ganz der eines Lehrers mit seinen Schülern ist; ferner in der Beibehaltung der *ἀπορίαι καὶ λύσεις*, der *ἐρωτήσεις καὶ ἀποκρίσεις*, der Zweifel und Fragen, welche die Zuhörer aufwarfen und der Lehrer beantwortete, wobei bisweilen sogar die Namen der Zuhörer, welche die Fragen aufwarfen, genannt werden. Nun ist es aber doch mit der Annahme der gleichzeitig unter öffentlicher Autorität veranstalteten Abfassung der alten Scholien mit dem Basilikentexte ganz unvereinbar, wenn die Basilikenredactoren in dem Basilikentexte die lateinischen Kunstausdrücke hätten mit griechischen vertauschen, in den Scholien aber erstere hätten stehen lassen wollen. Ebenso unvereinbar damit ist, daß, während sie im Basilikentexte für unter den römischen Juristen streitige Fälle und Ansichten für eine Ansicht entschieden, und alles, was darüber in den Digesten und aus diesen in den griechischen Commentaren referirt war, im Basilikentexte ignorirten, sie in den Scholien nun sämmtliche Controversen vollständig hätten erörtern wollen, wie dies in der That, namentlich in den Excerpten aus Dorotheus und Stephanus, geschehen ist. Denn während sie im Basilikentexte eine bestimmte Ansicht adoptirten, hätten sie durch gleichzeitige Mittheilung des ganzen Materials der Controversen in den Scholien wieder die Richtigkeit der im Texte aufgestellten Ansicht in Frage gestellt, indem nicht einzusehen ist, wozu dieses Material in den Scholien hätte dienen sollen, wenn nicht dazu, die Leser in den Stand zu setzen, zu beurtheilen, ob die im Texte angenommene Ansicht die richtige sei oder nicht. Ferner sind die alten Scholien durchaus nicht dem Texte der Basiliken angepaßt; sie beziehen sich immer nur auf die Justinianeischen Gesetzbücher; die Anmerkungen (*παραγραφαί*) haben regelmäßig den lateinischen Originaltext zum Gegenstande, und gehen oft auf einzelne Stellen und Worte desselben, welche in den Scholien häufig den einzelnen Anmerkungen vorangesetzt sind; die in den alten Scholien vorkommenden Citate haben unverändert ihre Beziehung auf die Justinianeischen Gesetzbücher behalten und es sind nicht Citate der Basiliken an ihre Stelle gesetzt worden. Daß in den alten Scholien Stellen vorkommen, welche nach der Instruction und dem Befehle Leo's weggelassen werden sollten, ist zwar auch nicht unwichtig, jedoch kein ganz stringenter Beweis gegen die bekämpfte Ansicht, da selbst im Basilikentexte z. B. ungeachtet der Aufhebung des Decurionats durch Leo's Novelle 46 und der darin enthaltenen Bestimmung, die auf den Decurionat bezüglichen Stellen aus dem Gesetzbuche wegzulassen, doch manche hierher gehörige Stelle in die Basiliken übergegangen ist. Dagegen spricht ferner gegen die bekämpfte Ansicht, daß in dem Texte der Basiliken die heidnischen Namen durchgehends durch christliche ersetzt sind, während in den alten Scholien die ursprünglichen Namen beibehalten sind. Dies schließt jeden Gedanken an eine gleichzeitige Redaction des Textes und der Scholien unter öffentlicher Auctorität aus; denn sonst würden die Redactoren auch in den letzteren die ursprünglichen Namen durch christliche ersetzt haben. In dem Theile der alten Scholien, welcher vorzugsweise den Namen *σχόλια* führt, lassen sich weitere Argumente gegen die bestrittene Ansicht finden. Dort werden z. B. die lateinischen Kunstausdrücke angemerkt, welche im Texte durch griechische, durch *ἑλληνισμοί*, verdrängt sind; nach der bestrittenen Ansicht wäre vielmehr das Umgekehrte zu erwarten. Dort werden ferner Parallelstellen aus den verschiedensten Büchern der Basiliken citirt; z. B. bei lib. VIII. tit. 1. cap. 14 wird schon lib. XI und lib. XIV citirt; diese Scholien müßten also doch auf jeden Fall nachträglich, nach Vollendung des Textes der Basiliken, gemacht sein. Wenn man aber auch hierauf nicht einmal besonderes Gewicht legen will, da diese *σχόλια* zum Theil einen zweifelhaften Charakter haben, so liegt doch ein directer Gegenbeweis gegen die bestrittene Ansicht im Folgenden. Wo eine Codexstelle in den Text der Basiliken aufgenommen ist, ist regelmäßig der Commentar des Thalelaus benutzt; bald ist daraus die wörtliche griechische Uebersetzung, bald der Index, d. h. die Summe der Constitution genommen. In den alten Scholien findet sich dann unter den παλαιά (τὰ παλαιά heißen die Auszüge aus den Commentaren der Justinianeischen Juristen; vergl. Basil. Heimb. T. II. p. 550) das Uebrige nachgetragen, was der Commentar des Thalelâus zu der betreffenden Constitution enthielt. Sehr oft wird in dem Texte der Basiliken ein späterer Theil aus dem Commentar des Thalelâus gegeben; was vor demselben steht, wird in den alten Scholien nachgetragen, und da, wo dann das sich anreiht, was im Texte steht, heißt es: καὶ τὰ ἑξῆς, ὡς ἐν τῷ βασιλικῷ κεῖται. Ὁ βασιλικός ist Nichts weiter als der kaiserliche, der officielle Text. Dieser ist hier den Scholien entgegengesetzt; offenbar sind also diese nicht officiell. Auch wäre es abgeschmackt gewesen, wenn die Compilatoren der Basiliken selbst dem Texte den Namen ὁ βασιλικός gegeben hätten. Also auch deshalb können die παλαιά, wo jener Ausdruck so oft vorkommt, nicht schon von ihnen zum Texte hinzugefügt worden sein. Ein weiterer erheblicher Gegengrund gegen die bestrittene Ansicht ist, daß es Handschriften gibt, welche den bloßen Text der Basiliken geben, z. B. der Cod. Coislin. 151 und Paris. gr. 1357. Wären dieselben Scholien ebenso officielle Bestandtheile der Basiliken gewesen, wie der Text selbst, so würde man nur Handschriften haben, welche Text und Scholien enthalten; denn Niemand würde sich unterstanden haben, den bloßen Text abzuschreiben. Ebenso wenig würde, wenn Text und Scholien beide officiell waren, sich erklären lassen, wie die ursprünglichen Basiliken blos sechs oder gar nur vier Bände ausfüllen konnten. Es wäre jedenfalls ganz falsch, was Michael Psellus in der Synopsis legum v. 49 von den Basiliken sagt: ἀλλ' ἔστι δυσχερὲς τοῦτον, ἀλλ' ἀσαφὲς ἐσχάτως. Auch die ganze Meditatio de nudis pactis (in *Leunclav.* Jus Gr. Rom. T. II. p. 192—202) läßt sich nur dann begreifen, wenn es einen einfach für sich bestehenden Basilikentext ohne beigeschriebene Auszüge aus den Commentaren der Justinianeischen Juristen gab und dieser regelmäßig allein gebraucht wurde. Endlich schließt die äußerst willkürliche Behandlung der alten Scholien von Seiten der späteren byzantinischen Juristen durch Interpolationen, Abkürzungen u. s. w. jeden Gedanken daran aus, daß die alten Scholien officielle Bestandtheile der Basiliken gewesen seien; denn wären sie dies gewesen, so würden die späteren Juristen eine solche willkürliche Behandlung ebenso wenig gewagt haben, wie bei dem Basilikentexte, wo die Veränderungen höchstens nur in Weglassungen antiquirter Gesetze oder in Abkürzungen bestehen, z. B. in der Substitution der Novellenauszüge des Theodorus an die Stelle des griechischen Novellentextes. Der Beweis, daß die alten Scholien erst um die Mitte des 10. Jahrhunderts compilirt worden sind, wird zu führen sein, wenn von den Scholien der Basiliken die Rede sein wird. Gegen alle diese Gründe kommen die von Mortreuil für seine Ansicht angeführten Argumente nicht in Betracht. Sie sind folgende: 1) Die Analogie des Breviarium Alaricianum. Allein die westgothische Interpretation soll das Alte modernisiren; die alten Scholien stehen gerade im umgekehrten Verhältnisse zum Texte. Was die westgothische Interpretation bezweckt, das war im Texte der Basiliken bereits durch Interpolationen (ἐξελληνισμοί) erreicht. 2) Die Abfassung der alten Scholien soll gleich Anfangs, wo man aus denselben alten Commentarien den Text der Basiliken zusammensetzte, viel leichter gewesen sein, als später. Es ist aber nicht einmal wahr, daß ganz dieselben alten Commentarien, aus denen die alten Scholien schöpfen, auch sämmtlich für den Text der Basiliken benutzt worden seien. Denn für die Digesten ist im Basilikentexte fast durchgehends nur der Commentar des Anonymus, für den Codex ebenso der Commentar des Thalelâus (außer im Buch 8. Tit. 4 bis zu Ende des Buches, wo der des Anatolius gebraucht ist) benutzt. 3) Die geringe Wissenschaftlichkeit der folgenden Zeit soll nicht gestatten, eine so fleißige und planmäßige Arbeit, wie die alten Scholien, später als unter Leo zu setzen. Allein die Zeit unter Constantinus Porphyrogenita war nicht minder wissenschaftlich, als die unter Leo dem Weisen. Der Verfasser der Synopsis Basilicorum, die in der Πεῖρα auftretenden Juristen waren gewiß Leute, denen sich nicht der Mangel an Wissenschaftlichkeit zum Vorwurf machen läßt. Sie standen hoch über den noch neueren Basilikenscholiasten, und noch weit höher, als die Schriften nach späterer Zeit, die meist jämmerliche Producte von Winkeladvocaten, Mönchen u. s. w. sind, z. B. die Enchiridia juris privata. 4) Der Hauptgrund besteht in einer petitio principii. Mortreuil formulirt nämlich erst die „pensée des legislateurs" und leitet daraus ab, daß, um sie zu verwirklichen, nothwendig solche Scholien, wie die Scholia antiqua, eine ursprüngliche Beigabe des Basilikentextes gewesen sein müßten. Die Codification soll einen doppelten Zweck gehabt haben, erstens die Rechtssätze zu formuliren, zweitens und hauptsächlich, die Anwendung und das Studium des Rechts durch die Kenntniß der Justinianeischen Gesetzbücher zu erleichtern. Allein es ist eine rein willkürliche und unwahrscheinliche Voraussetzung, daß Basilius und Leo einen solchen Hauptzweck gehabt hätten; sie steht geradezu im Widerspruche mit den eigenen Aeußerungen der Kaiser, namentlich Leo's, in Nov. 1.

IX. Verhältniß der Justinianeischen Rechtsbücher und der Basiliken zu einander.

1) Im Anfange bis zum 12. Jahrhundert. Die Justinianeischen Rechtsbücher sind durch die Basiliken nicht sofort verdrängt worden, sondern neben denselben im Gebrauche geblieben. Leo verpflichtet in Nov. 1 die Richter, sich der Anwendung der von ihm aufgehobenen Gesetze zu enthalten und die Rechtssachen nach dem übrigen alten sowol von seinem Vater, als von ihm ausgewählten Gesetzen (den Basiliken) als nach den neu gegebenen Gesetzen (dem Prochiron und den Novellen) zu entscheiden. Derselbe Kaiser verlangt in der Novella de tabulariis, daß derjenige, welcher tabularius werden will, genaue Kenntniß des Prochiron und der Basiliken haben solle.

Die Bestimmung in Leo's Nov. 1 ist aber nicht so zu verstehen, als seien die Justinianeischen Gesetzbücher durch die Basiliken aufgehoben worden, sondern so, daß die Richter zwar bei ihren Entscheidungen die Basiliken zu Grunde legen und deren Text in ihren Rechtssprüchen citiren, nicht aber sich des Gebrauches der Justinianeischen Gesetzbücher zur Auslegung gänzlich enthalten sollten. Der Gebrauch derselben zur Auslegung konnte ihnen um so weniger verboten werden, als ja die Basiliken in der Hauptsache nur eine Zusammenstellung des vom Justinianeischen Rechte noch Brauchbaren waren. Der fortwährende Gebrauch der Justinianeischen Rechtsbücher neben den Basiliken wird hauptsächlich durch das Dasein der Scholia antiqua bewiesen, welche in der Mitte des 10. Jahrhunderts compilirt und dem Basilikentexte beigeschrieben worden sind. Es gibt aber noch andere bereits erwähnte Zeugnisse dafür aus dem 10. und 11. Jahrhundert. Hierher gehören: 1) die σύντομος διάληψις τῶν νεαρῶν τοῦ Ἰουστινιανοῦ aus dem 10. Jahrhundert, welche auseinandersetzt, welche Novellen in die Basiliken aufgenommen oder weggelassen seien. Die ganze in dieser Schrift beantwortete Frage war eine müßige, wenn die Basiliken allein Gültigkeit gehabt hätten, und der Gebrauch der Novellen selbst in den Gerichten ausgeschlossen gewesen wäre. 2) Ebenso zeigt der sogenannte Index Reginae (vergl. §. 6 unter a) aus dem 11. Jahrhundert, welcher anzeigt, welche der in der Sammlung von 168 Novellen stehende Novelle Justinian's in die Basiliken aufgenommen sei oder nicht, und ersteren Falls, wo sie ihren Platz in den Basiliken habe, den fortwährenden Gebrauch des Justinianeischen Rechts, insbesondere der Novellen. 3) Das Verzeichniß aller Titelrubriken der Basiliken, welches der Cod. Coislin. 151 enthält, bezeichnet zu den meisten Titeln der Basiliken die Titel und Stellen der Digesten, des Codex und der Novellen, aus welchen die einzelnen Basilikentitel zusammengesetzt sind. Der Verfasser dieses Rubrikenverzeichnisses verfährt dabei mit solcher Sorgfalt, daß er sogar einzelne Constitutionen aus mehreren desselben Codextitels, welche allein in die Basiliken aufgenommen sind, bezeichnet. Die sorgfältige Aufzählung der Theile des Justinianeischen Rechts, welche in die Basiliken aufgenommen sind, wäre aber ganz überflüssig gewesen, wenn der Gebrauch der Justinianeischen Rechtsbücher durch die Basiliken ganz aufgehoben worden wäre. Die Handschrift, in welcher sich das gedachte Verzeichniß befindet, ist im 11. Jahrhundert geschrieben, worüber näher bei den Handschriften der Basiliken gehandelt werden wird. 4) Der Verfasser des tractatus de peculiis, welcher vor dem 12. Jahrhundert geschrieben hat, obgleich er die Stelle der Basiliken, wo sich die von ihm angeführten Novellen finden, bezeichnet, spricht doch immer nur von dem, was die Novelle (und nicht die Basiliken) bestimme; er citirt die Institutionenparaphrase des Theophilus, die Anmerkungen des Thalelaus zum Codex, die Bemerkungen des Theodorus und Symbatius zu den Novellen. 5) Der Verfasser des tractatus de creditis, wovon später die Rede sein wird, citirt außer den Basilikenstellen auch die Erklärungen des Dorotheus zu L. 22. D. XLII, 6 und L. 24. D. XLII, 8. 6) Michael Psellus in der Synopsis legum, welche gegen Ende des 12. Jahrhunderts geschrieben ist, zählt die zu seiner Zeit geltenden Rechtsquellen auf. An erster Stelle nennt er den Codex, die Digesten und Novellen, an zweiter die Basiliken als abgekürzte, aber auch dunkle und schwierige Bearbeitung dieser 3 Stücke, an dritter die Institutionen, als Einleitung und Uebersicht der Rechtswissenschaft, welche zugleich das Historische über die Ausbildung des Rechts enthält. Daß aber Psellus die Justinianeischen Rechtsbücher nicht blos historisch als Rechtsquelle erwähnt, vielmehr sie wirklich noch gekannt hat, geht aus folgenden Umständen hervor. Bei den Digesten zählt er ganz genau die 7 partes auf; er erwähnt sogar die libri terribiles (B. 47. 48 der Digesten), welche er mit dem dem lateinischen vollkommen entsprechenden griechischen Kunstausdrucke δύο φρικτὰ βιβλία belegt. Besonders aber ist es gewiß, daß er die Novellen in ihrer Integrität und als abgesondertes Stück benutzt hat. Denn er gibt an einer späteren Stelle (v. 365—435) eine Anzahl von Rechtssätzen aus den Novellen, worauf (v. 436—457) einige Bemerkungen über die Brauchbarkeit der Novellen folgen. Er sagt, nicht alle Novellen seien noch brauchbar, andere gar nicht in die Basiliken aufgenommen, andere zwar aufgenommen, aber theils durch die Zeit, theils durch veränderte Umstände unbrauchbar geworden. Von der letzteren Classe zählt er einige auf, aber ohne Zahlen, blos nach den Rubriken, worunter sich die Novellen 58 und 140 befinden, welche nicht in die Basiliken übergegangen sind. Daraus geht hervor, daß er auch die in die Basiliken nicht übergegangenen Novellen gekannt hat. Psellus hatte also ohne Zweifel vollständige Kenntniß von der Sammlung der 168 Novellen. Er scheint zwar zu behaupten, daß die nicht in die Basiliken aufgenommenen Novellen nicht mehr gelten, und dies verträgt sich nicht wohl damit, daß er sie als eigene für sich bestehende Rechtsquelle neben den Basiliken aufführt, und läßt nicht begreifen, wie er dazu kam, der Novellensammlung selbst so viel Sorgfalt und Aufmerksamkeit zu widmen. Dies erklärt sich aber daraus, daß in den Basiliken in der That nur solche Novellen weggelassen sind, welche durch neuere Novellen unbrauchbar geworden waren; er konnte daher sagen, daß von den unbrauchbaren Novellen mehrere in den Basiliken fehlten, ohne auf diese Weglassung ein besonderes Gewicht zu legen, und in der Weglassung den Grund der Unbrauchbarkeit zu suchen. 7) Michael Attaliata, welcher im J. 1072 ein juristisches Handbuch unter dem Titel πόνημα oder ποίημα νομικόν schrieb, zählt in der Vorrede die Justinianeischen Rechtsbücher zwar unter den Rechtsquellen auf, aber nicht so, daß daraus hervorginge, daß sie damals noch im Gebrauch gewesen wären. Denn er führt die Rechtsquellen von dem Anfange des römischen Staates einzeln auf, zuerst die Gesetze der 12 Tafeln, dann die responsa prudentum, hierauf die Constitutionen der Kaiser, ferner die Justinianeischen Rechtsbücher, endlich die Basiliken. Ueber jedem Titel wird das Buch der

Basiliken citirt, in welchem die in dem Titel erörterte Materie behandelt wird. Außer den Basiliken ist als Quelle das Prochirum benutzt. Doch finden sich auch Stellen, deren Quelle ich nicht anzugeben vermag. Die in die Basiliken nicht aufgenommenen Novellen hat er nicht berücksichtigt. Theils gibt er den Text der Novellen, theils die Auszüge des Theodorus. Es finden sich aber auch Novellenauszüge, die weder von Athanasius, noch von Theodorus sind, noch in den von Zacharia v. L. herausgegebenen Bruchstücken der Novellenbearbeitungen unbekannter Verfasser vorkommen, also aus nicht mehr vorhandenen Novellenbearbeitungen geschöpft sein müssen. Auch von Codexstellen gibt Michael Attaliata Auszüge, welche vom Basilikentexte abweichen, auch sich in den alten Scholien der Basiliken nicht nachweisen lassen, und daher aus den Commentaren anderer Juristen entlehnt sein müssen, als welche für den Text und die alten Scholien benutzt sind. Man kann daher nicht mit Bie**ner** übereinstimmen, wenn er behauptet, daß Michael Attaliata die Justinianeischen Rechtsbücher blos historisch angeführt habe, und nur von den Basiliken sage, daß sie im wirklichen praktischen Gebrauche seien. Denn wenn es in der Vorrede heißt: „*καὶ ταῦτα μὲν εἰς παράστασιν τῆς τῶν νόμων ἀρχαιογονίας καὶ τὴν τῶν νῦν κρατουμένων ἑξήκοντα βίβλων ποίησιν.*" so lassen sich die unterstrichenen Worte recht wohl so verstehen, daß dadurch nur der jetzige Gebrauch der Basiliken, nicht aber der ausschließliche Gebrauch habe bezeichnet werden sollen. Denn der Annahme einer solchen exclusiven Bedeutung der gedachten Worte widerspricht theils der Umstand, daß Michael Attaliata selbst aus den Commentaren der Justinianeischen Juristen geschöpft hat, theils daß damals überhaupt die Ansicht von der Alleingültigkeit der Basiliken noch nicht allgemeine Anerkennung gefunden hatte. 8) Ferner beweisen auch die neueren Basilikenscholien den fortwährenden Gebrauch der Justinianeischen Gesetzbücher nach den Basiliken. Oft berufen sich die Scholiasten auf die Ausleger des Justinianeischen Rechts, deren Commentare in den alten Scholien excerpirt sind, auf die *παλαιοί*; sie billigen bald, bald verwerfen sie deren Ansichten. Auch citiren die Scholiasten bisweilen alte Juristen, deren Commentare in den alten Scholien regelmäßig nicht benutzt sind. Ueber das Verhältniß der Justinianeischen Rechtsbücher und der zu denselben geschriebenen Commentare zu den Basiliken finden sich widersprechende Aeußerungen in den Scholien. Bald wird den Basiliken unbedingt der Vorzug gegeben, bald wird die Meinung des *παλαιός* den Basiliken vorgezogen. Freilich sind die Scholien aus verschiedener Zeit; aber eben diese vorhandenen abweichenden Aeußerungen deuten doch auch auf verschiedene Ansichten über das Verhältniß der Basiliken zu den Justinianeischen Rechtsbüchern hin. 9) In den Novellen der Kaiser nach Leo dem Weisen ist der Gebrauch der Justinianeischen Rechtsbücher und der dazu geschriebenen Commentare neben den Basiliken noch lange Zeit sichtbar. Zwar werden die Basiliken in diesen Novellen schon frühzeitig citirt. Es finden sich daneben immer noch Spuren der Berücksichtigung der Justinianeischen Rechtsbücher und der Commentare dazu gegen das Ende des 11. Jahrhunderts. So geschieht in einer Novelle des Kaisers Nicephorus Botaniates von 1080 einer Constitution des Kaisers Theodosius des Großen, die er mit Gratian und Valentinian II. erlassen hat, Erwähnung, wodurch die Vollstreckung der Todesstrafe gegen diejenigen, deren Hinrichtung der Kaiser befohlen hatte, auf 30 Tage hinausgeschoben wird. Die wörtliche griechische Uebersetzung dieser Constitution steht in Basil. lib. LX. Tit. 51. cap. 57. Da aber die Inscription der Constitutionen in den Basiliken regelmäßig weggelassen ist, auch die alten Scholien die Namen der Kaiser nicht angeben, so muß der Justinianeische Codex selbst oder wenigstens der Commentar des Thalelaus die Quelle gewesen sein, aus welcher der Kaiser Nicephorus den Namen des Theodosius erfahren hat. In einer Novelle des Kaisers Alexius Comnenus v. 1082 geschieht einer Abweichung der Ansichten in dem judicium Drungaricum (*τὸ δρουγγαρικὸν δικαστήριον*) Erwähnung. Einige Mitglieder des Gerichts erklärten für öffentliche Urkunden, forensia s. publica documenta (*ἀγοραῖα ἔγγραφα*) auf Grund einer Novelle Justinian's diejenigen, welche von einem tabellio errichtet waren und die gewöhnlichen completiones hätten; andere aber hielten dazu die bloße Unterschrift des tabellio für genügend. Man berief sich also auf eine Novelle Justinian's, nicht deshalb, weil sie in den Basiliken stand, sondern als Novelle, indem hierbei der Basiliken und daß die fragliche Novelle darin aufgenommen sei, nicht einmal gedacht wird. Am merkwürdigsten ist aber eine Novelle des Alexius Comnenus von 1082 über den körperlichen Eid der Minderjährigen unter 25 Jahren und über die ihnen gegen einen solchen von ihnen geleisteten Eid zu versagende Restitution. In derselben werden zwei Basilikenstellen citirt, Basil. lib. X. tit. 10. cap. 1. (L. 1. C. Si adversus venditionem II, 27) und lib. X. tit. 25. cap. 3. (L. 3. C. Si minor se majorem dixerit II, 42) und es wird einer Auslegung der letzteren Stelle von Seiten einiger Richter gedacht. Diese folgten nämlich dabei einer Ansicht des Thalelaus und behaupteten, gegen das Alter gelte der körperliche Eid, gegen Verträge aber, welche durch einen solchen Eid bestärkt seien, sei die Constitution wirksam; Thalelaus habe nämlich das kaiserliche Rescript (L. 1. C. Si adversus venditionem II, 27) so ausgelegt, daß der Kaiser sage, der Minderjährige könne zwar gegen sein Geständniß und seinen geleisteten Eid Restitution suchen; der Kaiser aber wolle ihn dazu nicht bewegen. Der Kaiser Alexius Comnenus sagt, die Richter seien in einem großen Irrthum begriffen, welche der Auslegung des Thalelaus mehr Gewicht beilegten, als dem aus den Worten selbst hervorgehenden Sinne des kaiserlichen Rescripts: „*ἀλλ' οὗτοι πόῤῥω τῆς ἐννοίας εἰσὶ τοῦ καλοῦ, τὴν τοῦ Θαλελαίου ἑρμηνείαν πλέον ἰσχύειν τῆς αὐτοπροσώπου ἑρμηνείας τῶν βασιλικῶν ῥημάτων ἀποφαινόμενοι.*" In derselben Novelle wird eine Summe der L. 1. C. II, 27 von Theodorus, welcher blos mit dem Namen *Ἑρμουπολίτης* bezeichnet wird und eine Anmerkung von Thalelaus zu derselben Stelle citirt, erstere wörtlich. In dieser Novelle liegt der sicherste Beweis, daß gegen das Ende des 11. Jahrhunderts die Justinianeischen Rechtsbücher und die Commentare dazu noch im lebhaften Gebrauch waren und man den Basiliken keine vorzüglichere Geltung einräumte. 10) Aus der *Πεῖρα*, welche in der Mitte des 11. Jahrhunderts geschrieben ist, ergibt sich, welche Rechtsquellen im byzantinischen Reiche im 10. und 11. Jahrhundert galten. Als praktische Rechtsquellen erscheinen in der *Πεῖρα* lediglich die Basiliken (*τὰ βασιλικά, οἱ βασιλικοὶ νόμοι, τὸ πλάτος τῶν νόμων*) und Novellen des Leo, Romanus und Basilius benutzt; in selteneren Fällen wird bei der Auslegung einzelner Gesetzstellen theils auf die *ἑρμηνεύματα τῶν νόμων* von Justinian, theils auf die betreffenden Stellen in dem *πλάτος* des Stephanus, dem *πλάτος τῶν ἀκολούθων* oder dem *κατὰ πόδας* des Thalelaus, und in den Summen des Cyrillus und Theodorus Bezug genommen. In einigen dieser Fälle ist es klar, daß diese Werke neben den Basiliken im Original gebraucht worden waren, z. B. Tit. 16. §. 13; in anderen Fällen dagegen ist es zweifelhaft, ob nicht vielmehr die betreffenden Anführungen auf die Scholien der Basiliken zu beziehen sind, da wenigstens der Verfasser der *Πεῖρα* erweislich schon Scholien der Basiliken gekannt hat. — Nach allen diesen Zeugnissen ist die fortwährende Anwendbarkeit der Justinianeischen Rechtsbücher neben den Basiliken während der ersten Jahrhunderte nach Publication der letzteren unzweifelhaft. Es entsteht nun aber die Frage, welche Regeln über den Gebrauch beider gegolten haben, indem eine ganz unbeschränkte Anwendbarkeit der Justinianeischen Rechtsbücher neben den Basiliken doch nicht gut denkbar ist. Denn wäre neben dem officiellen Texte der Basiliken eine Berufung auf die verschiedenen anderen Commentarien der Justinianeischen Juristen ohne irgend eine Beschränkung zulässig gewesen, so wäre das ganze Basilikenwerk ein vergebliches und unnützes gewesen. Leo selbst hat aber keine Regeln über das Verhältniß der Justinianeischen Rechtsbücher und der dazu geschriebenen Commentare zu den Basiliken aufgestellt; man muß also dieselben aus dem Zwecke, den das ganze Basilikenwerk hatte, ableiten. Der Hauptzweck der Abfassung der Basiliken war Erleichterung des Gebrauches des Justinianeischen Rechts durch Zusammenstellung des in dessen verschiedenen Theilen zerstreuten gesetzlichen Materials in Einem Werke und durch Auswahl eines der mehreren griechischen Commentare über die Justinianeischen Rechtsbücher zur Feststellung eines officiellen Textes. Von Anfang an war eine Ausschließung der Justinianeischen Rechtsbücher durch die Basiliken gar nicht beabsichtigt. Die Basiliken sollten statt der bisherigen mehreren griechischen Commentare, auf welche Richter und Parteien sich vorher beriefen, einen officiellen Text bieten, auf welchen sich Richter und Parteien berufen könnten; daneben war aber zur Auslegung der Gebrauch der Justinianeischen Rechtsbücher und der anderen Commentare dazu, welche nicht in den Basilikentext übergegangen waren, zulässig. Da nun aber doch mannichfache Abweichungen der Basiliken von den Justinianeischen Rechtsbüchern Statt fanden, so muß das Verhältniß beider in irgend einer Weise bestimmt gewesen sein. Es scheinen darüber folgende Grundsätze gegolten zu haben. Was erstens die in den Basiliken weggelassenen Stellen des Justinianeischen Rechts betrifft, so muß man zwischen den einzelnen Theilen desselben unterscheiden. Die Institutionen, obschon sie nur zu einem ganz geringen Theile in die Basiliken übergegangen sind, blieben doch vollständig im Gebrauche, da sie überhaupt mehr zum Rechtsunterrichte, als zum Gesetzbuche bestimmt waren. Die in die Basiliken nicht aufgenommenen Stellen der Digesten und des Codex sind entweder deshalb weggelassen, weil sie durch spätere Gesetze, namentlich Novellen Justinian's, abgeändert oder aufgehoben waren, oder deshalb, weil sie ein durch eine Novelle Leo's aufgehobenes Institut betrafen. In diesem Falle waren sie ganz unpraktisch; in jenem konnte man sich zur Auslegung der neueren Gesetze darauf berufen. Dasselbe gilt von den Novellen. Constitutionen, welche einen blos localen oder vorübergehenden Zweck hatten, waren natürlich unpraktisch. War die Weglassung in den Basiliken nicht absichtlich geschehen, sondern beruhte darauf, daß die Redactoren eine Stelle in dem Commentar, welchen sie für den Basilikentext benutzten, nicht fanden, so konnte man sich zur Ergänzung der Basiliken auf einen anderen Commentar berufen. Zweitens, wo der Inhalt einer Stelle der Justinianeischen Gesetzbücher ohne Veränderung des Sinnes in den Basiliken wiedergegeben war, war der Gebrauch der anderen, nicht für den Basilikentext benutzten Commentare unschädlich und unbeschränkt. Drittens, wo eine dunkle Stelle des Justinianeischen Rechtes in den Basiliken so wiedergegeben war, daß ihr Sinn nicht zweifelhaft sein konnte, gingen die letzteren als authentische Interpretation vor und machten Berufung auf andere Commentatoren zur Auslegung überflüssig. Wo aber im Basilikentexte eine andere Ansicht angenommen war, als die, welche andere Ausleger des Justinianeischen Rechts aufgestellt hatten, waren die Richter nicht an die in den Basiliken adoptirte Ansicht gebunden. Es ließe sich sonst auch gar nicht erklären, wie in den alten Scholien abweichende Ansichten und Auslegungen hätten vorgetragen werden können und dürfen, wenn die Basiliken obligatorisch gewesen wären. War eine Basilikenstelle dunkel und schwer verständlich, so nahm man zur Auslegung die alten Commentare zu Hilfe und scheute sich selbst in späterer Zeit, wo die Ansicht von der alleinigen Gültigkeit der Basiliken feststand, nicht, die Basiliken in einem solchen Falle bei Seite zu setzen, und den alten Commentaren zu folgen. Endlich hatten in den Fällen, wo die Basiliken offenbare Abänderungen des Justinianeischen Rechts durch Zusätze oder Auslassungen oder sonstige Interpolationen enthielten, die Basiliken unbedingt den Vorzug. Dies ist auch die Ansicht des Verfassers der meditatio de nudis pactis.

h) Verdrängung der Justinianeischen Rechtsbücher durch die Basiliken seit dem 12. Jahrhundert. Während des 10. und des ganzen 11. Jahrhunderts war nach den beigebrachten Zeugnissen das

Justinianeische Recht neben den Basiliken fortwährend im Gebrauche, wie dies selbst aus den angeführten kaiserlichen Novellen hervorgeht. Man muß daher den Anfang der Ansicht von der ausschließlichen Gültigkeit der Basiliken in das 12. Jahrhundert setzen. In diesem Jahrhundert finden sich zuerst abweichende Ansichten der Juristen über das Verhältniß der Justinianeischen Rechtsbücher zu den Basiliken, indem Einige beiden gleiche Gültigkeit zuschrieben, Andere hingegen die Basiliken als ausschließlich gültig betrachteten. Es ist leicht zu erklären, wie namentlich die Praktiker im Orient dazu kommen konnten, die alten Rechtsbücher gegen die Basiliken zurückzusetzen, ohne dazu durch eine gesetzliche Vorschrift berechtigt zu sein. Die Unbequemlichkeit, mehrere Rechtsbücher in verschiedenen Bearbeitungen zu benutzen, war groß, und war die hauptsächlichste Veranlassung zur Abfassung der Basiliken. In diesen und ihren Scholien glaubte man alles Brauchbare aus den mehreren Bearbeitungen zusammen zu haben, und die Basiliken waren nicht zu entbehren. Man fand es also bequemer, die Basiliken allein als Grundlage der Rechtswissenschaft anzusehen und die alten Rechtsbücher nicht mehr zu berücksichtigen, was aber doch noch von Einzelnen geschah. In diese Zeit des Schwankens der Ansichten, mithin in das 12. Jahrhundert, fällt eine merkwürdige Schrift unter dem Titel: μελέτη περὶ ψιλῶν συμφώνων (meditatio de nudis pactis). In einem Richtercollegium (συνέδριον) war folgender Fall vorgekommen. Einige hatten einem Kloster Geld gegeben, unter der Bedingung, daß die Geber ebenso, wie Andere, in dem Kloster bleiben und gewisse Leistungen empfangen, keiner aber eher, als es ihm beliebe, zur Tonsur gezwungen werden sollte. Unter den Richtern entstand eine Meinungsverschiedenheit über die Wirkung dieses Vertrages. Einige der Richter hielten diesen für einen contractus do ut facias, andere waren anderer Meinung. Die Ersteren beriefen sich für ihre Ansicht auf die Digesten, d. h. auf das πλάτος des Stephanus oder dessen Digestencommentar; die Letzteren stützten sich auf die Basiliken und wollten weder auf die Digesten, noch auf ihren Commentator Stephanus, Rücksicht genommen wissen. Unbekannt ist, welche Meinung in dem vorliegenden Falle den Sieg davon trug. Wahrscheinlich hatte man die Sache vertagt, weil man nicht einig werden konnte. Denn am folgenden Tage setzte der Wortführer der ersten erwähnten Partei die gedachte Schrift auf zur genaueren Begründung seiner Meinung, übersendete sie den Vertheidigern der gegentheiligen Meinung, und gab am Schlusse der Schrift zu erkennen, daß er auch von den Gegnern eine vollständige Ausführung ihrer Ansicht erwarte. Zuerst begründet der Verfasser seine Ansicht durch den Index des Stephanus (welchen er τὸ πλάτος τῶν διγέστων nennt); dann sucht er sie durch die Basiliken zu bestätigen; zuletzt wendet er sie auf den vorgelegten Fall an. Ueber das Verhältniß der Digesten zu den Basiliken äußert er sich so. Er will, daß man erst die Digesten studire, als das vollständigere und mehr klare Gesetzbuch, und dann erst zu dem Studium der schwereren Basiliken übergehe, welche man ohne vorheriges Studium der Digesten nicht wohl verstehen könne. Er legt beiden gleichen praktischen Werth bei; will aber die Commentare zu den Digesten, welche nicht in die Basiliken aufgenommen sind, im vorliegenden Falle den Commentar des Stephanus zur Auslegung neben den Basiliken benutzt wissen. Nur dann gibt er den Basiliken den Vorzug, wenn das alte Recht im Widerspruch mit denselben steht, oder die Basiliken offenbar etwas Neues bestimmen. Gegen Ende des 12. Jahrhunderts erhielt die Ansicht von der Alleingültigkeit der Basiliken das Uebergewicht und seitdem allgemeine Anerkennung. Die Gründe, welche dieser Ansicht den Sieg verschafften, sind theilweise schon angegeben worden. Es kommt noch hinzu, daß die Basiliken vermöge ihrer äußeren Einrichtung und wegen des Mangels alles dessen, was an ihren Ursprung aus den Justinianeischen Gesetzbüchern erinnerte (denn es fehlten die Inscriptionen der Digestenstellen, die Inscriptionen und Subscriptionen der Codexstellen, die Rubrik, das prooemium und der epilogus bei den Novellen), leicht für ein vollständiges Gesetzbuch angesehen werden konnten, was ein Zurückgehen auf die ursprüngliche Quelle nicht voraussetzte. Ferner trugen auch die alten Scholien, welche einen fortlaufenden Commentar zu den Basiliken bildeten, dazu bei, daß der Gebrauch der Commentare zu den Justinianeischen Rechtsbüchern sich verlor, soweit sie eben nicht in den alten Scholien excerpirt waren, indem man glaubte, mit den Basiliken und diesen Scholien Alles zu besitzen, was man zum Studium und zur Anwendung des Rechts nöthig habe. Die nächsten Folgen der allgemeinen Anerkennung der ausschließlichen Gültigkeit der Basiliken waren folgende. Erstens waren alle in den Basiliken weggelassenen Stellen der Justinianeischen Rechtsbücher schon deshalb unpraktisch, weil sie eben nicht in den Basiliken standen, ohne daß es auf die Gründe, auf welchen ihre Weglassung beruhte, weiter ankam. Zweitens hatten die in die Basiliken aufgenommenen Stellen der Justinianeischen Rechtsbücher nur in der Fassung, welche sie in den Basiliken erhalten hatten, Geltung, ohne daß ihre ursprüngliche Fassung weiter in Betracht kam. Endlich hörte auch der Gebrauch der alten Commentare zu den Justinianeischen Rechtsbüchern auf, außer soweit sie in den alten Scholien erhalten waren. Denn soweit sie in den alten Scholien excerpirt waren, dienten sie auch, nachdem die Ansicht von der Alleingültigkeit der Basiliken feststand, zur Auslegung der Basiliken. Dies wird erstens dadurch bewiesen, daß Balsamon, aus dessen Commentar zu des Photius Nomocanon sich vorzüglich ergibt, daß jene Ansicht damals allgemein anerkannt war, selbst in der Vorrede sagt, er habe die Widersprüche, welche sich in den Gesetzen fänden, nach den alten Auslegungen zu lösen versucht, und im Commentar selbst bisweilen sich auf die alten Ausleger beruft. Einen zweiten Beweisgrund liefert die Beibehaltung der alten Scholien in den Basilikenhandschriften selbst, deren Abschreiben ganz überflüssig gewesen wäre, wenn man sie nicht als Hülfsmittel der Interpretation betrachtet hätte. — Was die Zeit betrifft, wo jene Ansicht von der Alleingültigkeit der Basiliken allgemeine Anerkennung gefunden hatte, so kann dieselbe nicht eher, als gegen das Ende des 12. Jahrhunderts gesetzt werden. Bei Balsamon erscheint sie als feststehend, und dessen Commentar zu Photius ist wahrscheinlich zwischen den Jahren 1169 und 1177 geschrieben. Es steht diesem nicht entgegen, daß in den neueren Basilikenscholien und namentlich von Hagiotheodoritus, welcher ein Zeitgenosse des Balsamon war, bisweilen die griechischen Uebersetzungen der lateinischen Kunstausdrücke in den Basiliken (ἐξελληνισμοί) getadelt werden. Denn dieser Tadel ist mit der Ansicht von der alleinigen Gültigkeit der Basiliken recht wohl vereinbar. Da Balsamon derjenige ist, welcher diese Ansicht in seinem Commentar zum Nomocanon des Photius vorzüglich geltend gemacht hat, so ist es von Interesse, die Veranlassung und die Entstehung des Werkes und die Aeußerungen des Balsamon über das Verhältniß der Basiliken und der Justinianeischen Rechtsbücher näher zu beleuchten. Die Vorrede des Commentars (in *Voelli*, Bibl. jur. canon. T. II. p. 813—815) hat eine Rubrik, nach welcher der Commentar eine Erörterung der Kanones und eine Auseinandersetzung darüber ist, welche in den 14 Titeln des Nomocanons citirte weltliche Gesetze praktisch oder unpraktisch seien. Die Veranlassung seines Werkes gibt Balsamon in der Vorrede an. Er hatte von dem Kaiser Manuel Comnenus und dem Patriarchen Michael Anchialus zu Constantinopel den Auftrag erhalten, die Sammlung der Kanones zu commentiren, mit besonderer Rücksicht auf die etwaigen Abweichungen vom weltlichen Rechte (νόμοι) und den Nomocanon zu erklären, vorzüglich mit bestimmter Auszeichnung der legalen Stellen, welche in die Basiliken aufgenommen oder nicht aufgenommen wären, damit die Leser wüßten, welche gültig oder nicht gültig wären, und nicht gültige aus Irrthum für gültig hielten; ein Irrthum, welches nach Balsamon's Bemerkung fast der Patriarch selbst in der Sache des Metropoliten Leo von Amasea sich schuldig gemacht hätte. Diesen Fall erzählt Balsamon an einer anderen Stelle (bei *Voellus* p. 830) genauer. Leo hatte nämlich das Bisthum von Amisos ein Jahr lang erledigt gelassen, ohne einen neuen Bischof zu ernennen, obgleich er dreimal deshalb schriftlich vom Patriarchen Michael gemahnt worden war. Der Patriarch behauptete nunmehr, auf Grund einer Stelle der Nov. 123. cap. 1, welche im Nomocanon Tit. I. cap. 9 steht, berechtigt zu sein, selbst den Bischof zu ernennen und zu ordiniren. Jene Stelle besiehlt nämlich, daß, wenn der zur Ernennung eines Bischofs Berechtigte binnen 6 Monaten sein Recht nicht ausübt, derjenige, welchem die Ordination des Bischofs obliegt, bei seinem Seelenheil selbst den Bischof ernennen und ordiniren soll. Obschon von Einigen erwidert wurde, daß diese Stelle in die Basiliken nicht aufgenommen, folglich ungültig sei, so beharrte der Patriarch doch auf seiner Meinung, weil er es für frevelhaft hielt, daß von dem Nomocanon, welcher in der Kirche als ein heiliges Buch gelte, auch der kleinste Theil für ungültig geachtet werde. Die Sache gelangte hierauf vor den Kaiser, und erst als dieser und seine bedeutendsten Räthe sich gegen den Patriarchen erklärt hatten, gab dieser seine Ansicht auf, und stellte nun selbst zuerst den Antrag zur Unternehmung einer Bearbeitung des Photius. Aus dieser Erzählung ergibt sich, daß der Kaiser und seine Räthe damals schon völlig überzeugt waren, daß das bloße Weglassen in den Basiliken den Justinianeischen Rechtsbüchern derogire, sodaß eine in die ersteren nicht aufgenommene Stelle der letzteren nicht angewendet werden könne. Auch der Patriarch scheint diese Ansicht gehabt zu haben; denn er machte für die gedachte Vorschrift der Nov. 123. cap. 1 nicht geltend, daß die Justinianeischen Rechtsbücher für sich allein Auctorität hätten, sondern daß jene Vorschrift durch die Kanones gebilligt sei. Die Hauptidee, von welcher Balsamon's Werk ausging, war also, das Verhältniß der canones und leges festzustellen, besonders aber die ganzen Legalstellen im Nomocanon mit den Basiliken zu vergleichen und die in letztere nicht aufgenommenen, als ungültig, besonders hervorzuheben. In diesem Sinne schildert er in der Vorrede seine am Nomocanon geleistete Arbeit. Was insbesondere die im Nomocanon enthaltenen Stellen der Justinianeischen Rechtsbücher betrifft, so sagt er bald blos, daß sie in die Basiliken aufgenommen oder nicht aufgenommen seien, bald hebt er bei einer in den Basiliken weggelassenen Stelle hervor, daß sie ebendeshalb nicht gelte, bald gedenkt er einer in den Basiliken geschehenen Interpolation und erklärt den Basilikentext allein für gültig. Uebrigens irrt Balsamon darin, daß er allen Stellen der Justinianeischen Rechtsbücher, welche er in den ihm zu Gebote stehenden Basilikenhandschriften nicht fand und daher als in den Basiliken weggelassen aufführt, die Gültigkeit abspricht. Denn er gibt mehrere Stellen als in den Basiliken fehlend an, welche in den uns erhaltenen Handschriften stehen (vergl. diesen §. unter II). Auch widerspricht er sich bisweilen, indem er dieselbe Stelle des Justinianeischen Rechts das eine Mal als in den Basiliken fehlend anführt, das andere Mal den Ort, wo sie sich in den Basiliken findet, angibt (siehe ebendaselbst). Es könne hiernach dem Zeugniß des Balsamon über die in den Basiliken weggelassenen Stellen kein großer Glaube beigemessen werden, da es oft ungewiß bleibt, ob die Stelle ursprünglich nicht in den Basiliken gestanden hat, oder ob sie erst später von den Abschreibern daraus weggelassen ist. Doch stand sein Commentar in großem Ansehen bei der Nachwelt, und von seiner Zeit an war die alleinige Gültigkeit der Basiliken feststehende Thatsache. Der mögliche Einwand, daß Balsamon's Zeugniß sich nur auf den Gebrauch der Justinianeischen Rechtsbücher in der Kirche beziehe, wird durch folgende Erwägung beseitigt. Schon aus der Erzählung Balsamon's über die Veranlassung zu seinem Werke geht hervor, daß der Kaiser Manuel Comnenus und seine Räthe über die alleinige Gültigkeit der Basiliken einverstanden waren. War dies auch in einer kirchlichen Angelegenheit, so setzte doch dies Einverständniß nothwendig voraus, daß auch in den weltlichen Gerichten diese Ansicht schon durchgedrungen war. Denn in den weltlichen Gerichten zog man die Basiliken schon des bequemeren Gebrauchs wegen den voluminösen Commentaren der Justinianeischen Juristen vor; in der Kirche aber fiel dieser Grund weg, da man in dieser schon lange vor den Basiliken die Auszüge der Justinianeischen Rechtsbücher benutzte, welche für den kirchlichen Gebrauch in der Collectio XXV capitulorum, Collectio LXXXVII capitulorum, Collectio constitutionum ecclesiasticarum, dem Nomocanon in 50 Titeln und dem in 14 Titeln enthalten waren, und, da diese dem Bedürfniß der Kirche völlig genügten, wenig Geneigtheit vorhanden sein mochte, diese zu verlassen, und die weltlichen Gesetze in den weitläufigen Basiliken aufzusuchen. In der That hat sich auch der Gebrauch dieser Sammlungen nach den Basiliken lange in der Kirche erhalten (vergl. §. 22). — Nachdem die Justinianeischen Rechtsbücher durch die Basiliken verdrängt worden waren, erhielt sich doch der Gebrauch der alten Scholien sowol in den weltlichen Gerichten, als in der Kirche. Der Beweis dafür liegt erstens in der im 12. Jahrhundert aus den alten und neueren Scholien gefertigten glossa ordinaria, welche noch in einigen Basilikenhandschriften vorhanden ist; zweitens darin, daß gegen das Ende des 12. Jahrhunderts der Synopsis Basilicorum Excerpte aus den Basilikenscholien beigefügt worden sind, in welchen sich alte Scholien mit finden, und zwar zum Theil von alten Juristen, von welchen in den in den Basilikenhandschriften erhaltenen alten Scholien wenig vorhanden ist, z. B. von Anatolius und Isidorus. Für den Gebrauch der alten Scholien in der Kirche giebt Balsamon in der Vorrede zu seinem Commentar zu Photius Zeugniß, und er erwähnt die alten Ausleger auch in seinen Responsen. Ueber das Verhältniß der alten Scholien zu den Basiliken stand zu derselben Zeit, wo die alleinige Gültigkeit der Basiliken unzweifelhaft war, die Ansicht fest, daß im Falle eines Widerspruchs beider die Basiliken den Vorzug hätten. Doch trug man kein Bedenken, bei offenbaren Irrthümern der Basiliken oder wenn sie unverständlich waren, die alten Scholien vorzuziehen. — Nach Balsamon hat auch Matthäus Blastares in seinem 1335 herausgegebenen Syntagma alphabeticum canonum et legum das bürgerliche Recht sehr berücksichtigt. Die von ihm citirten weltlichen Gesetze (νόμοι) hat er zum Theil aus den Basiliken geschöpft; ob unmittelbar, kann dahin gestellt bleiben; zum Theil sind andere Quellen benutzt; welche? ist schwer nachzuweisen. Daß er noch die alten Commentare der Justinianeischen Juristen gebraucht habe, ist nicht glaublich.

3) Wirkungen der Verdrängung der Justinianeischen Rechtsbücher durch die Basiliken. Die seit dem Ende des 12. Jahrhunderts feststehende alleinige Gültigkeit der Basiliken hatte auf die Behandlung derselben und der alten Scholien in den Handschriften, und auf andere juristische Werke einen Einfluß, welcher in den erhaltenen Handschriften sichtbar ist. Dieser Einfluß zeigt sich in folgenden Stücken: 1) In den alten Scholien wurden den citirten Stellen der Justinianeischen Rechtsbücher die entsprechenden Basilikenstellen unter Vorsetzung der Partikel ἤτοι oder ἤγουν beigefügt. Damit hängt eine andere Veränderung zusammen. Während nämlich die alten Juristen, namentlich Thalelaeus, Dorotheus und Stephanus, die Bücher der Digesten, welche nach Justinian's Lehrplane in den Vorlesungen erklärt wurden, nach den partes und libri singulares citiren, substituirt man nun in den Handschriften das Citat nach der Zahl, welche das Buch unter den 50 Büchern der Digesten hat. Man kann dies in einigen vorhandenen Basilikenhandschriften beobachten. Was insbesondere die Novellen anlangt, so pflegen die Justinianeischen Juristen solche entweder nach der Rubrik ohne Beifügung der Zahl, oder, wo sie letztere beifügten, mit einer von der in der Sammlung der 168 Novellen häufig abweichenden Zahl zu citiren. Nunmehr wird aber entweder die betreffende Zahl der Novelle aus der späteren allein gebräuchlichen Sammlung der 168 hinzugefügt, oder die Basilikenstelle angegeben, wo die Novelle zu finden sei. Die Sitte, den Citaten der Justinianeischen Rechtsbücher in den alten Scholien die entsprechenden Basilikenstellen beizufügen, scheint ihren Anfang bei den von dem Anonymus oder Enantiophanes citirten Digestenstellen genommen zu haben, weil der Basilikentext, so weit er Digestenstellen enthält, regelmäßig aus der Digestenbearbeitung des Anonymus, welcher mit dem Enantiophanes dieselbe Person ist, entlehnt ist. Auch in den alten Scholien, welche aus dem Codexcommentar des Thalelaeus entlehnt sind, ist die Beifügung der den Citaten der Codexstellen entsprechenden Basilikenstellen recht wohl erklärlich, weil der Basilikentext für den Codex in der Regel aus Thalelaeus geschöpft ist. Insoweit ist jene Beifügung der Basilikenstellen leicht zu erklären; sie war auch zur Erleichterung des Gebrauches der alten Scholien von Nutzen. Aber man ging weiter und fügte den Citaten der Stellen der Justinianeischen Rechtsbücher die entsprechenden Citate aus den Basiliken auch in den in den alten Scholien enthaltenen Excerpten derjenigen Commentare bei, welche nicht oder nur höchst selten für den Basilikentext benutzt worden sind, z. B. in den aus des Theodorus Breviarium Codicis, sowie in den aus den Digestencommentaren des Dorotheus und Stephanus excerpirten alten Scholien. Die Beifügung der Basilikenstelle hatte bisweilen die Wirkung, daß man später das Citat der Justinianeischen Gesetzstellen ganz wegließ, und nur das Basilikencitat beibehielt. Dadurch ist wol bewirkt worden, daß viele neuere Scholien den alten ganz ähnlich sind, und nur das Citat der Basilikenstellen an die spätere Zeit, wo die Basiliken die Justinianeischen Rechtsbücher verdrängt hatten, erinnert, m. a. W. alte Scholien sind dadurch zu neueren umgestaltet worden, daß man die Citate der Justinianeischen Rechtsbücher ganz wegließ, und an deren Stelle die Citate der entsprechenden Basilikenstellen setzte. Dies ist vorzüglich in den Anmerkungen des Anonymus und Enantiophanes geschehen. Denn es giebt viele neuere Scholien, in welchen der Styl, die Redensarten, die Citirweise an den Anonymus und Enantiophanes erinnern. 2) Die Namen der Juristen, welche in den Basiliken den in dieselben aufgenommenen Digestenstellen vorangesetzt sind,

hat man nach und nach weggelassen. Doch ist dies nicht in allen Handschriften geschehen. Denn es gibt Handschriften, in denen sich die Namen der Juristen finden, dann andere, in welchen sie weggelassen sind, endlich noch andere, in denen bald das eine, bald das andere der Fall ist. 3) Der Basilikentext selbst hat seit der Verdrängung der Justinianeischen Rechtsbücher folgende Veränderungen erlitten: a) die in die Basiliken aufgenommenen Stellen der Justinianeischen Rechtsbücher, welche durch neuere Gesetze aufgehoben oder geändert, oder aus verschiedenen Gründen unpraktisch geworden waren, sind in den Handschriften häufig ganz weggelassen worden. Namentlich ist dies bei den Codexstellen, welche das kirchliche Recht betrafen, und bei den Novellen geschehen. Allerdings haben diese Weglassungen schon früher angefangen, ehe die alleinige Gültigkeit der Basiliken allgemein anerkannt war, wie das Beispiel des Balsamon zeigt, welcher mehrere Stellen der Justinianeischen Rechtsbücher als in die Basiliken nicht aufgenommen bezeichnet, welche sich doch in den uns erhaltenen Handschriften finden; häufiger aber sind diese Auslassungen seit Balsamon geworden, wie der Cod. Paris. 1352 beweist. b) Dem ursprünglichen Basilikentexte sind häufig bloße Auszüge aus anderen Quellen substituirt worden. Dies ist hauptsächlich in Ansehung der Novellen geschehen. Denn während der griechische Novellentext auch den Basilikentext ursprünglich bildete, sind später demselben in manchen Handschriften, z. B. im Cod. Paris. 1352, die Auszüge der betreffenden Novellen von Theodorus substituirt, wogegen andere Handschriften, z. B. der Cod. Coislin. 151, den griechischen Novellentext haben. Auch sind Constitutionen des Codex, welche entweder im griechischen Originaltext oder in der wörtlichen Uebersetzung des Thalelaeus in die Basiliken aufgenommen waren, später weggelassen oder abgekürzt worden. Letzteres ist im Cod. Paris. 1352 geschehen, während der Cod. Coislin. 151 den vollständigen Text enthält. c) Auch die äußere Einrichtung der Basiliken hat seit der Verdrängung der Justinianeischen Rechtsbücher Veränderungen erlitten, indem man Titel weggelassen, mehrere Titel in Einen verschmolzen und so die Titelzahl verringert hat. So hat z. B. das 1. Buch nach dem allgemeinen Coislin'schen Rubrikenverzeichniß 10 Titel, während das specielle Coislin'sche Rubrikenverzeichniß für die Bücher 1—9 und alle übrigen Zeugnisse, z. B. Balsamon zu Photius, das erste Buch nur aus Einem Titel bestehen lassen. Das allgemeine Rubrikenverzeichniß gibt auch genau die Stücke der Justinianeischen Gesetzbücher an, aus welchen jeder einzelne Titel zusammengesetzt gewesen ist. Dies deutet darauf hin, daß jenes Rubrikenverzeichniß zu einer Zeit gefertigt worden ist, wo die Justinianeischen Gesetzbücher noch gleiche Gültigkeit mit den Basiliken hatten, weil sonst die Nachweisungen aus den Justinianeischen Gesetzbüchern ganz überflüssig gewesen wären. Auf diese Zeit weist auch schon das Alter des Cod. Coislin. 151, welcher aus dem 11. Jahrhundert stammt. Hiernach war die Zahl von 10 Titeln im ersten Buche wol die ursprüngliche; schon früh aber hat man, hier vielleicht aus bloßer Bequemlichkeit, und zwar schon im 11. Jahrhundert, also vor der Verdrängung der Justinianeischen Rechtsbücher die 10 Titel in Einen zusammengezogen. Das 3. Buch der Basiliken hatte ursprünglich 4 Titel, von denen nach dem Cod. Coislin. 151. Tit. 2 die Novelle 3, Tit. 3 die Novelle 16. pr. und einige Constitutionen aus Cod. lib. I. tit. 3. 5 enthielt. Im Cod. Paris. 1352 sind blos 2 Titel. Das 6. Buch besteht in dem Cod. Coislin. 151 aus 35 Titeln, welche aus dieser Handschrift von Heimbach vollständig herausgegeben sind. Der Cod. Paris. 1352 hat von Tit. 8—18. 23—35 nur die Rubriken, und so auch die Fabrotische Ausgabe. Was die verloren gegangenen Bücher der Basiliken anlangt, so stimmen die vorhandenen Rubrikenverzeichnisse in der Zahl der Titel bei einzelnen Büchern nicht überein. Nach dem allgemeinen Coislin'schen Rubrikenverzeichnisse hatte das 53. Buch der Basiliken 7 Titel, deren letzter die Rubrik περὶ πράσεως καὶ ἀγορασίας οἴνου hat. Nach dem Rubrikenverzeichnisse des Cod. Paris. 1357 bestand das 53. Buch aus 8 Titeln, deren letzter die Capitel des rhodischen Seerechts enthält, und damit stimmt die Synopsis Basilicorum überein. Bei Tipucitus hat das 53. Buch 9 Titel; die beiden letzten enthalten nach ihm die Capitel des rhodischen Seerechts. Hier fragt es sich, ob das rhodische Seerecht gleich anfänglich einen Bestandtheil der Basiliken gebildet habe, oder erst später hinzugefügt worden sei. Obschon das allgemeine Coislin'sche Rubrikenverzeichniß keinen besonderen Titel für das rhodische Seerecht hat, so ist doch das Erstere anzunehmen, da schon die doch nicht lange nach den Basiliken verfaßte Synopsis das rhodische Seerecht als Theil der Basiliken mit excerpirt. Ueberdies lag dessen Aufnahme bei der Abfassung der Basiliken sehr nahe, da der Digestentitel ad legem Rhodiam aufgenommen wurde. Daß das rhodische Seerecht in dem prooemium Basilicorum nicht mit unter den Quellen der Basiliken aufgeführt wird, erklärt sich daraus, daß das prooemium wol nur ein Theil des ausführlicheren Promulgationspatents ist; es wird ja auch nicht einmal das Prochirum besonders als Quelle aufgeführt. 4) Endlich hatte die Verdrängung der Justinianeischen Rechtsbücher durch die Basiliken die Wirkung, daß nun die Basiliken die alleinige Grundlage für die Praxis und für das Studium der Rechtswissenschaft wurden. Der große Umfang der Basiliken, vorzüglich mit den alten Scholien, führte dazu, daß man nicht lange nach Publication der Basiliken daran dachte, ihren Gebrauch zu erleichtern. Die zu diesem Zweck verfaßten Werke haben einen verschiedenen Charakter. Einige dieser Werke bestehen in einer Auswahl von Stellen aus den Basiliken, bald in alphabetischer Ordnung ohne Berücksichtigung der Reihefolge und Ordnung der Basiliken, bald mit Beibehaltung der Basilikenordnung. Zu den Werken der ersteren Art gehört die sogenannte Synopsis Basilicorum bei den Griechen μέ-γα κατὰ στοιχεῖον genannt, zu den der letzteren die Ecloga lib. I—X. Basilicorum, welche fälschlich lange dem Theodorus aus Hermopolis zugeschrieben wurde. Andere Werke sind Paratitla, Repertorien über die Basiliken, welche nach der Basilikenordnung nachweisen, was in jedem Titel der Basiliken und in jeder einzelnen Stelle des Titels zu finden sei. Ein solches Werk ist der sogenannte Tipucitus. Solche Repertorien sollten den Gebrauch der Basiliken nur erleichtern, nicht überflüssig machen. Denn Tipucitus z. B. gibt sehr häufig den Inhalt der Basilikenstellen gar nicht an, sondern nur die in denselben behandelte Frage, deren Beantwortung in den Basiliken zu suchen war. Noch andere Werke sind juristische Compendien, worin Privatpersonen die gangbarsten Rechtssätze kurz zusammenstellten. Die officiellen Handbücher, wie das Prochiron und die Epanagoge konnten mit der Zeit dem Bedürfniss nicht mehr genügen, da manche in denselben enthaltenen Rechtssätze im Laufe der Zeit durch neue Gesetze oder aus anderen Gründen unpraktisch geworden waren. In vielen der späteren Compendien ist die Ordnung dieser officiellen Handbücher zum Grunde gelegt; auch sind sie vielfach in denselben benutzt worden. Durch Zachariä v. L. sind eine ganze Reihe solcher Rechtscompendien aus Handschriften bekannt geworden; sie werden später besonders behandelt werden.

§. 28. Heutiger Zustand der Basiliken.

I. Handschriften der Basiliken.

A. Im Allgemeinen. Die Basiliken sind nicht vollständig auf unsere Zeit gekommen; ein grosser Theil ist verloren gegangen. Die Gründe dieses Verlustes sind folgende. Erstens war der grosse Umfang des Werkes ein Grund, dass es nicht viel abgeschrieben wurde. Schon zu Balsamon's Zeit war die Zahl der Handschriften so gering, dass man zu Alexandria die Basiliken nicht einmal kannte. Denn Marcus, Patriarch von Alexandria, klagt gegen Balsamon darüber, dass die Basiliken in seine Gegend nicht gelangt seien; und dass er mit den Seinigen sich über dieselben in völliger Unkenntniss befinde; er fragt deshalb den Balsamon um Rath. Noch vor Ablauf eines Jahrhunderts nach Publication der Basiliken bewog der grosse Umfang derselben den Verfasser der Synopsis zu einer Auswahl von Basilikenstellen und deren Zusammenstellung in alphabetischer Ordnung. Durch den Gebrauch der Synopsis wurde der Gebrauch der Basiliken selbst, wenn auch nicht aufgehoben, doch sehr vermindert. Dieselbe Wirkung hatten die vielen im Laufe der Zeit entstandenen juristischen Compendien. Ein zweiter Grund war, dass die Basiliken viel Veraltetes und nicht mehr Brauchbares enthielten. Die Redactoren hatten Vieles aus den Digesten und dem Codex darin aufgenommen, was schon durch Justinian's Novellen geändert war. Ferner standen in den Basiliken auch Gesetze aus Justinian's Gesetzbüchern von blos localem Interesse und von temporairer Wirkung, die besser hätten weggelassen werden sollen. Die Novellen der späteren Kaiser änderten die Basiliken in vielen Stücken ab, und auch die Beschränkung der Grenzen des Reiches durch feindliche Eroberungen machte viele Stellen der Basiliken unpraktisch. Dadurch wurden nicht nur die Abschreiber veranlasst, viele Stellen bei dem Abschreiben wegzulassen, sondern es war dies auch ein Grund, der vom Abschreiben selbst abhielt. Daher waren die Handschriften so selten, dass es vollständige Handschriften des ganzen Werkes wol nur zu Constantinopel gab. Die vorhandenen vollständigen Handschriften sind aber meistens entweder bei der Eroberung Constantinopels durch die Lateiner im J. 1204, oder in den Provinzen durch die häufigen Einfälle der Barbaren zu Grunde gegangen. Was von Handschriften nach der Wiedereroberung Constantinopels durch die Griechen noch übrig war, oder dahin gebracht, oder von Neuem abgeschrieben wurde, ging zum Theil bei der Eroberung Constantinopels durch die Türken zu Grunde, zum Theil wurde es von den griechischen Flüchtlingen nach Italien gebracht. So ist es gekommen, dass wir die vollständigen Basiliken nicht haben, sondern nur Handschriften, welche einige Bücher enthalten. Es ist zwar seit dem 16. Jahrhundert zu verschiedenen Zeiten die Hoffnung erregt worden, dass man noch die übrigen, bisher vermissten Bücher der Basiliken finden werde; allein diese Hoffnung ist nicht in Erfüllung gegangen. Doch hat Zachariä v. L., welcher den Orient zum Behuf der Auffindung griechischer juristischer Handschriften bereist hat, zu Constantinopel eine Handschrift gefunden, welche die Bücher 14—18 der Basiliken viel vollständiger, als wir sie bisher besassen, enthält. Auch ist die Hoffnung, dass man dereinst doch noch die fehlenden Bücher auffinden werde, nicht ganz und gar aufzugeben. Denn in Catalogen, welche über zu Constantinopel befindliche Bibliotheken 1578 abgefasst worden sind, finden sich Spuren, dass vielleicht Basilikenhandschriften sich in diesen Bibliotheken befunden haben. Von Handschriften, welche einen Theil der Basiliken enthielten, gab es noch im 17. Jahrhundert Spuren. Was die Beschaffenheit der Handschriften im Allgemeinen anlangt, so finden sich schon in den neueren Basilikenscholien Spuren davon, dass schon im 11. und 12. Jahrhundert vollständige und weniger vollständige Handschriften vorhanden gewesen sind, letztere durch Weglassungen und Interpolationen verunstaltet. Denn es wird gesagt, dass eine Stelle in einigen Handschriften vorhanden sei, in anderen fehle. An anderen Stellen der Scholien wird die Verschiedenheit der Lesarten in den Handschriften bemerkt. Es werden bessere und genauere Handschriften von den weniger genaueren unterschieden. Es bestand also schon früh eine Verschiedenheit der Handschriften. Dies wird auch dadurch bestätigt, dass Balsamon zu Photius häufig Codexstellen und Novellen als in den Basiliken fehlend aufführt, welche in den vorhandenen Handschriften stehen; ferner dadurch, dass in den mehreren Verzeichnissen der in die Basiliken aufgenommenen und nicht aufgenommenen Novellen sich abweichende Angaben finden, welche nur durch Verschiedenheit der Handschriften erklärt werden können. Diese Verschiedenheit ist dadurch entstanden, dass die Abschreiber ohne Princip und Plan eine in die Basiliken aufgenommene Stelle der Justinianeischen Rechtsbücher, welche aus dem einen oder anderen Grunde unpraktisch geworden war, bald mit abschrieben, bald wegließen. Schon im 10. Jahrhundert gab es bald mehr, bald weniger vollständige Handschriften, wie aus der [illegible] hervorgeht. Eine Handschrift, welche bis in das 10. Jahrhundert hinaufreicht, ist nicht auf unsere Zeit gekommen. Die Ursache davon ist wol darin zu suchen, daß, so lange die Justinianeischen Rechtsbücher durch die Basiliken noch nicht verdrängt waren, es vieler Handschriften der Basiliken nicht bedurfte. Dies änderte sich aber, seit die Basiliken als ausschließlich gültig betrachtet wurden. Seit dieser Zeit wurden die Basiliken häufiger abgeschrieben. Doch ist die Zahl der Handschriften ohne Zweifel niemals bedeutend gewesen. Zu den schon vorher angeführten Gründen, aus welchen die Basiliken seltener abgeschrieben wurden, trat noch die Verbindung der alten sowol als der neuen Scholien mit dem Texte hinzu, wodurch der schon an sich bedeutende Umfang des abzuschreibenden Materials noch außerordentlich vermehrt wurde. Es wurden daher immer nur einige Bücher der Basiliken bald mit, bald ohne Scholien, abgeschrieben. Da die Abschreiber bald mehr, bald weniger vollständige Handschriften vor sich hatten, so pflanzte sich die Verschiedenheit der Handschriften fort und zeigte sich auch in den erhaltenen Handschriften. Denn von diesen geben einige einen vollständigeren, andere einen abgekürzten Text; einige geben die alten Scholien in ihrer ursprünglichen Gestalt, andere bald mit mehr, bald mit weniger Interpolationen und neuen Zusätzen. Keine einzige der erhaltenen Handschriften gibt uns den Basilikentext so, wie er ursprünglich gewesen ist. Es ist auch nicht zu erwarten, daß auch, wenn bisher unbekannte Handschriften aufgefunden werden, diese den ursprünglichen Basilikentext ohne Interpolationen und Weglassungen liefern werden. Denn schon im 10. Jahrhundert, also kurz nach Publication der Basiliken, fangen die Weglassungen von Stellen, welche erweislich in den Basiliken standen, an. Die uns erhaltenen Handschriften rühren mit wenigen Ausnahmen aus der Zeit her, wo die Justinianeischen Rechtsbücher durch die Basiliken verdrängt worden waren. Zu diesen Ausnahmen gehört der Cod. Coislin. 151 deshalb, weil er viele nach Balsamon's Zeugniß in den Basiliken weggelassene Stellen als Basilikentext gibt, und die Handschrift der Bücher 7. 8 der Basiliken im Escurial, deren in zwei Theile getheilte Abschrift sonst Ant. Augustinus besaß, und wovon der zweite, das 8. Buch enthaltende Theil im Besitze des Herrn Hofrath Hänel in Leipzig ist.

B. Einzelne erhaltene Handschriften. Die Handschriften der Basiliken zerfallen, wenn man blos den Text der Basiliken berücksichtigt, in zwei Classen. Die erste Classe von Handschriften enthält den Text entweder ziemlich vollständig, oder abgekürzt; die zweite Classe von Handschriften gibt nur Fragmente des Basilikentextes in Verbindung mit anderen juristischen Auszügen. Wir geben eine Aufzählung der Handschriften erster Classe nach der Reihefolge der Bücher der Basiliken.

1) Handschriften der ersten Classe.

a) *Lib. I—IX. Codex Coislinianus* 151. Diese Handschrift enthält die ersten 9 Bücher der Basiliken, ist ganz auf Seidenpapier geschrieben, und besteht aus 2[illegible] numerirten Blättern. Sie enthält blos den Basilikentext ohne Scholien; doch sind in den Text Scholien bisweilen als Theil des Textes aufgenommen. Die einzelnen Seiten enthalten 32 bis 38 Zeilen. Auf jedem Blatte wird unten durch die griechischen Zahlzeichen α. β. γ u. s. w. und βι jedesmal das Buch angezeigt. Die Handschrift ist, mit Ausnahme des Titelverzeichnisses für die ganzen Basiliken, von Einer Hand, schön und leserlich geschrieben. Das gedachte Titelverzeichniß, welches von fol. 1ᵃ—16ᵃ geht, ist von anderer Hand geschrieben. Fol. 269 ist zerrissen, aber wieder eingeheftet und durch Anklebung eines Stückes eines Blattes, welches ein Fragment aus einem Kirchenvater enthält, vollständig geworden. Fol. 18ᵇ ist leer. Von fol. 19ᵃ—22ᵇ folgt ein specielles Titelverzeichniß für die in der Handschrift enthaltenen Bücher 1—9 der Basiliken. Die Handschrift hat viel durch Nässe gelitten; es sind daher viele Buchstaben, besonders in den ersten und letzten Blättern, nur mit Mühe zu lesen, da die Nässe einen großen Theil der Farbe (die Tinte ist schwarzbraun) weggenommen hat. Die Ueberschriften der Bücher und Titel, und die einzelnen ersten Buchstaben der Fragmente sind mit rother Tinte geschrieben; doch ist dies oft vernachlässigt, auch falsch gemacht, sodaß die rothen Buchstaben kein Zeichen der Trennung abgeben können. Die Fragmente sind sonst nicht unterschieden, sondern laufen in Einer Reihe fort. Nur bisweilen findet sich am Ende der Seiten die Zahl der Fragmente bemerkt. Die Zeit, wann die Handschrift geschrieben sei, ist nicht angegeben. Die Handschrift befand sich Anfangs in der Bibliothek des Canzlers Seguier; diese Bibliothek kam durch Erbschaft auf den Bischof von Metz, Coislin, und wurde 1715 den Benedictinern in Saint Germain überlassen, später aber förmlich vermacht. Montfaucon hat davon einen sehr genauen Catalog unter dem Titel: Bibliotheca Coisliniana 1715 herausgegeben. Ein großer Theil der Bibliothek von Saint Germain, besonders die griechischen Handschriften, ist 1794 in die große pariser Bibliothek gekommen. Schon früher hat Montfaucon diese Handschrift beschrieben, und eine Anzahl Novellen daraus abgeschrieben, welche Abschrift Homberg bei seiner Ausgabe als MS. Basil. benutzt hat. Seitdem ist diese Handschrift in Paris von Mehreren, namentlich von Juncker, Blume und Witte eingesehen worden. Letzterer hat aus ihr 1826 den Titel de regulis juris herausgegeben. Hänel hat vom 6. Buche eine Abschrift genommen und Heimbach jun. hat die Handschrift 1830 zu Paris vollständig verglichen und beziehlich abgeschrieben. Sie liegt für die Bücher 1—9 der Heimbach'schen Basilikenausgabe zum Grunde. Die Echtheit der Handschrift ist von Manchen bezweifelt und angenommen worden, daß sie einen interpolirten Text der Basiliken biete; während Andere die Echtheit vertheidigt haben. Wir glauben, daß die der Handschrift gemachten

Vorwürfe ungegründet seien, und daß sie sowol wegen ihres Alters, als wegen ihrer Beschaffenheit die größte Beachtung verdiene. Was erstens das Alter betrifft, so setzen sowol Montfaucon als Mortreuil sie in das 11. Jahrhundert, und Heimbach jun. hat sich nicht veranlaßt gesehen, diese Zeitangabe zu bestreiten. Gewiß ist die Handschrift zu einer Zeit geschrieben, wo die Justinianeischen Rechtsbücher noch nicht durch die Basiliken verdrängt waren. Denn in dem allgemeinen Titelverzeichniß sind regelmäßig die Titel und Stellen der Justinianeischen Rechtsbücher, aus welchen die Basilikentitel zusammengesetzt sind, angeführt, und dies weist auf jene Zeit hin; hätten die Justinianeischen Rechtsbücher keine Gültigkeit mehr gehabt, so wäre ihre Erwähnung ganz ohne Interesse gewesen. Dazu kommt, daß in jenem Titelverzeichniß bisweilen sogar der Commentar des alten Juristen bezeichnet wird, aus welchem ein Basilikentitel geschöpft ist, was ebenfalls auf jene Zeit hinweist. Was zweitens die Beschaffenheit der Handschrift anlangt, so ist sie viel vollständiger, als der Cod. Paris. 1352. Sie gibt nicht nur viele in letzterer Handschrift weggelassene Titel und Stellen der Basiliken, sondern auch von den Stellen, welche beiden Handschriften gemeinsam sind, einen vollständigeren Text. Daß in den Basilikentext die griechischen Novellen meistens ganz und vollständig aufgenommen worden sind, bezeugt sowol das allgemeine Coislin'sche Titelverzeichniß, als der Index Reginae. Auch geben die Synopsis Basilicorum und Balsamon im Commentar zu Photius, letzterer, wo er eine griechische Novelle aus den Basiliken citirt, regelmäßig den Novellentext nach der Sammlung der 168 Novellen. Ebenso gibt die Coislin'sche Handschrift von den griechischen Novellen meistens den Text nach derselben Sammlung, und ist daher dem Cod. Paris. 1352 vorzuziehen, in welchem häufig nur die Auszüge der griechischen Novellen von Theodorus stehen. Hinsichtlich der in die Basiliken aufgenommenen Codexstellen hat man die Integrität der Coislin'schen Handschrift deshalb in Zweifel gezogen, weil sie häufig den Originaltext der griechischen Constitutionen oder das κατὰ πόδας der lateinischen liefert, während der Cod. Paris. 1352, die Synopsis und Balsamon im Commentar zu Photius nur Auszüge derselben Constitutionen enthalten. Darin liegt aber mehr ein Beweis für die Integrität dieser Handschrift, als ein Grund, dieselbe zu bezweifeln. Es war schon an sich viel natürlicher, daß die Abschreiber an die Stelle des ursprünglichen Textes Auszüge setzten, um sich die Arbeit zu erleichtern, als daß zu denken wäre, sie hätten von Constitutionen, welche die Basiliken im Auszuge enthielten, den Originaltext in den Handschriften den Auszügen substituirt. Sieht man von dieser allgemeinen Erwägung ab, so ist erstens in Ansehung der griechischen Constitutionen, welche die Coislin'sche Handschrift im Originaltext liefert, und worin sie häufig mit dem Cod. Paris. 1352 übereinstimmt, zu bemerken, daß manche Constitutionen in griechischer und lateinischer Sprache zugleich publicirt worden sind, sodaß sich nicht einmal bestimmt sagen läßt, eine Constitution sei ursprünglich griechisch gewesen. Gibt man auch zu, daß in der Regel von den griechischen Constitutionen der Auszug (index) des Thaleläus in die Basiliken aufgenommen worden sei, so hindert doch Nichts anzunehmen, daß die Redactoren bisweilen auch den griechischen Originaltext in den Basilikentext gesetzt haben, indem ihnen dann nur dieselbe Willkür zur Last fällt, mit welcher sie bei den lateinischen Constitutionen bald den Auszug des Thaleläus, bald das κατὰ πόδας in den Basilikentext aufgenommen haben. An die Stelle des griechischen Originaltextes haben dann die Abschreiber Auszüge aus den Werken verschiedener Verfasser gesetzt. Dies ist ganz ebenso auch bei den Novellen geschehen, wie die Vergleichung beider Handschriften unter sich, und die Vergleichung der Coislin'schen Handschrift mit der Synopsis zeigt. Auch stehen weder die Synopsis, noch die Ecloga lib. I—X. Basil., noch Balsamon der Integrität der Coislin'schen Handschrift entgegen. Daß der Verfasser der Synopsis dem längeren Basilikentexte häufig Auszüge substituirte, kann bei dem Charakter des Werkes, welches den Gebrauch der Basiliken erleichtern und bequemer machen sollte, also mehr auf Abkürzung berechnet war, nicht auffallen; und außerdem ist es noch fraglich, ob diese Substitution der Auszüge von dem Verfasser selbst herrührt, und nicht vielmehr auf Rechnung späterer Zeit zu setzen ist, da die Synopsis in den Handschriften vielfachen Veränderungen unterworfen worden ist. Die Ecloga lib. I—X. Basil. ist um die Mitte des 12. Jahrhunderts geschrieben, also zu einer Zeit, wo der Basilikentext durch Weglassungen schon häufig abgekürzt war; sie kann also darüber, ob etwas ursprünglich in den Basiliken gestanden habe, oder nicht, kein zuverlässiges Zeugniß geben. Dasselbe gilt von den Angaben des Balsamon in seinem Commentar zu Photius. Es kann mithin aus dem Umstande, daß die Coislin'sche Handschrift von vielen Constitutionen den griechischen Originaltext oder das κατὰ πόδας der lateinischen gibt, die Synopsis, Ecloga und Balsamon hingegen davon nur Auszüge liefern, kein Grund zur Bezweifelung der Integrität dieser Handschrift entnommen werden. Ebenso wenig kann zweitens daraus, daß die in der Coislin'schen Handschrift gegebenen Auszüge von Constitutionen von denen, welche die Synopsis, Ecloga und Balsamon liefern, abweichen, gegen die Integrität der Handschrift etwas abgeleitet werden. Denn diese Abweichungen lassen sich ganz natürlich und zwanglos durch die Annahme erklären, daß die Abschreiber den längeren Auszügen des Thaleläus, welche regelmäßig in den Basilikentext aufgenommen worden sind, später die kürzeren Auszüge des Theodorus oder Isidorus substituirt haben, wie, daß dies geschehen sei, durch den Cod. Paris. 1352 bewiesen wird. Endlich kann drittens der Umstand, daß die Coislin'sche Handschrift mehrere Stellen enthält, welche nach Balsamon's Angabe in den Basiliken fehlen, Nichts gegen die Integrität der Handschrift beweisen. Es ist schon früher nachgewiesen worden (vergl. §. 27 unter II.), daß das Zeugniß des Balsamon darüber, ob eine Stelle der Justinianeischen Rechtsbücher in den Basiliken fehle, unzuverlässig sei, indem sich derselbe bisweilen widerspricht, auch seine Angaben durch die erhaltenen Basilikenhandschriften, namentlich auch den Cod. Paris. 1352, widerlegt werden, sich auch durch die Beschaffenheit der ihm zu Gebote stehenden Handschriften erklären lassen. Noch hat Mortreuil als einen Grund, die Integrität der Coislin'schen Handschrift in Zweifel zu ziehen, geltend gemacht, daß dieselbe (Basil. ed. Heimb. T. I. p. 168) als Theil des Basilikentextes das erste der 13 Edicte Justinian's gebe, während doch diese Edicte nicht zu den Quellen der Basiliken gehörten. Allein dieses Edict ist mit der Novelle 8 in der Sammlung der 168 Novellen verbunden; wie auch das Breviarium Novellarum von Theodorus beweist, in welchem das Edict mit excerpirt ist, es bildet einen Anhang zur Nov. 8 und ist als solcher mit in die Basiliken übergegangen. Nach Widerlegung aller dieser gegen die Integrität der Coislin'schen Handschrift vorgebrachten Gründe ist das Resultat, daß die Handschrift für die Bücher 1—9 der Basiliken gerade den ursprünglichen, wenig veränderten Text liefert. Gründe dafür sind folgende. Erstens das Alter der Handschrift. Zweitens gibt die Handschrift den Text ohne Scholien, und die Basiliken hatten ursprünglich keine Scholien (vergl. §. 27 unter VIII.). Drittens stimmt die Handschrift in der Eintheilung mit den Angaben anderer Quellen überein; sie gibt von B. 3 der Basiliken 4 Titel, und diese Titelzahl wird durch das allgemeine Coislin'sche Titelverzeichniß, den sogenannten Tipucitus und die Citate des Balsamon bestätigt. Viertens enthält die Handschrift viel mehr Basilikenstellen, als der Cod. Paris. 1352, und die Stellen, welche sie gibt, haben in der That in den Basiliken gestanden. Dies beweisen sowol die in dem Cod. Paris. 1352 angezeigten Lücken, als auch die Synopsis. Dazu kommt, daß die Handschrift in vielen Stellen mit der Synopsis übereinstimmt. Endlich gibt die Handschrift von vielen Novellen und Codexstellen den griechischen Originaltext oder bei lateinischen Constitutionen das κατὰ πόδας, wo der Cod. Paris. 1352, die Synopsis und Balsamon blos Auszüge liefern. Letzteres ist ein Hauptgrund; denn die Abkürzung des Textes lag notorisch weit mehr im Geiste der späteren Zeit, als dessen Erweiterung.

b) *Lib. I—XVIII. Codex Parisiensis* 1352. Diese Handschrift enthält Buch 1—18 der Basiliken, von Buch 18 bis zu tit. 2. cap. 16. Sie ist auf Pergament, besteht aus 187 Blättern in Folioformat, und ist zu Ende des 13. oder zu Anfange des 14. Jahrhunderts geschrieben. Fol. 187. B. schließt im cap. 16 (in der Handschrift ιζ') tit. 2. lib. XVIII. Basil. mit den Worten: *τοῖς κληρονομικοῖς δανεισταῖς οὐ κατέχεται*. Es sind sonach mehrere Blätter der Handschrift verloren gegangen, welche den Rest des 18. Buches enthielten. Die Handschrift enthält einen abgekürzten Basilikentext mit Scholien, welche über, neben und unter dem Texte hinlaufen, ganz wie in alten glossirten Ausgaben des Corpus juris civilis. Die Scholien am Rande sind von derselben Hand, wie der Text selbst, jedoch so, daß Text und Scholien von bestimmten Orten an von einer anderen Hand geschrieben scheinen. Es läßt sich daher nicht sagen, daß die Handschrift nur von Einer Hand geschrieben sei. Die am Rande geschriebenen Scholien sind bisweilen in slawischer oder illyrischer Sprache geschrieben. Auch im Texte finden sich sehr kleine Scholien, welche Fabrot in seiner Ausgabe nicht benutzt hat, aber auch nach dem Urtheil von Heimbach jun. keine Beachtung verdienen. Die Stelle des Textes, auf welche sich ein Scholium bezieht, wird durch Zeichen oder auch durch Buchstaben angegeben. Die Anfangsblätter sind sehr zerküftert und schwer zu lesen. Im Codex finden sich Bilder von Menschen und Thieren, z. B. fol. 63. 69. 123. 124. 125. Die Lücke von lib. II. tit. 2. cap. 57 (L. 57. D. L. 16) an bis zu tit. 3. cap. 144 (L. 144. D. L. 17) einschließlich, welche Fabrot in seiner Ausgabe T. I. p. 48 angezeigt hat, findet sich in der Handschrift; doch fehlt, wie Fabrot angegeben hat, nicht Ein Blatt, sondern mehrere, wie der Umfang der fehlenden Stellen von selbst ergibt. Die Lücke ist eine zufällige, durch Herausreißen mehrerer Blätter entstandene. Die in der Fabrotischen Ausgabe T. I. p. 100. A. 7 ersichtliche Lücke findet sich im Codex, wird aber in demselben nicht als Lücke angezeigt. Die Rubriken der Titel 8—18 und 22—35. lib. VI. Basil. (bei Fabrot T. I. p. 211 seq. 222 seq.) finden sich in der Handschrift ohne Text. Zu den Titelrubriken sind regelmäßig am Rande die Quellen beigefügt, aus welchen der Titel geschöpft ist. So steht z. B. neben der Rubrik von Tit. 2. lib. II. am Rande: ἐκληρονόμος ἀπὸ τοῦ ν'. δι. τοῦ δηγ. τι. ιζ'. Die im Text und Scholien befindlichen lateinischen Worte sind mit lateinischen Buchstaben geschrieben. Daß die Scholien bei Fabrot zu lib. II. tit. 2 nicht untergegangen sind, liegt darin, daß sie gleich neben den Basilikentext geschrieben sind. Das Iota subscriptum wird stets weggelassen. In der Handschrift ist bisweilen ein Theil des Textes durch Nachlässigkeit des Abschreibers weggelassen; das Weggelassene wird dann unten am Ende der Seite von derselben Hand mit einem Zeichen, z. B. + und mit Vorsetzung der Worte: τὸ κάτω. oder τὸ κείμενον nachgetragen. Fabrot hat diese Nachträge ohne Bedenken und ohne weitere Bemerkung mit Recht gleich in den Text aufgenommen. Was die Geschichte der Handschrift anlangt, so wird die Handschrift im pariser Catalog als Codex ... olim Puteanus, also aus der Bibliothek der Gebrüder Dupuy stammend bezeichnet. Dies ist aber unrichtig, indem die Handschriften dieser Gebrüder schon von 1635 an der königl. Bibliothek einverleibt worden sind, und dieser Codex 1638 sich noch nicht in dieser Bibliothek befand. Daß die Handschrift dieselbe sei, von welcher Cujacius in einem Briefe an Peter Pithou vom 7. August 1567 aus Turin schreibt: „... J'ay apporté de Venise les 15 premiers livres des Basiliques: et du 20 jusques au 30 que nul navoit encor veues," kann kein Zweifel sein. Cujacius gibt dabei zwar an, daß der Codex die ersten 15 Bücher der Basiliken enthalte, während er in der That Buch 1—18 in sich faßt. Dies läßt sich entweder so erklären, daß, da die Bücher 16. 17. 18 nicht vollständig sind, er nur die vollständigen gezählt habe, oder so, daß die Zahl auf einem Schreibfehler beruht. Denn daß die Handschrift des Cujacius wirklich 18 Bücher enthalten habe, geht aus den Stellen hervor, welche derselbe aus jenen Büchern in seinen Werken citirt. — Die Handschrift enthält einen abgekürzten Basilikentext, besonders in den ersten 6 Büchern. Diese Abkürzung zeigt sich nicht nur in Weglassung ganzer Titel und Stellen, welche in anderen Handschriften, namentlich im Cod. Coislin. 151, erhalten sind, sondern auch in Abkürzung einzelner Stellen, welche andere Handschriften vollständiger liefern, sowie in Substitution von Auszügen an die Stelle des griechischen Novellentextes oder des Textes griechischer Codexstellen, oder des κατὰ πόδας lateinischer. Umgekehrt gibt die Handschrift bisweilen als Basilikentext Stellen, welche im Cod. Coislin. 151 fehlen, oder hat eine Stelle vollständiger, als dieser, oder hat Auszüge, welche von den im Cod. Coislin. befindlichen abweichen. Bisweilen hat die Handschrift Stellen unter einem anderen Titel, als wohin sie nach anderen Handschriften gehören. Aus allem diesem ergibt sich, daß diese Handschrift einen interpolirten Basilikentext gibt. Die Interpolationen bestehen theils in Substitution unechter Stellen als Basilikentext aus anderen Quellen, theils in Veränderung der Stellung, welche die Fragmente in den Basiliken wirklich hatten, theils in Substitution kürzerer Auszüge anstatt des vollständigeren Textes. Am meisten sichtbar sind die Interpolationen im 8. Buche. Fabrot hat aus dieser Handschrift die Bücher 1—18 der Basiliken herausgegeben. Er hat aber außerdem noch andere Hilfsmittel benutzt. So hat er namentlich die Lücke, welche die Handschrift im Buch 2. Tit. 2. 3 hat, aus anderen Quellen, ohne sie näher zu bezeichnen, auszufüllen versucht, hauptsächlich wol aus der Synopsis Basil. und aus dem Harmenopulus. Aber auch außerdem finden sich Lücken in der Handschrift, welche Fabrot aus anderen Quellen, die nicht immer angegeben werden können, ergänzt hat. Die Lesarten der Handschrift weichen bisweilen von denen der Fabrotischen Ausgabe ab.

c) *Lib. VIII. Codex Haenelianus. Codex Lugduno-Batavus.* Diese beiden Handschriften enthalten das 8. Buch der Basiliken mit alten Scholien, welche zum Theil aus den Schriften der Juristen des 6. Jahrhunderts excerpirt, zum Theil eigene Bemerkungen der Scholiasten sind. Sie haben folgenden Ursprung. In dem Catalog der Bibliothek des Antonius Augustinus wird l. c. no. 177 so beschrieben: „Basilicorum libri duo; VII acephalus et VIII integer; cum incertis Scholiis, et Theodori, Thalelaei, Dorothei, Cyrilli et alterius anonymi interpretationibus ... volumina duo recenter scripta forma quadrata." Es war dies eine Abschrift der im Escurial befindlichen Basilikenhandschrift des 7. und 8. Buches, welche Ant. Augustinus durch Hieronymus Zurita hatte nehmen lassen. Außer dieser Abschrift sind von jener Urhandschrift im Escurial noch andere Abschriften genommen worden; ob im Auftrage des Ant. Augustinus oder Anderer, ist zweifelhaft. Auch diese Abschriften waren in zwei Bände getheilt. Der zweite Band einer solchen Abschrift, das 8. Buch enthaltend, gelangte auf unbekannte Weise an Isaac Vossius, und endlich in die Bibliothek zu Leyden, wo er lange verborgen lag, bis 1752 sein Dasein durch Ruhnken bekannt gemacht wurde, ohne daß dieser eine nähere Beschreibung gegeben hätte. Eine Abschrift, das 8. Buch enthaltend, der leydenschen sehr ähnlich, hat Hänel in Leipzig auf seiner Reise in Spanien erworben, und mir deren Gebrauch bei der Basilikenausgabe verstattet. Diese Hänel'sche Handschrift ist in klein Quart, auf Papier geschrieben, und besteht aus 305 numerirten Blättern. Die Ueberschrift ist:

„*βιβλίον ὄγδοον τῶν βασιλικῶν.*"

+

„*χάριν τῷ λογίῳ καὶ κυρίῳ Ἀντωνίῳ τῷ Κοβαρουβίῳ ὄντι ἀκροατῇ καὶ βουλευτῇ τῆς βασιλικῆς βουλῆς τοῦ τῶν Ἱσπανῶν βασιλέως.*"

Am Ende steht geschrieben: „*Ἐλήφθη τέρμα σὺν θεῷ ἁγίῳ ἐν τῷ ἔτει ͵αφοδ´ μαρτίῳ ς´. ὑπὸ Ἀνδρέου Δαρμαρίου τοῦ Ἐπιδαυρίου υἱοῦ Γεωργίου,*" und darunter: „*χάριν τῷ λογιωτάτῳ κυρίῳ Ἀντωνίῳ τῷ Κοβαρουβίῳ ὄντι ἀκροατῇ τῆς βασιλικῆς συμβουλῆς καὶ συμβουλευτῇ.*" Die Handschrift ist also nach der Schlußbemerkung am 6. März 1574 zu Ende gebracht worden; der Abschreiber war Andreas Darmarius aus Epidaurus. Zurita hatte also nur den Auftrag erhalten, eine Abschrift von der Handschrift im Escurial fertigen zu lassen. Welches der Grund der Danksagung gegen den Antonius Covaruvius oder Covarruvius, Mitglied des königlichen Rathes von Spanien, sei, ist unbekannt. Vielleicht hat der Abschreiber durch diesen die Erlaubniß zur Fertigung einer Copie erhalten. Die Hänel'sche Handschrift hat mit der leydener dieselbe Quelle, nämlich die Escurialhandschrift der Basiliken; doch weichen beide sehr von einander ab. Die Hänel'sche Abschrift ist ein Theil der in des Antonius Augustinus Bibliothek befindlichen Abschrift, die leydener eine andere Abschrift der Escurialhandschrift, welche nicht von der ersten Abschrift, sondern von der Urhandschrift selbst genommen ist; beide haben nur gemein, daß sie Abschriften der Urhandschrift sind. Daß die Hänel'sche Abschrift die im Auftrage des Ant. Augustinus selbst genommene Abschrift sei, beweist erstens die Schlußbemerkung derselben, nach welcher sie am 6. März 1574 beendigt worden ist, was mit der Zeit, zu welcher Augustinus dem Hieronymus Zurita den Auftrag, eine Abschrift von der Basilikenhandschrift im Escurial fertigen zu lassen, ertheilt hat, übereinstimmt. Zweitens sprechen dafür, daß die Hänel'sche Abschrift eine ältere und der Urhandschrift mehr sich anschließende Abschrift sei, als die leydener, folgende Gründe. 1) In der Hänel'schen Abschrift werden die Namen der Juristen, aus deren Schriften die in die Basiliken übergegangenen Digestenstellen entlehnt sind, mit lateinischen Buchstaben geschrieben; in der leydener Abschrift werden die Namen der Juristen entweder weggelassen, was gewöhnlich der Fall ist, oder mit griechischen Buchstaben geschrieben. 2) In der Hänel'schen Abschrift sind die Worte des Textes, auf welche sich die

Scholien beziehen, in der Regel nicht den Scholien vorangesetzt, wie es in der leydener Abschrift gewöhnlich ist, sondern der Leser wird durch Buchstabenzeichen auf die Worte des Textes, auf welche sich die einzelnen Scholien beziehen, verwiesen. Dieselbe Art, den Leser mit Zeichen von Buchstaben oder anderen, z. B. eines Kreuzes, im Texte auf die Scholien, und in den Scholien wieder auf die betreffenden Stellen des Textes zu verweisen, findet sich auch in anderen Basilikenhandschriften, z. B. im Cod. Paris. 1352. Der Verfasser der leydener Abschrift hat die Worte des Textes, auf welche sich die Scholien beziehen, selbst vorgesetzt. 3) In der Hänel'schen Abschrift haben die lateinischen Worte, welche im Texte oder in den Scholien beibehalten sind, griechische Flexion; in der leydener Abschrift lateinische. Letztere rührt von dem Verfasser der leydener Abschrift selbst her; denn die griechische Flexion ist in den Handschriften die gewöhnliche. 4) Die Hänel'sche Abschrift enthält mehr als die leydener. Es gilt dies nicht blos von Stücken des Textes und der Scholien, welche in der Hänel'schen Abschrift stehen, in der leydener aber fehlen, sondern auch von Scholien, von denen erstere mehr enthält, als die letztere, und von den Namen der Verfasser der Scholien. Daß beide Abschriften von einander unabhängig sind, wird auch noch dadurch bewiesen, daß in der leydener Abschrift bisweilen steht, was in der Hänel'schen fehlt, sowie dadurch, daß die leydener Abschrift Varianten bietet, welche aus der Verbesserung der in der Hänel'schen Abschrift befindlichen Lesarten nicht erklärt werden können, da die in der letzteren oft besser sind, als in der ersteren. Hiernach ist kein Grund vorhanden, sich zu verwundern, daß in der Heimbach'schen Basilikenausgabe beide Abschriften benutzt sind; denn eine Abschrift ergänzt die andere. Wohin der erste Theil der Abschrift der Escurialhandschrift gekommen ist, welche das 7. Buch der Basiliken enthielt, ist unbekannt. Ant. Augustinus selbst hat vom 7. Buche keinen Gebrauch gemacht, während er in seiner Abhandlung de nominibus propriis Fragmente aus dem 8. Buche liefert. Antonius de Quintanaduegnas et Villegas, welcher 1628 starb, hat in der Schrift de jurisdictione et imperio das 8. Buch der Basiliken mehrmals citirt. Die Urhandschrift im Escurial war sehr alt. Sie ist besonders dadurch ausgezeichnet, daß sie die alten Scholien in der ursprünglichen Gestalt gibt, daher sie wol in das Ende des 10. oder den Anfang des 11. Jahrhunderts zu setzen ist. Wohin sie gekommen ist, und ob sie noch existirt, ist ungewiß.

ß) *Lib. XI—XIV. Codex Coislinianus* 152. Die Handschrift ist auf Pergament geschrieben, im größten Folioformat, und enthält die Bücher 11—14 der Basiliken mit sehr reichhaltigen Scholien. Sie befindet sich in der kaiserl. Bibliothek zu Paris. Am Anfang findet sich ein Zettel und darauf Folgendes geschrieben: „Codex membranaceus XIV. saeculi. Pars Basilicorum, quae incipit ab his verbis: *βιβλίον ἑνδέκατον* [illegible]. Initio et fine habentur folia duo excerpta ex libro quodam novi saeculi, in quorum uno legitur historia Joachim et ...“ Diese letztere Bemerkung ist so zu verstehen. Am Anfang und Ende des Codex finden sich je 2 Blätter, welche zum Einbinden der Handschrift gedient haben. Der Inhalt der beiden Anfangsblätter bezieht sich auf die heilige Geschichte. Diese 4 Blätter haben zum Einbinden der Handschrift gedient. Mit Einrechnung derselben besteht die Handschrift aus 151 Blättern. Im Ganzen ist die Handschrift gut gehalten, hat aber an vielen Stellen durch Nässe, wie es scheint, gelitten, daher sie an vielen Stellen unlesbar ist, namentlich von fol. 145 an. Am Ende von fol. 3. A. ist von neuerer Hand geschrieben: *Ἐπληρώθη ἐν τῇ ὀγδόῃ ἰνδ.* [illegible]. Worauf sich dies bezieht, ist ungewiß. Die griechische Schrift auf den 4 Blättern zu Anfang und zu Ende rührt, wie es scheint, aus dem 9. Jahrhundert her. Der Text der Basiliken ist im Ganzen sehr deutlich, doch hier und da mit Abkürzungen geschrieben. Die Scholien laufen in Colonnen auf der linken Seite in der gleichen Zahl, in der ungleichen an der rechten. Sie sind, wo sie zu lang waren, gleich unter den Text gesetzt, und nehmen da oft mehr als ¾ Seite ein. Die Scholien laufen mit dem Texte so, daß die Stellen, wohin sie gehören, mit griechischen Buchstaben mit Röthel angegeben sind, welche denen der Scholien am Anfange entsprechen und ebenso roth gezeichnet sind. Diese Buchstaben gehen das Alphabet durch und gehen, wenn dasselbe zu Ende ist, wieder von Neuem an. Die Scholien sind von kleinerer Schrift als der Text. Auch ist in den Scholien nicht immer dieselbe Hand. Bisweilen findet sich der Rand, welcher zwischen den alten Scholien und dem Ende des Pergaments blieb, mit neuen Scholien von verschiedener Hand und Tinte angefüllt. Eine Angabe der Zeit, zu welcher die Handschrift geschrieben sei, findet sich nicht am Ende, was in dem Obigen seine Erklärung findet. Häufig ist der Gebrauch der Abkürzungen in der Handschrift, welche bisweilen schwer zu entziffern sind. Die lateinischen, in den alten Scholien vorkommenden Worte sind mit lateinischen Buchstaben, welche aber häufig die Gestalt der griechischen nachahmen, geschrieben. Von fol. 106 an sind die Namen der Juristen, deren Fragmente aus den Digesten in den Basiliken stehen, an den Rand geschrieben, mit derselben Tinte, wie der Text. Die Handschrift enthält bisweilen Lücken, dadurch entstanden, daß ein oder mehre Blätter ausgefallen sind. Daher ist bisweilen ein Theil des Textes und der Scholien verloren gegangen. Der Text ist mit innern Bemerkungen oft versehen, welche aber nur aus Citaten von Parallelstellen bestehen. Letztere hat Heimbach jun. wegen Kürze der Zeit nicht mit abgeschrieben, daher sie auch in der Heimbach'schen Basilikenausgabe nicht stehen. Die Scholien sind theils von derselben Hand, wie der Text, theils von anderer neuerer Hand geschrieben. Doch läßt sich nicht durch die Hand unterscheiden, ob ein Scholium zu den alten Scholien (den Excerpten aus den Schriften der Justinianeischen Juristen) oder zu den neueren gehört. Denn obgleich die alten Scholien gewöhnlich mit anderer Hand, als die neueren, geschrieben sind, so ist die Verschiedenheit doch kein sicheres Kennzeichen, da auch bisweilen die alten Scholien von derselben Hand, wie die neueren, geschrieben, und auch an der Stelle, welche letztere in dem Codex einzunehmen pflegen, gesetzt sind. Sie sind dann von einem späteren Besitzer der Handschrift, welcher sie an ihrem gewöhnlichen Orte vermißte, nachgetragen. In der Heimbach'schen Ausgabe, in welcher diese Handschrift zuerst benutzt ist, ist die Verschiedenheit der Schrift so angezeigt, daß die von neuerer Hand geschriebenen Scholien mit einem Sternchen bezeichnet sind. Ueber die Schicksale der Coislin'schen Bibliothek ist bereits unter a) gehandelt worden." Die Handschrift ist vom Berge Athos.

e) *Lib. XV—XVIII. Codex τοῦ ἁγίου τάφου* (S. Sepulcri). Im J. 1838 fand Zachariä v. L. zu Constantinopel in dem Hause des Patriarchen von Jerusalem in der bibliotheca τοῦ ἁγίου τάφου, wie die Griechen sie nennen, diese Handschrift. Er konnte sie wegen Kürze der Zeit damals nicht gehöriger Durchsicht unterwerfen, und erhielt sie, mit Genehmigung des Patriarchen Demetrius von Jerusalem, 1839 nach Teutschland zugesendet. Die Handschrift ist von Pergament und in Quart. Sie besteht jetzt aus 222 Blättern, ist aber im Anfange defect, und auch in der Mitte sind hier und da einige Blätter ausgefallen. Die Handschrift enthält von fol. 1—210 die Hexabiblos (das Manuale legum) von Harmenopulus. Fol. 1 fängt am Ende der *μελέτη* an, welche unter dem Titel: *Κριτῶν προχειρότατος*, der Hexabiblos voransteht. Darauf folgt: *Κατάστασις [illegible] εἰς τοὺς [illegible] παρὰ Λέοντος καὶ Ἀλεξάνδρου*, welche Leunclavius herausgegeben hat. Dann kommt der Titel, die protheoria und der index des Werkes, und dann endlich fängt fol. 6 die Hexabiblos Lib. I. tit. 1 an. Am Ende von Lib. VI (fol. 202 b seq.) wird hinzugefügt: "*Ἕτεροι τίτλοι διάφοροι* (nämlich *περὶ [illegible] τε΄. α΄, περὶ ποινῶν διαφόρων τε΄. β΄, περὶ [illegible] ἐπιτιμίων τε΄. γ΄, περὶ χειροτονίας ἐπισκόπων καὶ πρεσβυτέρων τε΄. δ΄*)." Am Ende dieser Titel fol. 210 b steht folgende Bemerkung: *Τέλος σὺν Θεῷ ἁγίῳ τῆς ἑξαβίβλου. ἐτελειώθη τὸ παρὸν βιβλίον μηνὶ δεκεμβρίῳ ἰνδ. ζ΄, ἔτους ͵ϛωξβ΄ — οἱ ἀναγινώσκοντες εὔχεσθαι* (l. *εὔχεσθε*) *διὰ τὸν κύριον.* Hiernach ist die Hexabiblos im December des Jahres 6862 nach Erschaffung der Welt (1354 nach Christus) geschrieben. Die Blätter von fol. 211 an sind von einer anderen neueren Hand geschrieben und verschiedenen Inhalts. Die 222 Blätter, aus welchen die Handschrift besteht, sind aus anderen älteren Handschriften genommen und, nach Verlöschung der alten Schrift durch Abwaschen, rescribirt. Nämlich die Blätter 217—222 sind aus einem sehr alten, dem 7. oder 8. Jahrhundert angehörenden Codex, der mit Uncialbuchstaben in Großquart geschrieben war, abgerissen. Diese alte Handschrift war mit Tinte geschrieben; die alte Schrift konnte auch durch Anwendung von Reagentien nicht zurückgerufen werden; die wenigen lesbaren Worte deuten auf ein kirchliches Buch, vielleicht Homilien enthaltend, hin. Die übrigen Blätter, mit Ausnahme von fol. 22 und 29, gehören einem *τεῦχος τῶν βασιλικῶν* an. Diese Handschrift war in Folioformat; aus jedem einzelnen Blatte derselben sind, als sie rescribirt wurde, zwei Blätter gemacht, in welchen die Linien der alten Schrift von den Linien der neuen Schrift durchschnitten werden. Daher sind von den Folien des ursprünglichen Codex nur 102 ganze und 10 halbe übrig. Endlich fol. 22 und das mit demselben zusammenhängende fol. 29, welches vielleicht einst der erwähnten Basilikenhandschrift als Decke angeklebt war, hat auf der inneren Seite eine im J. 1217 geschriebene Urkunde; auf der Rückenseite sind keine Spuren, daß rescribirt sei, vorhanden. Diese Urkunde, welche von Zachariä v. L. herausgegeben worden ist, ist für die Geschichte der Handschrift nicht unwichtig. Sie war zum Theil nicht lesbar; das nicht Lesbare hat der Herausgeber ergänzt und zur Unterscheidung von dem Uebrigen mit Klammern eingeschlossen; Anderes hat er durch eine Parenthese verbessert. Die Ueberschrift, welche von Anfang an defect ist, lautet so:

> ...... *ἀρχῆς τοῦ σεπτεμβρίου μηνὸς τῆς μελλούσης [illegible] ἰνδ. τοῦ ͵ϛψκε΄ ἔτους καὶ κατέχειν [illegible]* (leg. *[illegible]*) *ἀπὸ τῆς ἀρχῆς τοῦ τρίτου χρόνου τὸ ἀναλογοῦν πρὸς δώδεκα [illegible] τὸ ἐπίκομον.*
> *ἐγράφη ταῦτα διὰ χειρὸς [illegible] ἰνδ. ε΄. ἔτους ͵ϛψκε΄ μηνὶ ἰουνίῳ ἰνδ. ε΄.*

Dann folgt der Text der Urkunde, welcher nicht weiter hier von Interesse ist. Am Schlusse steht geschrieben: *ἐγράφη ταῦτα διὰ χειρὸς κληρικοῦ τοῦ Ἑρμογένους ἐκ προτροπῆς τοῦ θειοτάτου σακελλαρίου καὶ ταβουλαρίου κυροῦ [illegible] τοῦ [illegible] μηνὶ ἰουνίῳ ἐπινεμήσεως ε΄ ἔτους ͵ϛψκε΄ ἐνώπιον τῶν ὑπογεγραμμένων.* Hierauf folgen 4 Unterschriften, deren letzte ist:

> + *Ὁ σακελλάριος τῆς ἁγιωτάτης μητροπόλεως Θεσσαλονίκης καὶ ταβουλλάριος [illegible] [illegible] ὁ [illegible] [illegible] ὑπέγραψα.*

Zuerst wird hierdurch wahrscheinlich, daß die Handschrift der Basiliken zu Thessalonich geschrieben und daselbst auch rescribirt worden sei; dann wenigstens ist diese Urkunde zu Thessalonich geschrieben und aufbewahrt worden. Ferner kann aus dieser Urkunde, welche im J. 1217 nach Chr. geschrieben ist, das Alter der Handschrift näher bestimmt werden. Die Schrift der Urkunde ist nämlich der kleinen Schrift sehr ähnlich, mit welcher die Scholien zum Texte der Basiliken in der Handschrift geschrieben sind; sodaß es wahrscheinlich ist, daß derselbe Geistliche Hermogenes, welcher die Urkunde geschrieben hat, ungefähr zu derselben Zeit auch die Basilikenhandschrift geschrieben habe. Die Schrift der Basilikenhandschrift gehört dem Ende des 12. oder dem Anfange des 13. Jahrhunderts an. Sie ist der Schrift des Codex Coislin. 152 und des Cod. Paris. 1350 sehr ähnlich, sodaß es scheint, daß diese drei Handschriften einst einen Theil des ganzen, von denselben Abschreibern abgeschriebenen und in mehrere Bände abgetheilten Basilikenwerkes gebildet haben. Diesem steht nicht entgegen, daß die Scholien dieser Handschriften von verschiedener Beschaffenheit sind, da möglicher Weise die einzelnen Bände des

Basilikenwerkes aus verschiedenen Recensionen abgeschrieben wurden. Der Text ist auf der Mitte der Seite mit größeren Buchstaben geschrieben; Scholien mit kleinerer Schrift stehen über und unter dem Texte und zur Seite desselben am Rande. Hier und da finden sich zwischen den Zeilen Glossen; bisweilen am äußersten Rande Bemerkungen Späterer. Die Schrift der Scholien ist voller Abkürzungen und viel schwerer zu lesen als der Text; besondere Schwierigkeit macht, daß eine und dieselbe Abkürzung bisweilen verschiedene Worte bedeutet. Die vier letzten Blätter des Codex sind von anderer Hand geschrieben, als alle übrigen. Sie sind nämlich später ergänzt worden, nachdem sie aus der ursprünglichen Handschrift aus irgend einem Grunde ausgefallen waren. In ihnen ist bemerkenswerth, daß den einzelnen Scholien ein Zeichen vorangesetzt ist, welchem dasselbe im Texte zwischen den Zeilen wiederholte Zeichen entspricht. Der Abschreiber, welcher glaubte, daß die Scholien zum Text selbst gehörten, wollte dadurch die Worte und Stellen des Textes bezeichnen, auf welche sich die Scholien bezögen. Aehnliches ist bereits bei dem Cod. Paris. 1352 und Cod. Coislin. 152 bemerkt worden. Die Handschrift enthielt, als sie vollständig war, die Bücher 15—18 der Basiliken mit Scholien; jetzt aber fehlen ungefähr 40 Blätter. Sie enthält also mehr, als die früher bekannten Handschriften und die Fabrot'sche und Heimbach'sche Basilikenausgabe. Denn was den Text der Basiliken betrifft, so füllt sie die Lücken im 16. und 17. Buche beinahe ganz aus; das 18. Buch ist aber erst in dieser Handschrift fast vollständig, nur daß 6 oder 7 Blätter aus dem Codex ausgefallen sind. Scholien zu den Büchern 15—18 haben die früheren Ausgaben sehr wenige, und diese sind neuer oder aus den älteren entnommen, aber verschlechtert. Diese Handschrift gibt erst die echten alten Scholien. Aus derselben hat Zachariä v. L. 1846 die Bücher 15—18 mit Scholien herausgegeben.

f) *Lib. XX—XXX. Codex Parisiensis* 1348. Die Handschrift ist in Folioformat. Am Anfange findet sich ein Zettel, worauf Folgendes geschrieben ist: „Bombycinus, Cod. olim 2041 in fine mutilus. Constat hic Codex foliis 365. Nota folium 117 desiderari in editione Fabroti. In calce hujus Codicis legitur: *βίβλος τοῦ [illegible] τοῦ δούκα ἔχουσα φύλλα γεγραμμένα τξη'.* Initio folia sunt XIX numeris signata. Reliqua in quaterniones divisa litteris notatos. Ultimus quaternio notatus gemino V. Quaternionem CC sequitur quaternio CCC." Wir haben hier eine zwiefache Beschreibung des Codex, die eine im pariser Catalog, die andere auf diesem Zettel. Die letztere ist die ältere und richtigere. Denn während der Catalog die Handschrift von Pergament sein läßt, ist sie nach der älteren von Seidenpapier, was in der That zutrifft. Sie ist aus dem 13. Jahrhundert. Sie enthält die Bücher 20—30 der Basiliken mit Scholien. Vom 30. Buche sind nur 2 Blätter übrig, auf deren letztem der Text mit den Worten endigt: *[illegible] κεφ.* Die Scholien sind über, unter und neben dem Texte geschrieben, und zwar von verschiedenen Händen. Der Codex ist mit Galläpfeltinte geschrieben. Die ersten Blätter sind sehr abgegriffen und abgefault, wodurch besonders die Scholien des 20. Buches viel gelitten haben, da oft mehr als eine halbe Zeile fehlt. Die ersten Blätter sind auch geflickt. Inwendig hat der Codex viel durch Durchschneiden gelitten. Auf welche Worte und Stellen des Textes die Scholien sich beziehen, wird durch Buchstaben nach dem Alphabet oder durch andere Zeichen, die den einzelnen Scholien vorgesetzt sind, angezeigt, und diesen Zeichen entspricht immer dasselbe im Texte wiederholte Zeichen. Die Zahlen der Capitel sind am Rande mit Röthel geschrieben. Die Namen der Juristen finden sich mit zweiter Hand über dem Texte nachgetragen. Zu Buch 20. Tit. 4 fehlen die Scholien in der Handschrift, wie in der Fabrot'schen Ausgabe. Dasjenige, was nach dem vorher erwähnten Zettel am Ende des Codex geschrieben steht, fehlt jetzt, da der Codex am Ende defect ist. Die Handschrift soll nach jenem Zettel aus 368 Blättern bestanden haben; es sind aber nur 365 Blätter übrig. Indessen hat der Codex wol mehr Blätter gehabt, da der Raum Eines Blattes nicht für den Text von Basil. lib. XXX. tit. 1 von cap. 7. th. 6 hinreichte, wenn man auch annimmt, daß die Handschrift weiter keine Scholien zu diesem Titel gehabt habe, was dadurch wahrscheinlich wird, weil auch von cap. 3. th. 3 an bis zu cap. 7. th. 6 die Scholien in derselben fehlen. Nach der Angabe von Fabrot in der Vorrede zur Basilikenausgabe soll in der Mitte der Handschrift in den Büchern 25, 26, 27 Einiges herausgeschnitten sein, unbeschadet des Basilikentextes; Fabrot vermuthet, daß dies entweder, bevor der Codex an Cujacius gelangte, oder nach seinem Ableben von Andern geschehen sei. Es ist aber dieses erweislich geschehen, ehe der Codex in die Hände des Cujacius kam. Die Scholien in der Handschrift sind nicht zu allen Büchern vorhanden. Sie fehlen zu Buch 20. Tit. 4—8, Buch 21. 27. Seltener sind die Scholien zu einzelnen Titeln, z. B. zu Buch 25. Tit. 2. 3. Die Scholien sind theils alte, theils neuere; die alten sind zahlreicher, besonders zu den Büchern 20—23. Die Handschrift ist dieselbe, welche Cujacius nach dem unter b) bei dem Cod. Paris. 1352 erwähnten Briefe in Venedig erworben hat. Dies wird dadurch außer Zweifel gesetzt, daß die Handschrift lateinische Noten von der Hand des Cujacius hat. Fabrot hat aus dieser Handschrift die Bücher 20—30 herausgegeben. Doch hat er das 117. Blatt der Handschrift weggelassen. Das Fehlende ist in der Heimbach'schen Basilikenausgabe nachgetragen.

g) *Lib. XXVIII—XXIX. Codex Med. Laurentianus LXXX*, 11. Die Handschrift ist auf Pergament geschrieben, in Folioformat, am Anfange und Ende defect, da an jenem und diesem 2 Blätter abgerissen sind, sodaß man beim ersten Anblick nicht weiß, welchen Theil der Basiliken die Handschrift enthält. Sie besteht aus 175 Blättern (nach Bandini aus 174). Die ersten Worte des Textes (lib. XXVIII. tit. 1. cap. 20) sind: *[illegible] εἰ δὲ τοῦτο [illegible].* Die

Scholien beginnen von den Worten: τὸν γάμον μετὰ τὴν τοῦ. Ueber dieselben Worte fol. 1 ist von derselben Hand geschrieben: καὶ οὕτως ἔχει ὁ ἀντικήνσωρ· ἐὰν ἐν ὀργῇ ἤ τις καὶ φθάσαν παραγαγὼν γονεῦσιν ἢ κηδεμόσιν ἐγγράφως δῷ, μὴ βουληθῇ δὲ ἡ κόρη γαμηθῆναι, αὐτὴ οὐδαμῶς ἀναγκάζεται, μὴ ἀπαιτουμένη κατὰ τὸ μηδὲ ἃ ἔλαβεν, οὐ μόνον δὲ, εἰ ἄρραβωνα τοῦτο ποιήσῃ, φαμὲν, ἀλλ' εἰ καὶ τινὸς αὐτοῦ ἢ ἔγγονος ἢ ἕτερος συγγενὴς, ἢ τις τῶν οἰκείων, σύμφωνος ἢ δουλεύοντος, ἐν ᾧ δεῖ τοῦ ἄρχοντος τοῦτο πεπλήρωται. εἰ δὲ μετὰ τὴν ἀρχὴν ἡ κόρη βουληθῇ συναλλάξαι, ἀναλαβοῦσα τοῦτο πραχθήσεται. Es ist dies ein bisher unbekannter Auszug der L. un. C. V, 2 von Anatolius. Der Codex endigt fol. 175 im Buch 29. Tit. 7 (Nov. 61. pr. cap. 1 enthaltend) in den Worten: ἐκεῖνος δὲ τὸ ἀρχαῖον δίκαιον. Die Schrift der Handschrift ist der des Codex Coislin. 152 sehr ähnlich; auch ist die Tinte beider Handschriften fast dieselbe. Nach der Schrift gehört der Codex in das 12. Jahrhundert. Auf den letzten Blättern ist Einiges verdorben, und diesem hat man durch Aufkleben eines neuen Blattes abhelfen wollen. Daher haben Anfang und Ende der Zeilen gelitten; hier hat Jemand nachzuhelfen gesucht, dessen Hand dem 16. Jahrhundert angehört. Die Handschrift ist im Ganzen von derselben Hand geschrieben. Die Schrift des Textes und der Scholien ist dieselbe; die der letzteren nur kleiner. Die Scholien laufen über, unter und neben dem Texte hin. Ueber dem Texte finden sich häufig Citate von Parallelstellen, von neuerer Hand geschrieben, wie im Codex Coislin. 152. Die Handschrift enthält die Bücher 28 und 29 der Basiliken mit Scholien, aber nicht vollständig, da mehrere Blätter der Handschrift ausgefallen sind. Der Anfang von Buch 28. Tit. 1 fehlt bis zu cap. 20, weil Ein Blatt am Anfange ausgefallen ist. Zweitens sind mehrere Blätter verloren gegangen mit Buch 28. Tit. 2. cap. 4. 5. tit. 3. Tit. 4. cap. 1—16. th. 1 bis zu den Worten: ἐὰν οὕτως συναλλαχθῇ, mit den Scholien. Drittens fehlen 7 Blätter, welche Buch 28. Tit. 8. cap. 74. Tit. 9. 10. Tit. 11. cap. 1—15 mit Scholien enthielten. Viertens werden 2 Blätter vermißt, den Theil von Buch 28. Tit. 14 enthaltend, welcher der Novelle 22. cap. 47. §. 1. 2 und cap. 48 bis zu den Worten: ὡς καὶ τὸ διπλοῦν ἐστιν ἐξαρκοῦσα καὶ τὴν entspricht, zugleich mit den Scholien. Fünftens fehlen nach fol. 93. B. mehrere Blätter, auf welchen der letzte Theil von Buch 28. Tit. 15 (Nov. 33. §. 1) und von Buch 29. Tit. 1. cap. 1—8. th. 1. 2 mit Scholien sich befanden. Sechstens ist nach fol. 100. B. Ein Blatt ausgefallen, welches Buch 29. Tit. 1. cap. 29. 30 mit Scholien enthielt. Siebentens fehlen nach fol. 155. B. 2 Blätter, auf welchen Buch 29. Tit. 2 oder Nov. 97. cap. 4. 5 bis zu den Worten: διὰ τὴν ἐγγυτέραν γεγονότα mit Scholien standen. Endlich fehlen nach fol. 160. B. mehrere Blätter, welche Buch 29. Tit. 4 von den Worten der Novelle 127. cap. 2: αὐτοῖς οἱ καὶ τοὺς γάμους συμπράσσειν an, und Tit. 5. cap. 1—24 bis zu den Worten: τὸν ἄνδρα κερδαίνει mit Scholien enthielten. Die Scholien, welche die Handschrift enthält, sind theils alte, theils neue. Die alten Scholien sind nicht so durch spätere Interpolationen verunstaltet, wie im Codex Paris. 1348. Die zwischen den Zeilen des Textes über den Worten desselben, auf welche sie sich beziehen, befindlichen kurzen Scholien, in der Fabrot'schen Ausgabe glossae interlineares genannt, haben in der lateinischen, von Gentianus Hervetus 1557 herausgegebenen lateinischen Uebersetzung ganz dieselbe Stellung zwischen den Zeilen des Textes als Interlinearglossen, wie in der Handschrift; in der Fabrot'schen Ausgabe sind sie am Ende jedes Titels zusammengestellt; in der Heimbach'schen Ausgabe stehen sie nach den einzelnen Stellen des Textes, zu welchen sie gehören. Die in der Handschrift am äußersten Rande befindlichen Anmerkungen enthalten Citate von Parallelstellen, sowol aus den Justinianeischen Rechtsbüchern, als aus den Basiliken. Diese Citate rühren also aus verschiedener Zeit her, theils aus derjenigen, zu welcher die Justinianeischen Rechtsbücher noch nicht durch die Basiliken verdrängt waren, theils aus der, wo man die ersteren den letzteren nachzusetzen anfing. Bei dem Gebrauche dieser Citate von Parallelstellen ist aber Vorsicht nöthig. Denn auch Basilikenstellen werden häufig als δίγεστα citirt. Diese Randbemerkungen stehen sowol bei Hervetus, als bei Fabrot am äußersten Rande neben dem Texte; in der Heimbach'schen Ausgabe stehen sie unter den einzelnen Stellen des Textes, worauf sie sich beziehen, mit der Bemerkung, daß sie in der Handschrift sich am Rande befinden. Ein getreues Abbild der Handschrift gibt die lateinische Uebersetzung von Hervetus. Im Ganzen verdient diese Handschrift, in den Büchern 28. 29, vor dem Cod. Paris. 1348 theils wegen ihres Alters, theils wegen der größeren Menge der alten Scholien den Vorzug. Indessen konnte sie wegen der vielen Lücken, welche sie hat, bei der Ausgabe dieser Bücher doch nicht vorzugsweise Berücksichtigung finden. Eine Abschrift dieses Codex war in den Händen des Antonius Augustinus, welcher dieselbe schon 1547, als er sich in Rom aufhielt, besaß, und sie vorher zu Florenz genommen hatte. Sie wird in dessen Bibliothekskatalog unter Nr. 178 so beschrieben: „Nr. 178. Basilicorum duo alii imperfecti 28 et 29 cum Scholiis item incerti et interpretationibus eorundem explanatorum. Libri in charta annor. L. forma grandiori folii." Die Abschrift des Augustinus schrieb Hervetus mit dessen Erlaubniß 1551 zu Rom ab, und gab aus dieser von ihm genommenen Abschrift die Bücher 28 und 29 heraus. Die Abschrift des Hervetus bildet einen Theil des Codex Paris. 1354. Wohin die Abschrift des Augustinus gekommen ist, ist unbekannt.

b) *Lib. XXXVIII—XLII. Codex Parisiensis.* Diese Handschrift ist auf Pergament geschrieben, in groß Quartformat, besteht aus 144 Blättern, und enthält die Bücher 38. 39. 40. 41. 42 der Basiliken mit alten und neuen Scholien. Pag. 1. 2 findet sich ein Titelverzeichniß dieser Bücher, welches in Form und Beschaffenheit dem im Cod. Coislin. 151 stehenden ganz ähnlich ist. Der Einband der Handschrift ist von Pergament und

Holz. Fol. 2 steht Folgendes geschrieben: *Γεωργίου τοῦ Καντακουζηνοῦ τὸ παρὸν βιβλίον* (dadurch wird der Name des früheren Besitzers bezeichnet). Darauf folgt von der Hand des Viglius Zuichemus:

> Joannis Cantacuzeni primum magni domestici Constantinopolitani, deinde imperatoris, novissime monachi his liber olim fuit, nunc Viglii Zuichemi.

Dann folgt von der Hand des Pierre **Dufour (Petr. Faber)** folgende Bemerkung:

> Ad Cujacium Illustriss. Jurisconsultum postea quum pervenisset, ab ejus heredibus Petrus Faber sibi de suo comparavit nec sumtibus pepercit anno Christi CIↃIↃXCIV. Q. penes se habere coepit mense Augusto vergente ejusdem anni.

Auf des Einbandes B Seite steht noch mit der Hand des Viglius Zuichemus:

> Librum hunc graecum continentem XXXVIII XXXIX XL XLI XLII Basilici legalis Ego Viglius Zuichemus phrysius j. u. doctor et publicus Institutionum professor in inclyta Academia Patavina sub illustri dominio Venetorum emi ab monasterio canonicorum regularium apud Tarvisium anno domini MDXXXIII.
>
> „Viglius sst."

Hierauf folgt von anderer Hand:

> Qui eum dono dedit Hoppero Frisio j. u. d.

Fol. 1. A. findet sich ein lateinisches Titelverzeichniß der Bücher 38—42 von der Hand des Pierre Dufour, wie Heimbach jun. vermuthet, welcher viele eigenhändige Schriften desselben gesehen hat. Das 8. Blatt hat bedeutend durch Nässe gelitten, wodurch die darauf stehenden Scholien ganz unlesbar geworden sind. Fol. 144. B. steht mit der Schrift des 15. Jahrhunderts: *τὸ παρὸν βιβλίον ἐστὶν βασιλικῶν τόμον ἔχων δὲ βιβλία πέντε — καὶ χάρτια ἑκατὸν .... κοντα τόρα καὶ ἐπίλοιπα*. Dasselbe wird weiter unten von derselben Hand wiederholt, und anstatt *κοντα* — *σαρακοντα* geschrieben. Diese Handschrift ist dieselbe, deren Viglius in der Vorrede zu des Theophilus Institutionenparaphrase, gerichtet an Kaiser Karl V., Padua vom 31. Mai 1533, gedenkt. Dann kam die Handschrift in die Hände des Cujacius, welcher in der Vorrede zu seiner Ausgabe des 60. Buches der Basiliken schreibt, daß ihm Viglius eine Handschrift geliehen habe, welche die Bücher 38—42 enthalte, und daß er, Cujacius, den Vorsatz habe, diesen Codex herauszugeben. Wahrscheinlich hat Cujacius den Codex vor 1564 erhalten, da er in diesem Jahre schon Gebrauch davon gemacht hat. Dagegen erzählt Giphanius in seiner Schrift: De Imperatore Justiniano (Ingolst. 1591), Viglius habe den Codex dem Hopperus gegeben, und dieser auf seine, des Giphanius, Bitten dem Cujacius zum Gebrauch übersendet. Mortreuil hält die Angabe des Giphanius für unrichtig, weil Cujacius selbst sage, daß ihm Viglius den Codex geliehen habe, was durch das Zeugniß des Petrescius und durch einen Brief des Cujacius an Viglius bestätigt werde. Welche dieser Angaben richtig ist, kann dahin gestellt bleiben. Gewiß konnte Cujacius sagen: sibi Codicem beneficio Viglii esse commendatum, gleichviel, ob er die Handschrift von Viglius unmittelbar, oder von Hopperus, welchem Viglius sie geschenkt hatte, auf des letzteren Bitten geliehen erhielt, wenn er von Hopperus Nichts wußte. Gewiß ist, daß die Handschrift bei Cujacius bis an dessen Tod verblieben ist. Cujacius hatte bei der Ausgabe seiner Werke 1577 den Plan, eine Uebersetzung der Bücher 38—42 anzuschließen, wurde aber durch den Tod an dessen Ausführung verhindert. Nach seinem Tode gab Labbäus die Bücher 38. 39, welche Cujacius aus dieser Handschrift lateinisch übersetzt hatte, 1609 heraus. Es wird darüber gestritten, ob Cujacius die Handschrift von Viglius oder auf dessen Bitten von Hopperus geliehen erhalten und sie demjenigen, von welchem er sie erhalten, nicht zurückgegeben habe, oder ob er die Handschrift von diesem oder jenem eigenthümlich erworben habe. Von den Erben des Cujacius kaufte Pierre Dufour 1594 die Handschrift, wie sich aus dessen eigenhändiger Bemerkung auf fol. 2 des Codex ergibt. Die Handschrift wird von den Verfassern des pariser Cataloges in das 12. Jahrh. gesetzt. Die Schrift bestätigt dieses Urtheil. Der Text und die Scholien sind von derselben Hand geschrieben, mit Ausnahme der Scholien am äußersten Rande der Blätter, welche von anderer Hand sind. Sowol mit Buchstaben, als mit anderen Zeichen wird angegeben, auf welche Worte und Stellen des Textes die Scholien sich beziehen. Die Scholien sind theils alte, theils neuere. Die Handschrift liegt in den Büchern, welche sie enthält, der Fabrot'schen und Heimbach'schen Ausgabe zu Grunde.

l) *Lib. XLV—XLVIII. Codex Parisiensis* 1349. Diese Handschrift trägt die frühere Bibliotheksnummer 1840, ist auf Pergament geschrieben, in Folioformat, und besteht aus 238 Blättern. Fol. 1—6 steht ein Verzeichniß der Titel der Bücher 45—50 der Basiliken, *πίναξ* überschrieben, dem Titelverzeichniß im Codex Coislin. 151 in Form und Inhalt sehr ähnlich. Von fol. 7—206 gibt der Codex die Bücher 45. 46. 47. 48 der Basiliken mit alten und neuen Scholien, welche über, unter und neben dem Texte geschrieben sind. Interlinearglossen finden sich in diesem Codex nicht. Der Text zeichnet sich vor den Scholien durch größere Schrift aus. Die Beziehung der Scholien auf einzelne Worte oder Stellen des Textes wird durch Buchstaben, welche den einzelnen Scholien vorgesetzt sind, bezeichnet, und diesem Zeichen entspricht dasselbe Zeichen im Texte. Fol. 207. A. — 233. A. enthält die Schrift über die Zeitabschnitte unter dem Titel: *περὶ χρονικῶν διαστημάτων ἀπὸ ὥρας ἕως ἑκατὸν ἐνιαυτῶν*, welche von Cujacius aus diesem Codex herausgegeben worden ist. Fol. 183. A. — 234. B. enthält Tractate über die lex **Falcidia** und über Längenmaße; der erstere ist eine Sammlung von Stellen der Digesten und der Basiliken, welche sich auf die lex **Falcidia** beziehen. Von fol. 236. B. — 238. B steht ein πίναξ σὺν θεῷ τῶν νεαρῶν, ein Verzeichniß der Novellen Justinian's nach der Sammlung der 168 Novellen, mit der Angabe, ob die Novelle in die Basiliken aufgenommen sei oder nicht, und ersteren Falles, wo sie in denselben stehe, bekannt unter dem Namen Index Reginae. Nach der Schrift ist der Codex zu Ende des 11. oder zu Anfang des 12. Jahrhunderts geschrieben. Aus der Handschrift hat Fabrot die Bücher 45—48 der Basiliken herausgegeben, und diese Ausgabe liegt für diese Bücher der Heimbach'schen zu Grunde. Die Scholien sind größtentheils alte, aus den Commentaren der Juristen des 6. Jahrhunderts entlehnte, namentlich aus denen des Dorotheus und Anonymus zu den Digesten und des Thalelaus, Theodorus und Isidorus zum Codex, sowie aus der Schrift περὶ ἐναντιοφανειῶν. Die alten Scholien sind hier nicht so durch spätere Interpolationen und Zusätze entstellt, wie in anderen Handschriften. Die Handschrift befand sich früher in der Bibliothek der Königin Katharina von Medicis, wie sich daraus ergibt, daß im Anfange derselben sich von der Hand des Devarius, Bibliothekars der Königin, etwas geschrieben findet. Aus der Bibliothek der Königin kam die Handschrift unmittelbar in die große königl. Bibliothek, und ist die einzige aus dieser in die königl. Bibliothek übergegangene Basilikenhandschrift. Doch soll nach einer alten Tradition die Bibliothek der Königin in 3 Bänden die ganzen 60 Bücher der Basiliken gehabt haben. Peirescius sagt es bestimmt, und fügt hinzu, daß der Catalog dieser Bibliothek die vollständigen Basiliken in 3 Bänden erwähne. Peirescius scheint aber von dem, was diese Bibliothek enthielt, schlecht unterrichtet gewesen zu sein; denn er hat nicht einmal den Cod. Paris. 1349 für ein Manuscript der Königin erkannt. Besser kannte Cujacius diese Bibliothek, welcher seit 1562 mit der Abfassung des Catalogs beauftragt war. Nach seinen Briefen hat die Königin niemals die Basiliken vollständig besessen, und dies ist heutzutage außer Streit. Im Catalog der Bibliothek der Königin, gefertigt zu der Zeit, wo der Cardinal Ridolfi noch davon Besitzer war, und welcher in der großen königl. Bibliothek unter den Colbert'schen Handschriften (Codices graeci nr. 3074) existirt, findet sich fol. 58 b Folgendes: Libri (Cod. libribri) graeci, in jure canonico et civili, nr. 1 Βασιλικῶν νόμων βιβλία δ', τὸ με', τὸ μς', τὸ μζ', τὸ μη', σὺν ἐξηγήσει ἀνωνύμως περὶ χρονικῶν διαστημάτων, ἀπὸ ῥοπῆς (Cod. ἀπὸ ῥοπῆς) ἕως ἑκατὸν ἐτῶν. ἐκ τῶν φαλκιδίου, περὶ κληρονομιῶν (wahrscheinlich ἐκ τοῦ φαλκιδίου). In dieser Beschreibung erkennt man leicht die heutzutage unter Nr. 1349 verzeichnete Handschrift. Im J. 1589 wurde ein neues Inventar errichtet, nachdem zu dem Nachlaß der Königin Katharina das Concursverfahren eröffnet worden war (französische Handschriften nr. 10286). Nach diesem Inventar ergibt nur das Vorhandensein desselben jetzt mit Nr. 1349 bezeichneten Codex, und die daselbst gegebene Beschreibung läßt in dieser Beziehung keinen Zweifel zu. Das im J. 1570, um den Werth der Manuscripte Behufs deren Erwerbung für die königl. Bibliothek zu bestimmen, errichtete Inventar bezeugt nur das Dasein dieser einzigen Basilikenhandschrift, und die obschon viel weniger specielle Beschreibung stimmt vollkommen zu der vollständigeren der zwei anderen Inventarien. Nach allen diesen, zu verschiedenen Zeiten errichteten Verzeichnissen scheint, als habe die Bibliothek der Königin niemals mehr als Eine Basilikenhandschrift enthalten, dieselbe, welche unser Codex Paris. 1349 ist. Peirescius hat nur eine Abschrift des dritten Inventars besessen, welche auch heutzutage mit seinen anderen Manuscripten noch vorhanden ist, und in dieser findet sich, wie im Original, von den Basiliken nur folgende Erwähnung: „nr. 305. Pandectorum ultimi libri VI cum Scholiis in fol.;" dies paßt wieder auf den Codex Paris. 1349. Allein für das Dasein einer zweiten Basilikenhandschrift in der Bibliothek der Königin Katharina sprechen folgende Gründe. Im Catalogus libr. mss. Car. Ridolfi, welchen Montfaucon in seiner Bibliotheca Bibliothecarum gibt, nach dem Codex Colbertinus 3769 findet sich unter der Rubrik: Libri graeci promiscue in capsa 21 (Bibl. Bibl. T. II. p. 787) folgende Anzeige: „nr. 15. Quartus tomus incipiens a 46 libro usque ad sexagesimum." Der Cod. Paris. 1349 wird (ebenda p. 778) unter den libri Graeci in jure canonico et civili unter Nr. 1 aufgeführt: „Basilicorum nempe quatuor, nempe 45. 46. 47. 48." Hiernach ist also ein quartus tomus, welcher die Bücher 46—60 der Basiliken enthielt, in der Bibliothek des Cardinals Ridolfi vorhanden gewesen. Aus einem Briefe des Cujacius an Pithou vom 20. Juni 1571 geht hervor, daß in der Bibliothek der Königin im J. 1571 und vorher wenigstens zwei Basilikenmanuscripte existirten. Der Schluß, welchen man aus diesem Briefe auf die Zahl der Basilikenhandschriften der Königin ziehen kann, wird dadurch bestätigt, daß Cujacius im J. 1562 in seinem Commentar über die drei letzten Bücher des Codex den Text der dem 54. und 56. Buche der Basiliken angehörenden griechischen Constitutionen veröffentlichte und als Quelle, woraus er sie entlehnt habe, die Manuscripte der Königin bezeichnet hat. Dieser quartus tomus, welcher die Bücher 46—60 der Basiliken enthielt, ist nun mit der Bibliothek des Cardinals Ridolfi an den Marschall Strozzi und nach dessen Tode an die Königin Katharina von Medicis gekommen, und er ist es ohne Zweifel, der wegen der vielen darin enthaltenen Bücher Cujacius in dem vorher erwähnten Briefe an Pithou le plus gros tome des Basiliques nennt. Um diese Zeit oder kurz nachher ist diese Handschrift verloren gegangen, woraus sich erklärt, daß sie in den angegebenen Inventarien von 1579 und 1589 nicht mit aufgeführt ist. Cujacius hatte sie seitdem nicht mehr im Besitze; denn in dem Exemplare des 60. Buches, welches zum Wiederabdruck im J. 1566 gedient hat, findet sich keine neue Variante zu diesem Buche, und Cujacius hätte solche gewiß bei der neuen Ausgabe, welche er vorhatte, benutzt. — Zu der Zeit, wo das noch vorhandene Manuscript der Königin Katharina, der jetzige Codex Paris. 1349, sich mit der Bibliothek des Cardinals Ridolfi noch zu Rom befand, und ehe diese Bibliothek durch deren Käufer, Marschall Strozzi, nach Frankreich gebracht wurde, nahm Ant. Augustinus davon eine Abschrift, welche in dessen Catalog als nr. 179 so bezeichnet wird: „Basilicorum alii quatuor libri XLV, XLVI, XLVII et XLVIII cum Scholiis et interpretationibus ut supra. liber in charta proximo superiori similis amnor. L. forma grandiori folio.“ Augustinus hielt sich von 1544 bis 1554 zu Rom auf und kehrte zu Anfang des Jahres 1556 dahin zurück. Es war wahrscheinlich um 1550, wo Ridolfi starb, als Augustinus diese Abschrift nahm. Von dieser nahm Hervetus eine andere Abschrift, welche er nach den Büchern 28 und 29, die Augustinus ebenfalls besaß und Hervetus gleichfalls abgeschrieben hatte, abschrieb. Die Abschrift des Augustinus ist verloren gegangen; die des Hervetus befindet sich jetzt in der großen kaiserl. Bibliothek zu Paris als Cod. 1354 (olim Colbertinus 3080) und enthält die Bücher 28. 29. 45—48 der Basiliken ebenso wie den Pseudo-Eustathius. Am Ende derselben steht: „Romae 1553. V. Junii.“ Ehe diese Abschrift in die kaiserl. Bibliothek kam, befand sie sich in den Händen von Ribière, Parlamentsrath zu Paris, und heißt daher auch Codex Ribierii, namentlich bei Fabrot Praef. Basil. Wenn dieses Manuscript in die Colbert'sche Bibliothek gekommen ist, ist unbekannt. Montreuil vermuthet, gegen 1670, wo diese Bibliothek einen bedeutenden Zuwachs durch Erwerb einer großen Zahl von Manuscripten erhielt. Die Identität des Textes der Handschriften des Cardinals Ridolfi und der Königin Katharina, des Hervetus oder Colbert's ist unbestreitbar. Den zuverlässigsten Beweis liefert die Vergleichung der Hervet'schen Uebersetzung mit der Fabrot'schen Ausgabe. Beide stimmen so vollkommen überein, sowol im Texte, als in den Scholien, daß sie dasselbe Manuscript zur Grundlage haben müssen. Diese Uebereinstimmung ist besonders auffällig in den Lacunen, welche in verstümmelten Worten, die sich in den Scholien finden, bestehen.

k) *Lib. XLVI—LII. Tit. I. Cod. Paris.* 1357. Diese Handschrift enthält von fol. 1—121 die Epanagoge aucta, von fol. 122—277 den Text der Bücher 46—52. Tit. 1 der Basiliken ohne Scholien; diesen geht ein Verzeichniß der Titel der Bücher 46—60 vorher. Zuvörderst ist die Ansicht zu berichtigen, daß das 52. Buch in dieser Handschrift nur unvollständig sei. Das 52. Buch besteht nur aus Einem Titel: περὶ ἐνοχῶν καὶ ἀγωγῶν; denn sowol in dem im Codex Coislin. 151 befindlichen Titelverzeichniß des ganzen Basilikenwerkes, als in dem speciellen Verzeichniß der Titel der Bücher 46—52, welche beide mir abschriftlich vorliegen, hat das 52. Buch nur diesen Titel in beiden. Im ersteren heißt es: βιβλίον νβ. τῶν βασιλικῶν ἔχει τι. α. περὶ ἐνοχῶν καὶ ἀγωγῶν; im letzteren steht: βιβλ. νβ'. τιτλ. ά περὶ ἐνοχῶν καὶ ἀγωγῶν. Unter allen Basilikenhandschriften ist diese diejenige, deren Abstammung am meisten ungewiß ist. Biener glaubt, daß sie der eine Band der Basiliken aus der Bibliothek der Königin Katharina sei, deren sich Cujacius bedient hat, und welche später auf unerklärliche Weise verschwunden ist. Dagegen hält Zachariä v. L. sie für eine Abschrift, welche auf Befehl von Pierre Dufaur von einer Basilikenhandschrift, welche die Bücher 46—60 enthielt, zu der Zeit, wo die Bibliothek der Königin noch zu Rom und im Besitze des Marschalls Strozzi war, genommen sei. Dagegen hat Montreuil Anfangs beide Ansichten für unrichtig erklärt und dafür Beweise beizubringen versucht. Später hat aber Montreuil seine Ansicht modificirt und sich der von Zachariä v. L. angeschlossen. Er hat selbst mit Berufung auf den in *Montfaucon*, Bibliotheca Bibliothecarum befindlichen Catalogus libr. mss. Car. Ridolfi, wie oben bei Cod. Paris. 1349 angeführt wurde, zugegeben, daß in der Bibliothek des Cardinals Ridolfi ein quartus tomus, die Bücher 46—60 der Basiliken enthaltend, vorhanden war, und in die Bibliothek der Königin Katharina gekommen ist. Er hat ferner zugegeben, daß der Cod. Paris. 1357, soweit er die Bücher 46—52 der Basiliken enthält, eine von Dufaur genommene Abschrift der Basilikenhandschrift des Cardinals Ridolfi ist. Diese Abschrift ist, wie er bemerkt, nach dem Tode dieses Cardinals gefertigt, in der Zeit von 1550—1558, wo dessen Bibliothek vom Marschall Strozzi erworben worden war. Er vermuthet, daß durch den Transport dieser Bibliothek nach Frankreich der Abschreiber an Vollendung der Abschrift der ganzen 15 Bücher von Buch 45—60 gehindert worden sei, und nur die Abschrift von Buch 46—52 habe vollenden können, und findet es mit Recht unerklärlich, daß Dufaur seine Abschrift nicht vollendet habe, nachdem die Originalmanuscripte in den Besitz der Königin Katharina gekommen waren. Nach der Vermuthung von Reitz ist der Codex 1357 erst Eigenthum des Cujacius und später des Dufaur gewesen. Er macht dem Fabrot den Vorwurf, die Manuscripte dieses Juristen vernachlässigt zu haben. Montreuil hielt diese von allen Vermuthungen für die wahrscheinlichste; hat aber seine Ansicht später in der angegebenen Weise modificirt. Aber immer bleibt es unerklärlich, wie dieses Manuscript, welches Eigenthum von Dufaur war, nicht direct mit den anderen Basilikenhandschriften an die große Bibliothek verkauft worden, sondern in dieselbe erst durch die Vermittelung von Colbert gekommen ist. Biener findet in diesem Umstande mit Recht eine Unterstützung für seine nach dem Obigen ganz begründete Vermuthung, nach welcher dieser Codex eine Handschrift der Königin Katharina war, und dafür, daß die Erben von Dufaur in Zweifel über die Rechtmäßigkeit ihres Besitzers denselben nicht mit den anderen Handschriften verbinden wollten, um unangenehme Erörterungen zu vermeiden. Fabrot hat diese Handschrift nicht benutzt; denn sie ist erst 1732 mit der Colbert'schen Bibliothek an die große Bibliothek gekommen; deshalb fehlen bei ihm die Bücher 49—52. Von diesen 4 Büchern hat Bynkershoek durch einen Ungenannten eine Abschrift erhalten; eine andere Abschrift hat Johann Capperonnier 1751 für Meerman gemacht; und nach dieser hat Reitz diese 4 Bücher in *Meerman*, Thes. T. V. herausgegeben.

l) *Lib. LX. Codex Parisiensis.* Diese Handschrift ist auf Pergament, in Folio, und besteht aus 255 numerirten Blättern. Eine Bemerkung über die Zeit, wenn sie geschrieben ist, findet sich nicht darin. Sie enthält das 60. Buch der Basiliken mit Scholien, welche über, unter und neben dem Texte geschrieben sind. Die Schrift der Scholien ist dreifach. Ein großer Theil der Scholien ist von derselben Hand, wie der Text, aber mit kleinerer Schrift, geschrieben. Die Schrift des Textes und dieser alten Scholien zeigt das 12. Jahrhundert an. Dann finden sich Scholien von neuerer Hand, nach dem 13. Jahrhundert geschrieben. Der Schreiber dieses Theils der Scholien hat in sehr vielen Fällen den Text und die alten Scholien ergänzt und verbessert. Die Zahl der neueren Scholien ist sehr ungleich; im Anfange ist ihre Menge sehr bedeutend; nach und nach nimmt sie ab; gegen das Ende des Codex fehlen solche Scholien fast ganz. Endlich finden sich auch Scholien von dritter Hand, welche jedoch mit denen zweiter Hand dasselbe Alter haben. Denn bisweilen hat ein Scholium den Anfang von zweiter Hand; mitten in dem Scholium fährt eine dritte Hand fort bis an das Ende, und das neue Scholium beginnt wieder von zweiter Hand. Diese beiden Abschreiber waren also Collegen, von welchen der eine den anderen in der Vollendung des Werkes unterstützte. Die Beziehung der alten, d. h. der mit erster Hand, nämlich mit derselben, wie der Text geschriebenen Scholien auf Worte und Stellen des Textes wird durch Buchstaben, welche den Scholien vorangesetzt und im Texte wiederholt sind, angezeigt. Zu demselben Behufe werden in den neueren Scholien andere Zeichen außer den Buchstaben gebraucht. Der Text und die Scholien erster Hand haben zwar viele Abkürzungen, sind aber doch leicht zu lesen. Die Schrift der zweiten Hand ist schwer zu lesen, theils weil der Schreiber in den Abkürzungen und Siglen, welcher er sich bediente, sehr gewechselt hat, theils weil ein großer Theil der Scholien zweiter Hand schlecht erhalten ist. Noch schwieriger ist das Lesen der Schrift von dritter Hand. In der Handschrift selbst findet sich keine Bemerkung darüber, in wessen Eigenthum sie gewesen sei, ehe sie an die große pariser Bibliothek gelangte. Ohne Zweifel ist der Codex derselbe, welchen Cambray nach der Rückkehr von seiner Gesandtschaft zu Konstantinopel dem Cujacius schenkte. Letzterer gedenkt dessen in der im Februar 1564 geschriebenen Dedicationsepistel an Cambray, welche dem Commentar zum Titel *de excusationibus tutorum* voransteht. Die Schenkung muß vor 1557 erfolgt sein, da Cujacius in diesem Jahre Buch 60. Tit. 54 der Basiliken citirt. Auffallend ist es, daß Fabrot in der Vorrede zur Basilikenausgabe nicht weiß, daß Cujacius von dieser Handschrift Gebrauch gemacht hat. Zu welcher Zeit dieser Codex an die große königl. pariser Bibliothek gekommen ist, ist unbekannt. Als Fabrot die Basiliken herausgab (1647), gehörte der Codex schon zur königl. Bibliothek. Aus dieser Handschrift hat Cujacius das 60. Buch in einer lateinischen Uebersetzung 1566 herausgegeben, und Dion. Gothofredus hat diese Uebersetzung 1606 wieder abdrucken lassen. Den griechischen Text des 60. Buches hat Fabrot aus derselben Handschrift in seiner Basilikenausgabe 1647, aber sehr nachlässig, herausgegeben. In meinem Auftrage hat Herr Professor Tischendorf im Jahre 1841 eine neue Vergleichung der Handschrift vorgenommen, und es sind in der neuen Basilikenausgabe die Scholien viel vollständiger, als bei Cujacius und Fabrot, veröffentlicht worden.

Von den bisher beschriebenen Basilikenhandschriften gibt es einige, welche blos den Text einzelner Bücher der Basiliken geben, und andere, welche den Text und Scholien enthalten. α) Der Codex Coislin. 151 und Cod. Paris. 1357 sind die einzigen Handschriften, welche blos den Text der Basiliken geben. Der Codex Coislin. 151 gibt die Bücher 1—9 in einer Gestalt, welche dem ursprünglichen am nächsten kommt; die Ansicht derjenigen, welche seine Integrität bezweifeln, ist oben widerlegt worden. Der Codex Paris. 1357 gibt die Bücher 46—52. Tit. 1. Fabrot hat diese Handschrift nicht gekannt und Reitz hat uns aus ihr die Bücher 49—52 herausgegeben. Für die Bücher 46. 47. 48 haben wir aber eine andere Handschrift (den Codex Paris. 1349 und seine Abschrift den Codex Paris. 1354), welche verschiedenartige Scholien liefert. Nach der Vermuthung von Montreuil hat, wenn der Codex Paris. 1357 eine von einer Handschrift des Strozzi genommene Abschrift ist, der Abschreiber die Scholien, welche das Originalmanuscript enthielt, wie sie der Codex Paris. 1349 enthält, weggelassen. β) Die Hänel'sche und die leydensche Abschrift der Basilikenhandschrift des Escurials geben den Text des 8. Buches der Basiliken, mit den alten Scholien in ihrer ursprünglichen Gestalt, welche theils in Excerpten aus den Schriften der Juristen des 6. Jahrhunderts bestehen, theils von den Griechen selbst sogenannte σχόλια sind, über deren Inhalt schon berichtet worden ist. γ) Der Codex Paris. 1352 (Buch 1—18) enthält einen vielfach abgekürzten und interpolirten Text mit ebenso abgekürzten Scholien. δ) Inwiefern die übrigen Handschriften sich hinsichtlich der Scholien unterscheiden, wird bei den Basilikenscholien angegeben sein.

2) Handschriften der zweiten Classe.

a) *Codex Vaticanus 2075, olim Basilianus* 114. Die Bibliothek, in welcher sich dieser Codex befand, wurde, als gegen Ende des 18. Jahrhunderts die Franzosen den Kirchenstaat besetzten, zerstückelt; der größte Theil kam nach Grotta ferrata, einem Kloster der Basilianermönche, 20 Miglien von Rom entfernt; der kleinere Theil, welcher besonders die griechischen Manuscripte enthielt, ging in die vaticanische Bibliothek über. Von diesem Theile ist ein besonderer Catalog gefertigt worden. Die Handschrift ist von Pergament, in Quart, und besteht aus 207 Blättern ohne Zahlen. Sie enthält zuerst ohne lesbaren Titel einige Excerpte aus den Kanones und den Kirchenvätern über das Mönchswesen und Regeln, wie sich die Mönche zu verhalten haben. In dem übrigens ganz unleserlichen Titel läßt sich in der ersten Zeile nur [illegible] unterscheiden. Die erste Stelle fängt an: πρᾶγμα [illegible] καὶ εἶπον, τοῖς μ[illegible] κατρῶν ηται κ. τ. λ. Dann folgen mehrere Capitel bis zur Zahl ιζ'. ἐν πάσῃ τῆς ἐκκλησιαστικῆς εὐταξίας φροντίζοντες καὶ τοῦτο κ. τ. λ. — χρόνον ἀπο[illegible]ληφῶν. Dann folgt ohne Beifügung der Zahl folgende Ueberschrift: περὶ μοναχῶν πῶς δῆ (l. δεῖ) αὐτοὺς λαμβάνειν τὸ σχῆμα, καὶ περὶ τῆς ὑπαρχούσης αὐτῇ (l. αὐτοῖς) οὐσίας ἐν τῷ μονάσαι καιρῷ ὁ αὐτὸς βασιλεὺς Ἐπιφανίῳ τῷ ἁγιωτάτῳ ἀρχιεπισκόπῳ τῆς βασιλίδος ταύτης πόλεως καὶ οἰκουμενικῷ πατριάρχῃ (das Jota subscriptum ist stets weggelassen). Init. ὁ ἐν ἀσκήσει. Es folgen mehrere Constitutionen, deren letzte folgende Rubrik hat: περὶ μοναχῶν γενομένων κληρικῶν· καὶ γάμου αὐτῶν. Der Anfang ist: καὶ πρὸς γάμον ἐλθεῖν. Dann kommen Auszüge aus dem Codex und den Novellen mit folgendem Titel: περὶ ἀντιφωνητῶν καὶ ἐγγυητῶν τοῦ ι'. τί. τοῦ ιγ'. βιβλίου τῶν κεφαλαίων. Anfang: ὁ ἐγγυώμενος ἢ ἀντιφωνῶν ὑπέρ τινος. Die nun folgenden Auszüge, welche zwei Seiten füllen, sind sehr kurz und aus den Novellen 4 und 103, sowie aus Cod. lib. IX. tit. 2. lib. II. tit. 1. lib. III. tit. 11. lib. IX. tit. 12 entlehnt. Nun kommen die Kanones der Apostel und nach ihnen eine Novelle von Basilius ἐκ τῆς νεαρᾶς διατάξεως Βασιλείου. Dann folgen Glossae nomicae; hierauf ein juristisches Compendium, die Ἐκλογὴ νόμων τῶν ἐν ἐπιτομῇ ἐκτεθειμένων (vergl. §. 35), aus 45 Titeln bestehend mit voranstehendem Titelverzeichniß, von welchem jedoch ein Blatt fehlt, daher die Rubriken der Titel 12—35 vermißt werden. Der erste Titel ist: περὶ νόμου καὶ δικαιοσύνης; der letzte (45): περὶ κεφαλικῶν ἐγκλημάτων καὶ περὶ φόνων ἑκουσίων καὶ ἀκουσίων, καὶ περὶ συνουσιαζομένων καὶ αἰσχρότητος (sic). Dann folgen κεφάλαια νόμων ῥοδίων, zuerst ein Verzeichniß derselben, dann der Text der Capitel, welcher durch das fehlende Blatt, welches einen Theil der Titelrubriken des Rechtscompendiums enthielt, und durch Versehen des Buchbinders hier eingebunden ist, unterbrochen wird. Die Schrift auf demselben hat durch Alter gelitten und ist später wieder aufgefrischt worden. Es sind im Ganzen 48 Capitel der lex Rhodia, deren letztes, von der lex Rhodia, de jactu handelnd, in 4 Fragmente zerfällt. Dann folgen die leges rusticae mit der Rubrik: κεφάλαια νόμου γεωργικοῦ κατ' ἐκλογὴν ἐκ τοῦ Ἰουστινιανοῦ βιβλίου. Es sind 84 Fragmente. Dann erst kommt das Compendium in 45 Titeln. Die Fragmente sind numerirt; auch sind bisweilen die Namen der Schriftsteller angegeben, aus welchen sie geschöpft sind, z. B. in tr. 1: Οὐλπιανὸς βι α'. ὁ νόμος ἀπὸ τῆς δικαιοσύνης ὀνόμασται (sic). Am Ende der meisten Fragmente finden sich das Buch und der Titel der Justinianeischen Rechtsquellen angegeben, aus welchen sie geschöpft sind. Es werden die Institutionen, Digesten, der Codex und die Novellen citirt. Die Citate sind alle von erster Hand. Basilikencitate kommen nicht vor. Bis zu Tit. 17 ist von derselben Hand, welche dem 11. Jahrhundert angehört. Der Rest des Buches ist von einer Hand des 12. Jahrhunderts nachgetragen. Der Rand enthält bisweilen Scholien, welche aber bei dem neuen Einbinden zum Theil weggeschnitten sind. Der Einband ist derselbe, wie bei den meisten Basilianischen Handschriften. Das Ende der Titel in dem Compendium ist oft lückenhaft und Platz zum Ausfüllen gelassen; eine neuere Hand hat viele dieser Lücken ganz, andere nur theilweise ausgefüllt. Die Stücken des 60. Buches der Basiliken, welche erst am Ende des Compendiums, und zwar in der Mitte der Seite, anfangen, beweisen, daß sie nur deshalb hier hergeschrieben wurden, um das überflüssige Pergament auszufüllen, und eben daß die Hand, von welcher sie geschrieben sind, nicht früher sein kann, als die beiden, von welchen das Compendium geschrieben ist, d. h. als das 12. Jahrhundert. Auch die lex militaris, welche diese Fragmente unterbricht, ist zwar von etwas schwärzerer Tinte, aber nicht jünger, als das 12. Jahrhundert, während die Schrift der Basilikenfragmente mehr braunroth ist und nach der Qualität des Pergaments bald mehr, bald weniger in das Gelbliche spielt. Die Ränder der Handschrift haben sehr gelitten. Die letzten sind sogar durch neues weißes Pergament, was wieder angeklebt ist, theilweise ersetzt, wodurch die Basilikenfragmente oft Schaden gelitten haben. Die Rubrik des 60. Buches der Basiliken ist: βιβλίον ξ', [illegible] Diese Schrift geht von der Rechten zur Linken gelesen, und ist aus dem 12. Jahrhundert. Die Schrift ist [illegible]; [illegible] ist nicht gebraucht. Das Jota subscriptum und die Spirituszeichen (' ') auf [illegible] fehlen. Die Titel der Justinianeischen Rechtsbücher, welche in der Reitzischen Ausgabe über dem Texte bemerkt sind, fehlen. Die Stücke des 60. Buches, welche die Handschrift enthält, sind: Tit. 1. cap. 1—30. 38. 45—47. 53. tit. 3. cap. 50 u. s. w. [illegible] Tit. 5. cap. 5. Tit. 12. cap. 1—4. 7. 8. 10. Tit. 13. cap. 1 u. s. w. [illegible] Tit. 14. cap. 3. 5—7. 10. 11. Tit. 15. cap. 1. Tit. 16. cap. 1—3. Hierbei sind die Zahlen der Reitzischen und Heimbach'schen Ausgabe beibehalten. Nach den Fragmenten des 60. Buches folgen im Codex Bruchstücke des 28. Buches, und zwar von Tit. 13 derjenige Theil, welcher die Novelle 31 pr. und cap. 1 enthält, ohne Scholien, und von Tit. 14 der Theil, welcher die Novelle 22 cap. 27—43 u. s. w. [illegible] enthält; doch ist dieses im Texte weggelassen. Der Grund, weshalb der Abschreiber nur diese Fragmente der Bücher 28 und 60 abschrieb, lag wol darin, daß er selbst diese Bücher nicht vollständig vor sich hatte, sondern nur eine Handschrift mit ausgewählten Basilikenstellen. Die bis jetzt beschriebene Handschrift hat, soweit sie Fragmente der Basiliken enthält, Heimbach Jun. verglichen, und es ist seine Collation in der Heimbach'schen Basilikenausgabe benutzt worden.

b) *Codex Parisinus* 1367. Die Handschrift ist auf Pergament, in Quart, und besteht aus 124 numerirten Blättern. Sie befand sich in der Colbert'schen Bibliothek, aus welcher sie in die königl. übergegangen ist, wo sie Nummer [illegible], in der Kaiserl. Bibliothek früher die Nummer [illegible]. Sie enthält die Synagoge und Prochiron composita, Fragmente der Basiliken, einige Capitel der leges navales, die Novellen des ältern Romanus περὶ προτιμήσεως, Fragmente der Epanagoge cum scholiis, verschiedene Collectaneen, und darunter ῥοπαί, νόμος γεωργικός, ποινάλιος στρατιωτικός, νόμος ναυτικός u. s. w. Der Codex ist sehr verbunden. Anfang und Ende fehlen. Die Schrift ist aus dem 12. Jahrhundert; namentlich geht das daraus hervor, daß das Jota subscriptum und die Spirituszeichen fehlen. Was die im Codex enthaltenen Basilikenfragmente betrifft, so stehen auf fol. 5—9 und fol. ult. Excerpte aus dem verloren gegangenen 35. Buche, welche ich von Zachariä v. L. mitgetheilt erhalten und bei der Restitution dieses Buches in der Ausgabe der Basiliken benutzt habe. Excerpte aus dem 60. Buche finden sich von folgenden Titeln: τι. ιβ'. περὶ κλοπῆς fol. 42. A.—45. A. τι. ιζ'. περὶ βιαίως πραγμάτων ἁρπαγέντων καὶ περὶ ὀχλαγωγίας καὶ βίας ἰνσκλου fol. 45. A.—46. B. τι. ιη'. περὶ βίας δημοσίας ἢ ἰδιωτικῆς fol. 46. B.—47. B. τι. κ'. περὶ ἱεροσύλου καὶ κατασκαφέως fol. 47. B.—48. A. τι. κα'. περὶ ἀπελατῶν fol. 48. A.—48. B. τι. κζ'. περὶ ὑποδοχέων fol. 48. B. Excerpte aus Buch 22. Tit. 5 befinden sich fol. 49. A.—49. B. Von Buch 56. Tit. 6, welcher die Rubrik hat: περὶ πράσεως τοῦ δημοσίου, wird cap. 10 (L. 1. C. X, 5) auf fol. 49. A. vollständiger gegeben, als in der Synopsis.

c) *Codex Mediceo-Laurentianus LXXX*, 6. Die Handschrift ist auf Papier, in Folio, aus dem 16. Jahrhundert und besteht aus 631 Blättern. Sie enthält in folgender Ordnung folgende Basilikenfragmente: lib. XXVIII. tit. 14 mit der Rubrik: τι. ιδ'. βι. κη'. περὶ δευτερογαμούντων ἀνδρῶν καὶ γυναικῶν. Lib. LX. tit. 39: νόμος κορνήλιος περὶ φονευτοῦ καὶ φαρμακοῦ καὶ μαθηματικοῦ καὶ τῶν ὁμοίων. Tit. 41: νόμος κορνήλιος περὶ πλαστοῦ καὶ συγκλητικῶν θεσπισμάτων. Tit. 43: νόμος ἰουλίου τοῦ κινουμένου κατὰ ἀρχόντων ἢ δικαστῶν ἢ συνέδρων ἐν δίκῃ κεκλοφότων. Tit. 45: νόμος ἰουλίου κατὰ τῶν νοσφιζομένων — κεκλοφότων. Tit. 48: νόμος φάβιος περὶ ἀνδραποδιστῶν. Lib. L. tit. 12, welcher aber dieselbe Rubrik hat wie tit. 13 im Cod. Paris. 1357, obgleich er nur Fragmente aus tit. 12 hat, nämlich cap. 1—4. 7. 10 und tit. 13. cap. 1. Lib. L. tit. 14. cap. 3. 5. 6. 7. Im Ganzen stimmen diese Fragmente mit dem herausgegebenen Texte überein.

d) *Codex Mediceo-Laurentianus XL*, 5. Diese aus dem 14. Jahrhundert stammende Handschrift enthält von den Basiliken lib. XXV. tit. 5. cap. 2. 9. th. 4. cap. 10. th. 1—4. Lib. XXVIII. tit. 5. cap. 1 unvollständig. Lib. XXIX. tit. 1. cap. 115 (L. un. C. V, 13) unvollständig.

II. Andere Quellen, welche Stücke der Basiliken enthalten.

Hierher gehören spätere juristische Werke. Diese sind 1) entweder ganz aus den Basiliken geschöpft oder ihnen angepaßt, wie die Synopsis Basilicorum, der sogenannte Tipucitus, die Ecloga lib. I—X. Basilicorum; oder 2) sie enthalten Excerpte, welche der Verfasser aus den Basiliken entlehnt hat, wie die Epanagoge aucta, die Πεῖρα, das Prochirum auctum, oder 3) sie citiren nur die Basiliken, wie der Kommentar des Balsamon zum Nomokanon des Photius, mehrere Responsa des Balsamon, die späteren Recensionen der Schrift: περὶ χρονικῶν διαστημάτων. Von letzterer Schrift ist bereits früher gehandelt worden (vergl. §. 20 unter 7); von den übrigen wird später die Rede sein.

III. Neuere Arbeiten und Ausgaben der Basiliken.

1) Vor dem 16. Jahrhundert war das Dasein und der Name der Basiliken den Juristen im Occident unbekannt. Zuerst wird denselben von Diplomataeceus in der Schrift de praestantia Doctorum, welche im Anfange des 16. Jahrhunderts geschrieben ist, im Artikel Justinianus in folgender Weise gedacht: „Maxime cum reperiuntur omnia volumina in graeca lingua ... quae magnifi eques Dns Matthaeus Spandolenus Constantinopolitanus affinis meus promisit ex Graecia in Italiam transportare, sed morte praeventus non potuit.“ Allein wirklichen Gebrauch von den Basiliken hat erst Viglius Zuichemus gemacht; er deutete zuerst in seiner an Kaiser Karl V. gerichteten Praefatio zu der Institutionenparaphrase des Theophilus vom 31. Mai 1533 nach dem früher Bemerkten auf die Bedeutung der Basiliken für die Justinianeischen Rechtsbücher hin. Er citirt in seinen Anmerkungen zu Theophilus mehrere Stellen der Basiliken aus der von ihm besessenen Handschrift (Cod. Paris. 1345), und einige Zeit darauf beruft er sich in seinem Commentar zu den Institutionen Buch 2. Tit. 10—19 auf die Basiliken nach derselben Handschrift.

2) Einige Jahre später gegen die Mitte des 16. Jahrhunderts nahm Gentianus Hervetus zu Rom Abschriften der Bücher 28. 29. 45—48 nach den Abschriften, welche Antonius Augustinus nach den Handschriften zu Florenz und Rom (jetzt Cod. Laur. LXXX, 11 und Paris. 1349) besaß. Es ist darüber in diesem §. schon das Nähere berichtet worden. Nach seiner Rückkehr nach Frankreich übersetzte Hervetus diese Bücher lateinisch, und veröffentlichte dieselben auf Anrathen der Rechtslehrer zu Bourges, vorzüglich des Duarenus, welchem er sie gezeigt hatte, im J. 1557 in der lateinischen Uebersetzung. Der Titel kündigt 8 Bücher der Basiliken an; in der That aber hat Hervetus nur 4 Bücher (Buch 45—48) vollständig, und 2 Bücher (Buch 28. 29) mit bedeutenden Lücken herausgegeben. Erstere gehen von p. 1—205 seiner Ausgabe, letztere bis zu S. 356. Er hat sich über die Zahl der Bücher, welche sein Manuscript enthielt, getäuscht. Er hielt nämlich die Zahl der Titel des 28. und 29. Buches für so bedeutend, daß sie wenigstens 4 Bücher füllen könnten. Da er nicht Jurist, sondern Theolog und Philosoph war, so ist seine Uebersetzung, besonders was die Kunstausdrücke betrifft, ungenau; daher Fabrot in der Vorrede zur Basilikenausgabe erklärt, er habe es vorgezogen, lieber neu zu übersetzen, als die Hervetische Uebersetzung zu verbessern.

3) Einen Monat vor der Ausgabe des Hervetus, am 24. März 1557, veröffentlichte Cujacius das 3. Buch

seiner Observationen, in welchem er zum ersten Mal Gebrauch von den Basiliken machte. Die Stellen, welche er in den Capiteln 5. 10. 12. 17. 33 citirt, gehören den von Hervetus veröffentlichten Büchern und dem 60. Buche an, welches Cujacius von Cambray hatte. Hervetus hat wol seine lateinische Uebersetzung während des Druckes dem Cujacius mitgetheilt. In dem am 25. Aug. 1559 publicirten 4. Buche der Observationen sind in den Capiteln 21. 22. 23 und 31 Stellen citirt, welche noch den von Hervetus veröffentlichten Büchern angehören. Im J. 1561 erschienen gleichzeitig zu Lyon am 19. Sept. der Commentar zu den drei letzten Büchern des Codex, der Margarethe von Valois gewidmet, der Commentar zu dem Digestentitel de verborum obligationibus, l'Hopital dedicirt, die Schrift über die Zeitabschnitte (περὶ χρονικῶν διαστημάτων) und das 5. Buch der Observationen, in welchem sich eine große Menge Stellen des Originaltextes der Basiliken citirt findet. Die Kenntniß des Textes der Basiliken, welchen Cujacius citirt, verdankt derselbe den Handschriften der Königin Katharina. Unedirte Briefe von Cujacius beweisen, daß ihn zu dieser Zeit der Kanzler de l'Hopital gebeten hatte, von diesen einen Catalog zu machen, mit dessen Beendigung er später den Pierre Pithou beauftragte. Cujacius selbst sagt in der Dedication an Margarethe von Valois, welche vom Juli 1562 ist: „eos quibus sum usus, potissimum illustrissimae et potentissimae Reginae Catharinae Mediceae locupletissima Bibliotheca mihi suppeditavit," und es ist bekannt, daß Cujacius vor 1571 die Handschrift der Basiliken in Händen hatte, da er zu dieser Zeit den Pithou bat, durch die Register des Bibliothekars zu vermitteln, ob derselbe die von Cujacius bewirkte Restitution der von diesem entlehnten Handschriften bemerkt habe, unter welchen er die zwei Bände der Basiliken erwähnt. Die in diesen Arbeiten von 1562 gebrauchten Basilikenstellen gehören den Büchern 48. 50. 51. 53—60 an. Insbesondere hat Cujacius von den Basiliken zur Restitution vieler Constitutionen in den drei letzten Büchern des Codex Gebrauch gemacht, welche sich in den Büchern 54—57 der Basiliken fanden. Die Bücher 45—47. 49. 52 sind erst in den späteren Arbeiten gebraucht; aber diese Bücher bildeten zu dieser Zeit noch einen Theil der Bibliothek der Königin in den beiden zu denselben gehörigen Bänden, nämlich die Bücher 45—48 im Codex Paris. 1349, die anderen Bücher in dem zweiten später verlorenen Bande. In denselben Arbeiten von 1562 machte Cujacius Gebrauch vom 60. Buche, welches er seit langer Zeit besaß. In den 1564 veröffentlichten Schriften, welche den Commentar zu dem Titel der Digesten de excusationibus und zu den folgenden (lib. XXVII. tit. 1.—XXVIII. tit. 6), und die Bücher 6. 7. 8. der Observationen enthalten, machte Cujacius zum ersten Mal von den Handschriften des Viglius (Cod. Paris. 1345.) Gebrauch, aus welcher er die Bücher 38 und 41 citirt. Zwei Jahre später (1566) gab Cujacius die lateinische Uebersetzung des 60. Buches heraus. Die Dedication an Cambray, von welchem Cujacius die Handschrift des 60. Buches erhalten hatte, enthält eine Stelle, aus welcher hervorgeht, daß Cujacius damals die Bücher 38—42 durch Viglius besaß, mehrere andere Bücher und beinahe die ganzen Basiliken durchgegangen hatte und mit dem Plane umging, die Bücher von Viglius und Anderen, hauptsächlich die Bücher 28. 29. 45—49. (48) von Hervetus verbessert herauszugeben. Diese Pläne kamen nur theilweise zur Ausführung. Cujacius hatte nur Zeit, die Uebersetzung der Bücher 38—42 von Viglius zu vollenden, und noch waren Zweifel rücksichtlich der drei letzten Bücher (40—42), da sich bei dem Tode des Cujacius unter seinen Manuscripten nur das Titelverzeichniß der Bücher 38—42 und die Bücher 38 und 39 vollständig übersetzt fanden; allein aus einer Bemerkung von Labbäus auf dem Autographum des Cujacius, welches sich noch jetzt unter den Handschriften der großen k. Bibliothek befindet, geht hervor, daß der Theil, welcher die drei letzten Bücher (40—42) enthielt, entwendet worden war. Labbäus sagt nicht, woher er die Kunde von dem Manuscripte des Cujacius erhalten hat, und auf welchen Grund hin er behauptet, daß das Manuscript des Cujacius defect gewesen sei. Im J. 1567 erwarb Cujacius zu Venedig die Bücher 1—18 und 20—30 der Basiliken, wovon vorher bei den Handschriften (Cod. Paris. 1352 und 1348) die Rede gewesen ist, und machte in seinen seitdem erschienenen Schriften häufigen Gebrauch von diesen Büchern. In den Schriften vor 1567, welche den Gebrauch derselben Bücher zu beweisen scheinen, sind die Stellen aus anderen Quellen entlehnt, nämlich aus dem Harmenopulus, aus der Synopsis und aus der dem Theodorus fälschlich zugeschriebenen Ecloga libror. I—X. Basilicorum, welche dem Cujacius schon lange bekannt war, sei es aus seinen eigenen Manuscripten, oder aus denen der Königin. Im J. 1577 sammelte Cujacius zum ersten Mal seine zerstreuten Werke (Paris, Sebastian Nivellius, 5 Bände. Fol.). Am Anfange des Exemplars der k. pariser Bibliothek befindet sich ein von Pithou geschriebenes und von Cujacius corrigirtes Blatt, bezüglich auf die Ordnung, in welcher die Schriften abgedruckt werden sollten. Auf diesem Blatte wird gesagt, daß ein sechster Band eine Uebersetzung der Bücher 38—42 und 60 der Basiliken enthalten werde, was sich auf das Versprechen in der Dedication des 60. Buches von 1566 bezieht. Nivellius kündigt auf einem zweiten gedruckten Blatte an, daß dieser Band gegen das Ende dieses Jahres (1577) erscheinen werde. Derselbe ist aber niemals erschienen, und deshalb fehlen die Uebersetzungen der Basiliken in allen späteren Ausgaben der Werke des Cujacius, in denen man nicht einmal das 60. Buch von 1566 wieder hat abdrucken lassen. Die Ausgabe von 1584 (Paris, Nivellius, 5 Bände. Fol.) enthält nur einige Zusätze, entlehnt aus den Büchern der Basiliken, welche Cujacius in der Zwischenzeit von der Veröffentlichung seiner ursprünglichen Ausgaben bis zu dieser kennen gelernt hatte; übrigens ist sie ein treuer Abdruck der Ausgabe von 1577, bereichert im 5. Bande durch die Paratitla Codicis und die Bücher 18—20 der Observationen, welche 1579 bei Nivellius erschienen waren. Die letzten von Cujacius bis zu seinem Tode am 4. Oct. 1590 herausgegebenen Schriften sind die Bücher 21—24 der Observationen, der Commentar zum Titel de origine juris und die notae posteriores ad Institutiones, deren Druck bei Nivellius am 30. März 1585 beendigt wurde. Aber diese letzten Arbeiten enthalten keine Spur davon, daß Cujacius andere Bücher der Basiliken, als die bisher erwähnten, gekannt habe. Cujacius hat also gekannt: Die Bücher 1—18. 20—30 durch die zu Venedig erworbenen Handschriften, 38—42 durch das Manuscript von Viglius Zuichemus, 45—60 durch die Bibliothek der Königin Katharina und das 60. Buch außerdem noch durch die ihm von Cambray geschenkte Handschrift. Dagegen fehlten ihm die Bücher 19. 31—37. 43 und 44. Es ist behauptet worden, daß Cujacius die Basiliken vollständig besessen habe, und man hat rücksichtlich der Art und Weise, auf welche er zum Besitz dieser Manuscripte gelangt sei, auf ihn sehr ehrenrührige Beschuldigungen gehäuft. Nach der Tradition waren die drei Handschriften der vollständigen Basiliken, welche aus der Bibliothek der Königin Katharina von Medicis stammten, dem Contius anvertraut; nach dessen Tode soll Cujacius, nachdem er in der Nacht auf einer Leiter zu den Fenstern des Contius eingestiegen war, alle dort befindlichen Manuscripte mitgenommen haben. Die 3 Bände der Basiliken kamen so in die Hände des Cujacius und dieser soll, nachdem er davon Gebrauch gemacht hatte, diese Bände verstümmelt haben, indem er die Blätter zerriß und in das Feuer warf, um die Quelle seiner Plagiate zu vernichten. Diese Beschuldigungen sind aber ungegründet. Was erstens die Behauptung anlangt, daß Cujacius die Basiliken vollständig besessen habe, so rührt dieselbe von Cliphonius her. In einem Briefe von Claude Chifflet an seinen Vater, geschrieben zu Valence 10. Aug. 1568, findet sich ferner folgende Stelle: „...... Cujas entre les mains duquel j'ai vu tout notre droit en grec avec les interpretations des antécesseurs de Constantinople." Peiresclus in seinem Briefe an Aleandre vom 29. April 1617 bestätigt diese Ueberlieferung. Es ist aber bereits angegeben worden, welche Bücher der Basiliken Cujacius gekannt hat, und es ist bewiesen, daß er nicht im Besitze der vollständigen Basiliken gewesen sei. Was die übrigen ehrenrührigen Beschuldigungen betrifft, so hat Fabrot in der Vorrede zur Basilikenausgabe den Cujacius gegen den Vorwurf, den Text verstümmelt zu haben, gerechtfertigt. Die Einschnitte und Risse, welche sich in dem Codex Paris. 1352 (Buch 1—18) finden, rühren von Kindern her, welche über die Handschrift gekommen waren. Die Einschnitte und Risse im Codex Paris. 1345 (Buch 20—30) sind, wie Berriat-Saint-Prix bewiesen hat, aus einer dem Besitze des Cujacius vorangehenden Zeit. Der Codex Paris. 1345 (Buch 38—42), dessen Ränder mit Scholien angefüllt sind, hat die meisten Einschnitte. Ohne Zweifel hat diese äußere Beschaffenheit der Handschrift den dem Cujacius gemachten Vorwurf veranlaßt, sich mehrere Bemerkungen der Scholiasten angeeignet und solche später zerstört zu haben; aber eine Untersuchung der Handschrift von Longueville hat ergeben, daß von den Schnitten einige blos das Pergament treffen und den Text unberührt lassen, andere den Text zwar beschädigen, aber nur einige Buchstaben oder Sylben treffen, deren Restitution keine Schwierigkeit bietet und auch von Longueville Blatt für Blatt bewirkt worden ist. Ebenso unbegründet ist die Beschuldigung, daß Cujacius bei Nacht die Manuscripte der Königin bei Contius entwendet habe. Zuerst hat sie Mittin in den Noten über den Briefwechsel von Peiresclus mit Aleander widerlegt, und dann hat Berriat-Saint-Prix diese Verleumdung zum Gegenstande einer besonderen Widerlegung gemacht, welche den Cujacius völlig von diesem Verdachte entlastet. Cujacius konnte niemals die 3 Bände der vollständigen Basiliken entwenden, da die Bibliothek der Königin niemals die Bücher 1—44 der Basiliken enthalten hat. Cujacius hat direct aus derselben die 2 Bände der Basiliken entlehnt, welche die letzten Bücher enthielten, diese aber vor 1571 zurückgegeben, und einer dieser Bände findet sich noch jetzt unter Nr. 1349 in der großen k. Bibliothek, wohin er aus der Bibliothek der Königin, welcher er anzugehören niemals aufgehört hat, gekommen ist.

4) Nach dem Tode des Cujacius erschien zu Genua 1606 ein neuer Abdruck der von Hervetus und Cujacius herausgegebenen Bücher der Basiliken. Er enthält die 6 von Hervetus übersetzten Bücher, und das 60. Buch in der Uebersetzung des Cujacius. In der That enthält er nur 7 Bücher, und wenn der Titel 8 Bücher nennt, so beruht dies darauf, daß der Titel der Hervetischen Ausgabe wörtlich wiederabgedruckt ist, welchem man die Anzeige des 60. Buches von Cujacius beigefügt hat. Gothofredus scheint nur die Vorrede geschrieben zu haben, ohne weitere Theilnahme an dem Werke selbst. Die Vorrede gibt eine kurze historische Darstellung über die Abfassung der Basiliken. Hinzugekommen sind Randbemerkungen und Zusätze, welche sich nicht in den früheren Ausgaben finden. Den Schluß des Bandes machen acht Seiten mit Anmerkungen, welche Zusätze und Verbesserungen enthalten. Die Vorrede zu diesen Noten zeigt an, daß diese Zusätze sich in einem der Bibliothek des Cujacius angehörigen Exemplar der Originalausgaben gefunden haben, aber von einer anderen Hand, als der des Cujacius geschrieben sind. Sie stehen augenscheinlich mit dem Versprechen in Verbindung, welches Cujacius 1566 wegen einer neuen Ausgabe der von Hervetus veröffentlichten Bücher, und 1577 wegen eines Wiederabdruckes des 60. Buches gegeben hatte. Die Randbemerkungen gehören besonders den Büchern 45—48 an. Die Verbesserungen am Ende beziehen sich eben darauf. Diese Zusätze sind aus den Handschriften der Königin Katharina entlehnt, welche Cujacius seit 1562 kannte. Die Bücher 28 und 29 enthalten wenig Noten; der griechische Text ist nicht benutzt, und auch die Rubriken sind nicht griechisch, da Cujacius diese Bücher erst 1567 kennen gelernt hatte, zu einer Zeit, wo er sein Vorhaben, die Bücher von Hervetus wieder herauszugeben, aufgegeben hatte. Das 60. Buch enthält keine neue Bemerkung; das Supplement allein enthält einige, da Cujacius den

Text dieses Buches von Neuem nicht zu vergleichen hatte. Alle diese vorbereitenden Arbeiten rühren ohne Zweifel von Cujacius her.

5) Cujacius hatte, wie bemerkt wurde, eine Ausgabe der lateinischen Uebersetzung der Bücher 38—42 nach dem Codex des Viglius vorbereitet. Labbäus (Labbé) gab 1609 die Uebersetzung der Bücher 38 und 39 und das Titelverzeichniß der Bücher 38—42 aus den Papieren des Cujacius heraus, wobei dessen eigenes Manuscript zum Grunde lag. Diese Ausgabe war die letzte von denjenigen, welche sich den Arbeiten des Cujacius und seiner Schule anschließen. Es waren also zu Anfang des 17. Jahrhunderts von den 60 Büchern der Basiliken nur 9 in lateinischer Uebersetzung veröffentlicht, nämlich die Bücher 28. 29. 45. 46. 47. 48 durch Hervetus, Buch 60 durch Cujacius, die Bücher 38 und 39 durch Labbäus nach Cujacius. Vom griechischen Texte war noch Nichts herausgegeben.

6) Nach dem Tode des Cujacius erwarb Pierre Dufaur de Saint-Jorry (Petrus Faber Sanjorianus), Präsident des Parlements zu Toulouse, ein Schüler des Cujacius, die Basilikenhandschriften, welche sich in dessen Nachlasse fanden. Bei Dufaur hat sie Janus a Costa gesehen. Dufaur selbst hat in seinen Semestria und im Commentar de Regulis juris einige Stellen der Basiliken aus ihnen citirt, wie bereits bemerkt wurde. Peirescius in dem Briefe an Aleander vom 29. April 1617 gibt Nachrichten über einige Projecte der Veröffentlichung der Basiliken nach den Manuscripten des Cujacius, welche man zu der Zeit hatte, als diese Manuscripte sich noch im Besitze der Familie von Dufaur befanden. Suaresius versichert 1637 nach einem Briefe des Erzbischofs von Toulouse, ohne Zweifel Charles de Montchal, daß die Handschriften des Cujacius sich noch zu dieser Zeit bei der Familie des Dufaur befanden.

7) Nach dem Tode des Peirescius (1637) ging Fabrot nach Paris. Er erhielt bei seiner Ankunft vom Kanzler Seguier den Auftrag, die Basiliken herauszugeben. Zuerst wurden nun die Handschriften des Cujacius für die königl. Bibliothek erworben. Die erste Erwähnung dieser Erwerbung geschieht in einem Briefe von Joh. Friedr. Gronov an Georg Richter vom 5. April 1640; aber nach dem Gebrauche, welchen Fabrot von diesen Manuscripten gemacht hat, datirt sich die Erwerbung wenigstens von 1638. Fabrot hatte die Pressen der königl. Druckerei zu seiner Verfügung; der König gab ihm eine jährliche Pension von 2000 Livres für die Zeit der Dauer des Druckes. Die Handschriften des Cujacius waren vier an der Zahl, nämlich die der Bücher 1—18 (Cod. Paris. 1342), der Bücher 20—30 (Cod. Paris. 1348), beide zu Venedig von Cujacius erworben, die der Bücher 38—42 (Cod. Paris. 1345), welche dem Viglius gehört hatte, endlich das Manuscript des 60. Buches, Geschenk von Cambray (Cod. Paris. 1350). Die königl. Bibliothek besaß schon lange das Manuscript der Königin Katharina, welches die Bücher 45—48 enthielt (Cod. Paris. 1349). Nach dem Erwerbe machte Dupuy, Aufseher der königl. Bibliothek in einem Verzeichnisse von seiner Hand eine sehr specielle Aufstellung der in den Handschriften der Bibliothek erhaltenen Bücher, deren Resultat ist: „Il ne nous est parvenu que quarante-un livres des Basiliques, il en a péri les livres 19. 31 à 37. 43 et 44, 49 à 59.“ Dupuy hat einen Rechnungsfehler begangen, welchen Fabrot wiederholt hat; er mußte statt quarante-un setzen trente-neuf. Fabrot hatte nur die Handschriften der königl. Bibliothek und den Codex Ribierii (Cod. Paris. 1354) zur Verfügung; letzterer enthält die Bücher 28 und 29. 45—48, von denen nur die beiden ersteren (B. 28. 29) Lesarten zu den Handschriften des Cujacius darboten. Mit diesen Hilfsmitteln unternahm Fabrot die Ausgabe. Der Druck begann 1641 und wurde sehr schnell fortgesetzt. Fabrot selbst sagt, daß oft 2 Pressen auf einmal in Gang waren. Nach 6 Jahren fortgesetzter Arbeit (am 15. Dec. 1646) war die Basilikenausgabe beendigt und erschien in 7 Bänden in Folio, bei Sebastian und Samuel Cramoisy 1647. Fabrot entbehrte vollständig aller Handschriften für 21 Bücher, und in Ansehung der übrigen waren die Handschriften oft defect. Man hat sich bemüht, die Zahl der Bücher der wirklichen Basiliken zu bestimmen, welche Fabrot herausgegeben hat; weder Reitz noch Meerman sind darin einverstanden. Höpfner ist zu folgendem Resultat gekommen. Rechnet man den Cod. Paris. 1352 unter diejenigen Manuscripte, welche den wirklichen Basilikentext enthalten, so hat Fabrot 34 vollständige Bücher der wahren Basiliken herausgegeben, nämlich die Bücher 1. 3. 4—15. 21—29. 38—42. 45—48. 60; 5 Bücher echt, aber unvollständig, weil einige Blätter in den Handschriften verloren gegangen sind, nämlich die Bücher 2, 16, 17, 18, 30. Von den übrigen 21 Büchern, nämlich B. 19, 31—37, 43, 44, 49, 50, 51—59 hatte Fabrot keine Handschrift; er hat sie aus anderen Quellen restituirt. Hugo ist mit diesem Resultat einverstanden, mit der Modification, daß er das 6. Buch für unvollständig hält. In der That hat Fabrot von den 35 Titeln dieses Buchs nur 11 Titel herausgegeben; denn von Tit. 8—18 und 23—35 gibt er nur die Rubriken. Die in den unvollständigen Büchern bei Fabrot befindlichen Defecte sind folgende: Im B. 2 fehlen alle Fragmente des Titels der Digesten de verborum significatione von L. 57. an bis zu L. 145. D. de regulis juris oder cap. 54 bis zu Ende des tit. 2 und Cap. 1—145. tit. 3. lib. II. Basil. Fabrot sagt, es sei im Cod. Paris. 1352 nur Ein Blatt ausgefallen (T. I. p. 48); es fehlen aber davon mehrere. Im 16. Buche hat der Ausfall Eines Blattes im Codex Paris. 1352 (siehe Basil. Fabr. T. II. p. 260) den Ausfall der L. 36. §. 2. L. 37—62. §. 1. D. de Usufructu (cap. 36. tit. 3. cap. 37—62. tit. 1. lib. XVI.) zur Folge gehabt. Eine andere Lücke in derselben Handschrift durch Ausfall eines Blattes findet sich am Ende des 16. und zu Anfang des 17. Buches (s. Basil. Fabr. T. II. p. 304. 306). Es fehlen daher bei Fabrot L. 9. §. 3. L. 10. 11. D. Usufructuarius quemadmodum caveat und L. 1. 2. 3. C. per quas personas nobis acquiritur, oder cap. 9. tit. 4 bis zu

cap. 13. tit. 9. lib. XVI. Basil. und L. 1—6. §. 6. D. de negotiis gestis oder cap. 1—6. th. 10. tit. 1. lib. XVII. Basil. Der Verlust mehrerer Blätter am Ende desselben Codex hat bei Fabrot den Ausfall der L. 5—13. C. quod cum eo, qui in aliena potestate, der Titel 5. 6 des 14. Buches und des ganzen 15. Buches der Digesten, welche das 18. Buch der Basiliken schlossen, zur Folge gehabt (s. Basil. Fabr. T. II. p. 358). Der Verlust der letzten Blätter im Codex Paris. 1348 hat bewirkt, daß Fabrot vom 30. Buche der Basiliken nur die 7 ersten Fragmente des Digestentitels de donationibus inter virum et uxorem oder cap. 1—7. th. 1—6. tit. 1. lib. XXX. Basil. hat (s. Basil. Fabr. T. IV. p. 379). Endlich hat Fabrot das 117. Blatt des Codex Paris. 1348 abzuschreiben und zu übersetzen vergessen, welches L. 9. §. 8. D. de rebus creditis oder Cap. 9. th. 5. tit. 1. lib. XXIII. Basil. mit Scholien enthält. Wenn man auch den Cod. Paris. 1352 den Handschriften beigesellen muß, welche Basilikentext enthalten, so ist doch der darin gegebene Text ein sehr abgekürzter, theils durch Weglassungen ganzer Stellen, theils durch Substitution bloßer Auszüge anstatt des echten Textes entstellten, wo die Vergleichung desselben mit dem Cod. Coislin. 151 zeigt, welcher in den ersten 9 Büchern der Heimbach'schen Basilikenausgabe zum Grunde liegt. In der That gehören auch die Bücher 1. 3. 4. 5 der Basiliken zu denjenigen, welche bei Fabrot unvollständig sind. Der Grund davon liegt aber nicht in dem Ausfall mehrerer Blätter im Codex Paris. 1352, sondern in der innern Beschaffenheit dieser Handschrift, welche nur einen abgekürzten Basilikentext bietet. Ebenso wenig wie Cujacius, hat Fabrot die Randscholien des 60. Buches von Hagiotheodoretus vollständig herausgegeben. Die Restitution des Textes, welche Fabrot unternommen hat, bezog sich entweder auf Bücher, für welche er aller Handschriften entbehrte, oder auf Ausfüllung von Lücken, welche die einzelnen Handschriften durch den Ausfall von Blättern hatten. Er selbst nennt als Quellen, welche er zur Restitution benutzt hat, die Synopsis, den sogenannten Theodorus Hermopolita (Ecloga lib. I—X. Basil.), den Harmenopulus, die Scholien der Basiliken und den Commentar des Cujacius zu den drei letzten Büchern des Codex. Außerdem hat er aber auch den Pseudo-Eustathius benutzt. Die Synopsis hat er nach der Ausgabe von Leunclavius, nach Manuscripten und nach den von Labbäus herausgegebenen Supplementen benutzt. Die Ecloga lib. I—X. Basil. diente zur Ausfüllung der Lücken des 2. Buches nach Handschriften der königl. Bibliothek. Die Scholien der Basiliken, welche wörtlich aus anderen Büchern entlehnte Stellen liefern, sind für diejenigen Bücher benutzt worden, welche in Handschriften nicht vorhanden waren, namentlich für die Restitution der Bücher 43 und 44 den Commentar des Cujacius zu den drei letzten Büchern des Codex hat mehrere restituirte Constitutionen geliefert, welche in den Büchern 54—57 der Basiliken standen. Auch die Observationen des Cujacius sind die Quelle anderer Restitutionen derselben Art gewesen. Ein großer Fehler von Fabrot ist, daß er nicht bei jeder einzelnen restituirten Textesstelle die Quelle, woher er sie entlehnte, in Anmerkungen bezeichnet hat. Er hätte dadurch den späteren Juristen viele peinliche Nachsuchungen erspart, und sie nicht genöthigt, bei mehr als einer Gelegenheit die Restitutionen auf sein bloßes Wort hin anzunehmen. Ueberhaupt hat Fabrot mit zu großer Hast gearbeitet.

8) Ein ganzes Jahrhundert nach Fabrot war in Bezug auf die Basiliken ein Stillstand. Erst Reitz war im 18. Jahrhundert derjenige, welcher sich wieder mehr mit ihnen beschäftigte. Als Anhang zu seiner schon erwähnten Ausgabe der Institutionenparaphrase des Theophilus (vergl. §. 10 unter I) gab er die griechischen Fragmente der Digestentitel de verborum significatione und de regulis juris (Basil. lib. II. tit. 2. 3) heraus. Schon Dionysius Gothofredus hatte diese beiden Titel seiner Ausgabe des Theophilus (Genf 1587) angehängt und den Text derselben nach der Synopsis Basilicorum, Theophilus und Harmenopulus zusammengestellt. Fabrot in seiner ersten Ausgabe des Theophilus von 1638 hat dieselben Titel: „e libris Basilicorum (d. h. nach der Synopsis, da er den Codex Paris. 1352 noch nicht kannte) Theodoro Hermopolita et Michaele Attaliata, manu etiam exaratis." Reitz gab diesen Titeln einen verbesserten Text. Er benutzte die Synopsis, die Glossae nomicae, das Promptuarium des Harmenopulus, die Texte von Gothofredus und Fabrot, und überhaupt die Basiliken. Den Codex Coislin. 151, welcher die Lücke des Codex Paris. 1352 ausfüllt, hat Reitz nicht benutzt.

9) David Ruhnken fand zu Leyden eine Abschrift des 8. Buches der Basiliken nach der Handschrift des Escurials, über deren Verhältniß zu einer anderen im Besitze des Herrn Hofrath Hänel in Leipzig befindlichen Abschrift desselben Buches früher gehandelt worden ist (siehe diesen §. I. B. 1. lit. c). Aus dieser leydener Abschrift gab Ruhnken die beiden Titel des 8. Buches mit Scholien, welche theils in Excerpten aus den Schriften des 6. Jahrhunderts, theils in von den Griechen selbst sogenannten σχόλια bestehen, mit lateinischer Uebersetzung zuerst 1752 heraus, jedoch jeden Titel besonders im Meerman'schen Thesaurus juris, und später als Supplement zur Fabrotischen Basilikenausgabe.

10) Wie bereits bemerkt worden ist (s. oben I. B. 1. lit. k), enthielt die Colbert'sche Bibliothek unter Nr. 3224 eine Handschrift der Bücher 46—52 der Basiliken, welche sich jetzt unter Nr. 1357 in der großen kaiserl. Bibliothek befindet. Diese Handschrift kannte Fabrot nicht; derselbe gab die Bücher 46—48 nach dem Codex Reginae (Cod. Paris. 1349) heraus und restituirte die Bücher 49—52 aus verschiedenen Quellen. Bynkershoek erhielt durch Geschenk eines Ungenannten zuerst eine Abschrift der Bücher 46—52 nach dem Cod. Paris. 1357. Gerard Meerman machte vergebliche Nachforschungen nach dieser Abschrift. Während seines Aufenthaltes zu Paris im J. 1747 erlangte er von Sallier, damals Aufseher der königl. Bibliothek, die Erlaubniß, eine neue Abschrift nehmen zu dürfen. Eine solche fer-

tigte Capperonnier, Professor der griechischen Sprache zu Paris, und beendigte sie am 6. November 1751. Meerman erhielt dieselbe im Januar 1752 und Reitz wurde mit der Herausgabe beauftragt. Dieselbe war gegen das Ende desselben Jahres beendigt, und erschien im 5. Bande des Meermanischen Thesaurus und in dem Supplement der Fabrotischen Basilikenausgabe. Die Ansicht, daß nur die Bücher 49. 50. 51 vollständig, Buch 52 aber unvollständig sei, weil von diesem nur Tit. 1. herausgegeben sei, während es doch 3 Titel enthalte, ist unrichtig. Vielmehr ist Buch 52 vollständig, da es nach dem Coislin'schen Titelverzeichnisse nur Einen Titel hat.

11) Die beiden Coislin'schen Handschriften Nr. 151 und 152, deren Dasein Fabrot nicht kannte, sind von Montfaucon in dem Catalog der Coislin'schen Bibliothek beschrieben worden. Von ihm erhielt Breukmann eine Abschrift des griechischen Textes von 12 Novellen (Nov. 24. 25. 26. 27. 28. 29. 31. 102. 30. 103. 16. 134), welche im Codex Coislin. 151 die Titel 8—19 des 6. Buches ausmachen, von welchen Fabrot nur die Rubriken übereinstimmend mit dem Codex Paris. 1352 gegeben hatte, mit Ausnahme des 19. Titels, von dessen Texte ein Theil bei ihm gedruckt ist (Nov. 134. cap. 1. 9. 12. 13). Da aber diese Abschrift nur Novellen enthielt, so machte man von ihr für die Restitution der Basiliken keinen Gebrauch, und Breukmann theilte sie an Homberg! zu Bach mit, welcher sich ihrer in den Anmerkungen seiner Uebersetzung der Novellen (Marburg 1717) bediente. Diese Abschrift kam dann an d'Orville und befindet sich jetzt in der Bodlejanischen Bibliothek. Später beabsichtigten Pilat, Helfe und Hudtwalker eine Ausgabe des 2. Buches, oder wenigstens der Titel 2 und 3 desselben nach der Coislin'schen Handschrift. Der Plan kam aber nicht zur Ausführung, und die von Pilat genommene Abschrift kam an Helfe, welcher davon keinen Gebrauch gemacht hat. Auch Junker hat den Codex Coislin. 151 untersucht; es ist aber Nichts davon veröffentlicht worden. Erst Witte hat diese Handschrift zur Restitution der Basiliken wirklich benutzt, er gab 1826 den Titel 3 des 2. Buches der Basiliken, der den Digestentitel de regulis juris enthält, aus dieser Handschrift heraus. Dieser Basilikentitel: *περὶ διαφόρων κανόνων δικαίου ἀρχαίου* war in Folge des Ausfalls mehrerer Blätter im Codex Paris. 1352, in der Fabrotischen Ausgabe lückenhaft, indem dieselbe den Text erst von cap. 145 an gibt. Witte hat die ersten 144 Capitel aus der Coislin'schen Handschrift herausgegeben; übrigens hat er die Varianten der beiden Manuscripte sorgfältig bemerkt und kritische Bemerkungen beigefügt. — Unter den sich blos auf einen Theil der Basiliken beziehenden, nach dem Codex Coislin. 151 ausgeführten Arbeiten ist noch die im J. 1832 von mir selbst geschehene Veröffentlichung von 22 griechischen Constitutionen des Codex, theils in ihrem Originaltexte, theils im Auszuge aus dieser Handschrift zu erwähnen.

12) Im J. 1828 hat Pardessus in seiner Collection des lois maritimes das verloren gegangene 53. Buch der Basiliken, welches das Seerecht des Orients enthielt, aus verschiedenen Quellen restituirt. Die Art und Weise der Restitution ist verschieden von der von Anderen, namentlich von Reitz und Heimbach sen. befolgten. Statt nämlich die verschiedenen Quellen, welche Stücke des Textes liefern, mit einander zu verbinden und die Stellen aus diesen verschiedenen Quellen neben einander zusammenzustellen, hat Pardessus es vorgezogen, jede Quelle, soweit sie das Seerecht betrifft, besonders darzustellen. So hat er erstens die Titel der Synopsis Basilicorum, welche aus dem 53. Buche entlehnt sind, nach den pariser Handschriften 1346. 1347 und 1351 kritisch behandelt, mit Ausnahme des Tit. 8, welcher nach seiner Ansicht niemals einen Theil der Basiliken gebildet hat (s. §. 21, 2 unter c). Ferner hat er die auf das Seerecht bezüglichen Stellen des Michael Attaliata, der Synopsis minor und des Harmenopulus abdrucken lassen.

13) Im J. 1826 faßte Heimbach sen. den Plan einer neuen Ausgabe der Basiliken und gab davon unter Entwickelung der hierbei zu befolgenden Grundsätze, in der zweiten Abschrift seiner Abhandlung de Basilicorum origine, fontibus, hodierna conditione atque nova editione adornanda, Lips. 1825. p. 145 seq. Kunde. Im Jahre 1830 veröffentlichte er einen Prospect der neuen Basilikenausgabe. Behufs derselben unternahm im J. 1830 der jüngere Bruder des Herausgebers, Gustav Ernst Heimbach, eine Reise nach Paris, wo er während des Winters bis zum Frühjahr 1831 die beiden Coislin'schen Handschriften 151 und 152 abschrieb, auch die übrigen Basilikenhandschriften der königl. Bibliothek untersuchte, ohne jedoch eine neue Vergleichung derjenigen, welche Fabrot benutzt hatte, vorzunehmen. Dagegen ist für die Bücher 46. 47. 48, welche Fabrot aus dem Cod. Paris. 1349 herausgegeben hat, der Cod. Paris. 1357, welcher die Bücher XLVI—LII enthält, von Heimbach jun. verglichen worden. Im October 1831 begab sich dann Heimbach jun. nach Italien und hat dort für die neue Ausgabe den Cod. Med.-Laurent. LXXX, 11, welcher die Bücher 28 und 29 enthält, verglichen; ferner zu Rom für das 60. Buch den Codex Vaticanus 2075 (Basilianus 114) verglichen und die Paratitla des sogenannten Tipucitus aus dem Codex Vaticanus 853, soweit die verloren gegangenen Bücher der Basiliken in Frage sind, abgeschrieben. Ebenso hat er den Cod. Med.-Laurent. XL, 5. und LXXX, 6 verglichen. Für Buch 35, welches verloren gegangen ist, bietet der Codex Paris. 1367 einige Stellen, welche der Herausgeber von Zachariä v. L. mitgetheilt erhalten und in der Ausgabe benutzt hat. In dieser Handschrift wird nach der Collection von Heimbach jun. fol. 49ᵃ auch eine Stelle aus dem verloren gegangenen Buche 56. Tit. 6 mitgetheilt, welche der L. 1. C. X, 5 entspricht. Sie lautet: *Ὁ ἀγοράσας παρὰ τοῦ δημοσίου πράγματα καὶ τὸ τίμημα καταβαλὼν, οὐκέτι ἐνάγεται, οὐδὲ ἐξ αὐτῆς τῆς παρα* ÷ *τιμῆς* (s. n. marg ad signum ÷ *ἥττω τῆς πράξεως*) *οὔτε ἐξ ἑτέρας· μᾶλλον γὰρ τὰ πράγματα προςάλληλα στῆς. εἴπερ ὀχλεῖν* (l. *ἢ παρ-οχλεῖν*) *τῷ ἀγοραστῇ.* Diese Stelle ist als Basil. LVI, 6. cap. 9 aus der Synopsis p. 214 bis zu dem Worte

zwischen von Fabrot und Heimbach restituirt. Der Cod. Paris. 1367 gibt sie aber vollständig. Außer dem, was Zachariä von Lingenthal dem Herausgeber mitgetheilt hat, hat letzterer von Hänel in Leipzig eine Abschrift des 6. Buches aus dem Codex Coislin. 151 und für das 8. Buch den zweiten Theil der von Antonius Augustinus genommenen Abschrift der Basilikenhandschrift im Escurial (s. diesen §. I. B. 1. lit. c) zur Benutzung für die Ausgabe erhalten. Für das 60. Buch ist der Codex Paris. 1350 im Auftrage des Herausgebers von Tischendorf im J. 1841 von Neuem verglichen, und größtentheils abgeschrieben worden, da weder Cujacius in seiner lateinischen Uebersetzung des 60. Buches, noch Fabrot in der Ausgabe des griechischen Textes die Scholien vollständig mitgetheilt hatten. Die Ausgabe ist in 5 Bänden in Quartformat in dem Verlage von Johann Ambrosius Barth in Leipzig in der Zeit von 1833 bis 1850 erschienen. Mit Dank ist die große Liberalität des Verlegers anzuerkennen, welcher sämmtliche Kosten der Reisen von Heimbach jun. nach Frankreich und Italien, und der Collation des 60. Buches getragen hat. Dem Herausgeber steht über seine Leistungen kein Urtheil zu. Es haben sich verschiedene Urtheile über dieselben vernehmen lassen, von Witte, Giraud, Deurer, Zachariä v. L. und Mortreuil. Die Recensionen von Witte, Deurer und Giraud beschränken sich auf den ersten Band; die von Zachariä v. L. auf die beiden ersten Bände, die von Mortreuil auf die drei ersten Bände. Von den Recensionen erkennt der Herausgeber die von Zachariä v. L. als die gründlichste an. Für Bd. 1, welcher die Bücher 1—12 der Basiliken enthält, hat der Herausgeber sich folgender Hilfsmittel bedient. Fabrot hatte für diese Bücher nur den Codex Paris. 1352, welcher in Folge des Verlustes mehrerer Blätter defect ist, aber auch nur einen abgekürzten Text bietet. Heimbach hat für Buch 1—6 den Text von Fabrot verlassen, und lediglich den Codex Coislin. 151 zum Grunde gelegt, jedoch immer auf die Abweichungen von Fabrot Rücksicht genommen. Für Buch 2. Tit. 2 ist noch die Arbeit von Reitz im Anhange zu seiner Ausgabe des Theophilus benutzt. Für Tit. 3 desselben Buches ist der Text in der Ausgabe von Witte von 1826 wörtlich wieder abgedruckt. Für Buch 6, welches bei Fabrot theils sehr abgekürzt, theils lückenhaft ist, ist wieder der Codex Coislin. 151 ausschließlich zum Grunde gelegt nach einer von Hänel in Leipzig mitgetheilten Abschrift. Die Lücken in diesem Buche, von Tit. 8—18 und 23—33, von denen Fabrot aus dem Codex Paris. 1352 nur die Rubriken gibt, sind aus der Coislin'schen Handschrift ergänzt. Buch 7 weicht im Codex Coislin. 151 von dem Codex Paris. 1352 nicht ab; ersterer bietet nur Varianten, welche Heimbach benutzt hat. Buch 8 ist nach der Ausgabe von Ruhnken im Meermanischen Thesaurus juris mit Berücksichtigung der Varianten des Codex Coislin. und der Hänel'schen Handschrift (Abschrift der Basilikenhandschrift des Escurials) herausgegeben. Buch 9 hat den Text von Fabrot mit den Varianten der Coislin'schen Handschrift. Für Buch 10 liegt der Fabrot'sche Text aus dem Codex Paris. 1352 zum Grunde, da dem Herausgeber hier kein anderes Hilfsmittel zu Gebote stand. Zur Recension und Feststellung des Textes dieser ersten zehn Bücher ist auch noch die Ecloga lib. I—X Basilicorum, welche fälschlich dem Theodorus aus Hermopolis zugeschrieben wird, und deren sich Fabrot nur zur Restitution verloren gegangener Stellen und zur Ausfüllung der Lücken des Codex Paris. 1352 bedient hatte, gebraucht worden. Dem Herausgeber war hier die sonst Meermanische Handschrift Nr. 103, jetzt Wiener'sche zur Hand. Auch die Synopsis Basilicorum ist für alle Bücher zur Feststellung des Textes zu Rathe gezogen worden. Die Bücher 11 und 12 sind aus dem Codex Coislin. 152 mit sehr ausführlichen bisher ungedruckten Scholien herausgegeben; der Fabrotische Text ist aber beibehalten, da die gedachte Handschrift mit dem Cod. Paris. 1352 hier im Wesentlichen übereinstimmt. Bd. 2 enthält die Bücher 13—23. Der Text der Bücher 13 und 14 ist der Fabrotische, mit welchem die Coislin'sche Handschrift übereinstimmt; die Scholien sind aber aus dieser herausgegeben, da sie in ihr weit ausführlicher sind, als im Codex Paris. 1352. Für die Bücher 15—18 stand nur der Codex Paris. 1352 zu Gebote, welchen Fabrot gebraucht hat; der Text ist mit der Synopsis und anderen griechischen juristischen Schriften verglichen worden. Die Lücken im Buch 16. Tit. 1 und 9 und Buch 17. Tit. 1 sind, soweit es möglich war, aus der Synopsis, den neuen Basilikenscholien im Cod. Coislin. 152, aus Harmenopulus und Tipucitus ergänzt worden. Da letzterer dem Herausgeber erst später zur Hand war, so sind die Stellen daraus in der appendix I. zum 2. Bande gegeben. Buch 16. Tit. 2. von cap. 17 an, die übrigen Titel desselben und Buch 19, für welche dem Herausgeber, so wenig wie Fabrot, eine Handschrift zu Gebote stand, sind nach der Ordnung des Coislin'schen Titelverzeichnisses und des Tipucitus restituirt nach denselben Quellen, außer welchen auch noch der Commentar des Balsamon zu Photius, Pseudo-Eustathius die Glossae nomicae, Michael Attaliata, und die Coll. const. eccl. als Hilfsmittel der Restitution ist das von Reitz hinsichtlich der Titel de verborum significatione und de regulis juris befolgte der Zusammenstellung sämmtlicher Texte derselben Stelle aus den verschiedenen Quellen. Zur Unterscheidung ist den Stellen, welche echten Basilikentext enthalten, das Zeichen eines Sternes vorgesetzt worden. Die Quellen jeder einzelnen restituirten Stelle sind in den Anmerkungen angegeben, und so konnte fast jede Quelle für jede von Fabrot versuchte Restitution nachgewiesen werden. Die Bücher 20—23 sind, wie bei Fabrot nach dem Cod. Paris. 1348, welcher allein dieselben enthält, herausgegeben; die auf dem 117. Blatte dieser Handschrift stehenden Stellen im Buch 23. Tit. 1 nebst Scholien, welche Fabrot weggelassen hat, sind hier abgedruckt. Dieser Band hat 2 Anhänge; der erste enthält den griechischen Text der Paratitla des Tipucitus zu Buch 1—12 der Basiliken nach dem Codex Vatic. 853, und zu Buch 17. Tit. 1 nach der Ausgabe von Mai und nach einer neuen Vergleichung der gedachten Handschrift durch Heimbach jun. Der zweite Anhang enthält Zusätze und Verbesserungen zu den ersten 12 Büchern der Basiliken, und hauptsächlich die Auszüge der herausgegebenen Quellen des byzantinischen Rechts, in welchen der Basilikentext entweder wörtlich oder im Auszuge gegeben ist. Ebenso enthält dieser zweite Anhang Verbesserungen zu den Büchern 13—23, zum großen Theil nach den Verbesserungen von Jensius. Der Herausgeber kannte leider noch nicht das Dasein des Codex S. Sepulcri, welcher die Bücher 15—18 mit Scholien enthält; die Ausgabe ist später durch die besondere Ausgabe dieser Bücher von Zachariä v. L. vervollständigt worden. Bd. 3 enthält die Bücher 24—38. Die Bücher 24—27 sind nach dem Codex Paris. 1348, welcher der Fabrotischen Ausgabe zum Grunde liegt, herausgegeben. Für Buch 28 und 29 sind die von Fabrot benutzten Handschriften, der Cod. Paris. 1348 und 1354 (Codex Ribierii von Fabrot genannt) zu Grunde gelegt; daneben ist noch der Cod. Med.-Laurent. LXXX, 11, das Original des Cod. 1354 nach der von Heimbach jun. gemachten Vergleichung benutzt, und durch letzteren sind manche Lücken des griechischen Textes bei Fabrot ausgefüllt. Buch 30. Tit. 1 ist nach dem Cod. Paris. 1818, wie bei Fabrot gegeben und ist also unvollständig. Die Bücher 31—37 sind in derselben Weise, wie die defecten Titel des 18. Buches und das 19. Buch und aus denselben Quellen restituirt; für einzelne Stellen des 35. Buches ist noch insbesondere der Cod. Paris. 1367 Quelle der Restitution gewesen, sowie überhaupt für alle verloren gegangenen Bücher, mit Ausnahme des 19., die Πεῖρα dem Herausgeber zur Restitution von Zachariä v. L. mitgetheilt worden ist. Buch 38 enthält den Text und Scholien der Fabrotischen Ausgabe nach dem Codex Paris. 1345. Bd. 4 enthält die Bücher 39—48. Die Bücher 39—42 geben den Text und die Scholien der Fabrotischen Ausgabe nach dem Cod. Paris. 1345. Die Bücher 43 und 44 sind auf dieselbe Weise und aus denselben Quellen restituirt, wie Buch 10. 31—37; andere Quellen der Restitution haben dem Herausgeber nicht zu Gebote gestanden. Die Bücher 45—48 sind mit Text und Scholien, nach der Fabrotischen Ausgabe, welcher der Codex Paris. 1349 zum Grunde liegt, gegeben; daneben ist aber für Buch 46—48 der nicht von Fabrot benutzte Cod. Paris. 1357 nach der Collation von Heimbach jun. gebraucht worden. Bd. 5 enthält die Bücher 49—60. Die Bücher 49—52 sind nach der Reitzischen Ausgabe im 5. Bande des Meermanischen Thesaurus juris herausgegeben; für einzelne Titel des 50. Buches ist der von Heimbach jun. verglichene Codex Vatic. 2075 (Basilianus 114) benutzt worden. Die Bücher 53—59 sind restituirt. Für das 53. Buch ist besonders die Arbeit von Pardessus (Collection des lois maritimes) benutzt worden. Für die folgenden Bücher tritt zu den früher angegebenen Quellen der Restitution noch der Commentar des Cujacius zu den letzten drei Büchern des Codex hinzu, welcher bekanntlich viele griechische Constitutionen aus einer verloren gegangenen Basilikenhandschrift enthält. Für die Bestimmung der Reihenfolge, Zahl und Rubrik der Titel in diesen Büchern war besonders das dem Codex Coislin. 151 vorstehende Verzeichniß sämmtlicher Titel der Basiliken von Wichtigkeit, und dasselbe war oft auch die einzige Quelle, aus welcher zu entnehmen war, welche Titel und Stücke der Justinianeischen Gesetzbücher in den einzelnen Titeln dieser Bücher gestanden haben, womit man sich häufig begnügen mußte, da von vielen Titeln sich blos die Rubriken erhalten ließen, Basilikenfragmente aber nicht vorhanden waren. In der Art und Weise der Restitution ist der Herausgeber von der früher befolgten Methode, die Stellen der verschiedenen Quellen, welche Basilikenstellen entweder wörtlich oder im Auszuge geben, zusammenzustellen, abgewichen, und hat nur die Basilikenfragmente, welche wörtlich in anderen Quellen gegeben sind, in den Text aufgenommen. Die Gründe dieser Abweichung sind die von Zachariä v. L. in der Recension der neuen Basilikenausgabe angegebenen. Für das 60. Buch ist der Codex Paris. 1350, aus welchem dasselbe bereits von Cujacius und Fabrot herausgegeben worden ist, von Tischendorf von Neuem verglichen und bezüglich abgeschrieben worden, und so sind nunmehr auch die Scholien zu diesem Buche, namentlich die des Hagiotheodoritus, vollständig in der Heimbach'schen Ausgabe gedruckt. Von den Ausstellungen, welche namentlich Zachariä v. L. gegen die Ausgabe gemacht hat, müssen besonders zwei als begründet anerkannt werden. Die erste betrifft die Behandlung der Scholien. In mehreren alten Handschriften finden sich bald Interlinearglossen, bald Randglossen (sogenannte Scholien), und zwar letztere regelmäßig einen vollständigen Apparatus bildend, sodaß jene Handschriften äußerlich den glossirten Handschriften des Corpus juris ähnlich sind. Häufig wird in denselben durch ein Zeichen im Texte und am Rande angedeutet, auf welche Stelle sich ein sogenanntes Scholium beziehe; bisweilen geschieht dies dadurch, daß die erklärten Textesworte als Aufschrift zu dem Scholium wiederholt werden. Sehr oft stehen auch die einzelnen Scholien, nicht durch Absätze, sondern nur durch größere Punkte oder Striche von einander geschieden, in ununterbrochener Reihefolge ohne alle Verweisung auf den Text neben und hinter einander. Diese Behandlung der Scholien in Handschriften kann schon aus typographischen Rücksichten in einer Ausgabe nicht beibehalten werden, und es entsteht daher die nicht leicht zu beantwortende Frage, in welcher Anordnung die Scholien im Drucke wiedergegeben werden sollen. Hervetus und Cujacius haben in ihrer lateinischen Uebersetzung folgende Methode gewählt: Erst wird so viel vom Texte gedruckt, als in ihren Handschriften auf einer Seite gestanden hatte; alsdann wird der Text unterbrochen, und es folgen, mit kleinerer Schrift gedruckt, die Scholien, welche sich auf derselben Seite der Handschriften am Rande befunden haben; zugleich werden durch Buchstabenzeichen im Texte und an der Spitze der Scholien die Stellen bezeichnet, wozu die letzteren gehören sollen. Diese Methode ist verwerflich. Denn, abgesehen davon, daß bei derselben der Text und die Scholien nach zufälligen Umständen in einzelne Stücke zerrissen wurden, war sie schon deshalb verfehlt, weil sie nicht einmal streng durchzuführen war. Text und Scholien brechen natürlich auf einer Seite oft mitten in einem Satze ab, und in solchen Fällen mußten sich die Genannten nothgedrungen mehr oder minder willkürliche Abweichungen von ihrer Regel erlauben. Endlich mußten bisweilen noch größere Abweichungen von der gesteckten Regel zugelassen werden, wenn nicht das Zusammenpassende im Texte oder in den Scholien ungehöriger Weise getrennt werden sollte. Durch diese Gründe veranlaßt hat wol später Fabrot immer erst den vollständigen Text eines Titels, und darnach erst die Scholien in ununterbrochener Reihe abdrucken lassen, und dabei im Texte eines Titels durch fortlaufende Buchstabenzeichen die Stellen kenntlich gemacht, zu denen sich am Schlusse Scholien, mit denselben Buchstaben bezeichnet, finden sollen. Diese Methode hat besonders den großen Mangel, daß es für den Gebrauch sehr unbequem ist, wenn man erst lange nach dem Texte suchen muß, zu welchem ein Scholium gehört, zumal in längeren Titeln, in welchen dieselben Buchstabenzeichen sich oft mehrmals wiederholen. Nach einem dritten Plane sind die Scholien in Ruhnken's Ausgabe des echten Buches der Basiliken geordnet, indem hier sich unter jede einzelne Stelle des Textes diejenigen Scholien zusammengestellt finden, welche zu derselben gehören sollen. Dieser letztere Plan ist nun nach einigem Schwanken (denn die Scholien zu Tit. 2 und 3 des 2. Buches sind nach Fabrotischer Weise hinter den Titeln abgedruckt) auch in der Heimbach'schen Ausgabe befolgt worden. Dieser Plan ist aber nach dem Urtheil Zachariä's v. L. fast noch mehr verfehlt, als der der früheren Herausgeber. Denn erstens erhalten durch diese Anordnung die Scholien schlechthin den Charakter von Anmerkungen zu den Basiliken, wozu Heimbach freilich durch die in den Handschriften so häufig vorkommende Bezeichnung der Stelle des Textes, auf welche sich ein Scholium bezieht, durch Buchstaben oder andere Zeichen im Texte, welche dann dem Scholium ebenfalls voranstehen, sich hat verleiten lassen. Die Mehrzahl der Scholien hat aber eine ganz andere Bedeutung. Es sind nämlich entweder Uebersetzungen oder Auszüge von Stellen der Digesten, des Codex und der Novellen, welche mehrere Jahrhunderte vor der Abfassung der Basiliken geschrieben, nicht aber für oder zu den Basiliken gemacht worden sind. Durch jene Anordnung kommt die Mehrzahl der Scholien in ein schiefes Licht. Noch mehr ist dies in der Heimbach'schen Ausgabe dadurch geschehen, daß hier sogar oft gegen die Auctorität der Handschriften die Worte des Textes, auf welche sich angeblich die Scholien beziehen sollen, den letzteren mit gesperrter Schrift vorangedruckt worden sind, wodurch sie recht eigentlich zu Anmerkungen zum Texte der Basiliken gestempelt werden. Ein zweiter, mit dem voranstehenden zusammenhängender Grund, welcher die Anordnung der Scholien in der Heimbach'schen Ausgabe verwerflich erscheinen läßt, ist folgender. Nicht alle Stellen der Justinianeischen Rechtsbücher sind in die Basiliken aufgenommen, sondern vielmehr in nicht geringer Zahl weggelassen worden. Zuweilen sind nun aus den alten Bearbeitungen der Digesten u. s. w. Summen und Bemerkungen zu weggelassenen Stellen in die Scholien der Basiliken mit aufgenommen. Alle solche Scholien erscheinen in der Heimbach'schen Ausgabe als ein relevans sine relato und bleiben unverständlich. Der dritte Grund gegen jene Anordnung ist, daß sich häufig in der Heimbach'schen Ausgabe der Mißstand findet, daß zu der einen Stelle des Textes ein Scholium hinzugefügt ist, welches sich zugleich auf vorhergehende oder gar nachfolgende Stellen erstreckt. Ein anderer Uebelstand bei der Behandlung der Scholien in der Heimbach'schen Ausgabe ist folgender. In den Handschriften ist gewöhnlich nur durch einen größeren Punkt und dergl. angedeutet, wo ein neues Scholium beginnt; bisweilen aber fehlen diese Unterscheidungszeichen. Wo es an einem sicheren Anhaltspunkte in der Handschrift mangelt, hat der Herausgeber nach seinem Urtheile die richtige Abtheilung zu wählen, und daß solche Abtheilungen geschehen, liegt allerdings im Interesse der Leser. Bei Heimbach sind nun, wie bei Fabrot, oft Scholien nicht abgetheilt, welche hätten abgetheilt werden sollen; namentlich ist oft als Ein Scholium gegeben, was aus Scholien verschiedener Verfasser besteht; oft sind auch Scholien desselben Verfassers, welche sich aber doch auf verschiedene Stellen des Textes der Justinianeischen Rechtsquellen beziehen, nicht getrennt. Der Grund davon lag darin, daß der Herausgeber dem Texte der Basiliken vorzugsweise seine Aufmerksamkeit zugewendet und diesen für wichtiger gehalten hatte, als die Scholien. Den mit Recht gerügten Mängeln kann nur durch ein neues Manuale Basilicorum hinreichend abgeholfen werden. Der Herausgeber ist, nachdem er in Folge jener Ausstellungen die Scholien, namentlich die alten, zum Gegenstande sorgfältiger Studien gemacht hat, im Stande, mit ziemlicher Sicherheit bei Scholien, deren Verfasser nicht genannt ist, den Verfasser zu bestimmen. Er hat darüber bei den einzelnen Juristen der vorigen Periode, aus deren Schriften die alten Scholien excerpirt sind, Winke gegeben. Das Manuale Basilicorum, welches nun bei jedem alten Scholium dem Verfasser die Stelle der Justinianeischen Rechtsquellen, sogar deren Worte, worauf sich das Scholium bezieht, nachweist, ist bereits seit mehreren Jahren vollständig ausgearbeitet und der Druck ist nur in Folge des Todes des Verlegers unterblieben. Die zweite Ausstellung betrifft die Restitution der uns nicht echt erhaltenen Stücke der Basiliken, und zwar des Textes derselben. Unter Restitution eines verloren gegangenen Schriftwerkes ist dem Worte und der Natur der Sache nach nicht eine Angabe dessen, was in jenem Werke gestanden hat, zu verstehen, geschehe dies nun nach eigenen Vermuthungen oder nach Relationen älterer Schriftsteller, sondern eine Wiederherstellung der ursprünglichen Textesworte in der Reihefolge, in welcher sie sich in dem zu restituirenden Werke fanden. Wo eine solche Wiederherstellung nicht möglich ist, kann auch eine bloße Nachweisung über den Inhalt des Fehlenden, namentlich aus älteren Schriftstellern, welche das vollständige Werk vor Augen hatten, willkommen sein; aber dies ist nicht Restitution und ist von der eigentlichen Restitution wohl zu trennen. In dem einen oder dem anderen Zwecke dürfen nur solche Quellen benutzt werden, welche und wenn sie erweislich aus dem zu restituirenden Werke schöpfen oder sich auf dasselbe beziehen. Auch für die verlorenen Stücke der Basiliken kann nur eine eigentliche Restitution und ebenso eine Nachweisung des Inhaltes des Fehlenden aus älteren Schriftstellern versucht werden. Fabrot hat jenes unternommen, Heimbach auch dieses; beide haben aber darin gefehlt (letzterer in den Restitutionen der ersten 4 Bände), daß sie erweislich Unechtes in ihre Restitution mit aufgenommen haben, und letzteren wird insbesondere zur Last gelegt, daß er die Nachweisungen über den Inhalt des Fehlenden mit den Textesrestitutionen durchgängig vermischt habe. Die zur Unterscheidung der echten Basilikenfragmente von Heimbach beliebte Bezeichnung mit einem Sternchen hat man nicht für ausreichend gefunden. Was den zuerst bemerkten Mangel der Fabrot'schen und Heimbach'schen Restitutionen betrifft, so hat Zachariä v. L. denselben in der Art nachgewiesen, daß er alle von Fabrot und Heimbach benutzten Quellen in chronologischer Ordnung durchgeht und dabei auch die Quellen anführt, welche für die späteren Bände der Heimbach'schen Ausgabe vom dritten Bande an noch zu benutzen sein dürften. Diese Quellen sind: a) Glossae nomicae, welche von Fabrot und Heimbach benutzt worden sind; mit Unrecht, weil sie älter, als die Basiliken, und nicht Quelle derselben sind. Doch stimmen die Glossae nomicae bisweilen mit dem Basilikentexte überein. b) *Αἱ ῥοπαί* oder des Pseudo-Eustathius liber de temporum intervallis. Diese Schrift benutzte schon Fabrot zur Restitution und auch Heimbach hat sie dazu gebraucht. Nach den neueren Untersuchungen von Zachariä v. L. ist jene Schrift lange vor den Basiliken geschrieben (vergl. §. 25 unter 7) und aus Quellen geschöpft, die von denen der Basiliken verschieden sind. Wenn auch ein griechischer Jurist des 11. Jahrhunderts zu den Citaten der Digesten, des Codex und der Novellen, welche sich regelmäßig bei jedem Satze der *ῥοπαί* finden, die entsprechenden Stellen der Basiliken citirt, so sind diese Basilikencitate für die eigentliche Restitution unnütz, und höchstens nur als Nachweisungen über den Inhalt verlorener Basilikenstellen, und auch da nur mit Vorsicht zu gebrauchen. Heimbach hat sie aber auch nur als Nachweisungen des Inhalts verloren gegangener Basilikenstellen benutzt. c) Collectio constitutionum ecclesiasticarum. Diese Sammlung ist mehrere hundert Jahre älter, als die Basiliken, und von Heimbach, nicht aber von Fabrot zur Restitution gebraucht. Sie eignet sich aber nur hinsichtlich der aus der Digestenbearbeitung des Anonymus unternommenen Digestenstellen zur Restitution, da der Basilikentext, soweit er Digestenstellen enthält, regelmäßig aus dem Digestencommentar des Anonymus entlehnt ist. Die gedachte Coll. const. eccl. hat die Digestenstellen aus dem Anonymus echt; in die Basiliken sind dieselben nur mit Interpolationen (ἐξελληνισμοί) übergegangen. Letzteres ist aber kein Grund, mit Zachariä v. L. diese Stellen nicht zur Restitution zu benutzen, da die ἐξελληνισμοί meistens nur in der Uebersetzung der lateinischen Kunstausdrücke in das Griechische bestehen. Beweis dafür sind die vielen in den von Anonymus und Enantiophanes herrührenden Scholien wörtlich angeführten Digestenstellen, welche mit dem Basilikentexte wörtlich übereinstimmen. d) Ecloga Leonis et Constantini. Fabrot hat sie nicht benutzt, wohl aber Heimbach, und zwar in der zusammengestückelten Gestalt, in welcher sie bei *Leunclavius*, Jus Graeco-Romanum T. II. gedruckt ist. Sie ist aber älter, als die Basiliken und daher keine Quelle für die eigentliche Restitution. e) Scholia Basilicorum. Sie sind sowol von Fabrot, als von Heimbach benutzt. Beide haben jedoch den Unterschied zwischen alten und neuen Scholien nicht hinreichend beobachtet. Aus den alten Scholien, welche aus den Schriften der Juristen des 6. Jahrhunderts excerpirt sind, hält Zachariä v. L. gar keine Restitution der Basiliken für zulässig. Es ist ihm jedoch darin nur insoweit beizutreten, als in den alten Scholien Stellen der Justinianeischen Rechtsbücher aus den nicht für die Basiliken benutzten Commentaren der Juristen citirt werden, denn die von Anonymus und Enantiophanes wörtlich angeführten Digestenstellen eignen sich unbedenklich zur Restitution, da der Basilikentext, soweit er Digestenstellen gibt, regelmäßig aus dem Commentar des Anonymus geschöpft ist, und der sogenannte Enantiophanes mit diesem identisch ist. Die Scholien neueren Ursprungs können, je nachdem in denselben die Textesworte selbst oder nur der Inhalt citirter Basilikenstellen referirt werden, bald zur eigentlichen Restitution, bald zu Nachweisungen über den Inhalt verlorener Stellen mit Erfolg benutzt werden. f) Synopsis Basilicorum. Diese, ein Auszug aus den Basiliken, in welchem regelmäßig der Text der letzteren, wiewol mit Auslassungen und Abkürzungen, und in anderer Ordnung, aber mit genaueren Citaten wiedergegeben wird, ist die regelmäßigste Quelle für die Restitution der Basiliken, auch zu diesem Zwecke von Fabrot nach Handschriften, und von Heimbach nach der Ausgabe von Leunclavius und mit Rücksicht auf des Labbäus Observationes ad Synopsin vollständig benutzt worden. g) *Πεῖρα*, eine erst 1856 in *Zachariae de L.*, Jus Graeco-Romanum Pars I. gedruckte Sammlung von Rechtsfällen aus dem 11. Jahrhundert. In derselben werden regelmäßig citirt und wörtlich mitgetheilt die Basilikenstellen, welche bei den Entscheidungen vorgekommener Rechtsfälle in irgend einer Weise berücksichtigt worden waren. Besonders viele Citate enthält sie aus dem 19. Buche der Basiliken; dagegen liefert sie für die übrigen zu restituirenden Bücher vergleichsweise nur geringe Ausbeute. Fabrot hat sie gar nicht benutzt. Heimbach hat sie für den zu restituirenden Theil des 18. Buches und für das 19. Buch nicht benutzen können, weil sie nicht gedruckt war. Erst für die spätern zu restituirenden Bücher hat er sie zur Restitution benutzt, nachdem er eine Abschrift von Zachariä v. L. mitgetheilt erhalten hatte. h) Tipucitus. Dieses Repertorium zu den Basiliken ist von Heimbach für sämmtliche verloren gegangenen Bücher der Basiliken zur Restitution gebraucht worden. Schon früher hatte Assemani auf dessen Wichtigfeit für die Restitution aufmerksam gemacht; nach ihm hat Pardessus in der Collection des lois maritimes dasselbe zu diesem Zwecke benutzt, und Mai Einiges davon abdrucken lassen. Heimbach jun. hat einen großen Theil davon abgeschrieben. Quelle für die eigentliche Restitution der Basiliken ist Tipucitus nicht, aber für die Nachweisung des Inhalts verlorener Stellen. Auch nur für letzteren Zweck hat Heimbach ihn benutzt. Für die Bücher 53—57 und 59 bietet Tipucitus wenig Ausbeute; desto mehr für die übrigen verloren gegangenen Bücher, welche das Privatrecht zum Gegenstande haben. Besonders wichtig ist Tipucitus, was Zachariä v. L. nicht geltend gemacht hat, für die Reihenfolge der Stellen in den einzelnen Titeln der verloren gegangenen Bücher und für die Kenntniß dessen, was aus den Justinianeischen Rechtsquellen in dieselben aufgenommen worden ist oder nicht. i) Michael Attaliota. Heimbach hat ihn für die eigentliche Restitution benutzt. Zachariä v. L. billigt dies, weil das Rechtsbuch dieses Verfassers aus den Basiliken geschöpft sei, und größtentheils aus wörtlichen Auszügen aus denselben, und vielleicht auch aus deren Scholien, bestehe. Er glaubt indessen, daß Heimbach den Werth desselben für die Restitution zu gering angeschlagen habe. Allein das Rechtsbuch ist nicht blos aus den Basiliken geschöpft, und deshalb Vorsicht bei dem Gebrauche zur Restitution nöthig. k) Ecloga lib. I—X. Basilicorum. Diese, welche sonst allgemein mit Unrecht dem Theodorus aus Hermopolis zugeschrieben wurde, ist für Fabrot Quelle der Restitution gewesen. Da sich jedoch dieses Werk, insoweit es uns erhalten ist, nur auf die zehn ersten Bücher der Basiliken beschränkt, und nur selten auf die folgenden Bücher Rücksicht nimmt, die zehn ersten Bücher aber jetzt vollständig vorliegen, so hat es seine Bedeutung als Quelle für Restitutionen verloren. l) Theodori Balsamonis commentarius ad Photii Nomocanonem. Der Nomocanon selbst, sowie dessen Ueberarbeitung durch Photius stammen aus der Zeit vor den Basiliken, und sind daher für deren Restitution nicht zu gebrauchen. Heimbach hat sie blos als Quelle für die Nachweisung des Inhaltes verlorener Basilikenstellen zu Rathe gezogen, wo sie aber ebenfalls nur mit Vorsicht zu benutzen sind. Der Commentar des Balsamon dagegen citirt häufig wörtlich Basilikenstellen, ist daher Quelle für die eigentliche Restitution, auch von Heimbach dazu benutzt worden. m) Tractatus de peculiis und tractatus de creditis. Beide, welche erst neuerlich gedruckt sind, hat Fabrot nicht benutzt, wohl aber Heimbach in den 3 letzten Bänden seiner Ausgabe. n) Enchiridia juris privata. Die größeren oder kleineren Handbücher, welche im 10. und in den folgenden Jahrhunderten von verschiedenen Juristen aus allerlei Quellen zusammengetragen sind, enthalten regelmäßig auch Stellen aus den Basiliken, und zwar in der Art, daß bald die Basiliken als Quelle citirt werden, bald nicht. Nur die Stellen, bei welchen die Basiliken als Quelle citirt werden, eignen sich zur Restitution. Besonders die Epanagoge aucta und das Prochirum auctum sind reich an solchen Citaten. Diese Handbücher sind aber ungedruckt, und daher weder von Fabrot, noch von Heimbach benutzt. o) Matthaeus Blastares. Dessen Syntagma hat Heimbach als Hilfsmittel zur Restitution gebraucht. Zachariä v. L. billigt dies nicht, da Blastares erweislich die Basiliken nicht unmittelbar vor Augen gehabt habe, und wo einzelne Basilikenstellen aus mittelbaren Quellen von ihm aufgenommen worden sind, doch niemals auf die Basiliken verwiesen werde. p) Harmenopuli Hexabiblos. Sowol Fabrot, als Heimbach haben dieses Werk zur Restitution benutzt. Da aber nach neueren Untersuchungen Harmenopulus die Basiliken niemals zur Hand gehabt, sondern alle in seinem Handbuche vorkommenden Basilikenstellen theils aus der Synopsis, theils aus der *Πεῖρα* genommen hat, so muß die Restitution lediglich auf diese Quellen gestützt werden.

14) Aus dem Codex S. Sepulcri zu Constantinopel (vergl. diesen §. I. B. 1. lit. e), welcher die Bücher 15—18 der Basiliken mit reichen Scholien enthält, hat Zachariä von Lingenthal diese Bücher als Supplement der Heimbach'schen Basilikenausgabe 1846 herausgegeben. Die erwähnte Handschrift ist aber, obgleich sie diese Bücher viel vollständiger bietet, als der Codex Paris. 1352, doch nicht ohne Lücken, welche durch Ausfall oder Verstümmelung von Blättern entstanden sind. Die Lücken betreffen bald den Text, bald blos die Scholien, bald beide zugleich. Vom Texte fehlen: lib. XVI. tit. 9. cap. 9. th. 5. cap. 10. (L. 9. §. 4. L. 10. D. VII, 9). Lib. XVII. tit. 1. cap. 3. th. 1—7. (L. 3. pr. §. 1—7. D. III, 5). Lib. XVIII. tit. 2. cap. 18—25. (L. 6—13. C. IV, 26.) Tit. 3. cap. 5—8 (L. 5—8. D. XIV, 5.) Tit. 5. cap. 7. th. 2. fin. 3 seq. cap. 8. init. (L. 7. §. 2. fin. §. 3—7. L. 8. init. D. XV, 1.) cap. 22—24. 26. 27. th. 1—8. (L. 22—24. 26. 27. pr. §. 1—7. D. XV, 1.) Tit. 6. cap. 1. th. 1. post vocem [illegible] th. 2. 4—6. (L. 1. §. 2 pro parte, §. 3. 5—7. D. XV, 2.) Tit. 7. cap. 15—19. (L. 15—19. D. XV, 3). Das Fehlende hat der Herausgeber zum Theil aus der Synopsis und aus Tipucitus ergänzt. Die Scholien fehlen zugleich bei folgenden schon erwähnten Stellen des Textes: Basil. lib. XVII. tit. 1. cap. 3. th. 1—7. Lib. XVIII. tit. 2. cap. 18—25. tit. 3. cap. 5—8. tit. 5. cap. 22—24. 26. 27. th. 1—8. tit. 7. cap. 15—19. Außerdem war Vieles in der Handschrift nicht zu lesen, was in der Ausgabe jedesmal ausdrücklich bemerkt worden ist. Die Handschrift ist genau in der Ausgabe wiedergegeben. Die Lücken derselben sind, soweit möglich, aus der Heimbach'schen Ausgabe und anderen Quellen ergänzt. Die lateinische Uebersetzung ist bei den neu herausgegebenen Stücken des Textes und bei den Scholien ganz neu, und nach des Herausgebers eigener Bemerkung mehr treu als elegant. Die Heimbach'sche Uebersetzung des Textes ist dieser angepaßt. Die Anmerkungen, welche sich theils auf den Text, theils auf die Scholien beziehen, sind hauptsächlich kritischen Inhalts. Die Ausgabe unterscheidet sich von der Fabrotischen und Heimbach'schen besonders durch eine andere Anordnung und Behandlung der Scholien. Was zuvörderst die erstere

betrifft, so steht auf jeder Seite oben der Text, darunter die Scholien, beide für sich in ununterbrochener Aufeinanderfolge. Letztere anlangend, so ist bei jeder der alten Scholien, welche aus den Schriften der Juristen des 6. Jahrhunderts excerpirt sind, der Name des Verfassers an der Spitze des Scholiums in der Handschrift entweder angegeben, oder nicht. Im letztern Falle hat der Herausgeber denselben nach eigener Vermuthung ergänzt, und unserem Urtheil nach fast immer richtig getroffen. An der Spitze der lateinischen Uebersetzung eines jeden Scholiums steht nun der in der Handschrift ausgedrückte oder von dem Herausgeber ergänzte Name des Verfassers mit der Angabe der Stelle des Justinianeischen Rechts, oder sogar der Worte der Stelle, auf welche sich das Scholium bezieht. Diese Scholien selbst haben zu jedem Titel fortlaufende Zahlen. Diese neue Behandlung der Scholien macht deren richtige Benutzung eigentlich erst möglich, und gereicht der Ausgabe zur besonderen Auszeichnung. Auch die typographische Anordnung ist sehr zweckmäßig und erleichtert das Citiren der Scholien sehr. Der Herausgeber hat hierdurch gezeigt, wie der von ihm gegen die Fabrotische und Heimbach'sche Basilikenausgabe hinsichtlich der Anordnung und Behandlung der Scholien gemachten Ausstellung abzuhelfen sei. Die andere Ausstellung bezog sich auf die Restitution der verloren gegangenen Bücher der Basiliken. Der Ausgabe der Bücher 15—18 ist nur eine Restitution des 19. Buches beigefügt. Diese Restitution ist ganz den Anforderungen gemäß, welche der Herausgeber in der Recension der Heimbach'schen Basilikenausgabe an eine solche gestellt hat; sie ist eine eigentliche Restitution des echten Basilikentextes; bloße Nachweisungen über den Inhalt verloren gegangener Basilikenstellen sind grundsätzlich ausgeschlossen worden. Außer den Quellen der eigentlichen Restitution, welche Heimbach benutzt hat, sind auch noch die Epanagoge aucta und die *Πεῖρα* vom Herausgeber benutzt worden. Letztere namentlich ist für das 19. Buch eine sehr ergiebige Quelle der Restitution, indem sie ungefähr 120 Stellen aus diesem Buche gibt.

15) Zur Erleichterung des Gebrauchs der Basiliken und zur Vergleichung derselben mit den Justinianeischen Rechtsbüchern dient das im J. 1819 von Haubold herausgegebene Manuale Basilicorum. Dasselbe enthält eine Nachweisung darüber, wo die Stellen der Justinianeischen Rechtsbücher sich in den Basiliken befinden; jeder Stelle des Justinianeischen Rechts ist die Angabe der entsprechenden Basilikenstelle nach der Fabrotischen Ausgabe und die Angabe der dazu gehörigen Scholien ebenfalls nach dieser Ausgabe beigefügt. Diese Nachweisung erstreckt sich auch auf die verloren gegangenen Bücher der Basiliken nach der von Fabrot, bezüglich, was die Titel 2. 3 des 2. Buches anlangt, von Reitz bewirkten Restitution, sowie auf eine Anzeige der in den von Fabrot nicht benutzten späteren byzantinischen Rechtsquellen wörtlich citirten Basilikenstellen. Ferner sind zu den einzelnen Stellen der Justinianeischen Rechtsbücher die byzantinischen Rechtsquellen, welche sich darauf beziehen, nachgewiesen. Weiter wird aus der neuern juristischen Literatur bis zum Jahre 1817 citirt, was zur Kritik und Auslegung des Justinianeischen Rechts aus den Basiliken beigetragen worden ist. Endlich wird eine Ausgabe der Bücher und Titel der Basiliken nach deren Reihefolge, verbunden mit einer Nachweisung der in die einzelnen Basilikentitel aufgenommenen Titel und Stücke des Justinianeischen Rechts geliefert. Diese Arbeit entspricht dem jetzigen Stande der Wissenschaft schon deshalb nicht, weil die Heimbach'sche Basilikenausgabe und deren Supplement von Zachariä v. L. Vieles enthalten, was aus Handschriften zum ersten Mal herausgegeben worden ist. Schon aus diesem Grunde ist ein neues Manuale Basilicorum nothwendig, welches die Nachweisung der Stellen des Justinianeischen Rechts in den Basiliken auch nach diesen neueren Ausgaben enthalten muß. Das Haubold'sche Manuale beschränkt sich rücksichtlich der Scholien nur darauf, nachzuweisen, welche Scholien nach der Fabrotischen Ausgabe zu den einzelnen Stellen des Justinianeischen Rechts und der Basiliken gehören; eine Nachweisung, welche allerdings wegen der unbequemen Anordnung der Scholien in der Fabrotischen Ausgabe nothwendig war. Da aber die aus Excerpten der Schriften der Juristen des 6. Jahrhunderts bestehenden alten Scholien der Basiliken viel wichtiger für die Kritik und Auslegung der Justinianeischen Rechtsquellen sind, als die Basiliken selbst, so muß ein neues Manuale Basilicorum wenigstens hinsichtlich der alten Scholien Nachweisungen darüber enthalten, von welchem Verfasser ein Scholium herrührt, und auf welche Stelle, bezüglich welche Worte einer Stelle des Justinianeischen Rechts sich ein Scholium bezieht. Dadurch wird fast eine Restitution der Schriften der Juristen des 6. Jahrhunderts, soweit sie in die alten Scholien übergegangen sind, ermöglicht. Das neue Manuale Basil. wird aber auch noch ferner die in anderen byzantinischen Rechtsquellen enthaltenen Fragmente der juristischen Literatur des 6. Jahrhunderts, soweit sie auf das Justinianeische Recht sich beziehen, nachzuweisen haben. Ein diesen Anforderungen entsprechendes Manuale Basil. hat der Verfasser dieses Artikels bereits vor mehreren Jahren ausgearbeitet.

§. 29. Novellen von Basilius Macedo und Leo dem Weisen.

I. Novellen von Basilius Macedo.

Basilius hat zwar in dem Prochirum selbst viel Neues bestimmt; er hat aber auch noch besondere Constitutionen erlassen, auf welche er sich bisweilen im Prochirum bezieht. Leo erwähnt in mehreren seiner Novellen Verordnungen seines Vaters. Von Freher sind zwei Partien von Gesetzen veröffentlicht worden unter dem Titel: *Βασιλείου τοῦ Μακεδόνος Νεαραὶ καὶ Νεαραί τινες.* Man könnte hieraus auf das Dasein einer besonderen Sammlung der Novellen des Basilius schließen wollen; aber Freher hat das von ihm Veröffentlichte aus der Epitome Marciana entlehnt, wo es die Titel 31 und 35 bildet; er hat sich ohne Zweifel des Codex Palat. 55 bedient. Diese Bruchstücke sind aber nur

Capitel des Prochirum, welche der Compilator der Marcianischen Handschrift unter obigem Titel gesammelt hat. Nur im Prochirum hat man die Spuren der gesetzgeberischen Thätigkeit des Basilius zu suchen. Einige Stellen hat man fälschlich für Novellen des Basilius ausgegeben.

II. Novellen Leo des Weisen.

Leo der Weise hat eine große Zahl besonderer Constitutionen erlassen, sodaß dieselben hiernach einen sehr bedeutenden Platz unter den Quellen des byzantinischen Rechts einnehmen. Dagegen ist ihre materielle Bedeutsamkeit eine geringe gewesen, wie später noch auszuführen ist. Nichtsdestoweniger muß man diese Novellen als die nothwendige Ergänzung zu den Basiliken ansehen, da sie eine Menge Modificationen und Zusätze zu denselben enthielten. Sowie die Basiliken das ältere Justinianeische Recht, soweit es noch anwendbar erschien, mit Weglassung des Veralteten, enthielten (daher *ἀνακάθαρσις τῶν παλαιῶν νόμων*), so enthielten die Novellen Leo's die Abänderungen des Justinianeischen Rechts, welche der Kaiser für nöthig erachtete. Die Novellen Leo's kommen in den Handschriften unter drei verschiedenen Gestalten vor: erstens in einer Sammlung, welche die Novellen im Originaltexte enthält; zweitens in einer Sammlung von Auszügen aus diesen Novellen; drittens kommen sie zerstreut mitten unter anderen juristischen Denkmälern, welche Leo's Gesetzgebung gar nicht berühren, vor. Sie sind in diesen 3 verschiedenen Gestalten näher zu betrachten, und schließlich ist von ihrer Gültigkeit und Bedeutung zu handeln.

1) Sammlung der 113 Novellen (*αἱ τῶν νόμων ἐπανορθωτικαὶ ἀνακαθάρσεις — Correctoriae legum repurgationes*). Die Sammlung, welche den Originaltext von 113 Constitutionen von Leo enthält, ist allgemein bekannt, da sie einen Bestandtheil aller Ausgaben des Corpus juris civilis, welche seit dem letzten Drittheil des 16. Jahrhunderts erschienen sind, bildet. Es könnte scheinen, als ob die Sammlung ursprünglich einen viel bedeutenderen Umfang gehabt habe, als sie jetzt hat; denn griechische Juristen citiren mehr als 113 Novellen. So sagt Matthäus Blastares, daß Leo 120 Novellen publicirt habe; Theodorus Balsamon citirt die 117 Novellen Leo's und das Prochirum auctum Novelle 201 dieses *Kaisers*. Zepernick glaubt, die 113 Novellen der jetzigen Sammlung durch die Novellen, welche Michael Attaliata am Ende seines *ποίημα νομικόν* citirt, ergänzen zu können. Im Codex Vindob. jur. gr. 3 (s. *Lambecius*, Comm. de bibl. Caes. Vindob. lib. VI. p. 31—48) scheint Attaliata folgende Texte, welche nicht bei Freher im Jus Gr.-Rom. stehen, unter diejenigen Novellen Leo's zu rechnen, welche geringe Auctorität enthalten haben, nämlich: *περὶ δυνατῶν· περὶ προτιμήσεως· περὶ στρατιωτικῶν τοκίων· περὶ φονευτῶν προσφευγόντων· περὶ δικαιοσύνης νόμου καὶ περὶ ὀψαρίων σχισίας· καὶ περὶ διαφόρων κανόνων· καὶ περὶ ὀψωνίων βασιλεῖ προσφερομένων*. Zepernick findet in diesen Rubriken die Rubriken von 8 Novellen Leo's, und gelangt, da die Novelle 16 in der Novelle 76 wiederholt ist, also die jetzige Sammlung eigentlich nur 112 Novellen enthält, so zu der Zahl von 120 Novellen, welche Blastares dem Leo zuschreibt, obgleich er nicht zu bestimmen wagt, ob gerade jene angeblichen 8 Novellen zu denen gehören, welche von den von Blastares erwähnten 120 Novellen heutzutage in der Sammlung fehlen. Allein jene 8 Rubriken sind keine solchen von Leonischen Novellen. Vielmehr beziehen sich die ersten vier auf die Novellen 2. 1. 3 und 12 von Constantinus Porphyrogenneta; die vier letzten Rubriken, welche in der erwähnten wiener Handschrift, wie schon das *καὶ* anzeigt, nur Eine Rubrik bilden, sind die Ueberschriften der Titel 1. 2. 3. 5 des 2. Buches der Basiliken. Allein jene Citate, aus welchen man auf einen viel größeren Umfang der Sammlung der Leonischen Novellen hat schließen wollen, berechtigen bei näherer Prüfung nicht dazu, wie Zachariä v. L. nachgewiesen hat. Denn was 1) die Angabe des Matthäus Blastares anlangt, daß Leo 120 Novellen erlassen habe, so hat dieser sich derselben Sammlung bedient, deren Handschriften nur 113 Novellen enthalten; entweder wird die Sammlung in diesen Handschriften unvollständig gegeben, sodaß einige Novellen fehlen, oder Blastares hat eine runde Zahl angenommen und nicht ganz genau sich ausgedrückt. 2) Das Citat der Novelle 117 Leo's bei Balsamon ist vielmehr von der Nov. 117 Justinian's zu verstehen. 3) Die Stelle des Prochirum auctum, wo die Novelle 201 Leo's citirt zu werden scheint: *Ζήτει καὶ τὴν σα'. νεαρὰν τοῦ φιλοσόφου βασιλέως περὶ τοῦ μὴ εἶναι ἰδιωτικὴν φυλακήν* ist in folgender Weise zu erklären. Die Worte: „*Ζήτει — νεαράν*“ müssen auf das Vorhergehende bezogen werden und es ist statt *σα'. νεαράν* zu lesen *να'. νεαράν*; denn es wird Novelle 51 Justinian's citirt. Den Worten: „*τοῦ φιλοσόφου βασιλέως — φυλακήν*“ folgt die L. 2. C. privatis carceribus, vielleicht aus Attaliata entlehnt, sodaß dessen *ποίημα* durch die Worte *τοῦ φιλοσόφου βασιλέως* bezeichnet wird. Man muß sich hiernach lediglich an die Sammlung der 113 Novellen halten, wie sie heutzutage vorliegt. Die Sammlung hat ein Prooemium oder Einleitung, in welcher der Kaiser, nachdem er von der Nothwendigkeit der Gesetze und von deren Veränderungen in Folge der Unbeständigkeit der menschlichen Dinge gesprochen hat, seine Absicht erklärt, den verschiedenen Gründen der Unordnung ein Ende machen zu wollen. Zu diesem Behufe habe er, sagt der Kaiser weiter, die Gesetze der sorgfältigsten Durchsicht unterworfen, und diejenigen, welche er ferner für anwendbar gehalten, ausgewählt und bestätigt, die nicht mehr brauchbaren aber zum Theil durch dasselbe Gesetz, wodurch er die noch anwendbaren bestätigt habe, der gesetzlichen Kraft enthoben, zum Theil gar nicht erwähnt, durch dieses Stillschweigen aber ebenso wie hier ausdrücklich aufgehobenen, abgeschafft. Ferner erklärt der Kaiser in dem erwähnten Prooemium, daß er von den Gewohnheitsrechten diejenigen, welche vernünftig und der gesetzlichen Bestätigung werth zu sein schienen, der gesetzlichen Bestätigung gewürdigt habe. Hiernach sind

also die Novellen Leo's theils neue Gesetze, theils Bestätigungen vorhandener Gewohnheitsrechte. Die erste Novelle Leo's enthält in anderen Ausdrücken dieselbe Erklärung; sie enthält die Stelle über die Bestätigung der Basiliken, deren bereits früher gedacht worden ist, und die förmliche Aufhebung aller Vorschriften, welche aus der neuen Gesetzgebung verbannt sind. Aus diesen beiden Documenten ergeben sich folgende Folgerungen. Leo sammelte für seine Reform in der Gesetzgebung in den alten Gesetzen und in den Gewohnheitsrechten die Bestimmungen, welche ein reelles Interesse und directe Anwendung auf das bürgerliche Leben hatten; hinsichtlich der Aufhebung der unbrauchbaren Bestimmungen verfuhr er auf eine zweifache Weise, indem er sie entweder mit Stillschweigen überging, sodaß die bloße Nichterwähnung genügte, sie als vollständig aufgehoben zu betrachten, oder indem er sie durch besondere Constitutionen abänderte, welche daher den Namen ἐπανορθωτικαὶ ἀνακαθάρσεις führen. Diese correctorischen Gesetze enthielten folgeweise keine vollständige Aufhebung, sondern nur eine Abänderung und Modification der Bestimmung des früheren Gesetzes. Die Gesetze dieser Art sind es, welche die Sammlung der 113 Novellen oder den liber τῶν ἐπανορθωτικῶν ἀνακαθάρσεων bilden; der Kaiser selbst nennt sie in der Ueberschrift der Sammlung: αἱ τῶν νόμων ἐπανορθωτικαὶ ἀνακαθάρσεις (correctoriae legum repurgationes). Doch ist dieser allgemeine Charakter der Leonischen Novellen nicht durchgreifend. Denn diese Constitutionen enthalten nicht alle blos Abänderungen der älteren Gesetze, sondern mehrere unter ihnen führen in der Gesetzgebung wirkliche Neuerungen ein. Ob die Vermuthung begründet sei, daß die Novellen Leo's das Gepräge des philosophischen Geistes, welcher den Kaiser belebte, an sich tragen und von ihm selbst redigirt seien, kann dahin gestellt bleiben. Die Zeit, zu welcher diese verschiedenen Constitutionen bekannt gemacht und in eine Sammlung gebracht worden sind, läßt sich nur annähernd bestimmen. Keine der Novellen hat eine Subscription, sondern nur eine Inscription. Nach diesen Inscriptionen sind die Novellen 2—17. 75 an Stephanus, Patriarchen zu Constantinopel, gerichtet; die Novellen 1. 18—74. 76—102. 104 sind an Stylianus, magister sacrorum officiorum adressirt; die Novellen 103. 105. 113 haben keine Inscription. Stephanus, der jüngste Bruder von Leo, war von seiner Kindheit an zum geistlichen Stande bestimmt, und wurde nach der Verbannung des Photius, gegen das Ende des Jahres 886, zum Patriarchat in Constantinopel berufen. Er bekleidete diese Würde nicht lange, und obgleich die Schriftsteller in der Zeit seines Todes nicht übereinstimmen, so läßt sie sich doch am sichersten in das Jahr 893 setzen. Folglich sind die Novellen 2—17 und 75 während der 6 oder 7 Jahre bekannt gemacht, in welchen Stephanus Patriarch zu Constantinopel war. Ueber die Person des Stylianus, an welchen so viele andere Novellen gerichtet sind, gibt es verschiedene Ansichten. Nach Zepernick ist Stylianus, der in den Inscriptionen vieler Novellen genannt wird, Stephanus Zautzes, der Vater der Zoë, der zweiten Frau von Leo, welcher 887 Magister und Logotheta Dromi war und 893 zur Würde des βασιλεοπάτωρ (pater Imperatoris) erhoben wurde, und setzt die Publication der an Stylianus gerichteten Novellen in die Zeit von 893, ehe dieser die höhere Würde erlangte, weil ihn sonst der Kaiser mit dem dieser höheren Würde entsprechenden Prädicate angeredet hätte. Mortreuil hingegen denkt an einen anderen Stylianus, welcher nach [illegible] magister officiorum gewesen sei, und nichts Anderes mit dem Stylianus Zautzes gemeinsam gehabt habe, als die Würde eines Magister, welche allen an der Spitze eines Departements der Reichsverwaltung Stehenden gemeinsam gewesen sei. Da es aber für diesen zweiten Stylianus an allen historischen Beweisen fehlt, so muß man der Zepernick'schen Ansicht beitreten. Die Novellen sind aber nicht auf Ein Mal gesammelt publicirt, sondern einzeln nach und nach, wie es das Bedürfniß erforderte, erlassen und bekannt gemacht, und erst später von Leo selbst in eine Sammlung gebracht worden. Der Beweis dafür liegt darin, daß einzelne dieser Novellen in den Basiliken Berücksichtigung gefunden haben, und dach in der Novelle 1 die Basiliken bestätigt werden (vergl. §. 27 unter I.). Es müssen also diejenigen Novellen, welche in den Basiliken berücksichtigt worden sind, von denselben publicirt sein, während die Novelle 1, welche die Basiliken bestätigt, nach diesen bekannt gemacht sein muß. Daß man aus der Reihenfolge der Novellen in der Sammlung nicht auf die frühere oder spätere Publication derselben schließen darf, ist schon anderwärts ausgeführt worden (vergl. §. 27 unter I.). Jedenfalls fällt die Publication der meisten Novellen nach den Basiliken. Denn wären sie vor denselben publicirt worden, so hätten sie auch in diesen Berücksichtigung finden müssen, während sich doch nur bei wenigen Novellen ein Einfluß auf die Basiliken nachweisen läßt. Daß die Sammlung der 113 Novellen von Leo selbst veranstaltet sei, ergibt sich unzweideutig aus dem denselben vorangeschickten prooemium und den darin enthaltenen, bereits referirten Aeußerungen des Kaisers. Die Zeit der Publication dieser Sammlung ist nach der Zeit der Wiederverehelichung Leo's zu setzen, und zwar vor der dritten Heirath desselben. Denn in Nov. 90 bestätigt er die von Seiten der Kirche der dritten Ehe gedrohten Nachtheile und er würde diese Novelle nicht in die Sammlung aufgenommen haben, wenn er schon damals die dritte Ehe eingegangen hätte. Die Ansicht, daß Leo's Novellen eine Revision des Bandes abgeschaffter veralteter Gesetze gewesen sei, welchen bereits dessen Vater Basilius herausgegeben hatte, ist schon früher widerlegt worden (vergl. §. 26. nr. 2). Möglich ist, daß die Rathschläge des Verfassers der Scholien zur Epanagoge über zu erlassende Gesetze den Kaiser hier und da zur Publication einzelner Novellen bewogen haben. Was die Handschriften betrifft, so gibt es von der Sammlung der 113 Novellen nur ein Originalmanuscript; die übrigen sind neuere Abschriften, welche von dieser Originalhandschrift gegen den Anfang des 16. Jahrhunderts genommen sind. a) Die Originalhandschrift ist der Codex Marcianus 179 aus dem 13. Jahrhundert, der schon bei der Sammlung der 168 Novellen erwähnt worden ist. Diese Handschrift ist hier nur rücksichtlich der Leonischen Novellen zu beschreiben. Auf dem nicht numerirten Blatte von fol. 1 steht ein numerirtes Titelverzeichniß der Leonischen Novellen, welches aber nur bis zur Zahl 25 geht. Fol. 1—62. A. folgen die Leonischen Novellen. Die letzte, ριβ' (112) numerirt, schließt, wie in den Ausgaben, mit den Worten παραιτουμένης ἀποστάσεως, und als ριγ' (113) folgt ohne allen Zwischenraum die μελέτη περὶ ψιλῶν συμφώνων (meditatio de nudis pactis). Diese endigt fol. 67. B. mit den Worten: ἡμεῖς αὐτῶν ἀπουδαζόμεθα· περὶ τῶν διορθωτικῶν τῶν νόμων ἀνακαθάρσεων. Diese letzten Worte sind eine veränderte Wiederholung des allgemeinen Titels der Leonischen Novellen. Nach dieser Beschreibung der Handschrift scheint dieselbe nur 112 Novellen zu enthalten. Diese Lücke rührt aber von einem Fehler bei der Zählung der einzelnen Novellen her. Die Numerirung ist von zweiter Hand bewirkt, und zwar ist Novelle 65 als 64, Novelle 66 als 65 bezeichnet, und auch die folgenden Nummern differiren um Eins. Veranlassung zu diesem Mißgriffe lag darin, daß der Miniator den ersten Buchstaben von Novelle 64 zu bemalen vergessen, folglich der Zähler dieses Stück im Numeriren übersprungen hat, obschon es sich im Codex wirklich vorfindet. b) Der Codex Palatino-Vaticanus nr. 387 ist eine Abschrift der vorher erwähnten Handschrift, welche zu Anfang des 16. Jahrhunderts geschrieben ist. Pag. 1. 2 enthalten ein Verzeichniß der 25 ersten Novellen Leo's, ganz wie in der vorigen Handschrift. Pag. 3 folgen die Novellen Leo's mit dem prooemium. Die Ueberschrift ist: Λέοντος ἐν Χριστῷ τῷ αἰωνίῳ βασιλεῖ εὐσεβοῦς βασιλέως Ῥωμαίων αἱ τῶν νόμων ἐπανορθωτικαὶ καθάρσεις. Numerirt sind die einzelnen Stücke von der zweiten Hand. Die bei Scrimger mit 112 bezeichnete Novelle ist es auch in der Handschrift. Es ist demnach hier stillschweigend der Irrthum des Codex Marcianus 179 berichtigt. Die Nov. 113 ist gar nicht numerirt und bricht p. 187 mit den Worten πρὸς κατόστασιν ab (Scrimger p. 168. lin. 32). Darunter steht von einer jüngeren Hand die Bemerkung: deest folium. Ein Blatt, welches jedenfalls erst nach dem Abdrucke ausgefallen ist, fol. 188 ist leer. Mit fol. 189. A. hebt ein Titelverzeichniß des zweiten Theils der Handschrift an, welcher den Novellen Leo's fremd ist. c) Nach der unter a erwähnten Handschrift nahm Viglius Zuichemus im J. 1533 eine Abschrift, welche, nachdem sie dem Jesuitencollegium zu Clermont gehört hatte, sich später in der Auction von Meerman als Nr. 174 vorfand. Nach dieser machte Viglius Zuichemus zuerst Gebrauch von den Leonischen Novellen in seinem Commentar zu den Titeln 10—19 des 2. Buches der Institutionen von 1533, wo er bei Gelegenheit des pr. Inst. Quibus modis testamenta infirmantur, ein nicht unbedeutendes Stück des griechischen Textes der Nov. 5 veröffentlichte mit dem Beifügen: cum novellae Leonis nondum extent. An einer andern Stelle (§. 13 Inst. de testamentis ordinandis) beruft er sich auf die Autorität einer Leonischen Novelle, welche sich ἐν ταῖς ἐπανορθωτικαῖς ἀνακαθάρσεσιν finde. d) Die Handschrift von Montpellier (Codex Montispessulanus H, 73), früher der medicinischen Schule angehörig, ist auf orientalischem geglättetem Papier, in Folio, aus dem 16. Jahrhundert. Sie besteht aus 81 Blättern, welchen ein neueres Blatt vorangeht, auf welchem folgender Titel steht: Leonis VI. imperatoris Constantinopolitani constitutiones novellae CXIII. Item anonymi μελέτη περὶ τῶν ψιλῶν συμφώνων, seu exercitatio de nudis pactis — Codex ms. Bibliothecae Buherianae B. 149; 1727. Die Numerirung der Blätter ist jünger als der Einband des Manuscripts, und obgleich die Zahlen der Seiten heutzutage in der Ordnung sind, so fehlen doch drei Blätter in der Handschrift; zwei zwischen den jetzigen Nummern 36 und 37, eins zwischen den Nummern 50 und 51, welche zu einer nicht näher zu bestimmenden Zeit verschwunden sind. Blatt 40 auf der Rückseite ist leer, ebenso wie Blatt 41 auf der Vorderseite und Rückseite, und Blatt 43 auf der Rückseite. Auf einem der drei weißen Blätter, welche dem Titelblatt vorangehen, steht eine lange lateinische Bemerkung, welche zum größeren Theil aus dem Apparatum sacer des Jesuiten Possevinus T. II. p. 15 entlehnt ist. Der Text des Manuscripts enthält die 113 Novellen Leo's mit Ausnahme derjenigen, welche auf den verloren gegangenen Blättern standen. Es sind dies die Nov. 5. 18. 21. 48, ein Theil von Nov. 54. 56 Nov. 57. 58. 59, ein Theil von Nov. 60 und Nov. 113. Jede Novelle bis zur 63sten (ξγ' καὶ τοῦτο τὸ αὐτῆς) hat eine Zahl, welche den Ausgaben pünktlich entspricht; diese Zahlen bilden eine fortlaufende Reihefolge von 1 bis 63. Bei Nov. 64: Κανὼν δὲ λίαν findet sich an der Spitze des Textes nur das griechische Zahlzeichen ξ, und darauf ein ganz verlöschtes und nicht zu entzifferndes Zahlzeichen. Dasselbe ist der Fall bei Nov. 65: Ὁ μὲν εἰκὼν μέμφεσθαι, welche ebenfalls das Zahlzeichen ξ mit einem anderen nicht zu entziffernden Zahlzeichen hat. Die folgende Nov. 66 περὶ ἀνδραποδισμοῦ. Ἅρπαγ οὐκ ἔστι, trägt statt der Zahl ξς' (66) die Zahl ξε' (65). Die Nov. 67 περὶ τῶν αὐτομολησάντων, welche die Zahl ξζ' (67) haben müßte, trägt die Zahl ξς' (66) und so geht es fort bis zu Nov. 113: Αἱ μὲν περὶ οἰκοδομίας μὴ παραιτουμένης ἀποστάσεως, welche rubricirt ist: διάταξις ριβ' (112) περὶ τοῦ καὶ ἐν ταῖς κ. τ. λ., dieser letzten Novelle folgt unmittelbar die Meditatio de nudis pactis. Die Handschrift von Montpellier ist nothwendig eine Abschrift des unter a erwähnten Codex Marcianus 179 aus dem Anfange des 16. Jahrhunderts; denn wenn man den Grund der Unregelmäßigkeit der Numerirung in dem Originalmanuscript kennt, so ist die Voraussetzung unmöglich, daß diese Abschrift von einem anderen Manuscript genommen sei. Nachdem die Handschrift Eigenthum der medicinischen Schule zu Montpellier gewesen war, fand sie sich in der Bibliothek des Präsidenten Bouhier zu Dijon, welcher sie 1727 erworben hatte, wie der neue, der Handschrift voranstehende, Titel anzeigt. Es ist bis jetzt der Ursprung dieser Abschrift nicht auszumitteln gewesen. Wahrscheinlich hat sie zuerst dem Ant. Augustinus gehört. Der Catalog der Bibliothek des Ant. Augustinus hat unter Nr. 185 Folgendes: „Leonis Imp. constitutiones Novellae, correctoriae, legum purgationes appellatae CXII, et de legitimis sive apertis consecutionibus. — Constantinopolit. ecclesiae metropoles, et episcopatus subjecti. — *Fragmentum in charta litteris recentib. forma grandiori folii.*" Diese Abschrift ist vom Codex Marcianus 179 genommen, und aus einem Briefe des Ant. Augustinus an Mendoza vom Jahre 1544 ist bekannt, daß derselbe in diesem Jahre durch Ant. Arlenius Peraxylus und einen anderen Griechen Abschriften des vetus *τῶν νεαρῶν* liber, d. i. des Codex Marc. 179 nehmen ließ. Aus demselben Briefe geht hervor, daß die fragliche Abschrift nicht alle Stücke des Originals enthielt, namentlich nicht die Leonischen Novellen und die meditatio de nudis pactis, da sie nicht unter den damals abgeschriebenen Stücken aufgeführt sind. Die Novellen Leo's und die Meditatio de nudis pactis waren in einem besonderen Bande enthalten, welcher etwas später abgeschrieben ist, und dies ist der mit Nr. 185 im Catalog bezeichnete. Die äußere Beschreibung der Abschrift des Augustinus, welche in seinem Catalog gegeben ist, stimmt vollkommen zu der Handschrift von Montpellier; Stoff, Alter, Format sind dieselben. Nur endigte die Abschrift des Augustinus mit der ersten extravaganten Novelle Leo's, welche sich in der Handschrift von Montpellier nicht findet. Da aber dieses Manuscript einige Blätter verloren hat, so läßt sich vermuthen, daß diese Novelle Leo's von demselben Schicksal betroffen worden ist. — Außer den bisher angegebenen Handschriften der ganzen Sammlung der 113 Novellen gibt es Handschriften, welche einzelne dieser Sammlung angehörige Novellen enthalten (vergl. *Zachariae* Hist. jur. Gr. Rom. delin. §. 31. p. 51 und Jus Graeco-Rom. p. III. in den Noten zu einzelnen Leonischen Novellen). Es sind folgende: Nov. 5 im Cod. Vindob. Histor. gr. 48. fol. 10 seq. Nov. 10 im Cod. Paris. 1385. A. Nov. 12 zum Theil im Cod. Bienerianus des Prochirum. Nov. 20 im Cod. Paris. gr. 1384. fol. 168. Nov. 45 im Cod. Paris. gr. 1385. A. Nov. 51 im Cod. Marcian. 172. fol. 211 (und Cod. Palat. 55, welcher ein Abschnitt desselben ist) und im Cod. Vatican. 1187. fol. 305. Nov. 110 in mehreren Handschriften der Synopsis, nämlich im Cod. Biener., Cod. Paris. gr. 1351 und 1357. A. und Cod. Vatican. 852. Ferner finden sich einzelne Novellen in anderen juristischen Werken, z. B. Nov. 6. im Prochirum auctum tit. XL. fin. Nov. 20 in der Ecloga ad Prochirum mutata tit. VI. cap. 40. — Was die Ausgaben der Leonischen Novellen betrifft, so ist die erste von Heinrich Scrimger, Genf 1558. Fol. zu derselben Zeit mit Justinian's Novellen, nach dem Codex Palatinus 387, welcher sich damals zu Heidelberg befand; von dieser Ausgabe ist bereits früher gehandelt worden (vgl. §. 6, 2. lit. a). Die Leonischen Novellen gehen dort von p. 429 bis zu p. 508 und haben den Titel: *Αὐτοκράτορος Λέοντος αὐγούστου νεαραὶ διατάξεις, ἢ αἱ τῶν νόμων ἐπανορθωτικαὶ καθάρσεις.* P. 509—515 enthalten den Text der Constitution Zeno's de novis operibus, worauf p. 516—529 Henrici Stephani castigationes in Leonis imperatoris constitutiones folgen. Das Rubrikenverzeichniß (πίναξ) füllt die nicht bezifferten Seiten 530—535; es ist von Heinrich Stephanus abgefaßt, wahrscheinlich nach den besonderen Rubriken der einzelnen Novellen. Im Texte ist Scrimger mit zu großer Treue und nicht hinreichender Kritik dem Manuscript gefolgt. Er hat den Irrthum in den Zahlen, welcher durch die Auslassung der Zahl der Nov. 64 entstanden ist, verbessert, sodaß die Ausgabe eine fortlaufende regelmäßige Reihe Zahlen von Novelle 1 bis 113 gibt, ohne Unterbrechung und ohne Gemination. Die Ausgabe von Scrimger enthält blos den griechischen Text. Zwei Jahre später, 1560, gab Heinrich Agylaus zu Genf, bei Heinrich Stephanus eine lateinische Uebersetzung der Leonischen Novellen heraus, zur Erleichterung des Gebrauches des griechischen Textes der Scrimger'schen Ausgabe bestimmt, wie sich daraus ergibt, daß am Rande der Uebersetzung von Agylaus die entsprechenden Zahlen dieser Ausgabe bemerkt sind. Die Uebersetzung der Leonischen Novellen füllt Seite 12—187; die ersten Blätter sind eingenommen durch den Titel, die epistola dedicatoria an Wilhelm, Prinz von Nassau, die Vorrede an den Leser und den Index; von Seite 188—303 gehen Justinian's Edicte, die Novellen Justin's und Tiber's, und die Constitution von Zeno. Die griechischen Verbesserungen in Leo's Novellen, welche am Rande der lateinischen Uebersetzung stehen, sind aus den castigationes des Stephanus entlehnt. Ein Jahr später, 1561, ließ Johannes Hervagius zu Basel eine vereinigte Ausgabe der Uebersetzung der Novellen Justinian's von Haloander und der beiden Werke des Agylaus erscheinen; die Novellen Leo's füllen daselbst p. 493—586; voran geht auf p. 489—492 der Titel und die Dedicationsepistel. Dies sind die besonderen Ausgaben der Leonischen Novellen, ausschließlich der neuesten von Zachariä v. L. besorgten. Das erste Mal wurden diese Novellen dem Corpus juris civilis in der Ausgabe von Contius, Lyon 1571. 16. 14 oder 15 Bände, beigefügt. Im letzten Bande mit dem Titel: Justiniani imperatoris edicta: item Justini, Tiberii ac Leonis Augustorum novellae constitutiones. Henrico Agylaeo interprete, finden sich Leo's Novellen im griechischen Texte von Scrimger, mit der Uebersetzung von Agylaus nach der Ausgabe von Hervagius auf p. 234—665. Voran gehen auf p. 227—233 der Titel und die Dedicationsepistel von Agylaus. Seit dieser Zeit bilden die Novellen Leo's einen Bestandtheil aller Ausgaben des nicht glossirten Corpus juris. Von diesen sind nur diejenigen zu erwähnen, welche den griechischen Text geben. Es gehören dahin die Ausgaben von Lud. Charondas, Antwerpen 1575. Fol., von Dion. Gothofredus, Paris 1628. Fol. und Paris 1650. Fol., von Simon van Leeuwen, Amsterdam 1663. Fol. Unter den glossirten Ausgaben des Corpus juris ist die von Petrus ab Area Baudoza Cestius, zu Lyon 1593 (1600 mit bloßer Veränderung des Titelblatts wiederholt) 4, die einzige, welche die Leonischen Novellen enthält; sie gibt aber nicht den griechischen Text, sondern nur die lateinische Uebersetzung von Agyläus. Die neueren kritischen Ausgaben des Corpus juris enthalten alle Leo's Novellen im griechischen Texte mit lateinischer Uebersetzung. Es gehören hierher: 1) Die Ausgabe von Gebauer und Spangenberg. T. I. Göttingen 1776. T. II. ebendaselbst 1797. 4. Die Leonischen Novellen stehen T. II. p. 682—764. Voran folgt das von Heinrich Stephanus gefertigte Rubrikenverzeichniß, und dann kommt der griechische Text der Novellen mit der lateinischen Uebersetzung des Agyläus. Für den griechischen Text hat Spangenberg zwei Abschriften des Codex Marcianus 179 benutzt, welche er als Codex Meerm. III. und Codex Zuichemi bezeichnet. 2) Die Ausgabe von Joh. Ludw. Wilh. Beck, T. II. P. II. Lips. 1834. 8. als die Stereotypirte Vol. II. Lips. 1837. 8. 3) Die Ausgabe von Eduard Osenbrüggen im Vol. III. der von den Gebrüdern Kriegel unternommenen Ausgabe des Corpus juris civilis. Lips. 1840 8., wo die Leonischen Novellen p. 749—830 einnehmen. Für den griechischen Text haben die beiden zuletzt erwähnten Herausgeber keine neuen Hilfsmittel benutzt; die Uebersetzung des Agyläus ist von beiden zwar beibehalten, aber vielfach verbessert worden. Die neueste kritische Ausgabe der Leonischen Novellen ist von Zachariä von Lingenthal im Jus Graeco-Romanum P. III. p. 65—220. Dort bilden dieselben die Collectio secunda. Der Herausgeber hat außer den bereits bekannten kritischen Hilfsmitteln für einzelne der Sammlung angehörige Novellen noch verschiedene Handschriften benutzt, sowie auch noch die gleich nachher zu erwähnende Ecloga collectionis 113 Novellarum in 56 Capiteln, welche der Verfasser der Synopsis Basilicorum abgefaßt und diesem Werke beigefügt hat, zu Rathe gezogen. Es ist in dieser Ausgabe blos der griechische Text ohne lateinische Uebersetzung gegeben.

2) *Ecloga Novellarum Leonis in capp. LVI.* (*Ἐκλογὴ τῶν νεαρῶν Λέοντος τοῦ εὐσεβοῦς βασιλέως ἐν κεφ. νϛ΄*). Diese enthält Auszüge, welche dem Originaltexte mehrerer der Sammlung der 113 Novellen angehöriger Constitutionen entlehnt sind. Jeder dieser Auszüge trägt eine Zahl an der Spitze und hat eine Rubrik mit Ausnahme der Novelle 1, welche, da sie die kaiserliche Bestätigung enthält, zur Einleitung oder prooemium der Ecloga gedient hat. Der Auszug der Nov. 1 beginnt: *Θεσπίζομεν ἀπὸ τοῦ νῦν καὶ εἰς τὸν ἅπαντα*, und endigt: *καὶ τιμῆς ἀπεχέσθω*. Hierauf folgen 56 Capitel mit Rubriken. In der Beschreibung der Ecloga Novellarum, welche Bandini nach dem Cod. Med.-Laurent. IV, 10 gibt, macht Novelle 1 mit dieser Zahl an der Spitze, einen Theil der Sammlung selbst, und ist deren cap. 1. Deshalb zählt die Ecloga bei Bandini 57 Capitel. In der That scheint aber die Novelle 1 von Leo niemals das erste Capitel der Sammlung gebildet zu haben. Denn Harmenopulus, welcher die Leonischen Novellen nach den Zahlen dieser Sammlung citirt, gibt den Auszug der Nov. 5 als *παρὰ πρώτη*, also als Novelle 1. Andere Citate von Harmenopulus bestätigen hingegen nicht die Annahme, daß Novelle 5 das erste Capitel gebildet habe. Denn dessen Citate bis zu Nov. 77 oder cap. 38 stimmen mit den Ziffern bei Bandini überein; dies läßt sich nur erklären, wenn man die Novelle 1 mit unter den Capiteln zählt. Dagegen entsprechen wieder die Citate, welche folgen, den der 56 Capitel mit Ausschluß der Novelle 1. Diese abweichenden Citate sind wol aus irgend einer Aenderung entstanden, deren Grund nicht wohl angegeben werden kann. Mehrere Handschriften, in welchen sich diese Sammlung findet, zeigen Unregelmäßigkeiten, welche noch die Ungewißheit vermehren. So hat der Codex Marcian. 173 eine von der des Harmenopulus abweichende Numerirung. Denn die Rubrik *περὶ πλαστογραφίας* (bei Bandini die 39ste) ist in dieser Handschrift mit derselben Zahl, wie die unmittelbar vorhergehende *περὶ τοῦ κυροῦσθαι τὰ σύμφωνα τὰ ἄνευ προστίμου γεγραμμένα* bezeichnet, nämlich mit Nr. 38, wodurch die Zahl der Capitel auf 56 herabsinkt, während bei Harmenopulus die Numerirung der Capitel 2 bis 38 im Gegentheil immer um eine Zahl größer ist, die späteren Ziffern aber mit der Sammlung in Einklang stehen. Im Codex Marcianus bildet die erste Novelle die Einleitung und ist nicht als Capitel gezählt. In der Wiener'schen Handschrift (sonst Cod. Meerman. 169) sind die ersten 56 Capitel, wovon Nov. 1 das erste bildet, numerirt, das 57ste nicht. Im Codex Bodlej. 173 fehlt Cap. 43 oder Nov. 90, wodurch die Zahl der Capitel auf 55 sich mindert. Der Codex Vindob. jurid. 1 bietet dieselbe Zahl der Capitel, obschon Nov. 1 mit der Zahl 1 bezeichnet ist. Der Codex Med.-Laurent. LXXX, 10. fol. 417. B. bricht in Folge einer neueren Verstümmelung mit dem 8. Capitel (Nov. 14) ab. Im Codex Paris. 1391. fol. 121—135 ist der Text der Ecloga novellarum mit Fragmenten aus Michael Attaliata gemischt, in dessen Folge sie 82 Capitel enthält. Es erklären sich bei diesen Abweichungen der Handschriften in der Zahl der Capitel auch die Abweichungen der Citate rücksichtlich der Zahlen. Der Verfasser der Sammlung hat diejenigen der 113 Novellen weggelassen, welche ihm weniger erheblich zu sein schienen, und schon vielleicht ihre Gültigkeit verloren hatten. Im Auszuge ist von jeder darin excerpirten Novelle nur die reine gesetzliche Verfügung aufgenommen; alles Uebrige ist weggelassen. Die gesetzliche Verfügung beginnt in der Regel mit dem Worte: *Θεσπίζομεν*. So ist z. B. in Novelle 1 Alles weggelassen, was sich im Original auf Justinian's Gesetzgebung und die Bemühungen Leo's zur Abänderung oder Verbesserung der Gesetze bezieht. Der Text enthält nur die Verfügung, welche den Richtern die Beobachtung der neuen Constitutionen anbefiehlt, ganz mit denselben Worten, wie das Original. Dieser Auszug der Leonischen Novellen bildet einen Theil des ersten Anhangs zur Synopsis Basilicorum und des dritten Anhangs derselben. Da der erste Anhang gegen das Ende des 10. Jahrhunderts verfaßt ist, so ist wol auch die Abfassung

der Ecloga Novellarum Leonis in dieselbe Zeit zu setzen und dem Verfasser der Synopsis selbst zuzuschreiben. Die Sammlung ist noch nicht herausgegeben, was auch wol nicht zu beklagen ist, da wir den vollständigen Text der Leonischen Novellen besitzen; es genügt zu wissen, welche Novellen darin aufgenommen sind. In der neuesten Ausgabe der Leonischen Novellen von Zachariä v. L. ist die Sammlung zur Feststellung des Textes benutzt worden.

3) *Novellae Leonis extravagantes.* So heißen diejenigen Novellen Leo's, welche sich in keiner der bekannten, unter 1 und 2 erwähnten Sammlungen finden. Es sind davon folgende erhalten: 1) *Θέσπισμα τοῦ ἀοιδίμου βασιλέως κυροῦ Λέοντος* betreffend die Veräußerung unbeweglicher Güter und den Retract. Diese Novelle findet sich in folgenden Handschriften: Cod. Paris. gr. 1340. fol. 253. Cod. Vindob. jurid. gr. 3. fol. 377. Cod. Med. Laurent. LXXX, 6. fol. 230. Sie ist zuerst herausgegeben aus der erwähnten pariser Handschrift in *Zachariae*, Hist. jur. Gr. Rom. delin. p. 110 seq. und dann als Novella Leonis 114 im Jus Graeco-Rom. P. III. p. 220—221. 2) *Τῶν περὶ πολιτικῶν ὑπηρεσιῶν διατάξεων τοῦ βασιλέως κυροῦ Λέοντος πρώτη περὶ ταβουλλαρίων.* Die drei Capitel der Constitution Leo's de tabulariis finden sich im Codex τῆς μονῆς τῶν Ἰβήρων auf dem Berge Athos, sowie in dem Cod. Paris. gr. 1351. fol. 202 und 1357. A. Aus dem Cod. Paris. 1351 scheint sie dem *Cujacius*, Exposit. ad Nov. Justin. 44 bekannt geworden zu sein. Zuerst hat sie herausgegeben *Zachariae*, Delin. p. 117—119 und dann als Nov. Leonis 115 im Jus Graeco-Rom. P. III. p. 221—222. 3) *Κατάκρισις ἐκτεθεῖσα εἰς τοὺς κριτὰς παρὰ Λέοντος καὶ Ἀλεξάνδρου τῶν εὐσεβῶν βασιλέων.* Novella Leonis et Alexandri de judicibus, qui praeter legem sententiam ferunt. Diese Novelle scheint nicht echt zu sein. In den älteren Handschriften findet sie sich nicht; die älteste, welche sie enthält, ist der Cod. Paris. gr. 1384 vom Jahre 1166. Sie steht in Handschriften, welche entweder das *πόνημα νομικόν* des Michael enthalten (z. B. im Cod. Paris. gr. 1263. 1358. 1350. Bodlej. 264) oder das Prochiron auctum (z. B. im Cod. Paris. gr. 1356. 1368) oder das Syntagma des Matthäus Blastares (z. B. im Cod. Paris. gr. 1373. 1375). Endlich hat sie Harmenopulus seiner Protheoria Hexabibli vorgesetzt. Sie ist mehrmals herausgegeben worden. 4) *Νεαρὰ νομοθεσία Λέοντος καὶ Ἀλεξάνδρου περὶ τοῦ ἀπὸ πραίτου γίνεσθαι πάσας τὰς ἐκδόσεις. γέγονε δὲ αὕτη ἐν ἔτει ,ςυκζ΄. ἐναπετέθη ἐν τῷ ὀρφανοτροφείῳ.* Novella Leonis et Alexandri de elocatione immobilium Orphanotrophei. Diese Novelle findet sich im Cod. Vindob. jurid. gr. 18. fol. 80. Sie ist aber nicht vollständig, sondern wird nur im Auszuge gegeben. Statt der Zahl, wie sie vorher aus der Handschrift gegeben ist, ist zu lesen ,ςυκζ΄, weil das Jahr 6427 nach Erschaffung der Welt nicht in die Regierung Leo's und Alexander's, sondern in die von Constantinus Porphyrogenneta und Romanus fällt. Die Novelle ist mithin vom Jahre 909. Sie ist mehrmals herausgegeben. Ferner wird 5) eine bulla aurea Leonis de archiepiscopatu Patrensi erwähnt, welche aber nicht mehr vorhanden ist. Außerdem finden sich Spuren noch anderer Novellen Leo's, einige zwar von zweifelhaftem Charakter, andere dagegen zuverlässiger und nicht zu verwerfen. Sie sind folgende: 1) *Nessel*, Catal. V. p. 58 citirt aus dem Cod. Vindob. Hist. 51 (bei Nessel 24) eine Novelle τοῦ *ἀοιδίμου βασιλέως κυροῦ Λέοντος περὶ τῶν ἀναξίως ἱερατευόντων. Ἠγνόεις με καὶ πρότερον ἐν τῷ λέγειν κ. τ. λ.* Im Codex steht aber folgendes: *κατὰ τήν* (fol. 321. v. fängt an) *νεαρὰν τοῦ ἀοιδίμου βασιλέως κυροῦ Λέοντος*, was sich auf das Vorhergehende bezieht und auf Nov. Leonis 74 geht. Dann folgt der von Nessel angezeigte Tractat (*Ἡγούμενος κ. τ. λ.*), welcher dem Kaiser Leo und einer Novelle desselben ganz fremd ist. 2) *Assemani*, Bibl. jur. Orient. T. II. p. 264 citirt aus dem Cod. Palat. 376 zwei Novellen Leo's, *περὶ μοναχῶν* und *περὶ ἐπισκόπων βουλομένων ἀνιέναι ἐν Βυζαντίῳ*. 3) Matthäus Blastares im Syntagma lit. *Γ*, 13 (im *Beveregii* Synod. T. II. p. 73), welche Stelle der Scholiast zu Harmenopulus ed. Heimb. p. 581 abgeschrieben hat, citirt eine Novelle Leo's, daß der Ehemann seine ehebrecherische Ehefrau innerhalb zweier Jahre wieder aufnehmen könne. Es scheint aber die Novelle 134 Justinian's bezeichnet zu werden. 4) In der Epitome ad Prochirum mutata (Cod. Bodlej. 3399 und Cod. Marcian. 579. tit. XXII. fin. und tit. XXXIV fin. finden sich zwei Stellen, welche aus einer unter kaiserlicher Auctorität publicirten Anweisung für die Tabellionen hinsichtlich der von ihnen abzufassenden Urkunden entlehnt zu sein scheinen. Vielleicht stehen sie mit der vorher erwähnten Leonischen Novelle de tabulariis in Verbindung. 5) Endlich ist noch des prooemium Basilicorum und der bekannten Dispositio thronorum zu gedenken. Letztere wird gewöhnlich dem Leo zugeschrieben; die Rubrik ist: *ἡ γενομένη διατύπωσις παρὰ τοῦ βασιλέως Λέοντος τοῦ σοφοῦ, ὅπως ἔχουσι τάξεως οἱ θρόνοι τῶν ἐκκλησιῶν, τῶν ὑποκειμένων τῷ πατριάρχῃ.* Es ist eine Verordnung über die kirchliche Eintheilung des Reiches. Sie bildet einen Bestandtheil verschiedener Anhänge civilrechtlicher oder kirchenrechtlicher Sammlungen, und findet sich in mehreren Handschriften. Sie ist mehrmals herausgegeben worden. Allein weder das prooemium Basilicorum, noch die Dispositio thronorum kann man als Novellen betrachten, und letztere rührt nicht von Leo her.

4) Gültigkeit der Leonischen Novellen. Mehrere Zeugnisse der späteren Zeit, und der Gebrauch selbst, welcher von den Leonischen Novellen gemacht worden ist, ergeben, daß der größere Theil derselben nur eine vorübergehende Auctorität hatte. Michael Attaliata sagt, Leo habe zwar viele Novellen publicirt; dieselben seien aber nicht in Gültigkeit verblieben, mit Ausnahme derjenigen, welche neue Verordnungen enthielten, oder zur Ergänzung des in den noch jüngeren Novellen Justinian's

Uebergangenen bestimmt waren. Er fährt dann fort: καὶ αὗται γὰρ μόναι ἀπὸ τῶν νεαρῶν τοῦ κυροῦ Λέοντος τοῦ σοφοῦ ἔχουσι τὸ κῦρος καὶ ἐνέργουσαι· ὧν ἐστιν ἡ περὶ ἱερολογίας. Er führt nun unter verschiedenen Rubriken acht Verordnungen Leo's ihrem Inhalte nach, nicht aber nach der Zahl der Sammlung der 113 Novellen auf, welche als noch gültig bezeichnet werden. Es sind dies nach der von ihm beobachteten Reihefolge Nov. 89. 71. 92. 15. 104. 57. 102. 5. Die jüngere Synopsis minor (μικρὸν κατὰ στοιχεῖον) drückt sich beinahe ebenso aus, zählt dann weiter dieselben 8 Verordnungen Leo's auf, welche Attaliata als noch gültig bezeichnet, und schließt mit den Worten: καὶ ταῦτα πάντα ἐκ τῶν τοῦ κυροῦ Λέοντος νεαρῶν κρατοῦσι καὶ πολιτεύονται. Dagegen hat Attaliata den Schluß: καὶ κρατεῖ νῦν τοῦτο, καὶ πολιτεύεται, καὶ πράττεται; welcher Schluß sich wol auf die bei ihm zuletzt erwähnte Nov. Leonis 5 bezieht. Tipucitus zählt die noch gültigen Novellen Leo's auf. Matthäus Blastares sagt in seinem Syntagma, Leo habe 120 Constitutionen publicirt, sie seien aber nicht alle in Anwendung. Schon gegen das Ende des 10. Jahrhunderts machte sich eine Reaction gegen die Gültigkeit der Leonischen Novellen geltend. Denn zu dieser Zeit wurde die Ecloga Novellarum Leonis (s. unter 2) abgefaßt, welche nur eine Auswahl derselben bietet, eine große Zahl derselben nicht aufgenommen hat, ohne Zweifel diejenigen, deren Auctorität schon damals hinfällig zu werden angefangen hatte. Man blieb aber dabei nicht stehen; selbst die in die Ecloga aufgenommenen Novellen kamen zum Theil außer Gebrauch. Dies ergibt sich daraus, daß im Codex Paris. gr. 1355 am Rande mancher Stellen der Ecloga beigefügt ist: ἄπρακτος, um anzuzeigen, daß diese Stellen nicht im Gebrauche seien. Inwieweit die Novellen Leo's in Anwendung waren, ergibt sich am sichersten aus den Citaten derselben in den späteren Denkmälern des byzantinischen Rechts. Mortreuil hat Untersuchungen darüber angestellt, und Nachweisungen gegeben; die Citate sind aber nicht vollständig. Dagegen hat Zachariä v. L. im Jus Graeco-Rom. P. III. in den Noten zu den einzelnen Novellen Leo's die Citate der späteren Schriftsteller vollständig gegeben. Auch die Scholien der Meermannischen und Zachariäischen Handschrift sind in dieser Beziehung wichtig, indem sie bei den einzelnen Novellen angeben, welche Stellen des Justinianeischen Rechts bezüglich welcher Gewohnheitsrechte und inwieweit dieselben dadurch aufgehoben sind, auch bisweilen sich darüber erklären, ob eine Novelle noch gelte, ferner bei manchen Novellen anzeigen, daß sie ganz neue Vorschriften enthalten, worüber früher ein Gesetz vorhanden war. Auf Grund der Aeußerungen des Michael Attaliata und des Verfassers der Synopsis minor hat Cujacius die Behauptung aufgestellt, daß die Novellen Leo's selbst unter der Regierung dieses Kaisers nicht sämmtlich im Orient Gültigkeit gehabt hätten, und daß die bei weitem größere Zahl derselben im Augenblick ihrer Publication schon unanwendbar gewesen wäre. Andere haben ihm hierin beigepflichtet. Allein diese Ansicht ist auch wieder von anderen bestritten und behauptet worden, daß wenigstens unter Leo selbst dessen Novellen gleiche Gültigkeit mit anderen publicirten Gesetzen gehabt hätten. Es kann nur letztere Ansicht als die richtige anerkannt werden. Was die angeführten Schriftsteller über die Unanwendbarkeit mehrerer Leonischen Novellen sagen, gilt nur von ihrer Zeit. Auch darf man die Aeußerungen des Michael Attaliata und des Verfassers der Synopsis minor nicht so nehmen, als ob nur die von ihnen angeführten 8 Novellen gültig gewesen wären; vielmehr wollen sie blos Beispiele noch gültiger Verordnungen anführen, ohne eine bestimmte Zahl anzugeben. Und daß in der That viel mehrere Novellen in Anwendung geblieben seien, ergibt sich aus den zahlreichen Citaten derselben von Seiten gleichzeitiger oder noch späterer Schriftsteller, und aus dem fortwährenden Gebrauche der Ecloga Novellarum Leonis noch in dem Handbuche des Harmenopulus. Dagegen wird man wol darauf verzichten müssen, bestimmt anzugeben, welche von den Novellen in Anwendung geblieben sind oder nicht. Denn so führen z. B. die Scholien zu Leo's Novellen als gültig die Novellen 13. 15. 16. 18. 21 auf, von welchen Attaliata und der Verfasser der Synopsis minor nur die Nov. 15 als noch praktisch erwähnen, und dagegen die Novellen 5. 57. 71. 89. 92. 102. 104 als noch anwendbar nennen, von denen jene Scholien Nichts sagen. — Die Frage, ob die Leonischen Novellen im Occident Gültigkeit haben, ist als hierher nicht gehörig zu übergehen. Entschieden spricht gegen ihre Anwendbarkeit der Umstand, daß sie den Glossatoren unbekannt waren, die Receptien des römischen Rechts sich auf die glossirten Stücke des Corpus juris civilis beschränkt und die Leonischen Novellen erst seit der zweiten Hälfte des 16. Jahrhunderts den Ausgaben des Corpus juris beigefügt worden sind.

§. 30. Novellen der Kaiser nach Leo dem Weisen.

I. Novellen der Kaiser von 911—1057. 1) Ὁ τόμος τῆς ἑνώσεως, ἤτοι ἔκθεσις τῆς γενομένης τῆς ἐκκλησίας ἑνώσεως ἐπὶ Κωνσταντίνου καὶ Ῥωμανοῦ τοῦ μὲν βασιλεύοντος, τοῦ δὲ τὸ τηνικαῦτα τῷ τοῦ βασιλέως πάτορος ἀξιώματι διαπρέποντος (Tomus unionis Constantini et Romani de nuptiis, quartis praesertim et tertiis a. 920). Der sogenannte tomus unionis gehört eigentlich unter die Synodaldecrete; er wird aber, theils wegen seines großen Ansehens, theils wegen der kaiserlichen Bestätigung, von den Griechen selbst wie eine Novelle betrachtet. Er findet sich in mehreren Handschriften, wird mehrmals citirt und ist auch oft herausgegeben. Ἐκ Ῥωμανοῦ καὶ Κωνσταντίνου καὶ Χριστοφόρου τῶν φιλοχρίστων καὶ αὐτοκρατόρων μεγάλων βασιλέων νεαρὰ περὶ ἐκποιήσεως κτημάτων, καὶ προτιμήσεως συγγενῶν καὶ ἀναμεμιγμένων καὶ συμπαραπεπηγμένων ὁμοτελῶν καὶ συναπτῶς ἠνωμένων καὶ τῶν νομισμάτων ὁμοτελῶν χωρίων καὶ ἀγριδίων, καὶ πολλάκις δυνατῶν προσώπων, καὶ ἐκποιήσεως στρατιωτικῶν κτημάτων. Ἐξεφωνήθη μηνὶ ἀπριλλίῳ ἰνδ. ι΄. τοῦ ͵ϛυλ΄ (Impp. Romani, Constantini et *Christophori* novella de retractu, et ut potentes a pauperibus praedia non acquirant a. 922). Zweifelhaft ist, ob diese Novelle echt ist, oder aus mehreren in Eines verschmolzenen Gesetzen besteht. In der Gestalt, wie sie von Zachariä v. L. herausgegeben ist, findet sie sich im Cod. Paris. gr. 1367 und 1384; Laurent. LXXX, 6; Vindob. jurid. gr. 3. fol. 21 seq. (bis zu Ende des Cap. 1) und in dem Anhange erster und dritter Classe zur Synopsis Basilicorum. Einen Auszug derselben Novelle: *Παλαιὸς νόμος ἐστὶν — ἀπαγορευθήσεται*, sodaß Cap. 3 fehlt, liefert der Anhang zur Synopsis erster und zweiter Classe und der Anhang zum Prochirum auctum. Andere Auszüge geben Psellus v. 1357—1376, der Anhang des Michael Attaliata und der Anhang zum Prochirum auctum. Die fragliche Novelle wird mehrmals citirt und ist auch öfters herausgegeben. Die Inscription ist in den verschiedenen Quellen verschieden. 3) Aurea bulla Impp. *Romani, Christophori* et *Constantini* confirmans decretum synodale, ut episcopatus Rhizaei, licet in archiepiscopatum promotus, metropolitae Neocaesariensi subditus maneat (zwischen 920 und 926). 4) Imp. *Romani senioris* aurea bulla pro monasterio Xeropotami in monte Athone a. 924. 5) Aurea bulla Impp. *Romani, Christophori* et *Constantini* de archiepiscopatu Patrensi in metropolin promoto inter a. 920 et 926. 6) Τοῦ κυρίου Ῥωμανοῦ τοῦ βασιλέως τοῦ πρεσβύτου νεαρὰ περὶ τῶν ἐπεισερχομένων δυνατῶν εἰς ἀνακοινώσεις κτήσεων (Nov. Impp. *Romani, Constantini, Stephani* et *Constantini* de potentibus ab acquisitione praediorum arcendis a. 935. Der Inscription folgen in allen Handschriften:

Στίχοι ἰαμβικοί.

Νέον νόμον τίθησι Ῥωμανὸς ἄναξ,
Ὃν καὶ πέπομφε λύτρον ἠδικημένοις.

und hierauf: *Μηνὶ σεπτεμβρίῳ ἰνδικτιῶνος η' ἔτους ἀπὸ κτίσεως κόσμου ‚ςυμγ' Ῥωμανὸς, Κωνσταντῖνος, Στέφανος καὶ Κωνσταντῖνος πιστοὶ ἐν Θεῷ βασιλεῖς Ῥωμαίων.* Dann kommen die Rubriken der 8 Capitel der Novelle, hierauf das prooemium, endlich die 8 Capitel selbst. Die Zeit der Publication ist nicht ganz gewiß. Die neueste Ausgabe ist von Zachariä v. L. 7) *Νεαρὰ τοῦ κυροῦ Κωνσταντίνου τοῦ βασιλέως τοῦ πορφυρογεννήτου περὶ τῶν εἰσερχομένων δυνατῶν εἰς ἀνακοινώσεις κτήσεων, ἣν ὑπηγόρευσε Θεόφιλος πατρίκιος καὶ κοιαίστωρ, μηνὶ μαρτίῳ ἰνδ. ε' ἔτους ‚ςυνε'* (Novella Imp. *Constantini Porphyrogeniti* de potentibus praedia pauperum acquirentibus a. 947). Die Inscription lautet verschieden. 8) *Νεαρὰ νομοθεσία τοῦ αὐτοῦ, ἣν ὑπηγόρευσε Θεόφιλος πατρίκιος καὶ κοιαίστωρ, περὶ ἐκταγιατικῶν, καὶ περὶ ἀνοίξεως διαθηκῶν, καὶ περὶ τοῦ ὡρισμένον εἶναι τὸ μέτρον τῶν συνηθειῶν ἐν παντὶ δικαστηρίῳ* (Novella Imp. *Constantini Porphyrogeniti* de sportulis, et de testamentis aperiendis, et ut consuetudinum modus in omni judicio definitus sit, inter a. 945 et 959). 9) *Νεαρὰ νομοθεσία τοῦ αὐτοῦ περὶ τῶν στρατιωτῶν, ἣν ὑπηγόρευσε Θεόδωρος πατρίκιος καὶ κοιαίστωρ ὁ Δεκαπολίτης* (Novella Imp. *Constantini Porphyrogeniti* de fundis militaribus; inter a. 945 et 959). 10) *Νεαρὰ νομοθεσία τοῦ αὐτοῦ, ἣν ὑπηγόρευσε Θεόδωρος πατρίκιος καὶ κοιαίστωρ ὁ Δεκαπολίτης, περὶ ἐκταγιατικῶν. τῆς γὰρ πρὸ ταύτης νομοθεσίας ἀποδοκιμασθείσης, διὰ τὸ παρέχειν τοὺς θεματικοὺς κριτὰς καὶ τὴν [illegible] [illegible] λαμβάνειν, ἤ, ὡς ἔνια τῶν ἀντιγράφων ἔχει, [illegible], ἀντινομοθετήθη αὕτη* (Novella Imp. *Constantini Porphyrogeniti* de sportulis secunda; inter a. 945 et 959). 11) *Τοῦ αὐτοῦ νομοθεσία ἐν σχήματι λύσεως περὶ τῶν ἑκουσίως φονευόντων καὶ τῇ ἐκκλησίᾳ προσφευγόντων, ὥστε αὐτοὺς μὴ δέχεσθαι* (Novella Imp. *Constantini Porphyrogeniti* de homicidis et jure asyli; inter a. 945 et 959). 12) *Τοῦ αὐτοῦ δευτέρα νομοθεσία περὶ τῶν ἑκουσίως φονευόντων, δεχομένη μὲν αὐτοὺς κατὰ συμπάθειαν παρὰ δύναμιν τῆς πρώτης· ἀτιμίᾳ δὲ καὶ περιουσίας ἐκπτώσει καταδικάζουσα* (Novella Imp. *Constantini Porphyrogeniti* de homicidis et jure asyli secunda; inter a. 945 et 959). 13) *Νεαρὰ τοῦ βασιλέως κυροῦ Κωνσταντίνου τοῦ Πορφυρογεννήτου περὶ τῶν ἀδιαθέτως τελευτώντων χωρὶς παίδων, ὥστε μὴ τὸ πᾶν τῆς περιουσίας τοῖς ἐκ νόμων καλουμένοις συγγενέσι τυχεῖν, ἢ καὶ τούτων μὴ προσόντων τῷ δημοσίῳ προσκυροῦσθαι, ἀλλὰ τούτοις μὲν τὸ δίμοιρον, τὸ δὲ τρίτον τῷ θεῷ ἀφοσιοῦσθαι· ᾧ συνεισάγονται καὶ οἱ δοῦλοι, ἀξιούμενοι ἀπὸ τῆς παρούσης νεαρᾶς ἐλευθερίας* (Novella Imp. *Constantini Porphyrogeniti*, ut, si quis intestatus sine liberis decesserit, tertia bonorum Deo consecratur; inter a. 945 et 959). 14) *Νεαρὰ ς'. Κωνσταντίνου ἡ ἀποκειμένη ἐν τῇ βασιλικῇ. Περὶ φυγάδων ψυχαρίων καὶ ἀκολούθων κεφαλαίων* (Novella Imp. *Constantini Porphyrogeniti* de servis fugitivis aliisque capitulis). 15) Imp. *Constantini Porphyrogeniti* rescriptum de restitutione praediorum a potentibus comparatorum. 16) *Νεαρὰ νομοθεσία Ῥωμανοῦ βασιλέως τοῦ νέου περὶ στρατιωτῶν, ἤτοι λύσις ἀναφορᾶς θεματικοῦ κριτοῦ, ἣν ὑπηγόρευσε Θεόδωρος μάγιστρος ὁ Δεκαπολίτης* (Novella Imp. *Romani junioris* de restitutione pretii praediorum a potentibus evictorum; inter a. 959 et 963). 17) *Ἐκ τοῦ ἐκπεμφθέντος βασιλικοῦ λιβέλλου πρὸς τοὺς ἐν τῷ θέματι τῶν Θρακησίων, μηνὶ μαρτίῳ ἰνδικτιῶνος ε' ἔτους ‚ςυο'* (Novella Imp. *Romani junioris* de fundis militaribus a. 962). 18) *Νεαρὰ νομοθεσία τοῦ αὐτοῦ, ἣν ὑπηγόρευσε Συμεὼν πατρίκιος καὶ πρωτοασηκρῆτις, περὶ προστίμων* (Novella Imp. *Romani junioris* de poenae stipulationibus; inter a. 959 et 963). 19) *Νεαρὰ [Νικηφόρου] ἐν λύσει ἀναφορᾶς περὶ Ἀρμενίων τῶν τε ἄλλων καὶ τῶν ἐγκλήματι φόνου περιπεσόντων* (Novella Imp. *Nicephori Phocae* de fundis militum Armeniorum et homicidarum; inter a. 963 et 969). 20) *Νεαρὰ Νικηφόρου βασιλέως, ἣν κατὰ τὸ α' ἔτος τῆς αὐτοῦ βασιλείας ἤτοι κατὰ τὴν ζ' ἰνδ. τοῦ ‚ςυοβ' ἔτους ὑπηγόρευσε Συμεὼν πατρίκιος καὶ πρωτοασηκρῆτις, περὶ τοῦ μὴ γίνεσθαι μοναστήρια καὶ* γηροκομεῖα, μήτε κλινίνεσθαι ὅλως διὰ τῶν πραγμάτων τοὺς εὐαγεῖς οἴκους (Novella Imp. *Nicephori Phocas* de monasteriis a. 964). 21) *Νεαρὰ Νικηφόρου βασιλέως, ἣν ὑπηγόρευσε Συμεὼν πατρίκιος καὶ πρωτασηκρῆτις, περὶ τοῦ προτιμᾶσθαι τῶν πενήτων τοὺς δυνατοὺς εἰς ἐξώνησιν τῶν παρὰ τῶν δυνατῶν πιπρασκομένων* (Novella Imp. *Nicephori Phocas*, ut potentes a potentibus duntaxat et milites et pauperes emant, et de his, qui ante tempus famis praedia compararverunt a. 967). 22) *Νεαρὰ δ'. Νικηφόρου περὶ οἰκημάτων* (Novella Imp. *Nicephori Phocas* de aedificiis a potentibus in praedio a pauperibus comparato exstructis a. 967). 23) *Περὶ τῶν ἀπεμπολησάντων στρατιωτῶν τὰ ἴσους αὐτῶν, εἰ τὰ τούτους ἐπιζητούντων* (Novella Imp. *Nicephori Phocas* de fundis militaribus; inter a. 963 et 969). 24) Imp. *Nicephori Phocas* aurea bulla de patriarchatu Antiochensi. 25) Novella Imp. *Nicephori Phocas* de metropoli Patrensi. 26) *Νεαρὰ νομοθεσία Ἰωάννου βασιλέως περὶ τοῦ κομμερκίου τῶν ἀλισκομένων ψυχαρίων* (Novella Imp. *Joannis Tzymischis* de vectigali captivorum mancipiorum; inter a. 972 et 975). 27) *Νεαρὰ τοῦ εὐσεβοῦς ἡμῶν βασιλέως Βασιλείου τοῦ νέου τὴν κατὰ τῶν ἐκκλησιῶν καὶ τῶν εὐαγῶν οἴκων νομοθεσίαν τοῦ Νικηφόρου βασιλέως τέλεον ἀναιροῦσα* (Novella Imp. *Basilii Porphyrogeniti*, quae legem Nicephori de monasteriis tollit a. 988). 28) Impp. *Basilii* et *Constantini* aurea bulla Venetorum mercatoribus libertates concedens a. 992. 29) Novella Imp. *Basilii Porphyrogeniti*, ut monasteria sint, quae ultra VIII vel X monachos habeant, siquidem sufficientem iis terram possideant; inter a. 975 et 990. 30) *Νεαρὰ νομοθεσία τοῦ εὐσεβοῦς βασιλέως Βασιλείου τοῦ νέου περὶ τῶν δυνατῶν τῶν ἀπὸ πενήτων ἐπικτωμένων, καταδικάζουσα αὐτοὺς ἀπὸ τῆς πρώτης νομοθεσίας Ῥωμανοῦ βασιλέως τοῦ πρεσβυτέρου ἤγουν ἀπὸ τῆς θ' ἰνδ. τοῦ ‚συλζ' ἔτους* (Novella Imp. *Basilii Porphyrogeniti*, ne locum habeat XL annorum praescriptio in praediis a potentibus acquisitis: de finium descriptione aureis bullis inserta: de monasteriis: de tollenda praescriptione adversus fiscum: de homicidio: de bullis aureis: et de nardinis; a. 996). 31) Novella Imp. *Basilii Porphyrogeniti* de archiepiscopatu Bulgariae. 32) Novella Imp. *Constantini Porphyrogeniti* de seditiosis a. 1026. 33) Imp. *Constantini Monomachi* typicum de consuetudinibus ab episcopo percipiendis; inter a. 1042 et 1054. 34) Novella Imp. *Constantini Monomachi* de officiis *τοῦ ἐπὶ τῶν κρίσεων* et *τοῦ νομοφύλακος*.

II. Novellen der Kaiser von 1057—1204. 1) Imp. *Isaaci Comneni* aurea bulla de sportulis pro ordinatione praestandis et de canonico; inter a. 1057 et 1059. 2) Novella Imp. *Constantini Ducae*, quod imperator thronorum praesidentiam mutare non possit, a. 1065. 3) *Τοῦ βασιλέως κυροῦ Κωνσταντίνου τοῦ Δούκα νεαρά. Ἴσθι ὡς, ὅτι ... τὸ [illegible] ἔχει* (Novella Imp. *Constantini Ducae* de dotis privilegio; inter a. 1059 et 1067). 4) Imp. *Constantini Ducae* aurea bulla de episcopatu Basileensi. 5) Imp. *Eudociae* decretum de interstitio aedificiorum servando, a. 1067. 6) *Ἡ νεαρὰ τοῦ ἀοιδίμου βασιλέως κυροῦ Μιχαὴλ τοῦ Δούκα ἡ περὶ τῆς τριακονθημέρου προθεσμίας τοῦ ὅρκου ἐξ ἀναφορᾶς Κωνσταντίνου πρωτοπροέδρου τοῦ γεγονότος μεγάλου δρουγγαρίου τῆς βίγλης ἐκτεθεῖσα, περὶ τοῦ παύεσθαι τὴν δίκην καὶ λύεσθαι, ἐάν, ἀποφάσεως γενομένης δικαστικῆς προβῆναι ὅρκον, γένωνται διαμαρτυρίαι τριακονθήμεροι γ' καὶ οὐ [illegible] τούτοις οἱ δικαζόμενοι ἢ τυχὸν οἱ μεμαρτυρηκότες* (Novella Imp. *Michaelis Ducae* de tempore, intra quod juramentum praestandum sit, a. 1075). 7) *Νεαρὰ τοῦ βασιλέως κυροῦ Μιχαὴλ τοῦ Δούκα θεσπίζουσα τοὺς κάστρα λαμβάνοντας οἱουσδήτινας κἂν ὅπως ταῦτα λάβωσιν, ἐφ' ἑνὶ προσώπῳ ταῦτα κεκτῆσθαι, καὶ οὕτω ποιεῖσθαι τὰς δωρεάς* (Novella Imp. *Michaelis Ducae* de his quibus castra concessa sunt; inter a. 1071—1078). 8) Imp. *Michaelis Ducae* aurea bulla de episcopatu Basiliensi. 9) Imp. *Michaelis Ducae* aurea bulla de metropoli Neocaesariensi. 10) Imp. *Michaelis Ducae* rescriptum, quo confirmatur decretum patriarchae Jo. Xiphilini a chartophylaca editum de nuptiis ab affinitatem quinti gradus prohibendis. 11) Novella Imp. *Nicephori Botaniatae* de relevatione fiscalium debitorum a. 1078. 12) *Χρυσόβουλλον τοῦ βασιλέως κυροῦ Νικηφόρου τοῦ Βοτανειάτου, τὸ ἐν τῇ τοῦ θεοῦ μεγάλῃ ἐκκλησίᾳ ἀποτεθέν, περί τε τοῦ μὴ ἔσωθεν τῶν λ' ἡμερῶν γίνεσθαι σωματικὴν ποινήν· καὶ περὶ τοῦ τοὺς ὑπηρετοῦντας τοῖς βασιλεῦσι καὶ τοῖς συγγενέσιν αὐτῶν μετὰ τὸ αὐτοὺς τῆς βασιλείας ἐκπεσεῖν μὴ ἐκπίπτειν τῶν διαφερόντων αὐτοῖς, καὶ δημοσιεύεσθαι ταῦτα καὶ τότε ἄνευ αἰτίας εὐλόγου ἢ ἐννόμου τινός· καὶ περὶ τοῦ καθ' ἕκαστον [illegible] τὸν κατὰ τὴν ἡμέραν [illegible] τῶν ἐξορίστων ὑπομιμνήσκειν* (Novella Imp. *Nicephori Botaniatae*, ne poena gladii intra XXX dies a sententia infligatur, et de aliis capitulis, a. 1080). 13) *Χρυσόβουλλον τοῦ μακαρίτου βασιλέως κυροῦ Νικηφόρου τοῦ Βοτανειάτου, ἐπικυροῦν τὰς συνοδικὰς ἀποφάσεις τὰς περὶ τῶν ἀθεμίτων γάμων καὶ τῆς μνηστείας γεγενημένας ἐπὶ Ἰωάννου τοῦ ἁγιωτάτου καὶ οἰκουμενικοῦ πατριάρχου τοῦ Ξιφιλίνου, οὗ μετὰ θάνατον ἐπεβραβεύθη τῇ ἐκκλησίᾳ ὁ ὑποτεταγμένος χρυσόβουλλος λόγος* (Novella Imp. *Nicephori Botaniatae* confirmans synodalia decreta de incestis nuptiis a. 1080). 14) Novella Imp. *Nicephori Botaniatae* de viro vel uxore in furorem incidentibus; inter a. 1078 et 1081. 15) Imp. *Nicephori Botaniatae* aurea bulla de archiepiscopatu Madytensi. 16) Imp. *Nicephori Botaniatae* aurea bulla de metropoli Patrensi. 17) Imp. *Nicephori Botaniatae* aurea bulla codicillus D. Constantini confirmans. 18) *Χρυσόβουλλον τοῦ ἀοιδίμου βασιλέως κυροῦ Ἀλεξίου τοῦ Κομνηνοῦ κατὰ τὸν Ἰούλιον μῆνα τῆς δ' ἰνδ. τοῦ ‚ςφϙϛ' ἔτους ἀπολυθὲν* (Novella Imp. *Alexii Comneni* de foro laicorum et clericorum invicem litigantium a. 1081. 19) Imp. *Alexii Comneni* aurea bulla, qua matri plenam imperii administrandi potestatem tribuit a. 1081. 20) *Ἡγεγονυῖα νεαρὰ παρὰ τοῦ βασιλέως κυροῦ Ἀλεξίου τοῦ Κομνηνοῦ περὶ ὅρκου σωματικοῦ τῶν ἀφηλίκων, καὶ τοῦ μὴ ἔχειν αὐτοὺς ἀποκαθίστασθαι μετὰ τὸ τελεσθῆναι παρ' αὐτῶν τὸν τοιοῦτον ὅρκον.* Init. *Οἶδεν σῶμα.* Fin. *τοῦ παρόντος εὐσεβοῦς χρυσοβούλλου λόγου, γεγενημένου κατὰ τὸν μάϊον μῆνα τῆς ε' ἰνδ. ἐν ἔτει τῷ ,ϛφϟ* (Novella Imp. *Alexii Comneni* de juramento corporali minorum et ne adversus juramentum restituantur a. 1082). 21) *Τὸ ἴσον τοῦ τιμίου καὶ προσκυνητοῦ βασιλικοῦ προστάγματος τοῦ φιλοχρίστου ἡμῶν βασιλέως κυροῦ Ἀλεξίου τοῦ Κομνηνοῦ, τοῦ κατὰ τὴν κη' μηνὸς αὐγούστου ἰνδ. ι' προ... μεγ... πρωτασηκρῆτις καὶ πρ... τοῦ θρᾴκης καὶ μακεδονίας καὶ ἐξισωτ.. τοῦ τοῦ σκληροῦ, καταστραφέντος δὲ καὶ εἰς τὸ σεκρέτον τοῦ βεστιαρίου κατὰ τὴν ϛ' μηνὸς ἰουλίου ἰνδ. ε', καὶ περιέχον οὕτως· Ἔτει ,ϛφϟ'.* Init. *Ἡ βασιλεία μου ἀκριβῶς διεγνωκυῖα* (Novella Imp. *Alexii Comneni*, ut poenae conventionales exigantur et fisco inferantur, et de vacantium delatione a. 1082). 22) *Τοῦ κραταιοῦ καὶ ἁγίου ἡμῶν βασιλέως κυροῦ Ἀλεξίου τοῦ Κομνηνοῦ παρεῖσθαι ἐντὸς ιε' ἡμερῶν τοῦ τριμήνου παραγγέλλεσθαι τὴν μαρτυρίαν μηνὶ ἰουλίῳ ιε' ἡμέρᾳ ϛ' ἰνδ. ε' γέγονεν ἡ παροῦσα βασιλικὴ σημείωσις ὑπαγορευθεῖσα παρὰ τοῦ Σολομῶντος* (Imp. *Alexii Comneni* decretum, ut intra XV dies trimestris spatii testes producantur a. 1082). 23) *Περὶ τῶν ἱερῶν σκευῶν καὶ τοῦ μὴ ἄλλοτέ ποτε ταῦτα κινηθῆναι* (Novella Imp. *Alexii Comneni* de sacris vasibus in publicum usum non convertendis a. 1082). 24) Novella Imp. *Alexii Comneni* de metropoli Lacedaemoniae a. 1082. 25) *Νεαρὰ τοῦ βασιλέως κυροῦ Ἀλεξίου τοῦ Κομνηνοῦ ἡ περὶ μνηστείας ἐκτεθεῖσα κατὰ τὸν ἰούνιον μῆνα τῆς ζ' ἰνδ. τοῦ ,ϛφϟβ' ἔτους* (Novella Imp. *Alexii Comneni* de sponsalibus a. 1084). 26) Novella Imp. *Alexii Comneni* de metropoli Attalensi a. 1084. 27) *Ἡ ἐξενεχθεῖσα λύσις ἐν τάξει νεαρᾶς περὶ τῶν μαρτύρων παρὰ τοῦ βασιλέως κυροῦ Ἀλεξίου τοῦ Κομνηνοῦ, ἀμφιβολίας ἐμπεσούσης παρὰ τῷ τοῦ ἱπποδρόμου δικαστῇ, εἰ δεῖ μετὰ τὸ παραχθῆναι ἀδοκίμους μάρτυρας καὶ αὐτῷ τῷ δικαστῇ ἀδήλους, καὶ ἐν τῷ μεταξὺ παραδραμεῖν τὴν τριακονθήμερον, δοθῆναι καὶ ἑτέραν προθεσμίαν εἰς παραγωγὴν μαρτύρων ἢ μή: Περὶ τοῦ τὰς ἐνυποστάτους μαρτυρίας εἶναι δεκτάς* (Novella Imp. *Alexii Comneni* de productione testium post lapsum XXX dierum a. 1085). 28) *Ἀλεξίου τοῦ Κομνηνοῦ περὶ τοῦ κανονικοῦ καὶ τῶν διδομένων συνηθειῶν ὑπὲρ χειροτονίας καὶ ἱερολογίας γάμου καὶ περὶ τοῦ ἀερικοῦ καὶ περὶ πάντων τῶν ψυχικῶν χρυσόβουλλον τυπικὸν ἐκτεθειμένον κατὰ μῆνα σεπτέμβριον τῆς θ' ἐπινεμήσεως* (Novella Imp. *Alexii Comneni* de canonico et de consuetudinibus pro ordinatione et benedictione matrimonii praestandis et de aerico et spiritualibus omnibus a. 1086). 29) Imp. *Alexii Comneni* aurea bulla magnae ecclesiae concessa de variis capitibus et ut episcopatus, qui archiepiscopatus vel metropoleos dignitate condecorati sint, intacti maneant; inter a. 1081 et 1087. 30) Novella Imp. *Alexii Comneni* de episcopis in altiorem thronum promotis a. 1087. 31) Imp. *Alexii Comneni* aurea bulla, qua Christodulo monacho insula Patmos ad monasterium ibi condendum conceditur, a. 1088. 32) Novella Imp. *Alexii Comneni* de sponsalium dissolutione a. 1092. Beron giebt: „*Ὑπόμνησις τοῦ κουροπαλάτου καὶ μεγάλου δρουγγαρίου τῆς βίγλης Ἰωάννου τοῦ Θρακησίου, μετὰ τὴν περὶ μνηστείας νεαρὰν γενομένη πρὸς τὸν αὐτὸν βασιλέα κύριον Ἀλέξιον περί τινος ἀμφιβολίας ἐπὶ ταύτῃ ἀναφυείσης.*“ Nach diesem Berichte folgt: „*Λύσις τοῦ βασιλέως κυρίου Ἀλεξίου, ἐπικυροῦσα τὴν προγεγονυῖαν παρ' αὐτοῦ νεαρὰν περὶ τοῦ γάμου, καὶ ἄλυτον μένειν ἐπιτάττουσα τὴν μεθ' ἱερολογίας προβαίνουσαν μνηστείαν.*“ 33) Imp. *Alexii Comneni* aurea bulla Venetis concessa a. 1082. 34) Novella Imp. *Alexii Comneni* de his, qui ad orientales ecclesias nominati sunt a. 1094. 35) Imp. *Alexii Comneni* rescripta ad rationales et Rationarium antiquum ut novum a. 1094. 36) Novella Imp. *Alexii Comneni*, ut, si servi in libertatem proclamantes testes produxerint, contrariis testium productio dominis non concedatur, sed exceptio tantum, et ut servorum quoque conjugiis sacrae benedictiones impertiantur, a. 1095. Theodulus, Erzbischof zu Thessalonich, hatte an den Kaiser über einen Streit berichtet, welcher sich über die in Streitigkeiten über die Freiheit zulässigen Beweismittel erhoben hatte, sowie über die Frage, ob auch den Ehen der Sklaven die kirchliche Einsegnung zu Theil werden solle. Der Kaiser machte seine diesfallsigen Bestimmungen erstens in einem *γενικὸν διάταγμα*, an den Patriarchen zu Constantinopel gerichtet, und dann in einem anderen mittels eines an Theodulus erlassenen Rescripts bekannt. Das erste Edict hat folgende Inscription: *Περὶ τοῦ μὴ κρατεῖν ἀντιπαραστατικὴν μαρτυρίαν περὶ τῶν εἰς ἐλευθερίαν ἀναφωνούντων δούλων, καὶ περὶ τοῦ ἱερολογίας καὶ ἐπὶ τῶν δούλων γίνεσθαι καὶ μὴ ἐν τούτοις ἐλευθερίας τυγχάνειν αὐτούς.* Das andere: *Νεαρὰ τοῦ βασιλέως κυροῦ Ἀλεξίου τοῦ Κομνηνοῦ ἐκφωνηθεῖσα κατὰ τὸν μάρτιον μῆνα τῆς γ' ἰνδ. τοῦ ,ϛχγ' ἔτους ἐξ ὑπομνήσεως Θεοδούλου τοῦ ἀρχιεπισκόπου Θεσσαλονίκης, περὶ τοῦ μὴ δίδοσθαι ἀντιπαράστασιν μαρτύρων παρὰ τῶν κυρίων τῶν δούλων τῶν ἀναφωνούντων εἰς ἐλευθερίαν, ἀλλὰ μόνην διαβολήν, καὶ περὶ τοῦ ἀνάγκην εἶναι τοῖς δεσπόταις τῶν δούλων ἱερολογεῖν αὐτοὺς καὶ μὴ ἀντέχεσθαι πορνεύειν τούτους πρὸς ἀλλήλους, εἰ μὴ βούλονται στερεῖσθαι τῆς ἐπ' αὐτοῖς δεσποτείας καὶ ἐλευθεροῦσθαι τοὺς δούλους, φέρουσα τὸν μῆνα ὑποσεσημειωμένον διὰ γραμμάτων τοῦ βασιλέως.* 37) Imp. *Alexii Comneni* aurea bulla Pisanis concessa a. 1112. 38) Novella Imp. *Alexii Comneni* de jure patriarchae circa monasteria, a. 1082 vel 1097 vel 1112. 39) Novella Imp. *Alexii Comneni*, ut, ei, qui a sententia ad tribunal Imperatoris provocat, XXX dierum spatium concedatur, a. 1084 vel 1090 vel 1114. Dem Texte der Novelle geht vorher: *Τοῦ κουροπαλάτου Νικήτα καὶ μεγάλου δρουγγαρίου τῆς βίγλης τοῦ Χαλυφοῦ ὑπομνήσαντος κατεπέμφθη ἡ παροῦσα λύσις παρὰ τοῦ θεοστέπτου καὶ ἁγίου ἡμῶν βασιλέως κυρίου Ἀλεξίου τοῦ Κομνηνοῦ.* 40) Novella Imp. *Alexii Comneni*, ne minores XXV annis officia vel dignitates accipiant, a. 1092 vel 1107. 41) Novella Imp. *Alexii Comneni* de nuptiis amitae et neptis cum patruo et nepote, a. 1092 vel 1107. 42) *Νεαρὰ νομοθεσία τοῦ βασιλέως κυροῦ Ἀλεξίου τοῦ Κομνηνοῦ διατάττουσα τα περὶ τῶν ψήφων, καὶ ὁποίους δεῖ εἶναι τοὺς ἁπανταχοῦ ἀρχιερεῖς, πρὸς δὲ καὶ τοὺς ἱερεῖς, ἐν ταῖς ἐπαρχίαις καὶ ταῖς μητροπόλεσι καὶ ταῖς ἐπισκοπαῖς* (Novella Imp. *Alexii Comneni* de electionibus et clericis a. 1107. 43) *Πρόσταγμα τοῦ ἀοιδίμου βασιλέως κυρίου Ἀλεξίου τοῦ Κομνηνοῦ* (Novella Imp. *Alexii Comneni* de chartophylace et de electionibus). 44) Novella Imp. *Alexii Comneni* de fide isotyporum. 45) Novella Imp. *Alexii Comneni* de minore infra alterave decimam partem laeso. 46) Novella Imp. *Alexii Comneni* de juramento post testium productionem delato. 47) Novella Imp. *Alexii Comneni* de contumacibus. 48) Novella Imp. *Alexii Comneni* de episcopatu Soteriopoleos. 49) Imp. *Joannis Comneni* aurea bulla pro Venetis a. 1126. 50) *Ἰωάννου τοῦ Κομνηνοῦ χρυσόβουλλον, διοριζόμενον μηδέν τι ἀπαιτεῖν τὸν πράκτορα ἀπὸ ἐκκλησίας χηρευούσης τοῦ ἐπισκόπου αὐτῆς* (Novella Imp. *Joannis Comneni*, ne exactor quidquam ab ecclesia episcopo suo orbata exigat, a. 1124 vel 1139. 51) *Νεαρὰ βασιλέως κυροῦ Ἰωάννου τοῦ μεγάλου Κομνηνοῦ* (Novella Imp. *Joannis Comneni* de collatione dotis, inter a. 1118 et 1143). 52) *Νεαρὰ βασιλέως κυροῦ Ἰωάννου τοῦ μεγάλου Κομνηνοῦ* (Novella Imp. *Joannis Comneni* de dote adulterae). 53) Imp. *Manuelis Comneni* aurea bulla de immunitate clericorum a. 1144. 54) Imp. *Manuelis Comneni* aurea bulla de instrumentis monasteriorum a. 1146. 55) Imp. *Manuelis Comneni* aurea bulla Venetis concessa a. 1148. 56) Novella Imp. *Manuelis Comneni* de juramento Judaeorum a. 1148. 57) Imp. *Manuelis Comneni* aurea bulla de instrumentis ecclesiarum a. 1146. 58) Imp. *Manuelis Comneni* aurea bulla de locis a Venetis Constantinopoli possidendis a. 1148. 59) Imp. *Manuelis Comneni* aurea bulla de possessionibus magnae ecclesiae a. 1153. 60) Imp. *Manuelis Comneni* aurea bulla Pisanis concessa a. 1155. 61) Imp. *Manuelis Comneni* aurea bulla pro firmanda conventione cum Genuensibus facta a. 1155. 62) Imp. *Manuelis Comneni* aurea bulla de possessionibus monasteriorum a. 1158. 63) Imp. *Manuelis Comneni* aurea bulla de immobilibus monasteriorum a. 1159. 64) Novella Imp. *Manuelis Comneni*, ut rescripta contra jus elicita irrita sint a. 1159. 65) Novella Imp. *Manuelis Comneni*, ut immobilia ab imperatore donata duntaxat vel hos, qui in dignitate constituti sunt, transmittantur, a. 1144 vel 1159. 66) Novella Imp. *Manuelis Comneni*, ne morientium episcoporum bona ab exactoribus diripiantur, a. 1151 vel 1166. 67) *Νεαρὰ τοῦ βασιλέως κυροῦ Μανουὴλ τοῦ Κομνηνοῦ περιέχουσα πολλῶν ἀμφιβολιῶν λύσεις* (Novella Imp. *Manuelis Comneni* de diversis causis a. 1166). 68) *Τοῦ βασιλέως κυροῦ Μανουὴλ τοῦ Κομνηνοῦ περὶ τῶν ἡμερῶν τοῦ ὅλου ἐνιαυτοῦ, ποῖαι μὲν τούτων ἄπρακτοι, ποῖαι δὲ ἐν μέρει μὲν ἄπρακτοι, ἐν μέρει δὲ ἔμπρακτοι* (Novella Imp. *Manuelis Comneni* de diebus feriatis a. 1166). 69) *Νεαρὰ τοῦ πανευσεβεστάτου καὶ φιλοχρίστου κραταιοῦ καὶ ἁγίου ἡμῶν βασιλέως τοῦ πορφυρογεννήτου κυροῦ Μανουὴλ τοῦ Κομνηνοῦ περὶ τῶν ἑκουσίως φονευόντων* (Novella Imp. *Manuelis Comneni* de homicidiis a. 1166). 70) Imp. *Manuelis Comneni* edictum, quod rescindit matrimonium septimo cognationis gradu contractum a. 1166. 71) Imp. *Manuelis Comneni* edictum de controversia, quatenus pater major Christo sit a. 1166. Voran geht der vollständige Titel des Kaisers: *Μανουὴλ ἐν Χριστῷ τῷ θεῷ πιστὸς βασιλεὺς ὁ πορφυρογέννητος* κ. τ. λ. Init. *Εἰ μακαρίζει* κ. τ. λ. 72) Novella Imp. *Manuelis Comneni* de argentoriarum mensis ad clericos ex emtione pertinentibus, a. 1152 vel 1167. 73) Imp. *Manuelis Comneni* aurea bulla confirmans conventionem cum Genuensibus a. 1170. 74) Novella Imp. *Manuelis Comneni*, ut immobilia ab imperatore donata duntaxat ad hos, qui in dignitate constituti sunt, transmittantur, a. 1155 vel 1170. 75) Novella Imp. *Manuelis Comneni* de his, qui adversarios suos vexare machinantur eo, quod causam ab imperatore dijudicari et decidi desiderant, a. 1170. 76) Novella Imp. *Manuelis Comneni* de episcopis Constantinopoli versantibus a. 1174. 77) Novella Imp. *Manuelis Comneni* de tomo P. Sisinnii, a. 1145 vel 1166 vel 1175. 78) Novella Imp. *Manuelis Comneni* de possessionibus monasteriorum a. 1176. 79) Novella Imp. *Manuelis Comneni* de impedimento matrimonii ob affinitatem sexti gradus. 80) Imp. *Manuelis Comneni* subnotatio confirmans consuetudinem, secundum quam mulier a marito in monasterium divertens post tres demum menses tondetur. 81) Novella Imp. *Manuelis Comneni* de foro Judaeorum. 82) Novella Imp. *Alexii Comneni II.* ne monasteriorum immobilia describantur a. 1181. 83) *Σημείωμα τοῦ βασιλέως κυροῦ Ἀλεξίου, τοῦ υἱοῦ τοῦ βασιλέως κυροῦ Μανουὴλ τοῦ Κομνηνοῦ κατεστρωμένον ἐν τοῖς προσφόροις σεκρέτοις, γεγονὸς κατὰ μῆνα Ἰούλιον τῆς ιε΄ ἰνδ. καὶ διαλαμβάνον μὴ ἐκποιεῖσθαι εἰς καθοσίωσιν τοὺς τότε συνομοσαμένους μεγάλους καὶ ὑψηλοὺς ἄρχοντας, διὰ τὸ μὴ λογίζεσθαι συνωμοσίαν τὸ γεγονός, ἀλλὰ θεμιτὸν ὅρκον διὰ τὸ ὑπὲρ τῆς βασιλείας αὐτοῦ τὸν ὅρκον γενέσθαι* (Novella Imp. *Alexii Comneni II.* de laesae majestatis reis a. 1182). 84) Novella Imp. *Alexii Comneni II.*, ut immobilia ab imperatore donata ad quemlibet possint transmitti a. 1183. 85) Novella Imp. *Isaaci Angeli* de nuptiis septimi gradus a. 1185. 86) *Ἰσαακίου τοῦ Ἀγγέλου. Σημείωμα βασιλικὸν ἀπορροῦν τὰς γινομένας ψήφους ἀπουσίᾳ τινὸς τῶν τῇ μεγάλῃ πόλει ἐνδημούντων ἀρχιερέων, διοριζόμενον δὲ καὶ εἰς τὸ ἑξῆς μὴ ἄλλως γίνεσθαι ψῆφον, εἰ μὴ πάντες οἱ ἐν τῇ μεγάλῃ πόλει ἐνδημοῦντες ἀρχιερεῖς μετακληθῶσι, καὶ ἢ παρουσιάσουσιν ἢ δώσουσι γνώμας. μηνὶ σεπτεμβρίῳ ι' ἡμέρᾳ δ' ἐπινεμήσεως ε'* (Novella Imp. *Isaaci Angeli* de electionibus pontificum a. 1187). 87) *Τὸ γεγονὸς σημείωμα παρὰ τοῦ ἀοιδίμου βασιλέως κυροῦ Ἰσαακίου τοῦ Ἀγγέλου περὶ τοῦ ἀποκείρεσθαι τὰς τῶν ἐπιψηφίων ἀρχιερέων γυναῖκας ἀπολυθεῖν κατὰ τὴν κ' τοῦ σεπτεμβρίου μηνὸς ἡμέρᾳ τετάρτῃ ἐπινεμήσεως πέμπτης* (Novella Imp. *Isaaci Angeli*, ut tondeantur electorum pontificum uxores a. 1187). 88) Imp. *Isaaci Angeli* aurea bulla Venetis concessa a. 1187. 89) Imp. *Isaaci Angeli* aurea bulla de locis a Venetis Constantinopoli possidendis a. 1187. 90) Imp. *Isaaci Angeli* pactio cum Venetis a. 1187. 91) Imp. *Isaaci Angeli* pactum Venetis de damnis resarcientes a. 1189. 92) Novella Imp. *Isaaci Angeli* de metropoli Argens a. 1098. 93) Imp. *Isaaci Angeli* aurea bulla Pisanis concessa a. 1192. 94) Novella Imp. *Isaaci Angeli* de ecclesiis ad altiorem locum promotis a. 1193. 95) Novella Imp. *Isaaci Angeli* de metropoli Hypaeporum. 96) Imp. *Alexii Angeli* aurea bulla Venetis concessa a. 1199.

III. Novellen der Kaiser von 1204—1453. 1) Imp. *Theodori Lascaris* pactio cum Venetis a. 1220. 2) Novella Imp. *Joannis Ducas Vatatzae* de monasterio ad montem Lembo prope Smyrnam instaurando a. 1228. 3) *Χρυσόβουλλον τοῦ ἀοιδίμου βασιλέως τοῦ κατρακοθήτου κυροῦ Ἰωάννου Δούκα τοῦ Βατάτζη* (Novella Imp. *Joannis Ducae Vatatzas*, ne defunctorum metropolitarum sive episcoporum bonis civiles magistratus sese ingerant, a. 1229). 4) Novella Imp. *Joannis Ducae Vatatzae* de vestimentis. 5) Imp. *Michaelis Palaeologi* aurea bulla pro Genuensibus a. 1261. 6) Imp. *Michaelis Palaeologi* aurea bulla pro firmanda pace cum Venetis a. 1265. 7) Imp. *Michaelis Palaeologi* renovatio pacis cum Venetis a. 1268. 8) Imp. *Michaelis Palaeologi* rescriptum, quo Theodoro Scutariotae diacono dicaeophylacis dignitas conferiur a. 1270. 9) Imp. *Michaelis Palaeologi* rescriptum de promovendo Theodoro Scutariota ad altiorem dignitatem ecclesiasticam a. 1270. 10) Imp. *Michaelis Palaeologi* rescriptum, quo montis Sinai praepositus hypertimus nominatur a. 1271. 11) Imp. *Michaelis Palaeologi* aurea bulla de possessionibus monasterii Macrinitissae a. 1272. 12) Imp. *Michaelis Palaeologi* rescriptum, quo Theodorus Scutariota metropolita Cyzici hypertimi dignitate condecoratur, inter a. 1275 et 1282. 13) Novella Imp. *Michaelis Palaeologi* de stauropegiis a. 1279. 14) Imp. *Michaelis Palaeologi* aurea bulla Monembasiotis concessa. 15) Imp. *Michaelis Palaeologi* decretum in gratiam monasterii Novae Petrae. 16) Imp. *Michaelis Palaeologi* aurea bulla, qua monasterium Salvatoris Christi Latomi, quod Thessalonicae est, Comneno Josepho Maliaseno conceditur: et de conjunctione inter monasterium Macrinitissae et Novae Petrae. 17) Imp. *Andronici senioris* aurea bulla de immunitate habitatorum Monembasiae a. 1284. 18) Imp. *Andronici senioris* privilegium mercatoribus Hispanis concessum a. 1290. 19) Imp. *Andronici senioris* aureae bullae de metropolibus Philadelphensi, Thessalonicensi et Littadorum, circa a. 1292. 20) *Χρυσόβουλλον παρὰ τοῦ γαληνοτάτου ἐν βασιλεῦσι καὶ ὑψηλοτάτου Ἀνδρονίκου αὐτοκράτορος Ῥωμαίων πρὸς τὸν ἱερώτατον μητροπολίτην Μονεμβασίας καὶ τοὺς αὐτοῦ διαδόχους* (Imp. *Andronici senioris* aurea bulla de privilegiis metropolitae Monembasiae a. 1293). 21) Novella Imp. *Andronici senioris* de ordinationibus absque praestatione consuetudinum faciendis a. 1295. 22) Imp. *Andronici senioris* aurea bulla in gratiam Gregorii Melisseni a. 1298. 23) Imp. *Andronici senioris* aurea bulla de possessionibus ecclesiae Monembasiae a. 1301. 24) Novella Imp. *Andronici senioris* de metropoli Apro a. 1304. 25) Imp. *Andronici senioris* aurea bulla pro Genuensibus a. 1304. 26) Imp. *Andronici senioris* constitutio synodalis ab Athanasio Patriarcha proposita de diversis causis a. 1306. 27) Novella Imp. *Andronici senioris*, ne civilis magistratus de functorum metropolitarum vel episcoporum bona invadant, a. 1301. 28) Imp. *Andronici senioris* aurea bulla Monembasiotis concessa a. 1317. 29) Novella Imp. *Andronici senioris* de metropoli Joanninorum a. 1318. 30) Imp. *Andronici senioris* privilegium secundum mercatoribus Hispanis concessum a. 1320. 31) Novella Imp. *Andronici senioris* de metropoli Bryseos a. 1324. 32) Novella Imp. *Andronici senioris* de metropoli Bryseos a. 1325. 33) Imp. *Andronici senioris* pacta cum Venetis inita a. 1285. 1302. 1310. 1324 et 1325. 34) Imp. *Andronici senioris* aurea bulla, qua praedia nonnulla Irenae Augustae donantur. 35) Imp. *Andronici senioris* aurea bulla, qua praedium Celsi monasterio Serbico in monte Atho ad instantiam Cralis Serbiae conceditur. 36) Imp. *Andronici senioris* aurea bulla pro componendo dissidio inter monachos. 37) Imp. *Andronici senioris* aurea bulla de conjungendis monasteriis Salesii et S. Resurrectionis. 38) Novella Imp. *Andronici senioris* de judicibus. 39) Novella Imp. *Andronici senioris* de festo assumtionis per totum mensem Augustum celebrando. 40) Novella Imp. *Andronici senioris* de metropoli Serrarum 1329. 41) 42) 43) Novellae Imp. *Andronici junioris* de judicibus universalibus, prima, secunda et tertia, a. 1329. 44) Novella Imp. *Andronici junioris* de possessionibus monasterii in insula Patmo siti a. 1331. 45) Imp. *Andronici junioris* pactio cum Venetis a. 1332. 46) Novella Imp. *Andronici junioris* de privilegiis mercatorum Narbonensium, inter a. 1328 et 1341. 47) Imp. *Andronici junioris* aureae bullae de metropoli Zichnarum et aliis. 48) Imp. *Joannis Palaeologi* pactum cum Venetis a. 1342. 49) Novella Imp. *Joannis Cantacuzeni* confirmans tomum excommunicationis Patriarchae Joannis Calecae a. 1347. 50) Novella *Joannis Cantacuzeni* de metropoli Cygabi a. 1347. 51) Imp. *Joannis Cantacuzeni* aurea bulla de monasterio Megaspilaeo a. 1348. 52) Imp. *Joannis Cantacuzeni* pactiones cum Venetis a. 1349. 53) Imp. *Joannis Cantacuzeni* aurea bulla pro Genuensibus a. 1352. 54) Novella Imp. *Joannis Cantacuzeni* de judicio in metropolitam Caesariensem ferendo a. 1353. 55) Imp. *Joannis Palaeologi* pactum cum Venetis a. 1363. 56) Novella Imp. *Joannis Palaeologi* de privilegiis mercatorum Narbonensium, inter a. 1355 et 1371. 57) Imp. *Joannis Palaeologi* pactum cum Venetis a. 1370. 58) Imp. *Manuelis Palaeologi* aurea bulla, qua ecclesiae Monembasiae Helicobuni possessio conceditur a. 1406. 59) Novella Imp. *Manuelis Palaeologi* de archiepiscopatu insularum Imbri et Thasi. 60) Imp. *Constantini Palaeologi* aurea bulla pro Ragusanis a. 1451.

IV. Spuren anderer kaiserlicher Novellen. Die alten Cataloge von Bibliotheken zu Constantinopel führen zwei Codices Novellarum auf, den einen „de legibus Imperatoris Leonis Sapientis, Tyberii Romani Senioris Lacapeni et aliorum multorum Imperatorum,“ den anderen unter dem Titel: „Novellae omnium Imperatorum.“ Ebenso berichtet *Montfaucon*, Bibl. Biblioth. I. p. 502, daß „Novellae Imperatorum“ zu Mailand in der Ambrosianischen Bibliothek existiren. Im Catal. MSS. Angliae et Hiberniae T. II. P. II. p. 100 wird unter Nr. 4018. 4. eine Handschrift erwähnt, welche unter anderen „Basilii Imp. leges aliquas, et Novellas Leonis Imp. Porphyrog.,“ und eine andere p. 218 unter Nr. 7102. 88, welche „Supplementa juris Orient. Enim. Bonefidii ex Cod. Amerbachiano“ enthalte. Im britischen Museum befindet sich eine Egerton'sche Handschrift Nr. 265 mit folgender Inhaltsangabe: „Constitutiones variae imperatoriae, graece. Cod. chart. saec. XV.“ Ducange in Glossarium s. v. *καπετάνος* hat: „*Καπετανίκιον τοῦ κάστρου*, in Chrysobullo ex Cod. Reg. 1598. l. 1.“ Dann finden sich nach *Miller*, Cat. des MSS. Grecs de l'Escurial p. 430 in der Escurialhandschrift Ψ—II—20. fol. 97—99 kirchliche Constitutionen der Kaiser Constantinus und Romanus. Eine genaue Nachricht über alle diese Handschriften ist bis jetzt nicht vorhanden. — *Χρυσόβουλλα*, *προστάξεις* und *ὁρισμοί* der griechischen Kaiser, d. i. Local- und Personalconstitutionen gibt es in großer Zahl in den Urkundensammlungen einzelner Klöster. Ebenso werden in des Joannes Comnenus *Προσκυνητάριον τοῦ ἁγίου ὄρους τοῦ Ἄθωνος* aureae bullae des Manuel Comnenus und anderer Kaiser, welche in den Klöstern des Berges Athos aufbewahrt werden, erwähnt, und in der Bibliothek des Klosters *τῶν Ἰβήρων* findet sich eine Papierhandschrift aus dem 17. Jahrhundert, welche die chrysobulla der Kaiser Alexius und Andronicus enthält, durch welche die Gründung und die Privilegien der *κοινότης τοῦ ἁγίου ὄρους* erläutert werden. Nach Roß werden in dem Kloster auf der Insel Patmos mehr als 40 chrysobulla aufbewahrt. Alle diese Constitutionen sind noch nicht bekannt gemacht. In Rußland finden sich nach einer Mittheilung von Kunik, Mitglied der petersburger Akademie, an Zachariä v. L. in den Archiven keine byzantinischen Urkunden aus der Zeit vor der Eroberung Constantinopels durch die Türken. Es besitzt aber der Archimandrit Porphyrius (mit dem Familiennamen Uspenski) eine nicht unbeträchtliche Anzahl von Chrysobullen, welche er auf seinen Reisen in den Orient 1845 und in den folgenden Jahren gesammelt hat. Derselbe Uspenski hat ein Verzeichniß von Athosurkunden drucken lassen. Dieses Verzeichniß hat Müller in das Deutsche übersetzt, die Urkunden in chronologischer Ordnung aufgeführt und aus der von Abraamovic über den Berg Athos zu Belgrad 1845 herausgegebenen Schrift einiges von Uspenski Uebersehene beigefügt. Zachariä v. L. hat daraus ein Verzeichniß derjenigen Urkunden, welche griechisch und vor dem Untergange des byzantinischen Reiches abgefaßt sind, geliefert.

§. 31. Quellen des Kirchenrechts.

1) Weltliche Gesetze. Die Kirche hatte in dieser Periode einen mächtigen Einfluß auf die weltliche Gesetzgebung. Alles indessen, was im Orient unter dem Einflusse der Kirche von der weltlichen Gesetzgebung geschieht, führt zu folgender Bemerkung. Weder das orientalische Kaiserthum, noch das Reich der Franken im Westen, vermochten das Christenthum innerlich aufzunehmen und einen wahrhaft christlichen Staat, ein christliches Recht zu erzeugen. Während im Reiche der Franken die Geistlichkeit in Reichthum, Macht und Pracht, in Herrendienerei und Streitsucht weltlich wurde, sind umgekehrt im Orient Hof und Staat geistlich geworden. In zahlreichen Gesetzen bestimmen die Kaiser, worin das Wesen des Glaubens bestehen sollte; die subtilsten Spitzen einer überfeinerten Dogmatik bilden die liebste Unterhaltung des Hofes mit seinem titelreichen Anhange von Eunuchen und Günstlingen, und vielleicht die Mehrzahl der Revolutionen, in deren Folge der Monarch und seine Verwandten und Freunde des Augenlichts beraubt, oder an ihren Gliedern verstümmelt werden, sind dadurch bewirkt worden, daß der glückliche Usurpator mit seinen Anhängern einen theologischen Streitpunkt anders entschied, als sein Nebenbuhler. Diese geistliche Natur des griechischen Kaiserthums brachte es schon zu Justinian's Zeit mit sich, daß die weltlichen Gesetze den kanonischen Vorschriften volle Gültigkeit auch im weltlichen Forum beilegen (vergl. §. 12), und so wird hier die Gesetzgebung zum Organ der Kirche, während im Frankenreiche ungefähr um dieselbe Zeit in den sogenannten concilia mixta die Kirche

ihre Auctorität zur Bekräftigung weltlicher Gesetze hergeben muß. Diese Unterordnung des Staates unter die Kirche, welche den Kaiser von dem Patriarchen als seinem ἐγκάρπεστος δεσπότης reden läßt, deutet nun aber zugleich auf die unfruchtbare Natur des byzantinischen Kaiserthums, welches in Leben, Wissenschaft und Kunst nur den unversiegbaren ererbten Schatz neu anzusetzen, zierlich aufzuputzen und hundertfach zu combiniren wußte, ohne nach Generationen-langem Brüten Eine neue That, Einen neuen Gedanken in die Welt zu setzen. Immer auf das Neue wird das alte Recht überarbeitet, aus den Basiliken eine Synopsis, aus dieser ein noch kleinerer Auszug, und dann wieder kleine juristische Handbücher unter verschiedenen Namen gemacht; aber wenn es einmal darauf ankommt, einen neuen Rechtssatz einzuführen, dann erwartet, mit wenigen Ausnahmen, der Kaiser die Initiative der Kirche, um mit vielem Wortgepränge zu sagen, was die Synode, oder was der Patriarch sanctionirt habe, sei eben auch seine Meinung. Diese secundaire Stellung des Civilrechts deutet zugleich auch seinen Charakter an. Wenige Institute nur, und auch diese fast allein von einzelnen in dieser Hinsicht auffallend hervortretenden Kaisern, werden in der gleichen Richtung, welche sie im älteren römischen Rechte verfolgt hatten, mit historischer Consequenz fortgebildet. Manche Institute nehmen ein fremdartiges neues Princip, welches wir als das germanische zu bezeichnen pflegen, das aber wol richtiger überhaupt nur als modern zu bezeichnen wäre, aus den im Volke herrschenden Ansichten, aus dem Gewohnheitsrechte in sich auf; noch mehrere aber unterliegen den Einwirkungen einer übermächtigen, grübelnden, schismatischen Kirche. Dieses letztere Uebergewicht ist nun ein so hervortretendes, daß fast der größte Theil der byzantinischen Novellen das Kirchenrecht betrifft; eine Erscheinung, welche freilich wieder dadurch einen Theil ihrer Wichtigkeit verliert, daß nur wenige jener Constitutionen unmittelbar auf das gekommen sind, die Mehrzahl aber von kirchlichen Schriftstellern uns überliefert ist, welche natürlich selten Anlaß haben konnten, rein civilrechtliche Gesetze zu erwähnen. — Was das Verhältniß der weltlichen Gesetze zu den canones anlangt, so war eine Folge des Uebergewichtes der Kirche der vorzüglich von Balsamon und einigen späteren Kanonisten behauptete Vorzug der canones vor den weltlichen Gesetzen (νόμοι) im Falle des Widerspruches; eine Ansicht, welche allerdings nicht allgemeine Anerkennung gefunden hat. Es ist darüber bereits früher das Nöthige bemerkt worden (vergl. §. 12. Nr. 2).

2) Zusätze zu dem *codex canonum* (§. 11).

a) Ueberhaupt. Der alte Nomocanon in 14 Titeln und das mit ihm verbundene Syntagma canonum sind im Jahre 883 von dem Patriarchen Photius zu Constantinopel überarbeitet worden, der auch in diesem Jahre eine eigene Vorrede dazu geschrieben hat. Seine Thätigkeit dabei ist nur eine geringe gewesen. Dieses Werk hat eine bedeutende Auctorität in der Kirche erhalten. Die von Photius dem Nomocanon vorausgeschickte Vorrede zerfällt in den Handschriften öfters in zwei Theile, deren erster von den Worten: *Τὰ μὲν σώματα* bis zu den Worten *μαθεῖν ἀπαιτήσασθαι* geht, der zweite von den Worten: *ὁ μὲν παρὼν πρόλογος* bis zu Ende reicht; eine Eintheilung, welche sich auch im Codex canonum der russischen Kirche findet. Dies deutet darauf, daß Photius den Nomocanon zweimal überarbeitet hat. In der ersten Vorrede nämlich erwähnt Photius nur zehn Synoden, unter welchen ohne Zweifel die zehn Synoden zu verstehen sind, welche Johannes Scholasticus in seinem Werke umfaßte. Photius fügte die canones Apostolorum und das concilium Carthaginense und die kanonischen Briefe der heiligen Väter hinzu; erkennt jedoch die Auctorität aller dieser Stücke nicht vollständig und unbedingt an. Die zweite Vorrede vertheidigt im Anfange die frühere, bis zur fünften Synode reichende Zusammenstellung, fügt aber hinzu, daß jetzt noch die canones der neueren Synoden hinzugefügt worden seien, nämlich der Synodus Sexta, Septima, Primo-Secunda und derjenigen, welche mit gemeinsamer Uebereinstimmung der Kirche nachher gehalten wurde und die nicänische Synode bestätigte, wodurch die Synode vom Jahre 879, welche bei den Griechen Synodus S. Sophiae heißt, bezeichnet wird. Am Ende der Vorrede wird erwähnt, daß diese zweite Ueberarbeitung im Jahre 6391 nach Erschaffung der Welt nach griechischer Berechnung (883 n. Chr.) erfolgt sei. Spuren einer dritten Ueberarbeitung enthält die pariser Handschrift Nr. 1310, von welcher bei den kirchenrechtlichen Schriften dieser Periode zu handeln sein wird. Hauptsächlich ist hier von Interesse, welche Stücke Photius in das Syntagma canonum aufgenommen und in welcher Ordnung er sie aufgestellt hat. Es geht dies hervor, theils aus dem auf die Vorrede folgenden Verzeichnisse, theils aus den Handschriften, welche nach dem Nomocanon die eigene Sammlung des Photius, ohne die Commentare des Zonaras und Balsamon, enthalten. Im gedachten Verzeichnisse folgen nach den canones Apostolorum die 12 Synoden, welche der can. 2 der trullanischen Synode anerkannt hat, in derselben Ordnung; dazu kommen die Synodus Trullana, Septima und Constantinopolitana Primo-Secunda. Die Synodus S. Sophiae steht also im Verzeichnisse, wird auch im Nomocanon nicht angeführt, obschon Photius sie in der Vorrede erwähnt hat, und sie in den Handschriften des Syntagma sich gleich nach der Synodus Primo-Secunda findet. Ferner fehlt im Verzeichnisse das concilium Carthaginense Cypriani, welches die trullanische Synode am Ende der kanonischen Briefe gestellt hatte; doch wird dasselbe im Nomocanon Tit. XII. cap. 14 angeführt. Das von Photius aufgestellte Verzeichniß der kanonischen Briefe ist genauer, als das von der trullanischen Synode aufgestellte, da sowol die Ueberschrift des Briefes angeführt, als auch meistentheils die Zahl der canones beigefügt wird. Die Ordnung stimmt mit der trullanischen Aufzählung überein; es fehlen aber die Briefe des Athanasius, und die Jamben des Gregor von Nazianz und des Amphilochius; sie werden auch nicht im Nomocanon angeführt.

In den Handschriften sind allerdings nachher die fehlenden Stücke in die Photianische Sammlung der canones aufgenommen worden, ohne jedoch sie mit Citaten in den Nomocanon einzutragen; die Einstellung ist nicht gleichförmig, also willkürlich. Es finden sich also Verschiedenheiten zwischen dem Verzeichnisse des Photius und dem Syntagma selbst, welches in den Handschriften sich findet. Diese Verschiedenheiten können dadurch erklärt werden, daß man annimmt, in dem Verzeichnisse habe nicht das, was zum Syntagma gehörte, sondern das, was im Nomocanon aufgestellt war, aufgezählt werden sollen. Gegen diese Annahme streitet zwar das Citat des canon des Cyprianus im Nomocanon, welches aber für einen späteren Zusatz gehalten werden kann, da es von der gewöhnlichen Citirart abweicht. Uebrigens ist nicht zu leugnen, daß Photius den can. 2 der trullanischen Synode über die als gültig anzuerkennenden canones und kanonischen Briefe nicht unbedingt anerkannt hat. So hat er in der ersten Vorrede von 13 Synoden, welche die trullanische Synode aufgeführt hat, nur elf angenommen, indem er die Synodus Constantinopolitana Nectarii und Carthaginensis Cypriani weggelassen hat. Ebendaselbst äußert er einige Zweifel über die canones Apostolorum, über die canones Carthaginenses und über die kanonischen Briefe, obschon jeder Zweifel durch den can. 2 der trullanischen Synode beseitigt schien. Zweifelhaft kann sein, ob Photius in der zweiten Ueberarbeitung den canon Cypriani, die Briefe des Athanasius, die Jamben des Gregorius und Amphilochius in das Syntagma aufgenommen habe. Nach der Meinung von Biener hat Photius diese Stücke in dem Syntagma wol nicht weglassen und sich so der Auctorität der trullanischen Synode entgegensetzen wollen, sondern die Abschreiber haben sich bei dem Abschreiben des Syntagma aus Irrthum zu sehr an das vorangeschickte Verzeichniß, welches vielmehr zum Nomocanon gehörte, gehalten. An dem Bestande der canones ist in dem Werke des Photius nicht viel geändert worden. Von selbst verstand es sich und war gewiß schon vorher in den Handschriften angenommen, daß die canones der Synodus Trullana und Septima v. J. 787 zugesetzt wurden, denen dann Photius seine beiden Synoden, die Primo-Secunda von 861 und die S. Sophiae von 879 beifügte, sowie den Brief Tarasii ad Hadrianum, welcher von dieser Zeit an, auch bei Zonaras und Balsamon, der Synodus Septima angeschlossen wird. — Der zum Syntagma canonum des Photius im 12. Jahrhundert abgefaßte Commentar des Zonaras, der den Nomocanon des Photius ganz ignorirt, ist hinsichtlich der Sammlung der canones mit großer Selbständigkeit verfahren. Zonaras hat namentlich die aus alter Zeit hergebrachte Reihefolge der Concilien abgeändert. Die bis dahin angenommene Ordnung zeigt sich in ihren ersten Anfängen schon in der Sammlung, welche auf dem Concil zu Chalcedon gebraucht und citirt wurde, dann bei Johannes Scholasticus, in dem alten, von Photius bearbeiteten Nomocanon und dem can. 2 der trullanischen Synode. Man sah diese Ordnung in der Kirche nicht als etwas Gleichgültiges an, was die schon den ältesten Concilien zugesetzten Bemerkungen über die beobachtete Reihefolge und die Erklärung in dem Nomocanon am Ende des Quellenverzeichnisses ergeben. Im Wesentlichen sollte die Ordnung eine chronologische sein, und die Abweichungen von dieser Regel werden ausdrücklich motivirt. Zonaras hat zuerst diese Ordnung verlassen, was deshalb nicht zweifelhaft sein kann, weil sich keine Spur eines früheren Vorgangers dafür in den Handschriften findet, und der einzige angesehene Kanonist, welcher vor Zonaras wirkte, Alexius Aristenus, die alte Ordnung beibehalten hat. Nach der neuen Anordnung des Zonaras folgen auf die canones Apostolorum zuerst die ökumenischen Synoden bis zur siebenten, dann die beiden Photianischen (Primo-Secunda, S. Sophiae), an welche sich die Provinzialsynoden anschließen. Die kanonischen Briefe stehen ziemlich in derselben Ordnung, wie sie die trullanische Synode aufzählt; doch sind Gregorius und Amphilochius an anderer Stelle nach Cyrillus. Tarasii epistola ad Hadrianum steht, wie bei Photius, bei der Synodus Septima. Das Carthaginense Cypriani, welches in dem Verzeichnisse der trullanischen Synode ganz zuletzt genannt wird, ist als die älteste an die Spitze der Provinzialsynoden gestellt. Die Anordnung weicht daher theils in dem ganzen Plane, theils in manchen einzelnen Stücken von der bis dahin üblichen ab. Außerdem sind bei mehreren Concilien der mit denselben verbundenen epistolae synodales, welche im Nomocanon von 14 Titeln sich finden, weggelassen, namentlich bei dem Constantinopolitanum die epistola Synodi ad Theodosium, und bei dem Ephesinum die epistola Synodi ad populum. Dagegen die neu hinzugesetzten Canones (z. B. can. 28—30 Chalcedon.) sind beibehalten; doch werden dabei manche aus den Conciliensacten übertragene Nebenstücke weggelassen. In Folge der dem Commentar des Zonaras zu Theil gewordenen großen Auctorität ist dessen neue Anordnung der Canones allgemein recipirt worden. — Die Arbeiten des Balsamon haben in der Kirche ebenso, wie Zonaras, ein entschiedenes Ansehen erlangt. Der von ihm herrührende Commentar zu dem Nomocanon in 14 Titeln bezieht sich nur auf die in demselben angeführten weltlichen Gesetze. Mit demselben steht, auch in den Handschriften, der Commentar des Balsamon zu den Canones in Verbindung, und in diesem schließt er sich ganz an Zonaras an. Die Anordnung des Zonaras ist beibehalten, und es ist ein Fehler, daß die Ausgabe des Balsamon von 1620 (in *Voelli* et *Justelli*, Bibl. jur. can. T. II.) das Concilium Carthaginense und das Constantinopolitanum sub Nectario vor die alten Provinzialconcilien stellt, während dieselben vielmehr die letzten in der Reihe der Concilien sind. Ueber andere Arbeiten der Kanonisten aus dieser Periode wird später berichtet werden. — Im Allgemeinen kann man sagen, daß der alte Nomocanon in 14 Titeln nebst der ihm zugehörigen kanonischen Sammlung der Centralpunkt ist, um welchen sich die Geschichte der kanonischen Quellensammlung in der grie-

lischen Kirche gruppirt. Bald nach der Entstehung desselben folgt in dem trullanischen Concil die Anerkennung der in diesem Werke aufgenommenen, zum Theil neuen Stücke. Photius benutzt es, um die Synoden seiner Zeit, welche ihm günstig waren, in Umlauf zu bringen. Zonaras emancipirt sich allerdings von dem längst anerkannten Werke und stiftet eine neue Anordnung der kanonischen Quellen; aber Balsamon führt wieder an den Nomocanon heran, indem er denselben commentirt, daneben die Canones nach Ordnung des Zonaras erörtert und diese beiden Stücke mit dem gemeinschaftlichen Namen Syntagma bezeichnet. So entstehen nunmehr Handschriften, welche den Nomocanon mit den Arbeiten des Zonaras und Balsamon verbinden und auf diese Weise das Corpus canonum bilden, welchem noch jetzt die griechische Kirche in der neuen athenienser Ausgabe (*Rhallis et Potlis* collectio canonum) ihre Anerkennung verleiht. Der Name Nomocanon, welcher sehr zweckmäßig eine Verarbeitung der kirchlichen und weltlichen Gesetze zu einem Ganzen bezeichnet, scheint erst in neuerer Zeit und nach Photius entstanden zu sein, obwol das ältere, von ihm überarbeitete Werk diesen Namen passend erhalten konnte und erhalten hat; denn in beiden Vorreden dieses Werkes kommt der Ausdruck nicht vor; eine förmliche Ueberschrift hat es überhaupt ursprünglich nicht, und in anderen Schriften wird es oft als eine Dispositio canonum in 14 Titeln, als umschreibend bezeichnet. Seit aber jener Name gefunden war, hat er weitere Ausdehnung gefunden, nicht blos auf ein älteres kanonisches Werk des Johannes Scholasticus, sondern auch auf neuere Schriften, welche zum Theil sogar nicht kanonischen, sondern mehr theologischen Inhalts waren.

b) Schlüsse der Synoden: α) der *Synodus Constantinopolitana Primo-Secunda*. β) Der *Synodus S. Sophiae*. Das letzte Monument des Kirchenrechts aus der ersten Periode war das siebente ökumenische oder zweite nicänische Concil, im J. 787 gegen die Iconoklasten gehalten. Es ist das letzte ökumenische Concil, welches in der occidentalischen und orientalischen Kirche gleichmäßig anerkannt wird. Im 9. Jahrhundert entstand bekanntlich ein unheilbarer Riß zwischen der griechischen und lateinischen Kirche, dessen unmittelbare Ursache eine alte Eifersucht der beiden Patriarchen zu Rom und zu Constantinopel war. Der erste erhielt die Suprematie der alten Hauptstadt der römischen Welt aufrecht; der zweite nahm gleiches Recht in Anspruch und verweigerte, einen Obern anzuerkennen. Diese Animosität vermehrte sich um die Zeit Leo des Isauriers, als die Patriarchen zu Constantinopel, durch die Kaiser unterstützt, der päpstlichen Jurisdiction Illyrien, Macedonien, Epirus, Achaja, Thessalien und Sicilien entzogen. Unter Bardas gab eine Hofintrigue indirecte Veranlassung zu einem definitiven Bruch, zu der Zeit, als Ignatius Patriarch zu Constantinopel, und Nicolaus I. Papst zu Rom waren. Bardas unterhielt einen unerlaubten Umgang mit seiner Stieftochter, worüber ihm der Patriarch fruchtlose Vorstellungen machte. Endlich verweigerte der Patriarch ihm in der Kirche die Communion. In Folge dessen wurde der Patriarch seiner Stelle entsetzt und nach Therebinthus verbannt. An seine Stelle kam der berühmte Photius, der diesen Intriguen nicht fremd war. Da man ihm seine übereilte Ordination und unregelmäßige Inthronisation zum Vorwurf machte, so sendete er, um sich in seiner Stellung zu befestigen, Gesandte an Papst Nicolaus, mit der Bitte, ein Concil zu Constantinopel zu versammeln, unter dem Vorwande, die Ketzerei der Iconoklasten gänzlich auszurotten. Das Concil versammelte sich, und Ignatius wurde zum Erscheinen vor demselben vorgeladen. Nach einer Verhandlung sprachen die Bischöfe die Absetzung des Ignatius aus. Dies ist das Concil vom J. 861, welches die Griechen als Synodus Constantinopolitana Primo-Secunda bezeichnen, die Lateiner aber nur unter dem Namen conciliabulum kennen. Ignatius appellirte von diesem Concil an Papst Nicolaus, welcher in einem anderen zu Rom versammelten Concil im J. 862 den Photius, als ungesetzlich erwählt, excommunicirte. Vielleicht war die Unregelmäßigkeit der Wahl für den Papst nur der Vorwand zu seinen Entschließungen; der wahre Beweggrund scheint ein Jurisdictionsstreit der beiden Patriarchen gewesen zu sein. Photius hatte dem Patriarchat zu Constantinopel die Provinz Bulgarien beigefügt, deren der Papst sich zu bemächtigen gehofft hatte. Der Papst excommunicirte alle diejenigen, welche unter den Auspicien des Patriarchen zu Constantinopel sich eine priesterliche Function in dieser Provinz anmaßen würden; aber Photius, weit entfernt, sich dadurch abschrecken zu lassen, ergriff Repressalien und excommunicirte in einer zu Constantinopel im J. 866 gehaltenen Synode den Papst und verwickelte die ganze lateinische Kirche in den Vorwurf des Schisma und der Ketzerei; die Bulgaren fuhren fort, sich dem griechischen Ritus anzuschließen und erkannten den ihnen vom Papst Nicolaus gesendeten Bischof nicht an. In diesem Zustande blieben die Dinge so lange, als Kaiser Michael Methysta regierte. Nachdem aber Basilius Macedo im J. 867 auf den Thron gekommen war, wurde Photius abgesetzt. Der neue Kaiser suchte diese Absetzung zu rechtfertigen, indem er sich an Papst Adrian II., den Nachfolger von Nicolaus, wendete, welcher neue Gesandte nach Constantinopel sendete. Ohne Zweifel hatte der Papst gehofft, daß Ignatius, als Patriarch zu Constantinopel wieder eingesetzt, seinen Ansprüchen Rechnung tragen und auf Bulgarien verzichten würde. Auf dem am 5. Oct. 869 eröffneten Concil wurde erklärt, daß Photius niemals Bischof gewesen sei; seine Ordinationen und Consecrationen wurden für nichtig erklärt; Ignatius wurde aus der Verbannung zurückberufen und wieder eingesetzt; Bulgarien aber wurde dem Papste nicht wieder überliefert, und dieses von der lateinischen Kirche als das achte ökumenische anerkannte Concil ist von den Griechen niemals anerkannt worden. Nach dem Tode des Ignatius im J. 878 kam Photius bei dem Kaiser Basilius wieder zu Gnaden und wurde von demselben wieder an die Spitze der griechischen Kirche gestellt. Papst Johannes VIII. gab dazu seine Einwilligung unter der Bedingung, daß Bulgarien unter seine Jurisdiction zurückkehre. Photius verpflichtete sich dazu und der Kaiser schien dazu die Hand zu bieten. In Folge hiervon kam im November 879 ein Concil in der Kirche der heiligen Sophie zusammen; Gesandte des Papstes bestätigten in dessen Namen die Ernennung des Photius; man nahm das nicänische Symbol an unter Verwerfung des Zusatzes filioque. Dieses Concil betrachten die Griechen als das achte öcumenische und nennen es Synodus octava in templo S. Sophiae. Die Lateiner dagegen behaupten, daß es durch Photius verfälscht worden sei. Gewiß ist, daß weder der Kaiser, noch der Patriarch ihr Wort hielten; sie verweigerten die Rückkehr von Bulgarien unter die geistliche Jurisdiction des Papstes. Die zweite Absetzung des Photius im J. 886 und die Ernennung des Stephanus, des Bruders Kaiser Leo des Weisen, zum Patriarchen, war unvermögend, den Haß der Griechen und Lateiner zu stillen, und die Trennung beider Kirchen wurde unter dem Patriarchen Michael Cerularius (1054) eine definitive. Das Concil von 879 war das letzte im Orient. Die Schlüsse der beiden genannten Synoden, der Synodus Constantinopolitana Primo-Secunda und der Synodus octava in templo S. Sophiae sind nur diejenigen, welche in der griechischen Kirche außer dem codex canonum (siehe §. 71) gelten.

c) *Sententiae synodales, responsiones et meditationes canonicae.* Das Concil von 879 war, wie bemerkt wurde, das letzte im Orient. Die griechische Kirche hatte indessen eine Synodalverfassung, und während, seit der Trennung beider Kirchen, es im Occident noch eine Menge Concilien gab, wurde die griechische Kirche durch Beschlüsse der Synoden (sententiae synodales, ἀποφάσεις συνοδικαί) regiert. Die Synoden sind Versammlungen der Bischöfe unter dem Vorsitze des Patriarchen zu Constantinopel. Diese Synoden entschieden über die Fragen, welche die Gültigkeit der Ehen, deren Förmlichkeiten, die Ehehindernisse wegen Verwandtschaft, die Nichtigkeitserklärung und Ehescheidung betrafen; Fragen, welche der Jurisdiction der Synoden und Patriarchen direct anheimfielen. Dieselben erließen auch Reglements für die kirchliche Disciplin, welchen die Bischöfe der anderen Metropolen zustimmten; dann hatten diese Reglements dieselbe Auctorität, wie die sententiae synodales und hießen literae synodales (ἐπιστολαὶ συνοδικαί). Unter responsa canonica (ἀποκρίσεις) verstand man die Entscheidung von Fragen, welche den Patriarchen von anderen Bischöfen oder von ihren Untergebenen vorgelegt wurden. Sie waren nicht obligatorisch, wie die sententiae synodales, sondern bloße Verhaltungsregeln für zweifelhafte Fälle. Meditationes (μελέται) waren von freien Stücken ertheilte Entscheidungen kirchenrechtlicher Streitfragen. Ein großer Theil des Jus Orientale von *Bonefidius* ist der Mittheilung dieser Rechtsdenkmäler gewidmet. Das zweite Buch dieser Sammlung enthält die sententiae synodales und die Briefe der Patriarchen zu Constantinopel; das dritte Buch enthält die von Patriarchen anderer Diöcesen herrührenden responsa. Später hat Freher diese beiden Bücher in sein Jus Graeco-Romanum als Buch 3 und 5 ohne andere Veränderungen, als einige Verbesserungen von Leunclavius in seine lateinische Uebersetzung aufgenommen. Letzterer hatte aber aus seinen Handschriften und aus denen des Sambucus andere unedirte Stücke entlehnt, welche im Jus Graeco-Romanum Buch 4 und 6 ausmachen; es finden sich also in dieser Sammlung zwei Bücher mit sententiae synodales und zwei Bücher mit responsiones canonicae. Die neueste und vollständigste Sammlung der unter c) aufgeführten Quellen des griechischen Kirchenrechts ist im 5. Theile der Collectio canonum ecclesiae graecae von *Rhallis* und *Potlis* (Athen 1855, 8.) enthalten. Die Herausgeber haben in diesen 5. Theil aber diejenigen Entscheidungen der Patriarchen nicht aufgenommen, welche sich in dem im 1. Theil ihrer Sammlung herausgegebenen Commentar des Balsamon zu dem Syntagma des Photius, und in dem im 6. Theil herausgegebenen Syntagma des Matthäus Blastares befinden. Sie haben aber auch noch Vieles in ihre Sammlung aufgenommen, was in den vorerwähnten Sammlungen nicht steht, sondern entweder in anderen Schriften sich befindet, oder in Handschriften, und bisher noch ungedruckt war. Die *ἀποφάσεις συνοδικαὶ καὶ διατάξεις τῶν Κωνσταντινουπόλεως ἀρχιεπισκόπων καὶ πατριαρχῶν* stehen im Anfange des 5. Theils p. 2—176 und gehen bis auf die neueste Zeit. Hierauf folgen die Novellen der byzantinischen Kaiser, soweit sie kirchenrechtlichen Inhaltes sind, von p. 177—340. Dann folgen *ἀποκρίσεις*, *ἐπιστολαί*, *τόμοι*, *λύσεις καὶ ὑπομνήματα περὶ διαφόρων κανονικῶν ὑποθέσεων* bis auf die neueste Zeit von p. 341—627. Ein specielles Verzeichniß der unter c) aufgeführten kirchenrechtlichen Quellen, mit Anzeige der Handschriften, worin sich die einzelnen Stücke befinden, und des Ortes, wo sie in den Sammlungen von Bonefidius und Freher und anderwärts gedruckt sind, gibt Mortreuil, sowie er auch noch ungedruckte Stücke aus Handschriften anzeigt. Wir geben nach ihm und Rhallis und Potlis folgendes Verzeichniß:

I. *Ἀποφάσεις συνοδικαὶ καὶ διατάξεις τῶν Κωνσταντινουπόλεως ἀρχιεπισκόπων καὶ πατριαρχῶν* (Sententiae synodales et constitutiones archiepiscoporum et patriarcharum Constantinopolis).

A. Nicolaus Antiquus sive Mysticus (892—903 et 911—924).

1) *Περὶ τοῦ τὰς πατριαρχικὰς ἐπιστολὰς ἀμισθὶ δίδοσθαι τοῖς αἰτοῦσιν, ὡς γέγραπται ἐν τῷ χαρτοφυλακείῳ* (Quod literae patriarchales gratis conceduntur potentibus eas, ut in chartophylaceo scriptum est).

2) Ὁ τόμος τῆς ἑνώσεως (tomus unionis). Vorausgeht: *ὑπόθεσις τῆς ἀκολουθούσης διατάξεως, καὶ ἔκθεσις, πῶς ἡ τετραγαμία τῷ βασιλεῖ κυρίῳ Λέοντι ἐπολεμήθη, καὶ ὅπως κατήργηται διὰ τοῦ Τόμου τῆς Ἑνώσεως* (argumentum sequentis constitutionis et

narratio, quomodo imperator Leo quartas nuptias contrahere fuerit ausus et quo pacto per tomum unionis eae sint abolitae). Dann folgt: *Ὁ Τόμος τῆς Ἑνώσεως, ἤτοι ἔκθεσις τῆς γενομένης τῆς Ἐκκλησίας ἑνώσεως, ἐπὶ Κωνσταντίνου καὶ Ῥωμανοῦ, τοῦ μὲν βασιλεύοντος, τοῦ δὲ τὸ τηνικαῦτα τῷ τοῦ βασιλεοπάτορος ἀξιώματι διαπρέποντος* (Tomus unionis sive expositio factae unionis in ecclesia Constantini et Romani tempore, quorum ille tunc imperabat, hic ea dignitate fulgebat, quod imperatoris pater audiret).

B. Sisinnius (996—998).

Τόμος Σισιννίου πατριάρχου περὶ τοῦ μὴ λαμβάνειν δύο ἀδελφοὺς ἐξαδέλφας δύο (Decisio Sisinnii Patriarchae, ne duo fratres accipiant duas consobrinas).

C. Alexius (1025—1043).

1) *Ἴσον ὑπομνήματος ἐναποτεθειμένου τῷ ἐν Κωνσταντινουπόλει χαρτοφυλακείῳ, τοῦ πατριάρχου κυροῦ Ἀλεξίου, Περὶ τῶν διὰ δωρεᾶς λαμβανόντων μοναστήρια, καὶ περὶ τινων ἄλλων ἀναγκαίων ἐκκλησιαστικῶν ὑποθέσεων, ταῖς μητροπόλεσι, ταῖς ἀρχιεπισκοπαῖς καὶ ταῖς ἐπισκοπαῖς ἀνηκουσῶν* (Exemplum monumenti in chartophylaceo Constantinopoli depositi, De his, qui per donationem monasteria accipiunt, et de aliis quibusdam causis ecclesiasticis necessariis ad Metropoles, Archiepiscopatos et Episcopatos pertinentibus).

2) *Ὑπόμνημα τοῦ ἁγιωτάτου πατριάρχου Ἀλεξίου, Περὶ διαφόρων ἐκκλησιαστικῶν ὑποθέσεων, ἀνηκουσῶν πάσαις ταῖς μητροπόλεσι καὶ ἀρχιεπισκοπαῖς* (Monumentum sanctissimi patriarchae Alexii, De diversis causis ecclesiasticis pertinentibus ad universas Metropoles et Archiepiscopatos).

3) *Περὶ ἐξαδέλφων δύο, ὧν ὁ μὲν εἰς συνάλλαγμα συνεστήσατο μετὰ θυγατρός τινος ἀτελοῦς οὔσης τὴν ἡλικίαν, ἤτοι χρόνων πέντε πρὸς τῷ ἡμίσει, ἕτερος δὲ τῇ ταύτης συνεζύγη μητρὶ μετὰ τελευτὴν αὐτῆς, ὡς ἀντ' οὐδενὸς δοκοῦντος τοῦ πρώτου γάμου, διὰ τὸ παντελῶς ἀτελὲς τῆς κόρης* (De sobrinis duobus, quorum unus matrimonium contraxit cum filia cujusdam adhuc impubere, hoc est, annos quinque cum dimidio nata, alter vero copulatus est illius matri post ejus obitum, quod priores nuptiae pro nullis haberentur ob aetatem puellae prorsus imperfectam).

4) *Τοῦ αὐτοῦ, Περὶ γάμου τοῦ ζ'. βαθμοῦ* (Ejusdem, De nuptiis septimi gradus).

5) *Περί τινος ἁρμοσαμένου τῷ ἰδίῳ υἱῷ πρὸς γάμον θυγατέρα τινὸς ὑπεξούσιαν παρὰ γνώμην τοῦ πατρὸς αὐτῆς* (De quodam, qui suo filio per nuptias conjunxit filiamfamilias alterius sine patris ejus consensu).

D. Michael Cerularius (1043—1059).

1) *Ἴσον τῆς ἐκτεθείσης συνοδικῆς ψήφου ἐπὶ Μιχαὴλ τοῦ ἁγιωτάτου καὶ οἰκουμενικοῦ πατριάρχου παρὰ Νικήτα τοῦ ὁσιωτάτου πρωτοσυγκέλλου καὶ χαρτοφύλακος τῆς μεγάλης ἐκκλησίας κατα τὸ ‚ϛφξδ' ἔτος, τῆς ε'. ἐπινεμήσεως, περὶ τοῦ μὴ γίνεσθαι γάμον ἑβδόμου βαθμοῦ* (Exemplum editae synodalis sententiae sub Michaele, sanctissimo et universali patriarcha, a Niceta, sanctissimo protosyncello et chartophylace magnae ecclesiae anno 6564, Indict. 5 (1056), Ne nuptiae fiant septimo gradu).

2) *Ἐπιστολὴ τοῦ πατριάρχου κυρίου Μιχαὴλ τοῦ Κηρουλαρίου, Περὶ γάμου κεκωλυμένου* (Epistola patriarchae domini Michaelis Cerularii, De matrimonio prohibito).

3) *Ἐπιστολὴ τοῦ αὐτοῦ, περὶ μοιχευθείσης συζύγου ἱερέως* (Epistola ejusdem de uxore sacerdotis adultera).

4) *Τοῦ αὐτοῦ, περὶ ἱερέως εὐλογήσαντος γάμον παρὰ γνώμην τῶν γονέων* (Ejusdem de sacerdote nuptias sine consensu parentum benedicente).

5) *Τοῦ αὐτοῦ, ὅτι ἐπὶ τῶν ἐκ τοῦ αὐτοῦ γένους καὶ ὁ τοῦ ἑβδόμου βαθμοῦ γάμος κωλύεται* (Ejusdem, de matrimonio inter cognatos etiam septimo gradu prohibito).

E. Constantinus Liohudes (1059—1063).

1) *Σημείωμα συνοδικόν, περὶ δούλου ἐγκληματικοῦ* (Scriptum in Synodo subnotatum de servo criminali).

2) *Περὶ τοῦ φονεύσαντος ἱερέως καὶ καθαιρεθέντος* (De sacerdote caedis reo et deposito).

F. Joannes Xiphilinus (1064—1075).

1) *Περὶ κληρικῶν συνηγορούντων* (De clericis causam agentibus).

2) *Περὶ μνηστείας* (De sponsalibus).

3) *Ἑτέρα συνοδικὴ ἀπόφασις περὶ μνηστείας* (Altera synodalis sententia de sponsalibus).

4) *Ψηφίσματος ἴσον, τοῦ ἁγιωτάτου καὶ οἰκουμενικοῦ πατριάρχου, κυρίου Ἰωάννου, πρός τινα μητροπολίτην, περὶ κεκωλυμένων γάμων, ἐκτεθέντος παρὰ Νικήτα διακόνου καὶ χαρτοφύλακος* (Exemplum decreti sanctissimi et universalis patriarchae, domini Joannis, ad quendam metropolitanum, de nuptiis prohibitis, literis mandati a Niceta diacono et chartophylace).

G. Eustratius Garidas (1081—1084).

Περὶ δύο ἐξαδέλφων, λαβόντων μητέρα καὶ θυγατέρα, καὶ λυθέντος τοῦ δευτέρου συνοικεσίου, ὡς ἀνόμως συστάντος (De duobus sobrinis, qui matrem et filiam duxerant, deque diruto posteriore matrimonio, tanquam illicite contracto).

H. Nicolaus Grammaticus (1084—1111).

1) *Περὶ γάμου θείου καὶ ἀνεψιᾶς μετὰ θείας καὶ ἀνεψιοῦ κατ' ἀγχιστείαν* (De nuptiis patrui avunculive et fratris sororisve filiae cum amita matertera ve et fratris sororisve filio per affinitatem).

2) *Ἡ γενομένη πρὸς τοὺς μὴ συνελθόντας τοῖς λοιποῖς ἀρχιερεῦσιν ἐπὶ τῇ ἐν τῷ ἀνακτόρῳ σημειώματι*

δηλουμένη ὑποθέσει ἐρώτησις, καὶ ἡ τούτων ἀπόκρισις (Interrogatio de causa, quae superiore subnotatione continetur, ad eos, qui cum reliquis archisacerdotibus non convenerant, directa eorumque responsio).

3) *Περὶ τῶν κανονικῶν* (De praestationibus canonicis).

4) *Συνοδικὸν γράμμα τοῦ ἁγιωτάτου καὶ οἰκουμενικοῦ πατριάρχου, κυρίου Νικολάου, πρὸς τον εὐσεβέστατον βασιλέα, κυρὸν Ἀλέξιον τὸν Κομνηνόν, παριστῶν ἐκ τῶν ἁγίων κανόνων καὶ νόμων, ὅτι οὐκ ἔξεστιν ἀφαιρεῖσθαι τὰς ἐπισκοπὰς τῶν μητροπόλεων* (Synodalis epistola sanctissimi et universalis patriarchae, domini Nicolai, ad piissimum Imperatorem, dominum Alexium Comnenum, probans ex sacris canonibus atque legibus, non esse fas, ut episcopatus a metropolibus auferantur).

5) *Περὶ τοῦ μὴ λαμβάνειν δύο δευτέρας ἐξαδέλφας* (De duabus sobrinis non ducendis).

6) *Περὶ μνηστείας τῆς ἑπταετοῦς* (De sponsalibus septennis).

7) *Ἀποκρίσεις πρὸς ἐρωτήσεις μοναχῶν ἔξω τῆς πόλεως διαγόντων* (Responsiones ad interrogationes monachorum extra urbem degentium).

8) *Περὶ εἰκόνων* (De imaginibus).

I. Joannes IX. (Chalcedonius) Hieromnemon (1111—1134).

De sedium vacatione.

K. Leo Stypiotes (1134—1143).

1) *Σημείωμα συνοδικὸν περὶ αἱρετικῶν τινῶν βιβλίων* (Subnotatio synodalis de libris quibusdam haereticis).

2) *Περὶ γάμου δύο ἀδελφῶν μετὰ νύμφης καὶ ἀνθρωπαδέλφης* (De nuptiis duorum fratrum cum sponsa et glore).

L. Michael Oxites (1143—1146).

1) *Σημείωμα ἐπὶ τῇ καθαιρέσει γεγονὸς τῶν ἀπὸ τῆς ἐνορίας τῶν Τυάνων ψευδοεπισκόπων, τοῦτε Σασίμων, καὶ τοῦ Βαλβισσῶν, ὡς παρὰ τοὺς κανόνας χειροτονηθέντων, τῶν καὶ Βογομήλων ἐς ὕστερον ἀπελεγχθέντων* (Subnotatio de depositione pseudoepiscoporum in regione Tyanorum, Sasimorum et Balbissae, contra canones electorum et postea Bogomilorum convictorum).

2) *Σημείωμα, δι' οὗ διεγνώσθησαν οἱ τὴν τῆς ἐπισκοπῆς ἀξίαν περιαφαιρεθέντες, ὡς παρὰ κανόνας χειροτονηθέντες, ὅτε Σασίμων μοναχὸς Κλήμης, καὶ ὁ Βαλβίσσης Λεόντιος, ἐξ ἀναφορᾶς τοῦ ἱερωτάτου μητροπολίτου Τυάνων κυρίου Βασιλείου, τῆς τῶν Βογομήλων ὄντες μυσαρωτάτης αἱρέσεως* (Sententia, per quam dijudicatum est, episcopali dignitate antea privatos, contra canones ordinatos esse, tam Sasimorum monachum Clementem et Balbissae Leontium, ex relatione sanctissimi Tyanorum metropolitani domini Basilii, eos esse sceleste Bogomilorum haereseos).

3) *Σημείωμα γεγονὸς ἐπὶ τῷ περιορισμῷ τῷ εἰς τὴν μονὴν τῆς Περιβλέπτου, τοῦ Βογομήλου καὶ περιβοήτου Νήφωνος* (Sententia lata relegationis in monasterium Peribleptí, Bogomili et insignis omnibus notis turpitudinis, Niphonis).

4) *Σημείωμα, δι' οὗ διεγνώσθη ὁ ἐμμόναχος καὶ περιβόητος Νήφων τῆς τῶν Βογομήλων ὁμολογουμένως μυσαρωτάτης εἶναι αἱρέσεως* (Sententia, per quam monachum eruditum et profanissimum Niphonem Bogomilicae haeresi execrandissimae plane addictum esse, decretum fuit).

M. Nicolaus Muzalon (1147—1151).

Περὶ μνηστείας δυεῖν πρώτων ἐξαδέλφων μετὰ δυεῖν ἀδελφαῖν (De sponsalibus duorum consobrinorum fratrumve patruelium cum duabus sororibus).

N. Theodotus (1151—1153).

Περὶ διαζυγίου ἀπὸ τῆς ἀπίστου γυναικός (De divortio ab infideli uxore).

O. Neophytus Claustrarius (1153).

Τόμος γενόμενος ἐν τῇ πατριαρχίᾳ τοῦ κυροῦ Νεοφύτου, πατριάρχου Κωνσταντινουπόλεως. Τῆς ἡμῶν τὰ .... (De duobus matrimonii impedimentis, quae oriuntur ex cognatione tam naturali, quam spirituali).

P. Constantinus Chliarenus (1154—1156).

1) *Περὶ φονέων τῶν λῃστῶν* (De homicidis latronum).

2) Synodus contra Sotérichum et socios (1154).

Q. Lucas Chrysoberges (1156—1169).

1) *Σημείωμα συνοδικὸν ἐπὶ τῆς βασιλείας τοῦ Κομνηνοῦ κυρίου Μανουήλ, πατριαρχοῦντος ὄντος Λουκᾶ, περὶ τοῦ μὴ γίνεσθαι γάμον ἑβδόμου βαθμοῦ ἐξ αἵματος* (Subnotatio synodalis sub imperio domini Manuelis Comneni, Luca patriarchatum obtinente, Ne fiant nuptiae septimi gradus cognationis).

2) *Περὶ κληρικῶν κοσμικαῖς ἑαυτοὺς συμπλεκόντων φροντίσι* (De clericis se immiscentibus negotiis saecularibus).

3) *Περὶ ξενοκουριτῶν καθηγουμένων* (De abbatibus in extraneo monasterio tonsis).

4) *Περὶ ἑορτῆς νοταρίων* (De festo notariorum).

5) *Περὶ καθαιρέσεως ἐπισκόπου* (De depositione episcopi).

6) *Περὶ τοῦ μὴ βλάπτεσθαι ἐκκλησίαν διαλύσει ἐπισκόπου* (Ne ecclesia laedatur transactione episcopi).

7) *Περὶ τῶν μαρτυρούντων κατὰ πνευματικοῦ παιδός* (De iis, qui testificantur contra filium spiritualem).

8) *Περὶ τοῦ κατὰ βίαν ἀποκαρέντος ἐπισκόπου* (De episcopo per vim tonso).

9) *Περὶ τοῦ μὴ φυλαχθῆναι ὅρκον ὄντα ἀκανόνιστον* (Ne jusjurandum irregulare servetur).

10) *Περὶ ἑκουσίου φόνου* (De homicidio voluntario).

11) *Περὶ συνηγόρων* (De advocatis).

12) *Περὶ τοῦ βαπτίζεσθαι νήπια αἰχμαλωτισθέντα, καὶ περὶ τῶν Ἀγαρηνῶν* (De infantibus captivis baptizandis, et de Agarenis).

13) *Περὶ τοῦ κληρικοὺς μὴ γίνεσθαι αἰσχροκερδεῖς ἢ ἰατρούς* (Ne clerici turpilucres fiant, aut medici).

14) *Περὶ τοῦ μὴ ἀφαιρεῖσθαι τοὺς κληρικοὺς τὰ ταῖς ἐκκλησίαις ἢ ἐπισκόποις τελευτῶσιν ἀνήκοντα* (Ne clerici auferant ea, quae ad ecclesias vel ad episcopos morientes pertinent).

R. Michael Anchialiņus (1169—1177).

1) *Μηδὲ ἀναγνώστας ἀναδέχεσθαι κοσμικὰ ὀφφίκια* (Ut ne lectores quidem mundana officia suscipiant).

2) *Περὶ τοῦ μὴ χειροτονεῖν κληρικοὺς ἐξ ἑτέρας ἐνορίας* (Ne clerici ex aliena dioecesi creantur).

3) *Περὶ συνηθείας μὴ βεβαιωθείσης διὰ δικαστικῆς ἀποφάσεως* (De consuetudine non confirmata judiciali sententia).

4) *Περὶ γάμου μετὰ συγγενοῦς τῆς προμνηστευθείσης* (De nuptiis cum cognata prius desponsata).

5) *Περὶ γάμου δύο ἀδελφῶν μετὰ ἀνεψιᾶς τῆς γυναικὸς Ἰωάννου καὶ θυγατρὸς αὐτοῦ ἐξ ἑτέρας γυναικός* (De nuptiis duorum fratrum cum filia fratris sororisve Joannis et filia ejus ex alia suscepta).

S. Theodosius Borradiotes (1178—1183).

1) *Περὶ γάμου μετὰ τῆς προμνηστευθείσης τῷ δευτέρῳ ἐξαδέλφῳ* (De nuptiis cum prima desponsata sobrina).

2) *Περὶ μνηστείας μὴ ἀρκούσης ἀντὶ τελείου γάμου* (De sponsalibus non sufficientibus pro perfecto matrimonio).

T. Georgius Xiphilinus (1193—1197).

Περὶ ἐνοριακῶν δικαίων (De juribus territoriorum).

U. Joannes Camaterus (1198—1204).

Συνοδικὸν ψήφισμα, κωλύον τὸν αὐτὸν καὶ ἕνα λαβεῖν εἰς γυναῖκα διεξαδέλφας δύο (Decretum synodale, quod prohibet unum et eundem sobrinas duas uxores ducere).

X. Germanus (1222—1240).

1) *Σημείωμα τοῦ παναγιωτάτου πατριάρχου κυρίου Γερμανοῦ κατὰ τοῦ μητροπολίτου Ναυπάκτου κυρίου Ἰωάννου, περί τινων μοναστηρίων ἐπισκοπικῶν, καὶ περὶ παρθένου τῆς ἱερολογηθείσης πρὸ τῆς ἥβης* (Subnotatio sanctissimi patriarchae domini Germani contra metropolitanum Naupacti dominum Joannem, de quibusdam episcopalibus monasteriis et de virgine, quae ante pubertatem nuptialem benedictionem accepit).

2) *Σιγίλλιον τοῦ παναγιωτάτου καὶ οἰκουμενικοῦ πατριάρχου, κυρίου Γερμανοῦ, ἐπὶ ταῖς παραλαυρίαις τῶν πατριαρχικῶν μονῶν, εἰσι ἂν διακρίνοιο ὀφείλουσι, γεγονὸς κατὰ μῆνα Ἰούνιον τῆς ε. ἐπινεμήσεως καὶ κατασεγρωθὲν τῷ σεκρέτῳ τοῦ ἱεροῦ χαρτοφυλακείου* (Sigillum sanctissimi et universalis patriarchae, domini Germani, de paralauriis patriarchalium monasteriorum, factum mense Junio V. indictionis et insinuatum secreto sacri chartophylacii).

3) *Ἕτερον τοῦ αὐτοῦ* (Aliud ejusdem).

4) *Τόμος τοῦ ἁγιωτάτου πατριάρχου κυροῦ Γερμανοῦ· Ἀκούσατε ταῦτα πάντα τὰ ἔθνη....* (Decisio sanctissimi patriarchae, domini Germani: Audite haec, omnes gentes).

Y. Manuel II. (1240 vel 1242—1255).

1) *Περὶ τοῦ γάμου ἑβδόμου βαθμοῦ· Ἡ γοῦν μετριότης ἡμῶν μετὰ τῆς ἱερᾶς* ... (De nuptiis septimi gradus).

2) *Λύσεις ἐρωτήσεων τινῶν* (Solutiones quarundam quaestionum).

3) *Περὶ μεταθέσεως ἐπισκόπων* (De translatione episcoporum).

4) *Περὶ κτητορικοῦ δικαίου* (De jure patronatus).

Z. Arsenius Autorianus (1255—1260. 1261—1266).

De nuptiis duorum fratrum cum sponsa.

AA. Joannes Veccus (1275—1282).

Λύσις συνοδική (circa ann. 1276).

BB. Athanasius (1289—1293. 1303—1311.)

1) *Νεαρὰ τοῦ ἁγιωτάτου πατριάρχου Κωνσταντινουπόλεως, κυρίου Ἀθανασίου, καὶ τῶν ἐν αὐτῇ γεγραμμένων ἀρχιερέων τῆς ἱερᾶς συνόδου αὐτῆς, περὶ διαφόρων κεφαλαίων* (Novella sancti patriarchae Constantinopolis, domini Athanasii, et scriptorum in ea archisacerdotum sanctae Synodi, de diversis capitulis).

2) De haereditate liberorum.

3) De haereditate eorum, qui sine liberis in viduitate decesserunt.

4) De constupratione virginis.

5) De homicidii convicto.

6) *Ἀθανασίου τοῦ χρηματίσαντος Κωνσταντίνου περίληψις τῶν νεκρῶν.*

CC. Esaias (1323—1331).

Περὶ χρηματικῶν συνεισφορῶν τῶν μητροπολιτῶν ὑπὲρ τῆς μεγάλης Ἐκκλησίας (De pecuniariis metropolitum collationibus pro magna Ecclesia).

DD. Philotheus (1362—1365. 1369—1375).

Τοῦ ἁγιωτάτου πατριάρχου, κυρίου Φιλοθέου, ἀνατροπὴ τῶν ἀναγεγραμμένων παρὰ τῷ Ἀρμενοπούλῳ ἀναθεματισμῶν (Sanctissimi patriarchae, domini Philothei, refutatio scriptarum apud Harmenopulum execrationum).

EE. Nilus (1378—1388).

Περὶ τοῦ Ἀνωφερείου, ὅπερ κεκτῆται ὁ κυρ

Νεῖλος ὁ πατριάρχης Κωνσταντινουπόλεως, ὁ ἐκ τοῦ Χαρσιανίτου ὁ Κεραμεύς.

FF. Antoninus (1388—1395).

Sententiae synodales.

GG. Incerti patriarchae Constantinopolitani.

1) *Πιττάκιον πατριαρχικόν, ἐκτεθὲν παρὰ Ἰωάννου Χαρτοφύλακος, τοῦ τοῦ Ἰωνοπούλου, περὶ τοῦ, τῇ ἐξαδέλφῃ τῆς ἰδίας μητρὸς συναφθέντος, καὶ τῶν ὀφειλόντων δοθῆναι αὐτῷ ἐπιτιμίων* (Brevis patriarchalis de quodam, qui matris suae sobrinam duxerat, deque poenis illi irrogandis a Joanne chartulario, Jonopuli filio expositus).

2) *Συνοδικαὶ ἀποκρίσεις εἰς τὰ τῷ Σίδης ἐρωτηθέντα* (Synodales responsiones ad interrogata Sidensis episcopi).

3) *Περὶ τοῦ ἁγίου βαπτίσματος* (De sacro baptismo).

4) *Περὶ τῶν ἐκτιθεμένων τὰ οἰκεῖα βρέφη* (De his, qui proprios infantes exponunt).

5) *Περὶ τῶν κατὰ βίαν ἀποκαρεισῶν γυναικῶν* (De mulieribus per vim tonsis).

6) *Ἀπάντησις πρὸς τὸν λέγοντα, κεκωλυμένον εἶναι τὸν ἐκ τριγενείας γάμον, καὶ ἀσυγχώρητον* (Responsio ad eum, qui prohibitas dicebat esse nuptias inter personas ex tribus diversis familiis).

7) *Ἐντάλματα διδόμενα τοῖς χειροτονουμένοις μητροπολίταις καὶ ἀρχιεπισκόποις, καὶ ἑτέροις* (Mandata, quae dantur metropolitanis et archiepiscopis, et aliis, cum ordinantur).

8) *Περὶ μεταθέσεων* (De translationibus episcoporum).

II. *Ἀποκρίσεις, ἐπιστολαί, ψῆφοι, ἐπιλύσεις καὶ ὑπομνήματα περὶ διαφόρων κανονικῶν ὑποθέσεων* (Responsa, epistolae, decreta, solutiones et monumenta de diversis causis canonicis).

A. Eustathii Patricii Romani *ὑπόμνημα περὶ δύο ἐξαδέλφων λαβόντων δύο ἐξαδέλφας* (Commentarium de duobus consobrinis, qui duas consobrinas duxerant).

B. Demetrii Syncelli, Metropolitani Cyziceni:

1) *Μελέτη περὶ κεκωλυμένων γάμων* (Meditatio de nuptiis prohibitis).

2) *Ἀπάντησις πρὸς τὸν λέγοντα, κεκωλυμένον εἶναι τὸν ἐκ τριγενείας γάμον καὶ ἀσυγχώρητον* (Responsio ad eum, qui prohibitas esse dicebat nuptias inter personas ex tribus diversis familiis).

C. *Ἐρωτήματα ἅπερ ἔλυσεν ὁ τιμιώτατος χαρτοφύλαξ, κύριος Πέτρος, καὶ διάκονος τῆς τοῦ Θεοῦ μεγάλης ἐκκλησίας, ἐν ἔτει ,ϛχ'* [1092] (Quaestiones, quas solvit reverendissimus Chartularius, dominus Petrus, idemque diaconus magnae Dei Ecclesiae, anno mundi VIMDC).

D. *Ἠλίου τοῦ μητροπολίτου Κρήτης, ἀποκρίσεις πρός τινα μοναχὸν Διονύσιον περὶ διαφόρων αὐτοῦ ἐρωτήσεων* (Eliae, metropolitani Cretae, responsa ad monachum quendam Dionysium de diversis ejus interrogationibus).

E. *Ἐρωτήσεις καὶ ἀποκρίσεις διάφοροι, γενόμεναι παρὰ διαφόρων ἀρχιερέων πρὸς τὸν χαρτοφύλακα κύριον Νικήταν, τὸν γεγονότα ἀρχιεπίσκοπον τῆς μητροπόλεως Θεσσαλονίκης* (Interrogationes et responsiones diversae, a variis antistibus factae ad dominum Nicetam, Chartularium, qui fuit archiepiscopus metropolis Thessalonicensis).

F. Basilii Achrideni, archiepiscopi Thessalonicensis:

1) *Ἀντιγραφὴ τοῦ ἁγιωτάτου ἀρχιεπισκόπου Θεσσαλονίκης, κυρίου Βασιλείου τοῦ Ἀχριδηνοῦ, πρὸς τὸν πάπαν Ῥώμης κύριον Ἀδριανόν* (Rescriptum sanctissimi archiepiscopi Thessalonicensis, domini Basilii Achrideni, ad papam Romanum, dominum Adrianum).

2) *Ἀπόκρισις πρὸς τὰ ἐπερωτηθέντα περί τινος γάμου* (Responsio ad interrogata de quibusdam nuptiis).

3) Responsio ad quaestionem: Num duo fratres admittuntur ad legitimum conjugium cum amita consobrini et sobrina nata ex alio consobrino?

G. *Ψήφισμα πολιτικῶν δικαστῶν περὶ συγγενείας, ὅτι δύο ἐξαδέλφας εἰς γάμου κοινωνίαν ἠγάγετό τις· καὶ ἀδεῖ μὲν παρὰ τούτων συγκεχώρηται τὸ τοιοῦτον· παρὰ δὲ τῆς συνόδου κεκώλυται* (Decretum civilium judicum de cognatione, cum duas quidam sobrinas uxores duxit; et ab his quidem hoc concessum, a synodo autem prohibitum est).

H. *Μιχαὴλ τοῦ Χούμνου περὶ τῶν βαθμῶν τῆς συγγενείας* (Michaelis Chumni de gradibus cognationis).

I. Nicephori Chartophylacis:

1) *Ἐπιστολὴ τοῦ χαρτοφύλακος κυρίου Νικηφόρου, πρός τινα μοναχὸν Θεοδόσιον καὶ ἔγκλειστον Κορίνθου, περιέχουσα λύσιν τινῶν ζητημάτων* (Epistola chartophylacis domini Nicephori, ad monachum quendam Theodosium inclusum Corinthi, continens quarundam quaestionum solutionem).

2) *Τοῦ αὐτοῦ πρὸς τὸν αὐτόν* (Ejusdem ad eundem).

K. *Ἰωάννου τοῦ ἐπισκόπου Κίτρου ἀποκρίσεις πρὸς Κωνσταντῖνον ἀρχιεπίσκοπον Δυρραχίου, τὸν Καβάσιλαν* (Joannis episcopi Citri responsa ad Constantinum Cabasilam, archiepiscopum Dyrrhachii).

L. Demetrii Chomateni, archiepiscopi Bulgariae:

1) *Δημητρίου τοῦ Χωματηνοῦ, ἀρχιεπισκόπου Βουλγαρίας, περὶ βαθμῶν συγγενείας* (Demetrii Chomateni, archiepiscopi Bulgariae, de gradibus cognationis).

2) *Τοῦ μακαριωτάτου καὶ ἁγιωτάτου ἀρχιεπισκόπου Βουλγαρίας, κυρίου Δημητρίου τοῦ Χωματηνοῦ, πρὸς Κωνσταντῖνον ἀρχιεπίσκοπον τῆς μητροπόλεως Δυρραχίου, τὸν Καβάσιλαν, ἀποκρίσεις* (Beatissimi et sanctissimi archiepiscopi Bulgariae, Demetrii Cho-

mateni, responsa ad Constantinum Cabasilam, archiepiscopum Dyrrhachii).

3) *Τοῦ μακαριωτάτου ἀρχιεπισκόπου πάσης Βουλγαρίας, κυροῦ Δημητρίου τοῦ Χωματηνοῦ, σημείωμα περὶ τοῦ τοιούτου ζητήματος* (Beatissimi archiepiscopi totius Bulgariae, domini Demetrii Chomateni, scriptum de hujusmodi quaestione).

M. *Νικήτα, μητροπολίτου Ἡρακλείας, ἀποκρίσεις πρὸς Κωνσταντῖνον ἐπίσκοπον* (Nicetae, metropolitani Heracleae, responsa ad Constantinum episcopum).

N. *Ὑπόμνησις πρὸς τὸν Θεσσαλονίκης, κυρὸν Νικήταν τὸν Μιτυληναῖον, περὶ δούλων, ἵνα ἱερολογῶνται, καὶ λύσις* (Suggestio ad Thessalonicae archiepiscopum, dominum Nicetam Mitylenaeum, de servis, ut interveniente benedictione copulentur et responsum Nicetae).

O. *Τόμος ἐξαιρέσεως ἤτοι παραιτήσεως τοῦ ἁγιωτάτου μητροπολίτου Ἡρακλείας, κυροῦ Θεοδώρου τοῦ Κριτοπούλου* (Libellus abdicationis sive renunciatio sanctissimi Heracleensis archiepiscopi, domini Theodori Critopuli).

P. Joannis Zonarae:

1) *Ἰωάννου μοναχοῦ τοῦ Ζωναρᾶ, ἐκ προσώπου τῶν ἐγχωρίων, περὶ τοῦ μὴ δεῖν δύο δισεξαδέλφους τὴν αὐτὴν ἄγεσθαι εἰς γάμον* (quod non debeant duo consobrini eandem uxorem in matrimonium accipere).

2) *Ἰωάννου τοῦ Ζωναρᾶ, τοῦ γεγονότος μεγάλου δρουγγαρίου τῆς βίγλας καὶ πρωτοασηκρῆτις, λόγος πρὸς τοὺς τὴν φυσικὴν τῆς γονῆς ἔκροιαν μίασμα ἡγουμένους* (Joannis Zonarae, magni quondam drungarii vigiae et primi a secretis, oratio ad eos, qui naturalem seminis fluxum immunditiem existimant).

In den Handschriften finden sich noch mehrere Stücke, theils von bekannten, theils von unbekannten Verfassern: 1) Joasaphi Hieromonachi Responsa ad Georgium Drimimum; de nuptiis tractatus; Cod. *τῶν Ἰβήρων* 14; 2) *Σημείωμα χειρουργία Θεοδώρου Βελισαριώτου. Ἀπὸ βασιλικῆς* Cod. Bodlej. 205. 3) *Διάταξις συνοδικὴ περὶ δευτερογαμίας. Πρῶτον εἶναι τὸν γάμον … τοῦ τῆς παρθενίας Στεφάνου.* Cod. Bodlej. 264. fol. 166. 4) Decretum de matrimonio missum ad Corinthi metropolitanum. Cod. Paris. 1819. fol. 543 a. 5) *Τόμος συνοδικὸς … ἐπὶ τῇ καθαιρέσει τοῦ διακόνου Σισινίζου.* Cod. Bodlej. 205. 6) *Σημείωμα· Ἔστι τὰ κατὰ τῆς γῆς.* Cod. Bodlej. 205. 7) *Ἀπολογητικὸν τοῦ Σισινίζου.* Cod. Bodlej. 205. 8) *Ἐνταλτήριον γράμμα* vom Jahre 1382. Cod. *τῶν Ἰβήρων* 23.

Zweites Capitel.

Geschichte der Rechtswissenschaft.

§. 52. Rechtsstudium.

1) Geltende Rechtsquellen. Die Rechtsquellen, nach welchen sich die Gerichte seit dem 10. Jahrhundert im byzantinischen Reiche richteten, waren allein die Basiliken, die von den Kaisern herausgegebenen Handbücher, die Novellen Leo des Weisen und der folgenden Kaiser. Eine klare Einsicht in den Zustand der Rechtsanwendung im 10. und 11. Jahrhundert gewährt die *Πεῖρα* (vergl. §. 27 unter IX, 1). Als praktische Rechtsquellen erscheinen in der *Πεῖρα* blos die Basiliken und Novellen des Leo, Romanus und Basilius benutzt. Von diesen Rechtsquellen kam Manches nach und nach außer Gebrauch. Dies Schicksal traf a) einzelne Bestimmungen in den Basiliken; b) mehrere Novellen Leo des Weisen (vergl. §. 29 unter II, 4).

2) Rechtsquellen, welche zur Auslegung dienten. Bis zum 12. Jahrhundert benutzte man neben diesen praktischen Rechtsquellen zur Auslegung derselben, besonders der Basiliken und zur Erlernung des Rechts auch die schon vor den Basiliken gebräuchlichen Rechtsquellen, namentlich die griechischen Bearbeitungen der Justinianeischen Rechtsbücher. Es ist darüber, sowie über das Verhältniß der Justinianeischen Rechtsbücher zu den Basiliken, früher gehandelt worden (vergl. §. 27 unter IX, 1). Seit dem 12. Jahrhundert sind aber die Justinianeischen Rechtsbücher durch die Basiliken verdrängt worden, und die Basiliken wurden seit dieser Zeit die alleinige Grundlage für die Praxis und für die Erlernung der Rechtswissenschaft (vergl. §. 27 unter IX, 1—4).

3) Erlernung der Rechtswissenschaft. Ob nach der Publication der Basiliken im Orient ordentliche Rechtsschulen bestanden haben, ist ungewiß. Lehrer der Grammatik und Rhetorik hat es zu dieser Zeit gegeben; ungewiß aber ist, ob es einen regelmäßigen Unterricht in der Rechtswissenschaft gegeben hat, welches das Verhältniß zwischen Lehrern und Schülern war, und welche Methode jeder Lehrer in seinem mündlichen Vortrage befolgte. Es ist kaum denkbar, daß Basilius und Leo nicht auch für den Unterricht in der Rechtswissenschaft gesorgt haben sollten. Ein Scholium der Basiliken, welches das Verbot erwähnt, anderwärts, als in den beiden Hauptstädten und in Berytus juristischen Unterricht zu ertheilen, bezieht sich auf die Zeit Justinian's. Dagegen gibt es Zeugnisse aus späterer Zeit, welche allerdings auf einen regelmäßigen Rechtsunterricht im 12. und 13. Jahrhundert hinweisen. So nennt der Verfasser der Paratitla zu den Basiliken (der sogenannte Tipucitus) den Garidas seinen Lehrer; ebenso ein ungenannter Scholiast zu den Basiliken den Hagiotheodoritus. Michael Attaliata führt in dem Prooemium zu seinem *ποίημα νομικὸν* unter den Gründen, welche ihn zur Abfassung seines Werkes bewogen haben, an erster Stelle den Nutzen auf, welchen die Zuhörer davon hatten, welche den mündlichen Erörterungen folgten, und hat in seinem Werke einen eigenen Titel *περὶ ἀκροατῶν* (Tit. 44), in welchem eine griechische Uebersetzung der L. 1. pr. §. 1—5. D. L. 13 gegeben wird, worin auch der *ἐμπειρία τῶν νόμων* Erwähnung geschieht, was ganz ohne Bedeutung sein würde, wenn es nicht auch zu der Zeit des Verfassers (gegen das Ende des 11. Jahrhunderts) Rechts-

lehrer gegeben hätte. Ueberhaupt ist das Dasein so vieler Juristen im 12. Jahrhundert zu Constantinopel, welches Balsamon bezeugt, ohne Rechtsschulen nicht zu erklären. Alle diese vereinzelten Zeugnisse zusammen genügen zu dem Schlusse, daß bis zu Ende des 12. Jahrhunderts fortwährend für den juristischen Unterricht vom Staate gesorgt gewesen sei. Wie es nach dem Sturze des lateinischen Kaiserthums damit beschaffen gewesen sei, ist unbekannt. Zwar hat Michael VIII. Paläologus, in der Absicht, die Wissenschaften in der Hauptstadt wieder zu beleben und der Unwissenheit, in welcher die Geistlichkeit durch die vorangegangenen Unruhen gefallen war, zu steuern, drei Schulen, sowol für die Grammatik, als für die höheren Wissenschaften gegründet, und dabei für den Unterhalt der Lehrer und Schüler gesorgt; auch wohnte er, um das Interesse, was er an ihren Fortschritten nahm, zu bezeugen, zuweilen ihren Uebungen bei, und vertheilte Belohnungen an diejenigen, welche sich auszeichneten. Der Rechtsschulen geschieht aber dabei keine Erwähnung, und es ist sehr zu bezweifeln, daß sich die Sorge des Kaisers auf diese Seite des Unterrichts erstreckt habe. Sein Hauptwerk war die Wiederbelebung der Studien in der Geistlichkeit, für deren Erziehung das Recht eine große Nebensache war. Die schriftstellerische Thätigkeit der Juristen hatte seit den Basiliken hauptsächlich in diesen ihren Mittelpunkt. Der Grund davon lag in der allmäligen Verdrängung der Justinianeischen Rechtsbücher und deren griechischen Bearbeitungen durch die Basiliken. Nach der Eroberung Constantinopels durch die Lateiner wurde die Lage der Rechtswissenschaft immer trauriger; die griechischen Bearbeitungen der Justinianeischen Rechtsbücher kamen ganz außer Gebrauch; selbst die Basiliken wurden immer mehr vernachlässigt, wovon der Grund hauptsächlich in dem großen Umfange derselben zu suchen ist. Diejenigen, welche sich dem Rechte widmeten und die Richter, bedienten sich ausschließlich der juristischen Handbücher, deren so viele in der späteren Zeit entstanden sind.

§. 33. Von den einzelnen Juristen.

1) Photius. Der Name des Photius ist einer der berühmtesten in der byzantinischen Literatur. Photius stammte aus einer der angesehensten und reichsten Familien Constantinopels, war Großneffe des Patriarchen Tarasius und Bruder des Patricius Sergius, Ehemannes der Irene, einer Schwester der Kaiserin Theodora. Seine Erziehung erhielt er unter der Leitung von Bardas, dem Wiederhersteller der Wissenschaften. Er machte in allen Wissenschaften reißende Fortschritte; seine hohe Geburt und seine Talente führten ihn bald zu den ersten Stellen im Staate. Nachdem er Protospatharius (Anführer der kaiserlichen Garden), Gesandter in Persien und Protosecretarius gewesen war, betrat er die kirchliche Laufbahn. Als Bardas den Patriarchen Ignatius abzusetzen und einen anderen Patriarchen einzusetzen beschlossen hatte, warf er seine Augen auf Photius. In 6 Tagen ließ der Bischof Gregorius von Syracus den Photius alle Grade des Priesterthums durchmachen; die Consecration zum Patriarchen fand am Weihnachtstage 857 statt. Constantinopel hatte nun zwei Patriarchen. Photius, welcher einen Aufstand von Seiten der Anhänger des Ignatius fürchtete, beschloß diesem zuvorzukommen; er berief zu diesem Zwecke das Concil zu Constantinopel von 861, welches feierlich die Absetzung des Ignatius genehmigte und die Wahl des Photius bestätigte. Der Triumph des Photius dauerte aber nicht lange. Basilius Macedo setzte den Photius als Patriarchen ab und den Ignatius wieder ein, welcher am 23. Nov. 867 seinen Einzug in Constantinopel hielt. Nach dem Tode des Ignatius im J. 877 erhielt jedoch Photius das Patriarchat wieder. Allein Kaiser Leo der Weise setzte ihn 886 wieder ab und verbannte ihn. Photius starb in der Verbannung in einem Kloster Armeniens im J. 891. Er war ein Mann von ausgezeichneter Gelehrsamkeit in den verschiedenartigsten Fächern. Als Jurist hat er sich durch die Umarbeitung des alten Nomocanon in 14 Titeln bekannt gemacht.

2) Symbatius. Von ihm ist wenig bekannt. Ein Symbatius war Präsident der Commission der Juristen, welche Leo der Weise mit der Abfassung der Basiliken beauftragte. Der Verfasser der Epitome legum in der Vorrede erwähnt ihn als Protospatharius unter Leo, gleichfalls an der Spitze jener Commission. Zachariä v. L. hält ihn für dieselbe Person mit dem Symbatius, Logotheta Dromi, Schwiegersohn des Bardas, welchen Ducange in seiner Genealogie der byzantinischen Familien erwähnt. Mehr ist von seinen kriegerischen Thaten bekannt. Von dem Novellencommentator Symbatius (vergl. §. 19. nr. 6) scheint er verschieden zu sein; die Novellenbearbeitungen aus dem 9. Jahrhundert sind überhaupt nicht bekannt.

3) Cosmas. Er wird in dem Anhange der Synopsis II. und III. Classe bei der Novelle Romanus des Aelteren de potentibus ab acquisitione praediorum arcendis v. 935 erwähnt, indem nach der Inscription: *Τοῦ κυρίου Ῥωμανοῦ τοῦ βασιλέως τοῦ πρεσβύτου νεαρὰ περὶ τῶν ὑπεισχωρησάντων δυνατῶν εἰς ἀναπανώσεις κινήσεων*, dort hinzugefügt wird: *ἐν ὑπογραφαῖς Κοσμᾶς μάγιστρος ἰνδ. ζ ἔτους ϛυλζ*. Allein diese Bemerkung über Zeit und Verfasser des Gesetzes ist nach Zachariä v. L. unrichtig; Cosmas wird nur deshalb als Verfasser genannt, weil seine sententiae (ψῆφοι) in dem Anhange der Synopsis I. Classe sich hinter den Novellen des Romanus finden. Es gibt zwei solcher sententiae von ihm. Sie allein sind es, welche ihn als Juristen bekannt gemacht haben. Man hat ihm ohne Grund noch andere Schriften zugeschrieben, z. B. die Epitome legum von 920, die *Ῥοπή*.

4) Theophilus Decapolitanus. Er war Patricius und Quästor unter Constantinus Porphyrogenneta und wird mehrmals in den Inscriptionen der Novellen dieses Kaisers erwähnt. Er stammte von Decapolis. In den Inscriptionen zweier anderer Novellen dieses Kaisers wird ein Theodorus in gleicher Würde als Verfasser der Gesetze genannt, ebenfalls mit

dem Zusatze ὁ δεκαπολίτης: für Theodorus haben manche Handschriften Theodosius. Auch in der Inscription einer Novelle des Kaisers Romanus des Jüngeren de restitutione pretii praediorum a potentibus evictorum (zwischen 959 und 963) findet sich Θεόδωρος μάγιστρος ὁ δεκαπολίτης genannt. Ob dieser Theophilus und Theodorus dieselbe oder verschiedene Personen seien, ist ungewiß. Für die Identität spricht die Aehnlichkeit der Namen, welche eine Verwechselung leicht möglich machte, die Gleichheit der Aemter und Würden, die Gleichheit des Geburtsortes.

5) Symeon. Er war Patricius und Primus a Secretis unter Romanus dem Jüngeren und Nicephorus Phocas und wird als solcher in einer Novelle des Ersteren (zwischen 959 und 963) und in zwei Novellen des Letzteren von 964 und 967 genannt. Weiteres, als seine Theilnahme an der Abfassung dieser Gesetze, ist nicht von ihm bekannt.

6) Eustathius Romanus. Dieser ausgezeichnete Jurist stammte nach einer gelegentlichen Bemerkung in einer Nov. Basilii aus der alten Familie der Maleini und war der Sohn des Patriciers Constantinus Maleinus. Er selbst erwähnt in der Πεῖρα (tit. 30. §. 76) eines Verfahren, welcher auch Mitglied des kaiserlichen Gerichtshofes war: „καὶ τοῦτο ἔλεγεν ὁ μάγιστρος παλαιὸν δικαστὴν σοφὸν πρόσωπον αὐτοῦ ἐπὶ βασιλικοῦ δικαστηρίου κρίνειν." In der Πεῖρα läßt sich seine ganze Laufbahn durch alle Würden hindurch verfolgen; er war der Reihe nach λιτὸς κριτής (wol auch unter Nicephorus Phocas (tit. 30. §. 75. tit. 64. §. 1), ἐξάκτωρ (tit. 44. §. 1), κοιαίστωρ (tit. 16. §. 20. tit. 51. §. 29), πρωτοσπαθάριος (tit. 61. §. 4); μυστικός (tit. 65. §. 1), μάγιστρος und πατρίκιος. Als μάγιστρος wird er in der angeführten Nov. Basilii 996 als πατρίκιος in einem ὑπόμνημα περὶ δύο ἐξαδέλφων λαβόντων δύο ἐξαδέλφας von 1025 (bei Leuncl. Jus Gr. Rom. I. p. 414) genannt. Er heißt in der Πεῖρα ὁ μάγιστρος, auch ὁ πατρίκιος schlechtweg. Der Beweis dafür liegt in der Πεῖρα tit. 25. §. 3. tit. 46. §. 4. tit. 49. §. 2, wornach ὁ μάγιστρος und ὁ πατρίκιος identisch sind, und tit. 24. §. 4. 5. tit. 49. §. 4. tit. 64. §. 1, wornach der ὁ πατρίκιος aber Eustathius heißt. Von ihm findet sich Mehreres in den Basilikenscholien vor, ferner ein Fragment περὶ ὑποβόλου, endlich das angeführte ὑπόμνημα. Gewiß ist es, daß Eustathius seine eigenen ὑπομνήματα (Relationen und Decisionen) gesammelt herausgegeben hat. Seine in der Πεῖρα mitgetheilten Entscheidungen zeichnen sich durch Umfang der Gesetzeskenntniß und richtige Benutzung aller Hilfsmittel der Interpretation in hohem Grade aus. Der Verfasser der Πεῖρα gibt ihm häufig die rühmendsten Beinamen und kann sich tit. 49. §. 1 nicht enthalten, bewundernd auszurufen: τοιοῦτον ἐξέδετο ὑπόμνημα ὁ θαυμάσιος ἀνὴρ καὶ ὄντως μόρια ἔχων θαυμασιώτερα, καὶ ἐθαυμάσθη παρὰ πάντων ὥσπερ ἦν ἄξιος [illegible] καὶ εἰς τὰ ἄλλα πάντα θαυμαζόμενος. Eustathius scheint sehr alt geworden zu sein.

7) Georgius Phorbenus. Er war δικαιοφύλαξ zu Thessalonich, wie aus dem Titel seiner Abhandlung de Hypobolo hervorgeht. Die Zeit, zu welcher er gelebt hat, ist sehr ungewiß. Die Abhandlungen dieses Juristen, welche gewöhnlich einen Theil des Anhangs der Synopsis major bilden, finden sich nicht in der regelmäßigen, vor 987 entstandenen Sammlung. Erst in dem zweiten Theile des Anhanges, welcher um die Zeit Constantin's XI. (1025—1028) entstanden ist, finden sich zum ersten Mal die Abhandlungen des Georgius Phorbenus, mitten unter anderen beigefügten Stücken. Derselbe hat also kurz vor der Regierung dieses Kaisers geschrieben.

8) Garidas. Er lebte unter der Regierung des Kaisers Constantinus Ducas (1059—1067), an welchen sein Bericht über den Unterschied der freiwilligen und unfreiwilligen Todtschläger gerichtet ist. Manche glauben diese Dedication an den Kaiser Michael Ducas gerichtet, und versetzen daher den Garidas unter diesen Kaiser. Da derselbe unmittelbar nach Constantinus Ducas folgte (1068—1078), so ist es möglich, daß Garidas noch unter Michael Ducas gelebt hat; aber zu der Annahme, daß jener Bericht an Michael Ducas gerichtet sei, ist gar kein Grund vorhanden. Er war Rechtslehrer, wahrscheinlich an der Rechtsschule zu Constantinopel; denn bestimmt wissen wir, daß er Lehrer des Verfassers der παραπομπαί zu den Basiliken, welcher unter dem Namen des Tipucitus bekannt ist, gewesen ist. Von seinen Schriften ist bereits der Bericht an Constantinus Ducas über den Unterschied zwischen freiwilligen und unfreiwilligen Todtschlägern (διαφορὰς περὶ φόνων) erwähnt worden. Außerdem wird in den Basilikenscholien ein ihm angehöriges βιβλίον περὶ ἀγωγῶν, eine Schrift de actionibus in alphabetischer Ordnung (κατὰ στοιχεῖον) erwähnt, deren Abtheilungen als στοιχεῖα mit Zusatz des Buchstabens citirt werden. An dieses Werk ist zu denken, wenn des Garidas στοιχεῖα citirt werden, was namentlich von Constantinus aus Nicäa geschehen ist. In den Basilikenscholien kommt ein Citat vor, auf welches ich die Annahme eines besonderen Werkes des Garidas περὶ συναλλαγμάτων gestützt habe. Allein ohne Zweifel betrifft dieses Citat nur das Werk περὶ ἀγωγῶν. Dagegen spricht dieses Citat dafür, daß auch ein anderes Citat, welches man auf ein besonderes Werk eines angeblich der ersten Periode angehörigen Juristen bezogen hat, auch nur auf das Werk des Garidas περὶ ἀγωγῶν bezogen werden muß. In den Basilikenscholien kommt nämlich folgendes Citat vor: ζήτει ἐν τῷ α΄ στοιχείῳ τοῦ [illegible] τὰ δὲ ἀδιακρίτως καὶ τὴν ἀβολιτίωνα. Die Schrift περὶ ἀγωγῶν zerfiel in στοιχεῖα nach den Buchstaben des Alphabets; das στοιχεῖον α΄ enthielt unter Anderen auch das Wort πάκτον (pactum), welches wieder in mehrere διαιρέσεις zerfiel. So hatte auch das στοιχεῖον α΄ wieder mehrere unter diesem Buchstaben vorkommende Worte, unter Anderen abolitio und adulterium. Unter dem μαΐστωρ in jenem Scholium ist mithin Garidas zu verstehen. Nun werden die στοιχεῖα des Garidas von Constantinus Nicäus mehrmals citirt (vergl. Sch.

τοῦ Νικαέως Basil. ed. Heimb. II, 460. 505. 522). Daher ist vielleicht auch Garidas unter dem [illegible] μου, welchen der Scholiast in den Scholien II, 675. 685 citirt, zu verstehen; diese Scholien rühren aber wahrscheinlich von Constantinus Nicaenus her (siehe §. 31) und daher ist vielleicht Garidas als des Letzteren Lehrer anzusehen. Doch ist auch eine andere Erklärung möglich. Vergl. §. 30.

9) Michael Constantinus Psellus. Das Leben und die Schriften desselben sind Gegenstand der Untersuchungen vieler Gelehrten gewesen. Leo Allatius hat in der Abhandlung über die im byzantinischen Reiche vorkommenden Personen, welche den Namen Psellus führen, die genauesten Nachrichten über ihn gesammelt. Später hat Harles, alle früheren Arbeiten berücksichtigend, eine vollständige literarische Notiz über Psellus gegeben. Er war zu Constantinopel im J. 1020 geboren, und stammte aus einer hervorragenden Familie. Er ist häufig mit einem anderen Michael Psellus verwechselt worden. Er war Lehrer der Philosophie zu Constantinopel und übte unter den Regierungen der Kaiser Constantinus Monomachus, Michael Stratioticus, Isaac Comnenus, Constantinus Ducas, der Kaiserin Eudocia und ihrer Söhne, Michael, Andronicus und Constantinus, einen bedeutenden Einfluß auf Staatsangelegenheiten aus. Der Kaiser Michael Ducas war sein Schüler, und er flößte diesem eine so große Liebe zu den Wissenschaften ein, daß dieser die Regierungsgeschäfte über die Studien vernachlässigte. Nach dem Tode dieses Kaisers und seines Nachfolgers Nicephorus Botaniates fiel Psellus in Ungnade und ging in ein Kloster, wo er zu Anfang des 12. Jahrhunderts starb. Er trug den Titel φιλοσόφων ὕπατος, und hatte als solcher in der byzantinischen Hofrangordnung einen ziemlich hohen Rang. Er war nicht nur Philosoph, sondern auch Theolog, Jurist, Historiker, Mathematiker, Redner und Arzt, und erwarb sich durch zahlreiche Schriften in den verschiedensten Fächern der Wissenschaften den Beinamen πολυγραφώτατος. Als Jurist ist er bekannt durch seine σύνοψις τῶν νόμων an seinen Zögling, den späteren Kaiser Michael Ducas und seine Synopsis canonum, von welchen beiden Werken später die Rede sein wird. Seine zahlreichen anderen Schriften, deren mehrere noch ungedruckt sind, hat Harles aufgeführt.

10) Michael Attaliata. Er stammte aus Attalea, einer Stadt Pamphyliens, und hat von dieser seiner Vaterstadt seinen Beinamen (Ἀτταλειάτης oder Ἀτταλιώτης). Von ihm rührt eine noch erhaltene Schrift (ποίημα νομικόν, πόνημα νομικόν, πραγματεία τῶν συνοπτικωτάτων νομίμων) her. Von seinem Leben ist fast Nichts bekannt, als daß er, nach dem Titel des gedachten Werkes, die Würden eines ἀνθύπατος und κριτής, nach einigen Handschriften eines κριτὴς τῆς ἀνατολῆς (index Orientis) bekleidete. Eine Handschrift des Escurials, welche eine Chronik von ihm enthält, gibt ihm den Titel πρόεδρος ἐπὶ τοῦ ἱπποδρόμου καὶ τοῦ βήλου. Er schrieb unter Michael Ducas (1071—1078); seine Chronik bleibt bei der Regierung dieses Kaisers stehen, und das griechische Epigramm, welches an den Kaiser gerichtet und in *Leuncl.* Jus Gr. Rom. T. II. vor dem ποίημα νομικόν abgedruckt ist, ergibt, daß dieses Werk im dritten Jahre der Regierung dieses Kaisers herausgegeben worden ist. Doch hat Zachariä v. L. in den von ihm eingesehenen Handschriften dieses Epigramm nicht gefunden, daher dessen Echtheit zu bezweifeln ist. Dennoch läßt sich nach den in dem ποίημα νομικόν benutzten Quellen annehmen, daß Michael zu der angegebenen Zeit in der That gelebt hat und ein Zeitgenosse des Psellus ist.

11) Johannes Nomophylax. Er wird einmal mit diesem seinem vollständigen Namen genannt, bald blos mit dem Namen Johannes, bald mit dem seiner Würde Nomophylax bezeichnet. Er scheint unter den neueren Scholiasten der Basiliken der älteste derjenigen zu sein, welche zu der Zeit schrieben, als die Basiliken die Justinianeischen Rechtsbücher verdrängten. Von ihm ist weiter Nichts bekannt, selbst die Zeit, zu welcher er gelebt hat, ist ungewiß. In einem Scholium wird seine Meinung der des Garidas gegenüber gestellt. Es läßt sich daher mit Mortreuil annehmen, daß beide Juristen, wenn auch nicht Zeitgenossen waren, doch einander in der Zeit sehr nahe standen, sodaß man ihn also unter Constantin oder Michael Ducas setzen kann.

12) Calocyrus Sextus. Er heißt griechisch Καλόκυρος Σέξτος oder Σέκστος, kommt auch blos unter dem Namen Calocyrus vor. Suaresius hat mit Unrecht zwei verschiedene Personen aus den beiden Namen gemacht. Er war ἀντικήνσωρ und in der Folge δοὺξ und gehört nach der Art, wie er die Basiliken und die Justinianeischen Rechtsbücher behandelt, derselben Schule der Scholiasten, wie der Vorige. Die Zeit, zu welcher er gelebt hat, läßt sich nicht genau bestimmen. Aus der Form seiner Scholien und der Art der Erörterung ergibt sich, daß er nicht viel neuer, als Johannes Nomophylax ist, und ebenfalls dem 11. Jahrhundert angehört.

13) Patzus. Von einem Juristen dieses Namens kommen 4 Scholien zu den Basiliken vor und einmal wird er citirt. In dem einen Scholium (Basil. Heimb. V. p. 707) wird die Novelle 11 des Constantinus Porphyrogenneta citirt. Die Existenz eines Juristen Patzus ist bezweifelt worden, und Zachariä v. L. glaubt, die Herausgeber der Basiliken hätten eine Abkürzung, welche παλαιός bedeute, falsch in πατζός aufgelöst. Mortreuil hat deshalb die Handschriften zu Rathe gezogen. Im Cod. Paris. 1350. fol. 173 a, wo sich das von Fabrot bereits herausgegebene und in Basil. Heimb. V. p. 71[illegible] wiederholte Scholium befindet, steht eine Sigle, welche sich nicht anders, als durch τοῦ πατζοῦ auflösen läßt. D[illegible] nun auch der an der Spitze der drei übrigen [illegible] ausgegebenen Scholien stehende Name von dem im Lesen griechischer Handschriften sehr wohl erfahrenen Herrn Professor Tischendorf ebenfalls mit τοῦ πατζοῦ wieder gegeben worden ist, so ist, obwol der Artikel vor de[illegible] Namen noch Bedenken erregt, die Existenz eines Juristen dieses Namens wol außer Zweifel und die Annahme von Zachariä v. L. dadurch widerlegt. Gleichwol glau[illegible] derselbe, daß die Abkürzungen der Handschriften ni[illegible]

πατζῆς, sondern πατζής oder πατζηνάκης zu lesen seien und hält diesen für denselben mit dem Verfasser des Tipucitus. Ueber die Zeit, wenn Patzus gelebt hat, läßt sich nichts Genaueres sagen. Daß er nach Constantinus Porphyrogeneta schrieb, geht daraus hervor, daß er dessen Novelle 11 citirt. Nach der Art der Behandlung der Basiliken und der Justinianeischen Rechtsbücher in seinen Scholien (vergl. besonders Basil. Heimb. V. p. 716 seq.) muß er ebenfalls in das 11. Jahrhundert gesetzt werden. Denn er citirt neben den Basiliken noch die Justinianeischen Rechtsbücher.

14) Constantinus Nicänus. Constantinus aus Nicäa (*Κωνσταντῖνος ὁ Νικαεύς*), gewöhnlich blos ὁ *Νικαεύς* in den zahlreichen von ihm herrührenden Basilikenscholien genannt, schrieb nach Johannes Nomophylax und Garidas und vor Gregorius Doxapater. Daß er jünger ist, als Johannes Nomophylax, ergibt sich daraus, daß er in einem Scholium dessen Meinung widerlegt; daß er jünger ist, als Garidas, folgt daraus, daß er denselben und dessen *συνοχάς* citirt. Er hat vor Alexius Comnenus, wenigstens vor dem Ausgange des 11. Jahrhunderts, geschrieben; denn in einem Scholium gedenkt er blos der Basilikenstelle, welche denjenigen, der sich auf die Freiheit beruft, zum Beweise derselben verpflichtet, ohne der Novelle des gedachten Kaisers von 1088 Erwähnung zu thun, welche in dieser Beziehung wesentliche Abänderungen getroffen hat. Er ist älter, als Gregorius Doxapater, welcher erst unter Johannes Comnenus (1118—1143) schrieb; auch scheint die Stellung ihrer Scholien in den Basilikenscholien dafür zu sprechen. Anscheinend steht der hier angenommenen Zeitbestimmung ein Scholium entgegen, in welchem Constantinus Nicänus den Stephanus seinen Lehrer (*ὁ διδάσκαλος ἡμῶν*) nennt. Man muß diese Aeußerung aber nicht wörtlich nehmen, sondern sie als eine den Verdiensten des Stephanus gebrachte Huldigung betrachten, den, sowie andere ältere Juristen, Constantinus bisweilen citirt. Ueberhaupt hat er sich den Stephanus zum Vorbild genommen, indem er sich der diesem gewöhnlichen Redensarten bedient und nennt ihn daher auch wol seinen Lehrer. Von ihm rühren die meisten *περὶ παραγραφῶν* zu Basil. lib. XXI—XXIII. her, sowie auch viele Scholien zu lib. LX. (vergl. §. 36). Sein wirklicher Lehrer scheint Garidas gewesen zu sein (vergl. unter 8).

15) Johannes Zonaras. Er stammt aus Constantinopel aus einer ausgezeichneten Familie, und gelangte bald zu den Würden des magnus Drungarius Viglae und des Primus a Secretis. Später wurde er Mönch nach der Regel des heiligen Basilius und zog sich in ein Kloster auf dem Berge Athos zurück. Während dieses seines Klosterlebens verfaßte er die geschichtlichen und kirchenrechtlichen Arbeiten, welche ihm einen ehrenvollen Rang in der byzantinischen Literatur sichern. Es ergibt sich dieses aus den Titeln seiner Werke, welche ergeben, daß er zur Zeit ihrer Veröffentlichung den Hof zu Constantinopel verlassen hatte. Er schrieb noch 1118 gegen das Ende der Regierung des Kaisers Alexius Comnenus. Sein Todesjahr ist unbekannt. Als Jurist ist er hauptsächlich durch seinen später zu erwähnenden Commentar zu des Photius Nomocanon bekannt.

16) Theodorus Bestes. Er wird im Cod. Paris. 1319 als derjenige genannt, welchen gegen das Jahr 1090 ein gewisser Michael mit der Ergänzung des Nomocanon des Photius beauftragte. Auch findet sich ein Stück einer Auslegung von ὁ *Βέστης* als ein Scholium in der Hexabiblos des Harmenopulus. Dieses Scholium ist aus der *Πεῖρα* tit. XVI. §. 5 entlehnt. Der daselbst genannte ὁ *Βέστης* ist aber nicht ein Eigenname, sondern es wird damit in der *Πεῖρα* wol ein Mitglied des kaiserlichen Gerichtshofes bezeichnet, dessen Name aber nicht genannt wird.

17) Gregorius Doxapater (Gregorius Nicänus). Manche haben aus diesem Juristen zwei verschiedene Personen gemacht; es läßt sich aber darthun, daß die mit dem Namen des Gregorius bezeichneten oder dem Doxapater zugeschriebenen Scholien der Basiliken alle demselben Verfasser, mit Namen Gregorius Doxapater (*Γρηγόριος Δοξαπατρῆς*), angehören. In den Basiliken (lib. XI. tit. 1. cap. 10) findet sich unter dem Namen des Gregorius ein merkwürdiges Scholium über den Unterschied der Klagen. Dieses Scholium wird mehrmals von späteren Scholiasten citirt, und namentlich zu Basil. lib. LX. tit. 1. cap. 5, wo der spätere Scholiast, die Basiliken lib. XI. tit. 1. cap. 10 und das Scholium dazu anführend, letzteres dem Gregorius Doxapater zuschreibt. Ebenso findet sich zu Basil. lib. LX. tit. 36. cap. 18 ein Scholium unter dem Namen des Gregorius, welches ein späterer Scholiast zu demselben als dem Doxapater gehörig bezeichnet. Hiernach steht also fest, daß Gregorius Doxapater ein Scholiast der Basiliken war; nur tragen die von ihm selbst herrührenden Scholien immer nur den Namen Gregorius an der Spitze, während andere spätere Scholiasten dieselben Scholien als von Doxapater herrührend citiren. Ihm wird auch ein auf Befehl des Kaisers Johannes Comnenus abgefaßter Nomocanon zugeschrieben, von welchem später bei den kirchenrechtlichen Schriften die Rede sein wird. Der Grund für diese Annahme liegt allein in dem Namen Doxapater, welcher den Scholien und dem Titel des Nomocanon gemeinsam ist. In Ermangelung anderer Documente ist es schwer, eine Analogie zu bekämpfen, welche vielleicht nichts Positives hat, aber wenigstens sehr wahrscheinlich ist. Mit demselben Rechte kann man aber auch mit Mortreuil dem Gregorius Doxapater den Commentar zur Nov. 131 zuschreiben, welcher die bologneser Novellenhandschrift unter dem Namen des Gregorius aus Nicäa (*Γρηγόριος ὁ Νικαεύς*) erhalten hat. Ist diese Annahme richtig, so stammte Gregorius Doxapater aus Nicäa, und lebte unter Johannes Comnenus (1118—1143), indem er auf Befehl dieses Kaisers seinen Nomocanon abfaßte. Er war, wie sich aus dem Titel des Nomocanon ergibt, Diaconus und Nomophylax, Notarius des Patriarchen und *πρωτεκδικος τῶν πρωτονοταρίων*. Außerdem ist Nichts von ihm bekannt.

18) Alexius Aristenus. Er war Nomophylax und Oeconomus magnae ecclesiae Constantinopoli-

tenar unter dem Kaiser Johannes Comnenus (1118—1143), wie die Ueberschriften seines später zu erwähnenden Commentars über die Epitome canonum ergeben.

19) Pseudo-Tipucitus. Der Verfasser des sogenannten Tipucitus oder Repertorium Basilicorum ist seinem Namen nach unbekannt; er wird hier nur erwähnt, um die chronologische Stelle zu bezeichnen, welche er unter den Juristen einnimmt. Er war ein Schüler des Garidas. Sein Name ist nicht zu ermitteln; in der Aufschrift des Werkes ist er wahrscheinlich in den Worten: παρὰ μ... ηγιτοῦ τοῦ κατ.... verborgen. Er citirt häufig Novellen des Alexius Comnenus. Daß er auch eine Novelle von Calojoannes citire, wie Manche angenommen haben, ist unrichtig, da die Abkürzungen in der Handschrift nicht καλοϊωάννης, sondern κῦρις βασιλέως zu lesen sind. Doch scheint er erst nach Alexius I., d. h. nach 1118, geschrieben zu haben, da er demselben bei seinen Citaten die einem lebenden Kaiser gebührenden Epitheta nicht ertheilt.

20) Hagiotheodorita. Dieser Name (Ἁγιοθεοδώριτος oder auch Ἁγιοθεοδωρίτης) kommt mehrmals in verschiedenen Denkmälern der byzantinischen Litteratur vor. Schwierig ist es zu bestimmen, welcher in der That derjenige ist, von welchem viele Basilikenscholien, namentlich zum 60. Buche, herrühren und welchen ein Scholiast der spätesten Zeit seinen Lehrer nennt. Theodorus Prodromus, ein berühmter Schriftsteller des 12. Jahrhunderts, hat eine Lebensbeschreibung eines Constantinus Hagiotheodorita geschrieben. Dieser kann aber nicht derjenige sein, von welchem in den Basilikenscholien die Rede ist; denn er ist zu alt, als daß er der Lehrer eines Scholiasten sein könnte, welcher im 13. Jahrhundert gelebt hat. Dann spricht Theodorus Balsamon in seinem Commentar zum Nomocanon des Photius von einem Nicolaus Hagiotheodorita, Metropoliten zu Athen zur Zeit des Patriarchen Lucas, welcher unter dem Kaiser Manuel Comnenus von 1155—1169 das Patriarchat zu Constantinopel bekleidete, und diesen haben Manche für denjenigen gehalten, der in den Basilikenscholien genannt wird. Ebenfalls ein Nicolaus Hagiotheodorita, Metropolit unter Kaiser Constantinus Ducas (1059—1067), wird im Cod. Vindob. Hist. gr. 84 erwähnt. Nach der Zeit, wo er lebte, kann er nicht der Hagiotheodorita sein, welcher als Lehrer von einem späteren Scholiasten genannt wird. Obgleich von juristischen Arbeiten des Hagiotheodorita nur die unter seinem Namen vorkommenden Basilikenscholien bekannt sind, so ist es doch weit natürlicher, sie nicht dem im 12. Jahrhundert lebenden Metropoliten zu Athen, dessen Amt zu der Erklärung des bürgerlichen Rechts in keiner Beziehung stand, als vielmehr dem Michael Hagiotheodorita, Logotheta Dromi zuzuschreiben, welcher in den Subscriptionen von 4 Novellen des Kaisers Manuel Comnenus von 1166 als bei der Abfassung der Novellen betheiligt genannt wird. Balsamon hat die beiden Personen, den Nicolaus und den Michael Hagiotheodorita vollkommen unterschieden. Denn in den Scholien zu can. 4 Constantinop. spricht er von Michael Hagiotheodorita, Logotheta Dromi; dieser lebte aber 1177 nicht mehr, da Balsamon, welcher seinen Commentar zu Photius vor diesem schrieb, ihn als kurz vorher verstorben (μακαρίτης) bezeichnet. Fabricius hat einen Brief über den Tod des Hagiotheodorita veröffentlicht, welcher von einem Freunde dieses letzteren geschrieben ist; er hatte diesen Brief von J. C. Wolf erhalten, nach einer in der Bodlejanischen Bibliothek genommenen Abschrift. Es ist nicht zu ermitteln, ob dieser Brief zu dem Juristen Hagiotheodorita irgend eine Beziehung hat; Hagiotheodorita ist einer der bedeutendsten spätern Scholiasten zu den Basiliken. Gleichwol wird er als solcher nur in den Scholien zu dem 60. Buche im Cod. Paris. 1350 genannt, zu welchem sehr viele Scholien unter seinem Namen vorhanden sind. In der Cujacischen Uebersetzung des 60. Buches steht an der Spitze eines Scholiums der Name Theodoriti, während Fabrot in der Ausgabe T. VII. p. 337 Θεοδωρ. hat. Zachariä v. L. hat aus Theodorita und Hagiotheodorita zwei verschiedene Juristen gemacht, und Mortreuil hat sich dagegen bemüht, nachzuweisen, daß beide nur dieselbe Person und nur Hagiotheodorita gemeint sei. Da Hagiotheodorita so oft im Cod. Paris. 1350 an der Spitze der Scholien genannt ist, und sich der Name des Theodorita an der Spitze eines Scholiums nach Mortreuil nur Bl. 87b der gedachten Handschrift, also nur Ein Mal findet, so ist letzteres offenbar nur ein Versehen des Abschreibers, und es ist der so oft vorkommende Hagiotheodorita gemeint. Hagiotheodorita ahmt in seinen Scholien den Stephanus nach. Er wirft, wie dieser, häufig ἐρωταποκρίσεις auf; er gebraucht die dem Stephanus gewöhnlichen Redensarten, er liebt die Protheorien. In Folge dessen, daß er Nachahmer des Stephanus ist, liegt auch die Vermuthung nahe, daß παραγραφαί des Stephanus unter dem Namen des Hagiotheodorita auf uns gekommen sind, weil dieser sie zu den seinigen gemacht, und die nöthigen Abänderungen vorgenommen, z. B. die Citate der Justinianeischen Rechtsbücher in Basilikencitate verwandelt hat. Zu anderen Büchern der Basiliken werden keine Scholien unter dem Namen des Hagiotheodorita angeführt, und es ist daher auch wahrscheinlich, daß er sich auf das 60. Buch beschränkt habe.

21) Theodorus Balsamon. Er war aus Constantinopel und nennt sich selbst in seinem Commentar zu can. 312. conc. Chalced. einen Bürger dieser Stadt, empfing auch dort wahrscheinlich die geistlichen Weihen. Er gelangte bald zu den ersten kirchlichen Würden; denn er war Diaconus, Nomophylax und Chartophylax der Kirche zu Constantinopel, wie sowol die Titel seiner Commentare, als verschiedene andere Zeugnisse beweisen. Er selbst sagt in einer seiner Meditationen, daß er Chartophylax zu der Zeit des Patriarchen Theodosius zu Constantinopel war, welcher diese Stelle von 1178—1183 inne hatte. Er war noch Chartophylax, als er vom Kaiser Manuel Comnenus den Auftrag zur Abfassung seines Commentars über das Syntagma des Photius erhielt, welcher zwischen 1169 und 1177 veröffentlicht worden ist. Sein großes Ansehen führte ihn

zu den höchsten kirchlichen Würden. So wurde er 1193 unter der Regierung des Kaisers Isaak Angelus Patriarch zu Antiochia. Der Chronist Nicetas Choniates gibt Beweise des hohen Ansehens, in welchem Balsamon als Kanonist stand, indem nach dessen Erzählung man sich in höchst wichtigen Fragen auf seine Entscheidung berief. So beauftragte der Kaiser Isaak Angelus, als er den Patriarchen von Jerusalem, Dositheus, anstatt des im J. 1190 vertriebenen Patriarchen Leontius zum Patriarchat in Constantinopel berufen wollte, und fürchtete, daß dieser Act dem kanonischen Rechte zuwiderlaufen würde, den Balsamon mit der Prüfung dieser Frage; derselbe Chronist erzählt auch, daß der genannte Kaiser beabsichtigt habe, den Balsamon zum Patriarchen von Constantinopel zu erheben, um das Licht der Rechtswissenschaft an die Spitze der Kirche zu stellen. In der That hat aber Balsamon das Patriarchat zu Antiochia nicht dort selbst verwalten können, da diese Stadt seit 1100 in der Gewalt der Lateiner war. Von den Werken des Balsamon ist das früheste sein Commentar zum Syntagma des Photius; dann gab er während seines Patriarchats seine 8 μελέται oder Meditationen heraus, und 1195 seine Gutachten auf 68 Anfragen des Patriarchen Marcus von Alexandria. In dem Cod. τῶν Ἰβήρων 8 und Vindob. VIII, 55. fol. 21 b findet sich von Balsamon ein Tractat de azimis, und im Cod. Laurent. V, 2. fol. 381—389 ein Tractat de ordine in sedibus, welcher in den Sammlungen des byzantinischen Rechts von Bonefidius und Leunclavius anonym herausgegeben ist, in der Handschrift aber dem Balsamon zugeschrieben wird.

22) Demetrius Chomatianus. Er war zuerst Chartophylax und wurde später, man weiß nicht genau, zu welcher Zeit, Erzbischof von Bulgarien. Er lebte in der ersten Hälfte des 13. Jahrhunderts; denn einige seiner Schriften sind an Theodorus Ducas (1219) und an den Patriarchen Germanus II. (1240) gerichtet. Seine Gutachten (responsa) sind an Constantinus Cabasilas, Erzbischof von Dyrrhachium, gerichtet.

23) Michael Chumnus. Er war zuerst Nomophylax und dann Erzbischof zu Thessalonich. Er lebte im 13. Jahrhundert und zwar vor Matthäus Blastares, welcher seine Abhandlung de gradibus cognationis citirt. Balsamon citirt zu einer verloren gegangenen Stelle der Basiliken (lib. XLIII. tit. 1. cap. 134) ein Randscholium des Chumnus. Hiernach würde er zu den Basilikenscholiasten zu zählen sein. Kann man diesen Scholiasten mit dem Erzbischof von Thessalonich für dieselbe Person halten, so muß man als die Zeit, wo Chumnus lebte, den Anfang des 13. Jahrhunderts setzen.

24) Arsenius. Er war nach der Aufschrift seiner Synopsis canonum Mönch im Kloster τοῦ Ὁδηγοῦ auf dem Berge Athos. Es wird behauptet, daß er später Patriarch zu Constantinopel geworden sei und gegen das Jahr 1255 unter der Regierung von Theodorus Lascaris gelebt habe. In der That findet sich unter den Patriarchen von Constantinopel ein Arsenius (ὁ [illegible] Ἀρσένιος ὁ Αὐτωρειανός). Nach dem Tode des Patriarchen Manuel Charitopulos bestimmte Kaiser Theodorus Ducas den Nicephorus Blemmides zum Patriarchen; da aber letzterer die Annahme dieser Würde verweigerte, so berief der Kaiser einen Mönch Arsenius zu dieser Würde. Arsenius wird von Gregoras und Callistus, welche diese Thatsachen erzählen, als ein Mann, wenig für die Welt passend und von sehr mangelhafter wissenschaftlicher Bildung geschildert. Nach dem Tode des Theodorus verließ der Patriarch, außer sich über die Usurpation von Michael Paläologus, den Sitz, welchen er 5 Jahre inne gehabt hatte, und zog sich 1260 in die Klöster des Paschasius und des heiligen Diomedes zurück. Nicephorus, Bischof von Ephesus, welcher an seiner Statt ernannt wurde, starb vor Ende des folgenden Jahres, und das Patriarchat blieb wieder einige Monate erledigt. Als Michael Paläologus 1261 Constantinopel den Lateinern abgenommen hatte, gelangte Arsenius wieder zum Patriarchat, nicht ohne Widerspruch von Seiten des Kaisers und der heiligen Synode. Er konnte sich aber dem Kaiser gegenüber, zwischen welchem und ihm offener Streit entstand, nicht behaupten, und mußte seinen Sitz gegen das Ende des Mai 1264 wieder verlassen. Er wurde verbannt, starb in der Verbannung und schrieb vor seinem Ableben sein Testament, in welchem er seine Schicksale erzählt. Seine Schriften sind seine später zu erwähnende Synopsis canonum, welche er vor seiner Gelangung zum Patriarchat verfaßte, eine sententia patriarchalis, deren Auszug sich bei dem Harmenopulus erhalten hat, und sein Testament.

25) Matthäus Blastares. Er war Hieromonachus, lebte im 14. Jahrhundert und schrieb gegen das Jahr 1335 sein alphabetisches Syntagma canonum atque legum. Um dieselbe Zeit verfaßte er in politischen Versen zwei Verzeichnisse der Würden des Hofes und der Kirche zu Constantinopel.

26) Constantinus Harmenopulus. Das Leben dieses Juristen ist von Fabricius (Bibl. graec. X. p. 274 seq.) nach den von Nicolaus Comnenus Papadopoli mitgetheilten Nachrichten beschrieben worden. Es ist darin viel Unwahres mit wenig Wahrem gemischt. Durch Herzog und Maurocordato hat die Fabel des Papadopoli noch Glauben erhalten. Mit Grund hat man aber die ganze Erzählung des Papadopoli in Zweifel gezogen, weil dieser bisher unbekannte, aber gefälschte Documente benutzt hat. Nur folgende wenige Thatsachen über Harmenopulus stehen fest. Er lebte um die Mitte des 14. Jahrhunderts, und war Nomophylax und oberster Richter zu Thessalonich, wie die seiner Hexabiblos und seiner Epitome canonum vorhergehenden Titel anzeigen. Er war ein Zeitgenosse des Patriarchen Philotheus, welcher den Sitz zu Constantinopel von 1354 bis 1355 und von 1362 bis 1376 inne hatte. Philotheus hat eine eigene Schrift zur Widerlegung der von Harmenopulus vorgetragenen Ansichten an denselben gerichtet, welche sich erhalten hat. Man findet zwar in den Werken des Harmenopulus keine spätere Novelle, als von Manuel Comnenus, was die Meinung derjenigen zu bestätigen scheint, welche ihn in das 12. Jahrhundert versetzen; dies hängt aber offenbar mit den von ihm benutzten

Quellen zusammen, in welchen die neueren kaiserlichen Novellen nicht angeführt waren. Er kann nicht im 12. Jahrhundert gelebt haben, da er selbst sententiae des Arsenius (1255—1260) und von Athanasius (1289—1311) citirt. Von seinen Schriften ist besonders das Promtuarium oder die Hexabiblos und die Epitome canonum bekannt, von denen noch später die Rede sein wird; es kommen dazu noch einige noch ungedruckte. Noch werden ihm von Papadopoli, Fabricius und Anderen Werke zugeschrieben, welche theils untergeschoben sind, theils ihm gar nicht angehören. Harmenopulus ist der neueste byzantinische Jurist, dessen Namen die Geschichte überliefert hat; mit ihm schließt sich die Reihe der Juristen vor dem Untergange des byzantinischen Reiches. Nicht lange nach seinem Tode wurde demselben durch die Türken ein Ende gemacht.

§. 34. Von den Schriften der Juristen im Allgemeinen.

I. Zeitraum von Basilius Macedo bis zu Constantin XI. (867—1028). Die Theoria der Rechtswissenschaft fuhr, ungehindert durch die Publication der Basiliken, fort, sich durch das ältere Recht aufzuklären und ihre sichersten und zuverlässigsten Auslegungen aus den Schriften des 6. Jahrhunderts zu schöpfen. Basilius hatte der Gesetzgebung Justinian's ihren wissenschaftlichen Einfluß auf die Auslegung des Rechts nicht entzogen, im Gegentheil sie der Thätigkeit der Juristen als die unerschöpfliche Quelle der nothwendigen Kenntnisse zur Lösung der Schwierigkeiten bezeichnet, welche daraus entstehen konnten, daß die Basiliken nicht genügten. In der meditatio de nudis pactis wird das Studium der Digesten noch als die fruchtbarste Quelle zur Belebung der Wissenschaft und zum Verständniß der Basiliken bezeichnet. Die Schriften dieser Zeit hatten zum Gegenstande entweder die wissenschaftliche Anwendung der Justinianeischen Rechtsbücher innerhalb der durch die neue Gesetzgebung gezogenen Grenzen, oder die Hilfsmittel zur Erleichterung des Studiums der Basiliken selbst. a) Zu den Schriften der ersteren Art gehören: 1) Die Originalabhandlungen, zusammengesetzt aus Bestandtheilen der Rechtsquellen des 6. und 9. Jahrhunderts, wie die Epitome von 920; 2) Die Auszüge aus den Justinianeischen Rechtsbüchern oder vielmehr aus deren Bearbeitungen im 6. Jahrhundert, wie die Schol. antiqua; 3) Die verschiedenen Recensionen der Ecloga, das Prochirum und der Epanagoge, welche durch neue Auszüge der alten und der neuen Gesetzgebung modificirt oder ergänzt sind. b) Zu den Schriften der zweiten Art gehört aus dieser Zeit die Synopsis Basilicorum. c) Noch gibt es andere weniger umfangreiche Schriften, als die vorhergehenden, welche sich auf die eine oder andere der beiden Hauptarten beziehen, meistens kleinere Monographien, z. B. der tractatus de peculio, der tractatus de creditis u. a. m. — Was die Praxis anlangt, so hatte Leo in seiner ersten Novelle, wie sich auch noch aus seiner constitutio de tabulariis ergibt, die Anwendung der alten, nicht in die Basiliken aufgenommenen Gesetze verboten und als alleinige Richtschnur für die richterlichen Entscheidungen die neuen gesetzlichen Bestimmungen vorgeschrieben. Hiernach war die Praxis auf die bloße Anwendung der neuen Gesetze, ohne Rücksicht auf das ältere Recht beschränkt. Dies wird durch die *Πεῖρα* vollkommen bestätigt. Als praktische Rechtsquellen erscheinen in derselben lediglich die Basiliken (*τὰ βασιλικά, οἱ βασιλικαὶ δίαιται, τὸ ἔδαφος τῶν νόμων*) und Novellen des Leo, Romanus und Basilius benutzt; allein zur Auslegung einzelner Gesetzstellen wird in seltenen Fällen, namentlich von einigen der obersten Richter theils im Allgemeinen auf die „*ἀνακάθαρσις τῶν νόμων*“ von Justinian, theils auf die betreffenden Stellen in dem „*πλάτος*“ des Stephanus, dem „*πλάτος τῶν κωδίκων*“ oder dem „*κατὰ πόδας*“ des Thalelaeus, und in den Summen des Cyrillus und Theodorus Bezug genommen. Die Formen, unter welchen die juristischen Quellen erscheinen, welche aus der Anwendung des Rechts auf Beziehungen des bürgerlichen Lebens entspringen, werden im Allgemeinen durch den Ausdruck *πεῖρα* (experientia) bezeichnet. Die Thätigkeit der Anwälte kommt hier weniger in Betracht, als die richterliche Thätigkeit. Denn die erstere hat einen im Wesentlichen vorübergehenden Charakter, welcher keine Spur hinter sich läßt, und die abweichenden Meinungen der streitenden Theile sind beide oft gleich weit von der richtigen Auslegung des Gesetzes entfernt. Von Seiten der richterlichen Thätigkeit kommen in Betracht die richterlichen Entscheidungen, *ψῆφοι* (sententiae), die Proceßhandlungen, *ὑπομνήματα* (acta judicii), die Meditationen oder Consultationen, *μελέται* (meditationes), endlich Entscheidungen, welche in die öffentlichen Acten eingetragen sind, *πράξεις* (acta publica) und in den Registern der Gerichtsschreiber aufbewahrt werden, *κωδίκελλα* (codicilla). Diese Entscheidungen sind eine wichtige Rechtsquelle, ihre Uebereinstimmung in gewissen Regeln bildet den Gerichtsgebrauch.

II. Zeitraum von Romanus III. bis zum Untergange des byzantinischen Reiches (1028—1453). Die juristische Literatur dieser Zeit besteht entweder 1) in einfacher und wörtlicher Wiederholung früherer Arbeiten, oder 2) in Modificationen, welche frühere Arbeiten in neuen Combinationen erlitten haben, oder 3) in ganz neuen juristischen Schriften. Zu 1). Unter der Zahl der älteren Schriften, welche in den Handschriften wörtlich wiederholt werden, sind vorzüglich die Institutionen zu erwähnen. Sie gelten noch jetzt als der beste Ueberblick über das Recht, zur Einleitung in die anderen Rechtsbücher dienend. Sie stehen bei Psellus in der chronologischen Aufführung der Rechtsquellen an der ersten Stelle, und haben dieselbe Stelle noch bei Harmenopulus, dem letzten der byzantinischen Juristen. Aus diesen Zeugnissen geht das Dasein einer Verbindung des Unterrichts in den Anfangsgründen der Rechtswissenschaft und der Rechtsgeschichte hervor. Hieraus erklärt sich, daß die Institutionenparaphrase des Theophilus beständig Jahrhunderte hindurch bis zum Ende des byzantinischen Reiches sich forterhalten hat und abgeschrieben worden ist. Die bekannten Handschriften derselben gehören ganz diesem Zeitraume an. Eine andere Arbeit über die Institutionen existirt in der Bibliothek des Patriarchen von Jerusalem. Eine von Minas genommene Abschrift befindet sich in der k. pariser Bibliothek (Suppl. gr. nr. 481). Diese Paraphrase führt den Titel: Τῆς βασιλικῆς διδασκαλίας ἤτοι τῶν βασιλικῶν ἰνστιτούτων σύνταγμα. Eine προθεωρία in Form der Vorrede ersetzt das Promulgationspatent und der Inhalt folgt Schritt für Schritt dem Original. Die Abfassung dieser Schrift fällt wahrscheinlich in eine der Regierung Justinian's sehr nahe Zeit; ihre Erhaltung aber verdanken wir den Arbeiten der späteren Juristen im 11. Jahrhundert. Indessen beschränkte sich die Wissenschaft nicht auf diese Rechtscompendien. Bis zum 13. Jahrhundert vereinigten sich die Elementarkenntnisse mit umfänglicheren und wichtigeren Studien. Die aus dem 11., 12. und 13. Jahrhundert herrührenden Handschriften der Basiliken und ihrer Scholien beweisen die Beschäftigung mit den Schriften der alten Juristen in dieser Zeit, jedoch nur insoweit dieselben Bestandtheile der Basilikenscholien geworden waren. Eine in dieser späten Epoche der byzantinischen Rechtswissenschaft sehr merkwürdige Thatsache ist das Dasein zweier Handschriften der Novellen Justinian's; die eine ist aus dem 13. Jahrhundert, zu Venedig (Codex Marcianus 174), die andere aus dem 14. Jahrhundert, zu Florenz (Codex Laurent. LXXX, 4); und als Ergänzung der Novellensammlung eine Handschrift von 1340 (Codex Bodleian. 264), welche eine Sammlung der Edicta Praefectorum Praetorio enthält. Das Dasein dieser Handschriften ist um so bemerkenswerther, als sie aus einer Zeit herrühren, zu welcher die alten Rechtsquellen schon längst nicht mehr im Gebrauche waren. Indessen erklärt sich dies aus der besonderen Stellung, welche die Novellen während der ganzen Dauer des Reiches behauptet haben und welche sie unabhängig von den übrigen Rechtsquellen erscheinen lassen. Psellus hat einen Theil seiner Synopsis (v. 363 seq.) zur Auseinandersetzung des Rechts der Novellen bestimmt. Er hatte ein vollständiges Exemplar der Novellen vor sich; der von ihm gemachte Unterschied zwischen den noch geltenden und den unbrauchbar gewordenen Vorschriften derselben und der Ausdruck: τῶν νεαρῶν βιβλίον (v. 456), mit welchem er die Novellen bezeichnet, läßt darüber keinen Zweifel. Gleichfalls auf die Novellen beziehen sich zwei andere Arbeiten, der sogenannte Index Reginae, und die σύνοψις ἀκριβὴς τῶν νεαρῶν τοῦ Ἰουστινιανοῦ, deren Zweck ist, die unpraktisch gewordenen Novellen und die noch in Anwendbarkeit verbliebenen kennen zu lernen; dies setzt von Seiten ihrer Verfasser den Besitz der Sammlung der 168 Novellen voraus. Für das 12. Jahrhundert beweisen die Scholien des Balsamon zu dem Syntagma des Photius, daß Balsamon noch alle Theile der Justinianeischen Gesetzgebung besaß. Ein Jahrhundert später wurden die Basiliken in Folge der davon gemachten Auszüge, namentlich der Synopsis, vernachlässigt, und fast um diese Zeit wurden auch die Novellen Justinian's noch abgeschrieben, wie die oben genannten Handschriften von Venedig und Florenz beweisen. Dieses Zusammentreffen ist kein zufälliges. Es ereignet sich zu derselben Zeit, zu welcher die Basiliken von den Juristen für einen ihnen gleichgeachteten Text, welcher nunmehr zur Anwendung zu genügen schien, aufgegeben und vernachlässigt wurden. Es ist aber bemerkenswerth, daß dieser zum Ersatz der Basiliken von den Juristen angenommene abgekürzte Text im Gebrauche der Novellen ungenügend erschien, da Randscholien der Synopsis auf den Novellentext selbst in der Ordnung der Sammlung der 168 Novellen verweisen. Eine solche Nachsuchung war blos mit Hilfe der Synopsis oder auch der Basiliken selbst nicht möglich. Scholien dieser Art setzen die gleichzeitige Gegenüberstellung und folgeweise das unabhängige Dasein einer Novellensammlung voraus, sei es einer vollständigen, oder einer mit der neuen Gesetzgebung (mit den Basiliken) in Uebereinstimmung gebrachten. So erklärt sich, warum in so später Zeit des Reiches die griechischen Juristen an der Wiederholung der Novellen noch ein Interesse hatten, als die anderen Rechtsbücher Justinian's schon seit Jahrhunderten vergessen waren. Das lange Dasein, welches die Institutionen dadurch erhielten, daß sie die Anfangsgründe der Rechtswissenschaft enthielten, verdankten die Novellen ihrem praktischen Nutzen und ganz besonders ihrem ursprünglich griechischen Texte. Die gebräuchlichsten Quellen des bürgerlichen Rechts waren hiernach: das Prochiron, die Ecloga, die Epanagoge, Theophilus, die Synopsis und die Novellen. Auf diese Texte bezieht sich die rechtswissenschaftliche Thätigkeit der letzten Zeit. Zu 2). Zu Anfange dieses Zeitraums und als die Ruhe wiederhergestellt war, erschienen zwei juristische Werke, welche einer gewissen Originalität nicht entbehren. Beide haben die hauptsächliche Bestimmung, die neuerlich in der Rechtswissenschaft eingeführten Neuerungen zur allgemeinen Kenntniß und zum Verständniß Aller zu bringen, und die Praxis mit der durch die letzten Unruhen unterbrochenen Wissenschaft wieder zu verbinden. Es sind dieses die Synopsis legum von Michael Psellus, und das Ποίημα oder Πόνημα νομικόν von Michael Attaliata. Neben diesen Elementarwerken, aber später, entstehen neue, mehr oder weniger modificirte Redactionen der juristischen Handbücher (Enchiridia juris), welche hauptsächlich zur Anwendung des Rechts bestimmt sind, wie die Epitome Marciana, das Prochiron auctum, die Epitome Leunclaviana. Zu 3). Die Basiliken, welche gegen das Ende des 12. Jahrhunderts ganz die Justinianeischen Gesetzbücher verdrängen und an deren Stelle treten, geben Veranlassung zu neuen wichtigen, nur auf sie bezüglichen Arbeiten. Hierher gehören die Randscholien neuerer Scholiasten, des Johannes Nomophylax, Calocyrus Sextus, Constantinus Nicaeus, Gregorius Doxapater, Patzus und Hagiotheodorita, sowie die von einem dem Namen nach nicht bekannten Schüler des zuletzt genannten Juristen verfaßte Glosse zu den Basiliken, Arbeiten, welche selbständig sind und nicht mehr in bloßen

Auszügen früherer Werke bestehen. Neben diesen wissenschaftlichen Entwickelungen entstehen Hilfsmittel, welche der praktischen Anwendung dienen, sei es durch die Basiliken selbst, wie der sogenannte Tipucitus und die Ecloga librorum I—X. Basilicorum, theils durch die Vermittelung anderer Arbeiten, wie die Synopsis Basilicorum secundae et tertiae classis und die Synopsis minor. Endlich sind neue selbständige Werke die Monographien, wie die Schrift des Garidas de actionibus und desselben relatio de homicidiis, die kleineren Werkchen von Michael Psellus u. a. m. Die Praxis war für die Theorie selbst anregend. Denn die direct auf die Basiliken bezüglichen Scholien sind grösstentheils Bemerkungen, welche durch die praktische Anwendung des Rechts veranlaßt sind.

§. 35. *Ecloga Legum in epitome expositarum.*

Dieses Werk führt in den Handschriften den Titel: *Ἐκλογὴ νόμων τῶν ἐν ἐπιτόμῳ ἐκτεθειμένων*. Zachariä v. L. hat es kurz Epitome genannt und diesen Namen will man der Kürze halber beibehalten. Es ist nicht vollständig auf uns gekommen, sodaß sogar die Reihefolge der letzten Titel zweifelhaft ist. Die Handschriften, in denen es sich erhalten hat, sind: 1) Cod. Vatic. 640, welcher fol. 259 die Vorrede von einer neueren Hand geschrieben enthält; 2) Cod. Vatic. 2075 s. Basilianus 114, auf Pergament, in Octav, im 11. Jahrhundert geschrieben. Fol. 1—24 enthalten Einiges aus Justinian's Novellen und aus der Appendix Eclogae, die canones Apostolorum, eine Stelle des Prochiron (XXXIV, 17), griechisch-lateinische Glossen, endlich einen Tractat über die Zeiten der Synoden. Auf der Rückseite von fol. 24 beginnt die Epitome ohne Inscription und Vorrede. Voran geht ein Titelverzeichniß; dann folgen *κεφάλαια τοῦ νόμου τοῦ ῥοδίου, κεφάλαια νόμων γεωργικῶν κατ' ἐκλογὴν ἐκ τοῦ Ἰουστινιανοῦ βιβλίου*, und 45 Titel, deren erster die Rubrik *περὶ νόμου καὶ δικαιοσύνης*, der letzte die Rubrik *περὶ κεφαλικῶν ἐγκλημάτων, καὶ περὶ φόνων ἑκουσίων καὶ ἀκουσίων, καὶ περὶ εὐνουχιζομένων καὶ αἰσχρότητος* hat. Nach der Epitome folgt Basil. lib. L. tit. 1 seq. (von Heimbach in der Basilikenausgabe benutzt), dann *περὶ στρατιωτικῶν ἐπιτιμίων ἐκ τοῦ Ῥούφου καὶ τῶν τακτικῶν*, zuletzt Basil. lib. XL. tit. 12 seq. 3) Cod. Bodlejanus 173, welcher fol. 301—327 die Vorrede der Epitome, das Verzeichniß der Titel 1—28 und diese Titel selbst enthält. 4) Cod. Laurentianus LVI, 13. fol. 93—107. In dieser Handschrift steht zwar das Titelverzeichniß der Vorrede voran, im Uebrigen stimmt sie so sehr mit der Bodlejanischen überein, daß sie aus dieser abgeschrieben zu sein scheint. Mehrere Blätter sind ausgefallen; 16 Blätter davon sind 5) im Cod. Bienerianus 4. fol. 17—32 erhalten. 6) Cod. Vindob. jur. gr. 3. Diese zuletzt gedachte Handschrift enthält fol. 122—201 Fragmente, welche aus der Vorrede und den Titeln 2. 3. 5—9. 11—21. 23—34. 36—39. 44—50 der Epitome excerpirt sind. Es scheint nämlich der Abschreiber, als er diese Handschrift schrieb, bereits eine Abschrift der Epitome besessen, und nachdem er eine vollständigere Handschrift der Epitome erlangt hatte, das, was er in dieser mehr fand, als Ergänzung der früheren Abschrift in diese Handschrift eingetragen zu haben. Daher kommt es, daß die wiener Handschrift aus dem Context der Titel nur sehr wenige Capitel gibt, die Capitel aber, welche in den übrigen Handschriften wie Scholien an den Rand geschrieben oder unter die einzelnen Capitel gesetzt sind, beinahe alle enthält und sogar Stellen liefert, welche sich in den übrigen Handschriften nicht finden. Zachariä v. L. hat, um ein Bild von der wiener Handschrift zu geben, den Titel 24 der Epitome daraus abdrucken lassen. Außer den bisher aufgeführten Handschriften sind für die Kritik und Geschichte der Epitome diejenigen juristischen Werke von großem Nutzen, deren Verfasser sich zu deren Compilation der Epitome als Quelle bedient haben. Es gehören hierher: 1) die Epitome ad Prochiron mutata, im Cod. Marcian. 579 und Bodlej. 3399 erhalten, welche aus dem Prochiron, der Epitome und anderen Quellen zusammengetragen ist, und ganze vollständige Titel der Epitome enthält; 2) die Epitome Laurentiana im Cod. Laurent. LXXX, 6 erhalten. Voran geht die Vorrede der Epitome; es folgt ein *πίναξ τῶν πεντήκοντα τίτλων τῶν ἐκτεθέντων παρὰ ἐμβάτου* (sic); dann kommt die Vorrede des Prochiron und die *κατάταξις τεθεῖσα ὑπὸ τῶν πανευσεβῶν βασιλέων*. Hierauf folgt das Werk selbst; Titel 1—40 sind aus dem Prochiron, aber aus der Epitome bereichert; zwischen Titel 10 und 11 ist Titel 20 *ἐκ τοῦ μεγάλου βιβλίου*, d. h. aus der Epitome; zwischen Titel 18 und 19 ist Titel 20, und nach Titel 39 ist Titel 11 *ἐκ τοῦ μεγάλου βιβλίου* eingeschaltet; Titel 41—50 sind alle aus der Epitome. 3) Das Prochiron Vaticanum; 4) die Ecloga ad Prochiron mutata; 5) die Epitome Marciana. Der vollständige Titel des Werkes ist: *Ἐκλογὴ νόμων τῶν ἐν ἐπιτόμῳ ἐκτεθειμένων, καὶ εἰς ν' τίτλους διῃρημένων, τῇ μὲν τῶν χρηματικῶν τίτλων μ', τῇ δὲ τῶν ποινικῶν τίτλων ι', ἀπὸ δὲ δυοδεκαδέλτου, τῶν θειοτάτων Ἰουστινιανοῦ καὶ Ἰνστιτούτων καὶ τῶν καλουμένων παρ' αὐτοῖς τῆς ἐκλογῆς τοῦ ἐγχειριδίου, καθὼς ὑποτέτακται μετὰ τοῦ καθιστορικοῦ προοιμίου.* Die Vorrede beginnt mit den Worten: *Τῆς νομικῆς μεγαλοφυοῦς δικαιοσύνης κ. τ. λ.* Ein Titelverzeichniß findet sich im Cod. Basil. 114. Bodlej. 173. Laurent. LVI, 3. Vindob. 3, in keinem jedoch ganz vollständig. Die Folge der 50 Titel in dem Werke selbst ist die nachstehende. *Τί. α'. περὶ νόμου* [*καὶ*] *δικαιοσύνης. Τί. β'. περὶ νόμου φυσικοῦ, ἐθνικοῦ καὶ πολιτικοῦ. Τί. γ'. περὶ νόμου ἀγνοίας καὶ περὶ ἀμφιβαλλομένων. καὶ περὶ αἱρέσεων. Τί. δ'. περὶ παίδων κυοφορουμένων καὶ περὶ μαινομένων. Τί. ε'. περὶ αὐτεξουσιότητος καὶ ὑπεξουσιότητος καὶ λύσεως αὐτῶν, καὶ περὶ υἱοθεσιῶν καὶ περὶ εὐνούχων. Τί. ϛ'. περὶ νομῆς καὶ περὶ τεσσαρακονταετοῦς χρήσεως νομῆς* (l. *μνήμης*) *καὶ χρήσεως καρπῶν. Τί. ζ'. περὶ μισθώσεως καὶ ἐμμισθώσεως καὶ περὶ ἐμφυτεύσεως. Τί. η'. περὶ ἐκ-*

ἐκκλησιαστικῶν πραγμάτων καὶ περὶ ἐπισκόπων καὶ μοναχῶν καὶ κληρικῶν. Τί. θ'. περὶ τῶν διοικούντων ἀλλότρια πράγματα καὶ περὶ τῶν προστησάντων δούλους, καὶ περὶ ὑπεξουσίων καὶ πεκουλίων αὐτῶν, καὶ περὶ τῶν ἐπὶ προστασίᾳ διδομένων. Τί. ι'. περὶ συστάσεως κοινωνίας καὶ λύσεως αὐτῆς. Τί. ια'. περὶ πάκτου ἤτοι συμφώνων καὶ περὶ διαλύσεως. Τί. ιβ'. περὶ ἐνάγοντος καὶ ἐναγομένου καὶ τίνος βαρύνει τῇ ἀποδείξει, καὶ περὶ ὅρκου. Τί. ιγ'. περὶ μαρτύρων εὐπροσδέκτων καὶ κεκωλυμένων. Τί. ιδ'. περὶ ἀρχόντων καὶ περὶ δικαστῶν καὶ ψήφου αὐτῶν καὶ περὶ συνηγόρων καὶ περὶ προστίμων. Τί. ιε'. περὶ δημοσίων πραγμάτων καὶ περὶ ὑποτελῶν καὶ ἐξκουσατῶν. Τί. ιϛ'. περὶ πράσεως καὶ ἀγορασίας. Τί. ιζ'. περὶ δανείου καὶ ἐνεχύρου καὶ τόκου. Τί. ιη'. περὶ παρακαταθήκης καὶ ὑποθήκης, καὶ περὶ πραγμάτων ὧν ἡ δεσποτεία φιλονεικεῖται. Τί. ιθ'. περὶ ἐγγυητῶν καὶ μανδατώρων. Τί. κ'. περὶ μνηστείας καὶ ἀρραβῶνος. Τί. κα'. περὶ δωρεῶν μνηστείας. Τί. κβ'. περὶ κεκωλυμένων γάμων. Τί. κγ'. περὶ ὅρου καὶ διαθέσεως γαμικῶν. Τί. κδ'. περὶ λύσεως γάμου καὶ τῶν αἰτιῶν αὐτῆς, καὶ περὶ παίδων νόθων καὶ ἀθεμιτογαμίας. Τί. κε'. περὶ δευτερογαμούντων καὶ πρὸ γάμου δωρεᾶς καὶ περὶ τῶν πενθουσῶν γυναικῶν καὶ ἀναργυρίας προικός. Τί. κϛ'. περὶ διαλυομένου συνοικεσίου ἡ προὶξ κατὰ ποῖον τρόπον ἀπαιτεῖται καὶ περὶ διατηρήσεως αὐτῆς. Τί. κζ'. περὶ πάκτου προικὸς καὶ δικαίου προικὸς καὶ τῶν βαρῶν αὐτῆς. Τί. κη'. περὶ δωρεῶν καὶ ἀνατροπῆς δωρεῶν. Τί. κθ'. περὶ διαθήκης αὐτεξουσίων καὶ ὑπεξουσίων καὶ στρατιωτικῆς διαθήκης, καὶ τίνες ἐν αὐτῇ μαρτυροῦσιν. Τί. λ'. περὶ ἀνατροπῆς διαθήκης καὶ περὶ μέμψεως αὐτῆς. Τί. λα'. περὶ διαθήκης ἀπελευθέρων καὶ περὶ προνομίων πατρώνων, καὶ περὶ διακατοχῶν. Τί. λβ'. περὶ Φαλκιδίου καὶ ἀμέτρων δωρεῶν καὶ κωδικίλλων. Τί. λγ'. περὶ ἐνστάσεως κληρονόμων καὶ ὑποκαταστάσεως καὶ περὶ συνεισφορᾶς προικὸς καὶ διαιρέσεως αὐτῶν. Τί. λδ'. περὶ ἀποκαταστάσεως ἐλαττόνων τῶν κε' ἐνιαυτῶν καὶ περὶ πληθυντικῆς ὑποκαταστάσεως καὶ περὶ πεκουλίων αὐτῶν. Τί. λε'. περὶ ἀποκλήρων. Τί. λϛ'. περὶ ἐπιτρόπων καὶ κουρατόρων. Τί. λζ'. περὶ ληγάτων προσκαίρων καὶ διηνεκῶν. Τί. λη'. περὶ ἐλευθεριῶν καὶ ἀποδουλώσεων. Τί. λθ'. περὶ παραγγελίας καὶ περὶ καινοτομίας, καὶ περὶ δουλείας οἴκων καὶ ἀγρῶν νομῆς. Τί. μ'. κεφάλαια τοῦ νόμου τοῦ ῥοδίου κατ' ἐκλογήν. Τί. μα'. κεφάλαια νόμου γεωργικοῦ κατ' ἐκλογὴν ἐκ τοῦ Ἰουστινιανοῦ βιβλίου. Τί. μβ'. περὶ στρατιωτικῶν ἐπιτιμίων ἐκ τοῦ ῥούφου καὶ τῶν τακτικῶν. Τί. μγ'. περὶ βίας καὶ ἁρπαγῆς πραγμάτων καὶ ἀγρῶν, καὶ περὶ στασιαστῶν καὶ περὶ ἀπελατῶν, καὶ περὶ κατασκαψάντων καὶ ἐμπρησμῶν καὶ τάφων. Τί. μδ'. περὶ τῶν δημευομένων ἐν τῷ φίσκῳ καὶ περὶ ἀναζητουμένων, καὶ περὶ δεσποτευομένων, καὶ περὶ αἱρέσεων. Τί. με'. περὶ ὕβρεων καὶ ἁμαρτημάτων ἐλευθέρων τε καὶ δούλων. Τί. μϛ'. περὶ συκοφαντῶν καὶ κατηγόρων, καὶ περὶ δηλατόρων, καὶ περὶ πλαστοῦ, καὶ περὶ δόλου ἀπελασιαζομένου, καὶ περὶ θησαυροῦ. Τί. μζ'. περὶ κλεπτῶν καὶ ἱπποδεκτῶν καὶ ἱεροσύλων καὶ ἐξανδραποδιστῶν. Τί. μη'. περὶ κεφαλικῶν ἐγκλημάτων καὶ περὶ φόνων ἑκουσίων καὶ ἀκουσίων, καὶ περὶ εἰσοικιζομένων καὶ αἰσχρότητος. Τί. μθ'. περὶ μοιχείας καὶ ἁρπαγῆς γυναικῶν, καὶ περὶ πορνῶν καὶ πορνοβοσκῶν. Τί. ν'. περὶ ἐγκλημάτων καὶ ἐλέγχων καὶ περὶ ἐγκλήτων, καὶ περὶ κανόνων. — Wer der Verfasser der Epitome gewesen ist, ist ungewiß. Nach dem Titel der Epitome Laurentiana sind die 50 Titel der Epitome von einem gewissen Symbatus verfaßt, und Zachariä von L. hatte deshalb früher die Vermuthung aufgestellt, daß von Symbatus die Epitome Laurentiana herrühre, später aber solche dahin geändert, daß er den Namen Symbatus für verdorben aus dem Namen Symbatius hält. Es ist aber nicht wahrscheinlich, daß Symbatius, welcher an der Spitze der von Leo dem Weisen zur Abfassung der Basiliken ernannten Commission stand, der Verfasser der Epitome sei. Wenn es auch der Zeit nach möglich wäre, so steht doch sowol die Beschaffenheit der Epitome selbst entgegen, welche eines solchen Mannes, wie Symbatius war, kaum würdig ist, als auch der Umstand, daß der Verfasser der Epitome selbst in der Vorrede den Symbatius als Verfasser der Basiliken nennt. Daher ist wol auch die Epitome Laurentiana nicht das Werk des Symbatius, sondern es ist der Name des Symbatius aus jener Stelle der Vorrede mit Unrecht in den Titel der Epitome übertragen worden. Zu welcher Zeit die Epitome abgefaßt sei, ergibt die Vorrede am Ende in den Worten: ἐν τῷ πρώτῳ ἔτει τοῦ αὐτοκράτορος Ῥωμανοῦ βασιλέως. In der Epitome Laurentiana, welche auch die Vorrede der Epitome an ihrer Spitze hat, wird dieselbe Stelle so wiedergegeben: ἐν τῷ πρώτῳ ἔτει τοῦ αὐτοκράτορος Κωνσταντίνου τοῦ υἱοῦ Λέοντος τοῦ εὐεργέτου. Jene Zeitbemerkung geht ungefähr auf das Jahr 920 nach Chr., diese aber auf das Jahr 912 oder 945. Die Lesart der Epitome Laurentiana scheint aber verwerflich zu sein, theils weil die übrigen Handschriften, welche die Epitome selbst enthalten, entgegen sind, theils weil der Verfasser der Epitome, wenn er im J. 912 geschrieben hätte, die Worte: τοῦ υἱοῦ Λέοντος τοῦ εὐεργέτου nicht hinzugefügt haben würde, da diese auf einen neueren Geschichtschreiber hinweisen, zu jener Zeit aber zur Bezeichnung des Kaisers Constantinus nicht gewöhnlich waren. Vielleicht hat der Verfasser der Epitome Laurentiana, welcher die Epitome dem Symbatius zuschreibt, auch seine Bemerkungen über die Chronologie jener Zeit in die Vorrede hineingetragen; oder er wollte das Jahr 945 bezeichnen, in welchem er selbst aus der Epitome und dem Prochiron sein Werk zusammensetzte. Die wahre Zeit der Abfassung der Epitome ist das erste Jahr der Regierung des Kaisers Romanus des Aeltern, d. i. das Jahr 920 nach Chr. Ueber das System, welches der Verfasser der Epitome befolgt, läßt sich nur so viel sagen, daß es zwar zunächst durch die Eintheilung in 50 Titel an die 50 Bücher der Digesten erinnert, dennoch aber mit dem Systeme der Digesten ebenso wenig, als mit dem des Codex oder der Basiliken, oder eines der drei Legalcompendien (Ecloga,

Prochirum, Epanagoge) zusammentrifft. Vergleichungen mit diesen Systemen führen zu keinen erheblichen Resultaten. Als Quellen der Epitome nennt deren Ueberschrift den δωδεκάδελτος, die Digesten Justinian's, die Institutionen und Novellen, sowie das ἐγχειρίδιον. Unter dem δωδεκάδελτος sind nicht die 12 Tafeln, sondern die 12 Bücher des Codex zu verstehen. Das ἐγχειρίδιον scheint das Prochirum des Basilius zu bezeichnen. Denn die Epitome enthält einige Capitel, welche sich im Prochirum finden, nicht aber in der Epanagoge; daher ist nicht diese, sondern das Prochirum von dem Verfasser der Epitome benutzt worden. Ungewiß ist, woher der Verfasser die Justinianeischen Gesetzbücher gekannt hat. Er bringt Stellen aus den Digestenbearbeitungen des Stephanus und Anonymus, aus den Codexbearbeitungen des Thalelaeus und Theodorus, aus dem Breviarium Novellarum des Theodorus und aus anderen Commentaren der alten Juristen zu jenen Büchern; er scheint aber selbst nicht alle jene Commentare unmittelbar benutzt, sondern ein Werk zur Hand gehabt zu haben, welches eine Compilation aus jenen Commentaren enthielt. Zunächst kann man hier an die Basiliken und deren Scholien denken. Obgleich sich Spuren der Basiliken in der Epitome finden, so steht doch entgegen, daß der Verfasser sehr viele Stellen aus des Theophilus Institutionen, aus der Epitome Novellarum des Athanasius und anderen zusammengetragen hat, welche den Basiliken und deren Scholien ganz fremd sind. Man könnte daher, wie auch Zachariä v. L. früher gethan hat, an ein sonst unbekanntes Werk denken, und in der That geschieht eines solchen an drei Stellen Erwähnung. So wird in der Epitome ad Prochirum mutata tit. VI. βι. ϛ'. τι. ιζ' τῆς συλλογῆς citirt, ferner in tit. IX. βι. ια'. τι. α'. διατ. α'. τῆς συλλογῆς und in der Epitome Marciana tit. XXIV findet sich folgende Stelle: κεφάλ. β' ἡ γεωργικὴ πρὸς Ἑρμογένην μέγιστον τῶν ὅλων ἐπάρχων καὶ τοῦ μεγάλου βιβλίου τῆς ἐκλογῆς γ'. βι. καὶ βι. ιη'. τι. ιδ' περὶ δευτερογαμίας ἀνδρῶν καὶ γυναικῶν. Aber auch dies ist zu ungewiß. Daher muß man wol mit Zachariä v. L. bei dem stehen bleiben, was die Ueberschrift der Epitome anzeigt. Dort wird die Epitome genannt: ἐκλογὴ νόμων τῶν ἐν ἐπιτόμῳ ἐκτεθειμένων καὶ εἰς ν' τίτλους διῃρημένων. Der Verfasser hatte also eine andere Sammlung von Gesetzen aus den alten Büchern in 50 Titeln zur Quelle und veranstaltete daraus eine Auswahl, σὺν τῇ ἐκλογῇ τοῦ ἐγχειριδίου, d. h. indem er eine Auswahl von Stellen aus dem Prochirum beifügte. Da der Verfasser die griechischen Bearbeitungen der Justinianeischen Gesetzbücher unabhängig von den Basiliken und deren Scholien benutzt hat, so ist die Epitome für die Kritik und Exegese des römischen Rechts unter allen byzantinischen Rechtsbüchern eines der wichtigsten; sie ist aber auch deshalb wichtig, weil sie so vielfach von den späteren byzantinischen Juristen benutzt worden ist. Zachariä v. L. hat 1837 die Vorrede und den Titel 1. in seinem Prochir. p. 287—305 herausgegeben. Später sind nur die ersten 23 Titel von Zachariä v. L. im J. 1856 herausgegeben worden. Derselbe konnte die übrigen Titel aus dem Cod. Vaticanus, welcher sie allein echt gibt, während seines Aufenthaltes zu Rom wegen der Kürze der Zeit nicht abschreiben. Die Grundlage der Ausgabe bilden der Cod. Bienér. und Bodlej., mit welchen der Cod. Laurent. und Vatic. weniger sorgfältig, der Cod. Vindob. aber genau verglichen worden sind. Dann sind zu Titel 3 der Titel 41 der Epitome Marciana, zu Titel 20 fg. die Titel 1 fg. der Epitome Laurentiana, zu diesen und anderen Titeln die Epitome ad Prochirum mutata benutzt worden.

§. 36. *Scholia Basilicorum.*

I. Ueber die Frage, ob Scholien zu dem ganzen Basilikenwerke existirt haben. Außer dem Texte der Basiliken gibt es in den meisten Handschriften, welche sich erhalten haben, Anmerkungen verschiedenen Charakters, welche unter dem Namen der Scholien der Basiliken bekannt sind. Diese Scholien sind in den Handschriften theils durch die Schrift, theils durch den Ort, wo sie hingeschrieben sind, vom Texte genau unterschieden, sodaß eine Verwechselung beider nicht wohl möglich ist. Die Scholien sind durchgehends mit kleinerer Schrift geschrieben, als der Text; ihre Stellung haben sie am Rande des Textes und unter dem Texte. Nur zwei Handschriften enthalten den bloßen Basilikentext, nämlich der Cod. Paris. 1357 (lib. XLVI—LII.) und Cod. Coislin. 151 (lib. I—IX.). Daher haben wir zu lib. XLIX—LII. Basil. gar keine Scholien. Aber auch unter den Handschriften, welche den Text mit Scholien enthalten, gibt es manche, welche zu einigen Büchern Scholien liefern, zu anderen nicht. So fehlen z. B. im Cod. Paris. 1352 (lib. I—XVIII.) zu lib. IX. X. die Scholien ganz; zu den anderen in dieser Handschrift enthaltenen Büchern finden sich theils längere, theils kürzere Scholien. Da ein großer Theil der Basiliken verloren gegangen ist, so entsteht zuvörderst die Frage, ob die Scholien auf das ganze Basilikenwerk sich erstreckt haben. Die oben angeführten Thatsachen, daß in einigen Handschriften der bloße Basilikentext gegeben wird, in anderen zu einigen Büchern Scholien sich finden, zu anderen nicht, scheinen dafür zu sprechen, daß die aufgeworfene Frage zu verneinen sei. Es werden aber auch zu den Büchern der Basiliken, von welchen die Handschriften blos den Text liefern, sowie zu den verloren gegangenen Büchern sowol alte Scholien, welche aus Excerpten aus den Schriften der Justinianeischen Juristen bestehen, als neue citirt. Eine Durchsicht der vorhandenen Scholien führt zu dem Resultate, daß sowol alte als neue Scholien zu dem ganzen Basilikenwerke vorhanden gewesen sind. Denn häufig werden von den neueren Scholiasten zu den Büchern, welche in den vorhandenen Handschriften keine Scholien haben, die *παλαιαί* oder *παραγραφαὶ τῶν παλαιῶν* citirt. Da die neueren Scholiasten mit diesen Ausdrücken die Juristen des sechsten Jahrhunderts im Gegensatze der *νέαι παραγραφαί* oder *σχόλια*, der später beigefügten Anmerkungen, bezeichnen, so muß nothwendig aus den Citaten der παλαιοί zu den Büchern, welche in den Handschriften keine Scholien haben, sowie zu den verloren gegangenen Büchern auf das Vorhandensein sowol alter als neuer Scholien zu diesen Büchern geschlossen werden. Gewiß ist, daß die späteren Scholiasten jene Anmerkungen der alten Juristen nicht unmittelbar aus deren Schriften geschöpft haben. Denn abgesehen davon, daß schon der Ausdruck παλαιοί nicht auf den unmittelbaren Gebrauch der Schriften der Juristen des 6. Jahrhunderts hinweist, sondern vielmehr auf den Gebrauch der daraus entlehnten und dem Basilikentexte beigefügten Excerpte, beweist die Art und Weise, wie die neueren Scholiasten die Anmerkungen der alten Juristen citiren, dafür, daß sie aus den sogenannten alten Scholien, aus den dem Basilikentexte beigefügten Excerpten der Schriften der alten Juristen geschöpft haben. Sie citiren nämlich die Anmerkungen der alten Juristen zu Basilikenstellen, nicht zu Stellen der Justinianeischen Rechtsbücher, gleichsam als ob jene Anmerkungen den Text der Basiliken erläuterten. Dies weist zugleich auf die Zeit hin, wo die Basiliken die Justinianeischen Rechtsbücher verdrängt hatten, und man nur von den alten Scholien, nicht mehr unmittelbar von den Schriften der alten Juristen selbst, Gebrauch machte. Für die Beantwortung der aufgeworfenen Frage sind ferner die gegen das Ende des 12. Jahrhunderts geschriebenen Handschriften der Synopsis Basilicorum wichtig, welche Excerpte aus den Basilikenscholien am Rande haben. Aus einer dieser Handschriften ist die Leunclavische Ausgabe der Synopsis geflossen, welche bisweilen Scholien zu den verloren gegangenen Büchern der Basiliken liefert. Endlich ist für die Beantwortung jener Frage die Πεῖρα wichtig, welche häufig Basilikenstellen mit alten und neuen Scholien anführt. Durch diese Hilfsmittel kann der Nachweis geführt werden, daß sowol die alten, als die neuen Scholien sich auf das ganze Basilikenwerk erstreckt haben. Allerdings haben sich zu lib. XXXII. XXXIV. XLIX. LIV. LV. LVI. LVII. LIX. Basil. in den Scholien der Basiliken keine Scholien, weder alte, noch neuere citirt. Indessen kann daraus nicht abgeleitet werden, daß zu denselben gar keine Scholien existirt haben. Denn daß z. B. zu lib. LIV—LVII. keine Scholien citirt werden, findet in dem Inhalte dieser Bücher seine Erklärung, welcher sich auf das jus municipale, sacrale und militare bezieht, und daher wenig Veranlassung bot, in den auf das Privatrecht bezüglichen Büchern der Basiliken die Commentare der alten Juristen zu citiren. In der Ausgabe der Synopsis Basilicorum finden sich Scholien zu lib. IX. XIX. XXVI. XXXI. XXXIII. XXXIV. XXXV. L. LIII. LVIII. Basil. die Handschriften der Synopsis enthalten, aber ohne Zweifel auch Scholien zu anderen Büchern der Basiliken, als zu welchen sie sich in der Ausgabe der Synopsis finden. So enthält der Cod. Paris. 1351 unter den Scholien der Synopsis fol. 23. A. Auszüge der L. 1. C. X, 2 und der L. 5. C. X, 3 aus der Uebersetzung des Anatolius, welche beweisen, daß zu Basil. lib. LVI. tit. 5. 6, unter welchen Titeln jene Constitutionen standen, Scholien existirt haben. Die Πεῖρα endlich enthält viele Basilikenstellen und Scholien dazu, welche aus den Basilikenscholien entlehnt sind, z. B. zum 19. Buche, welche Zachariä v. L. in dem Supplementum editionis Basilicorum Heimbachianae und neuerdings im Jus Graeco-Romanum P. I. herausgegeben hat. Wenn es hiernach wol keinem Zweifel unterworfen ist, daß sich die Scholien, alte sowol, als neue, auf das ganze Basilikenwerk erstreckt haben, so entsteht doch die Frage, wie es zu erklären sei, daß es doch Handschriften gebe, welche den bloßen Basilikentext geben, wie z. B. der Cod. Coislin. 151 und Paris. 1357. Nimmt man mit Mortreuil eine gleichzeitige Abfassung der alten Scholien mit dem Basilikentexte unter öffentlicher Auctorität an, so bleibt die Existenz von Handschriften mit bloßem Texte ohne Scholien völlig unerklärlich, da, wenn auch die alten Scholien einen Bestandtheil des officiellen und mit gesetzlicher Auctorität versehenen Basilikenwerkes bildeten, dieselben nothwendig mit dem Texte abgeschrieben werden mußten. Wenn man aber, welches die richtige Ansicht ist, nur den Basilikentext als das officielle Gesetzbuch, die alten Scholien aber als später hinzugefügt betrachtet (vergl. §. 27. sub VIII), so findet das Dasein von Handschriften, welche den bloßen Basilikentext ohne Scholien enthalten, darin seine Erklärung, daß ursprünglich die Handschriften nur den Text enthalten, und sich einzelne Copien solcher ursprünglichen Handschriften erhalten haben.

II. Ueber die verschiedene Gestalt der Scholien in den Handschriften. Die Gestalt und Form der Scholien ist in den verschiedenen Handschriften verschieden. 1) Im Codex Haenelianus, Lugdunensis (lib. VIII), Constantinopolitanus (lib. XV—XVIII), Paris. 1349 und zum Theil Paris. 1354 (lib. XLV—XLVIII.) lassen sich zwei Arten Scholien unterscheiden; die erste besteht in kurzen Anmerkungen zum Texte der Basiliken, die zweite in Auszügen aus den Schriften der Juristen des 6. Jahrhunderts (sogenannten Scholia antiqua). Im Codex Haenelianus und Lugdunensis haben jene kurzen Glossen die Ueberschrift: Σχόλια; in den übrigen Handschriften stehen sie mitten zwischen den Zeilen und sind durch keine besondere Ueberschrift ausgezeichnet. In den beiden zuerst genannten Handschriften sind diese Glossen zahlreicher, als in den übrigen; der größte Theil der Scholien besteht aber aus Excerpten der Schriften der Juristen des 6. Jahrhunderts. 2) Im Codex Coislin. 152 (lib. XI—XIV), Laurent. LXXX, 11 und darnach theilweise im Paris. 1354 (lib. XXVIII. XXIX), Paris. 1345 (lib. XXXVIII—XLII), Paris 1350 (lib. LX) finden sich in den sogenannten Scholien außer den oben unter 1) bemerkten Bestandtheilen auch Erläuterungen neuerer Juristen, welche im Gegensatze der παραγραφαὶ τῶν παλαιῶν, der Excerpte aus den Schriften der Juristen des 6. Jahrhunderts νέαι παραγραφαί oder auch σχόλια genannt werden. Die Glossen sind im Cod. Coislin. 152 seltener, im Cod. Laurent. LXXX, 11 und Paris. 1350, wo sie zwischen den Zeilen des Textes stehen, häufiger, im

Cod. Paris. 1345 sehr selten. Die sogenannten alten Scholien sind in diesen Handschriften bald mehr, bald weniger interpolirt. Die in späterer Zeit gemachten Interpolationen und Abänderungen bestehen bald in Substitution der entsprechenden Basilikenstellen an die Stelle der aus den Justinianeischen Rechtsbüchern citirten Stellen, bald in Abänderung der den Juristen des 6. Jahrhunderts bei Digestenstellen gewöhnlichen Citirmethode, bald in Beifügung neuerer Anmerkungen zu den alten Scholien in der Art, daß sich erstere unmittelbar und ohne Absatz oder Unterbrechung an letztere anschließen, sodaß das alte Scholium und der spätere Zusatz anscheinend Ein Ganzes bilden. Die alten Scholien machen in den erwähnten Handschriften, mit Ausnahme des Codex Paris. 1350, den größten Bestandtheil der Scholien aus, in dem Cod. Paris. 1350 den geringeren. 3) Der Cod. Paris. 1348 (lib. XX—XXX) enthält Scholien, welche aus einer Handschrift der unter 2) angeführten Art, bald mehr, bald weniger vollständig — wol auch mit einzelnen Interpolationen — abgeschrieben worden sind. Die Redaction der Scholien ist zu den verschiedenen in dieser Handschrift enthaltenen Büchern verschieden. In B. 20. 24 herrschen die alten Scholien vor; von neueren findet sich fast keine Spur. In B. 21—23 machen die alten und neuen Scholien fast einen gleichen Bestandtheil der Scholien aus. In B. 25 Tit. 1 (zu den übrigen Titeln dieses Buches existiren keine Scholien) herrschen die alten Scholien vor. In den Büchern 28. 29. 30 ist die Masse der alten Scholien gegen die der neuen weit überwiegend. Die Bücher 26 und 27 haben in der genannten Handschrift keine Scholien. Die Interpolationen der alten Scholien zeigen sich am meisten zu den Büchern 28 und 29. Denn eine Vergleichung dieser Handschrift mit dem Cod. Laurent. LXXX, 11 beweist, daß letztere Handschrift die alten Scholien in größerer Zahl und in größerer Integrität enthält. Dem Cod. Paris. 1348 ist der Cod. Paris. 1352 (lib. I—XVIII) darin ähnlich, daß er Scholien enthält, welche aus einer Handschrift der unter 2) erwähnten Art abgeschrieben sind; er weicht aber darin ab, daß die alten Scholien in ihm viel mehr abgekürzt sind, als im Cod. Paris. 1348. Die Scholien hat Fabrot aus dem Cod. Paris. 1352 nicht vollständig herausgegeben. So viel sich nach der Fabrotischen Ausgabe beurtheilen läßt, sind die Scholien zu den Büchern 1. 3—6 selten, zu den Büchern 2. 7. 8 häufiger, und zwar alte und neue Scholien gemischt, zu den Büchern 11—14 sehr zahlreich, und zwar auch wieder alte und neue Scholien gemischt, doch so, daß die alten an Zahl und Masse überwiegen. Mit welcher Willkür die Abschreiber, welche den Cod. Paris. 1352 geschrieben haben, bei der Abkürzung der alten Scholien zu Werke gegangen sind, lehrt eine Vergleichung der von Fabrot zu den Büchern 8. 11—14 aus dieser Handschrift herausgegebenen Scholien mit denen, welche Ruhnken aus dem Codex Lugdunensis und Heimbach aus dem Cod. Coislin. 152 herausgegeben haben. Eine Eigenthümlichkeit des Cod. Paris. 1352 ist, daß er zu denjenigen Büchern der Basiliken, zu welchen die Compilatoren der alten Scholien den Commentar des Stephanus zu den Digesten excerpirt haben, auch Fragmente aus dem Commentar des Dorotheus liefert, nämlich zu Dig. lib. I. tit. 3 und lib. II. tit. 14. 15. Allerdings hat auch der Cod. Coislin. 152 zu Dig. lib. II. tit. 14 neben dem index des Stephanus auch noch einige Fragmente aus dem index des Dorotheus, aber in weit geringerer Zahl, als der Cod. Paris. 1352.

III. Verschiedene Bestandtheile der Scholien.

1) *Scholia antiqua.*

a) Glossen. Die von Zachariä von Lingenthal sogenannten Glossen, welche nach ihm den ersten Bestandtheil der sogenannten alten Scholien bilden, zeigen an, aus welchen Titeln der Digesten oder des Codex, oder aus welcher Novelle eine Stelle der Basiliken entlehnt sei; sie enthalten auch Citate von Parallelstellen aus den Basiliken, bisweilen auch kurze erläuternde Bemerkungen des Textes; öfters zeigen sie auch an, welche Stellen der Digesten oder des Codex in einem Basilikentitel weggelassen worden sind. In dem Codex Haenelianus und Lugdunensis haben diese Glossen die Ueberschrift: *Σχόλιον*. Die in diesen Handschriften enthaltenen Glossen citiren öfters auch Stellen der Digesten und des Codex, und sind überhaupt den Anmerkungen des Anonymus sehr ähnlich, sowol in Ansehung der Anfangsworte (*ἀνάγνωθι, ὅμοιον*), als hinsichtlich der Art und Weise, die Digestenstellen zu citiren. In dem Cod. Laurent. LXXX, 11 und dessen Abschrift, dem Cod. Paris. 1354, sowie auch in dem Cod. Paris. 1348 stehen die Glossen, welche den Basilikentext und einzelne Worte desselben erläutern, zwischen den Zeilen des Textes; außer diesen finden sich am äußersten Rande dieser Handschriften Glossen, welche Stellen der Justinianeischen Rechtsbücher citiren und ebenfalls den Anmerkungen des Anonymus sehr ähnlich sind. Man könnte sie für Anmerkungen des Anonymus selbst halten wollen; doch stehen diesem folgende Gründe entgegen. Erstens kann daraus, daß die Glossen zu den Büchern 8. 25. 29 rücksichtlich der Anfangsworte (*ἀνάγνωθι, ὅμοιον*) mit den Anmerkungen des Anonymus übereinstimmen, Nichts dafür abgeleitet werden, daß sie diesem selbst zuzuschreiben seien, da viele Glossen auch mit dem Worte *ζήτει* beginnen, welcher Anfang dem Anonymus ganz fremd ist. Sodann sind diese Glossen in den gedachten Büchern der Basiliken nicht blos den in die Basiliken übergegangenen Digestenstellen, sondern auch den in dieselben aufgenommenen Codexstellen beigefügt, was augenscheinlich gegen die Urheberschaft des Anonymus spricht, da dieser über den Codex Nichts geschrieben hat. Ferner haben die Anmerkungen des Anonymus in den Handschriften eine ganz andere Stelle, als die Glossen, und sind, wie die alten Scholien überhaupt, von derselben Hand, wie der Text, jedoch mit kleinerer Schrift, geschrieben; sie stehen niemals am äußersten Rande. Was die Zeit betrifft, zu welcher die Glossen dem Basilikentext beigefügt worden sind, so ist es keinem Zweifel unterworfen, daß sie den Redactoren der Basiliken selbst nicht zugeschrieben werden können. Denn wenn sie mit dem Basilikentexte zugleich unter öffentlicher Auctorität publicirt worden wären, so würde kein Abschreiber einer Handschrift im byzantinischen Reiche gewagt haben, sie wegzulassen. Es finden sich aber unter den bekannten Basilikenhandschriften solche, in welchen gar keine Glossen vorkommen, wie z. B. im Codex Coislin. 151 und Paris. 1357, welche den bloßen Basilikentext geben. Rücksichtlich der Zeit der Entstehung kann man der Ansicht von Zachariä v. Lingenthal nicht allenthalben beipflichten. Unter den Glossen scheint den Interlinearglossen und denjenigen, in welchen Basilikenstellen citirt werden, ein späterer Ursprung zugeschrieben werden zu müssen, als denjenigen, welche Stellen der Justinianeischen Rechtsbücher citiren, oder Worte der Basiliken mit lateinischen Kunstausdrücken erläutern. Was die erste Art der Glossen anlangt, so ist ihre Entstehung wahrscheinlich in dieselbe Zeit zu versetzen, wo die *νέαι παραγραφαί* zu den Basiliken entstanden sind; jedoch ist ihre Beifügung zu dem Basilikentexte nicht vor dem Ende des zehnten oder vor dem Anfange des eilften Jahrhunderts erfolgt. Denn die Erläuterung des Basilikentextes durch Interlinearglossen ist wol hauptsächlich zur Bequemlichkeit der Richter geschehen, um ihnen das Studium der Excerpte aus den juristischen Schriften entbehrlich zu machen. Dies setzt voraus, daß diese Excerpte den Basiliken schon beigefügt waren, ehe an die Interlinearglossen gedacht wurde. Dazu kommt, daß die Interlinearglossen selbst in der Schrift von den alten Scholien im Codex Laurent. LXXX, 11 unterschieden sind, indem diese von der ersten, jene von der zweiten Hand geschrieben sind. Die zweite Art von Glossen gehört einer Zeit an, wo noch die Justinianeischen Rechtsbücher selbst im lebhaftern Gebrauche waren. Sowol die Citate von Stellen dieser Rechtsbücher, als der Gebrauch lateinischer Kunstausdrücke in diesen Glossen lassen darauf schließen, daß diese Glossen zu derselben Zeit den Basiliken beigefügt worden sind, zu welcher die Excerpte aus den Schriften der Juristen des 6. Jahrhunderts compilirt sind. Denn auch die Compilatoren dieser Excerpte haben die lateinischen Kunstausdrücke beibehalten. Man muß also ältere und neuere Glossen unterscheiden. Die erste Art von Glossen kann von den Compilatoren der alten Scholien nicht herrühren, da diese statt der Basiliken die Justinianeischen Rechtsbücher citirt hätten. Dieser Ansicht von der verschiedenen Zeit der Entstehung der Glossen scheint entgegenzustehen, daß die in dem Codex Haenelianus und Lugdunensis mit der Ueberschrift: *Σχόλια* versehenen Anmerkungen sowol ältere, als auch neuere Glossen enthalten. Denn die zuerst beigefügten Glossen scheinen nach dem Muster der *παραγραφαί* des Anonymus zu den Digesten abgefaßt, und diese kann man mit Recht den Compilatoren der alten Scholien zuschreiben, da es sehr nahe lag, in ähnlicher Weise, wie Anonymus der Digestenbearbeitung Anmerkungen beigefügt hatte, solche auch dem ganzen Basilikenwerke beizufügen. Auch ist es nicht unwahrscheinlich, daß die Bezeichnung dieser Glossen als *σχόλια* von den Compilatoren der alten Scholien herrührt, um sie dadurch von den Excerpten aus den Schriften der alten Juristen zu unterscheiden. Nach dem Muster dieser ältern Glossen haben die Juristen der spätern Zeit allmälig neue beigefügt. In den Handschriften sind nun beide Arten von Glossen vermischt und nicht besonders unterschieden, und daraus erklärt sich, daß die Escurialhandschrift der Basiliken, deren Abschriften der Codex Haenelianus und Lugdunensis sind, ältere und neuere Glossen enthält. Diese Vermischung muß schon früh in den Handschriften stattgefunden haben, ungefähr zu Ende des zehnten oder zu Anfang des eilften Jahrhunderts, da die Escurialhandschrift ungefähr in diese Zeit zu setzen ist. Daß in anderen Handschriften die Methode, die Glossen unter der Ueberschrift: *Σχόλια* den Excerpten aus den Schriften der alten Juristen voranzusetzen verlassen und dahin abgeändert worden ist, daß man die die Textesworte erläuternden Glossen zwischen die Zeilen des Textes, die Citate von Parallelstellen enthaltenden Glossen an den äußersten Rand der Blätter setzte, scheint darin seinen Grund zu haben, daß bei der allmälig immer mehr anwachsenden Menge es nothwendig wurde, den kürzeren Glossen eine besondere Stelle anzuweisen, um sie von den längeren Anmerkungen zu unterscheiden. Auf diese Weise ist es geschehen, daß im Codex Laurent. LXXX, 11 und Paris. 1348 ältere und neuere Scholien vermischt sind, und die ersteren nur durch den Gebrauch der lateinischen Worte und die Citate von Stellen der Justinianeischen Rechtsbücher von den letzteren sich unterscheiden lassen. Die Bezeichnung *σχόλια*, welche die Compilatoren der alten Scholien für die Glossen brauchten, haben die späteren Juristen auf alle neueren Anmerkungen ausgedehnt und dadurch von den alten Scholien unterschieden; die letzteren citiren sie entweder mit dem Namen des alten Juristen, aus dessen Werke sie geschöpft sind, oder nach dem excerpirten Werke, oder nennen sie im Allgemeinen *τοὺς παλαιούς*, *τὰς παραγραφὰς τῶν παλαιῶν*.

b) Excerpte aus den Schriften der Justinianeischen Juristen. Den zweiten und zwar hauptsächlichsten und wichtigsten Bestandtheil der sogenannten alten Scholien bilden Auszüge aus den Schriften der Juristen des sechsten Jahrhunderts, namentlich aus deren Bearbeitungen der Justinianeischen Rechtsbücher. Bei den Basilikenstellen, welche aus den Digesten genommen sind, finden sich regelmäßig die entsprechenden Summen aus dem index des Cyrillus; dann die indices und *παραγραφαί* aus der Digestenbearbeitung des Stephanus, jedoch nur für die Bücher der Digesten, welche in den Vorlesungen nach Justinian's Lehrplane erklärt wurden (*τὰ πραττόμενα βιβλία*), auf welche sich auch der Commentar des Stephanus beschränkte, während für diejenigen Bücher der Digesten, welche nicht in den Vorlesungen erklärt wurden (*τὰ ἐξτραόρδινα βιβλία*), die Digestenbearbeitung des Dorotheus benutzt worden ist, aus welcher regelmäßig eine ziemlich wörtliche Uebersetzung der einzelnen Digestenstellen in den alten Scholien vorkommt; ferner finden sich regelmäßig die *παραγραφαί* des Anonymus, während dessen Digestenbearbeitung in der Regel den Basilikentext bildet; endlich die Bemerkungen aus dessen μονόβιβλος περὶ ἐναντιοφανειῶν. Bei Codexstellen bildet gewöhnlich der index des Thalelaus den Text der Basiliken; in den Scholien finden sich das κατὰ πόδας und die παραγραφαί desselben, obwol auch bisweilen das κατὰ πόδας in den Text aufgenommen ist, und außerdem die Summen und παραγραφαί des Theodorus. Was die Novellen betrifft, so haben die Basiliken ihren Text aus der Sammlung der 168 Novellen, soweit sie griechische Novellen enthält, entlehnt; in die sogenannten Scholien sind die betreffenden Auszüge aus dem Breviarium Novellarum von Theodorus eingetragen. Diese regelmäßige Zusammenstellung von Auszügen aus den Commentaren erleidet mancherlei Modificationen. Die Auszüge aus den genannten Schriften sind bald mehr, bald weniger vollständig. Nach Zachariä v. Lingenthal ist es zweifelhaft, ob dies gleich ursprünglich bei der Compilation der Fall war, oder erst in späteren Handschriften sich gestaltete. Indessen spricht mehr dafür, daß die größere oder geringere Vollständigkeit nicht auf Rechnung der Compilatoren selbst zu setzen ist; namentlich entscheidet dafür die Gestalt, welche diese Auszüge in den verschiedenen Handschriften haben, in denen sie bald mehr, bald weniger vollständig gegeben werden. Viele der alten Auszüge sind theils aus Nachlässigkeit, theils als überflüssig später weggelassen worden, oder haben den Bemerkungen neuerer Juristen weichen müssen, oder sie sind von den späteren Juristen selbst zu ihren eigenen mit den nöthigen Interpolationen gemacht und deshalb weggelassen worden. Namentlich hat Hagiotheodorita die Bemerkungen der alten Juristen zu den seinigen gemacht. Es können aber auch andere Ursachen gleich Anfangs eine gewisse Ungleichartigkeit hervorgerufen haben, z. B. die Mehrheit und Verschiedenheit der Compilatoren, oder der Umstand, daß sie die alten Commentare in ihren Handschriften nicht ganz vollständig vor Augen hatten. Indessen steht doch, was den ersten Punkt betrifft, Folgendes entgegen. Die ganze Compilation beweist, daß sie nach einem bestimmten Plane gearbeitet worden ist. Wenn auch eine so umfängliche Arbeit von verschiedenen Arbeitern ausgeführt werden mußte, und hieraus allein allerdings sich manche Ungleichartigkeiten in der Behandlung erklären lassen, so hat doch ohne Zweifel über der ganzen Arbeit eine höhere Hand gewaltet, und es ist nicht denkbar, daß die großen Verschiedenheiten, welche sich in den verschiedenen Handschriften zeigen, von den Compilatoren selbst herrühren sollten, denen doch über die Art der Behandlung eine bestimmte Instruction von Anfang an gewiß vorlag. Dagegen können allerdings die Handschriften der alten Commentare, welche die Compilatoren zur Hand hatten, jene Ungleichartigkeiten zum Theil mit veranlaßt haben, wenn auch zu der Zeit, wo die Compilation gemacht wurde, in Constantinopel, der Hauptstadt des Reiches, und dem Sitze der obersten Behörden, noch das Dasein vollständiger Handschriften der alten Commentare sich erwarten ließ, zumal nicht lange vorher das Prochiron, die Epanagoge und die Basiliken eben aus diesen alten Commentaren zusammengesetzt worden waren, so ist doch z. B. hinsichtlich des Codexcommentars des Thalelaus erweislich, daß diesen auch die Redactoren der Basiliken nicht ganz vollständig hatten, indem sie für das achte Buch nicht diesen, sondern den Commentar des Anatolius benutzt haben. Auch läßt sich z. B. der auffallende Umstand, daß im Cod. Coislin. 152 zu Dig. lib. XIII. tit. 6 sich keine Stelle aus dem index des Stephanus vorfindet, obgleich zahlreiche παραγραφαί dazu vorhanden sind, wol nur aus einer Unvollständigkeit der den Compilatoren vorliegenden Handschrift erklären. Bisweilen ist die Unvollständigkeit nur scheinbar. Wenn z. B. einmal ausnahmsweise die Summe des Cyrillus statt der des Anonymus in den Text der Basiliken aufgenommen ist, so fehlt dann freilich die erstere in den Scholien, ohne daß diese darum minder vollständig wären. — Die Reihefolge der Auszüge ist nicht immer dieselbe; so wird z. B. regelmäßig Theodorus vor Thalelaus excerpirt; bisweilen aber findet sich auch die umgekehrte Ordnung. — Die Auszüge beschränken sich nicht blos auf die angegebenen alten Commentare. Bei Digestenstellen finden sich hin und wieder Bruchstücke vom index des Theophilus, Bemerkungen von Thalelaus, Cobidas, Anastasius. Vielleicht benutzten, wie Zachariä v. L. vermuthet, die Compilatoren der alten Scholien eine Handschrift einer Digestenbearbeitung, z. B. der des Anonymus, an deren Rande dergleichen Bemerkungen anderer Juristen von Späteren gelegentlich beigeschrieben worden waren. Denn ob besondere Commentare der drei zuerst genannten Juristen damals noch existirten, ist ungewiß. Bei Codexstellen ist auch die Bearbeitung von Isidorus und Anatolius benutzt; die letztere hin und wieder, die erstere nur zum achten Buche des Codex, wo dagegen aus Thalelaus gar keine Auszüge vorkommen. Bei den Novellen endlich sind hin und wieder in den Scholien auch Auszüge aus Athanasius und Philoxenus gegeben worden. — Was die Zeit betrifft, zu welcher jene Compilation von Excerpten aus den Schriften der Juristen des 6. Jahrhunderts gemacht ist, so gibt es darüber zwei verschiedene Ansichten. Mortreuil hält solche für gleichzeitig mit den Leonischen Basiliken und gleich diesen unter öffentlicher Auctorität verfaßt und publicirt; Zachariä v. L. hingegen stellt ihre gleichzeitige Abfassung und Publication mit den Basiliken in Abrede, versetzt sie um die Mitte des 10. Jahrhunderts und schreibt die Idee, den Plan der Arbeit und die Ueberwachung derselben dem Constantinus Porphyrogenneta zu. Wir haben beide Ansichten mit Gründen und Gegengründen bereits früher in diesem Artikel erörtert und sind schließlich zu dem Resultat gekommen, die von Zachariä v. L. aufgestellte Ansicht als die allein richtige anzuerkennen, weshalb auf die frühere Ausführung zu verweisen ist. Der allgemeine Plan der Compilation der Excerpte aus den Schriften der Juristen des 6. Jahrhunderts ist überall derselbe. Dennoch ist die Ausführung von kleinen Ungleichheiten nicht ganz frei. Schon die Umfänglichkeit der Arbeit führt dahin, daß die Ausführung des Planes von verschiedenen Arbeitern vermittelt worden ist, und die vorhandenen Ungleichheiten lassen ebenfalls darauf schließen. Da aber doch im Ganzen derselbe Plan befolgt worden ist, wie aus der obigen Angabe der Schriften der alten Juristen, welche excerpirt worden sind, hervorgeht, so ist es offenbar, daß eine höhere Hand das ganze Unternehmen geleitet hat. Dies paßt nun aber am besten auf Constantinus Porphyrogeneta, von welchem es bekannt ist, daß er seine Zurückgezogenheit von der Reichsregierung gerade zu dergleichen Compilationen benutzt hat. Damit stimmt überein, daß sich erst nach der zweiten Hälfte des zehnten Jahrhunderts Spuren von dem Vorhandensein solcher Scholia antiqua zu den Basiliken nachweisen lassen. Der Verfasser der Epitome von 920 hat sie nicht vor Augen gehabt, sondern die Commentare der Justinianeischen Juristen unabhängig von den Basiliken und den in den alten Scholien niedergelegten Excerpten aus den Schriften dieser Juristen benutzt. Der Verfasser der Synopsis Basilicorum hat die Scholia antiqua schwerlich vor Augen gehabt, sondern die Excerpte aus den Scholia antiqua in den Handschriften der Synopsis gehören einer späteren Zeit an. Aus der *Πεῖρα* ist nicht ersichtlich, daß die Scholia antiqua schon vor der Mitte des 10. Jahrhunderts bekannt gewesen wären. Eine sorgfältige Benutzung der Scholia antiqua findet sich zuerst in dem Tractatus de peculiis und in dem Tractatus de creditis. Hieraus ergibt sich zugleich, daß die unter Constantinus Porphyrogeneta veranstaltete Compilation von Excerpten aus den Commentaren der Justinianeischen Juristen nicht gleich Anfangs, sondern nur allmälig in ausgedehnteren Gebrauch kam. Anfangs haben die Praktiker den einfachen Basilikentext, die Theoretiker daneben die Originalwerke der Justinianeischen Juristen benutzt; dieser Gegensatz fand seine Lösung in der Abfassung und allmälig allgemeineren Beachtung der Scholia antiqua, welche für die Zukunft in Verbindung mit dem Texte der Basiliken die alleinige Grundlage für Praxis und Theorie wurden. — Was die Gestalt betrifft, in welcher die Excerpte aus den Schriften der Justinianeischen Juristen in den vorhandenen Basilikenhandschriften erscheinen, so ist darüber Folgendes zu bemerken. 1) In dem Codex Haenelianus und Lugdunensis, Abschriften der Generalhandschrift der Basiliken (Buch 8) sind uns die Excerpte aus den Schriften der alten Juristen in ihrer ursprünglichen Gestalt aufbewahrt. Der Beweis dafür liegt in der gänzlichen Abwesenheit aller späteren Interpolationen durch Substitution von Citaten der Basilikenstellen an die Stelle citirter Stellen der Justinianeischen Rechtsbücher, in der Beibehaltung der lateinischen Kunstausdrücke, in der unveränderten Beibehaltung der Novellencitate, welche nicht der Sammlung der 168 Novellen entsprechen, und daher nach davon abweichenden Privatsammlungen der Novellen gemacht sind, was sich namentlich in den Novellencitaten des Anonymus zeigt; in der häufigen Ueberschrift *ἑρμηνεία* bei den aus der Digestenbearbeitung des Stephanus und dem Codexcommentar des Thaleläus und Theodorus entlehnten Excerpten, eine Ueberschrift, welche in anderen Basilikenhandschriften ganz fehlt; endlich in der hier ganz allein vorkommenden Ueberschrift der Excerpte aus des Anonymus Schrift *περὶ ἐναντιοφανειῶν*, welche *τοῦ Ἐναντίου* lautet, während alle übrigen Basilikenhandschriften regelmäßig diesen Excerpten die Inscription *Τοῦ Ἐναντιοφανοῦς* vorsetzen. 2) Im Codex Constantinopolitanus (lib. XV—XVIII), Paris. 1349 und theilweise auch im Cod. Paris. 1354 (lib. XLV—XLVIII) erscheinen die Excerpte aus den Schriften der alten Juristen gleichfalls rein und nicht durch spätere Zusätze entstellt. Die ursprüngliche Citirmethode der alten Juristen ist noch unverändert; den Citaten aus den Justinianeischen Rechtsbüchern sind noch nicht die entsprechenden Basilikencitate beigefügt. Doch findet sich die Ueberschrift *ἑρμηνεία* nicht, und die Excerpte aus der Schrift *περὶ ἐναντιοφανειῶν* tragen an der Spitze der Inscription *τοῦ Ἐναντιοφανοῦς*. 3) Im Cod. Coislin. 152 (lib. XI—XIV), Laurent. LXXX, 11 und darnach theilweise im Paris. 1354 (lib. XXVIII, XXIX), Paris. 1349 (lib. XXXVIII—XLII) Paris. 1350 (lib. LX) sind die Excerpte aus den Schriften der alten Juristen schon mehr oder weniger überarbeitet. a) Im Cod. Coislin. 152 ist der Index des Stephanus wenig überarbeitet; namentlich ist die ihm eigenthümliche Eintrag der 3 ersten partes der Digesten, des Antipapinianus und der libri singulares unverändert beibehalten. Doch sind die lateinischen Kunstausdrücke schon häufig gräcisirt, d. h. mit griechischen Endungen versehen und durch griechische Buchstaben ausgedrückt. Auch seine *παραγραφαί* sind meistens unverändert; einzelne tragen auch die lateinischen Textesworte, zu deren Erläuterung sie dienen, an der Spitze. Die Interpolationen in denselben beruhen im Einschieben der den citirten Stellen der Justinianeischen Rechtsbücher entsprechenden Basilikenstellen mit Voraussetzung von *ἤτοι* oder *ἤγουν*, z. B. im Sch. *Στεφ.* *Τοῦτο* Basil. ed. Heimb. II, 2, oder in Substitution des Basilikencitates, wie z. B. im Sch. 16 II, 116. Sch. 2 *Στεφ.* II, 120. Der Index des Cyrillus ist unverändert. In den *παραγραφαί* des Anonymus, sowie in den Stellen des Enantiophanes werden bisweilen die entsprechenden Basilikenstellen mit einem *ἤτοι* oder *ἤγουν* beigefügt, z. B. im Sch. *Τοῦ Ἐναντιοφ.* I, 578. Sch. *Τοῦ Ἀνων.* I, 604. 609. Sch. *Τοῦ Ἐναντιοφ.* I, 785. Sch. *Καὶ* ... I, 794. Auch werden geradezu Digesten- und Basilikencitate vermischt, z. B. im Sch. *Τοῦ Ἐναντιοφ.* I, 796. Sch. *Ἀνων.* I, 114. Sch. *Τοῦ Ἀνων.* II, 110. Auch scheinen einzelne Anmerkungen des Anonymus und Enantiophanes später zu *νέαι παραγραφαί* umgewandelt worden zu sein. Dies ist z. B. mit dem Sch. *Μήποτε* I, 623 der Fall, wo voraus eine Digestenstelle citirt ist und dann Basilikenstellen wörtlich citirt werden, was sehr leicht geschehen konnte, da die Summe des Anonymus in die Basiliken übergegangen ist und statt der von Enantiophanes citirten Digestenstellen nur die entsprechenden Basilikenstellen nach Büchern, Titeln und Capitelzahl angegeben zu werden brauchten. Vergl.

auch Sch. *Ἰδιώτικά* I, 668. In dem Index und den *παραγραφαί* des Thaleläus ist die demselben eigenthümliche Citirart nach den 3 ersten partes Digestorum und den libri singulares beibehalten; doch die Substitution christlicher Namen statt der ursprünglich heidnischen im Index und in dem *κατὰ πόδας*, soweit beide in den Basilikentext übergegangen sind (z. B. Basil. XV, 1. cap. 62. 69. 80), rührt von den Redactoren der Basiliken selbst her. In den Summen des Theodorus bestehen die Interpolationen darin, daß den Citaten von Codexstellen bisweilen die entsprechenden Basilikencitate mit einem ἔρμ beigefügt sind, z. B. im Sch. *Καλῶς* I, 658. Sch. *Θεόδωρον* II, 154. b) Im Codex Laurent. LXXX, 11 und dessen Abschrift, Cod. Paris. 1354 sind die Auszüge aus den Schriften der alten Juristen weniger interpolirt und überarbeitet, als im Cod. Paris. 1348 (lib. XX—XXX). In dem Index und den *παραγραφαί* des Stephanus ist dessen Citirweise nach den 3 ersten partes der Digesten und nach den libri singulares beibehalten, während sie im Cod. Paris. 1348 meistens geändert ist. Die dem Thaleläus eigenthümliche Citirart der Digesten ist in beiden Handschriften beibehalten, aber auch bisweilen verändert, sodaß nach der Bücherzahl citirt wird. In den *παραγραφαί* des Anonymus und Enantiophanes werden im Cod. Laurent. LXXX, 11 den Citaten der Justinianeischen Rechtsbücher die entsprechenden Basilikencitate mit einem ἔρμ beigefügt, oder auch (was auch im Cod. Paris. 1348 der Fall ist) den citirten Stellen der Digesten und des Codex sofort dem Basilikentext ohne Citat der entsprechenden Basilikenstelle hinzugefügt. Der Codex Laurent. LXXX, 11 hat auch die dem Anonymus eigenthümliche, von der Sammlung der 168 Novellen abweichende Art, die Novellen zu citiren, beibehalten, während im Cod. Paris. 1348 dieselbe nach der Sammlung der 168 Novellen geändert ist. Endlich sind im Cod. Laurent. LXXX, 11 die *παλαιὰ παραγραφαί* von den alten Scholien getrennt, während sie im Cod. Paris. 1348 häufig mit denselben in Verbindung gebracht und ihnen unmittelbar angehängt sind, sodaß sie Eine fortlaufende Bemerkung desselben Scholiasten zu bilden scheinen. c) Im Codex Paris. 1345 sind die alten Scholien im Ganzen wenig verändert. Selten finden sich spätere Zusätze zu denselben. Basilikenstellen, welche den Citaten der Justinianeischen Rechtsbücher entsprechen, sind nicht beigefügt. Der Index des Stephanus ist wenig interpolirt. Die dem Stephanus und Thaleläus eigenthümliche Citirart bei den Digesten ist meistens beibehalten, und nur selten verändert. d) Im Cod. Paris. 1350 sind häufige Weglassungen der Excerpte aus den Schriften der alten Juristen vorgekommen. Die sich vorfindenden Excerpte sind häufig interpolirt. Die Interpolationen bestehen entweder in späteren, meistens Citate von Basilikenstellen enthaltenden Zusätzen zu dem Index des Dorotheus und Cyrillus und zu den *παραγραφαί* des Thaleläus, Anonymus und zu den Stellen aus Enantiophanes, oder in späteren Einschiebseln, oder in der Beifügung der den citirten Stellen der Justinianeischen Rechtsbücher entsprechenden Basilikenstellen mit einem ἔρμ. Häufig sind die in den Scholien erster Hand weggelassenen alten Scholien in den Scholien zweiter Hand nachgetragen, wie dies namentlich mit den Stellen aus dem Index des Dorotheus, die übrigens, wie eine Vergleichung derselben mit dem notorisch von Dorotheus herrührenden Index zu Dig. lib. XXIV. tit. 2. 3 ergibt, wenige Veränderungen erlitten haben, der Fall ist. Die *παραγραφαί* des Thaleläus zu dem *κατὰ πόδας* sind häufig erst durch die zweite Hand mitgetheilt in folgender Weise: *Παράκειται εἰς τὸ κατὰ πόδας* (nun folgen die Worte des *κατὰ πόδας*) und dann: *καὶ φησιν ὁ Θαλέλαιος*; es finden sich aber auch *παραγραφαί*, die nicht erst durch die zweite Hand erhalten sind. Die Summen und *παραπομπαί* des Theodorus dagegen haben mit Ausnahme der mit einem ἔρμ eingeschobenen Basilikenstellen keine Abänderungen erfahren und werden nicht erst durch die zweite Hand mitgetheilt. Die dem Thaleläus und Stephanus eigenthümliche Citirart der Digesten ist meistens beibehalten, selten verändert. Im Ganzen sind in dieser Handschrift die alten Scholien viel willkürlicher behandelt, als in den anderen bisher erwähnten; namentlich sind viele Weglassungen vorgekommen. 4) Im Cod. Paris. 1348 (lib. XX—XXX) sind die Excerpte aus den Schriften der alten Juristen stark interpolirt. Die dem Thaleläus und Stephanus eigenthümliche Citirart der Digesten ist häufig verändert, sodaß statt nach den 3 ersten partes Digestorum und den libri singulares, nach der Bücherzahl der Digesten citirt wird, bisweilen auch beibehalten. In den Stellen aus den Digesten des Stephanus und dem Codex des Thaleläus finden sich häufig spätere Einschiebsel und Zusätze. Den Citaten der Justinianeischen Rechtsbücher sind regelmäßig die entsprechenden Basilikenstellen in den *παραγραφαί* des Thaleläus, Stephanus, Anonymus und Enantiophanes, sowie in den *παραπομπαί* des Theodorus beigefügt, sowie alle diese *παραγραφαί* und *παραπομπαί* ebenso regelmäßig spätere Zusätze erhalten haben. Selbst die Stellen aus dem Index des Cyrillus sind von solchen Zusätzen nicht frei geblieben, obwol dieselben sonst in anderen Handschriften solche nicht erhalten haben. 5) Im Cod. Paris. 1352 (lib. I—XVIII) sind die Auszüge aus den Schriften der alten Juristen sehr abgekürzt und interpolirt, weit mehr, als in jeder anderen der bisher erwähnten Handschriften. Dies ergibt sich ganz unzweideutig aus einer Vergleichung der alten Scholien zu lib. XI—XIV. Basil. mit den im Cod. Coislin. 152 enthaltenen. — Was schließlich die oben erwähnte Eigenthümlichkeit des Codex Paris. 1352 und des Codex Coislin. 152 betrifft, daß sie neben den Excerpten aus den Digesten des Stephanus auch Fragmente aus den Digesten des Dorotheus mittheilen, so ist zuvörderst zu bemerken, daß die Stellen aus Dorotheus in ersterer Handschrift viel zahlreicher sind, als in letzterer, indem in dieser nur zwei Stellen des Titels de pactis (II, 14), nämlich die indices der L. 39. 40. pr., aus dem Dorotheus geschöpft sind, welche auch den Namen dieses Juristen an der Spitze tragen. [illegible]

I, 623. Sch. *[illegible]* I, 624). Die Benutzung der Digesten des Dorotheus neben den Digesten des Stephanus ist aber ganz gegen die von den Compilatoren der alten Scholien beobachtete Regel. Denn regelmäßig ist von Dorotheus zu denjenigen Büchern der Digesten, auf welche sich der Commentar des Stephanus erstreckte, kein Gebrauch gemacht worden, sondern nur insoweit, als letzterer nicht vorhanden war. Daß die beiden Fragmente des Dorotheus im Titel de pactis in dem Codex Coislin. 152 von den Compilatoren der alten Scholien selbst aufgenommen sind, kann wol nicht bezweifelt werden, da diese Stellen unter den Scholien erster Hand stehen und deshalb an ein Nachtragen dieser Stellen von Seiten eines spätern Besitzers der Handschrift nicht zu denken ist. Welche Gründe hier die Compilatoren zur exceptionellen Benutzung des Dorotheus neben dem Stephanus bewogen haben, ist nicht zu ermitteln. Die Unvollständigkeit der den Compilatoren vorliegenden Handschrift des Commentars des Stephanus konnte nicht der Grund sein; denn von L. 39. D. II, 14 ist der Index des Stephanus im Sch. *Ἐπειδήπερ* I, 623 vorhanden, und auch von L. 40. §. 1. 2 findet sich der Index des Stephanus in den Scholien. Dagegen sind die im Cod. Paris. 1352 aus den Digesten des Dorotheus aufgenommenen Stellen wol nur von späterer Hand nachgetragen. Vielleicht war der Umstand, daß sich im Titel de pactis (II, 14) die beiden Stellen des Dorotheus in den alten Scholien vorfanden, der Grund, weshalb der Schreiber dieser Handschrift, welcher überhaupt mit dem Basilikentexte und den Scholien ganz willkürlich umgegangen ist, viele Stellen weggelassen und andere abgekürzt hat, aus einer ihm vorliegenden Handschrift des Index des Dorotheus oder aus einer Compilation von Stellen aus demselben die Fragmente des Dorotheus nachgetragen hat. Ob nicht noch mehrere Stellen des Dorotheus neben den Excerpten aus den Digesten des Stephanus sich in dieser Handschrift finden, läßt sich nicht beurtheilen, da die in derselben befindlichen Scholien nicht vollständig herausgegeben worden sind, was auf Mittheilungen von Heimbach *jun.* an den Verfasser des gegenwärtigen Artikels beruht.

2) Neuere Scholien. Im 10. und 11. Jahrhundert kamen zu den Scholia antiqua allmälig Anmerkungen neuerer Juristen hinzu, namentlich von Constantinus Nicäus, Johannes Nomophylax, Calocyrus Sextus, Garidas, Gregorius Doxapater. Diese Anmerkungen beziehen sich theils auf die Basiliken, theils auf die Auszüge aus den Schriften der Justinianeischen Juristen. Sie heißen *νέαι παραγραφαί* (im Gegensatze der *παραγραφαὶ τῶν παλαιῶν*, oder auch *σχόλια*). Was die Handschriften anlangt, in welchen sich dieselben vorfinden, so sind a) im Cod. Coislin. 152 (lib. XI—XIV) solche meistens mit zweiter Hand geschrieben, obwol auch unter den mit erster Hand geschriebenen Scholien solche vorkommen. Sie wiederholen öfters die *παραγραφαί* der *παλαιοί*, oder enthalten auch Berichtigungen derselben und Zusätze dazu. Sie sind im Verhältniß zu den alten Scholien nicht zahlreich. Als Verfasser einzelner *νέαι παραγραφαί* werden genannt Constantinus Nicäus, Gregorius Doxapater, Johannes Nomophylax. b) Im Cod. Laurent. LXXX, 11 (lib. XXVIII. XXIX) sind die späteren Anmerkungen von den alten Scholien streng geschieden, während sie im Cod. Paris. 1348 oft mit den Excerpten aus den Schriften der alten Juristen zusammenhängen und Eine fortlaufende Bemerkung bilden. In beiden Handschriften finden sich in derselben *νέα παραγραφή* bisweilen Citate aus den Justinianeischen Rechtsbüchern und aus den Basiliken gemischt, was darauf hinweist, daß sie aus älteren Anmerkungen, z. B. aus denen des Anonymus, entstanden sind. Als Verfasser von *νέαι παραγραφαί* zu lib. XXVIII. XXIX. Basil. werden genannt Constantinus Nicäus, Calocyrus Sextus, Johannes Nomophylax. c) Im Cod. Paris. 1345 (lib. XXXVIII—XLII) sind die *νέαι παραγραφαί* nicht zahlreich. Als Verfasser werden genannt Calocyrus Sextus (zu Buch 38. 39) und Johannes Nomophylax. d) Im Cod. Paris. 1350 (lib. LX) sind die *νέαι παραγραφαί* sehr zahlreich und bilden einen fortlaufenden Commentar zu dem Basilikentexte. Sie scheinen öfters aus alten Scholien in neue umgewandelt worden zu sein, wie aus dem Gebrauche der lateinischen Kunstausdrücke in ihnen hervorgeht. Namentlich scheint dies zu Dig. lib. XLVII. XLVIII, zu denen der Commentar des Dorotheus in den alten Scholien excerpirt ist, mit den Anmerkungen des Anonymus, welche hier weitläufiger waren, als zu anderen Büchern, zu welchen der Commentar des Stephanus vorhanden war, geschehen zu sein; und diese Umwandelung war um so leichter möglich, als der Basilikentext aus den Digesten des Anonymus genommen war. Dafür spricht auch die Seltenheit der unter dem Namen des Anonymus vorkommenden *παραγραφαί* zu diesen Büchern. Bisweilen enthält eine neuere Anmerkung mitten in sich eine ältere. Als Verfasser neuerer Anmerkungen werden genannt Johannes Nomophylax, Constantinus Nicäus, Gregorius Doxapater, Pepus, Garidas, welche Juristen alle dem 11. Jahrhundert und dem Anfange des 12. Jahrhunderts angehören. Außerdem sind aber noch eine Menge Anmerkungen späterer Juristen, welche dem Ende des 12. Jahrhunderts und noch späterer Zeit angehören, hinzugekommen, wie die des Hagiotheodorita und eines ungenannten Schülers desselben. Im Cod. Paris. 1350 kommen auch Auszüge aus der *Πεῖρα* mit dem Namen des Eustathius Romanus an der Spitze vor. Die sonst noch unter dem Namen desselben vorkommenden Basilikenscholien sind wenigstens nicht direct aus der *Πεῖρα* entnommen. e) Im Cod. Paris. 1348 (lib. XX—XXX) sind die *νέαι παραγραφαί* zu lib. XXI—XXIII. Basil. sehr zahlreich, während zu lib. XX. fast gar keine vorkommen. Als Verfasser derselben werden genannt Calocyrus Sextus, Johannes Nomophylax, Gregorius Doxapater, Garidas, besonders aber Constantinus Nicäus. Dem letzteren sind wol, außer den vielen Scholien zu Basil. lib. XXI—XXIII, welche seinen Namen tragen, noch viele andere Scholien zu denselben Büchern zuzu-

schreiben. Es kommen nämlich viele ihm geläufige Redensarten auch in anderen Scholien vor, weshalb ihm letztere zu vindiciren sind. Aus demselben Grunde sind ihm wol auch viele der Scholien zum 60. Buche zuzuschreiben. Er pflegt auch die Novellen Leo des Weisen zu citiren, und da die Art, wie er sie citirt, häufig wiederkehrt, so gehören ihm wol alle diejenigen Scholien, auch zu anderen Büchern, an, in welchen solche Citate vorkommen. f) Im Cod. Paris. 1352 (lib. I—XVIII) finden sich ebenfalls, namentlich zu lib. XII—XIV, *νέαι παραγραφαί*.

IV. Verschmelzung der alten Scholien und der späteren Bemerkungen zu einer Glosse. Ueber die späteren Schicksale der Scholien zu den Basiliken nach der Zeit zu Anfange des 12. Jahrhunderts gibt es zwei einander entgegengesetzte Ansichten. Nach der einen, welche Zachariä v. Lingenthal vertritt, sind um das Jahr 1200 die Scholia antiqua und die neueren Scholien planmäßig zu einem fortlaufenden Commentar (einer Art glossa ordinaria) verarbeitet und umgearbeitet worden. Ein solcher findet sich vollständig im Cod. Coislin. 152. Laurent. LXXX, 11 (und danach theilweise im Paris. 1354). Paris. 1345, 1350 (zu Basil. lib. XI—XIV. XXVIII. XXIX. XXXVIII—XLII. LX), im Auszuge im Cod. Paris. 1348 zu Basil. lib. XX—XXX und im Cod. Paris. 1352 zu Basil. lib. I—XVIII. Nach der anderen Ansicht, welche Mortreuil vertheidigt, hat eine planmäßige Redaction einer solchen glossa ordinaria nicht stattgefunden; vielmehr haben allmälig die Besitzer einzelner Handschriften neue Scholien zu den alten hinzugeschrieben, sodaß das Scholienmaterial immer mehr anschwillt, ohne daß es je zu einem eigentlichen formellen Abschlusse kommt. So hat nach Mortreuil ein unbekannter Jurist gegen das Ende des 13. Jahrhunderts, welcher das Manuscript besaß, in dem uns die Bücher 11—14 und 60 der Basiliken erhalten sind, auf den äußeren Rand dieser Handschrift eine neue Glosse geschrieben, welche aus Auszügen der Arbeiten der Juristen, von welchen die *νέαι παραγραφαί* herrühren, besteht, denen der Glossator seine eigenen Bemerkungen beigefügt hat. Eine noch neuere Glosse, die späteste Arbeit über die Basiliken, sollen die Scholien im Cod. Paris. 1348 (lib. XX—XXX) sein, da in ihnen ein Fragment aus dem Procheirum des Harmenopulos vorkommt, weshalb diese Glosse in das 14. Jahrhundert zu versetzen wäre. Für die allmälige Entstehung dieser letzteren Glosse macht Mortreuil insbesondere die Verschiedenheit der Hände in dieser Handschrift geltend, welche in gewissen Theilen der Handschrift auf 3 verschiedene Zeiträume schließen ließen. Es sind nämlich fol. 1—19 die Scholien zum Theil von derselben Hand, wie der Text, geschrieben, zum Theil von zwei verschiedenen Händen; fol. 20 (lib. XXI. tit. 1) beginnt eine andere Schrift, wo Text und Scholien von derselben Hand geschrieben sind; fol. 51—54 sind von einer anderen Hand; von fol. 55—160. A. beginnt wieder dieselbe Schrift, welche sich auf fol. 20 seq. findet; und von fol. 160. B seq. fängt wieder dieselbe Schrift an, welche auf fol. 51—54 vorkommt. Der Schluß, welchen Mortreuil aus der Verschiedenheit der Schrift auf das verschiedene Alter der Scholien macht, ist aber nicht richtig. Es kommt ja so häufig vor, daß in derselben Handschrift sich verschiedene Hände an verschiedenen Stellen der Handschrift finden, ohne daß deshalb darauf geschlossen werden kann, daß auch der Inhalt aus verschiedenen Zeiträumen herrühre. Man kann nur die erste Ansicht für die richtige halten. In den hier in Betracht kommenden Handschriften ist die Umarbeitung und Interpolation der Scholia antiqua zu sehr nach einem durchgreifenden Plane vorgenommen, und es sind auch die Nachträge von neuen Bemerkungen zu gleichmäßig, als daß an ein rein zufälliges Entstehen fortlaufender Scholien dieser Art gedacht werden könnte. Insbesondere sprechen folgende Umstände für die Planmäßigkeit der ganzen Arbeit: 1) In den Basilikenscholien zu allen Büchern, in welchen solche vorhanden sind, werden sehr häufig Stellen des *κατὰ πόδας* citirt und dazu *παραγραφαί* des Thaleläus mit den Worten: *τὸ κατὰ πόδας ἔχει οὕτως·* (nun folgen dessen Worte) oder: *καὶ τὸ μὲν κατὰ πόδας οὕτως καὶ γράφει ὁ Θαλέλαιος πρὸς τό·* (es folgen die betreffenden Worte des *κατὰ πόδας*, welche Thaleläus erklärt) worauf die Worte der *παραγραφή* des Thaleläus folgen. Dies kehrt so gleichmäßig und so oft wieder, daß nur an Einen Verfasser der glossa ordinaria gedacht werden kann. 2) Die Art und Weise, wie die *νέαι παραγραφαί* so oft mit den alten Scholien in Verbindung gebracht werden, letztere erläutern, verbessern, spricht nicht weniger für die Planmäßigkeit der ganzen Arbeit. 3) Sehr oft werden die *παραγραφαί* zu den Basilikenstellen nach der Zahl der ersteren citirt, sowol die *παραγραφαί τῶν παλαιῶν*, als die *νέαι παραγραφαί*. Dies setzt nothwendig voraus, daß beide Arten von Anmerkungen zu Einem Ganzen vereinigt, und die Anmerkungen mit bestimmten Zahlen bezeichnet waren, was wieder nicht gedacht werden kann, ohne daß man eine Zusammenstellung der alten und neuen Anmerkungen nach einem bestimmten Plane annimmt. Der unbekannte Verfasser der Glosse scheint hier das Beispiel des Hagiotheodorita, welcher auch schon die Anmerkungen mit Zahlen citirt, nachgeahmt zu haben. 4) Auf eine planmäßige Zusammenstellung der Scholien deutet ferner der Umstand, daß oft mehrere *νέαι παραγραφαί*, theils von bekannten, theils von unbekannten Verfassern zur Erklärung desselben Zweifels zusammengestellt werden, z. B. wenn einem Scholium eines neueren Verfassers ein anderes zu derselben Stelle beigefügt wird mit dem Anfang: *Εἰς τὸ αὐτό*, oder *Ἄλλος* oder *Ἄλλως*, oder auch mit anderen Anfangsworten. Hier werden häufig die verschiedenen Erklärungen einer Stelle oder die Worte einer Stelle zusammengestellt, und schließlich gibt der Glossator oft selbst seine eigene Meinung. 5) Ein weiterer hier wichtiger Umstand ist, daß der Glossator häufig selbst spricht und seine Ansicht zu erkennen gibt. 6) In manchen Scholien verweist der Verfasser des Scholiums auf seine eigenen Bemerkungen zu anderen Stellen und citirt dieselben. Dies ist auf den unbekannten Verfasser der Glossen zu beziehen. Zwar pflegt Constantinus Nicänus ebenfalls seine eigenen Anmerkungen zu citiren. Allein daraus folgt weiter Nichts, als daß der Verfasser der Glosse diesen Scholiasten darin nachgeahmt hat. — Als Zeit der Abfassung der Glosse ist ungefähr das Jahr 1200 anzunehmen. Dies gründet sich darauf, daß unter den späteren Scholiasten, deren Anmerkungen in die Scholien aufgenommen sind, Hagiotheodorita der jüngste ist, welcher in der zweiten Hälfte des 12. Jahrhunderts lebte (vergl. §. 33. Nr. 20). Der Verfasser der Glosse ist wahrscheinlich ein dem Namen nach nicht bekannter Schüler des Hagiotheodorita. In dem Sch. *Καὶ ἰδοὺ* V, 735 gedenkt nämlich der ungenannte Scholiast einer Meinungsverschiedenheit seines Lehrers Hagiotheodorita und des Constantinus Nicänus über die Fälle, in welchen das Recht zur Anklage wegen Ehebruchs in 5 Jahren, und in welchen es in 6 Monaten verjähre, und schließt sich der Meinung des letzteren an. In dem Sch. *Ζήτει* V, 254 tadelt der ungenannte Scholiast den Hagiotheodorita. Möglicher Weise können auch noch zwei andere Stellen (Sch. Basil. II, 675. Sch. 6. II, 685), wo der Scholiast zu Basil. lib. II. tit. 2. cap. 73 ein Scholium seines Lehrers (*σχόλιον τοῦ διδασκάλου μου*) citirt, hierher bezogen werden, obwol nicht bekannt ist, daß Hagiotheodorita zu anderen Büchern der Basiliken, als zum 60sten, Anmerkungen geschrieben hat. Indessen lassen diese beiden Stellen auch eine andere Erklärung zu (vergl. §. 33. Nr. 8). Mit der Annahme, daß die Glosse zu den Basiliken um das Jahr 1200 herum abgefaßt sei, scheint unvereinbar, daß, wie bereits bemerkt wurde, in den Scholien zu Basil. lib. XXIII. tit. 3 ein Fragment aus Harmenop. Manuale Legum III, 7. 24 vorkommt, wie dadurch in der That Mortreuil veranlaßt worden ist, die im Cod. Paris. 1348 (lib. XX—XXX) enthaltene Glosse erst nach der Zeit des Harmenopulus zu versetzen. Allein jene Annahme schließt nicht aus, daß in späterer Zeit noch Besitzer von Handschriften einzelne Nachträge zur Glosse gemacht haben.

V. Ueber den Werth der Scholien. Unter den Basilikenscholien sind die alten Scholien, soweit sie in Excerpten aus den Schriften der Juristen des sechsten Jahrhunderts bestehen, für die Kritik und Auslegung der Justinianeischen Rechtsbücher von Bedeutung, während die neuen Scholien für uns von geringem Interesse sind. Die alten Scholien sind von größerem Werthe, als selbst die in den Basilikentext aufgenommenen Fragmente Justinianeischer Juristen, weil erstere vorzugsweise echt, d. h. nicht in derselben Weise, wie diese, interpolirt sind. Fassen wir das darüber bei den Schriften der Justinianeischen Juristen in den §§. 17, 18, 19 Gesagte kurz zusammen, so ist Folgendes das Resultat. Die Kritik der Digesten gewinnt durch die Lesarten des lateinischen Textes, welche in einzelnen Anmerkungen des Stephanus und Anonymus ausdrücklich bezeugt werden; weniger durch die Andeutungen oder Schlüsse auf Lesarten in den Handschriften des Cyrillus, Stephanus und Anonymus, welche sich aus den Summen, Paraphrasen oder Anmerkungen dieser Juristen machen lassen, da diese Andeutungen nicht immer ganz sicher sind, weil sich hier die Basilikenredactoren häufig Interpolationen erlaubt haben. Von dem höchsten Werthe für die Kritik der Digesten sind die vielen in den alten Scholien mitgetheilten Stellen aus dem Commentar des Dorotheus, weil sie eine fast wörtliche Uebersetzung des Digestentextes enthalten; sie sind in dieser Beziehung für die Digesten von nicht geringerer Bedeutung, als das *κατὰ πόδας* des Thaleläus für die Kritik des Codex. Was die Exegese der Digesten anlangt, so sind die Erklärungen des Anonymus in dieser Beziehung nur von untergeordneter Bedeutung. Derselbe gehört zwar zu den besten Juristen, und war auch der lateinischen Sprache besonders mächtig; er stand aber der Zeit, aus welcher die Quellen der Digesten stammen, ja selbst der Zeit zu fern, in welcher die Digesten compilirt worden sind; er war nicht einmal ein Schüler der Rechtslehrer aus der älteren Justinianeischen Zeit, und noch viel weniger mit den vorjustinianeischen Rechtsquellen bekannt. Weniger noch, als den Auslegungen des Anonymus, kann denen des Cyrillus ein Gewicht beigelegt werden; denn Cyrillus ist jünger, der lateinischen Sprache nicht in demselben Grade mächtig und mit den vorjustinianeischen Rechtsquellen noch weniger bekannt, als Anonymus. Stephanus ist zwar dem Anonymus vorzuziehen, nicht blos deshalb, weil er viel ausführlicher, sondern weil er älter, als jener ist, und unmittelbar auf die Juristen folgt, welche bei der Compilation der Digesten selbst thätig waren; er hat unter der Leitung dieser Juristen die Digesten studirt und beschäftigt sich häufig mit den Auslegungen einzelner Stellen durch Theophilus u. s. w. Allein auch er stand den classischen römischen Juristen zu fern, und scheint mit den vorjustinianeischen Rechtsquellen so durchaus unbekannt gewesen zu sein, daß auch seinen Erklärungen kein großes Gewicht beizulegen ist. Von größerer Bedeutung würden die Erklärungen des Dorotheus sein, da er unmittelbar bei der Compilation der Digesten thätig, auch mit den vorjustinianeischen Rechtsquellen vertraut war. Letzteres ergibt sich daraus, daß er zu den aus den libri Digestorum des Alfenus Varus entlehnten Digestenstellen, welche er in seinem Commentar übersetzt hat, regelmäßig den Servius Sulpicius, bei ihm nur Servius genannt, als den Juristen nennt, von welchem das von Alfenus Varus mitgetheilte responsum herrühre, während dieser selbst keinen Namen des Urhebers des responsum nennt; Dorotheus hat also jene Schrift des Alfenus Varus aus eigener Anschauung gekannt: vielleicht war er selbst mit derjenige, welcher dieselbe zum Behuf der Compilation der Digesten excerpirte. Leider sind aber der Anmerkungen des Dorotheus zu wenige, als daß man ihnen für die Auslegung der Digesten großen Werth beimessen darf. — Sehr wichtig sind die alten Scholien für den Codex, bei welchem wir auch weit mehr, als bei den Digesten, der Hilfsmittel für Kritik und Exegese bedürfen. Die wörtlichen Uebersetzungen lateinischer Constitutionen durch Thaleläus sind nächst alten Handschriften die wichtigsten Hilfsmittel für die Kritik des Textes. Ebenso wichtig sind die Bemerkungen desselben für die Exegese. Denn bisweilen werden darin die Gründe und Veranlassungen einer Constitution mitgetheilt; es wird bisweilen angegeben, wie eine Constitution ursprünglich gelautet hat und wie sie bei der Aufnahme in den Codex interpolirt worden ist; es werden häufig die Meinungen und Erklärungen der vorjustinianeischen Rechtslehrer und Stellen aus den drei älteren Constitutionensammlungen angeführt. Weniger Gewicht ist auf die Summen des weit jüngeren Theodorus zu legen, auf welche das eben Gesagte durchaus keine Anwendung leidet. Indessen auch Theodorus lebte zu einer Zeit (gegen das Ende des 6. Jahrhunderts), wo noch derselbe Geist waltete, in welchem die Justinianeischen Constitutionen erlassen waren, wo wenigstens zum Theil noch dieselbe Sprache und dieselbe Art des Gedankenausdrucks gebräuchlich waren, sodaß auch seine Erklärungen und Auslegungen allerdings der Berücksichtigung nicht unwerth sind. — Die Scholien zu den Novellen endlich sind für uns nur deshalb von geringerem Interesse, weil das Breviarium Novellarum des Theodorus, aus welchem sie excerpirt sind, vollständig erhalten ist.

VI. **Ueber die Hilfsmittel zur Benutzung der Scholien.** In den Ausgaben der Basiliken ist, mit Ausnahme der von Zachariä von Lingenthal besorgten Bücher 15—18 für eine gehörige Anordnung und Möglichkeit der Benutzung der Scholien durch sorgfältige Trennung der alten und neuen Scholien, durch Angabe des Urhebers eines alten Scholiums, wo kein Name genannt ist, durch Angabe der Stellen der Digesten und des Codex, zu welchen die alten Scholien gehören, und der Worte dieser Stellen, auf welche sich die Anmerkungen der alten Juristen beziehen, nicht gesorgt. Zunächst muß man die verschiedenen Bestandtheile der sogenannten Basilikenscholien sorgfältig unterscheiden. Zuweilen findet sich in dem vorgesetzten Namen des Urhebers der Schlüssel zur Unterscheidung; doch ist dieses Zeichen nicht immer untrüglich, weil theils Verwechselungen, theils Interpolationen vorkommen. Einen anderen Schlüssel gibt der Inhalt an die Hand. Werden nur die Justinianeischen Rechtsbücher allenfalls mit Einschiebung der entsprechenden Basilikenstellen citirt, so ist das Scholium ein altes, von einem der Juristen des 6. Jahrhunderts herrührendes; werden nur Basilikenstellen citirt, so ist das Scholium ein neues. Schwieriger ist, den Urheber jedes einzelnen Scholiums zu bestimmen, wenn nicht schon die Inscription desselben den Namen des Urhebers angibt. Indessen ist, was die Auszüge aus den Schriften der Justinianeischen Juristen betrifft, wenigstens bei diesen die Aufgabe nicht unlösbar. Man hat hierbei Folgendes zu beobachten. Weiß man, daß das fragliche Scholium z. B. zu einer Codexstelle gehört, so läßt sich fast mit Sicherheit annehmen, daß es entweder von Thaleläus oder von Theodorus herrührt. Man forscht nur, welcher von beiden der Urheber sei. Ist das Scholium eine Uebersetzung κατὰ πόδας, so kann sie nur von Thaleläus herrühren. Ist sie dagegen eine Summe oder Nebenbemerkung, so sieht man z. B. auf folgende Punkte. Die Summen des Thaleläus sind nicht mit Citaten verwebt, wohl aber die des Theodorus; umgekehrt sind die einzeln stehenden παραγραφαί aus dem Codex des Thaleläus, während Theodorus seine Nebenbemerkungen mit den Summen verschmolzen hatte. Thaleläus liebt gewisse Redensarten, welche dem Theodorus ganz fremd sind, und umgekehrt dieser andere, welche jener nicht kennt. Ferner verweist Thaleläus gern auf die Digesten, Theodorus niemals (vergl. §. 18 unter 4 und 6). Endlich ist die ganze Art und Weise der Auffassung und Darstellung dieser beiden Schriftsteller so verschieden, daß man sich in Erkennung und Unterscheidung der Fragmente aus ihren Schriften nicht leicht täuschen kann. — Ganz auf ähnliche Weise verfährt man bei allen Scholien, welche zu Digestenstellen gehören. Hier kann man auf Stephanus, Cyrillus, Anonymus, Enantiophanes, oder (bei den Büchern der Digesten, welche nach Justinian's Lehrplane nicht Gegenstand der Erklärung in den juristischen Vorlesungen waren) auf Dorotheus und die drei letztgenannten rathen. Stephanus ist sehr breit; er liebt die ἀπο-[illegible]; er nennt den Ulpianus, Paulus u. s. w. als Urheber der commentirten Sätze; er hat gewisse, ihm eigenthümliche Redensarten (vergl. §. 17 unter 6); er citirt auf eigenthümliche Weise (vergl. §. 15 unter 3). Dorotheus übersetzt die Digesten fast wörtlich; Cyrillus gibt nur ganz kurze Summen; sehr selten sind dieselben von παραγραφαί, noch seltener von παράτιτλα begleitet (vergl. §. 17 unter 7). Solche rühren in der Regel von Anonymus her, welcher dabei die einfachste Weise zu citiren befolgt, und auch sonst noch Eigenthümlichkeiten hat, an welchen sich die von ihm herrührenden Stellen leicht erkennen lassen (vergl. §. 17 unter 8). — Schließlich fügen wir 1) nach Anleitung von Zachariä von Lingenthal drei Tabellen bei, welche theils einzelne im Obigen enthaltene Behauptungen bekräftigen, theils ein Hilfsmittel für die Benutzung der sogenannten Basilikenscholien sein sollen. Die erste Tabelle zählt die Bücher und Titel der Basiliken auf, zu welchen uns die Scholien vergleichsweise vollständig erhalten sind. Sie gibt an, aus welchen Titeln der Digesten und des Codex ein jeder Titel zusammengesetzt ist. Endlich gibt sie an, aus welchen Justinianeischen Juristen die Scholien dazu Auszüge geben. Bei dieser letzteren Rubrik sind jedoch nicht erwähnt diejenigen, über deren Vorkommen in den Basilikenscholien schon in den §§. 17. 18 dieses Artikels vollständig berichtet worden ist; auch sind nur diejenigen angeführt, für deren Benutzung in den betreffenden Basilikenscholien, sei es aus den Inscriptionen derselben, oder aus anderen Gründen, voller Beweis geführt werden kann, was wir insbesondere für Dorotheus annehmen. Die Titel der Basiliken, welche oder insofern sie aus Novellen bestehen, sind weggelassen. Der Besitz der vollständigen Bearbeitungen der Novellen von Theodorus und Athanasius macht uns die daraus geschöpften Basilikenscholien entbehrlich.

Mit Hilfe der ersten Tabelle lassen sich leicht die zweite und dritte fertigen. Die zweite zeigt, bei welchen Büchern und Titeln der Digesten wir in den sogenannten Basilikenscholien Ueberreste aus den Bearbeitungen des Stephanus, Dorotheus, Anonymus und Cyrillus, und aus Enantiophanes besitzen; die dritte gibt dasselbe für den Codex des Thalelaus und Theodorus an. Daran schließt sich 2) eine Probe eines neuen Manuale Basilicorum. Zu diesem Behufe haben wir die Titel der Digesten und des Codex de transactionibus (Dig. lib. II. tit. 15. Cod. lib. II. tit. 4) ausgewählt. Es wird darin nachgewiesen, welches Juristen Bearbeitung in den alten Scholien excerpirt worden ist, und was uns davon zu jeder einzelnen Stelle des genannten Titels der Digesten oder des Codex erhalten worden ist. Die Basiliken sind nach der Ausgabe von Heimbach citirt, in Parenthese befindet sich das entsprechende Citat nach der Ausgabe von Fabrot. Die Scholien werden nach den Anfangsworten, und zwar nach der Ausgabe von Heimbach citirt. Die Scholien besonders nach der Ausgabe von Fabrot zu citiren, war unnöthig, weil in der Heimbach'schen Ausgabe bei den von Fabrot bereits herausgegebenen Scholien angemerkt ist, wo dieselben bei Fabrot stehen. Die Abkürzung a. v. bedeutet a verbis; die Abkürzung u. a. v. bedeutet usque ad verba. Der Zweck des Manuale Basilicorum ist besonders die Erleichterung der Benutzung der alten Scholien.

Erste Tabelle.

Basilicorum		Digesta.	Scholia ex commentariis.	Codex.	Scholia ex commentariis.
lib.	tit.				
VIII.	1	III, 1.	Steph. Cyr. Enant. Anon.	II, 6—11.	Theod. Thalel.
	2	III, 3. 4.	Steph. Cyr. Enant. Anon.	II, 12.	Theod. Thalel.
XI.	1	II, 14.	Steph. Cyr. Anon. Enant.	II, 3.	Theod. Thalel.
	2	II, 15.	Steph. Cyr. Enant. Anon.	II, 4. 5.	Theod. Thalel.
XII.	1	XVII, 2.	Steph. Cyr. Anon. Enant.	IV, 37.	Theod. Thalel.
	2	X, 3.	Steph. Cyr. Anon. Enant.	III, 37.	Theod. Thalel.
	3	—	—	III, 38. 40.	Theod. Thalel.
XIII.	1	XIII, 6.	Cyr. Steph. Anon. Enant.	IV, 23.	Thalel. Theod.
	2	XVI, 3.	Steph. Cyr. Enant. Anon.	IV, 34.	Theod. Thalel.
XIV.	1	XVII, 1.	Steph. Cyr. Enant. Anon.	IV, 35. 36.	Theod. Thalel.
XV.	1	VI, 1.	Steph. Cyr. Anon. Enant.	III, 32.	Theod. Thalel.
	2	VI, 2.	Steph. Anon. Enant.	—	—
	3	VI, 3.	Steph. Anon.	—	—
	4	X, 4.	Steph. Cyr. Enant. Anon.	III, 42.	Theod. Thalel.
XVI.	1	VII, 1.	Steph. Cyr. Enant. Anon.	—	—
	2	VII, 2.	Cyr. Steph. Anon.	—	—
	3	VII, 3.	Steph. Anon. Enant.	—	—
	4	VII, 4.	Steph. Cyr. Anon. Enant.	—	—
	5	VII, 5.	Steph. Anon.	—	—
	6	VII, 6.	Cyr. Anon.	—	—
	7	VII, 7.	Steph. Anon.	—	—
	8	VII, 8.	Steph. Anon. Enant.	III, 33.	Thalel. Theod.
	9	VII, 9.	Steph. Anon.	IV, 27.	Thalel. Theod.
XVII.	1	III, 5.	Steph. Cyr. Enant. Anon.	—	—
	2	—	—	II, 19.	Theod. Thalel.
XVIII.	1	XIV, 3.	Steph. Cyr. Anon.	IV, 25.	Theod. Thalel.
	2	XIV, 4.	Steph. Cyr. Anon. Enant.	IV, 24.	Theod. Thalel.
	3	XIV, 5.	Steph. Cyr. Anon. Enant.	—	—
	4	XIV, 6.	Steph. Cyr. Anon. Enant.	IV, 28.	Theod. Thalel.
	5	XV, 1.	Cyr. Steph. Anon. Enant.	—	—
	6	XV, 2.	Steph. Cyr. Anon. Enant.	—	—
	7	XV, 3.	Cyr. Steph. Anon. Enant.	—	—
	8	XV, 4.	Cyr. Steph. Anon.	—	—
XX.	1	XIX, 2.	Steph. Cyr.	IV, 65.	Theod. Thalel.
	3	XIX, 4.		IV, 64.	Theod. Thalel.
XXI.	1	XXII, 5.	Doroth. (Isid.?) Cyr. Enant. Anon.	IV, 20.	Theod. Thalel.

Erste Tabelle.

Basilicorum		Digesta.	Scholia ex commentariis.	Codex.	Scholia ex commentariis.
lib.	tit.				
XXI.	2	III, 2.	Steph. Cyr. Anon. Enant.	—	—
	3	—	—	II, 11.	Theod. Thalel.
XXII.	1	XXII, 3. 4.	Doroth. Cyr. Anon. Enant.	IV, 19. 21. 22.	Theod. Thalel.
	5	XII, 2.	Cyr. Steph. Anon. Enant.	IV, 1.	Theod. Thalel.
	6	XII, 3.	Cyr. Steph. Anon. Enant.	—	—
XXIII.	1	XII, 1.	Cyr. Steph. Anon. Enant.	IV, 2. 30.	Theod. Thalel.
	3	XXII, 1.	Steph. Cyr. Enant. Anon.	IV, 32.	Theod. Thalel.
XXIV.	1	XII, 4.	Cyr. Steph.	IV, 4—6.	Theod. Thalel.
	2	XII, 5.	Cyr. Steph.	IV, 7.	Theod. Thalel.
	3	—	—	IV, 9—11.	Theod. Thalel.
	4	—	—	IV, 12. 13.	Theod. Thalel.
	5	—	—	IV, 14.	Theod. Thalel.
	6	XII, 6.	Cyr. Steph.	IV, 15.	—
	10	XVI, 2.	—	IV, 31.	Thalel. Theod.
XXV.	1	XIII, 7.	Steph. Cyr. Anon. Enant.	IV, 24.	—
XXVIII.	1	XXIII, 1.	Steph. Cyr. Anon. Enant.	V, 1. 2.	Theod. Thalel.
	2	—	—	V, 1.	Theod. Thalel.
				II, 44.	Theod.
	3	—	—	V, 3.	Theod. Thalel.
	4	XXIII, 2.	Steph. Cyr. Anon. Enant.	V, 4. 6.	Theod. Thalel.
	5	XXIII, 2.	Steph. Anon. Enant.	V, 4—8.	Theod. Thalel.
	7	XXIV, 2.	Doroth. Cyr. Anon. Enant.	V, 17.	Thalel. Theod.
	8	XXIV, 3.	Doroth. Cyr. Enant. Anon.	V, 18.	Theod. Thalel.
	9	—	—	V, 19.	Thalel.
	10	XXV, 1.	Doroth. Cyr. Anon. Enant.	—	—
	11	XXV, 2.	Doroth. Cyr. Anon. Enant.	V, 21. 22.	Theod. Thalel.
XXIX.	1	XXIII, 3.	Steph. Cyr. Anon. Enant.	V, 11—13.	Theod. Thalel.
	5	XXIII, 4.	Steph. Cyr. Anon. Enant.	V, 14. 15.	Theod. Thalel.
	6	XXIII, 5.	Steph. Cyr. Enant. Anon.	V, 23.	Theod. Thalel.
XXXVIII.	1	XXVII, 1.	Doroth. Cyr. Anon.	V, 35. 36. 62—69.	Theod. Thalel.
	2	XXVII, 2.	Doroth. Cyr.	V, 49. 50.	Theod. Thalel.
	3	XXVII, 3.	Doroth. Cyr. Anon. Enant.	V, 51.	Theod. Thalel.
	4	XXVII, 4.	Doroth. Anon.	—	—
	5	XXVII, 5.	Doroth. Cyr.	V, 45.	Theod.
	6	XXVII, 6.	Doroth. Cyr. Anon.	—	—
	7	XXVII, 7.	Doroth. Cyr. Anon.	V, 54. 57.	Theod. Thalel.
	8	XXVII, 8.	Doroth. Cyr. Anon.	V, 42. 46. 47. 75.	Theod. Thalel.
	9	XXVII, 9.	Doroth. Cyr. Anon. Enant.	V, 37. 48. 71. 72.	Theod. Thalel.
	10	XXVII, 10.	Doroth. Cyr. Anon.	V, 70.	Theod. Thalel.
	13	—	—	V, 41.	Theod.
	14	—	—	V, 52.	Theod. Thalel.
	15	—	—	V, 53.	Thalel. Theod.
	16	—	—	V, 55.	Theod. Thalel.
	17	—	—	V, 56.	Theod. Thalel.
	18	—	—	V, 58.	Theod. Thalel.
	19	—	—	V, 60.	Theod. Thalel.
XXXIX.	1	V, 2.	Steph. Cyr. Enant. Anon.	III, 28.	Theod. Thalel.
		XXXVII, 5.	Doroth. Anon.		
	2	XXVIII, 3.	Cyr. Anon. Enant.	—	—
XL.	1	XXXVII, 1. 2.	Doroth. Anon.	VI, 9.	Theod. Thalel.
	2	XXXVII, 8.	Doroth. Anon.	VI, 16.	Theod. Thalel.

Erste Tabelle.

Basilicorum lib.	*Basilicorum* tit.	*Digesta.*	*Scholia ex commentariis.*	*Codex.*	*Scholia ex commentariis.*
XL.	3	XXXVII, 4. 6.	Doroth. Cyr. Anon.	VI, 14.	Theod. Thalel.
	4	XXXVII, 8. 9.	Doroth. Anon.	—	—
	5	XXXVII, 10.	Doroth. Cyr. Anon.	VI, 17.	Theod.
	6	XXXVII, 12.	Doroth. Cyr. Anon.	—	—
	7	—	—	VI, 10. 11. 13.	Theod.
	8	—	—	VI, 15. 19.	Theod.
	9	XLIII, 2.	—	VIII, 2.	Theod. Isid.
XLI.	1	XXXV, 2.	Doroth. Cyr. Anon.	VI, 50.	Theod. Thalel.
	2	XXXV, 3.	Cyr. Anon.	VIII, 3.	Theod. Isid. *)
	3	—	—	VI, 40.	Theod. Thalel.
	4	—	—	III, 29. 30.	Theod. Thalel.
	7	XXXVII, 6. 7.	Doroth. Cyr. Anon.	VI, 20.	Theod. Thalel.
XLII.	1	V, 3.	Steph. Cyr. Anon.	III, 31.	Theod. Thalel.
	2	V, 4—6.	Steph. Cyr. Anon.	—	—
	3	X, 2.	Steph. Cyr. Anon.	III, 36.	Theod. Thalel.
	4	XI, 1.	Steph. Cyr. Anon.	—	—
XLV.	1	XXXVII, 2.	Doroth. Anon.	VI, 56—59. 61.	Theod. Thalel.
		XXXVIII, 12. 13. 15. 17.	Doroth. Cyr. (tit. 17) Anon. Enant.		
		XXXVIII, 7 — 9. 14. 15.	Doroth. Enant. Anon.	VI, 55.	Theod. Thalel.
	3	XXXVIII, 10.	Doroth. Enant. Anon.	—	—
	4	—	—	VI, 60. 61.	Theod. Thalel.
	5	XXXVIII, 11.	Doroth. Anon.	VI, 18.	Theod. Thalel.
XLVI.	1	I, 5.	Steph. Enant. Anon.	—	—
	2	IV, 5.	Steph. Anon. Enant.	—	—
	3	I, 8.	Steph. Anon. Enant.	—	—
XLVII.	1	XXXIX, 5.	Doroth. Cyr. Enant. Anon.	VIII, 54. 55.	Theod. Isid.
	2	—	—	VIII, 56.	Theod. Isid.
	3	XXXIX, 6.	Doroth. Anon. Enant.	VIII, 57.	Theod. Isid.
XLVIII.	1	XL, 1.	Doroth. Enant.	—	—
	2	XL, 2.	Doroth. Enant.	VII, 1.	Theod.
	3	XL, 3. 4.	Doroth. Enant.	VII, 2.	Theod. Thalel.
	4	XL, 5.	Doroth. Enant.	—	—
	5	XL, 6. 7.	Doroth. Enant.	—	—
	6	XL, 8.	Doroth. Enant.	—	—
	7	XL, 9.	Doroth. Enant.	VII, 11.	Theod. Thalel.
	8	XL, 12.	Doroth. Enant.	—	—
	9	XL, 13.	Doroth.	VII, 18.	Theod. Thalel.
	10	XL, 14.	Doroth.	VII, 14.	Theod. Thalel.
	11	XL, 15.	Doroth.	VII, 21.	Theod. Thalel.
	12	XL, 16.	Doroth.	—	—
	13	—	—	VII, 4.	Theod. Thalel.
	14	—	—	I, 18. VII, 6. 7.	Theod. Thalel.
	15	—	—	VII, 8.	Theod. Thalel.
	16	—	—	VII, 10.	Theod. Thalel.
	17	—	—	VII, 12.	Theod. Thalel.
	18	—	—	VII, 13.	Theod. Thalel.
	19	—	—	VII, 15.	Theod. Thalel.

*) Im Sch. Theod. 'O Θαλαίλαιος IV, 140 ist statt Theod. zu lesen Ἰσίδωρος.

Erste Tabelle.

Basilicorum *lib.*	*tit.*	*Digesta.*	*Scholia ex commentariis.*	*Codex.*	*Scholia ex commentariis.*
XLVIII.	20	—	—	VII, 16.	Theod. Thalel.
	21	—	—	VII, 17.	Theod. Thalel.
	22	—	—	VII, 19.	Theod. Thalel.
	23	—	—	VII, 20.	Theod. Thalel.
	24	—	—	VII, 22. 23.	Theod. Thalel.
	25	—	—	VII, 24.	Theod. Thalel.
LX.	1	III, 6.	Steph. Cyr. Anon.	IX, 41.	Theod. Thalel.
		XLVIII, 16.	Doroth. Cyr. Enant.		
	2	IX, 1.	Doroth. Cyr. Anon.	—	—
	3	IX, 2.	Doroth.*) Cyr. Anon.	III, 35.	Theod. Thalel.
	4	IX, 3.	Doroth. Cyr. Anon.	—	—
	5	IX, 4.	Steph. Cyr. Anon.	III, 41.	Theod. Thalel.
	6	XI, 3.	Doroth.**) Cyr. Anon.	VI, 2.	Theod. Thalel.
	7	XI, 4.	Doroth. Anon.	VI, 1.	Theod. Thalel.
	8	XI, 5.	Doroth. Anon.	III, 43.	Theod.
	9	XI, 6.	Doroth. Cyr. Anon.	—	—
	10	XIII, 1.	Steph. Cyr. Anon.	IV, 8.	Theod. Thalel.
	11	XLVII, 1.	Doroth.	—	—
	12	XLVII, 2. 3.	Doroth. Cyr.	—	—
	13	XLVII, 4.	Doroth.	—	—
	14	XLVII, 5.	Doroth.	—	—
	15	XLVII, 6.	Doroth.	—	—
	16	XLIII, 27.	—	—	—
		XLVII, 7.	Doroth.	—	—
	17	XLIII, 16. 31. 32.	Doroth.	VIII, 6.	Theod. Isid.
		XLVII, 8.	Doroth.	IX, 33.	Theod. Thalel.
	18	XLVIII, 6. 7.	Doroth. Cyr.	IX, 12.	Theod. Thalel.
	19	XLIII, 32.	Doroth.	—	—
	20	XLVII, 9.	Doroth.	—	—
	21	XLVII, 10.	Doroth.	IX, 35.	Thalel. Theod.
	22	XLVII, 11.	Doroth.	—	—
	23	XLVII, 12.	Doroth.	IX, 19.	Theod. Thalel.
	24	XLVII, 13.	Doroth.	—	—
	25	XLVII, 14.	Doroth. Cyr.	IX, 37. 38.	Theod. Thalel.
	26	XLVII, 15.	Doroth.	—	—
	27	XLVII, 16.	—	IX, 39.	Theod. Thalel.
	28	XLVII, 18.	Doroth.	—	—
	29	XLVII, 19.	Doroth.	IX, 32.	Theod. Thalel.
	30	XLVII, 20.	—	IX, 34.	Theod. Thalel.
	31	XLVII, 21.	Doroth.	III, 39.	—
	32	XLVII, 22. 23.	Doroth.	—	—
	33	XLVIII, 1.	Doroth.	IX, 2.	Theod. Thalel.
	34	XLVIII, 2.	Doroth.	IX, 1.	Theod. Thalel.

*) Zachariä v. L. in den Krit. Jahrb. f. deutsche RW. 1844. S. 825 schreibt die Stellen des πλάτος zu Dig. IX, 2. 8 dem Stephanus zu. Sie rühren aber vielmehr von Dorotheus her, von welchem eine ganze Reihe Stellen zu L. 27. D. IX, 2 vorkommen. Da der Charakter dieser Stellen und der übrigen Stellen aus dem πλάτος zu den erwähnten beiden Digestentiteln derselbe ist, so sind alle dem Dorotheus zuzuschreiben. **) Zachariä v. L. a. a. O. schreibt die Stellen des πλάτος zu Dig. XI, 3. 4. 5. 6 dem Stephanus zu, zweifelt aber selbst an dessen Urheberschaft, da er hinter Steph. ein Fragezeichen setzt. Ich halte aber wegen der ziemlich wörtlichen Uebersetzung des Digestentextes, welche diese Stellen enthalten, den Dorotheus für den Urheber. Es kommt dazu, daß das Sch. Anon. V, 407 aus dem Index des Dorotheus die Worte: [illegible] citirt, welche sich im Sch. Enantioph.? IV, 408 (indem L. 1. §. 6. D. XI, 4) finden; ein positiver Beweis, daß letztere Stelle von Dorotheus herrührt.

Erste Tabelle.

Basilicorum. lib.	tit.	Digesta.	Scholia ex commentariis.	Codex.	Scholia ex commentariis.
LX.	35	XLVII, 18.	Doroth.	IX, 3, 4.	Theod. Thalel.
		XLVIII, 3.	Doroth.		
	36	XLVIII, 4.	Doroth.	IX, 7. 8.	Theod. Thalel.
	37	XXV, 7.	Doroth. Enant.	IX, 9.	Theod. Thalel.
		XLVIII, 5.	Doroth. Enant.		
	38	—	—	XI, 40.	Theod.
	39	XLVIII, 8.	Doroth.	IX, 10. 18.	Theod. Thalel.
	40	XLVIII, 9.	Doroth.	—	—
	41	XLVIII, 10.	Doroth. Cyr.	IX, 6. 22. 23.	Theod. Thalel.
	42	XXXIV, 9.	Cyr. Anon. Enant.	—	—
	43	XLVIII, 11.	Doroth.	IX, 26. 27.	Theod. Thalel.
	44	XLVIII, 12.	Doroth.	—	—
	45	XLVIII, 13.	Doroth.	IX, 28. 29.	Theod. Thalel.
	46	XLVIII, 14.	Doroth.	—	—
	47	XLIII, 29.	Doroth.	—	—
	48	XLVIII, 15.	Doroth.	IX, 20.	Theod. Thalel.
	49	XLVIII, 17.	Doroth.	IX, 40.	Theod. Thalel.
	50	XLVIII, 18.	Doroth.	IX, 41.	Theod. Thalel.
	51	XLVIII, 19.	Doroth. Cyr.	IX, 47.	Theod. Thalel.
	52	XLVIII, 20.	Doroth.	IX, 49.	Theod. Thalel.
	53	XLVIII, 21.	Doroth.	IX, 50.	Theod. Thalel.
	54	XLVIII, 22.	Doroth.	I, 3. 6. 7. 9. 10.	Theod.
	55	—	—	IX, 5.	—
	56	—	—	IX, 6.	Theod. Thalel.
	57	—	—	IX, 10.	Theod.
	58	—	—	IX, 13.	Theod. Thalel.
	59	—	—	IX, 14. 15.	Theod. Thalel.
	60	—	—	IX, 24. 25.	Theod. Thalel. (tit. 25)
	61	—	—	IX, 30.	Theod. Thalel.
	62	—	—	IX, 31.	Theod. Thalel.
	63	—	—	IX, 36.	—
	64	—	—	IX, 42.	Theod. Thalel.
	65	—	—	IX, 44.	Theod. Thalel.
	66	—	—	IX, 45.	Theod. Thalel.
	67	—	—	IX, 48.	Theod.
	68	XLVIII, 23.	—	IX, 51.	Theod. Thalel.
	69	XLVIII, 24.	—	—	—

Zweite Tabelle.

Digestorum lib.	Stephani Dig.	Dorothei Dig.	Anonymi Dig.	Cyrilli Dig.
I.	tit. 3. 5. 8.	tit. 3.	tit. 3. 5. 8.	—
II.	tit. 14. 15.	tit. 14. 15.	tit. 11. 14-15.	tit. 14. 15.
III.	tit. 1—6.	—	tit. 1—6.	tit. 1—6.
IV.	tit. 5. 8.	—	tit. 5. 8.	—
V.	tit. 2—6.	—	tit. 2—6.	tit. 2—4.
VI.	tit. 1—3.	—	tit. 1—3.	tit. 1. 2.

Zweite Tabelle.

Digestorum lib.	*Stephani Dig.*	*Dorothei Dig.*	*Anonymi Dig.*	*Cyrilli Dig.*
VII.	tit. 1—9.	—	tit. 1—9.	tit. 1. 2. 4.
IX.	tit. 4.	tit. 1. 2. 3.	tit. 1. 2. 3. 4.	tit. 1. 2. 3. 4.
X.	tit. 2—4.	—	tit. 2—4.	tit. 2—4.
XI.	tit. 1.	tit. 3. 4. 5. 6.	tit. 1. 3. 4. 5. 6.	tit. 1. 3. 4. 6.
XII.	tit. 1—6.	—	tit. 1—3. 7.	tit. 1—6.
XIII.	tit. 1. 3. 6. 7.	—	tit. 1. 3. 6. 7.	tit. 1. 6. 7.
XIV.	tit. 3—6.	—	tit. 3—6.	tit. 3—6.
XV.	tit. 1—4.	—	tit. 1—4.	tit. 1—4.
XVI.	tit. 3.	—	tit. 3.	tit. 3.
XVII.	tit. 1. 2.	—	tit. 1. 2.	tit. 1. 2.
XIX.	tit. 2.	—	—	tit. 2.
XX.	tit. 1.	—	—	—
XXII.	tit. 1.	tit. 1. 3. 4—6.	tit. 1. 3. 4—6.	tit. 1. 3. 4. 5.
XXIII.	tit. 1—5.	tit. 4.	tit. 1—5.	tit. 1—5.
XXIV.	—	tit. 1—3.	tit. 2. 3.	tit. 2. 3.
XXV.	—	tit. 1. 2.	tit. 1. 2.	tit. 1. 2.
XXVII.	—	tit. 1—10.	tit. 1—10.	tit. 1—3. 5—10.
XXVIII.	—	—	tit. 3.	tit. 3.
XXXIV.	—	—	—	tit. 9.
XXXV.	—	tit. 2.	tit. 2. 3.	tit. 2. 3.
XXXVII.	—	tit. 1—7. 10. 12.	tit. 1—7. 9. 10. 12.	tit. 6. 10. 12.
XXXVIII.	—	tit. 6—17.	tit. 6—12. 14—17.	tit. 6. 17.
XXXIX.	—	tit. 5. 6.	tit. 5. 6.	tit. 5.
XL.	—	tit. 1—9. 12—16.	—	—
XLII.	—	tit. 7.	tit. 7.	—
XLIII.	—	tit. 16. 29. 31—33.	—	—
XLVII.	—	tit. 1—15. 18. 19. 21—23.	—	tit. 2. 10. 14.
XLVIII.	—	tit. 1—22.	—	tit. 6. 10. 16. 19.

Dritte Tabelle.

Codicis) lib.*	*Thalelaei Codex.*	*Theodori Codex.*
I.	tit. 5. 18.	tit. 1. 10. 18.
II.	tit. 1. 3. 4. 5. 6—9. 11. 12. 18.	tit. 3. 4. 6—12. 18.
III.	tit. 28—33. 35—38. 40—42.	tit. 28—33. 35—38. 40—42.
IV.	tit. 1. 2. 4—14. 16. 19—23. 25—28. 30—32. 34—37. 64. 65.	tit. 1. 2. 4—14. 19—23. 25—28. 30—32. 34—37. 64. 65.

*) Der Codex wird nach der richtigen Titelzahl, wie er sie bei den Griechen hat, citirt. Die Verschiedenheit der Angaben in dieser Tabelle bei dem Codex des Thalelaeus von denen in der von Zachariä v. L. in den Krit. Jahrb. 1844 S. 828 gegebenen Tabelle rührt daher, daß letzterer die Scholia Veronensia dem Thalelaeus zuschreibt, was aber nicht richtig ist. Vergl. §. 18 unter 1) in diesem Artikel.

Dritte Tabelle.

Codicis lib.	*Thalelaei Codex.*	*Theodori Codex.*
V.	tit. 1—4. 6—8. 11—15. 17—19. 21—23. 35—37. 42. 45. 46. 48—56. 58. 60. 62—68. 70—72. 75.	tit. 1—8. 11—15. 17. 18. 21—23. 36. 37. 42. 46—56. 58. 60. 62—66. 69—72. 75.
VI.	tit. 1. 2. 9—11. 13. 14. 16—20. 22. 24. 27. 49. 50. 56—62.	tit. 1. 2. 4. 9—11. 13. 14. 16—20. 49. 50. 55—62.
VII.	tit. 1. 2. 4. 6—8. 10—24.	tit. 1. 2. 4. 6—8. 10—24.
VIII.*)	—	tit. 2. 3. 6. 53—56.
IX.	tit. 1—4. 6. 8—13. 15. 16. 18—20. 22. 23. 25—35. 37. 39—47. 49—51.	tit. 1—4. 6. 8—14. 16. 18—20. 22. 23. 25. 26. 28—35. 37—51.

Specimen novi Manualis Basilicorum.

Digestorum

Lib. II. Tit. XV.

De transactionibus.

L. 1. — 1. *Basil.* XI, 2, 1. T. I. p. 665. 666 (Fabr. T. I. p. 770).
2. *Steph.* a) index — Sch. *Τῶν περὶ* I, 665 seq.
b) *ἐρωτοαπόκρισις* ad v. paciscitur — Sch. *Ἐρώτησις* I, 666.
3. *Cyrill.* index — Sch. *Κυρίλλου. Διάλυσις* I, 666.
4. *Anon.* a) summa — text. Basil.
b) adnot. ad summae v. *σύμφωνον* — Sch. *Τοῦ Ἀνων.* I, 666.
ad v. *κατὰ δωρεὰν* — Sch. *Οὐκ ἔρρωται* I, 666.

L. 2. — 1. *Basil.* XI, 2, 2. T. I. p. 666. 667 (Fabr. T. I. p. 770).
2. *Steph.* a) index — Sch. *Διάλυσιν* I, 666.
3. *Cyrill.* index — Sch. *Κυρίλλ. Διάλυσις* I, 666.
4. *Anon.* a) summa — text. Basil.

L. 3. — 1. *Basil.* XI, 1, 3. T. I. p. 667—669 (Fabr. T. I. p. 770 seq.).
2. *Steph.* a) index L. 3. pr. §. 1. — Sch. *Διάταξις* I, 667.
§. 2. — Sch. *Ἐδανείσατο, Κατὰ τοῦ* I, 669.
3. *Cyrill.* index L. 3. pr. §. 1. — Sch. *Κυρίλλ.* I, 667.
§. 2. — Sch. *Κυρίλλ.* I, 667.
4. *Anon.* a) summa — text. Basil.
b) adnot. ad L. 3. pr. — Sch. *Τοῦ Ἀνων.* I, 668.
ad §. 2. v. *πωλήσαντος* — Sch. *Τκόθου* I, 669.
ad §. 2 fin. — Sch. 5. 7. I, 669.

L. 4. — 1. *Basil.* XI, 2, 4. T. I. p. 669—671 (Fabr. T. I. p. 771).
2. *Steph.* a) index — Sch. *Ἡ Ἀκουιλιανὴ* I, 669 seq. u. a. v. *καταγράψαι καὶ δαπανη*.
3. *Cyrill.* index — Sch. *Κυρίλλ.* I, 670.
4. *Anon.* a) summa — text. Basil.
b) adnot. — Sch. *Τοῦ Ἀνων.* I, 671.
6. *Doroth.* a) index — Sch. *Ἡ Ἀκουιλιανὴ* u. a. v. *ἐχρεώστηται* I, 670.
b) adnot. — Sch. *Ἀκουιλιανὴ* I, 670.

L. 5. — 1. *Basil.* XI, 2, 5. T. I. p. 671 (Fabr. T. I. p. 771).
2. *Steph.* a) index — Sch. *Ἡ Ἀκουιλιανὴ* I, 669 seq. a v. *ἐν δὲ τῇ Ἀκουιλιανῇ* p. 670.
4. *Anon.* a) summa — text. Basil.
6. *Doroth.* index — Sch. *Ἡ Ἀκουιλιανὴ* I, 670 a v. *ἐπειδὴ δέ*.

*) Im achten Buche war der Codex des Thaleläus, wie ihn die Compilatoren der Scholien zur Hand hatten, lückenhaft; daher keine Scholien von demselben zu diesem Buche vorhanden.

Specimen novi Manualis Basilicorum.

L. 6. — 1. *Basil.* XI, 2, 6. T. I. p. 671 (Fabr. T. I. p. 771).
2. *Steph.* a) index — Sch. *Περὶ τῶν* I, 671.
3. *Cyrill.* index — Sch. *Κυρίλλου. Περὶ* cum adnot. Sch. *Προ ἀνοίξεως* I, 671.
4. *Anon.* a) summa — text. Basil.
b) adnot. — Sch. 2. *Τοῦ Ἀνων.* I, 671.

L. 7. — 1. *Basil.* XI, 2, 7. T. I. p. 671. 672 (Fabr. T. I. p. 771 seq.).
2. *Steph.* a) index L. 7. pr. — Sch. *Πάντες* I, 671.
§. 1. 2. — Sch. *Τοῦ ἐγγυητοῦ* I, 671 seq.
3. *Cyrill.* index L. 7. pr. — Sch. *Κυρίλλ. Ἐὰν* I, 671.
§. 1. 2. — Sch. *Κυρίλλ.* u. a. v. *τὸ χεῖρον δίδοται* I, 672.
4. *Anon.* a) summa — text. Basil.

L. 8. — 1. *Basil.* XI, 2, 8. T. I. p. 672—682 (Fabr. T. I. p. 772—776).
2. *Steph.* a) index L. 8. pr. §. 1—5. — Sch. *Ἐπείπερ* u. a. v. *περὶ τοῦ καταλ. αὐτῷ ληγάτου* I, 673. Cf. Sch. *Ἐὰν χώρα*, *Ἕτερόν ἐστιν* I, 674.
§. 6—11. — Sch. *Ἐκείνην* I, 675. Cf. Sch. *Οὐ γὰρ δίκαιον* I, 676. Sch. *Στεφ. Καὶ ἡ*, *Οἷον ποῖον* I, 677.
§. 12. 13. — Sch. *Ἐάν τινι* I, 677.
§. 14. — Sch. *Ἐὰν καταλείψῃ* I, 678.
§. 15. 16. — Sch. *Ἐὰν καταλειφθῇ* I, 678. Cf. Sch. 20 ibid.
§. 17. 18. — Sch. *Ἐὰν ὁ πραίτωρ* I, 678. Cf. Sch. 22. I, 679.
§. 19. — Sch. *Αἱ τῶν* I, 679. Cf. Sch. *Τυχὸν οὐσίαν* ibid.
§. 20. — Sch. *Δίκη* I, 679.
§. 21. — Sch. *Ἐὰν τῷ* I, 680.
§. 22. — Sch. *Ἐάν τις* I, 680.
§. 23. — Sch. *Ἐὰν φανερὰ* I, 681.
§. 24. — Sch. *Ἐάν τινι* I, 681. Cf. Sch. 35—37. p. 682.
§. 25. — Sch. *Ἐὰν ναβικουλάριον* I, 682. Cf. Sch. *Εἰ καὶ ὑπόκειται* ibid.
b) adnot. ad §. 5. v. *si per fideicommissum.* — Sch. *Ἐπείπερ* fin. a v. *ἴσασιν οἱ περ* u. v. 1.
ad §. 22. indicis v. laud. — Sch. *Εἴπερ ἄρα* I, 680.
3. *Cyrill.* a) index L. 8. pr. — Sch. *Κυρίλλ.* a v. *ὁ γὰρ ἐλεύθερον.* I, 672.
§. 1—5. — Sch. *Κυρίλλ.* I, 673. Cf. Sch. 4. *Κυρίλλ.* et Sch. *Ἕτερον* a v. *ἐγὼ δὲ* I, 674.
§. 6—11. — Sch. *Κυρίλλου* I, 675. Cf. Sch. *Κυρίλλ. Τὰ δὲ* I, 677.
§. 12—14. — Sch. *Κυρίλλου. Ὁ περὶ* I, 677.
§. 15. 16. — Sch. *Κυρίλλου* I, 678. Cf. Sch. *Κἂν πολλοῖς* ibid.
§. 17. 18. — Sch. *Κυρίλλου. Ἐὰν* I, 679.
§. 19. — Sch. *Κυρίλλου. Αἱ διαλύσεις* I, 679.
§. 20. — Sch. *Κυρίλλου. Κἂν* I, 679.
§. 21. 22. — Sch. *Κυρίλλ.* I, 680.
§. 23. — Sch. *Κυρίλλ.* I, 681.
§. 24. — Sch. *Κυρίλλ. Ἐάν τινι* I, 682.
§. 25. — Sch. *Κυρίλλ. Ἐὰν λόγῳ* I, 682.
b) adnot. ad §. 7. — Sch. 9. *Κυρίλλ.* I, 676.
ad §. 10. — Sch. *Τοῦ αὐτοῦ* I, 676.
4. *Anon.* a) summa — text. Basil.
b) adnot. ad L. 8. pr. — Sch. 4. *Τοῦ Ἀνων.* I, 672.
ad §. 5. — Sch. 6. *Τοῦ Ἀνων. Ἀνάγν.* I, 674.
ad §. 6. — Sch. *Τοῦ Ἀνων. Εἰ δὲ* I, 674 et Sch. 8. I, 676.
ad §. 21. — Sch. *Τοῦ αὐτοῦ. Εἰς τὰ* I, 679.
ad §. 22. — Sch. *Τοῦ αὐτοῦ. Ἀνάγν.* I, 679. Sch. *Τοῦ Ἀνων. Γνωστῶς* I, 681.
ad §. 23. — Sch. *Τοῦ Ἀνων. Σαλάριον* I, 681.
ad §. 25. — Sch. 39. *Τοῦ Ἀνων.* I, 682.
5. *Enant.* adnot. ad §. 12. — Sch. *Τοῦ Ἐναντιοφανοῦς* I, 678.
ad §. 22. — Sch. *Τοῦ Ἐναντιοφ.* I, 680.

Specimen novi Manualis Basilicorum.

6. *Doroth.* index L. 8. pr. — Sch. *'Επειδὴ* I, 674.
§. 20. — Sch. *'Εὰν δίκης* I, 680.
§. 23 a v. *Caeterum si* — Sch. *'Εὰν δὲ οὐδεσυμφρονοῦντος* I, 681.

L. 9. — 1. *Basil.* XI, 2, 9. T. I. p. 683—685 (Fabr. T. I. p. 770).
2. *Steph.* a) index L. 9. pr. — Sch. *Πρῖμος* I, 683.
§. 1. — Sch. *Εἰ διαδέχονται* I, 683.
§. 2. — Sch. *Στεφ. 'Ο κληρονόμος* I, 684.
§. 3. — Sch. *Στεφ. "Ηρμοσε* u. a. v. *την διάλυσιν* I, 684 seq.
b) adnot. ad §. 3. v. *si postea compertum est* — Sch. *Στεφ. "Ηρμοσε* fin. a v. *ὑποσπόντια* p. 685.
3. *Cyrill.* index L. 9. pr. §. 1. — Sch. *Κυρίλλ.* I, 683.
§. 2. — Sch. *Κυρίλλ.* I, 684.
§. 3. — Sch. *Κυρίλλ.* I, 685.
4. *Anon.* a) summa — text. Basil.
b) adnot. ad L. 9. pr. — Sch. *Τοῦ 'Ανων.* I, 683.
6. *Doroth.* pars indicis §. 3. — Sch. *Πᾶς γαρ* I, 685.

L. 10. — 1. *Basil.* XI, 2, 10. T. I. p. 685 (Fabr. T. I. p. 770).
2. *Steph.* a) index — Sch. *'Ο πατὴρ* I, 685.
3. *Cyrill.* index — Sch. *Εἰς πρᾶγμα* I, 685.
4. *Anon.* a) summa — text. Basil.
6. *Doroth.* index — Sch. *Πατὴρ* I, 685.

L. 11. — 1. *Basil.* XI, 2, 11. T. I. p. 685 (Fabr. T. I. p. 770).
2. *Steph.* a) index — Sch. *Μετὰ* I, 685.
3. *Cyrill.* index — Sch. *Κυρίλλου* I, 685.
4. *Anon.* a) summa — text. Basil.
6. *Doroth.* index — Sch. *Καὶ ὁ μὴ* I, 685.

L. 12. — 1. *Basil.* XI, 2, 12. T. I. p. 685. 686 (Fabr. T. I. p. 777).
2. *Steph.* a) index — Sch. *'Εάν τινι* I, 686.
3. *Cyrill.* index — Sch. *Κυρίλλ. 'Ο γενικῶς* I, 686.
4. *Anon.* a) summa — text. Basil.
5. *Enant.* adnot. — Sch. [Τοῦ] *'Εναντιοφ.* I, 686.

L. 13. — 1. *Basil.* XI, 2, 13. T. I. p. 686 (Fabr. T. I. p. 777).
2. *Steph.* a) index — Sch. *Οὐδενὶ* I, 686.
3. *Cyrill.* index — Sch. *Κυρίλλ. Οὐδεὶς* I, 686.
4. *Anon.* a) summa — text. Basil.
5. *Enant.* adnot. — Sch. *Τοῦ 'Εναντιοφ.* I, 686.

L. 14. — 1. *Basil.* XI, 2, 14. T. I. p. 686. 687 (Fabr. T. I. p. 777).
2. *Steph.* a) index — Sch. *'Εὰν ὁ γραφεὶς* I, 686 seq.
b) adnot. ad ind. v. *μετά των. παρασ.* — Sch. *Τοχὸν* I, 687.
3. *Cyrill.* index — Sch. *Κυρίλλου* I, 687.
4. *Anon.* a) summa — text. Basil.
5. *Enant.* adnot. — Sch. *Τοῦ 'Εναντιοφαν.* I, 687.

L. 15. — 1. *Basil.* XI, 2, 15. T. I. p. 687. 688 (Fabr. T. I. p. 777).
2. *Steph.* a) index — Sch. *Τοῖς πάντως* I, 688.
3. *Cyrill.* index — Sch. *Κυρίλλ. Τοῖς* I, 688.
4. *Anon.* a) summa — text. Basil.
5. *Enant.* adnot. — Sch. *Τοῦ 'Εναντιοφ. Μὴ ὑπόθου* u. a. v. *τὴν ἀκρίβειαν* I, 688.

L. 16. — 1. *Basil.* XI, 2, 16. T. I. p. 688 (Fabr. T. I. p. 777).
2. *Steph.* a) index — Sch. *Τοῦ 'Εναντιοφ. Μὴ ὑπόθου* a v. *ὁ τὴν νομίμως* I, 688.
3. *Cyrill.* index — Sch. *Κυρίλλ. 'Ο ἱερ.* I, 688.
4. *Anon.* a) summa — text. Basil.
5. *Enant.* adnot. — Sch. *Τοῦ 'Εναντιοφ. 'Ανάγνωθι* I, 688.

L. 17. — 1. *Basil.* XI, 2, 17. T. I. p. 688. 689 (Fabr. T. I. p. 777).
2. *Steph.* a) index — Sch. *'Εκάλεσε* I, 688 seq.
3. *Cyrill.* index — Sch. *Κυρίλλ.* I, 689.
4. *Anon.* a) summa — text. Basil.

Specimen novi manualis Basilicorum.

Codicis

Lib. II. Tit. IV.

De transactionibus.

L. 1. — 1. *Basil.* XI, 2, 18. T. I. p. 689. 690 (Fabr. T. I. p. 778).
2. *Thal.* a) index et *κατὰ πόδα* — text. Basil. et Sch. *Ταῦτα* I, 690 a v. *ὁπότε τοιγαροῦν.*
b) adnot. ad init. — Sch. *Ἡ μὲν διάλυσις* I, 689.
ad v. *auxilio ceteris* etc. — Sch. *Μέμνησαι* I, 690.
ad v. *neque deberrent* — Sch. *Ταῦτα* I, 690.
3. *Theod.* summa — Sch. *Θεοδώρου* I, 689.

L. 2. — 1. *Basil.* XI, 2, 19. T. I. p. 690. 691 (Fabr. T. I. p. 778 seq.).
2. *Thal.* a) index et *κατὰ πόδα* — text. Basil.
b) adnot. ad v. etsi nulla fuisse quaest. hered. — Sch. *Σημείωσαι ὅτι* I, 691.
ad v. *timorem litis* — Sch. *Σημείωσαι οὖν* I, 691.
ad v. *fisco* — Sch. *Τοῦτο* I, 691.
ad v. *jure convenireris* — Sch. *Σημείωσαι δὲ* I, 691.
3. *Theod.* summa — Sch. *Θεοδώρου* I, 691.
4. *Anatol.* summa — Sch. *Ἀνατολίου* I, 691.

L. 3. — 1. *Basil.* XI, 2, 20. T. I. p. 691—693 (Fabr. T. I. p. 779 seq.).
2. *Thal.* a) index et *κατὰ πόδα* — text. Basil. Cf. Sch. *Ἐπειδὴ* I, 692.
b) adnot. ad totam const. — Sch. *Σημείωσαι τὸν* I, 692. Cf. Sch. *Τουτέστι* a v. *διὰ τοῦτο* ibid.
ad v. *jud. quod bon. fid. est* — Sch. *Καὶ τοῦτο* I, 692.
3. *Theod.* summa — Sch. *Μετὰ ἐπερώτησιν* I, 692.

L. 4. — 1. *Basil.* XI, 2, 21. T. I. p. 693 (Fabr. T. I. p. 780).
2. *Thal.* a) index — Sch. *Περὶ τῶν* I, 693.
κατὰ πόδα — text. Basil.
b) adnot. ad v. *concessa tempora* — Sch. *Τῆς δυνείας* I, 693.

L. 5. — 1. *Basil.* XI, 2, 22. T. I. p. 693. 694 (Fabr. T. I. p. 780 seq.).
2. *Thal.* a) index et *κατὰ πόδα* — text. Basil.
b) adnot. ad v. *licet enim* etc. — Sch. *Ὁπότε* I, 694.
ad v. *scriptura — nec non est* — Sch. *Σημείωσαι* I, 694. Cf. Sch. *Τοῦ κατὰ πόδας* II, 502 seq.
3. *Theod.* summa — Sch. *Θεοδώρου* I, 693.

L. 6. — 1. *Basil.* XI, 2, 23. T. I. p. 694. 695 (Fabr. T. I. p. 781).
2. *Thal.* a) index — text. Basil.
b) adnot. ad v. *instaurari* etc. — Sch. *Τοῦτο* I, 694 (cf. Sch. *Καὶ πᾶς* ibid.) et Sch. *Καθόλου* ibid.
ad v. *in id, quod interest* etc. — Sch. *Ὁ μὲν* I, 695.
3. *Theod.* summa — Sch. *Θεοδώρου* I, 695 juncto Sch. *Ἀνάγνωθι* I, 694.

L. 7. — 1. *Basil.* XI, 2, 24. T. I. p. 695. 696 (Fabr. T. I. p. 781).
2. *Thal.* a) index — text. Basil.
b) adnot. — Sch. *Σημείωσαι οὖν* I, 696.
3. *Theod.* summa — Sch. *Θεοδ. Προκουράτωρ* I, 696. Cf. Sch. *Σημείωσαι ὅτι* ibid.

L. 8. — 1. *Basil.* XI, 2, 25. T. I. p. 696 (Fabr. T. I. p. 782).
2. *Thal.* a) index — Sch. 1 a v. *ἡ νίκα τις* u. a. v. *κατὰ τὴν διάτ.* I, 696.
κατὰ πόδα — text. Basil.
b) adnot. — Sch. 1 a v. *ταύτην τὴν διάταξιν* I, 696.
3. *Theod.* summa — Sch. *Θεοδ. Περὶ* u. a. v. *οὐ διαλυόμεθα* I, 696.

L. 9. — 1. *Basil.* XI, 2, 26. T. I. p. 696. 697 (Fabr. T. I. p. 782 seq.).
2. *Thal.* a) index et *κατὰ πόδα* — text. Basil.
b) adnot. — Sch. 1 a v. *ἐπειδὴ δὲ ὁ δημοτ.* u. a. f. I, 697.
3. *Theod.* summa — Sch. *Θεοδώρου* u. a. v. *προκειμένου τιτ.* I, 697.

Specimen novi Manualis Basilicorum.

L. 10. — 1. *Basil.* XI, 2, 27. T. I. p. 697. 699 (Fabr. T. I. p. 783 seq.).
2. *Thal.* a) index et κατὰ πόδα — text. Basil.
b) adnot. ad v. *statu* — Sch. 1 a v. *Σημείωσαι* I, 698.
ad v. *parum proba* — Sch. *Ἧττον* I, 698.
3. *Theod.* summa — Sch. Θεοδ. *Ἡ ἐπὶ* u. a. v. *παρόντος τιτ.* I, 698.

L. 11. — 1. *Basil.* XI, 2, 28. T. I. p. 698. 699 (Fabr. T. I. p. 784).
2. *Thal.* a) index — text. Basil.
b) adnot. — Sch. *Αὕτη* I, 698.
3. *Theod.* summa — Sch. Θεοδ. *Ἡ γενομένη* I, 698. Cf. Sch. *Ἡ γενομένη* I, 699.

L. 12. — 1. *Basil.* XI, 2, 29. T. I. p. 699 (Fabr. T. I. p. 784).
2. *Thal.* a) index et κατὰ πόδα — text. Basil.
b) adnot. — Sch. 1 a v. τὸ ἀποτέλεσμα u. a. f. I, 699.
3. *Theod.* summa — Sch. Θεοδώρου I, 699. Cf. Sch. 2 ibid.

L. 13. — 1. *Basil.* XI, 2, 30. T. I. p. 699. 700 (Fabr. T. I. p. 785).
2. *Thal.* a) index — Sch. 1 a v. *ἡ διατ. αὕτη* u. a. v. *ἔνοχον γενέσθαι* I, 700.
κατὰ πόδα — text. Basil.
b) adnot. ad totam const. — Sch. 1 a v. *τα πρῶτα* u. a. f. I, 700. Cf. Sch. *Σημείωσαι* ibid.
ad v. *perpetuo* — Sch. *Δηνάριι* I, 700.
3. *Theod.* summa — Sch. Θεοδ. *Δεσπότης* u. a. v. *παρόντος τιτ.* I, 700.

L. 14. — 1. *Basil.* XI, 2, 31. T. I. p. 700. 701 (Fabr. T. I. p. 785).
2. *Thal.* a) index et κατὰ πόδα — text. Basil.
b) adnot. — Sch. 1 a v. *σημείωσαι ὅτι* u. a. f. I, 701. Cf. Sch. *Τὸ μὲν* ibid.
3. *Theod.* summa — Sch. Θεοδ. *Καλῶς* u. a. v. *ὑποδέχεται* I, 700.

L. 15. — 1. *Basil.* XI, 2, 32. T. I. p. 701 (Fabr. T. I. p. 786).
2. *Thal.* a) index et κατὰ πόδα — text. Basil.
b) adnot. ad v. *Aquiliana stipulatio* — Sch. *Ἐπειδὴ* I, 701.
ad v. *subdita* — Sch. *Εἰ γὰρ* I, 701.

L. 16. — 1. *Basil.* XI, 2, 33. T. I. p. 701. 702 (Fabr. T. I. p. 786).
2. *Thal.* a) κατὰ πόδα — text. Basil.
b) adnot. — Sch. 1 a v. *Σαφεστάτη* u. a. f. I, 701 seq.
3. *Theod.* summa — Sch. Θεοδ. *Ἡ νομίμῳ* u. a. v. *τοῦ α΄. βιβ.* I, 701.

L. 17. — 1. *Basil.* XI, 2, 34. T. I. p. 702. 703 (Fabr. T. I. p. 786 seq.).
2. *Thal.* a) index et κατὰ πόδα — text. Basil.
b) adnot. et *ἑρμηνεύματα* — Sch. 1 a v. *Σημείωσαι* I, 702 seq.
ad v. κ. ποδ. v. *εἰ μὲν ὑπέρ.* — Sch. *Οἶμαι* I, 703.
3. *Theod.* summa — Sch. Θεοδώρου u. a. v. *παρόντος τιτ.* I, 702.

L. 18. — 1. *Basil.* XI, 2, 35. T. I. p. 703—705 (Fabr. T. I. p. 787 seq.).
2. *Thal.* a) index — text. Basil.
b) adnot. — Sch. 1 a v. *ἄκουε πρὸς τί* u. a. f. I, 704.
3. *Theod.* summa — Sch. Θεοδώρου u. a. v. *ἐντ. εἰρημένα* I, 704.

L. 19. — 1. *Basil.* XI, 2, 36. T. I. p. 705. 706 (Fabr. T. I. p. 788).
2. *Thal.* a) index — text. Basil.
b) adnot. ad v. *actionem de dolo* — Sch. *Ἐπειδὲ* I, 706.
3. *Theod.* summa — Sch. Θεοδ. *Οὐκ ἀναγκάζει* I, 706.

L. 20. — 1. *Basil.* XI, 2, 37. T. I. p. 706 (Fabr. T. I. p. 789).
2. *Thal.* a) index et κατὰ πόδα — text. Basil.
b) adnot. ad init. — Sch. *Σημείωσαι τον* I, 706.
ad v. *secunda hora noctis* — Sch. 2. *Σημείωσαι* I, 706.
3. *Theod.* summa — Sch. Θεοδ. *Ἰσοδυναμεῖ* I, 706.

L. 21. — 1. *Basil.* XI, 2, 38. T. I. p. 707 (Fabr. T. I. p. 789).
2. *Thal.* a) index et κατὰ πόδα — text. Basil.
b) adnot. — Sch. Θεοδώρου. *Σημείωσαι* I, 707.

Specimen novi Manualis Basilicorum.

L. 22. — 1. *Basil.* XI, 2, 39. T. I. p. 707. 708 (Fabr. T. I. p. 790).
2. *Thal.* a) index et κατὰ πόδα — text. Basil.
b) adnot. — Sch. Ὁμοίως I, 707.
3. *Theod.* summa — Sch. Θεοδ. Ἀναγνωσθ. I, 707.
L. 23. — 1. *Basil.* XI, 2, 40. T. I. p. 708. 709 (Fabr. T. I. p. 790 seq.).
2. *Thal.* a) index et κατὰ πόδα — text. Basil.
b) adnot. — Sch. 1 a v. ἰδοὺ καὶ I, 708.
3. *Theod.* summa — Sch. Θεοδώρου u. a. v. παρόντος τιν. et Sch. *Μάρτυρα* I, 708.
L. 24. — 1. *Basil.* XI, 2, 41. T. I. p. 709 (Fabr. T. I. p. 791 seq.).
2. *Thal.* a) index et κατὰ πόδα — text. Basil. u. a. v. λοιπὰ μεθοδεῦσαι.
b) adnot. — text. Basil. a v. τὸ οὖν ἀκολούθημα.
L. 25. — 1. *Basil.* XI, 2, 42. T. I. p. 710 (Fabr. T. I. p. 792).
2. *Thal.* a) index et κατὰ πόδα — text. Basil.
b) adnot. — Sch. 1 a v. δηλοῖ ἡ διατ. I, 710. Cf. Sch. **Σαφηνῶς** ibid.
3. *Theod.* summa — Sch. Θεοδώρου u. a. v. παρόντος τιν. I, 710.
L. 26. — 1. *Basil.* XI, 2, 43. T. I. p. 710. 711 (Fabr. T. I. p. 793).
2. *Thal.* a) index et κατὰ πόδα — text. Basil.
b) ἐρωταπόκρισις — Sch. Ἀντιγράφει a v. Ἐρῶν. u. a. f. I, 710 seq.
adnot. ad v. *transactione matris* — Sch. Τοῦτο u. a. v. φάσκον I, 711.
3. *Theod.* summa — Sch. Ἀντιγράφει u. a. v. ἀνδρὸς I, 711.
L. 27. — 1. *Basil.* XI, 2, 44. T. I. p. 711 (Fabr. T. I. p. 793).
2. *Thal.* a) index et κατὰ πόδα — text. Basil.
3. *Theod.* summa — Sch. Θεοδώρου I, 711.
L. 28. — 1. *Basil.* XI, 2, 45. T. I. p. 711. 712 (Fabr. T. I. p. 794).
2. *Thal.* a) index — text. Basil.
b) adnot. — Sch. Τοῦ αὐτοῦ a v. τὸ τῆς ἀγραφ. u. a. f. I, 711 seq.
3. *Theod.* summa — Sch. Τοῦ αὐτοῦ u. a. v. ἐγγράφως διαλύεται I, 711.
L. 29. — 1. *Basil.* XI, 2, 46. T. I. p. 712—714 (Fabr. T. I. p. 794).
2. *Thal.* a) index et κατὰ πόδα — text. Basil. et Sch. *Θαλελαίου* a v. *Τοῦτο μὲν* I, 712.
b) adnot. et ἐρωταπόκρισις ad fin. — Sch. Ὥστε I, 713.
adnot. ad fin. — Sch. Ὡς γὰρ I, 714.
3. *Theod.* a) summa — Sch. Θεοδώρου u. a. v. ἀναγρ. ἡ διαλ. I, 712.
b) ἐρωταπόκρισις — Sch. 1 a v. Ἐρῶν. et Sch. Θαλελ. u. a. v. παρόντος τιν. I, 712.
L. 30. — 1. *Basil.* XI, 2, 47. T. I. p. 714 (Fabr. T. I. p. 795).
2. *Thal.* a) index et κατὰ πόδα — text. Basil.
b) ἐρωταπόκρισις ad v. *criminaenum* — Sch. Ἐρώτησις I, 714. Cf. Sch. *Πολλάκις* ibid.
L. 31. — 1. *Basil.* XI, 2, 48. T. I. p. 714. 715 (Fabr. T. I. p. 795).
2. *Thal.* a) index — Sch. Θεματικὸν u. a. v. ἐκ. φ. νόμιμον **deo cancto textu Basil.**
3. *Theod.* summa — Sch. Θεοδ. Ὁ περὶ I, 715.
L. 32. — 1. *Basil.* XI, 2, 49. T. I. p. 715. 716 (Fabr. T. I. p. 796).
2. *Thal.* a) κατὰ πόδα — text. Basil.
b) adnot. ad totam const. — Sch. *Δύο μόνας* I, 715.
ad v. *causa cognita* — Sch. *Καλῶς* I, 716.
3. *Theod.* summa — Sch. Θεοδ. *Εἰ μὴ* I, 715.
L. 33. — 1. *Basil.* XI, 2, 50. T. I. p. 716. 717 (Fabr. T. I. p. 796).
2. *Thal.* a) index et κατὰ πόδα — text. Basil.
b) adnot. ad init. — Sch. *Σημείωσαι* I, 716.
ad v. *liberam et ἐρωταπόκρισις* — Sch. *Καὶ τοῦτο* I, 716.
ad v. *nec minor* — Sch. *Εἰ γὰρ* I, 717.
ad v. *si tamen etc.* — Sch. *Σημείωσαι* I, 717.
ad v. *res ipsas* — Sch. *Θαυμάζω* I, 717.
L. 34. — 1. *Basil.* XI, 2, 51. T. I. p. 717. 718 (Fabr. T. I. p. 797).
2. *Thal.* a) index et κατὰ πόδα — text. Basil.
b) adnot. — Sch. 2 a v. σημείωσαι u. a. f. I, 717 seq.
3. *Theod.* summa — Sch. Θεοδώρου et *Οὐκ ἐνδέχεται* I, 717.

Specimen novi Manualis Basilicorum.

L. 35. — 1. *Basil.* XI, 2, 52. T. I. p. 718 (Fabr. T. I. p. 798).
2. *Thal.* a) index et κατὰ πόδα — text. Basil.
b) adnot. ad totam const. — Sch. Τέλε I, 718.
ad v. *dominii translatione* — Sch. Πολλὰ πράγμ. I, 718.
ad v. κ. ποδ. v. ἐπερωτήση — Sch. Πολλὰ ἐπερωτηθῇ I, 718.
ad v. *omissis interven.* — Sch. Σημείωσαι I, 719.
3. *Theod.* summa — Sch. Θεοδώρου I, 718.

L. 36. — 1. *Basil.* XI, 2, 53. T. I. p. 718. 719 (Fabr. T. I. p. 798).
2. *Thal.* a) index — text. Basil.
κατὰ πόδα — Sch. 3 Σημείωσαι a v. Ἔχει δὲ u. a. v. δικαιοσύνη I, 719.
b) adnot. ad v. *cum liberis* — Sch. Οὐ δύναται I, 719.
ad v. *repraesentata modum* — Sch. Οἶδας I, 719.
ad v. κ. ποδ. v. ἀποδείκνυται — Sch. 3 a v. τὸ δὲ ἀποδείκνυται u. a. v. ἀποδείξει I, 719.
ad v. κ. ποδ. v. προσφέρουσί σοι — Sch. 3 fin. a v. τὸ δὲ προσφ. I, 719.
ad v. *exceptionis etc.* — Sch. Σημείωσαι u. a. v. ἐπαγγελθεῖσα et Sch. Ἐὰν ibid.

L. 37. — 1. *Basil.* XI, 2, 54. T. I. p. 719 (Fabr. T. I. p. 799).
2. *Thal.* a) index et κατὰ πόδα — text. Basil.
b) adnot. — Sch. 1 a v. σημείωσαι u. a. f. I, 710.
3. *Theod.* summa — Sch. Θεοδώρου I, 719.

L. 38. — 1. *Basil.* XI, 2, 55. T. I. p. 719. 720 (Fabr. T. I. p. 799).
2. *Thal.* a) index et κατὰ πόδα — text. Basil.
b) adnot. ad v. *vel relevato* — Sch. Μόνον I, 720. Cf. Sch. Σημείωσαι ibid.
3. *Theod.* summa — Sch. Λαβόντος I, 720.

L. 30. — 1. *Basil.* XI, 2, 56. T. I. p. 720 (Fabr. T. I. p. 800).
2. *Thal.* a) index et κατὰ πόδα — text. Basil.
b) adnot. — Sch. Ἵνα μὴ I, 720.

L. 40. — 1. *Basil.* XI, 2, 57. T. I. p. 721. 722 (Fabr. T. I. p. 800).
2. *Thal.* a) index — text. Basil.
κατὰ πόδα — Sch. 1 a v. το δὲ κατὰ πόδας κ. τ. λ. I, 721.
b) adnot. ad v. *transactio* — Sch. Σημείωσαι u. a. v. τῆς διατάξεως I, 721.
ad v. *aut poena etc.* — Sch. 2 Σημείωσαι I, 721 seq.
ἐρωταπόκρισις ad eadem v. — Sch. Θεοδ. a v. Ἐρωτ. u. a. f. I, 722.
3. *Theod.* summa — Sch. Θεοδώρου u. a. v. χαρέντος τιν. I, 722.

L. 41. — 1. *Basil.* XI, 2, 58. T. I. p. 722—725 (Fabr. T. I. p. 800 seq.).
2. *Thal.* a) index et κατὰ πόδα — text. Basil. et Sch. 1 a v. αἱ προλαβοῦσαι u. a. v. συμφώνων I, 723.
b) adnot. ad v. *minor XXV annis* — Sch. Μείζων I, 723 seq.
ad v. *transactiones etc.* — Sch. Ἐπειδὴ I, 724.
ad v. *interpellando judicem etc.* — Sch. Οὐ παραμένει I, 724.
ad v. *eas* — Sch. Τοῦτο I, 724.
ad v. *actione privatus* — Sch. Πολλάκις I, 724.
ad v. *restituta poena* — Sch. Ἐὰν οὖν I, 724 seq.
ad v. *itaque omnia etc.* — Sch. Καλῶς I, 725.
3. *Theod.* summa — Sch. Θεοδώρου u. a. v. χαρέντος τιν. I, 725.

L. 42. — 1. *Basil.* XI, 2, 59. T. I. p. 725. 726 (Fabr. T. I. p. 801—803).
2. *Thal.* a) index — text. Basil.
b) adnot. — Sch. Ἡ πρὸ ταύτης et Sch. 3 a v. σημείωσαι πάσαν I, 726.
3. *Theod.* summa — Sch. Θεοδώρου u. a. v. ἀνὰ μέρος ἰσχύει I, 726.

L. 43. — 1. *Basil.* XI, 2, 60. T. I. p. 726. 727 (Fabr. T. I. p. 803).
2. *Thal.* a) index — text. Basil.
b) adnot. — Sch. 1 a v. μέμνησο u. a. f. I, 726 seq.
3. *Theod.* summa — Sch. Περὶ u. a. v. νόμῳ καλεῖται I, 726.

§. 37. *Synopsis Basilicorum.*

Die Synopsis Basilicorum (*σύνοψις τῶν Βασιλικῶν*, auch *νόμιμον κατὰ στοιχεῖον* bei den Griechen) führt in den Handschriften den Titel: *Ἐκλογὴ καὶ σύνοψις τῶν βασιλικῶν ἑξήκοντα βιβλίων σὺν παραπομπαῖς κατὰ στοιχεῖον*, d. i. ein Auszug der 60 Bücher der Basiliken in alphabetischer Ordnung mit Citaten von Parallelstellen. Sie heißt auch Synopsis major zum Unterschiede von einer anderen Arbeit derselben Art (Synopsis minor, *μικρὸν κατὰ στοιχεῖον*). Der Verfasser hat nach einander alle Rubriken, welche mit demselben Buchstaben in den Basiliken beginnen, aufgestellt und unter jeder Rubrik alle Stellen, welche dieselbe Materie betreffen, vereinigt. Es ist eine Reihe von fast wörtlichen Auszügen der wichtigsten Stellen aus den meisten Titeln der Basiliken, nach alphabetischer Ordnung eingetheilt, nach dem Buchstaben, mit welchem die Rubrik dieser Titel beginnt. Das Werk zerfällt in 24 Buchstaben (*στοιχεῖα*), deren jeder wieder mehrere Titel enthält. Die Gesammtzahl der Titel beträgt 348. Vor allen Titeln steht, ganz außer der alphabetischen Ordnung, wegen seiner Wichtigkeit der Titel *περὶ τῆς ὀρθοδόξου πίστεως τῶν χριστιανῶν*. Hierauf folgen nun die Titel in alphabetischer Ordnung. Die *παραπομπαί*, welche die Synopsis enthält, sind Randverweisungen auf Stellen der Basiliken oder der Synopsis, welche entweder Aehnliches oder weitere Ausführungen des im Texte Abgehandelten geben, und Randverweisungen, durch welche der Leser auf eine wichtige Stelle des Textes besonders aufmerksam gemacht werden sollte. Die *παραπομπαί* der ersteren Art fangen gewöhnlich mit *ἀνάγνωθι*, die der letzteren mit *σημείωσαι* an. Ueber die Geschichte der Synopsis ist Folgendes zu bemerken.

I. Der Verfasser der Synopsis fügte ihr selbst einen Anhang hinzu, welcher Auszüge aus den Novellen der Kaiser Leo des Weisen, Romanus des Aelteren, Constantinus Porphyrogeneta und Nicephorus Phocas enthielt, außerdem wahrscheinlich noch einige andere Stücke, namentlich die Schrift *περὶ χρόνων καὶ προθεσμίας*, eine andere de actionibus, endlich eine Sammlung von Stellen unter der Aufschrift *περὶ διαφορᾶς ἀναγνωσμάτων*. Handschriften dieser Art sind keine bekannt. Was die Zeit der Entstehung der Sammlung der Auszüge kaiserlicher Novellen betrifft, so führen uns die Novellen des Nicephorus bis in die Jahre 963—969. Etwas später mußte nun in jedem Falle die Sammlung verfaßt sein, welche den geordneten Auszug der Novellen des Constantinus, Romanus und Nicephorus schon als Vorarbeit benutzen konnte; wie später aber ist ihre Abfassung nicht zu setzen. Die Ungleichheit der Handschriften in der Aufnahme der Novelle des Basilius Porphyrogeneta v. J. 996 beweist, daß die Compilation bei dem Erscheinen jener Novelle schon vollendet war; daß die Novelle aber auch der Beendigung der Sammlung sehr bald gefolgt, und so in einige der ältesten Exemplare nachträglich eingetragen, durch Abschrift in viele andere übergegangen sei. Die im J. 987 erlassene Novelle desselben jüngeren Basilius, welche die Novelle des Nicephorus gegen die Errichtung neuer Klöster aufhebt, gehört nicht zu den regelmäßigen Stücken der Sammlung. Hiernach ist die Synopsis in das letzte Drittheil des 10. Jahrhunderts, nach 969 und vor 987 zu setzen. Daß der Verfasser der Synopsis selbst jenen Anhang, namentlich die Auszüge der Novellen der Kaiser hinzufügte, hat folgenden Grund. Der große Umfang der Basiliken mußte erst damals lästig werden, als eine Menge neuerer Constitutionen mit dem alten Rechte zu vergleichen und in das System des letzteren einzutragen war. Es war daher in der That Nichts natürlicher, als daß derjenige, welcher jenes Bedürfniß fühlte und zu dem Ende die Basiliken abzukürzen unternahm, zugleich daran dachte, die Novellen neuerer Zeit zu sammeln, das Unpraktische darin (namentlich in den Leonischen Novellen) auszuscheiden und in ähnlicher Weise davon Auszüge zu machen.

II. Noch vor dem J. 987 wurde eine Umarbeitung und Bereicherung des Anhangs zur Synopsis vorgenommen, sodaß er nun folgende Stücke enthielt: 1) die erste Novelle des Romanus Lecapenus oder des Aelteren in der vollständigeren Gestalt, in welcher *Freher*, Jus Gr. Rom. II. p. 158—165 sie zuletzt gibt; 2) die zweite Novelle des Constantinus Porphyrogeneta (bei *Freher* II, 142—144); 3) die dritte Novelle desselben (*Freher* II, 144—148); 4) die Novelle Romanus des Jüngeren (*Freher* II. p. 167. 168); 5) die Novelle des Nicephorus Phocas gegen die Errichtung neuer Klöster, wie sie bei *Freher* I. p. 113—117 zuletzt steht; 6) die erste Novelle des Constantinus Porphyrogeneta in der Gestalt, in welcher *Freher* II. p. 139—141, *Leuncl.* im Anhange der Synopsis p. 9—12 und *Meursius* (Const. Porph. opp. Lugd. Bat. 1617) p. 175—184 sie zuerst geben; 7) die zweite Novelle des Romanus Lecapenus bei *Freher* II, p. 165. 166 bisweilen mit 2 Rubriken, welche Löwenklau in Eine zusammenzieht, nebst den beiden sententiae (*ψῆφοι*) des Magister Cosmas; 8) eine kurze Uebersicht über die partes der Digesten mit der Ueberschrift *περὶ τῶν πραττομένων ν' βιβλίων τὰ ὀνόματα*, und gleich darauf einige Bemerkungen über Feldmaß: *Ἐκ τῆς γεωμετρίας μερικὴ ἀπόδειξις*; mit den Anfangsworten: *Χρὴ γινώσκειν, ὅτι μὲν ὁ κάλαμος*; 9) die Schrift *περὶ χρόνων καὶ προθεσμίας*; 10) die *παράτιτλα* zu dem letzten Titel des Werkes über die Novellen von Athanasius Scholasticus unter der Ueberschrift *περὶ διαφορᾶς ἀναγνωσμάτων*; 11) die Sammlung von Auszügen aus den Novellen der Kaiser Leo des Weisen, Romanus des Aelteren, Constantinus Porphyrogeneta, Nicephorus Phocas, welche der ursprünglichen Ausgabe der Synopsis beigegeben waren; 12) die Abhandlung de actionibus. Diese Stücke geben alle Handschriften. Was nun folgt, ist in verschiedenen Handschriften verschieden. Die gewöhnliche Ordnung, in welcher sich die weiter beigefügten Stücke in den Handschriften finden, und die Handschriften, welche die Stücke enthalten, sind folgende: 1) *Ἴσον τῆς διαθήκης τοῦ ἁγίου Γρηγορίου τοῦ Θεολόγου* von 889, erhalten durch den Notar Johannes von Rajkanj als der Typus für Testamente, zuletzt gedruckt in *Spangenberg*, Juris Romani tabulae negotiorum solemnium (Lips. 1822) p. 71—79 (Cod. Paris. 1348. Bodlej. 173. Haenel. A. Vindob. 1. Laurent. IV, 10. Palat. 13. Marcian. 173). 2) *Μοσχίωνος ὑποθῆκαι παραινετικαὶ πρὸς πάντα ἄνθρωπον*, mit den Anfangsworten: *παραφύλαττε σεαυτὸν ἐν παντὶ τῷ βίῳ* (steht in denselben Handschriften mit Ausnahme des Cod. Palat. 13; ferner auch im Cod. Paris. 1357. A.). 3) *Περὶ βασιλέως* mit den Anfangsworten: *Τὸ τοῦ βασιλέως ὄνομα ῥωμαϊκὸν ἐστι δηλοῦν τὸ δὶς Ω* (Cod. Paris. 1340. Bodlej. 173. Haenel. A. Laurent. IV, 10. Palat. 13. Marcian. 173). 4) *Περὶ γενέσεως ἀνθρώπου· καὶ ὅθεν τρίτη, καὶ θ΄ καὶ μ΄*, mit den Anfangsworten: *Τὸ σπέρμα ἐν τῇ μήτρᾳ καταβαλλόμενον* (Cod. Paris. 1346. Bodlej. 173. Haenel. A. Vindob. 1. Laurent. IV, 10. Palat. 13. Marcian. 173. 177). 5) *Περὶ τεσσάρων τοῦ παραδείσου ποταμῶν* mit den Anfangsworten: *Ὅτι ὁ Ἴστρος ποταμὸς λεγόμενος Φισῶν* (Cod. Paris. 1346. Haenel. A. Vindob. 1. Laurent. IV, 10. Palat. 13. Marcian. 173. 177). 6) *Περὶ Αὐγούστου* mit den Anfangsworten: *Ὅτι ὁ Αὔγουστος κινηθεὶς κατὰ Ἀντωνίου* (Cod. Paris. 1346. Laurent. IV, 10). 7) *Περὶ βαθμῶν συγγενείας* (Cod. Marcian. 174. 177). 8) *Λέξεις ῥωμαϊκαὶ κατὰ στοιχεῖον ἐν τῷ νόμῳ* (Cod. Paris. 1357. A. Bodlej. 173. Haenel. B. Laurent. IV, 10 nach dem Index, Marcian. 174). 9) *Περὶ τῶν εἰς γεωμετρικὸν μέτρον συντελούντων* (Cod. Laurent. IV, 10 nach dem Index, Marcian. 173. 174). 10) Novella Leonis CX (Cod. Laurent. IV, 10 nach dem Index, Marcian. 174). 11) Phorbeni opuscula (Cod. Laurent. IV, 10 nach dem Index, Marcian. 174). 12) Eine Novelle von Johannes Tzimisces (Cod. Laurent. IV, 10 nach dem Index, Marcian. 174). 13) Die erste Novelle von Basilius Porphyrogeneta (Cod. Laurent. IV, 10 nach dem Index, Marcian. 174). 14) Ein *ψήφισμα* einer Synode von 1304 oder 1305, *περίληψις τῶν νεαρῶν Ἀθανασίου τοῦ χρηματιστοῦ Κωνσταντινουπόλεως*, worauf folgt *Ἰουστινιάνειος ὅρκος* (Cod. Paris. 1357. A. Laurent. IV, 10 nach dem Index). 15) Eine Novelle des Nicephorus Phocas (Cod. Laurent. IV, 10 nach dem Index als die 7. Novelle dieses Kaisers bezeichnet). 16) Ein zweiter, reichlich mit Verwandtschaftsschematen versehener Tractat *περὶ συγγενείας, τοῦ ὑπάτου τῶν φιλοσόφων Ἰωάννου διακόνου διασήμου* mit den Anfangsworten: *Ἡ συγγένεια ἢ φύσει ἐστὶν ἢ θέσει* (Cod. Laurent. IV, 10 nach dem Index, Marcian. 174). 17) *Περὶ ἐνδικτιῶνος* (Cod. Vindob. 1. Laurent. IV, 10 nach dem Index). 18) De actione in personam (Cod. Palat. 13). 19) Sedium metropolitarum catalogus (Cod. Paris. 1357. A.). Hiernach hat die Synopsis in ihrem Anhange in den an erster Stelle unter 1—12 genannten Stücken eine Bereicherung erhalten, welche hauptsächlich darin bestand, daß einige vollständige Novellen nachgetragen wurden, während Anfangs nur Auszüge von Novellen im Anhange gestanden hatten. Von dieser Form der Synopsis gibt es sehr viele Handschriften, von denen die ältesten in das 11. Jahrhundert zu gehören scheinen. Sie sind hierin freilich nicht alle gleich, indem die Schreiber dem Anhange auch noch andere ihnen bekannt gewordene Stücke, wie sie an zweiter Stelle unter 1—19 aufgeführt sind, beigefügt haben, namentlich Novellen des Basilius Porphyrogeneta. Gerade der Umstand, daß diese Stücke nicht allgemein in den Handschriften dieser Classe vorkommen, während die an erster Stelle unter 1—12 genannten Stücke in allen enthalten sind, beweist, daß diese, nicht aber jene, von einer eigenthümlichen allgemein verbreiteten Redaction der Synopsis herrühren. Auch bei der Synopsis selbst bieten die Handschriften dieser Classe zuweilen Verschiedenheiten dar; denn in manchen haben Spätere am Rande z. B. Scholien hinzugeschrieben. Hierher gehören folgende Handschriften: Codices Paris. 1346, 1347, 1357. A. Bodlej. 173. Haenel. A. et B. Vindob. 1. 2 und Suppl. 47. 48; Laurent. IV, 10 und LXXX, 10; Palat. 8, 13, 249; Ottobon. 15, 64; Vatic. 854, 855; Taurin. 61; Marcian. 173, 174, 175, 177. Der Ausgabe von Löwenklau liegt eine Handschrift dieser Classe zum Grunde.

III. Die Synopsis und ihr Anhang erscheint in etwas anderer Gestalt in dem Cod. Laurent. LXXX, 8; ferner nach Assemani's Notizen in dem Cod. Vatic. 852; endlich in dem von Zachariä v. L. untersuchten Cod. Paris. 2005, obschon in dem letzteren der Anhang der Synopsis voransteht. Diese Handschriften enthalten folgende Stücke: 1) die sogenannte Vorrede der Basiliken und eine erst von Witte herausgegebene Novelle des Constantinus Porphyrogeneta *περὶ τῶν ἀδιαθέτως τελευτησάντων χωρὶς παίδων*, mit den Anfangsworten: *πολλάκις ἐθαύμασα τῶν τας πόλεις συστησαμένων*; 2) die Synopsis in unveränderter Gestalt; der Cod. Paris. 2005 läßt jedoch die *παρατομάς* weg; 3) 17 vollständige Novellen der Kaiser Romanus des Aelteren, Constantinus Porphyrogeneta, Nicephorus Phocas, Johannes, Basilius des Jüngeren; 4) die Schrift *περὶ χρονικῶν διαστημάτων*; 5) die *παράτιτλα* zum Novellencommentar des Athanasius unter der Ueberschrift *περὶ διαφορᾶς ἀναγνωσμάτων*, in 6 Titel vor dem Schlusse durch Verstümmelung der Handschrift abbrechend; doch ist der Rest von neuerer Hand hinzugefügt; 6) dem *πίναξ* zufolge enthielt diese Handschrift auch noch den Theophilus. Diese Gestalt des Anhangs der Synopsis zeichnet sich dadurch aus, daß die Auszüge byzantinischer Novellen, welche dem ursprünglichen Anhange einverleibt wären, und mit der Synopsis, welche ja selbst Nichts als eine Sammlung von Auszügen war, in einem harmonirenden Verhältnisse standen, durch vollständige Abschriften derselben Novellen verdrängt worden sind. Die Novellen des jüngeren Basilius, welche früher keinen regelmäßigen Bestandtheil des Anhangs bildeten, sind demselben nunmehr definitiv einverleibt. Einige Stücke sind außerdem noch aus dem Anhange weggelassen worden, namentlich der

Auszug der Leonischen Novellen, die Abhandlung de actionibus, und der kleine Aufsatz über die Parten der Digesten. Die Veranlassung dazu war wahrscheinlich die, daß die Leonischen Novellen zum großen Theil aufgehört hatten, als praktisches Recht betrachtet zu werden, und daß die beiden letzteren Stücke unverständlich und unbrauchbar geworden waren, weil sie sich auf das reine Justinianeische Recht gründeten und dieses bereits anfing, in Vergessenheit zu gerathen. Diese Gründe zusammengenommen führen zu der Vermuthung, daß die oben beschriebene Gestalt der Synopsis oder ihres Anhangs zu Ende des 11. oder zu Anfang des 12. Jahrhunderts entstanden sei.

IV. Nach zwei von Zachariä v. L. untersuchten Handschriften, dem Cod. Paris. 1351 und einer Meerman-Bienerischen Handschrift ist anzunehmen, daß zu Anfang des 13. Jahrhunderts noch eine vierte, sehr bedeutende Umarbeitung der Synopsis vorgenommen worden sei. Die Bienerische Handschrift, abgeschrieben zu Venedig im J. 1541, ist nicht so vollständig, wie der Cod. Paris. 1351. Sie enthält die Synopsis mit Scholien am Rande, mit und ohne Namen. Biener hat bemerkt die Namen: Magistros, Psellus, Theodorus, einmal Herodorus, aber bei einem agrimensorischen Gegenstande. Zuweilen sind kleine Tractate als Scholien an den Rand geschrieben, z. B. fol. 143 einer περὶ ἐνοχῶν mit den Anfangsworten: Ἐνοχὴ ἐστι δεσμὸς δικαίου; fol. 190b ein Tractat über Peculien mit den Anfangsworten: Τὸ πεκούλιον τετραχῶς. Im Anhange der Synopsis folgen: 1) der gewöhnliche Auszug der Novellen des Leo in 57 Abschnitten, von welchen die ersten 56 numerirt sind; 2—6) 5 Novellen des Manuel Comnenus, zum Theil erst in der neuesten Zeit gedruckt; 7) περὶ κακουργούντων καὶ κυνηγεσίων καὶ πεκουλίων (τὸ πεκούλιον — λέγονται); 8) die Schrift περὶ χρόνων καὶ προθεσμιῶν etc. Was ferner in der Handschrift folgt, gehört nicht mehr zum Anhange der Synopsis. Der Cod. Paris. gr. 1388 hat zahlreiche Auszüge aus der Synopsis, wie sie in den so eben genannten Handschriften erscheint, und eine beinahe vollständige Abschrift des Anhangs, welchen sie in diesen Handschriften hat. Am wichtigsten ist der Cod. Paris. gr. 1351, schon deshalb, weil er die Handschrift ist, aus welcher Labbé in den Observationes ad Synopsin hauptsächlich geschöpft hat. Er enthält folgende Stücke: 1) einen πίνακα des Inhalts der ganzen Handschrift fol. 1—11. 2) Auszüge juristischen Inhalts, worunter Stücke des Georgius Phobenus, Diskophylar von Thessalonich, über den Fall der Kinderlosigkeit und des Hypobolum; zuletzt die sogenannte Vorrede der Basiliken, fol. 11—13. 3) die Synopsis, welche hier große Verbesserungen erfahren hat, einmal dadurch, daß der Text durchgängig einer genauen Kritik unterworfen worden ist, wie sich aus den vielen guten Lesarten ergibt, welche Labbé in seinen Observationes ad Synopsin aus dieser Handschrift mittheilt; und dann dadurch, daß am Rande eine fortlaufende Glosse zur Synopsis beigefügt ist, während früher nur magere παραγραφαί vorhanden waren. Diese Glossen sind theils aus den Glossen der Basiliken geschöpft, d. h. das Scholium, welches bei einer Stelle in den Basiliken stand, wurde zu derselben Stelle in der Synopsis hinzugeschrieben; theils eigenthümlich, d. h. Bemerkungen des Verfassers der Glosse, oder Auszüge, welche derselbe aus anderen Rechtsquellen gesammelt hat. Daher finden sich eines Theils Stellen aus den Werken des Theophilus, Stephanus, Anatolius, Theodorus, Thalelaus, Isidorus u. s. w., anderen Theils Stellen aus den byzantinischen Rechtscompendien, aus Psellus, aus den Basiliken (wo nicht Auszüge derselben in der Synopsis enthalten waren), aus Balsamon und dergl. Was Labbé in seinen Observationen von diesen Scholien hat drucken lassen, ist nur ein sehr kleiner Theil. Die Synopsis reicht von fol. 13—337. 4) Fol. 337, eine Novelle des älteren Romanus, gedruckt bei Labbé, hinter den Observ. ad Syn. p. 2—11. 5) Fol. 341—353 7 Novellen des Constantinus Porphyrogeneta, sämmtlich gedruckt. 6) Fol. 353—359 3 Novellen des älteren Romanus. 7) Fol. 359 eine Novelle des Nicephorus. 8) Fol. 360 eine Novelle des Johannes über Sklavenhandel mit den Anfangsworten: Ἀδελφίτσιν καὶ ἀδελφιτζίαν. 9) Fol. 361 eine Novelle des jüngeren Basilius. 10) Fol. 367 eine Novelle des Nicephorus Phocas. 11) Fol. 369 eine Novelle des Basilius Porphyrogeneta. 12) Fol. 370 der ungedruckte Auszug der Leonischen Novellen in 56 Abschnitten. 13) Fol. 386 eine Novelle des Constantinus Porphyrogeneta περὶ τῶν ἀδικοῦντας κληρονομίαν χωρὶς παιδίων, mit den Anfangsworten: Πολλάκις ἐθαύμασα. 14) Fol. 388 die 110. Novelle Leo des Weisen. 15) Fol. 389—401 4 Novellen des Manuel Comnenus. 16) Fol. 401 eine Novelle des Nicephorus Botaniates mit den Anfangsworten: Ἄδικόν τι καὶ φαῦλον. 17) Fol. 406 eine Novelle des Manuel mit den Anfangsworten: Ἀδικεῖν ἐφεωρᾶν. 18) Fol. 407 der dritte Titel der 8. Novelle Justinian's. 19) Fol. 408 ein Fragment: Συνοπτικὸν μερίστρον τοῦ δικαίου περὶ ἰσοβίλων und 3 Sätze über contumacia, Vormundschaft, Peculien. 20) Fol. 409 die Schrift περὶ χρονικῶν διαστημάτων. 21) Fol. 427—438 die παράτιτλα zu dem letzten Titel des Novellencommentars des Athanasius (περὶ διαφόρων ἐντυχανόντων); 4 Glossarien; die Sprüche der 7 Weisen; über Maße; Verse des Psellus über Kirchen- und Hofämter. 22) Fol. 440—472 eine nicht zum Anhange der Synopsis gehörige, an diese Handschrift blos angebundene Sammlung von Gesetzen, Entscheidungen u. s. w. über eherechtliche Gegenstände, besonders über das Ehehinderniß wegen Verwandtschaft. Diese Recension der Synopsis zeichnet sich besonders durch die der Synopsis beigefügte Glosse und durch die große Vervollständigung des Anhangs aus. Der Anhang ist zusammengesetzt aus dem Anhange der unter III. beschriebenen Handschriften und aus vielen anderen Nachträgen, besonders Novellen der Kaiser Alexius und Manuel Comnenus. Nimmt man dazu, daß in der Glosse der Synopsis auch eine Stelle des Balsamon vorkommt, so ist diese Ueberartheilung der Synopsis und ihres Anhangs etwa in das erste Drittheil des 13. Jahrhunderts zu setzen.

Der Verfasser der Synopsis ist ganz unbekannt, und die darüber aufgestellten Vermuthungen sind unbegründet. Die Synopsis erlangte im byzantinischen Reiche großes Ansehen, und in den letzten Zeiten den Vorzug vor dem Texte der Basiliken. Der Verfasser des Prochirum auctum hat sie fleißig benutzt, sowol für den Text seines Buches, als für die Paratitla. Harmenopulus hat den Text der Basiliken ganz verlassen und sich lediglich an die Synopsis gehalten.

Im Occident ist Cujacius der erste Schriftsteller, welcher von der Synopsis gesprochen hat. Dies geschieht in der Dedication seiner Schrift de excusationibus tutorum an Jac. Cambray von 1564; er kannte sie aber schon seit 1554 und machte davon in seinen Arbeiten von 1562 Gebrauch. Von der Synopsis hat Thomas Freigius eine lateinische Uebersetzung verfaßt, welche aber nicht veröffentlicht worden ist; sie scheint aber dem Herausgeber der Synopsis, Löwenklau, nicht unbekannt gewesen zu sein, da sich Freigius in einem seiner Briefe an Ottinger, im J. 1576 geschrieben, sehr über ein Plagiat beklagt, was nur auf die im vorhergehenden Jahre erschienene Ausgabe von Löwenklau bezogen werden kann. Letzterer selbst weist nicht undeutlich auf eine vor der seinigen erschienene lateinische Uebersetzung hin. Die erste und bis jetzt einzige Ausgabe der Synopsis, wo der griechische Text mit lateinischer Uebersetzung gegeben ist, erschien 1575, von Löwenklau (Leunclavius) besorgt. Der Ausgabe liegt jene von Joh. Sambucus von Tarent mitgebrachte Handschrift zum Grunde, welche zu den Handschriften der oben unter II. angegebenen Classe gehört. Allein anstatt die alphabetische Ordnung des Originals beizubehalten, hat der Herausgeber die Synopsis nach der Ordnung der Basiliken umgestaltet, nach den Citaten, welche einem jeden Paragraphen vorhergehen. Hierdurch ist nun der ursprüngliche Charakter des Werkes ganz entstellt worden und nicht mehr wieder zu erkennen. Nicht weniger willkürlich ist das Verfahren des Herausgebers bei der Ausgabe des Anhangs der Synopsis. Nachdem er die natürliche Ordnung der Bestandtheile, welche diesen Anhang bilden, durch eine willkürliche Eintheilung geändert hat, fügt er dem Anhange ganz fremde Stücke hinzu, unterdrückt Alles, was sich nicht auf die kaiserlichen Constitutionen bezieht, und gibt nur die letzteren. Der Anhang der Synopsis ist auch noch in dem von Freher herausgegebenen Jus Graeco-Romanum veröffentlicht; die Ordnung der denselben bildenden Stücke hat aber dort noch mehr Abänderungen erfahren, als in der Ausgabe der Synopsis. Die Novellen sind in zwei Theile getheilt, je nachdem sie das bürgerliche Recht (T. I) oder das kirchliche Recht (T. II) betreffen. Auch sind Stücke aufgenommen, welche dem Anhange der Synopsis fremd sind oder nur den neuesten Recensionen angehören. Später hat Labbé Observationes et Emendationes ad Synopsin. Paris. 1606 herausgegeben, hauptsächlich mit Benutzung des Cod. Paris. 1351 und viele Mängel der Ausgabe verbessert, auch Manches ergänzt. — Die Synopsis ist für uns von großem Werthe, jedoch nur so weit, als uns die echten Bücher der Basiliken fehlen, und ihr Text nimmt insoweit einen hohen Rang unter den byzantinischen Rechtsdenkmälern ein. Sie hat lange Zeit zu vergleichenden Studien des byzantinischen Rechts gedient. Namentlich hat sie Pacius in seiner Ausgabe des Corpus juris regelmäßig citirt. Sie ist die Hauptquelle zur Restitution der verloren gegangenen Bücher der Basiliken und ist auch von Fabrot und Heimbach dazu benutzt worden. Letzterer hat außerdem in seiner Ausgabe der Basiliken auch für die vorhandenen Bücher die Synopsis, freilich nur nach der Ausgabe von Löwenklau, vollständig benutzt. Eine neue Ausgabe der Synopsis, worin deren ursprüngliche alphabetische Ordnung beibehalten und die zahlreichen Handschriften dieses Werkes benutzt würden, ist ein dringendes Bedürfniß.

§. 38. *Πεῖρα*.

Ueber dieses Werk hatte man bis auf Zachariä v. L. nur sehr verworrene Notizen und Ansichten; Alles beruhte sich um die wenigen Basilikenscholien, welche Auszüge davon enthalten, um Bandini's Beschreibung des Cod. Laurent. LXXX, 6 und um die von Harmenopulus erwähnten „*ῥωμαϊκὰ τοῦ μαγίστρου λεγόμενα*.“ In neuester Zeit haben sich Maier und Heimbach jun. mit der gedachten Handschrift und der darin enthaltenen *Πεῖρα* näher beschäftigt. Ersterer hat eine Abschrift, welche aber voller Fehler ist, davon genommen, und Zachariä v. L. hat diese abgeschrieben. Heimbach jun. hat 1833 letzterem Notizen und Auszüge aus der *Πεῖρα* mitgetheilt. Endlich hat Zachariä v. L. im Jahre 1838 die Handschrift selbst untersucht und stellenweise abgeschrieben. Was zuvörderst den Cod. Laurent. LXXX, 6 betrifft, so ist der Theil desselben, welcher die *Πεῖρα* enthält (fol. 478 seq.), von neuerer Hand (im 15. Jahrhundert) geschrieben; nach Maier's Vermuthung, welche aber Zachariä v. L. nicht hat ins Klare setzen können, von der Hand des Angelus Politianus. Die Handschrift gibt die *Πεῖρα* in 75 Titeln, aber nur lückenhaft; sie hat offenbare Lücken von mehreren Zeilen auf fol. 481 und die fol. 482. 483 sind ganz unbeschrieben; ebenso sind zwischen tit. 27 und 28 (fol. 546) und zwischen tit. 61 und 62 (fol. 617) Lücken, welche aber in der Handschrift nicht kenntlich gemacht sind. Die Titelfolge in dem Werke selbst stimmt nicht allenthalben mit den Angaben des voranstehenden Titelverzeichnisses. Für die Verstümmelung des Werkes spricht auch noch das, daß die Citate in den Basilikenscholien und bei Harmenopulus mit der Handschrift nicht überall genau übereinstimmen. Das Titelverzeichniß in der Handschrift fol. 478 lautet: *Πίναξ βιβλίου ὅπερ παρὰ μὲν τινῶν ὀνομάζεται πεῖρα, παρὰ δὲ τινῶν διδασκαλία ἐκ τῶν πράξεων τοῦ μεγάλου κυροῦ Εὐσταθίου τοῦ ῥωμαίου. Τί. α'. περὶ τῶν ὑπεξουσίων ἐγγόνων καὶ ἀγράφων γενομένων. Τί. β'. περὶ προικῴων. Τί. γ'. περὶ τοῦ πῶς ἀναιρεῖσθαι καὶ* κληρονομοῦνται μοναχοί. Τί. δ'. περὶ εὐθύνης τῶν προστησαμένων, εἰ ἄπορος ὁ προστατηθεὶς ἐνοχῇ. Τί. ε'. περὶ δόσεων παντοίων καὶ ἐλαττόνων. Τί. ς'. περὶ ὑποθήκης. Τί. ζ'. περὶ διαλύσεως. Τί. η'. περὶ χρόνων καὶ δεσποτείας. Τί. θ'. περὶ τῆς νεαρᾶς τοῦ κυροῦ *Μανουὴλ* (l. *Βασιλείου*) τοῦ βασιλέως. Τί. ι'. περὶ συντρόφων. Τί. ια'. περὶ ἐπερωτήσεως. Τί. ιβ'. περὶ ἐγγυωμένων γυναικῶν. Τί. ιγ'. περὶ δεφενσίονος. Τί. ιδ'. περὶ διαθήκης. Τί. ιε'. περὶ ἐπιτρόπων (im Texte fol. 500 b ist dieser Titel der 16., und so citirt ihn Zachariä v. L.). Τί. ις'. περὶ μισθωτῶν καὶ μισθώσεων ἱερῶν οἴκων καὶ λοιπῶν προτομίων αὐτῶν (im Texte fol. 501 a steht dieser Titel dem περὶ ἐπιτρόπων voran als tit. 15, und wird als solcher von Zachariä v. L. citirt). Τί. ιζ'. περὶ ἀφηλίκων δωρεᾶς καὶ ἀποκαταστάσεως. Τί. ιη'. περὶ συνωνομίας. Τί. ιθ'. περὶ ἐνεχύρων, τόκων καὶ καρπῶν. Τί. κ'. περὶ ζημίας χρυσοβούλλου. Τί. κα'. περὶ κοινωνίας. Τί. κβ'. περὶ ἀποτιμήσεως καὶ ὑπερθεματισμοῦ. Τί. κγ'. περὶ ἀποδείξεων καὶ προλήψεων καὶ βεβαιώσεων. Τί. κδ'. περὶ προικὸς καὶ ὑποβόλου καὶ θεωρέτρου καὶ περὶ δευτερογαμούντων. Τί. κε'. περὶ γυναικῶν. Τί. κς'. περὶ δανείου καὶ ἀχρεωστήτου καὶ ἀναργυρίας. Τί. κζ'. περὶ μεταθέσεως χρέους. Τί. κη'. περὶ ἐλευθέρων καὶ δούλων. Τί. κθ'. περὶ καταθέσεων. Τί. λ'. περὶ μαρτύρων καὶ μαρτυριῶν (im Texte sind aus diesem Titel 2 gemacht, fol. 549 a ein τί. λ'. περὶ μαρτύρων und fol. 550 a ein τί. λα'. περὶ μαρτυριῶν [sic]. In der Ausgabe hat Zachariä v. L. Einen Titel; in den Krit. Jahrbüchern citirt er den einen als tit. 30 a, den andern als tit. 30 b). Τί. λα'. περὶ αἱρέσεων (im Texte λβ'). Τί. λβ'. περὶ ἀνυποστάτων ἀγωγῶν (im Texte λγ'). Τί. λγ'. περὶ τῶν προπετῶς ἀναχωρούντων τοῦ δικαστηρίου (im Texte λδ'). Τί. λδ'. περὶ φάκτου ἀγνοίας (im Texte λε'). Τί. λε'. περὶ ἀρνήσεως καὶ ἐλέγχου (im Texte λς'). Τί. λς'. περὶ δημοσίου καὶ προνομίων αὐτοῦ (im Texte λζ'). Τί. λζ'. περὶ ὅρων καὶ διαιρέσεως γῆς (im Texte λη'). Τί. λη'. περὶ πράσεως καὶ ἀγορασίας (im Texte μ'). Τί. λθ'. περὶ μεταθέσεως νομῆς καὶ χρόνων πάντων καὶ νομῆς ἀγαθῆς ἢ κακῆς (im Texte auch λθ'). Τί. μ'. περὶ τῶν ἐπὶ νομῆς παραδόσεων. Τί. μα'. περὶ φαλκιδίου. Τί. μβ'. περὶ τῶν ἀπὸ φόβου καὶ βίας ἁμαρτημάτων καὶ κανναλίων ἀγωγῆς καὶ ἀναρχίας. Τί. μγ'. περὶ λεγάτου. Τί. μδ'. περὶ ἀρραβῶνος. Τί. με'. περὶ συμφώνου καὶ προστίμου. Τί. μς'. περὶ ζητήσεως. Τί. μζ'. περὶ ἀποκρυφῆς δικαιωμάτων. Τί. μη'. περὶ ἀδιαθέτως τελευτώντων. Τί. μθ'. περὶ γάμου ἀθεμίτου καὶ φθορᾶς παρθένων. Τί. ν'. περὶ προτιμήσεως ἀνακοινώσεων. Τί. να'. περὶ δικαστῶν. Τί. νβ'. περὶ διακατοχῆς. Τί. νγ'. περὶ δωρεῶν παντοίων. Τί. νδ'. περὶ κληρονομίας. Τί. νε'. περὶ κλεπτῶν. Τί. νς'. περὶ βεβαιώσεως ἀντισυγγράφου. Τί. νζ'. περὶ κατηγόρων. Τί. νη'. περὶ τῶν διδομένων ὅρκων τῶν ἀπαιτήσεων. Τί. νθ'. περὶ παραθήκης. Τί. ξ'. περὶ καθοσιώσεως καὶ δημεύσεως. Τί. ξα'. περὶ ὕβρεως. Τί. ξβ'. περὶ συγγενείας ἀγχιστέων καὶ πατρώνων. Τί. ξγ'. περὶ ἁρπαγῆς. Τί. ξδ'. περὶ πλαστοῦ. Τί. ξε'. περὶ ἐγγυητῶν. Τί. ξς'. περὶ φόνων. Τί. ξζ'. περὶ ῥηγνυμένης διαθήκης καὶ ἀμνημονεύτων υἱῶν. Τί. ξη'. περὶ ὅρκου καὶ συκοφαντίας. Τί. ξθ'. περὶ μανδάτορος καὶ ἐντολέως (im Texte fol. 604 b steht statt dessen ein τί. ξθ'. περὶ ὅρκων τῶν ἐκδίκησιν ἐχόντων. Zachariä v. L. hält diesen Titel des Textes ursprünglich für einen Theil des tit. 68, sodaß also tit. 69 ganz fehlen würde.) Τί. ο'. περὶ στρατιωτῶν (fehlt im Texte ganz). Τί. οα'. περὶ ἀναργυρίας. Τί. οβ'. περὶ πεκουλίων. Τί. ογ'. περὶ εὐνούχων. Τί. οδ'. περὶ τῶν ὑπὸ βασιλέως χαριζομένων. Τί. οε'. περὶ ἐκκλήτων. Dem Titelverzeichniß in der Handschrift schließt sich unmittelbar, nach einer halben leer gelassenen Seite, ohne alle Vorrede der erste Titel an. Die einzelnen Titel selbst bestehen aus weniger oder mehr Absätzen, welche großentheils mit Ὅτι anfangen, und deren erster Buchstabe in der Handschrift regelmäßig mit rother Tinte geschrieben ist. In tit. 1 sind diese Absätze anfänglich numerirt; später ist auch dieses unterblieben; Zachariä v. L. hat diese Absätze in der Ausgabe durchgängig mit Zahlen versehen. Ein großer Theil des Inhalts der einzelnen Titel war schon, bevor die *Πεῖρα* vollständig herausgegeben wurde, gedruckt. Dieselbe hat nämlich zweierlei Bestandtheile; erstens kurze Erzählungen von Rechtsfällen und deren Entscheidung nebst Gründen, und zweitens wörtlich abgeschriebene Basilikenstellen, wie sie jedesmal in Relationen und Urtheilen als Belegstellen angeführt worden sein mochten. Die in der *Πεῖρα* citirten Basilikenstellen sind sämmtlich gedruckt; auch so weit sie verloren gegangene Bücher der Basiliken betreffen, sind sie von Heimbach in der Basilikenausgabe, und für das 19. Buch der Basiliken von Zachariä v. L. in dem Supplementum editionis Basilicorum Heimbachianae zur Restitution benutzt worden. Stellen der ersten Art aber sind gedruckt in den Basilikenscholien. Endlich hat auch Harmenopulus die *Πεῖρα* sehr stark benutzt und daraus sowol eine Reihe von Basilikenstellen (namentlich alle die, welche Reitz in der Synopsis Basilicorum nicht hat nachweisen können) als auch andere Stellen aufgenommen.

Der Name des Verfassers der *Πεῖρα* ist unbekannt. Er war wahrscheinlich Beamter bei den obersten Gerichtshöfen zu Constantinopel, namentlich bei dem kaiserlichen Gerichtshofe des Hippodroms, und zuletzt selbst Richter. Von ihm scheint nämlich das von Löwenklau herausgegebene *ὑπόμνημα* gegen den Richter Caniclinus herzurühren. Dort sagt der Verfasser von sich selbst: *ἤδη γὰρ καὶ ἑπτὰ ἔτη κουαισίτωρι ὄντι ἐξυπηρετησάμην τῷ μακαρίτῃ κυρίῳ μου τῷ Μυστικῷ* (sc. Eustathio Romano). Zuweilen werden die Fragen und Bemerkungen des Verfassers der *Πεῖρα* von den obern Mitgliedern des Gerichtshofes beantwortet und berücksichtigt. Einmal referirt er seine Frage und dann die Antwort des Eustathius und fügt hinzu: *καὶ οὕτως ἔλυσε το ζήτημα ὁ πάνσοφος μάγιστρος, ἀποδεξάμενος καὶ ἐμὲ τῆς ἐρωτήσεως, παραγγείλας προσέχειν καὶ ὅτι διάφοροι νόμοι περὶ τοῦ αὐτοῦ λέγουσι πράγματος καὶ τυχοῦσι τῆς*

ἐφεῖλεν κρίνεσθαι, [καὶ] μή, εἴπερ ἕτερόν τι ἐν νομικῶν εὑρεθῇ ἴσως ἐναντιούμενον, αὐτῷ μόνῳ προσέχειν, ἀλλὰ κατὰ τὴν τῶν πολλῶν νόμων ἔννοιαν ἑρμηνεύειν καὶ τὴν τοῦ ἑνός. Ein anderes Mal ist es ὁ βέστης, welcher ihm seinen Einwurf beantwortet. Der Verfasser lebte gegen die Mitte des 11. Jahrhunderts und hat auch zu dieser Zeit sein Werk geschrieben. An einer Stelle wird der Kaiser Romanus Argyrus (1026—1034) μακαρίτης genannt, welches Beiwort regelmäßig nur von Jüngstverstorbenen gebraucht zu werden pflegt. Dasselbe Beiwort kommt für denselben Kaiser an einer andern Stelle vor. Der Verfasser hat das Synodaldecret des Patriarchen Alexius, welcher unter dem genannten Kaiser diese Würde bekleidete, vor Augen gehabt, auch die Schriften des Garidas, der bis zu Constantinus Ducas lebte, studirt und davon in der *Πεῖρα* Gebrauch gemacht. Die Rechtsfälle, welche der Verfasser von der Mitte des 10. Jahrhunderts an referirt, reichen nur bis auf die Zeit des Kaisers Romanus Argyrus. Den Eustathius Romanus, welcher noch 1025 lebte, nennt er zwar in der *Πεῖρα* nicht *μακαρίτης*, überschüttet ihn aber so mit Lobeserhebungen, daß Eustathius zu der Zeit der Abfassung dieses Werkes schon als verstorben betrachtet werden muß.

Die *Πεῖρα* hat nach dem Titelverzeichniß der Handschrift auch den Namen *διδασκαλία τῶν πράξεων τοῦ μεγάλου κυροῦ Εὐσταθίου τοῦ Ῥωμαίου*. Hiernach ist sie „doctrina ex *actis* Eustathii Romani."[14] Zachariä v. L. hielt Anfangs diese Ueberschrift wenn auch nicht für unecht, doch, da die *Πεῖρα* nicht blos vor Eustathius Romanus verhandelte und von ihm entschiedene Fälle enthalte, wenigstens für eine denominatio a potiori facta, wenn man nicht annehmen wolle, daß sich Eustathius Romanus selbst eine Sammlung von älteren und neueren Rechtsfällen angelegt hatte, aus welcher der Verfasser Excerpte machte; da aber von dem Dasein einer solchen Sammlung keine Spur sei, sondern nur davon, daß Eustathius Romanus seine eigenen *ὑπομνήματα*, d. i. Relationen und Entscheidungen, gesammelt herausgegeben hatte, welche der Verfasser der *Πεῖρα* benutzt habe, so habe derselbe doch wol der Hauptsache nach die referirten Rechtsfälle nicht aus Privatacten, sondern aus den Gerichtsacten unmittelbar und zum Theil aus eigener Erfahrung zusammengestellt. Später hat Zachariä v. L. seine Meinung dahin geändert, daß allerdings nur die Sammlung von Rechtsfällen, welche Eustathius veranstaltet hatte, die Quelle der *Πεῖρα* sei. Es beruht dies darauf, daß, wo in der *Πεῖρα* ὁ *πατρίκιος Εὐστάθιος* oder ὁ *πατρίκιος*, ὁ *μάγιστρος*, ὁ *μυστικός*, ὁ *δρουγγάριος*, ὁ *βέστης*, ὁ *κοιαίστωρ*, ὁ *ἐξάκτωρ*, ὁ *κριτής* ohne Beifügung des Namens erwähnt wird, mit diesen Würden und Aemtern immer eine und dieselbe Person bezeichnet wird, nämlich die des Eustathius, da dieser alle die genannten Würden und Aemter bekleidet hat. Wo die Entscheidungen anderer Richter in der *Πεῖρα* erwähnt werden, scheinen diese durch Appellation an das Gericht des Eustathius gekommen und so dem Verfasser der *Πεῖρα* bekannt geworden zu sein.

Das Werk ist für uns in mehrfacher Hinsicht nicht ohne Interesse. Zunächst gewährt es eine klare Einsicht in den Zustand der Rechtsanwendung im byzantinischen Reiche im 10. und 11. Jahrhundert, und es ist in dieser Beziehung schon oben das Nöthige daraus bemerkt worden (vergl. §. 32). Die *Πεῖρα* ist ferner interessant in Bezug auf die administrative Eintheilung des Reiches, auf das Steuerwesen. Am bedeutendsten aber ist die Ausbeute der *Πεῖρα* für die Kenntniß des damaligen byzantinischen Gerichtswesens.

Die erste und einzige Ausgabe des griechischen Textes der *Πεῖρα* nach dem Cod. Laurent. LXXX, 6 ohne lateinische Uebersetzung ist von Zachariä v. L. im J. 1856 besorgt worden. Ein Index memorabilium macht die Ausgabe erst recht brauchbar.

§. 39. *Enchiridia juris privata.*

Außer den 3 Legalcompendien (Ecloga Leonis, Prochirum, Epanagoge) gab es im byzantinischen Reiche eine Menge juristischer Privatcompendien. Die Verfasser derselben hatten nicht den Zweck, die Rechtswissenschaft weiter auszubilden, sondern nur dem praktischen Bedürfniß zu entsprechen. Sie trugen daher aus den Gesetzbüchern und aus den kaiserlichen Constitutionen das Wissenswerthe und häufig zur Anwendung Kommende zusammen, und ordneten diese Excerpte bald nach einem eigenen System, bald nach der Ordnung der Legalcompendien, selten mit eigenen Zusätzen. Sehr viele solcher Compendien sind uns in Handschriften erhalten. Einige derselben finden sich jedes nur in Einer Handschrift und scheinen von den Juristen nach Willkür zum eigenen Gebrauche verfaßt zu sein; andere sind aber durch vielfache Abschriften verbreitet worden, sodaß sie von den Verfassern veröffentlicht und von den griechischen Juristen gebilligt und im allgemeinen Gebrauche gewesen zu sein scheinen. Diese letzteren Compendien, obschon sie einen verschiedenen Charakter haben, lassen sich doch in zwei Classen theilen. Die erste Classe begreift diejenigen Compendien, welche mit den unter öffentlicher Auctorität erschienenen Compendien (Legalcompendien) Nichts gemein haben. Die Compendien dieser Classe sind zahlreich und hinreichend bekannt und gedruckt. In einigen sind die aus den Gesetzen excerpirten Stellen in alphabetischer Ordnung aufgeführt, wie in der Synopsis Basilicorum; andere folgen einer anderen Ordnung, wie das *πόνημα νομικόν* des Michael Attaliata und die Synopsis legum von Michael Psellus. Die Epitome legum von 920 und das Promtuarium des Harmenopulus stehen zwischen dieser und der zweiten Classe in der Mitte. Die zweite Classe enthält die Handbücher, welche Ueberarbeitungen und Verarbeitungen der drei Legalcompendien und der Epitome von 920 sind. Diese Classe ist besonders dadurch merkwürdig geworden, daß sie zu den vielen literarischen und historischen Streitigkeiten über die 3 Legalcompendien die hauptsächlichste Veranlassung geworden ist, indem man sie mit diesen verwechselt hatte und dadurch in eine endlose Confusion gerathen war. Zuerst hat Zachariä v. L. in seiner Ausgabe des Prochirum im J. 1837 Licht in die Sache gebracht, und im J. 1839, nach neueren Studien zu Rom, Venedig, Florenz, Wien, Neapel und in den griechischen Klosterbibliotheken, in seiner historiae juris Graeco-Romani delineatio eine kurze Aufzählung der von ihm in einem engeren Sinne so genannten Enchiridia juris privata gegeben. Der Charakter der der zweiten Classe angehörigen Compendien ist im Allgemeinen der, daß sie ein Legalcompendium zur Grundlage haben und aus ihm entstanden oder ihm nachgebildet sind und sich dadurch von demselben unterscheiden, daß sie Einiges beifügen, Anderes weglassen. Die durch Zusätze oder Weglassungen entstandenen Unterschiede beziehen sich hauptsächlich auf folgende Stücke: 1) auf die Vorreden oder die Constitutionen, welche den Legalcompendien vorausgeschickt werden, und deren Ueberschriften. Jedoch haben die Verfasser der Privatcompendien nicht alle denselben Weg eingeschlagen. Denn der Eine hat jene Constitutionen abgekürzt, der Andere ihnen etwas beigefügt, der Dritte hat zwar eine solche Constitution vorausgeschickt, welche aber nicht aus dem von ihm befolgten Legalcompendium, sondern aus einem anderen von ihm verglichenen genommen ist; endlich lassen Einige jene Constitutionen oder Vorreden ganz weg. 2) Auf die Rubriken und die Ordnung der Titel; denn in den Privatcompendien ist theils die Ordnung der Titel verändert, theils die Zahl der Titel unter Voraussetzung neuer Rubriken vermehrt. 3) Auf den Inhalt der Titel. In den Privatcompendien ist nämlich Einiges weggelassen; sehr Vieles ist aber hinzugefügt, und rührt aus verschiedenen Quellen her, z. B. aus den griechischen Bearbeitungen der Institutionen, Digesten und des Codex, aus den Novellen Justinian's und der späteren Kaiser, aus den Basiliken, aus kirchenrechtlichen Quellen, endlich aus denjenigen Legalcompendien, deren Muster und Methode der Verfasser in seinem Werke übrigens nicht befolgt. Es sind bis jetzt folgende Privatcompendien dieser Art, hauptsächlich durch Zachariä v. L., bekannt geworden, welche aus dem 10. und 11. Jahrhundert stammen. a) Ecloga privata, b) Ecloga privata aucta, c) Epanagoge cum scholiis, d) Epanagoges tituli XIII, e) Epanagoge cum Prochiro composita, f) Epitome ad Prochirum mutata, g) Epitome Laurentiana, h) Prochirum Vaticanum, i) Ecloga ad Prochirum mutata, k) Epanagoge aucta, l) Epitome Marciana. Es gibt deren aber aller Wahrscheinlichkeit nach mehrere. So ist z. B. das Rechtsbuch im Cod. Monac. 309 (*Mortreuil* III. p. 295 not. d) — dem Prochirum sehr ähnlich — ganz eigenthümlich; der erste von Herzog herausgegebene Titel stimmt mit keinem der bekannten Rechtsbücher dieser Art. Ebenso sind das Rechtsbuch im Cod. Taurin. 105 und das von Mynas nach Paris gebrachte Prochirum (vergl. §. 23) vielleicht Bearbeitungen der Legalcompendien, wie sie sonst in Handschriften nicht vorkommen. Endlich sind wol eine Menge hierher gehöriger Rechtsbücher verloren gegangen. So hat z. B. im Cod. Vatic. 640. fol. 290 eine zweite Hand zu der Ueberschrift der dort beginnenden Ecloga ad Prochiron mutata hinzugeschrieben: *„Ἐν ἄλλῳ βιβλίῳ παλαιοτέρῳ ἰσοδυνάμῳ οὕτως ἦν ἡ ἐπιγραφή. Ἐν ὀνόματι τοῦ δεσπότου Ἰησοῦ Χριστοῦ τοῦ θεοῦ ἡμῶν αὐτοκράτορες καίσαρες βασιλεῖς Κωνσταντῖνος καὶ Λέων καὶ Ῥωμανὸς εὐτυχεῖς εὐσεβεῖς ἔνδοξοι νικηταὶ τροπαιοῦχοι ἀεισέβαστοι πιστοὶ αὔγουστοι,"* und dieselbe Hand gibt im Folgenden aus dem *ἄλλο βιβλίον* hier und da am Rande Nachträge und Zusätze. Wir stellen nun die einzelnen Privatcompendien in chronologischer Ordnung dar und erwähnen kürzlich bei jedem die Handschriften, in denen sich solche finden. Hinsichtlich der Beschreibung der Handschriften, deren eine oft mehrere Compendien enthält, ist auf Zachariä v. L. zu verweisen.

a) *Ecloga privata.* Obgleich die Ecloga von Leo und Constantinus später abgeschafft wurde und an ihre Stelle andere Legalcompendien, nämlich das Prochirum und die Epanagoge, traten, so hörte doch der Gebrauch der Ecloga niemals ganz auf. In Handschriften finden sich die Ecloga von den Juristen umgestaltet; Zachariä v. L. hat der in diesen Handschriften befindlichen Ecloga, weil sie von Privatpersonen interpolirt ist, den Namen Ecloga privata beigelegt. Die Handschriften, welche sie enthalten, sind: Cod. Paris. gr. 1391. fol. 179—210. — Cod. Paris. gr. 1384. fol. 79—95. 148—155. 104 seq. — Cod. Vindob. jur. gr. 2. fol. 187—204. — Cod. Vindob. jur. gr. 8. fol. 1 seq. — Cod. Cryptoferratensis V, 60. — Cod. Vatic. 1168. Die Ecloga hat darin folgende Gestalt: 1) Die Ueberschrift lautet im Cod. Paris. 1391: *Λέοντος καὶ Κωνσταντίνου τῶν σοφῶν καὶ φιλευσεβῶν βασιλέων ἀπό τε κώδικος τῶν νεαρῶν τοῦ μεγάλου Ἰουστινιανοῦ διατάξεων*; im Cod. Paris. 1384: *Ἐν ὀνόματι τοῦ πατρὸς καὶ τοῦ υἱοῦ καὶ τοῦ ἁγίου πνεύματος Λέων καὶ Κωνσταντῖνος, πιστοὶ ἐν Χριστῷ αὐ... βασιλεῖς Ῥωμαίων ἀπὸ τῶν ἰνστιτούτων*; im Cod. Vindob. 2: *Ἐκλογὴ τῶν νόμων ἐν συντόμῳ γενομένη παρὰ Λέοντος καὶ Κωνσταντίνου τῶν σοφῶν βασιλέων. Ἀρχὴ τῶν κεφαλαίων τῆς νεαρᾶς νομοθεσίας*; im Cod. Vindob. 8: *Ἐκλογὴ τῶν νόμων ἐν συντόμῳ γενομένη παρὰ Λέοντος καὶ Κωνσταντίνου τῶν σοφῶν βασιλέων ἀπὸ τῶν ἰνστιτούτων, τῶν διγέστων, τοῦ κώδικος καὶ τῶν νεαρῶν τοῦ μεγάλου Ἰουστινιανοῦ διατάξεων καὶ ἐπιδιόρθωσις εἰς τὸ φιλανθρωπότερον.* 2) Das Prooemium fehlt in allen gedachten Handschriften, außer im Cod. Cryptoferrat. V, 60, wo die Vorrede mit den Worten: *Ὁ δεσπότης* beginnt. 3) Die Ordnung der Titel ist im Cod. Paris. 1391 folgende: *Τί. α΄. περὶ συστάσεως μνηστείας καὶ λύσεως αὐτῆς. Τί. β΄. περὶ γάμου ἐπιτρεπομένου καὶ κωλυομένου, καὶ ἀγράφου, ἐγγράφου, καὶ λύσεως αὐτοῦ. περὶ ἀπραίου γυναικός. περὶ δευτερογαμούντων. Τί. γ΄. περὶ λύσεως τοῦ γάμου καὶ τῶν αἰτιῶν αὐτῆς. Τί. δ΄. περὶ τῆς καταγραφείσης προικὸς καὶ μὴ ἐπιδοθείσης καὶ περὶ δεσμίου προικός. Τί. ε΄. περὶ δωρεῶν ἁπλῶν ἐντεῦθεν ἤδη χρήσεως καὶ δεσποτείας πραγμάτων ἢ δεσποτείας αὐτῶν μόνον ἢ μετὰ θάνατόν τινι καταλιμ-*

κεκωλυμένων, καὶ περὶ παίδων, ἐξὸν αἱ τοιαῦται δωρεαὶ ἀνατρέπονται. Τί. ϛ'. περὶ τῶν κεκωλυμένων διαθέσθαι προσώπων καὶ περὶ διαθήκης ἐγγράφου καὶ ἀγράφου. Τί. ζ'. περὶ στρατιωτικῶν ἐλευθέρων πραγμάτων καὶ κληρικῶν χειροτονηθέντων καὶ ἑτέρων στρατευομένων εἰς ἃ ἀναλίσκουσι δύναται τις ἢ κωλύεται. περὶ φαλκιδίου. Τί. η'. περὶ τῶν ἐξ ἀδιαθέτου κληρονομιῶν καὶ ληγάτων καὶ περὶ τῶν ἐξ ἀχαριστίας ἐκπιπτόντων. περὶ ἀποκλήρων. Τί. θ'. περὶ κουράτορος καὶ προκουράτορος. Τί. ι'. περὶ ἐλευθερίων καὶ ἀνδραποδισμῶν. Τί. ια'. περὶ πράσεως καὶ ἀγορασίας ἐγγράφου καὶ ἀγράφου καὶ ἀρραβῶνος αὐτῶν. Τί. ιβ'. περὶ δανείου ἐγγράφου καὶ ἀγράφου καὶ τῶν διδομένων ἐπ' αὐτῷ ἐνεχύρων. Τί. ιγ'. περὶ παρακαταθήκης. Τί. ιδ'. περὶ ἐμφυτεύσεων δημοσίων καὶ ἐμπεριγραφῶν. Τί. ιε'. περὶ μισθώσεων ἐγγράφων καὶ ἀγράφων. Τί. ιϛ'. περὶ μαρτύρων. Τί. ιζ'. περὶ διαλύσεως. Τί. ιη'. περὶ ἐγκλημάτων καὶ αἱ ποιναί. Τί. ιθ'. περὶ διαμερισμῶν σκύλων. Der Cod. Vindob. 8 scheint bis zu Tit. 10 (denn er hat nur Titel 1—10) mit der erwähnten pariser Handschrift übereinzustimmen. Die Ordnung der Titel im Cod. Paris. 1384 weicht etwas von der eben erwähnten ab. In dieser Handschrift ist nämlich Τί. α'. περὶ συστάσεως μνηστείας καὶ λύσεως αὐτῆς. — περὶ ὀρφανῶν πραγμάτων. Τί. β'. περὶ τῶν βουλομένων μνηστεῦσαι καὶ ἀποταξαμένων. — περὶ ἀπαγορευθέντων. Τί. γ'. περὶ τῆς καταγραφείσης προικὸς κ. τ. λ. Also ist Titel 3 in dieser Handschrift der, welcher oben Titel 4 ist, und folgeweise Titel 18, welcher oben Titel 19 ist. Der Titel de castrensi peculio folgt auch in dieser Handschrift gleich nach dem Titel de testamentis. Denn der Unterschied zwischen diesem und dem Cod. Paris. 1390 in Bezug auf die Reihefolge der Titel besteht blos darin, daß dieser, nicht jener, den Titel 2 der echten Ecloga (de nuptiis) in zwei Titel theilt. Ebenso hat der Cod. Vindob. 2 18 Titel. Von dem Cod. Vindob. 3 ist nichts Gewisses bekannt. 4) Was den Inhalt der Titel anlangt, so haben der Cod. Paris. 1391 und Cod. Vindob. 8 in den Titeln selbst Nichts außer dem Texte der echten Ecloga. Der Cod. Paris. 1384 aber hat sowol die Ordnung der Capitel in den einzelnen Titeln verändert, als auch andere Fragmente anderswoher beigefügt. Aehnliches gilt vom Cod. Vindob. 3. 5) In den beiden pariser Handschriften, und im Cod. Vindob. 2 wird ein Anhang hinzugefügt, Fragmente und juristische Collectaneen enthaltend. Obgleich die Anhänge dieser 3 Handschriften in der Ordnung und im Inhalte von einander etwas abweichen, so haben sie doch im Ganzen denselben Charakter. Ob die beiden anderen wiener Handschriften (Cod. 3 und 8) Anhänge gehabt haben, läßt sich nicht bestimmen, da beide verstümmelt sind. Auch der Cod. Cryptoferrat. V, 60 hat einen Anhang, wovon nur noch der Abschnitt περὶ τῆς τῶν βαθμῶν συγγενείας übrig ist, ein Mehreres aber fehlen mag. Ueber die Zeit, wann die Ecloga von Leo und Constantinus in der erwähnten Weise von den Juristen umgestaltet worden ist, gibt die Beschaffenheit der Ecloga privata und der übrige Inhalt der oben erwähnten Handschriften Aufschluß. Diese Handschriften zeichnen sich nämlich dadurch aus, daß sie alle die Ecloga privata in Verbindung mit dem Prochirum des Basilius geben. Es läßt sich daher vermuthen, daß ein Privatmann die Ecloga mit Rücksicht auf das Prochirum abgeändert habe. Dies wird dadurch wahrscheinlich, weil so alle Unterschiede zwischen der echten Ecloga und der Ecloga privata sich gut erklären. Der Titel de castrensi peculio nämlich, welcher in der echten Ecloga der vorletzte ist, und in der Ecloga privata seine Stelle nach dem Titel de testamentis erhalten hat, hat in der letzteren dieselbe Stelle, wie im Prochirum, wo er auch nach dem Titel de testamentis steht. Die der echten Ecloga voranstehende Ueberschrift ist wahrscheinlich deshalb abgekürzt und die Vorrede deshalb weggelassen worden, weil die Ecloga von den Kaisern, welche das Prochirum herausgegeben haben, außer Kraft gesetzt wurde, und daher die Advocaten und Studirenden der Rechte bei dem Abschreiben der Ecloga mit weniger Sorgfalt verfuhren. Daher ist die Ecloga privata einem Juristen zuzuschreiben, welcher nach Veröffentlichung des Prochirum lebte, und zwar hat er dieselbe noch unter den Kaisern, welche das Prochirum bekannt machten, oder nicht lange nachher abgefaßt. Denn die Anhänge der Ecloga privata enthalten viele Fragmente aus den Schriften der Justinianeischen Juristen, welche in der folgenden Zeit außer Gebrauch kamen. Die Ecloga privata gehört also dem 10. Jahrhundert an, wenn man sie nicht schon gegen das Ende des 9. Jahrhunderts versetzen will.

b) *Ecloga privata aucta.* Im Cod. Paris. gr. 1384 fol. 79—95. 148—165. 194 seq. und im Cod. Vindob. jur. gr. 8 fol. 7—14 findet sich eine fernere Recension der Ecloga, und zwar mit der echten Ecloga so verbunden, daß hinter jedem Titel der echten Ecloga zugleich der entsprechende Titel der neuen Recension (unter der Unterschrift: *ἐκ τοῦ β' ἐκλογαδίου*) abgeschrieben ist. Diese Recension hat die Ecloga privata zur Grundlage, wie aus der ähnlichen Versetzung des Titels 16 erhellt. Sie zeichnet sich aber dadurch aus, erstens, daß Titel 1 und 2 unter Einen Titel gebracht sind, und ein Tit. 2 *περὶ τῶν βουλομένων μνηστεῦσαι καὶ ἀποταξαμένων* eingeschaltet wird; zweitens, daß die Ordnung der Capitel in den einzelnen Titeln hier und da geändert ist; drittens, daß verschiedene Fragmente, deren Quelle unbekannt ist, meistens jedoch aus dem Justinianeischen Rechte, eingemischt sind, daher Zachariä v. L. diese Recension Ecloga privata aucta nennt. Der Titel sind 18; der erste Titel ist *περὶ συστάσεως μνηστείας καὶ λύσεως αὐτῆς. περὶ ὀρφανῶν πραγμάτων*; der letzte *περὶ διαμερισμοῦ σκύλων.*

c) *Epanagoge cum scholiis.* Wegen dieser ist auf §. 36 zu verweisen.

d) *Epanagoges titulus XIII.* Die Titel 1—3 der Epanagoge finden sich bisweilen in den Handschriften gleichsam zufällig, z. B. im Cod. Vindob. phil. gr. 69 fol. 159 und im Cod. Vindob. jur. gr. 10 fol. 277. In dem Cod. Vindob. jur. gr. 3 fol. 200—226 und

Laurent. LXXX, 6 fol. 3—10 sind 13 Titel der Epanagoge abgeschrieben, nämlich Titel 1—11. 13. 19. In der letzteren Handschrift stehen folgende Verse voran:

Ἐν τοῦ προχείρου τοῖσδε τοὺς τίτλους νόμου
φιλοπραγμόνως ὅσους ἐνεῖχεν οὐκ ἔχω.
γέγραφα δ' αὐτοὺς ἐν μέρει τοῦ βιβλίου,
ὡς προσθέντας πλείονας ἀπολειπομένων
τεσσαράκοντα τῷ προχείρῳ τίτλων.

Nachdem nämlich die Epanagoge, d. h. die neue Ausgabe des Prochirum bekannt gemacht worden war, lag es im Interesse der Besitzer von Handschriften des Prochirum, daß in diese alles, was in der Epanagoge den Titeln des Prochirum beigefügt war, zur Ergänzung des Prochirum eingetragen würde. Daher hat ein griechischer Jurist, der Verfasser jener Verse, damit die von ihm besessene Handschrift des Prochirum nicht unnütz werde, die Titel, welche er außer den 40 Titeln des Prochirum in der Epanagoge fand, besonders abgeschrieben und mit seinem Prochirum zur Ergänzung desselben verbunden. Er ist aber dabei nicht sorgfältig zu Werke gegangen. Denn obgleich er die Titel 1—11. 13 und 19 der Epanagoge, welche in dem Prochirum fehlen, abgeschrieben hat, so hat er doch den ebenfalls in letzterem fehlenden Titel 30 der Epanagoge ganz weggelassen.

c) *Epanagoge cum Prochiro composita.* Dieses Compendium findet sich in folgenden Handschriften: Cod. Laurent. LXXX, 6. fol. 404—451. Palat. 19 (Vatic. 190). fol. 235—315. Paris. 1367. fol. 1—37. Die pariser Handschrift ist am Anfange defect und beginnt erst mit Tit. 24. cap. 34. Der Cod. Vindob. jur. gr. 18. fol. 1—5 gibt Fragmente der Titel 16. 40. 12 und 17. Der Titel ist im Cod. Laurent. und Palat. folgender: *Τοῦ βασιλέως κυροῦ Λέοντος τοῦ φιλοσόφου ἐκλογὴ τῶν νόμων.* Beide Handschriften haben keine Vorrede. Die Reihefolge der Titel ist: *Τι'. α'. περὶ νόμου καὶ δικαιοσύνης περιλήψεως καὶ βασιλέως* (Epanag. tit. I. II.). *Τι'. β'. περὶ πατριάρχου* (Epan. tit. III.). *Τι'. γ'. περὶ τάξεως ἐπάρχου πόλεως καὶ κοιαίστωρος* (Epan. tit. IV. V.). *Τι'. δ'. περὶ τῶν ἁπλῶς ἀρχόντων καὶ χωρὶς δόσεως γίνεσθαι τοὺς ἄρχοντας καὶ μηδένα [ἐν] μηδενὶ διὰ χρημάτων ἢ κρίνειν ἢ τοὺς ὑποπίπτοντας τοῖς ἐγκλήμασι συγχωρεῖν* (Epan. tit. VI. VII.). *Τι'. ε'. περὶ ἐπισκόπων καὶ χειροτονιῶν καὶ προβολῶν ἐκκλησιαστικῶν προσώπων* (Epan. tit. VIII.). *Τι'. ϛ'. περὶ τῶν ἁρμοζόντων ἐπισκόποις καὶ πρεσβυτέροις καὶ διακόνοις καὶ ἁπλῶς πᾶσιν ἐκκλησιαστικοῖς* (Epan. tit. IX.). *Τι'. ζ'. περὶ τάξεως καὶ κριτηρίων* (Epan. tit. XI.). *Τι'. η'. περὶ μαρτύρων* (Epan. tit. XII.). *Τι'. θ'. περὶ συμβολαίων* (Epan. tit. XIII.). *Τι'. ι'. περὶ μνηστείας* (Epan. tit. XIV. Proch. tit. I.). *Τι'. ια'. περὶ ἀρραβώνων* (Proch. tit. II. Epan. tit. XV.). *Τι'. ιβ'. περὶ γάμου* (Proch. tit. IV. Epan. tit. XVI.). *Τι'. ιγ'. περὶ κεκωλυμένων γάμων* (Proch. tit. VII. Epan. tit. XVII.). *Τι'. ιδ'. περὶ προικὸς* (Epan. tit. XVIII. Proch. tit. VIII. IX.). *Τι'. ιε'. περὶ δωρεῶν μνηστείας* (Proch. tit. III. Epan. tit. XV.). *Τι'. ιϛ'. περὶ συναφείας γάμου* (Proch. tit. V. Epan. tit. XVI.). *Τι'. ιζ'. περὶ γάμου δευτέρου* (Proch. tit. VI.). *Τι'. ιη'. περὶ δωρεῶν μεταξὺ ἀνδρὸς καὶ γυναικὸς γενομένων* (Proch. tit. X. Epan. tit. XX.). *Τι'. ιθ'. περὶ γάμου λύσεως* (Proch. tit. XI. Epan. tit. XXI.). *Τι'. κ'. περὶ δωρεῶν* (Proch. tit. XII. Epan. tit. XXII.). *Τι'. κα'. περὶ ἀνατροπῆς δωρεῶν* (Proch. tit. XIII. Epan. tit. XXII.). *Τι'. κβ'. περὶ πράσεως καὶ ἀγορασίας* (Proch. tit. XIV. Epan. tit. XXIII.). *Τι'. κγ'. περὶ τῶν ἐκκλησιαστικῶν ἐμφυτεύσεων καὶ μισθώσεων* (Proch. tit. XV. Epan. tit. X.). *Τι'. κδ'. περὶ χρέους καὶ περὶ δανείων καὶ ἐνεχύρων* (Proch. tit. XVI. XVII. Epan. tit. XXII. XXIII.). *Τι'. κε'. περὶ παρακαταθήκης* (Proch. tit. XVIII. Epan. tit. XXVI.). *Τι'. κϛ'. περὶ κοινωνίας* (Proch. tit. XIX. Epan. tit. XXVI.). *Τι'. κζ'. περὶ διαλύσεως* (Epan. tit. XXVII. Proch. tit. XX.). *Τι'. κη'. περὶ διαθήκης* (Proch. tit. XXI. XXIV. Epan. tit. XXIX.). *Τι'. κθ'. περὶ διαθήκης ἀπελευθέρων* (Paris. 1367. τι'. κη'. περὶ διαθήκης τοῦ πραγματικοῦ. — Proch. tit. XXIII. Epan. tit. XXXVII.). *Τι'. λ'. περὶ ὑπεξουσίων τῶν ἐν ταῖς ἰδιωτικαῖς αὐτῶν πεκουλίοις διατιθεμένων* (Paris. 1367. τι'. κθ'. In dieser Handschrift ist der Titel dem Proch. tit. XXII. ähnlich. Epan. tit. XXXV.). *Τι'. λα'. περὶ τῶν κωλυομένων διατίθεσθαι* (Paris. 1367. τι'. λ'. — Epan. tit. XXX.). *Τι'. λβ'. περὶ ἀνατροπῆς διαθήκης* (Paris. 1367. τι'. λα'. — Proch. tit. XXV. Epan. tit. XXXII.). *Τι'. λγ'. περὶ κωδικίλλων* (Paris. 1367. τι'. λβ'. — Proch. tit. XXIX. Epan. tit. XXIX.). *Τι'. λδ'. περὶ λύσεως ὑπεξουσιότητος* (Paris. 1367. τι'. λγ'. — Proch. tit. XXVI. Epan. tit. XXXI.). *Τι'. λε'. περὶ ἐπιτρόπων καὶ κουρατόρων* (Paris. 1367. τι'. λδ'. — Proch. tit. XXXVI. Epan. tit. XXXVIII.). *Τι'. λϛ'. περὶ ληγάτου* (Paris. 1367. τι'. λε'. — Epan. tit. XXXVI. Proch. tit. XXXV.). *Τι'. λζ'. περὶ ἀκοινωνήτων* (Paris. 1367. τι'. λϛ'. — Proch. tit. XXXIII. XXXVII. Epan. tit. XXXIV. XXXV.). *Τι'. λη'. περὶ ἐλευθεριῶν* (Paris. 1367. τι'. λζ'. — Proch. tit. XXXIV. Epan. tit. XXXVII.). *Τι'. λθ'. περὶ κληρονόμων ἐνστατῶν* (Paris. 1367. τι'. λη'. — Proch. tit. XXX. Epan. tit. XXXIII.). *Τι'. μ'. περὶ φαλκιδίου καὶ ἀποκαταστάσεως* (Paris. 1367. τι'. λθ'. — Proch. tit. XXXII et XXXI. Epan. tit. XXXIV. XXXVIII.). *Τι'. μα'. περὶ καινοτομιῶν* (Paris. 1367 hat keine Titelzahl. — Proch. tit. XXXVIII. Epan. tit. XXXIX.). *Τι'. μβ'. περὶ ποινῶν* (Paris. 1367. τι'. μ'. — Proch. tit. XXXIX. XL. Epan. tit. XL.). Aus der Ordnung und den Rubriken der Titel und den beigefügten Bemerkungen ergibt sich, daß dieses Compendium aus der Epanagoge und dem Prochirum zusammengesetzt ist. In der pariser Handschrift werden außerdem bisweilen Excerpte *ἐκ τῶν πλάτους τῶν νόμων*, d. h. aus den Basiliken Leo's, eingeschaltet. Zu tit. XXXIV. cap. 1 a. E., worin Nov. 115. cap. 3 §. 11 enthalten ist, ist in der pariser Handschrift ein Scholium beigeschrieben. Aus diesem Scholium läßt sich vielleicht schließen, daß der Verfasser des in

Frage stehenden Buches unter Leo dem Weisen gelebt habe, also um das Jahr 900.

f) *Epitome ad Prochirum mutata.* Dieses Compendium ist in zwei Handschriften, im Cod. Marcian. 579 und Bodlej. 3399, erhalten. Beide hat Zachariä v. L. beschrieben. Das Werkchen ist aus dem Prochiron, der Epitome von 920 und anderen Quellen zusammengesetzt; auch enthält es ganze Titel der Epitome. Der Cod. Marcian. enthält (auf Papier, aus dem 15. Jahrhundert) erst das Prochirum auctum bis tit. 18, alsdann (auf Pergament, aus dem 11. Jahrhundert) die Epitome ad Prochirum mutata von tit. 19. §. 5 bis zu Ende. Der Cod. Bodlej. 3399 ist auf Pergament, in Quart, aus dem 10. oder 11. Jahrhundert und enthält jetzt 196 Blätter. Sehr viele Blätter daraus sind verloren gegangen. Die Epitome beginnt mit tit. VI. cap. 15. Hierauf folgen: *Τι. ζ'. περὶ τῆς τῶν βαθμῶν συγγενείας κεφ. ς', καὶ περὶ κεκωλυμένων γάμων. Τι. η'. περὶ δικαίου προικός. κεφ. ρθ'. Τι. θ'. περὶ ἐκδικήσεως προικὸς καὶ τῶν βαρῶν αὐτῆς. Τι. ι'. περὶ δωρεῶν μεταξὺ ἀνδρὸς καὶ γυναικός. κεφ. ις'. Τι. ια'. περὶ λύσεως γάμου καὶ τῶν αἰτιῶν αὐτοῦ. Τι. ιβ'. περὶ δωρεῶν. κεφ. θ'. Τι. ιγ'. περὶ ἀνατροπῆς δωρεῶν. Τι. ιδ'. περὶ πράσεως καὶ ἀγοραπωλησίας. [Τι. ιε'.] περὶ μετάξης καὶ περὶ πραγμάτων, ὧν ἡ δημοσία φιλοτιμεῖται. κεφ. ς'. περὶ ἐμφυτεύσεως. Τι. ις'. περὶ δανείου καὶ ἐνεχύρου καὶ τόκου. Τι. ιζ'. περὶ μισθώσεως καὶ ἐμφυτεύσεως. κεφ. με'. Τι. ιη'. περὶ παρακαταθήκης. κεφ. κβ'. Τι. ιθ'. περὶ συστάσεως κοινωνίας. κεφ. κζ'. Τι. κ'. περὶ λύσεως κοινωνίας καὶ ἐγγύης. Τι. κα'. περὶ διαθήκης αὐτεξουσίων. Τι. κβ'. περὶ διαθήκης ὑπεξουσίων. Τι. κγ'. περὶ διαθήκης ἀπελευθέρων. Τι. κδ'. περὶ διαθήκης ἐπισκόπων καὶ μοναχῶν. Τι. κε'. περὶ ἀνατροπῆς διαθήκης καὶ περὶ μέρους αὐτῆς. Τι. κς'. περὶ λύσεως ὑπεξουσιότητος. Τι. κζ'. περὶ μαρτύρων. κεφ. κη'. Τι. κη'. περὶ χειροτονίας ἐπισκόπων καὶ πρεσβυτέρων. κεφ. ιβ'. Τι. κθ'. περὶ κωδικέλλων. κεφ. ιδ'. Τι. λ'. περὶ κληρονόμων. κεφ. ργ'. Τι. λα'. περὶ ἀποκαταστάσεως. κεφ. ρζ'. Τι. λβ'. περὶ φαλκιδίου νόμου καὶ ἀμέτρων δωρεῶν. κεφ. λθ'. Τι. λγ'. περὶ ἀποκλήρων. Τι. λδ'. περὶ ἐλευθεριῶν καὶ ἀναδουλώσεων. κεφ. ρε'. Τι. λε'. περὶ λεγάτων προςκαίρων καὶ διηνεκῶν. κεφ. ρλθ'. Τι. λς'. περὶ ἐπιτρόπων. κεφ. ον'. Τι. λζ'. περὶ ποινῶν. κεφ. κδ'. περὶ διαμερισμοῦ σκύλων. περὶ ἐκκλησιαστικῶν πραγμάτων καὶ περὶ ἐπισκόπων καὶ μοναχῶν. κεφ. μζ'. περὶ οἰκοδομῆς μοναστηρίων. κεφ. β'. περὶ τοῦ μὴ ἐκποιεῖσθαι ἐκκλησιαστικὰ πράγματα. κεφ. γ'. περὶ καινοτομιῶν τι'. τῶν κη'. κεφ. ιδ'. Τι. λθ'. περὶ παραγγελίας καὶ περὶ καινοτομιῶν καὶ περὶ δουλείας οἴκων καὶ ἀγρῶν νομίμων. Τι. μ'. κεφ. μδ'. περὶ βίας ἁρπαγῆς πραγμάτων καὶ ἀγρῶν καὶ περὶ ἀνδραποδιστῶν καὶ ἀπελατῶν καὶ περὶ ἀποκαταστάσεως καὶ περὶ λιθοφόρων καὶ περὶ τάφων. καὶ περὶ τῶν ἀρπαζομένων ἐν τῷ φόνῳ καὶ περὶ ἀναζητουμένων καὶ περὶ δεσποτευομένων καὶ περὶ αἰρετικῶν. Τι. μβ'. περὶ ὕβρεως καὶ ἁμαρτημάτων ἐλευθέρων τε καὶ δούλων. κεφ. οζ'. Τι. μγ'. περὶ συκοφαντῶν καὶ κατηγόρων καὶ περὶ δηλητηρίων καὶ περὶ κλεπτοῦ καὶ περὶ δούλου ἀπαλλασσομένου καὶ περὶ θησαυροῦ. κεφ. ξδ'.*

g) *Epitome Laurentiana.* Im Cod. Laurent. LXXX, 6. fol. 46—223 befindet sich das Rechtsbuch, welches Zachariä v. L. früher (Prochir. p. 309) einfach für die Epitome gehalten, in der Delineatio hist. jur. Gr. Rom. aber Epitome Laurentiana genannt hat. Dasselbe hat gar keinen Titel, sondern beginnt schlechtweg mit der Vorrede *Τῆς μεγαλοφυοῦς*, welches die Vorrede der Epitome von 920 ist. Hierauf folgt ein *πίναξ τῶν πεντήκοντα τίτλων τῶν ἐκτεθέντων παρὰ ἐμβάτου* (sic). Dann kommt das Prooemium des Prochirum und die *Κατάκρισις τεθεῖσα ὑπὸ τῶν παντευσεβῶν βασιλέων.* Dann folgen die 50 Titel des Werkes. Titel 1—40 sind aus dem Prochirum genommen, aber aus der Epitome bereichert. Zwischen Titel 10 und 11 ist der Titel 26 „*ἐκ τοῦ μεγάλου βιβλίου*," d. h. aus der Epitome eingeschaltet; ebenso zwischen Tit. 18 und 19 der Titel 19, und nach Tit. 20 der Tit. 11 *ἐκ τοῦ μεγάλου βιβλίου.* Die Titel 41—50 sind alle aus der Epitome genommen; es sind dies die Titel der Epitome 43 (*περὶ βίας κ. τ. λ.*), 44 (*περὶ τῶν ὀνημευομένων κ. τ. λ.*), 45 (*περὶ ὕβρεως κ. τ. λ.*), 46 (*περὶ συκοφαντῶν κ. τ. λ.*), 47 (*περὶ κλεπτῶν κ. τ. λ.*), 12, 1, 2, 41 (*κεφάλαια νόμου γεωργικοῦ κ. τ. λ.*), 40 (*νόμος ῥοδίων ναυτικὸς κ. τ. λ.*).

h) *Prochirum Vaticanum.* Dieses Rechtsbuch findet sich Cod. Vatic. 1168. fol. 98 b—122 und ähnlich im Cod. Vallicell. *E*, 55. fol. 157—249, nur daß letztere Handschrift hier und da verschiedene Zusätze eingestreut hat. Der Titel ist: *Νόμος τῶν εὐσεβῶν ἡμῶν βασιλέων Βασιλείου, Λέοντος καὶ Ἀλεξάνδρου.* Dann folgt die Vorrede des Basilianischen Prochirum, aber so beginnend: *Ἐν ὀνόματι τοῦ δεσπότου Ἰησοῦ Χριστοῦ ἡμῶν αὐτοκράτορος καίσαρος Βασίλειος, Λέων καὶ Ἀλέξανδρος εὐτυχεῖς ἔνδοξοι νικηταὶ τροπαιοῦχοι ἀεισέβεις πιστοὶ βασιλεῖς. Τὴν μέγαν φύσιν — τὴν ἀρχὴν εἰλήφαμεν.* Nun folgen die Titel, und zwar *περὶ συναινέσεως μνηστείας τίτλος α'.* Die Titel 2—39 haben dieselben Rubriken, wie im Basilianischen Prochirum, nur daß der Titel 26 *περὶ λύσεως ὑπεξουσιότητος* ganz weggelassen ist. Die Rubrik des Titels 39 ist: *ὁ κανάλιος* (sic) *περὶ ποινῶν.* Am Ende des Titels folgt die Rubrik *περὶ διαμερισμοῦ σκύλων* und *περὶ τῶν ἐν ἀλλοτρίᾳ γῇ κ. τ. λ.* Dann folgt: *Τι. μ'. περὶ βίας — τάφων* (Epitome tit. 40 oder 43). *Τι. μα'. περὶ τῶν ὀνημευομένων — αἱρέσεων* (Epit. tit. 41 oder 44). [*Τι. μβ'.*] *περὶ συκοφαντῶν — καὶ περὶ κλεπτοῦ* (Epit. tit. 43 oder 46). [*Τι. μγ'.*] *περὶ ἱεροσύλων* (Epit. tit. 44 oder 47). [*Τι. μδ'.*] *περὶ κεφαλικῶν ἐγκλημάτων — αἰσχρότητος* (Epit. tit. 45 oder 48). [*Τι. με'.*] *περὶ στρατιωτικῶν ἐπιτιμίων.* [*Τι. μς'.*] *κεφάλαια τοῦ νόμου τοῦ ῥοδίου.* [*Τι. μζ'.*] *κεφάλαια νόμου γεωργικοῦ.* Sowie der Verfasser bei der Abfassung der Titel 40 sq. die Epitome zu Grunde legt, so folgt er in den ersten 39 Titeln gewöhnlich der Epanagoge; bisweilen, namentlich in den Titeln 9 und 26, führt er die in der Epanagoge nicht gefundenen Stellen des Prochirum gleichsam ἐκ τῆς νομικῆς διατάξεως Βασιλείου, Λέοντος καὶ Ἀλεξάνδρου (sic) oder als λειπόμενα κεφάλαια ἐκ τοῦ μ'. τίτλου τῶν εὐσεβεστάτων βασιλέως Βασιλείου, Λέοντος καὶ Ἀλεξάνδρου bringt, sodaß er das Prochirum nicht dem Basilius, Constantinus und Leo, sondern dem Basilius, Leo und Alexander zugeschrieben zu haben scheint. Zu welcher Zeit das Prochirum Vaticanum verfaßt ist, ist schwer zu bestimmen.

i) *Ecloga ad Prochirum mutata.* Dies von Zachariä v. L. sogenannte Rechtsbuch findet sich in folgenden Handschriften: Cod. Paris. 1720. fol. 124—163. Vatic. 640. fol. 289—344. Paris. 1263. fol. 280 seq. Palat. 371. Paris. 1384. fol. 182—192. Im Cod. Vatic. 640 scheint die Vorrede zu fehlen. Der Cod. Paris. 1263 ist im 4. Titel verstümmelt und hört darin auf. Der Cod. Paris. 1384 läßt die Vorrede und das Titelverzeichniß weg und gibt von den Titeln selbst nur Bruchstücke. Aus den pariser Handschriften, mit welchen die vaticanische ganz übereinzustimmen scheint, hat Zachariä v. L. die Vorrede, das Titelverzeichniß und den Titel 1, sämmtlich mit lateinischer Uebersetzung, herausgegeben. Die Ueberschrift ist: *Νόμος ὁ πρόχειρος. Αὐτοκράτορες καίσαρες Βασίλειος, Κωνσταντῖνος καὶ Λέων, πιστοί, εὐσεβεῖς, ἔνδοξοι, νικηταί, τροπαιοῦχοι, ἀεισέβαστοι, αὔγουστοι.* Nun folgt die Vorrede: *Τὸν μέγαν καὶ φύσει ἀληθῆ θεὸν καὶ σωτῆρα ἡμῶν — ὅπουπερ καὶ ἡ καθ' ἡμᾶς φύσις τὴν ἀρχὴν εἴληφεν.* Sie lautet ganz wie die Vorrede des Prochirum. Nun folgt das Titelverzeichniß: *Πίναξ σὺν θεῷ τῆσδε τῆς βίβλου. Νόμος Λέοντος καὶ Κωνσταντίνου τῶν σοφῶν βασιλέων. Νόμοι Ἰουστινιανοῦ τοῦ μεγάλου βασιλέως. Νόμος Ῥούφου καὶ πανελλίου περὶ στρατιωτῶν. Νόμος Ῥοδίων ναυτικός. Νόμος τῶν ἁγίων ἀποστόλων φυσιολόγος. — Ἐλέημονα κατανοήσας τῇ τοῦ θεοῦ δικαιοσύνῃ τῶν εὐσεβῶν καὶ φιλοχρίστων δεσποτῶν καὶ βασιλέων τὰ νόμιμα, καὶ τούτων ἀναλαβεῖν ἐν γράμμασι ποθήσας τὴν δύναμιν, ὁ τῆς αὐτῶν εὐσεβοῦς βασιλείας ὁ δοῦλος τήνδε ἡτοιμασάμην τὴν δέλτον ὑπὲρ χρυσίον καὶ τοπάζιον κτήσασθαι, ὡς πρὸς τήρησιν τῶν τοῦ θεοῦ ἐντολῶν ὁδηγοῦσάν με· καὶ πρὸς αὐτὸν λέγειν προτρεπτικῶς παρορμῶσάν με· λύχνος τοῖς ποσί μου ὁ νόμος σου καὶ φῶς ταῖς τρίβοις μου.* Nun folgt: *Κεφάλαια ἐν συντόμῳ τοῦ παρόντος προχείρου. Τί. α'. ἔχων κεφάλαια περὶ συστάσεως μνηστείας καὶ λύσεως αὐτῆς, καὶ περὶ ὀρφανῶν ἀτελῶν, καὶ περὶ ἑτεροδόξων, καὶ αὐτεξουσίων. Τί. β'. ἔχων κεφάλαια περὶ γάμων ἐπιτετραμμένων, καὶ περὶ παίδων τελευτώντων, καὶ περὶ ἀσφαλίσεων, καὶ περὶ δευτερογαμίας* (Ecloga priv. tit. 2). *Τί. γ'. ἔχων κεφάλαια περὶ αἰτιῶν τῆς λύσεως τοῦ γάμου* (Ecl. priv. tit. 3). *Τί. δ'. περὶ τῆς καταγραφείσης προικὸς καὶ μὴ ἐκδοθείσης, καὶ περὶ τοῦ μὴ ὑποκεῖσθαι τὴν προῖκα τῆς γυναικὸς εἰς τὰς τοῦ ἀνδρὸς ζημίας* (Ecl. priv. tit. 4). *Τί. ε'. περὶ δωρεῶν ἁπλῶν καὶ τῶν αἰτιῶν, ἐξ ὧν αἱ δωρεαὶ ἀνατρέπονται* (Ecl. priv. tit. 5). *Τί. ς'. ἔχων κεφάλαια περὶ τῶν καταλειπομένων διατίθεσθαι προσώπων, καὶ περὶ διαθηκῶν ἐγγράφων καὶ ἀγράφων, καὶ περὶ ἀχαριστίας, καὶ περὶ διαθηκῶν ἀπισθέντων καὶ ἀπελευθέρων, καὶ ἀνατροπῆς διαθήκης* (Ecl. priv. tit. 6). *Τί. ζ'. ἔχων κεφάλαια περὶ στρατιωτικῶν ἰδιοκτήτων πραγμάτων, καὶ κληρικῶν, καὶ χαρτουλαρίων, εἰς ἃ διατίθενται* (Ecl. priv. tit. 7). *Τί. η'. ἔχων κεφάλαια περὶ τῶν ἐξ ἀδιαθέτου κληρονομιῶν, καὶ περὶ τῆς τῶν βαθμῶν συγγενείας, καὶ περὶ κληρονόμων ἀφηλίκων καὶ λεγάτων καὶ φαλκιδίου καὶ ἀποκλήρων* (Ecl. priv. tit. 8). *Τί. θ'. ἔχων κεφάλαια περὶ κουρατορίας ὀρφανῶν καὶ ἐπιτρόπων καὶ διατετιμημένης προικὸς* (Ecl. priv. tit. 9). *Τί. ι'. ἔχων κεφάλαια περὶ ἐλευθεριῶν καὶ ἀναδουλώσεως, καὶ περὶ τοῦ ἐλευθεροῦντος ἀλλότριον οἰκέτην* (Ecl. priv. tit. 10). *Τί. ια'. ἔχων κεφάλαια περὶ πράσεως καὶ ἀγορασίας* (Ecl. priv. tit. 11). *Τί. ιβ'. ἔχων κεφάλαια περὶ δανείου καὶ ἐνεχύρων καὶ περὶ κοινωνίας* (Ecl. priv. tit. 12). *Τί. ιγ'. ἔχων κεφάλαια περὶ πάσης παραθήκης παντοίου εἴδους* (Ecl. priv. tit. 13). *Τί. ιδ'. ἔχων κεφάλαια περὶ ἐμφυτεύσεων δημοσίων, καὶ περὶ ἐκκλησιαστικῶν ἀκινήτων πραγμάτων, καὶ περὶ ἐγγυητοσύνης, καὶ περὶ ἐρημαίων ἐμφυτευομένων, καὶ περὶ ἀγοραστοῦ καὶ πράτου καὶ δωρουμένου ἱερατικοῦ πράγματος* (Ecl. priv. tit. 14). *Τί. ιε'. ἔχων κεφάλαια περὶ μισθώσεων ἐγγράφων καὶ ἀγράφων* (Ecl. priv. tit. 15). *Τί. ις'. ἔχων κεφάλαια περὶ μαρτύρων πιστῶν καὶ ἀπίστων, καὶ περὶ τῶν ἀρνουμένων τὰ ἴδια ἰδιόχειρα* (Ecl. priv. tit. 16). *Τί. ιζ'. ἔχων κεφάλαια περὶ διαλύσεως γινομένης* (l. κυρουμένης) *καὶ ἀνατρεπομένης* (Ecl. priv. tit. 17). *Τί. ιη'. ἔχων κεφάλαια περὶ προσφύγων καὶ ἐκπόρνων καὶ φρατριαστῶν, καὶ περὶ τῶν ἐγχειρούντων ἱερὰ καὶ ἐπιβάσεις ποιούντων, καὶ περὶ χρήσεως ἵππων, καὶ περὶ τοῦ αἰχμαλωτίσαντος ἀλλότρια θρέμματα, καὶ περὶ κριῶν καὶ βοῶν καὶ ἵππων καὶ χοίρων ἑαυτοὺς ἀνελόντων, καὶ περὶ ἐγκλημάτων. Τί. ιθ'. ἔχων κεφάλαια περὶ πορνῶν καὶ μοιχῶν καὶ φθορέων καὶ ἀσελγῶν. Τί. κ'. ἔχων κεφάλαια περὶ ἐμπρησμῶν. Τί. κα'. ἔχων κεφάλαια περὶ φονέων καὶ γοήτων. Τί. κβ'. ἔχων κεφάλαια περὶ ὑπεξουσιότητος καὶ χειροτονίας ἐπισκόπων καὶ πρεσβυτέρων [καὶ περὶ] ψευδομαρτύρων. Τί. κγ'. ἔχων κεφάλαια περὶ μοναστηρίων πιπρασκομένων, καὶ μοναζόντων, καὶ περὶ τῶν κτιζόντων εὐκτήρια. Τί. κδ'. ἔχων κεφάλαια περὶ καινοτομίας, τειχῶν καὶ πηγῶν καὶ ὁδῶν καὶ ποταμῶν καὶ ὁροθεσίων καὶ δένδρων. Τί. κε'. ἔχων κεφάλαια περὶ γεωργῶν καὶ περὶ τῶν ἐν ἀλλοτρίῳ ἐδάφει κτιζόντων ἢ σπειρόντων ἢ φυτευόντων. Τί. κς'. ἔχων κεφάλαια περὶ ἀγελαρίων βοῶν, καὶ περὶ χοίρων καὶ προβάτων προῖκα ποιούντων, καὶ κτηνῶν ἐμπεσόντων εἰς διώρυγμα ἀμπέλων, καὶ περὶ τοῦ διαφθείροντος κύνα ἢ βοῦν ἢ ἄλλο κτῆνος, καὶ περὶ ἀδίκων μέτρων. Τί. κζ'. ἔχων κεφάλαια περὶ ἁρπαγῆς γυναικὸς καὶ δούλων φυγῶν, καὶ ἁρπαγῆς πραγμάτων. Τί. κη'. ἔχων κεφάλαια περὶ ἀπροίκων γυναικῶν καὶ λεγατευμένων καὶ παίδων νόθων καὶ γνησίων, καὶ περὶ τοῦ μὴ ἔχειν τοὺς ἐμφανεῖς γυναῖκα ἀπόβλητον. Τί. κθ'. ἔχων κεφάλαια περὶ τῆς τῶν βαθμῶν συγγενείας. Τί. λ'. ἔχων κεφάλαια περὶ δικαιολογίας καὶ ἐνεχύρων καὶ* ἀντιφωνησάντων, καὶ περὶ ἁμαρτανόντων καὶ ἀδικούντων, καὶ περὶ ταβουλαρίων καὶ μαρτυρίας Ἰουδαίων. Τί. λα΄. ἔχων κεφάλαια περὶ γυναικὸς μιγείσης τῷ ἰδίῳ δούλῳ, καὶ περὶ θυγατρὸς ἀσχημούσης ζώσης, καὶ περὶ ἐγκλήματος γυναικός. Τί. λβ΄. ἔχων κεφάλαια περὶ ἁπλῆς δωρεᾶς εἰς γυναῖκα, καὶ περὶ ἀχαριστίας, καὶ περὶ αἰχμαλώτων. Τί. λγ΄. ἔχων κεφάλαια περὶ διαμερισμοῦ σκύλων καὶ περὶ γαμβρευσαμένων στρατιωτῶν. Τί. λδ΄. ἔχων κεφάλαια περὶ στρατιωτικῶν ἐπιτιμίων. Τί. λε΄. ἔχων κεφάλαια περὶ φαρμακῶν καὶ γοήτων τοῦ μ΄ βιβλίου διατάξεων. Τί. λς΄. ἔχων κεφάλαια περὶ αἱρετικῶν καὶ μανιχαίων, καὶ τῶν λοιπῶν αἱρέσεων, καὶ τὸ πῶς ὁρκίζεται Ἰουδαῖος, καὶ περὶ τοῦ μὴ ἔχειν χριστιανὸν ἀνδράποδον Ἰουδαῖος ἢ αἱρετικός. Νόμος Ῥοδίων περὶ ναυτῶν καὶ μισθῶν ναυκλήρου καὶ κυβερνήτου, καὶ περὶ πάσης ὑπουργίας καὶ συστάσεως τῶν ἐν τῷ πλοίῳ. Ἕτερος νόμος Ῥοδίων κατ' ἐκλογὴν τοῦ ναυτικοῦ, ἔχων κεφάλαια περὶ ἀγκυρῶν κλαπέντων κ. τ. λ. Νόμος τῶν ἁγίων ἀποστόλων περὶ χειροτονίας ἐπισκόπων καὶ πρεσβυτέρων καὶ διακόνων. Dann kommt folgender Titel des Buches: Ἐκλογαὶ τῶν νόμων ἐν συντόμῳ γενόμεναι παρὰ Λέοντος καὶ Κωνσταντίνου τῶν σοφῶν βασιλέων ἀπὸ τῶν ἰνστιτούτων, τῶν διγέστων, τοῦ κώδικος, τῶν νεαρῶν τῶν διατάξεων τοῦ μεγάλου Ἰουστινιανοῦ, Ῥούφου καὶ πεκουλίου καὶ Ῥοδίων ἐπιδιορθώσεις τῶν φίλων. Hieran schließt sich: Τίτλος πρῶτος. Περὶ συστάσεως μνηστείας, worauf der Text folgt. Der Verfasser hat dieses Werk aus der Ecloga privata und deren Anhange, aus der Epitome Laurentiana und der Epitome ad Prochirum mutata, welche beide viel aus dem Prochirum entlehnt haben, zusammengesetzt. Die Ecloga privata ist die Grundlage; es sind aber viele Fragmente aus jenen anderen Werken hinzugekommen. Die Vorrede des Prochirum, welche der Verfasser vor der Epitome fand, hat er an die Spitze seines Werkes gestellt. Außer den den bisher genannten Quellen entlehnten Stücken hat der Verfasser aber auch noch Stücke von eigenthümlichem Charakter, welche auf das Institut der Compositionen oder Bußen, die Teilen und die Privatrache, hinweisen, welche dem griechisch-römischen Rechte fremd sind. Beispiele sind: Tit. XVIII. cap. 33 sq. Ὁ κλάσας κεφαλὴν τοῦ πλησίον αὐτοῦ, δωσάτω σόλδιον (solidum) ἕν. 34. Ὁ τυφλώσας ὀφθαλμὸν τοῦ πλησίον, δώσει αὐτῷ σόλδους τριάκοντα. 35. Ὁ τῆς ῥινὸς τομὴν ποιήσας, τὴν ὑποτεταγμένην ὑπομενέτω. 36. Ὁ τοὺς ὀδόντας ἐκκόψων δώσει νομίσματα ιβ΄. 37. Ὁ βραχίονα κλάσας, τῆς ἰατρείας παρεχέτω καὶ δωσάτω νομίσματα τρία. 38. Ὁ τὰ ἄρθρα ἢ τὸ σκέλος κυλλώσας, ὡς αὐτὸν ἀποχωλῶσαι, δώσει νομίσματα ιβ΄. 39. Ὁ ξηρὸν ποιήσας δωσάτω νομίσματα ιβ΄, ὡσαύτως καὶ τὰς ἰατρείας καὶ τὰ ἀναλώματα ὅλου τοῦ ἐνιαυτοῦ. 40. Ὁ τὸν πώγωνα ἐκτίλας, ὡς αὐτὸν ἀποσφακελίσαι, δωσάτω αὐτῷ νομίσματα γ΄. 41. Ἐν τοῖς κινδύνοις ὀφείλει πᾶς ἄνθρωπος ἑαυτῷ βοηθεῖν, καὶ μὴ τὴν τῶν νόμων ἀναμένειν βοήθειαν. Diese Fragmente können, wenn man ihren Charakter und die Art der Münze, in welcher die Bußen bestimmt werden, berücksichtigt, entweder germanischen oder slawischen oder muhammedanischen Ursprungs sein. Doch ist wol mehr an muhammedanischen Ursprung zu denken, weil in den Capiteln 39 und 40 von Delicten gehandelt wird, welche den germanischen Volksrechten und den slawischen Gesetzen weniger bekannt gewesen zu sein scheinen. Diese Fragmente, welche der Verfasser dieses Buches aus einer fremden Quelle geschöpft hat, bilden den Grund, weshalb die Frage über die Zeit der Abfassung des Werkes schwierig zu beantworten ist. Natürlich muß das Buch nach dem Anfange des 10. Jahrhunderts abgefaßt sein, da die Epitome, welche der Verfasser benutzt, erst zu dieser Zeit herausgegeben worden ist. Daraus aber, daß der Verfasser der Novellen der nach Leo dem Weisen regierenden Kaiser nirgends erwähnt, läßt sich kaum ableiten, daß er unter Leo oder nicht lange nach ihm sein Werk verfaßt habe. Denn obgleich das Alter anderer Compendien, welche zu Constantinopel erschienen sind, sich auf diese Weise bestimmen läßt, so ist doch diese Argumentation weniger zuverlässig und passend für ein Buch, dessen Verfasser entfernter von der Hauptstadt des oströmischen Reiches gelebt zu haben scheint.

k) *Epanagoge aucta.* Dieses Buch ist nach der Epanagoge gearbeitet und von Zachariä v. L. mit dem gedachten Namen belegt worden. Die Handschriften, in denen das Werk erhalten ist, sind folgende: 1) Cod. Paris. 1367. fol. 1—121. Diese Handschrift enthält das Werk nicht vollständig; denn der Abschreiber der Epanagoge aucta hatte kurz vorher auch das Prochirum abgeschrieben, und hat so, wo er fand, daß die Epanagoge aucta mit dem Prochirum wörtlich übereinstimmte, die Stelle der ersteren weggelassen und den Leser auf die entsprechende Stelle des Prochirum verwiesen. So hat er z. B. im Titel 15 der Epanagoge nur einen kleinen Theil des ersten Capitels abgeschrieben, mit dem Zusatze: ἐν ἄλλῳ νομικῷ κεφαλαίῳ περὶ συγγενείας γέγραπται, καὶ γύρευσον αὐτὸ εἰς φύλλ. περὶ γάμων κεκωλυμένων τί. ζ΄. λέγει. Ebenso gibt er von Titel 34 nur die Rubrik und sagt: γύρευσον εἰς φύλλα εὕρῃς τοῦτο τί. κζ΄. ἔχομεν αὐτὸ αὐτόν. 2) Cod. Paris. 1381. A. 3) Cod. Paris. 1383. 4) Cod. Biener. A. (olim Meerman. 170). 5) Cod. Bienar. B. (olim Meerman. 171), zu Ende des 15. oder zu Anfang des 16. Jahrhunderts aus dem Cod. Paris. 1383 abgeschrieben. 6) Cod. Bodlej. 716. fol. 210 seq., dem Cod. Bienar. A. sehr ähnlich. 7) Cod. Monac. 308, dem Paris. 1381. A. sehr ähnlich. 8) Cod. Bodlej. 264. fol. 172—188, welcher jedoch nur Fragmente enthält. Im Cod. Monac. 303 geht ein Titelverzeichniß mit der Ueberschrift: Νόμος κατ' ἐκλογὴν voran. Ebenso findet sich am Ende des Cod. Paris. 1381. A. ein Titelverzeichniß mit derselben Ueberschrift. Die übrigen Handschriften haben keine Titelverzeichnisse. Voran geht: Λέων βασιλεὺς ἀπὸ τοῦ α΄. β΄. τῶν διγ. τοῦ γ΄. τίτλου περὶ νόμου καὶ δικαιοσύνης, Excerpte aus lib. 1. tit. 1 und 3. Digestorum. Dann folgen die einzelnen Titel mit Rubriken. Τί. α΄. περὶ βασιλέως (Epan. tit. 2). Τί.

β'. περὶ πατριάρχου (Epan. tit. 3). Τί. γ'. περὶ τάξεως ἑκάστου (Epan. tit. 4). Τί. δ'. περὶ τοῦ κοιαίστωρος (Epan. tit. 5). Τί. ε'. περὶ ἁπλῶς ἀρχόντων (Epan. tit. 6. 7). Τί. ϛ'. περὶ ἐπισκόπου καὶ χειροτονίας καὶ προβολῆς (Epan. tit. 8). Τί. ζ'. περὶ ἐπισκόπων καὶ μοναχῶν (Epan. tit. 9). Τί. η'. περὶ τῶν ἐκκλησιαστικῶν ἐμφυτεύσεων καὶ ἐκδόσεων (Epan. tit. 10). Τί. θ'. περὶ τάξεως κριτηρίων (Epan. tit. 11). Τί. ι'. περὶ μαρτύρων (Epan. tit. 12). Τί. ια'. περὶ συμβολαίων (Epan. tit. 13). Τί. ιβ'. περὶ μνηστείας (Epan. tit. 14. Proch. tit. 1). Τί. ιγ'. περὶ ἀρραβώνων καὶ δωρεῶν μνηστείας (Epan. tit. 15). Τί. ιδ'. περὶ γάμου καὶ ἀκριβείας αὐτοῦ (Epan. tit. 16). Τί. ιε'. περὶ γάμων κεκωλυμένων (Epan. tit. 17). Τί. ιϛ'. περὶ προικός (Epan. tit. 18). Τί. ιζ'. περὶ προγαμιαίας δωρεᾶς (Proch. tit. 6). Τί. ιη'. περὶ δωρεῶν μεταξὺ ἀνδρὸς καὶ γυναικός (Proch. tit. 10 oder Epan. tit. 20 und Proch. tit. 12). Τί. ιθ'. περὶ ἀνατροπῆς δωρεῶν (Proch. tit. 13). Τί. κ'. περὶ λύσεως γάμου καὶ τῶν αἰτιῶν αὐτοῦ (Proch. tit. 11). Τί. κα'. περὶ πράσεως καὶ ἀγορασίας (cap. 1—13 aus Proch. tit. 14 oder Epan. tit. 23, das Uebrige aus den Basiliken). Τί. κβ'. περὶ δανείου καὶ ἐνεχύρου (cap. 1—24 aus Proch. tit. 16). Τί. κγ'. περὶ μισθώσεως (Proch. tit. 17). Τί. κδ'. περὶ παρακαταθήκης (Proch. tit. 18). Τί. κε'. περὶ συστάσεως κοινωνίας (Proch. tit. 19). Τί. κϛ'. περὶ λύσεως κοινωνίας (Proch. tit. 20). Τί. κζ'. περὶ διαθήκης αὐτεξουσίων (cap. 1—15 aus Proch. tit. 21). Τί. κη'. περὶ διαθήκης ὑπεξουσίων (Proch. tit. 21). Τί. κθ'. περὶ διαθήκης ἀπελευθέρων (Proch. tit. 23). Τί. λ'. περὶ διαθήκης ἐπισκόπων καὶ μοναχῶν (Proch. tit. 24). Τί. λα'. περὶ ἀνατροπῆς διαθήκης (Proch. tit. 25). Τί. λβ'. περὶ κωδικίλλων (Proch. tit. 29). Τί. λγ'. περὶ φαλκιδίου (Proch. tit. 32). Τί. λδ'. περὶ λύσεως ὑπεξουσιότητος (Proch. tit. 26). Τί. λε'. περὶ κληρονόμων (cap. 1—23 aus Proch. tit. 30, das Uebrige zum Theil aus den Basiliken). Τί. λϛ'. περὶ ἀποκαταστάσεως (Proch. tit. 31). Τί. λζ'. περὶ ἀποκλήρων (Proch. tit. 33). Τί. λη'. περὶ ἐλευθεριῶν (cap. 1—17 aus Proch. tit. 34. cap. 1—16). Τί. λθ'. περὶ λεγάτων (Proch. tit. 35). Τί. μ'. περὶ ἐπιτρόπων (cap. 1—9 aus Proch. tit. 36). Τί. μα'. περὶ τοῦ πότε δεῖ ἐνάγειν τοὺς δανειστὰς κατὰ τῶν κληρονόμων τῶν τελευτησάντων (Proch. tit. 37). Τί. μβ'. περὶ καινοτομιῶν (Proch. tit. 38. Epan. tit. 39). Τί. μγ'. περὶ φόνου. Τί. μδ'. περὶ υἱοθεσιῶν. Τί. με'. περὶ διαλύσεως (Epan. tit. 27). Τί. μϛ'. περὶ ἀποδημίας. Τί. μζ'. περὶ ἐκριπτομένων βρεφῶν καὶ τροφῆς. Τί. μη'. περὶ αἰχμαλώτων. Τί. μθ'. περὶ φόβου καὶ βίας. Τί. ν'. περὶ κλεπτούσης γυναικὸς καὶ ἀφαιρούσης. Τί. να'. περὶ συνηγόρων. [Τί. νβ'.] περὶ ποινῶν (Proch. tit. 39. 40 oder Epan. tit. 40). Dann folgt noch ohne Zahl ein Titel περὶ διαφερόντων σκύλων; ferner: Περὶ χρόνων καὶ προθεσμίας ἀπὸ ἡμέρας ἕως ἑκατὸν ἐνιαυτῶν. — Νόμος γεωργικὸς ἐν κεφαλαίοις ὀγδοήκοντα ἑξ. — Νόμος στρατιωτικὸς ποινάλιος ἐκ τοῦ Ῥούφου καὶ τῶν τακτικῶν. — Νόμος Ῥοδίων κατ' ἐκλογὴν ἐκ τοῦ ιδ'. βι. τῶν διγ. Die Epanagoge aucta hat die Epanagoge des Basilius, Leo und Alexander zur Grundlage und ist nach deren Muster gearbeitet. Die Vorrede der Epanagoge fehlt, und die Ueberschrift dieser Vorrede ist in die Worte: Λέων βασιλεύς, verändert. Nicht alle Titel der Epanagoge sind aufgenommen, sondern einige sind ganz weggelassen, die übrigen aber theils durch Weglassungen, theils durch Zusätze oder Substitutionen anderer fremder Stücke sehr verändert. Auch das Prochirum des Basilius, Constantinus und Leo ist bei der Abfassung dieses Werkes benutzt worden, und oft sind ganze Titel desselben in dieses Buch aufgenommen; in diesem Falle scheinen die entsprechenden Titel der Epanagoge ganz vernachlässigt worden zu sein. Zu demjenigen, was aus diesen beiden Legalcompendien aufgenommen ist, kommt Folgendes hinzu: 1) Excerpte aus den Digesten, dem Codex und den Novellen Justinian's, oder vielmehr aus den griechischen Bearbeitungen dieser Gesetzbücher; 2) Excerpte aus den Basiliken, besonders aus B. 21. 22. 28. 29. 31—36; 3) Summen von Leo's Novellen; 4) einige Scholien und Bemerkungen über neues Recht und Gewohnheitsrecht; 5) die Schrift über die Zeitabschnitte; 6) die leges rusticae, militares und navales. Alles dieses ist entweder den Titeln selbst einverleibt, oder als Anhang am Ende des Werkes hinzugefügt. Es ist aber nicht wahrscheinlich, daß der Verfasser alle jene Werke, deren Fragmente sich in seinem Buche finden, wirklich zur Hand gehabt habe, da die Anschaffung derselben die Mittel eines Privatmannes weit überstieg. Nach der Vermuthung von Zachariä v. L. hat der Verfasser 3 oder 4 Codices zur Hand gehabt. 1) Zuerst hat er sich der Epanagoge von Basilius, Leo und Alexander bedient. Die von ihm benutzte Handschrift entbehrte aber der Vorrede, war hier und da mit Scholien und Anmerkungen versehen, und hatte einen Anhang, welcher verschiedene Fragmente, hauptsächlich des Justinianeischen Rechts, und die Schrift über die Zeitabschnitte enthielt. Daß solche Handschriften existirt haben, wird durch den Inhalt des Cod. Paris. 1367 wahrscheinlich. Es kann aber gezweifelt werden, ob nicht in jener Handschrift einige Titel gefehlt haben. Denn die Titel 27—41 der Epanagoge aucta scheinen ganz aus dem Basilianischen Prochirum genommen zu sein und mit der Epanagoge kaum etwas gemeinsam zu haben. Dies läßt sich am besten durch die Annahme erklären, daß die von dem Verfasser benutzte Handschrift in den entsprechenden Titeln der Epanagoge (Titel 26—37) defect gewesen sei. Doch läßt sich die Sache auch anders erklären. Denn die dort behandelten Materien nehmen in der Epanagoge weniger Titel ein, sind aber im Prochirum in mehrere Titel vertheilt. Daher wollte der Verfasser der Epanagoge aucta vielleicht in diesen Titeln lieber der im Prochirum gemachten Eintheilung folgen, um den Lesern seines Buches durch die vermehrte Zahl der Titel und Rubriken dessen Gebrauch leichter und bequemer zu machen. 2) Ferner hat der Verfasser einen Codex benutzt, welcher das Prochirum und am Ende desselben den Anhang der Ecloga privata enthielt.

Da aus der Ecloga privata selbst auch nicht eine einzige Stelle in die Epanagoge aucta übergegangen ist, so muß erstere dem Verfasser der letzteren ganz unbekannt gewesen sein. Dagegen hat derselbe die Fragmentensammlungen, welche der Anhang der Ecloga privata enthält, fast vollständig in sein Werk aufgenommen. Denn daraus scheint er nicht nur die meisten Stellen des Justinianeischen Rechts, sondern auch die leges rusticae, militares und navales geschöpft zu haben. Daß es bei den Griechen solche Handschriften gegeben hat, welche den Anhang der Ecloga privata, mit Weglassung dieser selbst, dem Prochirum beigefügt enthalten, beweisen der Cod. Bodlej. 715 und Vindob. jur. gr. 7. 3) Auch Excerpte aus den Basiliken sind in die Epanagoge aucta aufgenommen; der Verfasser hat also auch Basilikenhandschriften zur Hand gehabt. Da er aber nur aus den Büchern 21—30 der Basiliken Excerpte gegeben hat, so sind ihm von den 4 oder 6 Bänden, aus denen die Basiliken bestanden haben, nur zwei, nämlich der zweite und dritte zur Hand gewesen. Die Person des Verfassers und die Zeit, zu welcher er gelebt hat, ist ungewiß. Nur das ist unzweifelhaft, daß die Epanagoge aucta nach dem Anfange des zehnten und vor dem Ende des elften Jahrhunderts verfaßt ist. Denn sie enthält Fragmente von Gesetzen und Schriften, welche gegen den Anfang des 10. Jahrhunderts herausgegeben sind, und sie citirt Gesetze als noch gültig, welche von den Juristen zu Ende des 11. Jahrhunderts nicht mehr beobachtet wurden, z. B. manche Novellen Leo's, welche nach dem Zeugniß von Michael Attaliata und Michael Psellus zu ihrer Zeit außer Anwendung waren. Da von Novellen der Kaiser, welche nach Leo dem Weisen regiert haben, keine Spur in dem Werke sich findet, so ist es wahrscheinlich, daß der Verfasser unter Constantinus Porphyrogeneta, dem Sohne Leo's, gelebt habe.

l) *Epitome Marciana.* Dieses Rechtsbuch ist in dem Cod. Marcian. 172 enthalten. Die Handschrift ist auf Pergament, in Folio, vom Notar Johannes 1175 geschrieben; eine Abschrift ist der Cod. Palat. 55. Die von Zachariä v. L. von der Handschrift so genannte Epitome Marciana ist eine sehr umfängliche Compilation, deren Inhalt sich in den drei Legalcompendien (Ecloga, Prochirum, Epanagoge) und in der Epitome nachweisen läßt. Ob der Notar Johannes auch der Verfasser dieser Compilation ist, ob er die sämmtlichen 3 Legalcompendien und die Epitome benutzt, oder vielleicht nur eine Ecloga privata und Bearbeitung der Epitome mit dem Prochirum vor Augen gehabt hat, wagt Zachariä v. L. nicht zu entscheiden. Mortreuil hat die Quellen der einzelnen Titel nachzuweisen gesucht; diese Nachweisung ist aber ebensowenig genau richtig, als die daselbst wiedergegebene Folge der Titelrubriken; in der Handschrift sehen die Titel bei weitem nicht so säuberlich geordnet aus; die Rubriken sind zum Theil weitläufiger u. s. f. Nach dem Inhaltsverzeichniß des ganzen Codex (fol. 1—23), einem Glossar (fol. 23—25) und einem Bilde (fol. 27) beginnt die Compilation selbst fol. 28 mit folgender Inscription: Ἐκλογὴ τῶν νόμων ἐν συντόμῳ γενομένη παρὰ Λέοντος καὶ Κωνσταντίνου τῶν σοφῶν καὶ φιλευσεβῶν βασιλέων ἀπὸ τῶν ἰνστιτούτων, τῶν διγέστων, τοῦ κώδικος, τῶν νεαρῶν διατάξεων τοῦ μεγάλου Ἰουστινιανοῦ, ἐπιδιορθώσεως εἰς φιλανθρωπότερον ἐκτεθεῖσα μηνὶ μαρτίῳ ἰνδ. θ' ἀπὸ κτίσεως κόσμου ἔτει ,ςσμζ'. Dies ist wörtlich der Titel der Ecloga von Leo und Constantinus. Dann folgt die Vorrede der Ecloga mit dem Anfange: Ὁ δεσπότης. Auf diese folgen fol. 30 der νόμος Ῥοδίων ναυτικός, und fol. 37 κεφάλαια τοῦ γεωργικοῦ νόμου, alsdann erst fol. 42 der τι'. α'. περὶ νόμου καὶ δικαιοσύνης (tit. 1 der Epitome). Hierauf kommt fol. 43 zum zweiten Mal ein τι'. α'. περὶ συστάσεως μνηστείας καὶ λύσεως αὐτῆς. Bis τι'. ιη'. περὶ ἐγκλημάτων sind es im Ganzen Titel und Text der Ecloga privata mit einigen Zusätzen aus der Epitome, namentlich im tit. 11 seq.; τι'. ς'. περὶ αὐτεξουσιότητος καὶ ὑπεξουσιότητος καὶ λύσεως αὐτῶν καὶ περὶ υἱοθεσιῶν καὶ περὶ ἀσυνοίκων ist ganz aus der Epitome eingeschaltet; der τι'. η'. περὶ τῆς τῶν βαθμῶν συγγενείας καὶ περὶ τῶν ἐξ ἀδιαθέτου φυσικῶν κληρονόμων καὶ περὶ τῶν ἐξ ἀγραφίας τελευτώντων κληρονομιῶν (der vollständige Titel 8 der Ecloga privata) fehlt bei Mortreuil; der τι'. ιϛ'. περὶ ἐναγόντων κ. τ. λ. ist wiederum aus der Epitome eingeschaltet, sodaß also von der Ecloga privata die Titel 17 und 19 fehlen. Fol. 88 steht τι'. ιθ'. περὶ ἐκκλησιαστικῶν πραγμάτων κ. τ. λ. und nun beginnt wieder, wenn auch mit fortlaufenden Zahlen bezeichnet, eine neue Titelreihe, τι'. κ'. περὶ μνηστείας κ. τ. λ. (hauptsächlich aus irgend einer Bearbeitung der Epitome mit dem Prochirum), wie sie in *Leunclav.*, Jus Gr. Rom. II. p. 191 und Mortreuil abgedruckt sind. Jedoch folgen z. B. zwei τι'. κα'. auf einander; der erste mit der Rubrik περὶ ἀρραβώνων μνηστείας fehlt in jenen Abdrücken; ebenso fehlen hier mehrere ungezählte Zwischenrubriken, z. B. zwischen tit. 54 und 55, 60 und 61, 61 und 62, und alle Rubriken, welche nach fol. 238—256 hinter tit. 63 folgen.

§. 40. *Garidas* 1) *de actionibus liber*, 2) *relatio de homicidiis.*

Der schon genannte Garidas, Rechtslehrer unter Kaiser Constantinus Ducas, gab eine Abhandlung unter dem Titel περὶ ἀγωγῶν βιβλίον heraus. Dasselbe war, soweit sich nach den vorhandenen Fragmenten urtheilen läßt, ein processualisches Handbuch κατὰ στοιχεῖον, d. h. eingetheilt nach alphabetischer Ordnung, sodaß es in einzelne Buchstaben (στοιχεῖα) zerfiel. Excerpte dieses Werkes finden sich in den Scholien der Basiliken, aber nur in den Recensionen der Bücher 20—30 (Cod. Paris. 1348), 11—14 (Cod. Coisl. 151) und 60 (Cod. Paris. 1350). In diesen Büchern finden sich Citate von στοιχεῖον α' τὸ δὲ ἀδουλευτίας καὶ τὴν ἀβολιτίονα; von στοιχεῖον ε' περὶ ἐγγράφων; von στοιχεῖον ι'; von στοιχεῖον μ' περὶ μαρτύρων; στοιχεῖον π' περὶ συμφώνων, wahrscheinlich also περὶ πάκτων; von στοιχεῖον σʹ περὶ συναπαρτῶν — συναλλασσόντων. Dieselben Bücher enthalten noch andere Fragmente, aber ohne Bezeichnung des Buchstabens, zu welchem sie gehören, und welche allem Anschein nach aus derselben Abhandlung des Garidas entlehnt sind. — Von demselben Juristen gibt es ein kleines Werkchen unter folgendem Titel: *Τοῦ Γαριδᾶ πρὸς τὸν βασιλέα κύριον Κωνσταντῖνον τὸν Δούκαν περὶ διαφορᾶς τῶν φόνων καὶ τῶν προςφυγόντων τῇ τοῦ θεοῦ μεγάλῃ ἐκκλησίᾳ.* Der Zweck der Schrift ist die Anwendung der Novelle des Constantinus Porphyrogenneta *περὶ τῶν ἑκουσίως φονευόντων*, welche darin als die 11. Novelle dieses Kaisers bezeichnet wird, zu erleichtern. Der Verfasser zeigt die verschiedenen Merkmale, an denen sich die freiwilligen Mörder und die unfreiwilligen Todtschläger erkennen lassen, und die durch die mehr oder weniger directe Willensrichtung hervorgebrachten Qualificationen des Todtschlags. Hieran schließen sich Betrachtungen über das Asylrecht der Kirchen. Am Schlusse bekennt Garidas, diese Distinctionen aus den alten Juristen entlehnt zu haben. Diese relatio de homicidiis findet sich als Scholium zu Basil. lib. LX. tit. 39. cap. 5. Wahrscheinlich ist sie erst von einem späteren Juristen den Scholien einverleibt worden.

§. 41. *Michaelis Pselli Synopsis.*

Dieses Werkchen ist angeblich von dem berühmten ὕπατος τῶν φιλοσόφων Michael Psellus zu der Zeit verfaßt, als ihm die Erziehung des nachherigen Kaisers Michael Ducas übertragen worden war. Diese Nachricht beruht auf der Ueberschrift der meisten Handschriften. Diese lautet im Cod. Paris. gr. 2749: *Τοῦ σοφωτάτου Μιχαὴλ τοῦ Ψελλοῦ καὶ ὑπερτίμου σύνοψις τῶν νόμων διὰ στίχων ἰάμβων καὶ πολιτικῶν πρὸς τὸν βασιλέα κύριον Μιχαὴλ τὸν Δούκαν ἐκ προστάξεως τοῦ πατρὸς αὐτοῦ καὶ βασιλέως.* Ist dieser Nachricht zu trauen, so muß man sich mit Zachariä v. L. die Entstehung des Werkchens so denken, daß Michael Psellus für seinen wol noch sehr jungen Zögling die einzelnen Pensa bei dem Unterrichte im Rechte in versus memoriales brachte, und daß diese poetisch-juristischen Pensa später gesammelt und zusammengestellt worden sind. Sonst wäre gar nicht zu glauben, daß ein so kindisches, zusammengeflicktes und unvollständiges Büchelchen von einem Manne wie Psellus herstammte. Sieht man die Sache so an, so wird es sehr begreiflich, daß Psellus nicht unbekannte kleinere juristische Tractate, welche er mit seinem Zöglinge gelesen, sondern auch Pensa, die er vielleicht selbst erst in Prosa aufgesetzt hatte, in versus memoriales verwandelt hat. Unbestritten hat er dies mit den *ῥοπαί* gethan, deren Excerpte sich in v. 658—697 finden. Ferner wird v. 458—605 de actionibus κατὰ στοιχεῖον gehandelt; ob nach Anleitung der Schrift des Garidas, ist nicht zu bestimmen. So mögen auch die im Cod. Paris. gr. 1182 enthaltenen prosaisch-juristischen Tractate, welche dort scheinbar dem Psellus zugeschrieben werden und mit einzelnen Abschnitten seiner Synopsis die innigste Verwandtschaft bieten, die Grundlage für die entsprechenden Gedenkverse in der Synopsis bilden. Das Werk beginnt: *Πολὺ καὶ δυςθεώρητον τὸ μάθημα τοῦ νόμου*, und enthält 1406 Verse. Die im Meerman'schen Thesaurus juris enthaltene Ausgabe gibt die Zahl 1408; allein dies beruht darauf, daß man die Ziffern 740—745 und 1000—1005 gesetzt hat, obgleich hier in der That nur je 4 Verse gegeben werden. Dieser Fehler ist in den folgenden Ausgaben verbessert worden. Wenn im Cod. Paris. gr. 478 die Zahl der Verse bis zu 1420 steigt, so ist dies eine Folge einer späteren Ergänzung, in welcher ein späterer Schriftsteller die Bestimmungen der Novellen des Constantinus Porphyrogenneta kurz zusammengefaßt hat. Für die Kritik des Werkchens ist die Feststellung seines eigentlichen Charakters besonders wichtig. Mit den obigen Bemerkungen über die Entstehung des Werkes erledigt sich das Bedenken, welches Zachariä v. L. früher geäußert hatte. Im Anfange zeigt Psellus, welches die allgemeinen Quellen des Rechts seien; er citirt den Codex, die Pandekten und Novellen, hierauf die Basiliken, als eine dunkle und schwer auszulegende Wiederholung dieser drei letztgenannten Rechtssammlungen. Die zuletzt genannten Institutionen haben nach ihm nur historische Wichtigkeit. Nach einigen allgemeinen Rechtsgrundsätzen wiederholt er die Eintheilung der Rechtsmaterien in personae, res und actiones. Psellus hat wahrscheinlich die Justinianeischen Gesetzbücher und die von Basilius und Leo im Original besessen. Auch hat er gewiß eine vollständige Handschrift der Sammlung der 168 Novellen gehabt, da er v. 6. 7 davon spricht, daß er eine große Sammlung in eine kurze Uebersicht gebracht habe. Als Zeit der Abfassung des Werkes kann man die zweite Hälfte des 11. Jahrhunderts ansehen. — Die Handschriften der Synopsis liegen sind: 1) Cod. Paris. gr. 478. fol. 236a—261a aus dem 15. Jahrh. 2) Cod. Paris. gr. 2749 fol. 1—44 aus dem 16. Jahrh. 3) Cod. Marcian. 266 aus dem 15. Jahrh. 4) Cod. Marcian. App. XI. 26. 5) Cod. Laurent. LXXX, 6. fol. 452—456. 6) Cod. Vindob. jur. gr. 13. fol. 1—35. 7) Cod. Vatic. 845. 8) Cod. Vatic. 847. 9) Cod. Palat. 19 (bei Suaresius Cod. Vatic. 196). fol. 315 seq. 10) Cod. Taurin. 308. fol. 176—194 aus dem 15. Jahrh. 11) Cod. Escorial. III. T. 13. fol. 122—128 aus dem Ende des 12. Jahrh. 12) Cod. τῆς μονῆς τῶν Ἰβήρων 21. Noch ist zu bemerken, daß der Cod. 39 ex Pii II. bibl. (im Vatican) fol. 1—10 Scholien zu dem Werke gibt. — Was die Ausgaben betrifft, so wurden zuerst einige Fragmente dieses Buches von Freher als Scholien zu dem *πόνημα νομικόν* des Michael Attaliota herausgegeben. Der Herausgeber hatte nicht bemerkt, daß das Buch in Versen geschrieben sei, und daher diese Fragmente ohne Absatz der einzelnen Verse abdrucken lassen. Die erste vollständige Ausgabe des griechischen Textes mit lateinischer Uebersetzung ist von Franc. Bosquetus vom J. 1632. Die Grundlage der Ausgabe ist eine Handschrift von Montchal, Erzbischof von Toulouse, und dazu sind noch Varianten aus einer Handschrift von Simond gegeben. Die lateinische Uebersetzung ist mit großer Eile in Zeit von wenigen Tagen verfertigt und trägt die Spuren der Flüchtigkeit an sich. Cornelius Sieben, Professor zu Amsterdam, hatte eine Ausgabe unternommen; er hat aber nur ein Specimen observationum criticarum in Pselli Synopsin herausgegeben. Im J. 1761 wurde die Ausgabe des Bosquetus in dem Meerman'schen Thesaurus juris wieder abgedruckt, jedoch unter Beifügung der Noten von Sieben und mit von Mariaine verbesserter lateinischer Uebersetzung. Daraus sind besondere Abdrücke besorgt von Teucher und von Kühnöhl.

§. 42. *Michaelis Attaliatae opus.*

Michael Attaliata oder Attaliota, Proconsul und Richter (ἀνθύπατος καὶ κριτής), schrieb um dieselbe Zeit, wie Psellus, ein Werk, bekannt unter dem Titel πόνημα oder ποίημα νομικόν. Es ist in folgenden Handschriften enthalten: 1) Cod. Paris. gr. 1263. fol. 216—249 aus dem 15. Jahrh. 2) Cod. Paris. gr. 1358. fol. 330—358 aus dem 15. Jahrh. 3) Cod. Paris. gr. 1360. fol. 1—43 aus dem 15. Jahrh. 4) Cod. Paris. gr. 2256. fol. 600—625. 5) Cod. Paris. gr. 2291. A. von 1420. 6) Cod. Bodlej. 264. fol. 191—235 von 1349. 7) Cod. Vindob. jur. gr. 3. fol. 306—365. 8) Cod. Laurent. V, 40. fol. 391—436 aus dem 14. Jahrh. 9) Cod. Laurent. LXXV, 6. fol. 19—48 aus dem 16. Jahrh. 10) Cod. Meerman. 185. fol. 1—60 aus dem 15. Jahrh. 11) Cod. Vatic. 640. 12) Cod. Vatic. 856. 13) Cod. Palat. 371 am Ende. 14) Cod. Taurin. 297. fol. 1—92 aus dem 15. Jahrh. 15) Cod. Monac. 133. fol. 35—86 aus dem 16. Jahrh. 16) Cod. Helmstad. 264. 17) Cod. Rehdigeranus (zu Breslau). 18) Cod. Ambrosian. 19) Cod. Scorialens. II. X, 14. 20) Cod. τῆς μονῆς τῶν ἰβήρων 21 auf dem Berge Athos. 21) Cod. τοῦ δοχειαρίου auf dem Berge Athos. 22) Cod. τοῦ Παντοκρατορικοῦ zu Thessalonich. 23) Cod. Mosquensis (Typogr. in 4) nr. 56. 24) Codex Musei Britann. Egerton MSS. nr. 266. Das Werk ist fast in allen Handschriften betitelt: Πόνημα Μιχαὴλ ἀνθυπάτου καὶ κριτοῦ τοῦ Ἀτταλειάτου. Diesem Titel folgt ein πίναξ oder ein Titelverzeichniß mit Rubriken und eine Vorrede, προοίμιον τῆς πραγματείας τῶν συνοψισθέντων νομίμων. Diese Vorrede beginnt mit den Worten: Μέλλων ὁ σύμπαν βασιλεῦ und endigt: τοῖς νόμοις ἀφορμήν. Auf diese Vorrede folgen die 35 Titel des Werkes mit einem Anhange. Indessen ist diese Eintheilung nicht in allen Handschriften befolgt. So war in der Handschrift, deren sich Leunclavius zu seiner Ausgabe bediente, das Werk in 95 Titel getheilt, und diese Eintheilung ist in der Vorrede am Ende selbst angezeigt. Aber diese regelmäßig durch Ziffern angezeigte Eintheilung variirt in den verschiedenen Handschriften. So hat der Cod. Paris. 1385. A. und Bodlej. nach der Vorrede 35 Titel; im Cod. Paris. 2256 ist der Titel νόμος Ῥοδίων, mit welchem die Handschrift endigt, mit der Zahl 40 bezeichnet. Die breslauer Handschrift hat 82 oder 83 Titel. Der Cod. τῆς μονῆς τῶν ἰβήρων 36 Titel. Im Cod. Vatic. 640. Paris. 1358. 1360. 2256. 2291. A. Laurent. LXXX, 6 verspricht die Vorrede 37 Titel. Diese Abweichungen sind der Unaufmerksamkeit der Abschreiber zuzuschreiben, welche als wirkliche und vom Verfasser herrührende Rubriken diejenigen ansahen, welche derselbe ohne Unterscheidung durch Zahlen in seine wirkliche Eintheilung in 37 Titel eingeschaltet hatte. Die Mehrzahl der Handschriften hat 37 Titel, nämlich Cod. Paris. 1263. 1358. 1359. Vindob. 3. Cod. τοῦ δοχειαρίου. Vatic. 856. Die Titel mit Rubriken sind nach dem Cod. Paris. 1358, welchem die der Ausgabe von Leunclavius gegenübergestellt werden sollen, folgende: Τί. α'. περὶ καταστάσεως ἀνθρώπων — Leuncl. tit. 1. Τί. β'. περὶ διαιρέσεως πραγμάτων — L. 2. Τί. γ'. περὶ τῆς ἀνατάσεως τριάδος — L. 3. Τί. δ'. περὶ ἐνοχῶν καὶ ἀγωγῶν — L. 4. 5. Τί. ε'. περὶ πάκτων — L. 6. Τί. ϛ'. περὶ κοινωνίας — L. 7. Τί. ζ'. περὶ τῶν εἰς χρῆσιν διδομένων — L. 8. Τί. η'. περὶ ὑποθηκῶν ἐνεχύρων καὶ — L. 9. Τί. θ'. περὶ πραγμάτων ἐκδικουμένων — L. 10. Τί. ι'. περὶ χρέους ἀγροικῶν — L. 11. Τί. ια'. περὶ συναλλάγματος πράσεως καὶ ἀγορασίας — L. 12. Τί. ιβ'. περὶ ἀγροτικῆς μισθώσεως — L. 13. 14. 15. Τί. ιγ'. περὶ μαρτύρων — L. 16. Τί. ιδ'. περὶ ἀποδείξεων — L. 17. 18. Τί. ιε'. περὶ πραγμάτων χρεωστουμένων — L. 19. 20. Τί. ιϛ'. περὶ ἀπαιτήσεως πράγματος — L. 21. Τί. ιζ'. περὶ ἀγραφῆς χάριν ἐνεχύρων διδομένης — L. 22. Τί. ιη'. περὶ ἐγγυητῶν καὶ μανδατόρων — L. 23. Τί. ιθ'. περὶ μνηστείας — L. 24. 25. 26. 27. Τί. κ'. περὶ προικὸς — L. 28. Τί. κα'. περὶ τοῦ χρόνου τῆς ἐπὶ προικὶ ἀπαιτήσεως — L. 29. Τί. κβ'. περὶ δωρεῶν μεταξὺ ἀνδρὸς καὶ γυναικὸς — L. 30. Τί. κγ'. περὶ διαθήκης καὶ κωδικέλλων — L. 31. 32. 33. 34. Τί. κδ'. περὶ κωδικέλλων — L. 35. Τί. κε'. περὶ ἐπιτρόπων καὶ κουρατόρων — L. 36. Τί. κϛ'. περὶ φαλκιδίου καὶ περὶ κληρονόμου — L. 37. 38. Τί. κζ'. περὶ ληγάτων καὶ τῶν πίστει καταλιμπανομένων — L. 39. Τί. κη'. περὶ ἐξ ἀδιαθέτου κληρονομίας — L. 40. 41. 42. Τί. κθ'. περὶ δωρεῶν ἐν ζωῇ γινομένων — L. 43. 44. Τί. λ'. περὶ τῆς ἐκ διαφόρων τρόπων (?) — L. 45. 46. Τί. λα'. περὶ χρονογραφῶν — L. 47. Τί. λβ'. περὶ ναυκλήρων καὶ μισθωτῶν — L. 48. Τί. λγ'. περὶ προσφυγῶν — L. 49. 50. 51. 52. Τί. λδ'. περὶ δουλικῶν — L. 53. Τί. λε'. περὶ χρηματικῶν ποινῶν — L. 54. Τί. λϛ'. περὶ ἐγκληματικῶν ὑποθέσεων, καὶ περὶ ἀνδραποδιστῶν, καὶ περὶ κλοπῆς, καὶ περὶ ἀνδρῶν φανερῶς ἢ λάθρα τρωθέντων, καὶ περὶ ὕβρεως καὶ παραφυλακῆς καὶ πραγμάτων ἡρπασμένων, καὶ περὶ ἐγκλήτου — L. tit. 54—94. Τί. λζ'. περὶ συνηγόρων — L. 95. Im Buche selbst zählt Cod. Paris. 1385. A. 35 Titel; Bodlej. 264 36 Titel; Cod. τῶν ἰβήρων 36 Titel; Paris. 1263. 1358. 1359. Vindob. jur. 3. Cod. τοῦ δοχειαρίου, Vatic. 856 37 Titel; Paris. 2256. 2291. A. 40 Titel; Laurent. LXXX, 6 52 Titel; Vat. 640 67 Titel.

Geht man nach der Mehrzahl der Handschriften, so ist 37 die richtige Titelzahl; doch sprechen nach Zachariä v. L. manche, namentlich innere, Gründe für 35 Titel. Der Inhalt der Titel ist hauptsächlich aus den Basiliken entlehnt; an der Spitze der Titel ist gewöhnlich das Buch der Basiliken bezeichnet, welchem der Titel entnommen ist. Der Anhang besteht aus zwei Theilen. Der eine ist ein regelmäßiger und in den Handschriften, welche vollständig scheinen, vorkommender, der andere ein zufälliger, welcher in den verschiedenen Texten abweicht. Der regelmäßige Bestandtheil enthält: 1) eine Bemerkung über die Gültigkeit der Leonischen Novellen. 2) Auszüge aus den Leonischen Novellen in folgender Ordnung: *Περὶ ἱερολογίας* (Nov. 89). *Περὶ τῶν κτιζόντων ἐν ἀγροικοῖς καὶ ὑπαίθροις τόποις* (Nov. 71). *Περὶ ἀντιφωνήσεως* (Nov. 92). *Περὶ βαπτίσματος* (Nov. 15). *Περὶ ἐποχῶν* (Nov. 104. 57. 102). *Περὶ τοῦ διατίθεσθαι καὶ τοὺς μοναχούς* (Nov. 5). 3) *Περὶ δυνατῶν* (Novelle von Romanus Lecapenus). 4) *Περὶ προτιμήσεως* (Novelle von Constantinus Porphyrogeneta). 5) *Περὶ στρατιωτοπωλίων* (Novelle desselben Kaisers). 6) *Περὶ φονευτῶν προσφευγόντων εἰς τὴν τοῦ θεοῦ μεγάλην ἐκκλησίαν* (Novelle desselben Kaisers). 7) 5 Rubriken mit Auszügen aus den Basiliken: *Περὶ δικαιοσύνης νόμου* (lib. II. tit. 1). *Περὶ ῥημάτων σημασίας* (lib. II. tit. 2). *Περὶ διαφόρων κανόνων* (lib. II. tit. 3). *Περὶ δεήσεων βασιλεῖ προσφερομένων* (lib. II. tit. 5). *Περὶ συνηγόρων*. 8) Ueber das Verbot der Ehe von zwei Brüdern mit einer ἐξαδέλφῃ oder θεία oder ἀνεψιᾷ. Der unregelmäßige Bestandtheil des Anhangs in den Handschriften enthält im Cod. Bodleig. und Laurent. V, 40: 1) *Περὶ προτιμήσεως* (Novelle von Constantinus Porphyrogeneta). 2) *Περὶ τοῦ ἐντὸς τῶν ι΄. ἡμερῶν τῆς τριμήνου παράγεσθαι τὴν μαρτυρίαν* (Novelle von Alexius Comnenus). 3) *Ἐπιστολὴ τοῦ πατριάρχου κυρίου Μιχαὴλ τοῦ κηρουλαρίου, περὶ γάμου κεκωλυμένου* (*Leuncl.* Jus Gr. Rom. I. p. 263. *Rhallis* et *Potlis*, Coll. can. T. V. p. 45 seq.). 4) *Ἐξ ἐπιστολῆς Μιχαὴλ τοῦ ἁγιωτάτου καὶ οἰκουμενικοῦ πατριάρχου* (*Leuncl.* l. l. I. p. 263. 264. *Rhallis* l. l. p. 46. 47). 5) *Ἀλεξίου περὶ γάμου τοῦ ζ΄. βαθμοῦ* (*Leuncl.* I. p. 264. *Rhallis* l. l. p. 36 seq.). 6) *Περὶ δεκανισμένων*. 7) *Περὶ ἐκκλήτου* (Nov. Justiniani 123. cap. 23). 8) Basil. lib. XXV. tit. 5. cap. 1. 2. — Basil. lib. XXIX. tit. 1. cap. 119. Im Cod. Paris. 1358 folgt den 5 Rubriken mit den Auszügen aus den Basiliken blos die *Κατάκρισις ἐκτεθεῖσα εἰς τοὺς πρώτας παρὰ Λέοντος καὶ Ἀλεξάνδρου τῶν εὐσεβῶν βασιλέων*, und die Novelle *περὶ ἐκκλήτου* von Alexius Comnenus macht einen Theil des Titels 36, vor dem Titel *περὶ συνηγόρων* fol. 355—356; im Cod. Paris. 1263 folgt dieser Novelle die *Κατάκρισις*: im Cod. Paris. 1359 folgt dem Tit. λζ΄. *περὶ συνηγόρων* blos die *Κατάκρισις*. Im Cod. Bodlej. 264 folgen dem regelmäßigen Anhange Auszüge von Novellen von Alexius Comnenus, Basilius Bulgaroctonus, Constantinus Ducas und Michael Ducas, und von den Novellen der beiden letzten Kaiser allein im Codex *τῶν ἐξόχων*. Obgleich der eben beschriebene Anhang ursprünglich keine Zahlen hat und seine verschiedenen Bestandtheile nicht als Titel des Hauptwerks zählen, so enthalten doch einige Handschriften im Anhange eine Fortsetzung der Zahlen des Hauptwerkes, z. B. die Rehdiger'sche und helmstädter Handschrift; in der letzten ist die Rubrik des Anhanges *περὶ δικαιοσύνης νόμου* als Titel 98 bezeichnet. Die erste Ausgabe des Werkes ist in *Leuncl.* Jus Gr. Rom. II. p. 1—79 unter dem Titel: *Μιχαὴλ ἀνθυπάτου καὶ κριτοῦ τοῦ Ἀτταλειάτου ποίημα νομικὸν ἤτοι πραγματεία, συντεθεῖσα κατὰ κέλευσιν τοῦ βασιλέως Μιχαὴλ τοῦ Δούκα.* Diesem Titel folgt ein Epigramm, von welchem folgende Verse, weil sie über die Zeit der Abfassung nähere Nachricht geben, bemerkenswerth sind:

> Ὁ κοσμοκράτωρ τοῦ Δουκῶν γένους κλάδος
> Ὁ πορφυρόγεννος Μιχαὴλ αὐτοκράτωρ
> — — — — — — —
> Τὴν βίβλον αὐτὴν ὑπὲρ ἔκπλεω ξένως
> Διορθώσασα λόγοις ἐθεσπίσατο,
> Ἔτει τρίτῳ δὲ τῆς αὐτῆς μοναρχίας.
> — — — — — — —
> Ὑπηρετεῖ δὲ τῇ γραφῇ φιλοπόνως
> Ὁ Μιχαὴλ ἀνθύπατος Ἀτταλειάτης.

Dann folgt die Vorrede, welche folgende Ueberschrift hat: *Προοίμιον τοῦ Ἀτταλειάτου πρὸς τὸν αὐτοκράτορα Μιχαήλ.* Der Text des Werkes ist in 95 Titel, statt in 37 Titel, getheilt, und der Anhang enthält nur die Auszüge der 8 Leonischen Novellen, ohne eines der folgenden Stücke. Die Ausgabe hat zwei Handschriften zur Grundlage, die eine von Leunclavius, die andere von Gerard Falkenberg. Die eine dieser Handschriften soll die helmstädter sein. Vor Zachariä v. L. und Mortreuil haben diejenigen, welche über dieses Werk geschrieben haben, zur Grundlage ihrer Untersuchungen nur den herausgegebenen Text genommen. Nach den vorher mitgetheilten Versen hatte man früher allgemein angenommen, daß das Werk im dritten Jahre der Regierung des Kaisers Michael Ducas, also im J. 1072 oder 1073 abgefaßt sei, da derselbe im J. 1070 zum Throne gelangte. Allein nach der Bemerkung von Zachariä v. L. hat keine der von ihm eingesehenen 15 Handschriften jenes Epigramm, und die Inhaltsverzeichnisse der Handschriften der anderen Bibliotheken enthalten Nichts davon, sodaß die Zeit der Abfassung und die historische Glaubwürdigkeit des Verfassers des Epigramms zweifelhaft ist. Auf der anderen Seite haben nach der Bemerkung desselben Gelehrten die Codd. Paris. 2256. 2291. A. und Laurent. LXXX, 6 folgende Inscription: *Μιχαὴλ κριτοῦ καὶ [illegible] τοῦ Ἀτταλειάτου [illegible]· τὸ δὲ παρὸν [illegible], ζ΄ [illegible] γραμματέων τοῦ βασιλέως καὶ ἡ [illegible].* Diese Inscription beruht aber auf einem Irrthum; sie ist nämlich durch Verbindung des Titels des *ποίημα* mit der Subscription der Novelle *περὶ ἐκκλήτου* von Alexius Comnenus entstanden. Obschon die Angabe des erwähnten Epigramms über die Zeit der Abfassung des Werkes nicht glaubwürdig ist, so sprechen doch für eine derselben nahe kommenden Zeit der Abfassung folgende

Gründe: 1) In Tit. 35. §. 142 (Leuncl. Tit. 84. §. 1) wird eine Novelle τοῦ μακαρίτου βασιλέως κυροῦ Βασιλείου erwähnt; es muß also das Werk nach dem J. 1025, in welchem Basilius, mit dem Beinamen Bulgaroctonus, starb, geschrieben sein. 2) Nach der Abfassung erhielt das Werk verschiedene Zusätze, insbesondere Novellen von Constantinus Ducas, Michael Ducas und Alexius Comnenus, welche wahrscheinlich machen, daß es unter Ducas abgefaßt sei. 3) In einer Handschrift des Escurials (III. lit. 19) ist eine von Michael Attaliata, der als πρόεδρος τοῦ ἐπὶ τοῦ Ἱπποδρόμου καὶ τοῦ Βήλου bezeichnet wird, verfaßte Geschichte, welche sich bis zu Michael Ducas erstreckt, erhalten. Es ist daher nicht unwahrscheinlich, daß der Verfasser dieser Geschichte mit dem Verfasser des juristischen Werkes dieselbe Person ist. Doch ist das geschichtliche Werk älter, als das juristische, weil der Verfasser desselben nicht ἀνθύπατος genannt wird, weil er damals, als er das geschichtliche Werk schrieb, diese höhere Würde noch nicht hatte. 4) In der Vorrede des juristischen Werkes ist ausdrücklich erwähnt, daß es auf Aufforderung des Kaisers zum gemeinen Gebrauche und insbesondere zum juristischen Unterrichte verfaßt worden sei. Daß es zu dem letzteren auch wirklich gebraucht worden sei, dafür scheint die Behandlung desselben in dem μικρὸν κατὰ στοιχεῖον (Synopsis minor) Zeugniß abzulegen. Auch sprechen dafür nicht nur die vielen erhaltenen Handschriften, sondern auch die verschiedenen Ueberarbeitungen, welche sich z. B. in den Codd. Paris. 1355, 1385. A. 1391 finden. — Was den inneren Charakter des Werkes betrifft, so ist dasselbe eine kurzgefaßte Darstellung des Rechts der Basiliken. Der Verfasser folgt im Ganzen der Ordnung der Basiliken, sodaß im Ganzen jeder Titel des Werkes einem Buche der Basiliken entspricht. Außer den Basiliken und deren Scholien sind auch noch andere Quellen benutzt worden. Nach der Uebersicht der 60 Bücher der Basiliken gibt der Verfasser als Anhang einige Stücke der wichtigsten neueren Novellen und einige Sätze aus den Titeln der Basiliken περὶ ῥημάτων σημασίας und περὶ διαφόρων κανόνων. Was den Inhalt anlangt, so hat häufig das Strafrecht das Uebergewicht über das bürgerliche Recht. Die neueste Ausgabe ist von Sgouta im J. 1861 besorgt. Die Leunclavische Ausgabe ist dabei ganz verlassen worden. Denn der Text der von Leunclavius benutzten Handschrift ist nicht echt, sondern vielfach durch spätere Zusätze verändert, besonders aus der Synopsis des Psellus. Dann ist der Anfang von Leunclavius nicht vollständig herausgegeben. Endlich ist die Zahl der Titel bei Leunclavius nicht richtig, weil aus 87 Titeln 95 gemacht worden sind. Der neuesten Ausgabe liegt der Cod. Paris. 1358 zu Grunde, welcher nach dem Urtheil Zachariä's v. L. die beste der 15 von ihm angesehenen Handschriften ist. Was endlich die Benutzung des Werkes in späteren Arbeiten betrifft, so findet sich im Cod. Paris. 1355 der Text der Hexabiblos des Harmenopulus durch mehrere Auszüge des ποίημα νομικόν vervollständigt, und im Cod. Paris. 1391 hat das Basilianische Prochirum einen Anhang, in welchem beträchtliche Stücke dieses Werkes sich finden. Der Sammler des Cod. Paris. 1385. A. hat eine wirkliche vermehrte zweite Ausgabe des ποίημα νομικόν geliefert. Endlich hat der Verfasser des Prochirum auctum von diesem Werke Gebrauch gemacht. Hauptsächlich bildet es aber die Grundlage des μικρὸν κατὰ στοιχεῖον. Im Occident hat zuerst Leunclavius die gelehrte Welt mit dem Dasein des ποίημα νομικόν bekannt gemacht. In der neueren Zeit ist das Werk zur Ergänzung der uns fehlenden Stücke des Textes der Basiliken von Meerman, Pardessus und Heimbach benutzt worden.

§. 43. Τιπούκειτος sive *Repertorium Basilicorum.*

Den Titel *Τιπούκειτος* (von *τί ποῦ κεῖται*), d. h. Repertorium führt ein Werk, welches bald ausführlichere, bald kürzere Inhaltsanzeigen aller Titel der Basiliken nach ihrer Reihefolge gibt, und am Schlusse der Summe eines jeden Titels regelmäßig Paratitla beifügt, d. h. Nachweisungen von Stellen in anderen Titeln, welche bei der in jenem Titel behandelten Materie zu berücksichtigen sind. Charakteristisch ist besonders die Art, wie die Summen der einzelnen Titel abgefaßt sind. In den Summen, welche die Glossatoren von den Digesten und dem Codex gemacht haben, sind die in den einzelnen Stellen oder Constitutionen eines jeden Titels enthaltenen Rechtssätze (die decisio) in möglichster Kürze zusammengestellt; im Tipucitus aber wird regelmäßig der in den einzelnen Stellen entschiedene Rechtsfall (die pars decisa) angegeben, und wegen der Entscheidung auf den Text der Basiliken verwiesen. Doch kommen auch häufig Stellen vor, welche die decisio selbst enthalten. Am besten erhellt der Charakter des Werkes aus einer Vergleichung der in der Heimbach'schen Basilikenausgabe T. II. III. IV. V. zu den verloren gegangenen Büchern der Basiliken herausgegebenen Bruchstücke. Der Tipucitus ist ein sehr fleißig gearbeitetes Werk. Indessen existirt zwischen den Büchern der Basiliken, welche das Privatrecht, und denen, welche das öffentliche Recht betreffen, die wesentliche Verschiedenheit, daß von den ersteren Summen aller in den einzelnen Titeln enthaltenen Capitel, von den letzteren in der Regel nur die Titelrubriken und selten Summen der in den einzelnen Titeln enthaltenen Stellen geliefert werden. Zu seiner Zeit ist das Werk bei dem Gebrauche der Basiliken gewiß sehr dienlich gewesen. Dennoch aber ist es wol deshalb, weil die Basiliken bald nach seinem Erscheinen wegen ihrer Weitläufigkeit weniger gebraucht wurden, vielmehr an deren Statt die Synopsis Basilicorum in Gebrauch kam, in keinem anderen Ueberbleibsel der byzantinischen Jurisprudenz benutzt. Für uns hat es nur bei der Restitution der Basiliken Werth; in dieser Beziehung aber nicht nur einigen, sondern bedeutenden Werth. Denn erstens gibt es für die Zahl der Titel der verloren gegangenen Bücher der Basiliken und deren Rubriken ein unverwerfliches Zeugniß, welches aus einer Zeit stammt, wo die Basiliken noch vollständig im Gebrauche waren und vollständige Handschriften derselben existiren. Zweitens liefert es für die verloren gegangenen Bücher wenigstens, so weit solche das Privatrecht betreffen, über die in die Basiliken aufgenommenen oder nicht aufgenommenen Stellen der Justinianeischen Rechtsbücher ebenfalls ein vollgültiges Zeugniß. Dagegen ist allerdings für die Restitution des Basilikentextes selbst das Werk von weniger Bedeutung, da es eben nicht den echten Basilikentext, sondern nur Summen liefert, die in der Regel nicht einmal erkennen lassen, ob die in den Justinianeischen Rechtsbüchern enthaltene Entscheidung auch in die Basiliken übergegangen sei. Das Werk ist verfaßt von einem Schüler des Garidas; letzterer lebte unter dem Kaiser Constantinus Ducas (1059—1067). Sein Name ist nicht mit Bestimmtheit zu ermitteln; in der Aufschrift des Werkes scheint er in den Worten: *παρὰ μ... κριτοῦ τοῦ πατζ...* verborgen zu liegen, was nach Zachariä's v. L. Vermuthung vielleicht *Πατζῆς* bedeutet. Er citirt mehrmals Novellen von Alexius Comnenus, z. B. lib. X. tit. 7. 10. lib. XLIV. tit. 1. Von dem Werke existirt nur eine einzige Handschrift, der Cod. Vatic. 853, von welchem Leo Allatius eine Abschrift gemacht hat, welche den Cod. Vatic. 1928. 1929 in Folio bildet. Die Urhandschrift in Quart, auf Seidenpapier, besteht aus 500 Blättern, ist von Einer Hand geschrieben, wahrscheinlich im 14. Jahrhundert. Die einzelnen Blätter enthalten 43 Zeilen. Sehr häufig ist der Gebrauch der Abkürzungen, welche oft schwierig zu entziffern sind. Die Handschrift hat viele Lücken. Der Titel des Werkes, welcher auf fol. 1. A. steht, ist folgender: *Τιπούκειτος γινόμενος διὰ τῆς τοῦ θεοῦ βοηθείας καὶ τῆς .... τῆς εὐμενεστάτης παρὰ μ... κριτοῦ τοῦ πατζ............. κ. φάναι εἰς τὸν τούτου λιμένα καὶ ἔργοις .... προσφόρως καὶ αὐτοῦ τοῦ παραδείσου αἰξαν ἀλήθειαν..* Auf einem dem Rande des fol. 8. B. angeklebten Zettel ist von einer spätern, als dem 16. Jahrhundert angehörigen, Hand geschrieben: *τιπούκειτος*. Etwas weiter unten steht auf demselben Zettel von einer andern Hand aus derselben Zeit geschrieben: *τὰ παράτιτλα τῶν ξ'. βιβλίων βασιλικῶν τοῦ Λέοντος καὶ Κωνσταντίνου ἤγουν τοῦ ἑξηκοντα-βίβλου*. In der Handschrift finden sich häufig Spuren einer neueren Hand, was wol daraus zu erklären ist, daß Leo Allatius die Handschrift abgeschrieben hat. Die 3 letzten Blätter haben die Ordnung, daß fol. 498 die erste Stelle, fol. 499 die zweite, fol. 497 die dritte einnimmt. Der Handschrift sind 2 Blätter aus einer Seidenhandschrift des 13. Jahrhunderts angehängt. Früher war die Vermuthung geäußert worden, daß ein Blatt ausgefallen sei, welches den Schluß der Paratitla zu den Basiliken enthalten habe. Allein dieser Schluß (Basil. lib. LX. tit. 69) ist in den ersten 3 Zeilen des fol. 500. A. in den Worten enthalten: *θάνατον ἢ μή. — Καὶ ὅτι τῶν πεφωραθέντων ἀπο[θαν]όντων οὐ δεῖ χω[ρ]ὶς βασιλικῆς προστάξεως ἐκβάλ[λ]ειν τῆς νήσου καὶ ἀλλαχοῦ θάπτειν. — Ἔξεστι δὲ τὰ λείψανα πρὸς ταφὴν αἰτεῖν ἑκάστῳ. — Ζήτει περὶ τούτου βι. μγ'. τι'. β'. ὅλον.* Eine Subscription findet sich nicht; es folgen die bekannten Stellen über Justinian's und Leo's Novellen. Fol. 501. B. ist leer. — Zuerst hat Assemani das Titelverzeichniß der Basiliken nach dem Tipucitus mitgetheilt. Der von ihm gegebene Titel ist aber unecht. Später hat Pardessus den Theil des Tipucitus veröffentlicht, welcher dem Basil. lib. LIII. tit. 8. 9 entspricht. Angelo Mai gab dann 1833 das vollständige Titelverzeichniß und einen Theil des Textes heraus, welcher zur Ergänzung folgender Lücken der Fabrotischen Basilikenausgabe diente: lib. II. tit. 2. lib. VI. tit. 23. lib. XVI. tit. 1. lib. XVII. tit. 1. lib. XIX. In dieser Zeit schrieb Heimbach jun. einen Theil des Cod. Vatic. 853 für die neue Basilikenausgabe ab, weshalb Mai die weitere Ausgabe des Werkes unterließ. Die von Heimbach jun. unternommene Arbeit sollte nur der neuen Basilikenausgabe dienen. Zu diesem Behufe ist nicht der ganze Tipucitus, sondern nur für die verloren gegangenen Bücher der Basiliken abgeschrieben und in der Ausgabe benutzt worden. Ein specieller Bericht darüber kann hier füglich entbehrt werden. Was Mortreuil darüber berichtet, ist nicht ganz genau; konnte auch schon deshalb nicht vollständig sein, da die neue Basilikenausgabe sich damals noch nicht auf die verloren gegangenen Bücher 43. 44. 53—59 der Basiliken erstreckte. Ein bloßes Misverständniß ist es, wenn beide Brüder Heimbach den in den Basilikenscholien so häufig vorkommenden Ausdruck *ἰνδίξ* auf den Tipucitus, und den eben darin vorkommenden Namen *ἰνδικευτής* auf den Verfasser dieses Repertoriums bezogen haben, da unter *ἰνδίξ* vorzugsweise vielmehr die Digestenbearbeitungen des Dorotheus, Stephanus und Cyrillus verstanden, und mit dem Namen *ἰνδικευτής* diese Juristen wegen dieser ihrer Arbeiten bezeichnet werden.

§. 44. *Ecloga lib. I—X. Basilicorum.*

Unter die wichtigen Arbeiten, deren Gegenstand die Basiliken waren, gehört auch ein Auszug aus den 10 ersten Büchern der Basiliken und deren Scholien mit weitläufigem Commentar zu den einzelnen Auszügen. Man hat dieser Arbeit folgenden, in keiner Handschrift vorkommenden Titel beigelegt: *Νόμων παρεκβολὴ ἐκ τῶν βασιλικῶν μετὰ ἑρμηνείας καὶ σχολίων.* Das Werk zerfällt in 10 Bücher, welche den 10 ersten Büchern der Basiliken entsprechen. Jedes Buch enthält *κείμενα*, d. h. Texte oder Gesetzstellen, welche aus dem entsprechenden Buche der Basiliken genommen sind, und *παρεκβολάς*, d. h. Excerpte aus den Basilikenscholien, welchen die eigenen Erklärungen und Auslegungen des Verfassers (*ἑρμηνεῖαι*) beigefügt sind. Es gibt von dem Werke folgende Handschriften: 1) Cod. Paris. 1353 (olim Medicaeus Reg. 2025) zu Anfang des 16. Jahrhunderts geschrieben; wenigstens befand sich die Handschrift 1516 in dem Besitze eines Griechen Manuel. 2) Cod. Paris. 1358 (sonst 2519) fol. 1—329 aus dem 15. Jahrhundert. Die Handschrift ist von zwei Abschreibern in Griechenland geschrieben. Sie war zuerst im Besitze des Marcus Mamuna aus Kreta, dann des Georgius Monembasiota, Grafen von Korinth, hierauf des Cardinals Ridolfi, später des Marschalls Strozzi (1550), zuletzt der Königin Katharina von Medicis, und ist so in die k. Bibliothek zu Paris gekommen. 3) Cod. Coislin. 153 im J. 1541 von Jacobus Rhodius Diaserinus auf der Insel Chios geschrieben. 4) Cod. Laurent. LXXX, 12 im 15. Jahrhundert in Griechenland geschrieben. 5) Cod. Vatic. 1681 im J. 1564 geschrieben. Die Handschrift hat nämlich am Ende folgende Subscription: Ἐν Ῥώμῃ τὸ παρὸν βιβλίον ἀντεγράφη μηνὶ Ἰουλίῳ ς'. ἰνδ. κατὰ ἔτει τῆς θεογονίας ἐξ ἑτέρου παλαιοτάτου τοῦ γεγραμμένου κατὰ τὸ ἔτει ςχξδ'. Hiernach ist die Handschrift zu Rom im Monat Julius der 6. Indiction im Jahre nach Christus 1564 aus einer anderen, im J. 1156 geschriebenen Handschrift abgeschrieben. 6) Cod. Ottobon. 439 um das J. 1500 geschrieben, war selbst Eigenthum τοῦ θρόνου Ἀλεξανδρείας. 7) Cod. Biener. (olim Meerman. 168) aus dem 16. Jahrhundert. Alle diese Handschriften stammen aus der abhanden gekommenen Handschrift von 1156, entweder unmittelbar, oder mittelbar. Der Beweis dafür liegt — trotz mancher kleiner Differenzen, z. B. in lib. VII. tit. 10, welche auf Rechnung der Abschreiber kommen — darin, daß, sowie der aus der Handschrift von 1156 abgeschriebene Cod. Vatic. 1681, so alle übrigen Handschriften in lib. VII. tit. 14, lib. X. tit. 2. 3. 4 gleichmäßig eine Reihe von Lacunen einzelner Wörter oder Sylben haben, welche sich nur daraus erklären lassen, daß alle unmittelbar oder doch mittelbar aus derselben, an einzelnen Stellen unleserlich gewordenen Urhandschrift schöpften. Uebrigens scheint die Urhandschrift an diesen Stellen mit der Zeit immer unleserlicher geworden zu sein; in den neueren Abschriften sind die Lücken zum Theil größer, als in den älteren. Der Cod. Paris. 1353 ist zu Ende, der Cod. Vatic. 1681 zu Anfange defect; letzterer ist merkwürdig, weil er zum Theil die Vorarbeiten zu einer Herausgabe, nämlich eine lateinische Uebersetzung der *κείμενα* und *παρεκβολαί* enthält. Es ist wahrscheinlich, daß wir blos den ersten Theil des Werkes haben und daß der Verfasser seine Arbeit auch auf die übrigen 50 Bücher der Basiliken erstreckt habe. Dafür sprechen folgende Gründe: 1) Das Titelverzeichniß, welches dem Werke voransteht, hat die Ueberschrift: *Πίναξ τοῦ πρώτου τεύχους τῶν ἐκλογῶν ἤγουν τῶν δέκα βιβλίων τῆς ἑξηκονταβίβλου*. 2) Der Verfasser verweist oft auf die folgenden Bücher der Basiliken. Doch ist nach manchen Stellen auch die Annahme möglich, daß der Verfasser den Auszug aus den Basiliken und deren Scholien nicht erst gemacht, sondern einen solchen vorgefunden und davon nur die ersten 10 Bücher commentirt habe. Darauf könnte auch der Titel: *πρῶτον τεῦχος τῶν ἐκλογῶν* u. s. w. bezogen werden. Das Werk ist im J. 1142 von einem unbekannten Verfasser in Constantinopel geschrieben. Für Constantinopel als Ort der Abfassung spricht die *ἑρμηνεία* des cap. 1. tit. 2. lib. V. Basil. Die Zeit ergibt sich aus folgenden Umständen. Daß das Werk nicht nach 1156 abgefaßt sein kann, wird dadurch bewiesen, daß der Cod. Vatic. 1681 aus einer anderen in diesem Jahre geschriebenen Handschrift abgeschrieben ist. Daß es nach 1118 geschrieben sein muß, geht daraus hervor, daß der Verfasser den Kaiser Alexius Comnenus (starb 1118) als verstorben bezeichnet. Die nähere Bestimmung der Zeit beruht darauf, daß der Verfasser in den zur Erläuterung des Textes hinzugefügten Beispielen stets auf die Monate August, September und October der 5. oder 6. Indiction Rücksicht nimmt. Das vom Verfasser der Ecloga angeführte Beispiel wiederholt mit einigen Veränderungen ein von Cujacius zu cap. 13. tit. 3. lib. VII. Basil. angeführtes Scholium, aber in einer Weise, daß es beweist, daß der Verfasser vor der 6. Indiction, zu deren Anfang Hicanatus bestimmt war, das Amt eines judex zu übernehmen, schrieb und daß er den in dem alten Scholium ersichtlichen Namen die Namen der zu seiner Zeit fungirenden Magistrate substituirt hat. Nun fällt zwischen den Jahren 1118 und 1156 die 5. Indiction in das Jahr 1127 oder in das Jahr 1142. Nun ist aber bekannt, daß der Sohn des Sebastokrator, der magnus Drungarius Constantinus an der Synodalversammlung Theil nahm, welche 1147 die Absetzung des Patriarchen Cosmas Atticus aussprach; die Ecloga lib. I—X. Basil. muß also im J. 1142 abgefaßt sein. Von kaiserlichen Novellen citirt der Verfasser die der Kaiser Leo, Romanus, Constantinus Porphyrogeneta, Basilius Bulgaroctonus, Constantinus Ducas, Alexius Comnenus, aber keine Novelle von Manuel Comnenus, welcher 1143 zum Throne gelangte. Der Verfasser des Werkes ist unbekannt. Früher hat man den Theodorus aus Hermopolis dafür gehalten. Man findet im Occident den Namen dieses Juristen als Verfasser des Werkes zuerst in den Werken des Cujacius, welchem daher auch zur Last gelegt worden ist, daß er diesen Namen, welcher sich häufig im 5. Buche der Ecloga findet, wo mehrere Stellen als entlehnt aus der *ἑρμηνεία* des Theodorus Hermopolites bezeichnet werden, durch ein Mißverständniß aufgebracht habe. Allein es sind schon früher Spuren davon da, daß man dem Theodorus das Werk zugeschrieben hat. Zwar scheint die Handschrift von 1156, aus welcher alle übrigen Handschriften geflossen sind, den Namen des Verfassers nicht enthalten zu haben, weil sich in einigen Abschriften derselben, nämlich im Cod. Laurent. Ottobon. Biener. und Vatic., keine Spur eines Namens findet. Aber in den übrigen Handschriften ist der Name des Verfassers bemerkt. Im Cod. Paris. 1358 steht am Rande auf der ersten Seite: *κυροῦ Θεοδώρου τοῦ Ἑρμοπολίτου τοῦ ἄκρου διδασκάλου τῶν θείων νόμων*, aber nicht von der Hand, welche die erste Hälfte der Handschrift geschrieben hat, sondern von dem Schreiber der zweiten Hälfte später hinzugesetzt. Im Cod. Paris. 1353 steht am Anfange des fol. 2 von neuerer Hand: *Θεοδώρου Ἑρμοπολίτου πρῶτον τεῦχος*. Im Cod. Coislin. 153 ist am Rande auf der Rückseite des fol. 4 geschrieben: *Θεοδώρου Ἑρμοπολίτου*. Diese spätere Bemerkung über den Namen des

Verfassers ist aber unglaubwürdig. Sie wird weder durch das Ansehen der Handschrift, aus welcher alle übrigen Handschriften herrühren, unterstützt, auch findet sich irgendwo anders eine Spur von diesem Theodorus. Dann erregt die Verschiedenheit der Lesart in dem Namen (Ἑρμοπολίτης und Ἀρμενοπολίτης) gegründete Bedenken. Endlich konnten die παραπομπαί aus dem Codex und den Novellen des Theodorus, welche unter dem Namen des Theodorus hier und da in der Ecloga vorkommen, eine solche Vermuthung über den Verfasser derselben leicht veranlassen. — In der spätern byzantinischen Jurisprudenz scheint wenig Gebrauch von dem Werke gemacht worden zu sein. Nur im Cod. Bodlej. 149. fol. 205—207 finden sich 11 Fragmente aus den Büchern Θ und Ι; die Blätter aber, worauf solche geschrieben sind, rühren aus neuerer Zeit her. Unter den Juristen des Occidents haben Cujacius, Ant. Augustinus, Fabrotus das Werk benutzt. Herausgegeben ist nur ein Fragment von Witte. Für die Ausgabe der Basiliken hat Heimbach den Text der Ecloga mit dem Basilikentexte der 10 ersten Bücher verglichen, nach der Meerman'schen, jetzt Wiener'schen Handschrift. Einer Ausgabe wird das Werk von competenten Richtern nicht für werth erachtet. Einige Stellen hat Zachariä v. L. herausgegeben.

§. 45. *Synopsis minor.*

Dieses Werk wird so genannt im Gegensatze zu dem großen alphabetischen Auszuge aus den Basiliken, welcher in den Handschriften σύνοψις heißt; es ist ebenso wie diese in 24 Buchstaben (στοιχεῖα), d. h. Abtheilungen nach dem Alphabet getheilt; es ist aber keine Synopsis d. h. Uebersicht der Basiliken; deshalb hat es Harmenopulus richtiger μικρὸν κατὰ στοιχεῖον genannt. Die Handschriften nennen es regelmäßig νόμιμον κατὰ στοιχεῖον schlechtweg; in einigen heißt es auch πρόχειρον κατὰ ἀλφάβητον. Jeder Buchstabe gibt zuerst Stellen aus allen Titeln des Michael Attaliata, nach der Reihe derselben, dann aus den Titeln der Synopsis major, sowie aus den Scholien und Anhängen dieser Werke, und diese Stellen sind fast sämmtlich durch eine bald kürzere, bald längere Auslegung erläutert. Auch sind die Epanagoge und die Glossae Nomicae als Quellen benutzt. Der Verfasser ist ganz unbekannt. Aus zwei Stellen des Werkes geht hervor, daß der Verfasser nach dem Kaiser Manuel Comnenus geschrieben hat. Die Abfassung des Werkes fällt vor das Ende des 13. Jahrhunderts; denn wir haben eine Handschrift des Werkes aus dieser Zeit (Cod. Vindob. jur. gr. 5). Nach der Vermuthung von Zachariä v. L. hat der Verfasser unter dem Kaiser Johannes Ducas Vatatzes, welcher zu Nicäa von 1222 bis 1255 regierte, gelebt; denn auf keinen anderen Kaiser paßt besser das, was lit. B. cap. 40 gesagt wird. Von Handschriften des Werkes sind folgende bekannt: 1) Cod. Vindob. jur. gr. 5. Diese Handschrift ist auf Papier, besteht aus 211 Blättern, ist gegen das Ende des 13. Jahrhunderts geschrieben, und in Octav. Zu Anfang und am Ende fehlen einige Blätter, und auch in der Mitte sind hier und da einige Blätter ausgefallen. Die Handschrift fängt mit lit. *A* des Werkes an, und endigt in lit. *X*. Im J. 1555 befand sie sich im Besitze des Aloysius Decrestianus aus Patras, welcher sich damals zu Ancona aufhielt, und kam in demselben Jahre in die Hände von Georg Tanner; im J. 1582 gehörte sie dem Sambucus, und dann wurde sie Eigenthum Tengnagel's, von welchem sie an die k. Bibliothek zu Wien gelangte. Alle übrigen Handschriften, mit Ausnahme des Cod. Paris. 1382, scheinen aus dieser abgeschrieben zu sein. Denn auf den letzten Blättern der wiener Handschrift ist ein Wasserflecken ersichtlich, durch welchen einige Worte unlesbar geworden sind; in den übrigen Handschriften fehlen dieselben Worte, indem die Abschreiber durch das Zeichen einer Lücke anzeigen, daß sie diese Worte nicht haben lesen können. 2) Cod. Vindob. jur. gr. 4. Diese Handschrift ist auf Papier, in klein Quart, hat 173 Blätter und ist zu Anfang des 15. Jahrhunderts wenig sorgfältig geschrieben. Von Sambucus, welchem sie gehörte, ging sie in das Eigenthum Tengnagel's über. Zuerst enthält sie das νόμιμον κατὰ στοιχεῖον vollständig, worauf fol. 153 seq. einige Excerpte aus dem Syntagma des Blastares und aus der Hexabiblos des Harmenopulus folgen. Eine neuere Hand fügt am Ende eine Protestation einiger Metropoliten und Patriarchen gegen die florentiner Synode hinzu. 3) Cod. Paris. gr. 1382. Die Handschrift ist auf Seidenpapier, in Octav, aus dem 14. Jahrhundert. Auf dem Bande ist bemerkt: *πρὸ ἴσον. ς' μάρτιος παράστης ἠγόρασα τὸ παρὸν βιβλίον τὸ λεγόμενον νόμιμον ἐν νήσῳ κρήτης εἰς τὴν χεῖραν χανδάκου.* Von fol. 46—288 folgt von anderer Hand, als das Vorhergehende, geschrieben die Synopsis minor, ohne Inscription, so anfangend: *Ἀρχὴ τοῦ Α. α'. περὶ ἀπελευθέρων. Οἱ ἄνθρωποι πάντες.* Die in dieser Handschrift befindliche Recension des Werkes zeichnet sich durch Versetzungen einiger Capitel, vorzüglich aber durch die Rubriken aus, welche der Abschreiber den einzelnen Capiteln zum Nutzen der Leser beigefügt hat. 4) Cod. Paris. gr. 1387. Er ist auf Papier, in Quart. Die Synopsis befindet sich fol. 1—157. Den Anfang macht ein Verzeichniß der Capitel, verschieden von dem im Cod. Paris. 1382 befindlichen, mit dem Anfange: *Κεφάλαια τοῦ προχείρου κατὰ ἀλφάβητον. Ἀρχὴ τοῦ ἄλφα. α'. Εἰς πᾶσα διαιροῦνται οἱ πάντες ἄνθρωποι.* Das Verzeichniß endigt: *Ἀρχὴ τοῦ Ω. Περὶ ὡρείων.* Auf das Verzeichniß folgen fol. 20. 21. *Λέξεις ῥωμαϊκαὶ τοῦ νόμου*, nach welchen geschrieben ist: *τέλος τοῦ πίνακος, καὶ ἀρχὴ περὶ γάμων συνισταμένων καὶ ἀναλύτων. Πρόσεχε. Δεῖ γινώσκειν κ. τ. λ.* Zwischen fol. 21 und 22 ist eine Lücke von ungefähr 49 Blättern. Fol. 22 fängt von lit. *E* c. 6 unseres Werkes an. Fol. 157 steht folgende Bemerkung: *Ἐπληρώθη τὸ παρὸν πρόχειρον διὰ χειρὸς ἱεροῦ διακόνου ἀμαρτωλοῦ τάχα καὶ μοναχοῦ διὰ προστάξεως τοῦ τιμιωτάτου ἐν ἱερομονάχοις κυροῦ μύρωνος καὶ ἐξάρχου τραλλείας ἐν ἔτει ‚ςωπς'* (1378 nach Chr.) *ἰνδ. β μηνὶ μαρτίῳ πρώτῃ ἡμέρᾳ τρίτῃ. — Παραδιορθώθη* (sic) *δὲ καὶ ἀνακα-*

νώθη παρὰ Θεοδώρου ἐν ἔτει ςωϛʹ (1388 nach Chr.) ἰνδ. ια μηνὶ μαρτίῳ ι'. κατὰ δὲ Ἀντιόχους ἀπὸ χριστοῦ γεννήσεως ἔτει αωπδ' (1384?), κατ' ἐμὲ δὲ ἀπὸ χριστοῦ γεννήσεως ἔτει ατξ' (1390). Dazu kommt Einiges, was auf den Kalender jenes Jahres Bezug hat; am Ende findet sich die Unterschrift: Δημήτριος. Von fol. 168 bis zu Ende steht Einiges von Plutarch und Aristoteles. 5) Codex τῆς μονῆς τοῦ ἁγίου Διονυσίου auf dem Berge Athos. Die Handschrift ist auf Papier, in Octav. Sie enthält unter νόμιμον κατὰ στοιχεῖον. Voran geht ein πίναξ mit dem Anfange: Ἀρχὴ τοῦ Α. Dann folgt das Werk selbst ohne Inscription; eine neuere Hand hat aber beigeschrieben: Βασιλικῶν νόμων ἐκλογὴ κατὰ στοιχεῖον τοῦ σοφωτάτου μεγάλου κριτοῦ [illegible] τοῦ [illegible]. Am Ende findet sich folgende Bemerkung: Ἐτελειώθη τὸ παρὸν βιβλίον διὰ χειρὸς ἐμοῦ [illegible] τοῦ [illegible] ἐν ἔτει ςων' (1342 nach Chr.) ἰνδ. ι [illegible] τοῦ [illegible]. 6) Cod. Laurent. LXXX, 16 auf Papier, aus dem 15. Jahrhundert. Er beginnt: Νόμιμον κατὰ στοιχεῖον [illegible]. — Ἀρχὴ τοῦ Α στοιχείου. — Οἱ [illegible] κ. τ. λ. Diese Handschrift zeichnet sich dadurch aus, daß sich am Rande viele Stellen aus den Titeln de regulis juris und de verborum significatione, aus den Kanonen und aus den Novellen der neueren Kaiser beigefügt finden. 7) Cod. Vatic. ex bibliotheca Pii II. nr. 30 auf Papier, in Octav, aus dem 15. Jahrhundert. Fol. 1—10 enthält Scholien zur Synopsis legum des Psellus. Fol. 10—226 steht die Synopsis minor. Das von fol. 227—256 Folgende ist dem Civilrechte fremd. Eine Ausgabe hatte Georg Tanner beabsichtigt; denn in der Handschrift, welche jetzt Cod. Vindob. jur. gr. 5 ist, steht vor fol. 1 von dessen Hand geschrieben: Ἐκλογὴ κατὰ στοιχεῖον καὶ σύνοψις [illegible] καὶ [illegible] εἰς τε [illegible] κατὰ [illegible] νομοθεσίαν καὶ [illegible] νομοδιδασκάλων καὶ [illegible] [illegible] παρὰ [illegible] νομοδιδασκάλου [illegible] ἐκδοθεῖσα. Die Ausgabe kam aber nicht zu Stande. Dann haben aus derselben Handschrift Schard und Löwenklau die Stelle aus lit. N über die lex Rhodia herausgegeben. In neuerer Zeit hat Pardessus mehrere Stellen aus lit. N, welche das Seerecht betreffen, aus dem Cod. Vaticanus, nach einer ihm von Mai mitgetheilten Abschrift veröffentlicht. Die erste Ausgabe des ganzen Werkes ohne lateinische Uebersetzung ist von Zachariä v. L. im J. 1856 besorgt worden. Der Ausgabe liegt der Cod. Vindob. jur. gr. 5 als die älteste Handschrift, und aus welcher alle übrigen, mit Ausnahme des Cod. Paris. 1382, geflossen sind, zu Grunde; doch sind auch die übrigen Handschriften benutzt, und namentlich die am Rande des Cod. Laurent. LXXX, 16 beigefügten Stellen mit herausgegeben worden. Da das πόνημα νομικὸν des Michael Attaliata, eine Hauptquelle dieses Werkes, in der einzigen vorhandenen Ausgabe in Leunclav. Jus Graeco-Romanum T. II. rücksichtlich der Titeleintheilung von der in den meisten Handschriften befindlichen bedeutend abweicht, und die Ausgabe der Synopsis major von demselben Herausgeber die ursprüngliche Gestalt derselben ganz verändert hat, so sind, was das Werk des Michael Attaliata anlangt, in der Ausgabe der Synopsis minor die in den Handschriften ersichtlichen Zahlen der Titel angeführt, mit Beifügung der Zahlen der Löwenklau'schen Ausgabe in Parenthese; die Titel der Synopsis major aber sind aus der Wiener'schen Handschrift citirt, zugleich mit Angabe der Basilikenstellen (nach der Ausgabe von Heimbach und Zachariä v. L.), welche der Verfasser der Synopsis minor benutzt hat. Ein sehr sorgfältig gearbeitetes Verzeichniß zeigt die Quellen der Synopsis minor an. Die Synopsis minor hat im Orient Beifall gefunden; sie ist eine Quelle für die Hexabiblos des Harmenopulus, von welcher derselbe einen ziemlich ausgedehnten Gebrauch gemacht hat. An sich ist dem Werke kein besonderer Werth beizumessen. Dem Plane desselben liegt die jämmerliche Idee zu Grunde, die Benutzung des ohnehin so übersichtlichen und kleinen Lehrbuches von Michael Attaliata durch alphabetische Anordnung, und dessen Verständniß durch ein oft wiederholtes τουτέστι und dergleichen Paraphrasen zu erleichtern; in der Hauptsache hat das Buch, welches uns nicht einmal irgend verlorene Stücke der älteren Quellen, wenn auch von dem Verfasser nach seiner Art paraphrasirt, erhalten hat, nur einigen Werth wegen der Paraphrasen, welche der Verfasser von seinen Quellen gibt, und welche, obwol im Ganzen sehr trivial, dennoch zuweilen manche interessante Blicke in die damaligen, freilich sehr gesunkenen, Rechtszustände thun lassen. Auch zur Kenntniß der Umwandlung des Alt-Griechischen in die lingua vulgaris trägt das Buch bei; der Verfasser befleißigt sich zwar einer reinen Sprache, berücksichtigt aber zuweilen die Sprache des gemeinen Lebens mit einem ὡς οἱ κοινοὶ λέγουσιν und dergl. Noch im 16. Jahrhundert hat es Theodosius Zygomalas für der Mühe werth geachtet, die Synopsis minor in die lingua vulgaris zu übersetzen.

§. 40. *Prochirum auctum.*

Die in §. 30 beschriebenen, nach dem Muster der Legalcompendien von Privatpersonen verfaßten juristischen Handbücher waren im 11. und 12. Jahrhundert bei den Griechen im Gebrauche. Da aber unterdessen durch kaiserliche Constitutionen, namentlich die des Alexius und Manuel Comnenus, sehr viel im Rechte geändert worden war, machte sich ein neues Handbuch für den praktischen Gebrauch nöthig, in welchem das Neue mit dem Alten in bequemer Verbindung zusammengestellt wurde. Diesem Bedürfniß suchte gegen den Anfang des 13. Jahrhunderts ein Unbekannter durch ein Handbuch abzuhelfen, welches von Zachariä v. L. den Namen Prochirum auctum erhalten und denselben bei den Rechtshistorikern beibehalten hat. Dieses Werk findet sich in folgenden Handschriften: 1) Cod. bibl. Senat. Lips. I, 66 (olim Offenbach.). 2) Cod. Venet. 180. 3) Cod. Paris.

gr. 1333. 4) Cod. Paris. gr. 1351. A. 5) Cod. Paris. 1356. 6) Cod. Paris. gr. 1368. 7) Cod. Taurin. 300. 8) Cod. Vatic. 856. 9) Cod. Vindob. jur. gr. 6. Fragmente finden sich z. B. im Cod. Paris. gr. 1263. fol. 258b—273 (aus tit. 1—14. 17. 22. 25. 27. 28. 30. 33. 36). Cod. Bigner. (olim Meerman. 169) fol. 382 seq. (aus tit. 8. 20). Cod. Marcian. 579 (tit. 1—19). In den unter 1—9 genannten Handschriften ist die Ordnung und der Inhalt des Werkes, wie folgt: *Ἀρχὴ σὺν θεῷ τοῦ προχείρου νόμου.* — *Τίτλοι τοῦ προχείρου νόμου.* — *Τί. α΄. περὶ συναινέσεως μνηστείας. Τί. β΄. περὶ ἀρραβώνων μνηστείας. Τί. γ΄. περὶ δωρεῶν μνηστείας. Τί. δ΄. περὶ ὅρου καὶ διαθέσεως γάμων. Τί. ε΄. περὶ ἀθεμίτου γάμου. Τί. ϛ΄. περὶ ἀκριβείας γάμου. Τί. ζ΄. περὶ προγαμιαίας δωρεᾶς, περὶ τῆς ἐννόμου ἀπογραφῆς τῶν συνήθως διδομένων τῇ γυναικί, περὶ τῆς ἐν Αἰγύπτῳ παρανομίας καὶ συγκαταβάσεως βασιλικοῦ διατάγματος ἀπὸ τῆς ὀρθῆς διατάξεως. Τί. η΄. περὶ κεκωλυμένων γάμων καὶ περὶ συγγενείας καὶ περὶ βαθμῶν. Τί. θ΄. περὶ δικαίου προικός. Τί. ι΄. περὶ ἐκδικήσεως προικὸς καὶ τῶν βαρῶν αὐτῆς. Τί. ια΄. περὶ δωρεῶν μεταξὺ ἀνδρὸς καὶ γυναικός. Τί. ιβ΄. περὶ λύσεως γάμου καὶ τῶν αἰτιῶν αὐτοῦ. Τί. ιγ΄. περὶ τῶν ἐν ζωῇ δωρεῶν. Τί. ιδ΄. περὶ ἀνατροπῆς δωρεῶν. Τί. ιε΄. περὶ πράσεως καὶ ἀγορασίας. Τί. ιϛ΄. περὶ ἐμφυτεύσεως. Τί. ιζ΄. περὶ χρέους, περὶ δανείου, τόκου, ἐνεχύρων, καὶ περὶ ἐγγυητῶν καὶ συμβολαίων. Τί. ιη΄. περὶ μισθώσεως καὶ ἐκμισθώσεως. Τί. ιθ΄. περὶ παρακαταθήκης καὶ πραγμάτων, ὧν ἡ δεσποτεία φιλονεικεῖται. Τί. κ΄. περὶ συστάσεως κοινωνίας. Τί. κα΄. περὶ λύσεως κοινωνίας, περὶ πάκτου ἤτοι συμφώνων καὶ διαλύσεως, καὶ περὶ τῶν ἐν προστασίᾳ διδομένων. Τί. κβ΄. περὶ διαθήκης αὐτεξουσίων. Τί. κγ΄. περὶ διαθήκης ὑπεξουσίων καὶ στρατιωτικῶν διαθηκῶν, καὶ τίνες αὐτῶν μαρτυροῦσι, καὶ περὶ καστρενσίων, καὶ περὶ διαθήκης ῥηγνυμένης ὑπὸ ἀγνωμονούντων παίδων. Τί. κδ΄. περὶ διαθήκης ἀπελευθέρων, καὶ περὶ προνομίων πατρώνων, καὶ περὶ διακατοχῶν, καὶ περὶ καθηκούσης διαθήκης, καὶ παρὰ τίνι ὀφείλει ἡ διαθήκη παρακατατίθεσθαι, καὶ περὶ μέμψεως αὐτῆς. Τί. κε΄. περὶ ἀνατροπῆς διαθήκης καὶ περὶ μέμψεως αὐτῆς. Τί. κϛ΄. περὶ νόθων καὶ εὐγενῶν, καὶ περὶ ὑπεξουσιότητος καὶ λύσεως αὐτῆς, περὶ αὐτεξουσιότητος, καὶ περὶ υἱοθεσιῶν, καὶ περὶ εὐνούχων. Τί. κζ΄. περὶ μαρτύρων εὐπροσδέκτων καὶ κεκωλυμένων, καὶ περὶ τῶν ἀρνουμένων τοὺς ἰδίους συγγενεῖς, ἔτι γε μὴν περὶ ὅρκου, περὶ ἀναψηλαφήσεως ὅρκου, καὶ περὶ ἐπιόρκων. Τί. κη΄. περὶ τῆς ἀνωτάτω τριάδος, καὶ περὶ χειροτονίας ἐπισκόπων, καὶ περὶ κληρικῶν καὶ μοναχῶν. Τί. κθ΄. περὶ κωδικίλλου. Τί. λ΄. περὶ κληρονόμων, καὶ περὶ συστάσεως κληρονομίας καὶ ὑποκαταστάσεως, καὶ περὶ συνεισφορᾶς προικός, καὶ διακρίσεως αὐτῶν. Τί. λα΄. περὶ ἀποκαταστάσεως ἐλαττόνων τῶν κε΄. ἐνιαυτῶν, καὶ περὶ πληθυντικῆς ὑποκαταστάσεως, καὶ περὶ πεκουλίων αὐτῶν, καὶ περὶ τῆς ἀφηλίκων ἀποκαταστάσεως. Τί. λβ΄. περὶ φαλκιδίου καὶ ἀμφοτέρων δωρεῶν. Τί. λγ΄. περὶ ἀποκλήρων. Τί. λδ΄. περὶ ἐλευθεριῶν καὶ ἀναδουλώσεων. Τί. λε΄. περὶ ληγάτου. Τί. λϛ΄. περὶ ἐπιτρόπων καὶ κουρατώρων. Τί. λζ΄. περὶ τοῦ μὴ ἐνυβρίζεσθαι τὰ λείψανα τῶν τεθνεώτων παρὰ τῶν δανειστῶν, καὶ περὶ τοῦ, πότε δεῖ ἐνάγειν τοὺς δανειστὰς κατὰ τῶν κληρονόμων τῶν τελευτησάντων. Τί. λη΄. περὶ καινοτομιῶν καὶ νομῆς, ἐν ᾧ καὶ περὶ ἀνακοινώσεως καὶ περὶ παραγγελίας. Τί. λθ΄. περὶ ποινῶν, ἐν ᾧ καὶ νεαραὶ περὶ φόνου, περὶ κλεπτῶν, περὶ πορνοβοσκῶν, περὶ τοῦ μὴ εἶναι ἰδιωτικὴν φυλακήν, περὶ εὐνουχιζόντων, περὶ ἀρνήσεως, περὶ δωροδοκηθέντος δικαστοῦ, περὶ τῶν προσφευγόντων τῇ ἁγίᾳ τοῦ θεοῦ ἐκκλησίᾳ, καὶ περὶ δαιμονιζομένων. Τί. μ΄. περὶ σκύλων, ἐν ᾧ καὶ περὶ ἐκκλήτου, ἱερωμένων, μοναχῶν, κοσμικῶν, ἔτι τε περὶ δικαιοσύνης νόμου καὶ μακρᾶς συνηθείας, καὶ περὶ αἱρετῶν δικαστῶν, καὶ περὶ τῶν κακουσθότων ἀπόφασιν καὶ ἀποκαθισταμένων.* — *Περὶ δικαιοσύνης νόμων καὶ μακρᾶς συνηθείας, καὶ περὶ ἀγνοίας νόμου καὶ φάκτου, καὶ τίνες βοηθοῦνται ἐξ αὐτῆς. περὶ τῶν ἀπράκτων ἡμερῶν. περὶ δικαιοσύνης νόμων καὶ περὶ ῥημάτων σημασίας καὶ περὶ διαφόρων κανόνων. περὶ συνηγόρων καὶ περὶ ἐντολῆς.* — *Αἱ νεαραὶ τοῦ κυροῦ Ῥωμανοῦ τοῦ πρεσβυτέρου καὶ τοῦ βασιλέως κυροῦ Κωνσταντίνου περὶ προτιμήσεως.* — *Ἑτέρα νεαρὰ τοῦ βασιλέως κυροῦ Ἀλεξίου χάριν τοῦ μὴ ἁρπάζεσθαι τὰ τοῖς τελευτῶσιν ἀνήκοντα παρὰ τῶν πραιτόρων.* — *Αἱ ἐν συνόψει ἀγραφαὶ (καὶ αἱ ῥοπαί).* — *Νεαρὰ Ῥωμανοῦ βασιλέως τοῦ γέροντος χάριν τοῦ μὴ εἰσέρχεσθαι δυνατὰ πρόσωπα εἰς ἀγροὺς ἢ καθόλου ἢ μερικῶς.* — *Ἑτέρα νεαρὰ Λέοντος τοῦ εὐσεβοῦς βασιλέως περὶ τοῦ μονάζειν δεκαετῆ παῖδα.* Dann folgen: *Τὰ παράτιτλα.* — *α΄. περὶ προτιμήσεως ἐπιτρόπων* (Syn. Basil. lit. *E*. tit. 38. cap. 2). *β΄. περὶ ἐπιτρόπων, καὶ τίνες δύνανται ἐπιτροπεύειν καὶ τίνες οὐ δύνανται, καὶ πότε καὶ ἐν τίσιν εὐθύνονται, καὶ περὶ τοῦ ποιεῖν αὐτοὺς ἀπογραφήν, καὶ τίνες δύνανται παραιτεῖσθαι τὴν ἐπιτροπὴν καὶ πότε καὶ τίνες οὐ δύνανται, καὶ πότε εὐθύνονται εἰς τόκους καὶ πότε οὐκ εὐθύνονται* (Syn. Basil. lit. *E*. tit. 37. cap. 2—5). *γ΄. περὶ τῶν μὴ ποιούντων ἀπογραφήν* (Syn. ibid. cap. 10. 16). *δ΄. περὶ παραιτήσεως ἐπιτρόπων* (Syn. ibid. cap. 21. 23. 27. 28). *ε΄. πότε ἀπαιτεῖται τόκον τόκος* (Syn. ibid. cap. 38. 49. 51. 52. 54). *ϛ΄. περὶ διαθηκῶν στρατιωτικῶν* (Syn. lit. *Δ*. tit. 14. cap. 1. 7). *ζ΄. περὶ ἀπαιτουμένης διαθήκης, καὶ παρὰ τίνι ὀφείλει ἡ διαθήκη παρατίθεσθαι* (Syn. lit. *Δ*. tit. 21. cap. 1. 2. tit. 22. cap. 7. tit. 24. cap. 2. 8. 10. 11. 13. 14). *η΄. περὶ τῆς ἀφηλίκων ἀποκαταστάσεως. θ΄. περὶ τῆς διαδοχῆς τοῦ γνησίους καὶ νόθους ἔχοντας παῖδας. ι΄. περὶ ἀνταλλαγῆς, καὶ τί διαφέρει ἀνταλλαγὴ πράσεως* (Syn. lit. *A*. tit. 46. cap. 1). *ια΄. περὶ τῶν διδομένων ἢ δρωμένων ἐπὶ αἰσχρᾷ αἰτίᾳ ἢ ἐπὶ ἄλλῃ οὐδηποτοῦν ὑποθέσει, καὶ πότε ἀπαιτοῦνται τὰ δοθέντα ἢ οὐκ ἀπαιτοῦνται* (Syn. lit. *Δ*. tit. 32. cap. 1. 3. 4. 8. 13. 16. 17. 22). *ιβ΄. περὶ ἀπροσφόρου δικαστοῦ* (Syn. lit. *Δ*. tit. 35. cap. 14. 22. 24). *ιγ΄. περὶ δόλου κακοῦ καὶ καλοῦ* (Syn. lit. *Δ*. tit. 39. cap. 3). *ιδ΄. περὶ στρα-*

πολιτικῶν ἐπιτιμίων. ιε΄. περὶ ἀποκαταστάσεως (Syn. lit. Α. tit. 53. cap. 4). ιϛ΄. περὶ ἀπόντων καὶ ἀναδημούντων ὡς ἐπὶ ἐγκλήμασι κατηγορουμένων (Syn. lit. Α. tit. 57. cap. 2). ιζ΄. περὶ καταλιμπανομένων (Syn. lit. Ε. tit. 2. cap. 1. 2). ιη΄. περὶ ἀλληλεγγύων (Syn. lit. Ε. tit. 1. cap. 21. 23). ιθ΄. περὶ ἐνοίκων (Syn. lit. Ε. tit. 24. cap. 1. 2). κ΄. περὶ ἐκδίκων, τουτέστιν ὧν ἡ ὑπόθεσις φιλονεικεῖται (Syn. lit. Ε. tit. 34. cap. 2). κα΄. περὶ ἐργολάβων (Syn. lit. Ε. tit. 40. cap. 1. 2). κβ΄. περὶ πράσεως, πράτου καὶ ἀγοραστοῦ. κγ΄. περὶ τόκων (Syn. lit. Π. tit. 5. cap. 6—8). κδ΄. περὶ δανείων πλαστῶν. κε΄. περὶ χρέους δημοσίου, προικιμαίου καὶ ἰδιωτικοῦ, καὶ περὶ προτιμήσεως οἴκων (Syn. lit. Χ. tit. 3 vollständig). κϛ΄. περὶ τοῦ ὁρισμένου εἶναι τὸ μέτρον τῶν συνηθειῶν ἐν παντὶ δικαστηρίῳ (Novella Constantini Porphyrogeniti ex appendice Synopseos). κζ΄. περὶ τῶν ἐξ ἀδιαθέτου κληρονομιῶν καὶ ἐγγράφων, καὶ περὶ τῶν ἐξ ἀχαριστίας ἐκπιπτόντων (Ecloga Leonis et Constantini tit. VI. cap. 2. 3). κη΄. περὶ δανείων ἐγγράφων καὶ ἀγράφων, καὶ τῶν διδομένων ἐπ' αὐτοῖς ἐνεχύρων (Ecl. tit. X vollständig). κθ΄. περὶ κοινῆς ἀναχωρήσεως. λ΄. περὶ νόμων, ἐθῶν καὶ καλανδῶν. λα΄. περὶ ἰνδικτιῶνος. λβ΄. περὶ ναυτῶν καὶ ἱερῶν σκευῶν. λγ΄. περὶ τοῦ μὴ εἶναι ἰδιωτικὴν φυλακήν. Dann kommt: Τέλος τῶν παρατίτλων. Hierauf folgt die Ueberschrift: Λέοντος, Κωνσταντίνου καὶ Βασιλείου, τῶν σοφῶν καὶ φιλευσεβῶν βασιλέων, ἀπὸ τῶν ἰνστιτούτων, τῶν διγέστων, τοῦ κώδικος, τῶν νεαρῶν τοῦ μεγάλου Ἰουστινιανοῦ διατάξεων ἐκλογὴ τῶν νόμων, καὶ ἐπιδιόρθωσις ἐκτεθεῖσα εἰς τὸ φιλανθρωπότερον ἐν μηνὶ μαρτίῳ ἰνδ. θ΄ ἀπὸ κτίσεως κόσμου ἔτει ,ϛψμζ΄. — Ἐν ὀνόματι τοῦ πατρὸς καὶ τοῦ υἱοῦ καὶ τοῦ ἁγίου πνεύματος αὐτοκράτορες καίσαρες Βασίλειος, Κωνσταντῖνος καὶ Λέων, πιστοί, τροπαιοῦχοι, νικηταί, ἀειβασίλευτοι, πιστοί, αὔγουστοι. An die Ueberschrift schliesst sich an: Πρόλογος τοῦ προχείρου νόμου. Anfang: Τὸν μέγαν φύσει καὶ ἀληθῆ θεὸν ...., ἐκ τοῦ πλάτους ταυτηὶ ἀναλέγεσθαι καταλιπόντες. Nach der Vorrede: Τῆς μέντοι παρούσης προχείρου πραγματείας ἀρχὴ εἴδωται, ὅθεν καὶ ἡ καθ' ἡμᾶς φύσις τὴν ἀρχὴν εἴληφεν. Hierauf folgt der Text des Prochirum auctum, dessen erster Titel, übereinstimmend mit dem Titelverzeichniss, rubricirt ist: Τίτλος πρῶτος. Περὶ συναινέσεως μνηστείας. — Das bisher beschriebene juristische Handbuch unterscheidet sich von den Legalcompendien und von anderen Privatcompendien theils in der Ordnung der Titel und in den Rubriken, theils im Inhalte. Zur Grundlage hat es das Prochirum des Basilius, Constantinus und Leo. Die Vorrede des Prochirum ist abgekürzt und dem Werke vorangesetzt worden; die Zahl der Titel beträgt, wie im Prochirum, 40, und die Ordnung und die Rubriken der Titel stimmen mit denen des Prochirum im Allgemeinen überein. Es ist aber zwischen Titel 4 und 5 des Prochirum ein neuer Titel de nefariis nuptiis (περὶ ἀθεμίτου γάμου) eingeschaltet; der Titel 24 des Prochirum ist an seiner Stelle weggelassen und mit dem Titel 28 verbunden worden. In Ansehung des Inhaltes ist zwischen dem ursprünglichen Prochirum und dem in Frage stehenden ein grosser Unterschied. Die Capitel der Titel des Prochirum sind fast sämmtlich, wiewol meistens mit veränderter Ordnung in die entsprechenden Titel dieses Werkes aufgenommen; es kommen aber dazu noch sehr viele Fragmente aus anderen Quellen. Die Ausmittelung der Quellen oder Bücher, deren sich der Verfasser ausser dem Prochirum bedient hat, hat ihre besondern Schwierigkeiten, weil der Verfasser eine ziemliche Anzahl von Büchern zur Hand gehabt, bei der Zusammensetzung der einzelnen Titel aber nicht alle jene Bücher zugleich eingesehen, sondern bald dieses, bald jenes vorzugsweise benutzt hat. Indessen steht doch Folgendes fest: 1) Die Basiliken hat der Verfasser zum Theil benutzt; dies beweisen sowol viele Fragmente der Basiliken, welche hier und da im Prochirum auctum vorkommen, als ganz besonders der Titel 27 de testibus, welcher den tit. 1. lib. XXI. Basil. fast vollständig mit seinen Scholien enthält. 2) Die Epanagoge cum scholiis ist ebenfalls benutzt worden; denn deren im Cod. Paris. gr. 1367 befindliche Fragmente (aus tit. 18. 19. 21. 28. 32. 33. 35) sind sämmtlich in die entsprechenden Titel des Prochirum auctum aufgenommen. 3) Nicht weniger ist die Epitome legum von 920 gebraucht worden; der Titel 21 des Prochirum auctum ist von cap. 30 seq. an aus der Epitome tit. XI. geschöpft, wo sich diese Capitel ganz in derselben Ordnung gestellt finden. 4) Ob von dem πόνημα νομικὸν des Michael Attaliata oder von der Synopsis minor Gebrauch gemacht worden ist, lässt sich nicht genau bestimmen. Von dem ersteren Werke kommen allerdings sehr viele Fragmente im Prochirum auctum vor; dieselben scheinen aber meistens dem Werke des Attaliata und der Synopsis minor gemeinsam zu sein, sodass sie auch aus dieser genommen sein können. 5) Den Titeln des Prochirum auctum, welche von der Ehe handeln, hat der Verfasser viel aus den Werken über Kirchenrecht beigemischt, z. B. aus dem Commentar des Balsamon zu des Photius Syntagma canonum und Nomocanon, und aus kanonischen Gutachten verschiedener Verfasser. 6) Bisweilen citirt der Verfasser die Novellen der Kaiser, namentlich die des Heraclius und Constantinus, Leo des Weisen, Romanus des Aelteren, Constantinus Porphyrogeneta, Basilius Porphyrogeneta, Nicephorus Botaniates, Alexius und Manuel Comnenus. Die Stellen, in welchen solche Novellen angeführt werden, sind aber meistentheils nicht vom Verfasser selbst verfasst, sondern aus anderen Büchern ausgeschrieben. 7) Endlich ist von der Ecloga des Leo und Constantinus und von der Synopsis Basilicorum Gebrauch gemacht worden. Beide Werke scheinen aber dem Verfasser erst nach Ausarbeitung von 40 Titeln seines Buches in die Hände gefallen zu sein: darin liegt der Grund, dass die Fragmente beider Werke nicht in die Titel des Prochirum auctum selbst, sondern in die Paratitla, welche einen Anhang jener Titel bilden, aufgenommen sind. Endlich ist die Inscription, welche zu der Vorrede der Ecloga gehört, der Vorrede des Prochirum und deren Inscription im Prochirum auctum hinzugefügt worden. Da jedoch die Inscription des Prochirum dem Basilius, Constantinus und Leo als Urheber des Werkes nennt, die Inscription der Ecloga aber den Leo und Constantinus, so hat der Verfasser in dieser den Namen des Basilius hinzugesetzt. Die Zeit der Abfassung des vermehrten Prochirum läßt sich ziemlich genau bestimmen. Es kann kaum vor dem Anfange des 13. Jahrhunderts entstanden sein, da es Fragmente von Büchern, z. B. des Commentars des Balsamon, enthält, welche gegen das Ende des 12. Jahrhunderts geschrieben worden sind. Es muß aber auch vor dem Ende des 13. Jahrhunderts verfaßt sein, weil es keine Spur der Verordnungen der Kaiser aus der Dynastie der Paläologen enthält. In Erwägung, daß im J. 1204 Constantinopel von den Lateinern erobert und dadurch das griechische Reich gänzlich zerrüttet wurde, ist es wahrscheinlich, daß das vermehrte Prochirum um das Jahr 1200 abgefaßt worden sei. Das vermehrte Prochirum erfreute sich, wie die Menge der noch heutzutage vorhandenen Handschriften zeigt, bei den Griechen eines großen Beifalls, und es ist sowol deshalb, als weil es aus den besten Werken mit großer Sorgfalt compilirt ist, und den damaligen Zustand der Rechtswissenschaft sehr in das Licht setzt, einer Ausgabe wol werth. Einige Versuche dazu sind nach der leipziger Handschrift gemacht worden. Zuerst hat Majus in seinem Catalog der Uffenbach'schen Bibliothek, aus welcher diese Handschrift stammt, die 40 Rubriken des Prochirum auctum griechisch und lateinisch herausgegeben; derselbe berichtet, daß Joh. Wilh. Stelzbell eine Ausgabe des vermehrten Prochirum beabsichtigt habe, dieses Vorhaben aber nicht zur Ausführung gekommen sei. Auch Mascov hatte dieselbe Absicht, stand aber von der Ausführung ab, da er sich mit dem Buchhändler über die Bedingungen nicht einigen konnte. Heimbach jun. hat neben einer genauen Beschreibung der leipziger Handschrift die Rubriken der 40 Titel mit den ersten und letzten Worten des Textes herausgegeben, nachdem schon Assemani dieselben Rubriken und die der Paratitla nach dem Cod. Vatic. 856 veröffentlicht hatte. Zuletzt hat Zachariä v. L. nach Vergleichung der verschiedenen Handschriften, welche das vermehrte Prochirum enthalten, das Rubrikenverzeichniß der 40 Titel, des Anhangs und der Paratitla, den Text der Inscription, der Vorrede und des ersten Titels, sämmtlich mit lateinischer Uebersetzung herausgegeben.

§. 47. *Constantini Harmenopuli Hexabiblos.*

Das Promtuarium des Harmenopulus (auch Prochirum, Hexabiblos genannt) ist die letzte Arbeit von Gewicht, welche im byzantinischen Reiche über das bürgerliche Recht verfaßt worden ist. Der Verfasser selbst gibt uns darüber Auskunft, unter welchen Umständen sein Werk entstanden ist. Er fand, daß das Prochirum des Basilius, Constantinus und Leo dem in der Vorrede angegebenen Zwecke, ein kurzes Handbuch zu sein, in welchem das Nöthige und Nützliche aus den Gesetzen kurz zusammengestellt und nichts Wesentliches, dessen Kenntniß den Meisten nothwendig sei, weggelassen sein sollte, nicht entsprach, indem vieles Nöthige darin fehlte und das darin Enthaltene entweder zu kurz oder in einer dem Zwecke nicht entsprechenden Weise behandelt war. Er unternahm nun eine Arbeit, welche das Prochirum ergänzen sollte, und benutzte dazu sowol die Sammlungen der älteren Gesetze, als die kaiserlichen Novellen, ferner τὰ Ῥωμαϊκὰ τοῦ Μαγίστρου λεγόμενα (die *Πεῖρα*), die formae Praefectorum (ἐπαρχικά) und die besten Handbücher (πρόχειρα). Er theilt mit, daß er zur Unterscheidung des Alten von dem von ihm neu Hinzugefügten verschiedene Zeichen am Rande gesetzt habe, und zwar zur Bezeichnung des Alten, d. h. dessen, was aus dem Basilianischen Prochirum entlehnt ist, τὸ κρονικὸν σημεῖον (signum Saturnium), zur Bezeichnung seiner eigenen Zusätze τὸ ἡλιακὸν σημεῖον (signum Solare). Ferner gibt er an, daß er an der Spitze eines jeden Capitels die Quelle, aus welcher er dasselbe entnommen, genannt habe. In dem größten Theile der bekannten Handschriften sind diese Zeichen und Anmerkungen gänzlich verschwunden; in einigen haben sie sich noch erhalten. Die Hauptgrundlage des Werkes bildet das Prochirum des Basilius, welches sich ganz in demselben wieder findet; es ist aber nicht allein die Reihefolge der Titel des Prochirum ganz bei Seite gesetzt, sondern auch die Eintheilung der Capitel in jedem einzelnen Titel. In der Ausgabe des Werkes von Reitz und Heimbach jun. sind die aus dem Prochirum entlehnten Stellen mit einem Sternchen bezeichnet, und Witte hat in einer eigenen Tabelle die in das Werk aufgenommenen Stellen des Prochirum nachgewiesen. Ueber die außer dem Prochirum benutzten Quellen hat Harmenopulus selbst, wie erwähnt wurde, Auskunft gegeben. Diese Quellen sind: 1) die Synopsis Basilicorum. Harmenopulus spricht zwar vom *πλάτος τῶν νόμων* und *ἑξήκοντα τῶν νομίμων βιβλίων*, sodaß es scheint, als habe er die Basiliken selbst zur Hand gehabt. Allein daß dies nur von der Synopsis Basilicorum zu verstehen sei, ergibt sich daraus, daß gewisse Corruptionen und Weglassungen von Worten, welche in der Synopsis vorkommen, aber nicht in den echten Basiliken, sich bei Harmenopulus wieder finden. Dazu kommt, daß Harmenopulus, welcher aus den von ihm benutzten Quellen mehrere an Einer Stelle befindliche Fragmente zugleich in sein Werk überzutragen pflegt, viele Basilikenstellen, welche sich in der Synopsis in der Ausgabe an einer und derselben Stelle finden, ebenso in seinem Werke zusammengestellt hat. Auch hat Harmenopulus die Ecloga Novellarum Leonis benutzt, welche in den Handschriften einen Anhang der Synopsis zu bilden pflegt. 2) *Αἱ ῥοπαί*, die Schrift über die Zeitabschnitte. Von dieser ist viel in das Werk des Harmenopulus übergegangen. 3) Die *Πεῖρα* (τὰ Ῥωμαϊκὰ τοῦ Μαγίστρου λεγόμενα bei Harmenopulus) ist stark von Harmenopulus benutzt worden. 4) Die Synopsis minor (τὸ μικρὸν κατὰ στοιχεῖον). Bei dieser hat Harmenopulus sich einer Handschrift bedient, welche Auszüge der Novellen der Kaiser am Rande hatte, z. B. des Cod. Laurent. LXXX, 16 und diese Auszüge sind größtentheils in das Werk übergegangen. 5) Die Ecloga des Leo und Constantinus in 18 Titeln ist von Harmenopulus im sechsten Buche stark gebraucht; die daraus entlehnten Stellen sind in den Noten der Heimbach'schen Ausgabe angezeigt. 6) Die Zahlen der bei Harmenopulus sich findenden Novellen Leo des Weisen kommen zum größten Theil mit der Ecloga dieser Novellen (vergl. §. 29) überein. 7) Die Epanagoge ist für die Scholien gebraucht worden; aber auch der größte Theil des Titel 4 des Anhanges περὶ χειροτονίας ἐπισκόπων καὶ πρεσβυτέρων ist aus dieser Quelle geflossen. 8) Die der Protheoria vorausgehende Κατάνευσις ἐπιδοθεῖσα εἰς τοὺς κριτὰς scheint aus dem Anhange des Michael Attaliata entlehnt zu sein, wo sie mehrmals vorkommt, z. B. im Cod. Paris. gr. 1358 fol. 358. A. und 1359 und 1263; sie kann aber auch aus Handschriften des Prochirum entlehnt sein, wo sie zwischen dem πίναξ und der Vorrede zu stehen pflegt, z. B. im Cod. Paris. gr. 1368. 1384 und Vindob. jur. gr. 3 und 7. Sie kommt auch im Cod. Paris. gr. 1356 vor, wo sie hinter dem Tractat περὶ κριτηρίων βασιλικῶν καὶ πατριαρχικῶν καὶ ἐπαρχικῶν, welcher fast ganz in die Scholien des Harmenopulus übergegangen ist, steht. 9) Die Edicta Praefectorum (τὰ ἐπαρχικά), welche Harmenopulus selbst unter den von ihm benutzten Quellen aufführt, sind aus einer Sammlung dieser Edicte von Julianus aus Ascalon (Julianus Ascalonita) entlehnt, welche zum großen Theil in der Hexabiblos lib. IV. tit. 4 de novis operibus sich findet unter der Rubrik: Ἐπαρχικὰ ἀπὸ τῶν τοῦ Ἀσκαλωνίτου Ἰουλιανοῦ τοῦ ἀρχιτέκτονος ἐκ τῶν νόμων ἤτοι ἐθῶν τῶν ἐν Παλαιστίνῃ. Endlich ist von den Synodaldecreten der Patriarchen zu Constantinopel, besonders in den Titeln, welche vom Eherechte handeln, starker Gebrauch gemacht worden. Noch ist zu bemerken, daß im Cod. Paris. 478, welcher am Rande eine Angabe in den Quellen enthält, aus denen Harmenopulus geschöpft hat, einige Fragmente als Excerpte ἐκ τοῦ βιβλίου τοῦ κοιναλίου bezeichnet werden. — Die späteren Interpolationen des Werkes haben fast dieselben Quellen, wie dieses selbst. Der größte Theil dieser untergeschobenen Paragraphen stammt aus der Synopsis oder aus den Basiliken. Aus den Anhängen der Synopsis kommt auch die Stelle bei Harm. II, 4. §. 12. Daß die Urheber der Interpolationen aber auch noch andere Quellen benutzt haben, geht aus Harm. IV, 7. §. 33 und IV, 9. §. 31 hervor; denn die Lücke, welche sich an beiden Stellen nach dem Worte ὑπεισελθεῖν findet, kommt weder in den Basiliken (XXVIII, 13. 1 ed. Heimb. III. p. 346) noch in der Synopsis XXVIII, 15. 2 (ed. Leuncl. p. 231) vor. Von den bisher angegebenen Quellen hat Harmenopulus die Synopsis major und das Prochirum fast wörtlich aufgenommen. So hat Harmenopulus III, 9. 5 die gewöhnliche verdorbene Lesart der Handschriften des Prochirum als τὸ ἐπιλογον und III, 9. 54 hat er dieselbe Lücke, wie die Synopsis XXVIII, 10. 12 (ed. Leuncl. p. 297), in welcher die Worte ὑπομελῆ δὲ ausgefallen sind. Weichen beide Quellen von einander ab, so hat er das Prochirum der Synopsis vorgezogen. Die Synopsis minor und die Ecloga Novellarum Leonis hat er ebenfalls wörtlich benutzt. Ebenso hat er die Auszüge der Novellen, welche er vom Rande der Synopsis minor entlehnt hat, wörtlich aufgenommen und nur die Rubriken dieser Auszüge bisweilen etwas verändert. Anders ist sein Verfahren bei den aus der Πεῖρα aufgenommenen Stellen gewesen. Er hat nämlich die Worte der Πεῖρα häufig mit anderen vertauscht, oder dieselben in das Kurze zusammengezogen. Uebrigens erklärt sich aus dem Verfahren des Harmenopulus, die Worte der von ihm benutzten Quellen beizubehalten, auch der Umstand, daß hier und da in den Auszügen der Novellen Lücken vorkommen, z. B. I, 167.

Die einzelnen Bestandtheile des Werkes sind folgende. Der Titel des Werkes ist: Πρόχειρον νόμων τὸ λεγόμενον ἡ ἑξάβιβλος, συναθροισθὲν πανταχόθεν κατ' ἐκλογὴν καὶ κατ' ἐπιτομὴν οὕτω συντεθὲν παρὰ τοῦ πανσεβάστου νομοφύλακος καὶ κριτοῦ Θεσσαλονίκης Κωνσταντίνου τοῦ Ἀρμενοπούλου. Dem Titel folgt eine Ermahnung an die Richter zur getreuen Verwaltung der Rechtspflege: Κανὼν προκατάστασις ἢ περὶ δικαιοσύνης. Ὁ κρίνειν λαχὼν καὶ κρίσις κ. τ. λ. Dann folgt: Κατάνευσις ἐπιδοθεῖσα εἰς τοὺς κριτὰς παρὰ Λέοντος καὶ Ἀλεξάνδρου, τῶν εὐσεβῶν βασιλέων, eine extravagante Novelle Leo des Weisen und seines Bruders Alexander. Hierauf kommt die Προθεωρία, die Vorrede des Verfassers, mit dem Anfange: Βιβλίον νόμων πολλοῖς πεπόνηται. Daran schließt sich ein Titelverzeichniß des Werkes, πίναξ τῆς ἑξαβίβλου, und dann folgen die 6 Bücher, aus denen das Werk besteht. Diese Bücher handeln nach einander von folgenden Materien: Βιβ. α'. Περὶ νόμων καὶ δικαστικῆς καταστάσεως, ἔτι τε περὶ ἀποκαταστάσεως καὶ ἐλευθεριῶν. Βιβ. β'. Περὶ ἀκινήτων διαφόρων καὶ καινοτομιῶν. Βιβ. γ'. Περὶ ἐκποιήσεως, δανείων τε καὶ κοινωνίας. Βιβ. δ'. Περὶ μνηστείας καὶ γάμων. Βιβ. ε'. Περὶ διαθηκῶν καὶ ἐπιτρόπων. Βιβ. ς'. Περὶ ἐγκλημάτων καὶ ποινῶν. Das erste Buch hat 18 Titel, das zweite 11 Titel, das dritte 11 Titel, das vierte 12 Titel, das fünfte 12 Titel, das sechste 15 Titel. Harmenopulus spricht in der Vorrede, wo er den Plan seines Werkes darlegt, nur von 6 Büchern, aus welchen dasselbe bestehen sollte. In allen Handschriften aber folgen auf den Text der 79 Titel, aus welchen die 6 Bücher bestehen, noch 4 Titel mit folgenden Rubriken: Ἐπιτίμια διάφορα. Τί. α'. Περὶ αἱρέσεων. Τί. β'. Περὶ κανόνων διαφόρων. Τί. γ'. Περὶ σημασίας ὀνομάτων. Τί. δ'. Περὶ χειροτονίας ἐπισκόπων καὶ πρεσβυτέρων. Diesen Titeln folgt in den vollständigen Handschriften eine Subscription. Sie lautet im Cod. Ottobon. 440 vom J. 1345: τέλος τῆς ἑξαβίβλου; im Cod. Constantinop. vom J. 1354: τέλος σὺν θεῷ πάσης τῆς ἑξαβίβλου. Aber in den meisten Handschriften folgt noch unter der Rubrik: Ἐπίμετρον τῆς ἑξαβίβλου ein Supplement, welches aus folgenden Stücken besteht: 1) Θέσπισμα τοῦ μεγάλου Κωνσταντίνου περὶ τοῦ Πάπα Ῥώμης (Constitutio Constantini Magni de Papa Romae). 2) Tres tomi synodici de perduellionibus sub Constantino Porphyrogenita, Manuele Comneno et Michaele Palaeologo. 3) Τοῦ ἁγιωτάτου καὶ σοφωτάτου πατριάρχου κυροῦ Φιλοθέου ἀνατροπὴ τῶν ἀναγεγραμμένων ἀναθεματισμῶν (Sanctissimi et sapientissimi Patriarchae domini Philothei refutatio suprascriptarum execrationum). 4) Νόμοι γεωργικοὶ κατ' ἐκλογὴν βιβλίων τοῦ τῆς θείας λήξεως Ἰουστινιανοῦ βασιλέως. 5) Epitome divinorum sacrorumque canonum. 6) Περὶ πίστεως ὀρθοδόξου von Harmenopulus. 7) Περὶ ὧν οἱ κατὰ καιροὺς αἱρετικοὶ ἐδόξαν von Harmenopulus. 8) Dispositio thronorum per Leonem Imperatorem. 9) Τὰ ὀφφίκια τοῦ παλατίου und: Τὰ ὀφφίκια τῆς μεγάλης ἐκκλησίας eine Hof- und Rangordnung des byzantinischen Kaiserhofs, und ein Verzeichniß der Würden und Aemter bei der Kirche zu Constantinopel nach ihrem Range, welche man dem Harmenopulus zuschreibt. 10) Ordo thronorum ab Imperatore Andronico Secundo Palaeologorum. Ueber die Zeit der Abfassung der Hexabiblos und die Zeit, wann die Anhänge beigefügt sind, wird sich erst handeln lassen, wenn die Handschriften, in welchen sich das Werk findet, näher betrachtet worden sind.

Die Handschriften sind folgende: 1) Cod. Paris. gr. 478 auf Papier, aus dem 15. Jahrhundert, in Folio, von zwei Händen geschrieben, deren erste die Homilien und die Synopsis des Psellus mit Ausnahme der letzten 50 Verse, die zweite aber den Harmenopulus und die letzten Verse des Psellus geschrieben hat. Die Handschrift enthält: a) Homilien; b) fol. 109—182 die Hexabiblos des Harmenopulus mit dem Anhange der 4 Titel und der leges rusticae, aber ohne die drei tomi synodici; c) fol. 235—261 A. die Synopsis legum des Psellus; d) fol. 261 B. 262 αἱ λέξεις τοῦδε τοῦ βιβλίου κατὰ ἀβ. 2) Cod. Paris. gr. 1338, auf Papier, aus dem 15. Jahrhundert; enthält den Matthäus Blastares und von fol. 210 A—372 die Hexabiblos mit Einschluß des Anhangs der 4 Titel. 3) Cod. Paris. gr. 1356 auf Papier, nach Zachariä v. L. aus dem 14. Jahrhundert (nach dem Catalog aus dem 15. Jahrh.), aus 430 Blättern bestehend. Von fol. 304 B. an hat eine zweite Hand die Handschrift bis zu Ende geschrieben. Sie enthält: a) fol. 1 A. ein Fragment eines Glossarium nomikum; b) fol. 1 A—2 die Novelle des Romanus περὶ προτιμήσεως mit dem Anfange Πολλοὶ; c) fol. 3 B. eine Eintheilung der Bücher der Digesten mit dem Anfange Χρὴ γινώσκειν; d) fol. 4—7 das Rubrikenverzeichniß der Hexabiblos; e) fol. 7—9 ein Fragment de obligationibus et actionibus mit dem Anfange Ἰστέον ὅτι; f) fol. 12—274 A. die Hexabiblos des Harmenopulus, mit vorausgeschickten προθεωρίας und καταλόγου ἐκθέσεως; am Ende findet sich der Anhang der 4 Titel und die leges rusticae; g) fol. 275 A. ein Fragment der Epanagoge περὶ ἐπιτρόπων; h) fol. 275 B—302 die Epitome canonum des Harmenopulus; i) fol. 304 B—306 A. die Novelle des Constantinus Porphyrogenita περὶ τῶν ἐν ἐκκλησίαις φονευόντων; k) fol. 306 B—307 A. τὰ ἀξιώματα καὶ ὀφφίκια τοῦ παλατίου; l) fol. 307 B. die constitutio Constantini de Papa Romae; m) fol. 308 B—309 A. τὰ ὀφφίκια τῆς μεγάλης ἐκκλησίας; n) ἡ γεγονυῖα ὑποτύπωσις παρὰ τοῦ βασιλέως κυροῦ Λέοντος τοῦ σοφοῦ ὅπως ἔχουσι τάξεως οἱ θρόνοι; o) fol. 311—340 de nuptiis prohibitis; p) fol. 326 τοῦ πανσεβάστου σεβαστοῦ καὶ κριτοῦ Θεσσαλονίκης κυροῦ Κωνσταντίνου τοῦ Ἀρμενοπούλου περὶ ὧν οἱ κατὰ καιροὺς αἱρετικοὶ ἐδόξασαν, mit dem Anfange Ἡ αἵρεσις τοῦ Ἀρείου; q) die ῥοπαί, die collectio LXXXVII capitulorum, die collectio XXV capitulorum, die Novellen der Kaiser, welche im Anhange der Synopsis stehen und einen Tractat περὶ ἰδικῶν ἀγωγῶν. Die Handschrift enthält mehrere nicht beschriebene Blätter. Das Werk des Harmenopulus ist aus anderen Rechtsquellen vielfach interpolirt; die Interpolationen werden bald durch das Zeichen der Sonne, bald auf andere Art bezeichnet. Diese Ergänzungen sind aus dem Attaliata, der Ecloga des Leo und Constantinus und der Synopsis Basilicorum, und ebenso aus dem Anhange des Attaliata und der Synopsis geschöpft. 4) Cod. Paris. gr. 1360, auf Papier, aus 301 Blättern bestehend. Er enthält: a) die Hexabiblos des Harmenopulus mit 3 Titeln des Anhanges; b) die Constitutio Constantini de Papa Romae und das Uebrige, mit Ausnahme des Briefes des Philotheus; c) die leges rusticae; d) die Epitome canonum des Harmenopulus; e) die Schriften desselben de fide orthodoxa und über die Secten der Häretiker; f) die Dispositio Thronorum von Leo; g) Einiges über die Kleider der Beamten; h) fol. 300 seq. einen Brief des Sophianus mit folgendem Titel: τῷ θεοτιμήτῳ πατρὶ καὶ σοφωτάτῳ διδασκάλῳ τῆς ἐκκλησίας τῷ ἱεράρχῃ φιλαδελφίας ὁ Σοφιανός. Anfang: Ἐμοὶ γε δοκοῦντι; Schluß: μεταπέμπειν. Dann folgt: ἐτελειώθη ἡ παροῦσα βίβλος μηνὶ Δεκεμβρίῳ ιδ΄, ἰνδ. ε΄ ἔτους ͵ςωξ΄ ἡμέρᾳ δ΄ d. i. vom Jahre nach Erschaffung der Welt 6860 nach griechischer Berechnung, 1352 nach Chr. Geb. 5) Cod. Paris. gr. 1361 auf Papier, aus 207 Blättern bestehend, zu Ende defect, nach Zachariä v. L. aus dem 15. Jahrhundert (nach dem Catalog aus dem 14. Jahrh.). Die früheren Bibliotheknummern waren: LXCIII, 1307, 2524. Er enthält: a) die Hexabiblos des Harmenopulus, in deren Mitte die leges rusticae stehen; der Anfang der Hexabiblos ist defect; b) die Constitutio Constantini de Papa Romae mit den drei tomi synodici und dem Briefe des Philotheus; c) des Harmenopulus Epitome canonum und dessen Schriften de fide orthodoxa und über die Secten der Häretiker; d) die officia palatii; e) die Dispositio thronorum von Leo; f) Ἔλεγχος ἀπὸ τῆς πλάνης τῶν Λατίνων θύτου (sic) παρ' ὀλίγου Μαρθαίου μονοτρόπου; g) einige kirchliche Schriften. 6) Cod. Paris. gr. 1362 auf Papier, von den verschiedenen Händen theils im 15., theils im 16. Jahrhundert geschrieben. Er hatte sonst die Zahlen 5, 2013, und gehörte dem Jean Harault Boisteüier. Die Handschrift enthält: a) fol. 1—198 A. die Hexabiblos; b) fol. 198 B—197 die Constitutio Constantini mit den 3 tomi synodici und dem Briefe des Philotheus; c) fol. 198—234 die Epitome canonum des Harmenopulus; d) fol. 234 seq. dessen Schrift de fide orthodoxa; e) dessen Schrift über die Sekten; f) die officia palatii; g) fol. 241—247 die Dispositio thronorum von Leo; h) fol. 248 seq. die Schrift des Diaconus Demetrius Gemistus, Protonotarius der Kirche zu Constantinopel, de liturgia patriarchae. 7) Cod. Paris. gr. 1363 auf Papier, in Folio, zu Rom 1644 von Christophorus Averus geschrieben. Die früheren Bibliotheksnummern sind: DCCLVII, 816. 2022. Er enthält: a) die Hexabiblos des Harmenopulus; b) desselben Epitome canonum und Schriften de fide orthodoxa und über die Sekten; c) die officia palatii; d) die officia ecclesiae; e) die Dispositio thronorum von Leo. 8) Cod. Paris. gr. 1363 A. auf Papier, in Folio, aus dem 17. Jahrhundert. Auf dem letzten Blatte steht folgende Bemerkung: τὸ παρὸν βιβλίον τὸ λεγόμενον νομοκρίτης ἔγραψε ἐν ἔτει ͵αχοα' ἐν μηνὶ Ἰαννουαρίῳ ιβ' διὰ χειρὸς Θεοκλήτου εὐτελοῦς τῶν ἱερομονάχων ἐν τῷ ἁγίῳ ὄρῳ (sic) τοῦ Ἄθωνος, διὰ ἐξόδου δὲ τοῦ πανιερωτάτου ἀρχιερέως κυροῦ Γρηγορίου τοῦ Βατοπαιδινοῦ, οὗ καὶ τὸ κτῆμα ὑπάρχει· καὶ διαγινώσκοντες εὔχεσθε ὑπὲρ ἀμφοτέρων. Inhalt: a) Τόμος καινός. Νεόφυτος ἐλέῳ θεοῦ ἀρχιεπίσκοπος Κωνσταντινουπόλεως νέας Ῥώμης καὶ οἰκουμενικὸς πατριάρχης; handelt über gewisse Ehen. Anfang: Τῆς ἡμῶν μετριότητος προκαθημένης; Schluß: μεγάλης ἐκκλησίας ἐν ἔτει ͵ζρλ' μηνὶ Μαΐῳ ἰνδ. δ'; b) die Hexabiblos des Harmenopulus und dessen Schriften de fide und de sectis, hinter welchen die officia palatii und officia ecclesiae folgen; c) die Dispositio thronorum von Leo; d) der Titel des Prochiron auctum περὶ κεκωλυμένων γάμων. Alles dies ist in griechisch-barbarischer Sprache geschrieben. 9) Cod. Paris. gr. 1356 (olim Colbertinus 4590) auf Papier, aus dem 15. Jahrhundert, in Octav. Er enthält: a) die Hexabiblos des Harmenopulus, die leges rusticae und die beiden ersten Titel des Anhanges; b) desselben Epitome canonum und die Schriften de fide orthodoxa und de sectis; c) die Dispositio thronorum von Leo; d) die officia ecclesiae; e) die officia palatii; f) ein griechisches Glossarium κατὰ στοιχεῖον; g) Ὁμωμοτικὸν τῶν καθολικῶν κριτῶν γεγονὸς καθ' ὃν καιρὸν ἐσφραγίσθησαν. Anfang: Ἐπεὶ ἐξελέγην. Schluß: ἐν ἐξαρκέσει χάριν τούτου. h) Πρόσταγμα ὁμωμοτικόν. Anfang: Ἡ βασιλεία μου τὸ παρόν. Schluß: εἰς τὸ οἰκεῖον δίκαιον. i) Fragmente der Epanagoge de patriarcha et episcopo. Die Hexabiblos ist sehr vermehrt, da sehr viele Scholien vom Rande in den Text gerückt, hier und da den einzelnen Titeln auch unechte Titel beigefügt, und viele Excerpte aus der Ecloga lib. I—X. Basilicorum zwischen den Paragraphen der Hexabiblos eingeschoben sind. 10) Cod. Paris. gr. 1388 auf Papier, in Octav, nach Zachariä v. L. aus dem 14. Jahrhundert (nach dem Katalog aus dem 15. Jahrh.). Er enthält nach anderen Stücken von fol. 21—240 A. die Hexabiblos des Harmenopulus mit dem Anhange der 4 Titel, den 3 tomi synodici und den Brief des Philotheus, und dann noch verschiedene andere Stücke, welche in Handschriften der Hexabiblos beigefügt werden, z. B. die Dispositio thronorum von Leo, die officia ecclesiae et palatii, die leges rusticae, die Epitome canonum des Harmenopulus, dessen Schriften de fide orthodoxa und de sectis. 11) Cod. Paris. gr. 1786 auf Papier, in klein Folio, aus dem 15. Jahrhundert, von zwei Händen geschrieben. Inhalt: a) de officiis palatii capita XII.; b) fol. 61. 62 sind leer; c) fol. 63—200 die Hexabiblos mit der Constitutio Constantini, dem Briefe des Philotheus und der leges rusticae. 12) Cod. Coislin. 154 auf Seidenpapier, aus dem 16. Jahrhundert; enthält die Hexabiblos mit dem Anhange der 4 Titel und die leges rusticae. 13) Cod. Marcian. 182 aus dem 15. Jahrhundert, enthält die Hexabiblos und Nr. 1. 4. 5. 6. 7. 8. 9 der oben angegebenen Stücke und ein lexicon juridicum. 14) Cod. Marcian. 183 aus dem 14. Jahrhundert; er enthält die Hexabiblos mit Nr. 1. 2. 4. 9. 5. 6. 7 und ein lexicon juridicum. 15) Cod. Marcian. 525 aus dem 15. Jahrhundert, enthält vor dem Anhange nur ein Lexicon κατὰ στοιχεῖον. 16) Cod. Marcian. 580 aus dem 14. Jahrhundert; enthält von dem Anhange nur Nr. 5. 17) Cod. Madrit. N. 85 aus dem 15. Jahrhundert. Von fol. 2—235 A. steht die Hexabiblos; vom Anhange sind die N. 1. 2. 3. 4. 5. 6. 7 darin enthalten. 18) Cod. Escorial. Ω. IV, 11, auf Papier, in Quart, aus dem 14. Jahrhundert. Am Anfange steht folgende Bemerkung: ἡ βίβλος αὕτη ἡ ἔχουσα ἐντὸς τὴν τῶν ἱερῶν καὶ θείων νόμων σύνταξιν ἦν τοῦ πανιερωτάτου μητροπολίτου Τραπεζοῦντος καὶ ὑπερτίμου Ἰωσήφ. 19) Cod. Haenel., auf Papier, aus dem Ende des 15. Jahrhunderts, in Quart, besteht in 242 Blättern. Er gehörte früher dem Cardinal Spada. Inhalt: a) fol. 1—233 die Hexabiblos des Harmenopulus mit dem Anhange der 4 Titel; vorausgeschickt sind die κριτῶν προκαταστάσεις ἢ περὶ δικαιοσύνης und die κατάληψις ἐκτεθεῖσα πρὸς κριτάς. Vor jedem Buche steht ein Verzeichniß der darin befindlichen Titel, aber mit Beimischung vieler unechter Rubriken. Hinter dem Anhange der 4 Titel steht fol. 233 A. τάξις οἵα δεῖ κεῖσθαι τῆς ἑξαβίβλου; b) fol. 233 A. steht nach dem Ende der Hexabiblos ein Scholium mit den Anfangsworten: Ἰστέον δὲ ὅτι (abgedruckt bei Heimbach ed. Harm. p. 818); c) fol. 233 A. Θέσπισμα τοῦ μεγάλου Κωνσταντίνου περὶ τοῦ νέας Ῥώμης; d) fol. 234 A. die tres tomi synodici, welche ohne Rubrik mit den Worten: Καὶ εἰς ἀκολουθίαν anfangen; e) fol. 234 B. τοῦ ἁγιωτάτου καὶ σοφωτάτου πατριάρχου κυροῦ Φιλοθέου ἀναγραφὴ τῶν ἐπιγεγραμμένων ἀναθεματισμῶν; f) fol. 236 B—241 A. νόμοι γεωργικοὶ κατ' ἐκλογήν; g) fol. 242 B. die Epitome canonum des Harmenopulus; diese ist nicht vollständig, weil am Ende einige Blätter ausgefallen sind. Die

Handschrift hat zwar nicht viele, aber vorzügliche Scholien, welche aus den in der später zu erwähnenden constantinopolitanischen Handschrift vorhandenen excerpirt sind. 20) Cod. Vatic. 848. 21) Cod. Vatic. 849. 22) Cod. Vatic. 850. 23) Cod. Vatic. 851. 24) Cod. Ottobon. 440 auf Papier, in Quart; enthält die Hexabiblos mit dem Anhange in 3 Titeln. Fol. 205 steht: τέλος τῆς ἑξαβίβλου. ἐτελειώθη τὸ παρὸν βιβλίον μηνὶ Ἰανουαρίῳ ἔτους ͵ϛωνδ΄ d. i. im Jahre 1346 nach Chr. Geb. Außerdem finden sich darin auch andere Schriften des Harmenopulus. Die ganze Handschrift ist von Neuem durchgesehen und verbessert worden von einem ἱερομόναχος Νεόφυτος ἐν ἔτει ͵ζρε΄ d. i. im Jahre 1597 nach Chr. 25) Cod. Palat. 256, enthält vom Anhange Nr. 1. 2. 3. 4. 5. 6. 7. 8. 10. 26) Cod. Palat. 369 enthält vom Anhange Nr. 1. 2. 3. 4. 5. 6. 7. 9. 8. 27) Cod. Taurin. 218 aus dem 16. Jahrhundert, enthält vom Anhange Nr. 1. 2. 3. 4. 28) Cod. Vindob. jur. gr. 10 auf Papier, ziemlich alt, in Quart, aus 324 Blättern bestehend, ist von 3 verschiedenen Händen geschrieben, von denen die zweite von fol. 293, die dritte von fol. 318 an beginnt. Die Handschrift enthält: a) fol. 1—183 die Hexabiblos mit dem signum solare und Saturnium und Scholien am Rande; b) fol. 184 die Constitutio Constantini; c) fol. 184. 185 die drei tomi synodici; d) fol. 185—213 die Epitome canonum des Harmenopulus; e) fol. 213. 214 desselben Schrift de fide orthodoxa; f) fol. 215—218 desselben Schrift de sectis; g) fol. 218 seq. die officia palatii, die Dispositio thronorum von Leo, die officia ecclesiae; h) fol. 221—292 die Rede des Theodorus magister gegen Gregor von Nazianz; i) fol. 293—317 die Rede des Patriarchen Philotheus gegen den Märtyrer Demetrius; k) fol. 318—324 die Homilie des Cyrillus auf die Geburt Christi. 29) Cod. Vindob. jur. gr. 11 aus dem 14. oder 15. Jahrhundert, aus 212 Blättern bestehend. Die Handschrift enthält Excerpte aus der Schrift αἱ ῥοπαί, dann die Hexabiblos mit Bezeichnung der Stellen, woher die einzelnen Fragmente entlehnt sind; enthält vom Anhange Nr. 1. 2. 5. 6. 7. 8. 9. Fol. 105 B. steht folgende Bemerkung über die Zeit der Abfassung der Hexabiblos: Τὸ παρὸν ὅλον τοῦτο βιβλίον τῶν τε θείων καὶ φιλανθρώπων νόμων καὶ τῶν ἱερῶν καὶ θείων κανόνων συνετέθη πολλῷ κόπῳ καὶ οὕτως ἀφιερώθη παρὰ τοῦ πανσεβάστου νομοφύλακος τοῦ κριτοῦ βασιλικοῦ σεκρέτου καὶ κριτοῦ τῆς θεοσώστου πόλεως Θεσσαλονίκης κυροῦ Κωνσταντίνου τοῦ Ἀρμενοπούλου, ἐπὶ τῆς βασιλείας τῆς εὐσεβεστάτης καὶ φιλοχρίστου δεσποίνης ἡμῶν καὶ αὐτοκρατορίσσης κυρᾶς Ἄννης τῆς Παλαιολογίνης καὶ τοῦ ἐρασμιωτάτου ταύτης υἱοῦ τοῦ εὐσεβεστάτου καὶ φιλοχρίστου βασιλέως ἡμῶν καὶ αὐτοκράτορος Ῥωμαίων κυροῦ Ἰωάννου τοῦ Παλαιολόγου, ἐν ἔτει ἀπὸ κτίσεως κόσμου ͵ϛωνγ΄ ἰνδ. ιγ΄, d. i. im Jahre der Welt 6853 (1345 nach Chr.). Nach Lambecius soll diese Bemerkung vom Patriarchen Philotheus herrühren, in der Handschrift steht aber Nichts davon. Vom Anhange enthält der Codex Nr. 4. Dissertatio de jejunii origine, 5. 6. 1. 9. 8. 29) Cod. Vindob. jur. gr. 12 aus dem 14. oder 15. Jahrhundert, enthält vom Anhange Nr. 5. 1. 9. Fol. 116 B. steht folgende Bemerkung: ἐν μηνὶ φεβρουαρίῳ ιβ΄, ἰνδ. ιγ΄. 30) Cod. Vindob. histor. gr. 53 aus dem 15. Jahrhundert; scheint im J. 1430 nach Chr. geschrieben zu sein; enthält von fol. 177—317 die Hexabiblos; vom Anhange stehen darin Nr. 2. 3 tomus unionis Constantini 10. 9 und Glossae juridicae. 31) Cod. Laurent. LXXXI, 19 aus dem 15. Jahrhundert, enthält außer der Hexabiblos vom Anhange Nr. 5. 6. 32) Cod. Laurent. LXXXIX, 65 aus dem 15. Jahrhundert, enthält außer der Hexabiblos vom Anhange Nr. 5. 6. 7. 4. 33) Cod. Bodlej. 149 auf Papier, in Folio, aus 201 Blättern bestehend. Der Inhalt, soweit er sich auf Harmenopulus bezieht, ist folgender. Fol. 11. B.—14. B. stehen sieben auf die Hexabiblos sich beziehende Scholien, nämlich: ἀρχὴ εἰς τὸν περὶ ἀναστάσεως φόνου καὶ ἀποφάσεως τίτλον α΄. Anfang: ἐκ τῶν νομίμων. Schluß: κατεδίκαζεν ἀξίωμα. — εἰς τὸν περὶ ἀνδρῶν καὶ γυναικῶν τίτλον β΄. Anfang: ἐκ τῶν νομίμων …. συνάγεται εἰ μὲν καλῶς εἴσεται. Schluß: διαβαίνει. — εἰς τὸν περὶ ἀπαγγελίας τίτλον γ΄. Anfang: ἐκ τῶν …. σύνηθες ὅτι ἡ ἀπαγγελία. Schluß: δύναται. — εἰς τὸν περὶ πράσεως καὶ ἀγορᾶς τίτλον δ΄. Anfang: ἐκ κεφαλαίου ὅτι ἐστὶ [illegible] ἢ κατὰ συναίνεσιν. Schluß: τῆς ἑτέρας. — εἰς τὸν περὶ τόκων τίτλον ε΄. — εἰς τὸν περὶ κληρονόμων τίτλον ζ΄. — εἰς τὸν περὶ δικαίου χρονικοῦ τίτλον ς΄. Anfang: τὰ δύο ταῦτα; Schluß: δίδοται. Fol. 14. B.—167. B. steht die Hexabiblos mit ihren protheoriae und Vorreden, am Ende die Constitutio Constantini und die 3 tomi synodici; fol. 168—200 die Epitome canonum des Harmenopulus, dessen Schriften de fide orthodoxa und de sectis, die officia palatii, die Dispositio thronorum von Leo, die officia ecclesiae; fol. 200. A.—204 die leges rusticae. Fol. 204. B. findet sich folgende Bemerkung: ἐτελειώθη ἡ παροῦσα βίβλος ἔτους ͵ϛϡλγ΄ ἰνδ. γ΄ μηνὶ Μαΐῳ κγ΄, d. i. im J. 1425 nach Chr. 34) Cod. Middlehil. (olim Meerm. 172) auf Seidenpapier, enthält die Hexabiblos mit dem Anhange der 4 Titel; ferner die Constitutio Constantini, die 3 tomi synodici, den Brief des Philotheus und die leges rusticae. Der Schluß ist: τέλος τοῦ βιβλίου. ͵ζμθ (1541) ἐτελειώθη τὸ παρὸν βιβλίον ἐν [illegible] καὶ γενομένου. Dann folgt: Λέξεις κατὰ στοιχεῖον, ἑρμηνεῦον τὰς Ῥωμαϊκὰς λέξεις τὰς ἐν τῷ νόμῳ κειμένας. 35) Cod. Ambros. C. 5. 36) Cod. Mosquens. 41. 37) Cod. Mosquens. 44. 38) Cod. Mosquens. 45, im J. 1541 geschrieben; denn er enthält die Bemerkung: ἐτελειώθη δὲ ἐν μηνὶ Δεκεμβρίῳ τῆς ιδ΄. ἰνδ. τοῦ ͵ζμθ΄ ἔτους. 39) Cod. τῆς μονῆς τοῦ Διονυσίου auf dem Berge Athos, auf Papier, in Octav, aus dem 14. Jahrhundert, hat die Hexabiblos mit Anhängen. 40) Cod. τῆς μονῆς τῶν Ἰβήρων 23, ebendaselbst, auf Papier, in Folio, aus dem 16. Jahrhundert, ist zu Anfange defect; enthält von der Hexabiblos nur das erste Buch. 41) Cod. τῆς μονῆς τῆς ἁγίας

Λαύρας 33 ebendaselbst, auf Papier, in Octav, aus dem 14. Jahrh.; enthält die Hexabiblos mit dem Anhange. 42) Cod. *τῆς μονῆς τῆς ἁγίας Λαύρας* 34 auf Papier, in Octav, aus dem 14. Jahrh.; enthält die Hexabiblos des Harmenopulus mit dem Anhange, desselben Epitome canonum und Schrift de fide orthodoxa, die Dispositio thronorum. 43) Cod. *τῆς μονῆς τῆς ἁγίας Λαύρας* 35 auf Papier, in Quart, enthält blos die Hexabiblos und die Bemerkung: *͵αψκθ΄ ἐγράφη* (1729 geschrieben). 44) Cod. Constantinop. *τοῦ ἁγίου τάφου* 1 auf Pergament, in Quart, jetzt aus 222 Blättern bestehend, am Anfange defect; auch sind in der Mitte hier und da einige Blätter ausgefallen. Inhalt: fol. 1—210 die Hexabiblos mit dem Anhange der 4 Titel. Fol. 200. B. steht folgende Bemerkung: *Τέλος σὺν θεῷ πάσης τῆς ἑξαβίβλου. ἐτελειώθη τὸ παρὸν βιβλίον μηνὶ Δεκεμβρίῳ ἰνδ. ζ΄. ἔτους ͵ϛωξβ΄· — οἱ ἀναγινώσκοντες εὔχεσθαι* (l. *εὔχεσθε*) *διὰ τὸν κάμοντα.* Hiernach ist die Handschrift im Jahre der Welt 6862 (d. i. 1354 nach Chr.) geschrieben. Fol. 211 seq. sind von neuerer Hand geschrieben; sie enthalten die Constitutio Constantini, die 3 tomi synodici, die leges rusticae, die Schriften des Harmenopulus de orthodoxa fide und de sectis, die officia Palatii und Dispositio thronorum. Die Handschrift ist hauptsächlich [illegible] die reichen Scholien am Rande, welche auch bisweilen in den Text gekommen sind, wichtig. 45) Cod. Constantinop. *τοῦ ἁγίου τάφου* 2 auf Papier, in Folio, aus dem 14. Jahrhundert, enthält die Hexabiblos und die kleineren Schriften des Harmenopulus.

Die Zeit der Abfassung der Hexabiblos ist sehr bestritten gewesen. Die früher allgemein verbreitete Ansicht war für die Zeit der Abfassung in der Mitte des 12. Jahrhunderts. Dieser Ansicht aber eine so frühe Zeit der Abfassung steht schon der gewichtige Umstand entgegen, daß unter den zahlreichen Handschriften keine einzige bis in das 12. Jahrhundert hinaufreicht. Auf Grund der im Cod. Vindob. jur. gr. 11 (siehe oben Nr. 29) befindlichen Bemerkung nahm man später allgemein an, daß Harmenopulus die Hexabiblos und die Epitome canonum unter der Regierung der Kaiserin Anna Paläologina und ihres Sohnes Johannes Paläologus im Jahre der Welt 6853, d. i. 1345 nach Chr. abgefaßt haben. Die Richtigkeit dieser Nachricht ist aber deshalb zu bezweifeln, weil der Cod. Ottobon. 440 am Schlusse die Bemerkung hat: *'Ἐτελειώθη τὸ παρὸν βιβλίον μηνὶ Ἰανουαρίῳ ἰνδ. ιγ΄ ἔτους ͵ϛωνγ΄.* Nach dem constanten Sprachgebrauche der griechischen Schreiber bedeutet dieses, daß der Schreiber mit der Abschrift, nicht aber daß der Verfasser mit der Ausarbeitung des Buches im J. 1345 fertig geworden sei. Auf die Vollendung des Buches durch Harmenopulus kann die Notiz auch deshalb nicht füglich bezogen werden, weil dann schwerlich sogar der Monat (Januar) angegeben sein würde. Ist aber schon im Januar 1345 eine mehrere Wochen erfordernde Abschrift der Hexabiblos fertig geworden, so kann dieses Werk selbst nicht erst im J. 1345 abgefaßt worden sein. Das Wahrscheinlichste ist, daß irgend Jemand die Bemerkung im Cod. Ottobon. 440 misverstanden und daraus die irrige chronologische Bemerkung im Cod. Vindob. 11 gemacht habe. Hiernach ist die Hexabiblos jedenfalls vor 1345 abgefaßt. In der Hexabiblos selbst kommen an mehreren Stellen (V, 8. §. 9. 95. VI, 3. §. 8. VI, 6. §. 6) Auszüge aus einer sogenannten Novelle des Patriarchen Athanasius vom J. 1305 vor. Die Hexabiblos ist also nach 1305 vollendet worden, aber wol erst länger nachher, da Athanasius nicht als regierend und lebend erwähnt wird und derselbe erst lange nach 1305 den patriarchalischen Thron mit der Klosterzelle vertauschte. Geht man zu der Frage über, inwiefern das, was der Hexabiblos vorangeht, und was ihr in den Handschriften folgt, von Harmenopulus herrührt oder nicht, so ist 1) die *κριτῶν προπαρασκευὴ* oder praeparatio judicum, welche sich in allen Handschriften der Hexabiblos findet, ohne Zweifel eine Arbeit des Harmenopulus selbst; denn zu dieser judicum praeparatio findet sich im Cod. Haenel. folgendes Scholium: *γέγονε δὲ καὶ αὕτη* (sc. *ἡ κριτῶν προπαρασκευὴ*) *παρὰ τοῦ τὸ βιβλίον τοῦτο συντεταχότος.* 2) Der Anhang der 4 Titel, welcher mit dem sechsten Buche der Hexabiblos verbunden zu werden pflegt, ist nach den ältesten Handschriften ebenfalls von Harmenopulus beigefügt. Denn der Cod. Ottobon. 440 von 1345 hat unter diesen Anhang bemerkt: *τέλος τῆς ἑξαβίβλου.* Ferner hat der Cod. Constantinop. von 1354 den Anhang der 4 Titel nicht allein in das allgemeine Titelverzeichniß der ganzen Hexabiblos, welches auf die protheoria folgt, gestellt, sondern auch in das specielle Titelverzeichniß des sechsten Buches aufgenommen; endlich hat dieselbe Handschrift am Ende dieses Anhanges die Subscription: *τέλος σὺν θεῷ πάσης τῆς ἑξαβίβλου.* Auch andere Handschriften haben dieselbe Subscription an derselben Stelle, z. B. der Cod. Palatinus Salmasii und der Cod. Haenelianus. Harmenopulus scheint aber den Anhang der 4 Titel erst bei einer zweiten Ausgabe der Hexabiblos beigefügt zu haben. Denn dieser Anhang hat andere Zahlen, als die übrigen Titel des sechsten Buches. Uebrigens steht die Zahl der Titel des Anhangs nicht fest. Zwar hat der Cod. Constantinop. von 1354 4 Titel, was auch die übrigen Handschriften meistens bestätigen; allein in noch älteren, wie im Cod. Ottobon. 440 von 1345 und Paris. 1360 von 1352 finden sich nur 3 Titel. 3) Das sogenannte Epimetrum Harmenopuli, welches die Constitutio Constantini de Papa Romae, die 3 tomi synodici und den Brief des Philotheus an den Harmenopulus enthält, soll nach Zachariä v. L. nach dem J. 1354 von Harmenopulus selbst beigefügt worden sein. Die Hexabiblos schließt nämlich in dem Cod. Ottobon. von 1345 mit den 3 *τόμοι συνοδικοί*, welche Empörer mit dem Anathem belegen. Zachariä v. L. hält dies für das ursprüngliche Ende des Werkes, und vermuthet, Harmenopulus habe sein Werk in dieser Gestalt dem im J. 1354 erwählten Patriarchen Philotheus (vielleicht zur Approbation) vorgelegt, und hierauf von demselben ein Antwortschreiben erhalten, worin darauf aufmerksam gemacht wird, daß jene *τόμοι συνοδικοί* auf irrigen Grundfügen beruhen und unpraktisch seien. Dieses Antwortschreiben schließe mit den Worten ἐντάξαι συγγράμμασιν; das darauf folgende: „ἀλλ' ἐγὼ τὸ ἔλλειπον τῷ τοῦ φίλου συγγράμματι προσαναπληρῶ ἤδη καὶ οἶμαι, ὡς οὐ φορτικός, ἀλλ' οὐδὲ περιττός δόξω, τἀναγκαῖα καὶ δίκαια κατὰ πᾶσαν ἀνάγκην ποιῶν," sei offenbar ein Zusatz von Harmenopulus selbst, welcher die weitere Begründung der von dem Patriarchen gemachten Bemerkungen (statt: τὸ ἔλλειπον τῷ τοῦ φίλου συγγράμματι möchte zu lesen sein: ἐν τῷ τοῦ φιλοβίβλου γράμματι) nachtrage. Mit diesem Zusatze scheine Harmenopulus selbst das Schreiben des Philotheus seiner Hexabiblos am Schlusse beigefügt zu haben, und an dieser Stelle finde es sich in den jüngeren Handschriften (der Cod. Paris. 1360 von 1352 und Cod. Constantinop. von 1354 enthalten es noch nicht). Diese Umstände berechtigten zu dem Schlusse, daß die Hexabiblos im J. 1354 noch ein ziemlich neues Werk gewesen und besonders von da an durch Harmenopulus verbreitet worden sein müsse; sonst würde sie nicht erst noch dem Patriarchen überreicht und von diesem kritisirt worden sein; sonst würden nicht die meisten Handschriften den Nachtrag zu den 3 τόμοι συνοδικοί erhalten haben. Von dieser Vermuthung kann nur so viel gegeben werden, daß die Hexabiblos 1354 noch ein ziemlich neues Werk gewesen sein muß, und daß Harmenopulus selbst die 3 tomi synodici seinem Werke beigefügt habe. Alles Uebrige ist aber zu verneinen. Zwar können die von Heimbach jun. gegen diese Vermuthung geltend gemachten Gründe nicht für ausreichend erachtet werden. Dieselben sind folgende. Die älteste Handschrift, der Cod. Ottobon. 440 von 1345 hat das Epimetrum Harmenopuli nicht, sondern fügt dem Anhange der 4 Titel, mit welchem die Hexabiblos endigt, sofort die Bemerkung der Zeit, wann die Handschrift geschrieben ist, bei. Dies beweist zwar, daß zu der Zeit, wo jene Handschrift abgeschrieben wurde, das Epimetrum noch nicht der Hexabiblos beigefügt war, schließt aber die Möglichkeit einer späteren Beifügung nicht aus. Dasselbe gilt von der im Cod. Constantinop. von 1354 nach dem Anhange der 4 Titel beigefügten Schlußbemerkung über die Zeit, zu welcher die Handschrift geschrieben ist. Wenn weiter Heimbach jun. darauf Gewicht legt, daß in letzterer Handschrift die Epimetra, unter welchen der Brief des Philotheus sich nicht befindet, von neuerer Hand, nicht von derselben, welche die Hexabiblos geschrieben hat, geschrieben sind, so beweist dies auch nur, daß die Epimetra nicht ursprünglich zur Hexabiblos gehört haben, sondern später beigefügt sind, schließt aber die Möglichkeit einer späteren Beifügung durch Harmenopulus bei einer späteren Ausgabe der Hexabiblos nicht aus. Daß sich der Brief des Philotheus in den drei ältesten Handschriften von 1345, 1352 und 1354 nicht findet, erklärt sich ganz natürlich daraus, daß der Brief des Philotheus erst nach 1354 geschrieben sein kann, da Philotheus erst in diesem Jahre zum Patriarchen gewählt wurde. Allein nach dem ganzen Zusammenhange des Briefes des Philotheus kann man nicht mit den Worten ἐντάξαι συγγράμμασιν den Schluß eines Antwortschreibens des Philotheus auf die ihm von Harmenopulus angeblich vorgelegte Hexabiblos finden, und die darauf folgenden oben hervorgehobenen Worte: ἀλλ' ἐγὼ κ. τ. λ. sind nicht ein Zusatz von Harmenopulus, sondern rühren ebenso, wie das Vorhergehende, von Philotheus her, welcher das, was er an der Schrift seines Freundes (des Harmenopulus) vermißt und tadelt, nachträgt und verbessert. Dies geht ganz offenbar aus den Worten καὶ οἶμαι κ. τ. λ. hervor; denn so konnte Harmenopulus von sich nicht sprechen, wol aber Philotheus. Auch zeigt die ganze folgende Deduction, daß Philotheus es ist, welcher seine im Anfange des Briefes aufgestellte Behauptung von der Unanwendbarkeit jener tomi synodici näher begründet. Dagegen kann aus dem Briefe des Philotheus bestimmt geschlossen werden, daß Harmenopulus selbst die tomi synodici der Hexabiblos beigefügt habe; denn in dem Briefe des Philotheus heißt es bestimmt: ἢ γοῦν κανόνα προσγράψαι τοῖς ὀφείλουσιν ἐκείνοις περὶ τῶν νόμων ἔργοις, ἢ μετὰ ταῦτα τοῖς παλαιοτέροις σου καὶ συνοδικοῖς ἐντάξαι συγγράμμασιν. Und zwar ist diese Beifügung sofort bei der ersten Ausgabe der Hexabiblos und vor 1354 erfolgt, da der Brief des Philotheus erst nach diesem Jahre geschrieben ist. Daß überhaupt eine zweite Ausgabe der Hexabiblos von Harmenopulus veranstaltet worden ist, ergibt sich daraus, daß der Anhang der 4 Titel andere Zahlen hat, als die übrigen Titel des sechsten Buches. 4) Die leges rusticae sind wol auch nicht von Harmenopulus der Hexabiblos beigefügt. Dagegen spricht, daß sie im Cod. Ottobon. 440 von 1345 keinen Theil dieses Werkes ausmachen; ferner daß sie im Cod. Paris. 1360 von 1352 nicht mit dem Werke selbst, sondern mit den übrigen Stücken des Epimetrum verbunden sind, auch in dem Cod. Constantinop. von 1354 nach dem dort bemerkten Ende der Hexabiblos und nach der dort ersichtlichen Bemerkung über die Zeit, zu welcher die Handschrift geschrieben ist, von zweiter Hand nach den übrigen Stücken des Epimetrum beigefügt sind. Dazu kommt, daß die leges rusticae weder nach dem allgemeinen Titelverzeichniß der Hexabiblos, welches der procemia folgt, noch nach dem speciellen Titelverzeichniß des sechsten Buches jemals einen Theil des Werkes ausgemacht haben. Endlich ist nicht unerwähnt zu lassen, daß in manchen Handschriften die leges rusticae entweder im Texte der Hexabiblos stehen, oder zwischen dem Titel 15 des sechsten Buches und dem Anhange der 4 Titel eingeschoben sind, z. B. im Cod. Paris. 1361 aus dem 16. Jahrhundert, welcher der ersten Ausgabe von Suallemberg zum Grunde liegt.

Die Scholien zur Hexabiblos rühren zum großen Theil von Harmenopulus selbst her. Andere dagegen haben ebenso gewiß ihn nicht zum Verfasser, z. B. diejenigen, welche bemerken, daß das eine oder andere Stück der Hexabiblos außer Gebrauch gekommen sei (s. Schol. zu I, 13. 20), und diejenigen, welche aus den Basiliken an eine Stelle gesetzt sind, wohin sie gar nicht gehören (s. Schol. zu I, 4. 54).

Die Ausgaben der Hexabiblos sind zahlreich. Die erste, ganz griechisch, ist von Suallemberg von 1540. Ueber die Handschriften, welcher er sich bedient hat, wird in der Vorrede Nichts gesagt; die von ihm benutzte Handschrift ist aber der Cod. Paris. gr. 1361. In der Ausgabe fehlt der Titel 4 des Anhanges περὶ χειροτονίας ἐπισκόπων καὶ κληρικῶν. Die erste lateinische Uebersetzung nach dieser Ausgabe gab 1547 Bernardus de Rey. Diese Uebersetzung erschien nochmals 1549, von Joh. Raymundus besorgt, und diese neue Ausgabe wurde zweimal wieder abgedruckt. Im J. 1556 gab Johannes Mercerus eine neue Uebersetzung des Harmenopulus; er war aber kein Jurist, und hat nur die erste lateinische Uebersetzung durchgesehen; seine Noten sind nicht ohne Werth. Dionysius Gothofredus gab zum ersten Mal den griechischen Text mit lateinischer Uebersetzung, ersteren nach der editio princeps, letztere nach Mercerus. Er fügte den Noten des Letzteren einige neue Bemerkungen hinzu; er gab Paratitla zu jedem Titel, die Vergleichung einer Handschrift von Jacobus Leccius und ein griechisches Glossarium der dem Harmenopulus eigenthümlichen Redensarten. Obgleich diese Ausgabe unbestrittene Vorzüge vor den früheren hatte, so nahm doch der Text des Harmenopulus die Aufmerksamkeit der Gelehrten fortwährend in Anspruch. Henr. Ernstius zählt 1665 in dem index scriptorum, welcher mit seiner Dissertation de vera philosophia erschien, unter seinen angefangenen Werken auf: Harmenopuli Promtuarium juris e Ms. Graeco auctum, emendatum et notis illustratum. Er hatte dabei die florentiner Handschrift benutzt; er starb aber vor der Ausführung seiner Absicht. Ebenso hatte Abraham Haverkamp, Verfasser einer geschätzten Abhandlung über Harmenopulus, die Absicht, die Hexabiblos neu herauszugeben, ohne, daß bekannt ist, weshalb er sein Vorhaben nicht ausführte. Später wurde David Rhunken durch Gerard Meerman bestimmt, sich einer Ausgabe des Harmenopulus zu unterziehen; es kam aber eine solche nicht zu Stande. Hierauf unterzog sich Wilhelm Otto Reitz einer neuen Ausgabe des Harmenopulus. Die Hülfsmittel, welche er zur Verfügung hatte, waren lange Zeit durch Meerman vorbereitet. Außer den beiden Handschriften, welche sich in der Bibliothek des letzteren befanden, erhielt Reitz von demselben 6 Exemplare der editio princeps mitgetheilt, welche mehreren berühmten Juristen gehört hatten, und in welchen sich Noten von Emanuel Soarez a Ribeira, Contius, Andreas Pena, Petrus Sommrius, Scaliger, Cujacius, Ritter und drei anderen Ungenannten befanden. Durch Rhunken erhielt er eine Abschrift der Observationes et Emendationes in Harmenopuli Prochiron juris von Gerard Falkenburg, und durch Haverkamp ein Exemplar der Ausgabe von Gothofredus mit den Noten von Salmasius und Haverkamp selbst und einer Vergleichung der Codicum Palatini, sowie mit dem noch nicht herausgegebenen Titel περὶ χειροτονίας ἐπισκόπων καὶ πρεσβυτέρων. Reitz starb vor Veröffentlichung der Ausgabe 1769; die von ihm geschriebene Vorrede ist vom 1768. Sein Sohn, Conrad Reitz, erhielt den Auftrag, die Arbeiten seines Vaters fortzusetzen; allein bald (1771) starb auch Meerman, und dies verzögerte die Veröffentlichung der Ausgabe bis 1780, wo sie im Supplementum oder Tom. VIII. des Meermanischen Thesaurus juris erschien. In der Vorrede zeigt Reitz zuerst, daß Harmenopulus das Prochiron von Basilius benutzt habe, was bisher bestritten war. Er ließ die Vorreden der früheren Herausgeber und Uebersetzer wieder abdrucken, und gab zum ersten Mal den bisher unedirten Titel περὶ χειροτονίας ἐπισκόπων καὶ πρεσβυτέρων. Seine Ausgabe enthält auch alle herausgegebenen und nicht herausgegebenen Anmerkungen der von Meerman gesammelten Exemplare. Die lateinische Uebersetzung ist ganz neu und das Gothofredische Glossarium mit einer großen Zahl Wörter vermehrt. Eine neue Ausgabe des Harmenopulus erschien 1835 zu Athen. Die neueste und beste Ausgabe erschien von Heimbach jun. 1851 zu Leipzig. Außer den von Reitz benutzten Hülfsmitteln sind 2 Handschriften gebraucht worden, der Cod. Constantinop. von 1354 und der Cod. Haenelianus. Ein Hauptbestreben des Herausgebers ist gewesen, die unechten Stücke, welche durch spätere Interpolationen in den Text gekommen waren, mit Hülfe der zuerst gedachten Handschrift, entweder ganz wegzulassen, oder wenigstens in die kritischen Anmerkungen zu verweisen, sowie auch die in den Text eingeschlichenen Scholien daraus zu entfernen, was ebenfalls mit Hilfe jener Handschrift möglich war. Die Ausgabe hat viel neue Scholien, theils aus beiden erwähnten Handschriften, theils aus dem Cod. Bodlej. 149. Die Hauptgrundlage für die Ausgabe bildet der Cod. Constantinop. von 1354, als die älteste der Handschriften, welche dem Herausgeber zu Gebote standen. Die lateinische Uebersetzung von Reitz ist beibehalten und nur da geändert, wo der Text anders festgestellt worden ist. Eine dankenswerthe Zugabe sind die Parallelstellen aus den Quellen des vorjustinianeischen und Justinianeischen Rechts zu den einzelnen Paragraphen der Hexabiblos.

Das Werk des Harmenopulus gelangte bald im byzantinischen Reiche zu hohem Ansehen. Es wurde bald die Grundlage neuer juristischer Arbeiten, von welchen einige noch vorhanden sind, der größte Theil aber verloren gegangen ist. So enthält der Cod. Paris. 1356 eine wirkliche vermehrte Ausgabe der Hexabiblos durch Excerpte aus der Ecloga privata, Synopsis Basilicorum, Synopsis des Michael Psellus und aus dem πόνημα νομικόν des Michael Attaliata. Der Cod. Paris. 1388 enthält ebenfalls eine vermehrte Ausgabe, in welcher aber nur von der Ecloga lib. I—X Basilicorum Gebrauch gemacht worden ist. Auch nach dem Untergange des byzantinischen Reiches verlor die Hexabiblos Nichts von ihrem Ansehen. Sie wurde in das Neugriechische übersetzt. Eine Handschrift von 1606, welche sich in der erzbischöflichen Bibliothek zu Trapezunt befindet, enthält eine Uebersetzung in die lingua vulgaris von der Hexabiblos, sowie von der Synopsis minor, welche von dem Protonotarius Theodorus Zygomalas herrührt. Im J. 1671 verfaßte der Mönch Theokletus auf dem Berge Athos eine andere Uebersetzung, deren Originalhandschrift sich in der königl. Bibliothek zu Paris als Cod. 1363 A. findet. Später wurde eine neue Uebersetzung in die lingua vulgaris von einem Unbekannten abgefaßt, welche auf Befehl des Metropoliten von Heraclea, Gerasimus, von Alexius Spanos verbessert, auf Kosten des Ersteren 1744 zu Venedig *παρὰ Νικολάῳ Γλυκεῖ* in Quart erschien mit einem Briefe des Gerasimus an die Leser. Diese Uebersetzung wurde wieder abgedruckt zu Venedig 1766. 4., dann durch Demetrius Theodosius zu Venedig 1777. 4., ferner ebendaselbst 1805 und 1820. 4., das letzte Mal *ἐν τῇ τυπογραφίᾳ Πάνου Θεοδοσίου τοῦ ἐξ Ἰωαννίνων*. Eine neue Ausgabe besorgte Clonares 1833 zu Nauplia.

§. 48. Kleinere juristische Schriften.

1) *Tractatus de peculiis*. Diese Abhandlung findet sich in folgenden Handschriften: a) Cod. Bonon. 80 aus dem 16. Jahrhundert, eine Abschrift der florentiner Novellenhandschrift mit ihrem Anhange. Der Tractat de peculiis befindet sich fol. 933—957, ohne daß ein besonderer Titel dieses Werkchens in der Handschrift vorkommt. b) Cod. Marcian. 174, auf Pergament, aus dem 13. Jahrhundert, in Folio, aus 326 Blättern bestehend. Die Schrift de peculiis befindet sich fol. 28—33, ohne einen besonderen Titel zu haben. c) Cod. Paris. gr. 1351 auf Papier, aus dem 15. Jahrhundert, aus 472 Blättern bestehend. Die Schrift de peculiis steht fol. 196 A — 203 A, hat aber auch keinen besonderen Titel, sondern beginnt mit *προοίμιον τοῦ λόγου*, i. e. initium tractatus. Die Schrift beginnt: *Μακάριον ἦν ἂν καὶ τῷ νόμῳ συμφέρον*, und schließt: *καταλιμπάνειν τῷ πατρὶ τοῦ παιδίου*. Der Titel der Schrift ist unbekannt. Denn das *προοίμιον τοῦ λόγου*, was in der pariser Handschrift voransteht, kommt in den übrigen Handschriften nicht vor, und kann nur auf das erste Capitel der Schrift bezogen werden. Der unbekannte Verfasser erinnert erst die mit der Rechtswissenschaft sich Beschäftigenden daran, daß diese Wissenschaft eine große und schwer zu erlernende sei, tadelt dann die Unbesonnenheit derjenigen, welche, ehe sie die gehörige Kenntniß des Rechts erworben haben, sich mit der Entscheidung von Rechtssachen beschäftigen, geht dann zur Lösung der Frage über das Erbrecht des Vaters in das Peculium der seiner Gewalt unterworfenen Kinder sowol aus den alten Gesetzen, als aus den Novellen über. Als Belegstellen citirt er Stellen der Basiliken; er beruft sich aber auch auf die Justinianeischen Rechtsbücher und deren griechische Bearbeitungen selbst, wie auf Theophilus und die alten Novellenausleger Theodorus und Symbatius. Ohne Zweifel ist daher die Abfassung der Schrift in die Zeit zu versetzen, wo die Basiliken schon existirten, aber die Justinianeischen Rechtsbücher von diesen noch nicht verdrängt waren, also vor das 12. Jahrhundert. Auch das Alter der Handschriften steht dieser Annahme nicht entgegen; denn der Cod. Marcian. 174 ist aus dem 13. Jahrhundert. Auch die Verbindung der Schrift mit der Synopsis Basilicorum in der pariser Handschrift stimmt mit dieser Zeitannahme überein, da diese Verbindung mit der Synopsis im Anfange des 13. Jahrhunderts geschehen ist. Daß der Verfasser ein tüchtiger Jurist war, zeigt seine Klage über die Juristen seiner Zeit, sowie die Beschaffenheit und der Inhalt seiner Schrift, namentlich die Anwendung der historischen Auslegungsmethode bei der Erklärung der Basilikenstellen. Ueber die Schicksale und die Geschichte der Schrift läßt sich wenig sagen. Im Cod. Marcian. 174 ist die Schrift mit der Synopsis Basilicorum verbunden, und macht einen Theil des Anhanges derselben aus. Dieser Anhang ist gegen Ende des 10. Jahrhunderts abgefaßt. Auch in der pariser Handschrift ist die Schrift mit der Synopsis verbunden; diese Verbindung ist aber auf andere Weise erfolgt. Sie ist nämlich dort ganz unter die Glossen der Synopsis aufgenommen, was durch das alte in der pariser Handschrift befindliche Scholium bestätigt wird: *ὅπερ ἐστὶ λόγος ἐν ἰδίῳ σχολίῳ ἐντεθὲν τεθεὶς ἐν τῷ παρόντι ις΄ κεφ. καὶ ἀκολουθῶν τοῖς προτεταγμένοις σημείοις ἀναγραφέντος τούτου κατὰ στοιχεῖον*, d. h. diese Schrift ist Eine, welche hier in der Form der Scholien zu cap. 16 (litterae ις΄) der Synopsis beigefügt ist und den vorgesetzten Zeichen folgt. *Σημεῖα* sind, wie Zachariä v. L. bemerkt hat, die am Rande der pariser Handschrift geschriebenen Buchstabenzeichen α΄. β΄ u. s. w. Der Verfasser des Scholiums sagt also, die ganze Schrift, wie sie nach der Reihefolge der Buchstaben geschrieben ist, sei eine und dieselbe zusammenhängende Abhandlung und auf die angegebene Weise als Scholium zur Synopsis Basilicorum beigefügt. In der pariser Handschrift sind auch die Zahlen der Capitel α΄. β΄. γ΄ u. s. f. am Rande beigefügt. Daß die Aufnahme der Schrift de peculiis unter die Scholien der Synopsis zu Anfange des 13. Jahrhunderts erfolgt sei, beweisen sowol die beigefügten Novellen der griechischen Kaiser Alexius und Manuel Comnenus, als auch die Erwähnung des Balsamon in den Scholien der Synopsis. In dem Cod. Bonon. ist die Schrift de peculiis den Justinianeischen Novellen als Anhang beigefügt. Die Zeit dieser Beifügung läßt sich aus den übrigen Theilen des Anhangs mit einiger Wahrscheinlichkeit entnehmen. Es kommen darin Novellen der Kaiser Michael Ducas und Alexius Comnenus vor, folglich muß die Beifügung nach der Zeit dieser Kaiser erfolgt sein. Unter den Juristen des Abendlandes kannte Antonius Augustinus diese Schrift und beabsichtigte eine Ausgabe derselben, welche aber nicht zu Stande gekommen ist. Diejenigen, welche sich dann mit der bologneser Handschrift beschäftigten, haben die Schrift de peculiis ganz außer Acht gelassen. Erst Heimbach jun. machte wieder, als er sich mit dieser Handschrift beschäftigte, auf die Schrift aufmerksam. Ziemlich zu gleicher Zeit fand Witte die Schrift im Cod. Marcian. 174. Später erwähnte Heimbach jun. die Schrift nochmals als Quelle mehrerer Fragmente der Novellencommentare des Theodorus und Symbatius. Zachariä v. L. that der Schrift in der Beschreibung der bologneser

Handschrift, welche er in den heidelberger Jahrbüchern von 1841 gab, Erwähnung. Die Schrift ist 1840 von Heimbach jun. nach der bologneser Handschrift, jedoch mit Berücksichtigung der pariser, aus welcher Zachariä v. L. eine Abschrift derselben genommen und ihm mitgetheilt hatte, mit lateinischer Uebersetzung und Anmerkungen, meistens kritischen Inhalts, herausgegeben.

2) *Tractatus de creditis.* Diese Abhandlung hat in den Handschriften den Titel: *Πραγματεία περὶ ἐνυποθήκων καὶ προνομιακῶν δανείων ἤτοι ἀνυποθήκων, τῶν μὲν ἐχόντων προνόμιον, τῶν δὲ μὴ ἐχόντων.* Sie macht einen Theil des Supplements der 168 Novellen in dem Cod. Bonon. B. IV, 67 fol. 958—970, und das Prochirum auctum, wo sie das Paratitlon XXIV. *περὶ δανείων [illegible]* bildet. Sie hat in der äußeren Form die größte Aehnlichkeit mit der unter 1) erwähnten Schrift; sie citirt, wie diese, Basilikenstellen und Stellen aus den Commentaren der Justinianeischen Juristen, z. B. aus den Digesten des Dorotheus, und gehört daher auch wol in dieselbe Zeit, wie die vorige Schrift. Die Schrift ist im Occident zuerst von Antonius Augustinus bei derselben Gelegenheit, wie die Schrift de peculiis, angezeigt worden; auch wird sie in den neueren Beschreibungen der bologneser Handschrift erwähnt. Eine vollständige Ausgabe mit lateinischer Uebersetzung nach der bologneser Handschrift hat 1841 Zachariä v. L. besorgt.

3) *Περὶ τῶν πραττομένων ζ' βιβλίων τῶν διγέστων.* Dieser Titel bezeichnet eine kleine Abhandlung über die Eintheilung der Digesten in 7 partes, über die Bücher, aus welchen jede pars besteht, und über ihre Benennung. In den Handschriften, welche die Abhandlung uns erhalten haben, folgen auf sie einige Bemerkungen über Feldmaß. In dieser Verbindung bildet sie einen Theil des Anhangs der Synopsis Basilicorum erster Classe, von dessen Stücken sie Nr. 9 ist. Vielleicht ist die Abhandlung *περὶ διγέστων [illegible]*, welche sich im Cod. Paris. gr. 1182 fol. 182. A—182 B. findet, damit identisch. Der Hauptzweck der Abhandlung ist, zu zeigen, welche Bücher der Digesten in den Rechtsschulen erklärt wurden (*τὰ πραττόμενα βιβλία*), und welche nicht (*τὰ ἐξτραόρδινα βιβλία*). Das Schriftchen ist von Zachariä v. L. im J. 1837 nach dem Cod. Bodlej. 173, welcher zu den Handschriften der Synopsis erster Classe gehört, herausgegeben. Ebenso findet man bei Ducange einen Text aus der früher mit Nr. 2522 bezeichneten pariser Handschrift, welcher mit dem von Zachariä v. L. herausgegebenen übereinstimmt. Doch ist der von Ersterem gegebene Text viel vollständiger, als der des Anhangs der Synopsis; er enthält nicht allein die Eintheilung der Digesten, sondern auch noch die des Codex; beide Sammlungen werden zusammen mit dem Namen *τὸ πλάτος τῶν νόμων* bezeichnet in folgender Weise: *τὸ πλάτος τῶν νόμων εἰσὶ βιβλία ξβ', περιέχοντα μὲν τῶν διγέστων, καὶ ιβ' τοῦ κώδικος.*

4) *Tractatus varii de actionibus et obligationibus.* In verschiedenen Handschriften gibt es verschiedene Abhandlungen über die Klagen, verschiedene von dem kurz nach Justinian abgefaßten Werke de actionibus. Es findet sich im Cod. Laurent. LXXX, 6 eine Schrift *περὶ ἀγωγῶν καὶ ἐνοχῶν* mit dem Anfange: *Ἀγωγὴ ἡ καθ' ἡμᾶς μὴ ὀρξαμένη.* Eine andere mit dem Anfange: *Ἐνοχή ἐστι δεσμὸς δικαίου* ist im Cod. Laurent. LXXX, 2. Der Cod. Vindob. jur. gr. 6 nr. 2 enthält eine Schrift: *Ἀγωγαὶ καὶ ἐνοχαί*, mit den Anfangsworten: *Τί ἐστιν ἀγωγή; ἀγωγή ἐστι δίκαιον τοῦ ἀπαιτεῖν.* Ebenso findet sich im Cod. Vindob. jur. gr. 11 nr. 1 ein Werkchen *περὶ ἀγωγῶν* mit dem Anfange: *Αἱρέσεως ἐρίστας ἐπιτεθείσης.*

5) *Tractatus περὶ ὑποβόλου.* Das Wort *ὑπόβολον* bezeichnet im Allgemeinen jeden Zusatz, jede Beifügung zu einer Hauptsache; insbesondere heißt es der Gewinn, welchen die Ehefrau zur Entgeltung und im Verhältniß ihrer dos aus dem Vermögen des verstorbenen Ehemannes erhält. Das hypobolum trat bei den Griechen an die Stelle der außer Anwendung gekommenen donatio ante nuptias (*προγαμιαία δωρεά*) und donatio propter nuptias (*παραγαμιαία δωρεά*). Es ist davon die Rede in den Leonischen Novellen, und zwar in Nov. 20. 22. 85. 110. Der Betrag dieses Gewinnes wird durch die Eheverträge bestimmt; in Ermangelung von Eheverträgen war der Betrag durch Gewohnheit Anfangs auf die Hälfte, später auf ein Drittheil der dos bestimmt. Das hypobolum, welches an die Stelle der donatio propter nuptias trat, veranlaßte viele Verwirrung in der byzantinischen Jurisprudenz in Folge der neuen Ordnung, welche sich dort feststellte; einige Texte bieten eine bloße Substitution des hypobolum an die Stelle der donatio ante nuptias oder propter nuptias in Mitte der Regeln, welche nur auf die letzteren sich beziehen. Daher die Ungewißheit, in welcher mehrere neue Schriftsteller über den wahren Sinn des Wortes hypobolum, und die Abhandlungen einiger Rechtsgelehrten, welche den wahren Charakter dieses Ehepacts festzustellen suchten. Das hypobolum ist der Gegenstand zweier griechischen Monographien gewesen, welche sich erhalten haben; wahrscheinlich hat es auch noch andere gegeben, welche verloren gegangen sind. a) Die erste Abhandlung, der Zeit nach, ist von Eustathius; sie findet sich in folgenden Handschriften: Cod. Paris. gr. 1351 fol. 408 — Cod. Paris. gr. 1388 in der Glosse der Synopsis Basilicorum — Cod. Biener. (olim Meerman.). Diese drei Handschriften sind Handschriften der Synopsis dritter Classe. Die Schrift führt den Titel: *Εὐσταθίου μαγίστρου τοῦ Ῥωμαίου περὶ ὑποβόλου;* sie beginnt mit den Worten: *Ἰστέον ὅτι μὲν τὸ παλαιὸν ἰσότης κ. τ. λ.* Der Anfang ist herausgegeben von Ducange nach dem Cod. Paris. 2024, welcher jetzt die Nummer 1351 trägt. In den Scholien der Basiliken findet sich bei Gelegenheit der Justinianeischen Nov. 22 cap. 23 über die donationes propter nuptias ein Scholium unter dem Namen des Eustathius Magister Romanus, ohne Angabe der Quelle, woraus es entlehnt ist. Wahrscheinlich ist dieses Scholium aus dem Tractat de hypobolo genommen. b) Die zweite Abhandlung de hypobolo ist von Georgius Phobenus (oder Phoebenus). Sie findet sich in

folgenden Handschriften: Cod. Paris. gr. 1351 fol. 11—13. — Cod. Paris. gr. 1388 in der Glosse der Synopsis. — Cod. Vatic. 852. — Cod. Laurent. LX, 17. — Cod. Marcian. 174. — Cod. τῶν Ἰβήρων 22. Die Schrift führt den Titel: *Περὶ ὑποβόλου τοῦ ὑπατοφύλακος Θεσσαλονίκης Γεωργίου τοῦ Φορβηνοῦ*. Dies ist wenigstens der von Ducange mitgetheilte Titel; dieser Gelehrte hat die ersten Notizen über dieses Schriftchen nach der pariser Handschrift, welche zu seiner Zeit die Nummer 2227 trug, gegeben. Nach dieser Handschrift hat Ducange ein Fragment dieser Abhandlung, welches die Definition des hypobolum enthält, herausgegeben.

6) Andere Schriften des Georgius Phorbenus. Die vaticanische Handschrift Nr. 852 gibt unter dem Namen dieses Juristen einen Tractat *περὶ ἀποτυχίας* (de casus praestatione), welcher sich auch im Cod. Marcian. 174 findet. Ohne Zweifel ist dies der Tractat, welchen Leo Allatius unter dem Titel: *περὶ κάσσου*, anführt, und welcher mit den Worten beginnt: *Ἡ τοῦ κάσσου σημασία Ῥωμαϊκὴ ἀποτυχίαν δηλοῖ*. Im Cod. Marcian. 174 finden sich auch noch 4 dem Werkchen *περὶ ἀποτυχίας* vorangehende Aufsätze in Verbindung, nämlich von der actio rei uxoriae, vom testamentum nuncupativum, vom jusjurandum judiciale, vom Atilianus tutor. Nach dem Aufsatze *περὶ ἀποτυχίας* folgt in der Handschrift der Tractat de hypobolo unter der Rubrik: *τοῦ αὐτοῦ περὶ ὑποβόλου*. Diese Pronominalbezeichnung setzt nothwendig voraus, daß die vorhergehenden Aufsätze von demselben Juristen, also von Georgius Phorbenus, herrühren, welcher unzweifelhaft der Verfasser des Aufsatzes *περὶ ἀποτυχίας* ist. Keiner dieser Aufsätze ist bis jetzt gedruckt.

7) Verschiedene Schriften. Weniger Gewisses läßt sich über einige andere Schriften berichten, welche sich in verschiedenen Handschriften finden, und von welchen man nur den Titel kennt. Hierher gehört: a) die von Haubold angeführte Schrift de donationum causis, welche vielleicht mit der im Cod. Vatic. Palat. 19. fol. 225—235 befindlichen de causis rerum datarum commentatio et aliae quaedam adnotationes juridicae identisch ist. b) Dieselbe Handschrift schließt mit einer Abhandlung de Fuscae legis abrogatione et de legum primis inventoribus, welche noch nicht untersucht ist. c) Im Cod. Vindob. jur. gr. 15 fol. 36. A—39. B. findet sich ein Werkchen de jurejurando hinter dem Prochiron, vielleicht identisch mit dem vorher erwähnten von Georgius Phorbenus. d) Der Cod. Biener. (sonst Meerman. 169) fol. 143 enthält einen Absatz *περὶ ὅρκων*, mit den Anfangsworten: *Ὅρκος ἐστὶ δεσμὸς δικαίου*, welcher in der Randglosse der Synopsis dritter Classe steht. Noch finden sich in anderen Handschriften Aufsätze, welche noch nicht näher untersucht sind, z. B. im Cod. Laurent. X, 16. LIX, 17. LXXX, 1. LXXX, 6. Paris. 1349. 1382.

8) *Meditatio de nudis pactis*. Von dieser Abhandlung (*μελέτη περὶ ψιλῶν συμφώνων*) ist schon bei den Basiliken die Rede gewesen (vergl. §. 27 sub IX, 2). Sie rührt noch aus einer Zeit her, wo die Justinianeischen Rechtsbücher durch die Basiliken noch nicht völlig verdrängt waren, das Verhältniß beider aber zweifelhaft zu werden anfing. Die Schrift findet sich im Cod. Marcian. 179 fol. 62. A—67. A und auf den letzten Blättern der davon im 16. Jahrhundert genommenen Abschrift des Cod. Montispessul. H. 73. Sie ist nur ein einziges Mal herausgegeben von Fischer, nach einer Handschrift von Franz Pithou, deren Beschaffenheit man aber nicht kennt. Es ist ungewiß, ob Franz Pithou selbst auf seiner Reise zu Venedig vor 1576 eine Abschrift vom Cod. Marcian. 179 genommen hat; ebenso ungewiß ist, ob die gedachte Handschrift zu Montpellier ihm gehört hat, wie dies hinsichtlich einiger anderen juristischen Handschriften der dortigen Bibliothek der Fall gewesen ist.

9) Kleinere Schriften von Michael Psellus. Der Codex Paris. 1182 enthält, neben einer nicht unbedeutenden Zahl verschiedenartiger Stücke, einige juristische Werkchen, merkwürdig durch die Aehnlichkeit, welche sie mit einzelnen Theilen der Synopsis legum von Psellus haben (vergl. §. 39). Sie werden insgemein dem Michael Psellus zugeschrieben und dies hat die Auctorität der obigen Handschrift für sich. Diese Werkchen sind folgende. Nr. 20 fol. 31. B. *Περὶ τῶν ἐν τῷ νομοκανόνῳ*. Anfang: *Ἡ περὶ τοῦ νομοκανόνου, περὶ οὗ μαθεῖν κ. τ. λ.* Schluß: *οὕτω δή ποτ' ἡμῖν διηρίθμηνται*. Nr. 105. fol. 180 A. *Τοῦ Ψελλοῦ. Περὶ κεφαλ..., τῆς τῶν νόμων ἐπιστήμης*. Anfang: *Συνθήκην σοι ταύτην τῆς νομικῆς κ. τ. λ.* Schluß: *ὑπὲρ ὧν ἐπαινοῦσι οἱ ἐπιγινώσκοντες αὐτά*. Nr. 106. fol. 180. B. *Περὶ τῆς τῶν ἀγωγῶν διαιρέσεως*. Anfang: *Προσήγαγές σοι καὶ ταῦτα τῶν μεγάλων ἀγωγῶν*. Schluß: *κάλλιον, ἀλλ' ὅμως μάλιστα πραγματικώτερος*. Nr. 107. fol. 181 A. *Περὶ κονδικτικίων κοινῶς πάντων, καὶ περὶ ἀγωγῶν διαιρέσεως*. Anfang: *Ἀποδέδωκα μὲν σοι ἄρτι ἐς ἀναπλήρωσιν κ. τ. λ.* Schluß: *τῶν ἐγκαλούντων καὶ ἄκρως καὶ ἄλλως ἐστί*. Nr. 108. fol. 181. B. *Περὶ κυρίων δογμάτων καὶ ὅρων τῶν νομικῶν ῥωμαϊστὶ λεγομένων λέξεων*. Anfang: *Ἀδριάνειον δόγμα, ὅπερ βούλεται τὸν καλῇ πίστει κ. τ. λ.* Schluß: *τὰ δ' ἄλλα ἀπὸ τῶν βιβλίων αὐτὸς ἀναλέγου*. Nr. 109, fol. 182. B. *Περὶ τῆς τῶν ἐγκλημάτων διαιρέσεως*. Anfang: *Τοῦ νομικοῦ πνεύματος παντός, τὰ μὲν εἰς ...* κ. τ. λ. Schluß: *αἱ τινες δύο ἀγωγαὶ πραιτώριαι λέγονται*. Nr. 110, fol. 183. B. *Σύντομος διαίρεσις τῶν νεαρῶν τοῦ Ἰουστινιανοῦ*. Anfang: *Ἀδελφέ μου μαθεῖν ἀπαιτεῖς ἡμᾶς, ποίας μὲν τῶν νεαρῶν* κ. τ. λ. Schluß: *Ἀλλ' ἀρκεῖ καὶ ταῦτα μέχρις ἐπιστολῆς*. Nr. 111. fol. 183. B. *Τοῦ αὐτοῦ Ψελλοῦ σύνοψις διὰ στίχων ἰαμβῶν καὶ πολιτικῶν*. Anfang: *Μάθε σὺ γραμματικῆς καὶ τῆς ὀρθογραφίας*. Nimmt man ohne Bedenken an, daß die Nummern 105 und 111 wirklich von Psellus herrühren, wie die vorangehende Inscription anzeigt, so scheint daraus zu folgen, daß die dazwischen liegenden Stücke von diesem Schriftsteller sind. In der That läßt sich ganz natürlich denken, daß der Schreiber des Cod. Paris. 1182 es nicht für

nöthig gehalten hat, den Namen des Psellus an der Spitze eines jeden dieser Stücke zu wiederholen, und sich darauf beschränkt hat, diesen bei dem ersten und letzten Stücke allein zu setzen. Nach dieser Vermuthung würde dem Psellus mit um so größerem Rechte auch die Nr. 20, welche eine Beschreibung des Nomocanon enthält, zuzuschreiben sein, als Psellus ein kleineres Werkchen in Versen geschrieben hat, welches eine beinahe wörtliche Wiederholung dieser in Prosa geschriebenen Abhandlung Nr. 20 ist. Ebenso müßte man, wenn man annimmt, daß Psellus selbst in Prosa die Tractate geschrieben hat, welche er in der Folge in Verse brachte, ihm das im Cod. Paris. 1355 fol. 365 befindliche Fragment: *Περὶ τῶν νεαρῶν ὅτι οὐκ ἐτέθησαν ..... οὕτω νῦν δὴ [illegible] τῶν νεαρῶν* zuschreiben, welches die Synopsis des Psellus v. 406—457 treu wiedergibt. Allein jene *σύντομος διαίρεσις τῶν νεαρῶν* (vergl. darüber §. 27. VII, 2 d) kann man nicht dem Psellus zuschreiben. Wollte man ihn als Verfasser dieser Schrift betrachten, so würde er mit dem, was er in seiner Synopsis über die Novellen sagt, in Widerspruch gerathen. Der Verfasser der *σύντομος διαίρεσις* theilt die Novellen Justinian's in drei Theile. Erstens zählt er die Novellen auf, welche zum Theil in den Basiliken stehen, zum Theil nicht, weil sie entweder durch andere Novellen aufgehoben oder näher bestimmt wurden; zweitens zählt er die Novellen auf, welche in die Basiliken gar nicht aufgenommen sind; drittens führt er die in die Basiliken aufgenommenen, aber unpraktisch gewordenen Novellen auf. Als in die dritte Classe gehörig nennt er die Nov. 3. 8. 13. 14. 15. 16. 17. 20. 27. 28. 29. 30. 31. 36. 37. 59. 60. 65. 102. 103. 130. 162. Dieses Verzeichniß weicht etwas von demjenigen ab, welches Psellus in seiner Synopsis gibt. Psellus sagt (v. 498 seq.), einige Novellen seien nicht in die Basiliken aufgenommen (*αἱ μὲν γὰρ οὐκ ἐτέθησαν ταῖς Λέοντος βίβλοις, ὧν ἡ μὲν γνῶσις ἀσφαλής, βασιλικὴ δὲ ἡ κλῆσις*); andere, wenn auch in die Basiliken aufgenommen, hätten mit der Zeit ihre Gültigkeit verloren (*αἱ δὲ τεθεῖσαι καὶ κατεστρώθησαν, ἐσχόλασαν τῷ χρόνῳ*); noch andere seien durch veränderte Umstände und Verhältnisse unpraktisch geworden (*αἱ δὲ ἤργησαν, ἀλλοίωσιν τοῦ βίου δεξαμένου*). Hierauf führt Psellus fort: *οἷον τὰ περὶ βουλευτῶν* (Nov. 38. 101), *τὰ περὶ τῶν πραιτώρων* (Nov. 13), *τὰ περὶ μοδεράτορος* (Nov. 102), *τὰ περὶ κοιαισιτόρων* (Nov. 80), *τὰ περὶ τῶν ἐπαρχιῶν τῶν ἀπηριθμημένων* (vielleicht Nov. 24—31), *ὅσα κατὰ συναίνεσιν τὸν γάμον διαιροῦσι* (Nov. 140), *τὰ περὶ συγχωρήσεως λειψάνων δημοσίων* (Nov. 148), *τὰ περὶ τῶν ἐκκλήσεων τῶν ἐν τῇ Σικελίᾳ* (Nov. 75. 104), *τὰ περὶ τοῦ μὴ γίνεσθαι οἴκοι τὰς λειτουργίας* (Nov. 58), *τὰ περὶ τοῦ διηνεκῶς ποιεῖν τὰς ἐμφυτεύσεις* (Nov. 120), *τὰ περὶ τῶν ἐν Ἀφρικῇ θείων ἀφιερουμένων*. Um dieses recht zu verstehen, muß man dieses Verzeichniß der Novellen nicht blos auf das letzte: *αἱ δὲ ἤργησαν, ἀλλοίωσιν τοῦ βίου δεξαμένου*, sondern auch auf die beiden vorhergehenden Sätze: *αἱ μὲν γὰρ οὐκ ἐτέθησαν ταῖς Λέοντος βίβλοις* und *αἱ δὲ τεθ. καὶ κατεστρώθησαν, ἐσχόλασαν τῷ χρόνῳ* beziehen. Dies beweist der ganze Zusammenhang bei Psellus; ebenso beweisen es die in dem Verzeichniß aufgeführten Beispiele der Novellen. Vergleicht man nun das Verzeichniß bei Psellus und das in der *σύντομος διαίρεσις τῶν νεαρῶν*, so zeigen sich Verschiedenheiten. So ist z. B. Nov. 120, welche bei Psellus mit den Worten *τὰ περὶ τοῦ διηνεκῶς ποιεῖν τὰς ἐμφυτεύσεις* bezeichnet wird, in die Basiliken zwar aufgenommen, und daher unter diejenigen Novellen zu setzen, welche Psellus als unpraktisch geworden bezeichnet. Aber der Verfasser der *σύντομος διαίρεσις τῶν νεαρῶν* hat diese Novelle nicht unter denjenigen aufgeführt, welche zwar in die Basiliken aufgenommen, aber unpraktisch geworden seien. Hiernach kann die *σύντομος διαίρεσις τῶν νεαρῶν* nicht von Psellus herrühren. Es kommen aber auch noch andere Gründe hinzu, welche dafür entscheiden, daß diese Schrift lange vor Psellus abgefaßt ist. Im Cod. Paris. 1182 nämlich ist die Schrift mit den Aufsätzen *περὶ τῆς τῶν ἀγωγῶν διαιρέσεως* und *περὶ [illegible] διαιρέσεως* verbunden, welche schon im 10. Jahrhundert in den Anhang der Synopsis Basilicorum aufgenommen sind. Dazu kommt, daß Psellus die Nov. 120 zwar als in die Basiliken aufgenommen, aber als unpraktisch geworden bezeichnet, während der Verfasser der *σύντομος διαίρεσις* sie nicht unter den unpraktisch gewordenen Novellen aufführt. Auch dies läßt darauf schließen, daß diese Schrift älter ist, als Psellus. Ferner sind die Nachlässigkeiten, welche sich der Verfasser der *σύντομος διαίρεσις* zu Schulden kommen läßt, daraus zu erklären, daß derselbe zu einer Zeit schrieb, wo die Basiliken noch nicht allein im Gebrauche waren. Endlich zeigen die [illegible], welche am Schlusse der Abhandlung aus den Novellen als bemerkenswerth aufgeführt werden, auf eine Zeit, wo die Justinianeischen Gesetzbücher noch in beständigem Gebrauche waren, also auf das 10. Jahrhundert nach Christus. — Die Aehnlichkeit, welche zwischen den verschiedenen im Cod. Paris. 1182 enthaltenen Tractaten und einzelnen Abschnitten der Synopsis des Psellus vorhanden ist, genügt nicht, um erstere dem Psellus ebenfalls zuzuschreiben. Psellus selbst weist darauf hin (v. 56 seq.), daß er frühere Schriften über die Klagen (*ἀγωγαί*) und über die Zeitabschnitte (*χρόνοι*) benutzt habe, welche unbestritten mehrere Jahrhunderte vor ihm geschrieben sind und nach der Zeit vor den Basiliken angehören. Er kann ebenso gut auch von anderen Schriften, die nicht von ihm herrühren, Gebrauch gemacht haben, mithin auch von einigen der im Cod. Paris. 1182 befindlichen, und daraus erklärt sich jene Aehnlichkeit hinreichend.

10) **Abhandlung von Gregorius aus Nicäa.** Unter dem Titel: *Γρηγορίου Νικαίας ἑρμηνεία τοῦ „πᾶσα [illegible] (l. ἀγωγή) [illegible]" καὶ τῆς μιᾶς νεαρᾶς [illegible]* findet sich in der bologneser Novellenhandschrift p. 984—985 eine Abhandlung, welche die Novellen 111 und 131 erläutert. Sie beginnt mit den Worten: *Ἡ μὲν νγ΄ διάταξις τοῦ β΄. τι. τοῦ ε΄ βιβ. τοῦ κώδικος*, und schließt: *καὶ [illegible] καὶ [illegible]*. Sie ist von Heimbach

jun. im J. 1838 mit lateinischer Uebersetzung herausgegeben worden. Der Verfasser, Gregorius aus Nicäa, hat zur Grundlage seiner Auslegung nicht den officiellen Text der Nov. 111, sondern den Auszug derselben von Theodorus genommen, wie die ersten Worte des Textes, welche sich im Titel finden, beweisen.

11) *Commentatio de retractu ad Novellam Romani περὶ προτιμήσεως.* Diese Abhandlung eines ungenannten Verfassers über den Retract zur Novelle des Kaisers Romanus Lecapenus περὶ προτιμήσεως findet sich im Cod. Paris. 1355. fol. 1—5. Die Ueberschrift ist: *Ἡ περὶ προτιμήσεως νεαρὰ κυροῦ Ῥωμανοῦ τοῦ Λακαπηνοῦ.* Sie beginnt: *Ἰστέον ὅτι ἡ περὶ προτιμήσεως νεαρά,* und schließt: *διδόντας τὰς ὑπὲρ τούτων δικαίας τιμάς.* Die Abhandlung ist noch nicht gedruckt.

12) Kleinere Aufsätze über verschiedene Lehren. Hierher gehört: a) ein Aufsatz περὶ προικός, über die dos im Cod. Paris. 1339. fol. 274. A.—275. A. Er beginnt: *Δῆλον βιβλίον κείμενον τοῦ κώδικος διάταξις γ'.* und schließt: *καὶ δι' ἐπερωτήσεως [illegible].* Er ist noch ungedruckt. b) Ein Aufsatz περὶ προκουράτορος, über den Procurator, im Cod. Paris. 1388. fol. 19. A.—20. A. und Ambros. C. 3. Er beginnt: *Προκουράτωρ ἐστὶν ὁ διοικῶν ἀλλότρια πράγματα κατὰ ἐντολὴν τοῦ δεσπότου,* und schließt: *[illegible].* Herausgegeben ist er von Blume. c) Ein Aufsatz περὶ ἀποδείξεως καὶ προλήψεως καὶ ῥοπῆς (de probatione et praesumtione et momento), von einer neueren Hand auf fol. 236 des Cod. Laurent. LXXX, 12 geschrieben. d) Ein Aufsatz περὶ φαλκιδίου (de Falcidia) im Cod. Paris. 1348. fol. 233. A.—236. B. Haenel. (et Scorialens. III, 7) fol. 266. B. e) Ein Aufsatz περὶ κληρονόμων (de heredibus) von neuerer Hand im Cod. Paris. 1348. fol. 276. B.

13) *Synopsis erotematica Codicis Theodori Hermopolitani.* In zwei wiener Handschriften (Cod. Vindob. jur. 3 und 9) findet sich eine Synopsis nach dem Codexcommentar des Theodorus. Hiernach ließ Gerard Meerman eine Abschrift nehmen, welche unter seinen Handschriften die Nummer 173 trägt. Nach dieser Abschrift hat zuerst Reitz den wahren Charakter dieses Auszuges bestimmt. Lambecius hat dieses Werk so betitelt: Theodori Hermopolitae Synopsis et Ecloga Codicis Justiniani erotematica sive per interrogationes et responsiones, in capita octoginta duo divisa. Allein der Name des Theodorus geht in keiner Handschrift dem Titel des Werkes voran; vielmehr wird dasselbe als eine *σύνοψις* oder *ἐκλογή* nach dem Codex des Theodorus Hermopolitanus ausdrücklich bezeichnet. Dennoch haben auf Grund jenes angeblichen Titels mehrere Schriftsteller dem alten Commentator des Codex, Theodorus, dieses Werk zugeschrieben, oder wenigstens einem späteren Juristen desselben Namens. Reitz hat dem Werke folgenden Titel beigelegt: *Σύνοψις ἐκλογῆς τῆς ἐκ τῶν κωδίκων συναθροισθείσης ὑπὸ Θεοδώρου Ἑρμοπολίτου.* Die Handschriften geben aber keine allgemeine Ueberschrift, und beginnen sofort mit dem Rubrikenverzeichniß, welches folgende Ueberschrift hat: *Πίναξ τῶν συνόψεων τῶν κωδίκων Θεοδώρου Ἑρμοπολίτου.* Dieses Verzeichniß enthält die Rubrik der 82 Capitel, und ferner ein Citat einer Stelle, z. B. *βιβλίον κη'. τιτ. ς'. διατ. ς'.* Dann folgt das Werk selbst mit folgendem Titel: *Σύνοψις ἐκλογὴ ἐκ τῶν κωδίκων Θεοδώρου Ἑρμοπολίτου.* Der Verfasser hat die erotematische Form gewählt, d. h. er wirft nach einander Fragen auf und beantwortet dieselben; jeder Frage folgt unmittelbar die Lösung in der Antwort. Die Ordnung der aufgestellten Fragen entspricht für die ersten 74 Capitel der Eintheilung des Justinianeischen Codex durch Bücher und Titel; die Capitel 75—82 enthalten in derselben katechetischen Form Auszüge der Digesten und der Schrift über die Zeitabschnitte. Auf Capitel 82 folgt die Subscription: *Τέλος εἴληφεν ὧδε τὰ πβ'. ἀναλυτικῶς.* Dann kommt in Form eines Anhanges eine Digestenstelle, nämlich lib. XLVIII. tit. 6. cap. 6, die Novelle von Nicephorus Phocas περὶ *τῶν ἀπεμπολησάντων στρατιωτικῶν τόπους αὐτῶν, εἶτα τούτους ἐκζητούντων,* Auszüge aus Justinian's Nov. 82 (cap. 10 und 11), 113 (cap. 1. 2) und endlich folgende Subscription: *Τέλος τῆς συνόψεως ἐκλογῆς τῆς ἐκ τῶν κωδίκων συναθροισθείσης ὑπὸ Θεοδώρου Ἑρμοπολίτου. Τέλος σὺν θεῷ ἁγίῳ· Ἀμήν.* Das ganze Werk ist noch nicht herausgegeben. Reitz hat als Probe nach der Meerman'schen Abschrift das Rubrikenverzeichniß der Capitel, die Capitel 1—5, den Anhang der Capitel 61. 74—82, und die Fragmente der zwei Justinianeischen Novellen veröffentlicht. Die Grundlage des Werkes ist der Codexcommentar des Theodorus; jedoch ist er nicht ausschließlich benutzt, sondern der Verfasser hat auch viel aus anderen Quellen geschöpft, welche zum Theil der Rechtswissenschaft fremd sind. Der Verfasser ist unbekannt; daß es der alte Jurist Theodorus nicht sein kann, ergibt sich schon daraus, daß darin sein Werk benutzt ist. Ueber die Zeit der Abfassung des Werkes läßt sich nichts Näheres angeben. Zachariä v. L. stellt es in seiner Aufzählung der kleineren juristischen Schriften dieser Periode nach Psellus. Dagegen schließt Mortreuil aus der Subscription, welche auf die 82 Capitel folgt, daß diese vor der Beifügung der Novelle des Nicephorus Phocas schon existirten, und versetzt daher das Werk gegen den Anfang des 11. Jahrhunderts.

14) *Actiones in Synopsi.* Dieser Aufsatz über Klagenverjährung findet sich im Anhange des Titels 40 des Prochirum auctum. Der Titel ist: *Πόσαι ἐν συνόψει αἱ ἀγωγαί (καὶ αἱ ῥοπαί).* Der Anfang ist: *Τί ἐστιν ἀγωγή; Ἀγωγή ἐστι δίκαιον τοῦ ἐπαιτεῖν;* der Schluß: *αὐτὸν ἀπαγγεῖλαι τῷ ἀνδρὶ παραχρῆμα.* Dieser Aufsatz geht im Prochirum auctum der Recension der Schrift über die Zeitabschnitte (*αἱ ῥοπαί*) voran, welche ebenfalls einen Theil des Anhangs dieses Werkes bildet; es ist dies wahrscheinlich der Grund, weshalb der Titel dieses Aufsatzes ein Collectivtitel ist, welcher auch die Schrift über die Zeitabschnitte umfaßt. In der That ist eine nahe Verwandtschaft zwischen diesen beiden Schriften vorhanden, und beide haben im byzantinischen Reiche vielen Erfolg gehabt. Eine andere Abhandlung über die

Klagen ohne Titel findet sich im Cod. Paris. gr. 1356. fol. 7. B.

15) *De venditione, venditore et emtore.* Das Paratitlon XXII. des Prochirum auctum hat einen besonderen Aufsatz über den Kaufcontract, welcher sich in keinem anderen Rechtsdenkmale findet. Er hat den Titel: *Περὶ πράσεως, πράτου καὶ ἀγοραστοῦ.* Der Anfang ist: *Ἡνίκα τις πιπράσκων ὁρίζει τίμημα δεσμοῦ χάριν, οὐχ ὡς μᾶλλον ἐπαινεῖν* κ. τ. λ. Der Aufsatz ist noch nicht herausgegeben.

§. 40. Kirchenrechtliche Schriften.

I. *Photii Nomocanon et Syntagma canonum.* Photius, Patriarch zu Constantinopel, hat im J. 883 den alten Nomocanon in 14 Titeln überarbeitet. Ueber den ursprünglichen Bestand des alten Nomocanon und das, was Photius geändert und hinzugethan, ist schon in §. 11 und §. 31. 2. a die Rede gewesen und darauf zu verweisen. Das Syntagma, wie wir es kennen, zerfällt in zwei Theile, den Nomocanon und die Collectio canonum. Selten erscheint in den Handschriften nur der eine oder der andere dieser Bestandtheile. Dennoch findet sich bisweilen der Nomocanon ohne die Collectio canonum (wie im Cod. Neapol. 167) und umgekehrt (wie im Cod. Palat. 376. Neapol. 201), was aber nur zufällige Ausnahmen sind. Von den vollständigen Handschriften sind hier nicht diejenigen in Betracht zu ziehen, welche die Commentare enthalten, sondern nur diejenigen, welche den von Photius unmittelbar herrührenden Text geben; wobei zu bemerken ist, daß die Handschriften des Commentars des Zonaras, von denen später die Rede sein wird, den reinen Text des Nomocanon geben, da Zonaras nur die Collectio canonum commentirt hat. Die Handschriften des Syntagma zerfallen nach Mortreuil in zwei Classen; die einen haben einen zu gleichförmigen Charakter, um nicht anzunehmen, daß sie möglichst treu die ursprüngliche Arbeit des Photius wiedergeben; die anderen enthalten mehr oder weniger regelmäßige Abänderungen der ersten Arbeit. Indessen ist diese Eintheilung nicht sicher, da nach dem in §. 31. 2. a Bemerkten Photius selbst mehrmalige Ueberarbeitungen vorgenommen hat. Die meisten Handschriften enthalten die Stücke, welche das Syntagma bilden, in folgender Ordnung: 1) Die Vorrede des Johannes Scholasticus: *Οἱ τοῦ μεγάλου Θεοῦ* ...; 2) Die erste Vorrede des Photius: *Τὰ μὲν σώματα* ...; 3) Die zweite Vorrede des Photius: *Ὁ μὲν παρὼν πρόλογος*; 4) *Ἐκ ποίων συνόδων τε καὶ προσώπων καὶ πόσων κανόνων τὸ παρὸν ἠθροίσθη σύνταγμα.* 5) *Πίναξ τοῦ νομοκανόνου.* 6) Den Nomocanon in 14 Titeln; 7) die Collectio canonum: die canones Apostolorum, die canones der Concilien zu Nicäa, Ancyra, Neocäsarea, Gangra, Antiochia, Laodicea, Constantinopel, Ephesus, Chalcedon, Sardica, Carthago, das concilium Trullanum, Nicaenum II., der Synodus Primo-Secunda und S. Sophiae; 8) Die Briefe der heiligen Väter Dionysius, Petrus, Gregorius Thaumaturgus, Athanasius, Basilius, Gregorius von Nyssa, Amphilochius, Timotheus, Theophilus, Cyrillus, Gennadius, den Brief an Martyrius und den Brief an Rufinianus; 9) Die Novelle 77 Justinian's; 10) Die Collectio LXXXVII capitulorum; 11) Die Collectio XXV capitulorum; 12) Die Collectio constitutionum ecclesiasticarum und als deren Anhang die Novellen des Kaisers Heraclius. Diese Ordnung findet sich in folgenden Handschriften: Cod. Bodlej. 185 v. 1305; Paris. 1320 aus dem 12. Jahrhundert; Paris. 1324 v. 1108. Paris. 1326 aus dem 11. Jahrhundert; Paris. 1334 aus dem Anfange des 10. Jahrhunderts; Cod. Neapol. Borbon. II. c. 4 aus dem 13. Jahrhundert; Cod. Taurin. CV. c. IV, 21 aus dem 12. Jahrhundert; Cod. Marcian. 169 aus dem 15. Jahrhundert; Marcian. 170 aus dem 13. Jahrhundert; Cod. Laurent. LX, 8 und X, 10, beide aus dem 11. Jahrhundert; Cod. Monac. 380 aus dem 14. Jahrhundert; Cod. Vindob. VI, 16; Cod. Petropolit. F. I, 1 und F. V, 1, 4. Handschriften, welche von den bisher erwähnten abweichen, hat Mortreuil angeführt. Unter den Revisionen des Syntagma verdient eine Handschrift des Vaticans (Cod. Columnensis) aus dem 12. Jahrhundert besondere Erwähnung, theils wegen ihrer besonderen Gestaltung, von welcher gleich die Rede sein wird, theils weil er die Grundlage der einzigen besonderen Ausgabe des Nomocanon, welche bis jetzt erschienen ist, bildet. Der Text des Nomocanon und der Collectio canonum des Photius sind nämlich regelmäßig mit den Commentaren dazu herausgegeben worden. Als besondere Ausgabe des Nomocanon läßt sich der unter dem Titel: Photii Syntagma canonum von Angelo Mai im Spicilegium Romanum T. VII. P. II. (Romae 1842. 8.) nach der eben erwähnten vaticanischen Handschrift herausgegebene Text betrachten. Diese Handschrift enthält eine von den übrigen Handschriften abweichende Gestalt des Nomocanon insofern, als sie die unter den verschiedenen Titeln in den anderen Handschriften blos angezeigten canones mit ihrem vollständigen Texte gibt. Nach dem besonderen Charakter dieser Handschrift hat Mai in seiner Vorrede über die Arbeiten des Photius folgende Ansicht aufgestellt. Nach derselben hat Photius drei Sammlungen des Kirchenrechts verfaßt: 1) die Synagoge oder Collectio canonum, den zweiten Theil des Syntagma; 2) den Nomocanon, d. i. den gewöhnlichen und regelmäßigen Text der 14 Titel oder den ersten Theil des Syntagma, welcher nur die Citate der canones enthält; 3) das Syntagma, d. i. eine besondere Revision des Nomocanon mit dem vollständigen Texte der in dem gewöhnlichen Nomocanon blos citirten canones. Gegen diese Ansicht hat sich Mortreuil aus Gründen erklärt, denen wir beitreten müssen, zumal da dieselbe mit allen Documenten, welche sich auf die Arbeiten des Photius beziehen, im Widerspruche steht. Mai ist noch viel weiter gegangen und hat dem Photius sogar die Collectio LXXXVII. capitulorum, und die beiden anderen Sammlungen des bürgerlichen und kirchlichen Rechts zugeschrieben, welche unzweifelhaft aus der Zeit vor Photius herrühren.

Die collectio canonum, welche den 14 Titeln des Nomocanon angeschlossen ist, ist bis jetzt nicht vollständig gedruckt. Denn die Apostolorum et Conciliorum Canones, Paris. 1540 von Joh. Tilius herausgegeben, liefern, wie der Titel besagt, nur die Concilien, und der zweite versprochene Theil, welcher die kanonischen Briefe enthalten sollte, ist nicht erschienen. Ein anderweiter Abdruck dieser Ausgabe mit lateinischem Texte zur Seite ist von Elias Ehinger in Wittenberg 1614 besorgt worden, dessen Verdienste dabei gering sind. Der Text des Tilius ist der richtige, wie er aus Handschriften des Photius sich ergibt; es fehlen aber von den Synoden die Primo-Secunda und S. Sophiae, wahrscheinlich, weil nach der Septima der Brief des Tarasius folgte und man glaubte, daß hier die Briefe anfangen, welche man dem zweiten Theile vorbehielt. Außerdem existirt eine Variantensammlung in den Anecdota graeca edita a *Jo. Chr. Wolf.* T. IV. p. 113—165, welche die Vergleichung einer Handschrift des Photianischen Syntagma mit Beveridge (also mit der Sammlung, wie sie Zonaras gebildet hatte) enthält. Die Handschrift ist nicht näher bezeichnet, aber die Ordnung der Concilien und die Zusätze, welche sie bei mehreren derselben liefert, ergeben, daß sie eine Abschrift des Photianischen Syntagma ist. Die ebd. S. 165—172 angeschlossenen Bemerkungen von Salmasius zu der von Justellus besorgten Ausgabe des carthaginenser Concils liefern mehrere Berichtigungen des Textes. Einen sehr wichtigen Fund für das Werk des Photius haben in der neuesten Zeit die Herausgeber der neuesten Collectio canonum der griechischen Kirche, Rhallis und Potlis, gemacht, und geben darüber in der Vorrede zu Bd. I. p. 10—15 Kunde. In der Bibliothek des Metropoliten von Argolis, Gerasimus, fanden sie eine Handschrift, welche das ganze Syntagma des Photius mit dem Nomocanon, und mit den Commentaren des Zonaras und Balsamon enthält. Diese Handschrift, aus 490 Blättern bestehend, ist zu Trapezunt im J. 1779 am 21. Juni von Elias Nicolaus Kantilogli vollendet worden, und ist auf Befehl des Metropoliten Dorotheus von Trapezunt geschrieben. Sie ist aus einer alten Handschrift der dortigen Metropolitanbibliothek abgeschrieben, wie aus dem an der Spitze der Abschrift befindlichen Briefe des Johannes Sumelites an den gedachten Metropoliten Dorotheus, der bei Rhallis und Potlis, T. I. Praef. p. 11. 12 in der Note 1 abgedruckt ist, erhellt. Auf diese alte Handschrift hat Zachariä in seiner so verdienstlichen Historiae juris Graeco-Romani delineatio p. 87. not. 6 mit folgenden Worten aufmerksam gemacht: „Ita in bibliotheca τῆς μονῆς τοῦ ἁγίου Γεωργίου τοῦ Περιστερεώτου prope Trapezuntem est Codex, Photii Nomocanonem et Syntagma cum commentariis Zonarae et Balsamonis continens, jussu metropolitae Trapezuntini ex Codice, qui nunc quoque in bibliotheca metropoleos extat, anno 1774 descriptus.“ Die Jahreszahl 1774, welche Zachariä angibt, scheint aber, wenn die von ihm in dem gedachten Kloster des h. Georg bei Trapezunt gefundene Abschrift mit der in der Bibliothek des Metropoliten Gerasimus befindlichen identisch ist, nicht richtig zu sein. Denn in der Abschrift des Gerasimus selbst findet sich folgende Bemerkung: „*Δαπάνῃ καὶ εὐχῇ τοῦ πανιερωτάτου μου αὐθέντου καὶ δεσπότου, μητροπολίτου Τραπεζοῦντος καὶ ὑπερτίμου Κ. Δωροθέου, εἴληφε τέρμα τὸ παρὸν Νομοκάνονον, κατὰ τὸ ͵αψοθ' σωτήριον ἔτος Ἰουνίου καὶ διὰ χειρὸς ἐμοῦ τλημαθοῦς Ἠλία τοῦ Νικολάου Καντελόγλη, Τραπεζουντίου.*“ Die Jahreszahl ist hiernach 1779 nach Chr. Geb. Dazu paßt, daß das an der Spitze der Abschrift befindliche Schreiben an den Metropoliten von Trapezunt, Dorotheus in der Unterschrift das Datum „*͵αψπ' Νοεμ.*“ (1780. Novemb.) trägt für die Angabe des Jahres 1311, in welchem die der Abschrift zu Grunde liegende alte Handschrift nach *Rhallis* et *Potlis*, Coll. can. T. I. Praef. p. 11 geschrieben ist, sind keine Beweise beigebracht; beide berufen sich deshalb auf *Mortreuil*, Hist. du droit Byzant. T. III. p. 439, welcher indessen diese Zeitangabe auch ohne weitere Beweise hinstellt. Indessen kann man sich bei der Zeitangabe der beiden Herausgeber der neuesten Collectio canonum beruhigen, da sie dieselbe nicht ohne hinreichende Gründe gemacht haben werden. Nach dem gedachten Schreiben an den Metropoliten von Trapezunt, Dorotheus, finden sich in der erwähnten Handschrift: *Στίχοι τοῦ πατριάρχου Ἀντιοχείας Θεοδώρου τοῦ Βαλσαμῶνος, πρὸς τὸν ἁγιώτατον καὶ οἰκουμενικὸν πατριάρχην Γεώργιον τὸν Ξιφιλῖνον.* Die lateinische Uebersetzung dieser Verse wird in der Ausgabe des Commentars des Balsamon zu Photius von Gentianus Hervetus (Paris 1620) und in der Vorrede zu *Beveregius*, Synodicon p. XII. gegeben, ohne Zweifel nach der Handschrift des Tilius, welche Hervetus vor Augen hatte. Hierauf folgt ein nicht vollständiges Verzeichniß (*πίναξ*) dessen, was in der Handschrift enthalten ist, und dann: *Ἐκ τοῦ παναγιωτάτου πατριάρχου Θεουπόλεως ἤτοι μεγάλης Ἀντιοχείας, καὶ πάσης Ἀνατολῆς, κυρίου Θεοδώρου τοῦ Βαλσαμῶνος, περὶ τῆς αὐτοῦ ἀρχὴ τῶν νομοκανόνων ἐξηγήσεως.* Daran schließt sich, ohne die Vorrede, welche von Voellus und Justellus in der Bibl. jur. can. herausgegeben ist, der Nomocanon mit dem Commentar des Balsamon; auf diesen folgen Fragen einiger Mönche über kirchliche Gegenstände und die hierauf gegebenen Entscheidungen der Synode zu Constantinopel unter dem Patriarchen Nikolaus. Nun beginnt die Collectio canonum in folgender Ordnung: die canones Apostolorum, die Concilien zu Nicäa, Constantinopel, Ephesus, Chalcedon, das trullanische Concil und das Nicaenum II.; der Brief des Patriarchen Tarasius an den Papst Hadrian; die canones der Synodus Primo-Secunda, S. Sophiae, des Conc. Carthaginense Cypriani, der Synoden zu Ancyra, Neocäsarea, Gangra, Antiochia, Laodicea, Sardica, Carthago mit dem Schreiben der letzteren an Papst Bonifacius, dem Briefe des Cyrillus, Bischofs von Alexandria, an das Conc. Africanum, dem Briefe des Atticus, Patriarchen zu Constantinopel, an das Conc. Africanum, und dem zweiten Briefe dieses Concils an den Papst Cölestinus. Die

Verhandlungen der Synode zu Constantinopel unter Nectarius, und hierauf die kanonischen Briefe mit den canones der heiligen Väter. Am Schlusse sind einige chronologische Verzeichnisse von Erschaffung der Welt bis zur Regierung des Kaisers Leo; ein Verzeichniß der zu Byzanz, Alexandria, Antiochia, Jerusalem und Rom gewesenen Bischöfe; ein Verzeichniß der orientalischen Kaiser von Constantin dem Großen bis zu Michael Paläologus; ein Verzeichniß der Hohenpriester und Könige von Israel von Aaron bis zur Eroberung von Jerusalem; ein Verzeichniß der Kaiser zu Rom bis zu Constans. Am Schlusse werden die dem Patriarchen zu Constantinopel untergeordneten Metropolen, Erzbisthümer und Bisthümer angegeben. Diese Handschrift übertrifft, sowol was die Richtigkeit der Lesarten, als was die Vollständigkeit des Textes betrifft, alle anderen von den früheren Herausgebern des Photius und der Commentare des Balsamon und Zonaras benutzten Handschriften. Sie bietet Stellen des griechischen Textes, von denen bisher nur die lateinische Uebersetzung existirte. Außerdem enthält sie früher unbekannte Stücke der Commentare des Zonaras und des Balsamon. Die Herausgeber der neuesten Collectio canonum, Rhallis und Potlis, haben diese Handschrift in der Ausgabe des Nomocanon des Photius, welche den ersten Theil der Collectio canonum bildet, vollständig benutzt.

II. *Michaelis Pselli opuscula canonica.* Psellus hat im 11. Jahrhundert, sowie er mehrere Schriften des bürgerlichen Rechts umgearbeitet und daraus seine Synopsis legum zusammengesetzt hat, auch einige kirchenrechtliche Schriften älterer Verfasser in Verse gebracht. Die Neueren haben diesen sämmtlichen Schriften den allgemeinen Namen Synopsis canonum beigelegt, ohne Zweifel nach dem Muster der Synopsis legum; es ist aber bedenklich, einen solchen Titel zuzulassen, welchen die Handschriften nicht anerkennen, um so mehr, als diese Schriftchen nicht gleichförmig sich in den Handschriften finden, und nicht von dem Verfasser dazu bestimmt waren, eine ordentliche zusammenhängende Darstellung des Kirchenrechts zu bilden. Zwei dieser Werkchen finden sich im Cod. Paris. 1871 fol. 115 a — 123 a unter dem allgemeinen Titel: *Στίχοι πολιτικοὶ τοῦ σοφωτάτου Μιχαὴλ τοῦ Ψελλοῦ.* 1) Das erste dieser Schriftchen hat den Titel: *Σύνοψις τοῦ νομοκανόνου,* und enthält 65 Verse. Der erste derselben ist: *Ἔχε μου γνῶσιν, δέσποτα, καὶ τοῦ νομοκανόνος;* der letzte: *Δίδαξις αὕτη σύντομος τῶν ἱερῶν κανόνων.* Es ist dieses eine Beschreibung der im Nomocanon zusammengestellten Stücke des kanonischen Rechts. Psellus hat jedoch nicht mehr, als zehn Concilien; nämlich die von Nicäa, Ancyra, Neocäsarea, Sardica, Gangra, Antiochia, Laodicea, Constantinopel, Ephesus und Chalcedon, also die 4 ersten allgemeinen Concilien, die 5 asiatischen Concilien und das von Sardica, nach der Zeit ihrer Versammlung, welche chronologische Reihefolge nur bei dem Nicaenum nicht beobachtet ist. Es ist dies ganz dieselbe Zusammenstellung, wie bei Johannes Scholasticus (vergl. §. 11), nur mit der Abweichung, daß Psellus das Sardicense an anderer Stelle, als Johannes Scholasticus hat, nämlich zwischen den 4 allgemeinen und den 5 asiatischen Concilien, und daß er das Chalcedonense mit nur 27 canones gibt. In den Briefen der heiligen Väter hat Psellus den Basilius mit nur 68 canones, wie Johannes, demnach ohne den ersten Brief des Basilius, dazu aber eine Reihe anderer kanonischer Briefe, welche erst nach der Zeit des Johannes Scholasticus von der Kirche anerkannt wurden. Dagegen fehlen die Concilien, welche Johannes noch nicht hat, das Carthaginense, Trullanum u. s. w. Man muß annehmen, daß Psellus nach einem Verzeichnisse des Johannes Scholasticus gearbeitet hat, was vielleicht vor einem Nomocanon des Photius stand, aber durch einen Unwissenden ergänzt worden war. Am Ende stehen die canones Apostolorum. Alles dies beweist, daß das Ansehen des Johannes Scholasticus im 11. Jahrhundert noch nicht vermindert war, und daß zu derselben Zeit die durch das trullanische Concil bestätigte und von Photius angenommene kanonische Sammlung noch nicht allgemeine Anerkennung gefunden hatte. Obgleich gewiß ist, daß Psellus einen älteren Tractat in Prosa zum Muster genommen hat, so hat man doch diesen älteren Tractat nicht näher bestimmen können. Man hat die Vermuthung aufgestellt, daß derselbe das Werkchen *περὶ τῶν ἐν νομοκανόνῳ* im Cod. Paris. 1182. fol. 31 b sei. Zur Beseitigung dieser Vermuthung genügt aber die Bemerkung, daß dessen Verfasser die durch das trullanische Concil angenommene Aufzählung der kanonischen Quellen befolgt hat, welche, ungeachtet ihrer Aehnlichkeit, von der von Psellus befolgten des Johannes Scholasticus abweicht. Dasselbe Werkchen des Psellus findet sich noch in mehreren Handschriften. 2) Das zweite Schriftchen, welches sich im Cod. Paris. 1371 findet, hat den Titel: *Περὶ δόγματος,* und enthält 93 Verse, mit dem Anfange: *Ἄκουε καὶ τὸν θαυμασμὸν τῶν καθ' ἡμᾶς δογμάτων,* und dem Ende: *Ἀρχὴ γὰρ τοῦτο καὶ κρηπὶς ὑπάρχει βασιλείας.* Es ist eine Erörterung der katholischen Lehre über die göttliche Natur und einige Glaubenssätze. Das Schriftchen findet sich noch in mehreren Handschriften. Es ist unbekannt, nach welchem älteren Werke Psellus dieses Schriftchen gearbeitet hat. In einigen Handschriften (z. B. im Cod. Paris. 1782) ist dieses Werkchen in zwei Theile getheilt. Der erste hat den Titel: *περὶ πίστεως;* der zweite: *περὶ θεολογίας;* dieser fängt mit dem Verse an: *Ἥνωνται καθ' ὑπόστασιν, διῄρηνται δὲ πάλιν* (V. 44 bei Meerman). 3) Ein drittes Werkchen von Psellus enthält eine abgekürzte Geschichte der sieben ersten allgemeinen Concilien. Sie beschränkt sich auf Angabe des Namens des Kaisers, unter welchem jedes Concil gehalten worden ist, der daselbst verdammten ketzerischen Sekten, und der Zahl der anwesend gewesenen Bischöfe. Das Schriftchen besteht aus 70 Versen; der erste ist: *Πεντάκις καὶ τὸν ἀριθμὸν τῶν ἱερῶν συνόδων;* der letzte: *Ἄλλους τε πλείστους τῆς σεπτῆς εἰκόνας μὴ τιμῶντας.* Es findet sich in folgenden Handschriften: Cod. Paris. 1782 (vor dem Tractat *περὶ πίστεως*) 2661. 2875. Taurin. 331. fol. 26 b und in den florentiner und wiener Handschriften. Dieser geschichtliche Abriß der Concilien scheint von Psellus nach einem der libelli synodici, welche sich in den Sammlungen des griechischen Kirchenrechts häufig finden, gearbeitet. Zuerst ist dieses Werkchen unter dem Namen des Johannes Psellus, mit den Versen des Theodorus Prodromus und des Nicephorus Callistus 1536 herausgegeben worden (Basileae, apud Joannem Hebelinum); eine lateinische Uebersetzung findet sich in der Sammlung der Concilien von Severinus Binius T. III, P. I. p. 400 (Colon. Agripp. 1606. Fol.) und nach diesem Texte haben die Schriftsteller den Tractat über die sieben Concilien dem Michael Psellus zugeschrieben. Fabricius führt selbst eine Handschrift an, in welcher die Beschreibung des Nomocanon dem Constantin Psellus (Michael Psellus hatte den Vornamen Constantin) zugeschrieben wird, wie in denen des Antonius Augustinus Nr. 124 und 175; allein die Ueberschriften in den oben angeführten Handschriften beseitigen alle Zweifel, welche über den wahren Verfasser der hier fraglichen Schriftchen entstehen können, und die gewichtigsten Stimmen erklären sich für Michael Psellus als Verfasser. Die drei bisher erwähnten Schriften sind zum ersten Mal vereinigt und griechisch herausgegeben worden nach einer Handschrift von Clermont von Franz Bosquet (Franc. Bosquetus), nach dem Texte der Synopsis legum (p. 129—136) unter dem Titel: *Τοῦ πανσεβαστάτου φιλοσόφου κυρίου Μιχαὴλ τοῦ Ψελλοῦ στίχοι πολιτικοὶ πρὸς τὸν βασιλέα κύριον Μιχαὴλ τὸν Δούκαν.* Die drei Stücke stehen dort in folgender Ordnung: de dogmate (v. 1—93), de septem conciliis (v. 94—183), de Nomocanone (v. 1—75); alles dieses ist in *Meerman*, Thes. jur. T. I. p. 75—79 wieder abgedruckt, findet sich aber nicht in den Ausgaben der Synopsis legum von Teucher. 4) Ein anderes Werkchen von Michael Psellus über die Ehe im siebenten Grade, nur aus 7 Versen bestehend, findet sich im Cod. Paris. 1339. fol. 272b unter dem Titel: *Στίχοι τοῦ Ψελλοῦ πρὸς τὸν βασιλέα κύριον Μιχαήλ*, und beginnt mit dem Verse: *Ἀνεψιαδέλφου παῖδα τῆς οὐ πρὸς γάμον.* Auch steht es im Cod. Paris. 1281 und Bodlej. 158. 5) Im Cod. Paris. 1782. fol. 75a finden sich: *Στίχοι εἰς τοὺς ἁγίους καὶ πανευφήμους ιβ' ἀποστόλους.* Der Anfang ist: *Ῥώμη ἔχει κ. τ. λ.* Die unter 4 und 5 erwähnten Stücke sind noch nicht herausgegeben.

III. *Epitomae legum antiquae novae editionis.* Bereits früher (§. 22 nr. 1) ist einer sehr alten Epitome canonum Erwähnung geschehen, welche der vorigen Periode angehört und dem Stephanus Ephesinus zugeschrieben wird. Dieses Werk ist später die Grundlage neuer Arbeiten der Kanonisten geworden, welche in die Zeit vom zehnten bis zum zwölften Jahrhundert fallen, und in den Handschriften in verschiedenen Gestalten erscheinen. Da wir aber bereits früher (vergl. §. 22 nr. 1) davon ausführlich gehandelt haben, so ist darauf zu verweisen.

IV. *Doxapatris Nomocanon.* Unter dem Titel Nomocanon hat Gregorius Doxapater, dessen schon bei den Scholiasten der Basiliken gedacht worden ist (vergl. §. 33 nr. 17), eine kirchenrechtliche Sammlung unter folgendem Titel verfaßt: *Νομοκάνονον* (sic) *σὺν θεῷ περιέχον συνοπτικῶς ὅλους τοὺς κανόνας τῶν ἁγίων καὶ οἰκουμενικῶν ἑπτὰ συνόδων, καὶ τῶν ἁγίων ἀποστόλων καὶ τοῦ μεγάλου Βασιλείου, καὶ ἑτέρων διαφόρων πατέρων, ἑρμηνευθὲν προτροπῇ τοῦ εὐσεβεστάτου βασιλέως κυροῦ Ἰωάννου τοῦ Κομνηνοῦ παρὰ τοῦ λογιωτάτου διακόνου τῆς τοῦ Θεοῦ μεγάλης ἐκκλησίας καὶ νομοφύλακος τῆς τῶν Ῥωμαίων βασιλείας πατριαρχικοῦ νοταρίου καὶ πρωτοπροέδρου τῶν πρωτοσυγκέλλων Δοξαπάτρη.* Das Werk enthält die Quellen des griechischen Kirchenrechts in folgender Ordnung: die canones Apostolorum, die Concilien von Nicäa, Ancyra, Neocäsarea, Gangra, Antiochia, Laodicea, Constantinopel, Ephesus, Chalcedon, Sardica, Carthago, Constantinopel unter Nectarius, das concilium Trullanum, Nicaenum II., die Synodus Primo-Secunda und die Synodus S. Sophiae, die Briefe der heiligen Väter Basilius, Tarasius, Dionysius und Petrus von Alexandria, Gregorius Thaumaturgus, Athanasius, Gregorius von Nyssa, Timotheus, Theophilus, Eulogius von Alexandria, Gennadius, den Brief an Martyrius, Bischof von Antiochia und des Athanasius an Rufinianus. Bis hierher ist, mit Ausnahme der letzten Stücke, vollkommene Uebereinstimmung zwischen dieser Sammlung und dem Syntagma des Photius. Hierauf folgen die zehn ersten Stücke, welche den Anhang der alten Epitome canonum in dem Cod. Bodlej. 716 bilden (vergl. §. 22 num. 1), ganz in derselben Ordnung. Nach den Concilien und den heiligen Vätern folgt ein Brief des Timotheus von Alexandria, die Synopsis des Nomocanon von Johannes Nesteutes, ein libellus synodicus der sieben Concilien, ein Tractat de nuptiis und Justinian's Novellen 3, 5, 6, 7, 12, 14, 16. Doxapater hat dieses Werk auf Befehl des Kaisers Johannes Comnenus (1118—1143) verabfaßt, daher es in die erste Hälfte des 12. Jahrhunderts fällt. Es findet sich nur in einer einzigen, den letzten Jahren desselben Jahrhunderts angehörenden Handschrift. Diese gehörte 1234 einem Araber an, welcher wahrscheinlich in Sicilien wohnhaft war, und fand sich später in der Bibliothek der Basilianer zu Rom (Cod. Basil. 58). Jetzt befindet sie sich in der vaticanischen Bibliothek.

V. *Alexii Aristeni commentarius in Epitomen canonum.* Alexius Aristenus, Nomophylax und Oeconomus der großen Kirche zu Constantinopel, schrieb im 12. Jahrhundert einen Commentar über die alte Epitome canonum, welcher im §. 22 num. 1 und oben unter III. gedacht ist. Er ist nicht der Verfasser der Epitome canonum selbst, wie man nach der Ueberschrift bei Voellus und Justellus glauben könnte, und wie wirklich einige Schriftsteller angenommen haben, sondern nur des Commentars zu derselben. Zum Beweise dieser Behauptung genügt zu bemerken, daß Aristenus in seinem Commentar den Verfasser der Epitome canonum kritisirt und ihm in einer seiner Anmerkungen den Vorwurf macht, den Sinn einer kanonischen Bestimmung mißverfunden zu haben. „Die von Aristenus commentirte Epitome canonum hat im Cod. Bodlej. 221 folgenden Titel: *Νομοκάνονον σὺν Θεῷ ἑρμηνευθὲν παρὰ τοῦ θεοφιλεστάτου νομοφύλακος κυροῦ Ἀλεξίου τοῦ Ἀριστηνοῦ.* Obschon der Titel Nomocanon regelmäßig den Sammlungen beigelegt wird, welche νόμους καὶ κανόνας (leges et canones) enthalten, so finden sich in diesem Werke doch nur kanonische Bestimmungen, deren Sammlungen gewöhnlich mit den Namen συναγωγὴ oder σύνταγμα τῶν κανόνων bezeichnet werden. Der Commentar des Aristenus ist in folgenden Handschriften enthalten: 1) Cod. Bodlej. 221. fol. 1—134; 2) Cod. Bodlej. 716. fol. 1—216; 3) Cod. Escorialensis II. X, 3. fol. 1—208; 4) Cod. Vossianus 2140; 5) Cod. τῆς παναγίας, 8; 6) Cod. Paris. 1302; 7) Cod. Neapol. (Borbon.) 72. II. c. 8. fol. 25—155; 8) Cod. Neapol. (Borbon.) 91. II. c. 33. fol. 343—360; 9) Cod. Trapezuntinus, beschrieben in *Rhallis et Potlis*, Coll. can. T. I. Praef. p. 10 seq. Die erste von Beveridge im Synodicon besorgte Ausgabe beruht auf 4 Handschriften. Diese sind: 1) eine Handschrift der Bibliothek des collegium Trinitatis, welche Beveridge durch Pearson, Professor der Theologie an der Universität zu Cambridge, erhalten hatte; eine Abschrift der gleich folgenden; 2) der Cod. Bodlej 221, welcher am Rande Scholien hat, die aus dem Syntagma des Matthäus Blastares und einigen anderen Quellen entlehnt sind und folgende Materien betreffen: περὶ γάμων κεκωλυμένων, περὶ τοῦ μνηστευθέντος, περὶ γάμων, περὶ συνοικεσίας, περὶ νηστειῶν, περὶ πράσεως u. s. w.; 3) eine Handschrift von Thomas Brown, Professor der Theologie und Präbendar an der königlichen Kapelle von Windsor; 4) der Cod. Bodlej. 716, welchen aber Beveridge nach seiner eigenen Angabe erst, nachdem er seine Ausgabe zur Hälfte vollendet hatte, kennen gelernt, also nur für den nicht vollendeten Theil gebraucht hat. Nach dieser Handschrift hat er im zweiten Bande des Synodicon die Synopsis der kanonischen Briefe herausgegeben. Beveridge hat die Epitome canonum und den Commentar des Aristenus nicht in der Ordnung des Originaltextes herausgegeben, sondern er hat die verschiedenen Stücke in Gemäßheit der Commentare des Zonaras und Balsamon zu dem Syntagma des Photius zerstreut. Dieselbe Methode ist von den neuesten Herausgebern Rhallis und Potlis in der Collectio canonum befolgt worden, wo sich unter jedem canon die betreffenden Erläuterungen des Zonaras, Balsamon und Aristenus zusammengestellt finden. Von den späteren Schriftstellern hat der Aristenus Balsamon bisweilen in seinen Anmerkungen angeführt. Die Epitome canonum und der Commentar des Aristenus bilden den zweiten Theil der wallachischen kanonischen Sammlung, welche in der Landessprache Pravila Legii (Regula legis — Nomocanon) heißt.

VI. *Commentarius incerti auctoris in Photii Nomocanonem.* In einer in der Ambrosianischen Bibliothek zu Mailand befindlichen Handschrift (Cod. I, 48. fol. 49—183) findet sich eine auf den Nomocanon des Photius bezügliche Arbeit unter folgendem Titel: *Νομοκάνων σὺν Θεῷ περιέχων συνοπτικῶς ὅλους τοὺς κανόνας τῶν τε ἁγίων οἰκουμενικῶν ζ΄ συνόδων καὶ τῶν ἁγίων ἀποστόλων, μεθ' ὧν καὶ τοῦ μεγάλου Βασιλείου καὶ ἑτέρων ἁγίων θεοφόρων πατέρων* (sic). Das Werk ist der Nomocanon des Photius, aber zum großen Theil vermehrt, und aus den Quellen des Justinianeischen Rechts interpolirt. Es endigt fol. 183 mit Tit. XI. cap. 4. Die Rubrik dieses Titels ist: τιτλ. ια΄ κεφ. *περὶ μοναστηρίων καὶ μοναχῶν καὶ περὶ κτήσεως μοναστηρίων.* Die canones Apostolorum sind von einem Commentar (*ἑρμηνεία*) eines unbekannten griechischen Juristen begleitet, der mit den Commentaren des Balsamon, Zonaras und Aristenus Nichts gemein hat. Dieser Commentar beginnt: *τοὺς δὲ ἐξάπαντος* (sic) *ὀφείλοντας.* In demselben fol. 152 wird Justinian's Novelle 6 erwähnt, sowie auch die Commentare des Theodorus und Athanasius angeführt werden, letztere in folgender Weise: *κεῖται δὲ ἐν τῷ Ἑρμοπολίτῃ οὕτως* κ. τ. λ. bis zu den Worten *ἡ ταξεώτης.* Dann folgt: *ἐν δὲ τῷ Ἀθανασίῳ οὕτως* κ. τ. λ. Dieses Werk gehört einer dem Photius sehr nahen Zeit an, wie sich aus den benutzten, eben angeführten Quellen ergibt.

VII. *Joannis Zonarae commentarius in Syntagma canonum.* Im 12. Jahrhundert schrieb Johannes Zonaras einen Commentar zu dem Syntagma des Photius, aber nicht zum Nomocanon, sondern zur Collectio canonum. Er hat sich der Arbeit des Photius nicht angeschlossen, und hinsichtlich der kanonischen Sammlung ist er sehr selbständig verfahren. Eine geringe Aenderung ist, daß er in dem Concilium Carthaginense an einigen Stellen den hergebrachten Text durch Weglassungen abgekürzt hat; die bedeutendste Aenderung ist, daß er die aus alter Zeit hergebrachte Reihefolge der Concilien verlassen hat. Da von der neuen Anordnung des Zonaras bereits früher gehandelt worden ist (vergl. §. 31. 2 a), so ist darauf zu verweisen. Seine Anordnung ist später allgemein angenommen worden. Der Commentar des Zonaras führt den Titel: *Ἐξήγησις τῶν ἱερῶν καὶ θείων κανόνων τῶν τε ἁγίων καὶ σεπτῶν ἀποστόλων, καὶ τῶν ἱερῶν οἰκουμενικῶν συνόδων, ἀλλὰ μὴν καὶ τῶν τοπικῶν ἤτοι μερικῶν, καὶ λοιπῶν ἁγίων πατέρων, πονηθεῖσα Μοναχῷ τῷ Ζωναρᾷ, τῷ γεγονότι μεγάλῳ δρουγγαρίῳ τῆς βίγλης καὶ πρωτοασηκρῆτις.* Diesem Titel folgt eine Vorrede. Sie beginnt mit den Worten: *Ἡ δήλωσις τῶν λόγων* .... Nach der Vorrede kommt die kanonische Sammlung in der neuen schon früher (§. 31. 2 a) erwähnten Anordnung. Die Erläuterungen des Zonaras schließen sich jedem der Stücke, welche die Collectio canonum bilden, an. Sie haben den Zweck, die Kunstausdrücke der canones zu erläutern und deren Sinn zu erklären; auf die weltlichen Gesetze ist sehr selten Rücksicht genommen. Balsamon, welcher nach Zonaras das Syntagma des Photius erläutert hat, hat dessen Erläuterungen, fast in denselben Ausdrücken, in seinen Commentar aufgenommen. Er begnügt sich, selbst den Zonaras in seinen Commentar zu den canones zu übertragen, welche keine auf das bürgerliche Recht oder auf die kaiserlichen Constitutionen bezügliche Frage betreffen. Dennoch nennt Balsamon in seinem Commentar den Zonaras nur dreimal: 1) zu dem Briefe des heiligen Athanasius an Ammus, wo er ihn *ἑρμηνευτὴν ἐκείνων Ζωναρᾶν* nennt und beifügt, daß man diesen kanonischen Brief nicht besser auslegen könne, als Zonaras; 2) zu dem can. 36 Apostolorum; 3) zu dem can. 50 Basilii. Matthäus Blastares führt ebenso die Erklärungen des Zonaras an und nennt bisweilen dabei dessen Namen, z. B. Lit. E. cap. 11: „*εἰ μέμψαιτό τις εἶπεν ὁ ὑπερφυὴς δὲ κατὰ φύσιν Ζωναρᾶς.*" Noch wird Zonaras von einem Unbekannten in einer von Leo Allatius aufbewahrten Stelle erwähnt. Die Handschriften des Commentars des Zonaras sind sehr zahlreich. Die einen enthalten diesen Commentar mit dem des Balsamon verbunden; die anderen enthalten nur den Commentar des Zonaras. Nur die letzteren sind hier zu erwähnen. Es sind folgende: 1) Cod. *Βατοπεδίου* 3. 15. Jahrh.; 2) Cod. *Διονυσίου* 2. 14. Jahrh.; 3) Cod. *Διονυσίου* 3. 14. Jahrh.; 4) Cod. *τῶν Ἰβήρων* 5 v. 1639; 5—9) 5 Handschriften *τῆς ἁγίας Λαύρας*: Nr. 1 v. 1560; Nr. 2—5 sämmtlich aus dem 14. Jahrh.; 10) Cod. *τῆς Παναγίας* 1. 13. Jahrh.; 11) Cod. *τῆς Παναγίας* 4. 14. Jahrh.; 12—14) 3 vaticanische Handschriften: Cod. Palat. 21 und 219; Cod. Reg. Christin. 639; 15) Cod. Neapol. 195. 14. Jahrh.; 16) Cod. Neapol. Borbon. II. c. 3. 14. Jahrh.; 17) Cod. Taurin. 202. 13. Jahrh.; 18) Cod. Coislin. 210 (Paris) 14. Jahrh.; 19) Cod. Marcian. app. gr. III, 1. 15. Jahrh.; 20—25) 6 pariser Handschriften: Nr. 1319. 13. Jahrh.; Nr. 1321 fol. 1—429 a. 502 a—511 b; Nr. 1322 16. Jahrh.; Nr. 1323 v. 1398; Nr. 1327 v. 1562; Nr. 1330 14. Jahrh.; 26) Cod. Laurent. V, 40 fol. 1—306. 14. Jahrh.; 27) Cod. Madrid. O. 26. fol. 27—740. 16. Jahrh.; 28. 29) 2 ambrosianische Handschriften zu Mailand; 30) Cod. Escorial. II. X, 10. 13. Jahrh.; 31—34) 4 wiener Handschriften: Cod. VIII, 48 fol. 133—316; VIII, 49; VIII, 50 fol. 1—237; VIII, 51 fol. 379 seq. Es gibt auch Handschriften, welche blos Auszüge aus diesem Commentar enthalten, nämlich: Cod. *τῶν Ἰβήρων* 4. 16. Jahrh.; Cod. Bodlej. 3022. 16. Jahrh.; Cod. Palat. 55 fol. 66—83. 15. Jahrh.; Cod. Middlehit. 1502 (sonst Meerman. 184) 16. Jahrh. Der Cod. Paris. 1335 enthält den Commentar des Zonaras der Epitome canonum angepaßt. Der Cod. *τῆς μονῆς τοῦ Δοχειαρίου* auf dem Berge Athos enthält eine Uebertragung der collectio canonum mit dem Commentar des Zonaras in die lingua vulgaris, von einem Mönch Dionysius um das J. 1750 verfaßt. Was die Ausgaben des Zonaras anlangt, so sind dessen Erläuterungen zu den canones Apostolorum mit diesen letzteren selbst zuerst, erstere blos in lateinischer Uebersetzung, von Johannes Quintinus (Jean Quintin), Professor des kanonischen Rechts an der pariser Universität, 1558 zu Paris herausgegeben worden. Der Herausgeber scheint den Cod. Paris. 1322 (sonst Colb. 2039) benutzt zu haben; wenigstens erwähnt er ihn in der Vorrede. Später, im J. 1613, hat Antonius Salmatia den Commentar über die Concilien mit einer lateinischen Uebersetzung herausgegeben. Beide kanonische Quellen zusammen mit dem Commentar des Zonaras dazu mit griechischem Text und lateinischer Uebersetzung, sind, nach einer Handschrift der k. Bibliothek zu Paris, im Jahre 1618 zu Paris gedruckt. Der Commentar des Zonaras über die kanonischen Briefe der heiligen Väter ist erst in Gefolge der Briefe des Gregorius von Neocäsarea, des Macarius aus Aegypten und des Basilius herausgegeben worden. Endlich erschien der Commentar des Zonaras vollständig in dem Synodicon von Beveridge (Beveregius), von welchem bei dem Commentar des Balsamon zu Photius die Rede sein wird. Zu bemerken ist, daß Beveridge, wie schon bei dem Commentar des Alexius Aristenus über die Epitome canonum angeführt ist (siehe oben unter V), unter jedem kanonischen Texte erst die Erläuterungen des Balsamon, dann die des Zonaras, endlich die des Alexius Aristenus zusammengestellt hat. Der Commentar des Zonaras ist also zwar vollständig, soweit er bekannt war, wiedergegeben, aber nicht in seinem ursprünglichen Zusammenhange. Die neuesten Herausgeber, Rhallis und Potlis in der Collectio canonum ecclesiae Graecae T. II. III. IV. haben eine früher unbekannte Handschrift, eine in der Bibliothek des Metropoliten Gerasimus von Argolis befindliche Abschrift eines alten trapezuntinischen Codex, wovon oben unter I. bei Photius die Rede gewesen ist, benutzt, welche noch unedirte Stücke des Commentars des Zonaras enthält. Sie haben ganz dieselbe Methode, wie Beveridge befolgt, und unter jedem kanonischen Texte die betreffenden Erläuterungen, erstens des Zonaras, dann des Balsamon, endlich des Alexius Aristenus zusammengestellt. Die Erläuterungen zu den canones Apostolorum finden sich in der gedachten Collectio canonum T. II. p. 1—112; zu den canones der ökumenischen Concilien T. I. p. 113—704; zu den canones der Localconcilien T. III.; zu den kanonischen Briefen der heiligen Väter T. IV.

VIII. *Nomocanon Photii a Michaele Sebasto et Theodoro Vesta auctus et emendatus.* Der Codex Paris. 1319 ist von Biener zuerst als eine solche Handschrift bezeichnet worden, welche Spuren einer dritten Bearbeitung des Photianischen Nomocanon enthalte. Morreuil hat diese Handschrift genau untersucht und beschrieben. Sie stammt aus der Bibliothek der Königin Katharina von Medicis, ist in Folioformat, hat 301 Blätter und stammt aus dem 13. Jahrhundert. Ihr Inhalt ist folgender: Fol. 1 ein libellus synodicus über die sieben allgemeinen Concilien, wovon der Anfang fehlt; die letzten Worte sind: *ἀποβάλλεται ὡς ἐχθροὺς τῆς ἀληθείας.* Fol. 6 a ein libellus synodicus über die neun Provinzialconcilien: *Ἔτι περὶ ἐκθέσεως τῶν συνόδων κατὰ χρόνων τάξιν αὐτῶν. Ἰστέον ὅτι ἡ ἔκθεσις τῶν συνόδων* ... Fol. 9 b. *Πρόλογος τοῦ συνθέντος τοὺς κανόνας εἰς τίτλους ἀναπτύξασθαι. Τὰ μὲν σώματα* .... *τὸν μαθεῖν ἐπιθυμοῦντα.* Fol. 11 a. *Τοῦ προσθέντος τὰ μετὰ τὴν πρώτην* (Ἰῶ. σιμ-

πτῃ) σύνοδον. Ὁ μὲν παρὼν πρόλογος .... πρᾶξιν προηνέγκαμεν. Fol. 12 b. *Τοῦ προσθέντος τούς τε παραλειφθέντας κανόνας καὶ τὰ ζητούμενα κεφάλαια νόμιμα. Γέγονε καὶ ταῦτα καθ' ὃν εἴρηται χρόνον παρ' ἡμῶν ἅμα καὶ γέγονεν. εἶτά τις τῶν ἐπιγενομένων ἕκαστον τῶν τοῖς ἀριθμητικοῖς στοιχείοις δηλουμένων κανόνων εἰς τοὺς ζητουμένους τόπους κατέγραφε, δοκιμάσας αὐτὸς ἅπερ ὁ προλαβὼν τοῖς χρόνοις ἀπεδοκίμασε· καὶ ἦν οὕτως τὸ σύνταγμα τἆλλα μὲν ὁλομελές τε καὶ ἄρτιον· ἑνὶ δὲ τούτῳ χωλεῦον τῇ πρὸς τὰ πολυμερῆ βιβλία τῶν πολιτικῶν νομίμων παραπομπῇ, ἅπερ τοῖς ζητεῖν βουλομένοις, πόσων ἔδει βιβλίων, πόσων μόχθων, πόσης τριβῆς. Ἐπεὶ δὲ καὶ τοῦτο πρὸς αὐτοτελῆ καὶ πανταχόθεν ἔχουσαν τὸ ἀνεπίληπτον ἀρτιότητα ἀναπληρωθῆναι ἐχρῆν τὸ ὑστέρημα· ἔτη μετὰ τὸν προγραφέντα χρόνον παρῆλθε πρὸς τοῖς διακοσίοις ἑπτά, καὶ τὰ πάντα μέγας ἀνὴρ καὶ γένος καὶ βίον καὶ λόγον καὶ τρόπον, ὄνομα αὐτῷ Μιχαήλ, τὴν ἀξίαν σεβαστός, καὶ τοὺς προεστῶτας τῶν ἀκροατῶν λογοθετεῖν εἰληφώς, τὸ πρᾶγμα βάλλεται κατὰ νοῦν, ὑπουργεῖ δὲ χρῆται τῶν ὑπηκόων ἑνί, Θεοδώρῳ Βέστῃ, καὶ τοῦ βουλήματος πληρωτῇ, καὶ δι' αὐτοῦ τὰ ζητούμενα κατὰ μέρος κεφάλαια ἐκ τοῦ πολυσχιδοῦς τῶν νόμων συντάγματος ἐρανισάμενος, συνηρμολόγησε τῷ προκειμένῳ συγγράμματι.* Fol. 13 b. *Πίναξ τοῦ νομοκανόνος σὺν παραπομπαῖς.* Fol. 27 a. *Ἐκ ποίων συνόδων τε καὶ προσώπων, καὶ πόσων κανόνων τὸ παρὸν ἠθροίσθη σύνταγμα.* Fol. 29 a die Ueberschrift des Commentars des Zonaras; dann die Vorrede des Zonaras: *Ἡ δήλωσις κ. τ. λ.* Fol. 30 a die canones Apostolorum mit dem Commentar des Zonaras. Fol. 56 b die canones Conciliorum mit dem Commentar des Zonaras. Fol. 380 a das conc. Constantinopolitanum unter Nectarius, ohne Commentar. Fol. 382 b die Briefe der heiligen Väter mit dem Commentar des Zonaras. Fol. 512 b. Entscheidungen des Zonaras darüber, daß Geschwisterkinder nicht nach und nach dieselbe Frauensperson zur Ehefrau nehmen dürfen. Fol. 516 a. Auszüge aus dem tomus Sisinnii. Fol. 517 a. Entscheidung des Alexius bei *Freher*, Jus Gr. Rom. T. I. p. 238. Fol. 518 a eine andere Entscheidung desselben an Theophanes. Fol. 519 a. Entscheidung des Michael über die verbotenen Ehen bei *Freher* T. I. p. 263. Fol. 519 b. Entscheidung desselben über die Ehefrau, welche die Ehe bricht, bei *Freher* T. I. p. 261. Fol. 520 b. Joannes Antiochenus in eos, qui largitionibus monasteria adipiscuntur, bereits gedruckt. Fol. 526 a. Anfragen der außerhalb der Stadt wohnhaften Mönche aus der Zeit des Nicolaus Grammaticus. Fol. 539. *Περὶ τῆς τῶν βαθμῶν συγγενείας ἐκ τοῦ τρίτου βιβλίου τῶν ἰνστιτούτων· Ἡ συγγένεια γενικόν.* Fol. 343 a. Entscheidung über die Ehe an den Metropolitan von Korinth. Aus der dritten Vorrede, welche Mortreuil zum ersten Mal mit lateinischer Uebersetzung herausgegeben hat, ergibt sich, daß nach Photius ein Unbekannter in dem Nomocanon den Text der nur mit Zahlen in dem Original angeführten canones wörtlich wiedergegeben hat; eine Arbeit, derjenigen ähnlich, welche sich in der oben unter I. bei Photius erwähnten vaticanischen Handschrift (Cod. Columnensis) findet, wo der vollständige Text der kanonischen Bestimmungen gegeben wird. Der Verfasser dieser Vorrede fügt hinzu, daß der auf die bürgerlichen Gesetze (*τὰ κεφάλαια νόμιμα*), welche ohne Anführung des Textes citirt wurden, bezügliche Theil des Nomocanon bei dieser ersten Umarbeitung keine Aenderung erfahren habe, und daß das Aufsuchen der citirten Stellen in den bürgerlichen Gesetzbüchern schwierig und mühsam sei. Um der Arbeit den höchsten Grad der Vollendung zu geben, beauftragte 207 Jahre später, im J. 1090, Michael, mit der Würde eines Sebastos bekleidet, den Theodorus Bestas, unter seiner Leitung, den Text der in jedem Capitel des Nomocanon citirten bürgerlichen Gesetze zu sammeln und in der Ordnung des Nomocanon wörtlich abzuschreiben. Es handelt sich also hier weniger um eine wirkliche Revision des Syntagma, als um eine zu dem Zwecke unternommene Arbeit, denen, welche den Nomocanon gebrauchen würden, langes und mühsames Nachsuchen zu ersparen.

IX. *Theodori Balsamonis commentarius in Photii Nomocanonem et Syntagma canonum.* Der berühmteste Kanonist der griechischen Kirche ist Theodorus Balsamon durch seinen Commentar zum Syntagma des Photius. Es ist schon früher bemerkt worden, bei welcher Gelegenheit Balsamon auf Befehl des Kaisers Manuel Comnenus und des Patriarchen Michael Anchialus diese Arbeit unternahm (vergl. §. 27 unter IX, 2). Der Hauptzweck, welchen sich Balsamon bei dieser Arbeit setzte, war, die Sammlung der canones zu commentiren, unter besonderer Bezeichnung der widersprechenden Bestimmungen des bürgerlichen Rechts, und die Stellen des bürgerlichen Rechts, welche in die Basiliken aufgenommen oder von diesen ausgeschlossen waren, anzuzeigen. Es handelte sich in dem Commentar darum, das Verhältniß der canones und der leges definitiv zu bestimmen, die im Nomocanon benutzten Quellen des bürgerlichen Rechts und die Basiliken in Uebereinstimmung zu bringen, und als ungültig alle diejenigen Bestimmungen, welche nicht in die Basiliken aufgenommen waren, zu beseitigen. Balsamon selbst zeigt in der Vorrede den Charakter seiner über den Nomocanon unternommenen Arbeit deutlich an, und bezeichnet in seinem Commentar sehr häufig die durch ihre Ausschließung von den Basiliken ungültig gewordenen Bestimmungen, bisweilen auch die Gründe dieser Ausschließung. Balsamon hat sich allein auf die von Photius gesammelten Stellen des weltlichen Rechts beschränkt; in den Capiteln, wo Photius nur kanonische Bestimmungen ohne weltliche Gesetze angeführt hat, findet sich keine Erklärung von Balsamon. Die im Nomocanon nach dem Commentar des Athanasius gegebenen Novellencitate hat Balsamon nach der Reihefolge der Sammlung der 168 Novellen verbessert. Jeder von Photius nach den Schriften der Juristen des 6. Jahrhunderts citirten Stelle ist die Bemerkung beigefügt, ob die Stelle in die Basiliken aufgenommen sei, und wo sie dort stehe. Findet sich die Stelle in den Basiliken, so gibt Balsamon regelmäßig den Basilikentext, wenn dieser von dem älteren Auszuge abweicht; findet sich die Stelle nicht in den Basiliken, so bemerkt er fast immer, daß sie ungültig sei. Endlich fügt er aus eigener Bewegung Erläuterungen bei, welche bezwecken, Widersprüche zwischen den bürgerlichen und kanonischen Bestimmungen zu beseitigen, oder die Aehnlichkeit zwischen beiden zu zeigen. Der Commentar enthält noch verschiedene Auszüge der Basiliken oder ihrer Scholien, die Stellen beinahe vollständig, jedoch ohne Vorrede und Schluß, ferner kaiserliche Novellen nach Justinian, und Entscheidungen der Synoden oder Patriarchen. Sein Commentar über die Collectio canonum oder den zweiten Theil des Syntagma ist ganz in demselben Geiste geschrieben und in derselben Form abgefaßt. Die canones haben den Vorzug vor den leges, und die Basiliken enthalten die noch praktischen Bestimmungen des Justinianeischen Rechts. Balsamon hat Gebrauch gemacht von den Basiliken und ihren Scholien, den Justinianeischen Gesetzbüchern, den Novellen Leo's und späterer Kaiser, endlich von Sammlungen der Synodalentscheidungen. Was den damaligen Zustand dieser Quellen anlangt, so hat sich Balsamon nach seiner eigenen Angabe der unter Constantinus Porphyrogeneta zu Stande gekommenen Redaction der Basiliken bedient. Wir haben aber schon früher gezeigt, daß dies auf einem Irrthum des Balsamon beruhe, und daß die Abweichungen, welche zwischen den von Balsamon benutzten Basiliken und den noch vorhandenen bekannten Handschriften sich finden, entweder in der That nicht vorhanden sind, oder sich ohne Annahme jener Redaction erklären lassen (vergl. §. 27 unter II). Die Justinianeischen Gesetzbücher hatte Balsamon in den Bearbeitungen der Juristen unter und nach Justinian, und in der Gestalt, welche sie dadurch erhalten hatten. Daß er den Justinianeischen Codex selbst besessen habe, will Mortreuil daraus schließen, daß er den Originaltext von L. 3 C. IX, 18 mit der abgeänderten Redaction in den Basiliken (lib. LX. tit. 39 cap. 23) vergleicht. Es ist dies aber kein Beweis dafür, da Balsamon die fragliche Notiz über den Originaltext der Codexstelle aus dem Commentar des Thalelaeus, vielleicht sogar aus den Auszügen desselben in den Basilikenscholien entlehnt haben kann, was viel wahrscheinlicher ist, als daß er den Codex selbst besessen habe. Er besaß ferner die Sammlung der 168 Novellen und die Collectio constitutionum ecclesiasticarum, welche er anders citirt, als durch Vermittelung des Photius. Auch besaß er eine besondere Sammlung von Leo's Novellen, nach welcher er dessen Novelle 117 citirt, die sonst ganz unbekannt ist und eine vollständigere Sammlung voraussetzt, als die unsere, welche nur 113 Novellen enthält. Endlich theilt Balsamon viele kaiserliche Constitutionen, vorzüglich der Kaiser aus der Dynastie der Comnenen, nach ihrem Originaltexte mit. Die Zeit, wenn der Commentar des Balsamon geschrieben ist, läßt sich in folgender Weise bestimmen. Wie bemerkt wurde, erhielt Balsamon den besonderen Auftrag zu dieser Arbeit vom Kaiser Manuel Comnenus und vom Patriarchen Michael Anchialus. Manuel regierte von 1143—1180, zuletzt in Gemeinschaft mit Alexius II.; Michael Anchialus war Patriarch zu Constantinopel von 1169—1177. Im Laufe dieser letztern Jahre muß der Commentar geschrieben sein: denn es ist anzunehmen, daß die Vorrede, wo sich jener besondere Auftrag erwähnt findet, erst nach gänzlicher Beendigung des Werkes abgefaßt worden sei. Während Balsamon sein Werk schrieb, war er noch Nomophylax und Chartophylax der Kirche zu Constantinopel; Patriarch zu Antiochia wurde er erst 1193. Zwar wird an einer Stelle des Commentars der Patriarch Michael als gestorben bezeichnet, und an einer andern wird Isaak Angelus als regierender Kaiser mit dem Jahre 6694 nach Erschaffung der Welt (1186 nach Chr.) erwähnt. Es sind diese Stellen aber als spätere Zusätze des Verfassers zu betrachten. Einige Handschriften, unter anderen die des Tilius, deren sich Hervetus bedient hat, sowie der trapezuntiner Codex, welchen die neuesten Herausgeber des Commentars des Balsamon zum Photius, Rhallis und Potlis, gebraucht haben, enthalten eine Dedication in Versen an den Patriarchen Georgius Xiphilinus (1193—1198), im trapezuntiner Codex in griechischer Sprache. Hiernach ließe sich vermuthen, daß Balsamon ungefähr um 1191 geschrieben habe. Da sich aber Balsamon in diesen Versen selbst als Patriarch von Antiochia bezeichnet, so müssen dieselben als ein späterer Zusatz angesehen werden, welche bei der Feststellung der Zeit der wirklichen Abfassung und Veröffentlichung des Commentars nicht in Betracht kommen kann. Balsamon hat seiner Arbeit das Syntagma des Photius nach der Revision von Zonaras zum Grunde gelegt. Dies ergibt sich aus der Anordnung der canones, welche er angenommen hat, und aus dem Gebrauche, welchen er in seinem Commentar von dem des Zonaras gemacht hat. Die Handschriften, in welchen sich der Commentar des Balsamon zu Photius findet, sind zum Theil solche, welche nur den einen der beiden Bestandtheile, entweder den Nomocanon, oder die Collectio canonum enthalten. Hierher gehören folgende: 1) Codex *Barocc.* 2. 13. Jahrh. nur den Nomocanon enthaltend; 2. 3) 2 Handschriften des Klosters *τῶν Ἰβήρων*, nr. 1. 12. Jahrh.; nr. 2. 14. Jahrh.; die erstere enthält nur Titel 8—13 des Nomocanon; 4. 5) 2 Handschriften des Klosters *τῆς παναγίας*: nr. 1. 13. Jahrh., wo dem Nomocanon die Collectio canonum mit dem Commentar des Zonaras vorhergeht; nr. 2. 17. Jahrh. blos den Nomocanon enthaltend; 6) Cod. Bodlej. 205. 13. Jahrh.; 7—12) 6 Handschriften in der vaticanischen Bibliothek: Cod. Vat. 1185. 16. Jahrh. (früher Ant. Augustini 170); Palat. 384, 408; Regin. Christin. 648; Ottobon. X, 17 und X, 20; 13) Cod. Taurin. 219. 16. Jahrh.; 14) Cod. Neapol. (Borbon.) 66. II. a. 2. 14. Jahrh.; 15) Cod. Meerman. 179. 16. Jahrh.; 16—19) 4 pariser Handschriften: Nr. 1328. 15. Jahrh.; Nr. 1329 v. 1563, nur den Nomocanon enthaltend; Nr. 1331. 14. Jahrh.; Nr. 1332 v. 1682, nur einen Theil der Collectio canonum enthaltend; 20) Cod. Escorial. I. Σ. 2; 21. 22) 2 wiener Handschriften: VI, 15 und VIII, 18; letztere enthält fol.

96—128 nur den Nomocanon. Die Anordnung in diesen Handschriften ist folgende. Am Anfang stehen die heroischen Verse des Balsamon, welche beginnen: Ἄστρους ὡς πολύφωτα ἀρχηγοὺς ὄμματα νυκτός. Dann folgen die Vorreden des Nomocanon; hierauf das Verzeichniß ἐκ ποίων συνόδων τε καὶ προσώπων, καὶ πόσων κανόνων τὸ παρὸν ἠθροίσθη σύνταγμα. Dann folgt die Ueberschrift des Commentars des Balsamon: Ἐξήγησις τῶν ἱερῶν καὶ θείων κανόνων — καὶ πάσης ἀποτολῆς. Dieser Ueberschrift folgt die Vorrede des Balsamon: Πείθεσθε τοῖς ἡγουμένοις ὑμῶν κ. τ. λ. Daran reiht sich der Nomocanon und die Collectio canonum in der schon von Zonaras gemachten Aenderung, mit dem Commentar des Balsamon, welcher mit einem ἐπίλογος τοῦ αὐτοῦ ἁγιωτάτου πατριάρχου Ἀντιοχείας δεκαστίχων ἰαμβικῶν schließt; der erste dieser Verse ist: Τὴν μυστικὴν ἀναμαρτήτως κλίνην. Später, zu einer dem Balsamon näheren Zeit, vereinigten die Abschreiber die Commentare des Zonaras und Balsamon, sodaß mehrere Handschriften den Nomocanon des Photius mit dem Commentar des Balsamon und der Collectio canonum mit den Erläuterungen beider vereinigt enthalten. Diese Verbindung der Arbeiten beider Kanonisten findet sich in folgenden Handschriften: 1) Cod. τοῦ Ἀντωνίου 1. 14. Jahrh.; 2) Cod. τοῦ ἐσφιγμένου; 3) Cod. Trapezunt. 1. v. 1311, oben unter I. bei Photius erwähnt; 4) dessen Abschrift, die sich in der Bibliothek des Metropoliten Gerasimus von Argolis befindet, ebenfalls unter I. erwähnt, mit welcher die im Kloster des heiligen Georg bei Trapezunt von Zachariä bemerkte Abschrift der unter 3 erwähnten trapezuntiner identisch zu sein scheint. 5) Cod. Bodlej. 194. 16. Jahrh.; 6) Cod. Coislin. 39 (Paris). 17. Jahrh.; 7) Cod. Laurent. V, 2. 14. Jahrh.; 8) Cod. Escorial. II. X, 4. 16. Jahrh.; 9) Cod. Basil. (sonst Amerbach.) 14. Jahrh.; 10) Cod. Neapol. 38. 16. Jahrh. Unter diesen Handschriften ist die unter 3 erwähnte trapezuntiner die wichtigste, da sie bisher unbekannte Stücke der Commentare des Zonaras und Balsamon enthält. Die in den ursprünglichen Arbeiten befolgte Anordnung ist in diesen Handschriften nicht geändert. — Noch sind die Ausgaben des Zonaras und des Balsamon zu erwähnen. Eine lateinische Uebersetzung des Nomocanon und der Collectio canonum des Photius mit dem Commentar des Balsamon wurde 1561 durch Gentianus Hervetus zuerst veröffentlicht, nach einer dem Johannes Tilius gehörigen Handschrift, jetzt Cod. Paris. 1331. In demselben Jahre gab Heinrich Agylaeus eine andere Uebersetzung des Nomocanon allein mit dem Commentar des Balsamon nach einer dem Bonifacius Amerbach gehörigen Handschrift. Im J. 1615 erschien der griechische Text des Nomocanon und des Commentars des Balsamon, verbunden mit der Uebersetzung des Agylaeus, zum ersten Mal durch Christoph Justellus, nach einem Codex Palatinus, wie das Titelblatt und die Dedication des Justellus an Friedrich V., Pfalzgraf beim Rhein und Herzog von Baiern, ergibt. Im J. 1620 erschien zu Paris im griechischen Texte nach einer Handschrift, deren Spur verloren gegangen ist, vervollständigt durch die Handschriften des Vaticans und des Achilles de Harlay, das Syntagma des Photius mit dem Commentar des Balsamon. Zum Grunde lag die lateinische Uebersetzung von Hervetus, welche für den Nomocanon nach der des Agylaeus verbessert wurde. Hervetus hatte sich aber einer viel vollständigeren Handschrift bedient, als diejenigen waren, welche man in der Ausgabe von 1620 für den griechischen Text benutzt hatte. Daher hatten in dieser Ausgabe viele Stücke der lateinischen Uebersetzung keinen entsprechenden griechischen Text, und man suchte vergeblich nach einer Handschrift zur Ausfüllung der Lücken. Endlich gaben Wilhelm Voellus und Heinrich Justellus im J. 1661 im zweiten Bande ihrer Bibliotheca juris canonici einen Wiederabdruck der Ausgabe von 1615, wol aber nach einer Handschrift des Cardinals Mazarin. Die doppelte Vorrede des Nomocanon wurde hier zum ersten Mal nach einer besondern Handschrift veröffentlicht. Im J. 1672 gab Beveridge (Beveregius) unter dem Titel Synodicon die vollständige Sammlung der canones der griechischen Kirche heraus, d. h. die „Collectio canonum, wie sie Photius in seinem Syntagma" festgestellt hatte. Er verband dort die über diese kanonische Sammlung im 12. Jahrhundert geschriebenen Commentare, nämlich die des Zonaras und des Balsamon, sowie die Erläuterungen der Epitome canonum durch Alexius Aristenus und diejenigen, welche ein unbekannter Kanonist in der Handschrift des Amerbach aufgezeichnet hatte. Die Handschriften, welche Beveridge zum Grunde legte, waren die der Bodlejanischen Bibliothek, jetzt mit Nr. 194 und 205 bezeichnet, von denen die erste die Commentare des Zonaras und Balsamon über die canones Apostolorum, die zweite die Commentare des Balsamon über das ganze Syntagma enthielt. Außerdem folgte Beveridge einer Handschrift des Richard Allestry, Professor der Theologie an der Universität zu Oxford und der mehrerwähnten von Amerbach, deren Varianten und Scholien J. R. Wetstein in einem Exemplar der pariser Ausgaben des Zonaras und Balsamon gesammelt hatte. Aber durch Verzögerung im Transport dieser Hilfsmittel wurde Beveridge verhindert, eher davon Gebrauch zu machen, als in den am Ende des zweiten Bandes beigefügten Noten. Außerdem zog Beveridge den jetzigen Cod. Paris. 1324 und eine Handschrift des Advocaten Galland zu Paris (jetzt Cod. Coislin. 39) zu Rathe. Beveridge hat sich in der Anordnung der kanonischen Quellen nicht streng an die durch die Handschriften festgestellte Ordnung gehalten, sich vielmehr daran einige leichte Abänderungen gestattet, indem er die Quellen in folgender Ordnung gibt: (T. I. p. 1—683) die allgemeinen Concilien, die 3 Particularconcilien der griechischen Kirche, die Provinzialconcilien: (T. II. p. 1—188) die kanonischen Briefe der heiligen Väter, von denen der letzte der des Tarasius ist. Unter jedem dieser Texte gibt er an erster Stelle die ἑρμηνεία des Balsamon, an zweiter die Scholien des Zonaras, an dritter die Epitome canonum und die Anmerkungen des Alexius Aristenus. Die neueste Sammlung der kanonischen Quellen der griechischen Kirche ist von Rhallis und Potlis zu Athen 1852—1854 erschienen. Die Herausgeber haben das Glück gehabt, für den Nomocanon des Photius und den Commentar des Balsamon, sowie für die Collectio canonum und die Commentare des Zonaras und des Balsamon dazu die unter I. bei Photius beschriebene Handschrift des Metropoliten Gerasimus, eine Abschrift eines alten trapezuntiner Codex benutzen zu können. Diese Handschrift bietet nicht allein viele Stellen des griechischen Textes, von welchem man bisher zwar die lateinische Uebersetzung, aber ohne den entsprechenden griechischen Text hatte, wodurch sie schon allein den Vorzug vor allen anderen Handschriften verdient, sondern enthält ganze früher nicht bekannte Stücke der Commentare des Zonaras und des Balsamon, welche in der neuen Sammlung herausgegeben sind. Außerdem sind aber auch alle früheren Ausgaben gewissenhaft benutzt worden. Ueberall wird nur der griechische Text gegeben, ohne lateinische Uebersetzung. Von den 6 Bänden der ganzen Sammlung gehören nur die ersten 4 hierher. Bd. I. enthält den Nomocanon des Photius mit dem Commentar des Balsamon (p. 1—338); ferner folgende Schriften: *Τοῦ ἐν ἁγίοις πατρὸς ἡμῶν Γερμανοῦ οἰκουμενικοῦ πατριάρχου πρὸς Ἄνθιμον τὸν θεοφιλέστατον διάκονον τῆς καθολικῆς ἐκκλησίας, λόγος διηγηματικὸς περί τε τῶν ἁγίων συνόδων καὶ τῶν κατὰ καιροὺς ἀνέκαθεν τῷ ἀποστολικῷ κηρύγματι ἐπαναστασῶν αἱρέσεων* (p. 339—369); 2) die Schrift eines unbekannten Verfassers *περὶ τῶν ἓξ οἰκουμενικῶν συνόδων* (p. 370—374); 3) *Φωτίου πατριάρχου Κωνσταντινουπόλεως ἐκ τῆς πρὸς Μιχαήλ, τὸν ἄρχοντα Βουλγαρίας ἐπιστολῆς, περὶ τῶν ἑπτὰ οἰκουμενικῶν συνόδων* (p. 375—388); 4) *Νείλου μητροπολίτου Ῥόδου διήγησις συνοπτικὴ περὶ τῶν ἁγίων καὶ οἰκουμενικῶν συνόδων* (p. 389—395). Diese Stücke dienen zur Einleitung zu den in den folgenden Bänden enthaltenen Schlüssen der Concilien. Bd. II. enthält die canones Apostolorum, und die canones der allgemeinen Concilien, welche die griechische Kirche anerkennt, nämlich das Conc. Nicaenum I., Constantinopolitanum, Ephesinum, Chalcedonense, Trullanum, Nicaenum II, der Synodus Primo-Secunda und der Synodus octava in templo S. Sophiae mit den Commentaren von Zonaras, Balsamon und Alexius Aristenus. Bd. III. enthält die canones der Localconcilien, nämlich das Conc. Carthaginense, Ancyranum, Neocaesareense, Gangrense, Antiochenum, Laodicenum, Sardicense, Carthaginense und das Constantinopolitanum sub Nectario mit den Commentaren von Zonaras, Balsamon und Alexius Aristenus. Bd. IV. enthält die kanonischen Briefe der heiligen Väter mit den Commentaren von Zonaras, Balsamon und Alexius Aristenus (p. 1—386). Was die canones des heiligen Basilius insbesondere anlangt, so ist hauptsächlich die zu Paris 1730 erschienene Ausgabe seiner Werke, welche von den Benedictinern besorgt wurde, befolgt worden. Den letzten Platz unter den kanonischen Briefen haben die Herausgeber dem Briefe des Patriarchen Tarasius zu Constantinopel an den Papst Hadrianus angewiesen. Derselbe Band enthält außer den kanonischen Briefen der heiligen Väter, 7 aus den Schriften derselben ausgezogene Stücke, nämlich: 1) *ἐκ τῆς πρὸς Νικοπολίτας ἐπιστολῆς τοῦ μεγάλου Βασιλείου περὶ τοῦ ἐπαινεῖν καὶ εὐχαρίστως φέρειν τοὺς πειρασμούς* (p. 386); 2) *τοῦ ἁγίου Ἰωάννου τοῦ Χρυσοστόμου κεφάλαιον κανονικὸν* (p. 387); 3) *τοῦ ἁγίου Ἀναστασίου ἐρωτηθέντος, πότερον καλόν, τὸ συνεχῶς κοινωνεῖν, ἢ ἐκ διαλειμμάτων; ἀπόκρισις* (p. 388); 4) *τοῦ μεγάλου Βασιλείου ἐκ τῆς πρὸς Καισαρίαν Πατρικίαν ἐπιστολῆς* (p. 389); 5) *τοῦ ἁγίου Ἰωάννου τοῦ Χρυσοστόμου ἐκ τῆς ἑρμηνείας τῆς πρὸς τοὺς Ἐφεσίους ἐπιστολῆς* (p. 390); 6) *Τοῦ αὐτοῦ ἐκ τῆς πρὸς Ἑβραίους* (p. 390. 391); 7) *τοῦ μεγάλου Βασιλείου παράγγελμα πρὸς τὸν ἱερέα περὶ τῆς θείας Χάριτος* (p. 391. 392). Was von diesen Stücken sich nicht in den übrigen Ausgaben des Syntagma findet, ist von Rhallis und Potlis aus dem trapezuntiner Codex herausgegeben. Was die Commentare zu der Collectio canonum betrifft, so haben die Herausgeber im Wesentlichen die von Beveridge eingeschlagene Methode befolgt, und die Erläuterungen des Zonaras, Balsamon und Alexius Aristenus unter jedem einzelnen Kanon zusammengestellt; sie sind aber von der von Beveridge befolgten Anordnung, nach welcher Balsamon dem Zonaras vorangestellt wird, insofern abgewichen, als sie die Erläuterungen des Zonaras denen des Balsamon voranstellen; weil Zonaras älter ist und Balsamon häufig die Erläuterungen des Zonaras wörtlich aufgenommen hat, auch alle Handschriften, und unter ihnen der trapezuntiner Codex, diese Reihefolge beobachten. — Balsamon behauptet durch seinen Commentar über das Syntagma des Photius den ersten Rang unter den griechischen Kanonisten. Im 14. Jahrhundert nennt ihn der Patriarch Philotheus in dem Briefe an Harmenopulus den ausgezeichnetsten Kanonisten. Von seinen Arbeiten ist in mehreren Denkmälern der bürgerlichen und kirchlichen Rechtswissenschaft desselben Jahrhunderts Gebrauch gemacht worden. Das Prochirum auctum enthält mehrere aus Balsamon's Commentar entlehnte Stellen. Nicolaus Hydruntinus in den im Cod. Barberin. 78 erhaltenen Scholien führt theilweise die Erläuterungen des Balsamon zu can. 1 des Conc. Ephesinum an. Matthäus Blastares in seinem Syntagma gibt mehrere Scholien des Balsamon wörtlich wieder, und ein unbekannter Abschreiber des 14. Jahrhunderts hat bei dem Abschreiben des Syntagma des Matthäus Blastares in dem Codex *τῆς ἁγίας Λαύρας* 9 zu verschiedenen canones die betreffenden Erläuterungen des Zonaras und des Balsamon hinzugefügt. Nur Eine Stimme hat sich gegen ihn erhoben; Johannes, Bischof von Citra, welcher ihm sonst mehr Gerechtigkeit widerfahren läßt, beschuldigt ihn an einer Stelle des Widerspruchs und der Nachlässigkeit; eine schlecht begründete Beschuldigung, welche in der Eifersucht eines Zeitgenossen ihren Grund hat. — Die kanonischen Sammlungen des Photius und seiner Commentatoren sind im Occident im 16. Jahrhundert bekannt geworden. Hervetus gab seine lateinische Uebersetzung während der Sitzungen des Concils zu Trient, und Stellen des Balsamon sind in die Redaction der Schlüsse dieses Concils mit aufgenommen werden. Die Juristen haben von den Sammlungen des Photius und von dem Commentar des Balsamon zur Restitution des Justinianeischen Codex und für die kaiserlichen Novellen nach Basilius Macedo Gebrauch gemacht. Contius bediente sich zuerst des Nomocanon des Photius zur Wiederherstellung verloren gegangener Constitutionen. Es ist erwiesen, daß Contius nur von der lateinischen Uebersetzung des Agylaeus Gebrauch gemacht hat; aber wie aus dem Zeugniß von Contius selbst hervorgeht, daß er für seine Restitutionen die Handschrift von Amerbach zu Rathe gezogen hat, so ist glaublich, daß diese Handschrift den griechischen Texten, welche er in seinen Praetermissa von 1566 gegeben hat, nicht fremd gewesen ist. Contius hat aber nicht im vollen Umfange von dem Nomocanon Gebrauch gemacht, auch den Nomocanon von anderen Quellen der Restitution nicht sorgfältig genug unterschieden. Nach Contius haben Antonius Augustinus und Petrus Pithöus auf gleiche Weise den Nomocanon fast ausschließlich zur Berichtigung der Reihefolge der restituirten Constitutionen des Codex angewendet. Doch hat der Erstere davon auch für den Text des Codextitels de aleatoribus (III, 43) Gebrauch gemacht. Von den verschiedenen Commentaren über das Syntagma des Photius ist der des Balsamon der einzige, welcher wegen verschiedener dabei benutzter Quellen interessante Resultate liefert, sowie er auch der einzige ist, welcher zur Restitution verloren gegangener Stellen gebraucht worden ist. Balsamon hat die Bearbeitungen des Codex durch die Juristen des 6. Jahrhunderts unmittelbar benutzt. Contius hat von ihm nur einen sehr oberflächlichen Gebrauch gemacht. Der Commentar des Balsamon ist sehr wichtig für die Gesetzgebung der späteren Zeit des Reiches, namentlich für die der Dynastie der Comnenen, ebenso für die Entscheidungen der Synoden und Patriarchen nach der Zeit der Trennung beider Kirchen. Die Auszüge, welche Balsamon von diesen Theilen der Gesetzgebung gibt, sind beinahe wörtlich. Er hat nur die Vorrede und den Schluß weggelassen, obschon er sie wegen der Bestimmung der Zeit des Erlasses berücksichtigt hat. Aus dem Commentar des Balsamon hat Bonefidius den größten Theil der in sein Jus Orientale aufgenommenen Texte entlehnt, wo sie, insoweit sie aus Balsamon geschöpft sind, durch den Buchstaben B. bezeichnet sind. Nach Bonefidius hat Leunclavius von dem Commentar des Balsamon Gebrauch gemacht, nicht nach Handschriften, sondern nach den Arbeiten seines Vorgängers, welche er mit wenig Einsicht und Kritik benutzt hat.

X. *Codex monasterii τοῦ Κουτλουμούση.* Unter den Arbeiten, welche sich auf Photius beziehen, ist zuletzt eine Handschrift des Klosters τοῦ *Κουτλουμούση* auf dem Berge Athos zu erwähnen, auf welche Zachariä v. L. aufmerksam gemacht hat. Sie stammt aus dem 13. Jahrhundert und enthält nach der Epitome canonum den Nomocanon des Photius mit den Scholien des Balsamon, aber vermehrt durch eine neue Vorrede, neue Anmerkungen und einige andere Zusätze.

XI. *Arsenii Synopsis canonum.* Im 13. Jahrhundert verfaßte ein Mönch Arsenius, welcher später zum Patriarchat gelangte, eine Synopsis canonum. Das Werk ist betitelt: *Ἀρσενίου μοναχοῦ τῆς ἐν τῷ ἁγίῳ ὄρει μονῆς τοῦ Φιλοθέου σύνοψις τῶν θείων κανόνων.* Es besteht aus 141 Capiteln und hat am Schlusse die Unterschrift: *Τέλος τῶν τοῦ νομοκανόνος θείων κανόνων τῶν ἁγίων Ἀποστόλων.* Der Verfasser hat folgende Methode der Abfassung gewählt. Jedes Capitel enthält kirchenrechtliche Vorschriften in der Art, daß die ähnlichen Bestimmungen der verschiedenen Concilien und der kanonischen Briefe zusammengestellt werden. Unter jedem Capitel werden die Stellen der Concilien und der kanonischen Briefe, welche in die Materie einschlagen, angezeigt, und unter den meisten Capiteln finden sich unter der Bezeichnung *ὅμοιον κεφάλαιον* Verweisungen auf die gleichen oder ähnlichen Bestimmungen des Civilrechts. Für den kirchenrechtlichen Theil ist Arsenius der seit Photius allgemein angenommenen Sammlung der canones gefolgt, außer im ersten Capitel, wo er anführt: *Ἀνάληψις τοῦ ἁγίου Γρηγορίου τοῦ Θαυματουργοῦ; λόγοι β' ἐκ τῶν συνοδικῶν τοῦ ἁγίου Σωφρονίου; ἐπιστολὴ Μιχαὴλ Συγκέλλου; λόγος περὶ τῶν ἁγίων καὶ οἰκουμενικῶν συνόδων;* Stücke, welche in die kanonische Sammlung der Kirche nicht übergegangen sind. Für den civilrechtlichen Theil bezieht er sich allein auf die Collectio LXXXVII capitulorum des Johannes Scholasticus, auf welche die den Worten *νομικοῦ κεφαλαίου* folgenden Ziffern gehen. Es gab also damals zahlreiche Handschriften der Collectio LXXXVII capitulorum, und ohne Zweifel auch von den anderen kanonischen Quellen; sonst hätte Arsenius in seinem Werke sich ein Ziel gesetzt, welches nicht zu erreichen gewesen wäre, wenn man nicht leicht auf die in seinem Werke angezogenen Originaltexte hätte zurückgehen können. Das Werk des Arsenius ist nur in einer einzigen Handschrift, in dem Cod. Paris. 1371 fol. 72a—114 erhalten; auf dieser Handschrift beruht die einzige vorhandene Ausgabe in der Bibliotheca juris canonici von Voellus und Justellus T. II. p. 749—784.

XII. *Matthaei Blastaris Hieromonachi Syntagma alphabeticum canonum et legum.* Die große Zahl von Handschriften, in welchen dieses Werk sich erhalten hat, beweist dessen häufigen Gebrauch in der orientalischen Kirche. Diese Handschriften sind ebenso zahlreich, wie die des Promtuarium des Harmenopulus, welcher beinahe zu derselben Zeit lebte. Man kann dieses Werk als das Handbuch der Geistlichkeit in der letzten Zeit des Reiches in derselben Weise betrachten, wie das erwähnte Werk des Harmenopulus solches für die praktischen Juristen war. Es sind folgende Handschriften bekannt: 1) Cod. τοῦ *Βατοπαιδίου* 7. 14. Jahrh.; 2. 3) 2 Handschriften τοῦ *Διονυσίου* nr. 4. 14. Jahrh.; nr. 5 v. 1348; 4) Cod. τοῦ *Δοχειαρίου* 1. 15. Jahrh.; 5—7) 3 Handschriften des Klosters τῶν *Ἰβήρων*: nr. 7. 14. Jahrh.; nr. 9. 15. Jahrh.; nr. 10 v. 1570; 8) Cod.

τοῦ *Κουτλουμουσίου* 2. 14. Jahrh.; 9) Cod. τοῦ *Σταυρονικήτου* 1. 14. Jahrh.; 10—15) 6 Handschriften des Klosters τῆς ἁγίας *Λαύρας*: nr. 8. 9. 10 sämmtlich aus dem 14. Jahrh.; nr. 11. 15. Jahrh.; nr. 12 von 1604; nr. 13. 16. Jahrh.; 16) Cod. monasterii S. Trinitatis zu Chalcis 1. 14. Jahrh.; 17) Cod. τῆς *Παναγίας* 7 ebendaselbst 16. Jahrh.; 18—20) 3 trapezuntiner Handschriften: Cod. metropol. 2 v. 1570; 3 v. 1764, eine Abschrift der vorigen; Cod. monast. S. Georgii 2 v. 1746, ebenfalls eine Abschrift derselben Handschrift; 21. 22) 2 Handschriften der Bodlejanischen Bibliothek: Cod. Bodlej. 158 fol. 1—143. 15. Jahrh.; Cod. Seldenianus fol. 1—597. 16. Jahrh.; 23—34) 12 pariser Handschriften: Cod. 406 von Jacobus Goar geschrieben, wie aus der Ueberschrift hervorgeht; Cod. 1259 v. 1516; Cod. 1337 fol. 1—196. 15. Jahrh.; Cod. 1338 fol. 1—206. 15. Jahrh.; Cod. 1339 fol. 1—232. 16. Jahrh.; Cod. 1340 von Johannes Cotelerius, Professor der griechischen Literatur zu Paris, im J. 1680 geschrieben; Cod. 1341 v. 18. Juni 1593; Cod. 1342. 16. Jahrh. früher Eigenthum von de Thou; Cod. 1373. 15. Jahrh.; Cod. 1374. 16. Jahrh.; Cod. 1375 fol. 1—305 von Constantinopel nach Paris gebracht und im J. 1641 von Cyrillus aus Naupactus geschrieben, welcher diese Arbeit am 4. Oct. jenes Jahres vollendet hat; Cod. Suppl. graec. 484. 15. Jahrh.; 35) Cod. Genev. gr. 23. 16. Jahrh.; 36) Cod. Ambros. E. 145 zu Mailand; 37) Cod. Neapol. Brancatianus III. c. 27; 38) Cod. Vatic. 1184 fol. 1—213; 39) Cod. Escorial. II. X, 18 fol. 1—231. 16. Jahrh.; 40—44) 5 wiener Handschriften: Cod. VIII, 51 fol. 23—288; VIII, 52 fol. 1—292; VIII, 53 fol. 1—174; VIII, 54 fol. 1—288; VIII, 55 fol. 1—310; 45. 46) 2 athener Handschriften. Die eine, Eigenthum des Metropoliten von Phthiotis, Callinicus, ist von Johannes, Priester und Sacellarius zu Constantinopel, im J. 1604 geschrieben, und enthält p. 1—264 das Syntagma des Matthäus Blastares, außerdem aber noch verschiedene andere Abhandlungen über kirchliche Gegenstände. Die andere, Eigenthum des Jacobus Vidalis aus Tenos, ist wahrscheinlich aus dem 16. Jahrhundert, und enthält im ersten Theile fol. 1—205 das Syntagma des Blastares, im zweiten die canones des Johannes Nesteutes, die responsa des Nicetas, Metropoliten von Heraclea, die canones des Nicephorus Homologeta, und die responsa des Johannes, Bischofs von Citra an den Bischof von Dyrrhachium, Cabasilas; endlich im dritten Theile auf 410 Seiten eine Menge anderer Abhandlungen über kirchliche Dinge und Fragen. — Das Werk hat folgenden Titel: *Σύνταγμα κατὰ στοιχεῖον τῶν ἐμπεριειλημμένων ἁπασῶν ὑποθέσεων τοῖς ἱεροῖς καὶ θείοις κανόσι, πονηθὲν ἅμα καὶ συντεθὲν τῷ ἐν ἱερομονάχοις ἐλαχίστῳ Ματθαίῳ τῷ Βλαστάρῃ*. Hierauf folgt eine Einleitung, *προθεωρία*, anfangend mit den Worten: *Τὸ τῶν ἱερῶν καὶ θείων χρῆμα κανόνων*, und endigend: *ὁ λόγος ἀνύποπτος εἴη*. Dann folgt eine chronologische Darstellung der Quellen, welche die kanonische Sammlung der griechischen Kirche bilden, bis zu dem unter Photius im J. 879 gehaltenen Concil, und ein Abriß der Geschichte des römischen Rechts (*νόμιμα πολιτικά*) bis zur Promulgation der Basiliken. Diese beiden letzteren Theile der Vorrede scheinen nach älteren Darstellungen ähnlichen Inhalts verfaßt zu sein. Hinsichtlich des kanonischen Theils sagt dies Blastares bestimmt; was den anderen Theil betrifft, so ist seine Aehnlichkeit mit der Vorrede des Michael Attaliata, ungeachtet der Zusätze des späteren Verfassers, unverkennbar. Das Werk besteht aus 303 Titeln in 24 Capiteln, welche nach der Ordnung des Alphabets geordnet sind. Ihnen geht ein *πρόλογος περὶ τῆς ὀρθοδόξου πίστεως* voran, wie in der Synopsis. Im Allgemeinen beginnen diese Titel mit den kirchenrechtlichen Bestimmungen, und endigen, unter der Bezeichnung *νόμιμα πολιτικά*, mit mehr oder weniger wichtigen Auszügen der weltlichen Gesetze. Mehrere Titel enthalten ausschließlich kirchliches Recht, andere ebenso ausschließlich bürgerliches Recht, z. B. Lit. *Α.* cap. 4: *περὶ ἀγοράσεως καὶ πράσεως*. Diese letztere Eigenthümlichkeit ist nicht unwichtig; sie gibt dem Werke einen besonderen Charakter, welcher es von Werken derselben Gattung unterscheidet. In den bisher erwähnten kirchenrechtlichen Schriften haben die Verfasser ausschließlich das Kirchenrecht zur Grundlage ihrer Arbeiten genommen und ihren Plan blos nach kirchenrechtlichen Materien bestimmt, sodaß das Civilrecht nur beiläufig vorkommt. Blastares hat hingegen Rubriken, welche lediglich dem Civilrechte anheimfallen, sodaß das letztere also wesentlich mit aufgenommen erscheint. Die Stellen aus dem Civilrechte stehen in der Regel ohne Anführung der Quellen da, sodaß weder die Justinianeischen Gesetzbücher oder deren Bearbeitungen aus dem 6. Jahrhundert, noch die Basiliken citirt sind. Nur die Novellen Justinian's machen eine Ausnahme, indem sie Blastares öfters mit der Zahl, welche sie in der Sammlung der 168 Novellen haben, anführt. Nach den Verhältnissen und der Zeit, in welcher Blastares lebte, ist im Allgemeinen nicht glaublich, daß er wenigstens die Commentare des 6. Jahrhunderts unmittelbar benutzt habe. Für die Novellen ist es gewiß, daß er keine Originalhandschrift gehabt hat, da er in seiner historischen Vorerinnerung dem Kaiser Justinian 170 Novellen zuschreibt, während die im orientalischen Reiche allgemein übliche Sammlung nur 168 Novellen enthielt. Aus den Basiliken sind viele Stellen von Blastares entlehnt; ob aber unmittelbar oder mittelbar, ist nicht zu entscheiden. Auch ist überhaupt schwer nachzuweisen, welche Quellen er wirklich gebraucht hat. Ein großer Theil seiner Rubriken erinnert an die Rubriken des Prochirum des Basilius; andere wieder an die 10 ersten Titel der Ecloga bei Leunclav. Jus Gr. Rom. T. II. p. 79 seq., d. i. an die zehn ersten Titel der Epanagoge. Die *νόμοι* in der Lehre von den Verlöbnissen lassen sich ganz in dem ersten Titel des Prochirum nachweisen. Es ist also wol das Prochirum, oder die Epanagoge, oder eine der verschiedenen Recensionen dieser Handbücher, woraus Blastares den das bürgerliche Recht betreffenden Theil seines Werkes geschöpft hat. — Den 303 Titeln des Syntagma scheint Blastares selbst einen Anhang beigefügt zu haben, welcher kanonische Schriften, die die griechische Kirche damals allgemein angenommen hatte, enthält. Alle Handschriften des Syntagma, mit wenigen Ausnahmen, endigen mit einer Sammlung, welche folgende Stücke enthält: 1) Catalogus officiorum ecclesiae Constantinopolitanae; 2) Synopsis nomocanonis Joannis Nesteutae; 3) Nicetae responsa ad interrogationes episcopi Constantini (vergl. §. 31. II. unter M.); 4) Nicephori patriarchae canones; 5) Joannis episcopi Citri responsiones ad Cabasilam (vergl. §. 31. II. unter K.). Vier der oben erwähnten wiener Handschriften, nach Nessel's Catalog Nr. 24. 34. 58. 97, nach des Lambecius Catalog Nr. 51. 53. 54. 52, sowie der Cod. Saibantianus schreiben die Nr. 2 des Anhangs, d. h. den Auszug des *Κανονικόν* des Johannes Nesteuta dem Blastares zu, indem die ersteren 4 Handschriften unter der Rubrik: *Ἐκ τοῦ κανονικοῦ τοῦ ἁγίου Ἰωάννου τοῦ Νηστευτοῦ* folgenden Vers haben: ἴαμβοι πρὸς σύνοψιν *Ματθαῖος* γράφει; der Cod. Saibantianus gibt diesen Vers unter derselben Rubrik so wieder: ἴαμβοι ταυτὶ πρὸς σύνοψιν *Ματθαίου*. Der Cod. Paris. 1337 fol. 187a schreibt Nr. 5 des Anhangs dem Blastares zu, indem er die Rubrik hat: Matthaei Blastaris capita 24 e Joannis Citrii responsis canonicis. Die Zeit der Abfassung des Werkes hat Blastares selbst näher angegeben. Die darauf bezügliche Stelle der Vorrede ist jedoch bei Beveridge verstümmelt, wodurch der Sinn ganz entstellt wird, und die Erklärung von Beveridge macht sie nicht verständlicher. Zachariä v. L. hat aus derselben Handschrift, deren sich Beveridge bedient hat, den ursprünglichen Text wiederhergestellt, sodaß kein Zweifel über den Sinn mehr obwaltet. Blastares sagt: ὡς ἂν δὲ μηδὲ ὁ χρόνος λανθάνῃ εἰς τοὺς ἐντυγχάνοντας, ὃς ἐπ' αὐγὰς ἡλίου τὰ τῆς πραγματείας προήγαγε ταυτησί, μετὰ τὴν ἑξακισχιλιοστὴν τῶν ἐτῶν χιλιάδα, καὶ τὴν ὀκτακοσιοστὴν ἑκατοντάδα, τρίτον καὶ τεσσαρακοστὸν ἔτος τὴν φορὰν ἀνύοντος ἤδη τοῦ χρόνου. Hiernach ist das Werk im Jahre nach Erschaffung der Welt 6843 nach griechischer Berechnung verfaßt, oder im J. 1335 nach Chr. Geb. Das Werk des Blastares hat im Orient vielen und dauernden Beifall gefunden, wie die vielen vorhandenen Handschriften und das neue Datum einiger derselben beweisen. Eine dieser Handschriften (Cod. τῆς ἁγίας *Λαύρας* 9) enthält selbst eine besondere Arbeit, indem der Text des Blastares daselbst mit den Erläuterungen des Zonaras und Balsamon begleitet ist. Im J. 1490 hat Nicolaus Kunalis Kritopulos (*Νικόλαος Κουνάλης* oder *Κουνάλης Κριτόπουλος*) das Syntagma des Blastares in die lingua vulgaris übersetzt. Davon gibt es folgende Handschriften: Cod. Paris. 1376. 1377; Cod. Vindob. Suppl. 46; Cod. τῆς ἁγίας *Λαύρας* 14. 15; Cod. τοῦ *Βατοπαιδίου* 8. Zwei andere Handschriften, Cod. τοῦ *Ἐσφιγμένου* 3 und Cod. τοῦ *Κουτλουμουσίου* 3 enthalten eine abgekürzte Bearbeitung dieser Uebersetzung. Im Occident wurde das Syntagma des Blastares im 16. Jahrhundert bekannt. Antonius Augustinus veröffentlichte im J. 1567 ein Fragment der historischen Einleitung nach der Vorrede, welche seiner Collectio constitutionum graecarum vorausgeht, in einem vollständigeren Texte, als er seitdem herausgegeben worden ist. Nur erst die neueste Ausgabe von Rhallis und Potlis enthält diesen Text ebenso vollständig, wie ihn Antonius Augustinus gegeben hat. Im J. 1596 ließ Freher im Jus Graeco-Romanum unter dem Namen des Matthaeus Monachus und unter der Rubrik: Quaestiones et causae matrimoniales einige Capitel aus dem Syntagma des Blastares, nämlich aus Lit. B. (*περὶ τῶν βαθμῶν*, cap. 8. 9) und aus Lit. Γ. (*περὶ γάμου*, cap. 2. 4. 9. 11. 13. 15. 19) abdrucken. Ohne Zweifel hat Leunclavius diesen Theil des Textes in einigen Handschriften besonders abgeschrieben gefunden. Man könnte in diesen Quaestiones eine ursprüngliche besondere Abhandlung des Blastares, welche derselbe später seinem Syntagma eingeschaltet hätte, erblicken, wenn dieser Vermuthung nicht der Umstand entgegenstände, daß sich in der von Leunclavius benutzten Handschrift ein dem Eherechte ganz fremdes Fragment des cap. 9 der Litera B findet. Offenbar hat hier der Abschreiber aus dem Syntagma etwas zu viel abgeschrieben. Zu den abgesondert herausgegebenen Stücken des Syntagma gehören ferner das von Labbäus nach einer Handschrift von de Thou (Cod. Paris. 1342) herausgegebene Fragment; die Geschichte der *νόμοι πολιτικοί* oder der zweite Theil der Einleitung, herausgegeben von Fabricius; endlich der auf die Basiliken bezügliche Theil dieser Geschichte, welcher an der Spitze der Fabrotischen Basilikenausgabe steht. Im 17. Jahrhundert scheinen mehrere Gelehrte die Ausgabe des Syntagma beabsichtigt zu haben. Unter den pariser Handschriften, welche oben bereits erwähnt sind, findet sich (App. Nr. 406) eine Abschrift des Syntagma von Jacobus Goar mit lateinischer Uebersetzung und Anmerkungen. Es ist unbekannt, warum Goar seinen Plan einer Ausgabe später aufgab. Ebenso enthält der ebenfalls oben erwähnte Cod. Paris. 1340 (früher dem Baluzius gehörig) eine ähnliche Arbeit von Johannes Cotelerius, nämlich eine Abschrift des griechischen Textes mit indices und Randbemerkungen, eine Vorarbeit zu einer Ausgabe des Syntagma, welche aber ebenfalls nicht erschienen ist. Der Text des Syntagma ist zuerst vollständig von Beveridge herausgegeben. Die Ausgabe beruht auf 2 Handschriften der Bodlejanischen Bibliothek, wovon die eine jetzt die Nummer 158 trägt, die andere früher dem Isaac Vossius gehörte. Beveridge hat nur die Vorrede übersetzt; das Uebrige ist von mehreren oxforder Gelehrten, welche bei dieser Ausgabe mitgewirkt haben, übersetzt worden. Der Catalogus officiorum ecclesiae Constantinopolitanae ist das einzige Stück des Anhangs, welches in der Ausgabe auf das Syntagma folgt. Die neueste Ausgabe des griechischen Textes ohne lateinische Uebersetzung findet sich in *Rhallis* et *Potlis*, Coll. can. T. VI. und ist zu Athen 1859 erschienen. Die Grundlage dieser neuesten Ausgabe bilden die pariser Handschriften Nr. 1340 und 1375, weil sie einen besseren Text, als andere Handschriften enthalten. Außerdem sind die pariser Handschrift app. nr. 406, die wiener

Handschriften nr. 51. 52. 53. 54, diese jedoch nicht vollständig, und die oben unter Nr. 45. 46 erwähnten Handschriften benutzt worden. Ursprünglich sollte die Ausgabe des Syntagma des Blastares den fünften Theil der ganzen Collectio canonum bilden; später aber haben die Herausgeber ihren Plan geändert, und die Ausgabe des Syntagma in den sechsten Theil verwiesen.

XIII. *Constantini Harmenopuli Epitome canonum.* Dieses Werk des Harmenopulus macht einen Theil der Stücke des Anhangs aus, welcher der Hexabiblos dieses Juristen beigefügt ist. Wenn einige Handschriften die Epitome canonum außerhalb dieses Anhangs geben, so ist dieses dem Umstande zuzuschreiben, daß sie erst in neuerer Zeit geschrieben und sehr willkürlich zusammengesetzt sind, wie z. B. Cod. Tubing.; Cod. Taurin. 237.; Cod. τῆς ἁγίας Λαύρας 30; Cod. τῆς Παναγίας 3; Cod. Vindob. Jur. gr. VIII, 51 et theol. gr. 253; Cod. Paris. 1373; Handschriften, welche im 16., 17. und 18. Jahrhundert geschrieben sind, und in welchen sich zu derselben Zeit das Syntagma des Blastares findet. Aber in den älteren Handschriften, welche man für die ursprünglichen halten kann, bildet die Epitome canonum beständig einen Theil des Anhangs und ist von Harmenopulus wol zur Ergänzung seiner dem bürgerlichen Rechte insbesondere gewidmeten Hexabiblos bestimmt gewesen. Dieses kirchenrechtliche Werk hat den Titel: *Ἐπιτομὴ τῶν θείων καὶ ἱερῶν κανόνων γενομένη παρὰ τοῦ πανσεβάστου σεβαστοῦ καὶ νομοφύλακος καὶ κριτοῦ Θεσσαλονίκης κυρίου Κωνσταντίνου τοῦ Ἀρμενοπούλου.* Hierauf folgt die *προθεωρία* oder Vorrede, welche mit den Worten beginnt: *Τῶν κανόνων οἱ μέν εἰσι τῶν ἁγίων* ... und endigt: *καὶ σαφεστέραν εὕρεσιν τοῦ ζητουμένου.* Diese Vorrede enthält eine Aufzählung der einzelnen kanonischen Quellen, nach welchen die Epitome canonum redigirt ist. Harmenopulus folgt bei dieser Aufzählung der von Zonaras angenommenen Reihefolge, sodaß die sieben allgemeinen Concilien vorangehen, die Provinzialconcilien folgen, denen jedoch die unter Photius gehaltenen Concilien vorangestellt werden; den Schluß machen die kanonischen Briefe. Unter den Concilien fehlen das Constantinopolitanum Nectarii de Agapio und das Carthaginense Cypriani; unter den kanonischen Briefen fehlen Athanasius, die Verse des Gregorius und Amphilochius, Theophilus und Gennadius; es sind auch diese Quellen in dem Werke selbst nicht benutzt worden. Die eben bezeichneten Quellen sind Anfangs nicht allgemein anerkannt und angenommen worden; aber Theophilus und Gennadius haben seit dem trullanischen Concil allgemeine Anerkennung gefunden, und Harmenopulus ist der Einzige, welcher sie nicht anerkennt. Außerdem ist bemerkenswerth, daß Harmenopulus den kanonischen Briefen der heiligen Väter auch die canones des Patriarchen Nicolaus zu Constantinopel, d. h. dessen responsa ad interrogationes Monachorum, und die canones des Patriarchen Nicephorus zugesellt, und daß er die Fragmente dieser Stücke mitten unter den canones citirt hat. Die Epitome canonum ist in 6 Abschnitte (*τμήματα*), und diese wieder in Titel getheilt. Diese Abschnitte haben folgende Rubriken: 1) *Περὶ ἐπισκόπων*, in 6 Titeln; 2) *Περὶ πρεσβυτέρων, διακόνων καὶ ὑποδιακόνων*, in 6 Titeln; 3) *Περὶ κληρικῶν*, in 5 Titeln; 4) *Περὶ μοναχῶν καὶ μοναστηρίων*, in 3 Titeln; 5) *Περὶ λαϊκῶν*, in 5 Titeln; 6) *Περὶ γυναικῶν*, in 1 Titel. In einigen Handschriften findet sich der sechste Abschnitt ohne irgend eine Unterscheidung hinter dem fünften und hat keine besondere Eintheilung. Dies ist ein Irrthum; denn Harmenopulus macht selbst am Schlusse seiner Vorrede eine Eintheilung seines Werkes in 6 *τμήματα* mit den bereits bezeichneten Rubriken. Das Werk des Harmenopulus war, fast zu der Zeit seiner Veröffentlichung, von Scholien, unter den Namen des Philotheus und des Johannes, Bischofs zu Citra, begleitet. Die meisten Scholien tragen aber keinen Namen des Verfassers und können wol von Harmenopulus selbst herrühren. Das Werk ist herausgegeben in *Freher*, Jus Gr. Rom. T. I. p. 1—71.

XIV. Kleinere Schriften.

a) *Theodori Balsamonis meditationes.* Unter dem Titel *μελέται* finden sich in den Handschriften acht Abhandlungen des Balsamon über kirchliche Gegenstände; die Ordnung dieser Abhandlungen ist aber in den Handschriften nicht dieselbe. Sie sind folgende: 1) *Τοῦ ἁγιωτάτου πατριάρχου Ἀντιοχείας κυρίου Θεοδώρου τοῦ Βαλσαμών, ἐπιστολὴ πρὸς τὸν ὁσιώτατον καθηγητὴν τῶν κατὰ τὸν Παπίκιον μοναστηρίων, μοναχὸν κυρὸν Θεοδόσιον, χάριν τῶν ῥασοφόρων.* 2) *Τοῦ αὐτοῦ ἁγιωτάτου πατριάρχου τῷ ἱερωτάτῳ μητροπολίτῃ Θεσσαλονίκης καὶ ὑπερτίμῳ, περὶ τοῦ μὴ ἀναγινώσκειν βιβλίον μαθηματικόν.* 3) *Τοῦ αὐτοῦ μελέτη, χάριν τῆς εἴς τινας θείους ναοὺς τῶν μοναστηρίων γενομένης μετακλήσεως διὰ σημαντηρίων τριῶν.* 4) *Τοῦ αὐτοῦ πρὸς τὸν ἐπὶ τῶν κρίσεων, χάριν τῶν διδομένων θυμιαμάτων ἐτησίως παρὰ τοῦ πατριάρχου κατὰ τὴν ἡμέραν τῆς κατηχήσεως.* 5) *Τοῦ αὐτοῦ μελέτη, χάριν τῶν δύο ὀφφικίων, τοῦ τε νομοφύλακος καὶ τοῦ πρωτεκδίκου.* 6) *Τοῦ ἁγίου πατριάρχου Ἀντιοχείας Θεοδώρου μελέτη ἤγουν ἀπόκρισις, χάριν τῶν πατριαρχικῶν προνομίων.* 7) *Τοῦ αὐτοῦ διάγνωσις, χάριν τοῦ λαληθέντος συνοδικῶς ζητήματος περὶ τοῦ, εἰ χρὴ τὸν αὐτὸν καὶ ἕνα δυσὶ διεξαδέλφαις συνάπτεσθαι.* 8) *Ἐπιστολὴ τοῦ ἁγιωτάτου πατριάρχου Ἀντιοχείας κυροῦ Θεοδώρου τοῦ Βαλσαμῶνος, χάριν τῶν ὀφειλουσῶν τελεῖσθαι νηστειῶν ἑκάστου ἔτους, πεμφθεῖσα πρὸς τοὺς Ἀντιοχεῖς.*

b) *Theodori Balsamonis responsa ad interrogationes Marci, Alexandrini patriarchae.* Diese finden sich in verschiedenen Handschriften unter folgendem Titel: *Ἐρωτήσεις κανονικαὶ τοῦ ἁγιωτάτου πατριάρχου Ἀλεξανδρείας κυρίου Μάρκου, καὶ ἀποκρίσεις ἐπ' αὐταῖς τοῦ ἁγιωτάτου πατριάρχου Ἀντιοχείας κυρίου Θεοδώρου τοῦ Βαλσαμών.* Die Handschriften sind: Codd. τῶν Ἰβήρων 3. 6. 8. 23; Cod. τῆς ἁγίας Λαύρας 9; Cod. Bodlej. 264; Palat. 210; Middehil. 1502 (sonst Meerman. 184); Laurent. V, 2; Paris. 1331. 1337. 1374 Suppl. 484; Vindob. jur. 19; Vindob. Histor. 24 nach Nessel's Catalog, 51 nach dem des Lambecius; Vindob. theol. 253 (enthält aber blos Fragmente); Monac. 83. Herausgegeben sind diese responsa bei *Bonefidius*, Jus Orient. III. p. 237—300. *Freher*, Jus Gr. Rom. T. I. p. 362—394. *Rhallis* et *Potlis*, Coll. can. T. IV. p. 447—496. Bei den beiden ersteren Herausgebern finden sich 64 oder richtiger 65 Anfragen des Patriarchen Marcus und Antworten des Balsamon darauf; denn nach Nr. 44 folgt aus Versehen bei diesen Herausgebern sogleich Nr. 46. In der neuesten Ausgabe von Rhallis und Potlis finden sich im Ganzen 66 Anfragen und Antworten, von welchen 3 (Nr. 3. 20. 21 bei Rhallis und Potlis) von ihnen aus dem Cod. Vindob. Histor. 24 bei Nessel, oder 51 bei Lambecius zuerst herausgegeben worden sind. Was die Zeit, in welche diese *ἐρωταποκρίσεις* fallen, betrifft, so findet sich in dem Vorworte darüber folgende Angabe: *Ἐρωτήματα, ἅπερ ἐζήτησαν οἱ Χριστιανοὶ οἱ κατοικοῦντες ἐν τῇ χώρᾳ τῶν Σαρακηνῶν καὶ ἐν ταῖς ἐξουσίαις αὐτῶν, ἐρωτηθέντα παρὰ Μάρκου τοῦ ἁγιωτάτου ἐν τοῖς πατριάρχαις Ἀλεξανδρείας, ἐν ἡμέραις τῆς βασιλείας τοῦ εὐσεβεστάτου καὶ φιλοχρίστου βασιλέως ἡμῶν κυρίου Ἰσαακίου τοῦ Ἀγγέλου, καὶ ἐπὶ τοῦ ἁγιωτάτου καὶ οἰκουμενικοῦ πατριάρχου κυρίου Γεωργίου, ὧν τὰ ἔτη αὐξάνοι ὁ Θεὸς εἰς μακρότατα ἡμερῶν. Μηνὶ Φεβρουαρίῳ ἰνδικτιῶνος ιγ' καὶ ἐτῶν μετὰ τὴν σάρκωσιν τοῦ κυρίου καὶ Θεοῦ καὶ Σωτῆρος ἡμῶν Ἰησοῦ Χριστοῦ ασγ'.* Hiernach sind diese *ἐρωταποκρίσεις* unter der Regierung des Kaisers Isaac Angelus und zu der Zeit, wo Georgius Patriarch zu Constantinopel war, im Februar der 13. Indiction, im J. nach Christus 1203 veröffentlicht worden. Diese Zeitangabe enthält einen offenbaren Widerspruch. Denn Isaac Angelus regierte von 1185—1195, und Georgius Xiphilinus war Patriarch von 1193—1198. Es ist also unmöglich, daß die Veröffentlichung in das J. 1203 fällt. Sie ist vielmehr in das J. 1195 zu setzen, welches der 13. Indiction entspricht und auf welches alle übrigen Nebenbestimmungen passen. Das J. 1203 ist aus einer von der Dionysischen um 8 Jahre verschiedenen Zeitrechnung zu erklären, deren Spuren sich in griechischen Historikern finden.

c) *Demetrii Chomateni quaestiones et responsa.* Diese *responsa* des Demetrius Chomatenus auf verschiedene Fragen, welche Zeitgenossen an ihn gerichtet hatten, finden sich in dem Cod. Monac. gr. 62. Eine Sammlung derselben war auch in der Bibliothek von Petrus Faber vorhanden, und ist von Cujacius benutzt worden, welcher eine Stelle der 55. Quästion de hypobolo anführt, sowie auch Faber selbst in seinem Semestria davon Gebrauch gemacht hat. Bonefidius und Freher haben nur einen kleinen Theil der Schriften des Demetrius nach Handschriften, in welchen sich einige Stücke derselben befanden, herausgegeben; sie scheinen weder die münchener Handschrift, noch die von Faber gekannt zu haben. Ueber das, was von ihnen und nach ihnen zuletzt von Rhallis und Potlis in der Collectio canonum T. V. herausgegeben worden ist, ist bereits früher berichtet worden.

d) *Tractatus varii de nuptiis et gradibus cognationis.* In verschiedenen Handschriften finden sich noch ungedruckte Abhandlungen über die Ehe und über die Grade der Verwandtschaft. Diese Handschriften sind: Cod. τοῦ Βαρονάδη 15; Cod. τοῦ ἐσφιγμένου 1; Codd. τῶν Ἰβήρων 7. 8. 14. 23; Codd. τῆς ἁγίας Λαύρας 9. 14; Codd. Bodlej. 205. 264; Codd. Palatin. 55. 219. 233. 256. 369. 371; Codd. Laurent. X, 1. V, 40; Codd. Paris. 1259. 1263. 1319. 1323. 1344. 1372. 1373. 1388. 1788. (*C. W. E. Heimbach.*)

(III. Periode im nächsten Theile.)

Ende des sechsundachtzigsten Theiles der ersten Section.

Druck von F. A. Brockhaus in Leipzig.

www.ingramcontent.com/pod-product-compliance
Lightning Source LLC
Chambersburg PA
CBHW030322020526
44117CB00030B/509
* 9 7 8 3 7 4 2 8 1 8 7 5 1 *